苏州考古资料汇编

（上）

苏州市考古研究所
（苏州考古博物馆）　编

文物出版社

图书在版编目（CIP）数据

苏州考古资料汇编 / 苏州市考古研究所（苏州考古博物馆）编. -- 北京：文物出版社，2025. 3.

ISBN 978-7-5010-8543-9

Ⅰ. K872. 533

中国国家版本馆 CIP 数据核字第 20243BF281 号

苏州考古资料汇编

SUZHOU KAOGU ZILIAO HUIBIAN

编　　者：苏州市考古研究所
　　　　　（苏州考古博物馆）

责任编辑：黄　曲
助理编辑：蔡睿恺
封面设计：王文娴
责任印制：张　丽

出版发行：文物出版社
社　　址：北京市东城区东直门内北小街 2 号楼
邮　　编：100007
网　　址：http://www. wenwu. com
邮　　箱：wenwu1957@126. com
经　　销：新华书店
印　　刷：宝蕾元仁浩（天津）印刷有限公司
开　　本：889mm×1194mm　1/16
印　　张：70. 25
版　　次：2025 年 3 月第 1 版
印　　次：2025 年 3 月第 1 次印刷
书　　号：ISBN 978-7-5010-8543-9
定　　价：780. 00 元（全二册）

《苏州地域文明探源丛书》

总 序

中华文明源远流长，博大精深，独特而辉煌，为人类文明的进步作出了重大贡献。苏州是首批国家历史文化名城，也是长江中下游地区人类文明的重要起源地和吴文化的发祥地，有着悠久的历史和灿烂的文化，是中华文明的重要组成部分。早在1万多年前，先民们就在这里辛勤劳作，繁衍生息。始建于周敬王六年（前514年）的苏州古城，至今已有2500余年的历史，底蕴厚重，遗存丰富，堪与北京、西安等古都媲美。

党的十八大以来，习近平总书记站在实现中华民族伟大复兴的战略高度，就考古工作和中华文明探源工程多次发表重要讲话和指示批示，为建设新时代中国特色、中国风格、中国气派的考古学指明了方向。苏州市委、市政府高度重视考古工作，多年来，以基本建设考古和文明探源研究并重，取得了一系列重要成果。2009年以来，全市共开展104项考古发掘项目，出土各类文物标本数万件。“赵陵山遗址”“东山村遗址”“苏州木渎古城遗址”“张家港黄泗浦遗址”等4个考古项目荣获“全国十大考古新发现”。草鞋山遗址被考古界称为“江南史前文化标尺”，考古遗址公园核心区建成开放。木渎古城被认定为春秋时期吴国都邑性质的大型城址。黄泗浦遗址实证鉴真东渡启航地，入选国家文物局“十四五”时期大遗址名单。

为了深入推进苏州考古工作，2022年11月，苏州市委、市政府发布了《苏州地域文明探源工程实施意见》，确立了指导思想和工作原则，确定了“太湖流域文明”“史前文明发展历程”“吴文化探源”“苏州古城研究”“苏州地域人口迁徙和文化交流”等重点研究项目，成立了由市委书记任第一组长、市长任组长的领导小组，强化苏州地域文明探源组织保障。同月，苏州市正式启动“苏州地域文明探源工程”，成为国内首个实施文明探源工程的地级市，以此为起点，不断加强考古能力和学科建设，持续推进考古管理体制改革，多学科、多角度、多层次、全方位联合攻关，深入开展苏州地域文明文献研究与考古发掘，探索地域文明起源和脉络，填补历史研究缺环，以丰硕的考古成果和学术研究成果，为中华文明探源作出苏州贡献。

为了配合“苏州地域文明探源工程”的深入推进，系统整理文献资料，及时公布考古成果，在草鞋山遗址考古发掘50周年之际，我们策划了《苏州地域文明探源丛书》。丛书分为研究专著、资料汇编、文物图录、发掘报告四大类别，内容涵盖苏州史前文明、吴文化探源、苏州古城研究、苏州地域人口变迁与文化交流等方面。希望本丛书能够成为一座跨越历史长河的时空桥梁，让更多人了解苏州作为吴文化发祥地和江南文化核心城市的丰富内涵，展现苏州地域文明的发展脉络，以及对中华文明的突出贡献，增强历史自觉和文化自信，推动苏州文化再创新的辉煌。

《苏州地域文明探源丛书》编纂委员会

2023 年 5 月

《苏州考古资料汇编》出版委员会

前　言

苏州考古发轫于1936年卫聚贤对周边古遗址的调查，此后因为时局关系，只有地方文化界人士零星开展过一些金石学调查。1954年江苏省文管会对五峰山土墩墓的发掘，才算苏州地区真正现代科学意义的考古工作。从第一次真正的考古发掘到现在，苏州考古已经走过了七十年的历程。在这七十年中，苏州考古从以省主市辅，逐渐发展到苏州博物馆考古部，最后独立成苏州市考古研究所。业务工作也从刚开始的调查勘探清理，逐渐走上了正规、科学的全方位考古工作。

近年，苏州市委市政府开展苏州地域文明探源工程，考古是重中之重。全面收集考古资料，是一个文明探源工程的基础工作。但是囿于各种限制，早期资料发布不齐全，甚至未发表。即使正式发表，有的报刊杂志已经很难查询。更有甚者，一些当时认为价值不高或资料较少的材料，只在内部工作通讯或会议论文里有所体现。尽管1980年苏州博物馆曾经以内部出版物的形式出版过一部《苏州文物资料选编》，但该书只有文字没有线图、图版，且收录资料较少，目前已不能满足研究的需要。我们一直渴望能够有机会将所有的考古简报、简讯之类的材料汇集起来，现在这个愿望终于要实现了。在此，就本书的收录情况做一些说明：

1. 本书收录资料共172篇；

2. 本书收录资料的地域范围仅限于当前苏州市行政区划内的考古资料，有重要文物收藏于苏州者酌情收入；

3. 本书收录资料的时间范围截至苏州市考古研究所成立之前，即2009年以前；

4. 已经单独出版考古报告者，或已收入《苏州文物考古新发现》者，本书不再收入；

5. 本书收录资料力求全面，无论是正式刊物，还是内部资料，乃至介绍性文字，凡有助于研究者全部收入；

6. 相关遗址材料的科技检测报告视作考古报告的一种形式或部分内容，一并收入；

7. 部分研究论文中所用资料为未发表资料，酌情收入；

8. 线图经过重绘或改绘，确实无法改绘者删除，但图号保留，以保证汇编本和原始发表一致；

9. 收录资料按照遗址、遗物时代为序，如跨越多个时代，则以其最早时代或最重要者为准。

10. 对所收录的各篇文章尽量保持原貌，只是改正原来文中的错别字及不规范之处，并在编校体例方面进行了一些统一性的调整。

通观这些资料，七十年来苏州考古在各个时代都有较为完备的资料积累，也解决了一些问题。具体而言，旧石器方面，三山岛遗址的发掘填补了太湖流域早期人类的缺环；新石器方面，以草鞋山为代表的一系列遗址的发掘，为太湖流域年代序列的建立、遗址分布规律的探寻、稻作农业的研究等提供了关键性材料；商周时期，西部山区石室土墩墓的调查和发掘，严山玉器窖藏、真山大墓的发掘为建立太湖流域墓葬形制、原始青瓷、几何印纹陶序列打下了坚实基础；秦汉至隋唐时期大量的墓葬和出土文物为研究这一时期苏州文化面貌提供了全新的素材，一些名人墓葬更是研究本地区历史文化的绝好材料。

但苏州考古工作的短板也是显而易见的：

第一，在三山岛遗址发掘之后，对太湖流域旧石器时代考古的调查与研究基本处于停滞状态，三山岛人和马家浜文化晚期之间的缺环一直没有得到补充。

第二，尽管积累了大量商周时期的素材，但是未能利用这些材料进行综合研究，进而建立本土的类型学、年代学体系。因为没有统一的年代学体系，导致在对遗迹、遗物的时代判断上出现了过于宽泛的倾向，比如笼统地称商周、先秦、两周等。而在使用这些时间段时，又没有统一的规范，导致其他领域学者在使用考古资料时无所适从。

第三，历史时期考古材料的公布不充分，和北方相比时代判断同样过于宽泛，没有利用苏州特殊的历史进程对考古遗物所反映的特殊现象进行区分。

第四，科技检测主要集中在史前时期，检测手段单一，且报告发表较少，对于一些历史时期的特殊文物如丝绸、纸张、漆木器等缺乏科技检测。

尽管有很多不足，但在几代考古工作者的努力下，苏州考古已经走上了正轨，资料刊布也越来越及时且丰富。本汇编虽然可能仍有遗珠，但基本可以反映出20世纪苏州考古的全貌。相信这部资料集的出版，一定会对目前正在开展的苏州地域文明探源工程产生积极的影响，也对苏州考古研究，乃至历史研究发挥重要的作用。

最后要特别感谢以下同志：苏州博物馆姚晨辰在研究之余建立了一份“苏州文物考古资料目录”，为汇编提供了基本思路；苏州市考古研究所周官清在这个目录的基础上又收集了一些内部刊物上的资料，使汇编更加完备；苏州市考古研究所朱书玉、刘彦辰、方立、宁振南、陈璟、沈浩、信香伊、张硕、车亚风等承担了文图核对工作；车亚风同志还承担了本书的各种事务性工作。

在本书即将面世前，赘述几句，以此为序！

程　义

2024 年 12 月

目　录

前　言 …… I

＊　＊　＊

三山文化——江苏吴县三山岛旧石器时代晚期遗址发掘报告 …… 陈　淳　张祖方　王闽闽　顾文明　姚勤德　1

太湖三山岛的哺乳动物化石 …… 张祖方　王闽闽　李洲芳　朱薇君　19

＊　＊　＊

江苏省吴江县发现古遗址 …… 胡继高　25

江苏省常熟中学校内发现古代文物 …… 26

江苏吴江县松陵镇附近发现古遗址 …… 27

苏州市金鸡墩发现新石器时代遗迹 …… 李鉴昭　28

江苏昆山陈墓镇发现新石器时代遗址 …… 金　诚　29

吴县发现新石器时代遗址 …… 人　俊　30

太湖湖底发现大批石器等遗物 …… 柴旺顺　31

苏州东郊发现几何印纹陶遗址 …… 张成珠　32

江苏昆山陈墓镇新石器时代遗址 …… 金　诚　33

江苏昆山荣庄新石器时代遗址 …… 王德庆　34

苏州市和吴县新石器时代遗址调查 …… 南京博物院　36

江苏吴江梅堰新石器时代遗址 …… 江苏省文物工作队　46

江苏省吴县洞庭西山消夏湾出土一批石器和青铜器 …… 南　波　61

吴县唯亭公社夷陵山出土印纹陶、釉陶器物 …… 南　波　62

昆山周庄公社太史淀发现新石器时代遗址 …… 昆山县文化馆　63

江苏吴县张陵山遗址发掘简报 …… 南京博物院　64

江苏吴县草鞋山遗址 …… 南京博物院　73

江苏吴县光福镇发现一批新石器时代的石犁 …… 吴县文管会　102

昆山太史淀古文化遗址考察 …… 陈兆弘　104

江苏越城遗址的发掘 …………………………………………………………………… 南京博物院 107
吴县发现一处新石器时代古文化遗址 ……………………………………………………… 张志新 124
江苏昆山绰墩遗址的调查与发掘 …………………………………… 南京博物院 昆山县文化馆 125
江苏常熟良渚文化遗址 ………………………………………………………… 常熟市文物管理委员会 133
江苏吴县出土的石犁 ……………………………………………………………………… 叶玉奇 138
江苏吴县澄湖古井群的发掘 ……………………………………………… 南京博物院 吴县文管会 142
江苏吴县高景山、茶店头新石器时代遗址 ……………………………………………… 吴县文管会 169
江苏吴县张陵山东山遗址 ……………………………… 南京博物院 角直保圣寺文物保管所 171
吴县张陵山东山遗址出土玉器鉴定报告 ………………………………………………… 郑 建 184
江苏吴江县首次出土玉琮 ………………………………………………………………… 吴国良 188
江苏沙洲县新石器时代遗址调查简报 ……………………………………………… 王德庆 缪自强 189
吴县通安古井清理简报 ………………………………………………………… 吴县文物管理委员会 200
江苏省昆山县少卿山遗址 …………………………………………… 苏州博物馆 昆山县文管会 204
江苏吴江梅埝龙南遗址1987年发掘纪要 …………………………………………… 龙南遗址考古工作队 212
江苏吴县越溪张墓村遗址调查 …………………………………………………… 吴县文物管理委员会 217
江苏张家港许庄新石器时代遗址调查与试掘 ……………………… 苏州博物馆 张家港市文管会 223
江苏吴县南部地区古遗址调查简报 ……………………………………………………………… 姚勤德 234
江苏吴江龙南新石器时代村落遗址第一、二次发掘简报 … 苏州博物馆 吴江县文物管理委员会 250
吴江梅堰龙南新石器时代村落遗址第三、四次发掘简报 … 苏州博物馆 吴江市文物管理委员会 283
江苏吴江县龙南遗址孢粉组合与先民生活环境的初步研究 ……………………………………… 萧家仪 296
龙南新石器时代遗址出土动物遗骸的初步鉴定 …………………………………………………… 吴建民 303
江苏梅埝龙南遗址古稻作的调查 ……………………………… 汤陵华 王才林 邹江石 李和标 308
龙南遗址红烧土植物蛋白石分析 ……………………………… 郑云飞 游修龄 徐建民 边其均 311
草鞋山遗址新石器时代稻作初考 …………………………………………… 孙加祥 汤陵华 邹江石 314
江苏张家港徐家湾新石器时代遗址 …………………… 苏州博物馆 张家港市文物管理委员会 318
草鞋山遗址发现史前稻田遗迹 ……………………………………………………………………… 363
江苏昆山赵陵山遗址第一、二次发掘简报 ……………………………………… 江苏省赵陵山考古队 364
江苏昆山赵陵山新石器时代遗址第一、二次发掘墓葬人骨鉴定报告
…………………………………………………………………… 李民昌 黄象洪 陈翁良 丁一新 386
苏州草鞋山良渚文化墓葬 …………………………………………………………………… 南京博物院 391
江苏常熟钱底巷遗址发掘报告 …………………………… 南京大学历史系考古专业 常熟博物馆 414
苏州草鞋山遗址新石器时代以来的植硅石研究 …………………………… 黄 翡 王伟铭 李民昌 458
草鞋山遗址各文化层植物蛋白石的试分析
………………………………… 孙加祥 汤陵华 宇田津朗 邹江石 李民昌 谷建祥 邹厚本 462
江苏常熟罗墩遗址发掘简报 …………………………………………… 苏州博物馆 常熟博物馆 466

张家港东山村遗址发掘的主要收获 …… 张照根 姚瑶 486
中国草鞋山遗址古代稻种类型 …… 汤陵华 孙加祥 佐藤洋一郎 宇田津彻朗 497
江苏昆山市少卿山遗址的发掘 …… 苏州博物馆 昆山市文化局 千灯镇人民政府 502
江苏昆山市少卿山遗址的植物蛋白石分析 …… 王才林 丁金龙 522
江苏昆山市绰墩遗址发掘报告 …… 苏州博物馆 昆山市文物管理所 530
江苏昆山绰墩遗址第二次发掘报告 …… 苏州博物馆 昆山市文物管理所 550
江苏吴江广福村遗址发掘简报 …… 苏州博物馆 吴江市文物陈列室 572
（以上上册）
吴县郭新河遗址发掘简报 …… 苏州博物馆 587
吴县五峰山烽燧墩清理简报 …… 朱江 600
吴江横塥出土越王残钟考释 …… 陈邦福 604
苏州发现一批东周青铜器 …… 苏州博物馆考古组 606
吴县发现春秋时期的铜剑 …… 张志新 607
苏州虎丘战国墓清理简报 …… 苏州博物馆考古组 608
苏州城东北发现东周铜器 …… 苏州博物馆考古组 610
昆山盛庄青铜器熔铸遗址考察 …… 昆山县图书馆 陈兆弘 614
苏州虎丘东周墓 …… 苏州博物馆考古组 619
苏州葑门河道内发现东周青铜文物 …… 廖志豪 罗保芸 624
摇城遗址及其出土的印纹陶器 …… 张志新 626
吴县宝山发现古文化遗址 …… 叶玉奇 王建华 施磊 629
江苏吴县华山等地发现“郢爰” …… 张志新 姚勤德 630
南博、中大发掘五峰山石室土墩 …… 钟志 631
江苏吴县何山东周墓 …… 吴县文物管理委员会 632
江苏吴县出土一批周代青铜剑 …… 叶玉奇 638
江苏吴县发现印纹大陶瓮 …… 叶玉奇 641
江苏苏州上方山六号墩的发掘 …… 苏州博物馆考古部 642
苏州新庄东周遗址试掘简报 …… 苏州博物馆 652
江苏吴县发现东周时期青铜剑 …… 姚勤德 661
江苏吴县春秋吴国玉器窖藏 …… 吴县文物管理委员会 662
江苏吴县发现东周铜器 …… 吴县文管会 680
江、浙地区的早期玻璃器和先秦时期的中西文化交流 …… 姚勤德 682
江苏苏州市发现窖藏青铜器 …… 苏州博物馆 689
苏州市长桥新塘战国墓地的发掘 …… 苏州博物馆 693
苏州浒关真山大墓发掘纪要 …… 陈瑞近 700
江苏苏州浒墅关真山大墓的发掘 …… 苏州博物馆 704

苏州真山九号墩吴国国君墓出土贝币 …… 朱伟峰 724
苏州真山 D9M1 玉器分析与研究 …… 陈瑞近 陆雪梅 726
苏州真山四号墩发掘报告 …… 苏州博物馆 733
江苏常熟市虞山西岭石室土墩的发掘 …… 苏州博物馆 常熟博物馆 743

* * *

常熟清理三座汉墓 …… 江苏省文化局 757
苏州觅渡桥汉墓清理 …… 苏州博物馆 758
苏州发现齐门古水门基础 …… 苏州博物馆考古组 761
江苏吴县窑墩汉墓 …… 吴县文物管理委员会 张志新 766
苏州市娄葑公社团结大队天宝墩二十七号汉墓清理简报 …… 苏州博物馆 769
苏州北郊汉代水井群清理简报 …… 苏州博物馆 779
苏州虎丘乡汉墓发掘简报 …… 苏州博物馆 786
苏州冠鑫公司工地东汉墓的清理 …… 苏州博物馆 799
“孙策孙坚”墓的清理和看法 …… 苏州博物馆考古组 802
苏州平门城墙的发掘 …… 苏州博物馆 806
张家港港口河阳山南朝墓清理简报 …… 张家港市文物管理委员会 812
江苏吴县张陵山张氏墓群发掘简报 …… 南京博物院 818
东晋张镇墓碑志考释 …… 邹厚本 825
苏州市五龙山发现晋代墓葬 …… 钱 镛 828
吴县张陵山发现晋代铭文砖 …… 吴县文管会 王 新 叶玉琪 829
吴县狮子山西晋墓出土文物及其意义 …… 吴县文管会 张志新 831
吴县何山出土晋代青瓷器 …… 叶玉琪 834
江苏吴县狮子山四号西晋墓 …… 吴县文物管理委员会 837
江苏吴县何山东晋墓 …… 南京博物院 846
江苏吴县何山出土晋代瓷器 …… 叶玉奇 853
东晋顾楮墓在吴县出土 …… 江苏吴县文管会 叶玉奇 859
江苏吴县狮子山西晋墓清理简报 …… 吴县文物管理委员会 张志新 860
吴江县东太湖发现隋瓷、隋“五铢”铁钱 …… 吴江县图书馆 柳德庆 871
苏州平门城墙唐墓的清理 …… 苏州博物馆 朱薇君 872
苏州虎丘云岩寺塔发现文物内容简报 …… 苏州市文物保管委员会 875
“檀龛宝相”——苏州虎丘塔中发现的文物 …… 顾公硕 885
苏州虎丘云岩寺塔发现的“经袱”和“经帙” …… 史树青 887
昆山南港唐墓出土砖刻墓志和三彩瓷枕 …… 昆山县文化馆 889
昆山绰墩出土唐代砖刻墓志 …… 陈兆弘 890

苏州市郊出土唐三彩扁壶 …… 钱公麟 892
苏州市郊出土唐三彩扁壶 …… 苏州博物馆 893
江苏吴县姚桥头唐墓 …… 江苏省吴县文管会 894
苏州市虎丘唐墓 …… 朱伟峰 897
常熟唐人墓志概述 …… 吴慧虞 898
苏州市梅家桥古城墙遗址 …… 张照根 904

* * *

苏州市瑞光寺塔发现一批五代、北宋文物 …… 苏州市文管会 苏州博物馆 905
苏州瑞光寺塔藏嵌螺钿经箱小识 …… 姚世英 陈 晶 922
苏州瑞光寺塔再次发现北宋文物 …… 陈玉寅 925
苏州七子山五代墓发掘简报 …… 苏州市文管会 吴县文管会 929
苏州附近宋赵善苍墓清理简报 …… 钟兆锦 940
苏州双塔修整中的新发现 …… 钱 镛 943
江苏吴江出土一批宋瓷 …… 苏 文 944
苏州大石头巷宋代坊市遗址出土文物介绍 …… 苏州博物馆考古组 946
常熟石刻天文图 …… 中国科学院紫金山天文台古天文组 江苏省常熟县文物管理委员会 948
沙洲县出土北宋雕漆碗 …… 沙洲县文化馆 包文灿 955
记沙洲出土的一批磁州窑器 …… 沙洲县文化馆 包文灿 957
从坊市遗址出土文物看宋代苏州城市经济发展 …… 廖志豪 959
苏州新发现两块宋代刻字砖 …… 朱薇君 963
江苏吴县藏书公社出土宋代遗物 …… 叶玉奇 王建华 965
常熟出土窖藏宋钱简报 …… 周公太 常利平 968
吕师孟墓金银器考察 …… 魏采苹 972
苏州古胥门调查与瓮城遗址发掘报告 …… 苏州市文物管理委员会 苏州博物馆 979
江苏吴县元墓清理简报 …… 江苏省文物管理委员会 994
苏州吴张士诚母曹氏墓清理简报 …… 苏州市文物保管委员会 苏州博物馆 1000
太仓县发现元代铁炮 …… 太仓县图书馆 吴聿明 1015

* * *

苏州虎丘王锡爵墓清理纪略 …… 苏州博物馆 1016
江苏吴县洞庭山发掘清理明许裕甫墓 …… 南京博物院 1022
吴县洞庭山明墓出土的文徵明书画 …… 苏华萍 1024
太仓县沙溪公社出土一批明代窖藏仿古铜器 …… 太仓县图书馆 陈祖望 1028
吴县斜塘隆山发现的明代《丘宗盛墓志铭》 …… 姚勤德 张志新 1030
苏州太仓县明黄元会夫妇合葬墓 …… 苏州博物馆考古组 太仓县博物馆 1032

太仓南转村明墓及出土古籍……吴聿明 1036
常熟城郊发现明代墓葬……杨新民 1041
杨舍镇发现明代夫妇合葬墓……缪自强 易剑刚 季永才 1043
苏州虎丘明墓清理简报……苏州博物馆 1045
常熟发现文徵明书《陈寰墓志铭》……周公太 金剑芬 1050
常熟市虞山明温州知府陆润夫妇合葬墓发掘简报……常熟博物馆 1053
苏州清代织署调查简报……宋伯胤 1056
苏州发现太平天国随征典木……苏州市文管会 廖志豪 1060
苏州发现清“织造局”图……廖志豪 1061
苏州新发现一批太平天国革命文物……苏州博物馆 1062
江苏吴县清毕沅墓发掘简报……南 波 1079
昆山花桥出土清代银锭和西班牙银币……昆山县图书馆 陈兆弘 1085
吴江发现徐灵胎墓志铭……吴国良 1087
蟠螭山麓“画僧”墓……吴县文管会 姚勤德 1090
清顺治间《奉旨遵宪蠲免渔课永禁泥草私税碑》及其反映的几个问题……姚勤德 1091
常熟新发现的咸丰银元宝窖藏……周公太 1095
苏州盘门清代墓葬发掘简报……苏州博物馆 1097
沪宁高速公路苏州段考古调查及勘探……张照根 1102
娄江拓浚工程出土一批文物……昆山县文化馆 1105

后 记……1107

（以上下册）

三山文化

——江苏吴县三山岛旧石器时代晚期遗址发掘报告*

陈　淳（上海大学文学院）
张祖方　王闽闽（南京博物院）
顾文明（苏州博物馆）
姚勤德（吴县文管会）

1985年5月，南京博物院、苏州博物馆和吴县文管会对太湖中的三山岛龙头山一处含晚更新世哺乳动物化石的裂隙进行发掘，此间部分同志[1]在岛上进行考古调查，根据三山岛风景义务保护小组同志提供的线索，于岛西北端东泊小山下发现了一处旧石器地点。

同年12月，由南京博物院、上海大学文学院、苏州博物馆和吴县文管会组成的一支联合发掘队，对这一石器地点进行了正式发掘[2]。上海大学文学院历史系考古与博物馆专业1983级学生也参加了这一工作。

中国科学院学部委员、著名旧石器时代考古学家、中国科学院古脊椎动物与古人类研究所研究员贾兰坡教授对调查发现的标本予以充分肯定，并观察了发掘出土的一些典型标本，提出了许多有指导意义的意见。

在发掘过程中，江苏省考古学会理事长赵青芳先生以及苏州市、吴县和东山乡的各级领导视察了发掘工作。发掘工作自始至终受到了江苏省、苏州市、吴县、东山乡及三山村各级领导，特别是吴县副县长，文管会主任俞捷和文管会副主任张志新、金文辉同志的关心和大力支持，在此一并致以谢忱。

一、地理地质概况

三山岛位于苏州市西南约50千米的太湖之中，离东山杨湾水路约9千米，以岛上的三座山大山、行山和小姑山而得名，隶属吴县东山乡三山村，面积约2平方千米。岛上最高峰为大山的主峰北山，海拔83.3米。

石器地点位于岛的西北端，即大山的东泊小山清风岭下一溶洞前，地理坐标北纬31°02′12″，东经

---

* 中国科学院科学基金资助的课题。

〔1〕参加调查的同志有张祖方、陈淳、王闽闽，苏州博物馆朱薇君，三山风景义务保护小组韦鹤鸣。

〔2〕参加发掘的有张祖方、陈淳、薛金度、车广锦、王闽闽、顾文明、闻惠芬、姚勤德、唐友波、郭青生。

120°17′15″（图一）。石器地点附近的基岩为石炭系上统船山组灰岩，文化遗物分布在面积大约有500平方米的湖滩沙砾石层中，以接近溶洞口部位较为集中。洞口方位SSW250，洞穴岩檐的倾角为40度左右。岩檐上有三四条水蚀所致的凹槽，为高水位时的湖水所溶蚀。洞口离太湖的水平距离约12.28米（冬季），洞口部位文化层表面距太湖水面垂直高度约1.25米。在溶洞的南侧，有热变胶结的砾岩，其中富含燧石、玛瑙和其他变质岩类，为石器加工的原料来源。这个溶洞较大，但在文化层堆积形成之前已被充填，洞底基岩低于今天的太湖水面。

发掘采用打格分方法进行，布两个面积各为4米×4米的探方，以正南北方向展开，其间为4米×1米的探沟，发掘总面积为36平方米。在洞口处又打一探坑，深1.6米，见底，基岩也为石炭纪灰岩。地层剖面自上而下为（图二）：

1. 砾石层。含大量石制品，表面部位石制品和砾石水磨痕迹明显。厚约15厘米。

2. 粗砂层。分选好，含少量石制品。厚约35厘米。

3. 褐红色亚黏土。无层理、无石制品。厚约110厘米。

基岩：石炭系上统船山组灰岩。

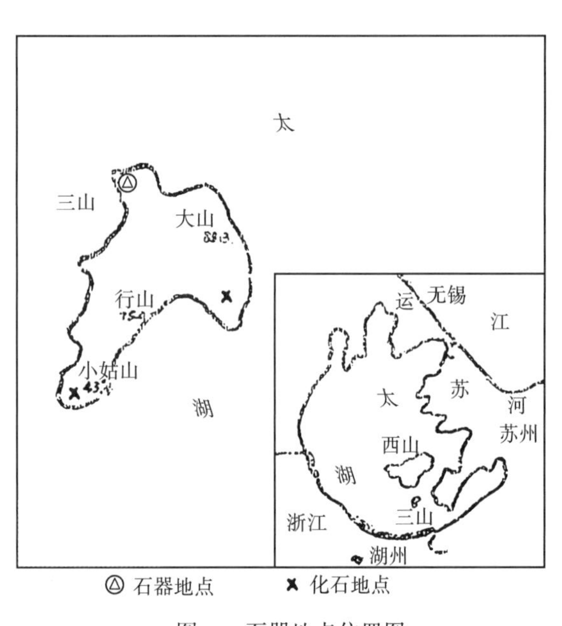

图一　石器地点位置图

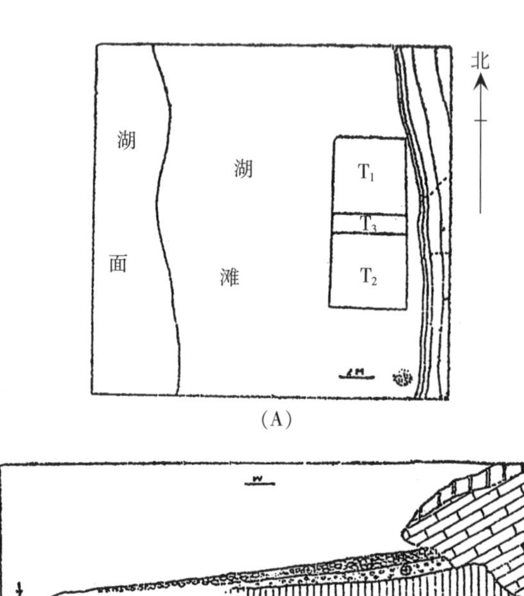

图二　发掘平面（A）、剖面图（B）

二、石制品

三山岛石器地点发掘所得的石制品共计5263件，石制品原料主要为燧石、石髓、玛瑙等。石制品种类有石核、石片、石器和具有使用痕迹的石片。石器类型有刮削器、尖状器、锥、钻、砍砸器和雕刻器等，其中刮削器数量、种类最多，此外使用石片数量之多，为三山岛旧石器组合的一大特色。发现的石制品中部分有明显被水冲磨的痕迹，而那些埋藏在文化层下部的石制品往往保留着清晰的打击和加工痕迹。

本文研究观察的石制品共1023件，其中670件作了编号，其余石制品仅做一般观察和登记。

（一）石核

250件。约占发现石制品总数的4.8%。本文观察的石核为36件，个体大小不等，数量上以中小型居多。大部分为锤击石核，这些石核很少保留砾石的自然面，说明打片技术和石核利用率较高。根据台面特点，可以分为多台面石核、双台面石核和单台面石核，其中以多台面石核居多，双台面石核次之，单台面石核最少。石核的台面除一些以自然砾石面为台面外，以打制台面（石片疤）为多，未见有明显修理的台面。

在双台面和单台面石核中，有一类核身引长的棱柱状石核，台面位于一端或两端，核身上的石片疤窄而长。

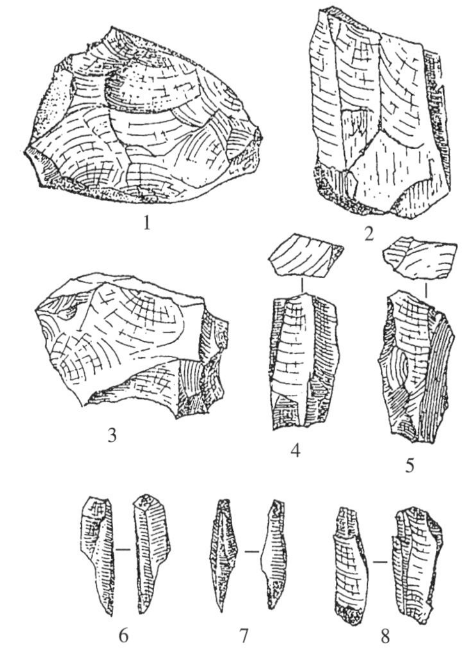

图三　各类石核

1~3. 多台面石核　4、5. 棱柱状石核

6~8. 两极石核

JS0001，共有五个台面，其中三个为自然面，两个为石片疤。JS0002，石料为红色石髓，用四个台面打片（图三，1~3）。JS0011和JS0008，为两件单台面棱柱状石核，核身上有长而规整的石片疤（图三，4、5）。这些石核均用锤击法打片，台面角在65度~90度。

两极石核3件。JS0491、JS0051、JS0532，原料为红色石髓和红、灰色燧石。分别长3.1、3.2和2.9厘米。核身留有纵向重叠分布的长条石片疤，类似细石核上的条状阴疤。两端为尖头或刃状缘，有明显受力破碎的痕迹（图三，6~8；图版五，5）。

（二）石片

4557件。占发现石制品总数的86.6%。本文观察的石片为531件。

三山岛所发现的石片，大部分为打片和打制石器的残次品、废料和碎屑，大小形态差异较大，但总的来说个体普遍较小。石片一部分较薄，也有相当部分为块状石片，类似角砾，上面有明显的人工痕迹，如波纹、放射线等，但有些标本的台面和打击点不甚清楚。少数石片有水冲磨痕迹。

根据台面的保存情况，可以分为有台面石片和无台面石片两大类。有台面石片进而可分为自然台面石片、打制台面石片、脊台面石片和两极石片。无台面石片一种是台面呈一条线，亦可称之为线台面或零台面；另一种情况是石片打下后被有意折断，台面不复存在。其中数量最多的是自然台面和打制台面两种，无台面者也为数不少。

从打片技术看，三山岛石器工业主要采用锤击法，少量采用砸击技术。在优质原料的石片上可以见到显突的半锥体和集中的打击点，石片角在80度~100度，尽管有些石片薄长，类似细石叶，但并不是采用间接技术打制的。

从我国旧石器时代早期开始，华北地区的旧石器文化中就出现了修理台面的打片技术，例如东谷坨[①]和周口店第一地点的第3、4层[②]，都发现有台面修理技术，但对三山岛旧石器的观察，尚未发现有此现象。

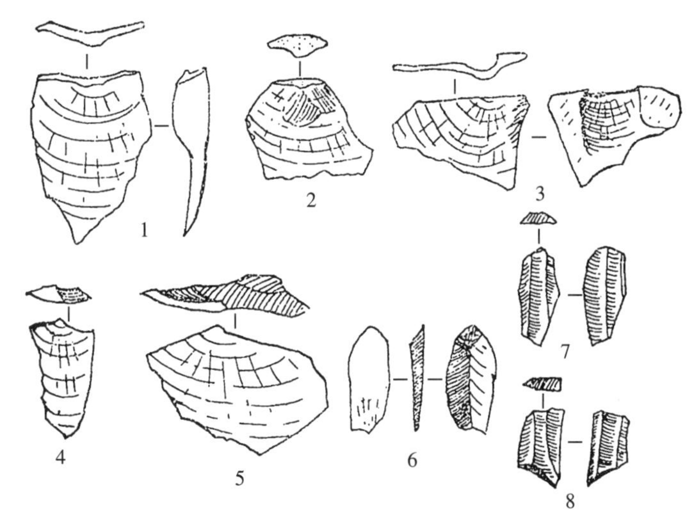

图四　各类石片

1. 打制台面石片　2. 自然台面石片（砾石面）　3. 自然台面石片（节理面）　4、5. 脊台面石片　6. 两极石片　7、8. 小长石片

砸击石片或两极石片数量很少，它们呈细长条形，两端有纵向剥落的碎片疤。砸击技术出现在早更新世，我国华北的西侯度③、小长梁④和东谷坨就发现了砸击的石制品，在北京人遗址中它是加工脉石英的主要方法⑤。在华南，如四川汉源富林⑥和贵州兴义猫猫洞⑦，也发现了砸击法打制的石片和石核，反映了这一技术在我国的广泛分布。

JS0402，为一打制台面长石片。背面也为一石片疤，腹面有显突的半锥体，台面仅宽 3 毫米，打片技术相当高（图四，1）。

JS0134，为一红色燧石片。自然台面（砾石面）。腹面打击点、半锥体、疤痕和波纹非常明显（图四，2）。

JS0043，为一自然台面（节理面）石片。背面留有一深陷的石片疤，腹面半锥体显突，石片相当薄（图四，3）。

JS0190 和 JS0176，为两件脊台面石片。半锥体显突，打击点位于台面部位凸起的脊上（图四，4、5）。

JS0172，为一两极石片。台面呈线状，两端有崩碎的痕迹和放射线（图四，6）。

JS0445 和 JS0054，为两件小长石片。其背、腹面均有细石叶上常见的纵向棱脊。造成这种小石片的原因尚不清楚（图四，7、8）。

（三）石器

456 件。约占发现石制品的 8.6%。按刃缘特点可以分为刮削器、尖状器、锥、钻、雕刻器、砍砸器和使用石片等。

（1）刮削器　192 件。

这是三山岛旧石器地点发现数量较多的一类工具。根据刃缘形状可以分为以下几类。

1. 单直刃刮削器　26 件。

这类工具的特点是，加工主要集中在石片的一缘，连续修理使之基本成一直线，个别标本在其他部位亦略作了加工。从加工方法来看，其中向背面加工有 14 件，向破裂面加工有 5 件，交互加工有 7 件（图五，1~5；图版Ⅰ，1、2）。

2. 凸刃刮削器　25 件。

这类石器的一缘被修理成微向外凸出的弧形刃缘，标本大小不一。从加工方法看，向背面加工者 17 件，交互加工者 6 件，反向加工者 2 件。

JS0382，长 5 厘米。沿石片右侧的凸缘作了连续修理，较为精致。

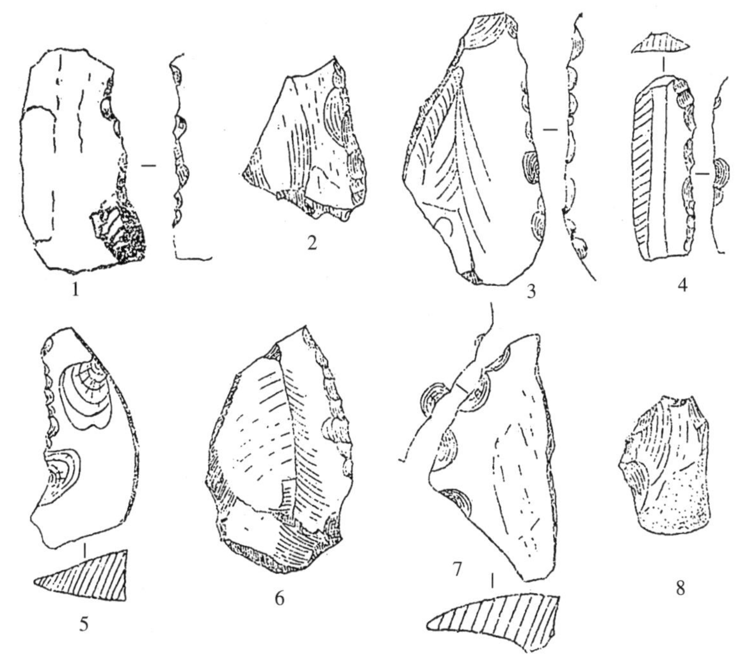

图五　直刃和凸刃刮削器
1~5. 直刃刮削器　6~8. 凸刃刮削器

JS0653，为一长、宽、厚为4.9厘米×2.6厘米×1.8厘米的三角形石片。沿一锐缘作交互加工成一凸刃。

JS0663，长2.8厘米。沿石片一侧加工并延伸到端部呈一弧状凸刃（图五，6~8；图版三，3、4）。

3. 凹刃刮削器　39件。

这类工具加工较为精致，常沿石片的一缘或两缘修出深浅不等的凹口，个体一般较小。从加工方法看，向背面加工占多数，有33件，两缘错向加工者1件，交互加工者1件。

JS0083，为一红色燧石质标本。器形规整。石片的四缘有三缘作了修理，石片尾端一缘修成一凹刃，使两角略呈燕尾状（图六，1；图版Ⅰ，5）。

JS0116，为一红色玛瑙质标本。石片一侧薄一侧厚，沿薄缘修出一凹刃，十分精致（图六，2；图版三，6）。

JS0089和JS0087，为两件深凹刃刮削器标本。特别是JS0089，刃口深达0.8厘米，呈一半圆形缺口，为相当典型的一件标本（图六，3、4；图版三，7、8）。

JS0109，为一件双凹刃刮削器。沿石片相对的两缘修理，呈两个微凹的刃口（图六，5）。

JS0113，用较厚的三棱小石片沿一长缘予以重击，成一凹刃，刃角相对较陡，约在60度~80度（图六，6）。

JS0649，用一弧形长石片，沿其内凹一侧连续修出刃口，石片横截面呈三角形。长3.8厘米（图六，7；图版三，9）。

三山岛旧石器中，凹刃刮削器是相当精致和很有特色的一类工具。

4. 盘状刮削器　10件。

这类石器均用薄石片制成，呈圆形或椭圆形，周缘大部或全部仔细修理。这类工具直径一般在

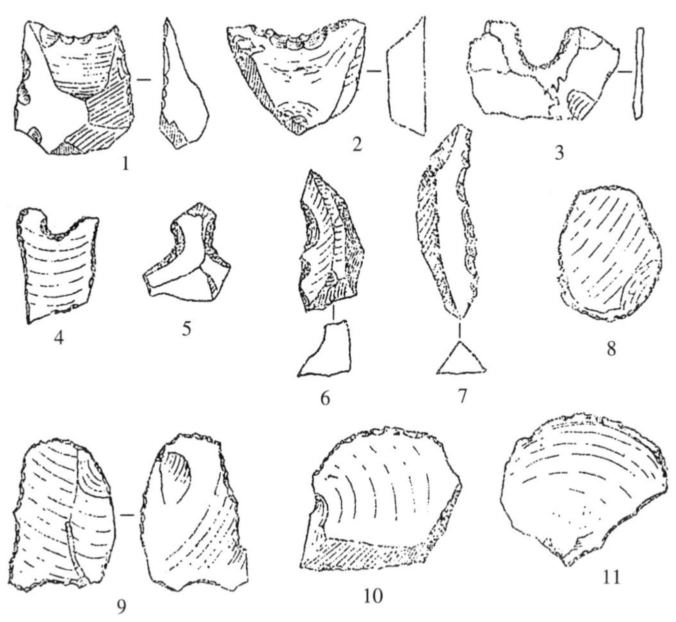

图六　凹刃刮削器和盘状刮削器
1～7. 凹刃刮削器　8～11. 盘状刮削器

3.5 厘米左右，厚度约 0.4 厘米，刃缘处仅厚 0.1～0.2 厘米。刃缘主要采用交互法加工，疤痕呈短小的鳞片状。

JS0272，为一红色玛瑙质标本。石片周缘全部修理，疤痕小，交互作鳞片状分布，一缘弧状，两缘稍直（图六，9；图版三，12）。

JS0288，为红褐色燧石质标本。周缘全部修理，有一边稍直，与弧刃相交呈一尖，所以也可看作一多用途工具（图六，10；图版三，10）。

JS0044，为一燧石质薄石片。沿石片尾部的弧形波纹的卷尾处加工成刃（图六，11；图版三，11）。

JS0283，沿一薄石片周缘修理呈椭圆形，鳞状疤细小，交互分布（图六，8）。

5. 复刃刮削器　56 件。

这是刮削器中数量最多，大小形态各异的一类工具，加工的刃缘都在两条以上。其中最大的一件长 6.8、宽 3.5 厘米；最小的一件长 1.3、宽 1.0 厘米。

其中双刃者 26 件，刃缘加工为相对之两缘或为相邻之两缘，有的一直一凸，有的一直一凹，有的为一凸一凹，有的为双凸刃或双直刃等。刃口加工向背面，错向，向腹面和交互加工皆有之。

JS0276，为一红色玛瑙质薄长石片，外形类似石片。四条边均作了修理，两长边错向加工，局部作了交互调整，十分精致。JS0647，也为一似石叶石片加工的复刃刮削器，背面有一脊，周边均作了修理（图七，1、7；图版四，1、2）。

JS0380，为一淡色燧石质靴形石片制成的刮削器。其四条边除了向背面作了连续修理外，还有六七个陆续向破裂面打击的片疤（图七，2）。

JS0079 和 JS0085，为形态相当一致的方块状复刃刮削器。它们呈长方的四边形，沿石片的两缘，往往是一侧边和一尾边，或两长边作修理。由于打片质量较高，尽管刃缘加工并不特别考究，但看上

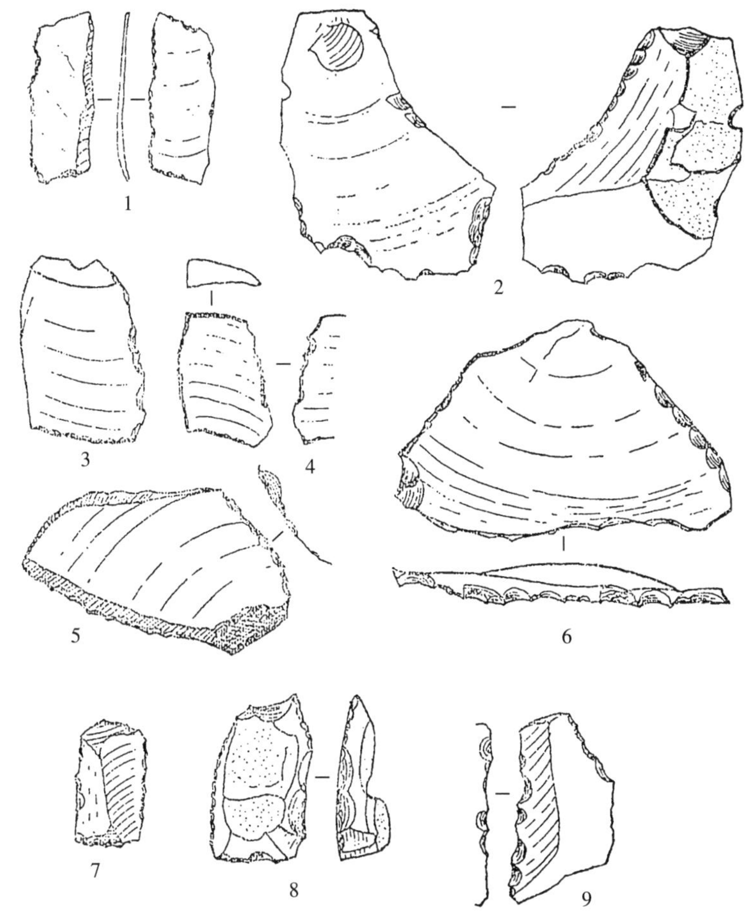

图七 复刃刮削器

去相当精致（图七，3、4）。

JS0641 和 JS0280，是两块打片质量很高的扁平石片制成的刮削器。长、宽、厚分别为 7.0 厘米 × 4.1 厘米 ×0.8 厘米和 5.5 厘米 ×3.2 厘米 ×0.7 厘米。它们两面均为平滑的破裂面，在较锐的边缘都有细修的痕迹，是切割和刮削的理想工具（图七，6、5；图版四，3、4）。

JS0644，用一鼻形石片制成。长、宽、厚为 3.4 厘米 ×2.0 厘米 ×1.3 厘米。周缘均作修理，其中一长缘陡直大力打击加工，片疤深短，其余部位为细小的鳞状疤（图七，8）。

JS0651，由一薄石片制成。一边直的经交互修理出刃缘，另一边经破裂面向背面修理，刃缘短直（图七，9）。

6. 似拇指盖形刮削器 11 件。

这类标本个体小，大者直径约 3 厘米，小者 1.5 厘米。常沿石片边缘修出一弧状刃缘，长度不等，一般占周边长度的一半以上。多数标本中间或一端较厚，向刃缘呈扇形递减变得薄锐。形制与华北小石器传统和细石器传统中的拇指盖形端刮器十分相似，但从加工技术看，显得粗糙简陋，远不及诸如下川遗址中的同类者那么典型，因此特冠之以“似”，以示区别。

JS0058，沿石片台面一缘（薄缘）连续修理成刃，石片远端留有石皮，器物较厚，适于手捏（图八，1；图版四，6）。

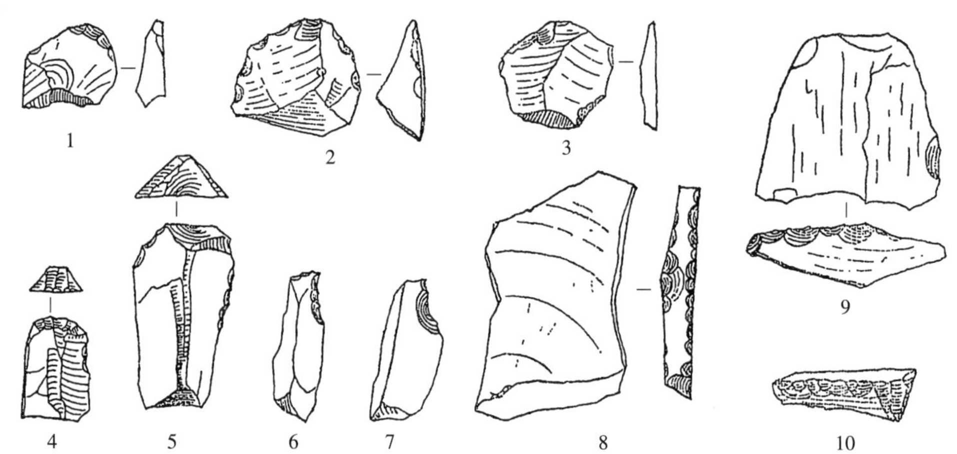

图八　似拇指盖形、长身端刃、端侧凹刃和陡刃刮削器
1～3. 似拇指盖形刮削器　4、5. 长身端刃刮削器　6、7. 端侧凹刃刮削器　8～10. 陡刃刮削器

JS0289，体稍大，半圆形，后缘平直，前缘圆弧形，中后部厚，达1.4厘米。大部边缘作了修理（图八，2；图版Ⅱ，5）。

JS0330，用一直径约2厘米的小圆石片制成。台面端厚，未修理，其余部分边缘修成一圆形刃部（图八，3）。

7. 长身端刃刮削器　5件。

它们用小长石片或长石块于一端加工，修成一圆刃。其加工技术与华北地区旧石器文化中的同类者相比显得粗糙，简陋。

JS0315和JS0174，由带四条棱的长形小燧石块制成，加工集中于端部，一侧缘也略予加工，石片疤破碎零乱（图八，4；图版四，8、7）。

JS0260，长、宽、厚为3.7厘米×2.0厘米×1.1厘米。是用一淡色三棱形燧石片制成。端刃修成弧形，由三条浅长片疤和四块短深片疤组成。两侧缘也作了局部修理。在石片背部的棱脊上，有两条长2.7和2.0厘米，宽0.1厘米的条状阴痕，这两条石片疤酷似细石叶疤的条状阴痕，但显得又浅又细，可能与细石核上的石叶疤不是同一回事（图八，5；图版四，9）。

8. 端侧凹刃刮削器　6件。

这是一类形制和加工技术很奇特的工具，迄今在我国旧石器时代遗物中尚未见过，其用途也待进一步探讨。

这类工具大多采用条状黑色燧石块为原料，一般对器身不作任何加工，于石块上端右侧连击修出一微凹的缺刃。有趣的是6件标本刃口全部位于右侧上方，加工方向5件向背面，1件向腹面。

JS0355，长、宽、厚为2.9厘米×1.0厘米×0.5厘米。在上端右侧有三个连续修理的片疤，刃口长约1厘米，顶端也有两个微小的加工疤痕（图八，6；图版四，10）。

JS0353，仅在一长石片右上侧击一缺口即成（图八，7）。

这6件标本形制和加工相当一致，看来并非随意偶然所为，而应视为一类用途特殊的工具。

9. 陡刃刮削器　14件。

这类工具大小形态各异，但共同的特点是加工刃缘主要集中于石片的厚缘，经陡直打击后的刃缘角近90度，此外，其他部位也有不同程度的修理。

JS0201，为一方块状石片。长、宽、厚为4.0厘米×3.1厘米×1.0厘米。它的台面缘，两侧缘均为陡刃，右侧缘向背面加工，台面缘和侧缘仅反向加工，尾端缘薄，向背面加工呈一锐刃（图八，8）。

JS0074和JS0028，为两件形状类似的标本，呈舌形。加工部位在厚而平直的一缘，刃角在75度左右（图八，9；图版五，1、2）。

JS0305，为一三棱小石片。形状与细石核中的一类船形石核相似。它从一节理面一侧陡直向下作连续修理，刃角近90度，其他两棱也有细微修理的痕迹（图八，10）。

（2）尖状器　22件。

这是一类十分精致的工具，它们采用优质石料加工，器身和刃缘的加工都很考究，大小形状不一。

1. 龟背形双尖尖状器　1件。

JS0123，长、宽、厚为6.2厘米×3.5厘米×1.5厘米。它背部隆起如一龟甲，一脊纵贯两尖。周缘都作了修理，其中两缘以弧形相交，也可被视为一凸刃。刃缘加工主要向背面，但破裂面一侧也分布有零星的修理疤痕。这件标本是一件好的多用途工具（图九，1；图版五，3）。

2. 斜底尖状器　4件。

四件标本形制相似，都于背部隆起一脊，底端厚，被修成一斜边，两侧缘向上修理成尖。

JS0126，长、宽、厚为5.0厘米×2.7厘米×0.8厘米。左侧缘分布有交互加工的鳞状片疤，右侧以反向加工为主，底缘向背面击出一斜边（图版五，5）。

JS0129，长、宽、厚为3.1厘米×2.0厘米×0.6厘米。左侧以交互加工为主，右侧缘向背面加工，底缘留有折断的痕迹外，有几个向腹面打击的疤痕（图九，2；图版五，6）。

JS0124，长、宽、厚为3.5厘米×2.6厘米×1.3厘米。两侧缘交互修理，尖端右侧的背面有两条浅平的长石片疤，酷似细石叶疤，使尖刃变薄。这样的加工痕迹在三山岛石器组合中实属罕见。底缘右侧有一系列向腹面加工的疤迹（图九，3；图版五，4）。

3. 菱角状三棱双尖尖状器　5件。

这几件工具颇为奇特，两尖形如燕尾，整个形状又如一只菱角，两尖的三条棱脊上有不同程度的修理痕迹，有的仅为麻点状敲琢痕迹。两尖尾部相交角度在110度~130度。形状如此奇特的工具，其荒坯如不是打片偶得外，也许可列为一种别具匠心的杰作（图九，4~7；图版五，8、9）。

4. 双凹刃尖状器　2件。

这两件标本也颇为奇特，它于长石片一侧大力重击出两个凹口，使之中部凸出成一钝尖，然后再对尖部作细微加工。分类上，我们原意欲将其列在双凹刃刮削器内，但仔细观察后觉得它打制凹口的目的在于突出当中的尖刃，故最后列为尖状器的一类。由于这两件标本其余部位也有加工痕迹，不妨将它们也看作一类多用途工具。

JS0076，长、宽、厚为6.0厘米×4.0厘米×1.8厘米。两凹口由同一方向重击而成，中部凸出呈一舌状尖，尖刃右侧交互修理，相对一缘也作了修理（图九，8；图版六，2）。

JS0077，为红色燧石质原料，长、宽、厚为3.9厘米×2.3厘米×0.8厘米。尖刃两侧由错向重击内凹。尖刃两侧又作细修，一直缘也作了修理（图九，9；图版六，1）。

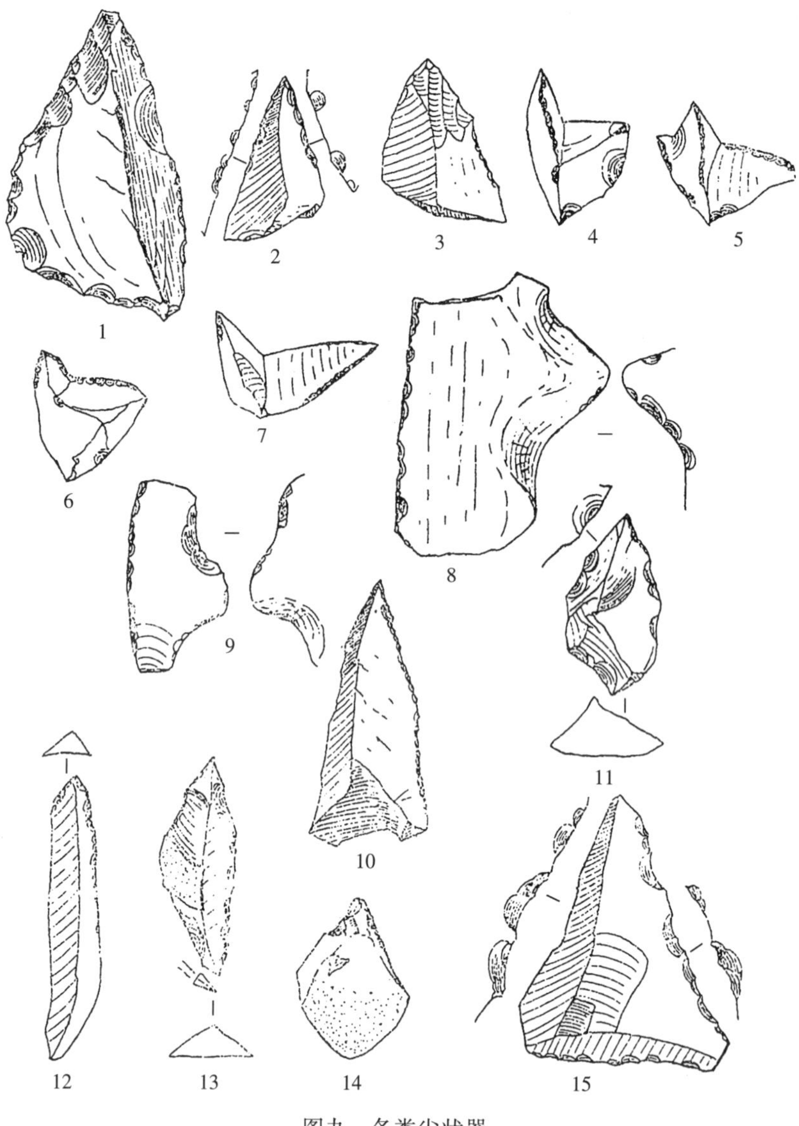

图九 各类尖状器

1. 龟背形双尖尖状器 2、3. 斜底尖状器 4~7. 菱角状三棱双尖尖状器 8、9. 双凹刃尖状器 10~14. 小三棱厚尖状器 15. 错向尖状器

5. 小三棱厚尖状器 9件。

这类标本个体较小，特点是器身或尖部截面呈三棱形。

JS0131，长、宽、厚为5.1厘米×2.5厘米×1.3厘米。器身颀长，尖锐。三棱中一棱细修，其余两棱近尖部加工（图九，10）。

JS0125，长、宽、厚为3.6厘米×1.8厘米×1.1厘米。三棱中两棱修理，一棱呈锯齿状，向背面修理，另一棱自底部向尖端修理，近尖部处突然向腹部打击，使这条刃缘呈倒“S”形（图九，11）。

JS0323，长、宽、厚为5.5厘米×1.2厘米×0.7厘米。呈三棱形棍状，两端出尖，其中一尖的一侧有两块小平面，类似于斜边雕刻器的凿面，但纵击的疤迹不明显（图九，13；图版五，10）。

JS0127，长、宽、厚为3.2厘米×2.4厘米×1.1厘米。鼻形。背部大部留有石皮，近尖部细修、主要向背面加工，左侧有反向加工痕迹（图九，14）。

6. 错向尖状器 1件。

JS0643，长、宽、厚为5.3厘米×4.2厘米×1.4厘米。用一块三角形石片制成，背面有一脊，尖刃两侧缘错向修理，底缘也有几块向破裂面打的痕迹（图九，15）。

（3）锥　4件。

特点是个体小，尖部细锐，加工主要集中在尖部，底端粗大，适于手捏。

JS0130，长、宽、厚为3.3厘米×1.6厘米×1.2厘米。颈部瘦，尖部锐，颈部以下突然粗大。两缘主要采用交互加工（图一〇，1）。

JS0250，长、宽、厚为1.8厘米×0.8厘米×0.5厘米。是件微型工具，一端修出粗细不到2毫米的小尖，颈部以下膨大。适于小孔剔挖或穿刺（图一〇，2）。

（4）钻　6件。

特点是颈粗，尖部圆钝，长短不一，器身下部大，便于手捏。

JS0356，钻头呈三棱形。棱缘修理，钻尖有使用痕迹。粗端为扁球形（图一〇，3；图版五，7）。

JS0311，用扁石片制成。长、宽、厚为4.0厘米×1.7厘米×0.6厘米。一侧缘连续加工，近尖处重击出一凹口，右缘仅于尖部向内加工，使尖凸出成刃（图一〇，5）。

JS0251，为一三棱形石钻。尖已残断，棱部有细修疤痕，粗端宽扁（图一〇，4）。

（5）斜边雕刻器　1件。

JS0360，不甚典型。用一黑色燧石小片制成。其左侧上部连续修理变细，右侧上端有两块纵击所致的小片疤（图一〇，6）。

（6）砍砸器　13件。

JS0375，长、宽、厚为7.0厘米×5.3厘米×3.0厘米。四边形，一侧厚，一侧薄。薄的一缘为斜边，连续向背面打击出刃，片疤短而深，其他三缘也略予加工，刃角从40度~90度不等（图一一，2；图版六，4）。

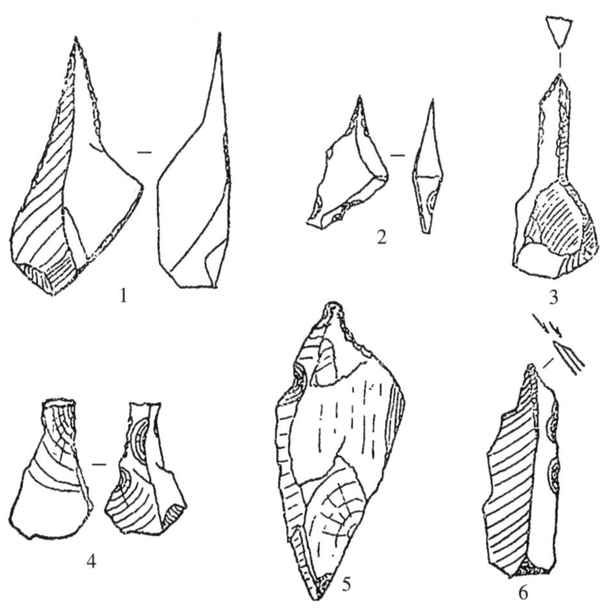

图一〇　锥、钻和雕刻器

1、2. 锥　3~5. 钻　6. 雕刻器

JS0650，为一斧状砍砸器。一端呈一圆把，一端宽扁。刃缘加工集中在宽端，用大力垂直向背面打击而成一内凹的陡刃（图一一，1；图版六，13）。

（7）使用石片　218 件。

三山岛石制品中存在大量有使用痕迹的石片，构成了这一文化组合的一大特色。这些使用石片大小、形状、厚薄各异，但共同特点是在它们的边缘有不同程度经使用所致的锯齿状缺口，鳞片状疤痕或重叠集中的麻点状疤痕，有些痕迹分布较有规律，为反复使用所致（图一二，1~5）。

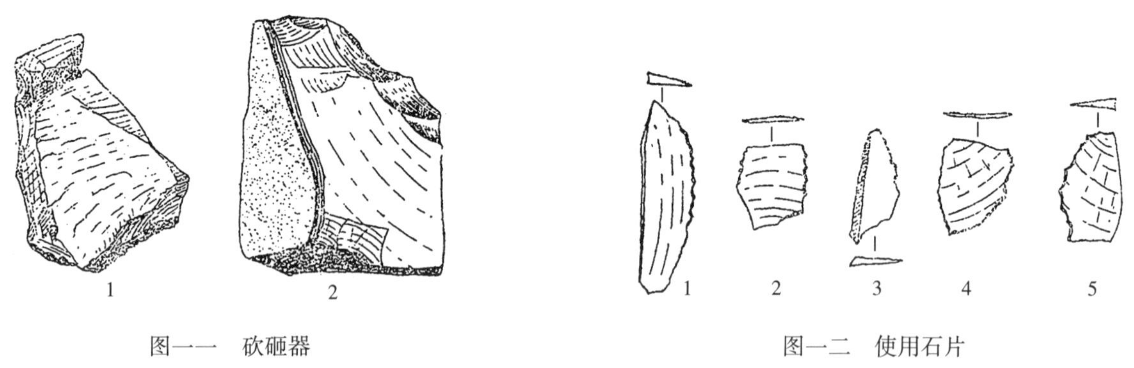

图一一　砍砸器　　　图一二　使用石片

使用石片的主要特征有如下几点：

a. 如将使用石片的刃缘看作是工具的刃缘，据其特点，绝大部分可列入刮削器的范畴。据刃缘形状也可分为直刃、凹刃、凸刃、复刃和陡刃种种。少数为尖状器。

b. 使用石片刃缘片疤非常细小，一般不延伸到石片的背腹面，在薄锐的石片上，表现为连续的齿锯状缺口，在稍厚和刃角较大的石片上，石片疤表现为交互分布的、直径小于 0.5 毫米的鳞状疤，这与石器一般在刃缘加工时表现的疤痕有所区别。

c. 使用石片的刃缘常依石片原始形状而定，石片其余部位不予修理。

三山岛使用石片的命名，是参照我国大多数旧石器文化遗址，特别是华北旧石器的分类标准而定的。这类使用石片可能是三山岛旧石器中的一种独特工具，它不需要再加工，可直接利用石片锋利的边缘进行切割、刮削、穿刺等。

三、讨论与结论

（1）江苏省及长江下游旧石器时代考古工作的回顾

在江苏省和长江下游寻找古人类踪迹的历史可以追溯到中华人民共和国成立初期。1954 年，于苏北泗洪县下草湾引河岸上，拣到人的股骨一段，时代可能属于更新世晚期。1974 年，在江苏句容县庙家山附近地表拣到一些细小石器；1980 年，又于该地地表拣到几件石制品[8]。

1977 年初，在对江苏溧水神仙洞的发掘中，获得一批哺乳动物化石和一块智人的颞骨，^{14}C 测定的年代为距今 11200~10000 年[9]。

1978 年，在苏北东海县大贤庄地表采集到一批打制石器，从特征和工艺技术看，较为粗糙简陋，但其中发现有一件船形细石核，为旧石器时代晚期文化的代表性器物[10]。

1979 年，连云港市博物馆于锦屏山南麓的桃花涧地表和坡积层中，获得一批石制品，其中包括一些典型石器[11]。

1979 年底，江苏省文化局举办的旧石器时代考古训练班，在大贤庄进行野外实习时，于附近山顶，采集到一批细石器，同时在山脚下也采集到一批打制石器[12]。

1980 年 11 月，在安徽省和县陶店公社龙潭洞发现一具完整的猿人头盖骨化石，以及一段左侧下颌骨和几颗牙齿，共代表三个个体。和县猿人的时代与北京人相当或稍早，是迄今为止在长江中下游地区发现的最古老的人类代表，遗憾的是未见有共生的石器[13]。

1981 年，南京博物院等单位发掘了丹徒莲花洞，获一枚智人臼齿和一批哺乳动物化石，时代属晚更新世，未见有石器工具[14]。

1982 年 3 月在安徽省巢县银屏山发现了一块猿人枕骨化石，时代属更新世中期。在人化石点附近拣到一块石核，由于脱层，它的主人是谁不得而知[15]。

1984 年春，在马陵山中段南起新沂县何庄北至东海县中寨的东西宽 3 千米，南北长 20 余千米的范围内，发现了多处细石器地点，其时代为旧石器时代晚期后一阶段[16]。

上述几处旧石器时代人化石和石器地点，大都位于长江以北，几处人化石地点未见有石器共生，因此这些古人类的文化面貌无从知晓。马陵山一带发现的石器文化明显受黄河流域旧石器传统的影响，例如这一带发现的细石器中的细石核类型，与山西省沁水县下川遗址[17]的细石核相当一致，其他细小石器组合也与华北细石器传统中的同类工具相同，因此，迄今为止在苏北地区发现的旧石器时代晚期文化基本上可视为华北地区旧石器文化的范畴。

苏南地区仅于句容县庙家山地表拾到过少量石制品，但未找到它们的原生层位，文化面貌和时代问题仍不清楚。

三山岛位于长江以南的太湖地区，是长江下游和苏南地区首次发现的旧石器地点，由于文化遗物丰富，而且旧石器的特点与苏北地区发现的细石器风格有异，因此，三山岛旧石器的发现，为了解这一地区的远古文化提供了新的材料。

（2）三山岛旧石器的特点

综观三山岛的石制品，我们可以总结出以下几个文化特征。

①石制品以小型为主，石器以石片石器为主，部分石器利用小石块加工而成。

②打片主要采用锤击法，少数采用砸击法（两极打法），尚未发现有台面修理后打片和间接打片的证据。

③所发现的石制品中，石器所占的比例小，残废品和碎屑比例大。石器工具组合中以刮削器为主（其中以复刃刮削器为多），尖状器加工质量较高。

④使用石片所占的比例几乎与石器比例相当，如果从使用刃部分类，也可以列出与石器类型相当的种类。这类使用石片为三山岛旧石器文化的一大特色。

④石器的刃缘修理，向背腹面，交互和错向加工皆有之。

⑥石器组合中有一批形制独特的工具，如用片状和方块状石片制作的复刃刮削器、深凹刃刮削器、端侧凹刃刮削器、龟背形双尖尖状器、菱角状小三棱双尖尖状器、双凹刃尖状器和陡刃刮削器等，构

成了这一文化的鲜明个性和特色。

上述特点可以看出，三山岛旧石器既有中国传统旧石器文化的共性，例如石器以石片石器为主，器形以刮削器为主，打片以锤击法、砸击法为主；但是它又有自己鲜明的个性，例如刃缘修理交互、错向、正反方向加工并举，一些工具上加工片疤细小，拥有一批风貌独特的类型，以及使用石片数量多等。这些正是三山岛旧石器区别于我国其他旧石器时代晚期文化的主要标志。

（3）与其他文化的比较

在此，我们有必要将三山岛旧石器，与我国旧石器时代晚期的一些重要文化遗址作一下比较。

从华北地区看，较为重要的地点有峙峪、小南海、下川、薛关[18]和虎头梁[19]等。后面三者是我国典型的细石器遗址，与三山岛旧石器区别较大，在三山岛也未发现有细石器存在的迹象。

与峙峪石器[20]相比，峙峪也采用锤击和砸击技术打片，用锤击法修理刃缘，石器组合上以刮削器为主，尖状器次之，这些宏观特征与三山岛旧石器很相似。但是，在刃部加工的特点及代表性器物的形态种类上两者区别就较为显著。峙峪文化被视为华北细石器文化的雏形，代表性器物中有扇形小石核、斧形小石刀、石锯以及原始石镞等，与三山岛旧石器相比，差异之处似乎大于共同之处。在时代上，峙峪文化要更早些。

华北地区旧石器时代晚期另一重要文化遗址是河南安阳小南海[21]。小南海出土石制品7000余件，其中石器仅百余件。

三山岛旧石器与小南海的相比，宏观特征也较相似，例如石制品中石器比例小、器形小、废品率高，打片采用锤击技术、石核台面不修理，工具以刮削器为主、尖状器次之等。然而从器形和外观特征来看，两者的差异还是较为明显，如小南海的石器显得粗糙和不规整，器形单调，缺少特色工具或代表器物等。因此三山岛旧石器虽然与小南海存在一定的共同点，但是在文化内涵或文化面貌上似乎要比小南海来得充实和丰富。当然，从时代上看，小南海也早于三山岛。

迄今为止，华南地区旧石器时代的遗址发现也不多，在总体特征上可与三山岛作对比的是四川省汉源县的富林[22]。富林的石制品也以小型为特点，打片以锤击和砸击法为代表，石片中有似石叶存在，大量存在使用的石片。器物类型以刮削器为主，尖状器次之，此外还有端刮器、雕刻器和砍砸器等。在5000余件石制品中，成品率低，残次品比例高，这些与三山岛的石器工业颇为相似。它们之间也有一定的差异，比如富林存在修理台面技术，刃缘加工以向背面为主，常呈多缺口状，而且同为刮削器和尖状器，两地的标本在外观形态和细部加工风格上也有所不同等。但总的来看，富林文化相对要比峙峪文化更接近三山岛石器文化。然而富林与三山岛地处长江一头一尾，之间存在巨大的空白，这一地区旧石器文化的演变，及其与华北地区旧石器文化的关系问题，是值得以后进一步工作和探讨的问题。

（4）关于石器文化的时代

三山岛石器地点虽然缺乏哺乳动物化石及其他断代资料，但是，从出土石制品和文化层中未见有磨光石器和陶片的情况进行判断，以及对应太湖湖底的沉积特征、龙头山化石点情况等，我们还是可以作出一个大致的估计的。

通过比较可以看出，三山岛的石制品要比山西峙峪、河南小南海的文化内涵丰富得多，文化面貌也较为进步，因此，在时代上三山要晚于峙峪、小南海。三山岛石制品的大部分特征同四川富林十分接近，富林是华南发现的第一个旧石器时代晚期后一阶段遗址，显然三山的时代应与其大致相当。

太湖，是当今我国五大淡水湖泊之一，它南北长约68千米、东西宽34千米，面积约2427平方千米，平均水深1.89米、最大水深2.0米，是一个浅水型湖泊。

根据有关研究资料[23]，现代太湖湖底沉积物堆积顺序是：表层0.2~2.5米厚的现代淤泥沉积；以下分布有一套厚薄不等的细砂和粉砂沉积；往下4~6米为一套坚硬的黄土质沉积物；再下为10~20米厚的砂和泥土层，其中埋藏有古河道，发现有海相有孔虫。据测定，20~22米深处沉积物的绝对年代为距今24000~23000年；黄土质沉积物的年代大约为距今21500~12300年；粉砂层年代距今10000年左右。

从三山岛石器地点的地理位置来看，在晚更新世后期（Q_3^3）的冰期海退阶段，它应处于地貌位置相对较高的部位。从洞穴内外文化层下部的棕红色亚黏土岩性看，它与三山岛龙头山含晚更新世哺乳动物化石[24]的裂隙充填物岩性相当一致，估计为同一时代的产物，这套沉积物从石器地点的发掘剖面判断，应该延伸到太湖底部，很可能是和太湖底部那套距今21500~12300年形成的黄土质沉积物相连，估计为同时代的沉积物。由此判断，龙头山哺乳动物化石的年代大致也可放在距今21500~12300年。而含石制品的文化层堆积的时代显然要比龙头山化石地点稍晚。这套砂砾石层相对来说应处于太湖底部现代淤泥沉积之下，黄土质沉积之上的那一套细砂、粉砂沉积。因此，我们认为三山岛石器地点文化层的地质时代，可能为晚更新世后期的后一阶段到全新世初。

（5）三山岛旧石器反映的古人类生活环境和经济形式

由于三山岛是长江下游地区，特别是太湖地区首次发现的旧石器地点，因此，它在这一地区的史前文化发展序列中，无可争议地具有一定的代表性。虽然我们将它与华北地区和四川旧石器时代晚期的文化遗存作了对比，但是应当指出，从气候、地理生态环境来分析，太湖地区与华北、四川等地应有很大的差异和区别，这样不可避免地会影响到这些地区的古人类生活方式。因此，三山岛旧石器所代表的经济形式与华北、四川等地旧石器时代晚期人类的生活形式是有所区别的。

从三山岛旧石器分析，石制品个体小为其主要特点之一，砍砸器从数量、重量和刃缘特点看，不像是用来砍断树木或挖掘植物块根的常用工具[25]，而更像是一类敲砸用的工具。工具组合中，刮削器数量、类型繁多，其中复刃刮削器占多数，它们是一类多用途工具，可刮、可割也可切，而凹刃刮削器很有特色，适于加工木质和骨角质的小型工具，从一些标本凹刃的深度和直径判断，可能是加工木质或骨质鱼钩和鱼叉的理想工具。遗憾的是，在石器地点我们没有找到相应的渔猎工具。尖状器数量相对较少，但十分精致，其用途是对刮削器功能的一种补充，起剔挖和穿刺等功用。锥钻的存在表明用兽皮制作衣服。其中两件石钻形制颇似江苏丹徒磨盘墩发现的石钻[26]，很适合加工穿孔的装饰品，可惜我们也没有发现对应的实物来证实这一点。

三山岛石制品中使用石片之丰富十分引人注目，从其数量、特点分析，它们似乎和仔细加工的石器一样，是常用的生产工具。这些石片小而锋利，可以要用就打，钝了就扔，颇合于现代人类日常工具力求简单、实用、方便的原则。

从三山岛旧石器组合的整体进行判断，这一旧石器文化反映了一种以渔猎为主的生产经济形式，采集经济似乎不占重要地位。在渔猎经济中，似乎渔业为主，狩猎为辅。因为在石器组合中缺少类似华北地区以猎取草原动物为主的旧石器遗址中常见的一些杀伤力较大的狩猎工具，如箭镞、投射尖状器、石球等。

在三山岛旧石器发现之前，太湖地区的古老文化以吴县草鞋山新石器时代遗址为代表[27]，年代为距今 6275 ± 205 年。从草鞋山发现的文化遗物看，人类已定居生活，农业在经济中占了重要位置，但是渔猎经济仍占相当大的比重。大量的动物遗骨表明，人们在森林草原上猎取鹿类、野猪、獐、兔等中小型动物，同时又从河湖中捕捞鱼、蚌、龟鳖、蛤蜊、螺蛳等水生动物。

由此推想，草鞋山人祖先在未获得农耕技术时，应当以渔猎为生，这与三山岛古人类的经济生活相当一致。即使在三四千年以后农业获得了较大的发展，人类有了较稳定的食物来源，但是他们仍然从渔猎中补充传统的食物。

应当指出的是，三山岛旧石器与这一地区新石器时代的磨光石器[28]之间还存在着缺环。我们不能排除这样一种可能，在旧石器时代晚期的后一阶段，华北地区的细石器代表了这一时期文化发展的高峰，当时人类以狩猎为主并辅以其他经济手段。而在长江下游的江南地区由于地理环境、气候等因素的影响，农业开发较早并得以迅速发展，人类社会可能直接从使用打制石器的旧石器时代进入使用磨光石器的新石器时代，而细石器文化则没有影响到这一地区（即使存在，时间也将会是短暂的）。

根据三山岛石器地点各方面材料分析，由于存在丰富的石器原料，石制品中典型器物比例小，残废品率比例大，因此这个地点初步可以断定为一处石器制造场。但是由于又发现了数量丰富的使用石片等工具，使我们推测，除了制造石器之外，古人类又将此作为季节性的生活营地，常在气候适宜和食物丰富的季节到此地作短期居住，在此制成一批石器工具后再离去。

（6）三山文化的命名和面临的课题

三山岛旧石器是长江下游首次发现的旧石器时代晚期文化遗址，这对于探索远古人类在这一地区的生息、劳动和繁衍，是有深远意义的。它的发现将人类在长江三角洲和太湖地区的生活历史，从 6000 年前的新石器时代，推前至 10000 年前的旧石器时代。它与三山岛哺乳动物群一起，为更新世末太湖地区古地理的变迁和太湖的发育史研究，从另一侧面提供了实物佐证。

从三山岛旧石器时代遗址的遗物数量、文化内涵和所处的地理位置来看，其意义也是十分重要的。5000 多件石制品，在一定程度上可以体现这一地区旧石器文化发展的水平，窥视到它与我国其他旧石器文化的共性和区别，探索远古文化在承前继后发展序列中的相互关系。

由于三山岛旧石器时代遗址的文化内涵与我国目前已知的其他旧石器时代晚期文化相比，既有一定的共性，又有明显的个性，拥有自己独特的加工技术和一批典型器物，而又在文化分布的地理位置上比较重要。因此，它可以被看作是长江下游或太湖地区旧石器时代晚期文化的一个代表。为此，我们建议用“三山文化”来命名。

长江流域已被公认为中华民族文明的又一摇篮，在安徽和县、巢县发现的猿人化石表明这一地区有不亚于黄河流域的人类文明史。这些猿人所代表的文化（有待于发现）究竟与三山文化有什么渊源关系，是放在我们面前的一个课题。

长江下游地区的新石器时代文化，其时代之久远，内涵之丰富，可与黄河流域的同时代文化相媲美。然而，华北地区自更新世初至全新世，旧石器文化的发展序列已基本有了眉目，而长江下游地区的旧石器时代文化遗址却发现极少。因此，在漫长的旧石器时代的各个阶段中，这一地区的文化内涵、性质以及相互间的发展关系等仍然是不清楚的，还有待进一步工作和探索。

总之，三山岛旧石器地点的发现是一个令人鼓舞的开端，它为在长江下游，特别是太湖地区寻找旧石器时代人类及其文化开辟了可喜的前景。可以肯定，至少在晚更新世晚期，太湖地区曾是古人类活动的一个重要地区，我们期待在这一地区发现更多的古人类文化来揭示这一地区人类发展的悠久历史。

注释

① 卫奇：《东谷坨旧石器初步观察》，《人类学学报》1985 年第 4 期。

② 裴文中、张森水：《中国猿人石器研究》，科学出版社，1985 年。

③ 贾兰坡、王建：《西侯度——山西更新世早期古文化遗址》，文物出版社，1978 年。

④ 尤玉柱、汤英俊、李毅：《泥河湾组旧石器的发现》，《中国第四纪研究》1980 年第 5 期。

⑤ 贾兰坡：《中国猿人及其文化》，中华书局，1964 年。

⑥ 张森水：《富林文化》，《古脊椎动物与古人类》1977 年第 1 期。

⑦ 曹泽田：《猫猫洞旧石器之研究》，《古脊椎动物与古人类》1982 年第 2 期。

⑧ 张祖方、李文明：《江苏省古人类和旧石器时代的考古工作》，《南京博物院集刊》（2），1980 年。

⑨ 李炎贤、雷次玉：《江苏溧水神仙洞发现的动物化石》，《古脊椎动物与古人类》1980 年第 1 期。

⑩ 李炎贤、林一璞、葛治功等：《江苏东海县发现的打制石器》，《古脊椎动物与古人类》1980 年第 3 期。

⑪ 张祖方、李文明：《江苏省古人类和旧石器时代的考古工作》，《南京博物院集刊》（2），1980 年。

⑫ 葛治功、林一璞：《大贤庄的中石器时代细石器——兼论我国细石器的分期与分布》，《东南文化》第一辑，江苏古籍出版社，1985 年。

⑬ 黄万波、方笃生、叶永相：《安徽和县龙潭洞发现的猿人头盖骨的观察》，《科学通报》1981 年第 24 期。

⑭ 李文明、张祖方、顾玉珉等：《江苏丹徒莲花洞动物群》，《人类学学报》1982 年第 2 期。

⑮ 许春华、方笃生：《安徽又发现人类化石》，《人类学学报》1982 年第 2 期。

⑯ 张祖方：《苏北马陵山中段的细石器》，《东南文化》第一辑，江苏古籍出版社，1985 年。

⑰ 王建、王向前、陈哲英：《下川文化——山西下川遗址调查报告》，《考古学报》1978 年第 3 期。

⑱ 王向前、丁建平、陶富海：《山西蒲县薛关细石器》，《人类学学报》1983 年第 2 期。

⑲ 盖培、卫奇：《虎头梁旧石器时代晚期遗址的发现》，《古脊椎动物与古人类》1977 年第 4 期。

⑳ 贾兰坡、盖培、尤玉柱：《山西峙峪旧石器时代遗址发掘报告》，《考古学报》1972 年第 1 期。

㉑ 安志敏：《河南安阳小南海旧石器时代洞穴堆积的试掘》，《考古学报》1965 年第 1 期。

㉒ 张森水：《富林文化》，《古脊椎动物与古人类》1977 年第 1 期。

㉓ 孙顺才、伍贻范：《太湖湖泊地形与现代沉积作用》，《第三次全国第四纪海岸线问题学术讨论会论文摘要汇编》（油印稿），1985 年。景存义：《两万多年以来太湖平原古地理环境的演变》，《第三次全国第四纪海岸线问题学术讨论会论文摘要汇编》（油印稿），1985 年。韩有松、孟广兰、王少青：《太湖平原第四纪古地理环境演变若干问题讨论》（油印稿），中国科学院海洋研究所，1985 年。

㉔ 张祖方、王闽闽、李洲芳等：《太湖三山岛的哺乳动物化石》，《南京博物院集刊》（9），江苏美术出版社，1987 年。

㉕ 贾兰坡、尤玉柱：《山西怀仁鹅毛口石器制造场遗址》，《考古学报》1973年第1期。

㉖ 张祖方、周晓陆、严飞：《江苏丹徒磨盘墩遗址发掘报告》，《史前研究》1985年第2期。

㉗ 汪遵国：《太湖地区原始文化的分析》，《中国考古学会第一次年会论文集》，文物出版社，1979年。

㉘ 牟永抗：《试论河姆渡文化》，《中国考古学会第一次年会论文集》，文物出版社，1979年。刘军：《河姆渡文化的再认识》，《中国考古学会第三次年会论文集》，文物出版社，1981年。

[原载《南京博物院集刊》(9)，江苏美术出版社，1987年]

太湖三山岛的哺乳动物化石

张祖方　王闽闽（南京博物院）
李洲芳（吴县文管会）
朱薇君（苏州博物馆）

一、内容提要

本文记述的哺乳动物化石出自太湖三山岛大山石炭系上统船山组灰岩的裂隙中，计 5 个目 18 种，时代为晚更新世中后期。

三山岛位于苏州市西南 50 余千米的太湖之中，由大山（当地群众又称龙头山）、行山、小姑山相连而成，隶属江苏吴县东山乡三山村。1982 年 7 月，由于开山采石，在大山、小姑山暴露了含有哺乳动物化石的裂隙堆积。1984 年 4 月，我们前往现场考察〔1〕，发现这两处裂隙虽已遭受严重破坏，但在残存的堆积剖面上，仍见有零星化石的分布。1985 年 5 月，在苏州市文管会和吴县政府领导以及三山风景区管理组韦鹤鸣、许毓麟同志的大力支持下，我们对大山的裂隙进行发掘〔2〕，获得一批哺乳动物化石。现将这次工作报道如下。

（一）化石产地概况

大山在三山岛的北端，顶峰海拔 83.3 米。裂隙位于大山的东南坡，垂直发育于石炭系上统船山组灰岩中。灰岩层面倾向北东，倾角 21 度。裂隙走向近南北，宽 3 米、厚 4 米、纵深出露部分长 8 米，裂隙顶面与太湖春季水面相对高度约 35 米。堆积物为褐红色亚黏土，无层理结构。化石散布，以堆积物的下部见多。发掘工作由北向南自上而下进行，共掘进 4 米。

（二）化石记述

大山裂隙堆积中出土的哺乳动物化石共 5 个目 18 种，计有：

灵长目

猕猴　*Macaca* sp.

材料为 1 枚左上第一臼齿（TSV85001）。齿根缺失，齿冠完好无损，嚼面轻度磨耗，四尖表现明

〔1〕 参加考察的人员有吴县文管会张志新，南京博物院吴荣清、张祖方。

〔2〕 参加发掘的人员有吴县文管会李洲芳，苏州博物馆朱薇君，南京博物院王闽闽、张祖方。

显，嚼面沟纹呈“十”字形。近中远中径为9.0毫米、颊舌径为8.3毫米。牙齿形态特征呈猕猴型。

兔形目

兔科　Leporidae

以3枚单个上臼齿为代表（TSV85002）。

啮齿目

黑鼠　*Rattus rattus* L.

右下颌骨1件。上具门齿及3个臼齿（TSV85003）。下颌骨在M_1处高5.0毫米；臼齿呈圆丘状，横向排列，长×宽分别为：M_1为3.0毫米×2.0毫米、M_2为2.2毫米×2.0毫米、M_3为1.8毫米×1.8毫米（图版Ⅰ，1）。从牙齿形态和大小看，属于黑鼠。

豪猪　*Hystrix subcristata* Swinhoe

材料为上门齿1枚，M_1、M_2、M_3各1枚（TSV85004·1-2）。门齿尖凿形，宽5.6毫米；臼齿横断面近圆形，长×宽分别为：M_1为9.5毫米×8.5毫米、M_2为9.2毫米×8.5毫米、M_3为8.5毫米×8.2毫米。根据牙齿特征分析，这种豪猪个体比较大，与江苏丹阳发现的材料较为接近，似无颈鬃豪猪。

食肉目

貉　*Nyctereutes Procyonoides* Gray

材料仅有1枚右下第一臼齿（TSV85005）。三角座长，跟座短而宽，下原尖大，下后尖小，下次尖发育，下内尖分裂为两个小尖，臼齿长×宽为11.0毫米×5.0毫米。牙齿形态和大小与N·Procyonoides相似。

棕熊　*Ursus arctos* L.

3件右下颌骨残段，其中一件附犬齿M_2，另两件均附M_2、M_3；单个牙齿为：P^4、M^2、M_2各1枚，右P^2、M^1各1枚，右M^2 2枚（TSV85006·1-5）。P^4为三角形，颊侧有齿带发育；M^1前、后附尖均明显，内齿带不发育，M^2后端收缩较缓，长近于宽的两倍；下颌体厚壮；下犬齿短而扁；下前臼齿小；M_1长形，下前尖和下后尖、下后尖和下内尖、下内尖与下次尖之间分别具有小的附尖；M_2近长方形；M_3近三角形。上述特征与周口店第一地点的棕熊接近（图版Ⅰ，2）。

标本测量（单位：毫米）

C长×宽　24.0×16.0

P^4长×宽　19.0×14.0/16.5×13.0

M^1长×宽　23.0×17.3

M^2长×宽　39.2×21.0/37.0×19.2

P_4长×宽　13.0×7.0

M_1长×宽　28.0×14.0

M_2长×宽　28.0×16.0/27.0×15.0

M_3长×宽　24.0×16.5/23.5×16.5

西藏黑熊　*Ursus thibetanus* Cuvier

材料为1件左上颌骨残段，附$P^4 \sim M^2$；1件右上颌骨残段，附$P^4 \sim M^2$；1枚右M_1（TSV85007·1－3）。从牙齿的磨损程度看应代表3个个体。P^4无后附尖，呈三角形；M^1前、后附尖明显，颊、舌侧齿带轻微，牙齿呈长方形，长×宽为17.5毫米×13.0毫米；M^2后尖在次尖之后突然收缩，长×宽为28.2毫米~27.0毫米×14.2毫米；M_1长形，长×宽为20.3毫米×8.5毫米。标本比棕熊小得多，齿形特征与西藏黑熊相似（图版Ⅰ，3）。

鼬 *Mustela* sp.

2件左下颌骨残段。其中一件附$P_4 \sim M_2$，下颌枝完好无损；另一件附P_4、M_1（TSV85008·1－2）。$P_4 \sim M_2$长10.8毫米；M_1跟座较小，无下后尖，长×宽为7.0毫米×2.5毫米；M_2圆形，很小；下颌骨在M_1处高5.8毫米。标本形态与江苏溧水神仙洞的材料相同，但比后者要小（图版Ⅰ，4）。

狗獾 *Meles leucurus* Hodgson

1件左下颌骨残段附M_1（TSV85009）。M_1长×宽为16.0毫米×7.0毫米；三角座较小，下后尖较偏向于下原尖；跟座宽大，盆形，长度略小于三角座；牙齿大小和形态特征与江苏溧水神仙洞的狗獾相似。

猪獾 *Arctonyx collaris* Cuvier

1件右下颌骨残段附P_4、M_1（TSV85010）。P_4原尖高大；M_1三角座发达，齿高且尖，下后尖的位置略偏后于下原尖，跟座盆状，稍小于三角座，P_4、M_1的颊舌侧有明显的齿带，M_1长×宽为18.3毫米×8.8毫米，下颌骨在M_1处高16.2毫米。标本较狗獾大，接近猪獾。

最后鬣狗 *Crocuta ultima* Matsumoto

材料有左、右下颌骨残段各1件，均具P_2、P_3；右上颌骨残段1件，附P^4；粪化石1段（TSV85011·1－7）。P^4第一叶小而短，第三叶比第一叶大而长，第三叶又较第二叶长，第二尖突出，内齿带发育，下颌骨粗壮，前臼齿主尖大，存在前、后附尖；粪化石灰白色，圆柱形，底端稍扁，其上可见动物碎骨片，标本长47.0毫米，直径30.0毫米。根据上述，三山的鬣狗与最后鬣狗的特征比较一致（图版Ⅰ，5）。

标本测量（单位：毫米）

P^4长×宽 42.0×23.0

P^4第一叶长11.0

P^4第二叶长14.0

P^4第三叶长17.0

P_3长×宽 23.0×13.0/23.5×13.5

P_2长×宽 14.0×9.0/14.5×9.2

猞猁 *Lynx lynx* L.

1件右下颌骨残段，附$P_3 \sim M_1$（TSV85012）。下颌骨底缘较平直；$P_3 \sim M_1$长36.3毫米；P_3和P_4主尖高，均有小的跟座；P_3后齿尖小，无前齿尖；P_4前、后齿尖低；M_1长×宽为15.0毫米×7.0毫米，有两个叶，前叶低后叶高，后叶宽于前叶，下后尖很小，裂凹较深，总的特征与现代的猞猁相似（图版Ⅱ，1）。

虎 *Panthera tigris* L.

材料为1件右上颌残段，附P^4；左、右P^4各1枚（TSV85013·1-3）。P^4粗壮，分成三叶，第一叶矮小，第三叶高而尖，长度与第三叶接近，第三叶延长比较平缓，内尖弱小，P^4长×宽为33.0毫米×17.3毫米；P_4前附尖明显，长×宽为23.0毫米×13.0毫米。牙齿形态和大小与周口店第一地点的标本十分相似（图版Ⅱ，2）。

偶蹄目

野猪 *Sus scrofa* L.

1件左下颌骨残段，附M_3；1件右下颌骨残段，附M_2、M_3；1件右上颌骨残段，附P^3~M^1（TSV85014·1-3）。上牙齿冠低，前臼齿呈切割状，构造简单，M^1近方形；M_2由四个圆锥状齿尖组成，见有三个附属小尖；M_3长，附属小尖较M_2多。总的看来，牙齿嚼面构造不及李氏野猪复杂，与现生野猪无多大差别（图版Ⅱ，3）。

标本测量（单位：毫米）

P^3长×宽 15.0×12.0

P^4长×宽 14.0×16.5

M^1长×宽 17.3×16.0

M_2长×宽 25.0×17.0

M_3长×宽 39.3×18.8/40.0×18.8

似水鹿 *Cervus* cf·*unicolor* Kerr

以1段右侧鹿角为代表，保留部分主干和眉枝底部（TSV85015）。角节圆形，直径为48.0毫米；主干断面椭圆形；眉枝距角节较近，据断面分析，眉枝应较长，眉枝与主干的夹角小于90度；角表面多沟纹。标本可能属于水鹿。

斑鹿 *Pseudaxis* sp.

以1段右侧鹿角为代表，保留部分主干和部分眉枝（TSV85016）。角节近圆形，宽径为42.0毫米；眉枝在距角节不远处伸出，与主干间的角度略大于90度；角表面粗糙，沟纹明显，不见点状突起；主干断面圆形。标本具斑鹿的特征。

鹿 *Cervus* sp.

以1段鹿角为代表，标本眉枝断失，保留部分角节（TSV85017）。角粗壮，角表面沟棱较发育；眉枝分出处上部的主干断面为圆形，直径37.0毫米左右；从眉枝断损的部位看，眉枝于角节上即已生出。

牛 *Bovinae*

右P^2和上臼齿各1枚（TSV85018）。牙齿粗壮，臼齿呈长方形，齿柱发育。现有材料难以确定属种。

二、结语

在大山发现的18种哺乳动物化石中，以食肉目最多，计9种，占化石种数的一半；偶蹄目次之，计5种；啮齿目较少，计2种；灵长目和兔形目最少，各1种。就目前所知，在太湖地区像大山这样化石比较集中的地点还没有发现过；大山裂隙堆积物无扰乱现象，哺乳动物化石与堆积物应为同一时代的产物。基于上述，我们将大山发现的材料作为一个动物群对待，并称之为“三山动物群”。在这个动物群中，广布种类较多，如猕猴、兔、西藏黑熊、最后鬣狗、虎、野猪等，这些化石在我国南、北方晚更新世的动物群中比较常见。还有一些种类具有地区的特色，如棕熊、猞猁等以往多发现在北方；属于南方的种类有猪獾、水鹿等。总起来看，三山动物群的性质既不同于我国南方更新世中晚期的大熊猫—剑齿象动物群，与我国北方晚更新世动物群又有一定的区别，其面貌表现出混合的特征。

在三山动物群中，可以认定具有时代意义的成员只有最后鬣狗1种，其他大部分为现生种类。最后鬣狗虽然早在中更新世中后期就已出现，但化石记录却多在晚更新世，一般认为它是晚更新世所特有的。从三山动物群的总体情况考虑，我们认为这个动物群所代表的时代应为晚更新世。过去，在苏南地区由洞穴中发现的晚更新世动物群有丹阳动物群、丹徒莲花洞动物群和溧水神仙洞动物群。三山动物群与这些动物群虽然同属晚更新世，但在时间上仍有先后之分。由动物化石可以看出，莲花洞灭绝种类有3种（*Crocuta ultima*、*Dicerorhinus* sp.、*Bubalus* cf. *wansjocki*），丹阳有2种（*Crocuta ultima*、*Elephus* cf. *Namadicus*），三山和神仙洞都是1种（*Crocuta ultima*），依此看来，莲花洞和丹阳要早于三山和神仙洞。据李炎贤等报道（1980年），神仙洞动物群代表了南方更新世动物群向现代动物群的过渡，而三山动物群则具有混合的特征，在性质上这两个动物群存在一定的联系和差异。比较而言，三山动物群的时代要略早于神仙洞动物群。神仙洞的时代在晚更新世到全新世这一阶段（^{14}C测年为距今11200±1000年），三山的时代可能处于晚更新世的中后期。

三山动物群中，猕猴、熊、虎、野猪等以山地森林为栖息地；貉、獾等喜欢穴居，豪猪、鹿等生活于草地和近水灌木丛中。以此分析，当时太湖地区的古地理环境可能以低山丘陵的森林草原为主。从动物的地理分布来看，三山动物群中的北方种类占有一定数量，与典型的南方成员相比，要多于后者，这似乎表明，该区的气候在当时较为寒冷。

第四纪以来，由于冰期与间冰期气候的交替作用和海面的频繁波动，曾使太湖多次沦为海域。三山动物群的存在，可以说明这样一个事实：在晚更新世中后期，太湖地区的气候较现今寒冷，太湖水质淡化，太湖水域要比现在缩小很多，现今被湖水分割的西山、三山以及湖中其他小岛在当时应与湖东平原相连成片，三山动物群的成员可以在这里自由往来，而这一地区的气候和地理环境也给古人类提供了生存的条件。

总的来说，三山哺乳动物群的发现具有重要的科学研究价值，它不仅丰富了我们对于长江下游特别是苏南地区晚更新世哺乳动物群的认识，为太湖发育史的研究增添了古生物方面的材料，而且也揭示了在太湖地区有发现旧石器时代人类的化石及其文化遗物的可能性。

参考文献

① 李炎贤、雷次玉：《江苏溧水神仙洞发现的动物化石》，《古脊椎动物与古人类》1980年第1期，第59~64页。

② 李文明、张祖方、顾玉珉等：《江苏丹徒莲花洞动物群》，《人类学学报》1982年第2期，第169~179页。

③ 古脊椎动物研究所高等脊椎动物组：《东北第四纪哺乳动物化石志》，中国科学院古脊椎动物与古人类研究所甲种专利第三号，1959年。

④ 韩德芳、张森水：《建德发现的一枚人的犬齿化石及浙江第四纪哺乳动物新资料》，《古脊椎动物与古人类》1978年

第 4 期，第 255 ~ 267 页。

⑤ 黄万坡：《华南洞穴动物群的性质和时代》，《古脊椎动物与古人类》1979 年第 4 期，第 327 ~ 334 页。

⑥ 李炎贤：《我国南方第四纪哺乳动物群的划分和演变》，《古脊椎动物与古人类》1981 年第 1 期，第 67 ~ 76 页。

⑦ Pei，W. C. 1940，Not on a collection of mammal fossils from Tanyang in Kiangsu Province，*Bull. Geol Soc.* China，19,4，379 – 392.

⑧ Young，C. C. 1932，On the Artiodactyla from the Sinanthropus site at Chouk'outien，*Pal Sin* Ser C，1932，8（2）：1 – 158.

[原载《南京博物院集刊》（9），江苏美术出版社，1987 年]

江苏省吴江县发现古遗址

胡继高

1954年5月，吴江县同里镇仁美中学在修理操场时，发现了元、明时代的文物25件，残断带孔石斧1件。江苏省博物馆筹备处得知后，于5月17日派我前往勘察。

我和该校教师洪希融先生围绕着校址的附近进行了初步的调查，结果发现了一个古代文化遗址。

遗址是一个较低的土丘，在九里湖的南岸。它的范围，东从法禧寺起，沿着湖旁西去约0.5千米。文化层离地表深0.5~1.2米不等，包含有大量的陶片、红烧土和炭灰。该遗址受湖水冲洗多年，断面显得很清楚。很多陶片被冲落到水中，磨得很光滑，与近代的陶瓷片、蚌壳等相混在一起。遗址断面的下半部被水淹没，文化层的厚度未能确定。陶片很多，大致可分为四种：

1. 泥质红陶系　手制和轮制兼用。纹饰有绳纹、划纹和几何印纹，也有表面磨光的。有口片、腹片等。

2. 泥质灰陶系　手制或模制。纹饰有粗细绳纹、附加堆纹、划纹、雷纹、弦纹及几何印纹等。纹饰有的是印在器形外面的，有的是划在器形里面的，有的陶片两面都有纹饰（一面是绳纹，一面是雷纹）。还有表面涂以白衣或红衣的。有口片、腹片和圈足等残片。

3. 夹砂红陶系　手制或模制。陶片作红黄色，素面有粗细砂粒、碎金粒的掺和料。它们的质地与色彩和苏北新沂花厅村新石器时代遗址中出土的夹砂红陶器很相近。有口片、腹片。

4. 细泥硬陶系　模制和轮制兼用。陶质细纯而坚硬，未加掺和料。纹饰有刻纹、划纹和几何印纹等。与江西清江县樟树镇以及浙江老和山等处发现的几何印纹陶的花纹类似。有口、腹、底等残片。

（原载《考古通讯》1955年第2期）

江苏省常熟中学校内发现古代文物

据本刊读者江苏省常熟中学李敦缶报道，1955 年 5 月间该校开凿自流井时，在地下约 5 米深的黄土层中直径 1 米松软的灰色泥土内发现了文物。发现时先是出现一些碎砖块，随后即掘出了四耳瓶 7 个，瓷壶、粉黄色陶罐、细弦纹陶罐、陶双耳壶各 1 个。四耳瓶质地粗糙，上端带深绿、青黄、灰白色釉，下端带紫红色釉，瓶面有凹凸纹。这种瓶过去在常熟曾发现过，一般称为“韩瓶”，传说是北宋时韩世忠统率的军队盛水用的。瓷壶涂黄、绿、蓝三色釉，内部涂黑绿色釉，形状与《文物参考资料》1954 年第 8 期图四十中安徽亳县武家河出土的唐代瓷罐很相似。外表粉黄色的陶罐，颜色剥落处露出灰白色胎。细弦纹陶罐表面黑色，内灰色。双耳壶腹部有两道弦纹，壶口内涂有朱色，两耳上有斜方格纹。

6 月初，该校在原发现地点下不足 1 米深处又发现了一些碎陶片和粗瓷碗，另外还挖出了石权 1 个（高 7.5、底宽 5.5 厘米），在迁移积土时又发现长耳壶 1 个。

据了解，常熟虞山东南麓古墓很多，城是跨山修建的。现在的常熟中学在清初是画家王翚（王石谷）的花园，明代时是属于清权祠（虞仲祠）的范围。从这些发现的物品看，似乎不是同一时代的。因为打井的面积很小，因此发现的东西究竟是否为墓内随葬品，现在尚不了解。

（原载《文物参考资料》1955 年第 9 期）

江苏吴江县松陵镇附近发现古遗址

据本刊读者谢春祝、石祚华报道，今年春季江苏省吴江县松陵镇附近农民在修堤筑坝时，从稻田中挖出了许多陶器。由于缺乏保护文物的认识，成件的器物都被打碎。据农民说，从地面（湖田边）下掘1~3米不等就发现有器物，出土的器物多而完整。在新修的这条圩岸上长约600米的一段，到处都散落着被打碎的残陶片，其中有粗夹砂陶，几何印纹硬陶，细腻红、灰、黑陶，以黑陶居多。黑陶的表面光泽无纹。在工程将结束时，收集到小而美观的黑陶罐4件，壶、豆、尊、纺轮各1件。其次多的是印纹硬陶，纹饰有绳纹、回纹、网纹、折线纹，以方格纹为多。夹砂陶很少，收集到的有器物口、腹等，伴出的还有草灰、木炭、猎骨等。从以上的发现看，这个遗址可能是新石器时代晚期的。

（原载《文物参考资料》1955年第11期）

苏州市金鸡墩发现新石器时代遗迹

李鉴昭

江苏省文物管理委员会在苏州市进行文物古迹普查时，听人谈到在金鸡墩发现磨光石器如有肩石斧、半月形石刀、石凿和红陶、灰陶片等。1956年10月22日遂前往调查。金鸡墩是一土丘，位于苏州城西北3500多米的虎丘乡新五村南边，南北约170米、东西约400米、最高离地表约15米。墩上古坟累累，上层为明清时期墓，下层有西汉六朝墓，扰动灰层甚大。过去合作社在东墩的东端掘土，曾挖出不少新石器时代遗物，采集到的有夹砂粗红陶实心三足器腿，泥质灰陶豆把，泥质红陶残片，纹饰有绳纹、席纹、编篾纹等。从目前暴露的断崖看，北墩应是新石器时代遗址。另外，还捡到青灰色硬陶片，印有雷纹及曲折纹。

（原载《文物参考资料》1956年第12期）

江苏昆山陈墓镇发现新石器时代遗址

金　诚

江苏昆山陈墓镇是一个历史悠久的古镇，镇的东北郊有大东窑厂一座，最近掘土工人挖掘土层时，在深3米多处发现了3把石刀。县文化科得悉后即派员进行初步考察，在挖土区的四周发现了一些印纹硬陶片，这些陶片大部分是回纹和各种几何形纹。同时还发现了灰土层，在灰土层中有尚未烧完的木片。据初步考察，这些文物大体上是新石器时代晚期的东西。因此处经过长期的掘土，其中土层已被扰乱，在发现这些文物的同一地区还发现了不同时代的瓷器碎片。

（原载《考古通讯》1957年第1期）

吴县发现新石器时代遗址

人　俊

江苏省文物管理委员会在吴县进行文物普查工作时发现新石器时代遗址 3 处。

1. 张陵乡遗址——位于唯亭区角直镇的西南部 1.5 千米，是高出地面约 6 米的土丘，东西宽 500 米、南北长不足 200 米，遗址已被破坏，看不出层位关系。采集到的有磨制石锛 1 件，绳纹灰陶片、夹砂粗红陶片和少量的黑陶片，也有几何印纹及长方格形纹硬陶片。

2. 陵南村遗址——位于宁沪铁路唯亭站东南约 1 千米处，在陵南村的北边形成两个高约 6 米的土墩。南面的土墩不足 1000 平方米，北面土墩约 1200 平方米。从墩体的断面上，可以清楚地看出夹杂着陶片的文化层，有一般常见的粗砂红陶，灰色、黑色的细陶，另有一种表面涂红衣、中间灰色、内胎黑色的陶片。如果单从红衣上看，它和青莲岗所出彩陶极为相似，所不同的是内里黑色。由于这类陶片的出现，说明陵南村遗址所包含的文化类型是比较复杂的。纹饰有篮纹、绳纹和附加堆纹，尤其篮纹是江南地区很少见到的一种纹饰。

3. 虎山遗址——在光福镇的北部。它的东、西、南三面有下崦河围绕，虎山地形南北狭长约 500 米、东西宽约 400 米，中部微低。分成南、北二峰，北峰较高于南峰，距地面 8 米余，上部平坦，建有虎山东岳庙，东、南二面均已开垦。由于雨后山水冲刷，在南、北峰的中部低洼处暴露出遗物，尤其在开垦的地面上，俯首即见夹砂陶片，但没有明显的断面，也很难看出它的文化层次。采集到的遗物有磨制小石刀 1 件，以及夹砂粗红陶片、黑陶片、灰陶片。从这些陶片类型来看，鼎足较多，其次是黑陶豆的残片。硬陶纹饰有折线纹、回纹及几何印纹等。

（原载《文物参考资料》1957 年第 4 期）

太湖湖底发现大批石器等遗物

柴旺顺

南京博物院太湖地区调查小组于1957年5月，前后经过了二次的调查，调查有几十处古代遗址，其中新石器时代遗址和与新石器时代有关的遗址最多。这次调查，由于地方人士的反映，我们访问了停泊在吴县光福镇附近的震泽县湖中渔业生产合作社的渔船。据该社社长说，他们历年来每逢立秋到立冬是在太湖的横山、漫山直到五子山等一带打鱼，在湖底捞上很多石器，这些地方也就是出石器的地区，它的周长约100千米，直径有30千米，最深的地方约有5.3米。在发现有石器的地方，湖底的泥不是和其他地方一样的潮湿，而是比较坚硬的（渔民们称呼为“铜板硬底”），这些起伏不平的湖底就如同陆地上的小丘陵一样。

调查中所采集到的标本约有百件，大概可分为石器、陶器、骨器等类。石器有石斧、穿孔石斧、石锛、有段石锛、石凿、穿孔石刀等，其中有段石锛和石斧最多；陶器有粗砂灰陶鬲；还有鹿角、兽牙等。

为什么会在太湖湖底发现石器等类遗物？我们初步推测有几种可能：

1. 由于自然界地层的变迁，使古代遗址下沉。

2. 太湖周围有很多的高山地带，这些高山上一部分有可能是古代文化遗址，它们的遗物经过几千年来的雨水冲刷沉到湖底。

3. 太湖在很早以前就像淮河、黄河一样时常泛滥，淹没了很多平原、丘陵，因此，也有可能将附近一些丘陵上的文化遗物冲刷到太湖内。

但实际情况，有待深入调查。

（原载《文物参考资料》1957年第11期）

苏州东郊发现几何印纹陶遗址

张成珠

遗址在苏州城东金鸡湖滨金库乡金库农业生产合作社二社地区。几何印纹陶片在这一带，零星散布很广，在田地里稍加留意就可找到。根据不全面的发现，陶片密集的地方有3处，位置都临靠湖、河。

甲处台形地比西邻的菱田高1米多，南北靠河，东接湖滨。此处带釉印纹陶较多。曾见一块质地坚硬，紫红色的无印纹陶片，外表黄灰色衬底（像是釉），上作青灰色的粗条纹彩绘。

乙处台形地和甲处隔河相斜对，可能早先相接，后被河道切断。这里是河流入湖的湖湾。由于湖水冲刷，岸上浮现成堆的几何印纹陶片。

丙处在金鸡湖边，离乙处百余米，也因湖水冲刷，岸上显露大批几何印纹陶片。在堤岸下还发现陶质的舂臼，外呈方形，里为锥形凹入，可能是制陶或做食物的用具。

图一　苏州东郊金鸡湖滨几何印纹陶纹饰

三处所见的陶片，在质料、纹饰、制法上大体相同。有泥质印纹软陶、粗砂陶（红灰色）及火候较高质地细硬的印纹红陶（有的呈紫红色）和夹砂印纹硬陶。其中部分涂釉的更坚硬，釉呈紫黑色、黑色。还有一种心为石青色，外表灰白色的硬陶片，粗看像石片，质硬，无印纹。在上述陶片散布地区，并混杂一些时代可能较晚的，粗厚的瓷片（青绿色）。

陶片的纹饰和东南沿海其他地方出土的几何印纹陶纹饰基本类似，有回纹、格纹、席纹（方形编织和菱形编织）、“米”字纹、篮纹、条纹等（图一）。有的陶片上有两三种纹样配合，但大多为单一纹样。也有个别陶片，外面里面都有纹饰。还有不少没有纹饰的。一般陶片表里粗糙有手印。

（原载《考古》1958年第12期）

江苏昆山陈墓镇新石器时代遗址

金 诚

江苏昆山陈墓镇位于昆山县城的西南24千米处。由于陈墓镇地区的土质较好，四周分布着各种土窑。中华人民共和国成立以后，在镇的东北郊兴建了一座规模较大的新式窑厂。1956年，工人在窑厂取土时发现4件打制石刀、2件有孔石斧。昆山县文化科即派员进行调查，发现了许多陶片，以印纹硬陶片为最多。1957年，江苏省博物馆为了进一步了解遗址情况，又作了试掘。

遗址范围东西约150米、南北约60米，文化层与灰坑距地面约3米。遗址出土的石器有石斧、石刀、石锄、石镞、石纺轮等。陶片有各种几何印纹硬陶片，泥质红、灰、黑陶，夹砂粗陶等；器形有鬲、鼎、罐等。

石器20多件，分打制与磨制两类（图一 陈墓镇出土的石器，略）。

打制石器　打制得比较精致，未加琢磨。有锄1件、斧3件、刀7件、月牙形石器1件、镞1件。

磨制石器　有局部磨光与全部磨光两种。局部磨光的11件中，有斧7件，其中3件带孔的，已残；刀3件；纺轮1件，已残。

陶器均为残片。

几何印纹硬陶　内含细砂，陶土呈红色，火候很高，陶质坚硬。表里有灰色的陶衣，壁厚0.6厘米左右，都是轮制。可辨器形有平底敞口罐一种。纹饰有回纹、方格纹、席纹、网纹、菱纹等。

泥质红陶　有扁圆形罐、绳纹罐、鬲足等。

泥质灰陶　器形只有陶罐一种。另有席纹陶片，器形不详。

泥质黑陶　黑胎，外表或有红色、灰色的陶衣。器形有陶罐、陶钵。一般无纹饰，有的有似针孔的细点纹。

夹砂粗陶　陶土中含有较多量的石英碎粒，红陶陶质松软，容易碎裂；灰陶坚硬。仅发现实心鼎足。

此外，在陈墓镇的梅子滨村白淀湖的岸滩边发现许多几何印纹硬陶片，这些陶片是由水浪冲击到岸边来的，陶片的印纹与窑厂出土的相类似，据最近淀山湖内发现新石器时代文物（见1959年1月6日《文汇报》“古文化新消息”），这说明在长江三角洲东部分布着较广的古文化遗址（见1959年1月24日《文汇报》“古文化的新消息”的补充数据）。

（原载《考古》1959年第9期）

江苏昆山荣庄新石器时代遗址

王德庆

荣庄位于昆山南约2.5千米。遗址在荣庄西侧的稻田下，周围地势较平坦，但比昆山县城一带略高，南端有吴淞江经过。

遗址从堤坡的断崖露头，自西北向东南呈缓坡形，南北宽达二三百米。

遗址被破坏程度相当严重，为了了解该遗址的内涵，开了一个4米×3.5米的探方。从清理的过程中，发现文化层不厚，揭去地表土，即为文化堆积层，依土色和土质可分两小层，上层土色深褐，下层土色灰黄，出土遗物基本相同。在文化层底部清理了灰坑3个，灰坑均深入黄色生土层中，有方形和不规则的圆形两种。在灰坑中，发现有腐朽的枝丫、小竹管和类似蒲包的编织物。

出土陶器质料有细泥（灰）红陶、黑皮灰陶、夹砂粗陶和硬（釉）陶四种，器形有豆（图版一，3）、盘、釜、鬲、鼎、鬶（图一）、罐和瓿（图版一，6、7）等。石器有锛（图版一，5）、凿、镰、刀（图版一，2）、犁（图版一，1）和兽头形石器（图版一，4）等。石锛分有段和无段两种，石刀作半月形，犁的器身巨大。这些与杭州老虎山等遗址出土物相似，同出的还有龟腹甲、鹿角和猪牙。

昆山毗邻浙江省，这处遗址的发现有助于了解江、浙两省的文化关系。

图一　陶鬶足（残）

（原载《考古》1960年第6期）

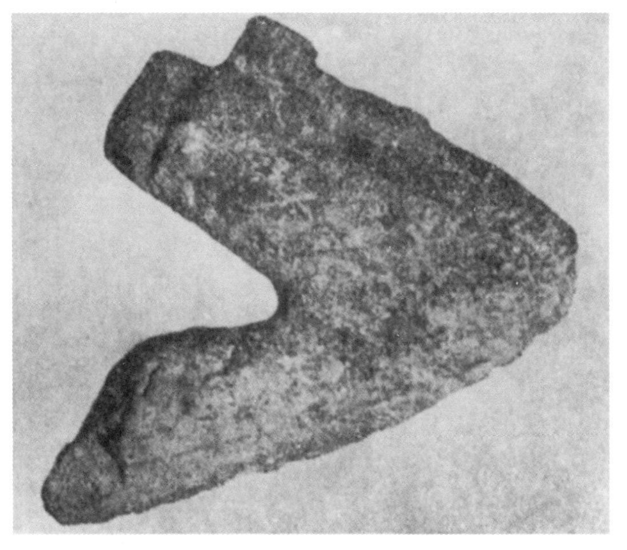

1. 石犁

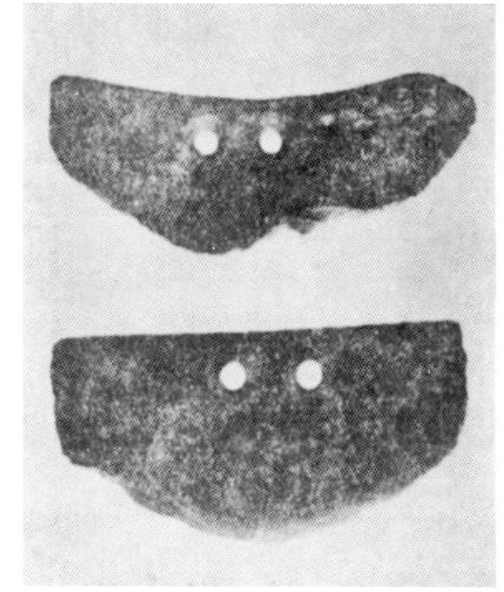

2. 石刀

3. 黑皮灰陶豆

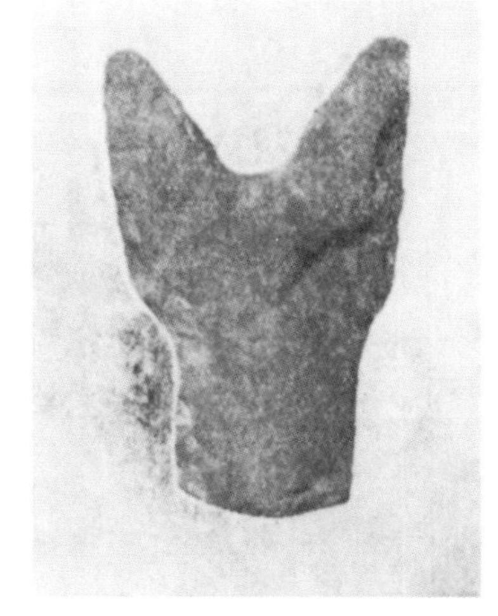

4. 兽头形石器

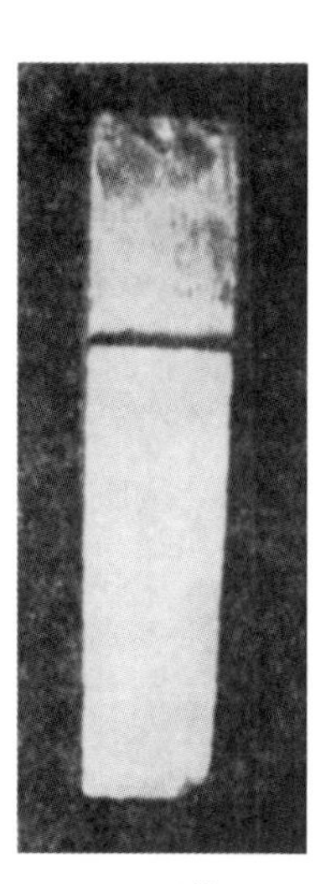

5. 石锛

6. 篮纹红陶罐

7. 硬陶瓿

图版一　遗址出土器物

苏州市和吴县新石器时代遗址调查

南京博物院

1957年5月2日至28日、6月4日至13日，南京博物院组织了一个工作小组，调查了在苏州市和吴县范围内的新石器时代遗址。我们调查的地方虽有34处，而其中已经证实为新石器时代遗址的有5处，以几何形印纹硬陶为代表的遗址有11处（图一）。

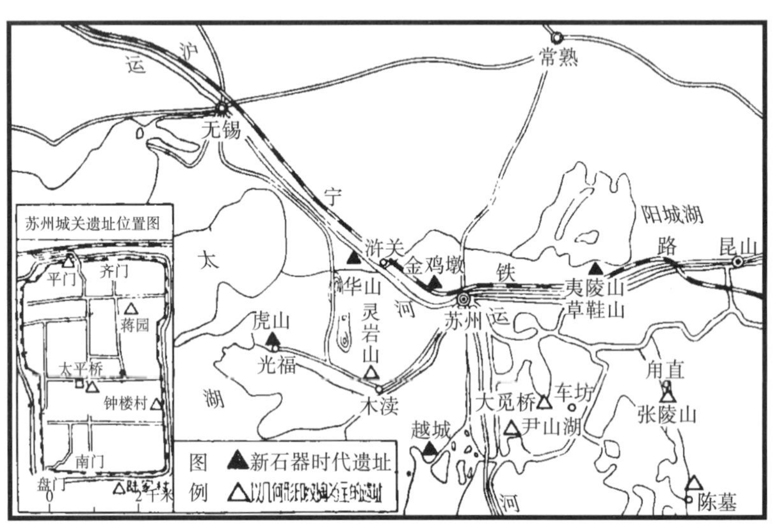

图一　苏州市和吴县新石器时代及以几何形印纹硬陶为代表的遗址位置图

一、新石器时代遗址

根据江苏省文管会的调查及中华人民共和国成立后有关考古材料的记载，本区范围内已经发现的新石器时代遗址计有张陵山、陵南村、虎山、金鸡墩、越城、阳山和五峰山等7处[①]。中华人民共和国成立前发现的有越城和苏州公园2处。据我们的看法，其中张陵山、阳山、五峰山和苏州公园4处尚难肯定为新石器时代遗址。这里将5处新石器时代遗址的调查情况分述如下。

（一）苏州市郊

1. 越城遗址

越城在苏州市西南，又称黄壁山。其东为新郭镇，北为新郭港（小溪），西为越来溪，东南和西南为石湖。黄壁山是一个三面环水的土墩，经过长时期的耕种已近平地，西、北两面较高，有土垒环筑的痕迹，高约5米。从土壁的断面可以看到灰层，厚0.5~1.5米，并夹有红烧土块。它四周的地面上，满布陶片，西北角尤多，新郭街穿过遗址中部。遗址东西长305米、南北宽382米。

1953年，复旦大学历史系师生曾对此遗址作过调查，获陶片很多。1956年10月，江苏省文物管理委员会也作过一次调查，1953年、1956年，华东文物工作队曾作过两次调查，获石器2件，陶豆、陶网坠各1件，陶片甚多。根据这些调查和这次复查的结果，初步看出这里的文化堆积可分为两层：下层为新石器时代文化层，以粗砂红陶为主；上层为越城文化层（假设土垒即为越城），打破了下层，以几何形印纹硬陶为主。

其中遗物完整的有：石镰1件，磨制甚精，尖端略损，刃部较锋利（图二，5）。石锛1件，打制后没有全部磨光，较粗糙（图二，4）。它们都是苏南地区常见的石器。陶网坠1件，两端有槽，中部微凹（图二，9）。陶豆1件，泥质很细，黑胎挂灰色衣，圈足上饰以压纹三圈（图二，8）。这种陶豆在浙江杭县良渚比较多见。

2. 金鸡墩遗址

金鸡墩在苏州虎丘山西约1000米处。遗址的三面环着山塘河，正处在河流转弯处的土墩上，土墩山黄土堆成，东西长95.5米、南北宽75米、高9.2米，遗址在黄土层下。遗址上层满布唐、宋、明、

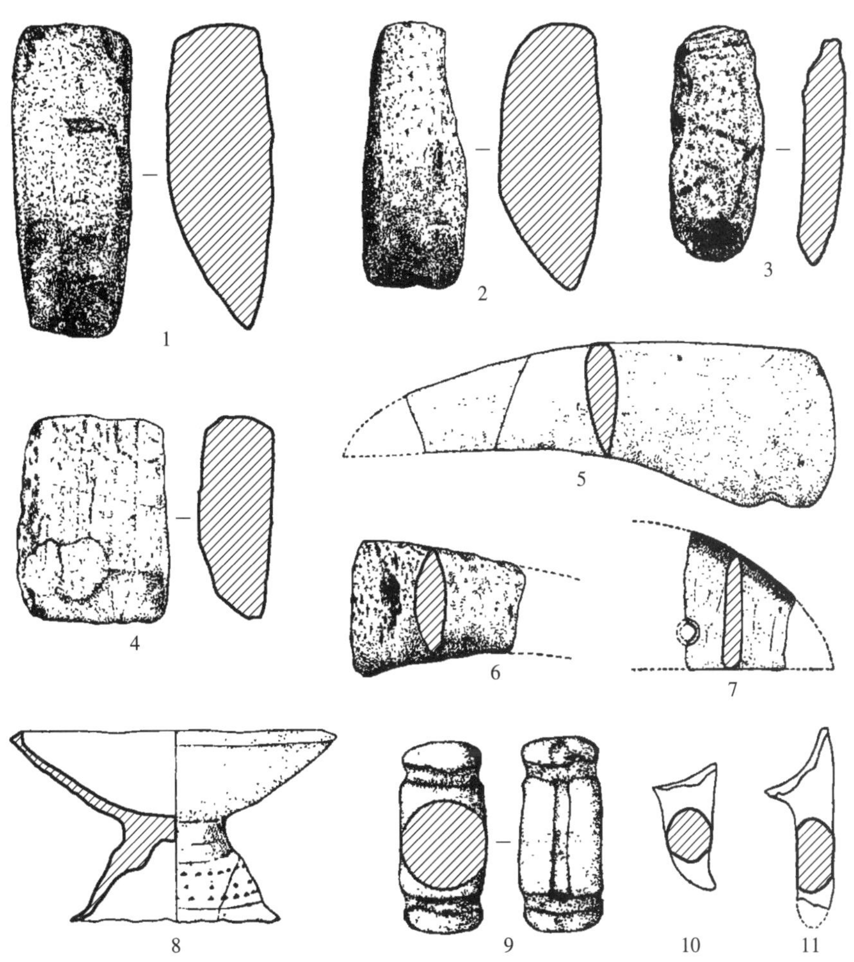

图二　苏州市和吴县出土的石器和陶器

1. 石锛（华山）　2. 石锛（大觅桥）　3. 石凿（草鞋山）　4. 石锛（越城）　5. 石镰（越城）　6. 残石镰（张陵山）　7. 穿孔石刀（金鸡墩）　8. 陶豆（越城）　9. 陶网坠（越城）　10、11. 粗砂陶器足（苏州地区）（8、10、11. 约1/4，余约1/2）

清和近代的墓葬，有深至地面下 8 米的。从断面上看，虽然黄土中夹有灰土，但不成层，恐已被扰乱。新石器时代文化层一般在 3 米以下，露出的灰层厚 0.7 米左右。

1956 年 10 月，江苏省文物管理委员会曾对此遗址进行了调查[2]。此次复查虽然也发现有几何形印纹硬陶，但不多，从采集遗物的数量比例来看，它是一个以新石器时代文化为主的遗址。其中较完整的器物有穿孔石刀 1 件（图二，7），为江南地区常见的遗物。

（二）吴县地区

1. 虎山遗址

虎山在吴县光福镇北虎山桥的北面，分南北二峰，东西宽 150 米、南北长 415 米、高约 8 米，遗址主要部分在山的东部两峰间的斜坡上，山的东面到处可以拾到陶片。山的南、西、北三面土层较薄，平均在 0.2 米以下即为岩石，发现陶片较少。

这个遗址在 1956 年为江苏省文管会发现[3]。经此次复查，初步认为这里的新石器时代文化层较单纯。因自然破坏较严重，灰层遗物都暴露在地面上，文化遗物基本上与前两地所出相同。

石器中有三角形石犁 1 件，一面刃（图三，12）。这种石犁在浙江余杭石濑镇发现过[4]，但在江苏省尚属初见。又有残石矛及残石刀各 1 件，都是苏南地区常见物（图三，10）。

2. 夷陵山与草鞋山遗址

夷陵山（一名唯亭山，又名夷亭）和草鞋山在吴县唯亭镇东北约 2 千米处。夷陵山西北 50 米为草鞋山，东南有陵南村，东北有陵中村。山东西长 69 米、南北宽 50 米、高 20 米。山顶为平地，呈椭圆形。草鞋山西北为陵北村，北有阳城湖。山东西长 120 米、南北宽 100 米、高 10 米，地势较夷陵山平坦。遗址部分已遭到破坏。两处遗址的文化层都较厚，平均 3 米左右，并夹有很多红烧土。

这两处遗址是江苏省文物管理委员会普查时发现的，他们称为陵南村遗址[5]。这里的遗物有粗砂红陶、灰陶和黑陶等，另有一种表涂红衣中夹灰黑色胎的陶片，与苏北淮安青莲岗的彩陶极相似。这次采集有石凿 1 件（图二，3；图三，9），制作粗糙，是苏南一带常见的石器。在泥质灰陶中，复原的有编织纹陶罐 1 件（图三，1）。在遗址的文化遗存中，泥质红衣陶是其特点。

3. 华山遗址

华山在吴县浒墅关镇西北约 2.5 千米处，东北有运河，隔河与白石山相对，西南为甑山。山南北约长 500 米、东西宽 200 米、高约 50 米，呈马鞍状。在南北两麓的耕地上，采集到很多陶片与石器。陶片以几何形印纹硬陶为主，也有泥质红陶与粗砂红陶片等。地面上还有唐、宋及现代瓷片。石器以石锛为主，但均甚粗糙（图二，1）；也有残石凿（图三，4）和残石刀等。因为石器与粗砂陶及泥质陶在一起发现，而几何形印纹硬陶则分布面很广，我们认为在发现石器的范围内，还是以新石器时代文化为主。

除华山外，我们还调查了阳山[6]、观山和甑山，这三处山顶都有“烽燧墩”散布，可是没有新石器时代的遗迹和遗物发现。

（三）小结

上述 5 处遗址多靠湖傍山，有的三面环水，有的距河湖很近，与东南地区其他新石器时代遗址相同。文化层有较单纯的，如虎山与华山，遗存多暴露在地面上，印纹硬陶与后代遗物较少，基本上只有新石器时代文化层。也有较复杂的，如越城、金鸡墩、夷陵山与草鞋山的新石器时代文化层都在下层，上压有印纹硬陶及后代文化层，并打破下层。我们初步推测，这一带所发现的印纹硬陶是属于江南地区约当春秋战国时的遗物，因此把它与以粗砂红陶为代表的新石器时代文化分开来。这点虽然在堆积层次的土色上还没有明显的界线可以证明，但在我们所调查的一些遗址中，大量发现印纹硬陶，却没有发现石器（即有也是极少数），且从其地理环境也与新石器时代遗址根本不同等现象来看，我们认为这些印纹硬陶可能代表另一时期的文化。

综观5处遗址中采集到的陶片和石器时，陶片有：

（1）泥质夹砂红陶，这种夹砂红陶在苏南地区新石器时代遗址中出土最多。其质粗糙，壁厚，间有黄灰或褐灰色烟痕，手制，大部分无纹饰。发现的以器足最多，多为三足器的实心圆足、实心扁足、实心尖足、空心尖足和羊角式尖足等（图二，10、11）。它们和南京附近及丹徒一带遗址中所出的夹砂陶器足相似。

（2）泥质陶，有红陶与灰陶两种。泥质较细，但火候不高，质地疏松，多为手制，表面有部分磨光。夷陵山与草鞋山的红衣陶片，几乎都是加红衣后磨光的。器形和纹饰增加，但素面的仍占多数。

（3）黑皮磨光陶，在遗址的上层发现较多。胎作青灰色，泥质细匀，火候较高，多轮制，表皮磨光，素面。

（4）几何形印纹硬陶，大部为上层遗物。陶质坚硬，火候甚高，与汉代陶片很相似，多为手制兼轮制，纹饰繁多。

（5）釉陶，数量很少，在上层中与印纹硬陶及黑皮陶并存。根据省文管会发掘吴县五峰山的结果⑦，也证明印纹硬陶与釉陶共存。

石器的制作则很粗糙，很少磨光，仅石刀全部磨光。石锛、石凿和石犁稍加磨制，个别的无磨制痕。

从上述情况可以看到，这些遗址的文化遗存都以锛与粗砂红陶为主，与江苏南部地区的其他新石器时代遗址有着密切的关系。

二、以几何形印纹硬陶为代表的遗址

江苏省博物馆和苏州市文物保管委员会在历年来所进行的文物工作中，获得不少新石器时代或与之有关的遗物。我们依据遗物的线索去调查时，发现有一些地点过去虽发现过石器，但调查时未采集到，而印纹硬陶却占大多数；有些地点虽有个别石器发现，然而也以印纹硬陶占多数。以上两种情况的遗址我们都称之为以几何形印纹硬陶为代表的遗址。兹将调查情况分述如下。

（一）苏州市区

1. 钟楼村遗址

在苏州市天赐庄江苏师范学院及其北边的江苏省工农速成中学里，曾发现过黑皮磨光陶罐及印纹硬陶片。我们这次调查时，在与其西北处紧接的钟楼村旁采集到很多几何形印纹硬陶片，估计这一片地区属同一个遗址。钟楼村遗址的范围南北约180米、东西约240米。遗址上层的近代堆积不厚。地表上尚有很多的汉、唐、宋各代陶瓷片及明代井圈。

2. 平门遗址

平门遗址在苏州市北平门不远处，北靠运河，南接城河。这里为古平门所在。遗址正好压在平门城墙下面，今已辟为大道。1956年夏，在城墙下灰土层中出土有残石斧、石刀、陶纺轮、泥质灰陶片和印纹陶片等。调查时，从城的断面上可看出古代城基及历代堆积的情况。我们初步认为城墙之下所压的为新石器时代文化层。城墙下层为早年堆积，其中几何形印纹硬陶最多，这一层完全是土城；城墙中层为汉、唐及宋代堆积，有各时代瓷片、陶片及城砖，这一层为小砖砌成；城墙上层为大砖砌成，中含明、清时期瓷片。

苏州城四周外缘均环运河，内缘又环城河，城墙筑于两河之间，从吴国建城以来，其变迁不大，历代修城，只在原城基上再增筑。我们采集的遗物多半是城墙下层的，如果这一层是吴越建城时的城墙，那么这些遗物就是吴越时期的东西，而其中又以印纹硬陶最多，这就给印纹硬陶的时代问题提供比较可靠的证据。同时，这些堆积又压在新石器时代遗址的上面，因而印纹硬陶与新石器时代文化遗存的关系也更明显了。

3. 苏州公园遗址

苏州公园在市内五卅路以东，遗址便在公园内北面的一个大土墩上。土墩东西长72米、南北宽51米、高3米。据王謇的《宋平江城坊考》卷五记载，公园附近古属子城（即吴王宫城），相传为伍子胥所筑，故公园及附近为古子城是极有可能的。采集遗物也以印纹硬陶为多，也有泥质灰陶的豆把、残纺轮等。

4. 蒋园遗址

蒋园遗址紧靠东城，北靠二门口河，长、宽各约200米。据沈维钧先生说，1936年，在该园的东部2米范围内发现有印纹陶罐及陶豆等物。我们这次调查，发现遗物不少，遗址的性质大约与钟楼村遗址相同。

（二）苏州郊区

1. 陆家村遗址

青旸地在苏州市郊南门外，面积很广，我们调查的一地称陆家村。1955年在该地取土时，发现有黑皮灰陶罐、盆和釉陶罐等5件。断面暴露有灰层，采集到很多几何形印纹硬陶片和宋代瓷片。

在青旸地以东，距陆家村不远处，在取土断面上暴露出灰层，距地表0.5米以下，有灰黑带黄锈色的片状土，厚约1~2米。土层内出黑皮磨光陶罐和盆等。夹砂粗陶发现极少。另外发现石杵1件（图三，3）。上层为宋井打破。这次调查，证实这里硬陶、釉陶和黑皮磨光陶共存，而且数量甚多。

2. 灵岩山遗址

灵岩山苗圃在木渎镇西北1千米处，遗址在苗圃内，东西长129米、南北宽105米。表面有近代墓葬，表土厚0.5米，以下为灰褐色土。出土有陶罐2件：一件为灰色，饰编织纹；一件为红褐色，饰斜方格纹。釉陶盂带黄褐色釉，盂里有螺旋纹。这些遗物与邻近五峰山所发掘的大致相似。

（三）吴县地区

1. 大觅桥、尹山湖及黄泥山遗址

大觅桥、尹山湖、黄泥山遗址都在湖滨。大觅桥在苏州东南约10千米，位于独墅湖与尹山湖交界

图三 苏州市和吴县出土的石器和陶器

1. 泥质印纹陶罐（夷陵山） 2. 残陶三足器（太湖底） 3. 石杵（陆家村） 4. 石凿（华山） 5. 穿孔石斧（太湖底） 6. 石镰（张陵山） 7. 石锛（大觅桥） 8. 有段石锛（太湖底） 9. 石凿（草鞋山） 10. 石矛（虎山） 11. 石凿（太湖底） 12. 石犁（虎山）

处，其西为大觅桥村。我们在湖滩及湖滨的小土堆上采集到极多的印纹陶片，并采集到石锛 1 件（图二，2；图三，7）。

尹山湖在大觅桥西南，距尹山镇东约 200 米。湖东西宽约 2500 米、南北长约 4000 米。在湖的四周到处都有陶片发现。

黄泥山在尹山湖西300米处，为一高出地面约8米、东西长约50米、南北宽约30米的土墩。土墩四周及墩上都发现有陶片，但灰层很薄。

三处遗址的陶片分布很广，看来遗址面积很大。地面上不易找到灰层与遗迹，可能是被湖水冲刷的关系。

2. 张陵山遗址

张陵山在角直镇东南2千米。山东西长约500米、南北宽约200米，分为东、西两山，中间相距100米。山上有很多墓葬和耕地，破坏非常严重。此遗址江苏省文管会在1956年曾调查过[⑧]。这次调查仅采集有残石镰1件（图二，6；图三，6）。在张陵山东庄以东200米有一条新开的小河，据说在开河时发现很多陶片，现在河滨斜坡上还可以看到灰层和陶片，看来可能原是一处遗址。此外，在张陵山南1.5千米的陈湖滩上也拾到不少陶片。

上述各处都采集到夹砂陶、泥质红陶、泥质灰陶、釉陶和印纹硬陶，其中以印纹硬陶为最多。

3. 陈墓镇遗址

陈墓镇在澄湖东南，紧邻吴县。1955年在陈墓镇附近发现过石刀和几何形印纹硬陶片[⑨]。江苏省博物馆曾派人去调查过，并收集到出土的黑皮磨光陶器数件，据说出土遗物的土层呈深黑色，质松软。我们这次调查时，看到表土1.2米下即为黄灰土及灰黑土，在土层断面上采集到有夹砂陶、泥质红陶、泥质灰陶、釉陶和几何形印纹硬陶，数量以最后者为最多。看情况，恐与陆家村遗址是一个类型的。

（附）太湖

在这次调查中，我们顺便访问了震泽县，据说当地渔民在太湖打鱼时，在吴县、长兴、吴兴、无锡一带的太湖当中，曾捞到很多石斧、穿孔石斧、石凿、石锛和有段石锛（图三，5、8、11），陶器只有残三足器1件（图三，2），另有贝壳、鹿角和兽牙等。这些遗物多在湖底的一种硬滩上，深的在水面下6米，浅的也有3米。遗物中的石器与苏南地区新石器时代遗址中所出者十分近似，石凿与苏州地区所出者同，而有段石锛则与丹徒葛村所出者同。

在太湖湖底发现这样多的石器，还是值得注意的。

（四）小结

总的看来，上述遗址都位于平地上，既不在山坡上，也不在土墩上。要之，在这些遗址的文化层中虽有个别石器的发现，粗砂陶都很少，而且它们与印纹硬陶仍在同一文化层内。所以，这时期的文化层在大多数遗址中都属最下层，但平门遗址下却还有新石器时代文化层，故它们的时间应较新石器时代为晚。

遗物中，陶片以印纹硬陶为最多，质地坚硬，制作精细，纹饰复杂（图四）。其次是泥质红、灰陶，火候高，质地硬，花纹多，几乎近于印纹硬陶。黑皮磨光陶和釉陶较少。黑皮磨光陶是这类遗址的文化特点，胎作深灰色，质细而薄，厚度一般为0.5厘米，轮制，器形有壶、尊、罐和杯等。有一部分器底带有三只小足，高2.5厘米；有的则有两小耳。昆山陈墓镇的陶器无足，黑衣上带银色，这与浙江杭县良渚及吴兴钱山漾的出土器物几乎一样[⑩]。而釉陶一般遗址都可见到，都是在硬陶胎上施一层薄薄的黄褐色或黄绿色釉。我们推测，此时由于大量制造硬陶，为釉陶的出现创造了必要的条件。从制陶技术上来看，从硬陶到釉陶乃是一种进步。泥质砂陶则要算是最少的了，而它在很多方面与新

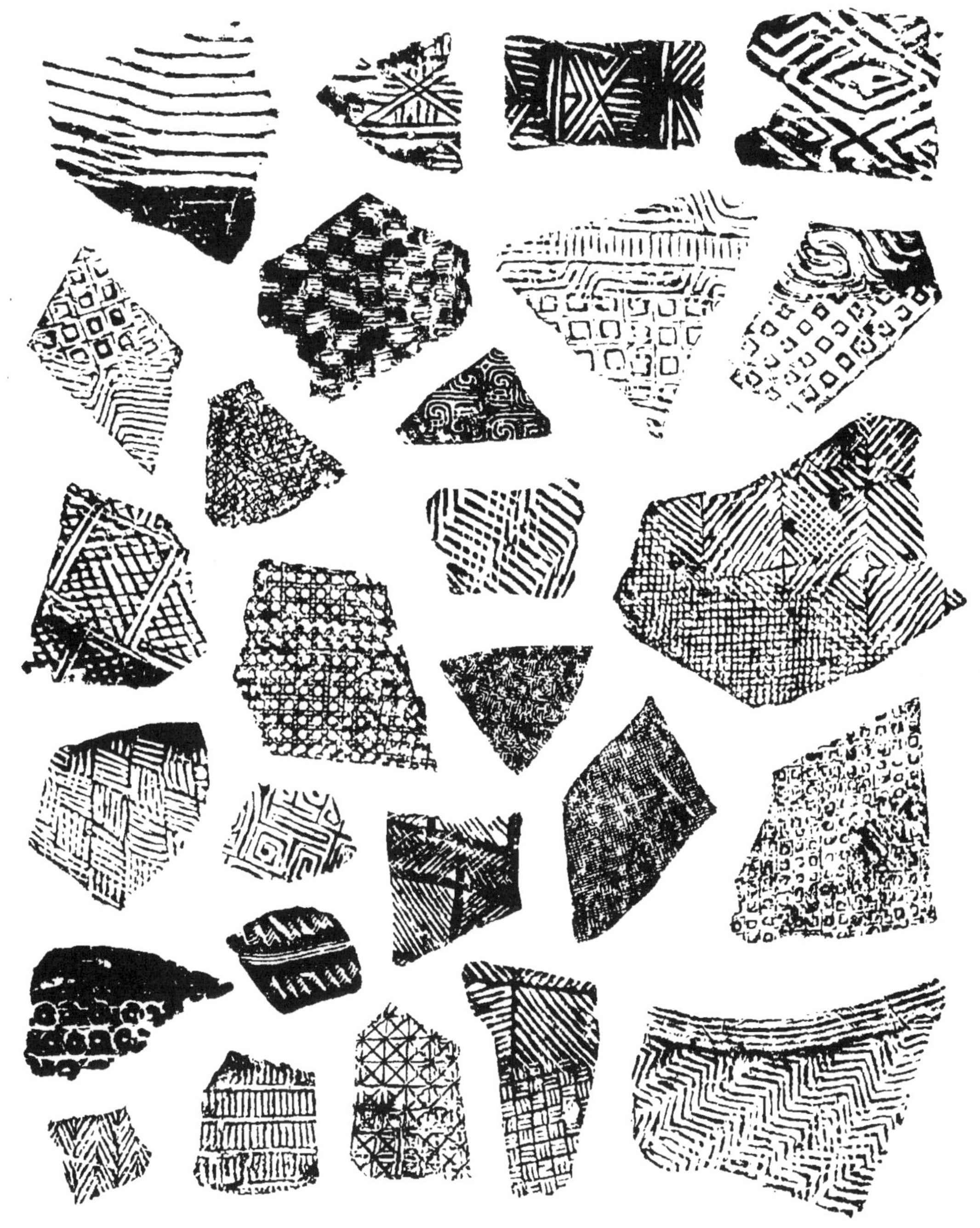

图四　苏州地区几何形印纹硬陶花纹拓片（约1/2）

石器时代所出的十分近似。石器虽少，然与新石器时代所出者没有多大区别。

这样看来，这些遗址应该与新石器时代有密切关系，同时，它又普遍发现几何形印纹硬陶和釉陶、黑皮磨光陶共存，似乎与浙江及其他地区的发现又有连带关系。

三、关于遗址的时代

要确定苏州地区新石器时代遗址的大致年代，应当将它们和南京及其附近几个遗址作比较。南京北阴阳营遗址上层已有铜器发现，与之相当的南京锁金村及丹徒大港等地遗址亦有铜器发现，从数量和同出遗物看，这时已是金石并用时代。北阴阳营下层与江宁湖熟等地遗址还没有发现铜器，而以石器、粗砂红陶、泥质陶为主要出土物。经过考古工作者的研究，初步推测北阴阳营下层及与之相当的遗址的时代约当殷代，上层及与之相当的遗址的时代约为周代到春秋时期[11]，我们认为这是可信的。

苏州地区新石器时代遗址的地理环境、文化层次、出土遗物与南京锁金村、安怀村、丹徒葛村等地的遗址都是大致相同的，因此它们的时代也不会相差太远。越城等遗址的上层和以几何形印纹硬陶为主的遗址的时代，大约相当于春秋战国时期。其理由如下：1. 本地区内有些遗址如越城（上层）、夷陵山（上层）、华山（上层）、平门、苏州公园、灵岩山、七子山等地，都是文献上记载为吴越时代史迹所在。2. 越城遗址：上层堆积在土城中，下层堆积在土城下；平门遗址：上层堆积在城墙中，下层堆积在城墙下，它们都明确地显出是两个时代的堆积。如文献记载说两地为春秋时期的越城及平门属实的话，则下层为新石器时代，上层为春秋末期无疑。所以，从已普遍发现为春秋战国时期的遗物来反证文献，同时也从文献记载来对证遗物，我们认为以几何形印纹硬陶为代表的遗址属于春秋战国时期是非常可能的。整个说来，本地区遗址的时代：新石器时代遗址约当西周至春秋时期，以几何形印纹硬陶为代表的遗址约当春秋战国时期。

佟柱臣先生说："北阴阳营上层的陶片不仅有云雷纹，更发现了炼渣和铜镞，它已经进入了铜器时代。……关于上层的时间，……就是印纹硬陶约在春秋以后，印纹软陶为殷至西周，那么没有印纹陶的下层，自然要在殷代以前了。"[12]我们认为"印纹硬陶—印纹软陶—无印纹陶"这样的分法，只是一种大致区别时代的标准，例如说某个时期以某种陶为主，而不能将它绝对化。因为在有的遗址中，印纹软陶与硬陶共存，有的则印纹软陶与粗砂红陶共存。从苏州地区遗址看，印纹硬陶与粗砂陶是比较明显可以分为两个时期的。无印纹陶的遗址，最早的也很难定为"在殷代以前"，因为殷代的历年很久。北阴阳营上层文化虽有铜器发现，但为数很少，同时有些遗址出与上层同样的遗物，但没有铜器，相反，石器却是当时主要的生产工具，因之上层文化也似乎难说已进入了铜器时代，应说是铜石并用时代，较为恰当。

我们为什么不把第二类遗址直接命名为春秋战国时期遗址而称为以几何形印纹硬陶为代表的遗址呢？其理由是：这里没有发现过足以肯定为春秋战国时期的东西，也没有发现过金属器，并且有石器遗存，其他遗物又与新石器时代关系比较密切，因此，我们只能说它们相当于春秋战国时期，其文化性质上也许还是属于新石器时代的。

执笔：罗宗真

注释

① 人俊：《吴县发现新石器时代遗址》，《文物参考资料》1957年第3期，第81页。李鉴昭：《苏州市郊金鸡墩发现新石器时代遗迹》，《文物参考资料》1956年第12期，第76页。王志敏：《江苏南部新石器时代文化》，《考古通讯》1955年创刊号，第32页。

② 李鉴昭：《苏州市郊金鸡墩发现新石器时代遗迹》，《文物参考资料》1956年第12期，第76页。其中说：遗址南北约70米、东西约400米、最高处离地表约15米。报道是不够准确的。

③ 人俊：《吴县发现新石器时代遗址》，《文物参考资料》1957年第3期，第81页。

④ 浙江省文物管理委员会：《钱塘江流域五个县的几处古遗迹的初步调查》，《文物参考资料》1956年第8期，第25页。

⑤ 人俊：《吴县发现新石器时代遗址》，《文物参考资料》1957年第3期，第81页。

⑥ 王志敏：《江苏南部新石器时代文化》，《考古通讯》1955年创刊号，第32页。

⑦ 朱江：《吴县五峰山烽燧墩清理简报》，《考古通讯》1955年第4期，第50页。谈到1号墩出土的青瓷盂，即釉陶盂。

⑧ 朱江：《吴县五峰山烽燧墩清理简报》，《考古通讯》1955年第4期。

⑨ 金诚：《江苏昆山陈墓镇发现新石器时代遗址》，《考古通讯》1957年第1期，第55页。

⑩ 施昕更：《良渚——杭县第二区黑陶文化遗址初步报告》，浙江省教育厅，1938年，插图13。其中的瓯、壶、尊与我们这里发现的同类器相似。同时我们在杭州看到浙江省文物管理委员会在钱山漾发掘的黑陶，亦带银灰色。

⑪ 南京博物院：《江苏丹徒葛村新石器时代遗址探掘记》，《考古通讯》1957年第5期，第24页。尹焕章：《关于东南地区几何印纹陶时代的初步探测》，《考古学报》1958年第1期，第75页。南京博物院：《南京市北阴阳营第一、二次发掘》，《考古学报》1958年第1期，第7页。

⑫ 佟柱臣：《黄河长江中下游新石器文化的分布与分期》，《考古学报》1957年第2期，第17页。

（原载《考古》1961年第3期）

江苏吴江梅堰新石器时代遗址

江苏省文物工作队

遗址位于吴江县梅堰镇东北袁家埭，西距太湖3.5千米，西北接近蟹大荡、桃花漾，东为北草荡。这一地区湖荡毗连，为一冲积平原。1958年冬，在这里发现了大量鹿角；1959年冬，又发现了大量兽骨和鹿角。江苏省文物工作队与苏州市文管会遂联合组织发掘小组，前去发掘。遗址的面积约为65250平方米，我们选择了堆积较丰富的地方，先后开掘了15个探坑，面积为143平方米。探坑中出土有石、玉、骨、角、蚌和陶器等122件，采集遗物达4000余件。

一、地层堆积

第1层，表土层，厚0.5~1米。

第2层，黑土层（泥炭层），厚0.12~0.5米。

第3层，黄灰淤土层，富黏性，厚0.43~0.9米。

第4层，黑灰土层，质粗松，厚0.05~0.2米。

第5层，灰淤土层，质细黏，厚0.11~0.4米。为黑灰土层与其下之黄灰淤土层的间隔层。

第6层，黄灰淤土层，厚0.43~0.62米。此下即为生土。

在黑灰土层中，出土有大量石器、陶器、骨器和兽骨、鹿角等；并发现了三个灰坑。黄灰淤土层中，也出大量兽骨、陶片，石、玉、骨、角器等，并发现建筑残迹。

文化堆积以第4、6层为这一遗址的主要文化层，故此称第4层为上文化层，第6层为下文化层。在下文化层中发现有以蛤蜊壳为地面的建筑遗迹，厚0.07~0.33米，上边并有草木灰和排列整齐、纵横交织的芦苇层；有的则仅为一层蛤蜊壳，上边无草木灰和芦苇层；有的则在草木灰和芦苇层上又重新铺一层蛤蜊壳，作为新的地面。面积较大的约390平方米，小的也有18平方米。

此外，还发现了南北约3米、东西约2.4米、厚0.1~0.15米的红烧土，上边并有芦苇痕迹。在蛤蜊层上面和一般生土中，还发现有木桩，约略可看出有长方形和椭圆形的。

二、遗物

遗物除探方中出土者外，有一大部分是采集的，我们把采集的遗物和太湖周围、淮安青莲岗、南京北阴阳营等地青莲岗文化以及探沟中出土遗物进行了比较后，分别并入发掘出土遗物中一并叙述。

（一）石器 有锛、斧、凿、镰、刀、纺轮、璜和玦等16种，共282件。石质多为青灰色页岩和水成岩，也有赭黄色砂岩、黝黑色水成岩、少量的黑地白斑大理岩和黝黑绿斑花岗岩。有些石质在当地周围山中没有的，可能是从远处运来的。

锛 117件。探坑T2、T3的上层出土2件。T2的一件长方柱形，背呈弧形，磨制粗糙，长10、宽3、厚3厘米。T3的一件扁平长方形，体较小，长4.1、宽2.4、厚0.6厘米（图二，2）。采集的石锛，其形制除与前二者相同外，还有一种扁平长条形，体薄，长11.2、宽37、厚7厘米（图一，1、2）。另有4件长方形有段石锛，段呈阶梯状，磨制光润，长7.8、宽4.5、厚1.7厘米（图一，3）。石质为

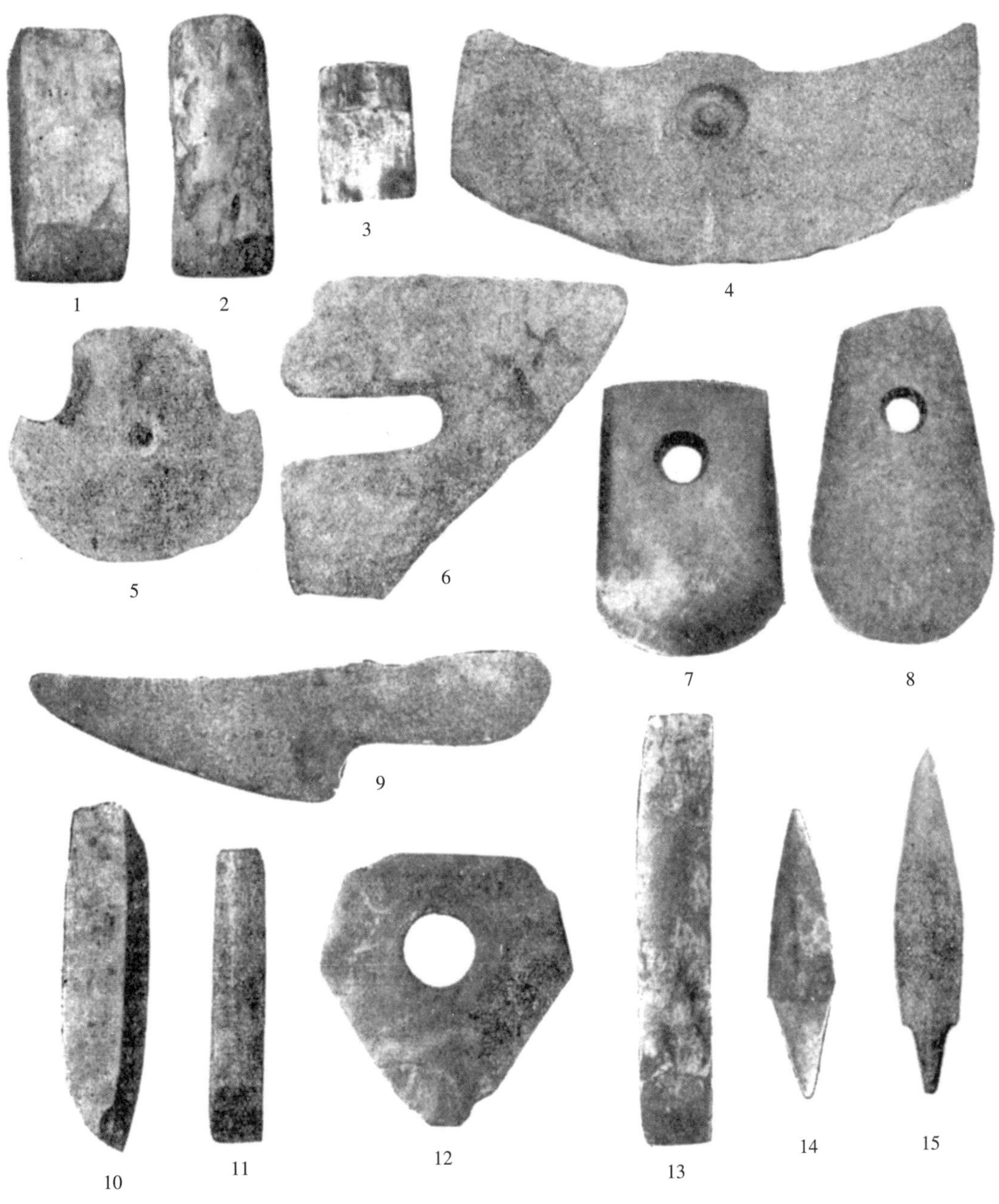

图一 石器

1~3. 锛 4. 耘田器 5. 钺 6. 三角形石刀 7、8. 扁平有孔石斧 9. 有柄石刀 10、11、13. 凿 12. 锄 14、15. 镞（1~5. 上层，6~15. 下层）

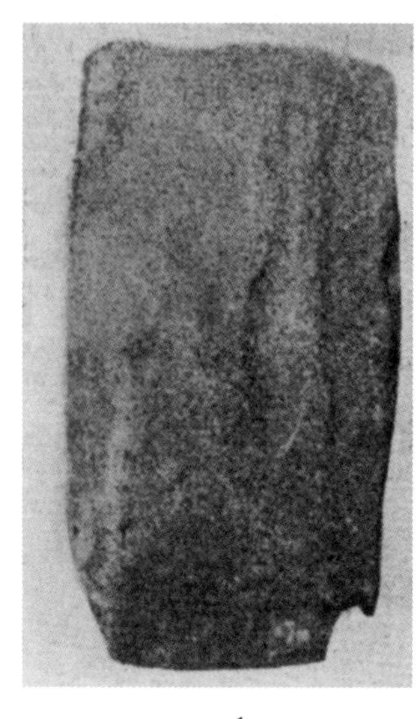

1

2

图二 石器

1. 斧 2. 锛

黝黑色、青灰色水成岩或灰白条页岩，最大的长17.7、宽4.7、厚2.5厘米。

斧 24件。探坑T15下层出土2件，其余采集。发掘的2件，一件呈厚背长方形，双面刃较狭，青灰色火成岩，磨制粗糙，长8.3、宽4.5、厚2.3厘米（图二，1）。另一件呈扁平长方形，已残，上狭下宽，弧刃，带孔（孔为两面钻），残长5、宽6、厚0.7厘米。

采集的可分三式。

Ⅰ式 13件。器形与发掘的后一件同，其中有2件磨制光润，石料是黑地白斑大理岩和黝黑绿斑花岗岩（图一，7、8）。

Ⅱ式 6件。作椭圆形，圆浑无棱。磨制粗糙。砂岩。刃较宽厚。长10、宽5.5、厚3.5厘米。

Ⅲ式 5件。扁平有肩。打制。刃部磨光。肩部呈柄状。长14、肩下宽9.2、厚2厘米。这种石斧常见于太湖周围，浙江良渚也有出土。

镰 8件。采集。一端宽一端尖，刃部微向内弯。一件长16、宽端4.5、尖端2.5厘米。

刀 18件。采集。半月形2件，刃部两者不同，一在弧部，一在平线上。长7.7、宽3.5、背厚0.8厘米。长方形4件，有双孔、单孔、无孔之分。长3.7、宽10.8、背厚0.4厘米。三角形带柄刀1件，器形较大，柄与刀的末端相齐，中有一凹槽延伸器内，斜刃在较长的一边，柄上端有一阶梯状缺口。刀长13、柄长8、刀宽5.5厘米（图一，6）。这种石刀与杭州老和山出土的完全相同①。带柄长条形刀1件，一端尖一端在柄下呈垂直状，背在柄处微凹以示与刀分界。长14、宽4.3、背厚0.7厘米（图一，9）。

矛 4件。采集。狭长三角形。长23.2、宽8、厚13厘米。

钺 3件。采集。一件为有肩穿孔半圆刃，肩呈弯弧形，青灰水成岩，长11.5、宽12.5厘米（图一，5）。两件呈不等边三角形，一边有折肩似柄，刃向有折肩处斜缩。长19.5、刃宽20.2、背宽7.8厘米。这种石钺又称石刀，在太湖周围发现很多，为典型的良渚式石器之一。

锄 2件。采集。一件呈横长方形，中间有一椭圆形大孔，灰白点花岗岩，长6、宽6.5、厚1.1厘米。形制与北阴阳营下层发现的完全相同。一件上端方、下端呈等腰三角形，中间穿孔特大，有小折肩，刃在三角的两侧，长10、背宽7、厚1厘米（图一，12）。

耘田器 1件。采集。背部弯呈弧形，中间凸起，下为半圆形一面刃，中间穿孔未透。长6、宽13.3、厚0.3厘米（图一，4）。同样石器在浙江钱山漾亦有出土②。

凿 31件。探坑T2出土1件，长方形，断面方形，黑色水成岩，长7.6、宽1.7、厚22厘米。采集的大致相同，其中一件为椭圆柱形，石质有灰白条页岩、青灰水成岩和少数的砂岩。器形大小不一，最大的长16、宽2.9、厚3厘米，最小的仅长3.7、宽0.8、厚0.6厘米（图一，10、11）。另有6件为狭长条形，器长且大。长11.7、宽5.2、厚4.6厘米（图一，13）。

镞　21 件。探坑 T15 下层出土 1 件。扁平，断面呈菱形，铤已残，长 3.4、宽 1.6 厘米。采集的形制与此大致相同，完整的均有铤，分有脊、无脊两种，除两翼为三角形外，有的两翼成直角，磨制较精（图一，14、15）。

网坠　1 件。采集。椭圆柱形。两端凹槽细浅。长 10、宽 6.3、厚 4 厘米。

纺轮　7 件。探坑 T1 出土 1 件。扁平圆形。直径 6.5、厚 1 厘米。采集的 6 件形制大致相同。

垫　2 件。探坑 T15 出土 1 件。扁平圆形。磨制光滑。直径 15.5、厚 4.2 厘米。采集的形制相同。

璜　1 件。采集。半环形，两端有穿孔。磨制较精。长 1.8、直径 0.9 厘米。

玦　9 件。采集。磨制精致。直径 3、厚 0.3 厘米。

管　2 件。采集。长 1.8、直径 0.9 厘米。

其他还采集有石圆芯 1 件，为穿孔石器上钻下的孔芯。根据边缘观察，为两面对钻后在将要穿透时敲打下来的。它可以说明穿孔的制作过程。另有 4 件似豆荚形的石器，用途不明，可能是装饰品。还有 20 件石凿、石锛的半制成品，长条形，未经磨刃加工，有的磨成两端方菱形。可以看出凿、锛的制造过程。

（二）玉器

玉器　15 件。探坑 T10、T15 下层出土 5 件，余为采集。有玉璜 5 件、玉玦 6 件、玉管 4 件。玉质有白玉、青玉和玛瑙等。磨制精致，形制与石质相同。探坑 T10 出土玉玦，宽 1、厚 0.3 厘米；玉管长 2、直径 0.9 厘米。

（三）骨器

骨器在遗物中占最多数，共 700 余件，探坑出土 83 件，余均采集。其中一部分有精美的雕刻。以镞、锥、针最多，磨制穿孔技术较精。尤其是用人头顶骨穿孔为器，在江苏还是第一次发现；同时还有用麻龟背制为铲的，亦不多见。遗址兽骨分布密集，下层更多，且多完整的骨器。

镞　251 件。探坑上层出土 3 件，下层出土 7 件。上层 T10 出土的断面呈三角形，铤与翼的界线不清。长 17.1~18、宽 0.9~1.1 厘米（图版一，1）。T14 出土的无脊，断面呈半圆形，两翼略有棱角，与铤分界明显（图版一，2）。下层 T15 出土的圆柱式，无脊、翼、铤之分。T10 出土的一件有铤，两头尖细，长 5.2、直径 0.8 厘米（图四，4）。采集的亦有铤（图版一，3）。采集的除有前面三式外，一为扁弧菱形，尖端有脊，铤较长占镞的一半（图版一，4）。二为凹脊狭长形，镞背有骨髓槽痕。三为尖锥形，铤较长，并锯有凹槽，便于绑扎。四为扁长菱形，有脊，两翼至铤部成直角，铤较长（图版一，5）。

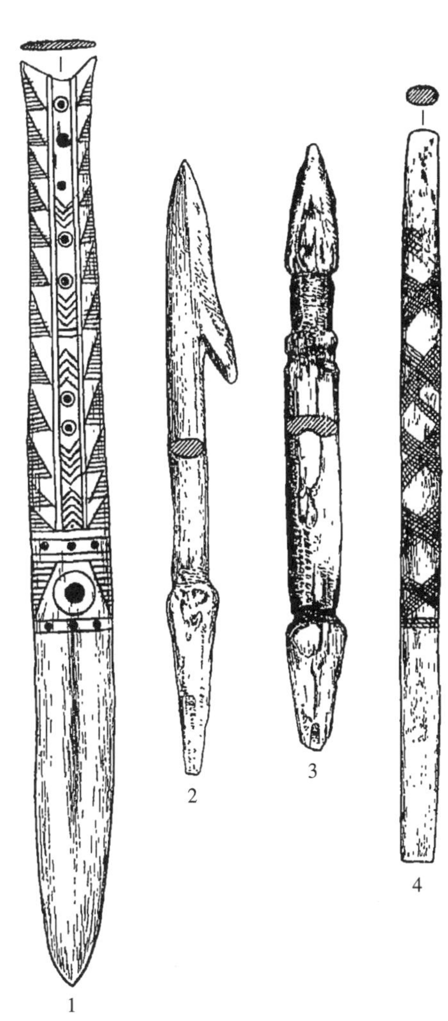

图三　骨器

1. 匕　2、3. 鱼镖　4. 凿

鱼镖　10 件。采集。分二式。

Ⅰ式　梭形，两端均有凸起的三角尖。长 16.3、宽 1.5 厘米（图三，3；图版一，6）。

Ⅱ式　扁平形，一边有倒钩，末端突起，使绑扎时不致滑落。长 16.4、宽 1.1 厘米（图三，2；图版一，7）。

铲　2 件。采集。用麻龟背锯成椭圆形，上端斜平，刃部两面磨光（图版一，10）。长 11.6、宽 9、厚 0.5 厘米。

凿　55 件。探坑 T15、T7 各出土 1 件。T7 出土的为椭圆柱，刃扁微弧。长 20.3、直径 0.9、刃宽 1.6 厘米（图四，1）。采集的有一部分加工较精。有圆柱和椭圆柱两种，经刮削后磨光，有的一边有骨髓痕凹槽（图版一，8、9）。有平刃、斜刃、弧刃之分，长短不一。其中有一件在上面刻有网纹。长 19.5、宽 1.1 厘米（图三，4）。

锥　105 件。探坑上层出土 2 件，下层出土 12 件。分扁形和圆形两种，有的在上端穿孔，便于系绳携带。长 15.7～22.4 厘米。

刀　9 件。探坑 T14 下层出土。扁薄似梭形，有柄。长 22.5 厘米。

匕　21 件。探坑 T10 下层出土 1 件，用肋骨磨成，上端穿有一孔。长 14.7 厘米。

采集的分三式。

Ⅰ式　同前，其中一件鱼形，上刻精细花纹，中间一大旋圈作为鱼目。长 24.5、宽 2.1 厘米（图三，1；图版一，19）。

Ⅱ式　以肢骨剖半整治而成，一端利用骨臼隆起为首，上刻网纹，亦有弦纹双孔（图版一，18）或无纹无孔的。

Ⅲ式　用碎骨片磨制，扁薄如纸。长 21.5～26 厘米。

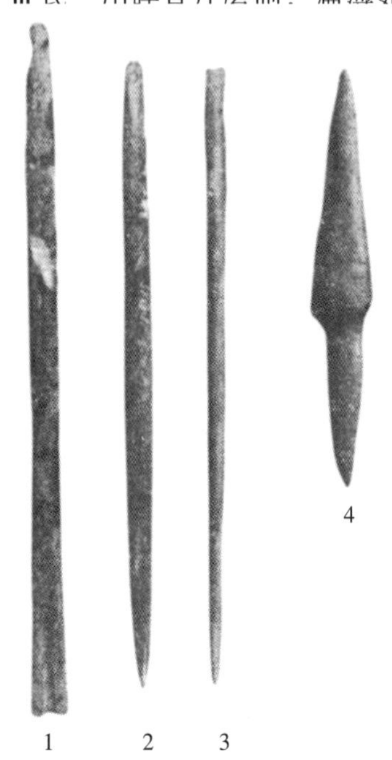

图四　骨器
1. 凿　2、3. 针　4. 镞

针　56 件。探坑上层出土 1 件，下层出土 13 件。有的圆柱穿孔，一面钻，孔部扁圆；有的圆孔较大，孔径 0.6、长 13 厘米；也有圆柱无孔的；T7 出土的为椭圆柱，穿孔处略扁，长 18.3、直径 0.7～0.9、孔径 0.2～0.3 厘米（图四，2、3）。采集的穿孔有二或三个的，有两面对钻的。长短粗细不一，长的 19.5、短的仅 5～6 厘米，直径粗的 0.8、细的 0.3 厘米。另有一件细长似梭形，两端皆尖，无孔，长 19.5 厘米（图版一，16、17）。

笄　54 件。探坑下层出土 2 件，余采集。有圆柱、椭圆柱及管状三种，用兽肢骨及禽腿骨制成，利用骨臼作簪头。两件上端刻有折线纹一或两道（图版一，11～15），长 8～9.8 厘米。

管　63 件。探坑下层出土 17 件。T10 出土的表面磨光，两端粗细不匀，长 3.8～4.5、直径 1.6 厘米。有的表面未经磨光（图版一，21）；也有的不仅表面磨光，里面亦修制光薄（图版一，25）。有的上面还有锯槽，特别是一件长 11.7 厘米的，上有锯槽五道，距离相等，未经磨光，可能是未经锯断的骨料（图版一，20）。

哨　3件。探坑出土1件。管状，表面磨光，近一端作了一个瓜子形小孔，便于发音。长6.2厘米（图版一，22）。这种骨器，初看似装饰品中的骨管，但经检验，确能发音，很可能是一种乐器。

此外，有用鱼脊椎骨在中心穿孔或无孔磨光作为装饰品的。有用人头顶骨锯光四边似皿状的，四边钻有四小孔（一面钻），以作系绳之用，直径12.4厘米（图版一，24），共出土大小2件，用途不详。探坑T8下层还发现在完整人头骨的顶上，眉脊下部有三小孔，作用不明。

（四）角器

角器及角料共403件，其中角器占129件，探坑出土者16件。器形有锥、凿、叉、锤等四种。

锥　98件。探坑出土6件。有的在上端锯有几道凹槽，似为绑扎在木棒上用的；有的通身磨光，滑润锐利，长短不一。T7下层出土的长8.3厘米，T15下层出土的长22厘米。均为斑鹿角制成（图版一，28）。

凿　1件。采集。背有骨髓凹槽。中部和上端锯有两道凹弦纹，并用锯痕为纹饰（图版一，27）。长10.7厘米。

叉　9件。采集。尖端磨光。长20.5厘米（图版一，26）。

锤　14件。探坑出土10件。利用角根为锤面，锤面上留有明显的打击痕迹。长短不一，最长32、锤高11厘米；最短的长15、锤高8.5厘米（图版一，23）。

（五）蚌器

蚌壳发现很多，有大而且厚的古丽蚌，有小的麻蚌和蛤蜊壳等。加工成蚌器的则不多见，仅发现一件蚌镞和一只穿孔的蚌壳。蚌镞出土于T14的下层，三角形，扁平无脊，两翼舒展，有较宽的铤，加工精致。长4、宽2.2、铤长0.5厘米。穿孔蚌壳，用古丽蚌壳在两侧穿孔作系绳用。长13.2、宽10厘米。

（六）陶器

1. 陶质　上层以黑陶为主，与红陶片共存，但堆积杂乱，可能是冲刷所致。黑陶灰胎，泥质细腻，内外表均黑色，故亦名“黑皮陶”。黑色附着不牢，经水易褪落。有一种薄胎的，表面乌黑发光，黑色不落。有的由于温度略高而烧成铅黑色，光亮，扣之铿锵。

下层均为红陶，间有少量灰陶，无黑陶发现。红陶又分细泥和粗砂两种。粗砂中掺有石英粒、蚌壳末。由于温度高低不均，有的烧成褐色，有的呈土黄色，在一器上也有不同颜色的。有的挂有黑陶衣，看来似“黑皮陶”，但胎红，质粗松，黑衣亦带有褐色，显然与上层黑陶有所不同。这类陶器大都是炊器或较大的容器。

细泥红陶表里磨光，有褐、砖红、橘红和黄色等，甚至有的呈绿色。也有一器几色的现象，这是因温度强弱的不同。有的施红、黑色陶衣。

2. 纹饰　上层黑陶纹饰、有划纹、堆纹、指甲压纹、浅刻、镂雕、穿孔、绘画等。图案内容大致可以分成三类：一为用圆孔、线条组成的如弦纹、折线纹、点线纹、波浪纹、网纹、云雷纹、丝绞纹等（图五，1~11、21）；一为以鱼虫为题材的如蚕纹、鱼鳞纹（图五，12~14）；一为以花果为题材的如菱叶纹、菱实水珠纹、菱花纹（图五，15~20）。

此外，还发现2件彩陶。一件在已烧的黑陶器上用金黄、棕红两色绘出两道弦间丝绞纹（图六）。另一件纯用棕红色，仅一道花纹。彩绘出土后因失去所含水分，容易干缩剥落。所绘的原料为漆，先在黑陶表面涂上一层稀薄棕色漆，然后在上面用厚漆加绘图纹，厚薄不均。同样的漆绘彩陶曾于1955年在吴江团结村亦有发现③。

下层以素面为多，少数亦有指甲压纹、弦纹、穿孔和点线纹。在形式上与上层大致相同，可能黑陶是受此影响的。

3. 器形和制法　出土较完整的陶器共391件，其中黑陶206件，砂质红陶50件，细泥红陶135件。红陶均为手制，少数在口沿上有轮旋痕。黑陶均为轮制，少数器形别致的为手制。

以下分两种陶系叙述出土的主要器物。

图五　黑陶纹饰

图六　弦间丝绞纹陶尊

（1）黑陶

网坠　6件。探坑T14上层出土3件。长方形，背微弧。一件略扁，两端和腰部有绳槽，中有“⁎”形凹纹，长5、宽4、厚2.7厘米（图七，2），同出一件绳槽在面上，下平，长4、宽3.7、厚2.7厘米（图七，1）。

纺轮　3件。扁圆，边呈弧形。直径6.6厘米。采集的相同。

垫　3件。采集。扁圆光滑。直径5.7~8厘米。

鼎　2件。采集。敞口，腹似袋形，上小下宽，无耳。一件有鋬，口径7~9.3、高10.5厘米。

壶　23件。采集。分五式。

Ⅰ式　提梁壶。5件。直口，背上有用泥条绞成竹编状的梁，后端附尾状堆纹，如雏鸡形。高16.5厘米（图版二，2）。

Ⅱ式　高颈贯耳壶。长径，扁腹，高圈足微侈。胎薄漆黑发

图七　陶网坠

光。颈饰弦纹三道。口径7.2、高14.8厘米（图版三，7）。同型的在太湖周围出土很多，与浙江良渚出土的完全相同[④]，为典型的良渚黑陶。

Ⅲ式　敞口有流，长颈深腹。上有弦纹、篦刺纹。腹有扁厚把手。口径8、残高19厘米（图版二，6）。

Ⅳ式　直口，短颈广肩。腹饰弦纹四道（图版三，3）。

Ⅴ式　作鸟形，制作最精。一端鸟首为尖嘴环眼，有冠，一端尾翘为流口，三只矮足，前二足小，后一足宽而横置。作觅食状。长33、高11.5、腹宽10.2厘米（图版三，5）。

杯　3件。采集。筒形平底，腹微鼓。口径5.3、高13.4厘米。

钵　3件。采集。一为敛口平底，表面磨光；一为大口，凹底。口径9.5、高7厘米。

尊　38件。采集。有的胎薄光亮，有的彩绘。形式很多，主要可分七式。

Ⅰ式　高颈扁腹，直口平底，圈足。有的在颈上饰弦纹。

Ⅱ式　小口折肩，直腹，三矮足。腹有弦纹多道。口径9.5、高20厘米（图八，1）。

Ⅲ式　直颈，葫芦形腹，口有二小孔。绘棕红间金黄色弦纹与丝绞纹彩绘（图六；图版三，8）。口径6.1、高8.6厘米。

Ⅳ式　短颈扁腹，平底双耳。口径8、高10.5厘米（图八，3）。

Ⅴ式　侈口削肩，圈足有四小孔。腹有弦纹间聚旋纹三道（图版三，6）。

Ⅵ式　高颈鼓腹。口径7.7、高15.1厘米（图八，6）。

Ⅶ式　小口，肩有四个纽状小耳。腹有弦纹间卷线纹。口径8.4、高15.5厘米（图版三，2）。

豆　39件。采集。均已残，圈足很矮，也有少数作喇叭口形和管柱形的。均饰有弦纹、穿孔、竹节纹和透雕菱花纹等。

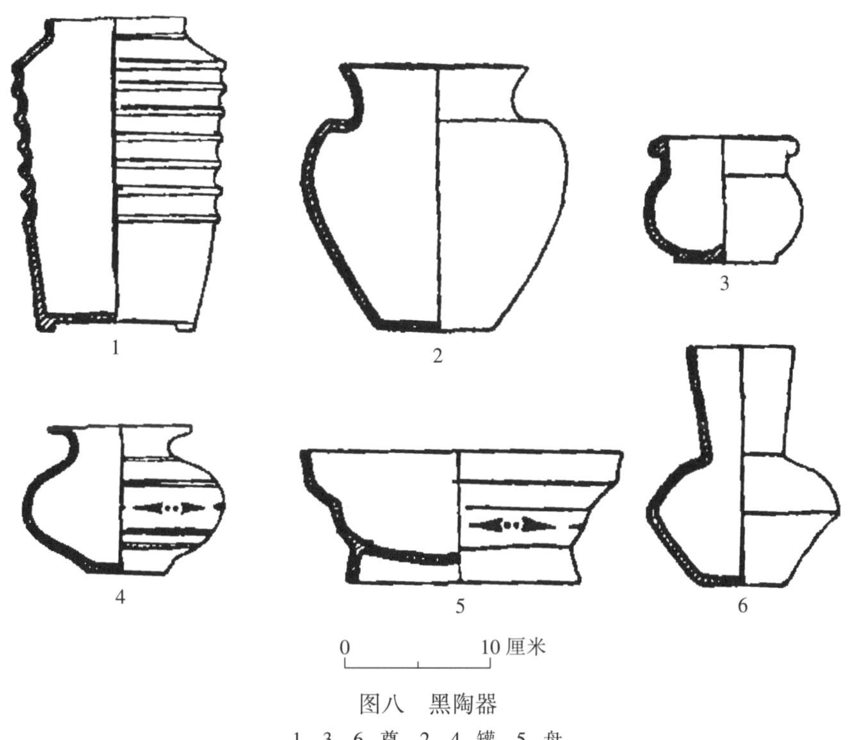

图八　黑陶器

1、3、6. 尊　2、4. 罐　5. 盘

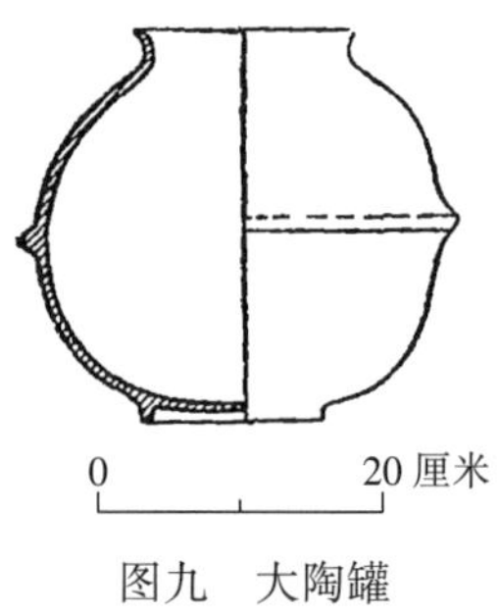

图九　大陶罐

罐　83 件。采集。形式各异，主要可分三式。

Ⅰ式　短颈侈口，扁腹平底。底有竹篾编织痕，为晾坯时垫在篾席上所致。口径 11、高 14.8 厘米。一件饰有两道弦纹，中间为菱实水珠纹（图八，4）。

Ⅱ式　小口，球腹，圈足。中腰饰弦纹一道。器形特大。口径 15.2、高 27 厘米（图九）。

Ⅲ式　肩上有一转凹槽。口径 12.4、高 16.9 厘米（图八，2）。

盘　3 件。采集。一件胎薄，里表光黑，中腹收缩，圈足，壁刻菱实水珠纹，口径 27.5、高 8.4 厘米（图八，5）。一件口平折成宽边沿，相对有穿孔似倒品字的鬼脸纹。口径 31.5、高 5.2 厘米。一件直壁微向里弯弧，口底径相等，双耳在腰部有穿孔似鬼脸状。另外采集的陶片中有盘口，边沿上饰蚕纹、云雷纹等图案。

（2）红陶（间有少量灰陶）

网坠　29 件。探坑下层出土 5 件。T12、T7 出土的呈长方形，槽在两端，灰陶。采集的有椭圆形的、半圆形的，灰陶。

纺轮　14 件。探坑出土 4 件。有红陶、灰陶两种，形式有平圆，上弧下平或下弧上平的。有一件穿孔处隆起管柱状，顶端有凸边，直径 5.6 厘米（图一一，4）。

拍　3 件。采集。红砂陶掺石英粒。形如器足。最大直径 10、高 10~14 厘米。

釜　9 件。采集。红砂陶呈褐色。有深腹、浅腹两种：浅腹的敞口，肩部有宽沿一道。边饰指甲压纹似荷叶边状。腹外自沿下始有烟熏痕迹，似为搁置在灶坑上用所致。口径 24、高 14.6 厘米（图版三，4）。深腹的侈口，肩有宽沿一至两道，有的在肩部附二方耳。口径 19.5~28.5、高 25.5 厘米（图一〇，1；图版二，5）。这类的碎陶片发现很多。青莲岗遗址亦有出土，但体形较小。

鼎　15 件。采集。红砂陶，形式各异。主要可分五式。

Ⅰ式　折肩，圜底，扁舌形足，耳在腹部。一件柱形足，外撇。肩饰弦纹和指甲压纹。口径 26、残高 16 厘米（图一〇，2、3、10）。

Ⅱ式　折肩，圜底，无耳。挂陶衣呈土黄色。口径 10.8、残高 10 厘米（图一一，2）。

Ⅲ式　圜底圆锥足，有鋬。口径 13.3、残高 13.5 厘米（图一〇，4）。

Ⅳ式　足安在腹中部。口径 10.8、残高 10 厘米（图一〇，11）。

Ⅴ式　扁矮足，腹有双小耳。口径 10.5~11.3、高 10.3~12 厘米（图一一，6；图版三，1）。

有把三足器　4 件。采集。红砂陶。有二式。

Ⅰ式　小口，腹底向把处斜升，圆柱足，两足矮，一足高，扁宽长把。口径 7.5、高 16.5 厘米（图一〇，9）。

Ⅱ式　把作三棱状，似鸟尾，器形如雀。口径 7.2、长 24.5 厘米（图版二，4）。

壶　8 件。探坑出土 1 件。细泥红陶。分四式。

Ⅰ式　敛口，平底，有流无把，流、口间有一桥形系。口径 8.4、高 8.8 厘米（图版二，1）。同型的在青莲岗亦有发现。

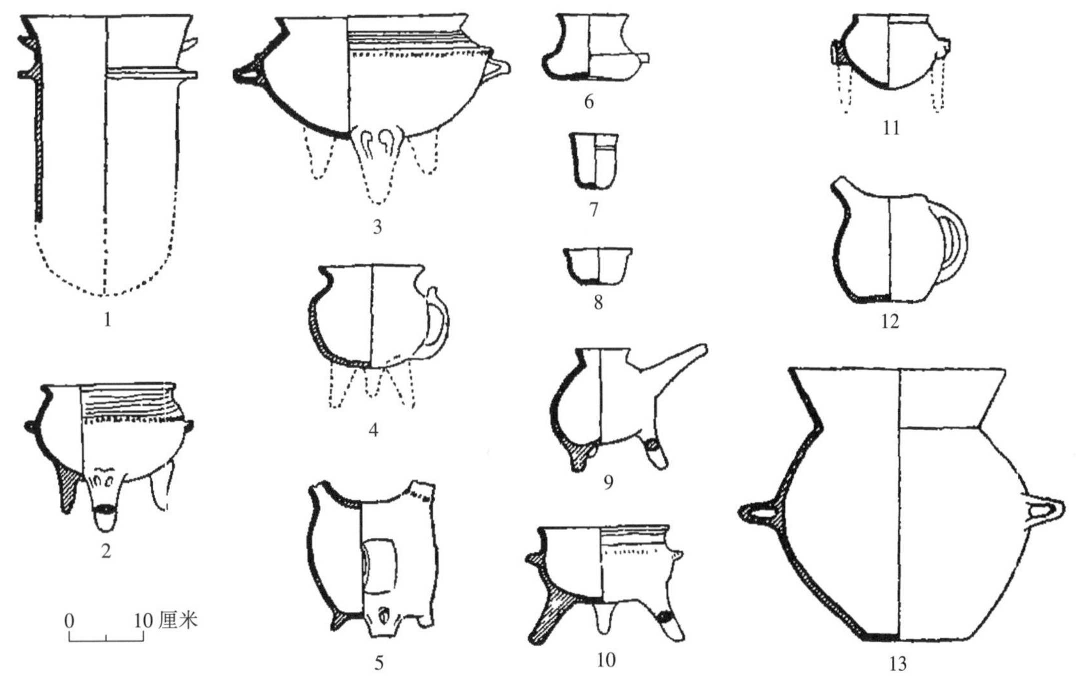

图一〇 红陶器

1. 砂陶釜 2~4、10、11. 砂陶鼎 5. 壶 6. 盂 7、8. 杯 9. 有把三足器 12. 有流盂 13. 大陶罐

Ⅱ式 鼓腹，平底，有流有把，把已残，在把的相对处有一自口沿弯向腹部的耳。

Ⅲ式 红陶挂黑衣，掺有蚌末。器为椭圆形，有三扁足，足饰瓜子形凹孔，流和注皆作管状，注、流两头翘起，腹有一鋬。高 21 厘米（图一〇，5；图一二）。形似的在南京北阴阳营下层亦有出土。

Ⅳ式 T8 下层出土。泥质红陶小壶。鼓腹平底，两肩有似鸟翼形双耳。腹径 5.3、残高 4 厘米。

杯 3 件。采集。分二式。

Ⅰ式 红砂陶。深腹，凹底。口径 6.6、高 6.7 厘米（图一〇，7）。

Ⅱ式 细泥红陶，呈土黄色。浅腹。口径 9、高 4.3 厘米（图一〇，8）。

盂 3 件。采集。红砂陶。一件高颈扁腹，腹有一竖孔扁环耳。口径 10、高 8.1 厘米（图一〇，6）。一件直口，有流，深腹，扁宽环把，把已残（图一〇，12）。

尊 1 件。采集。红砂陶。侈口，鼓腹，平底。口径 6.8、高 8.5 厘米。

豆 61 件。采集。均已残，细泥红陶，有的施红陶衣，有的盘内挂亮黑陶衣。豆盘有敛口圜底和敛口削底两种。圈足似喇叭形，少数有穿孔，饰弦纹。器形大的占多数，直径 22.6 厘米。

钵 2 件。采集。敛口，壁下收。灰胎，器表土黄色，内外磨光。

碗 2 件。采集。红砂陶，掺石英粒，挂橘红色陶衣。敞口，敛底，圈足。口径 16.9 厘米。

罐 19 件。采集。残片许多，器形特大。红砂陶，外表磨光或施陶衣，色有土黄、褐黑等。侈口，削肩，平底，腹有两“牛鼻式”耳，耳上穿孔为饰。口径 29.1、高 36.9 厘米（图一〇，13；图版二，3）。有的两耳自沿向腹壁成环状。由于器形大，烧时温度不匀，同一器有烧成灰、红、褐等几色的。

盘 5 件。采集。一件细泥灰陶，施土黄色陶衣，敛口有流，似桃形，口径 15.6、高 5 厘米（图一三）；一件敞口折腰，平底，口径 19.6、高 5.2 厘米。

图一一　红陶器

1. 环　2. Ⅱ式鼎　3. 勺　4. 纺轮　5. 球　6. Ⅴ式鼎

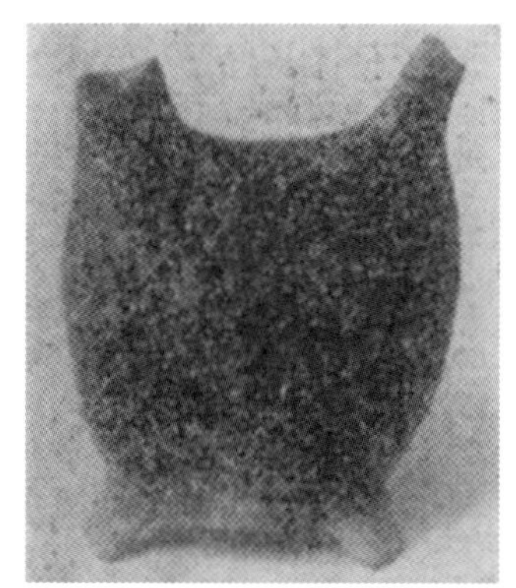

图一二　Ⅲ式陶壶

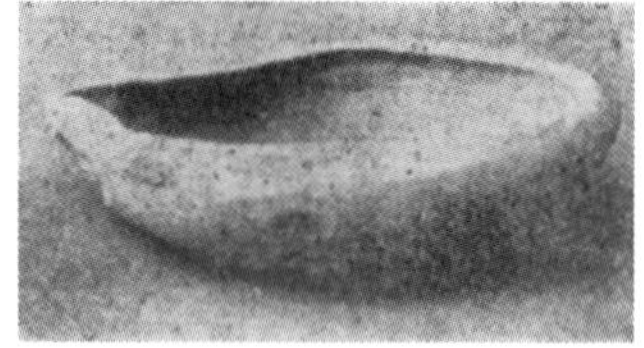

图一三　陶盘

勺　2件。采集。细泥红陶，呈土黄色。口有流，把末端穿孔（图一一，3）。

环　1件。T10下层出土。灰陶。宽1.2、直径6.8厘米（图一一，1）。

球　3件。采集。红陶。两件为球形，一件实心，上有小孔为饰；一中空，里面存一陶珠，珠径4.5、壁厚0.5厘米（图一一，5）。一件为椭圆形，长8.2厘米，里面亦有陶珠。似为玩物。

箅　1件。采集。红砂陶。孔似蜂巢，制作粗糙。

（七）兽骨

兽骨出土甚多，经南京师范学院生物系初步鉴定，以牛骨、鹿角占多数，很多有砸击、锯削痕迹。完整的水牛头骨发现了7个。鹿骨很多，有斑鹿和麋鹿两种，有的角在顶上还未取下，很多鹿角上均有锯痕和磨光痕迹。此外，还有野猪、狗、鼋、麻龟、鱼等骨骼。鱼脊椎骨大的直径4~5厘米。还有禽骨，尚待鉴定。

另外还发现了果核8个，似为梅核。

三、结语

梅堰遗址的发现，揭示了太湖周围新石器时代文化面貌的一部分，提供了十分丰富而又重要的研究材料。遗址堆积分上、下两层，上层出土大量的黑陶，形制、制法均与浙江良渚出土的相似，其中贯耳壶尤为突出。琢磨较精的石器如有段石锛、有肩石斧、石镰、三角形石刀、石钺、石耘田器等，其特征亦与良渚相同，为太湖周围的普遍遗存，应属良渚文化。根据出土的石镰、石刀、石耘田器等，可知其生产以农业为主，畜牧为辅。这一文化的制陶技术相当进步，不仅均为轮制，并有造型精美的鸟形壶、葫芦形尊以及多种多样的陶器，纹饰有云雷、蚕、菱花等，活泼流利。并有彩绘出现。彩陶上用的彩绘原料，经四川美术学院院长沈福文先生鉴定为漆绘，又经我队郑维鸿同志将汉代漆器用化学对比，性能完全相同，其结果见表一：

表一 彩绘陶片与汉代漆片对比

性质 试样 / 试验方法	彩绘黑陶	汉代漆片	仰韶彩陶	吴江红衣陶
水珠滴于表面	不易吸收	不易吸收	易吸收	易吸收
涂上水后经片刻剥取	呈软片状，易卷起	呈软片状，易卷起	呈松脆粉粒状	呈松脆粉粒状
在薄铅皮上约以350℃～450℃烧灼氧化	呈灰白粉粒	呈灰白粉粒	无变化	无变化
烧灼氧化不足时，用120倍显微镜观察细部	呈黑色泡臌状炭片	呈黑色泡臌状炭片	无变化	无变化
在12N盐酸内，加温至116℃，15分钟后，加入3N铁氰化钾	溶液无色，无蓝色铁离子沉淀	溶液无色，无蓝色铁离子沉淀	溶液呈淡红黄，有大量蓝色铁离子沉淀	溶液呈淡红黄，有大量蓝色铁离子沉淀

下层均为红陶，无黑陶共存，有大量的釜、喇叭形高足大豆、“牛鼻式”耳大陶罐，有鼎无鬲。石器中的扁平有孔石斧、石锄、石镞等，均与淮安青莲岗、南京北阴阳营下层出土的相似，应属青莲岗文化。时代要比良渚文化早。根据大量兽骨、鹿角的发现和出土许多骨镞、石镞、鱼镖、网坠等渔猎工具，说明当时这一文化的人主要是渔猎兼农耕畜牧生产。农业生产在当时已很发达，出土的石斧、石锄、石凿等可以证明，但在沼泽平原，环山之地，多果木荒草、野兽群集的客观自然条件下，遂使狩猎采集生产占了主要地位。骨、角器大部分出土于下层，制作相当精致，雕刻鱼形匕是其代表作品。

建筑基址用蛤蜊壳夯实铺垫以防潮湿，并加固地基，这是与当地沿湖地区的环境相适应的。这在江苏古代遗址中还是第一次发现。根据遗址面积范围和建筑遗迹的分布情况来看，这里可能是一个部落的群居所在地，但没有发现墓葬，却是一个问题。

执笔：陈玉寅

注释

① 浙江省文物管理委员会、浙江博物馆：《浙江新石器时代文物图录》，浙江人民出版社，1958年。

② 浙江省文物管理委员会：《吴兴钱山漾遗址第一、二次发掘报告》图版六：1，《考古学报》1960年第2期。

③ 1955年春，江苏省博物馆在吴江团结村中发现良渚文化遗存黑陶器，其中有一漆绘彩陶杯，与梅堰出土的完全相同，现藏南京博物院。

④ 浙江省文物管理委员会、浙江博物馆：《浙江新石器时代文物图录》，浙江人民出版社，1958年。

（原载《考古》1963年第6期）

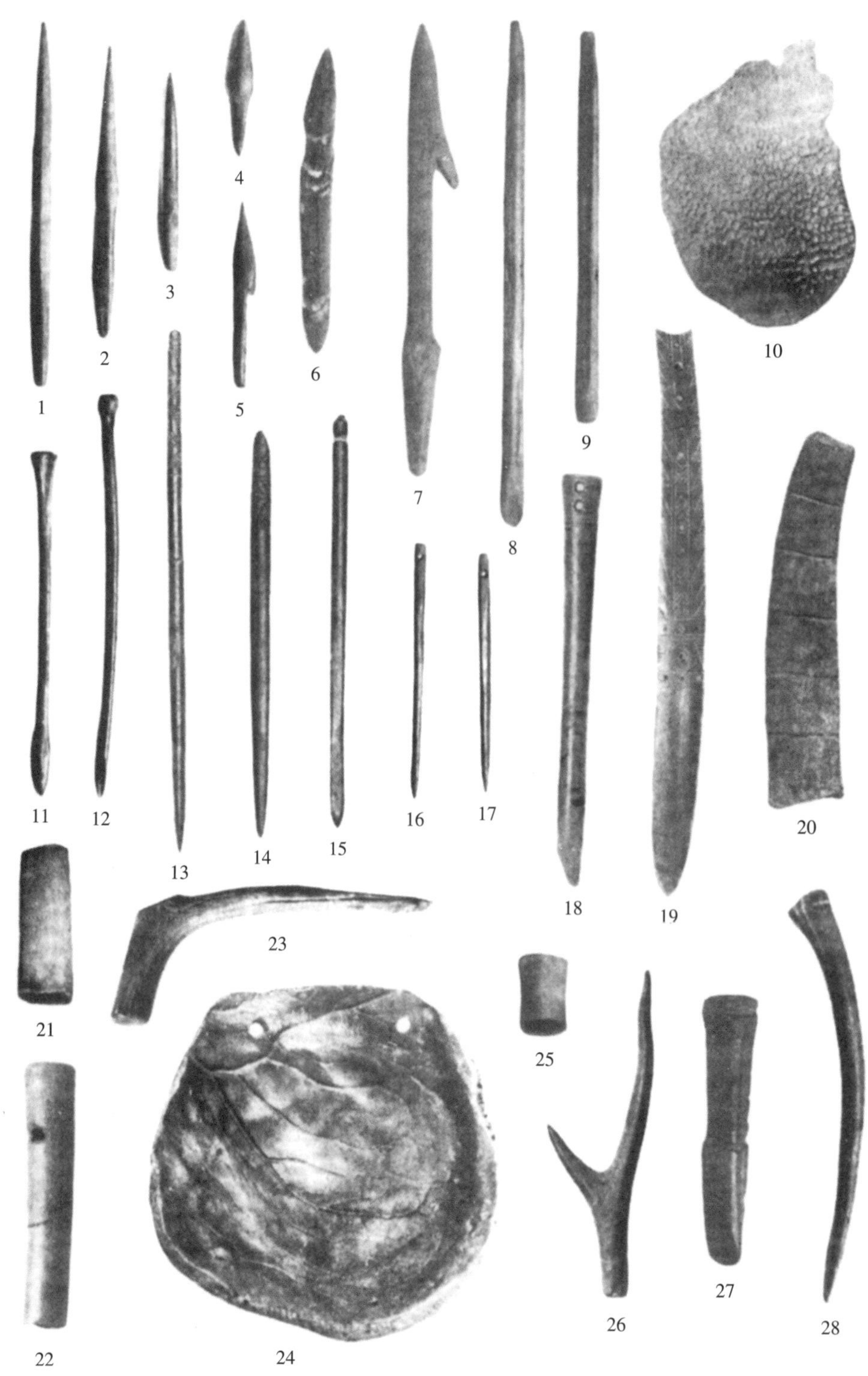

图版一　江苏吴江梅堰出土骨角器

1～5. 镞　6、7. 鱼镖　8、9、27. 凿　10. 铲　11～15. 笄　16、17. 针　18、19. 匕　20、21、25. 管　22. 哨　23. 锤　24. 人头骨器　26. 叉　28. 锥

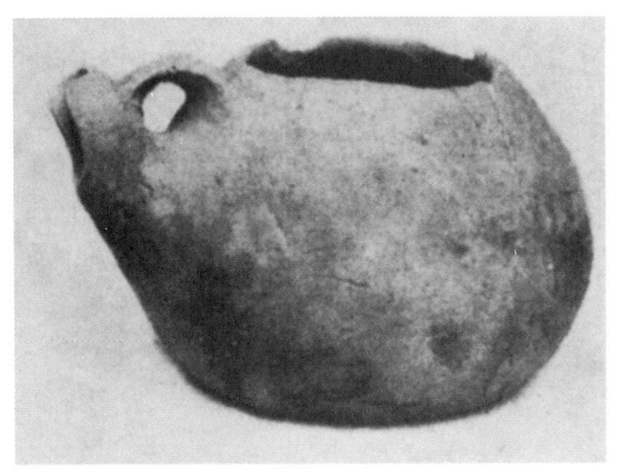
1. Ⅰ式壶

2. Ⅱ式壶

3. 罐

4. 有把三足器

5. 釜

6. Ⅲ式壶

图版二 江苏吴江梅堰出土陶器
（2、6. 黑陶，余红陶）

1. Ⅴ式鼎

2. Ⅶ式尊

3. Ⅳ式壶

4. 浅腹釜

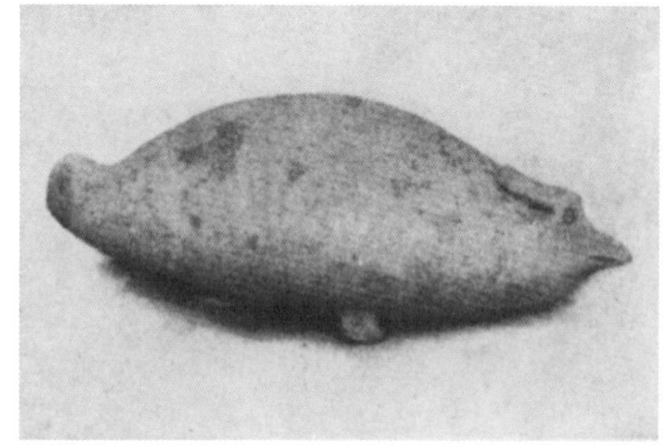

5. Ⅴ式壶

6. Ⅴ式尊

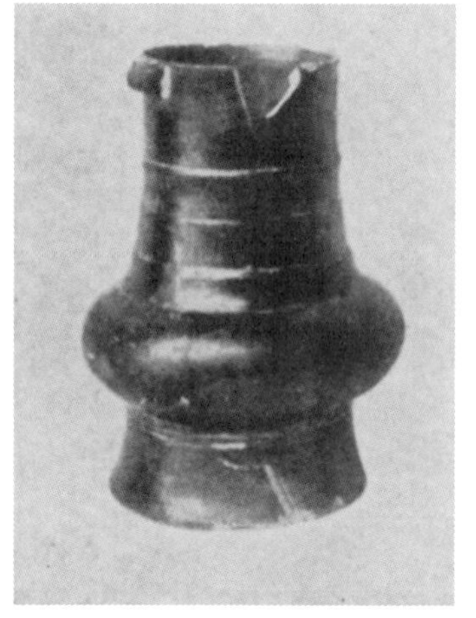

7. Ⅱ式壶

8. Ⅲ式尊

图版三　江苏吴江梅堰出土陶器

（1、4. 红陶，余黑陶）

江苏省吴县洞庭西山消夏湾出土一批石器和青铜器

南　波

吴县洞庭西山消夏湾地处西山岛西南部，位于大龙山下。1974 年至 1975 年，太湖采石公司在消夏湾深挖翻土中，先后发现石器和青铜器各一批。石器有石斧、有段石锛、小石锛、石镞、三角形石刀（图一）、石犁等共 8 件（1974 年出土）。其中石犁（图二、三）用板岩打磨制成，器形很大，为过去所少见。石犁作三角形，底面磨出刃部，斜边下端有锐利的尖刃，斜边上端有短柄，可安置木把，斜边中部对钻出一圆孔，为拽绳之用。使用时一人在后面扶木柄，一人在前面拽绳，即可破土翻地。这是比较原始的耕具。青铜器有剑、矛（图四）各 1 件（1975 年出土）。青铜剑至今未锈，光泽如新。出土时有漆木剑鞘，已朽。据传说该地为吴王夫差避暑之地，故名消夏湾。出土剑、矛的时代与传说相近。

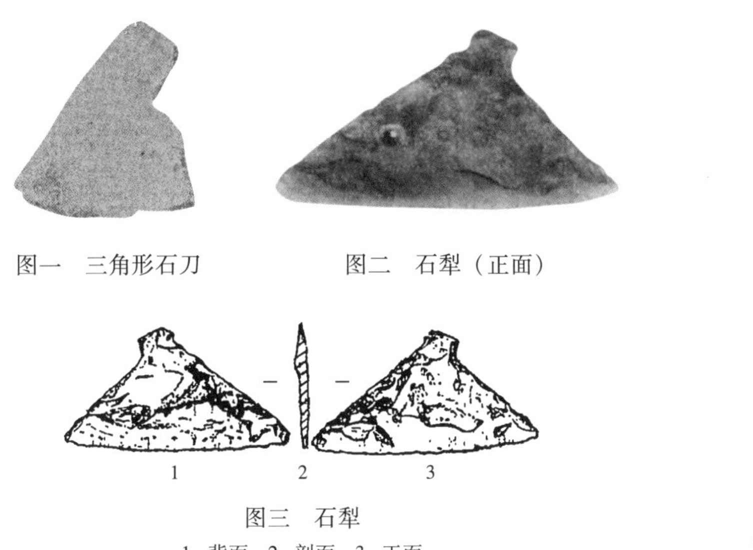

图一　三角形石刀

图二　石犁（正面）

图三　石犁
1. 背面　2. 剖面　3. 正面

图四　青铜剑和青铜矛

（原载《文物》1977 年第 1 期）

吴县唯亭公社夷陵山出土印纹陶、釉陶器物

南 波

江苏吴县唯亭公社砖瓦厂，1975年夏在夷陵山西南部取土时，出土一批陶器，计有几何印纹陶瓮（图一）、陶罐、青釉陶罐、陶簋等5件，器物特征同草鞋山出土的春秋时代吴越文化相同。但这次出土的釉陶器在器形和纹饰上比较独特，过去未曾发现。釉陶罐为直筒形，有子母口（未见器盖），有一对假竖耳（图二）。其中一件腹上部有锥刺状纹饰（图三）。釉陶簋内有四小盂，带盖。簋腹部饰有鸟状锥刺纹三圈（图四），同武进淹城所出青铜器上的带刺蟠螭纹近似。这批文物对研究印纹陶和釉陶的关系，提供了新的例证。

图一 几何印纹陶瓮

图二 釉陶直腹罐

图三 釉陶直腹罐

图四 釉陶簋

（原载《文物》1977年第7期）

昆山周庄公社太史淀发现新石器时代遗址

昆山县文化馆

周庄公社太史淀围垦工程，是去冬今春我县农田水利基本建设的重点项目之一。在湖的东北角，从任家湾到杨家潭沿岸1千米湖滩（属王东大队和秀南大队），最近发现了3处新石器时代遗址。

经过初步采集和整理，新石器时代遗物有：（1）石器：石刀、石斧、石钺、石锛、石镰、石镞和砺石40多件；（2）陶器：黑皮陶罐、陶鼎、镂孔陶豆9件；（3）动物骨骼5件；（4）木井圈3组。此外尚有汉代釉陶残件、六朝早期瓷片以及宋代的井砖、汲水罐、韩瓶、影青瓷片和铜钱等。

新发现的三处古代遗址都在湖汊地带，宋代以前这里一直是世代聚居的村落。由于湖水冲刷，文化层逐渐卷入水中。陶器碎成陶片，石器沉在水底。湖水打干后，都暴露在面上了。

太史淀遗址属于良渚文化，是我县重要的新石器时代遗址。这次发现，遗物数量极为丰富，保存相当完整。例如各类各式的陶片有60多种，大、小石镞和有段、无段的石锛各10余件；有几把三角形石犁，口径都超过33厘米。新发现的木井圈，是先民定居的罕见实物资料。

这次太史淀新石器遗址发现，周庄公社党委十分重视，不少公社干部和水利指挥部人员，利用空余时间多次到现场进行采集。参加工地劳动的村民，特别是王东八队干群，纷纷把自己保存的出土文物献给了国家。

执笔：陈兆弘

（原载《文博通讯》1977年第11期）

江苏吴县张陵山遗址发掘简报

南京博物院

张陵山遗址位于江苏吴县甪直镇南偏西约2千米处，属淞南公社张陵大队。社办淞南砖瓦厂紧靠在遗址的南边。1956年江苏省文物管理委员会调查时发现，1957年南京博物院又进行过一次复查。

遗址分东、西两座土墩（当地叫东山、西山），面积均约为6000平方米，两墩相距约100米。此次发掘地点在西墩。该墩略呈馒头形，墩顶稍平坦。民办张林中学坐落在此墩上。墩顶高出附近地面约6米。

近年来由于砖瓦厂不断取土，此墩近二分之一面积已被挖掉，墩的西部和南部均形成高5~6米的断崖，并陆续出土过玉镯、玉瑗、玉管、穿孔玉斧、穿孔石斧、石锛、三角形石刀及一些具有良渚和崧泽类型特征的新石器时代陶器等遗物。为配合砖瓦厂取土工程，我院于1977年5月18日至31日进行了一次发掘，计开探方7个，面积223平方米，清理了新石器时代墓葬11座（附表一），出土文物211件。同时还清理了1座东晋砖室墓。

一、地层堆积

这次发掘的7个探方，有5个（T1~T5）开在土墩的顶部，面积145平方米；2个（T6、T7）开在土墩西部断崖下，面积78平方米，这两个探方上面的土层已被砖瓦厂挖去，开此二方主要是为了了解附近地平面以下的地层堆积情况。

文化层堆积的厚度以最厚处计为8.4米，以T2和T4的北壁并向东延伸的纵剖面为例：第1层，为表土层，厚0.2米左右。第2层，黄褐色土，厚2.9~3.9米，包含遗物极少，仅发现1件石镰和少量的新石器时代陶片和兽骨等。第3层，青胶土，土质较硬，厚1~1.5米，基本上不包含文化遗物。第4层，灰黄杂色土，厚3~3.9米，包含新石器时代陶片等遗物亦极稀少。第5层，为生黄土。新发现的11座新石器时代的墓葬分别在第2层和第4层之内。另有2座近代墓和1座东晋墓分别打破了第2层或第2、3层。

二、墓葬

这次发掘共发现新石器时代墓葬11座，按照墓葬的深度和地层，可分为上、下两层。上层发现墓5座，分别在T2、T4、T5三个探方的第2层内，深度1.9~3.3米；下层墓6座，分别发现在遗址西部和T5的南部，属第4层，深度5.8~6.5米，这两层墓上下相距平均达3米，随葬遗物的形制特征也有颇大的差异，故下面分别予以介绍。

（一）下层墓 6座，编号M01~M06。俱为单人葬，未发现墓圹。其中M02、M04和M06骨殖全朽，葬式不明；M01、M03和M05均为仰身直肢葬，其中M01和M05还发现有葬具痕迹。各墓中有数量不等的陶器、石器和玉器随葬，最少的3件，最多的达31件。陶器常见器形有鼎、豆、圈足盘、盆、罐、四系罐、杯、缸、瓮等。石器主要为穿孔石斧和锛。玉器有镯、环、管、珠、坠及有孔玉斧等。下面举M01和M05二墓作为下层墓的代表。

M01 位于T7东南角约8米处，深度6米，属第4层。单人仰身直肢葬，头向190度，在人骨架之下发现有南北向的朽木板痕，应为朽坏的葬具。随葬品13件。其中陶器9件（鼎1、圈足盘1、环3、罐4），放置在人骨架的头足两端和身体的两侧。穿孔石斧和穿孔玉斧各1件分置右手和左臂处，玉镯2件套在右手腕上。

M05 位于T5南部，深度6米，属第4层。骨殖虽朽，但仍可辨出为单人仰身直肢葬，其头部已于窑场掘土时挖毁，该墓有较清晰的葬具痕迹。在接近人骨架时，有一层灰黑色南北向平列的木板痕，宽约0.85米，其下在人骨架的表面满布一层朱红色，在人骨架以下又有一层朽木板痕。随葬品31件，其中陶器12件，几乎全部放置在足端，特别是其中有5件大陶缸和1件大陶瓮放在一起的现象以往很少见。穿孔石斧3件，分置于左右手及腿部，石锛则分置于左肩及左腹部。环、珠、坠等玉饰发现在左上臂侧，玉镯1件在手腕部。

（二）上层墓 5座，编号M1~M5。亦均未发现墓圹。其中M1~M3墓葬规模较小，骨殖均朽烂，无法辨明其葬式，仅可辨明其头为南向。随葬品较少，一般随葬陶器（间有石器）4~7件。M4、M5二墓葬法和葬式较特殊，随葬品亦较丰富。现分别单独介绍如下。

M4 位于T5东部，深2.7米，属第2层。墓圹不明显，根据土色微小的差别，大致可看出墓圹的宽度约在1.75米。墓底发现有朽烂的墓具痕迹，为南北向的木板组成，宽度0.85米左右，长约2.8米。墓南部顶端已被窑场挖毁，并曾挖出若干玉器和石器，经动员征集收回14件，编为此墓出土遗物。此墓遗骸不仅腐朽较剧，而且分布得亦较零乱。在南端发现一些零星的人肢骨，在中部和北部发现了三个人头骨，其中西北角上的一个人头骨保存较好，顶骨向上，很值得注意。该墓随葬品有41件，其中陶器17件（鼎5、豆3、瓮1、罐4、盆1、盘2、杯1）、石器8件（穿孔石斧6、有肩穿孔石斧1、双孔石斧1）、玉器16件（蝉1、琮1、瑗2、镯3、环1、锥形坠2、坠3、管2、垂幛形佩饰1）。

M5 位于T5西部，深3.2米，属第2层。墓圹不明，亦未发现葬具。骨殖多已腐朽。在墓的南部发现一个人头骨和部分肋骨残渣，可判明为一头向南的人骨架。在墓的北部发现两个残人头骨和一堆人的上下肢骨。因此大致可以认为这是一堆两个人的迁葬遗骸。随葬品46件，其中陶器13件（鼎4、豆1、罐1、贯耳壶2、缸1、匜1、圈足碗1、盖2）分布在墓的北端和中部；石器15件（穿孔石斧12、有肩穿孔石斧2、锛1），大部分（13件）集中放置在墓的南端，个别放在中部和北端；玉器18件（坠9、管6、珠1、觿1、璜1）大部分出自墓的北部，少数出自南部。

三、出土遗物

由于地层出土遗物十分稀少和零碎，故本节仅叙述出土的随葬遗物。

（一）石制生产工具（包括1件穿孔玉斧）

石制生产工具共发现34件，其中穿孔石斧27件、有肩穿孔石斧3件、双孔石斧1件、石锛3件。除Ⅰ式穿孔石斧外，大部分石器均用变质角页岩或板岩等石料制成。

Ⅰ式　6件，其中下层墓1件，上层墓5件。圆角弧刃，体较厚实，单孔系琢成或用管钻法钻成。这种器形多系用硬度较大的火成岩制成，个别用铁矿石制成。

Ⅱ式　16件，其中下层墓4件，上层墓12件。扁平长方形，弧刃、刃两侧有方角，体亦较厚，孔均采用管钻法。

Ⅲ式　4件，上、下层墓各2件。形与Ⅱ式相似，但体扁（一般厚仅0.7厘米左右）且较宽短。其中M01∶1一件系用玉料制成。

Ⅳ式　1件，出自上层墓。形与Ⅱ式相似，但体较狭长。

有肩穿孔石斧　3件，均出自上层墓。体型较大，扁平近方形刃部微弧。上端两角裁割成一对窄肩，内M4∶1件为单肩。

双孔石斧　1件，出自上层墓。为宽扁长方形、刃微弧。上部并列二圆孔。

石锛　3件。可分为二式。

Ⅰ式　1件，属下层墓。为方柱体条形石锛。

Ⅱ式　2件，上、下层墓各1件。扁平长方形。

（二）玉饰件

共出土57件，其中玉镯8件、玉环5件、玉璜1件、玉管10件、各种玉坠饰23件、玉珠3件、璋形玉佩1件、筒形玉琮1件、玉瑗2件、玉觿1件、玉蝉（蛙）1件及垂幛形玉佩饰1件。这些玉器的质料经鉴定其中大多数为阳起石和透闪石软玉，少数为蛇纹石和玛瑙。

玉镯　8件。分三式。

Ⅰ式　3件。剖面为圆角三角形。

Ⅱ式　3件。剖面为扁方形。

Ⅲ式　2件。为扁圆筒形。

玉璜　1件。半环形，剖面长方形，两端各穿一小圆孔。

玉环　5件。分二式。

Ⅰ式　1件。圆饼形，孔较小。

Ⅱ式　4件。体较厚，大孔。

玉管　10件。分为三式。

Ⅰ式　4件。呈短粗的腰鼓形，个别体较扁。

Ⅱ式　5件。为形体较小的短圆管形。

Ⅲ式　1件。为长条圆管状。

上述各式玉管都是两端对钻，孔外大内小。

玉坠　23件。这是一种佩挂在人的耳部、颈部或其他部位的饰物。上、下层墓都普遍发现，可分为八式，其共同特征均顶端有一小孔。

Ⅰ式　4件。扁平角状。

Ⅱ式　2件。扁平三角形。

Ⅲ式　1件。长方形。

Ⅳ式　2件。扁圆饼形。

Ⅴ式　2件。长条形圆锥形。磨制极精。

Ⅵ式　10件。亦为圆锥形，但形体较短。

Ⅶ式　1件。似小蘑菇形，孔在柄端。

Ⅷ式　1件。形略似两层小塔。

玉珠　3件。小圆珠形，据钻孔特点分为二式。

Ⅰ式　2件。系在珠的一侧，斜向对穿二孔，使之相通。

Ⅱ式　1件。中间贯穿一小孔。

璋形玉佩　1件。形若半圭，扁平，一侧和下端各一孔。

玉琮　1件。为扁圆筒形，似镯，但孔径甚大，不宜穿戴。其外壁先用减地法突出四块对称的长方形凸面，在凸面上用阴线刻划出兽面形图案，其形象为粗眉、圆眼、阔口，獠牙外露，十分生动。可以视为后世饕餮纹的滥觞。

玉蝉（蛙）　1件。底平、面微凸。轮廓刻作蝉形，并用阴线刻出蝉的头、身和翅的形象，尾部穿数孔，似为悬挂的饰物。又如将此物倒置，则若一伏蛙。此器不甚规整。似用玉的边角料制成，背面留有清晰的琢磨痕（俗称“汉镂”）。

玉瑗　2件。扁平圆环形，“好”径均约为“肉”径的一倍，与“好倍肉谓之瑗”的说法相合。

玉觿　1件。扁角状。有雕刻镂空的花纹，制作甚精，与周汉时期所见的玉觿形似，故名。亦应作饰品用。

垂幛形玉佩　1件。扁平梯形。下边刻作垂幛形。上边两面均刻一道横槽，槽内钻三小孔。

上述各种玉饰在上、下层墓葬内出土情况如表一：

表一　　上、下层墓葬玉饰品出土情况统计表

墓层 \ 类别（型式和件数）	镯	璜	环	管	坠	珠	璋形饰	琮	蝉	瑗	觿	垂幛形佩饰	共计
上层墓	Ⅰ（1） Ⅱ（2）	1	Ⅱ（1）	Ⅰ（2） Ⅱ（5） Ⅲ（1）	Ⅴ（2） Ⅵ（10） Ⅶ（1） Ⅷ（1）	Ⅱ（1）		1	1	2	1	1	34件
下层墓	Ⅰ（3） Ⅱ（2）		Ⅰ（1） Ⅱ（3）	Ⅰ（2）	Ⅰ（4） Ⅱ（2） Ⅲ（1） Ⅳ（2）	Ⅰ（2）	1						23件

（三）陶器

11座墓共出土陶器98件，器形有鼎、豆、壶、圈足碗、罐、盆、盘、匜、杯、瓮、缸、盖等。其中鼎、匜、缸及个别罐为夹砂红褐色陶，其余器形主要为泥质灰陶，有一定数量的泥质黑陶。表面往往磨光。常见有粗细不等的弦纹、附加堆纹和镂孔等。下层的杯、罐、盘等器形上往往有朱红色（间用黄色）的彩绘，这种彩绘陶上层亦偶有发现。从陶器制作比较匀称，并有整齐而密集的弦纹来看，当时可能已使用了轮制技术。

鼎　14件。其中2件因过于破碎形制不辨外，其余12件可分为四式。

Ⅰ式　2件。折缘，方唇。腹壁斜直并满布细密的弦纹，下折收为圜底。

M02∶4，为三扁足，足中部有一道附加堆纹。

M03∶20，三扁凿形足。

Ⅱ式　1件。外卷侈缘，腹壁直且较窄，下折收为圜底。三凿形足。

Ⅲ式　8件。侈缘，扁鼓腹，个别腹内壁有一周凸棱，似为承箄之用。下有三扁翅形足，足两侧加竖条划纹。其中M4∶26还有桥形纽复盘形盖。

Ⅳ式　1件。形与Ⅲ式相同，仅在口腹侧附加一环柄。

三足钵　1件。泥质灰陶。作直口圜底钵形，下有三扁足。

豆　13件。除1件因破碎形制不辨外，其余12件可分为九式。

Ⅰ式　1件。侈口浅盘，矮圈足，贴地处外撇，有圆形镂孔。

Ⅱ式　1件。短直缘，腹斜收，喇叭形圈足。柄部有五周瓦棱形凸棱，圈足下缘有四组弧线三角形和圆形镂孔。

Ⅲ式　2件。斜直宽缘，方厚唇，腹折收，喇叭形圈足。柄部三周凹棱，并饰有弧线三角形和圆形镂孔。

Ⅳ式　2件。敞口宽平缘，喇叭形高圈足。柄部饰瓦棱形凸棱或密集的弦纹，圈足下缘加饰四组弧线三角形和圆形镂孔。

Ⅴ式　1件。豆盘为圆腹钵形，圈足上部外敞、下部直立，似一件倒置的小口罐的上部。

Ⅵ式　2件。短平折缘，腹壁直，下折收为圜底，折处有一周凸棱。圈足束柄，近地处外撇如喇叭口。腹壁原有朱绘纹饰，已剥蚀不清。

Ⅶ式　1件。大口浅盘，圈足粗矮，圈足壁斜直。

Ⅷ式　1件。侈缘，腹微折收为盆形，下为斜直的粗矮圈足。圈足上饰四组弧线三角形和圆形镂孔。

Ⅸ式　1件。口缘微侈，腹微鼓，下急收作浅钵形，矮圈足。圈足面外鼓，饰圆形镂孔。

圈足碗　2件。可分为二式。

Ⅰ式　1件。口微敛，腹微鼓，下有矮而直的圈足。腹部饰弦纹。

Ⅱ式　1件。敛口，折腹，矮圈足。腹侧有一环柄。

贯耳壶　2件。小口，短直领，扁鼓腹，矮圈足。口部有二对称的贯耳。

圈足盘　8件。内3件形制不辨，其余5件，可分为三式。

Ⅰ式　2件。大口浅盘，短缘内勾，矮圈足。盘内绘红黄二色图案花纹。

Ⅱ式　1件。直口浅盘，矮圈足。

Ⅲ式　2件。敞口，折腹浅盘，矮圈足。其中一件圈足上有圆形镂孔。

钵　1件。口缘近直，腹微鼓，平底。

盆　6件。可分为四式。

Ⅰ式　2件。侈口平缘，腹壁折收，下附碗底形矮圈足。

Ⅱ式　2件。与Ⅰ式形略同，唯为平底。

Ⅲ式　1件。口缘微侈，腹微鼓，平底。

Ⅳ式　1件。短侈缘，腹壁上部直，下折为平底。

匜　2件。敛口，短直缘，鼓腹，平底。前有翘起的流，后有环柄。腹部满饰弦纹。

杯　14件。形制可辨者9件。可分为六式。

Ⅰ式　3件。直口，长鼓腹，碗底式矮圈足。表面往往饰两组复道弦纹。

Ⅱ式　1件。直口，短圆筒形，平底微凹。表面朱绘已剥蚀不清。

Ⅲ式　2件。筒形，口微敞，凹底，底部边缘作葵瓣形。表面饰两三组复道弦纹。其中一件（M05：附3）加饰红黄相间的宽带彩绘。

Ⅳ式　1件。形与Ⅲ式相似，但为平底。

Ⅴ式　1件。长腰鼓形，平底，腹侧一环柄。腹部饰两组复道弦纹，环柄上饰圆形和半圆形刻印纹。

Ⅵ式　1件。敛口，圆鼓腹，腹下部凹收为小平底。

罐　17件。形制可辨者12件。可分为九式。

Ⅰ式　1件。小口微敞，广肩，下折收为长斜腹，凹底。

Ⅱ式　1件。小口卷缘，圆肩长腹，矮圈足。腹部四周凸弦纹。

Ⅲ式　2件。小口卷缘，鼓腹，凹底或加矮圈足。腹部一周链条式附加堆纹。

Ⅳ式　1件。小口斜直领，折腹，小圈足。腹部两周瓦棱形凹饰，另外口肩部、腹部和圈足上共有三周朱红色宽带纹。

Ⅴ式　3件。小口卷缘，扁鼓腹，平底。

Ⅵ式　1件。小口短直领、扁鼓腹，平底。

Ⅶ式　1件。口微侈，束领，鼓腹，腹中部有折棱，平底。

Ⅷ式　1件。敛口。缘近直，鼓腹，矮圈足。

Ⅸ式　1件。小口卷缘，长鼓腹，平底。

带把罐　1件。夹砂红陶。小口卷缘，扁鼓腹，平底。腹部满饰弦纹，腹侧有一扁条形把手。

四系罐　2件。分二式。

Ⅰ式　1件。小口短直领，扁鼓腹，凹底。肩部有凸弦纹和四系，系的孔系横向贯通。

Ⅱ式　1件。形与Ⅰ式略似，但四系均有上下贯通的双孔。

瓮　6件。大都破碎不堪，能复原的仅M03：24一件，其形为小口卷缘，广圆肩，鼓腹，下斜收为平底。

缸　6件。均为夹砂粗红陶。直口，筒状腹，下收为圜底。口缘外壁饰几周弦纹，腹部满饰斜道篮纹，有的腹下部还有一周凸棱。另外 M6 也出有一件陶缸，因过于破碎，形制难辨。

盖 3 件。分为二式。

Ⅰ式 1 件。泥黑陶。复盘形，有子口，顶部有圆顶短柱形纽。

Ⅱ式 1 件。泥灰陶。复盘形，顶部有杯形纽。

上述各种陶器在上下层墓葬内的主要区别如表二：

表二 各式陶器在上、下层墓葬内分布情况简表

器名 型式 墓层	鼎	豆	圈足碗	圈足盘	盆	杯	罐	四系罐	盖	其他
上层墓	Ⅱ，Ⅲ，Ⅳ	Ⅶ，Ⅷ，Ⅸ	Ⅱ		Ⅲ，Ⅵ	Ⅳ，Ⅴ，Ⅵ	Ⅴ，Ⅵ，Ⅶ，Ⅷ，Ⅸ	Ⅱ	Ⅱ	贯耳壶、钵、匜、缸、瓮等
下层墓	Ⅰ	Ⅰ，Ⅱ，Ⅲ，Ⅳ，Ⅴ，Ⅵ	Ⅰ	Ⅰ，Ⅱ，Ⅲ	Ⅰ，Ⅱ	Ⅰ，Ⅱ，Ⅲ	Ⅰ，Ⅱ，Ⅲ，Ⅳ	Ⅰ	Ⅰ	三足钵、带把罐缸、瓮等

四、结语

张陵山遗址这次发掘的规模并不大，清理的新石器时代墓葬也仅有 11 座，但其收获还是比较值得重视的。

（一）从下层 6 座墓的出土遗物特征看，如折缘折腹扁足或凿形足鼎、浅盘弦纹镂孔足豆、折肩折腹罐、葵瓣式圈足杯等，和崧泽中层、草鞋山中层墓葬的遗物特征基本一致。但这里的红色或红黄相间的彩绘陶器较为多见。

上层 5 座墓的出土遗物与下层墓有较明显的区别。其中如翅形足鼎、粗矮圈足豆、翘流匜、贯耳壶，以及某些形制的灰陶盆、罐，与越城中层的 6 座墓及松江广富林等处的遗存基本相同。对于像越城中层那样的遗存，过去有人将其归属于良渚文化，也有人将其视为与崧泽中层基本相同的遗存。张陵山遗址的发掘，从地层关系上证明了像越城中层那样的遗存是要晚于崧泽中层的。再从文化面貌上看，张陵山上层陶器以夹砂红褐陶和泥质灰陶为主，与以黑皮陶为主的典型良渚陶器有别。器形中除贯耳壶和少数“T”字形足鼎与良渚同形器相类外，其他器形与典型良渚陶器亦相去较远，另外在广富林和马桥下层都曾发现过实足鬶，显然是良渚陶器中的袋足鬶的前身。从上述情况看张陵山上层一方面有别于良渚文化，但另一方面又具有向良渚文化过渡的特色。其年代应比典型良渚文化早。这里我们暂将张陵山上层遗存称为青莲岗文化张陵山类型，属江南青莲岗文化晚期。或将其称为良渚文化早期亦无不可。

（二）这次发掘的墓葬中有几个值得注意的现象。其一，M05 随葬品除一般的陶、石、玉器外，在足端集中放置了 5 个陶缸和 1 个大陶瓮，这个现象以往罕见。这除了反映当时人们为死者准备较多粮食和水的储备的思想外，是否也反映了对作为主要生活资料的粮食的私有观念开始出现。其二，M4 南端有零散的肢骨，北部有三个人头：M5 南部有人头和部分肋骨痕，北部有两个以上的个体的迁葬遗

骸。这些葬法均较特殊，在一定程度上反映了父系氏族公社制时期社会上的某种变革。但由于骨骸腐朽较剧，难于鉴定其性别和年龄，故如何进一步解释这些现象，尚有待于今后有更多的发掘资料来说明。

（三）上、下两层墓葬都发现较多的玉器，特别是上层墓出土的玉器不但品种和数量多，而且制作亦十分精致。这些玉器许多表面具有很高的光洁度，说明当时人们不但掌握一般制造玉器的方法，也掌握了相当高超的抛光技术。其中玉琮、玉蝉表面的阴刻线图案花纹和透雕的玉觿，使我们简直难以设想这是还没有使用金属工具的远古人民的艺术作品。这些玉器经华东地质研究所鉴定，质料大体可分为阳起石、透闪石、蛇纹石和玛瑙四类。根据其产状判断其产地应在苏浙皖一带（详见鉴定报告）。上层墓的玉器主要集中发现于M4、M5两墓内，可以设想在当时的技术条件下，要制作一件精致的玉器，必须有专门掌握这种技术的人旷日持久地工作才能完成。如果说墓主人是这些精美玉器的所有者，那么他必然是占据了别人的劳动成果，从而可以说明从这时起已开始有了人剥削人的关系，原始公社制已濒于解体了。

附表一　　张陵山遗址新石器时代墓葬登记表

墓号	位置	深度	层位	葬法葬式及头向	随葬品		
					陶器	石器	玉器
M01	T7东南角外8米处	6米	下	仰身直肢，190度	鼎1，圈足盘Ⅰ1，罐1，罐Ⅱ1、Ⅲ1，Ⅳ1，杯2，杯Ⅱ1	穿孔石斧Ⅱ1、Ⅲ1	镯Ⅰ1、Ⅱ1
M02	T6西北角外约4米	6.3米	下	骨朽，葬式不明	鼎Ⅰ1，三足钵1，豆Ⅰ1、Ⅴ1，圈足盘Ⅲ1，罐1，罐Ⅰ1，杯2，盆Ⅱ2，带把罐1		环Ⅰ1、Ⅱ1
M03	T6西北角外约4米，斜压在M02之下	6.6米	下	仰身直肢，190度	鼎Ⅰ1，豆Ⅱ1、Ⅲ2、Ⅳ2，圈足盘Ⅰ2、Ⅱ1、Ⅲ1，缸1，罐Ⅲ1，杯Ⅰ3、Ⅲ1，盆Ⅰ2，四系罐Ⅰ1	穿孔石斧Ⅱ1	镯Ⅰ2，管Ⅰ1
M04	T5南部方外	5.8米	下	骨朽，葬式不明	盆Ⅰ，罐Ⅰ，瓮1		璋形饰管Ⅰ1
M05	T5南部方外	6米	下	仰身直肢、有葬具痕，190度	豆Ⅳ2，圈足盘Ⅰ1，缸5，瓮1，罐1，杯Ⅲ1，盖Ⅰ1	穿孔石斧Ⅰ1、Ⅱ2，锛Ⅰ1、Ⅱ2	镯Ⅱ1，环Ⅱ2，珠Ⅰ2，坠Ⅰ4，Ⅱ2、Ⅲ1、Ⅳ2
M06	T7东南部	6米	下	骨朽，葬式不明	豆1，罐1		
M1	T2东南角	2米	上	葬式不明	鼎Ⅱ1，罐Ⅳ1，杯Ⅳ，钵1	穿孔石斧Ⅲ1	
M2	T5东部	1.9米	上	骨朽，葬式不明	豆1，瓮1，杯Ⅳ1		
M3	T4西北角	2.3米	上	骨朽，葬式不明	鼎1，罐Ⅳ1、Ⅷ1，瓮1，杯1，四系罐Ⅱ1，小壶1		

续附表一

墓号	位置	深度	层位	葬法葬式及头向	随葬品		
					陶器	石器	玉器
M4	T5 东部	2.7 米	上	骨朽，且较零乱，墓南端有几根人下肢骨，中部、北部有三处发现人头骨和人牙，其中 1 号头骨直立	鼎Ⅲ5，豆Ⅶ1、Ⅸ1，圈足碗Ⅱ1，罐Ⅴ1、Ⅳ1、Ⅸ1，瓮 1，杯Ⅴ1，匜 1，盆Ⅲ、Ⅳ1，残陶器 1	穿孔石斧Ⅰ1、Ⅱ2、Ⅲ1、Ⅳ1，有肩穿孔石斧 2，双孔石斧 1	镯Ⅱ1、Ⅲ2，环Ⅱ1，管Ⅰ2，坠Ⅴ2、Ⅵ2、Ⅶ1，琮 1，蝉 1，瑗 21，垂幛形佩 1
M5	T5 西部	3.2 米	上	骨朽，南部有一头骨和残肋骨痕，北部二头骨和一堆人肢骨，显示为二次葬	鼎Ⅲ3、Ⅳ1，豆Ⅷ1，盖 1Ⅱ1 罐Ⅴ1，缸 1，匜 1，贯耳壶 2，圈足碗Ⅰ1	穿孔石斧Ⅰ4、Ⅱ8、Ⅲ1，有肩穿孔石斧 1，锛Ⅱ1	觿 1，珠Ⅱ1，坠Ⅵ8、Ⅶ1，管Ⅱ5、Ⅲ1，璜 1

（选自 1977 年“长江下游新石器时代文化学术讨论会”材料）

江苏吴县草鞋山遗址

南京博物院

一

草鞋山是阳澄湖南岸的一个土墩，位于江苏省吴县唯亭镇东北2000米，离阳澄湖650米（图一）。土墩东西长120米、南北宽100米，面积12000平方米。海拔15米，高出地面约10.5米（图二五）。隔小路相望的夷陵山，也是一个土墩，东西长65米、南北宽45米，面积约3000平方米，海拔19.78米。经过钻探查明，遗址东西长约260米、南北宽约170米，面积约为44000平方米，比草鞋山、夷陵山两个土墩的面积大两倍，说明这两个土墩实际上是一个遗址。

遗址是1956年江苏省文物管理委员会普查时发现的，以后又多次进行了调查[①]。由于唯亭砖瓦厂在取土中发现了玉琮、玉璧等文物，南京博物院在吴县文化馆的协助下，于1972年9月进行了探掘，随后又主持了两次发掘。第一次发掘，自1972年10月至1973年1月，开了五个半探方：T203西、T201、T202、T302、T703、T704，共550平方米，发掘结果在《光明日报》的《文物与考古》专栏上作了报道[②]。第二次发掘自1973年4月至7月，参加发掘的还有南京大学历史系考古组的教师，1972

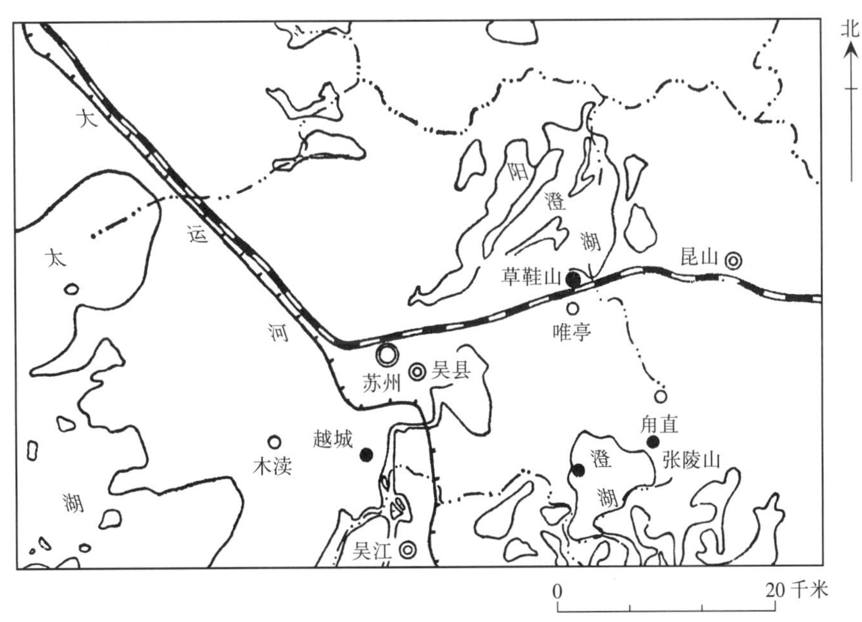

图一　草鞋山遗址及附近重要遗址位置图

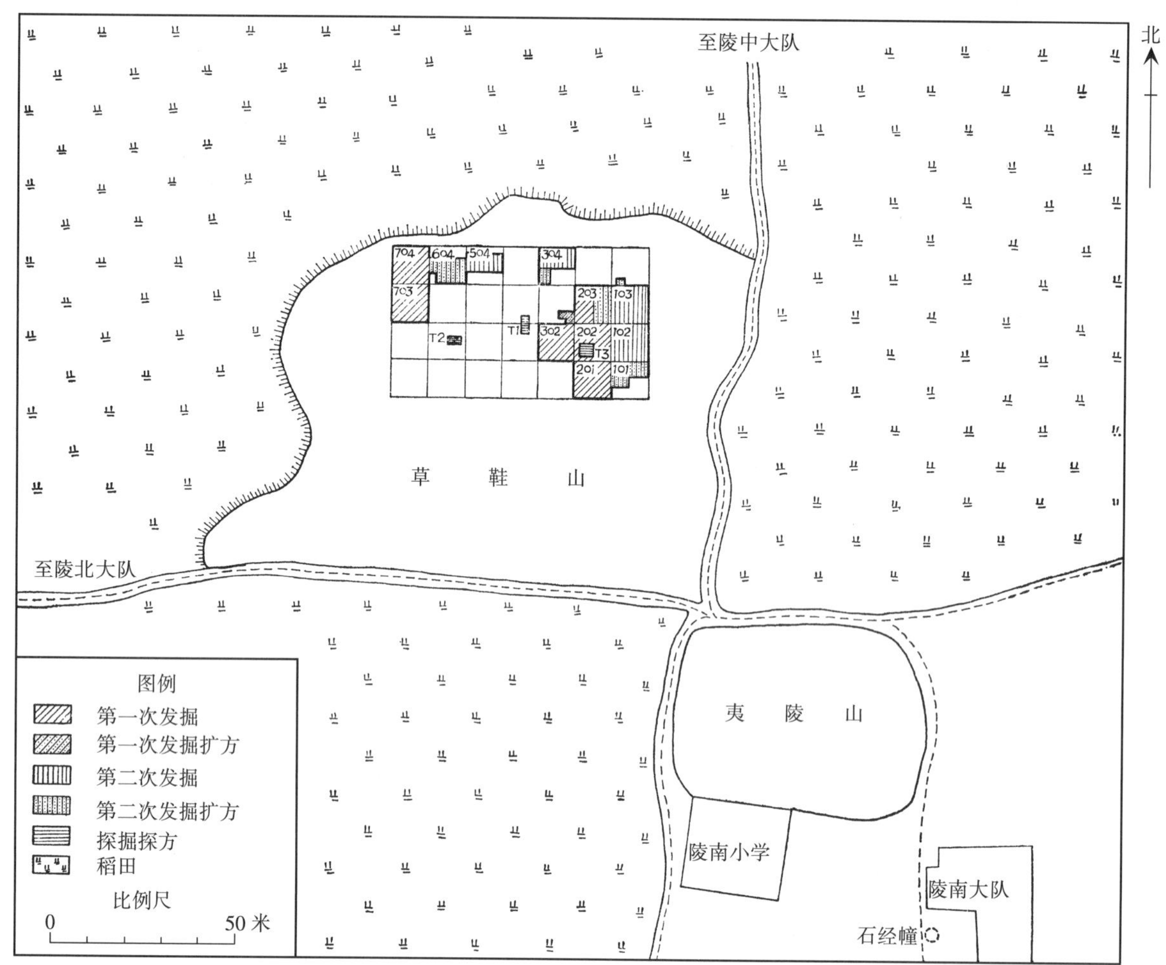

图二　草鞋山遗址发掘坑位图

届考古班的学生和苏州博物馆考古组。这次原计划发掘 T102、T103 和 T304、T504 的半方，共 300 平方米，后因清理墓葬和处理塌方，扩大到 T101 北、T604 一半和 T203 东，实际发掘近 500 平方米。总共发掘面积 1050 平方米（图二）。这两次发掘发现了以几何印纹陶为特征的文化和各个不同时期的原始文化依次叠压的地层关系，清理了新石器时代的居住遗迹、11 个灰坑（窑穴）和 206 座墓葬，出土了陶、石、骨、玉等质料的生产工具、生活用具、装饰品等共 1100 多件。这些，为研究太湖地区古代文化提供了重要的资料。

在发掘过程中，复旦大学生物系人类学教研室和上海自然博物馆人类组，在现场对出土墓葬的人骨作了性别、年龄的鉴定，动物遗骨也由复旦大学生物系动物学教研室和上海自然博物馆动物组在现场作初步鉴定，并选出标本带回作进一步研究（两项鉴定结果待发表）。同济大学地下建筑工程系等有关单位，还采集了孢粉样品，对古地理、古气候进行了分析研究。这些成果对了解草鞋山遗址所属时代的生产、生活及社会历史状况，给予了极大的帮助。

二

草鞋山遗址的文化堆积厚达 11 米，T203、T202、T103、T102 四个探方是遗址保存最厚的部分，除耕土层外，按照土色土质的不同分为 10 层。现以 T103 西壁剖面（图三）为例说明如下：

耕土层，厚0.2~0.3米。

第1层，灰褐土，厚约0.8米。出土几何形印纹陶片、釉陶片，发现了包括有几何形印纹硬陶器、釉陶器的六组遗物，属于春秋时代的吴越文化。

第2层，黄褐土，厚约1米。发现墓葬1座，出土玉琮、玉璧和具有良渚文化特点的陶器。

第3层，灰土，厚2米左右。出土贯耳壶、竹节柄豆的黑皮陶片、鱼鳍形鼎足，这些是带有良渚文化特征的陶片。

第4层，褐土，厚1.2~1.5米。发现3座墓葬，器物很少，同苏州市越城遗址中层墓葬出土物相近。

第5层，黄白色淤土，厚0.25~0.3米。包含陶片很少。

第6层，红褐土，厚0.25米。发现89座墓葬，同上海市青浦崧泽遗址中层的墓葬相同。

第7层，黑褐土，厚0.9米左右。发现6座墓葬。

第8层，黑土，厚0.7米。

第9层，绿灰土，为绿黑土和灰黄土层相间的夹心土，厚1.5米。共厚2.2米。这两层发现了106座墓葬，同浙江嘉兴马家浜遗址上层的墓葬相同。

第10层，绿黑土，厚1~2米。发现居住遗迹、11个灰坑，出土稻谷、菱、动物遗骨、纺织物残片等。陶片大多为夹砂褐陶，也有一些夹砂红陶。与马家浜和吴江梅堰两遗址的下层相近。

由于文化层次多，出土遗迹、遗物丰富，有助于认识太湖地区古代文化的面貌。

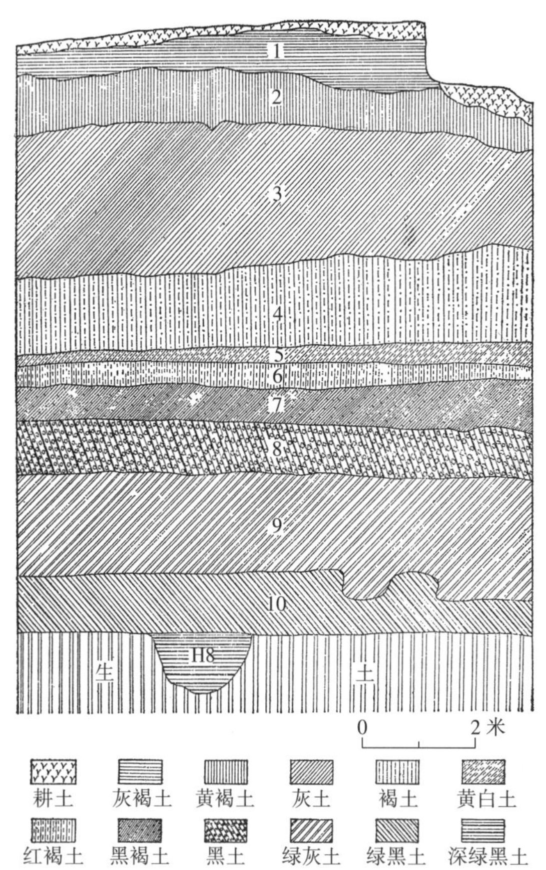

图三　草鞋山遗址T103西壁剖面图

三

草鞋山遗址第10层发现有居住遗迹、灰坑（窖穴）。出土炭化稻谷、纺织品残片、篾席、芦席、木桩、木板等及大量陶片和动物遗骨。

居住遗迹有柱洞、木桩和木板（图二六），木桩竖立在地面上，应是房屋的柱子，其中最高的一根约1.5米。有的木桩下面垫有一两块木板（图二七）。在木桩周围发现印有芦苇痕迹的烧土块、草绳、用草绳捆扎的草束、芦席、篾席等。F3（图二八）有一处由十个柱洞围成的近圆形的地基，直径2.3~2.7米，面积约6平方米，柱洞中有的残留有木桩，有的残留有朽木痕迹。两柱洞的间隔约0.5~1米，距离最大的间隔可能就是门道所在之处。这种房子的平面布局类似现在江南农村的看瓜竹棚，只是使用的材料不同。

在H2和H7中发现有含炭化谷粒的土块。经江苏省农业科学院等单位鉴定，H2出土的是粳稻（图四），

图四 H2 发现的炭化稻谷（粳稻）

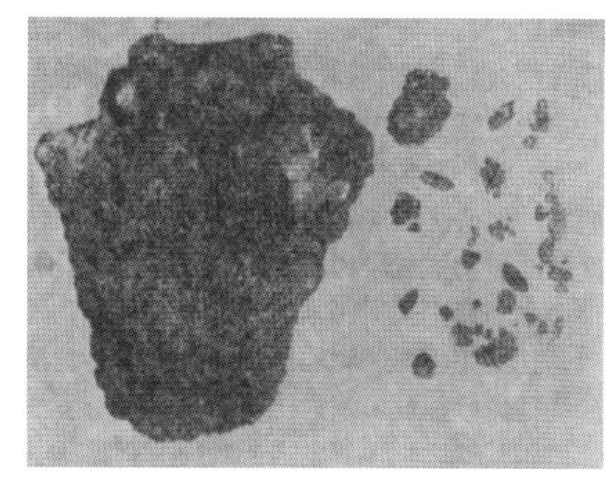

图五 H7 发现的炭化稻谷（籼稻）

H7 出土的是籼稻（图五；鉴定报告附后）。这是长江下游目前发现的最早的粳稻。在 H5 中发现了水生植物菱的茎部和果实，果实比现在的圆角菱略小。

这一层中出土的动物遗骨，最多的是梅花鹿、四不像、野猪、牙獐和水牛。梅花鹿、四不像和野猪都是林栖动物，牙獐和水牛是爱好在近水域地区生活的偶蹄类，由此可以推断当时这一带存在着原始森林，分布有河流、湖泊、沼泽。此外还有草龟、鳖、河蚌、鲤鱼、鲫鱼，说明当时附近有水塘、水河之类的小型水域。猪的头骨，脑壳顶部平直，獠牙粗大，说明是野猪。狗的头骨介于狼和现代狗之间，说明狗从狼驯化而来，并已成为家畜。

从以上情况说明，这时农业在生产中已占重要地位，但渔猎仍然是经济生活中的重要组成部分，家畜饲养已经开始。

在 T202 中还发现 3 块炭化了的纺织物残片（图六），这是我国出土的最早的纺织品实物。经上海市纺织科学研究院、上海市丝绸工业公司鉴定，认为纤维原料可能是野生葛。织物为纬起花的罗纹织物。织物的密度是：经密每厘米约 10 根，纬密每厘米罗纹部约 26 至 28 根，地部 13 至 14 根。花纹为山形斜纹和菱形斜纹。织物组织结构是绞纱罗纹，嵌入绕环斜纹，还有罗纹边组织（鉴定报告待发表）。

陶器均为手制，主要是夹砂陶，泥质陶很少，大部分是夹砂褐陶，也有一些夹砂红陶。常见的器形有：带扁耳腹上部有宽檐的圜底釜、牛鼻式双耳陶罐、喇叭座圈足红陶豆、口沿作多边形的红陶盘，此外还有加工粮食的陶杵，与嘉兴马家浜和吴江梅堰遗址③的下文化层出土的陶器相同。

图六 T202 出土的纺织物

图七 红衣红陶钵（M176∶1）

这一层的年代，有两个^{14}C数据：一个是T202⑩（原编号T202⑪）五号木板，经考古所实验室测定，距今5620±115年，树轮校正为距今6275±205年。一个是T703⑩（原编号T703⑤）炭化木桩，经北京大学历史系实验室测定，距今5370±110年，树轮校正为距今6015±145年[④]，两个数据都说明这一层的时代在距今6000年以前。

四

在第9层和第8层中发现了属于马家浜类型的墓葬106座[⑤]。一般为单人葬，在能判明方向的93座墓葬中，北向的80座，5座西向，2座东向，南向的仅6座。普遍盛行俯身葬，在能看出葬式的71个骨架中占50个。有些头骨用釜、钵、豆、盆等陶器覆盖，有的把头骨放在陶器中。

这些墓葬中的随葬品很少。其中25座墓没有随葬品，25座墓有随葬品1件，39座墓有随葬品2件，14座墓有随葬品3件，2座墓有随葬品4件，只M38有随葬品9件。M38死者是一个25岁至30岁的女性，随葬豆、盆各1件、骨柶3件、石斧1件、鹿角器2件和玉饰1件。

随葬品主要是日常生活用的陶器，大多数是1件食器，或者是1件食器和1件炊器配合成组。炊器多为釜（共出土23件），不用釜的就用鼎（共出土5件）。食器以豆为多数（共出土52件），其次是钵（共出土31件），也有用罐（共出土9件）、盆（共出土7件）、杯（共出土4件）的。从炊器底部的烟炱说明，这些陶器都是生前使用过的。

陶器皆手制。器形的特点是：釜为腹上部有宽檐的圜底器，有的口沿下有两扁耳作把手（图三五、三八；图六八，2、3、5）。鼎为釜形器上加三个圆柱足或宽扁形足，有的足外附有一条附加堆纹（图三六；图六八，1、4、6）。这两种炊器都是夹砂红陶。豆、钵和盆为泥质红陶，外表一般涂红衣，也有素面磨光的。豆盘内多呈黑色，豆把为喇叭座，有的有一两个圆形小镂孔（图三七、三九；图六八，13、14）。钵（图七、四一；图六八，11、15）、盆（图六八，16）皆大口，浅腹，内收为小平底，有的口部有流。罐（图四〇；图六八，7）和杯（图六八，8、9）为夹砂褐陶，器形较小，有一个或两个连着口沿的环耳。还有三足壶形器（图六八，10；图版一，1）、带把四足盉（图六八，12；图版一，2）等，但出土数量很少。在T103中，发现一片彩陶，为夹砂红陶器的口沿，内壁涂红衣，外壁绘有红色“拱桥形”图案（图八）。

在墓葬中很少用生产工具随葬，只在个别墓葬中发现穿孔石斧（M38）（图七〇，1）、小石斧（M196）、鹿角器（M38）（图七〇，7）、砺石（M123）、陶圆饼（M133），说明当时生产工具特别是石制工具还是比较贵重的，一般不用于随葬。8座墓葬中发现有装饰品，最多的是玉玦（5座；图七一，1～3），也有玉环或玉镯。有的墓中随葬蚌壳（M175）、鹿骨（M174）、兽牙（M36）。

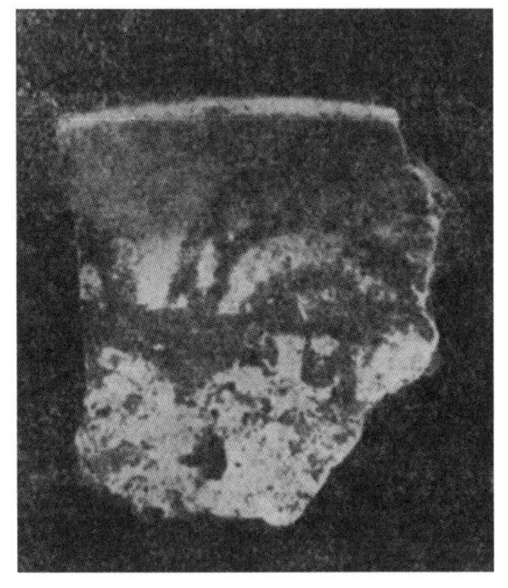
图八 彩陶片（T103∶9）

在100多座墓葬中发现了5座合葬墓，都是同性合葬，年龄大致相当。计：M43为两个女性；M102为两个成年女性；M170为两个女性，一个14岁左右，一个十五六岁；M154为两个男性，一为成年到中年，一为成年以后；M156为两个男性，一为中年，一为老年（图九、

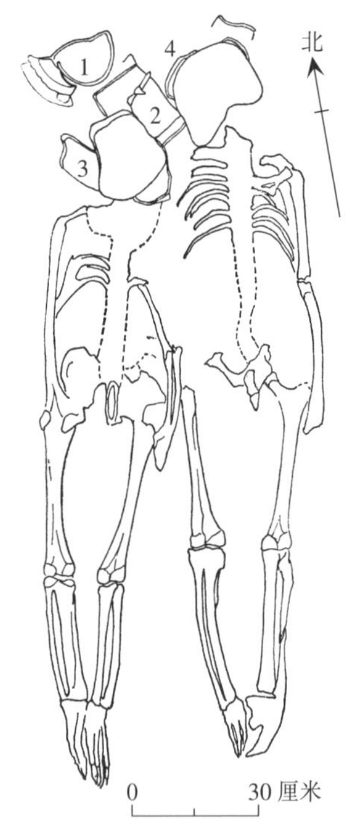

图九 M156平面图（马家浜类型）
1. 夹砂红陶釜 2. 红陶钵 3、4. 红陶豆

图一〇 带盖陶壶（M86∶11）

二九）。说明当时还处在母系氏族社会，盛行对偶婚制，男方出嫁到别的氏族，死后再归葬本氏族。

此外，还发现了一座二次葬（M182），将六根长骨放置一堆，随葬品有圜底釜、红陶钵各1件。

这一文化层的时代，根据T203⑧中出土的木炭，经考古研究所实验室测定，距今为5380±105年，树轮校正为距今6010±140年，说明这一墓葬群的年代距今大约6000年。

五

在第7层中发现了6座墓葬（M117～M122），都在T102和T103交界的地方（图三〇）。头朝北，略偏西，其中仰身葬3座（M117、M118、M121），俯身葬1座（M122）。随葬品一般为2至3件，仅M121有5件，共15件。多为陶器，炊器为夹砂红陶，有釜2件，鼎2件。泥质陶多灰陶，有罐、壶、盆、镂孔圈足豆等。装饰品只有石璜1件。

这6座墓葬的头向、葬式同第8、9层中出土的马家浜类型墓葬接近，但陶器的陶质和大部分器形，又有崧泽类型的特点，因此，它们应处于马家浜类型到崧泽类型的过渡阶段。

六

在第6层中发现了属于崧泽类型[⑥]的墓葬89座。一般为单人葬。头向绝大多数朝南而略偏东或偏西。在能判断方向的78座墓葬中，南向的68座，东向的8座，北向的2座。盛行仰身直肢葬，除个别墓葬外，不见墓圹和葬具痕迹。

墓葬中一般有多少不等的随葬品。89座墓葬中，没有随葬品的16座，1至5件的29座，6至10件的23座，10至15件的13座，16件以上的只有4座。

随葬品中最多的是陶器，一般由炊器、饮食器、盛器组成，最常见的是鼎、豆、罐、壶、杯，还有釜、甑、甗（由甑、鼎配套）（图四二、四三；图七五，1、2）、盆（图七三，7）、盘（图五四）、大口缸（图七五，7）等。

陶器中的炊器，如鼎、釜、甗，还有大口缸，都是夹砂红陶。由于掺和料中有稻壳、蚌壳末等，出土物都比较疏松破碎，不易复原。豆、罐、壶、盆、杯，大多数为泥质灰陶，一部分为泥质黑皮陶，也有泥质红陶的。在杯、豆、罐、壶上，有的绘有彩绘，都用红色，有的还间以黄色，一般由直线条交叉组成，也有用曲线和圆圈的。

陶器的器形特点：鼎变化较多，有的带盖，鼎足有扁三角形、扁凿形等（图五二；图七二，13；图七五，3、5、6）。罐有折肩、折腹、球腹等形式，有的腹部有弦纹数周或附加堆纹一周（图四五、四八、四九；图七三，2、4、9、10；图七五，4）。豆有高把座和大圈足两类，上面饰以圆形镂孔、弧线三角形刻划纹和弦纹，有的成为竹节柄（图五〇、五一；图七二，1~6；图版二，3）。壶有球腹、折腹、瓦棱纹等类（图一〇；图七三，1、3、12~14）。杯有鼓腹、直腹两类（图五三；图七二，7~12）；在杯、壶上流行切割成的花瓣形圈足。此外，还有雕花镂孔四足兽形器（图版二，1）、刻纹镂孔壶形器（图版二，2；图七三，8），带盖瓜棱罐（图四六；图七二，14）、葫芦壶（图四七；图七三，15）等具有艺术特色的陶器。

在22座墓葬中随葬有生产工具，比以前显著增多。较多的是穿孔石斧（13座）（图五六、五七、六一；图七〇，2~4）、穿孔石铲（3座）、石锛（8座）（图五九、六〇；图七〇，8、9），个别墓葬中随葬有石凿（M115）、陶网坠（M66）、陶纺轮（M9）。

在21座墓葬中随葬有装饰品。以玉石制的璜为最多（12座；图七一，5~9；图版三，2），放置于胸部。其次是坠（6座；图七一，10），是系挂在耳上的。还有陶环（M7、M85）、石环（M87；图六三；图七一，4）、玉玦（M99）等。

这一群墓葬中，有两座墓值得特别注意。一座为M96，为成年男性，随葬有豆、罐、壶等5件陶器，还随葬了2个猪下颌骨并1个鹿上颌骨（图一一）。把猪下颌骨等随葬，应是作为个人财富的象征。一座为M51，女性，无随葬器物，但在头旁放置1个灰陶盆片，肩部置1鼎足，表示食器和炊器（图一二、三一）。以陶片代表陶器，说明陶器已是私有财产的一种，也反映了这个墓主的贫穷。可见，这个时期已出现贫富分化，已存在私有财产，开始有了私有观念。

89座墓葬可分为南、北两区，南区46座，北区43座，两区间相隔8至12米。民族志材料告诉我们，氏族有共同的墓地，在氏族墓地只能埋葬本氏族的死者，不同氏族的墓地是分开的。恩格斯根据摩尔根的调查，特别介绍了美洲印第安人的吐斯卡罗腊部落，“在墓地上，每一氏族都独成一排。”⑦这种情况同草鞋山的崧泽类型墓地的情况相似。

在南、北两区墓葬中，随葬品是多寡不一的。例如北区的M203，死者为一成年男性，随葬品25件，计：属于生产工具的穿孔石斧1件，石锛2件；属于生活用具的豆、罐各6件，壶、杯各1件，钵、盆、盘各1件；还有炊煮器鼎、甑1套；装饰品有石坠2件（图一三、三二）。M166，死者也是一个成年男性，随葬品15件，计穿孔石斧1件，豆4件，鼎、罐各3件，杯2件，盆1件，石璜1件。M112，死者为一儿童，随葬鼎、豆各3件，罐4件，壶1件，甑1件，装饰品璜2件，坠1件。

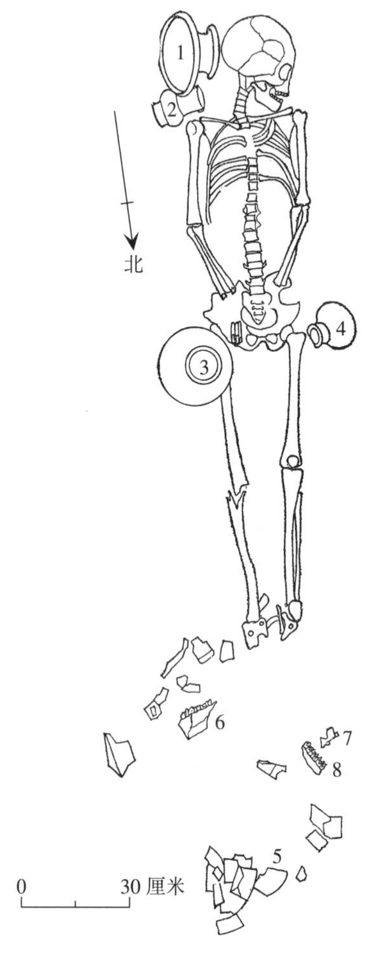

图一一　M96 平面图（崧泽类型）
1. 陶豆　2. 陶壶　3. 陶罐　4. 陶壶　5. 黑陶罐残片
6. 猪牙床　7. 猪左侧上臼齿　8. 鹿上牙床

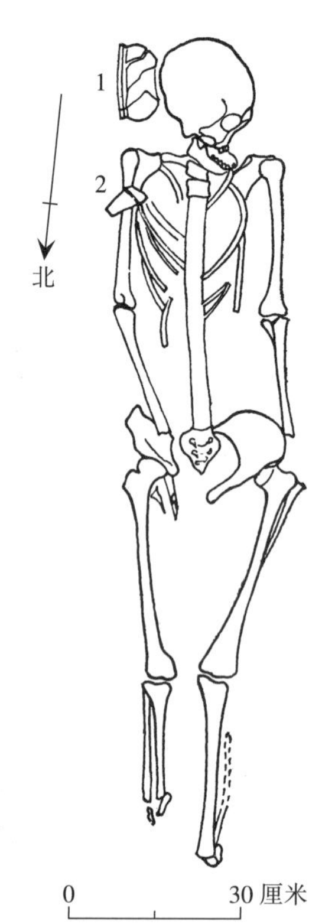

图一二　M51 平面图（崧泽类型）
1. 灰陶盆片　2. 鼎足

北区随葬品少的，如 M52，随葬鼎、盆共 2 件；M98，死者为一中年女性，随葬鼎、钵 2 件；M115，死者为一成年男性，随葬石凿 1 件。

又如南区的 M31，死者为一男性，随葬陶器 19 件，计：鼎、豆各 3 件，罐 10 件，釜、盆、杯各 1 件。M87，死者为一成年女性，随葬品 17 件，计鼎 4 件，豆、罐各 3 件，壶 2 件，盆、钵各 1 件，装饰品环、璜等 3 件。南区随葬品少的，如 M32，死者为一中年男性，随葬鼎、豆、罐各 1 件；M35，死者为一女性，随葬品除石环、石坠外，仅豆、壶各 1 件；M83，死者为一成年男性，随葬穿孔石斧、豆、小罐各 1 件；M89，死者为一男性少年，随葬鼎、豆、罐各 1 件。

从上举材料可以看出：南、北两区墓葬，不论性别，都有随葬品多寡的差别，说明每一氏族内部，已有财富多少的差别，即已有了贫富分化，反映出当时生产和分配的基本经济单位，已经不是氏族，而是小于氏族的家庭公社。

这一群墓葬中发现了 2 座男女合葬墓，都按男左女右的习俗埋葬。一座是北区的 M95，左边为成年男性，头向南偏东 1 度，随葬罐、杯、彩绘杯各 1 件；右边为成年女性，头向南偏西 3 度，随葬品 8 件，计鼎 1、豆 1、罐 3、杯 2、璜 1。在尸骨上下发现赭色粉末状痕迹：男者长 2 米，宽 0.55~0.61

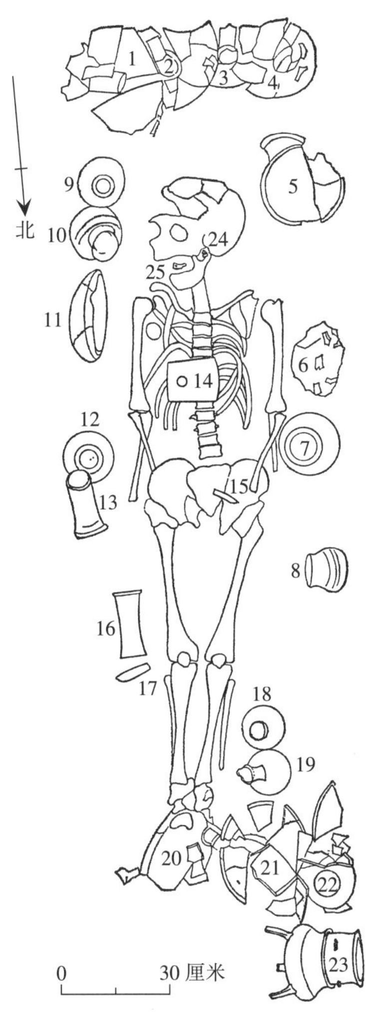

图一三　M203 平面图（崧泽类型）

1～5、21. 陶豆　6～9、12、18. 陶罐　10、19. 陶壶
11. 带流陶钵　13、16. 陶杯　14. 石斧　15、17. 石锛
20. 陶盆　22. 陶盘　23. 陶（甑，鼎合成）　24、25. 石坠

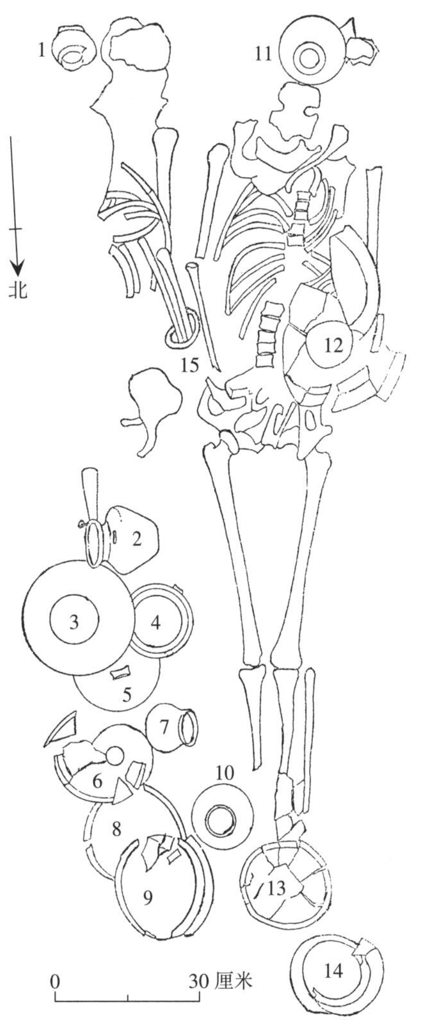

图一四　M85 平面图（崧泽类型、男女合葬墓）

1. 彩绘陶壶　2、10. 陶罐　3、12. 黑陶盆　4、9、14. 红陶鼎
5. 红陶器盖　6、8. 陶豆　7. 陶壶　11. 彩绘陶壶　13. 灰陶豆
15. 陶环

米，女者长 1.96 米，宽 0.55～0.61 米，都分上、下两层，各厚 3 毫米，将骨架包在其中，应是木质葬具。两个葬具痕迹相距 3～7 厘米，说明男、女不是同时埋葬的，而是先后合葬的，两个死者的关系应该是夫妻关系，也就是说当时已是一夫一妻制。一座是南区的 M85，男性仰身直肢，随葬鼎、豆、罐、盆、壶各 1 件；女性侧身，随葬鼎、豆、壶、罐、盆、杯等 10 件（图一四、三三）。这种现象进一步说明，父权制已经确立，女性已降到从属于男性的不平等地位。

此外，在这一层中还发现了两片彩陶（图五五），绘有黑、白彩的圆点弧线纹，应是盆、钵一类器的腹片。类似的彩陶器，见于邳县大墩子遗址中层墓葬[8]和仰韶文化庙底沟类型的遗址[9]中。

七

在 T102 第 4 层中出土了 3 座墓葬（M76、M78、M80），只见头骨碎片或肢骨痕迹，从肢骨方向和随葬品的位置观察，头向大致为东南向。随葬品很少，M78 有一灰陶罐（图一五；图七六，6），M80

有一彩绘灰陶杯（图一六；图七六，6），彩绘是用红色，在腹部绘三圆圈，在圆圈上下绘平行线，间以黄色线条，圈足切割成花瓣。

另外，T802 出土一组陶器，有黑皮球腹圈足陶罐、黑皮陶罐、壶，带把灰陶罐，腹部有一周锥刺纹的灰陶壶、双耳带流灰陶钵、夹砂红陶大口缸、玉管等 10 件（图一七~ 二〇；图七六，2~5、7~9）。夹砂红陶缸的口部压印一周。网状宽带，腹部有红、黄色彩绘各一周（图六九，6）。从器物分布情况看，似为东南向，但人骨已朽蚀不存。

这一层墓葬中出土器物不多，可以看出与崧泽类型有相同的因素。但从灰陶器呈浅灰色，多黑皮陶，罐、壶、杯的器形特点看，又接近于苏州市越城遗址中层六座墓葬的器物⑩。1977 年 5 月发掘的吴县角直张陵山遗址上层墓葬⑪，也和越城墓葬类型相同，都可看作是早期良渚文化的一个类型。

图一五　灰陶罐（M78：1）

图一六　彩绘灰陶罐（M80：1）

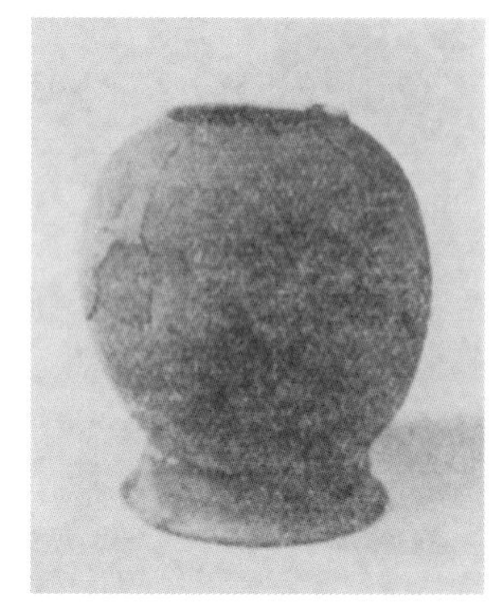
图一七　黑皮陶罐（T802M1：1）

图一八　灰陶罐（T802M1：2）

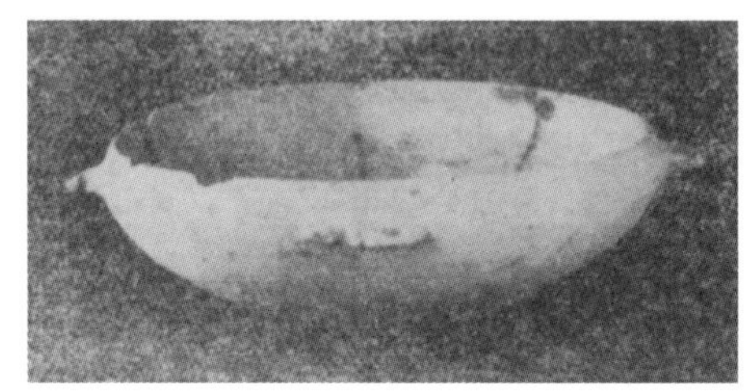
图一九　带流灰陶钵（T802M1：4）

图二〇　灰陶壶（T802M1：3）

八

在 T203 第 2 层中发现的 M198 是一座属于典型良渚文化的墓葬（图二一、三四）。墓葬露出时先发现一件玉琮（图二三，中），深 1.45 米，随后在深 1.62 米处发现了三组器物（出土时曾作为三墓，编号 M189、M199、M200，从人骨残迹看，应为一座墓的三组）。

第一组：中部有穿孔石斧（图五八；图七〇，5）、穿孔玉斧（图六二；图七〇，6）、小玉琮和玉珠，南部有玉璧（图六五）1 件、玉琮 2 件，还有玉镯、玉管、玉珠等，北部有陶器 9 件，计夹砂红陶鼎3件（2件有器盖，有的表面涂黑衣），黑皮陶贯耳壶2件（1件有器盖），黑皮陶盆2件，黑皮陶豆、黑皮陶罐各1件（图六七，2、3；图七四）。中部和南部有残骨，已呈粉末状。根据腹部随葬石斧，玉石器多在头部，陶器多在脚后部以及男性随葬生产工具的情况看，可以判定墓主为男性，头朝南。玉琮为外方内圆的长筒形，两面对钻穿孔，其中一件高18.4、宽7.7、孔径5厘米，筒身分为七节（图二三，左；图二四，1、2）。小玉琮高1.8、宽1.2、孔径0.45厘米，筒身分两节。大小玉琮的每节以四边为中线，刻有象征兽面的纹饰。此外，在一件带盖陶鼎的器盖上，刻有圆涡纹、曲折纹和回转勾连的图案（图六七，1；图六九，1），贯耳壶上刻划有简化的鱼纹。

第二组：位于第一组之北，靠近墓主的脚部，随葬黑皮陶贯耳壶5件（其中4件附有器盖），黑皮大陶罐1件，夹砂红陶簋1件，玉璧（图六四；图七〇，10）、玉琮各1件，还有锥形玉饰6件（原应为一串）。贯耳壶中有两件刻划精细的划纹，一为曲折纹和鸟纹（图六六，右；图六九，3），一为圆涡纹和双线构成的编织纹（图六六，左；图六九，2）。簋的表面涂有黑衣，大罐和簋分别有点线纹、弦纹、刻划纹（图六九，4、5）。玉璧直径21、孔径5、厚0.8厘米，器物下有腐朽骨粉。从随葬一串锥形玉饰看，死者应是一女性。

第三组：位于第一组之南，即靠近墓主头部，随葬黑陶贯耳壶2件（其中1件有器盖）、玉镯1件、玉珠11颗（原应为一串）。陶器和玉器间有肢骨残骨3段，不规则，为二次葬。从随葬玉珠看，死者也应是

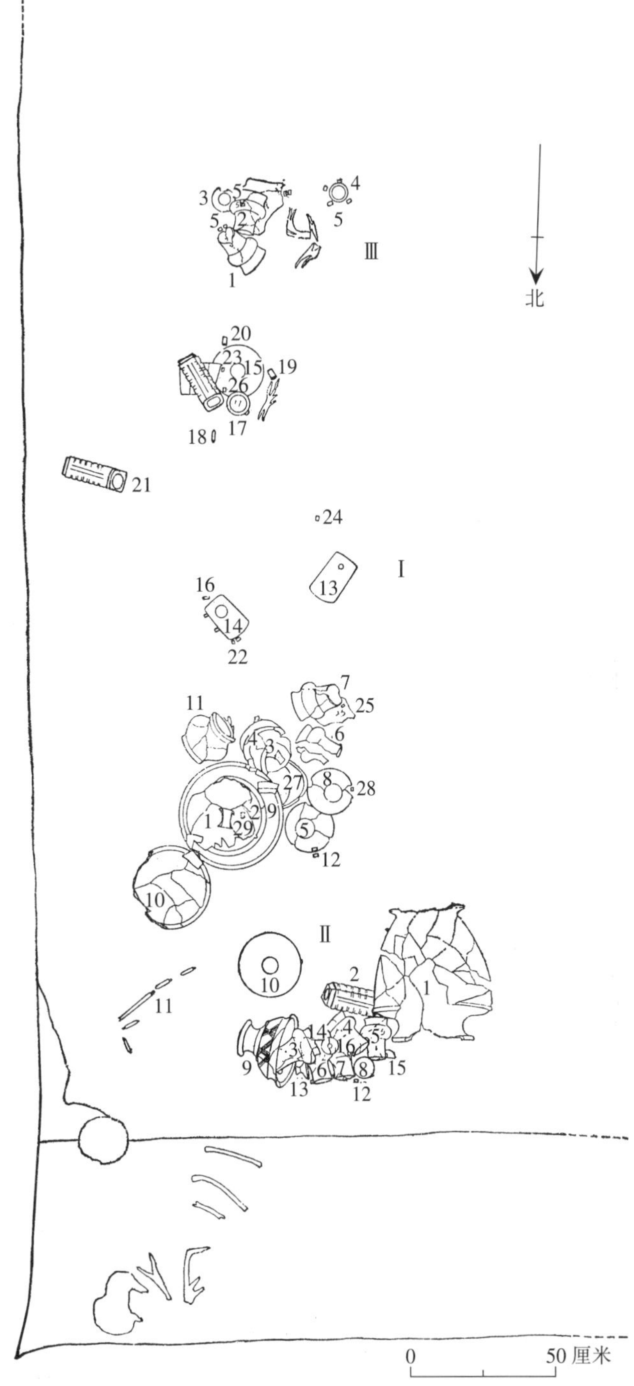

图二一　M198平面图（良渚文化）

Ⅰ：1、21. 玉琮　2. 带盖陶鼎　3、4. 夹砂红陶鼎　5. 黑皮陶豆　6、7. 黑皮陶壶　8. 夹砂红陶器盖　9、10. 黑皮陶盆　11. 黑皮陶罐　12、22～26、28、29. 玉珠　13. 玉斧　14. 石斧　15. 玉璧　16. 小玉琮　17. 玉镯　18. 玉锥形饰　19、20. 玉管　27. 黑皮陶器盖

Ⅱ：1. 黑皮大陶罐　2、16. 玉琮　3～7. 黑皮陶壶　8、13～15. 黑皮陶器盖　9. 黑衣夹砂红陶簋　10. 玉璧　11. 玉锥形饰　12. 玉料

Ⅲ：1、2. 黑皮陶壶　3. 黑皮陶器盖　4. 玉镯　5. 玉珠

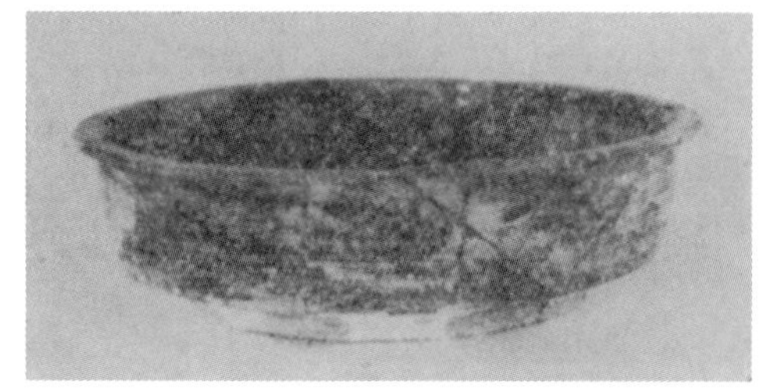

图二二 黑皮陶盆（M198［Ⅰ］:9）

女性。

三组器物之间无界线，三组器物的北部和东部，有墓坑边缘，西、南两边的边缘在先前塌方时已破坏，可知墓坑范围，东西超过1.7米、南北超过4米。在东北角墓坑范围内，人骨及随葬品之外，有一堆兽骨，在松江广富林良渚墓葬⑫中，有殉狗、殉猪的现象，从兽骨范围和头骨形状看，似为一狗。

从上述情况看，这是一座一个男性附葬两个女性的墓葬，两个女性为二次葬，另外，在墓坑的外坑殉葬一狗。附葬的女性，由于随葬有玉琮、玉璧、玉饰等，应是妻妾，而不是奴隶。恩格斯指出："一夫多妻制，显然是奴隶制度的产物，只有占居特殊地位的人物才能办到。"⑬墓葬中出土有刻划精细花纹的薄壁轮制陶器和精致的玉器，必须有专门掌握熟练技术的陶工和玉工制作，特别是玉璧、玉琮，是祭祀天地的礼器，占有这些礼器的人，应掌握有特殊的权力。因此，我们认为：这座墓葬的男性墓主，应是氏族贵族，墓主所处的时代，已是原始社会末期的军事民主制时代。

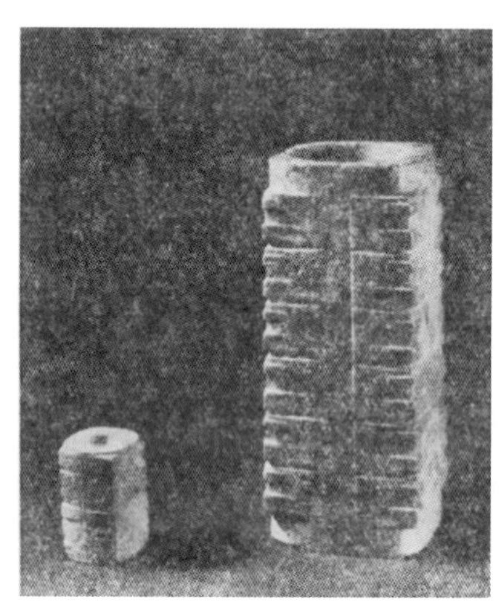

图二三 玉琮（M198［Ⅰ］:21、M198［Ⅰ］:1、T303M1:1与M198［Ⅰ］:1）

在这个墓葬的西边，在T303和T503范围内，出土过两批器物，有大小玉琮、玉璧、玉饰和黑皮陶器，是两座良渚文化的墓葬。由此可见，这里应是当时氏族贵族的墓地。

T303M1中出土的玉琮（图二四，3；图版三，1），高5.1、宽3.2、孔径1.2厘米，筒身分两大节，以四边为中线，精刻八组兽面纹。兽面纹是商代铜器常见的花纹，良渚文化的年代早于商代，这是一个值得注意的问题。

这些墓葬的发现，丰富了我们对良渚文化的认识，主要是：1. 对薄壁黑陶、黑皮陶及共存的夹砂红陶，在器形和纹饰的特点上，有了更具体的了解；2. 玉琮、玉璧与薄壁黑陶、黑皮陶是同一时代的东西；3. 墓葬中随葬有大批玉器及精致陶器的，应属氏族贵族墓葬，当时已有一夫多妻制和奴隶存在，已处于原始社会的后期的军事民主制时期。

良渚文化墓葬的玉器，经华东地质研究所鉴定：玉琮、玉璧为透闪石，玉管为纤维蛇纹石，即岫

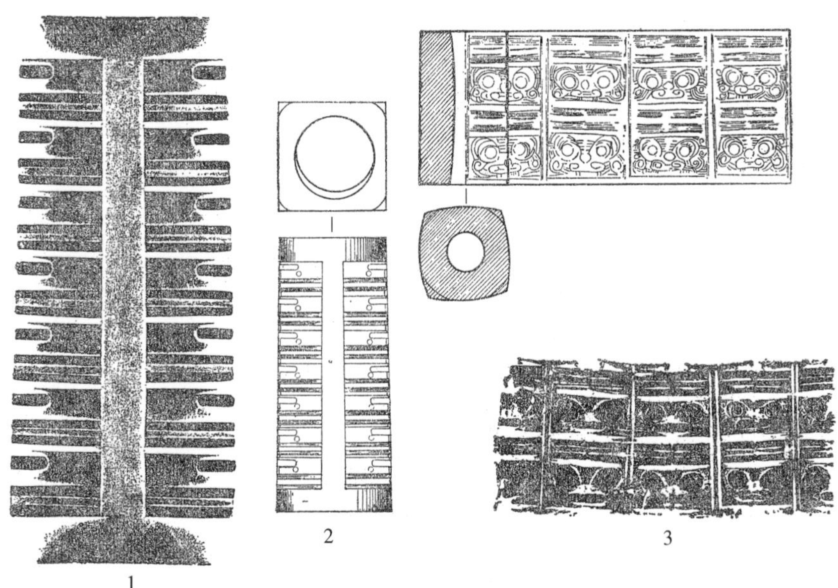

图二四 玉琮（1、2. M198［Ⅰ］:21；3. T303M1:1）

岩玉，又名火烧玉。另有一些玉器，据张陵山良渚文化墓葬出土物来鉴定，应为阳起石。这些质料都属软玉类。据有关地质资料记载，在太湖附近的丘陵地，蕴藏有上述玉材。因此，这些玉器应是当地生产的。

九

草鞋山遗址第1层出土了六组器物。其特点是：几何形印纹硬陶、釉陶、黑皮陶和夹砂红陶共存。六组器物的情况如下：

T201：出土陶器17件，计几何形印纹硬陶坛5件、罐5件、灰陶盆式器盖2件、釉陶碗5件。在一件陶坛里有残朽的骨骼发现。

T103：出土陶器12件，计几何形印纹硬陶坛3件，有灰陶盘式器盖1件、釉陶罐2件、碗5件、红陶盆1件。

T304之一：出土几何形印纹硬陶坛2件。

T304之二：在东西宽0.85~1.1米、南北长2.2~2.25米、深0.9米的范围内出土陶器5件，计几何形印纹硬陶坛1件、上有灰陶盆式器盖1件、几何形印纹陶罐3件。

T304之三：出土陶器7件，计几何形印纹硬陶罐4件、釉陶碗3件。

T604：在东西宽0.92~0.98米、南北长0.98米、深0.95米的范围内出土陶器10件，计几何形印纹硬陶坛1件、罐2件、釉陶碗5件、钵1件、黑皮陶盆1件。

在几何形印纹硬陶坛和罐上压印有方格纹、米筛纹、编织纹、菱形纹和回纹，大多是复合印纹。釉陶器中以碗最多，罐、钵较少，共存的有红陶盆、黑皮陶盆。在黑皮陶盆上印有波浪纹。

这六组器物，有的有挖坑的范围，有的陶坛中发现人骨，根据江浙一带历年来的发掘，特别是江苏省句容浮山果园[14]等地的发掘，可以确定是墓葬。

图二五　草鞋山遗址地貌

图二六　居住遗址的柱洞、木桩、木板

图二七　T202⑩发现的有垫板的第16、17号木桩

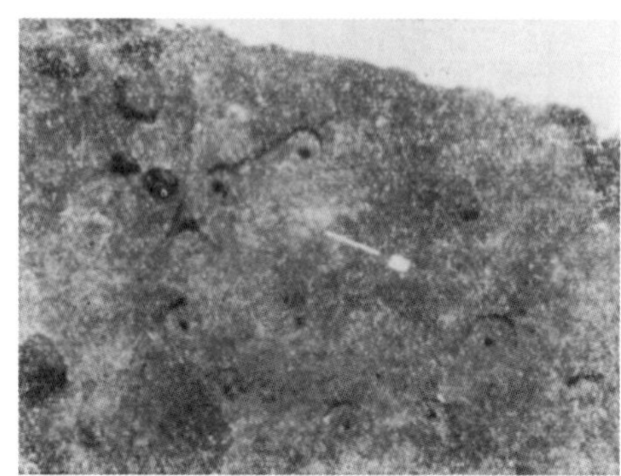

图二八　T103⑩发现的居住遗址F3

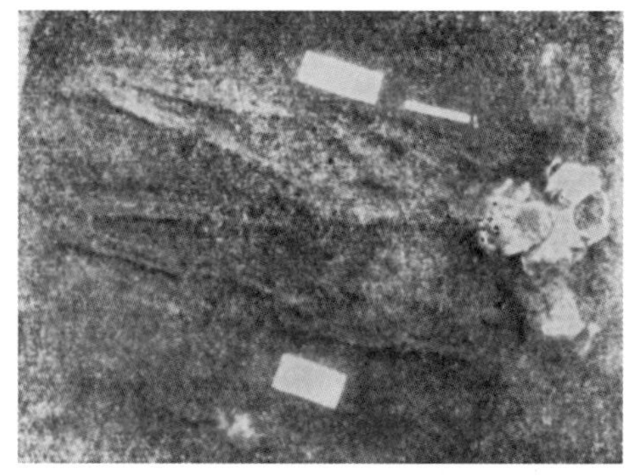

图二九　M156出土情况

图三〇　T103⑦发现的墓葬（M117～M122）

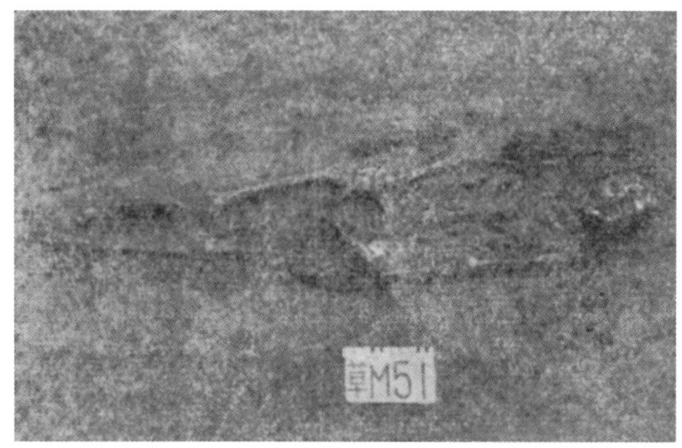

图三一　M51 出土情况

图三二　M203 出土情况

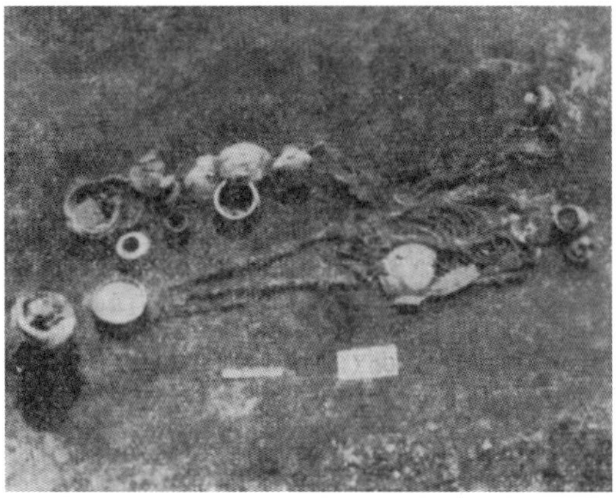

图三三　M85 出土情况

图三四　M198 出土情况

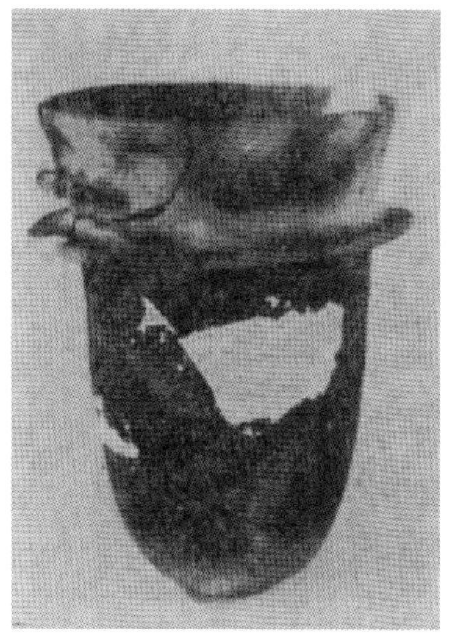

图三五　夹砂红陶釜（M156∶1）

图三六　夹砂红陶鼎（M102∶19）

图三七　红陶豆（M75∶1）

图三八　夹砂红陶釜（M186∶1）

图三九　红衣陶豆（M156∶3）

图四〇　双耳夹砂红陶罐（M201∶1）

图四一　带流红衣陶钵（M36∶2）

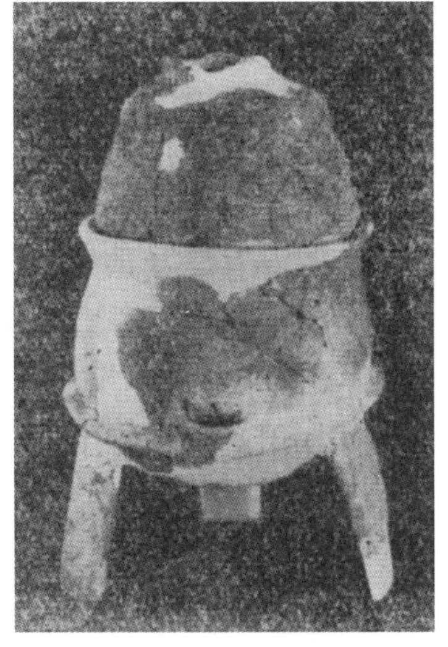
图四二　陶甗（M60：1）

图四三　陶甗（M203：23）

图四四　黑皮陶罐（M57：1）

图四五　灰陶罐（M2：6）

图四六　带盖四系瓜棱陶罐（M87：2）

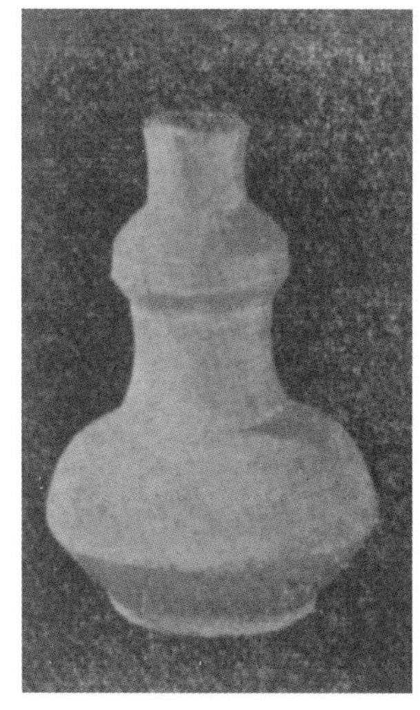
图四七　陶葫芦壶（M155：2）

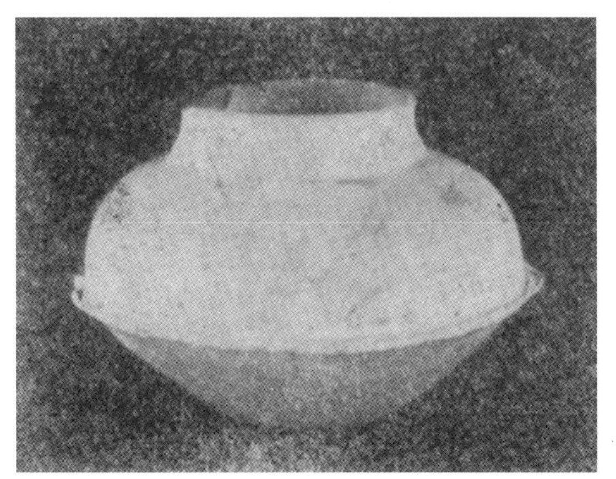
图四八　灰陶罐（M113：1）

图四九　四系灰陶罐（M23：3）

图五〇 陶豆（M97:6）

图五一 彩绘陶豆（M29:7）

图五二 带盖陶鼎（M87:4、5）

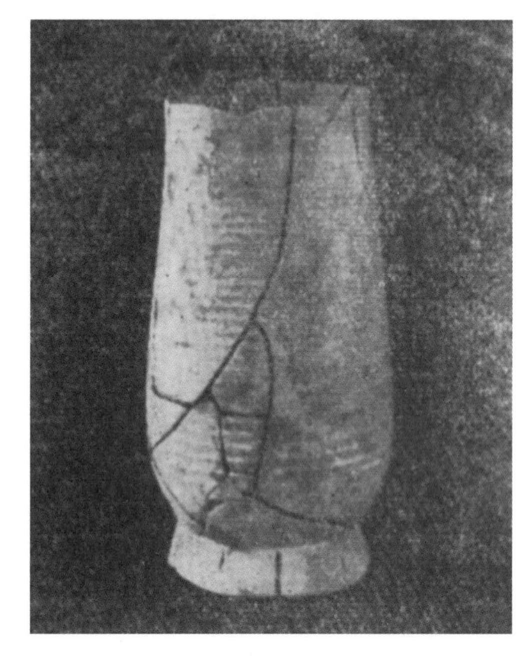

图五三 陶杯（M12:5）

图五四 四足陶盘（M5:2）

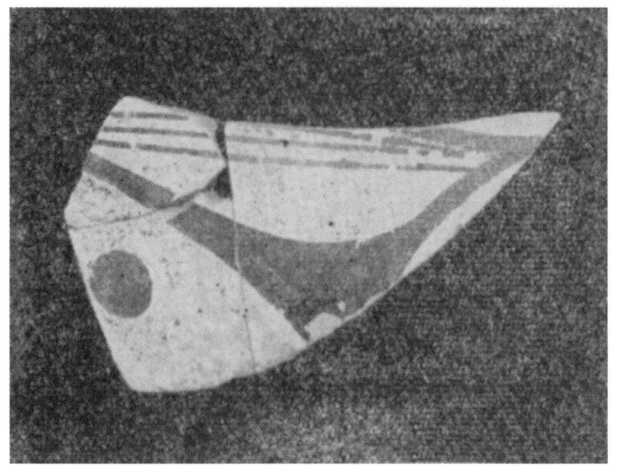

图五五 彩陶片（T304:6）

图五六　石斧（M203：4）

图五七　石斧（M50：3）

图五八　石斧（M198［Ⅰ］：14）

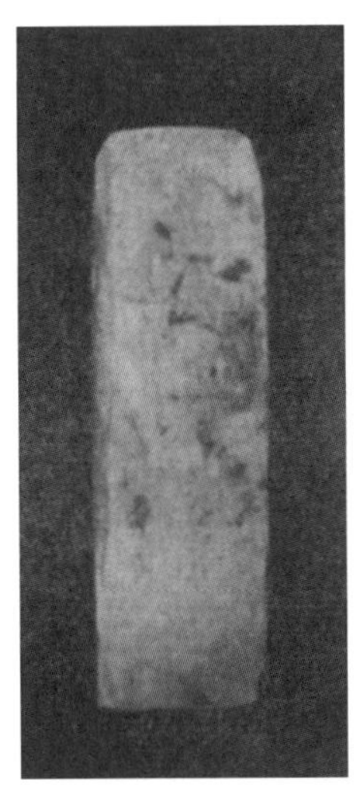
图五九　石锛（M203：17）

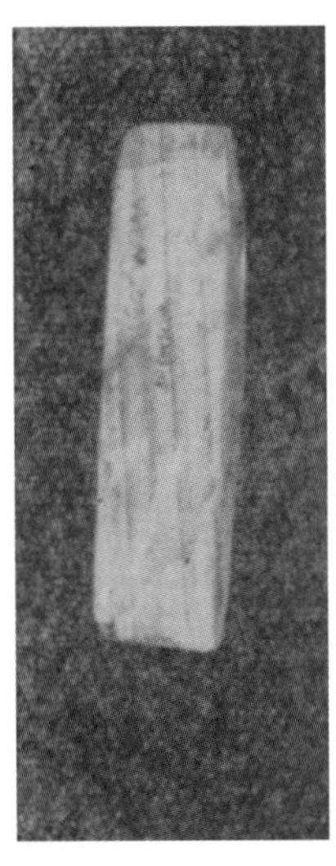
图六〇　石锛（M203：15）

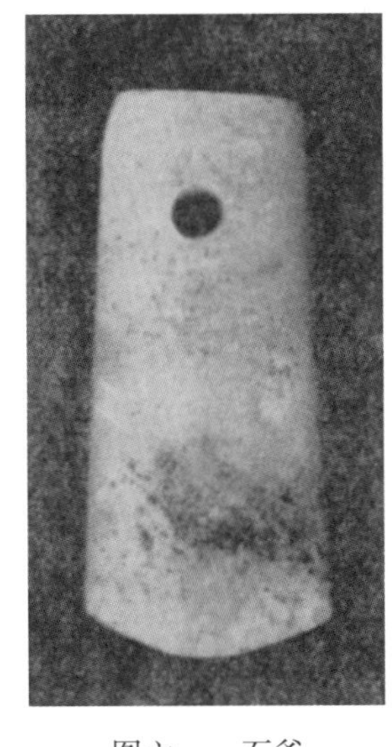
图六一　石斧（M59：1）

图六二　玉斧（M198［Ⅰ］：13）

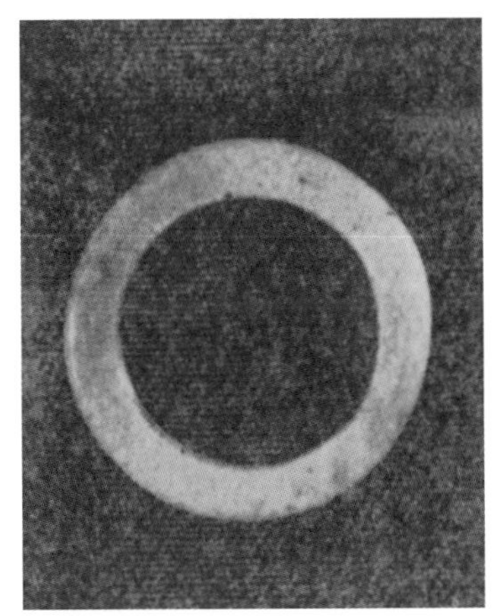
图六三　石环（M87：5）

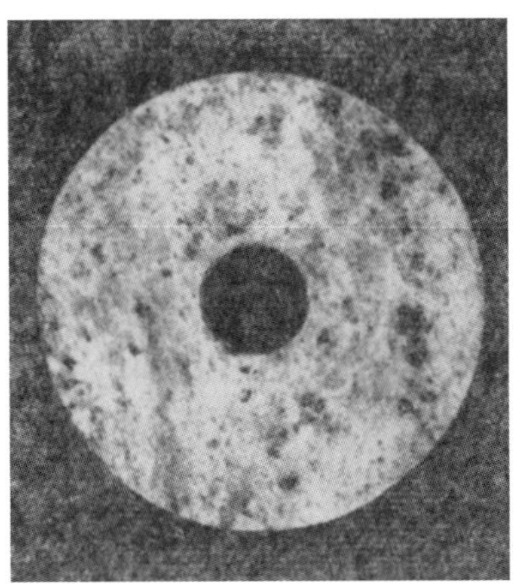
图六四　玉璧（M198［Ⅱ］：10）

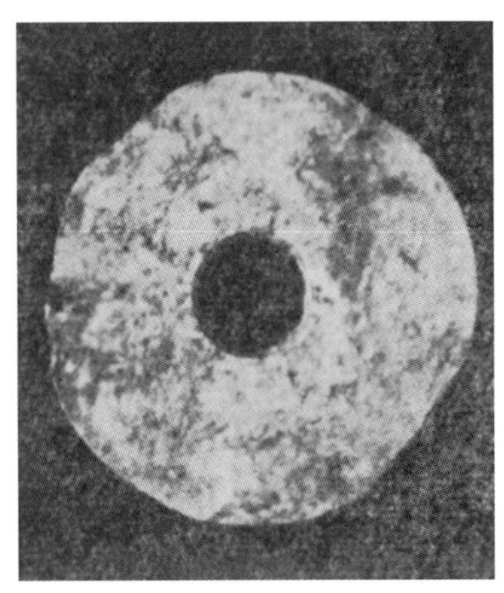
图六五　玉璧（M198［Ⅰ］：15）

图六六　带盖黑皮陶贯耳壶（左：M98［Ⅱ］:6、13　右：M198［Ⅱ］:7、8）

图六七　出土陶器

1. 带盖陶鼎（M198［Ⅰ］:2）　2. 黑皮陶豆（M198［Ⅰ］:5）

3. 黑皮陶罐（M198［Ⅰ］:11）　4. 黑衣夹砂红陶罐（M198［Ⅰ］:9）

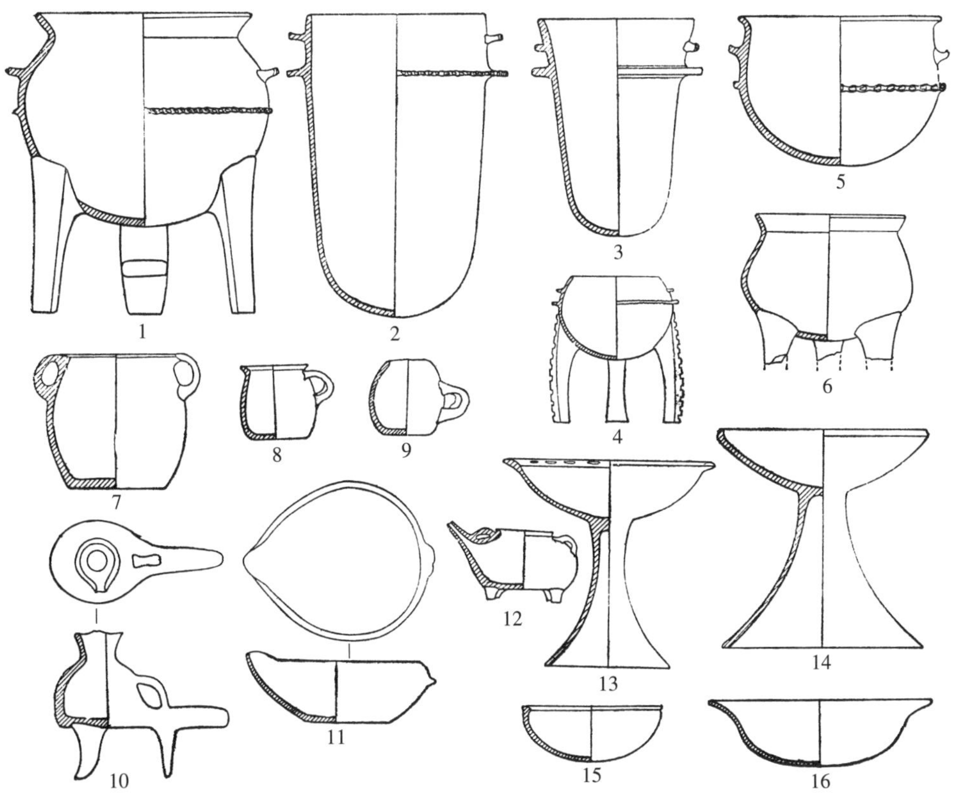

图六八　出土陶器

1、4、6. 夹砂红陶鼎　2、3、5. 夹砂红陶釜　7. 夹砂褐陶双耳罐　8、9. 夹砂红陶带把杯　10. 三足壶形陶器　11. 红陶带流钵　12. 带把四足陶盉　13、14. 泥质红陶豆　15. 红陶钵　16. 红衣红陶盆（1～3、5、6、8～16. 1/8，4. 1/12，7. 1/6）

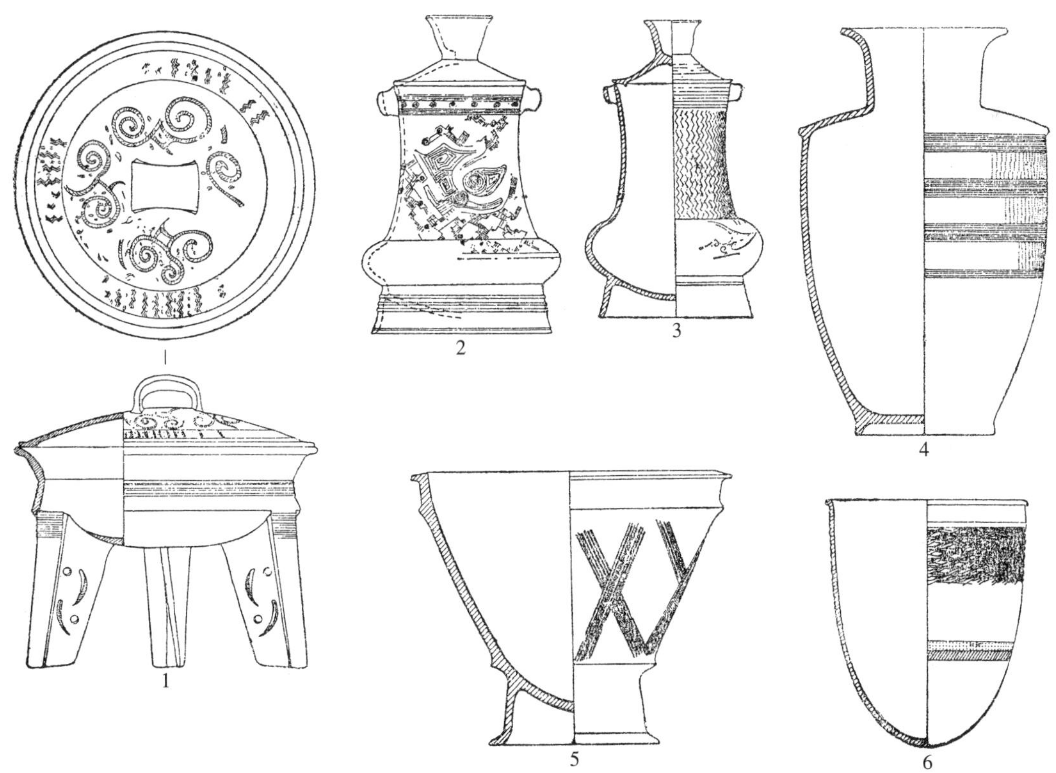

图六九　出土陶器

1. 带盖夹砂红陶鼎　2. 带盖刻划圆涡编织纹黑皮陶贯耳壶　3. 带盖刻划波折纹鸟纹黑皮陶贯耳壶　4. 黑皮陶罐　5. 黑衣夹砂红陶簋　6. 彩纹夹砂红陶缸（1. 1/9，2、3、5. 1/6，4. 1/12，6. 1/18）

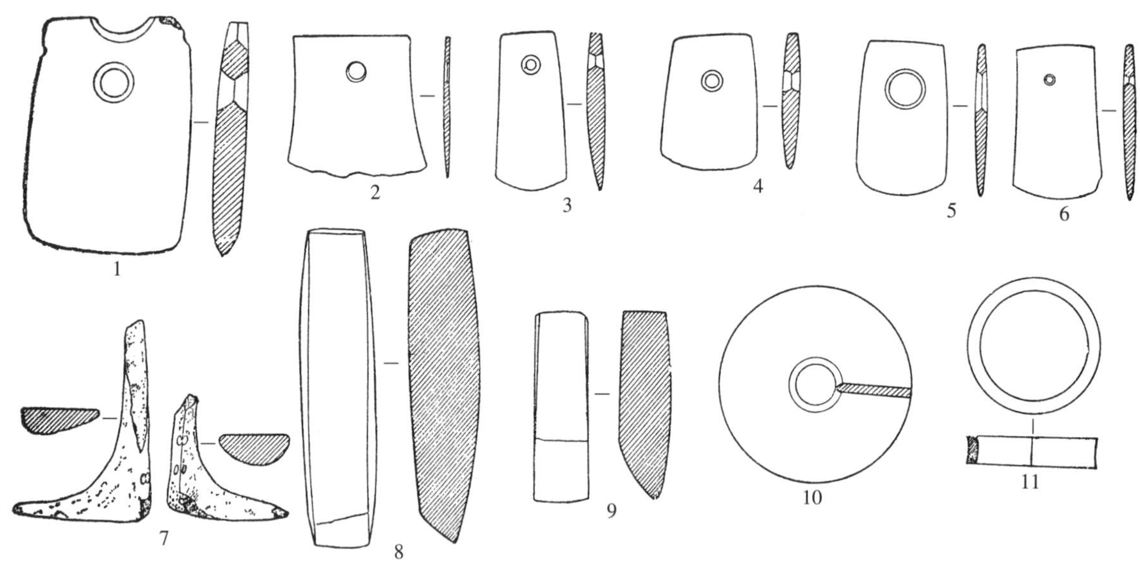

图七〇　出土器物

1～5. 石斧　6. 玉斧　7. 鹿角直角器　8、9. 石锛　10. 玉璧　11. 玉镯（1、9、11. 1/4，2～6、10. 1/8，7、8. 1/2）

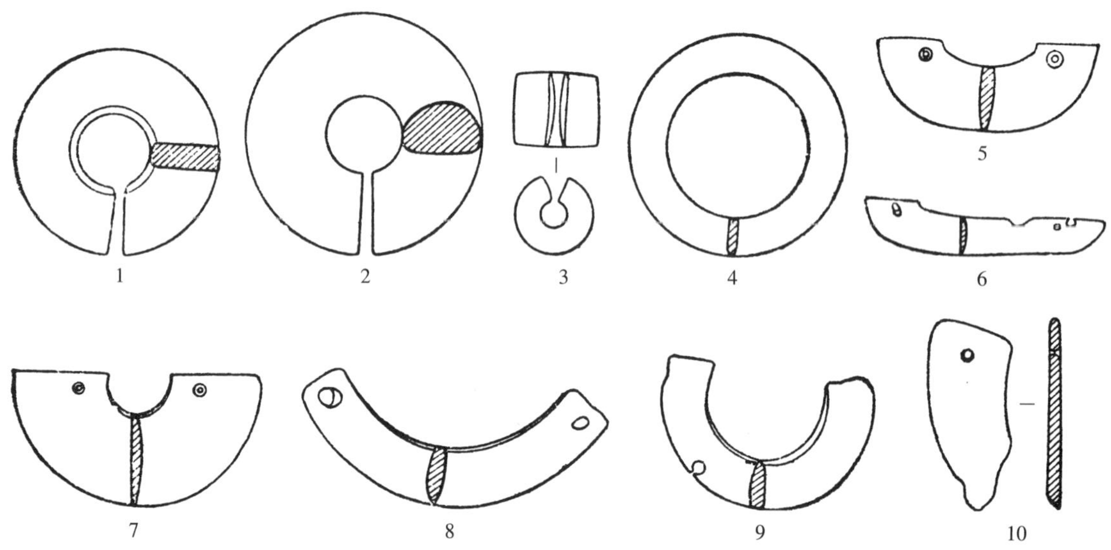

图七一　出土器物

1～3. 玉玦　4. 石环　5～9. 石璜　10. 石坠（1～3、8～10. 1/2，4～7. 1/4）

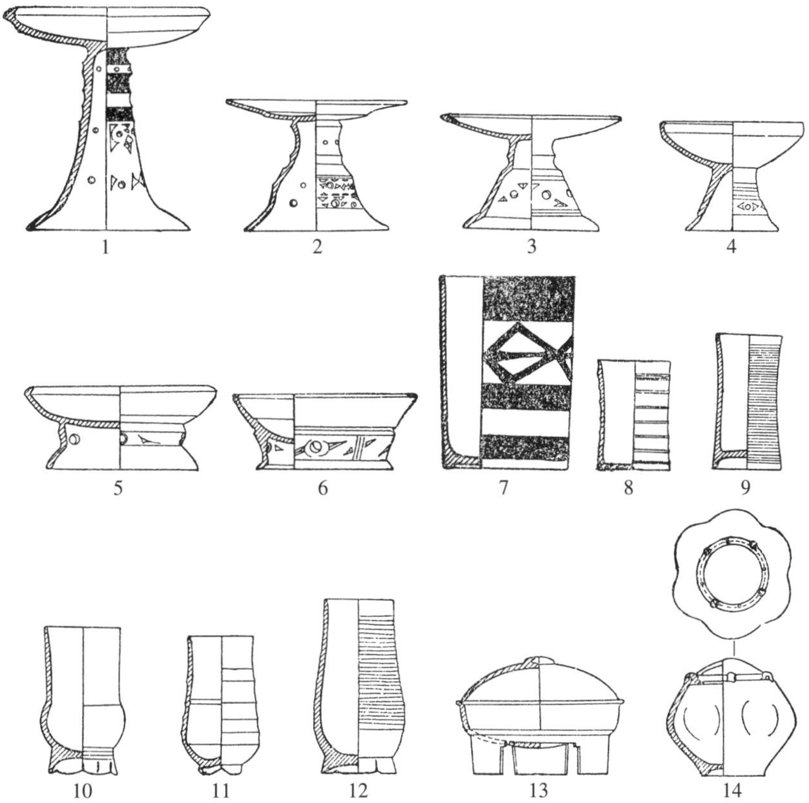

图七二　出土陶器

1. 彩绘灰陶豆　2. 黑皮红陶豆　3. 黑皮灰陶豆　4～6. 灰陶豆　7. 彩绘灰陶杯　8、10. 黑皮红陶杯　9. 红陶杯　11. 黑皮灰陶杯　12. 灰陶杯　13. 黑皮灰陶鼎　14. 四系瓜棱陶罐（1～6、8～14. 1/8，7. 1/4）

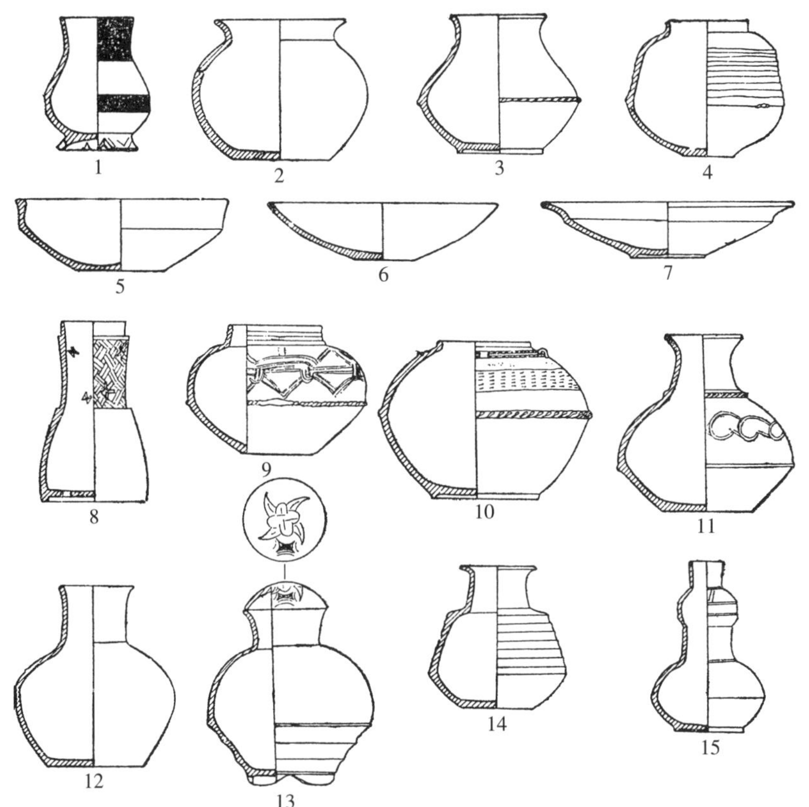

图七三　出土陶器

1. 彩绘灰陶壶　2、4、9. 灰陶罐　3、12、14. 灰陶壶　5、7. 黑皮陶盆　6. 灰陶盆　8. 灰陶壶形器　10. 四系灰陶罐　11. 刻纹黑皮陶壶　13. 带盖灰陶壶　15. 灰陶葫芦壶（约1/12）

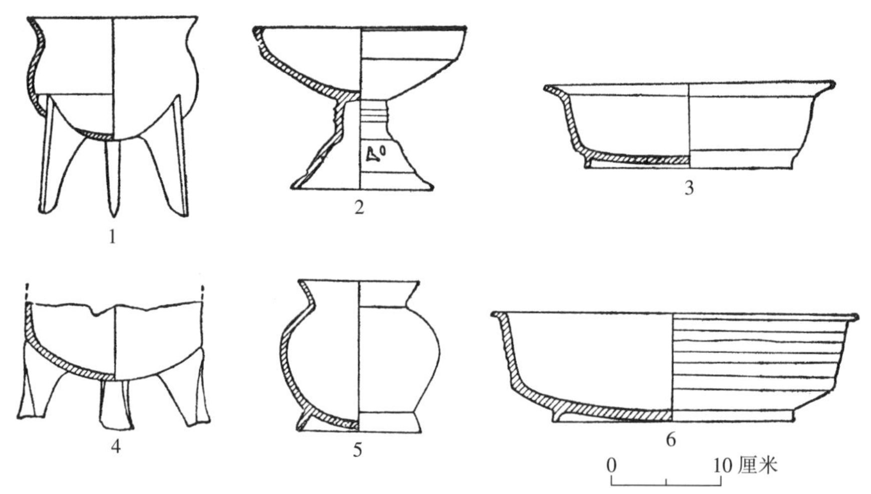

图七四　出土陶器

1、4. 夹砂红陶鼎　2. 黑皮陶豆　3、6. 黑皮陶盆　5. 黑皮陶罐

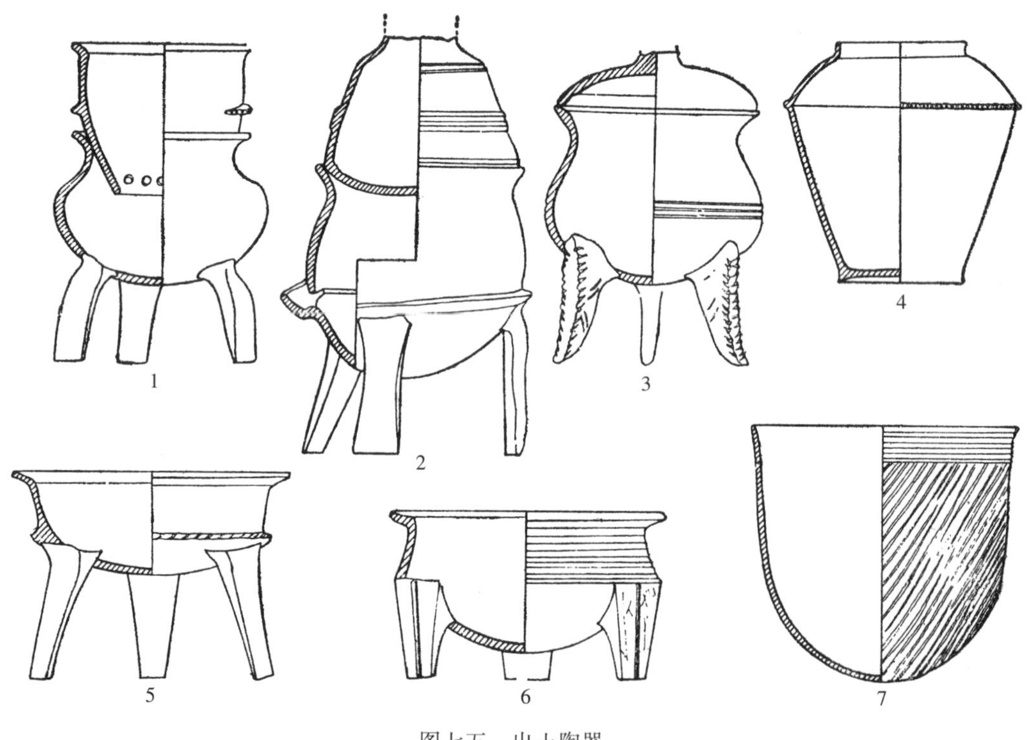

图七五　出土陶器

1、2. 陶甗　3、5、6. 夹砂红陶鼎　4. 灰陶罐　7. 夹砂红陶大口缸（1～6. 1/12，7. 1/18）

1975年，夷陵山西南部出土一批陶器，有几何形印纹硬陶坛、罐，有一对假竖耳直筒形釉陶罐，器内有四小盂，腹部印有鸟状锥刺纹的釉陶篡，也属同一类型⑮。

这六组器物从器形看有早晚之分，大致上属于春秋时期吴越文化。它们的出土，对于认识这一时期文化的特点是有帮助的。

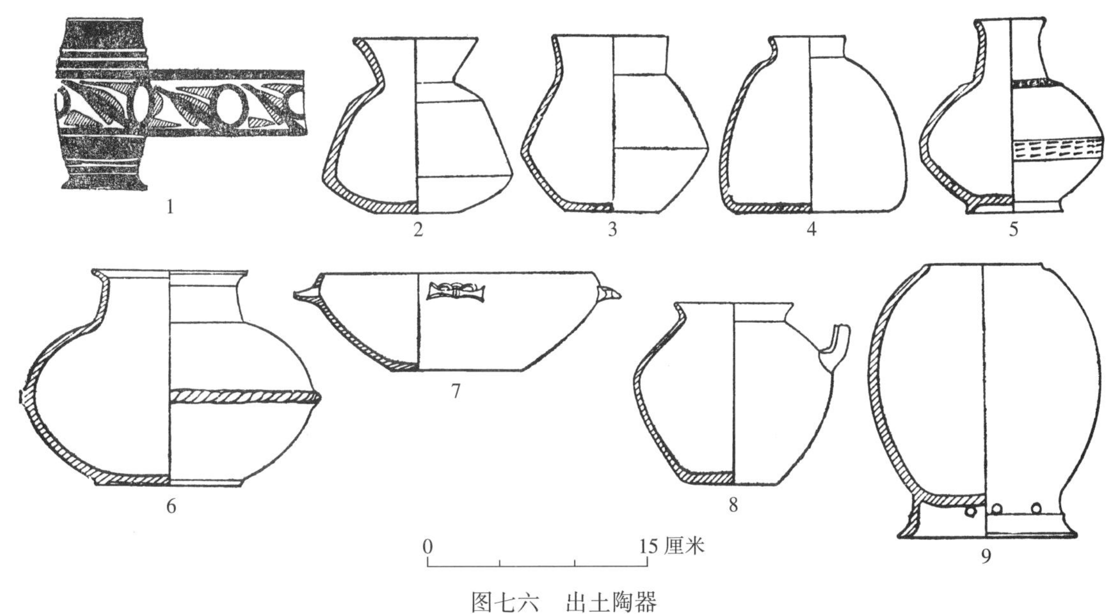

图七六 出土陶器

1. 彩绘灰陶杯 2、5. 灰陶壶 3、4. 黑皮陶壶 6. 灰陶罐 7. 灰陶带流钵 8. 灰陶带把罐 9. 黑皮陶圈足罐

一〇

以上，我们简要地讨论了草鞋山遗址各层的情况。从地层叠压关系可以看出草鞋山遗址发现的文化层的先后次序是：马家浜类型（第10、9、8层）、崧泽类型（第6层）、早期良渚文化（第4层）、典型良渚文化（第2层），直到进入春秋时代的吴越文化。这个序列，为我们研究太湖地区、长江下游的古代文化提供了一把标尺。

草鞋山遗址发现的6000年前的文化，从出土的木构建筑、粳稻、兽骨、纺织品、陶器等方面，可以看出古代太湖地区的人们，很早就创造了比较先进的文化，长江下游、太湖地区同黄河中游、中原地区一样，是我国古代文化的发源地之一，当时的劳动人民为创造灿烂的中国古代文化作出了贡献。

草鞋山遗址从埋葬制度上反映出来的社会关系，使我们认识到太湖地区经历了母系氏族公社、父系家庭公社、军事民主制三个阶段，看到了由没有阶级，到出现私有财产和贫富分化，最后出现氏族贵族和奴隶制的过程。正如无产阶级革命的伟大导师马克思所说的："阶级的存在仅仅同生产发展的一定历史阶段相联系。"[16]草鞋山遗址的发掘，为研究原始社会发展进程以及私有制和阶级起源的过程，提供了一个生动的例证。

〔附〕草鞋山遗址出土稻谷标本鉴定报告

草鞋山遗址稻谷标本，第二次H7样品与第一次H2样品稍有不同：第一次，我们曾请周拾禄先生鉴定，周认为是粳稻；第二次，我们曾请河北省廊坊地区农科所俞履圻同志、广东省农科院钱泳文同志、四川省农科院万安良同志等共同鉴定，从H7样品脱落的两颗米粒的形状来看，可判定为籼稻。由于稻谷颖壳已经腐蚀，无法辨别颖壳上的颖毛，只能从米粒的形状加以推断。而大多数籼稻品种粒形虽多为长椭圆形，但也有阔卵形的，大多种粳稻品种，虽多为阔卵形和短圆形，也有一部分是长椭圆形的，因此单从米粒的形状来看，很难确定是籼是粳。

我个人认为：1. 这个样品中，从米粒的形状来看，有很大一部分与现在一般的籼型谷粒近似。2. 有一部分米粒形状上部较宽，与现在太湖流域的粳米形状近似。3. 估计两个类型有同时存在的可能。

许济川（江苏省农业科学院）

1978 年 1 月 27 日

注释

① 人俊：《吴县发现新石器时代遗址》，《文物参考资料》1957 年第 3 期。南京博物院：《苏州市和吴县新石器时代遗址调查》，《考古》1960 年第 7 期。

② 吴文信：《吴县草鞋山遗址的发掘》，《光明日报》1973 年 6 月 6 日第 3 版《文物与考古》专栏。

③ 浙江省文物管理委员会：《浙江嘉兴马家浜新石器时代遗址的发掘》，《考古》1961 年第 7 期。江苏省文物工作队：《江苏吴江梅堰新石器时代遗址》，《考古》1963 年第 6 期。

④ 中国社会科学院考古研究所实验室：《放射性碳素测定年代报告（四）》，《考古》1977 年第 3 期。夏鼐：《碳－14 测定年代和中国史前考古学》及附表，《考古》1977 年第 4 期。

⑤ 浙江省文物管理委员会：《浙江嘉兴马家浜新石器时代遗址的发掘》，《考古》1961 年第 7 期。

⑥ 上海市文物保管委员会：《上海市青浦县崧泽遗址的试掘》，《考古学报》1962 年第 2 期。

⑦ 恩格斯：《家庭、私有制和国家的起源》，人民出版社，1972 年，第 86 页。摩尔根：《古代社会》，商务印书馆，1977 年，第 81 页。

⑧ 南京博物院：《江苏邳县四户镇大墩子遗址探掘报告》，《考古学报》1964 年第 2 期。

⑨ 中国科学院考古研究所：《庙底沟与三里桥》，科学出版社，1959 年。

⑩ 曾昭燏、尹焕章：《江苏古代历史上的两个问题》，《江海学刊》1961 年第 12 期。

⑪ 南京博物院：《吴县张陵山遗址发掘简报》（未发表）。

⑫ 上海市文物保管委员会：《上海市松江广富林新石器时代遗址试探》，《考古》1962 年第 9 期。

⑬ 恩格斯：《家庭、私有制和国家的起源》，人民出版社，1972 年，第 58 页。

⑭ 南京博物院：《江苏句容县浮山果园西周墓》，《考古》1977 年第 5 期。

⑮ 南波：《吴县唯亭公社夷陵山出土印纹陶、釉陶器物》，《文物》1977 年第 7 期。

⑯ 马克思：《致魏德迈（1852. 3. 5）》，《马克思恩格斯选集》第四卷，人民出版社，1972 年，第 332 页。

［原载《文物资料丛刊》（3），文物出版社，1980 年］

1. 三足壶形陶器（M162：1）

2. 带把四足陶盉（T102：23）

图版一　草鞋山遗址出土器物

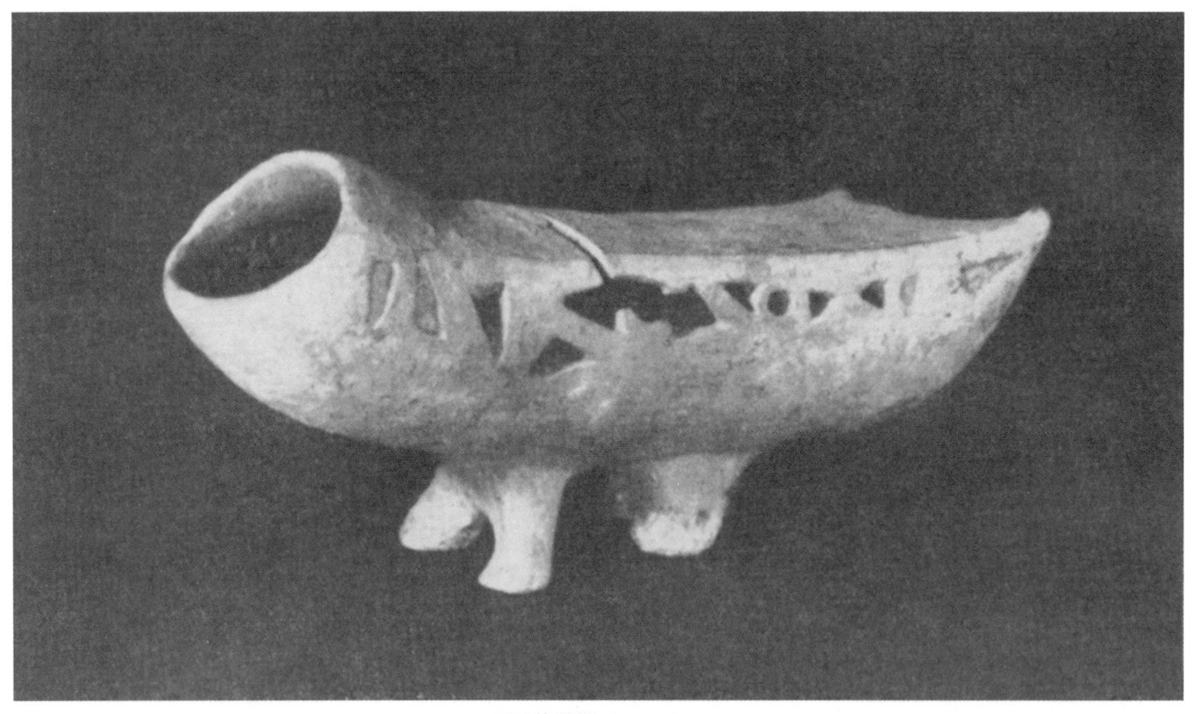

1. 四足兽形器（M8：3）

2. 刻纹镂孔壶形器（M88：5）

3. 陶豆（M87：9）

图版二　草鞋山遗址出土器物

1. 刻划兽面纹玉琮（T303M1：1）

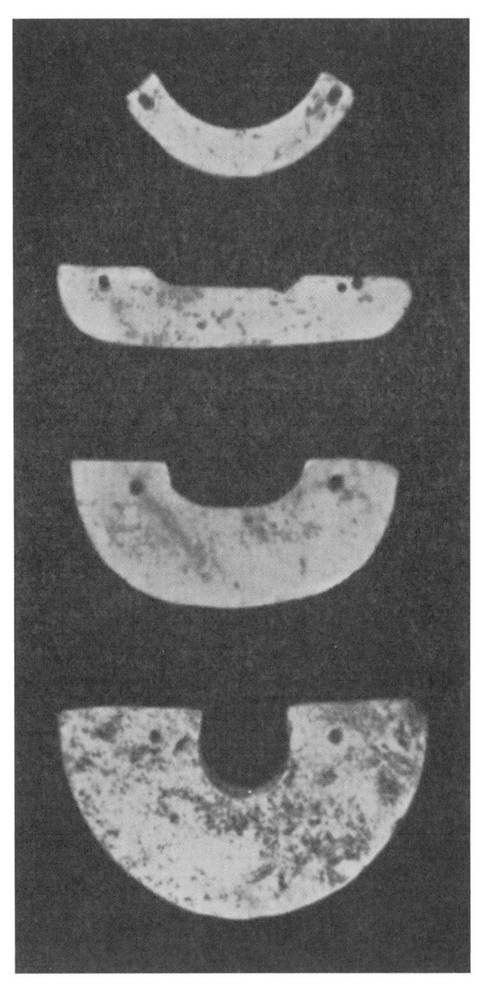

2. 石璜（M18：4、M88：4、M105：2、M3：7）

图版三 草鞋山遗址出土器物

江苏吴县光福镇发现一批新石器时代的石犁

吴县文管会

1979年10月，吴县光福镇第三针织厂的职工在该厂基建施工中，发现7件石犁和1把石锥。我们去时，出土地点已被浇灌了水泥。据在场工人反映，这批石器是离地面2.5米深，集中在不到4平方米的褐灰泥里发现的。从施工周围的土色土质来看，可以分为4层：第1层为表土，厚约0.5米，含有明清时期的瓷片及近现代的遗物；第2层为灰黄色土，厚约0.9米，含有唐宋时期的瓷片；第3层为黑灰泥，厚约0.5米，含有印纹陶片及炭化木块；第4层为褐灰土，厚0.5米，上述8件石器，都是在这一层里发现的。再下面便是生黄土了。

这样的石犁在我县还是首次发现。石犁的原料，是硬度不高的页岩，当地人称之为泥板石，产地在离此地不到10千米的砚石山。分析犁的制作过程是：先把页岩劈成片，然后砸打成形，再凿孔（其中仅A3犁的尖端一孔有钻研痕迹）磨制而成。在这些石犁的背面（图一，2）都有一道印痕，显然是连接犁身的痕迹。由于犁头石质不太硬，只能适用于土质较为松软的太湖平原地区。犁头上清晰地留有多次修复再使用再损坏的“疤痕”（图一，3~8）。犁分四孔、三孔、二孔三种，大小悬殊，最大的A1（图一，1、2），残长41.5厘米，复原后长达70、阔40厘米；而A7则长不过18、阔14.3厘米。看来，大型石犁用作翻土，小型石犁则用作中耕除草。拉这样大的石犁，究竟是用人力，还是用畜力，值得研究。

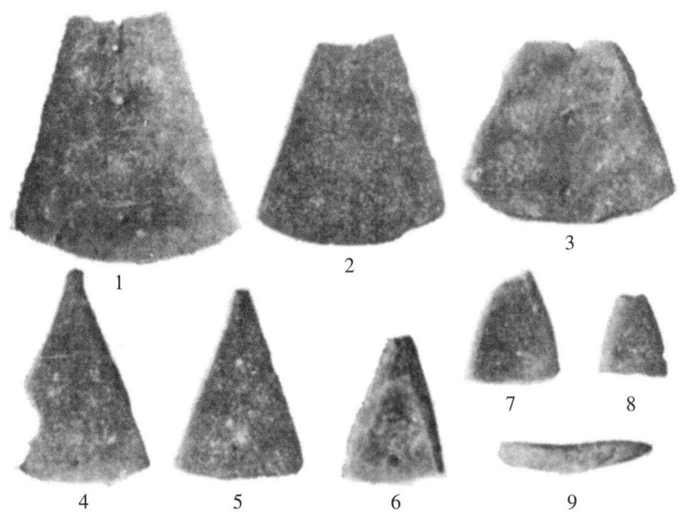

图一　光福镇出土石犁

1. A1正面，四孔石犁，残长41.5厘米　2. A1背面　3. A2，三孔石犁，残长33厘米　4. A3，三孔石犁，长45厘米　5. A4，三孔石犁，残长35.5厘米　6. A5，二孔石犁，长30厘米　7. 二孔石犁，残长17.2厘米　8. 二孔石犁　9. 石锥，长21厘米

这批石犁出土于光福镇的上淹湖西岸，距过去发现的虎山新石器时代遗址[①]的南面仅1千米。这一带经常出土良渚文化的石器和陶器。这次虽然没有陶器与石器伴出，但这样形制的石犁在良渚文化遗址中是常见的。如太湖之滨的吴兴钱山漾遗址中，曾出土过2件，类似石犁的残器达125件。据《吴兴钱山漾遗址第一、二次发掘报告》说：由于“这种石犁器形较大，并且经常接触硬土，容易破碎，以致很难发现完整器物”[②]。在杭州水田畈遗址的良渚文化层中也出土了1件，但为单孔，大小相当于光福石犁的最小型，即A7[③]。这类石犁在江南青铜时代的几何印纹陶文化遗址中也有出土。这批石犁出土在含有几何印纹陶片的下面一层，它的年代显然要早于青铜时代，应相当于良渚文化的新石器时代晚期。这批犁发现于不到4平方米的范围内，很可能是当时的一个窖穴的堆积。

石锥长21、径3.2厘米，也较完整（图一，9）。

执笔：叶玉奇

注释

① 罗宗真：《苏州市和吴县新石器时代遗址调查》，《考古》1961年第3期。

② 浙江省文物管理委员会：《吴兴钱山漾遗址第一、二次发掘报告》，《考古学报》1960年第2期。

③ 浙江省文物管理委员会：《杭州水田畈遗址发掘报告》，《考古学报》1960年第2期。

（原载《文物》1981年第10期）

昆山太史淀古文化遗址考察

陈兆弘

一

1977年1月，在昆山县周庄公社太史淀围垦工程中，发现了一处古代文化遗址。

在太史淀工程水利指挥部和昆山县文化主管部门的主持下，昆山县文化馆会同南京博物院考古组的同志，一起进行调查和征集工作。初步情况如下：

（一）遗址范围

太史淀在周庄镇北1.5千米处，长2.5千米、宽1.5千米，约计5000亩水面。遗址在湖的东北部，从冷家湾到杨家潭沿岸湖滩（现属王东、秀南和新丰大队）长1千米、宽0.5千米的范围。湖中从天花荡到新丰大队，自北到南存一道1千米长的夯土层，宽约2米，似为被冲毁的堤坝；夯土线以西是太史淀湖心，没有发现什么文物，夯土线以东即是遗址的所在地。

（二）遗址分布

遗址集中分布在王东大队古村湖滩、夯土层东侧和新丰大队北3处地方。整个遗址有7个地点出土新石器时代遗物，3处系黑陶和几何印纹陶伴出，6处出土黑陶的木井，2个大灰坑潭，其中出土了许多石器、黑陶和动物骨骼，汉陶井4处，宋砖井5处。此外，在新丰以西的湖心单独出土了1件几何印纹硬陶罐。

（三）出土器物

1. 石器　151件。包括石斧、扁平单孔石斧、石铲、石锛、有段石锛、石钺、三角形石犁、石耘田器、石刀、有柄石刀、石镰、石箭头、石球、石圭、砺石等。

2. 陶器　69件。包括黑衣陶罐、黑衣贯耳壶、宽把黑陶杯、宽把带流黑陶杯、黑陶豆、陶鼎、袋足陶鬶、灰陶罐、绳纹陶罐、曲折纹硬陶罐、牛鼻耳弦纹大陶罐、陶网坠等。另外采集到各类陶片60余种。

3. 动植物遗骸　20~30件。包括猪下颌骨、鹿角、鹿门齿、水牛脊椎骨、鱼脊椎骨、鼠头骨，以及植物种子10余颗。

4. 青铜器　2件。三翼形铜镞1个，铜戈1把。

5. 汉代及以后各类文物　50多件。有汉陶井圈、汉“五铢”及以后历代铜钱、六朝早期瓷盘、影青瓷豆、宋代带榫井砖、四系釉陶瓶、釉陶执壶、青花瓷碗、木桶底等。

二

据《周庄镇志》（卷一《水道》）载："太史田……相传为宋贾似道田庄，湮没成湖。当水浅时，见有古井数口，想亦人居稠密之所。"

这次出土汉代和宋代的水井有9口，湖中有堤坝遗留的夯土层，证明记载是可信的。因此，太史淀遗址"湮没成湖"已有近千年历史；而在宋代以前这里是世代聚居的村落，最早可以上溯到新石器时代。

现对太史淀古文化遗址的良渚文化遗物和"几何印纹陶文化"遗物略作介绍和分析。

（一）良渚文化的遗物

从石器看，太史淀出土的扁平穿孔石斧，磨制精制，还有有柄石刀、两翼形石耘田器和大型三角形石犁，正是良渚文化的特有器物。石犁完整的有9件、残碎2件。最大的3件，口径都超过33厘米。这些劳动工具说明当时的犁耕农业相当发达。

黑衣陶是良渚文化富有特征性的遗物。太史淀出土了带圈足的贯耳陶壶、镂孔陶豆、带流和不带流的宽把黑陶杯，还有高裆细颈袋足陶鬶，多是轮制、打磨、煅烧，色泽漆黑，饰以竹节纹，为良渚器物无疑。

引起人们兴趣的是，太史淀出土了几口木井圈。那是用整根木头，剖开，把肉掏去，再拼起来；拼接处挖长方或圆形的孔，用绳索扎紧，放入地下。我馆所采标本，由四爿拼成。木井内出土各种黑衣陶。其中有一只陶鼎，里面还放着一块烧剩的兽骨。从浙江水田畈、吴兴钱山漾等遗址看，良渚文化的居民木作工艺水平较高，包括住房建筑、水上交通工具、生产工具和生活用具都用木制，有的也是用整块木头挖成。可见太史淀的木井并非偶然。

放置在陶罐内的植物种子，经有关方面初步鉴定为核桃，说明园艺栽培业，也从那时产生了。一件完整、一件残断的石圭，是原始人的装饰品。有一只黑衣贯耳陶壶，通体刻着60多个飞禽纹，是原始美术工艺的杰作；另一只黑陶罐，在口沿内侧刻有"[illegible]"符号，这和上海马桥出土的良渚文化黑衣灰陶宽把杯器底的刻划符号一样，是原始文字的雏形。总之，从物质生活到精神文化，太史淀的出土文物说明这个遗址属于良渚文化。

（二）"几何印纹陶文化"遗物

首先从陶器看，有绳纹陶罐，容易脱落黑衣的泥质灰陶罐等。一只几何印纹硬陶罐，火候较高，通体拍饰曲折纹，纹痕粗深。这里一共出土4只夹砂陶鼎，底部都留着烧痕。根据专家考证，以陶鼎为主要炊器，是太湖流域和浙江、福建地区相一致的越族土著文化遗存，为印纹陶文化第一期的典型器物。从太史淀收集到的几十种陶片，绝大部分是几何印纹陶，质地有红陶、灰陶、软陶、硬陶以及原始瓷片。印纹陶的纹饰，工整细密，有篮纹、席纹、叶脉纹、云雷纹、曲折纹、"回"字纹、"米"字纹、米筛纹、方格纹等，几乎包括了印纹陶文化一至三期全部几何形图案纹样。

其次从石器看，大量出土的石器，其中有有段石锛20余件，顶部带小柄的石刀7把，弯月形石镰21件，磨得十分精致的石箭头40~50个。这些是跟几何印纹陶伴出的有特征性的石器，可以看作是第一、二期的遗存。而从出土的两件青铜器看，三翼形铜镞和两穿、夹角为120度的铜戈，是春秋战国时期吴越青铜器的常见品。

三

属于良渚文化和“几何印纹陶文化”的古代文化遗址，在苏南地区很普遍，仅昆山就有20多处。太史淀是其中范围比较大、内涵比较丰富的一个。

从对太史淀古代文化遗址的分析，结合吴文化的研究，我们认为：良渚文化和“几何印纹陶文化”（第一期），是吴地的土著文化，是吴文化的主要来源。这两个文化相当于尧舜禹传说时期和夏、商时期。正是原始氏族公社的末期和奴隶制社会的前期。夏商时期，黄河流域已进入奴隶社会，这里还“断发文身”，处于文明的前夜，不过贫富已经分化，阶级差别产生，踏进奴隶制门槛了。商代晚期，“太伯之奔荆蛮，自号勾吴”（《史记》卷三十一《吴太伯世家》），使中原文化和当地土著文化相结合，形成了吴文化。几何印纹陶第二、三期正反映这种文化的特征：既保持着浓厚的地方色彩，又带有鲜明的中原文化影响。不仅见于陶器的形制，在青铜器上也是如此。而这种地方特色，正是从良渚文化和印纹陶文化（第一期）一脉相承下来的。

吴地的土著居民属于古越族。考古学上的文化正是古代部族的共同体的体现，良渚文化和“几何印纹陶文化”所代表的族属正是古越族。这个古代民族，部落众多，广泛分布在长江中、下游，故称“百越”。苏南、浙北、上海一带，是古越族活动的地域。从很早的古代起，就在这块广大的土地之上繁衍生息，夏以后更加兴盛起来，从事渔猎、农耕，以金属冶炼、水上航行著称。其中一支生活在太湖流域，这就是吴的祖先。直到秦汉以后，与汉人融合，成为伟大中华民族的主体——汉族的组成部分。

[原载《1981年江苏省考古学会第二次年会暨吴文化学术讨论会论文集（第一册）》]

江苏越城遗址的发掘

南京博物院

一、地理环境和发掘情况

越城遗址又称越王城、勾践城或黄壁山，位于苏州市西南郊，距胥门7千米，地处横山之下，石湖之滨。遗址原是高出地面5米的土墩，由于长期耕作和自然力的破坏，现高出地面1.5米。南北长约450米、东西宽约400米，面积约18万平方米。西、北两面残留有高4.5米的夯土城垣，即春秋末年的越城遗址。遗址中部有一条东西向的土路，将越城分为南、北两部分，南属苏州市横塘公社，北属吴县长桥公社新郭大队。土路向东0.5千米为新郭镇，向西过越来溪上的越城桥、行春桥，可至横山支脉磨盘山和上方山。横山又名七子山，海拔294米，山顶上有土墩7个，为春秋时期吴国烽燧墩遗址[①]。其东北为上方山，又名楞伽山，上有楞伽塔，石刻记载为“隋代所建”，塔砖上有“大宋太平兴国重建”文字[②]。上方山的余脉磨盘山即吴城，又名茶磨屿、治平寺，也是一处古文化遗址[③]（图一；图版一，1）。

1936年，曾对遗址进行过调查，并采集到石斧、鹿角等遗物[④]。1949年后，又进行过多次调查[⑤]。进一步认识到，越城遗址的下层是以粗砂红陶为主的新石器时代文化，上层是以几何印纹硬陶为主的春秋时代文化[⑥]。

1960年5月至7月，江苏省文物工作队苏州分队，为配合吴县蠡墅砖瓦厂取土，对遗址进行正式发掘。地点在砖瓦厂取土的遗址东北部，开探方4个（T1~T4），T1、T2（4米×4米）在土墩高处，T3、T4（5米×5米）在斜坡上，包括扩方在内，发掘面积为98平方米。文化层堆积厚达8米，包含三个时代的文化遗存。上层是以几何印纹陶为特点的春秋时代文化，中层是以灰陶、黑衣陶为主的良渚文化，下层是以夹砂红陶、泥质红陶为特点的马家浜文化。

中层良渚文化的墓葬，曾做过简略介绍[⑦]。现将全部资料整理发表，吴县文化馆征集的遗物也一并收入。在整理过程中，得到苏州博物馆和吴县文管会的支持。我院参

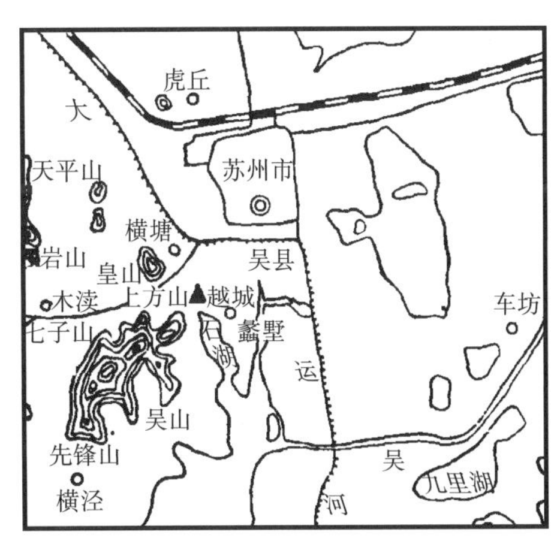

图一　越城遗址位置示意图

加工作的有汪遵国、李文明、钱锋、王振本、郝明华、韩建立同志，并得到苏州博物馆陈玉寅、丁金龙、孙宗瑾、朱薇君、钱公麟和吴县文管会张志新等同志的协助。

二、文化层堆积

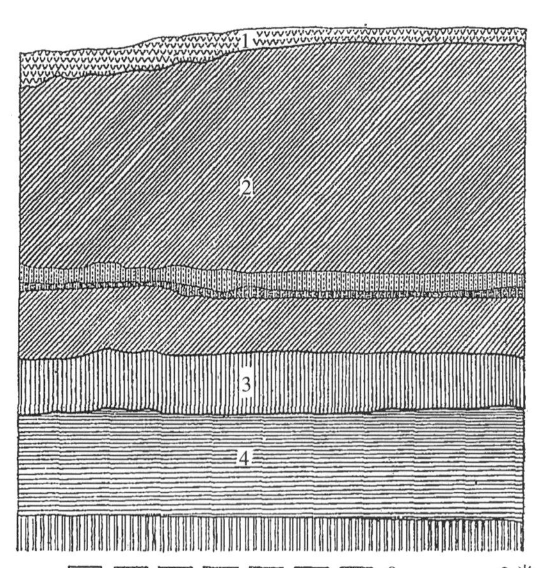

图二 T1、T2南壁地层剖面图

越城遗址的文化层堆积，保存最好的厚达8.21米。现以T1、T2南壁剖面为例说明，由于地面倾斜，以T2西端计算深度（图二）。

第1层，耕土，黄褐色，深0~0.26米。出土少量近代砖块、瓷片和宋代瓷片。

第2层，灰黄土，深0.26~5.40米，厚5米左右。在深4.07~4.48米处，有一层含红烧土粒的灰褐土，将灰黄土分为上、下两层。上层土色较杂，夹有黄、灰、褐色土和红烧土块，在T2西侧深1.58~3.27米处发现夯土四至八层；下层土色较单纯。出土有几何印纹硬陶、泥质陶和釉陶片，器形有罐、瓿、豆等；纹饰除绳纹外，有拍印方格纹、曲折纹、菱形纹、席纹、回纹、云雷纹等。还出土陶拍、铜镞等遗物。该层为上文化层，属西周至春秋时代。

第3层，黄土，质较松软。深5.40~6.52米，厚1米左右。出土有夹砂红陶、泥质灰陶和泥质黑衣陶片。发现墓葬7座，随葬品有鱼鳍形和“丁”字形鼎足、贯耳壶等良渚文化器物。还有红烧土面、石块堆积等遗迹。该层为中文化层，属良渚文化。

第4层，黑灰土，质松软。深6.25~8.21米，厚1.5~2米。出土陶片为夹砂红陶和泥质红陶，泥质红陶中施红陶衣的较多。器形有釜、豆的残片和圈足、牛鼻耳罐片、盉嘴、壶形器足、残炉条等。发现灰坑1个、墓葬3座。该层为下文化层，属马家浜文化。

三、下文化层

（一）遗迹

灰坑1座（H1）。位于T4西北部，第4层（灰土）底部，坑口距地表深7.31米。灰坑一部分压在T4北壁下，呈锅形，直径3.25米、深0.64米。坑内堆积灰黑色土，并有小层绿黑色土。出土泥质红衣陶豆把和夹砂红陶釜残片。

（二）墓葬

3座（M8~M10，见附表一）。均无墓圹。

M8　在T4南部，距地表深7米。仅存头骨碎片，随葬玉玦1件。

M9　在T2东南部，距地表深7米。残存部分头骨、牙齿1枚、上肢骨1段，头向大致朝北。在头部随葬夹砂小陶罐、玉璜各1件。

M10　在T1西南部，距地表深7.59米。人骨架保存较完好，长约1.50米（脚部压在T1南壁下未清理）。仰身直肢葬，头向341度，无随葬品。

（三）遗物

有陶器3件，玉装饰品2件。

陶罐　1件。M8∶1，夹砂红陶。手制，表面打磨光亮。口残，口小底大呈筒状，腹下部微弧，大平底。残高9.8、底径8厘米（图三，3）。还有罐耳1件（图三，6）。

陶釜　1件。采∶7，夹砂红陶。敛口，外卷沿，束颈，扁腹，圜底。腹部有附加堆纹一周。口径11、高8.7厘米（图三，1；图版四，4）。此外，有陶釜残片3件（图三，2、4、7）。

四口陶器　1件。采∶8，夹砂红陶。手制。上部为4个筒形杯状口，下部连为一平底器，俯视四杯口的中间为圆孔。器形独特，似为贮水器。高6、长宽各约11、杯口径3.8~4.1厘米（图三，5；图版四，1）。

玉玦　1件。M7∶1，外径5、环宽1.5、厚0.4厘米（图三，8）。

玉璜　1件。M8∶2，近半环形。外径8、环宽0.6厘米（图三，9）。

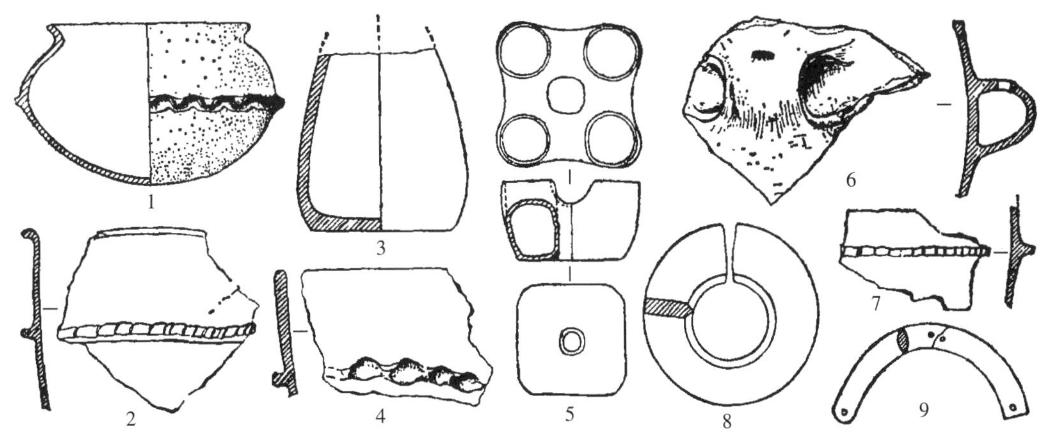

图三　下文化层出土器物

1. 陶釜（采∶7）　2、4、7. 陶釜残片　3. 陶罐（M8∶1）　5. 四口陶器（采∶8）　6. 陶罐耳　8. 玉玦（M7∶1）　9. 玉璜（M8∶2）（2. 1/8，5、7. 1/6，8、9. 1/2，余1/4）

四、中文化层

（一）遗迹

1. 石块堆积　位于T3南部第3层，距地表深6.30米。主要部分系大小相近的自然石块7块，长30~40、宽15~25厘米，平面朝上，大体处于同一平面上。石块间有一定距离，排列近弧形，似为柱础石。

2. 红烧土面　位于T3东部和T4西部第3层，一部分压在T3、T4北壁下，距地表深5.58米。平面呈不规则圆形，清理部分面积约10平方米。表面上有疏密不匀、厚薄不均的红烧土块，烧土块上印有芦苇痕迹。

（二）墓葬

7座（M1~M7，见附表一）。M1、M2位于T4北部和西部，M3在T1南部，M4~M7位于T2。距地表深5.36~6.17米。均无墓圹，人骨已腐朽无存，按随葬品分布位置判断，头向皆大致朝南。随葬品4至13件不等，以生活用具为主，生产工具次之。生产工具主要是石器，斧、锛较多，还有镰、耘田器以及陶球、纺轮等。生活用具主要是陶器，有釜、鼎、豆、罐、壶、瓶和杯等。有的还随葬玉装饰品。从随葬品看，出陶纺轮、玉针、玉璜的三座墓（M5、M3、M4），可能为女性。出生产工具较多的三座墓（M1、M2、M6），可能为男性。另外，M5、M7、M4、M6、M3五座依次排列，头向均朝南，可能属同一家族。现举三例说明。

M2　距地表深5.54~5.6米。随葬品13件。生产工具有穿孔石斧3件，有段石锛、石耘田器、石镰、陶球各1件，共7件。陶质生活用具共6件，有鼎、盆各2件，豆、杯各1件。大部分置于脚部，头部有陶杯1件，腹部有穿孔石斧1件（图四）。

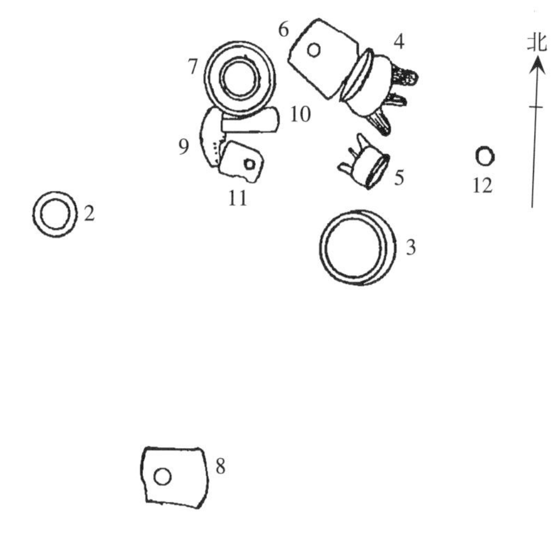

图四　M2平面图

1. Ⅰ式陶杯　2. Ⅳ式陶豆　3、7. Ⅰ、Ⅱ式陶盆　4、5. Ⅱ式陶鼎　6、8. Ⅱ、Ⅲ式石斧　9. 石耘田器　10. 石镰　11. Ⅰ式石斧　12. 陶球　13. Ⅴ式石锛（在7下）

M6　位于T2东南部，距地表深5.74米。随葬品11件，置于脚后。其中生产工具有穿孔石斧、有段石锛各2件，陶垫1件。陶器有匜、罐、壶、盆各1件，黑衣陶壶2件（图五）。

M3　距地表深5.4米。随葬品10件，多置于脚后。其中有石斧、有段石锛各1件，玉针1件。陶器有鼎、豆各2件，瓶、壶、盆各1件（图六；图版一，2）。

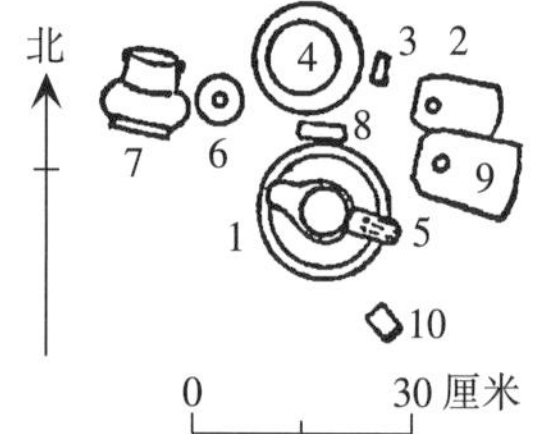

图五　M6平面图

1. Ⅱ式陶盆　2. Ⅱ式石斧　3. Ⅴ式石锛　4. Ⅱ式陶罐　5. 陶匜　6. 陶垫　7. Ⅴ式陶壶　8. Ⅲ式石锛　9. Ⅱ式石斧　10. Ⅳ式石锛

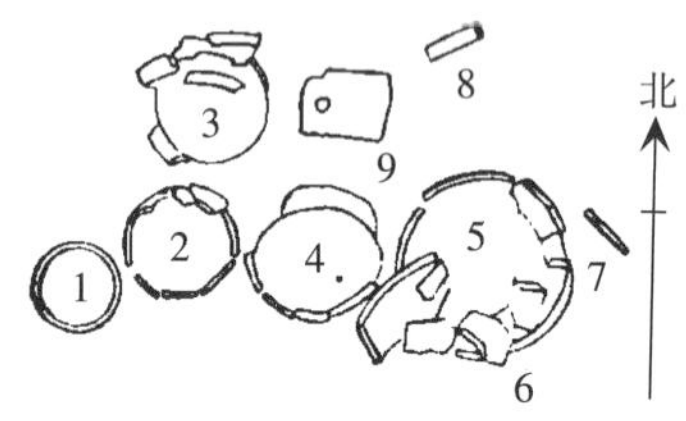

图六　M3平面图

1. Ⅰ式陶盆　2、3. Ⅲ式陶鼎　4、5. Ⅵ、Ⅶ式陶豆　6. Ⅳ式陶壶　7. 玉针　8. Ⅳ式石锛　9. Ⅰ式石斧　10. 陶瓶

（三）遗物

有生产工具和生活用具两类。

1. 生产工具　47 件。主要是石器，质料多为页岩、辉长岩。制法为磨制，有的通体精磨。器形有斧、锛、凿、耘田器、镰及玉针。还有陶球、陶垫、纺轮等。

斧　8 件。皆有对钻穿孔。分三式。

Ⅰ式　4 件（1 件出自地层）。扁平长方形或方形，双面弧刃。M5∶2，页岩。通体精磨。扁平近方形，刃部有使用痕迹。长 16.2、宽 14.2 厘米（图七，1）。

Ⅱ式　3 件。有肩，扁平长方形，上端两角打制或切割成缺口，双面弧刃。

M6∶9，灰色页岩。长 14.4、宽 10.4 厘米（图七，4）。

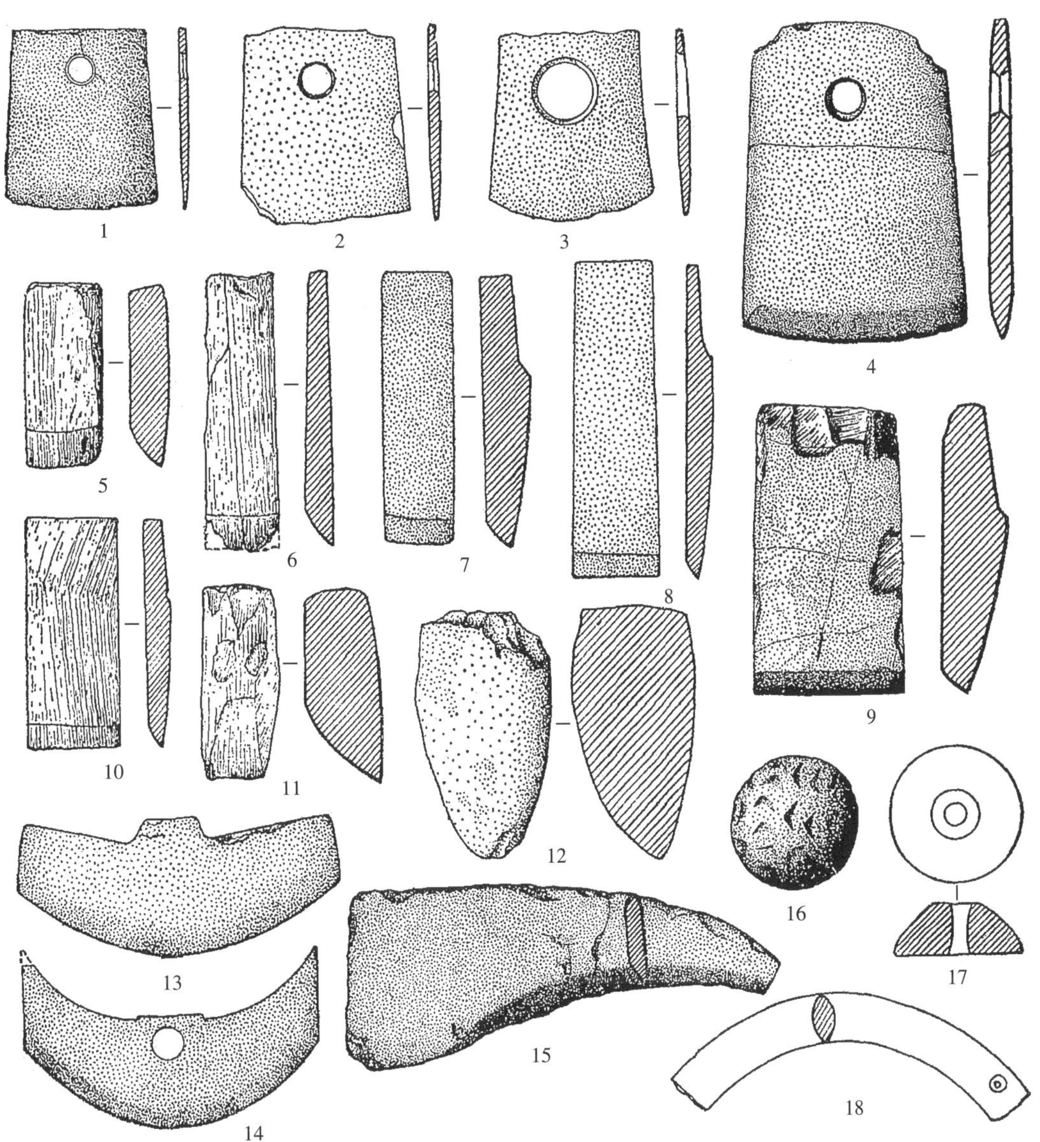

图七　中文化层出土生产工具

1~3. Ⅰ~Ⅲ式石斧（M5∶2、M2∶6、M2∶8）　4. Ⅱ式石斧（M6∶9）　5~10. Ⅰ~Ⅵ式石锛（M4∶3、M5∶5、M6∶8、M3∶8、M2∶13、M6∶10）　11. 石凿（M1∶1）　12. 石镐（T4∶3）　13、14. 石耘田器（M2∶9、采∶5）　15. 石镰（M2∶10）　16. 陶球（T4∶8）　17. 陶纺轮（M5∶3）　18. 玉璜（M4∶2）（1~3. 约 1/7，7~10、16、18. 3/5，余 3/10）

M2∶6，辉长岩。长17.8、刃宽16厘米（图七，2）。

Ⅲ式　1件。M2∶8，页岩。磨制精致。扁平，略呈梯形，平顶，双面弧刃，两侧呈凹弧形。长17、宽15.5厘米（图七，3）。

锛　14件。大多数有段。分六式。

Ⅰ式　5件（3件出自地层）。扁平长方形，单面刃。M4∶3，长8.2、宽3.6厘米（图七，5）。

Ⅱ式　1件。M5∶5，页岩。磨制。扁平长条形，单面刃。长12.4、宽3.5厘米（图七，6）。

Ⅲ式　1件。M6∶8，辉长岩。磨制。扁平长方形，单面刃，有段，背部较厚，留有打制痕迹。长6、宽1.6厘米（图七，7）。

Ⅳ式　4件（2件出自墓葬）。扁平长条形，单面刃，有段。M3∶8，页岩。长7、宽1.7厘米（图七，8）。

Ⅴ式　2件（1件出自地层）。灰色页岩。磨制精致。扁平长方形，单面刃，有段，器形较小。M2∶13，长6.4、宽3.6厘米（图七，9）。

Ⅵ式　1件。M6∶10，灰色页岩。扁平长方形，单面刃，背部上端磨出一道横槽，器形较小。长5.2、宽2.2厘米（图七，10）。

凿　5件（3件出自地层）。方柱体，双面刃，横断面为圆角方形。M1∶1，辉长岩，磨制，留有打制痕迹。长8.7、宽3.6厘米（图七，11）。

耘田器　2件。

M2∶9，辉长岩。磨制，留有打制痕迹。器形略作月牙形，双面弧刃，背中部有短把。长6.4、宽14.9厘米（图七，13）。

采∶5，页岩。磨制精致。中有圆孔。长13.7、宽8.1厘米（图七，14）。耘田器在梅堰遗址也有出土⑧。

镰　4件（3件出自地层）。辉长岩。磨制。单面凹弧刃，柄端宽平。M2∶10，似戈形。长19.5、宽5厘米（图七，15）。

镐　1件。T4∶3，辉长岩。磨制。圆柱体，上端粗大，略残，器形厚重。残长11.2、宽5.4、厚6厘米（图七，12）。

石圆饼　1件。M4∶1，砂岩。直径4.8~5.7、厚1.7厘米。

陶球　8件（7件出自地层）。泥质红陶。T4∶8，球面有指甲印纹。直径3厘米（图七，16）。

陶垫　2件（1件出自地层）。夹砂红陶。蘑菇状，柄皆残。M6∶6，直径7.5、残高2.5厘米。

陶纺轮　3件。分二式。

Ⅰ式　2件（1件出自地层）。扁平圆形，斜边。M5∶3，直径6、厚2.5厘米（图七，17）。

Ⅱ式　1件。T4∶9，泥质红陶片磨成，中有孔。直径4.4厘米。

玉针　1件。M3∶7，圆锥形，顶端钻有小孔。长约8厘米。

2. 生活用具　主要是陶器，质料以泥质灰胎黑衣陶和泥质灰陶为主，夹砂红陶仅用于炊器。有一件夹砂红陶外施红衣。制法为轮制，一般都经打磨，有的器物兼用手制或模制，器壁大多较薄而匀称。泥质灰陶皆呈灰白色。泥质黑衣陶火候较低，质软，黑衣呈灰黑色，极易脱落。纹饰有弦纹、划纹、锥刺纹和镂孔。

釜 1件。M5∶6，夹砂红陶，陶土中掺有稻壳。小口，高颈，弧肩，鼓腹，平底。底部有烟炱。口径14.4、高17厘米（图八，1）。

鼎 5件。分三式。

Ⅰ式 1件。M1∶3，夹砂红陶，陶土中掺有稻壳。口微侈，鼓腹，圜底，足残，似圆锥形。口径13.8、残高8.4厘米（图八，2）。

图八 中文化层出口陶器

1. 釜（M5∶6） 2~4. Ⅰ~Ⅲ式鼎（M1∶3、M2∶4、M3∶3） 5. Ⅰ式罐（M4∶5） 6、7. Ⅰ、Ⅱ式豆（M5∶1、M4∶4） 8. Ⅴ式豆（M1∶8） 9. Ⅲ式豆（M7∶2） 10、11. Ⅵ、Ⅶ式豆（M3∶4、5） 12. Ⅲ式罐（M1∶2） 13. Ⅱ式罐（M6∶4） 14. 匜（M6∶5） 15. Ⅱ式豆（M4∶9） 16. Ⅳ式豆（M2∶2） 17、18. Ⅷ式豆（M7∶3、4） 19. Ⅰ式壶（M4∶6） 20. Ⅴ式壶（M7∶1）

Ⅱ式　2件。侈口，微束颈，鼓腹，圜底，三鳍形足。足上有竖条划纹六至十道。M2:4，口径16.4、高16厘米（图八，3；图版二，3）。这种鼎在张陵山上层墓中也有出土，属良渚文化早期典型器物。

Ⅲ式　2件。侈口，折沿，腹较直，圜底，三“丁”字形足。足上有短竖条划纹。M3:3，口径15.6、高12.5厘米（图八，4；图版二，6）。

匜　1件。M6:5，夹砂红陶，外施红衣。敛口，矮颈，有舌状流，鼓腹，平底，下有三圆柱状短足，腹部有半环形宽鋬。鋬上有一对小孔和五条划纹构成的直线纹。器底有烟炱。口径6.7、高13.6厘米（图八，14；图版一，3）。

豆　10件。分八式。

Ⅰ式　1件。M5:1，泥质灰胎黑衣陶。钵形盘，腹下有两周凹弦纹，粗矮喇叭形圈足。圈足上有由七组圆镂孔、圆点、三角形和平行双弧线刻划纹构成编织纹带。口径25.5、高11.2厘米（图八，6）。这类豆是崧泽文化的典型器物。

Ⅱ式　2件。泥质灰陶或黑衣陶。钵形盘，喇叭形高圈足。圈足饰有圆形或弧线三角形镂孔组成纹带。

M4:9，灰白陶。圈足饰长方形镂孔，其上下又各有一圆镂孔，共六组。口径20.4、高15厘米（图八，15；图版三，1）。

M4:4，黑衣。圈足上部有三周弦纹。口径20.4、高12.8厘米（图八，7）。

Ⅲ式　1件。M7:2，泥质灰陶，呈灰白色，胎似硬陶。敞口，浅盘，竹节状圈足。圈足饰波浪纹和圆镂孔（图八，9；图版三，2）。

Ⅳ式　1件。M2:2，泥质灰陶，手制。器形小，似明器。直口浅盘，粗圈足，中部有对开的四个方孔。圈足上下各有一周由相对三角形夹两圆点为一组，由六组组成的刻划纹。口径11.2、高7.8厘米（图八，16）。

Ⅴ式　1件。M1:8，泥质黑衣陶，口残。腹较深，粗圈足。圈足上部饰与Ⅳ式相同的刻划纹。残高5.6、足径12.9厘米（图八，8）。这类豆又称假腹豆，见于邱城、寺墩的崧泽文化晚期墓中[10]。

Ⅵ式　1件。M3:4，泥质黑衣陶。敞口，浅盘，弧腹，矮圈足外撇。柄部有三周凸弦纹。口径18.5、高7.9厘米（图八，10；图版三，5）。此类豆见于广富林良渚文化墓葬（M2:1）中[11]。

Ⅶ式　1件。M3:5，泥质黑衣陶。浅盘，弧腹，粗矮圈足。圈足饰凸弦纹五周，与Ⅵ式风格相同。口径25.1、高9厘米（图八，11）。

Ⅷ式　2件。泥质灰胎黑衣陶。浅盆形豆，与上海马桥良渚文化墓葬中所出Ⅵ式豆相同[12]。

M7:3，大口，斜腹，平底，喇叭形圈足。圈足饰凸弦纹两周。口径11、高10.9厘米（图八，17；图版三，3）。

M7:4，敞口，折腹，圜底，粗圈足。圈足饰弦纹和点线纹数周。口径15.2、高8.4厘米（图八，18；图版三，4）。

罐　3件。分三式。

Ⅰ式　1件。M4:5，泥质灰陶。小口，外侈沿，束颈，鼓腹，平底。腹上部凸棱一周，腹部饰绹状附加堆纹一周，凹槽状扁耳一对。口径12、高15厘米（图八，5；图版二，4）。

Ⅱ式　1 件。M6∶4，泥质灰陶。小口，矮颈，弧肩，鼓腹，大平底。口径 9.4、高 10.7 厘米（图八，13）。

Ⅲ式　1 件。M1∶2，泥质黑衣灰陶。小口，卷沿，弧肩，斜腹，底内凹成矮圈足。腹部凸弦纹一周。器壁厚，器形较大。口径 10.8、高 17.3 厘米（图八，12；图版二，2）。

壶　7 件。分五式。

Ⅰ式　1 件。M4∶6，泥质黑衣灰陶。口残，高颈，折肩，斜腹，平底，圈足切成四矮方足。颈下和肩部各饰弦纹一周。口径 6、高 10.6 厘米（图八，19）。

Ⅱ式　1 件。M4∶8，泥质灰陶。小口，矮颈，弧肩，鼓腹，平底，腹部有四小扁耳。器壁很薄，仅 3 毫米。口径 8.2、高 13.8 厘米（图九，9；图版二，1）。

Ⅲ式　1 件。M5∶4，泥质红陶，外施红衣。口残，细长颈，圆肩，鼓腹，平底，腹部有一扁平把手。残高 16.5 厘米（图九，6；图版三，6）。

Ⅳ式　1 件。M3∶6，泥质黑衣灰陶。轮制，制作精致，器壁厚仅 2 毫米。小口，矮颈，宽流上翘，弧肩，鼓腹，矮圈足，腹部有一半环形宽鋬。鋬饰直棱纹，颈、肩饰凸弦纹三周，中有细线曲折纹。口径 9.2、高 13.6 厘米（图九，13）。在吴县澄湖前湾 22 号井中曾出土类似器物[13]。

Ⅴ式　3 件。泥质黑衣灰陶。轮制，器壁厚仅 2 毫米。小口，高颈，扁腹，矮圈足。口边有贯耳一对，圈足上有长方形横孔四至五个。M7∶1，口径 7.2、高 12.4 厘米（图八，20；图版四，3）。此

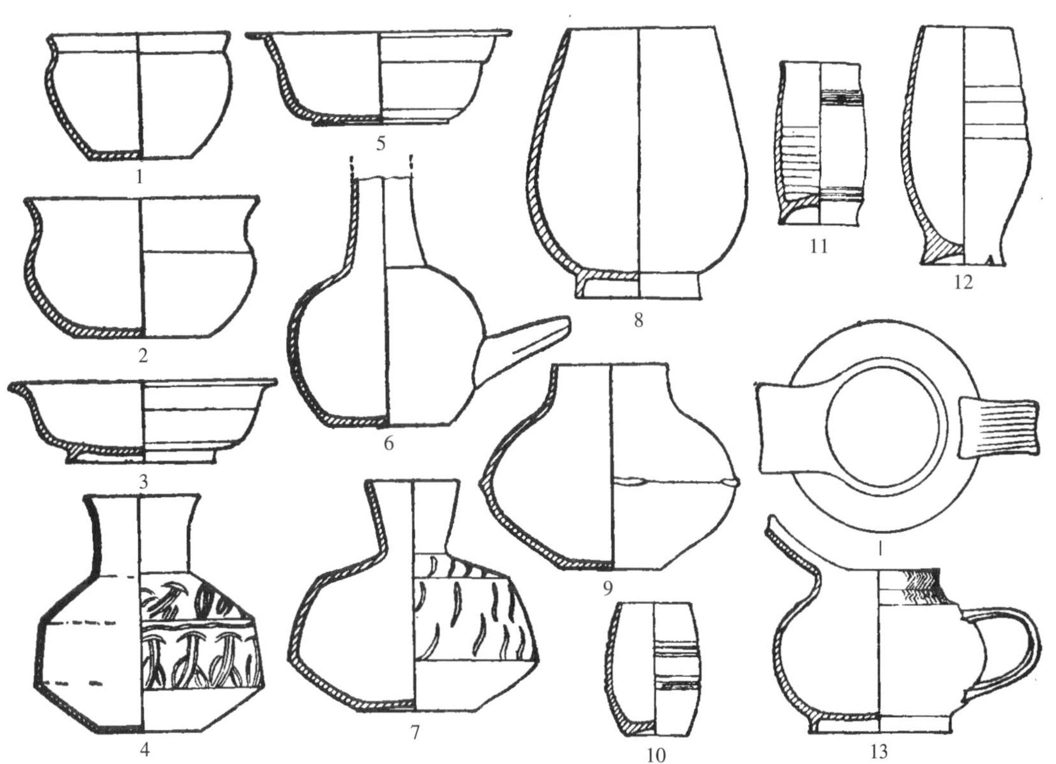

图九　中文化层出土陶器

1、2. Ⅰ式盆（M3∶8、M2∶3）　3、5. Ⅱ式盆（M2∶7、M6∶1）　4、7. 瓶（M4∶7、M3∶10）　6. Ⅲ式壶（M5∶4）　8. Ⅰ式杯（M2∶1）　9. Ⅱ式壶（M4∶8）　10. Ⅳ式杯（M1∶6）　11. Ⅲ式杯（M1∶7）　12. Ⅱ式杯（M1∶4）　13. Ⅳ式壶（M3∶6）（4、8. 2/5，7. 约 1/3，余 1/5）

式为良渚文化典型器形，马桥、草鞋山良渚文化墓葬出土的壶都有杯形纽器盖。

瓶 2件。泥质灰陶。小口，细高颈，折肩，折腹。肩、腹部饰草叶状压划纹。M4:7，平底，口径4、高8厘米（图九，4）。M3:10，微凹底，口径4、高8.4厘米（图九，7；图版二，5）。

杯 4件。泥质黑衣灰陶。分四式。

Ⅰ式 1件。M2:1，敛口，深鼓腹，矮圈足。口径5.1、高9厘米（图九，8）。

Ⅱ式 1件。M1:4，敛口，深弧腹，矮圈足。腹部饰弦纹二组四周。口径6.5、高16.4厘米（图九，12；图版四，5）。

Ⅲ式 1件。M1:7，筒形，深腹，矮圈足。腹部上、下各有压划弦纹两周。口径5.6、高11.2厘米（图九，11；图版四，6）。类似器形见于草鞋山第4层墓葬（M80:1）[14]。

Ⅳ式 1件。M1:6，腰鼓形，口微敛，凹底。腹部有弦纹两组共六周。口径5.6、高9.5厘米（图九，10）。

盆 4件。分二式。

Ⅰ式 2件。泥质灰陶。侈口，卷沿，微束颈，斜肩，收腹，平底。

M2:3，口径16.4、高9.2厘米（图九，2；图版一，4）。

M3:8，深腹。口径12.7、高8.5厘米（图九，1）。

Ⅱ式 2件。泥质黑衣灰陶。敞口，宽沿，浅斜腹，矮圈足。

M2:7，口部有并列小圆孔一对，腹部弦纹一周。口径18.7、高6厘米（图九，3；图版四，2）。

M6:1，腹部凸弦纹一周，矮圈足系两圈凸弦纹。口径18.7、高6厘米（图九，5）。

3. 装饰品 玉璜1件。M4:2，白色透明。扁平弧形，系玉环残断后制成。两端未磨光，一端有一单面钻成的小孔，琢磨甚精（图七，18）。

五、上文化层

上文化层未发现遗迹。出土完整和可复原的器物不多，遗物有石、陶和铜器。

（一）石器

镞 1件。T1:3，灰色页岩。扁平近菱形，有铤。长7.7、宽3.2厘米（图一〇，6）。

钺 1件。采:1，系页岩磨制。已残。扁平三角形，单面平刃，有对钻圆孔。长14.5、宽14.3厘米（图一〇，12）。

犁 1件。采:6，系页岩磨制。扁平长三角形，弧刃，中部有一琢制的椭圆孔。长25.5、宽20厘米（图一〇，11）。

此外，有石锛3件，形制同中文化层Ⅰ式锛，唯磨制不精，有打制痕迹。另有同中文化层的石凿1件。

（二）陶器

纺轮 1件。同中文化层Ⅰ式纺轮。

网坠 2件。

T1:2，泥质灰陶。略呈三角柱状，一端已残，另一端有凹槽一周。残长4、宽2.6厘米（图一〇，

4)。

T2:2，泥质红陶。圆柱体，中空，一端残。直径3.5、残长8厘米（图一〇，5）。

垫 3件（其中采集2件）。地层出土的一件与中文化层所出相同。采集的两件（采:9、10）呈蘑菇形，圆锥状长柄（图一〇，9、8）。

拍 3件（采:11~13）。泥质红陶。蘑菇状。

采:11，球面上有麦穗状划纹。高7.9、球面径7.8厘米（图一〇，10）。

采:12，球面上有不规则方格划纹。高5.3、球面径6厘米。

支座 3件。夹砂红陶，柄为方柱形，皆残，底部圆形。T2:1，柄下部两面各有指窝两个。底径9.2、残高7.3厘米（图一〇，7）。

三足盘 1件。T1:8，泥质灰陶，灰白色，质坚硬。侈口，宽沿，浅盘，三扁锥形高足，足尖外撇。口径18.7、高14.5厘米（图一〇，1）。此盘出自第2层下部，在北阴阳营T364第3层和澄湖前湾2号井都有同类器出土[15]。

圈足盘 1件。采:3，泥质灰胎黑衣陶。直口，浅直腹，圈足。腹部饰篦纹。口径28、高8.5厘米（图一〇，2）。

瓿 1件。采:4，泥质硬陶。小口，矮领，鼓肩，斜腹，假圈足式平底。腹部拍印曲折纹。口径11、高6厘米（图一〇，3）。

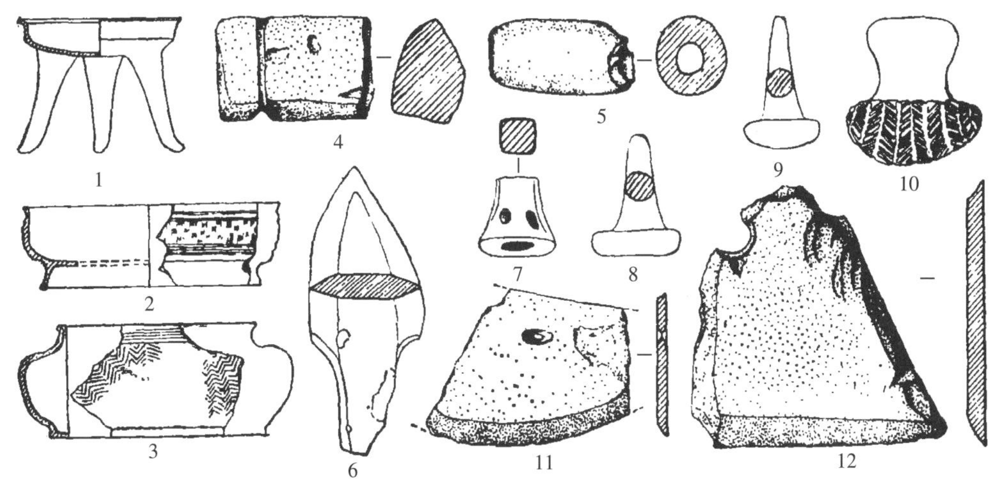

图一〇 上文化层出土器物

1. 陶三足盘（T1:8） 2. 陶圈足盘（采:3） 3. 陶瓿（采:4） 4、5. 陶网坠（T1:2、T2:2） 6. 石镞（T1:3） 7. 陶支座（T2:1） 8、9 陶垫（采:10、9） 10. 陶拍（采:11） 11. 石犁（采:6） 12. 石钺（采:1）（1、2、7. 1/8，6. 1/2，11. 约1/10，余1/4）

六、结语

在越城遗址发现马家浜、良渚文化和几何印纹陶三叠层。其中，良渚文化墓中的随葬器物，又具有新的特点。

下文化层陶器，以夹砂红陶和泥质红陶为主，多为残器，有宽檐釜、牛鼻耳罐、平底盉、带把壶形器和豆等。在草鞋山遗址第8、9层及墓葬中，有完整器物出土[16]。炉条的完整器见于崧泽下层[17]。

属马家浜文化晚期。草鞋山第8层和崧泽下层的年代经 ^{14}C 测定，距今分别为6008±140年和5985±140年（树轮校正值），即距今约6000年[18]。

中文化层的墓葬中，随葬品较多。生产工具以有肩穿孔石斧、有段石锛、石耘田器和石镰为特点。陶器除炊器为夹砂红陶外，以泥质灰陶和黑衣陶为主。鳍形足和“丁”字形足罐形鼎、带鋬匜、宽流阔把壶、贯耳壶、竹节形豆、弦纹豆具有良渚文化的特点。钵形豆、折腹罐、盆又具有崧泽文化的特点，但泥质灰陶呈浅灰色，有别于崧泽文化。张陵山上层墓中出土的有肩石斧、陶鼎、陶匜、陶豆、陶罐、陶杯和陶器的质料，都与越城中文化层相同[19]。草鞋山第4层墓葬出土的陶罐、陶杯、陶大口缸与越城中层墓和张陵山上层墓出土物相同[20]。根据草鞋山的地层关系，可知其相对年代晚于崧泽文化（第6层），而早于典型良渚文化（第2层）。张陵山上层的年代，经 ^{14}C 测定，距今5785±240年（树轮校正值），其测定的木炭标本较少，误差较大，但距今大致为5000年[21]。

上文化层出土遗物较少，已有青铜器。陶器以几何印纹硬陶为特征，纹饰有曲折纹、席纹、梯格纹、回纹、云雷纹、方格纹等，器形有甗、圈足盘、瓿、三足盘等。灰陶三足盘曾见于寺前中层和亭林上层[22]，时间相当于西周春秋时期。

执笔：汪遵国　李文明

注释

① 南京博物院：《苏州市和吴县新石器时代遗址调查》，《考古》1961年第3期。朱江：《吴县五峰山烽燧墩清理简报》，《考古通讯》1955年第4期。

② 曹允源、吴荫培、蒋炳章等：《吴县志》卷十九《舆地考·山》，卷三十二《古迹》。

③ 尹焕章、张正祥：《对江苏太湖地区新石器文化的一些认识》，《考古》1962年第3期。

④ 卫聚贤：《吴越考古汇志》，《说文月刊》第一卷合订本，说文月刊社，1941年，第363～396页。

⑤ 1953年5月，顾颉刚、胡厚宣同志率复旦大学历史系师生到越城调查，采集很多陶片。随后，江苏省文物管理委员会、华东文物工作队、南京博物院分别于1953、1956、1957年，先后四次调查。采集有石锛、镰，陶网坠、豆，铜镞和陶片等遗物。

⑥ 人俊：《吴县发现新石器时代遗址》，《文物参考资料》1957年第3期。南京博物院：《苏州市和吴县新石器时代遗址调查》，《考古》1961年第3期。

⑦ 曾昭燏、尹焕章：《古代江苏历史上的两个问题》，《江海学刊》1961年第12期。尹焕章、张正祥：《对江苏太湖地区新石器文化的一些认识》，《考古》1962年第3期。

⑧ 江苏省文物工作队：《江苏吴江梅堰新石器时代遗址》，《考古》1963年第6期。

⑨ 南京博物院：《江苏武进寺墩遗址的试掘》，《考古》1981年第3期。

⑩ 梅福根：《浙江吴兴邱城遗址发掘简介》，《考古》1959年第9期。

⑪ 上海市文物保管委员会：《上海市松江县广富林新石器时代遗址试探》，《考古》1962年第9期。

⑫ 上海市文物管理委员会：《上海马桥遗址第一、二次发掘》，《考古学报》1978年第1期。

⑬ 南京博物院澄湖古井发掘资料。

⑭ 南京博物院：《江苏吴县草鞋山遗址》，《文物资料丛刊》（3），文物出版社，1980年。

⑮ 南京博物院：《北阴阳营》，文物出版社，1993年。

⑯ 南京博物院：《江苏吴县草鞋山遗址》，《文物资料丛刊》（3），文物出版社，1980年。

⑰ 上海市文物保管委员会：《上海市青浦崧泽遗址的试掘》，《考古学报》1962年第2期。

⑱ 南京博物院：《太湖地区的原始文化》附表，《文物集刊》（1），文物出版社，1980年。

⑲ 南京博物院：《江苏吴县张陵山遗址发掘简报》，《文物资料丛刊》（6），文物出版社，1982年。

⑳ 南京博物院：《江苏吴县草鞋山遗址》，《文物资料丛刊》（3），文物出版社，1980年。

㉑ 南京博物院：《太湖地区的原始文化》附表，《文物集刊》（1），文物出版社，1980年。

㉒ 黄宣佩、孙维昌：《略论太湖地区几何印纹陶遗存的分期》，《上海博物馆馆刊》（1），上海人民出版社，1981年。

附表一　　越城墓葬登记表

墓号	层位	人骨	性别	年龄	头向	葬式	随葬器物
1	T4③	已朽	男	不明	南	不明	Ⅰ石锛，Ⅳ石锛，石凿，Ⅰ夹砂红陶鼎，Ⅴ灰陶豆，Ⅲ黑衣陶罐，Ⅴ黑衣陶壶，Ⅱ、Ⅲ、Ⅳ黑衣陶杯
2	T4③	已朽	男	不明	南	不明	Ⅰ、Ⅱ、Ⅲ穿孔石斧，Ⅴ石锛，石耘田器，石镰，红陶球，Ⅱ夹砂红陶鼎2，Ⅳ灰陶豆，Ⅰ黑衣陶杯，Ⅰ灰陶盆，Ⅱ黑衣陶盆
3	T1③	已朽	女	不明	南	不明	Ⅰ穿孔石斧，Ⅳ石锛，玉针，Ⅲ夹砂红陶鼎2，Ⅵ、Ⅶ黑衣陶豆，Ⅳ黑衣陶壶，Ⅰ灰陶盆，灰陶瓶
4	T2③	已朽	女	不明	南	不明	Ⅰ石锛，石圆饼，Ⅱ黑衣陶豆，Ⅱ灰陶豆，Ⅰ灰陶罐，灰陶瓶，Ⅱ灰陶壶，Ⅰ黑衣陶壶，玉璜
5	T2③	已朽	女	不明	南	不明	Ⅰ穿孔石斧，Ⅱ石锛，Ⅰ红陶纺轮，夹砂红陶釜，Ⅰ黑衣陶豆，Ⅳ红衣陶壶
6	T2③	已朽	男	不明	南	不明	Ⅱ穿孔石斧2，Ⅲ、Ⅴ、Ⅵ石锛，陶垫，夹砂红衣陶匜，Ⅱ灰陶罐，Ⅴ黑衣陶壶，Ⅱ黑衣陶盆
7	T2③	已朽	不明	不明	南	不明	Ⅲ灰陶豆，Ⅷ黑衣陶豆2，Ⅴ黑衣陶壶
8	T4④	存头骨碎片	女	不明	不明	不明	玉玦
9	T2④	存部分头骨、牙1枚、肢骨1段	女	成年	北	不明	夹砂红陶小罐，玉璜
10	T1④	保存较好	男	成年	341度	仰身直肢	无

说明：1. 人骨已朽的头向系根据随葬品的位置推定；性别未经科学鉴定，系根据随葬品中的生产工具和装饰品推定。

2. 随葬器物栏中，罗马数字代表式别；阿拉伯数字代表件数，未注明者为1件。

（原载《考古》1982年第5期）

1. 越城遗址（河对岸为磨盘山、上方山）

2. M3 北部（北—南，中文化层）

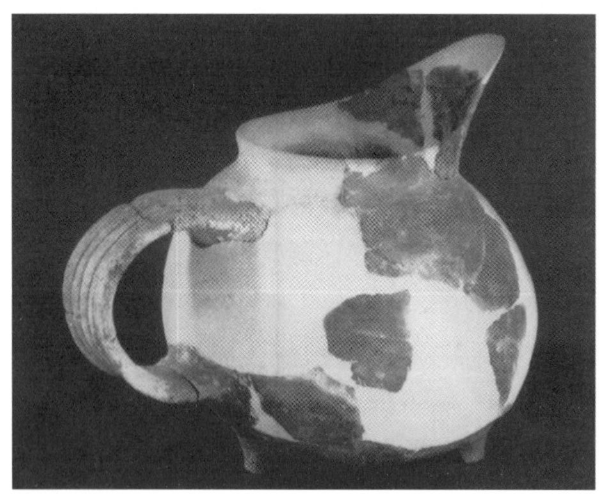

3. 陶匜（M6：5，中文化层）

4. Ⅰ式陶盆（M2：3，中文化层）

图版一　江苏越城遗址和中文化层遗迹及陶器

1. Ⅱ式壶（M4：8）

4. Ⅰ式罐（M4：5）

2. Ⅲ式罐（M1：2）

5. 瓶（M3：10）

3. Ⅱ式鼎（M2：4）

6. Ⅲ式鼎（M3：3）

图版二　越城遗址中文化层陶器

1. Ⅱ式豆（M4：9）

4. Ⅷ式豆（M7：4）

2. Ⅲ式豆（M7：2）

5. Ⅵ式豆（M3：4）

3. Ⅷ式豆（M7：3）

6. Ⅲ式壶（M5：4）

图版三　越城遗址中文化层陶器

1. 四口器（采：8，下文化层）

2. Ⅱ式盆（M2：7，中文化层）

3. Ⅴ式壶（M7：1，中文化层）

4. 釜（采：7，下文化层）

5. Ⅱ式杯（M1：4，中文化层）

6. Ⅲ式杯（M1：7，中文化层）

图版四　越城遗址下、中文化层陶器

吴县发现一处新石器时代古文化遗址

张志新

吴县文管会在最近的文物调查中，发现一处新石器时代古文化遗址。这处遗址位于吴县东渚公社淹马大队马家村前的窑墩上。调查人员在这里采集了磨制得非常精细的穿孔石斧、石锛等生产工具和大量生活陶器碎片。陶片中有夹砂红陶鱼鳍形大鼎足、“T”字形断面的鼎足、满布划纹的陶器耳、泥质黑衣陶豆盘、饰镂孔或竹节纹的豆把、断凿附加堆纹陶罐片、泥质黑衣陶、灰陶罐口沿等。遗址的表面遗存十分丰富。这些文化遗物的特点，与吴县草鞋山、张陵山遗址出土的新石器时代晚期的文化遗物的特点相一致，当属于典型良渚文化遗物，距今约4500年。

经初步踏勘，窑墩遗址的面积约有400平方米，遗址的边缘可能在周围广大的农田里。

窑墩遗址，是吴县西部山区发现的第一处新石器时代古文化遗址，它为进一步寻找、研究太湖流域的原始文化，提供了新的线索与内容。

（原载《文博通讯》1982年第6期）

江苏昆山绰墩遗址的调查与发掘

南京博物院 昆山县文化馆

绰墩遗址在江苏昆山正仪镇北2000米，位于阳澄湖和傀儡湖之间的狭长地带，是一处濒临湖泊的土墩遗址。土墩高出地面6米、东西宽30米、南北长70米，面积约2000平方米。据《昆山县志》记载，唐玄宗时宫廷艺人黄番绰，擅长“参军戏”，死后葬在这里，故名绰墩。

1961年1月，南京博物院进行太湖地区考古调查时，发现这里是一处包含几个时代文化层的古遗址①。由于砖瓦厂在土墩上取土，自1981年以来，在良渚文化地层中发现兽面纹玉琮、穿孔玉斧和石器18件，昆山县文化馆多次进行调查并征集了出土遗物。1982年7月30日至8月7日，南京博物院在昆山县文化馆配合下，对遗址作了进一步调查，并对发现玉琮、石器的地点进行了清理发掘。发掘面积111平方米，发现良渚文化墓葬1座。

调查和发掘结果报道如下。

一、地层堆积

在土墩东北部的断崖和西部取土的断面上暴露出了文化层，内含陶片虽不丰富，但文化层次的叠压关系清楚。

第1层，扰土层，土色褐黄，厚约0.5~1米。杂有近代砖瓦和唐宋瓷片。发现唐、宋、元砖室墓各1座，出土墓志和陶器。

第2层，土色灰黄，夹红烧土屑。自0.5~3.8米深，厚约3米。出土几何印纹陶片和原始青瓷片。印纹陶片以硬陶为主，纹饰有席纹、折线纹、叶脉纹、米筛纹、麻布纹等。另发现有少量绳纹软陶片、压印夔纹的原始青瓷片（图一）。此层年代当西周末至春秋时期，应属吴文化。

第3层，土色浅灰，较松软。自3.8~5米深，厚约1.2米。发掘墓葬1座，属良渚文化。砖瓦厂取土发现的遗物，皆此层出土。

第4层，土色灰黑，松软。自5~6米深，厚约1米。出土陶片有夹砂红陶鼎口沿、三角形扁鼎足、泥质灰陶钵式豆的口沿、饰有弦纹和圆形镂孔的豆座（图二，3~5）等，属崧泽文化。

第5层，土色深灰，较松软。约6~8米深，厚约2米。出土夹砂红陶腰檐釜口沿、泥质红陶喇叭形豆把、红衣陶钵口沿等陶片（图二，1、2），属马家浜文化。

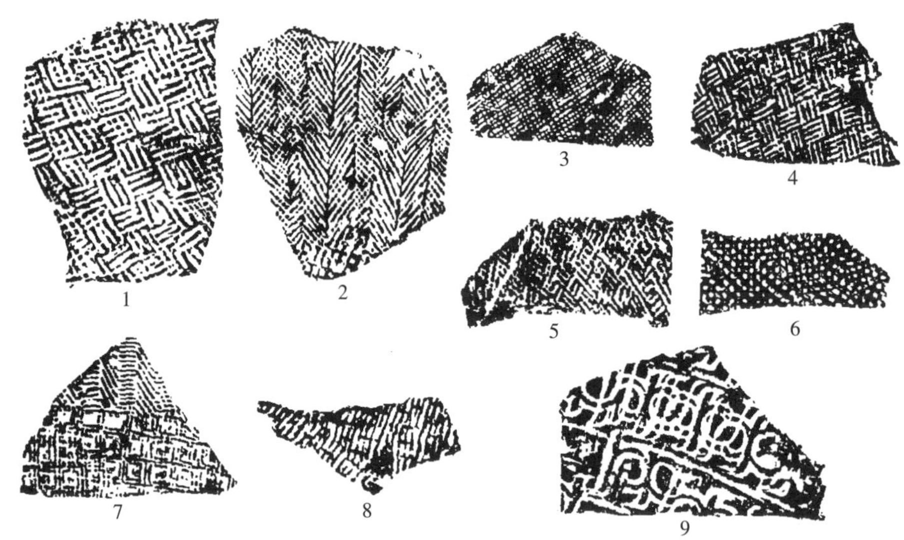

图一 绰墩第2层出土陶片纹饰拓片

1、4、5. 席纹 2. 叶脉纹 3. 麻布纹 6. 米筛纹 7. 回纹和折线纹组合纹饰 8. 篮纹 9. 夔纹（原始青瓷片）（1/3）

二、良渚文化的墓葬和遗物

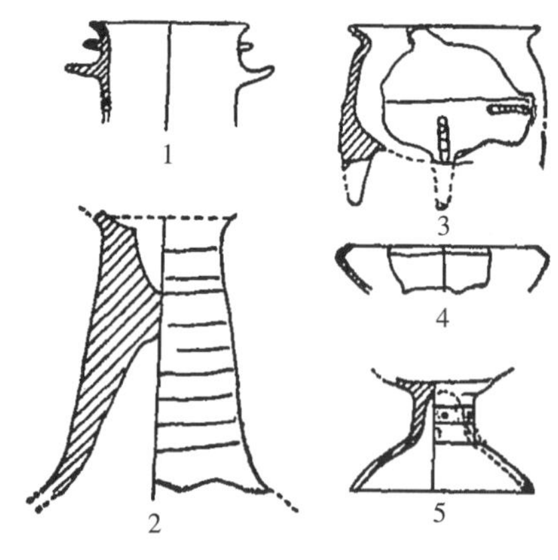

图二 绰墩第4、5层出土的陶片

1. 夹砂陶釜 2. 红陶豆把 3. 红陶鼎残片 4. 灰陶豆口沿 5. 灰陶豆座（1/8）

在探方T1中部深4.7米（良渚文化层露头处以下0.9米）处，发现墓葬1座（编号M1），随葬器物12件。人骨已腐朽不存。遗物分布作南北向，南部有石刀（M1∶1）、石凿（M1∶4）各1件；北部有石镰1件（M1∶5）、砺石2件（M1∶6、7），残存陶罐1件（M1∶8）；中部有石镰（M1∶3）、石钺（M1∶2）各1件，并有破碎的“丁”字形鱼鳍足陶鼎2件（M1∶9、10）、陶器盖2件（M1∶11、12）（图三）。器盖当为陶鼎的附件。此外在T1东部出土石斧、石凿各1件。调查和发掘出土遗物共32件，分类叙述如下。

（一）玉器 3件。

琮 1件。绰1，透闪石（软玉）制成。扁方柱体，外方内圆，分两节，形制与寺墩M1∶3②相同。每节以边角为中线，琢象征兽面纹，以凸出的短横档表示嘴部，以对称的双圈表示眼睛，并在外圈两侧刻出弧线三角形阴纹作为眼角，象征嘴部的横档上刻有云纹。这种象征兽面纹的表现法系首次发现。高6~6.2、上宽6.5~6.8、下宽6.3~6.7、孔径5.9~6厘米（图四、五、七）。

斧 2件。

单孔玉斧 1件。绰11，阳起石（软玉）琢磨制成。扁薄长方形，器形较大，残存下半段。有对钻小圆孔一个，双面弧刃。残高14.4、宽13.6、厚0.2~0.6厘米（图六，1）。

双孔玉斧 1件。绰10，阳起石质。扁薄长方形，残上端一角。双面弧刃，近上部有竖列双孔。

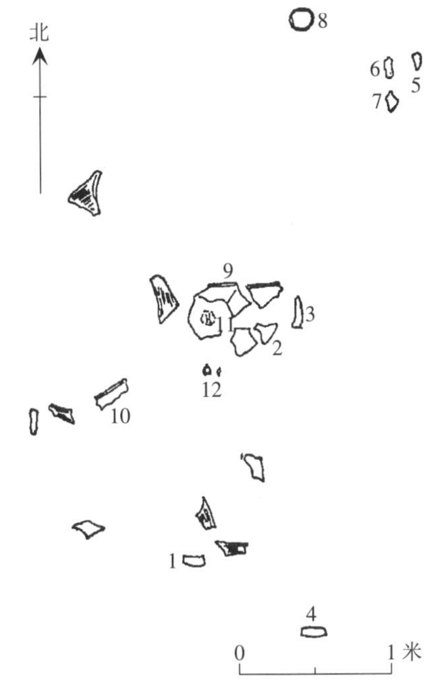

图三　M1 平面图

1. 石刀　2. 石钺　3、5. 石镰　4. 石凿　6、7. 砺石　8. 灰陶罐　9、10. 陶鼎　11、12. 陶器盖

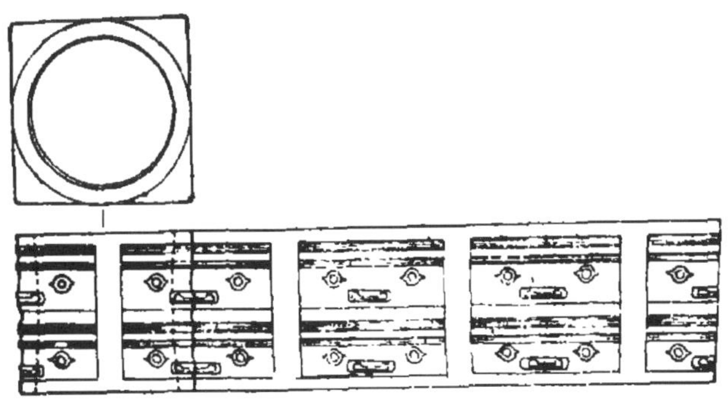

图四　玉琮（绰 1）展示图（3/10）

图五　玉琮（绰 1）拓片

上孔较小，孔径 0.9 厘米，一面钻成；下孔较大，孔径 1.5 厘米，两面对钻而成。高 14.5、宽 8.2~8.7、厚 0.9 厘米（图六，2）。

（二）石器　24 件。

斧　7 件。分五式。除Ⅰ式外，皆为穿孔石斧。

Ⅰ式　3 件。辉长岩质。椭圆杵状。T1∶1，上端厚，刃部较窄。长 15.5、上宽 5.7、刃宽 4.5、厚 4.6 厘米（图六，3）。

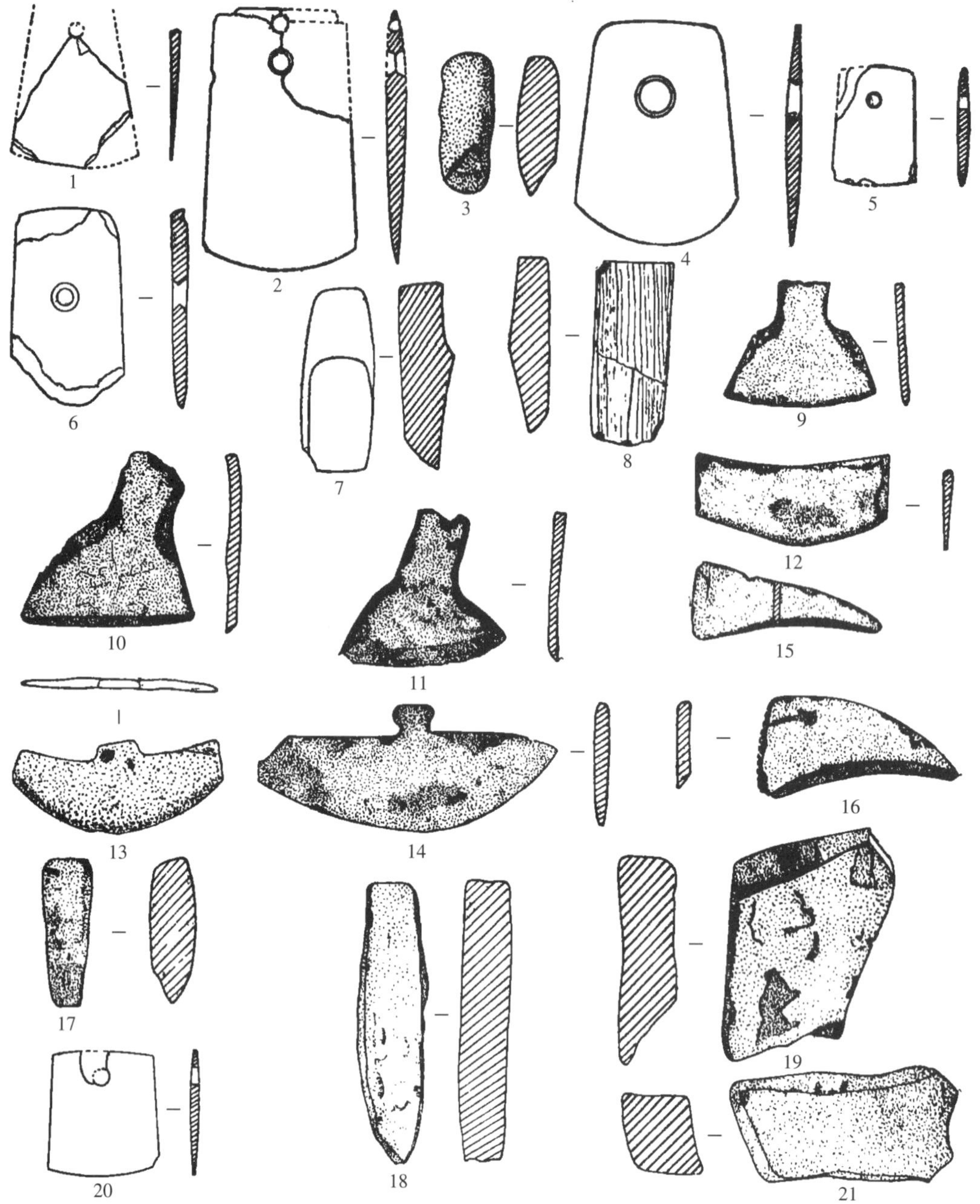

图六　良渚文化玉石器

1. 单孔玉斧（绰11）　2. 双孔玉斧（绰10）　3. Ⅰ式石斧（T1：1）　4. Ⅱ式石斧（绰2）　5. Ⅲ式石斧（绰3）　6. Ⅳ式穿孔石斧（绰7）　7. Ⅰ式石锛（绰4）　8. Ⅱ式石锛（绰8）　9. Ⅰ式石钺（M1：2）　10、11. Ⅱ式石钺（绰5、绰9）　12. Ⅰ式石刀（M1：1）　13. Ⅱ式石刀（绰13）　14. Ⅲ式石刀（绰6）　15. Ⅰ式石镰（M1：3）　16. Ⅱ式石镰（M1：5）　17. Ⅰ式石凿（M1：4）　18 Ⅱ式石凿（T1：2）　19、21. 砺石（M1：7、6）　20. Ⅴ式石斧（绰12）（1、3~5、9~11、14、15、17、20. 1/8，2、6、7、12、13、16、18、19. 1/4，8. 1/2，21. 约3/10）

Ⅱ式　1件。绰2，辉长岩质。通体磨光。扁平长梯形，器形较大。四角圆弧，背部平直，双面弧刃，刃部有使用痕迹，上部中间有对钻圆孔。长24.8、上宽14.4、下宽17.8、孔径4.3、厚0.6~1.4厘米（图六，4；图九）。

Ⅲ式　1件。绰3，灰白色页岩质。通体磨光。扁平长方形。上端残一角。背部微弧，双面弧刃，中上部有对钻小圆孔。长13.3、宽约9、孔径1.6、厚1.2厘米（图六，5）。

Ⅳ式　1件。绰7，灰色板岩质。扁平长方形，背部和刃部略残。中部有对钻圆孔，弧刃。长10.8、宽6.2、厚1厘米（图六，6）。

Ⅴ式　1件。绰12，青灰色页岩质。通体磨光。扁平方形。上端中部略残。中、上部有对钻圆孔，双面弧刃，刃不锐利，无使用痕迹。长14.5、上宽11.6、下宽12.9、孔2.1、厚1.9厘米（图六，20）。

锛　4件。分二式。

Ⅰ式　3件。灰色板岩质。通体磨光。长方形，体较厚。一面刃，背面上部磨出弧形脊。绰4，长9.4、宽4、厚3.1厘米（图六，7）。

Ⅱ式　1件。绰8，青灰色页岩质。通体磨光。扁平长方形，形体较小。顶端平直，单面平刃，背中部磨出段部（图六，8）。

钺　3件。或称带把三角形石刀。分二式。

Ⅰ式　1件。M1∶2，青灰色板岩质。磨制不精，边缘留有打制痕迹。略呈扁平三角形。直把，双面弧刃，刃部有使用痕迹。高12.8、把宽5.5、刃宽16.8、厚1厘米（图六，9；图一二）。

Ⅱ式　2件。灰色板岩质。磨制不精，边缘有部分打制痕迹。扁平斜三角形，斜把，一面刃。

绰5，高19、最宽处19.6、厚1.4厘米（图六，10；图一〇）。

绰9，高17.2、最宽处18.4、厚1厘米（图六，11；图八）。

刀　3件。分三式。

Ⅰ式　1件。M1∶1，板岩质。略呈扁平长方形。背部内凹，双面弧刃，有使用痕迹。宽11.5、高4.8、厚0.8厘米（图六，12；图一四）。

Ⅱ式　1件。绰13，板岩质。体扁平，略呈半月形。平背，中部有很短的把手，双面弧刃。长11.6、高5.2、厚0.3~0.5厘米（图六，13）。

Ⅲ式　1件。绰6，黑色板岩质。磨制不精，边缘留有打制痕迹。扁平半月形。平背，弧刃，背中部伸出一把，刃部有使用时留下的缺口。长17.5、高7.2、厚0.8厘米（图六，14；图一三）。

镰　2件。分二式。

Ⅰ式　1件。M1∶3，板岩质。通体磨光，边缘有打制痕迹。扁平，较长。柄部较宽，弧背，一面刃，内弧，有使用痕迹。长20.3、宽7.8厘米（图六，15；图一五）。

Ⅱ式　1件。M1∶5，板岩质。半月形，较短阔。弧背，一面凹弧刃，有使用痕迹。长11.4、宽4.8厘米（图六，16；图一一）。

凿　3件。分二式。

Ⅰ式　2件。板岩质。方柱体，双面平刃。M1∶4，上端宽厚，刃部较狭。长16.4、上宽4.8、下宽3.2、厚5.2厘米（图六，17）。

Ⅱ式　1件。T1∶2，板岩质。打制成长方柱体，未加精磨。双面平刃。长15.5、宽3.8、厚2.7厘米（图六，18）。

砺石　2件。砂岩质。

M1∶6，为不规则长方柱体，两面磨成光滑平面。长11.6、宽5.8、厚3.8厘米（图六，21）。

M1∶7，为不规则扁平长方形，一面磨成光滑平面，另一面有磨槽一道。长11.8、最宽处约9.2、

图七　玉琮（绰1）

图八　Ⅱ式石钺（绰9）

图九　Ⅱ式石斧（绰2）

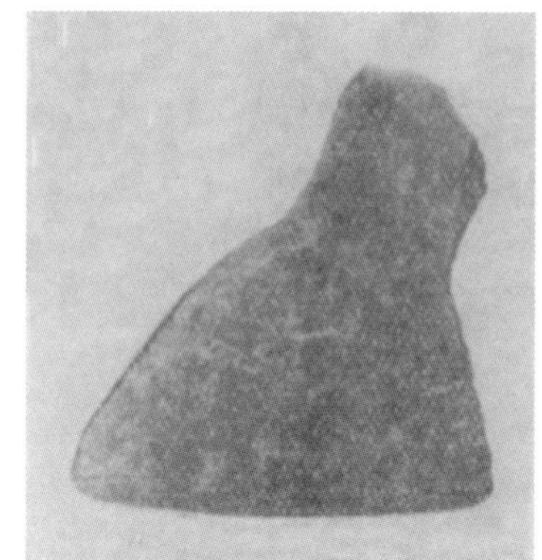
图一〇　Ⅱ式石钺（绰5）

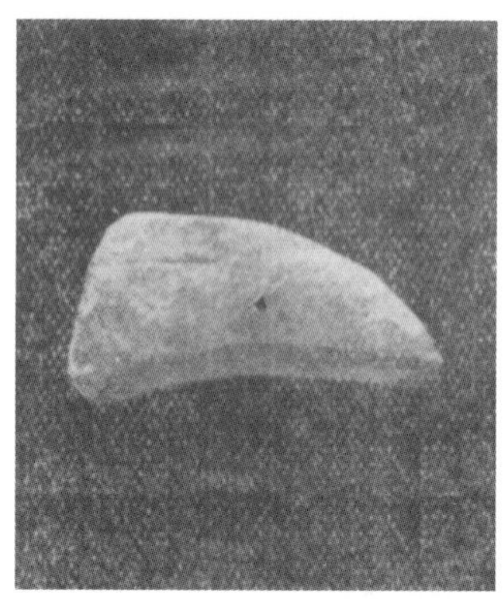
图一一　Ⅱ式石镰（M1∶5）

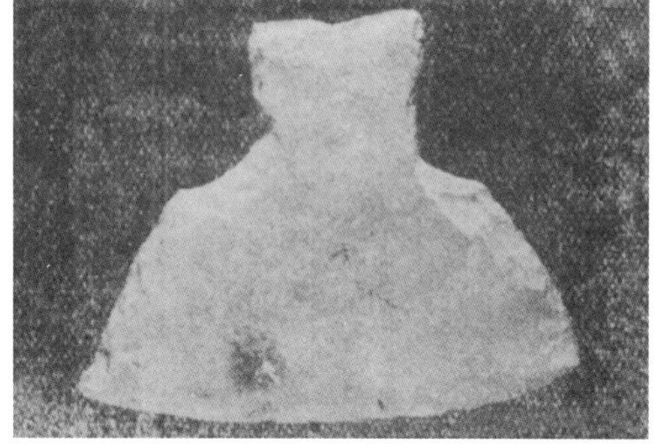
图一二　Ⅰ式石钺（M1∶2）

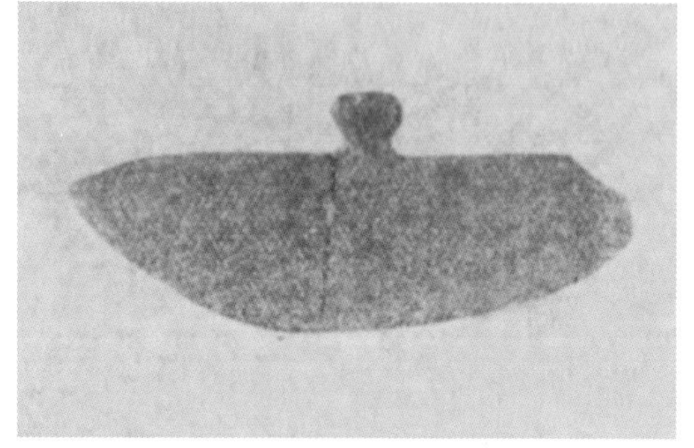
图一三　Ⅲ式石刀（绰6）

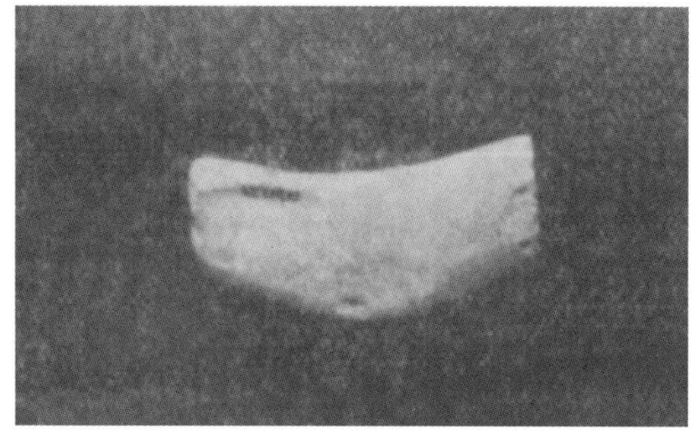
图一四　Ⅰ式石刀（M1∶1）

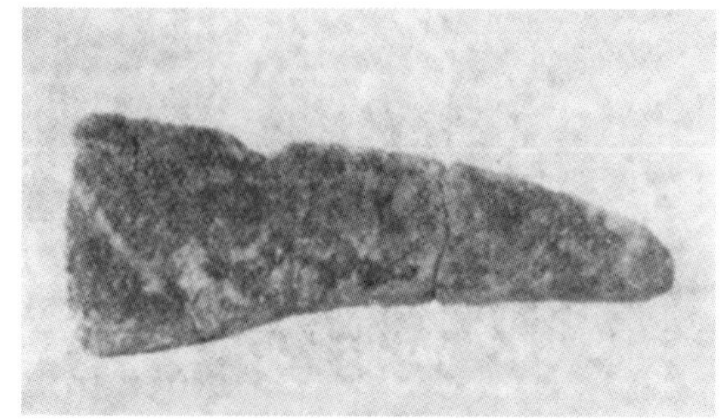
图一五　Ⅰ式石镰（M1∶3）

厚2.9厘米（图六，19）。

（三）陶器　5件。

罐　1件。M1∶8，泥质灰陶。口、肩已残，存下半部。鼓腹，平底。残高5.2、底径8厘米。

鼎　2件。夹砂红陶残片复原。侈口，折沿，宽唇，鼓腹，圜底，“丁”字式鱼鳍足。足面有直线划纹和平行点刻纹。腹内壁有一圈横隔，可以置箅。这种鼎的作用当与甗相同，是蒸煮食物的炊器。这种鼎见于越城中层③和张陵山上层④的良渚文化早期墓中，但器形较小。

M1∶9，口径37、高45厘米（图一六，1）。

M1∶10，口径36、高43厘米。

器盖　2件。夹砂红陶残片复原。分二式。

Ⅰ式　1件。M1∶11，有桥形纽。盖沿直径37、高9.5厘米，是M1∶9的器盖（图一六，2）。此类器盖见于广富林M1⑤和草鞋山M198⑥。

Ⅱ式　1件。M1∶12，有杯形纽。盖沿直径36、高12.5厘米，是M1∶10的器盖（图一六，3）。此类器盖见于马桥良渚文化墓葬⑦和草鞋山M198⑧。

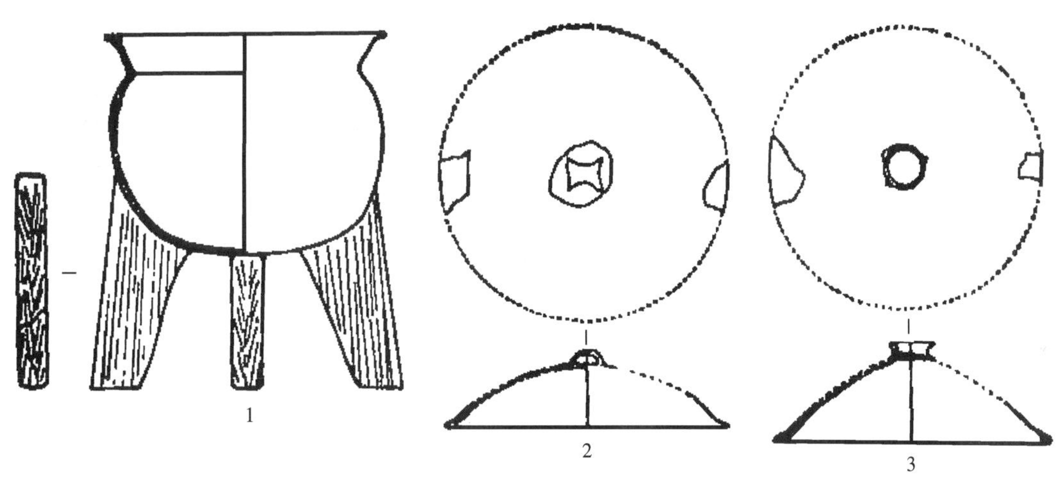

图一六　良渚文化陶器

1. 夹砂陶鼎（M1∶9）　2. Ⅰ式陶器盖（M1∶11）　3. Ⅱ式陶器盖（M1∶12）（约1/10）

三、结语

1. 绰墩遗址的文化层堆积，自下而上依次属于马家浜文化、崧泽文化、良渚文化，以及以几何印纹陶和原始青瓷器为特征的吴文化，与江苏省吴县草鞋山遗址⑨、上海市青浦县福泉山遗址⑩的文化层叠压关系相同，为长江下游太湖地区古代文化序列提供了又一实例。

2. 这次发现的可复原的带杯形纽和桥形纽的鱼鳍形“丁”字足大陶鼎和石钺，为良渚文化的器物群增添了新的实物资料。

3. 玉璧、琮是古代祭祀天地的礼器，是商周文化的重要因素之一。张陵山⑪、草鞋山⑫、寺墩⑬遗址的发掘已证明，它们最早出现于良渚文化，是良渚文化的典型器物。绰墩所出兽面纹玉琮与寺墩M1∶5形制相同⑭，而象征兽面纹图案又有新的特点。这为探索良渚文化在中国古代文明中的地位提供了新资料。

执笔：汪遵国　陈兆弘

注释

① 尹焕章、张正祥：《对江苏太湖地区新石器文化的一些认识》，《考古》1962 年第 3 期。

② 南京博物院：《江苏武进寺墩遗址的试掘》，《考古》1981 年第 3 期。

③ 南京博物院：《江苏越城遗址的发掘》，《考古》1982 年第 5 期。

④ 南京博物院：《江苏吴县张陵山遗址发掘简报》，《文物资料丛刊》（6），文物出版社，1982 年。

⑤ 上海市文物保管委员会：《上海市松江广富林新石器时代遗址试探》，《考古》1962 年第 7 期。

⑥ 南京博物院：《江苏吴县草鞋山遗址》，《文物资料丛刊》（3），文物出版社，1980 年。

⑦ 上海市文物保管委员会：《上海市马桥遗址第一、二次发掘》，《考古学报》1980 年第 1 期。

⑧ 南京博物院：《江苏吴县草鞋山遗址》，《文物资料丛刊》（3），文物出版社，1980 年。

⑨ 南京博物院：《江苏吴县草鞋山遗址》，《文物资料丛刊》（3），文物出版社，1980 年。

⑩ 黄宣佩、张明华：《上海地区古文化遗址综述》，《上海博物馆集刊》（2），上海古籍出版社，1983 年。黄宣佩、孙维昌、丁俊宝：《青浦福泉山出土大批古文物》，《文汇报》1983 年 12 月 22 日。

⑪ 南京博物院：《江苏吴县张陵山遗址发掘简报》，《文物资料丛刊》（6），文物出版社，1982 年。

⑫ 南京博物院：《江苏吴县草鞋山遗址》，《文物资料丛刊》（3），文物出版社，1980 年。

⑬ 南京博物院：《江苏武进寺墩遗址的试掘》，《考古》1981 年第 3 期。

⑭ 南京博物院：《江苏武进寺墩遗址的试掘》，《考古》1981 年第 3 期。

（原载《文物》1984 年第 2 期）

江苏常熟良渚文化遗址

常熟市文物管理委员会

江苏省常熟市位于长江下游太湖平原的北部。1949年以来，在三条桥、黄土山、嘉菱荡三处良渚文化遗址中，发现了玉璧、玉琮、石钺、穿孔石刀等。我会进行了实地调查，并征集了遗物。现报道如下。

一、三条桥遗址

三条桥位于常熟西南，尚湖的南岸。1969年5月，社员在取土中发现玉石器6件。

玉璧　1件。尚2，透闪石（软玉）质，黄绿色。表面琢磨光滑。圆孔对钻而成。直径19.8、孔径4.8、厚1.2厘米（图一，1）。

石钺　1件。尚1，灰色板岩质。器身扁平，形制与后来的铜钺相似。上有两面对钻、直径为1.2厘米的小圆孔。双面圆弧刃，刃角上翘。高17.3、宽8.1~11.4、厚0.9~1.1厘米（图一，2；图四，1）。

穿孔石斧　1件。尚4，灰绿色页岩质。扁平长方形，中有两面对钻直径2厘米的圆孔。平背，弧刃，刃部有使用痕迹，略有残损。长10.7、宽7.3~7.7、厚0.6厘米（图一，3）。

有段石锛　1件。尚6，页岩质。扁平长条形，单面平刃，背部有脊。长7.9、宽1.5~2、厚1.2~1.5厘米（图一，4）。

穿孔石刀　1件。尚3，灰色板岩质。略呈扁平半月形。平背，单面圆弧刃，中上部有一对钻小圆孔。长10.8、高4.7、厚0.3厘米（图一，5）。

带把石刀　1件。尚5，灰色板岩质。扁平长方形。一侧斜出把手，单面平刃。长8.2、连把高4.1、厚0.7厘米（图一，6）。

由于出土现场已被破坏，遗迹现象不明。与玉石器同出的有陶鼎口沿、陶鬶足、镂孔圈足陶豆残片、黑衣残陶器等，与草鞋山①、寺墩②的良渚文化墓葬和文化层中所见相同。这些玉石器当属良渚文化。

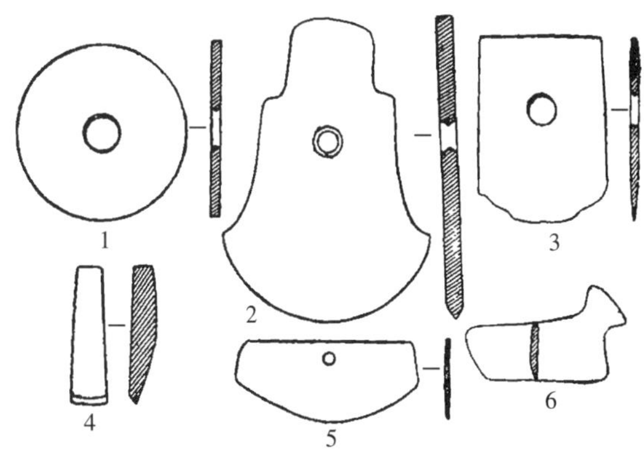

图一　三条桥遗址出土器物

1. 玉璧（尚2）　2. 石钺（尚1）　3. 穿孔石斧（尚4）　4. 有段石锛（尚6）　5. 穿孔石刀（尚3）　6. 带把石刀（尚5）（1. 1/10，余1/5）

二、黄土山遗址

黄土山位于常熟城南10千米，属莫城公社凌桥大队，是一个东西长200米、南北长100米、高出地面约4~5米的椭圆形土墩。1976年4月，凌桥砖瓦厂在墩西北取土，于3.5米深处发现玉石器8件。

玉璧　2件（莫1、2）。透闪石质，黄绿色。圆孔对钻而成。

莫1，较大。直径22.8、孔径4.5、厚1.2厘米（图二，1；图四，2）。

莫2，较小，壁面有凹陷和弧形琢痕。直径18、孔径4.4、厚1.4厘米（图二，2；图四，3）。

玉琮　1件。莫3，透闪石质。琢磨精良。琮体分上、下两节。下节四面，每两面组成一个兽面纹，对称的小圆圈表示眼睛，椭圆形凸面表示眼睑，扁圆形凸面表示鼻子，凸出的短横槽表示嘴部。上节每一面的上部有两道平行凸出的长档，中间有一直径1毫米的小圆圈琢纹，下部两侧各有一道凸出的短横档，以四角为中线，形成四组套连象征兽面纹。圆圈象征眼睛，短横档象征嘴部，作为眼睛的圆圈则两组共用。这种形象兽面纹和象征兽面纹同见于一件玉琮上，还是首次发现。长2.75、上端宽1.05、下端宽1、孔径0.5厘米（图二，3；图七）。

玉镯形器　1件。莫7，透闪石质。通体磨光。扁圆筒形。一端大，一端小。圆孔两面对钻，孔壁琢磨光滑，呈凸弧形。良渚文化的玉琮多为上端大、下端小，据此推测此器可能为原始的镯形琮。高2.9、上端径7、下端径6.8、孔径5.4厘米（图二，4）。

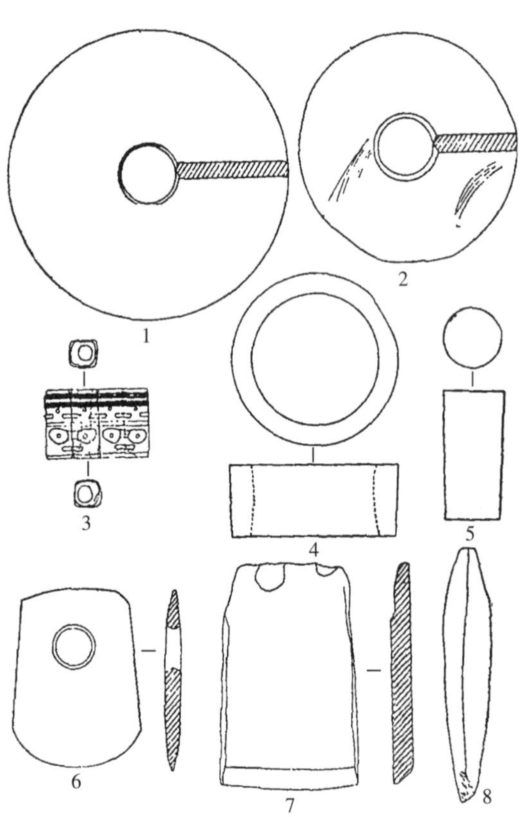

图二　黄土山遗址出土器物

1、2. 玉璧（莫1、莫2）　3. 玉琮（莫3）　4. 玉镯形器（莫7）　5. 玉柱形器（莫5）　6. 穿孔石斧（莫6）　7. 有段石锛（莫8）　8. 石镞（莫4）（1、2、6. 1/6，3~5、7、8. 1/3）

玉柱形器　1件。莫5，阳起石质。长圆柱体，一端大，一端小。高5.1，上端径2.5、下端径2.3厘米（图二，5）。

穿孔石斧　1件。莫6，辉长岩质。通体抛光。扁平长方形。背部略凸出，中上部有对钻圆孔。双面弧刃，刃部无使用痕迹，似为礼器。长14.1、宽8.9~10.3、孔径3.3厘米（图二，6）。

有段石锛　1件。莫8，页岩质，扁平长方形，有段，单面刃。长8.9、宽5~5.6、厚0.9厘米（图二，7）。

石镞　1件。莫4，页岩质。柳叶形，中有脊。长9.5、宽2厘米（图二，8）。

从现场观察，这一遗址文化层单一。采集到的夹砂红陶器盖、陶鼎口沿、鱼鳍形刻纹陶鼎足、夹砂红陶簋圈足（图九，1~3、5），见于张陵山[③]、草鞋山[④]、寺墩[⑤]良渚文化墓葬中。扁三角陶鼎足和剖面为三角形的绚纹陶鼎足（图九，4），也曾在草鞋山[⑥]、寺墩[7]的良渚文化层中发现。因而推断上面这些玉石器可能出自一座良渚文化墓葬。

三、嘉菱荡遗址

嘉菱荡位于常熟西20千米，属张桥公社庙桥大队。1983年4月，公社窑厂在嘉菱荡东南高出地面3米的台地上取土，发现玉石器12件。

玉璧 4件。透闪石质，黄绿色。璧表琢磨光滑，圆孔为两面对钻。从弧形琢痕和孔内钻槽痕看，玉器制作使用了圆砣、管钻等切锯钻孔工具。

嘉5，是最大的一件，琢制较精。直径22、孔径4.2、厚0.8厘米（图四，4）。

嘉3，一面有切割时留下的弧形琢痕。直径16.2、孔径4.2、厚0.7厘米（图三，1；图四，5）。

嘉6，孔对钻不准，孔内壁留有台痕，台痕边沿留钻槽。直径16.8、孔径4.3、厚1.2厘米（图三，2；图四，6）。

玉琮 1件。嘉1，透闪石质，黄绿色。长方管状柱体，外方内圆。圆孔为两面对钻，孔壁琢磨光滑。外表四面，每面中间皆由直槽均分左右两半，并由横槽将全器上下分六节。每节以四角为中

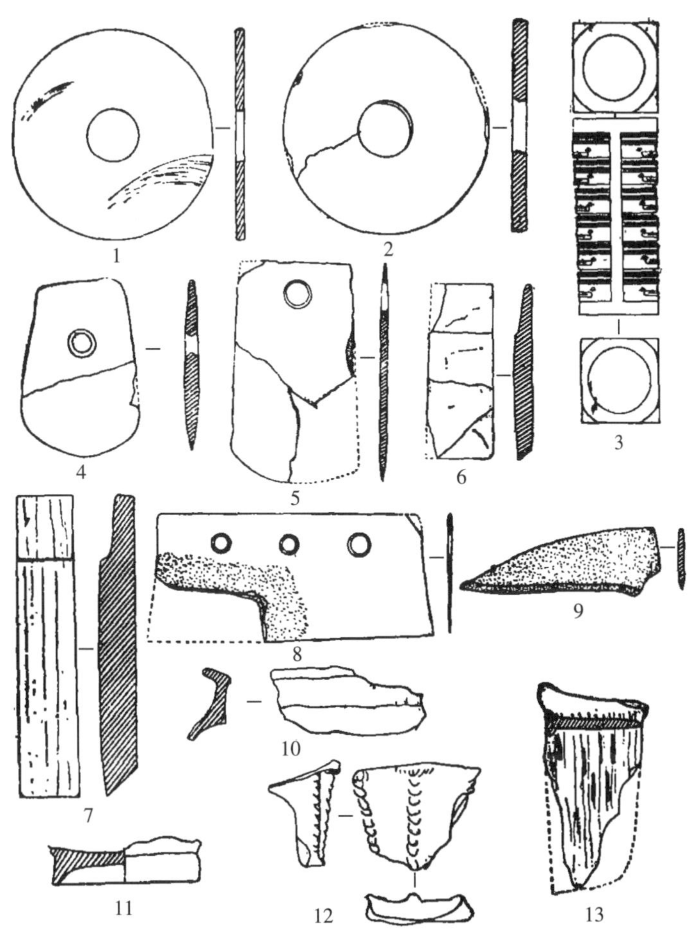

图三 嘉菱荡遗址出土器物

1、2. 玉璧（嘉3、嘉6） 3. 玉琮（嘉1） 4. Ⅰ式穿孔石斧（嘉10） 5. Ⅱ式穿孔石斧（嘉11） 6. Ⅰ式有段石锛（嘉12） 7. Ⅱ式有段石锛（嘉7） 8. 三孔石刀（嘉2） 9. 石镰（嘉9） 10. 陶鼎口沿 11. 陶簋圈足 12. 附加堆纹扁鼎足 13. 鱼鳍形鼎足（1～12. 1/6，13. 1/3）

线，饰象征兽面纹。兽面的眼睛为圆圈中加一圆点，两侧并各出横线一条，表示眼珠和眼角。转角上相接处的凸横档作为嘴部，中间有一横线，横线两侧各向上划一短线，表示上下唇，并伸出一对獠牙。这种象征兽面纹图案尚属首次发现。高15.8、上端宽7、下端宽6.5、孔径5.2厘米（图三，3；图八）。

穿孔石斧　2件。分二式。

Ⅰ式　1件。嘉10，辉长岩质。扁平长方形。中部偏上有直径2厘米的对钻圆孔一个。斧背部略薄，圆弧形双面刃。长14、宽3.5~9.6、厚0.6~1厘米（图三，4）。

Ⅱ式　1件。嘉11，页岩质。体扁薄，作长方形，平背，双面弧刃，靠近背部有对钻的圆孔。刃部残缺一角。长17.4、宽9.2~9.8、厚0.6厘米（图三，5）。

有段石锛　3件。分二式。

Ⅰ式　1件。嘉12，页岩质。通体磨制规整。扁平长方形。单面平刃，背面上部减地成段。边角略有残损。长13.8、宽5~5.2、厚1.3厘米（图三，6）。

Ⅱ式　2件。黛绿色页岩质。通体琢磨光滑。扁平长条形，器形规整。单面平刃，背面上端减地成段。嘉7，长24.2、宽4.4~4.8、厚2.8~3厘米（图三，7；图六）。

三孔石刀　1件。嘉2，黛青色页岩质。扁薄长梯形，刃部已残损一角。平背略斜，双面平刃，中部有并列的直径为1.6厘米的圆孔三个，皆为两面对钻。长21.6~22.8、高9.8~10.4、厚0.2~0.3厘米（图三，8；图五）。类似的完整器见于江宁昝庙良渚文化层⑧。

石镰　1件。嘉9，灰黑色板岩质。扁平月牙形。柄部较宽，弧背，凹弧刃。长16.5、柄宽5.1、背厚0.3~0.4厘米（图三，9）。

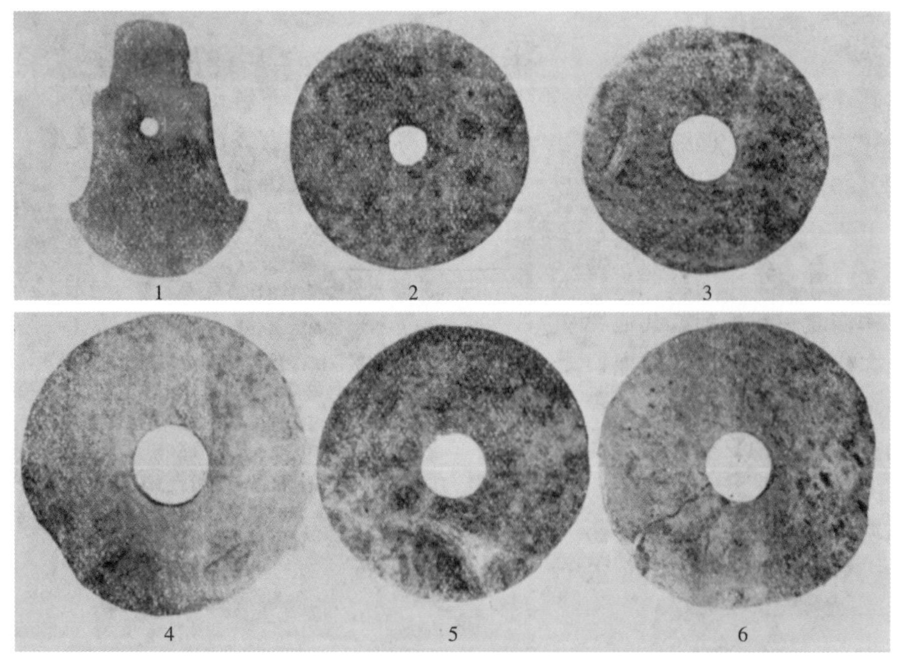

图四　玉石器

1. 石钺（尚1）　2~6. 玉璧（莫1、莫2、嘉5、嘉3、嘉6）

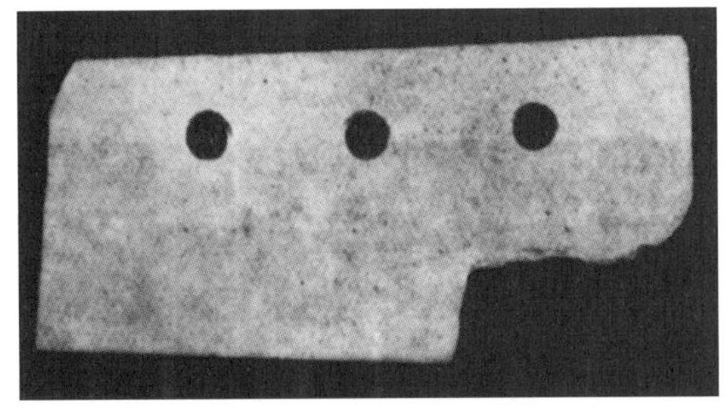

图五　三孔石刀（嘉2）

图六　Ⅱ式有段石锛（嘉7）

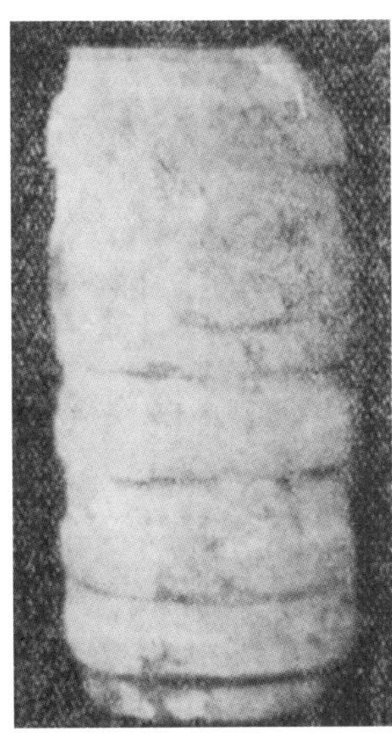

图七　玉琮（莫3）

图八　玉琮（嘉1）

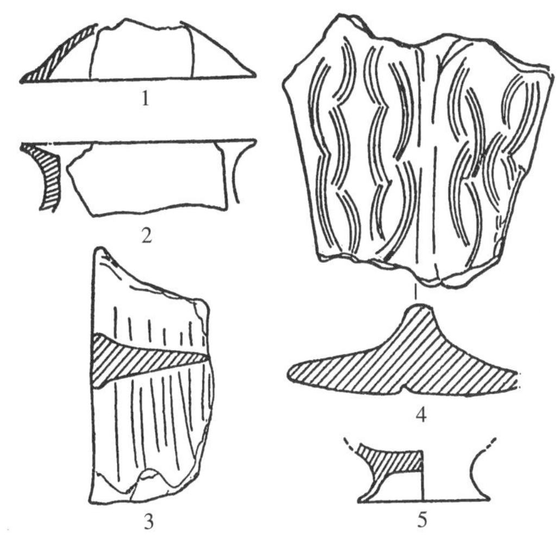

图九　黄土山遗址出土陶器

1. 器盖　2. 鼎口沿　3. 鱼鳍形刻纹鼎足　4. 绹纹鼎足　5. 簋圈足（1~4. 1/4，5. 1/8）

出土时，上述玉璧、玉琮、石斧、石锛、石刀、石镰等12件玉石器作南北一线排列。其他现象已无从了解。共存的陶器有夹砂红陶鼎口沿、刻纹鱼鳍形鼎足、附加堆纹扁鼎足、泥质红陶簋圈足（图三，10~13）等，当属良渚文化。

常熟市发现的三条桥、黄土山、嘉菱荡三处良渚文化遗址，所出玉璧、兽面纹玉琮、石钺、有段石锛、三孔石刀等遗物，在长江下游经过发掘的包含良渚文化遗存的遗址，如吴县张陵山、草鞋山、武进寺墩、海安青墩[9]等遗址中都有发现。这三处发现可为其他遗址的科学发掘资料作印证。

执笔：黄步青　徐振球

注释

① 南京博物院：《江苏吴县草鞋山遗址》，《文物资料丛刊》（3），文物出版社，1980年。

② 南京博物院：《江苏武进寺墩遗址的试掘》，《考古》1981年第3期。

③ 南京博物院：《江苏吴县张陵山遗址发掘简报》，《文物资料丛刊》（6），文物出版社，1982年。

④ 南京博物院：《江苏吴县草鞋山遗址》，《文物资料丛刊》（3），文物出版社，1980年。

⑤ 南京博物院：《江苏武进寺墩遗址的试掘》，《考古》1981年第3期。

⑥ 南京博物院：《江苏吴县草鞋山遗址》，《文物资料丛刊》（3），文物出版社，1980年。

⑦ 南京博物院：《江苏武进寺墩遗址的试掘》，《考古》1981年第3期。

⑧ 魏正瑾：《宁镇地区新石器时代文化的特点与分期》，《考古》1983年第9期。

⑨ 南京博物院：《江苏海安青墩遗址》，《考古学报》1983年第2期。

（原载《文物》1984年第2期）

江苏吴县出土的石犁

叶玉奇（江苏省吴县文物管理委员会）

1979年10月，江苏省吴县境西滨临太湖的光福镇南上淹湖畔，在基建施工中，出土了一批石犁。这类石犁的形制较大，若等腰三角形，特别是在这些犁上，还残留着各种各样的“刻线”和“印痕”。根据这些“刻线”和“印痕”，对于研究石犁的制作、安装和使用等问题，提供了重要的实物资料。兹分述如下。

一、地层概况

石犁是在离地面2.5米深，集中在不到4平方米的褐灰土层里发现的。从这里的土色、土质来看，可以分为4层：第1层是表土，厚约0.6米，含有明清时期的瓷片和近现代的遗物；第2层为灰黄色土，厚约0.9米，含有唐宋时期的瓷片；第3层为黑灰土，厚约0.5米，含有印纹陶片和炭化木块；第4层为褐灰土，厚约0.5米，这些石器是在这一层里发现的。再下面便是生黄土了。

二、石犁的形制和特点

石犁的体形扁薄，平面若二等边三角形。双刃间夹角，在40度至50度。刃唇向下斜，且又锋利。犁身截面呈狭窄梯形，犁头像舌唇，身后端若圆弧状。

犁正面稍有隆起，平滑如背，略有琢磨痕迹。中轴线上，排列着2至4个洞孔，孔距多数不等；孔径在1~1.5厘米；孔周布有鳞片状的瑕斑。背部与刃口上，都留有磨痕和缺口。

犁反面平直如砥，保留着页岩的自然劈面，很少有琢磨痕迹。在Ⅰ、Ⅱ、Ⅴ号犁上，还存有加工制作时的刻划图线；中轴线上，都遗留着一道3~5厘米宽的“印痕”，前端稍细，略有收缩。洞孔周围，亦留有一点点打凿洞孔时的痕迹。说明了这些石犁的洞孔是由犁的底部向上凿打的，而犁床上的木钉是由下向上插入洞孔。

Ⅰ号犁的前端，残损了三分之一，现存四孔。残长41.5、底宽40、厚1~1.5厘米。该犁复原后，长可达60厘米以上，是其中最大的一件。双刃间夹角40度。刃口斜面宽阔，在3.5~4厘米。孔距不等：1至2孔，间距4.5厘米；2至3孔，间距9.5厘米；3至4孔，间距20厘米。孔径1~1.5厘米。此外，还存有加工制作时的纵横两组“刻线”：一组纵向平行线两条，位于中轴线上，也即是“印痕”之间，其作用是指明孔洞的打凿位置；另一组在犁身的后部，成横向纬线四条，其作用也是指明犁身的式样（图一，1）。

Ⅱ号犁残留三孔，前端残损三分之一以上，齐孔而折。残长 33.3、底宽 39.5、厚 1.3 厘米。复原后，长可达 50 厘米以上。双刃间夹角 50 度。犁刃斜面较狭窄，仅 2 厘米。孔距相等，都是 12.5 厘米，径 1 厘米。而反面的“印痕”特别清晰，宽 4.5~5 厘米。其间存有两道纵向“刻线”和一道横向“弧线”，其作用和Ⅰ号犁上的“刻线”相同（图一，2）。

Ⅲ号犁是其中最为完整的一件。犁的中间有三个洞孔。长 45.5、底宽 29、厚 1 厘米。两刃间夹角 50 度。犁头若舌形。从该犁的犁头并缝处的石纹来看，显然是一件配制品了。而原来的犁头，在使用时被折断了。这是罕见的一例。头上的洞孔，也许是为了防止碎裂缘故，不再用单向打凿方法，而是用管钻的了。孔距不等：1 至 2 孔，间距 17.5 厘米；2 至 3 孔，间距 15 厘米。孔径 1 厘米。反面“印痕”亦清晰可辨认（图一，3）。

其余四件石犁的犁身和锋锷，均有不同程度的残损。现状都是二孔。Ⅳ号犁残长 35.5，底宽 24.5、厚 1.3 厘米，两刃间夹角 40 度。Ⅴ号犁残长 30、底宽 21.5、厚 1 厘米，两刃间夹角 45 度。Ⅵ号犁残长 23.5、底宽 20.4、厚 1 厘米，两刃间夹角 50 度。犁的两刃已不对称，这是因使用而致使刃

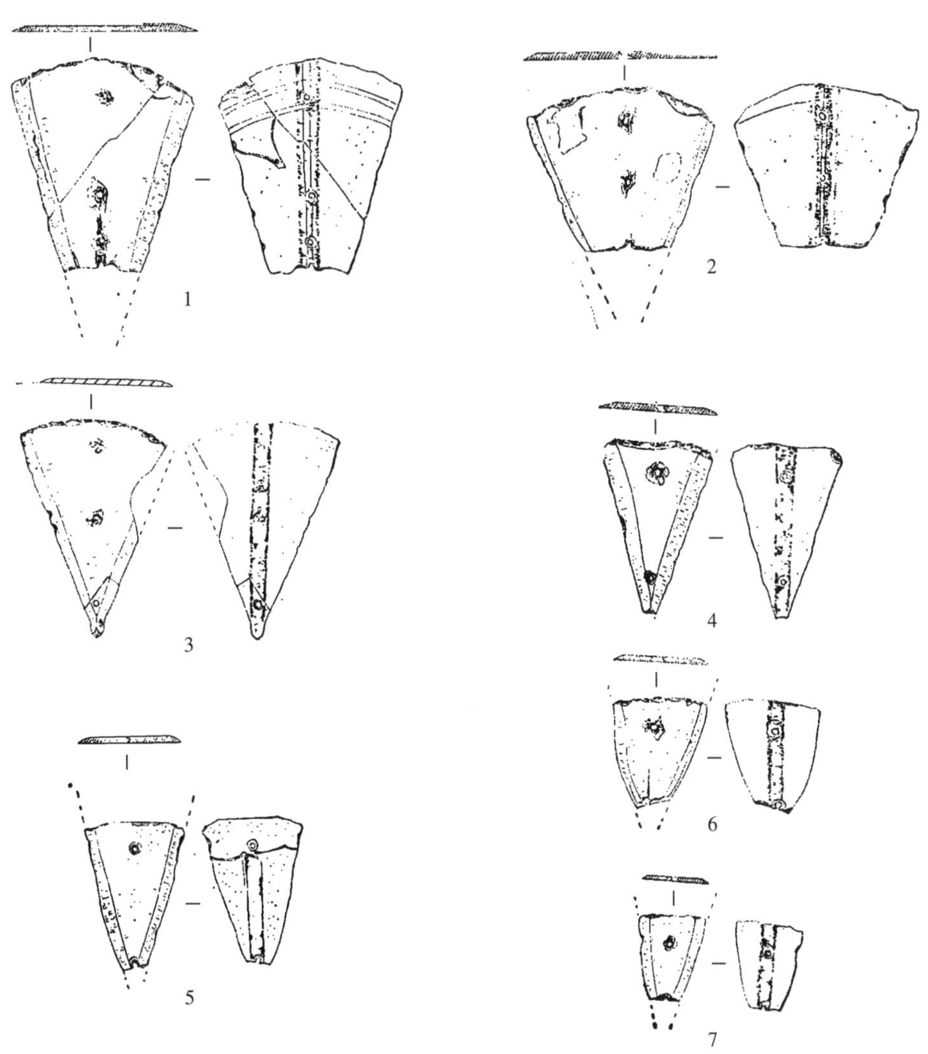

图一　光福镇出土的石犁

口残损，后虽经修复，已难复原貌。Ⅶ号犁残长17.2、底宽14.7、厚0.7厘米。刃口亦残损较重，与Ⅵ号犁有相似处（图一，4~7）。

石锥1件，岩质较坚硬，形若羊角，截面呈三角形，长21厘米。

三、石犁的质料、制作和使用分析

石犁所采用的原材料，是一种硬度不高的灰褐色页岩，当地人称“泥板石”。产地是离此约10千米处的砚石山。

根据上述石犁的形制和残留在犁上的各种“刻线”和“印痕”，分析石犁的制作过程如下。

1. 开劈成片：把开采出来的页岩，劈成需要的厚度，并适当地进行表面处理，使之平整适用。

2. 划线绘图：在页岩的一面，刻绘出石犁的形状，使在打砸时可以按照上述的刻线施工。

3. 打凿洞孔：一般地讲，凿打洞孔是较为困难的一道工序，稍一不慎，导致岩石碎裂报废。故必须首先进行。石犁正面洞孔周围满布敲击的小斑点，而犁的反面却是存有一点点的凿打痕迹。可知洞孔是从反面往正面单向凿打的。

4. 凿制成形：凿穿洞孔后，再进行四周加工制作。打成圆弧状犁底，两边成等腰三角形的毛坯。

5. 加工琢磨：这是制作石犁的最后一道工序。将石犁的两等边磨出斜刃，头呈舌状，是为了破土的需要，在使用时，刃口容易楔入土中，并减少牵曳时的阻力。

关于如何在石犁上安装木质犁床的问题，过去由于缺乏实物资料，故往往多采用民族学方面的实物去论证古代木石犁的安装方法，这也是可以的。但毕竟因相隔时代久远，必然会出现某些误差。

在上述七件石犁中，却留下了很多的痕迹。石犁反面中轴线上，存有一道长条形的“印痕”，其中钻凿几个洞孔。由此可知，犁床是属于干状形木棒或树杈形的枝干。虽然这些木质部分已经腐朽无存，但留下的“印痕”显然是石犁和木质犁床两者的接触处。可证犁床上还安有木钉，且由下而上插入犁孔，使石犁和木质犁床紧紧地连结在一起。这就是原始木石犁的制作过程和犁的全貌了。这类石犁的产生，是我国历史上“耕犁发展的第一阶段”①。

石犁形制硕大，使用笨重，最大的一件长60厘米以上，一般也有40厘米左右。要使用这样大的石犁去从事田间耕作，至少有三人。其使用方法即“是一个人执柄将刀插入泥土、二人曳绳，牵引前进”②。

由于这类石犁的石质又较松软，因此，它的使用范围局限性也是很大的。一般地说，这类石犁只适合在太湖之滨的水田里耕作，或者是在土质较为松软的地方使用。尽管如此，也免不了经常遇到硬土，致使刃口缺损，甚至犁头折断。从上述石犁的残损情况来看，完全可以证明这一点。再看Ⅵ、Ⅶ号犁的损坏现状，它给我们一个启示：即使石犁一旦被折断，也是不会轻易丢掉的，而是还要继续修复使用，直到不能再使用为止。Ⅲ号犁的犁头，就是一件“修复品”。这对于研究当时石器工具的制作、修复工艺，提供了新的实物证例。

在石犁的表面和刃口处，多存有一条条的线痕和缺口。这显然是犁在耕耘土地时与土壤接触所摩擦出来的。线痕稍向后斜，和刃口的角度成70度。故犁插入土中的角度只有20度（图二）。由此“说明了耕作时犁首向前下方的倾斜度很小，还不能深耕，自然耕作效能还是很低的，但比起耒耜发土，无疑是耕作方法上的重大变化”[3]。

四、石犁的时代及意义

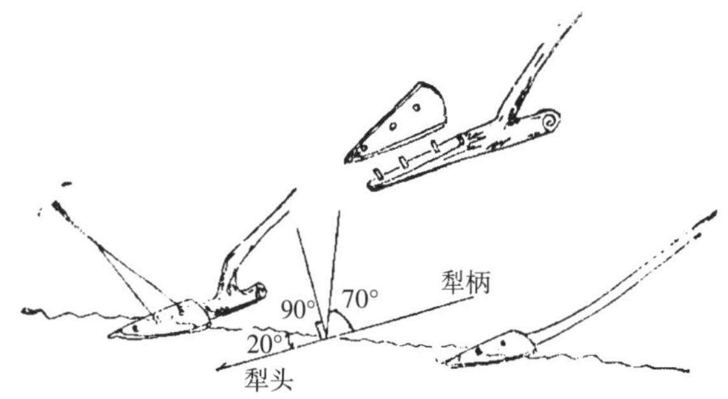

图二　石犁安装使用推测示意图

这类石犁的出土，在吴县还是第一次。从石犁出土的地层来看，时间应处在印纹陶器的前期。它与过去发现的虎山新石器时代遗址相距只有1千米[4]。在这一带，经常有良渚时期的石器和陶器出土。这次虽然没有与陶器共出，但这类双刃三角形石犁在全国其他地方也多有发现。浙江杭州水田畈遗址[5]，浙江吴兴钱山漾遗址中曾出土过2件，类似石犁的残器多达125件。《报告》中还指出：由于“这种石犁器形较大，并且经常接触硬土，容易破碎，以致很难发现完整器物”[6]。可见，它与上述石犁的损坏情况几乎完全相同。此外，还有浙江黄岩郑安新岙、余杭北湖、桐乡石门元帅庙等地[7]。在《江浙的石犁和破土器——试论我国犁耕的起源》中又指出：这些虽属采集，然而“附近亦时有印纹陶可见，故此式的延续时间颇长”。因此，这类双刃三角形石犁，就是我国古代原始石犁之一。它的时代有可能属于良渚文化时期。

可见，石犁的产生，标志着社会生产力的发展，“是古代农业史上的一次革命，从而使我国的原始农业从耜耕农业进入到犁耕农业阶段”。于是大大地推动了农业生产的发展，推动了社会经济的发展，促使原始氏族社会的迅速解体，最终进入奴隶社会[8]。

注释

① 王静如：《论中国古代耕犁和田亩的发展》，《农业考古》1983年第1期。

② 牟永抗、宋兆麟：《江浙的石犁和破土器——试论我国犁耕的起源》，《农业考古》1981年第2期。

③ 余扶危、叶万松：《试论我国犁耕农业的起源》，《农业考古》1981年第1期。

④ 罗宗真：《苏州市和吴县新石器时代遗址调查》，《考古》1961年第3期。

⑤ 浙江省文物管理委员会：《杭州水田畈遗址发掘报告》，《考古学报》1960年第2期。

⑥ 浙江省文物管理委员会：《吴兴钱山漾遗址第一、二次发掘报告》，《考古学报》1960年第2期。

⑦ 牟永抗、宋兆麟：《江浙的石犁和破土器——试论我国犁耕的起源》，《农业考古》1981年第2期。

⑧ 余扶危、叶万松：《试论我国犁耕农业的起源》，《农业考古》1981年第1期。

（原载《农业考古》1984年第1期）

江苏吴县澄湖古井群的发掘

南京博物院　吴县文管会

澄湖，又称陈湖或沉湖，是太湖以东平原上的一个中型湖泊。位于江苏省苏州市东南约 15 千米。南北长 9、东西宽 8 千米，面积约 45 平方千米，平均水深 1.9 米。该湖北濒吴淞江，南通淀泖湖群，是排泄太湖之水出海的重要途径（图一）。

据《吴县志》载："陈湖，相传本邑聚所陷（按：湖滨寝浦禅林内，明弘光元年所铸钟上有：'天宝六年春地陷成湖'等字）。"《吴郡甫里志》也称："陈湖，相传旧本陈州，沉为湖。迄今湖水清浅时，底有街井、上马石等物，舟人往往见之。"《周庄镇志》又载："陈湖相传为邑聚所陷……《太平广记》载此为陈县，有狮眼流江之说，事实近诞，然当水涸时，其中街衢、井穴历历可辨，余如上马石、墓道、田亩，不胜枚举，且有拾得铜锣、铁链及器皿什物者。"这些记载都说明澄湖湖底留有古文化遗存。

1974 年春，吴县东坊公社在澄湖西岸围湖造田，在承德和大姚之间的前湾（图二），大姚和乍墩之间的后湾（图三），以及乍墩和席区之间的马塔湾筑起三道大坝。湖水抽干后，在前湾和后湾的湖底发现大批古井，当地农民还在井中挖出了很多文物。南京博物院和吴县文化馆闻讯，派员赶至现场，进行了调查发掘和征集工作。复旦大学历史系教师及 1972 届学生也参加了部分古井的发掘。发掘工作

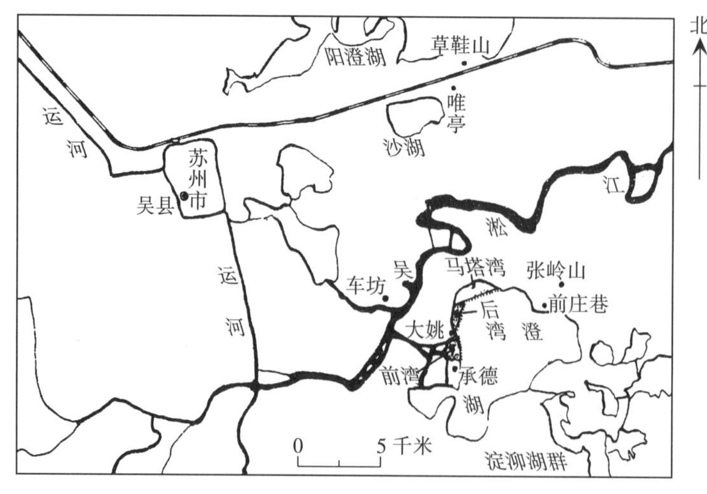

图一　澄湖地理位置示意图

图二　澄湖前湾全景

图三　澄湖后湾全景

自4月至6月，历时三个月。发掘古井150余口，出土文物连同当地征集的文物共1200多件。这次发掘，为增进我们对太湖流域古代文化面貌的认识，提供了丰富的实物资料。同时，通过发掘，对类似澄湖在河湖底部发现大量“坑穴”遗迹的命名以及对研究江南地区河湖变迁的历史，都提供了典型的实物例证。

现将发掘情况、出土遗物及对有关问题的看法，简述于下。

一、“古井”及对其命名的根据

澄湖遗址是一处范围广袤的古遗址，但其现状颇为特殊：遗址表面平坦，除少量散落的石器、陶片外，都是浅黄色的原生土，没有文化层；平面上分布着一个个黑灰色的圆坑，坑内积满软而烂的淤泥，并有文物出土。这种遗迹现象，在太湖地区较为多见，曾先后在常熟县的东圹墅和兴隆公社，昆山县的陈墓镇市河、巴城公社龙滩湖和太史淀，吴江县的大三瑾和九里湖，无锡县的南方泉，江阴县青阳公社顾家圩，武进县雪埝公社，以及吴县长桥公社西圹河等地发现过。由于出在河湖中，失去了文化层，数量少，时代短，看不出全貌。因此，对这类遗存究竟是井？是窖穴？还是灰坑的问题，认识上不统一。澄湖遗址则延续的时代较长，发现这类“坑穴”的结构形制也较多，可以较全面地来认识它。现介绍几个典型坑的情况。

1. J132　土坑，口径110、底径98、现存口至底深100厘米。坑体呈直圆筒形，坑内积满灰黑色淤泥。在距坑口平面27厘米深的淤泥中，开始出土器物，至80厘米深处，共出土夹砂红陶球腹罐、灰陶罐、钵、鳖形壶、花瓣足弦纹杯等11件文物。文物出土的深度不一，先露部位也无规律，最后一件文物之下，还有8厘米深的淤泥，以下才达坑底。坑壁很平滑，不见有脚窝（图四，1）。

2. J154　土坑，口径72、底径66、残深95厘米。坑体基本呈直圆筒形。坑壁一侧有倒坍现象。清理淤泥至距坑口平面40厘米处，出土黑衣陶罐1件，至深83厘米处，又先后出土黑衣陶罐2件、壶1

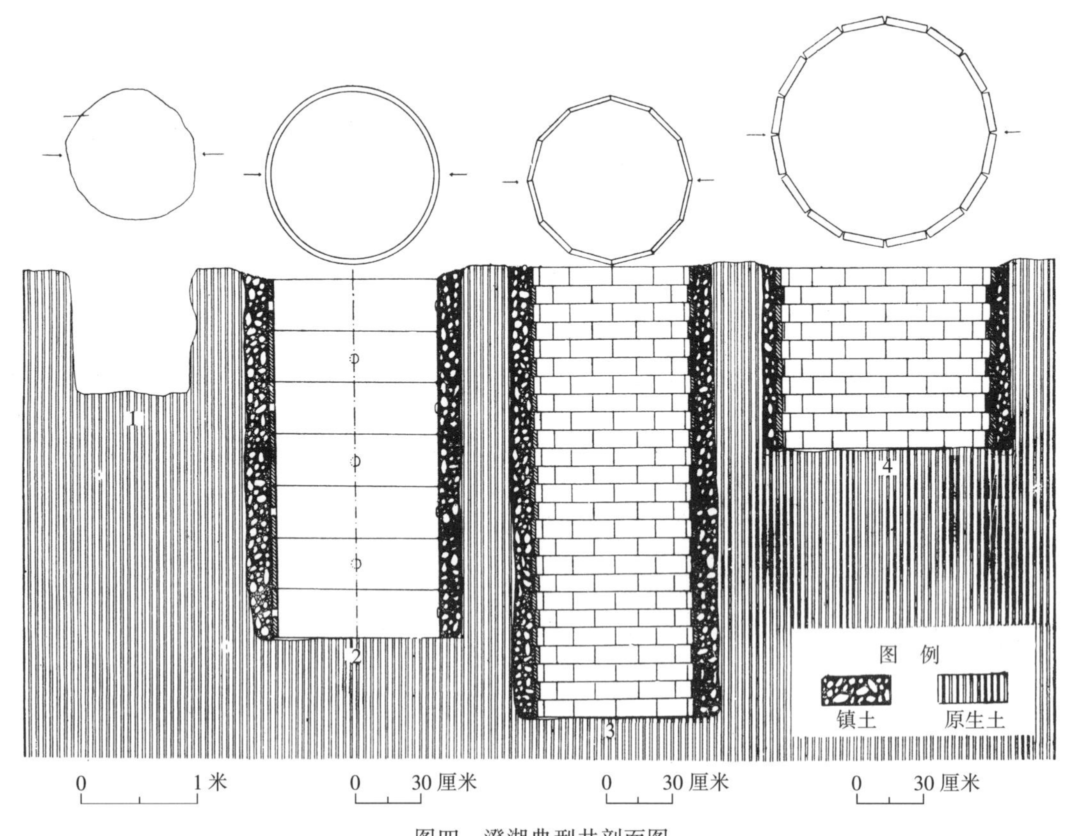

图四 澄湖典型井剖面图

1. 土坑（J132） 2. 陶圈叠砌（J149） 3. 带榫砖砌（J162） 4. 长方形小砖砌（J160）

件和夹砂陶鼎足1件。器物出土时先露部位没有规律。鼎足之下还有10厘米厚的淤泥。坑壁除倒坍的一侧之外都较光滑，不见脚窝（图五）。

3. J149 坑壁用陶圈叠砌。坑残深150厘米。陶圈直径70、高21厘米。圈壁留有两个相对的直径为5厘米的渗水孔。用七个这样的陶圈垒叠而成。陶圈外，有一层填土。坑边平地上及坑内还发现有陶圈碎片。坑内淤泥中出土有泥质灰黑陶弦纹罐和牛鼻系罐陶片（图四，2；图六）。

4. J162 坑壁以带榫砖砌成（图四，3；图七）。带榫砖剖面呈梯形。长17~18、宽7.3、厚3厘米。一端有卯眼，一端带榫头。砌造时，每层用砖十二块，首尾相衔而成环形。坑口直径为67、残深186厘米。在深180厘米处出土青瓷碗1件。

5. J160 坑口直径89、残深74厘米。坑壁以长方形小砖砌成（图四，4）。砖长17、宽7、厚3.5厘米。侧立叠砌成坑壁，每层用砖十六七块。出土有瓷碗、铁钩、木吊桶、秤钩、石秤砣等器物。

澄湖这类坑穴的结构及发掘时所见现象大体如上。剖析这些典型“坑”，可以清楚地看到：

（一）这类遗存都具有井的基本特征。从发掘的150多个“坑穴”看，坑体都呈圆筒形，口径一般在1米左右，残存深度1~3米不等，坑壁不见有脚窝，坑内淤泥清除以后仍具有贮水应用的作用。

（二）发掘中看到这类遗存有土井—陶圈井—带榫砖井—小砖井这样一个发展过程。遗址中大量的是新石器时代的土井，并出土同时代的陶器，而出土汉代陶器的井，则用在其他汉代遗址中多见的陶井圈垒筑而成。出土碗心密布支烧印痕的敞口平底青瓷碗和白瓷小碗等器物的井，则分别用唐、宋遗址中多见的带榫砖和小砖侧立盘筑而成。

（三）井内出土遗物主要为汲水器。形式以罐类盛器为多，炊器少见，鼎类大部分缺足。遗物出土层位及先露部位不一，可见不是按一定规律安放在坑内，显然这些器物大部分是作为汲水工具而失落井中的。

发掘中还发现这些汲水器有以下几种系绳装吊方法：

1. 出土器物大多有系、耳或整鋬，在耳孔内还常见已腐朽的绳索。

2. 有些陶器无耳，或失去一耳，常见在相应位置上钻透穿孔，以便系结绳子（图八，1）。

3. J148 出土的彩陶壶，口小颈细。在壶内发现竹棒一截，中间系着绳子，竹棒卡在颈内，用来汲水（图八，2）。

4. J158 出土的硬陶瓿，质硬，无耳，出土时发现通体罩一竹丝网，绳子系结在竹丝网罩上（图八，3；图五七）。

5. J103 出土的硬陶尊，口大，颈小，出土时颈部带有一道竹箍，绳子系结在竹箍上（图八，4）。

6. J108、J160 出土了近似于现代的木制汲水吊桶（图八，5；图二〇）。J160 还出土了打捞吊桶的铁钩（图一六，13；图一九）。

以上现象都证明这些坑穴确是汲水用的古井。

另外，在发掘中还发现有些井的位置比较特殊。如：

（一）J135，为陆地井。位于湖岸边的高地上。口径 90、残深 170 厘米。井打穿原生土 125 厘米，上为土灰色文化层。井中出土泥质红陶篮纹圜底内凹罐及篮纹硬陶罐片。井口平面比耕土层表面低约 1 米。

（二）有些井的位置在前湾古河道中。如 J172，土井，出土白瓷片。J173，陶圈井，出土绳纹陶井圈。

由 J135 可知澄湖古井原先上部是有文化层的，

图五 J154 发掘现场

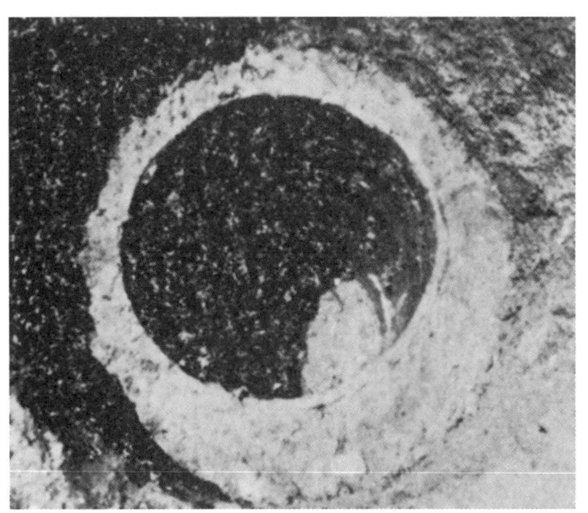

图六 J149 发掘现场

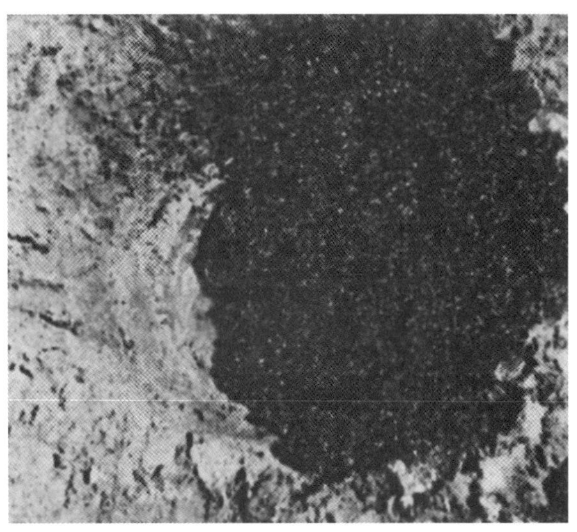

图七 J162 发掘现场

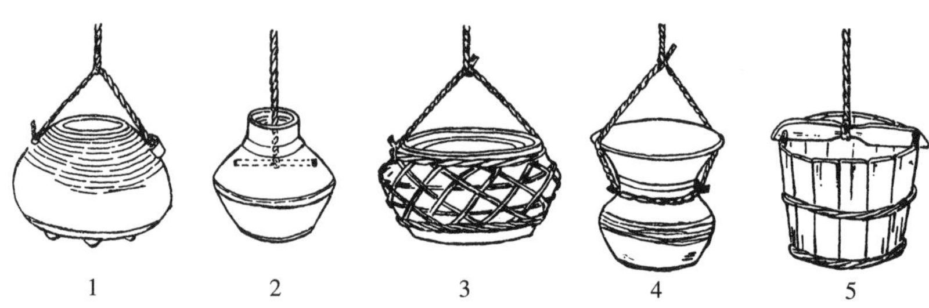

图八 汲水器吊装方法示意图

1. 双耳弦纹罐 2. 陶壶 3. 硬陶瓿 4. 硬陶尊 5. 木制汲水吊桶

各时代的井口也不像现在那样处在同一平面。J172 和 J173 发现于古河道中，说明河道的开挖要晚于这些古井。在澄湖尚未形成、河道尚未开挖的情况下，当时的生活水源，看来主要就是依靠这些水井。

在发掘中也发现有些坑有灰坑的迹象，出土了大量草木灰，灰中有陶片、兽骨等遗物，但这些坑的下部往往都有淤泥，并出有汲水器。如 J139 上部出土木头、陶片和大量草木灰，而下半部的淤泥中，出土了硬陶瓿，这说明是在井废弃以后，才被改作灰坑的。

二、出土遗物的分期和各时期古井出土的典型文物

澄湖古井群出土遗物丰富，但由于这些文物出土于失去了文化层的古井中，因此，这就很难根据地层学原理来判别具体器物的相对年代，这给澄湖古井出土遗物的分期带来了困难。但是，由于江浙两省和上海市文物考古工作者，中华人民共和国成立以来已经在太湖地区做了大量的工作，为解决澄湖古井的分期积累了经验。

特别是 1972 ~ 1973 年南京博物院对吴县草鞋山遗址的两次发掘，找到了典型的文化堆积层，发现了马家浜文化、崧泽文化、早期良渚文化、良渚文化以及几何印纹陶遗存层层叠压的关系[①]。1977 年对澄湖东北岸张陵山遗址的发掘，又丰富了对早期良渚文化（又称良渚文化张陵山类型）的认识。从而进一步明确了太湖地区古代文化的发展序列，这就为解决澄湖早期古井及出土遗物的分期问题找到了标尺。

对于印纹陶遗存，上海的考古工作者先后对上海县马桥，金山县戚家墩、亭林、查山，青浦县寺前村等遗址进行了发掘。江浙两省也分别对吴县五峰山烽燧墩，无锡华利湾古墓，武进淹城遗址，溧水乌山，金坛鳖墩，六合程桥东周墓，句容浮山果园土墩墓群以及杭州水田畈、吴兴钱山漾等印纹陶遗存进行了发掘和清理。以发掘资料为基础，经过分析，又得出了太湖地区印纹陶遗存早、中、晚三期各自的特征，为研究澄湖印纹陶遗存提供了依据。及至秦汉以后各代大量的考古工作，都为澄湖古井及出土遗物的分期提供了依据。

澄湖古井，以土井为多。每一口井延续使用的时间不可能太长，每口井的出土遗物，可以说是一个器物群。综合这些器物群的主要特点，与以往草鞋山等遗址地层或墓葬出土的器物加以对比，就可以得出古井的相对年代和绝对年代。还可以推断出同一井中其他器物的文化所属或时代。根据这种方法，澄湖古井及出土遗物可分为原始文化遗存（包括崧泽文化、早期良渚文化和良渚文化）、几何印纹陶遗存（包括马桥、华利湾、戚家墩三个类型）和汉至宋代的文化遗存等几个阶段。

澄湖遗址延续时间相当长，诸文化之间，有一个逐步发展和演化的过程，但限于遗址本身缺乏地

层依据，因此，只能根据器物本身的主要特征，将它们归入相应的类别，来分别加以研究。

（一）原始文化遗存

澄湖的原始文化遗存，包括崧泽文化、早期良渚文化（即张陵山类型）和良渚文化三个阶段。

1. 崧泽文化类型

澄湖古井群中最早的文化遗存是崧泽类型的遗物。这期的陶器以泥质灰、黑陶为主，质细腻，胎分灰和灰黑两种，烧成火候较高，器表色泽较统一。造型都较规正，兼有轮制和手制轮修，黑衣易剥落。器表多素面，纹饰以断凿附加堆纹和凸弦纹为主，并有漆绘陶器出现。器型较多，炊器以鼎、釜为主，盛器有罐、壶、豆、杯等。罐、壶多折腹、折肩。折腹部位多加饰一道断凿附加堆纹。系扁小，平底，圈足，内凹底都有，花瓣足和在底部割几个三角形缺口的简易花瓣足比较流行。典型器物如下。

四系灰陶罐　敛口，鼓腹，收胫，平底，口沿部对称分布着四个扁小系。泥质灰陶，领部及最大腹径处饰断凿附加堆纹。口径8.8、通高14.8厘米（图九，1；图二七）。

漆绘陶罐　直口，折肩，深腹，平底。泥质黑衣陶，腹上部有朱红色漆绘的直线和绚状彩饰带。口径10.5、通高23厘米（图九，2；图二八）。

红衣陶花瓣足罐　直口，溜肩，下鼓腹，底部为花瓣形足。夹砂红陶胎，质粗，素面，外磨光，罩红衣。口沿下为系绳汲水对称地穿凿两孔。口径10、通高12.9厘米（图九，3）。

折肩罐　折沿，圆唇，斜肩，折而收腹，底带矮圈足。泥质灰陶。素面。口径12、通高24厘米（图九，4；图二九）。

束腰高颈壶　侈口，圆唇，颈高中鼓，束腰，扁鼓腹，平底。泥质灰陶。底部有火焰状划纹。口径5.6、通高14.4厘米（图九，5；图三〇）。

花瓣足壶　直颈，斜肩，折腹，下带花瓣足。泥质灰胎黑衣陶，胎略呈火黄色，烧成火候较低。折腹处饰弦纹一道。足径5.8、残高9.4厘米（图九，6）。

环带纹直筒罐　直口，斜肩，直筒体，收胫，下有圈足。泥质黑衣陶。饰环带纹。口径9.8、通高22.4厘米（图九，7；图三一）。

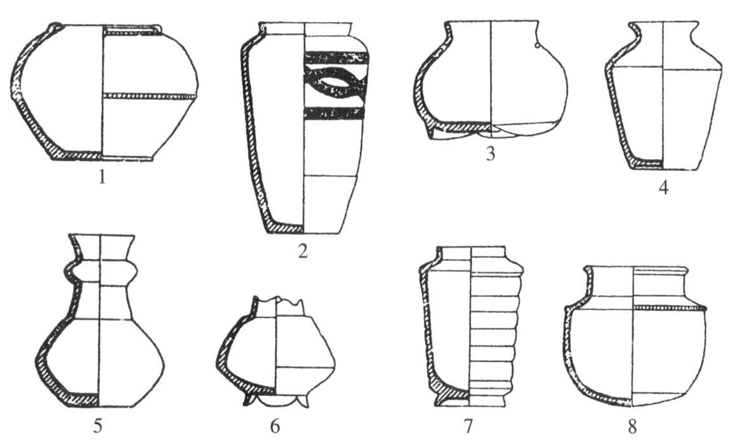

图九　澄湖崧泽类型典型器物

1. 四系灰陶罐（74Wch采126）　2. 漆绘陶罐（74WchJ023：1）　3. 红衣陶花瓣足罐（74Wch采71）　4. 折肩罐（74Wch采16）　5. 束腰高颈壶（74Wch采103）　6. 花瓣足壶（74Wch采35）　7. 环带纹直筒罐（74Wch采75）　8. 夹砂红陶釜（74Wch采18）（1～3. 1/8，4. 1/12，5、6. 1/6，7、8. 1/10）

夹砂红陶釜　高颈，卷沿，斜肩，圆筒腹，圜底。夹砂红陶。肩部饰断凿附加堆纹一周。底部有烟灰并有裂纹。口径14.5、通高19.5厘米（图九，8；图三二）。

这类遗物的文化特征，与浙江吴兴邱城中层、上海崧泽遗址中层、吴县草鞋山第六层，以及吴县张陵山下层墓葬中出土遗物的特征相接近。因此，澄湖崧泽类型文化遗存的绝对年代，当与崧泽遗址中层墓葬的年代相一致[②]。其绝对年代距今5500年左右。

2. 早期良渚文化（即张陵山类型）

澄湖早期良渚文化遗物，盛行灰胎黑衣陶，烧成火候较高，胎骨仍较厚重，器表不经打磨，出现带铅色光亮的黑衣陶器。器表仍以素面为主，仍有断凿附加堆纹和弦纹等纹饰，而以三角形和圆圈组合的刻划纹较为突出。器形有罐、壶、杯、钵、豆、盘、瓮、鼎等，罐多鼓腹，折腹器减少而圈足器增加，底部割几个三角形缺口的简易花瓣足仍占一定比例。典型器物如下。

刻花陶罐　斜肩，敛口，鼓墩体，平底。肩部带凸棱，上镂四对针眼小孔。泥质灰陶，施黑衣，已剥落。腹部刻划图案五组，为猫、鸟、蝶、蛇、鸡等形态。口径8.5、通高9.8厘米（图一〇，1；图版一，2）。

鳖形壶　形似鳖，俯视呈圆形，伸出四爪成各带两个针眼小孔的系，头开口成壶嘴，后有翘起的短尾巴，背上有脊，四周裙边及脊都作断凿附加堆纹状。底内凹，壶体光滑，着黑衣。口径4、通高10.6厘米（图一〇，2；图版一，1）。

彩绘陶罐　直口，斜肩，筒形体，收胫，圈足。泥质灰胎黑衣陶，上以朱彩绘成圆圈、撇和弦纹组合的图案。口径8.3、通高15.4厘米（图一〇，3）。

彩绘陶壶　高颈，圆唇，斜肩，折腹，小圈足。泥质灰胎黑衣陶，颈部饰朱彩宽带，肩腹部及圈足部也绘朱彩饰带。口径7、通高10.8厘米（图版一，5）。

匜形罐　体呈罐状，敛口，圆唇，平底。前端有鸭嘴状流，后带饰有圆圈纹的执把。泥质灰胎黑衣陶，胎骨较厚重。口径10.8、流长8、通高12.2厘米（图一〇，5；图三三）。

黑衣陶组合纹小口罐　小口，卷沿，弧肩，鼓腹，平底。泥质灰陶。肩部饰弦纹，最大腹径处有一道附加堆纹，并饰有刻划三角形组合花纹。口径6.2、通高15厘米（图一〇，6；图二六，2；图三四）。

刻纹陶罐　泥质灰胎黑衣陶。小口，弧肩，深腹，平底。肩下部和腹中部饰有刻划三角形和直短线组合的纹饰，黑衣易脱落。口径6.7、通高18.4厘米（图一〇，7；图版一，4）。

葫芦形罐　直口，束腰呈葫芦形，内凹底。泥质灰胎黑衣陶。素面无纹饰。口径6.5、通高21.6厘米（图一〇，8；图三五）。

黑衣陶盘　方唇，浅腹，玉璧形圈足。口沿部及足底刻划圆形和三角形组合的纹饰。泥质灰胎黑衣陶，带铅色光亮。口径18.2、通高3.4厘米（图一〇，9；图二六，1；图三七）。

乳丁纹陶杯　腰鼓形，口微敛，平底。泥质灰胎黑衣陶。饰划纹和乳丁纹。口径6、通高14.6厘米（图一〇，4；图三六）。

泥质黑衣陶鼎　折沿，方唇，斜肩，折腹，平底。口沿下有四对针眼小孔。鼎足外撇，与体连接处有高起的乳突。口径9.6、通高13厘米（图三八）。

澄湖早期良渚文化遗物的文化特征，与吴县张陵山上层、越城中层、浙江吴兴钱山漾和草鞋山第

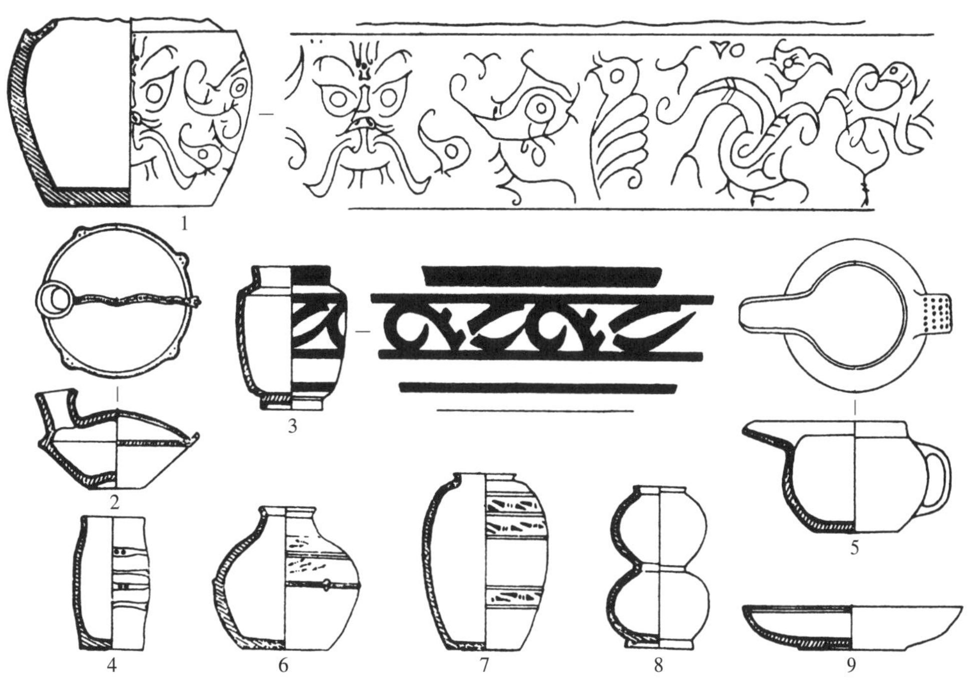

图一〇　澄湖早期良渚期的典型器物

1. 刻花陶罐（74Wch 采 231）　2. 鋬形壶（74WchJ132：4）　3. 彩绘陶罐（74Wch 采 68）　4. 乳丁纹陶杯（74WchJ148：1）　5. 匜形罐（74Wch 采 62）　6. 黑衣陶组合纹小口罐（74Wch32）　7. 刻纹陶罐（74WchJ43：3）　8. 葫芦形罐（74Wch 采 482）　9. 黑衣陶盘（74WchJ146：1）（1. 1/4，2～7. 1/8，8. 1/10，9. 1/6）

四层的出土遗物的特征相接近。因此，澄湖早期良渚文化遗存的绝对年代，可以参考浙江吴兴钱山漾出土竹绳和稻谷的测定数据[③]，其绝对年代距今 5000 年左右。

3. 良渚文化

澄湖典型良渚文化的遗存非常丰富。这期陶器盛行轮制黑衣陶。这些陶器胎骨较薄，器表经过打磨，黑衣漆黑铮亮，发铅色光。造型规正，同类型遗物很多，有的大小成套，似已有规定的形制。炊器以鬶、鼎为主，盛器有罐、壶、豆、杯等。习见贯耳，杯、鬶多带流和宽鋬，多见外撇的圈足。出土遗物中有模拟动物形态的猪形壶、鸟形壶等，而以鱼篓形罐、贯耳壶、宽把带流杯等最为多见。典型器物如下。

带木柄石斧　木柄粗端有长方形孔槽，槽内有钻孔时留下的火灼痕。石斧以辉长岩琢磨制成，横剖面作椭圆形，纵剖面成梯形。木把上的孔为下大上小，将石斧插入木柄孔内即能使用。柄长 76、柄径 5～7 厘米（图三九）。

彩绘陶罐　直颈，方唇，球腹，平底。口沿两侧平附两贯耳。轮制，胎薄。磨光黑衣陶，腹部以黄色彩绘成弦纹和波浪纹组合的图案。口径 8、通高 10.6 厘米（图一一，1；图版一，3）。

带陶文鱼篓形罐　鱼篓形，直颈，腹下鼓，溜肩，平底。两侧有贯耳各一。轮制，并经打磨光滑，黑衣黝黑铮亮。罐腹刻划有陶文“手”、“図”、“个”三字。口径 8.8、通高 12 厘米（图一一，5；图版一，6）。

长贯耳罐　直口，方唇，弧肩，鼓腹，矮圈足。两侧有贯耳。圈足相对贯耳的地方各割开一个缺口，以供兜底系绳。轮制，经打磨光滑，黑衣黝黑铮亮。贯耳内残存有草绳。口径 12、通高 12.6 厘米，贯耳长5.2厘米（图一一，6；图四〇）。

贯耳壶　薄胎黑衣磨光陶，高颈，口微侈，扁鼓腹。口沿两侧各有一贯耳。口径5.8、通高10厘米（图一一，3；图四一）。

宽鋬带流壶　直颈，口微侈，丰肩，鼓腹，圈足外撇。前端带捏拢的流，肩部带宽把。磨光黑衣陶，有铅色光亮。口径9.8、通高29.6厘米（图一一，4；图四二）。

宽鋬宽流壶　直口，宽流，鼓腹，圈足。同宽流相对的腹部有一半环形宽把。肩部有一周凸棱。口径7、通高12厘米（图一一，8；图版二，1）。

宽把带流杯。薄胎黑衣陶。筒形体，收而为口，圈足外撇。前端带簸箕形流，宽把上有两个圆形镂孔。轮制、手制结合，并经打磨光滑，黑衣有铅色光。足径7.2、通高16.9厘米（图一一，7；图版二，2）。

黑衣陶直颈壶。直颈，弧肩，扁鼓腹，圈足外撇。最大腹径处饰凸弦纹一道。胎薄、轮制，表面打磨光滑，黑衣铮亮。口径8.2、通高13.6厘米（图一一，2；图版二，3）。

猪形陶壶。泥质灰褐陶，烧成火候不很高。形似猪状，有尖嘴和隆起的猪耳，下有四足，壶口设在猪尾部，高高翘起。口沿两侧各有一穿孔，猪耳上也各有一针眼孔。素面施黑衣。口径3、通高

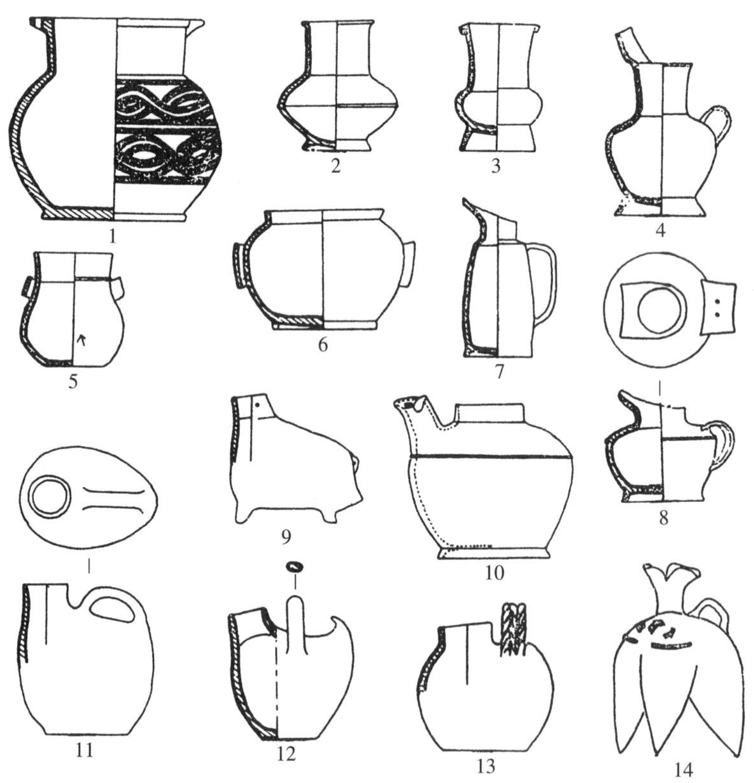

图一一　澄湖良渚文化期典型器物

1. 彩绘陶罐（74Wch采120）　2. 黑衣陶直颈壶（74Wch采73）　3. 贯耳壶（74WchJ133:1）　4. 宽鋬带流壶（74Wch采59）　5. 带陶文鱼篓形罐（74WchJ127:1）　6. 长贯耳罐（74Wch采14）　7. 宽把带流杯（74WchJ63:1）　8. 宽鋬宽流壶（74WchJ22:5）　9. 猪形陶壶（74Wch采60）　10. 兽头嘴罐（74WchJ03:1）　11. 皮囊式壶（74Wch采63）　12. 鸟形提梁壶（74Wch采39）　13. 编织纹提梁壶（74Wch采64）　14. 夹砂灰陶鬶（74Wch采20）（1. 3/4，2、5~8、10~13. 1/8，3、9. 1/2，14. 1/10）

10.4 厘米（图一一，9；图版二，4）。

兽头嘴罐　泥质黑衣陶。直口，矮颈，圆肩，弧腹，圈足外撇。肩部有兽头形管状嘴。口径 7.5、高 16.2 厘米（图一一，10；图版二，5）。

鸟形提梁壶　形似鸟状，头作口，尾部有翘起的小尾巴，平底。背部有断面为椭圆形的提梁。泥质灰胎黑衣陶。素面。口径 4、通高 15.1 厘米（图一一，12；图版二，6）。

皮囊式黑衣陶壶　形体扁，似一皮囊，背部有一提梁。磨光黑衣陶，素面。口径 4.8、通高 15.6 厘米（图一一，11；图四三）。

编织纹提梁壶　直口，鼓腹，平底。口偏前，背部有作编织带状的提梁。磨光黑衣陶，带铅色光亮。口径 6.3、通高 15.6 厘米（图一一，13；图四四）。

夹砂灰陶鬶　细颈，口扁，袋足较瘦，背带宽把。肩部饰篦纹和附加堆纹。裆内积满烟灰。通高 24.9 厘米（图一一，14；图四五）。

澄湖良渚类型遗物的特征，与浙江嘉兴雀幕桥，上海马桥下层，金山亭林下层，吴县草鞋山第 2 层出土遗物的特征相接近④。因此，澄湖良渚文化遗存的绝对年代，应在距今 4500~4000 年。

澄湖古井群出土的原始文化遗存，包括以上三个阶段。这些遗物从又一个侧面反映了太湖地区在距今五六千年的新石器时代，确实存在着比较先进的文化。

（二）几何印纹陶遗存

几何印纹陶遗存，从上海马桥遗址的发掘来看，是晚于良渚文化的遗存。澄湖的几何印纹陶遗存，根据其不同特征，可分为马桥、华利湾、戚家墩三个类型。模拟动物形态的鸡、鸟形提梁壶、猪形壶、鳖形壶，皮囊壶，图案精心的彩绘陶器、漆绘陶器，以及刻有陶文符号的鱼篓形罐等，都闪耀着中华民族远古文明的火花。出土的带木柄石斧，颇为罕见，也为我们研究石器时代工具安装方法提供了实例。良渚文化期的贯耳高颈壶、鱼篓形罐、宽把带流杯，以及鬶、鼎等，胎薄而匀称；大小成套，反映出当时陶器的制作，已向专业化方向发展。专门从事制陶的人们，已熟练地掌握了制坯和煅烧技术。社会分工的进一步明确，是社会生产力发展到一定程度的产物。澄湖良渚文化的遗存，也可以从一个侧面说明，当时社会已到达野蛮时代向文明时代过渡的前夜。

1. 马桥类型

马桥类型的几何印纹陶，属于太湖地区几何印纹陶的发生期。这阶段的陶器以泥质红陶、黑衣陶为主，兼有一定数量的硬陶。纹饰以拍印的编织篮纹、席纹、叶脉纹为主。拍印后器内的垫印窝不加抹平。口沿部常带有刻划的陶文记号。多见圜底内凹罐及鸭形壶等。典型器物如下。

红陶圜底内凹罐　泥质红陶。折沿，方唇，鼓腹，圜底内凹。通体饰编织篮纹，口沿部有弦纹五道。口径 12.9、通高 13.4 厘米（图一二，1；图二六，4；图四六）。

泥质黑衣陶圜底内凹罐　方唇，溜肩，圜底内凹，形似鱼篓。肩颈部饰弦纹，圜底部拍印浅斜方格纹。口径 10.8、通高 13.2 厘米（图一二，2；图四七）。

硬陶鸭形壶　形似鸭子。侈口，卷沿，圜底内凹。背上有宽鋬，鋬与罐身结合处饰乳丁堆纹，通体拍印曲折纹。口径 11.7、通高 14 厘米（图一二，5；图五〇）。

盘式鼎　夹砂红陶。侈口，宽沿，浅盘，平底，下有三条外撇的扁锥形足。口径 19.9、高 12.1 厘

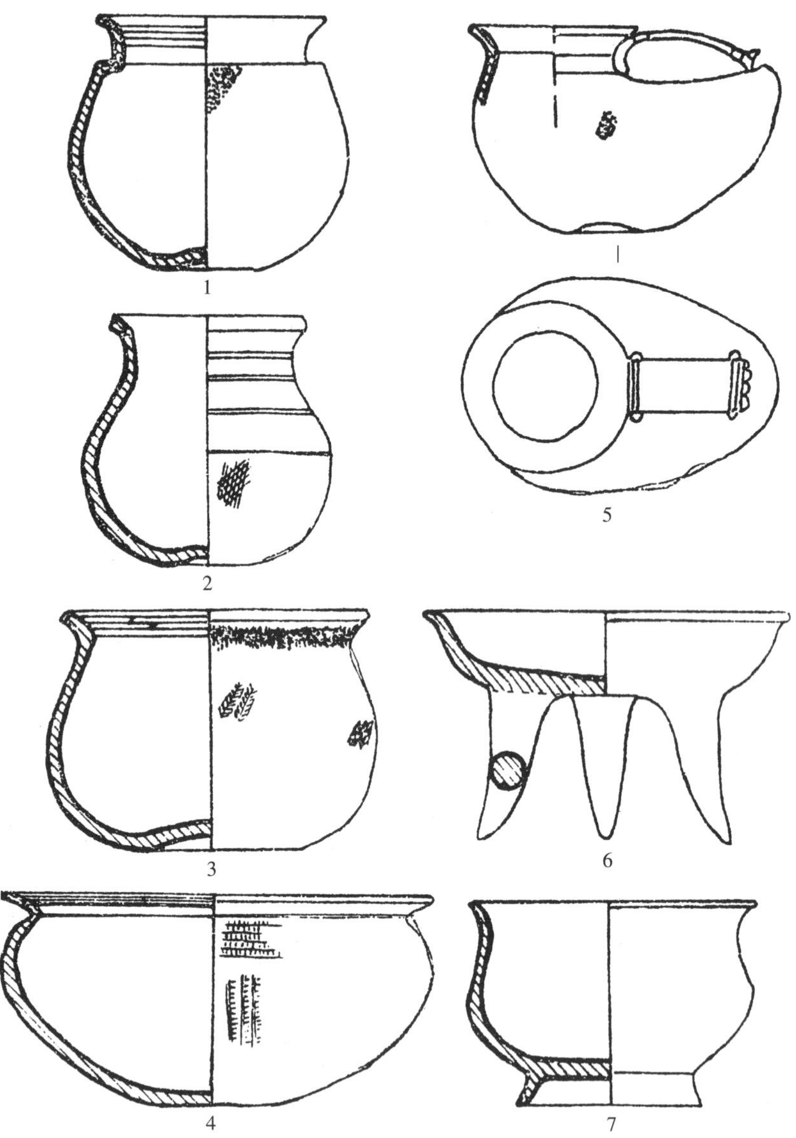

图一二　澄湖马桥类型几何印纹陶器

1. 红陶圜底内凹罐（74WchJ164：1）　2. 泥质黑衣陶圜底内凹罐（74WchJ136：1）　3. 叶脉纹圜底内凹罐（74Wch 采 37）　4. 印纹陶盆（74WchJ12：1）　5. 硬陶鸭形罐（74Wch 采 81）　6. 盘式鼎（74WchJ2：1）　7. 黑衣陶簋（74Wch 采 498）（1～3、6、7. 1/4，4. 1/6，5. 1/5）

米（图一二，6；图四八）。

印纹陶盆　侈口，宽沿，弧肩，收腹，圜底内凹。通体拍印编织带纹。口径 36、高 10 厘米（图一二，4；图四九）。

提梁盉　泥质黑衣陶，带铅色光亮。侈口，鼓腹，圜底内凹。口沿上有宽边提梁，上刻划云雷纹，前有一长管状流。口径 11. 8、高 16 厘米（图一三；图五二）。

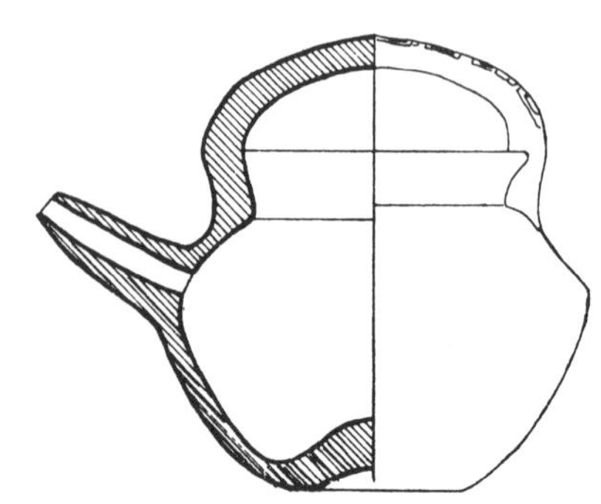

图一三　提梁盉（74WchJ37：1）（1/4）

叶脉纹圜底内凹罐　折沿，方唇，圜底内凹。灰褐色硬陶，腹部拍印叶脉纹，口沿上饰弦纹三道，刻有“⇜”记号。口径 16. 8、通高 12. 6 厘米（图一二，3；图五三）。

黑衣陶簋　泥质黑衣陶。侈口，方唇，收胫，下有圈足。素面。烧成火候较高。口径16.3、通高11.2厘米（图一二，7；图五一）。

澄湖早期印纹陶的特点与马桥四层、浙江钱山漾、水田畈上层以及上海亭林、查山中层出土遗物的特点相同。因此，其绝对年代，可以参考查山和亭林^{14}C测定的数据⑤，可定在距今3800～3200年，大约相当于中原的夏末和商代。

2. 华利湾类型

华利湾类型几何印纹陶的器型、纹饰种类多而繁复。纹饰常见的有曲折纹、回纹、云雷纹、波浪纹、席纹、粗绳纹、弦纹和“S”形附加堆纹等，还有数种纹饰相结合的组合纹饰。纹理都粗深有力。陶质以印纹硬陶为主，共存原始瓷。不见圜底内凹器，习见平底或圜底器。器形扁矮，多带鸟形小系。原始瓷器的釉色茶绿，多深浅不匀的釉斑。器物以罐、钵为主，兼有仿青铜器特点的尊、鼎等。典型器物如下。

细砂红陶釜　直领，方唇，折肩，圜底，下部施绳纹，肩部有刻划陶文符号四个。口径15.5、通高22.7厘米（图一四，1；图二六，3；图五四）。

蟠螭纹原始瓷鼎　侈口，卷沿，扁鼓腹，平弧底，三足残缺。腹部有一对绹纹半环耳和竖条辫状堆纹，腹中部有剔出的类似青铜器上蟠螭纹的饰带，器内留同心圆旋纹。釉色青绿，残足断裂处见灰白色胎。口径16、残高9.5厘米（图一四，2；图五五）。

硬陶鼎　褐色硬陶。直口，尖唇，鼓腹，有三个外撇的柱足。肩、腹部饰波浪纹，口沿下有弦纹，肩部有“S”形堆纹三个。口径15、通高12.2厘米（图一四，6；图二六，6；图五六）。

组合纹硬陶瓿　敛口、丰肩、扁鼓腹，平底。两侧有条形假耳。橘红色硬陶。饰弦纹、折尺纹和刺纹组合的纹饰。出土时器外有竹丝网罩。口径12.2、通高8.4厘米（图一四，3；图五七）。

云雷纹硬陶尊　灰褐色硬陶。高颈，卷沿，尖唇，腹稍鼓，平底。腹部饰粗深的云雷纹。口径16、通高12.5厘米（图一四，5；图二六，5；图五九）。

原始瓷小盂　敛口，折沿，尖唇，折肩，折腹，平底。两侧附两小系。肩部有“S”形划纹多道。器心密布旋坯而留下的同心圆。灰绿色釉，釉色不匀。口径9、通高5厘米（图一四，4；图五八）。

原始瓷小钵　敛口，尖唇，鼓腹，平底。肩部饰刺纹带，绳纹系旁贴有“S”形堆纹。器心密布同心圆。茶绿色釉，不匀。口径10.2、通高9厘米（图一四，8；图六〇）。

叶脉纹硬陶钵　深褐色硬陶。敛口，下鼓腹，平底。口沿下饰弦纹，腹部饰叶脉纹。两侧有鸟形小系。口径7.8、通高9.4厘米（图一四，7；图二六，12；图六一）。

这些印纹陶器的特点与无锡华利湾古墓、江苏溧水乌山二号墓、句容浮山果园土墩墓以及吴县五峰山烽燧墩出土遗物的特点接近。因此，这一期定在西周至春秋，不会有多大疑义。

3. 戚家墩类型

这一期的遗存，泥质黑衣陶数量增加。硬陶器向精细的方向发展，器壁都较匀薄，纹饰也细巧，以弦纹、麻布纹、米筛纹、圆圈纹和掐印纹为多见。黑泥陶的轮制程度很高，器底常带三乳丁足，器肩多附双耳。双耳高颈黑陶罐很有特点。典型器物如下。

双耳黑陶罐　泥质灰胎黑衣陶。高颈，方唇，口微侈，扁鼓腹，肩部有两个系，平底，下有三个

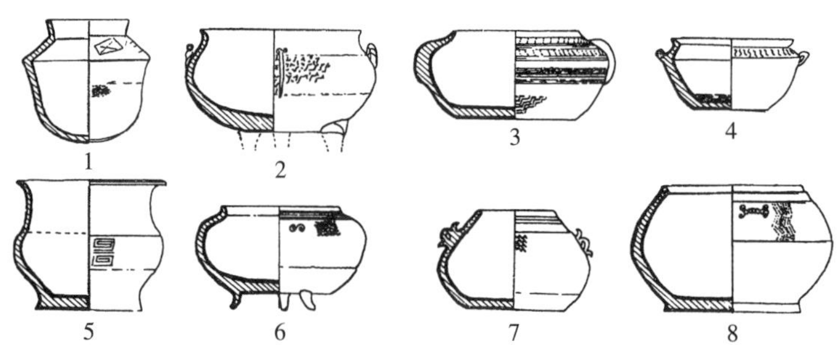

图一四　澄湖华利湾类型几何印纹陶器

1. 细砂红陶釜（74Wch 采 77）　2. 蟠螭纹原始瓷鼎（74WchJ46：6）　3. 组合纹硬陶瓿（74WchJ158：2）　4. 原始瓷小盂（74Wch 采 100）　5. 云雷纹硬陶尊（74Wch 采 82）　6. 硬陶鼎（74Wch 采 88）　7. 叶脉纹硬陶钵（74Wch 采 89）　8. 原始瓷小钵（74Wch 采 42）（1. 1/16，2、3、5、7. 1/8，4、8. 1/6，6. 1/10）

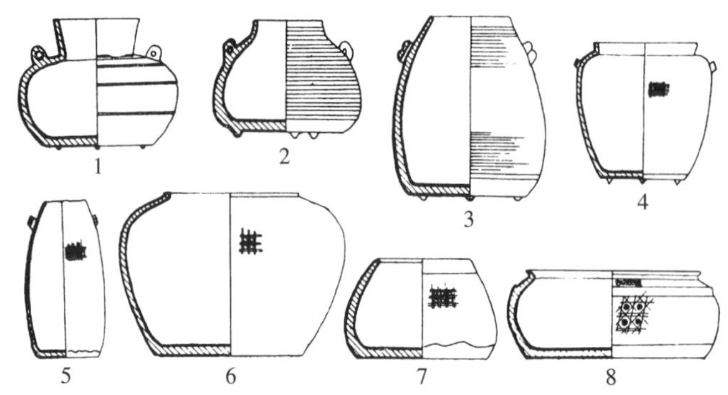

图一五　澄湖戚家墩类型印纹陶器

1. 双耳黑陶罐（74WchJ114：1）　2. 双耳弦纹罐（74WchJ129：1）　3. 贯耳弦纹罐（74WchJ121：1）　4. 细麻布纹硬陶罐（74Wch 采 93）　5. 细麻布纹硬陶杯（74Wch 采 5）　6. 米筛纹原始瓷钵（74Wch 采 96）　7. 米筛纹硬陶钵（74Wch 采 91）　8. 窗棂纹浅腹钵（74Wch 采 83）（6. 1/10，余 1/8）

小乳丁足。肩部饰凸弦纹。口径 8. 8、通高 12. 4 厘米（图一五，1；图六二）。

双耳弦纹罐　敛口，圆唇，溜肩，下鼓腹，平底设三乳丁足。肩部立两个环状耳。泥质灰胎黑衣陶。通体饰弦纹。口径 6. 7、通高 11. 1 厘米（图一五，2；图六三）。

贯耳弦纹罐　敛口，方唇，溜肩，平底带三个小乳丁足。肩部设两个贯耳。泥质灰胎黑衣陶。腹部饰弦纹。口径 8、通高 17. 4 厘米（图一五，3；图六四）。

细麻布纹硬陶罐　直口，方唇，深腹，平底带三个尖状小足。肩部有两个小贯耳。米灰色硬陶，胎薄。饰细麻布纹。口径 10、通高 13. 3 厘米（图一五，4；图二六，15；图六六）。

细麻布纹硬陶杯　敛口，深筒形，平底。有两个小贯耳。米灰色硬陶，薄胎。通体印规整的细麻布纹。口径 4. 2、通高 14. 9 厘米（图一五，5；图六五）。

米筛纹原始瓷钵　敛口，方唇，丰肩，收胫，平底，呈鼓墩式。胎均而质细，饰米筛纹，罩灰青色釉。口径 16. 5、通高 19. 2 厘米（图一五，6；图六八）。

米筛纹硬陶钵　敛口，方唇，平底。红褐色硬陶，饰米筛纹。口径 9. 2、通高 9. 4 厘米（图一五，7；图二六，16；图六九）。

窗棂纹浅腹钵　折沿，尖唇，浅腹，平底。灰色硬陶质。肩部饰波浪纹，腹部饰窗棂纹。口径 17. 4、通高 8. 4 厘米（图一五，8；图二六，17；图六七）。

澄湖戚家墩类型印纹陶的特点与上海金山县戚家墩下层、吴县长桥公社西圹河、浙江绍兴漓渚战国墓出土遗物相近似，时代也大致在战国时期[6]。

澄湖古井群出土的几何印纹陶遗存，大致包括以上三个阶段。澄湖早期印纹陶遗存中，拥有一定数量带有二里头文化因素的仿铜陶器，这一事实与古文献中关于“桀与其属俱去海外”[7]，“禹致群神于会稽之山”[8]和《禹贡》中关于大禹治水太湖的记载相印证，说明夏商时代太湖地区在承袭当地越族土著文化的同时，已与中原发生着日益频繁的联系，吸收了许多中原夏、商文化的因素，而形成了既区别于典型良渚文化，又不同于中原夏、商文化的地方性文化——越文化的先型。

商代晚期，即在所谓“太伯之奔荆蛮，自号句吴”之后，江南一带已逐步统一到吴国的版图之内，澄湖华利湾类型的印纹陶与宁镇地区和上海、浙北地区具有共同的文化特征——吴文化的特征，正是吴国统治着这一地区的历史的真实反映。

澄湖戚家墩类型的印纹陶与太湖流域、浙江地区乃至苏北地区明显显示出同一文化面貌，正好与周元王三年（前473年）吴国为越国所灭，这一带均为越国统治着的史实相吻合。

澄湖边的大姚，古称摇城，有“初吴王子居焉，后越王摇居之”（见《越绝书·吴地传》）的记载。摇城筑城以及吴子、越摇居城的年代，正好在春秋、战国时期。澄湖出土的大量印纹陶，反映出当时这里繁茂发达的情况。

（三）汉—宋代的文化遗存

澄湖古井群最晚的文化遗存，是汉至宋代的遗存。较典型的器物如下。

弦纹罐　口沿似以两重泥环粘造而成，圆唇，丰肩，收胫，平底。泥质黑陶。腹部饰密弦纹。口径11.8、通高26.4厘米（图一六，1；图一七）。

黑陶坛　内口直颈方唇，外口侈而圆唇，球腹，平底，两耳残缺。泥质灰黑陶。饰弦纹。口径11.8、通高21厘米（图一六，5；图一八）。

酱色釉盘口壶　盘口细颈，鼓腹，平底。两耳饰蕨纹。施酱色釉，釉脚线较平齐，底部露橘红色胎。口径6.5、通高10.8厘米（图一六，2）。

青瓷器盖　直口，圆唇，盖顶扁平饰覆莲瓣纹，有桥形系三个。釉色淡青，有冰裂纹开片。盖径11.8、通高4厘米（图一六，6；图七〇）。

褐斑短流执壶　直颈，卷沿，尖唇，溜肩，直筒体。前有八角形短嘴，后为执把，两边侧面各有一系。通体施浅黄色釉。壶嘴及两侧系下，贴模印花草饰片，并涂褐色釉斑。口径10.5、通高22.8厘米（图一六，3；图七三）。

敞口青瓷碗　敞口，圆唇，平底。施青灰色釉，底部露红褐色胎。碗心及底部边沿密布支烧印痕。口径15.1、通高4.3厘米（图一六，4；图七一）。

菱花口碗　敞口，呈菱花形，圈足，足端较平。碗心有支烧印痕一周。胎薄，釉呈浅灰色。口径18.2、通高7.7厘米（图一六，8；图七二）。

缠枝牡丹花小碗　敞口，圆唇，小圈足。釉色葱翠，圈足端露橘红色胎。碗心饰缠枝牡丹花。口径11.2、通高4.3厘米（图七四）。

黑釉执壶　口微敛，圆唇，溜肩，瓜形腹，下有玉璧形矮圈足。釉色灰黑闪亮。壶嘴短而规整。

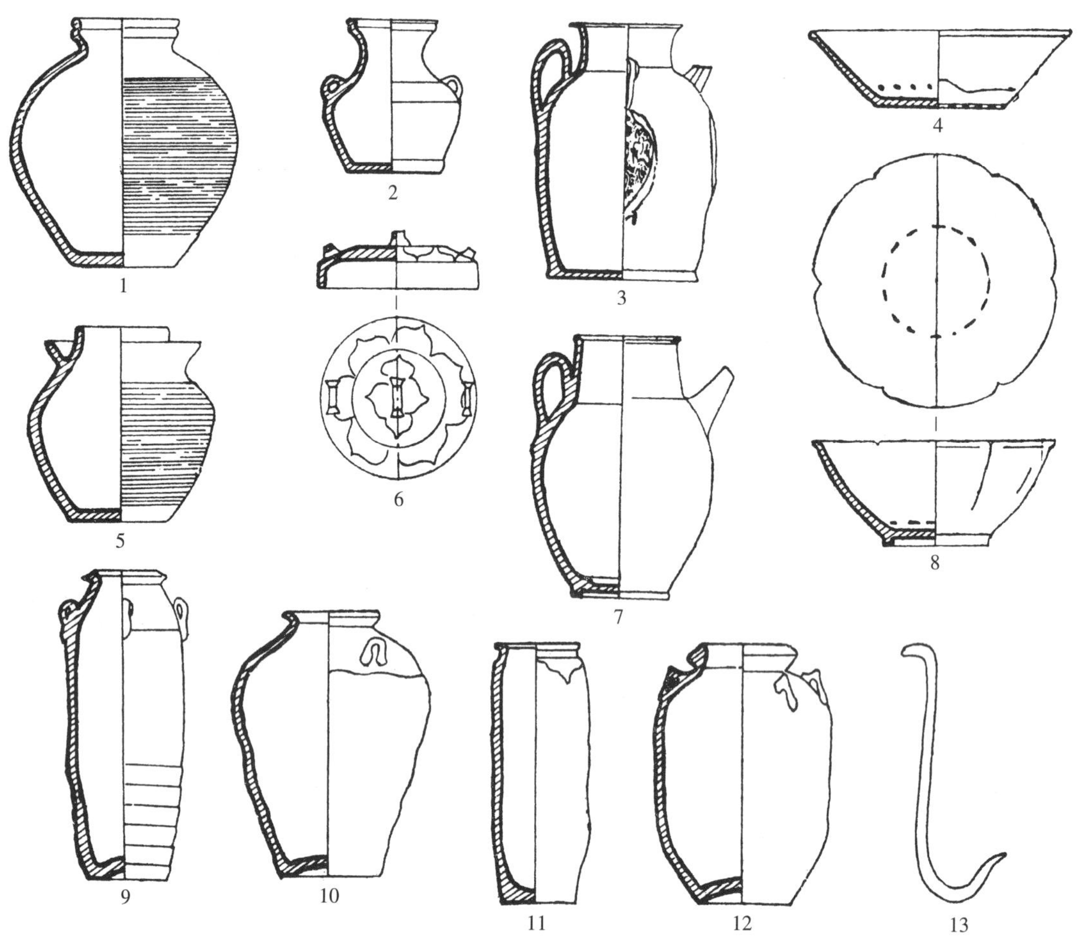

图一六　澄湖古井群汉—宋代典型器物

1. 弦纹罐（74WchJ118：2）　2. 酱色釉盘口壶（74Wch 采 108）　3. 褐斑短流执壶（74Wch 采 103）　4. 敞口青瓷碗（74WchJ162：1）　5. 黑陶坛（74Wch 采 314）　6. 青瓷器盖（74Wch 采 111）　7. 黑釉执壶（74Wch 采 102）　8. 菱花口碗（74Wch 采 107）　9. Ⅳ式釉陶壶（74Wch 采 57）　10. Ⅲ式釉陶壶（74Wch 采 56）　11. Ⅰ式釉陶壶（74WchJ107：2）　12. Ⅴ式釉陶壶（74Wch 采 58）　13. 铁钩（74WchJ160：4）（1、5. 1/8，2、6、8、13. 3/16，3、7、9～12. 3/20，4. 1/4）

口径 9. 2、通高 23. 2 厘米（图一六，7；图七五）。

木吊桶。口大，底小，外有铁箍两道。提梁与桶体结合不用榫卯，而分别钻孔后用绳子缚扎。口径 22. 8、通高 24 厘米（图二〇）。

铁钩。铁锻制，断面呈长方形。长 18 厘米（图一六，13；图一九）。

釉陶壶（即韩瓶）。种类较多，基本可分五式。

Ⅰ式　敛口，圆唇，形如橄榄，底稍内凹。釉色青黄。口径 9. 2、通高 24 厘米（图二一）。

Ⅱ式　口微敛，方唇，平底，直筒形体，不十分规整。口沿部施茶黄色釉，体露米色胎。口径 7. 8、通高 23. 2 厘米（图一六，11；图二二）。

Ⅲ式　敛口，卷沿，方唇，丰肩，收腹，内凹底。有对称的四个系。口沿及肩部施浅黄色釉，下露橘红色陶胎。口径 8. 5、通高 23. 5 厘米（图一六，10；图二三）。

Ⅳ式　敛口，尖唇，直筒体，收腹，小凹底。肩部附贴四系。通体施赭褐色釉，并有旋坯时留下的痕迹。口径 6、通高 27. 5 厘米（图一六，9；图二四）。

图一七　弦纹罐（74WchJ118：2）

图二〇　木吊桶
（74WchJ160：2）

图二一　Ⅰ式釉陶壶
（74WchJ150：1）

图一八　黑陶坛（74Wch采314）

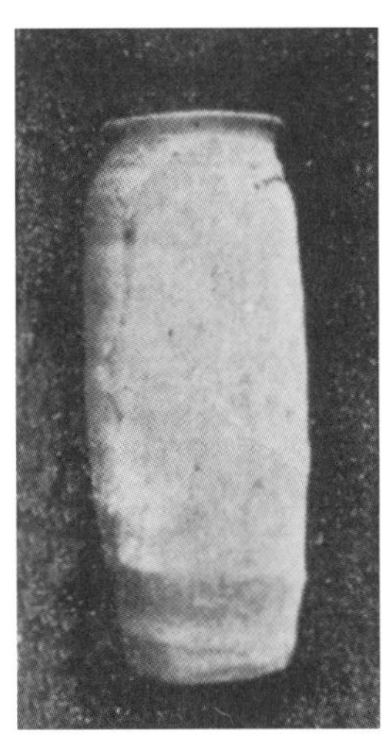

图二二　Ⅱ式釉陶壶
（74WchJ107：2）

图二三　Ⅲ式釉陶壶
（74Wch采56）

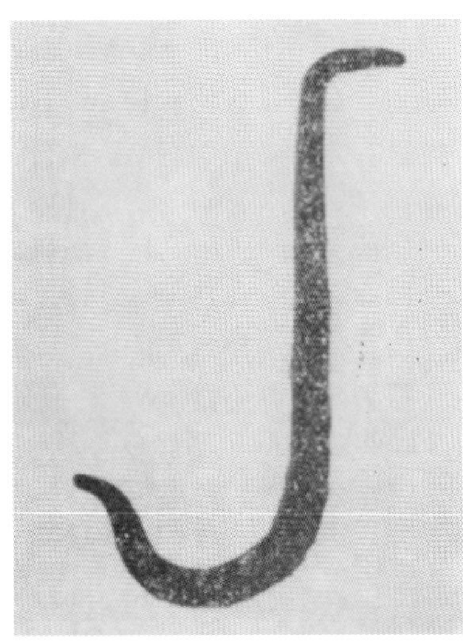

图一九　铁钩（74WchJ160：4）

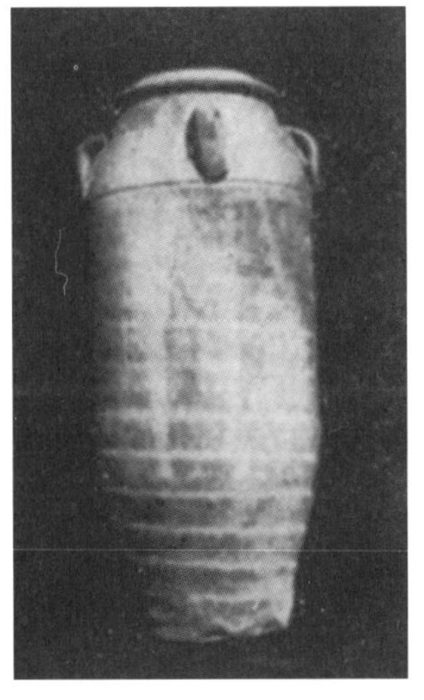

图二四　Ⅳ式釉陶壶
（74Wch采57）

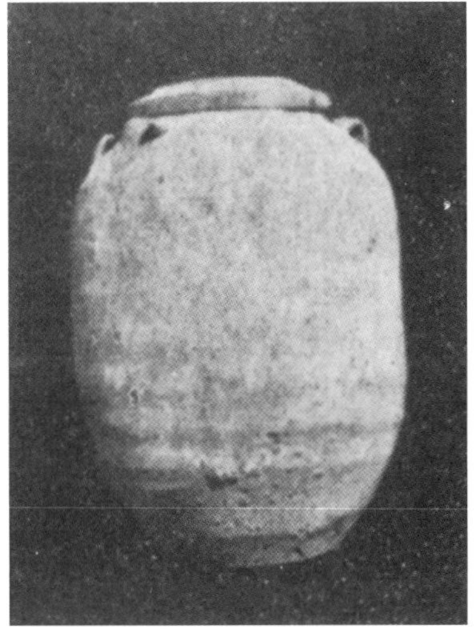

图二五　Ⅴ式釉陶壶
（74Wch采58）

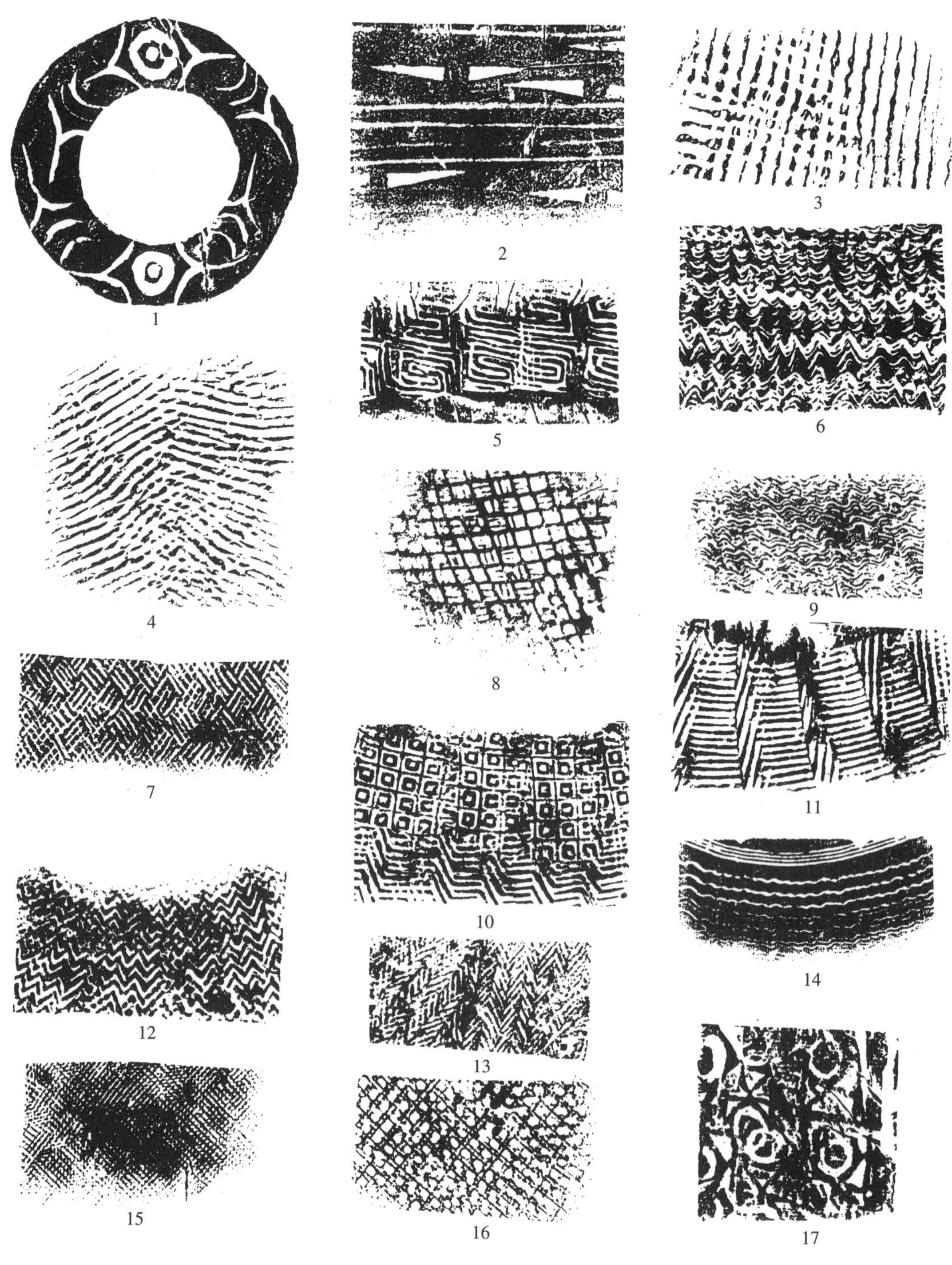

图二六　陶器纹饰拓片

1. 泥质黑衣陶盘（74WchJ146：1）底部组合刻纹　2. 黑衣陶小口罐（74Wch 采 32）肩部组合刻纹　3. 红陶釜（74Wch 采 77）底部绳纹　4. 红陶圜底内凹罐（74WchJ164：1）拍印编织篮纹　5. 云雷纹硬陶尊（74Wch 采 82）腹部云雷纹　6. 硬陶鼎（74Wch 采 38）腹部波浪纹　7、8. 席纹　9. 波浪纹　10. 组合纹　11. 曲折纹　12. 叶脉纹硬陶钵（74Wch 采 89）肩部叶脉纹　13. 叶脉纹　14. 弦纹、波浪纹　15. 细麻布纹硬陶罐（74Wch 采 93）腹部麻布纹　16. 米筛纹硬陶钵（74Wch 采 91）腹部米筛纹　17. 窗棂纹浅腹钵（74Wch 采 83）腹部窗棂纹（1/2）

V式　敛口，尖唇，矮胖体，收胫，内凹底。肩部四系。通体施赭褐色釉。口径7.5、通高23厘米（图一六，12；图二五）。

澄湖古井群晚期遗存中，汉代的泥质灰黑陶弦纹罐、六朝的青瓷器和宋代数量众多的釉陶壶（韩瓶）等，都具有明显的时代特征。唐代的褐斑短流壶，与扬州唐城所出相同，均属铜官窑的产品。宋代的井中出有木制吊桶，并有打捞工具铁钩发现。所以，这时期的井内，除不易打捞的碗、盅和粗糙的釉陶壶外，完整而精美的遗物较少，发掘中没有宋代之后的遗物，这与澄湖地区的地貌变化有着密切的关系。

三、澄湖形成和遗址“陷落”的原因、年代问题

通过澄湖古井群的发掘和对澄湖周围的调查，我们对澄湖的形成和遗址“陷落”的原因、年代问题，得出了一些初步的看法。

我们认为，澄湖这一地区的地质、地理特征，是澄湖形成的基础，三江的湮废是澄湖形成的重要原因，而洪水则是澄湖形成的直接原因。

澄湖位于长江三角洲的江南古陆部分，位于华厦褶皱之西的甪直凹陷部位。这一带的基岩上覆盖着厚达220米左右没有胶结的物质，多为潟湖所含粉砂性亚黏土，属第四纪全新统现代沉积。这样厚的新沉积物，孔隙率大，土质比较疏松。因此，全新世以来，一直处于缓慢下沉的过程中[⑨]。澄湖的所在地，在古三江口附近，即吴淞江、娄江、东江的分流处[⑩]。8世纪以后，随着全球性冰后期海面的升高，三江所处的太湖平原不断沉降，三江之水的流速大大减慢，以致江水挟持的泥沙常常在河道内沉积。在海潮汛时，原来宣泄太湖水入海的三江，甚至变成海水内浸的主要通道。正如北宋水利家郏亶所指出的：“欲东导于海者反西流，欲北导于江者反南下。”[⑪]海水曾一度逆吴淞江而倒灌到苏州城东一二十里。潮水所挟持的泥沙大量地在河床内沉积，从而娄江、东江相继淤塞。“深广可敌千浦”的吴淞江，到宋代也逐渐淤浅变狭，下游的宽度由20里逐渐缩小为9里、5里、3里，甚至不足2里[⑫]。太湖之水排泄不畅，导致太湖流域经常内涝成灾。入《宋史·五行志》和《吴县志》记载的苏州郡、平江府这时期的大水灾，就有16次之多，澄湖的中心部位，可能在洪水中，被冲击淹没而成。

如果澄湖的形成真由洪水冲淹所致，那么，澄湖中心部位的形成年代，当在北宋大观元年（1107年）至南宋乾道六年（1170年）。太湖流域自宋大观元年至乾道六年间发生了七次大水灾[⑬]，以隆兴二年（1164年）的洪水为最大，因此，澄湖的形成，也以隆兴二年的可能性为最大。澄湖遗址出土的文物，都为宋及宋之前的遗物，正是这一史实的证明。

根据以上情况和遗址的特殊现状，估计澄湖遗址（发掘部分）的成湖，应该在宋代澄湖形成之后，是逐步陷入湖中的。在拍岸浪的作用下，遗址部分的湖岸不断塌方，湖面不断扩大，文化土被作为游移质，随水浪卷带到深处沉积。石器、陶片、兽骨等较重的遗物，被析留湖边，而打穿原生土的古井的下半截，由于土层坚硬，得以幸存，并被淹埋在浩渺的湖水之下。澄湖遗址也就变成了这样一处没有文化层的特殊形式的古文化遗址。

参加澄湖古井群发掘工作的，有南京博物院的邹厚本、汪遵国、纪仲庆同志，吴县文化馆及文化系统的李伯襄、张志新、叶玉其、董兴国、王新、乌雪君、程玮同志。

图二七　四系灰陶罐（74Wch 采 126）

图二八　漆绘陶罐（74WchJ023：1）

图二九　折肩陶罐
（74Wch 采 16）

图三〇　束腰高颈陶壶
（74Wch 采 103）

图三一　环带纹直筒罐
（74Wch 采 75）

图三二　夹砂红陶釜（74Wch 采 18）

图三三　匜形陶罐（74Wch 采 62）

图三四　黑衣陶组合纹小口罐
（74Wch 采 32）

图三五　葫芦形陶罐
（74Wch 采 482）

图三六　乳丁纹陶杯
（74WchJ148：1）

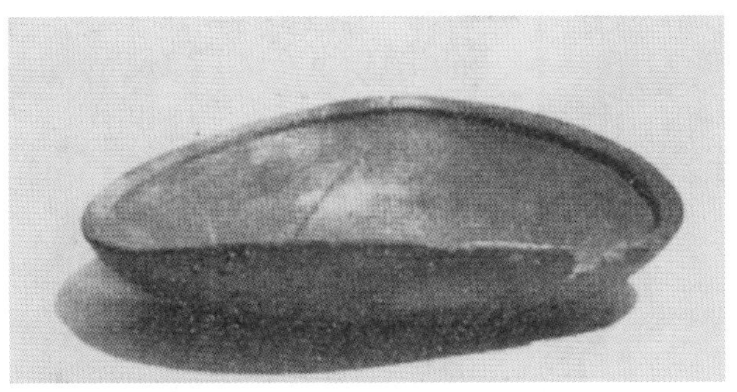

图三七　黑衣陶盘（74WchJ146：1）

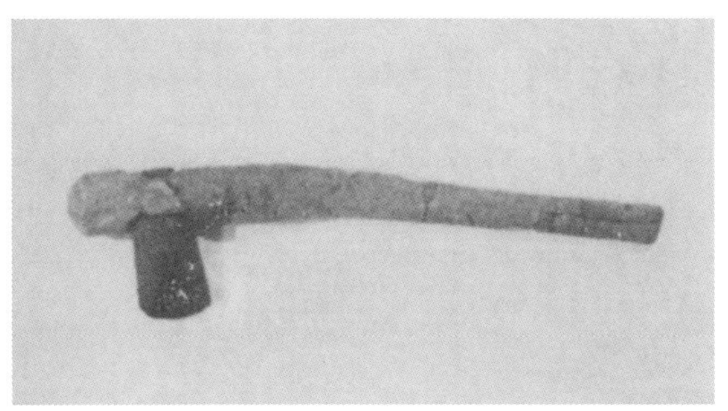

图三九　带木柄石斧（74WchJ10：5）

图三八　泥质黑衣陶罐

图四〇　长贯耳罐（74Wch 采 14）

图四一　贯耳壶
（74WchJ133∶1）

图四二　宽鋬带流壶
（74Wch 采 59）

图四三　皮囊壶
（74Wch 采 63）

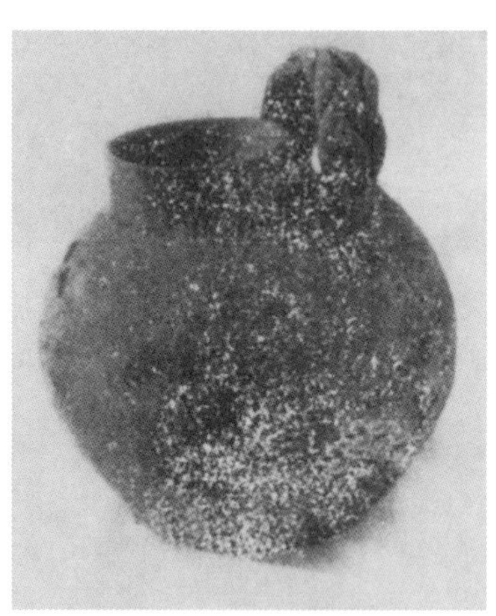

图四四　编织纹提梁壶
（74Wch 采 64）

图四五　夹砂灰陶鬶
（74Wch 采 20）

图四六　红陶圜底内凹罐
（74WchJ164∶1）

图四七　泥质黑衣陶圜底
内凹罐（74WchJ136∶1）

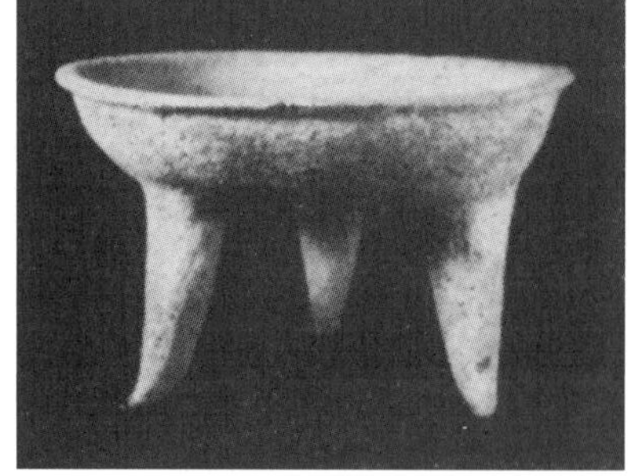

图四八　盘式鼎
（74WchJ2∶1）

图四九　印纹陶盆
（74WchJ12∶1）

图五〇　硬陶鸭形罐
（74Wch 采 81）

图五一　黑衣陶簋
（74Wch 采 498）

图五二　提梁盉
（74WchJ37 : 1）

图五三　叶脉纹圜底内凹罐
（74Wch 采 37）

图五四　细砂红陶釜
（74Wch 采 77）

图五五　蟠螭纹原始瓷鼎
（74WchJ46 : 6）

图五六　硬陶鼎（74Wch 采 88）

图五七　组合纹硬陶瓿（74WchJ158 : 2）

图五八　原始瓷小盂（74Wch 采 100）

图五九　云雷纹硬陶尊（74Wch 采 82）

图六〇　原始瓷小钵（74Wch 采 42）

图六一　叶脉纹硬陶钵（74Wch 采 89）

图六二　双耳黑陶罐（74WchJ114∶1）

图六三　双耳弦纹罐（74WchJ129∶1）

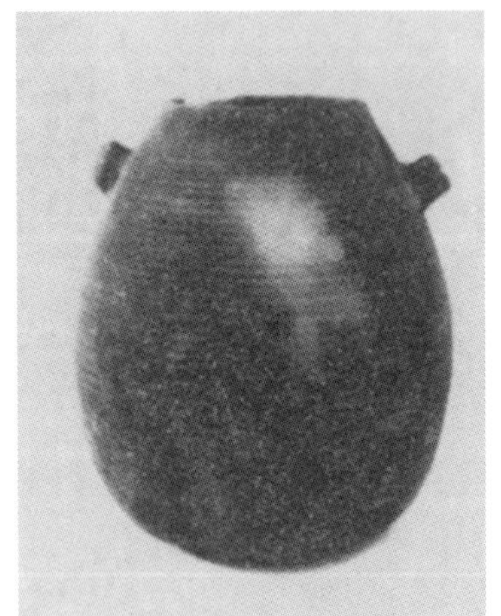

图六四　贯耳弦纹罐
（74WchJ121∶1）

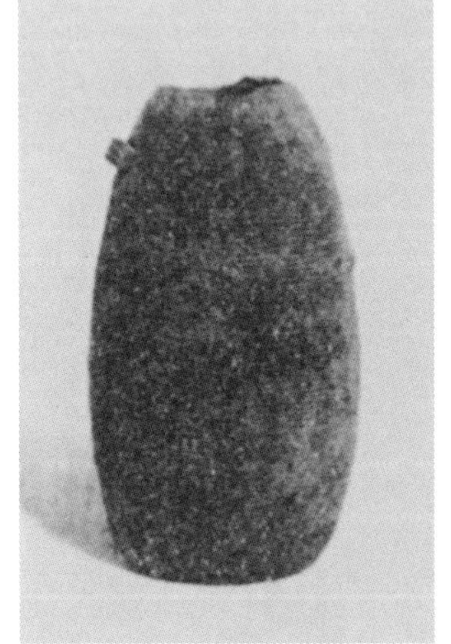

图六五　细麻布纹硬陶杯
（74Wch 采 5）

图六六　细麻布纹硬陶罐
（74Wch 采 93）

图六七　窗棂纹浅腹钵（74Wch 采 83）

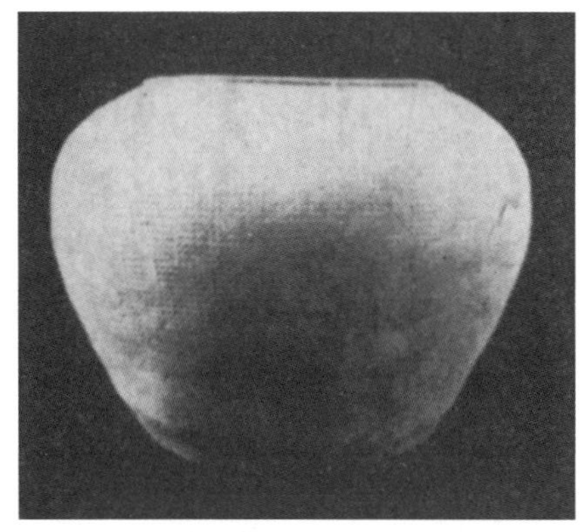

图六八　米筛纹原始瓷钵（74Wch 采 96）

图六九　米筛纹硬陶钵（74Wch 采 91）

图七〇　青瓷器盖（74Wch 采 111）

图七一　敞口青瓷碗（74WchJ162∶1）

图七二　菱花口碗（74Wch 采 107）

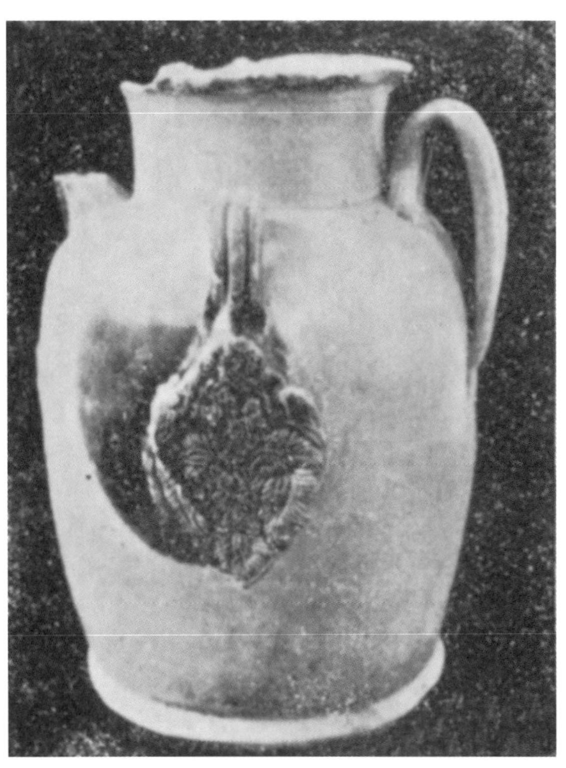

图七三　褐斑短流执壶（74Wch 采 103）

图七四 缠枝牡丹花小碗（74Wch采106）

图七五 黑釉执壶（74Wch采102）

本简报在整理编写中，得到南京博物院姚迁同志和吴县文管会陆永文同志的关心和支持。初稿写成后，南京博物院汪遵国同志和复旦大学历史系魏嵩山老师都热情地提出了修改意见，谨致感谢！

执笔：张志新

摄影：王朝俊　张志新　王振本

绘图：张志新　郝明华

注释

① 南京博物院：《江苏吴县草鞋山遗址》，《文物资料丛刊》（3），文物出版社，1980年。

② 中国科学院考古研究所实验室：《放射性碳素测定年代报告（六）》，《考古》1979年第1期。

③ 中国科学院考古研究所实验室：《放射性碳素测定年代报告（四）》，《考古》1977年第4期。

④ 中国科学院考古研究所实验室：《放射性碳素测定年代报告（四）》，《考古》1977年第4期。

⑤ 中国科学院考古研究所实验室：《放射性碳素测定年代报告（四）》，《考古》1977年第4期。

⑥ 上海市文物保管委员会：《上海市金山县戚家墩遗址发掘简报》，《考古》1973年第1期。

⑦《尚书大传·殷传》，转引自《太平御览》卷八十三《知人·上》。

⑧［春秋］左丘明：《国语》卷五《鲁语·下》。

⑨ 陈吉余：《长江三角洲江口段的地形发育》，《地理学报》1957年第3期。

⑩ 见《史记》张守节正义，有："三江者，苏州东南三十里名三江口，一江西南上七十里至太湖，名曰淞江，古笠泽江；一江东南上七十里至白蚬湖，名曰上江，亦曰东江；一江东北下三百余里入海，名曰下江，亦曰娄江，于其分处，号曰三江口。"［东晋］顾夷：《吴地记》，有："淞江东北行七十里，得三江口。"

⑪［北宋］郏亶：《苏州水利书》。

⑫［北宋］郏侨：《水利书》。尚思棣、苏浚功、施文斌：《上海地理浅话》，上海人民出版社，1974年。

⑬［元］脱脱等：《宋史》卷六十一至卷六十七《五行志》。曹允源、吴荫培、蒋炳章等：《吴县志》卷五十五《祥异考》。

［原载《文物资料丛刊》（9），文物出版社，1985年］

1. 鳖形壶（74WchJ132：4）

2. 刻花陶罐（74Wch 采 231）

3. 彩绘陶罐（74Wch 采 120）

4. 刻纹陶罐（74WchJ43：3）

5. 彩绘陶壶（74Wch 采 254）

6. 带陶文鱼篓形罐（74WchJ127：1）

图版一　江苏吴县澄湖古井群出土器物

1. 宽鋬宽流壶（74WchJ22：5）

2. 宽把带流杯
（74WchJ163：1）

3. 黑衣陶直颈壶（74Wch 采 73）

4. 猪形陶壶（74Wch 采 60）

5. 兽头嘴罐（74WchJ03：1）

6. 鸟形提梁壶（74Wch 采 39）

图版二　江苏吴县澄湖古井群出土器物

江苏吴县高景山、茶店头新石器时代遗址

吴县文管会

1985年5月初，我们在高景山麓清理一座残墓的过程中，在山坡断面发现有红烧土、印纹陶片、夹砂粗陶片。初步调查，发现高景山东北麓坡下到茶店头村旁的小河边均有印纹硬陶片和红色印纹软陶片散布在地面上。12日，特邀邹厚本先生一同前往实地进行复查。现把调查结果报道如下。

遗址是环绕高景山东北麓坡下的农田里展开的，文化遗存分布在茶店头村西、高景山东北，东西长约200米（图一）。文化层厚度，从茶店头村边新开河的断面看，约2米。部分遗存已在开河工程中被破坏。

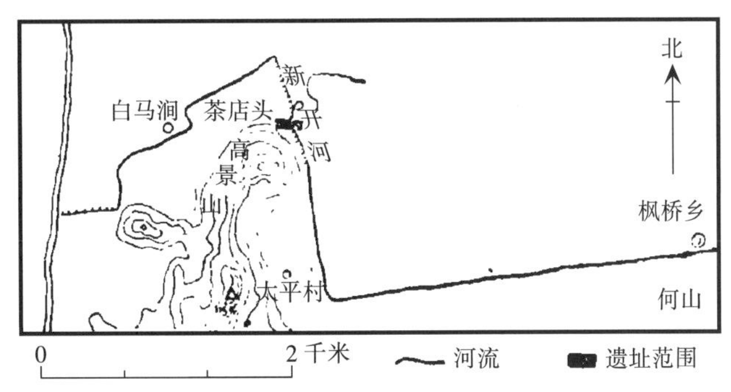

图一　茶店头新石器时代遗址位置图

在两次现场调查中，采集到很多陶器残片和少量石器。石器中有打制粗糙、刃口磨光的石斧；通体磨光、刃部锋利仅残留一半的石镰。陶片大致可分为四种：

1. 泥质红色印纹软陶系　纹饰有弦纹、曲折纹、回纹、篮纹。有口片、腹片。能辨出形状的有篮纹圜底内凹罐，与澄湖遗址出土的红陶圜底内凹罐相似（图二，5、6、10）。

2. 几何印纹硬陶系　火候较高，有青灰色和红黄色。印有弦纹、曲折纹、回纹、云雷纹等，还有数种纹饰相结合的组合纹，纹理有的粗深有力，有的精细。有口片、腹片（图二，1、4、8、9）。

3. 夹砂硬陶系　有红色和灰褐色，有粗、细砂粒。纹饰有细绳纹、掐印纹。有口片、腹片、实心三足器腿等（图二，3）。

4. 细泥灰色硬陶系　陶质细纯而坚硬。纹饰有刻划纹、几何印纹等。有口片、腹片。能辨出器形的有喇叭形圈足豆（图二，2、7）。

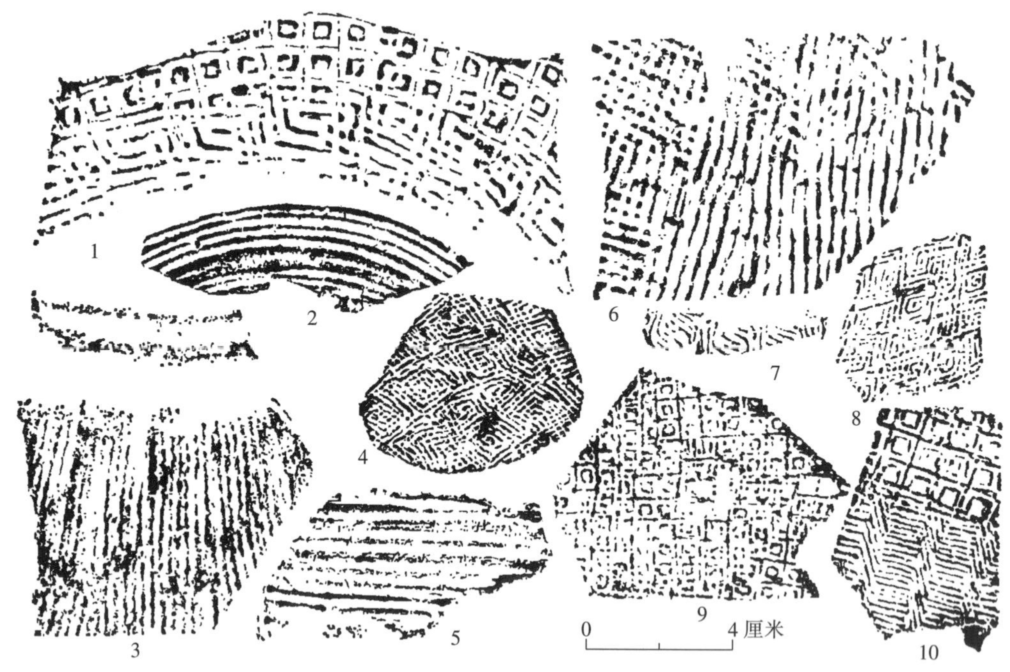

图二 采集的陶片拓本

1、4、8、9. 几何印纹硬陶 2、7. 细泥灰色硬陶 3. 绳纹夹砂硬陶 5、6、10. 泥质印纹软陶

该遗址与上海马桥俞塘遗址具有相同的文化特征。

这一遗址的发现，为进一步探索太湖流域原始社会向奴隶社会过渡时期的文化，提供了新的线索。

执笔：姚勤德

（原载《考古》1986 年第 7 期）

江苏吴县张陵山东山遗址

南京博物院　甪直保圣寺文物保管所

张陵山遗址位于江苏省吴县甪直镇南偏西2千米处，属淞南乡张陵大队，1956年江苏省文管会调查时发现。有东、西两座土墩，相距约100米，当地人叫东山、西山，面积均约6000平方米。南京博物院配合砖瓦厂取土，于1977年5月发掘西山，清理崧泽文化墓葬6座、早期良渚文化墓葬5座，发掘简报已发表①。后砖瓦厂又在东山取土，至1982年已挖去一半面积，使遗址中部低平，形成1.5~2米高的断崖，在这年5月出土璧、琮等成组玉器，由南京博物院和甪直保圣寺文物保管所作了征集、调查，并进行了两次清理性的发掘。第一次是1982年8月，开探方5个（T1~T5），发掘面积共75平方米；第二次是1984年6月，开探方1个（T6），发掘面积45平方米。清理了属于崧泽文化、良渚文化、吴文化的墓葬4座，征集、出土30余件遗物和一些陶片。清理发掘的规模虽较小，却取得了较重要的收获（图一）。

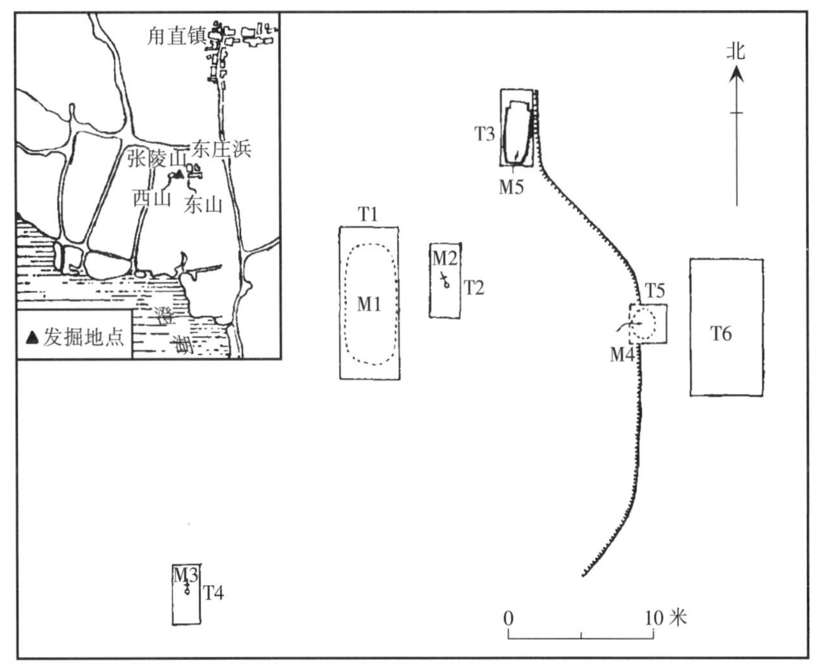

图一　张陵山东山遗址发掘探方与墓葬位置图

一、地层堆积

从遗址中部的断崖和T2东壁，可看清整个遗址的地层堆积如下：

第1层，黄褐土，自墩顶至0.4米深。包含近代砖块、明清瓷片。在断崖北部这一层发现1座砖室墓（M5），出土砖刻墓志1块，经考证当为唐墓。

第2层，红褐土，自0.4~1.6米深。出土饰曲折纹、回纹复合拍印纹的硬陶罐口沿、腹片。在断崖上的中部0.45米深处发现墓葬1座（M4）。出土物属吴文化，时代为西周中期。

第3层，灰褐土，自1.6~3.05米深。出土的鱼鳍形鼎足和鼎口沿与昆山绰墩所出陶鼎同[②]，黑衣陶壶腹片与越城中层墓所出同[③]，还出土剖面呈扁菱形的石镞（图二）。在断崖下的中部距墩顶1.7米处发现1座墓葬（M1）。这一层属良渚文化。

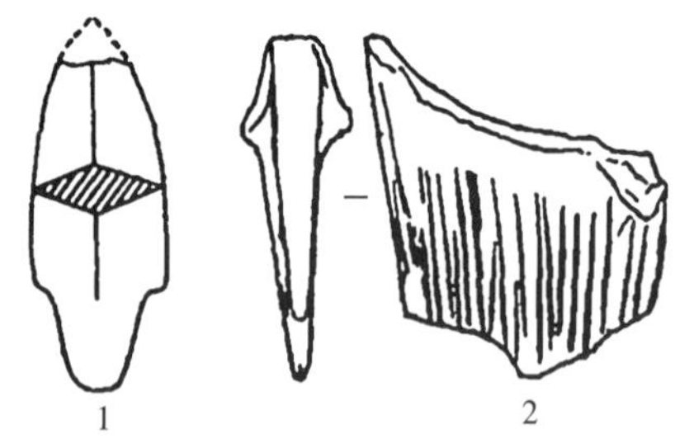

图二　第3层出土遗物
1. 石镞（T2③：1）　2. 鱼鳍形陶鼎足（T6③）（1/2）

第4层，灰土，自3.05~6.4米深。出土的陶片有泥质灰陶的盆口沿、罐口沿、觚形杯器底、饰平行凸弦纹的罐腹片，泥质黑衣陶的筒形杯口、花瓣形圈足的杯底、外施朱红彩绘的豆把等（图三），与草鞋山第6层、崧泽中层、邱城中层、张陵山（西山）下层所出陶器特征相同[④]，属崧泽文化。这一层发现2座墓葬（M2、M3）。

自6.4米深以下是黄白色生土。

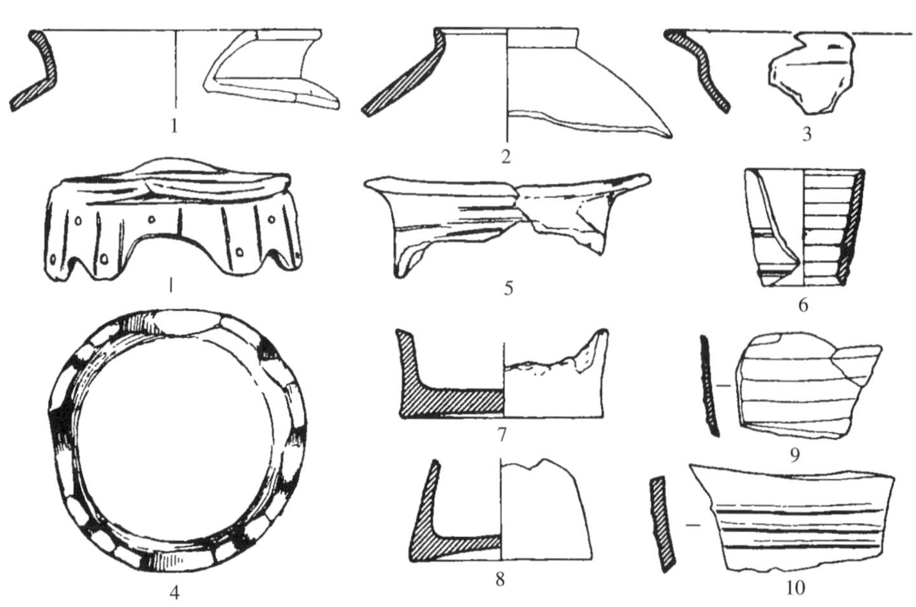

图三　第4层出土陶片
1、2. 灰陶罐口沿　3. 灰陶盆口沿　4. 灰陶杯花瓣形圈足　5. 朱绘黑衣陶豆把　6. 黑衣陶杯口　7、8. 灰陶杯底
9、10. 瓦棱纹、弦纹灰陶罐腹片（5为T6④出土，其余均为T2④出土）（4、5. 1/2，余1/4）

二、墓葬

（一）崧泽文化墓葬

2座。M2位于T2中部，深6.1米，残存下肢骨两段，可知头向为南偏东15度，足部有黑衣陶杯1件（图四）。M3位于T4北部，深约6米，仅存肢骨残迹，墓葬头向朝南，随葬品置足部，有灰陶大罐1件，其他器物可能已破坏。征集陶壶1件，出于M2东北，当为随葬品。

墓葬出土陶器3件。

罐　1件。M3∶1，泥质灰陶。表面打磨光亮，陶质坚硬。小口，卷沿，双圆唇，短颈，圆肩，鼓腹，平底。腹部有平行凸棱和附加堆纹各一周。器物硕大。口径15.4、底径17、高38厘米（图五，1；图版一，4）。

壶　1件（采集）。泥质灰陶。敞口，长颈，折腹，圈足外撇。口径6.8、腹径10.4、高14厘米（图五，2；图版一，5）。

杯　1件。M2∶1，泥质黑衣陶。直口，筒腹，平底略内凹。口径6.4、高8.8厘米（图五，3；图一三）。

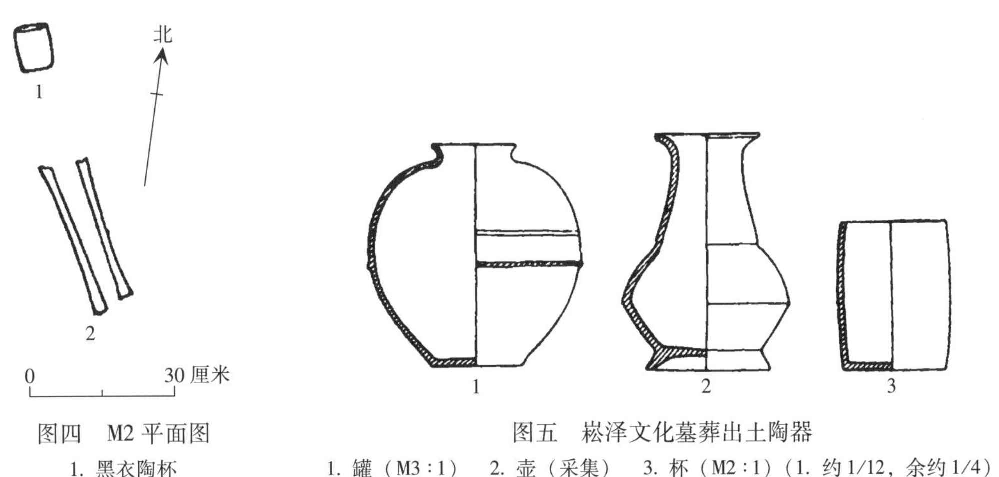

图四　M2平面图
1. 黑衣陶杯

图五　崧泽文化墓葬出土陶器
1. 罐（M3∶1）　2. 壶（采集）　3. 杯（M2∶1）（1. 约1/12，余约1/4）

（二）良渚文化墓葬

1座（M1）。已被破坏，人骨无存。随葬品均为征集，经向当事人调查，璧、琮等玉器位于南部，穿孔玉斧、玉杖头在中部，北部有一组陶器（仅采集到黑衣陶盆、钵的残器）。

陶器　2件。

盆　1件。M1∶13，泥质黑衣陶，灰胎。口部残缺，折肩，收腹，平底，矮圈足。圈足边缘有一圈用手捏折的叠纹，肩部有两周平行的弦纹和一周平行斜向的篦点纹。腹径28.9、底径20、残高9厘米（图六，1；图七，1）。

钵　1件。M1∶14，泥质黑衣陶，灰胎。敞口，浅腹。外饰两组平行弦纹带，中间夹以平行斜向的指甲状刻纹。口径28.9、残高3.5厘米。此件口径与陶盆的腹径相同，似为上一件器物的器盖（图六，2；图七，2）。

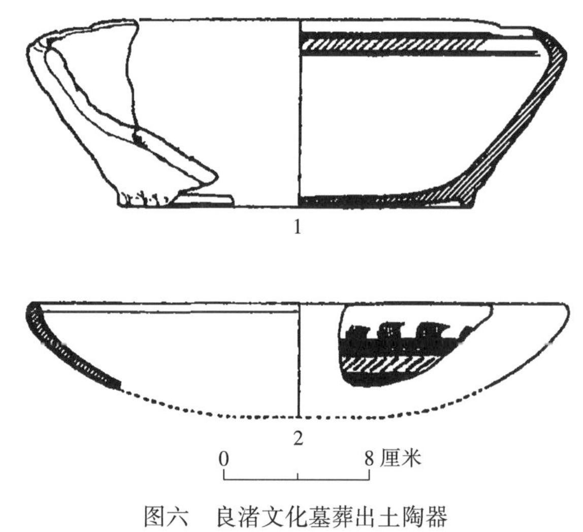

图六　良渚文化墓葬出土陶器
1. 盆（M1∶13）　2. 钵（M1∶14）

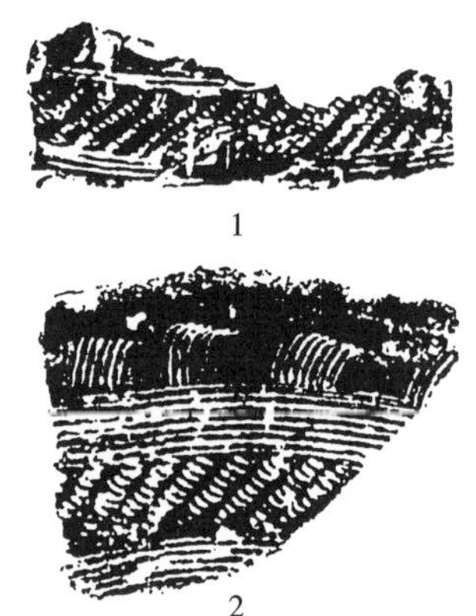

图七　良渚文化墓葬陶器纹饰拓片
1. 盆（M1∶13）　2. 钵（M1∶14）（1/2）

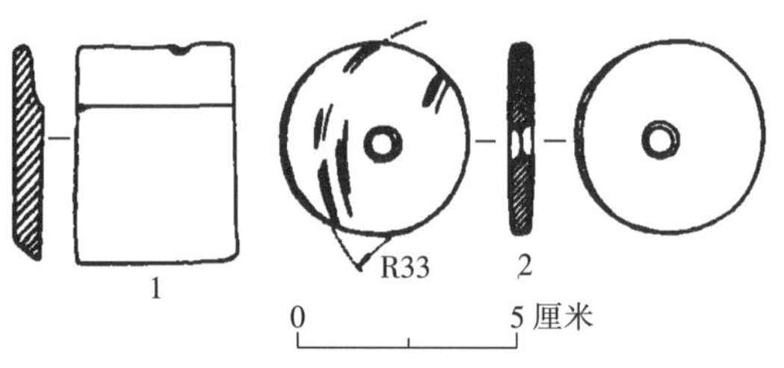

图八　良渚文化墓葬出土器物
1. 石锛（M1∶8）　2. 玉纺轮（M1∶16）

石器仅出土锛1件。M1∶8，页岩磨制。扁平近方形，单面刃，背面上部减地成段。长4.6、宽3.5、厚0.6厘米（图八，1）。

玉器包括T6第3层出土的玉琮残片，共20件，其中11件测算了体积、重量和比重，11件进行了13次矿物学鉴定⑤，证明属透闪石、阳起石、铁阳起石系列的软玉。没有蚀变的玉器颜色多青绿色，比重在2.74～3.2间，摩氏硬度大于5，而经过蚀变的玉器颜色多灰白色，比重2～2.5，摩氏硬度也小于5。

关于20件玉器的各项数据，详见统计表（表一），此外每件再作补充叙述如下。

表一　张陵山东山良渚文化玉器统计表

器物号	名称	质料	颜色	体积（毫升）	重量（克）	比重	摩氏硬度	备注
M1∶1	璧	阳起－透闪石	绿、褐、白	500	1520	3.04	>5	
M1∶2	璧	（透闪－阳起石）	淡绿	465	1401	3.01	>5	
M1∶3	璧	（阳起－透闪石）	淡绿	520	1592	3.06	>5	
M1∶4	璧残片	*软玉 透闪－阳起石	暗绿	74	220.4	2.98	>5	取一片（约八分之一）测定比重
M1∶5	琮	阳起石	白	15	30	2.00	<5	已蚀变
M1∶6	琮（残）	（阳起石）	白	/	/	/	<5	已蚀变
M1∶7	穿孔斧	低铁阳起石	黑、褐斑	80	200	2.50	>5	有铁质蚀孔
M1∶9	圆片	阳起石	绿、褐斑	46	139.73	3.04	>5	

续表一

器物号	名称	质料	颜色	体积（毫升）	重量（克）	比重	摩氏硬度	备注
M1∶10	镯	（透闪石）	白	17	47.9	2.82	<5	略有蚀变
M1∶11	环	（透闪石）	白	/	/	/	<5	已蚀变
M1∶12	镯形器	（透闪石）	白	/	/	/	<5	已蚀变
M1∶15	镂孔杖头	（透闪石）	黄白	16	43.8	2.74	<5	略有蚀变
M1∶16	纺轮	阳起石	黄绿、褐斑	7	22.4	3.20	>5	
M1∶17	锥形饰	（阳起石）	青白	/	/	/	>5	
M1∶18	锥形饰	（透闪石）	白	/	/	/	<5	已蚀变
M1∶19	锥形饰	*软玉	青白	/	/	/	>5	
M1∶20	锥形饰	*软玉 阳起石	外灰白 内青绿	/	/	/	外<5 内>5	外部蚀变
M1∶21	锥形饰	（透闪石）	青白	/	/	/	>5	
M1∶22	珠	*叶蛇纹石　透闪石	白	/	/	/	<5	已蚀变
T6∶1	琮残片	透闪石	乳白、青斑	19	56.53	2.98	>5	

说明：1. 玉器的体积、重量、比重由南京博物院考古部吴荣清、郝明华和甪直中学实验室凌祖成、洪景涛四位同志分别协助测定。

2. 玉器的矿物学鉴定由中国地质科学院地质研究所闻广先生测定4件（加*号）、南京矿产地质研究所郑建先生测定9件，皆另有鉴定报告，未经鉴定而与已鉴定玉器比较而确定质料的玉器在质料一栏中加括号注明。

璧　4件。中有圆孔，系两面对钻（只有M1∶4为一面钻孔），表面打磨光滑，平素无纹。两端孔壁有旋纹，由于对钻不准，在孔内壁都有台痕和钻槽。

M1∶1，色彩斑斓，以淡绿色为主，带暗绿色和黄褐色斑点，边缘有白色蚀变痕迹，又称玉浸。在其背面肉部留有不明显的直径20.2厘米的圆弧线切琢痕迹，系圆盘状工具加工所致。璧直径23.5、好径4、厚1~1.1厘米（图一〇；图版二，2）。

M1∶4，系一玉璧残片（图九，1），做了两次矿物学鉴定。

琮　3件。

Ⅰ式　2件。孔均为对钻而成。

M1∶5，方柱体，两端均有射。器分上、下两节，每节中下部两面组成一个兽面纹，以直径2.5毫米的圆圈表示眼睛，椭圆形凸面表示眼睑，扇面形凸面表示鼻子，下部转角处凸出的宽3、长12毫米的横条表示嘴部。四面组成两组兽面纹图案。每节上部转角处为凸出的横条，每面的两横条中间偏上方有一圆圈（现因蚀变磨损而消失），以横条表示嘴，圆圈表示眼睛，组成象征兽面纹。四面组成四组套连的象征兽面纹，作为眼睛的圆圈为相邻两组共用。长7.6、宽1.55、孔0.55厘米（图九，2；图一二，1；图版一，1），与上海福泉山所出T4M6∶23玉琮大体相同⑥。

M1∶6，每节四面合成四组套连的象征兽面纹图案，唯作为眼睛的圆圈已因蚀变而消失（图九，3）。

Ⅱ式　1件。T6∶1，系一件玉琮的四分之一，完整保留一组兽面纹图案，全器可复原。分三节，上、下节由眼（圆圈）、嘴（横条）组成象征兽面纹，中间一节系精细兽面纹。从整件看，上部有射

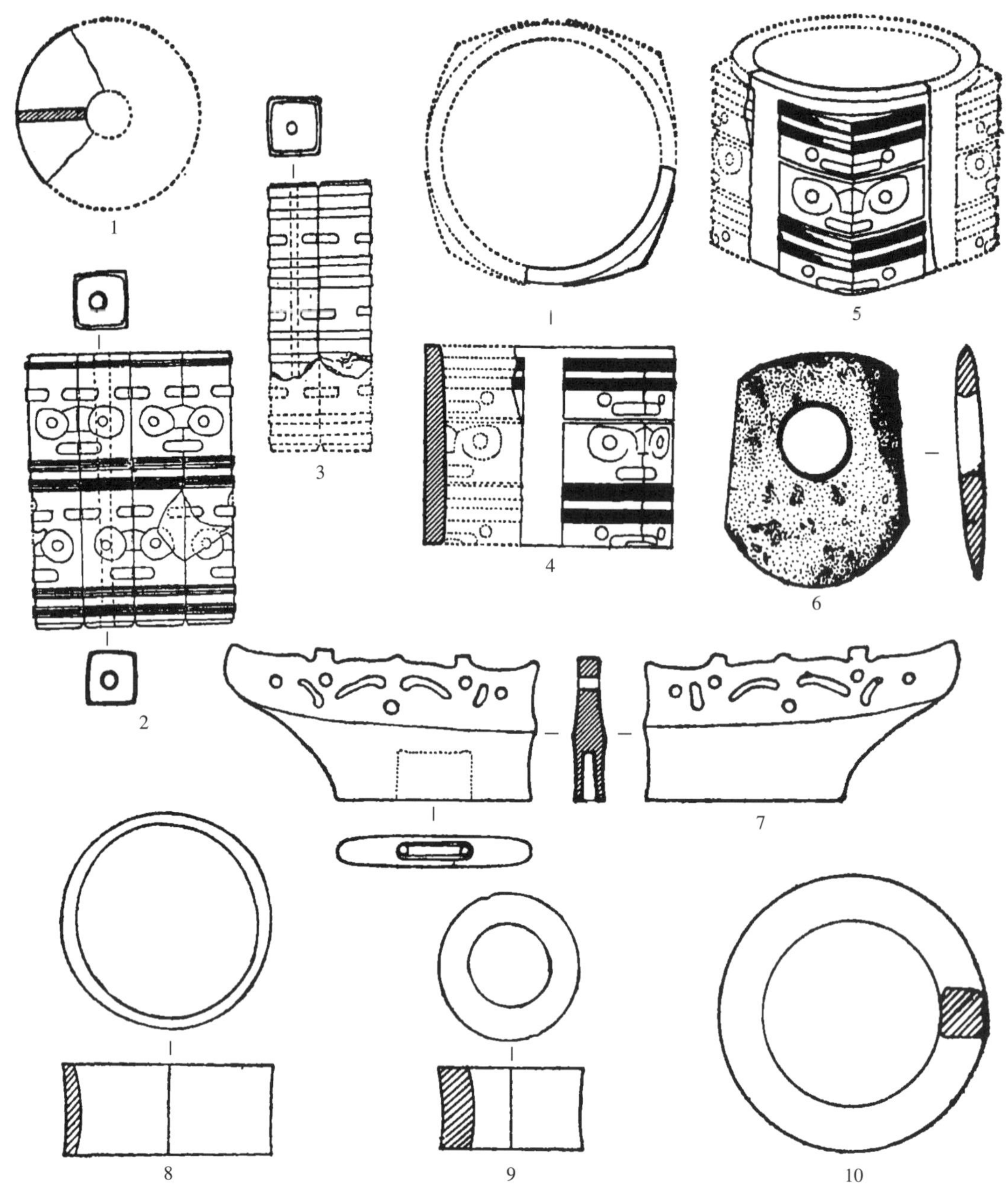

图九　良渚文化玉器

1. 璧（M1∶4）　2. 琮（M1∶5）　3. 琮（M1∶6）　4、5. 琮（T6∶1）　6. 斧（M1∶7）　7. 杖头（M1∶15）　8. 镯（M1∶10）　9. 镯形器（M1∶12）　10. 环（M1∶11）（1. 1/8，6. 约1/4，余1/2）

口，下部无射口。上宽7.25、下宽7.26、高5.5厘米（图九，4、5；图一二，2；图版一，2）。

斧　1件。M1∶7，略呈扁平梯形，背部弧凸，中有两面对钻的大圆孔，孔壁有极细螺旋纹。双面弧刃，无使用痕迹，非实用器。长12.5、上宽8.9、下宽10、孔径4.2、厚0.8厘米（图九，6；图版一，3）。

圆片　1件。M1∶9，琢磨光滑。边缘四方有切割直线痕迹四条，其长度分别为2.9、2.6、1.7、2.9厘米，正面有不同方向切割弧线痕迹三条，背面有同一方向切割弧线痕迹八条。直径11.9～12.1、厚0.4～0.5厘米（图一四）。

杖头　1件。M1∶15，琢磨精细，表面光滑。有一凸棱将玉器分成上、下两部分。上部较宽，顶

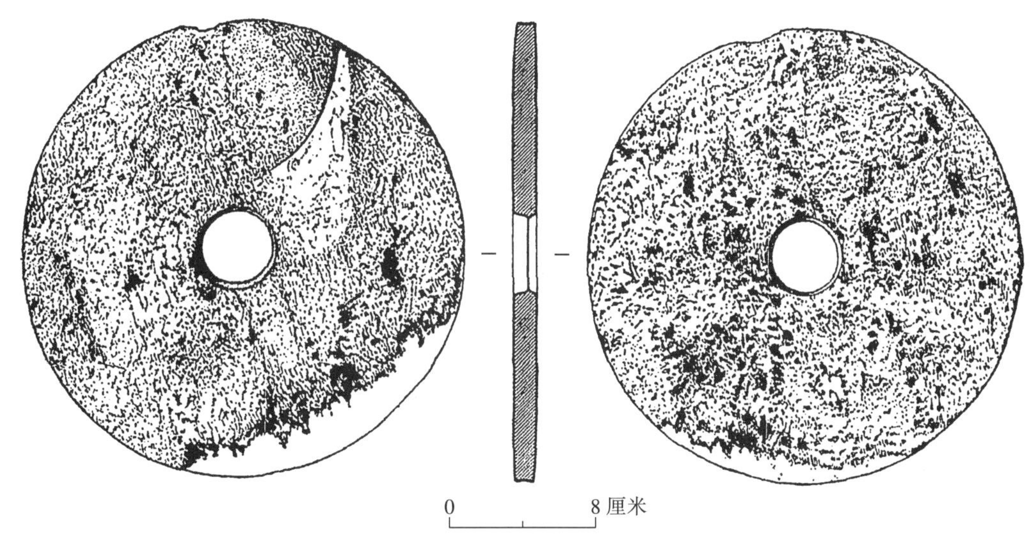

图一〇 良渚文化玉璧（M1∶1）

端有扉，边角上翘，有圆形镂孔五个，弧形镂孔四个。圆形镂孔直径 3 毫米，系一面钻成，孔壁垂直；弧形镂孔系钻出圆形镂孔后加工扩大而成。下部平素无纹，其底面有一长 2.2、宽 0.3～0.4、深 1.3～1.4 厘米的凹槽，系在底面两头先钻出直径 3 毫米的圆孔后再加工扩大制成凹槽。上、下两部分使用的圆形管钻和加工扩大方法是相同的。凹槽系骨木质手杖的榫头插入的卯孔，手杖因易于腐朽而没有留存下来。寺墩墓葬中所出定名为有槽玉器和玉格饰的皆为杖头。这种有玉杖头的手杖当为权杖（图九，7；图一五）。

纺轮 1 件。M1∶16，有略偏一边的对钻圆孔。背面有直径 3.3 厘米的切割弧线琢痕。此件玉质较好，半透明。直径 4.2、孔径 0.7（内孔径 0.55）、厚 0.4～0.5 厘米（图八，2；图版一，6）。

镯 1 件。M1∶10，孔系两面对钻，孔壁弧起，上端较下端直径稍大。直径 6.15（上）～6.05（下）、孔径 5.5（上）～5.4（下）、高 2.3～2.6 厘米（图九，8）。

镯形器 1 件。M1∶12，镯形，直径小，不能穿戴。直径 4.2（上）～4.15（下）、孔径 2.6（上）～2.55（下）、高 2.25 厘米（图九，9）。

环 1 件。M1∶11，孔大。直径 7.8、孔径 5、厚 1.35 厘米（图九，10）。

锥形饰 5 件。

四件为长圆锥体，下端尖头，上端有榫，榫上有对钻小孔。长短不一，皆有残缺，其中两件做了矿物学鉴定。M1∶17，残长 6.6、锥径 0.6 厘米（图一一，1）。一件为短圆柱体，锥形尖头，上端有榫，榫上有对钻小孔。M1∶21，长 2.8、柱径 0.8～0.9 厘米（图一一，2）。

珠 18 颗。M1∶22，形状，大小不一，表面琢磨光滑，玉已蚀化。十四颗为椭圆形，中有对钻圆孔。两颗长 3.5、径 2.6、孔径 0.6～0.9 厘米；两颗长 2.4、径 2.1、孔径 0.4～0.6 厘米；四颗长 2.2、径 1.8、孔径 0.3～0.5 厘米；六颗长 1.2、径 0.9、孔径 0.2～0.3 厘米。其中 M1∶22·6 作了矿物学鉴定（图一一，3～6）。四颗为馒首形，底平，中有对钻圆孔。一颗长 2.5、径 2.2～2.6、孔径 0.3～0.4 厘米；三颗长 2.1、径 1.0～1.2、孔径 0.3～0.4 厘米（图一一，7、8）。

坠 1 件。M1∶22·1，圆柱状，上端有斜钻隧孔一对。高 3、径 2.6～2.8 厘米（图一一，10）。

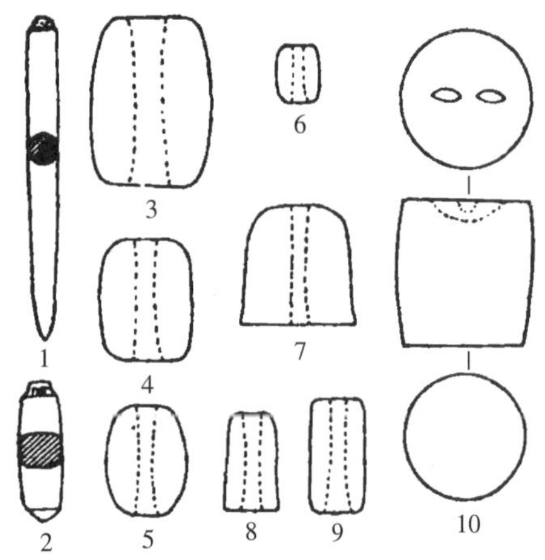

图一一　良渚文化玉器

1. 锥形饰（M1：17）　2. 锥形饰（M1：21）　3～8. 珠（M1：22·4～7、2、3）　9. 管（M1：22·20）　10. 坠（M1：22·1）（1/2）

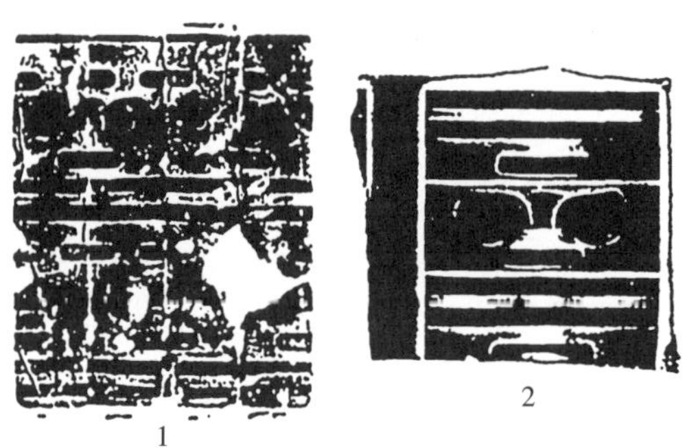

图一二　良渚文化玉器拓片

1. 琮（M1：5）　2. 琮（T6：1）（1/2）

管　1件。M1：22·20，长管形，有对钻圆孔。长2.4、径1.2、孔径0.4～0.5厘米（图一一，9）。与珠、坠组成一组串饰。

（三）吴文化墓葬

1座（M4）。位于断崖上中部T5中，深0.45米。根据群众挖出的印纹硬陶瓿和断崖上暴露的器物开方清理。没有墓坑，系覆土埋葬，人骨无存，仅存遗物。

硬陶器　4件。

瓿　1件。M4：1，侈口，短颈，宽肩，扁鼓腹，平底。颈部饰弦纹，肩腹部拍印折线纹和回纹。口径10.1、高8.9厘米（图一七；图二一，1）。

罐　3件。

M4：4，陶质坚硬，紫红胎。斜折沿，鼓肩，收腹，平底。肩部有三组九道弦纹。口径15.7、高15.4厘米（图一八；图二一，2）。

M4：7，残。侈口，斜肩。饰弦纹相间的刻划网纹（图一六，1；图二一，3）。

M4：8，残。敛口，斜肩，鼓腹。腹部饰菱形纹和回纹，有一对小耳和横“S”堆纹（图一六，2；图二一，4）。

图一三　陶杯（M2：1）

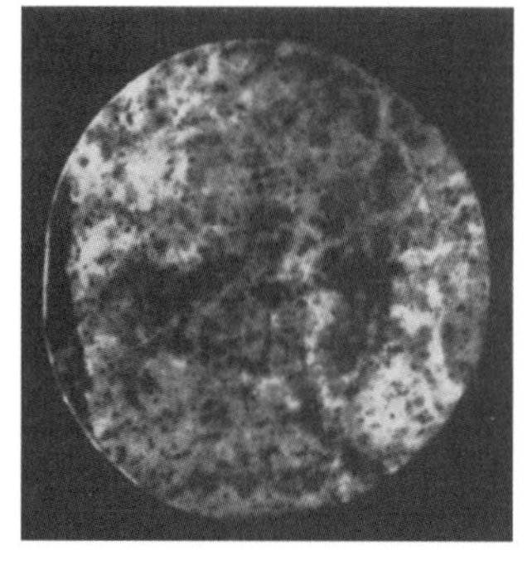

图一四　玉圆片（M1：9）

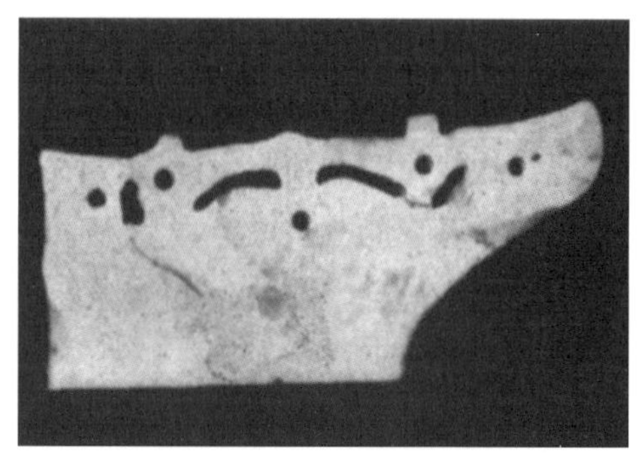

图一五　玉杖头（M1：15）

图一六 吴文化墓葬（M4）
器物纹饰拓片
1、2. 硬陶罐（M4∶7、8）
3. 原始青瓷罐（M4∶2）

图一七 硬陶瓿（M4∶1）

图一八 硬陶罐（M4∶4）

图一九 原始青瓷罐（M4∶2）

图二○ 原始青瓷罐（M4∶3）

原始青瓷器 5件。

罐 2件。

M4∶2，斜折沿，鼓腹，小平底。腹上部饰弦纹相间的平行斜线纹。内外施茶绿色釉，釉层厚薄不

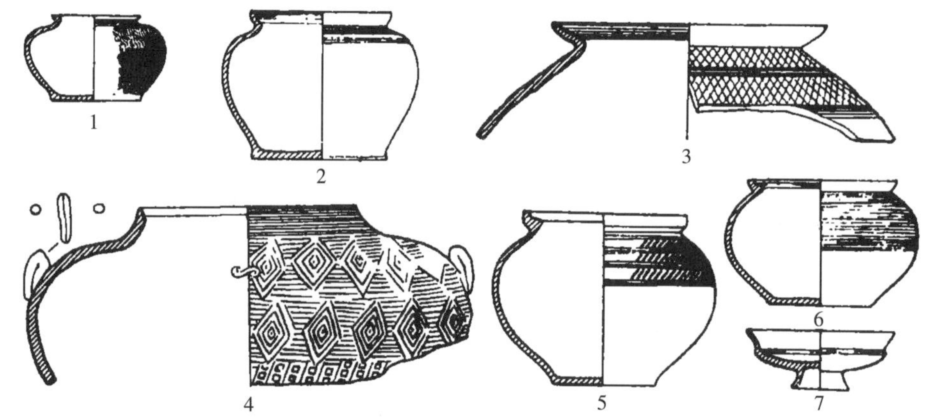

图二一 吴文化墓葬（M4）出土器物

1. 硬陶瓿（M4：1） 2~4. 硬陶罐（M4：4、7、8） 5、6. 原始青瓷罐（M4：2、3） 7. 原始青瓷豆（M4：5）（3、4. 1/4，余1/8）

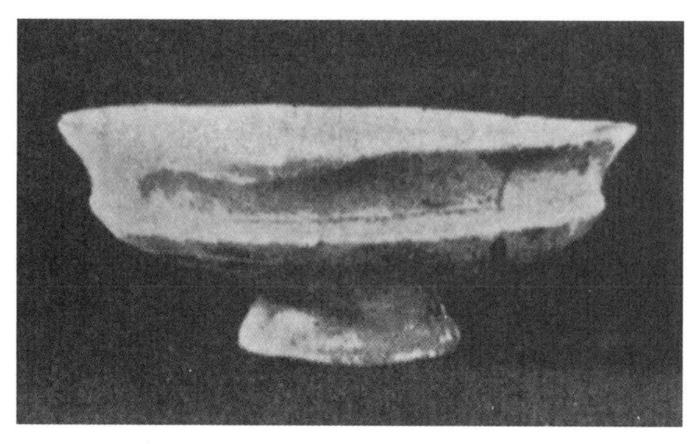

图二二 原始青瓷豆（M4：5）

匀，遍体有一道道流釉斑痕。口径 18.2、高 17.8 厘米（图一六，3；图一九；图二一，5）。

M4：3，与 M4：2 形制相同。腹上部遍饰弦纹，绿釉皆剥落。口径 16.6、高 13.3 厘米（图二〇；图二一，6）。

豆 3 件。敞口，浅盘，喇叭形圈足。外饰弦纹，通体施茶绿色釉。M4：5，口径 15.8、高 6 厘米（图二一，7；图二二）。

青瓷罐（M4：2）与丹徒母子墩西周墓所出相同，瓿、豆、罐等器物亦见于西周中期，是吴文化的典型器物⑦，因此 M4 的时代当为西周中期。

三、结语

1. 文化序列：张陵山东山遗址的文化层堆积，自下而上依次是崧泽文化、良渚文化、以几何印纹陶和原始青瓷器为特征的吴文化。与吴县草鞋山、吴兴邱城、昆山绰墩的地层叠压关系相同，为长江下游太湖地区的古代文化序列又提供了新的例证。

2. 良渚文化玉器：张陵山东山出土的玉器，由地质研究单位作了多种矿物学鉴定，又测定了比重和硬度，证明是透闪石阳起石系列的软玉，其接近平行纤维的显微结构，与中国已知各软玉产地玉料的显微结构都不相似。这些玉器的原料可能是就近取材，来自已经废弃的古矿床。

执笔：汪遵国 王 新

注释

① 南京博物院：《江苏吴县张陵山遗址发掘简报》，《文物资料丛刊》（6），文物出版社，1982 年。

② 南京博物院、昆山县文化馆：《江苏昆山绰墩遗址的调查与发掘》，《文物》1984 年第 2 期。

③ 南京博物院：《江苏越城遗址的发掘》，《考古》1982 年第 5 期。

④ 南京博物院：《江苏吴县草鞋山遗址》，《文物资料丛刊》（3），文物出版社，1980 年。上海市文物保管委员会：《上

海市青浦县崧泽遗址的试掘》，《考古学报》1960年第2期。上海市文物保管委员会：《青浦县崧泽遗址第二次发掘》，《考古学报》1982年第1期。

⑤ 郑建：《吴县张陵山东山遗址出土玉器鉴定报告》，《文物》1986年第10期。闻广：《苏南新石器时代玉器的考古地质学研究》，《文物》1986年第10期。

⑥ 上海市文物保管委员会：《上海福泉山良渚文化墓葬》，《文物》1984年第2期。

⑦ 镇江博物馆、丹徒县文管会：《江苏丹徒大港母子墩西周铜器墓发掘报告》，《文物》1984年第5期。邹厚本：《江苏南部土墩墓》，《文物资料丛刊》（6），文物出版社，1982年。

（原载《文物》1986年第10期）

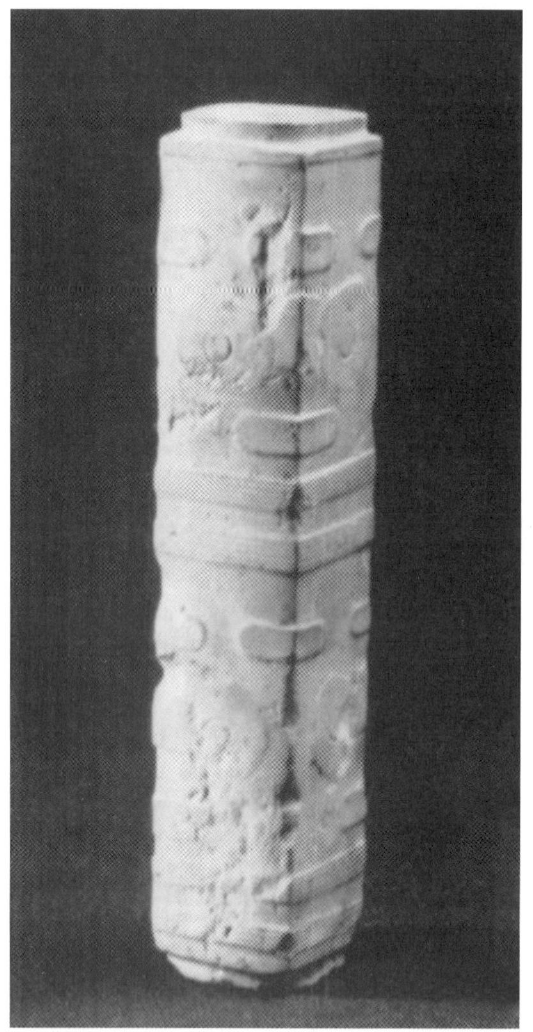

1. 玉琮（M1：5）

2. 玉琮（T6：1）

3. 玉斧（M1：7）

4. 陶罐（M3：1）

5. 陶壶（采集）

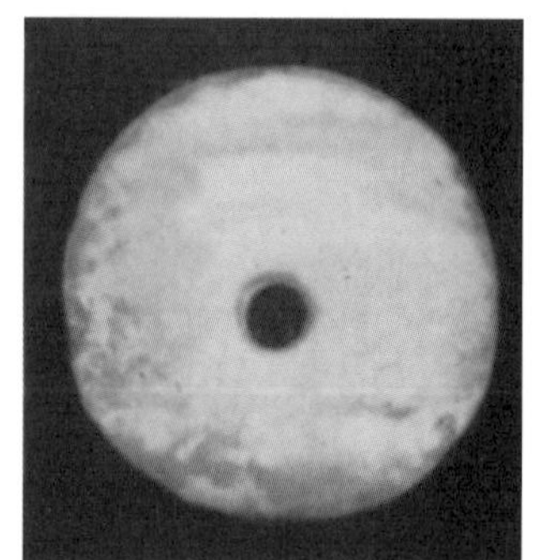

6. 玉纺轮（M1：16）

图版一　江苏吴县张陵山东山出土文物

1. 玉琮（T15M3：110）
（高 8.1、上射径 6.2~6.5、下射径 6.1~6.2 厘米，上海福泉山出土）

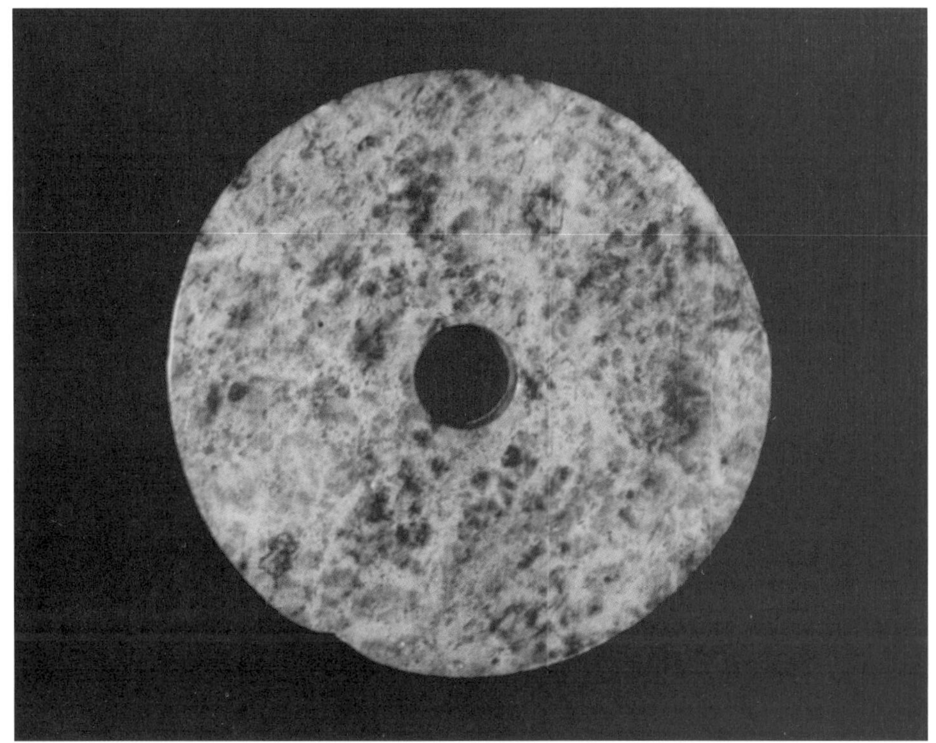

2. 玉璧（M1：1）
（直径 23.5、好径 4、厚 1~1.1 厘米，江苏吴县张陵山东山出土）

图版二　上海、江苏良渚文化墓葬出土玉器

吴县张陵山东山遗址出土玉器鉴定报告

郑　建（南京矿产地质研究所）

中国古代所谓真玉，即近代矿物学的软玉（nephrite），属于钙镁硅酸盐类的阳起石（actinolite）[Ca_2（Mg,Fe）$_5$（Si_4O_{11}）$_2$（OH）$_2$] 和透闪石（grammatite）[Ca_2Mg_5（Si_4O_{11}）$_2$（OH）$_2$]，呈显微纤维结构，韧性很强。

1984 年 4 月和 6 月，南京博物院将张陵山东山遗址出土的良渚文化玉器 9 件，交南京矿产地质研究所作矿物学鉴定。完整玉器用钻石笔在玉器浸蚀处刮取微量粉末，以油浸法在显微镜下观察鉴定；玉璧（M1∶4）还做了切片制片，进一步观察鉴定。

鉴定报告如下。

一、玉璧（M1∶1）

1. 外观：绿色基底隐晶质透闪石，有暗绿色阳起石，呈纤维叶片状，作定向排列，少数斑块呈绿褐色。

2. 结构构造：双筒镜下可见蚀变坑和铁质析出物，系含铁阳起石蚀变而成。有白色蚀变纤维状物分布在基底裂隙间，呈灰白色隐晶质。

3. 矿物成分：

①淡绿色透闪石：分布广泛，系淡绿色隐晶结构。呈纤维集晶体，杆状交织结构，无色透明，无多色性，干涉色一级灰黄，折光率 Np' = 1.6195，Ng' = 1.642，消光角 NΛZ = 11 度，正延性。

②暗绿色阳起石：叶片状，有蚀变现象。呈片状纤维集晶体，晶面带黄绿色，有铁质析出。干涉色一级灰，折光率 Np' = 1.6223，Ng' = 1.6556，消光角 NΛZ = 7 度。含 Ca_2Fe_2 分子 20%～30%，约占矿物总量 15%～20%。

③ 白色透闪石：多分布在裂隙间，由淡绿色矿物蚀变而成。呈白色纤维集晶体，略带黄绿色，多色性不明显，折光率 Np' = 1.619，Ng' = 1.6465，消光角 CΛZ = 11 度。此种透闪石属 Ca_2（$MgFe_2$）$_5$阳起石过滤产物。少量。

4. 鉴定名称：绿色阳起石－透闪石玉璧。

二、玉璧（M1∶4）

1. 外观：此件为天然不同绿色，纹理清楚美观，基底为淡绿色矿物，坚硬致密，钢刀不能刻。暗绿色矿物纤维较粗，分布纹理明显。边缘有约20毫米的白色蚀变，可见少量微裂隙。

2. 结构构造：此件取白色、暗绿色、基底绿色样品鉴定，并作切片，从纵、横、侧三方切面研究构造。

在薄片中观察，主要为纤维隐晶结构和平行纤维集晶体结构，即隐晶质及纤维混杂结构。晶体为阳起石，隐晶质大部为蚀变的透闪石。

3. 矿物成分：

① 白色透闪石：单晶无色透明。折光率Np' = 1.6195，Ng' = 1.643，消光角CΛZ = 7度~18度。透闪石约占80%~90%，部分透闪石分解后析出少量H_2O、Fe，Fe呈隐晶质，晶面呈微黄褐色。

② 暗绿色阳起石：单晶，呈微黄绿色，多色性不明显。折光率Np' = 1.6223，Ng' = 1.6465 ± 0.002，含Ca_2Fe_5分子在60%~75%。晶面鲜洁，无明显蚀变，呈纹理分布。

③ 淡绿色阳起石：单晶，呈黄绿色，多色性不明显，有少数无色。折光率Nm' = 1.623，Ng' = 1.6465，干涉色二级灰黄。其成分Ca_2Fe_5占70%左右，Ca_2Mg占20%左右，主要成分呈基底分布。

4. 鉴定名称：绿色暗绿色透闪石－阳起石玉璧。

三、小玉琮（M1：5）

1. 外观：系细长柱状白色小玉琮。矿物结构致密，颗粒不明显，主要为白色矿物。表面有残缺蚀变痕迹。

2. 结构构造：隐晶质纤维集晶结构，颗粒极细，用油浸法在高倍显微镜下观察尚难分辨。

3. 矿物成分：

阳起石：油浸法高倍显微镜下观察，呈纤维状杆状集晶体，略具黄绿色。正交偏光下，干涉色为一级灰黄色，斜消光。折光率Np' = 1.620，Nm' = 1.643，Ng' = 1.645，消光角ZΛC = 7度，正延性。根据德国W. E. 特吕格1951年阳起石类表查出Ca_2Mg_5 = 20%，Ca_2Fe_5 = 65%，此种矿物占99%左右。

4. 鉴定名称：白色阳起石玉琮。

四、穿孔玉斧（M1：7）

1. 外观：斧面矿物结构细密，蚀变严重，表面多不规则小孔洞，可能系溶蚀所致。主要为褐色和黑色两种矿物。

2. 矿物成分：

① 主要为低铁阳起石。在油浸中矿物呈深暗绿色，高突起，折光率Np' = 1.6806，Ng' = > 1.700，消光角CΛX = 7度。Ca_2Fe_5分子在75%~95%。

② 次要为褐色阳起石。在油浸中矿物呈黄绿色，晶面不鲜洁，有水化蚀变析铁现象。折光率Ng' = 1.6552，Np' = 1.6223，消光角CΛZ = 0度~5度。Ca_2Fe_5分子在65%~75%左右。

3. 生成顺序：原生铁阳起石－次生蚀变褐色阳起石。

4. 鉴定名称：黑色低铁阳起石玉斧。

五、玉圆片（M1：9）

1. 外观：淡绿色带暗绿色斑点定向分布。质地坚硬致密，钢针不能刻划，摩式硬度大于5。表面磨光较差，系未成型的原材料玉片。其矿物成分主要有三种：一为暗绿色呈叶片状斑点状块，一为淡绿色致密隐晶质块，一为灰白色网脉状块。三者紧密共生，并可见细小空洞。

2. 结构构造：纤维隐晶结构，用显微油浸法观察，主要矿物为不同 Ca_2Fe 分子的阳起石，呈纤维集晶体及杆状结构，并有极细粒磁铁矿颗粒与之紧密共生。

3. 矿物成分：

① 阳起石：在油浸中呈黄绿色纤维状，集晶体与极细磁铁矿共生。折光率 Np'＝1.6195，Ng'＝1.6430，消光角 CΛZ＝ 11 度～16 度，正延性。其 Ca_2Fe_5 分子约在40%～50%。

② 淡绿色阳起石：在油浸中呈淡黄色，无色，纤维状，杆状。折光率 Np'＝1.623，Ng'＝1.643，消光角 CΛZ＝14 度～15 度，正延性。其 Ca_2Mg_5 分子在70%～75%。

③ 透闪石：呈白色细网脉状分布。微量。

4. 鉴定名称：淡绿色斑点状阳起石玉圆片。

六、玉纺轮（M1：16）

1. 外观：淡绿色，局部带褐色，质地较纯，微透明，有铁染现象。质坚硬，钢刀不能刻，摩式硬度大于5。

2. 结构构造：为纤维放射状及杆状集合体。褐铁矿污染其中。

3. 矿物成分：

① 淡绿色阳起石：呈黄绿色或无色，纤维状，干涉色一级灰黄。折光率 Np'＝1.6223，Ng'＝1.6430，消光角 CΛZ＝15 度～16 度，正延性。Ca_2Mg_5＝70%，大量。

②黄褐色褐铁矿：呈黄褐色，氢氧化铁污染，少数为不透明铁质。常见量。

4. 鉴定名称：淡绿色带褐色阳起石玉纺轮。

七、玉锥形饰（M1：20）

1. 外观：残件，呈长柱状，顶小尾大，横截面呈椭圆形。表面呈灰白瓷色，具玻璃光泽，磨光良好。质地坚硬致密，摩式硬度大于5。在断口处，用双筒镜观察，柱体表面白色而中心仍保留有绿色，可见渐变现象，表面白色中仍保留有绿色纤维痕迹。

2. 结构构造：分别将表面白色部分与核心绿色部分刮取粉末，在显微镜下进行对比观察，结果二者均为纤维集晶体阳起石。所不同者，外部白色铁质很少，而核心部分因未蚀变而铁质较多。

3. 矿物成分：

①主要矿物为阳起石：无论白色或绿色者，均呈微黄绿色，少数无色，纤维集晶体结构。折光率 Np'＝1.6223，Ng'＝1.6430，消光角 CΛZ＝15 度，正延性。Ca_2Mg_5＝70%，大量。

② 次要矿物为磁铁矿：与阳起石紧密共生，呈极细颗粒，肉眼极难辨识。

4. 鉴定名称：灰白色阳起石玉锥形饰。

八、玉珠（M1∶22·6）

1. 外观：椭圆形圆珠，已破碎。灰白色，具不透明玻璃光泽，有微量黑色斑点。风化显著，摩式硬度低于5，钢针能刻出粉末。

2. 结构构造：呈纤维隐晶结构，为颗粒极细纤维杆状晶体，最大为0.06~0.08毫米，细小纤维的大小难以确切测定。

3. 矿物成分：

① 主要矿物为透闪石：呈微黄绿色，少数无色，多色性不显著，干涉色一级灰黄。折光率Np' =1.6011，Ng' =1.625，消光角CΛZ =16度~23度，正延性。占95%以上。

② 有微量磁铁矿。

4. 鉴定名称：白色透闪石玉珠。

九、玉琮（T6∶1）

1. 外观：系玉琮残片，呈灰白色带绿色阳起石斑点条纹，坚硬致密，摩式硬度大于5。磨光面良好，光亮。兽面纹雕刻甚精细。

2. 矿物成分：

① 白色透闪石：呈纤维状，杆状颗粒甚细，大部无色透明。折光率Np' =1.6223，Ng' =1.6430，消光角CΛZ =17度~19度，正延性。约占80%。

② 阳起石：呈斑点状绿色，占10%~20%。

3. 鉴定名称：白色透闪石兽面纹玉琮。

综上所述，经矿物学鉴定，以上九件良渚文化玉器，属透闪石－阳起石系列软玉。其产状有二：1. 属于接触带与热液成因有关者，如透闪石玉琮（T6∶1）；2. 与浅变质结晶片岩有关者，如阳起石玉圆片（M1∶9）和玉纺轮（M1∶16）。

在苏浙皖一带，至今未发现软玉矿藏。但上述产状在这一地区是存在的，有可能出产此类玉石材料。1980年，在宁镇山脉安基山铜矿钻空岩心中，发现有白色致密透闪石化大理岩（又称花岫玉），即为以上可能性迹象一例。这次张陵山东山遗址良渚文化玉器的出土和鉴定，为普查玉石矿藏提供了线索。

（原载《文物》1986年第10期）

江苏吴江县首次出土玉琮

吴国良（吴江县文化馆）

吴江县文化馆1979年6月征集到一件玉琮。玉琮于1970年在吴江县菀坪乡王焰村太湖河滩出土，系该村农民刘长安参加开河时在2.5米深的河泥中发现，未见其他共存遗物。

玉琮高4.7~4.8、上端宽7.9、下端宽7.8厘米。系透闪石（软玉）琢制，橄榄青色带褐斑，有轻微蚀变。形状为扁方柱体筒形，外方内圆，单节。上端有矮短圆口的射（约残三分之一），射径8.7~9.2、高0.5~0.7厘米，而下端无射。圆孔由两面对钻，后经打磨光滑，孔壁呈凸弧形，孔径上端5.7、下端5.6、内壁5.4厘米。外分四面，每面微弧，中间有2.3~2.6厘米宽的直槽一分为二。以四角为中线，饰象征兽面纹四组，由圆眼，阔嘴组成（图一，左、右）。眼为重圈，内圈直径4毫米，外圈直径9毫米，系管钻琢磨而成；外圈两侧刻有长3毫米的三角形弧线作为眼角。嘴巴在转角上，为平面刻出的长3.5、宽0.8厘米的对称卷云纹，两侧也刻出长2.5毫米的三角形弧线作为嘴角，这与过去所见有所区别。在象征兽面纹图案的上方有两条平行的凸横挡，长5.5~5.7、宽0.5厘米，间隔9毫米，其上有五条平行的凹弦纹。玉琮的底部留有切锯的弧线琢痕多道。从玉料质地、玉琮形制、兽面纹图案、琢刻方法看，与吴县草鞋山、昆山绰墩、武进寺墩、青浦福泉山所出土的玉琮都相同，时代当属良渚文化。但玉琮的象征兽面纹，嘴巴为平面阴刻，并有三角形弧线作嘴角，又独具特色。吴江已发现梅堰、大三瑾、九里湖等良渚文化遗址，但出土玉琮尚属首次。这为研究太湖地区良渚文化玉琮提供了新的实物资料。

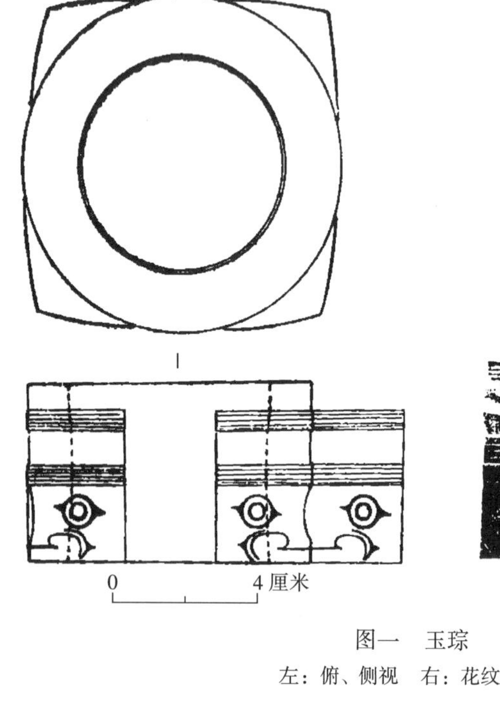

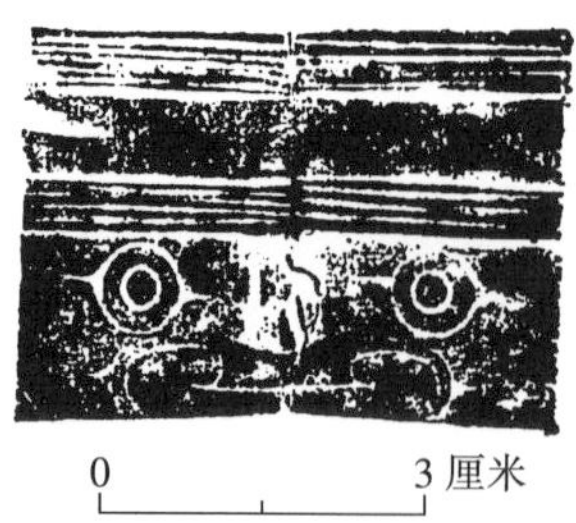

图一　玉琮

左：俯、侧视　右：花纹拓本

（原载《考古》1987年第2期）

江苏沙洲县新石器时代遗址调查简报

王德庆　缪自强

沙洲县位于苏州市北部，濒长江下游三角洲南岸，由江阴和常熟两县划出部分社队合并建成。1984 年至 1985 年，苏州博物馆派员配合该县开展全国文物普查，相继在鹿苑、塘桥、西张、港口、妙桥等地发现了 5 处新石器时代遗址（图一），揭示了该县新石器时代的初步面貌。现将调查简报如下。

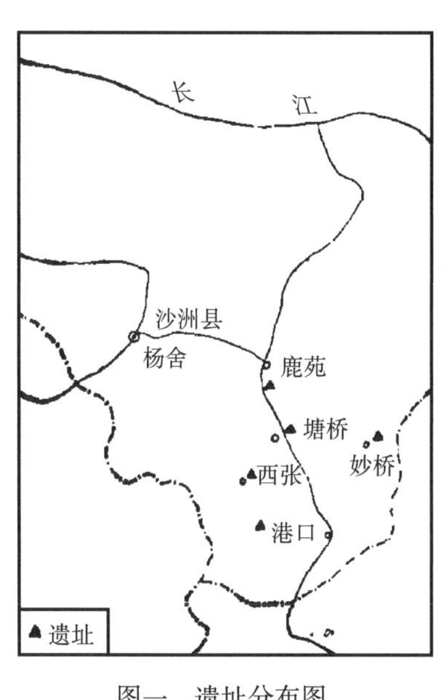

图一　遗址分布图

一、鹿苑徐湾村遗址

徐湾村位于鹿苑镇东南约 2 千米处，遗址坐落在徐湾村西北的一片台地上。台地高出现水稻田约 1 米，东西约 150 米、南北约 300 米、高约 4 米的土墩。1974 年前后，公社动员平墩造田，迄今大部被挖掉。当时在平墩取土中发现的许多石器和陶器，相继遭受破坏。我们在地面采集到夹砂陶鼎、泥质灰陶壶、罐、豆、杯、钵、盂等器物，并从窑厂工人中征集到石斧、石锛、石箭镞、陶弹丸和玉璜、玉管等器物。此外，还在遗址的西北和西南清理了已被破坏的墓葬各 1 座。

（一）地层

从窑厂取土断崖可见清晰的文化层，大致可分 4 层。

第 1 层，耕土，厚 0.1~0.3 米。

第 2 层，浅灰土，厚 0.15~0.25 米。出夹砂灰陶，泥质灰陶和红陶，并伴有少量几何印纹等硬陶片。

第 3 层，黄褐土，厚 0.2~0.4 米。土质较坚硬，杂有大量的红烧土块和夹砂灰褐陶，泥质灰陶和红陶以及少量的黑衣陶。

第 4 层，灰褐土，厚 0.2~0.5 米。土质颇松软，出土陶片与第 3 层基本相同，但不见或少见黑衣陶。

以下为黄花黏性生土。

（二）墓葬

调查中清理残墓2座，分别发现在遗址的西北（编号M1）和西南（编号M2）边缘。

M1　墓被遗址北侧新筑的一条小路取土所破坏，清理前部分残存器物暴露在地层断崖。墓为不规则长方形土坑墓。墓底距地表深82厘米，长26.6厘米。方向南偏东70度。出土陶器有鼎、壶、钵、杯等，分别置于墓的南侧和头部，惜多数破坏过甚不能复原。另于人骨架中部发现石锛和石斧各1件。

M2　此墓南为水稻田，北为新竖的高压水泥电线杆，因此墓地基本被破坏。墓底距地表深76厘米，形状和长宽不详。随葬陶器可看出形制的有鼎、罐、尊、壶、杯等。

（三）遗物

1. 石器　有锛、铲、凿、镞和砺石等。

锛　8件。分五式。

Ⅰ式　2件。皆黑细砂岩。磨制不精。器身均较厚。采:27，平顶圆角，长方形，凸腹，背略弧，两面斜刃，刃仍锋利。长9、宽3.6、厚3.8厘米（图二，5）。另一件石质风化较甚。

Ⅱ式　1件。采:4，青灰板岩磨制。长条形，平顶圆角，腹平直，背外弧，一面斜刃。长12、宽3.6、厚2.4厘米（图二，1）。

Ⅲ式　3件。石质有火成岩和青灰条纹页岩两种。磨制均粗糙。形制有长方形和近方形，腹平直，背均微弧，一面斜刃。

采:2，长8、宽2.8、厚1.6厘米（图二，6）。

采:3，长6、宽3.5、厚1.4厘米（图二，10）。

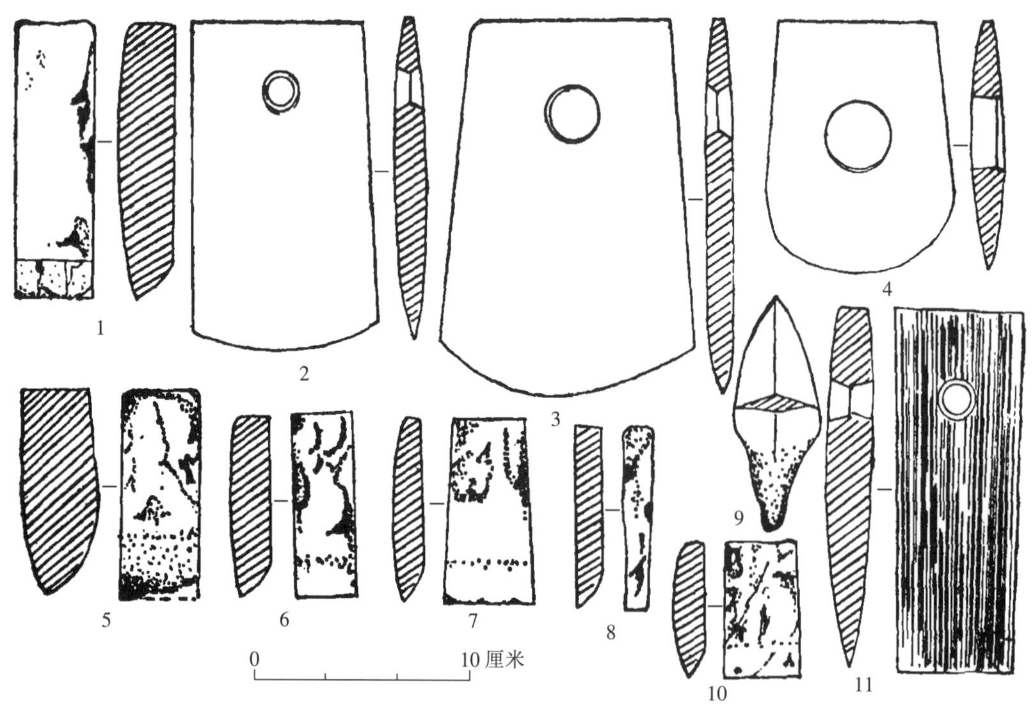

图二　徐湾村遗址出土石器

1. Ⅱ式锛（采:4）　2. Ⅱ式铲（采:10）　3. Ⅲ式铲（采:19）　4. Ⅳ式铲（采:9）　5. Ⅰ式锛（采:27）　6、10. Ⅲ式锛（采:2、3）　7. Ⅳ式锛（采:1）　8. 凿（采:6）　9. 镞（采:48）　11. Ⅰ式铲（采:7）

Ⅳ式　1件。采:1，火成页岩，色灰白。磨制较精。平顶略向内斜，腹平直，背略微弧，一面斜刃，上窄下宽呈梯形。长8、上宽3.5、下宽4.2、厚0.8~1.2厘米（图二，7）。

Ⅴ式　1件。采:29，黑色板岩磨制。长方形，腹光而平，背磨出凸脊，断面呈钝角三角形，短斜刃。长6.4、宽3、脊部厚1厘米。

凿　1件。采:6，火成灰岩。长条形，腹、背均平直，一面斜刃。长8、上宽1.4、下宽1、厚1.2厘米（图二，8）。

铲　6件。皆单孔，孔均相对穿成。分四式。

Ⅰ式　2件。采:7，彩条纹页岩。磨制精细。平面近长方形，断面呈菱形，两侧斜收成平刃。长16、上宽5.8、下宽5.4、厚1.7厘米（图二，11）。另一件器身略短，刃部有损缺。

Ⅱ式　2件。采:10，青灰板岩。磨制精细。平面呈长方形，断面似菱形，唯上部收敛较甚，下部两面收成弧刃。长14.4、宽8、厚1.4厘米（图二，2）。

Ⅲ式　1件。采:19，石质有黑色闪砾岩和花斑岩两种，花斑岩呈灰绿色。磨制颇精，光可鉴人。上小下大呈梯形，上下两面作弧收，但中部平薄，顶一端磨成小圆角，弧刃上翘。长16.5、上宽9、下宽11.8、厚1.4厘米（图二，3）。

Ⅳ式　1件。采:9，青灰色板岩。磨制精细。平面呈舌形，上下两面弧收，中部甚厚，穿孔居中。长10.8、上宽7、下宽9、最厚处1.4厘米（图二，4）。

镞　1件。采:48，灰色砾岩。呈短叶形，矢身一面磨出脊，一面系粗糙原石，铤较粗短。长6.2、宽4厘米（图二，9）。

砺石　2件。细红砂岩，石质并不坚硬，石表均下凹，并有不少磨痕，显系经过使用。一件一端有个半圆孔。残长10、宽11、厚1~1.3厘米。

2. 陶器　有鼎、豆、钵、罐、盂、盆、盉等，有部分完整器物。

鼎　夹砂灰陶。少数掺蚌末料，多数细砂或稻壳为掺和料，因此，经炊烧使用后许多器腹和器足质地变疏松。器表呈现出凹孔，局部陶质为灰红或灰黑。器形大都不能复原，经拼合分三式。

Ⅰ式　采:51，已残。口微侈，宽折唇，直腹，下腹斜收。饰弦纹六道。口径30、腹径27厘米（图三，14）。

Ⅱ式　采:50，侈口，厚唇，腹内收，底残，似为圜底。饰弦纹十道。口径26、腹径22.2厘米（图三，15）。

Ⅲ式　M:2，侈口，斜唇，束颈，鼓腹，圜底，三足残断。口径12、腹径12.6、残高7厘米（图三，11）。

鼎足形制甚多，有宽扁凹形足、椭圆兽蹄足、扁凿足、“T”形足、尖锥足、柱形足和宽扁凸棱足等（图四，1~11）。

钵　采:12，泥质灰陶。器壁较厚，轮制规整。直口，竖唇，折腹，小平底。口径16.6、腹径28、底径8、高12.4厘米（图三，1）。

盉　采:13，泥质灰陶。轮制。口残，束颈，球腹，平底。腹上部附一扁平桥形提梁把，为成形后接合。腹径11、底径5.6、高9厘米（图三，2）。

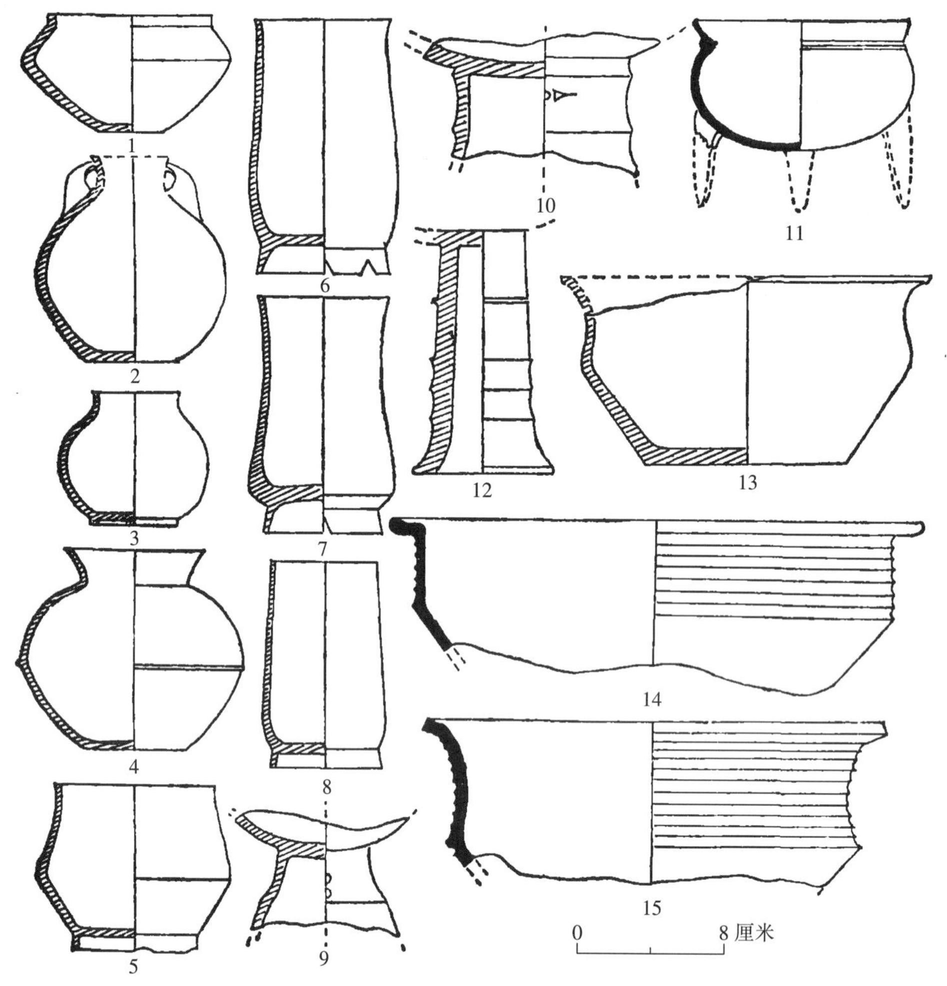

图三　徐湾村遗址出土陶器

1. 钵（采:12）　2. 盉（采:13）　3. Ⅰ式壶（采:14）　4. Ⅱ式壶（M:6）　5. 罐（采:17）　6. Ⅱ式杯（采:15）　7. Ⅰ式杯（M:2）　8. Ⅲ式杯（采:16）　9. Ⅰ式豆（采:23）　10. Ⅱ式豆（采:54）　11. Ⅲ式鼎（M:2）　12. Ⅲ式豆（采:24）　13. 盆（采:18）　14. Ⅰ式鼎（采:51）　15. Ⅱ式鼎（采:50）

壶　泥质灰陶。分二式。

Ⅰ式　采:14，轮制。侈口，小唇，短束颈，圆腹，浅圈足。口径4.3、底径5、高7厘米（图三，3）。

Ⅱ式　M:6，侈口，斜高颈，球腹，平底，腹中饰凸脊一道。口径7.8、腹径12.8、底径6.8、高10.8厘米（图三，4）。

罐　采:17，泥质灰陶。直口，粗颈，折腹，葵瓣形圈足。口径7.8、底径7.2、高9厘米（图三，5）。

盆　采:18，泥质灰陶。器表施一层黑衣。侈口，圆唇，微束颈，腹圆折，厚平底。口径20、腹径18.8、底径11.2、高10厘米（图三，13）。

杯　泥质灰陶和红陶两种，有的施一层黑衣。分三式。

Ⅰ式　M:2，侈口，弧腹，弧底，葵瓣圈足。口径7.4、腹径6.6、足径6.8、高12.6厘米（图三，7）。

Ⅱ式　采:15，口微侈，斜直腹，平底，葵瓣圈足。口径7.6、腹径8.2、底径17.4、高13.8厘米（图三，6）。

Ⅲ式 采∶16，直口，斜腹，平底，圈足。口径6、底径6.4、高11厘米（图三，8）。

豆 均残。形制多样，特别是豆把柄。均泥质红陶和灰陶。有的器表涂灰白或黑色陶衣。按豆把变化分三式。

Ⅰ式 采∶23，盘圜底。把分二节，上节微内弧，下节外撇，前后饰圆形小镂孔两个。残口径10、高10.2厘米（图三，9）。

Ⅱ式 采∶54，盘圜底。粗柄中起棱，饰圆形和弧线三角形镂孔。残口径13.5、高7厘米（图三，10）。

Ⅲ式 采∶24，柄细高，呈竹节状。上部饰凸弦纹一道，下部饰弦纹三道。高13厘米（图三，12）。

豆盘 3件。

采∶49。钵形。敛口，唇内折，腹斜收。饰凸弦纹一道。口径28、残高5厘米（图五，1）。

采∶22，罐形。口微侈，圆唇，圆折腹。下腹饰一道粗弦纹。口径24、残高3厘米（图五，2）。

还有一件器表施黑衣。侈口，斜唇，斜腹。口径10、残高8厘米（图五，8）。

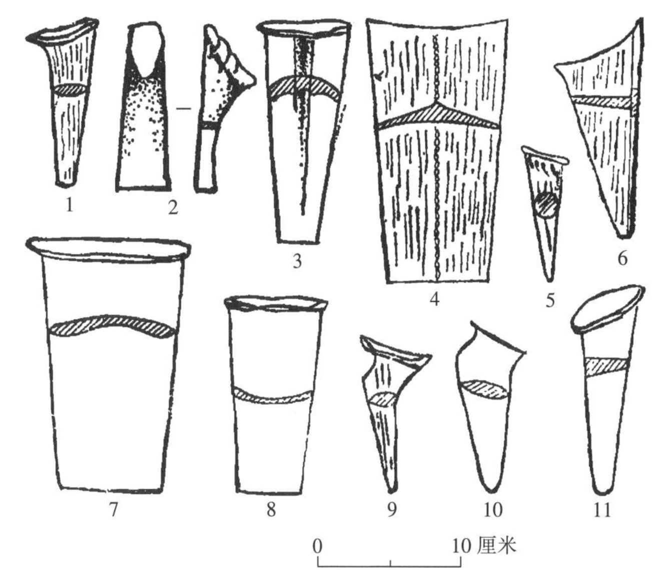

图四 徐湾村遗址出土陶鼎足

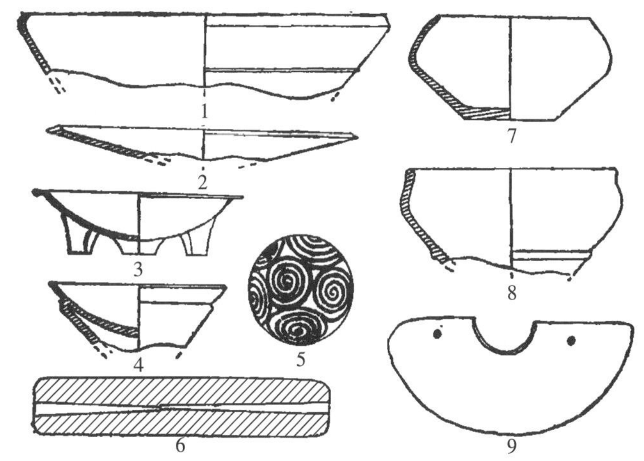

图五 徐湾村遗址出土陶器和玉器

1、8. 陶豆盘（采∶49、22） 2. 陶豆盘 3. 陶三足盘（M1∶2） 4. 陶异形器（采∶53） 5. 陶弹丸（采∶40） 6. 玉管（采∶41） 7. 陶盂（采∶11） 9. 玉璜（采∶42）（5、6、9. 约1/2，余约1/5）

盂 采∶11，泥质红陶，器表施红衣。轮制。敛口，圆唇，圆折腹，平底。口径6、腹径8、底径3.5、高3.8厘米（图五，7）。

三足盘 M1∶2，夹砂灰褐陶。轮制。侈口，宽平唇，弧腹，圜底，腹下附三只扁方足。口径16、高4.8厘米（图五，3）。

异型器 1件，采∶53，已残。泥质红陶，器表施红衣。轮制。侈口，小斜唇，腹有两层，上腹底为圜形，下腹底斜收。口径13.4、残高5厘米（图五，4）。

弹丸 1件。采∶40，圆球形。饰旋涡纹。直径4厘米（图五，5）。

3. 玉器 征集到管、璜各1件。

管 采∶41，褐黄间隔斑色。中孔对穿，中间孔径略小，形成束腰。长11.4、直径2.2厘米（图五，6）。

璜　采:42，半璧形，色翠绿，间以少数灰白色。璜两端各钻小孔一个，表面有数道轮旋痕。直径9.5厘米（图五，9）。

二、塘桥蔡墩遗址

蔡墩位于塘桥镇东北里许。1975年塘桥镇一群众交沙洲县文化馆一件石器，我们据这一线索进行调查。在塘桥乡几处窑厂取土的断崖和因水运需要于原墩中部新开的一条小河两岸，暴露有明显的文化层，文化层有的深入水下。调查中我们在窑厂东面取土的断崖部，挖得陶壶、豆、鼎和残石锛等，应为一座墓葬的随葬品；并于地面采集到石锛、斧及陶片若干。还在墩的周围和一处水塘边拣得石锛、斧和夹砂陶鼎足等。

（一）地层

窑厂在砖窑以北，断崖文化层厚3米，表土层已挖去。大致可分3层。

第1层，文化层。灰褐土。土质颇松软。出灰陶壶、钵、灰陶黑衣杯和泥质红陶豆等。

第2层，黄褐土。较坚硬。杂红烧土块和芦苇遗存。

第3层，浅灰土。有少量红烧土块，出粗矮圈足灰陶豆、施有红衣的灰褐陶浅腹盆和兽蹄形、圆柱形、尖锥形夹砂陶鼎足等。

以下为黄黏性生土。

（二）遗物

1. 石器　有锛、铲、钺、凿和镞等。

锛　分四式。

Ⅰ式　采:1，透闪岩，翠绿灰斑色。磨制粗糙。长方形，平顶小圆角，单面斜刃，刃口略弧。长14、宽4.5、厚4厘米（图六，1）。

Ⅱ式　采:2，火成页岩。长条形，平顶，腹平直，折背斜收，与刃相交成小角，单面斜刃，短而锋利。长15.8、宽34、厚3厘米（图六，2）。

Ⅲ式　采:8，黑色页岩，较粗糙。弧背。单面斜刃。长12.4、中宽3.9、厚2.8厘米（图六，6）。

Ⅳ式　采:14，砾岩，灰褐色。磨制平整。扁平长方形。残长6、宽5、厚1.2厘米（图六，4）。

斧　分二式。

Ⅰ式　采:13，砂砾岩，青黑色。略经磨制。两面收刃，刃弧曲。残长6.2、宽4.4、厚3.4厘米（图六，5）。

Ⅱ式　采:3，火成砂岩，色黄褐花斑。上窄下宽，弧顶，刃弧圆，仍锋利。长19.5、宽9、厚4厘米（图六，3）。

穿孔铲　1件。采:4，透闪岩，翠褐如玉。磨制精细。扁平长方形，平顶，弧刃。长12.4、宽6.5、厚1.2厘米（图六，7）。

钺　3件。采:3，火成细砂岩，灰褐色。采:5，高柄束颈，正面略内弧，薄弧刃。宽24、高20.5厘米（图六，9）。另一件残损。

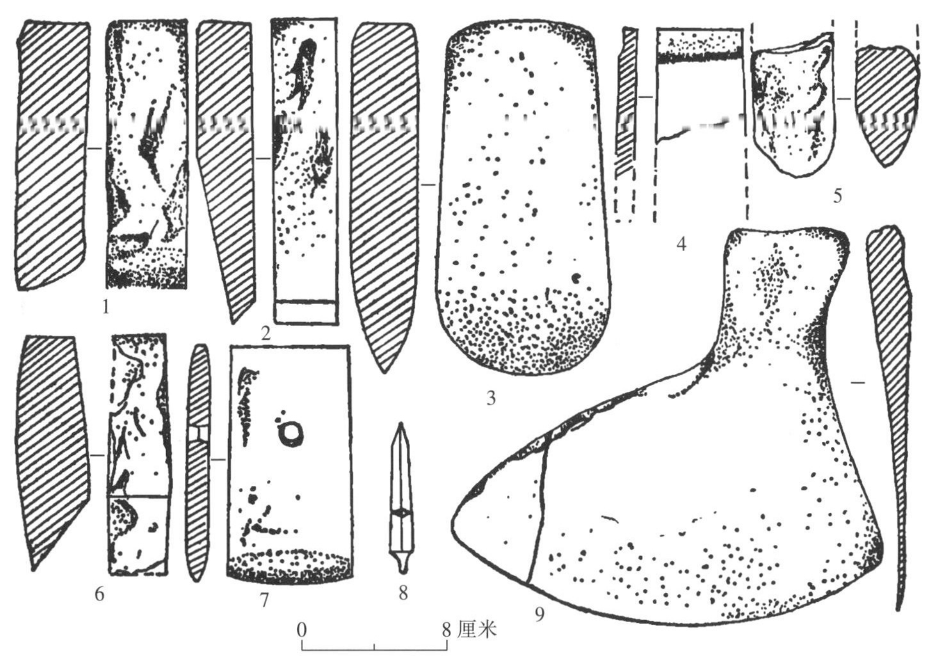

图六 蔡墩遗址出土石器

1. Ⅰ式锛（采:1） 2. Ⅱ式锛（采:2） 3. Ⅱ式斧（采:3） 4. Ⅳ式锛（采:14） 5. Ⅰ式斧（采:13） 6. Ⅲ式锛（采:8） 7. 穿孔铲（采:4） 8. 镞（采:7） 9. 钺（采:5）

镞 1件，采:7，火成岩磨制，石色灰白。柳叶形，矢首较尖短，矢身两面磨出脊，铤短而圆。长7.5厘米（图六，8）。

2. 陶器

陶质有夹砂灰、红陶，泥质灰、红陶。泥质灰陶施有黑或红色陶衣。有鼎、壶、钵、盘、盆、碗和平底器等器物。

鼎 均残。夹砂陶，多数以细砂和稻壳作掺和料，少数掺有蚌壳末。鼎足基本完整，有圆柱尖、椭圆扁、扁宽“T”形足（图七，1~4）。

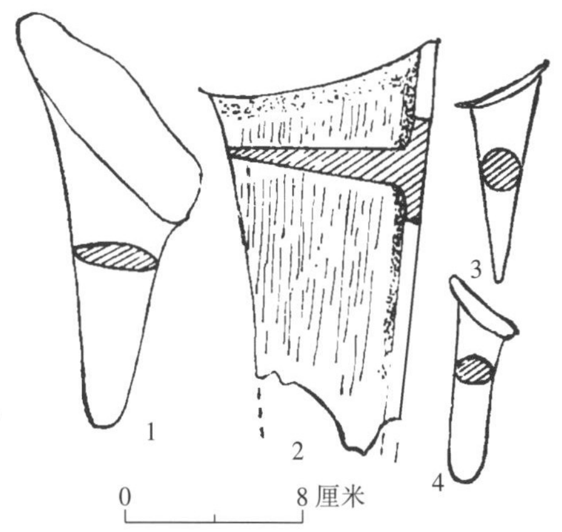

图七 蔡墩遗址出土陶鼎足

壶 采:25，泥质灰陶。轮制，胎甚薄。直口，高颈，圆球腹，圈足。口径6、底径8、高10厘米（图八，4）。

豆 有钵形豆和盘形豆两种。

钵形豆 分三式。

Ⅰ式 采:22，已残。泥质灰陶，表施一层淡红色陶衣。轮制。侈口，斜唇，斜折腹。上腹饰一道凸棱纹。口径11、腹径18.6、残高6厘米（图八，6）。

Ⅱ式 采:26，泥质灰陶。轮制，壁薄。侈口，翻唇，上腹弧曲，下腹斜收。饰弦纹一道。口径24、腹径21.6、残高4厘米（图八，5）。

Ⅲ式 采:17，泥质灰陶，表施一层黑陶衣。轮制规整。侈口，平唇，上腹斜收，下腹内弧，圈足较粗矮。饰弦纹一道。口径20、腹径17.6、高8厘米（图八，7）。

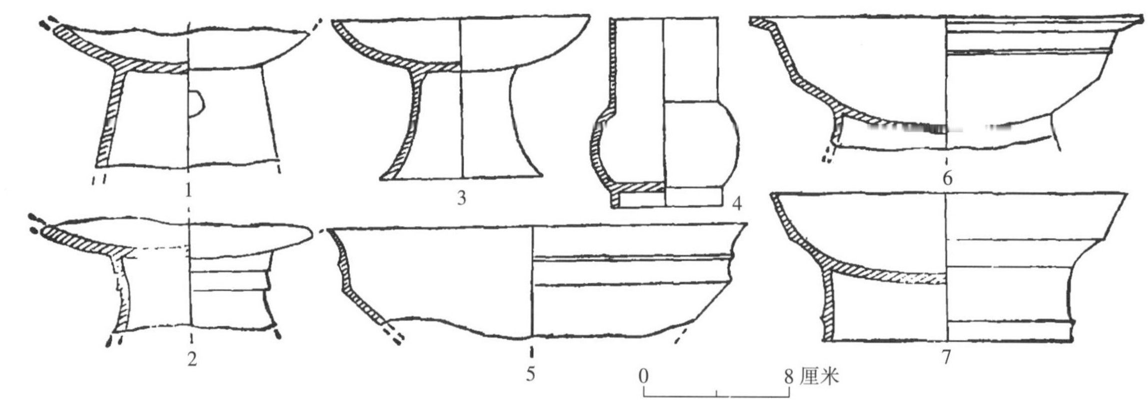

图八　蔡墩遗址出土陶器

1~3. 盘形豆（采:9、18、23）　4. 壶（采:25）　5. Ⅱ式钵形豆（采:26）　6. Ⅰ式钵形豆（采:22）　7. Ⅲ式钵形豆（采:17）

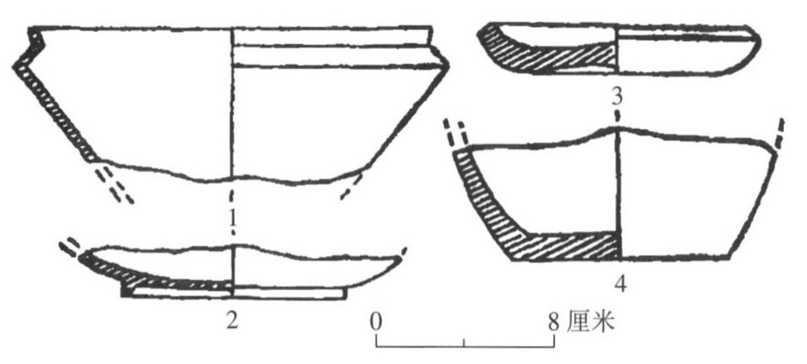

图九　蔡墩遗址出土陶器

1. 钵（采:21）　2. 碗（采:19）　3. 盘（采:15）　4. 平底器（采:24）

盘形豆　均残。圜底。

采:23，下接圈足作喇叭形（图八，3）。

采:18，圈足作瓦棱形（图八，2）。

采:9，圈足上小下大作筒形（图八，1）。

钵　采:21。泥质灰陶，内胎呈浅红。口外侈，折腹较高，底残。口径18、腹径19.4、高5.6厘米（图九，1）。

盘　采:15。泥质灰陶。手制。侈口，厚唇，凹底。口径10.8、高2厘米（图九，3）。

碗　采:19。已残。弧腹，矮圈足。底径9.8、残高3厘米（图九，2）。

平底器　采:24。泥质灰陶，轮制。壁厚，圆鼓腹，平底。腹径14、底径10厘米（图九，4）。

（三）其他遗存

第2层中发现芦苇和红烧土遗存，厚约30~50厘米，下部土质较坚硬。在10厘米以下夹有一层芦苇遗存，沿水塘斜坡作南北走向，排列规律。芦苇遗存采用二经二纬的编织方法，残存芦苇根部深入红烧土层，芦苇久埋地下变质发黑。试掘清理芦苇层内的红烧土层，表面较平坦，可能为一处居住建筑遗址。

三、西张遗址

西张遗址位于西张镇的西北，北靠西张河，南临港杨公路。在西张汽车站以西的地面和一处水塘断崖散布着夹砂陶和灰陶片以及文化层，上部灰褐土较松软，下部黄褐土较坚硬。1974年，社员顾永喜在建房时挖出石锛、石斧等器物，已送交县文化馆保存。

1. 石器

铲　7件。皆对穿单孔。分五式。

Ⅰ式　采:10，黑板岩。磨制精细。平面似“风”字形，平顶小圆角，两面斜收成弧形刃。长

13.5、宽8.5~9.5、厚1.3厘米（图一〇，3）。

Ⅱ式　采：3。透闪岩，光洁如翠玉。平面近方形，平顶，两侧斜直，两面斜收成弧刃，穿孔甚小。长14.5、宽10.5、厚1.3厘米（图一〇，2）。

Ⅲ式　采：2。石质有黑色板岩和火成灰岩两种。磨制精细。平面呈梯形，顶部平厚，两面斜收成弧刃，刃部一角残缺。长18、宽11、厚1.3厘米（图一〇，4）。

Ⅳ式　采：5。砂页岩，通体黑色。平面呈梯形，平顶两角弧圆，穿孔较大。长11、宽8、厚1.2厘米（图一〇，6）。

Ⅴ式　采：4。花斑火成岩。上窄下宽如舌形，平顶一角残，器身两侧磨出角棱，圜弧刃。长14.2、宽7.5、厚1.6厘米（图一〇，1）。

钺　采：9。页岩，青灰色。器身中部突厚，下部内凹成刃，仅正面和刃部略加磨制。首上翘，钺身前端较宽扁，后端窄稍厚，直柄宽厚。长21.4、厚2、高15.2厘米（图一〇，5）。

2. 陶器

陶系有夹砂灰陶，泥质灰、红陶和黑衣陶。征集到一件泥质灰陶壶。采：12，直口，竖颈，圆折腹，圜足底。口径6.4、底径4.6、高9.6厘米（图一〇，7）。

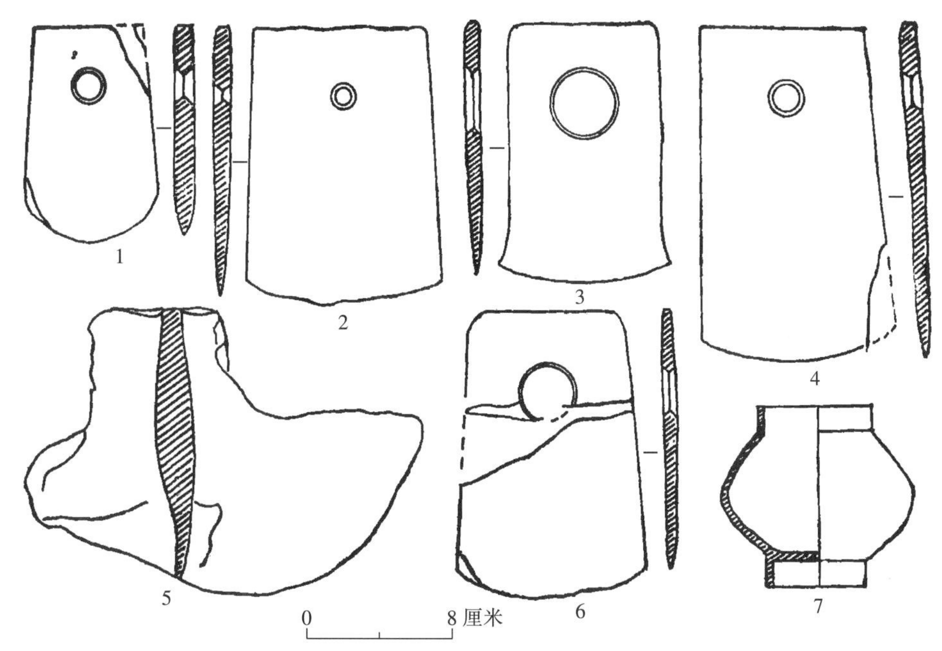

图一〇　西张遗址出土石器、陶器

1. Ⅴ式石铲（采：4）　2. Ⅱ式石铲（采：3）　3. Ⅰ式石铲（采：10）　4. Ⅲ式石铲（采：2）　5. 石钺（采：9）　6. Ⅳ式石铲（采：5）　7. 陶壶（采：12）

四、港口凤凰山遗址

凤凰山位于港口镇西北约3千米处，南距西徐市（即凤凰乡）1.5千米，海拔86.7米。遗址在凤凰山东麓，为港口砖瓦窑厂范围，规模较广。遗址遭受破坏，但在断续的高坡地还暴露着唐代、六朝时期和汉代的砖室墓和土坑墓，有待配合发掘。

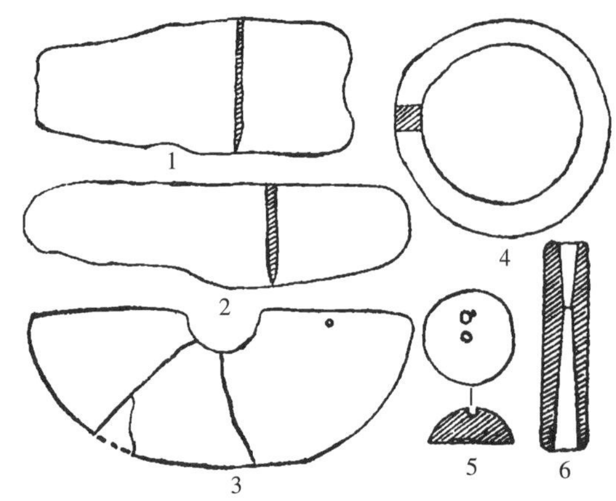

图一一 凤凰山遗址出土石器、玉器
1、2. 石刀（采:2、1） 3. 玉璜（采:6）
4. 玉镯（采:5） 5. 玉珠（采:4）
6. 玉管（采:5）（1、2、5. 约1/3，余约1/6）

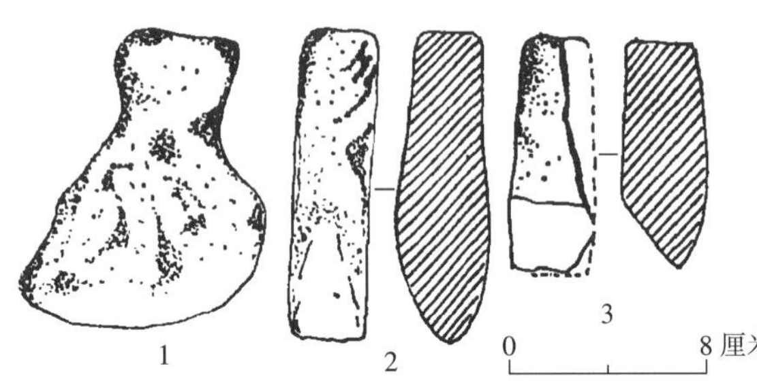

图一二 凤凰山遗址出土石器
1. 刀（采:3） 2、3. 锛（采:1、2）

1. 石器

刀 2件。

采:1，水卵石磨制。一件扁平椭圆形，圆首，刃部略宽，刃柄略窄，圆末。长11.4、厚0.7厘米（图一一，2）。

采:2，已残。一面斜刃，背有一凹槽，前有一半圆孔（图一一，1）。

2. 玉器

有珠、璜、管、镯。

珠 采:4。乳白色，半球形。有两个孔连通。直径3、高2厘米（图一一，5）。

璜 采:6。透闪岩，翠绿晶润。半圆形，两面凹凸不平，并各有对穿小孔一个。长26、宽10、厚0.3厘米（图一一，3）。

管 采:5。黄褐花斑色。中孔对穿，中间孔径略小，形成束腰。长13.2、直径3厘米（图一一，6）。

镯 采:5。乳白色。器身略变形，器表凹凸不平，横剖面呈方形。直径14.2、孔径10.6、厚0.8厘米（图一一，4）。

此外，妙桥乡群众于1974年在开挖塘妙河道工程中发现石锛、石刀。送交苏州博物馆。

石锛 2件。形制基本相同。

采:1，黑色板岩，已残（图一二，3）。

采:2，灰色页岩。磨制粗糙。长条形，背略弧，单面斜刃。长11.5、宽3、厚2厘米（图一二，2）。

石刀 1件。采:3，形似石钺，一面磨平，高把柄，刃向一面倾。宽10、厚0.5、高11.4厘米（图一二，1）。

五、结语

沙洲县地处长江下游三角洲南岸，县境西北、东北和北面临江，长江岸线长达98千米，隔江与靖江、如皋和南通相望。县境地势西南向东北略有倾斜，海拔为4~6米。这次在沙洲首次相继发现新石器时代遗址5处，其中鹿苑徐湾村遗址，距长江岸线仅14千米，对研究长江三角洲和太湖地区的地形地貌变迁以及和相邻地区新石器时代文化彼此关系提供了重要资料。

关于这几处遗址的文化性质和时代，从采集到的石器和陶器的形制分析，我们认为，与江苏省在太湖流域已发掘和发现的新石器时代遗址的面貌基本类同。从各遗址包含的地层内涵，也均具有崧泽和良渚文化的叠压关系，如敛口、宽沿、浅腹、圜底，腹饰弦纹的夹砂陶器，与崧泽中层釜形鼎（ⅢC、ⅢE、M59∶1、M76∶2）完全相同[①]。上述几处遗址虽均未见到完整器，但鼎足的形制，如扁铲形足、凿形足、面饰绞丝纹的三角形足、圆柱足以及宽扁内弧形足等，类似的鼎足在吴县唯亭草鞋山中层，张陵山下层，常州寺墩下层也均有出土[②]。豆的轮制规整，器壁较薄，器身作钵形、盘形或盆形，豆把粗大，造型精致又富变化，饰圆形和弧形三角形等镂孔纹饰。而壶、钵、罐、盆等器形又以折腹常见，筒形直腹或鼓腹的葵瓣形圈足杯，也为崧泽文化的典型器。徐采∶13 灰陶盆，与上海松江汤庙村遗址Ⅱ式盆（M1∶4）极相似[③]。而蔡墩遗址的灰陶壶（采∶25）又与吴县唯亭草鞋山中层出土的黑衣红陶壶（该文称杯）基本一致，唯后者圈足为葵瓣形。此外，如石器中的长方形穿孔石铲和舌形斧，长条形直腹弧背、两面斜收成平刃的石锛等生产工具也多与崧泽和草鞋山中层同类器类同。并在遗址地面采集和群众手中征集的石钺、有段石锛、短柳叶形石箭镞、长柄圆首石刀和“T”字形陶鼎足等显然是良渚文化特征。但还未见到有如鱼鳍形鼎足、袋足鬶、玉璧、玉琮和石镰、石耘田器等良渚文化晚期的典型器。有段石锛仅见 1 件，且段的做法尚较原始。因此，我们认为这几处遗址的时代下层大体与崧泽和草鞋山遗址中层相当，上层已向良渚文化演变。

注释

① 上海市文物保管委员会：《青浦县崧泽遗址第二次发掘》，《考古学报》1980 年第 1 期。

② 南京博物院：《江苏吴县草鞋山遗址》，《文物资料丛刊》（3），文物出版社，1980 年。南京博物院：《江苏吴县张陵山遗址发掘简报》，《文物资料丛刊》（6），文物出版社，1982 年。南京博物院：《江苏武进寺墩遗址的试掘》，《考古》1981 年第 3 期。南京博物院：《1982 年江苏常州武进寺墩遗址的发掘》，《考古》1984 年第 2 期。

③ 上海市文物保管委员会：《上海松江县汤庙村遗址》，《考古》1985 年第 7 期。

（原载《考古》1987 年第 10 期）

吴县通安古井清理简报

吴县文物管理委员会

1986年1月16日，我会接到通安乡张兆有同志报告：该乡金墅西太湖沿岸修筑防洪大堤时有文物出土。经我们现场踏勘，在修筑大堤取土处发现古井数座。现将清理的4座残井情况报告如下：

一、古井的分布、结构

古井发现于距苏州城西23千米的太湖边通安乡种殖场（图一）。该场三面临太湖，东与湖东平原接壤。这里原是太湖的浅水区，1976年，该乡在金墅港口与龙潭江口之间的太湖水域，筑起了一道“冂”形的大堤，围湖造田1000余亩，辟为通安种殖场。据当时负责抽水的老农陆老虎反映，湖水抽干后湖底曾发现灰黑色的井坑几十座。现经初步调查，在这个区域的麦田内零星散落着石斧、残石镰、残石刀以及许多陶片。陶片的陶质可分为夹砂红陶、泥质红陶、几何印纹陶三种，纹饰有弦纹、叶脉纹、方格纹、细麻布纹、组合纹等（图二）。这些文化遗物的特点，与上海戚家墩遗址下层西周时期的遗物相接近[①]，可见，这里本应是一处古文化遗址。

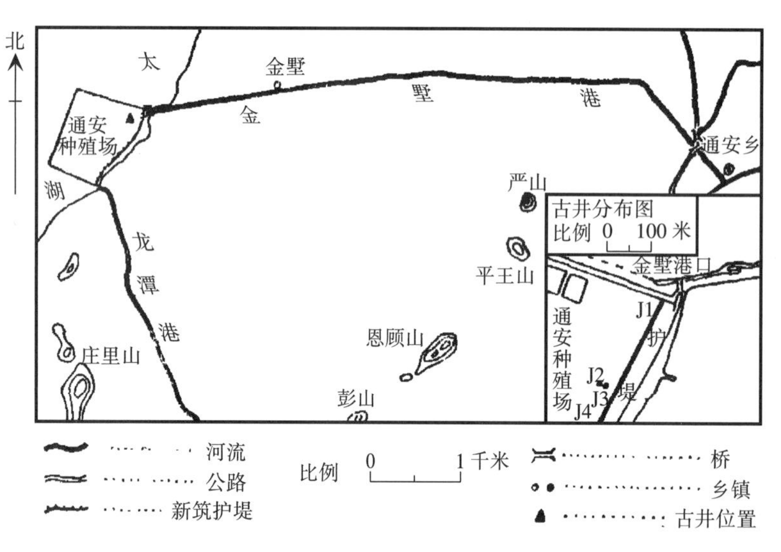

图一　吴县通安古井位置示意图

这次清理的古井，分布在距离原湖岸线60～110米的地方。发现时仅存下半截，井内积满淤泥。可分三种。

1. 土坑井1座（J3）。距离原太湖岸线90米。原井口已破坏。清理时残井口为圆形，距离湖底1.7米。井口直径1.30米、残深0.80米。坑壁平滑，井底呈锅底状。清理时出土腐烂的草绳、树枝、青瓷盆残片等。淤泥清除后，即渗出清水。

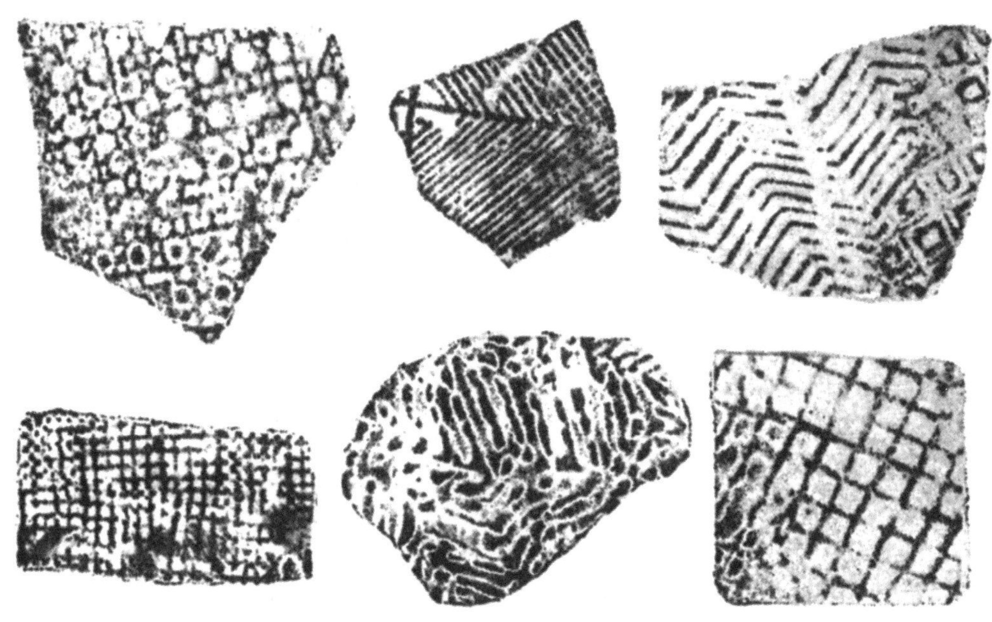

图二　通安古井遗址采集印纹陶拓片

2. 陶圈井2座（J1、J2）。这类井是用直径0.70～0.72米、高0.18～0.23米的陶井圈垒叠而成。井圈上下均为平口，厚0.03米，圈身中部微内收，厚0.02米，断面呈竹节形，圈壁有直径0.045米对穿的渗水孔。圈外壁饰以绳纹，内壁饰方格纹，泥质灰陶，夹有粗砂粒，表面比较粗糙。

J1，距太湖岸线60米，在清理时残存井圈10圈，井口距离湖底面1.2米。上部三圈淤泥中无遗物，到第四圈时伴出腐朽的木板、树枝，第六、七两圈的淤土中发现颈部尚存草绳的黑衣陶弦纹平底罐1件。第七圈以下有陶罐碎片，禽兽骨骸出土。第十圈以下为流沙层。

J2，距太湖岸线约100米，残存井圈5圈，井口距离湖底面1.7米，井圈略倾斜，残井口淤土中清理出桃核1颗，第一圈与第二圈淤土中伴出弦纹黑衣陶、腐烂的草绳、竹木残片、蚌壳、井圈残片等。第二、三圈内出土黑衣陶圜底罐4件（其中3件残）以及大量的陶片。第五圈下为井底，井底是以四块剖开的树干平铺而成。平面略呈圆形，直径0.78米。四块树干上凿有四个边长0.02～0.07米的方形渗水孔。淤泥清除后，即有清水徐徐渗出。在取出井圈时，发现每圈井圈与下层井圈之间都铺有稻草，以使井圈垒叠平整。

从井坑剖面来看，砌筑时，是先挖好直径为1.04～1.16米或0.92～0.98米的圆柱形井坑，然后将陶井圈垒筑其内，四周再填以泥土而成的（图三）。

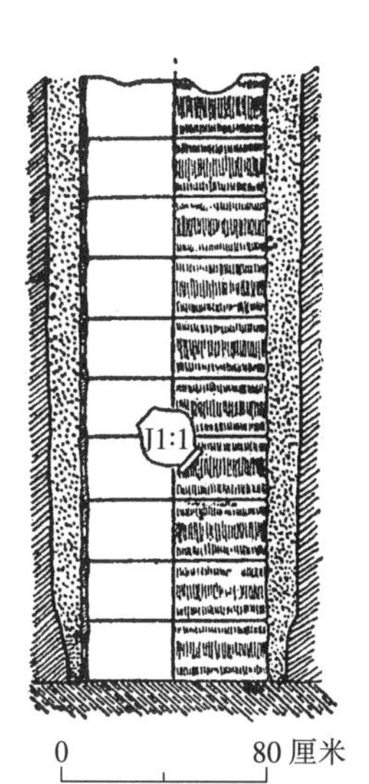

图三　J1、J2剖面图
上：J1　下：J2

3. 砖井1座（J4）。距离原太湖岸线110米。清理时只存井底部分，在井旁采集到双耳平底青瓷残罐、四系青瓷罐各1件，以及残井砖3块。询问当时该地取土筑堤的民工得知，该井是由一端带卯眼一端有榫头的长方形带榫砖侧立盘筑而成的。

二、出土遗物

出土遗物主要是青瓷器、陶器与陶片。陶片有泥质灰陶与泥质黑衣陶两种，其中黑衣陶片占77%，灰陶片占22%，还有少量的青瓷残片及釉陶片。陶片纹饰以粗细拍印绳纹和弦纹为主。

1. 青瓷器

罐　2件。均出自J4。

平底四系罐　1件。J4∶1，侈口，圆唇，弧肩，矮领，鼓腹，肩部有桥形系四个。细开片，施茶绿色釉，不到底，釉有垂流现象。肩、腹部分别饰以弦纹各一道。高9.2、口径8.5、腹径12.8、底径8.5厘米（图四，1）。

平底双系小罐　1件。J4∶2，残。环形双系，球腹、平底。细开片、施釉不到底，有垂流现象，底部露胎。残高8.5、腹径9.6、底径5.4厘米（图四，2）。

2. 陶器

罐　11件。分六式。

Ⅰ式罐　1件。出自J1。J1∶1，泥质灰陶，外表涂有黑衣。圆唇，矮领，鼓腹，平底。领以下密饰细弦纹，出土时领部留有草绳半周。高24.2、口径11.7、腹径22.3、底径9厘米（图四，3）。

Ⅱ式罐　4件，其中3件残。均出自J2。泥质灰陶，外表涂以黑衣。J2∶2，口沿残损，圆唇，矮领，球腹，圜底。腹上部饰弦纹，下腹及底部施以拍印绳纹。残高23.5、腹径24.5厘米（图四，4）。

Ⅲ式罐　3件。征集品。经查出自J3。泥质灰陶，外涂黑衣。口残，高颈，扁鼓腹，肩部有双系，底部有三乳丁足。残高13.2、足高12、腹径19.4、底径12.5厘米（图四，5）。

Ⅳ式罐　1件。征集品。据查出自J3。泥质灰陶，外涂黑衣。口微侈，方唇，高颈，扁鼓腹，平底，环形双系。肩部饰细弦纹五道。高11.2、口径12.6、底径12厘米（图四，6）。

Ⅴ式罐　1件。征集品。泥质灰陶，外涂黑衣。圆唇，鼓腹，腹下收，圜底微内凹。下腹部及底

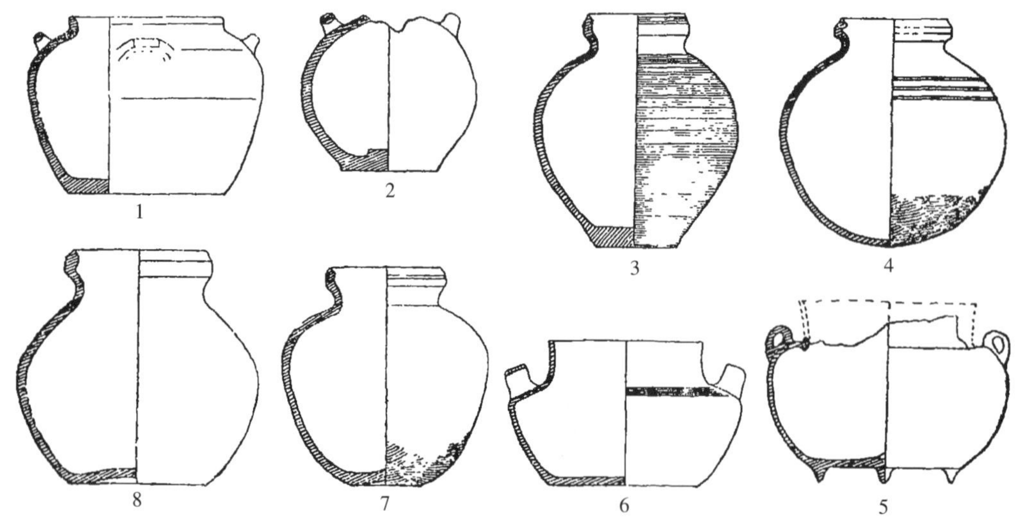

图四　通安古井出土器物

1. 平底四系青瓷罐（J4∶1）　2. 平底双系小青瓷罐（J4∶2）　3. Ⅰ式陶罐（J1∶1）　4. Ⅱ式陶罐（J2∶2）　5. Ⅲ式乳丁足黑衣陶罐　6. Ⅳ式双耳平底黑衣陶罐　7. Ⅴ式圜底黑衣陶罐　8. Ⅵ式黑衣陶罐（1、2. 1/4；3、4、7. 1/8；5、6、8. 1/6）

部拍印绳纹。高22.5、口径12.6、腹径22.8厘米（图四，7）。

Ⅵ式罐 1件，征集。泥质灰陶，外涂黑衣。圆唇，圆腹，底稍向内凹。口颈下有弦纹一道。高18.3、口径10.8、底径11.2厘米（图四，8）。这种器形与天津永定河故道西汉墓出土的罐相似[②]。

3. 其他 桃核1颗。

三、结语

通过清理通安古井，我们得到如下几点认识。

1. 关于古井的年代，由于太湖水浪的作用，使古井失去了地层依据，只能根据井的形制和井内出土遗物来推断：

J1、J2为陶圈井，这类井在其他汉代遗址中较为多见，所出的Ⅰ式罐与澄湖遗址晚期遗存中的汉代泥质灰陶弦纹罐相似。据此，这两座陶圈井应为西汉时期的遗物。

J3为土坑井，井内所出的Ⅲ式罐与澄湖印纹陶三期古井中出土的双耳乳丁足黑陶罐相似；Ⅳ式罐与上海戚家墩遗址出土的罐（T1∶4）类同[③]。当为战国时期的遗物。

J4为带榫砖井，所出桥系青瓷罐，具有南朝青瓷罐的特点，可见该井当为南朝时期的遗物。

2. 通过清理，可以看到从战国到南朝这样一个不太长的历史时期中，水井就完成了从“土坑井→陶圈井→带榫砖井”这样一个发展过程。值得注意的是在J2中发现开凿渗水孔的以树木来铺筑井底的现象，为我们进一步了解汉代的筑井技术，提供了新的资料。

3. 这次发现的不同时代不同类型的水井，较集中地出现在同一区域内；在古井附近的原太湖湖底地表，还遗留有石制工具和陶器碎片，这些文化遗物的共存与延续关系，说明这一地区的人们在这处遗址上的活动，自东周时期起到六朝，始终没有中断过。而今天，古井的发现地，已在距离太湖岸线百米之遥的水域之中了。据《吴县志》记载：“正统九年七月大风雨，太湖水高一二丈，沿湖人畜庐舍四望无存。”“嘉靖四十年大水，高底尽没，城郭公署倾倒几半……水至明年二月始退。”[④]据载明代吴县镇湖地区整个“一都”地陷成湖。通安金墅与镇湖毗邻，该地沿岸经常受到太湖水浪的侵袭。因此，通安古井的发现，除了它的历史文物意义之外，对研究太湖地区的地质地貌与太湖水域的变迁，都提供了极为重要的实物例证。

执 笔：张志新 姚勤德

拓 片：王建华

清理者：姚勤德 杨信男

注释

① 上海市文物保管委员会：《上海市金山县戚家墩遗址发掘简报》，《考古》1973年第1期。

② 天津市文物管理处：《天津北郊发现一座西汉墓》，《考古》1972年第6期。

③ 上海市文物保管委员会：《上海市金山县戚家墩遗址发掘简报》，《考古》1973年第1期。

④ 曹允源、吴荫培、蒋炳章等：《吴县志》卷五十五《祥异考》。

（原载《东南文化》1987年第1期）

江苏省昆山县少卿山遗址

苏州博物馆　昆山县文管会

少卿山遗址位于昆山县千墩镇东北。据《昆新两县续修合志》卷三载："吴淞江自吴门（今苏州市）至千墩浦，江南北有墩一千，故谓之千墩。明永乐中，大理少卿袁复，被旨浚千墩浦，乡民便之，号少卿墩。"

1958 年，少卿山出土过不少石器和陶器。经江苏省文物工作队调查，这里与山南的东弄，一并确定为属于良渚文化的新石器时代遗址①。1977 年 4 月，从这里采集到穿孔石斧、有段石锛和双孔石刀，还有若干种几何印纹陶片。1983 年 12 月，山脚开挖池塘，又出土了穿孔石斧、陶球和几种陶片。

1984 年此地开筑公路，9 月，在一座良渚文化墓葬（M1）中出土琮、瑗、斧、镯等玉器 1 组 19 件。同年 12 月 10 日至 30 日，昆山县文管会在苏州博物馆协助下，对少卿山作了试掘，开东西 20 米、南北 1 米的探沟 1 条（T1），12 月 29 日又发现了 1 座崧泽文化墓葬（M2）（图一）。

探沟 T1 深 5 米，探沟之上原有高 5.4 米的断崖（此处不是土墩的最高点）。现将此断面和 T1 的北剖面相接合，说明地层堆积（图二）如下：

第 1 层，黄土，厚 1.6 米。为种植表土。

第 2 层，浅黄土，厚 3.2 米。出土宋代陶罐和寺僧葬具"荷花缸"、唐代瓷碗、汉代釉陶片；还出

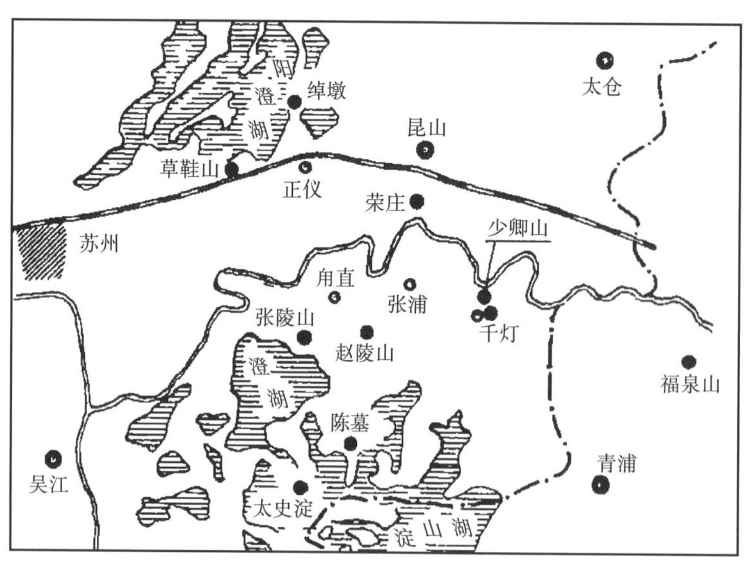

图一　少卿山遗址位置示意图

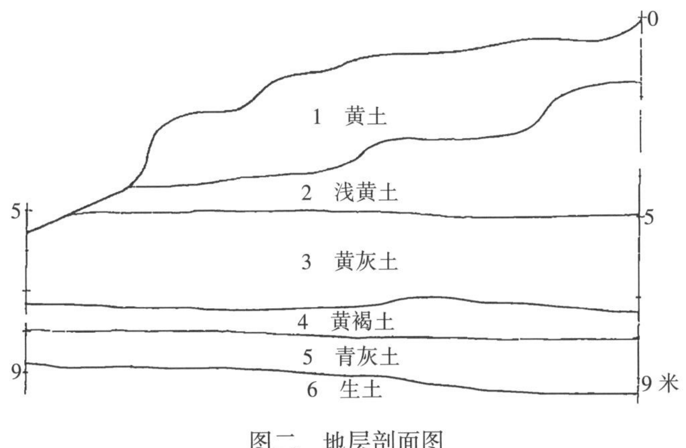

图二 地层剖面图

土了回纹、席纹、方格纹、米筛纹等几何印纹陶片。此层为经过后代扰乱的东周文化层。

第3层，黄灰土，厚2.4米。出土鱼鳍形鼎足、桥纽器盖、壶圈足、大口缸残片等良渚文化陶片。在此层中出良渚文化墓葬。

第4层，黄褐土，厚0.8米。出土泥质灰陶饰弦纹或瓦棱纹的罐、壶（图三，3~5）、澄滤器口沿、篮纹红陶缸腹片等崧泽文化特点的陶器和陶片。在此层中发现了崧泽文化墓葬。

第5层，青灰土，厚1.4米。出土夹砂红陶宽沿筒形釜、圜底釜（图三，1、2），泥质红陶的豆把和钵片，属马家浜文化。

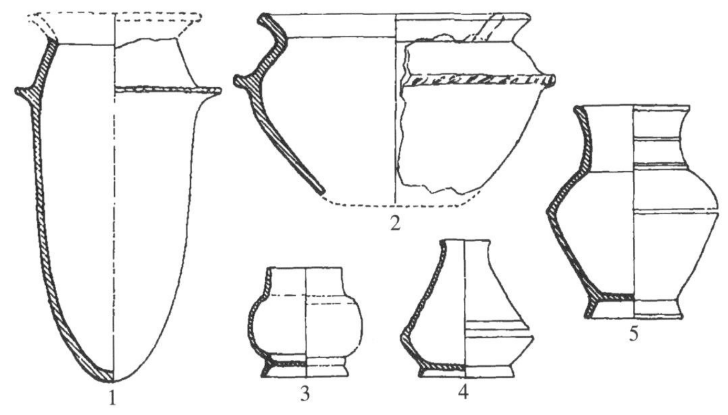

图三 地层出土陶器

1、2. 马家浜文化陶釜 3~5. 崧泽文化陶罐、壶（1/6）

（一）崧泽文化墓葬及出土器物

崧泽文化墓葬（M2）未发现墓坑，系覆土埋葬。四周有红褐色烧土痕，长1.75米、宽0.6米；墓葬底部有朱红色粉末铺地。骨架保存比较完好，头向210度。仰身直肢葬。根据上海自然博物馆人类组陈翁良同志现场鉴定，系中年女性。

随葬品 4件。穿孔石斧置右手上，陶豆、缸、鼎皆置左下肢骨旁（图四）。

陶豆 1件。M2∶1，泥质黑衣陶，灰胎。内钩沿，斜腹，浅盘。腰鼓形细柄，喇叭形圈足座。柄部有两个圆形镂孔，座上有由圆形镂孔和两个弧线三角形刻纹组成的装饰两组。豆盘腹壁、柄上、下沿和圈足边缘施朱红色彩绘，全器上下共有四周。口径20、底径11.8、高14.6厘米（图五；图一二，1）。

陶缸 1件。M2∶2，侈口，圆唇，直腹，圜底。口沿外部有平行弦纹，腹部通体饰斜向篮纹。腹

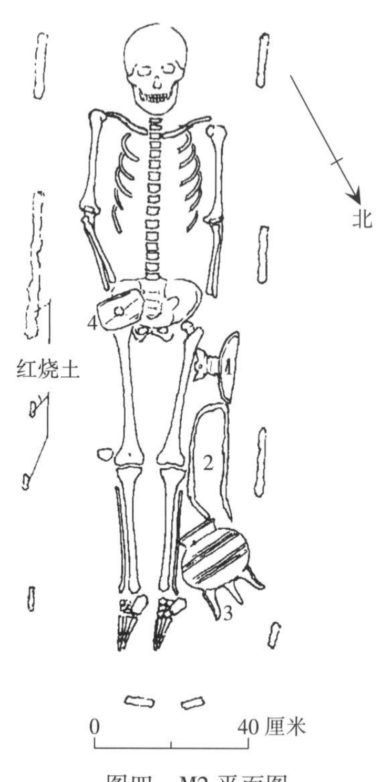

图四 M2 平面图
1. 陶豆 2. 陶缸 3. 陶鼎 4. 石斧

壁厚约 2 厘米。器形硕大，制作规整。同类器见于草鞋山和张陵山的崧泽文化墓葬。口径 35、高 33 厘米（图一二，2）。

陶鼎 1 件。M2∶3，侈口，球腹，圆锥形鼎足，足尖外翘。腹上部与下部各饰平行弦纹四周。通高 21.4、腹径 19.1、足高 7 厘米（图六；图一二，3）。

石斧 1 件。M2∶4，刃端残缺一角，略呈扁平长方形，中有对钻圆孔，背部偏斜，双面弧刃。长 11.2、宽 7.3、厚 1.2、孔径 1.5 厘米（图七；图一二，4）。

（二）良渚文化墓葬及出土器物

良渚文化墓葬（M1）已破坏，人骨和陶器皆无存。据现场调查，墓葬范围南北长 2 米、东西宽 1 米左右。在西北角放置琮、瑗、斧、镯等玉器 1 组 19 件和石器 2 件。较小的玉琮（M1∶1）叠放在较大的玉琮（M1∶2）上，其他都堆放四周。

玉琮 2 件。均为阳起石软玉，湖绿色，带褐斑，通体抛光。外方内圆，中有对钻圆孔。

M1∶1，长方柱体。琮身一节，以四角为中线，上端刻划两组三条平行线纹，下端刻象征兽面纹，以两个圆圈（直径 4 毫米）代表眼睛，一组云纹代表嘴巴，共有四组图案。宽 7.3、高 4.7~5.6、孔径 5.8（下）~5.9（上）厘米（图九，右；图一三，1；图一四，1）。

M1∶2，短方柱体。琮身分为两节，每节以四角为中线，上部琢有两组弦纹，下部为象征兽面纹，眼睛是直径 2.5 毫米的圆圈，外刻眼睑；嘴巴上部为云纹。全器共有八组图案。宽 7.7、高 7.5、孔径 6.1（下）~6.2（上）厘米（图九，左；图一三，2；图一四，2）。

玉斧 2 件。均为扁平长方形，上端较窄，弧刃。通体抛光。

M1∶3，阳起石软玉，茶绿色，有透明感。上部有对钻小圆孔，未开刃口。两面留有锯切弧线琢痕四五道至七八道。高 18.9、上端宽 9.5、刃口宽 12.7、厚 0.4、孔径 0.7 厘米（图八，右；图一四，3）。

图五 陶豆（M2∶1）

图六 陶鼎（M2∶3）

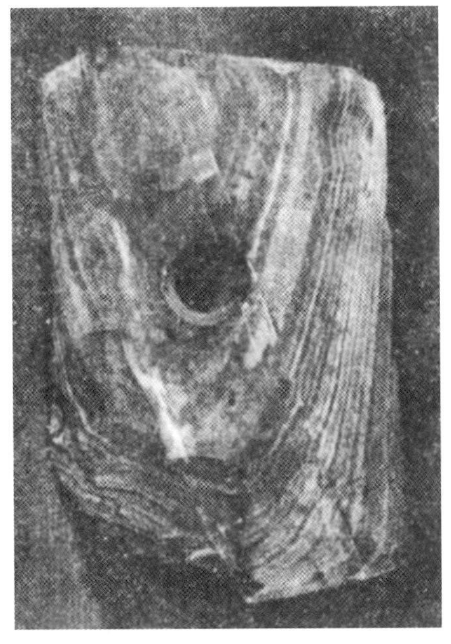

图七　石斧（M2∶4）

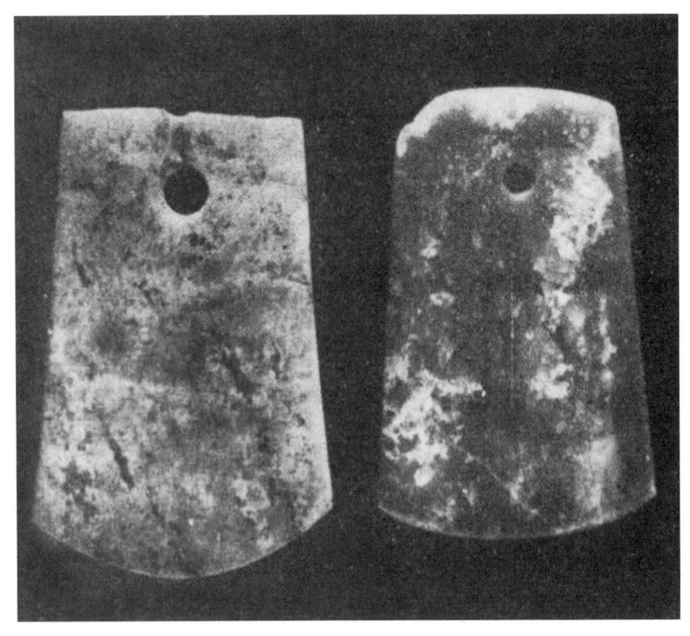

图八　玉斧（左：M1∶4、右：M1∶3）

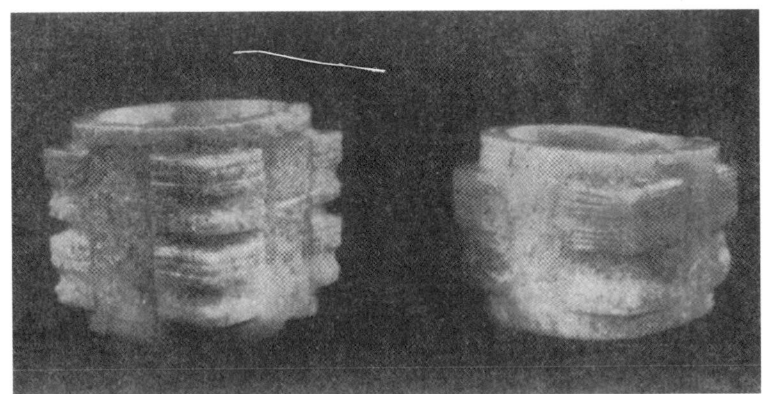

图九　玉琮（左：M1∶2、右：M1∶1）

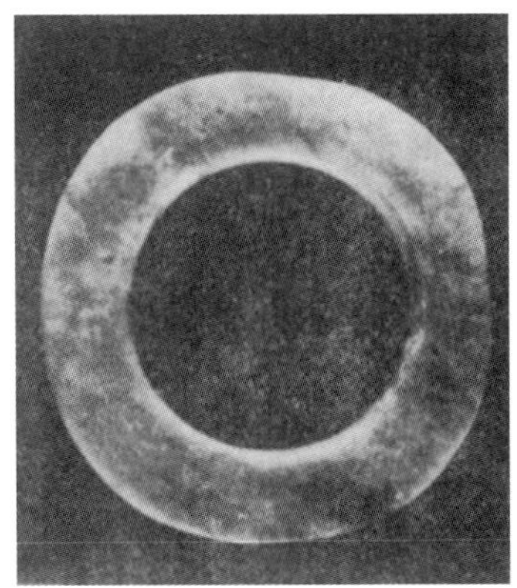

图一〇　玉瑗（M1∶7）

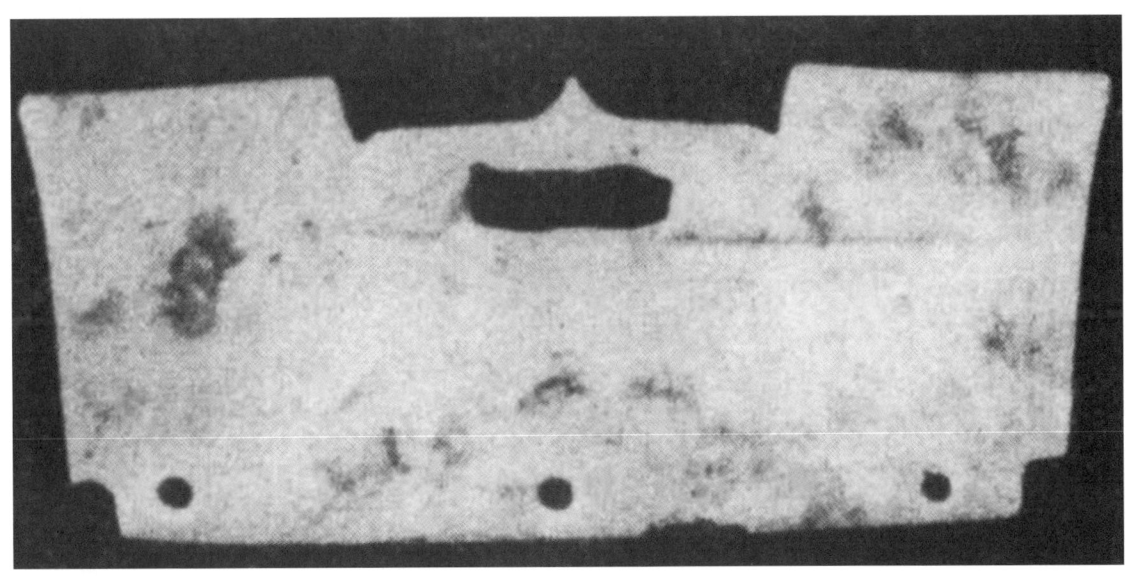

图一一　玉佩（M1∶15）

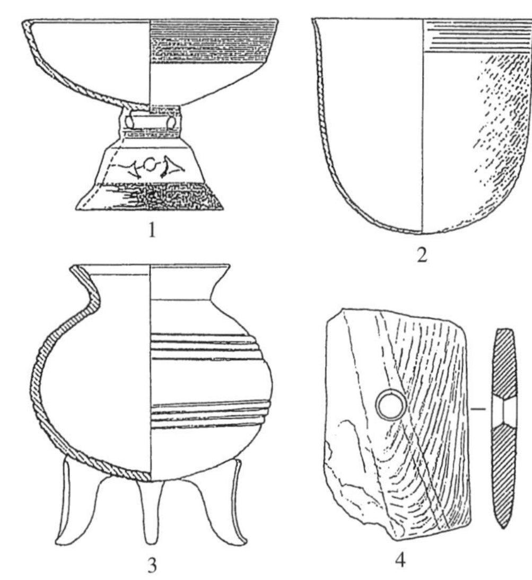

图一二　M2出土器物
1. 陶豆（M2∶1）　2. 陶缸（M2∶2）　3. 陶鼎（M2∶3）　4. 石斧（M2∶4）（1、3. 1/6，2. 1/12，4. 1/4）

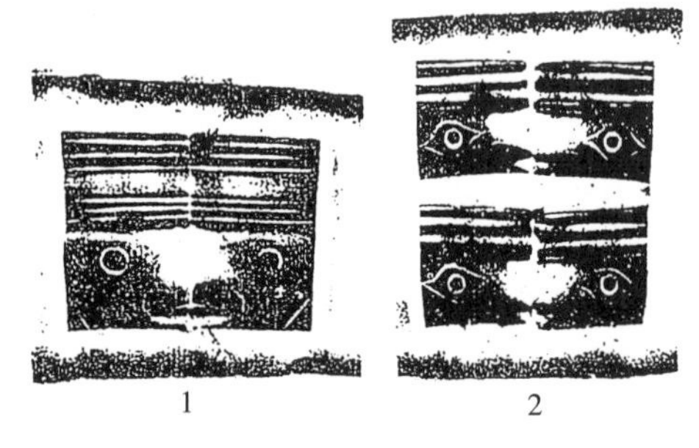

图一三　M1玉琮纹饰拓片
1. 玉琮（M1∶1）　2. 玉琮（M1∶2）（1/2）

M1∶4，透闪石软玉，青白色，有绿斑。顶部残孔系锯截所致，口部有单面钻圆孔，未磨刃口。背面留有锯切弧线琢痕四五道。高19、上端宽9.8、刃口宽12.5、厚0.4、孔径1.8厘米（图八，左；图一四，4）。

玉镯形器　2件。环形。通体磨光。器壁厚重，不适于穿戴，似为素面的镯式琮形器。

M1∶5，阳起石软玉，青白色，有红褐斑。中有一面钻圆孔，已断为两半。直径12.9、孔径5.4～5.5、高2.2厘米（图一四，5）。

M1∶6，透闪石软玉，褐黄色。中有对钻大圆孔。直径8.8、孔径4.5、高0.8～1厘米（图一四，6）。

玉瑗　1件。M1∶7，透闪石软玉，青绿色，带褐斑。扁平圆形，外廓似委角正方形，通体琢磨光滑。外径10～10.2、好径6.6、厚0.5～0.7厘米（图一〇；图一五，1）。

玉镯　5件。

M1∶8，透闪石软玉，黄绿色，带褐斑。一面钻圆孔，外边圆弧，琢磨光滑。直径8.3、孔径5.9、厚2.2厘米（图一五，2）。

M1∶9，透闪石软玉，原为黄绿色带褐斑，因蚀化呈乳白色。一面钻孔，边缘圆弧。直径7.4～7.6、孔径5.5、厚1～1.3厘米（图一五，3）。

M1∶10，透闪石软玉，青白色，带褐斑。边缘较高，通体磨光。直径7、孔径5.8、高1.3～1.5厘米（图一五，4）。

M1∶11，阳起石软玉，湖绿色，带褐斑。边缘不规整。直径7.8～8.1、孔径5.4～5.5、厚1～1.1厘米（图一五，5）。

M1∶12，阳起石软玉，湖绿色，带褐斑。高低厚薄不均匀。表面经抛光。直径8.3～8.7、孔径5.2～5.3、厚0.7～1.7厘米（图一五，6）。

玉锥形饰　2件。均为阳起石软玉。长锥形，顶端有对钻小孔。

M1∶13，长8.2、宽0.5～0.8、厚0.3～0.4厘米（图一五，7）。

M1∶14，尖端略残缺。长6.3、宽0.3～0.7、厚0.3～0.4厘米（图一五，8）。

玉佩　1件。M1∶15，透闪石软玉，青白色，带褐斑。形状略作扁平倒梯形，上中部有一长镂孔，下部平列三个对钻小圆孔。系佩饰。长6.2、高2.7厘米（图一一；图一五，9）。

玉管　1件。M1∶16，阳起石软玉。长筒形管，对钻孔。长4.8、孔径一头为0.7、另一头为0.5

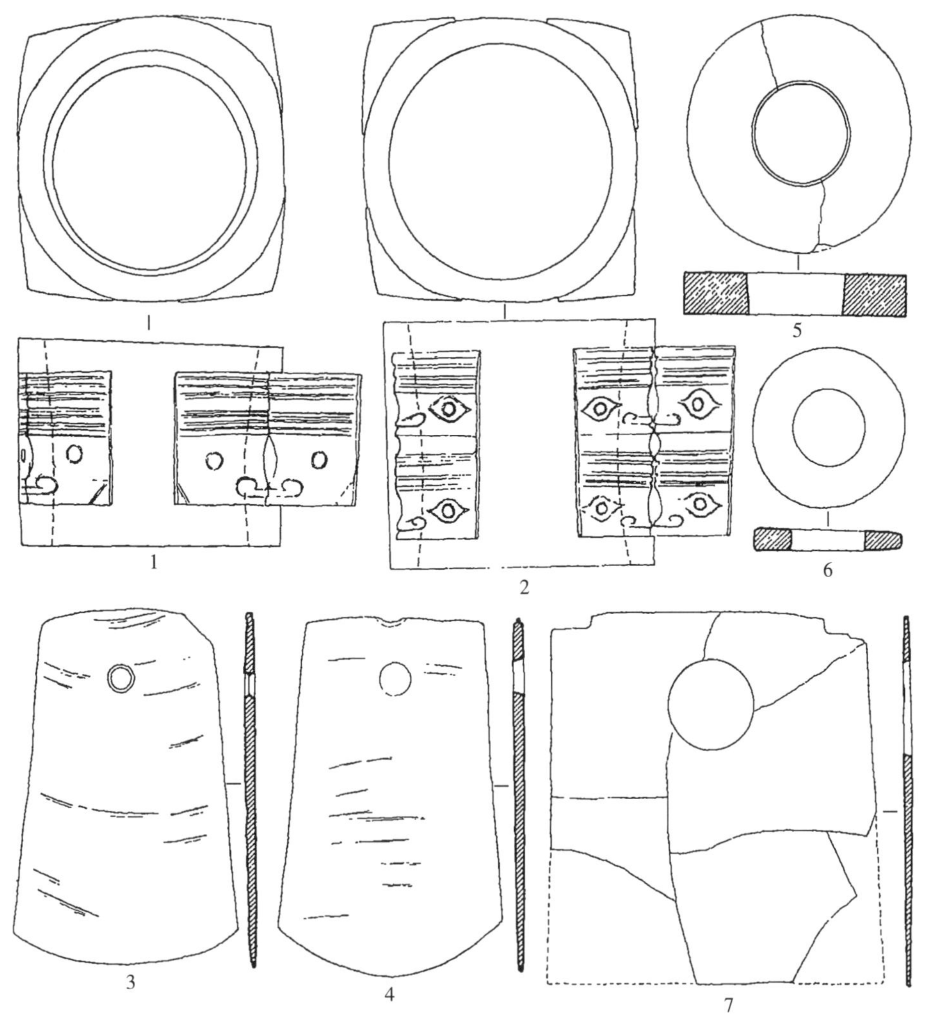

图一四 M1 出土器物

1、2. 玉琮（M1∶1、2） 3、4. 玉斧（M1∶3、4） 5、6. 玉镯形器（M1∶5、6） 7. 有肩石斧（M1∶20）（1、2. 1/2，3~7. 1/4）

厘米（图一五，10）。

玉圆片 2 件。阳起石软玉。扁平，不规整。应为饰件。

M1∶17，直径约 1.2~1.3、厚 0.4 厘米（图一五，11）。

M1∶18，直径约 1.5~1.7、厚 0.4 厘米（图一五，12）。

玉璜 1 件。M1∶19，透闪石软玉。扁平半环形。宽 3.8、高 1.6、厚 0.2 厘米（图一五，13）。

有肩石斧 1 件。M1∶20，扁平长方形，对钻大圆孔，背部磨出两肩，双面弧刃。出土时已残碎，斧面土呈朱红色。长 19.8、宽 17.9~18.5、厚 0.3~0.5、孔径 5 厘米（图一四，7）。

石镯 1 件。M1∶21，扁平圆环形，孔系对钻而成（图一五，14）。

从少卿山遗址调查发掘所见地层叠压关系和出土遗物，可知其新石器时代文化序列为马家浜文化—崧泽文化—良渚文化，与昆山县 1982 年发掘的绰墩遗址相同[②]，与吴县草鞋山、上海市福泉山、吴兴邱城等典型遗址的序列也相同，为太湖流域新石器文化的序列，又提供了一个例证。

执笔：陈兆弘

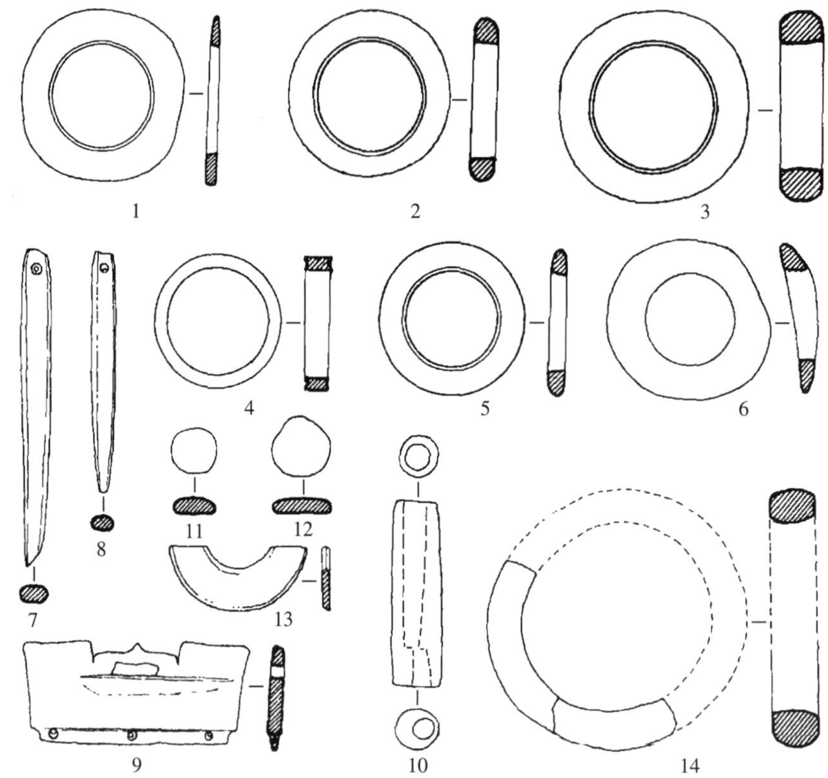

图一五　M1 出土器物

1. 玉瑗（M1∶7）　2～6. 玉镯（M1∶8～12）　7、8. 玉锥形饰（M1∶13、14）　9. 玉佩（M1∶15）　10. 玉管（M1∶16）　11、12. 玉圆片（M1∶17、18）　13. 玉璜（M1∶19）　14. 石镯（M1∶21）（1、2、4～6. 1/4，3. 1/3，7～14. 1/2）

注释

① 尹焕章、张正祥：《对江苏太湖地区新石器文化的一些认识》，《考古》1962 年第 3 期。

② 南京博物院、昆山县文化馆：《江苏昆山绰墩遗址的调查与发掘》，《文物》1984 年第 2 期。

〔附录〕

昆山少卿山 M2 下颌骨鉴定报告

江苏省昆山少卿山新石器时代遗址 1984 年 12 月出土的 M2，人骨架完好，经鉴定为中年女性，下颌骨保存较好，取回作了修整，现报告如下。

1. 观察：颏孔每侧一个，位于 P_3 与 P_4 之间的下方，颏形呈尖形，下颌圆枕呈长圆形，位于 P_3 与 M_2 之间，两侧均有，左侧 M_1 与 M_2 保存完整（M_3 终生不长），M_1 颊侧出尖磨损，齿尖点扩大；M_2 出尖磨损，暴露齿质点。前部齿齿冠均脱落（有生前和死后损坏的），残留齿根。

2. 测量：下颌角呈 127 度，下颌间宽（go－go）为 93 毫米，下颌髁突间宽（cdl－cdl）为 116 毫米，喙突间宽（cr－cr）102 毫米，颏孔间宽 48 毫米，下颌联合高（id－gn）为 24 毫米，下颌体长 75 毫米，下颌支高左侧51、右侧50毫米，下颌喙突高58毫米，下颌支宽39毫米，下颌骨弧长（go－pg－go）为190毫米，下颌联合弧长（id－gn）为25毫米，颏孔间弧长为59毫米。

执笔：陈翁良（上海自然博物馆）

（原载《文物》1988年第1期）

江苏吴江梅埝龙南遗址1987年发掘纪要

龙南遗址考古工作队

龙南遗址在江苏省吴江县西南29千米的梅埝乡龙南村沙泥潭与王家浜范围内。距梅堰遗址[①]约2千米。龙南遗址于1984年底梅埝乡修筑龙南村至龙北村拖拉机路时发现，由苏州博物馆考古部与吴江县文管会一起做过多次调查，并经文化部文物局批准后，两家联合组成考古队，于1987年11月22日至1988年2月10日进行了第一次发掘。龙南遗址考古队由苏州博物馆丁金龙、钱公麟、朱伟峰、张照根、姜节余和吴江县文管会吴国良、杨舜融以及同里文保所陆庆荣等8人组成。整个发掘工作得到吴江县委、梅埝乡政府的全力支持。

龙南遗址面积较大，遗存丰富。首次发掘共布5米×5米探方10个，实际发掘面积为200平方米（图一）。地层堆积最厚为3.70米，共划分10层，分别为耕土层、良渚文化层及崧泽文化层。

遗址中发现遗存有墓葬6座、房址7座、灰坑6座、井2口，出土文物共200余件。

墓葬除M2为六朝墓外，其余5墓均在良渚文化层中发现，后者存在叠压关系，有束腰长形土坑。

图一　江苏吴江梅埝龙南遗址第一次发掘探方全景

其中较典型的有 M3，为仰身直肢葬，骨架保存较完整，经上海自然博物馆人类学专家黄象洪副研究员鉴定，为一青壮年男性个体。随葬遗物主要集中在足部，分别有穿孔石斧、铲足带盖罐形鼎、大圈足盘、长颈壶、杯等文物近 10 件（图二）。

M6 为一女性青少年个体，也是仰身直肢葬，随葬遗物集中在足部，有圈足浅盘，带鸡冠耳的鼓腹罐等文物 4 件（图三）。

图二 良渚文化墓葬（M3）

图三 良渚文化墓葬（M6）

房址有长方形、圆形两种。其中 F1 为长方形结构，发现许多红烧土块，比较集中，火候不一，有的达 1000℃以上，呈紫红色，烧土块一面凹凸不平，上有树木、竹子和芦苇等印痕，另一面较平整。烧土块内掺稻壳。F5、F6 居住面为火烧过的硬土面，上铺有草灰面。另发现有芦苇、板灰及白灰面。草灰面厚达 15 厘米左右，经夯筑，有明显的夯窝。夯窝直径 6~8 厘米，间隔 4~5 厘米。在发现的柱洞中垫有烧土块、陶片、板块等作柱基。在灰层中发现大量有使用烟熏痕迹的陶器，主要有鼎、甗、罐等。还发现有鱼骨、兽骨和稻谷等遗物。

灰坑共6座，分圆形、椭圆形、不规则形三种。H1为汉代坑，其余均发现于良渚文化层中，有叠压、打破关系。其中H6较晚，为一椭圆形坑，体积较大。东西直径7米左右、南北直径6米左右、深4米左右。可能原是池塘，后废弃用作垃圾坑。清理中发现大量的河蚬壳、螺蛳壳、鱼骨、兽骨等。坑内出土遗物较多，有百余件，以网坠、纺轮、石器为主。另有夹砂陶鼎、灰陶罐、杯、黑皮陶贯耳壶等陶器的残片。

水井共2座，均为土圈井。J1为汉井，J2为良渚文化期井，内出土完整和能复原的陶器10多件，均为泥质黑皮陶罐。其中有一件罐为直口圆方唇，削肩，器身为筒形，至下腹急收为平底。肩和下腹处各有两周凹弦纹带，在凹弦纹带间各划刻四组三角形纹，每一组为两个长三角形，两个三角形中间划刻一圆圈纹。

出土遗物有陶、石、骨、玉、木器等200余件及多种植物和动物遗骸。

陶系有黑皮陶、灰陶及夹砂陶。黑皮陶最富特点，部分磨光亮度强；器类有贯耳壶、罐、杯、盘、豆、盖罐等，有些杯、罐足部呈花瓣状。灰陶中以腹部有宽弦纹的罐为主，夹砂陶有鼎、甗，其中有凿形足、扁足、鱼鳍形足和“丁”字形足等，另有大量用残、碎陶器做的网坠及陶环（图四、五）。

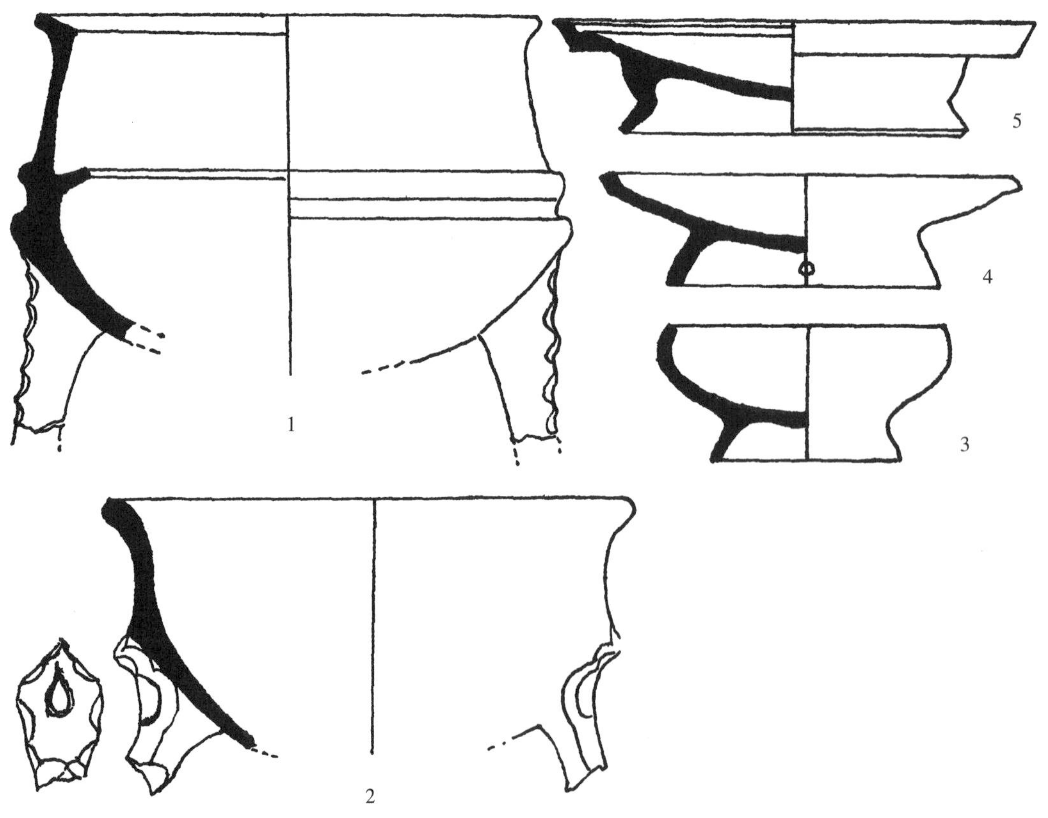

图四 遗址出土崧泽时期陶器

1. 甗（T105⑦:19） 2. 鼎（T105⑦:20） 3. 豆（T106⑦:15） 4、5. 圈足盘（T106⑦:16、17）（1/3）

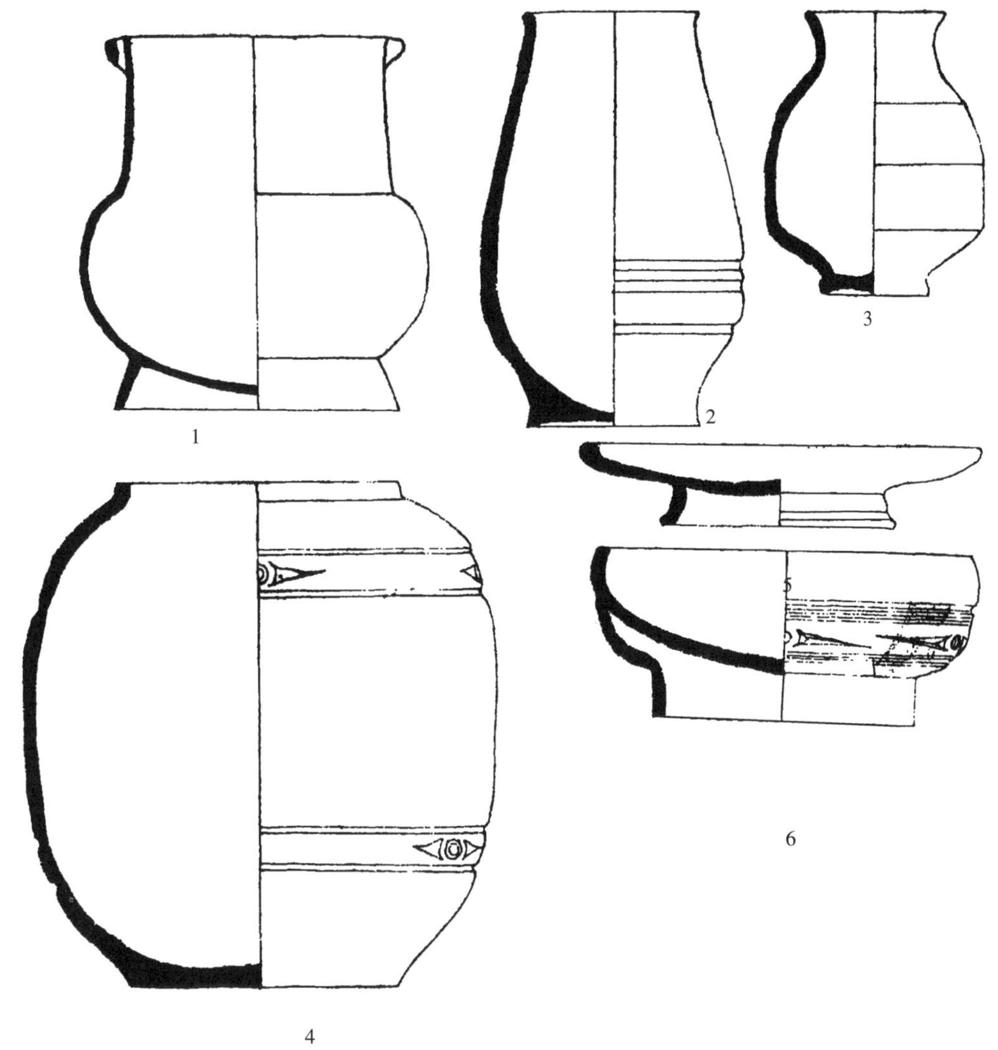

图五　遗址出土良渚时期陶器

1. 贯耳壶（M1：10）　2. 杯（T204⑥：13）　3. 壶（T204⑥：7）　4. 罐（J2：1）　5. 圈足盘（T204：3）　6. 簋（H3：1）（1～4. 1/2，余 1/3）

石器中有刀、锛、斧、耘田器、鱼标、镞、锤及大量的砺石。

骨角器中有鱼标、刀、笄、针、钻、镞等。

其他出土物还有玉制管、珠、佩饰等装饰品及木质桨、棍等。

另外，在房址灰层及灰坑泥土中经淘洗发现大量的植物种子及动物残骸，植物种子有 10 多种，尚未鉴定，能判断的有稻谷、菱等；动物残骸有猪、牛、四不像、狗等及鱼骨、螺蛳、蚬壳。

这次发掘主要有如下收获：

1. 遗址中出土具有时代特征的崧泽文化晚期花瓣形足杯、罐和凿形足鼎以及良渚文化鱼鳍形、"丁"字形足鼎和贯耳壶等陶器，为我们判断遗址的相对年代提供了充分的依据。发现的近百件陶网坠及大量的渔猎用石、骨器和大量兽骨、鱼骨、螺、蛤、蚬壳、植物种子等，对认识当时的经济形态有直接帮助。

2. 遗址中发现多处良渚文化期的房址，这对我们重新认识长江下游新石器时代的建筑提供了新资料。出土的植物和动物遗存对研究当时人类生活和生态环境有所裨益。

3. 遗址中发现的墓葬，不仅有墓坑，而且均为束腰长形土坑。这种形制目前在太湖流域新石器时代遗址中发现不多。墓葬均为南北向，排列上有一定规律。另外，墓葬与房子靠在一起，并有打破关系。这反映出当时氏族血缘关系既存在，但又已经遭到破坏，公共墓地不复存在，社会形态出现新因素的历史实况。

4. 遗址包含了崧泽文化晚期及良渚文化期的文化遗存，未发现崧泽早期及马家浜文化遗物，而在距此遗址北面约 2 千米处的梅堰遗址，却曾发现有马家浜文化期遗存，通过对这两处遗址相互联系的分析，并结合其他遗址的资料，可从总体上帮助我们认识当时太湖之滨人类活动的范围、聚落的迁徙、气候的变化以及文化区系关系等问题。

执笔：丁金龙（苏州博物馆考古部）

绘图：张照根（苏州博物馆考古部）

注释

① 梅堰遗址，在江苏省吴江县梅堰镇北 3 千米的袁家埭，1958 年开太浦河时发现，遗址面积 6 万多平方米。1960 年 2 月至 4 月由南京博物院、苏州市文物管理委员会等联合组成的江苏省文物工作队主持发掘，赵青芳领队，科学发掘面积 143 平方米，出土石、玉、骨、角、蚌和陶器 122 件，征集遗物达 4000 多件。文化层分早、晚二期，早期属马家浜文化，距今 6000 多年，有蛤蜊壳居住面、木柱等建筑遗存；晚期属良渚文化，距今 4000 多年，出土漆绘彩陶、蚕纹陶壶、葫芦尊、鱼形刻花骨匕等重要器物，具有科学工艺价值。发掘报告由陈玉寅执笔，刊于《考古》1963 年第 6 期。

（原载《东南文化》1988 年第 5 期）

江苏吴县越溪张墓村遗址调查

吴县文物管理委员会

张墓村遗址位于苏州市西南郊吴山岭下越溪河畔的张墓村，距离盘门约 9.5 千米，地属吴县越溪乡。遗址西北部为丘陵地带，与吴山相距 1 千米；北与越城遗址相距 6 千米；东距太湖 2.5 千米；往南 500 米为后官渎；东南 300 米有越来溪流经（图一）。该遗址为 1987 年 5 月考古调查时所发现，我们先后三次对遗址进行了调查，现把调查情况简述如下。

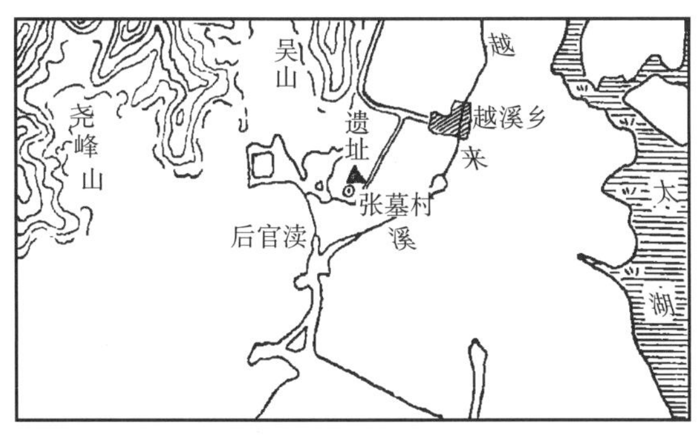

图一　遗址位置示意图

遗址所在地西高东低，西部有高出地表 1 米的台地，东部地势平坦。从地面散落着的陶片情况来看，遗址分布在张墓村北，东西长约 400 米、南北宽 30 米。从东部农民取土挖出的土坑壁面和西部排水沟剖面暴露情况看，耕土层厚约 30~45 厘米，文化层厚超过 1 米。土坑壁面暴露大量的陶片、红烧土及少量的木炭与兽骨。

调查中共采集到遗物 140 余件（片），以夹砂陶最多，其次是泥质陶，有少量的印纹硬陶以及极少的原始瓷器、残石器。石器仅采集到打制粗糙、刃口残缺的石斧与通体磨光仅剩四分之一的残石璧形器各 1 件（图二）。陶器及陶片大致可分为四类。

一、夹砂陶系

约占陶片总数的 48%，有夹粗砂与夹细砂两种。多数为夹砂红陶，有一定数量的夹砂红褐陶。纹饰有绳纹、间断绳纹、条印纹与弦纹，以绳纹为主（图三）。可辨出器形的有甗、鼎、罐口腹片、支座、器盖、鼎足等。

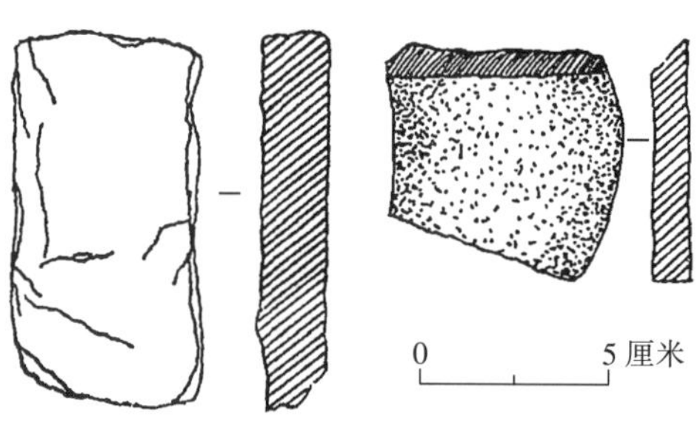

图二　石器

左：石斧　右：残石璧形器

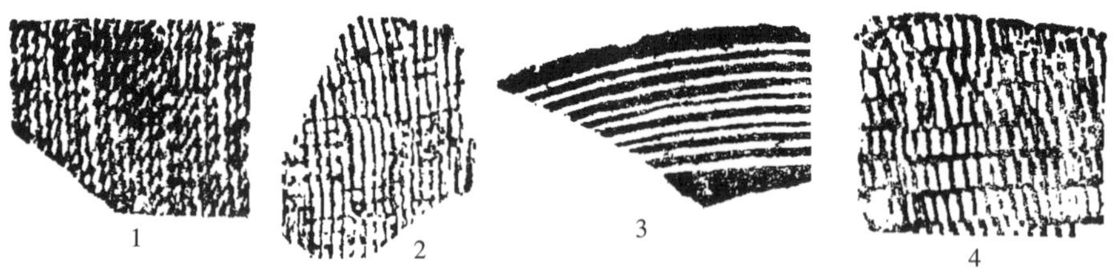

图三　夹砂陶片纹饰拓本

1. 绳纹　2. 间断绳纹　3. 弦纹　4. 间断条印纹（2/5）

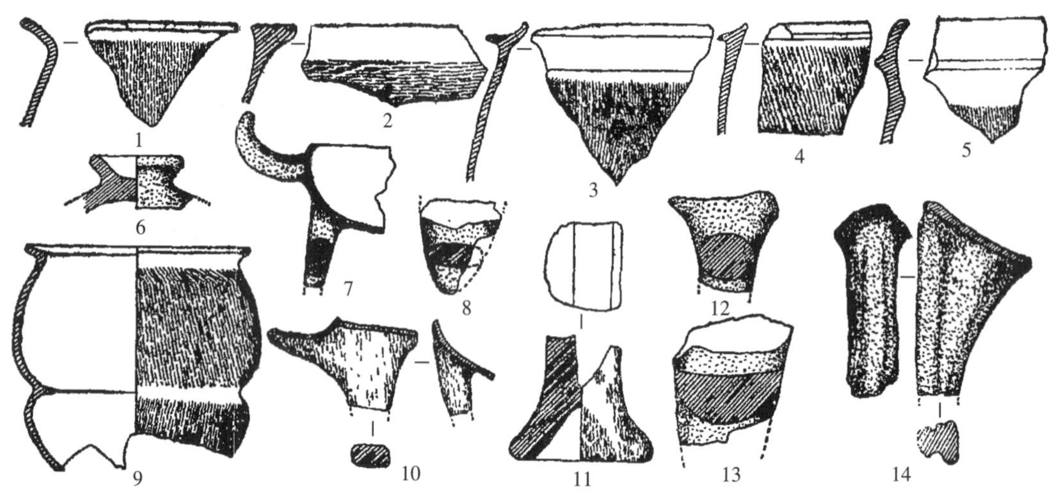

图四　夹砂陶器

1、7. 鼎　2~5. 釜　6. 器盖　8、10、12~14. 鼎足　9. 甗　11. 支座（1、9. 1/8，4、6、7、11. 1/6，余 1/4）

甗　2件，均残。夹粗砂红褐陶，器内呈灰黄色，器表红褐色。87ZhM采：3，圆唇，斜沿外折，束颈，甑部圆腹，鼎部上腹弧，下腹斜收，中间束腰明显，底部残，实心扁圆锥足。器内束腰处有承。薄胎。器表饰直行绳纹，有火烧烟熏痕迹。口径25、残高24厘米（图四，9）。同类器见于上海马桥遗址第4层①。

鼎　均残。可分二式。

Ⅰ式　87ZhM采：4，夹细砂红衣陶。敛口，圆唇，钵形腹，圜底，扁圆锥足。口沿下有上翘的角状把手。薄底，仅厚4毫米。底部有烟炱痕迹。残高13厘米（图四，7）。

Ⅱ式　夹粗砂红陶。圆唇，斜沿外翻。肩腹部饰绳纹。腹部有烟熏痕（图四，1）。

釜（罐） 数量较多，均为红陶。肩、腹部都见烟熏痕迹，饰绳纹。以口沿形式可分敛口平沿（图四，2）、敛口凹沿（图四，3）、直口凹沿（图四，4）、敛口内卷沿（图四，5）四种。

支座 2件，均残。87ZhM采:5，底内凹作圈足状，顶部有凹槽，支物槽面倾斜。器表饰细绳纹。底径12、残高10厘米（图四，11）。

器盖 1件。夹细砂红陶。器身作喇叭状，捉手呈圈足形。素面。残高4.5厘米（图四，6）。

鼎（甗）足 可分三式。

Ⅰ式 鱼鳍形足，足两侧面有鳍形竖凸棱。夹粗砂红陶，质较疏松（图四，14）。

Ⅱ式 凹弧形足，一面凹弧，一面外弧成半圆，截面呈半月形。夹粗砂红陶（图四，13）。

Ⅲ式 扁圆锥形足，体较矮（图四，8、10、12）。

二、泥质陶系

这类陶片约占陶片总数的38%，以泥质灰陶与泥质红陶居多，有少数黑衣陶及黑衣夹红胎芯陶。黑衣陶内芯黑色，外敷一层白色土，表面施一层黑色薄陶衣，黑衣易剥落。黑衣红胎陶，胎芯为红色，表面有一层黑衣，火候均较低。另外，尚有极少数细泥红硬陶，火候较高。器形有簋、罐、钵、圈足盘、盆、豆柄及鼎足。簋、罐类均拍印纹饰，有篮纹、席纹、绳纹、小方格纹等，红陶罐的唇沿均饰以弦纹，少数还刻划陶文，钵的内壁刻划复线菱形纹（图五）。

簋 1件，残。黑衣均剥落。侈口，小方唇，束颈，弧肩，扁鼓腹，矮圈足，平底。肩腹部拍印细方格纹，器内壁及圈足上部有明显的指捺痕迹。口径9、高11厘米（图六，4）。同类器见于澄湖遗址马桥类型[②]。

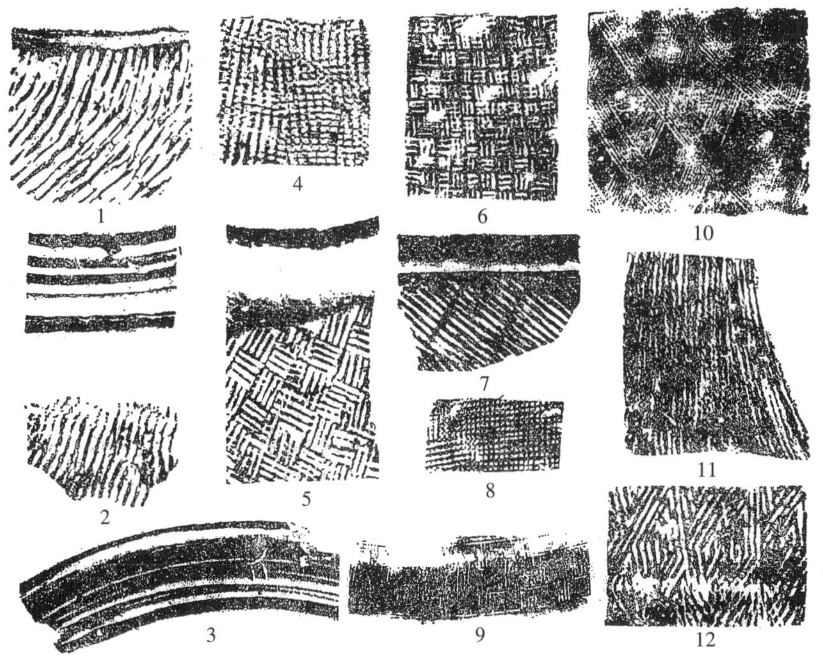

图五 泥质陶纹饰拓本

1、2. 篮纹 3. 弦纹及刻划陶文 4. 细方格纹 5、6. 席纹 7. 间断条印纹 8. 麻布纹 9. 篦纹 10. 复线菱形纹 11. 绳纹 12. 套菱纹（2/5）

罐　红陶居多。以口沿可分五式。

Ⅰ式　4件。均为泥质红陶，呈橙黄色，火候较高，轮制。87ZhM采:5，宽沿外折，束颈，鼓腹。唇沿上施弦纹八周，并刻有陶文符号，肩腹部拍印篮纹。口径28、残高5.7厘米（图五，1；图六，1）。同类器见于马桥遗址第4层（T103:7）[③]。

Ⅱ式　1件。泥质红陶，橙黄色。卷沿，尖唇，束颈，溜肩，鼓腹。肩腹部饰篮纹（图六，3）。同类器见澄湖遗址马桥类型[④]。

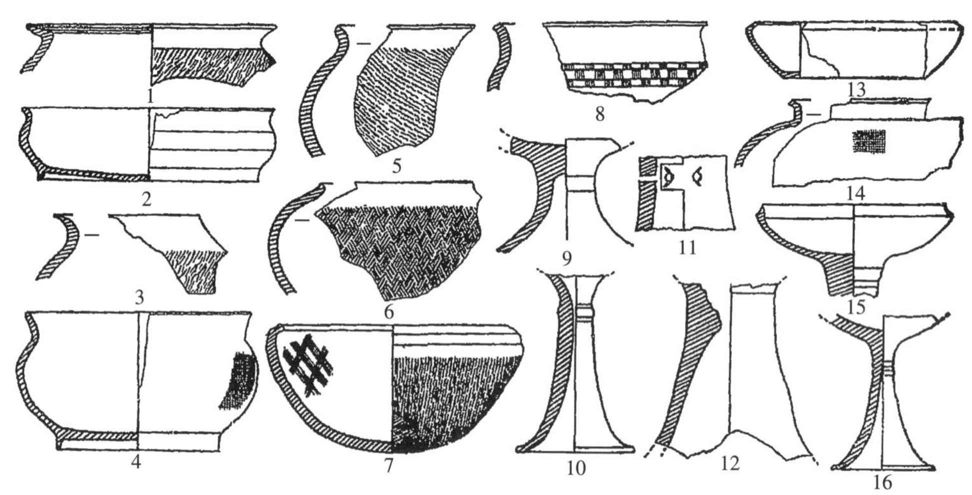

图六　泥质陶器

1、3、5、6、14. 罐　2. 圈足盘　4. 簋　7、13. 钵　8. 盆　9~12、15、16. 豆（1、7、10、13、16. 1/8，9、11、12. 1/4，余1/6）

Ⅲ式　泥质灰陶。侈口，圆唇，圆鼓腹。腹部饰绳纹（图六，5）。

Ⅳ式　泥质灰胎黑衣陶，黑衣均剥落。敛口，圆唇，扁鼓腹。肩腹部拍印席纹（图六，6）。

Ⅴ式　泥质灰陶。侈口方唇，广肩。肩腹部满饰细方格纹（图六，14）。

钵　2件。均为泥质灰陶，胎色灰白。修复1件。可分二式。

Ⅰ式　87ZhM采:6，敛口，圆唇，弧腹，圜底。器表饰绳纹，内壁刻划复线菱形纹。口径25.2、高13.6厘米（图六，7），同类器见于南京北阴阳营遗址第3层[⑤]。

Ⅱ式　敛口，折肩，斜腹，平底。下腹部有慢轮修整的痕迹（图六，13）。

圈足盘　1件，残。黑衣陶，黑衣部分剥落。侈口，小方唇，扁鼓腹，矮圈足。肩腹部饰阴刻弦纹两周，内壁及圈足与下腹交接处有明显的指捺痕迹。口径21.5、足径18.6、高6.2厘米（图六，2）。

盆　1件。仅剩口沿。侈口，高颈，弧肩。肩部饰弦纹及篦纹（图六，8）。

豆柄　13件。以灰陶居多，少数黑衣陶、黑衣夹红胎芯陶及细泥硬质红陶。可分四式。

Ⅰ式　8件。浅盘，尖唇，子口，喇叭形高圈足，细腰。腰部有凸弦纹。从残断部位看，盘与把分界明显，相连处有指捺痕。残高7.5~18.8厘米（图六，10、15、16）。

Ⅱ式　3件。泥质灰陶，灰白色，质坚硬。浅盘，柄较矮。柄部饰凸弦纹或凹弦纹。残高6.4~9.8厘米（图六，9）。

Ⅲ式 1件。泥质红陶，火候较低。圆筒形把，把部有三组镂孔。残高4厘米（图六，11）。

Ⅳ式 1件。细泥红硬陶。喇叭形高圈足，内壁有轮旋纹，盘与把相连处有明显的分界。残高9.5厘米（图六，12）。

鼎足 3件。泥质灰陶，灰白色胎，质坚硬。扁圆锥形，足尖外撇，为盘式鼎的足（图七，3、4）。

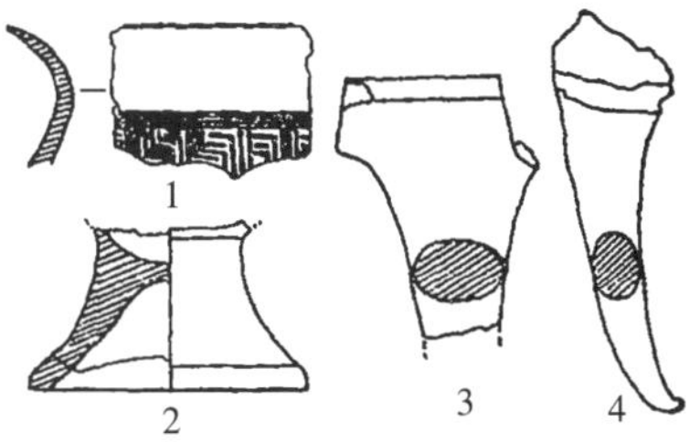

图七 陶器、原始瓷器
1. 印纹硬陶尊口沿 2. 原始瓷豆柄
3、4. 灰陶鼎足（2.1/4，余1/6）

三、几何印纹硬陶系

数量较少，仅占各类陶片的13%。胎质坚硬，呈紫灰与青灰色。能辨出器形的有圜底内凹罐底片、尊口沿、罐口沿及腹片。个别硬陶上施釉。纹饰种类较多，主要有回纹、云雷纹、弦纹、折尺纹以及由两种纹饰组成的复合纹（图八，1~10、12）。

尊口沿 1件。尖唇，卷沿，高颈，微鼓腹。腹部压印粗深的折尺纹（图七，1）。

四、原始瓷

数量极少，仅占陶瓷器总数的0.3%。胎色灰白与灰黄，质地坚密，器表施一层青灰色薄釉，釉层易剥落，有豆柄及内心有轮旋纹的碗底残片（图八，11）。

豆柄 2件。喇叭形圈足，圈足内壁及豆盘底部有轮旋纹，圈足外表有刮削痕迹（图七，2）。

根据所采集陶器的种类、器形、纹饰与相邻地区遗址所出的器物进行比较分析，该遗址大致可分为早、中、晚三种不同性质的文化遗存。其中部分器物为新石器时代晚期遗物，如质地疏松的夹砂陶鱼鳍形鼎足、黑衣陶圈足盘、镂空豆柄等，具有良渚文化的特征。大部分拍印篮纹、绳纹和编织纹的印纹陶及泥质灰黑陶与上海马桥遗址第4层及吴县澄湖遗址出土的部分遗物相同，如唇沿刻有陶文的

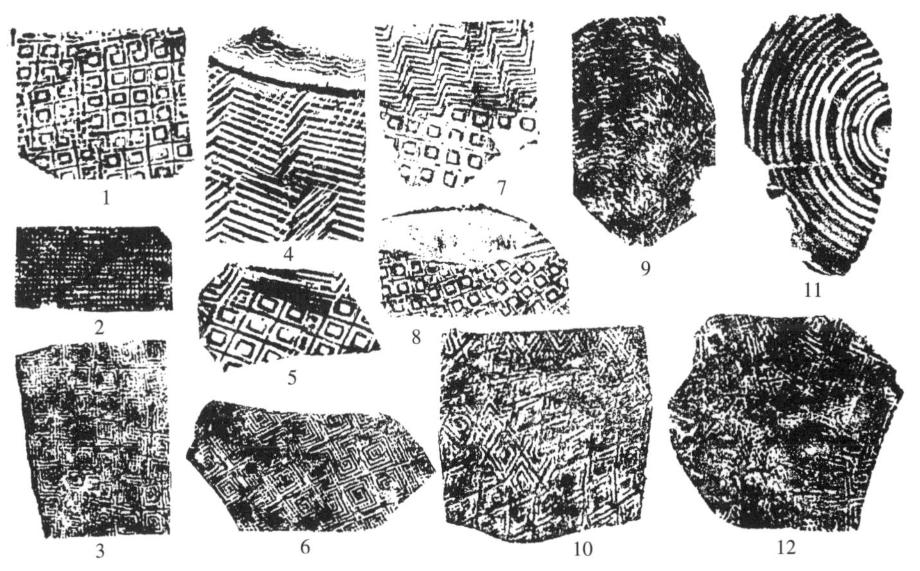

图八 几何硬纹陶、原始瓷纹饰拓本
1. 回纹 2. 麻布纹 3、6. 勾连云雷纹 4、5、7、8. 复合纹 9、10、12. 云雷纹 11. 轮旋纹（2/5）

折沿篮纹罐、卷沿篮纹罐、黑衣陶簋、夹砂陶甗、凹弧形鼎足、器盖等，甗、鼎、釜类器所饰直行绳纹的风格也和马桥第4层同类器相一致[⑥]。

值得注意的是类似北阴阳营遗址第3层所出的内壁有刻划纹的研磨钵的出现，这是见于商代早期遗址的典型器物。

另外，其余的一些器物，如Ⅰ式鼎、Ⅱ式钵与镇江马迹山遗址中出土的同类器相似[⑦]；灰陶盆的饰纹风格与越城上层的圈足盘相一致[⑧]；足外撇的灰陶盘式鼎及浅盘高柄豆是太湖地区古文化遗址中常见的器形，在越城上层、寺前中层和亭林上层中均有出土[⑨]。几何印纹硬陶的纹饰风格及带轮旋纹的原始瓷碗基本上与苏南宁镇地区两周时期的“土墩墓”所出的遗物相一致，其时代相当于中原西周、春秋时期。

通过以上比较，张墓村遗址所处的时代应在新石器时代晚期，一直延续到西周、春秋时期。该遗址的文化内涵，由于都是采集品，缺乏地层及器物组合的依据，仅就现有材料来看，我们认为张墓村遗址的中期文化遗存，既具有马桥文化的因素，又具有早期湖熟文化的某些特征，是融合了两种文化特点的太湖流域青铜时代的土著文化。

张墓村遗址的发现，为进一步探索江南青铜文化的上下发展关系，提供了极为重要的线索。

执笔：姚勤德

拓片：王建华

注释

① 上海市文物管理委员会：《上海马桥遗址第一、二次发掘》，《考古学报》1978年第1期。

② 南京博物院、吴县文管会：《江苏吴县澄湖古井群的发掘》，《文物资料丛刊》（9），文物出版社，1985年。

③ 上海市文物管理委员会：《上海马桥遗址第一、二次发掘》，《考古学报》1978年第1期。

④ 南京博物院、吴县文管会：《江苏吴县澄湖古井群的发掘》，《文物资料丛刊》（9），文物出版社，1985年。

⑤ 南京博物院：《南京市北阴阳营第一、二次的发掘》，《考古学报》1958年第1期。

⑥ 上海市文物管理委员会：《上海马桥遗址第一、二次发掘》，《考古学报》1978年第1期。

⑦ 镇江博物馆：《镇江市马迹山遗址的发掘》，《文物》1983年第11期。

⑧ 南京博物院：《江苏越城遗址的发掘》，《考古》1982年第5期。

⑨ 黄宣佩、孙维昌：《略论太湖地区几何印纹陶遗存的分期》，《上海博物馆馆刊》（1），上海人民出版社，1981年。

（原载《考古》1989年第2期）

江苏张家港许庄新石器时代遗址调查与试掘

苏州博物馆　张家港市文管会

许庄新石器时代遗址是1986年10月发现的。1987年5月，为了解遗址的文化内涵，苏州博物馆会同张家港市文管会组织力量前往现场进一步调查和试掘。现简要报道如下。

一、遗址概况

许庄西北距张家港市政府所在地杨舍镇约9千米，东北距鹿苑镇3千米并为该镇所辖，东面2千米有苏圩公路，西距乘航镇约1.5千米。遗址分布在许庄村南约0.5千米的一处地势高平的旱地上（图一）。自1986年以来，村办窑厂在遗址范围内取土烧砖，遗址不断遭到破坏，常有玉、石、陶器出土。从暴露的地层、调查试掘发现的灰坑及墓葬分布情况看，遗址总面积30000多平方米。现除被破坏的近5000平方米外，遗址东部尚有相当面积为许庄小学的校舍所压。

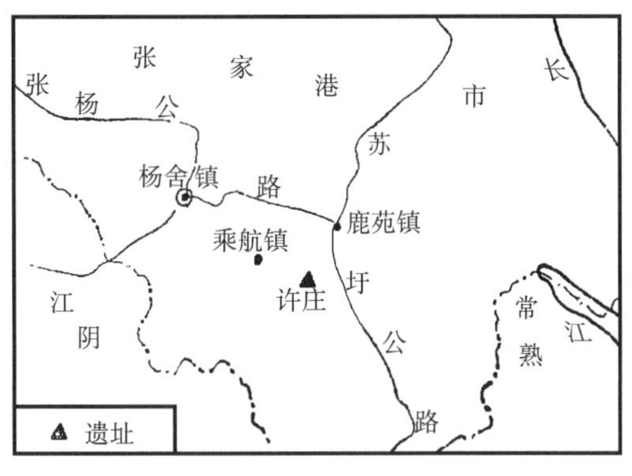

图一　遗址位置示意图

二、地层堆积

此次试掘开2米×5米探沟两条，编号T1（南）和T2（北）。经试掘，遗址上部地层已为窑厂新筑道路破坏，道路以下即为文化层。现以T2西壁剖面为例说明如下。

第1层，表土层。厚0.15~0.18米。夹杂大量煤渣炭屑和近代砖瓦碎片，伴出新石器时代陶片。

第2层，黄褐色土。土质较坚硬。厚0.32~0.38米。出夹砂红褐陶、泥质灰陶和红陶，有一定比例的黑衣陶。可辨器形有陶鼎足、豆盘、豆座、罐和有段石锛等。地层北端出青白碎瓷片。此层为被扰乱的良渚文化层。

第 3 层，灰褐色土。土质较疏松。厚 0.28～0.34 米。出新石器时代遗物，有夹砂褐陶罐、鼎足、泥质灰陶残豆盘和豆座。这些器形特征与崧泽文化同类器相同。此层下发现崧泽文化墓葬 1 座（M1）。

第 3 层以下为黄褐色生土（图二）。

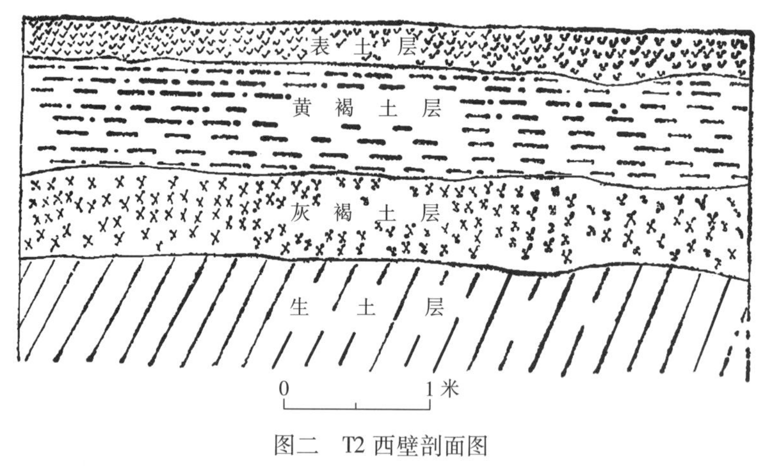

图二 T2 西壁剖面图

三、墓葬及出土遗物

两条探沟的第 3 层发现崧泽文化墓葬 2 座（编号 T1M2、T2M1）。窑厂在新建机房时出土了两组玉、石、陶器，器物的位置均有规律地顺东南方向放置。两组遗物相距较近，埋葬深度有约 20 厘米的高差，器物特征有明显区别。据此推测，这两组玉、石、陶器应分别属于不同层位的墓葬随葬品。为区别一般采集物，本文特将这两组遗物编为 M3 和 M4，M3 属良渚文化时期，M4 属崧泽文化时期。

（一）崧泽文化墓葬

1. 墓葬概况

M1 发现于 T2 的中部，M2 发现在 T1 的北端。人骨架朽蚀严重，M1 还残存部分肋骨、盆骨和下肢骨；M2 基本腐朽不存。两墓均仰身直肢单人葬。从骨架遗痕和器物放置情况分析，墓向均南偏东。两墓呈锅底形，未发现墓圹痕迹，可能当时墓地选择在低于地面的洼陷处，或仅将墓底中心挖低，以便覆土掩埋。随葬品已有多寡之分，M1 出陶鼎、豆、壶、执把器、罐各 1 件，石锛、凿各 3 件，计 11 件；M2 仅出陶豆、罐各 1 件。随葬品摆放有序，如 M1，生产工具集中放置在死者的胸部或腰间，生活用品除一件陶鼎放置在死者的脚后，其余全部在人骨架的左侧（图三）。

2. 墓葬出土遗物

（1）石器

有斧、锛、凿。

斧 1 件。M4∶2，石质坚硬，器身杂翠绿斑点，似含有铜矿质。全器较厚重，平面呈舌形，断面呈梭形。磨制颇精。四边经加工磨成圆形，圆顶，中心有凹缺痕。器身上部有双面管穿大孔一个。两面刃，微弧，有缺损。长 11、宽 8.8、厚 1.4 厘米（图四，12；图版一，5）。

锛 3 件。分二式。

Ⅰ式　1件。M1∶6，浅灰色火成岩。磨制精细。器身较厚实，长条形。平顶，直腹弧背，一面刃，刃微弧。长9.4、宽2.8、厚2厘米（图四，8）。

Ⅱ式　2件。青灰色火成岩。除背和刃口略经磨制外，器身两侧和正面基本保留着打制痕。长方形，上薄下厚，一面刃，刃口缺损不平。M1∶11，长8.6、宽4~4.4、厚1厘米（图四，7）。

凿　3件。分二式。

Ⅰ式　1件。M1∶5，青灰色火成岩。磨制光洁。长条形，平顶，直胸直背，一面刃，收刃作弧形。长23、宽3.6、厚2.6厘米（图四，3；图版一，1）。

Ⅱ式　2件。收刃斜直，刃锋利。M1∶9，长14、宽2、厚2.2厘米。M1∶10，长19.2、宽3.2、厚3.4厘米（图四，4）。

（2）陶器

有鼎、壶、罐、杯、豆、纺轮。

釜形鼎　1件。M1∶1，侈口，小唇，束颈，鼓腹圜底，尖锥足。器腹和器底有明显烟炱痕。口径9、腹径12、高14厘米（图四，13；图版二，6）。

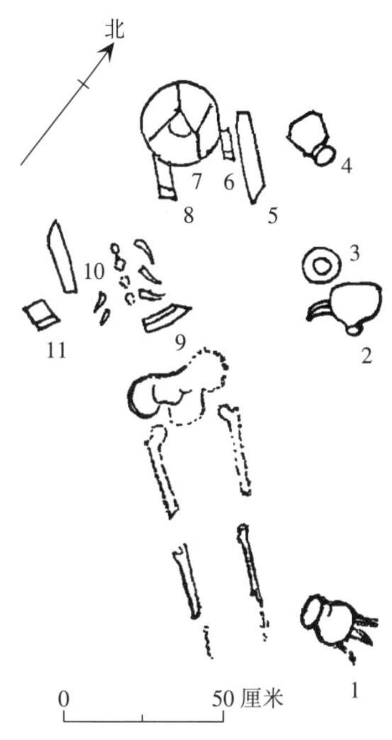

图三　T2M1平面图
1. 陶鼎　2. 陶执把器　3. 陶罐　4. 陶壶　5、9、10. 石凿　6、8、11. 石锛　7. 陶豆

执把器　1件。M1∶2，夹砂红陶。小口外侈，尖唇，鼓腹，厚平底。腹一侧附鸭嘴形执把，底和腹部均有明显的烟熏痕。口径4、腹径16、底径12、高13厘米（图四，11；图版二，5）。

罐　3件。分三式。

Ⅰ式　1件。M2∶2，泥质红陶，器表施一层薄红衣。上部残，微鼓腹，浅圈足。器腹满饰宽弦纹。腹径9.2、底径8、残高5厘米（图四，5）。

Ⅱ式　1件。M1∶3，敛口，平唇，扁垂腹，假圈足。口径5.6、腹径10、底径5.2、高7厘米（图四，1）。

Ⅲ式　1件。M4∶6，上部残损，折腹弧收，平底。腹径8.2、底径5.6、残高6.2厘米（图四，9）。

壶　1件。M1∶4，侈口，高束颈，小折肩，上腹较深，下腹折收，平底。口径4.5、腹径12、底径6、高12.5厘米（图四，6）。

杯　1件。M4∶5，表施一层黑陶衣。直口，平唇，深筒腹，花瓣形圈足。口径6.1、腹径8、底径6.4、高10厘米（图四，2）。

豆　3件。分二式。

Ⅰ式　1件。M1∶7，浅盆豆盘，口微敛，折腹圜底，豆柄略束，喇叭形座。上下饰三组凹弦纹。口径19.4、通高16.4厘米（图四，15；图版二，3）。

Ⅱ式　2件。豆盘圜底，豆座喇叭形。皆饰弧形三角和小圆圈镂孔。M4∶3，残高12.6厘米（图四，14）。M2∶1，残高13.8厘米。

纺轮　1件。M4∶1，圆形。直径7、厚0.6厘米（图四，10）。

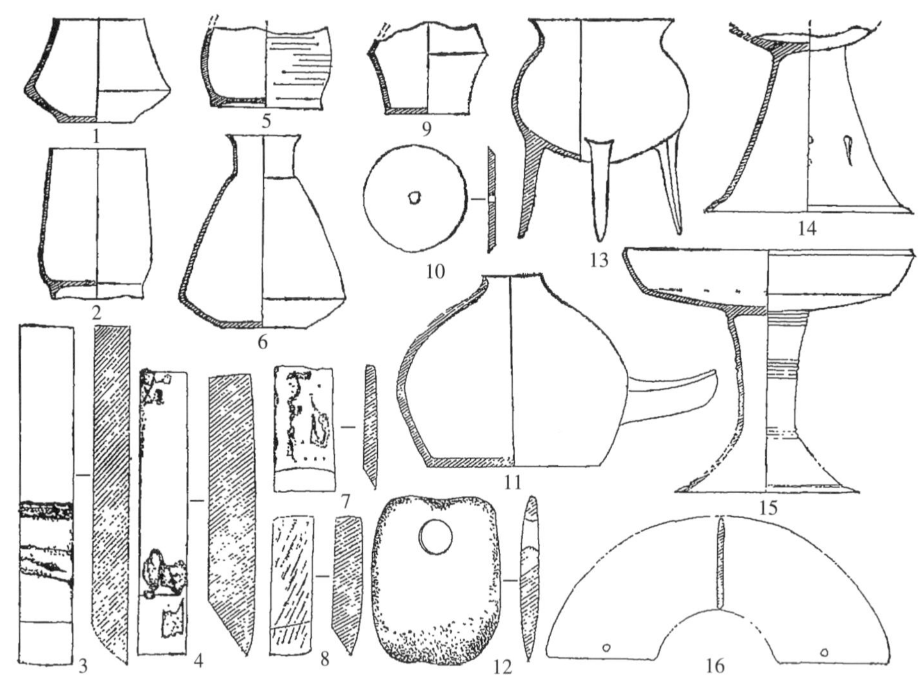

图四　崧泽文化墓出土遗物

1. Ⅱ式陶罐（M1∶3）　2. 陶杯（M4∶5）　3. Ⅰ式石凿（M1∶5）　4. Ⅱ式石凿（M1∶10）　5. Ⅰ式陶罐（M2∶2）　6. 陶壶（M1∶4）　7. Ⅱ式石锛（M1∶11）　8. Ⅰ式石锛（M1∶6）　9. Ⅲ式陶罐（M4∶6）　10. 陶纺轮（M4∶1）　11. 陶执把器（M1∶2）　12. 穿孔石斧（M4∶2）　13. 陶鼎（M1∶1）　14. Ⅱ式陶豆（M4∶3）　15. Ⅰ式陶豆（M1∶7）　16. 玉璜（M4∶4）（1/5）

（3）玉器

璜　1件。M4∶4，翠绿色。质地晶润，制作较规整。半环形，两翼对称，上端各有一小穿孔，器表有光泽，似经抛光加工，但仍留有数道明显的切割痕。长23.4、宽10、厚0.4厘米（图四，16；图版一，7）。

（二）良渚文化墓葬

1. 墓葬概况

仅发现1座（M3）。此墓被窑厂建机房时破坏，人骨无存，有无墓圹不详。征集到石斧、石锛、陶纺轮、陶钵、陶盂和玉镯等。出土时陶器分置在头前脚后，穿孔石斧、陶纺轮位于人骨架一侧，玉镯放置在腰间手腕部。

2. 墓葬出土遗物

（1）石器

斧　1件。M3∶1，黑色板岩。磨制较精。长方形，扁薄，凸弧顶，两端磨出双肩，器身上端双面对穿一孔，刃残。残长13、宽9.4、厚0.5厘米（图五，2；图版一，6）。

有段石锛　1件。M3∶2，青翠色燧石。磨制颇精。近方形，扁薄，上背磨出斜段，一面刃。长7.4、宽6.2、厚1厘米（图五，4；图版一，4）。

（2）陶器

纺轮　1件。M3∶6，泥质红陶。已残。圆形，断面呈馒首形，中有一圆孔。直径8.4、厚2.6厘米（图五，3）。

钵 1件。M3：3，泥质红陶。侈口，直腹，平底。口径7.6、底径6.8、高4厘米（图五，5）。

盂 1件。M3：4，敛口，平唇，鼓腹，平底。口径5.6、腹径8、底径5.2厘米（图五，1）。

（3）玉器

镯 1件。M3：5，褐色。镯身断面呈方形。内径5.5、外径7.8、厚1厘米（图五，6；图版一，3）。

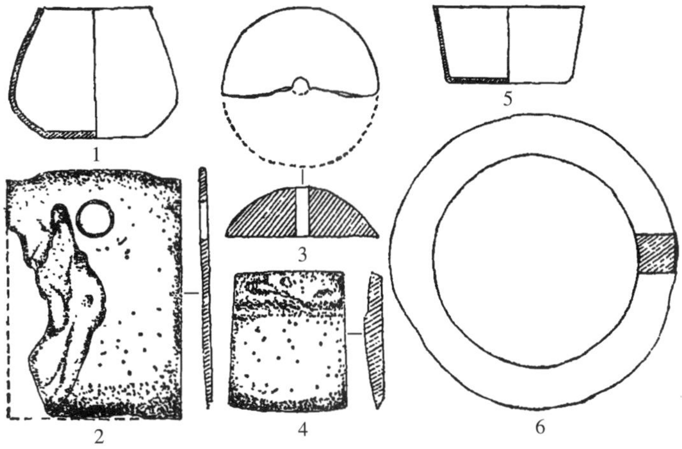

图五 良渚文化墓出土遗物
1. 陶盂（M3：4） 2. 穿孔石斧（M3：1） 3. 陶纺轮（M3：6） 4. 有段石锛（M3：2） 5. 陶钵（M3：3） 6. 玉镯（M3：5）（6. 1/2，余1/4）

四、采集遗物

许庄遗址在数次现场调查中采集到不少遗物，其中以石器最多。这些采集物大多数与地层出土的遗物一致，但也有一些为地层所未见：如探方中出土的陶器一般器壁较薄，多经慢轮修整，器形较规整；而采集品中的某些陶器，如夹砂红陶釜和壶，器壁较厚，以手制为主，显然为另一种文化类型。现分类叙述如下。

1. 石器

有斧、锛、凿、铲等。

斧 5件。分二型。

A型 4件。穿孔石斧。分四式。

Ⅰ式 1件。采：08，翠绿色燧石。磨制。上窄下宽，器身厚重，断面似梭形，两面刃。器身偏上部有穿孔一个，双面锥钻而成。长9.6、宽5.4~6.4、厚1.5厘米（图六，5）。

Ⅱ式 1件。采：010，青灰色细砂岩。磨制较精。四边亦磨成弧形，扁方形，器身扁薄如梭形。双面刃，刃薄。器身偏上有两面钻孔一个。长9.8~10.4、高9.7、厚0.8厘米（图六，14；图版二，2）。

Ⅲ式 1件。采：011，细砂青灰岩。磨制。长方形，器身扁薄。两面弧刃。穿孔较大，偏在器身中心。长10.5、宽9~9.4、厚0.7厘米（图六，15）。

Ⅳ式 1件。采：09，青砂岩。磨制不精。呈不规则方形，弧顶，器身扁平。两面刃，刃一端向上斜倾。穿孔较小，位于器身中心，穿孔折度较大，有凿修痕。长8.8、宽6.8~8、厚1厘米（图六，4）。

B型 1件。采：01，灰黄色细砂岩。通体磨制精细。无穿孔，长条形，弧顶。弧刃。器身较厚。长13.4、宽4.2~4.6、厚1.6厘米（图六，6；图版一，2）。

锛 4件。分四式。

Ⅰ式 1件。采：012，黑色火成岩。磨制不精。器身短而厚，长方形，平顶。一面刃。长7.8、

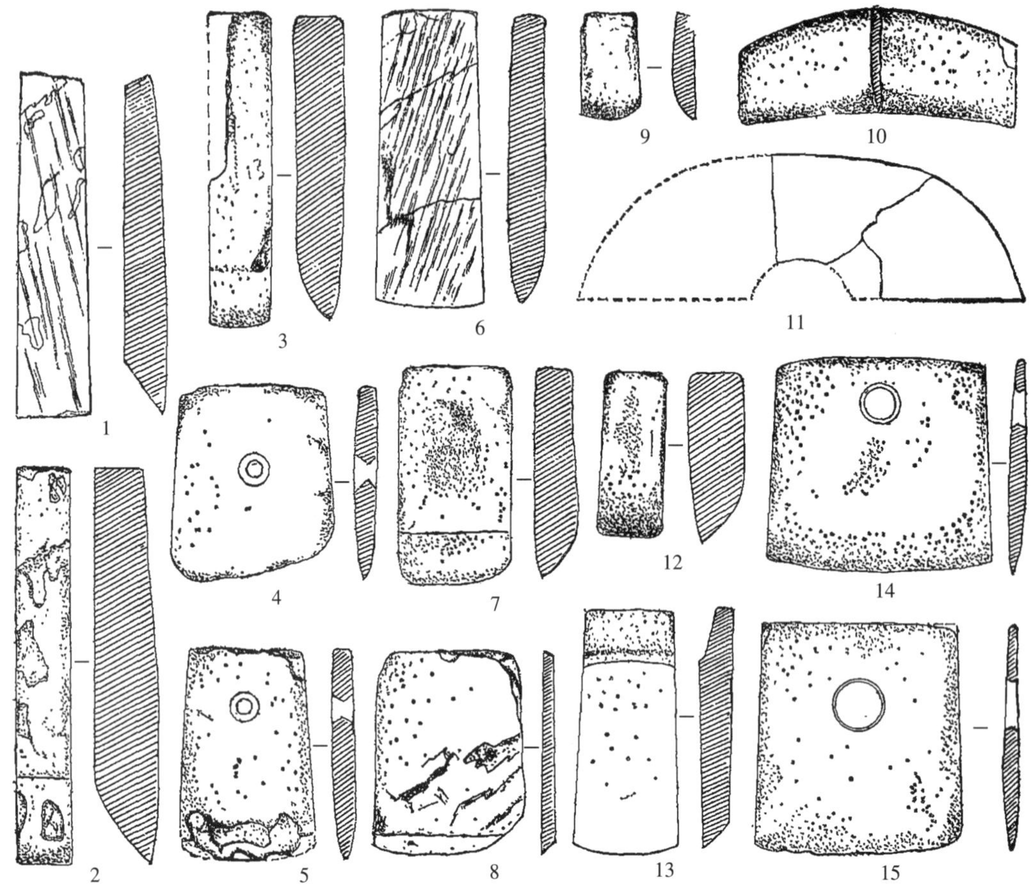

图六 采集遗物

1~3. Ⅳ、Ⅰ、Ⅲ式石凿（采：034、013、016） 4、5、14、15. A型Ⅳ、Ⅰ、Ⅱ、Ⅲ式石斧（采：09、08、010、011） 6. B型石斧（采：01） 7、9、12、13. Ⅲ、Ⅱ、Ⅰ、Ⅳ式石锛（采：07、03、012、05） 8. 石铲（采：02） 10. 石耘田器（采：06） 11. 玉璜（采：042）（7~9、11. 3/5，余3/10）

宽2.6~3、厚2.6厘米（图六，12）。

Ⅱ式 1件。采：03，火成岩，有翠条节纹理。磨制极粗糙。平顶，一面弧刃。长2.4、宽1.2、厚0.6厘米（图六，9）。

Ⅲ式 1件。采：07，灰白色火成岩。磨制。长方形，较厚重，平顶，弧腹直背。一面刃。长4.9、宽2.7、厚1厘米（图六，7）。

Ⅳ式 1件。采：05，燧岩。石质翠如玉。磨制精细。长方形，平顶略向内倾，上背磨成斜段。一面刃，刃弧且锋利。长10.9、宽4~4.5、厚1.4厘米（图六，13）。

铲 1件。采：02，青灰色燧石。磨制。长方形，器身扁薄，顶向内倾。一面刃。长4.6、宽3.6、厚0.25~0.35厘米（图六，8）。

凿 6件。分四式。

Ⅰ式 2件。磨制不精，器身均留有打击痕。长条形，平顶。一面刃。采：013，长18、宽3.2、厚3.4厘米（图六，2）。采：015，残长11.4、宽3、厚1.6厘米。

Ⅱ式 1件。采：014，灰细砂岩。长方形，顶略斜。一面刃。长10.8、宽3.8、厚1厘米。

Ⅲ式 2件。采：016，黑色细砂岩。长条形，顶和一侧缺残。一面刃。长14.2、宽3、厚2.4厘米（图六，3）。采：017，乳白翠岩。器身略窄长。长 15.4、宽 2.5~2.7、厚 2.8 厘米。

Ⅳ式 1 件。采：034，黄褐色火成岩。顶和刃均有缺损。上窄下宽，器表留有打击痕。一面刃。长 15.6、宽 2.8~3.5、厚 2 厘米（图六，1）。

耘田器 1 件。采：06，浅灰细砂岩。磨制极精。全器扁薄呈新月形。长 2.6、宽 10、厚 0.4 厘米（图六，10；图版一，8）。

2. 陶器

多为夹砂灰褐陶、泥质灰陶和红陶，少数黑衣陶。器形有釜、豆、罐、壶、杯、钵、瓮、盆等。

釜 5 件。分二式。

Ⅰ式 3 件。采：033，器形较大。侈口，小唇，微束颈，鼓腹，腹内壁有一道凸檐，用来承箅。外壁上部有两个对称的宽扁捺窝附耳，附耳下有一周锯齿形宽凸边。口径 34.4、腹径 36、残高 18 厘米（图七，5）。

Ⅱ式 2 件。采：037，器形较大。壁较厚，侈口，圆唇，高颈，微鼓腹。颈部有两个对称宽扁捺窝附耳，肩有一道锯齿形宽凸檐。口径 52.4、腹径 56.2、残高 18.4 厘米（图七，14）。

杯 2 件。分二式。

Ⅰ式 1 件。采：018，侈口，颈微收，微鼓腹，花瓣形圈足。口径 5.6、腹径 7.6、底径 6.4、高 9 厘米（图七，15；图版二，4）。

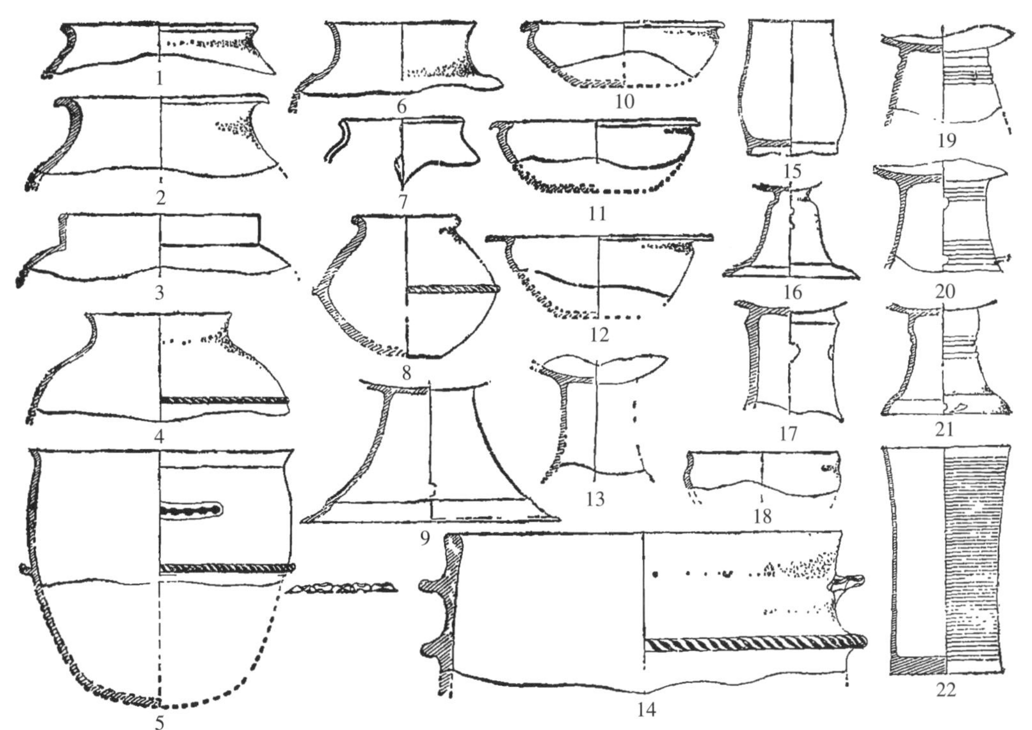

图七 采集陶器

1. Ⅱ式罐（采：026） 2、7. Ⅰ、Ⅱ式瓮（采：028、030） 3. Ⅰ式罐（采：025） 4、6、8. Ⅱ、Ⅰ、Ⅲ式壶（采：029、035、031） 5、14. Ⅰ、Ⅱ式釜（采：033、037） 9、13、16、17、19~21. 豆柄（采：023、036、021、04、022、020、024） 10~12. Ⅲ、Ⅰ、Ⅱ式盆（采：041、040、039） 15、22. Ⅰ、Ⅱ式杯（采：018、019） 18. 钵（采：027）（1、2、5~7、10~12. 约 1/10，余 1/5）

Ⅱ式 1件。采：019，器表施黑衣。敞口，直腹，厚平底。器身满饰细弦纹。口径8.6、腹径6.2、底径7.5、高15.2厘米（图七，22；图版二，1）。

豆 均为残豆柄，形制有束腰喇叭形。

采：020，座的上下饰两组细弦纹和圆圈镂孔（图七，20）。

采：023，饰弧形三角镂孔（图七，9）。

采：022，上端饰凹弦纹和瓦棱纹（图七，19）。

采：021，束颈，下呈喇叭形，饰两组镂孔（图七，16）。

采：024，束颈，小口喇叭形，饰瓦棱纹和弧形三角镂孔（图七，21）。

罐 2件。分二式。

Ⅰ式 1件。采：025，直口，高颈，广肩。口径13.6、残高3厘米（图七，3）。

Ⅱ式 1件。采：026，残。侈口，圆唇，鼓腹。口径26.4、腹径32、残高6.8厘米（图七，1）。

钵 1件。采：027，口微侈，小圆唇，折肩斜腹。口径9.6、腹径11、残高2厘米（图七，18）。

瓮 2件。分二式。

Ⅰ式 1件。采：028，侈口，卷唇。口径24、残高10厘米（图七，2）。

Ⅱ式 1件。采：030，侈口，折唇，圆腹。口径14.2、腹径21.2、残高9.6厘米（图七，7）。

壶 4件。分三式。

Ⅰ式 2件。泥质红陶。大敞口，薄唇，广肩。采：035，口径13.6、残高6.8厘米（图七，6）。

Ⅱ式 1件。采：029，器胎较厚，器表施一层薄黑衣。侈口，圆唇，棱形腹，底残。腹饰一周附加绳辫纹。口径6.2、腹径12.4、残高8厘米（图七，4）。

Ⅲ式 1件。采：031，夹砂红陶。侈口，圆鼓腹。腹饰一道锯齿形附加堆纹。口径9.4、腹径17.4、残高7厘米（图七，8）。

盆 3件。分三式。

Ⅰ式 1件。采：040，敛口，凹沿，尖唇，斜腹。口径24、腹径26.4、残高5.2厘米（图七，11）。

Ⅱ式 1件。采：039，敛口，宽平沿，圆唇，斜腹。口径24、腹径26、残高7.2厘米（图七，12）。

Ⅲ式 1件。采：041，敛口，弧沿，斜收腹。口径23.2、腹径26.4、残高8厘米（图七，10）。

3. 玉器

璜 1件。采：042，残存两片，经拼合，正好为全器的一半。黄褐色。扁薄，有小穿孔一个。器表经加工打磨。长10.2、宽3.3、厚0.3厘米（图六，11）。

五、结语

通过对许庄遗址的数次调查与试掘，取得了一些收获。遗址的地层堆积虽只有上、下两个文化层，但根据出土和采集的器物分析，应有良渚、崧泽、马家浜三个文化序列的叠压层，也许这次试掘的位置已超过早期遗址范围的边缘。在采集遗物中，夹砂红陶釜、壶等器为文化层所不见，夹砂红陶釜的颈部有两个对称的宽扁捺窝附耳，耳下有一道锯齿形宽扁凸边檐，与江苏常州圩墩遗址[①]和上海青浦崧泽遗址[②]下层的Ⅰ式釜相同，这是马家浜文化的典型器物。

下文化层出土的陶器，以折肩、折腹为特点，壶、杯等器均有锯齿状附加堆纹、鸡冠形耳鋬和花瓣足，豆、罐器身饰细弦纹、弧形三角及圆形镂孔，这与崧泽中层的器形相同[③]。下文化层发现的两座单人墓，仰身直肢，不见墓圹，采用覆土掩埋的习俗，亦与崧泽文化的埋葬方法一致[④]。随葬器物组合也与崧泽文化相类似。釜形陶鼎（M1∶3）同崧泽二期的同类器近似，浅盘束腹陶豆和崧泽一期的Ⅰ式陶豆（M21∶3）较接近，证明许庄下文化层的文化面貌多具有崧泽早、中期的特点。

上文化层出土的夹砂陶鼎足，见于寺墩和上海青浦福泉山良渚文化墓[⑤]。新月形石耘田器同寺墩遗址出土的一件形制完全一致（该文称石刀）；有段石锛和有肩石斧均为良渚文化常见器物[⑥]。

遗址反映的文化面貌，基本属于江南地区新石器时代文化类型，但有些遗存又具有长江以北的因素，如陶执把器为徐海地区的常见器[⑦]，与海安青墩遗址的陶鬶形器也相似[⑧]。这反映了南北文化的相互影响。

参加发掘和调查的人员有缪自强、宋正康、王德庆、张照根同志。

执笔：王德庆

注释

① 常州市博物馆：《江苏常州圩墩村新石器时代遗址调查和试掘》，《考古》1974年第2期。

② 上海市文物保管委员会：《崧泽新石器时代遗址发掘报告》，文物出版社，1987年。

③ 上海市文物保管委员会：《崧泽新石器时代遗址发掘报告》，文物出版社，1987年。

④ 上海市文物保管委员会：《上海松江县汤庙村遗址》，《考古》1985年第7期。上海市文物保管委员会：《崧泽新石器时代遗址发掘报告》，文物出版社，1987年。

⑤ 南京博物院：《1982年江苏常州武进寺墩遗址的发掘》，《考古》1984年第2期。上海市文物保管委员会：《上海青浦福泉山良渚文化墓地》，《文物》1986年第10期。

⑥ 南京博物院：《江苏越城遗址的发掘》，《考古》1982年第5期。南京博物院：《江苏吴县张陵山遗址发掘简报》，《文物资料丛刊》（6），文物出版社，1982年。南京博物院、昆山县文化馆：《江苏昆山绰墩遗址的调查与发掘》，《文物》1984年第2期。常熟市文物管理委员会：《江苏常熟良渚文化遗址》，《文物》1984年第2期。

⑦ 江苏省文物工作队：《江苏邳县刘林新石器时代遗址第一次发掘》，《考古学报》1962年第1期。南京博物院：《江苏邳县刘林新石器时代遗址第二次发掘》，《考古学报》1965年第2期。

⑧ 南京博物院：《江苏海安青墩遗址》，《考古学报》1983年第2期。

（原载《考古》1990年第5期）

1. Ⅰ式石凿　2. B型石斧　3. 玉镯　4. 有段石锛　5. 石斧　6. 石斧　7. 玉璜　8. 石耘田器

图版一　江苏张家港许庄遗址出土遗物

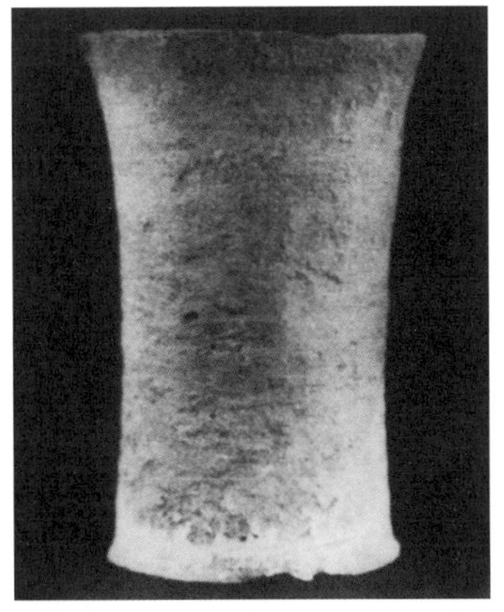

1. Ⅱ式陶杯

2. A型Ⅱ式穿孔石斧

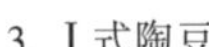

3. Ⅰ式陶豆

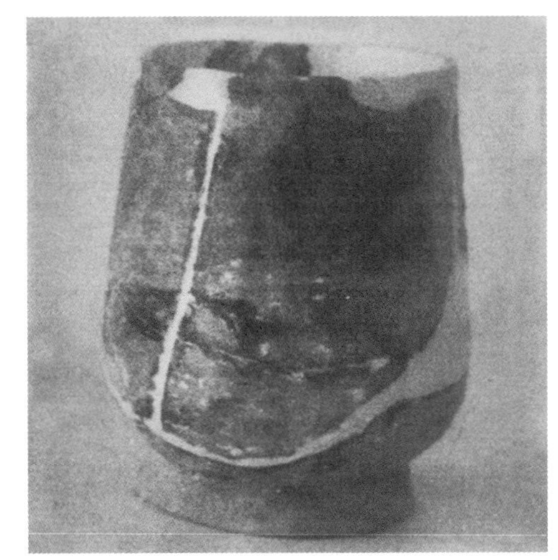

4. Ⅰ式陶杯

5. 陶执把器

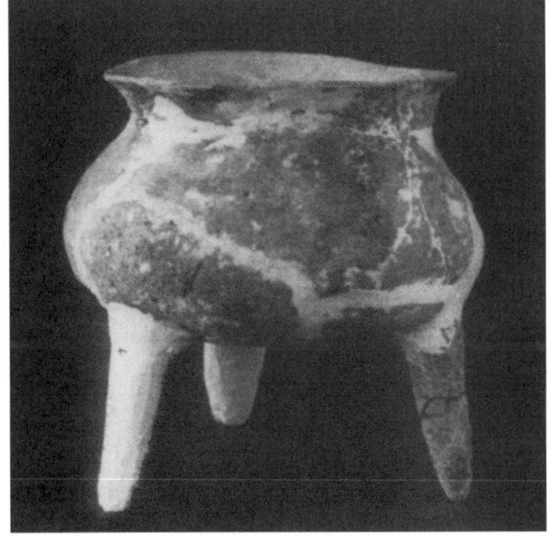

6. 釜形陶鼎

图版二　江苏张家港许庄遗址出土遗物

江苏吴县南部地区古遗址调查简报

姚勤德

吴县，地处长江下游的太湖之滨，面积1634平方千米，四周分别与无锡、常熟、昆山、吴江交界。沪宁铁路东西横贯境内，将其分为南、北两部分，南部西区为低矮丘陵区域，是浙江天目山的余脉，东区系水网低沉区域。

这一地区古文化遗址的调查，早在1956年，南京博物院就做了大量的工作，发现了数处古遗址[①]尔后，又先后发掘清理了张陵山遗址、澄湖古井遗址、三山岛旧石器时代遗址[②]。近年来，为了进一步摸清这一地区的古文化面貌，配合《文物地图集》的编撰，我们对这一地区进行了详细的考察，先后新发现古文化遗址8处，复查遗址6处，其中2处遗址已做过报道[③]（附表一）。现择6处调查较为详细，内涵较为丰富的遗址，简报如下（图一）。

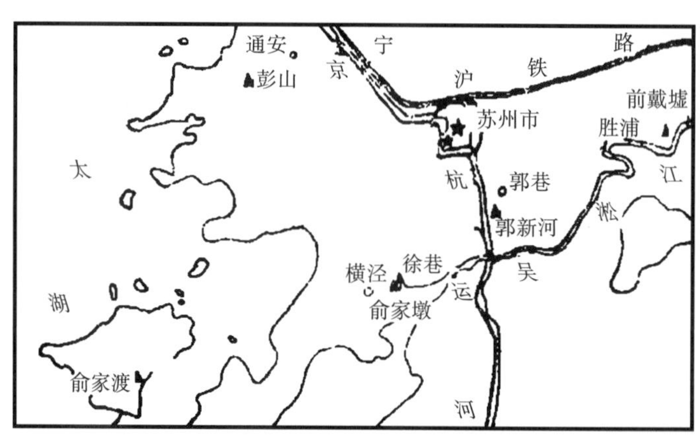

图一　遗址位置图

一、遗址概况

（一）徐巷遗址（编号88QZ3）

位于横泾乡东1.5千米处的徐巷村，北与尧峰山相距约2千米，东距太湖岸线800米，这一带是太湖东部沿岸的低洼区域。根据陶片散布的情况来看，文化遗存分布在徐巷村新开河两岸，南北长250米、东西宽100米的范围内，面积约2.5万平方米。文化层堆积在新开河两岸的断崖暴露，其间夹杂着密集的陶片、红烧土块及少量的动物遗骸，文化层厚度约2米。遗址所在地呈现出南高北低之势。

北部以夹砂红陶和泥质红陶为主，南部多黑衣陶、印纹硬陶。调查中征集、采集到各类石、玉、陶器100余件（片）。玉器有斧、环，石器有斧、凿，陶器有釜、罐、鼎、壶、盘、豆把、器座、鼎足等。

（二）俞家墩遗址（编号88QZ4）

俞家墩是东太湖白洋湾西岸的一个土墩，位于横泾乡东1.5千米处的南章村，距离太湖岸线500米，北与徐巷遗址相距800米左右。土墩东西长120米、南北宽60米，面积7200平方米，高出地面约7米。因当地长年取土，墩体破坏严重，东北部断崖暴露着厚1.5米的文化层堆积，其间夹杂着大量的红烧土块、夹砂陶、印纹陶片，调查中采集到陶器残片30余件（片）。能辨出器形的有釜、罐、钵，还有原始瓷碗等。

（三）郭新河遗址（编号88QZ1）

位于郭巷乡尹山村东的郭新河两岸。1956年，南京博物院调查该遗址时发现了良渚、湖熟文化遗存。1974年，当地开挖郭新河，遗址遭到破坏。1987~1988年，我们先后三次对该遗址进行复查，又有了新的收获。遗址所在地地势平坦。西邻京杭运河，东靠尹山湖（已围垦），中部郭新河南北贯穿其间，把遗址分成东、西两部分。从地面散落的石、陶器的情况来看，文化遗存分布在郭新河两岸东西长400米、南北宽400米的范围内，从河的两岸可看到暴露的文化层堆积，一直深入水下，厚度超过1.5米。调查中征集到石器1件，采集到石、陶器200余件（片）。石器有斧、凿，陶器有鼎、甗、壶、罐、钵、盘、盆、瓿、杯、豆座、器把、鬲足及原始瓷器盖、碗等。

（四）俞家渡遗址（编号88QZ2）

位于西山岛石公俞家渡村，东距太湖岸线300米，西靠四龙山。1988年4月考古调查中发现。征集到石器4件，采集陶器30余件（片）。石器有锛、凿，陶器有红衣陶牛鼻式器耳、鸡冠耳、夹砂陶釜腹、罐口沿、鼎足等。

（五）前戴墟遗址（编号86QZ1）

位于胜浦乡前戴村泥河塘北侧。往南1.5千米是吴淞江，东南与张陵山遗址相距7千米。遗址所在地地势平坦。1986年3月，当地农民取土制砖坯，挖出一个南北长60米、东西宽20米、深3米的长方形土坑。同年8月，调查时发现土坑西坡地表散落着许多陶片，据制坯农民反映，这些陶片是当时取土时在一个圆形灰坑中发现的。经查，在邻近的农田里，也有陶片出土，分布范围在泥河塘以北，南北长70米、东西宽50米。调查中采集到石斧1件，陶器与原始瓷器40余件（片），器形有鼎、钵、盂、碗等。

（六）彭山遗址（编号86QZ2）

彭山，海拔36.5米，位于通安镇西南4.5千米处，东距阳山3千米，西距太湖岸线2.5千米，南临彭山湖（已围垦）。遗址是沿彭山南麓的山坡展开的，地势北高南低。文化遗存分布在彭山村东，窑厂西，东西长约300米、南北宽80米的范围内。文化层堆积在窑厂取土挖出的土坑断面暴露，文化层厚度超过1.5米，部分文化遗存已遭破坏。调查中采集到石、陶器80余件（片）。石器有凿、刀、镰，陶器有釜、甗腹、罐口沿、豆把，以及原始瓷盅等。

以上6处遗址大多分布在湖、河岸边的台地或农田里。有3处含有两种以上不同时期的文化遗存，郭新河遗址暴露的文化层堆积有明显的早、晚期遗存叠压现象，但需说明的是部分遗址虽未发现早、晚期遗存的叠压关系，但在遗址的分布范围内发现有晚期文化遗存。

二、遗物

根据各遗址采集陶器的质地、器形、纹饰并参照太湖地区古文化的发展序列及其器物形态，大致可将其分为以下几类不同时期的文化遗存。

（一）第一类文化遗存

在2处遗址中发现第一类文化遗存，均分布在湖泊边。其中徐巷遗址部分遗存已在开河工程中遭到破坏。西山俞家渡遗址未作试掘，无法寻找文化层堆积。

第一类文化遗存所采集的陶器大多是残器，能辨出的器形有釜、罐、器耳、豆把、器座等。陶质有夹砂红褐陶、粗泥黄褐陶与泥质红衣陶三种，前两种质疏易碎，掺和料含稻草屑和谷壳，器表多小孔，后一种质软，烧制火候较低，红衣极易剥落。

釜　8件。均为腹片与口沿，采自徐巷、俞家渡遗址。可分三式。

Ⅰ式　夹砂红褐陶。宽腰檐，深直腹。腹部表面有烟炱痕（图二，5、7）。

Ⅱ式　粗泥黄褐陶。88QZ3：23，深腹，腹部安荷叶形把手（图二，6）。

Ⅲ式　夹砂红褐陶。88QZ3：2，敛口，唇沿外翻，束颈，折肩，扁鼓腹。腹部有烟炱痕（图二，1）。

罐　2件。口沿残片。夹砂红褐陶。可分二式。

Ⅰ式　88QZ3：20，敛口，折腹，圜底（图二，2）。

Ⅱ式　88QZ3：19，敛口，折肩，扁鼓腹，圜底，腹部安鸡冠耳。肩部饰堆纹，颈部饰弦纹（图二，3）。

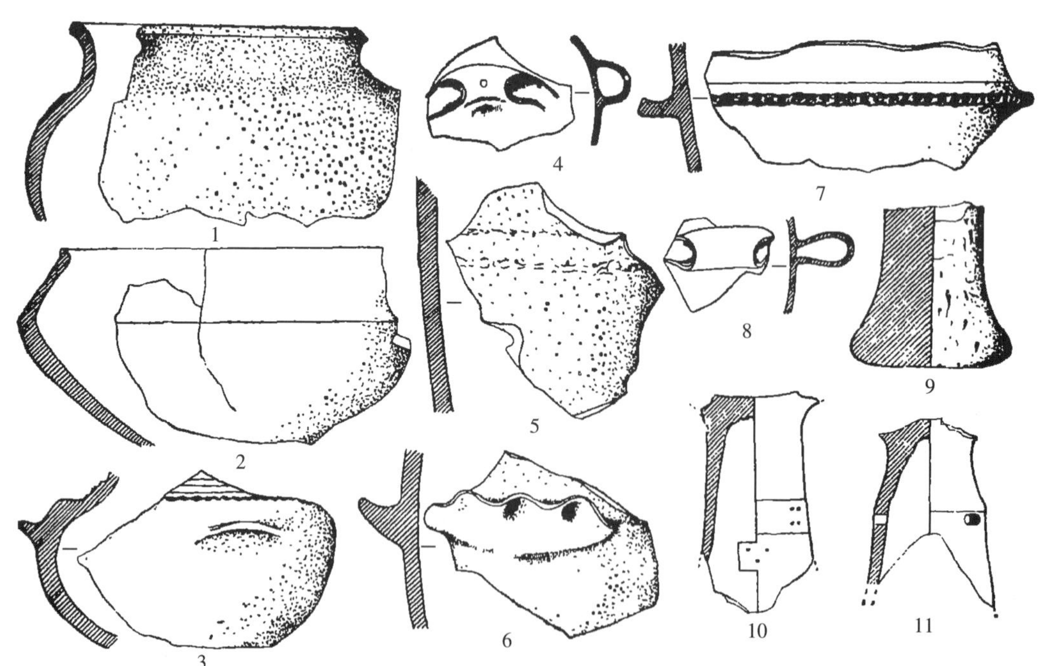

图二　第一类文化遗存陶器

1. Ⅲ式釜（88QZ3：2）　2. Ⅰ式罐（88QZ3：20）　3. Ⅱ式罐（88QZ3：19）　4、8. 器耳　5、7. Ⅰ式釜　6. Ⅱ式釜（88QZ3：23）　9. 器座（88QZ3：6）　10. Ⅱ式豆把（88QZ3：22）　11. Ⅰ式豆把（88QZ3：21）（4、8. 1/6，余1/4）

豆把　4件。可分二式。

Ⅰ式　1件。88QZ3∶21，泥质红衣陶，红衣大部分已剥落。喇叭座，束腰。腰部等距离分布椭圆形镂孔三个（图二，11）。

Ⅱ式　3件。泥质红衣陶。88QZ3∶22，喇叭座，束腰。腰部饰四组小圆点，每组戳刺三至六个不太规则的小点（图二，10）。

器耳　2件。泥质红衣陶，胎壁较薄。有弧形圆环式与扁形宽环式两种（图二，4、8）。

器座　1件。88QZ3∶6，泥质黄褐陶，残断面内所含谷粒清晰可见。圆柱体微束腰，实心平底。残高8.7、底径8.5厘米（图二，9）。

（二）第二类文化遗存

第二类文化遗存分别在徐巷、俞家渡、郭新河遗址中发现，遗物有陶器和石器。陶器种类有鼎、壶、罐、豆把、鼎足；石器有锛、凿。

1. 陶器

鼎　可分三式。

Ⅰ式　修复1件，余为残器腹。夹砂红陶，质松，夹有谷壳，器表多细孔。

88QZ1∶3，盆形鼎，敞口，侈沿，折腹，圜底，下附三扁凹弧形足。足跟有“单目”窝纹，足两侧缘捏成波浪形。足面饰划纹，腹上部饰弦纹，折腹处饰一周附加堆纹。口径29、高20.7厘米（图三，1）。

88QZ3∶5，侈沿，折腹，圜底，上腹内收。腹部饰弦纹，折腹处饰一周堆纹（图三，2）。

Ⅱ式　1件。88QZ1∶5，釜形鼎。橙黄色夹砂粗泥胎，质松，器表粗糙。敛口，卷沿，深腹，圜底，下安三扁圆锥足，足残断。素面。口径22.1、残高16.4厘米（图三，4）。

Ⅲ式　1件。88QZ1∶6，壶形鼎。夹砂红陶，质疏松，表面粗糙。侈口，沿外卷，束颈，鼓腹，圜底，三足残缺，仅有痕迹。肩腹部饰凸弦纹。口径10.8、腹径17.2厘米、残高14.2（图三，3）。

鼎足　均为夹砂红陶，质疏松，掺和料含稻谷。分五式。

Ⅰ式　宽扁凹弧形“四目”足。88QZ3∶8，足跟有四个捺窝。足面饰划纹（图四，1）。

Ⅱ式　88QZ3∶9，凹弧形瓦片形足（图四，6）。

Ⅲ式　88QZ2∶5、6，半月形“三目”足，断面呈半月形。足跟有三个捺窝（图四，2、4）。

Ⅳ式　扁薄铲形足（图四，3、5）。

Ⅴ式　88QZ3∶10，鸡腿形足，足跟有一个捺窝（图四，7）。

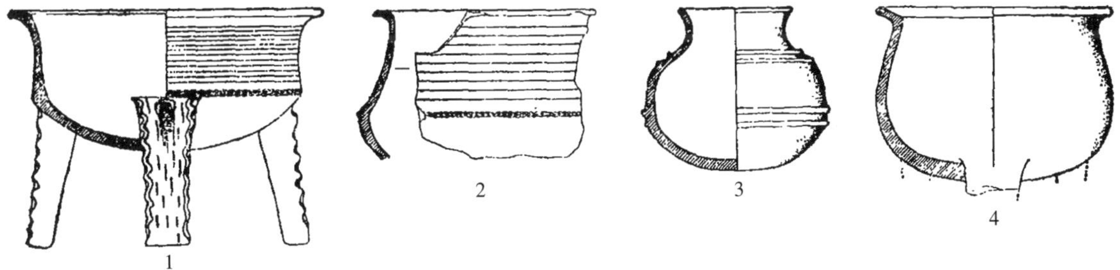

图三　第二类文化遗存陶鼎

1、2. Ⅰ式（88QZ1∶3、88QZ3∶5）　3. Ⅲ式（88QZ1∶6）　4. Ⅱ式（88QZ1∶5）（约1/7）

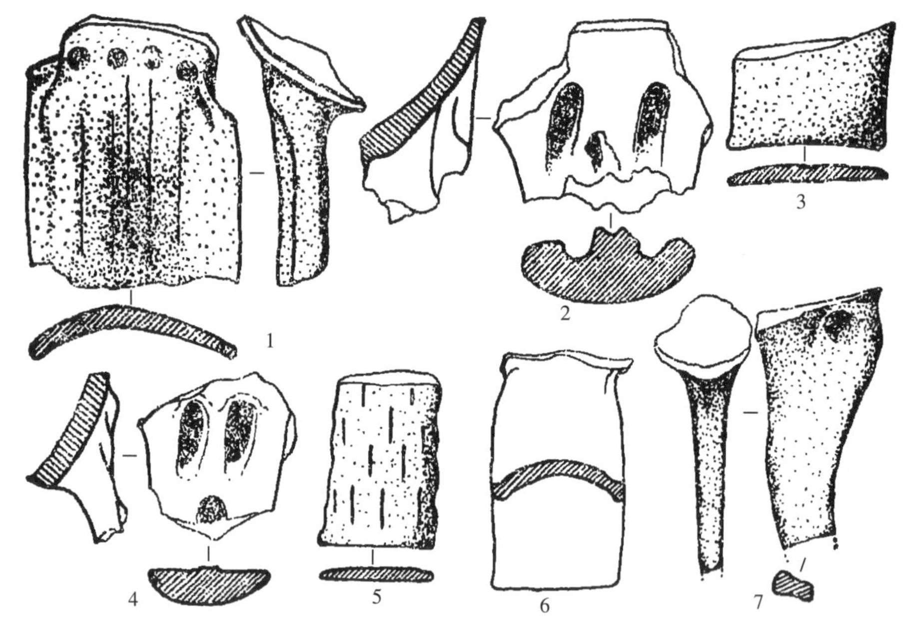

图四　第二类文化遗存鼎足

1. Ⅰ式（88QZ3∶8）　2、4. Ⅲ式（88QZ2∶5、6）　3、5. Ⅳ式　6. Ⅱ式（88QZ3∶9）　7. Ⅴ式（88QZ3∶10）（约1/3）

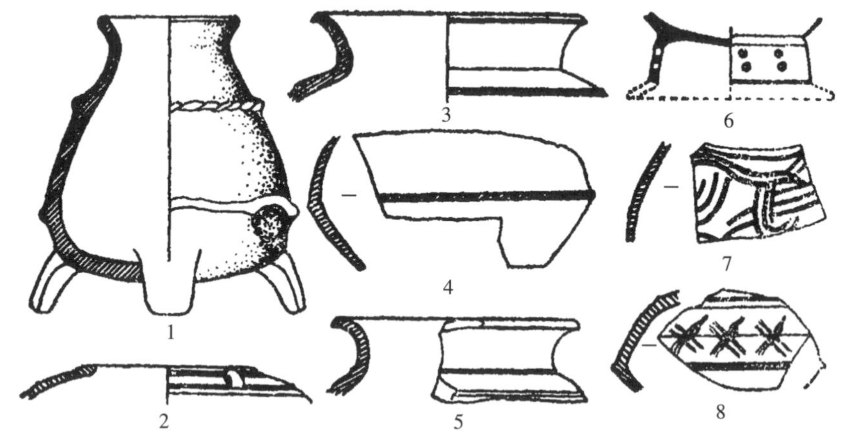

图五　第二类文化遗存陶器

1. 三足器（88QZ1∶7）　2. Ⅱ式罐（88QZ1∶9）　3、5. Ⅰ式罐（88QZ1∶49－1、2）

4、7、8. Ⅲ式罐（88QZ1∶10－1、2、3）　6. 豆座（88QZ1∶8）（1. 3/10，余1/5）

三足器　1件。88QZ1∶7，夹砂褐陶，质疏松，表面粗糙多小孔。器体已修复，失鋬。侈口，束颈，斜肩，鼓腹，圜底，三扁方实心足。腹部饰两周堆纹。口径7、腹径12.8、高13.2厘米（图五，1）。

罐　均为泥质灰陶，质细腻，烧制火候较高。纹饰有绳形堆纹、压划纹、弦纹等。分三式。

Ⅰ式　2件。88QZ1∶49－1、2，敛口，卷沿。肩部饰凸弦纹、绳纹（图五，3、5）。

Ⅱ式　1件。88QZ1∶9，敛口，平沿，肩部置小方横鼻形耳。饰绳索形堆纹（图五，2）。

Ⅲ式　3件。88QZ1∶10－1、2、3，弧肩折腹。一件折腹处饰绳索形堆纹，另两件腹部分别饰压印编织纹、压印纹（图五，4、7、8）。

豆座　1件。88QZ1∶8，黑衣灰胎陶。矮座，圈足外撇，上镂圆孔（图五，6）。

2. 石器

锛　3件。可分二式。

Ⅰ式　1件。88QZ2∶1，淡青色页岩，平面呈梯形，上窄下宽，弧背，一面斜刃。表面磨光，有蚀痕。长10.8、刃宽5.4、厚1.8厘米（图六，1）。

Ⅱ式　2件。

88QZ2∶2，淡青色页岩，有自然纹理。长方体，器身较厚，平顶，拱背，一面斜刃。通体磨光，局部有蚀痕。长7.9、刃宽4.0、厚2.8厘米（图六，2）。

88QZ2∶3，长6.4、刃宽3.6、厚2.2厘米（图六，3）。

凿　2件。

88QZ2∶4，淡青色页岩。窄长，体小，呈倒梯形，弧背、单刃。表面磨光，有蚀痕。长5.7、刃宽1.4、厚1.7厘米（图六，4）。

88QZ3∶2，长6.3、宽1.6、厚1.25厘米（图六，5）。

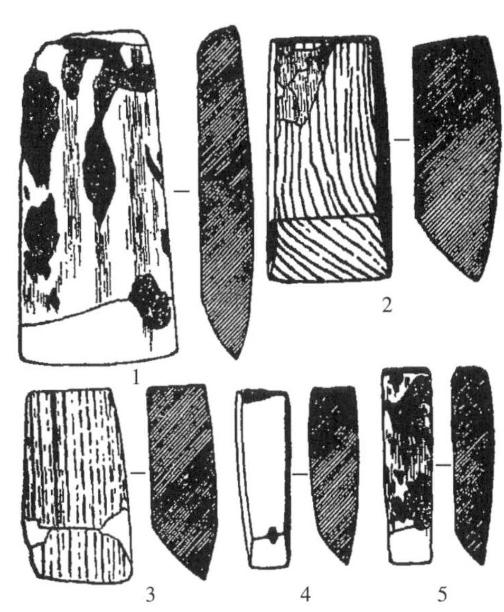

图六　第二类文化遗存石器

1. Ⅰ式锛（88QZ2∶1）　2、3. Ⅱ式锛（88QZ2∶2、3）　4、5. 凿（88QZ2∶4、88QZ3∶2）（2/5）

（三）第三类遗存

仅在徐巷遗址发现有这类遗存，遗物有陶、石、玉器。石、玉器都为征集品，个别器物可能属第二类遗存。陶器以黑衣陶为主，有壶、圈足盘、豆把等。

1. 陶器

壶　1件。88QZ3∶13，磨光黑衣陶。侈口，束颈，弧肩，鼓腹，圈足，平底。高10.9、口径5.5、足径6.6厘米（图七，6）。

圈足盘　1件。88QZ3∶4，黑衣陶，黑衣部分剥落。大口，扁鼓腹，圈足，平底。高5.25厘米。

豆把　1件。88QZ3∶15，黑衣陶。竹节形把（图七，5）。

2. 石器

单孔石斧　2件。

88QZ3∶1，青灰色页岩。平面呈梯形，两侧斜直，双面圆弧刃。上部有一直径2.35厘米的穿孔，系两面钻成，孔壁有台痕和旋纹。通体磨光。长17.3、刃宽10.4、厚1.5厘米（图七，3）。

88QZ1∶4，长14.8、刃宽9.1、厚1.3厘米（图七，2）。

双孔石斧　1件。88QZ3∶3，灰白色，有暗绿斑。扁平长方体，双面圆弧刃。上部有直径1.5厘米的穿孔两个，系两面对钻而成，孔壁有台痕。通体精磨，器身一面留有一道弧线琢痕。长29.5厘米（图七，7）。

该器形制与山东日照两城镇所出的石锛基本相同[④]。

3. 玉器

玉斧　1件。88QZ3∶4，玉色茶绿。扁平长方形，顶端斜直，双面圆弧刃。上部有一个直径1.9厘米的穿孔，系两面钻成，孔壁有台痕与旋纹。器表琢磨光滑。长11.75、刃宽7.65、厚1.1厘米（图七，1）。

玉环　1件。88QZ3∶5，玉色灰白微绿，有暗绿斑。肉等于好之半。表面琢磨光滑。直径3.55、孔径1.75、厚0.25厘米（图七，4）。

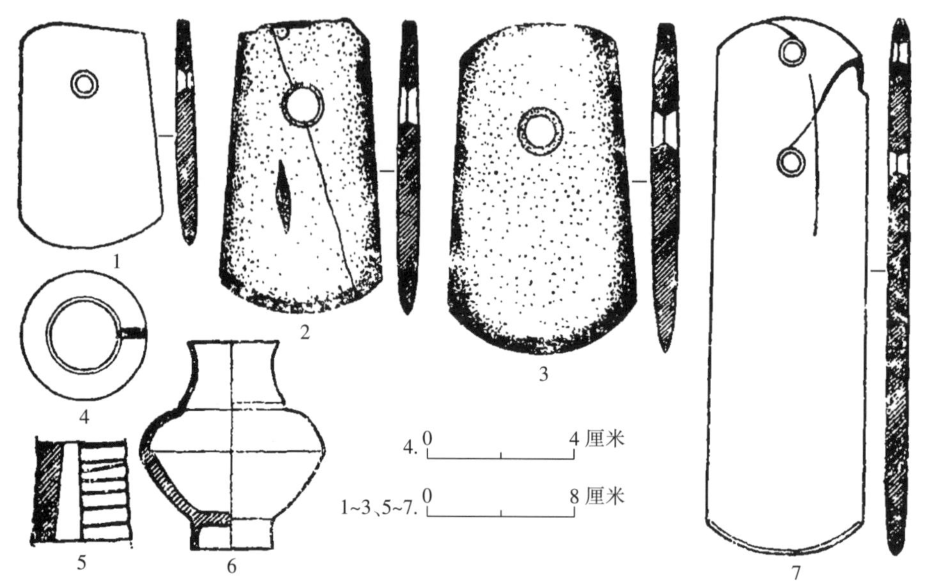

图七 第三类文化遗存器物

1. 玉斧（88QZ3∶4） 2、3. 单孔石斧（88QZ1∶4、88QZ3∶1） 4. 玉环（88QZ3∶5） 5. 豆把（88QZ3∶15）
6. 陶壶（88QZ3∶13） 7. 双孔石斧（88QZ3∶3）

（四）第四类遗存

在5处遗址中分别发现这类遗存，采集到的器物较丰富，有陶器、原始瓷器和石器。

1. 陶器 所采集的陶器较丰富，据其器形、纹饰又可分为早、晚二期。

早期器物分别见于郭新河、徐巷、彭山遗址。器形有鼎、甗、罐、盆、杯、研磨盆等。炊器均为夹砂陶，饰细绳纹；盛器和食器大多为泥质陶，纹饰以篮纹、云雷纹为主，研磨盆内壁刻划复线纹。

鼎 3件。可分三式。

Ⅰ式 1件。88QZ3∶7，夹砂红陶，薄胎，质硬。器表橘红色，内灰白。敛口，宽沿外翻，束颈，圆腹。饰细绳纹。口径26.8厘米（图八，1）。

Ⅱ式 88QZ1∶25，夹砂红陶。浅盘形，敞口，圜底，下安三圆锥足。口径16.4、高12.2厘米（图八，2）。

Ⅲ式 88QZ1∶48，夹砂褐陶，黑褐色。钵形，敛口，斜肩，折腹，圜底，肩部置对称的环形双耳。下腹部饰细绳纹，有烟熏痕迹。据腹部残留痕迹看，原安有三足。口径17.2、残高10.0厘米（图八，5）。

甗 3件。采自郭新河、彭山遗址。均残。夹砂红褐陶，外红褐内灰白，薄胎，质坚硬。88QZ1∶29，敛口，宽平沿，矮领，弧肩，束腹，圜底，三足残缺。器表饰绳纹，底腹部有烟炱痕。口径25.8、残高23.5厘米（图八，7）。

釜 1件。88QZ1∶47，夹砂褐陶，质坚硬。敛口，沿微卷，球腹，圜底。拍印浅乱的席纹，内壁捺窝未抹平，器表有烟炱痕。口径11.8、高8.4厘米（图八，12）。

罐 3件。其中一件完整。可分三式。

Ⅰ式 1件。88QZ3∶25，硬陶质。侈口，束颈，弧肩，鼓腹，圜底内凹。唇沿饰弦纹，肩腹底部拍印云雷纹。口径11.0、高12.2厘米（图八，3）。

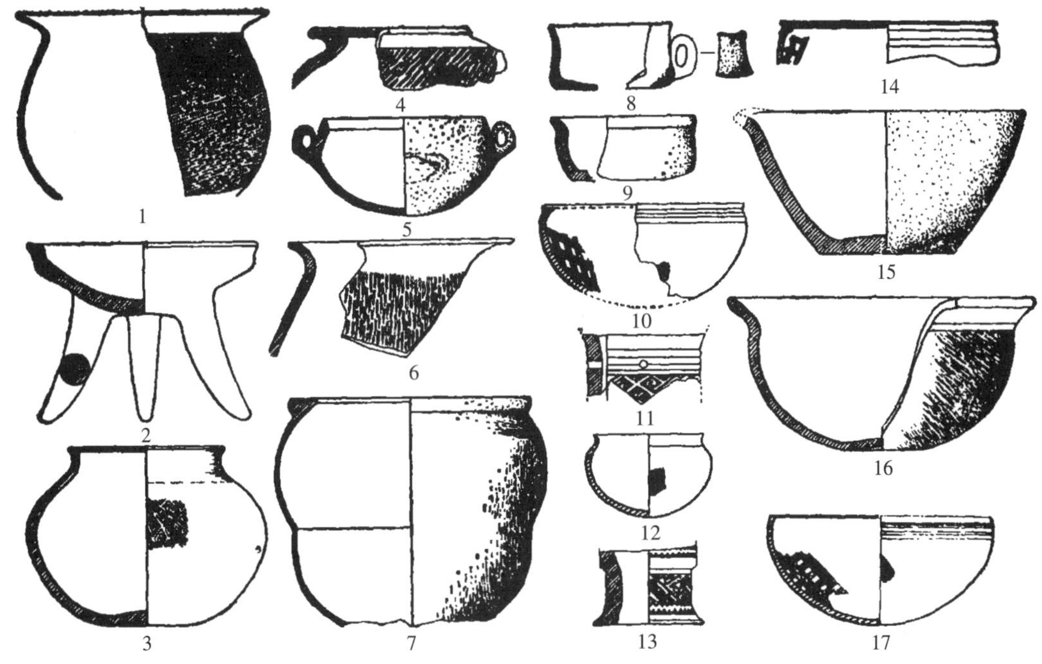

图八　第四类文化遗存早期陶器

1. Ⅰ式鼎（88QZ3∶7）　2. Ⅱ式鼎（88QZ1∶25）　3. Ⅰ式罐（88QZ3∶25）　4. Ⅲ式罐（88QZ1∶30－2）　5. Ⅲ式鼎（88QZ1∶48）　6. Ⅱ式罐（88QZ1∶30－1）　7. 甗（88QZ1∶29）　8. Ⅰ式杯（88QZ1∶28－1）　9. Ⅱ式杯（88QZ1∶28－2）　10. Ⅱ式研磨盆（88QZ1∶32）　11. 豆把（88QZ3∶18）　12. 釜（88QZ1∶47）　13. 豆座（88QZ1∶13）　14. Ⅲ式研磨盆（88QZ1∶33）　15. Ⅰ式盆（88QZ3∶26）　16. Ⅱ式盆（88QZ1∶11）　17. Ⅰ式研磨盆（88QZ1∶53）（1、5、7、10、12、14、17. 约1/7，余1/5）

Ⅱ式　1件。88QZ1∶30－1，残口沿。夹砂红陶，橙黄色。敛口，卷沿。饰篮纹（图八，6）。

Ⅲ式　1件。88QZ1∶30－2，残口沿。泥质红陶，橙黄色。敛口，折沿。唇沿饰弦纹，肩腹部拍印篮纹（图八，4）。

盆　2件。可分二式。

Ⅰ式　1件。88QZ3∶26，夹砂红陶，质硬。流部稍残损。方唇，敞口，深腹，腹壁斜直，小平底。素面（图八，15）。

Ⅱ式　1件。88QZ1∶11，残器。泥质灰胎黑衣陶。敞口，唇沿外翻，圆腹下收，圜底内凹。底腹部拍印篮纹。高10.4厘米（图八，16）。

杯　2件。均残。夹砂红陶，质坚硬。可分二式。

Ⅰ式　1件。88QZ1∶28－1，侈口，浅直腹，圜底，腹置环形耳。下腹部饰绳纹（图八，8）。

Ⅱ式　1件。88QZ1∶28－2，侈口，浅直腹。素面（图八，9）。

豆把　1件。88QZ3∶18，泥质红陶。饰弦纹、云雷纹。把部镂有等距离的圆孔四个（图八，11）。

豆座　1件。88QZ1∶13，泥质灰陶。喇叭形座，圈足。腰部纹饰可分三组，上、下部各饰一组锯齿纹，中部饰精美的云雷纹（图八，13）。

研磨盆　3件。均为残器。有灰陶、黑衣红胎陶两种。据唇、沿形态，可分三式。

Ⅰ式　88QZ1∶53，红陶胎，外涂黑衣。敛口，方唇，球腹，圜底。口沿下饰弦纹，腹底部拍印小方格纹，内壁刻划复线长方格纹。口径32.0、高14.8厘米（图八，17）。

Ⅱ式　88QZ1∶32，泥质红陶。敛口，凹弧沿。口沿下饰弦纹，腹底部拍印小方格纹，内壁刻划复线菱形纹（图八，10）。

Ⅲ式 88QZ1∶33，泥质灰陶。敛口，斜沿。唇沿饰弦纹，内壁刻划复线菱形纹（图八，14）。

晚期遗存在郭新河、徐巷、俞家墩、彭山、前戴墟遗址中均有发现。陶器以印纹硬陶为主，有一定数量的泥质灰陶、黑衣陶以及少量的夹砂陶器。夹砂陶含大量细砂，质坚硬；泥质灰陶色灰白，烧制火候较高；泥质黑衣陶质软，黑衣易剥落，纹饰以席纹为主；印纹硬陶胎色有深灰、紫褐、橘红等，烧制火候甚高，质坚硬。纹饰有凸方格纹、回纹、套菱纹、云雷纹、曲折纹、蕉叶纹、叶脉纹、席纹、米筛纹、小方格纹、波浪纹、麻布纹等。还有几种由不同纹饰组成的组合纹饰（图九）。此外，还有少量原始瓷器，胎色有灰黄、灰白两种，质致密，内壁可见清晰的轮旋纹，釉色绿褐，施釉薄厚不匀，釉层有剥落现象。

鬲足 1件。88QZ1∶14，夹砂红陶，质硬。浅空足，足呈圆锥形，尖平。饰直行绳纹，上附烟炱痕（图一〇，16）。

鼎 1件。86QZ1∶2，修复完整。硬陶质。直口，平肩，折腹斜收，平底，有三矮扁圆足，足跟有刮痕，肩部置一对绹索状半环耳，其上密饰波浪纹。口径16、底径11、高9.3厘米（图一〇，7）。

鼎足 1件。88QZ1∶43，泥质灰陶，灰白色胎，质坚硬。羊角圆锥形，为盘式鼎足（图一〇，10）。

罐 数量较多，绝大部分为残器，复原1件，加之典型口沿残片。分为泥质灰陶、泥质黑衣陶、硬陶三类。

灰陶罐 可分二式。

Ⅰ式 侈口，矮领，弧肩，鼓腹，平底。

88QZ1∶50－1，唇沿饰弦纹，肩腹部拍印小方格纹。口径23.5、腹径36.0、底径22.6、高22.2厘米（图一〇，11）。

88QZ1∶50－2，肩腹部拍印席纹，口径26.2厘米（图一〇，12）。

Ⅱ式 86QZ2∶10，敛口，斜弧沿，鼓腹。拍印席纹（图一〇，21）。

黑衣陶罐 可分三式。

Ⅰ式 敛口，凹弧沿。饰席纹（图一〇，18）。

Ⅱ式 侈口，矮领，弧肩。饰网格纹、席纹（图一〇，17、19）。

Ⅲ式 直口，小方唇，矮领，广肩。饰席纹（图一〇，20）。

硬陶罐 分为二式。

Ⅰ式 直口，翻沿，束颈，广肩，鼓腹。颈饰弦纹，肩腹饰云雷纹、凸方格纹（图一〇，13）。

Ⅱ式 敛口，卷沿，弧肩。饰弦纹、曲折纹、叶脉纹（图一〇，22）。

盘 2件。均为泥质灰陶。可分二式。

Ⅰ式 88QZ1∶16，大口，浅腹，大圈足，平底，腹部置对称的假直耳一对。饰阴刻弦纹六周。口径24.5～25.8、足径19.4、高6.8厘米（图一〇，8）。

Ⅱ式 88QZ1∶17，小方唇，直口，扁鼓腹，圈足，平底，腹部置对称的鸡首形系四个。饰网状刻划纹。口径13.4、足径10.6、高5.4厘米（图一〇，1）。

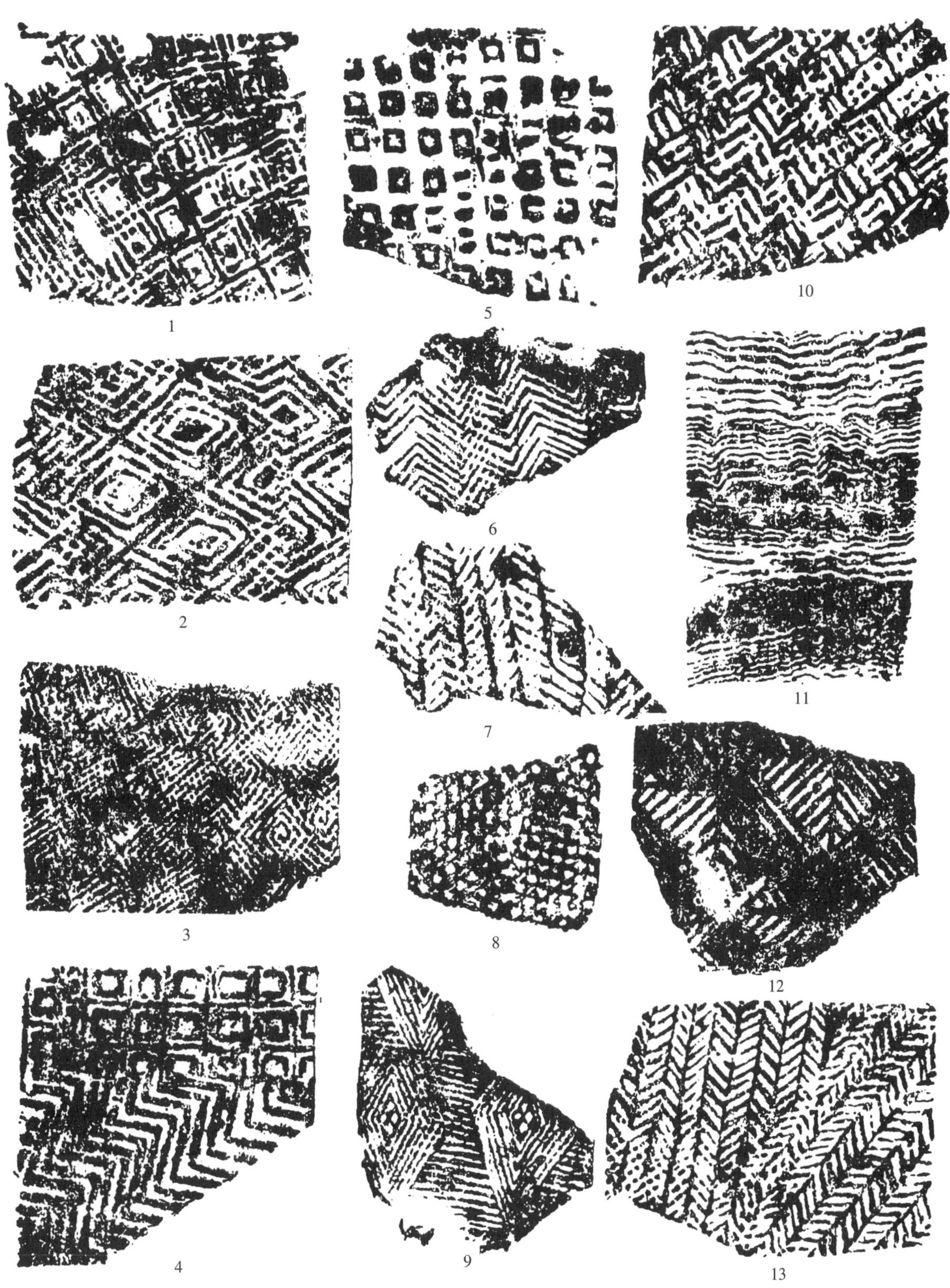

图九　第四类文化遗存晚期陶器纹饰

1. 回纹　2、9. 套菱纹　3. 雷纹　4. 回纹、曲折纹　5. 凸方格纹　6. 曲折纹　7、13. 叶脉纹　8. 米筛纹　10. 席纹　11. 水波纹　12. 蕉叶纹（3/5）

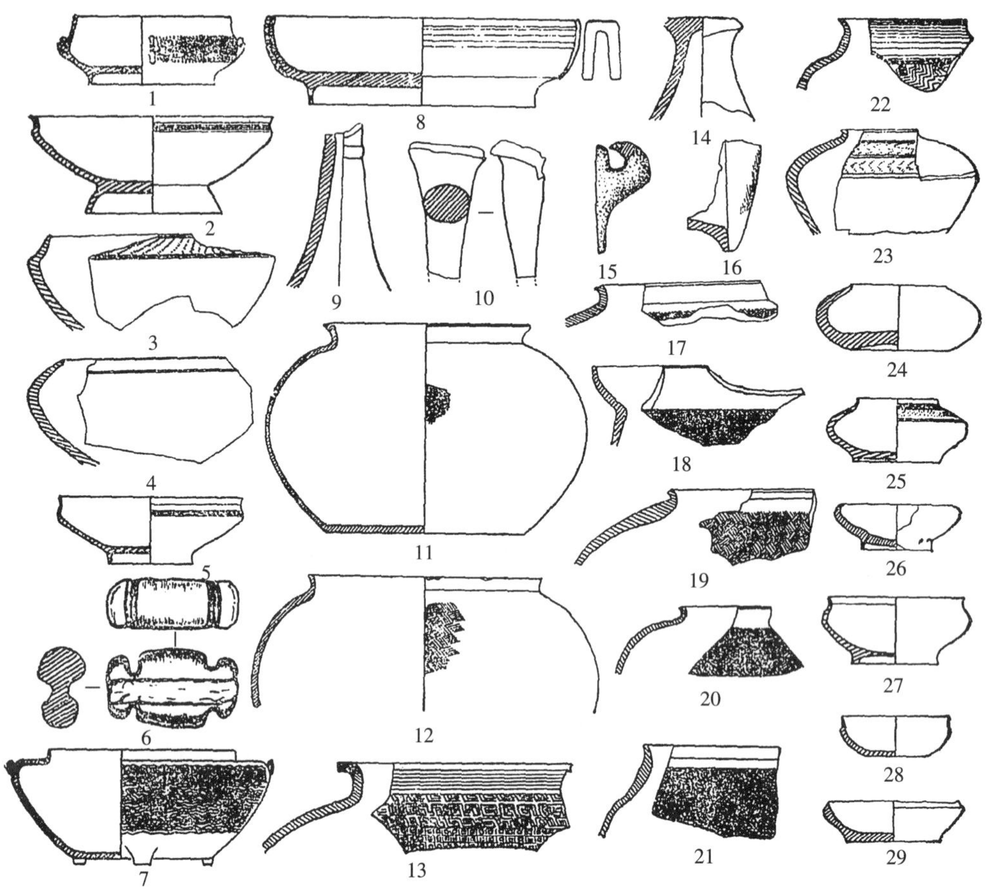

图一〇 第四类文化遗存晚期陶器

1. Ⅱ式盘（88QZ1∶17） 2. Ⅰ式豆（88QZ1∶18） 3. Ⅱ式钵（88QZ1∶55） 4. Ⅰ式钵（88QZ1∶54） 5. Ⅱ式豆（88QZ1∶19） 6. 网坠（88QZ1∶15） 7. 鼎（86QZ1∶2） 8. Ⅰ式盘（88QZ1∶16） 9、14. 豆把（88QZ3） 10. 鼎足（88QZ1∶43） 11、12. Ⅰ式灰陶罐（88QZ1∶50－1、2） 13. Ⅰ式硬陶罐（88QZ4∶14） 15. 器把（88QZ1∶14） 16. 鬲足（88QZ1∶14） 17、19. Ⅱ式黑衣陶罐（88QZ3） 18. Ⅰ式黑衣陶罐 20. Ⅲ式黑衣陶罐 21. Ⅱ式灰陶罐（86QZ2∶10） 22. Ⅱ式硬陶罐（88QZ3） 23、25. Ⅰ式瓿（88QZ1∶20－1、2） 24. Ⅱ式瓿（86QZ1∶3） 26. Ⅱ式盂（88QZ3∶30） 27. Ⅰ式盂（88QZ1∶21） 28. Ⅳ式盂（86QZ1∶6） 29. Ⅲ式盂（86QZ1∶5）（1/6）

钵 4件。均为残器。可分二式。

Ⅰ式 2件。88QZ1∶54，泥质灰陶。敛口，斜弧腹。饰弦纹（图一〇，4）。

Ⅱ式 2件。88QZ1∶55，黑衣红胎黑芯陶。敛口，折肩，斜收腹。饰弦纹、锥刺纹（图一〇，3）。

瓿 4件。其中2件完整器。有黑衣陶、灰陶两种。分二式。

Ⅰ式 敛口，矮领，扁鼓腹，矮圈足，平底。肩饰弦纹、锥刺纹。88QZ1∶20－1、2，口径6.9、足径7.4、高5.2厘米（图一〇，23、25）。

Ⅱ式 敛口，扁鼓腹，平底微内凹。86QZ1∶3，口径8、底径9、高5.3厘米（图一〇，24）。

盂 4件。均为泥质灰陶。可分四式。

Ⅰ式 1件。88QZ1∶21，侈口，矮领，弧收腹，矮圈足，平底。口径11.6、足径7.4～7.8、高5.4厘米（图一〇，27）。

Ⅱ式 1件。88QZ3∶30，敛口，腹弧收，矮圈足（图一〇，26）。

Ⅲ式 1件。86QZ1∶5，敛口，浅腹，平底。底径8.2、残高3.4厘米（图一〇，29）。

Ⅳ式　1件。86QZ1:6，侈口，浅腹，平底。口径9.2、底径5.6、高3.3厘米（图一〇，28）。

豆　2件。泥质黑衣陶。可分二式。

Ⅰ式　1件。88QZ1:18，微侈口，折腹斜收，圈足外撇，平底。口沿下饰弦纹，外涂黑衣。口径20.0、足径11.6、高8厘米（图一〇，2）。

Ⅱ式　1件。88QZ1:19，直口，折腹斜收，圈足。口沿下饰弦纹。外涂黑衣。口径15.6、足径7.4、高5.4厘米（图一〇，5）。

豆把　有泥质灰陶、黑衣陶两种。均为喇叭形圈足，高柄（图一〇，9、14）。

器把　1件（88QZ1:14）。夹砂褐陶，质坚硬。弯角形（图一〇，15）。

网坠　1件（88QZ1:15）。泥质灰陶。两端有直槽，两面有凹槽，断面呈“8”字形。长11.2、宽6.2、厚3.8厘米（图一〇，6）。

2. 原始瓷器

豆座　2件。喇叭口形。外表有刮削痕，圈足内壁有清晰的轮旋纹。施黄褐釉，釉层有剥落现象。

88QZ3:17，足径9厘米（图一一，4）。

88QZ1:23，足径11.8厘米（图一一，5）。

碗　8件。修复2件。

88QZ1:22，敞口，浅腹，假圈足，平底微内凹。内心有轮旋纹。内外施青灰色釉。底部露胎，胎色灰黄。口径15.4、底径8.6、高5.1厘米（图一一，1）。

86QZ1:4，敞口，弧腹，假圈足。底端面有刮痕，内心有轮旋纹。施黄褐釉，有挂釉现象，釉层局部剥落。底部露胎，胎色灰黄。口径14.8、底径8.8、高5厘米（图一一，2）。

盅　1件。86QZ2:12，圆唇，浅腹，假圈足。施豆青色釉，釉层局部剥落。圈足露胎，胎色灰白。口径8、足径4.5、高3.5厘米（图一一，6）。

器盖　1件。88QZ1:24，喇叭形盖体，碗形捉手，捉手口缘有三个等距的凹弧形小缺口，下部与器体相连处有刮痕。内壁有轮旋纹。施茶绿色釉，釉层大部分剥落。口径20.1、捉手径8、高9.3厘米（图一一，3）。

3. 石器　有斧、凿、刀、镰等。

斧　1件。86QZ1:1，上部及刃残缺。残长9.4、宽7.1、厚1.3厘米（图一二，1）。

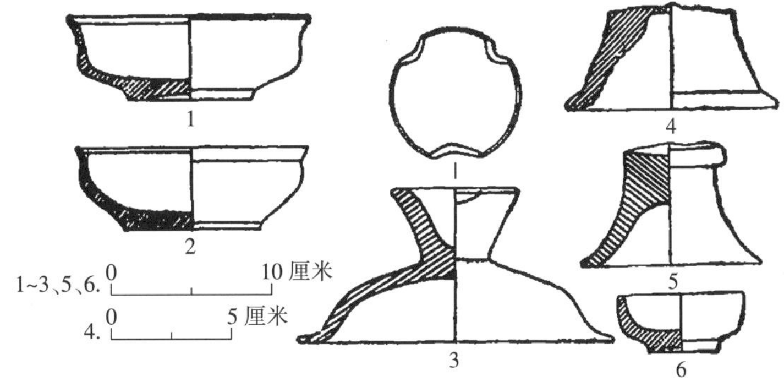

图一一　第四类文化遗存原始瓷器

1、2. 碗（88QZ1:22、86QZ1:4）　3. 器盖（88QZ1:24）　4、5. 豆座（88QZ3:17、88QZ1:23）　6. 盅（86QZ2:12）

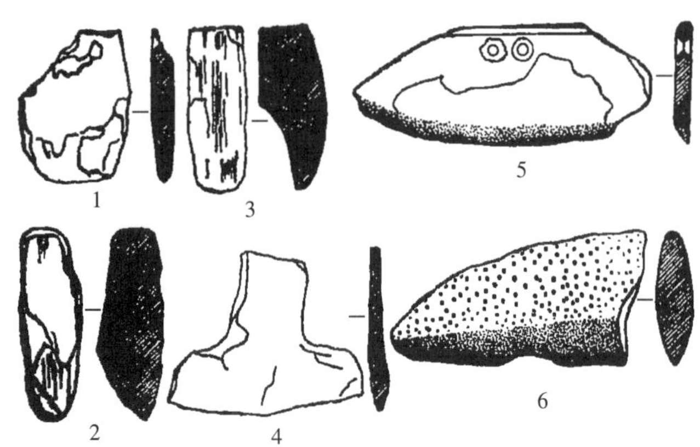

图一二　第四类文化遗存石器

1. 斧（86QZ1∶1）　2、3. 凿（86QZ2∶1、88QZ1∶2）　4. Ⅰ式刀（86QZ2∶2）　5. Ⅱ式刀（88QZ1∶26）　6. 镰（88QZ1∶27）（5、6. 2/5，余 1/5）

凿　2 件。均残。青灰色，灰岩质。打制粗糙，似为半成品。

86QZ2∶1，长 10.1、宽 5.1、厚 4.3 厘米（图一二，2）。

88QZ1∶2，长 11.8、宽 3.8、厚 4.1 厘米（图一二，3）。

刀　2 件。可分二式。

Ⅰ式　86QZ2∶2，灰褐色灰岩。扁平"凸"字形，高直柄，平肩，宽刃。打制粗糙。长 10.2、刃宽 12.6、厚 0.9～1.2 厘米（图一二，4）。

Ⅱ式　88QZ1∶26，灰岩质。半月形，双孔，背部平直。器表磨光，有蚀痕。高 3.7、刃宽 9.7、厚 0.5 厘米（图一二，5）。

镰　1 件。88QZ1∶27，残。灰褐色灰岩。半月形。磨光。残长 8.4 厘米（图一二，6）。

三、各类文化遗存的时代

第一类文化遗存中的薄胎红衣陶弧形圆环式牛鼻耳、扁形宽环式牛鼻耳及Ⅲ式鼎与马家浜遗址[⑤]所出的同类器相同，这类器物在苏州越城下层[⑥]、常州潘家塘遗址[⑦]也有出土；Ⅰ式宽腰檐夹砂鼎在常州圩墩遗址[⑧]、草鞋山第 8 层也有出土；所出的Ⅰ式折腹圜底罐、红衣陶镂孔豆及器座从陶质到器形分别与崧泽下层[⑨]所出的同类器相同，均具有马家浜文化的特征。

第二类文化遗存所采集的标本较为丰富，弧背直腹单刃石锛及长条形单刃凿，具有崧泽文化的特征[⑩]；郭新河、徐巷遗址所出的夹砂陶Ⅰ式折腹鼎，折腹角较大，具有崧泽文化晚期的特征[⑪]；夹砂陶Ⅱ式釜形鼎、Ⅲ式壶形鼎、矮座镂孔豆、各式鼎足及各式灰陶罐均是崧泽中晚期的常见器物，在崧泽中层、草鞋山中层均有出土。三足器过去很少出现，但在海安青墩遗址[⑫]、武进潘家塘遗址[⑬]也有类似的器物出土，可属崧泽文化末期的器物。由此推知，这类遗存的时代大致与崧泽中、晚期相当。

第三类遗存所采集的标本数量较少，但其特征还是较为明显的，如黑衣陶壶与澄湖所出的同类器相同[⑭]；竹节形陶豆把与上海福泉山良渚墓所出的Ⅳ式陶豆柄相似[⑮]，均是良渚文化的典型器。所出的玉斧、玉环也是江浙一带良渚墓中之常见器物。其时代相当于良渚文化时期。

第四类文化早期遗存中的夹砂红陶绳纹鼎、束腰甗、杯、云雷纹豆把、折沿篮纹罐，以及半月形双孔石刀、石镰与马桥第 4 层[⑯]同类器相同；黑衣陶圜底内凹盆、夹砂陶盘形鼎澄湖遗址[⑰]也曾有出土，均具有马桥文化的性质。而内壁饰刻划纹圜底研磨钵则具有典型湖熟文化的特征，类似的器物分别在北阴阳营第 3 层、点将台中层曾有出土[⑱]，其时代应当是相接近的。应该指出的是Ⅰ式盆，这种夹砂陶质的带流小平底盆在苏州地区还是第一次发现，其形制与丹徒赵家窑团山遗址所出的Ⅰ型盆相同[⑲]，可属早商时期的器物。第四类早期遗存的时代大致相当于中原的商代至西周早期。

第四类文化晚期遗存极为丰富，仿铜陶器灰陶圈足盘的出现值得注意，这种腹部饰附耳的圈足盘的形制，与丹阳出土铜器中的Ⅱ式盘[20]以及丹徒大港烟墩山宜侯墓[21]所出的小铜盘是完全一致的。所出的Ⅰ、Ⅱ式黑衣陶豆则与句容城头山遗址第1层所出豆相同[22]，烟墩山M2也曾有类似的豆出土，弯角形器把与句容浮山果园一号墩所出鼎把相似[23]。各类罐、钵、瓿、盂在镇江马迹山遗址[24]也均有出土；而灰陶羊角形鼎足及高柄豆是太湖地区古文化遗址中的常见器形，在越城上层、寺前中层和亭林上层均有出土[25]。几何印纹硬陶的纹饰风格及带轮旋纹的原始瓷器与苏南“土墩墓”所出的遗物相一致[26]，其时代相当于中原西周中期至春秋，或可延续至战国早中期。

几年来的调查工作，使我们对这一区域古文化遗址的面貌，有了一个初步的认识。

调查材料表明，这一地区各类史前遗存的面貌与太湖流域已发现的新石器时代遗址的文化序列是相一致的。商周遗存的发现是一重大收获，为今后研究这一地区商周文化的序列，提供了实物资料。

西周时期的仿铜陶器在苏州地区很少出土，到目前为止，仅在上方山土墩石室与夷陵山曾有仿铜器形的原始瓷出土[27]。这次郭新河遗址所出的假附耳灰陶盘、鸡首系灰陶盘与其他具有地方色彩的器物殊异，这种情况与镇江地区宜侯墓、母子墩墓的情况类同，说明西周时期的江南土著文化中，渗入了中原文化的因素。

另外一个值得关注的问题是，第四类文化早期遗存中，既有马桥文化的因素，又有早期湖熟文化的某些特点。夹砂陶带流小平底盆的出现，虽属首例，但这并非是一种孤立的现象，在其相距不远的张墓村遗址也有时代相当性质相同的遗物发现[28]，这些迹象似乎告诉我们，早在商代中期以前以宁镇山脉、秦淮河流域为中心的湖熟文化已悄悄地向南伸展，与太湖以东地区的马桥文化交融，孕育成太湖流域青铜时代的土著文化。

本文拓片者为王建华。

注释

① 南京博物院：《苏州市和吴县新石器时代遗址调查》，《考古》1961年第3期。

② 南京博物院：《江苏吴县张陵山遗址发掘简报》，《文物资料丛刊》（6），文物出版社，1982年。南京博物院：《江苏吴县澄湖古井群的发掘》，《文物资料丛刊》（9），文物出版社，1985年。南京博物院：《三山文化——江苏吴县三山岛旧石器时代晚期遗址发掘报告》，《南京博物院集刊》（9），江苏美术出版社，1987年。

③ 吴县文管会：《江苏吴县越溪张墓村遗址调查》，《考古》1989年第2期。吴县文管会：《江苏吴县高景山、茶店头新石器时代遗址》，《考古》1986年第7期。

④ 刘敦愿：《记两城镇遗址发现的两件石器》，《考古》1972年第4期。

⑤ 浙江省文物管理委员会：《浙江马家浜新石器时代遗址的发掘》，《考古》1961年第7期。

⑥ 南京博物院：《江苏越城遗址的发掘》，《考古》1982年第5期。

⑦ 武进县文化馆、常州市博物馆：《江苏武进潘家塘新石器时代遗址调查与试掘》，《考古》1979年第5期。

⑧ 常州市博物馆：《江苏常州圩墩村新石器时代遗址的调查和试掘》，《考古》1974年第2期。

⑨ 上海市文物保管委员会：《崧泽——新石器时代遗址发掘报告》，文物出版社，1987年。

⑩ 王仁湘：《崧泽文化初论》，《考古学集刊》（4），中国社会科学院出版社，1984年。

⑪ 王仁湘：《崧泽文化初论》，《考古学集刊》（4），中国社会科学院出版社，1984年。

⑫ 南京博物院：《江苏海安青墩遗址》，《考古学报》1983年第2期。

⑬ 武进县文化馆、常州市博物馆：《江苏武进潘家塘新石器时代遗址调查与试掘》，《考古》1979 年第 5 期。

⑭ 南京博物院：《江苏吴县张陵山遗址发掘简报》，《文物资料丛刊》（6），文物出版社，1982 年。南京博物院：《江苏吴县澄湖古井群的发掘》，《文物资料丛刊》（9），文物出版社，1985 年。南京博物院：《三山文化——江苏吴县三山岛旧石器时代晚期遗址发掘报告》，《南京博物院集刊》（9），江苏美术出版社，1987 年。

⑮ 上海市文物保管委员会：《上海青浦福泉山良渚文化墓地》，《文物》1986 年第 10 期。

⑯ 上海市文物保管委员会：《上海马桥遗址第一、二次发掘》，《考古学报》1978 年第 1 期。

⑰ 南京博物院：《江苏吴县张陵山遗址发掘简报》，《文物资料丛刊》（6），文物出版社，1982 年。南京博物院：《江苏吴县澄湖古井群的发掘》，《文物资料丛刊》（9），文物出版社，1985 年。南京博物院：《三山文化——江苏吴县三山岛旧石器时代晚期遗址发掘报告》，《南京博物院集刊》（9），江苏美术出版社，1987 年。

⑱ 南京博物院：《南京市北阴阳营第一、二次发掘》，《考古学报》1958 年第 1 期。南京博物院：《江宁汤山点将台遗址》，《东南文化》1987 年第 3 期。

⑲ 团山遗址考古队：《丹徒县赵家窑团山遗址》，《东南文化》1989 年第 1 期。

⑳ 镇江博物馆、丹阳文管会：《江苏丹阳出土的西周铜器》，《文物》1980 年第 8 期。

㉑ 江苏省文物管理委员会：《江苏丹徒县烟墩山出土的古代青铜器》，《文物参考资料》1955 年第 5 期。

㉒ 镇江博物馆：《江苏句容城头山遗址试掘简报》，《考古》1985 年第 4 期。

㉓ 镇江博物馆浮山果园古墓发掘组：《江苏句容浮山果园土墩墓》，《考古》1979 年第 2 期。

㉔ 镇江博物馆：《镇江马迹山遗址的发掘》，《文物》1983 年第 11 期。

㉕ 黄瑄佩、孙维昌：《略论太湖地区几何印纹陶遗存的分期》，《上海博物馆馆刊》（1），上海人民出版社，1981 年。

㉖ 邹厚本：《江苏南部土墩墓》，《文物资料丛刊》（6），文物出版社，1982 年。

㉗ 苏州博物馆考古部：《江苏苏州上方山六号墩的发掘》，《考古》1987 年第 6 期。南波：《吴县唯亭公社夷陵山出土印纹陶、釉陶器物》，《文物》1977 年第 7 期。

㉘ 吴县文管会：《江苏吴县越溪张墓村遗址调查》，《考古》1989 年第 2 期。吴县文管会：《江苏吴县高景山、茶店头新石器时代遗址》，《考古》1986 年第 7 期。

附表一　吴县南部地区古遗址登记表

名称	位置	采集遗物	面积（平方米）	文化层厚度（米）	时代	发现与复查时间
平江山遗址	东渚乡黄坻村西太湖岸边高出地面 2.5 米的台地	墩西部已被太湖水浸蚀，断崖的土层中夹有红烧土粒及陶片。采集到残石刀，回纹、折尺纹、填线方格纹、蕉叶纹、席纹、麻布纹陶片	200	0.4～0.5	西周晚期至春秋战国	1982 年发现，1987 年 11 月复查
彭山遗址	通安乡西南 4.5 千米处彭山南麓山坡下	采集遗物有残石刀、石镰；夹砂陶绳纹甗腹，席纹罐口沿，灰陶豆把，原始瓷盅；绳纹、席纹、蕉叶纹、麻布纹、叶脉纹、凸方格纹、云雷纹陶片	24000	约 1.5	商周	1986 年 8 月发现
窑墩遗址	东渚乡淹马万家村窑墩	墩体因窑厂长年取土成为平地，文化遗物分布较广，采集遗物有石锛、石凿，夹砂红陶鱼鳍形鼎足、“丁”字形鼎足、黑衣陶豆盘、三角纹镂孔豆把、夹砂红陶“单目”扁弧形鼎足	40000	约 1.0	良渚	1980 年 4 月发现，1987 年 11 月复查

续附表一

名称	位置	采集遗物	面积（平方米）	文化层厚度（米）	时代	发现与复查时间
宝山遗址	东渚乡二图村公路旁山坡上	文化遗存分布在宝山东南坡宽10米，长约200米的范围内，文化层堆积在断崖暴露。内涵较丰富，夹有红烧土，采集遗物有石锛、石钺、原始瓷及云雷纹、席纹、曲折叶脉纹陶片	2000	0.8	商周	1983年发现，1987年11月复查
舟山遗址	光福舟山村北舟山东侧的台地上	征集采集遗物有石锛、石钺、石杵及弦纹、席纹陶片	5000		商周	1983年发现，1987年11月复查
乌龟墩遗址	藏书乡穹窿山香山嘴东侧乌龟墩	采集到泥质红陶罐、夹砂红陶釜残片	400		新石器时代	1985年发现
西塘河遗址	长桥乡西塘河沿岸	文化遗存分布在西塘河沿岸农田中。1973年开河工程中发现古井200余座，出土大量的乳丁足黑衣陶壶及印纹硬陶器	20000		战国	1973年开河工程中发现，1988年复查
郭新河遗址	郭巷乡郭新河两岸农田中	石斧，半月形双孔石刀、石镰；夹砂陶鼎、三足器，镂空豆、折腹罐、夹砂甗、研磨盆、云雷纹豆座、篮纹圜底内凹罐、假附耳盘、羊角形鼎足、网坠；原始瓷碗。纹饰有压划纹、篮纹、席纹、锥刺纹、方格纹、水波纹等	160000	1.5	崧泽、商周	1956年发现，1987年、1988年8月复查发现崧泽文化层
前戴墟遗址	胜浦乡东前戴村西侧	采集遗物有水波纹硬陶鼎，灰陶盂、钵，原始瓷碗等。纹饰有席纹、水波纹、小方格纹、曲折纹等	3500		西周晚至春秋	1986年8月发现
西山俞家渡遗址	西山岛石公四龙山下俞家渡村	范围不清，在距离地表2.7米深处所出文化遗物较丰富。征集到石凿、石锛；采集器有红衣陶牛鼻形器耳、夹砂窝纹鼎足、宽檐深腹釜残器等			马家浜、崧泽	1988年4月发现
徐巷遗址	横泾乡木里徐巷村新开河两岸	征集、采集器有石斧、玉斧、玉环；夹砂陶宽腰檐釜、罐、红衣陶镂孔豆、器座、鸡冠耳、夹砂陶鼎、窝纹鼎足、凹弧形瓦片状鼎足、鸡腿形鼎足、黑衣陶壶、豆把、夹砂陶带流平底盆、云雷纹圜底内凹罐、云雷纹豆把。陶器纹饰有凸方格纹、套菱纹、云雷纹、小方格纹、米筛纹	25000	2	马家浜、崧泽、良渚、商周	1987年5月发现，1988年复查
俞家墩遗址	横泾乡南章村俞家墩	采集器有云雷纹硬陶罐口沿，泥质陶钵、原始瓷碗。纹饰有云雷纹、回纹、曲折纹、凸方格纹	9000	1.5	西周中期至春秋	1987年5月发现，1988年复查

（原载《考古》1990年第10期）

江苏吴江龙南新石器时代村落遗址第一、二次发掘简报

苏州博物馆　吴江县文物管理委员会

吴江龙南遗址位于江苏省吴江梅堰镇龙南村西南，平（望）湖（州）公路梅堰车站北侧，北距梅堰袁家埭新石器时代遗址2千米（图一）。

1984年冬，因修筑公路，在农田挖渠取土时发现此遗址。后经苏州博物馆考古部和吴江县文物管理委员会多次调查和试掘，确认此处为新石器时代遗址，现存面积约4万平方米。为进一步了解其内涵，两单位于1987年12月至1988年2月和1988年11月至1989年1月先后两次进行了发掘。共布方29个，发掘总面积近800平方米。

发掘的最大收获是发现了新石器时代的河道、房址、各类性质的灰坑及井等，从其布局可以确定为当时村落的一个组成部分。此处还发现浅穴土坑墓及陶片铺成的道路等。在完成资料工作后对一部分重要的遗迹单位作了回填保护。整理工作现已初步告一段落。本文为两次发掘主要收获的简报。凡叠压在村落上层不属于新石器时代的遗存，拟另文介绍。

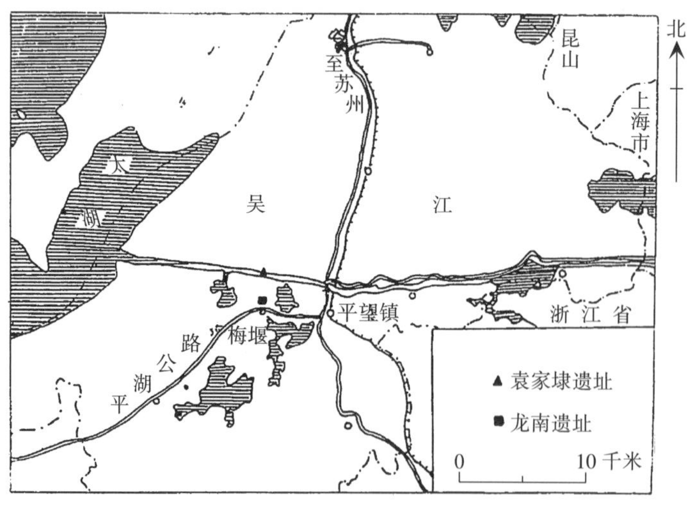

图一　吴江龙南遗址位置图

一、地层堆积及分期

遗址在农田耕土层下，现以T4507西壁为例予以介绍（图二）。

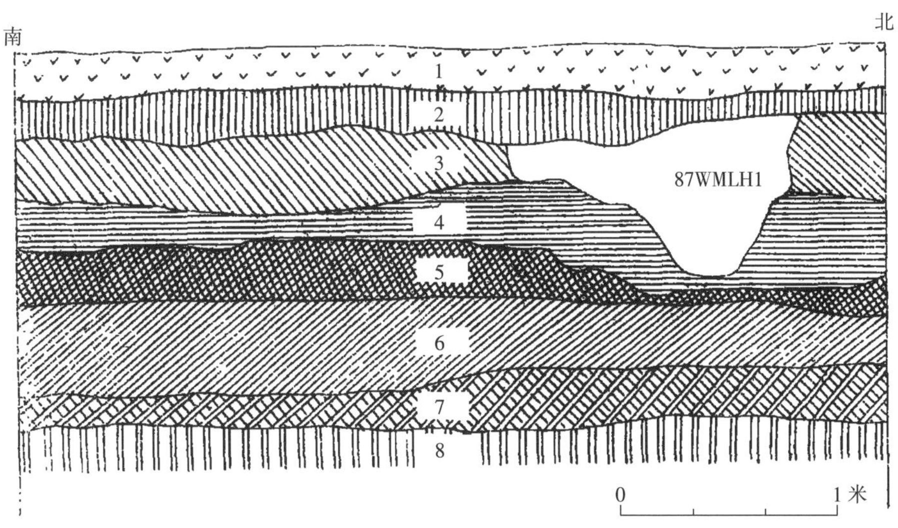

图二　T4507 西壁剖面图

第 1 层，农耕土层，厚 0.16~0.2 米。

第 2 层，又分 4 小层，均局部出现。其中第 2A 层为农耕土层，厚 2~24 厘米。第 2D 层为新石器时代文化层，黄灰色土，厚 0.05~0.15 米。质硬。此层含有新石器时代的遗迹，出土物有石耘田器、鱼鳍形足的鼎及贯耳壶等。此层下压较多的墓葬和遗迹。

第 3 层，青灰黄色土，厚 0.16~0.36 米。质较硬，含铁锈斑颗粒。出土遗物多，陶器有铲足及鱼鳍形足的鼎、宽矮把镂孔豆、圆肩腹平底罐等。此层下压村落遗存。

第 4 层，灰黄色土，厚 0.06~0.14 米。质稍硬，含大颗粒黄土。出土遗物多，基本同第 3 层。

第 5 层，黄色土，厚 0.04~0.28 米。质硬且纯。出土陶片少，种类同第 3 层。

第 6 层，灰绿色土，厚 0.24~0.4 米。质细软。出土遗物不多，有三角形石刀、直腹锯齿形堆塑的陶鼎等。

第 7 层，灰黑色土，厚 0.1~0.26 米。质细腻。出土遗物不多，基本同第 6 层。

第 8 层为生土层。

根据遗址中的地层、遗迹的叠压关系及遗物的差异、特点，将新石器时代的地层划分为三期。

第一期，包括第 7 层及第 6 层。

第二期，包括第 5 层至第 3 层。

第三期，为第 2D 层及第 2 层下压的新石器时代遗存。

为了区别两次发掘中的遗迹、墓葬等单位，在单位编号前分别标注 87 或 88。

二、第一期文化遗存

（一）遗迹

房址　仅 1 座。87F7，位于 T4508 南部，已残。

（二）遗物（图三~五）

1. 生产工具：石器以磨制为主，有少量琢制石器，砺石较多。大部分经过反复使用，破残器占多

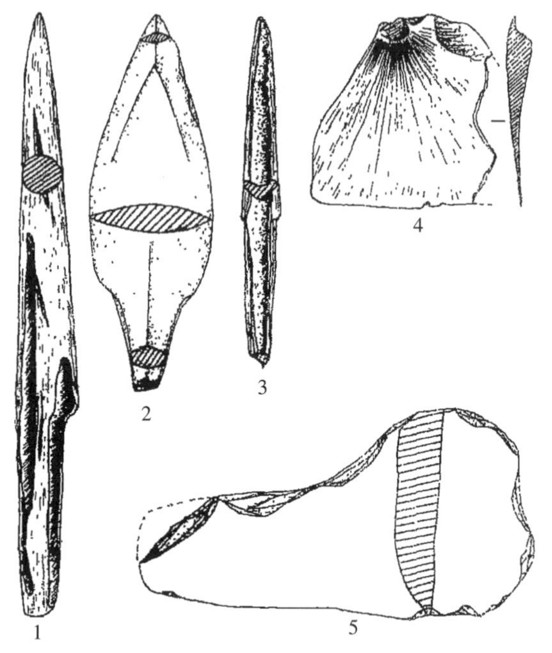

图三 第一期出土石、骨器

1. 骨镖（T4611⑦:19） 2. 石镖（T4611⑦:26） 3. 骨镞（T4611⑦:22） 4. 骨刀（T4611⑦:32） 5. 石刀（T4611⑦:34）（1/2）

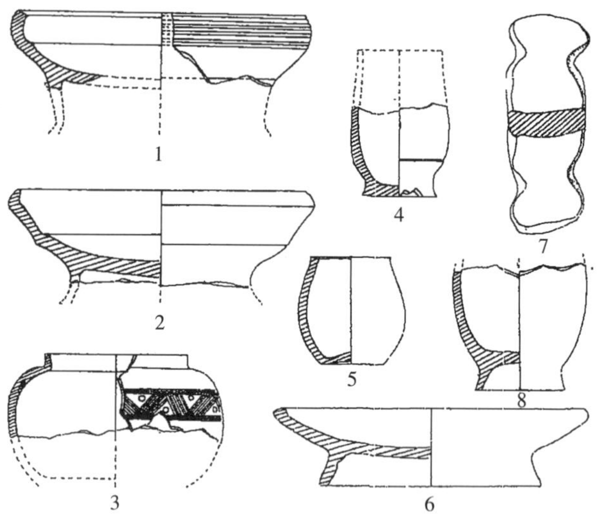

图四 第一期出土陶器

1、2、6. 豆（T4509⑥:5、T4508⑥:7、T4611⑦:16） 3. 罐（T4103⑦:21） 4、5、8. 杯（T4510⑦:1、T4611⑦:37、T4103⑦:20） 7. 网坠（T4611⑥:9）（7. 2/5，余1/5）

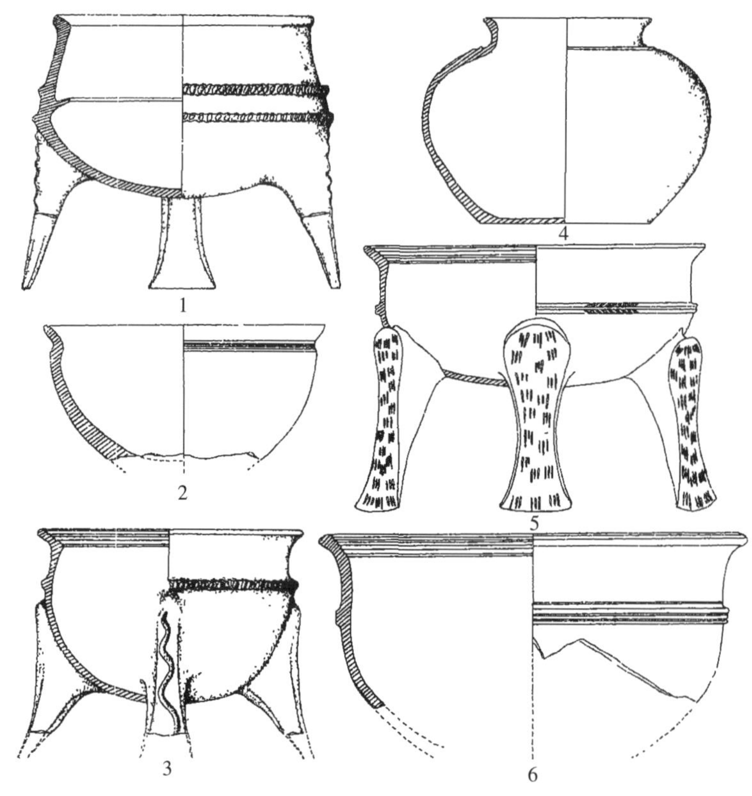

图五 第一期出土陶器

1. 甗（T4611⑦:14） 2、6. 盆（T4611⑦:1、T4611⑦:38）
3、5. 鼎（T4103⑦:12、T4103⑥:11） 4. 罐（T4611⑦:36）（1/6）

数。磨制石器一般制作精致，器表光滑、棱角明显，刃部较锋利；主要有长条形锛、三角形刀（图六）、斧、镞、鱼镖等。骨、角质生产工具一般利用梅花鹿、麋鹿、獐、牛、犬、猪等动物及鱼的角或骨加工制作，主要有锥、镞、镖、针、刮刀等（图七）。还有陶网坠和纺轮。陶网坠绝大部分利用陶器残部如鼎足、腹片、口沿、底片等制成。纺轮均为泥质陶，呈覆盆式，中有穿孔。

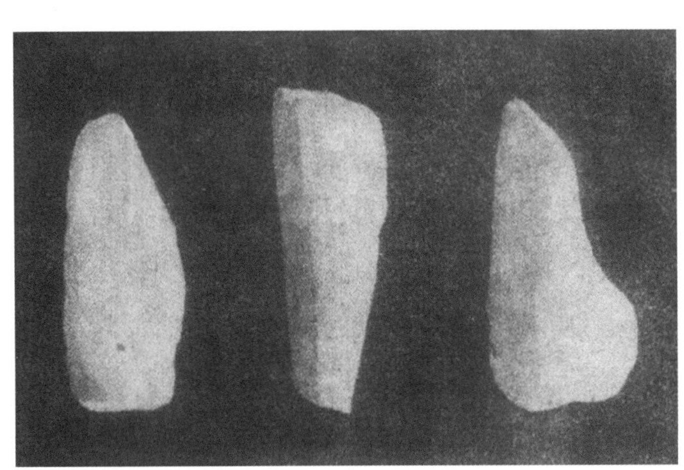
图六　第一期出土三角形石刀
左1：T4611⑥：11　左2：T4510⑦：10　左3：T4611⑦：34

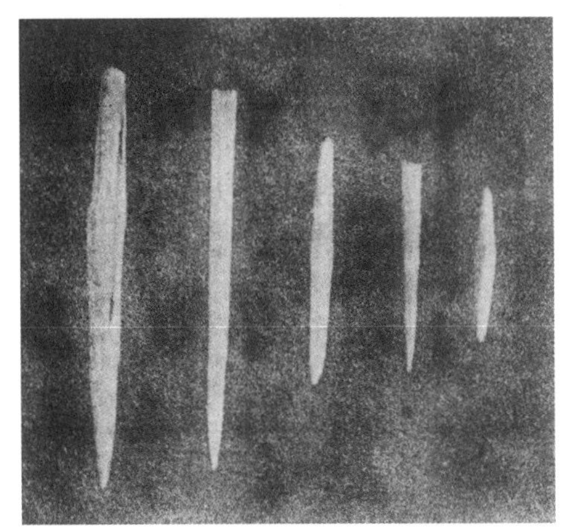
图七　第一期出土骨角器
左1：镖（T4611⑦：19）　左2：针（T4611⑦：35）
左3：镞（T4611⑦：22）　左4：锥（T4413⑥：69）
左5：镞（T4510⑥：26）

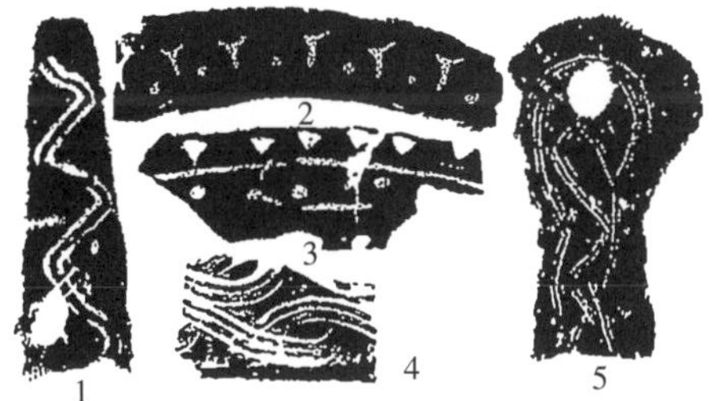

图八　第一期出土陶器纹饰拓片
1. 双线水波状划纹　2. “人”字形三角纹与圆圈纹　3. 小三角纹与凹弦纹　4. 多线绞丝状划纹　5. 多线不规则划纹（1/3）

2. 生活用具：均为陶器，以泥质陶为主，其中又以黑皮陶居多。黑皮陶中一种质较硬，器表磨光，乌黑发亮；另一种不磨光，色暗淡。泥质陶以素面为主；有的饰凹凸弦纹、几何划纹及乳丁组合的宽带纹，还有小弧线三角形和圆孔等（图八）；另有少量彩绘，主要是在黑皮陶上用漆勾画的。夹砂陶以饰凹弦纹、锯齿形堆塑为主，另有按捺纹、戳印纹及窝纹。以轮制为主，少量兼用手制和轮制。主要有：鼎，釜形为主，直腹，铲足（图版二，1、3）。甗，外形如釜形鼎，内有一周隔与鼎相区别。罐，圆肩，圆腹，平底。豆，盆形为主，粗矮把，有少量高把。杯，有少量平底有三缺口；其余口微敛，圆弧腹，平底内凹，圈足。还有盆等器种。

三、第二期文化遗存

遗址中村落遗存的主要内容即包含在此期。

（一）村落布局（图九）

遗址中部有一条大致呈东北—西南向的河道。河床上部宽9~12米，河底宽3~3.5米，最深3.8米。两岸呈斜坡状。河道中出土丰富的渔猎工具，如鱼镖、箭镞、网坠，还有鱼、蚬、蚌、螺蛳等水生动物残骸。河两岸高坡上分布3组房址。在临河西北岸的一组房址（88F5和88F6）前还保存着防止河水泛滥所筑的护房堤坝，宽0.4~0.5米、高0.42米，

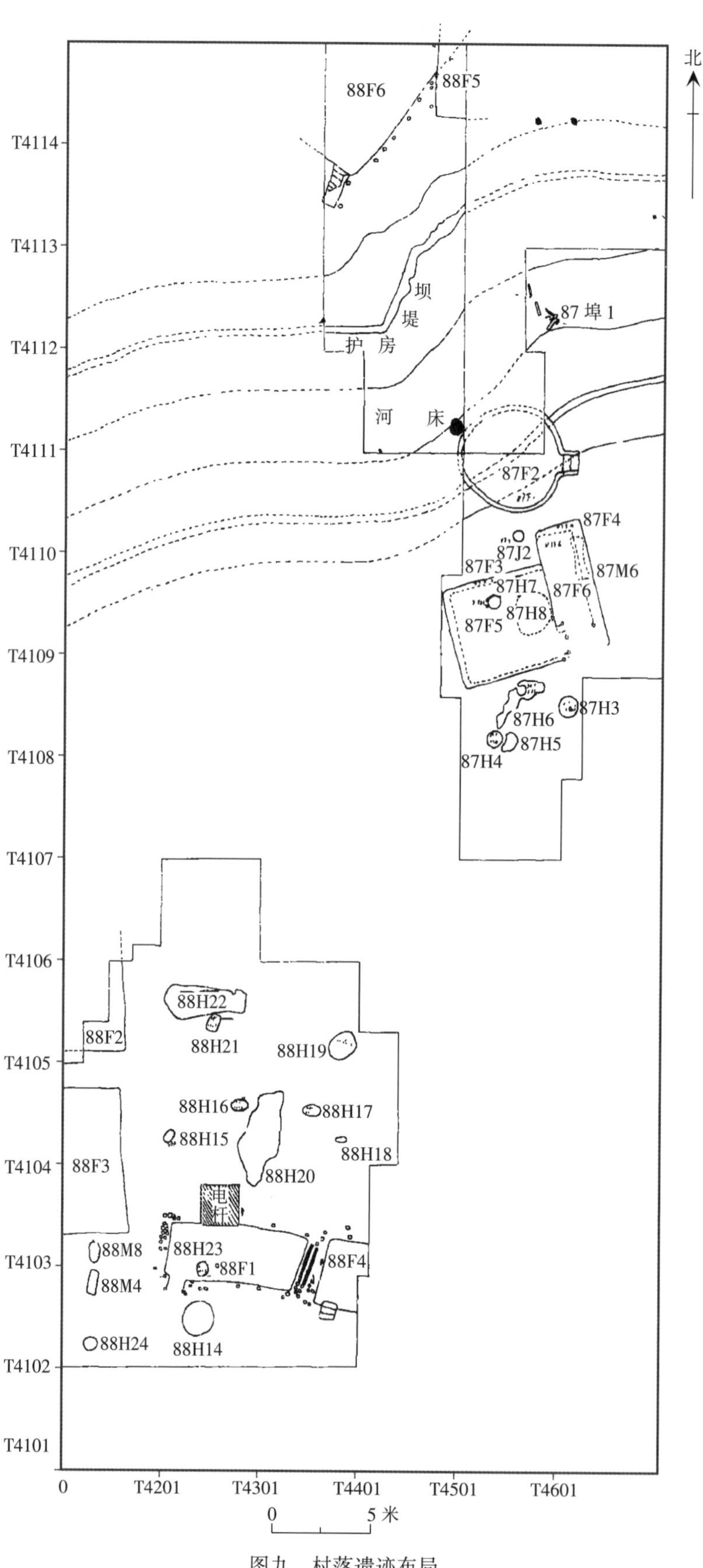
北
88F6
88F5
T4114
T4113
T4112
T4111
T4110
T4109
T4108
T4107
T4106
T4105
T4104
T4103
T4102
T4101
坝
堤
护 房
河 床
87 埠 1
87F2
87F4
87J2
87F3
87M6
87H7
87F6
87H8
87F5
87H3
87H6
87H5
87H4
88H22
88F2
88H21
88H19
88H16
88H17
88H15
88H18
88F3
88H20
池
灶
88M8
88H23
88F1
88F4
88M4
88H24
88H14
0
T4201
T4301
T4401
T4501
T4601
0
5 米

图九 村落遗迹布局

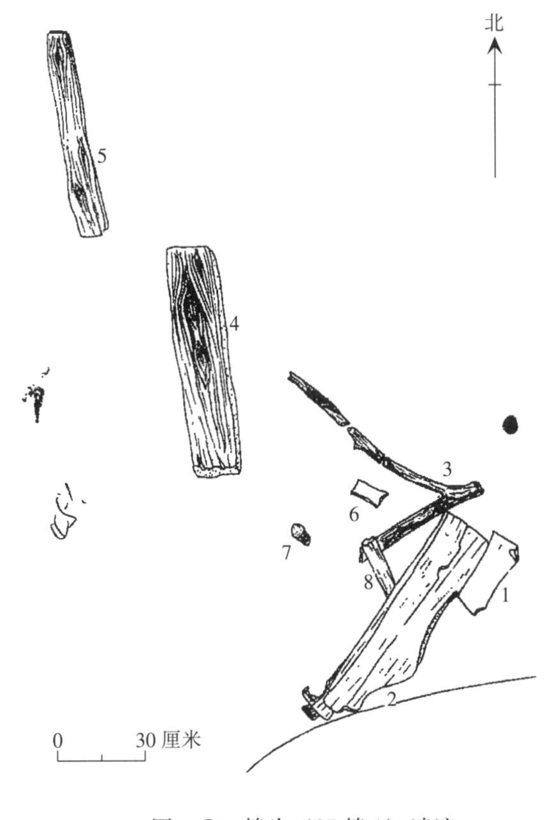

图一〇 埠头（87 埠 1）遗迹
1. 砺石 2、4、5. 木板 3、7、8. 木桩 6. 陶片

图一一 埠头（87 埠 1）

图一二 砺石（87 埠 1:1）

用纯黄土堆筑，非常坚硬，可能经夯筑。河南岸的两组房址更具特色。东侧一组以 87F3～87F6 为核心。门前有 87H3～87H6 等灰坑及灰沟所构成的储废排污设施。房后有土坑井 87J2，圆形，径 0.52 米、深 2.22 米，出土以罐形器为主的陶器 13 件。房后临河处有一座圆形的半地穴式房址 87F2，可能为猪圈。在河边还有木构埠头（俗称河滩头）87 埠 1，已残。其主体为一长 1.6 米、宽 0.4 米、厚 0.08 米的木板，板面距地表 1.56 米，前部搁在两根径 8 厘米的木桩上，后半部也以两根木桩支撑，搁在坡岸上的一小部分木板可能已朽断。木板左侧还竖有一根长木桩，可能为扶手的残部（图一〇、一一）。右侧前部放有一砺石（87 埠 1:1），长 26、宽 11、厚 9 厘米，表面经使用已内凹（图一二）。87F3～87F6 本是一处曲尺形的双间房。先筑有 87F5 和 87F6 组成的双间房，后修筑扩建成 87F3 和 87F4 组成的双间房。在 87F5 内不仅有内窖穴 87H7，而且还有作为睡坑的 87H8。河道南岸西侧的一组房址由 88F1～88F4 组成。88F3 的居住面上叠压有大块红烧土块的倒塌堆积。红烧土块上有树干、竹节、芦苇、稻草相互交叉及绑扎的印痕。88F2 被红烧土的倒塌堆积所覆盖；在倒塌堆积下还发现一座外窖穴 88H22，旁有一坑 88H21，其内现存一整猪骨架。88H22 内保存的遗物最为丰富，有各种遗物（包括能复原的实用器）32 件，基本上反映了当时先民家庭中生活用具的组合。较为完整的房址是 88F1，房内有内窖穴 88H23，房外有外窖穴 88H20。88H20 两侧分别又有 88H16 及 88H17，均葬有一整猪，两猪头向相向，都朝着 88H20。88F1 的门外东侧有灰坑 88H14；西面有属于这一期的井两口，井废弃后被作为灰坑（88H5、88H7），88H5 下层出土一颈部系麻质纤维绳索的灰陶罐（88H5:2）。88F4 在 88F1 东侧。

（二）村落遗迹

此期遗迹都是村落布局中的具体单位，主要是房址及与其相配套的遗存。现选择具有代表性的介绍如下。

1. 房址：此期房址共发现11间，分半地穴式和浅地穴式两种类型。二者区别在于半地穴式一般有数级台阶或斜坡式踏步，如87F2、88F1、88F4、88F6等；而浅地穴式一般只有一级踏步，如87F3~87F6等。

88F1　半地穴式。平面呈长方形，内长6.8米、宽3米、深0.54米。门道在南面西侧，宽0.75米，门向200度。台阶棱角磨损似斜坡式。共发现单个柱洞42个，东面还有排柱。南、北的柱洞较为对称，并且有明显的倾斜度，现测与地面夹角一般为50度~55度。但东、西的柱洞均与地面垂直，不对称。很多柱洞内垫陶片作柱础，南、北柱洞内的陶片一般偏外侧，不在柱洞中心部位。柱洞排列情况明显反映出房址经过修筑：东、西原都是单个柱洞排列，后经修筑，东面出现了排柱，西面则重新排列单个柱洞。房内的堆积更反映出房子是经过修筑的。堆积共分为6层，自下而上第1层为居住面，黄土层，较硬且平整，距地表1.24米。有内窖穴88H23。另在北偏西有一席，由蒲草编织而成，约长2.4米、宽1.55米、厚1厘米；席上置陶纺轮1件（88F1∶36）（图一三），周围还有一些器物，如陶器盖（88F1∶39）（图一四）、豆（88F1∶38）（图一五）、鼎（88F1∶37）（图一七）等。房内东侧有一陶盆（88F1∶32）（图一六），周围有4件陶杯及一些残器片；盆中尚存残羹，经化验内含脂肪等物质。第2层为灰层，呈灰黑色，有肉眼可辨的短纤维（属炭化灰），还有少量陶片及遗物。第3层为黄土层，质纯，厚0.1米左右，较平。第4层为灰层，同第2层。第5层又为黄土层，同第3层。第6层为灰褐土层，质松软，覆盖面大，有一定的方向性，由南向北偏西逐渐消失，

图一三　陶纺轮（88F1∶36）

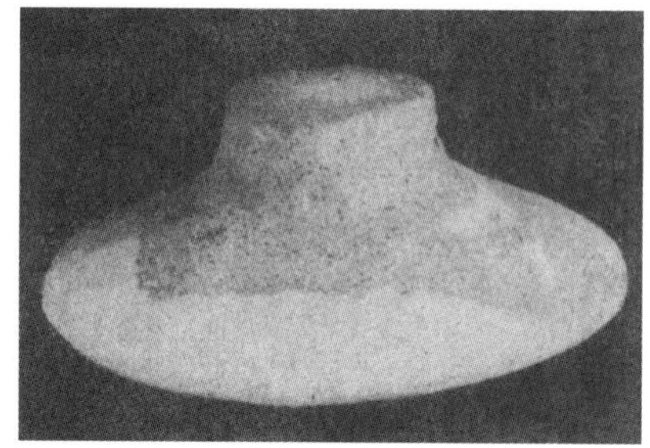

图一四　陶器盖（88F1∶39）

图一五　陶豆（88F1∶38）

图一六　陶盆（88F1∶32）

图一七　陶鼎（88F1∶37）

将88H15~88H18、88H20全部覆盖，内含陶片等遗物。取第2层、第4层的灰加以淘洗，发现较多的粳稻、籼稻的炭化米粒（图一八）。

87F5和87F6　浅地穴式。实为双间房，呈曲尺形。两房门外有硬土面，原似有门棚。87F5呈长方形，长4.75米、宽4.05米、深0.2米。门宽0.8米，门向80度。共发现柱洞6个，有的呈圆形，有的呈大半圆形，内原垫有木板（发现时为白灰色板灰纤维）、陶片、硬土作柱础。其中北面残留的3个柱洞向南倾斜，与地面夹角为45度左右。另外3个柱洞破坏较大，已不能测出实际倾斜角度。在房内中部偏西有一排东西向的排柱痕迹。房内有内窖穴87H7和睡坑87H8。西南角有一硬土台，呈圆形，径0.58米、残高0.08米。87F6在87F5东侧，也呈长方形，长4.8米、宽1.85米、深0.2米。门宽1.4米，门向154度。共发现柱洞6个，与87F5的柱洞相类。门旁两柱洞与地面垂直，两侧的向内倾斜，与地面夹角一般为65度。居住面与87F5一样为黄土质，较硬；有一块40厘米×35厘米的地段曾经火烧，特别坚硬。87F5和87F6的居住面上为一层灰层，上有明显夯窝，径大者达13厘米，均为单夯（图版一，3）；灰层上为黄土层，质纯，亦经夯筑，夯窝绝大部分已不存在，所发现的个别夯窝大的径8厘米，小的径仅4~5厘米。此层黄土不仅经过夯筑，而且除在87F5和87F6交接的一边外，其他各边向外扩展，突破了原87F5、87F6的范围，破坏了87F5和87F6的某些柱洞。另87H7还出现在黄土层上，而87H8和硬土台都被覆盖。从这些情况分析，黄土层和87F5、87F6的居住面有明显的差

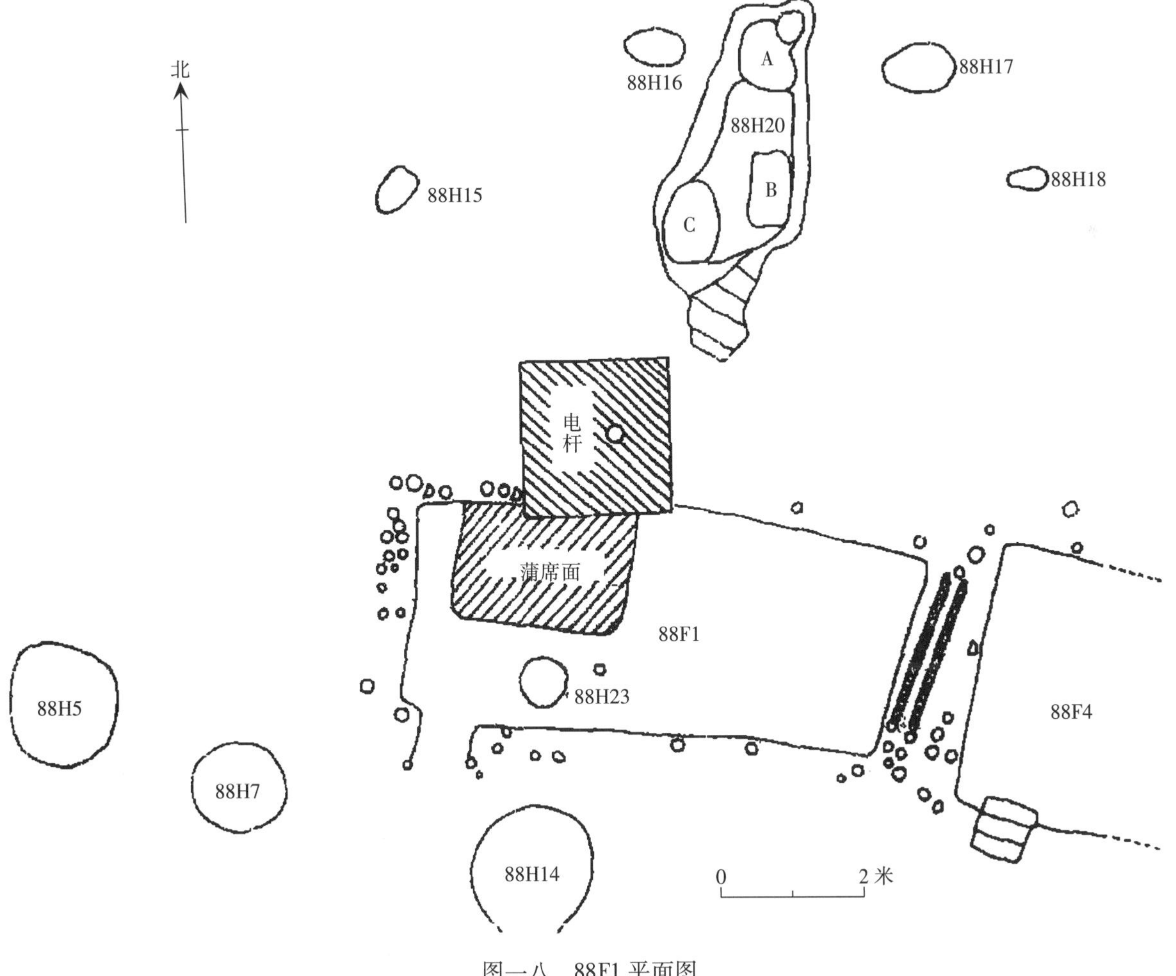

图一八　88F1平面图

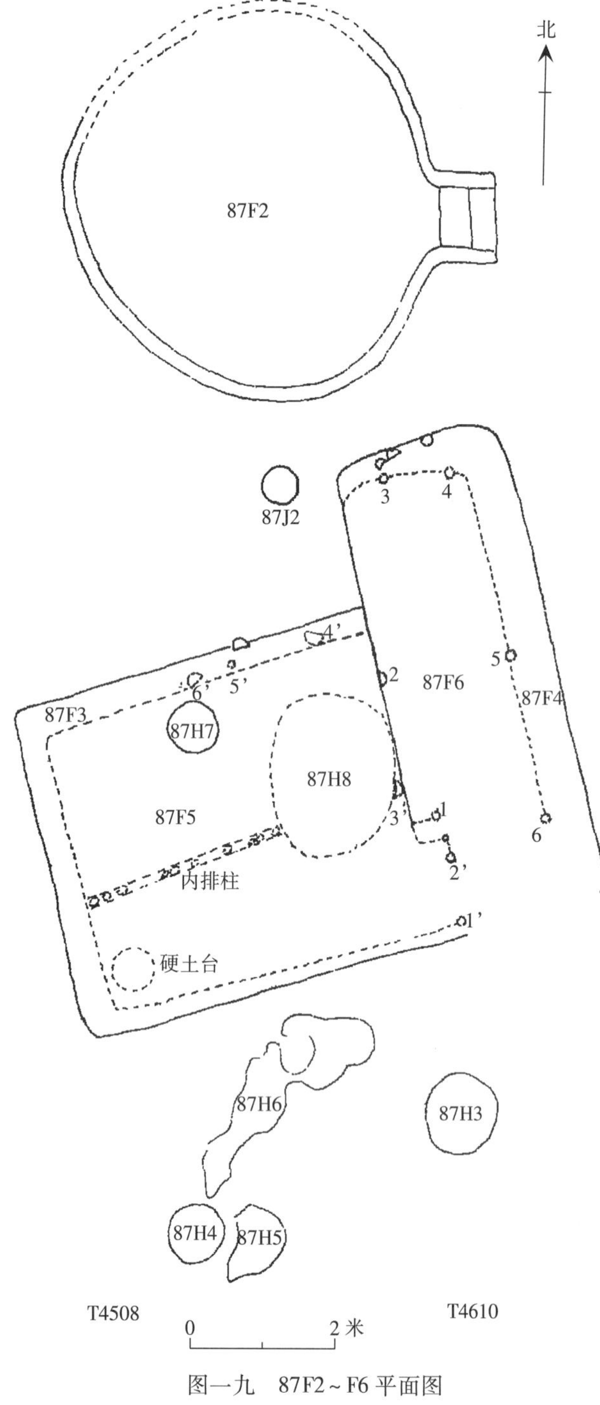

图一九 87F2～F6平面图

（1～6为F6柱洞，1'～6'为F5柱洞，其余柱洞分属F3、F4）

异，因此黄土层应是新的87F3和87F4的居住面（图一九）。

2. 灰坑：此期灰坑共16座，性质不同，以下分别择例介绍。

88H23 在88F1居住面的中部偏西南。呈椭圆形，长径0.72米、短径0.58米、深0.39米。出土陶鼎、罐、甗、盆、盘、器盖等残片。应为88F1的内窖穴。

87H7 在87F5居住面的中部偏北。呈圆形，径0.7米、深1.55米。先在87F5时使用，后又在87F3时续用，应为87F5、87F3的内窖穴。

87H8 在87F5内东侧。长2.16米、宽1.74米、深0.4米。其内垫有13层堆积。自下而上第1层为芦苇层，厚1厘米，芦苇呈小把状编织排列；面上置残陶鼎1件。第2层为炭化灰层，厚2厘米，有长3～5厘米的炭化植物纤维，疑为稻草；质纯，无任何遗物。第3层为蒲草席层，厚4厘米，席用蒲草经纬交叉编织而成。第4层与第2层相类，厚2厘米。第5层与第3层相类，厚3厘米。第6层也为灰层，较第2层纤维少，厚2厘米。第8、10、12层与第6层相类，分别厚1厘米、2～5厘米、4～6厘米。第7层为白灰层，厚3～5厘米，质细。第9、11、13层均与第7层相类，均厚2～3厘米；其中第13层上有几件残陶器。从第1层至第5层的情况分析，此坑应为87F5主人睡觉的地方，后因故废弃，第6层以上可能为废弃后的堆积。此坑或可定名为“睡坑”。

88H20 位于88F1北2米处。呈不规则形袋状，口长4.6米、最宽处2米，底长3.19米、宽1.3米，最深处1.8米。南面有台阶。底部还有3个小坑，分别编为A、B、C号。其中B坑口部并列放置陶甗2件，坑里有炭及灰。从形状及与88F1的位置关系分析，此坑应为88F1的外窖穴（图版一，4）。

88H22 在88F2外东侧2米处。呈袋状，口长4.44米、宽1.6米，底长3.8米、宽1.42米，深0.8米。西面有斜坡式踏步。内含遗物共32件，其中陶器有鼎10件，豆及器盖各4件，盆3件，甗、杯及钵各2件，罐、瓮、盘及簋各1件，此外还有1件残石锛，主要集中于东半部。西部有大量灰烬，部分陶鼎、甗等炊器大都靠西侧。此窖穴应类似于88H20，为88F2的外窖穴（图二〇～四三；图版二，2、4；图版三，1）。

图二〇　88H22平面图

1、4、22. 陶盆　2. 陶簋　3、9、11、26. 陶豆　5. 陶罐　6、17. 陶杯　7、19、23、31. 陶器盖　8. 陶瓮　10、13～15、20、25、27、28、30、32. 陶鼎　12、21. 陶钵　16、24. 陶甗　18. 石锛　29. 陶盘

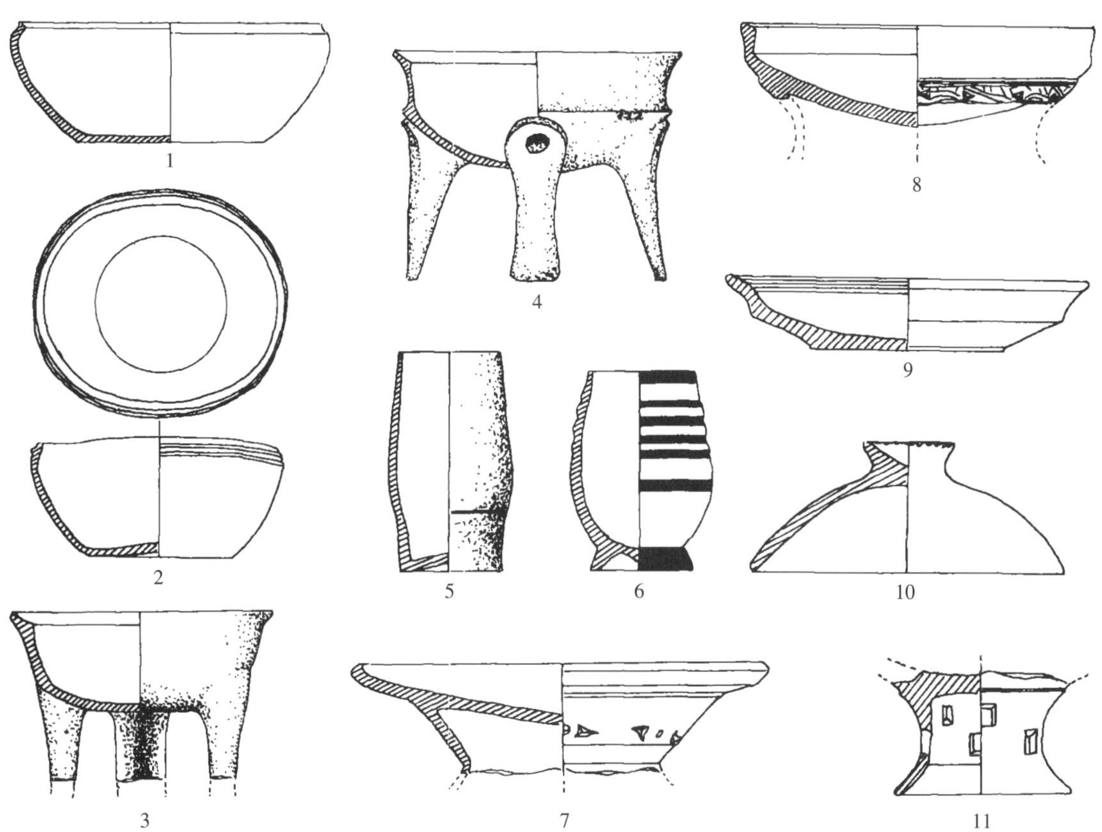

图二一　88H22出土陶器

1、2. 钵（88H22：12、21）　3、4. 鼎（88H22：32、30）　5、6. 杯（88H22：17、6）　7. 豆（88H22：26）　8. 簋（88H22：2）　9. 盘（88H22：29）　10. 器盖（88H22：31）　11. 豆把（88H22：3）（1/4）

图二二 88H22出土陶器

1、2、5、7. 鼎（88H22:10、14、27、15） 3. 甗（88H22:24） 4、6. 豆（88H22:9、11） 8. 器盖（88H22:23） 9、10. 盆（88H22:22、4） 11. 罐（88H22:5）（1/6）

88H16 在88H20外西侧0.55米处。呈不规则椭圆形，长0.85米、最宽0.525米。内出一整猪骨架，头向80度。无其他遗物。

88H17 在88H20外东侧1米处。呈不规则椭圆形，长0.98米、宽0.64米。内也出一整猪骨架，头向280度。

88H8（图版一，1）、88H15、88H18、H8H21内均只出一整猪骨架。上述6个灰坑所出猪骨经鉴定都是家猪。

（三）墓葬

这一期的墓葬仅发现2座（87M6、88M4）。其中87M6较有代表性。

87M6 浅穴土坑墓。位于87F4东部偏北，打破87F4，叠压在87F6居住面上。略呈长方形，两长壁内凹。长2.01米、最宽0.73米、最窄0.4米、深0.2米。墓主为一女性，头向170度，仰身直肢，除头部被深沟打破外，骨架其余部分保存较好。随葬陶器4件，为豆、簋、罐及盆，均置于脚旁（图版一，2）。

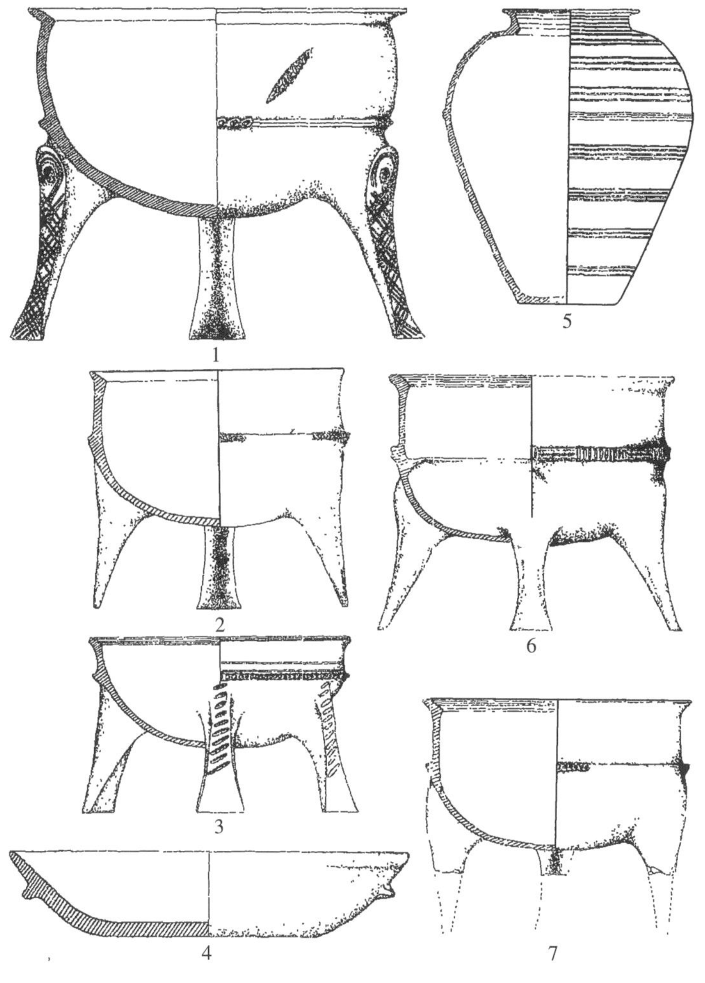

图二三　88H22出土陶器
1~3、7. 鼎（88H22：28、13、25、20）　4. 盆（88H22：1）　5. 瓮（88H22：8）　6. 甗（88H22：16）（5. 1/16，余1/8）

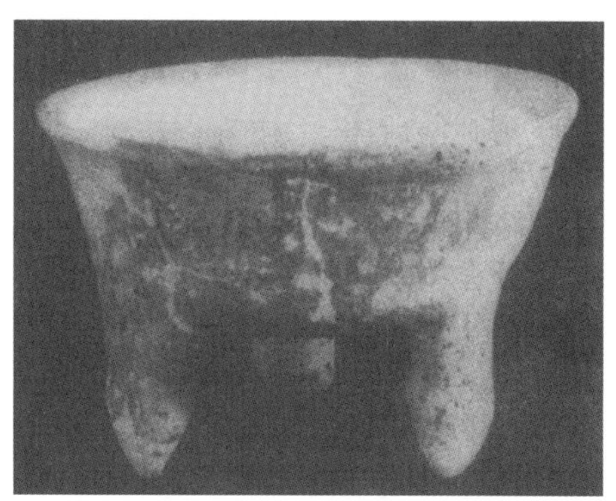
图二四　陶鼎（88H22：32）

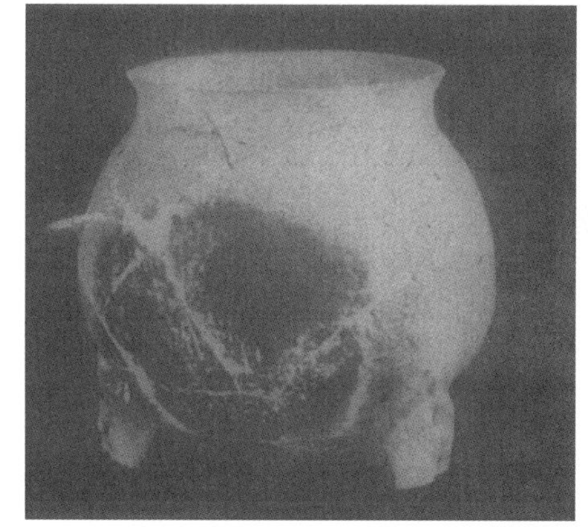
图二五　陶鼎（88H22：27）

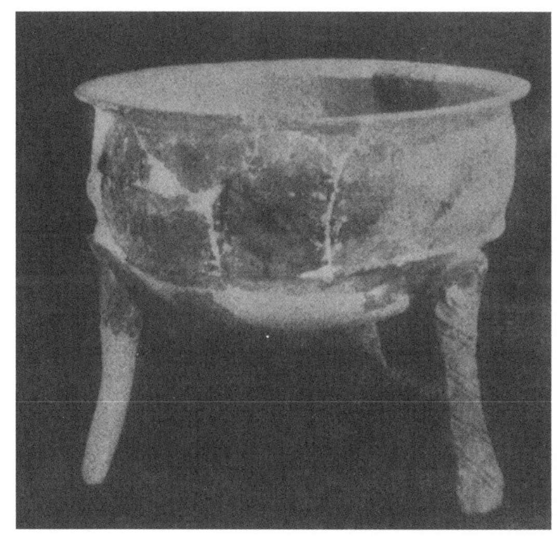
图二六　陶鼎（88H22：28）

图二七　陶鼎（88H22：10）

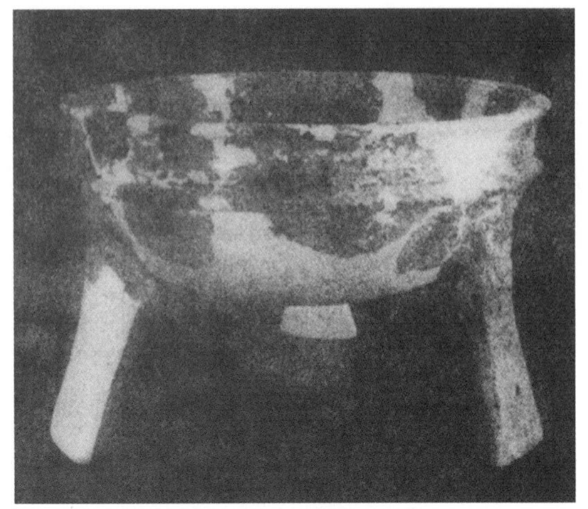

图二八　陶鼎（88H22 : 25）

图二九　陶鼎（88H22 : 14）

图三〇　陶瓮（88H22 : 8）

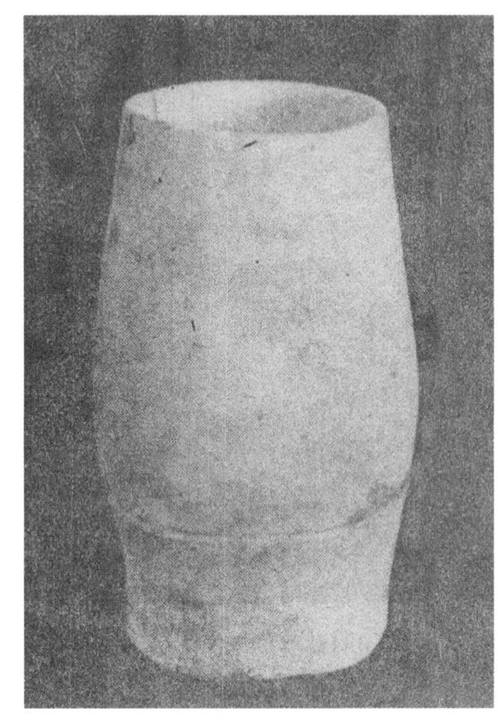

图三一　陶杯（88H22 : 17）

图三二　陶鼎（88H22 : 15）

图三三　陶鼎（88H22 : 20）

图三四　陶鼎（88H22：30）

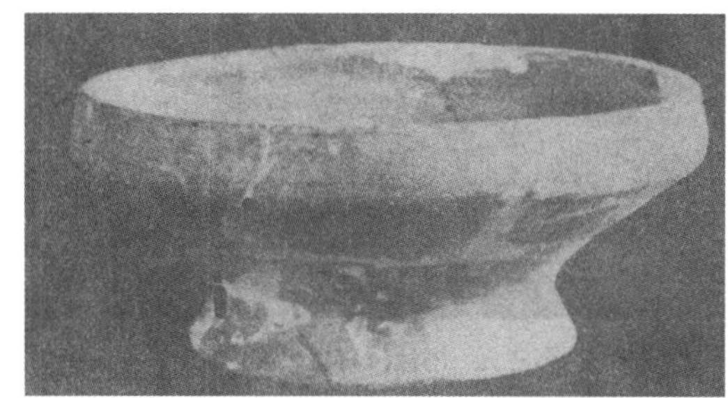

图三五　陶豆（88H22：11）

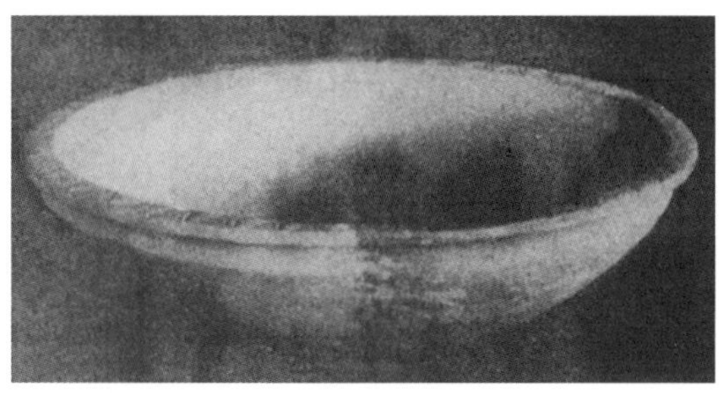

图三六　陶盆（88H22：22）

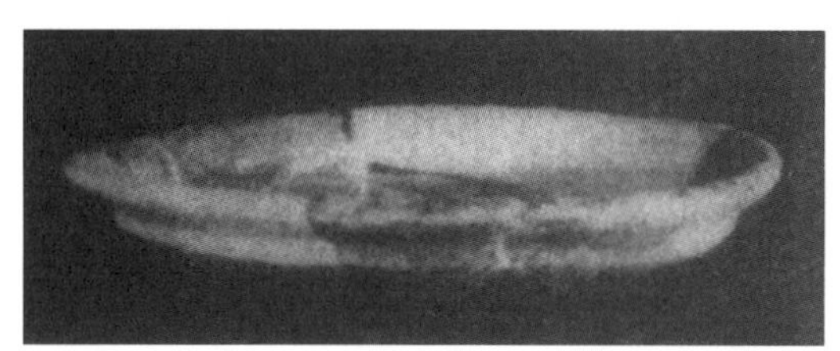

图三七　陶盘（88H22：29）

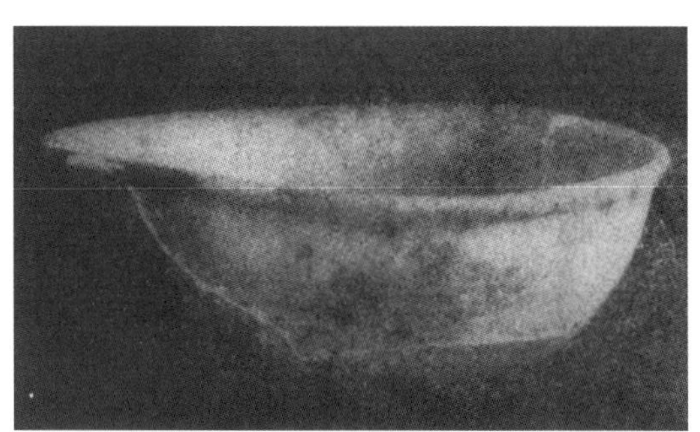

图三八　陶盆（88H22：4）

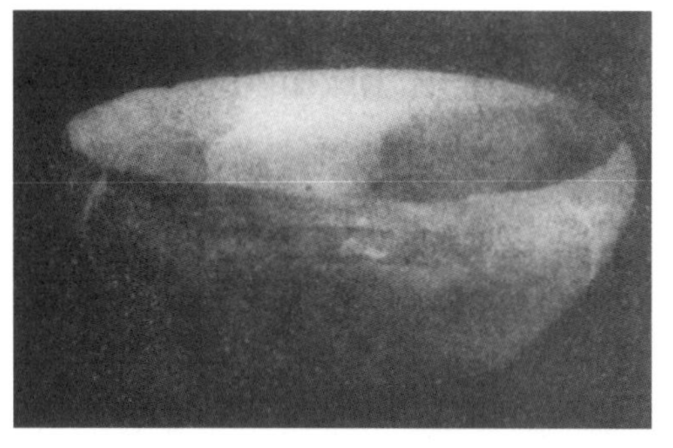

图三九　陶钵（88H22：12）

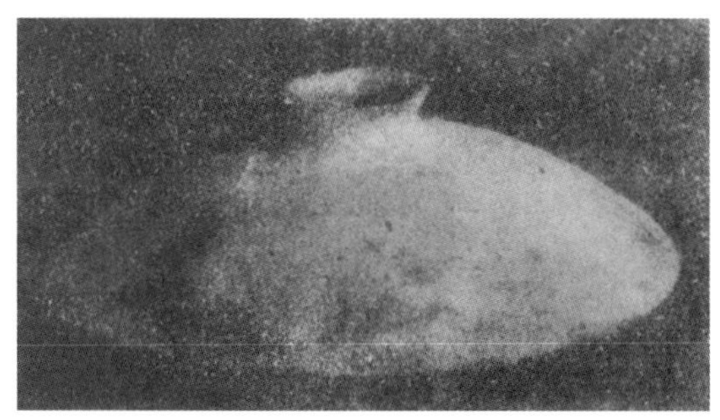

图四〇　陶器盖（88H22：23）

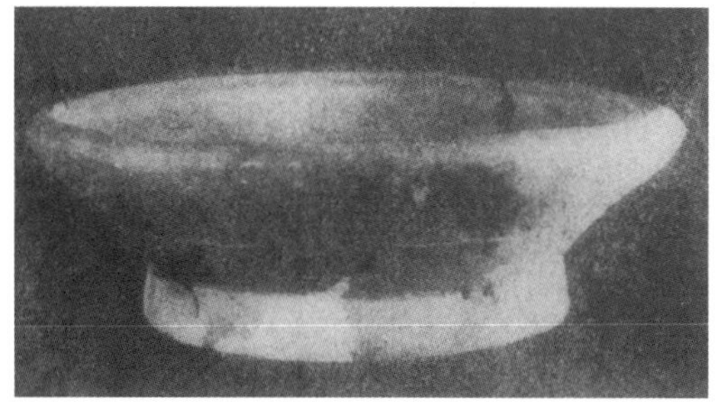

图四一　陶豆（88H22：9）

图四二　陶甗（88H22：24）

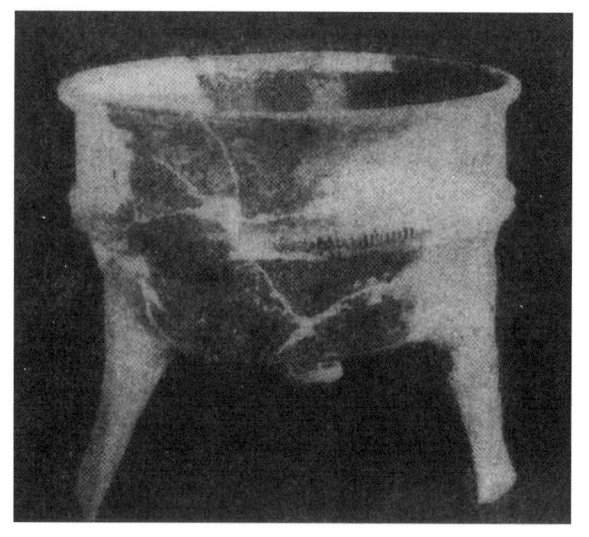

图四三　陶甗（88H22：16）

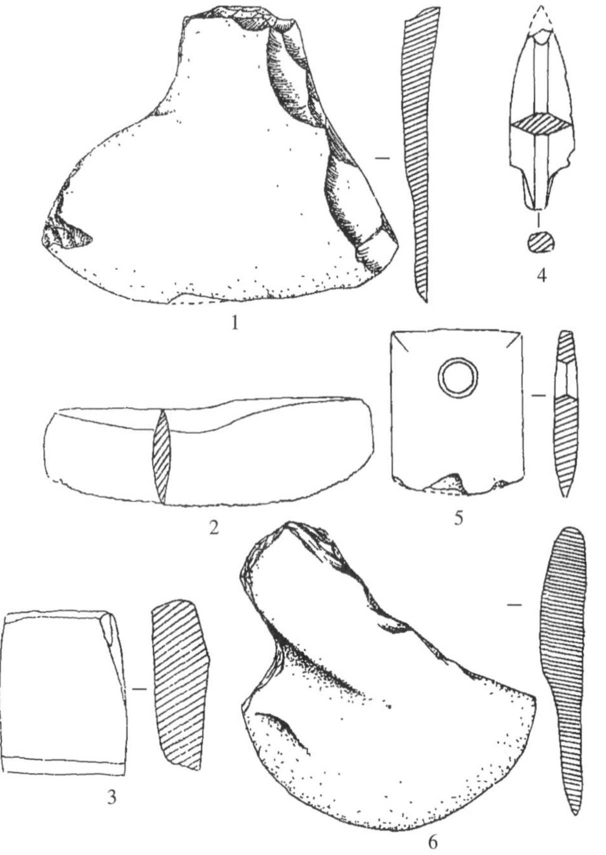

图四四　第二期出土石器

1、5、6. 斧（87F3：1、T4205③：1、T4203③：2）　2. 镰（88F2：11）　3. 锛（T4303③：1）　4. 镞（88H20：15）（1、5、6. 1/4，2~4. 1/2）

（四）遗物（图四四~四七；图版二，5）

1. 生产工具：本期较第一期新出现的石器有穿孔石斧、有柄石斧、石镰、石凿等。骨、角质工具较第一期少，有锥、镞等，陶制工具还是网坠和纺轮，类型略有增加。

2. 生活用具：均为陶器。以夹砂陶为主，其中夹砂红褐陶数量最多，黑皮陶数量明显减少，出现橙黄和橘红陶。纹饰仍以附加堆纹、凹凸弦纹为主；弧线三角形及圆形的组合图案不仅见于豆、簋等器物的把和假腹部，基本上为镂孔，而且也出现在盆、罐、盘的沿面上；普遍采用锥刺纹及戳印纹（图四八）。制法以轮制为主。较第一期新出现的器物有贯耳壶、钵、簋；也出现少量鱼鳍形足鼎，与第一期出土的面上有竖线划纹的长条扁足有递嬗关系。本期出土陶器甚多，几乎都发现于房址中，其中以88H22的陶器组合最有代表性。鼎，有罐形、釜形；釜形以铲足为主，有少量鱼鳍形足；多为直腹，也有圆腹和鼓腹，腹部一般有锯齿形堆塑。豆，以钵形为主。罐，侈口，束颈，圆肩，圆腹，平底。瓮，都为大件，如88H22：8，口径30、底径22.6、最大腹径54.8、高63厘米。簋，又称假腹豆，假腹上有弧线三角形和圆形镂孔组成的带状图案。贯耳壶，如88F1：13，泥质黑皮陶；侈口，近

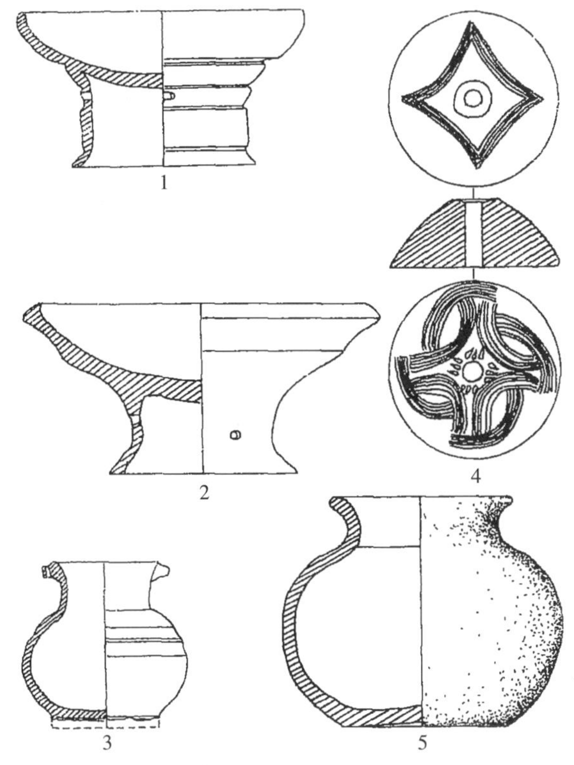

图四五　第二期出土陶器

1.2. 豆（T4102③:1、88F1:38）　3. 壶（88F1:13）　4. 纺轮（87F2:3）　5. 罐（87J2:1）（4. 1/2，余 1/4）

图四七　陶罐（88H20:1）

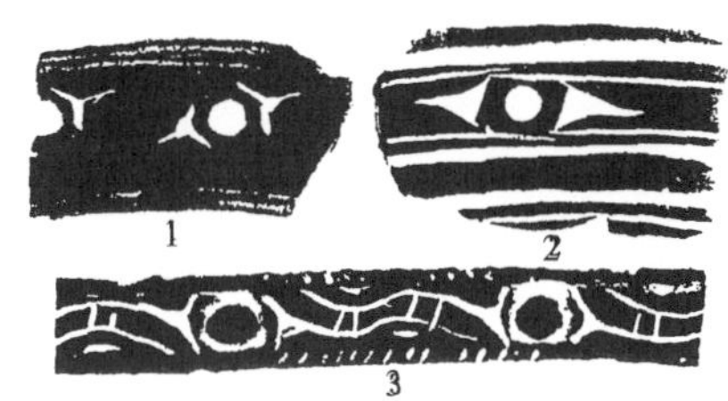

图四八　第二期出土陶器纹饰拓片

1. "人"字形三角纹与圆圈纹　2. 弧线三角纹与圆圈纹　3. 龙形划纹（1/3）

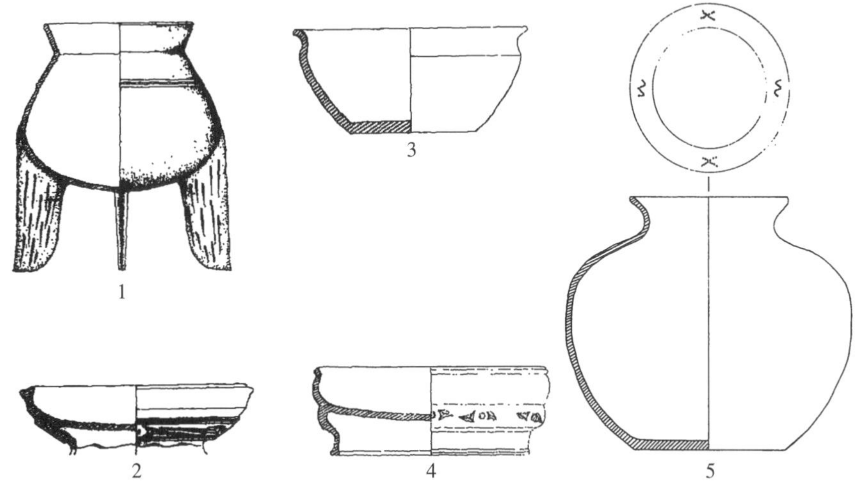

图四六　第二期出土陶器

1. 鼎（88F2:12）　2、4. 簋（T4205③:31、T4104③:2）　3. 盆（88F1:32）　5. 罐（88H20:1）（1/8）

口部有一对贯耳，高颈，扁鼓腹，圈足残；上腹部有三条凸弦纹；口径 6、残高 8.2 厘米（图版二，6）。杯，有平底和圈足两种，另有彩绘杯如 88H22:6。其他还有甗、盆、盘、器盖、钵等。

四、第三期文化遗存

此期的主要文化内涵，已因第二期的村落衰亡而逐渐变为墓地。

（一）遗迹分布（图四九）

河道是一条自然形成的水流，应早于第二期出现，主要使用期在第二期。随着河道的逐渐淤塞，先民也向附近迁徙，这里逐渐成为墓地。墓葬的分布有一定的组合关系，各组如87M1和87M3~87M5，88M7、88M8和88M12，88M9、88M10和88M11。各组有相互叠压、打破现象，存在着时间上的差别，本文不拟详述。也有独立分布的，如88M1、88M5。其中最引人注目的是88M1，墓外西侧有一堆红烧土堆积，明显是从他处运来有意放在其旁的。在88M1以北0.15米处有一坑88H1，呈扇形，以88M1为中心展开。在88H1东侧，有一条完全用陶片铺成的小路，自南向北再西折而去。在87M1北面有87F1，其上暴露的全部是红烧土块堆积，北面还有用红烧土块排列的点块状的组合，约呈长方形。

（二）除墓葬外的遗迹

1. 房址：仅1座。87F1，东部被六朝时期的河道打破，北部被现代沟破坏，现存面积约10平方米。其上全部覆盖大块红烧土块，是房屋坍塌的堆积，显出一定的叠压层次。发掘时首先暴露出的红烧土块大部分向东倒塌下压。红烧土块一般下压的一面较平整，暴露的一面有树干、竹节、芦苇、稻草等印痕，其中有的树干印痕径14~16厘米；有的印痕交错重叠，有的还有明显的绑扎印痕（图五〇）。红烧土块呈紫红色、红色、橙红色、橘黄色和灰色，是被烧时受热不同所致。在红烧土块上面及中间也掺杂一些陶片，有的因再一次被烧而呈深红色。红烧土块有的是纯黄土质，很重；而大部分中间掺有糠和散草，较轻。取走红烧土块后有黑灰及陶片等。清理后出现居住面，西侧有一条明显凸出的黄土带，长4.3米、宽0.28~0.4米，内低外高，外侧高于内侧4~5厘米，而内侧高于居住面14~16厘米；内侧有明显的柱洞残痕，柱洞的具体形状及倾斜度因被破坏已不辨。87F1应属浅地穴式类型。在居住面东北部有两处高0.28~0.32米的纯黄土堆积，呈条状，左侧一条长1.07米、右侧一条残长0.43米、间距0.5米，疑为其北门。从红烧土块堆积与黄土带及纯黄土堆积的交接处看，房址居住面呈方形或长方形，黄土质，平整且较硬（图五一）。

2. 灰坑：此期灰坑最有特色的是88H1。

88H1平面呈扇形。大致以88M1为中心向东、西两边展开，长5.3米、宽2.4米、深0.54米。坑内被陶片覆盖，还可见一些石器如犁、刀、斧（88H1：12）等。陶片下有大量牛胫骨、股骨、肋骨、节椎骨、骨盆等，遍布全坑，似为一头整牛的骨骼；还有猪牙床。出土陶片能辨别器形的有鼎（图五二）、甗、罐、壶、豆（图版五，3）、盆、鬶、瓮、缸、簋、釜、杯、盘及网坠，都是日用器，大型器甚多。在坑边发现柱洞6个，北侧4个，南侧、西侧各1个，均与地面垂直，径16~24厘米。从此坑出土物及与88M1的位置关系推测，此坑为88M1的陪葬坑，内含遗物可能为墓主人生前所用（图五三；图版三，2）。

3. 河道：此期河道已淤塞废弃，堆积很厚。自上而下第1层为黄灰土层，含黑灰及成堆的河蚬、蛤壳，堆积最厚达0.5米；也含有一些陶片及石器。第2层也为黄灰土层，也含黑灰，厚0.16~0.46米；出土少许陶片等遗物。第3层为黄褐土层，含成堆的砚壳和螺蛳壳，最厚达0.8米；出土遗物较多，石器有耘田器、箭镞，陶器有网坠及罐、豆、盆等残片。第4层为青灰土层，含少量蚬、蛤、螺蛳壳及一些木头，厚0.1~0.5米；出土少量遗物。第5层为赭色土层，含较多木头及碎木片，并有零

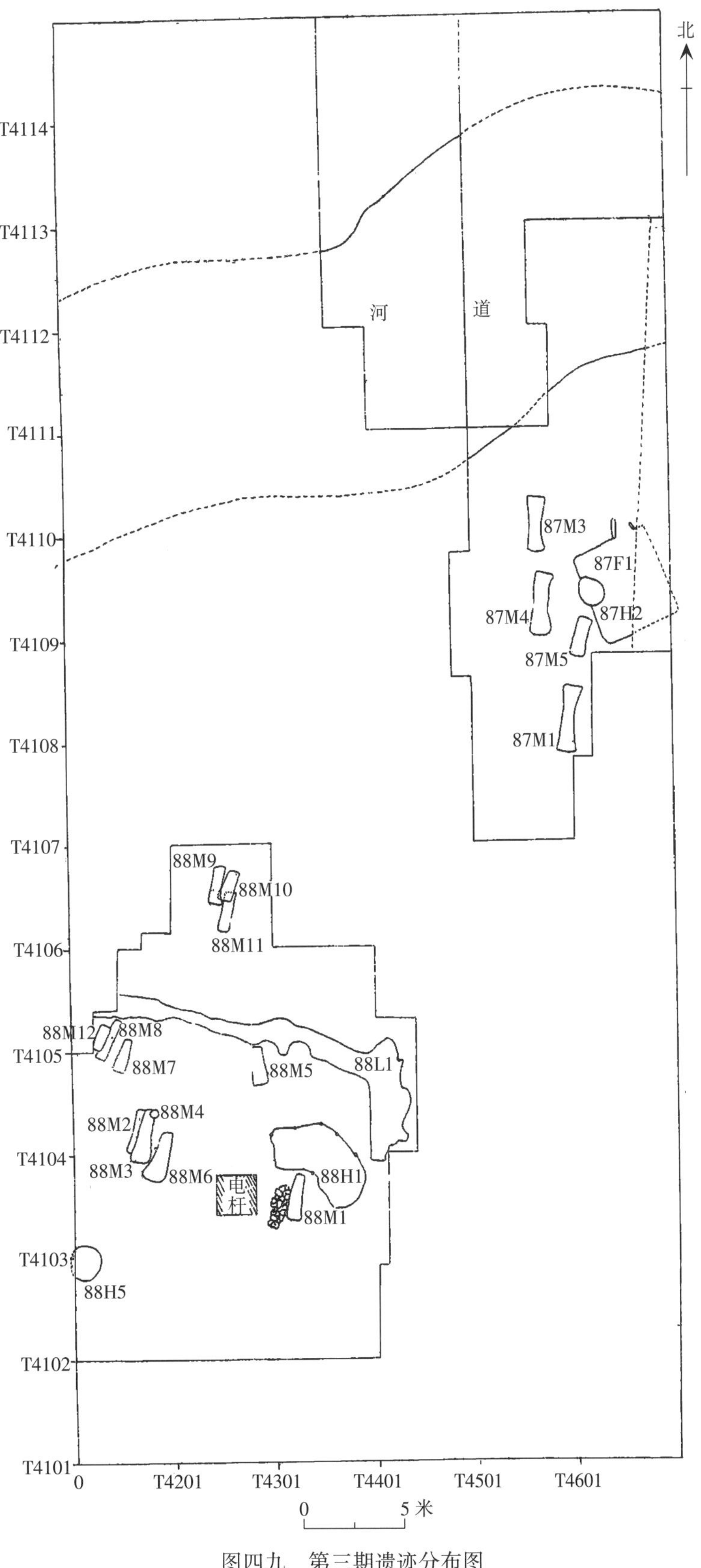

图四九　第三期遗迹分布图

图五〇　87F1 中的红烧土块

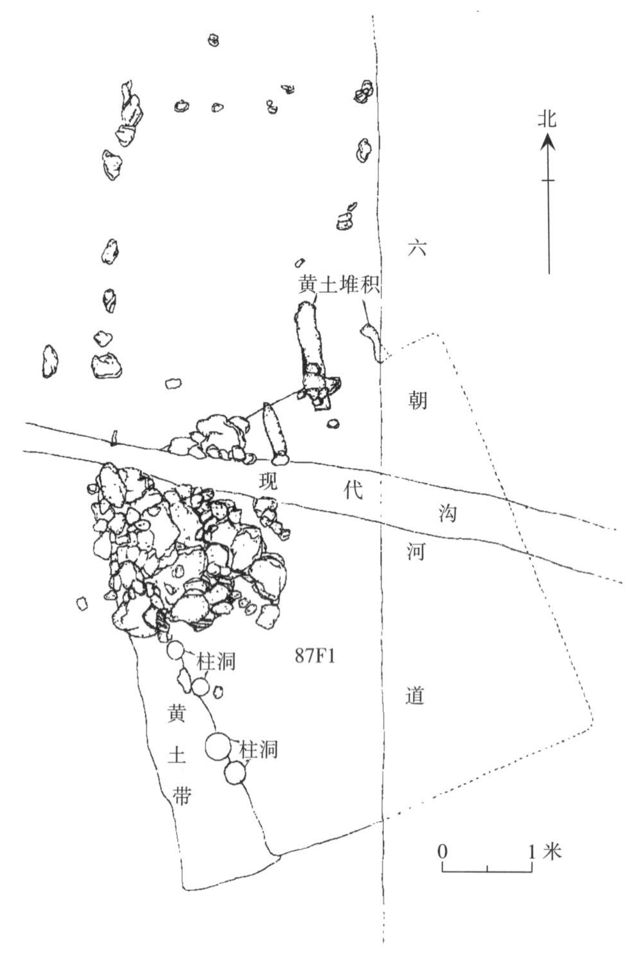

图五一　87F1 平面图及红烧土布局

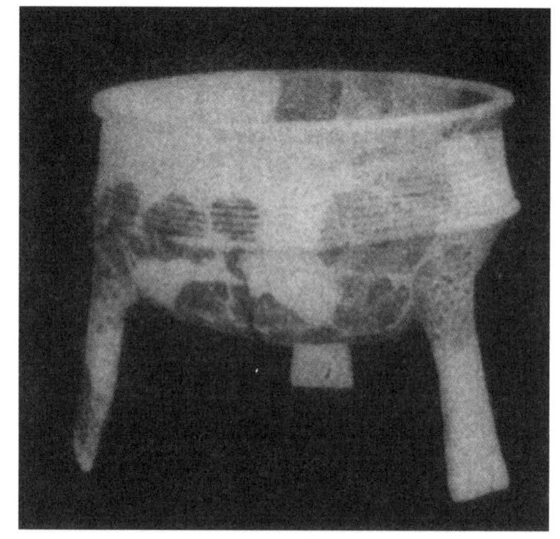

图五二　陶鼎（88H1∶6）

星蚬壳，厚 0.1~0.86 米；出土遗物甚多，石器有网坠、箭镞、鱼镖、耘田器、斧、镰、锤、砺石，陶器有鼎、豆、贯耳壶、罐、杯等。第 5 层下为淤土层，是河道淤塞前的堆积。

4. 道路：即 88L1 被发掘部分。

88L1 被发掘部分长 15 米、宽 0.4~0.8 米。部分已被后期地层破坏。除在经过 88F2 处借用其红烧土倒塌堆积作路面外，其余全部用陶片铺成，厚 2~10 厘米（图五四；图版四，1）。根据中段约 7 米长的路面所铺陶片分析，以夹砂陶为主，泥质陶次之，能分辨出器形的有鼎、甗、罐、豆等。这些陶系及形制在第一、二期不多见。

（三）墓葬

本期共发现墓葬 15 座。都有浅穴墓坑，形制有长方形、梯形及两侧壁内凹几种。均为单人葬，人骨架大都保存较好。墓向仅 87M1 为北向，其余全部为南向。墓中随葬品多寡不一，有的随葬玉、石、陶器，数量在 10 件以上，如 87M1、87M3、88M1、88M3、88M6、88M11 等；有的仅见一些陶片，如 88M5；有的无随葬品，如 88M7、88M8、88M12。在 88M12 墓主左股骨上发现一枚骨镞，深刺在内。88M5 墓主无下肢骨，从横断面看，不是人为截肢所致。现将具有代表性的两座墓 88M1 和 88M11 介绍如下。

图五三　88H1 出土遗物

1. 靴形石刀（88H1：1）2. 陶高领瓮（88H1：4）3、5. 陶鼎（88H1：6、9）4. 陶豆把（88H1：8）6. 陶豆（88H1：20）（1. 1/4，2. 1/10，5. 1/8，余 1/6）

图五四　88L1 平面图

88M1　梯形浅穴土坑墓。上宽0.67米、下宽0.4米、长2.3米、深0.2米。墓主为一中年男性，骨架保存良好。头向194度，侧身直肢，双手垂直置于身旁。随葬品10件，置于头部前方的有陶缸、盖豆各1件，左肱骨上置陶杯1件，两手下方各有穿孔石斧1件，脚旁置陶盘2件，陶罐、鼎、器盖各1件。墓旁西偏南为一红烧土块堆积，长2.2米、宽0.84米、高0.28米。北面0.15米处为88M1陪葬坑88H1（图五五～六五；图版四，2；图版五，1、6）。

88M11　长方形浅穴土坑墓。长2.1米、宽0.6米、深0.12米。墓主为一青年男性，骨架保存良好。头向190度，仰身直肢。随葬品12件，头部上方置灰陶罐及小盆各1件，胸前置小玉珠2件、玉

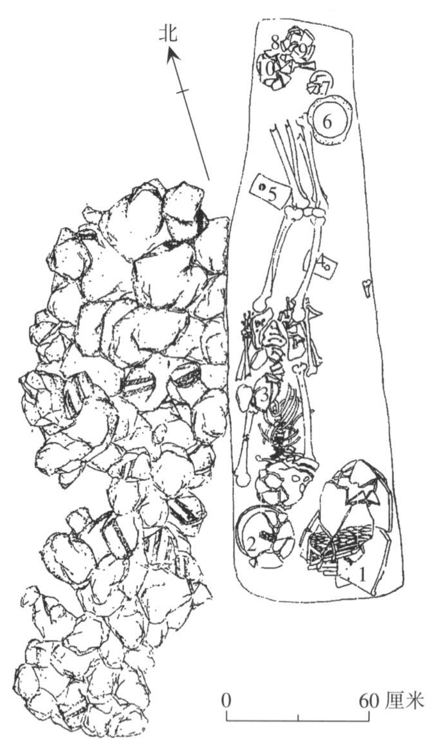

图五五　88M1平面图

1. 陶缸　2. 陶豆　3. 陶杯　4、5. 石斧　6、9. 陶盘　7. 陶罐　8. 陶鼎　10. 陶器盖

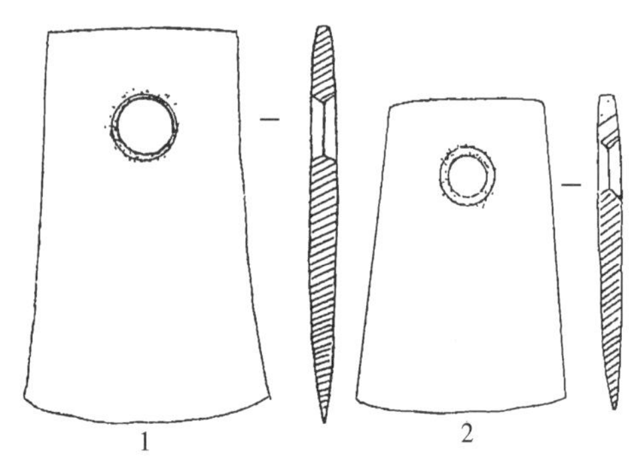

图五六　88M1出土石斧

1. 88M1∶5　2. 88M1∶4（1/4）

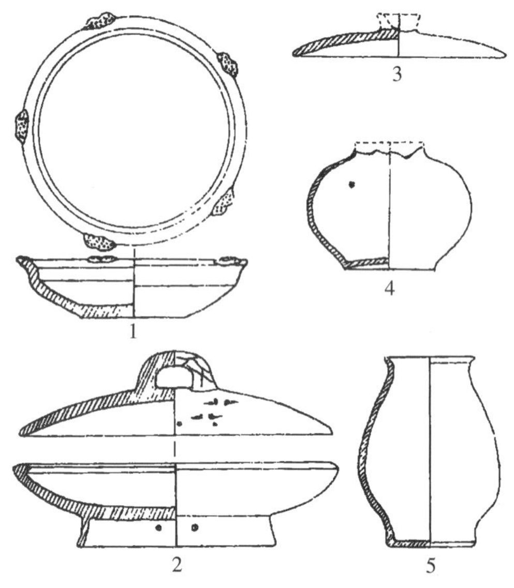

图五七　88M1出土陶器

1. 盘（88M1∶9）　2. 豆（88M1∶2）　3. 器盖（88M1∶10）　4. 罐（88M1∶7）　5. 杯（88M1∶3）（1/5）

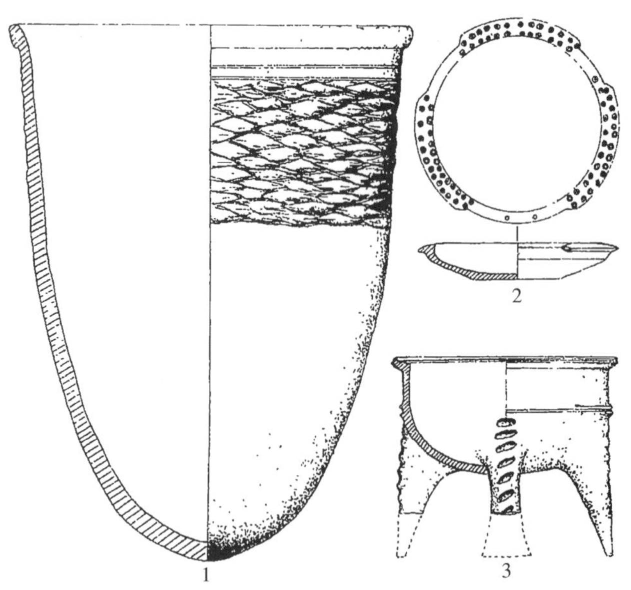

图五八　88M1出土陶器

1. 缸（88M1∶1）　2. 盘（88M1∶6）　3. 鼎（88M1∶8）（1/6）

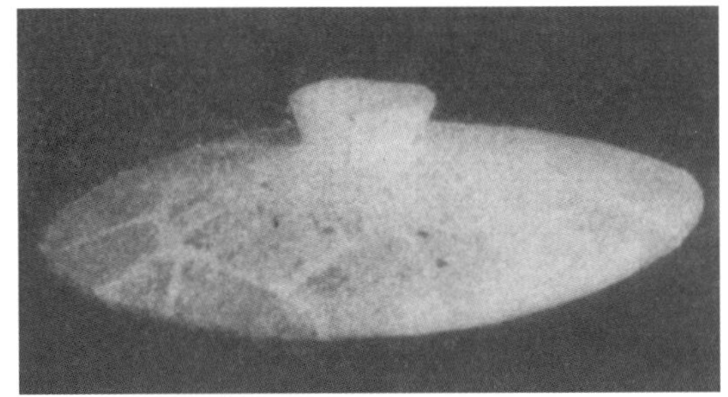

图五九　陶器盖（88M1：10）

图六○　陶盘（88M1：6）

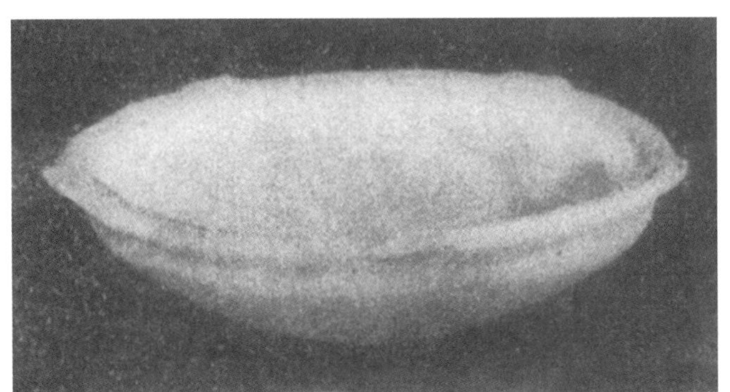

图六一　陶盘（88M1：9）

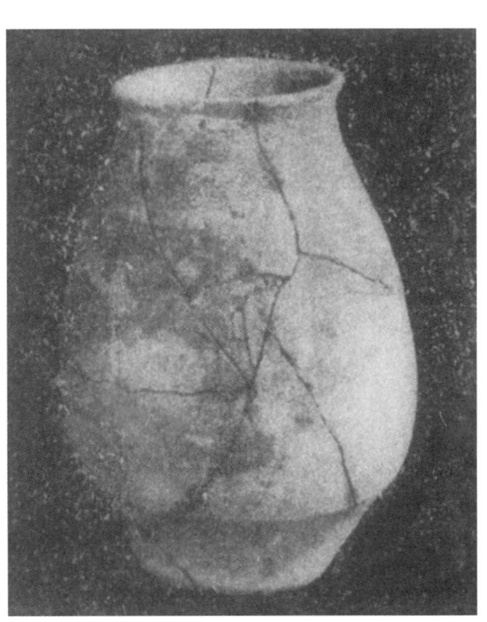

图六二　陶杯（88M1：3）

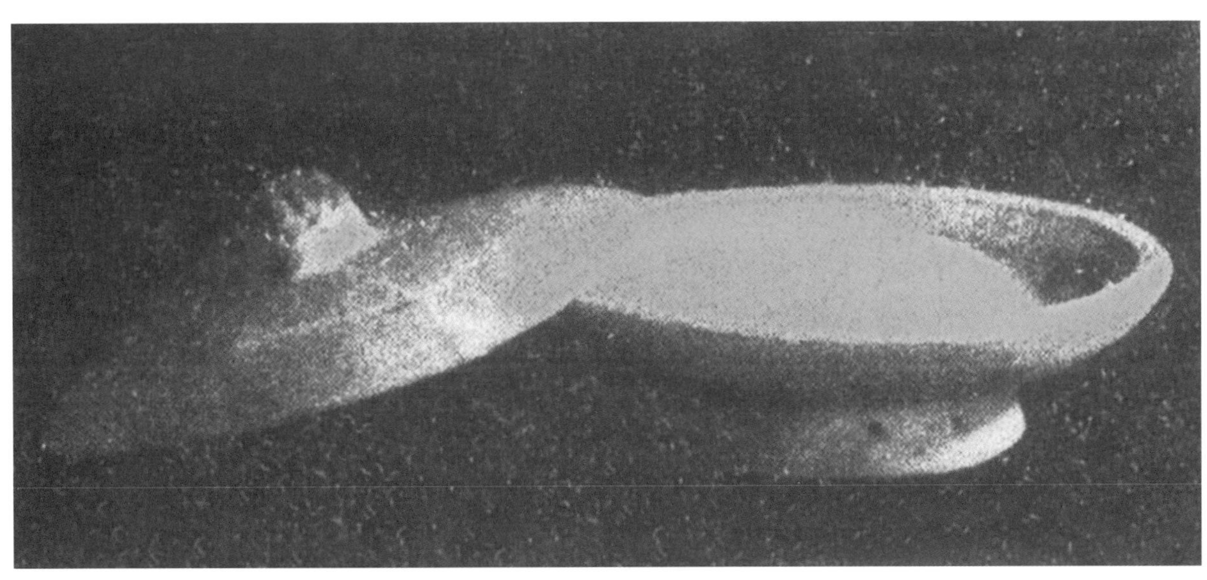

图六三　陶豆（88M1：2）

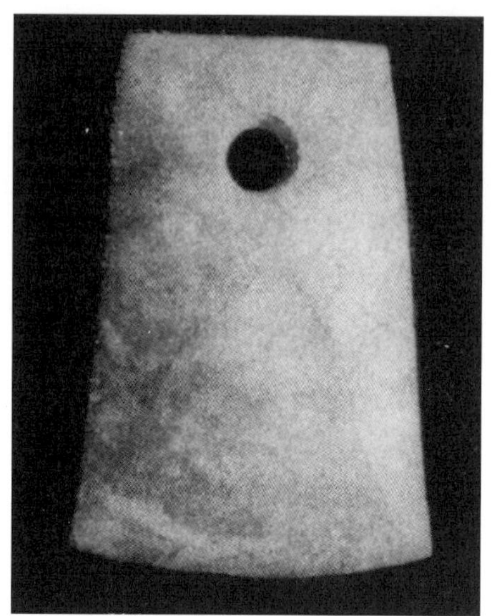

图六四　石斧（88M1∶4）

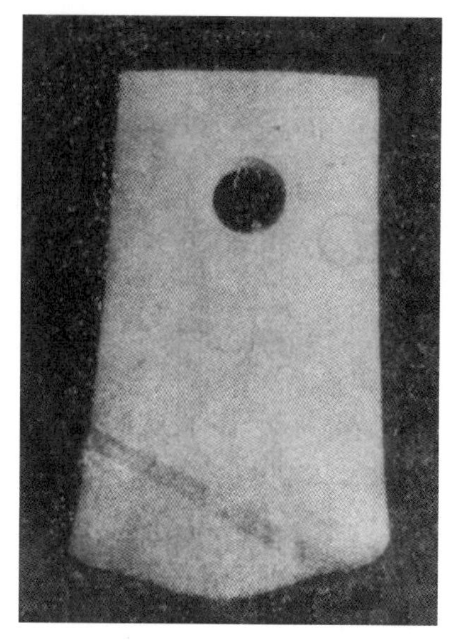

图六五　石斧（88M1∶5）

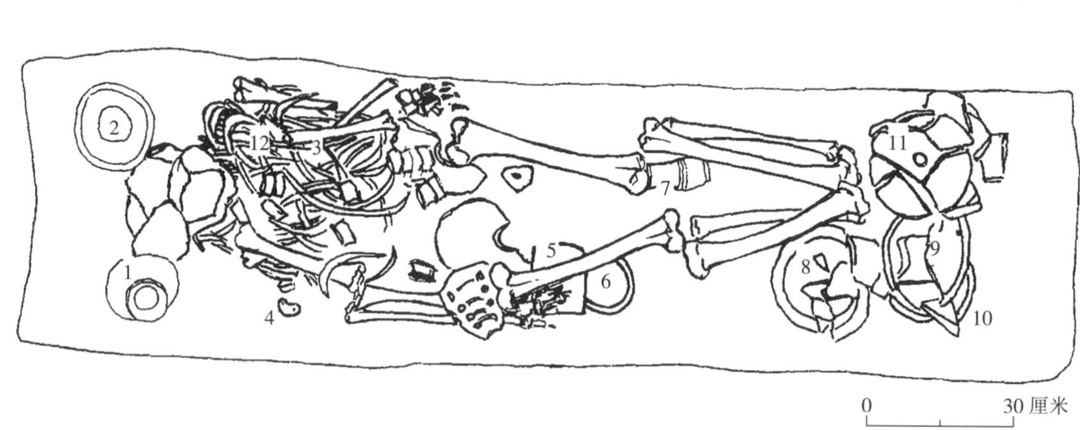

图六六　88M11 平面图

1、9. 陶罐　2. 陶盆　3、12. 玉珠　4. 玉璜　5. 石斧　6. 陶钵　7. 陶杯　8、11. 陶盖鼎　10. 陶盘

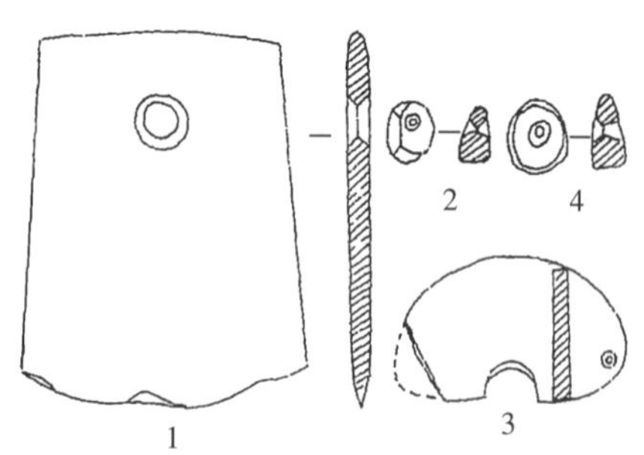

图六七　88M11 出土玉、石器

1. 石斧（88M11∶5）　2、4. 玉珠（88M11∶3、12）　3. 玉璜（88M11∶4）（1. 1/4，余 1/2）

璜 1 件，右手下方有穿孔石斧 1 件，旁有小陶钵 1 件，膝部置陶杯 1 件，脚部有陶盖鼎 2 件，陶豆、罐各 1 件（图六六～七五；图版四，3；图版五，2、4、5）。

（四）遗物（图七六、七七）

1. 生产工具：本期新出现的石器有耘田器、犁、靴形刀，都是先成型后再加磨制。骨、角质生产工具与前两期类同，但数量增多，以镞为主，其次为镖、锥、管钻、笄针等，一般都经磨光。陶质工具仍为网坠和纺轮：新出现以陶土捏制而成的网坠，圆头，中有凹槽，还有管状的；纺轮除覆盆状外，还出现圆饼状的。

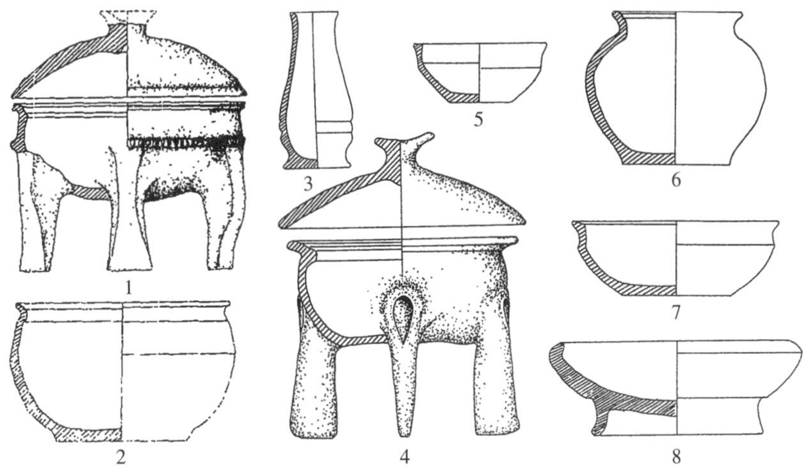

图六八　88M11 出土陶器

1、4. 盖鼎（88M11：11、8）　2、6. 罐（88M11：9、1）　3. 杯（88M11：7）　5. 钵（88M11：6）　7. 盆（88M11：2）　8. 盘（88M11：10）（1/6）

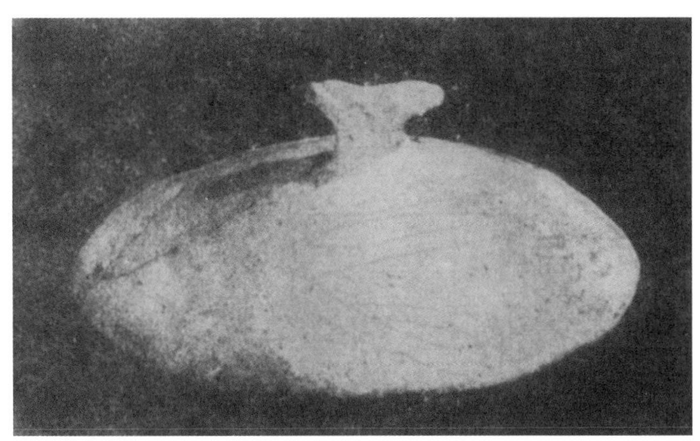

图六九　陶鼎盖（88M11：8）

图七○　陶鼎（88M11：8）

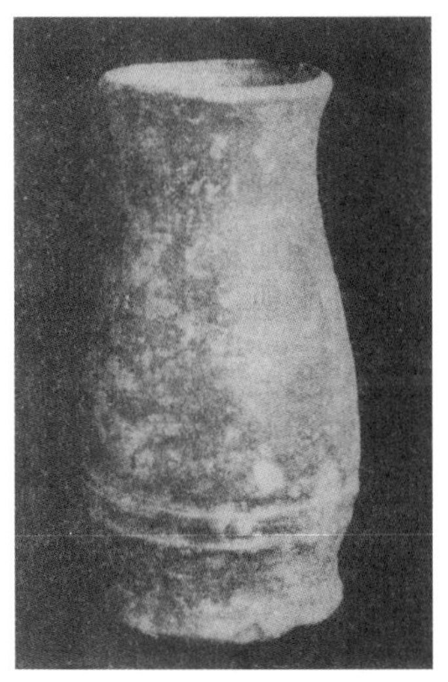

图七一　陶杯（88M11：7）

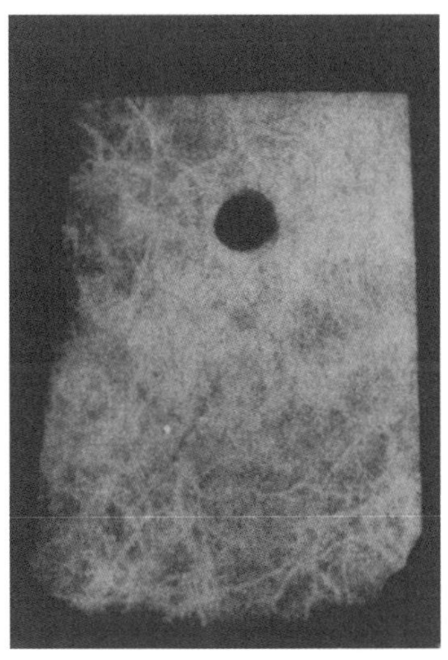

图七二　石斧（88M11：5）

图七三　陶罐（88M11：9）

图七四　陶盘（88M11：10）

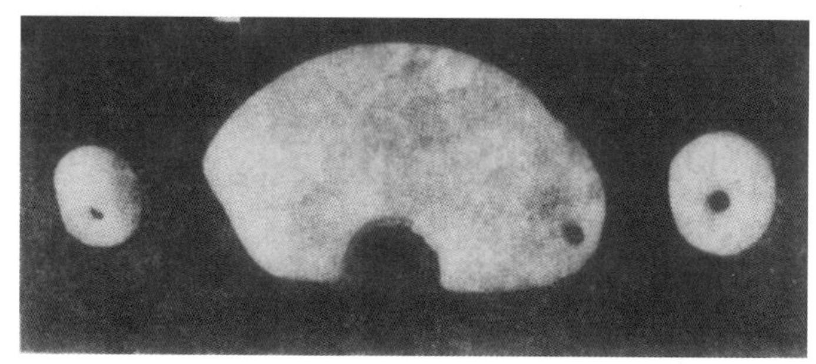

图七五　玉器
左1、3：珠（88M11：3、12）　左2：璜（88M11：4）

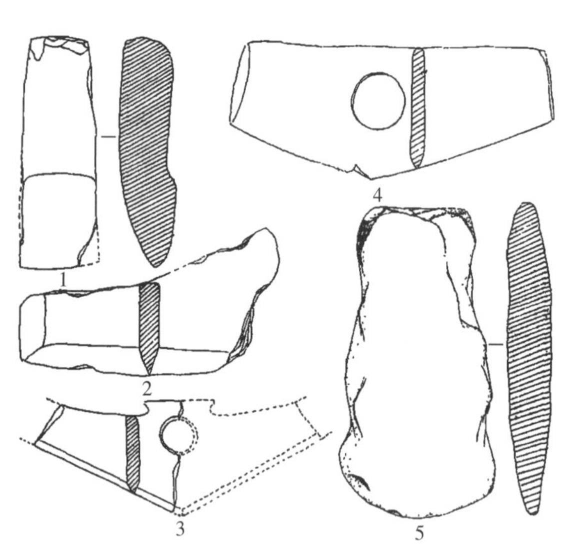

图七六　第三期出土石器
1. 凿（88H5：9）　2. 镰（T4411 河：39）　3、4. 耘田器（T4612 河：2、T4411 河：51）　5. 斧（88H1：12）（1/3）

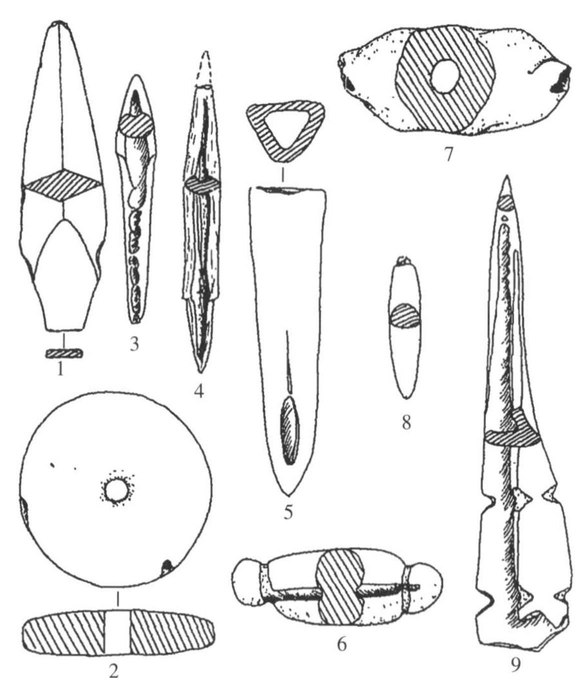

图七七　第三期出土器物
1. 石镖（T4612 河：53）　2. 陶纺轮（87H2：1）　3、4. 骨镞（88M5：2、T4411 河：5）　5. 骨锥（T4411 河：46）　6、7. 陶网坠（T4612 河：67、T4411 河：15）　8. 玉耳坠（T4411 河：9）　9. 骨镖（T4411 河：32）（1/2）

2. 玉饰件：主要出土于墓葬，有管、珠、璜、坠等小件。

3. 生活用具：均为陶器，主要出于墓葬和其他遗迹中。以夹砂陶为主。纹饰除上两期常见的凹凸弦纹和附加堆纹外，出现了菱形纹和篮纹（图七八）；彩绘陶数量增多。器形除前两期已出现的外，新出有粗砂陶缸和薄胎夹细砂鱼鳍形足的鼎，后者胎厚仅 1.24 毫米；鱼鳍形鼎足类型增多，贯耳壶数量增多，还出现少量的袋状鬶足。鼎以釜形为主，有铲足、鱼鳍形足两大类：铲足鼎一般有锯齿纹堆塑；而鱼鳍形足鼎一般素面磨光，胎薄，多有盖，底部有火烧痕迹。豆以盆形为主，还有钵形，矮粗把；有的口沿上刻眼眉纹，有的口沿上有耳状堆塑。罐侈口，敛颈，圆弧腹，平底；口沿有锥刺形刻划符号的比第二期增多。大口缸均为夹砂陶质，主要见于 88M1 和 88H1 内，河道中也见少量残片。还有瓮、钵、盆、杯、盘、贯耳壶、器盖、甗、簋、釜等。

4. 植物种子：取这一期包含的灰加以淘洗，发现大量植物种子。目前经鉴定已确认的有粳稻、籼稻、红蓼、甜瓜、芝麻、菱角、葫芦、酸枣等8种。

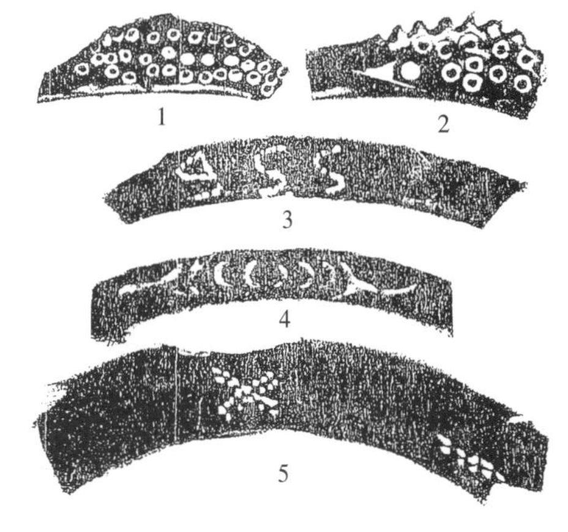

图七八 第三期出土陶器纹饰拓片

1、2. 圆圈纹 3. “S”形锥刺纹 4. 弧线三角形纹与指甲纹 5. 锥刺纹（1/2）

五、结语

对江苏吴江龙南遗址发掘的最大收获，是发现了原始村落，探明了村落的部分布局，看到影响村落兴衰的关键在于河道，使我们对太湖流域原始村落有了新的认识。

龙南遗址第一期文化面貌以黑皮陶、灰陶等泥质陶为主，带有崧泽文化的某些因素和特征，如鼎足为铲形、扁凿形、扁平侧三角形等，鱼鳍形鼎足少见（图七九，1），腹部均有一周锯齿纹堆塑；有些杯底还有似花瓣形的缺口；少量的豆把分成几段，有小弧线三角形和圆孔等纹饰。但各种陶器器腹缺乏明显的崧泽文化陶器的折肩折腹、凸棱、瓦棱。如鼎上腹部普遍较直；豆的分段式趋向消失，而以矮粗把为主。此外，刻划线条也不如崧泽文化中的流畅。与张陵山新石器时代遗址中的下层墓葬及崧泽遗址中的中层墓所出器物相比，明显缺乏上述崧泽文化特征。与上海松江汤庙村遗址所出遗物比较，共同的特征较多，器物也相接近：如汤庙村M1的剔划纹口沿灰陶盘口沿上的带纹图案，M4的灰陶罐、器盖及鼎的纹饰、造型，

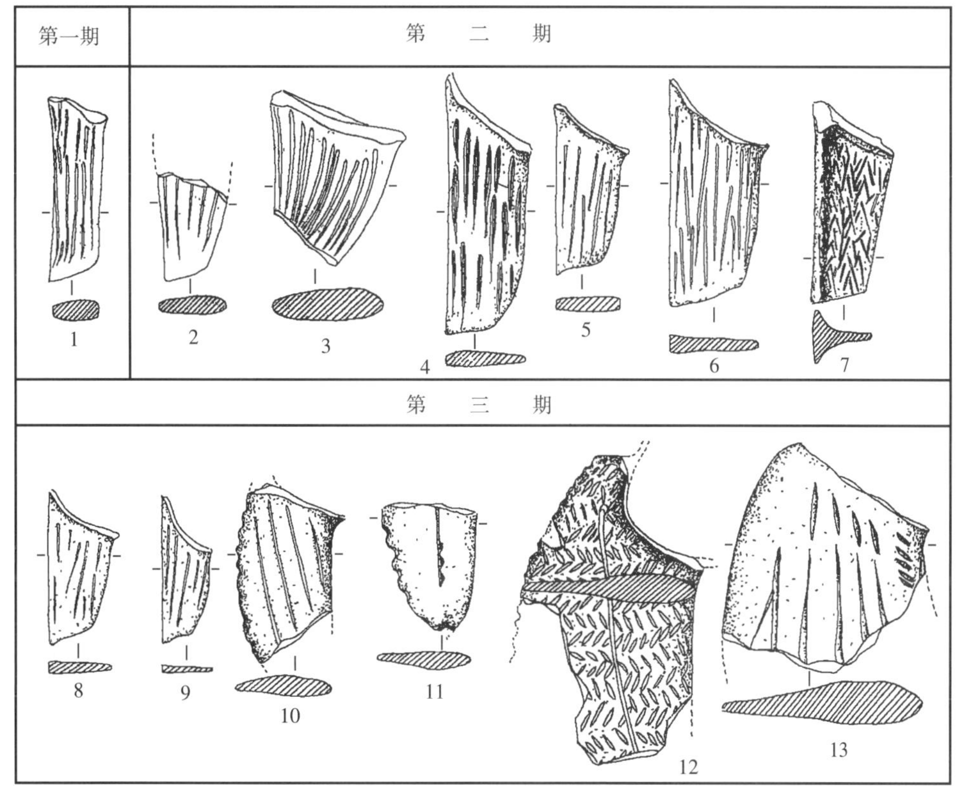

图七九 鱼鳍形鼎足分期图

1. T4509⑥：6 2. T4102⑤：1 3. 88F1：11 4. 87F3：4 5. 88F1：12 6. 88H20：23 7. 88H20：31 8. 88M6：4 9. 88M10：6 10. 88H1：23 11. 88H1：24 12. 88H1：18 13. 88H1：25（1/5）

都与龙南遗址同类纹饰或同种器比较相似。但龙南遗址缺乏如汤庙村 M1 的花瓣足黑陶壶等凸棱明显的器物，还缺乏 M4 方形镂孔灰陶豆一类分段式的豆。龙南遗址第一期出土了较多的三角形石刀。这一期 T4611⑦的木头的^{14}C 测定年代为距今 4785 ±80（树轮校正为 5360 ±92）年①。因此将这一期定为崧泽文化与良渚文化的过渡期较为妥当。

第二期明显出现了新器物，如陶器中的贯耳壶、鱼鳍形鼎足（图七九，2~7）等具有良渚文化早期特征的遗物，尽管数量不多。从 88F1 所取草木灰的^{14}C 测定年代为距今 4685 ±90（树轮校正为 5240 ±92）年②。从 88H22 所取灰的^{14}C 测定年代为距今 4595 ±80（树轮校正为 5135 ±92）年③。因此将第二期定为良渚文化早期较为妥当。也就是说，龙南新石器时代村落是良渚文化早期的村落，大约距今 5200 年。

第三期出现了大量的鱼鳍形足（图七九，8~13）的陶鼎、陶贯耳壶及石耘田器等具有良渚文化特征的遗物。从 87F1 所取灰的^{14}C 测定年代为距今 4280 ±125（树轮校正为 4750 ±108）年④。88H1 的木炭的^{14}C 测定年代为距今 4290 ±100（树轮校正为 4765 ±108）年⑤。考虑到这一期文化跨度大，宜统称为良渚文化。

龙南遗址的发掘和初步研究，得到了许多单位和专家的大力支持。

第一次发掘结束后，我们特请浙江农业大学游修龄先生对遗址中出土的植物种子进行了鉴定。

在第二次发掘中，江苏省农业科学院稻作组的同志深入现场，与我们一起进行淘洗灰的工作，收集了较多的稻粒，并首次采用植物蛋白石分析法对稻种进行了分析。

上海自然博物馆黄象洪先生亲临现场，对墓葬中的人骨架进行了性别、葬式等鉴定。

南京师范大学地理系肖家仪老师在现场采集了各层位的孢粉样品，并进行了分析测定。

南京大学历史系考古专业吴建民老师多次到考古工地对出土兽骨进行了详细的分类鉴定。

苏州大学中心实验室对 88F1 所出陶盆（88F1 : 32）中的残羹及 87H8 内的白灰用 X 射线衍射仪进行了成分测定。

遗址中标本的^{14}C 年代，第一次发掘的请中国社会科学院考古研究所碳十四实验室测定；第二次发掘的请北京大学考古学系^{14}C 实验室测定。

在此谨对上述有关单位和个人表示衷心感谢！

参加本遗址发掘、整理的人员有：丁金龙、钱公麟、朱伟峰、张照根、姜节余、吴国良、杨舜融、陆庆荣、陈瑞近。

执笔：钱公麟　丁金龙　姜节余　吴国良
修复：朱伟峰　姜节余
摄影：姜节余
绘图：张照根
拓片：杨舜融

注释

① 中国社会科学院考古研究所碳十四实验室样品编号 ZK－2276、ZK－2271。

② 北京大学考古学系碳十四实验室样品编号 BK－89025、BK－89026、BK－89024。

③ 北京大学考古学系碳十四实验室样品编号 BK－89025、BK－89026、BK－89024。

④ 中国社会科学院考古研究所碳十四实验室样品编号 ZK－2276、ZK－2271。

⑤ 北京大学考古学系碳十四实验室样品编号 BK－89025、BK－89026、BK－89024。

（原载《文物》1990 年第 7 期）

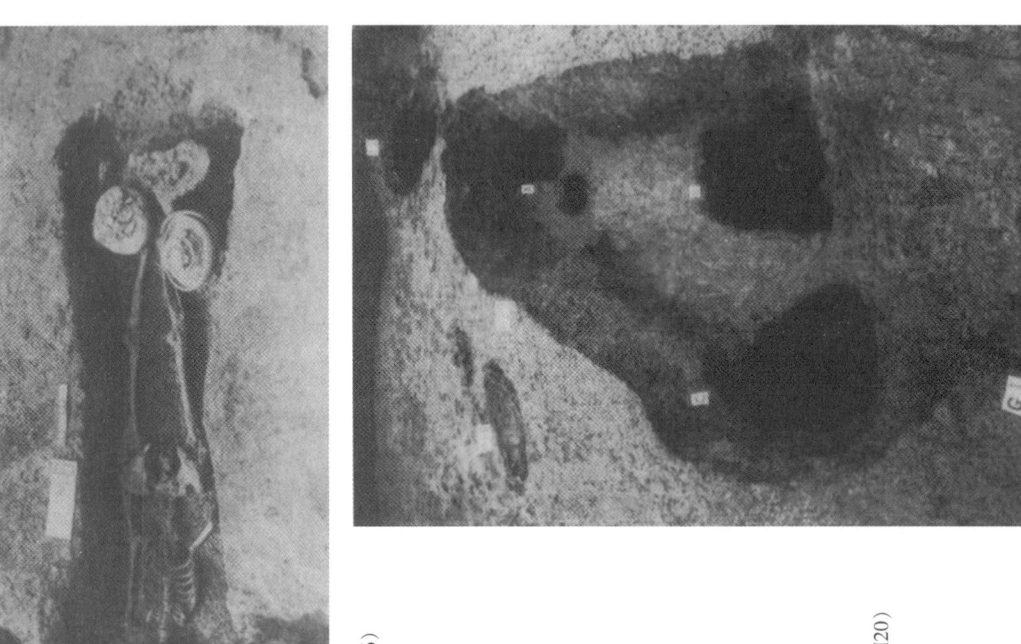

2. 墓葬（87M6）

4. 灰坑（88H20）

1. 灰坑（88H8）

3. 87F4居住面下的灰层和夯窝

图版一　江苏吴江龙南新石器时代村落遗址

1. 鼎（T4103⑦：12）

2. 钵（88H22：21）

3. 鼎（T4103⑥：11）

4. 杯（88H22：6）

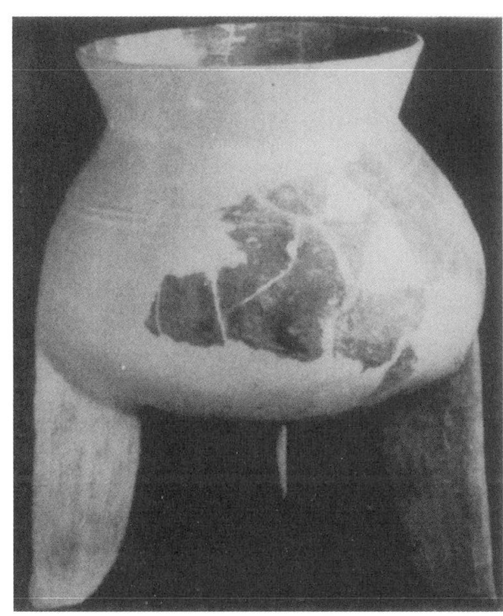

5. 鼎（87F2：12）

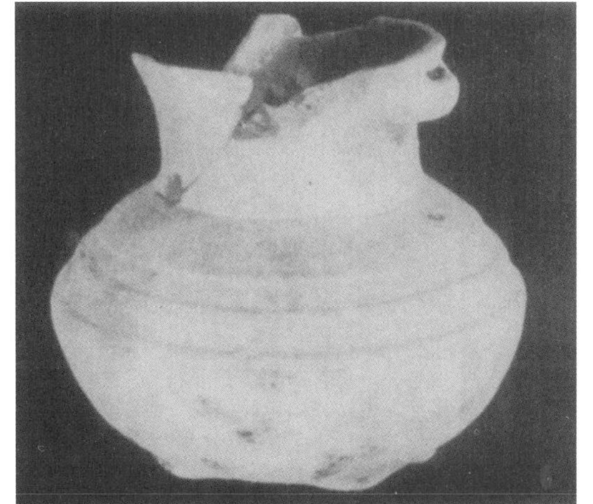

6. 壶（88F1：13）

图版二　江苏吴江龙南新石器时代村落遗址出土陶器

1. 灰坑（88H22）

2. 发掘中的灰坑（88H1）

图版三　江苏吴江龙南新石器时代村落遗址遗迹

1. 道路（88L1）暴露部分（东西段）

2. 墓葬（88M1）

3. 墓葬（88M11）

图版四　江苏吴江龙南新石器时代村落遗址遗迹

1. 鼎（88M1：8）

2. 罐（88M11：1）

3. 豆（88H1：20）

4. 钵（88M11：6）

5. 鼎（88M11：11）

6. 缸（88M1：1）

图版五　江苏吴江龙南新石器时代村落遗址出土陶器

吴江梅堰龙南新石器时代村落遗址第三、四次发掘简报

苏州博物馆　吴江市文物管理委员会

龙南遗址位于苏州吴江市梅堰镇龙南村西南，平（望）湖（州）公路北侧，北距梅堰袁家埭新石器时代遗址2千米[①]。

1984年因修筑公路发现遗址，1987年12月至1988年2月和1988年11月至1989年1月，由苏州博物馆与吴江文管会先后进行了两次发掘，发现新石器时代河道1条、房址13座、灰坑20个、墓葬17座、水井1口、路1条。根据这些遗迹的文化内涵和分布特点，确定龙南遗址为一处新石器时代村落遗址，距今5200~4700年[②]。

第三、四次发掘是为了配合梅堰镇基建，继续由苏州博物馆与吴江文管会合作，对遗址进行抢救性发掘。发掘地点位于第一、二次发掘区北面50米，防风林南面50米的基建范围内。

第三次开挖2米×10米探沟3条（91T1~91T3），2米×2米探坑2个（91E坑，91W坑）及局部扩方2平方米，合计发掘面积70平方米。

第四次发掘开挖10米×10米（97T2）、10米×5米（97T1）探方各1个，合计面积150平方米，其中97T1与91T1、91T2相连。第三、四次发掘共计发掘面积220平方米（图一）。

一、地层堆积

第三、四次发掘地层堆积基本一致。现以97T2东壁剖面为例介绍如下（图二）：

第1层，农耕层，黄灰色土，又分两小层。第1A层土质疏松，厚0.1~0.15米。第1B层土质稍紧密，厚0.05~0.15米，此层下压六朝灰坑与水井。

第2层，黑灰色土，土质较软，分布在探方南部，厚0.4~0.8米。出土遗物较多，有印纹陶大口瓮、瓦棱纹灰陶盆、钱纹釉陶罐、双系灰陶罐和青瓷碗、盏等。另有砺石、花纹砖块等。还发现春秋战国文化遗物。

第3层，浅棕色和灰白色粉砂土，又分两小层。第3A层以棕色土为主，含铁锈斑和少量灰白色土，厚0.1~0.15米。第3B层以灰白土为主，含铁锈斑，底部有一层1厘米左右铁锰结核层，厚0.1~0.65米。

第4层，黄灰色亚黏土，含铁锈斑，土质较硬，厚0.1~0.2米。出土遗物较多，陶器有大口缸、

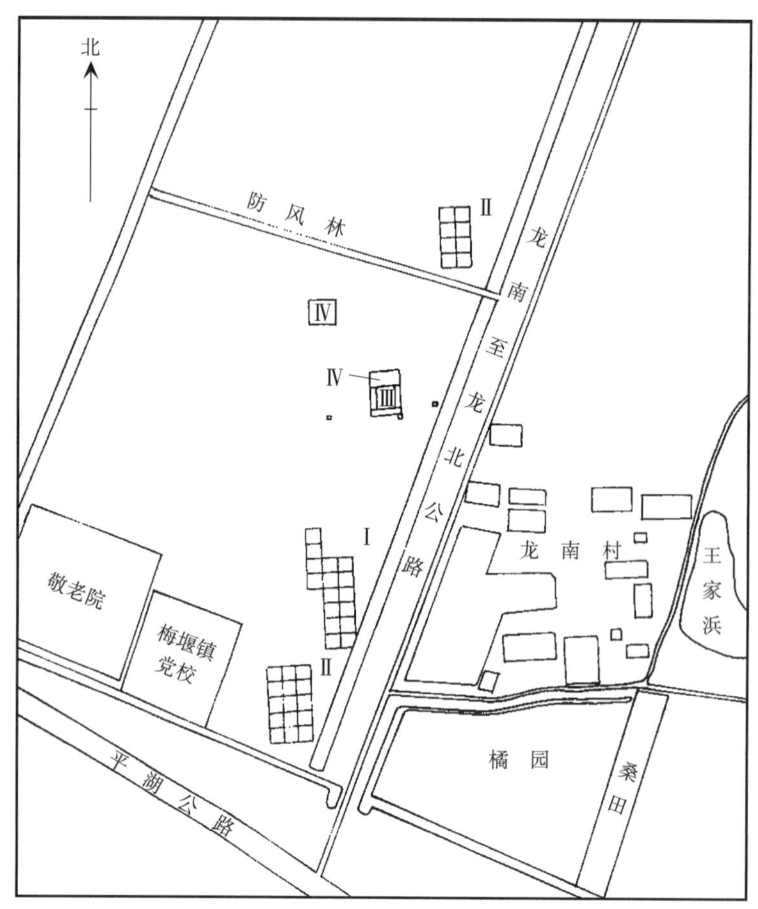

图一 龙南遗址第一至四次发掘探方位置

Ⅰ、Ⅱ.1987、1988年第一、二次发掘探方 Ⅲ、Ⅳ.1991、1997年第三、四次发掘探方

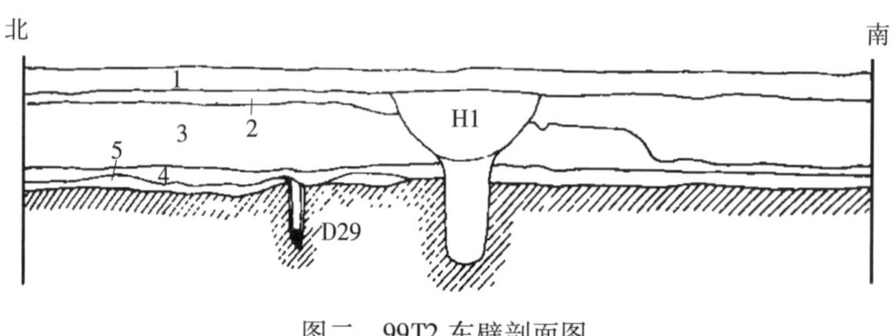

图二 99T2东壁剖面图

高领罐、圈足盘，三角刀形、宽扁形鼎足和鬶等。石器有斧、镞、锛等，多为残件。另外，在这层表面发现有碎陶片堆积层，分布面较广。

第4层下压F1。

第5层，为灰白色生土层。

根据地层叠压关系与出土器物特征分析：第2层为六朝文化层；第3层无包含物，为自然堆积层；第4层为良渚文化层。第三、四次发掘六朝文化遗存有第2层和第1层下的遗迹。良渚文化有第4层和第4层下的F1。

二、遗迹与遗物

（一）良渚文化

1. 遗迹

第二次发掘发现有一条用碎陶片铺筑的路（88L1），其中路的东面衔接有较大范围的碎陶片面，且陶片块都比较小，显然是由人工铺垫的。第三、四次发掘在第4层面上也发现用碎陶片铺垫的层面。第四次发掘的碎陶片面下压97F1（图三），陶片面是97F1废弃后形成的堆积即F1∶1，去掉后，发现一根根条木，分南、北两排，分布密集，基本呈东西向排列。南、北两排条木之间相距约1米，东西贯通整个探方并向东向西延伸至探方外。另外在南、北排木之间发现有1.4米×1.2米范围的木板残痕，木板上还发现有编织席纹痕迹（图三，6）。在北面排木上还发现有三处人类生活遗留的堆积。其中东面有一陶灶，灶内及附近出有2件陶鼎、2件陶罐和1件陶壶（图三，2；图七，9）。中部有1件陶甗、2件陶鼎和陶壶、陶盆各1件（图三，3；图九，12；图八，21）。西面有1件陶甗、2件陶鼎和1件陶罐（图三，4；图七，4）。这是97F1使用堆积即F1∶2。在南、北两排排木下，发现木桩30个（D1至D30）分布情况与上面排木范围一致。其中南面有木桩18个（D1～D18），北面有木桩12个（D19～D30）。通过对其中22个木桩的解剖，木桩大部分为圆形，直径5～14厘米，长23～115厘米，一头削尖后打入生土30～110厘米（图四）。

根据97F1的堆积层次和木桩的分布排列情况，大体可以得知97F1的平面形状与结构。30个木桩南面分布18个，分列两排，靠北一排分布10个，南边一排分布8个；北面分布12个。从南至北分布三排木桩，第1排和第2排木桩南北相对，间隔0.6米左右，东西间隔也有规律，其中第2排从东往西分别间隔距为3.4米（D17至D14）、2.4米（D14至D11）、2.4米（D11至D8）。而第3排木桩从

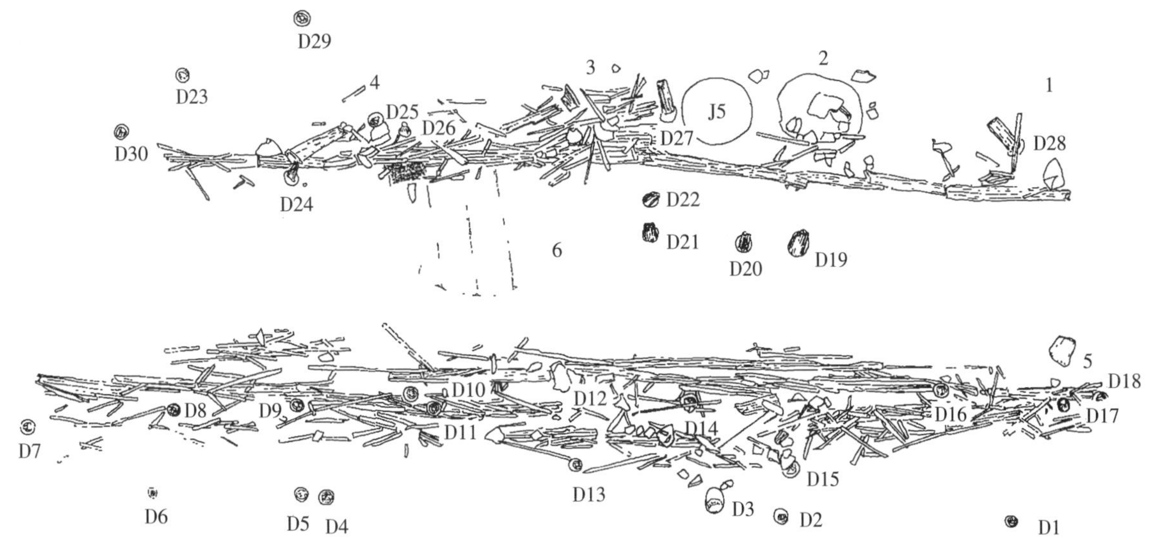

图三　97F1平面图

1. 陶器盖（F1∶1－1、1－2）、陶壶（F1∶1－3）　2. 陶甗（F1∶2－1）、陶鼎足（F1∶2－2、2－3、2－4）　3. 陶盆（F1∶3－1）、陶鼎足（F1∶3－2、3－3）　4. 陶鼎（F1∶4－1）、陶鼎足（F1∶4－2、4－3）　5. 陶鼎足（F1∶5－1）、陶盖纽（F1∶5－2、5－3）、陶豆把（F1∶5－4）、陶器盖（F1∶5－5）、陶罐（F1∶5－6）　6. 残留木板及编织纹

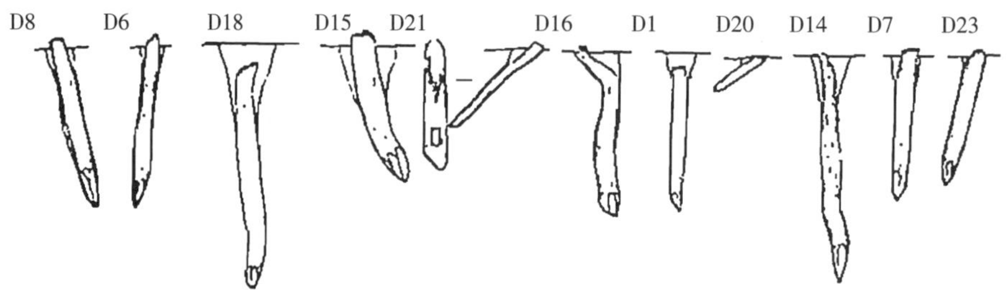

图四　97F1 木桩剖面图

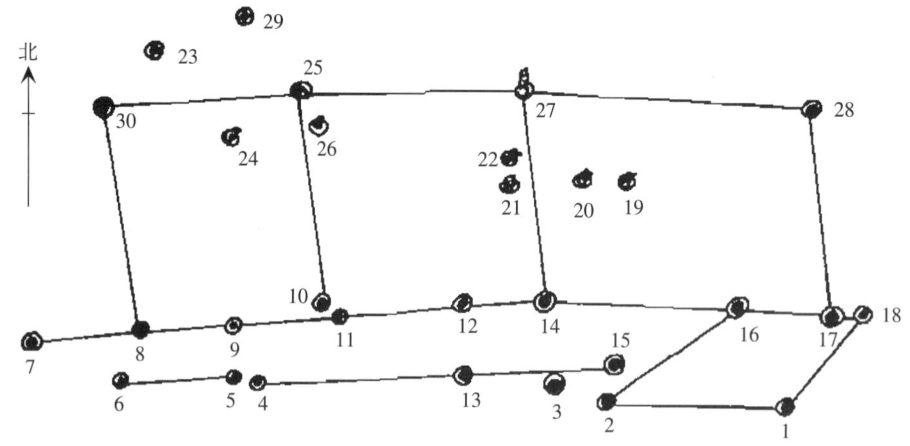

图五　97F1 木桩分布图

（19~22 为扁方木桩，余均为圆形木桩）

东往西间隔距离分别为 3.3 米（D28 至 D27）、2.7 米（D27 至 D25）、2.4 米（D25 至 D30）（图五）。第 2 排和第 3 排木桩不仅东西间隔距离相近，而且南北间隔距离相同，多为 2.6 米（D30 至 D8、D25 至 D11、D27 至 D14、D28 至 D17）。从这些木桩的分布规律看，南面双排木桩可能为房子的走廊基础，走廊北面为房内，房子东西向探方外延伸，根据东西木桩的排列方内可分为三间，每间房子的开阔从东往西分别为 3.4 米、2.4 米和 2.4 米。第 2 排木桩和第 3 排木桩南北间距为房子的进深，现为 2.6 米。但根据房子长宽比例看，房子的进深太小。为此推测，第 3 排木桩为房子中间承接梁架的基础木桩，大约还有 1/3 部分在探方北面以外，而且在探方北壁上已发现一个柱洞（D29），这就是一个佐证。这种房子的建筑结构形式，应是以木桩为基础架空于地面的干栏式建筑。

2. 遗物

（1）陶器

陶器多为残片，陶系以夹砂陶为主，约占 62.50%，泥质陶次之，约占 37.50%。夹砂陶中红褐陶占 21.59%，灰陶占 21.13%，黑陶占 14.47%，夹碳陶占 3.37%，粗砂陶占 1.38%，红陶占 0.23%。泥质陶中，黑皮陶占 20.8%，灰陶占 10.03%，红陶占 6.66%。陶器制作多见于手制或手制轮修，有些器物制作较粗糙。陶器纹饰常见刻划纹和弦纹，另有篮纹和镂孔，少量锥刺纹。刻划纹饰于鼎的肩、足部，弦纹饰于罐、瓮肩腹部、盆的颈部和豆柄部。篮纹主要见于缸的腹底部。陶器的器形按出土的比例多少，依次为鼎（甗）、罐、豆（盘）、盆、缸、瓮、鬶、盉、壶、器盖等。

图六　龙南遗址出土器物

1. 陶鼎足　2. 石锤　3. 瓷鸡首壶　4. 青瓷碗　5. 釉陶碗　6. 釉陶杯

鼎（甗）　鼎与甗仅从口沿上很难区分，腹内有一周箅隔，腹壁较直。在遗址出土陶器中鼎（甗）的数量最多，约占60%。为夹砂灰黑陶或夹砂红褐陶，质较硬，器表手触之有砂质感，较粗糙。大多数为罐（釜）形鼎。91T3④:9，直口厚唇，口沿或肩部饰划纹（图七，1）。91T1④:10、91T3④:35为方唇

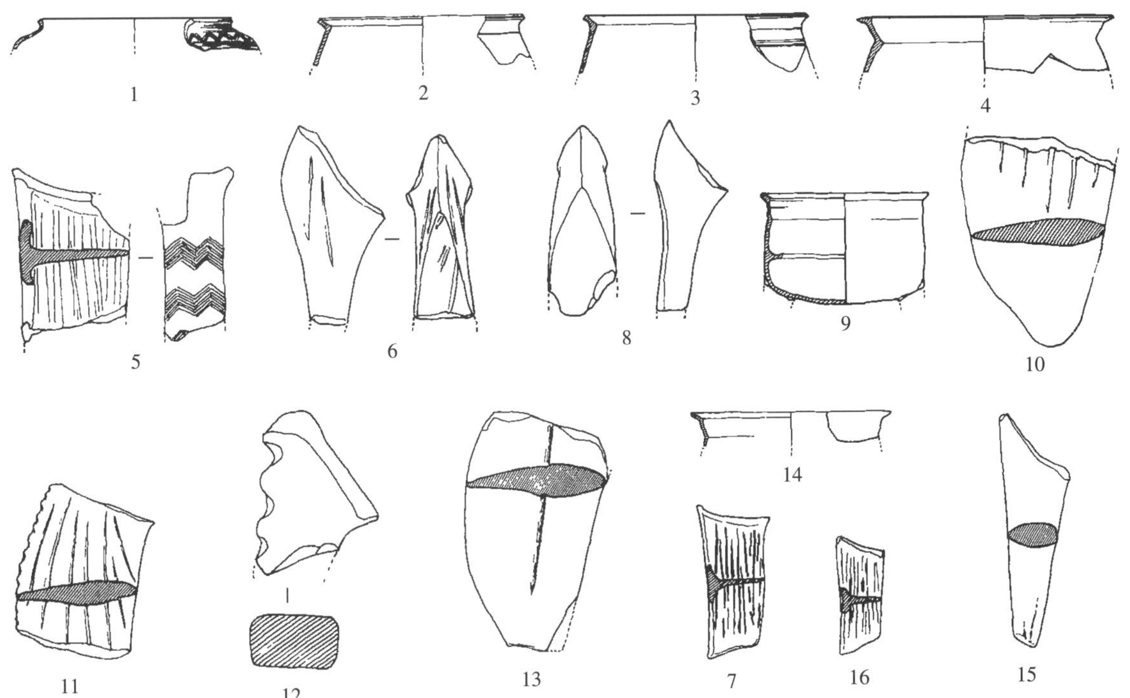

图七　良渚文化陶器

1~4、13、14. 鼎（91T3④:9、91T1④:10、91T3④:35、F1:4-1、91T1②、97T2④:101）　5~8、10~12、14~16. 鼎足（F1:5-1、91T3④:5、F1:3-2、97F1:2-1、T1T3合:3、91T3④:14、91T3④:18、F1:3-2、91T1④:1、97T2④:1）　9. 甗（97F1:2-1）

窄沿外折（图七，2、3）。97F1∶4－1、97T2④∶101 为圆唇宽折沿（图七，4、14）。97F1∶2－1 为1件复原的，圆唇，窄折沿，直壁，腹内有一周 隔，底部有烟灰，三足残缺（图七，9）。另有多种形状的鼎足，其中三角刀形和两侧有划纹的宽扁形鼎足最为常见（91T3④∶3、14，91T1④∶1、9、18），其次为“丁”字形鼎足（97F1∶3－2、5－1，97T2④∶56），少量凿形鼎足（91T3④∶5，97T2④∶62）（图七，10、16、11、15、13、12；图六，1）。

罐　数量仅次于鼎，但能挑选的标本很少。大量的为罐腹片。陶质以泥质灰陶为多，少量为泥质黑陶。常见高领罐，罐的口沿变化较大，有弧沿外卷或外翻，个别沿面上有锥刺纹（91T3④∶52、9）或斜折沿（91T3④∶12），还有沿面下凹外折（91T3④∶50）以及有一种直口，颈部有凸棱纹的罐（91T3④∶51），还有厚唇，颈部饰弦纹，肩部有划纹（91T3④∶32）（图八，15、2、3、4、14、1）。

豆均为泥质陶。豆的盘与柄，因没有复原完整器，在此只能分开介绍。盘分敞口深弧腹（91T3④∶23、25），直口斜折腹（91T3④∶29、12）和敛口弧腹（91T1④∶12），另有口沿上附耳的浅腹式豆盘（91T3④∶27）（图八，6、9、23、7、10、8）。豆柄多为竹节形，一般为多竹节的，单竹节的很少。柄部常有镂孔，其中一件柄上刻划谷粒纹（91W④∶1，91E④∶3，91T3④∶21，97T2④∶87）（图八，22、11、16、13）。

盘　泥质灰陶或泥质黑皮陶。97T2④∶82、29，敞口，弧壁，矮圈足，盘外壁有瓦棱纹（图八，18、17）。91E④∶8、97T2④∶86，圈足盘的圈足一般都比较大且矮（图八，5、12）。

盆　大多为黑皮陶，宽沿敞口，折肩或圆鼓肩。复原1件。97F1∶3－1，肩部有弦纹，平底（图

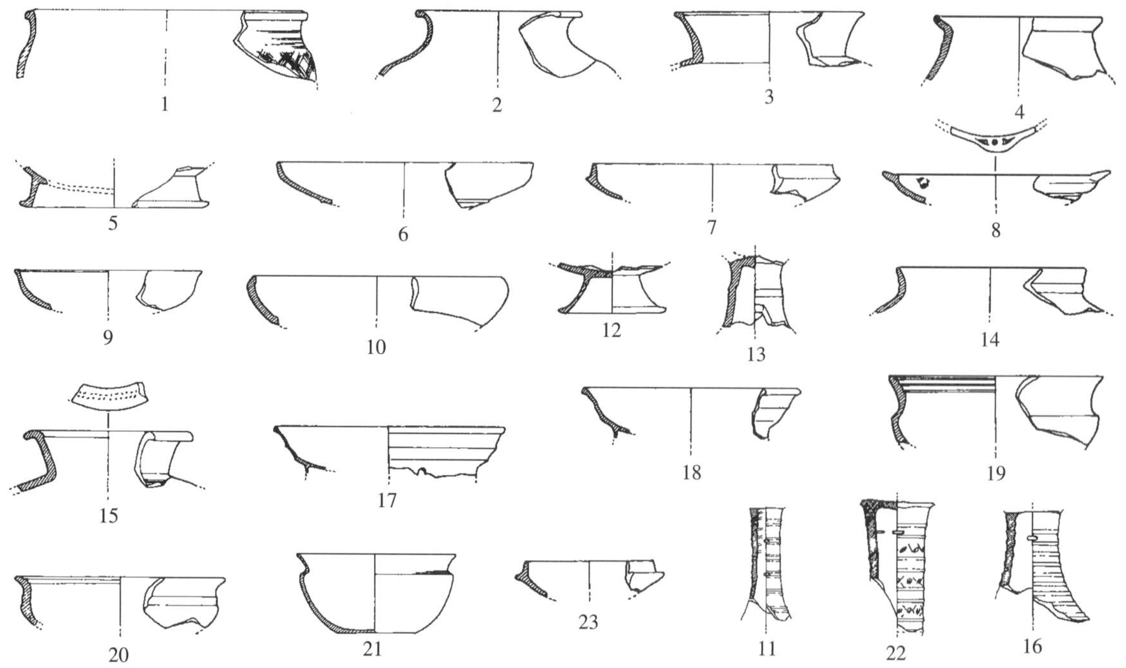

图八　良渚文化陶器

1~4、14、15、19. 罐（91T3④∶32、91T1④∶9、91东T④∶12、91T3④∶50、91T3④∶52、91T3④∶51）　5、12. 圈足（91东T④∶8、97T2④∶86）　6~10、23. 豆盘（91T3④∶23、91T3④∶12、91T3④∶27、91T3④∶25、91T1④∶12、91T3④∶29）　11、13、16、22. 豆把（91东T④∶3、97T2④∶87、91T3④∶21、91西T④∶1）　17、18. 盘（97T2④∶79、97T2④∶82）　20、21. 盆（91T3④∶68、F1∶3－1）

八，21）。91T3④：39、68，沿面外翻，沿面上有数道凹弦纹（图八，19、20）。

缸　粗砂红褐陶，胎厚。91T3④：44，圆厚唇，窄沿。97T2④：107，敞口，折沿，沿下外壁有一凹槽（图九，3、4）。

瓮　夹砂红褐陶。97T2④：96，敛口，斜领，广肩（图九，1）。

鬶　发现残片较多，能挑选的标本有鬶的腹裆、把手和足，泥质陶和夹砂陶都有。足皆为尖空足，把手多见宽把，上有划纹（91T1④：8、97T2④：73、55）（图九，11、5、17）。

盉　仅见足和把手。足以羊角形实心足（97T2④：61、63、64），把为拱形（97T2④：60）（图九，23、25、24、26）。

壶　多为泥质黑皮陶，标本较小，稍完整的仅1件。97F1：3－3，口残缺，束颈，下垂腹，圈足（图九，12）。

器盖　夹砂陶和泥质陶都有。97F1：5－2，夹砂陶，内外都有一层黑皮，盖纽口外卷，覆盆式盖，为一鼎盖（图九，2）。91T3④：65，泥质黑衣陶，盖较小，为碟盘形，可能为壶盖（图九，18）。另有多种形态盖纽，有浅碗式、盅形、细长形等（91T3④：66、47，91E④15）（图九，30、35、10）。

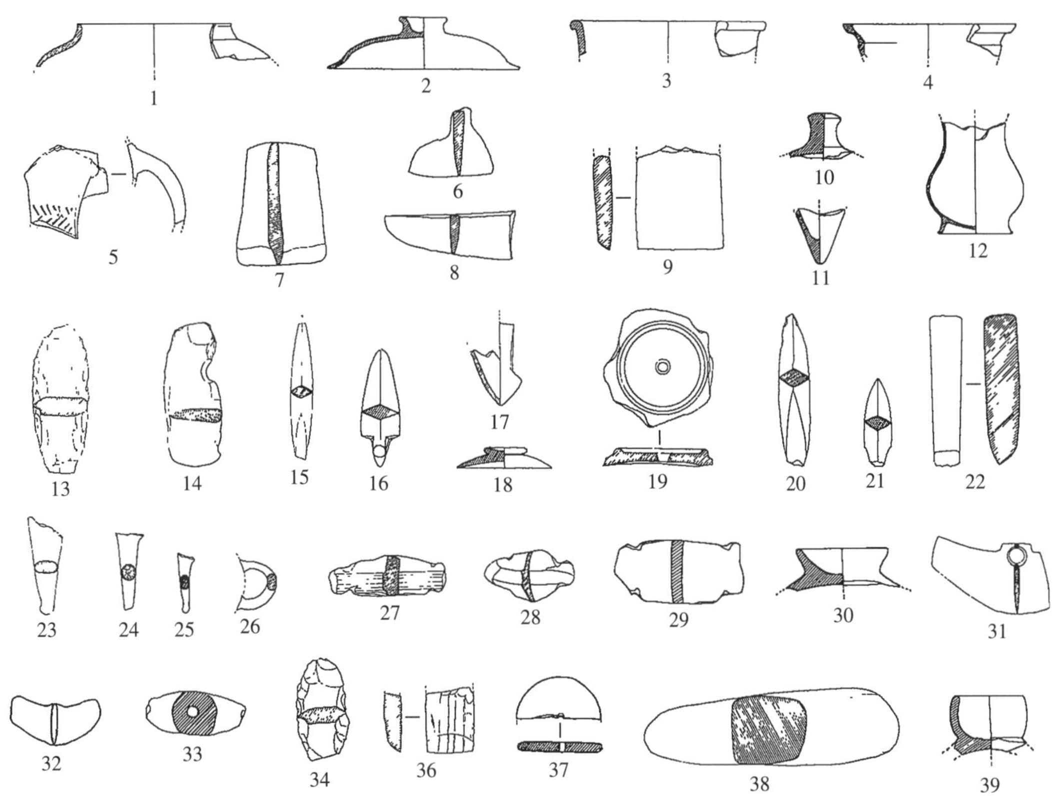

图九　良渚文化陶器、石器

1. 陶瓮（97T2④：96）　2. 陶鼎盖（F1：5－2）　3、4. 陶缸（91T3④：44、97T2④：107）　5、26. 陶器把（97T2④：73、91T2④：60）　6、8. 石刀（97T2④：25、96T2④：3）　7. 石斧（97T2④：19）　9、36. 石锛（97T2④：10、97T2④：7）　10、18、30、35. 陶器盖（91东T④：15、91T3④：65、91T3④：66、91T2④：47）　11、17、24、25. 陶器足（91T1④：8、T2④：55、97T2④：64、97T2④：63）　12. 陶壶（F1：1－3）　13、15、20、34. 石标（97T2④：6、97T2④：18、97T2④：12、97T2④：21）　14、19、37. 陶纺轮（97T2④：4、91T1④：5、91T3④：1）　16、21. 石镞（91T3④：3、97T2④：16）　22. 石凿（97T2④：13）　23. 陶鼎足（97T2④：61）　27~29、33. 网坠（91T1④：3、91东T④：2、97T2④：54、91T1④：1）　31、32. 石耘田器（97T2：24、97T2④：5）　38. 石锤（91T3④：16）

网坠　多为泥质陶，数量较多，大部分用陶器残片加工制成。91E④：2、91T1④：3、97T2④：54，长方形，两端磨圆或磨去边棱，然后再对称磨出四个缺口（图九，28、27、29）。另一种用泥捏中空，两端内收呈橄榄形（91T1④：1）（图九，33）。

纺轮　泥质灰陶。91T3④：1，残半。器形为扁圆饼形，两面都平，中有一小孔。91T1④：5，利用杯底，中钻有一孔（图九，37、19）。

（2）石器

石器亦多残件。制作多数比较粗糙，有的打制后未经磨光。器形有耘田器、锛、凿、斧、刀、鱼标。

耘田器　2件。97T2④：5，灰色石料。制作粗糙，未经磨制和穿孔。T2④：24，灰色。通体磨光。双翼形，一翼残缺，平背，近背处有一孔，双面锋刃（图九，32、31）。

锛　2件。均残缺。灰白色石料。97T2④：7，磨光。长方形，残剩头部。上有片状条纹。97T2④：10，长扁宽形，上段残缺。体表光洁（图九，36、9）。

镞　10件，大部分铤部或前锋残缺。分体大厚实和体小扁薄两种，截面均呈菱形，扁铤。97T2④：18，灰色。长柳叶形，铤与前锋略残缺。97T2④：12，灰黑色。磨制光洁。97T2④：16，黑色。镞的两翼尾与铤呈钝角，圆铤。91T3④：3，灰白色。双翼尾部为直角，圆铤（图九，15、20、21、16）。

凿　1件。97T2④：13，青灰色石料。通体磨光。长条形，单面刃略残（图九，22）。

斧　均残件。97T2④：19，青灰石。磨制粗糙。残为梯形，较扁，刃较钝。97T2④：4，黑色。为用残的穿孔石斧加工改制，长扁条形下有圆钝刃口，上部一侧残留半个孔（图九，7、14）。

刀　2件。97T2④：25，黑色。靴形，上有直柄偏一侧，刃微弧，较锋利。97T2④：3，灰黑色。残存前半部刀头，背下凹，头略上翘，双面刃（图九，6、8）。

鱼标　2件。均制作粗糙。97T2④：6，黑色。前锋和边锋皆较钝，铤略扁。97T2④：21，青色。未经磨制。侧边打击痕清楚（图九，13、34）。

石锤　1件。91T3④：16，长条形卵石，两端为圆头均有锤击痕（图六，2；图九，38）。

（二）六朝文化

1. 遗迹

有水井、灰坑

（1）水井共5个，编号97J1～97J5，平面均为圆形，全都开口在第1层下。择其出土遗物比较丰富的介绍如下。

J3位于T2西南部。口距地表深0.3米、口径1.6米、深1.5米。井内填土上层为黑灰色，较松软，下层为青灰色淤土。井口出土数块砖，其中一块完整，长35、宽17.5、厚4.5厘米。另有一块钱纹砖（97J3：4）和一块上有手印的砖。下层出土网格纹青瓷钵、青瓷盂等。

J4位于T2北部偏东，口距地表深0.30米、口径0.8米、深0.97米。井内土呈黑灰色，含灰白淤土。出土遗物较多。器形有青瓷碗、杯、黄釉碗和灰陶盆等。

（2）灰坑共2个，编号97H1、97H2。皆开口在第1层下。

H1位于T2东部，坑口距地表深0.20米，大部分在东部探方以外。在方内南北直径2.13米。坑口上部为敞口，剖面为半圆形。填土黑灰色。出土黑陶盆、钵和圆形陶片。下层坑的形状为直筒形，填土为青灰色淤土，出土青瓷鸡首壶、青瓷碗、盏、罐和泥质灰陶盆等（图二）。

H2 位于 T2 东南部，椭圆形，口径南北 2.9 米、东西 1.35 米、深 0.85 米。坑口有一层灰黑色土，底部为淤土。坑底出土泥质黑陶牛鼻耳罐、印纹陶瓮、灰陶宽沿盆等。

2. 遗物

六朝文化遗物有青瓷器、陶器和少量石器。

（1）青瓷器釉色以青绿釉为主，少量豆青色。豆青釉主要在鸡首壶和盘口壶上；青绿色釉施于碗、盏上。施釉一般不及底，部分器物上见有挂釉如泪痕，色较深。较精致的鸡首壶等施釉厚薄均匀，有光泽感。大部分器物施釉厚薄不匀，釉色不一而欠光泽。青瓷器胎色为灰白色和灰黄色。胎中含杂质，罐等大件器物胎质粗糙。碗、盏类器的内底都有支钉痕三至八个不等，且以长方形痕为主。器物采用大小相叠套的烧造方法，而最底下的器物往往受压而变形。纹饰以素面为主，常见带状纹，如网格纹，水浪形划纹、弦纹，组合云纹和连珠纹（图一二，1、2、3、4、5、8、10；图一三，4）。另有较多的几何印纹，如钱纹，条棱纹，三角与条纹组合，三角与方格、条纹组合、“米”字形与窗格纹组合（图一二，1、7；图一三，9、1；图一四，7、5、2）。器形有碗、盏、罐、鸡首壶、盘、洗等。

碗　29 件。多为青绿釉。97J4∶1，完整。施釉略厚，釉色发亮。内底有六个支钉痕。97J3∶1，完整，施釉较薄，釉色发暗。腹部有一周细网格宽带纹。内底有八个略呈长方形的支钉痕（图一○，1、2；图六，4）。

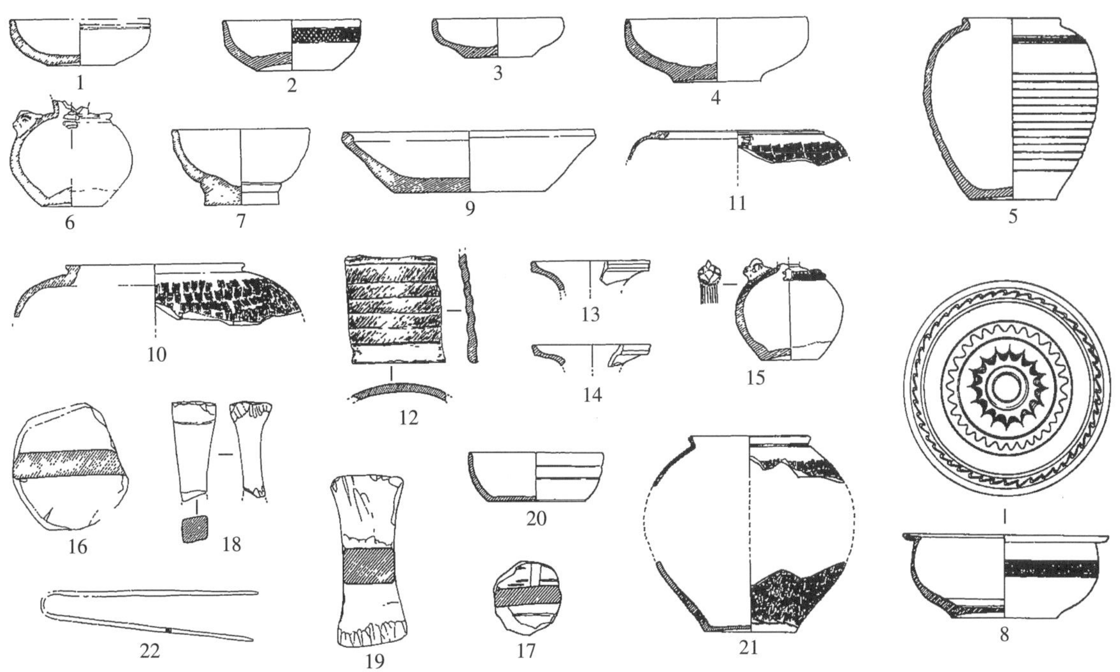

图一○　六朝文化器物

1、2. 瓷碗（97T2J4∶1、T2J3∶1）　3、4. 瓷盏（97T2∶29、97T2J3∶2）　5. 瓷罐（97T2②∶32）　6、15. 瓷鸡首壶（T2H1∶14、T2H1∶12）　7. 盏（97T2②∶27）　8. 瓷洗（97J5∶1）　9. 瓷盘（97T2②∶29）　10、11. 陶瓮（97T2②∶41、97T2②A∶40）　12. 板瓦（97H2∶2）　13、14. 瓷盘口壶（97T2②∶39、97T2②A∶38）　16、17. 陶圆饼形器（J4∶3、J4∶4）　18、19. 砺石（J5∶2、T2②A∶33）　20. 陶钵（J4∶2）　21. 陶瓮（H2∶6）　22. 铜簪（H1∶9）

盏　12件。青釉灰胎。直口或敛口，弧折腹、平底微凹（97T2②：28、97J3：2）（图一〇，3、4）。

罐　7件。多为残器。97T2②：32，青绿釉。肩施六道凹弦纹，上腹以下无釉处露出泥条盘筑留下的一道道瓦棱纹。T2②：37，青釉。直口折肩处有一道凸弦纹，肩下有一横系。腹饰斜方格纹（图一〇，5；图一一，7）。

壶　5件，其中3件为鸡首壶。97H1：12、13、14，一大二小。口颈均残缺。豆青釉。圆鼓腹，肩部相向各塑有鸡首和鸡尾，另相向的一面有一对耳（图一〇，15、6；图一一，10；图六，3）。另2件为壶的盘口。97T2②：38、39，青釉，灰胎。浅盘。盘的外壁其中一件内凹，一件有一凸棱（图一〇，14、13）。

盘　1件。97T2②：29，大部分残缺。青绿釉，外壁口沿下无釉（图一〇，9）。

洗　1件。97J5：1，残半。青釉，色发暗。沿面及内底凹弦纹间皆饰水波纹，内底中间另有水浪纹，浪峰相连呈放射状，中心圆首尾不相接（图一〇，8）。

（2）陶器有泥质硬陶和泥质软陶两大类。泥质硬陶大多为釉陶器，釉色有青釉和酱色釉，泥质软陶一般都没有釉，陶色有灰陶、橙黄、橙红色陶和少量黑陶。纹饰以素面为主，除瓦棱纹外（图一三，2、3），另有较多印纹陶。纹饰有方格纹、“人”字纹、麻布纹（图一三，5、6、8），还有大方格内填小方格纹、重菱纹与凸回字纹组合、曲折纹与回字纹组合、三角填线纹（图一四，1、6、4、3）。器形以罐、盆（甑）、瓮等大件器为主，少量碗、盏、小件器。瓮、罐多矮领、丰肩，肩部附耳，瓮拍印几何印纹。盆一般为宽折沿、斜直腹。大件器都为手制。

罐　15件。97H1：5、8，97T2②A：36，敞口，束颈，鼓肩，肩附双耳，饰弦纹一道或数道。97T2②：31，硬陶。直口，鼓肩，斜腹，平底。施青釉不及底。97H2：3，泥质黑皮陶。直口，溜肩，

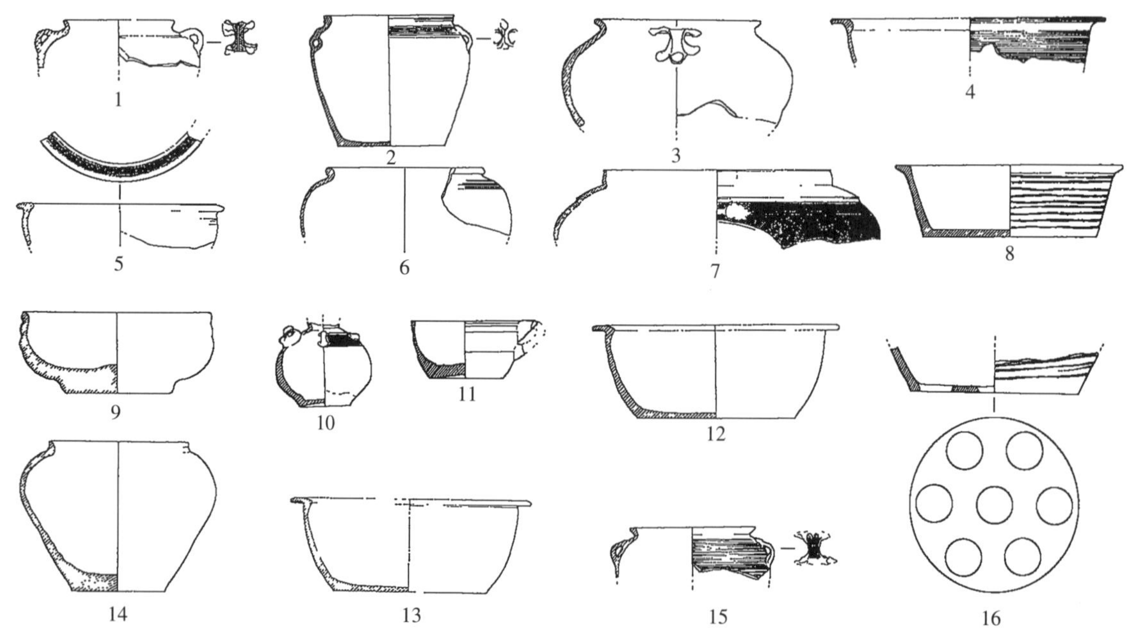

图一一　六朝文化陶器、瓷器

1～3、6、13、15. 陶罐（H1：5、H2：3、T2H1：8、97T2A：35、97T2②：31、97T2A：36）　4、5、12、14. 陶盆（F2H2：5、97T2J3：3、97T2H1：7、T2H1：1）　7. 瓷罐（T2②：37）　8. 陶大盆（97T2A：34）　9. 陶盏（T2②：30）　10. 瓷鸡首壶（H1：13）　11. 陶杯（97T2②B：2）　16. 陶甑（97T2H2：4）

另附牛鼻式双耳。肩饰数十道凹弦纹。97T2②:35，泥质灰陶。肩部饰凹弦纹数道（图一一，1、3、15、13、2、6）。

盆 17件。大都为灰陶，有的外施黑衣。一般为宽折沿，斜直腹或弧腹。97H1:7、J3:3，圆唇平沿。沿面上压印带状纹一周。97H2:5，灰胎黑衣。方唇宽折沿，沿面较平。斜直平腹饰数十道凹弦纹。97H1:1、7，敛口，圆唇，折沿弧面，弧腹平底。97T2②A:34，圆唇，宽折斜直腹，大平底。从颈部至底饰瓦棱纹（图一一，5、4、14、12、8）。

瓮 7件，多为残件。97T2②:40，泥质印纹硬陶。敛口，丰肩。颈以下拍印三角填线纹。97T2②:41，泥质橙红陶。敛口，矮领，广肩。颈以下拍印方块网格纹。H2:6，泥质印纹陶。侈口，折沿，溜肩，弧腹，平底内凹。颈以下拍印三角填线纹（图一〇，11、10、21）。

甑 1件。为一底。97H2:4，泥质灰黄陶。底有七个大孔（图一一，16）。

钵 3件。多为釉陶。T4:2，黄绿釉。口微敛，弧腹，平底内凹。腹壁有两道凹弦纹（图一〇，20）。

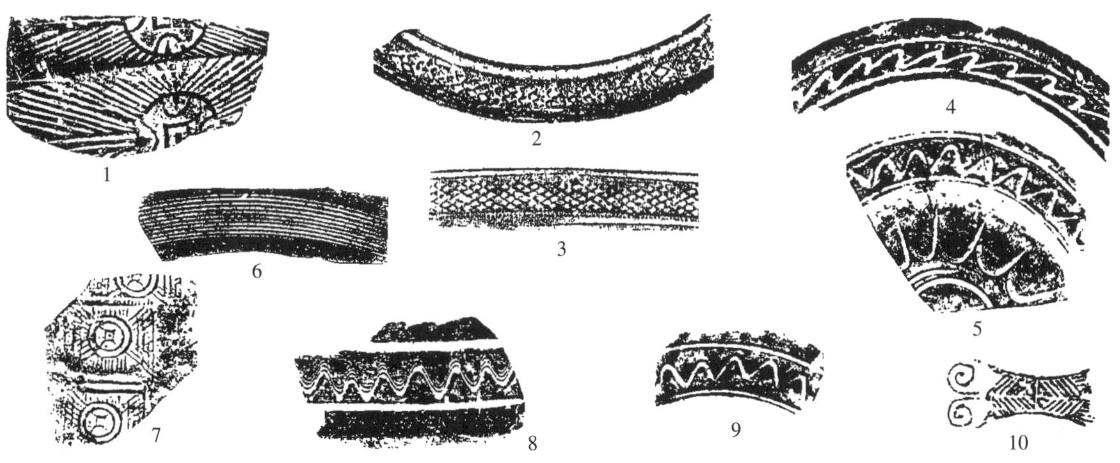

图一二 六朝文化陶器纹饰拓片

1、7. 钱纹（97J3:4、97T2②B） 2、3. 带状网格纹（97J3、97T2②B） 4、5、8、9. 水浪形划纹（97J5:1、97H2、T2②B、97J5） 6. 弦纹（97H2） 10. 蕉叶纹（97T2②A）

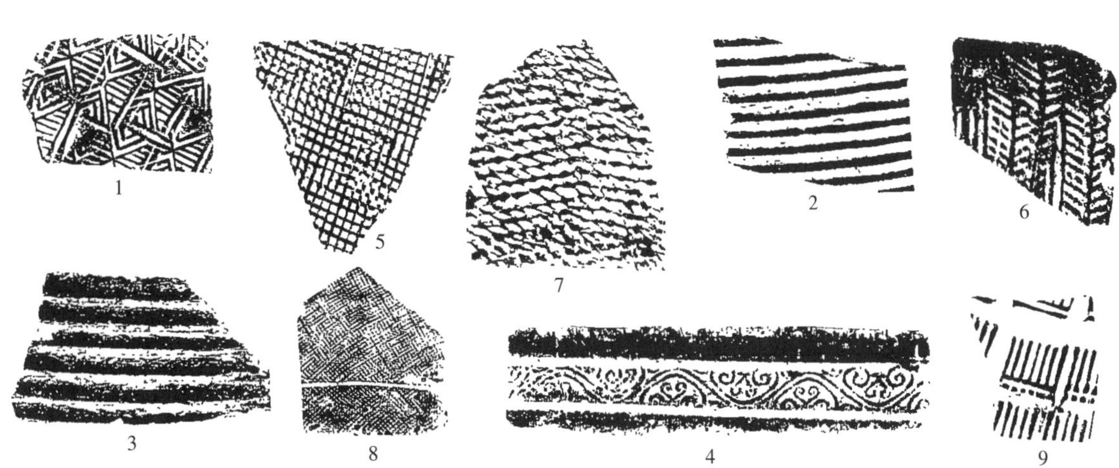

图一三 六朝文化陶器纹饰拓片

1、9. 三角纹与条纹组合纹（97T2②B、97J5） 2、3. 瓦棱纹（97H2） 4. 水浪形划纹（97H2） 5. 方格纹（97T2H2） 6. “人”字纹（97T2②B） 7. 绳纹（97T2H2） 8. 麻布纹（97T2②B）

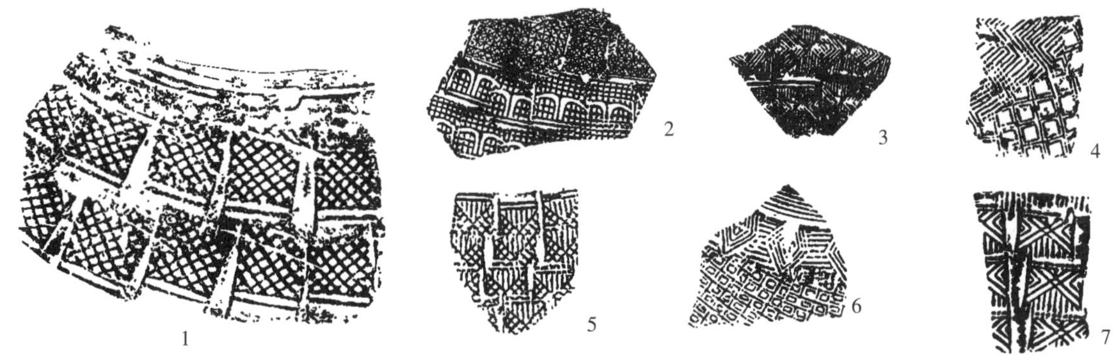

图一四 六朝文化陶器纹饰拓片

1. 大方格内填小方格纹（97H2） 2. “米”字形与窗格组合纹（97T2②A） 3、5、7. 三角填线纹（97T2②B、97T2②B、97T2②B） 4. 曲折纹与回字纹组合纹（97T2②B） 6. 重菱纹与凸回字纹组合纹

碗 4件。多为釉陶。97T2②:27，酱色釉，红胎。口微敛，弧腹，假圈足。腹壁有轮制痕（图一〇，7；图六，5）。

盏 2件。多为釉陶。97T2②:30，黄绿釉。敛口，圆弧腹，假圈足（图一一，9）。

杯 1件。97T2②:2，酱色釉，口微敛，弧腹平底内凹。口沿下有一把，已残；另有四道弦纹（图一一，11；图六，6）。

板瓦 2件。均残件，泥质陶。97H2:2，饰瓦棱纹（图一〇，12）。

圆饼 2件。97J4:P3、4，泥质灰陶。用陶器残片加工成圆饼形，圆周不规整，用途不明（图一〇，16、17）。

（3）石器

砺石 2件。灰白色。

97J5:2，长条形。四面皆有使用痕，中部已磨成束腰状。

97T2②:33，长方形。两侧边有磨痕（图一〇，18、19）。

（4）铜簪 1件。97H1:9，双叉均磨成圆针形，尾部回形处略扁（图一〇，22）。

三、结语

（一）文化内涵与年代

龙南遗址第一、二次发掘确定遗址的性质为一处新石器时代村落遗址，而第三、四次发掘所揭露出的文化内涵，反映了村落的变迁和发展的不同阶段。

《江苏吴江龙南新石器时代村落遗址第一、二次发掘简报》中，把龙南新石器时代分为三期，其中对第三期文化，《简报》的作者已认识到“这一期文化跨度大”[②]。因限于当时的发掘材料而没有再细分。从现有的发掘材料看，可以把第三期中的88H1和88L1以及河道内的土层遗物挑出，单独再分出一期，而这一期正好与第三、四次发掘出土的良渚文化遗物相一致。

第三、四次发掘的良渚文化遗存有第4层和第4层下F1。其器物的特征为：陶系以夹砂陶为主，主要器形有鼎（甗）、豆、罐、盆、缸、鬶等，不见贯耳壶与杯。特别是鼎出现大量的三角刀形和宽扁形足。“丁”字形鼎足和凿形鼎足锐减。竹节细柄豆逐渐减少，出现一种矮圈足盘。罐常见高领，有弧沿、斜折沿、沿面下凹等不同口沿变化。瓮，一般也为高领。缸的口沿为斜出宽沿，胎加厚，鬶为袋足。陶器的制作以手制为主，薄胎器减少，厚胎器增多。纹饰多刻划纹。石器制作粗糙简单等。这些都是良渚文化晚期的特征。特别是大口缸的变化，由早期、中期的直口到晚期演变为侈口斜出沿；从无沿到窄沿再到宽沿的演变；纹饰以菱形为主，转化为以篮纹为主。而袋足的尖空足的出现等都是良渚晚期器形变化的主要特征。大量三角刀形鼎足又与马桥文化鼎足相近。为此，第三、四次发掘的材料所反映出的良渚文化遗存时代较晚，其年代大约距今 4200 年。

（二）村落房子与有关问题

龙南遗址第一、二次发掘发现的 13 座良渚文化房子为浅穴或半地穴式③。而本次发现的房址是以木桩为基础，架空于地面的干栏式建筑。木桩高出地面即生土面 20～30 厘米左右，说明当时房子的居住面高出地面至少有 30 厘米。这种建筑结构的形式主要是由于自然环境的变化。从第三、四次发掘的地层堆积看，在良渚文化层上即第 4 层上有一层灰白色粉砂土，无包含物，为自然形成的堆积。而第 4 层为良渚文化的晚期阶段。在距今 4300 年左右，发生过一次由南向北的大海侵，海侵时的海面约高出现代海面 1～4 米④。在距今 4000 年前后，长江三角洲经历了一次大规模的水侵，很多遗址被淹没⑤。由于环境发生了变化，水位的上升，一种与环境相适应的建筑形式代替了原有的建筑形式。太湖流域为水网地区，地下水位很高，在营造时采用何种建筑形式，必须首先考虑水位的因素。龙南遗址 1987 年第一次发掘，在河道里发现一河埠头（87 埠 1），为了解当时的水位提供了一定的参考依据。河埠上的板面距地表深 1.56 米，而埠头一般总是稍高出正常水位的。因此正常水位要低于 1.56 米，而本次发现的木桩距地表 1.20 米的深度当为此时的水位线，而这一水位线高度正好相当于 88F1 的居住面距地表的深度，说明这一时期的水平面上升了许多，所以需要建造架空于地面的干栏式建筑以避水患，这是当时人类为了生存而同自然抗争的结果。

发掘整理：钱公麟　朱伟峰　杨舜融　陈瑞近　陆庆荣
执笔：张照根　杨舜融　丁金龙
绘图：张照根
拓片：杨舜融

注释

① 苏州博物馆、吴江县文物管理委员会：《江苏吴江龙南新石器时期村落遗址第一、二次发掘简报》，《文物》1990 年第 7 期。

② 苏州博物馆、吴江县文物管理委员会：《江苏吴江龙南新石器时期村落遗址第一、二次发掘简报》，《文物》1990 年第 7 期。

③ 苏州博物馆、吴江县文物管理委员会：《江苏吴江龙南新石器时期村落遗址第一、二次发掘简报》，《文物》1990 年第 7 期。

④ 赵希涛：《中国海岸变迁研究》，福建科技出版社，1984 年。

⑤ 吴建民：《长江三角洲史前遗址的分布与环境变迁》，《东南文化》1988 年第 6 期。

（原载《东南文化》1999 年第 3 期）

江苏吴江县龙南遗址孢粉组合与先民生活环境的初步研究

萧家仪

一、遗址位置和自然环境

龙南遗址位于苏州市吴江县城西南约29千米的海报乡龙南村（图一龙南遗址位置图，略）。在太湖东南的低平原上，湖塘众多。是苏南地势最低的地区。海拔3.3~3.4米（吴淞零点）。年平均气温16℃，降水量139毫米/年。太湖周围的低矮山丘，分布小片常绿阔叶林和常绿、落叶阔叶混交林，代表性常绿乔木有木荷（*Schima superba*）、苦槠（*Castanopsis sclerophylla*）、紫楠（*Phoebe sheareri*）、冬青（*llex*）、青冈栎（*Cyclobalanopsis glauca*）等，落叶阔叶树主要是栓皮栎（*Quercus variabilis*）、白栎（*Quercus fabri*）、枫香（*Liquidambar formosana*）、朴树（*Celtis sinensis*），榉树（*Zelkova schneideriana*）、椴树（*Tilia oliveri*）、化香树（*Platycarya strobilacea*）等，太湖周围及部分沿岸山丘，为农田和果园。

二、遗址文化层和孢粉图式

孢粉采样面在T4104探方北壁（图二）。第8、9层是生土层，第2~7层是文化层，取孢粉样16块，苏州博物馆考古人员在T4104和其他探方内采^{14}C样测年，龙南遗址各文化层年龄值如下表：

龙南遗址^{14}C年代表

层位	年代值a B. P	实验室编号	测试单位	备注
文化层第3层	4750±165	ZK-2271	社科院考古所	树轮校正值
文化层第7层	5360±120	ZK-2276	社科院考古所	树轮校正值
生土层第9层上部	6505+210/-195	89-11	南京师范大学地理系	半衰期5568a

孢粉样品，用酸碱法处理，即用10%的Na_2CO_3溶液浸泡样品，煮沸10~15分钟，水洗后用比重2.0~2.1的重液浮选三次，再水洗集中，显微镜下鉴定统计。第5~8层孢粉含量丰富，文化层第3、4层无花粉。镜下统计花粉样品12块。文化层第5层上部层位的孢粉较少，仅鉴定98粒，其余每块样品至少统计250粒，共统计花粉3057粒，有木本类28个种属，草本类20个种属，蕨类8属，藻类3属，木本类花粉，裸子植物仅见松（*Pinus*）、柏科（Cupressaceae）。被子植物主要是栎（*Quercus*）、青冈栎（*Cyclobalanopsis*），栲/栗（*Castanopsis/Castanea*）、枫香（*Liquidambar*）、榆（*Ulmus*）、胡桃（*Jug-*

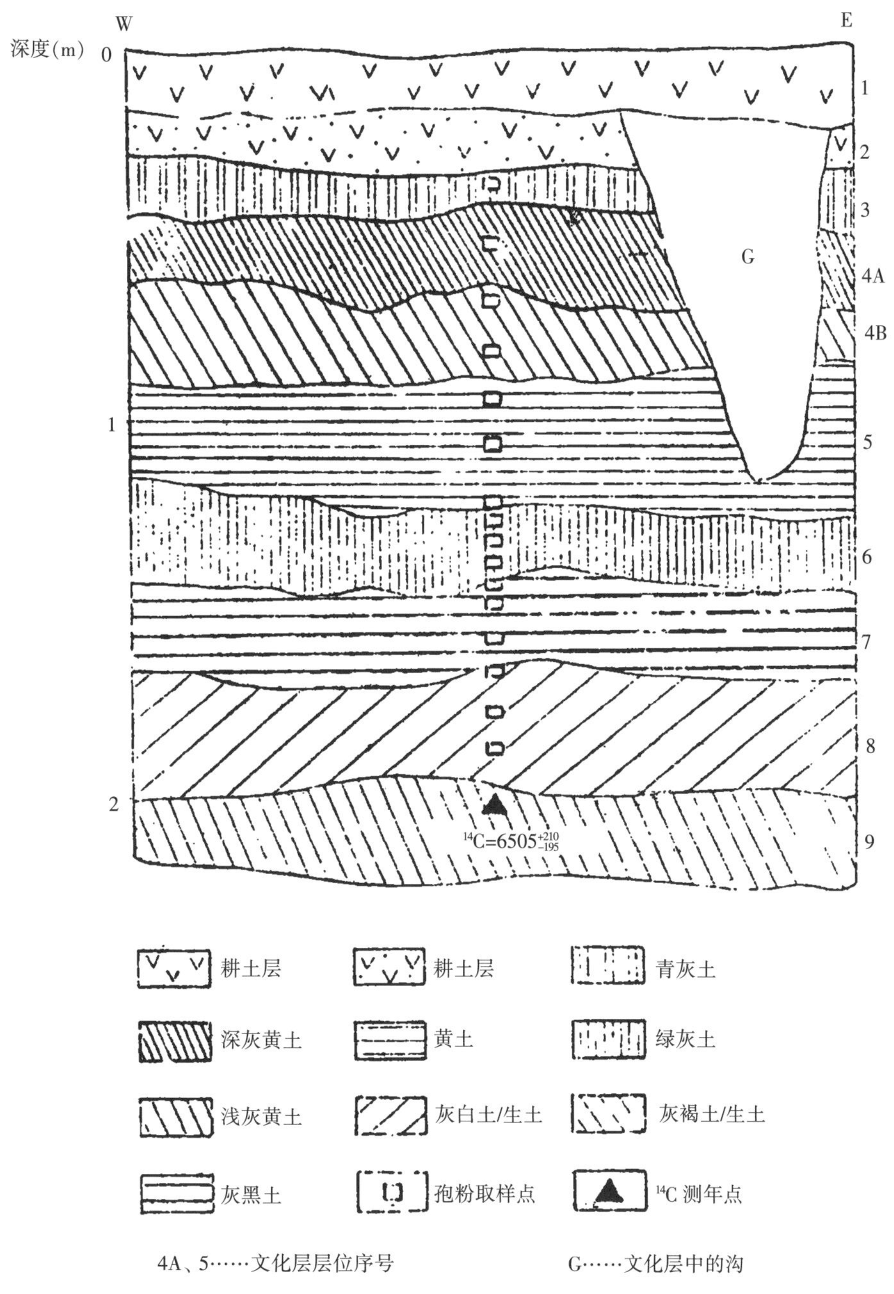

图二　T4104 探方北壁孢粉采样位置图

lans)、杨梅（*Myrica*）等，还有少量的化香树（*Platycarya*）、黄杞（*Engelhardia*）、枫杨（*Pterocarya*）等，基本是现代太湖地区出现的种属。草本类花粉主要是香蒲（*Typha*）、藜科（Chenopodiaceae），蒿（*Artemisia*）、禾本科（Gramineae）、蓼（*Polygonum*）等，还有少量的荇菜（*Nymphoides*）、眼子菜（*Potamogeton*）等，蕨类孢子主要是水龙骨科（Polypodiaceae）的瘤面单缝孢。还常见盘星藻（*Pediastrum*）和转盘藻（*Zygnema*）（图版一）。

花粉组合从下至上木本类占35%左右，草本类保持在60%~65%，蕨类孢子很少，木本类花粉都是亚热带地区常见的常绿与落叶阔叶乔、灌木，不见示冷、凉的种属。草本类花粉，以水生植物花粉占绝对优势。总体分析，孢粉组合反映的是温暖湿润的环境。但各文化层之间孢粉还是有一定差异，特分带描述如下（图三，T4104 北壁剖面百分比花粉图式）。

带Ⅰ（生土层第8层），木本植物花粉含量约为30%~40%，草本与蕨类约为60%~70%，木本类主要是栲/栗与青冈栎占优势，约为40%以上（木本花粉总数的百分比，下同），其次是栎、枫香、鹅耳枥（*Carpinus*），杨梅（*Myrica*）等。草本类花粉以香蒲、黎、蒿为主，分别为35%（草本、蕨类孢粉数的百分比，下同）、20%、15%。还有一些个体在25%左右的禾本科花粉（本文称之为小型禾本科花粉）。

带Ⅱ（文化层第6、7层），木本类花粉在底部较低，一般稳定在30%左右，草本与蕨类孢粉为70%左右。木本类种属含量与带Ⅰ相似，以常绿阔叶类栲、青冈栎占优势，多见栎、枫香、榆、化香树、枫杨、胡桃（*Juglans*）等。变化明显的是草本类花粉，藜、蒿含量骤减，仅占5%~10%，代之以水生香蒲占优势，占50%~85%，禾本科花粉，小型种类在5%上下波动，个体在35微米以上的类型（本文称之为大型禾本科花粉），在第6层上部含量开始增高。此带中还常见眼子茶，蒿菜、狐尾藻（*Myriophyllum*）等水生草本花粉，水龙骨科的孢子在第5层上部有一小高峰，达7%左右。

带Ⅲ（文化层第5层），木本植物花粉仍在30%左右，顶部则增至40%以上，木本类中落叶阔叶栎百分含量剧增，约占40%以上，最高达50%。青冈栎、栲等常绿阔叶树花粉由下至上逐步降低。其他落叶阔叶乔木榆、枫香、鹅耳枥等，频繁出现。草本类花粉，水生种类含量骤减，香蒲仅为20%~35%，陆生与中生草本蒿、菊（*Compositae*）、蓼等稳定出现。另一重要特点是禾本科花粉含量渐增，尤其是大型禾本科花粉，一般在20%上下，最高达30%以上。

第3、4两文化层，夹有较多的红烧土块。据考古人员鉴定，可能是先民的房址，这两文化层分析不出花粉，理所当然。另外，在该遗址的T4508探方内，同层位的文化层中取样孢粉分析，孢粉组合特点与上述各花粉带相似，不再赘述。

三、自然环境分析

太湖及邻近的沪、杭地区的全新世古地理演变，气候变化和海面波动是两主导因素。许多文献报道了中国东部在中全新世有一高温期，年代在8000（或7500）~4000（或2500）a B. P.，此阶段自然环境较今暖、湿，海侵范围最大。有研究表明，在7500~5000a B. P.，太湖地区分布着相当于现今浙南的常绿阔叶林。年均气温较现代高2℃~3℃，降水量较现代高500~600毫米[①]，龙南遗址孢粉带Ⅰ、Ⅱ木本植物花粉皆以常绿阔叶乔、灌木成分占优势，可与同地区的其他工作成果进行对比，龙南附近的植被也为常绿阔叶林、生土层第8层与文化层第6、7层的堆积年代在6500~5000a B. P.，显见龙南地区先民开始栖息前、后，气候较现代湿、热。但在文化层第5层堆积时期，孢粉带Ⅲ反映的植被为常绿阔叶—落叶阔叶混交林。草本类中水生植物成分减少，陆生草本渐增，气候环境有向凉、干的波动趋势，可能与现代相似。孢粉组合反映的气候与植被，非常适宜先民在此定居与开展各类原始经济活动。

第四纪最后一次大冰期后，随着全球气温回升，海面上涨，中国东部全新世高温期也可能是高海面期。龙南遗址地处太湖东南边缘，距海较近，海面变化，影响较大。生土层第8层中，孢粉以草本花粉含量大，占优势的是藜、蒿、香蒲和小型禾本科花粉。现代江苏海岸带与杭州湾北部海岸地区潮

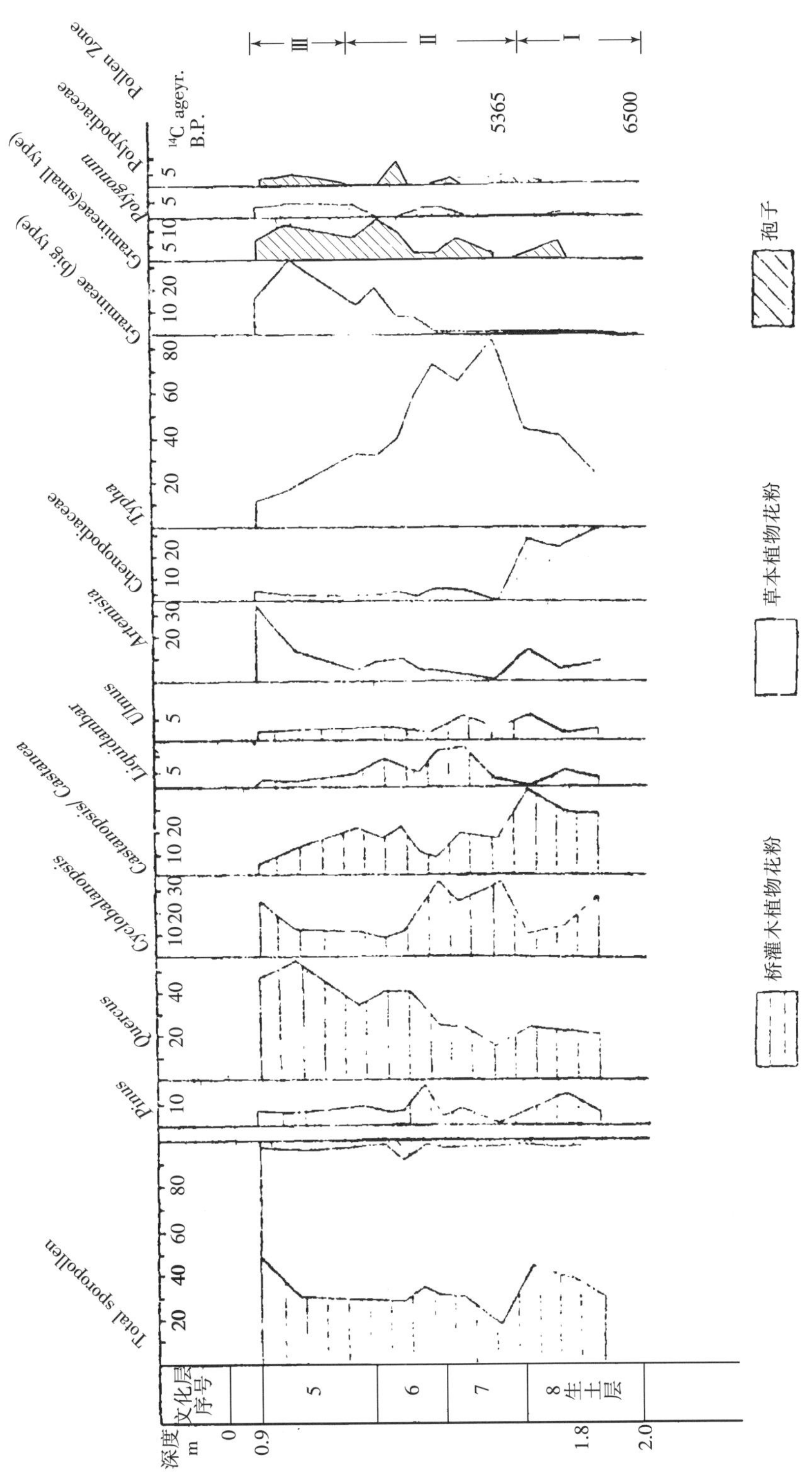

图三 T4104北壁剖面百分比花粉图式

上带的表土花粉组合，皆以草本植物花粉占优势，其中占优势的种属是禾本科、藜科、葎草、蒿等，而这样的孢粉组合在内陆的三角洲平原上极少或缺乏[②]。现代江苏海岸滩涂植被，先锋植物是藜科与蒿属的种类，生土层第 8 层中的草本植物，指明是滨海沉积环境。龙南处在陆缘临海的海陆过渡地带，受陆地水与海水交替影响，为半咸水沼泽环境。严钦尚先生认为，在 7000~6500a B. P.，太湖周围 +3 米以下的平原、低地和支谷，会受到薄层海水的浸淹；在 6000a B. P.，低盐沼泽和潮滩带则转变为潮上带，先民人工填土即具备栖息条件[③]。本文认为，在 6500a B. P. 时，龙南受全新世高海面期时海侵的影响，先民无法在此立足。随着堆积作用的加积堆高，岸线东移，海水影响日趋减弱。大约至 5300a B. P. 时，低盐的滨海沼泽逐步演变为淡水沼泽，龙南则基本具备了先民的生存条件。生土层第 8 层中的小型禾本科花粉，与《植物花粉形态》一书中描述的芦苇（*Phragmites* sp.）花粉特点相同，笔者又与现代芦苇花粉对照，可确定为芦苇花粉。芦苇适应性广，耐盐，江苏海岸带湿地，溪沟中常见[④]，例如当代射阳海边的丹顶鹤保护区，就有茂密的芦苇群落。因此，龙南在 5300a B. P. 以前没有人类活动时，滨海沼泽中就有芦苇生长，文化层第 6、7 层的草本类花粉，主要成分是香蒲、眼子菜、蒿菜、狐尾藻等，这些都是生于湖岸、池塘，水深一般小于 3 米的挺水或沉水植物，指示当时的沉积环境为浅湖沼泽，且水动力条件较弱，水生植物非常繁茂。根据水生草本花粉的变化，推测文化层第 7 层堆积时期水域面积最大，尔后总的趋势是水域面积逐渐减小，这与海侵期后的海退和三角洲堆积作用相关。至文化层第 5 层堆积期，水生植物花粉剧减，陆生的蒿、菊和大型禾本科花粉迅速增加，表明地下水位降低，浅湖、沼泽面积减少，陆地面积加大，上述三个阶段的沉积环境与地貌的演变过程，对先民开展各项经济与社会活动和大型哺乳动物的栖息，无疑是起了促进作用。

四、先民活动与环境

根据考古工作者多次发掘的报道，太湖周围新石器时代的先民，利用芦苇是非常普遍的现象。例如在著名的浙江罗家角，常州圩墩和上海的崧泽等遗址中，都有先民用芦苇建立住所的遗迹。龙南遗址房址中的红烧土块，有芦苇的印痕，居住面上也有芦苇[⑤]，文化层第 7 层有芦苇的叶子。可见在当时芦苇是先民重要的生产生活资料。根据孢粉，前已论证了龙南地区在 6500~5300a B. P. 滨海沼泽时，有芦苇生长。虽然此时的自然条件不允许先民在此栖息，但已为以后先民在此生活创造了物质条件，文化层第 6、7 层的自然环境较现代湿、热，岗地丘陵是常绿阔叶林，平原低地为“水乡泽园”，这有利于鹿、水牛、獐等大型哺乳动物繁衍，也有利于“水产品”的生长。为当时的先民提供了充足的食物资源。龙南遗址出土的遗物中有捕猎动物用的箭镞，用于捕鱼的网坠、鱼标等便是证明，网坠所反映的渔网规模，只能适用于小河与浅湖沼泽，鱼标也是浅水中捕鱼的工具。孢粉组合反映的环境与先民的经济活动十分一致，文化层第 6 层的上部开始至文化层第 5 层，自然环境虽然偏向凉、干，但龙南地区北靠太湖，东邻大海，仍有丰沛的水热条件，促进了先民农耕业的发展。龙南遗址中有炭化稻谷出土，还出土了石犁、石镰等农作工具，笔者据孢粉分析结果推测，因龙南所处的地理位置，在先民活动的早期（文化层第 6、7 层堆积期），因在全新世高温、高海面期内，地下水位高，虽然温度适宜，但降水量较现代高，沼泽水域面积大，沼生、水生植被繁茂，稻作反而受到限制，先民食物来源主要依赖捕鱼和狩猎。在先民活动的后期（文化层第 6 层的上部与文化层第 5 层堆积期），自然条件发生了变化，气候偏向凉、干，海面东退，沼泽退缩，耕地面积增大，此时先民才有条件发展水稻种植业，文化层第5层的孢粉带中，草本类花粉中大型禾本科花粉含量高，可能是先民开展农业经济活动的佐证。

五、结论

龙南遗址的孢粉组合，从下至上，可分为三个孢粉带。带Ⅰ，木本植物花粉以常绿的青冈栎、栲为主，草本植物以香蒲、藜、蒿为主，指示当时太湖周围的丘陵、岗地为常绿阔叶林，低平原地区受高海面的影响，为滨海沼泽，气候环境较现代暖、湿。带Ⅱ，孢粉组合显示岗地丘陵仍是常绿阔叶林。草本植物中水生植被繁茂，气候仍暖、湿，因堆积作用，岸线东移，龙南地区为淡水沼泽。带Ⅲ，木本植物花粉表明太湖周围的常绿阔叶林已演替为常绿阔叶与落叶阔叶混交林。草本植物花粉中，水生种类大幅度减少，陆生、中生草本增多，推测太湖地区气候环境偏凉、干，与现代相似。

据^{14}C测年，龙南地区，在6500~5300a B. P. 时，受当时海水侵袭，不具备先民活动的条件。约5300a B. P. 以后，海面东退，为淡水浅湖沼泽时，先民在此栖息繁衍，达600年之久。

笔者在写作过程中，得到南京师范大学地理系刘泽纯教授、苏州博物馆丁金龙先生、南京大学历史系吴建明先生的指导与帮助。南京师范大学地理系李伟同志清绘图件。南京铁道医学院曲钢同志协助花粉图版的拍摄与制作，在此一并致谢。

注释

① 王开发、张玉兰：《根据孢粉分析推论沪、杭地区一万多年来的气候变迁》，《历史地理》创刊号，上海人民出版社，1981年。

② 王开发、张玉兰、孙煜华：《长江三角洲表层沉积孢粉、藻类组合》，《地理学报》第37卷第3期，科学出版社，1982年。杨蕉文、陈学林：《杭州湾北岸潮滩沉积物中的孢子和花粉》，《长江三角洲现代沉积研究》，华东师范大学出版社，1987年，第301页。

③ 严钦尚、洪雪晴：《长江三角洲南部平原全新世海侵问题》，《长江三角洲现代沉积研究》，华东师范大学出版社，1987年，第98~99页。

④ 刘昉勋、蔡守坤、黄致远：《江苏海岸带植被的特征、分布和利用》，《植物学与地植物学丛刊》第7卷第2期，科学出版社，1983年。

⑤ 龙南遗址考古工作队：《江苏吴江梅堰龙南遗址1987年发掘纪要》，《东南文化》1988年第5期。

（原载《东南文化》1990年第5期）

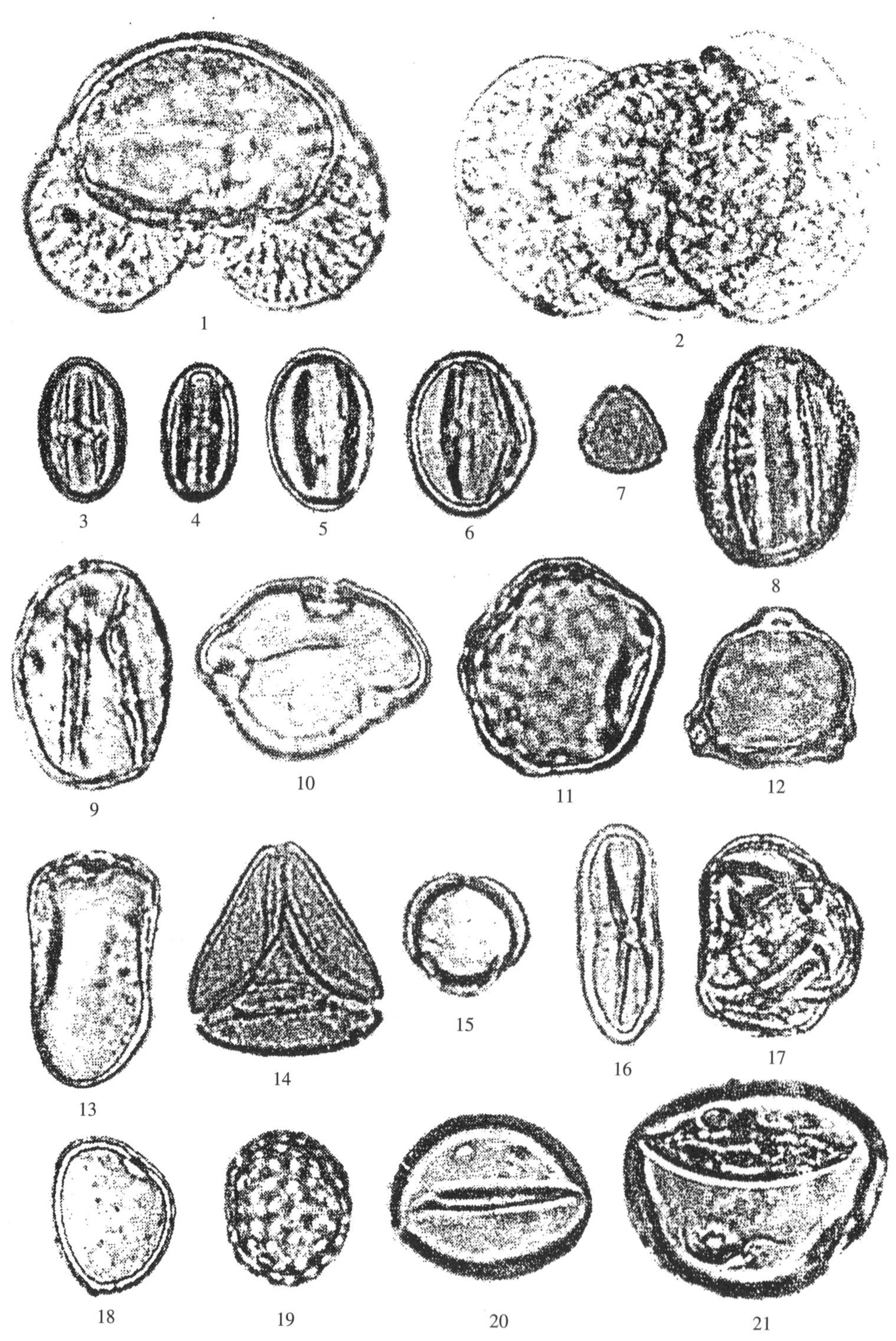

图版一 龙南遗址孢粉显微照片

1、2. 松（*Pinus*） 3、4. 栲/栗（*Castanopsis/Castanea*） 5、6. 青冈栎（*Cyclobalanopsis*） 7. 黄杞（*Engelhardia*） 8、9. 栎（*Quercus*） 10. 椴（*Tilia*） 11. 榆（*Ulmus*） 12. 桦（*Betula*） 13. 莎草科（Cyperaceae） 14. 荇菜（*Nymphoides*） 15. 蒿（*Artemisia*） 16. 伞形科（Umbelliferae） 17、18. 香蒲（*Typha*） 19. 藜科（Chenopodiaceae） 20. 禾本科（Gramineae）（小型） 21. 禾本科（Gramineac）（大型）均放大1000倍

龙南新石器时代遗址出土动物遗骸的初步鉴定

吴建民

龙南遗址位于江苏省苏州市吴江县梅堰镇北的龙南村，1987、1988 年苏州博物馆和吴江县文管会对该遗址先后进行两次发掘，面积达 770 平方米，两次发掘除发现了众多的新石器时代房址、墓葬、灰坑、水井、河道和道路等遗迹外，还发现了丰富的文化遗物及动物遗骸，本文主要记叙地层及出土动物遗骸。

动物遗骸主要出自 T4103、T4202 等 11 个探方的 5 个地层中以及河道、H1、F1、M4 等 13 个遗迹单位内。这些动物遗骸经我们初步鉴定，大致有 9 种脊椎动物的骨骸。它们分属 3 纲，如下（详见表一、二）：

哺乳纲

偶蹄目

猪科

家猪 *Sus domestica* Linne

野猪 *Sus scrofa* Linne

鹿科

梅花鹿 *Cervus nippon* Temminck

四不像 *Elaphurus* davidianus Milne-Edwards

獐 *Hydropotes inermis* Swinhoc

牛科（种属不明）

食肉目

犬科

家犬 *Canis lupus familiaris* Linne

鸟纲（种类不明）

鱼纲

鲤形目

鲤科

鲤? Cyprininae indet

表一　遗址地层中出土动物遗骸的所属种类

探方	文化层次	家猪	野猪	梅花鹿	四不像	獐	牛	犬	鱼	鸟类	探方地层种类统计	文化层种类统计
T4103	③	+									1	5
T4202		+		+	+	+					4	
T4204		+									1	
T4205		+	+	+	+						4	
T4302		+									1	
T4609		+									1	
T4610		+									1	
T4103	④	+		+							2	2
T4203		+									1	
T4205		+									1	
T4411		+									1	
T4611	⑤							+			1	1
T4103	⑥	+			+						2	3
T4509		+	+		+						3	
T4616		+									1	
T4103	⑦			+	+		+		+		4	9
T4509		+	+	+		+				+	5	
T4510		+		+				+			3	
T4411		+		+							2	
各种动物在地层中出现的频次		17	3	7	5	2	1	2	1	1		

表二　遗址遗迹中出土动物遗骸的所属种类

遗迹单位	层位关系	家猪	野猪	梅花鹿	四不像	獐	牛	犬	鱼	鸟类	备注
河道	②层下	+	+	+	+	+	+	+	+	+	
H1	②层下	+					+				牛为同一个体的肢骨椎骨
H22	②层下	+		+	+		+				
L1	②层下	+				+	+				
H8	③层下	+									幻灯观察，一副完整的猪骨架
H15	③层下	+									幻灯观察，一副完整的猪骨架

续表二

遗迹单位	层位关系 \ 动物种类	家猪	野猪	梅花鹿	四不像	獐	牛	犬	鱼	鸟类	备注
H16	③层下	+									幻灯观察，一副完整的猪骨架
H17	③层下	+									幻灯观察，一副完整的猪骨架
H18	③层下	+									幻灯观察，一副完整的猪骨架
H20	③层下	+						+			另有人的股骨
H21	③层下	+									幻灯观察，一副完整的猪骨架
F1	⑧层下	+		+	+		+				
M4	⑧层下			+							

此外，还有蚬[①]、螺蛳、田螺等3种软体动物壳。

脊椎动物中，关于家猪的鉴定，我们主要是从牙齿标本所代表的猪的年龄分析而得出的。有人根据猪牙的生长和磨蚀程度，将猪的年龄分为幼仔、幼年、青年、成年、老年五个阶段[②]。对照该文所列标准，龙南遗址中带齿的猪上颌、下颌和单个牙齿标本共有98件。其年龄统计如表三：

表三 **猪死亡年龄统计**

百分比	标本件数 \ 年龄阶段	幼仔	幼年	青年	成年	老年
	98	3	9	17	64	5
100%		3%	9%	17%	65%	5%

由表三可见，幼仔和老年猪的标本所占比例极小，分别为3%和5%，而多数猪死亡年龄在成年阶段（占65%）。身强力壮死亡不是野生猪的自然现象，只能认为是先民们有意饲养家猪，以供食肉宰杀的结果。另外，遗址中发现的6副整猪骨架，从幻灯观察其骨骼较小，肌肉附着处的肌脊不甚显著，附着面不很粗糙等，这些特征均属家猪而不是野猪。

对遗址动物遗骸的初步鉴定结果表明，在12种动物中以家猪的数量最多，几乎在各探方的每一层堆积和各遗迹堆积中都有发现，其次是梅花鹿和四不像，除第5文化层外其他各层都发现有梅花鹿和四不像的残骨和角，野猪、獐、牛、犬、鱼及鸟类动物遗骸则相对较少（见表四）。

就探方来说，以T4509所发现的动物种类为最多，达6种；其次是T4103有5种；其他依次是T4202、T4205各有4种；T4510有3种；T4411有12种；T4204、T4610仅1种。

若以文化层而言，则以第7层包含的种类最多，共有9种，第3层5种，第6层3种，第4层2种，第5层仅1种。

遗迹单位中以河道发现的最多最全，达 9 种；其次是 H22 和 F1，各有 4 种；L1 有 3 种；H1、H20 各有 2 种；余为单一的家猪骨架。

表四　　　　　　　　动物遗骸在地层及遗迹中出土数量统计※

探方（遗迹） \ 文化层次 \ 数量 \ 动物种类		家猪	野猪	梅花鹿	四不像	獐	牛	犬	鱼	鸟类	探方地层数量统计	文化层（遗迹）数量统计
T4103		3									3	
T4202		1		3	1	1					6	
T4204		2									2	
T4205	③	3	2	2	2						9	25
T4302		2									2	
T4609		2									2	
T4610		1									1	
T4103		1		1							2	
T4203	④	1									1	5
T4205		1									1	
T4411		1									1	
T4611	⑤							1			1	1
T4103		4			1						5	
T4509	⑥	3	1		7						11	17
T4610		1									1	
T4103				1	1		1		1		4	
T4509	⑦	2	1	2		2				3	10	35
T4510		9		2				8			19	
T4411		1		1							2	
河道	②下	113	7	15	11	3	6	13	2	5		175
H22	②下	3		1	4		1					9
LI	②下	5				1	1					7
H8	③下	骨架 1 副										骨架 1 副
H15	③下	骨架 1 副										骨架 1 副
H16	③下	骨架 1 副										骨架 1 副
H17	③下	骨架 1 副										骨架 1 副
H18	③下	骨架 1 副										骨架 1 副
H20	③下	3						1				4
H21	③下	骨架 1 副										骨架 1 副
F1	③下	10		4	3		1					18
M4	③下			1								1
共计		178	11	33	30	7	10	23	3	8	82	303

※本表仅统计鉴定标本，对破碎骨片未作统计；完整的猪骨架作 1 个个体计算。

根据以上材料可以推断，龙南遗址的先民们已经有了比较发达的饲养业。遗址中大量家猪兽骨的发现就是一个很好的例证，特别是6只整猪骨架的发现，说明当时人们除了日常食用外还有了剩余。遗址中出土梅花鹿和四不像的残骸及角出土较多，说明它们是当时人们狩猎的主要动物之一，遗址中这两种动物的遗骸以角为最多见，而且多数都有砍、锯的痕迹，这说明当时的人们要利用鹿角制作各种生产工具或生活用具，鹿角每年要自然脱换一次，在鹿的活动区要采集这些鹿角也是不难的。在遗址中发现数量较多的骨箭镞，这些箭镞都是用动物胫骨制成的，联系到遗址还有野猪、獐等兽骨出土，尽管数量不多，但也能说明当时人们经常从事狩猎活动。出土的兽骨残骸，有的有明显的被火烧过的痕迹，有的被砸成碎片，有的有刻痕，有的被锯切成短块，这说明当时的人们除了以这些动物作为主要肉食来源外，还利用它们的骨骼、角、牙齿做成各种生产工具和生活用具。

在所出土的12种动物中，除鱼、蚬、螺蛳、田螺等淡水动物和一种鸟类外，其余8种为陆生兽类，其中梅花鹿、四不像和野猪均属林栖性动物，獐和牛（可能是水牛属的一种）是喜生活在近水域地区的偶蹄类。因此，根据这些动物的生态习性，大致可推断龙南遗址及其附近一带距今5000年前的自然景观：遗址中数量较多的梅花鹿、四不像和野猪等林栖性动物，表明当时这一带曾经存在着范围很广的原始森林；獐、牛等喜水性动物在遗址中的出现，则说明除森林之外，还分布有数量较多、面积较大的湖沼和河流；鱼等残骸和蚬、螺蛳壳的发现，则清楚地说明当时人们所居住的地方，定有小河和水塘之类的小型水域。

注释

① 蚬壳经上海自然博物馆高洁先生鉴定为河蚬（*Corbicula fluminea*）。

② 黄象洪、曹克清：《崧泽遗址中的人类和动物遗骸》，《崧泽——新石器时代遗址发掘报告》，文物出版社，1987年，第112页。

（原载《东南文化》1991年第Z1期）

江苏梅埝龙南遗址古稻作的调查 *

汤陵华　王才林　邹江石　李和标

（江苏农业科学院粮食作物研究所）

1987~1988 年，苏州博物馆在江苏省吴江县梅埝乡龙南村发掘一处古人类居住遗址。出土了一批陶、石、骨制作的生活用具和生产工具，并从一些遗存的灰土中淘洗出大量炭化稻谷。据^{14}C 测定遗址的年代距今 4765 ± 108 年至 5360 ± 120 年（校正年代），考古学家考证为相当于良渚文化的遗址①。从考古学角度可以说明当时该地已有以从事稻作来获得生活必需食物的迹象。但是从研究稻作起源来说，还无法判断该地开始稻作的最早年代，也难以确定所栽培的稻种属于哪一亚种。近年来，国外开始利用由水稻叶片机动细胞硅酸体形成的植物蛋白石（plant opal）来判断古代水田位置，推测开始稻作的年代、判别稻种类型以及估计古代稻谷产量②，为研究稻作起源提供了一个有效的新手段。本研究对龙南遗址附近的土层剖面的植物蛋白石分布做了检测，借助这一方法了解在龙南遗址生活的古人类在何处种植何种稻谷，该地进行稻作的最早年限等问题。

一、调查

据考古发掘得知遗址中有三组房址，可知这里是人类居住址遗迹。遗址东面是现代住房和一片橘园。从橘园排水沟的水层冲刷面来看，古陶片数量自西向东逐渐减少。说明此处已偏离居住区，极有可能是史前人类劳动耕作的地方。在橘园内取三个点，点间相隔 20 米。用全长 300 厘米、直径 1.5 厘米的铁制取样器采集土样。取样器先端有 50 厘米长的槽状采样部，每次插入土中 50 厘米，分六次完成一个点的取样工作。根据取出土样的颜色、构成质地划分层序，依各层的厚度取一至数个样品，在实验室内用水化解土样，利用沉淀法，反复洗涤，除去土壤胶体，取出 50 微米大小的土壤粒子，在光学显微镜下检查水稻植物蛋白石。

二、结果

三个样点的土层结构层序如图一：

* 国家自然科学基金资助项目。

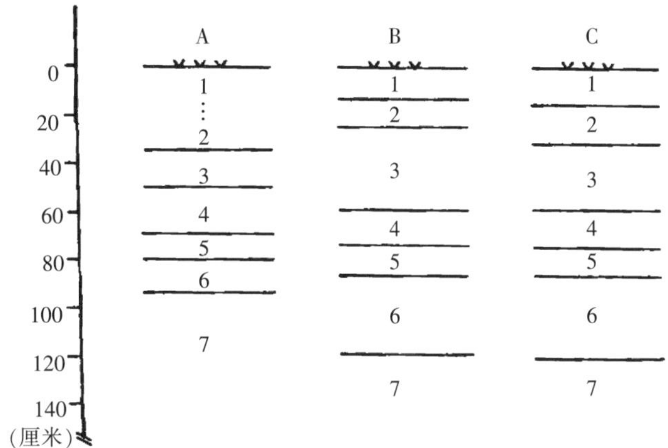

图一 三个采样点的地层分布

三个样点中，A 点的第 1、2 层之间层次不分明，第 3 层以下各层所在深度均高于 B、C 两点。A 点位于居住区遗址的附近，历史上地面高于 B、C 两点，不适宜作为水稻田，可能 A 点仍处在古人类居住地的边缘。B、C 两点各土层的厚度和分布的深度都非常一致，可以认为在各个时期地表都在一个比较平坦的平面上，具备作为农田的基本条件。对这两点各层次的土样进行植物蛋白石分析结果，在第 1~4 层中都观察到了水稻植物蛋白石。在第 1、2 两层中看到有如图二－A，图二－B 两种形状的水稻植物蛋白石。第 3、4 两层中仅观察到图二－B 类型的水稻植物蛋白石。除此之外，在 B 点的第 4~7 层中还发现有芦苇的植物蛋白石。

三、分析与讨论

凡生长过禾本科植物的田地，都会因叶片脱落等原因在土壤中遗留下由机动细胞硅化后形成的硅酸体。硅酸体的化学、物理性质都非常稳定，构成为来源于植物的土壤粒子——植物蛋白石。禾本科植物各个种的机动细胞形状不一样。植物蛋白石形状也就不同。由水稻叶片机动细胞硅酸体形成的植物蛋白石形状主要有图二中的两种类型。藤原把它们称之为 α 型和 β 型蛋白石，在籼稻品种中，α 型蛋白石居多数；在粳稻品种中 β 型蛋白石居多数。因此可以根据土壤中植物蛋白石的形状类型，判断曾经生长过何种植物以及水稻的亚种类别。

遗址地层剖面的第 1 层是现代耕作层，种植的是橘树。据当地农民介绍，这是在 20 世纪 80 年代由水田改为果园时种植的。吴江县从中华人民共和国成立初期即种植有少量双季稻，20 世纪 60 年代初，又大面积推广种植双季稻。前季采用的是早籼品种，后季采用的是晚粳品种。在耕作层中观察到有 α、β 两种类型水稻植物蛋白石（图三）。这与近代稻作制度完全相符。

在第 2 层中观察到的水稻植物蛋白石与在第 1 层中所看到的完全一样。这一现象与第 2 层的形成有关。在 1958 年曾盛行深翻土地，原有的自然沉积层次被人为因素打乱。现在的第 2 层中混入了耕作层的土壤。因此，这一层次中所看到的植物蛋白石主要是现代稻作的遗留物。

第 3 层从地表下 30 厘米左右开始，形成厚 25~30 厘米的土层。对照龙南遗址的发掘简报③，这一层可能属宋代文化层。在第 3 层中检测到的植物蛋白石，尽数为 β 型水稻植物蛋白石，说明当时种植的水稻主要或全部是粳稻。

第4层从地下60~70厘米开始，可认定属良渚文化期。在这里也只检测到β型水稻植物蛋白石。第4层以下未看到有水稻植物蛋白石。由此推断龙南遗址一带是从良渚文化时代开始种植水稻的。

笔者曾分析过该遗址的遗存房址87F2、88F1和88F5的灰土。灰土中有较多的炭化米粒，米粒形状有细长粒，也有短圆粒。根据粒形划分籼、粳是传统的分类标准，但是是一种不可靠的标准[4]。提取灰土中的植物蛋白石加以分类计数，发现其中含有大量水稻的植物蛋白石，并且绝大部分是β型（图三）。根据分析结果，可以推测出在梅埝遗址居住的古人类在良渚时代开始种植水稻，当时种植的系粳型水稻。

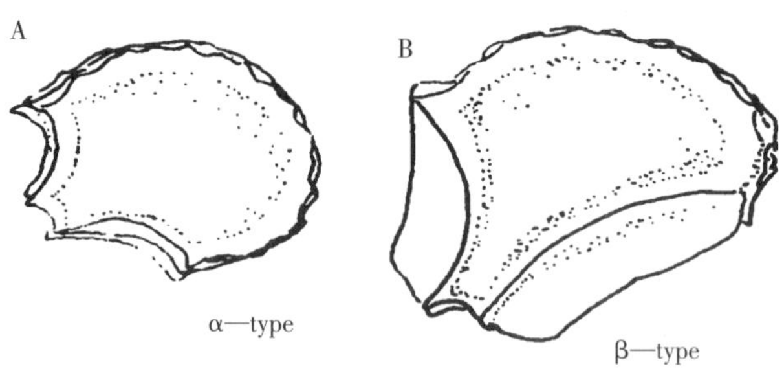

图二　水稻叶片机动细胞硅酸体模拟图

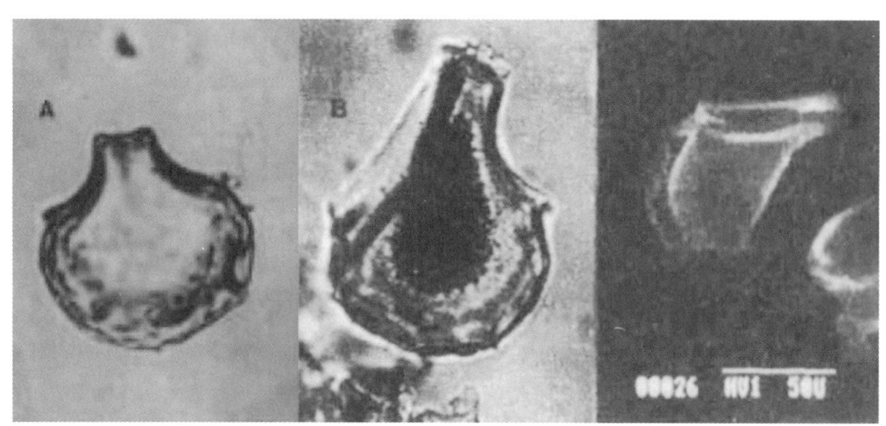

图三　龙南遗址土样中α型（A），β型（B）水稻植物蛋白石和88F1房址灰土中的水稻植物蛋白石

注释

① 苏州博物馆、吴江县文物管理委员会：《江苏吴江龙南新石器时代村落遗址第一、二次发掘简报》，《文物》1990年第7期，第1~32页。

② 藤原宏志：《プラニト・オパール分析法の基楚的研究（1）》，《考古学与自然科学》1976年第9号，第15~28页。

③ 苏州博物馆、吴江县文物管理委员会：《江苏吴江龙南新石器时代村落遗址第一、二次发掘简报》，《文物》1990年第7期，第1~32页。

④ Morishima, H. and H. I. Oka, 1981. Phylogenetic differentiation of cultivated rice. *Japanese Journal of Breeding*. 31, 402 – 413.

（原载《农业考古》1992年第1期）

龙南遗址红烧土植物蛋白石分析

郑云飞　游修龄　徐建民　边其均

禾本科植物运动细胞中的硅酸体，具有耐热、耐酸和耐氧化等特性，植物体在土壤中分解后，硅酸体形状不变，长期存留在土壤中，称之为植物蛋白石①。由于硅酸体的形状因植物的种属而异，因而采用植物蛋白石的分析，可以对原始农业的植物遗存进行鉴别。本研究是对江苏吴江龙南新石器时代遗址出土的红烧土进行植物蛋白石分析，借以窥视该遗址的原始稻作的环境及稻的种属。本方法如在太湖流域各地新石器时代遗址进行多点分析，对于太湖地区的原始稻作可有进一步深入的了解。

一、材料和方法

红烧土出自江苏省吴江县龙南遗址，由苏州博物馆提供。该遗址位于江苏省吴江县梅堰镇龙南村的西南，平（望）湖（州）公路梅堰车站北侧。经^{14}C年代测定，第一期距今5360±90年，第三期距今4765±100年，属良渚文化。房屋遗址的灰土加以淘洗，发现较多的炭化米。遗址第三期（第3~5层）的原有房屋建筑材料主要是草、木和土，由于火灾等原因，形成红烧土块，并留下各种原料的原形印痕，如树木、竹子、芦苇、稻草等的印痕②。

分析过程：（1）清洗去红烧土表面的杂物。（2）在研钵中破碎，并细细研磨。（3）用浓度为1摩尔/升的盐酸进行多次除锈处理。（4）加过氧化氢分解红烧土中残留的有机质。（5）在超声波清洗槽内分散（电压200伏，电流3.4安）。（6）按照Stokes沉降原理③分离出50微米左右大小的粒子。（7）用70%的甘油试剂作展开剂，制作玻片标本。在光学显微镜下观察，并对视野下的水稻蛋白石进行测算，求出尖度b/a（图一）。同时还对稻族（*Oryzeae*）的其他几种植物蛋白石进行了调查。判别植物蛋白石种属的特征依据参照藤原宏志文④。

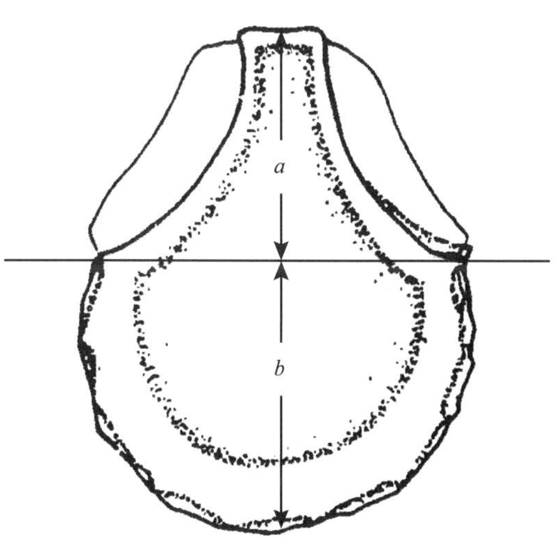

图一　运动细胞硅酸体模式图⑤

二、结果

龙南遗址红烧土的样品中可观察到水稻（*Oryza sativa* L.）、芦苇（*Phragmites communis* Trinius）、茭白（*Zizania latifolia* Turcs）等植物蛋白石（图二）。特别是呈银杏树叶形、侧面有突起、后部有龟甲纹的水稻蛋白石，数量多，密度大。红烧土中的水稻蛋白石，按其尖度分有α型（$b/a>1$）、β型（$b/a<1$）和中间型（$b/a=1$）。其中以β型的蛋白石最多，占70%；α型次之，占19%；中间型最少，占11%。平均尖度0.85（表一）。图三为样品中的水稻蛋白石尖度的分布情况。

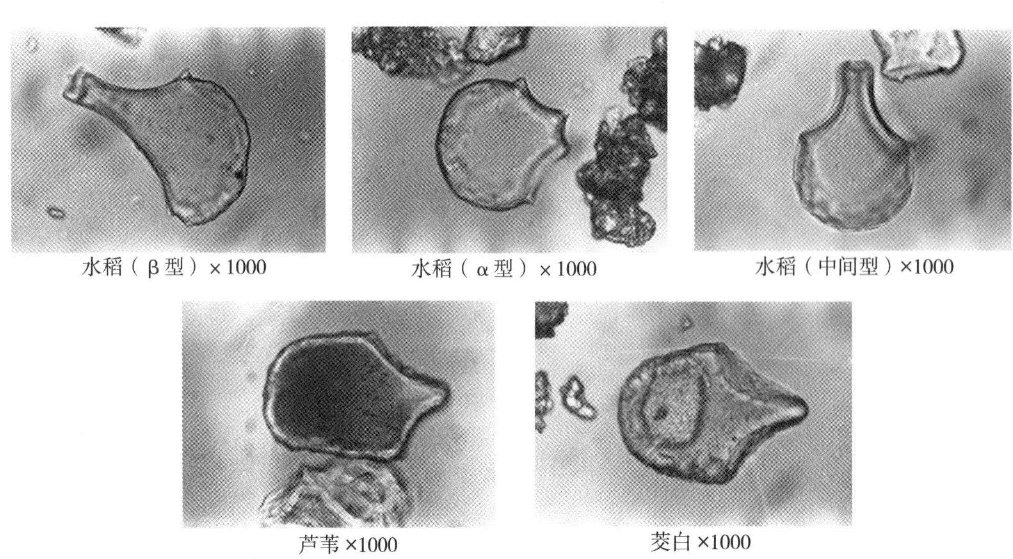
水稻（β型）×1000　水稻（α型）×1000　水稻（中间型）×1000
芦苇×1000　茭白×1000

图二　龙南遗址的植物蛋白石

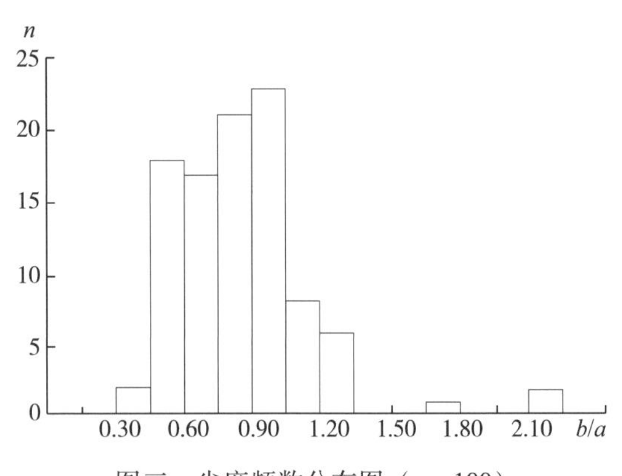

图三　尖度频数分布图（$n=100$）

表一　特征参数的平均值和变异系数

特征参数	平均值（微米）	变异系数 C. V.（%）
a	29. 1	24. 9
b	23. 0	20. 5
b/a	0. 85	36. 0

三、讨论

通过对龙南遗址红烧土的植物蛋白石分析，可以得出以下结论：

1. 地处长江下游、太湖之滨的龙南村一带的居民的经济生活中，稻作农耕占有极其重要的地位。这一结论和遗址发掘的情况相吻合。

2. 龙南村一带有丰富的水生植物，如生长在湖沼水内的茭白、生长在河流岸边的芦苇等，反映了距今5000年左右的龙南村一带气候温暖潮湿、河流湖泊众多、水网交叉、水草繁密的自然环境，适宜水稻的生长发育和原始稻作农业的发展。

3. 根据日本学者的研究，粳稻为β型，籼稻为α型硅酸⑥。龙南遗址红烧土的水稻植物蛋白石类型的构成和平均尖度，反映出当时当地的原始稻作生产中，种植的水稻是粳稻。

注释

① 近藤炼三、佐濑隆：《第四紀研究》，1986年，第31~63页。

② 苏州博物馆、吴江县文物管理委员会：《江苏吴江龙南新石器时代村落遗址第一、二次发掘简报》，《文物》1990年第7期。

③ 熊毅：《土壤胶体（第二册）》，科学出版社，1985年。

④ 藤原宏志：《プラント・オパール分析法の基礎的研究（1）-数種イネ科植物の珪酸体標本と定量分析》，《考古学と自然科学》1976年第9期。

⑤ 藤原宏志、佐々木章：《プラント・オパール分析法の基礎的研究（2）-イネ（*Oryza*）属植物における機動細胞珪酸体の形状》，《考古学と自然科学》1978年第11期。

⑥ 佐藤洋一郎、藤原宏志、宇田津徹朗：《イネの*indica*および*japonica*の機動细胞みられ为クイ酸体の形状および密度の差异》，《育種学雜志》1990年第40期，第495~504页。

（原载《中国水稻学》1994年第1期）

草鞋山遗址新石器时代稻作初考

孙加祥　汤陵华　邹江石（江苏省农科院粮食作物研究所）

一、前言

稻作起源的研究在农业历史研究中占有重要地位，是目前农业考古中一个备受关注的重大课题。中国是世界上最早种植水稻的国家之一，有着悠久的稻作历史，中国稻作的起源就显得更为重要，一直受到国内外学术界的关注。中国的稻作起源于何处，中国的学者有各种不同的意见，概括起来有“云贵高原说”“华南说”“长江中下游说”等观点，前两种观点的共同缺憾是仅着眼于野生稻分布的考察和遗传变异多样性的研究，缺乏考古学方面的证据，因而虽有很多的农学家支持他们，却得不到考古学界的赞同。自 20 世纪 70 年代中期以来，因河姆渡等距今 7000 年以前的稻作遗存多数发现于长江下游，国内学术界于是产生了“长江下游说”的主张，同时随着生态学和遗传学研究的进一步深入，这种主张日益占据主导地位，并引起国际学术界的重视。

7000 年前在长江下游古人类已进行水稻栽培这一事实已为大多数学者所认可，但对于所栽培亚种型的判断则存在很大分歧，过去人们只能通过出土的炭化稻谷的粒型即长宽比来判别它。可是仅仅采用粒型来判别籼粳，可靠性不高，而且炭化稻谷的发现也不是一件容易的事。

近年来，国外已经开始利用由水稻叶片机动细胞硅酸体形成的植物蛋白石（plant opal）来判断古代水田位置，推测开始稻作的年代、判别稻种类型以及估计古代的稻谷产量，为研究稻作起源提供了一个有效的新手段。

凡生长过禾本科植物的田地都会因叶片脱落等原因在土壤中遗留下由机动细胞硅化后形成的硅酸体。硅酸体的物理、化学性质都非常稳定，构成为来源于植物的土壤粒子——植物蛋白石。日本宫崎大学的藤原宏志教授和他的同事们对各种类型的硅酸体进行了广泛的考察，发现禾本科植物各个种的机动细胞形状不一样，植物蛋白石形状也不相同。

二、材料与方法

1993 年 11 月，我们在草鞋山遗址外围探寻古农田时，在马家浜早期文化层发现了好几处有人工筑造痕迹的遗构，其结构与现代稻田有比较相似的特征。这些遗构到底是做什么用的呢？如果是种植水稻的，那么所栽培的是何亚种型的呢？为了解开这些疑问，我们在遗构中取了七个土壤样品，对该样品进行水稻植物蛋白石分析。

在试验室内用水化解土样，用超声波清洗器分离开土壤胶体，利用各粒子沉降速率不同多次洗涤，去除土壤胶体，在100℃恒温下烘干，用甘油制片，在光学显微镜下检查水稻植物蛋白石。

检查水稻植物蛋白石分两步进行，一是定量分析，二是形状分析。统计数量所用方法为玻璃粒子法（简称G、B法），将30万个50微米大小的玻璃粒子（0.023gG、B）与1000克干土充分混合，制片，在光学显微镜下观察相同面积内玻璃粒子的数目与水稻植物蛋白石的数目，然后换算成1克土中水稻植物蛋白石的数目，从而了解遗构中水稻植物蛋白石的数量。观察形状参照藤原宏志的方法（1978年），观察记载上长（a），下长（b），宽（c），厚（d）四个性状，并计算纵长（a+b）的值和尖度b/a的值。

三、结果与分析

七个样品中都观察到了水稻的植物蛋白石，且数量较多。1克干土中水稻植物蛋白石的数目，除了样品7在一万个以下外（0.7万），其余六个样品中皆数以万计。其数量之多告诉我们，这些生长的水稻显然是人工栽培的，而非野生的。

每个样品我们记载了50个水稻植物蛋白石的a、b、c、d值。各性状的平均结果记录如表一。

由表一可看出，（a+b）的变异系数、c的变异系数均小于20%，d的变异系数在30%左右，b/a的变异系数均小于30%，也就是说，变异系数均不是太大。据此可以认为，每个样品中的50个水稻植物蛋白石均来自同一亚种型。

表一　　各样品中观察性状的结果平均值及变异系数

		a+b	c	d	b/a
样品1	平均值	47.2604	36.2802	21.1255	0.534
	CV	16.5598	16.7061	37.3511	24.9996
样品2	平均值	43.8196	35.7742	21.3532	0.6231
	CV	17.6783	15.0029	28.865	21.7249
样品3	平均值	42.1498	33.0671	21.6315	0.6117
	CV	19.3689	20.434	30.6555	27.2691
样品4	平均值	45.0593	35.7236	24.2627	0.605
	CV	15.6556	16.9381	32.0307	22.6872
样品5	平均值	45.2617	36.2296	22.9218	0.574
	CV	14.7165	12.9643	29.2162	24.166
样品6	平均值	46.299	37.191	23.4025	0.6339
	CV	18.8812	19.2164	40.5718	22.9837
样品7	平均值	44.9834	35.8754	24.0097	0.6073
	CV	13.9068	13.7169	38.0005	21.7064

藤原宏志（1978年）在观察了大量的栽培稻的硅酸体后发现，不同亚种的水稻叶片机动细胞硅酸体形状有相当大的差异，其表现为下长（b）与上长（a）的比值。当b/a>1时，称为α型硅酸体，当b/a<1时，称为β型硅酸体，当b/a=1时，称为中间型硅酸体。同时还发现，在籼稻品种中，α型硅酸体占多数，在粳稻品种中，β型硅酸体占多数。因此可以根据土壤中植物蛋白石形状类型，判

断曾经生长过何种植物及水稻的亚种类别。各样品 b/a 值分布情况列于表二：

表二 各样品 b/a 值分布情况

样品号	1	2	3	4	5	6	7
b/a<1 百分数	100	100	98	100	100	98	100
b/a=1 百分数	0	0	2	0	0	2	0

由表二看出，七个样品中，样品 1、2、4、5、7 的 50 个水稻植物蛋白石的 b/a 值均小于 1，全部为 β 型，样品 3、6 的 50 个水稻植物蛋白石中只有一个 b/a 值等于 1 为中间型外，余皆小于 1 为 β 型，没有发现 b/a 值大于 1 的 α 型水稻植物蛋白石。也就是说在所调查的这些样品中，水稻的植物蛋白石几乎全部是 β 型。

根据藤原宏志（1989 年）等的研究结果，还可以用籼、粳类型判别函数 Z 来确定籼粳类型：

$$Z = 0.250506 \times (a + b) - 0.207967 \times C + 0.233 \times d - 0.427812 \times b/a - 8.09262$$

上式中（a+b）、c、d、b/a 皆为 50 个水稻植物蛋白石的平均值。利用此判别函数时，判别临界值为 0.0326676，函数值大于判别值则为粳稻的硅酸体，小于判别值则为籼稻的硅酸体。计算结果七个样品的函数值均大于判别临界值。即七个样品中的植物蛋白石皆为粳稻的植物蛋白石。

根据以上对植物蛋白石所进行的分析，我们不难知道在马家浜时代早期草鞋山一带就有了水稻栽培，栽培的亚种接近于现代的粳稻。

四、结论与讨论

1. 本文的研究方法作为植物学与考古学的边缘科学，利用植物学手段来研究考古学问题。这在研究水稻起源方面优点颇多，一是相对于孢粉分析其游动性较小，二是在判别籼粳亚种方面不需要出土炭化稻，三是植物蛋白石的结构为 SiO_2，易保存，几千几万年不会变化。相信它的优点会被越来越多有志于水稻起源研究的专家们所发现，在今后的研究工作中担负越来越重要的作用。

2. 对籼粳亚种的鉴别，Moristima 和 Oka（1981 年）认为粒形的误分率可高达 39%，程侃声（1993 年）认为粒形单独应用是不够可靠的，但如果和稃毛结合应用，则准确率可提高到 80%，甚至 90%。但出土的炭化稻谷不可能观察到稃毛，因而想要准确判别它们的亚种型，在过去是很困难的。植物蛋白石分析法的应用，为鉴别炭化稻谷的亚种型提供了一个准确可靠的新手段。

参考文献

① 汤陵华、邹江石、王才林等：《江苏梅埝龙南遗址古稻作的调查》，《农业考古》1992 年第 1 期，第 70～73 页。

② 陈文华：《中国稻作起源的几个问题》，《农业考古》1989 年第 2 期，第 84～98 页。

③ 裴安平：《彭头山文化的稻作遗存与中国史前稻作农业》，《农业考古》1989 年第 2 期，第 102～108 页。

④ 程侃声：《亚洲稻籼粳亚种的鉴别》，云南科技出版社，1993 年。

⑤ 藤原宏志：《プラント・オパール分析法の基礎的研究（1）－数種イネ科植物の珪酸体標本と定量分析》，《考古学と自然科学》9（1976）。

⑥ 藤原宏志、佐々木章：《プラント・オパール分析法の基礎的研究（2）－イネ（*Oryza*）属植物における機動細胞珪

酸体の形状》，《考古学と自然科学》11（1978）。

⑦ Sato，Y，I. H. Fujiwara，etc.，1989. Plant opal analysis as a method of distinguish between subspecies indica and japonica of O. Sativa. *Rice Genetics Newsletter vol.* 6：67~69.

（原载《农业考古》1994 年第 3 期）

江苏张家港徐家湾新石器时代遗址

苏州博物馆　张家港市文物管理委员会

一、地理环境和发掘情况

张家港市位于长江下游三角洲南岸，地处太湖碟形平原最北缘。市境西北、北和东北三面临江，岸线长达98千米，隔江与靖江、如皋和南通相望，西与江阴市毗邻。地貌系长江三角洲成陆较晚的冲积平原，平均海拔4~6米。

徐家湾在市区东南约12千米，鹿苑镇南1.5千米，北距长江岸约14千米。遗址坐落在徐家湾村北的旱地上，中部有苏（州）圩（十一圩港）公路从南向北穿过，将遗址分为东、西两区（图一）。

当地群众反映，遗址原为东西宽150米、南北长约300米、高4~5米的大土墩。自1976年以来，在农田基本建设和窑厂取土中，常出土有石器、玉器和陶器等遗物。1985年春，苏州博物馆和张家港市文物管理委员会联合进行全国文物普查时发现该遗址，并征集到完整的石斧、石锛、石刀和玉镯、玉璜等遗物10余件。同时，清理已暴露在遗址断崖的新石器时代墓葬1座（M1）。同年4月下旬，为

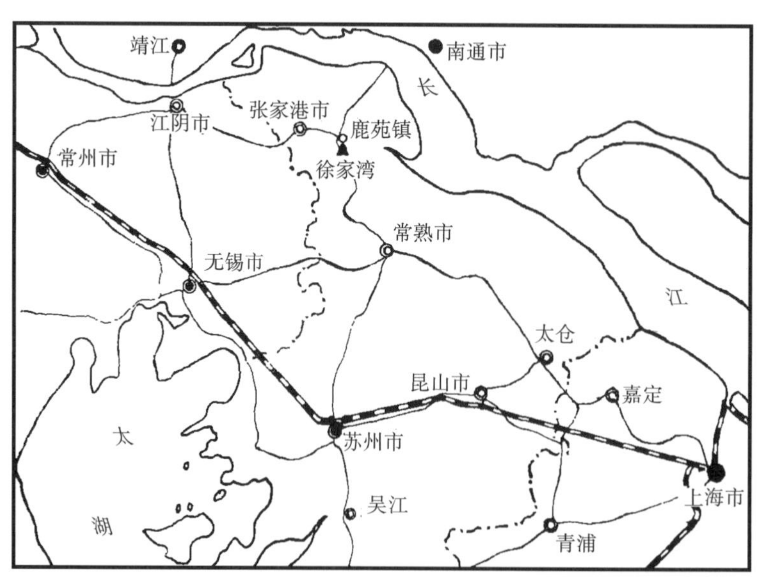

图一　徐家湾遗址位置示意图

配合窑厂取土，上述两单位组成发掘队，对遗址进行抢救性发掘。发掘工作自4月28日开始，至8月12日结束，历时约三个月。开挖5米×5米的探方16个、扩方（2米×5米、1米×3米）2个，合计发掘面积413平方米。除清理一批唐、明、清各时代墓葬外，发现新石器时代墓葬16座、灰坑18座、居住遗迹3处、水沟1条，出土玉、石、陶器等遗物400余件。本次由苏州博物馆王德庆主持发掘，参加发掘工作的同志有苏州博物馆的丁金龙、钱公麟、朱伟峰、姜节余、闻惠芬、严军、毛伟，张家港市文物管理委员会的缪自强，鹿苑镇文物干事施剑农也自始至终参加了发掘工作。参加本报告部分整理工作的有钱公麟、闻惠芬，朱伟峰协助修复器物，缪自强协助摄影。

在发掘期间，得到当地各级政府和领导的关心和支持，鹿苑棉纺织厂和张家港市农校在生活上给予我们诸多照顾和方便，使发掘工作得以顺利完成。此外，浙江农业大学种子研究室、国家海洋局第二海洋研究所、南京地质矿产研究所、苏州玉石雕刻厂、江苏省地质局第四地质队等单位，为本报告提供稻谷遗存和玉石鉴定、^{14}C测年和生态环境的孢粉分析等材料，在此一并谨致谢忱。

二、地层堆积情况

为有利发掘、又不误窑厂工作，我们将发掘地点选择在遗址东区被窑厂废弃的砖坯晒场范围内。因此，发掘区东部的T10、T14和南部的T15、T16以及西北端T6等探方，已有不同程度的破坏，其余探方的文化堆积保存较好。现以T2和T7西壁地层剖面为例说明。

第1层，耕土，深0～0.16、厚0.04～0.16米。出土有近代砖、瓦和明清时期的碎瓷片，以及新石器时代的鼎、豆、罐等陶器残片。

第2层，灰黄色土，深0.04～0.2、厚0.06～0.12米。出土有汉、宋、明、清各时期的陶瓷片，伴出新石器时代的陶器残片。此层为明清时代的扰乱层。

第3层，深黄锈色土，深0.2～0.38、厚0.1～0.22米，含有红烧土块和碎屑。出土物全系新石器时代遗物，石器有斧、锛、刀、钺、耘田器、镞和砺石等。陶器有赭褐、灰褐和红褐等夹砂鼎，泥质灰、红陶豆、壶、罐、碗等残片。遗物中的双孔石刀、有肩石斧、竖柄石钺、石耘田器、“丁”字形和椭圆形刻划锥刺纹陶鼎足、陶直筒杯、竹节形和粗矮圈足陶豆等为此层的代表器。此层下部发现居址1处（F1）。

第4层，黄褐色土，质地较硬，深0.38～0.76、厚0.06～0.44米。出土遗物与第3层有明显区别。石器种类较少，仅见斧、锛、凿和镞等。陶器种类增多，有夹砂陶鼎、甗、澄滤器，泥质陶有豆、壶、罐、杯、钵、盂等。穿孔石斧、长条形石凿、短叶石镞，夹砂陶宽扁凸棱形、蹄形和凿形足鼎和泥质灰、红陶镂孔圈足豆、侈口高领壶、花瓣形圈足杯、高把圈足杯、高柱捉手带盖罐等为此层代表器。此层下部发现灰坑1座（H18）。

第5层，灰褐色土，质地较疏松，深0.56～0.84、厚0.08～0.3米。此层遗物丰富，除夹砂灰褐陶捺边凹形鼎足、三足浅盘（盖）、钵形镂孔圈足豆和陶质、陶系的比例有一定的变化外，绝大多数遗物与第4层基本类同。此层底部发现灰坑1座（H17）。

第5层以下，为含黏性并杂有铁锰结核块的五花生黄土（图二）。

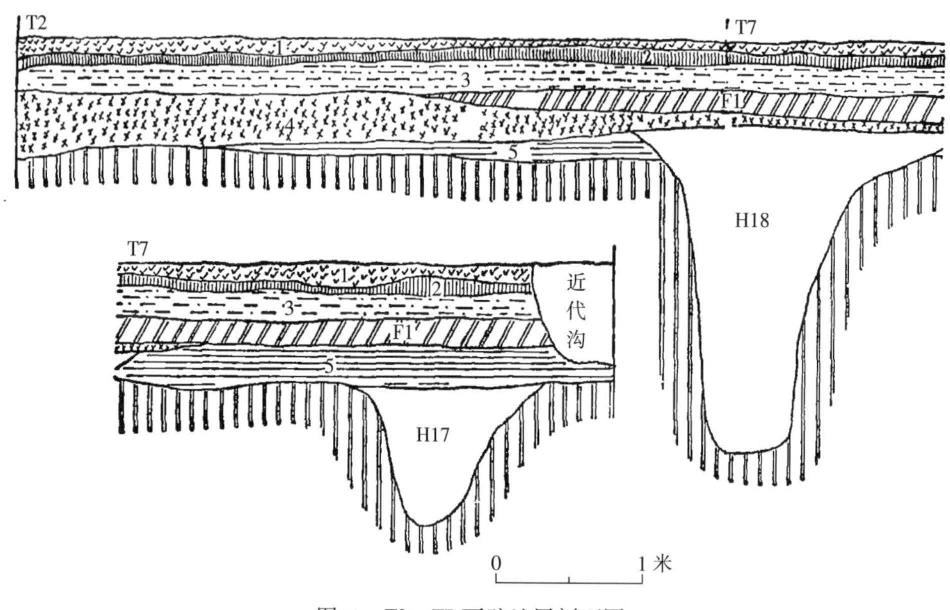

图二　T2、T7 西壁地层剖面图
1. 耕土　2. 灰黄色土　3. 深黄锈色土　4. 黄褐色土　5. 灰褐色土

遗址的文化堆积，自第 3 ~ 5 层，属新石器时代遗存。从三个文化层中出土的遗物和器形特征分析，第 3 层属良渚文化层，第 4、5 两层均属崧泽文化层。第 4、5 两层存在着叠压关系，在某些器物上反映出一定的差异性，说明在时代上有早晚之分，将其划分为崧泽文化晚期和早期。

三、遗迹和墓葬

（一）遗迹

有居址、灰坑和水沟三类，下面按时代分别介绍（图三）。

1. 下文化（崧泽早期）层

发现有居址、水沟和灰坑。

（1）居址　1 处（F3）。在发掘区的东北隅，位于 T10、T13、T14 三个探方内，在下文化层下部，距地表（以现晒场标高计，下同）深 78 厘米，略高于周围墓地。由于居址的东、南部被灰坑（H1 ~ H4）打破，尚存东西宽约 5 米、南北长约 7.2 米，面积约 36 平方米，全貌不清，居址面高低不平。居址面西部和北部有大量叠置、断续相连的红烧土块堆积，平面呈曲尺形，高 22 ~ 55、宽 15 ~ 28 厘米。不少红烧土块的外侧面平整呈红色，内侧面呈灰黑色，有清晰的纵横相交的凹弧痕，排列紧密有规律。纵凹痕深 0.5 ~ 0.8、宽约 1 厘米，横凹痕深 1.5 ~ 2、宽 2.5 ~ 3.5 厘米。似以竹（或树枝干）为经、芦苇为纬编结，表面涂拌和泥的墙体残迹。在离墙东南 2 ~ 3 米处，尚有两处中心凹陷的红烧土堆残迹，面积分别为 1 平方米和 1.5 平方米。凹陷的底部均发现有夹砂红褐陶鼎和泥质红陶罐、壶等残片，当为火塘。

（2）水沟　1 条（G1、G2）。分布于 T13、T12、T8 和 T3 各探方内，开口低于 F3 居址面，距地表深 96 厘米，沟底打破生土。水沟东端与 F3 相连，与南北向的残墙垂直相接，向西经 T13、T12，全长约 9 米（G1），宽窄不一，最宽处 0.9 厘米、最窄处 0.6 厘米。此段水沟中部被崧泽晚期（中层）灰坑（H5）打破。水沟自 T12 又折向南，经 T8、T3 又偏向西南，全长约 11 米、宽 0.8 ~ 1 米（G2）。在

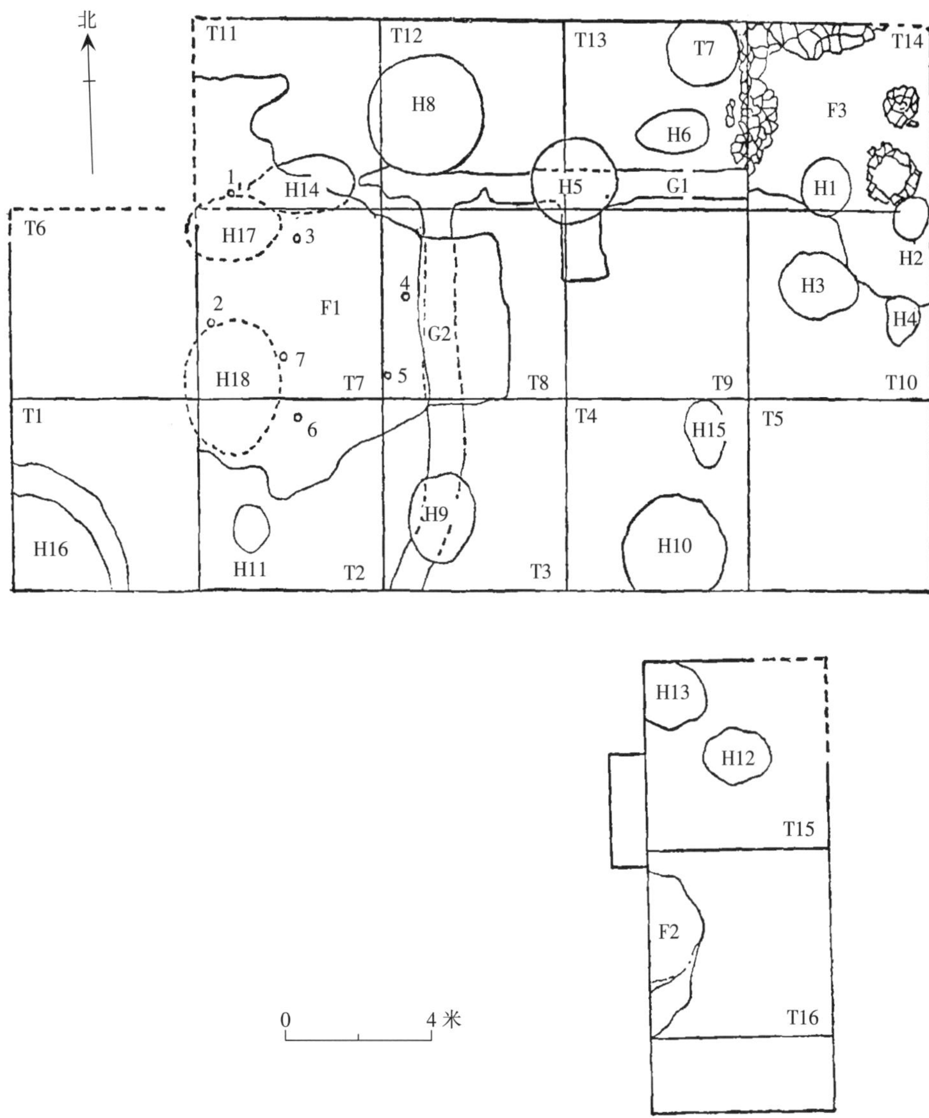

图三　徐家湾遗址探方、遗迹分布平面图

T8 内，被良渚文化居址（F1）的路面叠压，在 T3 南端又被灰坑（H9）打破。时代应早于 H5、H9 和 F1。两段水沟内均填满灰黑色淤土，含水分较多，土质很松软，含有较多草本植物腐殖质。出土有夹砂陶鼎、甗、器把和泥质灰、红陶豆、镂孔圈足、平底罐、高颈壶、侈口盆残片，以及残砺石等遗物。从水沟位置和出土遗物分析，我们认为水沟应与 F3 有关，可能是居址附设的防涝泄水的排水沟（图三）。

（3）灰坑　9 座（H1~H4、H12~H14、H16 下、H17）。坑口有不规则椭圆形和不规则圆形两种，以前者为多（6 座）。坑口距地表深 72~80 厘米，口径 0.9~2.5、深 0.21~0.96 米。现举三例说明。

H14　在 T11 南端。呈不规则椭圆形，叠压在 F1（良渚）下面，坑底打破生土。坑口长轴 3.15 米、短轴 1.5 米、深 0.5 米。出土遗物多为残陶片，能看出器形的有宽扁铲形、宽扁凹弧捺边鼎足和束腰甗、勾唇浅盘豆、镂孔圈足、侈口壶、斛形器等。

H16（下）　位于 T1 东南角。坑口呈不规则圆形，口径 2.6~2.8 米、深 0.36 米。坑内填满深灰色淤土，含水分较多。出土残陶器较多，有夹砂折腹弦纹鼎及凿形、扁铲形和凸棱形鼎足，泥质灰陶鸡冠形器耳、钵形豆、侈口束颈鼓腹壶等。

H17　位于T7西北角，叠压在F1（良渚）下面。坑口呈不规则椭圆形，长轴2.5米、短轴1.6米、深1.02米。出土器物有夹砂陶弦纹鼎及铲形、凹形捺辫形、捺窝及“人”字形鼎足等残片，泥质红陶敛口深腹钵形豆、镂孔圈足，泥质灰陶罐、盆等残片。还发现穿孔残石斧2件。

2. 中文化（崧泽晚期）层

只发现灰坑。9座（H5~H11、H16上、H18）。坑口有不规则椭圆形、不规则圆形和圆形三种，坑口距地表深0.58~0.74米、口径0.98~3.5米、深0.18~2.18米。举三例说明。

H11　位于T2东南，开口于下层下部。不规则椭圆形，长轴1.2米、短轴1米、深0.7米。出土遗物不多，除少量残陶片外，有夹砂红陶澄滤器和石犁形器。灰坑下部发现一小块已腐朽和炭化成饼状的稻谷遗存，宽约4、厚1.2厘米，一触即成粉状（见文末附录二）。

H9　在T3西部偏南，坑口距地表深0.67米，坑底打破崧泽早期的排水沟。不规则椭圆形，长轴2.37米、短轴1.83米、深0.18米。出土遗物有夹砂铲形和锥形鼎足、侈口折腹弦纹鼎残片，泥质灰、红陶辫状堆纹鼓腹壶、敛口折腹钵形豆，以及少数黑衣陶侈口高颈鼓腹壶等残器。

H16（上）　位于T1西南角，坑口距地表深0.75米。不规则圆形，直径约5米、深0.44米。坑内填灰黑色土，含有一定水分。出土有夹砂弦纹鼎残片和凿形、蹄形、三角形鼎足，以及圆形捉手，泥质灰、红陶折唇浅盘豆、辫形鸡冠耳、弦纹圈足杯等残器。

3. 上文化（良渚）层

居址遗迹2处（F1、F2），下面分别叙述。

F1　在发掘区西北部，T2、T7、T8、T11诸方内，距地表深33~35厘米。居址的东部（T8内）保存较好，南部（T2内）和西北部（T7、T11内）遭到不同程度的破坏。形状不规整，现存东西宽6.2米、南北长约11米，居住面厚18~20厘米。地面经夯打，依稀见有浅夯窝痕，形状不很规整，直径10~15厘米不等。地表尚平整，经火烧烤，质地较坚硬。土色从上到下由黄褐色、红色逐渐变为浅红灰色，除杂有较多陶片碎屑外，并掺和一定比例的稻壳，经火烧烤已炭化。在居住面中部偏西处，有一椭圆形红烧土堆，面积约0.8平方米，出有夹砂红褐陶鼎足和泥质红陶杯等，可能是当时烧煮的地方。居住面上残存柱洞7个，似作东南向西北排列，各柱洞之间距基本相当。柱洞直径18~28、深20~26厘米不等。柱洞均口小底大，一般向中心倾斜10~20度。柱洞内填满灰绿色或灰黄色锈淤土，很疏松，含有朽木痕，为尖状立柱。柱洞位置和排列：柱1和柱2、柱7和柱3、柱6和柱4，均以东南—西北相对平行排列，南北间距7~8米，东西间距为4~5米。推测居址为面阔三间、进深二檩的两坡式木构建筑。居址东缘有一片较平坦而低于居住面10~15厘米的红烧土面，长约8.5米、宽4.5~5米，应是当时人们日常出入的路基。居址的方向为南偏东约50度（见图三）。

F2　在发掘区南部，T16的西端。居址面厚20~30厘米，地表似经烧烤，质地坚硬，呈黄红灰色。红烧土块中见有碎陶片和稻壳等掺和料。T16西部已垦为农田，居址大部分受到破坏，现存面积5~6平方米，为居址的边缘部分。在居址下面，有2座崧泽早期墓葬（M9、M10）被叠压或打破，说明居址的时代应晚于M9和M10。

（二）墓葬

15 座（M1~M4、M6~M16）（图四；附表一）。M5 为唐墓，从略，未计在内。上、中、下三个文化层均有墓葬，下面按时代顺序分别介绍。

1. 下文化（崧泽早期）层墓葬

8 座（M1、M3、M7~M11、M16）。除 M16 在距 T14 东北约 2 米、M1 在 T6 北端外，余均集中在发掘区南部，T15、T16 两个探方内。举三例说明。

M7　位于 T16 东北端，墓底距地表深 1.12 米，方向 200 度。长方形浅穴土坑，长 2.38 米、宽 0.7 米、深 0.21 米。墓底打破生土，南（头）高北（足）低，高差 21 厘米。人骨保存不好，已腐朽成粉末状，似为单人仰身直肢葬。随葬器物较丰富，有 21 件，其中陶器 18 件，置于头前的有甗、罐、豆、杯各 1 件，壶 2 件；身左有壶 2 件、三足盘（盖）1 件；足后有杯、鼎、三足盘（盖）各 2 件，豆、钵各 1 件；一鼎内有纺轮 1 件。玉器 3 件，璜、瑗、玦各 1 件，置于颈部。从随葬陶纺轮和玉璜、瑗、玦等佩饰分析，此墓应为女性墓（图五）。

M8　位于 T16 中部偏西，方向 210 度，墓底距地表深 1.08 米。长方形浅穴土坑，长 2.4 米、宽

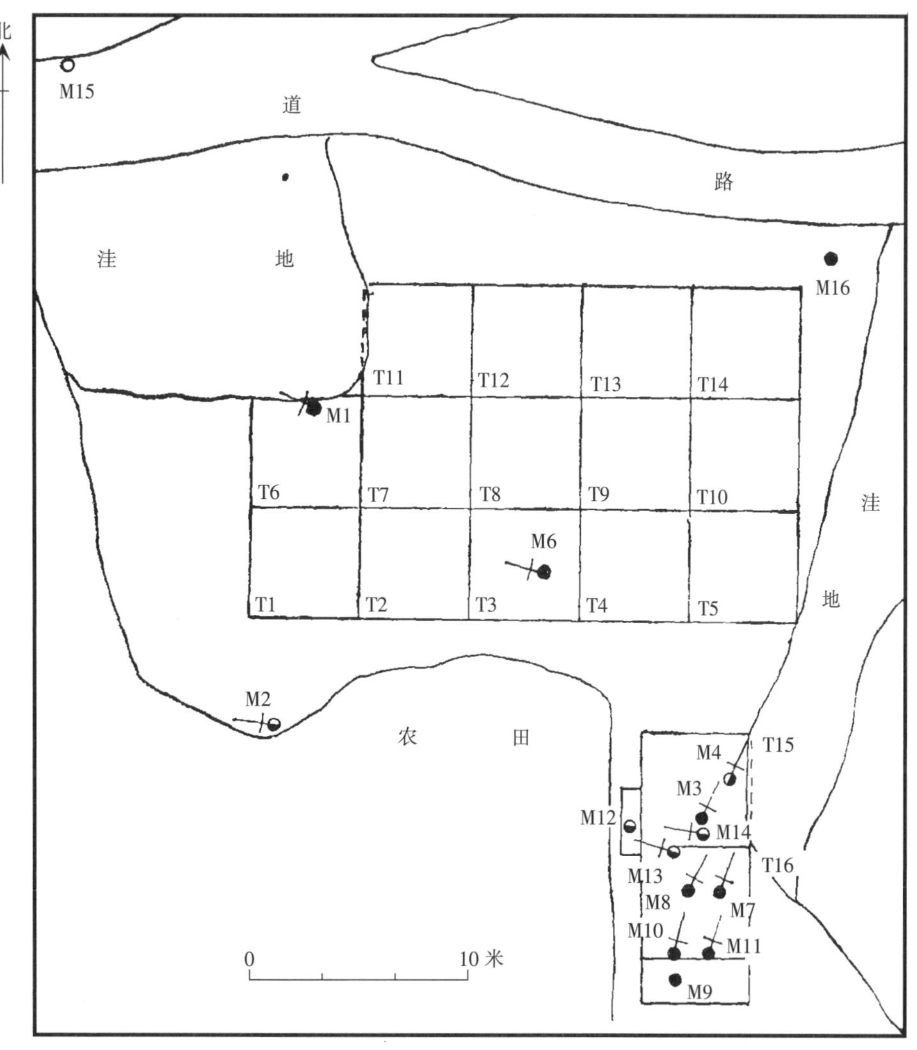

图四　徐家湾遗址墓葬分布平面图

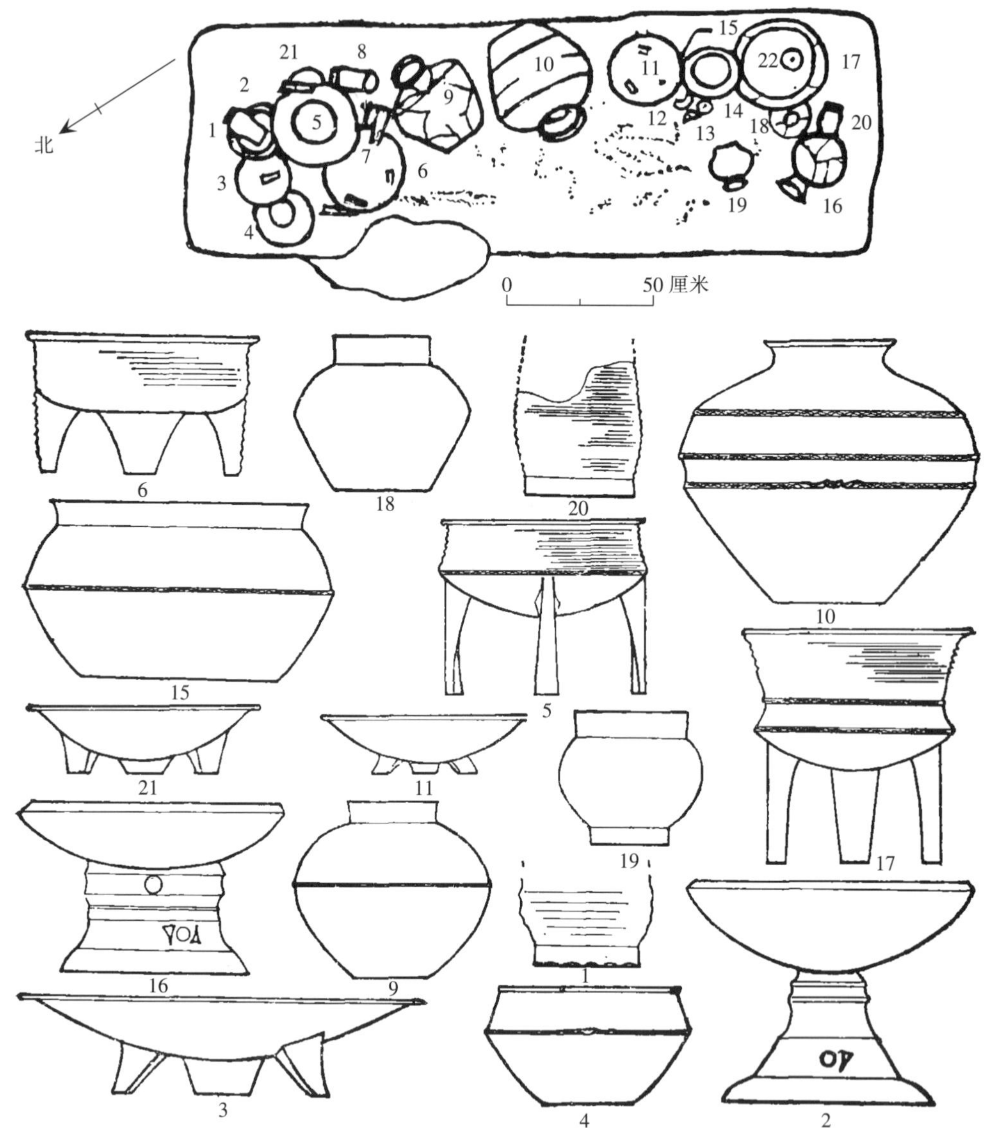

图五 M7 平面图及主要随葬器物组合图

1、8、20. 陶杯 2、16. 陶豆 3、11、21. 陶三足盘 4. 陶钵 5~7. 陶鼎 9、10、18、19. 陶壶 12. 玉璜 13. 玉瑗 14. 玉玦 15. 陶罐 17. 陶甗 22. 陶纺轮

0.7 米、深 0.38 米。墓底较平，南（头）北（足）高差仅 6 厘米。人骨保存不好，当为单人直肢葬。在死者的胸腹部，覆盖一层很薄的浅黄色土，人骨四周和下部有零星木炭屑和朽木痕，似使用葬具。随葬器物 22 件，其中陶器 19 件，玉器 3 件。身侧置鼎、三足盘（盖）各 2 件，甗、罐、杯、钵、壶各 1 件，足后有壶 1 件，股骨处有杯 2 件，壶、三足盘（盖）、豆、纺轮和玉瑗各 1 件，头前有鼎 2 件、三足盘（盖）1 件，颈部有玉瑗、玉璜各 1 件。随葬品中有璜、瑗和陶纺轮等，应为女性墓（图六）。

M11 位于 T16 中部略偏西，方向 188 度，墓底距地表深 0.98 米。浅穴土坑，为头（南）窄脚（北）宽束腰喇叭形，长 2.3 米、南宽 0.6 米、北宽 1 米、深 0.28 米。人骨已腐朽，仅存部分肋骨和下肢骨，似为单人仰身直肢葬，在人骨附近散布有零星木炭等遗存，似使用葬具。随葬品 16 件，其中陶器 13 件，石器 3 件。主要放置在足后，有鼎、三足盘（盖）、豆、罐、壶各 2 件，罍、杯、钵各 1 件，在肩部左侧置石锛、凿各 1 件，腰间有石斧 1 件（图七）。

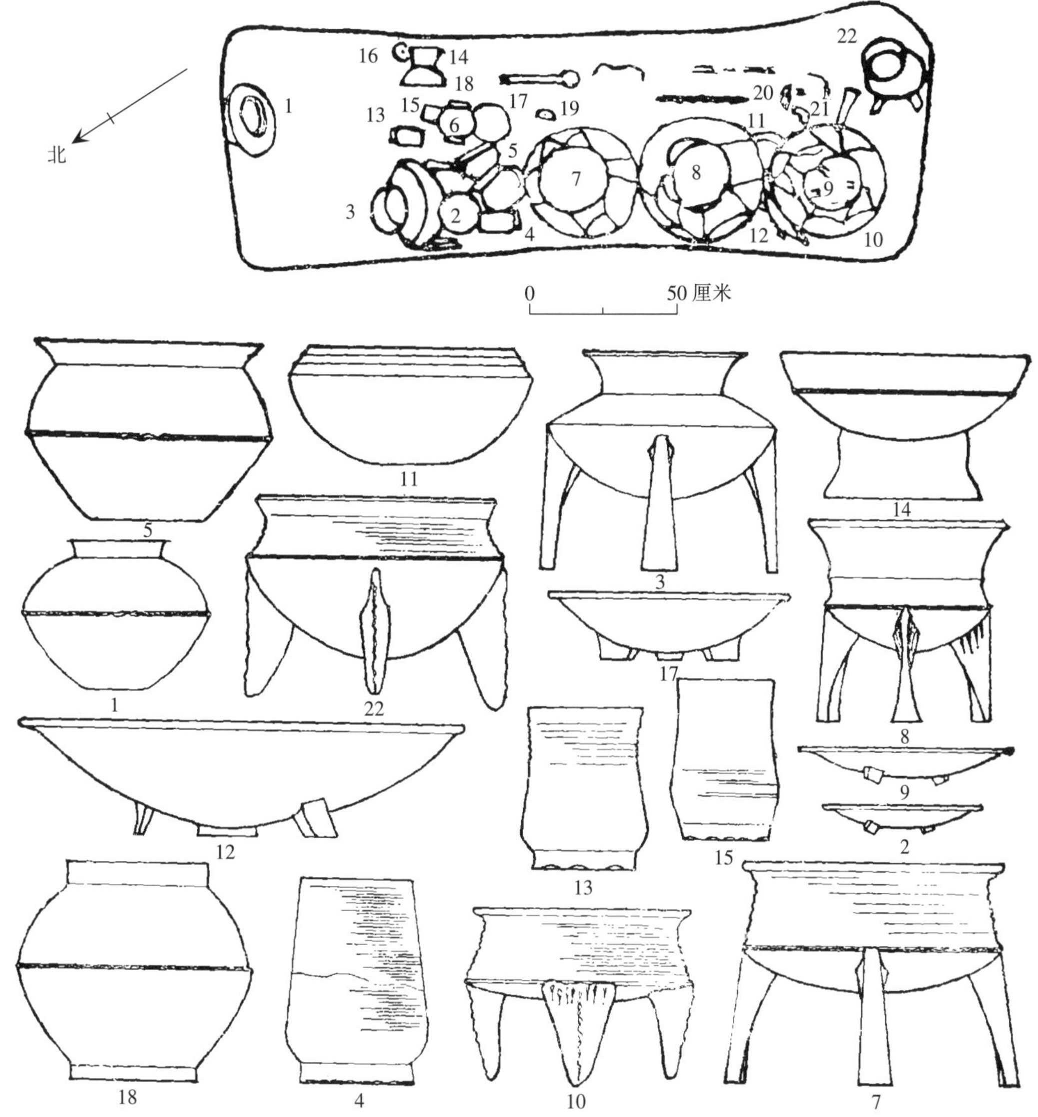

图六　M8平面图及主要随葬陶器组合图

1、6、18. 陶壶　2、9、12、17. 陶三足盘（盖）　4、13、15. 陶杯　5. 陶罐　3、7、10、22. 陶鼎　8. 陶甗　11. 陶钵　14. 陶豆　16. 陶纺轮　19、20. 玉瑗　21. 玉璜

2. 中文化（崧泽晚期）层墓葬

5座（M2、M4、M12、M13、M14）。除M2在距T1西南约5米的水田边外，余均集中在发掘区南部T15内。举三例。

M4　在T15的东北端，方向约116度，墓底距地表深82厘米。墓东侧被破坏，未发现墓坑。墓底南（头）高北（足）低，高差约20厘米。尸骨无存，葬式不明。出土随葬器物14件，其中陶器11件，石器3件，均在死者一侧。有石锛1件、凿2件；陶鼎、罐各3件，壶2件，豆、杯、盆各1件（图八）。

M12　在T15西部，墓底距地表深72厘米。被破坏严重，未发现墓坑。人骨已朽，方向和葬式不明。出土随葬器物12件，其中陶器9件，有鼎2件、钵2件、罐3件，壶、盂各1件。玉器3件，璜、瑗、饰件各1件。似应为女性墓。

M13　位于T15、T16之间，方向108度，墓底距地表深78厘米。长方形浅穴土坑，长2.28米、

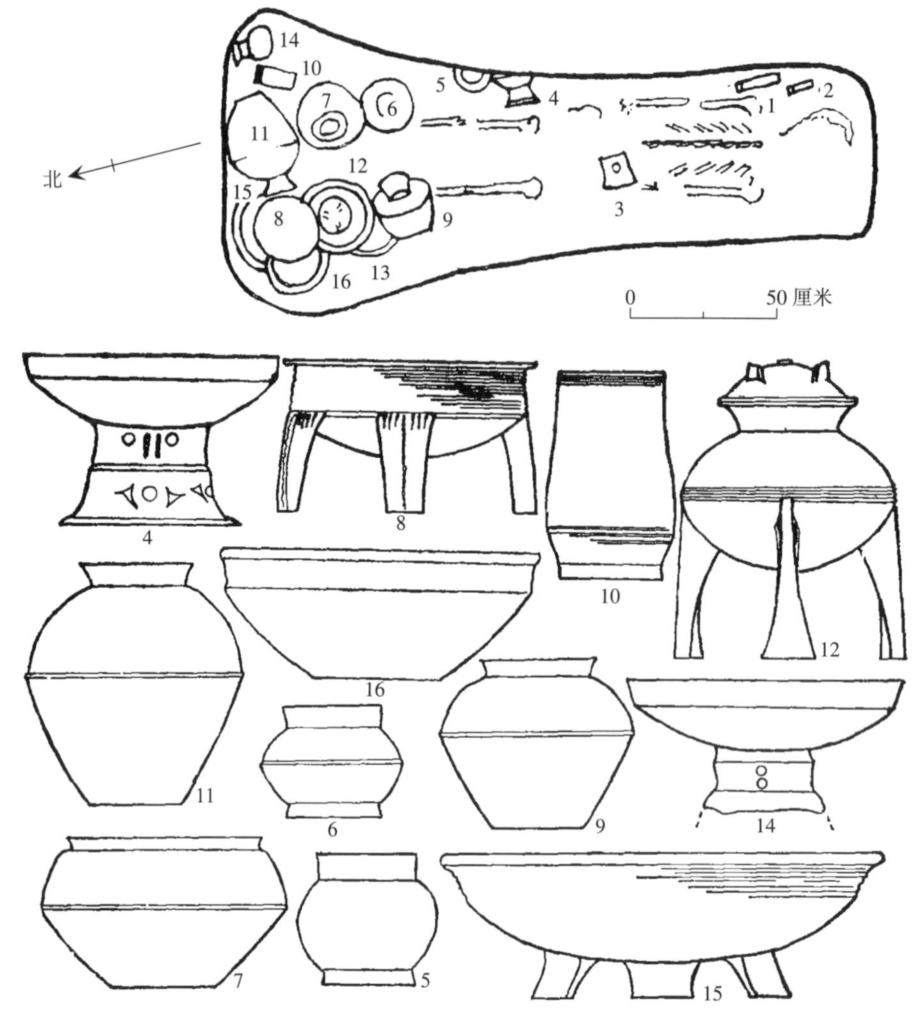

图七　M11 平面图及主要随葬陶器组合图

1. 石凿　2. 石锛　3. 石斧　4、14. 陶豆　5、6. 陶壶　7、9. 陶罐　8、12. 陶鼎　10. 陶杯　11. 陶罍　13、15. 陶三足盘（盖）　16. 陶钵

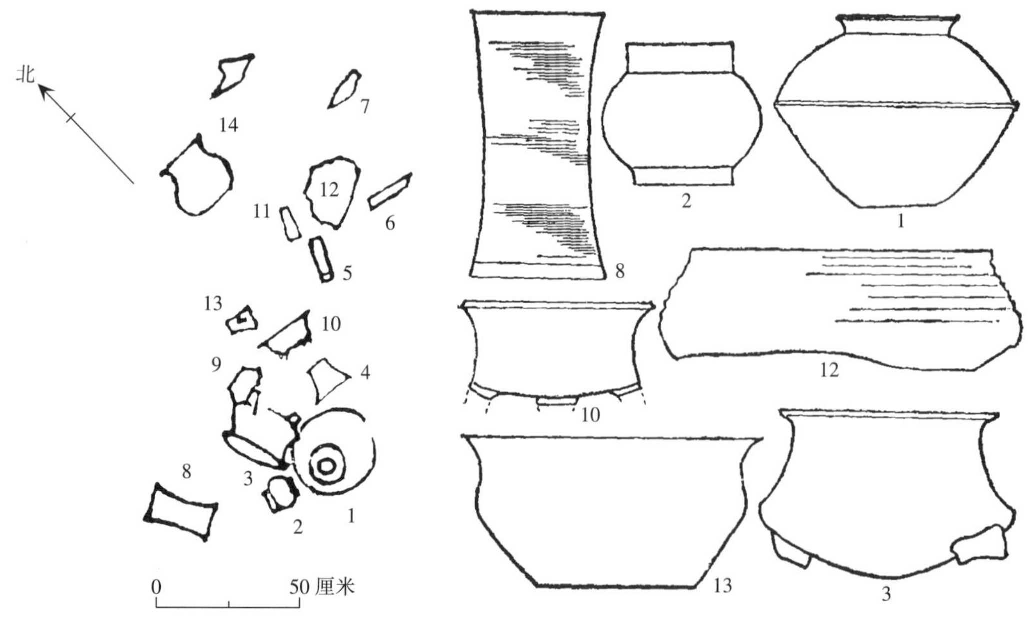

图八　M4 平面图及主要随葬陶器组合图

1、14. 陶壶　2、9、12. 陶罐　3、10、11. 陶鼎　4. 陶豆　5、6. 石凿　7. 有段石锛　8. 陶杯　13. 陶盆

宽0.7米、深0.19米。墓底东（头）西（足）高差12厘米。人骨保存尚好，为单人仰身直肢葬。在人骨下部和臀部发现有零星木炭遗存，似有葬具。随葬器物26件，其中陶器23件，石器2件，玉器1件。分别放置在头前、身侧和脚后。头前有陶鼎、壶、盆、盉各1件，尊2件；身侧置陶杯3件，盉、盆、罐各1件，壶2件；脚后置陶杯、壶、斛形器、鼎、高足杯、钵各1件，罐3件，在肩部两侧各出石斧、凿各1件，手腕处发现玉镯1件（图九）。

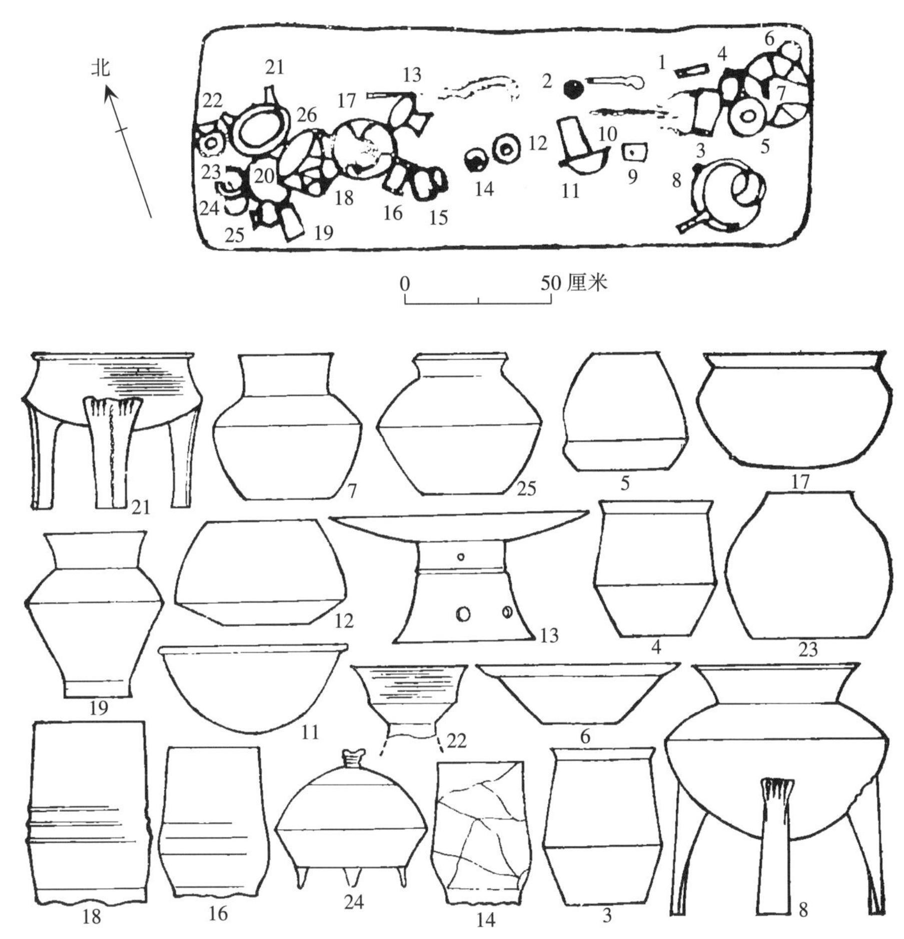

图九 M13平面图及主要随葬陶器组合图

1. 石凿 2. 玉镯 3、4、19. 陶尊 5、12. 陶盉 6. 陶盆 7、15. 陶壶 8、21. 陶鼎 9. 石斧 10、14、16、18. 陶杯 11. 陶釜形器 13. 陶豆 17、23、25. 陶罐 22. 高足杯 24. 陶三足盘（盖） 26. 陶斛形器

中、下两层墓葬，由于基本集中在T15和T16两个探方范围内，因此，存在有叠压或打破现象，而反映在葬俗和葬制上都有不少共同之处。

（1）叠压和打破关系 M4（中层）叠压在H12（下层）上面、打破M3（下层）；M14（中层）叠压在M3（下层）之上，相距约12厘米；M9、M10（下层）分别被叠压在F2（上层）下面；M7、M8（下层）埋葬深度均低于M13和M14（中层），相差18~20厘米。以上现象说明，各墓在埋葬时间上有先后之分。

（2）葬俗和葬制 中、下两层墓均为单人直肢墓，未见屈肢葬和合葬。多数为浅穴土坑，平面呈长方形。个别墓因随葬品较多，两端略向外扩大，呈束腰喇叭形。墓坑范围仅能容纳死者一人，长220~240、宽约70厘米，墓坑最深38、最浅19、一般23~25厘米。墓坑均不规整，墓底多有倾斜，头高足低，高差18~20厘米，最高（M3）达30厘米。有少数墓未见有墓（边）坑，抑或采取平地掩埋的方法（如M2、M4、M12等）。有的有木炭、朽木痕，表明绝大多数墓似已使用葬具（如M7、M8、M11、M13等）。

（3）随葬器物情况　中、下文化层的墓葬都有随葬品。最多的达26件，最少的7件，一般10~20件。以随葬陶器为主，占随葬品总数的83.80%，玉器占9.2%，石器较少，占7%。在13座墓中，陶器和玉器共出的占23%左右，其中出有石器的占30%，随葬陶器有鼎、甗、三足盘（盖）、豆、壶、罐、杯、钵、盂、盆、尊和纺轮等，以鼎、豆、壶、罐、杯为主要组合；石器有斧、锛、凿等；玉器有璜、瑗、镯、玦、耳坠及小饰片等。随葬品一般置于人骨两侧，也有少数放在头前足后。

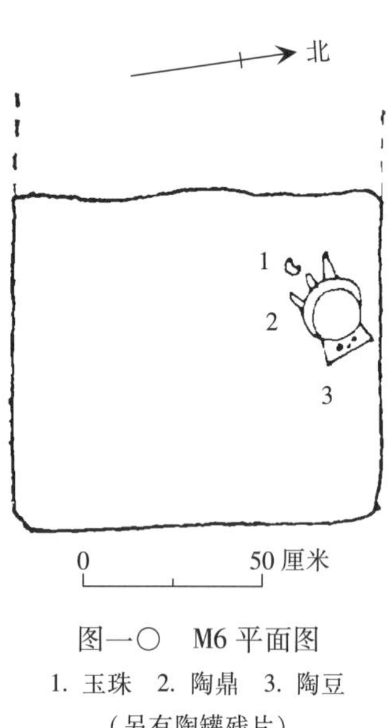

图一〇　M6平面图
1. 玉珠　2. 陶鼎　3. 陶豆
（另有陶罐残片）

3. 上文化（良渚）层墓葬

2座（M6、M15）。M6在发掘区中部T3内，M15在发掘区距T6约15米的土路一侧。举一例。

M6　方向105度，墓底打破第4层，距地表深44厘米。长方形浅穴土坑，墓西端被一座清代墓打破，残长0.88米、宽约1.12米、深0.16米。人骨腐朽无存，葬式不明。随葬器物已扰乱或被破坏，尚有鼎、豆各1件及罐残片、玉饰珠1件（图一〇）。

四、出土遗物

徐家湾遗址本次发掘区，是当时人们生息居住的生活区之一，虽然发掘面积有限，但出土遗物相当丰富，有生产工具和生活用器具及装饰品等，经修复和复原总计有400余件。为反映遗址各层的文化面貌和性质，本报告将具有明显时代特征的采（征）集品，一并归纳入相应各层予以介绍。

（一）下文化层（崧泽早期）遗物

下层文化遗存是遗址的主要堆积，遗迹有居址、灰坑和墓地，出土遗物最为丰富，有石器、陶器和玉器等近200件。

1. 石器　45件。均为生产工具，器形较单纯，有斧、锛、凿和砺石等。

斧　21件。通体经磨制。多数有穿孔，孔为两面管钻而成，少数似用尖利器琢凿而成。可分五型。

A型　3件。平面扁平呈舌形。分二式。

AⅠ式　1件。M10∶1，花岗长闪岩，质地颇坚硬。磨制。平顶，一端斜倾，器身两面微鼓，双面宽弧刃，纵剖面似梭形，穿孔较大。长15、刃宽12厘米（图一一，1）。

AⅡ式　2件。采∶9，凝灰岩。器较厚重，平顶，器身两面弧鼓，宽弧刃，纵剖面呈梭形，大穿孔居中。长10.8、刃宽9厘米（图一一，2；图版一，1）。

B型　2件。器形扁薄，平面近方形。分二式。

BⅠ式　1件。M11∶13，凝灰岩。磨制较精，器表风化颇甚。微斜顶，器身两侧略收腰，双面刃，

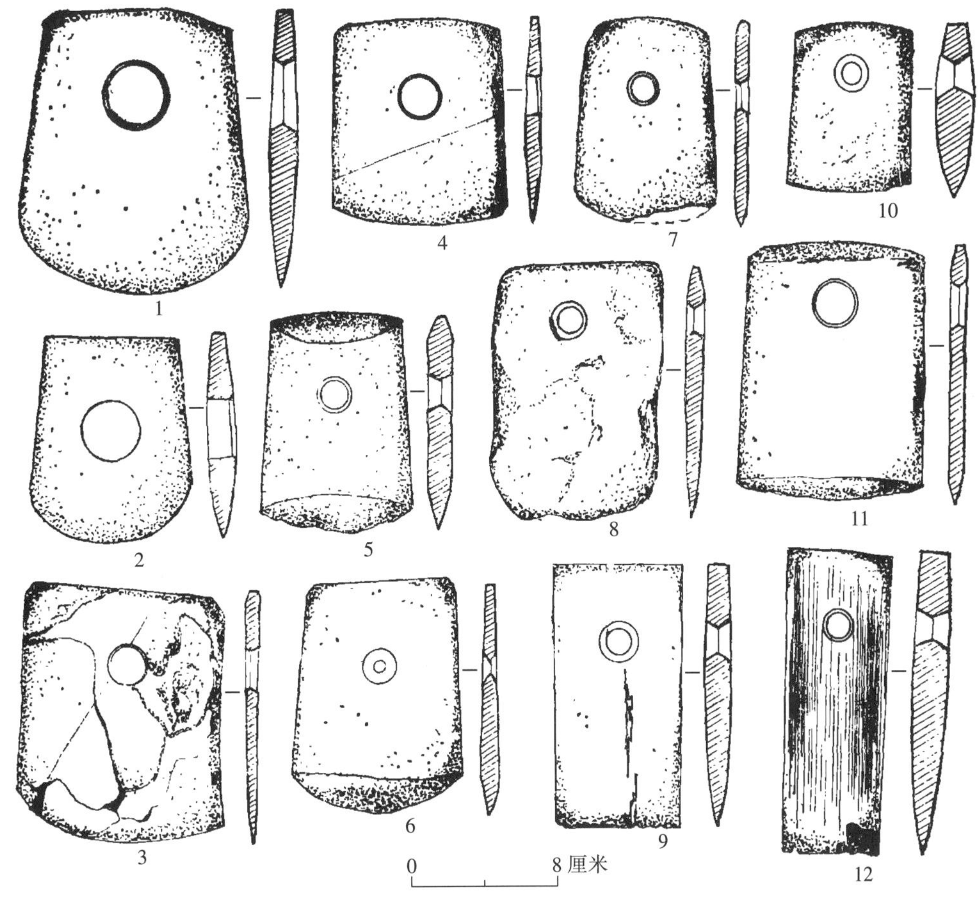

图一一　下文化层出土石斧

1、2. AⅠ、AⅡ式（M10:1、采:9）　3、4. BⅠ、BⅡ式（M11:13、采:61）　5~7. CⅠ~CⅢ式（M3:1、采:20、T4:5）　8、10、11. DⅠ~DⅢ（T15:5、采:37、采:94）　9、12. EⅡ、EⅠ式（采:8、7）

穿孔较小。长13.5、宽12厘米（图一一，3）。

BⅡ式　1件。采:61，黑色板页岩。磨制较精细。弧顶，器身不够平整，两侧平直，双面弧刃，穿孔居中。长10.6、宽9.7厘米（图一一，4）。

C型　4件。平面长梯形。分三式。

CⅠ式　1件。M3:1，黑色页岩。通体磨制。弧顶较薄，器身厚而平整，弧刃有使用痕，穿孔由两面对钻。长11.4、刃宽8.4厘米（图一一，5）。

CⅡ式　2件。采:20，灰黑色砾岩，石质较坚硬。通体磨制、光洁。平顶稍斜倾，器身较薄，弧刃，刃稍残损，孔由尖利器琢凿而成。长15、刃宽9.4厘米（图一一，6）。

CⅢ式　1件。T4:5，凝灰岩。磨制不精。器形不规整，弧顶一角缺损，器身平直，弧刃部分残损，孔由两面对钻，经琢凿修正。长10、宽8.4厘米（图一一，7）。

D型　5件。平面呈长方形。分三式。

DⅠ式　2件。T15:5，凝灰岩。器表风化颇甚。器形不规整，顶稍斜，两侧稍束腰，双面弧刃已残损。长13.4、宽9厘米（图一一，8）。

DⅡ式　1件。采:37，辉绿岩，有黑白相间斑晶结构，质地颇坚。磨制极精细。器形规整，弧顶，器身两面弧鼓，双面弧刃，孔由两面对钻而成。长9、宽6.4厘米（图一一，10）。

DⅢ式　2件。采：94，灰褐色页岩。磨制尚精。弧顶，器身扁薄，两面弧刃，刃口有使用痕，孔由两面对钻而成。长13.2、刃宽10厘米（图一一，11）。

E型　2件。平面细长方形。分二式。

EⅠ式　1件。采：7，灰页岩，杂黄褐彩条层理纹。磨制精细。平顶略斜，器身较厚，两面平刃，刃口残损，孔由两面对钻而成。长16、刃宽5.4厘米（图一一，12）。

EⅡ式　1件。采：8，灰页岩，杂青灰色层理纹。通体磨制。器身较宽短，孔由两面对钻而成。长13.8、宽6.8厘米（图一一，9；图版一，4）。

锛　9件。器形精巧，磨制较精。分二型。

A型　5件。平面长方形，器身厚重。分二式。

AⅠ式　3件。T11：3，凝灰岩。平顶，两角残，单面平刃。长8.4、刃宽3.6厘米（图一二，1）。

AⅡ式　2件。T11：4，黑色凝灰岩。磨制不精。顶不平，器身前窄后宽较浑厚，单面平刃，有使用痕。长8、宽2.8厘米（图一二，2）。

B型　4件。平面长条形。分二式。

BⅠ式　2件。M11：2，凝灰岩。磨制尚精。平顶，单面弧刃。长9.5、刃宽2.8厘米（图一二，3）。

BⅡ式　2件。M9：1，凝灰岩。一侧残损。平顶，单面弧刃。长5.4、宽1.8厘米（图一二，4）。

凿　9件。一般经磨制，都较粗糙。分三型。

A型　2件。平面细长梯形。分二式。

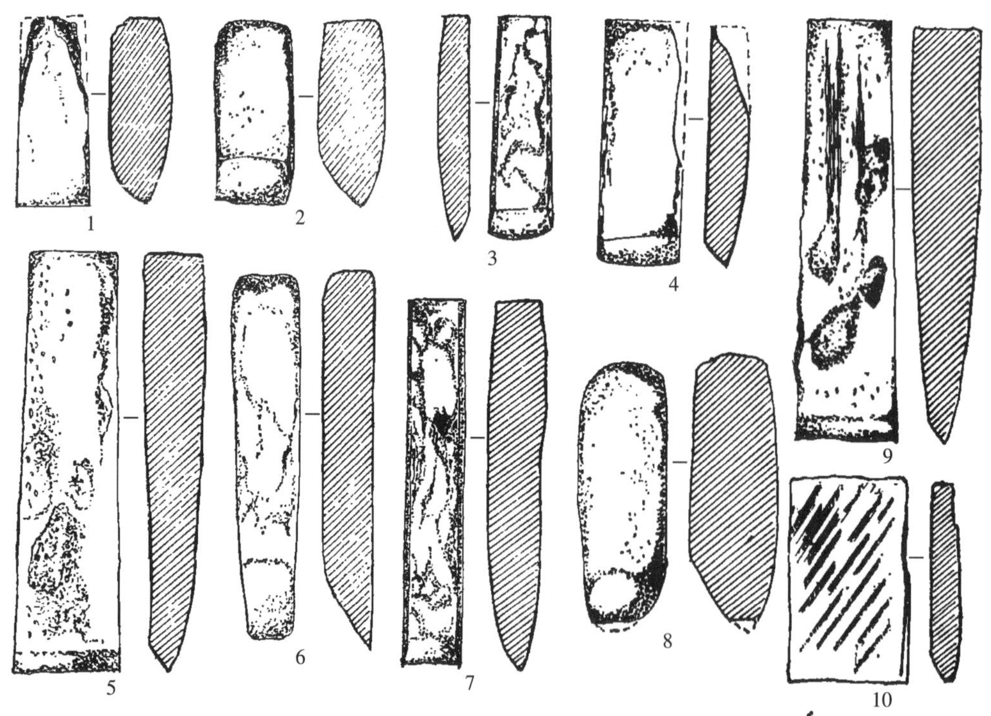

图一二　下文化层出土石器

1、2. AⅠ、AⅡ式锛（T11：3、4）　3、4. BⅠ、BⅡ式锛（M11：2、M9：1）　5、9. AⅡ、AⅠ式凿（M11：1、3）　6、7. BⅠ、BⅡ式凿（T12：4、T14：3）　8. C型凿（T6：6）　10. 砺石（T14：4）（4、6. 3/5，10. 3/20，余3/10）

AⅠ式　1件。M11∶3，花岗砾岩，石质较硬。磨制不精。平顶较厚，器身留有打制痕，单面平刃。长18.4、刃宽4.6厘米（图一二，9）。

AⅡ式　1件。M11∶1，花岗砾岩，质地颇硬。磨制不精，器表留有打制痕。形制与上例类同，唯器身略大，单面平刃。长18.6、刃宽5厘米（图一二，5）。

B型　3件。平面长条形。分二式。

BⅠ式　2件。T12∶4，凝灰岩。磨制。器身上宽下窄不规整，单面窄刃。长8、宽1.5厘米（图一二，6）。

BⅡ式　1件。T14∶3，花岗长闪岩，质地较硬。磨制粗劣，器表有斑驳琢凿痕。器形尚规整，平顶，器身前窄后宽，单面平刃，刃厚钝。长16.2、宽2.6厘米（图一二，7）。

C型　2件。T6∶6，砂页岩。磨制不精。弧顶，器身厚重不规整，单面宽弧刃。长11、宽4.2厘米（图一二，8）。

砺石　5件。多数经使用，残损不完整，石质分紫褐砂岩和灰黄砂岩两种。T14∶4，紫褐细砂岩。平面长方形，一面较平整，有斜向坚锥状工具錾凿痕，粗钝不深，另一面较粗糙。长18、宽10厘米（图一二，10）。

2. 陶器　122件。有生产工具和生活用器两类，以生活用器占多数。陶质有夹砂陶和泥质陶两种。夹砂陶又分表、胎色泽不一的灰褐陶和红褐陶，两者均以蚌壳末和稻谷壳作掺和料，烧成后稻谷壳炭化，器胎呈现出孔洞，质地较疏松。泥质陶有灰陶、红陶、红衣陶和黑衣陶四种，陶质较细腻。夹砂陶占陶片总数的55.3%，其中夹砂灰褐陶占38.6%，红褐陶占16.7%。泥质陶占陶片总数的44.7%，其中泥质灰陶占27.8%，红陶占9.7%，红衣陶和黑衣陶分别占5.1%和2.6%。陶器制法为手制兼轮修，器形较规整。

陶器纹饰有弦纹、辫状附加堆纹、捺窝纹、刻划和凸棱纹、圆形和三角形镂孔。弦纹、辫状附加堆纹多饰于鼎、罐、壶、杯等器的器腹，捺窝纹、刻划纹和凸棱纹常见于鼎、甗的器足，圆形三角镂孔则多施于豆的执把圈足。器形有鼎、甗、三足盘（盖）、豆、罐、壶、杯、钵、盆等，形制富于变化，圈足常作多节喇叭形，罐、壶、钵等器的器腹多有折棱和辫状附加堆纹。盛行圜底和花瓣形圈足底，鼎的足有宽扁铲形、凹形捺边形、宽厚弧形凸棱形、三角形和扁凿形等多种。

鼎　15件。有釜形、壶形和盆形鼎三型。

A型　8件。釜形鼎。可分七式。

AⅠ式　2件。M10∶7，夹砂红褐陶。直口，平折沿，沿面下凹，圆唇，深折腹，圜底，扁平斜梯形足。折腹以上饰凸弦纹七周，折腹处饰辫状附加堆纹一周，足面饰辫状凸棱纹，足跟在凸棱两侧各有四个捺窝纹。口径36、高36.4厘米（图一三，1；图版八，1）。

AⅡ式　1件。M7∶5，夹砂灰褐陶。敛口，平折沿，沿面下凹，浅折腹，圜底，扁凿足。腹上部满饰细弦纹，折腹处饰辫状附加堆纹一周，足跟饰两组刻划纹。器底和器足内侧有烟炱。口径28.4、高24厘米（图一三，2；图版二，2）。

AⅢ式　1件。M8∶9，夹砂灰褐陶。敛口，斜折沿，沿面下凹，圆唇，深折腹，圜底，扁凿足。

上腹饰凹弦纹六周，折腹处有辫状附加堆纹一周，足跟饰两组刻划纹。口径16、高17厘米（图一三，3）。

AⅣ式　1件。M8：25，夹砂灰褐陶。敛口，斜折沿，沿面微弧，束颈，折腹，深圜底，侧扁足。上腹饰细弦纹数周，足外侧饰捺辫纹。口径16.4、高14厘米（图一三，6）。

AⅤ式　1件。M8：12，夹砂黑褐陶。敛口，斜折沿，沿面下凹，圆唇，折腹，圜底，弧形三角形足。覆三足盘（形）盖，盖面有三个锛形矮纽。器腹饰凸弦纹数周，折腹处饰辫状附加堆纹一周，足面饰一道捺辫纹，足跟有六个捺窝纹。口径22.5、通高24.6厘米（图一三，5）。

AⅥ式　1件。M11：17，夹砂灰褐陶。口微敛，平折沿，沿面下凹，浅折腹，圜底，斜梯形足。上腹饰凸弦纹五周，折腹处有辫状附加堆纹一周，足饰辫状附加堆纹和捺窝纹。口径22.8、高16.4厘米（图一三，8；图版二，6）。

AⅦ式　1件。M10：7，夹砂灰褐陶。口微敛，平折沿，沿面下凹，深折腹，微束腰，圜底，侧扁三角形足。折腹处有辫状附加堆纹一周，足面一道捺辫纹。口径13.2、腹径16.4、高12厘米（图一

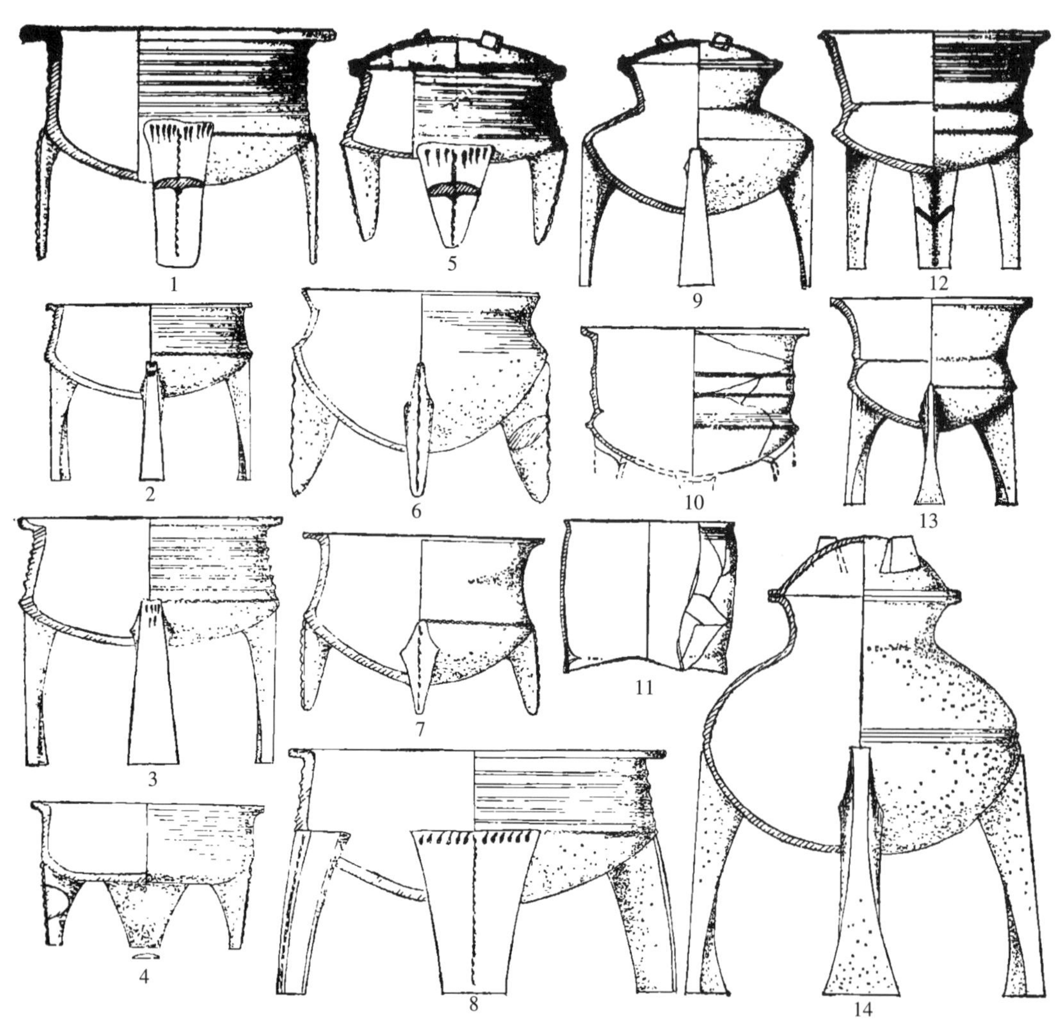

图一三　下文化层出土陶器

1～3. AⅠ～AⅢ式鼎（M10：7、M7：5、M8：9）　4. C型鼎（M7：7）　5～8. AⅤ、AⅣ、AⅦ、AⅥ式鼎（M8：12、M8：25、M10：7、M11：17）　9、14. BⅠ、BⅡ式鼎（M8：3、M11：12）　10～13. C、D、B、A型甗（H17：1、C1：3、M7：17、M8：10）（3、6～8、14. 1/5，11. 约1/12，余约1/10）

三，7）。

B型　5件。壶形鼎。分二式。

BⅠ式　3件。M8∶3，夹砂灰褐陶。侈口，折沿，沿面下凹，高领，扁折腹，圜底，扁凿足。覆三足盘形盖，三个纽残。口径22、通高30厘米（图一三，9）。

BⅡ式　2件。M11∶12，夹砂红褐陶。小口，平折沿，沿面下凹，高束颈，扁球腹，圜底，凿形足。覆三足釜形盖，盖面有三个扁铲形纽。腹饰凹弦纹两周。口径10.8、通高31厘米（图一三，14）。

C型　2件。盆形鼎。M7∶7，夹砂灰褐陶。直口，斜折沿，沿面下凹，浅直腹，平底，宽斜梯形足。器腹满饰细弦纹，足面饰辫状凸棱纹一周。口径28、高19.4厘米（图一三，4）。

甗　5件。分四型。

A型　2件。M8∶10，夹砂灰褐陶。侈口，厚唇，深腹，微束腰，圜底，扁凿足。束腰内壁有一周凸檐，以承箅；折腹处饰辫状附加堆纹一周，足跟两侧饰五道刻划纹。口径28、高28厘米（图一三，13；图版二，4）。

B型　1件。M7∶17，夹砂灰褐陶。侈口，斜折沿，沿面下凹，深腹微束腰，浅圜底，斜梯形薄三角足。束腰内壁有一周凸檐；上腹饰凸弦纹六周，束腰和折腹处各有一周辫状附加堆纹。口径28、高32厘米（图一三，12；图版二，3）。

C型　1件。H17∶1，夹砂红褐陶。已残。近直口，斜折沿，沿面下凹，深折腹，浅圜底，足残。上腹和折腹各饰辫状附加堆纹一周，束腰处饰细弦纹。口径27.2、残高20厘米（图一三，10）。

D型　1件。C1∶3，夹砂红褐陶。已残。口微敛，微束颈，筒形深腹束腰。内壁有一周凸檐。口径28、残高25.5厘米（图一三，11）。

三足盘（盖）　11件。敞口，浅腹，圜底，矮足。分八型。

A型　2件。M7∶21，夹砂灰褐陶。平折沿，沿面下凹，斜弧腹，直立扁铲形足。器底有烟炱。口径14.4、高4.6厘米（图一四，1）。

B型　1件。M8∶19，夹砂灰褐陶。平折沿，沿面下凹，斜弧腹，扁铲形足略外撇，聚于器底中心。口径14.5、高4.5厘米（图一四，2）。

C型　3件。M7∶11，夹砂灰褐陶。平折沿，沿面下凹，斜弧腹，扁平铲形足外撇，聚于器底中心。口径25.2、高8厘米（图一四，3；图版二，5）。

D型　1件。M11∶15，夹砂灰褐陶。斜折沿，沿面下凹，浅弧腹，扁平铲形足微外撇。腹饰凸弦纹五周。器底有较厚烟炱。口径27.8、高10厘米（图一四，6）。

E型　1件。M7∶3，夹砂灰褐陶。大敞口，宽沿，沿面下凹，浅弧腹，较高扁铲形足外撇。口径28.4、高6.6厘米（图一四，7；图版三，1）。

F型　1件。M8∶14，夹砂灰褐陶。平折沿，沿面下凹，浅斜腹，尖圜底，小铲形足。器底有烟炱。口径25.2、高8厘米（图一四，8；图版三，5）。

G型　1件。M1∶6，夹砂灰褐陶。器形与F型相似，器形较小，足较高，尖底。口径16、高6.2厘米（图一四，5）。

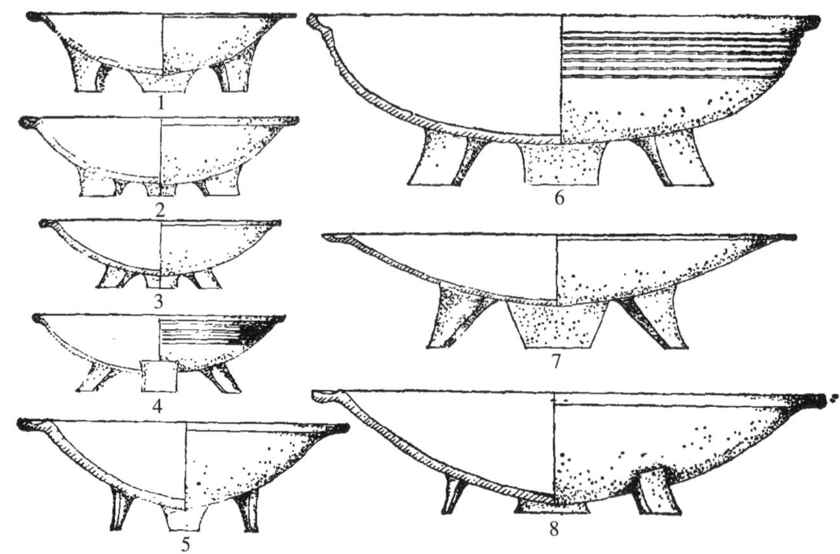

图一四 下文化层出土陶三足盘（盖）

1～3. A～C 型（M7∶21、M8∶19、M7∶11） 4. H 型（M8∶11） 5. G 型（M1∶6） 6～8. D～F 型（M11∶15、M7∶3、M8∶14）（3. 约1/9，8. 约1/5，余约1/4）

H 型 1 件。M8∶11，夹砂灰褐陶。斜折沿，沿面下凹，浅弧腹，锛形足较高。口径 13.62、高 4.4 厘米（图一四，4）。

豆 23 件。有钵形、盘形、盂形、碗形豆四型。

A 型 11 件。钵形豆。分七式。

AⅠ式 2 件。M7∶16，泥质红陶，器表施一层薄黑衣，局部已脱落。敛口，内折沿，斜弧腹，圜底。喇叭形粗圈足，上部棱形，饰一圆镂孔，下部饰圆形和三角形镂孔。口径 17、圈足径 13.2、高 11.6 厘米（图一五，1）。

AⅡ式 3 件。M7∶20，泥质红陶。口微敛，圆唇，折腹，平底。束颈喇叭形圈足，束颈处饰小圆镂孔，下饰圆形和弧边三角形镂孔。口径 18.8、圈足径 15.6、高 11.4 厘米（图一五，2；图版三，2）。

AⅢ式 1 件。M3∶7，泥质灰陶，通身施黑衣。口微敛，内勾缘，深折腹，圜底。细高多节喇叭形圈足，圈足上饰凹弦纹四周，下饰圆形和弧边三角形镂孔。有覆盆形盖，圈足式捉手。口径 28、圈足径 12.4、高 30 厘米（图一五，3）。

AⅣ式 1 件。M11∶4，泥质灰陶。口微敛，圆唇，折腹。粗筒式喇叭形圈足，上饰圆形和长条形镂孔，下饰圆形和弧边三角形镂孔。口径 16.8、圈足径 13、高 11.6 厘米（图一五，4）。

AⅤ式 1 件。M7∶2，泥质灰陶。敛口，内勾缘，深弧腹，圜底。多节喇叭形圈足，上饰凸弦纹两周，下饰圆形和弧边三角形镂孔。口径 18、圈足径 14.8、高 15 厘米（图一五，5；图版三，3）。

AⅥ式 1 件。M1∶9，泥质灰陶，器表施灰黑衣。敛口，内勾缘，斜弧腹，圜底。多节喇叭形圈足，上饰凹弦纹八周，下饰圆形和弧边三角形镂孔。口径 18.6、圈足 14.2、高 13.6 厘米（图一五，6）。

AⅦ式 2 件。H14∶9，泥质灰陶。内勾缘，浅弧腹，圜底。细颈喇叭形圈足，已残。腹下饰凸棱

图一五　下文化层出土陶豆

1～4. AⅠ～AⅣ式（M7∶16、M7∶20、M3∶7、M11∶4）　5～7. AⅤ～AⅦ式（M7∶2、M1∶9、H14∶9）　8. BⅠ式（M1∶12）　9、10. BⅢ、BⅡ式（M1∶10、M8∶27）　11、12. CⅠ、CⅡ式（M8∶16、T15∶7）　13、14. DⅠ、DⅡ式（M3∶2、H16∶16）

一周，圈足下部饰小圆镂孔。口径14、圈足径8.8、高约11厘米（图一五，7）。

B型　5件。盘形豆。分三式。

BⅠ式　2件。M1∶12，泥质红陶，器表施薄红衣。敞口，平折沿，浅弧腹。细颈喇叭形高圈足，上饰细弦纹八周，下饰圆形和弧边三角形镂孔。口径13.2、圈足径8.8、高7厘米（图一五，8）。

BⅡ式　2件。M8∶27，泥质灰陶。敞口，平沿，圆唇，浅弧腹，圜底。多节喇叭形高圈足，上饰凹弦纹七周，下饰圆形和弧边三角形镂孔。口径19、圈足径14.4、高12.4厘米（图一五，10）。

BⅢ式　1件。M1∶10，泥质灰陶。敞口，唇外折，浅弧腹，圜底。束颈喇叭形高圈足，上、下各饰小圆镂孔。口径18、圈足径12.8、高10.6厘米（图一五，9）。

C 型　4 件。碗形豆。分二式。

CⅠ式　3 件。M8：16，泥质红陶。敞口，方唇，斜弧腹，圜底。束腰喇叭形粗圈足，上饰圆形和弧边三角形镂孔。口径 16、圈足径 11、高 9.7 厘米（图一五，11；图版三，6）。

CⅡ式　1 件。T15：7，泥质红陶。敞口，尖唇，弧腹。喇叭形高圈足，已残，饰大、小圆镂孔。口径 11、圈足径 10.2、残高 6.8 厘米（图一五，12）。

D 型　3 件。盂形豆。分二式。

DⅠ式　2 件。M3：2，泥质灰陶，器表施黑褐衣。口微敛，方唇，折腹，平底。喇叭形高圈足，饰纵横相间长方形镂孔。口径 16.4、圈足径 12、高 12 厘米（图一五，13；图版四，3）。

DⅡ式　1 件。H16：16，泥质灰陶。口微敛，方唇，微束颈，浅鼓腹。腹下有一周垂棱，圈足残。口径 15.6、圈足径 12、高约 13 厘米（图一五，14）。

杯　14 件。矮圈足。分四型。

A 型　5 件。束腰鼓腹杯。分二式。

AⅠ式　3 件。M8：15，泥质灰陶，器表施薄黑衣。口微侈，方唇，折腹，扁方形四瓣花瓣圈足。颈饰凹弦纹六周。口径 8、高 11 厘米（图一六，1）。

AⅡ式　2 件。M8：17，泥质红陶。口微侈，鼓腹，圆弧形六瓣花瓣圈足。腹下部饰凸弦纹三周。口径 6.8、高 11 厘米（图一六，3）。

B 型　3 件。束颈鼓腹杯。分二式。

BⅠ式　2 件。M11：10，泥质红陶，器表施薄黑衣。近直口，方唇，圆弧形八瓣花瓣圈足。口边

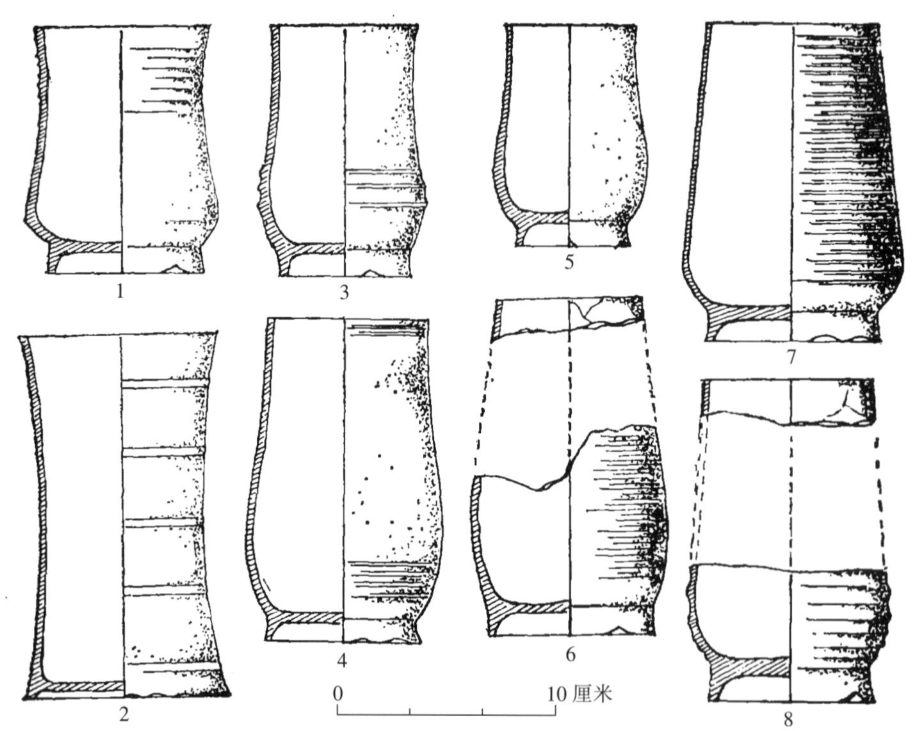

图一六　下文化层出土陶杯

1、3. AⅠ、AⅡ式（M8：15、17）　2. C 型（M9：3）　4、5. BⅠ、BⅡ式（M11：10、M7：7）　6～8. DⅠ～DⅢ式（M7：20、M8：4、M7：1）

饰细弦纹两周，腹下饰凸弦纹四周。口径7.2、高14.4厘米（图一六，4；图版四，1）。

BⅡ式 1件。M7∶7，泥质灰陶。器形较小。近直口，扁方形四瓣花瓣圈足。素面。口径6、高9.6厘米（图一六，5）。

C型 2件。深腹束腰杯。M9∶3，泥质灰陶，通体施薄黑衣。侈口，底、口对称，十六瓣花瓣圈足。饰等分凸弦纹五周。口径9、高16厘米（图一六，2；图版三，4）。

D型 4件。深筒鼓腹杯。分三式。

DⅠ式 2件。M7∶20，泥质灰陶。已残。敛口，扁方形六瓣花瓣圈足。器身满饰细弦纹。口径6.6、高约14.8厘米（图一六，6）。

DⅡ式 1件。M8∶4，泥质红陶。敛口，上腹外斜，下腹鼓收，圆弧形八瓣花瓣圈足。器身满饰细弦纹。口径7.6、高14厘米（图一六，7）。

DⅢ式 1件。M7∶1，泥质红陶，已残。敛口，下腹鼓收，扁方形四瓣花瓣圈足。腹饰粗弦纹六周。口径7.6、高约14厘米（图一六，8）。

壶 18件。器形都较规整，器壁厚薄匀称，多数器腹有折棱。折棱处饰有辫状附加堆纹一周。分四型。

A型 5件。侈口壶。分三式。

AⅠ式 2件。M10∶8，泥质灰陶。短束颈，鼓腹，最大腹径偏上，平底。腹饰辫状附加堆纹一周。口径13.2、高19.8厘米（图一七，3；图版四，5）。

AⅡ式 2件。M1∶4，泥质灰陶。短束颈，弧肩，折腹，下腹内收，平底。折腹处饰辫状附加堆纹一周。口径7、高10厘米（图一七，1）。

AⅢ式 1件。M7∶9，泥质灰陶。束颈，球形腹，最大腹径居中，平底。腹饰辫状附加堆纹一周。口径12、高24厘米（图一七，2）。

B型 5件。盘口壶。分二式。

BⅠ式 3件。M1∶7，泥质灰陶。束颈，鼓腹，最大腹径居中，大平底。腹饰辫状附加堆纹一周。口径10.6、高15厘米（图一七，10）。

BⅡ式 2件。M7∶10，泥质灰陶。束颈，广肩，凸鼓腹，最大腹径偏上，平底。腹饰辫状附加堆纹三周，下一周附有鸡冠形耳。口径16、高36厘米（图一七，12；图版四，2）。

C型 2件。直口壶。M8∶20，泥质灰陶，器表施薄黑衣。束颈，球形腹，矮圈足。腹饰辫状附加堆纹一周。口径10、高14.8厘米（图一七，8；图版四，4）。

D型 6件。小口高颈壶。分五式。

DⅠ式 1件。M7∶18，泥质灰陶。折腹，下腹斜收，大平底。素面。口径6.4、高10.6厘米（图一七，4）。

DⅡ式 1件（采）。泥质灰陶。窄肩，深折腹，平底，花瓣形矮圈足。折腹以上有折棱五周。口径7、高10.5厘米（图一七，5）。

DⅢ式 2件。M11∶6，泥质灰陶。扁球腹，圜底，花瓣形矮圈足。口径7、高7.6厘米（图一七，6）。

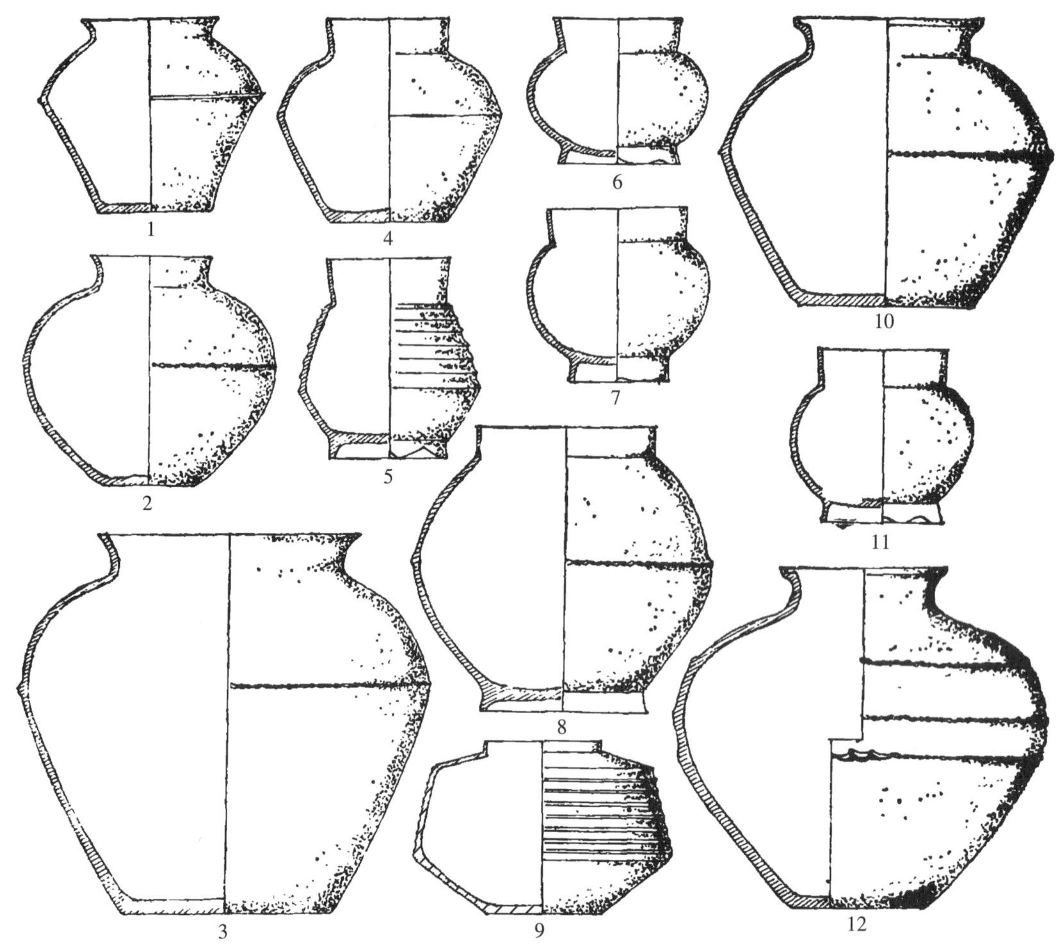

图一七 下文化层出土陶器

1~3. AⅡ、AⅢ、AⅠ式壶（M1：4、M7：9、M10：8） 4~7. DⅠ~DⅣ式壶（M7：18、采、M11：6、M7：19） 8. C型壶（M8：20） 9. B型罐（M3：3） 10、12. BⅠ、BⅡ式（M1：7、M7：10） 11. DⅤ式壶（M11：18）（2、12. 1/8，余1/4）

DⅣ式 1件。M7：19，泥质灰陶。球形腹，花瓣形矮圈足。口径7.4、高9厘米（图一七，7；图版五，3）。

DⅤ式 1件。M11：18，泥质灰陶。球形腹，花瓣形矮圈足。口径7、高9厘米（图一七，11）。

罍 2件。M11：11，泥质灰陶。侈口，沿面下凹，束颈，深鼓腹，平底。腹饰辫状附加堆纹一周和鸡冠形耳。口径14.8、腹径30、高33.2厘米（图一八，17；图版五，6）。

罐 9件。分三型。

A型 5件。侈口，束颈，平底。分三式。

AⅠ式 2件。M8：6，泥质灰陶。平沿，厚唇，扁鼓腹。腹饰辫状附加堆纹一周和鸡冠形耳。口径28、高24厘米（图一八，1）。

AⅡ式 1件。M7：15，泥质灰陶。平沿，窄肩，扁折腹，大平底。折腹处饰辫状附加堆纹一周。口径15.6、高11.6厘米（图一八，2；图版六，1）。

AⅢ式 2件。M11：7，泥质灰陶。平沿，耸肩，扁折腹。折腹处饰辫状附加堆纹一周。口径19.8、高15.6厘米（图一八，3）。

B型 1件。M3∶3，泥质灰陶。直口，矮颈，广肩，折腹，平底。折腹以上饰凸弦纹七周。口径8、高9厘米（图一七，9；图版六，2）。

C型 3件。敛口壶。分二式。

CⅠ式 2件。M1∶18，泥质灰陶。平沿，微束颈，斜肩，折腹，下腹斜收，花瓣形矮圈足。上腹饰凸弦纹五周。口径7.4、高8.2厘米（图一八，6）。

CⅡ式 1件。T16∶2，泥质灰陶，器表施黑衣。方唇，折腹，花瓣形矮圈足。口径8.4、高9厘米（图一八，7）。

钵 10件。分三型。

A型 2件。圜底钵。M8∶13，泥质灰陶。敛口，斜肩，斜折腹。肩部饰瓦棱纹。口径14.4、高8厘米（图一八，4；图版五，4）。

B型 6件。平底钵。分三式。

BⅠ式 2件。M1∶15，泥质红陶。直口，高颈，弧腹。口径17.8、高8.5厘米（图一八，5）。

BⅡ式 1件。M11∶16，泥质灰陶。器表施薄黑衣。口微侈，厚圆唇，微束颈，弧腹。底部刻有

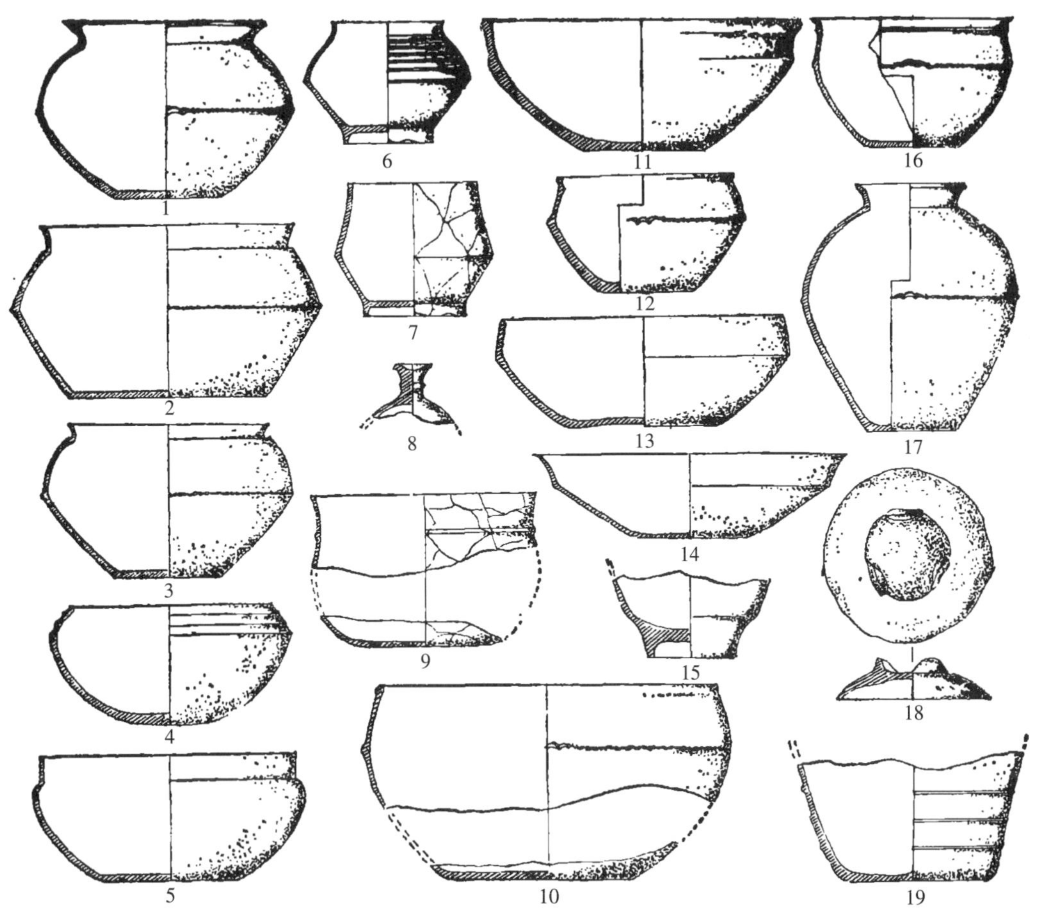

图一八 下文化层出土陶器

1～3. AⅠ～AⅢ式罐（M8∶6、M7∶15、M11∶7） 4. A型钵（M8∶13） 5、11、12. BⅠ～BⅢ式钵（M1∶15、M11∶16、M7∶4） 6、7. CⅠ、CⅡ式罐（M1∶18、T16∶2） 8. Ⅰ式器盖（M9∶8） 9、10. A、C型盆（M3∶8、H16∶8） 13. C型钵（M10∶4） 14、16. B、D型盆（T15∶8、H17∶4） 15. 碗（T15∶6） 17. 罍（M11∶11） 18. Ⅱ式器盖（T13∶6） 19. 斛形器（H12∶6）（1、9、12、16、17. 1/10，3. 约1/8，余1/5）

符号。口径21.4、高8.8厘米（图一八，11；图版五，2）。

BⅢ式　3件。M7∶4，泥质红陶。敛口，折沿，扁折腹，平底。折腹处饰辫状附加堆纹一周和鸡冠形耳。口径24、高16厘米（图一八，12；图版五，1）。

C型　2件。凹底钵。M10∶4，泥质灰陶。敛口，圆唇，折腹。口径20、高7.4厘米（图一八，13；图版五，5）。

盆　6件。分四型。

A型　2件。M3∶8，泥质灰陶。已残。侈口，微束颈，弧腹，大平底。颈部饰凸弦纹一周。口径22、高约20厘米（图一八，9）。

B型　1件。T15∶8，泥质灰陶。敞口，平沿，尖唇，浅折腹，平底。口径21、高5.8厘米（图一八，14）。

C型　2件。H16∶8，泥质灰陶。已残。口微敛，圆唇，弧腹，大平底。腹上部饰辫状附加堆纹一周和鸡冠形耳。口径23.2、高约13厘米（图一八，10）。

D型　1件。H17∶4，泥质灰陶。侈口，束颈，鼓腹，平底。颈饰凸弦纹一周，腹饰辫状附加堆纹一周和鸡冠形耳。口径28、高16.4厘米（图一八，16）。

碗　3件，均残。T15∶6，泥质灰陶。上部残。折腹，厚底，圈足。底径6、残高5.8厘米（图一八，15）。

斛形器　1件。H12∶6，泥质红陶。已残。深斜腹，大平底。腹饰凸弦纹三周。底径11、残高8.2厘米（图一八，19）。

器盖　3件。分二式。

Ⅰ式　2件，均残。M9∶8，泥质灰陶。高柱凸节捉手，似覆钵形盖。残高4厘米（图一八，8）。

Ⅱ式　1件。T13∶6，泥质灰陶。覆浅盆形，附三个捺瓣形捉手。口径11.8、高2.8厘米（图一八，18）。

纺轮　2件。

M7∶22，扁平圆形，较厚，斜边。直径7厘米（图一九，8）。

M8∶18，扁平圆形，较薄，斜边。直径6厘米（图一九，9）。

3. 玉器　18件。质地有阳起石和透闪岩两种。器形有镯、璜、玦、瑗、耳坠和佩饰片等。

镯　1件。M10∶3，呈花白浅黄色。器形规整，横剖面呈舌形。内径6、外径8.6厘米（图二〇，5）。

璜　9件。分七式。

Ⅰ式　1件。M7∶12，钙化较甚，色泽似河蚌，白中泛黄色。器形不规整，器表留有较多旋切痕。长9.4、宽4.4厘米（图二〇，1）。

Ⅱ式　1件。M8∶24，呈深乳黄色。两翼基本对称，一端略残，器表留有明显旋切痕。长9.8、宽4厘米（图二〇，2）。

Ⅲ式　1件。M16∶1，呈浅黄灰白色。扁薄，器形较大，制作规整，两翼对称，一翼底边有一双面对穿的半弧形钻孔。长16.6、宽5.8厘米（图二〇，3）。

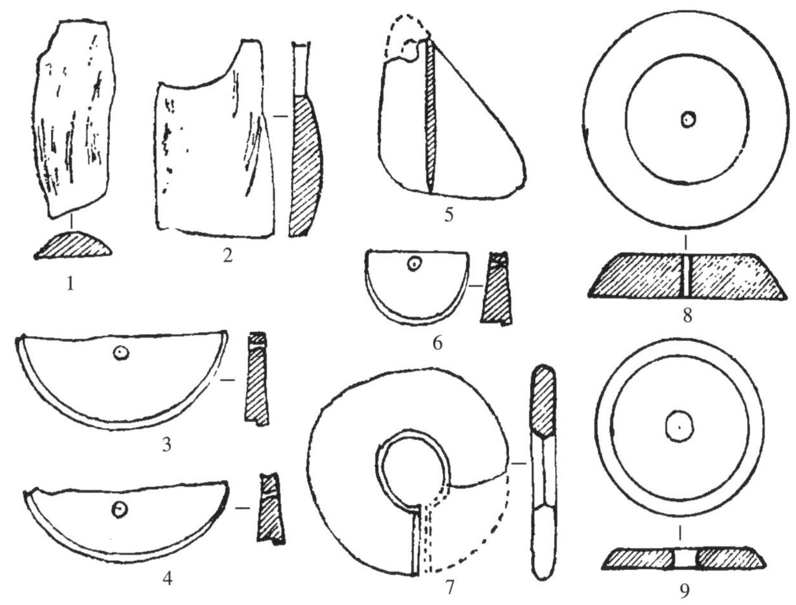

图一九　下文化层出土玉、陶器

1、2. Ⅰ、Ⅱ式玉饰（M9：6、7）　3、4、6. Ⅰ～Ⅲ式玉佩饰（M8：22、M8：23、M7：13）　5. 玉耳坠（T11：1）　7. 玉玦（M7：14）　8、9. 陶纺轮（M7：22、M8：18）（8、9. 2/5，余4/5）

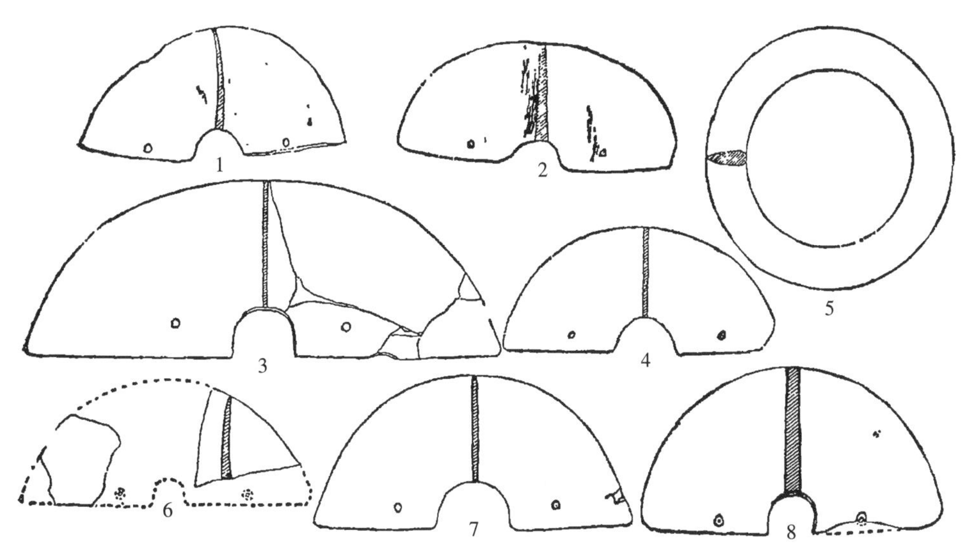

图二〇　下文化层出土玉器

1～3. Ⅰ～Ⅲ式璜（M7：12、M8：24、M16：1）　4. Ⅴ式璜（T16：7）　5. 镯（M10：3）　6. Ⅳ式璜（M10：2）　7、8. Ⅵ、Ⅶ式璜（采：45、71）（2/5）

Ⅳ式　2件，均残。M10：2，出土时分置在死者的肋骨附近。呈米黄翠褐色，一面器表有数道清晰的旋切痕。长约10、宽约4厘米（图二〇，6）。

Ⅴ式　1件。T16：7，于T16南端边缘发现，尚完整，应为墓中随葬品，但未见墓坑和其他遗物。呈翠绿褐黄色。制作精细，扁平，两翼基本对称。长9.5、宽4.2厘米（图二〇，4）。

Ⅵ式　2件。采：45，呈橙黄褐色。扁平，器形规整。长11、宽5.2厘米（图二〇，7）。

Ⅶ式　1件。采：71，呈橙黄灰色。两翼较圆短，器身扁平较厚。长10.7、宽5.5厘米（图二〇，8）。

半圆形佩饰　3件。似以璜、玦芯料改制而成，上部中心有一个对钻小穿孔。分三式。

Ⅰ式　1件。M8∶22，呈翠褐乳白色。器身边缘有明显的旋切痕。直径3.7、宽1.5厘米（图一九，3）。

Ⅱ式　1件。M8∶23，与Ⅰ式基本相似。平面呈新月形，器身边缘有明显的旋切痕。直径3.5、宽1.2厘米（图一九，4）。

Ⅲ式　1件。M7∶13，乳白浅黄色。平面似蹄形，顶端有一个对钻小穿孔。器身边缘有明显旋切痕。直径1.8、宽1.1厘米（图一九，6）。

玦　1件。M7∶14，玉较晶润，微透明，呈翠褐浅灰色。直径3.5、厚0.4厘米（图一九，7）。

耳坠　1件。T11∶1，黄褐乳白色。平面等腰三角形，器身扁薄，上端有一小穿孔已残。残长2.7厘米（图一九，5）。

玉饰　2件。分二式。

Ⅰ式　M9∶6，呈翠褐色。平面作不规则长条形，剖面呈新月形。器表有数道旋切痕，似由器料残片制成。长3.2厘米（图一九，1）。

Ⅱ式　M9∶7，玉质与Ⅰ式相似。形状不规整，上端有半圆形残穿孔一个，一面平直，一面弧鼓。器表有数道旋切痕，似由残玉器改制而成。长3.2、宽2.1厘米（图一九，2）。

（二）中文化层（崧泽晚期）遗物

中文化层未发现居址，但有分布较密的灰坑和氏族集中埋葬的墓地。出土遗物尚丰富，有石器、陶器和玉器。

1. 石器　38件。均为生产工具，磨制都比较精细。器形比下层增多，有斧、锛、凿、镞、犁形器和砺石等。

斧　3件。平面呈长方形。M13∶9，黑色页岩。磨制尚精。顶微弧，弧顶两侧磨成斜折形，器身扁薄，一面微鼓，一面不平整，双面弧刃，有使用痕。器身上部偏左有一穿孔，似经尖锥器琢修而成。长10.4、宽7厘米（图二一，9）。

锛　17件。分六式。

Ⅰ式　5件。平面呈长方形。T1∶1，凝灰岩。磨制较平整。顶略平，有打凿痕，单面平刃。长6、宽3.5厘米（图二一，3）。

Ⅱ式　2件。平面呈长梯形。T6∶2，凝灰岩。通体磨光，局部有打制痕。平顶，单面平刃。长8、刃宽4.2厘米（图二一，4）。

Ⅲ式　3件。平面呈长方形。T6∶7，凝灰岩，杂青灰层理纹。磨制尚精。器身较厚，平顶，单面平刃。长8、宽2.8厘米（图二一，5）。

Ⅳ式　3件。平面近长条形。T13∶1，青灰花岗砾岩，质地颇坚。仅在背部和刃部经磨制。微弧顶，单面平刃。长9.6、刃宽3.2厘米（图二一，6）。

Ⅴ式　1件。M4∶7，黑褐色页岩。磨制较精细。器身厚重。平顶，有段，单面平刃。长12、宽4厘米（图二一，7）。

Ⅵ式　3件。平面呈长条形。采∶35，青灰页岩，器表风化。磨制粗略。近平顶，器身一面较平，

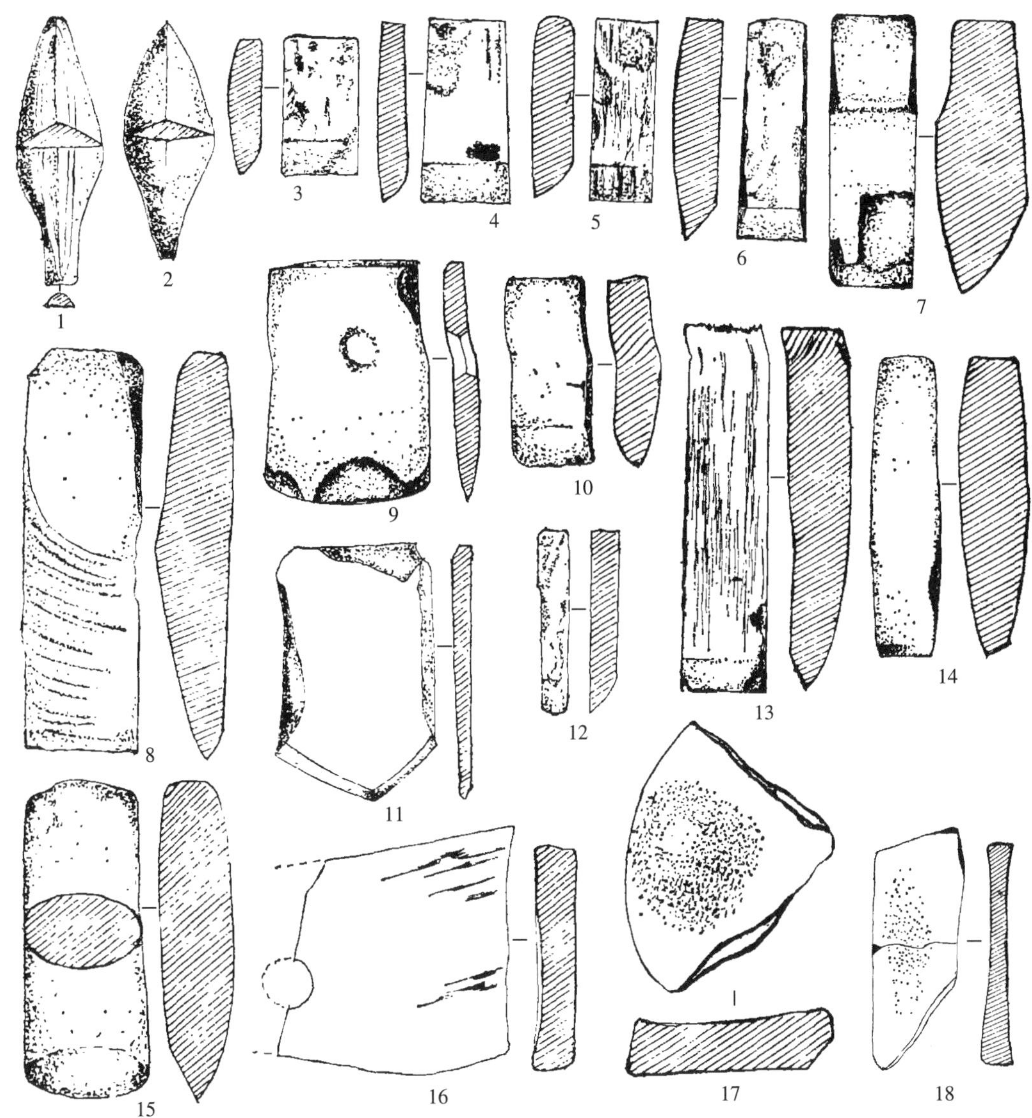

图二一　中文化层出土石器

1、2. Ⅰ、Ⅱ式镞（T13：2、采：42）　3～8. Ⅰ～Ⅵ式（T1：1、T6：2、T6：7、T13：1、M4：7、采：35）　9. 斧（M13：9）　10. Ⅱ式凿（T12：1）　11. 犁形器（H11：3）　12. Ⅳ式凿（采：6）　13～15. Ⅰ、Ⅲ、Ⅴ式凿（M4：5、M13：1、采：78）　16～18. 砺石（T6：4、H11：3、采：42）（3～7、9～17. 3/10，18. 1/1，余约3/5）

另一面中部有凸棱似段，单面平刃。长10、宽2.6厘米（图二一，8）。

凿　9件。磨制不精，三件已残。可分五式。

Ⅰ式　2件。近似方柱体。M4：5，灰细砂页岩，器表风化。近平顶，一面弧形，一面较平，单面平刃。长16、宽3.6厘米（图二一，13）。

Ⅱ式　3件。扁平长方形。T12：1，青灰凝灰岩。磨制尚精。平顶，单面平刃，有使用痕。长8.8、宽4厘米（图二一，10）。

Ⅲ式　2件。不规则长条形。M13：1，青灰页岩。通体磨制。微弧顶，两面和两侧微鼓，单面平刃。长6.6、宽1.6厘米（图二一，14）。

Ⅳ式　1件。采：6，火成灰岩。磨制不精。小型近方柱体。单面刃。长8、宽1.4厘米（图二一，

12）。

Ⅴ式 1件。采∶78，花岗砾岩。器表有琢凿痕。平面近长方形，弧顶，器身厚重，横剖面呈椭圆形，单面弧刃。长14、宽5.6厘米（图二一，15）。

镞 2件。系用残石片磨制。分二式。

Ⅰ式 1件。T13∶2，宽叶长铤，横断面三角形，器身较平。一面绘有与器身平行的朱色彩绘纹两道。长5.8厘米（图二一，1）。

Ⅱ式 1件。采∶42，宽叶，横剖面菱形。长5.2厘米（图二一，2）。

犁形器 1件。H11∶3，凝灰页岩。扁平近长方形，两侧略残，双面尖刃。长11、宽7厘米（图二一，11）。

砺石 6件。多数有使用痕，均残。系紫褐或黄褐色细砂岩制成，质地较疏松。

T6∶4，一面已磨蚀下凹，局部有条状磨擦痕，一侧有半个圆穿孔。残长10、宽11厘米（图二一，16）。

H11∶3，一端呈圆弧形，一面已使用成凹面。残长10厘米（图二一，17）。

采∶42，不规则长方形，两面磨成凹面。残长3.2、宽1.2厘米（图二一，18）。

2. 陶器 91件。有生产工具和生活用品两类，陶质和陶系基本与下层文化类同，唯比例有一定的变化，器形类别上也有一定的差异。这一期鼎的腹较浅，少见折沿，鼎足少见或不见凹形捺边形，出现蹄形和尖锥形足等。三足盘（盖）此层不见，出现高足杯、盂、尊和柱形捉手盖罐等小型器。

鼎 9件。分四式。

Ⅰ式 2件。M4∶10，夹砂灰褐陶。侈口，斜折沿，沿面下凹，浅腹，圜底，凸棱梯形高足。腹饰细弦纹，足跟饰五个捺窝纹。口径13.2、高22厘米（图二二，1）。

Ⅱ式 2件。M13∶21，敛口，平折沿，沿面下凹，浅折腹，圜底，扁平凸棱高足。腹满饰细弦纹，足跟两侧各饰三个捺窝纹。口径22、高20.8厘米（图二二，2；图版七，2）。

Ⅲ式 3件。M4∶3，夹砂红褐陶。口微侈，平唇，粗束颈，扁腹，圜底，足残。口径13.2、残高11.5厘米（图二二，4）。

Ⅳ式 2件。M2∶3，夹砂灰褐陶。斜折沿，沿面下凹，微束颈，扁圆腹，圜底，锥形足，足已残。颈饰细弦纹两周，底有烟炱。口径12、高约10厘米（图二二，3；图版七，5）。

甗 2件，均残。T7∶7，夹砂灰褐陶。深腹，内壁一周凸檐，圜底，扁宽弧形凸棱足。腹饰凹弦纹六周。腹径32、残高6.2厘米（图二二，8）。

豆 3件。可分二式。

Ⅰ式 1件。盆形豆。M13∶13，泥质红陶。敞口，平沿，浅腹。喇叭形粗圈足，上饰小圆镂孔，下饰大圆镂孔。口径16.8、高8.6厘米（图二二，9；图版八，2）。

Ⅱ式 2件。盘形豆。T8∶4，泥质红陶。敞口，宽折沿，浅腹。束颈喇叭形圈足，已残，足饰圆形和弧边三角形镂孔。口径10.6、残高6.6厘米（图二二，10）。

杯 16件。可分七式。

Ⅰ式 2件。M2∶8，泥质灰陶，器表施黑衣。侈口，束腰，深腹，下部有折棱，四瓣扁方花瓣圈

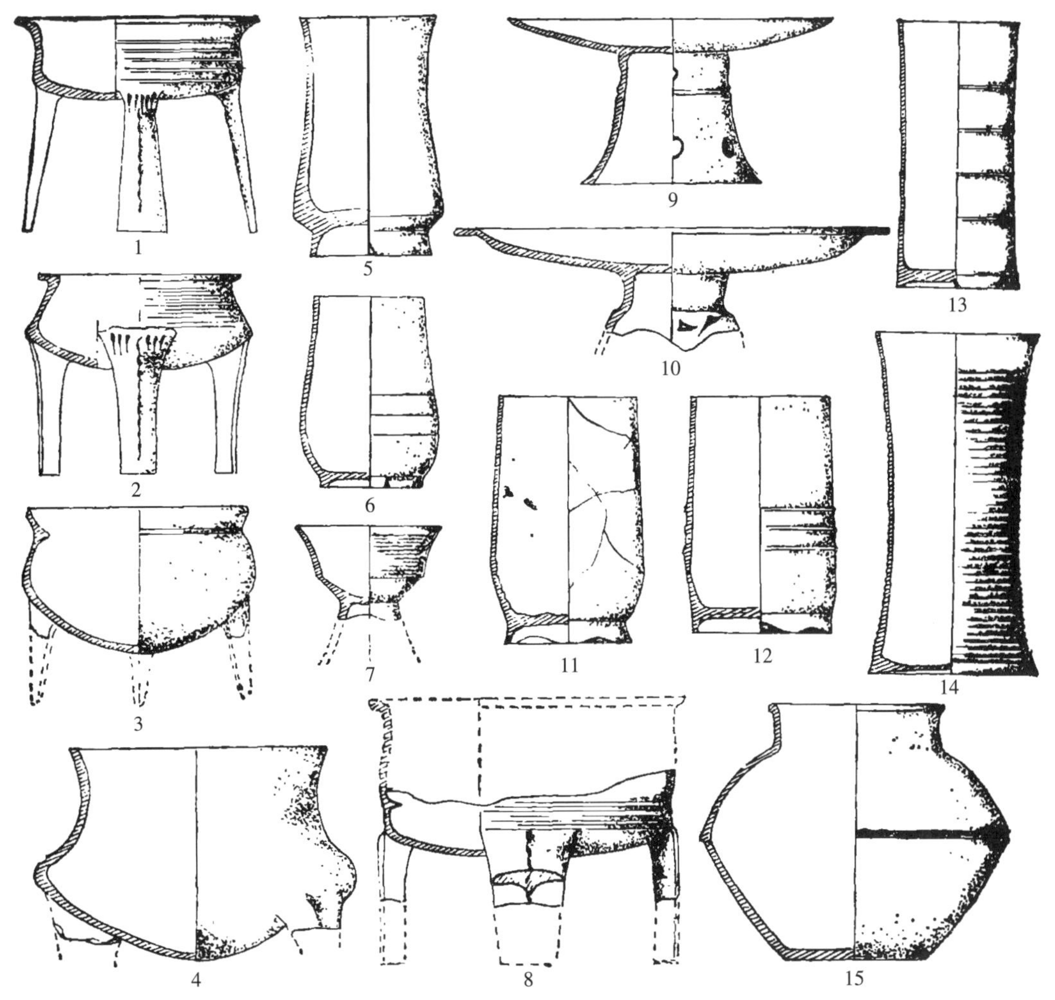

图二二　中文化层出土陶器

1、2. Ⅰ、Ⅱ式鼎（M4：10、M13：21）　3、4. Ⅳ、Ⅲ式鼎（M2：3、M4：3）　5、6、11、12. Ⅰ～Ⅳ式杯（M2：8、M13：16、M2：14、M13：18）　7. Ⅶ式杯（M13：22）　8. 甗（T7：7）　9、10. Ⅰ、Ⅱ式豆（M13：13、T8：4）　13、14. Ⅴ、Ⅵ式杯（M14：5、M4：8）　15. Ⅶ式壶（采：271）（2、8. 1/8，余1/4）

足。口径7.4、高12.6厘米（图二二，5；图版七，1）。

Ⅱ式　4件。M13：16，泥质红陶。小口微敛，略束颈，深弧腹，五瓣扁方花瓣圈足。口径6、高10厘米（图二二，6；图版八，4）。

Ⅲ式　2件。M2：14，泥质灰陶，器表施薄黑衣。直口，筒形深腹，六瓣圆弧花瓣圈足。口径7.2、高13厘米（图二二，11）。

Ⅳ式　1件。M13：18，泥质灰陶。直口，深筒腹，六瓣圆弧花瓣圈足。腹饰凸弦纹三周。口径7.2、高12.4厘米（图二二，12）。

Ⅴ式　1件。M14：5，泥质灰陶。口微侈，深筒腹，微束腰，六瓣扁方花瓣圈足。腹饰凸弦纹四周。口径6.2、高14厘米（图二二，13）。

Ⅵ式　5件。M4：8，泥质红褐陶。器形较大，觚形杯，八瓣圆弧花瓣矮圈足。器腹满饰细弦纹。口径9、高18厘米（图二二，14）。

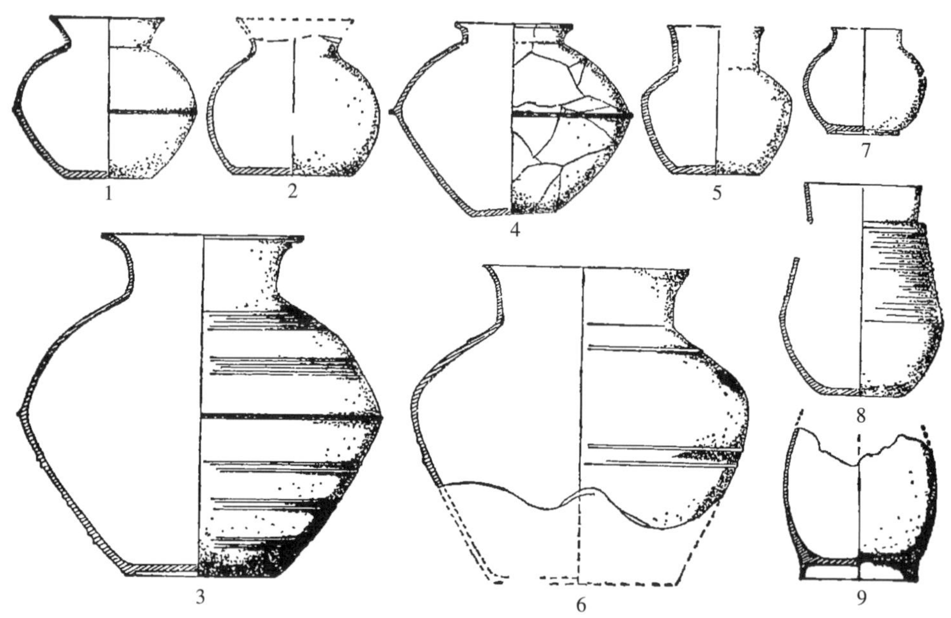

图二三　中文化层出土陶壶

1、3、6. Ⅰ～Ⅲ式（M2∶6、M2∶1、T8∶4）　2、4. Ⅳ、Ⅵ式（M13∶15、M4∶1）　5. Ⅷ式（M13∶7）
7. Ⅴ式（采∶14）　8、9. Ⅸ、Ⅹ式（采∶104、H18∶3）（4. 1/10，余 1/5）

Ⅶ式　1件。M13∶22，泥质红陶。质地较硬，火候较高。侈口，折腹，平底，圈足已残。器身满饰细弦纹。口径8、残高5厘米（图二二，7）。

壶　11件。器形较规整，棱角分明，胎壁匀称。可分十式。

Ⅰ式　1件。M2∶6，泥质红陶，施黑衣。侈口，斜束颈，折腹，平底。折腹部饰瓣状附加堆纹一周。口径7.8、高10.8厘米（图二三，1；图版六，3）。

Ⅱ式　1件。M2∶1，泥质灰陶。器形较大，侈口，外卷沿，高束颈，折腹，平底。折腹处饰辫状附加堆纹一周，上腹饰两组、下腹饰三组凹弦纹。口径14、高22.4厘米（图二三，3；图版七，4）。

Ⅲ式　1件。T8∶4，泥质红陶。已残。侈口，高束颈，宽斜肩，鼓腹，下腹斜收，肩饰一周、下腹饰两周凸弦纹。口径13.6、高约17厘米（图二三，6）。

Ⅳ式　1件。M13∶15，泥质红陶。已残。束颈，扁圆腹，大平底。口径约12、残高9厘米（图二三，2）。

Ⅴ式　1件。采∶14。泥质灰陶。器较小，近直口，束颈，扁球腹，矮圈足。口径4.3、高7厘米（图二三，7）。

Ⅵ式　2件。M4∶1，泥质灰陶。斜折沿，沿面下凹，短束颈，折腹，平底。折腹处饰辫状附加堆纹一周和鸡冠形耳。口径12.8、高25.6厘米（图二三，4）。

Ⅶ式　1件。采∶271，泥质灰陶。直口，圆唇，直颈，扁折腹，平底。折腹处饰辫状附加堆纹一周和鸡冠形耳。口径9、高13.4厘米（图二二，15）。

Ⅷ式　1件。M13∶7，泥质灰陶。口微侈，高颈，斜肩，折腹，大平底。口径6、高9.8厘米（图二三，5）。

Ⅸ式　1件。采∶104，泥质灰陶。侈口，高斜颈，小折肩，深折腹，平底。上腹满饰细弦纹。口径7.6、高14厘米（图二三，8）。

Ⅹ式　1件。H18∶3，泥质灰陶。已残。椭圆形深腹，平底，矮圈足。底径8、残高10厘米（图二三，9）。

罐　16件。分十一式。

Ⅰ式　3件。M4∶2，泥质灰陶。小口，直颈，扁球腹，平底，五瓣弧形花瓣圈足。口径7.2、高9.6厘米（图二四，1）。

Ⅱ式　2件。三足罐。M3∶25，泥质灰陶。敛口，凹弧唇，扁折腹，平底，下附扁柱形足。覆盘形盖，高柱形捉手。口径6.4、通高9.4厘米（图二四，2）。

Ⅲ式　2件。M13∶23，泥质灰陶。小口微敛，矮颈，圆腹，厚平底。口径5.6、高10厘米（图二四，3）。

Ⅳ式　1件。M13∶17，泥质红陶。侈口，束颈，扁鼓腹，圜底。口径12、高7.6厘米（图二四，4）。

Ⅴ式　2件。M13∶26，泥质红陶。侈口，厚折唇，束颈，扁折腹，平底。折腹处饰辫状附加堆纹一周。口径12、高16.8厘米（图二四，5）。

Ⅵ式　1件。M12∶12，泥质灰陶。小口，矮颈，圆球腹，饰有凸棱一周，弧形花瓣圈足。覆盆式盖，作乳状捉手。口径6、通高9.4厘米（图二四，6）。

Ⅶ式　1件。M12∶8，泥质灰陶。器形小巧，敛口，凹唇，扁折腹，平底。折腹以上饰凹弦纹两周，弦纹以上饰锥刺纹。覆碟形小盖，粗高柱形捉手。口径5、通高8.6厘米（图二四，7；图版七，6）。

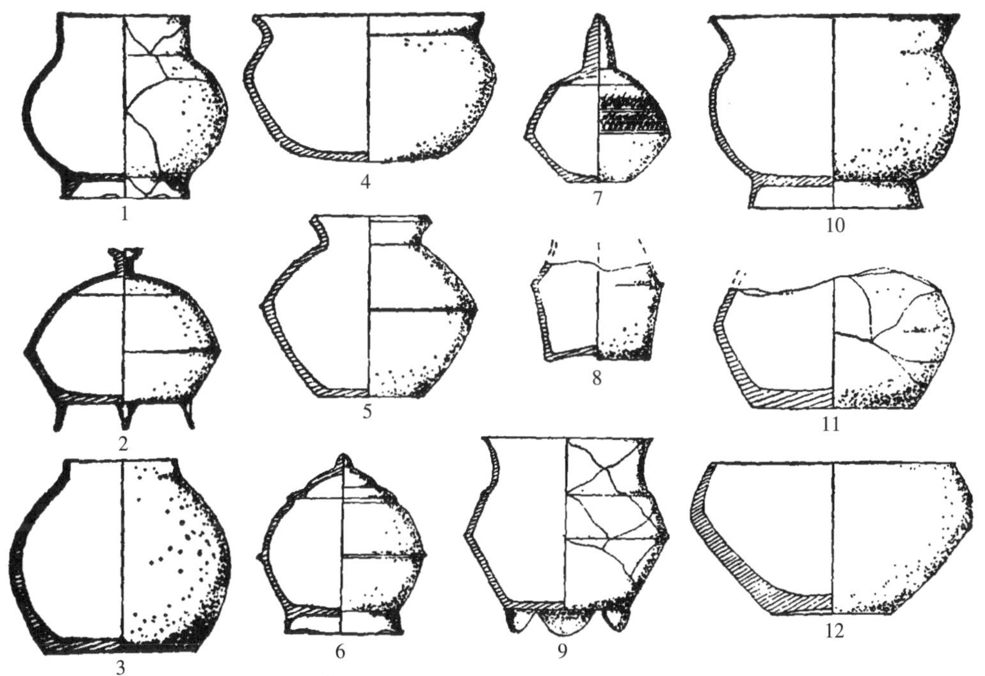

图二四　中文化层出土陶器

1～3. Ⅰ～Ⅲ式罐（M4∶2、M3∶25、M13∶23）　4～6. Ⅳ～Ⅵ式罐（M13∶17、M13∶26、M12∶12）　7～9. Ⅶ、Ⅺ、Ⅷ式罐（M12∶8、采∶68、M14∶3）　10、11. Ⅸ、Ⅹ式罐（H9∶6、M14∶11）　12. Ⅱ式钵（M15∶6）（1～6、8～11. 1/4，7. 1/7，12. 1/2）

Ⅷ式　1件。M14∶3，泥质红陶。侈口，束弧颈，小折肩，折腹，大平底，下附半圆形三足。口径9.4、高10.4厘米（图二四，9）。

Ⅸ式　1件。H9∶6，泥质灰陶，施厚黑衣，打磨有光泽。侈口，薄唇，微束斜颈，扁鼓腹，平底，圈足。口径11.6、高10厘米（图二四，10；图版七，3）。

Ⅹ式　1件。M14∶11，泥质灰陶。已残。扁折腹，大平底。腹径13、残高7厘米（图二四，11）。

Ⅺ式　1件。采∶68，泥质灰陶。已残。小口，折肩，深筒腹，凹底。底径5.8、残高5.2厘米（图二四，8）。

钵　4件。分二式。

Ⅰ式　3件。M12∶5，泥质红陶，施浅红衣。敛口，折肩，斜腹，平底。口径18、高7.8厘米（图二五，4）。

Ⅱ式　1件。M15∶6，泥质红陶，厚胎。敛口，折腹，凹底。口径6.4、高4厘米（图二四，12）。

盂　6件。分四式。

Ⅰ式　2件。M12∶1，泥质红陶。敛口，垂腹，大平底。口径5、高9厘米（图二五，1）。

Ⅱ式　1件。M13∶5，泥质红陶。器形与Ⅰ式相近，折腹。口径4、高8厘米（图二五，2）。

Ⅲ式　1件。M13∶12，泥质灰陶。敛口，小唇，扁折腹，平底。口径6、高7厘米（图二五，3）。

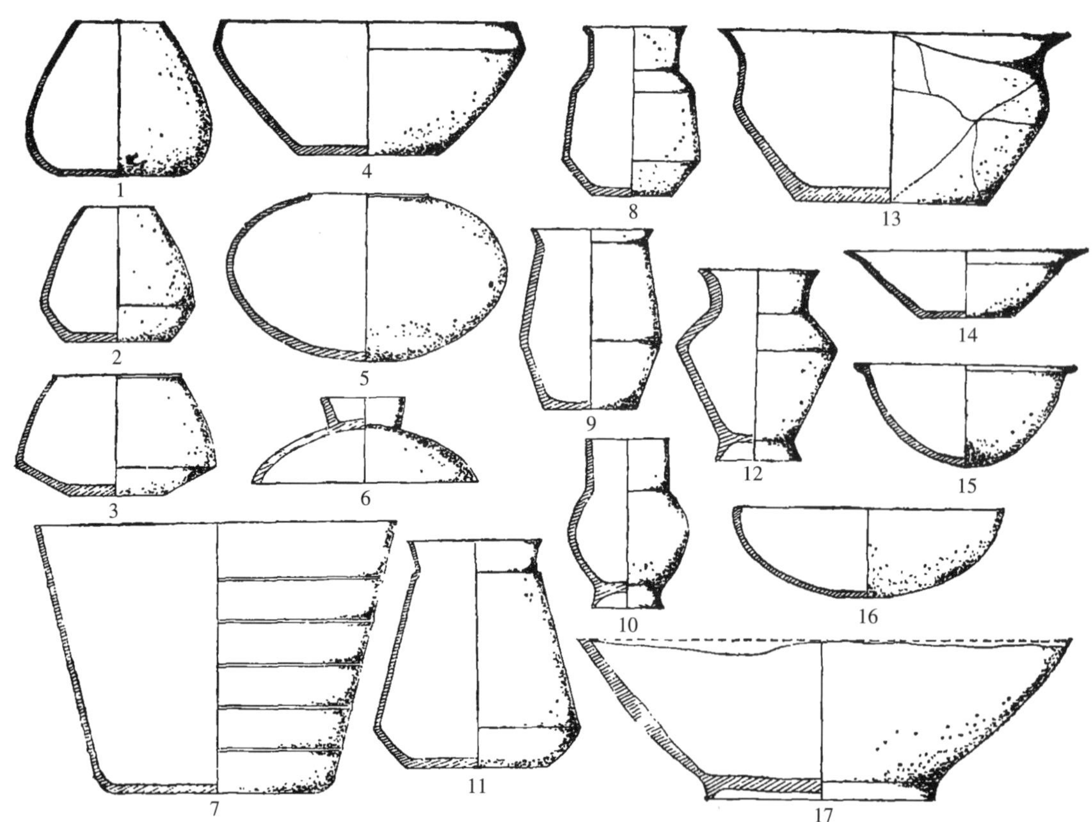

图二五　中文化层出土陶器

1～3. Ⅰ～Ⅲ式盂（M12∶1、M13∶5、M13∶12）　4. Ⅰ式钵（M12∶5）　5. Ⅳ式盂（M14∶1）　6. 器盖（H9∶5）　7. 斛形器（M13∶20）　8、9. Ⅰ、Ⅲ式尊（M14∶2、M13∶3）　10、11. Ⅴ、Ⅱ式尊（M14∶6、M2∶5）　12. Ⅳ式尊（M13∶19）　13～16. Ⅰ～Ⅳ式盆（M4∶14、M13∶6、M13∶24、M12∶6）　17. 碗（T7∶6）（14. 约1/10，余约2/9）

Ⅳ式　2件。M14∶1，泥质灰陶。小口，矮颈，扁圆腹，圜底。口径6.8、高7厘米（图二五，5）。

盆　6件。分四式。

Ⅰ式　2件。M4∶14，泥质灰陶。侈口，微束颈，斜腹，厚平底。口径20、高10厘米（图二五，13）。

Ⅱ式　2件。M13∶6，泥质灰陶。敞口，微折颈，浅斜腹，平底。口径28、高8厘米（图二五，14；图版八，1）。

Ⅲ式　1件。M13∶24，泥质灰陶。敞口，折沿，沿面下凹，弧腹，圜底。口径11.4、高6厘米（图二五，15）。

Ⅳ式　1件。M12∶6，泥质灰陶。口微敛，圆唇，浅弧腹，近圜底。口径15.2、高5.2厘米（图二五，16）。

尊　9件。分五式。

Ⅰ式　2件。M14∶2，泥质灰陶。直口，外折沿，高束颈，折肩，折腹，平底。口径4、高10厘米（图二五，8）。

Ⅱ式　1件。M2∶5，泥质灰陶。侈口，斜颈，小折肩，深折腹，大平底。口径8、高13.4厘米（图二五，11）。

Ⅲ式　2件。M13∶3，泥质红陶。侈口，束颈，深折腹，平底。口径6.8、高10.6厘米（图二五，9；图版六，4）。

Ⅳ式　2件。M13∶19，泥质红陶，厚胎。侈口，高束颈，斜肩，折腹，矮圈足。口径11、高17厘米（图二五，12；图版六，5）。

Ⅴ式　2件。M14∶6，泥质红陶。直口，平唇，高颈，鼓腹，圈足。口径4.2、高10厘米（图二五，10）。

碗　2件。T7∶6，泥质灰陶。口残，斜腹，矮圈足。口径30、残高9厘米（图二五，17）。

斛形器　2件。M13∶20，泥质红陶。敞口，深斜腹，大平底。腹饰等距凸弦纹五周。口径21.2、高16厘米（图二五，7）。

澄滤器　2件。H11∶2，夹砂红陶。残存底部，胎较厚，斜腹，平底。

器盖　2件。H9∶5，泥质红陶，施黑衣。覆盆形，圈足式捉手。口径12.8、高5厘米（图二五，6）。

纺轮　1件。M14∶9，泥质灰陶。扁平圆形，斜边。直径6厘米。

3. 玉器　7件。均为装饰品，有璜、瑗、镯、耳坠等。

璜　3件。M12∶9，玉质不佳，杂乳白浅黄色。器形不规整，有多道粗细不一的旋切痕，平面近椭圆形。长9.7、宽3.8厘米（图二六，4）。

镯　1件。M13∶2，翠褐乳白色，制作较精。扁圆形，外缘较薄。镯面留有一道弧形旋切痕。内径5.9、外径8.8厘米（图二六，5）。

瑗　1件。M12∶10，乳白花黄色。扁平圆形，中有孔，对钻而成，周缘有明显的旋切痕。似利用芯料制成。直径2.3厘米（图二六，3）。

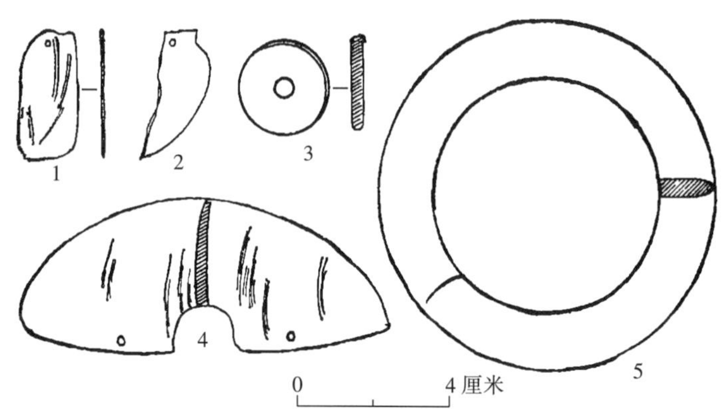

图二六　中文化层出土玉器

1、2. Ⅰ、Ⅱ式耳坠（M12：7、8）　3. 瑗（M12：10）　4. 璜（M12：9）　5. 镯（M13：2）

耳坠　2件。分二式。

Ⅰ式　M12：7，呈灰黄色。平面作不规则长方形，器表有数道纵横相交的旋切痕，顶部有一孔。长3.3、宽1.5厘米（图二六，1）。

Ⅱ式　M12：8，呈翠绿黄褐色。平面似鸡心形，残存半个，顶端有一小穿孔。长3.2厘米（图二六，2）。

（三）上文化层（良渚文化）遗物

上层堆积破坏较大，发现墓葬和灰坑等遗迹不多，出土遗物较少。包括出土和采集以及征集的石器、陶器和玉器共计88件。

1. 石器　63件。均为生产工具，以凝灰岩占绝大多数，一般都经磨制，少数磨制较粗糙，器表留有打制痕。器形有斧、锛、刀、镰、耘田器、镞、杵形器及砺石等，还有一些锛、凿、钺、刀等半成品。

斧　7件。体扁平，穿孔。可分五式。

Ⅰ式　1件。采：10，磨制极精。扁平近长方形，斜顶，双面弧刃。长18、宽8.6厘米（图二七，10；图版一，5）。

Ⅱ式　1件。采：85，辉绿岩，呈青翠乳白色，磨制较精。平顶，一端磨成台阶形，两侧略内弧，弧刃，穿孔由两面对钻而成。长17.8、宽10.6厘米（图二七，7；图版一，6）。

Ⅲ式　2件。采：56，青灰页岩。磨制较规整。基本同Ⅱ式，器身两面略鼓，平顶。长14.9、宽8.5厘米（图二七，14）。

Ⅳ式　1件。采：58，辉绿岩，青翠如玉。磨制颇精，表面平滑光洁，可见等距弧形旋痕。平面梯形平顶，宽弧刃，穿孔较大，两面对钻。长16.4、刃宽11.8厘米（图二七，11）。

Ⅴ式　2件。采：20，基本同Ⅳ式，器身扁平，双面弧刃，有使用痕。长16.5、刃宽11.8厘米（图二七，15）。

锛　16件。磨制不精细，多数在正面和刃部略加磨制，器身保留打琢痕。分九式。

Ⅰ式　3件。器形较小，平面近方形，单面刃。T9：1，近平顶，平刃。长3、宽3.1厘米（图二七，1）。

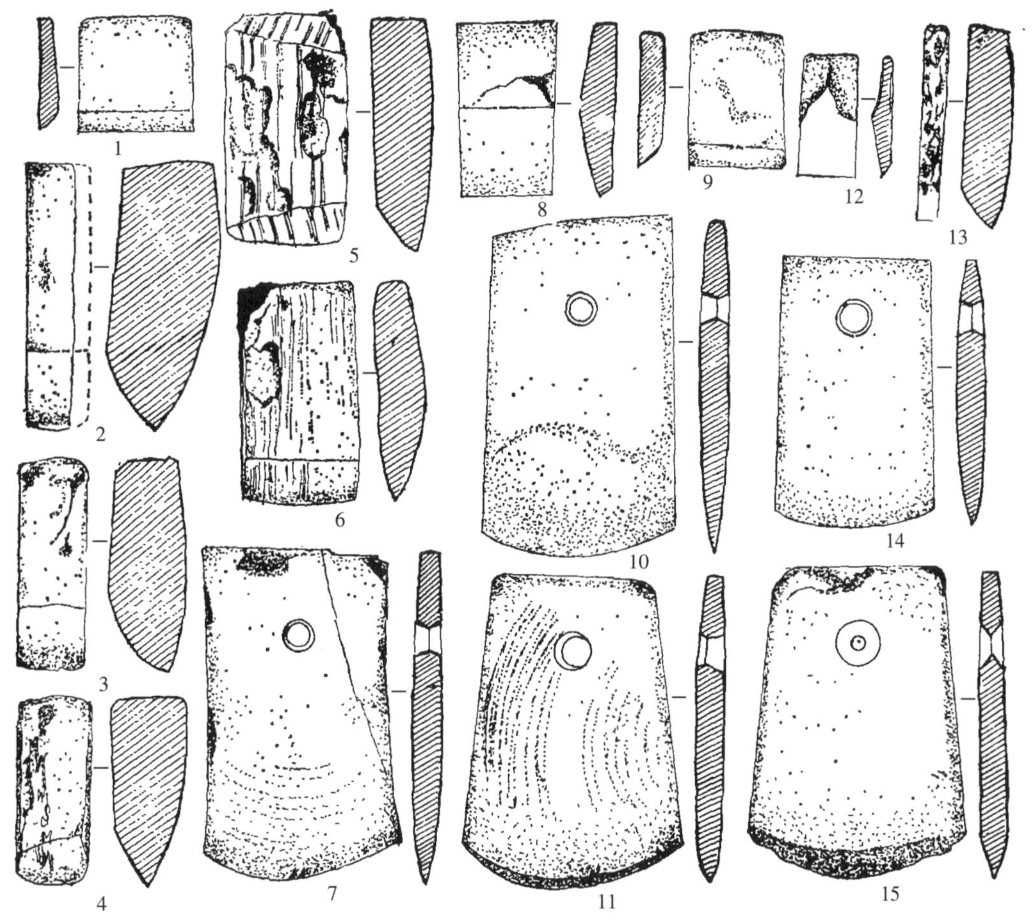

图二七　上文化层出土石器

1~4. Ⅰ~Ⅳ式锛（T9:1、T4:1、T4:2、T7:6）　5、6. Ⅶ、Ⅷ式式锛（T7:4、T13:4）　7. Ⅱ式斧（采:85）　8、9. Ⅴ、Ⅵ式锛（T2:8、7）　10、11. Ⅰ、Ⅳ式斧（采:10、58）　12. Ⅸ式锛（采:29）　13. 凿（T7:14）　14、15. Ⅲ、Ⅴ式斧（采:56、20）（1、2、5、6、8、9、13. 1/2，余约1/4）

Ⅱ式　3件。器较厚重，平面作长条形。T4:1，凝灰岩。已残。单面弧刃。长7、残宽1.5、厚3厘米（图二七，2）。

Ⅲ式　2件。T4:2，黑色凝灰岩。基本与Ⅱ式类同。顶不平，单面平刃，有使用痕。长11、宽3.6厘米（图二七，3）。

Ⅳ式　1件。T7:6，青灰细砂岩。方形厚背，下端略薄，单面弧刃。长10、宽4厘米（图二七，4）。

Ⅴ式　2件。磨制尚精，平面近长方形。T2:8，浅灰色页岩。平顶，一面有背棱，单面平刃，颇锋利。长4.6、刃宽2.4厘米（图二七，8）。

Ⅵ式　2件。扁平长方形。T2:7，辉绿岩。微弧顶，单面平刃。长3.6、宽2.6厘米（图二七，9）。

Ⅶ式　1件。T7:4，浅灰砂岩。磨制粗略。器形不规整，顶不平，单面弧刃。长6、宽3.4厘米（图二七，5）。

Ⅷ式　1件。T13:4，青灰岩。磨制粗略。器形不规整，近平顶，单面微弧刃。长5.5、宽3.2厘米（图二七，6）。

Ⅸ式　1件。采:29，浅灰板岩。顶部两面均保留打琢痕。平面近长方形，一面中部有折棱，单面平刃。长6.4、宽3厘米（图二七，12）。

另有半成品2件。T16:4，凝灰岩。顶和两侧已磨平。长18厘米。T16:5，两侧已磨平。长12.4厘米。

凿　1件。T7:14，凝灰岩。磨制不精。窄长条形，器厚，单面平刃。长5.2、宽0.6厘米（图二七，13）。

刀　13件。器形多较小。分八式。

Ⅰ式　2件。T4:3，青灰凝灰岩。扁平横向梯形，双面刃。长5.7、宽2~3厘米（图二八，1）。

Ⅱ式　1件。T2:5，青灰页岩。扁平如镰形，双面弧刃，有使用痕，背部一端上翘，残缺，另一端乳状，有系绳磨损痕。长7.5、宽3.4厘米（图二八，2）。

Ⅲ式　1件。T7:3，黄褐色细砂岩。已残。扁薄，平面呈“凸”字形，有柄，有肩，单面微弧刃。高9.4、宽11厘米（图二八，3）。

Ⅳ式　2件。T2:6，器形不规整，利用残石片磨制。一面略磨，另一面凹弧不平，单面刃。长4.5、宽2.9厘米（图二八，5）。

Ⅴ式　2件，均残。T2:9，凝灰岩。平面近三角形，一面粗糙不平，单面刃。残长5.5、最宽5.5厘米（图二八，6）。

Ⅵ式　1件。T7:2，黑色页岩。平面短梯形，上、下两端均磨出单面刃。长5.7、宽7厘米（图二八，7）。

Ⅶ式　2件。采:184，黑色凝灰岩。扁平不规则横梯形，厚背薄刃，双面磨刃。长8.7、宽3.5厘米（图二八，10）。

Ⅷ式　1件。T6:1，褐灰页岩。磨制精细。已残。平面近长方形，两侧各残存半个圆孔，双面平刃。残长7.6、宽7厘米（图二八，9）。

另外，有刀半成品3件。采:161，平面呈舌形，两面磨平，四边打制。残长6厘米。

耘田器　1件。T7:1，黑色页岩。磨制极精。器形扁薄规整。凹弧背，双翼上翘，背端有一小穿孔。长14.8、最宽5.8厘米（图二八，12；图版一，2）。

镰　1件。T1:13，黑色页岩。已残。器身厚重，两面弧鼓，平背，斜弧刃，有使用痕。残长5、宽3.2厘米（图二八，11）。

钺　4件（另有4件残器）。分四式。

Ⅰ式　T13:3，青灰页岩。打制后略磨。器形较小，靴形，粗柄，柄与器身分界不明显，单面弧刃。长6.8、刃宽7厘米（图二八，15）。

Ⅱ式　采:81，黑色凝灰岩。磨制较精细。靴形窄柄，双面刃。长14、刃宽12厘米（图二八，14；图版一，3）。

Ⅲ式　采:171，黑色凝灰岩。一面经磨制，周缘和背部均有打琢痕。器形较大，靴形，高柄偏于一侧，斜肩，单面宽弧刃。长15.4、刃残宽18厘米（图二八，13）。

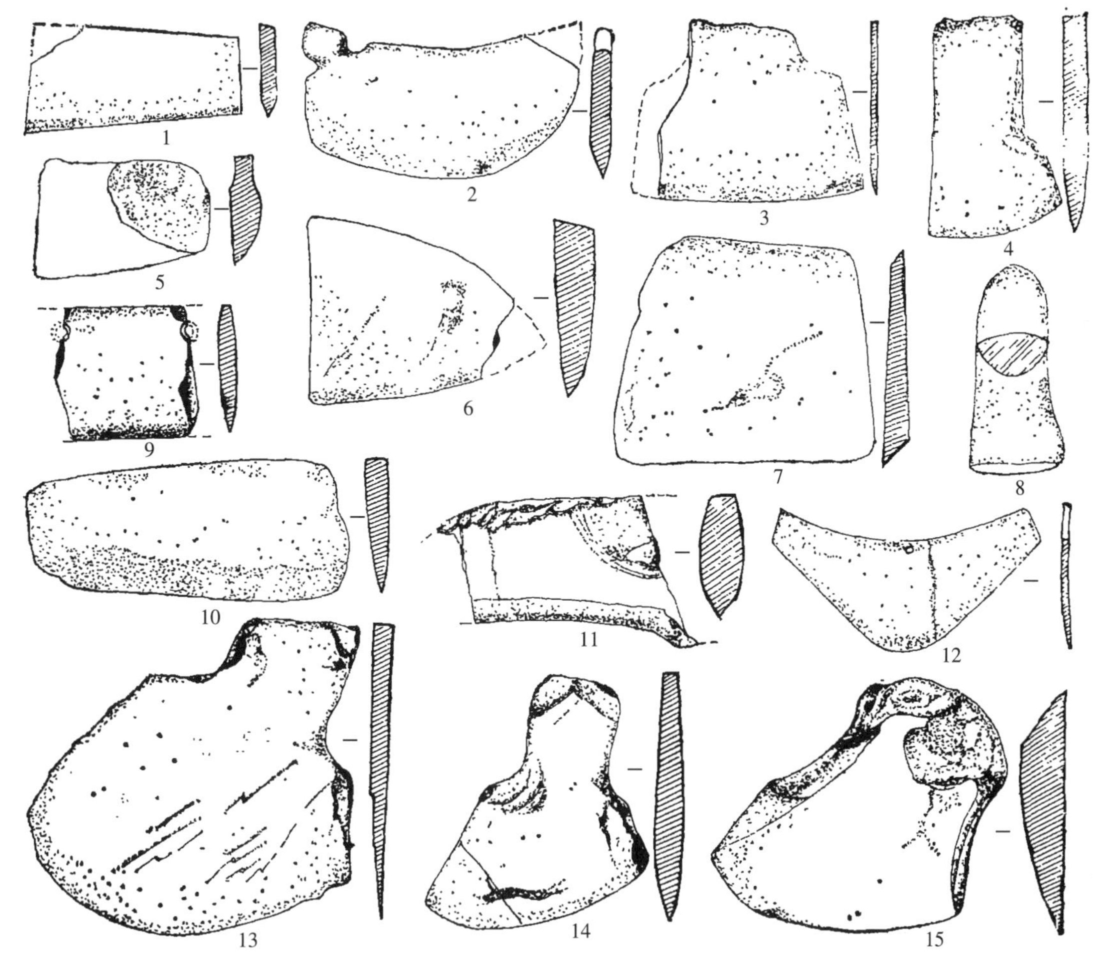

图二八　上文化层出土石器

1～3. Ⅰ～Ⅲ式刀（T4∶3、T2∶5、T7∶3）　4. Ⅳ式钺（采∶92）　5～7. Ⅳ～Ⅵ式刀（T2∶6、T2∶9、T7∶2）　8. 杵形器（T16∶5）　9、10. Ⅷ式、Ⅶ式刀（T6∶1、采∶184）　11. 镰（T1∶13）　12. 耘田器（T7∶1）　13～15. Ⅲ、Ⅱ、Ⅰ式钺（采∶171、采∶81、T13∶3）（3、4、9、12～14. 1/4，8. 1/8，余1/2）

Ⅳ式　采∶92，灰白色砂页岩。扁平似铲形，一侧稍残，长方柄，有肩，双面弧刃。长11.2、刃残宽7厘米（图二八，4）。

另外，有钺半成品4件。采∶93，细砂黑页岩。高柄，厚平刃。长10厘米。

杵形器　2件。T16∶5，天然卵石制成。弧边三角柱形，圆顶，下端宽大成平面。长22、宽8厘米（图二八，8）。

2. 陶器　22件。均为生活日用器皿，有夹砂陶和泥质陶两种，以后者最多，约占总数的72.5%，夹砂陶占27.5%。泥质陶有灰陶和红陶，两者比例基本相当，陶质均较细腻，陶土似经淘洗。夹砂陶以细砂为掺和料，火候较高，质地较硬，陶色多呈赭红褐色。制法为手制，但大多经轮修，器形较规整。以素面为主，常见纹饰有弦纹、瓦棱纹、刻划纹、锥刺纹和镂孔等，个别的施彩绘。陶器以平底器多见，少数是凹底和圈足器。器形有鼎、豆、壶、罐、盉、碗、杯、盏、盆等。

鼎　多为残鼎足，有椭圆形、扁锥形、蹄形和“丁”字形等。M6∶6，夹砂灰褐陶。平折沿，近直口，浅腹，大平底，足残，似椭圆锥形。腹部满饰粗弦纹。口径14、残高5.6厘米（图二九，2）。

豆　多为残圈足，有细高和粗矮喇叭形、直筒形等。复原1件。M6∶3，泥质灰陶。敞口，卷唇，斜折腹，圜底。喇叭形粗圈足，上饰两个对称大圆镂孔，其下中间一小圆镂孔。口径19、高11.8厘米（图二九，1；图版八，3）。

罐　3件。M15∶2，泥质灰陶。小口，高直颈，宽肩，圆鼓腹，大平底。口径7、高8厘米（图二九，9）。

壶　7件，均残。分二式。

Ⅰ式　3件。T6∶3，泥质红陶。叭喇形侈口，高束颈，扁鼓腹，底残。口径6.8、残高6.8厘米（图二九，7）。

Ⅱ式　4件。T6∶1，泥质红陶。侈口，斜颈，窄肩，斜腹，下部残。腹部满饰细弦纹。口径6.4、残高5.6厘米（图二九，8）。

盉　1件。M15∶3，泥质灰陶。口稍残，小口，矮束颈，圆鼓腹，侧视椭圆形，前高后低不对称，肩部附宽扁桥形提梁，平底。腹径正视11、侧视12.4、高约9.6厘米（图二九，14；图版八，6）。

碗　3件。已残，复原1件。M15∶1，泥质灰陶。敞口，浅斜腹，矮圈足。口径17.2、高4厘米（图二九，3）。

杯　1件。F1∶2，泥质红陶。手制，胎较厚。直口，筒腹，大平底。口径6.4、高6厘米（图二九，5）。

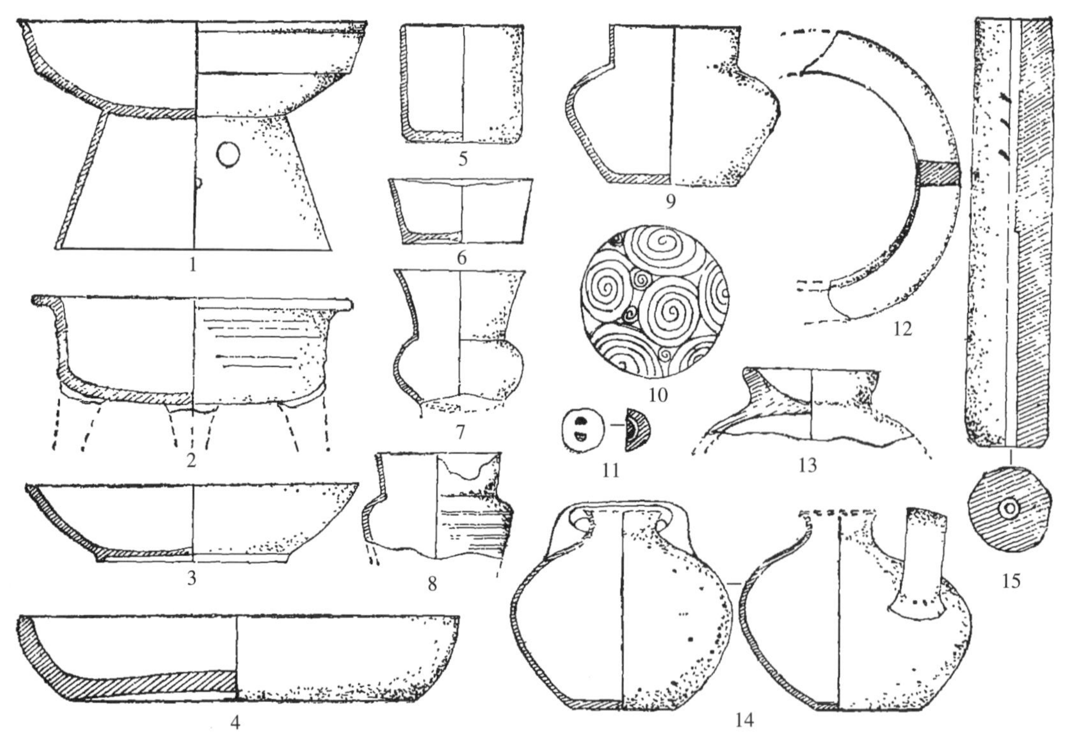

图二九　上文化层出土陶、玉器

1. 陶豆（M6∶3）　2. 陶鼎（M6∶6）　3. 陶碗（M15∶1）　4. 陶盆（T13∶1）　5. 陶杯（F1∶2）　6. 陶盏（M15∶4）　7、8. Ⅰ、Ⅱ式陶壶（T6∶3、1）　9. 陶罐（M15∶2）　10. 陶球（采∶40）　11. 玉珠（M6∶5）　12. 玉镯（采∶54）　13. 陶器盖（T6∶4）　14. 陶盉（M15∶3）　15. 玉管（采∶41）（10～12、15. 1/2，余1/4）

盏　1件。M15：4，泥质红陶。侈口，浅斜腹，凹底。口径8、高3.4厘米（图二九，6）。

盆　1件。T13：1，泥质灰陶。器厚重，侈口，圆唇，浅弧腹，凹底。口径22.6、高4.3厘米（图二九，4）。

器盖　2件，均残。T6：4，夹砂红褐陶。覆碗形，圈纽。纽径7、残高3.4厘米（图二九，13）。

球　1件。采：40，泥质灰白陶，质地细腻，火候较高。实心圆球形，施灰陶衣，通体饰朱红褐色彩绘涡纹。直径4厘米（图二九，10；图版八，5）。

3. 玉器　3件。均为装饰品，质料均为阳起石。器形有管、镯、珠等。

管　1件。采：41，虎黄花褐色。制作较精细，加工抛光，一侧留有三道深浅不一的弧形旋切痕。长条圆柱体，中间穿孔，由两面对钻而成，相接处仅错位1毫米，器表局部不够规整匀称。长11.4、直径2.2厘米（图二九，15）。

镯　1件。采：54，呈翠绿褐色。残存半个，器身较厚，断面长方形，孔由两面对钻。外径7.5、内径5.2厘米（图二九，12）。

珠　1件。M6：5，呈橘红杂色，微透明。半球形，一面略平，有牛鼻式穿孔一个，孔壁有系绳磨损痕。直径1厘米（图二九，11）。

五、结语

（一）文化遗存性质、特征和年代

1. 上文化层的堆积有所破坏，出土遗物不甚丰富。墓葬和遗物，不少具有良渚文化特征。如夹砂陶以细砂或石英粗砂作掺和料，火候较高，质地坚硬，胎多呈赭红褐色。泥质陶有灰陶、红陶和黑衣陶三种，质地较细腻，灰陶多呈深灰色，红陶颜色不纯，黑衣陶衣薄易脱落，无光泽。制法以轮制为主，器形较规整。有鼎、豆、罐、壶、盉、碗、杯等，习用矮圈足和平底器，鼎足以宽面“丁”字形和剖面椭圆形、锥形常见，豆、罐、壶、盉等器身低而稳重。多为素面，常见的纹饰有弦纹、小圆镂孔和锥刺刻划纹。石器除斧、锛（包括有段锛）外，还有三角形石镰、斜柄石钺、双孔石刀、柳叶形镞和耘田器等，穿孔斧、双孔刀、耘田器等磨制都较精细。玉器有管、镯、珠等装饰品。以上器形特点与上海马桥五层①、金山亭林②、苏州张陵山③、唯亭草鞋山上层④和苏州越城中层⑤等良渚文化遗存极相似。如粗圈足豆、圈纽盖，同马桥五层Ⅵ式豆（M1：5）、越城Ⅶ式豆（M3：5）相同。三角形石镰见于马桥五层（T8：8）、张陵山上层和越城中层（M2：10），马桥五层也出相似的柳叶形镞（D7：6）。徐家湾上层的涡纹勾连彩绘陶球，与马桥五层彩绘涡纹陶片的风格基本相似。

徐家湾上层与上述诸遗址的某些器形，尚存在一定的差异性。前者未见鱼鳍形鼎足、高颈贯耳壶、阔把杯、带流罐、大口缸、柱足盉，以及玉琮、璧、锥形器和玉佩饰等良渚文化典型器。徐家湾遗址上层出土的盉，为侈口、拱形宽把、不对称鼓腹、平底无足；耘田器作双翼展翅形，背部无凸脊，这些似具有早期特征，要稍早于上述诸遗址。根据马桥五层出土陶片热释光测定的^{14}C平均年代为距今4400±220年⑥，徐家湾遗址的良渚文化当不会晚于4400年。

2. 中文化层发现埋葬较集中的墓葬和分布较密的灰坑遗迹，是承上启下的重要堆积。下文化层发现居址、灰坑和水沟等遗迹，还有排列有序的墓地，是遗址的主要堆积。

根据遗存内涵和器物特征分析，中、下两层应属于一个文化类型。夹砂陶均以稻谷壳作掺和料，泥质陶较细腻，有灰陶、红陶、黑衣陶和红衣陶。器形盛行折肩折腹和花瓣形圈足。但中、下两层在某些器形和葬俗方面，存在一定的差异性，如下层的墓多数有浅穴，排列有一定规律，葬式为单人仰身直肢葬，方向以南偏西为主。随葬陶器有鼎、甗、三足盘（盖）、豆、罐、壶、杯、罍、钵、盆等。中层浅穴的墓少见，有的似采取平地掩埋的方法，墓葬排列无序，方向以南偏东为主，随葬陶器有鼎、甗、豆、罐、壶、杯、钵等，不见三足盘（盖）等器，新出现盂、尊、高足杯和带盖罐等小型器。下层的鼎多为敛口、斜折沿、沿面下凹的釜形、壶形和盆形鼎，以宽扁凸棱形、凹弧捺边形、侧扁捺辫形、三角形和扁凿形鼎足常见；甗作侈口、束腰、深腹，外观似鼎。此外，三足盘（盖）常与鼎伴出，其仰置是盘，覆置为盖，一器两用，为下层典型器；豆有钵形、盆形、盂形和碗形几种，以钵形豆多见。石斧有舌形、近方形和长条形几种，锛多为窄长弧背形。中层的鼎，仅见釜形和罐形两种，多为平折沿；甗为敛口、浅腹、筒形；鼎、甗的足以扁凿形、宽扁凸棱形最多，出现蹄形和侧置椭圆形足。石斧仅见弧刃长方形一种，器身较扁薄；锛多见短小器形，出现弧背浅脊和有段锛。

中、下两层在墓葬上的差异和某些器形的演变现象，说明在时间上有早晚之别，但估计又不会相差很远。

上述中、下两层的器形特征，与上海青浦崧泽中层⑦极相似。但是，两者也存在有一定地方性的特点，如徐家湾中、下两层的夹砂陶鼎，以浅腹圜底釜形鼎多见，缺乏崧泽中层（二期）Ⅰ式和Ⅱ式深腹下垂的釜形鼎；三足盘（盖）在崧泽中层不见。徐家湾的甗，为侈口束腰深腹鼎形，崧泽中层的甗为敛口弧腹罐形（三期）。前者的罐、壶、杯等花瓣形圈足有扁方和圆弧两种，朵数增多，有四至八瓣乃至十八瓣多种；乳突形三足器和鼓腹带盖小罐、斛形器等为后者少见或不见。而后者的横鼻罐、三口器、觚、长把勺等又为前者所未见。

在葬俗上，崧泽中层多采取平地掩埋的方法，方向多为南偏东。徐家湾的埋葬习俗，基本为浅穴墓，方向与前者基本一致，与下文化层则又有一定区别。

崧泽中层 M87（三期）和 M90（二期）的人骨，经^{14}C 测定，其年代分别为距今 5180 ± 142 年（树轮校正值，半衰期 5730 年，起始年代 1950 年，下同）和距今 5860 ± 142 年。徐家湾遗址下层 M7 出土木炭，经国家海洋局第二海洋研究所^{14}C 实验室测定，距今 5547 ± 142 年，即早于崧泽中层三期，晚于崧泽中层二期。这就为崧泽类型文化的发展演变和分期提供了新材料。

这里还需提及的一个问题，徐家湾中、下两层出土的较多器形，与长江北岸海安青墩中层的同类器形，有颇多相似之处⑧（两处遗址上层出土遗物都比较少，尚难以对比）。如青墩 M30：1（上层偏下墓）Ⅱ式三足盘（图二四，9），两者完全一样；M16：25（中层墓）Ⅴ式侈口鼓腹辫状捺边凹弧形足鼎，类同的残鼎足在徐家湾下层较普遍。又如青墩 M53：1（中层墓）Ⅲ式粗圈足豆（图二五，6）、M78：4（中层墓）Ⅴ式鸡冠形捺辫耳罐（图二六，11）、M44：14（中层墓）Ⅲ式高柱捉手圈足罐（图二六，20）、Ⅰ式瓦棱形筒形杯（图二七，21）、M43：6（中层墓）Ⅷ式高柄圈足杯（图二七，25）等，形制也均相同。

上述两处遗址在文化面貌上存在诸多相似的因素，我们认为绝非偶然，它们都处在濒江临海相同的地理环境，且隔江相望。这一带河道较狭窄，江心沙洲密布，是极理想的渡口。因此，两者在文化上的彼此交流，是完全可能的。两处遗址常见的带盖小罐、扁锛形三足盘（盖）、高把圈足杯等器形，在江苏南部诸新石器时代遗址中少见，却是徐海地区的常见器。这显然是受到徐海地区大汶口⑨、刘林⑩、大墩子⑪和花厅⑫等文化的影响。徐家湾的浅穴埋葬习俗，与太湖地区流行的平地掩埋为主的葬制亦有所不同，而与徐海地区的葬制较一致。此外，徐家湾的涡纹勾连彩绘陶球，其纹饰与徐海地区常见的背壶彩绘风格极相似。由此可见，长江下游东南滨海一带可能早已是南、北文化交往的一条重要通道。

（二）中、下层文化遗存的经济概况和社会组织

徐家湾遗址上文化层，现今海拔约3.2米，下文化层海拔为0.8米。古代徐家湾一带的生态环境，据中、下两层采集的孢粉分析，孢子均较丰富，木本、草本和芦类三者植物孢子含量基本相当，属针叶、落叶和阔叶混交林植被。中层气候温和稍干，下层气候温凉稍湿。当时森林茂密，湖（河）泊众多，极宜人类定居繁衍和生产劳动（见文末附录一）。

上、下两层均发现居址。上层F1，坐西朝东，地面经火烧烤，地基厚达30厘米，是适应低洼潮湿环境的极好措施。下层F3，为适应江南水网泽地的环境，不仅地面经火烧烤，并建有排涝泄洪的水沟设施，墙体以当地盛产的竹子（或树枝干）为经、芦苇等材料为纬编扎成骨架，表面涂以拌和泥，上设梁架，是崧泽时期首次发现的一处木构建筑。

中、下两层的灰坑中均发现有炭化或腐霉成饼状的稻谷遗存，经鉴定有粳稻和籼稻两种，数量以粳稻为多（见文末附录二）。一般认为粳稻系由野生稻栽培而来，说明当时这里的先民不仅已从事定居的原始农业生产，而且还掌握了进化水稻的培育技术。

中、下两层的生产工具，以斧、锛、凿等石器为主，还有犁形器。上层除斧、锛、凿等石制工具外，还出现镰、钺、刀和耘田器等专事农业收割和耕耘的工具，证明农业生产又有进一步的发展。由此推知，中、下两层的先民们可能还处于耜耕阶段，上层的人们似已进入锄耕的历史新时期。

徐家湾遗址的三层文化遗存，似均缺乏如网坠和镞等捕捞和狩猎工具，也未发现骨器，这反映出当时人们主要从事定居的农业生产，渔猎生产活动已不占重要地位。

关于当时所处的社会形态，因材料尚少，不能揭示其全面情况，但从墓葬的葬制、葬法，已能窥见其一般。（1）中、下两层的墓葬，主要集中于发掘区南部，排列有一定规律，以单人直肢葬为主，未见屈肢葬和合葬，反映为以血缘为纽带的氏族公共墓地葬制。（2）随葬品较丰富，最多达26件，最少也有7件。（3）瑗、玦、耳坠和半圆形佩饰，多系利用璜、镯等玉器钻孔取下的芯料改制而成，玉器在当时可能已被视作珍贵的财富或表示地位和身份的象征物。从随葬品的多寡，也说明私有制已开始萌芽。我们认为，中、下两层的社会组织，可能正处在母系氏族社会的晚期。

（三）张家港市的成陆和海侵等问题

张家港市原名沙洲县，顾名思义系江海变迁、淤沙成洲的陆地。据有关文献记载，张家港市有人类活动的历史只追溯到春秋战国（前722～前481年）之际，鹿苑镇相传为吴王夫差筑圃养麋游乐而得名。过去，史地学界据地质地貌资料分析，也认为“长江三角洲南半部，在新石器时代早期（刊误为中期），大部分还淹没在茫茫大海之下”⑬，“至新石器时代中期（距今6500～5000年），当时长江的河口岸线大致在今镇江东面的丹徒—常州—圩墩—无锡—苏州越城—吴县草鞋山—浙江嘉兴马家浜—

带”，“马桥向西延伸经太仓、梅李至福山的沙堤（即海岸冈身）形成的年代，大约在距今4000年”[14]。有的学者还认为：“距今3600年，长江尚在镇江一带入海，当时海岸线位置在今奔牛、金坛、溧阳、宜兴、乌溪、夹浦、新塘、小梅口至吴兴附近。”[15]徐家湾遗址的发现，证明临江滨海的张家港市至迟在5500年前已经成陆，而且从中、下层灰坑中发现的稻谷遗存说明，已是人们繁衍生息、栽植水稻、土地肥沃的绿洲。孢粉资料也证明，土壤已经淡化，海滨东去已有一定距离。同时，近年的考古调查除本遗址外，在塘桥青龙村蔡墩、西张城厢、港口凤凰河阳山、妙桥西旸[16]和鹿苑许庄[17]、南沙东山村[18]等地又相继发现新石器时代遗址10余处。其中鹿苑许庄、南沙东山村遗址还发现有马家浜时期的文化遗存，这进一步证明，张家港市成陆还可上溯500余年。这对研究长江三角洲南岸海侵和成陆历史以及太湖的成因、长江岸线的变迁都提供了新材料。

执笔：王德庆

注释

① 上海市文物保管委员会：《上海马桥遗址第一、二次发掘》，《考古学报》1978年第1期。

② 黄宣佩、张明华：《上海地区古文化遗址综述》，《上海博物馆集刊（建馆三十周年特辑）》，上海古籍出版社，1983年。

③ 南京博物院：《江苏吴县张陵山遗址发掘简报》，《文物资料丛刊》（6），文物出版社，1982年。

④ 南京博物院：《江苏草鞋山遗址》，《文物资料丛刊》（3），文物出版社，1980年。

⑤ 南京博物院：《江苏越城遗址的发掘》，《考古》1982年第5期。

⑥《上海博物馆实验室热释光测定年代报告（一）》，《上海博物馆集刊（建馆三十周年特辑）》，上海古籍出版社，1983年。

⑦ 上海市文物保管委员会：《崧泽新石器时代遗址发掘报告》，文物出版社，1982年。

⑧ 南京博物院：《江苏海安青墩遗址》，《考古学报》1983年第2期。

⑨ 山东省文物管理处、济南市博物馆：《大汶口》，文物出版社，1974年。

⑩ 江苏省文物工作队：《江苏邳县刘林新石器时代遗址第一次发掘》，《考古学报》1962年第1期。南京博物院：《江苏邳县刘林新石器时代遗址第二次发掘》，《考古学报》1965年第2期。

⑪ 南京博物院：《江苏邳县四户镇大墩子遗址探掘报告》，《考古学报》1964年第2期。南京博物院：《江苏邳县大墩子遗址第二次发掘》，《考古学集刊》（1），中国社会科学院出版社，1981年。

⑫ 南京博物院新沂工作组：《新沂花厅村新石器时代遗址概况》，《文物参考资料》1956年第7期。

⑬ 潘凤英、石尚群、邱淑彰等：《全新世以来苏南地区的海侵和古地理演变》，《中国第四纪海岸线学术讨论会论文集》，海洋出版社，1985年。

⑭ 林承坤：《长江三角洲古地理与新石器时代的关系》，《长江下游新石器时代学术讨论会论文集》，文物出版社，1980年。

⑮ 中国科学院南京地理研究所湖泊室：《江苏湖泊志》，江苏科学技术出版社，1982年。

⑯ 王德庆、缪自强：《江苏沙洲县新石器时代遗址调查简报》，《考古》1987年第10期。

⑰ 苏州博物馆、张家港市文管会：《江苏张家港市许庄新石器时代遗址调查与试掘》，《考古》1990年第5期。

⑱ 苏州博物馆等：《江苏张家港南沙东山村新石器时代遗址发掘》，待刊。

附表一　**徐家湾遗址墓葬登记表**

墓号	位置、层位	深度（厘米）	头向（度）	性别	葬法	葬式	随葬器物
M1	T6 西南，下层	88	110	男	浅穴	仰直	陶：Ⅰ鼎、Ⅶ三足盘、Ⅰ、Ⅲ罐、Ⅰ豆、Ⅱ豆2、Ⅲ壶、Ⅳ杯、Ⅱ钵，石：Ⅳ斧、Ⅰ锛
M2	T1 西南5米，中层	76	97	男	平掩	仰直	陶：Ⅲ鼎、残鼎、Ⅰ罐2、Ⅰ壶2、Ⅱ壶、Ⅰ、Ⅱ杯、Ⅲ杯2、Ⅱ尊2、Ⅰ碗
M3	T15 中偏南，下层	90	208	男	平掩	仰直	陶：Ⅰ鼎、Ⅱ罐、残罐、Ⅰ、Ⅳ豆、Ⅱ杯，石：Ⅲ斧
M4	T5 东北端，中层	82	116	男	平掩	仰直	陶：Ⅰ、Ⅲ鼎、残鼎、Ⅷ、Ⅹ罐、残罐、残豆、Ⅰ、Ⅱ壶、Ⅵ杯、盆，石：Ⅴ锛、Ⅰ凿2
M6	T3 中部，上层	44	105	女	浅穴	仰直	陶：Ⅱ鼎、残罐、Ⅰ豆，玉：Ⅰ珠
M7	T16 东北端，下层	112	200	女	浅穴	仰直	陶：Ⅰ、Ⅱ鼎、Ⅱ甗、Ⅰ、Ⅲ、Ⅴ三足盘、Ⅰ罐、Ⅰ豆2、Ⅰ、Ⅱ、Ⅳ壶、残壶、Ⅰ杯、Ⅳ杯2、Ⅱ钵、Ⅰ纺轮，玉：璜、瑗、玦
M8	T16 中偏西，下层	108	210	女	浅穴	仰直	陶：Ⅰ鼎3、Ⅱ鼎、Ⅰ甗、Ⅱ三足盘、Ⅵ三足盘3、Ⅰ罐、Ⅱ豆、Ⅲ壶2、Ⅳ壶、Ⅰ杯2、Ⅲ杯、Ⅰ钵、Ⅱ纺轮，玉：璜、瑗2
M9	T16 扩方中部，下层	96	?	女	?	?	陶：Ⅰ豆、残豆、Ⅲ杯、Ⅰ盏，石：Ⅱ锛，玉：璜、饰件2
M10	T16 中偏南，下层	94	205	女	浅穴	仰直	陶：Ⅰ鼎、Ⅰ壶、Ⅰ杯、Ⅲ钵、Ⅱ盆，石：Ⅰ斧，玉：璜、镯
M11	T16 中偏东，下层	98	188	男	浅穴	仰直	陶：Ⅰ、Ⅱ鼎、Ⅳ三足盘2（残1）、Ⅰ罐2、Ⅳ豆2、Ⅳ壶2、Ⅱ杯、Ⅱ钵、Ⅰ罍，石：Ⅱ斧、Ⅱ锛、Ⅰ凿
M12	T15 扩方南部，中层	72		女	平掩	仰直	陶：Ⅰ鼎2、Ⅰ、Ⅶ、Ⅷ罐、Ⅰ壶、Ⅰ、Ⅳ钵、Ⅰ盂，玉：璜、环、耳坠
M13	T15、T16 交界西部，中层	78	108	男	浅穴	仰直	陶：Ⅱ鼎2、Ⅳ罐2、Ⅴ罐2、Ⅰ豆、Ⅰ、Ⅱ、Ⅲ壶、Ⅱ杯2、Ⅳ杯2、残钵、Ⅱ、Ⅲ盆、Ⅲ、Ⅳ尊、Ⅱ、Ⅲ盂、Ⅰ斛形器、Ⅰ高足杯，石：Ⅰ锛、斧，玉：镯
M14	T15 南部，中层	76	100	女	平掩	仰直	陶：Ⅲ、Ⅷ鼎、Ⅴ杯、Ⅰ盆2、Ⅰ、Ⅴ尊、Ⅰ盂、Ⅰ纺轮
M15	T6 北15米，上层	52	?	?	?	?	陶：Ⅰ罐、Ⅰ壶、Ⅰ钵、Ⅰ尊、Ⅰ盂、Ⅰ盏
M16	T14 东北2米，下层	?	?	女	?	?	陶：Ⅲ罐、Ⅴ钵，玉：璜

说明：1. M5 为唐墓，未列入此表。

2. 随葬器物栏中，罗马数字为型式，阿拉伯数字为件数，未注明者为1件。

附录一

徐家湾遗址出土孢粉的鉴定

张嘉尔（南京地质矿产研究所）

徐家湾遗址出土的孢粉样品，经分析鉴定，将报告提供参考。由于取样位置不太理想，所以其中所含孢粉不够丰富，现按鉴定内容作如下分析。

1. 苏—上号（中文化层）：岩性黄褐色黏土，深度0.3~0.65米。孢粉较多，其中木本植物花粉与草本植物花粉、芦类植物孢子三者含量相当，各占35%、30%、35%。

木本花粉中，针叶树与阔叶树成分数量相当，各占17.5%。针叶树花粉有松属（*Pinus*）、柏科（Cupressaceae）、杉科（Taxodiaceae），前两种较多，后者较少。阔叶树花粉亦比较单调，有胡桃属（*Juglans*）、榉属（*Zelkova*）、黄连木属（*Pistacia*）、桑科（Moraceae）及常绿阔叶类的青冈栎（*Quercusglauca*）少量。

草本植物花粉类型较多，主要有一些中生成分，如毛茛科（Ranunculaceae）、蒿属（*Artemisia*）、唇形科（Labiatae）、玄参科（Scrophulariaceae）、豆科（Leguminosae）、禾本科（Gramineae），以及一些水湿生的黑三棱属（*Sparganium*）、莎草科（Cyperaceae）、苋属（*Amarcrthus*）。

芦类植物孢子相当丰富，其中有相当数量的湿生成分，如木贼科（Equisetaceae）、蹄盖蕨科（Athyriaceae），还有一定数量的水龙骨科（Polypodiaceae）、蕨属（*Pteridium*）及少量瓶尔小草属（*Ophioglossum*）和凤丫蕨属（*Coniogramme*）、槐叶萍属（*Salvinia*）。

藻类孢子亦有不少出现，如皱球藻、圆球藻、三角藻和环纹藻。

从孢粉组合来看，当时属于针叶落叶阔叶混交林植被，气候反映温暖湿润，但不如今日状况，缺少常绿阔叶树成分。当地处于湖沼环境。

2. 苏—中号（下文化层）：岩性灰黑色黏土，可能原来应属褐灰色受烘烤或其他原因而呈灰黑色。因此，孢粉遭受破坏，保存不好。深度为0.65~0.92米。

孢粉内容有：木本花粉的柏科，草本花粉的禾本科、茄科（Solanaceae）、水鳖属（*Hydrocharis*）。藻类孢子有大量环纹藻。由于孢粉贫乏，难以作出确切的解释，只能按现有的孢粉成分作一分析。当时仍属湖沼环境，但气候较凉，可能属于短暂变凉的环境。但亦不能排除由于土层受环境影响，致使孢粉破坏而不能恢复原来植被面貌。有待今后进一步分析。

3. 苏—下号（生土层）：岩性黄色黏土，深1.1米。孢粉组合与其上层有较大改变，木本植物花粉与草本植物花粉数量相当，尤其是落叶阔叶树成分占据优势地位。其次是草本花粉，而针叶树花粉极少，孢子中芦类和藻类均不多见。

在落叶阔叶树花粉中有麻栎（*Quercus acutissima*）、朴属（*Celtis*）、金缕梅科蜡瓣花属（*Corylopsis*）和柳属（*Salix*），以及常绿阔叶树青冈栎少量。针叶树仅见相当数量的松属。草本花粉有较多的禾本科，其次有十字花科（Cruciferae）、藜科（Chenopodiaceae）及毛茛科。孢子成分中有芦类的水龙骨科和芦属。藻类的环纹藻少量。整个组合属于落叶阔叶林成分，反映气候温和，比今日气温低些，而且比较干燥。

本剖面共取样3块，因此不能连续反映环境的详细变化过程，致使有所遗漏。又因取样位置曾受烘烤影响，不能使孢粉完整地恢复原来的植被面貌。但是，基本上见到其发展演变的趋势，为温和稍干—温凉稍湿—温暖湿润。这与江苏考古学会年会上的论文的推测尚有所不同，有待今后补采样品作进一步验证说明。

附录二

徐家湾遗址出土稻谷印痕的鉴定

游修龄（浙江农业大学农史研究室）

关于徐家湾遗址出土的泥块，据我们检查结果，共在上面找到14颗稻谷印痕，因为只是印痕，没有其他任何实物。我们只能将这14颗印痕测定其长度和宽度的比值，推断它们的性质。稻谷印痕的测定值如表一。

表一 **稻谷印痕测定值** 单位：毫米

编号	长度	宽度	长/宽	%
1	7.0	2.8	2.50	35.71
2	6.0	2.5	2.40	
3	7.0	3.0	2.33	
4	6.5	2.8	2.32	
5	6.5	2.8	2.32	
6	6.9	3.2	2.17	64.28
7	6.5	3.0	2.17	
8	6.5	3.0	2.17	
9	7.5	3.5	2.14	
10	6.0	3.0	2.00	
11	6.0	3.0	2.00	
12	5.0	2.5	2.00	
13	6.0	3.5	1.71	
14	5.0	3.0	1.67	

表一中的长宽比按大小排列，最大值为 2. 50，最小值为 1. 67。鉴于多数的籼稻长宽比在 2. 30 以上，粳稻的长宽比在 2. 30 以下，因此，表中可以在第 5 颗稻谷处划一横线，将其分为两部分，第 1～5 颗的长宽比都在 2. 30 以上，占总数的 35. 71%，属于籼型；第 6～14 颗的长宽比在 2. 3 以下，属于粳型，占总数的 64. 28%。说明这些遗留的稻谷印痕中兼有籼型和粳型两种类型的稻谷，而以粳型的为多，约占 2/3。为了表达清楚起见，再将其分布情况用图解表示如下。

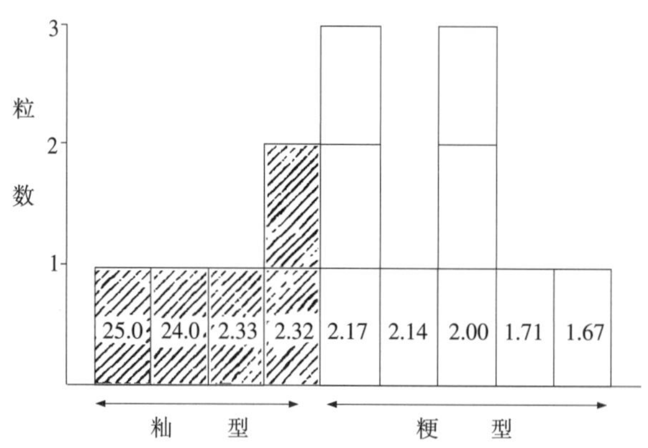

从图中可以看出，多数粒型的长宽比集中在 2. 00～2. 17，由于样品数量太少，未能表现常态分布的规律，但也可看出近似的趋势，和现代的粳稻长宽比接近。

徐家湾遗址中，籼粳型稻谷并存的现象，同崧泽遗址、罗家角遗址等相似。再一次表明在原始的种稻业中，品种的群体完全不同于现代的品种概念，而是呈现大小较不一致，似籼似粳型混杂的混合体。原始的种稻者并不刻意追求种子大小的整齐划一，甚至可以认为有意播种这种混合体的材料，有利于适应自然环境的变异。对比现今云南一些少数民族的种稻习惯，也有这种类型混杂的做法，是同样的道理。

（原载《考古学报》1995 年第 3 期）

草鞋山遗址发现史前稻田遗迹

自1992年开始，江苏省南京博物院、江苏省农业科学院和日本国立宫崎大学合作开展《草鞋山古稻田研究》课题的工作，并由南京博物院、苏州博物馆、吴县文物管理委员会和江苏省农业科学院学者组成的考古队首次在国内进行水田考古的实践。此次工作首先进行前期钻探取样分析，提出寻找古代水稻田的可行性报告，然后在遗址中心区南缘进行三期1000平方米的发掘，获得重要成果。

我国是世界栽培水稻的起源地之一。新的考古发现充分证明距今8000~6000年前我国有比较成熟的稻作农业，长江中下游和黄河中游的新石器时代遗址都发现过人工栽培的稻粒。著名的地点有湖南澧县彭头山、河南舞阳贾湖、浙江余姚河姆渡、江苏高邮龙虬庄及苏州草鞋山等遗址。然而，仅仅根据人工栽培稻粒所获得的信息，尚无法了解当时稻作文化中诸如耕作方法、稻作规模、生产力水平等关键性问题。

由此，国外考古学界从20世纪70年代开始从事水田考古的研究，并成为稻作文化研究中学术界所关注的最重要课题之一。

位于苏州市郊唯亭镇陵南村的草鞋山遗址是长江下游太湖平原典型的古文化遗址，总面积约45万平方米，其文化堆积最厚处达10米以上。此次在距今约6000年的马家浜文化时期地层发现了由浅坑、水沟、水口和蓄水井组成的遗存，其中在一处被揭露的长20米的范围内发现了呈两行排列、南北走向、相互连接的浅坑约20个，浅坑面积一般为3~5平方米，个别小的为1平方米，大的达9平方米，坑的平面呈椭圆形或长方圆角形。浅坑沿一低洼地带分布，其四周有土冈，东部及北部边缘有“水沟”和“水口”相通，“水沟”尾部有“蓄水井”。显然这组遗存与水利设施关系密切。据现场发掘和考察的中日两国考古学家与农学家分析判断，遗存全部结构应看作是早期水田状遗迹。

为进一步确证上述组合遗存的性质，目前正加紧对浅坑中的土样进行植物蛋白石的定量、定性分析。在已完成分析的7个浅坑内观察到数量丰富的水稻植物蛋白石，确证这里生产的水稻属于人工栽培而非野生，水稻的植物蛋白石几乎全部为β型，其品种接近于现代的粳稻。

草鞋山遗址古稻田的考古发掘，首次发现距今约6000年新石器时代马家浜文化时期人为加工的水田状遗迹，是探索我国早期稻作农业文化的一次突破性进展。目前，该项研究仍在进行之中，它为我国稻作文化研究开创了新路，并展示出美好的前景。

（原载《中国文物报》1995年6月18日）

江苏昆山赵陵山遗址第一、二次发掘简报

江苏省赵陵山考古队

赵陵山遗址位于江苏省昆山市张浦镇赵陵村村北。遗址所在地区是典型的江南水乡，河网纵横、地势低平。赵陵山以西0.5千米有大直港，以南数十米则靠江泾，以北则有和支浦江相通的香花河。其东北约2.5千米为张浦镇，正西约5千米则为著名的角直古镇，遗址距新修的苏州至上海虹桥机场公路仅400余米（图一）。

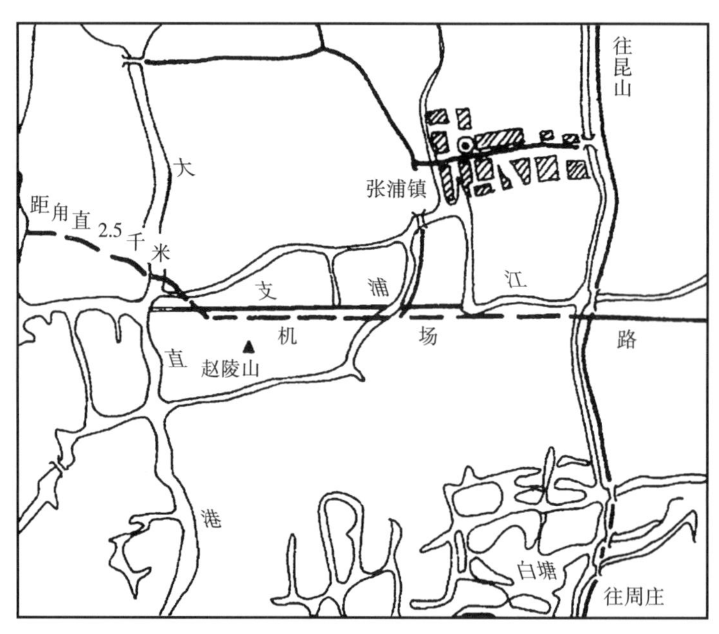

图一　赵陵山地理位置图

这个地区是古代遗址比较密集的地区，距赵陵山不远，方圆约5千米的地方，良渚文化时期的遗址还有张陵山、少卿山、绰墩、荣庄等著名遗址，应属良渚文化时期人口较多的某个中心地区。

该遗址于1984年当地农民取土时发现，发现后各级政府及时采取措施进行保护，所以目前保存情况较好。遗址现由两部分组成。一为当地称之为赵陵山的土墩，亦即遗址的中心部分。该墩主要部分东西长80余米、南北宽60余米，1990年实测时最高处海拔10.55米，相对高度在3~9米。墩子目前三面绕河。第二部分则由墩子周围的平地组成。经初步查证，墩子的东、西、北三面均有与墩子遗存

时代一致的文化层，但范围尚待进一步了解。

1990年秋季，由南京博物院主持、苏州博物馆、昆山文管会参加组成的考古队对遗址的墩子部分进行了第一次发掘，发掘面积200平方米，探方主要布于墩子的西北、西南和东北三处。1991年，考古队又进行了第二次发掘，面积达630余平方米，主要布方于遗址西南部。两次发掘共发现良渚文化墓葬85座，并探明赵陵山原为良渚文化时期人工堆筑的高土台。两次考古发掘的收获被评为1992年中国十大考古新发现之一。

参加两次发掘的同志为钱锋（领队）、李文明、缪祥山、吴荣清、李民昌、陆建芳（以上为南京博物院）、张照根（苏州博物馆）、王容（昆山市文管会）。发掘期间，考古工作得到了昆山市文化局和张浦镇、赵陵村政府的大力支持，在此谨表衷心谢意。

一、地层堆积

两次发掘的目的有所不同。第一次发掘旨在了解土墩的遗存堆积和遗迹分布情况，故四个探方即西区T0406（北）、西区T0507（南）、西区T0402（南）、东区T0306（北）分别布于土墩的西北、西南和东北。这四个探方的发掘证实了人工堆筑高土台的存在。第二次发掘旨在解剖高土台的层位关系和遗迹分布情况，因此，除T0507以外的所有探方均置于可能是高土台所在的范围内，发掘证实了原先的推测并发现了68座良渚时期墓葬。

有三个问题必须在此说明：

第一，两次发掘的探方编号有所不同。第一次发掘时，以土墩上原由当地测绘部门留下一个永久测绘点为基点，划一条正南北向纵轴线，线东为东区、线西为西区，布方时东区按第一象限法编号，西区则按第四象限法编号。第二次发掘未分东西区，而以土墩西南角为基点，按第一象限法重新编号布方，原有测绘点成为T077基点。两次发掘所布探方均为10米×10米，但实际发掘时有的先完成一半，即5米×10米。

第二，考虑到当地政府要求在遗址原地建现场博物馆，所以，两次发掘均未达到生土，而是发掘至主要遗迹所在层面，即行停止。

第三，根据目前发掘所知，遗址的西北和中南部堆积差异较大，而高土台的范围内，北部堆积和南部堆积也存在着结构性的较大差异。因此，在发掘未完成的情况下，不可能较完整地介绍遗址的地层堆积。

本简报将以T054北壁为例简单介绍地层堆积（图二）：

第1层，耕土层，厚0.4～0.7米。土质松软。层内有大量砖瓦及宋以后瓷片、瓦当等。

第2层，黄褐色土，深0.7～1.1米，厚0.25～0.75米。该层土中杂有大量铁锈斑土块，土质疏松。出土物有红烧土块及夹砂红陶“T”形鼎足等。

第3层，灰褐色土，深0.85～1.7米，厚0.4～0.8米。土质结构细密柔软，夹有青淤泥块，土中杂有细小炭屑。该层出土穿孔石斧、泥质红陶罐口沿等。

第4层，淡黄色土，深1.6～1.95米，厚0.2～0.35米。结构紧密，土质坚硬。该层层面曾经夯打，自然剥落清楚并有灰白色薄面，但未见夯窝痕迹。该层出土物有鱼鳍形鼎足等。

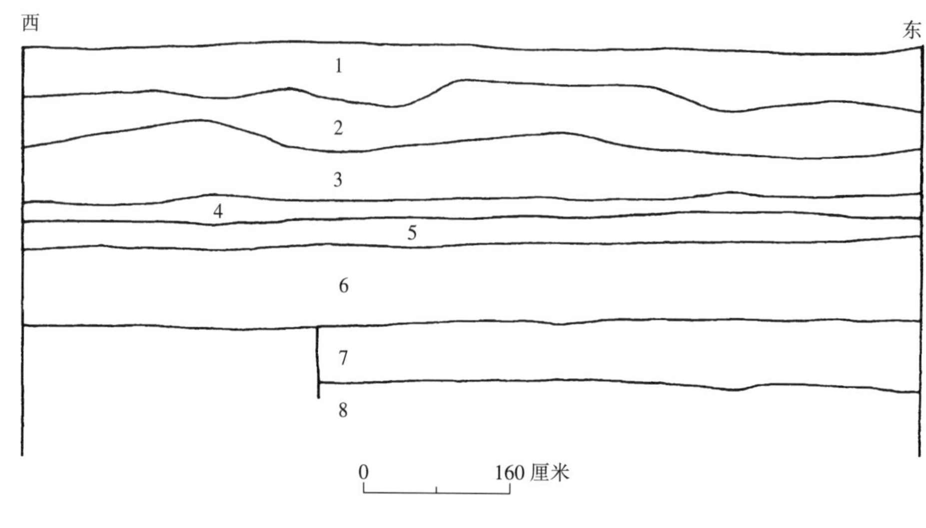

图二 T054 北壁剖面图

第 5 层，灰黄色土，深 1.9~2.25 米，厚 0.2~0.35 米。结构细密，颗粒较大，夹有青灰色淤泥，土质较硬。本层出土夹砂红陶鼎足，瓦棱纹泥质灰陶罐片等。

第 6 层，深黄褐色土，深 2.1~3.05 米，厚 0.85~0.95 米。夹有块状青淤泥和灰白色黏土，土质略硬。本层出土鱼鳍形鼎足，泥质灰陶喇叭形圈足等陶片。

第 7 层，铁锈黄色土，深 3.05~3.8 米，厚 0.6~0.8 米。结构细腻，土质较软，颗粒小，含水量较大。本层陶片很少。

第 8 层，五花土。深 3.8 米以下。由青淤泥、铁锈黄土、灰黄色泥、黑色团块状黏土，灰白色泥混杂而成，土质坚硬。此层未做完，也未见陶片。

此外，除第 4 层外，在清理第 5、6 两层时，均发现层表有自然剥落现象，应为拍打痕迹。

二、文化遗迹

（一）高土台

两次发掘发现的最大遗迹是遗址内有一座人工堆筑的高土台。由于两次发掘均只涉及高土台的局部，因此，目前不可能作完整和准确的介绍，只能作一些推测。

第一次发掘中，西区 T0406（北）发现了高土台的西北角，而东区 T0306（北）则发现了土台的东北角。两探方间距 60 米，故土台北边的东西长应有 60 余米。西区 T0402（南）整体均在高土台内，第二次发掘所开主要探方亦均在高土台内，而西区 T0406（北）至西区 T0402（南）间距 50 米，因此，高土台南北间距离大于 50 米。由此照正常情况推算，高土台的面积应不小于 3000 平方米。其高度，依据西区 T0402（南）的地层情况分析，应不低于 4 米。

（二）墓葬

两次发掘共发现良渚时期墓葬 85 座，这些墓葬，均与高土台有着十分密切的关系，我们把它们分成三种情况：

1. 西北区丛葬群：位于高土台外西北，由 19 具无墓坑、随葬品极少的墓葬组成。

2. 中型墓群：位于第二次发掘的西南区，由中小型墓等组成，关系复杂。

3. M77：该墓是两次发掘中发现的随葬器物最多、规格最高的一座大墓，可单独分类。

现依次介绍。

（1）西北区丛葬群（图三）

分布在 T0507 内，开口于第 13 层下。共有 19 具人骨架，大致分三排埋葬。

最南一排由西向东分别为 M17、M2、M9、M4、M5、M6、M3；7 座墓中，M9、M5、M6 头向东南，其余头向北并稍偏西。

中间一排由西向东为 M16、M15、M14、M13、M11、M12、M8、M7，共 8 座墓，其中 M11、M7 头向东南，余均为北稍偏西，M12 为单个头颅，面朝下。

北侧一排为第二次发掘时扩方所见，由西向东为 M53、M52、M51、M54，后三者头向北稍偏西，M53 的人骨架保存较差，仅余肢骨。从现场看亦应为北稍偏西。

三排人骨架之间，北侧一排与中间一排距离稍大，中间一排和南侧一排相挨，之间没有空隙。各墓间的排列虽略有参差，但基本位于同一平面，没有墓坑，也没有葬具，均系平地掩埋。在三排人骨架的东南有一层平面略呈三角形的黑色灰面，长约 4 米、宽约 1.5 米。灰面上有一残陶鼎碎片，碎片上有火烧痕迹，证实黑灰系燃烧后的灰烬。结合上述丛葬现象分析，该处灰烬应是在举行某种仪式时留下。

各墓情况详见表一：

表一　　西北区丛葬群情况表

墓号	性别	年龄	头向	葬式	人骨架状况	随葬品
M2			17 度	仰身直肢	头骨朽，肢骨差。高 1.5 米左右	无
M3	男	40~45 岁	17 度	仰身直肢	头骨破，肢骨尚好。高 1.6 米	胯部左侧有陶贯耳壶 1 件
M4	男	25 岁	342 度	仰身直肢	保存较好。高 1.56 米	无
M5		少儿	178 度	不明	左肢骨缺。高 1.1 米	无
M6	男	20 岁	176 度	俯身葬	保存尚好，右小腿处有牙床。高 1.54 米	无
M7		5~6 岁	169 度	仰身直肢	小腿骨以下全无	无
M8		6~7 岁	330 度	仰身直肢	小腿骨以下全无。残高 0.85 米	无
M9		6~7 岁、5~6 岁	170 度		两脚似被捆绑	陶杯 1 件、石斧 2 件及残陶盆、残足碎片
M11	男	22~25 岁	170 度	仰身下肢交叉	头后颅骨破碎，骨架粗。高 1.6 米	无
M12	女	青年		不明	仅有一完整头骨，面下	无
M13	女	18~19 岁	343 度	不明	骨架残碎	无
M14	女	成年	343 度	仰身直肢	头骨严重破碎，缺右上肢，大腿以下被砍去。残高 1 米	无
M15		13~14 岁	344 度	仰身	膝关节以下全无	左肩部有陶贯耳壶 1 件

续表一

墓号	性别	年龄	头向	葬式	人骨架状况	随葬品
M16	男	青年	349 度	仰身	上肢缺，头骨碎	左臀部有陶贯耳壶 1 件
M17	男	成年	349 度	头向右斜	左上肢零乱，骨架粗壮	无
M51			331 度	仰身直肢	保存尚可	无
M52			341 度	仰身直肢	保存尚好	头右侧有贯耳壶 1 件，右脚下有石凿
M53				不明	无头骨，肢骨零乱	无
M54			350 度	仰身直肢	保存尚好	无

由上表可知，已鉴定的 15 具人骨架中，少儿 6 具、青年 6 具、成年 3 具，无一具属老年。其中男性 6 具、女性 3 具、而 M7、M8、M9、M12、M14、M15、M16 等展示的肢体不全、脑骨破碎，以及捆绑状使我们相信这是一批非正常死亡者。从随葬品看，除 M3、M9、M15、M16 和 M52 有极少随葬品外，余皆无。从葬式看，高土台上的墓葬，除一些身份特殊者，均有竖穴土坑，但丛葬群死者无一有坑，有些骨架互相叠压。从丛葬群所处位置看，他们已被排除在高土台之外。据此，可以肯定丛葬群中的死者均是一些地位低下、身份特殊的人。

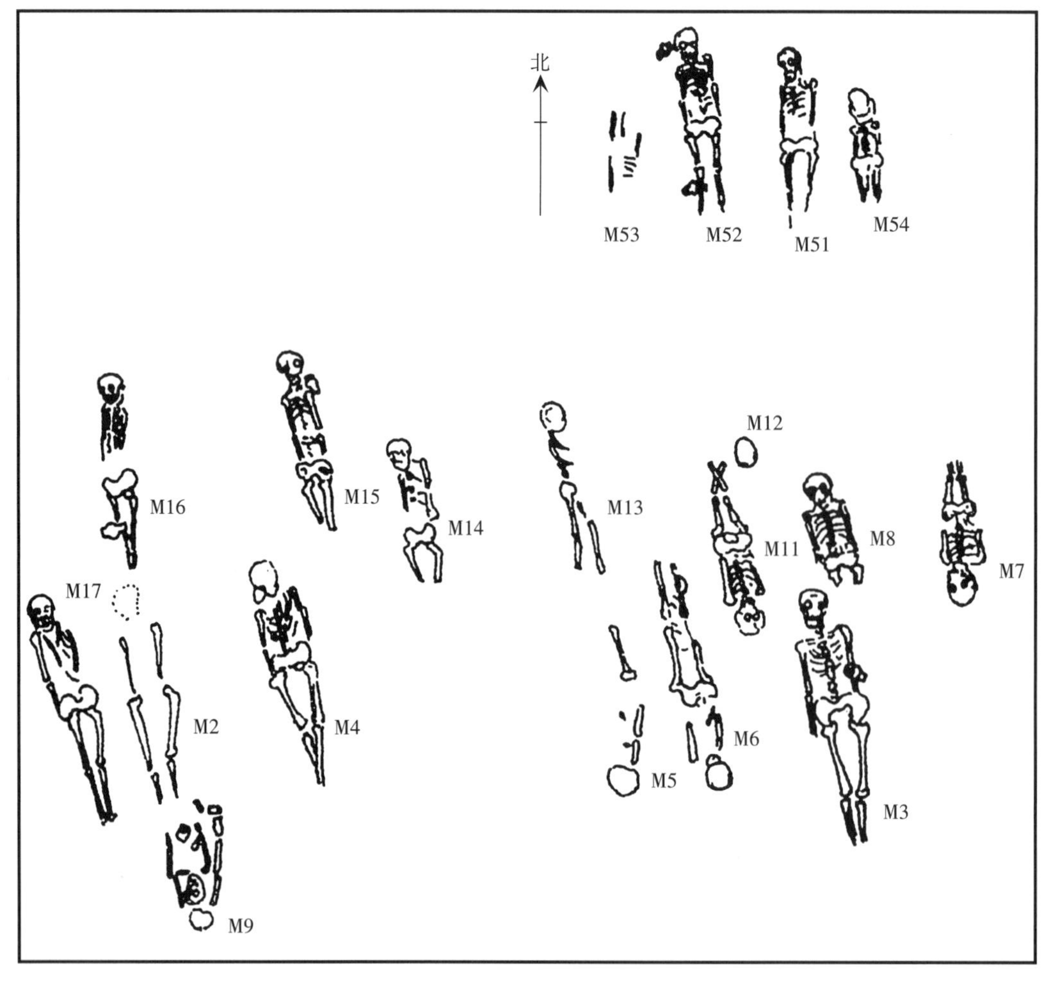

图三　西 T0507 丛葬群平面图

从层位关系看，该处丛葬年代晚于高土台的建筑年代。丛葬在第15层上，而高土台在第18层始见。由出土遗物分析M3、M15、M16的贯耳壶也显然晚于高土台上墓葬所见同类器。因此，可以认为丛葬是在高土台建成并使用后一段时间内才发生的现象。这种现象应该与高土台以及高土台的墓葬有比较密切的关系。

由于赵陵山遗址的发掘尚未完成，全面情况尚不清楚，这些特殊人物的人数目前只能依据T0507一个探方的情况进行推测。然而，即使是目前这样一个探方内一个层面上的发掘就足以揭示：在当时，这种特殊人物的数量并不会少。

（2）中型墓群（图四）

该区墓群由M56、M57、M58、M70、M80、M81、M82、M68、M69等9座墓葬和人骨架组成，分布在T053东南部及T063（西）的西南部，均开口在红烧土层之下。红烧土是分布于T053东南部、T052东部和T063、T062西部的第2层特殊堆积，第二次发掘的主要墓葬均位于第2层堆积之下。这种红烧土并不是在原地烧结而成，而是由别处移来覆盖在这一地区的，这种堆积方法，应是当时的一种葬俗。

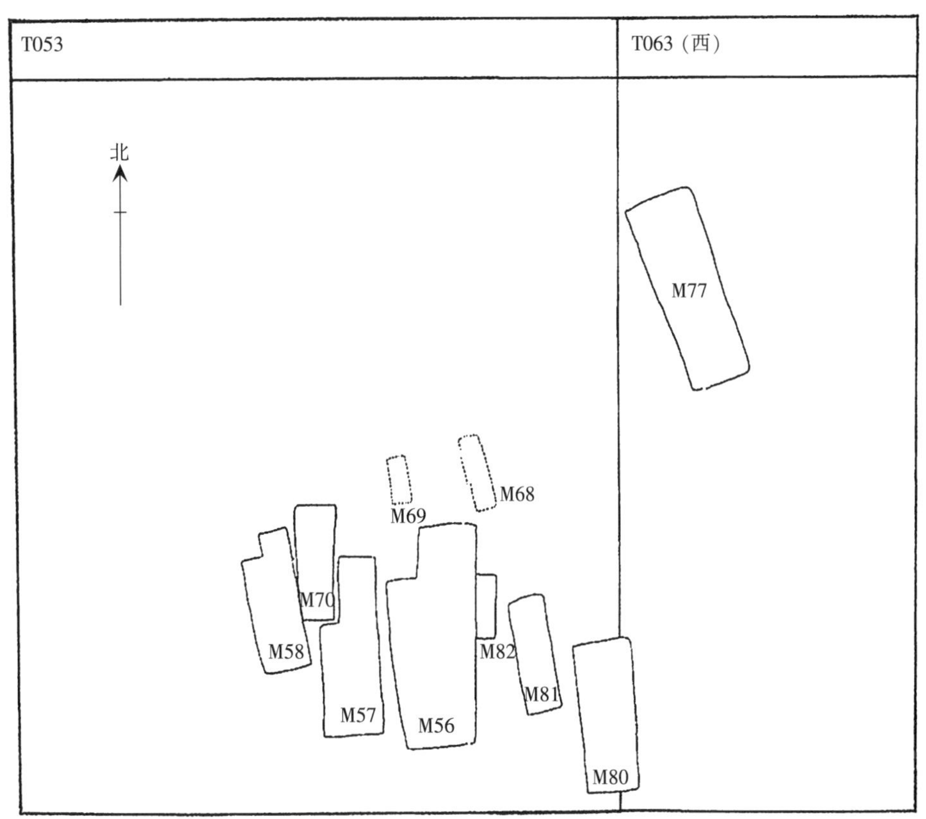

图四　中型墓群和M77关系平面图

经初步研究，我们认为上述墓葬应是同一时期的墓葬并极有可能为同一批埋葬。九座墓中，以埋葬位置、规模、形状和随葬品分析，M56、M57、M58显然是主要墓葬。三墓情况如下。

M56　刀形竖穴土坑墓。坑口距地表2.25米、南北长3.43米、北端宽0.65米、南端宽1.28米、深0.62米。直壁平底，墓内填夹红烧土的灰土，土质潮湿松软。墓内有2具人骨架，主人仰身直肢，人骨架保存较差，年龄约在30岁，男性。有涂红色木质葬具痕迹，墓主头向176度。在葬具的南端有一散乱的人骨架，肢骨零乱，与正常人相异，应属非正常死亡，年龄亦在30岁左右，其性质可能为墓主的人牲。该墓随葬品有彩绘陶豆、带复杂图案的灰陶器盖和贯耳壶，石斧等18件，其中4件陶器出于近坑口的填土中。

M57　在M56西侧，亦为刀形竖穴土坑墓。坑口距地表2.2米、南北长3.05米、北端宽0.72米、南端宽0.98米、深0.4米。墓内亦有两人，主人为男性，年龄亦在30岁左右，仰身直肢，头向176度，面向西，人骨架保存尚可。也有涂红色木质葬具痕迹。在主人头部上方葬具以外处，有一人头骨，面向下，经鉴定为一年龄6~12岁的少儿。该墓中出土了彩绘陶罐、黑衣陶杯、石斧等器物12件（图五）。

图五　M57平面图

1. 黑衣陶杯　2、11. 灰陶盘　3、9. 陶杯　4. 有孔石斧　5、6. 彩陶壶　7. 陶盆　8. 陶鼎　10. 陶罐　12. 陶盖

M58　是三座墓中最西侧一座，亦为刀形竖穴土坑墓。坑口距地表2.3米、南北长2.74米、北端宽0.57米、南端宽0.92米、深0.27米。墓主仰身直肢，头向170度，人骨架保存较好，女性，40岁左右。有木质盖板，盖板断面略呈弧形，共2块，长1.92米、宽0.7米，其中一块宽0.45米。盖板上的随葬品有骨簪、灰陶罐、红陶鼎，足部则有3件小灰陶鼎等，该墓共出土17件随葬品。

三墓之中，M57和M58似有较密切的关系。M58的墓主人是一位40岁左右的中年女性，随葬品中有了鼎3件、罐2件以及2件骨质装饰品，鼎和罐均为实用炊器和盛器。而M57中，随葬品多为杯、盘、壶、盆之类的食器，鼎仅1件。值得注意的是：M58的两件陶罐上并没有配备器盖，而在M57中，却出土了完全可以与M58中两件罐相配的精制的器盖。这一现象可能暗示两墓主人生前关系密切，或为夫妻。

从整个墓群来看，M56、M57、M58居于中心位置，墓坑平面形制特殊，墓内随葬品丰富，男性墓内均供有人牲，显示了三位墓主人身份的特殊和高贵。

M70位于M57和M58中间，形制和后者不同，为长方形竖穴土坑墓，规模也较小，随葬品经整理为7件，少于M57和M58。墓主人骨架保存较好，仰身直肢，头向170度，面向上，是一位16~17岁的少女，虽然M70的规格和随葬品均差于M57、

M58，但位置特殊，墓内又有木棺痕迹，推测墓主应是与 M57 和 M58 主人关系密切而又身份特殊的人（图六）。

在墓群中，M56、M82、M81、M80 的关系也耐人寻味。

M56 的主人无疑是该组中身份最高的死者。M82 的死者是一 1~2 岁的幼儿，墓葬又紧贴 M56，应是 M56 的墓外人牲。M80 的规模并不小，也有木质葬具，但形制与 M56 不同，随葬品只有 7 件，质地和工艺也差于 M56，地位显然低于 M56，应是 M56 的附属墓。经鉴定，M80 墓主为一 30 岁左右中年男子（图七）。

M81 墓主的身份比较复杂。墓主是一 30 岁上下的中年女性，随葬品只有陶盘 2 件、陶鼎 1 件和陶钵 1 件。但她葬在 M56 和 M80 之间，与 M56 和 M80 的关系较难判断。如果她和 M80 的主人是夫妇，则这对夫妇均应是 M56 的附属墓。设若 M81 和 M56 墓主是夫妇关系，则她和 M80 又是什么关系？此外，假如 M81 和 M56 是夫妻关系，为什么随葬品数量那么悬殊？M81 和 M58 同为女性，墓葬形制和随葬品的等级差距显然很大，笔者认为 M81 和 M80 作为一对夫妇为 M56 附属的可能性较大。

在墓群中，M68 和 M69 作为特殊现象无疑可以单独列为一组。两墓均在墓群的最北端，M68 在西，M69 在东。

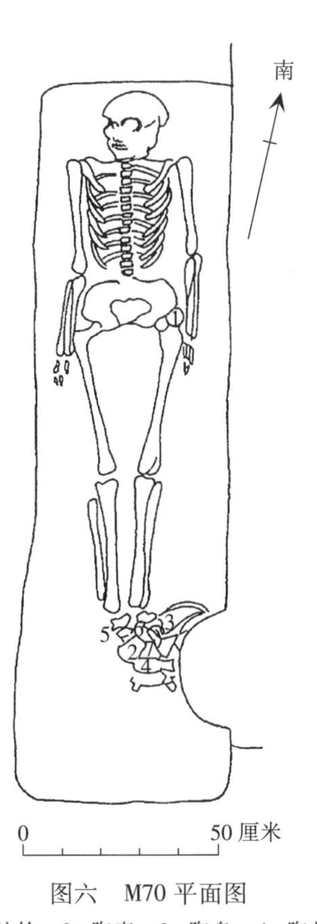

图六 M70 平面图

1. 陶纺轮 2. 陶壶 3. 陶盘 4. 陶鼎
5. 陶圈足壶 6. 陶豆 7. 石斧

图七 M80 平面图

1. 石斧 2. 陶壶 3. 陶鼎 4. 陶杯
5. 陶豆 6. 陶盘 7. 小陶壶

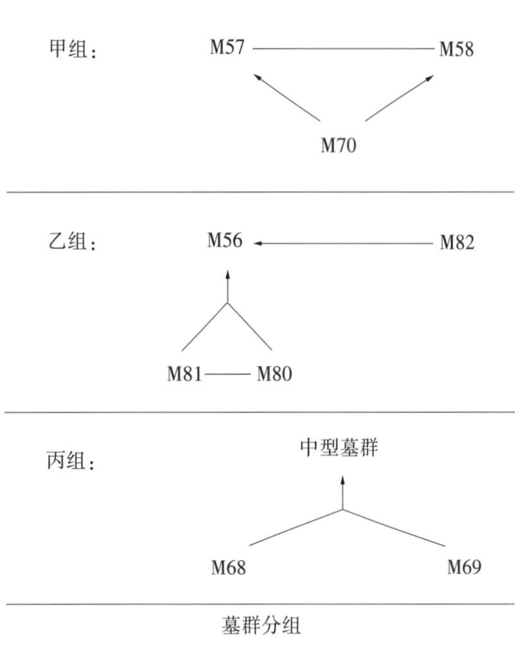

墓群分组

M68无坑，墓主为幼儿，仰身直肢，面向上，头向170度。

M69无坑，亦为幼儿，面向上，头向160度。M68和M69两具幼儿骨架之间置放一件夹砂红陶大鼎，鼎口径复原后达50厘米，高度在25厘米以上，器壁厚度达2.5厘米。这件鼎的作用和花厅1987年发掘的M20之上的大口尊性质显然相同，是一种祭器。因此，两个婴儿应该是墓群中专为中型墓群而设的人牲。

综上分析，该墓群似可分为三组关系：

三组之中，M56、M57、M58属于第一层次，M70、M81、M80则属于第二层次，第二层次从属于第一层次。M57和M56的墓内殉人和M82（墓外人牲）以及M68、M69这样的专设人牲属于第三层次，第三层次是一种特殊的阶层。

（3）M77

位于T063西北部，打破下层红烧土层。这个位置，根据目前所知情况推断，应是在高土台纵轴线稍偏西一点的地方（图八）。

墓为长方形竖穴土坑墓。坑口距地表2.25米、坑长3.30米、宽1.1米、深0.30米。墓向162度。墓内填土为灰色黏土，含沙量大，潮湿、质软，内夹有红烧土和灰烬。墓主为一30~35岁的壮年男性，仰身直肢，面向东。墓主骨架偏于墓坑东侧，墓主头顶至手部的西侧露出木质葬具，葬具表面有红黑两色组成的图案，肩部以西现场判断似为兽面纹。

墓主头部为一串以玉珠缀成的项链，左、右两臂各饰一串玉管为主、兼有玉珠的臂饰。其左手腕部穿戴玉镯和象牙镯各1件，右手腕套玉镯2件、象牙镯1件，另有1件矮方琮置于右手手部。石器大多放在墓主盆骨以下部分，石器有钺、斧、刀。其中最大的一件为有肩石钺，质地为青灰色页岩，色泽鲜丽，体薄，表面磨光精致。在其直径达7厘米的两面钻圆孔下，斜置一件人鸟兽组合图案玉饰，该玉饰应为该石钺的附加饰物。石钺刃部向西，位于死者右下肢部，钺顶残留的朱色和现场遗留的痕迹表明它原为带柄器。墓主脚部下端置放了3件石锛和黑皮陶豆等器物。

该墓共随葬器物160件，是两次发掘中出土器物最多的墓葬。其中玉器128件，有琮、瑗、镯、各种形状玉饰及簪、珠、管。石器18件，有钺、斧、锛、镞。陶器10件，有鼎、豆、杯、罐。另有牙骨器4件。

三、文化遗物

赵陵山遗址墓葬中的随葬品，是和墓葬的位置、等级、性别、年龄紧密联系的。例如儿童，一般随葬1件器物，偶见2件，如M82。多为杯、小罐，器形较小。附属墓的随葬品除数量少于主墓外，一般质地较差，器表不磨光，也不饰红黑衣，有的器物形制不规整，显得粗糙。

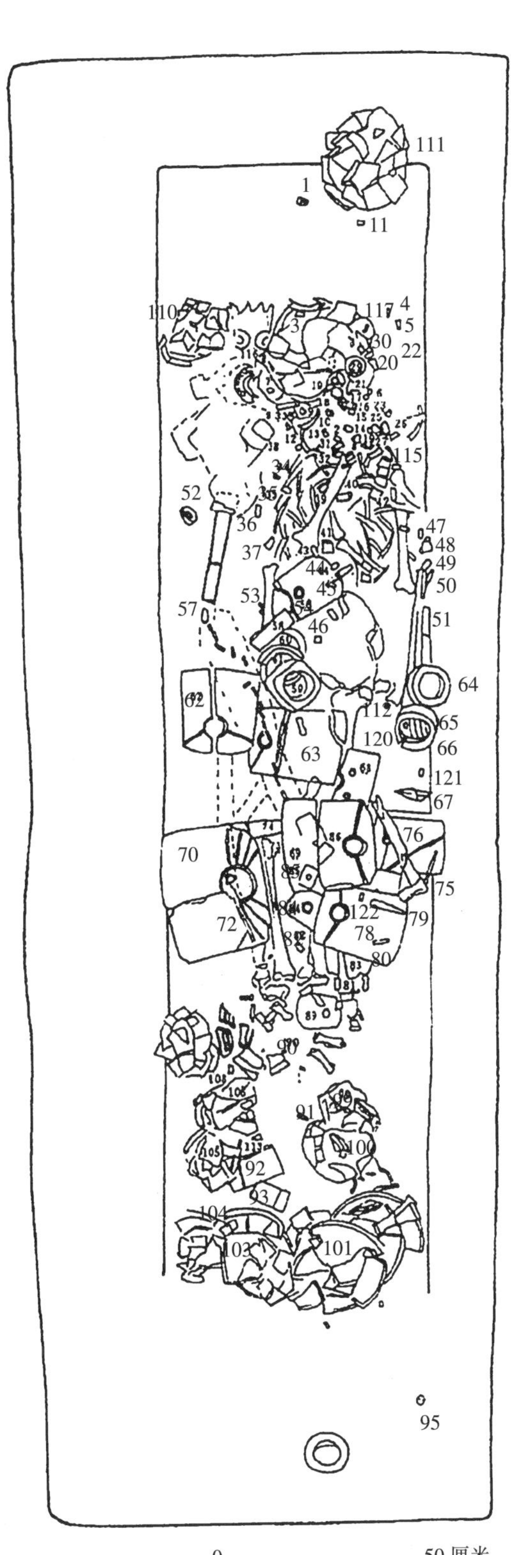

图八　M77平面图

1、18、19、33、79、80、86、91、95、114. 玉饰　2～4、6～16、20、22、28、31、72、90、96～98、112、113、120、121、123. 玉珠　5、50、53、75. 玉坠　17、23～27、30、32、36～40、54、55、57、81、82、108、109、115～119、122. 玉管　29、60、64. 玉镯　52. 玉环　56、76～78、83、89. 石斧　58. 玉镯　59. 玉琮　61、65. 象牙镯　62、63、69、70、73、74. 石钺　66、67. 石镞　68. 石刀　71. 玉鸟　84、85. 小石斧　92、93、104. 石锛　94. 玉瑗　99、100、107. 陶鼎　101～103. 陶豆　105、106、110. 陶杯　111. 陶罐

中型墓除随葬品数量较多以外，器物质地明显好于附属墓，此外器物表面多磨光或上红衣，有些还绘上彩色的精美图案。墓主为女性的M58，随葬品在数量上不少于男性中型墓，质地和装饰也不逊色。M81虽然是附属墓，随葬品仅4件，但在其中一件泥质黄陶盘底却刻划了漂亮的图案。

综观高土台上除M77外的所有墓葬，随葬品的差别主要还是通过数量上的多寡、质量上的优劣、装饰上的不同来体现的，他们的随葬品主体仍然是陶器和石器，但是M77已经脱离了这个模式。M77的随葬品不仅仅是数量上的大幅度增长，更重要的是结构上的变化。M77的随葬品主体已变为装饰品和礼器了，这种转变是社会在发展到一定阶段的背景下，意识形态产生突变而带来的变化，是值得重视的。

本报告的这一部分将按照遗迹部分介绍的三个类型墓葬，选择有代表性的12座墓，较完整地介绍其出土器物和组合关系。它们是：

丛葬区：M3、M9、M15、M16。

中型墓群：M57、M58、M70、M80、M81、M82、M69。

此外当然还有M77，但该墓由于部分器物尚未复原，所以，在本文中尚不能全面介绍。

M3　出土壶1件。M3∶1，泥质灰陶。带盖、盖身呈浅碟状，上有两个贯通的小圆孔，纽为杯形。盖径5、高3.8厘米。壶为直口、圆唇，壶口沿有两个小圆孔，长颈，上部微向内曲，扁腹，矮圈足，足上有长方形镂孔十二个。壶口径8.4、足径8.8、高14.4厘米（图九，1）。

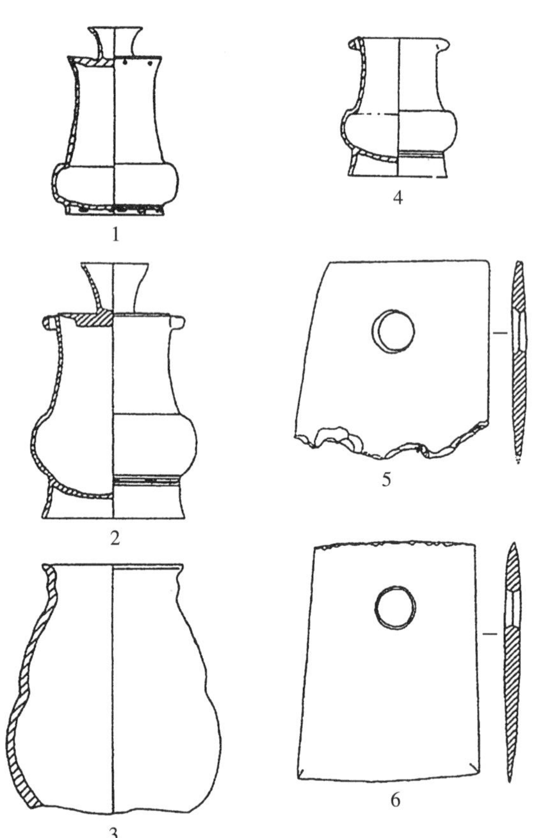
图九　丛葬墓出土器物
1、2、4. 陶贯耳壶（M3∶1、M15∶1、M16∶1）
3. 陶杯（M9∶1）　5、6. 石斧（M9∶5、4）

M9　出土3件器物，另有两片陶器残片。

M9∶1，杯。泥质黄陶。底部已残。小侈口，方唇，垂腹。口径6.3、腹径9.6、高11.5厘米（图九，3）。

M9∶4，斧。青砂岩。体薄。略呈长方形，双面斜刃，两面钻圆孔，顶部有使用痕迹。顶宽10.8、刃宽12、厚1.1、高15.5厘米（图九，6）。

M9∶5，斧。刃部已残缺。青灰色页岩。平顶，一边斜直，一边与顶垂直。通体磨光。顶宽10.6、残刃宽13、厚0.97、残高12.6厘米（图九，5）。

M15　出土贯耳壶1件。M15∶1，泥质灰陶。带盖，盖纽呈杯状。盖径4.4、高4.1厘米。壶为长颈直口，口微外撇，口部有两个对称的贯耳，圆唇，壶腹外鼓，圈足，足上有长方形镂孔。壶底有“井”字符号。口径7.6、腹径10.5、孔底径9、高13.4厘米（图九，2）。

M16　出土贯耳壶1件。M16：1，泥质灰陶，器表磨光。无盖。直口微撇，圆唇，长颈微内曲，颈与腹相接处有折棱，鼓腹，圈足，足上有长方形小镂孔。口径7.6、腹径10、足径9.2、高12.7厘米（图九，4）。

M57　共出土12件器物，8号鼎和10号罐未能修复。现逐一介绍。

M57：1，杯。泥质黑皮陶，表面磨光。口部残缺。弧腹，矮圈足。下腹有凹弦纹一周。底径4.6、腹径7.1、残高8.1厘米（图一○，10）。

M57：2，盘。泥质灰陶。口部略有残缺，已修复。敞口，口部有四处对称的凸沿，小平沿，圆唇，弧腹斜内收，圜底近平。口径14、高2.8厘米（图一○，1）。

M57：3，杯。泥质黑皮陶，表面磨光，似施一层红衣。口外敞，颈内曲，弧腹下部略垂，矮圈足。口径6.1、底径5.5、高13.9厘米（图一○，6）。

M57：4，斧。青灰色页岩。通体磨光，斧身似涂抹一层物质。体薄。弧顶近平，两边斜直，两面斜弧刃。圆孔为两面钻，孔两侧有红色缚系的痕迹。顶残宽7.5、刃部残宽11.6、厚1、孔径2.2厘米（图一○，7）。

M57：5，彩绘壶。泥质灰陶，表面磨光后饰红彩。直口外撇，圆唇，圆肩，曲腹，下腹弧内收，平底。红彩饰于下腹以上部位。口径4.7、底径4.4、高7.4厘米（图一○，5）。

M57：6，彩绘壶。泥质黑皮陶。直口内收，有颈，圆唇，颈与肩相交处有折线，弧肩，鼓腹，下腹弧曲内收，平底微内凹。彩绘布于颈部至下腹。口径5.8、底5、高10厘米（图一○，3）。

M57：7，盆。泥质黑皮陶，磨光。口微侈，方唇圆缘，曲颈向内，弧腹略鼓，平底。素面。口径15.5、底径9.8、高7厘米（图一○，9）。

M57：9，小盆。泥质灰陶。侈口，短颈，斜沿，圆唇，有肩，腹部呈圆弧状内收，平底。素面。口径9.9、底5.8、高5.1厘米（图一○，4）。

M57：11，器盖。泥质灰陶，表面磨光。敞口，圆唇，弧背，近口沿处有折痕。圆杯形纽。素面。口径22.4、高7.1厘米（图一○，2）。

M57：12，器盖。泥质灰陶，磨光。敞口，圆唇，口内有凹槽一周，弧背，杯形纽。口外有凹弦纹一周。口径20、高6.7厘米（图一○，8）。

M58　共出土17件器物，除12号泥质灰陶杯未能修复，其他均可。

M58：1，带把鼎。夹砂掺谷壳红陶，把和足尖已部分残缺。敞口，圆唇，曲腹，圜底，三凿状足。口径12.4、残高10.4厘米（图一一，8）。

M58：2，罐。泥质灰陶，表面磨光后施红衣。侈口，圆唇，曲颈，溜肩，垂腹，平底。口径8、底径8、高11厘米（图一一，2）。

M58：3，鼎。泥质灰陶。敛口，方唇，唇面有深凹槽，缩颈，折腹，腹下部弧收，有三矮足，足均被捏过。颈部有四小孔。口径7.3、高6.3厘米（图一一，4）。

M58：4，罐。泥质灰陶，表面磨光。直口外撇，方唇，唇外缘圆，斜弧肩，圆鼓腹，中腹以下斜弧内收，矮圈足。肩部有穿孔系四个，两两对称。肩部和腹部饰凸弦纹数周。口径15.1、腹径28.6、

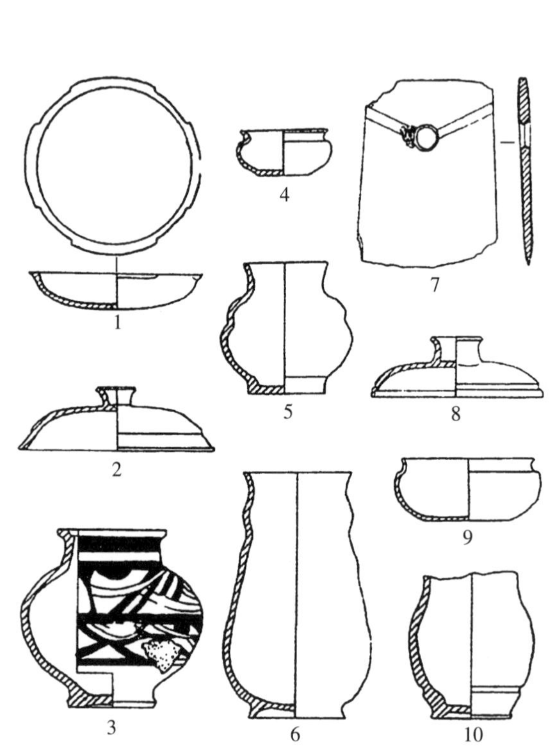

图一〇　M57 出土器物

1. 盘（M57∶2）　2、8. 器盖（M57∶11、12）　3、5. 壶（M57∶6、5）　4. 小盆（M57∶9）　6、10. 杯（M57∶3、1）　7. 石斧（M57∶4）　9. 盆（M57∶7）（未标注质地者均为陶器）

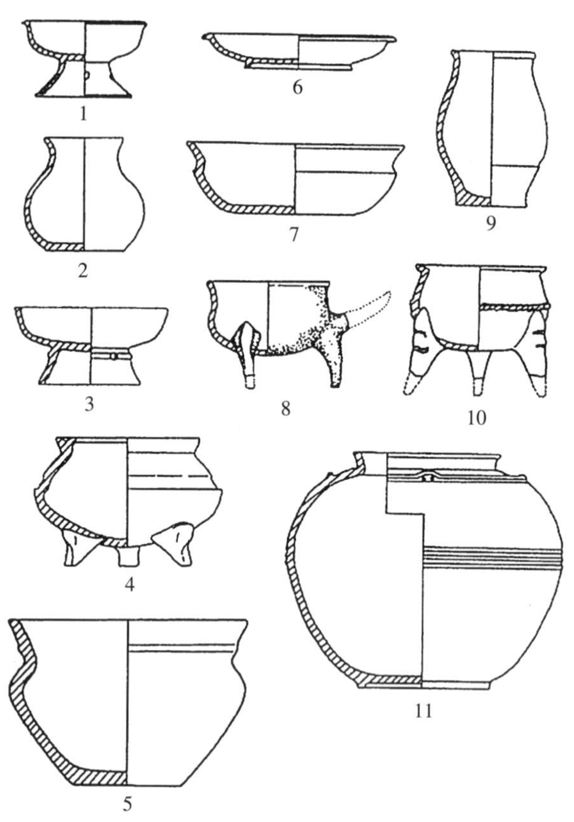

图一一　M58 出土器物

1、3. 豆（M58∶11、7）　2. 罐（M58∶2）　4 鼎（M58∶3）　5. 尊（M58∶15）　6. 圈足盘（M58∶6）　7. 盆（M58∶13）　8、10. 鼎（M58∶1、16）　9. 杯（M58∶10）　11. 罐（M58∶4）（均为陶器）

底 13.5、高 23.2 厘米（图一一，11）。

M58∶5，罐。泥质黑皮陶。直口，弧肩，鼓腹，腹下部斜内收，平底。肩部有两周凸弦纹和四个对称分布的系耳。口径 16.4、腹径 31.8、底径 15.8、高 22.6 厘米（图一二，2）。

M58∶6，盘。泥质黑皮陶。敞口，沿面短而外斜，沿面有起伏，圈足。口径 19.8、足径 10.9、高 3.4 厘米（图一一，6）。

M58∶7，豆。泥质黑皮陶。盘口敞，方唇圆缘，盘腹弧直内收，矮圈足。素面，足外表有凸弦纹一周和圆形对称镂孔两个。口径 15.6、足径 10.4、高 7.6 厘米（图一一，3）。

M58∶8，骨簪。长条形，中间有凹槽，一头圆，另一端尖。表面磨光。长 14、径 0.9 厘米（图一二，3）。

M58∶9，斧。青灰色页岩。通体磨光。体薄。弧顶近平，一边斜长，另一边稍短。双面斜弧刃，正锋。斧身中间略厚，有两面钻圆孔。顶宽 8.7、刃宽 12、孔径 2.5、高 14.3、厚 0.7 厘米（图一二，5）。

M58∶10，杯。泥质黑陶，表面磨光并饰黑衣。口微侈，方唇，唇面有凹槽，颈部略内曲，弧腹微外鼓，小平底。口径 4.4、底径 3.6、高 7.6 厘米（图一一，9）。

M58∶11，豆。泥质红陶，磨光。豆盘敞口弧腹，斜方唇，喇叭形圈足。圈足上饰四个圆形镂孔。素面。口径 12.8、高 7.4 厘米（图一一，1）。

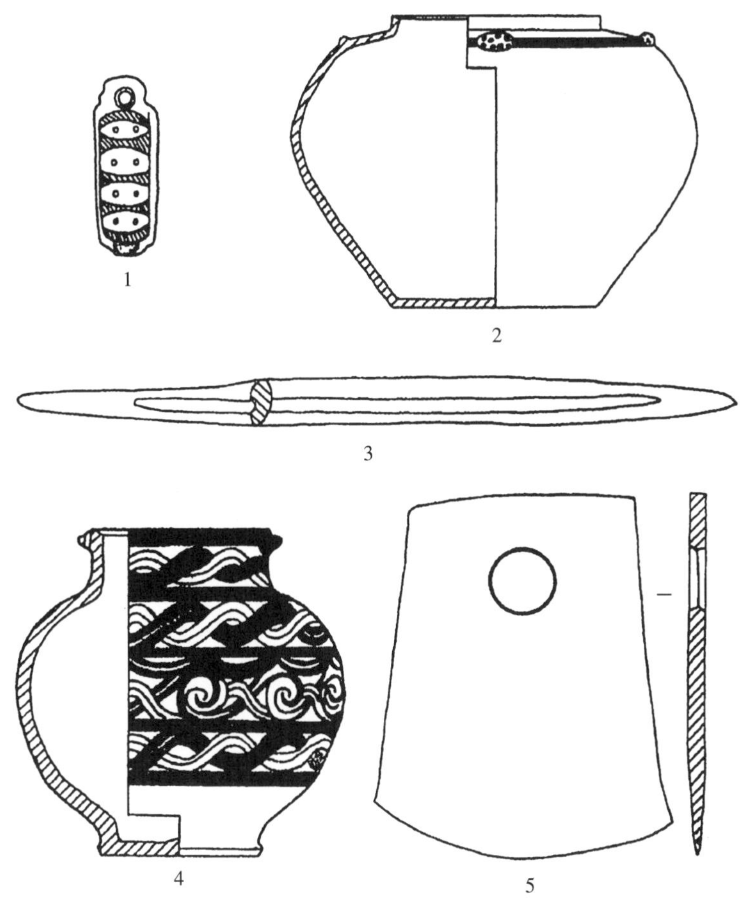

图一二　M58出土器物

1. 骨耳坠（M58∶17）　2. 陶罐（M58∶5）　3. 骨簪（M58∶8）　4. 彩绘陶贯耳壶（M58∶14）　5. 石斧（M58∶9）

M58∶13，盆。泥质黑皮陶，磨光。敞口微侈，曲颈折腹，折棱以下斜弧形内收，平底。底部有一道凹槽。素面。口径22.4、底12.2、高7.1厘米（图一一，7）。

M58∶14，彩绘贯耳壶。泥质灰陶，磨光。直口，有颈，口部有两对称的贯耳和一孔，溜肩，圆腹，腹下部弧曲内收，平底。口径6.9、底6.3、高12.7厘米（图一二，4）。

M58∶15，尊。泥质灰陶，磨光。敞口，曲颈，折肩，腹壁斜内收，平底。素面。口径12.2、底5.4、高8.4厘米（图一一，5）。

M58∶16，鼎。夹砂褐陶。侈口，圆唇，短斜沿，沿面微内凹，深腹，底圜近平。腹中部有附加堆绳纹一周。侧三角形足，剖面呈椭圆形，足尖残缺。口径13.2、高11厘米（图一一，10）。

M58∶17，骨耳坠。坠上部有小圆孔，下部有灼痕，表面用阴线刻划了一组图案。长3.5、宽1.25、孔径0.3厘米（图一二，1）。

M69　仅出土1件小杯。M69∶1，泥质灰陶，器表磨光。敛口，鼓腹，小平底。腹下部有凹弦纹一周。口径4.6、底4、高7.8厘米（图一七，1）。

M70　共出土7件器物。

M70∶1，纺轮。泥质黑皮陶。纺轮呈算珠形，中有一贯通圆孔。底部表面有五道弧线，基本呈五

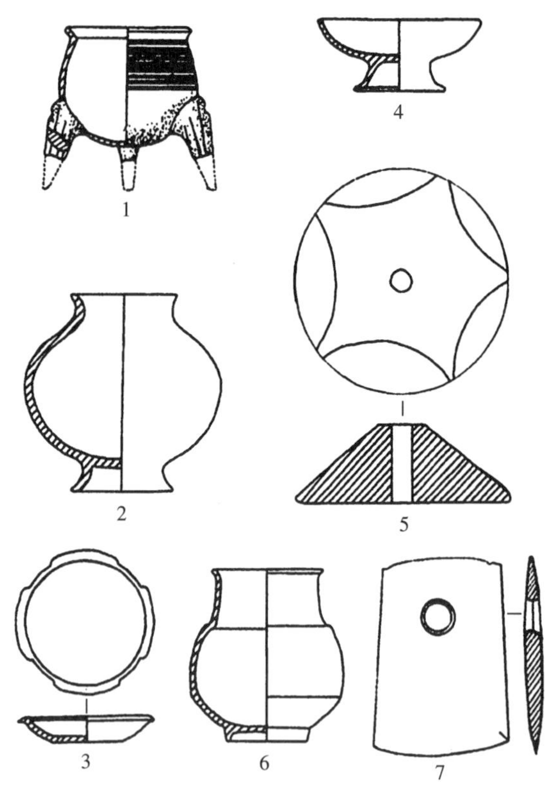

图一三　M70 出土器物

1. 鼎（M70∶4）　2. 圈足壶（M70∶5）　3. 盘（M70∶3）
4. 豆（M70∶6）　5. 纺轮（M70∶1）　6. 壶（M70∶2）
7. 石斧（M70∶7）（未标注质地者均为陶器）

等分。直径5.6、孔径0.5、高1.9厘米（图一三，5）。

M70∶2，壶。泥质红胎黑皮陶。直口微敞，有颈，颈与肩接处有折痕，溜肩，垂腹略折，圈足。口径5.7、足4.2、高8.4厘米（图一三，6）。

M70∶3，盘。泥质灰陶，素面磨光。口微敛，斜沿，尖圆唇，斜腹，平底。口径12.9、高2.6厘米（图一三，3）。

M70∶4，鼎。夹砂红陶。足尖残缺。剖面略呈椭圆形。侈口，斜方唇，缩颈，垂腹，侧装扁三角形足。上腹饰数十道凹弦纹。口径12.5、残高13厘米（图一三，1）。

M70∶5，圈足壶。泥质橙红陶。小侈口，圆唇，溜肩，球腹，圈足。素面。口径5.4、底5.2、高9.6厘米（图一三，2）。

M70∶6，豆。泥质灰陶。敞口微敛，斜方唇，弧腹内收，喇叭形圈足。素面。口径16.7、高7厘米（图一三，4）。

M70∶7，斧。青砂岩。通体磨光。长方形薄体，一边略长，双面斜弧刃，正锋。弧顶，两面钻孔。顶宽8.6、高13.6、孔径2.4、厚1.2厘米（图一三，7）。

M80　共出土器物7件，3号鼎未能修复。

M80∶1，斧。青灰色页岩。顶部一端残缺，平顶略弧。两边中，一与顶基本垂直，一则斜直。双面斜弧刃，正锋。孔为两面钻。刃宽11、孔径2.4、厚1.1、高15.6厘米。

M80∶2，贯耳壶。泥质灰陶。敞口，有颈，口外侧有两对称耳，耳内有两小圆孔，弧肩鼓腹，腹下部曲内收，平底略上凹。素面。口径6.6、底径5.2、高11.5厘米（图一四，5）。

M80∶3，鼎。夹砂褐陶。侈口，腹略垂，腹底弧平，鱼鳍形足。

M80∶4，杯。泥质灰陶。敛口，圆唇，弧腹，平底。下腹饰三周弦纹和一组三角圆圈纹。口径5.8、底5、高7.9厘米（图一四，4）。

M80∶5，豆。泥质灰陶。敞口，圆唇，弧腹内收，圈足较矮。素面。口径13.6、高5.1厘米（图一四，1）。

M80∶6，圈足钵。泥质黑皮陶。敛口，圆唇，腹壁斜弧收，矮圈足。素面。口径20.7、高6.2厘米（图一四，3）。

M80∶7，壶。泥质灰陶。长颈，口微外撇，圆唇，腹上部曲弧，平底。素面。口径4.6、底4.1、高7.6厘米（图一四，2）。

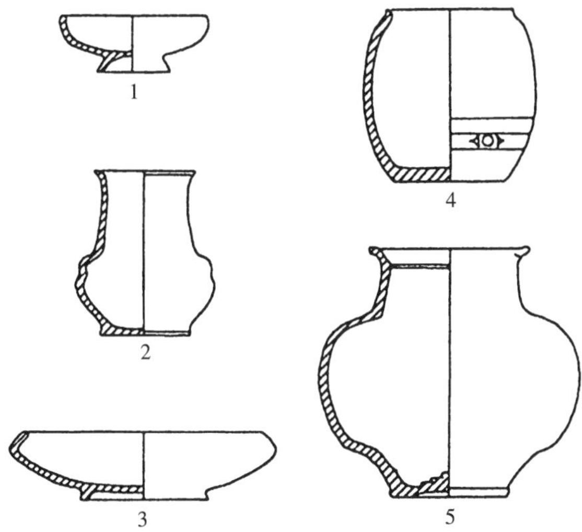

图一四 M80出土器物

1. 豆（M80∶5） 2. 壶（M80∶7） 3. 圈足钵（M80∶6） 4. 杯（M80∶4） 5. 贯耳壶（M80∶2）（均为陶器）

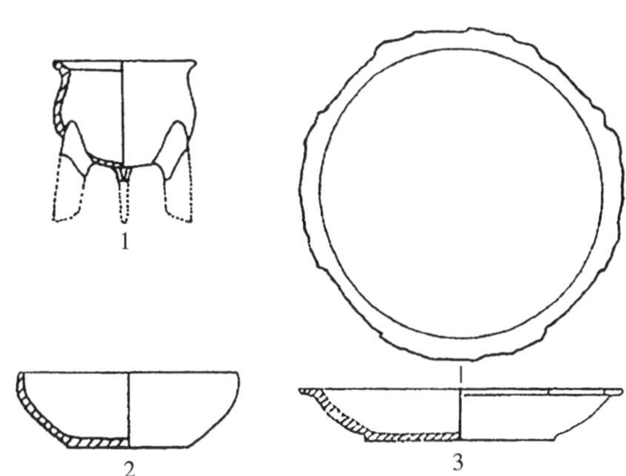

图一五 M81出土器物

1. 鼎（M81∶3） 2. 钵（M81∶2） 3. 盘（M81∶1）（均为陶器）

M81 共出土4件器物，3号鼎未能修复。

M81∶1，盘。泥质黄陶。敞口，小平沿，沿上有对称的凹凸，圆唇，弧壁内收，平底。素面。口径16.8、底径10、高2.7厘米（图一五，3）。

M81∶2，钵。泥质灰陶。口微敛，圆唇，斜直腹，平底。素面。口径16.4、底径8.8、高5.4厘米（图一五，2）。

M81∶3，鼎。夹砂灰陶。鱼鳍形足（图一五，1）。

M81∶4，盘。泥质黄陶。敞口，平沿，弧腹内收，平底中间内凹。沿上有镂孔和刻划纹，底部有连续组合图案，为阴线刻划。口径23.2、底径14.3、高4.4厘米（图一六）。

M82 共出土2件器物，均为小型器。

M82∶1，带流杯。泥质灰陶。侈口，口部有流，圆唇，溜肩，平底。素面。口径5.5、底径5.4、高6.2厘米（图一七，2）。

M82∶2，小罐。泥质灰陶，着红衣。口微敞，圆唇，短颈，肩部有折棱，鼓腹，平底。口径10.5、底径7.8、高9.3厘米（图一七，3）。

M77 拟介绍21件器物，其中玉器8件、石器6件、陶器6件、象牙器1件。

M77∶50，玉坠。绿斑白玉，表面磨光。顶端有一两面钻小圆孔。长4.5、最大径0.7厘米（图一八，6）。

M77∶57，玉管。白玉，通体磨光。中间有一两面钻圆孔。长3.05、直径1.45、孔径0.6厘米（图一八，5）。

M77∶58，玉镯。绿玉。器身通体磨光，局部有制造时留下的小疵点。筒形镯，一侧偏高，一侧略低。外径9.3、内径6.2、高4厘米（图二〇，4）。

M77∶59，玉琮。夹黄斑绿玉。通体磨光，局部仍有切割裁料时留下的凹痕。方体琮，外方内圆，该

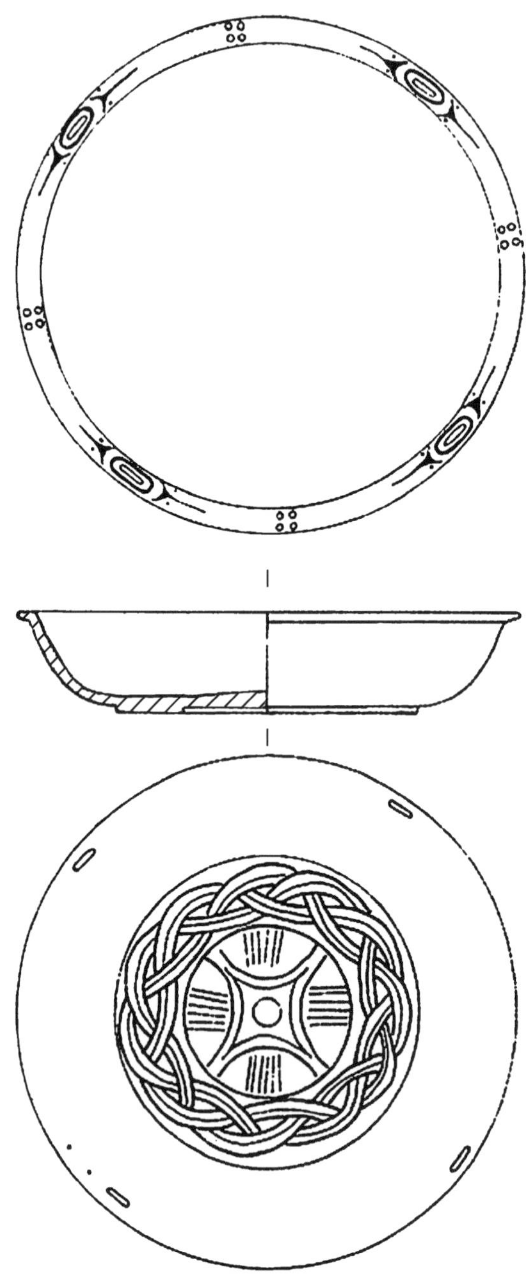

图一六　M81 出土大陶盘（M81∶4）

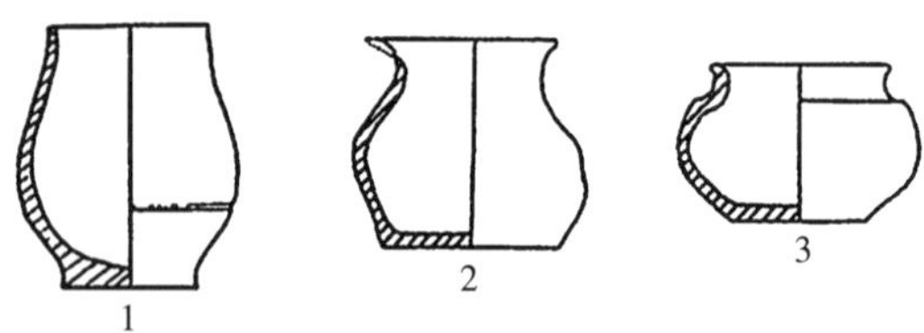

图一七　M69、M82 出土器物
1、2. 陶杯（M69∶1、M82∶1）　3. 陶罐（M82∶2）

器俯视或侧视均不十分规整。素面。长 8.3、宽 8.5、孔径 6.9、高 3.8~4 厘米（图一九，3）。

M77∶60，玉镯。绿斑白玉。通体磨光，但仍有制作时留下的凹痕。器形不规整，一侧厚重，另一侧稍薄。外径 8.6、内径 5.3、高 1.3~1.9 厘米（图二〇，3）。

M77∶71，玉饰。绿斑白玉。碾玉采用了琢磨、钻孔与透雕等方法，通体磨光。顶端为一鸟形物，底部为一戴冠曲身人形，人的左手托住一小兽，冠上饰物和小兽连接人和鸟。器长 5.5、宽 1.3、厚 0.2~0.4、孔径 0.3 厘米（图一九，2；彩色第七版，1-2）。

M77∶79，玉坠。绿斑白玉。通体磨光，手感细腻光滑。薄片刀形。细察下部的两个小豁口，似为绳锯而成。长 9.3、宽 1.4、厚 0.3 厘米（图一八，9）。

M77∶94，玉瑗。淡青色夹杂色斑豆青玉，通体磨光。为薄体圆环，近孔一侧稍厚，近边一侧略薄。外径 9.8、内径 5.45、厚 0.2~0.7 厘米（图二〇，1）。

M77∶65，象牙镯。出土时已部分腐蚀，已修复。用象牙的一段镂空后琢磨加工而成。通体磨光。外侧稍内曲。外径 9.1、内径 6.5、高 1.8 厘米（图二〇，2，彩色第七版，1-1）。

M77∶66，石镞。青页岩。体薄。柳叶形，尖部略残，铤部呈三角形，脊部厚，翼部渐薄，锋利。高 10、宽 2.4、厚 0.7 厘米（图一九，1）。

M77∶68，石刀。青砂岩。表面磨光。体薄。平顶略残，两边斜直，双面斜弧刃，正锋，有双孔。顶部有半个残孔。顶宽 16.1、刃宽 17.4、残孔径 3、小孔径 1.5、高 9.9 厘米（图一九，4）。

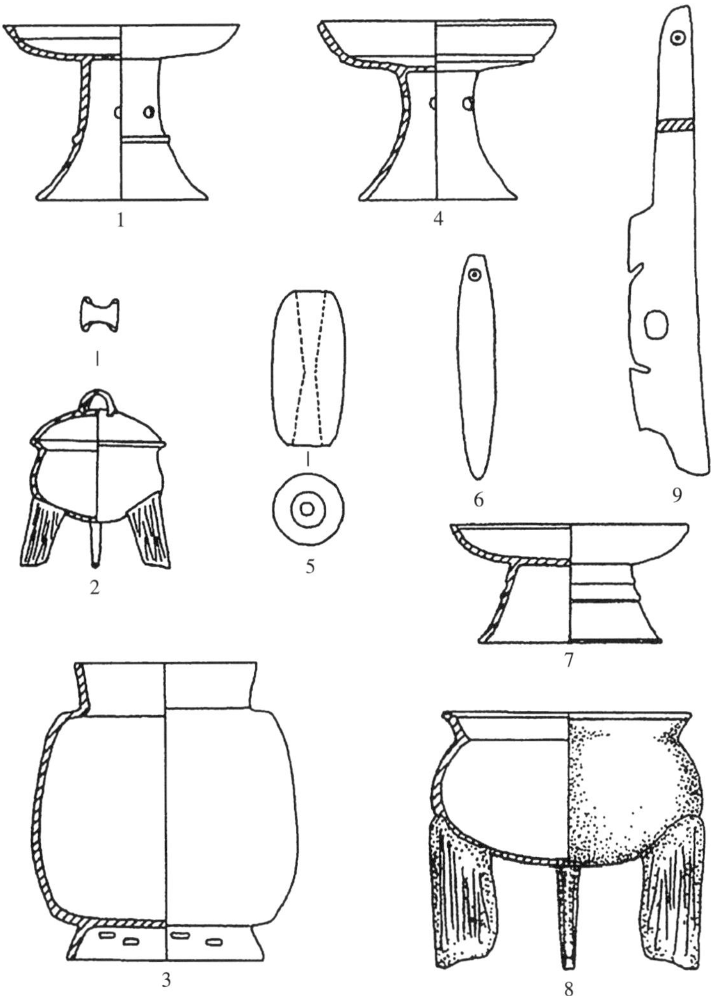

图一八 M77 出土器物

1、4、7. 陶豆（M77∶101、103、102） 2、8. 陶鼎（M77∶100、99） 3. 陶圈足罐（M77∶110）
5. 玉管（M77∶57） 6、7. 玉坠（M77∶50、79）

M77∶70，石钺。即该墓中最大的石钺。青石质。体甚薄。有肩，平顶，两边斜直，双面弧刃，正锋。肩部及圆孔周围有朱色和缚绳痕迹。顶宽19.5、刃宽28.5、孔径7、厚0.8、高21.5厘米（图二一，5）。

M77∶73，石钺。青灰色页岩。通体磨光。体薄。弧顶磨平，两边斜直，一边稍长。双面斜弧刃，正锋，刃偏于一侧。有两面钻小孔。顶宽9.5、刃宽11.8、孔径1.8、厚0.8、高16.3厘米（图二一，1）。

M77∶83，石钺。黄砂岩。通体磨光。平顶略弧，顶上磨平。双边弧形内收，两面圆弧刃，正锋，未开刃，上有一对钻圆孔。顶10.3、厚1.5、孔径4、高18.6厘米（图二一，3）。

M77∶104，石锛。浅青灰色页岩。通体磨光。斜平顶，有段，两边直，单面斜刃，偏锋。顶宽2.8、刃宽2.8、厚0.8、高6.8厘米（图二一，2）。

M77∶99，鼎。明器。夹砂灰陶。侈口，圆唇，垂腹，圜底近平，三鱼鳍形足。器形较小，表面磨光，有盖，但已粉碎，未能修复。口径10、高10.1厘米（图一八，8）。

M77∶100，鼎。明器。夹砂细红陶。带盖，盖为桥形纽，弧背，敞口圆唇，鼎侈口，斜沿，圆唇，沿下端有折棱，鼓腹，圜底近平，三鱼鳍形足。口径11、高10、盖高4厘米（图一八，2）。

M77∶101，豆。泥质黑皮陶，通体磨光。高把浅盘豆。豆盘敞口，方唇，腹壁斜收，盘浅。喇叭形豆

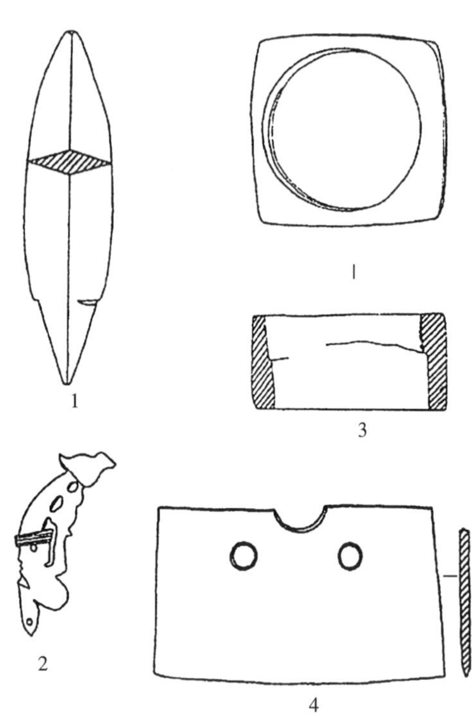

图一九　M77 出土器物

1. 石镞（M77∶66）　2. 玉饰（M77∶71）　3. 玉琮（M77∶59）　4. 石刀（M77∶68）

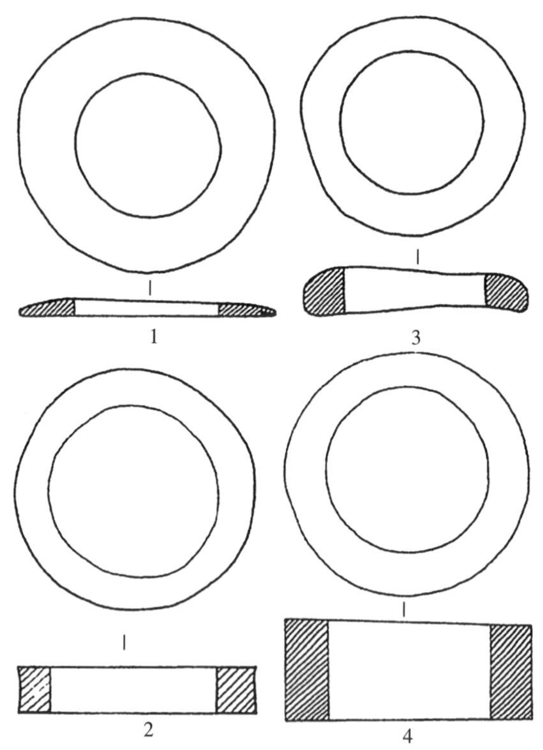

图二〇　M77 出土器物

1. 玉瑗（M77∶94）　2. 象牙镯（M77∶65）　3、4. 玉镯（M77∶60、58）

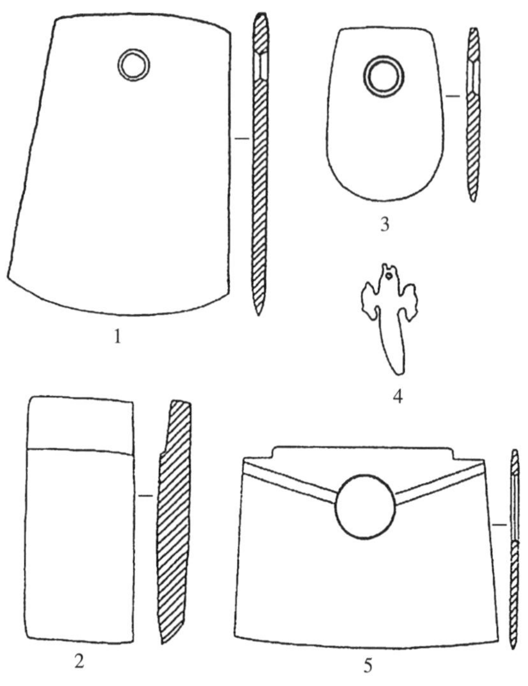

图二一　M77 出土器物

1、3、5. 石钺（M77∶73、83、70）　2. 石锛（M77∶104）　4. 玉饰（M77∶86）

座，上饰圆形镂孔三个及凸弦纹一周，盘口径 18.8、足径 13.6、高 13.8 厘米（图一八，1）。

M77∶102，豆。泥质黑皮陶，表面磨光。盘敞口，斜方唇圆缘，弧腹内收，盘浅，大喇叭形圈足，粗矮。圈座外表有两周凹弦纹。口径 19.2、足径 14.8、高 9.5 厘米（图一八，7）。

M77∶103，豆。泥质黑皮陶，通体磨光。高把盘形豆。盘口外敞，折腹有棱，喇叭形圈座。圈座上部有三镂孔。口径 19.1、足 13、高 14.2 厘米（图一八，4）。

M77∶110，圈足罐。泥质灰陶，表面磨光。直口微敞，圆唇，直腹略外弧，圈足。圈足上有上下两层八个长方形镂孔。器形小，胎壁薄，应为明器。口径 7.2、底 8、高 11.8 厘米（图一八，3）。

四、结语

（一）墓葬的年代

赵陵山已发现的85座墓葬目前暂可分为三期：早期以土台上红烧土下开口的墓葬为代表，晚期则以土台外的丛葬群为代表，土台上晚于早期的其他墓葬可归入中期。

早期墓葬中，鼎、豆、罐、壶、盆等器物和吴江龙南二期、张陵山遗址上层墓葬以及福泉山遗址早期墓中的同类器有相同相似情况，组合关系也近似，故早期墓葬的年代当和上述三处遗存大抵同时。

晚期丛葬群的随葬器物很少。M15和M16的贯耳壶形制处于马桥墓葬和寺墩M3之间同类器的中间状态，颈不显瘦长，颈部内曲不明显，腹部不扁，时间上可能晚于马桥墓葬但又早于寺墩M3。M52的贯耳壶则较接近寺墩M3和草鞋山M198内的贯耳壶，由此推测，丛葬群的年代当稍早于寺墩M3。此外，三排丛葬的埋葬时间可能还有先后。

中期墓葬的年代介于早、晚两期之间。

（二）高土台的建造

由于土台上的早期墓处于良渚文化早期，因此，高土台的建筑和使用年代至少与这个时期同时或更早。考虑到发掘中并未达到高土台的最早层位，目前还不能排除土台上有更早遗存的可能，因此，我们认为可以暂时把高土台的建筑年代定在崧泽文化晚期—良渚文化早期之间。这个时间可能会使人疑惑，难道高土台在崧泽文化晚期就产生了？笔者认为这不但是可能的，而且也是不值得奇怪的。

众所周知，马家浜文化→崧泽文化→良渚文化，不但是前后承继的序列关系，也是一脉相承的谱系关系。由于数千年来本地区谱系文化的持续发展，另外，本地区得天独厚的地理环境为先民提供了良好的生活环境，所以作为强文化区的太湖地区，和其他地区相比，发展速度相对较快，大约在距今5800年，便已进入贫富分化阶段。武进乌墩遗址的9座崧泽文化早中期墓中，8座为随葬品少于6件的小墓；独有M15，不但拥有近40件随葬品，而且墓坑规整，墓室敷朱，显示了墓主与一般氏族成员迥然不同的身份差别。常州圩墩崧泽文化墓葬中也有十分明显的贫富和等级分化现象，如M121、M134两座大墓均出土30余件器物。

近年来，不断有学者把良渚文化的上限提前，之所以这么认为，原因有两个：一是良渚文化因素在较早的文化中出现，例如花厅遗址中所展示的；另一个原因则是崧泽文化晚期和良渚文化早期的遗存比较难区分。后一个原因甚至使有些同志认为可以把崧泽晚期向良渚早期过渡这一阶段单独列出，作为一个类型进行研究。这种认识无疑是一种进步，同时再次证明本地区文化谱系的一贯性。从目前的材料看，崧泽向良渚的过渡阶段的确很有特点，许多文明因素在这个时期开始出现。赵陵山的高土台以及土台上的现象不过比原来发现的现象更典型，更突出一点而已。这批新材料向我们提示，太湖地区向文明进发的步伐至迟在崧泽文化晚期就开始了。

（三）高土台的墓葬关系

本简报仅展示了西北区土台外的丛葬，一个局部的中型墓群和M77三类墓葬的材料，但即使是这三个类型的墓葬，也给我们带来了相当多的文明信息。

M77 作为目前已知最大的一座墓葬，墓主人享有 160 件精美的玉、石、陶器；享有在中心区葬身的权利；受到周围中小型墓葬众星拱月般的围绕，这一切，突出地说明了他生前显赫的身份权力和崇高的威望。

中型墓葬的主人身份次于 M77 主人，但可以拥有数量较多、质量较好的随葬品，拥有木质葬具，拥有附属墓，拥有墓内、外单独的人牲。

附属墓视与主人的亲疏关系可以拥有数量不等、质量次一些的随葬品；有些有木质葬具，但墓葬位置必须从属于主人。

值得探讨的是丛葬和如 M68、M69 那样的死者的性质问题。无疑，这些人的身份是极其低下的——没有墓坑，没有正常的随葬品，肢体不全，而且多置于特殊的位置，因此，笔者提出他（她）们应属人牲。如果可以肯定的话，那么，在该墓地中，至少可以把人牲分成四种：

甲，墓内人牲。如 M56、M57 墓中所见。

乙，墓外人牲。如 M82。

丙，墓群人牲。如 M68、M69。

丁，高土台的人牲，如丛葬群。

由以上现象我们不难看出，围绕赵陵山的高土台，良渚人通过墓葬的中心区和非中心区；主要墓和附属墓；祭祀区和人牲已经十分清楚地把人分成了四个不同的阶层。这种等级森严、层次分明的关系绝非一朝一夕而能形成，它必然有一个发展过程，因此，我们探索文明的目光似乎还应该上溯。

（四）赵陵山与周边遗址的关系问题

在太湖地区的古文化研究中，有两个地区值得我们注意。一是太湖西北，西至龙虎塘，东到常州戚墅堰，南到沪宁线，北到长江这一地区。在这个地区里，从马家浜文化至良渚文化时期，密集着圩墩、乌墩、潘家塘、签帽顶、新岗、寺墩、高城墩、璜塘舆等数十个遗址。另一个地区则是太湖东北，这里从早到晚也密集着诸如赵陵山、张陵山、草鞋山、福泉山、少卿山等数十个著名遗址。这两个遗址密集区的形成，均与地势稍高于周围地区有关，后者虽然不像前者是一整片高地，但区内多山，相对而言生存条件要好一点。近年关于良渚文化文明程度的研究比较受重视，但良渚文化相对其他文化发展较快，文明程度较高的内在原因探讨得并不多。从上述两个地区的发展分析，至少可以找到两个原因：一是本地区的自然环境优越，当地先民较早就普遍种植水稻和进行渔猎，从而形成比较密集的定居聚落群，各聚落之间以及聚落内部的交往促进了社会关系的发展；二是本地区从马家浜文化时期到良渚文化时期，文化的发展持续不断，既是前后承继的序列，又是一脉相承的谱系。如此漫长而又不间断的发展是社会关系进步迅速的温床。此外，三支文化均是当时的强文化，和其他文化的交往中，主要是其影响别的文化而不是被别的文化影响，强文化持续不断地发展到一定阶段，就会产生跳跃式的进步。

赵陵山周围的良渚文化遗址很多，但情况最近似的属张陵山。该遗址位于赵陵山以西 5 千米，1977 年发掘时，发现良渚文化墓葬 5 座，其中，M1～M3 为小墓，M4 和 M5 均为大墓，后者均有 40 余件随葬品，内有精美玉器。根据后来的调查判断，张陵山也应该是一座高土台墓地。

在如此接近的地方和时间里建造两座高土台是值得我们深思的。一方面建造高土台并非易事，每座土台起码需要上万立方米的土方，工程量在当时诚属巨大，统治者在相邻不过 5 千米的地方修造两座高土台，说明他们根本不考虑此举劳民伤财。另一方面也说明按等级埋葬死者在当时是十分必要和严肃，必须照办的规矩。但两座高土台性质是否一致？如果一致，那么两座高土台的主人之间是什么关系？是不同宗族的上层人物，抑或是级别相仿的政权机构长官？如果性质不一致，那又是什么？笔者初步认为，赵陵山遗址应是良渚文化早期集祭坛和祭祀区于一体，集宗族中显贵家族和平民家族为一体以及集家族内和非家族内"奴隶"、人牲为一体的，比较复杂，同时也比较典型的宗族墓地。

（五）两次发掘的意义

两次发掘的收获是多方面的，在目前初步研究的前提下，有些收获以及这些收获的重要性可能还不能得到充分的认识，但至少有两点值得一提：

首先，已经发现的遗存为我们研究这一地区的文明发展史增添了许多新资料，有些资料可能能为中国文明起源的研究解决一些关键问题或填补某个空白。同时，这些材料提示我们不能囿于现有的结论和框框去思考问题，而应该解放思想，大胆地、科学地去探索过去。也许，把目光放得更早一点，把考古材料和文献材料结合得更紧密一点，会有利于问题更好地解决。

其次，已有材料的初步分析促使我们在下一步工作时制订更全面、更合理、更科学的规划，使我们在今后的发掘中更多地取得收获，从而为本地区古文化以及文明起源的研究增添新的材料，解决新的问题。

参加整理的同志有李文明、韩建立、唐根顺、吴荣清、张照根、张富民、毛卫敏、奚彩萍、陆建芳。

执笔：陆建芳　李文明　程振旅
绘图：陆建芳　郝明华　顾　筼
摄影：徐耀明

参考文献

① 王震中：《中国文明起源的比较研究》，陕西人民出版社，1994 年。
② 上海市文物保管委员会：《上海青浦福泉山良渚文化墓地》，《文物》1986 年第 10 期。
③ 浙江省文物考古研究所：《浙江余杭反山良渚墓地发掘简报》，《文物》1988 年第 1 期。浙江省文物考古研究所：《余杭瑶山良渚文化祭坛遗址发掘简报》，《文物》1988 年第 1 期。
④ 上海市文物保管委员会：《上海马桥遗址第一、二次发掘》，《考古学报》1978 年第 1 期。
⑤ 南京博物院：《1982 年江苏常州武进寺墩遗址的发掘》，《考古》1984 年第 2 期。
⑥ 南京博物院：《江苏吴县张陵山遗址发掘简报》，《文物资料丛刊》（6），文物出版社，1982 年。
⑦ 苏州博物馆、吴江县文物管理委员会：《江苏吴江龙南新石器时代村落遗址第一、二次发掘简报》，《文物》1990 年第 7 期。

（原载《东方文明之光——良渚文化发现 60 周年纪念文集》，海南国际新闻出版中心，1996 年）

江苏昆山赵陵山新石器时代遗址第一、二次发掘墓葬人骨鉴定报告

李民昌（南京博物院考古研究所）
黄象洪、陈翁良、丁一新（上海自然博物馆人类组）

赵陵新石器时代遗址位于江苏省昆山市张浦镇西南3千米处，由南京博物院、苏州博物馆、昆山市文物管理委员会组成的考古队分别于1990年和1991年的秋季，两度对该遗址进行了考古发掘，共发掘出良渚文化中晚期墓葬85座，在发掘过程中，对墓葬人骨进行了现场鉴定。人骨保存状况较差，骨质疏烂，部分墓葬人骨只是零星残存或毫无保留，可供鉴定的也只是局部解剖部分。1990年发掘墓葬（M1~M17）现场人骨鉴定由陈翁良、丁一新、李民昌共同完成，1991年发掘墓葬（M18~M85）现场人骨鉴定由黄象洪、李民昌共同完成。现将两次发掘墓葬人骨可以鉴定的结果记述如下。

一、葬式与头向

根据现场鉴定的结果，墓葬人骨基本上为仰身肢葬，仅M6为俯身直肢，M37－东为二次葬，骨骼上下倒置叠放。头向为南向。

二、性别与年龄

M2　性别：未定。年龄：未定。

现状：骨骼严重疏烂，只可见肢骨轮廓，头部缺失。

M3　性别：男性。年龄：中年（40~45岁）。

现状：头骨破碎，额骨缺失，右下颌残存，角区外翻，附着M_1，齿质点成片相连，盆骨完整，坐骨大切迹窄深，股骨头粗大，股骨粗壮，肌脊显著。

M4　性别：男性。年龄：青年（25岁左右）。

现状：头骨破碎，可见乳突较大。四肢骨、脊椎骨、盆骨完整；股骨中等，肌脊明显；股骨头较大，愈合较好；坐骨大切迹窄深，耻骨夹角成锐角。

M5　性别：未定。年龄：少儿。

现状：骨架保存不全，残留肢骨纤细短小。

M6　性别：男性（?）。年龄：青年。

现状：头骨破碎，牙齿存$M_{1、2}$，齿尖磨损，齿质点未露。四肢骨尚存，可见股骨粗壮，肌脊显著。

M7　性别：少儿未定。年龄：5~6岁。

现状：头骨受压破裂变形，牙齿 M_1 刚刚萌出，略高于牙床，低于 M_2。上肢完整，肱骨纤细，下肢胫、腓骨中部以下缺失，端部整齐平坦（疑为生前人为砍断），盆骨残留。

M8　性别：少儿未定。年龄：6~7岁。

现状：头骨压扁破裂，M_1 已出，C齿尚在齿槽中。肢骨纤细，下肢膝部以下缺失。

M9-1　性别：少儿未定。年龄：7岁左右。

现状：头骨破裂，颌骨残块可见，M_1^1 已萌出，齿尖稍有磨损，M^2 亦已萌出，齿尖未磨，I_2 齿尖尚未萌出齿槽。部分肋骨残存。其他骨骼未见。

M9-2　性别：少儿未定。年龄：5~6岁。

现状：头骨压扁破残，下颌残块可见 M_1 已出，但未超出牙床水平面，余齿均为乳齿。上肢骨残存。

M11　性别：男性。年龄：青年（22~25岁）。

现状：骨骼保存完整，头骨破裂，面部保存较好，可见眉弓显著，眶上缘圆钝，枕部粗糙，枕外隆突中等发育，左下颌骨完整，$M_{1,2}$ 齿尖均已磨损，齿质点尚未暴露，未见 M_3 萌出。股骨肌脊显著，坐骨大切迹狭窄，耻骨联合部较高，耻骨弓夹角较小。

M12　性别：女性（?）。年龄：青年（?）。

现状：仅存部分头骨，其他无。头骨光滑，骨壁较薄，前额较狭窄，枕部平滑。冠状缝、人字缝未愈合，矢状缝局部有愈合趋势。

M13　性别：女性（?）。年龄：青年。

现状：头骨严重破碎，右股骨和左胫骨部分保存。股骨较细，股骨头小，股骨远端骨骺尚未完全愈合。

M14　性别：女性。年龄：成年（?）。

现状：残留少部分头骨碎片，股骨中部以下缺失。右半部盆骨尚存，坐骨大切迹浅宽，髂骨翼外翻趋势较显著，股骨肌脊不显著。

M15　性别：未定。年龄：13~14岁，少年。

现状：头骨破碎，下颌骨残块附着 M_2，始出不久，齿尖未磨。肢骨等部分保存，左肱骨头骨骺未愈合。

M16　性别：男性。年龄：青年（20岁左右）。

现状：头骨残片，右上肢部分残存，左下肢完整，其他无。股骨肌脊显著，远端骨骺尚未完全愈合。

M17　性别：男性。年龄：青年。

现状：头骨压扁破碎，肋骨部分残存，肢骨完整。可见坐骨大切迹窄深，股骨头粗大，股骨粗壮，肌脊显著，上端骨骺基本愈合，远端骨骺未完全愈合。

M29　性别：男性。年龄：成年。

现状：整体骨架保存一般，头骨完全破碎，四肢骨尚存，亦已破裂，脊椎、肋骨少部分保存。眶骨残块可见眶上缘较钝，眉弓明显；坐骨大切迹窄深，股骨粗壮，股骨肌脊发达。

M30　性别：男性。年龄：未定。

现状：骨架严重疏烂，头骨未存，只保留有零星的齿冠碎片。上肢骨、盆骨及股骨上段保存较好，其他模糊不清。坐骨大切迹窄深，股骨较粗，肌脊明显。

M37－西　性别：未定。年龄：未定。

M37－东　性别：女性。年龄：未定。

现状：M37－西和 M37－东为同一合葬墓内的两个个体。M37－东为二次葬，头骨压扁破裂，可见枕部平滑，眉弓不明显，眶上缘尖锐，颌骨未存。骨骼重叠，坐骨大切迹浅而宽。M37－西骨骼保存较差，只可见四肢轮廓。

M38　性别：男性。年龄：35 岁左右。

现状：整体骨架疏烂，头骨破碎，四肢骨只能分辨出轮廓。眶骨残块可见眶上缘圆钝；乳突大，股骨肌脊显著；右下颌残块，附着 M_2齿，齿冠面磨损度达 3^+。

M39　性别：女性。年龄：25 岁左右。

现状：骨架保存一般，为二次葬，骨架分成两部分南北向并行排列，膝部以上部分位于东侧，头南，下颌骨断开位于腹部，膝部以下部分位于西侧。右下颌骨可见下颌骨角区内翻，下颌角角度较大，下颌体低。附着 M_2、M_3齿。M_2齿质点微露，磨损度达 2^+级，M_3 齿尖已磨，齿质点未暴露。坐骨大切迹浅而宽。

M42　性别：男性。年龄：未定。

现状：骨骼疏烂，可见四肢轮廓，盆骨部分残存，坐骨大切迹窄深。

M46　性别：未定。年龄：30 岁左右。

现状：头骨破碎，左肱骨残段，LM_2、LM_3、RM^3 各一枚，其他未存。M_2齿冠磨损度为 3 级，M_3^3齿尖均已磨损，齿质点未暴露。

M47　性别：女性。年龄：35 岁左右。

现状：头骨破碎，四肢骨及盆骨部分保存状况一般，其他部分严重疏烂。颅骨较光滑，眉弓不明显，眶上缘尖锐；坐骨大切迹浅而宽。左 M_3一枚，齿尖已磨损，齿质点已暴露，磨损度为 3 级。

M56－主　性别：男性。年龄 30 岁左右 。

现状：头骨破碎，四肢残断，股骨保存较好，骨盆无存。枕外隆突明显，枕部粗糙，乳突中等大小，下颌体高厚，下颌附着右 M_2、左 $M_{1、3}$的齿面磨损度为 3^+~4 级。股骨较粗壮，肌脊发达。

M56－前　性别：男。年龄：30 岁左右。

现状：位于 M56－主的前端，仅存头骨和上肢残段。可见乳突较大，枕部粗糙，下颌呈圆形，上下颌牙齿完成，M1、M2 齿面磨损度为 3^+~4 级。

M57－主　性别：男性。年龄：30 岁左右。

现状：头骨破碎，左半部保存较好，眉弓不发育，乳突中等大小，左上颌残块附着 M^1、M^2，下颌保存，下颌体高厚，左半部齿列完整，右半部 M_2早先脱落，M_3横卧阻生，$M_{1、2}$磨损度达 4 级。四肢骨部分残留，股骨粗壮。

M57－前　性别：少儿未定。年龄：10 岁左右。

现状：仅存头骨枕部，枕髁小，乳突未发育。另有 M^1一枚，齿尖未有磨损，齿冠后缘也未见接触点，说明 M^2 尚未萌出。

M58　性别：女性。年龄：中年（40 岁左右）。

现状：头骨破裂，上颌完整，右侧下颌尚存，齿列完整，乳突小，额结节明显，额部陡直，M_2 磨损度达 4^+。盆骨保存，坐骨大切迹浅而宽。下肢骨完整。

M63　性别：女性（？）。年龄：青壮年（25~30 岁）。

现状：头骨破碎，下颌残块附着 $M_{1、2}$，下颌体不高，$M_{1、2}$ 齿尖磨损度为 3^+~4 度。骨架纤小，下肢未存。

M64　性别：未定。年龄：青壮年。

现状：骨架完整，但疏烂。M_2 齿尖已磨，齿质点未暴露，M_3 齿尖已有磨耗。

M68　性别：幼儿未定。年龄：2 岁左右。

现状：骨架短小，头骨破碎，齿槽上齿列保存，中乳门齿已经萌出，侧乳门齿、乳臼齿均在齿槽中，亦已萌长。

M69　性别：幼儿未定。年龄：1 岁左右。

现状：与 M68 大致相同，只是下中乳门齿始出不久，其余乳齿均在齿槽中。

M70　性别：女性。年龄：青年（17 岁以下）。

现状：头骨破碎，上下齿列完整，M_3 未萌出，$M_{1、2}$ 齿尖微有磨耗。骨架完整，纤小，坐骨大切迹浅而宽，股骨及胫骨骨骺均未愈合。

M74　性别：女性。年龄：青壮年（25~30 岁）。

现状：头骨完整，受压破裂变形，眉弓不发育，眶上缘尖锐，乳突中等，下颌体不高，下颌角较大，枕部平滑，左上齿列完整，但齿冠均已破碎，M^3 亦已萌出，右 M_1、M^2 磨损度达 3 级。盆骨、右下肢保存较好，坐骨大切迹浅而宽。

M77　性别：男性。年龄：青壮年。

现状：头骨压扁破碎，乳突较大，齿列不完整，右上齿列存 I^1~P^2，右下颌残着 M_{1-3}，M_1 磨损度达 3^+ 级。盆骨及部分肢骨残存，坐骨大切迹窄深，股骨粗壮。

M79　性别：男性。年龄：老年。

现状：头骨破裂，可见乳突较大，枕部粗糙，枕外隆突发育，枕孔大，下颌齿列完整，$M_{1、2}$ 磨损度为 4^+~5 级，M_3 亦已深度磨损，达 4 级。右侧盆骨及下肢骨均存，坐骨大切迹窄深，股骨粗壮，肌脊显著。

M80　性别：男性。年龄：青壮年。

现状：头骨碎块，枕部非常粗糙，下颌骨高厚，颏部近方形。M_1 磨耗度为 3 级。四肢骨只可见轮廓。

M81 - 成　性别：女性。年龄：青壮年。

现状：骨架较好，但头骨压扁破裂，乳突小，枕部平滑，下颌角较大，下颌体低，M_2 始齿尖磨损度为 3 级，M_3 已萌出，齿尖已有磨耗。坐骨大切迹浅而宽。

M81 - 幼　性别：幼儿。年龄：2 岁左右。

现状：骨架短小，位于81－成骨架两腿之间。头骨破裂，左上颌残块附着m^1、m^2出，已萌出，右下颌残块m_2亦已萌出。

M82　性别：幼儿。年龄：2岁以上。

现状：骨架短小，头骨破碎。左下颌残块附着$m_{1、2}$，齿尖均已轻度磨损。

M83　性别：女性。年龄：壮年。

现状：头骨及肢骨完整。颅骨枕部平滑，眉弓不发育，眶上缘尖锐，上下颌齿列完整，M_2磨损度已达4级，M_3齿尖亦已有所磨耗。坐骨大切迹浅而宽。

M84　性别：未定。年龄：7~8岁。

现状：只有头骨碎片、下肢残段，左下颌残块。M_1已萌出，M_2、P_1、C_1均在齿槽中。

M85　性别：女性。年龄：老年。

现状：因被M84打破，仅存部分头骨。骨壁薄，光滑，乳突小，M^1已深度磨损。

三、结语

赵陵遗址系由人工筑土堆积而成的台式遗址，墓葬分布于土台坡底和各层台面上，在两次发掘出的85座墓葬中，M1为春秋时期墓葬，其余84座为良渚文化晚期墓葬，有41座墓中保存了45具骨架，能确定性别或年龄的有43具个体。根据统计结果，属于男性个体的有16具，女性个体13具，未知16具，已知个体的男女性别比例为16∶13（1.23∶1），属于正常的性别比例值。墓葬人员的死亡年龄组合如下（表一）：

表一　　**赵陵遗址墓葬人骨死亡年龄统计表**

年龄组	幼年	少年	青年	壮年	中年	老年	未知
个体数	4	8	9	14	2	2	7
百分比（%）	8.70	17.39	19.57	30.43	4.35	4.35	15.22

从表一可知，墓葬人骨的死亡年龄集中在青壮年，其他各年龄组都占有一定的比例。结合该墓地的性质（即宗族墓地为主，同时存在祭祀现象），我们可较清楚地观察其中的年龄组合情况。如M2~M17位于土台西北角坡底，无墓坑（位于土台各层面上的墓葬均有墓坑），随葬品贫乏，其中少年个体、青年个体占比例较大。M68、M69则并列位于M56脚后坑外封土中，中间随葬一鼎，无坑，当因祭祀而葬。因此，可以认为该墓地人骨正常的死亡年龄主要集中在青壮年时期，在中年和老年时期死亡人骨只是少数。

（原载《东方文明之光——良渚文化发现60周年纪念文集》，海南国际新闻出版中心，1996年）

苏州草鞋山良渚文化墓葬

南京博物院

一、遗址概况和调查发掘经过

草鞋山遗址是长江下游太湖地区古文化典型遗址，地处江苏省苏州市东郊，属吴县唯亭乡，北距阳澄湖约650米（黑白图版一，1）。遗址中心是隔小路相望的草鞋山、夷陵山两个土墩（原图一草鞋山遗址位置图，略）。草鞋山东西长120米、南北宽100米，面积12000平方米，海拔15米，高出地面10.5米。夷陵山东西长65米、南北宽45米，面积3000平方米，海拔19.78米。据清代沈藻之撰《元和唯亭志》记载，草鞋山“形如草履”，夷陵山“相传为吴王夷昧墓”[①]，为两个土墩名称的来历。当地流传民谣说：“苏州城外草鞋山，山上有只玉草鞋，福祐人间通苍天，要能得到胜神仙”[②]，带有神秘色彩。遗址范围于1973年初步钻探，东西长约260米、南北宽约170米，面积大致为44000平方米。从20世纪90年代起，中日联合开展草鞋山古稻田考古，进一步探明，遗址总面积约45万平方米，是一处历史悠久、范围广阔的古代聚落遗址。

遗址是1956年江苏省文管会普查时由已故考古学家、当时担任南京博物院考古部主任的赵青芳于11月3日调查发现。调查记录称：“遗址的周围环境是这样：北面有陵北村，村北紧临着阳澄湖，显得一片汪洋。东北有陵中村，南面有陵南村，村南有沪宁铁路。遗址就位于这三村之间，附近都是肥沃的农田。”记录介绍夷陵山“在西面山坡上，可见到很多红色陶片，以泥质红陶外表加红彩衣的较多”；草鞋山“北面和东、西面都有断崖，可见到红烧土层与黑灰层，包含陶片很丰富，拾到不少带红衣的红色细泥陶，还有印着方格纹和曲折纹的陶片”。调查者判断“山上山下都有遗物，全是文化层”，“山下的文化层未动过”。并认为这处遗址的文化性质“和北阴阳营相同”，“有上下层不同性质的文化”[③]。之后，南京博物院在1957年夏和1960年冬又做了两次调查并测绘了地形图[④]。

1972年春，唯亭公社主办的唯亭砖瓦厂在草鞋山上取土制坯烧砖，在偏北部位的中部、西部两个地点出土大量玉器，有璧、琮等大件礼器和珠、管、坠等小件饰物，其中一部分由吴县文化馆征集和苏州市文物商店征购。20世纪初至30年代在浙江省杭州市西北郊的良渚镇一带连续出土玉器，因而草鞋山出土璧琮引起考古工作者的重视。由南京博物院邹厚本、吴县文化馆李伯襄前往现场调查。同年9月间，邹厚本在西、中、东三处断崖下试掘，开三个大探方共34平方米，发现崧泽文化墓葬4座。

南京博物院根据上述情况，决定1972年第四季度进行较小规模的发掘，由邹厚本、曹者祉、郑金星、李文明、周甲胜组成发掘队，邹厚本担任领队，吴县文化馆李伯襄参加工作。发掘队在10月初到达，住陵南村，在草鞋山北部地区布方，每方10米见方，东西横列7方，南北竖列4方，自东向西、从南往北按行列依次编号（图一）。为了弄清文化层叠压的情况，选择最高处保存最厚的T203方首先发掘作为试点，考虑到便于控制并观察地层土色、土质的细微变化，决定只挖西边半个方。正式发掘从10月10日开始，随后再陆续发掘T201、T202、T203三个方和西北角的T703、T704两个方。这次发掘到第二年的1月25日天寒地冻时结束，发掘面积为550平方米，但T202和西北角的两个方都没有挖到生土，准备开春后第二次发掘时继续挖完。

第一次发掘发现吴越文化、良渚文化、崧泽文化、马家浜文化四个不同时期的文化层叠压关系，说明这四种文化在时间上的先后序列。同时发现崧泽文化墓葬39座，马家浜文化墓葬31座，在最下层还发现了居住遗迹。发掘收获由曹者祉撰文在《光明日报》上作了报道⑤。

1973年春，南京博物院开始筹备第二次发掘，由汪遵国、曹者祉、李文明组成发掘队，汪遵国担任领队，吴县文教局叶玉琪参加工作，唯亭文化站姚勤德也参加部分工作。南京大学历史系考古教研室教师蒋赞初、赵午超、张之恒、洪家义、查瑞珍带领南大1972届考古班学生裘士京、李德文、阚绪杭、周金玲、熊承芬作为实习参加发掘，苏州博物馆考古组丁金龙、朱薇君、王嘉明、汪乐英作为学员也参加了发掘。

这一次发掘，南京博物院的工作人员于4月到达工地，参加发掘人员全部住陵北村。发掘从4月18日开始，先就未挖完的T202、T704、T703三个方继续发掘。4月28日南大师生到达陵北村，5月7

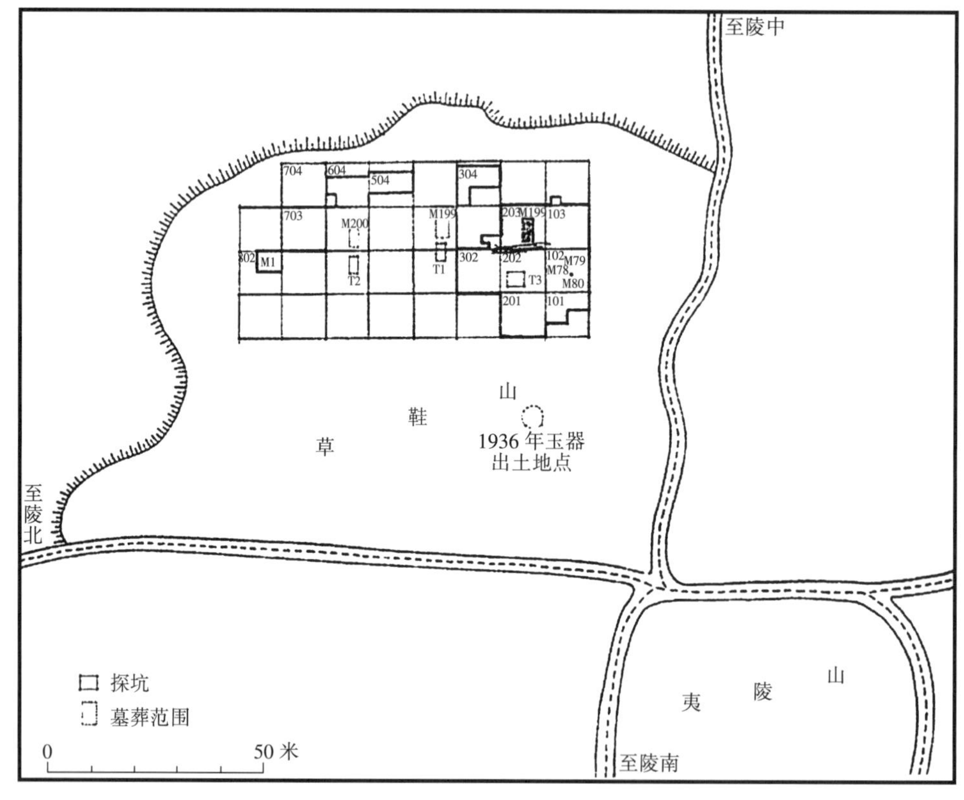

图一　草鞋山遗址发掘区探方及良渚文化墓葬分布图

日苏博四位学员冒雨到达发掘现场，都随即参加了发掘。随后，选择最高部位，在东北部开 T102、T103 两个整方，在西部的 T504（后扩方到 T604）、中部偏北的 T304，开两个东西长 10 米、南北宽 5 米的半个方，共 300 平方米，后来又分别扩方，共发掘 500 平方米。除了最先发掘的 T203 留下的东半方未挖外，草鞋山的所有高地都已作了发掘。

苏州博物馆学员于到达的当天，在 T802 范围参加了刚出土的一座早期良渚文化墓的清理。在 T102 发掘过程中，发现了 M78、M79、M80 三座早期良渚文化小墓。

为了进一步弄清 1972 年玉璧、琮出土的具体情况，南京博物馆工作人员在 5 月间采取了多种方式向唯亭公社干部沈长才、唯亭砖瓦厂工人尹家成、徐阿大等现场发掘目击者和当地农民作详细调查，得到新的重要情况：1930 年至 1937 年，江苏省政府在唯亭镇陵北村建设“模范新村”，由中国青年会负责。中国青年会于 1936 年春在草鞋山东南部开辟操场时，曾出土了一大批玉器，计有璧、琮、斧（钺）、镯、珠、管、锥形饰等，但至今下落不明。

到 6 月中旬，各个探方发掘已深入到水位之下的下文化层，不时要开沟挖坑，让积水流入坑中。接连几天的阴雨，使探方变成了水塘，不得不用水泵抽干，以便继续清理。工地上又多次发生塌方，6 月 26 日中午，位于最高处的 T203 东半方又发生塌方，其南部约 2 米宽的土方倾泻到挖成深坑的 T202 方中。为了保证 T102 和 T103 两个探方发掘的顺利进行，由李文明负责对 T203 东半方的发掘。6 月 27 日下午，在深 1.45 米处，出土一件斜放着的六节玉琮，当即敛土找边，找出墓坑范围。至 7 月 1 日，在 1.62 米深的底面上暴露三组器物，璧、琮、钺、镯以及珠、管、锥形饰等玉器与鼎、豆、簋、壶、盆等良渚文化陶器共存。全体工作人员心情十分欣喜。这个墓编为 198 号，直至 7 月 3 日才清理完毕。

第二次发掘至 8 月 3 日结束，除发现早期良渚文化墓葬 4 座、良渚文化大墓 M198 之外，又发现马家浜文化墓葬 75 座、崧泽文化墓葬 51 座，以及最下层的马家浜居住遗迹、最上层以几何印纹硬陶、原始青瓷器为特点的吴文化墓葬，为认识太湖地区古代文化取得重要实物资料。两次发掘的总成果，已发表于《文物资料丛刊》(3)⑥。

在发掘过程中，复旦大学生物系人类学教研室和上海自然博物馆人类组作了人骨鉴定，复旦大学生物系动物学教研室和上海自然博物馆动物组作了兽骨鉴定，同济大学地下建筑工程系，采集了孢粉样品，还请有关单位作了稻谷、织物的鉴定。出土的良渚文化玉器以及马家浜文化、崧泽文化玉器由南京地质矿产研究所郑建、北京地质矿产研究所闻广、荆志淳先后多次作了矿物学鉴定。这些对认识草鞋山遗址所属各文化（包括良渚文化）的生产、生活等社会历史状况，给予了极大的帮助。

二、文化堆积

草鞋山遗址的文化堆积，厚达 11 米以上。T102、T103、T202、T203 四个探方是保存最厚的部分。除耕土层外，按照土色、土质的不同分为 10 个地层，以 T103 西壁剖面为例，自上而下依次说明（图二）。

耕土层，为疏松的灰黄土，厚 0.2~0.3 米。包含现代至唐代的瓷片。

第 1 层，灰褐土，厚约 0.8 米。出土几何形印纹陶片、原始青瓷片。发现了包含有几何形印纹硬陶器和原始青瓷器的 6 座墓葬，属西周和春秋时期吴文化。

第 2 层，黄褐土，厚 1 米左右。这一层几无陶片出土，系人工从别处迁土堆筑而成。出土璧、琮

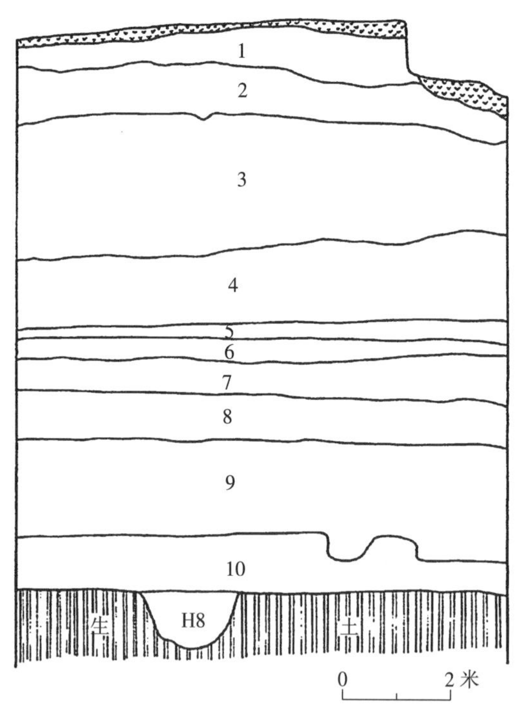

图二　草鞋山遗址文化堆积层位图（T103 西壁剖面）

等玉器，鼎、贯耳壶等陶器的良渚文化大墓 M198 即压在第 1 层下、开口挖坑于此层。

第 3 层，灰土，厚 2 米左右。出土少量鱼鳍形鼎足、压印菱纹大口缸口沿、贯耳壶和竹节柄豆的黑衣陶片，属良渚文化。

第 4 层，褐土，厚 1.2～1.5 米。包含陶片甚少。在 T102 发现 3 座小墓，在 T802 群众取土发现一随葬器物较多的墓葬。从小件玉管、深腹大口缸和其他陶器看，当属早期良渚文化。

第 5 层，黄白色淤土，厚 0.25～0.3 米。包含陶片很少，系人工从湖泊底部挑土堆积而成。

第 6 层，红褐土，厚 0.25 米（在其他探方中有厚达 1 米以上的）。此层发现崧泽文化墓葬 89 座。

第 7 层，黑褐土，厚 0.9 米左右。发现 6 座墓葬，兼具崧泽文化、马家浜文化特征。

第 8 层，黑土，厚 0.7 米。

第 9 层，绿灰土，为绿黑土和灰黄土层层相间的夹心土，厚 1.5 米。第 8、9 两层共厚 2.2 米，共发现马家浜文化墓葬 106 座。

第 10 层，绿黑土，厚 1～2 米。此层低于水平面。全浸在水下。陶片大多为夹砂褐陶，也有一些夹砂红陶。这层下压着 11 个灰坑，坑内为深绿色黑土。还有木桩、木板、红烧土块等居住遗迹。地层中、灰坑内出土动物遗骨、炭化稻谷、稻草束、芦席、竹席残片、织物残片、菱角等遗物。

由于遗址堆积深厚，文化层次多，叠压关系清楚，出土遗迹、遗物丰富，为认识太湖地区古文化发展序列，探讨生产水平和社会发展阶段，提供了实物例证。本文仅就良渚文化墓葬部分作具体叙述和简要分析。

三、早期良渚文化墓葬

（一）墓葬概述

在第 4 层发现早期良渚文化墓葬 4 座，其中 M78、M79、M80 位于 T102 西北部，T802M1 系砖瓦厂工人取土发现后清理，位于 T802 东北部（黑白图版一，2）。

M78　没有墓坑，系掩土埋葬。仅存骨盆右半部和右肢骨局部，无法鉴定性别年龄，可判断头向东南，骨盆右侧有灰陶罐 1 件（图三，上左）。

M79　仅存下肢骨，可判断头向西北，无随葬品（图三，中）。

M80　仅存头骨碎片，随葬品有彩绘灰陶杯 1 件，可据头骨碎片和灰陶杯的位置和距离确定头向西北（图三，下）。

T802M1　没有墓坑，人骨已朽，根据器物分布可判断头向朝南。出土器物南部有带流灰陶钵、黑衣红陶罐、夹砂红陶带把壶，北部有玉管、黑衣陶罐、带把灰陶罐、刻纹灰陶壶、灰陶罐、彩绘夹砂红陶缸等共9件（图四）。

（二）出土遗物

四座墓出土随葬品11件，包括玉器1件、陶器10件。

1. 玉器

管 1件。M1:9，系透闪石软玉切割琢磨制成，乳白色带黄褐色细斑。圆柱体筒形，由两端中部对钻成圆孔，孔径外大内小，孔壁有旋纹和台阶痕。外表经磋磨抛光。长3.9、直径1.5、孔径0.8厘米（图四，上9；黑白图版二，3）。

2. 陶器

罐

Ⅰ式 1件。M78:1，泥质灰陶。小口，宽沿斜折，短颈、弧肩，折腹内收，平底。腹部有一周凸起的绳纹。口径10.8、高14.2厘米（图三，1；黑白图版二，1）。

Ⅱ式 1件。M1:6，泥质红陶，外施黑衣，大多已褪落。直口，圆唇，短颈，折腹，平底。口径7.7、高11.4厘米（图四，上6）。

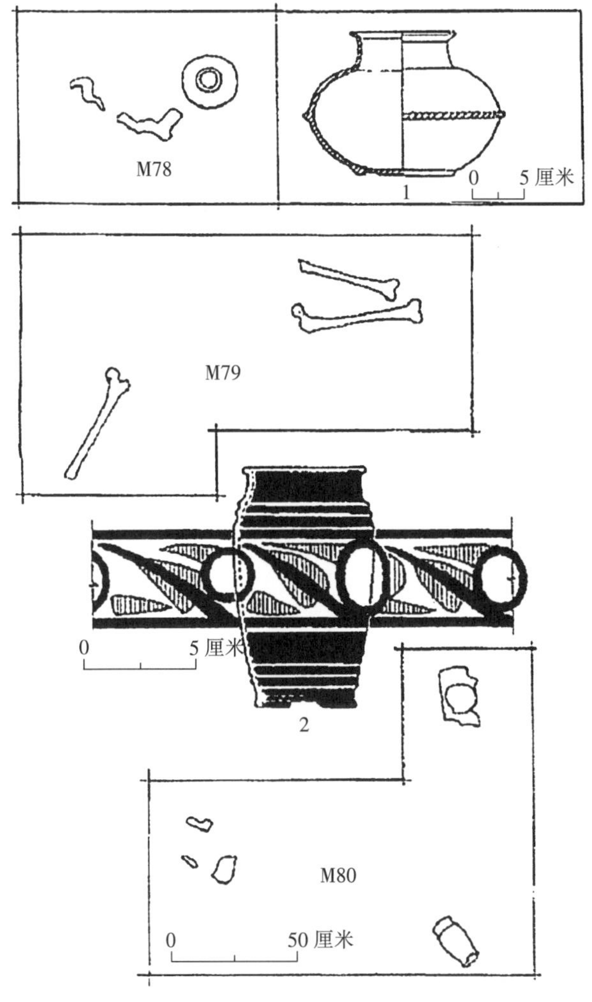

图三 M78、M79、M80平面及器物图
1. 灰陶罐（M78:1） 2. 彩绘灰陶杯（M80:1）

Ⅲ式 1件。M1:2，泥质灰陶。侈口，鼓腹，平底。腹部安一上翘把手。口径8.1、高12厘米（图四，上2；黑白图版二，8）。

Ⅳ式 1件。M1:5，泥质浅灰陶，轮制。侈口，平唇，束颈，斜腹，小平底。腹部上、下部各有一周折棱。口径8.5、高11.8厘米（图四，上5；黑白图版二，6）。

Ⅴ式 1件。M1:1，泥质红陶，外施黑衣，轮制。小口，圆唇，球腹，圈足下部外折。上有三对圆形镂孔，系绳用，底部微外凸。口径8.1、高18厘米（图四，上1；黑白图版二，7）。

钵 1件。M1:4，泥质浅灰陶，轮制。大口微敛，浅腹斜收，平底。腹上部前有一弧形短流，后为一有双孔的半圆形尾，两侧附一对有双孔的半圆形耳。口径18.6、高6.3厘米（图四，上4；黑白图版二，2）。

壶 1件。M1:3，泥质浅灰陶，轮制。小口，细长颈，鼓腹，平底，矮圈足。颈下有一周凸出的宽带，腹中部有两周平行的折棱形成一周宽带，这两条宽带上各有三周平行的锥刺纹。口径4.8、高13厘米（图四，上3；黑白图版二，5）。

壶形器 1件。M1:7，夹砂红陶，手制。小口微侈，斜鼓腹，平底。近底部处有一把手，已脱

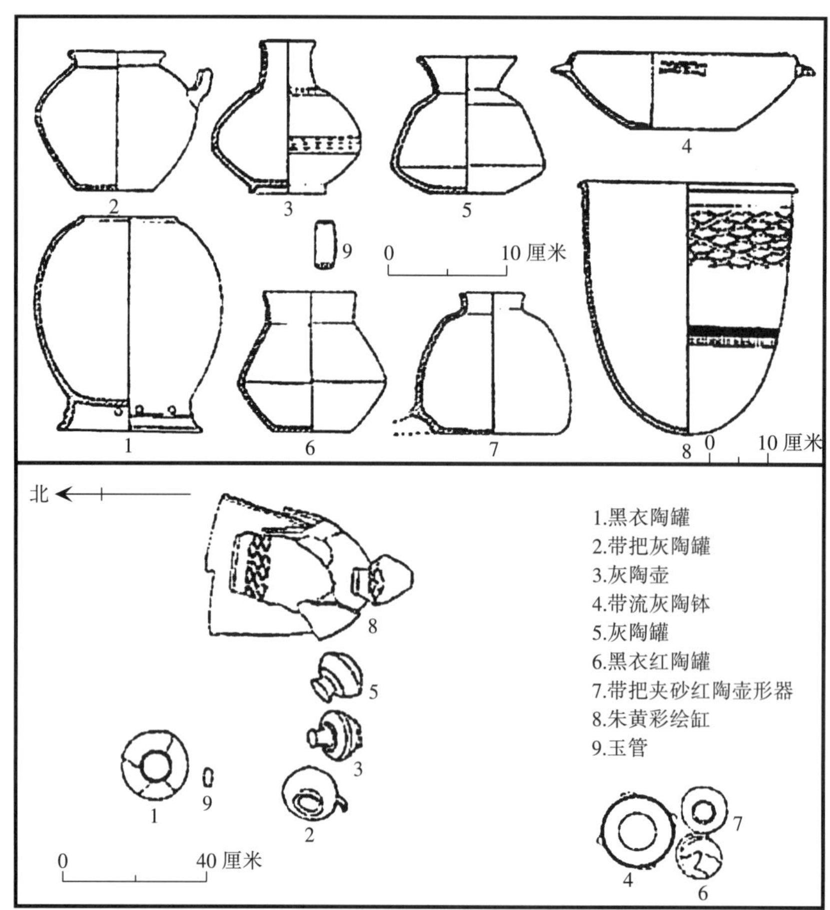

图四 草鞋山 T802M1 平面图、器物组合图

落，留有按接痕迹。底部有黑色烟炱痕。原为一件小型的烧水炊具。口径 5.1、高 10.5 厘米（图四，上 7）。

杯 1 件。M80∶1，泥质灰陶，轮制，内壁有轮旋痕。直口，平唇，腹微鼓，凹平底边沿相间切削三块成三个矮圈足。腹部上、下各有两周凹弦纹。器外通体施彩绘，腹部由三组朱色圆圈纹和黄色三角纹组成饰带，象征太阳和光芒，反映太阳崇拜的信仰。口径 5.5、高 11 厘米（图三，2；黑白图版二，4）。

缸 1 件。M1∶8，夹砂红陶。大口，圆唇，直腹斜收成圜底。口部压印一周由菱形纹组成的网状宽带，腹部有上为朱红色、下为浅黄色两周宽线组成的彩绘，象征太阳和光芒，亦为太阳崇拜的反映。该器系祭祀天地神祇的重器。口径 35.5、高 41.5 厘米，器壁厚约 1.2 厘米（图四，上 8；黑白图版二，9）。

四、良渚文化墓葬

（一）墓葬概述

在 T203 东半方中发现 M198，压在第 1 层灰褐土层之下，挖墓坑于第 2 层黄褐土层，该层厚约 1 米，系人工迁土堆筑而成。T203 东半方的南部约有 2 米于雨天塌方，泻土于 T202 方内；西部边

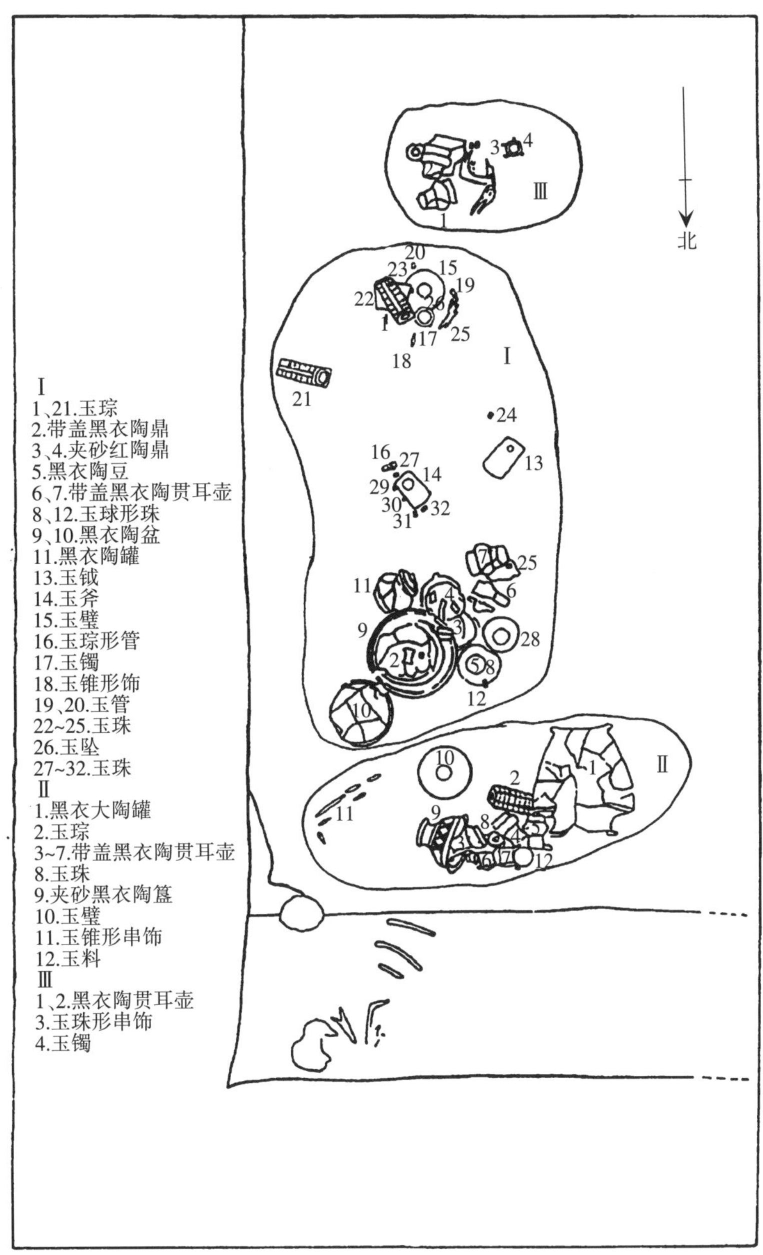

图五　草鞋山 M198 平面图

缘长期外露，风吹雨打日晒蚀损约 0.5 米。因而 M198 仅存东、北两边，该墓南端残缺，西边微损。M198 开口于深 0.95 米处，墓底深 1.75 米，墓坑现存实深 0.8 米。第一件玉琮暴露处深 1.45 米，全部器物暴露于深 1.62 米处，墓坑南北残长 4 米（实长约 5 米），东西残宽 1.7 米（实宽约 2 米）（图五，黑白图版一，3）。

在墓坑内出土了三组器物，分布如下。

第一组：位于中间主体部分。南部有玉璧 1 件、玉琮 2 件，还有玉镯、玉珠、玉管、玉锥形饰，在南部中间的一号玉琮下有头骨残片，其下为一沁蚀过甚的不规则长方形乳白色扁薄大玉片（无法保存，未能辨别器物），玉璧、玉镯的西侧有肢骨残迹。中部有玉钺、玉斧各 1 件分置西、东，东部玉斧周围有玉琮形管 1 件和玉珠数粒，据惯例斧钺置腹部并为男子随葬品，故可判定墓主为男性，头向朝南。北部（即墓主下肢部位）有陶器9件，计夹砂红陶鼎3件（两件有器盖，其中最大的陶鼎外施黑衣，鼎内有禽骨，现场鉴定系鸡骨），黑衣陶贯耳壶2件（内一件有器盖），黑衣陶盆2件，黑衣陶豆、黑衣陶罐各1件。在中部玉斧旁和南部陶器下有残骨，已成粉末状。

第二组：位于第一组之北，即靠近墓主的脚部。有玉璧、玉琮各1件，玉锥形饰6件，系一组串饰。还有外施黑衣的夹砂红陶簋1件，泥质黑衣陶的大罐1件、带器盖的贯耳壶5件。在玉璧下有肢骨残迹，已成粉末状。

第三组：位于第一组之南，即墓主头骨的上方。有黑衣陶贯耳壶2件、玉镯1件、玉珠11颗（原应为一组串饰）。大部分器物当因塌方而倾入T202方内，这4件是幸存部分。在陶器和玉器间有残存肢骨三段，分布不规则，可确定系二次葬。

在墓坑北部有高出墓底0.1米、约0.6米宽的熟土二层台，靠东北隅，分布一堆兽骨，可辨出头骨、肢骨和骨盆，整体形状似为一狗。

综上所述，第一组墓主系一次葬男性，第二组、第三组系二次葬附葬，判断为女性较合情理，似为一男随葬二女并殉葬一狗的大墓。

在T403和T603范围内，唯亭砖瓦厂工人于1972年取土时曾出土玉制璧琮和珠、管、锥形饰等玉饰件，可知亦为两座良渚文化大墓，故分别编为M199和M200。向现场目击者调查，有夹砂红陶器和黑衣陶器出土，破坏无存，无法搞清器形。玉器及石制斧、钺、锛、凿皆分散流失，部分玉器为吴县文化馆征集、苏州文物商店征购。据考查得知，属M199的有玉璧4件、玉琮3件、玉冠形饰1件、玉琮形管1件、玉锥形饰各1件。

调查中获悉，1936年春，中国青年会在唯亭镇陵北村主持建设“模范新村”，在草鞋山东南部开辟操场时曾出土璧、琮、斧、钺、镯、珠、管、锥形饰等一批玉器。其位置在M198之南约30米处。该地之西清代即已夷为平地，故《元和唯亭志》称“形如草履”。从总体上判断，草鞋山良渚文化属系一处屡遭破坏、幸存一墓的良渚显贵墓地。

（二）出土遗物

主要是M198的随葬品，包括个别第2层所出良渚文化遗物，分陶器、玉器两类。

1. 陶器

鼎　3件。按器形、鼎足的特点分三式。

Ⅰ式　1件。M198Ⅰ:3，夹砂红陶。直口，宽沿，器身釜式，腹下部微折，有一周折棱，圜底，有三外撇凿形足，足跟有突起。器身内外皆施红衣。有覆碗形器盖，高4.5厘米，上有杯形纽。高13.6、口径19.1厘米（图七，1）。

Ⅱ式　1件。M198Ⅰ:4，夹砂红陶。侈口，卷沿，器身釜式，鼓腹，圜底，有三鳍形足。内腹壁有一周横档，供置箅用。有杯形纽覆碗形器盖，残碎未修复。高17.5、口径16厘米（图七，2；黑白图版三，1）。

Ⅲ式　1件。M198Ⅰ:2，夹砂红陶。侈口，折沿，器身盆式，浅腹，平底。腹外壁有平行弦纹，按三个“丁”字形足，足内侧中部有圆形和新月形组成的镂孔。有覆盆形器盖，高6.4厘米，系泥质红陶，盖面弧凸，盖沿宽平，有桥形宽纽。器盖的内外壁敷贴一层光亮的黑皮，部分已剥

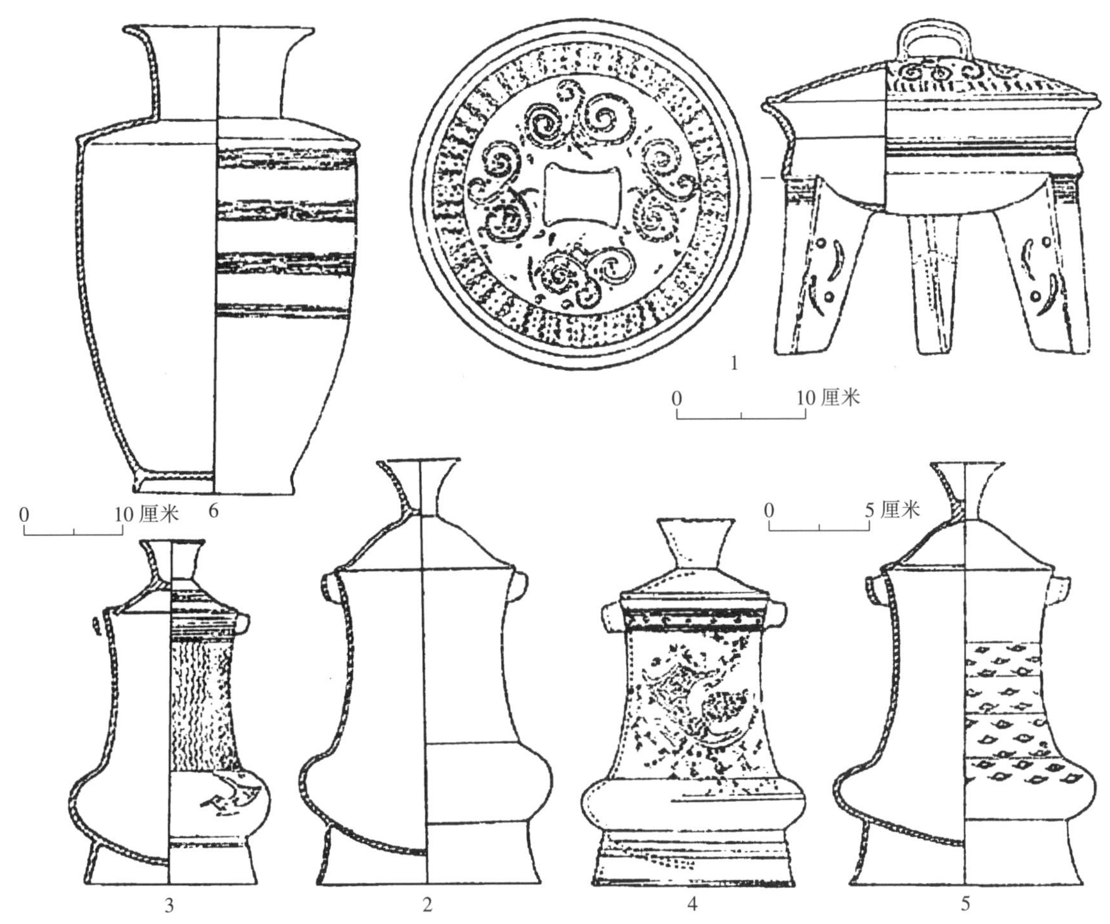

图六 M198出土陶器

1. 带盖陶鼎（M198Ⅰ:2） 2~5. 贯耳壶（M198Ⅲ:1、M198Ⅱ:6、M198Ⅱ:7、M198Ⅰ:6） 6. 刻纹黑衣大陶罐（M198Ⅱ:1）

落。盖面外圈饰一周竖向曲折纹，内圈对称阴线细刻四组龙纹图案，作圆头卷尾回旋盘曲状，形如鸟头蛇身，并填刻由卷云纹、短直线、弧线，组合而成的纹饰，类似图案已见于上海市金山亭林、青浦福泉山、浙江余杭庙前、奉化名山后所出陶器上，皆为鼎、豆、壶等礼器，具神秘色彩，反映其信仰观念[⑦]。通高26、口径26厘米（图六，1；彩色第四版，1）。

豆 1件。M198Ⅰ:5，泥质灰陶，遍体内外施黑衣，已褪落。浅盘，高座。口作圆唇内突状，盘腹有一周折棱，豆座的柄部有弦纹、圆形镂孔、弧线三角形划纹，带有崧泽文化风格。高13.8、口径20厘米（图七，3；黑白图版三，4）。

壶 9件。泥质灰陶，外施黑衣，胎壁薄约0.2厘米，轮制。皆为小口微侈，高颈内弧，鼓腹微扁，圈足外侈。口外有一对贯耳，圈足跟部有三周凸弦纹和对称的长方形小镂孔四个。皆有杯纽覆豆形器盖，器盖边缘有数周弦纹，一侧边缘处有一对小圆孔。这类贯耳壶在吴县大姚澄湖底古井中出土时贯耳中有丝线系结[⑧]。

M198Ⅲ:1，通体光素无纹。形制相同的共5件。通高20.8、口径9.2厘米（图六，2；黑白图版三，5）。

M198Ⅱ:6，口部一对贯耳处饰平行弦纹七周，颈部遍饰阴线细刻的竖向曲折纹，腹部相对应部位阴线细刻鸟纹一对，皆作长嘴圆眼、展翅飞翔形象。通高 17. 1、口径 6. 8 厘米（图六，3；彩色第四版，2）。

M198Ⅱ:7，口部一对贯耳处饰平行弦纹两组，其间饰圆涡纹（卷云纹）十余组，颈部主体形象系由不同形式的卷云纹组成的展翅飞翔鸟纹，以贯耳为界线分为相对应的两组，底纹则由卷云纹、横竖短直线纵横交错组成网状图案，并延伸至腹中部。如与反山琮王、福泉山 M9 镯式琮、寺墩 M4 人兽纹琮 3 件玉器上的纹饰对照，当系同一主题。口部纹饰即玉琮面纹顶端的羽冠，象征光明；底纹亦具神圣通天之意⑨。通高 18. 7、口径 7. 8 厘米（图六，4；彩色第四版，3）。

M198Ⅰ:6 和 M198Ⅰ:7，大小、器形、刻纹相同。颈部有三周凸棱，凸棱间依次阴线细刻三排、二排、三排简化飞鸟纹，腹上部亦阴线细刻二排简化飞鸟纹。通高 20. 8、口径 9 厘米（图六，5；黑白图版三，6）。

罐　2 件。大小有别、器形不同。

Ⅰ式　1 件。M198Ⅰ:11，泥质灰陶，内外皆施黑衣。侈口，短颈，弧肩，鼓腹，圈足外撇。高 13. 8、口径 10. 9 厘米（图七，5；黑白图版三，7）。

Ⅱ式　1 件。M198Ⅱ:1，泥质灰陶，边外壁施黑衣，大部已褪落。器形硕大，小口卷沿，短颈，折肩，直腹微收，矮圈足。肩部有一周凸棱，腹部有四组弦纹，其间遍饰细密竖排点线纹，形

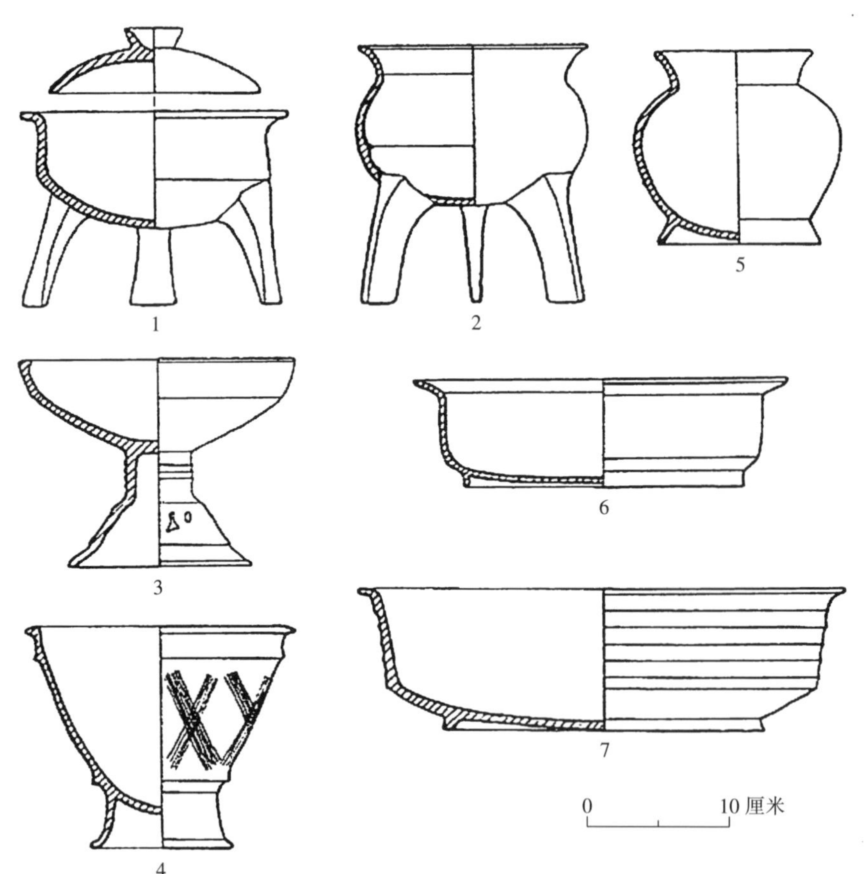

图七　M198 出土陶器

1. 带盖陶鼎（M198Ⅰ:3）　2. 陶鼎（M198Ⅰ:4）　3. 陶豆（M198Ⅰ:5）　4. 陶簋（M198Ⅱ:9）　5. 陶罐（M198Ⅰ:11）　6. 陶盆（M198Ⅰ:10）　7. 弦纹陶盆（M198Ⅰ:9）

成三周饰带，精致美观。高38、口径20厘米（图六，6）。

盆　2件。

M198Ⅰ∶10，泥质红陶，内外施黑衣，多已褪落。大口微侈，斜折宽沿，直腹下收，矮圈足。通体光素无纹。高7.7、口径26厘米（图七，6）。

M198Ⅰ∶9，泥质灰陶，内外施黑衣，部分褪落。大口，宽沿，直腹微收，矮圈足。腹部有五周凸棱。高9.8、口径30.5厘米（图七，7；黑白图版三，9）。

簋　1件。M198Ⅱ∶9，夹砂红陶，内外壁施黑衣。侈口，口沿外折尖唇，斜腹，高圈足。腹部上、下边沿各有凸棱一周，通体饰以交叉篦纹共六组，工具系七齿竹篦。高15、口径19厘米（图七，4；黑白图版三，3）。

综上陶器共18件，内夹砂红陶4件，鼎3件、簋1件；泥质陶器为豆1件、壶9件、罐2件、盆2件，计14件。陶器皆施以黑衣，易于褪落，鼎、壶上精细阴刻龙、鸟以及圆涡、曲折、横竖直线等纹饰，流行凸棱、弦纹，反映了当时的宗教信仰，具神秘色彩。

2. 玉器

璧　2件。系透闪石、阳起石系列软玉制成。扁平圆形，中有对钻圆孔。表面平素无纹，打磨光亮。

M198Ⅱ∶10，碧绿色带褐斑，密布颗粒状铁锈圆斑。经矿物学鉴定为阳起石软玉。孔壁因对钻外大内小，有一周均匀的台痕。正面有一条弧形切割痕，背面有五条弧形切割痕，满布纵横交错多数呈放射状的砂粒擦痕。通体琢磨精致，抛光明亮，色泽晶莹。直径21.2、孔径5、厚0.8厘米（图八，1）。

M198Ⅰ∶15，淡绿色褐斑。经矿物学鉴定为透闪石软玉。器形较小、较厚。孔壁有台痕，表面有隐约的切割痕，系线切割所致。直径16.1、孔径4.6、厚1.3厘米（图八，2；黑白图版四，1）。

琮　3件。系透闪石、阳起石系列软玉制成。皆方柱体高筒形，外方内圆，上大下小，中孔由两端对钻而成，两头有射口，琮体四面，每面由竖槽分为左右两个凸面，由横槽分为若干节。每节以边角为中轴琢刻简化人面纹，上方以两条平行凸起的长横棱表示羽冠，中部管钻两个圆圈表示眼睛，下方转角上的凸横档表示鼻（或嘴）。皆制作规整，琢磨精致，打磨抛光（彩色第五版）。

M198Ⅰ∶1，青绿色褐斑，经矿物学鉴定为透闪石软玉。分为六节，全器二十四组人面纹。眼睛为0.3厘米的圆圈。此琮系全墓出土第一件玉器，出土时大头朝上、斜卧于地面。高17.4、射径上端7.4、下端6.6、孔径5.8厘米（图八，5）。

M198Ⅱ∶2，碧绿色褐斑，经矿物学鉴定为透闪石软玉。此器制作规整，孔壁光滑，色彩斑斓。分六节，共饰二十四组人面纹，眼睛为直径0.45厘米的圆圈。高18.2、射径上端7.4、下端6.9、孔径上端5.1、下端5.2厘米（图八，4；拓片1；黑白图版四，4）。

M198Ⅰ∶21，器呈淡绿色。是最大的一件，分为七节，饰二十八组人面纹，眼睛的圆圈为0.4厘米。孔壁有对钻时错缝形成的台痕和钻槽，系观察钻孔技术的典型例证。高18.5、射径上端8、下端7.8、孔径上端5.5、下端5.3厘米（图八，3）。

钺　1件。M198Ⅰ∶13，灰白色，表面有光亮，因沁蚀较重而硬度低，部分损残经修复完整。器呈扁平长方形，上部有一直径仅1.2厘米的对钻而成的小圆孔，两面弧刃，未开刃口。长16.8、宽8.4～

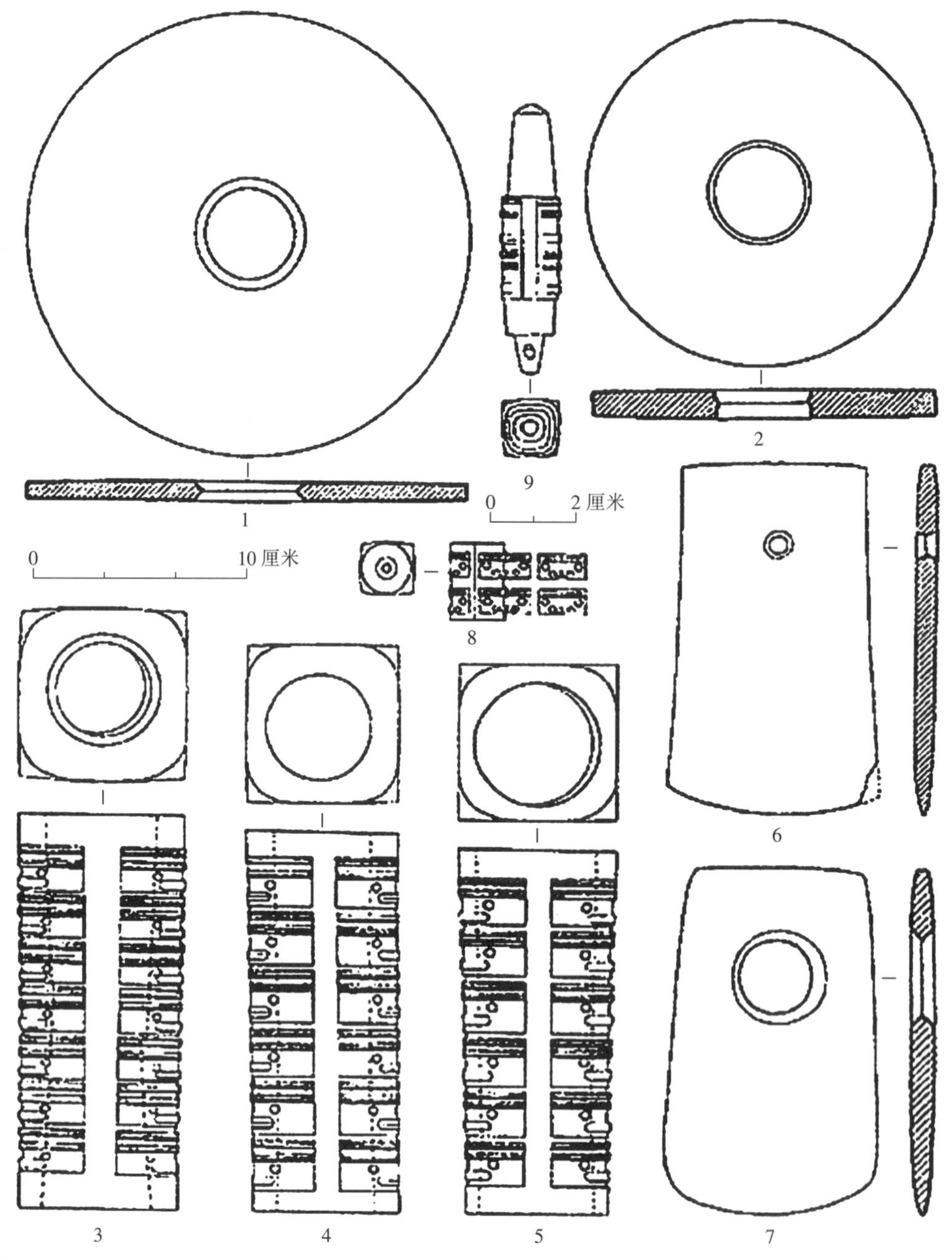

图八　M198 出土玉器

1~2. 璧（M198Ⅱ:10、M198Ⅰ:15）　3~5. 琮（M198Ⅰ:21、M198Ⅱ:2、M198Ⅰ:1）　6. 钺（M198Ⅰ:13）
7. 斧（M198Ⅰ:14）　8. 琮形管（M198Ⅰ:16）　9. 琮式锥形器（T802:1）

9.6、厚0.8~1.2厘米（图八，6；黑白图版四，2）。

斧　1件。M198Ⅰ:14，黑褐色，经矿物学鉴定为绢云母假玉。扁平长方形，圆角弧刃，中部偏上有一直径为4.4厘米的对钻而成的大孔。长16.6、宽8.4~9.6、厚1~1.2厘米（图八，7；黑白图版四，3）。

镯　2件。皆为矮短的圆筒形。

M198Ⅰ:17，灰白色沁蚀过甚，硬度低，部分损残已修复。直径8.1、孔径6.2、高2厘米（图九，4）。

M198Ⅲ:4，碧绿色有墨绿斑痕，经矿物学鉴定为阳起石软玉。边缘上有一条切割痕。直径6.8、孔径5.6、高0.9~1.45厘米（图九，5；黑白图版四，5）。

管 3件。分两种式样。

Ⅰ式 2件。M198Ⅰ:19，高4.1、直径1.9厘米。

M198Ⅰ:20，圆管形，由两头对钻成圆孔。后一件经矿物学鉴定为纤维蛇纹石。高2.6、直径1.25厘米（图一〇，6）。

Ⅱ式 1件。M198Ⅰ:16，系琮形管，淡黄色，有黄褐色斑点。小长方柱体，两头自中间对钻出圆孔。内圆外方，两端有凸出的圆孔，外分四面，每面中部有三条竖弦纹一分为二，有一条横凹槽分为上下两节。每节以四角为中线，上端琢三条横弦纹象征羽冠，中间为直径仅0.15厘米（其中一个圆圈为0.2厘米）的圆圈象征眼睛，下端转角上凸出的短上刻相对云纹表示鼻嘴，组成简化面纹。全器上下四角共八组人面纹。全器制作精巧，琢刻细致，是一件工艺价值很高的微型玉雕。此琮形管出在玉斧一侧，系玉斧上的坠饰。高1.8、上端宽1.25、下端宽1.2，上端孔径0.5、下端孔径0.45厘米（图八，8）。

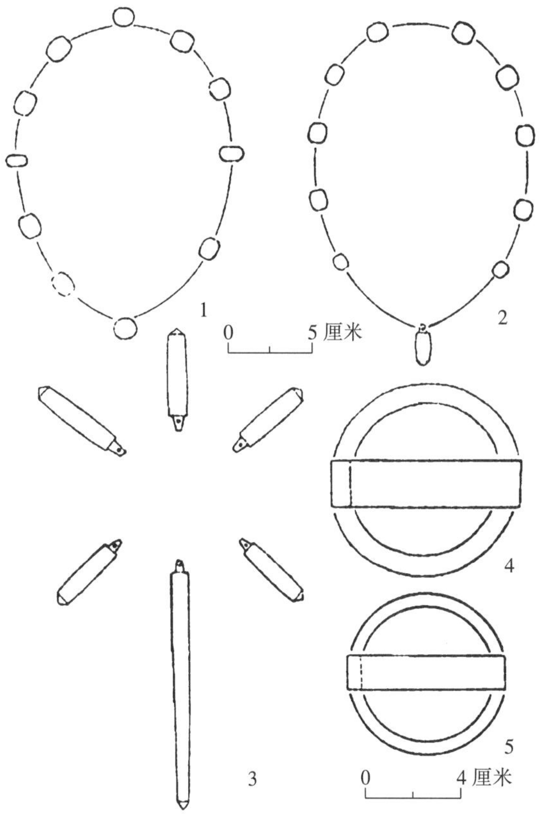

图九 M198出土玉串饰及玉镯

1. 串饰（M198Ⅲ:3） 2. 串饰（M198Ⅰ:22~32） 3. 锥形串饰（M198Ⅱ:11） 4、5. 玉镯（M198Ⅰ:17、M198Ⅲ:4）

珠 24颗。分四种式样。

Ⅰ式 18件。腰鼓形，高大于直径，有对钻圆孔。高0.9~1.5厘米不等，直径0.7~1.35厘米不等（图一〇，1）。

Ⅱ式 2件。M198Ⅲ:3-2、3-3，算珠形，高小于直径，有对钻圆孔。高0.8、直径1.3或1.4厘米（图一〇，2、9）。

Ⅲ式 2件。M198Ⅲ:3-1、3-4，圆球形，一侧有一对斜钻燧孔。直径1.3或1.4厘米（图一〇，3、9）。

Ⅳ式 2件。M198Ⅰ:8和M198Ⅰ:12，扁球形，圆球两面磨扁，一面有一对斜钻燧孔。皆为直径1.3、高0.9厘米（图一〇，4）。

坠 1件。M198Ⅰ:26，乳白色微沁。圆柱形，下端收成圆锥形，上端有一高0.4、宽0.4厘米的榫，对钻一直径仅为0.15厘米的小孔。通高2.25、直径0.9厘米（图一〇，5）。

锥形饰 7件。M198Ⅰ:18，乳白色受沁蚀。圆柱形，下端呈锥形，上端有榫，其上对钻一直径仅0.15厘米的孔。长5.9、直径0.75厘米（图一〇，7）。

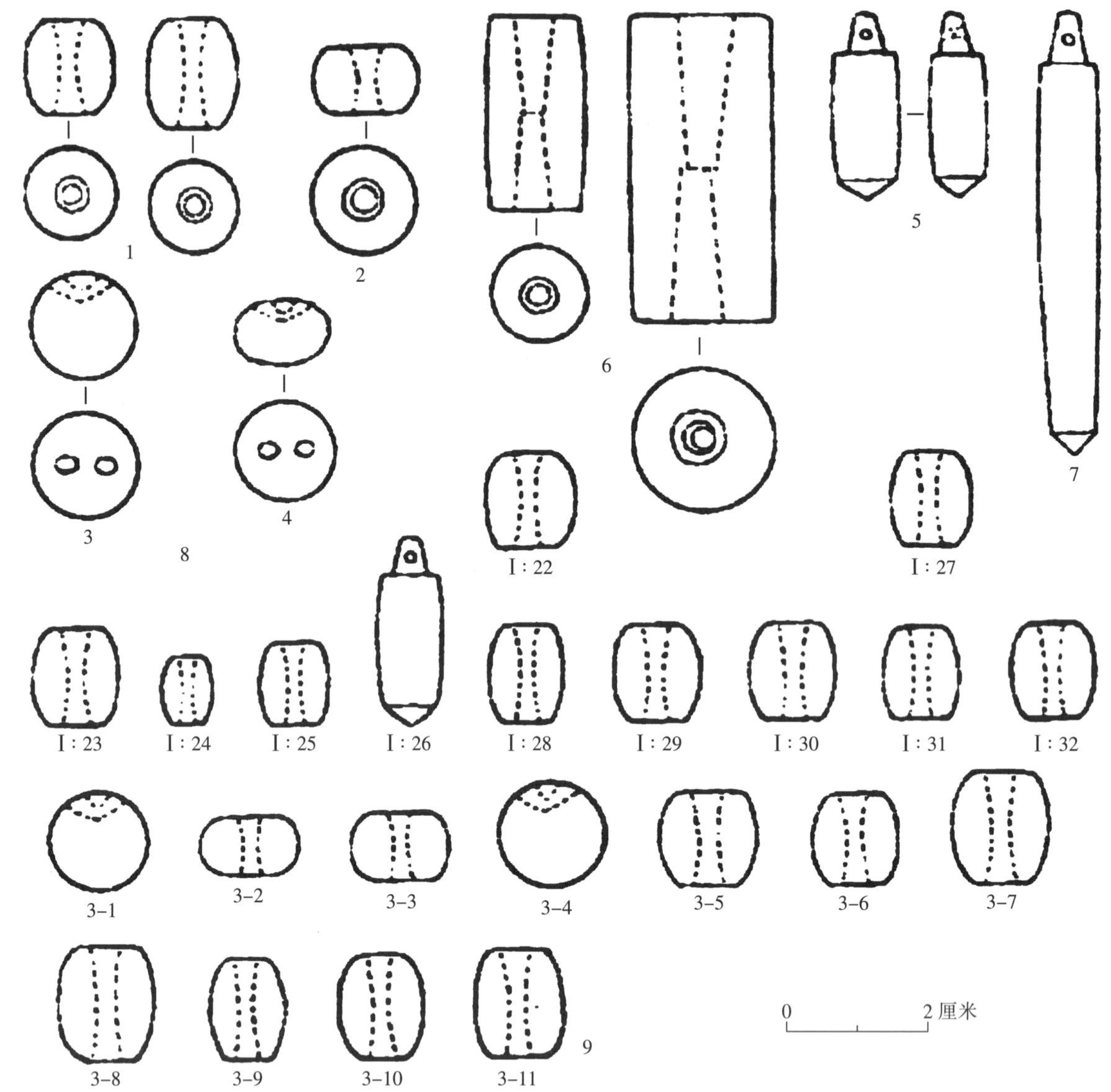

图一〇 M198出土各类玉饰品及分件图

1. Ⅰ式腰鼓形珠 2. Ⅱ式算珠形珠（M198Ⅲ:3-3） 3. Ⅲ式圆球形珠（M198Ⅲ:3-4） 4. Ⅳ式扁球形珠（M198Ⅰ:8） 5. 坠（M198Ⅰ:26） 6. 管（M198Ⅰ:20） 7. 锥形饰（M198Ⅰ:18） 8. 第一组玉串饰组件（M198Ⅰ:22～32） 9. 第三组玉串饰组件（M198Ⅲ:3-1～3-11）

由上述珠、坠、锥形饰按出土位置复原串联而成的串饰，共三串。

M198Ⅰ:22～32，由10件腰鼓形珠和1件锥形坠组合而成（图九，2；图一〇，8；彩色第五版）。

M198Ⅲ:3，由2件圆球形珠、2件算珠形珠和7件腰鼓形珠共11件组合串联而成（图九，1；图一〇，9；彩色第五版，4）。

M198Ⅱ:11，由6件长短不一的锥形饰串联组合而成（图九，3；黑白图版四，6）。

另有玉石料1件，因沁蚀过甚，成为灰白色粉末状。长3、宽2厘米。

锥形器 1件。T802:1，器呈乳白色，有黄斑。经矿物学鉴定为透闪石软玉。顶端圆锥形，中段作琮体，分两节，饰有两组平行弦纹和转角上面构成的最简化的人面纹八组，尾端有铤，上有一对钻小孔。高6.3厘米（图八，9；黑白图版四，7）。

综上所述，M198出土的玉器（包括地层所出1件）计有璧2、琮3、斧及钺各1、镯2等玉器9

件，由珠、坠、锥形饰串联而成的玉串饰3组，还有琮形管、琮体锥形器等小型精致玉雕，总计7个品种14件（组），使我们第一次对良渚文化玉器有了较全面的认识。经过南京地质矿产研究所高级工程师郑建、中国地质科学院地质研究所研究员闻广、博士荆志淳作矿物学鉴定的共9件，其中1件玉斧为绢云母假玉，1件玉管为纤维蛇纹石，余7件皆为透闪石、阳起石系列软玉，可见真玉占主体地位[10]。对所有玉器，我们认真测量了较精密的数据，逐一作了比重、硬度测定。现连同征集玉器中的一些鉴定，列出三表附在下面供研究参考。

（三）征集玉器

草鞋山M198的发现与发掘，搞清楚了璧琮一类玉器属良渚文化，同时解决了1972年在中部T403和西部T603所出玉器的文化归属及其时代，故分别定为M199和M200。所征集的部分玉器现分别由吴县文管会、苏州文物商店、苏州博物馆、南京博物院收藏，得到上述兄弟单位的支持，现将较重要的M199征集玉器择要介绍于后。

璧　4件。皆扁平圆形，中有对钻圆孔。

M199:10，器呈茶褐色。背面不同位置留有同方向的直径为21.8厘米的弧线切割痕迹六道，系良渚文化治玉开始用砣的实证之一。直径19.6~20.2、孔径4.6、厚0.7~1厘米（图一一，3）。

M199:6，碧绿色有褐斑。经矿物学鉴定为透闪石软玉。直径26、孔径5.5、厚1厘米（图一二，2）。

M199:8，黛绿色褐斑。经矿物学鉴定为阳起石软玉。直径21.5、孔径4.8、厚1.2厘米（图一二，3）。

琮　3件。大小高矮不一，刻纹不同，皆方柱体筒形，外方内圆，分节。

M199:1，乳白色青斑。长方柱体，两端中有对钻小圆孔，孔壁磋磨光滑。外方内圆，两端有矮短凸出的圆口为射。器身四面，每面以竖槽分为左右两凸面，以横槽分为上下两节。每节又分上下两段，上段较扁，琢两道平行的横凸棱，各阴刻一组弦纹，象征神冠和羽翎，下段较宽，阴刻繁缛的兽面纹，以边角为中轴，向垂直相接的两凸面展开，以椭圆形凸面表示眼睑，上琢直径3.5毫米的圆圈表示眼睛，下部以与椭圆形凸面相接处于转角上的扇形凸面表示额面，转角上的凸横档表示鼻子，周缘以横竖直线、弧线、卷云纹作底，构成形象的兽面纹图案。上下四角共有带冠兽面纹图案八个。高5.1、射径3.1、孔径上端1.3、下端1.2厘米。全器磨制精致、刻纹细巧、图案独特，雕琢高超，是玉雕工艺的杰作（图一一，1；彩色第五版）。

M199:4，黛绿色，晶莹滋润，经矿物学鉴定为阳起石软玉。全器分为五节，以四角为中线琢仅有两条凸横棱和转角上凸横档，略去圆圈的最简化的人面纹二十组。高17~17.1、射径上端7.7、下端6.0、孔径上端5.4、下端5.1厘米（图一二，1）。

M199:9，器呈茶褐色，分为十二节，饰简化人面纹四十八组。由于长期受沁，全器上代表眼睛的圆圈仅在一面左侧第二节处留存一个，直径3.5毫米。此件是草鞋山出土节数最多、器形最高的长琮。高31.2，射径上端7.7、下端6.0、孔径上端5.6、下端5.1厘米（图一一，4）。

9号琮与10号璧同为茶褐色，尤值得珍贵，当为古代文献上所谓玄色玉。

冠形器　1件。M199:2，粉白色，已沁蚀。扁平倒梯形，两侧斜弧，下端凹弧内收。顶端对称锯

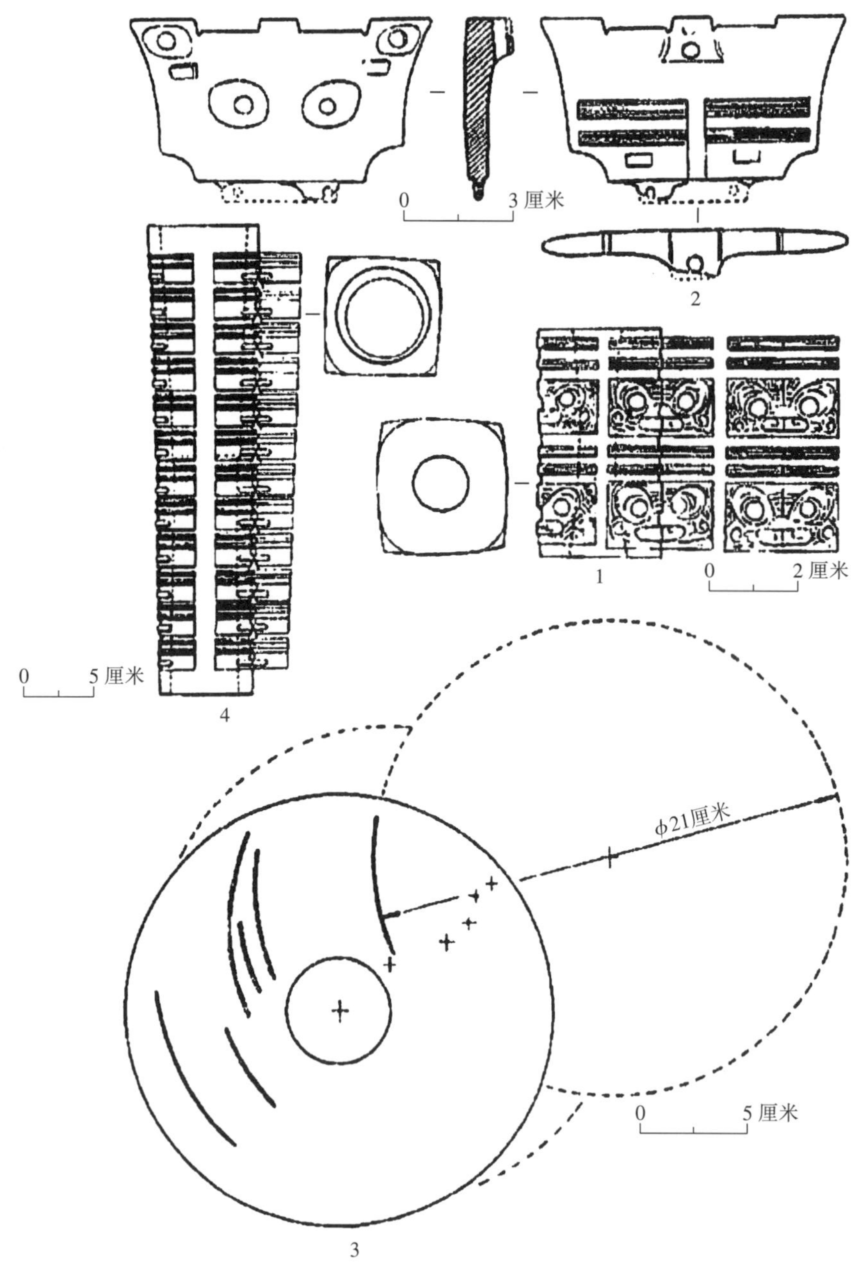

图一一 M199征集玉器

1. 兽面纹琮（M199∶1） 2. 冠形器（M199∶2） 3. 璧（M199∶10，上有同心圆弧形切割痕六道） 4. 琮（M199∶9）

割出两段凹形缺口使其间突出凸面，似冠顶状。下端有扁榫，上有对钻的三个等距小孔。正面居中凸出由椭圆形凸面和直径3.5毫米圆圈合成的兽面纹，两角为鸟纹，因受沁磨损，局部纹饰已不存或模糊。背面上端正中有一扁方凸块，中有贯孔，用于插羽。下部以竖槽分为左右两凸面，各有对应的两条平行横凸棱，皆刻平行细弦纹一组，象征羽冠，其下各有凸出小长方块，表示眼睛，成一简化的神人面纹。正、背面合成神人、兽、鸟三者合一的神徽图案。高5、宽上部8.1、下端4.6、厚0.5厘米（图一一，2）。

锥形饰 1组5件。M199∶5－1，淡青色褐斑。圆锥体，一端纯尖，另一端有长1.1、直径0.5～0.8厘米的圆榫，其中部横向对钻一圆孔。器表琢磨光滑，留有纵横割痕数道。5件形状大致相同，连

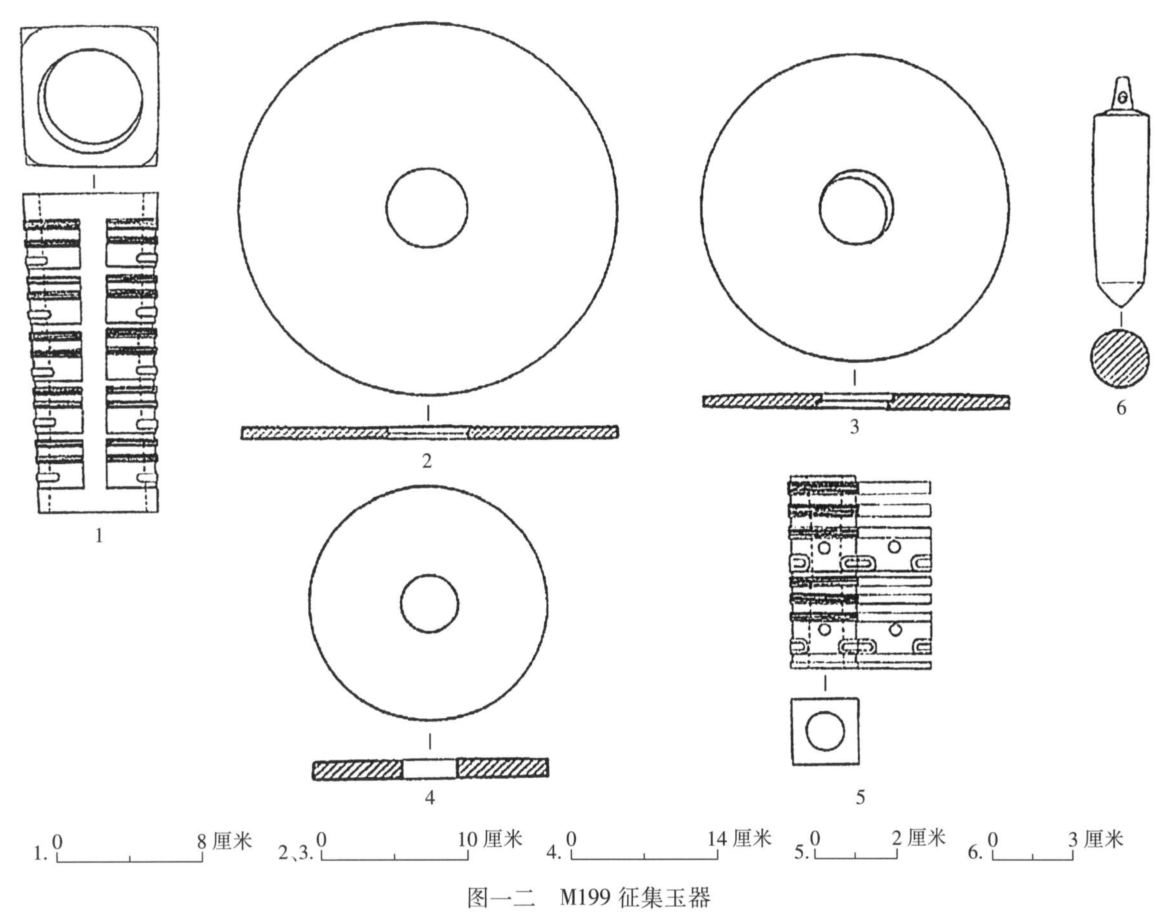

图一二 M199 征集玉器

1. 琮（M199∶4） 2~4. 璧（M199∶6、7、8） 5. 琮形管（M199∶3） 6. 锥形器（M199∶5－1）

缀即为一组串饰。长 8.1、直径 1.7~2 厘米（图一二，6）。

琮形管 1 件。M199∶3，玉沁呈乳白色。小方柱体管，如琮形，外方内圆，中有对钻圆孔，琢磨光滑，两端有圆口的射。分两节，每节以边棱为中轴，刻简化神人面纹。面纹特征是：上部三道平行横凸棱，上刻一组弦纹，表示神冠和羽翎，下部转角上凸横槽，表示鼻或嘴，中间直径 3 毫米的圆圈表示眼睛，以相邻两人面合用。此类琮形管系串饰中常用的组件。高 4.78、上端宽 1.74、下端宽 1.64、孔径 0.75 厘米（图一二，5）。

五、简短的结语

草鞋山良渚文化遗存的发掘，特别是 M198 的发掘和整理，使我们对良渚文化有了新的认识。随着考古学实践的发展和研究的深入，对这一发掘的认识更为明确，可简略归纳为下面几点。

（一）草鞋山第 4 层的四座墓葬，随葬品带崧泽文化风格，唯透闪石软玉制作的玉管、厚壁深腹饰菱纹饰带的大缸（同类器亦见于马桥、福泉山良渚文化地层和墓葬中），系良渚文化的典型器，因而归属于良渚文化范畴，并定为其早期。

（二）草鞋山第 2 层所出 M198，随葬品中璧、琮、钺以及镯、管、珠、锥形饰等一批玉器与鱼鳍形、“丁”字形足鼎、贯耳壶、圈足罐、篦纹簋 、凸弦纹盆等良渚文化陶器共存，因而这些玉器亦属良渚文化，丰富了良渚文化的内涵。这一认识为尔后张陵山、寺墩、福泉山、反山、瑶山的发掘一再证实。经过实践的反复检验，至今已成定论。因而传统观念中看作“周汉古玉”的璧琮等玉器，得以纠正，其年代提早一二千年，确认其重大历史价值。

（三）玉琮上以圆圈和凸棱为特征的纹饰，过去不能辨识。从草鞋山出土的玉琮、玉琮形管的对比上认识是象征眼睛和嘴（鼻）的面纹，但起初一概视为兽面纹，对其简化面纹的两种基本组合未能确切判断，学术界依据传世玉器上的形象图像确认有人面纹饰[11]。随着反山玉器上神徽的发现和人、兽、鸟纹的认识，现已认识人面是代表天神（以太阳神为主体也包括月神）、兽面代表地神（以禾苗、虎为象征）、鸟纹代表图腾（祖先崇拜），因而是天、地、祖三者结合，反映良渚人的宗教信仰观念[12]。这一信仰向前可追溯到河姆渡文化和马家浜文化，往后可延续到商、周青铜文化，成为中国文化的核心。

（四）依据玉琮出土现场及其纹饰辨认，确证玉琮应为大头在上、小头在下，纠正了传统上下倒置的错误。由此而结合文献探讨，认识玉琮是良渚人祭祀通天的最主要礼器。

（五）从 M198 随葬品的组合看，玉器以璧、琮、钺为重器，陶器以鼎、豆、贯耳壶等为重器，其上饰有龙、鸟以及云纹、曲折纹、弦纹、凸棱，都与崇拜太阳、敬仰光明有关，反映当时神圣的宗教信仰。玉器经科学鉴定系透闪石、阳起石系列软玉为主，仅有个别蛇纹石、绢云母等假玉，由此确定墓主系掌握宗教祭祀权、军事行政权的巫觋贵族。

（六）M198 系埋在人工堆筑的土层中，位于草鞋山的最高处。由于草鞋山屡经破坏、仅存一墓，当时在观察、说明上论据不足，采取比较慎重的做法，未加敲定。随着张陵山、福泉山、反山、瑶山的发掘，经过整理比较后确认良渚贵族的大墓皆埋葬在人工堆土的高地上[13]。一系列贵族坟山的发掘，终于揭示了良渚文化是等级森严、礼制严密的社会，从浙江余杭以莫角山巨型建筑遗迹为中心，周围分布不同等级的贵族坟山看，这是东方最早出现的宗教政治合而为一的良渚王国[14]。

草鞋山 M198 的发掘为进一步认识良渚文化、为探索中国文明起源、为研究东方文明史的来龙去脉拉开了序幕，提供了第一个实证。

［后记］

本报告系南京博物院编著《苏州草鞋山》发掘报告中有关良渚文化的部分。这一部分的有关工作人员如下。

现场照相绘图：曹者祉、李文明、朱薇君、王嘉明、丁金龙、汪乐英、阚绪杭

器物修复：王金潮、韩建立、刘义茂、唐根顺

照相摄影：郭群、王振本、吴荣清、郭礼典

绘图：黎忠义、钱锋、郝明华、吴荣清

拓片：郝明华

全部资料由李文明、吴荣清、郝明华、汪遵国整理，最后由汪遵国执笔完稿。

整理过程中得到吴县文管会、苏州博物馆、苏州文物商店的全力支持以及叶玉琪、姚勤德、钱公麟、丁金龙等同行的具体帮助，谨此致谢。

注释

①［清］沈藻采：《元和唯亭志》卷二《形胜》、卷十《冢墓》。

② 1973年5月5日汪遵国、曹者祉、李文明向唯亭砖瓦厂工人尹家成、徐阿大等调查记录。

③ 引自赵青芳《考古工作日记》（1956年11月3日）。

④ 人俊：《吴县发现新石器时代遗址》，《文物参考资料》1957年第3期，第81页。南京博物院：《苏州市和吴县新石器时代遗址调查》，《考古》1960年第7期，第151页。

⑤ 吴文信（曹者祉）：《吴县草鞋山遗址的发掘》，《光明日报》1973年6月6日第3版《文物与考古》专栏第11期。

⑥ 南京博物院：《江苏吴县草鞋山遗址》，《文物资料丛刊》（3），文物出版社，1980年。

⑦ 上海市文物保管委员会：《上海古代历史文物图录》，上海教育出版社，1981年。上海市文物保管委员会：《上海青浦福泉山良渚文化墓地》，《文物》1986年第10期。浙江省文物考古研究所：《余杭良渚庙前遗址发掘的主要收获》，《浙江省文物考古研究所学刊》，科学出版社，1993年，第124～127页。名山后遗址考古队：《奉化名山后遗址第一期发掘的主要收获》，《浙江省文物考古研究所学刊》，科学出版社，1993年，第119～123页。

⑧ 南京博物院、吴县文管会：《江苏吴县澄湖古井群的发掘》，《文物资料丛刊》（9），文物出版社，1985年。

⑨ 浙江省文物考古研究所反山考古队：《浙江余杭反山良渚墓地发掘简报》，《文物》1988年第1期。上海市文物保管委员会：《上海福泉山良渚文化墓葬》，《文物》1984年第2期。南京博物院：《1982年江苏常州武进寺墩遗址的发掘》，《考古》1984年第2期。浙江省文物考古研究所、上海市文物管理委员会、南京博物院：《良渚文化玉器》（图6～9、15、16、24、25），文物出版社、两木出版社，1989年。

⑩ 郑建：《江苏吴县新石器时代遗址出土的古玉研究》，《考古学集刊》（3），中国社会科学院出版社，1983年。闻广、荆志淳：《草鞋山玉器地质考古学研究（中国古玉地质考古学研究之五）》（待刊）。

⑪ 林巳奈夫：《关于良渚文化玉器的若干问题》，《南京博物院集刊》（7），1984年。杨建芳：《兽面纹D形玉牌饰——一种别致的史前古玉》，《中国文物世界》1986年第11期。车广锦：《良渚文化玉琮纹饰探析》，《东南文化》1987年第3期。

⑫ 牟永抗：《东方史前时期太阳崇拜的考古学观察》，《故宫学术季刊》1995年第4期。郝明华：《良渚文化玉器探析》，《东方文明之光——良渚文化发现60周年纪念文集》，海南国际新闻出版中心，1996年，第414页。

⑬ 南京博物院：《江苏吴县张陵山遗址发掘简报》，《文物资料丛刊》（6），文物出版社，1982年。上海市文物保管委员会：《上海青浦福泉山良渚文化墓地》，《文物》1986年第10期。浙江省文物考古研究所反山考古队：《浙江余杭反山良渚墓地发掘简报》，《文物》1988年第1期。浙江省文物考古研究所：《余杭瑶山良渚文化祭坛遗址发掘简报》，《文物》1988年第1期。

⑭ 费国平：《浙江余杭良渚文化遗址群考察报告》，《东南文化》1995年第2期。任式楠：《中国史前玉器类型初析》，《中国考古学论丛》，科学出版社，1995年。张明华：《良渚社会文明论》，《中国民间文化》1994年第2期。

（原载《东方文明之光——良渚文化发现60周年纪念文集》，海南国际新闻出版中心，1996年）

表一　草鞋山出土玉琮、琮形器数据一览表

单位：厘米

编号	名称	高	射径		射高		孔径		内孔径		节数	节高	圆圈直径	收藏单位
			上端	下端	上端	下端	上端	下端	上端	下端				
M198Ⅰ:1	玉琮	17～17.5	7.4	6.6～6.65	1.3	1.2～1.3	5.8	5.3～5.4	5.4	5.2	6节	2.2～2.3，2.1～2.2，2.2，2.2，2.1～2.3，2.3	0.3	南京博物院
M198Ⅰ:16	玉琮形管	1.8	1.25	1.2	0.1	0.2	0.5	0.45	0.25	0.25	2节	0.6，0.6	0.15	南京博物院
M198Ⅰ:21	玉琮	18.5	8.0	7.4	1.6～1.7	1.5	5.3	5.2～5.3	4.6	4.2	7节	2.2，2，2，2，2，2，2.1	0.4	南京博物院
M198Ⅱ:2	玉琮	18.1～18.2	7.3～7.4	6.9～7.0	1.2～1.35	1.15～1.2	5.0～5.1	5.2～5.25	4.5	4.7	6节	2.4，2.5，2.4，2.4，2.5，2.3	0.45	南京博物院
M199:1	玉琮	5.1	3.2	3.2	0.2～0.3	0.2～0.3	1.3	1.2	1.2	1.1	2节	2.2，2.2	0.35	南京博物院
M199:3	玉琮形管	7.8	1.74	1.64	0.2	0.25	0.75	0.75			2节	2.4，2.2	0.3	吴县文管会
M199:4	玉琮	17～17.1	7.4	6.6	1.3	1.2	5.4～5.5	5.0～5.1			5节	2.55，2.5，2.5～2.55，2.3～2.4，2.6	无圆圈	吴县文管会
M199:9	玉琮	31.2	7.7	6.0	1.8	1.7	5.6	5.1			12节	2.05～2.1，2，2，2～2.05，2～2.1，1.95～2.05，2，1.95～2，2，2，1.95～2.05，1.95～2	0.35（仅存一个）	苏州博物馆
T802:1	玉琮体锥形器	6.3（琮体高2.4）	琮体宽1.4	琮体宽1.4							2节	1.05，1.	无圆圈	南京博物院

表二 草鞋山出土良渚文化重要玉器质料、比重、硬度统计表

器物号	名称	质料	颜色	保存状态	体积（毫升）	重量（克）	比重	硬度
M198Ⅰ:15	玉璧	透闪石	淡绿		275	795	2.89	>5
M198Ⅱ:10	玉璧	阳起石	碧绿		305	900	2.95	>5
M198Ⅰ:1	玉琮	透闪石	淡绿		460	1290	2.8	>5
M198Ⅱ:2	玉琮	阳起石	黛绿		570	1660	2.91	>5
M198Ⅰ:21	玉琮	（阳起石）	淡绿		750	2245	2.99	>5
M198Ⅰ:13	玉钺	（透闪石）	灰白	沁蚀	87	162.8	1.87	<5
M198Ⅰ:14	玉斧	绢云母	灰黑		96	320	3.33	>5
M198Ⅰ:16	玉琮形管	透闪石	淡黄、褐斑	微沁	2.2	6	2.73	>5
M198Ⅰ:20	玉管	纤维蛇纹石	灰白	沁蚀	3.3	4	1.21	<5
M198Ⅰ:17	玉镯	（透闪石）	灰白	沁蚀	33	52	1.57	<5
M198Ⅲ:4	玉镯	透闪石	碧绿		16	49.04	3.07	>5
T802:1	玉琮体锥形器	透闪石	乳白、青斑	微沁	6	16.4	2.73	>5
M199:1	兽面纹玉琮	（透闪石）	乳白、青斑	微沁	44.2	116.25	2.73	>5

说明：1. 矿物学成分由中国地质科学院地质研究所研究员闻广和荆志淳、南京矿产地质研究所高级工程师郑建分别鉴定，各有鉴定报告待刊，不一一注明，加括号者未进行矿物学鉴定，由比较而确定之。

2. 比重实验系 1984 年 4 月由南京博物院汪遵国、吴荣清、郝明华测定。

3. 硬度系汪遵国、郑建共同测定。

表三　草鞋山出土良渚文化小件玉饰品质料、比重、硬度统计表

器物号	名称	高（长）（厘米）	直径（厘米）	孔径（厘米）	质料	颜色	保存状态	体积（毫升）	重量（克）	比重	硬度	备注
WCM198Ⅰ:8	玉扁球珠	0.9	1.3	斜孔0.25	玉石	乳白	微沁	0.9	1.8	2	<5	
WCM198Ⅰ:12	玉扁球珠	0.9	1.3	斜孔0.25	玉石	乳白	微沁	0.9	1.8	2	<5	
WCM198Ⅰ:18	玉锥形饰	5.9	0.75	榫孔0.15	玉石	乳白	沁蚀	2.4	3.08	1.28	<5	残损修补
WCM198Ⅰ:19	玉管	4.1	1.90	0.7	玉石	灰白	沁蚀	9.5	14.3	1.5	<5	经修补
WCM198Ⅰ:20	玉管	2.6	1.25	0.5	纤维蛇纹石	灰白	沁蚀	3.3	4.0	1.2	<5	残损修补
WCM198Ⅰ:22	玉珠	1.3	1.2	0.4	玉石	乳白	沁蚀	0.9	1.4	1.56	<5	
WCM198Ⅰ:23	玉珠	1.3	1.2	0.4	玉石	乳白	沁蚀	0.7	1.24	1.77	<5	
WCM198Ⅰ:24	玉珠	0.9	0.7	0.35	玉石	乳白	沁蚀	0.4	0.8	2	<5	
WCM198Ⅰ:25	玉珠	1.1	1.0	0.4	玉石	灰白	沁甚				<5	残碎未测
WCM198Ⅰ:26	玉坠	2.25	0.9	榫孔0.15	玉石	乳白	微沁	1.3	2.02	1.55	<5	
WCM198Ⅰ:27	玉珠	1.3	1.2	0.45	玉石	乳白	沁蚀	0.8	1.60	2	<5	
WCM198Ⅰ:28	玉珠	1.3	1.2	0.4	玉石	乳白	沁蚀	0.8	1.38	1.73	<5	
WCM198Ⅰ:29	玉珠	1.3	1.2	0.4	玉石	乳白	沁蚀	0.8	1.38	1.73	<5	
WCM198Ⅰ:30	玉珠	1.3	1.1	0.45	玉石	乳白	沁蚀	0.8	1.61	2	<5	
WCM198Ⅰ:31	玉珠	1.3	1.1	0.4~0.45	玉石	乳白	沁蚀	0.8	1.5	1.88	<5	
WCM198Ⅰ:32	玉珠	1.3	1.1	0.4	玉石	乳白	沁蚀	0.8	1.08	1.35	<5	
WCM198Ⅱ:8	玉珠	1.5	1.2	0.4	玉石	乳白	沁蚀	1.1	1.84	1.67	<5	
WCM198Ⅱ:11－1	玉锥形饰	14.5	0.8~1.0	榫孔0.15	透闪石软玉	淡黄、褐斑	微沁	10	25.01	2.5	>5	
WCM198Ⅱ:11－2	玉锥形饰	5.4	1.1~1.35	榫孔0.15	透闪石	乳白	沁蚀	5.7	7.81	1.37	<5	
WCM198Ⅱ:11－3	玉锥形饰	6.1	1.0~1.1	榫孔0.15~0.3	透闪石	乳白	沁蚀	5.8	8.7	1.50	<5	
WCM198Ⅱ:11－4	玉锥形饰	6.2	1.2	榫孔0.2	透闪石	乳白	沁蚀	5.5	7.5	1.57	<5	
WCM198Ⅱ:11－5	玉锥形饰	5.1	1.2	榫孔0.25	透闪石	乳白	沁蚀	6.0	8.6	1.43	<5	
WCM198Ⅱ:11－6	玉锥形饰	5.1	1.1	榫孔0.25	透闪石	乳白	沁蚀	5.7	7.8	1.37	<5	
WCM198Ⅱ:12	玉料（残）	长3.0、宽2.0			玉石	灰白	沁甚				<5	残损未测

续表三

器物号	名称	高（长）（厘米）	直径（厘米）	孔径（厘米）	质料	颜色	保存状态	体积（毫升）	重量（克）	比重	硬度	备注
WCM198Ⅲ:3－1	玉球形珠	1.3	1.3	斜孔 0.3	玉石	乳白	微沁	0.9	1.74	1.93	<5	
WCM198Ⅲ:3－2	玉算珠	0.8	1.3	0.4	玉石	乳白	沁蚀	0.8	1.3	1.63	<5	
WCM198Ⅲ:3－3	玉算珠	0.8	1.4	0.4	玉石	乳白	沁蚀	1.0	1.68	1.68	<5	
WCM198Ⅲ:3－4	玉球形珠	1.4	1.4	斜孔 0.3	玉石	乳白	微沁	1.2	2.8	2.3	<5	
WCM198Ⅲ:3－5	玉珠	1.2	1.2	0.4	玉石	乳白	微沁	1.0	2.2	2.2	<5	
WCM198Ⅲ:3－6	玉珠	1.2	1.2	0.4	玉石	乳白	沁蚀	1.0	1.3	1.3	<5	
WCM198Ⅲ:3－7	玉珠	1.5	1.2	0.45	玉石	乳白	沁蚀	1.0	1.73	1.73	<5	
WCM198Ⅲ:3－8	玉珠	1.5	1.35	0.45	玉石	乳白	沁蚀	1.2	2.13	1.78	<5	
WCM198Ⅲ:3－9	玉珠	1.35	1.0	0.35	玉石	乳白	沁蚀	0.7	1.08	1.54	<5	
WCM198Ⅲ:3－10	玉珠	1.4	1.15	0.35	玉石	乳白	沁蚀	0.8	1.32	1.65	<5	
WCM198Ⅲ:3－11	玉珠	1.5	1.2	0.4	玉石	乳白	沁蚀	1.0	1.35	1.35	<5	

说明：所有小件玉饰品系 1992 年 9 月 11 日至 15 日由汪遵国、郝明华、吴荣清以医用量杯和精密天平测定，仅供参考。

江苏常熟钱底巷遗址发掘报告

南京大学历史系考古专业　常熟博物馆

一、前言

钱底巷遗址在常熟市北郊新光村西，南距常熟市区 4 千米，西依虞山，北濒长江，地处虞山山麓阶地与长江冲积平原之间。遗址海拔 3.1~4.1 米，地势西北高东南低，比附近港浜约高出 2~3 米。遗址三面临水，源出虞山的福山河，流经遗址的西南，与望虞河交汇，再北经福山注入长江。遗址东北 7 千米是西北—东南走向的盐铁塘，其内侧则为西起福山，经梅里、支塘，进入太仓县境内的沙冈。沙冈就是长江口古海岸线的遗迹[①]（图一）。

钱底巷遗址于 1980 年经常熟市文管会调查发现，1983 年南京博物院曾进行过试掘。1988 年 8 月~10 月，南京大学历史系考古专业与常熟市文管会组成考古队，对该遗址进行了发掘。常熟市政府对发掘工作给予大力支持，并提供发掘经费。

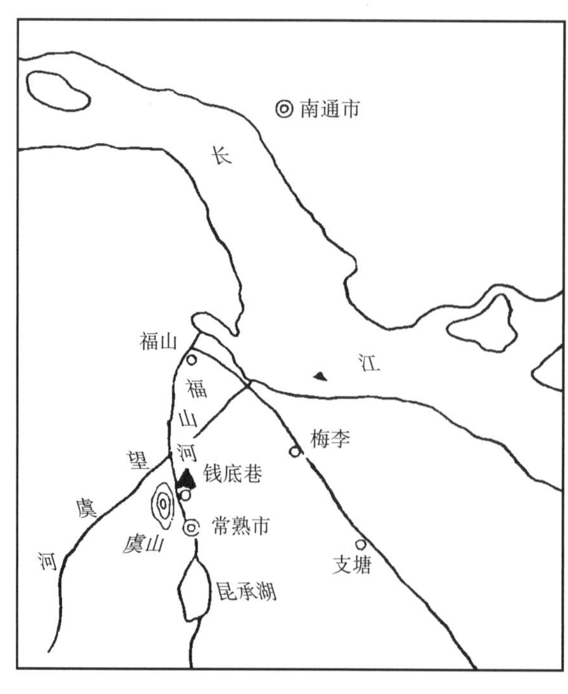

图一　遗址位置示意图

根据地面调查，遗址东西约210米、南北约190米，面积近4万平方米。为了探明遗址内涵和分布范围，正式发掘前进行了试掘，共开2米×4米探方5个，编号T01~T05。试掘表明，钱底巷遗址的主要文化内涵是新石器时代崧泽文化和商周文化，也发现了一些六朝、唐、宋文化遗存[②]。遗址正式发掘按坐标法布方，将遗址划分为Ⅰ、Ⅱ、Ⅲ、Ⅳ四个发掘区，坐标基点定在养蚕房东南角以南1米处。本次发掘共开5米×5米探方19个，其中Ⅰ区2个（T804、T805），Ⅲ区10个（T604、T605、T606、T707、T807、T907、T1007、T1107、T1207、T1208），Ⅳ区7个（T1006、T1106、T1206、T1404、T1405、T1406、T1407）。发掘面积为475平方米（图二）。

二、地层堆积

在四个发掘区内，以Ⅳ区东部的三个探方（T1006、T1106、T1206）地层堆积较为典型。由于靠近遗址中心区，地势略高，故文化层保存较好。现以Ⅳ区T1106东壁为例，说明如下（图三）。

第1层，灰土，质松，厚0.15~0.25米。农耕土层。

第2层，浅灰土，含粉砂，质地较纯，似为江水淹浸淤积而成，厚0.15~0.25米。出土遗物有几何印纹陶片及明清瓷片等，为晚期遗存。H5开口在第2层之下，打破第3层。

第3层，黄褐土，土质坚实，夹少量红烧土屑，厚0.10~0.60米。遗物有陶器、原始瓷器等。陶器器形有鼎、盆、罐、钵等。该层为周代文化层。

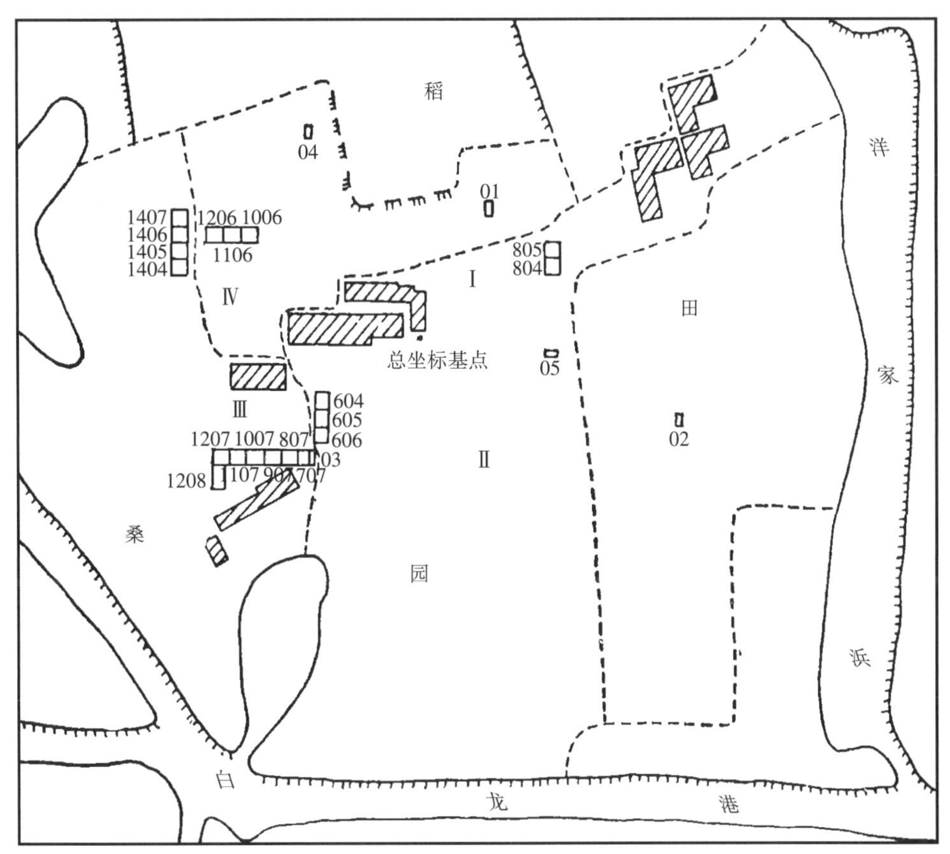

图二 探方分布示意图

第 4 层，黄灰土，间有较多的江水浸渍后形成的青黄色锈斑，土质较硬，厚 0～0.40 米。出土遗物中陶器有鼎、豆、壶、盆、罐、豆、刻槽盆、觚形杯等，石器有穿孔石斧、锛、凿等。

第 5 层，黑灰土，含青黄色锈斑，土质松软，厚 0.15～0.55 米。遗物中陶器有钵、鼎、釜、豆、罐、壶、刻槽盆等，石器有锛。

第 6 层，青灰土，间有青黄色锈斑，土质松软细腻，含水量较多，厚 0.10～0.50 米。出土石器较多，有锛、斧、磨棒等。还出土 1 件兽首形玉饰片。陶片中可辨器形有鼎、釜、缸、罐、壶、豆、钵、牛鼻形器耳和炉箅等。

第 4～6 层均属崧泽文化遗存。

第 6 层以下是深黄色原生土。

Ⅲ区地形东高西低，呈缓坡状。西部五个探方（T907、T1007、T1107、T1207、T1208），因地势低洼，受江水淹浸冲刷，文化层较薄，并间有淤土层，出土遗物不多。东部五个探方（T604、T605、T606、T707、T807）自西向东，地势渐高，文化层较厚，保存也较好。现以Ⅲ区 T604 东壁为例，说明如下（图四）。

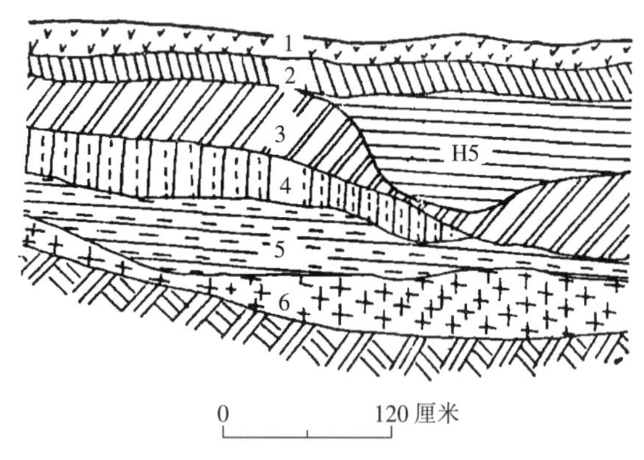

图三 ⅣT1106 东壁剖面图

1. 灰土 2. 浅灰土 3. 黄褐土 4. 黄灰土 5. 黑灰土 6. 青灰土

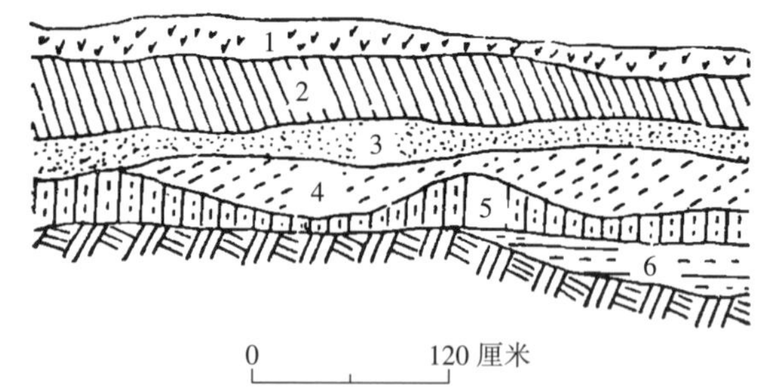

图四 ⅢT604 东壁剖面图

1. 深褐土 2. 黄褐土 3. 浅灰粉砂土 4. 深灰土 5. 黄灰土 6. 黑灰土

第 1 层，深褐土，土质坚实，厚 0.10～0.25 米。耕土层。

第 2 层，黄褐土，土质较硬，厚 0.25～0.50 米。遗物有几何印纹陶片和近代砖瓦碎片。近代扰乱层。

第 3 层，浅灰粉砂土，为江水淤积所致，厚 0.15～0.30 米。出土遗物有印纹硬陶罐、原始瓷碗、双翼式铜镞等。

第 4 层，深灰土，土质较硬，间有红烧土块，厚 0～0.45 米。出土遗物较丰富，有夹砂红陶甗，泥质红陶罐、三足盘、刻槽盆、硬陶罐等。

第 3、4 层同属商周文化层。

第 5 层，黄灰土，间有青黄色锈斑，土质坚实，厚 0.10～0.35 米。出土陶片不多，可辨器形有豆、壶、铲形鼎足等。

表一　　各区探方地层对应表

区号 / 探方号 / 地层时代		Ⅰ区			Ⅱ区	
		01	804	805	02	05
晚期文化		2、3	2、3	2、3	2	
商周文化	晚	4	4	4、5	3	2
	早					
崧泽文化	上		5	6		
	中					
	下					3

区号 / 探方号 / 地层时代		Ⅲ区										
		03	604	605	606	707	807	907	1007	1107	1207	1208
晚期文化			2	2	2		2	2	2	2	2	2
商周文化	晚	2				2	3	3	3	3	3	3
	早		3、4	3								
崧泽文化	上	3a	5			3a	4	4	4	4	4	
	中	3b	6	4	3	3b	5	5	5			4
	下	4		5	4	4	6	6				5

区号 / 探方号 / 地层时代		Ⅳ区							
		04	1006	1106	1206	1404	1405	1406	1407
晚期文化		2	2	2	2				
商周文化	晚	3	3	3	3				
	早								
崧泽文化	上		4	4	4	2	2	2	2
	中		5	5	5	3	3	3	3
	下		6	6	6	4	4	4	4

第6层，黑灰土，夹青黄锈斑，质松软，仅分布在探方东南角，厚0～0.35米。陶片中可辨器形有鼎、釜、豆、壶等。

第5、6层为崧泽文化层。

第6层以下是深黄色原生土。

Ⅰ区两个探方（T804、T805）耕土层下，均有厚达0.5～0.8米的晚期地层。出土遗物除几何印纹陶片外，还有六朝青瓷虎子和青瓷碗的残片。其下是厚0.6～0.8米的商周文化层，出土遗物较多。相比之下，崧泽文化层甚薄，仅厚0.2～0.3米，遗物也少。

Ⅱ区只开了两个试掘方，ⅡT05 的商周和崧泽文化层均很薄，遗物也很少。ⅡT02 的商周文化层厚 0.30 米，未见崧泽文化层。

四个发掘区的主要地层堆积基本一致，但是地层的划分不尽相同，各区探方地层对应关系见表一。

三、崧泽文化遗存

（一）遗迹

有居住面、灰坑和墓葬。

1. 居住面　1 处。位于ⅣT1106 西南部，建在生土层面之上。居住面已残，现存部分呈半圆形，推测原状应为圆形。直径约 6~7 米、厚 0.1~0.15 米。居住面表面平整，中间隆起，略高于边缘。其结构系用黄土掺和大量砂粒铺垫而成，并经拍打和焙烧，十分坚实。居住面东侧边缘上有两个相距约 0.80 米的土台，呈馒头形，直径 0.3 米、高 0.24 米，土质坚硬，表面铺有大块陶片和石片，用途不详。

2. 灰坑　3 个。

H1　位于ⅣT1006 西南部，开口于第 6 层下，打破生土层，西距居住面 4.5 米。圆形，口径 0.54 米、深 0.35 米，壁斜直，平底，底径 0.35 米。坑内填青灰土，较纯，含少量碎陶片。

H2　位于ⅣT1006 东南部，开口于第 6 层下，打破生土层，与 H1 东西并列，相距 1.8 米，西距居住面 6.8 米。圆形，口径 0.55 米、深 0.36 米，斜直壁，平底，底径 0.3 米。内填青灰土，含少量碎陶片。

H3　位于ⅣT1405 南端，开口于第 4 层下，打破生土层，东距居住面 12 米。圆形，口径 0.58 米、深 0.46 米，壁斜直，平底，底径 0.38 米。内填青灰土，含少量碎陶片。

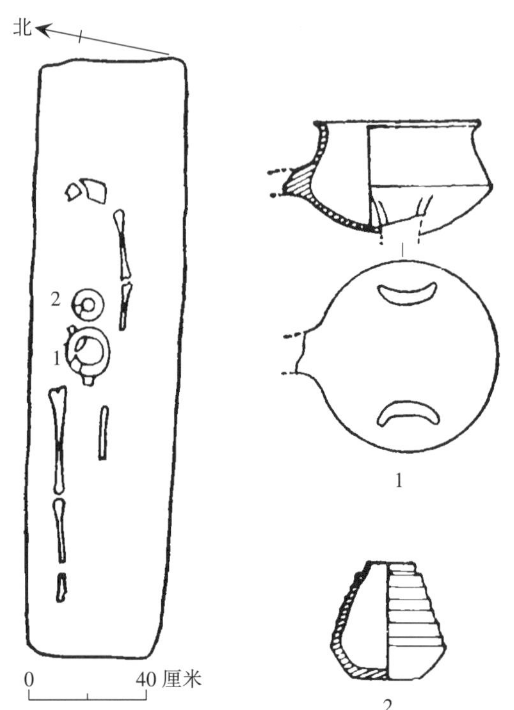

图五　崧泽文化墓葬 M1 平面图与随葬陶器组合
1. 陶鼎　2. 陶壶

上述三个灰坑，大小、形状、结构近似，当为窖穴。它们皆与ⅣT1106 的居住面相距不远，属于同时期的遗存，表明这里是早期的居住区。

3. 墓葬　3 座。皆为小型土坑墓。人骨大部朽蚀，随葬品以陶器为主，石器仅 1 件。

M1　位于ⅢT807 的西南端，墓口在第 3 层下，打破第 4 层（崧泽文化），距地表 0.5 米。墓坑长 2 米、宽 0.55 米、深 0.4 米。人骨残存部分颅骨、下肢骨及臼齿 1 颗，骨骸均呈粉末状，仰身直肢，方向 75 度。随葬瓦棱壶和带把鼎各 1 件，置于死者腹部（图五）。

M2　位于ⅣT1405 南端，墓口在第 1 层下，打破第 2 层（崧泽文化），距地表 0.28 米。墓坑长 2.1 米、宽 0.9 米、深 0.42 米。人骨已朽，仅存零星下肢骨和1颗臼齿，齿尖磨损，齿质点暴露，死者当为成年。随葬陶器5件和石锛1件，陶器均置于死者身体两侧，石锛放在死者头部附近（图六）。

M3　位于ⅣT1405北端，墓口在第1层下，打破第2层（崧泽文化），距地表0.3米。墓坑长1.84米、宽0.7米、深0.35米。骨殖腐朽无存。随葬7件陶器，置于墓坑两侧（图七）。

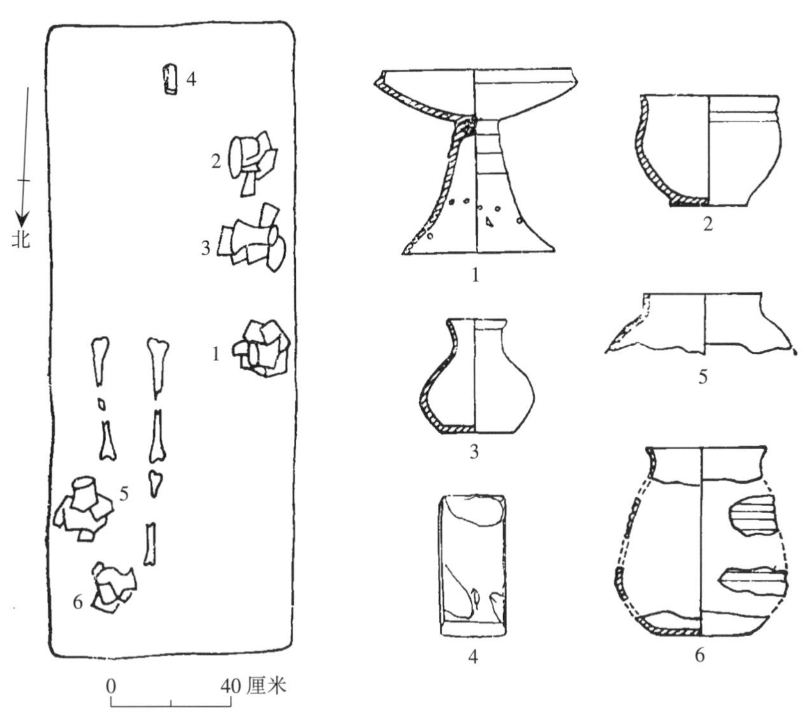

图六　崧泽文化墓葬M2平面图与随葬器物组合图

1. 陶豆　2. 陶盆　3、6. 陶壶　4. 石锛　5. 陶罐

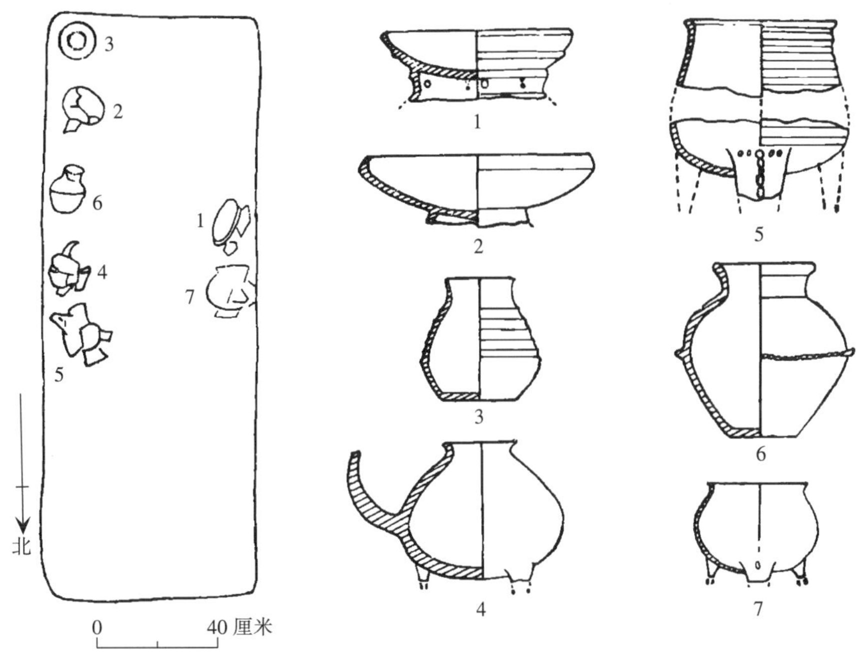

图七　崧泽文化墓葬M3平面图与随葬陶器组合

1、2. 陶豆　3. 陶壶　4、5、7. 陶鼎　6. 陶罐

（二）遗物

遗址中发现的遗物分人工制品和自然遗物。人工制品中陶器最多，其次为石器，玉器很少。自然遗物有动物骨骸与植物孢粉。

1. 陶器

陶器分夹砂陶和泥质陶两大类。夹砂陶以红色为主，其中有的偏褐色，有的呈橘黄色，还有少量灰陶。泥质陶也是红色最多，有些器表还施以红衣，灰色次之，黑色很少。据Ⅳ区 T1006、T1106、T1206 三个探方的统计，夹砂红陶占 47.8%，夹砂灰陶占 2.5%，泥质红陶占 28.5%，泥质灰陶占 15.7%，泥质黑陶占 5.5%（表二）。

表二 ⅣT1006、T1106、T1206 **探方陶系统计表**

陶系 / 数量 / 地层	夹砂红陶		夹砂灰陶		泥质红陶		泥质灰陶		泥质黑陶		合计	
	数量（片）	百分比（%）	数量（片）	百分比（%）	数量（片）	百分比（%）	数量（片）	百分比（%）	数量（片）	百分比（%）	数量（片）	百分比（%）
第4层	431	42.8	24	2.4	307	30.5	205	20.3	40	4	1007	100
第5层	775	49.3	41	2.6	419	26.6	252	16	86	5.5	1573	100
第6层	506	50.5	26	2.6	294	29.3	105	10.5	71	7.1	1002	100
合计	1712	47.8	91	2.5	1020	28.5	562	15.7	197	5.5	3582	100

器表以素面为主，各种纹饰仅占 11% 左右，其中有附加堆纹、刻划纹、戳印纹、篮纹、弦纹、瓦棱纹等，此外还有镂孔。瓦棱纹饰于壶腹与豆圈足上部。镂孔饰于豆圈足上，有长条形、圆形和三角形，有相当一部分镂孔未能穿透。在少数扁铲足的外侧刻划着不同的符号。未见彩绘。

陶器以生活器皿为大宗，生产工具只有纺轮与网坠两种，另外还有小玩具之类。生活器皿中，鼎是最主要的炊器，数量很多。盛食器中常见的是豆、罐、壶、盆，其他器形还有钵、杯、觚、缸、釜等。鼎、罐、壶、盆、杯等陶器上，有些附有宽扁形把手、鸡冠形鋬、小方鋬、长弧形鋬、牛鼻耳、小扁纽等。陶器的基本制法为手制，有些经慢轮修整，多数形体匀称，但也有一部分陶器手制痕迹明显，不甚规整。

鼎　可复原者 9 件。结合残件，分四型。

A 型　大口釜形鼎。分五式。

AⅠ式　宽平折沿，微束颈，鼓腹。ⅣT1406④:3，足残。夹砂红陶。尖圆唇，圜底，腹部残存鸡冠形鋬一个。颈部饰弦纹。口径 26.5、腹深 24 厘米（图八，2；图版一，2）。

AⅡ式　宽斜折沿，鼓腹。

ⅣT1406③，仅存口沿。夹砂红陶。圆唇。肩饰弦纹。口径 22 厘米（图八，7）。

ⅣT1206⑤:1，口沿残缺。夹砂红陶。圜底，顺装扁铲足外撇，足外侧上部有捺窝。上腹部饰弦纹。残高 16 厘米（图八，6）。

AⅢ式　侈口，上腹较直，下腹圆弧。ⅣT1406③:7，足端已残。夹砂红陶。圆唇，圜底，顺装扁铲足微内收。素面。口径 18 厘米（图八，5；图版一，1）。

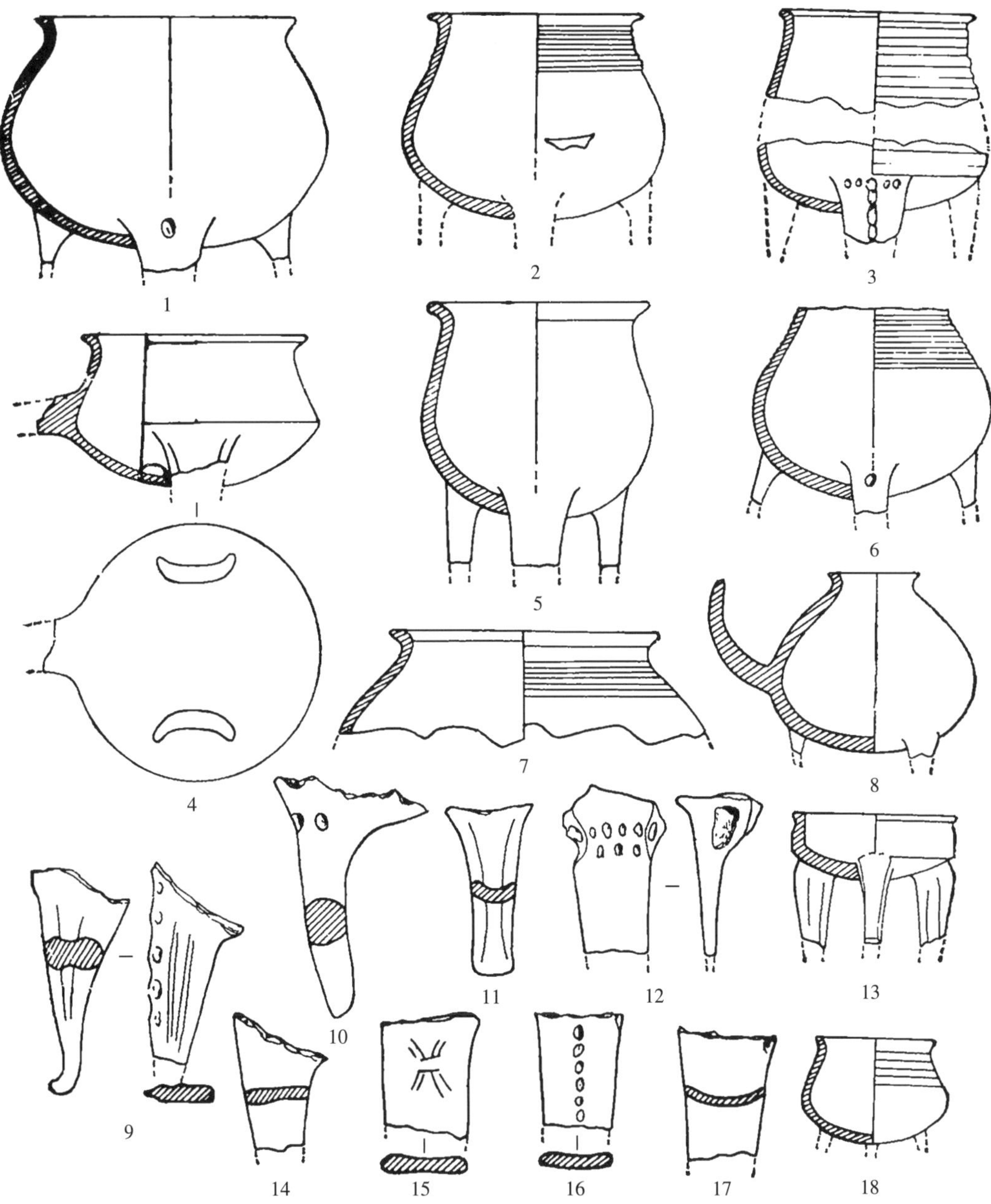

图八　崧泽文化陶鼎

1、18. AⅤ式鼎（M3∶7、ⅢT807④∶1）　2. AⅠ式鼎（ⅣT1406④∶3）　3. AⅣ式鼎（M3∶5）　4. B型鼎（M1∶1）　5. AⅢ 式鼎（ⅣT1406③∶7）　6、7. AⅡ式鼎（ⅣT1206⑤∶1、ⅣT1406③）　8. C型鼎（M3∶4）　9、14. 三角形足（ⅣT1405④、ⅢT606④）　10. 锥形足（ⅣT1106⑥）　11、17. 凹弧形足（ⅢT605⑤、ⅢT03③）　12、15、16. 扁铲形足（ⅣT1406④、ⅢT707③B、ⅣT1406③）　13. D型鼎（ⅢT807④∶6）（1. 约1/3，2. 约1/9，余约1/6）

AⅣ式　窄斜折沿，余同Ⅲ式。M3∶5，已残。夹砂灰陶。圆唇，顺装扁铲足。足外侧上端有捺窝，中间为锯齿状凸棱。饰弦纹。口径16厘米（图八，3）。

AⅤ式　微侈口，鼓腹。

ⅢT807④∶1，足残损。夹砂红陶。圆唇，圜底，圆形足。腹上部饰浅瓦棱纹。口径9.8厘米（图八，18）。

M3∶7，足端已残。夹砂红陶。圆唇，底微凸，顺装扁铲足。足外上部有捺窝。素面。口径10.4

厘米（图八，1；图版一，3）。

B型　带柄鼎。M1∶1，柄足端残断。夹砂红陶。侈沿，折腹，圜底，有对称的两个凹弧形足，一侧有柄。素面。口径18.4厘米（图八，4；图版一，4）。

C型　小口罐形鼎。M3∶4，足端已残。夹砂红陶。卷沿，圆唇，鼓腹，底近平，一侧有上翘宽柄，正对一足，顺装长方形扁足。素面。口径7.6厘米（图八，8；图版一，5）。

D型　盆形鼎。ⅢT807④∶6，夹砂红陶。折沿，折腹，凸底，侧装扁足，侧面有两道凹槽。素面。口径13.2厘米（图八，13；图版一，6）。

除了上述四型鼎之外，还有数量众多的不同形制的鼎足，可以分为锥形、长方扁铲形、凹弧形和三角形四类。

锥形鼎足　上端有三个圆形捺窝（图八，10）。

长方扁铲形鼎足　均为顺装式。数量最多。可分两种：一种是外面有数量不等、排列形式各异的捺窝，其中一件除外面有捺窝外，两侧亦有（图八，12、16）；另一种没有捺窝，但是其中三件外面有刻划记号（图八，15）。

凹弧形鼎足　一种为薄凹弧形（图八，17），另一种是厚凹弧形（图八，11）。

三角形鼎足　均为侧装式。有的为素面，有的两面带刻槽，还有的外侧有一排指捏痕（图八，9、14）。

釜　复原1件。结合残件，可分二型。

A型　无檐釜。分三式。

AⅠ式　敛口，圆腹。ⅢT606④，口、腹残片。夹砂红陶。厚圆唇，长弧形鋬，多齿缘。口沿下饰弦纹，腹饰横篮纹。口径24厘米（图九，6）。

AⅡ式　敛口，圜底，带鋬。

ⅢT606④，口沿残片。夹砂红陶。圆唇，梯形鋬，三齿鋬缘。口径26厘米。

ⅣT1407③∶11，口沿残缺。夹砂红陶。半球形腹，长方鋬上翘。素面。底部有烟炱。最大径25厘米（图九，3）。

AⅢ式　敛口稍直，深腹。ⅣT1404③∶1，夹砂灰陶。圆唇，圆肩，斜腹，底微凸，肩部两对半圆形鋬，一对下勾，一对上翘。素面。口径15.5、高21厘米（图九，4；图版二，1）。

B型　腰檐釜。数量极少，仅见残片。ⅠT804⑤，口、腹片。夹砂红陶。侈口，圆唇，有鋬，窄檐，锯齿状檐缘，圆腹。素面。口径26.3厘米（图九，5）。

豆　复原4件。结合残件，分四型。

A型　高柄式圈足豆。分五式。

AⅠ式　直口，细高柄。ⅣT1106⑥∶2，泥质黑陶。圆唇，深盘。折腹上有凸棱。素面。口径18.6、高25厘米（图九，11；图版二，4）。

AⅡ式　与Ⅰ式相似，唯圈足稍矮。ⅣT1206⑥∶12，由豆盘与圈足复原而成。泥质黑陶。柄上饰弦纹与长方形镂孔。口径24厘米（图九，15）。

AⅢ式　豆柄上端外鼓。ⅣT1407③∶4，豆盘残缺。泥质灰陶。圈足外撇呈阶状，上饰弦纹、镂圆孔与未穿透的条形孔。残高14.5厘米（图九，16）。

图九　崧泽文化陶器

1. CⅠ式豆（ⅣT1406③:2）　2. CⅢ式豆（M3:1）　3. AⅡ式釜（ⅣT1407③:11）　4. AⅢ式釜（ⅣT1404③:1）　5. B型釜（ⅠT804⑤）　6. AⅠ式釜（ⅢT606④）　7. D型豆（ⅣT1406③:1）　8. BⅣ式豆（ⅣT1405②:3）　9. BⅠ式豆（ⅣT1106⑥:10）　10. AV式豆（M2:1）　11. AⅠ式豆（ⅣT1106⑥:2）　12. CⅡ式豆（ⅣT1106④:1）　13. BⅢ式豆（ⅢT707③B:1）　14. BⅡ式豆（ⅣT1405③:2）　15. AⅡ式豆（ⅣT1206⑥:12）　16. AⅢ式豆（ⅣT1407③:4）　17. AⅣ式豆（ⅢT707③B:4）（2、8、17. 约1/4，15. 约1/9，余约1/6）

AⅣ式　粗高柄。ⅢT707③B:4，豆盘与足底残缺。泥质黑陶。圈足上部饰多道凸棱与未穿透的圆孔。残高11厘米（图九，17）。

AⅤ式　窄敛口，粗柄稍矮。

ⅣT1405②:1，圈足下部残缺。泥质灰陶。尖唇。圈足上有两个圆形小镂孔。口径21.6厘米。

M2:1，泥质灰陶。尖圆唇，浅盘，折腹。圈足上端呈瓦棱状，下部镂圆形与三角形孔。口径19.8、高18.2厘米（图九，10；图版二，5）。

B型 矮喇叭形圈足豆。分四式。

BⅠ式 矮圈足。ⅣT1106⑥:10，口沿残缺。泥质灰陶。敛口，深腹。圈足上有条形镂孔数个，多未穿透。残高14.4厘米（图九，9）。

BⅡ式 宽敛口。ⅣT1405③:2，圈足下部残缺。泥质灰陶。圆唇，斜腹。圈足上镂四组共八个圆孔，多未穿透。口径19厘米（图九，14）。

BⅢ式 宽敛口，瓦棱状圈足。ⅢT707③B:1，圈足下部残缺。泥质灰陶。圆唇，深腹。口径21.2厘米（图九，13）。

BⅣ式 三段式圈足。ⅣT1405②:3，口沿及圈足下部残缺。泥质灰陶。深腹，下腹有一周凸棱，圈足镂圆形与弧线三角形孔。残高9厘米（图九，8）。

C型 粗圈足豆。分三式。

CⅠ式 宽敛口，圆腹。ⅣT1406③:2，夹砂红陶。圆唇，深腹。矮圈足上饰四组共八个圆孔。口径24、高14厘米（图九，1；图版二，3）。

CⅡ式 敛口较窄，折腹。ⅣT1106④:1，圈足下部残缺。泥质灰陶。尖唇。圈足上的四组共八个圆孔均未穿透。口径20.4、高8.5厘米（图九，12）。

CⅢ式 窄敛口，斜收腹。M3:1，圈足下部残缺。泥质灰陶。尖唇。浅腹上一周凸棱，三段式圈足上镂大圆孔四个，与四组八个小圆孔相间排列。口径18.5厘米（图九，2）。

D型 罐形豆。ⅣT1406③:1，泥质灰陶。敛口，圆唇，折肩，斜腹，喇叭形圈足。折肩处饰锯齿纹，圈足上镂三个大圆孔。口径15、高16.8厘米（图九，7；图版二，2）。

罐 完整与可复原者6件。结合残件，分五型。

A型 有领罐。分三式。

AⅠ式 高领，侈口，领、沿界限不明显。ⅣT1406④，泥质红衣陶。圆唇，圆肩，平底。素面。口径17厘米（图一〇，1）。

AⅡ式 斜领。ⅣT1406③:8，泥质灰陶。尖唇，圆肩，平底，腹部附四个鸡冠形小鋬。口径12.5、高24厘米（图一〇，9；图版三，1）。

AⅢ式 直领，侈口，领、沿界限明显。M3:6，泥质灰陶。厚圆唇，圆肩，平底，肩部附一周凸棱及对称小鸡冠鋬两个。口径10.4、高16.8厘米（图一〇，6；图版三，2）。

B型 侈口罐。多口沿残片。

ⅢT707③B，泥质红衣陶。侈沿，圆唇。口沿下饰弦纹。口径11.6厘米（图一〇，4）。

ⅢT807⑤，泥质红衣陶。侈沿，方唇，肩部刻划不规则短线。口径16厘米（图一〇，10）。

ⅢT807⑤，泥质红衣陶。折沿，方唇，肩部有小耳。素面。口径19厘米（图一〇，12）。

C型 直口罐，多残。ⅢT807⑤，泥质灰陶。圆唇，肩部有小耳。肩、腹部各饰一周凸棱。口径9.5厘米（图一〇，2）。

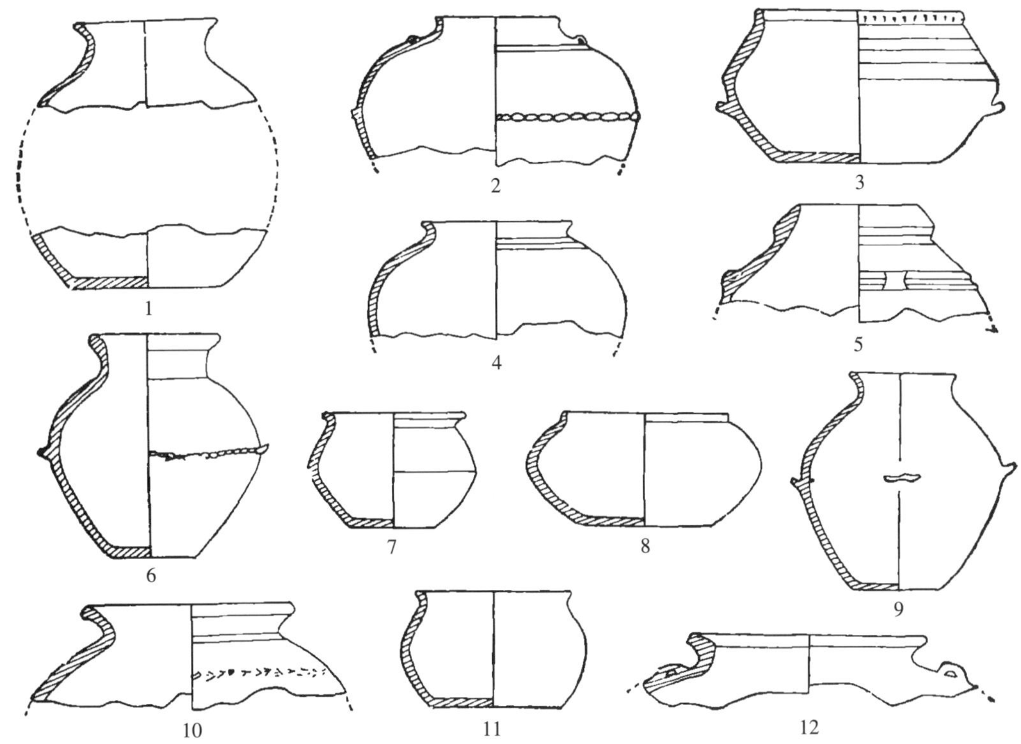

图一〇 崧泽文化陶罐

1. AⅠ式（ⅣT1406④） 2. C型（ⅢT807⑤） 3. EbⅠ式（ⅣT1406③:4） 4、10、12. B型（ⅢT707③B、ⅢT807⑤、ⅢT807⑤） 5. D型（ⅣT1405③） 6. AⅢ式（M3:6） 7. EbⅡ式（ⅣT1206④:15） 8. EaⅠ式（ⅢT807⑤:3） 9. AⅡ式（ⅣT1406③:8） 11. EaⅡ式（ⅢT807⑤:2）（1、9. 约1/9，余约1/6）

D型 敛口罐，多为残件。ⅣT1405③，泥质红陶。尖唇，肩部附宽耳。饰弦纹。口径9厘米（图一〇，5）。

E型 扁腹罐。可分二亚型。

Ea型 圆腹。分二式。

EaⅠ式 直口，浅腹。ⅢT807⑤:3，泥质灰陶。尖唇。素面。口径12.8、高8.5厘米（图一〇，8；图版三，3）。

EaⅡ式 侈口，腹较深。ⅢT807⑤:2，泥质红陶。尖唇。素面。口径12.4、高8.5厘米（图一〇，11）。

Eb型 折腹或折肩。分二式。

EbⅠ式 直口，浅腹。ⅣT1406③:4，泥质灰陶。厚圆唇。口沿旁按捺小三角纹，上腹部饰弦纹，下腹部附对称鸡冠耳一对。口径16.8、高11.5厘米（图一〇，3；图版三，5）。

EbⅡ式 侈口，腹较深。ⅣT1206④:15，泥质灰陶。素面。口径11、高8厘米（图一〇，7）。

壶 复原6件。结合残件，分四型。

A型 有颈，折肩，折腹。分三式。

AⅠ式 侈口，直领。无瓦棱纹。ⅣT1405②:4，泥质灰陶。尖圆唇，平底。颈部饰弦纹。口径6.2、高14厘米（图一一，1；图版三，6）。

AⅡ式 侈口。饰浅瓦棱纹，纹痕不太清晰。M3:3，泥质灰陶。尖圆唇，平底。口径7.2、高

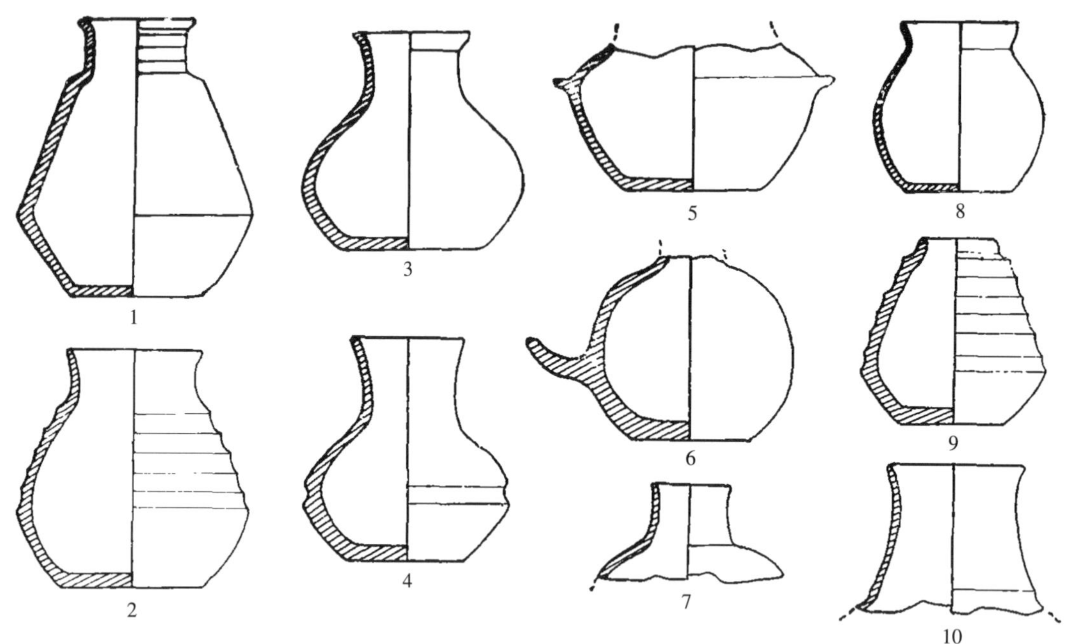

图一一 崧泽文化陶壶

1. AⅠ式（ⅣT1405②:4） 2. AⅡ式（M3:3） 3. BⅡ式（M2:3） 4. BⅢ式（ⅣT1204④:16） 5、10. C型（ⅣT1106④、ⅢT707③B） 6、7. BⅠ式（ⅣT1406④、ⅣT1405③） 8. D型（ⅣT1206:17） 9. AⅢ式（M1:2）（6、7、9. 1/5，余约1/4）

11.8厘米（图一一，2）。

AⅢ式 直口微敛。饰深瓦棱纹，纹痕清晰。M1:2，泥质黑陶，表面打磨。方唇，平底。口径5、高12厘米（图一一，9；图版三，4）。

B型 细颈。分三式。

BⅠ式 圆腹。皆残。

ⅣT1406④，泥质红衣陶。平底，宽扁柄上翘。素面。残高12厘米（图一一，6）。

ⅣT1405③，泥质红陶。微侈口，圆唇。素面。口径5.7厘米（图一一，7）。

BⅡ式 扁圆腹。M2:3，泥质灰陶。侈口，圆唇，平底。素面。口径6.4、高10.8厘米（图一一，3）。

BⅢ式 扁腹。ⅣT1204④:16，泥质灰陶。侈口，圆唇，平底。折腹部饰瓦棱纹一周。口径6、高11厘米（图一一，4；图版四，2）。

C型 筒形颈。皆残。

ⅢT707③B，泥质红陶。口微侈，圆唇。素面。口径6.9厘米（图一一，10）。

ⅣT1106④，泥质灰陶。折肩，平底，肩部附对称鸡冠形鋬一对。残高7.2厘米（图一一，5）。

D型 矮斜领。ⅣT1206④:17，泥质红陶。圆唇，圆腹，平底。素面。口径6.2、高8.5厘米（图一一，8）。

盆 复原5件。结合残件，分三型。

A型 深腹大盆。皆残。ⅢT605⑤:1，底部残缺。泥质红衣陶。口微侈，圆唇，圆腹，附鸡冠形宽鋬。素面。口径27.2厘米（图一二，9）。

B型　深腹小盆。分三式。

BⅠ式　侈口，束颈，折腹。ⅣT1006⑥，口、腹部残片。泥质红陶。尖唇。素面。口径14厘米（图一二，8）。

BⅡ式　侈口，折腹。ⅣT1406③∶6，泥质灰陶。尖圆唇，小平底，附鸡冠形小鋬。素面。口径14.4、高9.5厘米（图一二，7；图版四，1）。

BⅢ式　口微侈，圆腹，矮圈足。M2∶2，泥质灰陶。方唇。口沿下附一周凸棱，素面。口径14.6、高10.5厘米（图一二，6）。

C型　浅腹盆。分四式。

CⅠ式　折沿外翻。有的在口沿下有圆形小孔。ⅣT1106⑥∶5，泥质红衣陶。尖圆唇，斜腹，平底。素面。口径22.4、高6.5厘米（图一二，5）。

CⅡ式　斜折沿。ⅢT606④∶2，泥质黑陶。尖唇，上腹微鼓，底近平。素面。口径25.7、高10厘米（图一二，3）。

CⅢ式　侈口。皆残。ⅢT606③，泥质红衣陶。圆唇。素面。口径48厘米（图一二，4）。

CⅣ式　形式近CⅢ式，折腹。ⅣT1106④∶4，泥质灰陶。圆唇，底近平。素面。口径24.8、高8.5厘米（图一二，2；图版四，3）。

刻槽盆　复原1件。结合残件，分三式。

Ⅰ式　直口或微侈。内壁刻菱形浅槽。ⅢT606④∶13，泥质红陶。尖流，方唇，圆口。素面。口径21厘米（图一二，1）。

Ⅱ式　敛口。内壁刻槽较深。ⅣT1106⑤∶6，泥质红衣陶。圆唇，半圆形流，圆腹，大平底。素

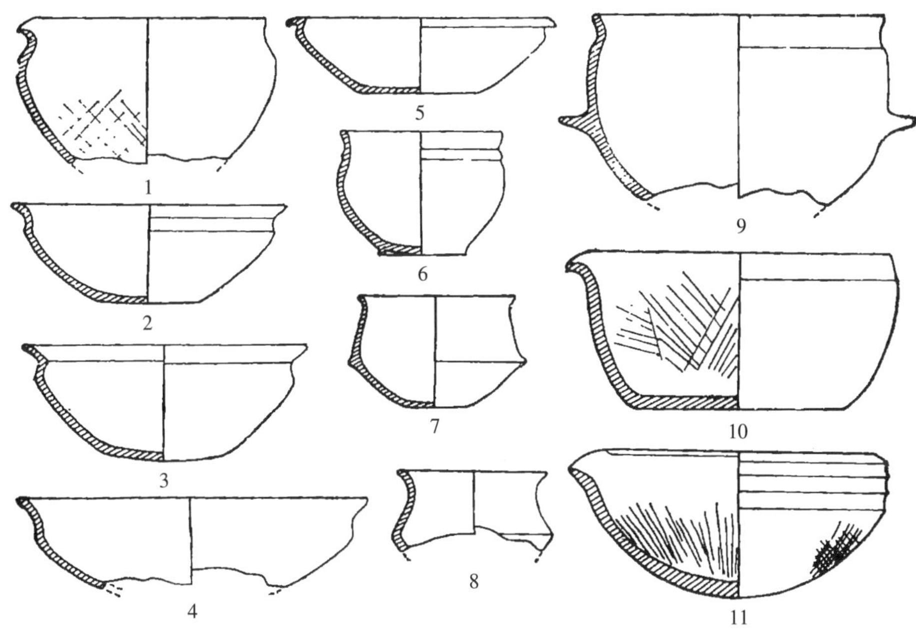

图一二　崧泽文化陶器

1. Ⅰ式刻槽盆（ⅢT606④∶13）　2. CⅣ式盆（ⅣT1106④∶4）　3. CⅡ式盆（ⅢT606④∶2）　4. CⅢ式盆（ⅢT606③）　5. CⅠ式盆（ⅣT1106⑥∶5）　6. BⅢ式盆（M2∶2）　7. BⅡ式盆（ⅣT1406③∶6）　8. BⅠ式盆（ⅣT1006⑥）　9. A型盆（ⅢT605⑤∶1）　10. Ⅱ式刻槽盆（ⅣT1106⑤∶6）　11. Ⅲ式刻槽盆（ⅢT1207④∶1）（4. 约1/10，余约1/6）

面。口径29、高13.5厘米（图一二，10；图版四，4）。

Ⅲ式　敛口。上部饰瓦棱纹，下部刻划小方格纹，内壁刻放射状深槽。ⅢT1207④:1，泥质红陶。方唇，圜底。口径26、高12.8厘米（图一二，11）。

钵　复原2件。结合残件，分二型。

A型　浅腹。分三式。

AⅠ式　口沿下外凸，似翻沿。ⅣT1106⑥，泥质红陶。圆唇。素面。口径23厘米（图一三，9）。

AⅡ式　折敛口。ⅣT1206⑤:2，泥质灰陶。圆唇，斜腹，小平底。素面。口径22、高8.9厘米（图一三，10）。

AⅢ式　敛口，折腹。ⅢT03③A，泥质灰陶。厚圆唇。口沿下与折腹处各有一周齿状凸脊。口径22.5厘米（图一三，7）。

B型　腹较深。分二式。

BⅠ式　直口。ⅣT1106⑥，泥质红陶。圆唇，弧腹。素面。口径19厘米（图一三，2）。

BⅡ式　敛口。ⅢT606④:1，泥质红衣陶。方唇，圆腹，平底，口沿旁穿一小圆孔。素面。口径14.7、高8.8厘米（图一三，1；图版四，5）。

觚　复原1件。ⅣT1006④:21，泥质灰陶。筒形，腹中部内弧，尖唇，平底。素面。口径7.7、高18厘米（图一三，8）。

杯　均残件。分二式。

Ⅰ式　高圈足。ⅢT707③B，泥质黑陶。斜直壁，近底处内折，杯身上有扁纽。圈足上一周凸棱。残高11厘米（图一三，3）。

Ⅱ式　矮圈足。ⅢT1207④，泥质黑陶。筒形腹。饰瓦棱纹。残高10厘米（图一三，11）。

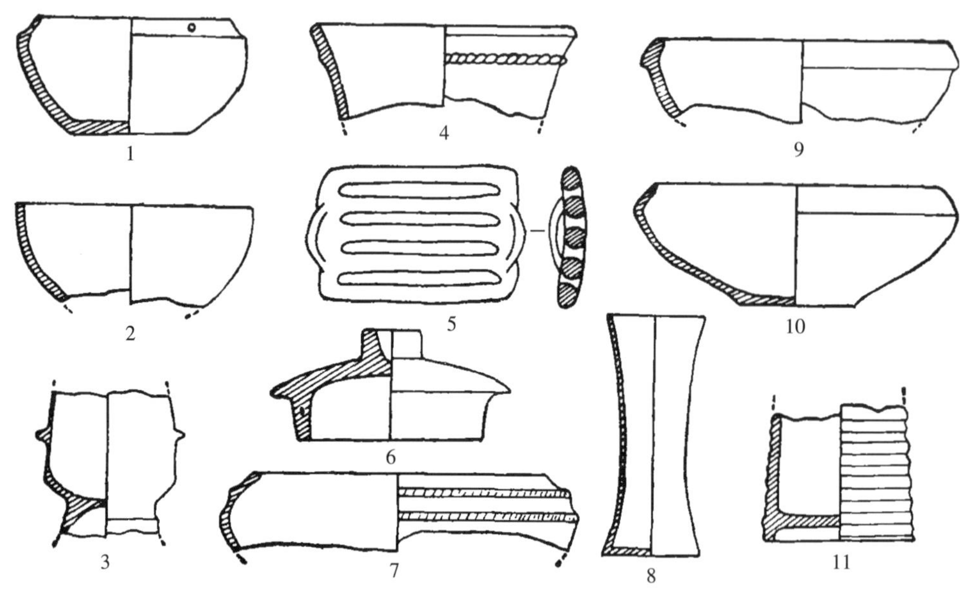

图一三　崧泽文化陶器

1. BⅡ式钵（ⅢT606④:1）　2. BⅠ式钵（ⅣT1106⑥）　3. Ⅰ式杯（ⅢT707③B）　4. 缸（ⅣT1106⑥）　5. 炉箅（ⅡT05③:1）　6. 器盖（ⅢT707③B:2）　7. AⅢ式钵（ⅢT03③A）　8. 觚（ⅣT1006④:21）　9. AⅠ式钵（ⅣT1106⑥）　10. AⅡ式钵（ⅣT1206⑤:2）　11. Ⅱ式杯（ⅢT1207④）（4、5. 约1/11，6. 约1/3，余约1/6）

缸　均残件。ⅣT1106⑥，夹砂红陶。敞口，方唇。口沿下附绹索状堆纹一周。口径 42 厘米（图一三，4）。

炉箅　复原 1 件。ⅡT05③:1，夹砂灰陶。长方形框，框内纵列三根圆柱形炉条，两端设半环形把手。素面。长 31、宽 20 厘米（图一三，5；图版四，6）。

器盖　复原 1 件。ⅢT707③B:2，泥质灰陶。圈状捉手，宽凸缘，直壁微收。素面。高 4、外缘直径 9.5、底径 7.4 厘米（图一三，6）。

器底　均残件。

ⅢT605⑤，泥质灰陶。平底下有刻划记号。底径 5.8 厘米（图一四，1）。

ⅣT1404③，泥质灰陶。平底，四扁足（图一四，2）。

ⅠT805⑥，泥质灰陶。平底，四花瓣足，器底四个圆形镂孔正对四足（图一四，3）。

器耳　种类很多，有牛鼻耳、宽体耳、宽扁耳等。有的耳上有捺窝。

ⅣT1106⑤，牛鼻形（图一四，4）。

ⅠT805⑤，宽体，耳上有三排捺窝（图一四，5）。

把手　ⅣT1206⑥，羊角形（图一四，6）。

器鋬　种类很多，有鸡冠形、长方形、长条形等。ⅣT1006⑤，泥质红陶。附于罐腹，鸡冠形略上翘，下侧有多个捺窝（图一四，7）。

玩具

ⅢT605⑤:6，小盖。泥质红陶。

ⅣT1206⑤:13，小盅。泥质黑陶。

ⅣT1407③:10，小饼。泥质红陶。一侧有对穿小孔。

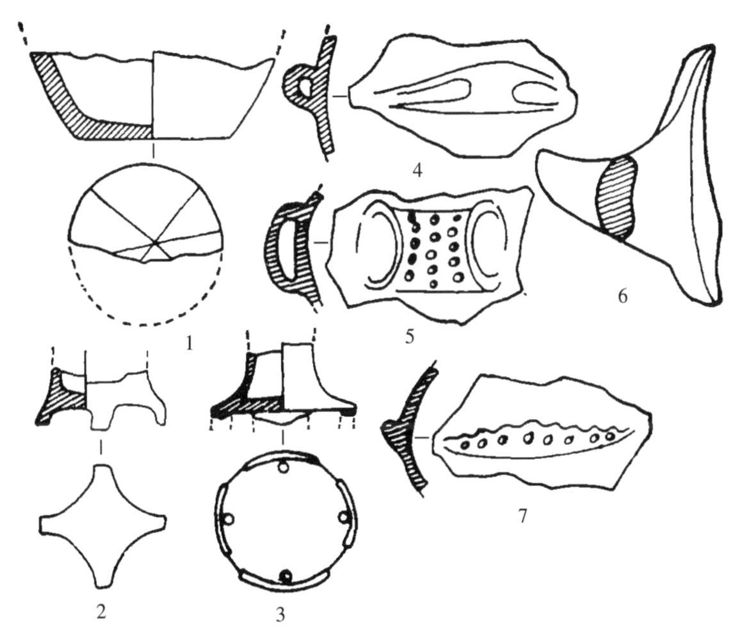

图一四　崧泽文化陶器

1~3. 器底（ⅢT605⑤、ⅣT1404③、ⅠT805⑥）　4、5. 器耳（ⅣT1106⑤、ⅠT805⑤）
6. 把手（ⅣT1206⑥）　7. 器鋬（ⅣT1006⑤）（1、6. 约 1/3，2、3. 约 1/6，余约 1/4）

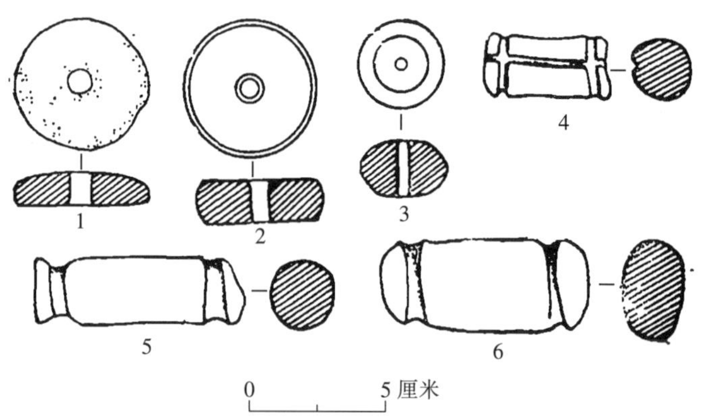

图一五 崧泽文化陶器

1. Ⅰ式纺轮（ⅢT606④:6） 2. Ⅱ式纺轮（ⅣT1206⑤:9） 3. Ⅲ式纺轮（ⅣT1407②:5）
4、5. Ⅰ式网坠（ⅢT605⑤:3、ⅣT1206⑥:7） 6. Ⅱ式网坠（ⅣT1407③:1）

纺轮 3件。分三式。

Ⅰ式 圆饼形，直边。ⅢT606④:6，泥质灰陶。一面平，一面微鼓，中央有孔。直径5、厚1.2、孔径0.8厘米（图一五，1）。

Ⅱ式 圆饼形，斜折边。ⅣT1206⑤:9，夹砂红陶。两面均平，中央有孔。直径5、厚1.6、孔径0.6厘米（图一五，2）。

Ⅲ式 算珠形。ⅣT1407②:5，泥质红陶。中央有孔。直径3、厚2.1、孔径0.4厘米（图一五，3）。

网坠 8件。分二式，每式4件。

Ⅰ式 圆柱形。

ⅢT605⑤:3，泥质红陶。两端有直槽，一面有横槽。长4.6、直径2.2厘米（图一五，4）。

ⅣT1206⑥:7，泥质灰陶。两端有直槽。长7.6、直径2.4厘米（图一五，5）。

Ⅱ式 扁圆柱形。ⅣT1407 ③:1，泥质红陶。两端有直槽。长7.6、直径2.4~3.5厘米（图一五，6）。

2. 石器

主要有斧、锛、凿、铲、纺轮、网坠、磨棒、砺石等。石质多属沉积岩系，如石灰岩、泥灰岩、砂岩。其次是变质岩系，如千枚岩、板岩、片岩。火成岩系极少，仅见闪长岩1例。

斧 6件。分三型。

A型 1件。ⅣT1106⑥:18，千枚岩质。近正方形。两面平，弧刃，近顶部有孔。长9.2、宽6、厚1.2厘米（图一六，14）。

此外，在遗址中采集1件，可归入此型。采:1，硅质砂岩。弧刃较宽，孔在中上部。长13.4、宽10.4、厚1.6厘米（图一六，17）。

B型 2件。近长方形。分二式。

BⅠ式 1件。ⅣT1106⑥:19，千枚岩质。上部较窄，弧顶，双面弧刃。长13.6、宽7.2、厚1.2厘米（图一六，2）。

BⅡ式 1件。ⅣT1106④:23，泥灰岩质。通体磨光。平顶，近顶部穿孔。长12.6、宽7.6、厚1.2厘米（图一六，1）。

C 型　2 件。长条形。

ⅣT1407③:6，长石质砂岩。上部有孔，已残，窄弧刃。残长 15、宽 7.2、厚 3 厘米（图一六，9）。

ⅣT1404②:3，片岩。窄斜刃，无孔。长 8.4、宽 3、厚 1.2 厘米（图一六，10）。

锛　9 件。分三型。

A 型　3 件。长方形，弧背。分三式。

AⅠ式　背微弧，单面弧刃。ⅢT707④:7，石灰岩。长 6.4、宽 2.7、厚 1.1 厘米（图一六，8）。

AⅡ式　通体磨光。弧背，单面平刃。ⅣT1404②:7，石灰岩。长 6.2、宽 2.3、厚 1.4 厘米（图一六，4）。

AⅢ式　弧背微起脊线，刃微弧。ⅣT1106④:16，石灰岩。长 6.2、宽 3.8、厚 1.8 厘米（图一六，5）。

B 型　2 件。小型。斜刃。ⅢT807⑤:4，石灰岩。长 5、宽 3、厚 0.5 厘米（图一六，15）。

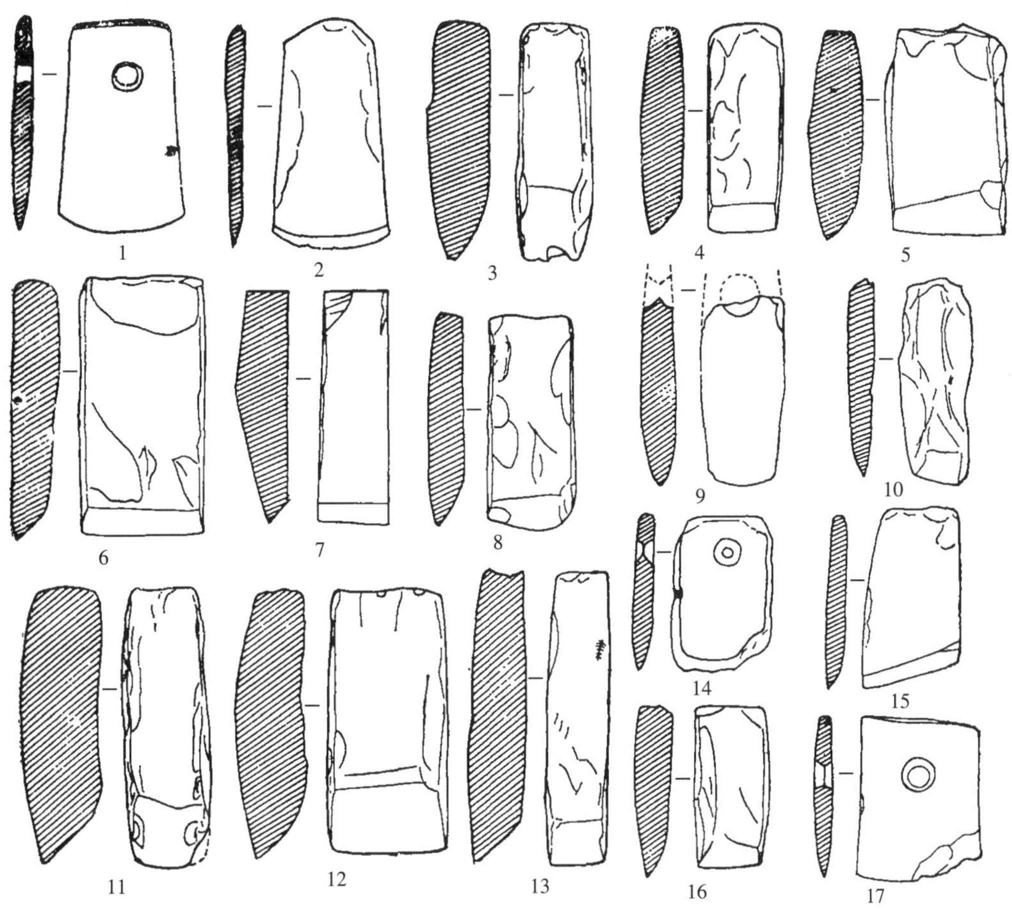

图一六　崧泽文化石器

1. BⅡ式斧（ⅣT1106④:23）　2. BⅠ式斧（ⅣT1106⑥:19）　3、7. 锛（采:4、5）　4. AⅡ式锛（ⅣT1404②:7）　5. AⅢ式锛（ⅣT1106④:16）　6. C 型锛（M2:4）　8. AⅠ式锛（ⅢT707④:7）　9、10. C 型斧（ⅣT1407③:6、ⅣT1404②:3）　11. AⅡ式凿（ⅣT1106⑤:15）　12、16. B 型凿（ⅣT1404②:5、ⅣT1405②:6）　13. AⅠ式凿（ⅣT1106⑤:20）　14. A 型斧（ⅣT1106⑥:18）　15. B 型锛（ⅢT807⑤:4）　17. A 型斧（采:1）（1、2、3、7、13、14. 约 1/4，4、5、6、8、12、15、16. 约 1/2，9、17. 约 1/6，10、11. 约 3/10）

C型　2件。平背。M2：4，纹层泥灰岩。两面平，刃微弧。长7.6、宽3.6、厚1.4厘米（图一六，6）。

此外，还采集到2件有段石锛。

采：5，角岩质。通体磨光。脊形，平刃。长13.8、宽4.2、厚3.2厘米（图一六，7）。

采：4，砂岩质。阶形，平刃。长14.2、宽4.2、厚4.2厘米（图一六，3）。

凿　6件。分为二型。

A型　4件。长条形。分二式。

AⅠ式　通体磨光。两面平，平刃。ⅣT1106⑤：20，石灰岩。顶部有磕痕。长17.3、宽3.3、厚3.5厘米（图一六，13）。

AⅡ式　背微弧，形体厚实。ⅣT1106⑤：15，石灰岩。长11.5、宽3.2、厚3.4厘米（图一六，11）。

B型　2件。宽体。

ⅣT1404②：5，石灰岩。背微弧。长7.8、宽3.5、厚2.1厘米（图一六，12）。

ⅣT1405②：6，石灰岩。形体较小，顶端宽厚。长4.8、宽2、厚1.2厘米（图一六，16）。

铲　1件。ⅢT606③：9，石灰岩。通体磨光。扁薄长方形，上部钻孔，弧刃。长20、宽10.4、厚1.2厘米（图一七，1）。

纺轮　1件。ⅣT1407④：3，粉砂岩。圆饼形，斜边，中穿一孔。直径5.6、厚1厘米（图一七，2）。

网坠　1件。ⅣT1407③：2，粉砂岩。方柱形，两端有绳槽。长6、宽2厘米（图一七，3）。

磨棒　1件。ⅣT1106⑥：24，残。闪长岩。梭形，剖面呈椭圆形。残长19.4、直径4.4~5.8厘米（图一七，7）。

砺石　6件，均残。ⅢT606③：11，石灰岩。长条形，中间磨成蜂腰状。残长11、宽7、厚5厘米（图一七，4）。

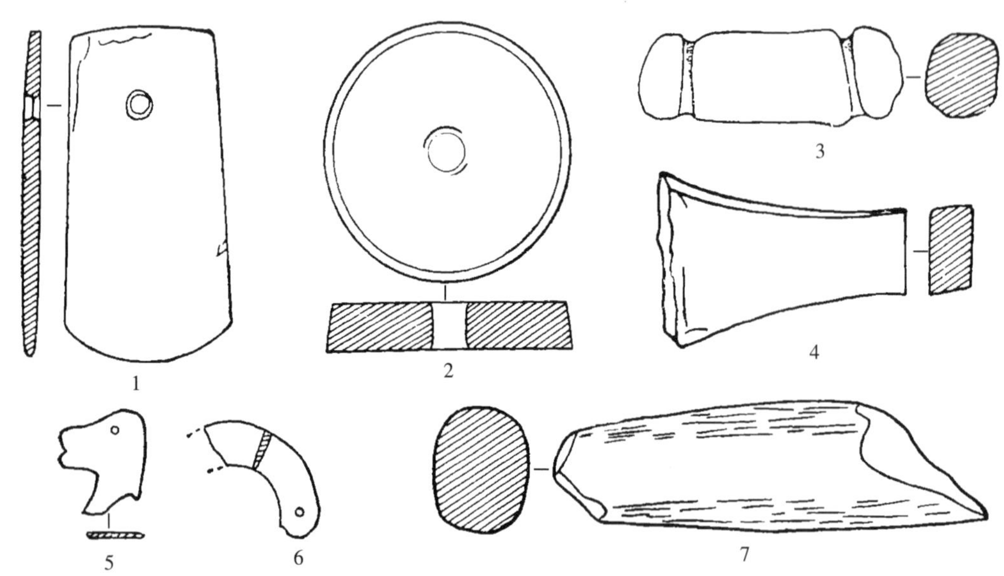

图一七　崧泽文化玉、石器

1. 石铲（ⅢT606③：9）　2. 石纺轮（ⅣT1407④：3）　3. 石网坠（ⅣT1407③：2）　4. 砺石（ⅢT606③：11）　5. 玉兽首（ⅣT1106⑥：27）　6. 玉璜（ⅣT1404②：10）　7. 石磨棒（ⅣT1106⑥：24）（1. 约1/5，4、7. 约1/3，余3/5）

3. 玉器

兽首 1件。ⅣT1106⑥:27，青白色。薄片，昂首，张嘴，以圆形穿孔为眼。长2.3、宽1.9、厚0.2厘米（图一七，5）。

璜 1件。ⅣT1404②:10，残。青白色。半环形，一端有圆孔。残长3.5、宽0.9、厚0.28厘米（图一七，6）。

4. 自然遗物

动物骨骸有猪骨、牛牙、鹿角等，其中以猪牙出土最多。

植物孢粉以禾本科为主，还有柏、栎、桑、藜、蒿、菊等[③]。

（三）分期

本季发掘的多数探方，崧泽文化遗存都为上、中、下叠压的三层堆积。例如Ⅳ区T1006、T1106、T1206的第4～6层；Ⅳ区T1405、T1406、T1407的第2～4层；Ⅲ区T707的第3A、3B、4层。墓葬都叠压在崧泽文化最上层堆积的上面。根据这样明确的地层关系，结合考察各层遗物的器形、纹饰特征，可以把崧泽文化分成三期。下层为第一期，中层为第二期，上层和墓葬为第三期。现将各期陶器特征分述如下（图一八）。

第一期 各类陶系中，夹砂红陶最多，泥质红陶稍少，泥质灰陶、黑陶与夹砂灰陶很少。夹砂红陶与泥质红陶中，都有相当一部分在表面施加红衣。陶鼎以折沿宽平的深腹釜形鼎为特征，颈部微微内束，腹部外鼓。陶豆常见两种，一种是细高柄形，直口，豆把近直，圈足外撇的弧度比较小；另一种是矮喇叭形圈足，深腹稍鼓。罐类中有领罐颇具特色，高领，敞口，领部与口沿之间没有明显的界线。陶壶，细颈，腹部为圆球形。陶盆种类较多，有深腹大盆、深腹小盆与浅腹盆等。深腹小盆的粗颈内束，折腹；浅腹盆的宽折沿向外翻，或宽沿斜折，小底近平。陶钵以浅腹为主，口沿外饰凸棱。深腹钵有直口圆唇与敛口方唇两种。刻槽盆，直口或微侈口，尖流，平底较小，器内刻划菱形浅槽。这一期还发现了少量陶釜的残片，有窄檐釜和附鋬无檐釜等。陶器腹部安装鸡冠形扁鋬的相当流行，陶鼎、陶罐、陶盆上均有，鸡冠形扁鋬一般比较宽大。陶器表面装饰很简陋，大部分是素面，仅有少量弦纹、篮纹、刻划纹和附加堆纹。陶豆圈足上有的有镂孔，仅见长方形与长条形孔，有的孔尚未穿透。

本期的细高柄豆，豆柄形制与镂孔，均与常州圩墩中层墓葬所出陶豆相同[④]，这种风格在青浦崧泽第一期墓葬中已不盛行[⑤]，仅个别陶器保留有条形镂孔。本期流行的宽大鸡冠形扁鋬，在圩墩中层、青浦福泉山的崧泽文化早期遗存中流行[⑥]，而在青浦崧泽下层的马家浜文化晚期遗存中格外盛行。附鋬窄檐釜是马家浜文化的典型炊器，但是这里很少见到。由此可见，本期年代与上述对比材料的年代相近，即已进入了崧泽文化阶段，但是保留了比较多的马家浜文化遗风，除了宽大的鸡冠形扁鋬外，还发现了多件残炉箅，牛鼻形的耳也很常见，因此它的上限早于青浦崧泽墓地的第一期墓葬。

属于此期的遗迹有居住面和灰坑H1～H3。

第二期 夹砂红陶与泥质红陶、黑陶略减，泥质灰陶增加，夹砂灰陶与前期相近。器表施红衣的作风延续，但是数量减少。深腹釜形鼎的宽沿斜折，颈部放松，腹部外鼓，或宽侈沿，腹部微鼓。陶豆的种类增多，高柄豆，柄外鼓或粗柄，圈足外撇的弧度很大。矮圈足豆，宽敛口，深腹斜收，有的圈足上部饰瓦棱纹。其他还有宽敛口的粗圈足豆和深腹罐形豆。陶罐种类更多，高领罐的领部变斜，

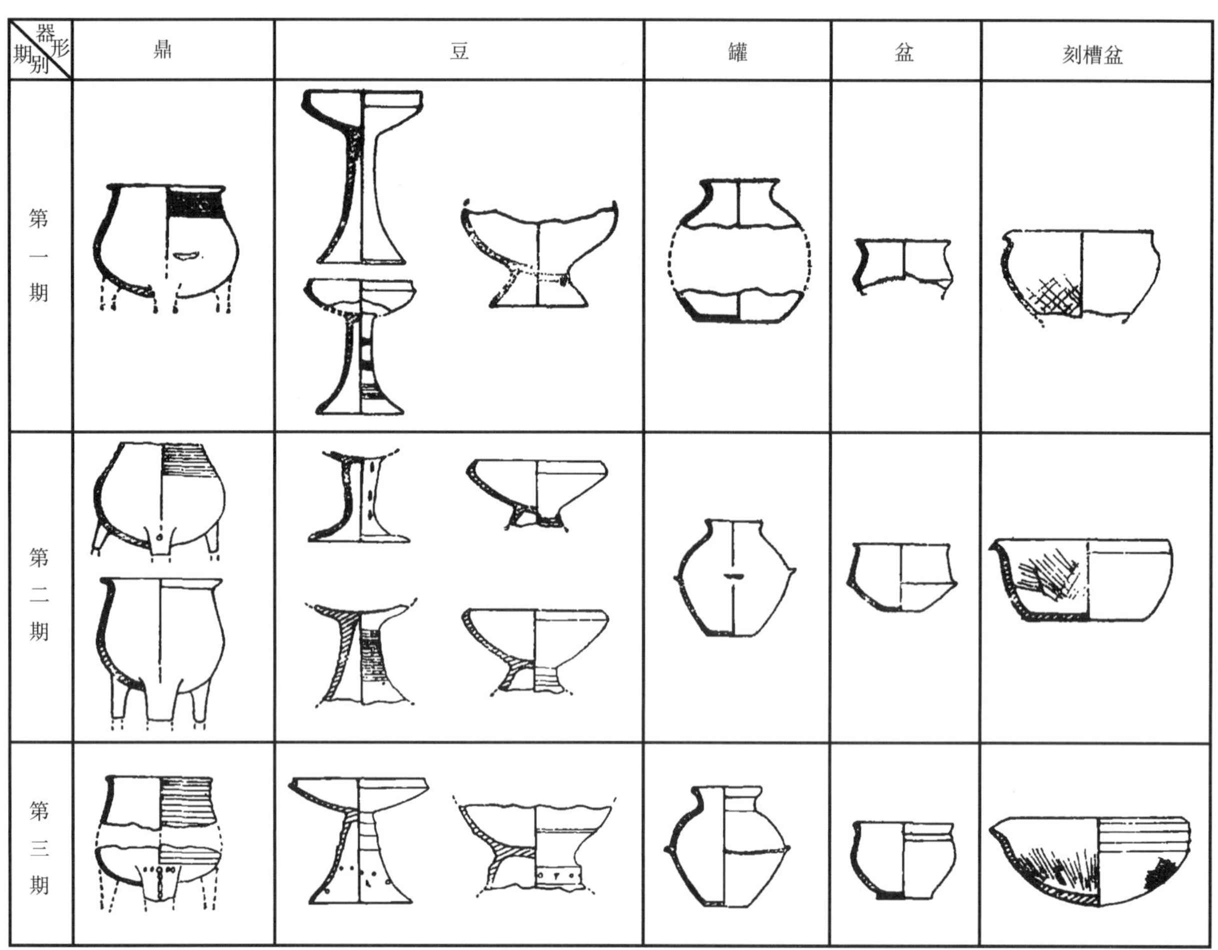

图一八　崧泽文化各期典型陶器比较图

第一期：鼎（AⅠ式：ⅣT1406④：3）　豆（AⅠ式、AⅡ式、BⅠ式：ⅣT1106⑥：2、ⅣT1206⑥：12、ⅣT1106⑥：10）　罐（AⅠ式：ⅣT1406④）　盆（BⅠ式：ⅣT1006⑥）　刻槽盆（Ⅰ式：ⅢT606④：13）　第二期：鼎（AⅡ式、AⅢ式：ⅣT1206⑤：1、ⅣT1406③：7）　豆（AⅢ式、AⅣ式、BⅡ式、BⅢ式：ⅣT1407③：4、ⅢT707③B：4、ⅣT1405③：2、ⅢT707③B：1）　罐（AⅡ式：ⅣT1406③：8）　盆（BⅡ式：ⅣT1406③：6）　刻槽盆（Ⅱ式：ⅣT1106⑤：6）　第三期：鼎（AⅣ式：M3：7）　豆（AV 式、BⅣ式：M2：1、ⅣT1405②：3）　罐（AⅢ式：M3：6）　盆（BⅢ式：M2：2）　刻槽盆（Ⅲ式：ⅢT1207④：1）

圆肩，平底。其他如侈口罐、直口罐、敛口罐和扁腹罐各具特色。细颈陶壶以圆腹为特征，又出现了粗筒颈壶。深腹小盆，颈部消失，侈口，折腹，小平底。浅腹钵，器口折敛，斜收腹，平底。刻槽盆，敛口，半圆形流，大平底，器内刻深槽。陶釜均为附鋬、把的无檐釜。鼎、罐、盆上安装鸡冠形鋬的作风得到延续，只是鋬形稍小。器表依然主要是素面，纹饰种类稍有增多，有弦纹、篮纹、戳印纹、锯齿纹、刻划纹、凸棱纹、瓦棱纹，还有按捺的小三角纹。陶豆圈足上的镂孔，长条形已很少见到，常见小圆孔与大圆孔，有的小圆孔未能穿透。开始出现少数三角形孔或弧边三角形孔。

本期的深腹釜形鼎与青浦崧泽 M10：3 形制相近，高柄豆与崧泽 M13：4 和 M7：3 的形制类同，矮圈足豆与崧泽 M22：4 近似。粗筒颈壶与崧泽 M18：5 相似，上述五墓均属青浦崧泽第二期墓葬，这里流行的小鸡冠形鋬在崧泽二期墓葬中亦有所发现。因此，本期年代与崧泽二期接近。

第三期　夹砂红陶、灰陶与泥质黑陶比前期减少，泥质红陶与灰陶增加。器表施红衣的风格衰退。深腹釜形鼎的口沿变窄，或斜折，或微侈，颈部完全消失。扁铲形鼎足外侧中间饰竖行锯齿状凸棱颇具特色。陶豆继续流行高柄形与矮圈足形，前者较前期稍矮，敛口变窄，豆柄上部呈瓦棱形；后者为三段式圈足。陶罐流行高领、直领。细颈壶流行扁圆腹。同时流行几种不同式样的矮颈壶。深腹小盆，圆腹，底附矮圈足。浅腹盆，侈口，折腹，底近平。浅腹钵，敛口，折腹。刻槽盆，敛口，圜底，内壁刻放射状深槽。器腹安装鸡冠形小鋬已比较少见。器表仍以素面为主，常见的纹饰有附加堆纹，如齿状凸脊，还有篮纹、弦纹、刻划小方格纹、凸棱纹等。鼎腹、壶身、豆柄上流行瓦棱纹。陶豆圈足上镂孔以三角形、弧边三角形与小圆孔最为盛行，亦有大圆孔。

本期的锯齿状凸棱扁足亦见于青浦崧泽 M59∶1，高柄豆与崧泽 M93∶2 和 M49∶3 形态接近，矮圈足豆与崧泽 M94∶2 近似。粗圈足豆的特征是敛口、折腹，与崧泽 M75∶1 相像。青浦崧泽这五座墓葬均属三期。此外，陶豆的三段式圈足，亦常见于崧泽三期墓葬。在圩墩上层墓葬中，也有发现。流行的矮颈壶中，有的与崧泽二期 M61∶1 比较近似。根据上述对比，可知本期年代应当与青浦崧泽三期接近。三座墓葬均属于此期。

四、商周文化遗存

（一）遗迹

有烧土面、灰坑和水井。

1. 烧土面　2 处。一处在ⅢT604 第 3 层下，分布在探方的东北部。烧土面形状不规整，面积约 1.5 米×2 米，表面高低不平。烧土块呈深红色，质地坚硬，有的烧土块内有植物茎秆痕迹。在烧土面附近发现夹砂红陶甗 1 件。另一处烧土面在ⅠT805 第 4 层下，分布在探方的西南，形状亦不规整，面积约 1 米×1.5 米。据调查，在距该烧土面以北约 30 米处，耕土层下有大片平整的烧土面。这些烧土面均应属居住址的残迹。

2. 灰坑　3 个。H4 在ⅡT05 的西南部，开口于第 1 层下，打破第 2 层。H5 在ⅣT1006 和 T1106 的南部，开口于第 2 层下，打破第 3 层。H6 在ⅣT1406 的西端，开口于第 1 层下，打破第 2 层。H4、H6 较小，形状不规整，出土遗物不多。H5 坑口呈椭圆形，长径 3.80、短径 2.60 米，距地表 0.40 米。坑壁倾斜，圜底，深 0.80 米。坑内填土分两层：第 1 层黄褐土，间有烧土屑，厚 0.20~0.40 米，遗物较少，有几何印纹陶片及原始瓷片；第 2 层黑灰土，质松软，厚 0.30~0.40 米，遗物较多，有陶罐、盆、钵、拍子、网坠和原始瓷碗以及石凿、石锛、石镰等。两层遗物无明显区别，时代相近。

3. 水井　1 座。J1，位于ⅣT1404 的东北部，井口在第 1 层下，打破第 2 ~4 层及生土。距地表深 0.30 米。井口呈圆形，直径 0.82 米。井内填土为黏稠的青黑色淤泥，深 1.5 米处，出土原始瓷碗残片及少量几何印纹陶片。深 2.5 米处，发现大小不一的木板 4 块，均竖立在淤泥中，其中一块大的，残长 40、宽 20、厚 3 厘米。此外，还出土少量竹片和芦苇秆。木板、竹片、芦苇等物，应属井圈的残迹。清理至 3.5 米，尚未到井底，因井内积水过多，停止清理。

（二）遗物

人工制品分成陶器、原始瓷器、石器和青铜器四类，以陶器数量最多。自然遗物只有猪牙和植物孢粉。

1. 陶器

分夹砂陶、泥质陶、硬陶三大类，其中泥质陶又可分为泥质红陶、泥质灰陶和泥质黑陶三种，据ⅢT604 和 H5 所出陶片的统计，夹砂陶占 34.5%，泥质红陶占 14.8%，泥质灰陶占 41%，泥质黑陶占

1.1%，硬陶占8.6%（表三）。

各类陶器中，绝大多数都是容器，另有少量纺轮和网坠。炊器主要是鼎和甗，鬲极为罕见，只发现了三个鬲足。盛食器以三足盘、豆、盆、钵、碗、罐数量较多，其他还有簋、刻槽盆、罍、盂、瓿、碟、器盖等。

表三　　**ⅢT604、H5陶系统计表**

陶系 / 数量 / 地层单位	夹砂红陶		泥质红陶		泥质灰陶		泥质黑陶		硬陶		合计	
	数量（片）	百分比（%）	数量（片）	百分比（%）	数量（片）	百分比（%）	数量（片）	百分比（%）	数量（片）	百分比（%）	数量（片）	百分比（%）
H5	371	36.5	125	12.3	428	42.1	5	0.5	88	8.6	1017	100
ⅢT604③	75	32.5	50	21.6	82	35.5	5	2.2	19	8.2	231	100
ⅢT604④	30	22.6	30	22.6	55	41.3	5	3.7	13	9.8	133	100
合计	476	34.5	205	14.8	565	41	15	1.1	120	8.6	1381	100

陶器纹饰种类繁多，以绳纹和席纹居多，梯格纹、方格纹、叶脉纹也占一定比例，数量较少的纹饰有重菱纹、水波纹、回纹、填线菱纹、折线纹和云雷纹，个别在口沿下堆贴“S”形泥条（图一九、二〇）。

鼎　可基本复原者共4件。结合残件，分三型。

A型　盆形，鼎足较高。分二式。

AⅠ式　侈口，浅垂腹，顺装扁形足。

ⅠT804④:7，夹砂红陶。圆唇。素面。口径18.2、高8.2厘米（图二一，5；图版五，1）。

ⅣT1106③:13，夹砂灰陶。尖圆唇。足上饰绳纹。口径21、高6.5厘米（图二一，1）。

AⅡ式　皆残。侈沿，浅鼓腹，足顺装，截面椭圆形。

H5，夹砂红陶。圆唇。饰绳纹。口径21、残高7.2厘米（图二一，2）。

图一九　商周遗存陶片纹饰拓本

1、3. 梯格纹（ⅢT604③）　2. 云雷纹（ⅢT604④）　4. 圈点纹（ⅢT604③）　5. 圈点纹与折线纹（ⅢT604③）　6、7. 席纹（ⅢT604③）（4/5）

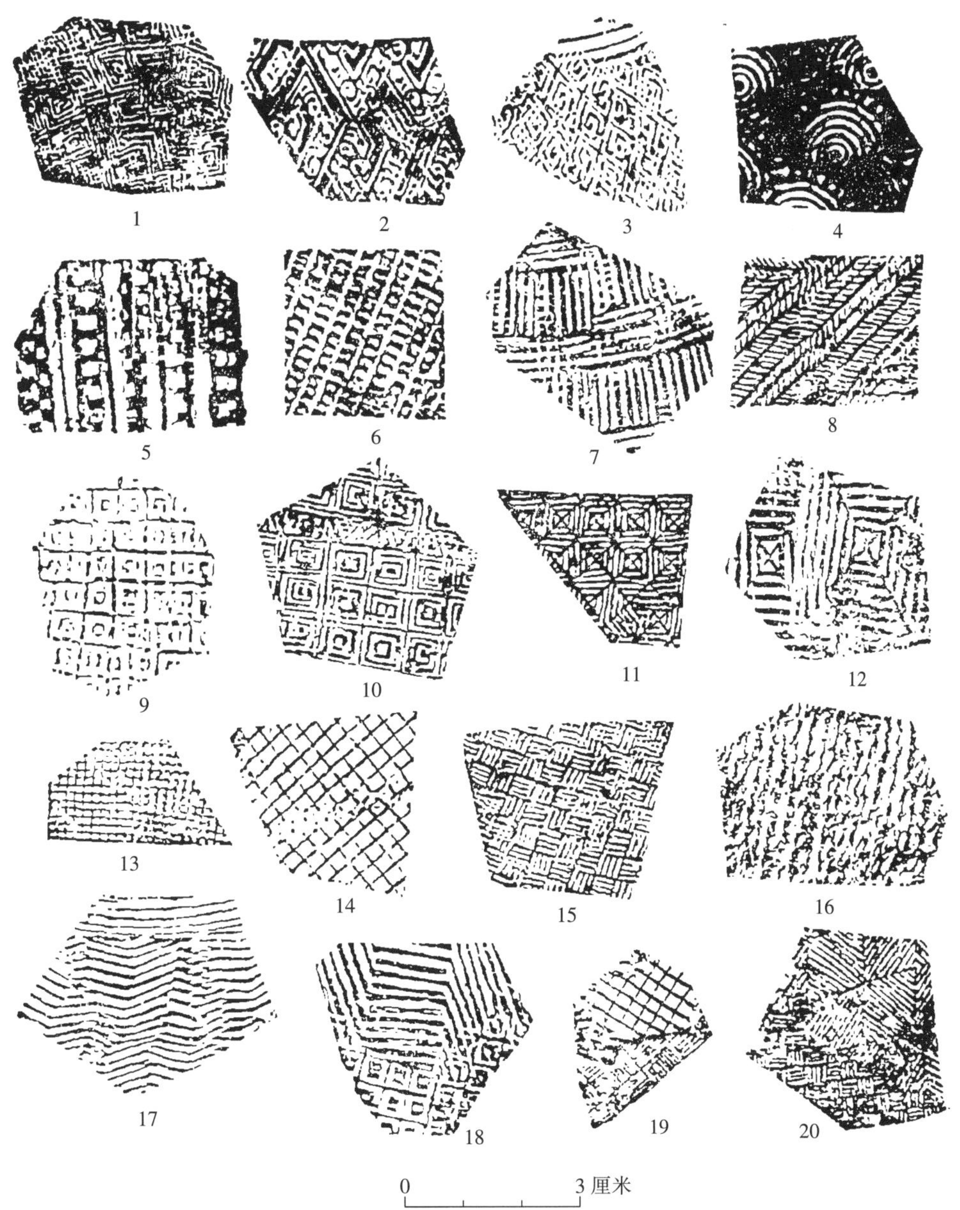

图二〇　商周遗存陶片纹饰拓本

1~3. 云雷纹（ⅠT805、ⅣT1006②、H5）　4. 重圈纹（ⅠT804②）　5. 方块纹（H5）　6. 扁格纹（ⅠT805③）　7、15. 席纹（ⅣT04③、ⅠT804④）　8. 叶脉纹（ⅠT01④）　9、10. "回"字形纹（ⅠT01③、ⅣT1206③）　11. 方格填线纹（ⅠT01③）　12. 菱形填线纹（ⅠT805③）　13. 小方格纹（ⅠT804②）　14. 大方格纹（ⅠT805④）　16. 绳纹（ⅠT804 ③）　17. 折线纹（H5）　18. 折线纹、"回"字形纹（JT805④）　19. 方格纹、席纹（ⅠT804④）　20. 菱形填线纹、席纹（ⅠT804④）

H5，鼎足。夹砂红陶。足端部外撇，上部饰绳纹（图二一，10）。

B型　矮足。分二式。

BⅠ式　浅盘形，三足聚于盘底中部。ⅣT1006③：12，泥质黑陶。敞口，圆唇，凸底。素面。口径9.4、高4.3厘米（图二一，4）。

BⅡ式　深腹，三足安于器底边缘。H6：1，夹砂红陶。敛口，圆腹。素面。口径6.4、高8.4厘米（图二一，3）。

C型　皆残片。仿铜鼎。H6，鼎口沿。泥质红陶。口微侈，方形附耳。口沿下有数道弦纹（图二

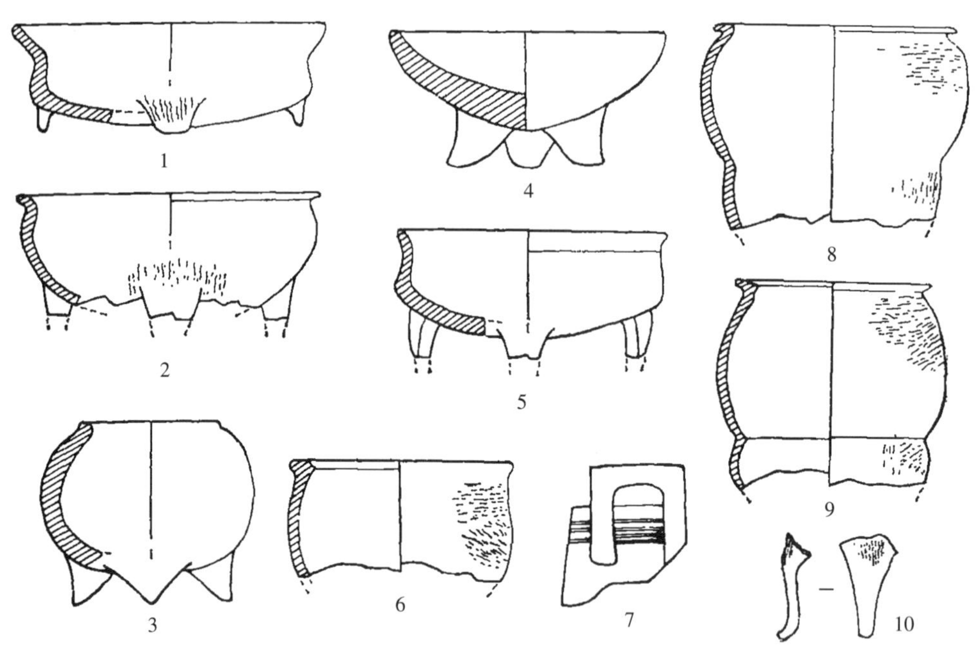

图二一 商周遗存陶器

1、5. AⅠ式鼎（ⅣT1106③:13、ⅠT804④:7） 2、10. AⅡ式鼎（H5） 3. BⅡ式鼎（H6:1） 4. BⅠ式鼎（ⅣT1006③:12） 6. Ⅰ式甗（ⅢT604③） 7. C型鼎（H6） 8. Ⅲ式甗（ⅢT604③:5） 9. Ⅱ式甗（ⅢT604③:2）（1、2、5、10. 1/5，3、4. 约2/5，7. 4/15，余约1/8）

一，7）。

甗 均残件。分三式。

Ⅰ式 斜折沿，口沿剖面为“T”形，口径与腹最大径大致相等。ⅢT604③，上部残片。夹砂红陶。厚圆唇。饰绳纹。口径、腹径均为24厘米（图二一，6）。

Ⅱ式 折沿近平，鼓腹，腹部最大径稍大于口径。

ⅢT604③:2，器身可复原。夹砂红陶。圆唇，束腰，圜底，椭圆形足残断。饰横绳纹。口径20.7、最大腹径24.4、残高24.4厘米（图二一，9；图版五，6）。

ⅢT604③，甗足。夹砂红陶。近圆形，外侧拱出。上部保留少量绳纹。

Ⅲ式 平折沿，束颈，形体矮胖。ⅢT604③:5，底、足残缺。夹砂红陶。方唇，束腰。上腹饰绳纹。口径22.6、残高24厘米（图二一，8；图版六，5）。

有的甗腰内壁附乳丁形支点，用以承箅。

三足盘 复原3件。分三式。

Ⅰ式 平沿，弧腹，凸圜底，三高足内聚，足端间距小于口径，足剖面呈扁圆形，内侧稍凹。ⅢT604③:6，泥质灰陶。尖唇，足端外勾。素面。口径15.6、高16、足端间距12厘米（图二二，3）。

Ⅱ式 平折沿，折腹，凸圜底，足端间距略小于口径，足剖面扁圆形。ⅢT604③:4，泥质灰陶。圆唇。素面。口径19.6、高18、足端间距19厘米（图二二，2；图版五，3）。

Ⅲ式 斜折沿，鼓腹，底近平，三高足外撇，足端间距略大于口径，足剖面圆形。ⅣT1206③:5，泥质灰陶。方唇。素面。口径19、高19.2、足端间距19.6厘米（图二二，1；图版五，2）。

豆 均残件。分二型。

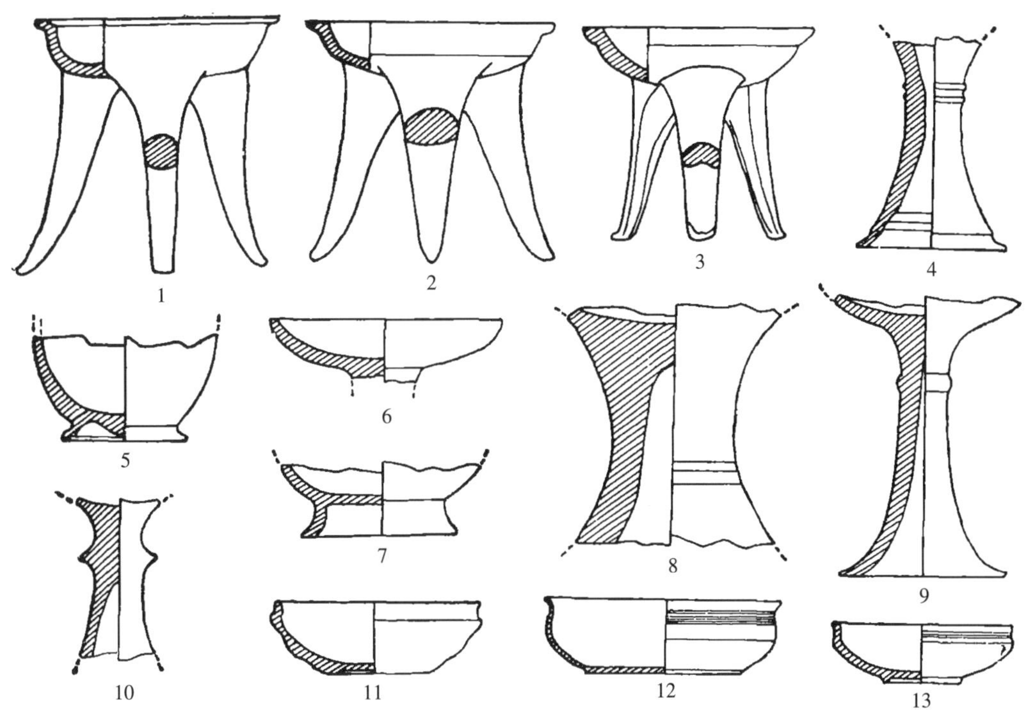

图二二　商周遗存陶器

1. Ⅲ式三足盘（ⅣT1206③:5）　2. Ⅱ式三足盘（ⅢT604③:4）　3. Ⅰ式三足盘（ⅢT604③:6）　4、6. AⅡ式豆（ⅢT604④、ⅢT604③）　5. Ⅱ式簋（ⅣT04③）　7. Ⅰ式簋（ⅢT604③）　8. B型豆（ⅢT604④）　9. AⅢ式豆（ⅣT1206③）　10. AⅠ式豆（ⅢT604④）　11. Ⅱ式碗（ⅠT805④:4）　12、13. Ⅰ式碗（H5:3、ⅣT1006③:3）（8. 约1/3，余约1/6）

A型　细高把。分三式。

AⅠ式　豆把上端有一圈粗凸箍。ⅢT604④，泥质红陶。胎质较硬。把径3.9厘米（图二二，10）。

AⅡ式　豆把上端有两圈凸棱。

ⅢT604③，泥质灰陶。圆唇，浅腹。素面。口径18厘米（图二二，6）。

ⅢT604④，泥质灰陶。圈足外撇。把径4.2、底径12厘米（图二二，4）。

AⅢ式　豆把较细，上端有一周较宽凸棱。ⅣT1206③，口沿残缺。泥质灰陶。圈足外撇弧度较大。把径3.7、底径13.6厘米（图二二，9）。

B型　粗喇叭形圈足。ⅢT604④，豆把上部。紫褐色硬陶。饰弦纹。残高8.4厘米（图二二，8）。

簋　均残件。分二式。

Ⅰ式　平底，高圈足。ⅢT604③，仅存下部。泥质灰陶。圈足外撇。素面。残高5.2厘米（图二二，7）。

Ⅱ式　凸底，矮圈足。ⅣT04③，口部残缺。泥质灰陶。深腹，圈足外撇。素面。残高8厘米（图二二，5）。

碗　复原3件。分二式。

Ⅰ式　束颈不明显，矮圈足手捏而成，留有紧密的手捏痕。

H5:3，泥质灰陶。侈口，尖唇，微鼓腹。饰弦纹。口径18.6、高5.6厘米（图二二，12；图版八，6）。

ⅣT1006③:3，泥质灰陶。侈口，尖唇，斜腹。饰弦纹。口径14、高4厘米（图二二，13）。

Ⅱ式　束颈，窄肩，平底。ⅠT805④:4，泥质灰陶。侈口，尖唇。素面。口径16、高5.2厘米（图二二，11）。

盆　复原3件。结合残件，分为四型。

A型　深腹大盆。分三式。

AⅠ式　敞口。ⅠT805④:5，泥质灰陶。圆唇。饰席纹。口径32、高16.5厘米（图二三，1；图版五，4）。

AⅡ式　平沿。H4，口、腹残片。泥质灰陶。方唇。饰席纹。口径44厘米（图二二，5）。

AⅢ式　折沿外翻。ⅠT804③，口、腹残片。泥质灰陶。尖唇。饰弦纹。口径50厘米（图二三，7）。

B型　浅腹，直壁，折沿外翻。ⅣT1006③:7，泥质灰陶。尖唇，大平底。素面。口径33、高10.2厘米（图二三，6；图版五，5）。

C型　浅腹，弧壁，侈沿。ⅣT1006②:1，泥质灰陶。尖圆唇，平底。素面。口径28.2、高12厘米（图二三，2）。

D型　折腹。分二式。

DⅠ式　侈口。ⅢT604③，口、腹残片。硬陶。圆唇，腹斜收。素面。口径14厘米（图二三，4）。

DⅡ式　平沿。ⅠT804④，口、腹残片。泥质灰陶。方唇。素面。口径29厘米（图二三，3）。

钵　复原4件。分三式。

Ⅰ式　敛口，深腹。ⅣT1006③:5，泥质灰陶。圆唇，大平底。素面。口径24.5、高12厘米（图

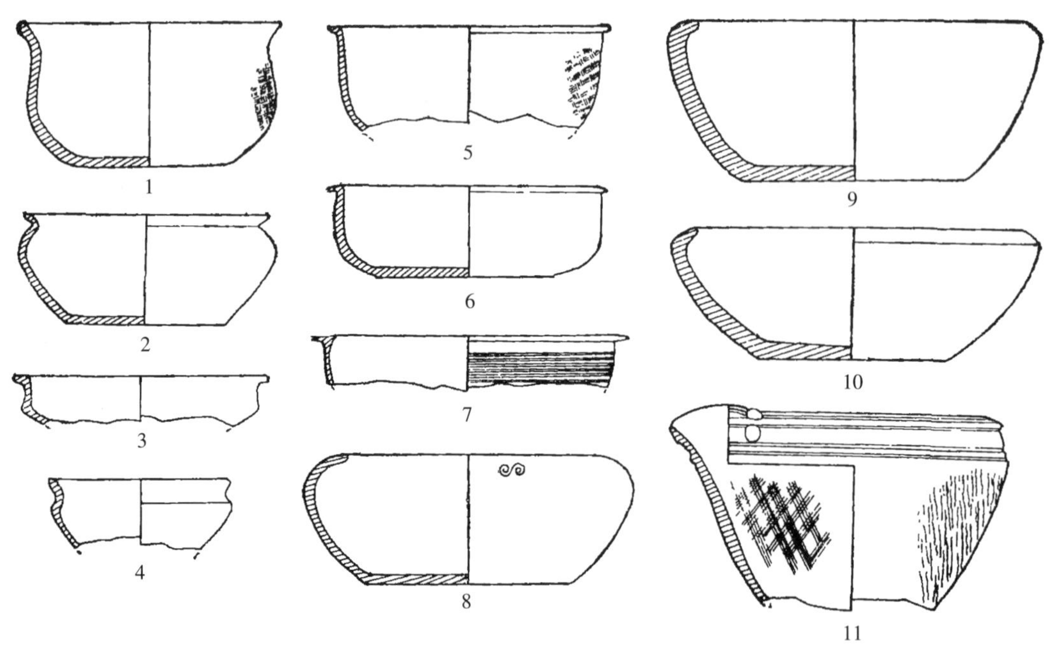

图二三　商周遗存陶器

1. AⅠ式盆（ⅠT805④:5）　2. C型盆（ⅣT1006②:1）　3. DⅡ式盆（ⅠT804④）　4. DⅠ式盆（ⅢT604③）　5. AⅡ式盆（H4）　6. B型盆（ⅣT1006③:7）　7. AⅢ式盆（ⅠT804③）　8. Ⅲ式钵（ⅢT03②:1）　9. Ⅰ式钵（ⅣT1006③:5）　10. Ⅱ式钵（H5:6）　11. 刻槽盆（ⅢT604③）（1、2、3、6. 约1/9，5、9. 约1/11，余约1/6）

二三，9）。

Ⅱ式　敛口，浅腹。

H5∶6，泥质灰陶。尖唇，小平底。素面。口径25、高9.8厘米（图二三，10；图版六，1）。

H4∶1，泥质灰陶。尖唇，大平底。素面。口径25、高8.4厘米（图版六，2）。

Ⅲ式　敛口，圆鼓腹，堆贴“S”形卷云纹。ⅢT03②∶1，泥质灰陶。大平底。口径19.2、高9.4厘米（图二三，8；图版七，4）。

刻槽盆　ⅢT604③，底部残缺。泥质灰陶。圆唇，有流，流侧堆贴小圆饼，斜腹。上部饰弦纹，下部饰绳纹，刻槽为六线一组交叉成菱形。残高15厘米（图二三，11）。

罐　基本复原者7件。结合残件，分为四型。

A型　侈口。分二式。

AⅠ式　卷沿，圆肩。ⅢT604③，口、肩部残片。褐色硬陶。圆唇。素面。口径22厘米（图二四，1）。

AⅡ式　侈沿。

ⅣT1006③，口、肩残片。泥质红陶。圆唇。饰梯格纹。口径18厘米（图二四，2）。

ⅣT1106③∶7，泥质灰陶。尖圆唇，鼓腹，平底。素面。口径21、高16.8厘米（图二四，3；图版六，4）。

此外采集的1件也可归入A型。采∶7，灰色硬陶。圆唇，大平底，肩部附对称双系。饰方格纹。口径11.8、高12厘米（图二四，4）。

B型　直口。分三式。

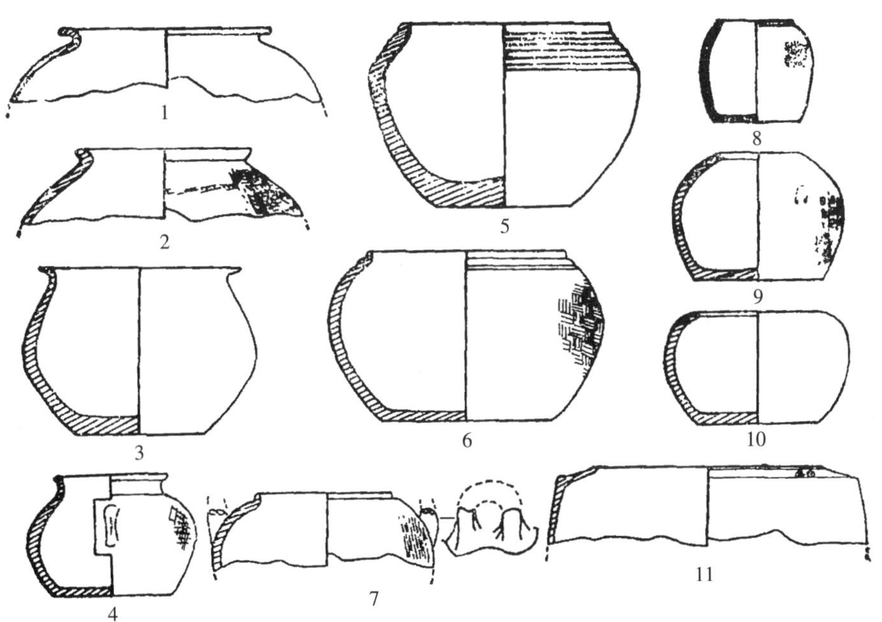

图二四　商周遗存陶罐

1. AⅠ式（ⅢT604③）　2、3. AⅡ式（ⅣT1006③、ⅣT1106③∶7）　4. 采∶7　5. BⅠ式（ⅢT604④∶3）　6、7. BⅡ式（ⅣT1006③∶2、H5∶14）　8. BⅢ式（ⅣT1206③∶3）　9. CⅠ式（ⅣT1206③∶4）　10. CⅡ式（H5∶1）　11. D型（ⅣT1206③）（1、2、4、7、9、10. 约1/7，3. 约1/8，5. 约1/4，6、8、11. 约1/8）

BⅠ式　折肩。ⅢT604④:3，泥质红陶。斜收腹，平底。肩部饰弦纹。口径11、高9.2厘米（图二四，5；图版六，6）。

BⅡ式　圆腹。

ⅣT1006③:2，泥质灰陶。平底。饰席纹。口径20.6、高17.2厘米（图二四，6；图版七，1）。

H5:14，夹砂红陶。上腹部附对称半环形耳，耳上端已残。饰细绳纹。口径13.6厘米（图二四，7）。

BⅢ式　深腹。ⅣT1206③:3，灰色硬陶。大平底。饰方格纹。口径8、高10厘米（图二四，8；图版七，2）。

C型　敛口。分二式。

CⅠ式　小口，深腹。ⅣT1206③:4，紫褐色硬陶。方唇，鼓腹，大平底，上部器耳已残。腹饰重回纹与填线三角纹，大部已抹去。口径8.4、高12.6厘米（图二四，9）。

CⅡ式　大口，浅腹。H5:1，泥质灰陶。圆唇，鼓腹，大平底。素面。口径11.4、高11.2厘米（图二四，10；图版七，3）。

D型　直筒形。ⅣT1206③，口、肩部残片。泥质灰陶。短直口，折肩。肩上堆贴横"S"形卷云纹。口径24厘米（图二四，11）。

罍　皆残。一种是短颈，卷沿。

H5，褐色硬陶。耸肩。肩部饰折线纹与方格纹，并附小系。口径18厘米（图二五，5）。另一种是长颈，翻沿。

ⅠT804③，泥质灰陶，圆肩。肩部饰弦纹。口径13厘米（图二五，6）。

盂　1件。ⅠT804③:6，硬陶。宽直口，圆肩，平底。素面。口径8.6、高5.5厘米（图二五，1）。

另有残器1件。H6，硬陶。折肩。素面。口径8厘米（图二五，2）。

瓿　1件。ⅠT804④:4，泥质灰陶。圆唇，扁腹，小平底。肩部堆贴三个等距"S"形卷云纹。口径10.5、高7.6厘米（图二五，8；图版六，3）。

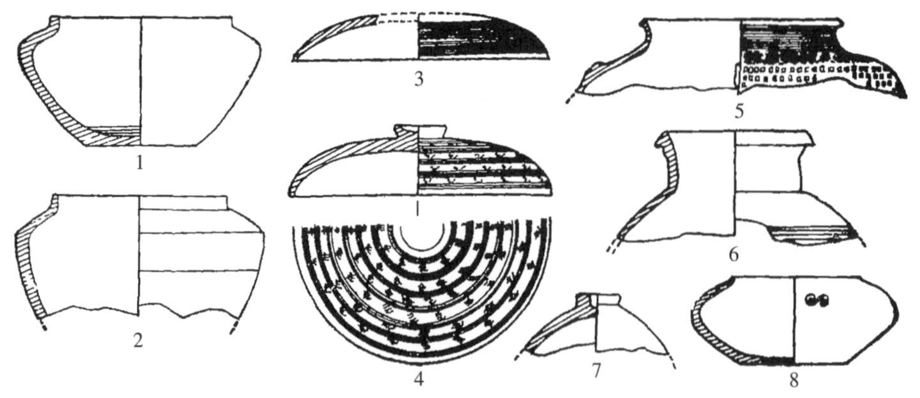

图二五　商周遗存陶器

1、2. 盂（ⅠT804③:6、H6）　3、4. Ⅰ式器盖（H5、ⅣT1006③:6）　5、6. 罍（H5、ⅠT804③）
7. Ⅱ式器盖（H5）　8. 瓿（ⅠT804④:4）（1、2. 约1/3，余约1/6）

器盖　复原1件。结合残件，分二式。

Ⅰ式　矮圈足状捉手，浅腹。

ⅣT1006③:6，泥质灰陶。饰五线一组的弦纹七组，间以五线一组的短弧线纹。口径24.2、高6厘米（图二五，4；图版七，5）。

H5，泥质灰陶。饰五线一组的弦纹多组，间以水波纹。口径24厘米（图二五，3）。

Ⅱ式　矮圈足状捉手，深腹。H5，盖缘残缺。泥质灰陶。素面（图二五，7）。

器耳　ⅢT604③，肩部残片。泥质灰陶。饰圈点纹两组，中间附椭圆形耳，正面刻绹索纹（图二六，1）。

把手　ⅢT604③，夹砂红陶。扁羊角形（图二六，2）。

鬲足　3件。有矮平裆鬲足（H5）、柱形长实足（H5）、锥形矮足（ⅠT804④）。均饰绳纹（图二六，3~5）。

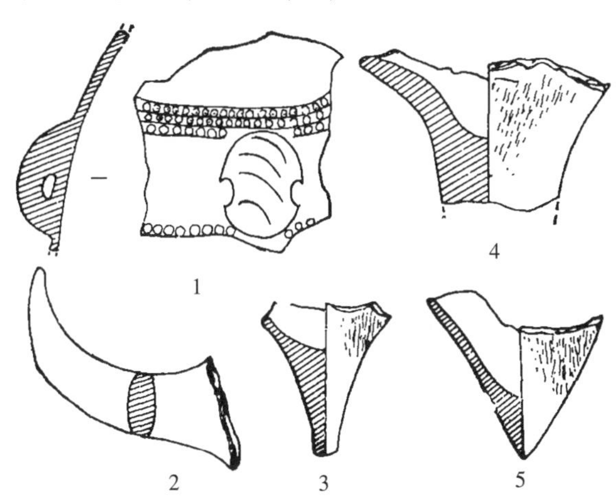

图二六　商周遗存陶器
1. 器耳（ⅢT604③）　2. 把手（ⅢT604③）　3~5. 鬲足（H5、H5、ⅠT804④）（1. 约1/7，2、4、5. 3/10，3. 3/5）

2. 原始瓷器

原始瓷器数量很少，据ⅢT604和H5的统计，仅占陶瓷器总数的1.9%。器类比较单调，有碗、豆、罐、盂等。原始瓷器的外表多为素面，有的罐腹饰对称短弧纹，碗内壁常见螺旋形纹，有些在口沿上堆贴“S”形泥条装饰，器底或有刻划记号。

碗　复原8件。分四型。

A型　圈足大碗。

H5:13，釉色暗绿。折沿，圆唇，圆腹。口沿上有“S”形堆贴，内壁有螺旋纹，间距较疏。口径20、高6.4厘米（图二七，3）。

H6:2，暗绿釉。敞口，圆唇，束颈，折腹，圈足外撇。圈足内有刻划记号。口径16、高6.5厘米（图二七，12；图版八，3）。

B型　平底大碗。分二式。

BⅠ式　圆腹微折，底微凹。H5:5，釉色青绿。折沿，尖唇，沿面微凹。内壁有疏散的螺旋纹。口径22、高7.9厘米（图二七，6；图版八，5）。

BⅡ式　直腹，厚底。ⅠT804③，青黄釉。内壁有细密螺旋纹。底径7.4厘米（图二七，14）。

C型　饼底碗。分二式。

CⅠ式　折腹。H5:4，釉已剥落。折沿，尖唇。内壁有疏散的螺旋纹。口径15、高6厘米（图二七，15；图版八，4）。

CⅡ式　鼓腹，薄饼底。ⅠT804④:5，青釉泛黄。翻沿。内壁有密集的螺旋纹。口径19.2、高7.6厘米（图二七，7；图版八，1）。

D型　小碗。

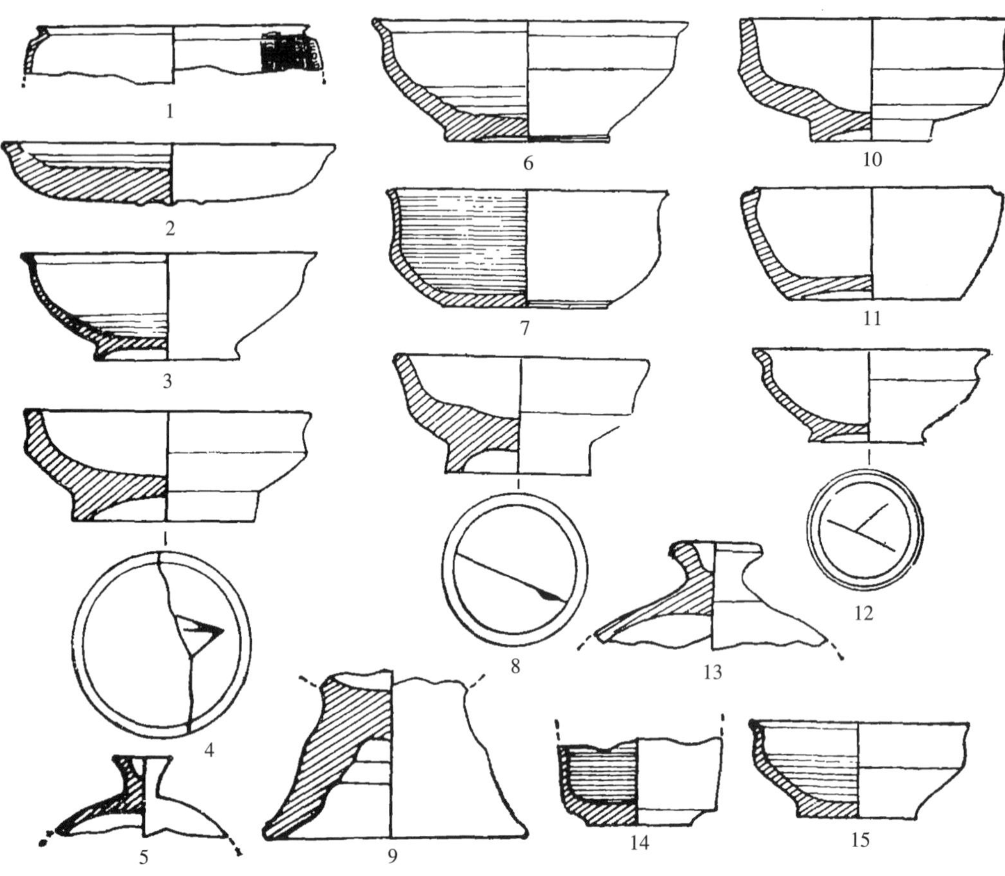

图二七　商周遗存原始瓷器

1. 罐（ⅠT805③）　2. 碟（ⅠT805④:2）　3、12. A型碗（H5:13、H6:2）　4、8、10. D型碗（H5:2、ⅣT1106③:8、ⅠT805④:3）　5、13. 器盖（ⅢT604③、ⅠT804③）　6. BⅠ式碗（H5:5）　7. CⅡ式碗（ⅠT804④:5）　9. 豆（ⅠT804④）　11. 盂（ⅣT1006③:4）　14. BⅡ式碗（ⅠT804③）　15. CⅠ式碗（H5:4）（1. 约1/8，2、4、8、9、10、11、13. 2/5，余1/5）

一种是近直口，圈足稍矮。

ⅠT805④:3，圆唇，折腹。口径9.2、高4厘米（图二七，10）。

H5:2，圆唇，微束颈。圈足内有刻划记号。口径9.6、高3.6厘米（图二七，4；图版八，7）。

另一种侈口，圈足较高。ⅣT1106③:8，圆唇。圈足内有刻划记号。口径8.6、高3.8厘米（图二七，8；图版八，2）。

豆　1件。ⅠT804④，豆盘残缺。矮圈足。青釉。素面。残高4.8、底径9厘米（图二七，9）。

罐　1件。ⅠT805③，口、肩部残片。侈沿，折肩。饰对称短弧纹。口径28.2厘米（图二七，1）。

盂　1件。ⅣT1006③:4，釉色外黄内绿。子口，浅腹，平底内凹。内壁底部有疏散的螺旋纹。口径9.3，高3.6厘米（图二七，11）。

碟　1件。ⅠT805④:2，敞口，尖唇，浅腹，底近平，附三个乳丁状足。外壁素面，内壁有螺旋纹。口径11.6、高2厘米（图二七，2）。

器盖　均残器，高圈足状捉手。

ⅢT604③，内壁施青釉。素面。残高3.4厘米（图二七，5）。

ⅠT804③，釉色泛黄。素面。残高4.9厘米（图二七，13）。

3. 石器

主要有斧、刀、镰、锛、凿、砺石等。

斧 1件。ⅠT01③：1，石灰岩。长条形，双面平刃。长6.8、刃宽2.4、厚1.2厘米（图二八，1）。

刀 2件。分二式。

Ⅰ式 斜柄。ⅢT1107②：1，砂岩。刀身后端残。两面平，平刃微弧，双面刃。长11、残宽8、厚0.9厘米（图二八，6）。

Ⅱ式 半月形。ⅣT1006③：13，粉砂质板岩。通体磨光。两面平，单面凹弧刃，弧背边缘刻二凹槽，近槽处钻二圆孔。长12.6、宽4、厚0.6厘米（图二八，9）。

镰 3件。分二型。

A型 弧背凹刃。分二式。

AⅠ式 背微弧，后端有矩形缺口，双面凹弧刃。ⅡT05②：2，板岩。长19.2、宽7、厚1.5厘米（图二八，7）。

AⅡ式 弧背，双面刃内弧。H5：10，砂岩。长14.6、宽4.4、厚0.9厘米（图二八，8）。

B型 通体磨光。直背直刃。ⅣT1006③：15，砂岩。前端残。残长10、宽6.6、厚1.4厘米（图

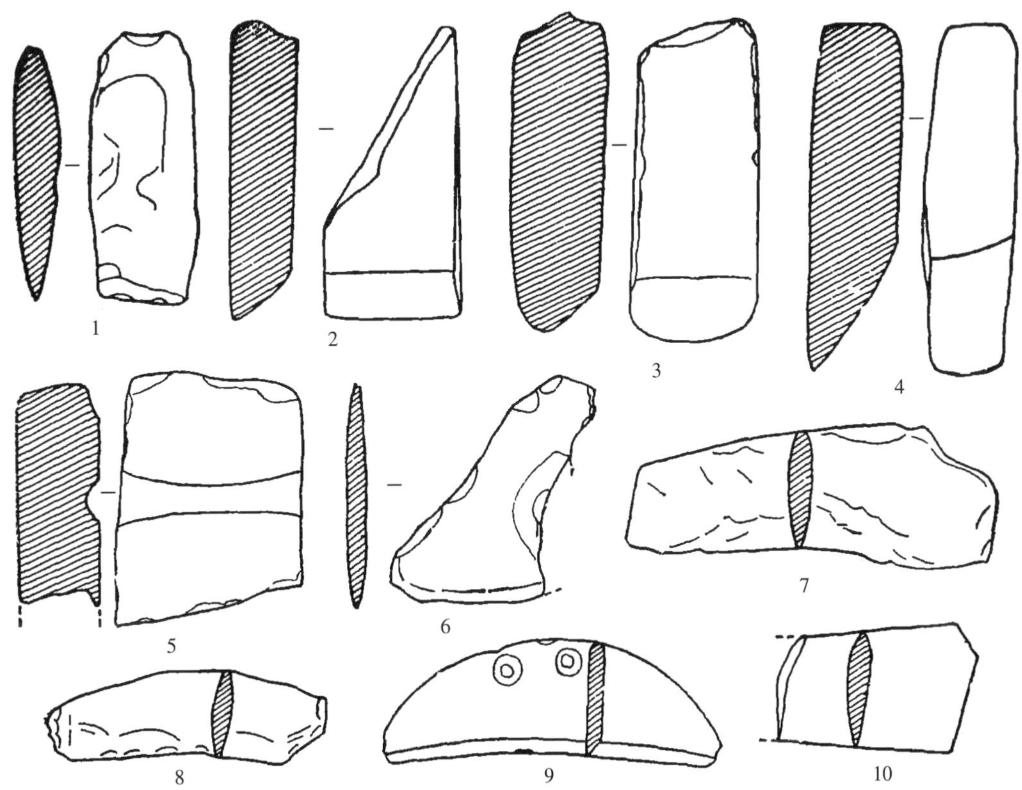

图二八 商周遗存石器

1. 斧（ⅠT01③：1） 2. Ⅰ式锛（ⅡT02②：3） 3. Ⅱ式凿（H5：9） 4. Ⅰ式凿（ⅣT1006③：23） 5. Ⅱ式锛（ⅣT 1106③：26） 6. Ⅰ式刀（ⅢT1107②：1） 7. AⅠ式镰（ⅡT05②：2） 8. AⅡ式镰（H5：10） 9. Ⅱ式刀（ⅣT1006③：13） 10. B型镰（ⅣT1006③：15）（6、7、8、10. 约1/4，余约1/2）

二八，10）。

锛 4件。分二式。

Ⅰ式 长方形。ⅡT02②:3，纹层泥灰岩。通体磨光。上端残。两面平，单面平刃。残长7.2、宽3.5、厚1.5厘米（图二八，2）。

Ⅱ式 有槽石锛。两面平，一面上部有槽。ⅣT1106③:26，泥灰岩。通体磨光。刃部残。残长6.4、宽4.8、厚2.2厘米（图二八，5）。

凿 2件。分二式。

Ⅰ式 长条形。ⅣT1006③:23，泥灰岩。体厚重，横截面呈正方形，单面弧刃。长8.8、刃宽2.1、厚2.4厘米（图二八，4）。

Ⅱ式 近长方形。H5:9，泥灰岩。两面平，单面弧刃，刃部厚钝。长7.9、宽3.4、厚2.4厘米（图二八，3）。

砺石 1件。ⅠT805④，砂岩。残。长方形。残长25、宽6.8、厚3.4厘米。

4. 青铜器

镞 1件。ⅢT604③:7，严重锈蚀。有脊，双翼，短铤。残长3.5厘米（图二九，1）。

削 1件。ⅣT1006③:20，翘首，直背，弧刃。残长16、宽2厘米（图二九，2）。

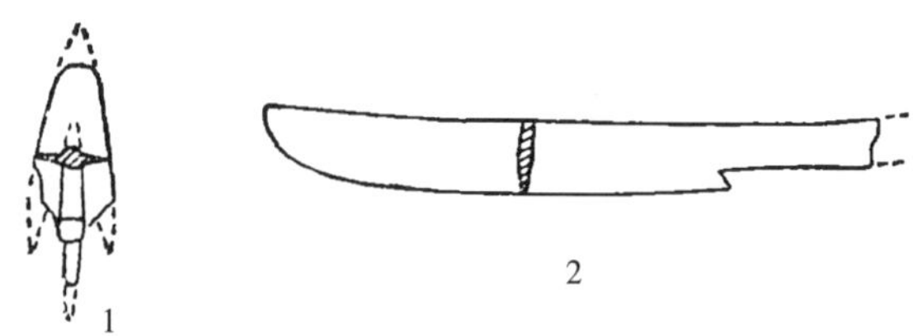

图二九 商周遗存铜器

1. 镞（ⅢT604③:7） 2. 削（ⅣT1006③:20）（1.1/2，2.1/3）

5. 自然遗物

动物骨骸有猪牙。

植物有松、柳、栎、桑、蒿、藜、菊等的孢粉。

（三）分期

商周文化分早、晚两个时期。早期与晚期之间没有发现直接的地层叠压关系，主要根据文化内涵的差异和不同的分布区域加以区分。

早期 分布区域很小，比较单纯的文化堆积只有Ⅲ区T604的第3、4层和T605的第3层。早期陶器可分五系：夹砂红陶、泥质红陶和泥质灰陶所占比例极高，硬陶和泥质黑陶较少。原始瓷很少见到。各类器形中，甗、鼎、三足盘、豆、刻槽盆、器盖等特征鲜明。陶甗为鼎、甑合体形，口沿有斜折沿、外翻沿等多种样式。陶鼎以附羊角形把手为特征。三足盘为浅腹盘形，高足，有的三足内聚，足端间距小于口径；有的三足外撇，足端间距基本与口径相等。陶豆以细高柄浅盘形为主，豆柄上端有一周或两周凸棱。刻槽盆，深腹，半圆形流，器内壁刻划多线菱形浅细槽。原始瓷器盖流行圈足形捉手。此外，Ⅰ式簋、DⅠ式盆、BⅠ式罐等亦属早期。陶器纹饰有绳纹、梯格纹、席纹、折线纹、云雷纹、圆点纹等。绳纹多饰于夹砂红陶上，几何形纹样主要饰于泥质红陶和硬陶上。

早期文化内涵与马桥文化为承袭演进关系，它的年代上限与马桥文化衔接，相当于殷墟文化晚期，下限则不应晚于西周前期。

晚期　分布区域比早期广泛得多，大多数探方中都有晚期堆积。该期陶器亦分五系。据 H5 的统计，夹砂红陶、泥质红陶和泥质灰陶仍占相当高的比例。原始瓷的数量有所增加。在器形方面，跟早期相比，有很大不同，早期流行的甗、三足盘、细柄豆、刻槽盆等，晚期已经基本不见。晚期的常见器类有浅腹鼎（AⅠ式），鼎足端有的外撇。形制多样的盆（A 型、B 型、C 型、DⅡ式）和钵（A 型、B 型、C 型）；碗从质地上分原始瓷和陶两类。此外，还有罐（AⅡ式、BⅡ式、BⅢ式、C 型、D 型）、罍、盂、瓿、碟等。值得注意的是，发现了 3 件绳纹鬲足。整个夏商周时期，陶鬲在环太湖地区都极少见到。陶鬲的出现是其他文化向这个地区渗透的反映。陶器的装饰技法，以拍印几何形纹饰为主，两种纹饰同饰于一器的组合纹饰不多。发现了折线纹与回纹、方格纹与席纹、菱形填线纹与小席纹等组合图案。早期流行的梯格纹、圆点纹在晚期已经基本不见，绳纹也不如早期常见。原始瓷的装饰以对称短弧纹和堆贴“S”形泥条最常见。

晚期的大部分文化因素，与过去发现的一般认为属春秋时期者比较近似。从早、晚期陶器器形、纹饰存在较大差别分析，两期之间应该有缺环，因此晚期年代上限大致在西周后期偏晚阶段。该期的AⅣ式原始瓷碗、原始瓷碟的乳丁足，见于上海金山戚家墩下层文化⑦。这里基本不见战国时期盛行的小方格纹（麻布纹），据此，晚期的下限定在春秋末年比较合适。从西周后期到春秋末，延续年代很长，从有些同类陶器可以看出器形有所变化，将来在有地层依据的前提下，还应该再进行细分期。

五、结语

（一）钱底巷遗址的崧泽文化遗存，依据上、中、下三层叠压的文化层堆积，结合陶器形制的排比分析，被分为三期。地层的直接叠压和典型陶器器形序列发展的连续性，均表明钱底巷遗址在崧泽文化阶段为长期持续使用的定居地。通过与青浦的崧泽、福泉山和常州圩墩等遗址的对比，可以确认钱底巷的崧泽文化第一期的年代上限略早于青浦崧泽第一期墓葬，大致同福泉山的崧泽文化早期遗存相当。该期有些陶器风格与马家浜文化比较接近，表现出由马家浜文化向崧泽文化演化的轨迹。钱底巷的崧泽文化第三期虽与青浦崧泽第三期墓葬的年代接近，但仍然存在一些区别。青浦崧泽第三期的壶、杯类器物，流行花瓣式圈足，在钱底巷就很少见。这种区别可能反映了钱底巷第三期的结束年代要略早于崧泽第三期。

钱底巷的崧泽文化陶器形式，大多数与以往发现的崧泽文化陶器相仿，但是也有少数器形为以往所不见。如 B 型陶鼎（M1∶1），现存双足，一侧安把手，已经残损，把手上应该还有一足，否则无法放置。这种形态的陶鼎过去未曾发现。吴县草鞋山出过一种“三足壶形陶器”（M162∶1）⑧，可能是鬶盉类器物的祖型。钱底巷 B 型陶鼎的足、把手安装方式与之相似。钱底巷的 D 型陶豆（ⅣT1406③∶1），敛口，折肩，直线斜腹，喇叭形圈足上镂大圆孔，形状比较特殊，与青浦崧泽出土名为罐形豆者，形状也有异。此外，钱底巷遗址发现了多件安单柄的陶器，如 C 型陶鼎（M3∶4）、BⅠ式陶壶（ⅣT1406④）等，这在环太湖地区的崧泽文化遗存中比较少见。如果溯江而上，安徽潜山的薛家岗⑨和南京的北阴阳营[10]两遗址则发现了一些安柄的陶器：薛家岗的鬶、鼎、钵，北阴阳营的鬶、盉、盆，均有安装单柄的。同时，从这两处遗址的部分陶器上，可以看出崧泽文化的特点十分鲜明，如薛家岗的陶壶、薛家岗和北阴阳营陶豆圈足上的圆形与弧线三角形或"Y"形的组合镂孔等。由此反映出长江中下游地区新石器时代文化的某些共性和环太湖地区与其他地区的相互交流。

（二）本季发掘的重要收获之一是以ⅢT604第3、4层为代表的商周文化遗存得到确认。类似的文化内涵过去发现不多。已知比较重要的遗址有上海的青浦寺前、金山亭林、江苏吴县的张墓村、郭新河，浙江萧山的蜀山等。其中寺前、亭林、蜀山经过正式发掘，但正式报告迄今尚未发表，仅间接披露了一小部分材料[11]。张墓村与郭新河属调查资料[12]。关于这类遗存，20世纪70年代末已有学者将它们分出，命名为"亭林类型"[13]。不过因实际发现和公布材料的限制，对它们的了解并不太多，以至于或将此类遗存与马桥文化相混，或将它们与更晚的遗存归并到一起。钱底巷遗址的发掘与材料的公布，使学术界获得了比较明晰的认识。以该遗址所发现的单纯文化堆积及其内涵为标尺，可以衡量、检验以往的调查资料或内涵不太单一的发掘资料，这将十分有助于研究工作的深入。初步的研究结果表明，以钱底巷ⅢT604第3层和第4层为代表的文化遗存分布在环太湖地区，与马桥文化大致相同。它的主要文化面貌是马桥文化的延续与发展，并含有中原地区商、周文化因素和宁镇地区湖熟文化因素[14]。

（三）钱底巷遗址未见良渚文化的地层堆积，但是发现了个别良渚文化遗物，如剖面为"丁"字形的鼎足等。没有发现马桥文化遗存，殷墟文化后期至西周前期文化遗存的分布区域也比较小。从西周后期开始，钱底巷遗址又进入一个新的繁荣时期，一直延续到春秋末年。

为说明人类居住与自然环境状况的相互关系，请南京大学大地海洋系徐馨先生对采自该遗址的28块孢粉样进行了分析，初步划分出四个孢粉带，据此探讨了相应时期钱底巷遗址的环境概貌。崧泽文化早期，气候比现在稍显湿暖，遗址及其周围水域面积较大，分布比较多的池塘与港汊。崧泽文化中晚期，水域面积较前有所缩小，陆地面积相应扩大，气候略偏干凉，由于喜冷成分没有出现，因此还不能说是干冷气候。殷墟文化晚期至春秋末年，在环境变迁方面可细分为三个时期：早期耐干旱的草本植物缺失，提示地面湿度较大；中期比较干旱，水域较小；晚期长江江面抬高，发生过江水沿港汊倒灌的现象[15]。

如果将钱底巷与上海青浦的崧泽、寺前遗址对比，可以获得人类定居与环境变迁相互关系的信息。崧泽遗址的文化遗存主要是马家浜文化、崧泽文化和殷墟晚期至春秋时期，也发现过零星的良渚文化遗物和马桥文化遗存，后者的分布区域很小，文化层仅厚10厘米左右[16]。寺前遗址1966年的发掘，文化内涵同钱底巷十分近似，以崧泽文化与商周文化为主，也有良渚文化遗物。20世纪90年代初又发掘出丰富的良渚文化遗存，但是仍然缺失马桥文化[17]。钱底巷的孢粉分析结果说明崧泽文化晚期气候渐趋干凉，而良渚文化时气候长期干凉，则为更多的分析、研究所证明[18]。这段时间，陆地广阔，非常适合人类较长时期的定居生活，聚落数量比前一时期明显增加。从寺前遗址的两次发掘可知，新石器时代的不同阶段，会在同一遗址选择不同区域作为生活区。因此有理由相信，在已经发现良渚文化遗物的钱底巷和崧泽，应该或曾经有过更加丰富的同时期文化堆积。良渚文化之后，气候转为湿暖，水域扩大，或水域的分布时常变动。这种自然环境一直延续到商周之际，此时钱底巷的地面湿度仍然较大。因此，马桥文化的聚落发现得比较少，人们在一个居住地的分布面积比较小，延续时间一般也就不会太长。可见，环境因素应该是不少遗址缺失或马桥文化遗存很少的主要原因。

参加发掘的有张之恒（领队）、戴宁汝、吴慧虞、曾康、肖大桂以及南京大学历史系考古专业1986级同学。参加资料整理的有戴宁汝、宋建、吴慧虞、曾康及南京大学历史系考古专业1985级同学。报告插图由郝明华、江松等绘制，照片由徐振球拍摄。

执笔：宋 建 戴宁汝 吴慧虞

注释

① 谭其骧：《上海市大陆部分的海陆变迁和开发过程》，《考古》1973年第1期。

② 戴宁汝：《常熟钱底巷出土的唐宋瓷器》，《景德镇陶瓷》1992年第1、2期合刊。

③ 徐馨、朱明伦：《第四纪环境论文选集》，香港金陵书社出版公司，1992年，178~182页。

④ 吴苏：《圩墩新石器时代遗址发掘简报》，《考古》1978年第4期。

⑤ 上海市文物保管委员会：《崧泽——新石器时代遗址发掘报告》，文物出版社，1987年。

⑥ 上海市文物管理委员会：《青浦福泉山遗址崧泽文化遗存》，《考古学报》1990年第3期。

⑦ 上海市文物保管委员会：《上海市金山县戚家墩遗址发掘简报》，《考古》1973年第1期。

⑧ 南京博物院：《江苏吴县草鞋山遗址》，《文物资料丛刊》（3），1980年。

⑨ 安徽省文物工作队：《潜山薛家岗新石器时代遗址》，《考古学报》1982年第3期。

⑩ 南京博物院：《北阴阳营——新石器时代及商周时期遗址发掘报告》，文物出版社，1993年。

⑪ 黄宣佩、张明华：《上海地区古文化遗址综述》，《上海博物馆集刊（建馆三十周年特辑）》，上海古籍出版社，1983年。林华东：《对湖熟文化正名分期及其他》，《东南文化》1990年第5期。

⑫ 吴县文物管理委员会：《江苏吴县越溪张墓村遗址调查》，《考古》1989年第2期。姚勤德：《江苏吴县南部地区古遗址调查简报》，《考古》1990年第10期。

⑬ 黄宣佩、孙维昌：《上海地区几何印纹陶遗存的分期》，《文物集刊》（3），1981年。

⑭ 宋建：《马桥文化的去向》（待刊）。

⑮ 徐馨、朱明伦：《第四纪环境论文选集》，香港金陵书社出版公司，1992年，178~182页。

⑯ 上海市文物管理委员会：《1987年上海青浦县崧泽遗址的发掘》，《考古》1992年第3期。

⑰ 中国考古学会：《中国考古学年鉴（1992）》，文物出版社，1994年。

⑱ 王开发、张玉兰：《根据孢粉分析推论沪杭地区一万多年来的气候变迁》，《历史地理》创刊号，1981年。

（原载《考古学报》1996年第4期）

1. AⅢ式（ⅣT1406③：7）

2. AⅠ式（ⅣT1406④：3）

3. AⅤ式（M3：7）

4. B型（M1：1）

5. C型（M3：4）

6. D型（ⅢT807④：6）

图版一　常熟钱底巷遗址崧泽文化陶鼎

1. AⅢ式陶釜（ⅣT1404③：1）

4. AⅠ式豆（ⅣT1106⑥：2）

2. D型豆（ⅣT1406③：1）

5. AⅤ式豆（M2：1）

3. CⅠ式豆（ⅣT1406③：2）

图版二　常熟钱底巷遗址崧泽文化陶器

1. AⅡ式罐（ⅣT1406③：8）

2. AⅢ式罐（M3：6）

3. EaⅠ式罐（ⅢT807⑤：3）

4. AⅢ式壶（M1：2）

5. EbⅠ式罐（ⅣT1406③：4）

6. AⅠ式壶（ⅣT1405②：4）

图版三 常熟钱底巷遗址崧泽文化陶器

1. BⅡ式盆（ⅣT1406③：6）

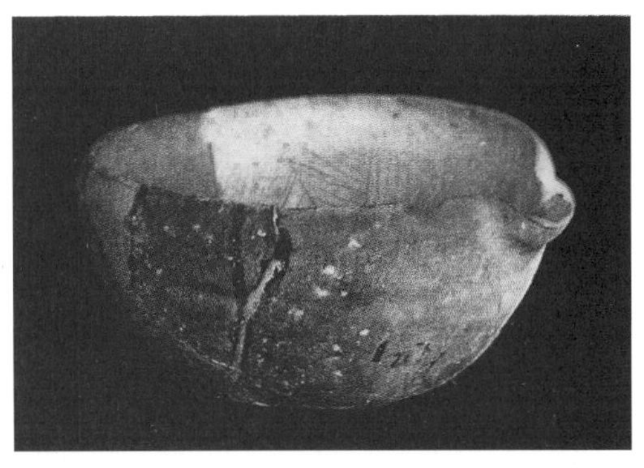

4. Ⅱ式刻槽盆（ⅣT1106⑤：6）

2. BⅢ式壶（ⅣT1206④：16）

5. BⅡ式钵（ⅢT606④：1）

3. CⅣ式盆（ⅣT1106④：4）

6. 炉箅（ⅡT05③：1）

图版四　常熟钱底巷遗址崧泽文化陶器

1. AⅠ式鼎（ⅠT804④：7）

4. AⅠ式盆（ⅠT805④：5）

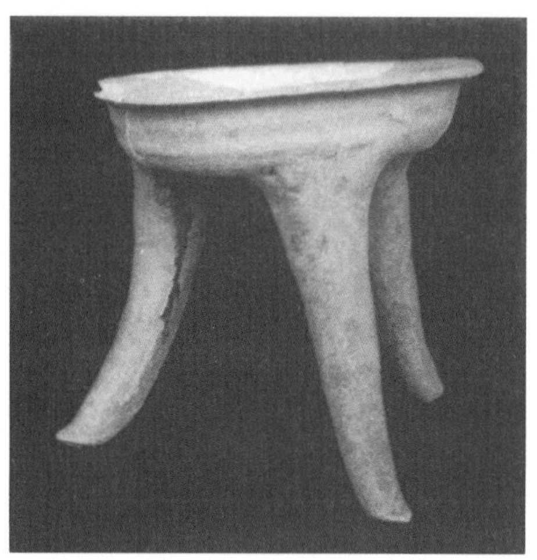
2. Ⅲ式三足盘（ⅣT1206③：5）

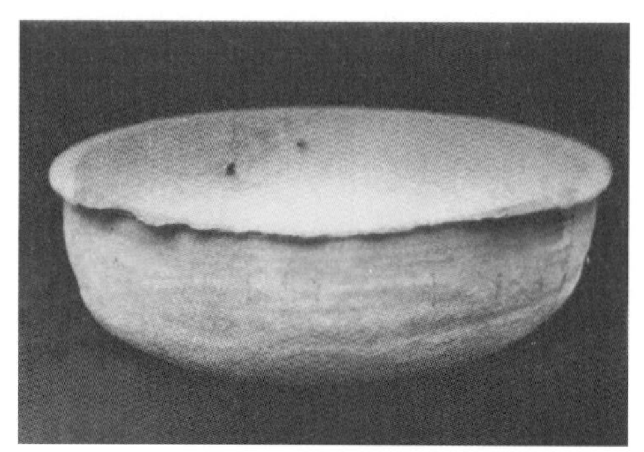
5. B型盆（ⅣT1006③：7）

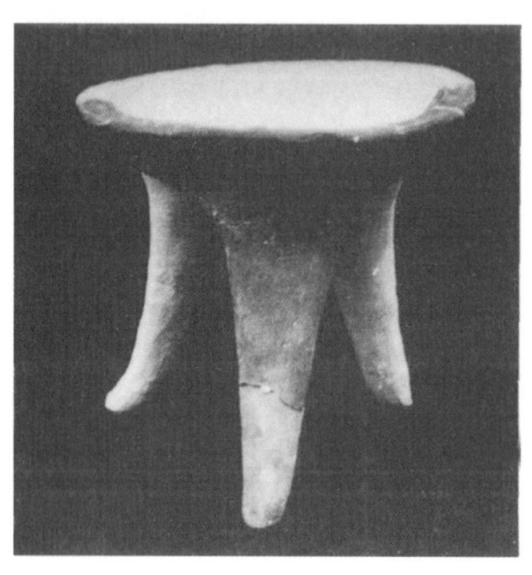
3. Ⅱ式三足盘（ⅢT604③：4）

6. Ⅱ式甗（ⅢT604③：2）

图版五　常熟钱底巷遗址商周文化陶器

1. Ⅱ式钵（H5：6）

2. Ⅱ式钵（H4：1）

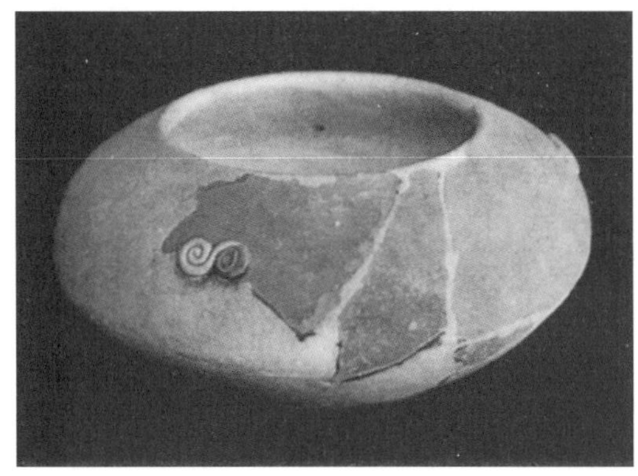

3. 瓿（ⅠT804④：4）

4. AⅡ式罐（ⅣT1106③：7）

5. Ⅲ式甗（ⅢT604③：5）

6. BⅠ式罐（ⅢT604④：3）

图版六　常熟钱底巷遗址商周文化陶器

1. BⅡ式罐（ⅣT1006③：2）

3. CⅡ式罐（H5：1）

2. BⅢ式罐（ⅣT1206③：3）

4. Ⅲ式钵（ⅢT03②：1）

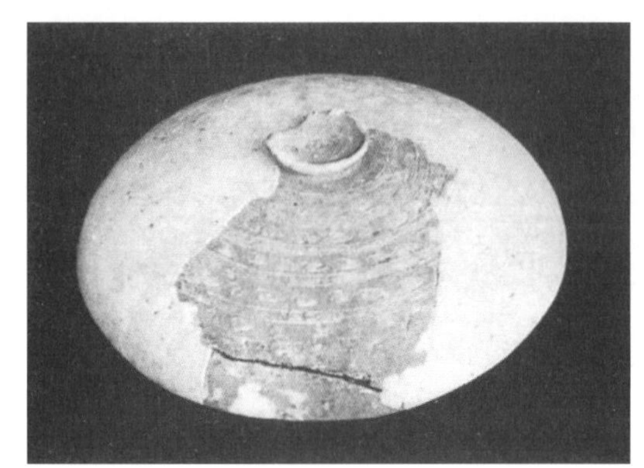

5. Ⅰ式器盖（ⅣT1006③：6）

图版七　常熟钱底巷遗址商周文化陶器

1. CⅡ式原始瓷碗（ⅠT804④：5）

2. D型原始瓷碗（ⅣT1106③：8）

3. A型原始瓷碗（H6：2）

4. CⅠ式原始瓷碗（H5：4）

5. BⅠ式原始瓷碗（H5：5）

6. Ⅰ式陶碗（H5：3）

7. D型原始瓷碗（H5：2）

图版八　常熟钱底巷遗址商周文化陶器、原始瓷器

苏州草鞋山遗址新石器时代以来的植硅石研究

黄 翡 王伟铭（中国科学院南京地质古生物研究所）

李民昌（南京博物院）

近年来国内植硅石研究蓬勃开展，已在考古学和第四纪地质学等研究领域得到广泛应用，在稻作农业考古中更显其独特的优势①~④本文首次报道苏州草鞋山遗址剖面的植硅石分析结果，初步揭示出新石器时代以来当地环境的变迁及所对应的文化背景。

一、苏州草鞋山遗址概况

苏州草鞋山遗址是长江下游太湖平原典型的古文化遗址。20 世纪 70 年代初由南京博物院进行过两次发掘，发现了不同时期原始文化叠压关系。1992~1995 年中日科学家合作对草鞋山遗址古稻田进行发掘研究，这为研究中国史前农业开辟了新的途径和方法。该遗址位于苏州市城东 15 千米处工业园区唯亭镇东北阳澄湖畔，距镇约 2 千米，其地理坐标为北纬 30°22′、东经 120°47′。遗址剖面（94WCIV 北壁）厚度约 1.94 米，主要由黏土、亚黏土组成。剖面可细分为 10 层，共采得 17 个样品（图一）。样品经实验室处理后，除 17 号样品外，其余均富含植硅石。镜下鉴定一般一个薄片视野（22 毫米×22 毫米）的统计粒数就超过 250 粒，遗址的同位素年龄值由日本宫崎大学及南京博物院提供。其中第 10 层^{14}C 测年数据树轮校正为 6275±205a B. P.，第 7 层^{14}C（AMS）测年值为 5985±50a B. P.。

中国科学院南京地质古生物研究所黄凤宝、陈光仲分析了植硅石样品，樊晓羿放大化石照片。在此表示谢意。

二、植硅石分类及其植物学和环境意义

植硅石在分类学上具有重要的形态差异，其分类与植物分类有直接关系，许多植物类型能够鉴定到科或亚科一级，甚至到属种一级⑤。由于禾本科能形成大量且形态独特的植硅石，这为稻作农业考古提供了一个重要途径。本文植硅石分类主要据王永吉等⑥，近藤三⑦。由于该遗址植硅石主要以禾本科类型为主，下面就几种主要类型，阐述其植物学及生态学意义：a）哑铃型：主要起源于黍亚科，少量来自稻亚科，生于温暖环境中。b）扇型：除早熟禾亚科外，其余亚科均有发现，但以芦竹亚科、竹亚科及水稻等的扇型特征明显，反映暖湿气候。与前者相比，扇型更适宜偏湿环境。c）方型－长方

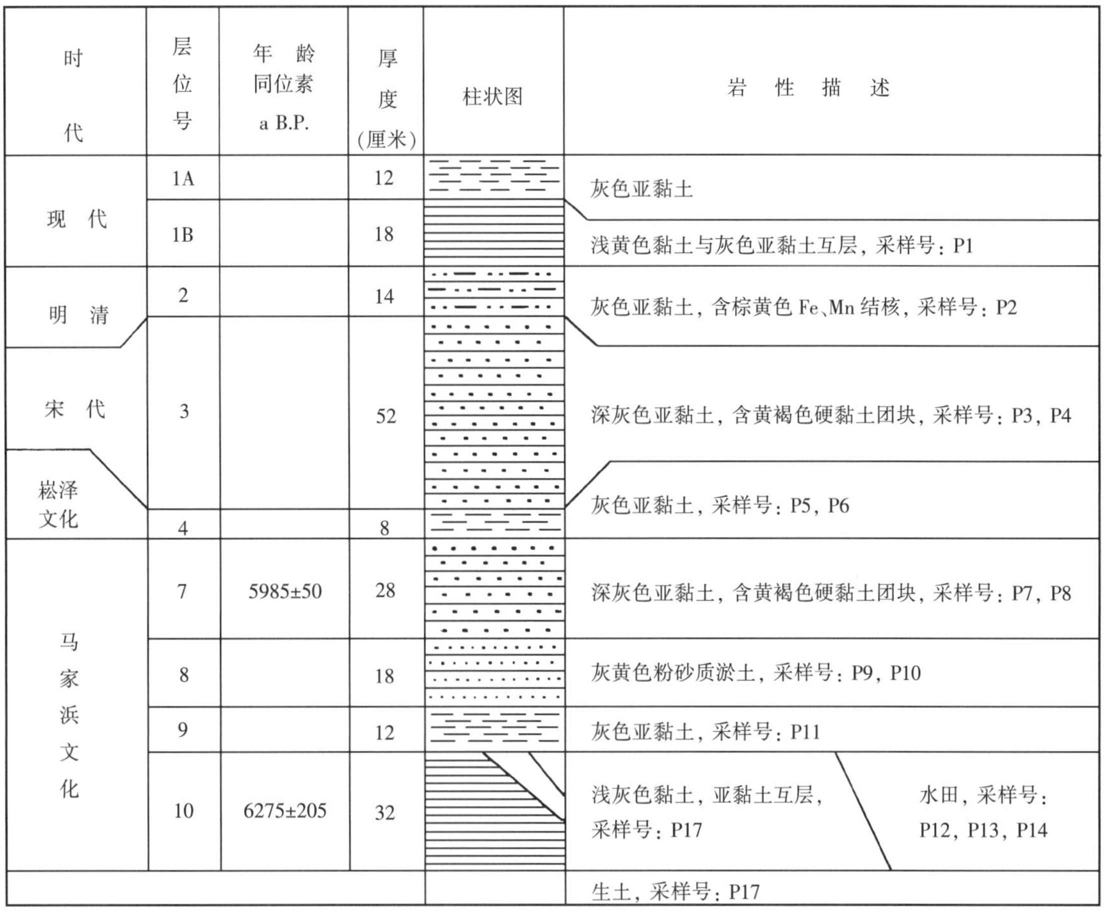

时代	层位号	年龄同位素 a B.P.	厚度（厘米）	柱状图	岩性描述
现代	1A		12		灰色亚黏土
现代	1B		18		浅黄色黏土与灰色亚黏土互层，采样号：P1
明清	2		14		灰色亚黏土，含棕黄色 Fe、Mn 结核，采样号：P2
宋代	3		52		深灰色亚黏土，含黄褐色硬黏土团块，采样号：P3，P4
崧泽文化	4		8		灰色亚黏土，采样号：P5，P6
马家浜文化	7	5985±50	28		深灰色亚黏土，含黄褐色硬黏土团块，采样号：P7，P8
马家浜文化	8		18		灰黄色粉砂质淤土，采样号：P9，P10
马家浜文化	9		12		灰色亚黏土，采样号：P11
马家浜文化	10	6275±205	32		浅灰色黏土，亚黏土互层，采样号：P17；水田，采样号：P12，P13，P14
					生土，采样号：P17

图一 苏州草鞋山遗址剖面柱状图

型：产生于适应温暖环境的禾本科植物中。d）棒型、尖型：于适应寒冷干旱气候环境的禾本科植物中含量较高。e）齿型、帽型：起源于早熟禾亚科，反映寒冷气候条件。

三、草鞋山遗址植硅石组合及环境

通过对该遗址植硅石分析，共鉴定出22个形态类型。除上述描述的几种主要类型外，其他类型环境意义不大。据本遗址植硅石分布情况，用Tilia软件绘制了草鞋山遗址新石器时代以来植硅石百分含量变化曲线图并划分了五个组合带（图二）。以下将分别描述这五个组合带特征及其环境。

1）组合带（P－1带，约175～185厘米）以扇型（35.9%）、方型－长方型（20.2%）为主，其次为棒型（10.7%）、刺棒型（10.7%）、哑铃型（8.7%）、尖型（7.5%）。其他鞍型（1.6%）、短鞍型（0.8%）、长鞍型（0.4%）等少量。反映该组合带禾本科植物主要以芦竹亚科、竹亚科及水稻等为主，另有少量早熟禾亚科植物。指示温暖气候。

2）组合带（P－2带，约150～175厘米）以哑铃型（40.5%）含量显著增加，扇型（2.9%）、方型－长方型（2.4%）含量明显降低为特征。组合带中棒型含量20.5%、刺棒型含量13.4%；其他十字型（4.4%）、尖型（4.2%）、短鞍型（3.7%），齿型硅酸体开始出现。此外，还有少量其他类型。本组合带棒型＋尖型含量有所增加，反映该时期气候较前期有变凉、变干趋势。气候温凉偏干。黍亚

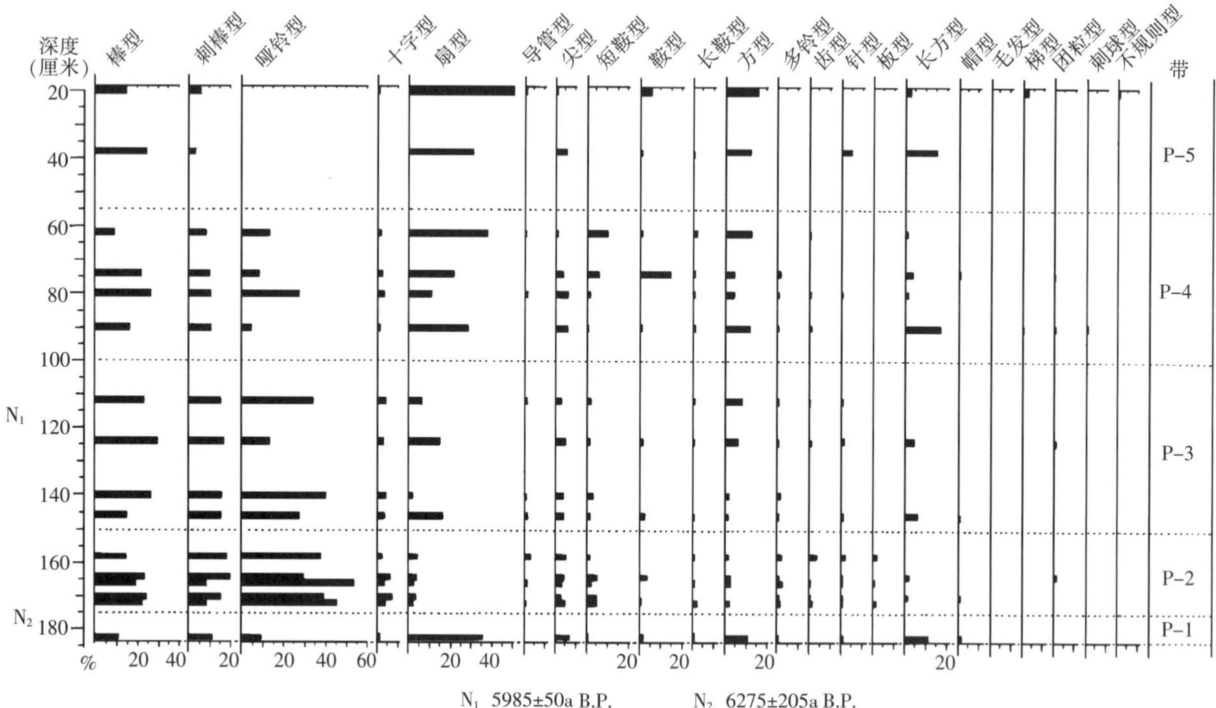

图二 苏州草鞋山遗址新石器时代以来植硅石百分含量图

科植物和早熟禾亚科植物大量出现。

3）组合带（P－3 带，约 100～150 厘米）以扇型（10.1%）、方型－长方型（7.2%）含量逐渐增加，哑铃型（28.6%）含量显著降低为特征。棒型（23.8%）、刺棒型（15.5%）、尖型（4.1%）等类型变化不明显。本期气候回暖。

4）组合带（P－4 带，约 55～100 厘米）以扇型（24.6%）、方型－长方型（14.7%）、棒型（18.3%）、哑铃型（13.3%）为主，其次为刺棒型（9.9%），其他类型变化不大。反映气候继续变暖。

5）组合带（P－5 带，约 20～55 厘米）以扇型（40.5%）、方型－长方型（23.3%）占绝对优势，其次是棒型、刺棒型。

四、结论与讨论

1. 通过对草鞋山遗址新石器时代以来的植硅石分析可知：各组合带均以扇型、哑铃型为主，反映本遗址新石器时代以来气候总体较暖。但据各组合带特征差异，推测马家浜文化时期气候发展经历了三个阶段：第一阶段（距今 6275 年以前）温暖，第二阶段（距今 6275～6200 年）温凉偏干，第三阶段（距今 6200～5985 年间）气温回升。崧泽文化时期至宋代，气温继续回暖。将草鞋山遗址马家浜文化时期分为三个阶段，这在考古学上是一个新进展。

2. 马家浜文化时期第一阶段禾本科植物主要是芦竹亚科、竹亚科及水稻，第二阶段黍亚科大量出现，而第三阶段至崧泽文化时期—宋代，气候条件似乎最适应禾本科各亚科生长。

3. 本遗址新石器时代马家浜文化时期存在典型水稻扇型及哑铃型硅酸体，表明自马家浜文化时期以来，本地水稻栽培已有一定规模。

4. 据南京博物院近年来水田考古发掘表明，新石器时代马家浜文化时期该遗址水田发展经历了简单的一期水田向原始水田（二期水田）发展过程。这是因为当气候温暖湿润，地下水位上升，地表水丰富，史前人类只需对临近水源的浅水地带进行简单改造，形成一期水田，从而种植水稻。当气候温凉偏干，地下水位下降，地表水减少，人类则有意识地挖掘浅坑，获取地下水灌溉农田，并辅之以水井、水沟、水塘等用于蓄水灌溉，形成了原始水田，反映了人类的生产活动直接受气候变化的制约。该遗址水田变化所反映的古气候变化与植硅石分析得出的古环境信息相吻合。

注释

① 王永吉、吕厚远：《植物硅酸体研究及应用》，海洋出版社，1993 年，第 1~228 页。

② 吕厚远、王永吉：《晚更新世以来洛川黑木沟黄土地层中植物硅酸体研究及古植被演替》，《第四纪研究》1991 年第 1 期，第 72~82 页。

③ 谭德睿、黄龙：《植物硅酸体及其在古代青铜器陶范制造中的应用》，《考古》1993 年第 5 期，第 469~474 页。

④ 肖家仪：《水稻的植物蛋白石及其考古学意义》，《环境考古研究》（第一辑），科学出版社，1991 年，第 218~220 页。

⑤ 多洛雷斯·派潘诺（姜钦华等译）：《植硅石分析在考古学和地质学中的应用》，北京出版社，1994 年，第 1~176 页。

⑥ 王永吉、吕厚远：《植物硅酸体研究及应用》，海洋出版社，1993 年，第 1~228 页。

⑦ 近藤三：《Opal Phytoliths 植物硅酸体の形态特征とイネ科植物分类グル－との关连》，バドロヅスト，1974，18（1）：2－10。

（原载《微体古生物学报》1998 年第 1 期）

草鞋山遗址各文化层植物蛋白石的试分析

孙加祥　汤陵华　宇田津朗　邹江石（江苏省农业科学院粮食作物研究所）
李民昌　谷建祥　邹厚本（南京博物院文物考古研究所）

现代栽培稻起源于何地以及籼粳是如何分化的等问题是目前农业考古中备受瞩目的领域。自20世纪70年代中期以来，因河姆渡等距今7000年前后的稻作遗存多数发现于长江下游，这一地区日益引起国际考古学术界的注意，逐渐形成了“长江下游起源说”①，而近年来对苏州吴县草鞋山遗址古稻田的发掘及其研究所取得的成果，为该学说增添了新的证据。

草鞋山遗址发现于1956年。在1972、1973年的挖掘调查中，考古人员发现了大量的炭化米②，这一发现使中外学者对研究该遗址周围的古代稻作产生了强烈的兴趣。

凡生长过禾本科植物的田地都会因叶片脱落等原因在土壤中遗留下由机动细胞硅化后形成的硅酸体。硅酸体的理化性质非常稳定，构成为来源于植物的土壤粒子——植物蛋白石。植物蛋白石由于具有相当的结构稳定性、很小的游动性、种间的特异性等特点③，因而利用植物蛋白石分析法作为研究稻作起源和进行农业考古的新手段，已得到国内外学者的认识与应用。

为了取得古代曾进行过稻作的遗存实证，江苏省农业科学院和日本宫崎大学协作对草鞋山遗址进行了调查。1994、1995年又进行了扩大挖掘，发掘区的文化层堆积除生土层外，共分10层，第1~3层分属耕土层、明清文化层和宋代文化层，第4层为崧泽文化层，第5层为马家浜晚期文化层，第6~10层为马家浜早期文化层④。为了对该遗址及周围的稻作演变历史有一个更为全面的了解，我们对各文化层序列的植物蛋白石进行了定量分析和形状分析，并对各文化层所种稻种的籼粳类型进行了判别。

一、材料与方法

1995年在有代表性的挖掘区第Ⅷ单元（95WCTⅧ）的东壁和北壁的第1~10层（图一）分别取样，根据各层位的深度情况各取1~2个样品，在Ⅷ单元中没有第2层，故没有取样。并用农家品种光粒籼、小种分别作为籼稻和粳稻的对照样品。

土样处理　1. 将土样烘干敲碎，称取1克土样和0.027克玻璃粒子（直径40微米，约30万粒）混合；2. 用水化解土样，用超声波清洗器分离开土壤胶体；3. 用水沉降分离法去除土壤胶体，将植物蛋白石沉淀液在100℃恒温下烘干；4. 制片，在光学显微镜下观察⑤。

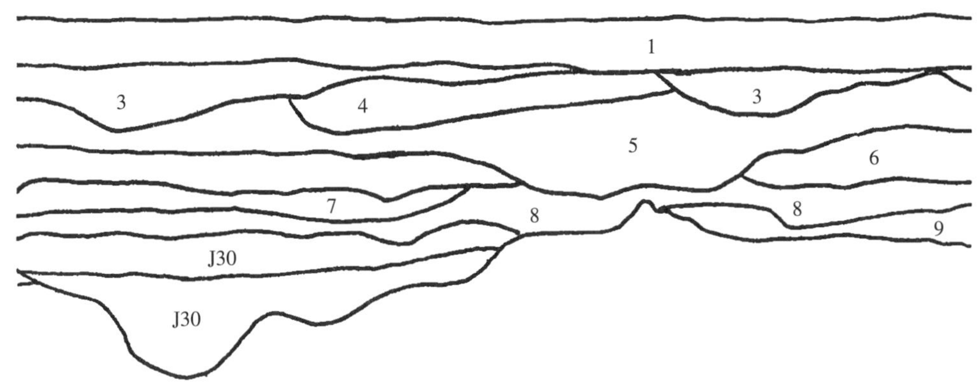

图一　样品采集点层位

水稻叶片处理　1. 在稻成熟后收获前取10张剑叶，风干；2. 剪碎后在茂福炉中用550℃焚烧6h；3. 碾碎后用超声波清洗器清除硅酸体上的黏附物，用水沉降分离法去除灰分，干燥后制片观察[⑥]。

根据相同视野面积内的玻璃粒子和植物蛋白石的数量比对各土壤样品中水稻和禾本科的其他几种植物的植物蛋白石进行了定量分析[⑦]。分析结果用1克干土中植物蛋白石的数量来表示。

对现代品种的硅酸体和各土壤样品中出土的水稻植物蛋白石用显微摄像仪和平面图像解析仪进行形态测定，每个样品随机选取50个水稻植物蛋白石，按图二所示，测定其长（VL）、宽（HL）、厚（LL）和 b 的长度（微米），并计算尖度 b/a 的值。

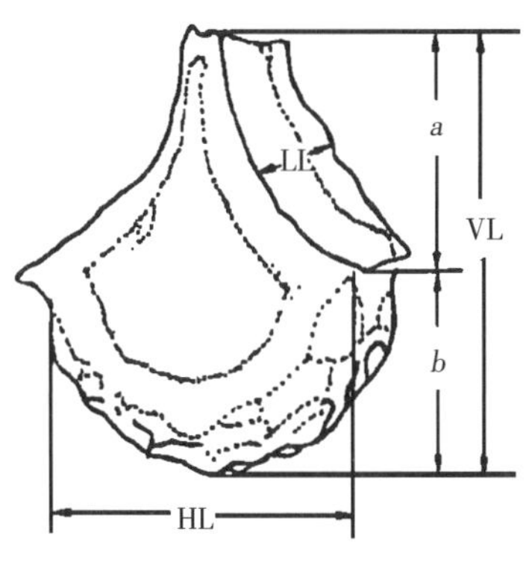

图二　机动细胞硅酸体模拟图

研究表明，稻的植物蛋白石形态性状在籼粳亚种间有明显差异，籼稻形态较小、较薄，尖度b/a较大；粳稻形态较大、较厚，尖度b/a较小。根据这些差异总结出以下的籼粳判别式：

$$Z = 0.49 \times VL - 0.30 \times HL + 0.14 \times LL - 3.82 \times b/a - 8.96$$

VL、HL、LL、b/a 为样品中50个水稻植物蛋白石的平均数，如果 $Z \geqslant 0$，则所来源的稻种类型为粳稻，如果 $Z < 0$，则所来源的稻种类型为籼稻[⑧]。

二、结果与分析

各文化层中均观察到除稻以外的其他禾本科植物的植物蛋白石，但各层都以稻的植物蛋白石的数量居多（表一）。表明在各层位中水稻的生长较之其他禾本科植物处于优势地位，而这种优势地位显然就是人为的栽培管理的结果。

对各层中禾本科植物的植物蛋白石进行定量分析后发现，在第5层以下许多是适应水旱交替环境的禾本科植物，而第3、4层中还有很多要求有比较稳定环境条件的禾本科植物。这说明，在第5层（马家浜文化层）及第5层以下受水分条件影响的环境处于多变状态，野生的茅草等植物由于适应这种多变环境而得以繁衍。从第4层（崧泽文化）开始，这种由水分条件决定的环境已相对稳定，各种植物对着生地的要求得到满足，芦苇等需要渍水条件和竹子等需要旱地条件的植物都得以在不同的着生地上稳定生长。

表一　　各文化层植物蛋白石的种类和数目　　单位：个/克干土

层位	稻	芦苇	竹	茅草	稗
第1层	2152	0	0	2152	0
第3层	19604	662	662	13271	1929
第4层	40371	627	2331	17918	852
第5层	42803	0	0	5136	0
第6层	69206	0	0	5521	0
第7层	66360	0	0	8044	0
第8层	52409	0	0	8760	0
第9层	70011	0	0	9690	2383
第10层	14055	0	0	7568	0

一般认为，1克干土中所含稻的植物蛋白石在5000个以上的话，则该土壤种植水稻的可能性很大[⑨]，从表一看出，除第1层外，其他各层水稻植物蛋白石的数量均在1万个以上，表明这些文化层中有过长期种植稻的历史。第1层之所以很少，有两方面的原因：一是第1层（现代层）形成的时间很短，植物蛋白石积累的数量少；二是现代人们的收割方式都是整株收割，因而遗留在水田中稻的植物蛋白石数量也变少。从各层的变化趋势可以看出，从第10层向上稻的植物蛋白石数量是递增的，而且均在4万以上，表明在先民们的栽培管理下稻的生物产量越来越高，但从第3层向上急剧减少，这并不是因为稻的产量降低，而同样是由于水稻的收割方式由单收穗子过渡到整株收割，从而使留在稻田中的稻草量减少了的缘故。

从表二看到各层的水稻植物蛋白石形状指数（b/a）与对照品种粳稻的叶片机动细胞硅酸体形状极为接近，与对照品种籼稻的叶片机动细胞硅酸体形状则有较大差异。经籼粳判别式计算得到的判别值都大于0，可以断定这一遗址在各个地层中种植的都是粳稻。也就是说在这一地区自有稻作以来，种植的就是粳稻。

表二　　各文化层中50个水稻植物蛋白石形态性状的平均参数

层位	长（微米）	宽（微米）	厚（微米）	b/a	Z值
第1层	40.28	35.96	29.78	0.939	0.57
第3层	42.19	33.96	28.38	0.890	2.10
第4层	43.33	33.89	28.93	0.866	2.85
第5层	43.60	35.55	27.25	0.956	1.91
第6层	42.24	34.55	26.87	0.939	1.55
第7层	43.32	34.28	28.61	0.729	3.20
第8层	41.50	34.11	27.79	0.955	1.39
第9层	43.09	34.38	31.11	0.859	2.92
第10层	40.66	32.38	29.20	0.783	2.34
光粒籼	32.72	30.73	20.41	1.036	-3.25
小种（粳）	42.76	37.79	28.33	0.979	0.88

三、小结与讨论

1. 考古结果表明，6000 多年前草鞋山一带气温比现在高 2℃，年降水量比现在大约多 600 毫米，遗址周围为水网交织地带⑩，适宜水稻生长，因而发现古水田并不是偶然的事。已完成的马家浜早期文化层古水田的 7 个浅坑中水稻植物蛋白石分析结果表明所种植的稻种类型为粳型。而这次的分析结果又表明从马家浜文化层早期到现代耕作层，一直种植的都是粳稻。

2. 从马家浜早期到现代这一漫长的稻作栽培历史中，稻一定经历了一个从野生型向栽培型过渡的时期。这一时期如果能从对稻的植物蛋白石的分析中得到反映，那将对研究栽培稻的起源及稻种的演化是一个极其有效的途径。

3. 各文化层中稻的植物蛋白石积累的数量无疑受很多因素的影响，但其中历史的长短无疑是一个极其重要的因素，如果能找出植物蛋白石的数量和栽培历史之间较为精确的定量关系，对考古工作中各文化层的社会状况分析一定会提供极大的帮助。

注释

① 严文明：《中国稻作农业的起源》，《农业考古》1982 年第 1 期，第 19~31 页。

② 南京博物院：《江苏吴县草鞋山遗址》，《文物资料丛刊》（3），文物出版社，1980 年，第 1~54 页。

③ 藤原宏志：《ブラント・オパール分析の基础的研究（1）》，《考古学と自然科学》1976 年第 9 期，第 15~29 页。藤原宏志：《ブラント・オパール分析の基础的研究（2）》，《考古学と自然科学》1978 年第 11 期，第 9~20 页。

④ 草鞋山水田考古队：《草鞋山遗址 1992~1995 年发掘概要》，《ツンポヅウム稻作起源を探る》，日本文化财科学会，1996 年，第 5~30 页。

⑤ 藤原宏志：《ブラント・オパール分析の基础的研究（1）》，《考古学と自然科学》1976 年第 9 期，第 15~29 页。藤原宏志：《ブラント・オパール分析の基础的研究（2）》，《考古学と自然科学》1978 年第 11 期，第 9~20 页。

⑥ 藤原宏志：《ブラント・オパール分析の基础的研究（1）》，《考古学と自然科学》1976 年第 9 期，第 15~29 页。藤原宏志：《ブラント・オパール分析の基础的研究（2）》，《考古学と自然科学》1978 年第 11 期，第 9~20 页。

⑦ 藤原宏志：《ブラント・オパール分析の基础的研究（1）》，《考古学と自然科学》1976 年第 9 期，第 15~29 页。

⑧ 宇田津徹朗等：《中国草鞋山遗迹における古代水田址调查（第 1 报）》，《考古学と自然科学》1994 年第 30 期，第 23~36 页。

⑨ 藤原宏志：《ブラント・オパール分析法とその应用—先史时代の水田址探查》，《考古学ヅヤーナル》，1984 年，227：第 2~7 页。

⑩ 林承坤：《长江、钱塘江中下游地区新石器时代古地理与稻作的起源和分布》，《农业考古》1987 年第 1 期，第 283~291 页。

（原载《江苏农业科学》1999 年第 1 期）

江苏常熟罗墩遗址发掘简报

苏州博物馆　常熟博物馆

罗墩遗址位于常熟市练塘镇罗墩村，东北距市区约7千米（图一）。1992年2月，罗墩村村民在罗墩取土时零星发现良渚文化玉镯、玉珠和石钺，上交常熟博物馆。市博物馆随即派员赴现场调查，发现罗墩遗址为一处高出地面的良渚文化高台墓地，虽遭历年取土，现仍高出地面约4米，顶部残存面积约200平方米（图二）。

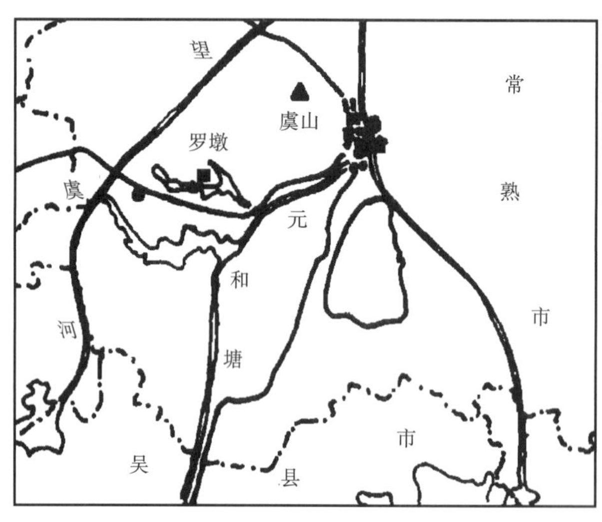

图一　罗墩遗址位置图

1993年4月及1994年10月，苏州博物馆与常熟博物馆联合组成考古队，对罗墩顶部残存的200平方米土台墓地进行了两次抢救性发掘，开掘10米×10米探方3个（编号CHLT0303、T0403、T0302），清理良渚文化墓葬14座，出土玉、石、陶器250件，并对良渚残土台进行了局部解剖。在发掘过程中曾得到地方各级政府的大力支持和配合，在此深表谢意。

一、地层堆积

罗墩顶部地势平坦，各探方地层大致相同，现以T0403西壁为例介绍遗址地层堆积情况（图三）：

第1层，灰黑色，厚0.2~0.35米。质地松软，含大量近现代砖瓦及少量青花瓷片，为耕土层。此层下压2个宋代骨灰罐墓葬（M15、M16），1个清代荷花缸（M17）及2个宋代灰坑（H1、H2）。

图二　罗墩遗址地面现状

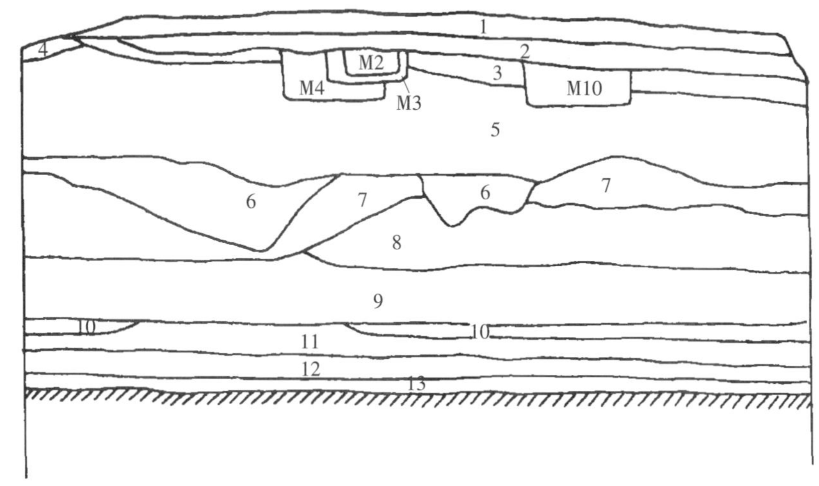

图三　T0403 西壁剖面图

第 2 层，黄褐色土，厚 0～0.3 米。质地疏松，含宋代砖瓦及瓷片，为宋代文化层。此层下压 14 个良渚文化墓葬（M1～M14）（图四）。

第 3～13 层，大部分为五花土和褐色土，厚 4 米左右。结构坚硬，似经夯筑，质较纯，包含物极少，为良渚文化土台，出土少量良渚文化陶片。

土台下为铁锈黄色生土。

二、墓葬

罗墩遗址为良渚文化残土台，现清理的 14 座墓葬仅是原土台墓地的一部分。从现存 14 座墓分布情况看，墓葬排列有序，分南、中、北三排，呈东西方向分列，中间一列残存最多，达 10 座，其余两列各仅存 2 座，墓葬分布密集，以致打破现象较多。主要有两组关系：M2→M3→M4 及 M7→M9→M11→M13→

M14。M1 与 M5 之间因现代破坏严重，打破关系不清。所有墓葬方向一致，均偏西南方向，在 197 度~211 度（图五）。墓坑为长方形或略呈梯形浅竖穴，规模均较大，长度均在 2.5 米以上，最大的 M7 长 4.42 米、宽 2.16~2.46 米，坑内设有二层台一周。

图四　M7 发掘情况

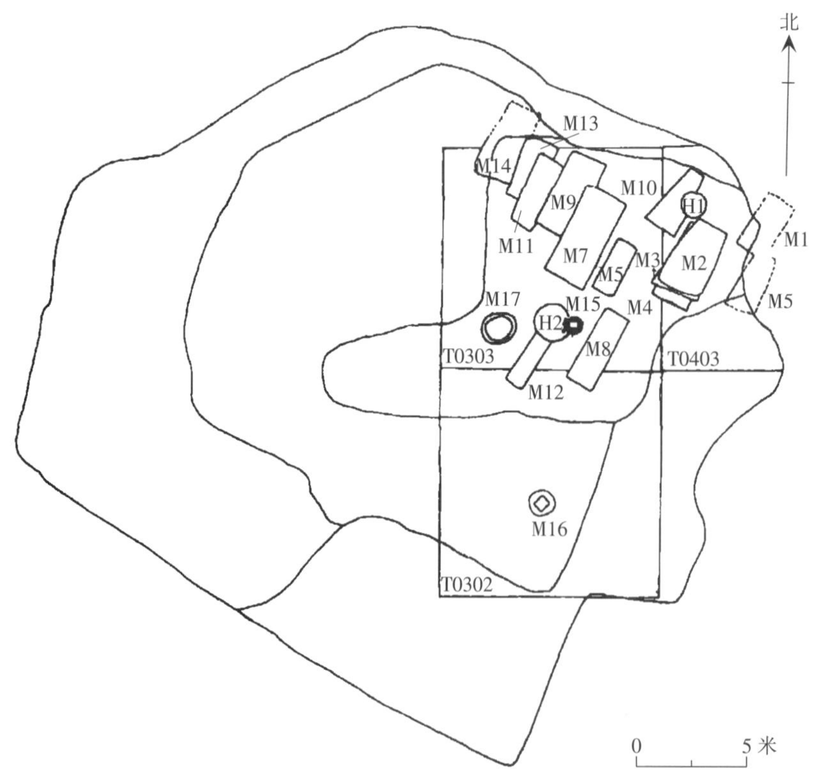

图五　罗墩遗址墓葬分布示意图

人骨腐朽较严重，发现有人骨的墓有5座（M3、M7、M8、M10、M13），其余9座墓未见人骨或痕迹。从人骨保存相对较好的M3、M7和M8三座墓情况看，葬式为仰身直肢。发现有人骨的墓，其骨架都有一个共同的特征，骨骼或残缺或分离。M3左手缺尺、桡骨（图六、七；图版一，2）；M7人骨架缺少头骨，而墓坑西南角发现另有一头骨（图八）；M8左手缺尺、桡骨（图九、一一）；M10上半身和下半身骨骼分离达1米左右，且骨骼残缺不全，上半身主要缺头骨、手肢骨和盆骨，下半身缺大腿骨上部（图一〇）；M13仅见小腿骨。未见人骨架的9座墓葬，随葬物品排列有序，其规律与有骨架的墓相同，如M6，玉器位于宽的一端，石钺位置在中部，陶器位于窄的一端，似有意按人体位置放置（图一二）。

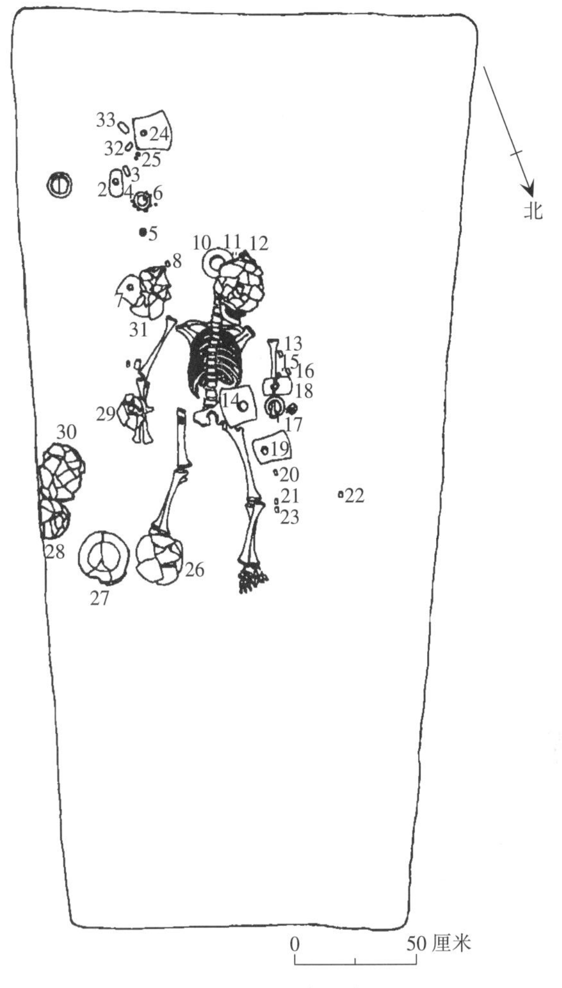

图六　M3平面图

1、10. 玉瑗　2. 舌形石钺　3、8、9、13、14、15、20、21、23、32、33. 玉管　4、17. 玉镯　5. 玉环　6. 无孔玉珠（9粒）　7、24. 有肩石钺　11、12、22. 玉坠饰　16、19. 长方形石钺　18. 近方形石钺　25. 穿孔玉珠（2粒）　26、31. 陶贯耳壶　27. 陶敞口盘豆　28. 陶凿形足鼎　29. 陶折腹盘豆　30. 陶簋

墓内随葬器物较丰富，从几座未被打破或被后期破坏的墓来看，随葬品大多在40～60件，其余遭破坏的墓葬也残存10件左右。器物分玉、陶、石器三类，以玉器最丰富，达116件，陶器105件，石器29件。多数墓随葬石钺和玉器，陶器多置于脚端，少量位于头端，个别如M7一部分置于二层台上。主要组合为鼎、豆、壶、杯、盆。玉器与石器相间放置于上半身及头端，一部分石钺置于腿上。玉器以管、珠、镯、戒、环、坠等小件器物为主，石器仅有钺和锛，而以石钺为主。

三、遗物

（一）陶器

105件。陶系以泥质黑皮陶和夹砂褐陶为主，另有一定量的夹炭褐陶、泥质灰陶。泥质黑皮陶胎色多呈红褐色，也有少量呈青灰色，黑皮陶黑皮易脱落；夹炭陶掺和谷壳和草叶，器表多孔，质地疏松。制法多手制轮修，因均为明器，器形小，火候低，制作粗糙，质地疏松，出土时破碎严重，修复难度极大。以素面为主，纹饰有少量镂孔、弦纹、凸带纹、划纹。镂孔多圆形、圆角长方形，或圆形与三角形组合，饰于豆把或盘的圈足上。凸带纹仅出现在豆把上，而圆角长方形镂孔常出现于凸带纹上。弦纹主要饰于罐口部和豆上，划纹主要见于鱼鳍形鼎足上。一部分泥质黑皮陶器表有红色彩绘，

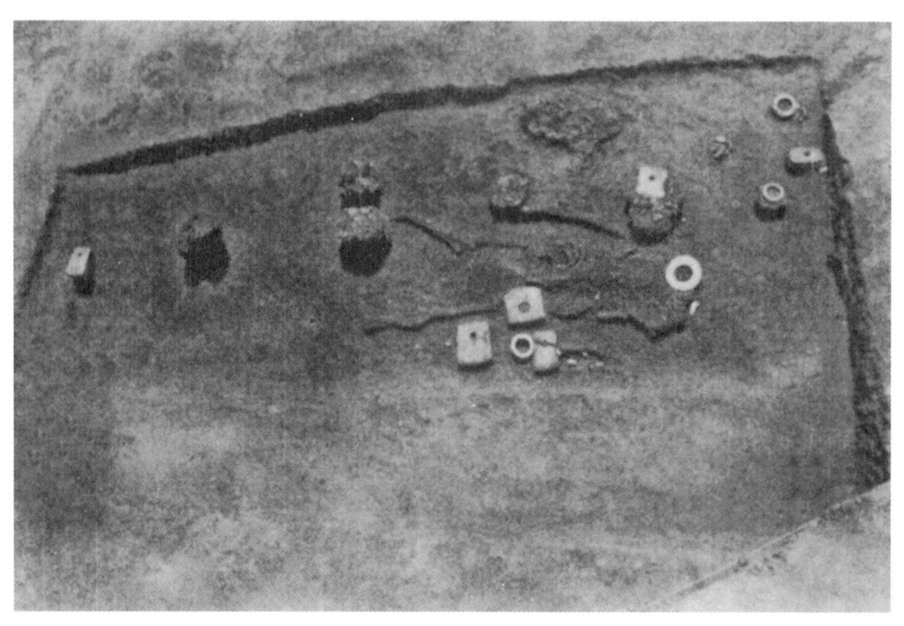

图七 M3出土情况

出土时大多脱落。彩绘纹样多见条带纹和几何纹。器形矮小肥胖，胎壁较薄，特别是贯耳壶、杯腹壁最薄，流行矮圈足和假圈足器，高圈足都较粗，主要器种有鼎、豆、壶、杯、罐、盘、盆，另有少量匜、簋、甗、器盖、盉、钵。

鼎 16件。侈口，圆唇，扁鼓腹，圜底。分二式。

Ⅰ式 夹砂褐陶，胎较薄。多折沿，大口浅腹，鱼鳍形足。

M9∶4，宽折沿，腹略深。口径12.9、高9.3厘米（图一三，1）。

M9∶1，沿面较宽，底部平坦，口附“丁”字形提梁。口径12.9、残高9厘米（图一三，2）。

Ⅱ式 夹炭褐陶，胎略厚。腹较鼓，三凿形足。

M13∶5，折沿，腹略下垂，底部较平。口径13.2、高13.5厘米（图一三，3；图一四）。

M9∶15，折沿，腹较鼓。口径9、高9厘米（图一三，4）。

豆 9件。大多为浅盘粗把。分四式。

Ⅰ式 5件。豆盘折腹。把上饰凸带纹和圆角长方形镂孔。

M3∶29，盘壁较直。把上饰圆角长方形镂孔三个。口径19.2、底径17.6、高19.1厘米（图一三，6；图一五）。

M7∶20，盘壁略向外敞。六个圆角长方形镂孔位于凸带纹上方。口径18、底径13.5、高11.4厘米（图一三，7）。

Ⅱ式 1件。豆盘为敞口圜底。M3∶27，豆把较直，上端饰圆形镂孔三个。口径19.8、底径15、高8.4厘米（图一三，8）。

Ⅲ式 2件。豆盘为敛口钵形。M7∶21，豆盘上腹饰凹弦纹数道，把上饰凸带纹和圆角长方形镂孔四个。口径15.3、底径12.3、高13.8厘米（图一三，13）。

Ⅳ式 1件。豆把分级。M11∶1，敞口圜底圆盘，把分二级，上级饰圆形镂孔三对，通体彩绘带状纹饰。口径15.3、底径10.5、高9.3厘米（图一三，14）。

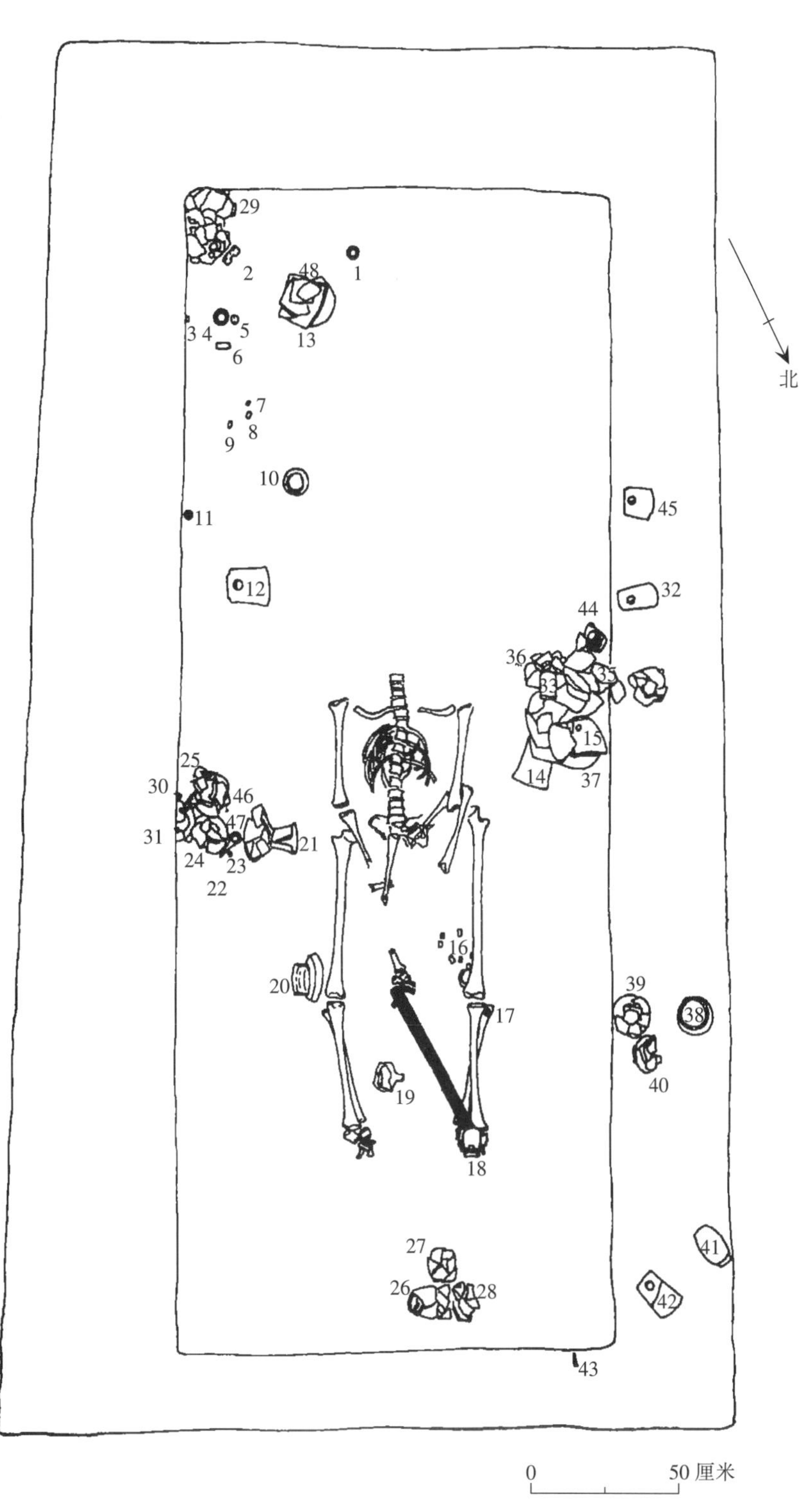

图八　M7平面图

1、4. 玉环　2. 冠状玉饰　3、7、15、23、30. 穿孔玉珠　5. 象鼻孔玉珠　6、8、9. 玉管　10. 玉镯　11、17. 玉戒　12. 有肩石钺　13. 陶簋　14、42. 长方形石钺　16. 穿孔玉珠（8粒）　18、32. 舌形石钺　19、37. 陶凿形足鼎　20. 陶折腹盘豆　21. 陶弧腹盘豆　22. 陶小勺　24. 陶匜　25. 陶鱼鳍足鼎　26、41、44. 陶圈足杯　27. 陶三足钵　28、31、36、38~40. 陶贯耳壶　33. 长方形石锛　34. 双腹陶壶　35、46. 折腹陶盆　43. 玉坠饰　45. 近方形石钺　47. 假腹陶圈足盘　48. 泥质陶盖（图中黑色部分为朱砂痕迹）

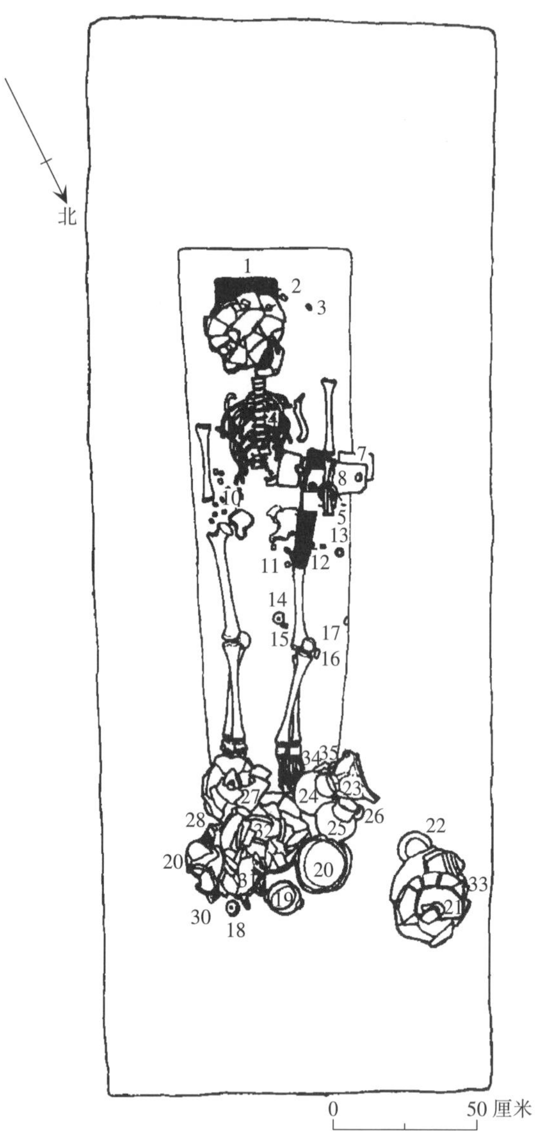

图九　M8平面图

1、3、15、16. 玉管　2. 玉管（3件）　4. 穿孔玉珠（10粒）　5. 玉镯　6、7. 长方形石钺　8、9. 近方形石钺　10. 穿孔玉珠（12粒）　11. 无孔玉珠（3粒）　12. 穿孔玉珠（2粒）　13. 玉戒　14. 双龙形玉牌饰　17. 玉坠饰　18. 玉纺轮　19、34、35. 陶平底杯　20. 陶折腹盆　21、22、28. 陶罐　23. 陶匜　24、25、27. 陶贯耳壶　26. 陶纺轮　29. 陶带盖鱼鳍足鼎　30. 陶凿形足鼎　31. 陶带盖甗　32. 陶侈口束颈盆　33. 泥质陶盖（图中黑色部分为朱砂痕迹）

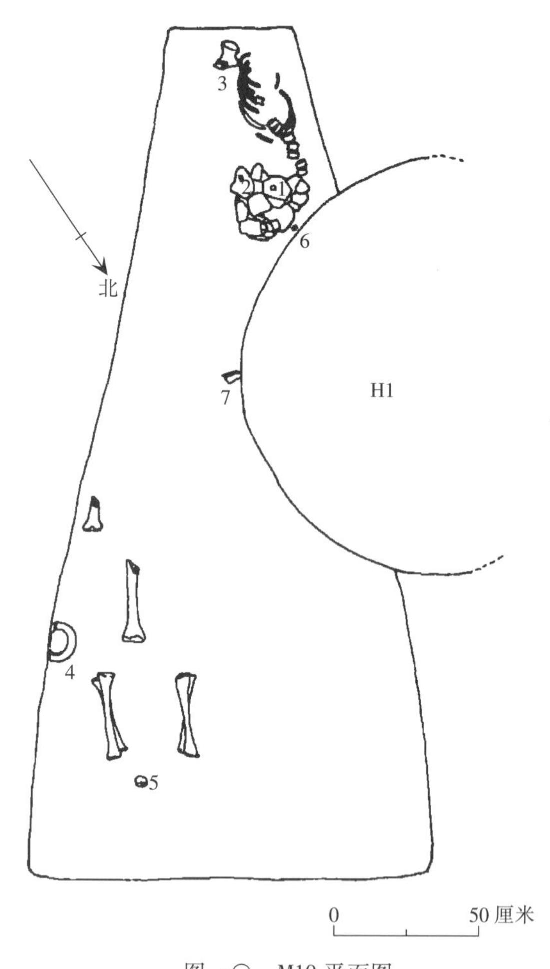

图一〇　M10平面图

1、2、6. 穿孔玉珠　3、4. 陶贯耳壶　5. 玛瑙珠　7. 残石刀

壶　24件。体形矮胖，鼓腹，矮直领，附矮圈足或假圈足。分二式。

Ⅰ式　14件。口部附贯耳，耳孔很小。

M13∶2，形体较小，底为假圈足，壶底内壁乳状凸起。口径5.4、底径4.5、高6.9厘米（图一三，9）。

M8∶25，贯耳较大，假圈足内凹。口径10.2、底径9.3、高11.4厘米（图一三，15；图一六）。

M7∶31，下垂腹，颈腹界限不明显。口径7.2、底径7.5、高9厘米（图一三，10）。

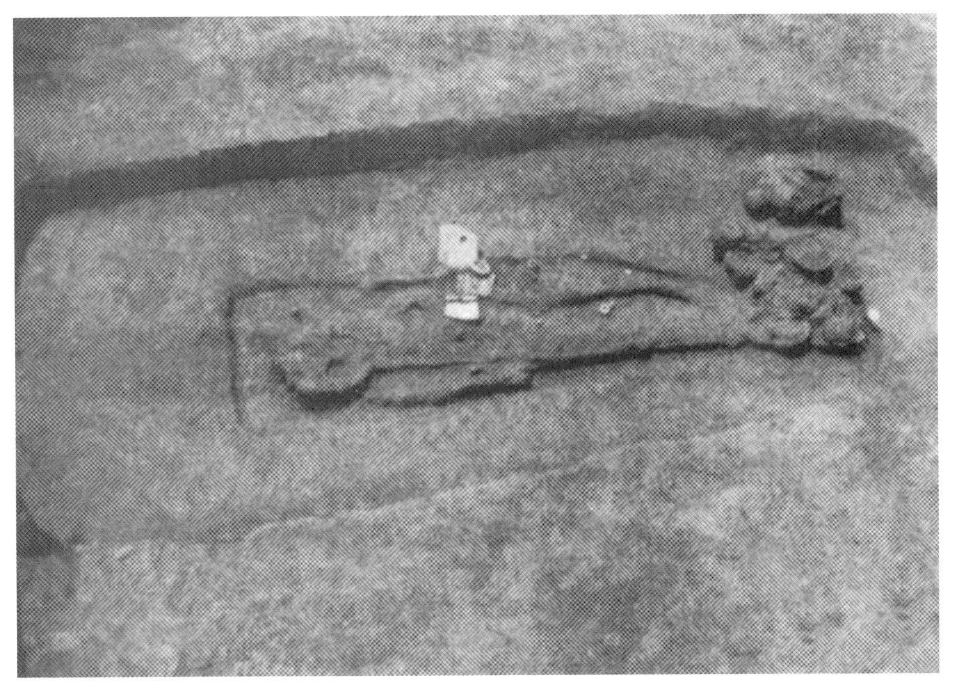

图一一　M8 发掘情况

M9：16，腹壁弧曲成双腹，假圈足很小。口径8.4、底径6.3、高12.9厘米（图一三，16）。

M3：26，广肩，下腹内收，平底。口径11.1、底径9、高13.2厘米（图一三，17）。

M3：31，长颈，器腹较小。口径6.9、底径7.5、高14.4厘米（图一三，11）。

Ⅱ式　3件。口部无贯耳。

M4：9，腹壁弧曲成双腹。口径9.9、底径9.3、高11.1厘米（图一三，5）。

M7：28，矮圈足上端饰圆角长方形镂孔四个。口径8.4、底径9、高11.4厘米（图一三，12）。

杯　13件。薄胎，筒形，侈口，尖唇。分二式。

Ⅰ式　7件。敞口，小平底，少量腹部附一对鋬手。

M13：4，深腹，小平底有点假圈足味道。口径9.6、底径3.9、高12厘米（图一八，1）。

M4：10，器形肥胖，大口。口径10.8、底径5.1、高8.8厘米（图一八，2）。

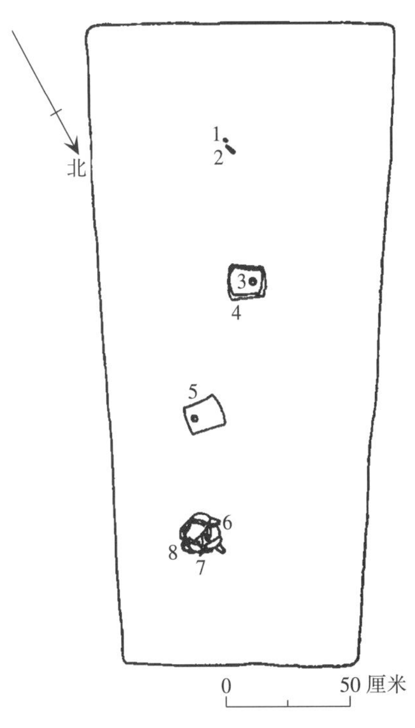

图一二　M6平面图

1. 无孔玉珠　2. 玉坠饰　3、4、5. 长方形石钺　6. 陶凿形足鼎　7. 泥质陶盖　8. 陶贯耳壶

M4：7，腹部附一对鋬手。口径8.7、底径4.5、高7.8厘米（图一八，3）。

M8：19，腹壁较直，附一对鋬手。口径10.8、底径6.6、高6.9厘米（图一八，4；图一七）。

图一三 陶器

1～4. 鼎（M9∶4、M9∶1、M13∶5、M9∶15） 6～8、13、14. 豆（M3∶29、M7∶20、M3∶27、M7∶21、M11∶1）
5、9～12、15～17. 壶（M4∶9、M13∶2、M7∶31、M3∶31、M7∶28、M8∶25、M9∶16、M3∶26）

Ⅱ式 6件。侈口，束颈，下附矮圈足。

M9∶11，腹壁近直。口径6.3、底径4.2、高8.4厘米（图一八，6）。

M9∶10，微鼓腹，底为假圈足。口径6.9、底径4.5、高9厘米（图一八，5）。

盆 12件。侈口，束颈，深腹，平底。分二式。

Ⅰ式 8件。颈部较直，方唇。

M8∶20，平底微内凹。口径18.9、底径10.8、高9.9厘米（图一八，7）。

M9∶5，折腹略浅。口径17.1、底径8.1、高8.1厘米（图一八，8）。

Ⅱ式 4件。侈口尖唇。M4∶3，腹径大于口径。口径22.8、底径13.2、高9.9厘米（图一八，14）。

盘 5件。深腹，附圈足。分二式。

图一四　陶鼎（M13∶5）

图一五　陶豆（M3∶29）

图一六　陶壶（M8∶25）

图一七　陶杯（M8∶19）

Ⅰ式　1件。圈足粗矮外撇。M9∶13，盘壁略外折。口径13.5、底径6.9、高16.8厘米（图一八，15）。

Ⅱ式　4件。圈足与盘腹结合成假腹形，下部内束，弧腹。

M9∶12，圈足上饰圆形镂孔两个。口径13.8、底径9.9、高8.7厘米（图一八，9）。

M7∶47，盘底平坦，圈足较高。圈足上饰三角形与长叶形组合镂孔，口径16、底径6.3、高6.6厘米（图一八，10）。

簋　3件。短领，扁鼓腹，矮圈足。

M3∶30，侈口，腹附一对鋬手。口径16、底径11.4、高11.7厘米（图一八，11）。

M1∶6，大口，直领，圈足较小。口径16.8、底径9.9、高11.4厘米（图一八，16）。

甗　1件。M8∶31，夹砂褐陶。折沿，圆唇，下垂腹较深，腹内壁中部设隔，鱼鳍形足，上附荷叶形盖。口径9.9、高17.7厘米（图一八，17）。

盉　1件。M4∶8，泥质红褐胎黑皮陶，厚胎。扁鼓腹，顶部隆起，上置长颈直流和桥形提梁。近

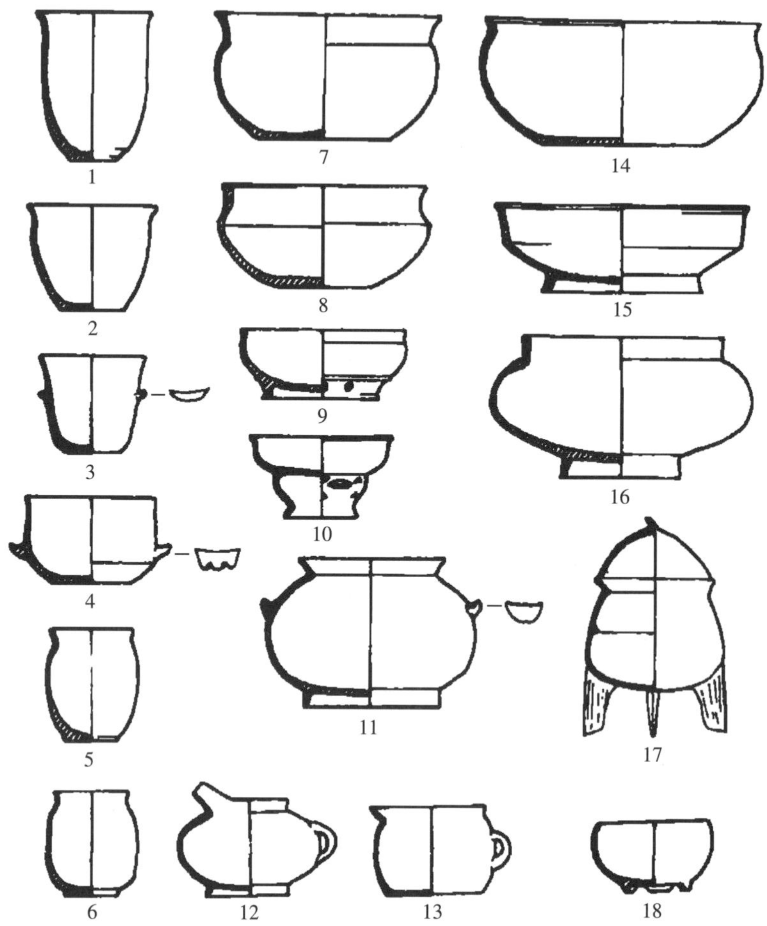

图一八　陶器

1~6. 杯（M13∶4、M4∶10、M4∶7、M8∶19、M9∶10、M9∶11）　7、8、14. 盆（M8∶20、M9∶5、M4∶3）　9、10、15. 盘（M9∶12、M7∶47、M9∶13）　11、16. 簋（M3∶30、M1∶6）　12、13. 匜（M7∶24、M8∶23）　17. 甗（M8∶31）　18. 钵（M7∶27）（约1/6）

底处饰三道凹弦纹，提梁上刻划叶脉纹，通体彩绘，大多已脱落。口径4.5、底径10.2、高31.2厘米（图一九，2；图二一）。

钵　1件。M7∶27，泥质褐胎黑皮陶。敛口，深腹，下为三矮足。口径9.3、底径5.4、高5.7厘米（图一八，18）。

匜　2件。体形肥胖，矮颈，口部置流，一侧附桥形把手。

M7∶24，泥质褐胎黑皮陶。流口略上翘，矮圈足。口径6.9、底径6.9、高7.8厘米（图一八，12）。

M8∶23，夹炭褐胎红衣陶。口部平置一流，腹微鼓，平底。口径9.6、底径7.8、高6.9厘米（图一八，13）。

器盖　4件。夹砂、泥质均有。覆钵形器腹，多见喇叭形捉手。M7∶48，泥质红褐胎黑皮陶。弧腹较浅，口外敞。口径12、高4.5厘米（图一九，1）。

勺　1件。M7∶22，似烟斗，形体较小，把与流垂直设置，把尾穿一孔。口径2.8、高2.5、长9.4厘米（图一九，3）。

纺轮　3件。泥质褐胎黑皮陶。圆饼形，外缘鼓起。M9∶14，外缘凸起处形成折棱。直径4.7、厚

1.2 厘米（图一九，4）。

罐　10 件。残损较重，无法修复。

（二）石器

29 件。以石钺、石锛为主，另有 1 件残石刀。

石钺　25 件。质地以灰岩占多数，另有少量细砂岩等。均磨制精致，并经抛光。体形扁薄，双面弧刃，两面钻孔，出土时多位于腿部及腹部，少量置于头骨附近。部分石钺表面有朱砂捆绑印痕，有的残留所装木柄红色痕迹，与石钺相连，应为木柄表面漆皮，痕迹内伴有无孔玉珠出土，这种无孔玉珠应是镶嵌在木柄表面的。石钺形制分四式。

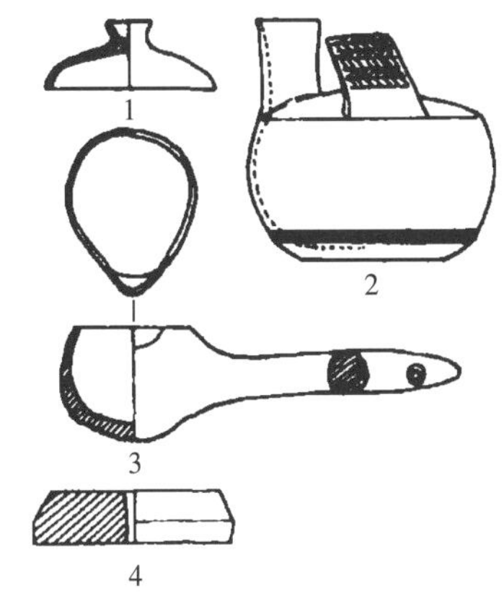

图一九　陶器
1. 器盖（M7：48）　2. 盉（M4：8）
3. 勺（M7：22）　4. 纺轮（M9：14）

Ⅰ式　3 件。背部有双肩，形体较薄，两侧缘微内弧。

M7：12，背略弧凸，刃部锋棱明显。长 13.8、宽 10.4～11.6、厚 0.5 厘米（图二〇，6；图二二）。

M3：7，双肩倾斜，穿孔近中部。长 12.6、宽 9.2～11.2、厚 0.9 厘米（图二〇，7；图版二，1）。

Ⅱ式　2 件。舌形，弧背弧刃，上窄下宽，四角圆弧，穿孔近中，体形厚实。

M7：18，上半部留有装柄用绳子的朱砂印痕。长 9.2、宽 5.8～6.6、厚 1.2 厘米（图二〇，1；图二三）。

M3：2，形体瘦长，两侧缘微弧凸。长 11.2、宽 5～6.2、厚 1.4 厘米（图二〇，2）。

Ⅲ式　7 件。近方形，体形扁薄，刃部弧度较大，两侧缘内弧，穿孔近中。

M3：18，穿孔较大，斜背。长 13.6、宽 13～14、厚 0.9 厘米（图二〇，9；图版二，2）。

M8：9，略呈梯形，斜背。长 11.4、宽 10.4～11.2、厚 0.6 厘米（图二〇，10）。

Ⅳ式　13 件。长方形（略呈梯形），穿孔靠近背部，斜背，刃部弧度略小。

M7：14，刃部弧度大，体形厚实，两侧缘内弧。长 15.6、宽 10～11、厚 1.5 厘米（图二〇，8；图二四）。

M3：19，两侧缘近直，背部略斜。长 15.2、宽 11.2～12.6、厚 1.2 厘米（图二〇，11）。

石锛　3 件。器形较小，体形多扁薄，制作粗糙。分二式。

Ⅰ式　2 件。长方形石锛，长方形较短，体形扁薄。

M4：1，刃部略宽于背部。长 6.4、宽 3.8、厚 1.4 厘米（图二〇，4）。

M7：33，隆起的一面有一条浅凹槽，刃部近直。长 8、宽 5.2、厚 0.8 厘米（图二〇，3）。

Ⅱ式　1 件。条形石锛，体形厚实。M4：2，一面隆起较高。长 5.8、宽 1.4、厚 1.4 厘米（图二〇，5）。

（三）玉器

116 件。包括 2 件玛瑙制品。玉器因土沁，呈鸡骨白色，局部泛青灰色，主要器种有珠、管、镯、戒、环、坠饰等，另有少量瑗、冠形饰、双龙圆形玉牌饰、纺轮、玦等。

珠　69 粒。个体小。分二式。

Ⅰ式　45 件。带两面对钻穿孔，个别为象鼻孔，常位于颈及胸部，许多粒一起出现，作串饰用。

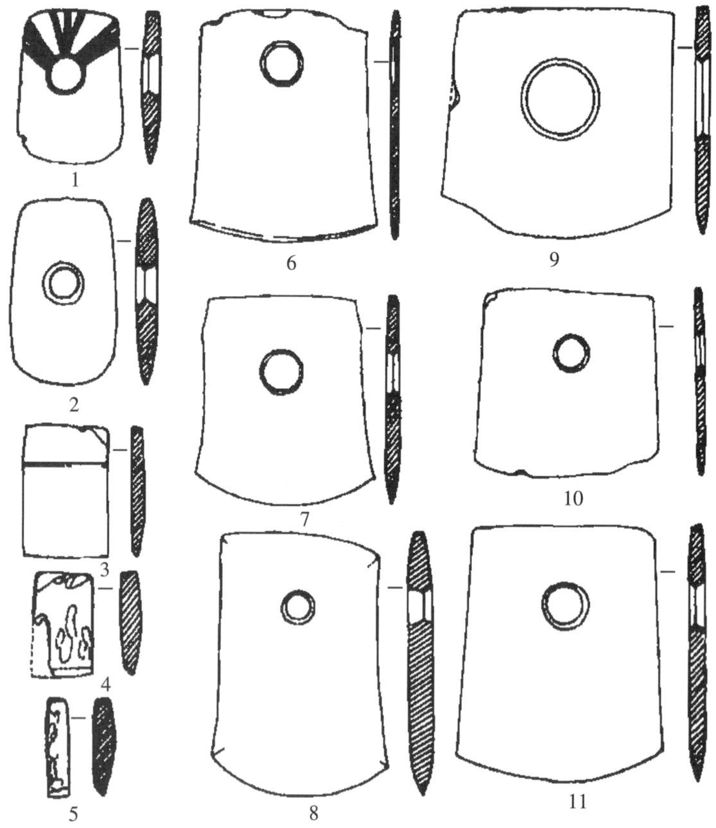

图二〇　石器

1、2、6～11. 石钺（M7∶18、M3∶2、M7∶12、M3∶7、M7∶14、M3∶18、M8∶9、M3∶19）
3～5. 石锛（M7∶33、M4∶1、M4∶2）（约2/9）

图二一　盉（M4∶8）

M7∶8，外缘鼓起。直径0.9、高0.7厘米（图二五，7）。

M10∶5，玛瑙质，近球形，象鼻孔。直径2.3厘米（图二五，5）。

Ⅱ式　24件。无穿孔，一面平整，一面隆起。在墓葬中成群分布于漆皮表面，说明此类珠子用作镶嵌之用，主要嵌于石钺木柄上。

M3∶6－1，椭圆形。长1、宽0.6、厚0.4厘米（图二五，8）。

M8∶11－1，圆形。直径0.9、厚0.5厘米（图二五，13）。

管　24件。圆柱状，两面对钻孔，在墓中主要集中分布于颈、胸前，大多用作串饰，有大有小。M3∶33，形体较长，管外壁较直。长5.1、直径1.5厘米（图二五，10）。

镯　5件。体形厚实，一般外缘圆弧，内缘平整，个别内外缘均平整，在墓中常套在手上。M8∶5，器形规整，内缘微隆。直径7、宽1、厚1.3厘米（图二五，2；图二六）。

图二二　石钺（M7:12）

图二三　石钺（M7:18）

图二四　石钺（M7:14）

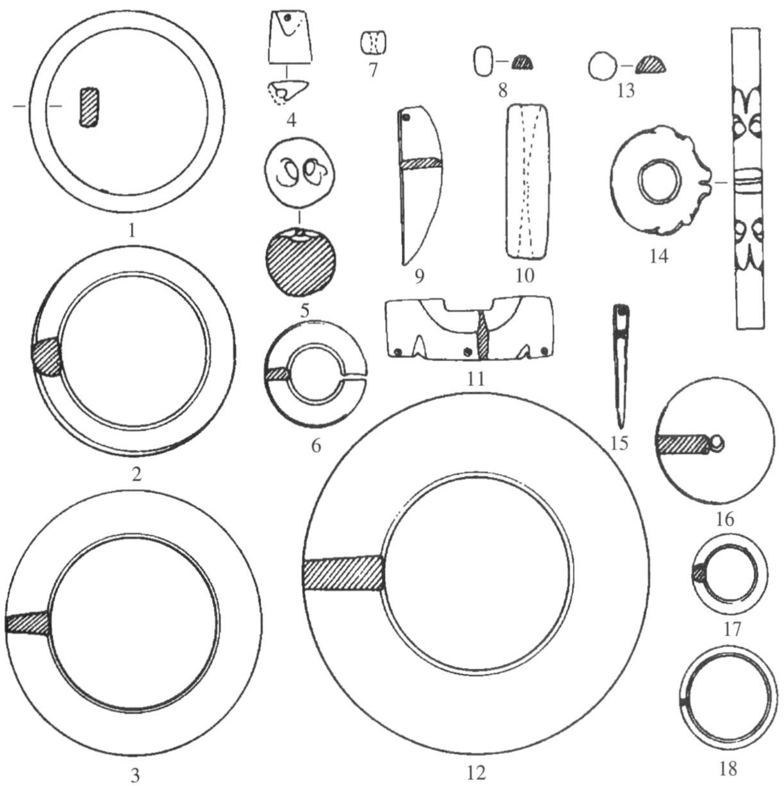

图二五　玉器

1、2. 镯（M7:10、M8:5）　3、12. 瑗（M3:7、10）　4、9、15. 坠饰（M3:22、11、12）　5、7、8、13. 珠（M10:5、M7:8、M3:6-1、M8:11-1）　6. 玦（M1:1）　10. 管（M3:33）　11. 冠形饰（M7:2）　14. 双龙圆形牌饰（M8:14）　16. 纺轮（M8:18）　17. 戒（M8:13）　18. 环（M7:4）(2/5)

M7:10，边缘棱角分明，横截面呈长方形。直径6.7、宽0.6、厚1.3厘米（图二五，1）。

戒　3件。体形厚实而小，横截面呈半圆形，似缩小的玉镯，出土时位于手指部位。M8:13，器形规整，外缘隆起浑圆。直径2.7、宽0.5、厚0.6厘米（图二五，17；图二七）。

环　3件。体形扁薄。出土时位于头骨附近，应是耳环。M7:4，横截面呈梯形，内侧面倾斜。直径3.4、宽0.3、厚0.2厘米（图二五，18；图二八）。

坠饰　6件。形制多样，体形小，一端较宽而钻孔，另一端较尖，出土时位于头骨侧边，可能用作耳坠。

M3∶12，锥形，似针，体扁。长4.1、厚0.2厘米（图二五，15）。

M3∶11，锥形，器形略大，体扁，一侧较直，另一侧弧曲。长5.3、宽1.5、厚0.3厘米（图二五，9）。

M3∶22，管形，利用残管改制穿孔而成，管体呈三棱柱形。高1.7、宽1.4厘米（图二五，4）。

玉双龙牌饰　1件。M8∶14，圆形，中部两面对钻一孔，一侧浅浮雕出两相对的龙首，龙首由嘴、眼、角组成，另一侧为共用的龙身，构思巧妙，精致动人。出土时位于M8墓主大腿骨之间，可能是挂于腰间的牌饰。直径3.4、宽1.1、厚1厘米（图二五，14；图版一，1）。

瑗　2件。截面呈横梯形，里厚外薄，边缘棱角分明。均出于M3内，较大的一件枕于脑后，另一件小一点的位于头骨东南方向。

M3∶10，个体大，内部较宽。直径11.9、宽2.8、厚1.2厘米（图二五，12；图二九）。

M3∶7，个体略小，内部也窄。直径8.8、宽1.6、厚0.8厘米（图二五，3）。

图二六　玉镯（M8∶5）

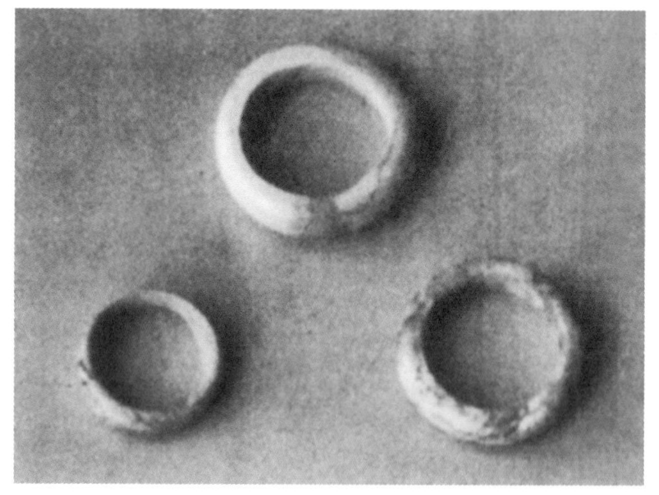

图二七　玉戒（上：M8∶13、左：M7∶11、右：M7∶13）

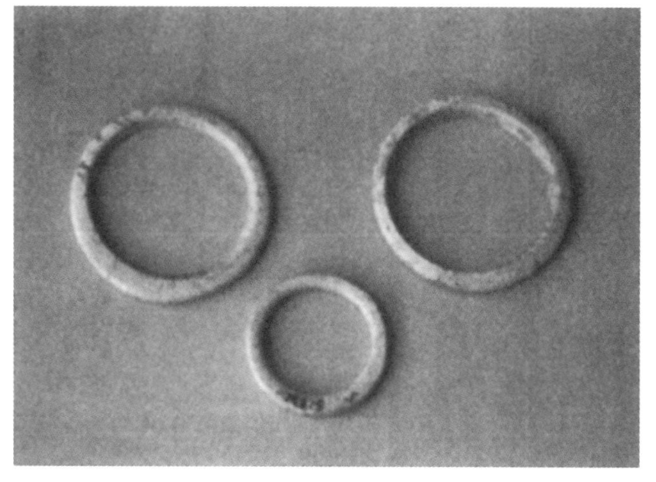

图二八　玉环（下：M3∶5、左：M7∶4、右：M7∶1）

图二九　玉瑗（M3∶10）

冠形饰 1件。M7:2，长方形，体形扁薄，下端边缘两面钻三孔，并磨出两个左右对称的凹缺口，上端中部有一较长的缺口，缺口两侧下部半圆形范围内磨薄。出土时位于M7头骨边。长5.7、宽2.1、厚0.4厘米（图二五，11；图版二，3）。

玦 1件。M1:1，体形扁薄，缺口较小，内外缘棱角分明。直径3.5、宽0.9、厚0.4厘米（图二五，6；图版二，4）。

纺轮 1件。M8:18，圆饼形，器形规整，外缘浑圆。出土时位于脚端陶器群外侧，与陶纺轮出土位置相同。直径4.1、厚0.6厘米（图二五，16；图三〇）。

图三〇 玉纺轮（M8:18）

四、结语

（一）墓葬年代

罗墩14座墓葬，开口于同一层位，虽有两组打破关系，但随葬品基本面貌一致，大致属同一时期，但具体埋葬时间有先后之分。陶器以泥质黑皮陶和夹炭陶为主，且黑皮易脱落。纹饰较少，仅少量有镂孔、凸带纹、划纹。一部分黑皮陶如杯、贯耳壶器表有彩绘花纹，器形肥胖，质地疏松，盛行矮圈足器和假圈足器。主要器种有凿形足鼎、粗把豆、矮胖贯耳壶、筒形杯、圈足盘等；玉器以珠、管、镯、环、坠饰等小件装饰品为主，多素面无纹；石钺形体尚较厚实，石锛无段等特征，与其他良渚文化早期遗存面貌一致。

与张陵山遗址上层墓葬相比，两遗址典型器物基本相同，如罗墩M8:25与张陵山M3:5贯耳壶、罗墩M9:4与张陵山M4:26鱼鳍足鼎、罗墩M3:2与张陵山M5:11石钺或石斧、罗墩M7:12与张陵山M4:8有肩石钺等，形制基本一致①。赵陵山遗址是一处典型的良渚文化早期墓地，除位于西北坡下的属于典型良渚文化时期的18座丛葬墓外，其余墓葬可分两个时期，其中的M77大墓时代比其余墓葬要晚。与之相比，罗墩M3:29豆的形制介于赵陵山M58:11豆与M77:101豆之间，罗墩M3:27豆介于赵陵山M70:6豆与M77:102豆之间②。而与反山墓地相比③，罗墩M3:29豆与反山M15:42、M22:61豆接近，而赵陵山M77与反山M15、M22等墓葬的时代已接近或进入典型良渚文化时期，所以罗墩墓地的时代应处于良渚文化早期向典型良渚文化过渡时期。罗墩遗址经测定的^{14}C数据1个：BK-93073（CHLM9木炭），距今5885±309年（经树轮校正），这个数据年代偏早，根据一些学者对早期良渚文化分期成果分析，罗墩墓地年代大致在距今5000年前后④。

（二）关于玉器

罗墩遗址共发掘墓葬14座，在总计出土250件玉、石、陶三类器物中，其比例分别为玉器116件，石器29件，陶器105件，可见在随葬品中玉器明显占有主要地位。14座墓中10座有玉器，虽然墓有大小之分，所出玉器多寡不一，但总体体现出葬玉的广泛性。其中冠状饰，鸡骨白色，出于M7头骨一侧。外观作扁平长方形，在上端中间平开一缺口，开口处及整个上半部呈扇形状磨薄，整体似一“凹”字。下端平列对钻三小孔，在左右边缘二孔内侧处又各磨出一个箭状小豁口。说明了冠状饰在良渚早期阶段的基本形式应是宽矮长方形，下端无榫，均为素面。有人认为典型良渚中期大墓如反山、瑶山等处所出雕刻精美图案或饰有人面、兽面标志的冠状饰是巫觋所用涂朱嵌玉法器上的重要部分，即木质神像上的构件以及是一种通神权力和从事某种职业的标志等，因从罗墩 M7 现象观察其中既未发现成片的朱砂，亦无用于镶嵌的小玉粒，故冠状饰在早期是否属于巫觋法器或具有通神权力，尚难推论。我们倾向于其在早期阶段似仅为显贵或部族首领冠帽上的饰物，只是体现地位和等级。

另外，墓群中所出最引人注意的双龙圆形牌饰，出于 M8 墓主人大腿之间。白中带淡黄及赭红色瑕斑。器形如小璧，中心孔对钻，留有较明显台痕，通体磨光。在边缘的一侧纵向雕琢头向相对并连接、嘴唇合用的龙首各一，雕琢长度约占整个外缘的二分之一，另一半则自然合为双龙的龙身。其龙首上的各个部位均是采用减地浮雕法琢成，构思异常巧妙。具体手法是：先在外缘端面开一道宽 0.12、深 0.24 厘米的凹槽，两边各等称留出厚 0.37 厘米的凸起嘴唇，然后依次相向利用减地隆起的弧线来体现出似有似无的鼻梁，上部雕琢二只圆突的球形眼睛，再在眼的上方刻出一对坚挺而略呈圆端的龙角。从整个雕琢面透视，龙面轮廓清晰，诸部位皆突出于饰体表面，具有较强的立体感，既简练传神，又充满力度，不失为一件艺术精品。

关于此类龙首形牌饰，良渚早期遗址中尚未见到，而在中期的反山 M26 及瑶山 M2 大墓中曾分别出过 6 件和 2 件。后 8 件牌饰均是先用减地浅浮雕，再以阴刻线来烘托和表现龙首上各部位特征。鼻以复线菱形纹作出，两侧刻有卷云纹等，阴刻线条已蔓延至饰体的平面。此外有的雕琢二龙首，也有三龙首，均非对称相联，仅有龙首而不能视作龙的全形。从发展序列而言，反山、瑶山牌饰上的龙形图案应是从罗墩纹饰中进一步演化而来的，二者之间有着明显的递承关系。

（三）关于墓地

1. 墓主身份

从墓葬形制看，墓坑长度均在 2.5 米以上，总体规格较高，这在良渚早期墓地中是罕见的，体现了总体身份的一致性。从随葬品多少来看，所有墓均有随葬物品，且大多数墓葬有玉器，也体现了整个墓地墓主生前身份的高贵，一些墓葬人骨残缺不全，而随葬物品仍很丰富，从一个侧面也说明身份的特殊。从上述分析可以得出结论，罗墩墓地为一处良渚文化早期贵族墓地。

2. 墓地性质

罗墩良渚贵族墓地与其他高台墓地相比，有一个显著特点，墓主人骨或残缺，或分离，保存有骨骼的 4 座墓葬都存在这样的情形。

从许多迹象看，这种现象不是人骨腐朽所致，如 M3 左手缺尺、桡骨，如果是腐朽所致，则 17 号玉镯应在尺、桡骨的位置，而出土时，玉镯却套在肱骨上，说明墓主入殓时已没了下臂，故玉镯只能套在上臂上，另外骨骼腐烂，不会仅烂尺、桡骨。这些现象的形成也可排除后期扰乱和打破关系所致的可能性，4 座墓除了 M10 被 H1 打破外，其余均未遭后期遗迹扰乱，清理时墓内填土一致，M10 也只是被 H1 打破中部的一部分，不致于使 M10 基主骨架上、下身分离 1 米左右。

良渚文化其他高台墓地也存在有肢骨不全或相分离的例子，如赵陵山墓地的 18 座丛葬墓，但赵陵山墓地存在这些现象的墓位于土台下西北坡地上，且很少有随葬物品，已确定为杀殉现象。而罗墩墓地人骨不全或分离现象的墓位于高台之上，显然地位较高。另外从随葬物品分析，更加排除了作为杀殉墓的可能性，14 座墓均有随葬品，且大部分都有玉器随葬，特别是有人骨的 4 座墓，随葬品更丰富，罗墩墓地的玉器主要出自这 4 座墓中，随葬品的数量大多在 30 件以上，比其他墓要多得多，这一情况足以排除这些墓杀殉的性质。M7 墓主人骨架上缺少头骨，而同坑西南角的头骨顶端出有冠形饰，显示出其地位的高贵，与整个墓的规模和丰富的随葬品相吻合。

M7 墓主虽然身首相离，但手中仍握有一把带柄的石钺，而石钺主要用作兵器，或代表军事指挥权。罗墩 14 座墓有 9 座墓出有石钺，一些墓被打破或遭破坏，原来很有可能也随葬石钺。随葬石钺的墓比例很高，为罗墩墓地的特点之一。同 M7 一样，其他墓的石钺一般位于左手位置，石钺磨制精致，体形扁薄，刃部锋利，少见使用后形成的缺口，不像一般用于砍砸的工具，联系当时部落战争频繁的情况，推测石钺作为兵器的可能性更大。再与人骨残缺分离的现象联系起来分析，我们认为这些死者很可能死于部落间的战斗，死后被本部族人运回埋葬。没有任何人骨或人骨痕迹的 10 座墓的性质也应与之相同。

参加发掘与整理的人员有周公太、张照根、常利平、陈瑞近、丁金龙、邹建东、俞家平、徐亦鹏、朱伟峰、陆彩霞、徐兴元，领队纪仲庆、丁金龙。

执笔：张照根　周公太　常利平

摄影：陈瑞近　丁金龙　邹建东

绘图：张照根

注释

① 南京博物院：《江苏吴县张陵山遗址发掘简报》，《文物资料丛刊》（6），文物出版社，1982 年。

② 江苏省赵陵山考古队：《江苏昆山赵陵山遗址第一、二次发掘简报》，《东方文明之光——良渚文化发现 60 周年纪念文集》，国际新闻出版中心，1996 年。

③ 王明达：《浙江余姚反山良渚墓地发掘简报》，《文物》1988 年第 1 期。

④ 张照根：《试论龙南文化》，《一剑集——北京大学考古专业八六届毕业十周年纪念文集》，中国妇女出版社，1996 年。

（原载《文物》1999 年第 7 期）

1. 玉双龙牌饰

2. M3 发掘现场

图版一 江苏常熟罗墩遗址

1. 石钺(M3:7)

2. 石钺(M3:18)

3. 玉冠形饰(M7:2)

4. 玉玦(M1:1)

图版二　江苏常熟罗墩遗址出土器物

张家港东山村遗址发掘的主要收获

张照根（苏州博物馆）
姚　瑶（苏州博物馆）

东山村遗址位于江苏张家港市南沙镇东山村，东距张家港市区18千米，北距长江2千米。遗址坐落在香山（海拔136.6米）东脊向东延伸的坡地上（当地俗称“老虎背”），向北0.5千米为镇山，张家港从遗址东侧流过（图一）。

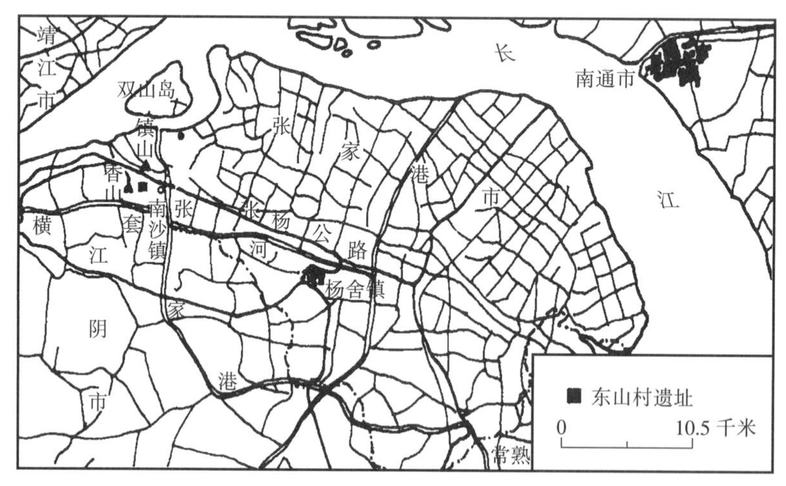

图一　东山村遗址位置图

1989年初，南沙镇在遗址上建房时出土大量陶片、红烧土块，张家港市文管会缪自强同志闻讯赶赴现场调查，确认为一处大型新石器时代村落遗址，随即上报苏州博物馆，苏州博物馆会同张家港市文管会组成考古队对遗址展开全面调查与试掘。遗址分布呈坡状，西高东低，平均高出周围农田约4米，东西长约260米、南北宽约230米，总面积近6万平方米，文化层最厚处平均达3米以上，从钻探结果表明，遗址南、东、北三面环湖。我们选择遗址中部开2米×5米探沟两条（编号T1、T2），为了不破坏遗址全貌，两探沟清理至第4层下房址时未再向下发掘。通过调查与试掘可知，东山村新石器时代遗存包含马家浜文化和崧泽文化两个时期的堆积，而以前者为主。1990年春，考古队又对遗址进行了抢救性发掘，在遗址北部边缘开5米×10米探方一个（编号T3），在遗址东部边缘开10米×10米探方一个（编号T4）。两次发掘总面积170平方米，发现新石器时代墓葬8座、房址6座、灰坑1座，出土陶、石、玉器近200件。

一

由于遗址位于坡地上，文化层堆积厚薄不一，不尽相同，再加上几个探方相距较远，无法统一地层，现将各方地层分别介绍。

T3 北壁（图二）：

第 1 层，耕土层。灰白色，厚 0.1~0.25 米。内含红烧土粒及少量陶片。

第 2 层，青黑色，厚 0~0.3 米。结构紧密坚硬，出土少量陶片，内含大量小颗粒红烧土。

第 3 层，纯红烧土堆积层，厚 0~0.3 米。红烧土块大，出土少量经火烧的陶片，器形有腰檐釜、高把豆、折沿盆、鼎足等。

第 4 层，青灰色，厚 0.08~0.5 米。质地疏松，含褐色僵土块，陶片极少。

第 5 层，纯红烧土层，厚 0~0.65 米。出土少量经火烧的陶片，器形有釜、豆、钵等。F1、F3 坐落在此层上。

第 6 层，青灰色，厚 0~0.34 米。质松、颗粒细，含少量灰烬、红烧土粒，陶片较少，主要器形有腰檐釜、敛口豆、牛鼻耳罐、宽把壶等。

第 7 层，灰褐色，厚 0~54 米。松软，含大量灰烬、红烧土及陶片，器形有釜、高把豆、敛口钵等。F4、F5 坐落此层上。

第 8 层，黑灰色，厚 0.18~0.66 米。纯草木灰堆积，松软，出土大量陶片，器形有筒形釜、敛口豆、盘口罐、器盖等。

第 8 层以下为姜黄色生土。因 T3 位于遗址北部边缘，所以地层走势由南向北倾斜，根据堆积情况，T3 为居住区。

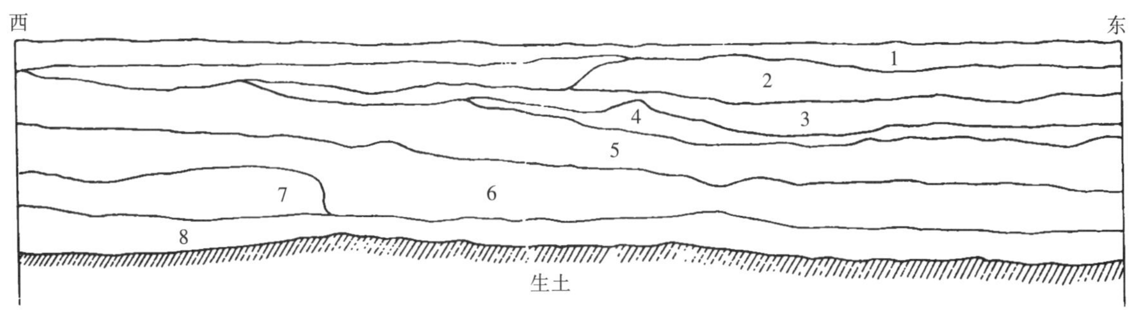

图二　T3 北壁剖面图

T4 东壁（图三）：

第 1 层，五花土，厚 0.16~0.64 米。为 T4 西侧新挖池塘翻上来的熟土，含较多陶片，器形有釜、盘口罐、高把豆、鼎足等。

第 2 层，耕土层。灰白色，厚 0.02~0.26 米。

第 3 层，黄灰色，厚 0.03~0.2 米。质地松，含砖瓦和瓷片。为清代文化层，此层下开口一座清代墓葬。

第 4 层，灰黑色，厚 0.08~0.14 米。颗粒细，含较多草木灰及盆、壶、盂等瓷片。为六朝唐代文

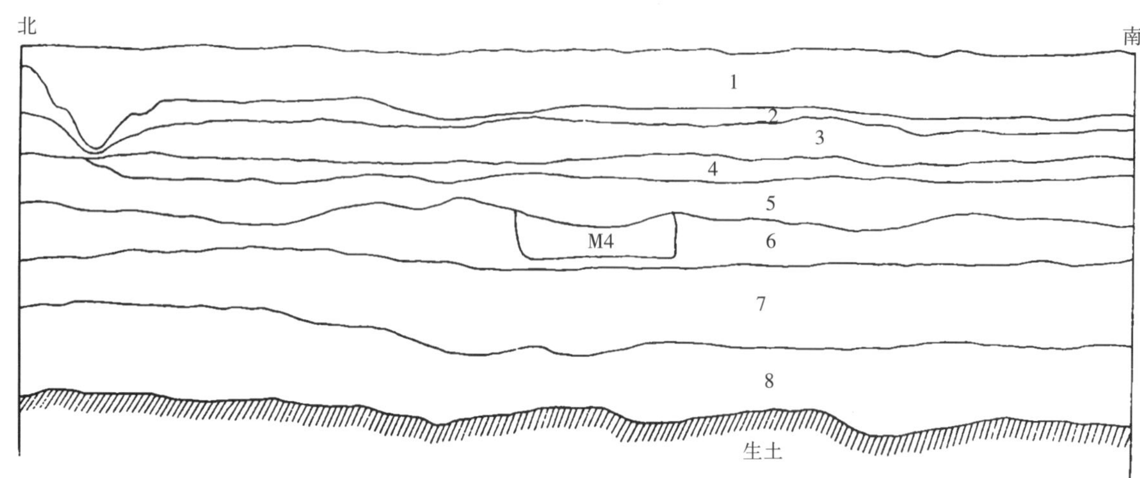

图三　T4东壁剖面图

化层，M1、M2开口在此层下。

第5层，棕褐色，厚0.26~0.48米。质地较硬，含大量红烧土块、鹅卵石和灰烬，出土陶片较多，主要器形有鼎、罐、豆、盆、鬶等。M3~M5开口在此层下。

第6层，棕红色，厚0.22~0.54米。颗粒大，含大量红烧土块和鹅卵石，陶片较多，主要器形有釜、罐、豆、盆、壶、鼎等。M6、M7及H2开口在此层下。

第7层，黄灰色，厚0.42~0.78米。含细密红烧土屑，出土陶片多，以腰檐釜、高把敛口豆、盘口罐为主。M8开口在此层下。

第8层，黄褐色，厚0.4~0.8米。黏性，含少量红烧土屑，陶片较少，器形有釜、高把豆、罐、盆等。

第8层以下为姜黄色生土。T4位于遗址东部边缘地层走势由西向东倾斜，根据堆积情况，T4为墓葬区。

另外，T1、T2位于遗址中部，地层走势平坦，根据堆积情况，为居住区。

通过各方地层遗迹叠压关系及器物形制演变，我们将东山村新石器时代遗存分成七个发展阶段：第一阶段有T3⑧；第二阶段有T3⑦、T4⑧；第三阶段有T4⑦、M8；第四阶段有T3⑤、T3⑥、T4⑥、M6、M7、F4、F5及H2；第五阶段有T3③、T3④、T4⑤、F1~F3、F6、T1④、T2④、M3~M5；第六阶段有M1、M2、T3②；第七阶段有T1②、T1③、T2②、T2③。

二

第一阶段的遗存，仅T3⑧出土的少量陶片。以夹砂红陶为主，泥质红陶中有一部分含细砂，泥质陶和少量夹砂陶器表施红衣。均为手制，器表凹凸不平。纹饰较少，以素面为主，釜的腰檐及鋬手外侧压成锯齿状，豆圈足上有圆形小镂孔。器类较少，以釜、豆、罐为主，少量瓮、盉；釜盖为覆钵形，有弧腹和斜直腹两种，釜体仅直口筒形釜一种；豆盘里黑外红，部分胎质含细砂，敛口深腹盘，喇叭形圈足较大；罐为盘口束颈，广肩，夹砂红衣陶（图四）。

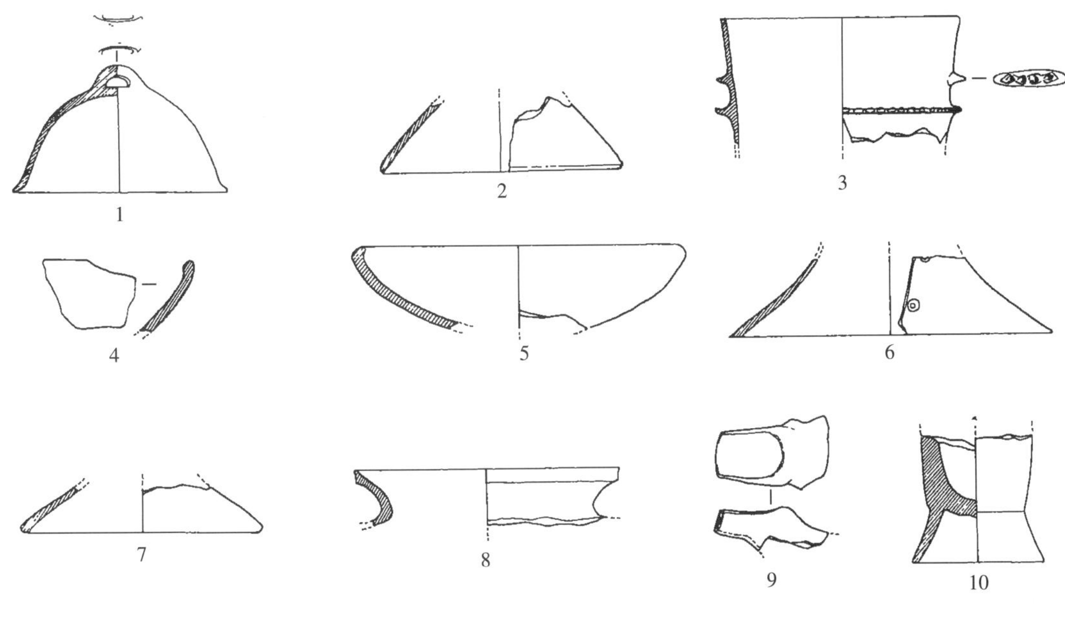

图四　第一阶段陶器

1、2. 釜盖（T3⑧：11、8）　3. 釜（T3⑧：1）　4、5. 豆（T3⑧：19、20）　6、7. 豆圈足（T3⑧：22、24）　8. 罐（T3⑧：9）　9. 流（T3⑧：16）　10. 圈足（T3⑧：13）

三

第二阶段的遗存以T3⑦、T4⑧为代表，遗物以陶器为主，兼少量石器。陶系以夹砂红陶为主，另有一定量的夹砂灰黑陶、褐陶及泥质黑陶，泥质陶和部分夹砂陶表面施红衣。陶器仍为手制，但部分经慢轮修整。纹饰以素面为主，有少量弦纹、附加堆纹、锯齿纹、镂孔、按窝，釜腰檐及釜罐等腹部錾手外侧呈锯齿状，錾手、把手、鼎足上常饰按窝，器盖、豆圈足上多饰镂孔。主要器形有釜、豆、罐，另有少量钵、盆、鼎、壶、罐。釜的种类较多，新增加侈口筒形釜、斜腹筒形釜、束颈釜、侈口鼓腹釜、盆形釜等；盆形釜无腰檐和錾手，釜的盖纽多见花边桥形；豆盘仍为里黑外红，外施红衣，胎质中含砂者少见；罐的形制增多，除原来的夹砂红衣陶盘口罐外，新增加泥质红衣陶盘口罐、泥质黑皮陶矮领罐、夹砂红陶敛口罐，罐腹大多附錾手；钵为敛口，下腹内收，腹附牛鼻耳、錾手和腰檐，表面施红衣，夹砂、泥质均有；鼎为束颈下垂腹，鼎足宽大；壶也为束颈下垂腹，下附矮圈足，泥质黑皮陶；缸的形体大，夹砂红陶，圆唇敞口；陶纺轮多见台形。出土的少量石器以锛为主，长条形，形体厚重（图五）。

四

第三阶段的遗存包括1座墓葬（M8）和T4⑦出土的陶器。

M8为长方形浅竖穴土坑墓，长1.56米、宽0.45米、深0.2米，填土中含红烧土粒，方向285度，人骨腐朽，随葬品较少，分布于头部和下肢部位，主要有釜、鬶足等。本阶段陶器仍以夹砂红陶和泥质红衣陶为主，但夹砂红陶的比例有所下降，而夹砂褐陶的数量有所增加。器形较规整，经慢轮修整的陶器数量增多。纹饰情况与第二阶段基本相同。主要器形仍以釜、豆、罐为主，另有少量鬶、

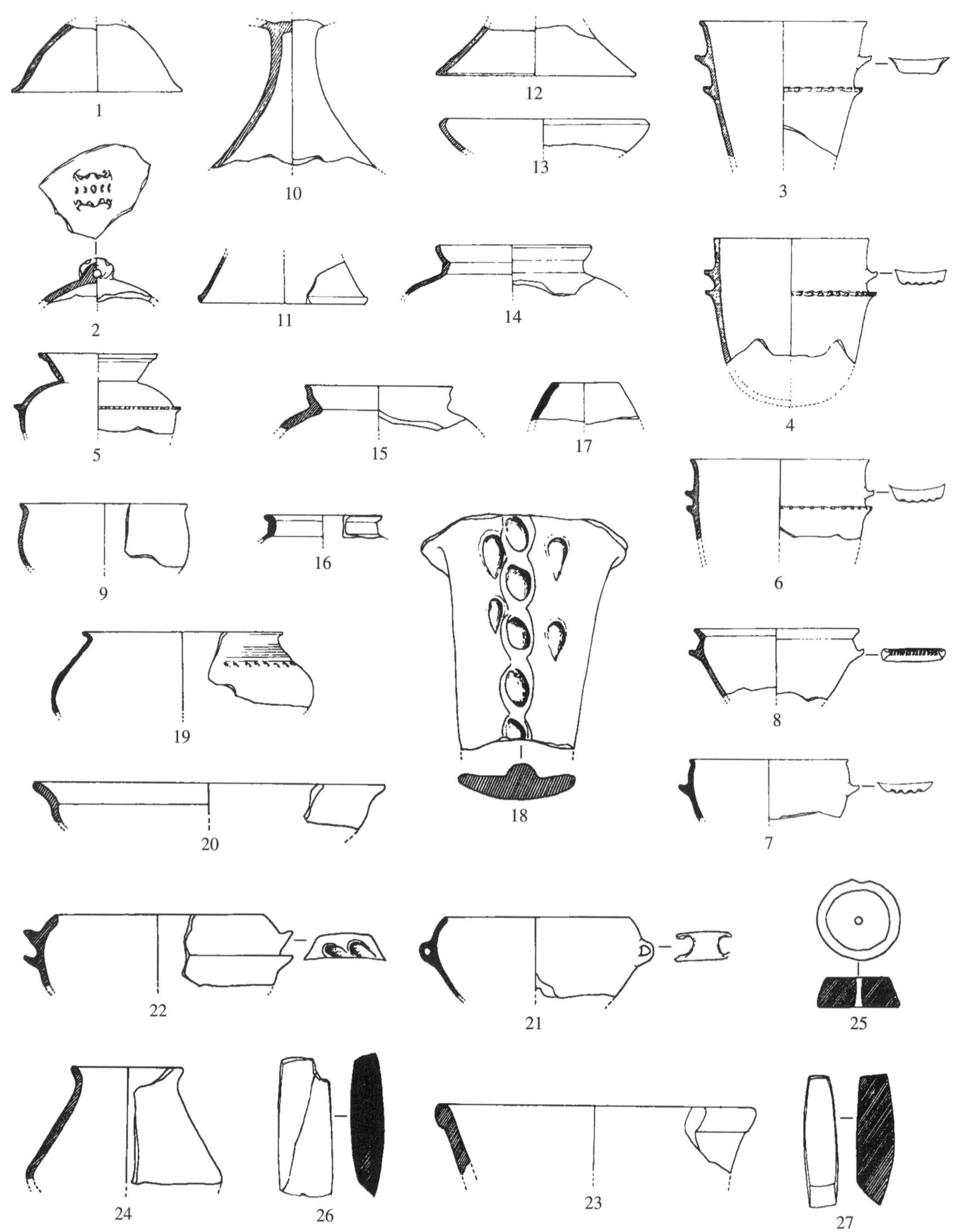

图五　第二阶段遗物

1. 陶釜盖（T3⑦：54）　2. 陶釜盖纽（T3⑦：84）　3、5～9. 陶釜（T4⑧：25、T3⑦：14、T4⑧：20、T4⑧：27、T3⑦：32、T3⑦：70）　10. 陶豆把（T3⑦：48）　11、12. 陶豆圈足（T3⑦：53、T3⑦：44）　13. 陶豆（T3⑦：47）　14～17. 陶罐（T4⑧：5、T4⑧：13、T4⑧：30、T3⑦：26）　18、19. 陶鼎足（T4⑧：10、T3⑦：71）　20. 陶盆（T3⑦：15）　21、22. 陶钵（T3⑦：11、T3⑦：81）　23. 陶缸（T3⑦：12）　24. 陶壶（T3⑦：13）　25. 陶纺轮（T3⑦：8）　26、27. 石锛（T3⑦：7、T3⑦：9）

盆、鼎、甑。釜的腹变浅；敛口大盘豆数量减少，而且直口方唇小盘豆增加；罐的肩部由广肩变为溜肩，黑皮矮领罐的领略变长；三足夹砂红陶鬶平底下附三足，足上端常常饰一目形按窝；新出现的甑为浅盆形，口上附一对花边环形纽，甑孔较大（图六）。

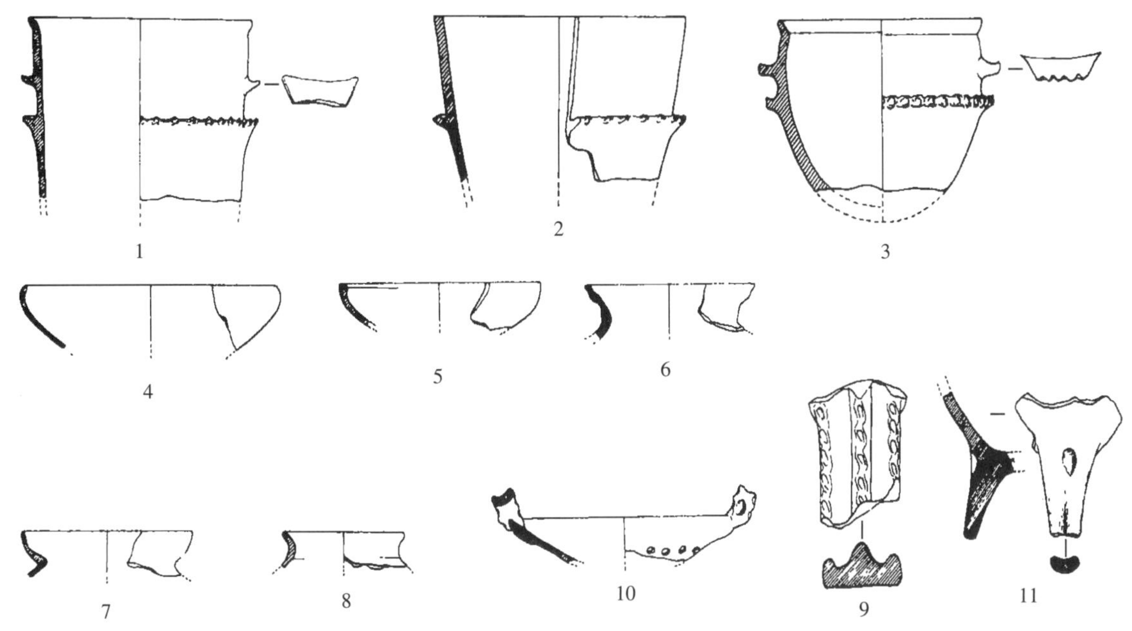

图六　第三阶段陶器

1~3. 釜（M8∶2、T4⑦∶6、M8∶1）　4、5. 豆（T4⑦∶18、T4⑦∶32）　6、7. 罐（T4⑦∶49、T4⑦∶12）　8. 鼎（T4⑦∶33）　9. 鼎足（T4⑦∶43）　10. 甑（T4⑦∶50）　11. 鬶足（M8∶3）

五

第四阶段的遗迹主要是2座墓葬（M6、M7）和2座房址（F4、F5），遗物以陶器为主，另有少量石器。

M6、M7均为长方形浅竖穴土坑墓，人骨均已腐朽。M6长1.23米、宽0.37米、深0.12米，方向355度，随葬品仅长方形双面刃穿孔石斧1件，置于头部附近。M7长1.13米、宽0.64米、深0.22米，方向185度，随葬品有壶、釜、豆、石锛等4件，位于墓坑中部。

F4、F5坐落在T3⑦层上，T3⑥层是它们的生活堆积，T3⑤层红烧土层是它们的倒塌堆积，均为平地式建筑。F5由残留的12个柱洞围成圆形（图版一，1），F4从残留的10个柱洞分析，平面应是长方形，柱洞垂直于地面，直径在0.15~0.2米，室内居住面较硬，从红烧土块上竹木芦苇及稻草印痕分析，墙体原为木骨泥墙，经火灾形成大面积红烧土堆积。

陶器因火灾而经火烧过，仍以夹砂红陶和泥质红衣陶为主，泥质陶中有少量橙黄陶。制作和纹饰没有太大变化，主要器形有釜、豆、罐、盆、鼎等，另有少量钵、壶、缸。釜的腹部变得更浅，筒形釜腰檐以上部分变短，下部内收，而釜鋬变得窄长，盆形釜的数量增加；豆盘变浅，豆把趋细高，另外新增加束腰形黑皮陶豆；盘口罐的口变小，腹部变为下垂腹，矮领罐领部增高；折沿盆沿面近平，腹更浅；下垂腹鼎口径增大，颈部缩短，腹更鼓，鼎足变窄；钵的口部渐外敞。少量石器仍以石锛为主，体形扁薄，石斧形制独特，为长方形双面刃（图七；图版一，2、3）。

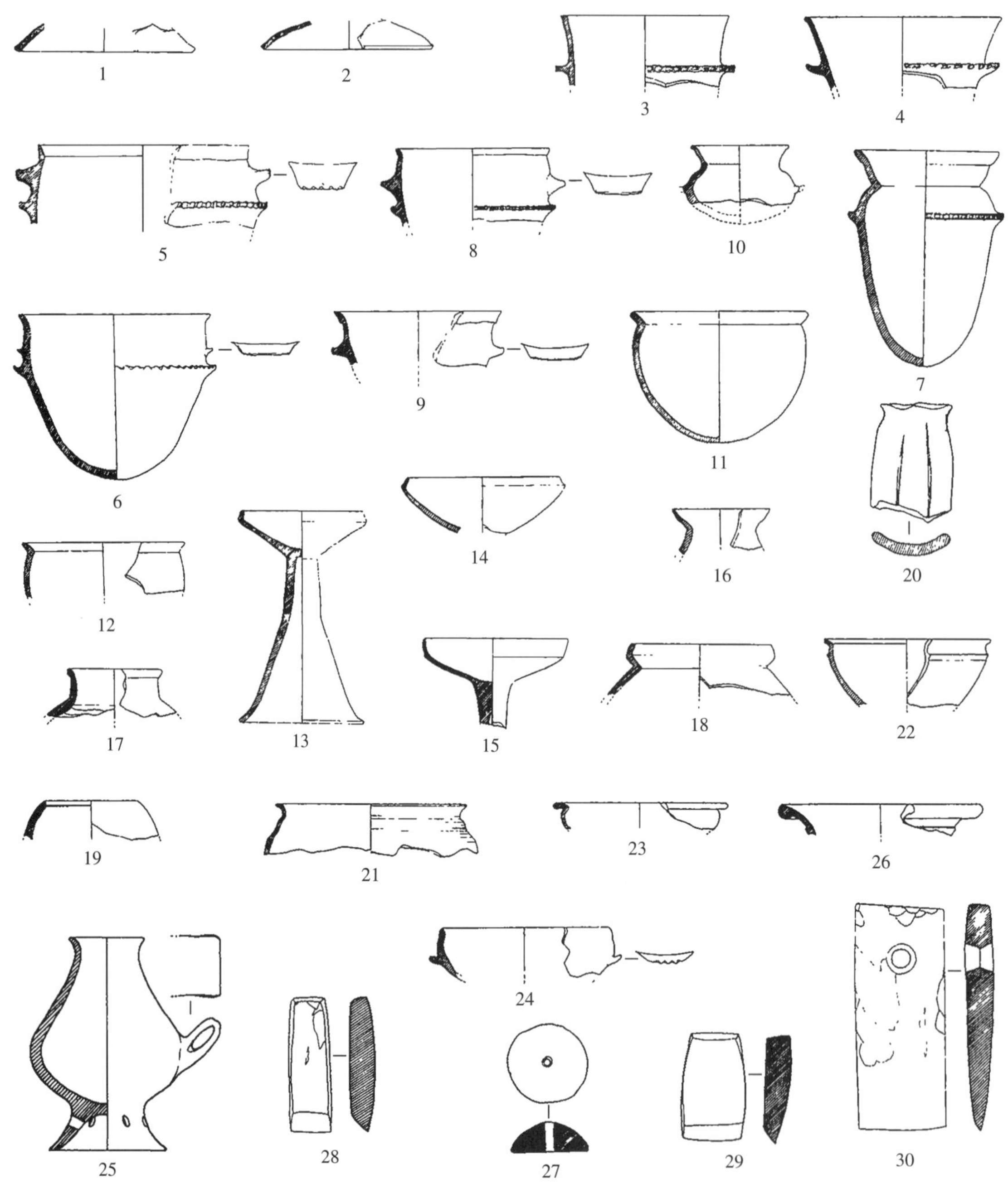

图七　第四阶段遗物

1、2. 陶釜盖（T3⑤：101、T3⑤：100）　3～12. 陶釜（T4⑥：9、T4⑥：4、T4⑥：7、T4⑥：25、H2：1、T4⑥：89、T4⑥：6、T4⑥：1、F5：1、T3⑤：35）　13～15. 陶豆（M7：2、T3⑥：9、T4⑥：25）　16～19. 陶罐（T4⑥：41、T3⑤：22、T4⑥：8、T3⑤：50）　20、21. 陶鼎（T3⑤：25、T3⑤：9）　22、23. 陶盆（T4⑥：92、T3⑤：37）　24. 陶钵（T3⑤：11）　25. 陶壶（M7：1）　26. 陶缸（T3⑤：55）　27. 陶纺轮（T3⑤：3）　28、29. 石锛（T4⑥：22、T4⑥：17）　30. 石斧（T4⑥：18）

六

第五阶段的遗迹包括3座墓葬（M3～M5）及4座房址（F1～F3、F6），遗物以陶器为主，另有少量玉石器。

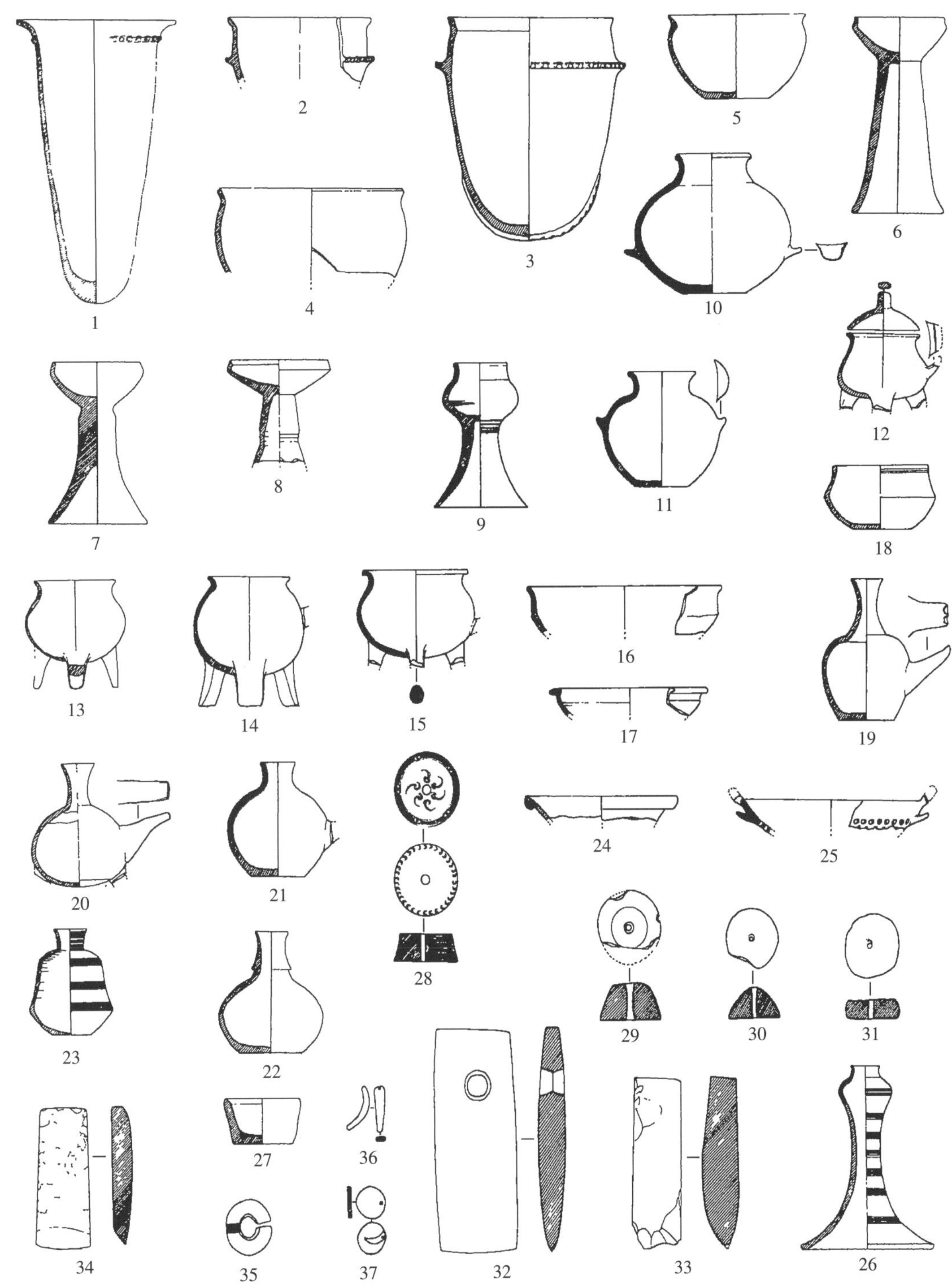

图八　第五阶段遗物

1～5. 陶釜（M4∶3、T4⑤∶72、F6∶1、T4⑤∶74、F6∶2）　6～9. 陶豆（M5∶2、M3∶9、M3∶5、M5∶1）　10、11. 陶罐（M4∶2、M3∶6）　12～15. 陶鼎（M4∶9、M4∶1、M3∶8、M3∶10）　16、17. 陶盆（T4⑤∶64、T4⑤∶62）　18. 陶钵（M3∶14）　19～21. 陶鬶（M4∶6、M4∶7、M3∶7）　22、23. 陶壶（M5∶3、M3∶13）　24. 陶缸（T3④∶40）　25. 陶甑（T4⑤∶67）　26. 陶器座（M4∶5）　27. 陶小杯（M3∶11）　28～31. 陶纺轮（M4∶4、T3∶2、M④∶2、F3∶2）　32. 陶石斧（M4∶8）　33、34. 陶石锛（T4⑤∶11、M3∶4）　35. 陶玉玦（M3∶3）　36、37. 陶玉饰件（T4⑤∶13－1、T4⑤∶13－2）

M3、M5 均为长方形浅竖穴土坑墓，人骨腐朽，随葬器物较多。M3 方向 310 度，墓长 1.48 米、宽 0.44 米、深 0.22 米，随葬品 13 件，主要分布于墓坑两端（图版一，4）；M4 方向 0 度，墓坑长 1.55 米、

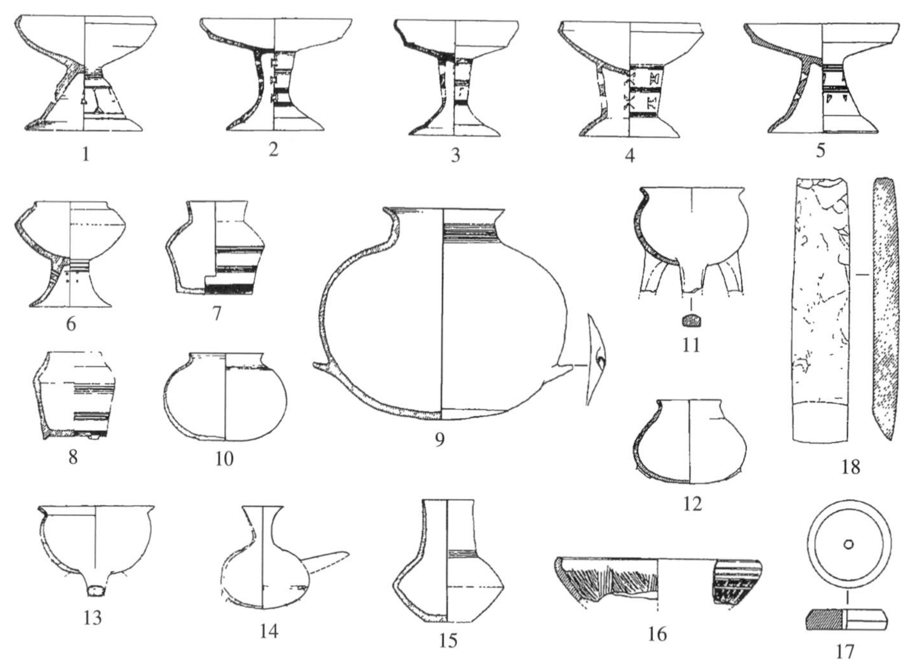

图九 第六阶段遗物

1~6. 陶豆（M2:11、M2:5、M2:3、M1:5、M2:10、M2:1） 7~10. 陶罐（M2:4、M1:3、M2:6、M1:6）
11~13. 陶鼎（M1:7、M1:1、M1:2） 14. 陶鬶（M1:4） 15. 陶壶（M2:8） 16. 陶澄滤器（T3②:7）
17. 陶纺轮（M2:2） 18. 石锛（M2:7）

宽1.03米、深0.23米，被M3打破，随葬器物9件，位于墓坑中部。4座房址均为地面式建筑，柱洞垂于地面，由柱洞围成长方形（仅F3为“刀”字形），方向均朝南，房址堆积分3层：T3⑤层为建筑堆积，T3④层为生活堆积，T3③层为红烧土倒塌堆积。

陶器以夹砂红陶和泥质红衣陶为主，夹砂红陶比例锐减，泥质黑皮陶的比例增加。大部分器物经慢轮修整。主要器形有釜、豆、罐、盆、鼎，少量壶、鬶、钵、缸、甑。纹饰中弦纹和镂孔数量有所增加，并出现少量条带形彩绘。釜的数量、种类大幅度减少，而以鼎作为主要炊器，釜的腰檐和鋬手退化，有些腰檐犹如附加堆纹，只起装饰作用，盆形釜成为釜中数量最多的一种；红衣陶豆数量减少，豆盘里外胎色一致，泥质或夹砂陶豆数量增加，豆盘和圈足径变小，豆把高直粗大；盘口罐基本不见，而以夹砂高领罐为主；鼎的数量猛增，品种较多，有大口罐形、小口罐形和束颈下垂腹釜形鼎等，腹一侧常带上翘的把手，鼎足变窄而渐呈凿形；折沿盆沿外侧下倾；鬶的种类较多，有夹砂细长颈鼓腹带把、泥质红衣陶带把、泥质黑皮陶三足带把鬶三种，而原先的夹砂平底三足鬶则少见；甑腹变深而甑孔变小。出土的少量玉器为玦、坠等小件饰品，石器仍以石锛、石釜为主，且体形趋于扁长（图八；图版一，5~18）。

七

第六阶段的遗存主要以2座墓葬（M1、M2）及其随葬品为主。

M1、M2均为长方形浅竖穴土坑墓，人骨腐朽无存，随葬器物较多。M1方向262度，墓坑长2.18米、宽0.8米、深0.1米，共有鼎、罐、鬶、豆等11件随葬品，分布于墓坑中部（图版一，19）；M2方向320度，墓长1.75米、宽0.62米、深0.15米，共有鼎、罐、豆、壶、纺轮、石锛等11件随葬品，整个墓坑均有分布。

陶器以夹砂红褐陶和泥质黑皮陶为主，泥质红衣陶比例大幅度下降。陶器制作规整，普遍经慢轮修整。纹饰中弦纹与各种镂孔大幅度增加，成为主要纹饰。主要器形有鼎、豆、罐、盆，少量壶、鬶、澄滤器等。豆均为泥质黑皮陶，豆把分束腰和分级两类；鼎腹变浅，足为凿形；罐表面不施红衣，以高领罐为主，新出现带花瓣足的弧肩折腹罐，鬶的腹部较鼓。石锛形体更瘦长（图九；图版一，20~25）。

八

第七阶段（T1②、T1③、T2②、T2③）的遗存较少，仅出少量石器。

陶器以夹砂红褐陶和泥质灰陶为主，另有少量泥质黑皮陶和橙红陶。胎较薄，普遍经轮修。纹饰略增，主要有弦纹、宽带纹、花瓣纹、镂孔、编织纹和附加堆纹。主要器形有豆、罐、杯、鼎、钵、盆、瓮等。豆以泥质灰陶为主，豆把普遍分级；罐均为泥质，腹部多饰宽带纹；杯为直口花瓣足；瓮为高领侈口，颈及口沿饰密集的凹弦纹（图一〇）。

九

东山村遗址的发掘，提供了多层相叠的层位关系，确定了七个文化发展阶段。

第一至第五阶段，陶系以夹砂红陶和泥质红衣陶为主。制法均为手制。纹饰以素面为主，有少量锯齿花边纹、按窝、镂孔、弦纹、附加堆纹。器形流行圜底器、圈足器，主要器形以釜、豆、罐为主，另有少量鼎、盆、钵、鬶、壶、缸、盉、甑等。釜、罐、钵等腹部附对称长条形鋬手，鬶、鼎、钵等常附把手，部分罐、钵等附牛鼻耳。釜的种类较多，以筒形釜为主；豆为敛口高把；罐以盘口和有领罐为主；钵为敛口，带鋬手或牛鼻耳；鼎以罐形为主，下附横足，横足由宽变窄，最后发展成凿形足。从以上特征分析，第一至第五阶段的遗存属马家浜文化。第一阶段遗存因时代较早，无可比材料，陶器制作粗糙、器类简单，显示出较原始的特征，这一阶段可供参考的^{14}C 测试数据 1 个：T3⑧木炭（BK90149）距今 7260±60 年（达曼表已无校正年代）。第二阶段遗存时代与罗家角遗址第 4 层相当，直口筒形釜与罗家角Ⅰ式带脊釜、敛口罐与罗家角Ⅱa 式平底罐、敛口钵与罗家角Ⅱ式敛口钵相似[①]，这一阶段可供参考的^{14}C 数据 1 个：T3⑦木头（BK90148）距今 6060±130 年（年轮校正后：距今 6715±77 年）。第三阶段遗存的时代与罗家角遗址第三期相当，直口筒形釜与罗家角Ⅱ式筒形腰檐釜，折沿盆与

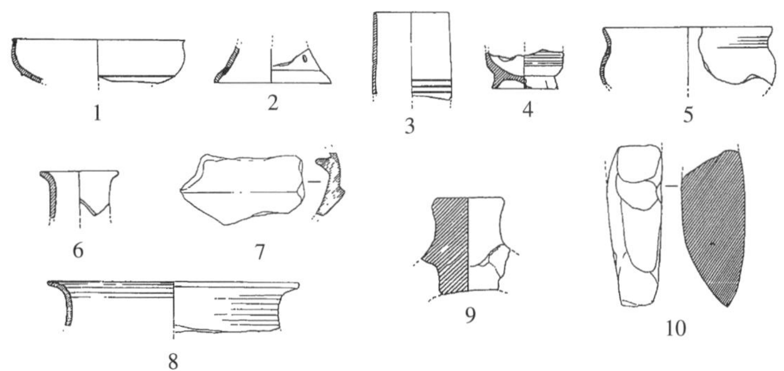

图一〇　第七阶段遗物

1. 陶豆（T2①:8）　2. 陶豆圈足（T1①:9）　3、4. 陶杯（T1①:1、T2②:3）　5. 陶罐（T2③:2）　6. 陶壶（T2①:1）　7. 陶瓮（T1③:11）　8. 陶甗（T2②:4）　9. 陶盖纽（T1③:3）　10. 石锛（T2②:1）

罗家角Ⅰ式盆接近[②]。第四阶段遗存的时代与草鞋山马家浜文化遗存接近，侈口筒形釜与草鞋山Ⅰ式卷沿中口釜、敛口高把豆与草鞋山Ⅰ式泥质红陶豆相近[③]，这一阶段可供参考的^{14}C数据有3个：T3⑤木炭（BK90147）距今5590±120年（年轮校正后：距今6245±170年）；T3⑤木炭（BK90146）距今5240±60（年轮校正后：5875±74年）；T4⑥木炭（BK90150）距今5320±60年（年轮校正后：距今5960±74年）；第五阶段遗存与崧泽下层[④]、福泉山早期遗存时代相当[⑤]，方唇直口釜与崧泽Ⅱ式釜、侈口弧腹釜与崧泽ⅠA式釜、束腰形豆把与崧泽和福泉山同类器、高领罐与崧泽同类器相似，这一阶段处于马家浜文化向崧泽文化过渡时期，陶系以泥质黑皮陶和夹砂褐陶为主，鼎的数量超过釜的数量，豆把多分级等特点都显示新文化因素的增长。

第六与第七阶段遗存，陶器以夹砂褐陶、泥质黑皮陶和泥质灰陶为主。主要器形有鼎、罐、豆、盆、壶、杯等，流行圈足器和平底器。鼎多罐形，凿形足；豆把多分级；罐以高领为主，器腹饰弦纹和宽带纹，器身多折肩折腹风格；杯、罐等底部常刻成花瓣形。以上主要特点与其他崧泽文化遗址面貌相同或相近，第六、七阶段遗存的时代应处于崧泽文化阶段。

第六阶段遗存同崧泽中层一期墓葬[⑥]、福泉山下层墓葬[⑦]同时，敛口束腰把豆与崧泽Ⅰ式盆形豆、弧肩花瓣足罐与崧泽Ⅰ式陶壶近似，属崧泽文化早期。第七阶段遗存与徐家湾下文化层[⑧]、崧泽中层二期墓葬[⑨]相当，分级圈足豆与徐家湾DⅡ式豆、直口花瓣足杯与徐家湾同类器、长颈壶与崧泽ⅤB式壶近似，属崧泽文化中期。

太湖流域的新石器时代考古以往主要集中于太湖流域腹地，沿江地区工作则相对较少。东山村遗址的发现和发掘，对于深入了解沿江地区的文化内涵、太湖区与宁镇区史前文化的关系都有极其重要的意义。东山村遗址与太湖流域腹地的文化面貌有许多不同之处，例如，其马家浜文化遗存中，泥质陶中一部分含细砂，鼎自始至终占有一定比例，釜的种类较多，以侈口筒形釜、鼓腹釜和盆形釜为主，一定数量黑皮陶束腰把豆，罐的盘口作风等；崧泽文化遗存中，鼎以罐形为主，豆以黑皮陶束腰把为主，杯呈直口花瓣足，鬶附三凿形足等等，具有自己鲜明的特色，为研究太湖流域史前文化类型提供了一些线索，但要了解这一区域的文化全貌及一系列相关问题，还有待于今后进一步的工作。

注释

① 罗家角考古队：《桐乡县罗家角遗址发掘报告》，《浙江省文物考古所学刊》，文物出版社，1981年。

② 罗家角考古队：《桐乡县罗家角遗址发掘报告》，《浙江省文物考古所学刊》，文物出版社，1981年。

③ 稻作起源を探る编委会：《稻作起源的探索》，日本文化财科学会发行，1996年。

④ 上海市文物管理委员会：《崧泽》，文物出版社，1987年。

⑤ 上海市文物管理委员会：《青浦福泉山遗址崧泽文化遗存》，《考古学报》1990年第3期。

⑥ 上海市文物管理委员会：《崧泽》，文物出版社，1987年。

⑦ 上海市文物管理委员会：《青浦福泉山遗址崧泽文化遗存》，《考古学报》1990年第3期。

⑧ 苏州博物馆、张家港市文管会：《江苏张家港徐家湾新石器时代遗址》，《考古学报》1995年第3期。

⑨ 上海市文物管理委员会：《崧泽》，文物出版社，1987年。

（原载《东南文化》1999年第4期）

中国草鞋山遗址古代稻种类型

汤陵华　孙加祥（江苏省农业科学院粮食作物研究所）
佐藤洋一郎（静冈大学农学院）
宇田津彻朗（宫崎大学农学部）

草鞋山遗址是长江下游有稻作遗存的新石器时期遗址，在年代上仅次于河姆渡遗址和罗家角遗址。该遗址出土的炭化米年代是马家浜时代（4290±205 BC）。根据炭化米的粒型认定籼稻约占60%，粳稻约为40%[①]。近年来，有许多学者对根据粒型判断籼、粳亚种类型的方法提出疑问，并不断研究出判别稻种类型的新方法。Sato YI 从1300个亚洲栽培稻地方品种中随机抽取96份，检测它们的叶片机动细胞硅酸体形态，得出籼、粳稻判别公式，并认为当判别值大于0.5或小于-0.5时，可准确地划定所属类型[②]。此外，Dally and Second，Second，Ishii 等曾指出籼粳稻之间叶绿体DNA有明显的差异[③]。Kanno 等发现籼稻叶绿体DNA比粳稻叶绿体DNA缺失69个碱基DNA对[④]；Chen 也证实了这一结果[⑤]。

为了解中国太湖流域新石器时代的稻种类型，本研究以苏州草鞋山遗址为例，检测了各文化时期遗留在土壤中的水稻叶片机动细胞硅酸体，对它们的籼粳类型作了判别，成功地抽提出从该遗址出土的炭化稻米DNA，并对其中的叶绿体DNA进行分析，以期通过植物蛋白石形状分析和叶绿体DNA分析两种方法的相互验证，鉴别该地区古代各时期种植的稻种类型。

一、材料与方法

（一）材料

1993~1995年，南京博物院考古研究所、江苏省农业科学院粮食作物研究所和日本宫崎大学农学部在发掘草鞋山遗址的古稻田时，于生土面上发现了20余块人为加工而成的浅坑遗留。从浅坑与其他遗迹现象的关系中，认定这些浅坑是与原始稻作密切相关的水田状遗迹。从浅坑的填土中淘洗出数十粒炭化米。用中国品种“朝阳”作为籼型稻对照，日本品种“神力”为粳型稻对照，与炭化米同时提取DNA，对叶绿体DNA进行分析。

用探方（95WCTⅧ）北壁面上采集的土样作植物蛋白石分析。分析土样中植物蛋白石的来源植物种类、水稻植物蛋白石的籼粳类型和各地层的年代，由考古学家对各土层中的器物进行断代。

（二）叶绿体 DNA 分析

采用 Nakamura and Sato 的方法[⑥]提取炭化米的 DNA。PCR 分析用 Pst－R 片段上的 ORF（5′－TCT TTA GTA CTA CCA AG－3′）和 ORG －2（5′－TCG CAA CCC CTT TCC GCT ACA C－3′）作引物进行扩增，扩增温度（时间）为 94℃（30 秒）、51℃（30 秒）、72℃（60 秒）。扩增后在聚丙烯酰胺凝胶板上进行电泳、染色，于紫外光灯下观察 DNA 带。由于炭化米中只有极微量的 DNA 残留，电泳胶板上看不到炭化米的 DNA 带。但可清晰地看到籼粳对照的 DNA 带。从籼、粳对照显示出的 DNA 带的相应位置上，切取各炭化米的胶板块。按图一所示流程提取胶板块中的 DNA。

精制后样品的 DNA 液与对照的 DNA 提取液再次进行扩增。

（三）植物蛋白石形状分析

在检测前，采用藤原的方法[⑦]去除黏附在植物蛋白石上的土壤胶体。植物蛋白石分析法分定量分析和形状分析两种方法。

1. 定量分析　在土样中加入等量玻璃粒子，用光学显微镜观察各土层中所含各种植物蛋白石的数量，从而确定各种植物的生长数量。

2. 形状分析　针对水稻类型进行分析。在光学显微镜下检测每个样品的 50 个水稻植物蛋白石的上长（A）、下长（B）、宽（C）、厚（D）。根据宇田津公式[⑧]判断稻种类型，即 $Z = 0.049(A+B) - 0.30C + 0.14D - 3.82(B/A) - 8.96$。

二、结果

（一）PCR 分析

在电泳图谱上籼稻对照品种“朝阳”显示的是前行带，粳稻对照品种“神力”显示的是滞后带，这一结果与 Pst－R 片段上粳稻比籼稻多 69 个碱基对相一致。因此，前行带是籼稻带，滞后带是粳稻带。3 粒炭化米提取出的 DNA 经两次扩增，在电泳图谱上显示的酶带与粳稻对照“神力”相同（图二）。

（二）植物蛋白石分析

在 95WCTⅧ南壁地层上自上而下分两列采集土样。在地层关系上经考古学家认定（图

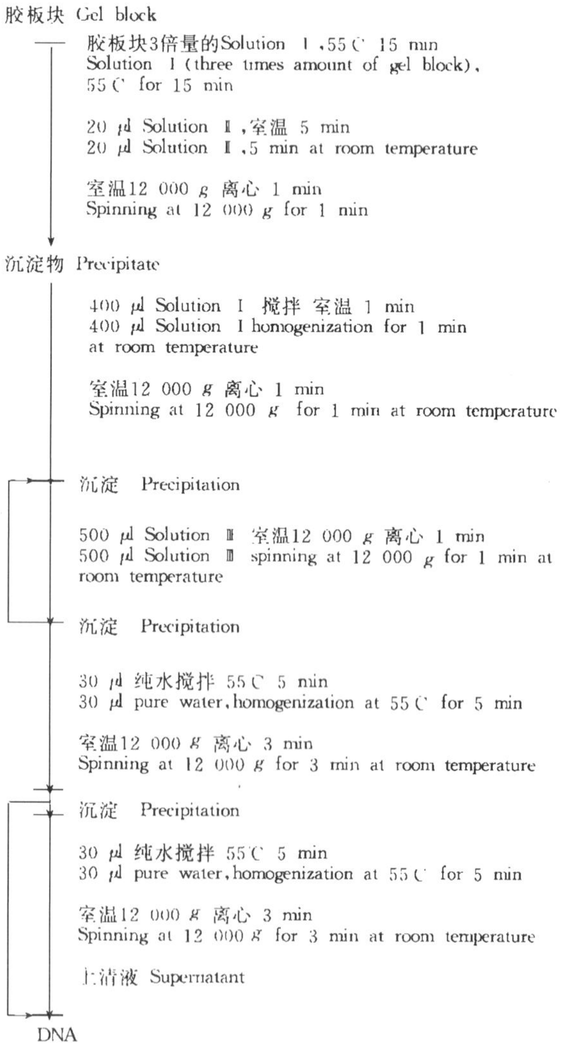

胶板块 Gel block

胶板块3倍量的Solution Ⅰ，55℃ 15 min
Solution Ⅰ (three times amount of gel block), 55℃ for 15 min

20 μl Solution Ⅱ，室温 5 min
20 μl Solution Ⅱ, 5 min at room temperature

室温12 000 g 离心 1 min
Spinning at 12 000 g for 1 min

沉淀物 Precipitate

400 μl Solution Ⅰ 搅拌 室温 1 min
400 μl Solution Ⅰ homogenization for 1 min at room temperature

室温12 000 g 离心 1 min
Spinning at 12 000 g for 1 min at room temperature

沉淀 Precipitation

500 μl Solution Ⅲ 室温12 000 g 离心 1 min
500 μl Solution Ⅲ spinning at 12 000 g for 1 min at room temperature

沉淀 Precipitation

30 μl 纯水搅拌 55℃ 5 min
30 μl pure water, homogenization at 55℃ for 5 min

室温12 000 g 离心 3 min
Spinning at 12 000 g for 3 min at room temperature

沉淀 Precipitation

30 μl 纯水搅拌 55℃ 5 min
30 μl pure water, homogenization at 55℃ for 5 min

室温12 000 g 离心 3 min
Spinning at 12 000 g for 3 min at room temperature

上清液 Supernatant

DNA

Solution Ⅰ、Ⅱ、Ⅲ系武田药品工业株式会社产品。

Solution Ⅰ, Ⅱ and Ⅲ are products from TAKEDA Chemical Industries Ltd.

图一　电泳胶板中 DNA 的精制流程

三）：第1层为现代耕土层；第2层是明清文化层，在这一断面上没有该层；第3层为宋代文化层；第4层为崧泽文化层；第5~9层是马家浜文化层；第10层以下是生土层。

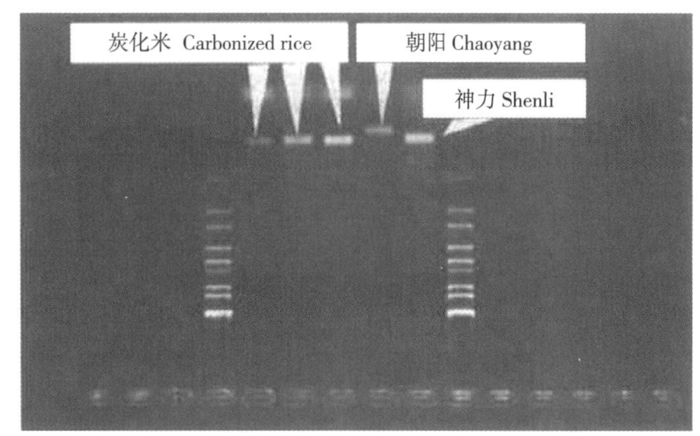

图二　中国草鞋山遗址炭化米 DNA 的电泳谱带

对土样中各种植物蛋白石进行定量分析，结果（图三）可见：除第2层没有土样供检测外，其余各层都有大量的水稻植物蛋白石和一定数量芒（*Miscanthus sinensis*）的植物蛋白石；在第3~5层中有竹子、芦苇和稗草的植物蛋白石；在第9层中也有稗草的植物蛋白石。

对各地层土样，随机检测50个水稻植物蛋白石，其长、宽、厚的数据平均值及籼粳判别值如表一所示。从表一看到各层形状的水稻植物蛋白石，经籼粳判别式计算得到的判别值都大于0.5，可以断定这一遗址在各个地层中种植的都是粳稻。

三、讨论

一个地区最初种植的稻种类型可以反映该地区稻种起源的初始情况。但目前对稻种起源与演化的研究中，生物学领域多数是将现有野生稻与栽培品种在形态学或分子生物学上进行比较。在考古学领域，多数是根据炭化水稻遗体的形状来进行推论。因此，生物学方法对古代稻作的研究缺乏时间序列上的连贯性；而考古学方法对稻作起源的探讨，则缺乏古今作物的可比性。

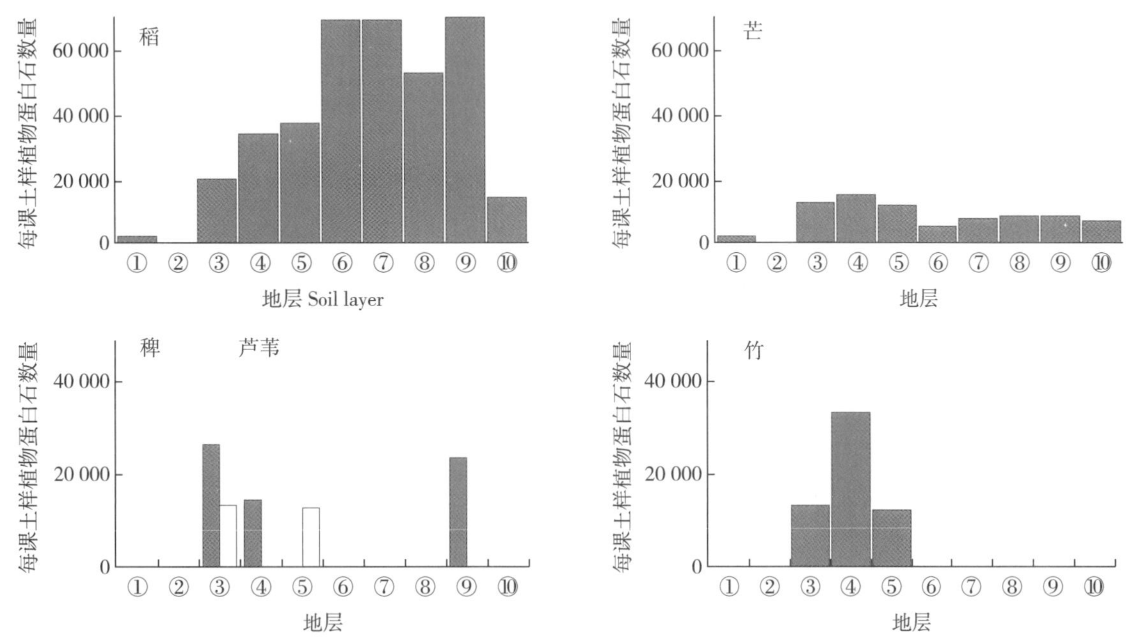

①现代耕土层　②明清文化层　③宋代文化层　④崧泽文化层　⑤~⑩马家浜文化层

图三　在各地层中各种植物蛋白石的数量

本研究中，利用炭化米叶绿体 DNA 和水稻植物蛋白石进行稻种类型的判别，可以从亲缘关系上加以比较，因而避免时间序列上的不连贯性。

表一　　各地层水稻植物蛋白石的形状测定值

样品号	土层深度厘米	A+B（微米）	C（微米）	D（微米）	B/A	Z
95WCT Ⅷ①	20	40.28	35.96	29.78	0.939	0.57
95WCT Ⅷ③	40	40.79	32.21	28.42	0.771	2.40
95WCT Ⅷ④	50	43.59	35.70	28.33	1.008	1.80
95WCT Ⅷ④	60	45.26	35.28	30.05	0.913	3.35
95WCT Ⅷ⑤	80	41.40	32.50	27.81	0.819	2.35
95WCT Ⅷ⑤	90	43.60	35.55	27.25	0.956	1.91
95WCT Ⅷ⑥	110	42.62	35.41	26.77	0.941	1.45
95WCT Ⅷ⑥	120	41.86	33.69	26.96	0.936	1.64
95WCT Ⅷ⑦	150	43.32	34.28	28.61	0.729	3.20
95WCT Ⅷ⑧	150	41.41	34.18	27.58	0.976	1.21
95WCT Ⅷ⑧	160	41.59	34.04	28.00	0.934	1.56
95WCT Ⅷ⑨	170	43.91	34.46	29.65	0.951	2.74
95WCT Ⅷ⑨	180	42.26	34.30	32.57	0.766	3.09
95WCT Ⅷ⑩	180	40.66	32.38	29.20	0.783	2.34

说明：A－上长；B－下长；C－宽度；D－厚；Z－判别值。①、③～⑩同图三注。

（一）叶绿体 DNA 在籼粳稻中的差别

植物体的细胞核和细胞质中都有 DNA 存在，一般说来，对植物体的生存至关重要的部分是不易变化的；而并非十分重要的部分则较易发生改变。微小的变异，甚至这种变异在同一种内几乎无差异，但对研究远缘生物却是一种分辨力极高的标志。反之，极易发生变异的部位往往会导致个体间的差异，这对研究品种间的差距可能非常有用，但对于研究系统分化，就显得变异过于复杂而难以分析。

细胞质中呈环状的叶绿体 DNA，变异比细胞核 DNA 小，但能表现出种与亚种间的差异。而且它所携带的遗传信息不是来自双亲，而是由母系单亲遗传的。因此，叶绿体 DNA 对研究植物起源非常有用。已有报道指出，籼粳稻间在叶绿体 DNA 的 Pst－R 片段上有明显差异[⑨]。本研究对炭化米叶绿体 DNA 的差异加以分析，以期根据不同时代炭化米中的差异来推论稻种演化的思路应该是正确的，结果也应该是可信的。

（二）植物蛋白石分析法对环境的分析

植物蛋白石是禾本科植物体中的硅酸体遗留在土壤中形成的土壤微粒子，检测地层中的植物种类，可以对当时的环境情况有一大致的了解。

在表一中的第 1 层为现代耕土层；第 3 层是宋代文化层；第 4 层为崧泽文化层；第 5～10 层是马家浜文化层。从植物蛋白石定量分析的结果（图三）看到，随着时代的久远，地层中所含的水稻植物蛋白石的数量逐渐增加，在马家浜时代达到高峰。

从各文化层中检测到的植物蛋白石看到，在宋代和崧泽文化时期除芒和稗等适应水旱交替环境的禾本科植物以外，还有对环境条件要求比较稳定的禾本科植物，如芦苇和竹子等。在马家浜文化时期，则除人工栽培的稻以外，就是水旱皆可生长的芒和稗。这说明，在马家浜文化时期由于经常受到水分条件的影响，环境处于多变状态，野生的芒等植物由于适应这种多变环境而得以繁衍。从崧泽文化时期开始，由水分条件决定了环境已相对稳定，各种植物对着生地的要求开始得到满足，芦苇等需要渍水条件和竹子等需要旱地条件的植物都得以在不同的着生地上稳定生长。

注释

① 南京博物院：《文物资料丛刊》（3），文物出版社，1980年，第1~54页。

② Sato YI, Variation in spikelet shape of the *indica* and *japonica* rice cultivars in Asian origin, *Japanese Journal of Breed*, 1991, 41: 121~134.

③ Dally A M, Second G, Chloroplast DNA diversity in wild and cultivated species of rice. Cladistic – mutation and genetic – distance analysis. *Theor Appl Genet*, 1990, 80: 209~222. Second G. Cytoplasmic DNA markers, phylogeny, and systematics in *Oryzae*, Rice Genetics 21st ed, Manila: International Rice Research Institute, 1990, 475~486. Ishii T, Terachi T, Tsunewaki K. Restriction endonuclease analysis of chloroplast DNA from A genome diploid species of rice. *Japanese Journal of Genet*, 1988, 63: 523~536.

④ Kanno A, Watanabe N, Nakamura I, et al. Variations in chloroplast DNA from rice (*Oryza sativa*): differences between deletions mediated by short direct repeat sequences within a single species. *Theor Appl Genet*, 1996, 86: 579~584.

⑤ Chen WB, Nakamura I, Sato YI, et al. Distribution of deletion type in cpDNA of cultivated and wild rice. *Japanese Journal of Genet*, 1992, 68: 597~603.

⑥ Nakamura I, Sato YI. Amplification of DNA fragments isolated from a single seed of ancient rice (AD 800) by polymerase ohain reaction. *Chinese J Rice Sci*, 1991, 5 (4): 175~179.

⑦ 藤原宏志：《ズラント・オパル分析法の基础的研究》，《考古学と自然科学》1976年第9期，第55~56页。

⑧ 宇田津徹朗、王才林、柳泽一男等：《中国草鞋山遗迹における古代水田址调查（第1报）》，《考古学と自然科学》1994年第30期，第23~36页。

⑨ Nakamura I, Sato YI. Amplification of DNA fragments isolated from a single seed of ancient rice (AD 800) by polymerase ohain reaction. *Chinese J Rice Sci*, 1991, 5 (4): 175~179.

（原载《江苏农业学报》1999年第4期）

江苏昆山市少卿山遗址的发掘

苏州博物馆　昆山市文化局　千灯镇人民政府

少卿山遗址位于昆山市千灯镇东北。据清代《昆新两县续修合志》记载："吴淞江自吴门至千墩浦，江南北有墩一千，故谓千墩。明永乐中，大理少卿袁复被旨浚千墩浦，乡民便之，号少卿墩。"少卿山（墩）遗址面积较大，土山以南的东弄一带和整个少卿山公园都属于遗址范围。总面积大约有4万平方米。遗址的最高点是少卿山。现存的少卿山为一东西长40米，南北宽20米，海拔12.7米的椭圆形土墩，土墩高出地面7.7米。

1958年，江苏省文物工作队进行考古调查时发现少卿山遗址[①]。1977年，在土山（墩）内出土了穿孔石斧、有段石锛和双孔石刀等遗物。1983年，村民在土山脚下挖池塘时发现穿孔石斧、陶球等遗物。1984年，修筑少卿公路时，在土山的南侧发现琮、瑗、钺、镯等玉器1组19件（应为一座墓葬的随葬品）。1984年12月10日至30日，苏州博物馆和昆山市文管会对少卿山遗址进行了试掘，在土山（墩）的西南脚布探沟一条（1米×20米）。发掘资料显示，少卿山遗址是一处内含马家浜文化、崧泽文化和良渚文化等遗存的新石器时代遗址[②]。

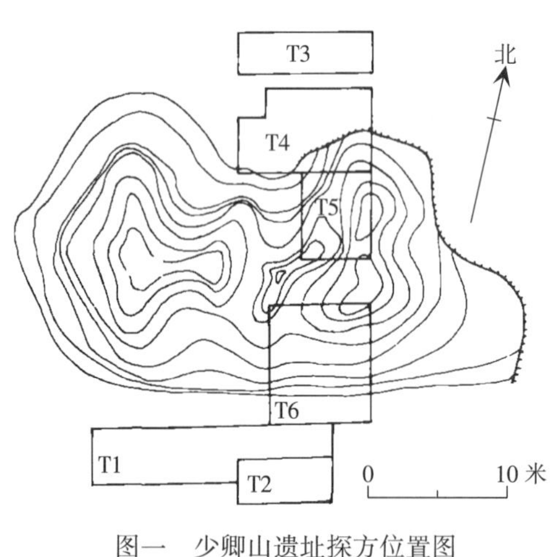

图一　少卿山遗址探方位置图

1997年，为配合少卿公路拓宽工程和少卿公园建设，苏州博物馆和昆山市文化局、千灯镇人民政府对少卿山遗址进行了抢救性发掘。这次发掘共布探方（沟）6个（图一），编号97KST1~97KST6（以下简称T1~T6），实际发掘面积200平方米。现将这次发掘情况报告如下。

一、地层堆积

少卿山遗址地层堆积主要为地表层下春秋夯土台、良渚文化土台和早期良渚文化堆积。下面先根据T2~T6东壁剖面（图二）对各探方地层作一概述，然后再以T2西壁剖面、T3北壁剖面为例，说明少卿山遗址的地层堆积情况。

T2　海拔5米，地表为现代公路及路基。路基下有一层厚达1米的近现代层，此层下即为第6层。从出土遗物看，T2从第4层起为早期良渚文化层。

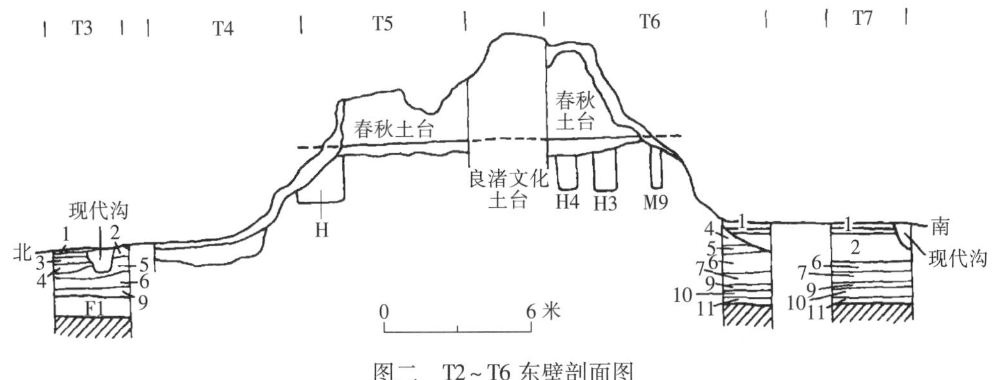

图二　T2～T6东壁剖面图

T3　海拔5.3米，地表为旱地。地表下有一条现代沟东西贯穿整个探方，第4～9层为良渚文化层，其中第6层压着良渚文化土台即本方第7、8层（仅见于南部），第9层在良渚文化土台下。

T4　位于少卿山东北坡下，地层堆积从东往西、从南往北斜向堆积。海拔5.4～9米。表土层下即第2层，厚0.4～0.8米，为水常年冲刷形成的水纹层理状堆积。探方的东南角表土层下为良渚文化土台。从南壁和西壁剖面看，表土层下有0.5～1米厚的宋代文化堆积，说明良渚文化土台在宋代遭到大面积破坏。

T5　位于少卿山东北顶部，海拔10.5～12米。表土层下为春秋夯土台，厚1.6～2米，可分4大层，每一大层分别夹黄灰、黄褐、黑灰、青灰等不同土色的土层。夯土层中含少量几何印纹陶片，纹饰有曲折纹、席纹、绳纹等。另有少量破碎的良渚文化陶片。春秋夯土台下为良渚文化土台。春秋夯土台上部被汉墓（M5）打破，中部被春秋墓（M7）打破。

T6　位于少卿山东南坡上，海拔12米。表土层为春秋夯土台，厚3.3米，从上到下没有被扰乱，堆筑层次分明，有许多小层，厚0.05～0.3米不等。土质坚硬，夯打坚实。春秋夯土台下为良渚文化土台。良渚文化土台第1层表面上普遍发现有稻草痕迹，该层下叠压H3、H4、M9。土台下的良渚文化早期堆积与T2良渚文化堆积基本一致。

T2地层堆积可分为11层（图三）。

第1层，表土层，厚0.35米。现代公路路面。

第2层，灰黑色土，土质疏松。内含大量砖瓦、瓷片，为近现代层，分布于探方南部。此层下开口的遗迹有M1、M2。

第3层，褐色土，土质坚硬。厚0.1～0.4米。出土少量良渚文化早期陶片。

第4层，灰黑色土，土质松软，含少量红烧土粒。厚0.15～0.55米。包含物为陶片，可辨器形有鼎、豆、罐

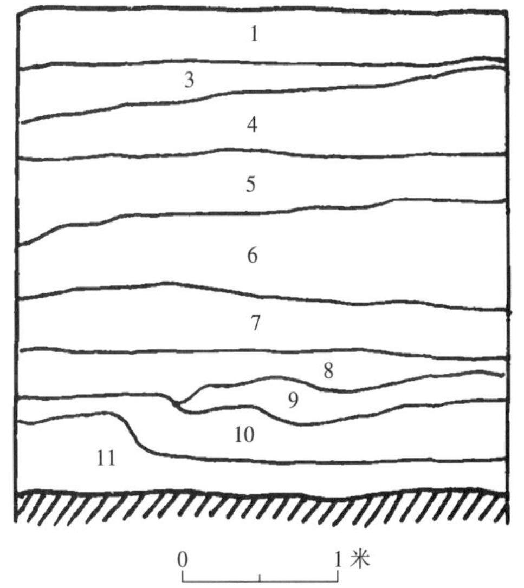

图三　T2西壁剖面图

1. 表土层　3. 褐色土　4. 灰黑色土　5. 黄褐色土　6. 黄灰色土　7. 黄绿色土　8. 灰色土　9. 黄色土　10. 黄色土　11. 黄色土

等。此层为早期良渚文化层，其下叠压 M3、M4。

第 5 层，黄褐色土，土质稍硬。厚 0.2~0.5 米。出土少量陶片，以泥质灰陶为主，器形有豆、罐、杯、盆、鼎等。此层为早期良渚文化层。

第 6 层，黄灰色土，间夹黑灰色土，土质较密。厚 0.3~0.65 米。出土少量陶片，种类与第 5 层相同。

第 7 层，黄绿色土，土质较硬，似夯筑。厚 0.2~0.4 米。出土陶片很少，器形有罐、豆、鼎等。此层为晚期崧泽文化层。

第 8 层，灰色土，土质较软，含大量草木灰及红烧土粒。厚 0.05~0.3 米。内含少量陶片，器形以罐、豆为主。此层为晚期崧泽文化层。

第 9 层，黄色土，土质坚硬。厚 0.3 米。内含少量陶片，器形以罐、豆、鼎为主。此层为晚期崧泽文化层。

第 10 层，黄色土，较黏。厚 0.1~0.35 米。内含较多蛤壳和腐殖物。

第 11 层，黄色土，土质坚硬，较纯净。厚 0.2~0.5 米。内含少量陶片，器形有罐、鼎。此层为晚期崧泽文化层。

第 11 层下为黄色生土。

T3 地层堆积可分为 9 层（图四）。

第 1 层，表土层。厚 0.2~0.5 米。

第 2 层，深灰土。厚 0.1~0.3 米。内含大量瓦片、砖块和瓷片。

第 3 层，黄灰色土。厚 0.1~0.6 米。内含瓷碗残片、韩瓶、条形砖块等遗物。此层为宋代文化层。

第 4 层，灰黄色土，土质较细腻，仅分布于探方北部。厚 0.15~0.4 米。包含物为陶片，可辨器形有黑皮陶盆、灰陶罐、夹细砂陶甗等。此层为良渚文化层。

第 5 层，黄褐色土，土质较硬，含铁锈斑土块。厚 0.1~0.5 米。内含少量陶片，器形有鱼鳍形鼎足、粗砂陶缸等。此层为良渚文化层。

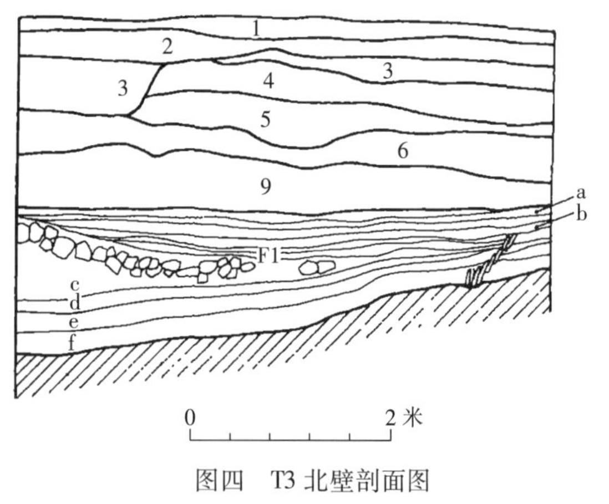

图四 T3 北壁剖面图

1. 表土层 2. 深灰土 3. 黄灰色土 4. 灰黄色土 5. 黄褐色土 6. 灰黄色土 9. 青灰色土 a. 黑灰色土 b. 灰白色黏土 c. 黑灰土 d. 灰白色黏土 e. 黑灰色土 f. 灰白色黏土

第 6 层，灰黄色土。厚 0.15~0.5 米。出土陶片较多，器形以甗、罐为主，还有瓮、豆、圈足盘及“丁”字形鼎足、鱼鳍形鼎足等。此层为良渚文化层，其下叠压有 H1、H2、H5 等遗迹。

第 7 层，黄褐色土，含铁锈斑，土质较硬，仅分布于探方南部。厚 0.05~0.4 米。该层为良渚文化土台，土质较纯，无包含物。

第 8 层，五花土。厚 0.92~1.4 米。该层为良渚文化土台，仅见于南部，无包含物。

第 9 层，青灰色土，夹杂黄色黏土和柱状铁锈土。厚 0.2~0.6 米。出土陶片较多，器形以罐、甗为多，另有鼎、豆、圈足盘等。此层为早期良渚文化层，其下开口的遗迹有 F1。

二、良渚文化早期村落

少卿山遗址的良渚文化早期村落，分为墓葬区和居住区两个部分。墓葬区在少卿山南部的良渚文化土台下，共清理墓葬6座。居住区在少卿山下北部，范围较广。在T3第9层下发现一座较完整的房址（F1）。另外，东北距少卿山40~50米处的少卿公园荷花池底部，发现有大面积的红烧土块和黑灰堆积，应为房址的堆积。从地层叠压及出土遗物分析，时代为良渚文化早期。

（一）墓葬区

共发现6座墓葬（编号M1~M4、M6、M8），均分布于少卿山东南部。墓葬为长方形或梯形竖穴土坑墓，呈头南脚北方向排列。头部略偏西，仰身直肢，M4面朝东，余皆面朝上。填土为青灰色，内含红烧土粒。墓底发现板灰痕迹，应是使用木质葬具所形成的。M1坑底呈圜形，葬具可能是独木棺（附表一）。现以M1、M3、M4为例介绍如下。

M1 长方形竖穴土坑墓，开口于T2第2层下。方向202度。其上部及北边已被破坏。长1.7米、宽0.46~0.57米、残深0.25米。人骨架保存基本完整，头骨已破碎。墓底圜形，有板灰痕迹，葬具应为独木棺。随葬品7件，死者的左、右手腕部各套有1件玉镯，左膝下置1件石钺，石钺的穿孔周围有明显的朱砂印痕，盆骨上置1件残陶杯，牙床臼齿内侧粘有1粒玉珠（图五；图版二，1）。

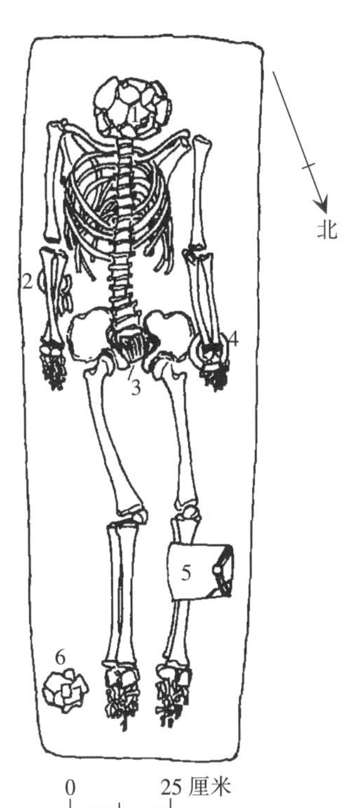

图五 M1平面图

1. 玉珠 2、4. 玉镯 3. 陶杯 5. 石钺 6. 彩陶杯

M3 长方形竖穴土坑墓，开口于T2第4层下。方向204度。脚部已被破坏。长2.05米、宽0.48~0.6米、深0.46米。人骨架保存基本完整，胸部肋骨和头骨似受挤压缩在一起。随葬品4件，均置于腿部，右腿外侧有粗砂陶大口缸、灰陶瓮各1件，两膝间下方有1件黑皮陶杯，膝上放置1件石斧（图六；图版二，2）。

M4 长方形竖穴土坑墓，开口于T2第4层下。方向210度。长2.1米、宽0.58米、深0.5米。人骨架基本完整，仅右侧盆骨和股骨被破坏。葬具已腐烂，仅见板灰。随葬品7件，头部置彩绘陶杯、灰陶杯、黑皮陶盆各1件，彩绘陶杯内有骨匙1件，颈下部有1件玉璜，左腿外侧置1件灰陶甗，左腿腓骨上置1件石钺（图七；图版二，3）。

（二）居住区

居住区位于土墩北部，仅揭露30平方米，发现房址1座（F1）。

F1 开口于T3第9层下，打破生土。房址可能为长方形，仅揭露约12平方米，部分在探方北部以外，未作进一步发掘清理。房址内发现芦苇编织墙二段，一段在东面，南北向，残长约3米、宽0.6米，埋入土内约0.2~0.3米。墙的东侧有倒塌的两块木板或条木组成的板块，比较清楚的一块长约0.9米、宽0.6米，由30多根条木组成，条木残长0.3~0.6米、宽0.02米，侧边压有一块长0.55米、宽0.2米残木板，可能是墙上的木制门窗。另一段在西南面，已坍塌，残长1.5米、宽约1米（图版

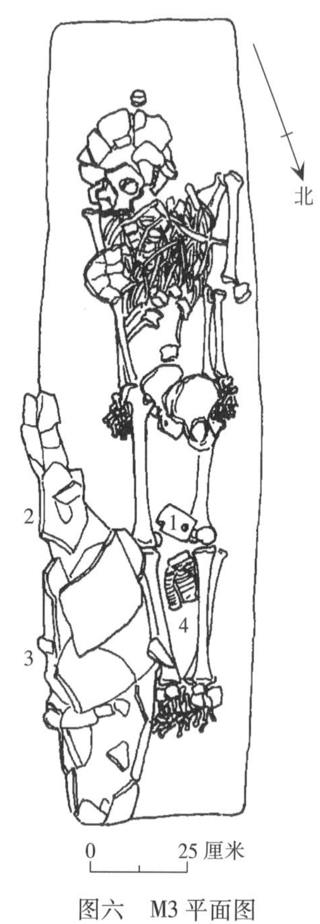

图六　M3 平面图

1. 穿孔石斧　2. 灰陶瓮　3. 陶缸　4. 黑皮陶杯

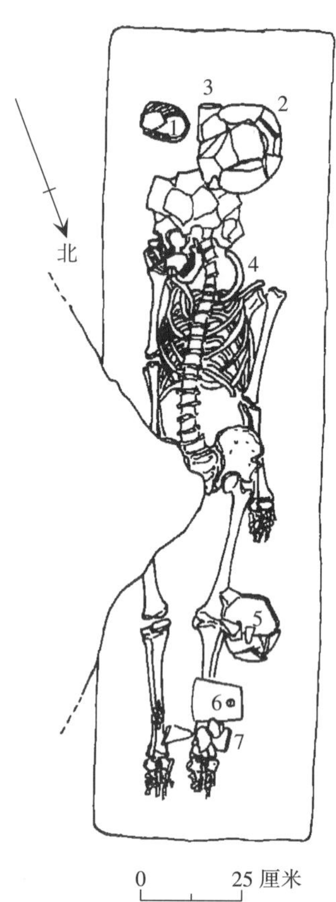

图七　M4 平面图

1. 彩绘陶杯　2. 黑皮陶盆　3. 灰陶杯　4. 玉璜　5. 灰陶匜　6. 石钺　7. 残陶器

二，4）。墙体结构为：用两根芦苇并排为经线，五根芦苇并排为纬线，经纬交叉编织。其中经线一上一下错开，同层经线间隔 2~3.5 厘米。纬线间隔 30 厘米，见有三排。经线竖插入土 20~30 厘米。芦苇编织为墙骨，其内外再抹上泥，每一面抹上 5~6 厘米厚的黏土，土内掺有草筋，似稻草茎。根据出土的红烧土块，墙的一面为平面，另一面有芦苇或竹子的印痕，其厚度为 5~6 厘米。从残存情况判断，这种墙的厚度大约在 15~20 厘米（图八）。

F1 房内堆积可分 6 层，自上而下依次为：a. 黑灰色土，厚 0.1~0.25 米，土中夹杂芦苇、树枝。b. 灰白色黏土，厚 0.05~0.1 米。c. 黑灰土，夹杂红烧土块，厚 0.1~0.7 米。红烧土表面有一层黑灰土与黏土夹层。d. 灰白色黏土，质细较纯，厚 0.1~0.2 米。e. 黑灰色土，内含红烧土颗粒，厚 0.1~0.2 米。f. 灰白色黏土，土质细腻，厚 0.15~0.25 米。a、b 层为生活面，其上留有当时居民生活使用的黑皮陶豆、圈足盘、罐和彩陶杯，还发现砺石和石镖等石器。c~f 层为房子的基础层。依据生土面东高西低，由西向东斜向堆积，西部堆筑较厚，东部堆筑较薄。另外，芦苇编织墙基是建筑在较高的生土面上。此外，在房内黑灰土中淘洗出炭化米粒、植物种子。黑灰土经江苏省农业科学院化验，发现内含大量的水稻植物蛋白石，每 1 克干土中的蛋白石含量高达 1 万个以上。F1 内的黑灰土中蛋白石含量共达到数十万个（附表二）。

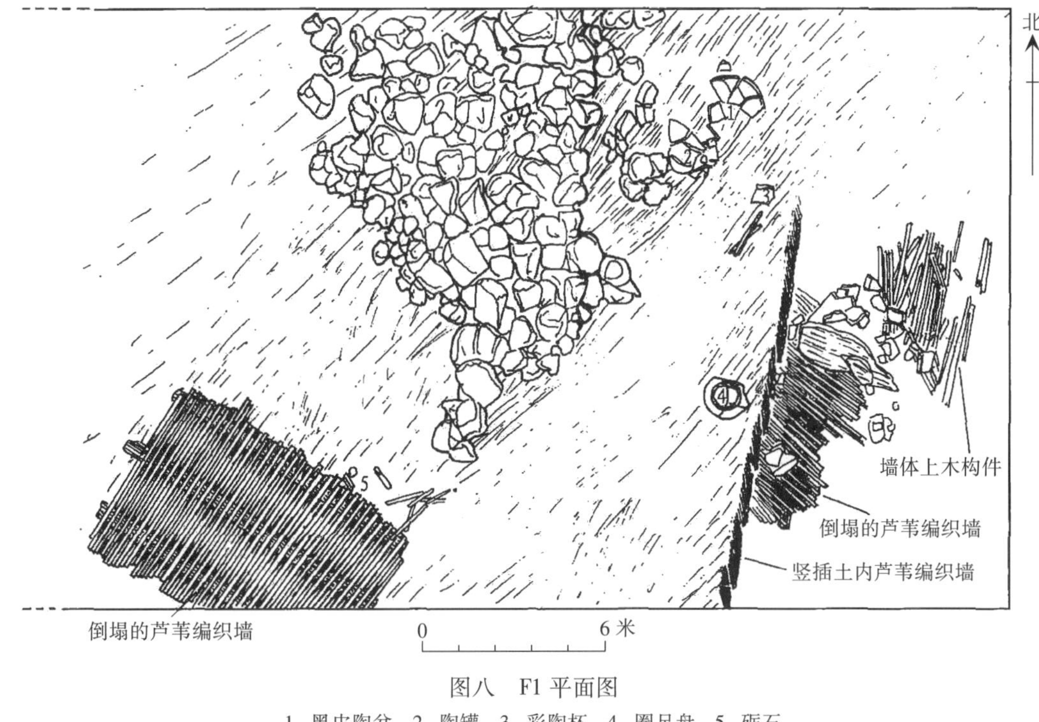

图八　F1 平面图

1. 黑皮陶盆　2. 陶罐　3. 彩陶杯　4. 圈足盘　5. 砺石

三、良渚文化土台及相关遗迹

（一）土台

在良渚文化早期村落遗址上发现了良渚文化时期人工堆筑的土台。其中在T3内发现了土台的北部边缘，T6内也发现有土台。1984年，在修筑少卿公路时，曾发现一座墓葬打破土台。综合这些材料推测，良渚文化土台原初的南北直径约40米，东西直径约相当于现存少卿山的东西长度，也为40米，高约6米，总面积约1600平方米。土台在春秋时期和宋代曾遭到大面积的破坏。根据T5的发掘资料，春秋时期的居民在建造春秋土台时，将良渚文化土台顶部破坏掉1米左右。而T4、T6发掘材料又证实，在宋代时期，土台又一次遭到了大面积的破坏。根据T4南壁剖面，良渚文化土台在宋代被垂直下挖3米，东壁剖面反映出在宋代被垂直下挖2.5米。良渚文化土台的现存面积大约为600平方米，相当于现存少卿山的范围。土台现存高度，从T3土台底部至T5土台顶部为5米。

为了保存土台的完整性，各探方在发掘到土台的层面时停止了发掘，仅在T6西北角作了解剖。土台是用黄灰土、青灰土和五花土等不同土质土色的土堆筑起来的，这些土是从不同的地点搬运而来的。土台的土质较硬且较纯，似夯筑而成。各层面交接处有黑灰或植物茎叶。

（二）相关遗迹

良渚文化土台上的遗迹大部分已被后世破坏，此次发掘仅发现M9、H1～H5等几处与土台有关的遗迹。

M9　位于T6西部，打破良渚文化土台。东部已被破坏，残长1.4米、宽1.75米。方向210度。坑内填土呈灰黑色，坑壁与坑底加工痕迹清楚，坑底有一层厚15厘米的灰白土。坑内出土遗物均已残，有玉璧7件、石钺（斧）4件。其中璧最大的直径29厘米，最小的直径18厘米。这些遗物均出土于填土中，未见人骨架，推测应为祭祀坑，而不是原初判断的墓葬（图九）。

H1、H2 和 H5　位于土台北部边缘斜坡上，开口于 T3 第 6 层下。平面形状为椭圆形。H1 和 H2 内各埋有一具完整的动物骨架，而无其他遗物，动物可能是狗。H1，长 0.7 米、宽 0.52 米、深 0.16 米（图一〇）；H2，长 0.85 米、宽 0.43 米、深 0.16 米（图一一）。H5，长 1.6 米、宽 0.8 米、深 0.2 米，坑内埋有一个完整的人头骨。H1、H2 所埋动物骨架和 H5 内的人头骨的排列与土台方向一致，即动物头骨和人头骨都偏西，面向土台（图一二）。这 3 个坑应是祭祀坑，与土台上进行的祭祀活动有关。

图九　M9 平、剖面图

1、7~11. 玉璧　2、4~6. 石钺　3. 石斧

H3 和 H4　开口于 T6 第 6 层下。平面形状相近，均为圆形。H3，直径 1.1 米、深 2.25 米，坑内仅出土玉珠 1 粒。H4，直径 0.8 米、深 1.3 米，坑内出土玉珠、玉璧、石斧、石刀等遗物。除玉珠外，其他遗物均较残碎。推测 H3 和 H4 也与祭祀活动有关。

在 T5 春秋土台下发现有 5 个长 0.8~1.2 米、宽 0.4~0.6 米、深 0.3~0.5 米的长方形小坑，坑均打破良渚文化土台。这些小坑内没有遗物，填土为黑灰色土，夹杂红烧土颗粒。估计这些小坑也与土台上的祭祀活动有关。

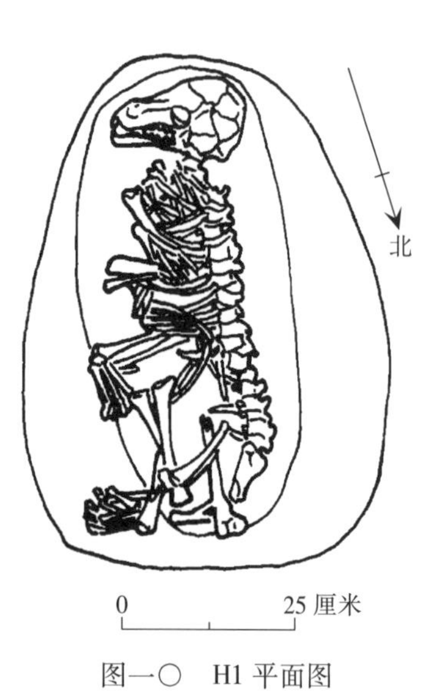

图一〇　H1 平面图

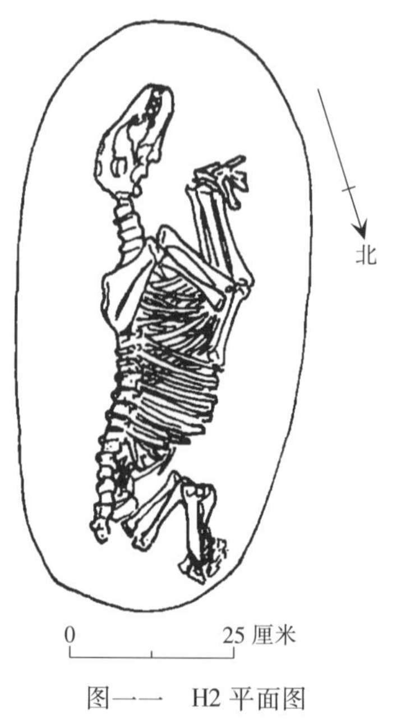

图一一　H2 平面图

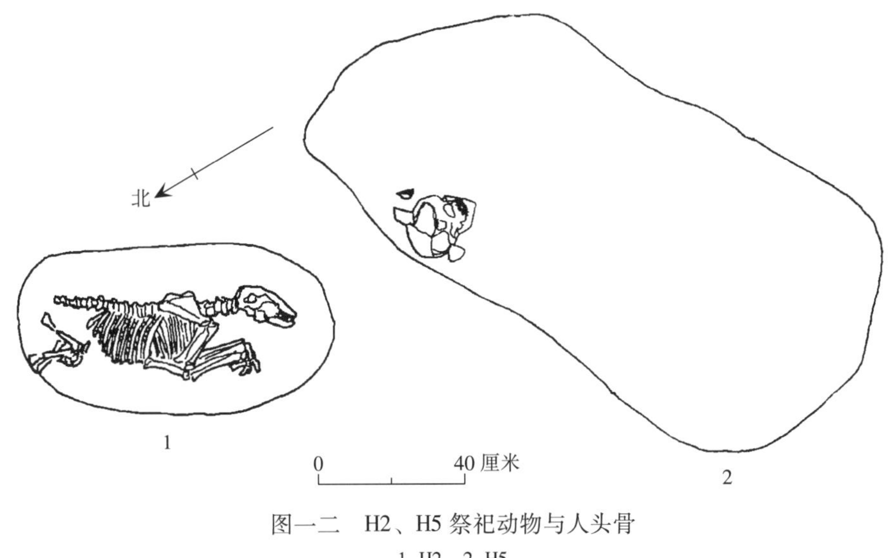

图一二 H2、H5 祭祀动物与人头骨
1. H2 2. H5

四、遗物

此次发掘仅见崧泽文化和良渚文化遗存，而未见马家浜文化遗存。崧泽文化遗存仅发现于 T2 的第 7~11 层内。

（一）崧泽文化遗物

均为陶器，除一件豆完整外，余均为碎片。陶系有泥质黑皮陶、灰陶、橙红陶、夹砂红褐陶、夹炭或夹蚌末红褐陶，泥质陶多于夹砂陶。泥质陶又以灰胎黑衣陶为主，次为灰陶。夹砂陶以夹炭或夹蚌末陶为主。器类有罐、鼎、豆、缸、澄滤器、盘、盆、杯、壶及纺轮等，其中以罐、鼎、豆最为常见。纹饰以弦纹和附加堆纹为主，还有少量按窝纹、镂孔、锥刺纹、刻划纹及篮纹等。弦纹分凸、凹弦纹和宽带状凸纹，主要饰于罐的肩腹和鼎腹处。附加堆纹饰于缸和鼎腹处，鼎足见有按窝纹，豆圈足饰有镂孔。另外，在一件盘内底还发现似双线“卐”字组成的图案（图一三，7）。有的器表施红衣或黑衣。

罐 16 件。以泥质黑衣陶为主，还有灰陶和橙色陶，个别橙色陶外表施红衣。均为口沿残件。

T2⑧:10，泥质灰陶。口扁平，宽沿，广肩。口径 16.6 厘米（图一三，5）。

T2⑦:16，子母口，颈以下外壁饰瓦棱状纹。口径 19.8 厘米（图一三，12）。

鼎足 8 件。多为夹炭红褐陶。

T2⑪:1，扁凹弧形。足跟部外侧饰按窝纹，内侧饰锥刺纹（图一三，4）。

T2⑨:2，夹砂红褐陶。长方形扁弧足。足面近上端处饰两个按窝纹（图一三，2）。

T2⑨:3，三角形鱼鳍形足，足下端外翘。内侧饰锥刺纹（图一三，3）。

T2⑧:9，夹炭橙红陶。宽扁拱背形。足上残存三个按窝（图一三，17）。

T2⑦:18，铲形足，一侧面微内凹（图一三，16）。

T2⑦:19，扁侧足，上宽下窄。两侧面均饰锥刺纹（图一三，10）。

豆 7 件。以泥质黑皮陶为主，灰陶次之。

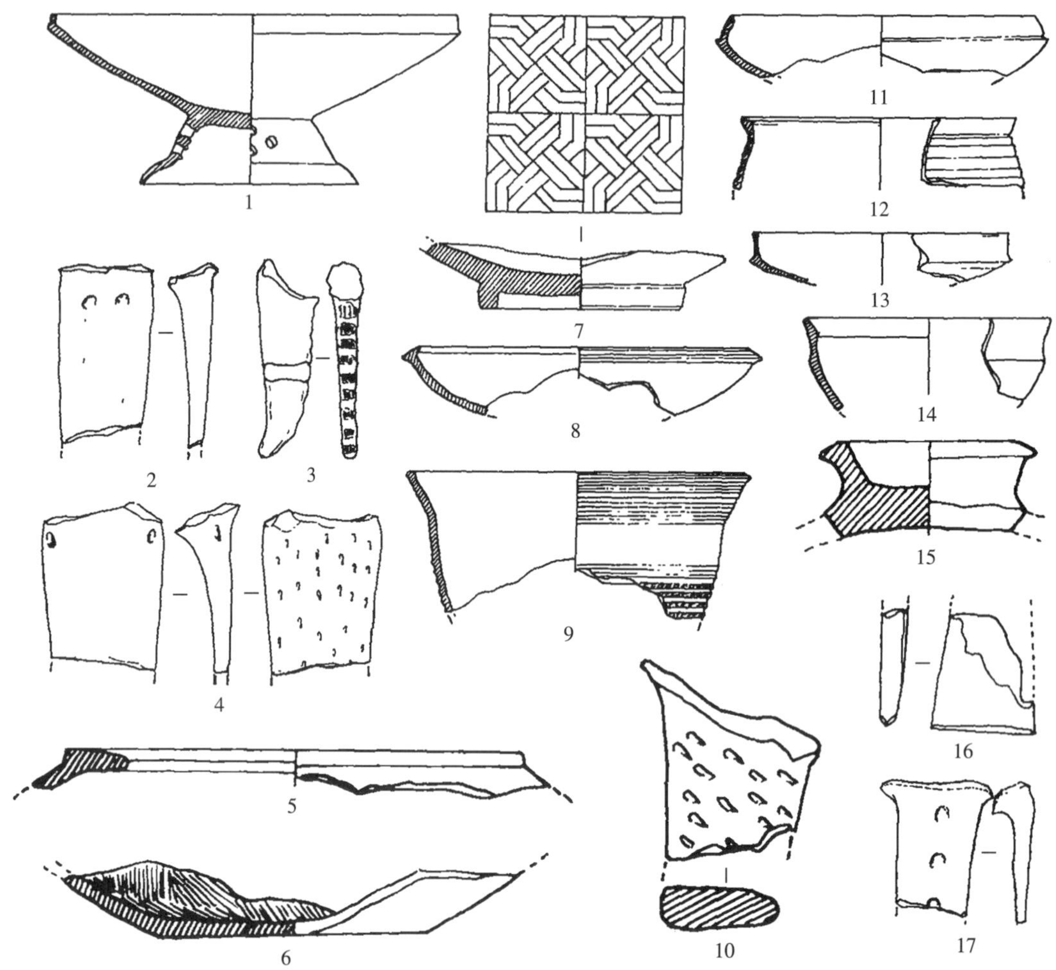

图一三　崧泽文化陶器

1、8、11、13. 豆（T2⑦:12、T2⑦:14、T2⑦:13、T2⑧:8）　2~4、10、16、17. 鼎足（T2⑨:2、T2⑨:3、T2⑪:1、T2⑦:19、T2⑦:18、T2⑧:9）　5、12. 罐（T2⑧:10、T2⑦:16）　6. 澄滤器（T2⑧:11）　7. 盘（T2⑦:17）　9. 缸（T2⑧:6）　14. 盆（T2⑦:15）　15. 盖纽（T2⑧:7）（5~7、10、15. 3/8，9. 约1/21，13. 1/8，余约1/5）

T2⑧:8，直口，方唇，盘较深，折腹处有道凸棱。口径27.6厘米（图一三，13）。

T2⑦:12，圆唇，口微内敛，盘壁斜直，粗矮圈足。足上饰四组等分呈“品”字形的镂孔。口径22、底径16、高12.2厘米（图一三，1）。

T2⑦:13，敛口，折腹。口径21.6厘米（图一三，11）。

T2⑦:14，敛口，折沿，弧腹。口径23.6厘米（图一三，8）。

缸　4件。夹砂红褐陶。T2⑧:6，粗砂陶，厚胎。方唇，敞口，束颈。器表施红衣，口以下至颈部饰凹弦纹，腹以下饰凸弦纹和压印纹。口径99.2厘米（图一三，9）。

澄滤器　2件。泥质黑皮陶或橙红陶。T2⑧:11，已残。内底饰直线或交叉直线纹（图一三，6）。

盘　2件。泥质黑皮陶或灰陶。T2⑦:17，仅剩器底，矮圈足。盘内底刻划类似双线“卐”字纹（图一三，7）。

盆　2件。T2⑦:15，泥质灰陶。侈口，束颈，折腹。口径17.8厘米（图一三，14）。

盖纽　1件。T2⑧:7，夹炭红褐陶。盘形捉手，颈部饰有一周按窝（图一三，15）。

（二）良渚文化遗物

良渚文化遗物分别出土于T2第3~6层，T3第4~9层，T4第3层，T5、T6第5层和M1~M9、H1~H4、F1等遗迹单位，多为陶器，还有少量石器和玉器。

1. 陶器　共241件，其中完整器仅12件。陶系有夹砂褐陶、红陶、泥质黑皮陶、灰陶、橙黄陶五类。以泥质陶为主，泥质陶中又以黑衣陶为多；夹砂陶以夹细砂陶为主，另有夹炭或夹蚌末陶。粗砂陶中有一种灰白色陶，陶质较硬，内掺石英砂粒。纹饰有弦纹、划纹、锥刺纹、三角弧线纹、镂孔、按窝纹、菱纹、篮纹及彩绘。其中以弦纹为主，常见于罐、鼎颈腹部、豆把和盆沿上；划纹、锥刺纹、按窝纹主要饰于鼎足；三角弧线纹与镂孔饰于豆把、盘沿；菱纹或篮纹仅饰于缸的腹部及底部；彩绘有红褐和黄两色，见于壶、杯等器物，有的整器涂抹一层红彩，但多数已脱落。另外，在杯、壶的底部有刻划符号。制法以手制轮修为主，但豆、圈足盘主要为轮制，器形比较规整。器类主要有罐、甗、鼎、豆、缸、瓮、杯、圈足盘、盆、匜、钵、壶等，其中以罐、甗、鼎、豆四类为最多。

罐　66件，大部分为口沿。多为泥质灰陶。器表饰弦纹或戳点纹，个别罐的颈部有镂孔。可分四型。

A型　22件。圆唇，敞口，高领。

T3⑨:22，领斜直外折。颈部饰弦纹。口径18.6厘米（图一四，4）。

T3⑤:70，泥质灰褐陶。高领外折，沿面略凹。口径18厘米（图一四，6）。

F1:31，泥质灰白陶。高领外翻。颈部饰数道凹弦纹。口径25.5厘米（图一四，2）。

T2⑥:29，沿面上饰有数道凹弦纹。口径28.2厘米（图一四，7）。

B型　4件。勾唇，敛口，高领。T3④:73，泥质红陶，沿面上饰戳点纹。口径16.8厘米（图一四，5）。

C型　19件。矮领，敞口。

T3⑨:21，泥质灰白陶。小口，弧沿外翻，束颈。沿面上饰有数道凹弦纹。口径12厘米（图一四，3）。

T2⑤:38，口较大，斜折沿，束颈。沿面上饰凹弦纹数道，肩部饰有凸宽带纹。口径34.8厘米（图一四，14）。

D型　21件。矮领，直口。

T2⑤:40，泥质黑皮陶。尖唇，口较小，广肩，圆鼓腹，平底。腹部饰有三道凸弦纹。口径9.2、底径10.4、高18.4厘米（图一四，10）。

T3⑥:62，泥质黑皮陶。方唇，广肩。口径9厘米（图一四，1）。

T2④:48，泥质黑皮陶。口较大，斜直口，溜肩。口径19.6厘米（图一四，15）。

甗　44件，多为口沿。多为夹细砂陶，质地较硬，器表磨光。以棕褐色为主，亦有橙色、灰色等，有的器表施红衣。可分三型。

A型　19件。宽折沿，沿面斜直。

F1:8，夹砂褐陶。口径25.6厘米（图一四，13）。

T3⑨:7，夹砂橙红色陶，外施红衣。口径31.5厘米（图一四，16）。

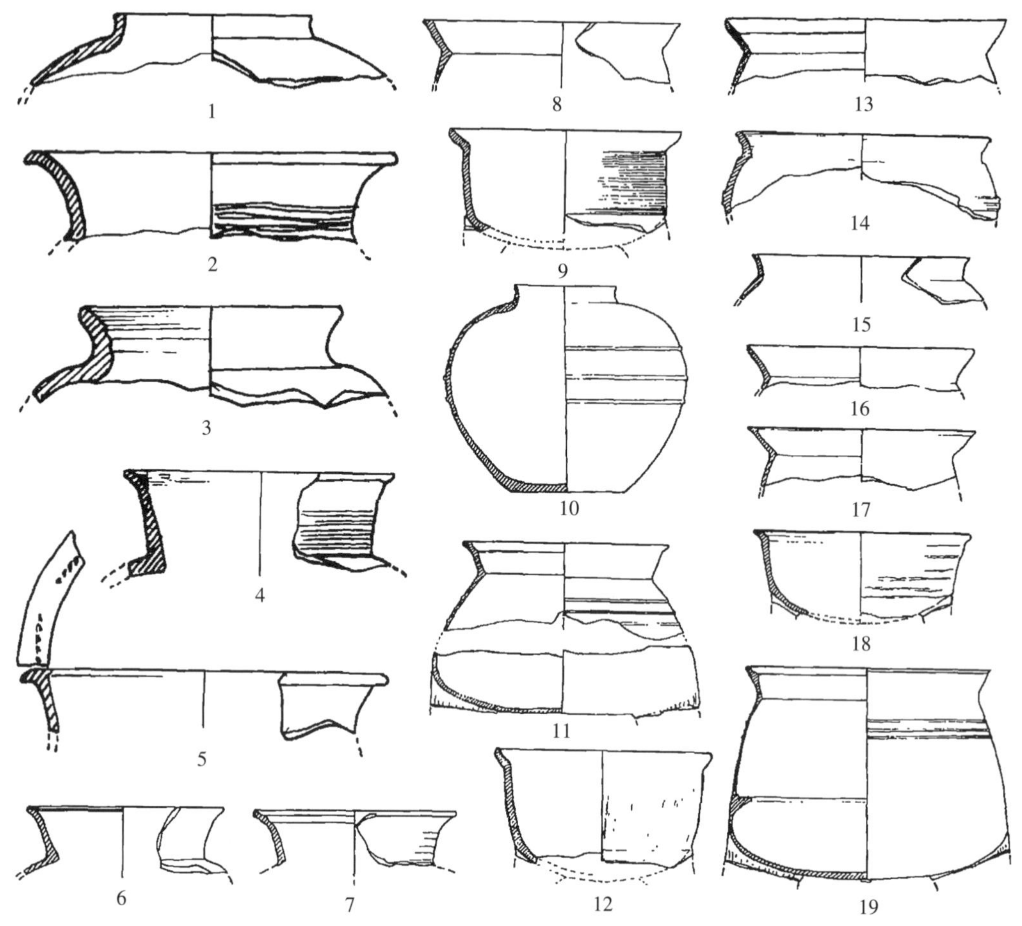

图一四　良渚文化陶器

1、10、15. D型罐（T3⑥:62、T2⑤:40、T2④:48）　2、4、6、7. A型罐（F1:31、T3⑨:22、T3⑤:70、T2⑥:29）　3、14. C型罐（T3⑨:21、T2⑤:38）　5. B型罐（T3④:73）　8、17. B型甗（T3⑨:6、T3⑥:38）　9、12、18. 鼎（F1:16、T3⑥:30、T2⑥:26）　11、19. C型甗（T3⑥:32、37）　13、16. A型甗（F1:8、T3⑨:7）（1、3、5. 3/10，2、4. 1/5，6、8、10、11、13、15、18. 3/20，7、9、12、14、16、17、19. 1/10）

B型　16件。宽沿略凹。

T3⑨:6，夹砂陶，橙红色，外施红衣。口径23.8厘米（图一四，8）。

T3⑥:38，夹砂褐陶。口径31.5厘米（图一四，17）。

C型　9件。宽折凹沿。

T3⑥:37，夹砂褐陶，器表磨光。沿面近口处有一折阶而形成上下凹面，外壁斜直，下腹圆弧，圜底近平，三“T”字形足已残。肩部饰有三道凸棱纹，器内腹壁有一周箅隔。口径33.6厘米（图一四，19）。

T3⑥:32，夹砂灰褐陶。束颈，外壁斜直，垂腹，圜底近平，三足已残。口径19厘米（图一四，11）。

鼎　30件。多数为夹炭陶，少量为夹砂陶。其中夹炭陶掺和蚌末、谷壳、稻草等，陶色有褐色和红褐色。器表饰凹弦纹。器形均敞口折沿，有凹沿面和弧沿面，以前者为主。

F1:16，夹炭褐陶。折凹沿，直腹。腹部饰凹弦纹。口径32.1厘米（图一四，9）。

T3⑥:30，斜弧腹，底部与足残。口径30厘米（图一四，12）。

T2⑥:26，夹炭红褐陶。折弧沿，斜直腹，底部及三足残缺。沿面及颈部饰有凹弦纹。口径30厘米（图一四，18）。

另外，还有大量的鼎（甗）足。

T3⑨:2、T3⑥:19，截面呈“丁”字形，两侧饰刻划纹（图一五，16、7）。

T3⑥:26、T3⑤:68，鱼鳍形扁足，两侧饰刻划纹（图一五，15、17）。

T2⑤:35，三角形足，截面呈椭圆形。足两侧饰锥刺纹（图一五，11）。

F1:2、T2⑥:24，凿形足，足正面饰按窝（图一五，12、10）。

T3⑥:25，凿形足，足跟部饰一周按窝（图一五，9）。

T3⑤:67，凿形足，足两侧饰刻划纹（图一五，13）。

T3⑥:24、T5⑤:1，横断面呈弧线三角形，正面当中起脊。正面饰按窝纹，两侧饰直线或多道弧线划纹（图一五，14、8）。

豆 36件。多为泥质黑皮陶，少量为灰陶或灰褐陶。不见完整器，仅见豆盘、豆柄或豆圈足。

豆盘 18件。

T3⑨:9、T3⑥:43，敛口，圆唇，卷沿（图一五，3；图一六，16）。

F1:12，泥质灰陶，表面磨光。敛口，平窄沿。口径22厘米（图一五，4）。

F1:15，敞口，弧折腹（图一六，6）。

T3⑥:51，敞口，斜直壁，折腹，圈足已残。足上饰一镂孔。口径23厘米（图一五，1）。

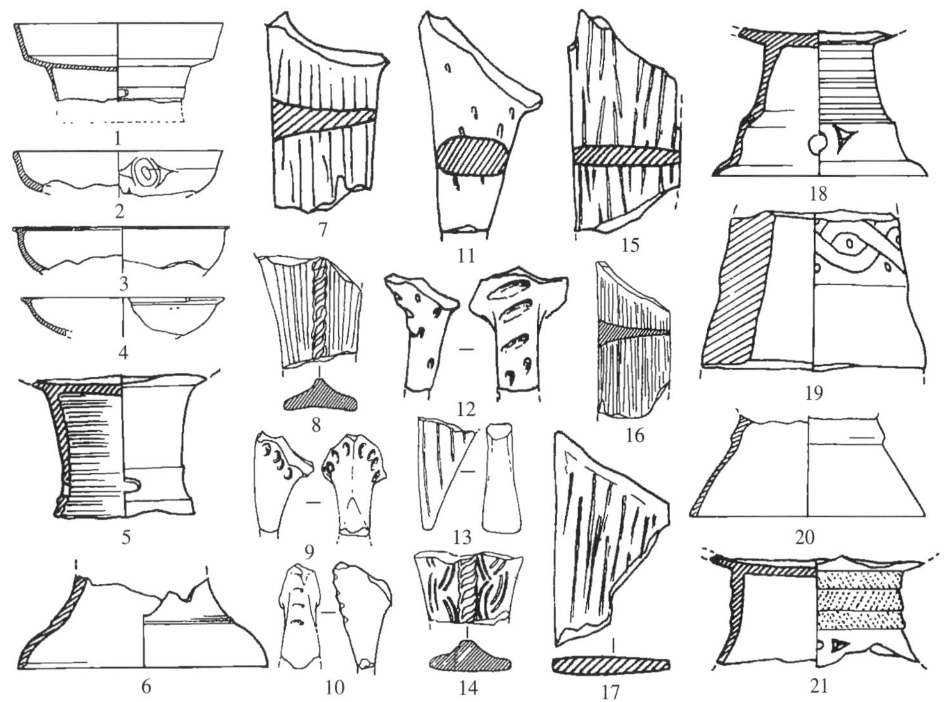

图一五 良渚文化陶器

1~4. 豆盘（T3⑥:51、F1:21、T3⑨:9、F1:12） 5、18、19、21. 豆柄（T3⑥:41、T2⑤:39、T2⑤:37、T3⑥:40） 6、20. 豆圈足（F1:27、T3⑥:42） 7~17. 鼎（甗）足（T3⑥:19、T5⑤:1、T3⑥:25、T2⑥:24、T2⑤:35、F1:2、T3⑤:67、T3⑥:24、T3⑥:26、T3⑨:2、T3⑤:68）（1~4、8~10、14、16. 1/8，5~7、11~13、15、17、18、21. 1/4，19. 1/2，20. 1/5）

F1∶21，腹部饰刻划弧线三角圆圈形纹（图一五，2）。

F1∶17，敛口，圆唇，弧腹（图一六，17）。

豆柄　15 件。泥质黑皮陶或灰陶。

T2⑤∶39，矮柄较粗，喇叭形座。柄部饰凹弦纹，座饰镂孔和弧线三角纹（图一五，18）。

T3⑥∶40，粗短柄，瓦棱状。柄饰斜向锥刺纹，近底座处饰镂孔和弧线三角纹（图一五，21）。

T3⑥∶41，柄中部束腰，饰镂孔（图一五，5）。

F1∶10，柄部饰多道弧线相连的浪花状纹（图一六，7）。

T2⑤∶37，柄部饰双线相交的绞状纹和镂孔（图一五，19）。

豆圈足　3 件。喇叭口形。

F1∶27，圈足面为弧形（图一五，6）。

T3⑥∶42，圈足面斜直（图一五，20）。

盆　19 件。多为泥质黑皮陶，少量为泥质灰陶或灰褐陶。

F1∶34、T3⑥∶46，宽沿外翻，折肩。沿面饰数道凹弦纹（图一六，4、11）。

T3⑥∶58，侈口，圆唇，鼓腹，平底。口径 22、底径 13.4、高 13.2 厘米（图一六，14）。

T3⑥∶59，弧腹，平底。口径 24、底径 15.6、高 9.6 厘米（图一六，13）。

T2④∶46，圆唇，折沿，斜腹。口径 26.8、残高 10.4 厘米（图一六，15）。

F1∶18，窄沿，沿面斜平，折肩（图一六，10）。

T4③∶3，弧折沿，肩部饰数道凹弦纹（图一六，2）。

T2⑤∶41，沿外翻，折肩，浅腹（图一六，3）。

M4∶2，圆唇，折沿，鼓腹，平底。口径 19.6、底径 11、高 7 厘米（图一六，9）。

圈足盘　5 件。多为黑皮陶。

F1∶11，敛口，鼓肩，弧腹，圈足外撇。口径 21.6、底径 13.6、高 7.6 厘米（图一六，8）。

F1∶19，直口，方唇，圆弧腹，矮圈足微内收。口径 16、底径 13、高 4.6 厘米（图一六，5）。

瓮　6 件。泥质灰陶，器形较大。

T3⑨∶20，尖唇，直口，矮领，肩部有一周凸棱（图一六，19）。

T3⑥∶61，方唇，短直口，广肩。肩部有一道凸棱和数道凸弦纹（图一六，20）。

M3∶2，整器已变形。口沿外翻，束颈，圆弧腹，平底。最大腹径处饰一条外凸的宽带纹，肩部和下腹处饰数条凸弦纹。口径 20、底径 17、高 36 厘米（图一六，24）。

缸　16 件。夹粗砂灰陶或红陶，厚胎。口沿和颈部饰凹弦纹，腹部饰菱纹或篮纹。

T3⑤∶66，宽沿，沿面为弧形。沿面和颈部饰凹弦纹（图一六，18）。

M3∶3，敞口，外壁较直，下腹急收至底，圜底近平。口沿至腹部饰凸菱纹。口径 30、高 38 厘米（图一六，22）。

杯　9 件。以泥质黑皮陶为主。

F1∶20，陶质较硬，已残。弧腹，圈足。底饰“×”形刻划纹，腹部饰凹弦纹和戳印圆圈纹（图一七，10）。

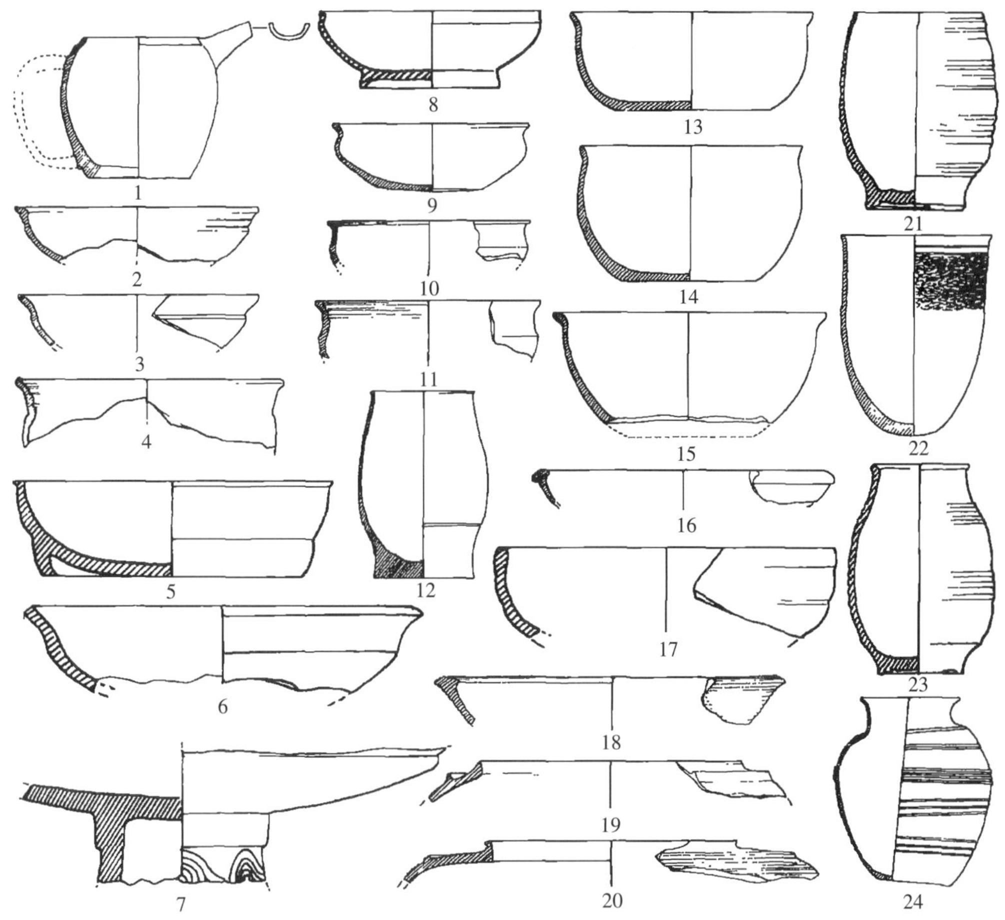

图一六　良渚文化陶器

1. 匜（M4∶5）　2~4、9~11、13~15. 盆（T4③∶3、T2⑤∶41、F1∶34、M4∶2、F1∶18、T3⑥∶46、T3⑥∶59、T3⑥∶58、T2④∶46）　5、8. 圈足盘（F1∶19、11）　6、16、17. 豆盘（F1∶15、T3⑥∶43、F1∶17）　7. 豆柄（F1∶10）　12、21、23. 杯（M4∶3、M4∶1、M3∶4）　18、22. 缸（T3⑤∶66、M3∶3）　19、20、24. 瓮（T3⑨∶20、T3⑥∶61、M3∶2）（5、6、12、17. 11/40，7. 约1/3，18. 约1/11，21、23. 约1/5，22、24. 约1/15，余约1/7）

T2⑤∶34，花瓣形足。腹部饰凸弦纹（图一七，9）。

T3⑨∶8，弧腹，近底内收，平底内凹。腹部饰弦纹（图一七，8）。

M4∶1，通体施朱砂，大部分已脱落。敛口，圆唇，弧腹，花瓣形足。腹部饰四组凹弦纹。杯内有一把骨匙（M4∶7）。口径8、底径3、高12厘米（图一六，21；图版三，6）。

M4∶3，口微外卷，斜肩，下腹部微鼓，平底。近底处饰有一道凹弦纹。口径5、底径5、高9厘米（图一六，12）。

M3∶4，口外折，束颈，弧腹，花瓣形足。肩、腹部各饰有三道凹弦纹。口径6.2、底径5.2、高12.5厘米（图一六，23）。

器盖（纽）　8件，均残。形状较大的多为夹细砂陶或夹炭陶，较小的一般为泥质陶。有敛口和敞口两种。

T2⑥∶22，夹细砂陶，器表施黑衣。尖唇，敛口，折沿，凹面，弧腹（图一七，12）。

T3⑨∶4，夹炭褐陶，厚胎。圆唇，敛口，近口部器壁内束。器表饰弦纹（图一七，15）。

F1∶1，夹蚌末褐陶。圆唇，敞口。器表饰凹弦纹（图一七，1）。

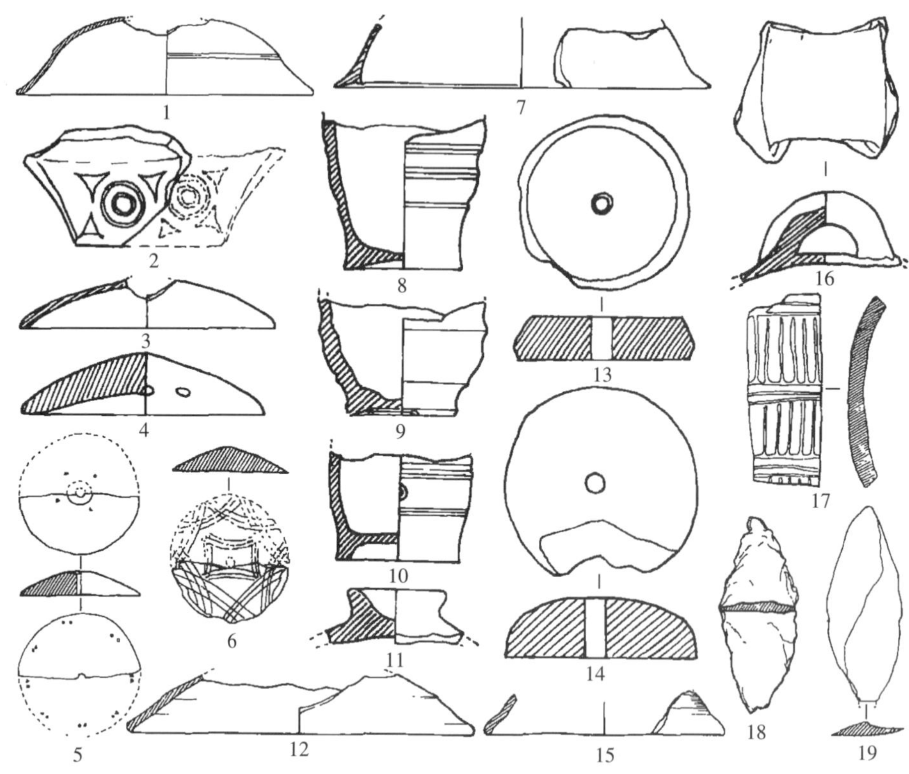

图一七 良渚文化陶、石器

1、3、4、7、11、12、15、16. 器盖（纽）（F1∶1、T2⑥∶23、T2⑥∶30、T4③∶4、T3⑤∶64、T2⑥∶22、T3⑨∶4、T3⑨∶1） 2、17. 鋬手（T2⑥∶32、F1∶35） 5、6、13、14. 纺轮（T3⑨∶12、T2⑥∶42、T3⑥∶3、T3⑥∶2） 8、9、10. 杯（T3⑨∶8、T2⑤∶34、F1∶20） 18、19. 镖（T3⑨∶13、F1∶9）（1、12. 1/10，2、4、13、14. 6/10，7. 1/5，余 3/10；18、19 为石器，余均为陶器）

T4③∶4，夹炭褐陶。方唇，斜直壁，近口部有一折阶（图一七，7）。

T2⑥∶30，泥质黑皮陶。形状较小，如馒首形，盖上穿有二孔（图一七，4）。

T2⑥∶23，夹炭灰陶。浅盘式盖纽（图一七，3）。

T3⑤∶64，夹炭褐陶。喇叭口形捉手（图一七，11）。

T3⑨∶1，夹细砂灰褐陶。宽拱桥形纽（图一七，16）。

匜 1 件。M4∶5，泥质灰陶。口微敛，圆唇，深弧腹，大平底。口部有一流，肩至下腹部附一把手，已残缺。口径 11、底径 10.4、高 13.4 厘米（图一六，1；图版三，1）。

鋬手 2 件。泥质黑皮陶。

F1∶35，正面饰纵横刻划纹各三组（图一七，17）。

T2⑥∶32，饰弧线三角与圆圈纹（图一七，2）。

纺轮 4 件。

T2⑥∶42，泥质黑皮陶。体形较薄，圆形，中心有一孔。饰三道平行的弧线刻划纹。直径 6 厘米（图一七，6）。

T3⑨∶12，泥质褐陶。已残。圆形。饰八组锥刺纹。直径 6 厘米（图一七，5）。

T3⑥∶2，泥质红陶。圆形，上为馒首状，底为平面，中有一孔，略残缺。直径 4.8、高 1.4、孔径 0.4 厘米（图一七，14）。

T3⑥:3，泥质褐陶。两面皆平，底面略大，中有一孔。顶径3.8、底径4.2、孔径0.5厘米（图一七，13）。

2. 石器　计22件。多已残，器形有镖、镞、斧、刀、锛、砺石等。

镖　6件。

T3⑨:13，黑色页岩，打削而成。截面呈菱形，较薄，扁铤。长9.4、宽3.8、厚0.5厘米（图一七，18）。

F1:9，黑色石料，打削后再经琢制。截面呈菱形，有锋有刃，铤部已残缺。残长9.4、宽3.7、厚0.6厘米（图一七，19）。

镞　2件。

T3③:1，灰色石料，磨制。截面呈菱形，前锋和边锋皆磨利，圆铤略残缺。残长7、宽2、厚0.8厘米（图一八，4）。

T5⑤:4，黑色石料，磨制。铤残缺。残长5.4、宽1.8、厚0.6厘米（图一八，12）。

斧　3件。穿孔石斧。

图一八　良渚文化石器

1、8、13. 斧（M3:1、M6:4、F1:7）　2、5、7. 刀（T5⑤:2、T3⑥:8、M6:1）　3、6、9. 钺（M4:6、M9:3、M1:5）　4、12. 镞（T3③:1、T5⑤:4）　10. 砺石（F1:5）　11. 锛（T4③:1）（1、3、5、6、11、12. 约1/3，2、4、8、10、12. 7/10，7、9. 约1/6）

F1:7，灰色石料，磨制。仅剩上半段一角（图一八，13）。

M6:4，青绿色石料。仅剩下半段，刃口锋利。通体磨光（图一八，8）。

M3:1，灰白色片状岩。长方形，平背，双面弧刃，刃略残，圆孔在中轴线偏上。长13.2、刃宽7.8、厚9.5、孔径1.7厘米（图一八，1）。

钺 6件。穿孔石钺。

M4:6，灰绿色岩石，先凿再经磨光。上窄下宽，平背弧刃，刃口锋利，略残缺。长11.9、宽10、孔径1.7厘米（图一八，3；图版三，5）。

M1:5，青灰色叶岩，磨制。背部和刃部均残缺，侧边和刃部均磨出斜面，穿孔周边有辐射状朱砂印痕。长16.5、宽13.5、孔径2.2厘米（图一八，9）。

M9:3，玉色，上有青斑。残存上部，穿孔较大，系两面对钻。通体磨光。孔径4.3厘米（图一八，6）。

刀 3件。

T5⑤:2，灰色石料。长条形，双面刃，刃略残（图一八，2）。

T3⑥:8，黑色石料，先打制后磨制而成。平面略呈椭圆形，弧刃。残长8、宽4厘米（图一八，5）。

M6:1，深灰色石料。双孔石刀，刃稍宽，双面开刃，较锋利，双孔对称，为两面对钻而成（图一八，7）。

锛 1件。T4③:1，深灰色石料。梯形，平背，弧刃，有使用留下的多处缺口。表面磨光。长6.4、宽3.4、厚0.7厘米（图一八，11）。

砺石 1件。F1:5，黑色石料。已残，表面有磨痕（图一八，10）。

3. 玉器 共出土28件。器形有璧、镯、璜、珠、管及绿松石嵌饰等。

璧 8件。

M9:8，墨绿色。孔系两面对钻，孔壁留有对钻错位的折阶。直径约25、厚1.2、孔径5.6厘米（图一九，6）。

M9:11，墨绿色，如磨光大理石纹样。直径约29厘米（图一九，8）。

镯 4件。

M1:2，深绿色。外边磨出斜面，内边磨去棱角，断为四段。外径8.6、内径5.6厘米（图一九，7；图版三，4）。

M1:4，黄白色。内外周边棱角均被磨去，两处断口处各钻有一孔。外径10、内径6.2厘米（图一九，1；图版三，3）。

M6:2，青白色，受沁部分为白色。外边不规整，厚薄不匀，系利用边料加工而成。最大外径8.3、内径6.1厘米（图一九，3）。

M8:2，黄白色。用料较细小，周边厚薄不匀。外径6.5、内径5.3厘米（图一九，4）。

璜 1件。M4:4，黄白色玛瑙质。半圆形，周边磨圆，两端各钻有一对象鼻孔。直径14.5、高6.5厘米（图一九，2；图版三，2）。

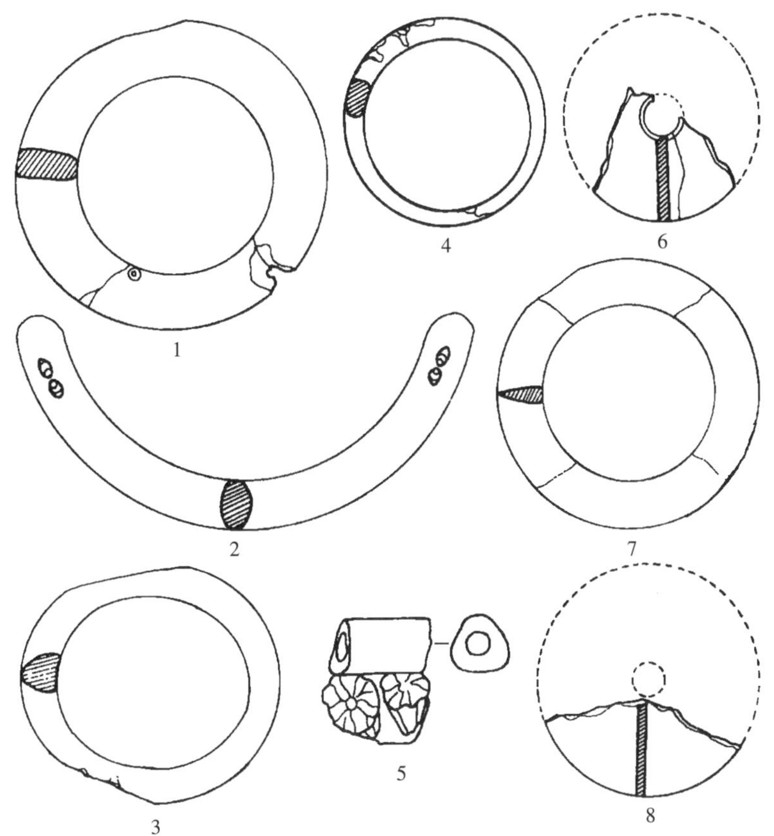

图一九　良渚文化玉器

1、3、4、7. 镯（M1∶4、M6∶2、M8∶2、M1∶2）　2. 璜（M4∶4）　5. 珠（M1∶1）　6、8. 璧（M9∶8、11）（5. 约1/2，6、8. 约1/9，余约1/4）

珠　10件。以灰白玉为主，多为腰鼓形，穿孔均为两面对钻。长0.5~1厘米（图二〇，1~5）。另有1件玉珠，在死者口内发现，与白齿胶合在一起。珠的断面呈三角形。长1.4、高0.9厘米（图一九，5）。

绿松石嵌饰　5件。器形都很小，直径约0.7~1厘米。M8∶7，孔雀蓝色。圆形，一面呈弧形，一面为平面（图二〇，6）。

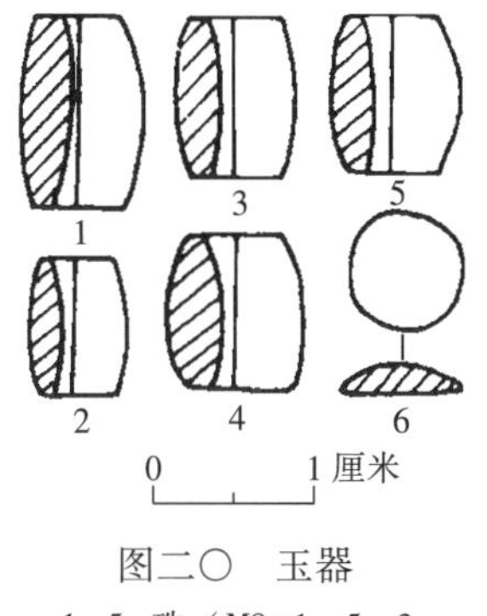

图二〇　玉器

1~5. 珠（M8∶1、5、3、4、8）　6. 绿松石嵌饰（M8∶7）

五、结语

少卿山遗址是一处面积较大的内含崧泽文化和良渚文化等遗存的新石器时代遗址。其中，在早期良渚文化堆积之上堆筑有一面积约1600平方米、高6米的土台，土台系搬运生土堆筑而成。

堆筑这样一个约1万立方米的土台，在当时来说无疑是一个巨大的工程。而且能够组织这么多的人堆筑土台，说明当时的社会已经有了比较严密和较高层次的组织机构。1984年，土台南部曾发现一座墓葬，出土琮、瑗、钺（斧）、镯等玉器1组19件，随葬品说明这不是一般的墓葬，墓主应具有较高的社会地位。

少卿山良渚文化土台上发现不少打破土台的土坑，如M9，出土玉璧7件、残石钺4件；H4内仅发现玉珠数粒，而不见其他遗物；还有一些坑的填土中仅含红烧土颗粒及黑灰土而无遗物。在土台北部边缘，还发现3个埋有动物骨架和人头骨的土坑（H1、H2和H5），其中H1、H2所埋的动物骨架与H5所埋完整的人头骨方向一致，均朝向土台。显然，这些遗迹与当时在土台上所进行的祭祀活动有关。考古材料证明，土筑高台除用作墓地外，还具有祭坛的功用。如余杭瑶山遗址[③]，在埋葬墓葬之前，在坛上曾有过祭祀活动，如祭天、祭地、祭先祖等。《尔雅·释天》有："祭天曰燔柴，祭地曰瘗埋。"瘗埋是祭地的形式。《礼记·郊特牲》孔颖达疏："地示在下，非瘗埋不足以达之。"另外，还有一种祭祀方式，如《风俗通义·礼典》云："社者，土地之主，土地广博，不可遍敬，故封之以为社而祀之，报功也。"从广泛的土地崇拜发展到对土地神的祭祀，其方法是用土堆筑一个高台，为土地之祖，作为后人的祭祀对象，而土台上又埋葬有祖先的墓，成为后人祭祖的地方，所以有要"报功也"。所祭对象等级不同，祭礼也不一样，但把玉器作为祭品是一致的，特别是玉璧几乎每一祭祀活动都要用。其祭祀方法有挖坑埋入地下的，如"毛用一璧瘗"；也有用一百块璧和一百块圭环绕陈列，如"婴以百圭百璧"；或用一块璧和一块圭投入山中，不用精米者，如"用一璧一圭，投而不糈"。牲畜祭祀除了用猪、牛、羊三牲俱全的太牢，还有用一羊或一鸡，甚至把所敬献的牲畜倒埋起来，如"禾山，帝也，其祠：太牢具，羞瘗倒毛，婴用一璧。牛无常。堵山，玉山，冢也。皆倒祠，羞用少牢，婴用吉玉。"[④]少卿山遗址良渚文化土台上发现的土坑中瘗埋的璧、珠等玉器及完整的动物骨架，可以与文献记载相印证。综上所述，少卿山遗址良渚文化土台，既是用作墓地，又是祭祀土地之主的地方。

良渚文化早期村落可分居住区和墓葬区两部分，其中居住区仅揭露房址1座，发现了用芦苇编织的墙骨2段，保存完整，这在太湖流域还是首次被如此完整地揭露出来。另外，在村落遗址中还发现有大量的水稻植物蛋白石，根据国内外有关专家的研究，1克土壤中水稻植物蛋白石的个体超过5000个，这些土壤就可能是种过水稻的土，即为稻田土[⑤]。F1堆积层中，1克土壤中水稻植物蛋白石超过1万个，这表明房内铺垫的有可能是稻草灰烬，或搬运稻田土堆筑基础。但不管何种原因，都证明了良渚文化早期不仅已从野生稻发展到了人工栽培，而且水稻种植已很普遍。

附记：参加此次发掘的有苏州博物馆张照根、王学雷、丁金龙及昆山市文管会程振旅、毛卫敏、徐耀明、浦强等。线图由张照根绘制，照片由徐耀明拍摄，器物由朱伟峰修复。

执笔：丁金龙　张照根　程振旅

注释

① 尹焕章、张正祥：《对江苏太湖地区新石器文化的一些认识》，《考古》1962年第3期。

② 苏州博物馆、昆山文管会：《江苏省昆山县少卿山遗址》，《文物》1988年第1期。

③ 王明达：《余杭瑶山良渚文化祭坛遗址发掘简报》，《文物》1988年第1期。费国平：《瑶山祭坛与墓葬》，《良渚文化》（余杭县文史资料第三辑），1987年。

④《山海经第三·西山经、北山经》《山海经第五·中山经》，见袁珂：《山海经校译》，上海古籍出版社，1985年。

⑤ 王才林、汤陵华、佐佐木章等：《植物蛋白石分析法及其在考古学上的应用》，《东南文化》1997年第3期。

附表一 **少卿山遗址出土墓葬登记表** 长度单位：厘米

墓号	方向	规格（长×宽－深）	随葬器物	备注
M1	202 度	170×57－25	玉珠 1、镯 2，灰陶杯 1、彩绘陶杯 1、灰陶盆 1，石钺 1	局部被现代坑破坏
M2	196 度	残长 56×40－20	灰陶盆 1	大部分被现代坑破坏
M3	204 度	205×60－46	石斧 1，灰陶罐 1、红陶缸 1、灰陶杯 1	局部被现代坑打破
M4	210 度	210×58－50	彩绘陶杯 1、灰陶盆、杯、匜各 1 及残陶器 1，玉璜 1，石钺 1	墓中部被现代地层打破
M5	207 度	180×97－50	釉陶罐 5、盆 2、瓿 2、壶 1、鼎 2	位于山顶东部，被后期破坏
M6	215 度	残长 90×65－15	双孔石刀 1、斧 2，玉镯 1	大部被后期地层破坏
M7	190 度	残长 265×138－52	印纹陶罐 5、原始青瓷碗 3、陶纺轮 3	位于墩顶，北端被后期破坏
M8	210 度	残长 120×70－18	玉珠 6、镯 1、嵌饰 1，石钺 1	大部被后期地层破坏
M9	210 度	残长 140×175－60	残玉璧 7，石钺 4、斧 1	东部被后期破坏

说明：M5 为汉墓，M7 为春秋墓，余为良渚文化墓葬。

附表二 **少卿山遗址各土层水稻植物蛋白石定量分析结果**

地层	1 克土壤中水稻植物蛋白石的数量	换算成水稻产量（t/a·cm）	
		地上部干物重	稻谷重
4－1	5801	0.3	0.08
4－2	7175	0.37	0.1
4－3	68306	3.52	0.98
5－1	2802	0.14	0.04
5－2	0	0	0
6－1	2259	0.12	0.03
6－2	24677	1.27	0.35
9－1	10960	0.56	0.16
9－2	46074	2.37	0.66
9－3	39142	2.02	0.56
10	0	0	0
F1－a	467342	24.07	6.68
F1－a	164940	8.49	2.36
F1－b	114055	5.87	1.63
F1－b	9827	0.51	0.14
F1－c	42875	2.21	0.61

说明：单位 t/a·cm 表示 1 公亩（100 平方米）、1 厘米厚的土壤中的植物生产量。

（原载《考古》2000 年第 4 期）

江苏昆山市少卿山遗址的植物蛋白石分析

王才林　丁金龙

少卿山遗址位于江苏省昆山市千灯镇东北，曾进行过多次发掘，是一处内含马家浜、崧泽和良渚文化的新石器时代遗址。1997 年，又对该遗址进行了一次抢救性发掘，发现了一处良渚文化时期人工堆筑的土台，现存面积约相当于现在少卿山的范围。该土台堆筑在早期良渚文化堆积之上，其上还发现有墓葬和祭祀坑。此次发掘仅见崧泽文化和良渚文化遗存，未见马家浜文化遗存。地层堆积自下而上依次为崧泽文化堆积、良渚文化早期堆积（包括房址和墓葬）、良渚文化土台、春秋时期土台和墓葬、汉代墓葬和宋代文化堆积等。崧泽文化堆积直接叠压在生土面上，距今约 5500 年。土墩内文化内涵丰富，历史悠久。

本文主要报道对从少卿山遗址各土层采取的土壤样本进行植物蛋白石分析的简要结果。

一、材料与方法

用于分析的土壤试样共 16 份，分别采集于少卿山遗址 T3 第 4 层至第 6 层，第 9 层以及第 9 层以下的生土层，F1 的 a、b、c 层。其中 T3 第 4 层至第 6 层、第 9 层根据其土层厚度等分成 2 至 3 个亚层分别取样。

植物蛋白石的提取和分析是按藤原宏志[①]介绍的方法进行的。取一定体积的土壤样本烘干称重，并计算土壤容重。将土壤敲碎成粉末状后称取 1 克土样放入 15 毫升的玻璃瓶。然后加入一定量（以重量计）的精制玻璃砂，作为定量分析时的参照物。加水并注入数滴分散剂后，用 250 瓦、38 千赫的超声波处理 20 分钟，以清除植物蛋白石表面所吸附的土壤黏粒。接着用水中沉底法剔除粒径小于 10 微米的微小粒和其他杂质。最后烘干、制片后在光学显微镜下镜检观察。

根据各种植物机动细胞硅酸体的形态特征，鉴别各种植物蛋白石的起源植物。然后分别计数同一视野中玻璃砂和水稻、芦苇、竹亚科、稗属和芒属等植物的蛋白石数目。由下式分别计算出 1 克干燥土样中所含各种植物蛋白石的数量（N）

$$N = a \times GW/SW \times NP/NG$$

式中：

a = 1 克玻璃砂中所含玻璃砂的数量。本研究采用的是 30 万个重 0.0256 克的精制玻璃砂，因此$a = 1/0.0256 \times 3 \times 10^5$。

GW = 加入玻璃砂的重量（克）

SW = 土样重量（克）

NP = 视野中植物蛋白石的数目

NG = 视野中玻璃砂的数目

根据1克土样中所含植物蛋白石的数量N和各种植物的硅酸体系数（与1个硅酸体所相当的植物体地上部干物重或种子重），换算出单位体积土壤中的植物生产量[②]。本文用与1公亩（100平方米）、1厘米厚的土壤中所含植物蛋白石的量相当的植物生产量（t）来表示，即t/a·cm。因此，这里的产量概念不同于通常所说的年产量，只是用于比较土层间植物蛋白石含量的一个相对指标。

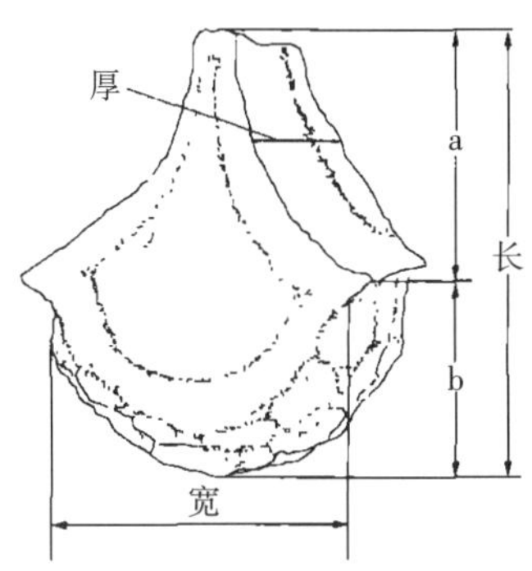

图一　来源于水稻机动细胞硅酸体的植物蛋白石示意图

根据定量分析结果，对检出水稻机动细胞蛋白石的样本进一步用形态测定仪进行植物蛋白石的形态分析（图一）。每个土壤样本随机选择50个水稻蛋白石，将其扩大400倍后测定其长、宽、厚和a的高度、b的长度。a、b分别表示植物蛋白石的圆弧部分的高度和尖柄部分的长度。将两者的比值b/a称为形状系数。用长、宽、厚和形状系数4个参数来表示植物蛋白石的形态特征。每个土样重复测定3次，即共测定150个植物蛋白石。以3次重复的平均值表示各土样水稻蛋白石的性状值，并将各性状值代入下述判别式[③]进行籼、粳判别。

$$Z4 = 0.49VL - 0.30HL + 0.14LL - 3.82b/a - 8.96$$

（Z4 <0 为籼，Z4 >0 为粳）

式中VL、HL、LL和b/a分别代表长、宽、厚和形状系数。根据判别结果推断当时所栽培的水稻所属的籼、粳类型。

二、结果

（一）水稻植物蛋白石分析

在T3和F1的16个土样中，除了第5层的第2亚层和生土层以外，其他各土层均检测到大量水稻机动细胞硅酸体来源的植物蛋白石的存在（图版一，1~3、6）。

一般认为，当1克土壤中所含水稻植物蛋白石的数量在5000个以上时，该土壤生长过水稻的可能性很大[④]。从表一可知，在检出水稻蛋白石的各土层中，1克土壤中的蛋白石含有量除了5-1层和6-1层以外均超过5000个，表明这些土壤生长过水稻的可能性很大。图二表示从各土层水稻植物蛋白石的含量推算的地上部干物重和稻谷产量的变化情况。从图二可知，4-3层的产量最高，其次是9-2、9-3和6-2层，其余层次的产量则相对较低。

此外，从房址的各土层中，不仅都检测到了水稻植物蛋白石的存在（图版一，4），且其含量特别多。从土样情况来看，这两层均为黑灰层，土粒含量很少。尤其是F1-a层，几乎全是黑灰层。另外，在这一层中还检测到了大量来自颖壳的双峰乳突蛋白石（图版一，5）。

表一　　少卿山遗址各土层水稻植物蛋白石定量分析结果

地层	1 克土壤中水稻植物蛋白石的数量	换算成水稻产量（t/a·cm）	
		地上部干物重	稻谷重
4-1	5801	0.3	0.08
4-2	7175	0.37	0.1
4-3	68306	3.52	0.98
5-1	2802	0.14	0.04
5-2	0	0	0
6-1	2259	0.12	0.03
6-2	24677	1.27	0.35
9-1	10960	0.56	0.16
9-2	46074	2.37	0.66
9-3	39142	2.02	0.56
10	0	0	0
F1-a	467342	24.07	6.68
F1-a	164940	8.49	2.36
F1-b	114055	5.87	1.63
F1-b	9827	0.51	0.14
F1-c	42875	2.21	0.61

说明：单位 t/a·cm 表示 1 公亩（100 平方米）、1 厘米厚的土壤中的植物生产量。

作者对水稻地方品种和现代栽培品种的研究结果表明，水稻机动细胞硅酸体的形态性状在籼、粳亚种之间存在明显的差别。籼稻的硅酸体长、宽、厚小，形状系数大；而粳稻的硅酸体则长、宽、厚大，形状系数小。据此，建立了前述根据硅酸体的形态性状进行籼、粳判别的判别式⑤，其判别效率接近 90%⑥。本研究对水稻蛋白石含量较多的土层进行了植物蛋白石的形态分析，测定其长、宽、厚和形状系数 4 个性状，将各性状的平均值代入前述籼、粳判别式进行亚种判别。图三是将少卿山遗址的 8 个土层所测定的 22 个样本的水稻蛋白石形态性状的判别值的分布与 97 个亚洲地方品种（其中籼稻 50 个，粳稻 47 个）机动细胞硅酸体形态性状的判别值的分布进行比较的结果。图中虚线表示 50 个籼稻地方品种的分布区域，实线表示 47 个粳稻地方品种的分布区域，Z4 = 0 处的直线表示籼、粳分界线。从图三可知，少卿山遗址水稻蛋白石形态性状的判别值均分布于 Z4 > 0 的粳稻区域内，且其判别值均较大。根据各土层水稻蛋白石 4 个形态性状的平均值得到的判别值在 2.49~3.28（表二）。此外，水稻蛋白石的 4 个形态性状及其判别值在不同土层间的变化幅度很小（图四、五）。以上结果表明，少卿山遗址周围在 5500 年前所生长的水稻主要属于粳稻类型。

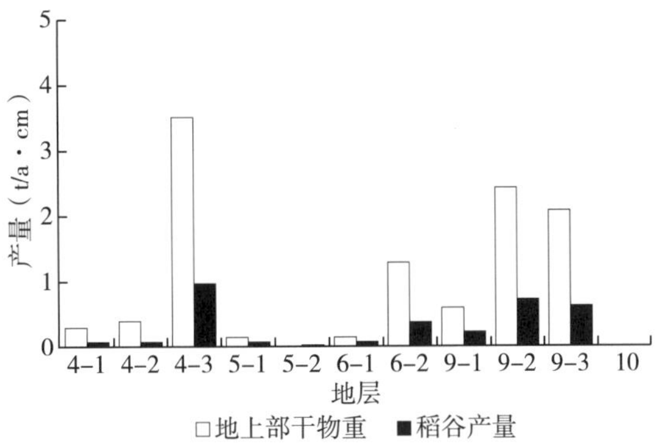

图二　水稻地上部干物重和稻谷产量变化示意图

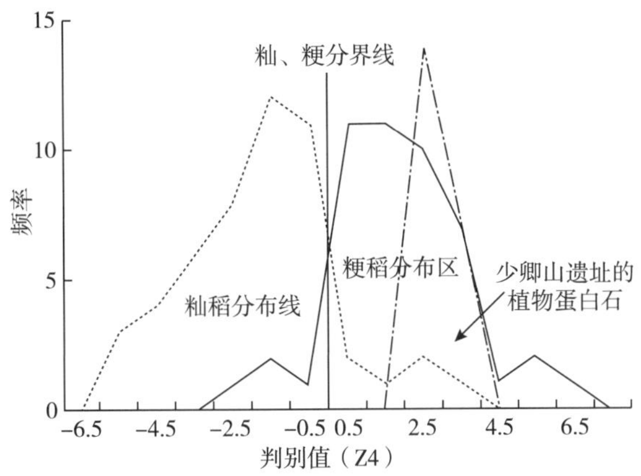

图三　水稻植物蛋白石形态性状籼粳判别值的分布

表二　少卿山遗址 T3 和 F1 各层位水稻植物蛋白石 4 个形态性状的平均值和籼粳判别值

地层	长（微米）	宽（微米）	厚（微米）	形状系数	判别值（Z4）	判别结果
4－3	45. 12	37. 02	29. 13	0. 94	2. 65	粳
6－2	43. 76	35. 27	29. 73	0. 96	2. 49	粳
9－2	44. 19	35. 78	30. 19	0. 95	2. 68	粳
9－3	44. 93	36. 27	29. 16	0. 99	2. 61	粳
F1－a	45. 23	36. 56	28. 92	0. 99	2. 63	粳
F1－a	44. 52	35. 01	28. 69	0. 88	3. 13	粳
F1－b	45. 29	35. 71	28. 18	0. 93	3. 03	粳
F1－c	45. 56	36. 21	29. 37	0. 9	3. 28	粳

将少卿山遗址各地层出土的水稻蛋白石的形态性状与来自太湖地区的 26 个粳稻和 26 个籼稻地方品种机动细胞硅酸体的形态性状进行比较的结果表明，少卿山遗址水稻蛋白石 4 个形态性状的分布除了长度以外虽然均未超出地方品种的分布范围，但两者的分布高峰明显不同。少卿山遗址水稻蛋白石 4 个形态性状的分布高峰均明显偏向于大值方向（图六）。差异显著性测定的结果表明，少卿山遗址水稻蛋白石的 4 个形态性状均明显大于粳稻地方品种的硅酸体，两者之间的差异均达 1% 的显著水平（表三）。与马家浜文化草鞋山遗址出土的水稻蛋白石相比，长和宽明显较大，厚度和形状系数则相近。

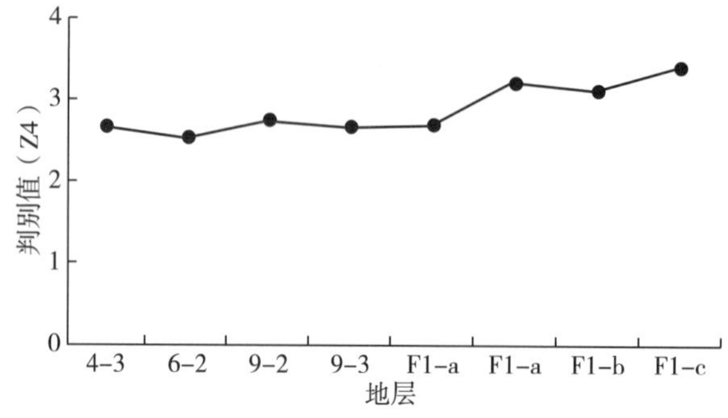

图四 各地层出土水稻植物蛋白石形态性状籼粳判别值的变化图

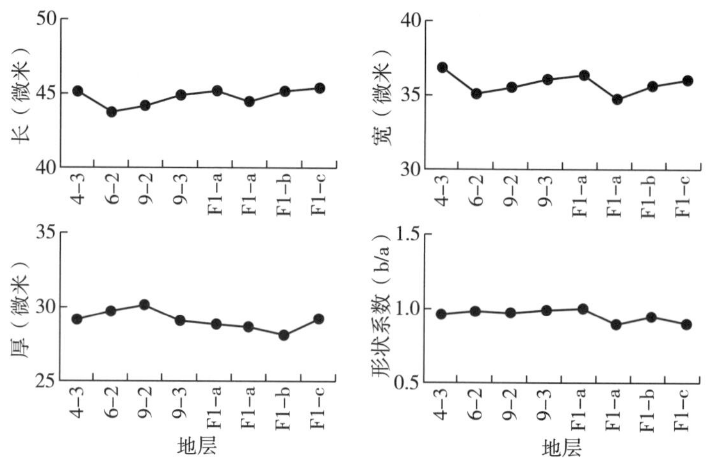

图五 各地层出土水稻植物蛋白石4个形态性状平均值的变化图

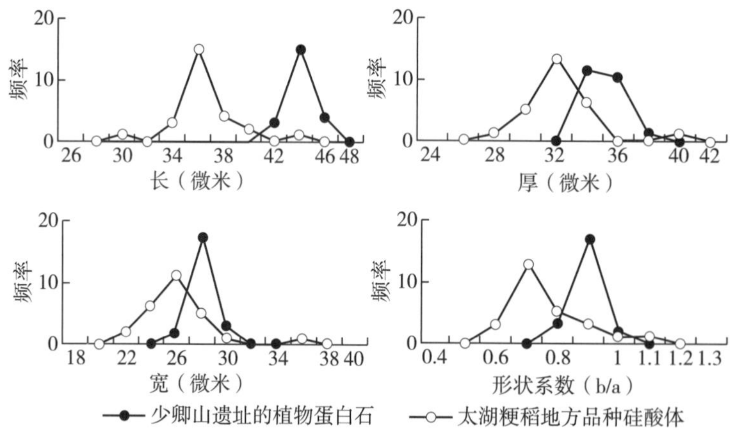

图六 水稻植物蛋白石与太湖粳稻地方品种机动细胞硅酸体4个形态性状的分布图

表三 少卿山遗址出土的水稻植物蛋白石与籼、粳地方品种机动细胞硅酸体以及草鞋山遗址出土的水稻植物蛋白石4个形态性状平均值的比较

项目	长（微米）	宽（微米）	厚（微米）	形状系数
少卿山遗址的植物蛋白石	44.76A	35.96A	29.15A	0.95A
草鞋山遗址的植物蛋白石	41.54B	32.93BC	29.42A	0.95A
籼稻地方品种的硅酸体	35.37D	31.98C	24.51C	0.97A
粳稻地方品种的硅酸体	37.55C	33.19B	27.29B	0.81B

说明：同一列中不同字母者表示差异达1%的显著水平，字母相同者表示差异不显著。

（二）其他植物蛋白石分析

为了考察少卿山遗址的古气候和古环境，除了调查起源于水稻机动细胞硅酸体的植物蛋白石以外，还对起源于芦苇、竹亚科、稗属和芒属等其他禾本科植物的机动细胞硅酸体的植物蛋白石进行了调查。其结果如表四。

表四　　少卿山遗址 T3 和 F1 各层位其他禾本科植物蛋白石定量分析结果

地层	植物种类			
	芦苇	竹亚科	稗属	芒属
4－1	1450	0	0	0
4－2	0	0	0	2870
4－3	0	0	0	4269
5－1	0	0	0	0
5－2	0	1128	0	1128
6－1	0	1129	0	1129
6－2	0	3896	1299	7793
9－1	0	8220	2740	5480
9－2	1355	0	1355	1355
9－3	0	0	3454	2302
F1－a	0	0	0	0
F1－a	0	0	0	11662
F1－b	0	0	0	0
F1－b	2808	0	0	14039
F1－c	0	0	2256	0

说明：表中数据表示 1 克土壤中植物蛋白石的数量。

从表四可知，芦苇的植物蛋白石仅在 4－1、9－2 以及 F1－b 层中发现，且其含量很少。竹亚科的植物蛋白石则仅在 5－2、6－1、6－2 和 9－1 层中发现。稗属植物蛋白石也仅在 6－2 层、第 9 层及 F1－c 层发现。从总体上看，发现芦苇、竹亚科和稗属植物蛋白石的层位均不多，即使存在，其含量也较少。而芒属的植物蛋白石在第 4~6 层和第 9 层中均有发现，且在房址的 a、b 层中也发现较多的芒属植物蛋白石。从上述结果推测，少卿山遗址在良渚文化时期就属于地势较高的台地，其附近生长有较多的芒属植物。房址的 a、b 层中芒属植物蛋白石含量较多可能是用附近的高地土作垫土所致。

三、讨论与小结

根据植物蛋白石定量分析的结果，从生土层上面的第 9 层开始就检测到了来自水稻叶片机动细胞的植物蛋白石，且在 1 克干土中的含量达到了 1 万个以上。表明在距今 5500 年以前少卿山遗址周围曾经生长过大量的水稻。由于少卿山遗址西部 20 千米处的草鞋山遗址已经发现有 6000 年前的水稻田[⑦]，因而可以推测少卿山遗址周围生长的水稻有可能是栽培稻。同时，从 F1 的各土层中检测到了更多的水稻蛋白石。其中 a、b 层为生活面，水稻蛋白石的含量特别多。其堆积多为黑灰土，土壤黏粒很少。在房址的 a 层中还发现有大量来自颖壳的双峰乳突蛋白石。此外，在发掘时曾从黑灰中淘洗出炭化米粒。据此推测，这些生活堆积可能是当时的先民采集和食用水稻后留下的。可见当时的稻作生产已经具有相当规模，先民们已进入以种植水稻为主的原始农业阶段。

对检测到的植物蛋白石进行形态分析的结果表明，当时所栽培的水稻属于粳稻类型。但从植物蛋白石形态特征来看，当时的粳稻不同于太湖地区的地方粳稻，与草鞋山遗址出土的马家浜文化时期的古代粳稻也有所不同。少卿山遗址的植物蛋白石的 4 个形态性状明显大于太湖地方粳稻的硅酸体，长和宽甚至大于草鞋山遗址的植物蛋白石。

综上所述，少卿山遗址在距今 5500 年前就开展了稻作生产，且其生产规模较大。从植物蛋白石的形态特征来看，少卿山遗址所栽培的古代稻种属于粳稻类型。这些结果对于今后进一步研究我国太湖地区原始稻作农业的起源与发展，乃至中国稻作农业的起源与传播均有十分重要的意义。

注释

① 藤原宏志:《プラント・オパール分析法の基礎的研究（1）一数種イネ科植物の珪酸体標本と定量分析法》,《考古学と自然科学》, 1976 年第 9 号，第 15~29 页。藤原宏志:《プラント・オパール分析法の基礎的研究（3）一福岡・板付遺跡（夜臼期）水田および群馬・日高遺跡（弥生時代）水田におけるイネ（*Oryza sativa* L.）生産総量の推定》,《考古学と自然科学》1979 年第 12 号，第 29~42 页。

② 藤原宏志:《プラント・オパール分析法の基礎的研究（3）一福岡・板付遺跡（夜臼期）水田および群馬・日高遺跡（弥生時代）水田におけるイネ（*Oryza sativa* L.）生産総量の推定》,《考古学と自然科学》1979 年第 12 号，第 29~42 页。

③ 王才林、宇田津徹朗等:《イネの機動細胞珪酸体形状における主成分分析およびその亜種判別への応用》,《考古学と自然科学》1996 年第 35 号，第 53~71 页。

④ 藤原宏志:《プラント・オパール分析法の基礎的研究（3）一福岡・板付遺跡（夜臼期）水田および群馬・日高遺跡（弥生時代）水田におけるイネ（*Oryza sativa* L.）生産総量の推定》,《考古学と自然科学》1979 年第 12 号，第 29~42 页。

⑤ 王才林、宇田津徹朗等:《イネの機動細胞珪酸体形状における主成分分析およびその亜種判別への応用》,《考古学と自然科学》1996 年第 35 号，第 53~71 页。

⑥ 王才林、宇田津徹朗、藤原宏志:《中国イネの亜種判別における機動細胞珪酸体形状と籾の形態・生理形質の関係について》,《育雑》1996 年第 46 号，第 61~66 页。

⑦ 王才林、宇田津徹朗等:《中国・草鞋山遺跡における古代水田址調査（第 2 報）－遺跡土壌におけるプラント・オパール分析》,《考古学と自然科学》1994 年第 30 号，第 37~52 页。宇田津徹朗、王才林等:《中国・草鞋山遺跡における古代水田址調査（第 1 報）－遺跡周辺部における水田址探査》,《考古学と自然科学》1994 年第 30 号，第 23~36 页。藤原宏志:《草鞋山遺跡における原始的水田稲作》，見《シンポジウム稲作起源を探る一中国・草鞋山遺跡における古代水田稲作－》，日本文化財科学会シンポジウム“稲作起源を探る”実行委員会，1996 年，第 80~81 页。

（原载《考古》2000 年第 4 期）

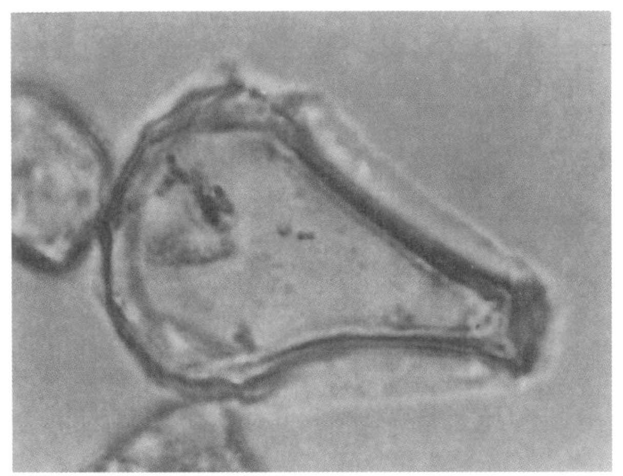
1. 水稻机动细胞蛋白石(T3⑨-2)

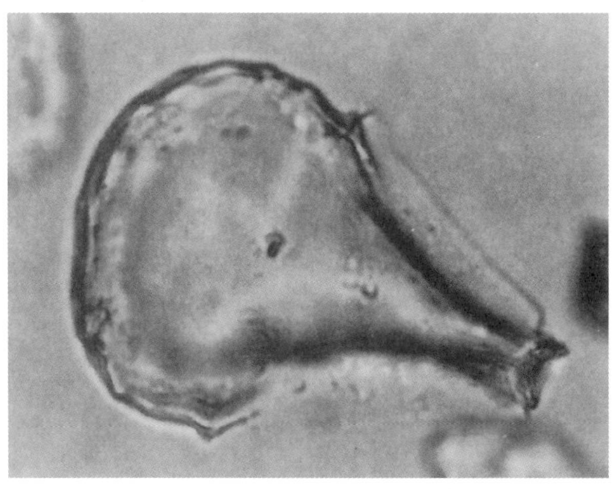
2. 水稻机动细胞蛋白石(T3④-3)

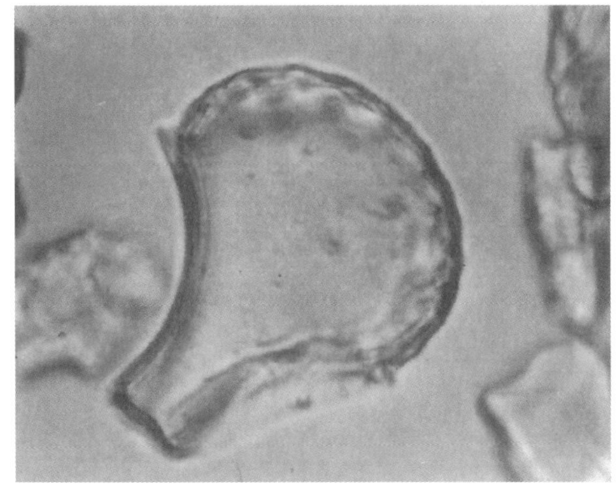
3. 水稻机动细胞蛋白石(T3⑨-3)

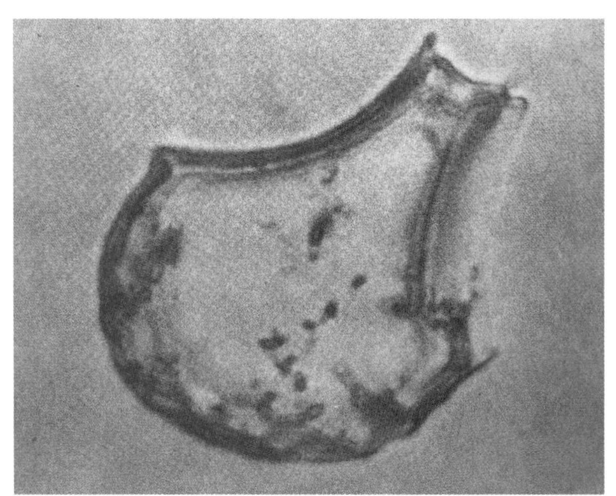
4. 水稻机动细胞蛋白石(T3F1-b)

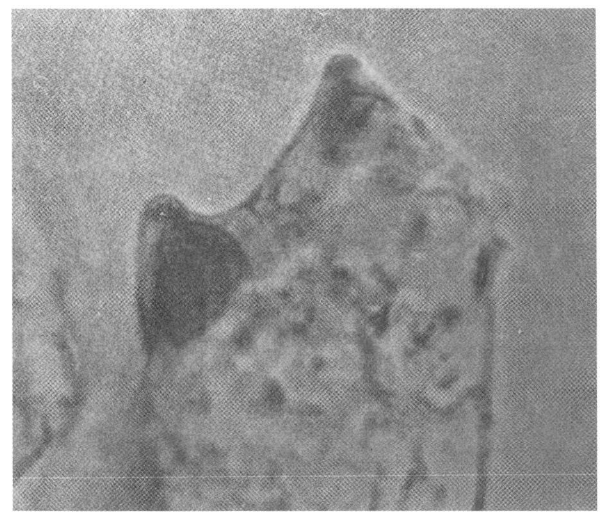
5. 水稻颖壳双峰乳突蛋白石(T3F1-e)

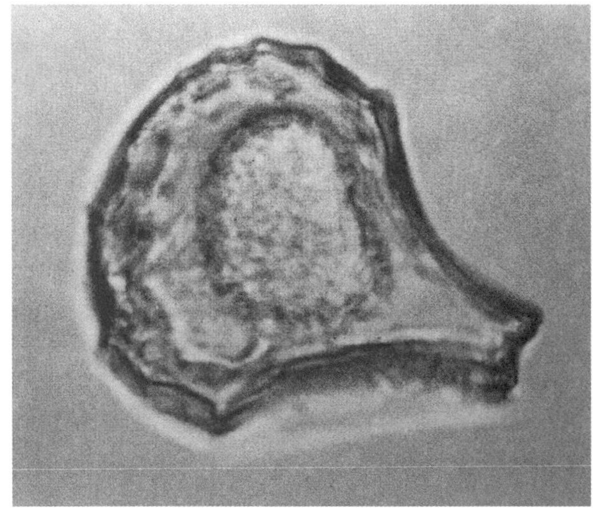
6. 水稻机动细胞蛋白石(T3⑥-2)

图版一 江苏昆山市少卿山遗址水稻植物蛋白石

江苏昆山市绰墩遗址发掘报告

苏州博物馆　昆山市文物管理所

绰墩遗址位于昆山市正仪镇北绰墩村，南距正仪镇约2千米，东距昆山市区10.5千米，处于阳澄湖与傀儡湖之间的狭长地带，一条公路从遗址中部南北向穿过（图一）。遗址中部原有一土墩，称"绰墩山"，高出地面6米左右，南北长70米、东西宽30米，面积约2000平方米。

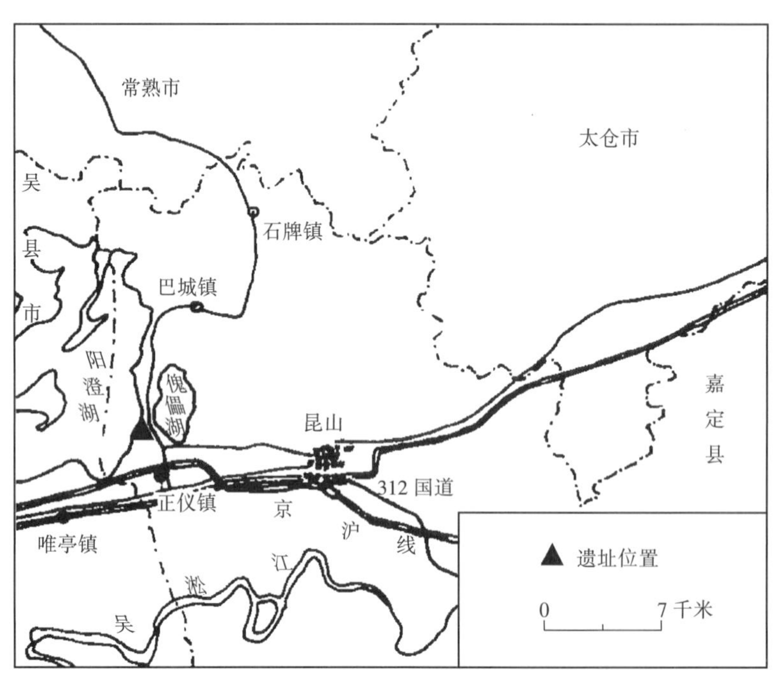

图一　绰墩遗址位置图

20世纪80年代初，当地砖瓦厂取土，逐渐将土墩夷为平地，墩内曾出土良渚文化玉琮、石钺等珍贵文物18件。1982年7月30日至8月7日，南京博物院在昆山文化馆配合下，对遗址进行了抢救性发掘，在土墩上发掘面积111平方米，发现良渚文化墓葬1座，并初步弄清了遗址的地层堆积和文化内涵[①]。

1998年11月7日至12月18日，为配合当地农田基本建设，由苏州博物馆和昆山市文物管理所联合组成考古队，对遗址进行了抢救性发掘，发掘地点位于原土墩西南坡下，布10米×10米探方1个（编号98KCT1），因发现墓葬较多，又分别向南、向西扩方，扩方部分另行编号（分别为T2、T3、T4），面积220平方米。通过发掘，对土墩以外的地层堆积和文化内涵有了更详细深入的了解，清理崧泽文化墓葬27座、灰坑1座，良渚文化残房基1座、灰坑4个、灰沟2条，出土陶、石、玉、骨器

150件左右。另外，在发掘期间，对遗址进行了全面调查，遗址东西长约500米、南北长约800米，总面积近40万平方米，遗址四周环河，河道自然曲折，河外的文化堆积也有一定的厚度，整个遗址的文化内涵，从下至上依次为马家浜文化、崧泽文化、良渚文化和马桥文化，原高出地面的绰墩山主要是良渚文化的高台贵族墓地。在发掘过程中，得到昆山市委和市政府、正仪镇政府、绰墩山村及黄泥山村的大力支持和配合，在此深表谢意。

一、地层堆积

发掘区位于原绰墩山西南坡地，高出地表的良渚土台已遭破坏，现为平地。其堆积情况以T1、T2北壁为例作一介绍（图二）：

第1层，耕土层，夹有原土墩上的黄土，厚0.1~0.75米。出有较多良渚文化鱼鳍形和丁字形鼎、甗、竹节形豆把。此层下发现G1、G2。

第2层，黑灰色土，夹黄绿色土块，厚0~0.5米。出土陶片较多，以泥质灰白陶、泥质灰胎黑衣陶及夹炭陶为主，主要器形有折腹盆形凿形足鼎、粗矮圈足豆等。此层下发现M1~M27、F1及H1~H5。

第3层，灰黄色土，夹铁锈斑块，厚0.2~1米。出土陶片较多，以泥质灰陶和夹砂褐陶为主，主要器形有折肩折腹罐、釜形扁横足鼎、多级高把豆、折腹长颈壶等。

第4层，分A、B两小层。第4A层，黄灰色土，土质较硬，厚0.15~0.3米；出土陶片较少，以泥质灰陶和夹炭陶为主，另有少量泥质黑皮陶，主要器形有压印纹高颈罐、澄滤器、凹弧足鼎、鸡冠耳罐等。第4B层，灰黑色土，土质疏松，厚0.15~0.3米；出土陶片较多，以夹砂红褐陶为主，部分夹砂陶掺和蚌末，主要器形有宽横足鼎、牛鼻耳罐、澄滤器、勾敛口高把豆等。

第5层，黄灰色土，土质较硬，厚0.1~0.2米。出土少量陶片，以泥质红陶和夹砂红陶为主，泥质陶大多施红衣，可辨器形有腰檐釜、牛鼻耳罐、鱼鳍形足鼎等。

第6层，黑灰色土，土质疏松，厚0.1~0.2米。陶片较少，主要是夹砂红褐陶和泥质红陶，器形仅见鼎、釜。

第6层下为灰白色生土。

根据地层关系及器物特征分析，第6层、第5层属马家浜文化，第4层、第3层、M1~M27及H5为崧泽文化遗存，第2层、G1、G2、H1~H4及F1属良渚文化遗存。

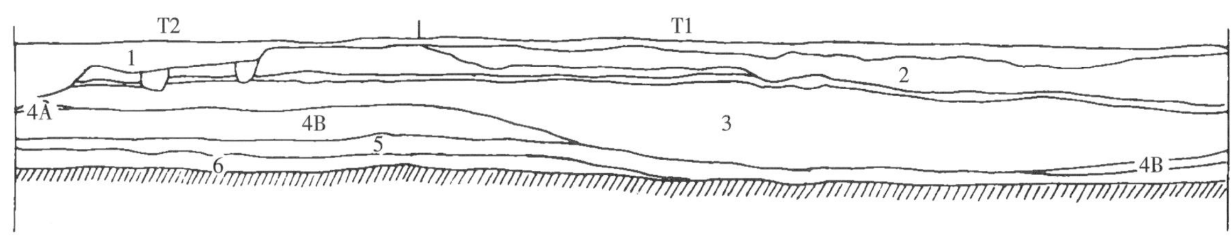

图二 T1、T2北壁剖面

二、马家浜文化遗物

出土少量陶片，陶系以夹砂红陶和泥质红胎红衣陶为主，部分夹陶表面也施红衣。均为手制，少量经慢轮修整。纹饰很少，有少量捺窝、戳印纹、弦纹。主要器形有腰檐釜、牛鼻耳（或鸡冠耳）

罐、盆、豆等，均残。

釜 T2⑤:7，夹砂红陶。浅弧腹，腰檐微上翘，腰檐外侧压印捺窝（图三，10）。

罐 T1⑤:3，罐腹部的牛鼻耳。夹砂灰褐陶。附耳处一周戳印三行草叶纹（图三，1）。

T2⑤:8，为罐腹部的鸡冠耳。泥质红陶，外施红衣。耳外侧内凹（图三，9）。

T2⑤:6，罐底部。泥质红陶，外施红衣。平底，器形肥胖（图三，3）。

盆 T2⑤:4，泥质红陶，外施红衣。侈口尖唇，深腹（图三，6）。

T2⑤:1，泥质红陶，外施红衣。侈口圆唇，圆折腹。口沿有数道凹弦纹（图三，4）。

豆 T2⑤:9，残存豆把。泥质灰陶。较粗矮，底沿内凹（图三，2）。

甑 T2⑤:5，残存底部。泥质红陶，甑孔较大（图三，5）。

炉条 T2⑤:2，夹砂红褐陶，近圆柱形（图三，8）。

另外，发现一件骨锥。T2⑤:9，形体较小，截面为圆形，两端均为尖头（图三，7）。

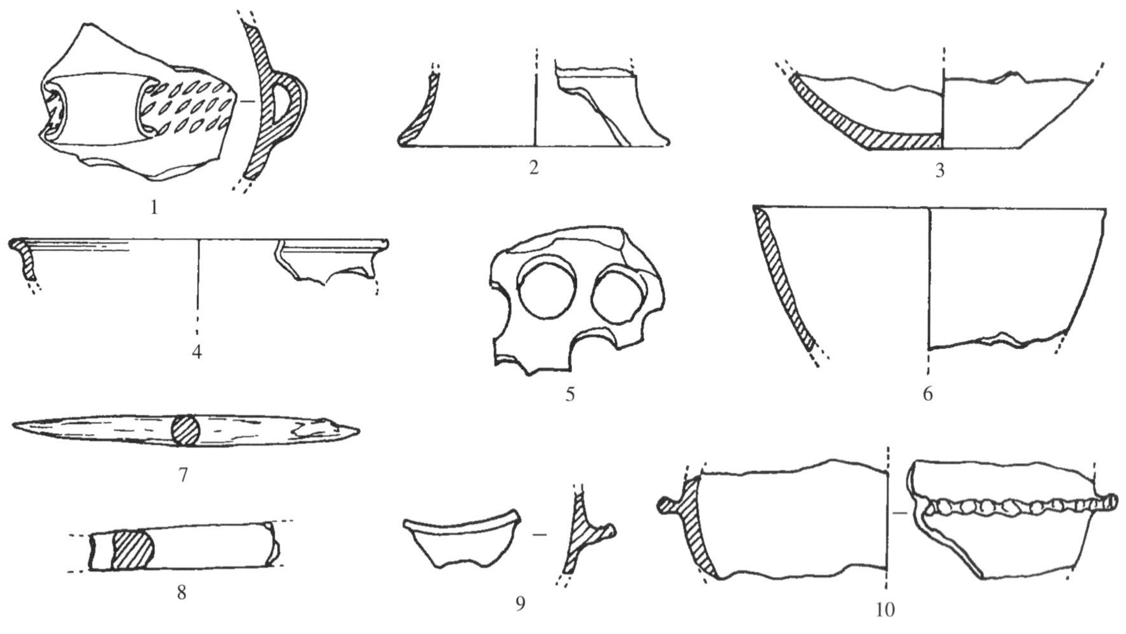

图三 马家浜文化遗物

1. 牛鼻耳（T1⑤:3） 2. 圈足（T2⑤:9） 3. 罐底（T2⑤:6） 4. 盆（T2⑤:1） 5. 甑底（T2⑤:5） 6. 盆（T2⑤:4） 7. 骨锥（T2⑤:9） 8. 炉条（T2⑤:2） 9. 鸡冠耳（T2⑤:8） 10. 釜（T2⑤:7）

三、崧泽文化遗存

（一）遗迹

1. 灰坑

仅发现H5。坑口近方形，口径0.4米、深0.75米，坑底置一猪头盖骨及盆骨，猪嘴向下。

2. 墓葬

共27座。均开口于第2层下，分南、中、北三排东西分列，排列密集，墓坑方向以南北向为主，少量为东西向，南北向墓分布于中心，东西向墓沿外围分布，根据分布情况，发掘区北部、西部、西南部已无墓葬分布，这一墓区应向东、南延伸。墓葬打破现象较少，仅发现两组：M10→M9、M15及

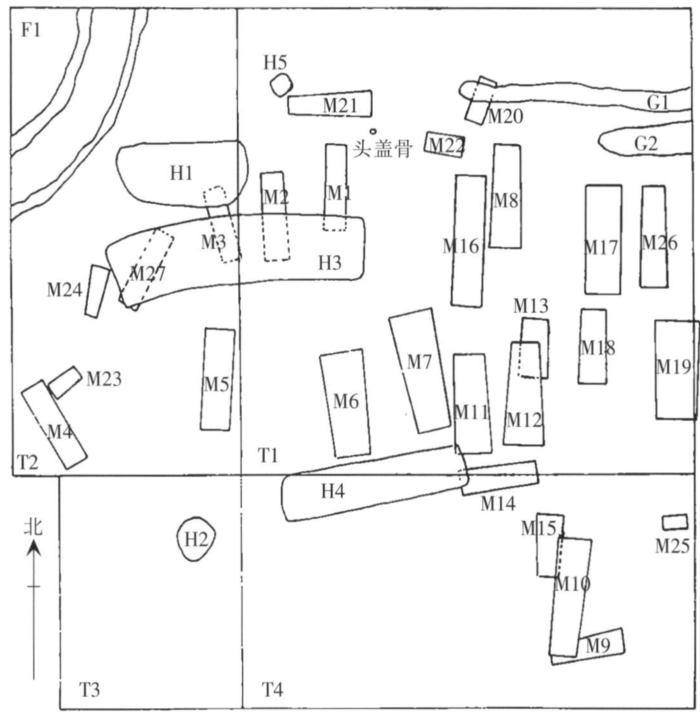

图四　发掘区遗迹分布图

M12→M13。墓地地势平坦，坑口基本处于同一水平高度，在形成墓地之前，地势南高北低，后经平整用作墓地，M17、M18、M26三墓之间原为低地，经平整后因土质疏松造成M17、M26南半部、M16北半部人骨架向下斜倾。墓口平面为长方形，略呈梯形，大部分墓坑口大底小。根据墓圹大小，大致将墓葬分为大、中、小三类：大墓长度均在2米以上，中型墓1.1~2米，小墓低于1.1米，根据上述分类可以发现，中、小型墓环绕于大墓外围分布（图四；附表一）。

人骨保存较好，葬式多仰身直肢，仅M15为二次葬，头向以南向为主，偏东或偏西，少量向东，北向墓仅见M27一例，一般一坑一人，仅M3墓主腹部另置一小孩头骨，而M20所葬小孩缺少头骨。在27具人骨架中，成年个体17具，未成年个体10具，而后者埋葬于前者周围。

墓葬随葬品多寡不一，多数小型墓无随葬器物，中型墓在6件以下，大型墓6~13件，随葬品多放置于人骨架两端，少数墓位于人骨两侧或压在骨架上。器物有陶、石、玉、骨四类，以陶器为主，陶器大多为明器，制作粗糙，火候低，器形小，但也存在一部分实用器，如大多数鼎有烟炱，许多鼎足残缺，部分豆的把残缺，有的豆盘经钻孔修补过，一些精美的陶器如M5的一件匜（缺一足）和M27的一件彩绘豆（豆把残）残损后仍然随葬，都说明墓主生前曾使用过它们。陶器主要分布于人骨两端，少数在人骨架两侧或人骨之上。玉器种类较少，见有璜、玦两种，有五座墓有玉璜，均置于颈部，M6出土的两件玉玦位于头骨两侧。石器数量也少，有锛、斧两种，以锛为主，石锛一般位于头下或腿侧，头下的石锛形体较小，石斧大多位于胸前。另外，三个墓头骨下出有骨笄。

M19　头向192度，墓长0.27米、宽0.84~1米、深0.7米。随葬品11件，陶器分置人骨架两侧，头骨下枕骨笄和小石锛，颈部有一件玉璜，左肩部有一件陶纺轮，另一件石锛放在双膝之间（图五）。

M5　头向180度，墓长2.18米、宽0.65米、深0.4米。随葬器13件，分置于人骨两端，头下枕有一件骨笄（图六）。

M14　头向99度，墓长1.72米、宽0.45~0.53米、深0.45米。随葬器物4件，颈部有一件玉璜，右手外侧有陶罐，陶鼎、豆位于足端（图七）。

M23　头向234度，墓长0.7米、宽0.3~0.35米、深0.34米。左腹部有一件石斧（图八）。

M20　头向201度，人骨架缺少头骨，墓长1米、宽0.4米、深0.3米。无随葬品（图九）。

M15　头向184度，墓长0.34米、宽0.45~0.6米、深0.45米，二次葬，人骨仅见头及主要肢骨，随葬陶器6件，分南、北两堆放置（图一〇）。

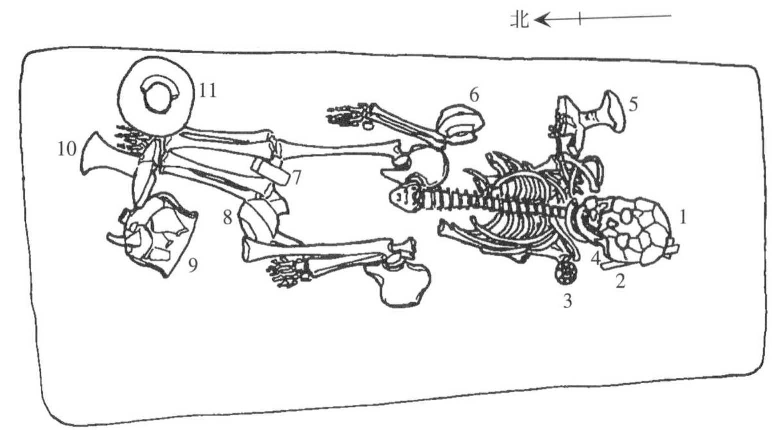

图五　M19平面图

1、7. 石锛　2. 骨笄　3. 陶纺轮　4. 玉璜　5、10. 陶豆　6、11. 陶罐　8. 陶盉　9. 陶鼎

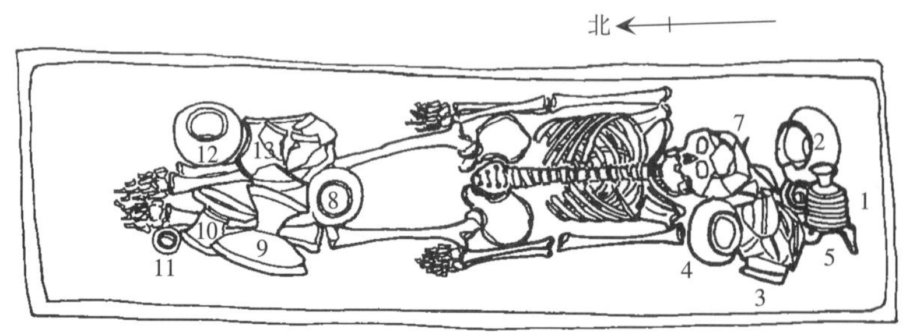

图六　M5平面图

1. 陶盉　2~4、6、8、11、12. 陶罐　5. 石纺轮　7. 骨笄　9、10. 陶豆　13. 陶鼎

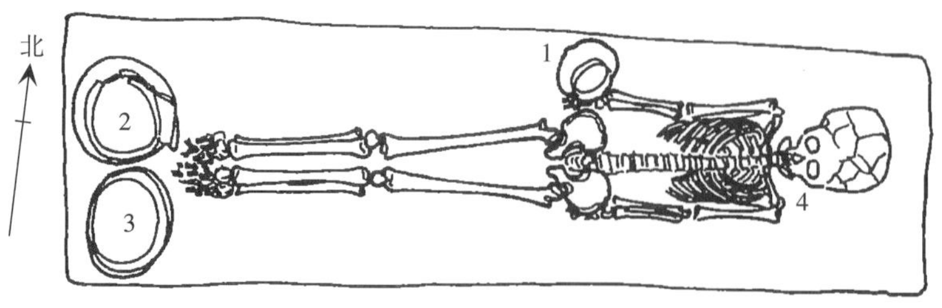

图七　M14平面图

1. 陶罐　2. 陶鼎　3. 陶豆　4. 玉璜

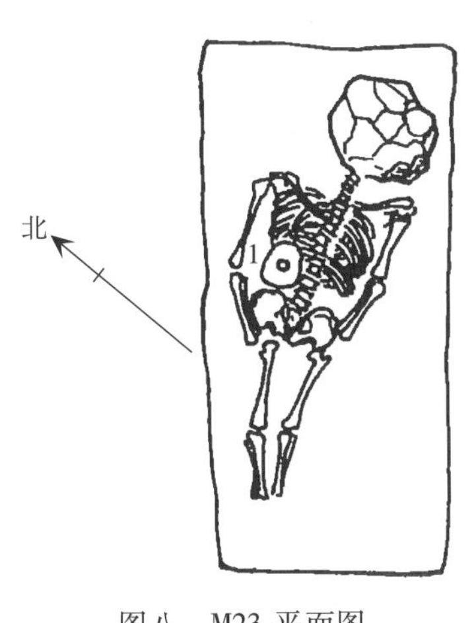

图八　M23 平面图

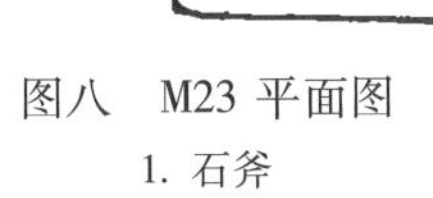

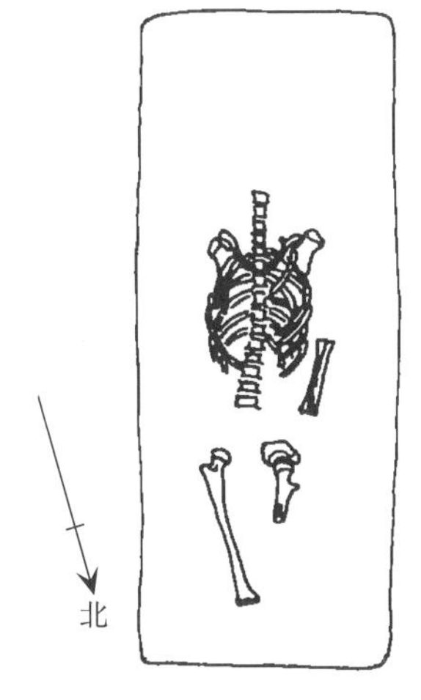

图九　M20 平面图

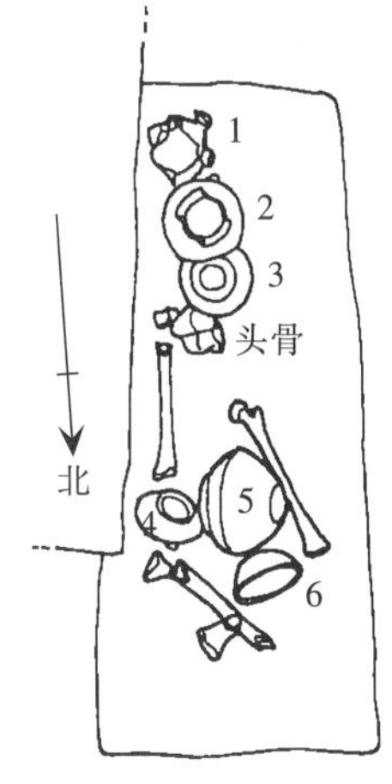

图一〇　M15 平面图

1、2. 鼎　3~5. 罐　6. 甑

（二）遗物

墓葬与地层出土遗物有一定区别，宜分开介绍。

1. 墓葬出土器物（图一四～二三）

种类有陶、石、玉、骨器四种，以陶器为主。

陶器大多为明器，器形小，制作粗糙，火候略低。陶系以泥质灰陶、泥质灰胎黑皮陶和夹砂褐陶为主，另有少量夹炭陶，个别为泥质红陶，泥质黑皮陶黑皮不易脱落。制法一般为手制轮修。纹饰较少，主要有镂孔、弦纹、附加堆纹、瓦棱纹、刻划纹等纹饰，弦纹主要饰于鼎和豆上，镂孔多圆形与三角形组合，主要出现在豆把上，瓦棱纹一般位于壶、罐腹部，刻划纹样不多，主要在罐腹及底部。彩绘仅见一件豆，为红彩，由平行带纹和几何纹样组成（图一一；图一二，1、2；图一三，3、5）。器物多折肩折腹，常附鸡冠耳和花瓣足、把手，器物组合主要有鼎、豆、罐、壶，另有少量盆、匜、甑、盉等器物，其中盉与甑比较有特点，在其他同时期遗存中少见。

鼎　24 件。夹砂褐陶，侈口束颈，鼓腹较深，下附三宽扁横足，主要有两类：一类为下垂腹，口较小，上腹部饰弦纹；另一类为大口球腹。

豆　31 件。以高把豆为主，少量矮圈足豆。泥质灰陶或泥质灰胎黑皮陶。盘口分直口微敛和勾敛口两种。高把豆豆把一般分两级，第一级多饰镂孔、刻划纹、瓦棱纹。

图一一　陶罐表面刻划纹（M10 : 3）

图一二　纹饰拓片

1. 豆把（M12∶7）　2. 陶纺轮（M19∶3）　3～5. T1②黑皮陶罐　6. T1④B 夹砂红陶澄滤器

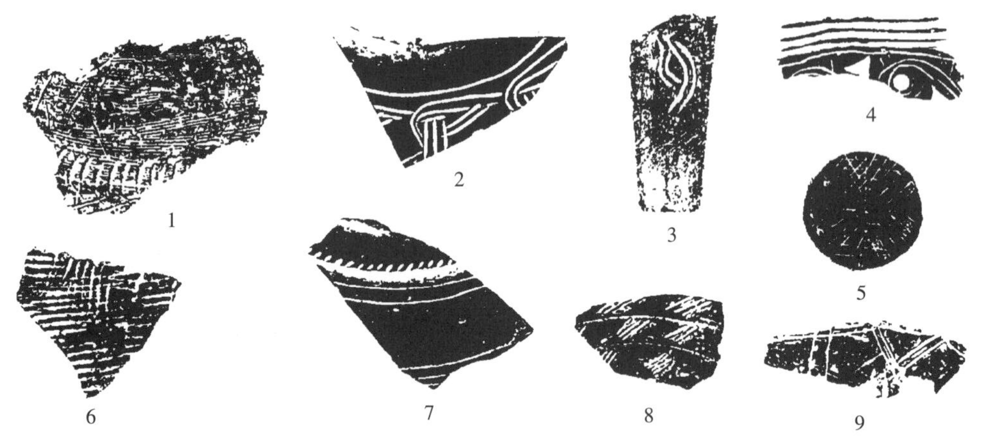

图一三　纹饰拓片

1. T1④B 夹炭红陶罐　2. T1②泥质黑皮陶罐　3. 鼎足（M17∶5）　4. T1②泥质黑皮陶壶　5. M26 罐底　6. T1④A 夹炭红陶澄滤器　7. T1②泥质灰陶罐　8. T2④B 夹炭红胎红衣陶罐　9. T1④A 夹炭红陶罐

罐　34 件。泥质灰陶，一部分器表施黑衣。侈口，折肩折腹，上腹一般较弧凸，下腹斜直内收，小平底，有的附矮圈足，折腹处常附一对较小的鸡冠耳。

壶　7 件。泥质灰胎黑皮陶。长颈，口微敛，弧肩折腹，小平底。

盉　5 件。泥质、夹砂均有。夹砂陶盉的形制同下垂腹鼎相似，唯口部起小平流，腹附上翘把手；泥质陶盉 2 件，喇叭状细长颈，折肩折腹，下附三足，腹附把手。

甑　4 件。夹砂褐陶。与鼎配合使用，出土时大多与鼎在一起。钵形，底有蒸孔。

匜　1 件。泥质灰胎黑皮陶。口微敛，体形矮胖。

盆　4 件。泥质灰胎黑皮陶。侈口折腹，小平底。

釜　2 件。夹砂褐陶。器腹造型与鼎腹相同。

纺轮　3 件。泥质褐胎黑皮陶。有台形和馒首形两种，其中一件刻有八角星形图案（图版一～一三）。

石锛　8 件。其中 7 件为长方形，体形扁薄，形体较小；1 件为长柱形，形体长，体形厚实。

石斧　3 件。2 件为舌形，四角圆钝，刃部弧度大，形体厚实，但制作粗糙；1 件为长方形，磨制精致，体形扁薄。

石纺轮　1件。体形扁薄，磨制精致。

石饰件　1件。个体小，利用穿孔石器改制而成（图版一四~一六）。

玉器数量少。玉璜　5件。大多泛青灰色，仅M19出土的一件呈鸡骨白色。形制多桥形，另有一件为半环形，一面磨出凹槽（图版一七、一八）。

骨器仅一种。骨笄　3件。利用动物肢骨或肋骨制成，一端扁薄，一端近尾处内束，便于握手。

2. 地层遗物

地层遗物多为陶器，少量石器，陶器因均为实用器皿，故器形大，火候高，质地硬，制作规整。属于崧泽文化时期的地层有第3、4层，两层陶器又有一些区别。

第4层陶器以泥质橙红陶和夹炭褐陶为主，泥质红陶器表施红衣。夹炭陶掺和蚌末、谷壳。均为手制，大多经慢轮修复。纹饰很少，主要有戳印纹、捺窝、镂孔、弦纹、篮纹等几种（图一二，6；图一三，1、6、8、9）。主要器形有鼎、豆、罐、盉、钵，另有少量釜、杯、牛鼻耳罐。鼎多折沿下垂腹，小口，下附扁横足或较厚实的鱼鳍形侧足；罐以高领为主，敞口广肩，鼓腹，肩部常戳印斜向草叶纹，一般为夹炭红褐陶，器表施红衣；豆盘多敞口折腹，豆把较高。石器多扁薄长方形石锛（图二四）。

第3层陶器以泥质灰陶和夹炭陶为主。大多经轮修，制作规整、精致。主要纹饰有刻划纹、镂孔、瓦棱纹等，少量夹炭陶器如澄滤器外表施红衣。主要器形有鼎、豆、罐、壶等，另有少量杯、澄滤器、盆、钵，器物多折肩折腹，一些罐、杯底部刻成花瓣足。鼎多见下垂腹宽横足鼎；豆多为敛口折腹豆盘、分级豆把；壶的颈部较长，折腹小平底；罐肩部常刻划几何形编织纹；澄滤器为敛口鼓腹，上腹部饰凹弦纹。石器仅见长方形扁薄石锛（图二五）。

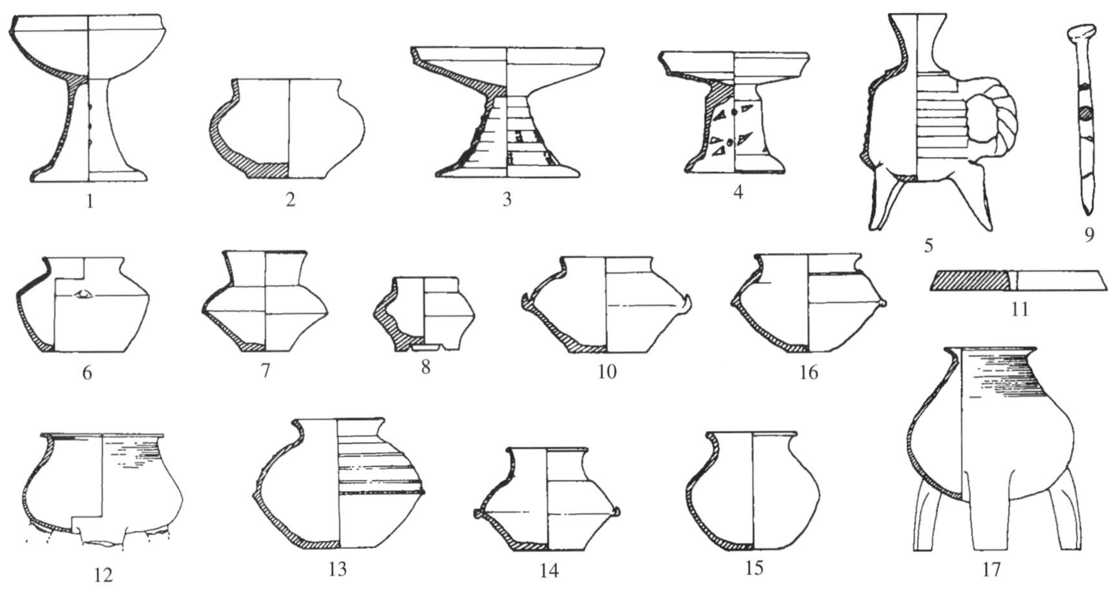

图一四　M1、M2、M5出土器物

1、3、4. 豆（M2:2、M5:9、M5:10）　2、6、8、10、13~16. 罐（M5:6、M2:3、M5:11、M5:12、M5:3、M5:8、M5:2、M5:4）　5. 盉（M5:1）　7. 壶（M2:1）　9. 骨笄（M5:7）　11. 石纺轮（M5:5）　12、17. 鼎（M5:13、M1:1）（1、2、4、7、10、13、14、16为泥质灰陶，3、5、6为泥质灰胎黑皮陶，8为泥质红陶，12、15、17为夹砂褐陶）

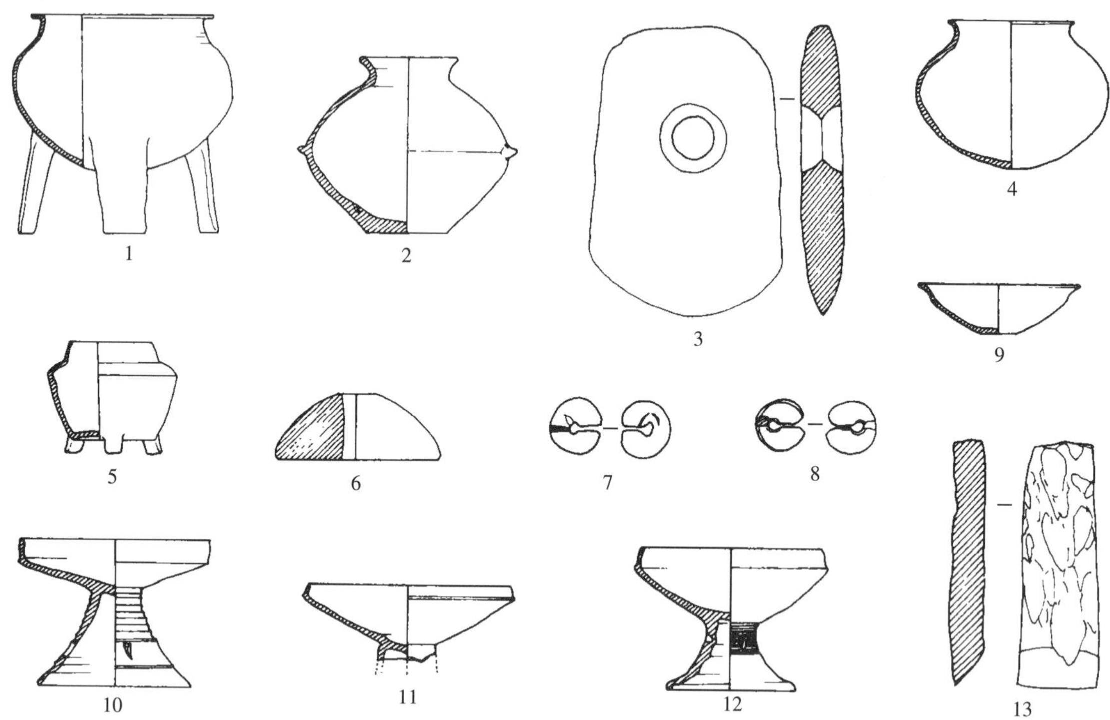

图一五　M6 出土器物

1. 鼎（M6:10）　2、5. 罐（M6:9、1）　3. 石斧（M6:3）　4. 釜（M6:7）　6. 陶纺轮（M6:12）　7、8. 玉玦（M6:2、13）　9. 盆（M6:6）　10~12. 豆（M6:5、4、8）　13. 石锛（M6:11）（1、4 为夹砂褐陶，2、5、9 为泥质灰陶，6 为泥质黑陶，10~12 为泥质灰胎黑皮陶）

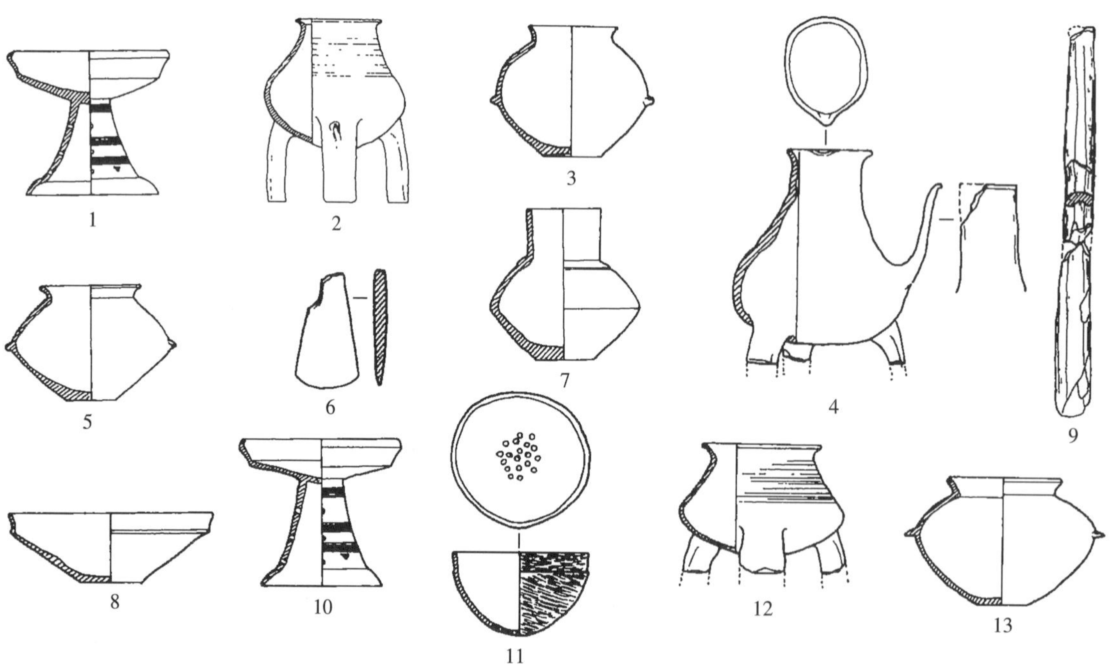

图一六　M7 出土器物

1、10. 豆（M7:4、9）　2、12. 鼎（M7:12、3）　3、5、13. 罐（M7:7、2、1）　4. 盉（M7:11）　6. 石饰件（M7:5）　7. 壶（M7:10）　8. 盆（M7:6）　9. 骨笄（M7:13）　11. 甑（M7:8）（1、3、5、7、10、13 为泥质灰陶，2、4、11、12 为夹砂褐陶，8 为泥质灰胎黑皮陶）

图一七　M8、M11 出土器物

1、5、10、12、13. 豆（M8：6、M8：3、M8：5、M11：1、M11：4）　2、7、9、11. 罐（M8：4、M11：5、M11：8、M8：2）　3. 盉（M11：9）　4. 玉璜（M11：3）　6. 15. 鼎（M8：1、M11：2）　8. 壶（M11：7）　14. 盆（M11：6）（1、7、10~12、14 为泥质灰陶，2、5、8、9、13 为泥质灰胎黑皮陶，3、6、15 为夹砂褐陶）

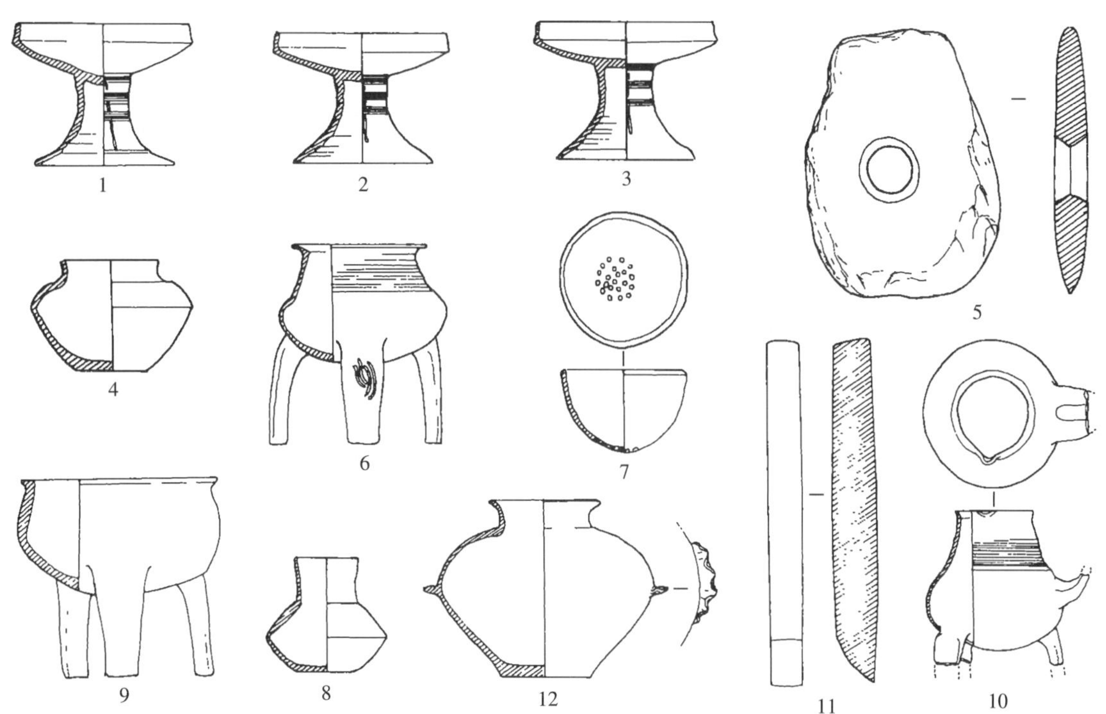

图一八　M9、M17、M23 出土器物

1~3. 豆（M17：6、4、1）　4、12. 罐（M17：7、3）　5. 石斧（M23：1）　6、9. 鼎（M17：5、M9：1）　7. 甑（M17：9）　8. 壶（M17：8）　10. 盉（M17：2）　11. 石锛（M17：10）（1~3、8 为泥质灰胎黑皮陶，4、12 为泥质灰陶，6、7、9、10 为夹砂褐陶）

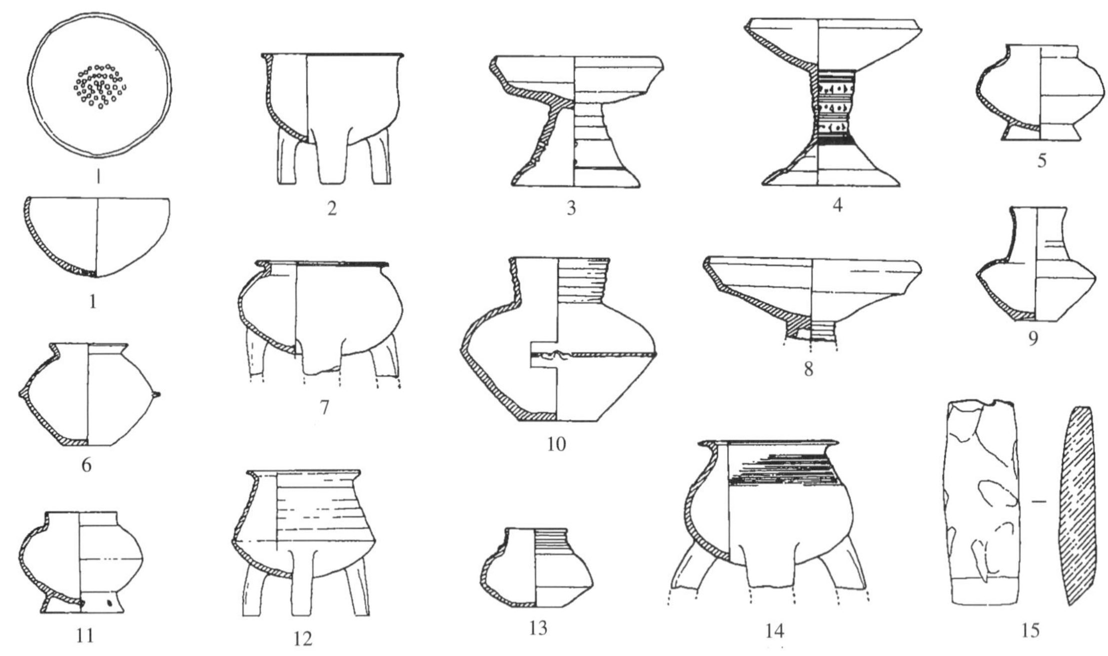

图一九 M12、M15、M21 出土器物

1. 甑（M15：6） 2、7、12、14. 鼎（M15：1、M21：2、M15：2、M12：2） 3、4、8. 豆（M12：6、M12：7、M21：1） 5、6、10、11. 罐（M15：3、M15：5、M12：5、M15：4） 9、13. 壶（M12：4、1） 15. 石锛（M12：3）（1 为夹砂红陶，2、7、12、14 为夹砂灰褐陶，3、4、6、10、13 为泥质灰陶，5、8、9、11 为泥质灰胎黑皮陶）

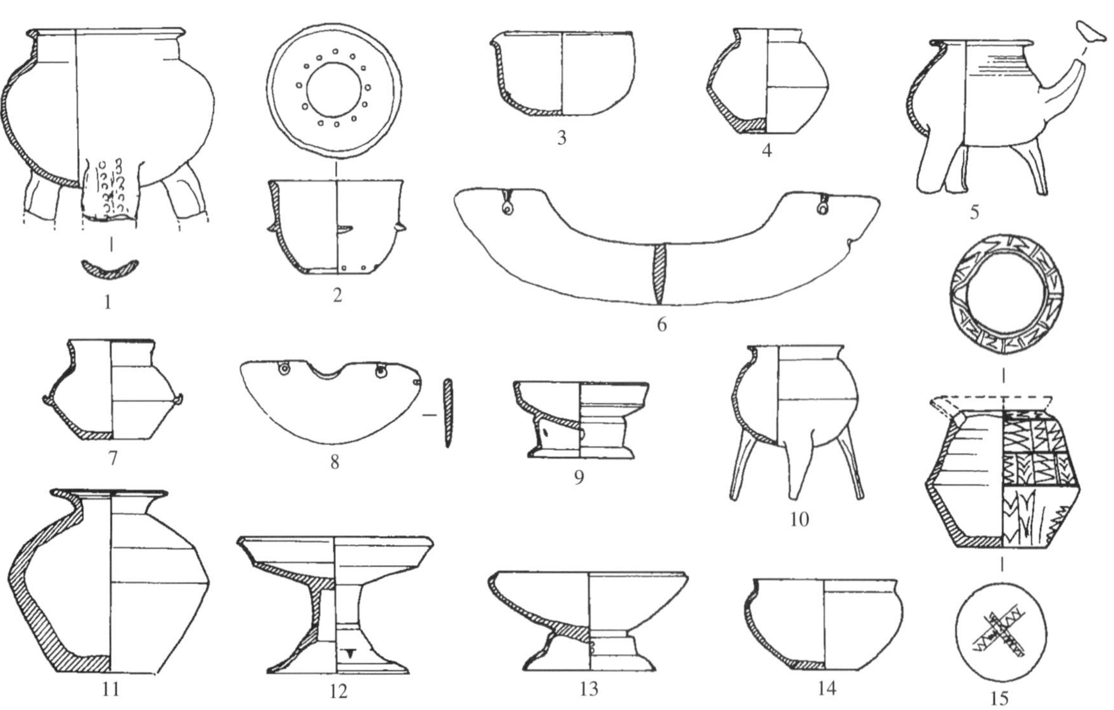

图二〇 M10、M14 出土器物

1、5、10. 鼎（M14：2、M10：8、M10：9） 2. 甑（M10：7） 3. 匜（M10：11） 4、7、11、15. 罐（M10：5、M14：1、M10：2、M10：3） 6、8. 玉璜（M10：4、M14：4） 9、12、13. 豆（M10：6、M14：3、M10：10） 14. 盆（M10：1）（1、5、10 为夹砂红褐陶，3、4、7、9、11、12、14 为泥质灰陶，13、15 为泥质灰胎黑皮陶，2 为夹砂灰胎红衣陶）

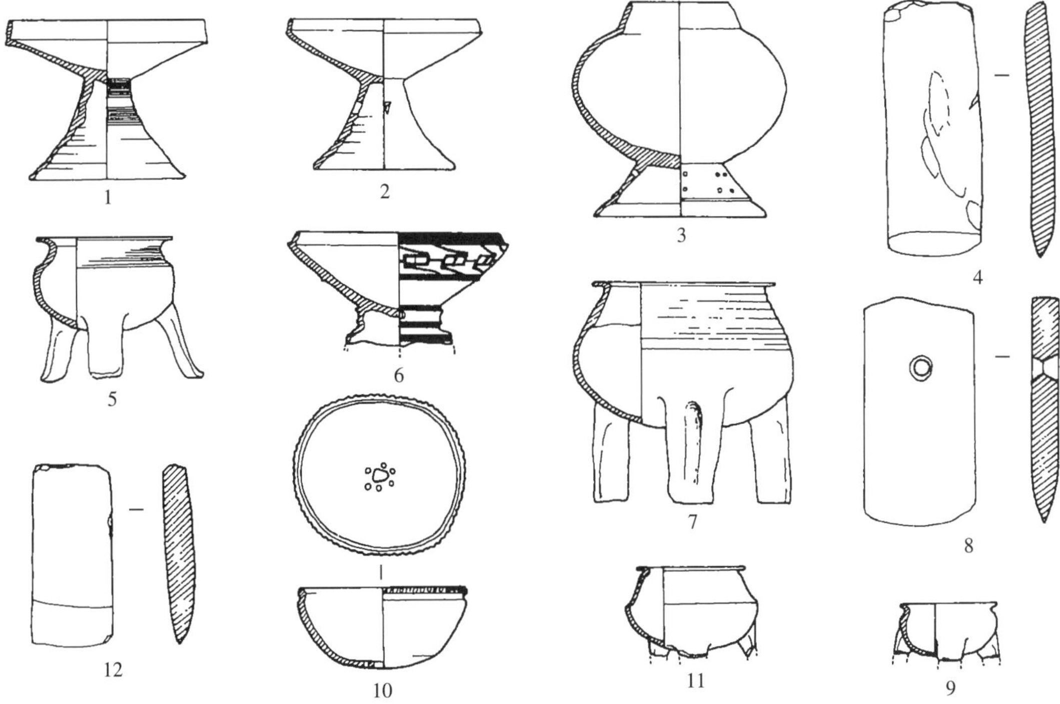

图二一 M16、M27出土器物

1~3、6. 豆（M16:9、M16:5、M16:6、M27:2） 4、12. 石锛（M16:4、2） 5、7、9、11. 鼎（M27:1、M16:7、M27:3、M16:1） 8. 石斧（M16:3） 10. 甑（M16:8）（1~3、6为泥质灰胎黑皮陶，5、7、9、11为夹砂灰褐陶，10为夹砂红褐陶）

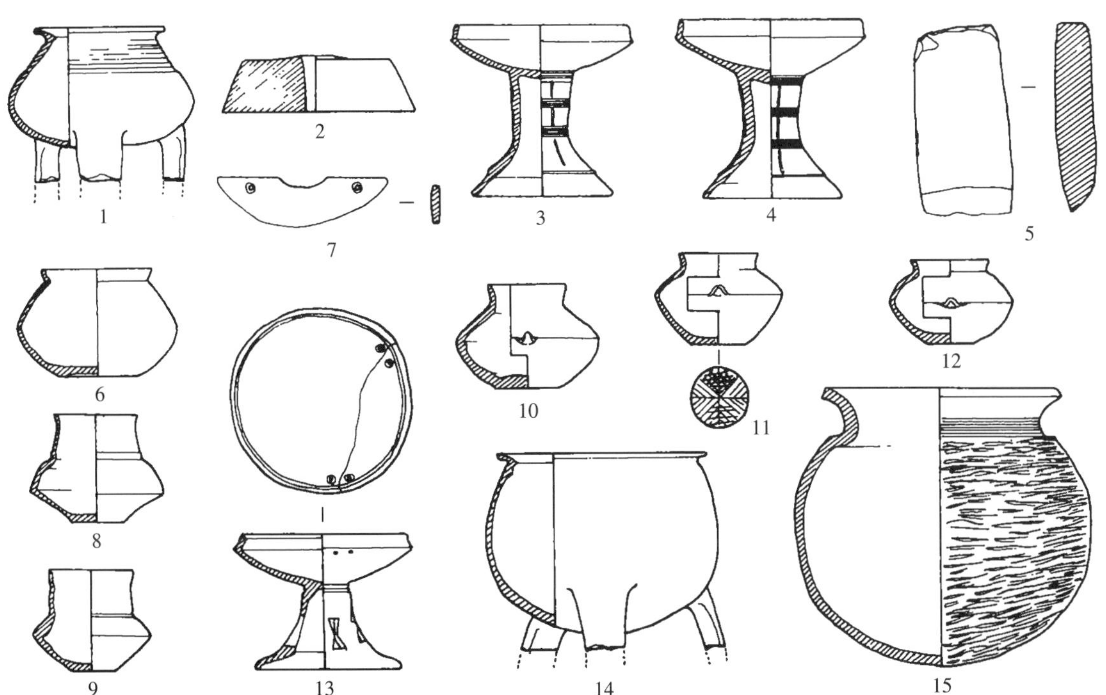

图二二 M18、M26出土器物

1、14. 鼎（M18:1、M26:9） 2. 陶纺轮（M18:4） 3、4、13. 豆（M26:1、M26:8、M18:5） 5. 石锛（M26:7） 6、10~12. 罐（M18:2、M26:3、M26:2、M26:6） 7. 玉璜（M18:3） 8、9. 壶（M26:4、5） 15. 釜（M26:10）（1、14、15为夹砂灰褐陶，6、9~12为泥质灰陶，3、4、8、13为泥质灰胎黑皮陶，2为泥质黑陶）

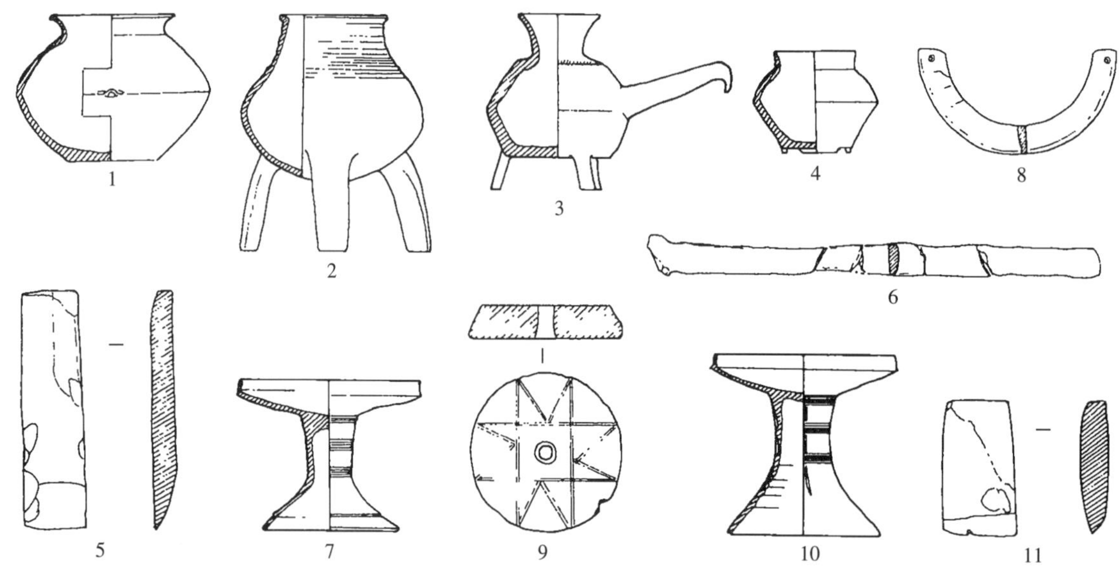

图二三　M19出土器物

1、4. 罐（M19∶11、6）　2. 鼎（M19∶9）　3. 盉（M19∶8）　5、11. 石锛（M19∶7、1）　6. 骨笄（M19∶2）　7、10. 豆（M19∶5、10）　8. 玉璜（M19∶4）　9. 陶纺轮（M19∶3）（1、10为泥质灰胎黑皮陶，7、9为泥质红褐胎黑皮陶，4为泥质灰陶，3为泥质红褐陶，2为夹砂灰褐陶）

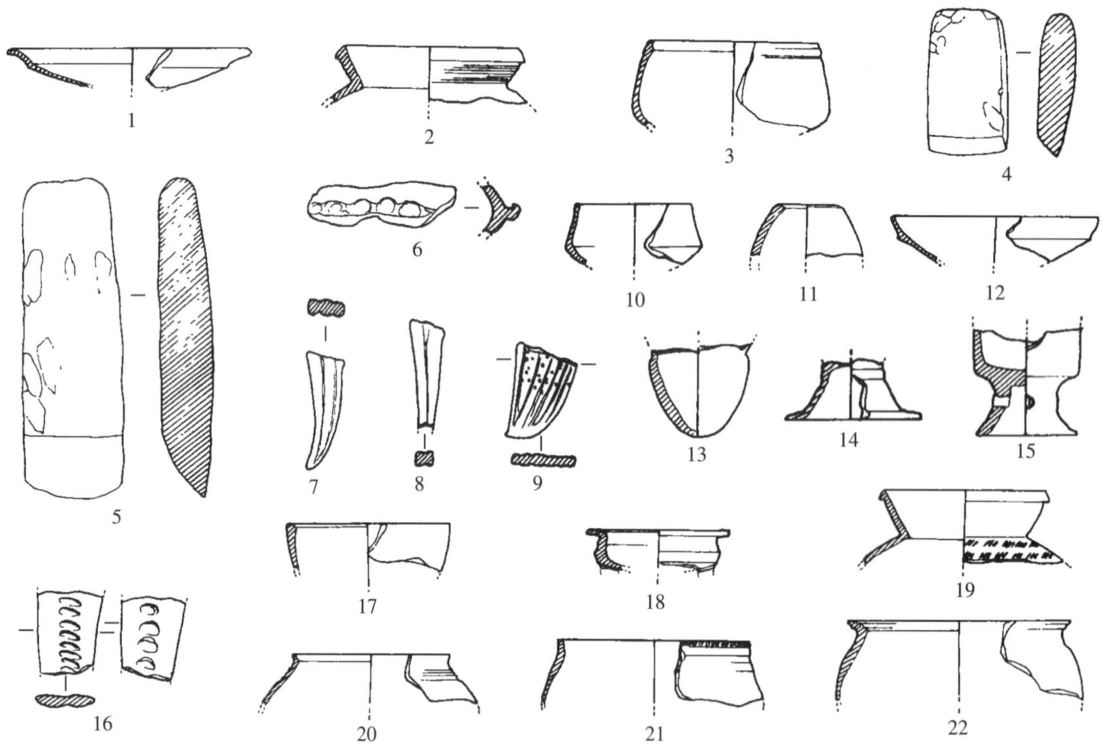

图二四　崧泽文化遗物

1、12、14. 豆（T1④B∶9、T1④A∶1、T2④A∶6）　2、19. 罐（T1④B∶7、T2④ B∶19）　3、10、17. 钵（T1④B∶8、T1④B∶13、T2④ A∶2）　4、5. 石锛（T1④A∶7、8）　6. 鋬手（T1④B∶16）　7～9、16. 鼎足（T1④B∶14、T1④B∶15、T1④B∶17）　11. 盉（T2④B∶20）　13. 釜（T2④B∶12）　15. 杯（T1④B∶11）　18、20～22. 鼎（T1④B∶18、T1④A∶4、T1④B∶10、T1④A∶5）（1、6、12为泥质灰胎黑皮陶，2、19为夹炭红胎红衣陶，3、10、14、17为泥质红胎红衣陶，7～9、11、16、18为夹炭红褐陶，13、15为夹砂红陶，20～22为夹砂褐陶）

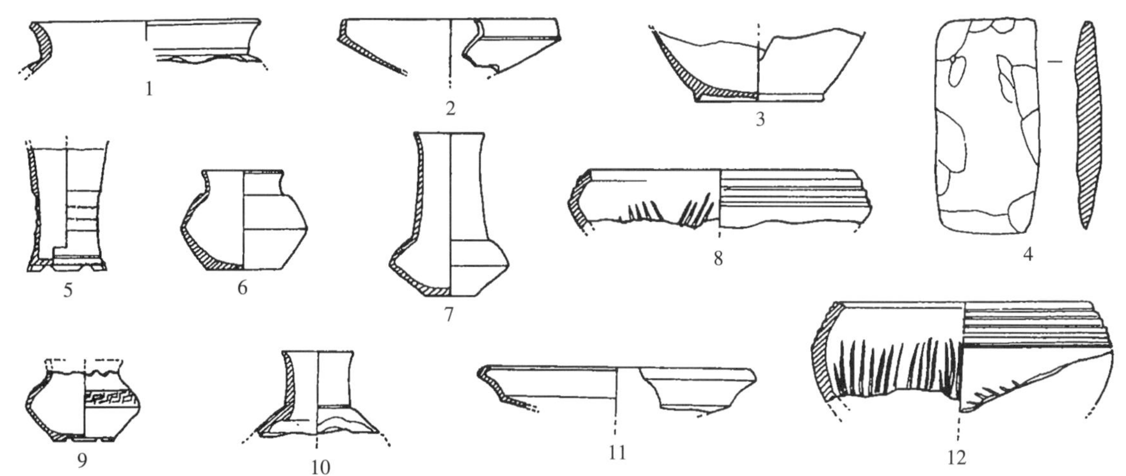

图二五 崧泽文化遗物

1、3、6、9. 罐（T1③:5、7、8、2） 2、11. 豆（T1③:8、9） 4. 石锛（T1③:5） 5. 杯（T1③:4） 7、10. 壶（T1③:9、T2③:1） 8、12. 澄滤器（T1③:3、6）（1、3、5、6、9 为泥质灰陶，2、7、10、11 为泥质灰胎黑皮陶，8、12 为夹炭红胎红衣陶）

四、良渚文化遗存

（一）遗迹

良渚文化遗迹与崧泽文化墓葬一样，均开口于第 2 层下。

1. 灰坑

4 个（H1～H4）。H1、H2 平面为椭圆形，H3、H4 为长方形，坑内陶片较少。H1 较长，圜底，坑壁有一层厚 2 厘米左右的红烧土层，烧结程度不高，呈橘黄色，坑底约有 10 厘米厚的草木灰堆积，并伴出鼎、罐、杯、盆残片。H3，口大底小，斜直壁、平底，坑中部填土中出有一件盆形鼎。

2. 灰沟

2 条（G1、G2）。位于 T1 东北角，东西向，平行向东延伸到 T1 外。长条形，圜底，沟内填土细腻疏松。

3. 房子

发现残房基 1 座（F1），位于 T2 西北角，因其西部为当地村民所建小庙，北部又为水泥晒场，故仅清理 F1 东南一角。房基是在原地面上堆筑黄土而成，由两条沟槽将 F1 围成圆形，内侧沟槽底部凹凸不平，推测为 F1 木骨泥墙基槽，外侧沟槽底部平坦，推测为 F1 屋檐排水沟，水沟外房基向外渐倾斜，以利散水，房基堆土延伸范围较广，以 T2 西北角出发，向南延伸约 6 米，向东延伸约 9 米，房基中心残存厚度约 45 厘米，房基下另有一层厚 5 厘米左右黄土堆积，遍布整个发掘区，F1 的生活堆积和废弃堆积已遭后期破坏，从围沟弧度推算，F1 室内面积接近 40 平方米。另外，考察横向空间关系，发现 H1 与 F1 关系密切，从 H1 壁面 2 厘米厚的红烧土烧结层、坑底灰烬堆积及出土的鼎、罐等器物残片分析，H1 很有可能是 F1 的炊煮之地，起厨房作用。

（二）遗物

表土层中也出有一些良渚文化遗物，为原土墩内遗物，与其下文化层和遗迹所出良渚文化遗物区别显著。

除表土层外，良渚文化遗物主要出自第2层、H1～H4、G1、G2及F1，这部分陶器以泥质灰白陶和夹炭褐陶为主，泥质陶表面多有黑皮，且易脱落，陶质较软，夹炭陶掺和谷壳和蚌末，质地较疏松。器物多手制，并经慢轮修整。纹饰较多，主要有镂孔、弦纹、附加堆纹、戳印纹、刻划纹等（图一二，3～5；图一三，2、4、7）。器物胎壁较厚，体形矮胖，盛行平底器、圈足器，主要器形有鼎、豆、罐、杯、盆。鼎以凿形足盆形鼎为主，上腹饰弦纹，足上常戳印或刻划各种花纹；豆多粗矮圈足，圈足上饰弧线三角和圆形组合镂孔，镂孔多半不穿透；罐多卷沿束颈，球腹平底；杯腹微鼓，近底处内束，底部常刻出花瓣足；盆为折沿折腹，上腹壁较直。石器较少，有斧、锛、刀等，磨制粗糙，体形较厚实（图二六；图二七，1～4、6～8、10～13）。

表土层出土的良渚文化陶器，以泥质黑陶和夹细砂褐陶为主，泥质黑皮陶黑皮不脱落。制法以轮制为主，器壁较薄，制作规整。器物多素面，表面磨光，主要纹饰有镂孔、竹节纹、戳印纹、划纹、弦纹。主要器类有鱼鳍足鼎、高领罐、竹节高把豆等，石器磨制精致，体形扁薄，仅见石刀（图二七，5、9、14～17）。

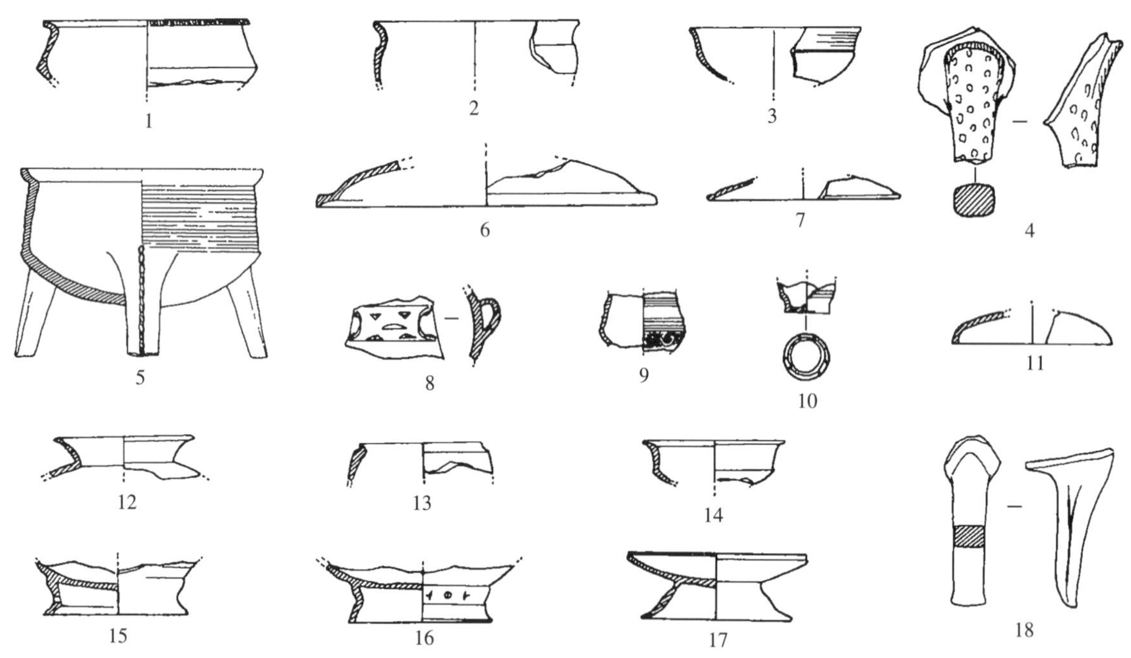

图二六　良渚文化遗物

1、5、14. 鼎（T1②:4、H3:1、H1:6）　2、3. 盆（H1:2、1）　4、8. 鼎足（T1②:1、9）　6、7、11. 器盖（T2②:2、H1:3、T1②:7）　8. 器身（T1②:3）　9. 壶（T1②:6）　10. 杯（H1:4）　12、13. 罐（T1②:8、H1:5）　15～17. 豆（T1②:10、T1②:5、T4②:2）（1、4～7、14、18为夹炭褐陶，2、11、13、17为泥质灰白陶，3、8～10、12、15、16为泥质灰胎黑皮陶）

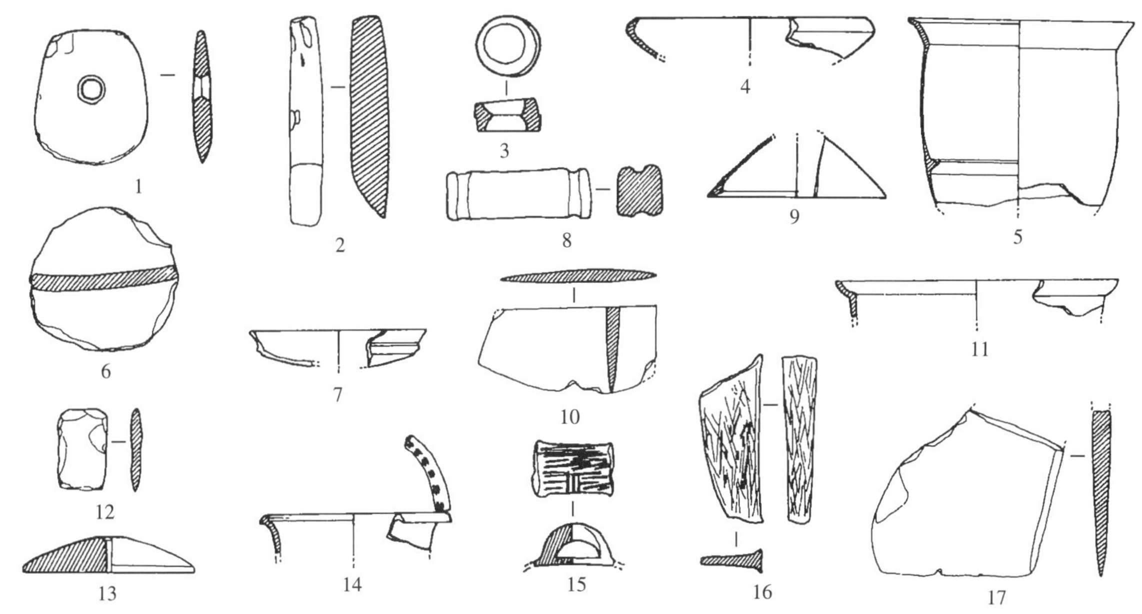

图二七　良渚文化遗物

1. 石斧（T2②:2）　2、12. 石锛（T1②:11、13）　3. 穿孔石心（G1:1）　4、7. 豆（T1②:16、14）　5. 甗（T1①:3）　6. 陶饼（T1②:11）　8. 陶网坠（H1:2）　9、15. 器盖（T1①:2、6）　10. 石刀（T1②:15）　11. 鼎（T2②:12）　13. 陶纺轮（H1:3）　14. 罐（T1①:5）　16. 鼎足（T1①:1）　17. 斜柄石刀（T4①:4）（4、6为泥质灰白陶，7为泥质灰胎黑皮陶，5、9、15、16为夹细砂褐陶，8、11为夹炭褐陶，13为泥质黑陶，14为泥质红陶）

五、结语

（一）时代

通过发掘和整理可知，绰墩遗址新石器时代文化堆积，延续时间长，包含了马家浜文化、崧泽文化和良渚文化三个阶段的遗存。

关于马家浜文化遗存，包含第5、6层出土遗物，陶器以泥质红胎红衣陶和夹砂红陶为主，多手制陶，制作粗糙，纹饰很少，器形有腰檐釜、牛鼻耳罐、炉条等，器物大多附鋬手，这些特征均与其他马家浜文化遗址相同，所以绰墩第5、6层应属马家浜文化遗存，但因缺乏较完整的器形，具体的时代较难确定，根据一些陶器的特征，其所属马家浜文化时代不会太晚，如罐底、腰檐釜腹等所显示器物形体较肥胖，钵、盆等器腹较深，另外未发现鼎，这些都是马家浜文化相对较早的特征与现象，而处于马家浜文化晚期的如草鞋山遗址和圩墩遗址，釜的腹壁较直，体形瘦长，也较瘦[②]。

关于崧泽文化遗存，可以划分为早晚相对的两个阶段，早的以第4层为代表，晚的以27个墓葬和第3层为代表。第4层出土的高领罐、釜、厚胎杯、扁三角鱼鳍形鼎足等，与马家浜文化晚期遗址如崧泽下层[③]、圩墩中层的同类器相似，而折沿下垂腹鼎、敞口折腹豆等则与属于崧泽文化早期的崧泽中层一期墓葬、福泉山早期遗存同类器相近[④]，以陶系看，存在一定数量的红衣陶，都证明第4层的年代处于马家浜文化向崧泽文化过渡时期。绰墩27座墓葬和第3层属于马家浜文化的器类已基本绝迹，作为主要组合的束颈下垂腹鼎、敛口高把分级豆、折肩折腹罐、长颈折腹平底壶与崧泽文化早期阶段的崧泽中层一期墓葬、福泉山82T6M1、M2同类器相同或相近，另一方面，其束颈下垂腹鼎、敛口高把豆的形制与第4层同类器相近，且器物作风上存在一些马家浜文化因素：少量器物如甑表面施红衣，大量器物普遍存在鸡冠耳、鋬手，鼎、盉的带把作风等。根据上述诸多因素分析，我们认为绰墩27个墓及第3层的时代为崧泽文化早期偏晚阶段。

关于良渚文化遗存，也可分成早晚相对的两个阶段，早的以第2层、G1、G2、H2～H4为代表，晚的以表土层中出土的良渚文化遗物为代表。以第2层等为代表的早期遗存，陶质以泥质灰胎黑皮陶和夹炭褐陶为主，凿形足盆形鼎、粗矮圈足豆、卷沿鼓腹罐等与良渚文化早期的赵陵山⑤、龙南⑥、张陵山⑦诸遗址同类器物相同或相近，因此，第2层等为代表的遗存时代属良渚文化早期。

表土层出的良渚文化遗物，陶器以泥质黑陶和夹细砂褐陶为主，“丁”字形鼎、夹细砂薄胎甗、戳印纹高领罐与福泉山⑧、雀幕桥⑨、草鞋山、马桥⑩等遗址典型良渚文化同类器相似，说明第1层出土的良渚文化遗物已处于良渚文化中晚期。

（二）关于崧泽文化墓地

比较集中发现的崧泽文化墓葬经发表的以青浦崧泽、吴县草鞋山、张家港徐家湾⑪三处为代表，绰墩墓地的发掘对研究崧泽文化葬俗、分期及社会结构，具有十分显著的意义。

墓地墓葬分布密集，墓葬平面为略呈梯形的长方形，葬式为仰身直肢葬，一般一人一墓，头向以南为主。随葬品大都集中分布于人骨两端或两侧，石斧位于腹部，玉璜置于颈部。随葬品以陶器为主，陶器主要组合为鼎豆罐壶，上述这些特征同其他崧泽文化墓地相同。绰墩墓还有一些自己的特点，如墓地排列规律明显，中心大墓周围以小型墓葬，且小型墓都为无随葬品的小孩墓。随葬品中的陶器以明器为主，器类中盆、杯较少，甑、盉两种器物比较引人注目。这些特点为其他崧泽文化墓地所不见或少见，丰富了我们对崧泽文化墓地的认识。

绰墩崧泽墓地，墓葬开口于同一层位，且相互打破现象少，同时，随葬品特点、风格相近，说明墓葬基本属同一时代，这为崧泽文化的分期提供了一批同时期较集中的资料。以往发现的一些崧泽墓地，虽然有较多打破关系或多层叠压关系，由于当时的局限未免有许多不尽如人意的地方，绰墩发现了一批同一时期墓葬，可以纠正或弥补以往工作的一些不足之处。同时，由于墓葬时代一致，排列有序，这为复原一个墓区提供了可能。因为大家知道，崧泽文化墓地分区而设的，同上述分期问题一样，出于同样的原因，其他崧泽墓地很难了解清楚一个墓地的规律，绰墩墓地只要在以后工作中将这一墓地完整揭露，就能将一个墓地的基本情况弄清，这对崧泽文化墓葬研究至关重要。根据人骨鉴定情况，如男女性别及比例、一些个体的拔牙习俗、骨骼细部特征等，对当时人口比例、社会结构、饮食生活状况等问题会有一个较全面的了解。

总之，绰墩崧泽文化墓地对于崧泽文化的研究十分重要，绰墩遗址面积巨大，近40万平方米，如果在以后的工作中能将同时期的村落揭示出来，将两者结合起来分析，那将使本地区史前聚落研究推向深入。

领队：丁金龙　张照根
发掘与整理：丁金龙　王金春　王学雷　浦　强　程振旅
毛卫敏　奚彩萍　徐耀明　张照根　骆瑞阳
执笔：张照根　浦　强　徐耀明　毛卫敏
拓片：王学雷
摄影：丁金龙　徐耀明
绘图：张照根　王学雷

注释

① 南京博物院、昆山县文化馆:《江苏昆山绰墩遗址的调查与发掘》,《文物》1984 年第 2 期。

② 南京博物院:《江苏吴县草鞋山遗址》,《文物资料丛刊》(3),文物出版社,1980 年。吴苏:《圩墩新石器时代遗址发掘简报》,《考古》1978 年第 4 期。

③ 上海市文物保管委员会:《崧泽——新石器时代遗址发掘报告》,文物出版社,1987 年。

④ 张明华:《青浦福泉山遗址崧泽文化遗存》,《考古学报》1990 年第 3 期。

⑤ 江苏省赵陵山考古队:《江苏昆山赵陵山遗址第一、二次发掘简报》,《东方文明之光——良渚文化发现 60 周年纪念文集》,海南国际新闻出版中心,1996 年。

⑥ 苏州博物馆、吴江县文管会:《江苏吴江龙南新石器时代遗址第一、二次发掘简报》,《文物》1990 年第 7 期。

⑦ 吴山:《江苏吴县张陵山遗址发掘简报》,《文物资料丛刊》(6),文物出版社,1982 年。

⑧ 上海市文物管理委员会:《上海福泉山良渚文化墓葬》,《文物》1984 年第 2 期。

⑨ 嘉兴市文化局:《浙江嘉兴市雀幕桥遗址试掘简报》,《考古》1986 年第 7 期。

⑩ 上海市文物管理委员会:《上海马桥遗址第一、二次发掘》,《考古学报》1987 年第 1 期。

⑪ 苏州博物馆、张家港市文物管理委员会:《江苏张家港徐家湾新石器时代遗址》,《考古学报》1995 年第 3 期。

附表一　　绰墩遗址崧泽文化墓葬登记表

墓号	方向（度）	墓坑长×宽－深（厘米）	随葬器物	备注
M1	175	190×（47~50）－45	鼎1	被H3打破，人骨仰身直肢，一鼎置于足端
M2	176	180×50－45	豆1，壶1，罐1	被H3打破，人骨仰身直肢，但胸部向西侧卧，壶在左肩部，豆与罐位于足端
M3	166	125（残）×46－45		同时被H1、H3打破，仰身直肢葬，头与躯干分离，腹部置一幼儿头骨
M4	149	165×56－15		人骨残存头及部分小腿骨
M5	180	218×65－40	鼎1，豆2，罐7，盉1，石纺轮1，骨笄1	仰身直肢葬，陶器分置于小腿上部和头骨外侧，骨笄压在头下，墓坑上宽下窄
M6	167	220×（76~94）－50	豆3，鼎1，釜1，盆1，罐2，纺轮1，石斧1，石锛1，玉玦2	装坑平面呈梯形，仰身直肢葬，玉玦位于头骨两侧，石斧置于盆骨下侧，陶纺轮在两膝之间，三足罐在头左侧，其余陶器位于足端，石锛在小腿左侧
M7	167	260×（79~102）－55	罐3，鼎2，豆2，盆1，甑1，盉1，壶1，石饰件1，骨笄1	墓坑平面呈梯形，口大底小，仰身直肢葬，陶器分置人骨两端，石饰件放在左腹
M8	181	220×（57~75）－20	鼎1，罐2，豆3	墓口呈梯形，人骨仰身直肢，器物分置人骨两端
M9	84	145×（39~50）－30	鼎1	被M10打破，仰身直肢葬，一鼎位于右肩处
M10	186	250×（58~70）－65	罐3，鼎2，匜1，豆2，盆1，甑1，玉璜1	墓口呈梯形，墓圹口大底小，人骨仰身直肢，玉璜位于颈部，陶器分置于人骨两端
M11	179	213×（70~76）－63	豆2，鼎1，盉1，盆1，罐2，壶1，玉璜1	被H4打破，墓口呈梯形，墓圹口大底小，人骨仰身直肢，玉璜位于颈部，陶器分置于人骨两端
M12	173	223×（68~90）－50	罐2，豆2，鼎1，壶1，石锛1	墓口呈梯形，墓圹口大底小，人骨仰身直肢，石锛位于双膝之间，陶器分置于人骨两侧
M13	183	125×（53~60）－55		被M12打破，墓口呈梯形，墓圹口大底小，人骨仰身直肢
M14	99	172×（45~53）－45	罐1，鼎1，豆1，玉璜1	被H4打破，墓口呈梯形，人骨仰身直肢，玉璜位于颈部，罐在右手处，鼎、豆在足端
M15	184	134×（45~60）－45	鼎2，罐3，甑1	被M10打破，墓口平面呈梯形，为二次葬，人骨仅见头骨及部分肢骨，陶器分置于南北两端
M16	182	280×65－55	鼎2，豆3，甑1，石斧1，石锛2	仰身直肢葬，两侧有石锛，一件位于右足外侧，一件枕于头下，石斧置于左腹部，头端一鼎，其余陶器位于脚端
M17	180	233×（83~76）－（70~90）	豆3，鼎2，盉1，罐2，壶1，石锛1	墓口略呈束腰形，仰身直肢葬，人骨从盆骨以上向南渐倾斜，随葬品集中于足端

续附表一

墓号	方向（度）	墓坑长×宽－深（厘米）	随葬器物	备注
M18	181	105×（57~60）－80	罐1，鼎1，豆1，纺轮1，玉璜1	墓口呈梯形，人骨仰身直肢，玉璜放在颈部，其余器物分置两端
M19	192	207×（84~100）－70	鼎1，盉1，豆2，罐2，纺轮1，骨笄1，石锛2，玉璜1	墓口略呈梯形，人骨仰身直肢，随葬品分置人骨两侧
M20	201	100×40－30		人骨仰身直肢，缺少头骨，被G1打破
M21	91	135×（40~55）－40	鼎1，豆1	墓口呈梯形，人骨仰身直肢，随葬品置于右腹部，墓坑外东南方有一小孩头顶骨
M22	100	80×40－40		人骨保存较差，仰身直肢
M23	234	70×（30~35）－34	石斧1	墓口略呈梯形，人骨仰身直肢，右腹部置一石斧
M24	13	110×（30~40）－35		墓口略呈梯形，人骨仰身直肢
M25	85	55×30－35		人骨腐朽严重，仰身直肢葬
M26	180	215×（50~60）－（33~58）	鼎1，釜1，豆2，罐3，壶2，石锛1	墓口呈梯形，人骨仰身直肢，上半身向下倾斜，器物分置于人骨架两端
M27	29	180×（42~46）－35	鼎2，豆1	墓口呈梯形，人骨仰身直肢，器物置于腹部

说明：随葬器物中未注质地者均为陶器。

（原载《东南文化》2000年第1期）

江苏昆山绰墩遗址第二次发掘报告

苏州博物馆　昆山市文物管理所

一、前言

绰墩遗址在江苏省昆山市正仪镇北约2千米处，位于阳澄湖与傀儡湖之间的狭长地带。经考古调查，遗址范围北至高尔夫球场，东至傀儡湖，西至阳澄湖，南至行头港，总面积达40万平方米左右（图一）。其中心在绰墩村东浜，原为一南北长20米、东西长30米、高约6米的土墩。20世纪80年代初，当地砖厂取土，逐渐把土墩夷为平地。土墩内曾出土良渚文化玉琮、石钺等文物18件。

1982年7月30日至8月7日，南京博物院首次进行发掘，面积111平方米，发现良渚文化墓葬1座，并初步搞清了遗址的地层堆积与文化内涵①。

1998年11月7日至12月18日和1999年11月8日至12月24日，苏州博物馆与昆山市文物管理所合作，配合当地基本建设，对遗址进行第一、二次抢救性发掘。第一次抢救性发掘，面积220平方米，发现房址1座、墓葬27座、灰坑5个②。第二次抢救性发掘布10米×10米探方3个，扩方20平方米，合计面积320平方米，发现房址3座、灰坑6个、墓葬20座（图二）。现将第二次抢救性发掘情况简报如下。

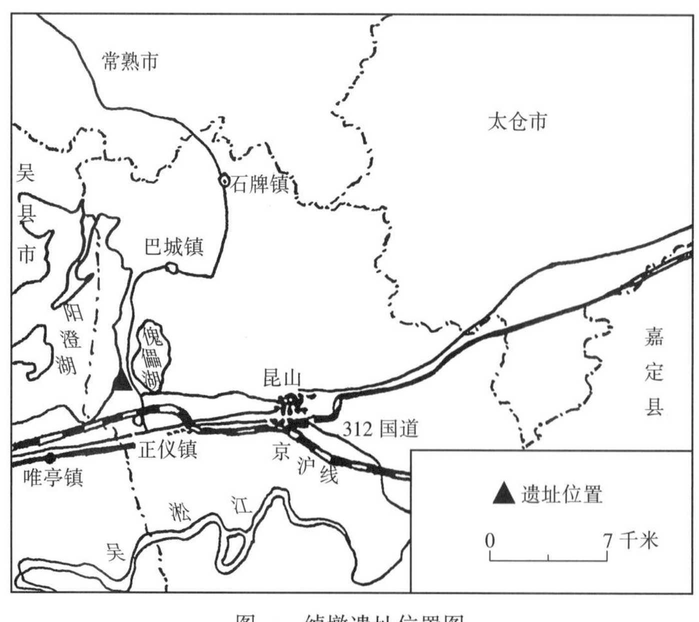

图一　绰墩遗址位置图

二、地层堆积

发掘区原土墩平掉后为旱地，地表海拔 2 米左右，略高出周围水田。地层深度以地表海拔 2 米高程为基准。

现以 T5 东壁剖面为例说明如下（图三）。

第 1 层，地表层，黄灰色，土质较松。厚 0.04～0.19 米。

第 2 层，分两小层。

第 2A 层，灰黄色土，质地紧密。厚 0.05～0.75 米、深 0.15～0.20 米。包含物以泥质灰陶为主，夹砂陶次之。可辨器类为罐、豆、甗、鼎、缸、瓮等。此层为良渚文化层。

第 2B 层，此层仅分布在 T6 西北部。黑灰色土，质地细结。厚 0.05～0.75 米、深 0.2 米。包含物以泥质灰陶为主，次为夹砂陶。主要器形同第 2A 层。此层为良渚文化层。

第 3 层，黄灰色土，质地较硬，底部有铁锰结核硬面。厚 0.1～0.3 米、深 0.3～0.5 米。包含物以泥质灰陶为主，夹砂褐陶次之。纹饰多见弦纹、附加堆纹和少量篮纹。可辨器类有鼎、豆、罐等。此层为崧泽文化层。

第 4 层，分两小层。

第 4A 层，灰黄色土，局部含黄土块，土质紧密。厚 0.05～0.4 米、深 0.35～0.6 米。出土陶片较少，以泥质灰陶和灰黑陶为主，另有夹砂红褐陶。主要器形有浅盘豆、扁铲形鼎足、卷沿弧肩折腹罐等。此层为崧泽文化层。

第 4B 层，黄灰色土，夹草木灰、黄土块。厚 0.1～0.5 米、深 0.65～0.8 米。内含陶片较多，以夹砂红陶为主，次为泥质灰陶。主要器类有罐形宽铲足鼎、浅盘形豆和折腹罐等。此层为崧泽文化层。

此层下压 F4，分两小层：F4（1）黄色土，土质板结较硬，厚 0.1～0.3 米，无包含物；F4（2）黄灰色土，土质细结，厚 0.05～0.15 米，无包含物。

第 5 层，灰黑色土，土质疏松。厚 0.2～0.35 米、深 1.10～1.15 米。内含大量陶片，以泥质红陶为主，次为夹砂褐陶。出土器类以腰檐釜为主，次为罐及豆，另有炉条等。此层为马家浜文化层。

第 6 层，黄灰土，土质紧密。厚 0.2～0.3 米、深 1.35～1.45 米。内含陶片同第 5 层，但数量较少。此层下压 H10。

第 6 层以下为黄色生土。

三、房址

此次发掘比较重要的收获是发现房址 3 座，其中二座房址（F2、F3）保存基本完整（彩版一，1），一座房址因发掘条件限制而没有全部揭露。

F2　开口在第 1 层下，距地表深 0.25～0.38 米。堆积分两层：F2（1）灰黑色土，土质较疏松，为使用堆积层，厚 0.1～0.45 米，出土黑皮陶豆、圈足盘、灰陶盆等；F2（2）黄灰土，土质紧密，厚 0.1～0.4 米，无包含物，为建筑堆积层。F2 平面呈长方形，为平地起筑的地面建筑，由北面两条基

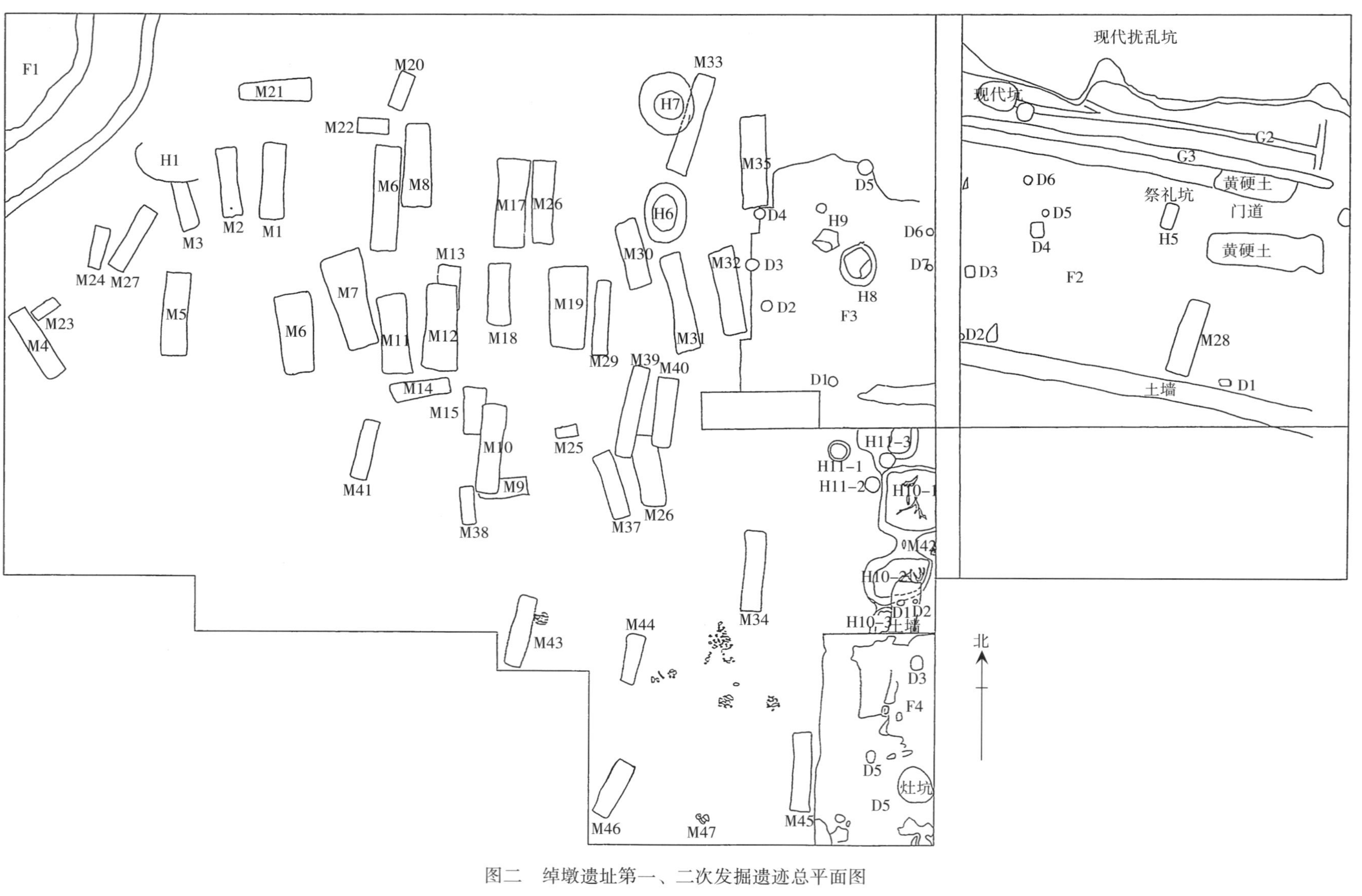

图二 绰墩遗址第一、二次发掘遗迹总平面图

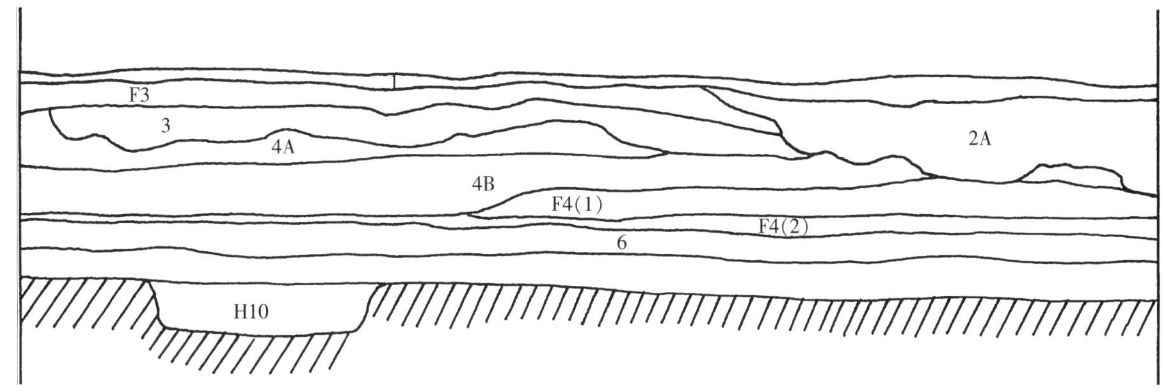

图三 T5 东壁剖面图

槽，南面土墙，东北面门道及柱坑构成（图四）。从基槽、土墙的长度，基槽与土墙之间的距离得知：F2 面阔 10 米左右，进深 6.5 米左右。具体结构如下。

1. 墙

墙为土墙，分设南、北两处。南墙残长 9.4 米、宽 0.5 米、残高 0.2 米左右。北墙仅剩两条平行的基槽，分别编号 G3、G4。G4 在 G3 北侧，两者之间相隔 0.5 米左右，为黄硬土面。其中 G3 东部被后期打断，西端进入邻方后也被后期地层打断，残长 11.25 米、宽 0.25~0.35 米、深 0.10~0.15 米。G4 东、西两端分别被后期地层打断，残长 8 米、宽 0.15~0.25 米、深 0.1~0.15 米。

2. 门道

门道在东北角两块硬黄土之间，长 2.5 米、宽 0.8~1 米，方向东偏南 10 度。路面为黄灰色土，较硬。

3. 柱洞（坑）

柱洞一共发现 7 个（D1~D7）。

D1 位于 F2 东南角南墙北侧。抹角长方形。长 0.3 米、宽 0.2 米、深 0.07 米。坑壁垂直，平底。填土黑灰色，底部填有陶片数块。

D2 位于 F2 西南部南墙北侧。圆形。直径 0.15 米、深 0.14 米。底略下凹。填土黑灰色。

D3 位于 F2 西南部。抹角长方形。长 0.4 米、宽 0.2 米、深 0.21 米。坑壁垂直，填土黑灰色，圜底。

D4 位于 F2 西部。长方形。长 0.4 米、宽 0.3 米、深 0.15 米。坑壁垂直，平底，灰黑色填土。

D5 位于 F2 西部。D4 北侧。圆形。平底直径 0.15 米、深 0.07 米。

D6 位于 F2 西部。圆形。直径 0.2 米、深 0.13 米。灰黑色填土，平底。

D7 位于 F2 东北部，门道南侧。椭圆形。平底长 0.25 米、宽 0.2 米、深 0.15 米。填土灰黄色土。

4. 祭祀坑（H5）

在室内靠门道旁有一长方形坑，长 0.6 米、宽 0.25 米。坑内埋有一完整动物骨架，似狗类动物。该动物可能与建房祭祀有关。

F3 开口在第 1 层下，平面为圆形，分别由柱洞 D1~D8，灰坑 H8、H9 构成。室外另有相关的灰坑 H6、H7（图五）。其平面布局为：门道在东侧即位于 D6、D7 之间，门宽 0.75 米，黄土面，较平整。四周环列七个柱洞，在房址中心偏北处另有一个柱洞，柱洞直径 0.15~0.4 米，柱洞之间距离 1.2~3 米不等。房址中心有一不规则坑（H9）（图六），口径 0.55~0.6 米、底径 0.4~0.45 米、深 0.3 米，

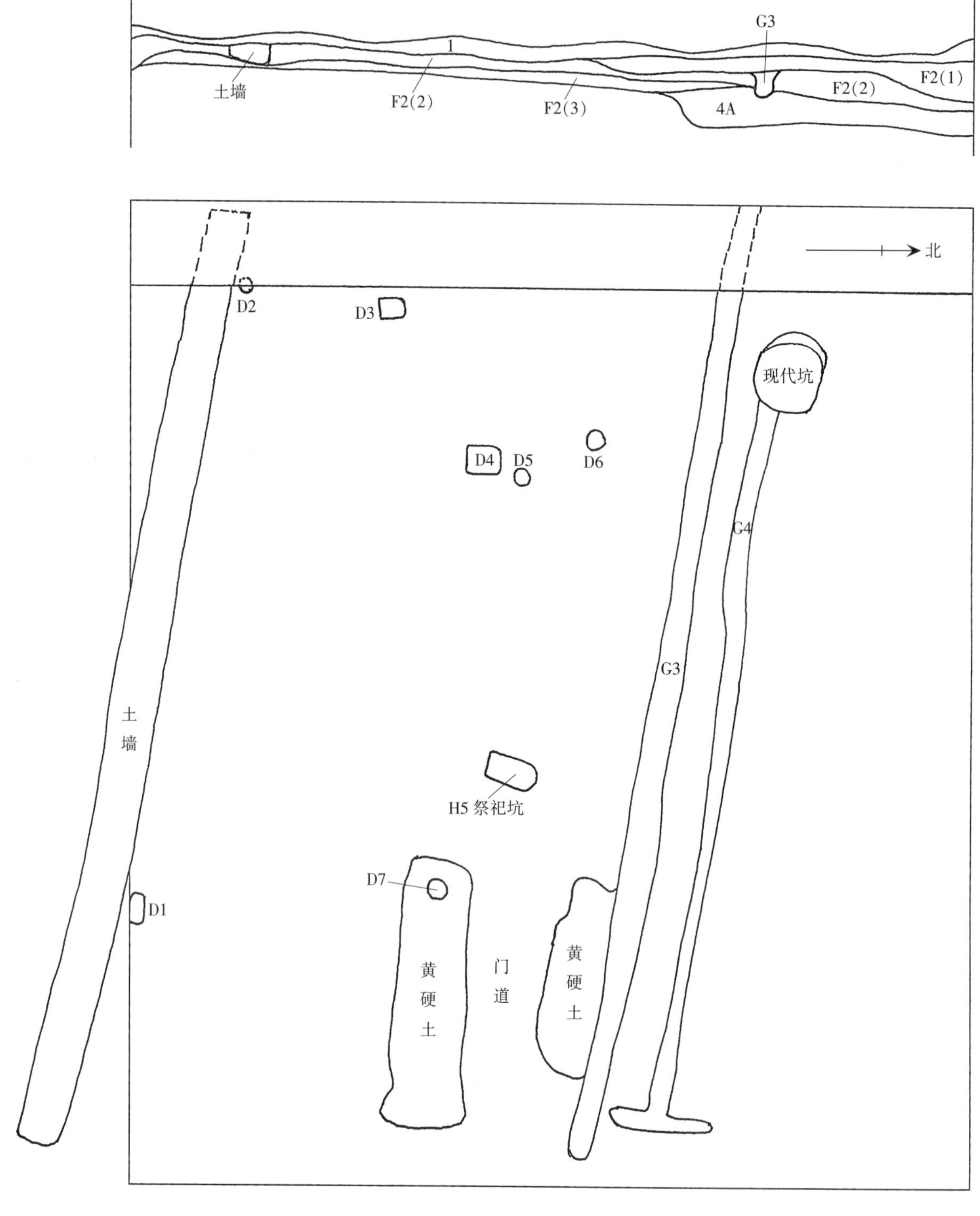

图四 F2 平、剖面图

内填草木灰，坑的周边为烧结硬面，系经火长期烧烤形成。此坑判断为灶坑，其旁另有一口径 1.08～1.13 米、底径 0.83 米、深 0.42 米的不规则形坑（H8），估计为窖穴（图七）。

在 F3 室外西侧，另有 H6、H7 两个灰坑。H6 椭圆形，南北径 1.55 米、东西径 1.2 米、深 0.5 米。内填黑灰含碎骨及少量陶片。H7 在 H6 北侧，椭圆形，南北径 1.6 米、东西径 1.4 米、深 0.71 米，填

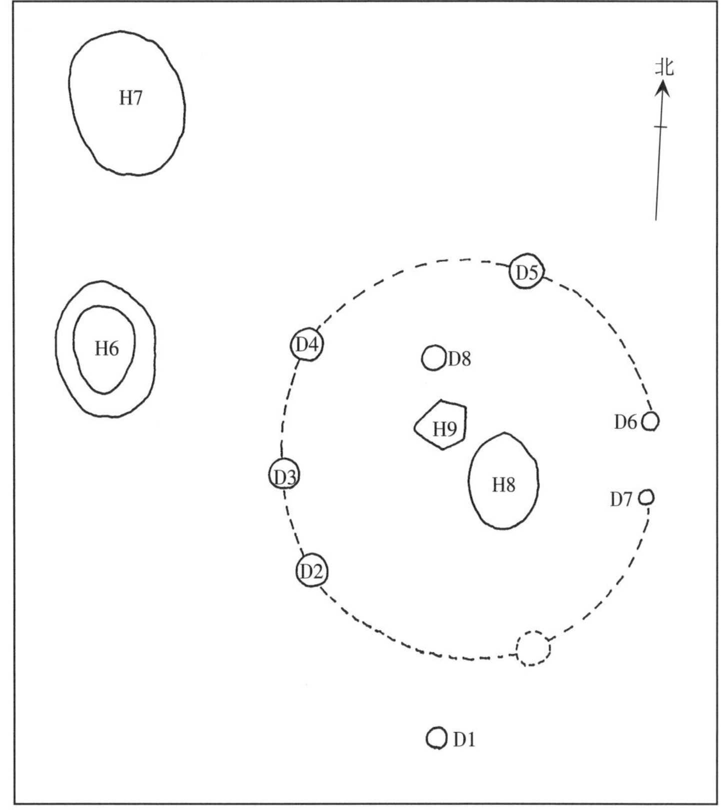

图五　F3 平面图

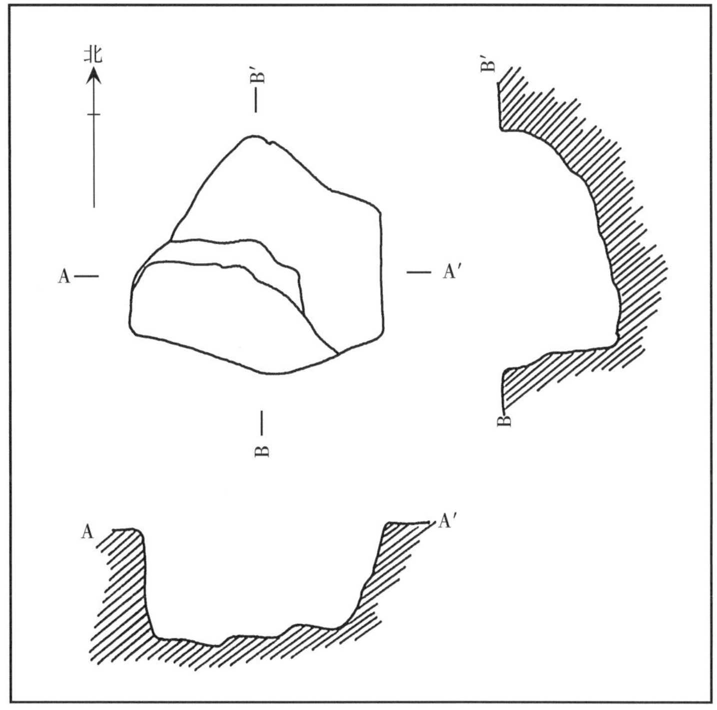

图六　H9 平、剖面图

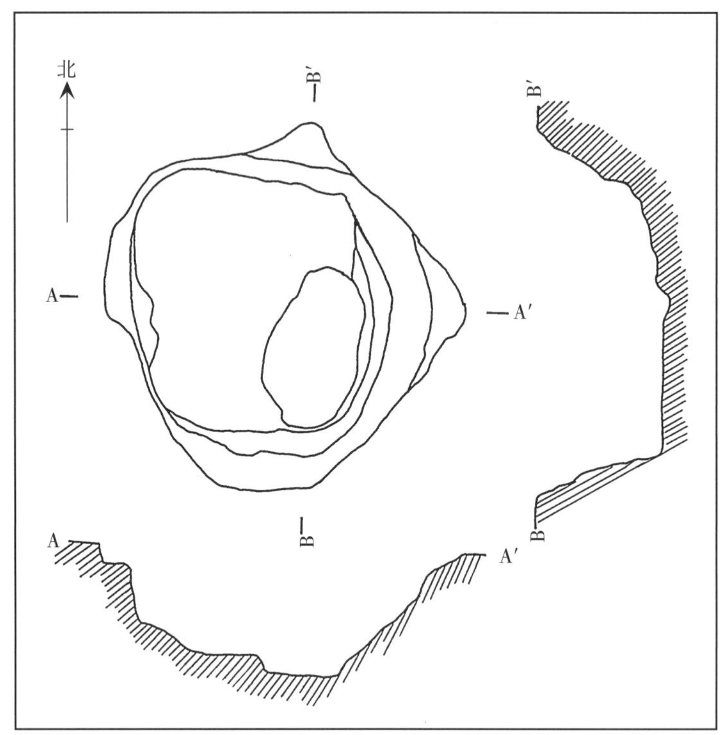

图七 H8平、剖面图

土同H6。此两坑估计为F3室外的垃圾坑。

F4 开口在第4层下，在探方内仅揭露出局部，其余在方外，因故未全部揭露。已揭露部分有墙、柱洞、居住面（彩版一，2）。

1. 墙

黄土墙一段，南北向，长1.35米、宽0.65~0.75米、厚0.2米。

2. 柱洞

柱洞共有4个（D1~D4）

D1、D2在土墙上，东西排列。圆形。D1直径0.26米、深0.09米；D2直径0.13米、深0.15米。填土皆黑灰色。

D3在居住面上。近似圆形。直径0.3~0.35米、深0.26米。坑底南高北低，填土黑灰色。

D4在居住面西南部。近圆形。直径0.2~0.23米、深0.09米。填土黑灰色。

3. 居住面［F4（1）］

居住面揭露出南北5.6米、东西4米左右。黄土面，较硬。厚0.1~0.3米，该层下有一层黄灰土［F4（2）］为房址的建筑堆积。其西北部黄土面上有经灰烧烤呈橘红色硬面及草木灰；东南部有一灶坑，东北部和西南部各有一柱洞（D3、D4）。

4. 灶坑

灶坑在居住面东部，近圆形，直径0.88~1米，略低于居住面0.05米左右。灶面硬结，西侧有草木灰。

四、灰坑

灰坑一共发现7个（H5~H11），其中H5~H9与房址有关而归入房址内叙述。这里介绍H10、

H11 的情况。

H10 开口在第6层下，打破生土。从北向南排列3个相连的坑（图八；彩版一，3），依次编号H10－1、H10－2、H10－3。其中H10－3仅露出0.2米左右，大部分在F4底下，因而没有全部发掘。H10－1东部少许在方外，平面为长方形，南北长0.75米、东西宽0.65米、深0.20米。H10－2，平面为不规则形，口径0.50～0.65米、深0.15米。H10－1与H10－2之间隔一土埂，土埂上有一缺口。坑内填土灰黑色，除出土陶片以外坑内还各出一大鹿角，H10－1坑内另出一残破的鹿头骨及牙床。

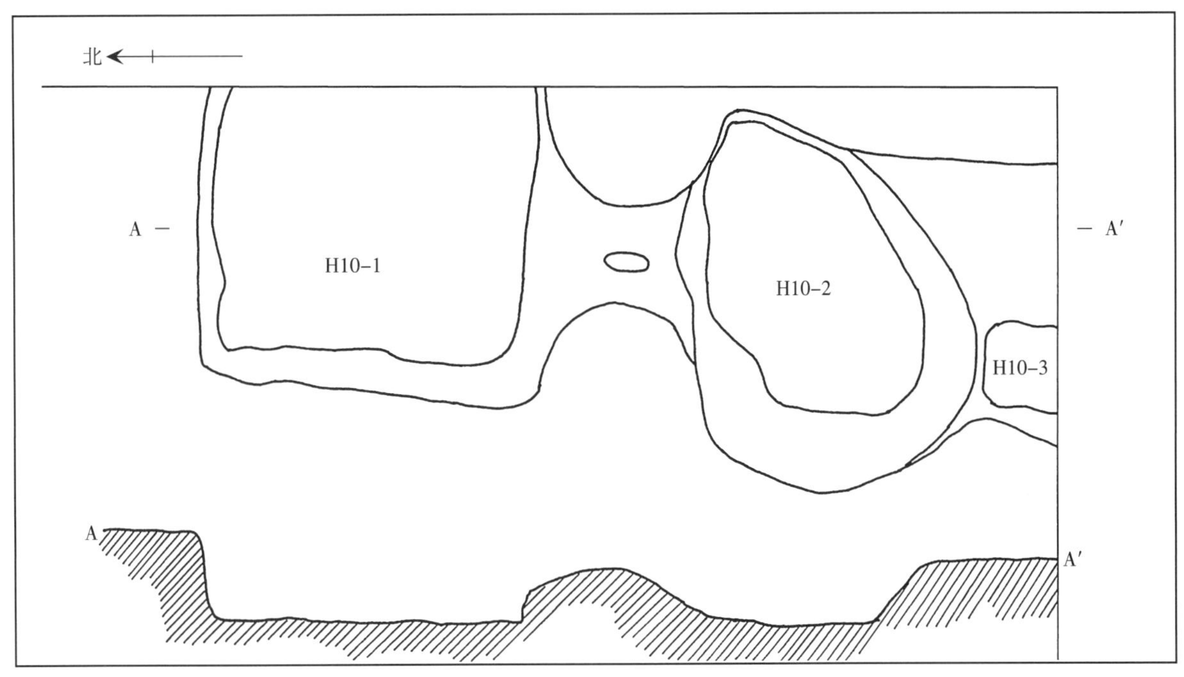

图八 H10平、剖面图

H11 开口在第5层下，打破生土。为三个呈“品”字形排列的小坑，分别编号H11－1、H11－2、H11－3。

H11－1位于西侧。圆形。口径0.4米、底径0.3米、深0.6米。坑口以下往四周扩大再内收或圜底，剖面似釜形（图九）。填土灰黄色，坑口四周有鱼鳞状的碎骨片。

H11－2，位于东侧。口径0.42米、深0.61米。尖圜底，填土黑色灰。

H11－3，位于南侧。口径0.4米、深0.19米。平底，填土黑灰色。

五、墓葬

绰墩遗址经1998年、1999年第一、二次发掘，共发现墓葬47座（M1～M47）。第一次发掘发现墓葬27座（M1～M27），全部为崧泽文化时期墓葬（《东南文化》2000年第1期）。第二次发掘，发现20座墓葬（M28～M47），本次介绍这批墓葬材料。

20座墓葬均为土坑竖穴墓，没有发现棺椁的痕迹，骨架部分保存完整。除个别墓葬外，大多数墓葬能够找到墓边。墓坑全部为浅穴，一般长约2米、宽0.55米、0.1～0.2米（表一）。在20座墓葬中，有良渚墓葬1座（M28）；崧泽文化墓葬7座（M29～M33、M35、M38）；马家浜文化墓葬12座

图九　H11 平、剖面图

(M34、M36、M37、M39~M47)。良渚文化墓葬是表土层下，被破坏残留的墓葬。崧泽文化墓葬是属于第一次发掘所发现 27 墓葬，同一墓地东侧的一组墓葬，全部开口在第 3 层下。马家浜文化墓葬是该遗址首次发现，开口在第 4 层下和第 5 层下。崧泽文化墓葬与马家浜文化墓在葬式、葬法上有明显的区别。崧泽文化墓葬为头向北，葬式全部仰身直肢，大部分墓葬都有随葬品，而马家浜文化墓葬头向南，葬式有俯身直肢葬、仰身直肢葬和二次葬。大部分墓葬没有随葬品等（表一）。现择其主要几座墓葬介绍如下。

M31　开口在第 3 层下，打破第 4 层。头向南，方向 168 度。长方形竖穴土坑墓。墓口长 2.53 米、宽 0.62 米、深 0.13 米。墓口距地表深 0.73 米。墓内填土灰黄色。骨架保存不完整。随葬品共 11 件，主要为陶器，有彩绘黑皮陶豆 1 件（图一〇）。

M32　开口在第 3 层下，头向南，方向 170 度。墓口长 2.25 米、宽 0.6 米、深 0.13 米，墓口距地表深 0.74 米。骨架保存不好。随葬品一共 15 件，有石器 5 件，陶器 10 件，陶器种类较多，有罐、豆、杯、鼎、盉等。其中陶罐上都饰有小把手（图一一）。

M34　开口在第 4 层下，打破第 5 层。头向北，方向 4 度。长方形浅穴土坑墓。墓口长 2.15 米、宽 0.55、深 0.12 米。墓口距地表深 1.24 米。墓内填土黄灰土夹黑灰土。骨架保存较好，为一俯身直肢葬的中年男性。出土豆、罐、鼎等陶器 3 件（图一二）。

M39　开口在第 5 层下，打破生土。头向北，方向 11 度。长方形浅穴土坑墓。墓口长 2.45 米、宽 0.50 米、深 0.13 米，墓口距地表深 1.34 米。墓内填土黄灰色。骨架保存不完整，为一仰身直肢葬的老年男性。随葬品仅红衣陶豆和腰檐釜各 1 件（图一三）。

M43　开口在第 5 层下，打破生土。头向北，方向 14 度。长有浅穴土坑墓。墓口长 2 米、宽 0.50 米、深 0.06 米，墓口距地表深 1.23 米。墓内填土黄灰色。骨架保存较好，为一仰身直肢葬的老年女性。随葬品 3 件，有红陶罐，牛鼻耳红陶瓮等（图一四）。

表一　绰墩遗址第二次发掘墓葬登记表

墓号	方向（度）	墓坑长×宽－深（厘米）	随葬器物	备注
M28	198	198×60－20	盆1	被第1层打破，仅剩部分肋骨及一段下肢骨，盆置于下肢骨旁，良渚文化
M29	182	190×40－30		仰身直肢葬，骨架除盆骨外，保存尚好。无随葬品，崧泽文化
M30	166	180×50－15	玉耳坠2、罐1、豆2、釜1	仰身直肢葬，骨架保存不好，罐与豆置于头部，脚部置釜、豆各1，崧泽文化
M31	168	253×（52~62）－13	豆3、壶1、盉1、釜1、鼎1、罐1、石锛2、石钺1	仰身直肢葬，仅头骨、部分肢骨保存。头部随葬盉、豆、石锛，腹部置鼎、石钺，脚部置罐、豆。墓坑西北角有一堆红烧土块，崧泽文化
M32	170	225×60－13	罐4、杯1、豆3、鼎2、石锛4、石钺1	仰身直肢葬，骨架保存不完整，头部置罐3、杯1、石锛1，胸部置石钺1，下肢骨上骨石锛3、脚下置豆3、鼎2。壮年女性，崧泽文化
M33	197	267×（45~52）－12	豆1、釜1、罐1、玉璜1	坑内前后置两只骨架，均仰身直肢葬，前者（南），颈下置玉璜1、豆1；后者（北）头部置釜1、罐1，小孩墓，崧泽文化
M34	4	215×（50~55）－12	豆1、罐1、鼎1	俯身直肢葬，骨架保存完整，器物全部随葬在脚下，中年男性，马家浜文化
M35	178	250×65－8	盉1、豆2、釜1、鼎2、甑1、壶1、萤石胸坠1	仰身直肢葬，骨架保存尚好，头部置盉、豆、釜，胸部置萤石坠1，脚下置鼎2、甑1、壶1、豆1，崧泽文化
M36	352	200×58－9	罐1	二次葬，头骨和两根下肢骨相交，中年男性？墓坑南端置罐1
M37	344	180×45－12	釜1	未见骨架，仅陶片一堆，复原釜1，马家浜文化
M38	176	95×33－8		仰身直肢葬，幼儿，崧泽文化
M39	11	245×50－0	豆1、釜1	仰身直肢葬，左侧股骨残缺，随葬品置于脚下，老年男性，马家浜文化
M40	6	182×55－10		仰身，下肢骨略弯曲，头骨残缺，中年男性，马家浜文化
M41	12	166×45－10		俯身直肢葬，11岁左右少年，马家浜文化
M42	16		钵1	无墓坑，6~7岁儿童，马家浜文化
M43	14	200×50－6	碗1、瓮1	仰身直肢葬，骨架保存较好，右侧肱骨上置红陶碗1，在坑外东侧置1件牛鼻耳红陶瓮，马家浜文化
M44	16	120×（30~40）－7		仰身直肢葬，左侧上肢骨残缺，5岁左右儿童，马家浜文化
M45	0	214×46－21		仰身直肢葬，左侧骨盆和股骨残缺，中年男性，马家浜文化
M46	27	160×（45~55）－15		俯身葬，头骨、盆骨、下肢骨残缺，马家浜文化
M47	0		罐1	仅发现一头骨，没有墓坑，马家浜文化

说明：随葬器物中未标注质地者均为陶器。

六、出土遗物

此次发掘共出土各类遗物近百件，大部分为墓葬出土，少量地层出土，分马家浜、崧泽和良渚三种文化遗物，以崧泽文化出土遗物为主。种类有陶、石和玉器。

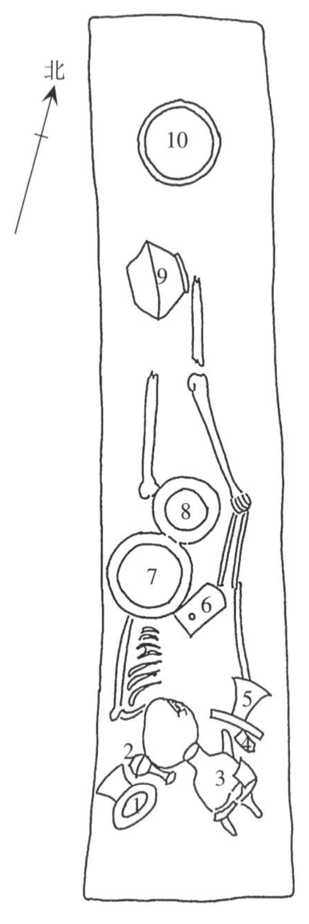

图一〇　M31 平面图

1. 黑皮陶豆　2. 灰陶壶　3. 灰陶盉　4、11. 石锛　5. 灰陶豆　6. 石钺　7. 夹砂褐陶釜　8. 夹砂褐陶鼎　9. 灰陶罐　10. 黑皮陶彩绘豆

图一一　M32 平面图

1、3、15. 灰陶罐　2. 红陶罐　4. 灰陶杯　5、7～9. 石锛　6. 石钺　10、11、14. 灰陶豆　12. 夹砂褐陶鼎　13. 夹砂褐陶带把鼎

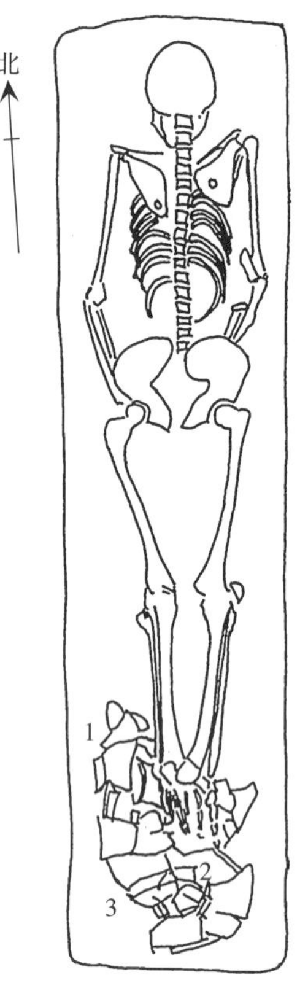

图一二　M34 平面图

1. 红褐陶豆　2. 红陶罐　3. 夹砂红褐陶鼎

（一）陶器

马家浜文化，陶系以夹砂红陶和泥质红衣陶为主，部分夹砂陶表面也施红衣。纹饰很少，有少量捺窝、戳印纹和弦纹等。主要器形有腰檐釜、牛鼻耳罐、釜形鼎、盆形豆等。

崧泽文化，陶系以夹砂红褐陶和泥质灰黑陶为主，装饰盛行堆纹、镂孔、划纹和弦纹。堆纹主要出现在鼎腹上，镂空和弦纹主要在豆把上。另有少量彩绘。彩绘仅见一件黑皮陶豆上绘有朱红色宽带状纹。主要器形有罐形铲足鼎、盆形和罐形豆、卷沿折腹罐、高颈折腹壶等。

良渚文化，出土遗物较少，陶系以泥质灰陶和黑皮陶为主，少量细夹砂陶。纹饰常见弦纹与镂孔。主要器形有“丁”字形鼎（甗）足、粗矮圈足豆、圈足盘、大口圜底缸、圆鼓腹罐等。

各类器物现按照豆、罐、鼎、釜、甗、盉、瓮、壶、澄滤器、缸、甑、盘、杯、钵、盆、碗、器盖、纺轮等顺序介绍如下。

豆　15 件。可分四型。

A 型　7 件。分五式。

Ⅰ式　1 件。M39∶1，泥质陶，外红内黑。圆唇，勾敛口，斜弧腹，喇叭形高圈足。素面。口径 24.2、底径 22.5、通高 24.9 厘米（图一五，1）。

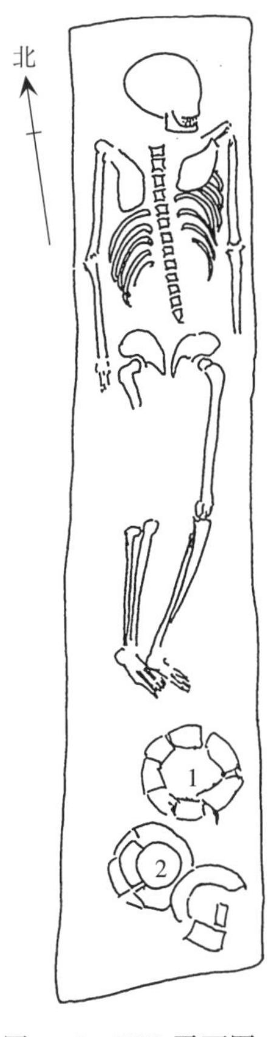

图一三 M39平面图
1. 红衣陶豆 2. 夹砂红褐陶腰檐釜

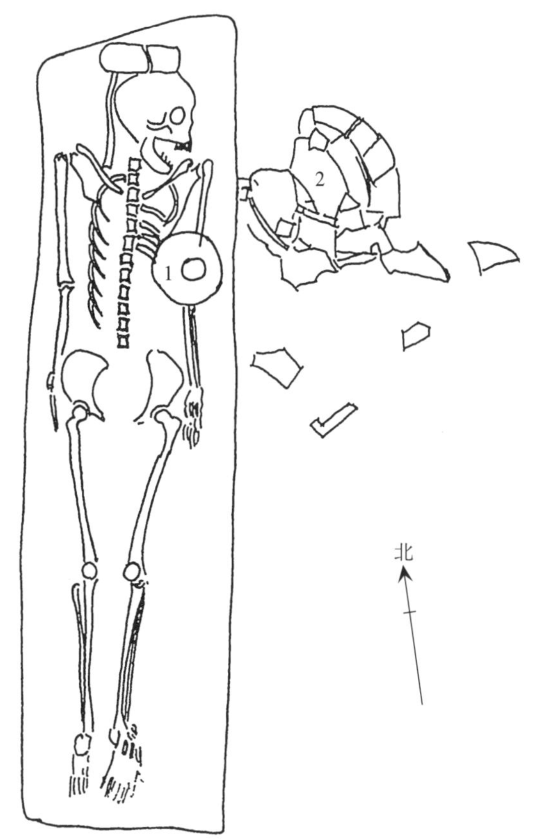

图一四 M43平面图
1. 红陶碗 2. 牛鼻耳红陶瓮

Ⅱ式 2件。M34∶1，泥质红褐陶。方唇，勾敛口，斜弧腹，柄与盘连接处有一折阶，折阶下饰一镂孔，喇叭形圈足。口径18、底径17.2、通高19.1厘米（图一五，2）。

Ⅲ式 1件。M30∶4，泥质灰陶。方唇，盘外壁转折处棱角分明，喇叭形矮圈足。柄上饰两个三角夹一镂孔为一组，共三组。每组间另有一镂孔。口径19、底径15.2、通高13厘米（图一五，3）。

Ⅳ式 2件。M31∶5，泥质灰陶。方唇，直口，盘外壁略内弧，转折处棱角分明，圈足上有一个折阶。柄部饰三角形和镂孔，两个三角形之间有四个镂孔为一组，一周共三组。口径18.1、底径14.6、通高14.3厘米（图一五，4）。

Ⅴ式 1件。F2∶4，泥质黑皮陶。方唇，侈口。盘外壁转折处有一凹槽，矮圈足。柄中部有一宽带纹，另有两大镂孔间一长镂孔，呈倒“品”字形分布为一组，共有三组。口径19.6、底径12.2、通高11.4厘米（图一五，5）。

B型 3件。分三式。

Ⅰ式 1件。M35∶2，泥质黑皮陶，大部分黑皮已剥落。方唇，敛口，盘外壁内弧，斜腹喇叭形圈足。柄部饰凹弦纹、镂孔和三角弦。在凹弦纹之间斜向排列三角纹和镂孔，每两个三角纹中间一镂孔。口径22.6、底径17、通高17.9厘米（图一五，6）。

Ⅱ式 1件。M32∶14，泥质灰陶。口微敛，盘壁外折微内弧，喇叭形矮圈足。柄与盘连接处有一折阶。素面。口径19.6、底径15.0、通高12.5厘米（图一五，7）。

图一五　遗址出土陶豆

1. AⅠ式（M39∶1）　2. AⅡ式（M34∶1）　3. AⅢ式（M30∶4）　4. AⅣ式（M31∶5）　5. AⅤ式（F2∶4）　6. BⅠ式（M35∶2）　7. BⅡ式（M32∶14）　8. BⅢ式（M30∶6）　9. CⅠ式（M31∶10）　10. CⅡ式（M33∶1）　11. CⅢ式（M35∶5）　12. DⅡ式（M31∶1）　13. DⅠ式（M32∶10）

Ⅲ式　1件。M30∶6，泥质灰陶。圆唇敞口浅盘，喇叭形圈足，瓦棱形柄。柄下部饰有三角纹和镂孔，第二个三角纹间有三个竖排的小圆孔，一周共有八排圆孔。孔与三角纹均未穿透胎壁。口径18.8、底径16.2、高13.8厘米（图一五，8）。

C型　3件。分三式。

Ⅰ式　1件。M31∶10，泥质黑皮陶。尖唇，勾敛口，盘壁内弧较薄。外壁转折处棱角分明。喇叭形圈足，梭形柄，上有五道凹弦纹及镂孔。通体施红衣，已大部分脱落。口径22.8、底径18.6、通高19.4厘米（图一五，9；彩版二，4）。

Ⅱ式　1件。M33∶1，泥质灰陶。圆唇，勾敛口，深折腹，梭形柄，上饰十道凹弦纹，弦纹之间又饰三排弧浅三角纹与镂孔。口径17.4、底径16.2、通高16厘米（图一五，10）。

Ⅲ式　1件。M35∶5，泥质灰陶。圆唇，勾敛口，盘外壁内弧，腰鼓形柄，喇叭形圈足。柄部等分四排凹弦纹，每排两道，两排凹弦纹之间有两个三角纹和两个竖列镂孔。口径22、底径16.7、通高19厘米（图一五，11；彩版二，5）。

D型　2件。分二式。

Ⅰ式　1件。M32∶10，泥质灰陶。罐形盘，直口，鼓腹，喇叭形圈足，圈足底边宽平。柄中部有两道凹弦纹，弦纹上、下分别饰不对称三组镂孔和三角纹。口径6.8、底径13.4、通高19.3厘米（图一五，13；彩版三，6）。

Ⅱ式　1件。M31∶1，泥质黑皮陶。黑皮大部分脱落。罐形盘，矮喇叭形圈足。柄部饰一道弦纹和三组倒“品”字形镂孔，每二十个镂孔为一组。口径10.8、底径13.4、通高14.7厘米（图一五，12）。

罐　10件。可分四型。

A型　3件。分三式。

Ⅰ式　1件。M36∶1，夹砂红褐陶。圆唇，直口，溜肩，圆鼓腹，平底。中腹部有一对牛鼻耳。口径14.8、底径12.4、最大腹径26.8、高19.4厘米（图一六，1）。

Ⅱ式　1件。M31∶9，泥质灰陶。口微侈，束颈，折腹，平底。折腹处有一周凸棱纹及一对鸡冠状耳。口径11.5、底径9、最大腹径20.4、高14.6厘米（图一六，2；彩版三，5）。

Ⅲ式　1件。M30∶2，泥质红衣陶。敞口，束颈，丰肩，圆鼓腹，平底。中腹部偏下有一对鸡冠状耳。口径9.6、底径10、最大腹径17.8、通高12厘米（图一六，3；彩版二，1）。

B型　3件。分三式。

Ⅰ式　1件。M34∶2，泥质红陶。侈口，束颈，削肩，折鼓腹，平底。素面。口径14.2、底径11、最大腹径19、高11.8厘米（图一六，4）。

Ⅱ式　1件。M32∶15，泥质灰陶。侈口，束颈，斜弧肩，中折腹，平底。口径7、底径5.5、最大腹径12、高7.4厘米（图一六，5）。

Ⅲ式　1件。M30∶5，泥质橙黄陶，尖唇，平沿，削肩，折鼓腹，圜底。颈部有数道凹弦纹。口径13.1、最大腹径24、高13.6厘米（图一六，6）。

C型　2件。分二式。

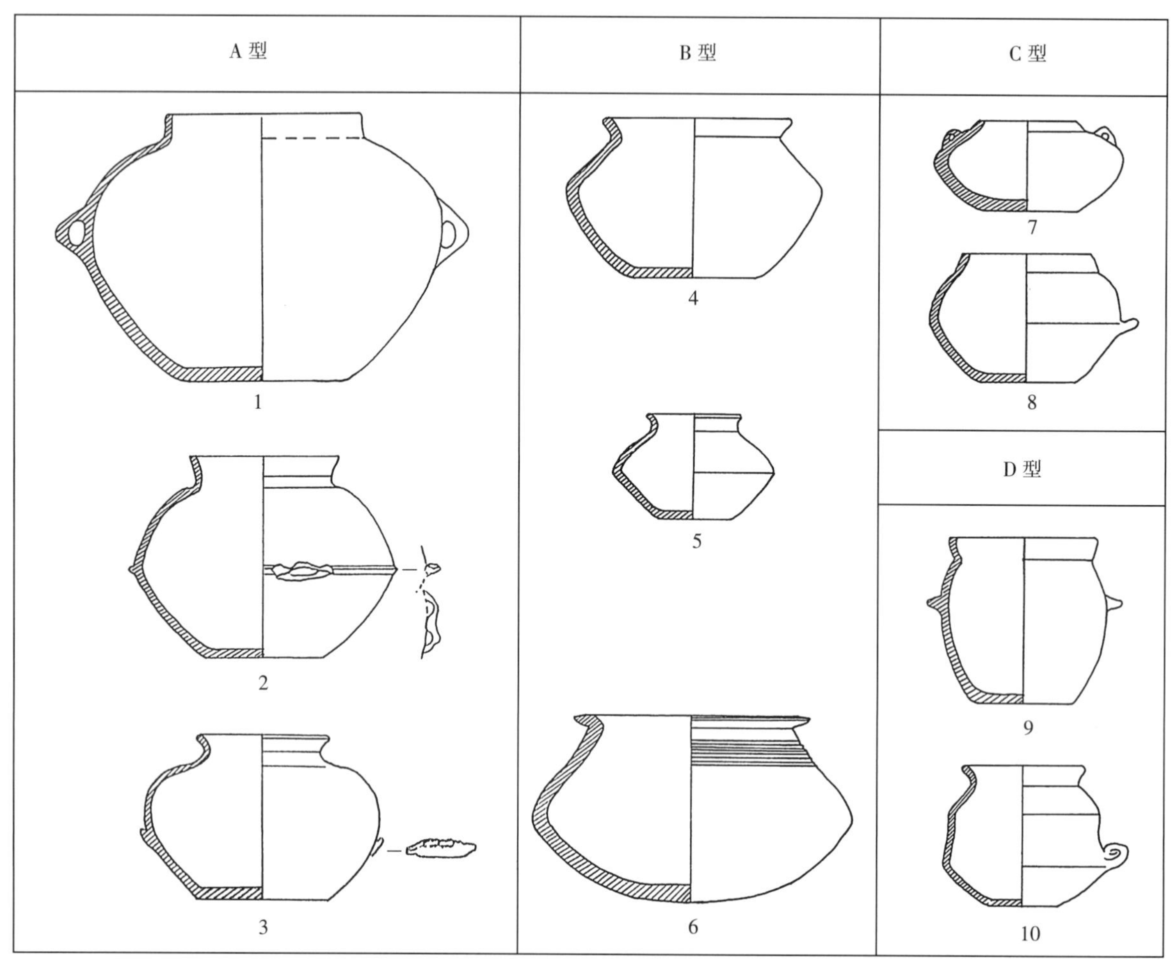

图一六 遗址出土陶罐

1. AⅠ式（M36：1） 2. AⅡ式（M31：9） 3. AⅢ式（M30：2） 4. BⅠ式（M34：2） 5. BⅡ式（M32：15） 6. BⅢ式（M30：5） 7. CⅠ式（T5⑥：10） 8. CⅡ式（M32：2） 9. DⅠ式（M47：1） 10. DⅡ式（M32：1）

Ⅰ式 1件。T5⑥:10，泥质红褐陶。敛口，斜肩，折鼓腹，平底。肩部有一对环耳。口径7.6、底径7.4、最大腹径14、高6.6厘米（图一六，7）。

Ⅱ式 1件。M32：2，泥质红衣陶，红衣已大部分脱落。敛口，溜肩，折鼓腹，平底。折腹处有一小的扁耳。口径9.4、底径7.2、最大腹径14.4、高9.2厘米（图一六，8）。

D型 2件。分二式。

Ⅰ式 1件。M47：1，夹砂褐陶。折沿凹面，束颈，长弧腹，平底，中腹偏上有一对手捏扁耳。口径11、底径7.4、最大腹径12.4、高12厘米（图一六，9）。

Ⅱ式 1件。M32：1，泥质灰陶。折沿弧面，束颈，斜肩，中直腹，腹外壁微内凹，平底。下腹转折处有一泥条盘捏的小耳。口径9.2、底径5.2、最大腹径12.2、高10厘米（图一六，10；彩版三，4）。

鼎 6件。可分三型。

A型 4件。分三式。

Ⅰ式 1件。M34：3，夹砂褐陶。宽折沿束颈，斜肩，折鼓腹，圜底，三足残缺。素面。口径15.6、最大腹径20.6、残高15.1厘米（图一七，1）。

Ⅱ式 2件。

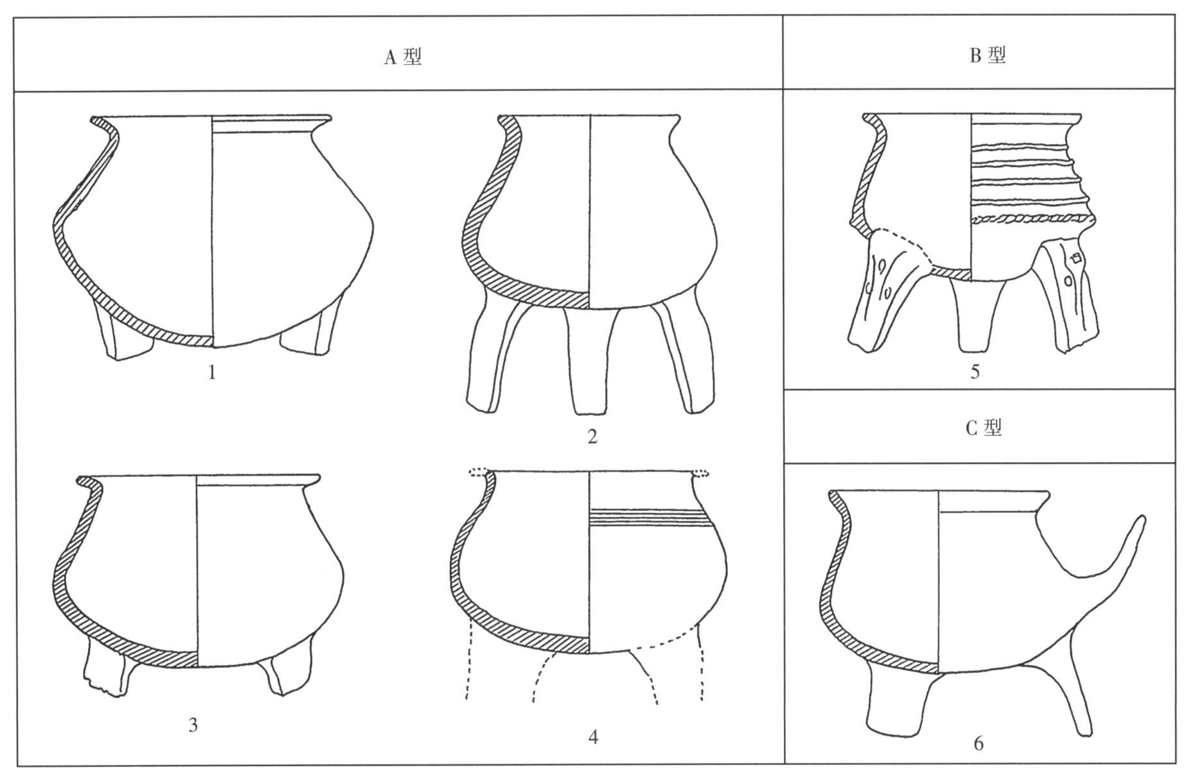

图一七　遗址出土陶鼎

1. AⅠ式（M34∶3）　2、3. AⅡ式（M35∶6、M32∶12）　4. AⅢ式（M31∶8）　5. B型（M35∶7）　6. C型（M32∶13）

M35∶6，夹砂褐陶。尖唇，窄沿，斜肩，鼓腹，圜底近平，三拱足。素面。口径11.6、腹径16、通高18.7厘米（图一七，2）。

M32∶12，夹砂褐陶。沿略宽，削肩，鼓腹，圜底，三足残缺。口径15.6、腹径18.4、残高13.6厘米（图一七，3）。

Ⅲ式　1件。M31∶8，夹砂褐陶。沿残缺，圆鼓腹，圜底，三足残缺。肩部有数道凹弦纹。口径12、最大腹径17.4、残高5.6厘米（图一七，4）。

B型　1件。M35∶7，夹砂褐陶。折沿，束颈，折鼓腹，圜底，肩腰部有四道凸棱，折腹处有一周附加堆纹。三拱足，足正面有窝纹3个。口径14、最大腹径15.2、通高15厘米（图一七，5）。

C型　1件。M32∶13，夹砂红褐陶。宽折沿，束颈，削肩，折鼓腹，圜底，三拱形矮扁足。折腹处有一宽扁把手。口径14、最大腹径15、通高15厘米（图一七，6；彩版二，3）。

釜　6件。可分三型。

A型　2件。分二式。

Ⅰ式　1件。M37∶1，夹砂红褐陶。方唇，直口，斜腹，圜底，肩腹部有宽檐一周，上有压印纹。口沿下有扁耳一对。口径30、高32.5厘米（图一八，1）。

Ⅱ式　1件。T5⑥∶9，夹砂红褐陶。尖唇，侈口，斜腹，圜底，肩腹部有宽檐一周，上有压印纹。口沿下有一对耳。口径31、高29.5厘米（图一八，2；彩版二，7）。

B型　1件。M39∶2，夹砂褐陶。方唇，宽折沿，束颈，直筒形腹。圜底，颈下有宽檐一周，上有压印纹。口径18.8、通高29.6厘米（图一八，3）。

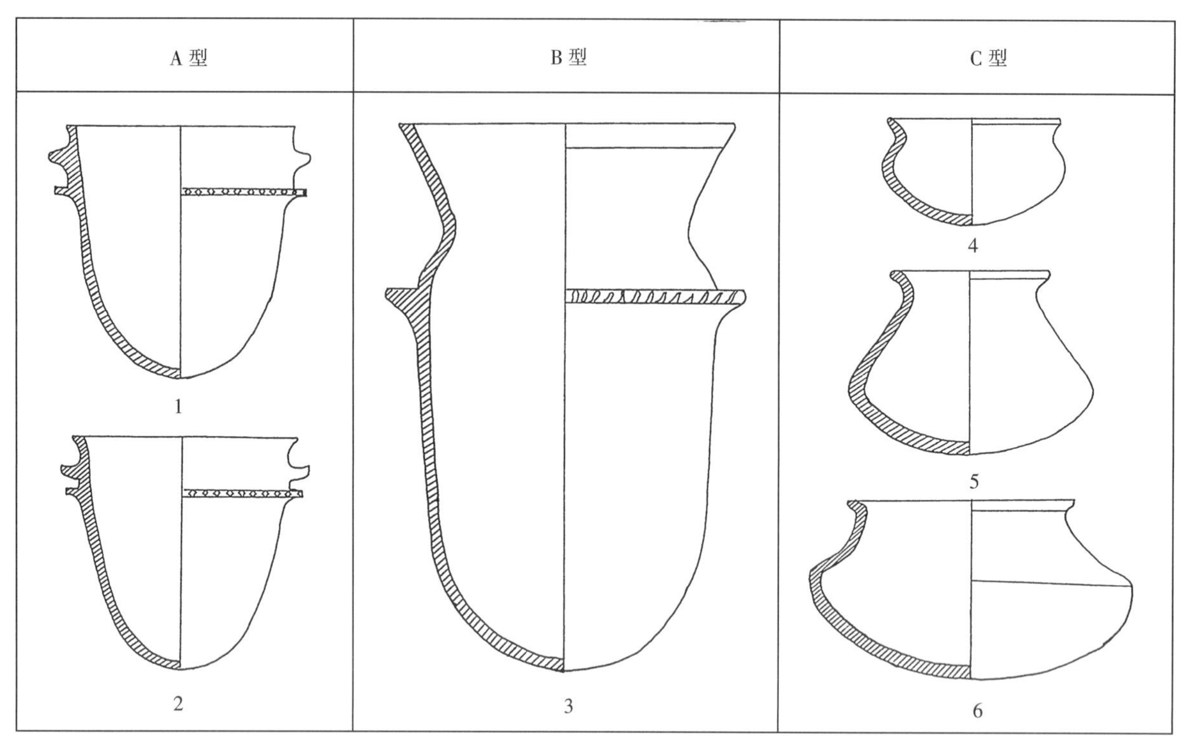

图一八　遗址出土陶釜

1. AⅠ式（M37∶1）　2. AⅡ式（T5⑥∶9）　3. B 型（M39∶2）　4. CⅠ式（M33∶3）　5. CⅡ式（M35∶3）　6. CⅢ式（M31∶7）

C 型　3 件。分三式。

Ⅰ式　1 件。M33∶3，夹砂褐陶。方唇，斜平沿外折，束颈，圆鼓腹，圜底。口径 12.4、高 7.2 厘米（图一八，4）。

Ⅱ式　1 件。M35∶3，夹砂褐陶。圆唇，斜弧沿外折，削肩，折鼓腹，圜底。口径 11.4、最大腹径 17、高 12.4 厘米（图一八，5）。

Ⅲ式　1 件。M31∶7，夹砂褐陶。尖唇、折沿，沿面斜平，削肩微内凹，折弧腹，圜底。口径 14.8、最大腹径 24.4、高 13.4 厘米（图一八，6）。

甗　2 件。分二式。

Ⅰ式　1 件。T5②A∶2，夹细砂红褐陶。折沿，削肩，球腹，圜底，三“丁”字形足。腹内壁有一周箅隔，箅隔下有一加水孔。颈部饰数道弦纹。口径 21.8、最大腹径 24.6、通高 33 厘米（图一九，1）。

Ⅱ式　1 件。F2∶5，夹细砂褐陶，器表磨光。勾敛口，折沿，束颈，圆鼓腹，圜底，三“丁”字形足。内腹壁有一周箅隔，箅隔下有一加水孔。颈部有两道弦纹。口径 28.6、最大腹径 31.6、通高 42.2 厘米（图一九，2）。

盉　2 件。可分二型。

A 型　1 件。M31∶3，泥质灰陶。方唇，侈口，溜肩，方折腹，圜底近平，三羊角形足。中腹部有一羊角形把，颈部有两道凹弦纹。口径 6.4、最大腹径 15.4、通高 23.6 厘米（图一九，3）。

B 型　1 件。M35∶1，泥质黑皮陶，大部分黑皮已脱落。尖唇，敞口，中腹略内收，下折腹，圜底，三羊角形足。肩部至下腹有十道折棱，中腹有一象鼻形把。口径 5.8、最大腹径 11、通高 17.7 厘米（图一九，4；彩版二，2）。

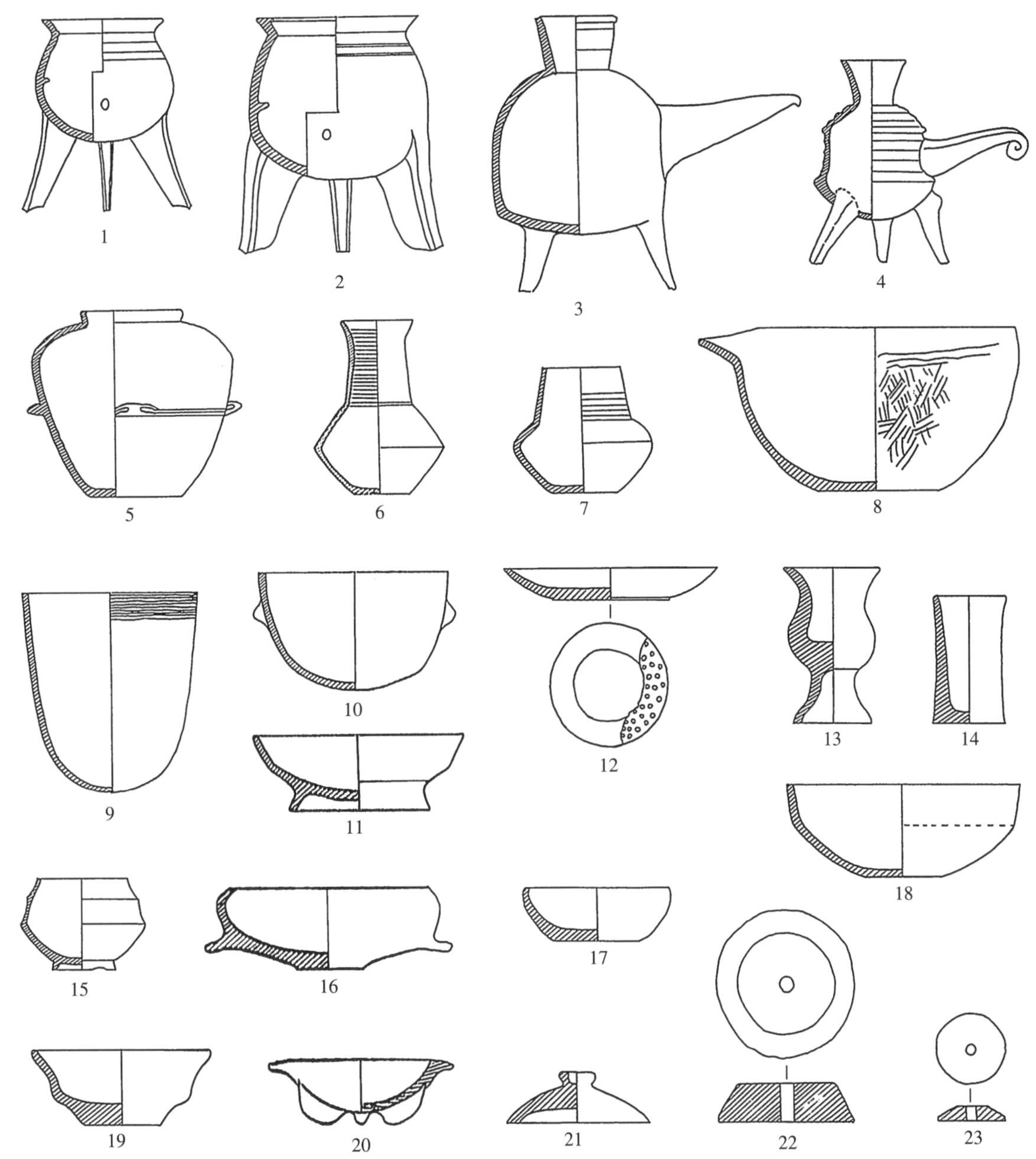

图一九　遗址出土陶器

1、2. 甗（T5②A∶2、F2∶5）　3、4. 盉（M31∶3、M35∶1）　5. 瓮（M43∶2）　6、7. 壶（M31∶2、M35∶9）　8. 澄滤器（T5③∶3）　9. 缸（F2∶1）　10. 甑（M35∶8）　11、12. 盘（T6②B∶2、3）　13～15. 杯（T4④B∶5、M32∶4、M33∶4）　16、17. 钵（M42∶1、T6②B∶1）　18. 盆（M28∶1）　19. 碗（M43∶1）　20、21. 器盖（T4④B∶2、F2∶2）　22、23. 纺轮（T8④B∶2、4）

瓮　1件。M43∶2，泥质红衣陶。方唇，直口，鼓肩，斜弧腹，平底。中腹偏下等分四个牛鼻形耳。口径18、最大腹径36、高32厘米（图一九，5）。

壶　2件。可分二型。

A型　1件。M31∶2，泥质灰陶。敞口，长颈，削肩，中折腹成棱，平底。颈部内壁有制作时留下的凹纹数十道。口径6.4、最大腹径11.6、底径4.8、通高15厘米（图一九，6）。

B型　1件。M35∶9，泥质黑皮陶。直口，长颈，中折腹，平底。颈部有凹弦纹数道。口径7、最大腹径12.4、底径6、高10.6厘米（图一九，7）。

澄滤器 1件。T5③:3，泥质橙红陶。敛口，深腹，平底。口沿一侧有一流。内壁及底部有划纹。口径26、底径11、高14厘米（图一九，8；彩版三，3）。

缸 1件。F2:1，夹砂褐陶。直口，从口往下逐渐内收成圜底。近口沿外壁有数道凹弦纹。口径32、高34.7厘米（图一九，9；彩版二，6）。

甑 1件。M35:8，夹砂褐陶。直口，深弧腹，圜底，底部有镂孔。中腹偏上有一对泥捏把手。口径17、高10厘米（图一九，10）。

盘 2件。可分二型。

A型 1件。T6②B:2，泥质黑皮陶。敞口斜折腹，矮圈足。口径18.8、底径12.8、通高6.5厘米（图一九，11）。

B型 1件。T6②B:3，泥质灰陶。敞口、浅盘、璧形底。底部有管按圆珠纹。口径19.2、底径10.4、高2.7厘米（图一九，12）。

杯 3件。可分三型。

A型 1件。T4④B:5，泥质红褐陶。尖唇，敞口，圆鼓腹，喇叭口圈足。口径8.4、底径7.2、通高13.4厘米（图一九，13；彩版三，8）。

B型 1件。M32:4，泥质褐陶。直筒形，平底。口径6.6、底径6.6、高11厘米（图一九，14）。

C型 1件。M33:4，泥质灰陶。敛口、斜肩，中折腹，花瓣形圈足。口径8、底径5.6、最大腹径11.2、高8厘米（图一九，15）。

钵 2件。可分二型。

A型 1件。M42:1，泥质灰陶。敛口，鼓肩，斜腹，小平底。腹部有一对泥捏把手。口径17.6、底径6、高7厘米（图一九，16）。

B型 1件。T6②B:1，泥质灰陶。口微敛，斜腹，平底。口径13.2、底径8.4、高4.6厘米（图一九，17）。

盆 1件。M28:1，泥质灰陶。直口，弧腹平底。口径21.2、底径6.8、高8厘米（图一九，18）。

碗 1件。M43:1，泥质红陶。敞口，中腹内弧，下腹外折，平底。口径16、底径7、高6.5厘米（图一九，19）。

器盖 2件。可分二型。

A型 1件。T4④B:2，泥质灰陶。覆盆式，上有三个冠状纽。口径13、通高5.6厘米（图一九，20）。

B型 1件。F2:2，泥质灰陶。锅盖形纽，圆弧形背。口径12.8、通高4.4厘米（图一九，21）。

纺轮 2件。

T8④B:2，泥质灰陶。不十分规圆，轮面上小下大。素面。上径4.4、下径6.4、高1.7厘米（图一九，22）。

T8④B:4，泥质灰陶。较规圆。上径2.8、下径6、高1.2厘米（图一九，23）。

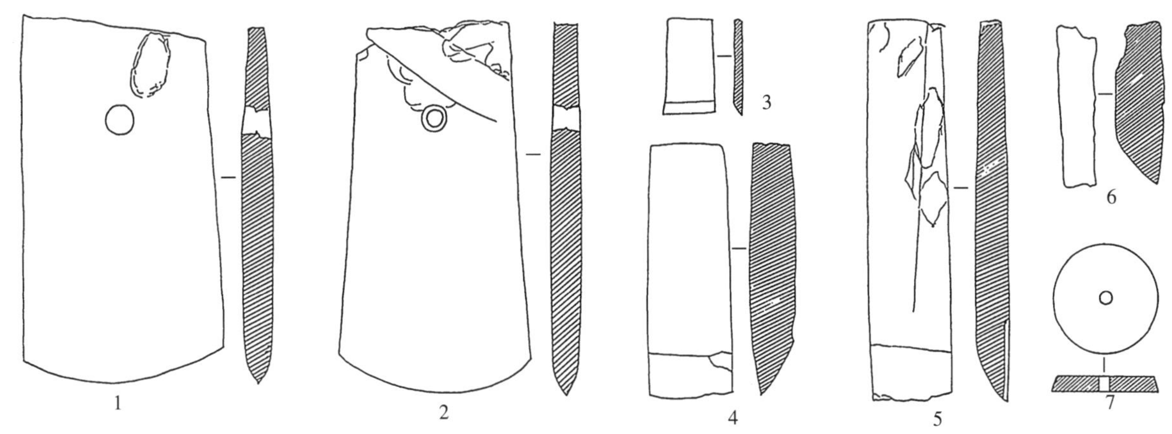

图二〇　遗址出土石器

1、2. 钺（M31∶6、M32∶6）　3. A 型锛（M32∶9）　4、5. B 型锛（M31∶11、T5③∶5）　6. 凿（T4②A∶2）　7. 纺轮（T5⑤∶6）

（二）石器

石器有钺、锛、凿、纺轮等。全部为磨制。

钺　2 件。

M31∶6，青灰色。斜背，双面弧刃，磨制光滑，穿孔位于中部偏上，两面钻孔。长 16、背宽 8.4、刃宽 9.1、孔径 0.8 厘米（图二〇，1）。

M32∶6，青灰色。上窄下宽，平背，双面弧刃，穿孔位于中部偏上，两面钻孔。长 16.4、背宽 7.5、刃宽 8.7 厘米（图二〇，2）。

锛　7 件。可分二型。

A 型　5 件，形体扁薄较小。M32∶9，青灰色。长方形，单面刃，刃口与背皆平，磨制光滑。长 5.2、刃宽 2.8、厚 0.45 厘米（图二〇，3；彩版三，1）。

B 型　2 件。长方形，体形较大。

M31∶11，青灰色。背刃皆平，刃口较锋利。长 13.7、背宽 4、刃宽 4.6、厚 2.6 厘米（图二〇，4）。

T5③∶5，深灰色。形体较长，背部往下逐渐增厚。长 20.7、背宽 4.1、刃宽 4.6 厘米（图二〇，5）。

凿　2 件。T4②A∶2，青灰色。双面刃，刃偏一侧，磨制。残长 8.6、宽 2.1、厚 2.5 厘米（图二〇，6）。

纺轮　1 件。T5⑤∶6，暗红色。器形规圆，磨制光滑，轮面上小下大，中有一圆孔。上径 5.5、下径 6、孔径 0.7 厘米（图二〇，7）。

（三）玉器

玉器全部为小型饰件，有璜、耳坠、胸坠等。

璜　1 件。M33∶2，青绿色。半圆形，中心圆不规整。旁有二悬挂穿线用的小孔。宽 7.1、高 3.05、厚 0.25 厘米（图二一，1；彩版三，2）。

耳坠　2 件。灰绿色。

M30∶3，三角形。顶角上有一镂孔。高 2.2、底边宽 2.2、厚 0.3 厘米（图二一，2）。

M30∶1，三角形，顶角已残缺。底边中间有一镂孔。残高 1、底边宽 2.2、厚 0.3 厘米（图二一，3）。

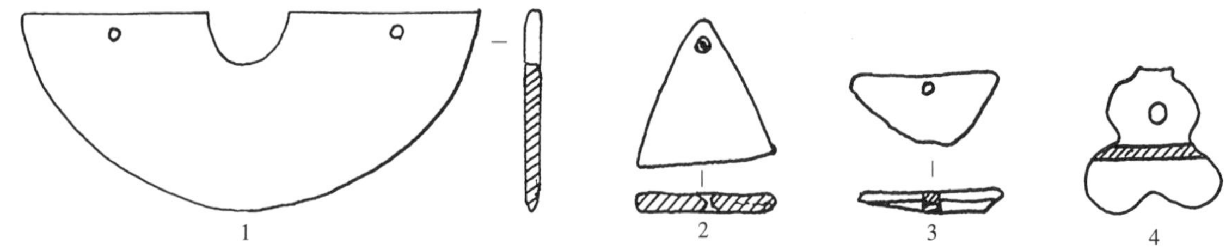

图二一 遗址出土玉器
1. 璜（M33∶2） 2、3. 耳坠（M30∶3、1） 4. 胸坠（M35∶5）

胸坠 1件。M35∶5，淡绿色萤石。由三个不规整圆组成。上面一个圆略大，中心镂有一孔。残高2.1、下宽2.1厘米（图二一，4）。

七、结语

绰墩遗址通过1998年、1999年二次发掘，共发现墓葬47座、房址4座、灰坑11个。在这些遗存中，有良渚文化墓葬1座、房址3座；崧泽文化墓葬34座、房址1座；马家浜文化墓葬12座及灰坑等。根据各文化遗存的层位与叠压关系，出土遗物的特征及分布情况等分析如下。

（一）文化与分期

遗址文化堆积分马家浜文化、崧泽文化和良渚文化。

马家浜文化，为第6层、第5层和第5层、第4层下12座墓葬及H10、H11。其中第6层、第5层和第5层下墓葬（M36、M37、M39～M45）为马家浜文化晚期，代表器形有AⅠ式、AⅡ式、B型釜，AⅠ式豆和AⅠ式牛鼻耳罐。第4层下墓葬（M34、M46、M47）为马家浜文化向崧泽文化过渡期，相当于圩墩遗址中层[③]，代表器形有AⅡ式豆，BⅠ式、DⅠ式罐。

崧泽文化，为第4层、第3层，第4层下F4，第2层、第3层下墓葬。其中F4，第4层、第3层和第3层下墓葬（M29～M33、M35、M38）为崧泽文化早期，代表器形有Ⅰ式豆，AⅠ式、AⅡ式、B型鼎等。第2层下墓葬（M1～M27）为崧泽文化早期偏晚。

良渚文化，为第2层和第1层下F1～F3及H6～H9。

（二）有关文化遗存的分布及相关问题

第二次发掘所发现的12座马家浜文化墓葬，分别开口在第5层和第4层下。从年龄结构上看，有老年、中年、少年、儿童，各种年龄阶段皆有，表明了公共墓地的性质。另外从葬式上看，有俯身直肢葬、仰身直肢葬和二次葬，这与草鞋山遗址第9层、第8层墓葬普遍盛行俯身葬的特点不同，而与该遗址的第7层、第6层墓葬，不仅在葬式上都有仰身、俯身葬，而且随葬品二至三件的数量也相一致[④]。说明绰墩遗址的马家浜墓葬时代与草鞋山第7层、第6层墓葬时代相近。

此外，在马家浜墓地东侧，开口在第5层下H10、H11，特别是H10，分别为三个相连的坑，内出土鹿角、鹿头骨及牙床。这些坑与当时人类生活有关。从坑的形状、结构分析，有可能原是水稻田，同草鞋山遗址发现的水稻田遗迹相同[⑤]。在坑的东侧估计为马家浜时期人类的居住区，西侧是公共墓地。

崧泽文化时期，东南面为居住区（F4），西北面为墓葬区，墓葬分别开口在第2层和第3层下。其中第3层下开口的墓葬，位于整个墓地的东部，不仅随葬品较精致，数量也略多，其中M32随葬器物达15件，为整个墓地墓葬出土器物数量之最。说明墓地中心在东部，并逐渐向西部扩展。崧泽文化墓葬区、居住区与马家浜文化墓葬区、居住区分布相一致，不仅说明了文化的延续性，且进一步说明了两种文化年代相差不远。

良渚文化时期，有房址F1～F3，墓葬已被修筑公路和砖厂取土时破坏。房址是直接叠压在崧泽文化墓地上。从已被破坏的M28的位置以及在东侧公路修筑过程中，发现较多良渚文化时期的穿孔石斧、陶器等，说明良渚文化时期墓地位于居住区的东南部，正好与崧泽文化时期墓葬区和居住区的分布情况相反。不过，良渚文化时期，已开始出现以家庭为单元的墓地。吴江龙南遗址出现以三个墓葬为一组的墓。此遗址的良渚文化墓可能也类似这种情况。

领队：邹厚本　丁金龙
发掘与整理：朱伟峰　王金春　浦　强　毛卫敏
骆瑞阳　徐耀明　丁金龙
执笔：丁金龙　王金春　朱伟峰
摄影：徐耀明
绘图：朱伟峰　骆瑞阳
描图：姚　瑶
拓片：浦　强
修复：朱伟峰　钱海江　钱松甫　胡尚水

注释

① 南京博物院、昆山县文化馆：《江苏昆山绰墩遗址的调查与发掘》，《文物》1984年第2期。

② 张照根、浦强、徐耀明等：《江苏昆山市绰墩遗址发掘报告》，《东南文化》2000年第1期。

③ 吴苏：《圩墩新石器时代遗址发掘简报》，《考古》1978年第4期。

④ 南京博物院：《江苏吴县草鞋山遗址》，《文物资料丛刊》（3），文物出版社，1980年。

⑤ 谷建祥、邹厚本、李民昌等：《对草鞋山遗址马家浜文化时期稻作农业的初步认识》，《东南文化》1998年第3期。

（原载《东南文化》2000年第11期）

江苏吴江广福村遗址发掘简报

苏州博物馆　吴江市文物陈列室

广福村遗址位于吴江市西南58千米处的桃源镇广福村，地处江苏省最南部。它北临太湖，南与浙江省接壤，1985年由吴江市文管会在文物普查中首次发现。该遗址地势略高于周围，四面环水，原有面积4万平方米左右，现存面积约2万平方米。1996年12月，苏州博物馆和吴江市文管会对广福村遗址进行抢救性发掘，在遗址的西南部设探方2个（T1、T2），发掘面积160平方米。清理出一批马家浜文化墓葬、房址以及马桥文化水井、灰坑等。现将发掘情况简报如下。

一、地层堆积

本次发掘的2个探方的地层堆积基本相同，现以T1西壁剖面为例介绍如下（图一）。

第1层，耕土层，疏松的灰褐色土，厚0.2~0.3米。内含近现代瓷片、砖瓦，以及少量的下层陶片和红烧土块。H3开口于第1层下，并打破第2~5层。此外，M16开口于第1层下，并打破第2、3层。

第2层，又分为A、B两个小层。第2A层为青灰色淤土，厚0.05~0.3米，土质略黏，内含少量夹砂红褐陶片和兽骨。第2B层为灰黄色土，土质纯净、致密，内含少量的夹砂红褐陶片、泥质灰陶和红衣陶片，器类有罐、豆、鼎等。H2开口于第2A层下，并打破第2B层以及第3~5层。

第3层，灰褐色土，厚0.05~0.15米。质地紧密细腻，内含较多灰烬，还有少量红烧土颗粒。出土陶片少且残碎，另有少量动物骨头。

第4层，黄绿色土，厚0.1~0.15米。土质坚硬，内含硬土颗粒并夹杂灰烬。出土陶片较多，以泥质红衣陶为主，其次为夹砂红褐陶片，器类有牛鼻耳罐、矮领罐、喇叭形圈足豆、腰檐釜等。

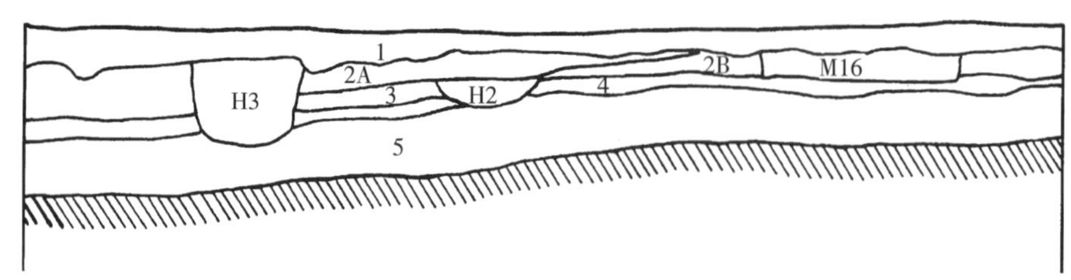

图一　T1西壁剖面图

第5层，灰土，厚0.15~0.4米。土质疏松，内含大量灰烬、红烧土块、动物骨头。出土大量陶片，主要为泥质陶，器类有牛鼻耳罐、喇叭形圈足豆、腰檐釜、鸡冠耳钵、鼎、盉等。

二、马家浜文化

（一）遗迹

遗迹主要有房屋基址、灰坑、墓葬等。

1. 房屋基址

仅发现1座（F1），位于T2第2层下。房址面积较大，仅揭露出局部，因而房址的整体形状不甚清楚。其堆积可分4层。其中垫土层（第4层）厚约0.7米，土质较纯。活动面（第3层）为黄灰色亚黏土，厚0.1~0.15米。在该层面上发现柱洞15个（D1~D15），直径多在10~15厘米之间，其中5个柱洞的直径达30厘米。在探方的东北部发现了一截南北向土墙，土色灰黄，下宽上窄，残长0.88、宽0.3~0.6、高0.6米。活动面上为厚0.1~0.3米的生活堆积（第2层），灰黑色土，内含较多的动物骨头，以及陶鼎足、陶豆和陶罐残片、石锛等。在此堆积层之上有大量的红烧土块（第1层），成片成堆分布，厚0.1~0.15米。在红烧土块表面发现有直径3厘米或直径0.5~1厘米的印痕，估计该房的墙体以树枝、芦苇杆为墙骨，即木骨泥墙。

2. 墓葬

共清理墓葬20座，墓口皆开在第1层下。其中有18座集中在T1内，分布密集，但排列有序。墓圹均为长方形浅坑竖穴，南北向，墓口长1.6~2米、宽0.28~0.65米，深0.1~0.25米。坑内填土为棕褐色或黄灰色，均未发现葬具痕迹。

葬式以俯身直肢葬为主，少数为仰身直肢葬。头均向北，面向朝东或朝西。随葬品主要是陶器，多置于骨架之下，器类为豆、盆、鼎、杯等食器或炊器。有些陶器还是有意打碎后再放入墓内的。此外，个别墓随葬石斧、纺轮、玉玦，有的还随葬猪獠牙、鹿角等（见表一）。

表一 吴江广福村遗址墓葬登记表

序号	长（厘米）	宽（厘米）	深（厘米）	头向	性别	年龄	葬式	随葬器物及位置
1	190	45~55	12	14度	男	25岁左右	俯身	陶杯、盆、豆、鼎。杯、盆置于腹部，鼎、豆在头骨下
2	173	52~55	10	14度	女	30岁左右	仰身	石纺轮，陶杯、豆、鼎、钵。石纺轮、陶杯置于腹部，陶豆、鼎在头骨及胸下
3	173	52~55	10	17度	?	30岁左右	仰身	陶鼎、豆。鼎压在头骨下，豆压在胸下
4	160	46	8	13度	女	15岁左右	俯身	陶鼎、豆。豆压在脚下，鼎压在头骨下
5	180	31~49	10	17度	女	27~35岁	俯身	陶豆压在头骨及肩下
6	198	33~49	20	18度	男	45岁左右	俯身	随葬器物在骨架下
7	200	40~50	14	20度	男	30~35岁左右	俯身	陶盆2件。一件在腿骨上，另一件在胸骨下

续表一

序号	长（厘米）	宽（厘米）	深（厘米）	头向	性别	年龄	葬式	随葬器物及位置
8	残长 160	33~52	10	352 度	男	30~40 岁	俯身	陶钵置于胸上
9	133	33~37	15	355 度	?	6 岁左右	仰身	陶豆置于人骨下
10	残长 163	29~51	15	150 度	男	20 岁左右	俯身	无
11	残长 77	29~51	15	349 度	?	20 岁左右	俯身	无
12	170	43~55	8	12 度	男	20 岁左右	俯身	陶鼎 2 件，陶豆、玉玦、石锛。随葬品压在头下和胸下
13	190	37~50	8	162 度	女	27~32 岁	俯身	无
14	202	28~46	18	344 度	男	35~45 岁	俯身	陶豆、鼎、猪獠牙 2 颗。随葬品置于头骨及肩下
15	180	27~44	17	174 度	女	35~45 岁	俯身	玉玦、骨锥、陶纺轮。骨锥在胸下，玉玦在头骨下
16	195	30~55	25	352 度	男	40~50 岁	俯身	陶豆、鼎。随葬品置于头骨及胸下
17	184	36~51	8	328 度	女	17~21 岁	仰身	陶杯、豆 2 件、陶鼎。杯置于骨盆上，鼎置于头骨下，豆置于腿骨下
18	200	38~48	25	9 度	男	30~40 岁	俯身	陶盆、豆、鼎。豆、鼎置于头骨下，盆置于胸腹下
19	180	50~65	5	328 度	?	?	俯身	无
20	残长 150	50	5	334 度	?	?	?	无

M1　长方形土坑竖穴墓，方向 14 度。墓圹长 1.9、宽 0.45~0.55、深 0.12 米。墓主是一个 25 岁左右的男性，葬式为俯身直肢葬，头向北，面朝东。随葬品 4 件，其中陶杯置于骨盆之上，陶盆置于后腰上，陶豆、陶鼎则放在头下面（图二）。

M14　长方形土坑竖穴墓，方向 344 度。墓圹长 2.02、宽 0.28~0.46、深 0.18 米。墓主是一个 35~45 岁的男性，葬式为俯身直肢葬，头向北，面朝下。随葬品 4 件，其中陶豆、陶鼎分别置于头部和肩下，另有 2 件猪獠牙，置于骨盆下方（图三）。

（二）遗物

包括陶器、玉石器、骨牙器等，其中陶器数量最多。

1. 陶器

分泥质陶和夹砂陶两大类。泥质陶中，一种为薄胎，外施红衣；另一种则外红内黑，胎质较疏松。夹砂陶分为细砂陶和粗砂陶，其中细砂陶胎薄质硬，粗砂陶掺石英砂粒，胎厚且质地疏松。陶色以红褐陶最多，褐陶次之，少数为红衣陶。器物烧制火候不均，同一件器物上往往陶色不一致。

陶器多为手制，其中釜、罐、豆的口沿和腹部分别制成，再粘接起来，并将接缝处加厚或抹平。陶器以素面为主，红衣陶都经磨光。常见的纹饰有绳纹、附加堆纹、指甲纹、划纹、弦纹、篮纹、宽带纹、镂孔等（图四）。器类主要有罐、鼎、豆、釜、钵、杯、纺轮、网坠等。

罐　44 件，多为泥质红衣陶。分为三型。

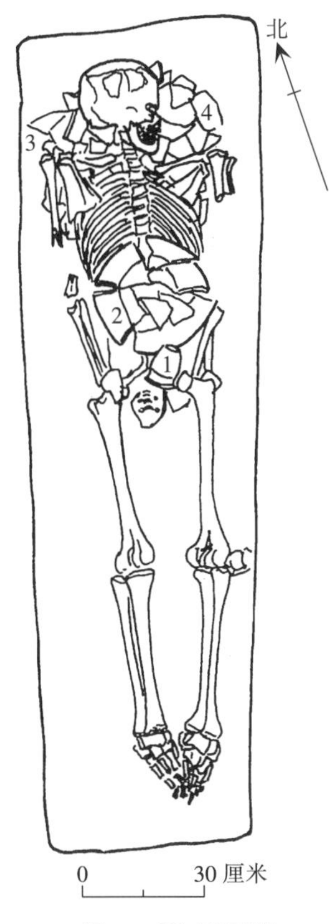

图二　M1 平面图

1. 陶杯　2. 陶盆　3. 陶豆　4. 陶鼎

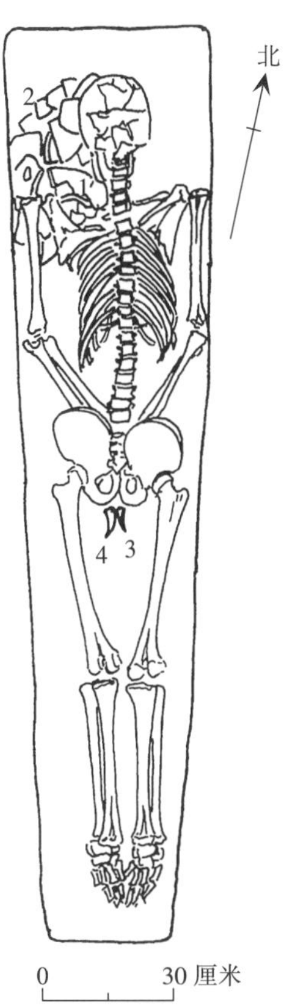

图三　M14 平面图

1. 陶豆　2. 陶鼎　3、4. 猪獠牙

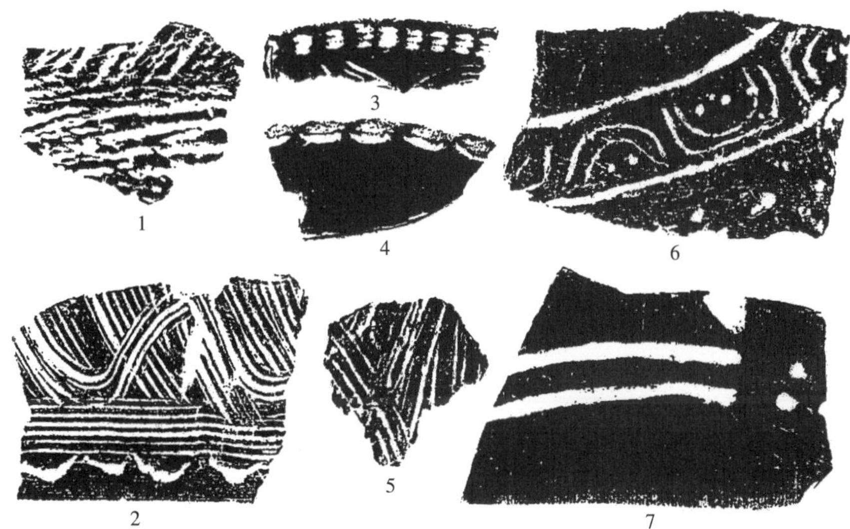

图四　马家浜文化陶器纹饰拓片

1. 绳纹（T1④：29）　2. 划纹、指甲纹组合纹（T1④：28）　3. 锥刺纹（T2②：22）　4. 指甲纹（T1⑤：55）　5. 斜刻划纹（T1④：38）　6. 宽带纹（T1⑤：50）　7. 凹弦纹（T1⑤：57）（1/2）

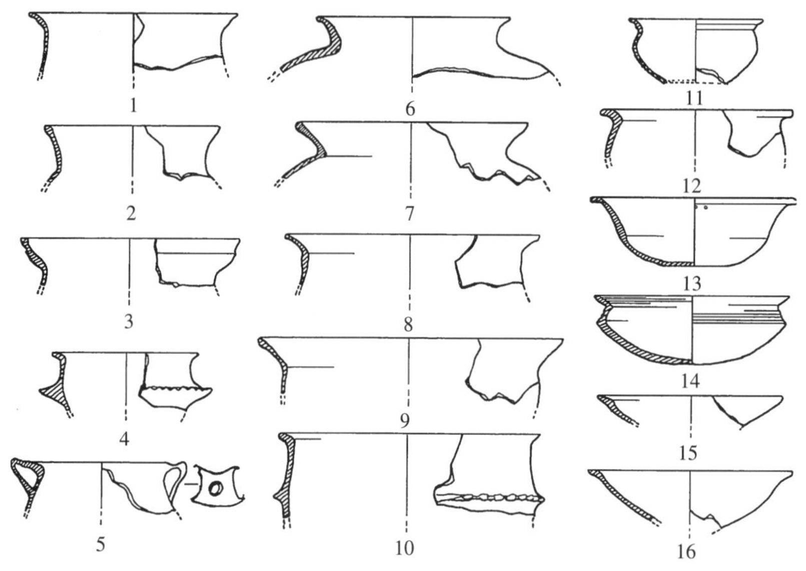

图五　陶器

1. AⅠ式罐（T1⑤:17）　2. AⅡ式罐（F1②:5）　3. AⅢ式罐（T1②:1）　4. BⅡ式釜（T1④:3）　5. C型罐（F1②:16）　6. BⅠ式罐（T1⑤:23）　7. BⅡ式罐（F1②:6）　8. AⅠ式釜（T1⑤:15）　9. AⅡ式釜（T1⑤:13）　10. BⅠ式釜（T1④:5）　11. AⅠ式盆（T1⑤:22）　12. AⅡ式盆（T1②:7）　13. B型盆（M1:2）　14. C型盆（M7:1）　15. AⅡ式豆（F1②:15）　16. AⅠ式豆（T1④:23）（6、7. 1/5，余1/10）

A型　25件。高领罐。侈口，高领。分为三式。

Ⅰ式　14件。宽卷沿，圆唇。T1⑤:17，泥质红衣陶。口径29、残高7厘米（图五，1）。

Ⅱ式　9件。口沿微内凹，厚圆唇，沿与颈区分不甚明显。F1②:5，泥质红衣陶。口径24、残高6.8厘米（图五，2）。

Ⅲ式　2件。宽凹沿略呈盘状。T1②:1，夹砂褐陶，口沿外壁有一周凸棱。口径30、残高6厘米（图五，3）。

B型　18件。小口罐。卷折沿，圆唇，束颈。可分二式。

Ⅰ式　13件。卷沿。T1⑤:23，泥质黑皮陶。口径13.4、残高3.5厘米（图五，6）。

Ⅱ式　5件。卷沿微折。F1②:6，夹细砂红衣陶。口径16、残高5.5厘米（图五，7）。

C型　1件。双耳罐。F1②:16，夹细砂红衣陶。口沿外侧附牛鼻式双耳，耳略高于口，耳正面中间有一个直径1.5厘米的圆孔。口径22、残高6厘米（图五，5）。

鼎　12件。均为夹砂陶。分为三型。

A型　3件。釜形鼎。M16:2，卷沿，尖唇，束颈，深弧腹，圜底较平缓，三柱状足，已残缺。肩部有一对鋬手，足上端有一凹窝。口径21.8、残高23.6厘米（图七）。

B型　5件。罐形鼎。卷沿，圆唇，束颈，圆鼓腹，圜底，下接三足。分为三式。

Ⅰ式　1件。M17:4，夹砂红褐陶。长束颈，圜底，三足高且外撇，略呈羊角形。足上端有两个凹窝。口径19、通高23厘米（图六，10）。

Ⅱ式　3件。厚圆唇，长束颈，三扁足外撇，但高度较Ⅰ式有所降低，圜底近平。

M18:3，夹砂褐陶。颈饰数周凹弦纹。足外侧有一条纵贯的凹槽。口径15.6、通高19.9厘米（图六，13）。

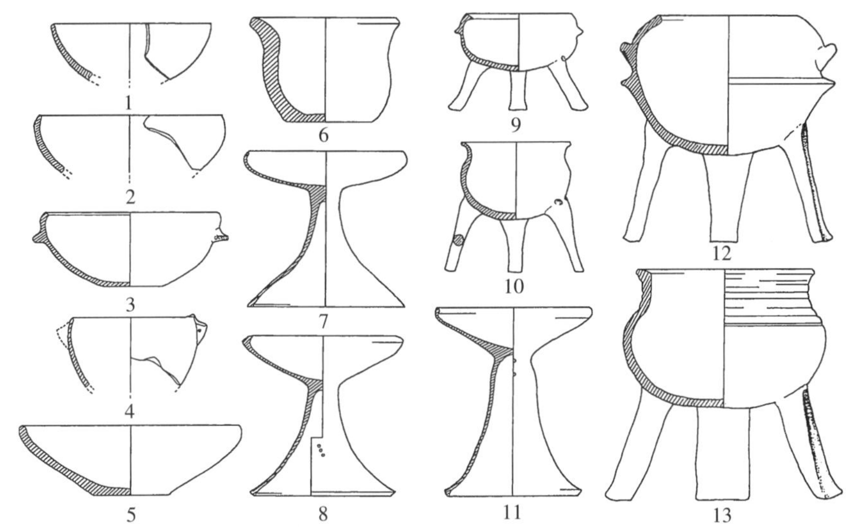

图六 陶器

1. BⅠ式豆（T1⑤:30） 2. BⅡ式豆（T1④:25） 3. AⅡ式钵（T1②:4） 4. AⅠ式钵（T1⑤:43） 5. B型钵（M8:1） 6. 杯（M17:1） 7. BⅢ式豆（M17:2） 8. BⅣ式豆（M2:3） 9. CⅢ式鼎（M12:2） 10. BⅠ式鼎（M17:4） 11. BⅤ式豆（M18:2） 12. CⅠ式鼎（M3:1） 13. BⅡ式鼎（M18:3）（2、12、13. 1/6，6. 1/3，余1/12）

图七 A型陶鼎（M16:2）

图八 BⅡ式陶鼎（M1:4）

M1:4，口径14.2、通高17.6厘米（图八）。

Ⅲ式 1件。器身矮胖。短束颈，鼓腹，圜底近平，三扁足较矮。M12:1，夹砂红褐陶，足外侧有纵贯的凹槽。口径13.5、通高15.3厘米（图九）。

C型 4件。钵形鼎。敛口，方唇，圆肩，弧腹，圜底，下接三足。分为三式。

Ⅰ式 1件。M3:1，夹砂红褐陶。腹较深，三扁足。肩部有一对长条形鸡冠鋬，腹饰一周凸棱，足外侧有一长条形凹槽。口径16.5、通高19.6厘米（图六，12）。

Ⅱ式 2件。腹变浅变宽。M2:4，夹砂红褐陶。肩部有一对鸡冠状鋬，三足略残缺，足外侧上端有一凹窝。口径12、残高12.9厘米（图一〇）。

Ⅲ式 1件。M12:2，夹砂红褐陶。腹较浅，腹壁方直。肩部有一对鋬手。三个扁凿形足，足外侧上端有一小凹窝。口径18.3、通高16.85厘米（图六，9）。

图九 BⅢ式陶鼎（M12∶1）

图一〇 CⅡ式陶鼎（M2∶4）

图一一 B型陶盆（M18∶1）

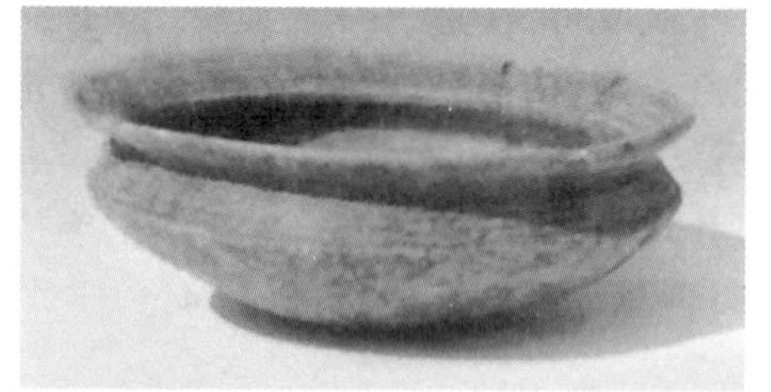

图一二 C型陶盆（M7∶1）

釜 28件。分为2型。

A型 18件。宽沿。均为夹细砂陶，有的外施红衣，胎较薄，分为二式。

Ⅰ式 7件。卷折沿。微束颈。T1⑤∶15，口径35、残高6.5厘米（图五，8）。

Ⅱ式 5件。斜折沿。T1⑤∶13，口径42、残高7厘米（图五，9）。

B型 10件。窄沿。均为夹砂褐陶。分为二式。

Ⅰ式 2件。斜平沿，圆唇，鼓腹。T1④∶5，腹上部饰一周附加堆纹。口径36、残高10.5厘米（图五，10）。

Ⅱ式 1件。T1④∶3，卷沿，束颈，鼓腹。腹部有一周腰檐，沿上有按窝纹。口径20、残高7.5厘米（图五，4）。

豆 57件。均为泥质陶，大部分为红衣陶或外红内黑。分为二型。

A型 26件。敞口，浅盘，宽沿。分为二式。

Ⅰ式 4件。尖唇，平沿，弧腹。T1④∶23，泥质红衣陶，内黑外红。口径28、残高7厘米（图五，16）。

Ⅱ式 9件。沿面斜平。F1②∶15，泥质红衣陶，内黑外红。口径25、残高4.5厘米（图五，15）。

B型 31件。均为泥质红衣陶。分为五式。

Ⅰ式 16件。敞口，尖唇，深弧腹。T1⑤∶30，口径28、残高9.5厘米（图六，1）。

Ⅱ式 2件。口微敛，圆弧腹。T1④∶25，口径16、残高5厘米（图六，2）。

Ⅲ式 4件。敛口，鼓腹，豆盘较浅。大喇叭形高圈足。M17∶2，口径26.7、足径27.1、通高

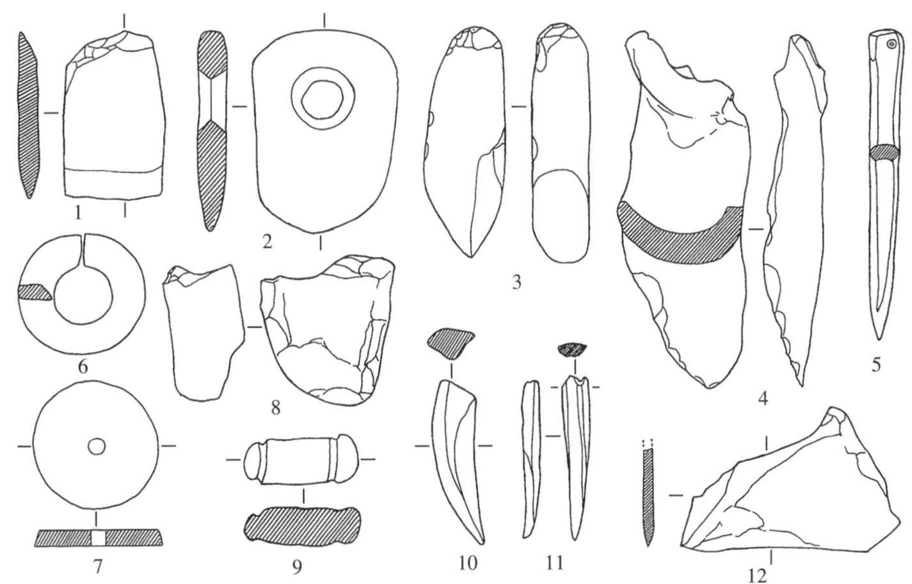

图一三　随葬品

1. 石锛（F1②:21）　2. 石斧（94 采:3）　3. 石凿（T1⑤:9）　4. 骨匕（T1⑤:63）　5. 骨笄（M15:2）　6. 玉玦（M15:1）　7. 石纺轮（M2:1）　8. 石锤（T1⑤:11）　9. 陶网坠（T1⑤:5）　10. 猪獠牙（M14:3）　11. 骨锥（T1⑤:8）　12. 石刀（T1④:2）（1/3）

26.9 厘米（图六，7）。

Ⅳ式　5 件。敛口内折，腹壁斜直，喇叭形高圈足。M2:3，圈足上有三组圆形镂孔，每组三个，呈斜向排列。口径 24.6、足径 25.2、高 27.7 厘米（图六，8）。

Ⅴ式　4 件。敛口，沿内勾，腹壁斜直。圈足很高，且顶端略凸出。M18:2，圈足顶端饰两个圆形镂孔。口径 25.9、足径 22.2、高 29.5 厘米（图六，11）。

盆　10 件。大部分为泥质陶。分为三型。

A 型　7 件。鼓腹盆。分为二式。

Ⅰ式　2 件。卷沿，束颈，圆鼓腹。T1⑤:22，泥质黑皮陶。颈部有一周凸棱。口径 18、残高 8 厘米（图五，11）。

Ⅱ式　5 件。厚圆唇，平折沿。T1②:7，夹砂红衣陶。口径 26、残高 6.5 厘米（图五，12）。

B 型　2 件。曲腹盆。卷沿，浅腹，弧壁，下腹部微折，平底。

M18:1，泥质红衣陶。盆沿下有两个圆镂孔。口径 28.4、底径 9.1、高 7.9 厘米（图一一）。

M1:2，口径 28.3、底径 8.4、高 9 厘米（图五，13）。

C 型　1 件。折腹盆。斜折沿，束颈，折腹，圜底，颈肩部饰数周凹弦纹。M7:1，夹砂褐陶。口径 26.6、高 9 厘米（图五，14；图一二）。

钵　6 件。均为泥质陶，红衣陶或黑皮陶。分为二型。

A 型　5 件。口微敛，深弧腹，口沿下或肩部有一对錾耳。分为二式。

Ⅰ式　2 件。直口微敛，口沿下有一对穿孔錾耳。T1⑤:43，泥质黑皮陶。口径 21、残高 12.5 厘米（图六，4）。

Ⅱ式　3件。口微敛，弧腹变浅，平底。肩部有一对鸡冠鋬。T1②:4，口径40、底径10、高12.8厘米（图六，3）。

B型　1件。M8:1，敛口，浅弧腹，平底。口径19.1、底径6.8、高5.8厘米（图六，5）。

杯　3件。均为夹砂红褐陶，形体较小。敞口，圆唇，口沿外侈，深弧腹，平底。M17:1，口径6.5、底径3.8、高4.5厘米（图六，6）。

网坠　3件。泥质陶。T1⑤:5，长条形，两端边各有一凹槽。长5、宽1.7、厚2.1厘米（图一三，9）。

2. 玉石器

出土数量不多，且大多残缺。器类有锛、凿、斧、锤、刀、纺轮等。其加工方法为先凿制，后通体磨光或局部磨光。

石锛　5件。F1②:21，扁长方体，双面刃。长7.2、宽4~4.4、厚0.8厘米（图一三，1）。

石斧　2件。为穿孔石斧。94采:3，扁舌形，两面钻孔，琢制后再磨光。长8.7、宽5~6.5、厚1.3厘米（图一三，2）。

石刀　2件。T1④:2，三角形，体扁薄，双面刃，打磨锋利。长9.7、残宽6.2厘米（图一三，12）。

石锤　1件。T1⑤:11，体厚，顶残。底端圆弧。残高6.5、残宽5.8厘米（图一三，8）。

石凿　1件。T1⑤:9，圆柱形，双面刃，通体磨光。长9.8、宽3.5、厚2.6厘米（图一三，3）。

石纺轮　1件。M2:1，圆形，体扁平，中央有一圆孔。直径5.5、厚0.7厘米（图一三，7）。

玉玦　2件。M12:4，白色玛瑙质。圆形，一侧有一缺口。外边廓圆浑，内边廓磨出斜面。有断痕。直径5.6、厚0.6厘米。

M15:1，玛瑙质，白色略泛黄。外边廓棱角分明，内边廓磨成一个斜面。直径5、厚0.6厘米（图一三，6）。

3. 骨牙器

骨笄、骨锥、骨匕、猪獠牙等。骨器均利用动物胫骨加工制成。

骨笄　1件。M15:2，扁长条形，头端尖锐，尾端圆浑，上面有一圆孔。长13.4、宽1.3、厚0.6厘米（图一三，5）。

骨锥　2件。均残，只剩下半截。T1⑤:8，锥尖较钝，侧边切割面平整。长7厘米（图一三，11）。

骨匕　1件。T1⑤:63，利用大型动物的胫骨加工而成。刃部打磨锋利。长15、宽5.5厘米（图一三，4）。

猪獠牙　2件。置于墓主骨盆下方。M14:3，长7.1、最宽1.2厘米（图一三，10）。

三、马桥文化

（一）遗迹

仅见灰坑和水井，均开口在第1层下。

1. 灰坑

3座。平面均呈圆形，坑底平坦或呈锅底状。坑内出土遗物均为陶器，以釜、罐为主。

H1　平面为不规则圆形。长径2.5、短径2.2、自深0.3米。坑内东壁斜直，西壁、南壁则呈台阶状，坑底近平。坑内填土为黑灰色，含有草木灰、烧土粒等。出土遗物均为陶器，有鼎、罐、釜等（图一四）。

2. 水井

2座（J1、J2），均位于T1内。

J1　平面为圆形，四壁加工光滑。口径0.9、深2.97米。填土为深灰色淤土，含草木灰、木头等。井内出土遗物以陶器为主，有罐、鼎、釜等。此外还出土石刀、石斧、木笄和木坠。

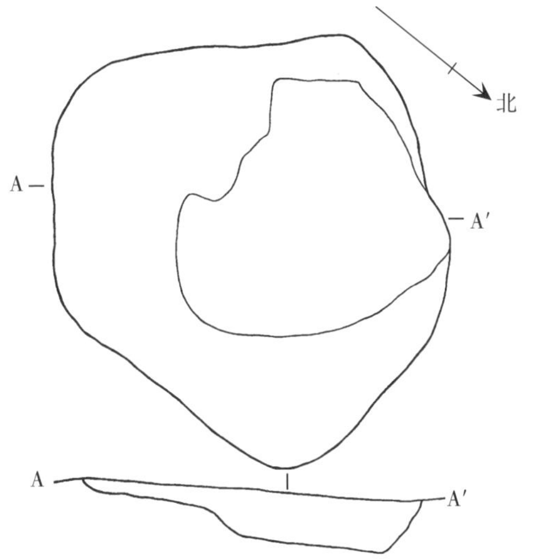

图一四　H1平、剖面图

图一五　陶鼎（J2∶2）

图一六　C型陶罐（J1∶10）

图一七　C型陶罐（J1∶12）

图一八　D型陶罐（J1∶16）

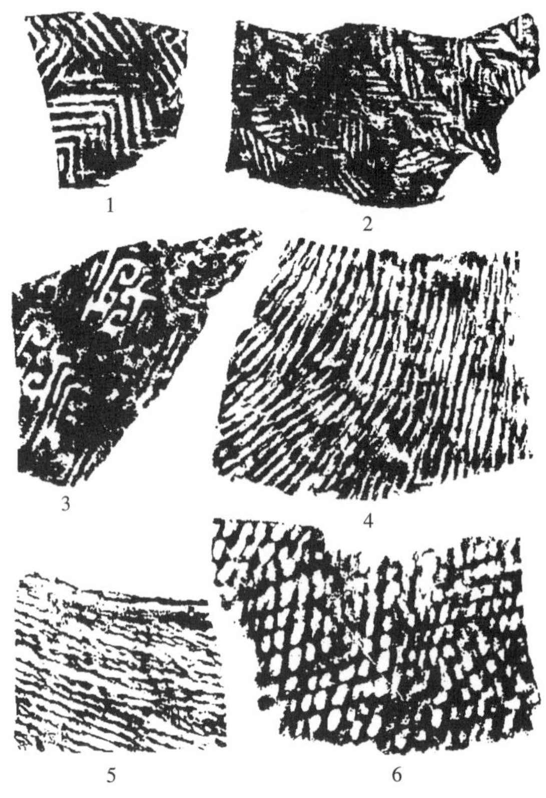

图一九　马桥文化陶器纹饰拓片

1. 曲折纹（J1∶26）　2. 叶脉纹（H1∶6）　3. 云雷纹（H2∶3）　4. 篮纹（J1∶33）
5. 绳纹（J1∶8）　6. 卵点纹（J1∶3）（1/2）

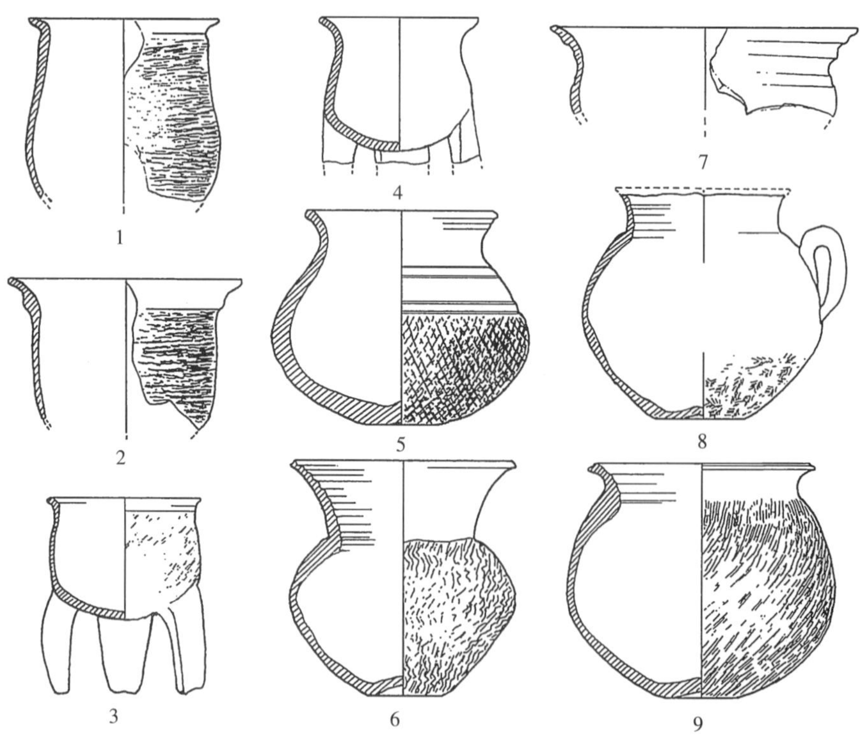

图二〇　陶器

1. A 型釜（J1∶21）　2. B 型釜（J1∶20）　3、4. 鼎（J2∶2、1）　5. B 型罐（J1∶11）　6. A 型罐（J1∶13）
7. 盆（H3∶2）　8. D 型罐（J1∶16）　9. C 型罐（J1∶9）（1、3、4、7. 1/10，余 1/5）

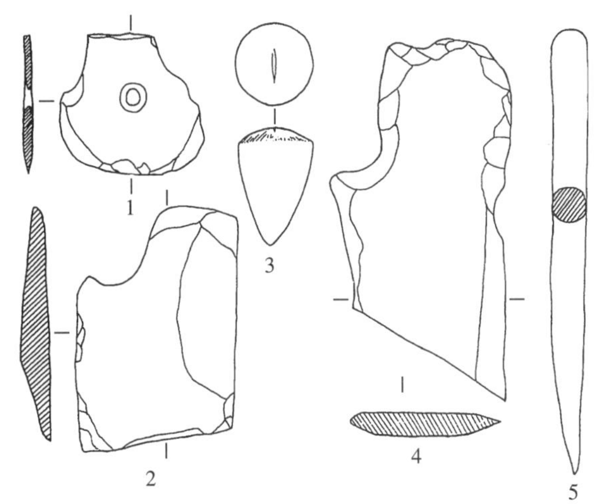

图二一 随葬品

1. 石斧（J1:5） 2、4. 石刀（J1:4、3） 3. 木坠（J1:15） 5. 木笄（J1:2）（1. 1/6，余1/3）

（二）遗物

遗物有陶器、少量的石器和木器。

1. 陶器

大部分为泥质硬陶，又分为印纹陶和釉陶，陶色有青灰色、灰色、黑色等。陶器多为轮制。纹饰以绳纹、篮纹为主，另有云雷纹、曲折纹、方格纹、卵点纹、叶脉纹、弦纹等（图一九）。器类主要有釜、罐、鼎、盆等。

釜 5件。均为夹砂褐陶，器身饰篮纹或绳纹。分为二型。

A型 3件。敛口，卷沿，尖唇，垂腹。J1:21，器身饰横列绳纹。口径23、残高20厘米（图二〇，1）。

B型 2件。侈口，圆唇，直腹。J1:20，沿面较宽。颈部有一周凸棱，颈下饰横列绳纹。口径14、残高8厘米（图二〇，2）。

罐 13件。分为四型。

A型 3件。长颈折腹罐。高领外侈，束颈，鼓腹微折，凹底。J1:13，泥质硬陶。腹饰曲折纹。口径12.8、底径4.5、高12.9厘米（图二〇，6）。

B型 5件。鼓腹罐。卷沿，圆唇，束颈，鼓腹微垂，平底微凹。J1:11，泥质灰陶。颈、肩饰四周弦纹，腹以下饰方格纹。口径11、腹径15、高12厘米（图二〇，5）。

C型 4件。深腹罐。卷沿，束颈，深腹，平底微凹。

J1:9，泥质硬陶。颈以下饰篮纹。口径12.4、腹径15.6、高13厘米（图二〇，9）。

J1:10，橙黄色泥质硬陶。口径11、腹径13.8、高13.6厘米（图一六）。

J1:12，口径9、腹径13、高12.4厘米（图一七）。

D型 1件。带把罐。J1:16，泥质硬陶，施青釉。口沿残缺，高领，束颈，鼓腹，小平底微凹。肩腹部有一把手。口径约10、腹径14、高12.6厘米（图一八；图二〇，8）。

鼎 3件。均为夹砂红褐陶。

J2∶2，直口微敛，折沿，方唇，深直腹，圜底，三瓦状足。腹饰绳纹。口径18、腹径17.6、通高21.5厘米（图一五；图二〇，3）。

J2∶1，口径18.7、腹径17.6、残高14.9厘米（图二〇，4）。

盆　1件。H3∶2，泥质灰陶。敞口，尖唇，束颈，鼓腹。颈、肩部有四周凸棱。口径18、残高5厘米（图二〇，7）。

2. 石器

斧　1件。J1∶5，黑色。为有肩穿孔石斧，双面弧刃，刃口略有残损。通体磨光。刃宽12、高10.8厘米（图二一，1）。

刀　2件。

J1∶3，灰色。仅剩柄及部分刀身。双面刃。仅刃部磨光，余均凿制。残长14、宽7.1厘米（图二一，4）。

J1∶4，黑色，短柄，刃较钝。通体琢制。长9.2、宽6.5厘米（图二一，2）。

3. 其他

木笄　1件。J1∶2，细长圆锥体，较光滑。长16.9、直径1.4厘米（图二一，5）。

木坠　1件。J1∶15，陀螺形，弧顶，顶部中心有一沟槽。最大径3.1、高4.6厘米（图二一，3）。

骨器　1件。J1∶41，骨料，为动物肋骨，有平齐的切割痕。残长18.6厘米。

四、结语

（一）关于马家浜文化遗存

根据地层叠压关系和器物形制的变化，可将广福村遗址的马家浜文化分为两期。第一期为第3~5层和F1。陶器以泥质陶为主，多为泥质红衣陶。器类以釜、罐为主，鼎很少。代表器形有宽沿釜、窄沿釜、Ⅰ式和Ⅱ式高领罐、小口罐、A型豆、BⅠ式和BⅡ豆等。第二期为第2层以及第1层以下的20座墓葬。陶器以夹砂陶为主，多为夹砂红褐陶。器类以鼎、豆为主，代表器形有罐形鼎、钵形鼎、BⅢ式至Ⅴ式豆、折腹盆等。

该遗址马家浜文化第一期的标本（BK94092）经^{14}C测定，其年代为距今5410±80年，年轮校正为距今6055±125年。本期出土的窄沿釜、AⅡ式豆与草鞋山遗址第8、9层出土的同类器相似。马家浜文化第二期的出土器物较一期略有变化，而带有崧泽文化的特点，如豆的喇叭形圈足变小，鼎变为敛口，有铲形足等。第二期的年代属于从马家浜文化向崧泽文化的过渡阶段。

为了解当时人类的生产活动和生存环境，我们分别请南京师范大学地理系、江苏省农业科学院、南京大学等单位的专家，先后做了孢粉分析、植物蛋白石分析和兽骨鉴定。广福村遗址马家浜时期以草本植物为主、如水生的香蒲、眼子菜等，说明当地为浅水沼泽环境。兽骨以猪骨为主，当时的动物还有鹿、麂、牛、狗等。通过对该遗址土壤中植物蛋白石的分析，发现有大量的水稻植物蛋白石，并且属于粳稻类型。这说明，广福村先民在6000年前可能已开始种植水稻。

（二）关于马桥文化遗存

广福村遗址中，马桥文化仅发现遗迹而不见地层堆积。马桥文化遗址在苏州发现很少，一般都是在新石器时代遗址的上层发现，如草鞋山、越城、梅埝龙南等遗址，而且堆积层都不太厚。广福村遗址和梅埝龙南遗址一样，地处太湖东南边缘，距海较近，可能经常受到海侵，所以，这一时期形成不了较厚的文化堆积层。

本次发掘的领队为丁金龙、张照根，成员有陈瑞近、杨舜融、陆庆荣、王学雷，器物修复朱伟峰，拓片王学雷。

执笔：丁金龙　杨舜融　张照根

绘图：张照根

摄影：陈瑞近

（原载《文物》2001 年第 3 期）

苏州考古资料汇编

（下）

苏州市考古研究所
（苏州考古博物馆） 编

文物出版社

吴县郭新河遗址发掘简报

苏州博物馆

郭新河遗址位于吴县市郭巷镇尹山村东的郭新河两岸，东侧紧靠着尹山湖（图一）。该遗址由南京博物院在1956年考古调查时发现。1974年当地开挖郭新河时出土了大量的文化遗物，1987～1988年，吴县文物管理委员会通过对遗址全面复查，确认遗址时代为崧泽文化至商周时期①。遗址东西长400米、南北长400米，面积为160000平方米，文化堆积达1.5米。苏嘉杭高速公路从遗址中心通过，工程涉及遗址面积约4000平方米。

1999年10月8日至11月11日由苏州博物馆、吴县文物管理委员会组成联合考古队，对郭新河遗址进行抢救性发掘，地点在郭巷镇南六丰村东面，苏嘉杭高速公路（CK59+430～460）路基中心线东侧，布6个10米×10米探方，共600平方米（图二）。此处上原有一土墩，当地俗称“长坟”，东西约40米、南北约30米，高出地平有2米，相当于海拔3.7米。发掘前已被当地窑厂取土挖去1.2米，因此探方地表平面高程为海拔（以黄海海平面为准）2.5米。地表散落着许多在窑厂取土后被扔下的唐宋时期的陶瓷器碎片。

这次发掘共清理了古墓葬14座，其中崧泽文化墓葬6座、唐代墓葬5座、宋代墓葬3座（附表一）。出土一批遗物。

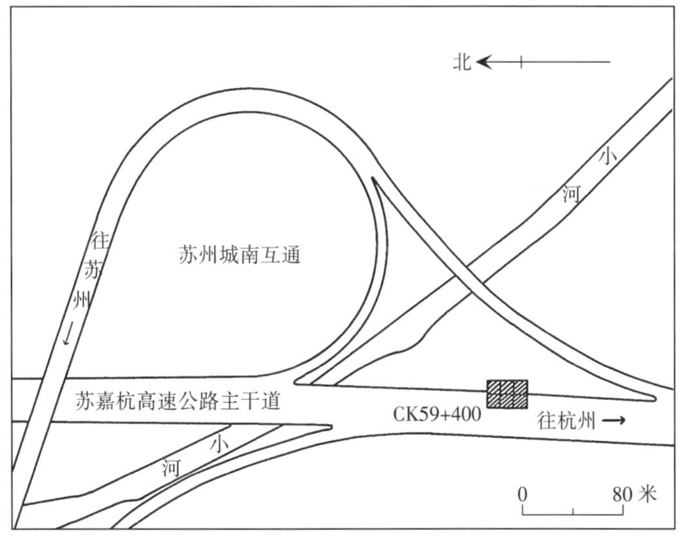

图一　郭新河遗址发掘现场在苏嘉杭高速公路的位置

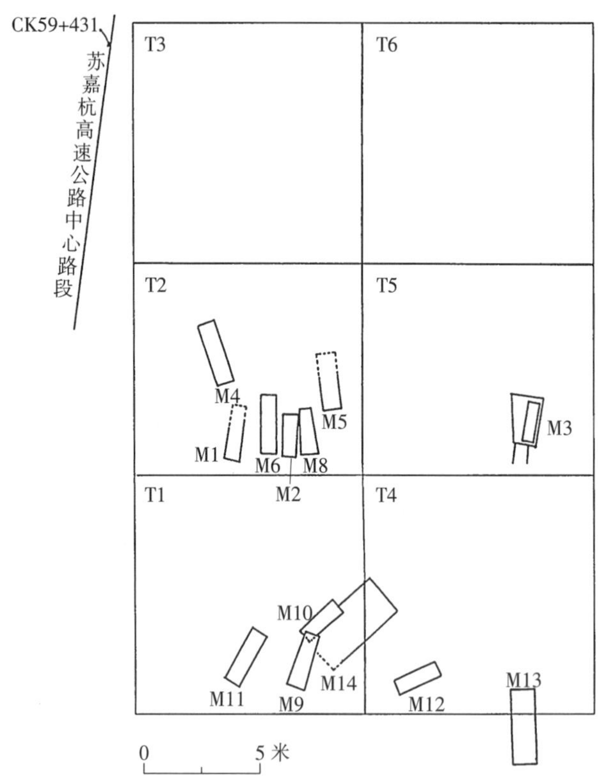

图二　苏嘉杭高速公路考古发掘探方、墓葬平面图

一、地层堆积

本次发掘地层堆积可分6层，现以T1东壁剖面为例予以说明（图三）。

第1层，现代扰乱土，厚0.03～0.45米。含各时期陶瓷器碎片，其中宋代的碎片居多。

第2层，唐宋文化层，灰黄色土，厚0.05～0.34米。含宋以前各朝遗物。

第3层，商周文化层，灰褐色土，厚0.1～0.4米。地层中遗物较少，唐、宋墓葬均打破此层。

第4层，良渚文化层，黄褐色土，厚0.05～0.2米。地层中有遗物发现。

第5层，崧泽文化土台，分A、B、C、D四小层。从四层土的堆积情况分析，土台是逐层夯筑而成，在台的北部边缘发现了崧泽墓葬6座。

第6层，崧泽文化层，青灰色土，厚0.1～0.4厘米，该层下为黄色生土。

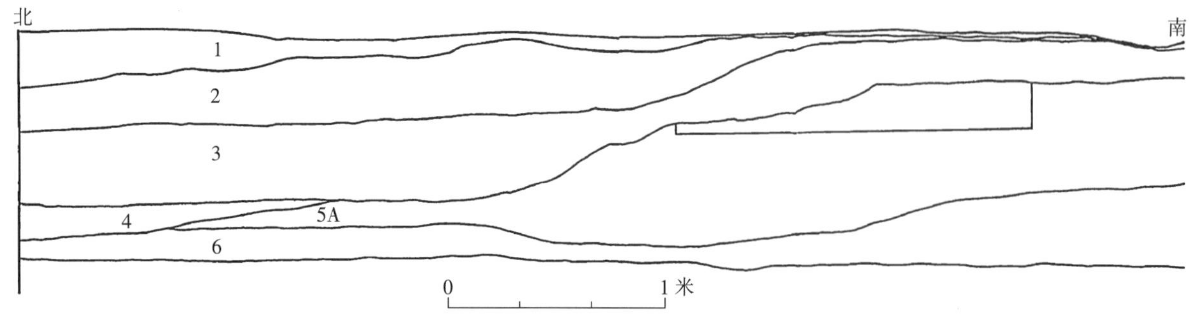

图三　T1东壁剖面图（局部）

二、崧泽文化时期

（一）土台

本遗址 T1、T2、T4、T5 中，第 4 层下为崧泽土台，此土台东西长 19.9 米、南北宽 13.4 米、高 0.85 米（从第 6 层到土台最高处）。从地层剖面来分析，崧泽土台的堆积还可分为 4 小层：

A 层，黄色土，厚 0.1~0.6 米，该层多处被墓葬所打破。向东延伸较远，比下面几层长出近 8 米。

B 层，黄灰色土，含铁锈斑点，厚 0.1~0.3 米。

C 层，灰黄色土，含黄土块和铁锈斑点，厚 0.05~0.2 米。北坡较厚。

D 层，黄灰色土，含黄土块和铁锈斑点，厚 0.1~0.25 米。南、北两边较中间为厚。

此土台是人工堆筑而成。每一层土中有黄土块、黑灰土块、灰白土块等各色土块夹杂在一起堆筑夯打而成。土台中部比较平整，四周呈斜坡状。土台位于第 4 层之下、第 6 层之上，第 6 层为崧泽文化层，一般厚 0.1 米左右，在土台之下的第 6 层土却厚达 0.3~0.4 米，这一现象说明，当时，堆筑土台时选择地势较高的地方，以节省时间和劳力。另外，土台的上一层夯土比下一层夯土面积大，因此土台随着堆土增高而渐高渐大。

在土台的西北边缘处发现崧泽墓葬 5 座，土台的东部边缘也发现崧泽墓葬 1 座，都打破土台的表层，说明了土台是用来埋葬死者的。根据以往考古材料，土台中心部位往往埋葬身份地位较高的人，墓葬的规模也是较大的。遗憾的是，这些墓葬都已被破坏。这次发现的崧泽墓葬是在土台的边缘地带，因而死者身份也不是很高，从出土了极少的随葬品也能说明问题。

（二）墓葬

崧泽墓葬共 6 座。除 M7 在 T5 内，其他五座墓均在 T2 内。五座墓分南、北两列，南面一列四座墓呈东西向排列，北面一列只有一座墓葬。

由于这个崧泽土台表面遭到后期的破坏，且墓葬都在土台的边缘，因此六座崧泽墓也是遇到不同程度的侵扰，特别是在 M1、M2、M5 三座墓的北部均被破坏殆尽。

M1　长方形竖穴土坑，长 2.3 米、宽 0.62~0.68 米、墓底距地表 0.28 米，方向 185 度。人骨仅存头与上肢骨，下肢部分已被破坏，因而腿部的随葬品也已不见，只在头部出土 3 件器物，有灰陶罐 2 件，夹砂陶鼎 1 件（图四）。

M2　长方形竖穴土坑，残长 1.74 米、宽 0.6 米、墓底距地表 0.31 米，方向 182 度。墓室的西南角和北端均被破坏。人骨仅剩下肢骨。出土随葬品均在墓坑西部，共 4 件，有灰陶豆 1 件、灰陶壶 1 件、红陶罐 1 件、黑衣陶纺轮 1 件。豆和纺轮在脚边，壶和罐在臀部右侧（图五）。

M6　长方形竖穴土坑，长 2.35 米、宽 0.58 米、墓底距地面 0.47 米，方向 180 度。人骨仅剩部分下肢骨。出土随葬品 7 件，有灰陶盆、穿孔石斧、灰陶豆、夹砂红褐陶鼎、灰陶罐、红陶罐、小石锛各 1 件。盆在头顶部位，斧和石锛在臀部左侧，其余在脚部（图六）。

M8　长方形竖穴土坑，长 1.78 米、宽 0.58~0.89 米、墓底距地面 0.45~0.57 米，方向 170 度。人骨已经全部腐烂无存。随葬品共出土 6 件，有灰陶豆 2 件，灰陶壶、石斧、灰陶罐、夹砂褐陶鼎各 1 件。其中一件豆及壶在头两侧，斧在身左侧，其他 3 件在脚部（图七）。

图四 M1 平面图

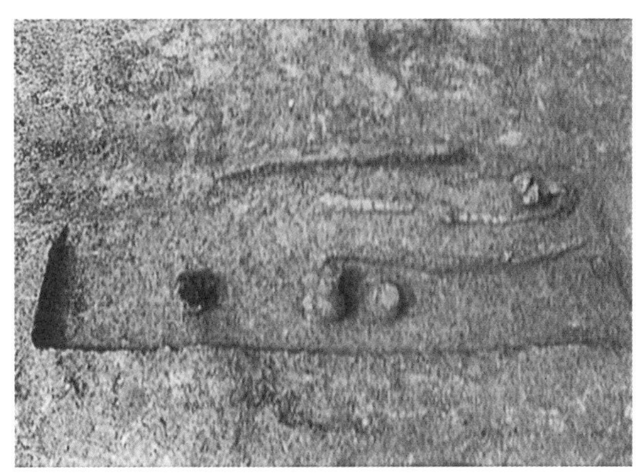

图五 M2 平面图

图六 M6 平面图

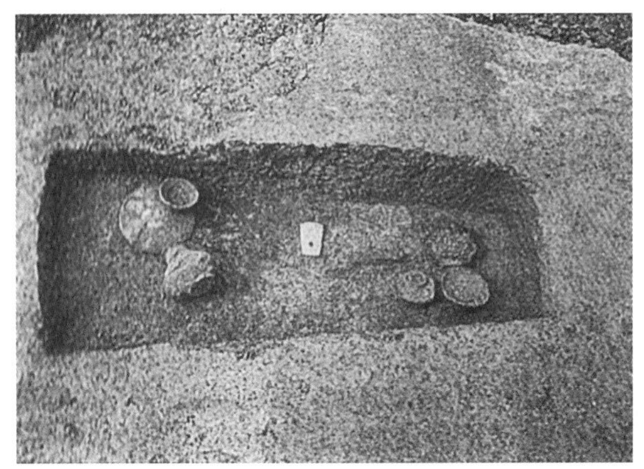

图七 M8 平面图

（三）出土遗物

六座崧泽墓中，共出土器物25件，其中陶器22件、石器3件。

夹砂陶鼎 4件。

M1∶3，器形稍扁，三足尽失。口径16.5、腹径17.2、残高7厘米（图八，1）。

M5∶1，口径14.8、腹径14.8、高12.4厘米（图八，2）。

以上两件夹砂陶中的砂较粗，器壁较厚且粗糙，浅腹，平底，口径较大接近腹径。

M6∶4，口径11.8、腹径13.2、高14厘米（图八，3）。

M8∶6，三足全失。口径12.4、腹径18.5、残高8.4厘米（图八，4）。

以上两件夹砂陶中夹细砂，器壁较平滑，鼓腹圜底，腹径明显比口径小，特别是M8∶6器身像陶罐。

夹砂陶釜 1件。M7∶1，夹砂陶釜仅存底及部分腹壁，底平稍鼓。腹径35厘米。

泥质陶豆 5件。其中3件折沿内敛，高圈足，无纹饰。

M2∶1，浅灰红色。折沿，浅腹，高把，圈足外撇。口径22.8、圈足径11.3、高8.7厘米（图九，1）。

M5∶2，浅灰红色。口径19.2、圈足径13.8、高10.2厘米（图九，2）。

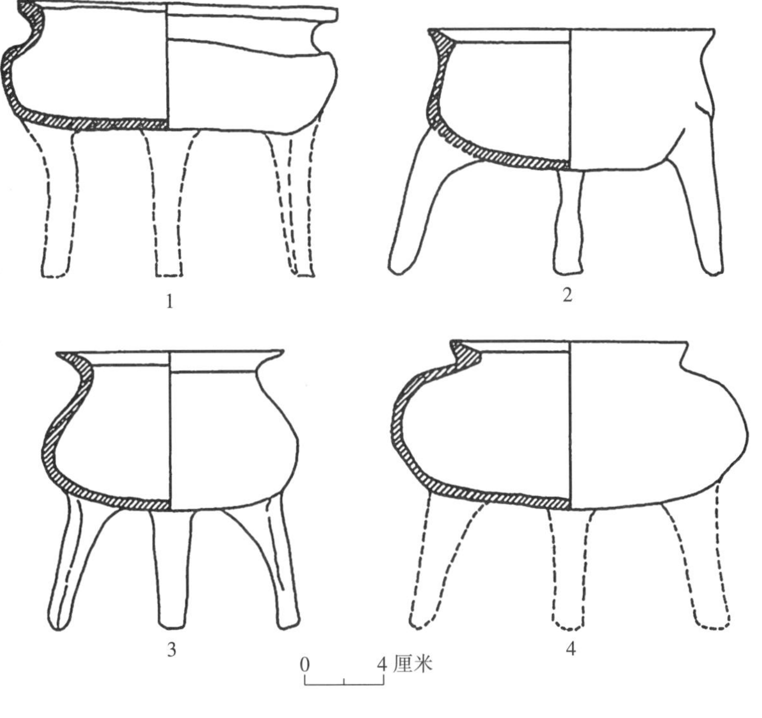

图八 崧泽文化陶鼎

1～4. M1：3、M5：1、M6：4、M8：6

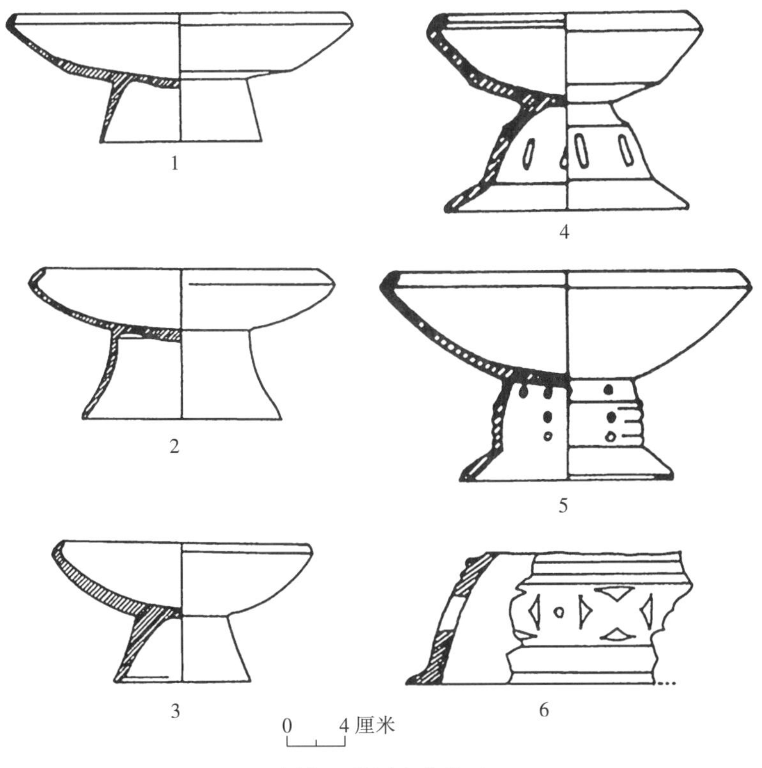

图九 崧泽文化陶豆

1～6. M2：1、M5：2、M8：5、M6：3、M8：1、T1⑤：3

M8：5，灰黑色。口径16.8、圈足径9.6、高9.5厘米（图九，3）。

另两件在豆把上有镂孔，均红褐色，折沿敛口。

M6∶3，底腹中部有折痕一圈，豆把上部有肩，中部有直立长孔一圈八个。圈足向外折成喇叭口形。口径21.4、圈足径16.8、高13厘米（图九，4）。

M8∶1，豆把肩部有小圆孔一周十个，中部有上下排列双圆孔一周五组十个。圈足向外折成喇叭口形。口径23.5、圈足径15、高13.8厘米（图九，5）。

豆把　T1⑤∶3，豆把残片，上有三角形镂空图案，四个三角形为一组，各有一个尖角朝向中心位置（图九，6）。

陶壶　3件。

M2∶2，泥质灰陶。高领直口，斜折肩，折腹稍下垂，小平底。口径4.5、最大腹径12.5、底径6.4、高13.7厘米（图一〇，1）。

M5∶3，泥质红陶。口外侈，斜高领，平唇，鼓腹圈足外撇。口径5.4、最大腹径8.5、底径5.4、高5.6厘米（图一〇，2）。

M8∶2，泥质红陶。口唇外翻，斜高领，削肩弧腹，平底，圈足极低矮。口径11、最大腹径20.2、底径10.4、高20.7厘米（图一〇，3）。

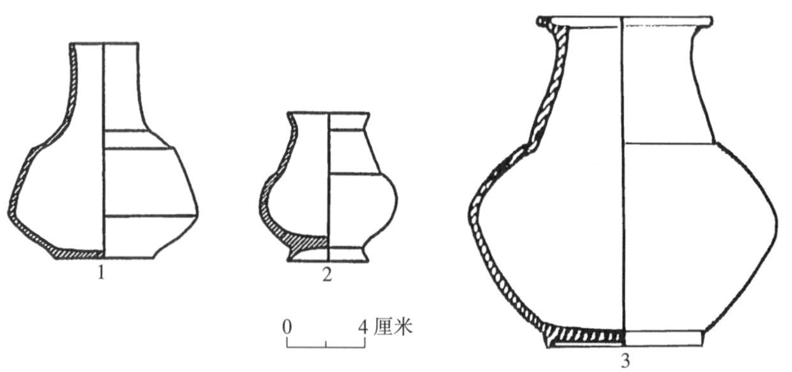

图一〇　崧泽文化陶壶

1～3. M2∶2、M5∶3、M8∶2

陶罐　8件。

M1∶1，泥质灰陶。直口尖唇稍外侈，弧腹，平底。口径8.0、腹径12.4、底径6.2、高12.0厘米（图一一，1）。

M2∶3，泥质红陶。直口稍侈，腹鼓下垂，大平底。口径6.5、腹径10.8、底径9.5、高6.6厘米（图一一，2）。

M6∶5，泥质灰陶。直口外侈，鼓腹，平底。口径9.7、腹径13.4、底径6.4、高9.8厘米（图一一，3）。

另外4件为折腹罐。

M1∶2，黑皮陶。侈口，小折肩，折腹，平底，矮圈足。在折腹的折棱上有两对称的小耳一对。口径7.4、腹径10.8、底径5.2、高7.8厘米（图一一，4）。

M5∶4，泥质红陶。侈口，折腹，平底。折腹处有凸棱一圈。口径6.8、腹径14、底径7.4、高11.3厘米（图一一，5）。

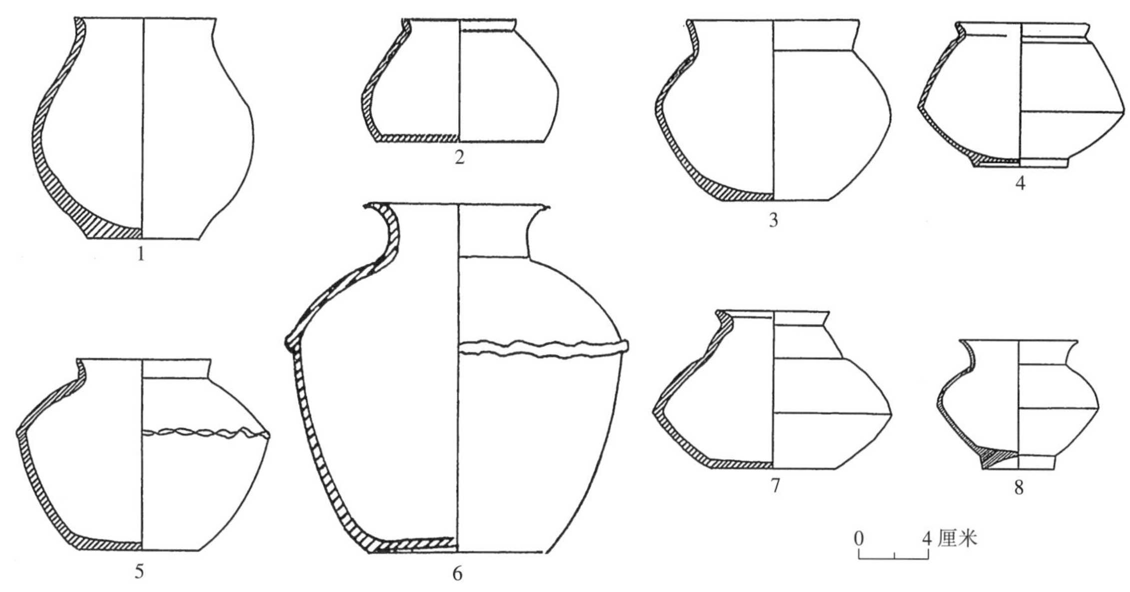

图一一 崧泽文化陶罐

1～8. M1∶1、M2∶3、M6∶5、M1∶2、M5∶4、M6∶6、M8∶4、T1②∶2

M6∶6，泥质红陶。卷沿，束颈，弧肩折腹，平底内凹。口径7.7、腹径18.8、底径10、高18.5厘米（图一一，6）。

M8∶4，泥质红陶。侈口，削肩，折腹，平底。口径6.5、腹径13.4、底径7.2、高9.5厘米（图一一，7）。

喇叭口陶罐　1件。T1②∶2，喇叭口，折腹，假圈足平底内凹。口径6.7、腹径9、底径4、高7厘米（图一一，8）。

陶盆　1件。M6∶1，泥质灰陶。有黑皮已脱落，敞口，折腹内削，平底。口径26、底径8.2、高6.5厘米（图一二，1）。

泥质红陶盘　1件。T1②∶1，敞口，浅腹，圈足。口径17.2、底径9.2、高3.2厘米（图一二，2）。

陶纺轮　1件。M2∶4，泥质黑皮陶，胎灰色。纵剖面为梯形，上宽下窄，正面有刻划纹，似虎似鱼。直径4.3～5.3、厚1.8、中孔直径为0.6厘米（图一二，3）。

石器　3件。

M6∶2，穿孔石斧。青灰色。梯形，双面弧刃，两面钻孔。长16、宽8.4～9.5、厚1.2、孔径1.8厘米（图一二，4）。

M6∶7，石锛。青灰色。长方形，弧背，单面斜刃。长4.3、宽3.2、厚1.2厘米（图一二，5）。

M8∶3，穿孔石斧。黑青色。梯形，双面弧刃，两面钻孔。长14、宽6.8～9、厚1.4、孔径2.4厘米（图一二，6）。

三、良渚文化时期

本次发掘未发现良渚时期墓葬，而在地层中出土了一些器物。

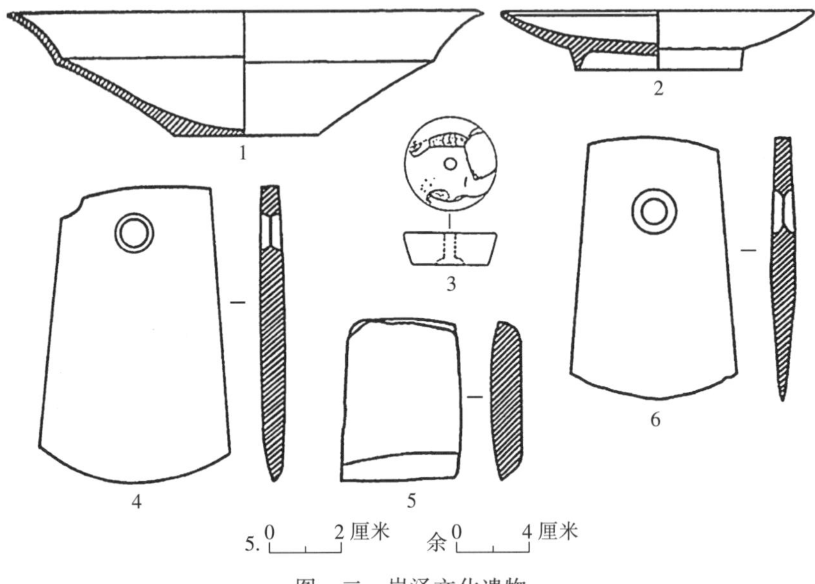

图一二　崧泽文化遗物

1. 陶盆（M6∶1）　2. 陶盘（T1②∶1）　3. 陶纺轮（M2∶4）　4. 石斧（M6∶2）　5. 石锛（M6∶7）　6. 石斧（M8∶3）

石凿　1件。T2②∶1，灰黄色。长方形，弧背，单面刃。长4.6、宽1、厚1.2厘米（图一三，1）。

玉管　1件。T3②∶1，青、黄褐色夹花。不规则圆柱形，中孔稍偏一边，对钻孔。长1.5、外径0.7、孔径0.4厘米（图一三，2）。

双孔石刀　1件。T4②∶1，灰黑色。长方形，平刃，两面钻孔。残长15.8、宽7、厚0.6、孔径1.5厘米（图一三，3）。

石镞　1件。T5②∶1，黑色。菱形。长6.2、宽2.6、厚0.6厘米（图一三，4）。

砺石　1件。T5②∶2，灰黄色。沉积砂岩。残长16.5、宽10.5、厚2.2厘米。正面纵向有两条凹槽，与砺石同长，宽分别是1.3、1.1厘米，深0.7厘米；反面也有一条浅槽（图一三，5）。

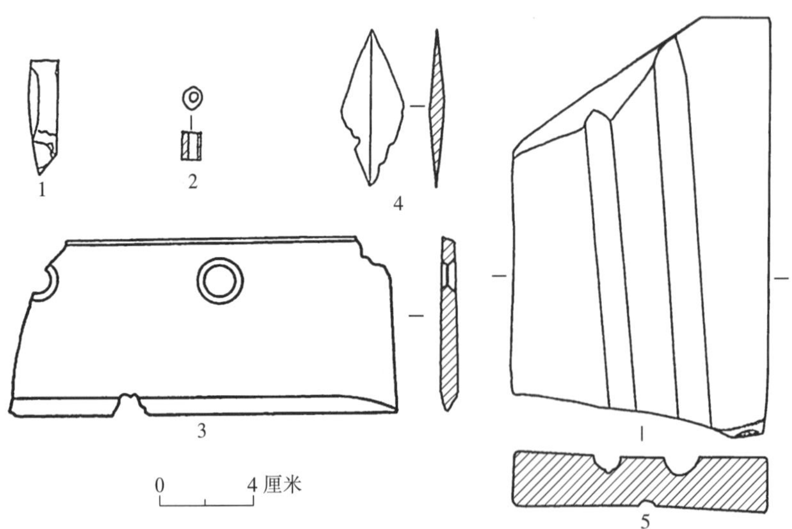

图一三　良渚文化遗物

1. 石凿（T2②∶1）　2. 玉管（T3②∶1）　3. 双孔石刀（T4②∶1）　4. 石镞（T5②∶1）　5. 砺石（T5②∶2）

四、唐代

（一）墓葬

唐代墓葬5座，编号M3、M4、M12～M14。

M3　在T5中部偏东。竖穴土坑，长2.15米、宽0.9～1.21米，墓底距地表0.38米，方向10度。仅见棺底板痕迹，长1.8米、宽0.55米。人骨痕迹较清晰。随葬品有黑皮陶钵1件、青瓷碗2件，“开元通宝”握在左手（图一四）。

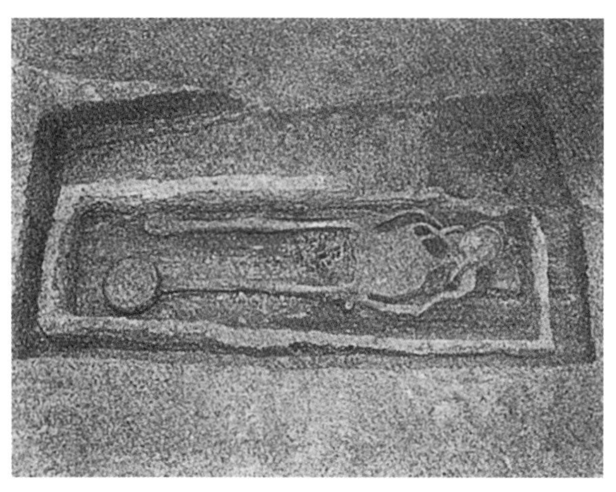

图一四　M3平面图

M4　在T2中部。竖穴土坑，长2.54米、宽0.66米，墓底距地表1.05米，方向342度。棺材保存完好，棺板较薄，棺内长1.88米、宽0.42米、深0.34米，有头箱。骨骼朽。随葬品有黄釉罐1件在头箱内，“开元通宝”握在左手，头饰片在额头部位（图一五）。

图一五　M4平面图

M12　在T4西南角。竖穴土坑，长1.9米、宽0.5米，墓底距地表3.2米，方向204度。棺材已朽，底板痕迹依稀可见，仅存部分头骨和一段下肢骨。头骨边出土2件黄釉碗、“开元通宝”1枚，脚边出土灰陶钵1件（图一六）。

图一六　M12平面图

M13、M14早年被盗。M13仅出土26枚“开元通宝”。M14仅有残青瓷碗1件、“开元通宝”1枚。

（二）出土遗物

五座唐代墓中，共出土器物44件，其中瓷器5件、陶器3件、骨器4件、钱币32枚。

黄褐釉瓷碗　4件。均敞口，弧腹，矮圈足。

M3∶3，腹内外各有一道凹弦纹。口径12.8、底径5.6、高4.1厘米（图一七，1）。

M3∶4，腹内有一道凹弦纹。口径15.6、底径7.6、高5.3厘米（图一七，2）。

M12∶2，腹内有一道凹弦纹。口径12.4、底径6、高3.2厘米（图一七，3）。

M12∶3，口沿外翻，胎较厚重。口径15.6、底径7.1、高6厘米（图一七，4）。

青瓷碗　1件。M14∶1，直口，圆唇，削腹，平底。有支点痕。内满釉，外不及底。口径12.6、底径6.1、高3.8厘米（图一七，5）。

灰陶钵　2件。

M3∶1，泥质灰陶。广直口内敛，圆唇，扁鼓腹，平底内凹。口沿外侧有阴刻弦纹一道，底中有一孔。口径 19.4、腹径 22.4、底径 14、高 8.6、孔径 0.5 厘米（图一八，1）。

M12∶4，泥质灰陶。折沿内敛，扁鼓腹，平底，底中有一孔。口径 22.8、腹径 25.5、底径 15.4、高 7.4、孔径 0.8 厘米（图一八，2）。

这两件钵底部之孔，从孔周破损情况分析，孔是在下葬时所为，可能是葬俗的需要。

黄釉陶罐　1 件。M4∶1，侈口，圆唇，削扁鼓腹，平底内凹。肩部有耳一对。肩部有弦纹两道。口径 7.2、腹径 10.5、底径 5.5、高 13.6 厘米（图一八，3）。

骨质头饰　4 件。M4∶2，圆形，扁平菊花状，每朵分上、下二层，上层稍小，直径分别为 1.5、2.8 厘米，厚度均为 0.12 厘米，饰在帽子的前额部位（图一九）。

“开元通宝”　锈蚀比较严重，字迹不清。M3 出土 1 枚；M4 出土 3 枚，直径 2.5、孔径 0.6 厘米。M12 出土 1 枚；M13 出土 26 枚；M14 出土 1 枚，直径 2.5、孔径 0.6 厘米。厚度均在 0.15 厘米左右。

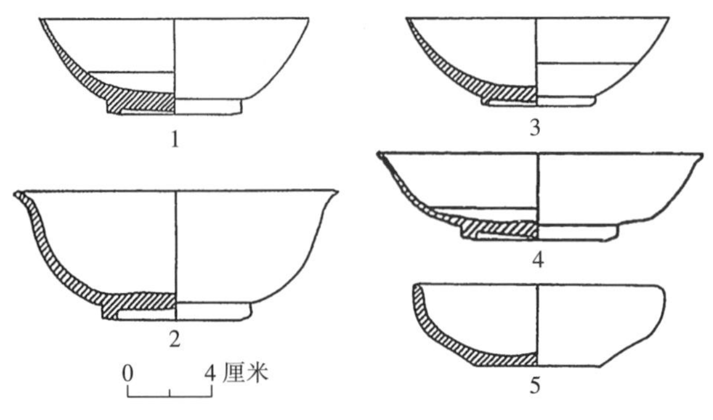

图一七　唐代瓷碗

1～5. M3∶3、M3∶4、M12∶2、M12∶3、M14∶1

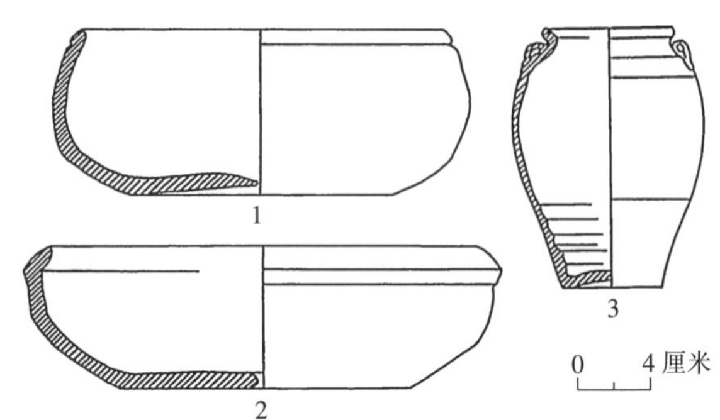

图一八　唐代灰陶钵和黄釉陶罐

1、2. 灰陶钵（M3∶1、M12∶4）　3. 黄釉陶罐（M4∶1）

图一九　唐代骨质头饰

五　宋代

（一）墓葬

宋代墓葬 3 座，编号 M9～M11，均在 T1 内。均为竖穴土坑，有棺木，均朽，仅存棺底和极少部分棺壁痕迹。

（二）出土遗物

三座宋代墓中，共出土器物 10 件，其中瓷器 5 件、陶器 1 件、钱币 3 枚、带饰 1 件。

瓷碗　4 件。均敞口，圈足。

M9∶2，白瓷碗。圆唇较厚，削腹。圈足下无釉。口径 16.8、底径 7、高 5.7 厘米（图二〇，1）。

M10∶1，青瓷碗。尖唇外翻，弧腹。口径 15.2、底径 8、高 5.1 厘米（图二〇，2）。

M11∶1，白瓷碗。厚唇，弧腹内收。口径 13、底径 5.8、高 5.2 厘米（图二〇，3）。

M11∶2，白瓷碗。厚唇，弧腹内收。口径 15、底径 6.7、高 5.5 厘米（图二〇，4）。

青瓷粉盒　1 件。M10∶2，敛口，圆唇，平肩，扁鼓腹，平底，圈足，盖已失。口径 7、肩部直径

8.2、底径5.6、高2.8厘米（图二一，1）。

罐 1件。M9∶1，硬陶，白釉灰胎，下腹部底无釉。折沿，厚唇，削肩，鼓腹，平底内凹，肩部有四耳。口径9.4、腹径16.4、底径10、高22.8厘米（图二一，2）。

钱币 3枚。均出自M10，包括“开元通宝”1枚，“景祐元宝”1枚，“至道元宝”1枚。

带饰 M11∶3。皮带扣残件。

1　2　3　4

图二〇 宋代瓷碗

1～4. M9∶2、M10∶1、M11∶1、M11∶2

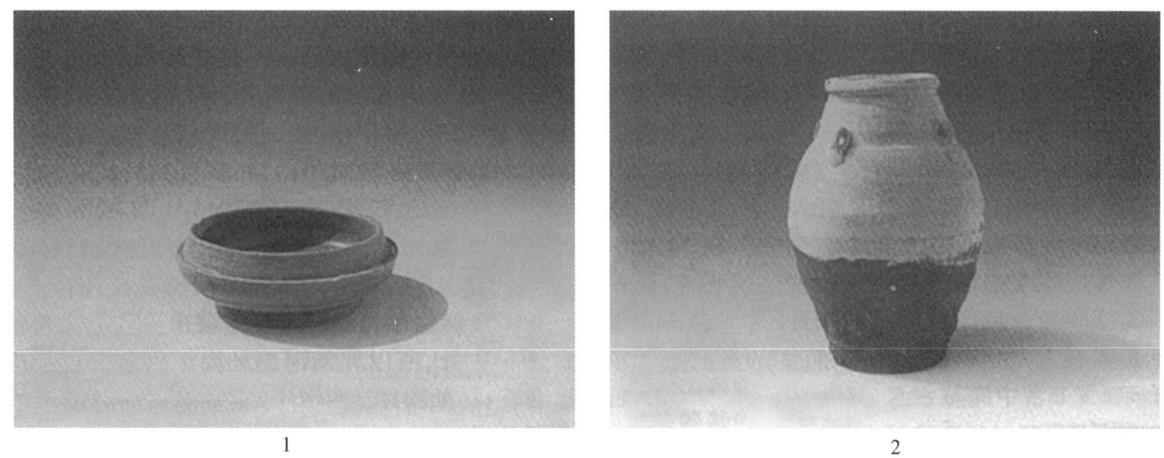

1　2

图二一 宋代青瓷粉盒与陶罐

1. 青瓷粉盒（M10∶2） 2. 陶罐（M9∶1）

六、结语

这次发掘，明确了郭新河遗址的内涵及分布范围。确认遗址东西400米、南北1500米，总面积达数十万平方米，使我们对该遗址的分布范围有了新的认识。

其次，对该遗址的地层情况有所了解。时代最早是新石器时代崧泽文化层，即第6层，渐次向上是良渚文化层（第4层）、商周文化层（第3层）、唐宋文化层（第2层）。在崧泽文化层上有一东西长19.9、南北宽13.4米方圆的土台（定为第5层），残高0.85米。土台是由人工堆筑而成，主要是用来埋葬死者的，结合以往考古资料，土台中心部位应主要是埋葬身份地位较高的死者，而四周则埋葬身份地位较低贱的死者。这次挖到的崧泽墓葬分布在土台的西北部，墓主的身份都比较低，而在土台中间墓主身份较高的墓葬可能被后期破坏了。

在太湖流域，新石器时代中晚期，用人工堆筑的土台作墓地是十分普遍的。据史料记载："吴淞江自吴门至千灯浦，江南北有墩千。"经考古发掘证明的土墩有昆山张浦赵陵、千墩少卿山、征仪绰墩以及这次发掘的长坟等。这些"陵""墩""坟"都是由人工堆筑而成的高台墓地，从新石器时代延续至今。

吴县郭新河遗址出土的崧泽时期文物以罐、豆、壶、鼎为主，其余有盆、纺轮、石斧和钵。陶器色泽以浅红褐陶为多，外加灰陶，少量有黑衣。制筑方法为泥条盘筑，后再轮修。罐、壶的折肩和折腹都是崧泽时期的典型风格，浅腹豆也与崧泽遗址中层出土的盆形豆相似。如豆类，郭新河M5∶2与崧泽M73∶3、郭新河M6∶3和M8∶1与崧泽M57∶1、郭新河M8∶5与崧泽M51∶2的形制相似；壶类，郭新河M2∶2与崧泽M30∶3、郭新河M5∶3和M8∶2与崧泽M21∶5；罐类，郭新河M5∶4与崧泽M87∶4、郭新河M6∶5与崧泽M40∶3、郭新河M8∶4与崧泽M18∶5的形制基本相同。

其余器物也与崧泽遗址中层出土的器物有很多相同之处，所以郭新河遗址崧泽墓葬的时限应该与崧泽遗址中层的时间相当，也就相当于崧泽中期前后。

发掘人员：丁金龙　朱伟峰　姚继元
器物绘图：姚　瑶
执笔：朱伟峰　丁金龙

参考文献

① 姚勤德：《江苏吴县南部地区古遗址调查报告》，《考古》1990年第10期。

② 上海市文物保管委员会：《崧泽——新石器时代遗址考古发掘报告》，文物出版社，1978年。

附表一 **吴县郭新河遗址墓葬一览表**

墓号	规格（厘米）	距地表深（厘米）		出土器物	时代	方位角（度）	所在探方
		墓口	墓底				
M1	230×68	20	28	罐2、鼎1	崧泽	185	T2、472×175
M2	174×60	19	31	豆1、壶1、罐1、纺轮1	崧泽	185	T2
M3	215×90~121	15	38	钵1、碗2、“开元通宝”1	唐	10	T5
M4	254×66	58	105	罐1、头饰4、“开元通宝”3	唐	342	T2
M5	148×87	25	48	鼎1、豆1、壶1、罐1	崧泽	354	T2
M6	235×58	23	47	鼎1、豆1、罐2、盆1、斧1、锛1	崧泽	180	T2
M7	191×60	49	70	釜（残缺）	崧泽	183	T5
M8	178×58~89	27		鼎1、豆2、罐1、壶1、斧1	崧泽	170	T2
M9	240×75	27	38	罐1、碗1	宋	195	T1
M10	197×50	27	40	碗1、盒1、“开元通宝”1、“景祐元宝”1、“至道元宝”1	宋	232	T1
M11	237×75	25	56	碗2	宋	115	T1
M12	190×50	17	32	碗2、钵1、钱币1	唐	204	T4
M13	310×98	12	37	“开元通宝”26	唐	257	T4
M14	300×170	34	80	碗1、“开元通宝”1	唐	233	T1

（原载《东南文化》2002年第7期）

吴县五峰山烽燧墩清理简报

朱　江

秦始皇北筑长城，南筑墩。这是江苏吴县五峰山一带人人皆知的传说。朝着群众所指山头望去，这一带山岭上，每险要处，常凸出一个个高大的土墩。特别是屏障太湖的山岭上，土墩更是络绎不绝，相互声应。

按照群众说法，这是秦始皇求“长生不老”所造的“风水墩”。墩内造石坑，坑内置泥香炉、烛台等物。这些古代传说，引起了我们的重视，遂于1954年5月间，翻上山岭，想勘查出“风水墩”的真面目。

从火山嘴上绕至五峰山顶，筑有6墩。唯火山嘴中部一墩，背后掩一小墩，其余都是一峰一墩。从这一带山岭上，瞭望太湖，遥遥与胥口相对。胥口两旁沿太湖线山岭起伏，岭上也遍布土墩。在五峰山遇到的一个墩（就是火山嘴中部一墩），我们称为第1号墩。由东向西平视第1号墩，似一高大的封土堆。绕至西面，见墩顶已坍陷一半，露出一石洞。由洞口向里看，三面石壁，都是人工砌成的。询问群众，知为一吴姓的人，造墓采石，将墩顶及两壁石块拆去了三分之一，所以成了现在的形状。第1号墩北面，约距10米的坡地上有矮平小墩，整个封土，完整无损。其余各墩除博士岭上的第3号墩和大山头上第3号墩，已有坍陷痕迹外，余皆封土完整。

根据第1号墩显露出来的痕迹来看，我们认为它不是什么“风水墩”而是“烽火墩”。为了搞清这些情况，遂着手清理已被破坏的墩。这次一共清理了3个，兹将清理结果分述之。

第2号墩（图版一，2），在博士岭上，土墩直径13米，占地面积100平方米左右，西、南两面已被人翻动，石块毕露，且多新痕。

按照去封土的四分法，切去西南角，挖出封土三分之一，见左边有大石块（封土多是黑土与砾石、碎石块掺和而成），下垫小石块，很像人工堆起的石壁。右边的石壁则更加完整。两壁顶相抵。再往下挖，尽是乱石块。去乱石，下层土色愈见发黑，类似淤泥。把淤泥清到底，而壁现出了类似“人”字的三角形石窟门，上无顶石，窟内石壁光整。

窟门高1.46米、底宽0.84米。窟基平面长2.68米（包括复原部分）。方向北偏东40度。

窟内尽是黑色淤土，清至壁根，没有发现什么东西。但给我们以“确系人工建筑的石窟”之深刻印象。

第1号墩（图版一，1），在火山嘴中部，较2号墩为大，土墩直径19.5米，占地面积约253.5平方米。西面墩顶坍陷处露出一石窟门，窟门前尽是坍陷的石块、碎石和泥土。

这样的情况，只有先去掉门前乱石和坍下的泥土，再往下挖。挖至下面，左、右两面现出石壁，似甬道。窟门渐现高大，就门前进，高大可容人深入。窟内泥质渐纯，少石块。清理至深0.3米处，发现一大片红色几何印纹硬陶。越向下挖，出土陶片越多，数达几百片。纹色不一，均为几何印纹硬陶。同时，在底层出很多木炭屑和少数红烧土。石窟与帐篷相似，底大，向顶收缩，两壁上盖有较成形光整的长方石顶板。整个平面的形状是口小而里大。两壁与后墙石块，皆随意堆砌，并无定形。而以后墙最为完整。清理到底，窟渐高，人立其中头不及顶，其大可容十数人。

由窟门（残留处）向甬道清理（甬道无顶，留有石壁之破坏部分），离窟门0.4~5米处，又发现几何印纹陶片。与陶片同出的有3只青瓷盂，情况至此由简而繁。

窟门高2.3米、底宽1.43米，窟基平面长7.2米、宽度最宽为1.66米（东头）、最窄为1.06米。方向北偏西84度。从留下的痕迹观察，可使我们知道第1号墩是人工建成，古代人曾在这里生活过。

第3号墩（图版一，3），在大山头上，距五峰寺约300米。此墩较1号为大，直径达21.5米，占地面积约279.5平方米。墩顶略有塌痕，一盖顶石露出封土。以此石放置方向推测，窟门可能在东边。

第3号墩的清理是从窟门前下切的，深1米处发现石壁。窟顶已塌，盖顶石陷于窟中，乱石重叠。北面石壁上端微向内倾斜。至坐标位置5.54米×0.52米－2.3米处出土3只几何印纹硬陶罐，其中2只已残（尚能复原），只有1只较完整，未出他物。

为了便于以后了解窟内层次情况及受季节性的限制，此墩尚留有一小部分未作。

墩壁最高点2.42米、最矮点1.64米，平面长8.2米，平面宽最宽处1.5米、最窄处1.24米，方向北偏东23度。

三墩除第2号墩未发现遗物外，第1号墩与第3号墩出土器物的最大共同点，为出大量几何形印纹陶，尤以第1号墩为最多。第1号墩与第3号墩所不同的是出3只青瓷盂。第3号墩所出的3只几何形印纹陶罐，花纹各不相同：1. 折线印纹；2. 弦纹底套菱形印纹；3. 上弦纹衣套菱形印纹，下印回纹（图一；图版一，5、6）。

但在第1号墩内，所出陶片无套菱形印纹。第1号墩陶片的花纹有席纹、回纹、折线纹、“人”字纹、网纹、方格纹、组合印纹、雷纹、弦纹和填线大方格纹等。陶片的质地有红泥硬陶、灰泥硬陶。而第3号墩只见红泥硬陶，未有灰泥硬陶。两墩陶质里大都掺和细沙粒，灰泥硬陶内掺和料略少。这些陶器的制法均系内模，外印，旋器口。

第1号墩所出土的青瓷盂（图版一，4），器形扁平，釉薄，均为轮制。

从三墩的形制与结构来看，无疑是人工建筑成的帐篷式的石室。建筑技术已到相当精巧的程度；不然要把杂乱的石块砌成一定形制的石窟，是不可能的。尤其石壁里面砌得那样的光整，石壁呈梯形，这就必须有相当的力学知识，才能完成这样的建筑。

从建筑物内部的遗物来判断，古代人曾在石室内活动过是没有疑问的。再从它整理位置来观察，是符合于战略部署的，凡是险要处必有墩，而且能相互声应。墩大可容10人在内活动。单单此线，就形成袋形，口对胥口。除此以外，太湖数十里沿线（指靠吴县、木渎、光福而言），真是星罗棋布。

我们以为这些“烽燧”墩不是新石器时代人居住的石窟，因为：1. 原始力学不可能建起此类石

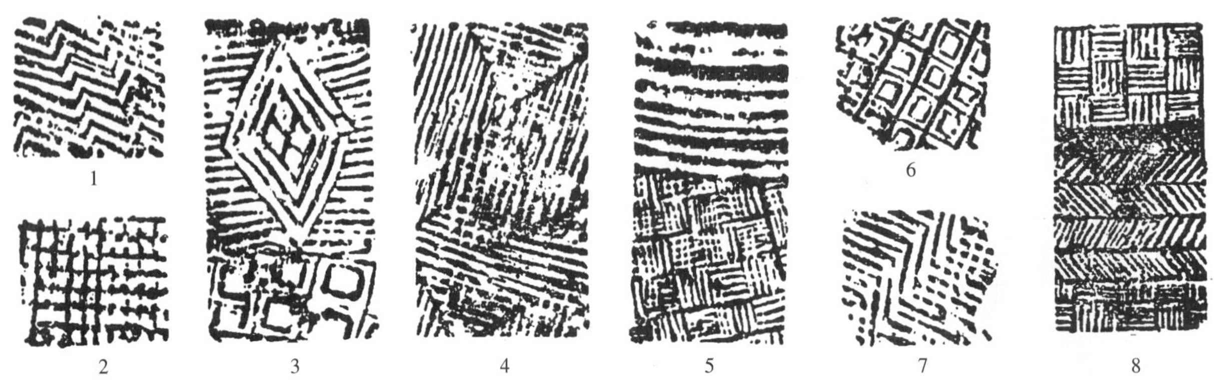

图一　第 1、3 号墩出土陶器的各种花纹

室；2. 盖顶石很规整，不是石器敲凿所能完成的；3. 居住不会这样散落，也不会符合战略部署；4. 所出陶器与越城遗址所出几何印纹陶，极为相似。

"风水"与"烽燧"谐音，春秋时期吴越之争甚剧，吴防越，在太湖筑墩据守，比较合理些。如果这样，必然产生以下几个问题：

1. 青瓷的年代将因此提早到东周，而几何印纹硬陶（与越城遗址相似）则定为吴、越时期的产物（有人会把几何印纹硬陶解释为新石器时代的）。

2. 几何印纹硬陶的年代可向下拖至六朝，与青瓷共存。

这些问题，有待专家们来研究解决。究竟属于什么时代，现虽不能判断其绝对年代，依据一些现象，可认为非六朝以后的军事建筑。由此可知，这些烽燧墩的发现，将是我们研究古代战略部署重要的实物例证。因此，我们建议文化部邀请专家前往勘查，必要时组织考古水平较高的工作人员在专家的指导下进行重点清理。考证确实后，应该通知当地有关机构加以保护（在浙江省的太湖沿岸可能也有这样的建筑）。

（原载《考古通讯》1955 年第 4 期）

1. 第 1 号墩正面

2. 第 2 号墩正面

3. 第 3 号墩正面

4. 第 1 号墩出土的青瓷盂

5. 五峰山第 3 号墩出土的印纹陶罐

6. 第 3 号墩出土的印纹陶罐

图版一　五峰山烽燧墩及出土器物

吴江横塥出土越王残钟考释

陈邦福

1960年春季，江苏省吴江县横塥一古墓中曾出土残铜数片，其中有钟残片一，存字一。兹将考证所得，并参酌诸家之说，略述如下。

出土钟残片二，有字一片当是编钟，无字一片当是钲类。两片钟乳大小不同，饰界宽狭亦不一律。此外尚有器口薄片一，四周有连环“卍”字花文，另外圈文；以器口推之，疑当是鉴类（图一）。

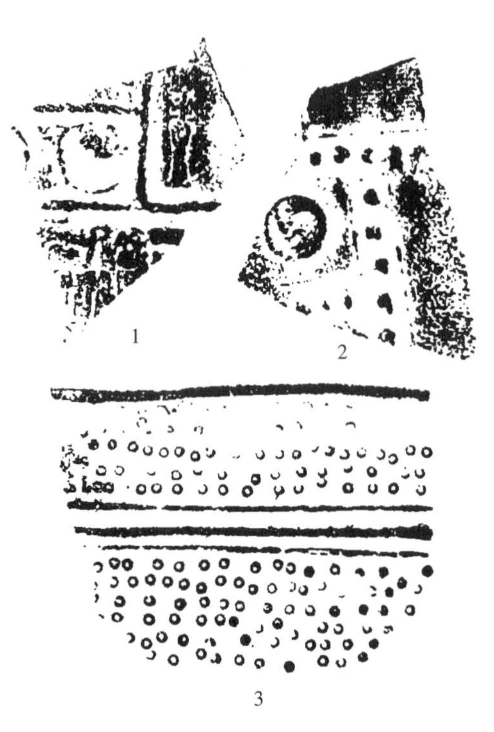

图一 铜器纹饰拓片

1、2. 越王残钟拓片 3. 残铜器（鉴类）拓片

有字一片，残存鸟书一字，盖古“乌”字，正用作“于”。《说文解字·乌部》曰：“乌，孝鸟也。”古文作“于”。此钟铭左所从正象乌形，即“乌雅”之“乌”，与乌邑布诸“乌”字或从“隹”或从“乌”者正合，与信阳古墓新出编钟“飤”字从“隹”亦合，钟文右边从“[illegible]”，疑乌雅初本象羽毛外张，后经文字演变，遂直书作“人”字。此与乌邑布上半从“人”及信阳编钟“乌”字左边从“人”亦均相合。足证钟文为“乌”字，用作“越王于赐”之“于”。

旧出越王矛，郭沫若先生《两周金文辞大系》补录一释作“戉王者召于赐”。容庚先生曰：“据前出越王矛，曾释作‘戉王者旨于赐’，矛文‘于赐’以为勾践之子鼫与作器。钟文仅存‘于’字，上下残缺，当即越王之名。”按：容说正可备作参考。古人命名取字，除伯仲叔季之外，多用声训两例。矛文“戉王者旨”当读“诸旨”，“诸旨”二字与下文“于赐”二字声正相近，故亦相应。此即虢公鼓字石父（《吕氏春秋·当染篇》高注）栾施字子期（《左传·昭公十一年》）以声命名之一例。

然诸旨究属何王，文献杂乱，难于证实。余谓《左传·哀公二十四年》之“太子适郢”、《竹书纪年》之“鹿郢”，皆《史记·越世家》鼫与之声转，亦即《越绝书》之“与夷”，古夷读“异”又读“薙”，与“旨”“赐”皆可通转。以越世系证之，盖为一人。越世系共有四说：《史记·越王勾践世家》，《吴越春秋》卷六《勾践伐吴外传》，《越绝书》卷八《外传纪地传》，《竹书纪年》，四说颇有同异，不能混合。

此残片出土于吴江横塥，距太浦河约5千米，于周实为吴地。吴灭入越，复为越地。《国语·越语》曰："勾践之地，南至于句无，北至于御儿，东至于鄞，西至于姑蔑，广运百里。"按："句无"今诸暨句无亭，"御儿"今嘉定御儿乡，"鄞"今宁波，"姑蔑"今太湖。今吴江所隶区域，在上述范围之内。

此残钟片即为越王于赐之钟，出土于吴越邦域之中，而审其篆体，亦当为越器。此钟"于"字为鸟书，与天壤阁旧藏越王剑及近出越王剑、矛等俱相似，皆作鸟书。与动武钟、利徙钟、能原钟等亦相似。动武钟曰"动武□□吴疆戎起□末"，当是吴越战争时事。

陈邦怀云："信阳古墓近出编钟有于字，其左旁即乌字简写，右边从人，可为横塥新出古残钟从人之一证。钟文属于鸟书，故屈曲其笔，形如弓字而实非弓字。"又曰："此钟与旧称之能原钟，同为一系，皆为越制。"陈直云："古残钟文字，鸟书甚古，若证诸他器及结合出土地点，当为越国文字。"谭戒甫先生云："此钟铭文与越王矛相似，释作于字，当为越器。"

（原载《考古》1961年第7期）

苏州发现一批东周青铜器

苏州博物馆考古组

1977 年 9 月初，苏州市城东北某厂在挖蓄水池时，在距地表约 1. 5 米深处的淤泥中挖出一件青铜鼎，鼎上盖着一件红陶罐，鼎内放着一批青铜器，有杯、锛、锄、镰、斤、矛、镞等。共出土铜器、陶器 56 件。苏州博物馆得讯后，赶赴现场察看。铜鼎出土的地点，不是墓葬，也未见窖藏的迹象，只是一片淤泥（蓄水池挖在淤泥中，故不知淤泥范围，淤泥上不到 1 米夹有大量瓦砾的表土层）。铜鼎周围，没有发现其他遗迹。

内盛铜器的那只铜鼎，大口平沿，腹稍外鼓，足呈牛蹄形，腹部有铸缝两道，立耳内侧有三角形纹饰。通高 29. 5、口径 28 厘米。形制与六合程桥春秋后期墓中的铜鼎完全相同[①]。鼎内盛有另一铜鼎的碎片，器形相同，唯耳部为绹纹。还有两件残断铜剑，一件剩剑茎残段，另一件剩剑茎、剑身及刃尖部三段，并不相接，也盛放在鼎内。

在鼎内所盛的生产工具中，有铜锛 12 件，大小不一，形制特征是长方形銎，锛身一面有方孔，一面开口，刃呈弧形，刃角外侈。铜锄 5 件，形似马蹄，弧刃。铜斤 6 件，长方形銎，刃部微呈弧形，刃角外侈，与中原地区殷周时的铜斤几乎完全相同。铜镰 6 件，镰身一面都有平行条纹，延长到刃部成锯齿，还保存着殷周时期石镰的形制，与战国时期的弯月形铁镰不同。铜犁形器 1 件，呈弯月形，一角已残，中有柄，有銎，柄一侧有一个三角形孔，犁身一面有平行条纹。

覆盖在鼎口的夹砂红陶罐，短颈、鼓肩、圆腹，颈以下通体饰拍印小方格纹，器内壁有极明显的手指纹及涂抹痕，口径 12、壁厚 0. 8 厘米。形制与太湖流域东周时期常见的印纹硬陶罐相同。

经过初步的分析研究，我们认为，这一批器物的年代大致相当于春秋后期或春秋战国之际，这个时期的生产工具这样成批地出土，是比较少见的。

从铜鼎的碎片和铜剑的残断来看，仍为有意毁坏的。我们推测，可能因某种突然事件，这批青铜器的所有者在仓促出走时，把这些器物集中保存在这件铜鼎中，容纳不下时即砸碎，残断器物也放在里边，然后沉入水中。

执笔：杨锡璋

注释

① 江苏省文物管理委员会、南京博物院：《江苏六合程桥东周墓》，《考古》1965 年第 3 期。

（原载《文博通讯》1978 年第 17 期）

吴县发现春秋时期的铜剑

张志新（吴县文管会）

吴县横泾公社新联大队干部、群众，在东太湖沿滩开挖鱼池过程中，先后发现了三柄铜剑。

一柄通长46、宽4.8厘米。另一柄长58、宽5厘米。两剑均为柳叶形；素面，脊直且居中；锷的前锋部分较剑身为窄，有收身；前锋圆中带尖，十分锋利；镡为圆管形；茎长，中空；格首及剑身断面均呈菱形。这两剑与1975年南京博物院在吴县西山消夏湾征集的铜剑相近似①。

还有一柄残存半截，为剑的前锋部分，残长18厘米。中脊起棱，稍异于前两剑。

这三剑从形制看，都是春秋时期的遗物。发现时，在湖底淤泥中，位置无规则。这几年，这一带还有铜矛、铜戈、箭镞等兵器发现。

这些剑的出土地点，邻近越来溪、尧峰山，应属东太湖北段。沿岸的吴山岭、七子山、尧峰山、皋峰山、胥山等群峰连翩，为当时吴国的国境线。这些山的峰顶和临湖的前哨部位，都有以块石垒筑而成的烽燧墩，仅尧峰山就有13个，南北贯连一线。这些传为吴、越时的遗迹。同时，据《吴郡图经续记》："鲁哀公元年夫差败越于夫椒"，"勾践五年入臣于吴"，"鲁哀公二十二年，越灭吴"的记载，这二十多年时间里，吴、越两国之间发生在这一带的战事十分频繁。《汉书·严助传》有"（越人）习于水斗，便于用舟"的记载。这些兵器很可能是吴、越两国水上激战时失落水中的。

前两剑出土时，仍完好，色呈青黝，并见闪光，说明吴越时期我国的青铜冶炼技术和制剑工艺已达到炉火纯青的境地。

注释

① 南波：《江苏省吴县洞庭西山消夏湾出土一批石器和青铜器》，《文物》1977年第1期。

（原载《文博通讯》1979年第23期）

苏州虎丘战国墓清理简报

苏州博物馆考古组

1975年12月，苏州市虎丘公社农民在挖掘河道时发现了铜鼎，苏州博物馆闻讯后，当即前往清理。

墓地位于虎丘公社新塘大队第六生产队。据当地老农讲，原来名叫夏家潭千墩坟，是个高出地面3米左右的土墩，西面为虎丘山，墓穴在新开河的南边坡上，距河床2.3米。

该墓为土坑竖穴墓，墓向北偏东10度，墓深2.8米。由于清理前上层填土已大部被挖去，有些部分已挖到墓底，墓口已遭破坏。葬具为木棺，缺盖，棺长2.35米、宽1.95米，似为独木刳空制成。棺内有赭色漆皮。木棺四周有青灰土填塞，填土经过夯实，棺内也积满青灰淤土，人骨已朽。

随葬器物都出在棺前青灰土中，有铜鼎、壶、豆、盉、鉴、匜等，还有黑皮陶豆1件。分述如下。

鼎　2件。有盖，盖上有三立兽。有双耳，耳内外饰绹纹一周。口以下饰雷纹、弦纹。下有烟炱痕迹。牛蹄足，足肩饰蟠螭纹兽面。通高35、鼎盖径29.2、耳高10.5、腹深19、腹径30.4厘米。鼎内盛有骨骼，经上海自然博物馆鉴定为幼豕。

豆　1件。有盖。豆盘作碗状，附双耳，高椭圆足。周身无纹饰。盖作覆碗状。通高28.9、口径18.2厘米。

盉　1件。龙身有棱，有尾，有盖，盖纽系蟠螭衔接；有链条接于提梁，提梁呈夔龙形；扳手呈双蟠螭交相衔接形；圆腹，饰三角云雷纹；蹄形足，兽面流，流身饰回纹。通高28.7、腹径24.1厘米。

鉴　1件。薄胎，敞口，深腹，平底。腹周有四环。周身无纹饰。口径36、底径21.2厘米。

匜　1件。原放置在鉴内。胎质地较薄。周身无纹饰。通高9.3厘米，通长22.8厘米，流长4.7厘米，从流到把手横19.8厘米。

铜匜下有麻织物1块，在苏州市还是第一次发现。

此外，还有黑皮陶豆1件。泥质灰胎外加黑衣，黑中透亮。敞口，高柄，底座足呈喇叭形。通高8厘米，盘口直径14.9厘米。

这些器物大多有烟炱痕迹，应为墓主生前用具，死后随葬的。从器物的形制看，鼎和六合程桥东周墓所出近似；鉴和蔡侯墓所出相似，而器形较小；豆和山西长治、河北邢台战国墓所出相同；壶与长江流域楚墓所出近似；盉，则为中原地区春秋战国墓中常见。随葬鼎、豆、壶的制度滥行于战国。

此墓的时代当在战国早中期。墓主应是有一定身份的贵族。

这次出土的青铜器既有中原特点，又有南方色彩，为研究江南地区的青铜文化、青铜冶铸技术提供了一批实物资料。

执笔：廖志豪

（《文博通讯》1979年第25期）

苏州城东北发现东周铜器

苏州博物馆考古组

1977年9月，苏州市城东北新苏丝织厂挖蓄水池时，在距地表约1.5米深的淤泥中挖出青铜鼎1件，鼎口盖红陶罐1个，鼎内盛放青铜杯、锛、锄、镰、斤、矛及镞等共56件。周围没有发现其他遗迹。

今将出土器物分类介绍于下。

铜鼎　2件。较大的即盛放56件器物的一件，平沿，立耳，腹稍外鼓，三蹄足外撇，一足已残。腹部无纹饰，耳内侧饰三角形纹。通高29.5、口径28厘米（图一，1；图六）。另一件取出时已成碎片。

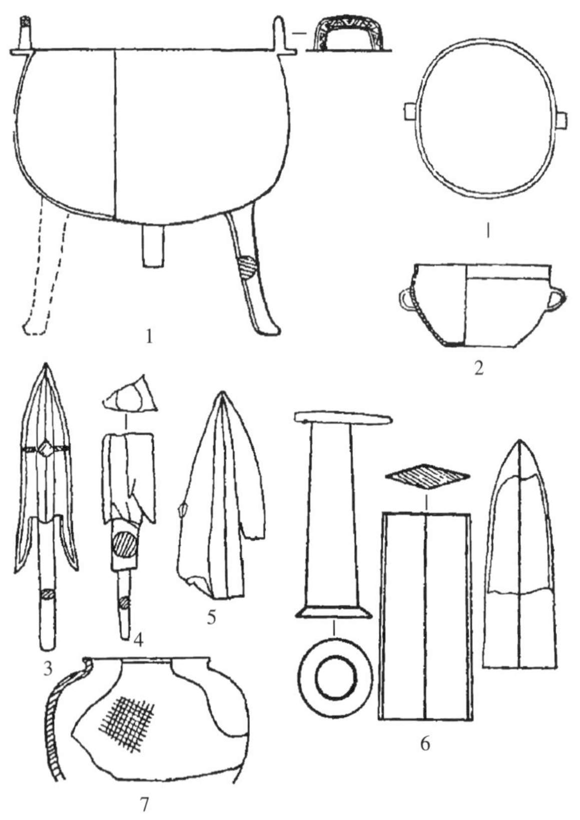

图一　出土器物

1. 铜鼎　2. 铜杯　3. 燕尾式铜镞　4. 铜镞　5. 薄匕燕尾式铜镞　6. 铜剑　7. 红陶罐（1、6.1/4，2、7.1/8.3~5.1/2）

铜杯（舟）　1件。直口，有肩，平底。腹两侧有环形耳一对。素面。口径12.5、高7.9、底径6厘米（图一，2；图七）。

铜锛　12件。分四式（图八、九）。

Ⅰ式　2件。长方形銎，一面有方孔，一面开口；刃呈弧形，刃角外侈。长11.5、銎长7、宽8厘米。

Ⅱ式　3件。形制同Ⅰ式而稍小。长9.4、銎长7、宽2.6厘米。

Ⅲ式　2件。形似Ⅱ式而稍小。长7.2、刃宽6.3、銎长6.2、宽2.3厘米。

Ⅳ式　5件。比前三式短宽，锛面开口也较宽。长7.2、刃宽7.6、銎长7.6、宽2.4厘米。

铜锄　5件。分二式（图一〇）。

Ⅰ式　2件。形似马蹄，弧刃。上端一面有横梁相连，一面开口。锄高9.6、顶宽12厘米。

Ⅱ式　3件，形似Ⅰ式而较短，上端两面都开口。锄高7.8、顶宽11.9厘米。

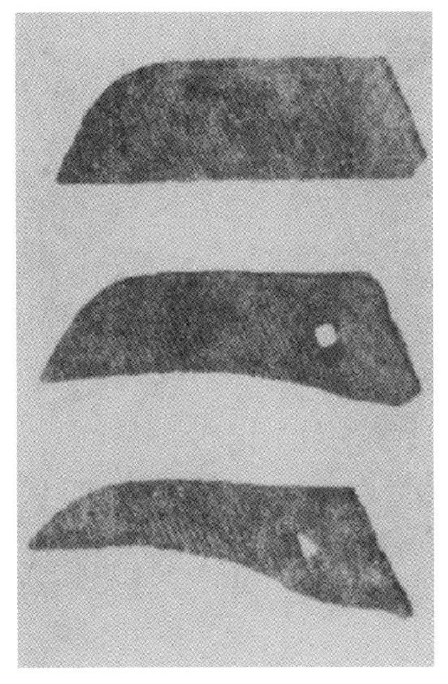

图二 铜镰

上：Ⅰ式 中：Ⅱ式 下：Ⅲ式

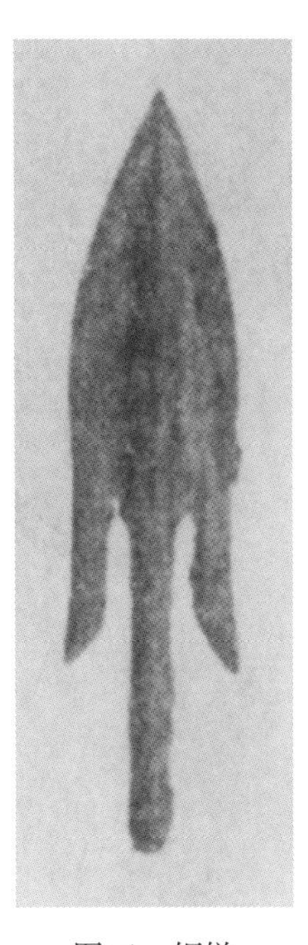

图三 铜镞

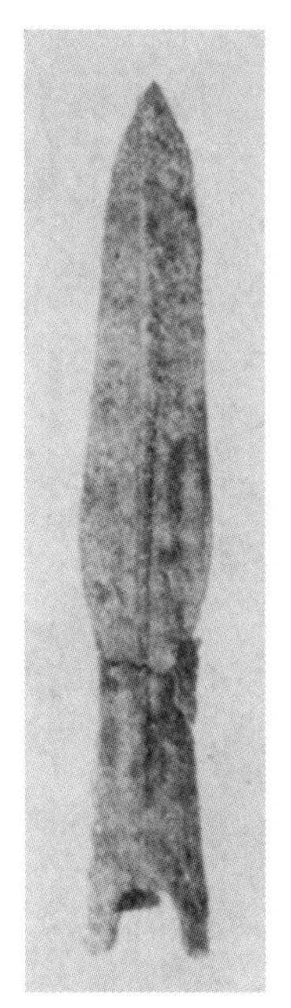

图四 铜矛

铜斤 6件。分二式（图一一）。

Ⅰ式 2件。长方形銎，銎部有凸棱两道。刃部微弧，刃角略外侈。两侧有合范痕。长12.2、銎长4.6、宽3.6、刃宽3.9厘米。

Ⅱ式 4件。形制同Ⅰ式，但銎部无凸棱。长12.6、銎长4.5、宽3、刃宽4.7厘米。

铜镰 6件。镰身一面有平行条纹，延长至刃部形成锯齿。柄部有“8”字形侧阑。可分三式（图二）。

Ⅰ式 1件。直背，直刃。长12、宽3.8厘米。

Ⅱ式 2件。形近Ⅰ式，刃部内凹，镰后部有一小穿孔。长12.4、柄宽4厘米。

Ⅲ式 3件。镰身呈弯月形，后部有一小穿孔。长12.8、柄宽4.3厘米。

铜犁形器 1件。呈弯月形，一角已残。中有柄，柄有銎，一侧形成三角形孔。器身一面有平行条纹。器高10、两刃角残宽18厘米（图一二）。

铜矛 7件。矛身呈柳叶形，起脊。椭圆形銎，銎口有对称的两个缺口。通长21、銎长3.2厘米（图四）。

铜镞 8件。其中六件为薄匕燕尾式，有脊，圆柱形铤。长6.7厘米。另二件都残，一件为三棱式，一件为有銎的薄匕燕尾式（图一，3~5；图三）。

铜剑 2件。皆残，一件只剩剑茎残段，另一件剩剑茎、剑身中段及刃尖部。两件剑茎皆为圆筒式，剑首为圆盘式。剑身断面呈菱形。形制与洛阳中州路东周墓葬的Ⅲ式剑相同（图一，6）。

铜削 3件。皆残。柄端有椭圆形小环。残长14.5厘米（图一三，上）。

铜钻 1件。管筒形，顶端形成圆锥。长8.2、圆径1.6厘米（图一三，下）。

铜带钩 1件。长仅3.3厘米（图五）。

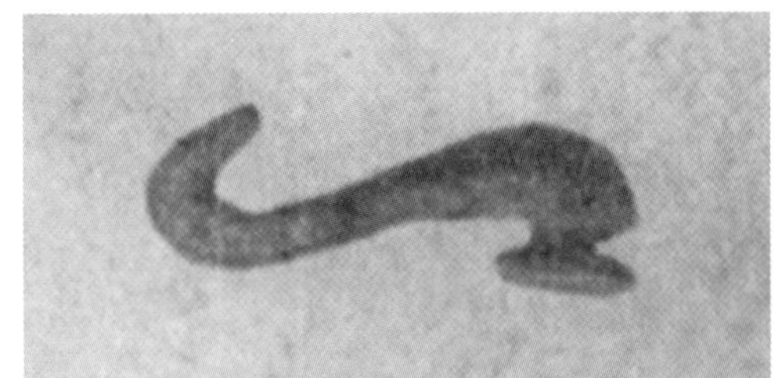

图五　铜带钩

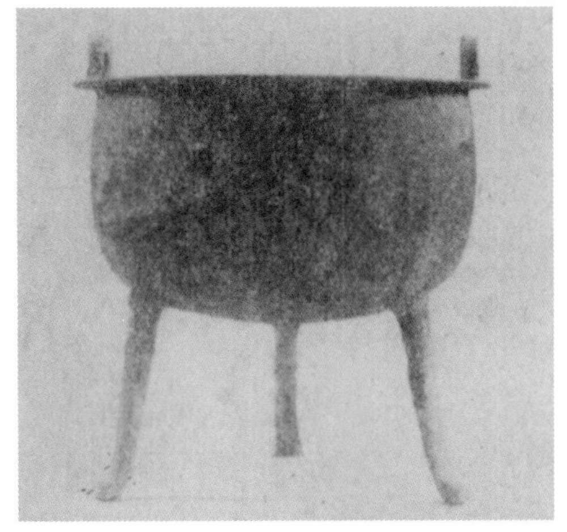

图六　铜鼎

图七　铜杯

图八　铜锛
左：Ⅰ式　右：Ⅱ式

图九　铜锛
左：Ⅳ式　右：Ⅲ式

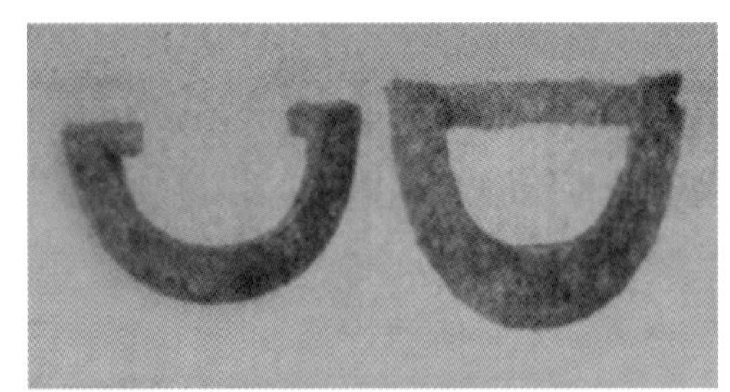

图一〇　铜锄
左：Ⅱ式　右：Ⅰ式

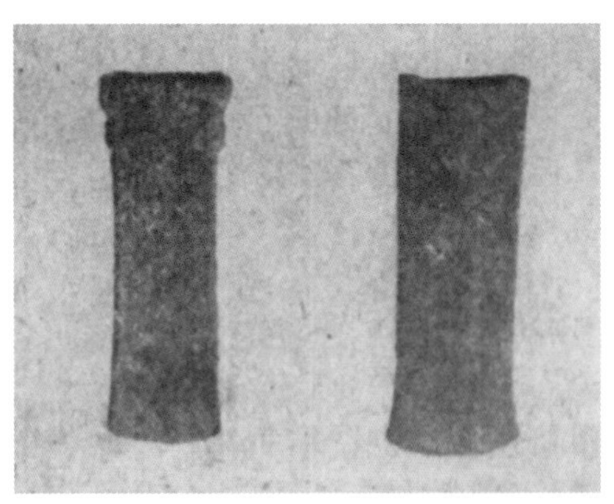

图一一　铜斤

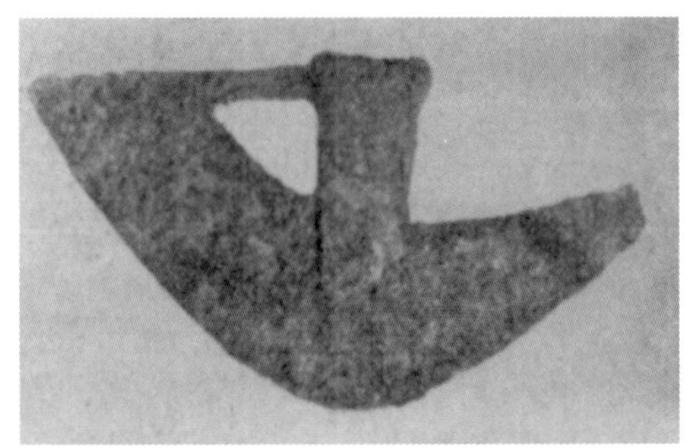

图一二　铜犁形器

折角铜片　1件。已残。形似半张开的合页，残长9.7厘米。

红陶罐　1件。已残。夹砂陶质。侈口，短颈，鼓肩，圆腹。颈以下通体饰拍印小方格纹，内壁有明显的手指纹及涂抹痕。口径12、壁厚0.8厘米（图一，7）。

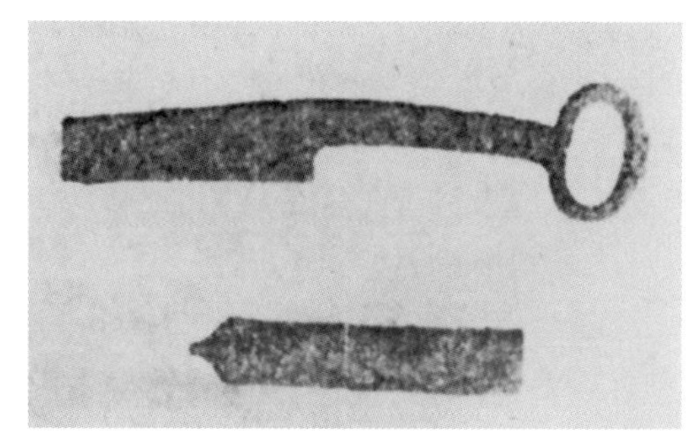

图一三　铜器
上：削　下：钻

这批铜器中，铜斤与中原地区殷周时期的铜斤几乎完全相同。铜镰还保存着殷周时期石镰的形制，与战国时期的弯月形铁镰不同。盖在铜鼎上的红陶罐，与太湖流域东周时期常见的印纹硬陶罐相同。铜鼎与江苏六合程桥春秋后期墓中所出铜鼎完全相同。因此，这一批铜器的年代大致相当于春秋战国之际。

铜鼎中的器物，一部分已碎断，似为有意打碎的，可能意味着经历过一次突然事件。苏州是春秋时吴国的都城所在，这批器物可能是吴败于越时仓促埋入地下的。

执笔：杨锡璋

（原载《文物》1980年第8期）

昆山盛庄青铜器熔铸遗址考察

昆山县图书馆　陈兆弘

一

昆山县兵希公社盛庄发现了一个春秋战国时期的青铜器熔铸遗址。

1973年冬季，盛庄大队第四生产队社员，在村子西南角溇潭以南的田里开麦沟，离地面1~2米深的地方，掘到不少铜块、各种铜器的残件和贮藏用的陶罐（已碎）。由该大队干部集中后，送到县文教局。此后，文化主管部门曾多次到现场调查征集，前后共收集到出土青铜器物26.75千克，陶片六种。兹分别介绍如下。

（一）兵器

1. 铜剑　3件。一是剑锋，重62克；两个是剑茎残段，共重375克。这是大小不同的三柄剑的残件，春秋战国时期遗物。

2. 铜矛　4件。两个矛头，中空，重190克；两个矛柄，有穿，重165克。这几件大小不同的铜矛残件，也是春秋战国时期的。

3. 铜戈　1件。剩中间一段本身，三胡，重125克。为春秋末期遗物。

4. 铜□　1件。极少见的刺兵，前面箭头形，下面装柄处为长方形銎。通长8.8厘米，銎为2.5厘米×2厘米，重115克。这个残兵器胎壁厚，式样别致，当为东周时期遗物。

5. 弩机　剩2个弩牙，长5和6厘米，宽2和2.3厘米，厚0.8和0.9厘米，孔径均为0.7厘米，共重110克。该铜器年代较晚，为战国时期。

（二）生产工具

1. 铜锯　手工工具，共5块残件。阔2~4.5厘米，厚都不超过0.2厘米，锯齿均作65度的斜纹，共重192克。战国时期。

2. 铜凿　手工工具，1件。长16厘米，凹刃长9.5厘米，直径2厘米，重65克。战国时期遗物。

3. 铜锛　农具，1件。剩前端一段，中空，刃宽3厘米，微呈弧形，重60克。战国时期遗物。

4. 铜犁　农具，剩4个犁尖。角度20度~40度，刃口有篦齿，大小尺寸不一，共重130克。战国时期遗物。

5. 铜铲　农具，1件。高6.8厘米，双肩，刃宽6.5厘米，微呈弧形，銎2厘米×3.5厘米。战国时期遗物。

6. 铜镰　共11个残件。共重270克，这是战国时期具有代表性的青铜农具。尺寸不一，除铸模不同外，磨损也是原因。它们的厚度都在0.2厘米左右。另有三件，共重130克，和铜镰差不多，只是先端呈尖嘴状，背脊有一条厚的棱，疑为刈草所用。

（三）生活用具

共6块残件。一块是圆形铜块的一只角，重535克，厚0.8厘米；一块重140克，厚跟它相仿，只是稍呈弧形；再一块也重140克，厚0.6厘米，是一个圆形铜器的壁，内壁还有一道楞。以上三件是器皿的残件，均素面，当在东周时期。再有三块共重100克，两件的口沿部分，厚度不超过0.5厘米，壁只有0.1厘米左右，这些都是生活用品的残件，当为战国末期遗物。

（四）铜块

共有七八十块，重24.25千克，这是已经浇铸的半成品，每块在300~600克，呈斧、斤等状，似有一定的标准。

（五）铜渣

拣到五六块，重100~400克不等。

（六）陶片

共收集到六种陶片。灰陶回纹1块，方格纹1块（1979年在遗址附近采集，是一个陶罐的碎片），方格内圆圈纹2块。另有布纹陶片1块，红胎灰面；再有陶器口沿1块，外红内黑，估计都是经过火烧造成的，很可能就是坩埚的碎片。从六种陶片的质地和纹饰看，都在战国时期。

由此可见，兵希公社盛庄青铜器熔铸遗址，当是春秋战国时期的遗存。

二

昆山古属吴地，据《县志》载，旧城就建于春秋末期的吴国：

“东城又名娄城，即昆山旧城。《图经》云：在县东南三百步。今桥巷犹以‘东城’为名。《吴郡志》：近岁耕者于荐严寺（现血防站）后多得城砖及箭镞。《元和志》：娄城，吴寿梦所筑。”（《昆新两县续修合志》卷十二《古迹》）

如果不错的话，昆山旧城建于前585~前561年。这个地方也出土过铜器。

昆山又叫“鹿城”：

“西鹿城，在县治西。相传为吴王豢鹿射猎之所，旧有城，邑之称‘鹿城’以此。”（《昆新两县续修合志》卷十二《古迹》）

此外，吴国在昆山还建有“武城”“金城”：

“武城在县西北，《汉书·地理志》注：娄县有南武城，阖闾所起以候越。”（《昆新两县续修合志》卷十二《古迹》）

“金城在县东三（十）里，凌《志》：城基犹存，世传吴王所筑。今犹有‘金城浦’之称。”（《昆新两县续修合志》卷十二《古迹》）

除鹿城外，作为军事设施，吴国筑这许多城，都是为了“候越”——防御南方的越国侵扰。为此，还在吴淞江畔的千墩镇筑了烽燧：

“千墩镇，古本吴地，吴王寿梦尝于镇秦驻山筑烽火楼，以望海寇。”（《淞南志》卷一《乡镇》）

至于兵希，旧作“㕸晞”，也写成“宾曦”，其实是“兵墟”，它是吴国兵营的废墟：“兵墟，在县东二十里，相传吴王尝屯兵于此，俗讹‘丁墟’。”（《嘉靖昆山县志》卷一《古迹》）

这个说法可信吗？根据以上的引文看，并不抵牾；这次盛庄发现青铜器遗址，则证实这个记载是正确的。

吴越两国首次交锋在前496年，越灭吴是前473年。因此，“尝屯兵于此”的吴王，当是末代国王夫差；而成为“兵墟”，则已进入战国时期了。

盛庄出土的青铜器，正是这个时期的遗物。试分析下列表格：

类目 / 名称	兵器	生产工具	生活用具
种类	5	6	2
数量	11	26	6

这里以生产工具为最多，种类占46.2%，数量占64.5%，兵器分别为38.4%和25.5%，生活用具均在15%以下；这四十多个残件，显然都是准备回炉用的，此外是半成品和铜渣，就目前情况来看，规模不算大。

这些特点说明什么呢？

1. 这是一个民间的手工业青铜器熔铸遗址。这里看不到官工业的标记。按照当时制度，兵器制造属左、右军，农具制造属右廪，工奴在官工业中从事奴隶性的劳动，人集中，规模大，有一定的分工。这里则是另一种情况，由于社会生产的专门化和交易发展，随着土地私有制的确立而兴起的商人、地主阶级经营的手工业，和随着农业的发展而从农业中分离出来的独立小手工业，将铸范、准备再熔化的金属块和收集来的各种金属废件，随身携带流动于各处，或者把它们储藏起来，这就造成了如同盛庄那样的遗址和遗物。私营手工业的兴起，是战国时期手工业生产关系上的极大变革，盛庄遗址很能说明这个情况。

2. 这个遗址是在青铜器时代的末期。这一点数量众多的青铜农具最能表示。原来铁器代替青铜器，并不如有的人想象的那样，铁器出现了青铜器就减少了。不是的，相反，由于铁的使用，人们掌握了比铜更强有力的劳动手段，使铜的开采更便利，铜的使用更广泛。原先因为铜太少太贵，主要用来做兵器和礼器，工具只做斧头和刀子，农业基本劳动工具仍用木石制品。现在不同了，生活用具、日用品、铸钱等新的部门产生了，农具也采用铜制，以至出现了“铜镰”这种具有代表性的青铜器农具。此后诚如顾炎武所说：“战国至秦，攻争纷乱，铜不充用，故以铁足之。铸铜既难，求铁甚易，……所以铁工比肩而铜工稍绝。二汉之世，愈见其微。”（《日知录》卷九《铜》）这就是一部铁代铜的历史。可见，盛庄遗址是一定历史条件下的产物，其上限在春秋时期，下限当在战国末期。

无论从文献记载看，还是从对于出土文物的分析看，盛庄遗址属春秋战国时期这个结论是正确的。

三

以上介绍了盛庄遗址和遗物的情况，对它年代也作初步考定。试问该遗址发现的意义如何呢？

首先，盛庄青铜器熔铸遗址的发现，填补了吴文化的一个空白。《考工记》说："吴粤（越）之金锡，此材之美者也。"又说："吴粤之剑，迁乎其地弗能为良。"吴越的青铜器传世和出土都不少，最著名的有："吴王夫差鉴"（中国国家博物馆陈列）、"吴季子子逞剑"（阮元《积古斋款识》）、"吴王光剑"（山西原平县）、"攻敔太子姑发剑"（安徽淮南蔡家岗）、"吴王夫差剑"（湖北襄阳蔡坡和河南辉县）和"越王勾践剑"（湖北江陵望山）等。但是，青铜器冶铸遗址发现很少。浙江省在1957年和1975年，先后在淳安进贤和海盐东橱金商代遗址里出土了坩埚、铜炼渣和一些青铜产品，以及商周时期的青铜冶炼遗址。那是越文化；可是反映吴文化的青铜器冶铸遗址却一直未发现。这次盛庄遗址的发现，在苏南地区还是第一次。

其次，盛庄出土的青铜器表现了南方青铜器的特色，反映了当时冶铜工艺的生产水平。郭沫若在谈到我国青铜器分期时说："第三，中兴期：自春秋中叶至战国末年。一切器物呈出精巧的气象，第一期的原始风味全失，第二期的颓废倾向也被纠正了。器制轻便适用而多样，质薄，形巧。……这种风气以南方的器皿为尤甚。"（《青铜时代》第304页）盛庄的青铜器共有兵器、生产工具和生活用具十三种，仅兵器有短兵、刺兵、勾兵、射兵多种，工具亦然，非常多样化。器物轻巧，质薄，刃锋利，例如铜矛中空，工具都有细致的篦齿纹，有的生活用具的壁不到0.1厘米厚。这些都表现了南方青铜器的作风。在当时吴国，冶铜技术是相当高的。相传吴王阖闾召干将、莫邪夫妻铸剑，"采五山之铁精，六合之金英，……使童男童女三百人，鼓橐装炭"（《吴越春秋》），他们在规模巨大的冶铸工场中，采用了当时先进的鼓风装置——皮橐。又，安徽寿县蔡侯墓所出"吴王光鉴"，其铭文曰："吴王光择其吉金、玄銧、白銧，以作叔姬寺吁宗彝荐鉴。"吉金是铜，玄銧当指铅，白銧当指锡。这里虽然没有像"六齐"指出各自比例，却正确说明了铸器所用的金属成分，不失为我国古代合金工艺的一条宝贵经验记录。那是官工业；盛庄遗址使我们看到了民间手工业的情况：独立的流动的手工业者或者商人，把回收来的废铜，和标准化的半成品，加热熔化，按模浇铸，生产出种种器物，以满足社会需要——这就是春秋战国时期吴地区民间冶铜生产的状况。

最后，盛庄遗址的发现，启示我们要对代表吴文化的青铜器作出应有的评价。《史记·货殖列传》中说："夫吴自阖庐、春申、王濞三人招致天下之喜游子弟，东有海盐之饶，章山之铜，三江、五湖之利，亦江东一都会也。"同时代人对吴国的铜器特别是剑，曾给予极高的评价，例如屈原："操吴戈兮被犀甲，车错毂兮短兵接。"（《楚辞·国殇》）。庄子："夫干（吴）越之剑者，柙而藏之，不敢用也，宝之至也。"（《庄子集释》卷六《刻意》）其他如《荀子》《左传》《国语》《国策》《越绝书》《吴越春秋》中也都有记载，历代文学作品一再歌颂它。但是长久以来，在考古学上，对它应有的地位没有作出充分的评价。郭沫若在《古代研究的自我批判》中却提到了，他说，黄河流域的青铜器，"那技术是从南方的江淮流域输入的"，有更大的可能性。（《十批判书》第8页）这是很有见地的。为了说明这个问题，我们开列一张近年来在苏州市地出土青铜器的一览表（附表），尽管是粗略的统计，已经蔚为大观了。我们有了许多传世和出土的珍品，找到苏州附近的铜井山、穹窿山都有铜矿，又发现了盛庄这样的熔铸遗址，因此可以说，代表吴文化的青铜器（以及越器），跟良渚文化的钻孔石刀和黑衣陶，跟六朝的青瓷，在我国文化史上同样光辉灿烂。

盛庄青铜器熔铸遗址是一个重要发现，不啻在青铜器考古方面提供了丰富材料，对研究我国春秋战国时期的经济、政治和科学技术都具有一定价值，有待于进一步发掘和讨论。

附表 **苏州市地近年来出土青铜器一览**

编号	名称	时代	出土地点	资料来源
1	铜鼎2、壶1、豆1、盉1、鉴1、匜1	战国早中期	苏州市虎丘公社（1975年）	苏州博物馆考古组（1977年）
2	铜鼎1、锛12、锄5、镰6、斤6、及矛、镞、断剑等	春秋战国	苏州市东北某厂（1977年）	苏州博物馆考古组（1978年）
3	铜剑1、锯镰4、铚2、臿1、凹口锄4、箭镞2、尊1、斧2、削1及锛残片	春秋战国	苏州市葑门河道（1975年）	廖志豪、罗宝芸（1980年）
4	铜戈1	商代	太仓城厢钲小西门（1961年）	陈祖望（1980年）
5	铜剑1、矛1	春秋	吴县洞庭西山消夏湾（1975年）	南波（1977年）
6	铜剑3	春秋	吴县东太湖横泾公社（1978年）	张志新（1979年）
7	铜矛1、剑1	春秋	吴县西山石公公社	吴县文管会藏
8	铜戈1	春秋	吴洞庭公社东太湖围垦地	吴县文管会藏
9	铜锄1	战国	吴县车坊公社澄湖边	吴县文管会藏
10	铜箭镞2	战国	吴江松陵镇三江桥（1978年）	江洛一（1979年）
11	铜勾1	春秋	吴江梅堰公社建新大队太浦河（1978年）	江洛一（1979年）
12	铜尊1	春秋	吴江同里九里湖（1974年）	江洛一（1979年）
13	黄铜戈1		吴江庙港公社红旗大队太湖边	吴江县图书馆藏
14	铜镰1		吴江松陵镇苏衣滩东太湖围垦田（1976年）	吴江县图书馆藏
15	铜刀1		吴江震泽公社向阳大队（1978年）	吴江县图书馆藏
16	铜鼎1		吴江松陵镇第一招待所基建墓葬（1974年）	吴江县图书馆藏
17	青铜剑1		吴江庙港公社金明大队太湖滩（1979年）	吴江县图书馆藏
18	铜箭镞1		吴江苑坪公社红旗大队东太湖滩（1979年）	吴江县图书馆藏
19	铜釜1		吴江苑坪公社城心大队	吴江县图书馆藏
20	铜戈1	东周	昆山周庄（1978年）	上海博物馆征集转昆山县图书馆藏
21	铜箭镞1	战国	昆山周庄公社太史淀（1977年）	昆山县图书馆藏
22	铜剑1	春秋战国	昆山玉山镇娄江（1978年）	昆山县图书馆藏
23	铜镰1	春秋战国	昆山巴城公社（1980年）	昆山县图书馆藏
24	铜斤1、矛1、凹口锄1、镰1、锛1	春秋战国	昆山县土产公司拣选（1975～1979年）	昆山县图书馆藏

（原载《苏州文物资料选编》，昆山新光印刷厂承印，1980年）

苏州虎丘东周墓

苏州博物馆考古组

1975年12月，苏州虎丘公社挖河工程中，在新塘大队第六生产队地段内夏家潭千墩坟，新开河道南坡上，有铜鼎出土。苏州博物馆清理了现场，证实这里是一处古墓。

墓是土坑竖穴，方向北偏东10度，深2.8米，处于青灰土层中。其上是五花土，再上是1.2米深的黄土。

葬具为独木棺，长2.35米、宽0.44米，缺盖。棺内有赭色漆皮，未见人骨架。木棺四周青灰土经过夯实，厚0.78米（图一）。

棺前约6厘米处出土铜鼎2件，铜壶、豆、盉、鉴、匜各1件（图一五），黑衣陶豆1件，匜底有白色麻织物1块。

铜鼎　2件。双附耳，耳内外饰绹纹外套重环纹。有盖，盖上有三立兽及铺首衔环，饰绹纹、重环纹。子榫口，口沿下饰雷纹、弦纹。圜底下有烟炱痕。三蹄足，足肩饰蟠螭纹兽面。通高35、耳高10.5、盖径29.2、腹深19、腹30.4厘米。鼎内盛骨骼，经上海自然博物馆鉴定为幼豕骨（图二、五、六）。

图一　独木棺出土情况

图二　铜鼎

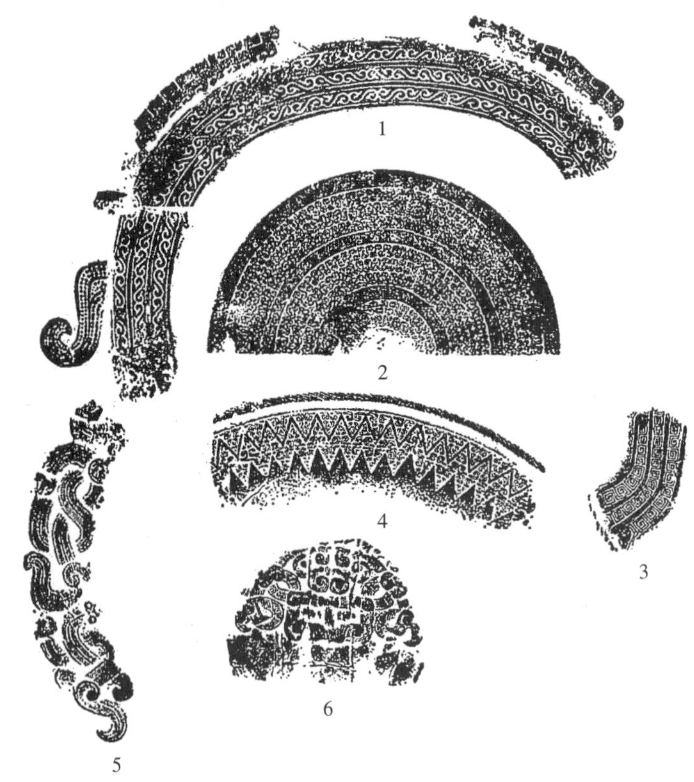

图三　铜盉纹饰拓片（2/5）

1. 提梁　2. 盖部　3. 流部　4. 身部　5. 扳手　6. 足部

图四　铜盉

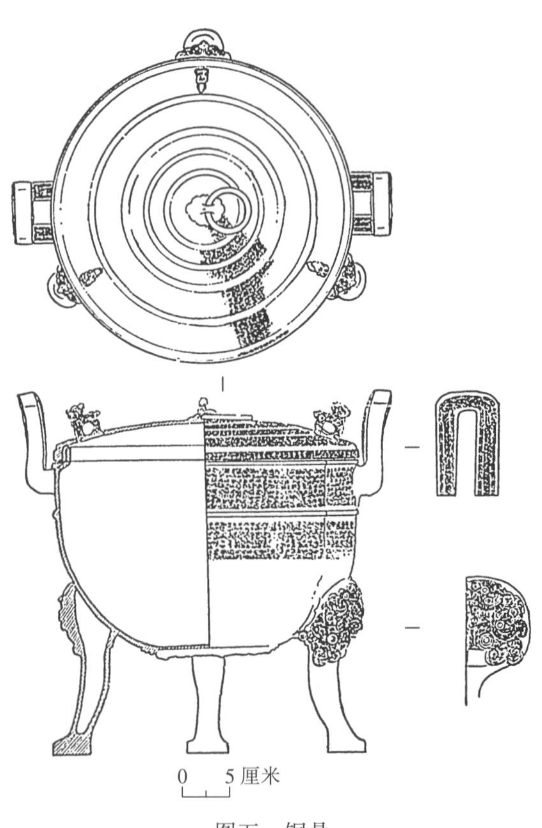

图五　铜鼎

铜壶　1件。器薄。腹中部偏上铸四环，饰两道弦纹、一周云雷纹。有小圈足。通高33.6、口径16.6、腹径33、底径17.7厘米（图七、一一）。

铜豆　1件。双环耳，高柄，圈足。有盖，盖有捉手。通体素面。通高28.9、口径18.2厘米（图八、一二）。

铜盉　1件。提梁作夔龙形，起棱。盉盖有蟠螭相衔纽，有链条连接提梁。扳手作蟠螭环曲，下又有双蟠螭交衔形。腹部凸出三道绳纹，遍饰三角云雷纹。兽首状流，饰回纹。三蹄足通高28.7、腹径24.1厘米（图三、四）。

铜鉴　1件。敞口。深腹，外壁有四组衔环。平底。器薄，通体无纹饰。通高13.6、口径36厘米、底径21.2厘米（图一〇、一三）。

铜匜　1件。出土时放在鉴内。器薄，无纹饰。通长22.8、高9.3、流长4.7厘米（图九、一三）。

黑衣陶豆　1件。已残。灰胎黑衣。足底座呈喇叭形。残高8、口径14.9厘米（图一四）。

出土铜器形制多与中原战国时期铜器相似，而纹饰又具有楚器作风。鼎、豆、壶的组合也盛行于东周。因此初步判断这一墓葬属于战国早、中期。黑衣陶器在太湖流域多有发现，此次伴出的黑衣陶

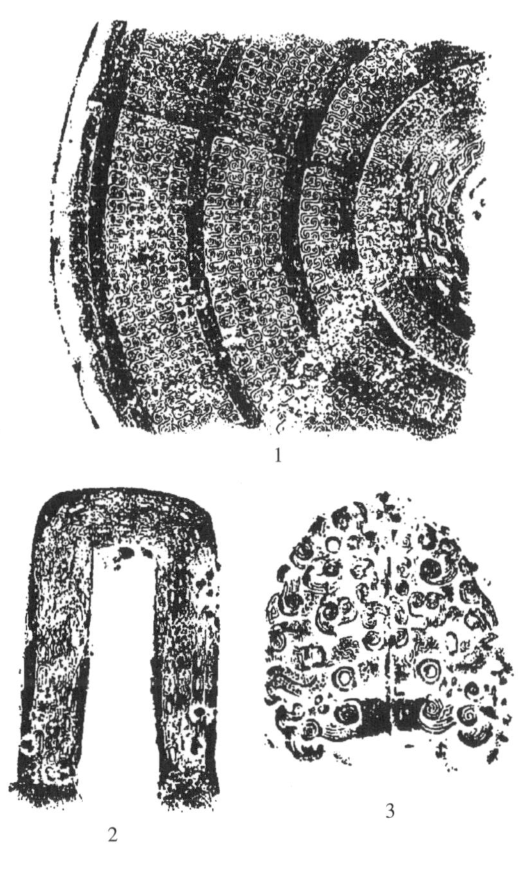

图六　铜鼎纹饰拓片（2/5）
1. 盖部　2. 耳部　3. 足肩部

图七　铜壶身纹饰拓片（1/2）

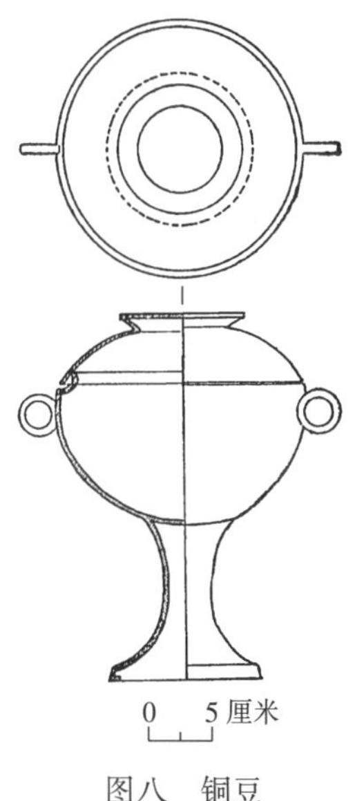

图八　铜豆

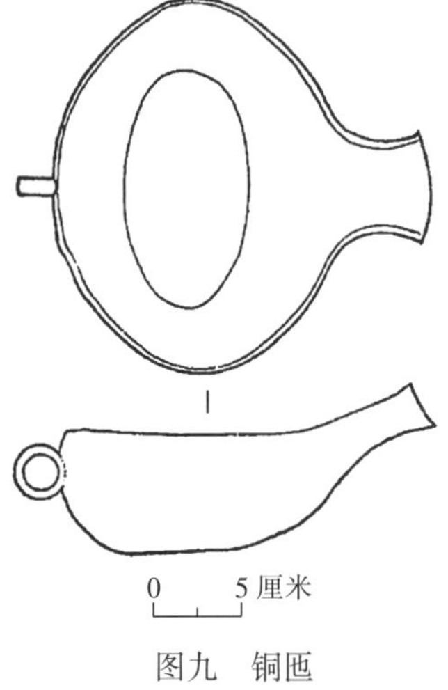

图九　铜匜

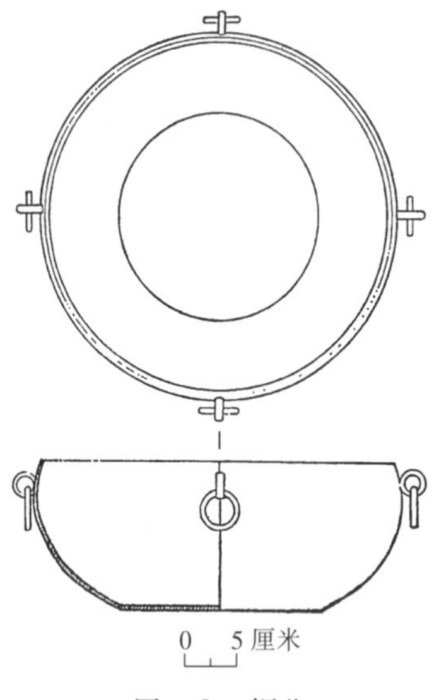

图一〇　铜鉴

图一一　铜壶

图一二　铜豆

图一三　铜鉴与匜

图一四　黑衣陶豆

图一五　铜器出土情况

豆，对这一地区陶器断代很有参考价值。匜底的织物，色泽白净，经纬细密，经华东纺织工学院鉴定，纤维属于麻类，这对于研究苏州地区的纺织史是有用的标本。

执笔：廖志豪

绘图：陈玉寅

（原载《文物》1981 年第 11 期）

苏州葑门河道内发现东周青铜文物

廖志豪　罗保芸

1975年10月，江苏苏州红旗区市政养护管理所工人在葑门内河道疏浚工程中，发现一批青铜文物。据在场老工人介绍，文物出土于葑门内城河程桥下，是从河底以下深1.4米的一个圆形土穴中用手捧起来的。经清理，河底下第1层0.5米内为瓦砾土，第2层0.9米内为黑灰土，第3层1.4米内为青灰土，即文物出土的层位。附近未见其他遗迹遗物。

图一　铜剑

出土青铜文物如下。

剑　2件。都已残断。其一剑身遍饰菱形格及海棠形暗纹，中脊突起，刃部锋利；圆柱状茎上有两周凸棱，剑首已失落，剑格镂刻饕餮纹。其二剑身、剑格都是素面，剑茎也是圆柱状带两周凸棱，有圆形剑首。两剑因剑身残断，原长不详（图一）。

镞　2件。其一两翼扁平，圆柱形铤，长3.5厘米。其二双翼四棱，棱间有二槽，圆柱形铤长3厘米（图四，2、3）。

镈　1件。圆筒形，一端封闭。表面有黑锈。长10.1、直径2.8厘米（图三）。

斤　2件。其一长方銎，斤身两侧略呈弧形，长10、刃宽4.4厘米。其二六角形銎，銎外壁有粗棱，长10.5、刃宽3.9厘米（图四，4、5）。

锯镰　4件。镰身一面有平行条纹，延至刃部形成锯齿。柄部有侧栏。其中两件直背直刃，长13、宽5厘米。一件刃部内凹，近栏处有一小穿孔，长11.9、宽4.5厘米。一件镰身呈弯月形，长13.8、宽5.5厘米（图五）。

锛　4件。长方銎，一面有方孔，一面开口，刃略呈弧形。一件长8、刃宽6.5厘米；一件长8.5、刃宽7厘米；一件长9.3、刃宽9厘米；一件长10.7、刃宽9.2厘米（图二）。

锄　1件。马蹄形，弧刃。顶宽13、高7.5厘米（图四，1）。

铚　2件。略呈半月形，中部近边棱处有二穿孔，刃部正面有锯齿，反面平滑。一件长10.4、宽4.5厘米；一件长10.7、宽4.5厘米（图四，6）。

所出铜剑，带暗纹的一件，与山西出土的吴王光剑、湖北襄阳出土的吴王夫差剑，特别与湖北江

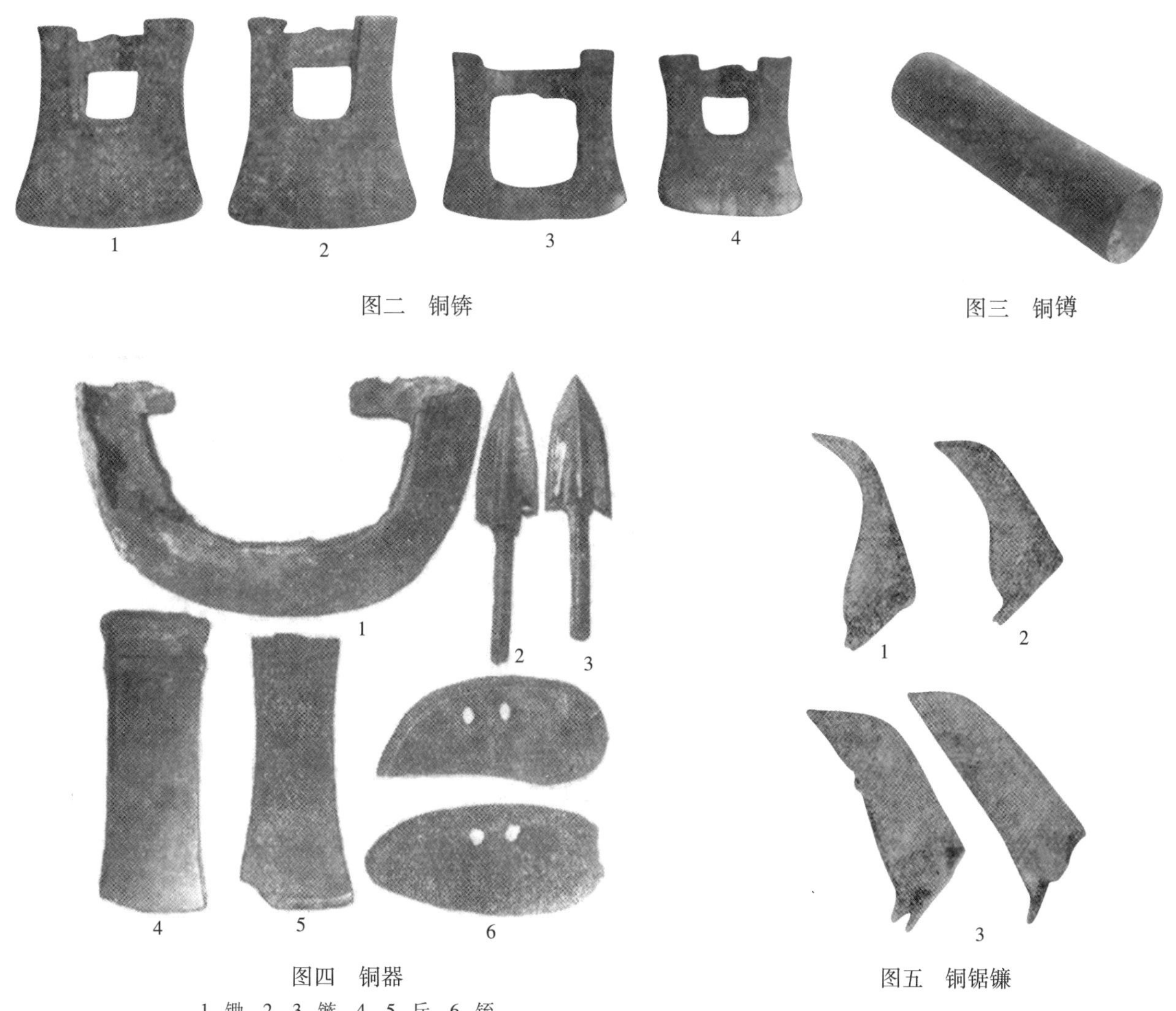

图二 铜锛

图三 铜镈

图四 铜器
1. 锄 2、3. 镞 4、5. 斤 6. 铚

图五 铜锯镰

陵出土的越王勾践剑相似。素面的一件，与以前苏州地区吴江苑萍、东山湖底所出的同样，估计是吴越战争时期的遗物。这一批青铜农耕工具的出土，再一次说明江南地区使用铜农具的普遍程度。铜锯镰在江苏金坛、苏州和浙江绍兴都有出土。“凹”字形铜锄与湖北蕲春西周遗址中发现的相似。这一批铜器大致属于春秋战国时期。

（原载《文物》1982 年第 2 期）

摇城遗址及其出土的印纹陶器

张志新

一、关于摇城

摇城遗址，就是澄湖遗址。早在《越绝书·吴地传》中就有“摇城者，古吴王子居焉，后越王摇居之”的记载。《吴郡甫里志》也明确记载大姚一带正是当年摇城的所在。另外，当地也有“瑶盛”“大姚”等小地名与方志的记载相呼应。

吴王诸樊南迁之后，吴王和越王相继在现苏州附近筑过不少城。《越绝书》中记载的就有：“吴大城，吴小城，伍子胥城，东城，余杭城，巫门外麋湖西城，娄门外马亭溪上复城，麋湖城，稇溪城，马安溪上干城。”

此外，还有越城、摇城等，总计不下10余处，但目前尚能找到城址的却不多；遗存丰富，可供进行考古发掘的更少。因此，对于摇城的研究，具有重要的意义。

摇城，位于吴县车坊公社光华大队澄湖边。遗址大部分陷入澄湖，古城当年的模样已难看清。1974年，社员在澄湖边围湖造田时，在大姚和承德之间的前湾，以及大姚和旺墩之间的后湾，发现了大批新石器时代至宋代之间不同时期的古井，这说明早在新石器时代晚期这里已是人类的聚居之地，已经具备了“城”的最基本的条件①。而且这座古城的范围十分广袤，面积估计有2~3平方千米，遗存也非常丰富。发掘的73口古井中，出土商周时期遗物的占发掘古井总数的48%，围垦区内就有古井1000余口，以此比例计算，这一时期古井的总数则不下500口，可想聚居在这里的人，至少也有几千人。由此，完全可以想象得出摇城当年人众物茂的情况。但摇城有无城墙、堑壕哩？《越绝书》并未述及筑城。《汉书·地理志》《史记·越王勾践世家》和《史记·东越列传》等史籍中，也都只述及“立摇为越王”，而没有筑城的记载。因此，摇城可能是一处像原始社会氏族聚居地那样的古城。

另外，大姚墩本身，却是一处应该足以引起重视的地方。它是一个高出地面1~2米的土墩，直径50米左右，四周挖有河道，整个墩只有一座桥与陆地相连，而整个大姚墩又正处在遗址的中心部位。大姚墩是否即当年吴王子、越王摇的居住之地——王城？目前，在没有作过考古发掘的情况下，尚难肯定。但就大姚墩本身的形态，与在遗址中所处的部位等情况来看，确实是应该引起足够重视的。

二、摇城出土的陶器

对于摇城，限于目前所有的资料和所进行的发掘，难以再进一步深谈。但1974年，在对澄湖古井的清理中，作为摇城商周时期文化遗址的主要内涵——几何印纹陶和其他陶器，却发现了不少，为我们探讨摇城出土陶器的特征、分期，以及族属问题，提供了有利的条件。

澄湖的陶器遗存，大体可以分为：新石器时代晚期的原始文化遗存（包括崧泽、张陵山、良渚三个不同的阶段），商周时期的几何印纹陶遗存，汉至宋之间各代的遗存。澄湖经过发掘，出土商周时期陶器的古井有35口，出土器物52件，在遗址上采集这一时期的文物400余件。可以知道，这些遗物早于汉代，而晚于良渚文化。这一点虽然摇城没有做过地层发掘[②]，缺乏本身的地层关系的依据，但这早已为草鞋山，吴兴钱山漾，以及上海马桥、亭林、戚家墩等遗址的地层所证实，摇城陶器的发展与苏南浙北以及上海地区的考古学文化的发展序列是基本一致的。

摇城出土的陶器，根据其特点，又可以分为三期。

1. 第一期

可以归入第一期的十四口古井中，出土文物20件，其中陶器19件。以泥质黑衣陶为主，占总数的47.4%；印纹红陶器次之，占26.8%；泥质灰陶器，占10.5%；几何印纹硬陶器所占的比例很少，只有15.8%。泥质黑衣陶器胎骨较良渚黑陶厚重，无铅色光亮。红陶器色泽澄红，烧成火候较高，胎中掺有一定比例的细砂。硬陶器色泽紫褐，击之有金属之声。器形有罐、壶、尊、簋、钵、杯、釜等。这些器物的造型特点：罐类都采用圜底或圜底内凹形式，卷沿上多见刻划的陶文符号，器表拍印纹饰盛行篮纹、叶脉纹、席纹、方格纹等，器内壁比较粗糙，拍印印纹时在内壁留下的垫印窝明显可见。

这一期的典型器有泥质红陶鸭形壶、掐印纹黑衣陶簋，泥质红陶篮纹、席纹圜底内凹罐，方格纹圜底罐，弦纹圜底内凹罐，席纹大陶罐，泥质黑陶尊，等等。

2. 第二期

属于印纹陶二期的六口古井中，出土文物11件，其中陶器10件。几何印纹硬陶的数量明显增加，占60%；原始瓷也占一定比例，出土遗物中仍有泥质红陶、黑衣陶、夹砂灰陶等其他陶系的陶器。原始瓷釉色青绿，采集品种也极为多见。几何印纹陶的纹饰以折尺纹为多见，原始瓷器多用“S”形堆饰。其余还有回纹、刺纹、波浪纹、弦纹、云雷纹、叶脉纹和组合几何印纹等。器形则有罐、瓿、尊、钵等。这一时期盛行平底器，造形扁矮，拍印纹饰粗深有力，器物内壁开始注意加工抹平，不再留垫印窝。而器心内密布旋坯所留下的同心圆的原始瓷器也很具特色。

这一期的典型器有折尺纹硬陶尊、组合几何印纹硬陶罐、波浪纹双耳硬陶罐、原始瓷钵等。

3. 第三期

属于第三期的十五口古井中，出土陶器21件。这一期几何印纹陶所占比例大大减少，只占9.5%，代之而占主要地位的是泥质黑陶器。泥质黑衣陶器形制规整而匀称，比良渚黑陶稍厚，黑衣不脱落，硬陶呈灰、米灰、褐色者占多数。硬陶器的纹饰渐趋精细而规整，都见极细的麻布纹、米筛纹等，黑衣陶器以弦纹和圆圈纹、刺纹、绳纹、波浪纹组合的纹饰较多见。罐类多扁腹，底部有乳丁足，肩部有环状或管形双耳。

这一期的典型器有细麻布纹双耳罐、米筛纹原始瓷罐、黑衣陶双耳罐、窗格纹硬陶钵等。

摇城出土的陶器，是这一地区商周时期遗物的主要组成部分，在一定程度上反映了这一时期的物质文化与政治情况。

摇城的第一期陶器的特点与马桥四层、亭林、查山中层出土遗物的特点相同。因此，其绝对年代，可以参考查山和亭林^{14}C测定的数据：亭林中层，距今3730±150年；查山中层，距今3114±120年（以上均为树轮校正的年代）。因此，澄湖早期印纹陶的绝对年代，可定在距今3800~3200年。

摇城第二期陶器的特点与江苏溧水乌山二号墓、句容浮山果园土墩墓以及吴县五峰山烽燧墩出土遗物的特点接近。因此，这一期定在西周至春秋，不会有多大疑义。

摇城第三期陶器的特点与上海金山县戚家墩、吴县长桥公社西圹河，浙江绍兴漓渚战国墓出土遗物相近似，时代也大致在战国早中期，即楚的势力到达该地之前。

摇城第一期陶器中，拥有一定数量带有二里头文化因素的仿铜陶器。这一事实与古文献中关于"梁与其属俱去海外"[③] "禹致群神于会稽之山"[④]和《禹贡》关于大禹治水太湖的记载相印证，说明夏商时代，太湖地区在承袭当地越族土著文化的同时，已与中原发生着日益频繁的联系，吸收了许多中原夏、商文化的因素，而形成了既区别于典型良渚文化，又不同于中原夏、商文化的地方性文化。

商代晚期，即在所谓"太伯之奔荆蛮，自号勾吴"[⑤]之后，江南一带已逐步统一到吴国的版图之内，摇城第二期与宁镇地区和上海地区具有共同的文化特征——吴文化的特征，正是吴国统治着这一地区的历史的真实反映。

摇城第三期陶器与太湖流域，浙江地区，乃至苏南、苏北，明显显示出同一文化面貌，这正好与周元王三年（前473年）吴国为越国所灭，这一带均为越国统治的史实相吻合。以后又随着秦始皇灭六国和秦汉中央王朝的建立，摇城的陶器，在文化面貌上也呈现出与中原一致的汉文化特点。

注释

①《说文解字》"城"字条为："以盛民也，从土。"

② 摇城的地层大部分已为湖水所冲淹。原因详见《江苏省哲学社会科学联合会1980年考古论文选》中《澄湖形成的原因和年代问题》一文。

③ 见《国语·鲁语上》《古本竹书纪年》《尚书大传·殷传》等书。

④ 见《国语·鲁语下》。

⑤ 见《史记·吴太伯世家》。

（原载《文博通讯》1982年第3期）

吴县宝山发现古文化遗址

叶玉奇　王建华　施　磊

1983年3月，吴县东渚公社技术员程建中同志，在该公社的二图村西，宝山东南麓的农田里，采集到石器和陶器残片。石器中，主要有磨光石锛和仅有打制而未经磨光的斜柄石钺等。陶片中，能辨别出器物形状的有夹砂红陶罐、印纹陶罐、陶瓮等，纹饰有云雷纹、弦纹、席纹、曲折纹，方格纹、叶脉纹等。这些遗物的年代上限，相当于草鞋山遗址晚期，属于良渚文化，距今约4200年；其下限，相当于春秋战国及汉，属吴越文化，距今约2000年。

在现场调查中，还发现了宝山东南坡有一处长约15米的农田断面层，在离地表约50厘米下，嵌着一层厚约30厘米的印纹陶片及红烧土块带，内涵比较丰富。遗址是环绕宝山东南麓长约200米、宽约10米的一片缓坡，现被开垦种植。上述遗物就是在这里采集的。

宝山遗址，是吴县西部太湖地区继光福镇虎山遗址，以及东渚淹马大队马家村窑墩遗址后的又一发现，它为进一步研究、探索该地区原始文化提供了新的线索和资料。

（原载《文博通讯》1983年第3期）

江苏吴县华山等地发现“郢爰”

张志新　姚勤德

1977年以来，江苏吴县曾先后在通安公社华山大队陈家湾村后和枫桥公社建新大队茅山附近发现三块楚国金币——“郢爰”。

通安华山发现的“郢爰”，已凿割成五边形，边长约1~1.5厘米。中部有一方阴文篆字“郢爰”戳记，重27.27克，经中国人民银行苏州市支行营业部测定，含金量达98%。这一金币，是华山大队社员沈金大同志在村后开挖排水沟时发现的。

另两块金币，发现于枫桥公社建新大队茅山附近。一块呈长方形，最长处约3厘米，重23克，其上有阴文“郢爰”戳记一格半。另一块切凿成不规则六边形，重17克，中部也有阴文“郢爰”戳记一格。

这一发现及其他有关考古发现，说明楚国确实统治过这一地区。但在这里出土“郢爰”的先例不多，这次发现，为研究“郢爰”的流通范围和历史地理情况提供了新的实物资料。

（原载《文博通讯》1983年第4期）

南博、中大发掘五峰山石室土墩

钟　志

在太湖周围地区和长江口南岸的大小山上，散布着数以千计的石室土墩。从已发现的文化遗物看，这是春秋时期的遗迹。对石室土墩的性质、用途，学术界颇有争论，墓葬说、军事设施说、居住说，兼而有之。为了推动对石室土墩的科学研究，经国家文物局批准，南京博物院、中山大学于1983年9月至12月，对吴县境内的五峰山、借尼山的石室土墩进行了科学发掘。吴县文管会、苏州博物馆也派人协助工作。

五峰山、借尼山位于苏州市西部偏南17千米处，紧邻太湖，属藏书乡。这次共清理发掘24座石室土墩，其中五峰山17座。土墩均分布在山脊中部，大多和山脊的走向一致，少数横筑于山脊，墩呈馒首椭圆形。墩之间近的距离20~30米，远的距离300~400米。土墩大部分已自然塌陷，或遭到后期不同程度的破坏。发掘采用探方法、两分法、四分法等。

发掘结果表明，石室土墩的结构由石壁、“门柱”、“门楣”、石盖板、“封口石”、护墙、护坡、覆土等组成，石壁围成的长方形石室可分为室内和通道两部分。石壁系采用本山自然石块垒筑而成，大的在下，小的在上。“门柱”是指整块石垒壁向内凸出0.5~0.6米的石垛，“门楣”是压盖在门柱上的整块石。已发现保存完好的“封口石”位于通道内或石室口部，均不及顶。保存较好的石室内高2.7~2.95米，底宽1.3米左右，上宽仅0.5~0.7米。这次共发现可编号文物400余件，最多的五峰山15号墩出土70件，一般在20~30件。出土遗物中原始瓷的比例最大，主要为食器，其次为印纹硬陶，主要是盛器。器物一般分布在石室的后壁部，有两件以上叠放的现象。

通过五峰山、借尼山的考古发掘，基本上搞清了石室土墩的结构，同时出土一批有研究价值的文物。这批新的考古资料，引起了学术界的关注和重视，对于研究石室土墩的性质、用途诸问题提供了新的资料。

（原载《文博通讯》1983年第6期）

江苏吴县何山东周墓

吴县文物管理委员会

1980年7月6日，吴县枫桥公社水泥厂职工在何山取土时挖出了一批青铜器和陶器。由于墓穴已被破坏，我们只作了详细地现场调查以后，征集回一批出土文物。现将情况简报如下。

一、墓葬地理位置和调查情况

枫桥何山，因“梁隐士何求、何点葬此”[①]而得名，位于苏州城西10千米，吴县西津桥镇南约1千米处。山海拔高63.8米，有较厚的泥土覆盖层。是苏州城西古墓葬较多的地方。这次出土文物的地点，在何山西南麓的缓坡上（图一）。据当时参加取土的职工回忆，文物分布在东西宽5米、南北长8米、距地表深约2米的同一平面内。出土文物地段的土色与周围堆土均为红壤土，无多大差别，未见葬具残迹，但根据该地多古墓估计，这些文物应该是一个墓葬内的随葬品。

二、出土遗物

出土遗物有青铜器、陶器和原始瓷器，共35件。

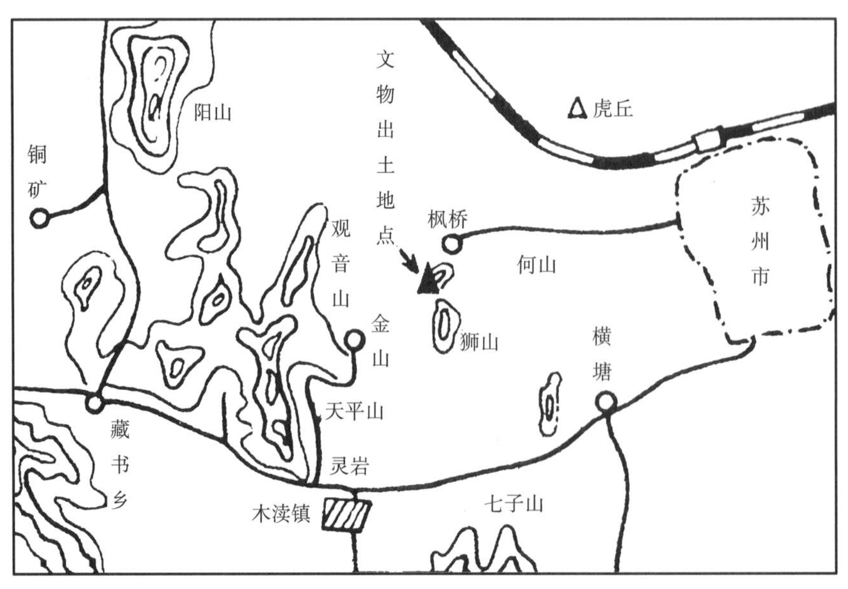

图一　何山东周墓位置示意图

青铜器有鼎、盉、簠、缶、匜、盘、戈、矛、镞及车马器等33件。

鼎　5件。分二式。

Ⅰ式　2件。有盖，直口有子扣，鼓腹，圜底，直附耳，兽面纹膝蹄足。鼎耳以分铸法铸就后嵌入。盖顶有六柱圆圈状纽。盖部正中饰回纹，腹部带饰有划纹的凸棱一周，盖周围、附耳及鼎腹部均饰十分规整细密的蟠螭纹。其一通高25、口径21.6、盖纽直径8厘米（图二）。另一件严重破残，足高11、盖纽直径10厘米，较前一件略大。

Ⅱ式　2件。直口，平折沿，底较平，凿形足外撇，竖耳立在口沿上，与足不在同一直线上。器身素面无纹。一件通高10.2、口径13.8、足高5.8、腹深4、耳高0.7厘米（图三，1）。其二较大，已残破。口径32.8、耳高3、足高13厘米（图三，2）。

还有一件残甚，蹄形足，素面，近于Ⅰ式鼎。

五件鼎腹下均有烟炱，应是实用器。

盉　1件。直口，扁鼓形腹，兽面膝蹄足，夔龙形提梁。前带夔龙首流，后设夔龙尾形把。圆盘形盖，上立一环纽，有链条两节与提梁相接。盖面饰回纹，腹部饰细密的蟠螭纹，并有饰划纹的凸棱两周。通高25.2、提梁高8.5、足高6.8、口径10.8厘米，重4105克（图四、一一）。盉肩部有篆书铭文一行八字："楚叔之孙途为之盉"（图五）。

簠　2套。直口，直腹，折收胫，曲尺形足，两端设象鼻式器耳。口沿及器足部各饰回纹一道，器身遍饰细密的蟠螭纹。器身口沿部设有对称四个小铺兽，卡住器盖。通高19.6厘米，口边长30厘米×22厘米，重4550克（图六、一二）。

缶　1件。折沿，广肩，鼓腹，收胫。肩部有两个兽面耳。器盖顶上，有六柱圆圈状纽，柱作蛇头状，衔住圈纽。盖及肩腹部均饰蟠螭纹，盖部有五个隆起的圆饼

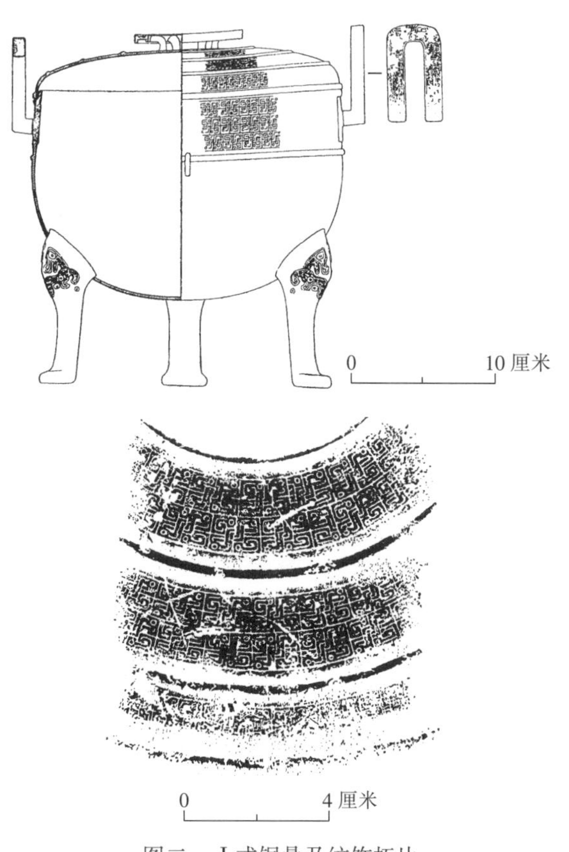

图二　Ⅰ式铜鼎及纹饰拓片

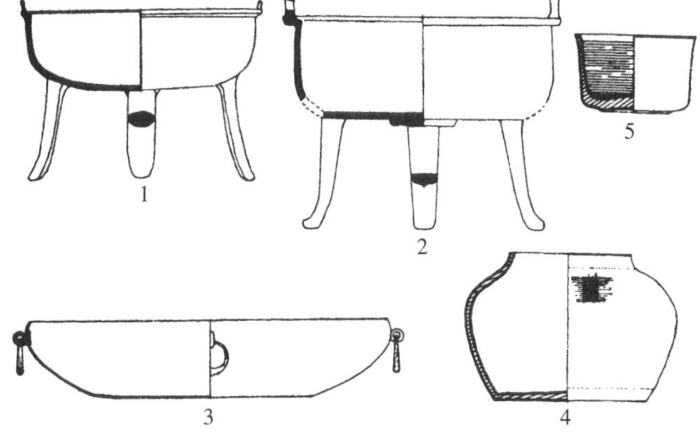

图三　墓葬出土器物

1. Ⅱ式铜鼎之一　2. Ⅱ式铜鼎之二　3. 铜盘　4. 硬陶罐　5. 原始瓷碗（1. 1/6，2、3. 1/12、4、5. 1/9）

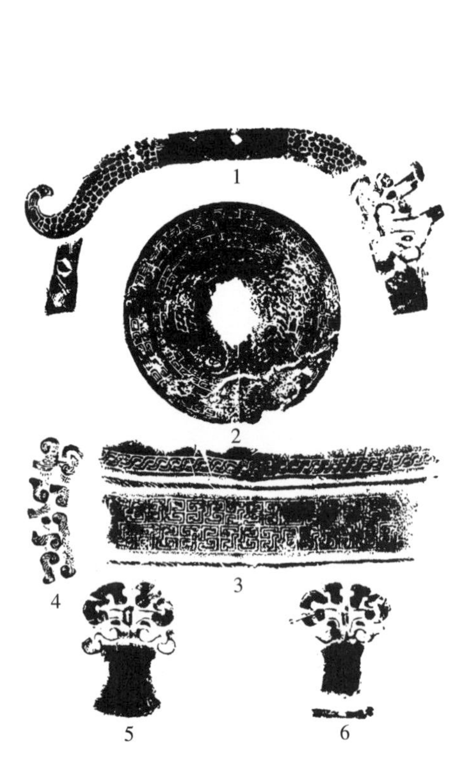

图四 铜盉纹饰拓片
1. 提梁 2. 盖顶部 3. 腹 4. 尾 5、6. 足（1/4）

图五 铜盉肩部铭文拓片（1/2）

形堆饰，腹部有圆饼形堆饰八个，对称布列。此器破残也较严重。通高 39.5、口径 22、底径 18 厘米（图七）。

匜 1 件。平底，尾部高起，作瓢形，前端有兽头形流，后尾部把手已缺。口沿下饰蟠螭纹一道。通高 11、流长 4.5、器长 19、宽 17.5 厘米，重 610 克（图一〇）。

盘 1 件。敛口，平底，口沿下有四个绳纹圈状耳，用圆环铆合于盘腹上。胎薄，质软。素面。口径 41、高 8.6 厘米（图三，3）。

戈 3 件。分二式。

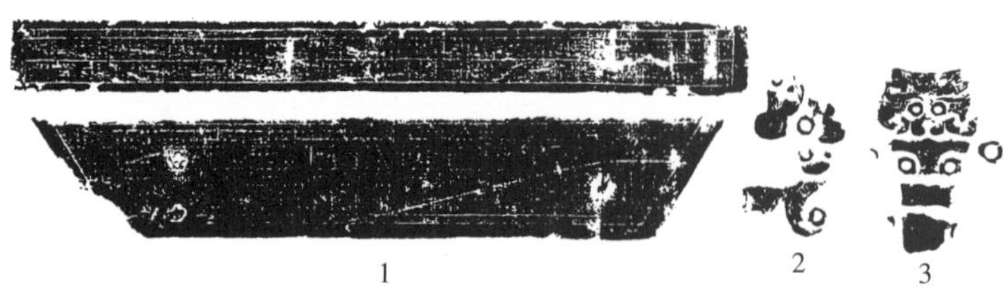

图六 铜簠纹饰拓片
1. 腹部 2. 象鼻耳侧面 3. 象鼻耳正面（1/4）

Ⅰ式　2件。长胡三穿，援部中间起脊，援和阑侧的夹角为105度，胡部有梯形穿孔三个，援顶有一孔，内上也有一长方形穿孔，饰划纹。通长23、援长16、胡长11、内长7厘米，重307克（图八，1；图一四，1）。

Ⅱ式　1件。短胡一穿。援部平缓，与阑侧的夹角为90度，内部有“凸”字形穿孔一个。通长24.5、援长16、内长8.5、胡长7厘米，重220克（图八，2；图一四，2）。

矛　3件，形式相同。窄叶形，断面呈菱形，有脊。锋锷犀利，銎口圆形，銎内中空直至脊部前端，銎口有方形凹口，凸出部分有插销钉的小圆孔。脊旁饰倒刺形云雷纹，似有血槽的作用。矛长32、翼宽5.5厘米（图八，3；图一四，3）。

镞　14件。分三式。

Ⅰ式　5件。窄双翼形，中有棱，两翼分开，锋呈流线形，实心铤。长8.6、翼宽1.5厘米（图八，4；图一四，4）。

Ⅱ式　7件。阔双翼形，前锋尖利，两侧翼分得较开，铤中空，圆锥形銎。通长9.5、翼宽2.4厘米（图八，5；图一四，5）。

Ⅲ式　2件。弹头形，中有圆锥形銎。长3.4、銎口径0.9厘米（图八，6；图一四，6）。

軎、辖　2套。軎头作十边形，顶部饰羽状纹，沿部饰蟠螭纹。辖断面为长方形，头部饰对称的羽状纹。通长9、头宽4.4厘米，辖孔1.8厘米×1.45厘米~2厘米×1.6厘米（图九）。

陶器、原始瓷器各1件。

硬陶罐　1件。方唇，敛口，扁鼓腹，平底。呈灰褐色，饰规整的小方格纹。内壁拍印纹饰时留下的垫印窝经抹平。通高12.1、口径10.4、底径13.8厘米（图三，4；图一三）。

原始瓷碗　1件。直口，壁微斜向内收，平底。器内壁有旋坯留下的轮旋纹。釉呈浅黄色。通高5.9、口径10.2厘米（图三，5；图一五）。

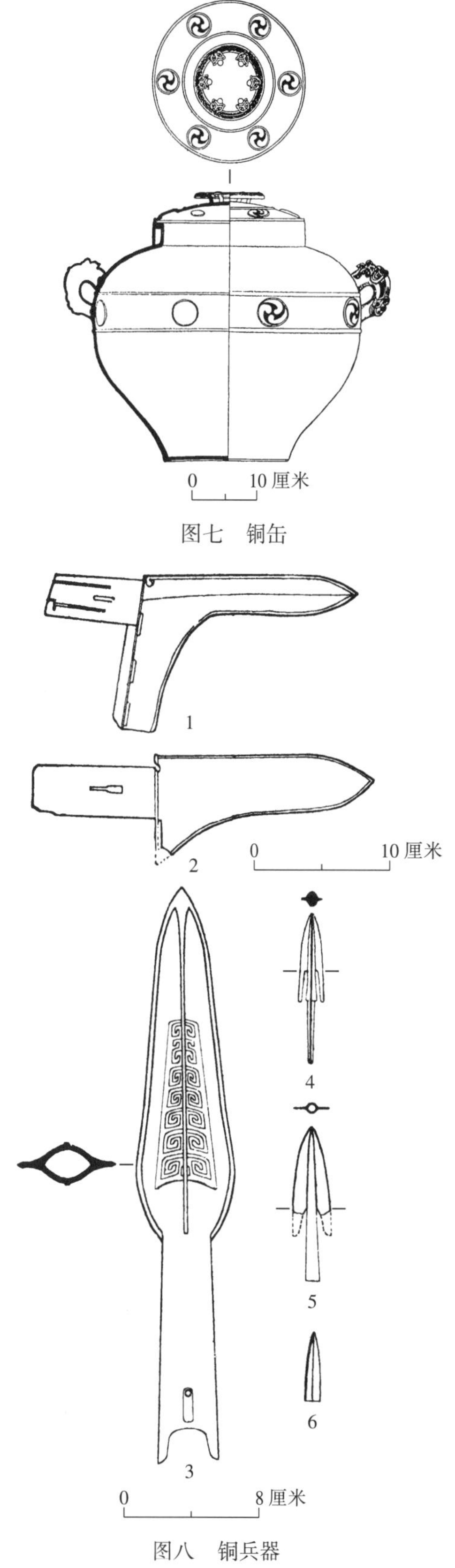

图七　铜缶

图八　铜兵器

1. Ⅰ式戈　2. Ⅱ式戈　3. 矛　4. Ⅰ式镞　5. Ⅱ式镞　6. Ⅲ式镞

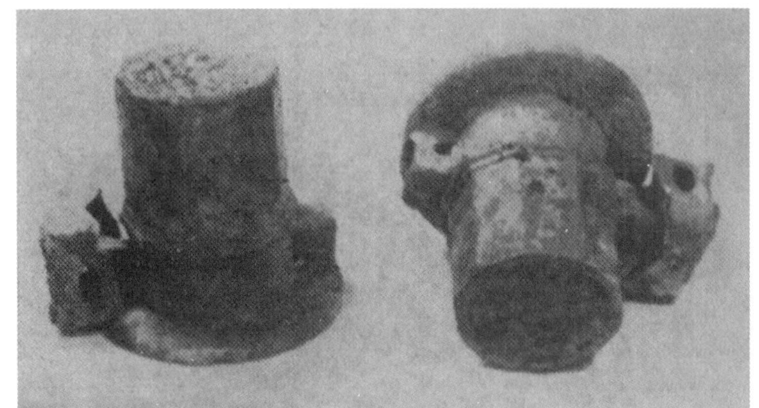

图一〇　铜匜

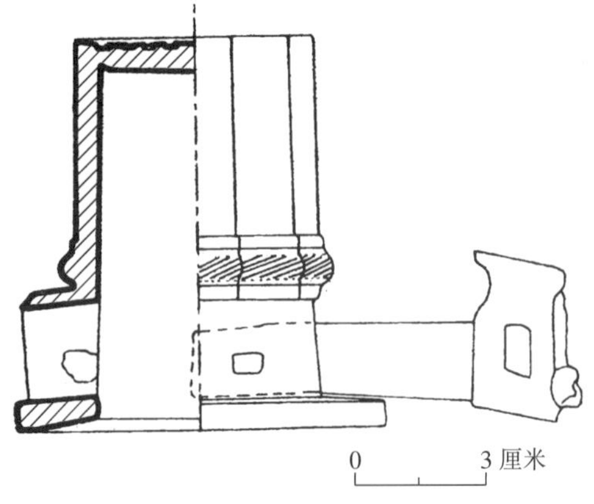

图九　铜軎、辖

图一一　铜盉

图一二　铜簠

图一三　硬陶罐

图一四　铜兵器

1. Ⅰ式戈　2. Ⅱ式戈　3. 矛　4. Ⅰ式镞　5. Ⅱ式镞　6. Ⅲ式镞

三、结语

图一五　原始瓷碗

枫桥何山古墓出土的铜器明显地包括两种不同风格。其中一部分器物，制作精细，纹饰以蟠螭纹、羽状纹为主，兼有回纹、云雷纹、蛇头纹、圆饼饰等。如Ⅰ式鼎、提梁盉、缶、匜、軎、辖等，形制与河南淅川下寺一号墓[②]出土的鼎（M1：61），淅川下寺春秋楚墓的盉（M1：71、M3：3）、缶（M1：72）、匜（M2：3）和軎辖相近似[③]。与安徽寿县蔡侯墓、长沙浏城桥一号墓出土同类铜器在造型、装饰纹样上也都十分相近。因此，这部分铜器，时代当与淅川下寺楚墓和安徽寿县蔡侯墓相近[④]，应该是春秋晚期的楚器。

另一部分器物，制作简单而朴质，如此墓出土的Ⅱ式鼎，与苏州城东北出土的鼎[⑤]及丹徒谏壁粮山出土的Ⅱ式鼎相似；此墓出土的Ⅰ式戈，与六合程桥东周墓的铜戈一致。这部分铜器具有明显的吴越地区风格。

周敬王十四年（前506年），吴王阖闾、伍员率兵攻入楚之郢都。因此，此墓出土的楚国铜器，很可能是吴人掠回的战利品，赐给攻楚的功臣，死后随葬的。墓主人可能是这次攻楚有功之人。墓葬的年代，估计应在周敬王十四年吴楚战争结束后或稍晚。

盉上有铭“楚叔之孙途”，“途”当为人名，文献中未见记载，但根据李零等同志对“楚叔之孙倗”的考证[⑥]，认为倗应该是薳子冯。“楚叔之孙途”也应该与楚王族同出，并可能与薳子冯有亲属关系。

参加何山东周墓整理工作的有张志新、王建华、施磊、汪鸣峰同志。吴县文化馆的汪朝俊同志协助拍摄了文物照片。

执笔：张志新

注释

① 曹允源、吴荫培、蒋炳章等：《吴县志》卷四十一《舆地考·冢墓》。

② 河南省博物馆、淅川县文管会、南阳地区文管会：《河南淅川县下寺一号墓发掘简报》，《考古》1981年第2期。

③ 河南省丹江水库区文物发掘队：《河南省淅川县下寺春秋楚墓》，《文物》1980年第10期。

④ 陈梦家：《〈寿县蔡侯墓出土遗物〉编辑后记》，《寿县蔡侯墓出土遗物》，科学出版社，1956年。

⑤ 杨锡璋：《苏州发现一批东周青铜器》，《文博通讯》1978年第17期。

⑥ 李零：《“楚叔之孙倗”究竟是谁》，《中原文物》1981年第4期。

（原载《文物》1984年第5期）

江苏吴县出土一批周代青铜剑

叶玉奇

几年来，江苏吴县地区陆续出土了一批青铜剑（图一），其中大多数是在围垦太湖时，在湖床深处淤泥里发现的。由于当时水利工程施工紧张，我们没有及时地去清理发掘，这些青铜剑都是事后从群众手里征集的。尽管如此，这些发现对于研究太湖地区吴越青铜剑的起源、演变也增添了实物资料。

这些青铜剑的共同特点是，剑首呈喇叭形，茎呈圆柱状，剑身呈柳叶形，在距前锋约占剑身的五分之二处渐向内收。剑刃有整齐的锉磨斜口，至今还很锋利。剑的棱脊部延伸到前锋尽端。可分为六式。

Ⅰ式　1件。1972年征集，太湖乡白浮山水域出土。剑格较宽呈如意状，一面模铸兽面纹，另一面模铸云纹，棱脊平缓，锉口纤细，前锋呈三角形。色黄绿。剑通长41.2、茎10、剑身最宽处4.5厘米（图二，左5；图三，左4；图五，左）。

Ⅱ式　1件。1980年征集，石公乡消夏湾水域出土。茎柱近剑首处为圆柱形，近剑格处为扁方柱形，后者两侧各凸出一扁长方形棱，亦留有合范铸痕。剑格狭窄，呈“一”字形，朝茎处微带弧状。剑身扁薄，棱脊凸出如线状，近茎处棱脊两侧各有一条8厘米长的棱线，前锋呈三角形，锉口纤细。素面无纹。色黝黑。剑通长39.5、茎9.3、剑身最宽处4.3厘米（图二，左7；图三，左6）。

Ⅲ式　1件。1979年征集，由郭巷乡新开河的黑泥里挖出，断为两截。茎呈葫芦形，截面扁椭圆形，两侧留有合范铸痕，剑格作一横线，棱脊凸出，近茎处两侧各有一条6厘米长的纤细棱线。刃口和脊棱处都有整齐的锉磨斜口。素面无纹。色黄绿，表面有光泽。剑通长41、茎9.3、剑身最宽处3.9厘米（图二，左6；图三，左5）。

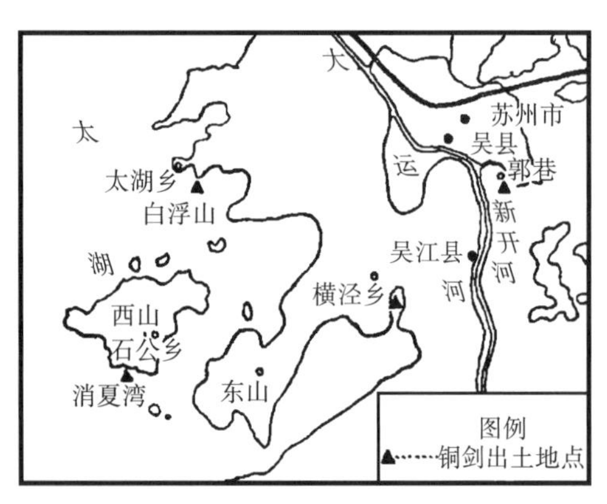

图一　铜剑出土地点分布图

Ⅳ式　1件。1981年征集，由太湖乡白浮山附近水域出土。剑身折断，锋锷稍残。剑茎两侧各有一块新月形扉棱，并留有合范铸痕，无剑格，且在茎端每面各有两个“楔口”。剑身狭长，收身甚微，中间起一平脊，刃口锉磨面宽阔、齐整，与平脊成狭窄六棱形的断面，锋锷呈三角形。在近茎处平脊的一面，铸有约1厘米见方的兽面纹一个。色黄绿，有光泽，锋利如新。现长51.5、茎8.7、剑身最宽处3.5厘米（图二，左3；图三，左2；图四）。

Ⅴ式　6件。1972～1980年间征集，其中五件由太湖水域出土，一件由浒关镇华山大队土墩墓出土。择其中5、6号为代表加以说明。剑茎都为圆柱形，有两道凸箍，格较宽，略成如意形。其一首残损，折为五截。格两面都模铸有饕餮纹，箍上有曲折纹。现长57.5、茎10.2、剑身最宽处5厘米。其二前锋稍残，剑刃锉口较窄。格上有云雷纹。现长41.2、茎9、剑身最宽处3.8厘米（图二，左2、4；图三，左1、3；图五，右）。

Ⅵ式　3件。1978年征集，横泾乡东太湖水域出土。一件仅剩剑的前半截，其余二件完整，式样相同。剑茎柱状、半空，近首处渐粗，若喇叭状，格较窄，呈“一”字形，剑身棱脊平缓，刃口锉面

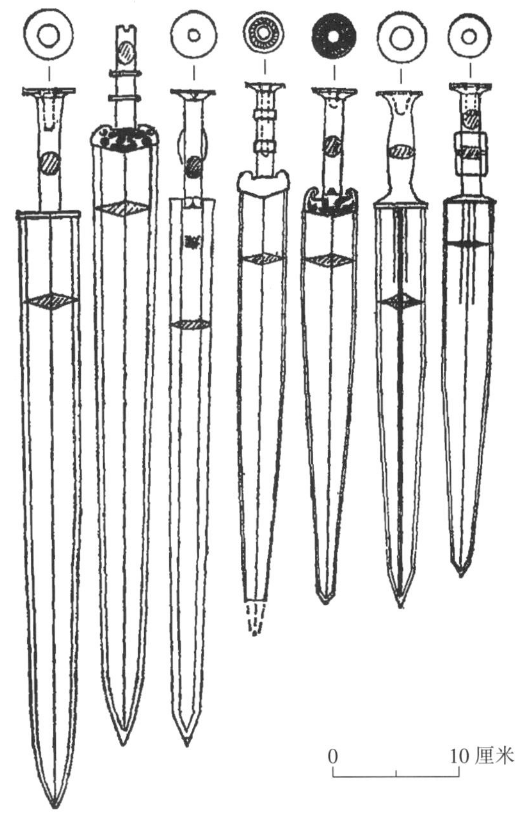

图二　铜剑

自左至右：Ⅵ式、Ⅴ式、Ⅳ式、Ⅴ式、Ⅰ式、Ⅲ式、Ⅱ式

图三　铜剑

自左至右：Ⅴ式、Ⅳ式、Ⅴ式、Ⅰ式、Ⅲ式、Ⅱ式

图四　Ⅳ式剑纹饰

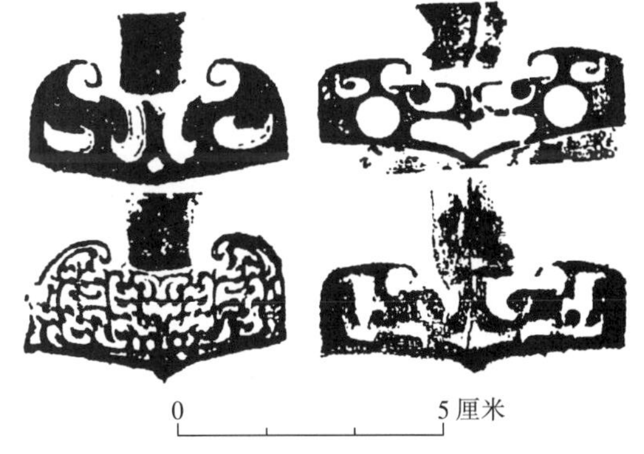

图五　剑格纹饰

左上、左下：Ⅰ式剑　右上、右下：Ⅴ式剑

整齐。素面无纹。色黝黑。其一通长57.4、茎10、剑身最宽处4.8厘米。其二通长45.7、茎8.9、剑身最宽处4.5厘米（图二，左1）。

与上述青铜剑形制相似的，过去也有发现。

1976年，浙江省长兴下箬乡出土5件商周铜器，其中1件西周早期的扁脊青铜短剑，首若喇叭，格较宽，茎和格上都有纹饰，一面云雷纹，一面兽面纹[①]，与Ⅰ式剑很相似。1971年，江苏省高淳县顾陇乡出土一件“西周中期或者还可能早些的”青铜平脊剑[②]，从喇叭形首、扁圆茎、“一”字形格和三角形的剑锋看，恰与Ⅱ、Ⅲ式剑有很多相同和相似之处。这类Ⅱ、Ⅲ式青铜棱线短剑出土颇少，到后期，线状棱脊也逐渐消失而演变成马鬣形。1973年，江苏溧阳下土墩出土一件西周晚期至春秋早期的青铜平脊剑，就其修长的剑身和三角形剑锋，几乎与Ⅳ式剑完全相同[③]。尤其是喇叭形的剑首，也是这些剑的共同特点。显然，这些剑形上的相似和相同，不是偶然的巧合，而是有着内在的联系，也就是存在着承袭、发展和演变的关系。可见，浙江长兴、江苏高淳出土的两件西周青铜短剑，是吴越青铜剑的早期形式。“它为探讨南方剑的起源提供一个值得研究的线索。”[④]对于借以断定吴县地区青铜剑的时代、起源和发展演变提供了重要的根据。又，1964年山西原平县峙峪村出土“吴王光剑”[⑤]，1978年安徽南陵县又发现“吴王光剑”[⑥]，1965年湖北江陵山1号墓出土“越王勾践剑”[⑦]，1973年河南辉县及湖北襄阳蔡坡各发现一件吴王夫差剑。从这些典型的吴越时期青铜剑的造型来看，都属于Ⅴ、Ⅵ式剑。1978年，湖北江陵天星观1号楚墓出土了铜剑32件，其中属于Ⅵ式剑的有4件，Ⅴ式剑有28件[⑧]。至于Ⅳ式平脊剑，在全国各地亦偶有出土。1965年，河北省易县燕下都出土战国晚期青铜平脊剑[⑨]；1980年，吉林省集安县出土赵国青铜平脊剑[⑩]。近年来，江苏无锡也出土一件。综观上述青铜剑的年代，Ⅰ、Ⅱ式剑上限应在西周后期，下限春秋早期。Ⅲ、Ⅳ式剑下限不晚于春秋后期。至于Ⅴ、Ⅵ式剑，应是Ⅰ、Ⅱ式剑演变来的，属于战国时期。

注释

① 夏星南：《浙江长兴出土五件商周铜器》，《文物》1979年第11期。

② 刘兴：《镇江地区近年来出土的青铜器》，《文物资料丛刊》（5），文物出版社，1981年。

③ 冯普仁：《吴国青铜兵器初探》，《中国考古学会第四次年会论文集》，文物出版社，1983年。

④ 刘兴：《镇江地区近年来出土的青铜器》，《文物资料丛刊》（5），文物出版社，1981年。

⑤ 戴遵德：《原平峙峪出土的东周铜器》，《文物》1972年第4期。

⑥ 刘平生：《安徽南陵县发现吴王光剑》，《文物》1982年第5期。

⑦ 湖北省文化局文物工作队：《湖北江陵三座楚墓出土大批重要文物》，《文物》1966年第5期。

⑧ 湖北省荆州地区博物馆：《江陵天星观1号楚墓》，《考古学报》1982年第1期。

⑨ 河北省文物管理处：《河北易县燕下都44号墓发掘报告》，《考古》1975年第4期。

⑩ 集安县文物保管所：《吉林集安县发现赵国青铜短剑》，《考古》1982年第6期。

（原载《考古》1986年第4期）

江苏吴县发现印纹大陶瓮

叶玉奇

1973年11月，吴县东渚公社社员在卫王庙西边河沟里搞水利时，于离地表约4米深的黑泥层里，发现了春秋战国时期的印纹大陶瓮8只，呈两行排列，里面填满了灰绿色的淤土，现由吴县文管会征集收藏。陶瓮口唇外卷，圆肩，鼓腹，平底。胎壁坚硬，紫褐色，扣击则发出清脆的声音。通体拍印着几何形组合纹饰，一类由席纹、斜方格纹组合，另一类由麻布纹、斜方格纹组合。口径26~27.5、底径24.5~26、腹径50、高54~59厘米。

（原载《东南文化》1986年第1期）

江苏苏州上方山六号墩的发掘

苏州博物馆考古部

上方山又名楞伽山，位于苏州市西南 12.5 千米。六号墩位于上方山楞伽寺塔西 1 千米处的上方山余脉的山脊上。因其是塔以西第六个墩，故定名为“六号墩”（图一）。其墩所处地俗名“抱震岭”，是苏州市郊横塘乡新丰到梅湾的捷径山隘。此山岭海拔 76.2 米。登山远眺，南面石湖经越来溪入太湖，吴山逶迤南伸；北面金山、狮子山、何山、索山、黄山环抱；西面接连七子山、尧峰山。

一、发掘经过

此墩于 1981 年 9 月至 10 月进行第一次发掘，在墩西腰间开一条南北向探沟，发现门洞。先对通道进行了发掘，然后开始对石室进行了清理。石室南壁已倒塌，顶盖石已坍于室中，石室中全部塞满泥和石块，先进行了清除石块和泥土的工作；清理到石室门完全暴露后，因故工程暂告一段落。

1984 年 1 月至 2 月，在该墩进行了第二次发掘，一面从墩东另外打一条探沟，一面继续清理石室中的石块和泥土。排除了石室再坍方的危险后，由里向外进行发掘清理出土遗物。完成了六号墩的全部发掘清理工作。

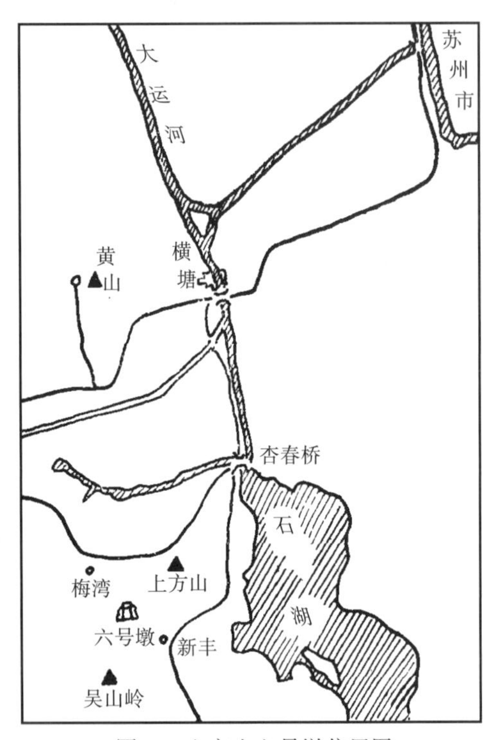

图一　上方山六号墩位置图

二、建筑结构

六号墩规模较大，处于东西走向的山脊上，呈馒头状，东西径 42 米、南北径 28 米、高 7.15 米。墩内有一石室，位于墩的西半部偏中。石室的方位为 252 度，沿山脉走向。整个石室平面呈长条形。长 9.6 米、宽约 1.84 米、最高处 6.15 米（图二）。石室系用本山的大、小石块堆砌而成。北壁保存完整，最高达 5.55 米，与地面成 80 度左右的夹角；南壁大部分倒塌；后壁（东壁）保存完整，处于土墩的中心部位，高达 4.84 米，正视呈梯形，与地面也成 80 度左右的夹角（图三）。石室门保存相当完善（图版一，1），高 2.8 米，上有 150 厘米 ×90 厘米 ×60 厘米左右的大

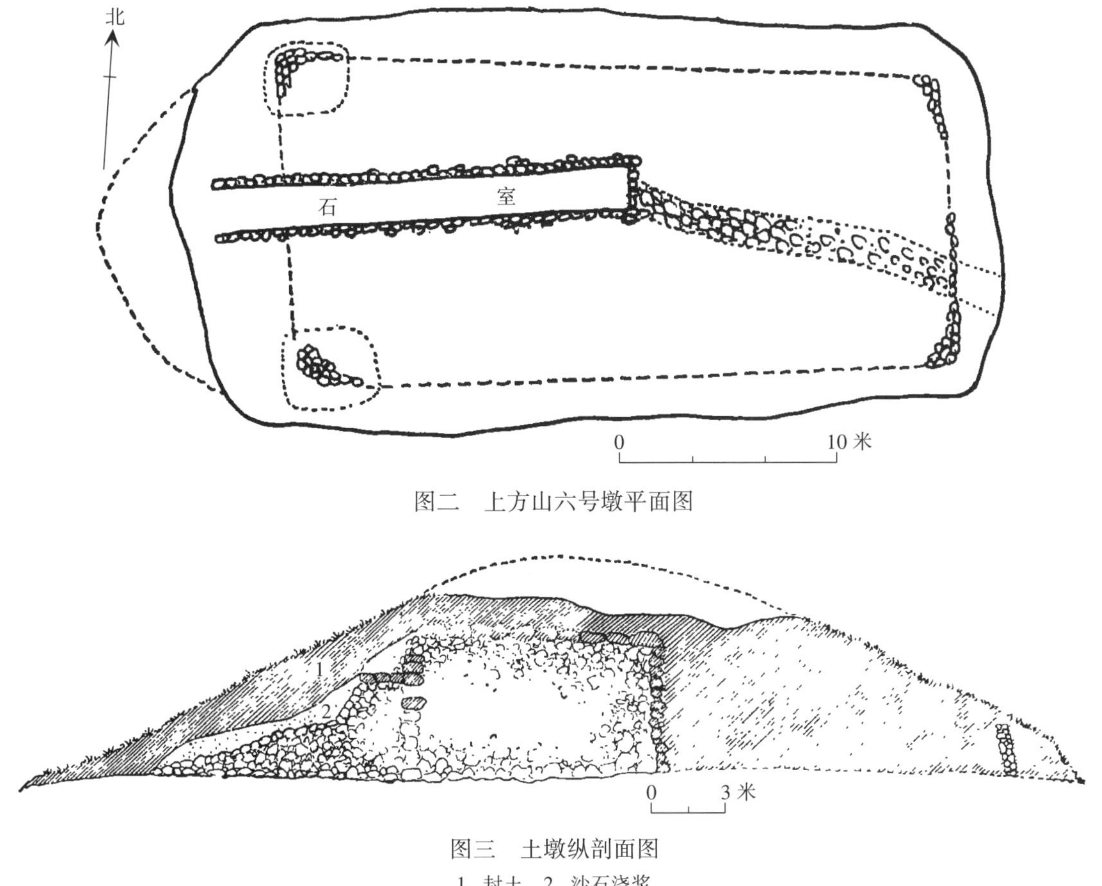

图二　上方山六号墩平面图

图三　土墩纵剖面图
1. 封土　2. 沙石浇浆

石块盖顶为门顶石，门的部位还保存着四块盖顶石，有三块筑于门前成屋檐状，一块在门顶石之上，其石和门顶石之间有 30 厘米的间距为空隙处，而且上面还叠压两块大石块，使门上部和石室的顶盖石水平连结成一体。门框是两壁石块堆筑时伸出约 10～20 厘米而形成的门框状。

从南壁的倒塌处可发现，石室壁厚达 1 米以上，是利用大、小石块交错叠压，堆砌内收的方法筑成的；到顶部用大石块排列压顶作盖成石室。石室顶部两壁间距仅 50 厘米左右。除保存于门部的四块盖顶石外，还有十块长 130～150、宽 75～95、厚 50～70 厘米的盖顶石全部倒塌在室内；整个石室的横剖面也像后壁一样呈“ 凡”形。

石室外为一条长达 10 米、宽约 2 米的通道；通道两壁也是用大、小石块如室壁一样堆筑的，也系本山之石。通道两壁是从最外处以 30 度～45 度角向上堆筑到门顶处。从墩顶向下望，通道呈喇叭状（图四，上、中）。通道内填满了大、小石块，几乎成石块坡，其表面有一层厚 40 厘米左右的由小石子和沙、泥混合浇浆，甚硬。它的上面还有一层厚 20 厘米左右的沙、泥混合浇浆，十分坚固。其上即为堆土，没有夯筑痕迹。通道内的填石到石室门口为止，门口的底部填石堆砌较有规律，高达 1.4 米，上面为石室倒塌后的泥土和碎石。室内倒塌之石、土和通道中的填石有一定区别，前者比较零乱，后者较为整齐。

土墩内除石室及通道外，在石室外四周有一个如梯形的护坡墙，由于土墩上树木众多，仅揭露了四角及东坡，均发现护坡墙，高达 1 米，和地平面成 75 度角，全部由大、小石块堆筑而成，排列整齐，厚达 60 厘米。另从后壁到东坡墙之间发掘的探沟中得知，土墩东半部全由土及乱石块堆筑而成。

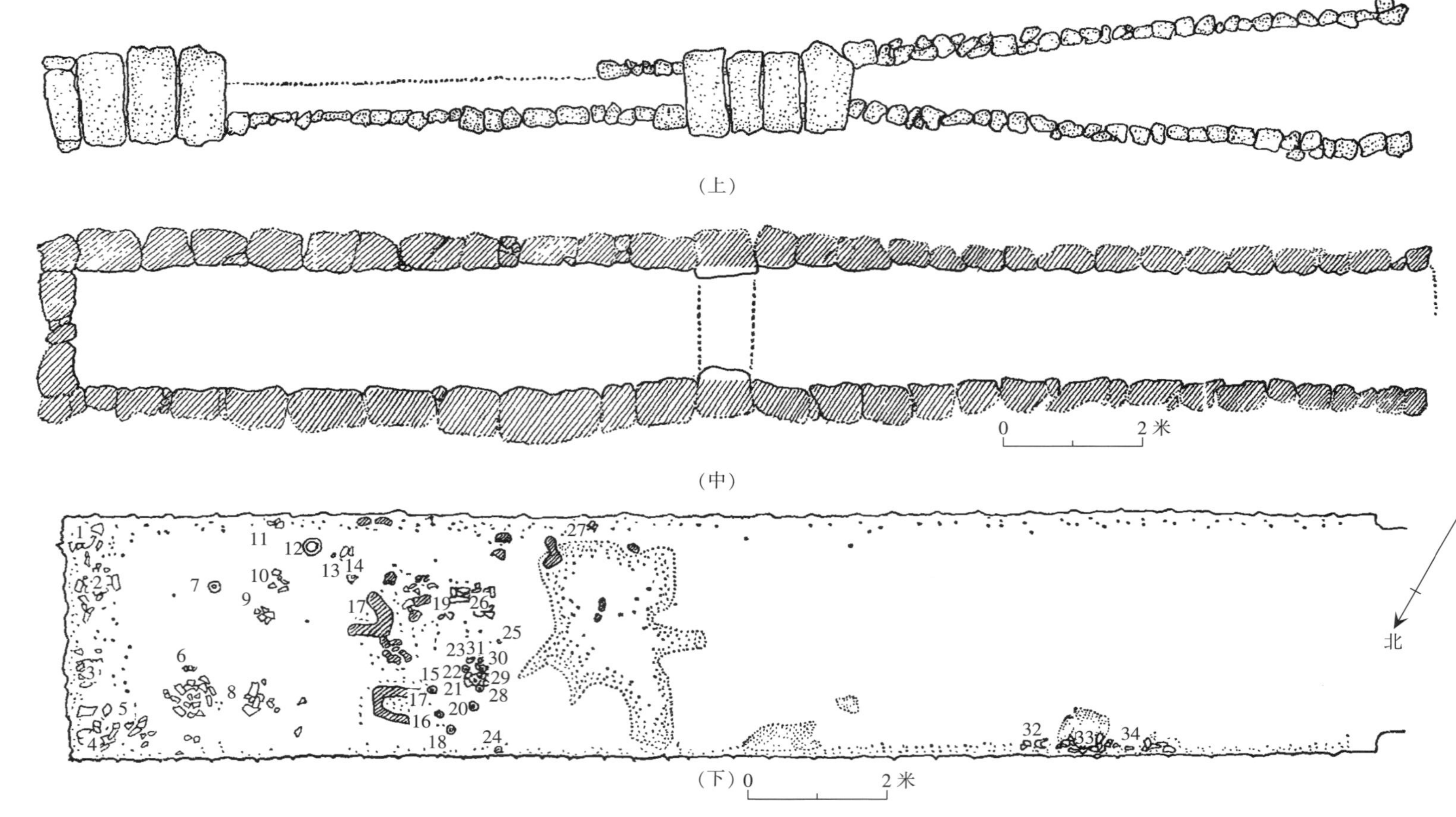

图四　土墩石室及其内遗物分布图

上：石室及通道俯视图　中：石室及通道平面图　下：石室内遗物分布图

1、2. 几何印纹软陶罐　3. 几何印纹硬陶罐　4. 几何印纹硬陶坛　5、19. 原始青瓷壶　6、7、9、12、14、15、20. 原始青瓷豆　8. 原始青瓷缶　10、11、23、24、27、29、30、32、34. 原始青瓷器盖　13. 硬陶小罐　16、18、22、28、31. 原始青瓷小盂　17. 红烧土　21. 原始青瓷簋　25. 泥质红陶纺轮　26. 泥质红陶器　33. 原始青瓷罐

经过对石室及通道的清理得知，整个土墩是直接建筑于山脊之上的，具有一定的坡度，石室及通道的地平为原山脊，略有起伏。特别是土墩外围较石室内偏低，后壁的高度为4.83米，北壁门口的高度为5.55米，而北壁的顶部平直略呈水平，可见，山脊的最高点应在土墩的中间。

三、出土遗物

除在倒塌的石室内的土石中和封土中发现几片几何印纹硬陶片（图六，4）和原始瓷片外，出土遗物都发现于石室内，分布零乱，没有规律（图四，下），未见叠压现象，由于南壁和顶部倒塌，遗物大部分被压碎。

石室内出土遗物包括生产工具和生活器皿共29件，还发现人类活动后的残迹及禽兽骨等。

1. 生产工具

仅1件纺轮。D6∶25，泥质红陶。中腰鼓出向上，向下斜煞形成腰部的尖锐脊棱。两端平，微内凹，正中纵穿一孔。表面布满弦纹。腰径3、两端面径1.1、高2.4厘米（图五，11）。

2. 生活器皿

经修复，复原器物共达28件，其中原始青瓷22件，占78.6%；几何印纹硬陶器3件，占10.7%；几何印纹软陶器3件，占10.7%（其中原始青瓷簋中的小盂上有盖4件，计于簋中）。

（1）原始青瓷

出土的原始青瓷器胎质较粗松，胎色呈灰白或灰黄，含有少量砂粒，釉色光泽度好，釉面厚薄不匀，通体一道道流釉斑痕，釉厚处呈茶绿色，薄处泛黄色，内外施釉，外不及底。都有明显泥条盘筑、慢轮修饰成型的痕迹。从破碎遗物可见，有些器身和圈足底是用两模拼合而成。器形有缶、罐、簋、豆、壶、盂、器盖等。

缶　1件。D6∶8，斜折沿，扁鼓腹，折腰，平底。口沿饰数道弦纹，肩部饰以五组弦纹相间的刻划斜带锥刺纹。腹下部满布折线纹。双系，系为三股泥条绞辫而成，宽2.3厘米，上、下分别各附贴四组“∽”纹堆塑；系与系之间对称附贴一组“∽”纹堆塑。烧制中产生了一侧微倾。器高15、口径23.5、最大腹径32.5、底径14厘米（图五，18；图版一，5）。

罐　1件。D6∶33，斜折宽沿，略呈子母口，圆腹折腰，腹部有明显上、下合模的痕迹，小平底。口沿上饰弦纹，肩部饰满弦纹，腹部饰折线纹。桥形双系，两旁及双系之间均对称附贴一“∽”纹堆塑。器高19、口径15、最大腹径27.5、底径12.5厘米（图五，19）。

壶　2件。分二式。

Ⅰ式　1件。D6∶5，整体呈圆锥形。顶部素面，肩部为四组弦纹相间的刻划斜带锥刺纹。扁鼓腹，假圈足。口残，口底部四周附贴“∽”纹堆塑。桥形双系，旁附贴“∽”纹堆塑。器高8.7、最大腹径13.2、底径9.8厘米（图五，16）。

Ⅱ式　1件。D6∶19，鸡形，直腹，平底。器上部一端为鸡首状，另一端为壶口，微翘，中部微凹；如一蹲窝的母鸡。高7、底径8.6厘米（图五，3）。

豆　7件。分六式。

Ⅰ式　1件。D6∶12，直口，圆唇，平弧肩，弧腹，矮圈足外撇。肩部有数道弦纹，并间距附贴

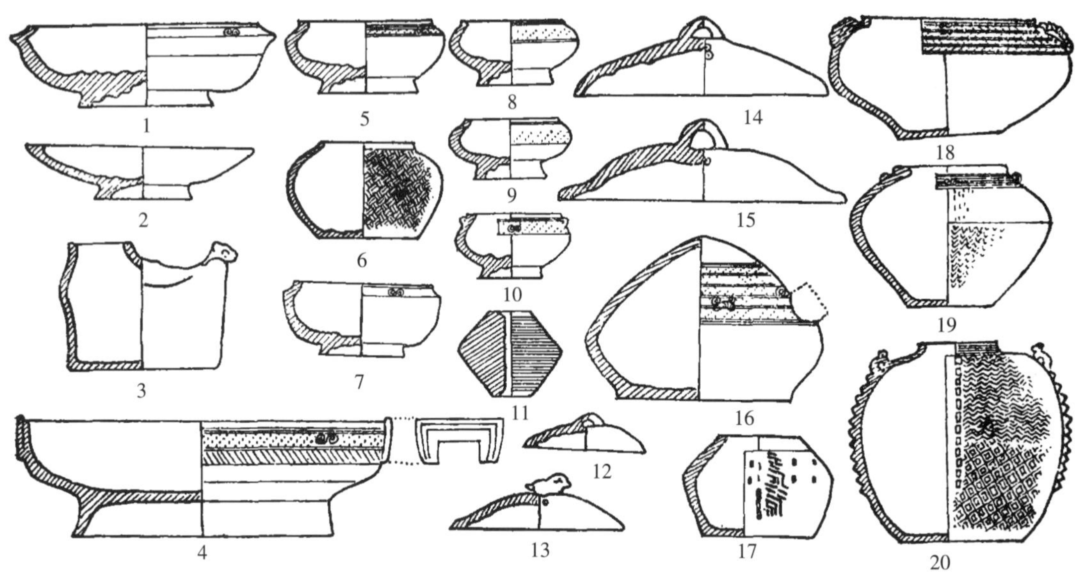

图五　土墩内出土遗物

1. Ⅰ式豆　2. Ⅱ式豆　3. Ⅱ式壶　4. 簋　5. Ⅲ式豆　6. 陶罐　7. Ⅳ式豆　8、9. Ⅴ式豆　10. 盂　11. 纺轮　12. Ⅳ式器盖　13. Ⅲ式器盖　14. Ⅱ式器盖　15. Ⅰ式器盖　16. Ⅰ式壶　17. 小罐　18. 缶　19. 罐　20. 坛

三"ᔕ"纹堆塑。底部有刻划纹（图六，1）。高4.2、足高0.9、口径13、底径7.4厘米（图五，1）。

Ⅱ式　1件。D6∶9，碟状，敞口宽沿，矮圈足。口沿上饰数道弦纹。高2.8、足高0.9、口径12.8、底径5.4厘米（图五，2）。

Ⅲ式　1件。D6∶7，卷沿唇，弧肩，扁鼓腹，矮圈足外撇。肩部饰一组弦纹相间刻划斜带锥刺纹，并相距附贴三组"ᔕ"纹堆塑。高3.8、足高0.8、口径7.5、底径5.2厘米（图五，5；图版一，4）。

Ⅳ式　1件。D6∶14，直口圆唇，弧肩，似子母口。直腹折腰，矮圈足，肩部间距附贴三组"ᔕ"纹堆塑。高3.8、足高0.9、口径7.6、底径4.6厘米（图五，7）。

Ⅴ式　2件。D6∶15、20，敛口，折肩，扁鼓腹，折腰，矮圈足。肩部饰一组弦纹相间刻划斜带锥刺纹。其一，高3.4、足高1、口径5.2、底径4.2厘米（图五，8）。另一，高3.4、足高1、口径5.1、底径为3.8厘米（图五，9）。

簋　1件。D6∶21，口微侈，直腹折腰，上部附一对假竖耳。上腹部有一组弦纹相间的刻划纹，一组为斜线锥刺纹，另一组为斜线纹，并附有两组对称的"ᔕ"纹堆塑。圈足微外撇，底部有刻划图案，似竹篮底（图六，7）。簋内附有四只小盂，造型各异，分别为浅盘状；平口直腹；敛口扁鼓腹；卷唇，折肩折腹；上部都饰有几道弦纹，间距附有三"ᔕ"纹堆塑。小盂上各有盖，四件（D6∶23、24、29、30），组分别为三只桥形，一只鸟状；两边分别附有"ᔕ"纹堆塑。其盖出土时散落四周，修复后，配其上（图五，4；图版一，3）。

盂　5件。D6∶16、18、22、28、31，形制相同。出土时在簋四周。卷唇，折肩折腹，矮圈足。肩部有一组弦纹相间斜线锥刺纹。有两桥形系，系两旁附有"ᔕ"纹堆塑，两系之间对称有一"ᔕ"纹堆塑，底部有刻划纹（图六，5）。器高3.4、足高0.6、口径5.2、最大腹径6.5、底径3.3厘米（图五，10）。

器盖 5件。大小不一，分五式。

Ⅰ式 1件。D6∶32，坡收边，桥形纽。纽四旁附“∽”纹堆塑。口径16、高4.4厘米（图五，15）。

Ⅱ式 1件。D6∶10，纽残，直收边。纽四旁附双“∽”纹堆塑。口径14、残高3厘米（图五，14）。

Ⅲ式 1件。D6∶27，坡收边，动物形纽。四旁附“∽”纹堆塑。口径9.7、高3厘米（图五，13）。

Ⅳ式 1件。D6∶11，球面，桥形纽。四旁附“∽”纹堆塑。口径6.6、高2.2厘米（图五，12）。

Ⅴ式 1件。D6∶34，残，球面，纽缺。口径14.2、残高3厘米。

（2）几何印纹硬陶

出土的几何印纹硬陶器全部呈紫褐色，表面粗糙。共3件。

坛 1件。D6∶4，直口，短颈，平肩，深腹，平底。颈部有凸弦纹，肩与上腹部饰曲折纹，下腹部为斜回纹（图六，8）；腹部有两两对称的四条堆塑锯齿竖纹，不及底。上为动物形系，似松鼠，对称两有孔，呈环状为系。器高26、口径11、最大腹径28、底径16厘米（图五，20；图版一，2）。

罐 1件。D6∶3，卷唇，平底。烧制中已变形，呈不规则的椭圆形。腹部布满曲折纹（图六，3）。高9.3、口径约4.5×6.7、最大腹径约16.6、底径约11.3厘米。

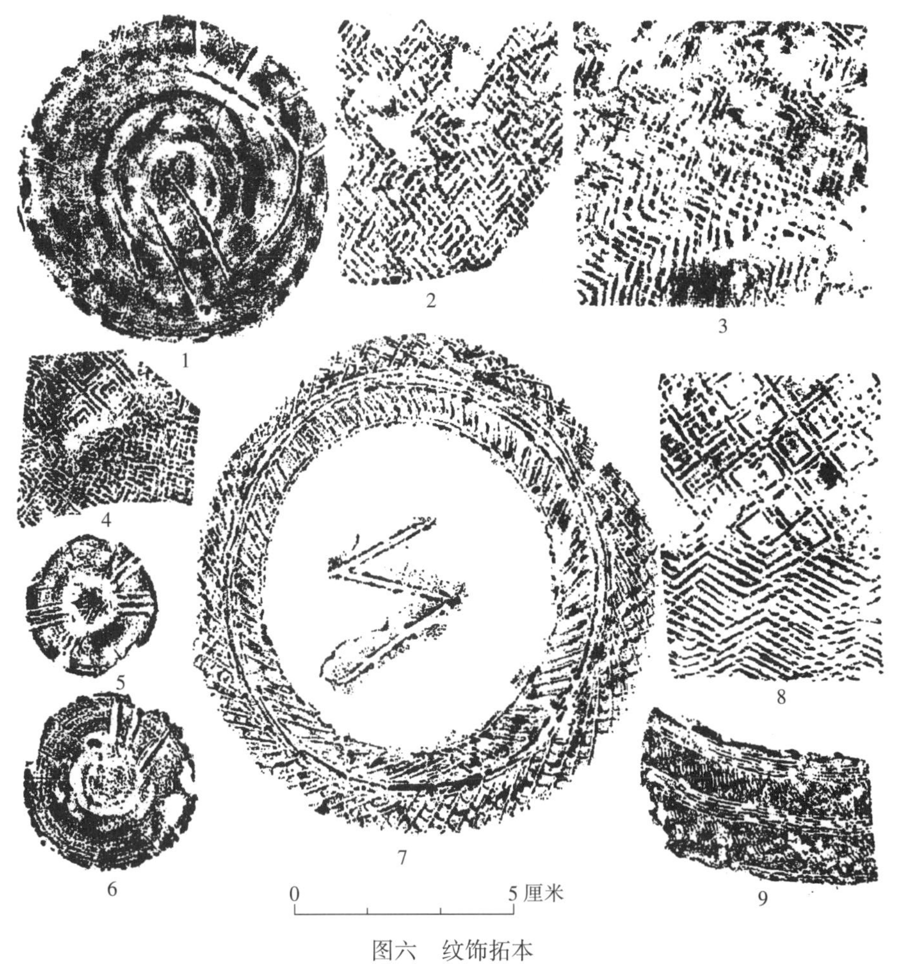

图六 纹饰拓本

1、5、6. 刻划纹 2. 斜席纹 3. 曲折纹 4. 几何印纹 7. 刻划图案 8. 曲折和斜回纹 9. 弦纹间篦刺纹

小罐　1件。D6∶13，残。敛口，折肩，弧腹，平底。肩部素面，腹部为变形云雷纹，上腹部有二组乳丁纹突出，腹部有对称两条竖式堆塑。器高5.4、口径4.2、最大腹径8、底径6.4厘米（图五，17）。

（3）几何印纹软陶

出土的几何印纹软陶器都是泥质红陶，2件外施黑衣，1件施红衣。

黑衣陶罐　2件。D6∶1、2，侈口，圆鼓腹，平底。腹部为斜席纹，刻划深（图六，2）。器高12.8、口径13、最大腹径21、底径13.3厘米（图五，6）。

红衣陶器　1件。D6∶26，残碎。器形似罐。肩部饰弦纹相间篦刺纹（图六，9），腹部为素面。

3. 其他

在石室中还有较多的木炭，其中最大的炭块长6、径2.5厘米。主要分布在沿壁四周及红烧土块周围，特别是在石室中部偏后，发现了两处较集中的红烧土块（D6∶17），明显呈灶状，泥条盘筑，高7.5厘米。内有不少炭块屑；周围散落的红烧土块呈条状，有些一面较光滑，成口沿状，红衣陶器的散片就分布于此，周围还出土较多的器皿，故疑为土灶。

在室中部及门口原始瓷罐碎片一起还发现了较多的禽兽骨。

还有一个现象是在门顶及两壁近门处发现大面积的烟炱痕迹及地面有不少被烧红的小石块。

四、土墩的年代

从石室内出土的遗物中可以看到，几何印纹陶和原始青瓷共存，原始青瓷占很大比例；出土的器物以平底器为主，几何印纹陶的纹饰以斜席纹、曲折纹、回纹、弦纹组合，还有变形云雷纹、乳丁纹等仿青铜器纹饰。这些纹饰的特征，在江南太湖流域的几何印纹陶分期中被列为第二期，时代为西周中、晚期①。原始青瓷胎质粗松，有少量杂质，施釉不匀；其纹饰以弦纹相间斜带锥刺纹和"∽"纹堆塑为主；并且有些器底有各种刻划符号。这些特征都具有江南西周时期遗物的特征。和其能相比较的有安徽屯溪西周墓②，江苏句容县浮山果园西周墓③，江苏丹徒大港母子墩西周铜器墓④，浙江衢州东山和大石塔土墩⑤等出土遗物。出土遗物中，特别是原始青瓷簋和吴县夷陵山出土的原始青瓷簋形制雷同⑥，其年代为西周⑦。

出土的木炭，承北京大学考古学系^{14}C实验室协助测定，结果为距今2910±75年，年轮校正后，距今3045±110年。

综合上述，我们认为石室建筑年代当为西周中期。

五、对其性质的初步认识

20世纪80年代，随着对吴文化问题的深入研究，引起了对太湖周围建筑于群山之巅的土墩的探索和讨论。早在20世纪50年代，就曾经在吴县五峰山发掘过三个土墩⑧。作者认为是吴越战争时期遗留下来的烽燧墩的遗迹⑨。

1963年，浙江吴兴和长兴之间的苍山上发掘了一处这样的石室建筑，认为是古代"战堡"⑩。

1975年，无锡博物馆在璨山南麓发现一座石室建筑，认为是"土墩墓"⑪。

20世纪80年代初，江、浙两省考古工作者和中山大学等单位先后清理了吴县安山3座、五峰山24座、无锡马迹山2座、长兴便山30余座……我们除了对上方山六号墩清理外，1982年4月又联同常熟文管会对常熟虞山维摩寺土墩进行发掘清理。

通过对这些土墩石室清理，关于其性质，目前学术界争论较为激烈，莫衷一是，归纳一下，基本上有三种意见。1. 墓葬之说，认为是吴国一种独特风格的墓葬。2. 军事设施说，认为是“江南长城”、烽燧墩、藏兵（军）洞等。3. 居住说，认为是“窨”和山越族居住遗迹⑫。

我们认为，石室建筑是一种盛行于太湖流域西周—战国时期的一种建筑形式。基本上都是因地制宜，利用本山之材建筑，主要分布于山脊，也有的在余脉、山腰及山麓。

至于它的性质，应根据各土墩石室具体情况来定，不能一概而论。从目前所发掘的土墩来分析，存在以下区别：

第一，时间上区别，早的为西周早、中期，晚到战国。

第二，土墩本身存在两种情况，一为中间有石室建筑，二为全部是泥土，名符其实的土墩。

第三，石室本身有大有小，有的在土墩某一部位，有的贯穿土墩；有的高达6米，一般为2~3米，有的仅能猫身；有的有通道，有的没有。

第四，分布不同，大多数在山脊上，也有的在山脉上，或山腰、山麓上。

第五，从出土遗物看，有的有叠压几层遗物，有的仅一层。同出土遗物时间上有早、晚之差⑬。

所以我们对上方山六号土墩石室认识是，因其高大程度超过已发掘的石室，高达6.15米、长9.60米、宽1.84米、通道10米。其封门石无封到顶，并在门顶及两壁近门处发现大面积烟炱的痕迹；石室内有木炭、泥条盘筑的土灶、禽兽骨等生活残存；并且无人骨发现。目前尚无证实过有如此之墓葬，所以我们认为作为墓葬的可能似可排除。对其作为人类长时期的居住地，目前也存在种种疑点，首先，在其周围平原上发现较多这一时期的遗址；人类长期生活在土墩石室内将带来种种不便，也较难以使人相信。当然，作为军事设施，虽然有文献记载，如《吴县志·横山》条有“山之岭九，九岭各有墩，中空，为藏军处”，但也没有找到更充分的证据。

为此，我们认为上方山六号墩中石室，目前基本上可以肯定为人类活动场所。至于其具体作什么用度，如上述藏兵（军）洞、烽燧墩、居住地、“江南长城”，还可能作为祭祀遗址等，还待进一步探讨和研究。

本文由陈玉寅绘图，江文成摄影。

执笔：钱公麟　丁金龙

注释

① 综合江南地区印纹陶问题学术讨论会有关文章，见《文物集刊》(3)，文物出版社，1981年。

② 殷非滁：《安徽屯溪西周墓葬发掘报告》，《考古学报》1959年第4期。

③ 南京博物院：《江苏句容县浮山果园西周墓》，《考古》1977年第5期。

④ 肖梦龙：《江苏丹徒大港母子墩西周铜器墓发掘简报》，《文物》1984年第5期。

⑤ 衢州市文物管理委员会：《浙江衢州市发现原始青瓷》，《考古》1984年第2期。

⑥ 南波：《吴县唯亭公社夷陵山出土印纹陶、釉陶器物》，《文物》1977年第7期。

⑦ 文物编辑委员会:《文物考古工作三十年(1949~1979)》,文物出版社,1979年,第202页图3。

⑧ 朱江:《吴县五峰山烽燧墩情况简报》,《考古通讯》1955年第4期。

⑨ 朱江:《再谈我对江南“烽燧墩”的一些看法》,《江苏省考古学会1982年会论文选》,江苏省考古学会,1983年。

⑩ 丘鸿炘:《浙江吴兴苍山古战堡试掘》,《考古》1965年第5期。

⑪ 无锡市博物馆:《无锡璨山土墩墓》,《考古》1981年第2期。

⑫ 吴文化研究会(组)设苏州博物馆,上述材料是综合1982年6月第二次吴文化学术座谈会的材料概况及我们的调查材料。

⑬ 吴文化研究会(组)设苏州博物馆,上述材料是综合1982年6月第二次吴文化学术座谈会的材料概况及我们的调查材料。

(原载《考古》1987年第6期)

1. 石室门

3. 簋

4. 豆

2. 坛

5. 缶

图版一　江苏苏州上方山六号墩石室及出土遗物

苏州新庄东周遗址试掘简报

苏州博物馆

1983年冬，苏州磁记录厂在市郊新庄新建厂房工程中，发现一口古井，报告我馆后即派人赶赴现场，除征集到该厂基建科保存完好的一批陶器和石器外，并在基建厂房附近发现有古井和灰坑等遗迹，在新挖的厂房基础断面又有明显的文化层堆积。1984年1月，我们配合工程进行了清理和试掘。现先简报如下。

一、遗址概况和地层堆积

新庄位于苏州市西郊，离城约4千米。遗址位于新庄村北约0.5千米，西傍苏锡公路，东北1千米有沪宁铁路由东向西通过，西南与枫桥镇相距约2.5千米。

据调查，遗址所在地，原为一土墩，高约三四米，现因建厂大部分已被平整。为了解遗址文化内涵，我们在新建厂房以南5米开了一个2米×5米的探方。现以南壁为例说明地层如下：

第1层，灰黄褐土，厚0.22米。出土遗物较杂，有泥质灰陶、黑皮陶，印纹硬陶和汉代釉陶片以及近代碎砖块，为扰乱层。

第2层，灰褐土，厚0.25~0.3米。出有夹砂红陶、泥质灰陶、泥质红陶、黑衣陶和印纹硬陶。器形有釜、鼎、豆、罐、盆、盘、杯等。

第3层，深灰土，厚0.2~0.25米。土质较疏软，夹有草灰遗存。出土遗物基本与第2层一致。此层于探方东部和中部陶片堆积较厚密，并伴有不少红烧土块。

第3层以下为黏性黄土，即生土层。

二、遗迹和遗物

（一）遗迹

有灰坑、水井和烧窑。

灰坑　2个，编号H1、H2。

H1　坑口出现于第1层下。呈不规则圆形，圜底。直径1.2米、深0.4米。坑内满贮碎陶片，器形有扁而矮和瘦长外撇蹄足鼎、浅腹弧裆三足器、深腹平底双耳罐、浅腹平底盆、斜腹平底钵等。

H2　开口于第1层下。呈椭圆形，圜底。直径1.3米、深0.68米。深0.5米处出夹砂灰陶和红陶釜各1件，深至0.6米处出泥质灰胎黑衣陶器盖2件和原始青瓷碗及麻布纹硬陶杯等器。

水井　3口。全系土井，口近圆形。三口井的位置，以编号J2为点，则J1在J2西南相距2.5米处，J3较远，在J2东北约26米处。

J1　开口于第1层下。平面近圆形。直径1.8米。井底深至生土层下2.7米，井全深3.5米。在深至1.7米以下沿井壁一周围有一层芦苇编织物，直圈至井底，显然是为了防止井壁松塌的一种措施。清理前，井内全为黑褐色淤土，离井口深0.5米，即发现黑衣灰陶甑、黑衣陶豆把、双系圆腹罐、深腹贯耳瓿、夹砂侈口釜、角状器和泥质灰陶鼎以及印纹硬陶杯等；深0.7～1.2米，出夹砂红陶角状器、泥质灰陶盆和盂以及黑衣圆腹贯耳瓿；深2米以下，出土完整器渐多，器形有罐、盆、盘、钵、豆等，而以黑衣双系陶罐为最多，有两件双系陶罐两系中残留有棕麻绳遗存；在接近井底中部，有一根细长的树丫钩，全长1.54米，由此可知，当时人们除用系绳办法汲水外，还利用自然树丫汲水。

J2　此井上部已为工人取土破坏，现存井口距地表1.2米，呈圆形，直径2.2米。报告我馆即是发现此井。当时工人在井内已取出完整陶罐9件，因井壁塌陷，无法再清理，深度和情况不明。

J3　井口距地表深0.15米，井底深至生土层下2.3米，全深3.1米，井口近圆形，直径1.9米。此井在深0.9米处沿井壁打有木桩一周，木桩下端砍削成尖状，桩径0.1～0.2米，桩距0.1米左右，这种以木桩护固井壁的方法比较先进。井内出土器物多较精致完整，一般器表均饰以仿铜器的圆圈纹、云雷纹和变形“S”形纹等纹饰，器形有瓿、高把豆、平底浅腹盆和大腹瓮等。有两件黑衣陶瓿内贮盛有小动物骨骼。接近井底并出土木构件和圆石器等。

（二）遗物

出土遗物有陶器和原始青瓷器，以陶器为主，此外还有石器、木器和兽骨等。

陶器质地以黑衣陶为最多，占51.2%；次为泥质灰陶，占32%；次为印纹硬陶，占11.4%；夹砂灰、红陶占2.6%；原始青瓷器最少，仅占1.4%。

1. 陶器

（1）黑衣陶　全轮制，制作较精致。器表多饰弦纹，还有圆圈纹、变形“S”形纹、云雷纹等仿铜器纹饰（图三，9、10、15、16、18），素面较少。

器形种类介绍如下。

豆　多残损。分二式。

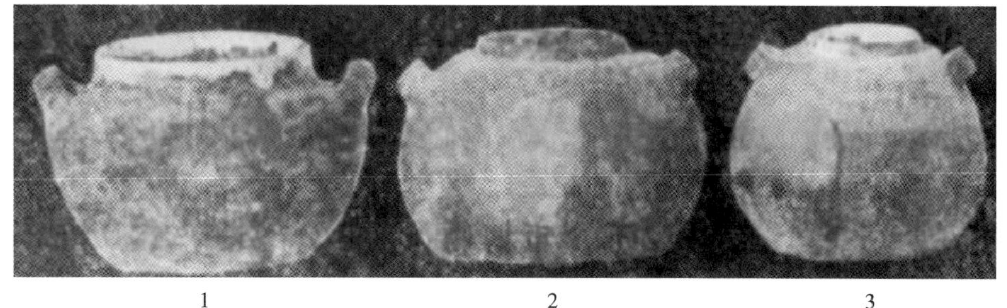

1　　2　　3

图一　遗址出土黑衣陶罐

1. Ⅳ式　2、3. Ⅰ式

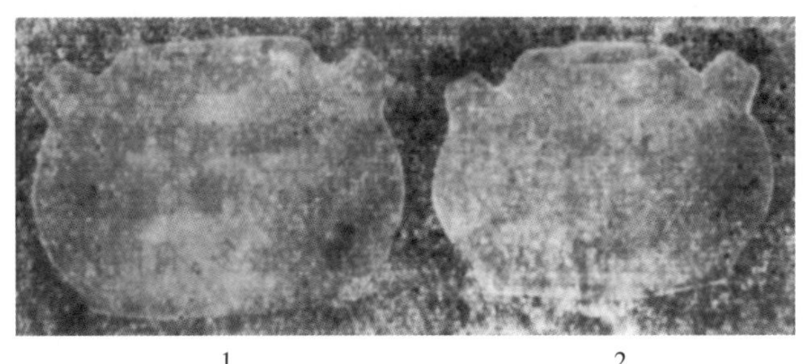

1　　2

图二　遗址出土黑衣陶罐

1. Ⅱ式　2. Ⅲ式

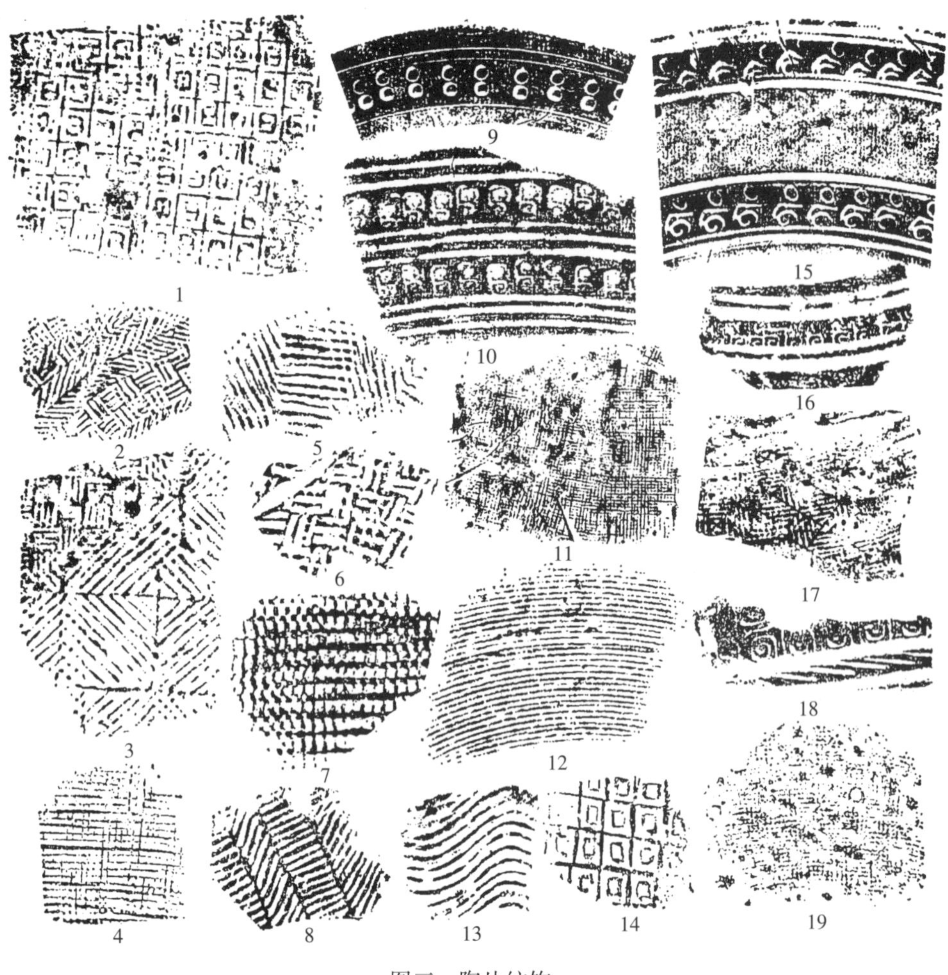

图三　陶片纹饰

1~5、11、14、17、19. 印纹硬陶纹饰　6~8、12、13. 泥质红陶纹饰　9、10、15、16、18. 黑衣陶纹饰

Ⅰ式　J1∶7，盘较深，侈口薄唇，把粗鼓，喇叭形圈足。上盘口径 18、足径 11.6、高 17.6 厘米（图四，2）。

Ⅱ式　J3∶6，豆盘浅而平，宽平沿，豆把粗肥，微鼓，下作喇叭形圈足。豆把、圈足均饰弦纹。盘径 15.2、足径 10、高 15.6 厘米（图四，1）。

盆　H1∶9，大口微敛，宽平沿，浅折腹，平底。口径 40、腹径 42.8、底径 40、高 7 厘米（图四，25）。

钵　分二式。

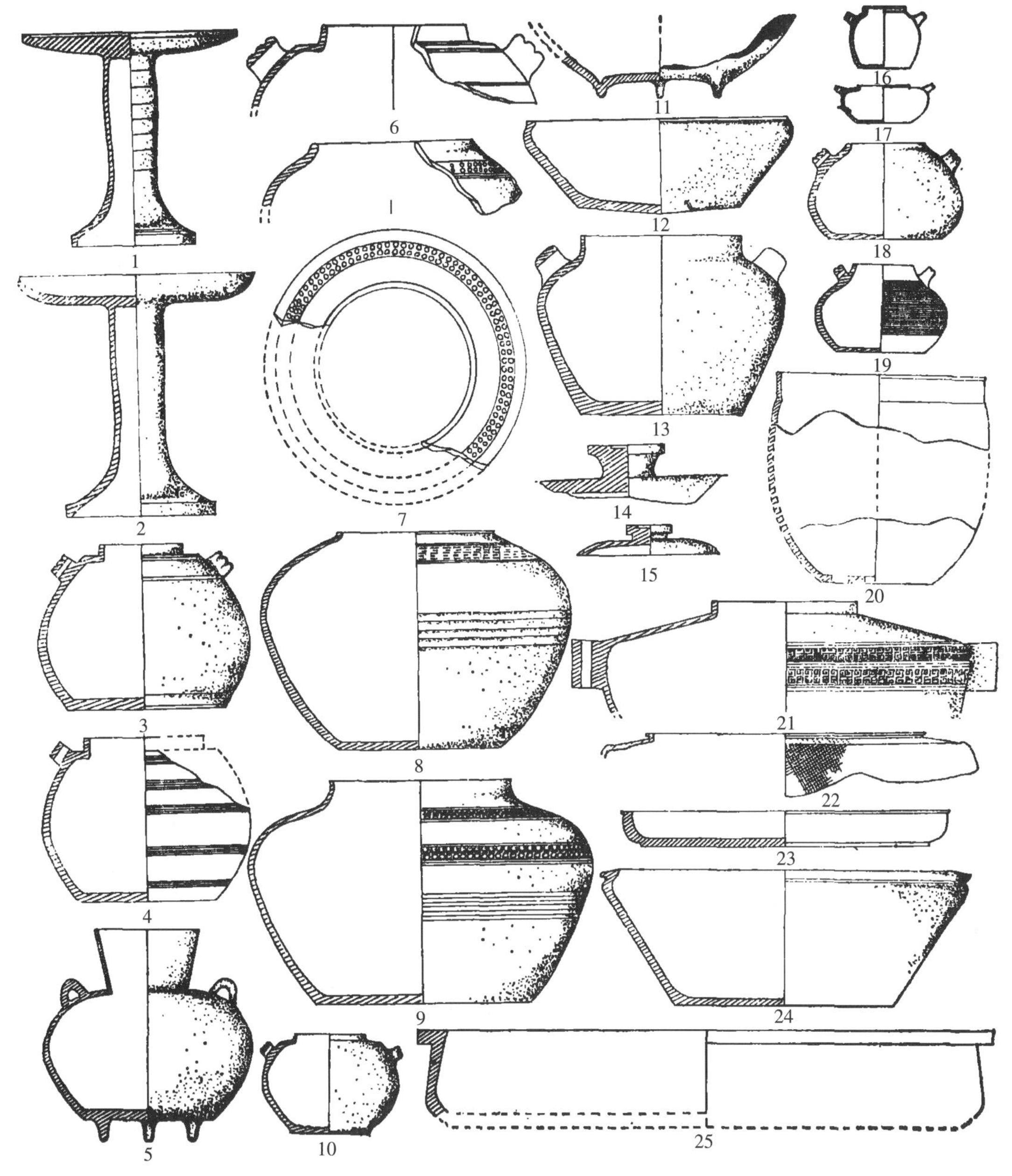

图四　陶器

1. Ⅱ式豆　2. Ⅰ式豆　3、4、6、10、16. Ⅰ式罐　5. 壶　7. Ⅲ式瓿　8. Ⅰ式瓿　9. Ⅱ式瓿　11. 三足器　12. Ⅰ式钵　13. Ⅳ式罐　14、15. 器盖　17. Ⅴ式罐　18. Ⅱ式罐　19. Ⅲ式罐　20. 甑　21. Ⅳ式瓿　22. 瓮　23. 盘　24、25. 盆（1/5）

Ⅰ式　J1∶8，敛口，平沿，圆肩，斜腹，平底。口径18、腹径19.2、底径11、高6.4厘米（图四，12）。

Ⅱ式　J1∶12，敛口，折平沿，圆肩，斜腹，底中心隆起。口径19.2、腹径20.8、底径12.4、高7厘米。

三足器　2件。均仅见器底和器腹。H1∶1，圆腹，圜底，腹下附三乳足（图四，11）。

器盖　大、小各1件。

小者，盖面略呈圆弧形，圆捉手，中心内凹（图四，15）。

大者，盖面较平，圆捉手，中心亦内凹（图四，14）。

罐　大、小形制颇多。可分五式。

Ⅰ式

J1∶10，直口，短颈，平肩，鼓腹。上腹附双孔贯耳一对。肩和腹部饰弦纹三道（图四，6）。

J1∶14，口径5.2、腹径10.4、底径6、高7.2厘米（图四，10）。

J1∶11，形制基本同上，仅最大腹径下移。腹上、下饰弦纹六道。口径6、腹径16.4、底径12、高12厘米（图一，3；图四，3）。

J3∶10，圆鼓腹。双耳与肩平齐。腹饰复线弦纹五道（图一，2；图四，4）。

J2∶4，形体甚小。口径3.8、腹径7、底径4、高3.2厘米（图四，16）。

Ⅱ式　J1∶13，敛口，圆唇，肩腹无明显分界，下腹肥大，平底。肩腹处附双孔贯耳一对。口径5.2、腹径12、底径9、高7厘米（图二，1；图四，18）。

Ⅲ式　J1∶15，敛口，平唇，弧肩，圆腹甚鼓，平底。双耳高与口平。通体饰弦纹。口径4、腹径10.4、底径7、高6.4厘米（图二，2；图四，19）。

Ⅳ式　J2∶12，口微侈，颈较高，斜肩，饰桥形双耳，腹斜收成平底。口径11.8、腹径19、底径12.4、高13厘米（图一，1；图四，13）。

Ⅴ式　J2∶5，器亦较小，不似实用器。直口，短颈，突肩，鼓腹，平底，肩附双系。口径2.8、腹径5.4、底径4、高4.4厘米（图四，17）。

瓿　器表多施黑衣，且打磨光亮，制作极精。有五式。

Ⅰ式　J3∶2，敛口，平唇，广斜肩，圆鼓腹，平底。肩饰云雷纹，腹饰五道细弦纹（图四，8）。

Ⅱ式　J3∶3，侈口，尖唇，短颈，鼓腹，平底。颈下饰变形云雷纹，腹饰变形云雷纹和弦纹。口径13.2、腹径26.4、底径16.4、高16.4厘米（图四，9）。

Ⅲ式　J3∶1，敛口，圆唇，肩腹无分界。肩腹饰双圈纹一周（图四，7）。

Ⅳ式　J3∶4，直口，短颈，广肩，腹已残。肩下附双孔贯耳一对，饰弦纹三道，间以云雷纹。口径10.4厘米（图四，21）。

Ⅴ式　J3∶7，直口，平唇，广肩，圆腹，平底。口径12、腹径26、底径16.6、高15厘米。

壶　1件。侈口，喇叭形高颈，圆肩，附圆形双系，球腹，平底，底附三个实心乳足。这种高颈壶在上海金山县戚家墩遗址下层亦有出土，但均残器，此件较完整。口径7.8、腹径16、底径9.8、通高15.6厘米（图四，5）。

（2）泥质陶　有灰陶和红陶两种，胎质一般较厚，且多大型器。多数为素面，少数器表饰弦纹、波纹、叶脉纹、方格纹等（图三，6～8、12、13）。

豆　J3∶6，与黑衣陶Ⅱ式豆基本相同，唯豆把作柱形。盘口径18、柱径4、圈足径9、高18.6厘米。

甑　2件，都不完整。J1∶19，直口，平沿，束颈，腹微鼓，平底。箅孔六个。口径15.2、腹径17、底径8.8、高约14厘米（图四，20）。

盘　出土20多件。J1∶15，器身厚重。侈口，宽沿，浅圆弧腹，底呈假圈足状。口径24、腹径

25.4、底径22.6、高2.6厘米（图二，23）。

瓮　H1∶12，器形颇大。直口，平折沿，薄唇，短颈广肩。肩饰斜锥刺纹，腹饰斜方格纹。口径20、腹径30厘米（图二，22）。

盆　J1∶17，敛口，斜折沿，束颈，折肩，斜腹，平底。口径25.8、腹径28、底径17.2、高10厘米（图二，24）。

盂　H1∶9，直口，短颈，上腹圆鼓，下腹斜收，平底。口径12、腹径14、底径8.8、高4.2厘米（图五，7）。

杯　J1∶18，敞口，直腹，平底。口径6、腹径6.4、底径5.6、高4厘米（图五，1）。

（3）夹砂陶

釜　5件。均残。分二式。

Ⅰ式

H2∶3，夹砂灰陶。侈口，束颈，筒形腹。腹饰粗绳纹，并有烟熏痕。口径23.2、腹径20厘米（图五，12）。

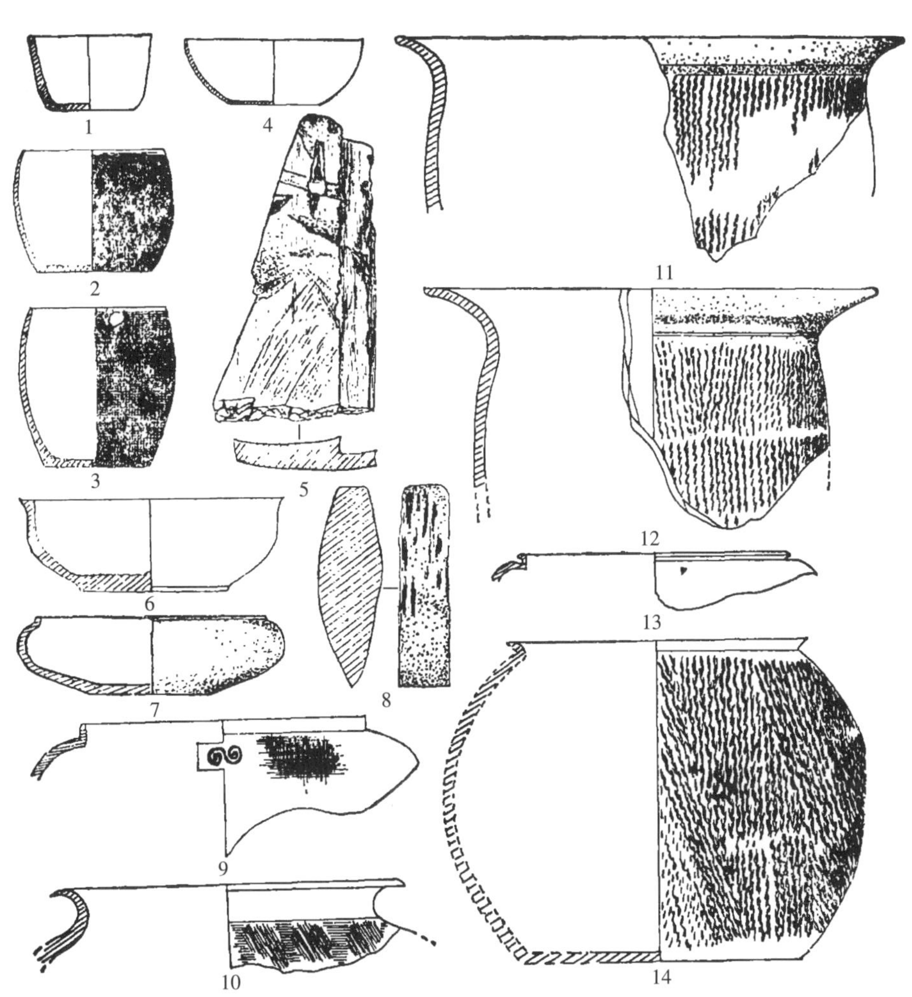

图五　遗物

1、2、3. 陶杯　4. 瓷盏　5. 木构件　6. 瓷碗　7. 陶盂　8. 石斧　9. 陶瓿　10. 陶坛　11、12. Ⅰ式陶釜　13. 陶瓮　14. Ⅱ式陶釜　（5. 1/8，余1/4）

H2∶4，夹砂红陶。绳纹细疏。口径26、腹径25.4厘米（图五，11）。

Ⅱ式　H2∶5，夹砂灰陶。侈口，束颈，球形腹，平底。器身满饰绳纹，底和腹烟熏痕甚厚。口径16、腹径24、底径15.6、高17.4厘米（图五，14）。

角状器　2件。火候较高，掺粗石英砂粒。一件断面弯弧，上端有凸脊一道，器表满饰细划纹。另一件器壁厚重，圜底，扁平实短足，外撇。这种角状器，似乎都是一种炊器足（图六，2、3）。

鼎　仅见鼎足，有外撇蹄形足、凿形足和扁矮足（图六，1）。

（4）印纹硬陶器　胎有两种，一种器表呈灰色，胎呈浅红色，质地较纯；一种器表呈褐红或紫赭色，胎呈灰色，含铁质粗砂较多，器身粗糙而往往有大小气泡。纹饰有回纹、曲折纹、席纹和方格填线纹等，麻布纹仅见于罐、杯两种，附加“S”形纹多饰于瓿的肩腹部（图三，1~5、11、14、17、19）。

瓮　T1∶4，直口，短颈，肩微耸，圆腹。饰细方格纹（图五，13）。

罐　T1∶8，直口，直颈，圆腹。器表饰细麻布纹。

瓿　9件，无完整器。T1∶7，直口，短颈，圆鼓腹。通体饰麻布纹，器腹部有两个附加“S”形纹（图五，9）。

杯　碎器较多。可分二式。

Ⅰ式　H1∶1，大口微敛，球形腹，平底。器内有明显手捺印痕，器表饰细麻布纹（图五，2）。

Ⅱ式　H1∶2，器形与Ⅰ式基本相同，唯器腹略深（图五，3）。

坛　T1∶1，侈口，束颈。饰刻划席纹（图五，10）。

此外，还发现板瓦1件。瓦面饰交错绳纹。长44、宽34、厚1.8厘米。

2. 原始青瓷器

胎有灰白和浅红色两种。釉色有褐黄和褐青，褐黄釉较凝重，不易剥落，褐青釉较薄，易褪落。器形只有碗和盏两种。

碗　5件，修复2件。H2∶3，口微侈，厚唇，鼓腹斜收，假圈足底。器内有轮旋同心圆纹。施釉不及底。口径14.4、腹径14、高5厘米（图五，6）。

1

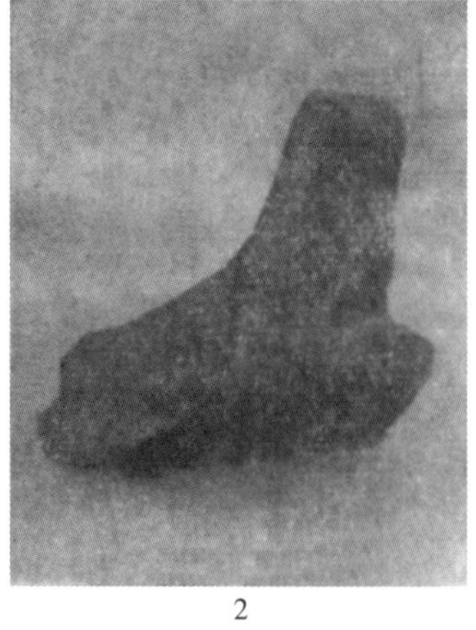
2

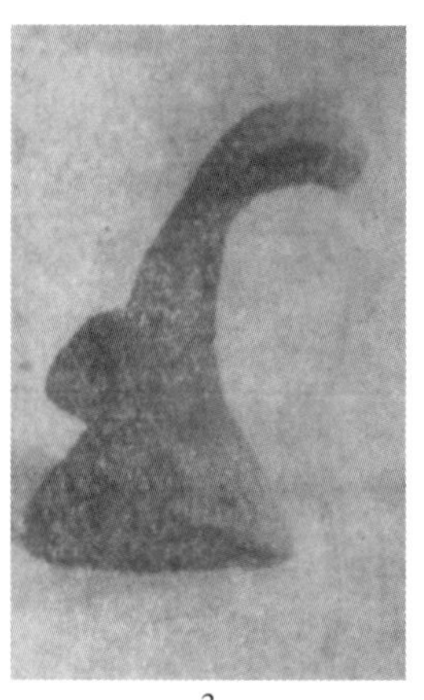
3

图六　陶器

1. 鼎足　2、3. 角状器

盏　1件。敞口，弧腹，平底。器胎甚薄，器身内外施黄褐釉。口径10、底径5、高3.6厘米（图五，4）。

3. 木器

臿　2件。出土时深埋在J3以北3米、深1.2米的黑色疏软淤土层中。一件保存完好，一件柄部断损。大小、形制一样。臿身呈长方形，前端狭而薄，后部厚而略宽，正面斜有刃，背面微弧鼓，柱形长柄。通长91、柄长52厘米（图七）。

构件　1件。出土于J3底部，惜仅残存一截，不知其全貌。断面呈刀形，前端有榫槽一道，榫槽中部并有一个圆形槽孔，侧面做出子母榫。从构件形制看，似乎系一件建筑梁枋部件。木构件上有明显的刀砍和经过火焚烧的焦痕。残长34厘米（图五，5）。

4. 石器

斧　1件。器身磨制不甚精，两面斜刃。长11、厚3.5厘米（图五，8）。

圆形器　1件。花岗页岩质。厚12厘米。石心凿成凹圆形，直径25、深3厘米。圆心外一侧倾斜，用途不明。与木构件同出J3井底，是否为建筑柱础石，尚待进一步研究。

此外还发现兽骨若干，贮盛在J1出土的一件黑衣陶瓿内，经上海自然博物馆人类组鉴定，有獳猪、獐和麂等骨骼。

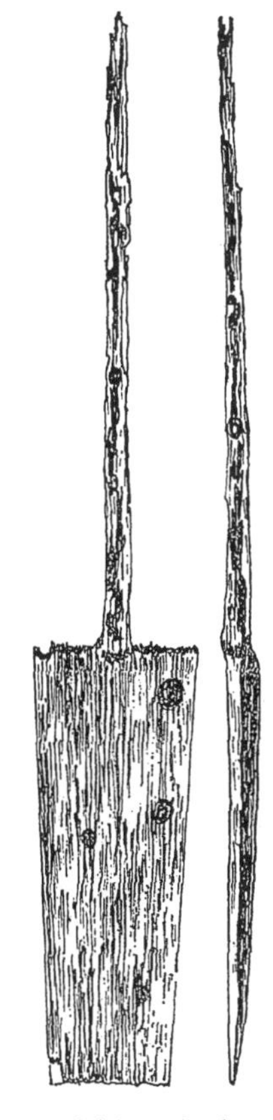

图七　木臿
（约1/5）

三、小结

新庄遗址虽未作大面积的清理发掘，地层堆积也比较单纯，但灰坑、水井等遗迹分布比较稠密，出土遗物亦较丰富。这类遗址以往在苏州地区发现尚不多。这处遗址的发现，有助于对这一地区古代历史和社会面貌的了解。现经初步整理，有以下几点认识：

1. 遗址的文化内涵，以黑衣陶为主，次为泥质灰、红陶，夹砂陶比例不多，与印纹硬陶和原始青瓷器共存。器物流行平底器，不见或少见圜底器，器底附加乳丁实足是这处遗址的特点。黑衣陶制作都比较精致，并且饰有云雷纹、回纹、圆圈纹和变形“S”纹等仿铜器纹饰。根据遗址出土的器物形制和纹饰等诸方面特征，豆为江苏省和浙江省、上海等地春秋战国时期遗址和墓葬所常见，如Ⅰ、Ⅱ式豆，与浙江绍兴凤凰山木椁墓所出的豆（M2∶19、20、27）相类似[①]；瘦长外撇蹄足鼎，在苏州市城东北发现的窖穴和吴县何山以及江苏省丹徒、六合程桥、和仁等东周墓中均有出土[②]，类似形制的鼎在广东省清远、四会鸟旦山，广西省宾阳等春秋战国墓中也有发现，似为南方地区春秋战国之际所特有的一种形制[③]。夹砂陶角状器，形制较独特，为其他地区所罕见，但上海马桥三层、金山县戚家墩遗址下层、杭州水田畈遗址上层曾发现[④]。其他器形方面，如上海金山县戚家墩遗址出土的Ⅱ式盘（M2∶43）、钵（H1∶1）、甑（M2∶10）和Ⅳ式罐（T1∶4）以及三足器、深腹豆、高颈乳足壶（T5∶2）等器物，尤其是江西贵溪崖墓Ⅱ、Ⅲ、Ⅳ、Ⅴ式罐（M2∶4、M1∶7、M2∶3、M5∶10），钵（M10∶39）和甑（M10）等器物，与本遗址出土的同类器完全一样，两者在纹饰方面也基本相同[⑤]。这些器形并与江苏省和浙江省等地的西周时期土墩墓出土的器物形制亦有相似之处，从中还可以看出它们之间的渊源和演变关系⑥。综上所述，新庄遗址的时代也应是在春秋战国之际，其下限或可至战国晚期。

2. 灰坑内满贮烧坏而被废弃的碎陶片，J3附近淤土中出土两件完整木臿，这种木制臿恐怕不能用来深翻耕土，它很可能是专为加工陶土的生产工具，并且有些出土陶器比较精致，有些陶器器形很小，不能实用，似为熟练的制陶工人随意捏做而成，因此，这里当时也许是一处专门从事以制陶为副业的村落。

参加清理发掘的有朱伟峰、丁金龙、王德庆，执笔王德庆。

注释

① 绍兴县文物管理委员会：《绍兴凤凰山木椁墓》，《考古》1976年第6期。

② 苏州博物馆：《苏州城东北发现东周铜器》，《文物》1980年第8期。江苏省文物管理委员会、南京博物院：《江苏六合程桥东周墓》，《考古》1965年第3期。吴山菁：《江苏六合县和仁东周墓》，《考古》1977年第5期。吴县文物管理委员会：《江苏吴县何山东周墓》，《文物》1984年第5期。

③ 广东省文物管理委员会：《广东清远的东周墓葬》，《考古》1964年第3期。广东省博物馆：《广东四会鸟旦山战国墓》，《考古》1975年第2期。沈作霖：《绍兴出土的春秋战国文物》，《考古》1979年第5期。

④ 上海市文物管理委员会：《上海马桥遗址第一、二次发掘》，《考古学报》1978年第1期。上海市文物管理委员会：《上海市金山县戚家墩遗址发掘简报》，《考古》1973年第1期。

⑤ 江西省历史博物馆、贵溪县文化馆：《江西贵溪崖墓发掘简报》，《文物》1980年第11期。

⑥ 镇江市博物馆、金坛县文化馆：《江苏金坛鳖墩西周墓》，《考古》1978年第3期。南京博物院：《江苏句容县浮山果园西周墓》，《考古》1977年第5期。镇江市博物馆浮山果园古墓发掘组：《江苏句容浮山果园土墩墓》，《考古》1979年第2期。

（原载《考古》1987年第4期）

江苏吴县发现东周时期青铜剑

姚勤德

1984 年 12 月，在文物普查过程中，我们先后在吴县北桥乡和枫桥乡征集到青铜剑各 1 把。现分别介绍如下。

剑一　喇叭形剑首，施有弦纹数道；茎呈圆柱状，半空，茎上有两道凸箍；宽格，格与箍面上施有变体“涡纹”；剑身较短，脊直居中。通长 28.4、身长 22.1、宽 3.3 厘米。该剑是社员吴德宝 1980 年在苏城北部的漕湖扒蚌时出土的，出土时剑尚完整，后被其在石上打磨，断为三截，现已修复。该剑从形制与纹饰上看，应为春秋晚期的遗物（图一）。

剑二　喇叭形剑首；圆锥形茎，中空；窄格，呈“一”字形；中脊起棱，断面为菱形，前锋残缺，茎断。残长 42.2、茎长 8.9 厘米。该剑是在开越来溪时出土的，发现时，垂直在河底淤泥之中，后一直保存在社员唐全男家。此剑的形制与湖南省耒阳县石油站战国墓中出土的Ⅱ式剑①相似，当是战国时期的遗物（图二）。

这两柄剑的出土地点——漕湖、越来溪，古为吴地。越来溪，《吴郡志》云：“越兵入吴时自此来，故名。”地处东太湖北段，这一带屡有铜剑发现，还有铜矛、铜戈、箭镞等兵器出土。

漕湖，亦名蠡渎。《姑苏志》有“周元王时，越大夫范蠡代吴开蠡渎”的记载，该地出土青铜剑亦不是偶然的现象，这些兵器可能是吴越两国水战时失落的。

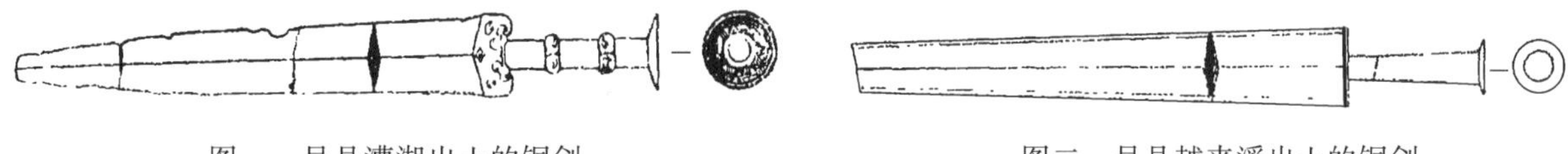

图一　吴县漕湖出土的铜剑　　　　图二　吴县越来溪出土的铜剑

（原载《东南文化》1987 年第 2 期）

① 湖南省博物馆、耒阳县文化局：《耒阳春秋、战国墓》，《文物》1985 年第 6 期。

江苏吴县春秋吴国玉器窖藏

吴县文物管理委员会

1986年4月20日，我会接到通安乡毛小荣同志的来信，反映严山石矿开山采石过程中发现大量玉器和一部分彩石器等。我们随即派出工作人员，对玉石器出土现场及出土情况作了详细调查，并征集了绝大部分文物。现将情况简报如下。

严山海拔22.5米，位于苏州城西20千米的吴县通安乡，西距太湖4千米，东南与阳山相隔1.5千米，西南与平王山、恩顾山、彭山、龙山、渚头山断续相连，这一带是太湖东部沿岸的低矮丘陵区（图一）。严山自1958年开始采石，现在山体只剩下南麓极小一部分。这次发现的玉石器，除一件玉斧出土于该山西南麓土层中外，其他都是在东南麓的开山宕口中发现的。由于爆破采石，玉石器的出土处已被破坏。据采石矿工反映，他们在宕口清理废泥时，在距岩石深约10厘米处，发现一个长约2米、宽约1.5米，略呈长方形的土坑。坑底距地表深约0.5米，已被震开一条狭长的裂缝。底部叠压排列8块大玉璧，有几块已震碎。这些玉石器发现后即散失，后来征集了其中的绝大部分。有些玉器则是在低于地表8米左右的宕底碎石屑中拣出来的。除玉石器外，没有其他文化遗物出土。玉石器的存放位置和组合情况已不明。

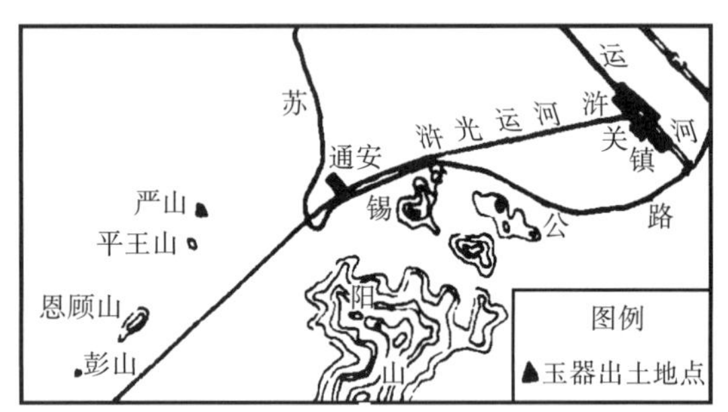

图一　严山玉器窖藏位置示意图

一、出土遗物

共征集出土遗物402件，包括玉器、彩石器和料器。

玉器204件，占出土遗物总数的50.7%。玉器质料尚未经矿物学鉴定，但根据器物的色泽、质地、摩氏硬度的分析，对照已作科学鉴定的吴县张陵东山遗址出土的玉器标本[①]，经上海硅酸盐研究所、南京博物院等有关专家初步鉴定，为软玉。除一件玉斧外，其余玉器为礼器和装饰品。

（一）礼器

54件。有璧、环、瑗、璜、琮五种。

璧　29件（残12件）。可分三式。

Ⅰ式　6件（残4件）。大小、厚薄不一。好系用管钻两面对钻而成，好壁均留有台阶痕。除一件外，肉宽均大于好径。玉色不一，有黑褐、黄褐、淡青、淡绿色四种。部分璧有不同程度的钙化现象。器表大部分琢磨光滑，J2：3、J2：4 和 J2：6，器表有锯割的弧线痕。J2：2，外径 21.42、好径 3.2～4.5、厚 0.9～1.3 厘米（图二，1）。

此式璧与吴县草鞋山、张陵山②和武进寺墩③遗址良渚期墓中所出璧相似。

Ⅱ式 6 件（残 1 件）。器形较小，厚薄均匀。好壁与周缘都经过二次加工修磨，显得十分圆整。器表琢磨光滑，无纹饰。肉宽均大于好的半径。好系一面钻成，J2：20，好壁留有部分钻孔旋痕，无台阶痕。玉色有黑褐、茶绿、黄褐、淡黄、灰白色五种。部分璧有局部钙化现象。J2：18，外径 6.35、好径 2.1、厚 0.44 厘米（图二，2；图三）。

Ⅲ式 17 件（残 7 件）。大小不一。好壁与周缘都经过二次加工修磨，十分圆整。肉宽均大于好的半径。肉面上均以减地法琢出浅浮雕或阴刻各种纹饰，纹饰以鸟纹、蟠虺纹为主，夹以羽状细划纹、网格纹，部分璧内外边沿阴刻同心圆周线各一周。纹饰布局匀称，繁密而不乱，在三式璧中工艺水平最高，具有代表性。玉色以淡绿、牙白、乳白、紫褐为主。部分璧有局部钙化现象。J2：12，两面浅浮

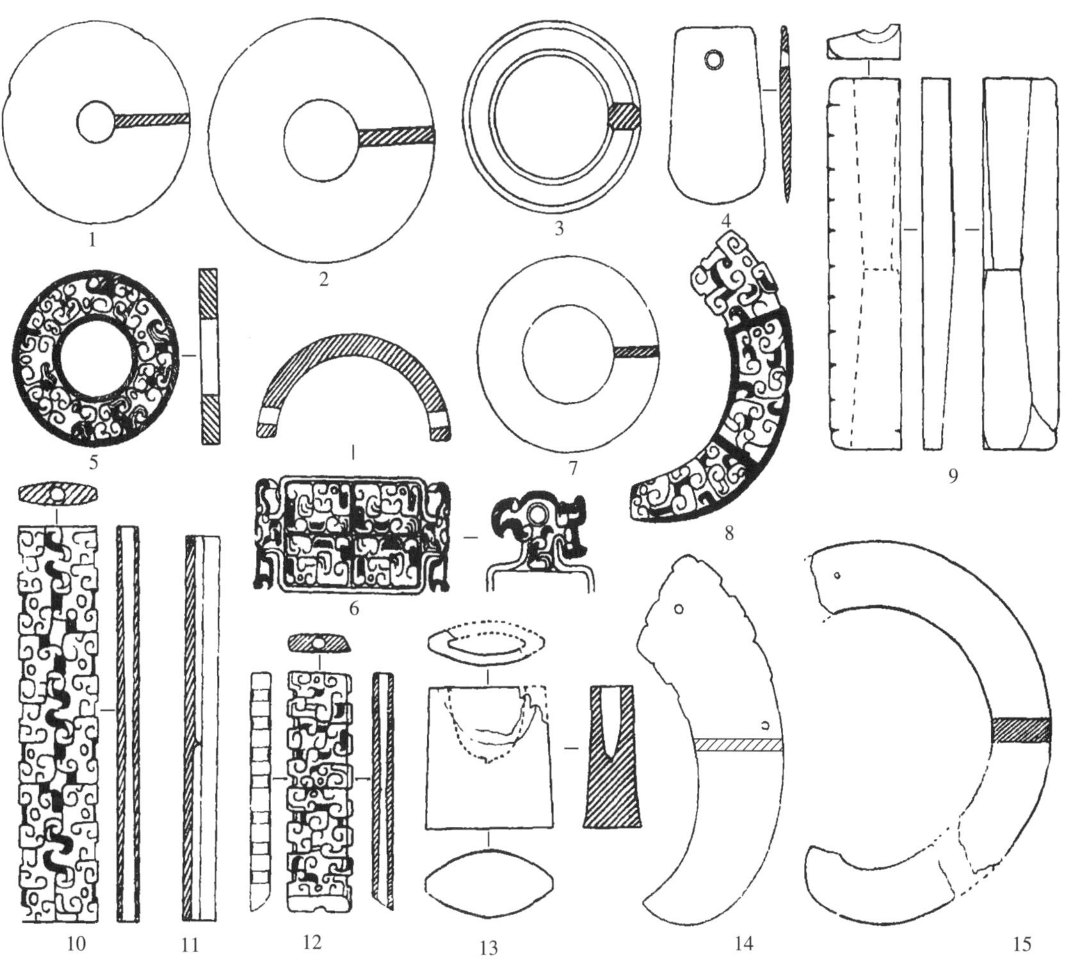

图二 窖藏出土器物

1. Ⅰ式玉璧（J2：2） 2. Ⅱ式玉璧（J2：18） 3. 玛瑙环（J2：32） 4. 玉斧（J1：1） 5. Ⅲ式玉璧（J2：12） 6. 鹦鹉首拱形玉饰（J2：93） 7. Ⅰ式玉环（J2：23） 8. 玉珑（J2：61·1） 9. 玉琮（J2：1） 10、12. 长方形玉佩（J2：71、J2：80） 11. Ⅰ式玉管（J2：105·1） 13. 绿松石珌（J2：102） 14. Ⅳ式玉觿（J2：57） 15. 玉弯钩形器（J2：131）（1. 1/8，4、9. 1/6，余 1/2）

图三　Ⅱ式玉璧（J2∶18）

雕蟠虺纹，夹以羽状细划纹、网格纹。外径4.6、好径2.1、厚0.5厘米（图二，5；图四，4）。J2∶13·2，两面浅浮雕蟠虺纹，夹以羽状细划纹。外径4.7、好径1.82、厚0.35厘米（图四，1；图版一，2）。

环　10件（残3件）。可分二式。

Ⅰ式　2件。好壁与外缘均经过二次加工修磨，器表光素无纹。肉宽等于好的半径。J2∶23，器表一面有一道直线锯痕，玉色为茶绿色。外径5.12、厚0.3厘米（图二，7）。

Ⅱ式　8件（残3件）。好壁与周缘大多经过二次加工修磨，很圆整。肉宽大多等于好的半径。两面均琢有纹饰，纹饰以蟠虺纹、鸟纹为主，夹以羽状细划纹，部分环的周沿阴刻同心圆周线或饰绳纹。纹饰繁密而均匀。玉色有淡绿、茶绿、鹅黄、灰白、青灰夹紫褐等。

J2∶17·1，一面浅浮雕蟠虺纹，另一面仅琢出纹饰轮廓线，似为半成品。外径3.63、好径1.77、厚0.4厘米（图四，5；图版三，2）。

J2∶26，两面分别浅浮雕粗、细蟠虺纹，填以细划纹。外径4.98、好径2.42、厚0.3厘米（图四，2）。

J2∶25，外径5.25、好径2.65、厚0.35厘米（图五；图版二，4）。

瑗　3件。均残。肉宽小于好的半径。好壁与周缘均经过二次加工修磨，很圆整。纹饰以蟠虺纹为主。玉色有牙白、灰白夹火黄两种。J2∶33·2，肉内外边沿各框一道同心圆周线，面饰蟠虺纹，夹以细划纹。外径5.5、好径2.9、厚0.3厘米（图四，6；图版三，1）。

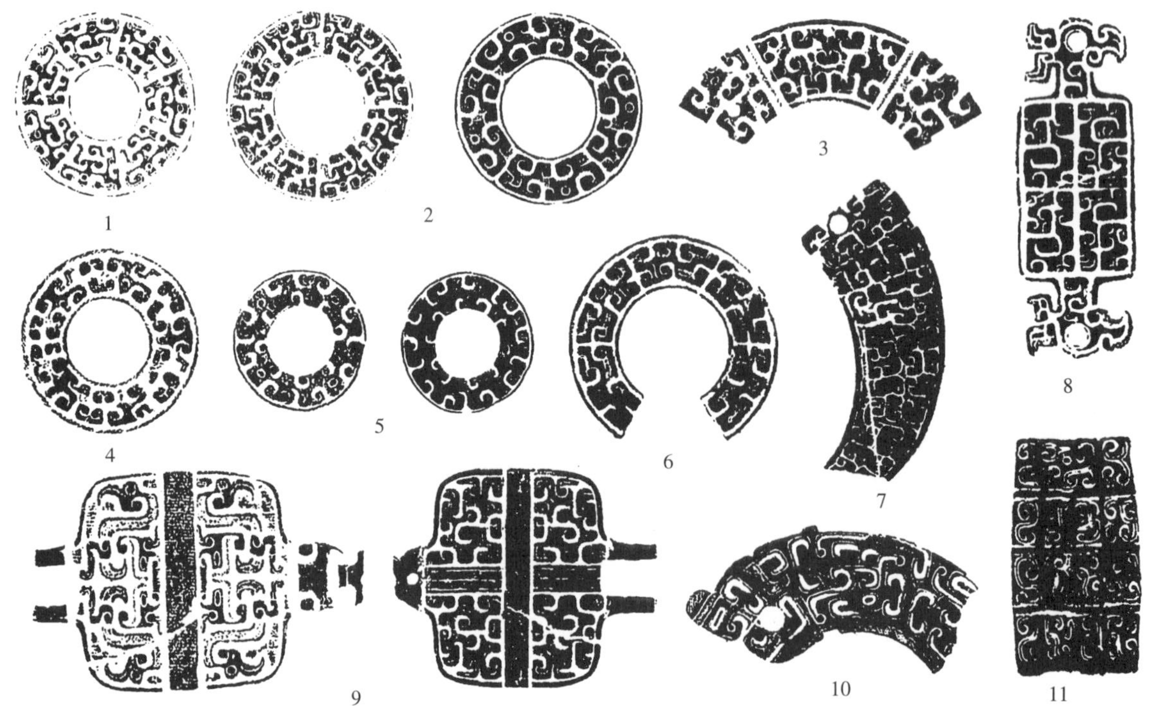

图四　玉器拓片

1、4. Ⅲ式璧（J2∶13·2、J2∶12）　2、5. Ⅱ式环（J2∶26、J2∶17·1）　3. Ⅱ式璜（J2∶44）　6. 瑗（J2∶33·2）　7. Ⅴ式觿（J2∶67）　8. 鹦鹉首拱形饰（J2∶93）　9. 双系拱形起脊饰（J2∶92）　10. Ⅰ式璜（J2∶47）　11. 竹节形饰（J2∶100）（1/2）

Ⅱ、Ⅲ式璧及环、瑗的器形较小，绝大部分应属佩玉，且有一部分肉与好的比例不很规则，但与《尔雅》关于璧、环、瑗的记载基本相符，所以仍将它们归类定名。

图五 Ⅱ式玉环（J2∶25）拓片（原大）

璜 11件（残4件）。可分二式。

Ⅰ式 7件。弧长多为圆周长的1/3左右。璜两端琢成对称的变体夔龙向中间延伸，头脊琢出扉棱，张口，卷唇，两端琢出小孔，似为目，与口相通。目、口均经二次加工，修磨得十分光滑。璜背中部均琢一小孔。璜两面均阴刻或浅浮雕对称的纹饰，主纹分别为鸟纹、蟠虺纹、双线阴刻“S”纹，夹以细密的羽状纹，部分以绳纹或阴刻同心弧线框边。玉色以淡绿、牙白为主，个别略带褐斑。

J2∶47，纹饰延伸至边沿有断纹现象。残长7.7、宽3、厚0.1~0.3厘米（图四，10）。

J2∶42，以阴刻一面坡线框边。长9、宽2.13、厚0.32厘米（图六，8；图版二，5）。

J2∶46，阴刻双线“S”纹和蟠虺纹，弧长近圆周长的1/2。长5.25、宽0.7、厚0.3厘米（图七，5）。

Ⅱ式 4件。弧长均为圆周的1/3。两头齐平，有孔和小缺口相连，背部起扉棱，并钻有小孔。两面均琢出纹饰，主纹为蟠虺纹，夹以羽状细划纹。玉色有淡绿、灰白两种，间有黄褐色斑。J2∶44，纹饰有绳纹栏相隔。长7.95、宽2.1、厚0.34厘米（图四，3；图版二，7）。

J2∶40，除饰蟠虺纹外，还饰圆圈纹、卷云纹，纹饰延伸至内沿口有断纹现象。长8.75、宽2.4、厚0.1~0.2厘米（图六，7）。

琮 1件。J2∶1，残，为琮的半爿。上、下两端有射，射高分别为2厘米和1.6厘米。琮体以节线分为九节，内壁中部留有两头钻孔的台痕，台痕边缘有1毫米宽的弧形钻槽，有明显的钻孔旋纹。剖面留有锯割痕。玉色黑褐，局部有紫斑和轻微钙化现象。高29.3、残宽6.2厘米（图二，9；图版三，7）。

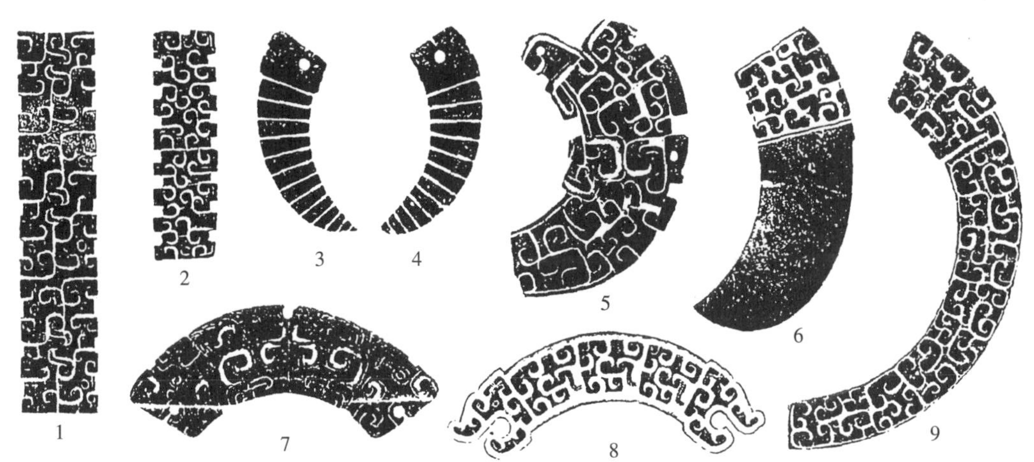

图六 玉器拓片

1、2. 长方形佩（J2∶71、J2∶80） 3、4. Ⅱ式觿（J2∶62） 5. 鸟形佩（J2∶52） 6. Ⅴ式觿（J2∶60） 7. Ⅱ式璜（J2∶40） 8. Ⅰ式璜（J2∶42） 9. 珑（J2∶55·1）（1/2）

（二）装饰品

149件。种类繁多，有虎形佩、鸟形佩、长方形佩、鹦鹉首拱形饰、双系拱形起脊饰、珑、觿、镯、珠和管等。其中双系拱形起脊饰和鹦鹉首拱形饰造型特殊，尚属首次发现。

虎形佩 3件。均残，复原2件。J2∶51，一对，形制、大小相同。玉色灰白夹黑。扁平，厚薄不匀。虎作伏卧状，头微昂，有一小孔，似为目，腹下四足屈蹲，卷尾高翘，背脊琢出扉棱。正面以减地斜切手法阴刻蟠虺纹，填以羽状细划纹，反面留有直线锯痕四道。长11.9、宽3.8、厚0.1~0.3厘米（图八；图版一，4）。这对虎形佩能合为一体，根据反面的锯痕观察，两佩是从一块玉料切割琢刻而成的。

鸟形佩 2件。均残缺。J2∶52，玉色微绿，有棕红斑。扁平，厚薄不匀，表面有直线锯痕一道。鸟作伏卧状，尾高翘，头部及足各有一小穿孔。两面饰蟠虺纹，填以羽状细划纹。残长8、宽3.5、厚0.18~0.3厘米（图六，5）。

鹦鹉首拱形饰 1件。J2∶93，断为两半，粘合复原。玉色淡绿。器作拱形瓦状，剖面为弧形，弧长接近半圆。两端琢出对称的鹦鹉首，高肉冠，勾喙，头部各有直径0.4厘米的穿孔，似为目。头部以细绳纹框边，颈与器体相连。器表以“田”形阴刻线分隔成四部分，内填蟠虺纹和羽状细划纹。器里无纹，有蜡质光泽。弧长8.4、宽3、厚0.5厘米（图二，6；图四，8；图版一，3）。

兽形佩 1件。J2∶126，残。玉色灰白，夹有黑斑。扁平，兽作蹲伏状，有足，头部琢出小口。两面均以平行阴线饰变体夔纹。残长5.7、宽1.5、厚0.5厘米（图九，5）。

珑 9件（残6件），两两相对者8件。扁平圆弧形，似一变体夔龙，头宽尾窄。头部有直径0.2厘米的小孔，似目，头脊琢出扉棱，尾部平齐。玉色有淡绿、灰白两种。

图七 玉器拓片

1. 长方形片饰（J2∶85） 2. 箍形器（J2∶103） 3. 长方形佩（J2∶127） 4. Ⅲ式觿（J2∶63） 5. Ⅰ式璜（J2∶46）（均为原大）

图八　虎形玉佩（J2∶51）拓片（1/2）

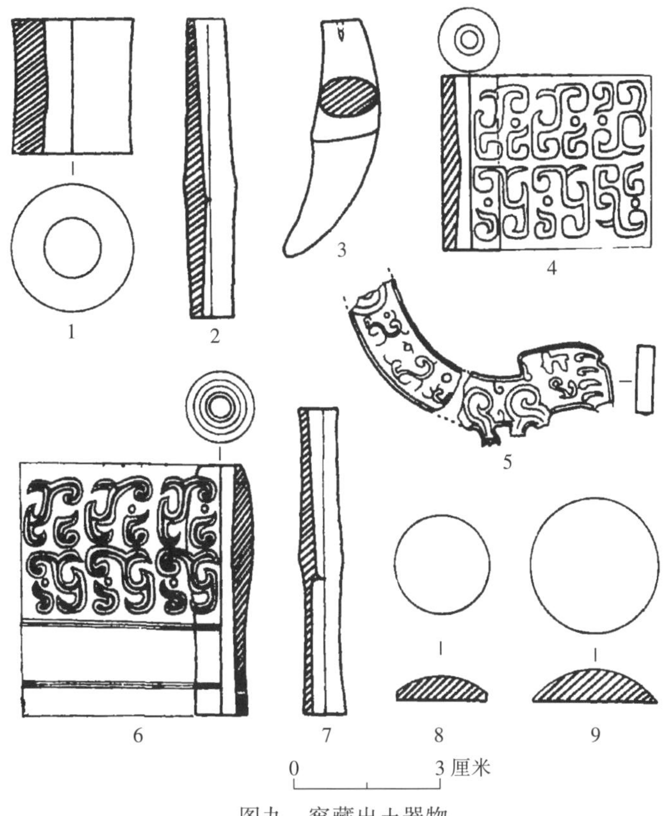

图九　窖藏出土器物

1. 玉筒形饰（J2∶97）　2、7. 玛瑙管（J2∶116）　3. 绿松石觿（J2∶65）
4. Ⅰ式玉管（J2∶94）　5. 兽形玉佩（J2∶126）　6. 器嘴形玉饰（J2∶99）
8、9. 绿松石围棋子形饰（J2∶114）

J2∶55·1，两面以颈部绳纹栏相隔，分为头、身两部分，均饰蟠虺纹，夹以细划纹。身部边沿以阴刻线框边。长 11.5、头宽 2.3、厚 0.4 厘米（图六，9；图一〇）。

J2∶61·1，两面以两道绳纹栏相隔，分为头、身、尾三组，均饰蟠虺纹，夹以细划纹。身部边沿以绳纹框边，尾部纹饰延伸至边口有断纹现象。长 8、头宽 1.9、厚 0.25~0.3 厘米（图二，8）。

J2∶68·1、2，形制、大小相同，均残。通体琢磨光滑，无纹饰。残长 7、厚 0.4~2 厘米。

图一〇 玉珑（J2∶55·1）

觿 20件（残12件）。分五式。

Ⅰ式 1件。J2∶64，根部饰浅浮雕蟠虺纹、人面纹和卷云纹，端面钻一孔与两侧孔相通，孔壁光滑。尖部琢磨光滑，一侧有凸棱一道。玉色为象牙白。器表经抛光处理。长4.55、宽1.2、厚0.7厘米（图一一，13；图一二）。

Ⅱ式 2件。J2∶62，一对，大小相同。根端边沿琢出一小缺口，根部有一直径0.3厘米的小孔，上大下小，系一面钻成。全身分别阴刻弦纹十二三周。玉色乳白，有半透明感，局部轻微钙化。长5.8、宽1.8、厚0.35厘米（图六，3、4；图版三，4）。

Ⅲ式 1件。J2∶63，根部有并列二直角钩突和一小孔，满身饰蟠虺纹，尖部饰羽状细划纹，纹饰延伸至边沿有断纹现象。玉呈白色，有黄斑。长4.1、宽1.5、厚0.17厘米（图七，4；图一三）。

Ⅳ式 6件（残3件）。根部均有小孔，边沿琢出小缺口。通体琢磨光滑，无纹饰。玉色以淡绿、灰白为主，部分器表有钙化现象。J2∶57，凸边中部有一小孔。长9.7厘米（图二，14）。

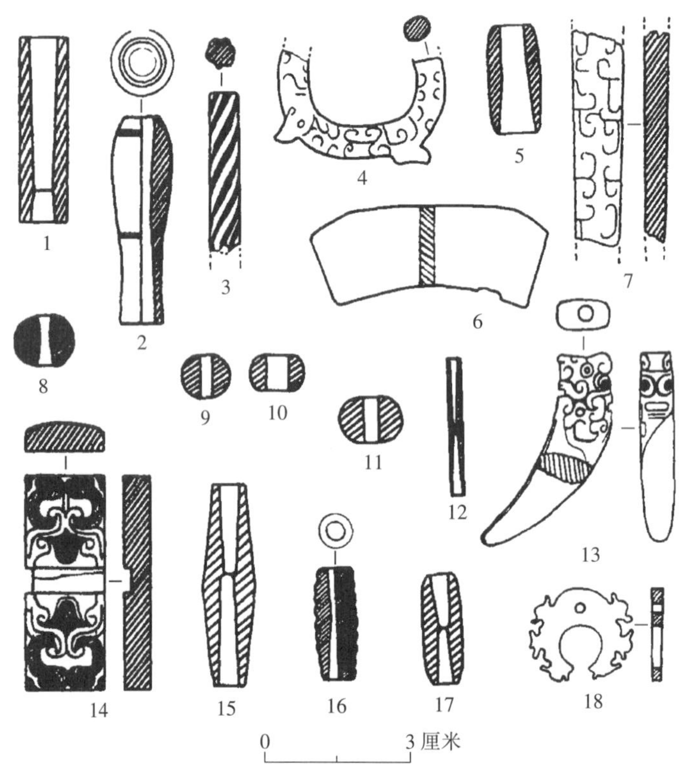

图一一 窖藏出土器物

1. Ⅰ式玉管（J2∶96） 2. 器嘴形玉饰（J2∶98） 3. 棒形玉饰（J2∶101） 4. 环形玉饰（J2∶132） 5. 玉管状珠（J2∶109） 6. 珩形玉饰（J2∶50） 7. 长条形玉饰（J2∶129） 8. 圆玉珠（J2∶104） 9. 水晶珠（J2∶118） 10. 玻璃珠（J2∶119） 11. 玛瑙珠（J2∶125） 12. 绿松石管（J2∶106） 13. Ⅰ式玉觿（J2∶64） 14. 长方形玉片饰（J2∶86） 15. 石髓管（J2∶123） 16. Ⅱ式玉管（J2∶95） 17. 绿松石珠（J2∶107） 18. 绿松石玦形饰（J2∶87·1）

Ⅴ式　10件。残碎较多，完整器只有1件。形体较薄。根部均有小孔。两面主要饰卷云纹和蟠虺纹，夹有细密的刻划纹，大部分器物以阴刻线或绳纹框边。身、尖部光素无纹。玉色以淡绿、灰白为主，部分器物有局部钙化现象。

J2∶60，两面各留有一道弧线锯痕。玉色灰白有褐斑。长8.5、宽2.85、厚0.2~0.3厘米（图六，6；图版二，6）。

J2∶67，尖部残缺。器表留有直线锯痕一道，体极薄，厚仅0.15厘米。玉色微绿。纹饰以阴刻线勾勒出未成形的轮廓。此器应是半成品。残长7.6厘米（图四，7）。

弯钩形器　1件。J2∶131，残。扁平弧形，弧度超过半圆，一端有一直径0.15厘米的小孔，一端有钩突。器表光素无纹。玉色粉白，局部钙化。残长9.3、宽1.7、厚0.6厘米（图二，15）。

长方形佩　16件（残4件）。器体扁平或微隆，似琮分节，节数不等，中心均贯孔，孔系两端对钻而成。器身纹饰以浅浮雕蟠虺纹为主，夹以羽状细划纹。有些器物两端宽窄不一。玉色以微绿、灰白为主，部分器物有轻微钙化现象。

J2∶71，中部多填饰网格纹。长10.3、宽2.2厘米（图六，1；图二，10）。在J2∶71内孔中，清理出一小段麻织物，显然是系挂此类佩饰的绳线残段。

J2∶127，残。主纹为蟠螭纹，填饰细鳞纹和丝束纹。残长4.4、宽2.2厘米（图七，3）。

J2∶80，一端呈楔形。长6.25、厚0.55厘米（图二，12；图六，2；图版三，6）。

J2∶73，长9.7、宽2.5、厚0.45厘米（图版二，3）。

镯　2件（残1件）。J2∶31，断面为椭圆形，通体呈绹索状。抛光，玉色白中夹绿斑。外径7.5、内径5.3、断面径0.6厘米（图一四）。

筒形饰　1件。J2∶97，两端齐平，中部稍内弧。器表、孔壁修磨光滑，无纹饰。玉色灰白，局部有钙化现象。长2.6、外径2.5、孔径1.25厘米（图九，1；图一五）。

管　72件（残29件）。分二式。

Ⅰ式　71件。圆柱形，孔外大内小，系两头对钻而成，大部分孔壁留有台阶痕。除一件外，器表均光滑无纹。玉色以淡青夹黑斑者居多。

J2∶94，象牙白色。器表阴刻夔纹。长3.4、外径1.2、孔径0.6厘米（图九，4；图版二，1）。

J2∶96，火黄色，有自然裂纹。长3.6、外径1、孔径0.6厘米（图一一，1）。

J2∶105·1，长10、外径0.9、孔径0.45厘米（图二，11；图一六）。

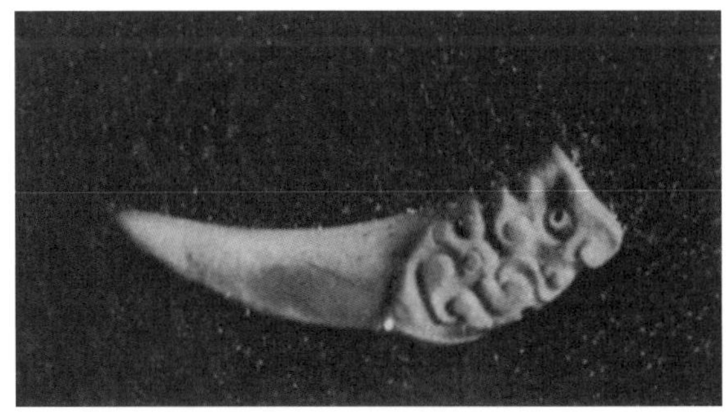

图一二　Ⅰ式玉觿（J2∶64）

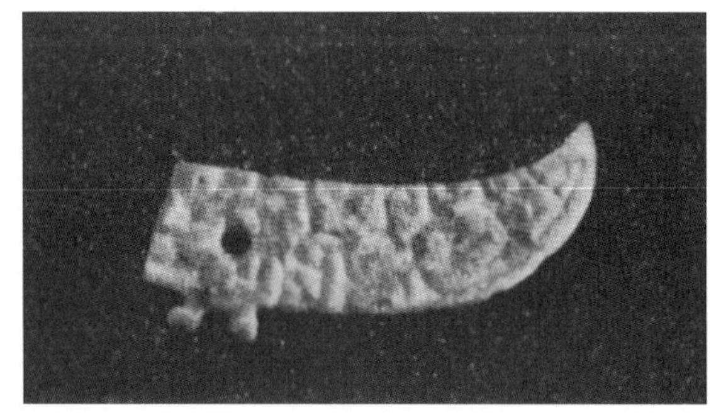

图一三　Ⅲ式玉觿（J2∶63）

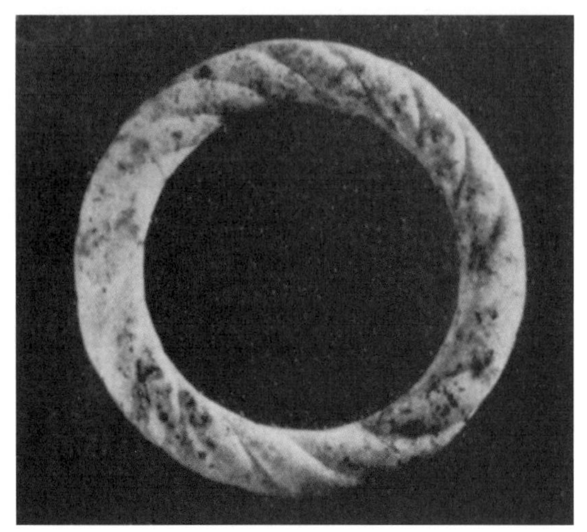
图一四　玉镯（J2∶31）

图一五　玉筒形饰（J2∶97）

Ⅱ式　1件。J2∶95，玉色牙白。长鼓形。孔外大内小，系两面对钻而成。八周弦纹将器表分成九节。长2.2、最大径0.9、孔径0.4厘米（图一一，16）。

管状珠　3粒。两粒中部微鼓，中贯孔，器表光素无纹。J2∶109，长2.15、外径1.15、孔径0.7厘米（图一一，5）。一粒如米粒状，中贯细孔，器表琢磨光滑。长0.65、外径0.3、孔径0.1厘米。

圆珠　1粒。J2∶104，色微绿。扁球形，中贯孔，器表琢磨光滑。最大外径1.25、高1厘米（图一一，8）。

器嘴形饰　2件。

J2∶99，玉色火黄。呈不规则圆管形，下部较细、微内凹，有一个细孔对穿，上部微鼓，逐渐收成圆嘴形，中心贯孔。下部饰弦纹，上部饰变体夔纹。长4.9、最大外径1.9、孔径0.65厘米（图九，6；图版二，2）。

J2∶98，玉色牙黄，局部风化。器形与J2∶99相同。中部饰弦纹三周，上端饰绳纹一周。长4.05、最大外径1.2、孔径0.55厘米（图一一，2）。

竹节形饰　1件。J2∶100，玉色牙黄。略呈长方体，中贯孔，孔系两面对钻而成，器表起三周竹节状棱，把器物分为四节，每节均饰阴刻双线变体夔纹和“S”纹。长6.1、宽1.2、厚1、孔径0.5厘米（图四，11；图版三，5）。

长方形片饰　2件。

J2∶86，玉色墨绿。断为两截，粘合复原。扁长方形，正面略隆，中部横向琢出宽0.6厘米的凹槽，把纹饰分为两组。纹饰为对称的兽面纹，填以羽状细划纹、网格纹。背面光素无纹。长4.25、宽1.65、厚0.65厘米。此饰件似作镶嵌用（图一一，14；图一七）。

J2∶85，乳白色，半透明。扁平，“山”字形，两侧分别斜镂一小孔。正面饰兽面纹、蟠虺纹和细划纹，反面光滑无纹。长4.85、宽2.9、厚0.2~0.35厘米（图七，1；图版三，3）。

珩形饰　1件。J2∶50，玉色微黄，有褐斑。扁平，无孔，有一小缺口，两面琢磨光滑。长4.9、宽1.7、厚0.3厘米（图一一，6）。

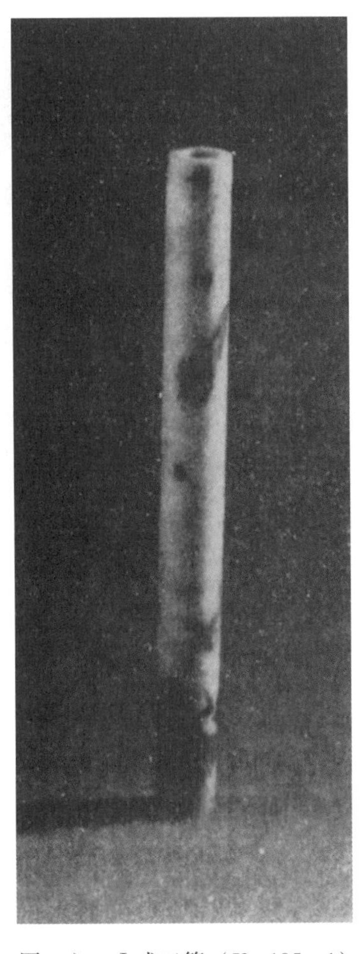

图一六　Ⅰ式玉管（J2：105·1）

图一七　长方形玉片饰（J2：86）

箍形器　1件。J2：103，玉色灰白夹黑。残剩1/4，上、下两端齐平，均饰阴刻双线窃曲纹。内、外壁呈弧形，内壁光素无纹。器表正面以阴刻单线框边一周，框内饰平行划纹，内区饰阴刻双线蟠虺纹，填以网格纹、细划纹，侧面饰阴刻双线“S”纹与蟠虺纹。高2.6、残宽2.9厘米（图七，2）。

弧形条状饰　4件。两两成对。器表琢磨光滑，玉色微青。分二式。

Ⅰ式　2件（残1件）。J2：90，长条片状。长5、宽0.6、厚0.2厘米（图一八）。

Ⅱ式　2件（残1件）。J2：91，璜形，扁平，外缘镂出两两成组的钩突10个。长5.6、宽1、厚0.25厘米（图一九）。

环形饰　2件。均残。J2：132，玉色暗绿。边缘有二齿，器表两面均阴刻卷云纹。残长4.2、厚0.5厘米（图一一，4）。

棒形饰　1件。J2：101，玉色灰白，夹有绿斑。断面呈不规则梅花形，一头齐平，一头残缺，残断面留有一孔痕。通体琢绹索纹。残长3.1、直径0.65厘米（图一一，3）。

长条形饰　2件。均残。玉色粉白，钙化严重。扁平，均饰卷云纹。J2：129，残长4.2、宽1～1.2、厚0.5厘米（图一一，7）。

双系拱形起脊饰　1件。J2：92，断为两半，粘合复原。玉色牙白，有褐斑。器身起拱作瓦形，正面中间起脊。脊两边各饰一组浅浮雕兽面、凤鸟纹，兽面作椭圆眼、弯眉、阔嘴形，凤鸟首作高肉冠、

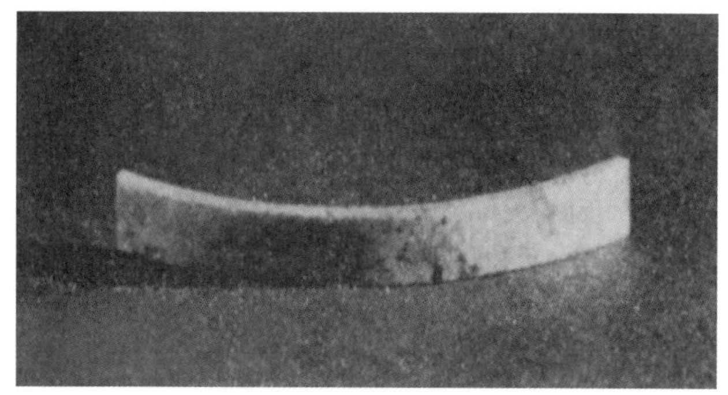
图一八　Ⅰ式弧形条状玉饰（J2：90）

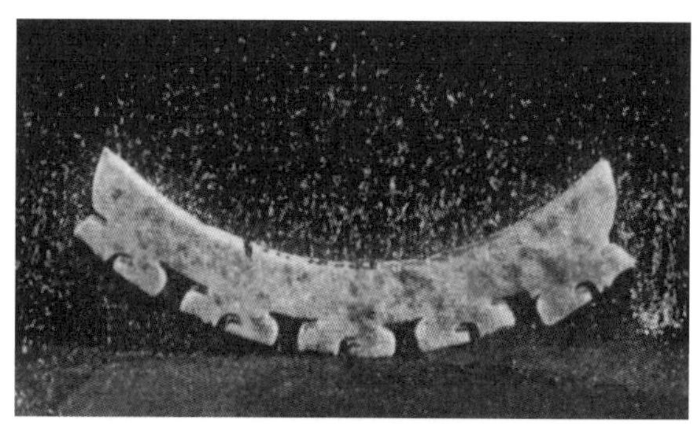
图一九　Ⅱ式弧形条状玉饰（J2：91）

勾喙圆眼，身饰羽状细划纹，两组纹饰相互对称。反面以“十”字栏相隔，分饰四组蟠虺纹、鸟纹，横向隔栏上阴刻麦穗纹。两侧各有系耳。一系琢成兽头形，圆目凸起，宽鼻，阔嘴，口部正中斜镂一直径0.3厘米的穿孔。另一系琢成互相平行的双圈，间距0.9厘米，一“ㄜ”形小系与双圈相衔（衔轴已断），可自由转动。通宽8.2、高5.65厘米（图四，9；图版一，1）。此器系整块玉料琢成，造型奇特。

另外，在J2西约10米的土层中出土玉斧1件。J1：1，扁平梯形，双面弧刃，背部齐平，近背中部有直径1.5厘米的圆孔，孔系一面钻成。玉色茶绿，有自然裂纹，半透明。通体琢磨光滑，无使用痕迹。长13.7、刃宽8.8、背厚0.45厘米（图二，4）。

彩石器165件，占出土遗物总数的41%。质料有绿松石、玛瑙、石髓等。从器形来看，都应是装饰品。

绿松石珌　2件。蓝绿色，有黑褐色自然纹理。J2：102，侧面呈梯形，断面略为椭圆，上端有椭圆形孔，残缺，下端实而平齐。器表琢磨光滑。长3.7、宽3.6、厚1.7厘米（图二，13）。《说文》：“珌，佩刀下饰也。”这两件珌当为佩刀柄端的饰件。

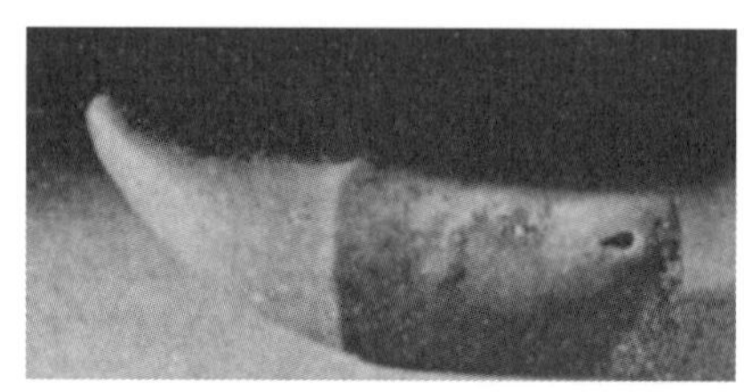
图二〇　绿松石觿（J2：65）

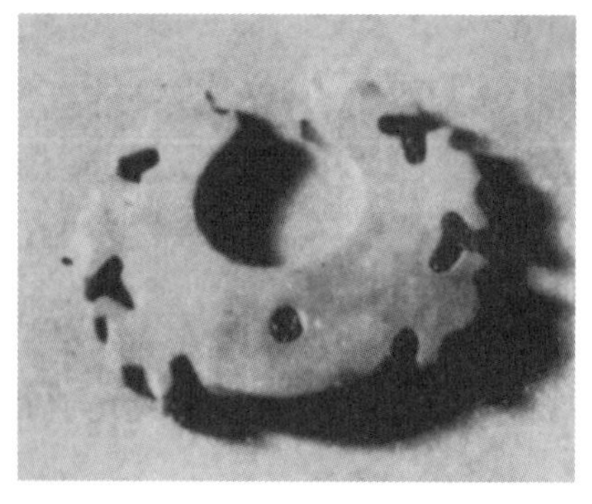
图二一　绿松石玦形饰（J2：87·1）

绿松石觿　1件。J2：65，蓝绿色，局部有蚀孔。器体稍弯，中部起棱，断面呈椭圆形，上端齐平，端面向侧面斜镂二孔，下端成尖锥。长4.8、腰宽1.4、厚0.9厘米（图九，3；图二〇）。

绿松石玦形饰　4件。扁平，厚薄不匀。内孔与外圆不同心，周沿雕凿亭形齿，肉上有小孔。两面琢磨光滑。J2：87·1，外径2.1、孔径0.9、厚0.2～0.3厘米（图一一，18；图二一）。

玛瑙环　1件。J2：32，乳白色，半透明。断面为扁八角形，器表琢磨光滑。外径5、好径3.3、厚0.6厘米（图二，3；图二二）。

管　46件。

玛瑙管　22件。长短、大小不一，两端平齐，器表琢磨光滑。可分两种。

一种为乳白色，半透明，竹节状。J2：116（4件），长2.7～

6.1、孔径0.35~0.5厘米（图九，2、7；图二三）。

一种白色夹棕红色纹理，长腰鼓形。J2：124（18件），长0.7~2.65、孔径0.25~3厘米（图二四）。

石髓管　2件。J2：123，朱红色，竹节状，两端齐平，器表琢磨光滑。两件分别长2.2和4、孔径均为0.3~0.4厘米（图一一，15；图二五）。

绿松石管　22件。J2：106，颜色有淡绿和孔雀绿，部分钙化严重。器形分圆柱和竹节形两种。长1.2~2.9、孔径0.15~0.4厘米（图一一，12）。

珠　108粒。

图二二　玛瑙环（J2：32）

图二三　玛瑙管（J2：116）

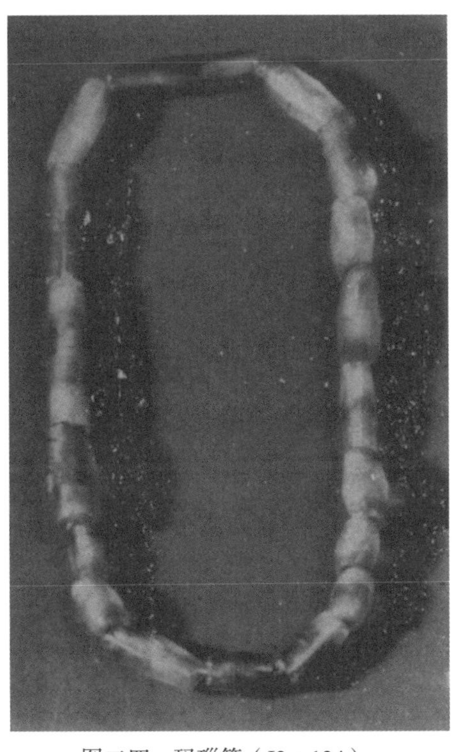

图二四　玛瑙管（J2：124）

图二五　石髓管（J2：123）

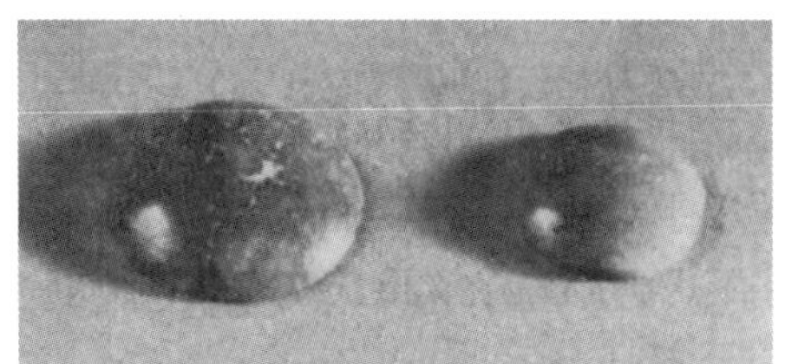

图二六　绿松石围棋子形饰（J2：114）

玛瑙珠　8粒。颜色有肉红和乳白，多为扁球形，中贯孔。J2∶125，高0.9、最大径1.3厘米（图一一，11）。

绿松石珠　100粒。颜色为淡绿和孔雀绿两种，部分风化严重。除扁球形外，一种中起脊，一种呈长鼓形，均贯孔，后者孔系两面对钻而成。

J2∶122（92件），直径0.1~1.4厘米。

J2∶107（8件），长0.5~2.2厘米（图一一，17）。

绿松石围棋子形饰　2件。J2∶114，孔雀绿色，有白色自然纹理。球面，平底。器表琢磨光滑。一件径1.9、厚0.5厘米（图九，8；图二六，2）；一件径2.6、厚0.65厘米（图九，9；图二六，1）。

绿松石弯钩形饰　1件。J2∶115，蓝绿色，有黑色纹理。长0.7厘米。

围棋子形饰和弯钩形饰，可能是镶嵌件。

料器　33粒，占出土遗物总数的8.2%。

水晶状珠　21粒。J2∶118，白色。球形，中贯孔，表面琢磨光滑。直径0.8~1.05厘米（图一一，9）。

玻璃状珠　2粒。J2∶119，蓝色有白斑，表面风化。扁球形，中贯孔。外径1.1、孔径0.4厘米（图一一，10）。

二、几点认识

（一）玉石器出土处的性质

这批玉石器究竟出自墓葬，随葬坑，窖藏，还是祭祀坑或玉石器加工场，这是一个令人关心的问题。

严山虽称山，实际上是一个土丘，范围不过5千平方米。山上的表土层不厚，以前这里从来没有发现过大墓。据采石工反映，玉石器出土处的土质与周围没有明显的区别，没有白膏泥等填充物，未见夯土痕迹。经调查，玉石器出土处及其周围，没有出土过陶器、铜器及其他遗物。因此，玉石器出自墓葬或随葬坑的可能性极小。

《周礼》有“以貍沈祭山林川泽”的记载。但关于祀山，“其祠之礼：毛用一璋玉瘗，糈用稌米，一璧。”“其祠：毛用一璧瘗，糈用稌。”“其祠之，毛用一雄鸡彘瘗，吉玉用一珪，瘗而不糈。”④祭祀时仅用一璧、一璋、一珪，用玉数量是极有限的。严山出土大批玉器，而且大多数又为装饰性器物，用于山川之祭，似乎是不可能的。那么，是否会是一处玉石器加工场呢？这批出土器物中有部分残碎器，但从这些残碎器的形状与断面来看，并不是碾玉加工时被锯割剩下的边皮料，而是出土前被采石工放炮炸裂的。残碎器大多有两个以上的加工面，且大部分残碎个体可相互拼接成一件完整器。因此，这批玉石器出自窖藏的可能性较大，而且埋藏草率，很可能是在匆忙中埋入地下的。

（二）窖藏年代及其国属

严山玉石器窖藏的时代，只能从出土玉石器本身的造型特征和装饰风格来加以推断。

从出土玉器的形制看，Ⅱ式璧、Ⅱ式觿、镯与安徽寿县蔡侯墓所出的素面玉璧（97、98）、“似鱅”玉饰（107.1—8）、玉环形饰（102.1、2）完全相同[⑤]；蔡侯墓所出的绿松石珠，有长如大米的，圆如绿豆的，小如小米的，且均钻有孔，严山出土遗物中也有许多同类的珠。严山出土遗物中的长方形玉佩、竹节形玛瑙管、玛瑙珠与浙江绍兴306号墓所出同类器相似[⑥]。严山玉器中的虎形佩与河南淅川下寺一号墓所出的虎形玉璜形制一致[⑦]，长方形佩、Ⅰ式弧形条状饰与下寺M3所出同类器十分接近[⑧]。从这批玉器的装饰风格来分析，纹饰以蟠虺纹、兽面纹、鸟纹、卷云纹为主，镂琢精细，纹饰繁缛而不乱，与寿县蔡侯墓、绍兴306号墓所出玉器的装饰特点完全相同。Ⅱ式长方形片饰（J2∶85）的中部琢以浮起的兽面纹和两侧隐起蟠虺纹的做法，与淅川下寺一号墓所出玉牌（M1∶12）极为相似[⑨]。严山玉器中的主要纹饰蟠虺纹，采用阴刻斜切一面坡线勾划的琢纹风格，这与故宫博物院院藏春秋青玉璧的纹饰风格相同[⑩]。安徽寿县蔡侯墓，河南淅川下寺一、三号墓，均为春秋晚期墓。浙江绍兴306号墓虽为战国墓，但所出玉石器为春秋晚期遗物。因此，严山玉石器窖藏的时代当为春秋晚期。

严山窖藏出土的玉石器，数量之多，质量之精，在江苏省考古发现中为首见。占有这批玉器的主人，应当是拥有无上权力的显贵，即吴国的王族。春秋末期，越王勾践发动了灭吴复仇的战争。“吴王率其有禄与贤良遁而去，越追之，至余杭山。”[⑪]余杭山，今阳山。严山西去阳山仅1.5千米，两山与相传吴王夫差被勾践擒获处的万安（今东渚淹马村）亦仅1.5千米。从严山窖藏玉石器出土的地望及埋藏的迹象，我们推测这批玉石器可能是吴国的宫廷用玉，在“吴王率其有禄与贤良遁而去”时，仓皇中草率地埋藏的。

玉器整理过程中，曾得到南京博物院、苏州玉雕厂等单位及上海硅酸盐研究所陈显求先生的支持，在此一并致谢。

本简报由姚勤德执笔，张志新改定。

绘图：姚勤德
摄影：刘小放
拓片：强明中

注释

① 中国地质科学院地质研究所：《苏南新石器时代玉器的考古地质学研究》，《文物》1986年第10期。南京矿产地质研究所：《吴县张陵东山遗址出土玉器鉴定报告》，《文物》1986年第10期。

② 南京博物院：《江苏吴县草鞋山遗址》，《文物资料丛刊》（3），文物出版社，1980年。南京博物院：《江苏吴县张陵山遗址发掘简报》，《文物资料丛刊》（6），文物出版社，1982年。

③ 南京博物院：《1982年江苏常州武进寺墩遗址的发掘》，《考古》1984年第2期。

④ 袁珂：《山海经校译·南山经、北山经》，上海古籍出版社，1985年。

⑤ 安徽省文物管理委员会、安徽省博物馆：《寿县蔡侯墓出土遗物》，科学出版社，1956年。

⑥ 浙江省文物管理委员会、浙江省文物考古所、绍兴地区文化局等：《绍兴306号战国墓发掘简报》，《文物》1984年第1期。

⑦ 河南省博物馆、淅川县文管会、南阳地区文管会：《河南淅川县下寺一号墓发掘简报》，《考古》1981年第2期。

⑧ 河南省丹江库区文物发掘队：《河南省淅川县下寺春秋楚墓》，《文物》1980年第10期。

⑨ 河南省博物馆、淅川县文管会、南阳地区文管会：《河南淅川县下寺一号墓发掘简报》，《考古》1981年第2期。

⑩ 故宫博物院：《古玉精萃》图版18，上海人民美术出版社，1987年。

⑪《越绝书·请籴内传》。

（原载《文物》1988年第11期）

1. 双系拱形起脊玉饰（J2：92）

2. Ⅲ式玉璧（J2：13·2）

3. 鹦鹉首拱形玉饰（J2：93）

4. 虎形玉佩（J2：51）

图版一 江苏吴县春秋吴国窖藏玉器

1. Ⅰ式玉管（J2：94）

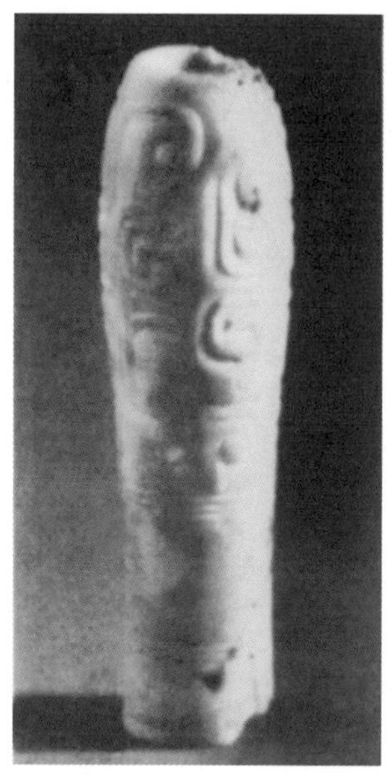

2. 器嘴形玉饰（J2：99）

3. 长方形玉佩（J2：73）

4. Ⅱ式玉环（J2：25）

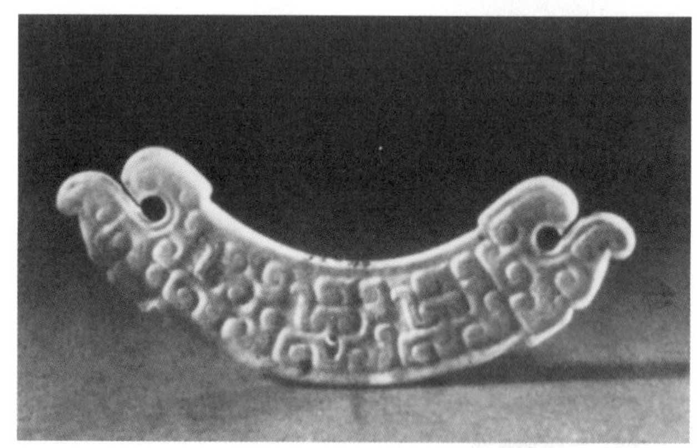

5. Ⅰ式玉璜（J2：42）

6. Ⅴ式玉觿（J2：60）

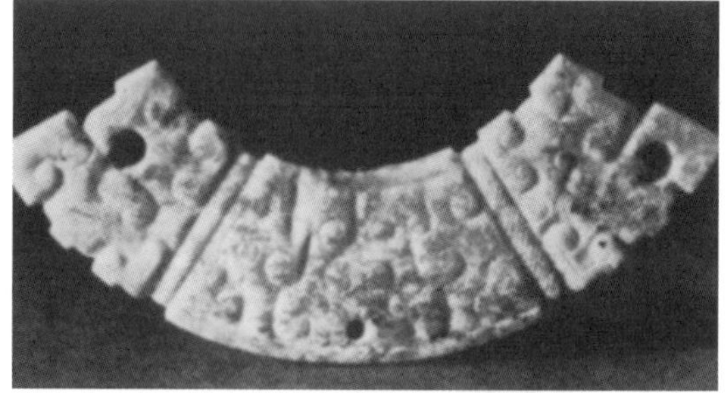

7. Ⅱ式玉璜（J2：44）

图版二 江苏吴县春秋吴国窖藏玉器

1. 玉瑗（J2：33·2）

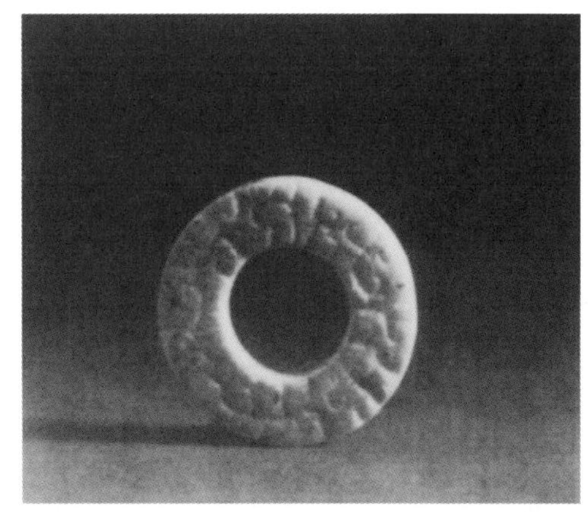

2. Ⅱ式玉环（J2：17·1）

3. 长方形玉片饰（J2：85）

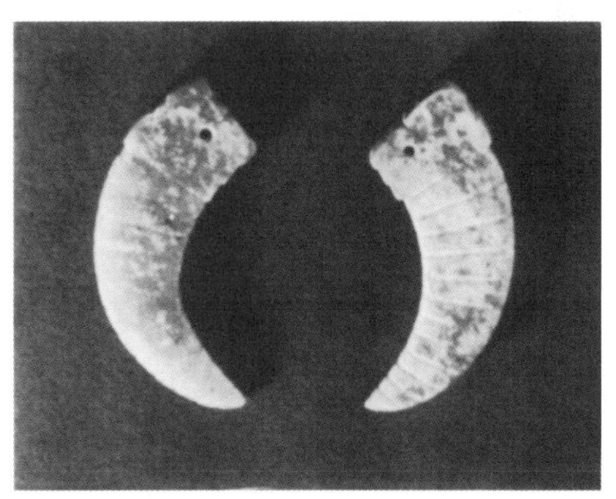

4. Ⅱ饰玉觿（J2：62）

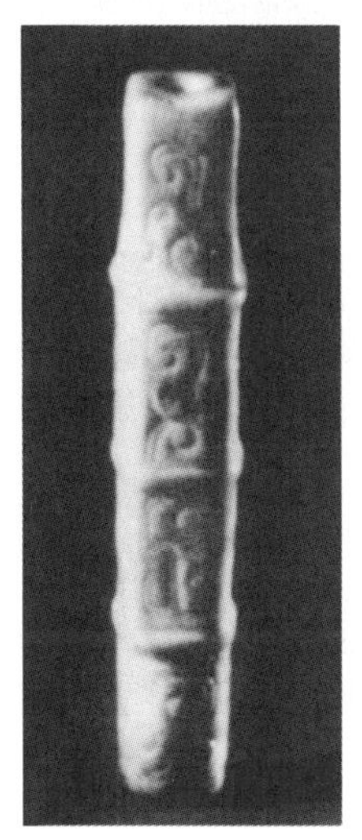

5. 竹节形玉饰（J2：100）

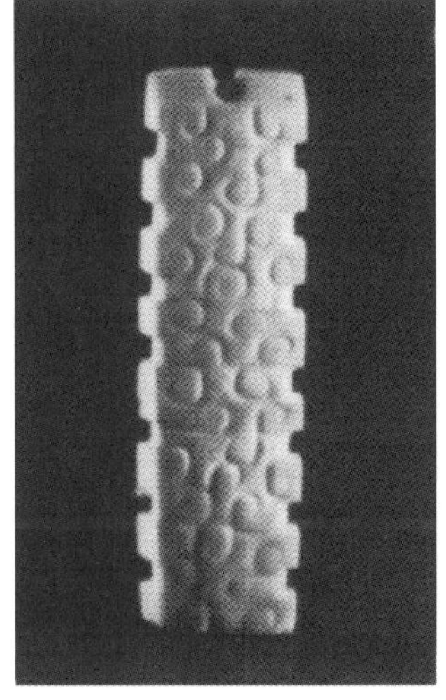

6. 长方形玉佩（J2：80）

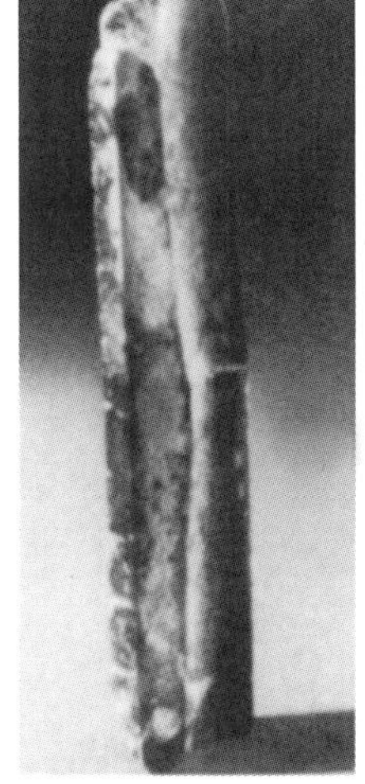

7. 玉琮（J2：1）

图版三　江苏吴县春秋吴国窖藏玉器

江苏吴县发现东周铜器

吴县文管会

1987 年 5 月 14 日，我会收集到一批青铜器。经查，这批青铜器出于越溪乡前珠村东部的圩田内，这一带原系东太湖北部的浅水区域，俗称“白洋湾”。1971 年围湖成田。1985 年 3 月，当地农民开挖鱼池，在距离地表约 30 厘米深的淤土层中发现。现铜器出土处已成鱼池（图一）。

今将出土器物分述于下。

剑　1 件。剑首圆盘形，圆筒式茎，“一”字形格，长身，中有凸柱状脊，两面刃，自剑身三分之二处起弧改锋，前锋尖锐，十分锋利。通长 47. 5、身长 38. 7、剑身最宽处 4 厘米（图二，5）。

镰　1 件。直背、斜头，内弧刃；后部有直径 0. 8 厘米的穿，并有两凸形侧栏；背与后端部侧面留有合范铸制的痕迹，镰正面有细密的斜向平行篦纹，延长至刃口形成锯齿。长 13. 5、宽 3. 7 厘米（图二，1）。

耨　1 件。整器平面作三角形，正中有方銎，作钁形，中空，下端正、反两面留有直径为 0. 55 厘米的钉孔；器身下部作圆弧形刃，分两翼向后斜出；两翼对称，翼正面施以纵线平行篦纹，延长至刃口形成锯齿状，两翼反面起凸棱三道，銎反面施“川”字纹。右翼长 12. 9、宽 4. 2 厘米；左翼残，残长 7、宽 4. 3 厘米。器高 10. 4、残宽 14. 4 厘米（图二，2）。

凿　1 件。长条形，上宽下窄；有銎，断面呈梯形，中空，一面起刃，直刃口，器一侧面有直径 0. 4 厘米的钉孔。长 14. 8、刃宽 1. 2 厘米（图二，3）。

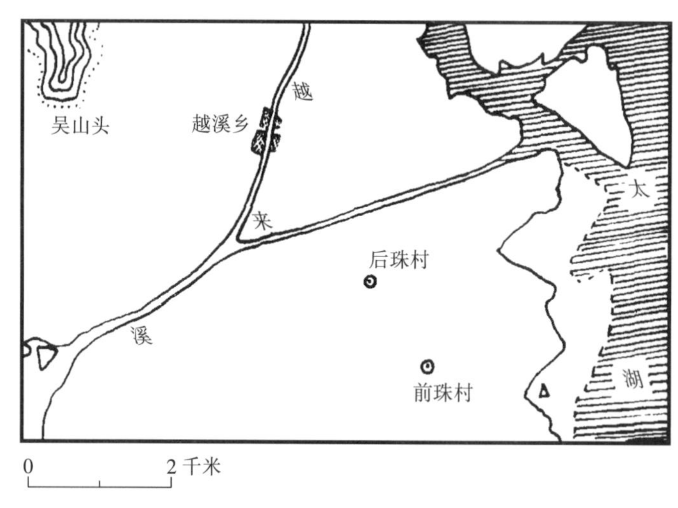

图一　吴县越溪前珠村铜器出土处示意图

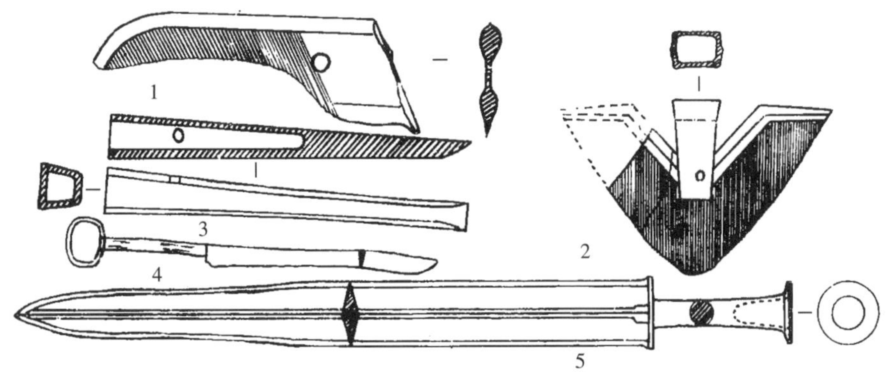

图二　吴县越溪出土铜器

1. 镰　2. 耨　3. 凿　4. 削　5. 剑（1、3. 1/3，2、5. 1/4，4. 1/6）

削　1 件。扁长条形，背微弓，两面起刃，刃口略内弧，较锋利，柄后部有椭圆形环。通长 30. 3、宽 1. 8 厘米（图二，4）。

这批铜器的年代可根据其形制及纹饰特点加以推断。柱脊状剑及削与六合和仁东周墓所出同类器相似[①]；镰与苏州新苏丝厂、葑门河道出土物相同[②]；类似的锯镰在江苏金坛、浙江绍兴、吴县郭巷等地均有出土；铜耨与浙江永嘉出土的类似[③]。所出的耨均饰以细密的平行篦纹，这是春秋战国时期吴越器上的饰纹特点之一，具有鲜明的时代特征。据此，这批铜器大致可定为春秋末至战国初期的遗物。

这批铜器的出土地点“白洋湾”，“与吴江县分界，东、西、南三面俱通太湖”[④]，古为吴国边境，“实吴时要地”[⑤]。东周时期，这一带战事频繁。这批铜器的遗留可能与当时的战争有关。

值得注意的是这批出土器中的青铜工具，尤其是锯镰与耨，其原始雏形可追溯至良渚文化时期的月形石镰与石耘田器，可见这类农具有它自身的演进规律。

根据这批铜器上的铸痕来考察，均系合范铸制。虽在地下埋藏了 2000 多年，至今仍旧表面光洁，纹饰清晰，刃口异常锋利，充分体现当时江南地区高度发展的青铜器制作工艺水平。同时，这批青铜工具的出土也反映了当时江南地区生产力发展的水平，对研究江南经济史有一定意义。

同往征集的有毛建华同志。

执笔：姚勤德

注释

① 吴山菁：《江苏六合县和仁东周墓》，《考古》1977 年第 5 期。

② 苏州博物馆考古组：《苏州城东北发现东周铜器》，《文物》1980 年第 8 期。廖志豪、罗保芸：《苏州葑门河道内发现东周青铜文物》，《文物》1982 年第 2 期。

③ 徐定水：《浙江永嘉出土的一批青铜器简解》，《文物》1980 年第 8 期。

④ 曹允源、吴荫培、蒋炳章等：《吴县志》卷二十《舆地考・水》。

⑤［宋］朱长文：《吴郡图经续记》第 41 页。

（原载《东南文化》1989 年第 Z1 期）

江、浙地区的早期玻璃器和先秦时期的中西文化交流

姚勤德

最近，我们在对吴国王室玉器进一步研究的过程中，经闻广先生的引荐，承蒙建筑材料科学研究院史美光先生的大力支持，对吴县通安严山出土的春秋玻璃珠饰做了化学成分分析。使我们对江、浙地区古代玻璃制品的来源问题，又有了进一步的认识。本文根据以往的考古发现，在前人研究的基础上，结合新的测试结果，对江、浙地区东汉前的玻璃器的类别、用途、来源及先秦时期中西文化的交往等问题作一粗浅的探讨，以求教于诸位专家、学者。

一、玻璃器的发现情况

在此需说明二点：第一，鉴于目前考古界对各地所出的类似的玻璃器，各有不同的称谓，大致有“料器”“琉璃”“玻璃”等名称。为了叙述方便，所用资料凡符合玻璃定义①的，均称作为玻璃。第二，文中利用的材料，包括出自其他地区的，但确证是先秦吴国或越国的玻璃器。

根据目前发表的材料来看，这一地区东汉前玻璃器的发现，主要有以下几处：1979 年河南固始侯古堆 M1 勾敔夫人墓出土的玻璃珠②，据该墓陪葬坑内出的铜簠上的铭文，可证此墓是吴国墓葬；河南辉县琉璃阁战国墓出土的吴王夫差剑剑格上所嵌的玻璃饰③；1986 年江苏吴县通安严山吴国玉器窖藏所出的玻璃珠④；1965 年湖北江陵望山 M1 出土的越王勾践铜剑剑格上所嵌的玻璃饰⑤；1980 年江苏邗江甘泉二号汉墓出土的玻璃钵残片、玻璃珠、片⑥；1977 年邗江甘泉西汉“妾莫书”木椁墓出土的近 600 片玻璃片⑦；1986 年徐州北洞山西汉楚王墓出土的玻璃杯、玻璃兽、玻璃饰⑧。从各地所发现的情况来看，这些玻璃器大多是发掘品，与玛瑙、水晶、绿松石、琥珀等不同质地的珠、饰件一起伴出，绝大多数均位于人骨架的胸、腰部，或散落于墓室之中，部分为佩剑的镶嵌饰。均有可靠的出土地点及共存的其他器物，时代可靠，资料完整。尤其值得注意的是，均出自王室墓葬或窖藏中，可见当时玻璃制品的稀有和昂贵。无疑是一批研究我国早期玻璃来源问题的宝贵资料。

二、玻璃器的类别与用途

从这一地区目前所发现的早期玻璃器来看，根据其用途的不同，大致可分为装饰品、玩赏品及饮食器三大类。

（一）装饰品

有珠、片、剑格饰等。

玻璃珠，扁球形，中贯孔。外径0.8~1.1、孔径0.4厘米。基体色调有两种，一种为单色，纯蓝或纯绿；另一种是蜻蜓眼纹，这种蜻蜓眼式的玻璃是由几种不同色调的玻璃通过特殊工艺套制而成的，其基体为蓝、绿色，配上与基体不同的白、蓝色调的玻璃，做出乳纹，形成“蜻蜓眼”。两种玻璃珠的成分组成各不相同，其中G1玻璃球（吴县严山窖藏坑出土）经能谱（EDX）法散射结果（见附表，G1）含二氧化硅62.31%、氧化钠15.89%、氧化钙7.45%，属钠钙玻璃系统。G2玻璃珠（勾敔夫人墓出土）分析结果（见附表，G2）含氧化钠10.94%、氧化钙9.42%，也属钠钙玻璃系统。G9玻璃珠（扬州东汉墓出土）分析结果（见附表，G9）含氧化钾高达15.3%、氧化钙1.9%，属钾玻璃系统。

玻璃片数量较多，出自扬州“妾莫书”西汉晚期木椁墓、徐州北洞山西汉楚王墓。形制有长方形、梯形、三角形、圆形及不规则椭圆形等十几种。纹饰有蜻蜓眼纹、蟠螭纹、四瓣形花朵纹等，以素面居多。北洞山西汉楚王墓所出的三件蜻蜓纹玻璃片为器物上的嵌饰件，其测定结果（见附表，G6）含二氧化硅41.63%、氧化铅25.64%、氧化钡19.46%，属铅钡玻璃系统。而扬州“妾莫书”墓出土的近600片玻璃是铜缕玻璃衣片，其中部分玻璃片上有蟠螭花卉纹和贴金[⑨]，成分分析结果（见附表，G10）内层玻璃含二氧化硅36.03%、氧化铅40.37%、氧化钡21.49%，属铅钡玻璃系统。

剑格饰，为吴王夫差、越王勾践剑剑格上的镶嵌物。吴王夫差剑剑格所嵌玻璃是扁圆形的透明玻璃块，是一种硅酸钙玻璃（$X-CaO-SiO_2$）（见附表，G3）。越王勾践剑剑格所嵌玻璃，仅剩下两块，一块呈球冠形，另一块呈烟斗形，大小都只有几毫米，这两小块玻璃均被一种灰白色的物质黏合在剑格的凹槽内。1978年曾对其采用质子X-荧光分析法进行分析，从能谱图上看，该玻璃中含有一定量的钾和钙，是一种钾钙玻璃（见附表，G4）。

（二）玩赏品

仅有徐州北洞山西汉楚王墓所出1件玻璃兽残器。残长9.5、宽6.7、高5.8厘米，重852克。淡绿色，兽体浑圆，短尾，质致密，通体晶莹泽润，成分分析（见附表，G7）含二氧化硅39.18%、氧化铅41.28%、氧化钡11.25%，属铅钡玻璃系统。

（三）饮食器皿

有杯、钵。

杯　16件。北洞山西汉楚王墓出土。直筒形，平沿，直壁，平底。外表光滑，内壁粗糙，有较大气孔，口径8.3~8.5、底径8.3~8.6、高7.7~9.9厘米。经分析（见附表，G5）含二氧化硅34.66%、氧化铅39.25%、氧化钡16.23%，属铅钡玻璃系统。

钵　仅余3块残片，复原的器形是钵。玻璃为紫红色和乳白色相间的透明体，外壁有模印的辐射形竖凸作为装饰。这种玻璃是用搅胎装饰技法熔制而成的，即将熔融的紫红色透明玻璃和白色半透明玻璃液混合起来，经过搅拌再脱模成型，经光谱分析（见附表，G8）含二氧化硅64.79%、氧化钠18.18%、氧化钙7.66%，属钠钙玻璃系统。

以上所列的各类玻璃器虽然不多，但可看出这一地区早期玻璃制品的基本面貌，分类表明，这一地区春秋时期的玻璃器以装饰品为主，西汉时期出现了实用玻璃器皿。

三、问题讨论

（一）来源问题

一般来说，玻璃制品来源的确定，很大程度上取决于其成分的组成，同时，也不能忽视对其器形、纹饰的分析。

迄今为止，江、浙地区所发现的早期玻璃制品，经化学分析结果表明，有以下四种不同的玻璃系统：

（1）$PbO-BaO-SiO_2$玻璃系统，即铅钡玻璃。

（2）K_2O-SiO_2 玻璃系统，即钾玻璃。

（3）钙硅酸盐玻璃（$X-CaO-SiO_2$），或钾钙硅酸盐玻璃（$K_2O-CaO-SiO_2$）系统。

（4）$Na_2O-CaO-SiO_2$ 玻璃系统，即通常所讲的钠钙玻璃。

铅钡玻璃，属我国自造的玻璃[10]，学术界已成定论，也得到了国外研究者的确认。美国康宁玻璃博物馆布列尔（Brill）博士等人，对世界各地上千份古玻璃样品进行了化学分析，他们研究了大量数据后发现，只有中国和日本的古代玻璃含铅和钡[11]。直到19世纪，为了制造光学玻璃，欧洲才开始把钡引进玻璃的原料中。因此，可以确认北洞山西汉楚王墓与“妾莫书”西汉墓出土的铅钡玻璃制品是我国自制的。

值得指出的是扬州“妾莫书”墓出土的近600片玻璃衣片，这种“铜缕玻璃衣”与玉衣的性质一样，是我国两汉时期独有的一种随葬品。从考古材料来看，迄今在全国已发现衣片20多套，但质地仅有玉、石两种，“妾莫书”所出玻璃衣尚为首例，东汉王充《论衡·率性篇》中说：“禹贡曰‘璆琳琅玕’者，此则土地所生，真玉也。然而道人消烁五石，作五色之玉，光不殊别。兼鱼蚌之珠，与禹贡璆琳皆真玉珠也，然而随侯以药作珠，精耀如真。道士之教至，知巧之意加也。”[12]这虽然是一段当时东汉人制造玻璃的记载，但也说明汉代的玻璃是作为玉的仿制品来制造的。在当时玉材相当珍贵的情况下，用人造玻璃片代制用料量相当大的玉衣，扬州“妾莫书”墓所出的玻璃衣是一个突出的例子。

第二类钾玻璃。从扬州出土的东汉玻璃珠所化验的结果看，氧化镁含量极低，仅占0.4%，这与西方中世纪钾玻璃含氧化镁高达3%~9%的含量数有着明显的区别。史美光等先生在《一批中国汉墓出土钾玻璃的研究》一文中指出：“在中国出土的氧化钾含量较高的玻璃中，不论是K_2O-SiO_2玻璃或是$K_2O-CaO-SiO_2$ 系统玻璃，或是公元十世纪时的 $K_2O-PbO-SiO_2$ 玻璃，或是公元十四世纪时的博山钾玻璃，都具有氧化镁含量低的特点。这可能意味着中国汉墓出土的钾玻璃系采用了与西方古玻璃不同的原料。”[13]从纹饰看，该珠是单色蓝玻璃珠，与西方输入的那种蜻蜓眼纹的多彩玻璃珠有所不同，从形制看，玉质珠形饰早在新石器时代遗址中就有发现，西周时期出现了一种曾一度被认为是我国早期的玻璃珠饰（费昂斯），但经化学分析表明只是表面具有一层玻璃相的多晶石英珠[14]，可见我国早有制造珠形饰的脉络可循。两汉时期类似的这种钾玻璃制品，在湖南、湖北、河南、广东、广西地区均有发现。因此，有理由认为扬州出土的东汉时期的钾玻璃珠饰，可能是我国自制的产品。

第三类硅酸钾钙玻璃、硅酸钙玻璃。这两种玻璃各有一例，但均是剑格上的镶嵌件。关于这两种玻璃的来源问题，目前学术界尚有分歧，有的同志根据对这类剑格镶嵌玻璃件的成型工艺的分析，认为是自制的[15]，但也有人认为是外国输入的[16]。我们认为不能排除采用进口原料，再加工成型的可能性。

第四类钠钙玻璃系统。这类玻璃制品的测定结果表明，其成分组成与我国自制的铅钡玻璃不同。

而古代“埃及和地中海沿岸地区出土的玻璃组成，均属 $Na_2O-CaO-SiO_2$ 玻璃系统，只有少数玻璃含有少量的氧化铅，到了公元十九世纪（1884 年）以后，才出现含氧化钡的玻璃。”[17]因此，这类玻璃很可能是国外输入的。

这类玻璃所测定的几件标本中，江苏邗江甘泉二号墓所出的东汉玻璃钵残片，纪仲庆先生、安家瑶同志均分别与古罗马的产品做过对比研究[18]，为罗马搅胎玻璃；勾敔夫人墓所出的蜻蜓眼纹玻璃珠，高至喜先生研究认为“可能是由西方输入”[19]的推论是很有见地的。值得指出的是该玻璃珠上有一种钴蓝，经“电子探针测定上的结果表明，这种钴蓝来自一种高铁低锰的钴土矿，它与目前已知的用作青花色料的国产钴土矿的低铁高锰的特点完全不同，但与元代青花的化学组成甚为相似。”[20]众所周知，元青花中的钴蓝是进口料，这个测定结果为这类玻璃的来源，又增添了一个佐证。吴县严山吴国玉器窖藏伴出的玻璃珠，主要成分与勾敔夫人墓所出的珠饰基本接近，其来源也应是国外输入的。

（二）先秦时期钠钙玻璃输入路线的推断

综上所述，以上四处地方所出的钠钙玻璃珠，三处出自春秋战国之交的吴越国王室墓葬与窖藏中。这些钠钙玻璃器的存在，给我们带来了先秦时期中西交通的宝贵信息，是目前中国境内已知年代最早的中西文化交流的物证。

那么，南亚或西亚生产的玻璃器，在先秦时期是经哪条路线流传到吴越地区来的呢？是海路呢？还是陆道呢？这个问题就目前笔者所掌握的材料来看，显然还难以作出令人信服的解答，不过，有些信息和线索是可以为我们拓展思路的。

从历史上来看，古代中国和西亚确实是有过文化交往的。张增祺先生在《云南滇池区域青铜文化内涵分析》一文中指出：“战国至两汉时期，我国和西亚的交通路线主要有两条，一条由长安出发，经甘肃，新疆至阿富汗等地，这就是后来有名的‘丝绸之路’。另一条由四川经云南过伊洛瓦底江，至缅甸北部的孟拱。再渡钦敦江到达印度东北的莫帕尔。然后沿恒河流域转入印度西北，至伊朗高原。”[21]在云南滇池区域青铜文化中，曾发现许多西亚文物，如江川李家山 M24 出土的“蚀花肉红石髓珠”，M22 出土的“浅绿色透明六棱状琉璃珠”等[22]。张增祺先生认为，李家山 M22 所出的琉璃珠是由埃及和西亚输入阿富汗和印度，然后再由印度输入中国云南的[23]。而李家山 M22 经 ^{14}C 测定年代为距今 2500±105 年，与勾敔夫人墓及吴县严山吴国玉器窖藏的时代基本相当。由此推断，吴越国王室所用的这些玻璃珠饰很可能是西亚经印度入滇的舶来品，不过，春秋时期，列国林立，由吴入滇，西有强楚，南有百越，虽然吴国曾一度管辖到江西，可控制赣水，但向西行而越过湘水、沅水再进入云贵高原。高山崇岭，道路崎岖，这恐怕是一条布满风险的古道，尽管文化的力量可以冲决自然的障碍，但在公元前 4 世纪，在这条古道上来往的商贩也许不会太多。如果不是为王命所遣，或者为重利所诱，恐怕是不会有人到这条古道上去跋涉的，这也许就是当时玻璃器稀少而昂贵的原因吧。

那么，是否存在海路输入的可能性呢？

印度的觉月教授，20 世纪 40 年代到北京大学讲学时，曾说到先秦时期中国与印度东部和南部沿海地区的文化或许曾相互交通[24]。这虽属一种推想，却并非无稽之谈。

众所周知，地处东南沿海地区的吴越两国，素以航海著称于世，春秋时期吴国已创设有专门造船的工场——船宫㉕，能造“长十二丈，宽一丈六尺，划船手九十一人”㉖的大翼。此后在吴越、吴齐战争中，双方均驾舰出没于海上。而《史记》又传范蠡浮海出齐，说明江浙地区的航海传统及通过海路与外界发生联系。

从考古材料来看，地处南海的马来亚柔佛州曾出土过许多几何印纹陶㉗，纹饰有雷纹、编织篮纹、席纹、曲尺纹等。东南亚的其他地区，也有类似的印纹陶发现，如越南清化东山发现有席纹、套菱纹、回纹、圆圈纹、古钱纹等陶片㉘。印度尼西亚的苏拉威西也发现过雷纹、花瓣纹等陶片㉙。从柔佛、越南东山这两处印纹陶的材料来看，尽管有部分陶片有其自身的饰纹风格，可能是当地制作的部分印纹陶，可以从我国东南沿海地区所发现的印纹陶中找到它们之间的渊源关系。安志敏先生指出：“柔佛所出土的硬陶却很可能是通过贸易手段输入的。”㉚

至于柔佛、越南东山出土的印纹陶的时代向题，一般来说，那种拍印着雷纹、篮纹、回纹、曲尺纹、套菱纹等纹饰的印纹硬陶，盛行于西周时期，至战国普遍已衰落了。

看来，春秋时期我国东南沿海地区与马来半岛上的旧柔佛及中南半岛上的越南是有交通往来的。而这两个半岛地处印度洋东侧，具有十分重要的地理位置，能起着连接东西的作用。既然中国东南沿海地区的印纹陶能越过南海传播到马来半岛上，那么，地中海沿岸地区生产的钠钙玻璃器同样有可能从印度横渡孟加拉湾传入马来半岛，由于这种文化传播的“中间站”的存在，吴越两国通过海路输入西域的玻璃珠就基本可信了。

四、简单结语

江、浙地区早期玻璃器可分为国产和进口两大类。以国产的铅钡玻璃为主要体系。有其自身的生产发展脉络。春秋吴国是我国迄今为止最早进口西域玻璃的地区，从玻璃作为一种商品通过海路、航道的输入，可看到东南亚从遥远的古代起，便开始了文化交流。

注释

① 西北轻工业学院：《玻璃工艺学》，轻工业出版社，1982 年。

② 固始侯古堆一号墓发掘组：《河南固始侯古堆一号墓发掘简报》，《文物》1981 年第 1 期。

③ 崔墨林：《吴王夫差的考研》，《中原文物》1981 年特刊，第 101 页。

④ 吴县文物管理委员会：《江苏吴县春秋吴国玉器窖藏》，《文物》1988 年第 11 期。

⑤ 湖北省文化局文物工作队：《胡北江陵三座楚墓出土大批重要文物》，《文物》1966 年第 5 期。

⑥ 南京博物院：《江苏邗江甘泉二号汉墓》，《文物》1981 年第 11 期。

⑦ 扬州市博物馆：《扬州西汉“妾莫书”木椁墓》，《文物》1980 年第 12 期。

⑧ 李银德：《徐州发现一批重要西汉玻璃器》，《东南文化》1990 年第 1、2 期合刊。

⑨ 扬州市博物馆：《扬州西汉“妾莫书”木椁墓》，《文物》1980 年第 12 期。

⑩ 史美光、何欧里等：《一批中国古代铅玻璃的研究》（待刊稿）。

⑪ R. H. Brill，“The History of Glass and Glass Making”，Reportea at Shanghai MusCwn，April 23，1982。

⑫［东汉］王充：《论衡·率性篇》，上海人民出版杜，1974 年，第 22 页。

⑬ 史美光、何欧里、周福征：《一批中国汉墓出土钾玻璃的研究》，《硅酸盐学报》1986 年第 3 期。

⑭ 张福康、程朱海、张志刚：《中国古琉璃的研究》，《硅酸盐学报》1983 年第 1 期。

⑮ 后德俊：《谈我国古代玻璃的几个问题》，《中国古玻璃研究——1984 年北京国际玻璃学术讨论会论文集》，中国建筑工业出版社，1986 年。

⑯ 高至喜：《论我国春秋战国的玻璃器及有关问题》，《文物》1985 年第 12 期。

⑰ 干福熹、黄振发、肖炳荣：《我国古代玻璃的起源问题》，《硅酸盐学报》1978 年第 Z1 期。

⑱ 安家瑶：《中国早期玻璃器皿》，《考古学报》1984 年第 4 期。

⑲ 高至喜：《论我国春秋战国的玻璃器及有关问题》，《文物》1985 年第 12 期。

⑳ 张福康、程朱海、张志刚：《中国古琉璃的研究》，《硅酸盐学报》1983 年第 1 期。

㉑ 张增祺：《云南滇池区域青铜文化内涵分析》，《南方民族考古》1987 年第 1 期。

㉒ 张增祺：《云南滇池区域青铜文化内涵分析》，《南方民族考古》1987 年第 1 期。

㉓ 张增祺：《战国至西汉时期滇池区域发现的西亚文物》，《思想战线》1982 年第 2 期。

㉔ 金克木：《比较文化论集》，三联书店，1984 年。

㉕《越绝书》卷二。

㉖《太平御览》卷三一五。

㉗ 安志敏：《马来亚柔佛州出土的古代陶片》，《考古》1965 年第 6 期。

㉘ 安志敏：《马来亚柔佛州出土的古代陶片》，《考古》1965 年第 6 期。

㉙ H. R. Van Heekeren, *The Stone Age of Indonesia*, PI 38, 1957.

㉚ 安志敏：《马来亚柔佛州出土的古代陶片》，《考古》1965 年第 6 期。

附表　　江、浙地区的古代玻璃制品化学成分分析结果

编号		G1	G2	G3	G4	G5	G6	G7	G8	G9	G10
名称		江苏吴县严山吴国玉器窖藏玻璃珠	河南固始侯古堆勾敔夫人墓蜻蜓眼玻璃珠	吴王夫差剑剑格上所嵌玻璃	越王勾践剑剑格上所嵌玻璃	徐州北洞山楚王墓玻璃杯	徐州北洞山楚王墓深蓝色小玻璃块	徐州北洞山楚王墓玻璃	江苏邗江甘泉二号汉墓搅胎玻璃	扬州出土玻璃小珠	扬州"妾莫书"西汉墓玻璃衣片
时代		春秋末	春秋末	春秋末	春秋末（或战国初）	西汉	西汉	西汉	东汉	东汉	西汉
成分分析结果%	SiO_2	62.31				34.66	41.63	39.18	64.79		36.03
	PbO					39.25	25.64	41.28		0.4	40.37
	BaO					16.23	19.46	11.25			21.49
	Al_2O_3	2.99				1.48	1.52	0.96	3.44		0.02
	Fe_2O_3	0.9	0.65			0.11	1.46	0.2	1.3	2	0.07
	CaO	7.45	9.42	钙玻璃		0.42	1.96	0.85	7.66	1.9	0.22
	MgO	3.59	0.39			0.1	0.76	0.1	0.61	0.4	0.08
	K_2O	4.13	0.52		钾钙玻璃	0.11	0.15	0.26	0.88	15.3	0.07

续附表

编号		G1	G2	G3	G4	G5	G6	G7	G8	G9	G10
成分分析结果%	Na_2O	15.89	10.94			365	4.23	3.66	18.18	2.9	2.27
	CuO	1.36				0.1	0.08		0.03	0.04	
	MnO						0.07		2.45	1.3	
	CoO									0.07	
	Cl	1.0				1.44					
资料来源		国家建筑材料测试中心化学成分分析结果	《硅酸盐学报》1983年第1期	《中原文物》1981年特刊，第101页	《1984年北京国际玻璃学术讨论会论文集》	《东南文化》1990年第1、2期合刊	《东南文化》1990年第1、2期合刊	《东南文化》1990年第1、2期合刊	《考古学报》1984年第4期	《硅酸盐学报》1983年第1期	《1984年北京国际玻璃学术讨论会论文集》

（原载《东南文化》1990年第5期）

江苏苏州市发现窖藏青铜器

苏州博物馆

1986年3月30日，苏州市公安局教育科向本馆报告，他们在江苏省第三监狱基建工地发现古代青铜器。接到报告后，我馆即派员赶赴现场，因工程紧迫，当即配合工程进行了清理，计出土鼎、罍、瓿、编钟等器10余件。因器物均受不同程度锈蚀，尚待整理修复，现简报如下。

江苏省第三监狱位于苏州市城东相门内仓街，南邻以吴国著名工匠命名的干将路。这里原先是城壕内河，历年淤填成陆，青铜器出土在内壕西岸。工人发现青铜器后，随即报告了领导，因此，现场保护较好。按地层断面可分2层：第1层为近现代扰乱层，厚0.9~1.1米，夹杂破砖碎瓦和宋、汉陶瓷片；第2层为灰黑色淤土层，土质较纯细，厚0.98~1.95米，铜器发现在此层的底部。第2层下为黄色五花黏性生土。在距出土器物的西端约2.2米和南侧3.5米处，有后期断墙残垣遗存一截，但其东和北面则又无任何遗迹，因此，从现场情况分析，似为一处窖藏。由于器物周围土层已被挖乱，形状不清。

出土的器物均为青铜器，器形类别有鼎、罍、瓿、鉴、盘、编钟、剑、器盖等。出土时，编钟盛放在一件铜瓿内，铜鼎被叠压在铜鉴下，铜剑出自一件铜鼎中，余皆无规律地散放在铜器群周围。

鼎　1件。已残破。器身有子母口，原应有盖，但在清理过程中未见器盖遗存。腹较深，微圆鼓，下部圆收成小平底，耳、足残缺已不完整，但从器沿残存耳根观察，附耳铸于口沿下，长方形，略向外侈，腹下附三蹄形足，蹄足臀部甚肥大。器腹中部有绹索凸棱一道，上、下各饰双线组成的“S”形纹（图一，1）。复原后，口径25.6、腹径26.4、通高约31.5厘米。

三足盘　1件。器残成三面，待修复。器口微敛，宽沿，平唇，浅腹，平底，底中心略向内凹。沿下有双耳残痕，腹下为三只兽面形蹄足。器腹满饰凤鸟云雷纹，下施一道绹索凸棱纹（图一，2）。口径42.8、腹径4.3、底径36、通高11.6厘米。

罍　1件。器已变形残损，但能复原。侈口，厚唇，弧束颈，深腹微鼓，底残不明。颈部饰回纹组成的蟠螭纹，空隙处填以蝙蝠状兽首纹。肩部亦饰回纹组成的蟠螭纹，空隙填以颠顺相间的鸟首纹，腹部上、下各饰一道绹索凸棱纹，中为回纹组成的几何云雷纹。肩部铸衔环铺首一对，铺首双角盘曲上翘，两眼圆睁，眉睫稀粗，双耳竖起作谛听状，鼻扁而宽，铺首状似牛似麟。衔环扁薄，饰勾连“S”形纹和云纹（图二，1、2）。腹的两侧并铸有实心圆形环纽一对。全器造型浑重而华丽。口径13、腹径24、高约29厘米。

瓿　1件。仅底部残损，喇叭形器口，平唇，束颈较短，广肩，上腹鼓大，下腹骤收，应为平底。肩附牛首形铺首一对，铺首双角盘曲，饰以“L”形刻纹，两目炯炯有神，鼻高宽，唇须作弯垂，身躯似蝉形，满饰条状鳞纹，自肩至下腹饰有五道相间纹饰，第一、四道为夔纹，第三、五道为鱼鳞纹，第二道为三角齿状纹。口径22、腹径38.8、高约30厘米（图三）。

编钟　3件。形制完全相同，大小有序。最大一件通高19.4、最小一件17厘米。纽均为长方形，正、反两面饰变形云雷纹。舞、篆、隧部皆饰互相叠交而繁密的羽状螺旋纹。枚如乳，分六组，每组各三枚。钲部四周和篆部上、下以绹索纹环绕，隧部弧度较高，钲身较长。按编钟之制，似首尾尚缺数件，然在现场未找到其他数件的遗存（图四、五）。

器盖　1件。局部有缺损，唯不见器身。盖作弧面圆形，侈口，做出假子口，盖面近沿铸以互相对称的四个兽首形环纽，子口下附有四个与兽首形环纽作45度交叉的兽面形垂扣。兽首形环纽，两角如翼，作蟠曲上翘，两目凸鼓，鹰鼻高起。盖面以两道凹弦纹分隔成三圈，均满饰互相叠交而繁密的羽状螺旋纹。口径19.6、盖高6厘米（图六）。

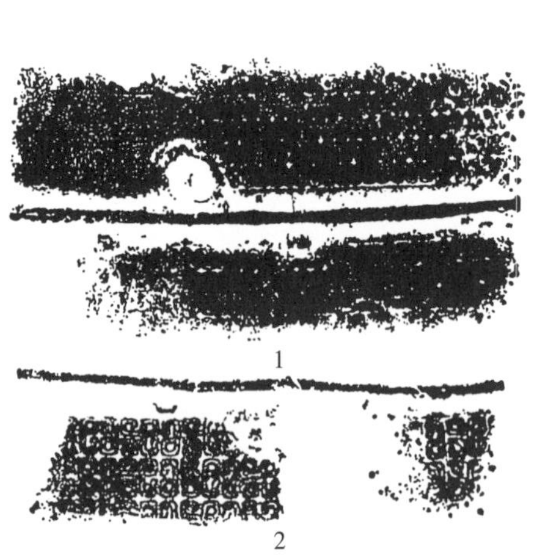

图一　青铜器纹饰拓本（2/5）
1. 鼎腹部　2. 三足盘腹部

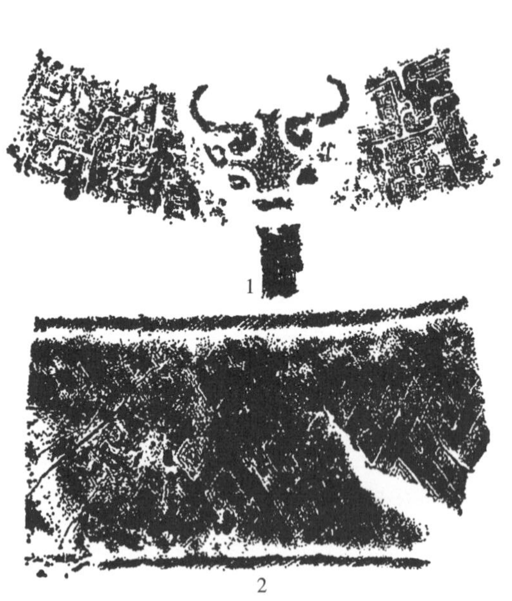

图二　青铜罍肩、腹部纹饰拓本（1/2）
1. 肩部　2. 腹部

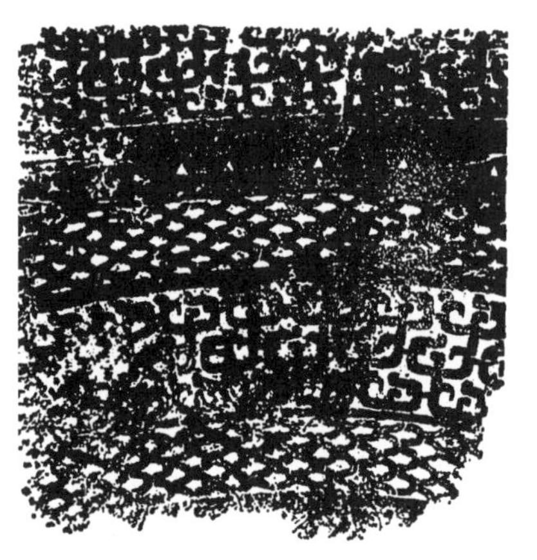

图三　青铜瓿肩、腹部纹饰拓本（3/10）

图四　青铜编钟

鉴 1件。器身甚薄，因此残损较甚，经复原器形较大。直口，折沿小唇，微束颈，鼓腹，平底。肩附一对圆形小纽。此器内、外壁均以尖利锥器凿刻出虚线连成的纤细图案纹饰。器的内颈刻游鱼一周，游鱼作长身长尾，颚下生三须，背无鳍，然腹下尾部一鳍长如飘带，鱼身刻出波浪纹，口尾相接，作互相追逐状。器底图案有六层，由外及内，第一层为小首粗尾、首尾作互相交盘的十一条水蛇纹，第二层系一周分节的环状带，第三层刻四条似蛇似龙兽纹，首如象，耳肥大，鼻长蜷，前身颇粗壮，后尾蟠曲成飘带状，身躯刻波浪鳞纹，第四层为一道双线构成的水波纹，第五层系四只蜷角兽头纹，第六层刻双线组成的滑轮纹。在器的外颈刻“S”形勾连纹，器腹饰双线三角齿状纹。口径42.6、底径39.2、高5厘米。

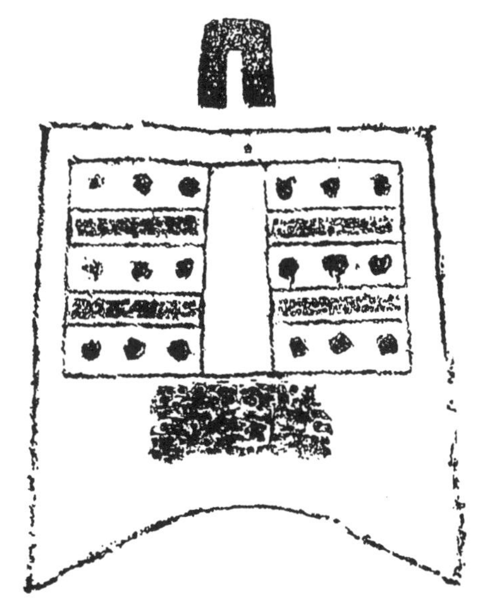

图五 青铜编钟拓本

剑 1件。出土时前锋残断，把首残存一截，剑镡断面呈菱形，狭格，把断面椭圆形中孔。残长26.5厘米。

另残簋耳一件，作兽首形，纹锈已不能辨认。

这批窖藏青铜器，在所出的器物上都没有发现铭文可资佐证其时代，但从器物形制、所施纹饰的风格特征以及冶铸的技术手法等方面来观察，与近年来各地已发现出土类似青铜器的墓葬和遗址相比较，不难推定其相对年代。

图六 青铜器盖

这次出土的青铜器特点显著，器形具有江南地方风格的特色，其次是在器物上普遍施以变形蟠螭纹、双线“S”形纹、鱼鳞纹和互相叠交而繁密的羽状螺旋纹等，作为主要图案纹饰，而以锥器凿刻的连续虚线构成的纤细阴刻纹更具有一定的时代特点。

在这批青铜器中，出土三件完整编钟。这在苏州地区尚属首次。其纽作长方形，正、反两面饰以三角变形云雷纹，在钟身的舞、篆、隧部，通体饰以互相叠交而繁密的羽状螺旋纹，与时代属春秋晚期的六合程桥东周墓①、六合程桥二号墓②所出同类器，无论从形制或所饰纹饰两者都完全相同。这种类同的编钟也曾见于安徽寿县蔡侯墓③。以这种繁密羽状纹作为青铜器装饰，除上述墓葬外，上海博物馆征集收藏的青铜器④、山西浑源县李峪村东周墓⑤、安徽淮南市蔡家岗赵家孤堆战国墓⑥所出的铜盘颈部、铜缶腹部和铜矛銎身、铺首、器盖以及各种饰件上也均能见到。此类纹饰并在山西侯马牛村古城南东周遗址出土的铜器陶范更是清晰一致⑦。上述出土青铜器的墓葬和遗址，其时代都在春秋末期至战国初期，其中六合程桥东周墓、安徽寿县蔡侯墓、淮南市蔡家岗赵家孤堆战国墓均出土有铭文的器物可考。因此，这类编钟地方色彩浓厚，有可能就是本地铸造的吴国之器。

出土的一件铜鼎，其形制特征又与本市近年在虎丘乡新塘村发现的东周墓铜鼎⑧和江苏丹徒出土的青铜鼎，在形制的大小及腹部所饰的双线“S”纹饰等方面的风格完全一致，几乎出于一模之作。类似的铜鼎，与陕西凤翔高王寺战国铜器窖藏中的“吴王孙无土之脰鼎”形制极相类同⑨。这批铜器中的铜罍腹部所施的勾连云雷纹，同见于河北新乐中同村战国墓出土的铜鼎器盖和器身[10]，与山西浑源县李峪村东周墓的铜簋勾连雷纹[11]，两者虽有疏密之变异，但几何勾连纹中填以云雷纹的工艺手法却是一致的。

由此，这批青铜器的时代，当也在春秋晚期至战国之际。

春秋战国时期，太湖之滨的苏州，曾是吴国的政治中心，这次成组的青铜礼器出土于都城的区域之内，除鼎等器具有楚器风格外，余皆有浓厚的地方特色，可能为本地铸造的吴器。从铸造技术上，各器器表和附耳、铺首等连接处都有明显的浇铸凸痕，显然采用的是合范浑铸法。

执笔：王德庆

注释

① 江苏省文物管理委员会：《江苏六合程桥东周墓》，《考古》1965 年第 3 期。

② 南京博物院：《江苏六合程桥二号东周墓》，《考古》1974 年第 2 期。

③ 安徽省文物管理委员会、安徽省博物馆：《寿县蔡侯墓出土遗物》，科学出版社，1956 年。

④ 马承源：《记上海博物馆新收集的青铜器》，《文物》1964 年第 7 期。

⑤ 山西省考古研究所：《山西浑源县李峪村东周墓》，《考古》1983 年第 8 期。

⑥ 安徽省文化局文物工作队：《安徽淮南市蔡家岗赵家孤堆战国墓》，《考古》1963 年第 4 期。

⑦ 侯马市考古发掘委员会：《侯马牛村古城南东周遗址发掘简报》，《考古》1962 年第 2 期。

⑧ 苏州博物馆考古组：《苏州虎丘东周墓》，《文物》1981 年第 11 期。

⑨ 韩伟、曹明檀：《陕西凤翔高王寺战国铜器窖藏》，《文物》1981 年第 1 期。

⑩ 河北省文物研究所：《河北新乐中同村发现战国墓》，《文物》1985 年第 6 期。

⑪ 山西省考古研究所：《山西浑源县李峪村东周墓》，《考古》1983 年第 8 期。

（原载《考古》1991 年第 12 期）

苏州市长桥新塘战国墓地的发掘

苏州博物馆

1988年，在京杭大运河苏州市河段整治工程中，苏州博物馆考古人员配合工程在龙桥以西新塘村沿大运河一线拓宽工程范围内发现一批墓葬，随即进行了抢救性发掘，并对周围地区进行了全面调查，参加发掘工作的有钱公麟、丁金龙、朱伟峰、张照根、姜节余等同志。工作自1988年7月至10月，共清理墓葬10座（编号M1~M10），确认是一处战国墓地。现报告如下。

一、地理位置

苏州长桥新塘战国墓地位于苏州城南3千米，现属吴县长桥乡新塘村。早在1973年农田水利基本建设中开挖西塘河时，就发现了大量的出土遗物和200余口古井，为战国时期的遗址①。南京博物院及吴县文管会的考古人员进行了抢救性发掘和调查。新塘战国墓地就位于其西南，原应为西塘河遗址的一个组成部分（图一）。

二、墓葬

此次清理的10座墓葬，均分布在原大运河的两岸，分布零乱。可能由于早期开挖运河时墓地已遭破坏，现发现的仅为残剩部分，从分布规律看，运河部分也应是墓地。墓葬基本上为东西向。

这批墓葬均为竖穴土坑墓，开口在黄锈斑土层下，距地表深1.2~1.5米。黄锈斑土层土质纯净坚硬，几乎没有发现陶片等遗物。墓葬均平地挖穴为框，内有棺具。棺具均处于水位线以下，保存较好，皆为楠木质。其中M1的棺具保存完好，M5的基本完整（现分别为苏州民俗博物馆及南京博物院收藏陈列）。各墓中的尸骨均基本腐烂。

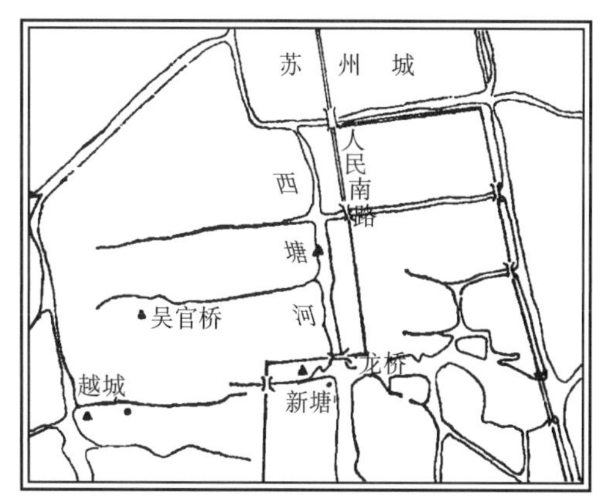

图一　战国墓地位置示意图

墓葬形制　有“T”字形和长方形两类。

1. “T”字形墓　M1，距地表深1.5米，分头箱和棺室两部分。头箱长1.34米、宽0.7米、深0.62米，高出棺室底部0.16米。头箱内出土有几何印纹硬陶罐3、瓮2和原始青瓷碗3、黑衣灰陶盘（盖）5。5件盘应为罐、瓮等器物的盖，出土时有些盖在罐、瓮口沿上，有的则已滑到其旁。椁室长2.9米、宽1.04米、深0.78米。棺具保存完好，为一整段原木刳空，两头插入隔板，上合棺盖，长2.7米、宽0.8米、高0.78米。棺具内积水严重，仅见有少许残人骨，出土有残木器6件，为弓形器1、梭1、匕2、削1、绕线板1。M1共有随葬品19件（图二）。

2. 长方形墓　共9座。分两类，一为带头箱的，另一类则无头箱。

A. 有头箱的　共6座，分别为M2~M5、M7、M10。头箱仅是椁室的延伸，但头箱的底部均高于椁室底部。头箱内一般出土1~2件随葬品。其中M2并排放置2件几何印纹硬陶罐；M3中间放置1件几何印纹灰陶罐，口上有1件黑衣灰陶盘（盖），出土时残片部分已散入罐内及周围；M4也发现1件几何印纹灰陶罐；M5、M10各有1件几何印纹硬陶瓮；M7有1件几何印纹硬陶罐。M2、M4、M7及M10均未见尸骨及其他遗物。M3在棺具内右侧下部有1件青铜剑，锋朝下；另在手部位置处发现有青铜箭镞2、弓弰1件（图三）。M5棺具内出土2件残木削。

B. 无头箱的　3座，为M6、M8、M9。棺具尚存，仅在M6内出土木剑1件。

三、出土遗物

10座墓葬中共出土遗物34件，包括几何印纹硬陶器10件、黑衣灰陶器8件、原始青瓷器3件、青铜器4件、木器9件。

1. 几何印纹硬陶器　10件。包括罐6件、瓮4件。

罐　6件。分三式。

Ⅰ式　侈口，弧肩，弧腹，平底。通体饰小方格纹，呈青灰色。

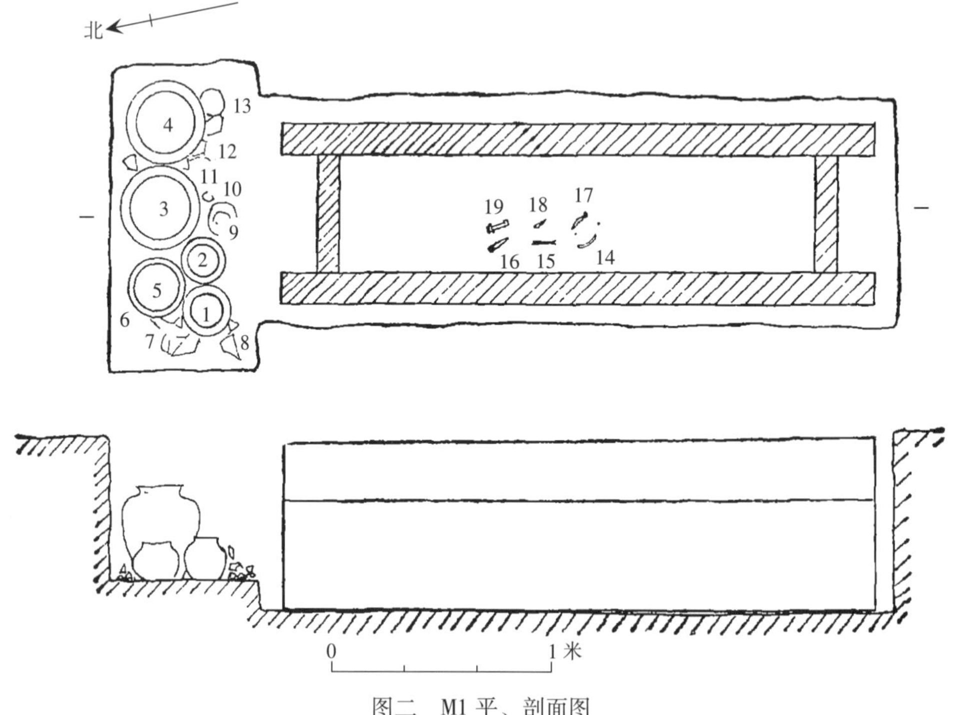

图二　M1平、剖面图

1、2、6. 几何印纹硬陶罐　3、4. 几何印纹硬陶瓮　5、7、8、10、12. 黑衣灰陶盘（盖）　9、11、13. 原始青瓷碗　14. 弓形木器　15. 木梭　16、17. 木匕　18. 木削　19. 木绕线板

M1∶1，口径10.8、底径12、最大腹径20、高18.8厘米（图四，3）。

M1∶2，口径11.4、底径12、最大腹径20、高17.7厘米（图四，4）。

Ⅱ式 侈口，尖唇，折肩，圆腹，平底。通体饰米筛纹，呈青灰色。

M1∶6，口径12、底径14.8、最大腹径21.2、高16.8厘米（图四，2）。

Ⅲ式 侈口，尖唇，弧肩，弧腹，平底。通体饰小方格纹，呈青灰色。

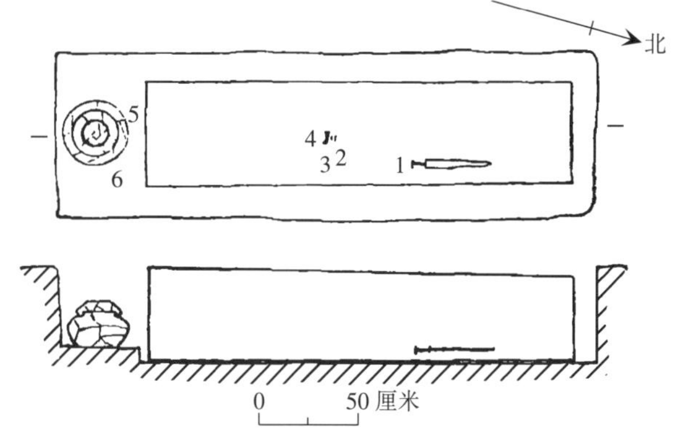

图三 M3平、剖面图

1. 铜剑 2、3. 铜箭镞 4. 铜弓弰 5. 灰陶盘（盖） 6. 印纹灰陶罐

M7∶1，口径11.2、底径15.2、最大腹径22、高19.6厘米（图四，1）。

M2∶1、M2∶2，均残。

瓮 4件。分三式。均呈青灰色。腹部外表面不平整，手制痕迹明显，口为轮制。通体饰米筛纹。

Ⅰ式 侈口，宽沿，上有数道弦纹，矮颈，圆肩，弧折腹，底内凹。M1∶3，口径20.8、底径19.2、最大腹径36、高42厘米（图五，1）。

Ⅱ式 侈口，宽沿，矮颈，圆肩，圆腹，折腰，底内凹。M1∶4，口径20、底径17.8、最大腹径37.2、高38.5厘米（图五，2）。

Ⅲ式 侈口，卷沿，矮颈，圆腹，折腰，底内凹。

M5∶1，口径18、底径17.2、最大腹径38、高39.6厘米（图五，3）。

M10∶1，残。

2. 黑衣灰陶器 8件。包括罐2件、盘（盖）6件。均为泥质灰陶，外施黑衣大部分剥落。

罐 2件。直口，宽沿外侈，弧肩，鼓腹，大平底。通体布满斜方格席纹。

M3∶6，口径16、底径20、最大腹径30.8、高19.6厘米（图四，5）。

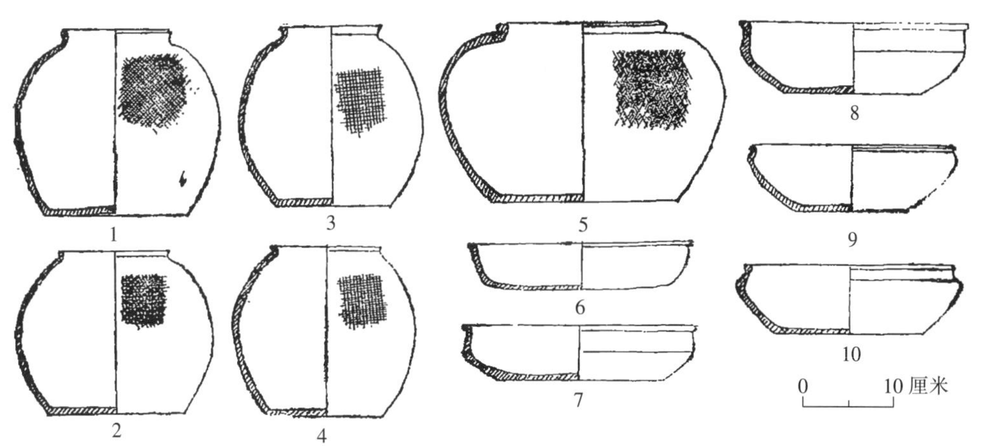

图四 出土陶器

1~4. 几何印纹硬陶罐（M7∶1、M1∶6、M1∶1、M1∶2） 5. 黑衣灰陶罐（M3∶6） 6~10. 黑衣灰陶盘（盖）（M1∶7、M1∶10、M1∶12、M3∶5、M1∶8）

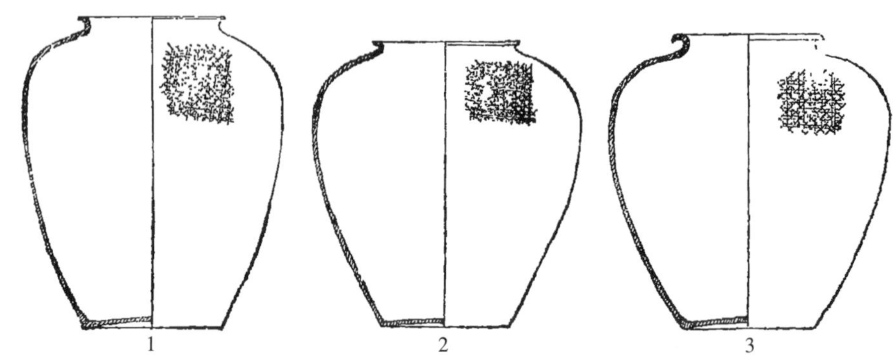

图五　几何印纹硬陶瓮

1. M1：3　2. M1：4　3. M5：1（1/10）

M4：1，残。

盘（盖）　6件。分三式。

Ⅰ式　敞口，平唇，折腹，大平底。M1：7，口径24、底径18.3、高4.8厘米（图四，6）。

Ⅱ式　直口，平唇，腹外鼓，折腰，大平底。

M1：8，口径22.4、底径16、高7.2厘米（图四，10）。

M3：5，口径22.4、底径12、高6.8厘米（图四，9）。

Ⅲ式　直口，平唇，直腹，中腹起棱，折腰，大平底。

M1：10，口径24.8、底径17.6、高5.6厘米（图四，7）。

M1：12，口径24.8、底径15.2、高7.6厘米（图四，8）。

M1：5，残。

3. 原始青瓷器　3件。

碗　3件。M1：9、M1：11、M1：13，形制基本相同，均为尖唇，直折腹，小平底，假圈足。内壁有轮制弦纹。M1：11，口径10.5、底径5.8、高6厘米（图六，1～3）。

4. 铜器　4件。有剑、镞、弰。

剑　1件。M3：1，为有格有首带箍剑。锋、锷锐利，脊隆起，剑身剖面呈菱形。宽格，素面。扁圆茎，实心，茎上有两箍。首呈喇叭形。剑全长52、身长40.7、最宽处6、首径4.6厘米（图七，11）。

镞　2件。均为三棱式。

M3：2，剖面呈圆形。全长8.1、铤长3.5厘米（图七，5）。

M3：3，残，剖面呈弧三角形。全长5.75、铤残长1.5厘米（图七，4）。

弰　1件。M3：4，弓之末梢为弰。呈扁圆勾形，内凹，前部向上弯，侧视呈鱼钩状。剖面内凹向上隆，内弓背残木尚存。弰面上还残存平排绑扎的0.1厘米宽的细藤条二十余圈（图七，3）。

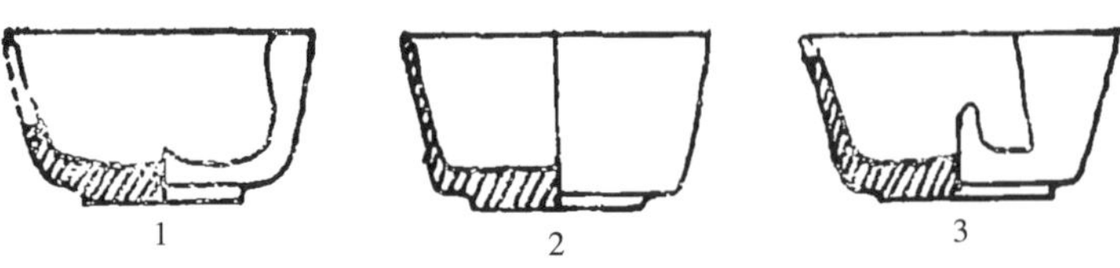

图六　原始青瓷器

1. M1：9　2. M1：11　3. M1：13（1/4）

5. 木器 9件。有剑、弓形器、梭、匕、削、绕线板等。

弓形器 1件。M1∶14，呈弓形，剖面为多边形。长21.6厘米（图七，10）。

梭 1件。M1∶15，呈条状，两头各有一叉。长18、宽1.1厘米（图七，9）。

匕 2件。呈扁长条形，一边有刃。

M1∶16，长15.6、宽1厘米（图七，8）。

M1∶17，长18.2、宽1.8厘米（图七，7）。

削 3件。身与柄明显。身呈扁长条形，有刃部。柄为细长条形，首残。M1∶18，柄残断。身长7.4厘米（图七，6）。

M5∶1、M5∶2，均残。

绕线板 1件。M1∶19，由一薄板整体加工而成，削去中间部分，呈两头竖、中间凹的“H”形。长16.4、高4.3厘米（图七，1）。

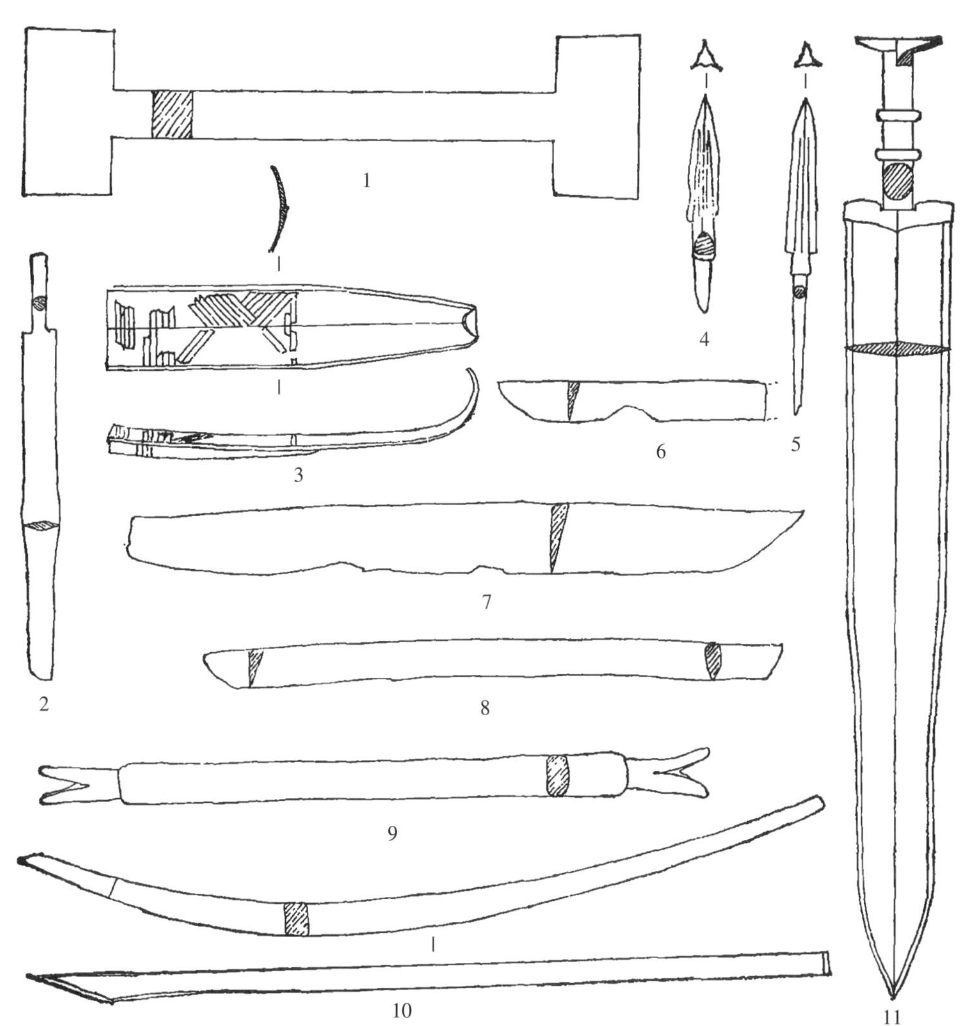

图七 出土铜、木器

1. 木绕线板（M1∶19） 2. 木剑（M6∶1） 3. 铜弓弰（M3∶4） 4、5. 铜镞（M3∶3、2） 6. 木削（M1∶18） 7、8. 木匕（M1∶17、16） 9. 木梭（M1∶15） 10. 木弓形器（M1∶14） 11. 铜剑（M3∶1）（1~10. 1/2，11. 1/4）

四、结语

苏州长桥新塘墓地的发现不是偶然的，早在1973年农田水利基本建设中挖掘西塘河时就发现了西塘河遗址。经调查，遗址面积广大，南起五龙桥、北至短桥，长2000余米；西起大龙江，东至龙桥镇一线。遗址内乡间田旁，随处可见独木棺具的残盖、棺身，或散失在村旁田边，或用作沟、渠上的便桥。仅1973年水利工程中就发现了古井200余口，出土遗物中黑衣陶器有罐、三乳足高颈壶、鬲、豆、钵、盆、网坠、筒瓦等；几何印纹陶以罐为主，有红褐色、橘红色、灰色三种，饰方格纹、“米”字纹、细麻布纹，时代为战国[②]。1991年，在长桥村又发现一座战国墓，出土的十二弦木琴放置在棺具盖上。而长桥新塘墓地又恰处于西塘河遗址的西南隅，出土遗物中最具有代表性的是几何印纹硬陶罐、瓮，原始青瓷碗。与其相近似的有上海金山县戚家墩遗址所出土的陶器T4∶5、M2∶43、M4∶1以及小方格纹、米筛纹等，时代为战国[③]。《浙江海盐出土原始瓷乐器》一文所载的原始青瓷碗（65号）也与之相近，时代为战国[④]。另外绍兴漓渚战国墓中的几何印纹硬陶坛（73∶3）、罐（69∶4）等[⑤]，江苏吴县何山东周墓出土的几何印纹硬陶罐、原始瓷碗[⑥]，也与之基本类同，有递嬗关系。综观上述，新塘墓地的时代应为战国时期。该墓地正处在西塘河战国遗址的西南隅，理应是遗址的一个组成部分。遗址的居住区应在中部、北部，出土了200余口古井，而墓葬区位于南部。新塘战国墓地的发现进一步充实了西塘河遗址的内涵。西塘河遗址已经发现的古井、墓葬、遗物极为丰富，而且还有不少古井尚未发掘，另从目前了解到遗址面积可达几十万平方米，可以推想在战国时期此地应是一处十分繁荣的聚落区。

此外，独木棺在苏州地区的出现大约可追溯到良渚文化时期，有着悠久的历史，而目前所能见到完整的实物是在春秋、战国时期的墓葬中，汉代墓葬中也有发现。春秋、战国时期的独木棺往往是用一整段原木刳空，两头用厚板嵌入槽内而成，如苏州虎丘东周墓[⑦]。到了汉代一般还是继承前者，但开始将原木外形修整为长方形盒状，中间仍然刳空，如苏州觅渡桥汉墓[⑧]。独木棺在南方的流传范围较为广泛，而新塘墓地独木棺中出土的木器，如剑、削、匕、梭、绕线板以及木琴等放置在棺具盖上的方式和习俗，和江西贵溪崖墓中出土的情况都极为相似[⑨]。《吕氏春秋·知化》：“夫吴之与越也，接土邻境，壤交通属，习俗同，言语通。”公元前473年，越灭吴，苏州为越所统治。新塘战国墓地与江西贵溪崖墓虽然相距较远，但都受到越文化的影响，有着相似的情况，也在情理之中。总之，新塘战国墓地既有吴国的遗习，也具有越国的风俗，应是越灭吴后，越统治时期的墓葬。

苏州是吴国后期都城所在地。在越城遗址的东北，近年又发现了吴宫桥遗址，时代跨西周、战国、隋唐，其东即为西塘河遗址。新塘战国墓地的发现，更清晰地反映了苏州城西南部的战国遗址的分布及范围，同时也能反映春秋战国时期人流的迁徙、变化，对研究苏州城的建造年代，吴大城位置的所在地等学术问题，都提供了至关重要的实物资料。

本文由朱伟峰绘图，姜节余摄影。

执笔：朱伟峰　钱公麟

注释

① 张志新：《西塘河遗址》，《江苏文物综录》，1988 年。

② 张志新：《西塘河遗址》，《江苏文物综录》，1988 年。

③ 上海市文物保管委员会：《上海市金山县戚家墩遗址发掘简报》，《考古》1973 年第 1 期。

④ 浙江省文物考古研究所、海盐县博物馆：《浙江海盐出土原始瓷乐器》，《文物》1985 年第 8 期。

⑤ 浙江省文物管理委员会：《绍兴漓渚的汉墓》，《考古学报》1957 年第 1 期。

⑥ 吴县文物管理委员会：《江苏吴县何山东周墓》，《文物》1984 年第 5 期。

⑦ 苏州博物馆考古组：《苏州虎丘东周墓》，《文物》1981 年第 11 期。

⑧ 苏州地区文化局、苏州市文物管理委员会、苏州博物馆：《苏州文物资料选编》，昆山新光印刷厂承印，1980 年。

⑨ 江西省历史博物馆、贵溪县文化馆：《江西贵溪崖墓发掘简报》，《文物》1980 年第 11 期。

（原载《考古》1994 年第 6 期）

苏州浒关真山大墓发掘纪要

陈瑞近

真山大墓位于苏州浒关镇真山顶峰，海拔76.9米，真山位于312国道107.5千米处西侧。

1992年11月由于炸山发现真山墓地。经调查整个墓地共有57座土墩（编号D1~D57），其中真山大墓编号D9，为57座土墩之冠，故称“真山大墓”。

真山大墓的发掘经国家文物局批准，并得到苏州市政府经费上的支持。田野工作于1994年11月至1995年4月，历经半年。1994年11月14日，由钱公麟、朱伟峰、陈瑞近、陆彩霞、徐兴元以及姚继元等同志组成的苏州博物馆和吴县文管会联合考古队进驻真山开始发掘。1995年后，丁金龙、张照根两位同志陆续归队参加发掘。考古队领队为纪仲庆、丁金龙，顾问为钱公麟、龚金元。

整个发掘工作的程序是，先在D9的北侧布一宽4米、长达30米的探沟，由上而下发掘，发现了一条东西向的长达20多米的石墙。后又在D9南侧，同样布一条宽4米的探沟，又发现了一条石墙。然后沿石墙将整个石墙范围内的土墩找出，使土墩上部突出于山头，再将土墩进行四分法，取西北角进行自上而下的层层发掘，了解土墩堆筑的情况，并且发现了墓口的西北角。第三步，在D9东南角进行同样的发掘，紧跟东北角再发掘，最后将墓室上的西南角一部分封土发掘完毕。这样，整个墓口全部暴露，然后进行清理墓室的工作。

一、墓葬结构与特点

真山大墓位于真山山顶，是凿山为穴，属浅穴式。墓室修凿较粗糙，东西向，长13.8米，最宽处为8米。墓底较平整，有二层台。墓口呈不规则自然状，由于从山顶向下凿墓，使墓口有高有低，最高为1.5米，最低墓东部墓门处仅0.3米。东部有墓门状的墓道口，有小石块叠筑以封门，其东侧为下坡式的宽3米的“墓道”。

而代表其墓主身份和规格的是墓上的封土台，其堆筑的方式较为特殊。先在墓室上排有一道道南北向的防盗墙，宽0.2~0.4米，间隔交替而筑，两防盗墙内为夯土。然后夯土上再放置另一层防盗墙，共三批。然后，以墓室为中心形成一个内封土包，其南、北分别有挡土墙，南北相距15米。然后，再以内封土包为中心堆土。为了防止堆土倒塌，每隔1米左右有一道自下而上的用大石块堆筑的、竖直的石墙，并且在南、北还有一条外挡土墙，两墙南北径为25米，形成一个长方形锥体的封土台。东西直径70米，南北径32米，封土外观高达15米，而墓底到顶部为8.3米。整个土方量达1万余立方米，这些土均是从山下运到山顶上。经我们调查，在山下尚有10余个取土坑。

遗憾的是，真山大墓被盗，其盗掘的方法是从墓门顶部东西向挖一条长达20米、宽3米的深沟，直插墓室，整个墓室除西部一小部分没有被破坏外，均遭到大规模的破坏，墓室内的金属器及尸体均被盗走。

封土内的陶片及盗沟内的几何印纹陶片和原始瓷片的时代均早于春秋中、晚期，主要纹饰有席纹、回纹、凸方块纹、米筛纹、斜方格纹，另有回纹与曲折纹、回纹与斜方格纹等。没有发现晚期遗物，所以说其墓是早期被盗，后又重新掩盖好的。

墓底的棺床上，还留有厚厚的漆皮。漆皮可剥离出十数层，多层有图案，应为重椁重棺。在棺床外侧发现了百余片玉饰片，在墓室内还发现了玉挂饰配件多件，都反映了尸体是被拉出棺椁的。更能说明的是在棺床头部的位置处发现了一对虎形佩、拱形的鼻罩、眼罩、口琀等组成的玉面饰；数以万计的玉珠管散落在棺床内。这些遗物基本上在原尸体的位置上，但没有发现尸骨的痕迹。另在棺床内发现七件呈梅花状排列的原始青瓷罐和一盒串珠。在棺床外发现有勾形器、玉戈残片、原始青瓷罐等零碎的遗物，最令人关注的是一箱天然贝和玉贝，达数千枚。漆箱已朽，仅存漆皮。

二、出土遗物

出土遗物均是被盗残存，主要是以棺椁内墓主的面饰、佩饰、串饰和棺身的镶嵌器为主的玉器，介绍如下。

1. 面饰

为虎形佩（2件）作眉，拱形罩饰（2件）作眼，拱形罩饰（1件）作鼻，瑗（2件）作面颊，长方形束腰形饰（1件）作口琀。

虎形佩　2件。形制、大小相同，器形扁平，厚薄均匀，单面饰，能合二为一体。虎作伏卧状，垂首、拱背、卷尾，尾部较夸张，头、尾各有一小孔，腹下四足屈蹲，足小腿部浅刻鱼鳞纹。整个虎以重回纹和丝束纹框边，虎身以减地浅浮雕手法阴刻蟠虺纹，并填以细小丝束纹。长15.5、宽8.1、厚0.35厘米。

瑗　2件。形制、大小相同，器形薄而规整。面用双线阴刻九组变体夔纹，组成环状图案。肉、好均有郭，郭内饰丝束纹，背为素面，肉之外侧有相对称的小孔。外径9.67、好径4.91、厚0.26~0.3厘米。

拱形玉罩　3件。一件为鼻罩，二件为眼罩，鼻罩略大，器均作拱形瓦状，剖面为弧形，均为素面。眼罩拱面高低不等，长4.64、宽3.48厘米。鼻罩拱面高低一致，长5.04、宽3.65厘米。

口琀　1件。长方形，双面纹，中部束腰，两边各有相背的兽面纹，束腰部分仅边缘有绞丝纹。长4.77、宽1.46、厚0.67厘米。

2. 佩饰

数以万计的珠、管，可能作为“珠襦”，因为出土时均散落于棺床内。管有圆柱形、梭子形、珠形管，珠有菱形、圆形等。质地大都是绿松石，少量为南洋玉、琉璃和孔雀石。

3. 玉饰片

187片，应作“甲”。玉色为青白色。有素面、单面纹和双面纹，纹饰用双线阴刻变体夔纹或浅浮雕蟠虺纹。双面纹一般两面纹饰相对称。玉片两端各有七个小孔，少数玉片还钻有一至二个稍大的孔。小孔均单面钻，大部分素面玉片上留有切割痕。一般玉片长3.3、宽2.23、厚0.17厘米。

4. 串饰

一箱，有玛瑙红褐色竹节形管164件，白色水晶珠120件，白色玛瑙珠60件，绿松石珠313件，以红—绿—白—红—绿间隔成串饰。

5. 镶嵌饰

形状有长方形、围棋子形、菱形和扁筒形等。

还有玉戈、勾形器、具佩饰作用的长条形一面三孔一面二孔的“衍”，玉髓玛瑙质地的“冲”“牙”等。

6. 原始青瓷器

盖罐　7件。形状基本相同，子母口，筒形较浅，器壁稍内收，下腹向内弧收，平底。内壁、底、盖有同心弦纹。器底粘有叠烧的白色瓷土粉末。通体施青黄釉，釉面匀润。出土时存放于一漆盒内，呈梅花状排列。口径13.1、底径6.8、通高9.5厘米。

罐　1件。敛口，圆肩，肩部有一道折棱，深弧腹，平底。遍饰米筛纹。通体施青黄釉，釉色滋润，灰白胎。口径17、最大腹径27.4、高18厘米。

最令人注目的是一箱长80、宽40厘米，由天然贝壳及玉贝混放在一起的数千件货币。其中天然贝壳完整的有1160枚，背部经过磨平，平均长2.439、宽1.78厘米。玉贝为仿贝状，状如西瓜子，质地为绿松石，拱背，一面磨平，中有一道浅槽纵向贯穿，槽的两端各有一小穿。最大长1.625、宽1.06、厚0.315厘米，重1.31克；最小长1.09、宽0.873、厚0.281厘米，重0.6克。

三、结语

（一）时代

该墓无文字资料可考，铜容器都已被盗。但根据出土的陶瓷器、玉器以及封土内陶片的纹饰等判断，此墓年代当属春秋中晚期。

其一，能比较确切反映时代特征的是陶瓷器。墓室内共出土陶瓷器9件，其中原始青瓷盖罐7件，出土时呈梅花状排列，不仅保持了该墓下葬入土时的原样，而且器物时代特征明显，如器形规整，外廓线条柔和，体胎厚薄匀称，胎质较细为浅灰色，釉层青黄色，釉面匀润，底部用瓷土粉末作间隔套装叠烧等，这些都与浙江德清原始瓷窑第二类窑址出土的器物，不仅形状完全相同，而且烧造方法也是一致的[①]。与此相同的，还有江苏句容浮山果园土墩墓第三期[②]，镇江地区土墩墓第三期[③]，以及江苏南部土墩墓第五期[④]的同类器物。据此，该墓的年代当在春秋中晚期。墓中出土的另外一件原始瓷罐，釉色匀润，其纹饰为米筛纹，也为春秋时期的典型纹饰。

其二，墓内出土遗物主要为玉器。虽然，玉器延续时间较长，但墓中出土的葬玉，是专门为死者制作，可反映墓主下葬年代。该墓出土的玉面饰中的一对虎形佩，其主体纹饰为蟠虺纹，并以重回纹和丝束纹框边，纹饰和雕刻方法均属于春秋中晚期。此外，整个虎形，不同于西周晚期虢国墓地M2006出土的Ⅱ式虎，也不同于战国早期绍兴306号墓出土虎的形状。该虎形状为垂首、拱背、卷尾，体作伏卧状，似已被驯服的虎，形状略同于春秋早期黄君孟夫妇墓出土的Ⅱ式虎⑤。还有一对玉瑗，用浅浮雕蟠虺纹，共九组，与吴县春秋吴国玉器窖藏出土玉瑗相同，该玉瑗经考证时代为春秋中晚期⑥。

其三，该墓封土内出土大量陶片，大部分为几何印纹陶，主要出土于内封土。从陶片纹饰看时代均不晚于春秋时期。

（二）意义

1. 真山大墓的发掘使我们发现了真正的吴国大墓，其墓虽然被盗，但以其所处的地理环境及封土之大，为目前先秦封土墓中首屈一指的大墓。另出土的玉面罩及大批的玉饰片、玉珠管等数量之多、工艺之高也是同时代墓中少见的。所以，很多学者认为是王墓，也就是吴王墓，不是没有道理的。

2. 真山大墓的发现使我们重新认识了吴县西部山区的石室土墩，凡是山连山的，如上坊山、七子山、五峰山等山顶山背上的土墩内是石室，而孤山独丘上的土墩就不一定是石室土墩，墓葬的可能性较大。

3. 真山大墓的发现为吴文化研究提供了新的资料，推动了吴文化研究的进一步深入，为重新调查、了解吴县西部山区的吴文化内涵开了先河。

4. 大量天然贝和玉贝的发现填补了吴国货币的空缺，为研究吴国货币提供了不可多得的实物证据。

总之，真山大墓的发现是中国考古史上的重要发现之一。

注释

① 朱建明：《浙江德清原始青瓷窑址调查》，《考古》1989年第9期。

② 南京博物院：《江苏句容浮山果园土墩墓第二次发掘》，《文物资料丛刊》（4），文物出版社，1981年。

③ 刘兴、吴大林：《谈谈镇江地区土墩墓的分期》，《文物资料丛刊》（6），文物出版社，1982年。

④ 邹厚本：《江苏南部土墩墓的分期》，《文物资料丛刊》（4），文物出版社，1981年。

⑤ 河南信阳地区文管会、光山县文管会：《春秋早期黄君孟夫妇墓发掘报告》，《考古》1984年第4期。

⑥ 姚勤德：《论严山出土的吴国王室玉器》，《吴地文化一万年》，中华书局，1994年。

（原载《东南文化》1995年第4期）

江苏苏州浒墅关真山大墓的发掘

苏州博物馆

真山位于苏州浒墅关西北1.5千米处，主峰海拔76.9米，围绕主峰分东、南、西、北四脉。南脉较短，北脉逶迤稍长，东、西两脉翼展两侧。山东侧有312国道和京杭大运河，北有华山①，西近太湖，南有连绵叠嶂的群山。从东往西分别有观山、凤凰山、鸡笼山、阳山②。

1992年11月，真山采矿二厂在真山东脉（小真山）炸山取石时，发现古墓一座（编号D1M1）。苏州博物馆考古部即进行了抢救性发掘，同时，对整个真山范围进行勘查，共发现57座土墩（编号D1~D57），这些土墩分布在各山脉的山脊上。从已发掘（D1~D3内为3座战国墓，D6内为7座汉墓，D16内为春秋墓）的情况看，有一墩一墓，个别一墩多墓。按土墩的高度、直径，可划分为六个等级。其中真山大墓（编号D9M1）位于真山主峰上，是最大的一座（图一、二）。经国家文物局批准，1994年11月至1995年4月，苏州博物馆与吴县文管会联合组成真山考古队，对此墓进行抢救性发掘。共发掘土方5000余立方米，整个发掘分二个阶段进行。第一阶段（1994年11月至1995年1月）主要发掘墓葬西北角封土，为了解土墩范围与山体关系，发掘之前在土墩外北部开挖一条南北长30、东西宽4米的探沟，下挖0.2~0.3米见山体基岩；在土墩北部边缘，发现一条东西向石墙，顺石墙开挖宽3米的探沟，将石墙北侧全部揭露。墙全长30.5米，墙身直接从山体基岩上垒筑，从中部分别向东、西顺山体倾斜。在土墩南部边缘也发现了石墙。南、北两石墙平行，相距27米。然后，对土墩西北角从顶部逐层发掘至近墓口。封土内出土大量几何印纹陶片，绝大部分陶片出在外封土和内封土的接合部。

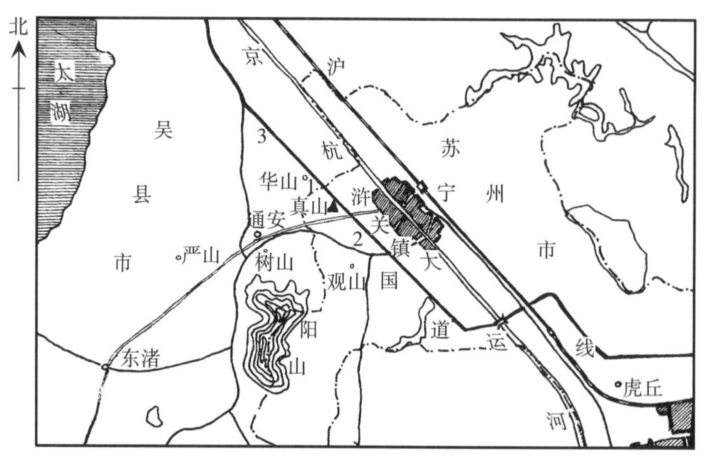

图一　D9M1位置示意图

图二 D9M1 远眺

第二阶段（1995 年 2 月至 4 月）发掘与西北角相对的东南及其余部分封土。墓室发掘采用二分法，中部留一条南北向隔梁，先后发掘东、西两半部，然后去掉隔梁，清理整个墓室。现将发掘情况报告如下。

一、墓葬结构与形制

D9M1 是在山体基岩上下凿形成墓穴，在墓口上堆筑高大的封土。现存封土顶部东西径 26 米、南北径 7 米；底部东西径 70 米、南北径 32 米；墓底至封土顶高 8.3 米。封土直接从山体基岩上堆筑，分内封土和外封土（图三、四）。其方法为先从墓口（山体基岩）上堆筑成略带长方形的馒首状内封土，然后堆筑外封土。外封土的堆筑为先从内封土向四周扩展堆筑，使山体斜坡面堆筑到与内封土顶部同一平面，平面为长方形；并在已堆筑的平面上，用石块垒筑一条条间距 0.8~1.4 米的南北向的小石墙，形成一道道小区，然后填土。相邻两区间填黄土或灰白土，每 0.5~0.6 米为一层，填至与石墙平，小石墙再往上垒高，再填土，直至顶部。由于封土是从山体斜坡面上堆筑，因此，在内、外封土的南、北边缘各有一道用石块垒筑的挡土墙（图六）。石墙直接从山体基岩上垒筑，内封土挡土墙在墓口南、北两侧，各距墓口约 3 米，石墙之间距离 13 米，东西长 8.6 米、宽 0.3~0.7 米、高 0.2 米。外封土挡土墙南北间距 27 米，东西长 30.5 米、宽 0.4~0.8 米、高 0.3~0.6 米。内、外封土均经夯实，并均可划分三大层，外封土主要为灰白色土、黄灰色土与棕色土，并夹有大量小石块；内封土以黄色亚黏土与青灰色土为主，另有棕色和黑灰色土，每一层土中也含有较多小石块。这些封土主要来源于山脚下。封土内发现大量陶片，主要为印纹硬陶。纹饰有席纹、回纹、凸方块纹、米筛纹、斜方格纹。另有回纹与曲折纹、回纹与菱形纹、席纹与方格填线纹组合的纹饰（图八）。

墓室从山体基岩上下凿，为长方形，四壁不很规整，方向 273 度。墓口东西长 13.8 米、南北最宽 8 米、最高处距墓底 1.8 米。墓坑四周凿有不规则的二层台，宽 0.6~1.7 米、距墓底 0.16 米。东部有一长 3.6 米、宽 3 米的墓道与墓室相通。墓道东端顺山势向下倾斜。整个墓室位于山体主峰正中，稍偏向封土的东南部（图五、七）。

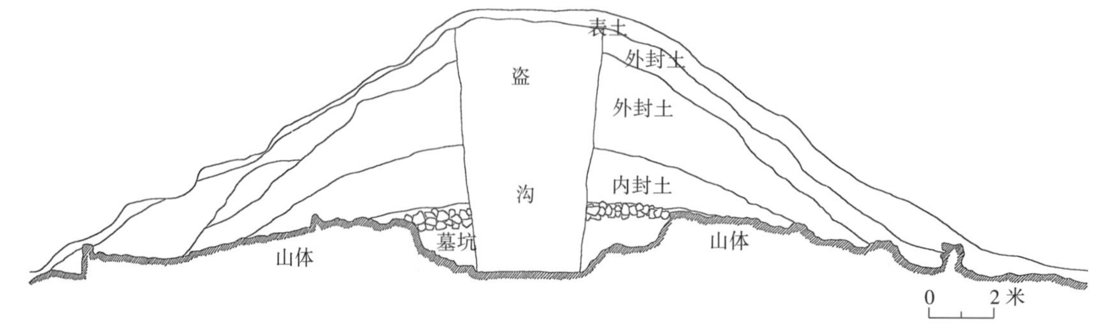

图三　D9M1 封土（南北向）剖面图

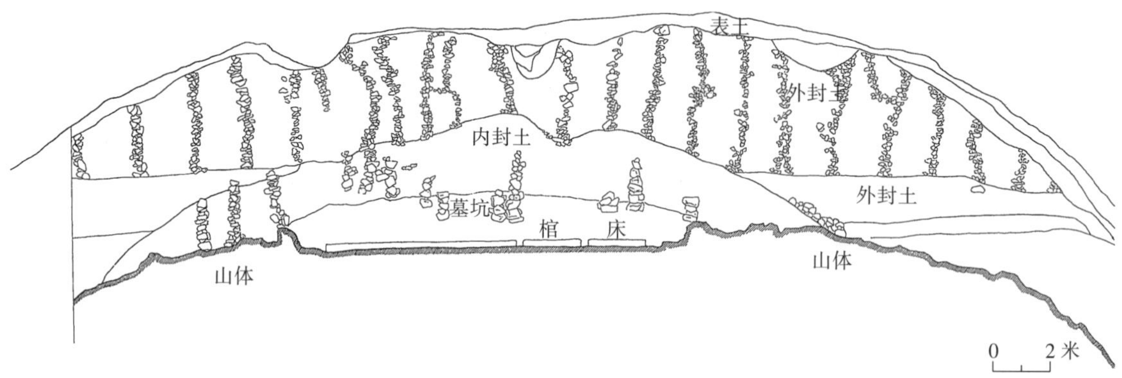

图四　D9M1 封土（东西向）剖面图

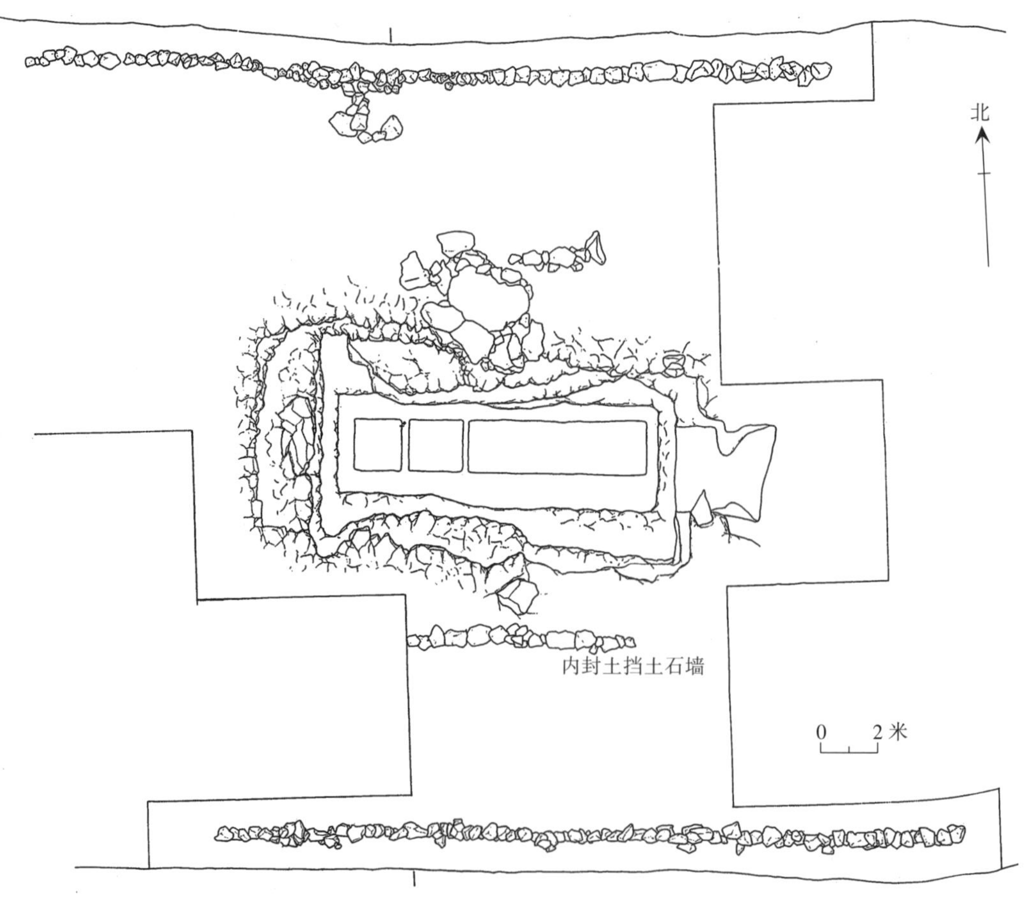

图五　D9M1 平面图

图六　D9M1 南部外封土挡土墙

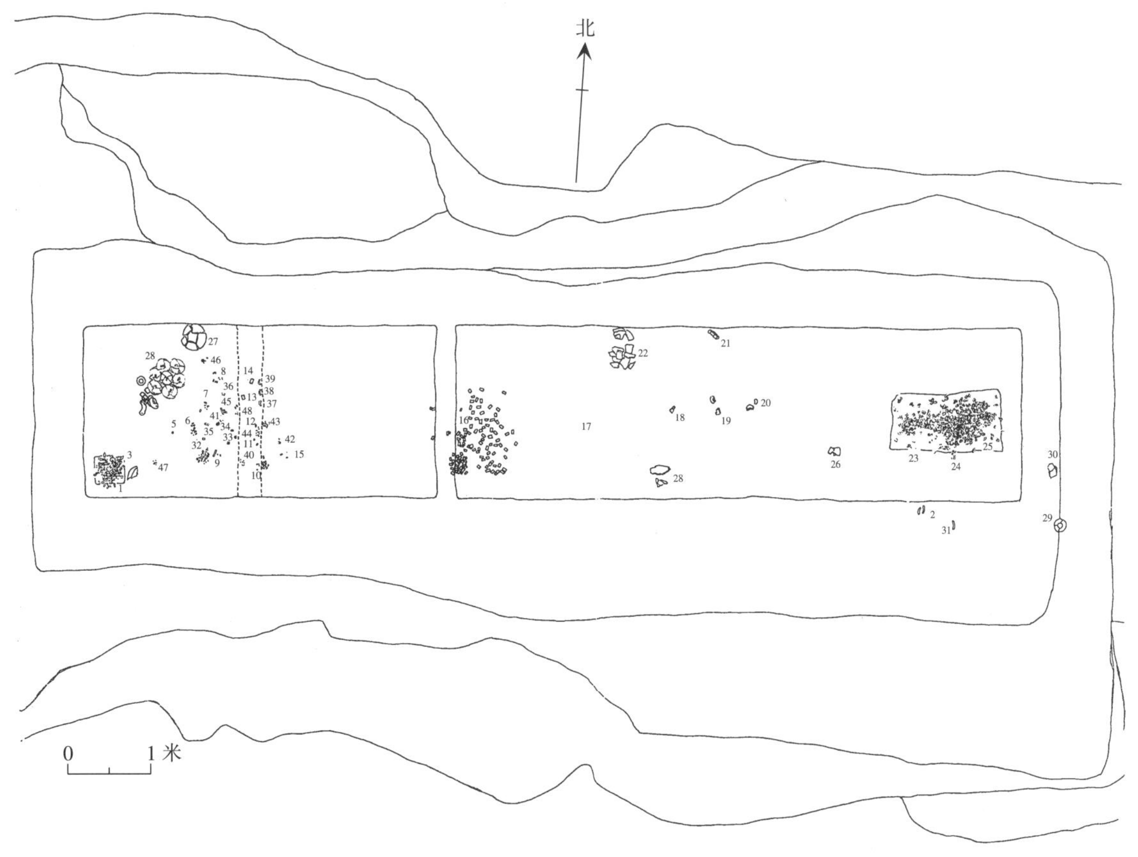

图七　D9M1 墓室平面图

1. 扁筒形绿松石套饰　2、31. 璜形玉饰　3～8、10～12、15、17、33、35、36、42～48. 玛瑙管、珠，绿松石管、珠、嵌饰，水晶珠　9、41. 多孔玉管　13、14. 长方形玉饰　16. 牌形玉饰　18. 玉戈　19～21. 玉钩　22. 原始瓷罐　23、25. 贝　24. 绿松石贝形饰　26. 残石器　27. 陶三足器　28. 原始瓷盖碗　29. 玉瑗　30. 陶器底　32、40. 长方形绿松石嵌饰　34. 扁环形绿松石饰　37～39. 拱形玉饰　49. 玉覆面

墓内棺椁已腐朽，根据残留漆皮位置及范围，棺椁位于墓室中部偏西。另外，从数十层叠压漆皮中揭示出的多层图案分析，应为重棺重椁。棺椁置于用石块和泥土混合堆筑的棺床上，棺床高出墓底0.2米，上有两条南北向的沟槽。随葬器物大部分被扰乱。在棺床外东侧发现牌形玉片，西南部发现

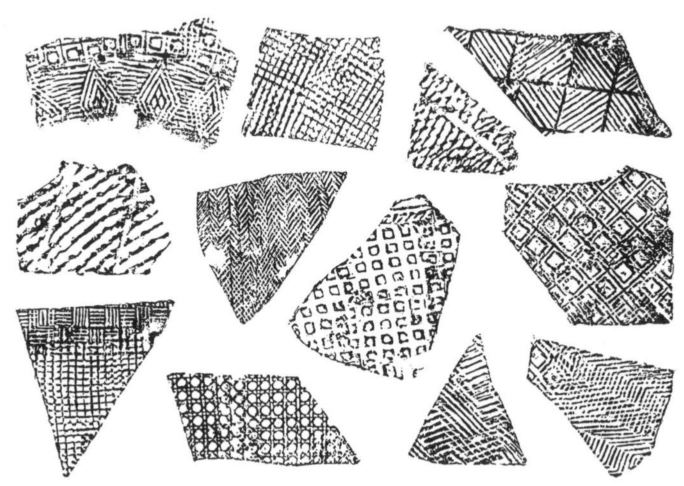

图八 封土内出土印纹陶片（部分）纹饰拓片（1/3）

大量玛瑙珠，水晶珠，绿松石珠、管等串饰。这些串饰皆置于一长方形漆盒中，漆盒已腐烂。西部棺内发现有虎形玉饰、玉瑗、拱形玉罩、玉琀等8件玉器，集中在一处，根据出土现场情况，可确认为玉覆面（图版一，1）。在西北部发现7件原始瓷盖碗，摆成梅花瓣形。东北部发现海贝、绿松石贝形饰，完整的有1280余枚。这些贝全部置于一漆盒中，漆盒已腐烂，残存漆皮。在棺床上还发现大量珠、管饰件，有的珠形如油菜籽大小，共清理出完整粒珠10323件。

棺床东部有一长6.8米、宽2米平台，上面仅发现零散玉器，有玉钩、璜形玉饰、玉戈，以及一件已残碎的原始瓷罐等。推测此平台及二层台上，原放置有礼器。

发掘中在墓中部的地表层下，发现一条上口长18米、宽约3米的盗沟，从东部墓道由上往下，打破内、外封土直至墓底（图一〇）。墓室内除西部及北部边缘未被扰乱外，其余均被严重盗扰。从发掘情况看，墓室位于封土中部稍偏东南，而盗沟是在墓的中间，所以，墓葬北边及其余封土未被扰乱。在这一部分墓口上，堆有按一定规律排列的石块层用于防盗。从盗沟打入墓穴的准确程度和沟内出土陶片等情况分析，属于大规模带有破坏性质的盗掘，应为早期被盗。墓内填土，从局部未被扰乱的堆积看，为黄土夹小石块，与盗沟内含较多石块有明显区别。

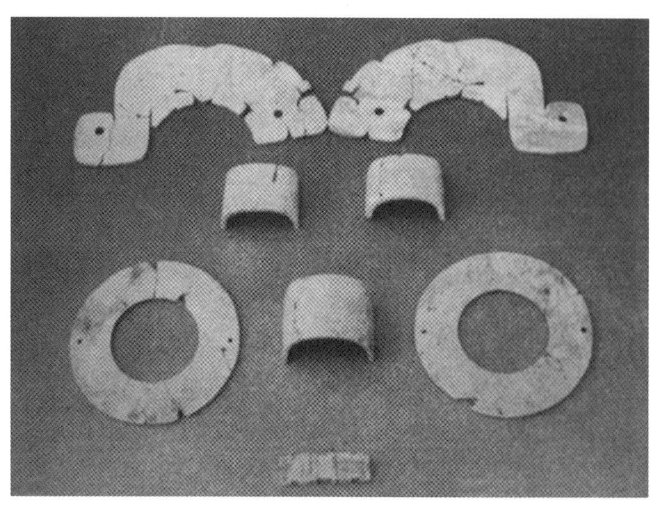

图九 玉覆面（D9M1：49）

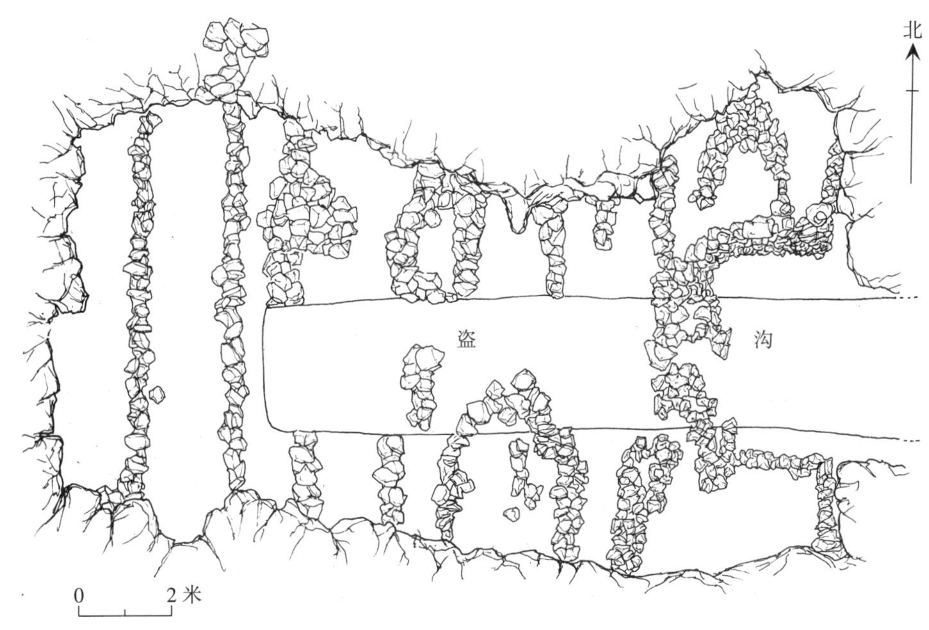

图一〇　D9M1 墓口平面图

二、出土遗物

D9M1 出土遗物 12573 件，主要为玉石器，部分为陶瓷器和贝等。另外，从封土内清理出陶片数百片，其中复原印纹陶瓮和陶罐各 1 件，盗沟内出土陶片近百片。分类介绍如下。

（一）玉石器

大部分为装饰品，部分为葬玉和礼仪器。

1. 葬玉

为玉覆面，用眉、鼻、眼、口等形状的玉片组成人脸的瞑目（图九）。出土时基本在原来的位置。玉色火黄或灰白。

虎形玉饰　2 件。D9M1∶49－1、49－2，均残。形制、大小相同，扁平，单面纹，两件能合为一体。虎作伏卧状，垂首，拱背，卷尾，首、尾各一小孔，收足。虎身饰蟠虺纹，足部饰鱼鳞纹，头、脊有扉棱。脊背边缘饰重环纹，尾部及腹部边缘饰绳索纹。长 15.5、宽 8.1、厚 0.35 厘米（图一一、一二；图一七，1；图一八，1、2）。

玉瑗　2 件。D9M1∶49－6、49－7，均残。形制、大小相同，器薄而规整，有两个对称的小穿孔。正面饰九组夔龙纹。肉、好均有郭，郭内饰绳索纹。背磨成圆弧素面，好壁呈斜面。外径 9.67、好径 4.91、厚 0.3 厘米（图一三、一四；图一七，2；图一八，3、5）。

拱形玉罩　3 件。D9M1∶49－3～5，为眼罩和鼻罩，鼻罩略大，器均作拱形瓦状，两端向内呈斜面。眼罩拱面向一侧倾斜。皆素面。眼罩长 4.64、宽 3.48、高 1.75～2.38、鼻罩长 5.04、宽 3.65、高 3.35 厘米（图一五）。

玉琀　1 件。D9M1∶49－8，长方形，双面纹，中部束腰。两端饰兽面纹，束腰部边缘饰绳索纹。长 4.77、宽 1.46、厚 0.67 厘米（图一六；图一七，3；图一八，4）。

2. 礼仪器　数量甚少。

玉瑗　1 件。D9M1∶29，黄灰色。较薄，切割不匀。素面。外径 12.52、好径 6.11、厚 0.27～0.77 厘米（图一九）。

玉戈　1 件。D9M1∶18，援、内、下齿残缺。青灰色，有酱色斑。双面刃，阑部有榫可嵌入柲中，胡部二穿。残长 6.54、宽 3.25、厚 0.48 厘米（图二〇）。

玉钩　3 件。D9M1∶19～21，均残。青灰与黄灰色。形如弯钩，尾方折，头部卷起。大者长 12、宽 4.4、厚 1.9 厘米，小者长 11.4、宽 4.2、厚 1.6 厘米（图二一；图二二，1～3）。

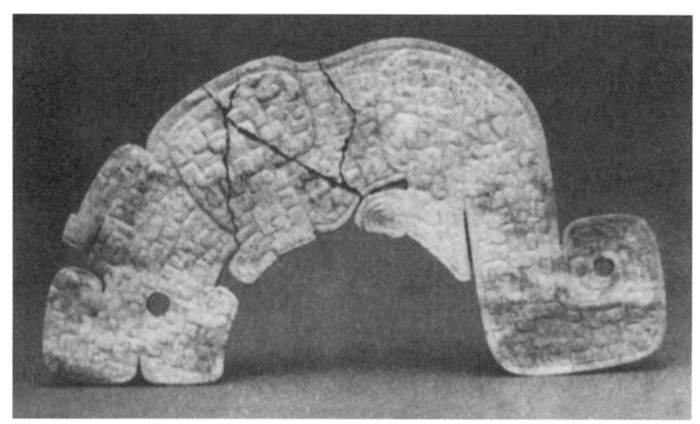
图一一　虎形玉饰（D9M1∶49－1）

图一三　玉瑗（D9M1∶49－6）

图一二　虎形玉饰（D9M1∶49－2）

图一四　玉瑗（D9M1∶49－7）

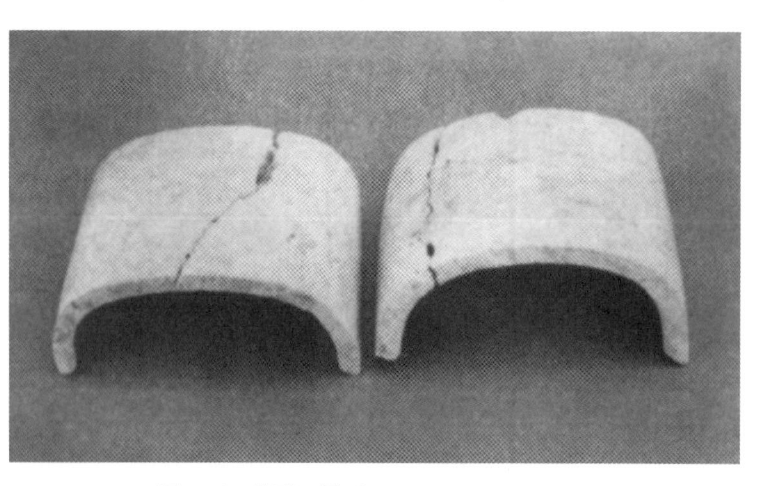
图一五　拱形玉罩（D9M1∶49－3、49－4）

图一六　玉琀（D9M1∶49－8）

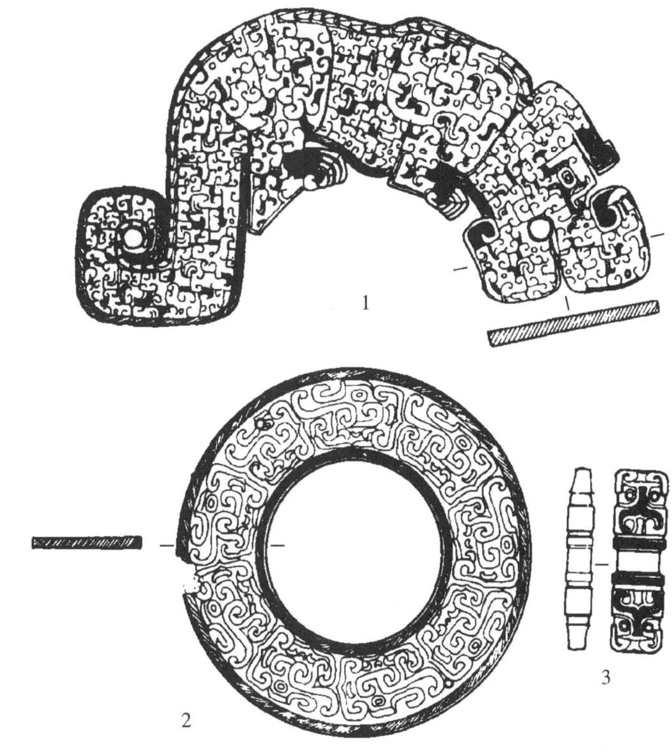

图一七　玉器

1. 虎形饰（D9M1：49－2）　2. 瑗（D9M1：49－6）　3. 琀（D9M1：49－8）（1/2）

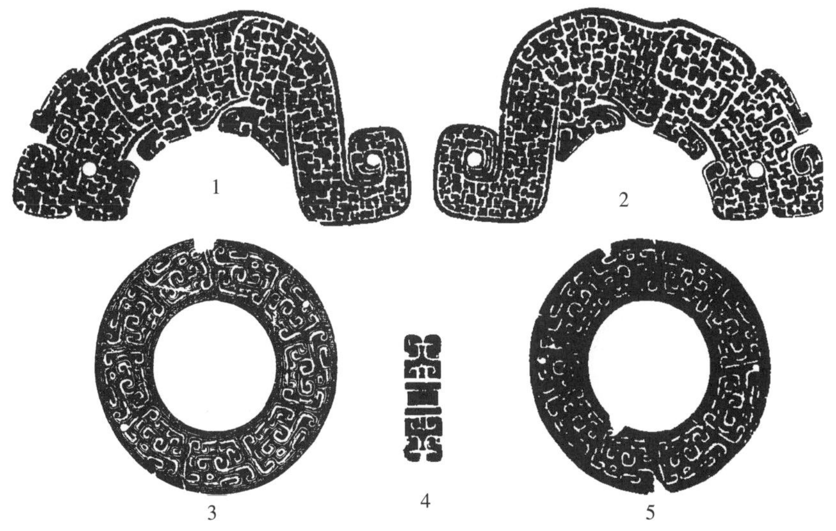

图一八　玉覆面（部分）纹饰拓片

1、2. 虎形饰（D9M1：49－1、49－2）　3、5. 瑗（D9M1：49－6、49－7）　4. 琀（D9M1：49－8）

3. 装饰品　共11262件。有佩饰、器物上和衣上的坠饰、镶嵌饰，以及用途尚需探讨的饰品。

串饰　11055件。主要为珠、管饰。在一件镶嵌有玉片的漆盒中，出有玛瑙管164件、玛瑙珠60件、水晶珠120件及绿松石珠等。其中部分还保存珠、管成串的原貌，依次由玛瑙管、绿松石珠、水晶或玛瑙珠、绿松石珠相间重复串成（图版二，1）。玛瑙管棕红色，中段略鼓，纵向贯孔，为两面对钻。最大者长4、径1.28、孔径0.5厘米，最小者长1.86、径0.94、孔径0.32厘米（图二三，1、2）。绿松石珠一种暗绿色，质地较硬；一种绿白色，质地较松。径0.7~0.9、孔径0.13~0.15厘米。

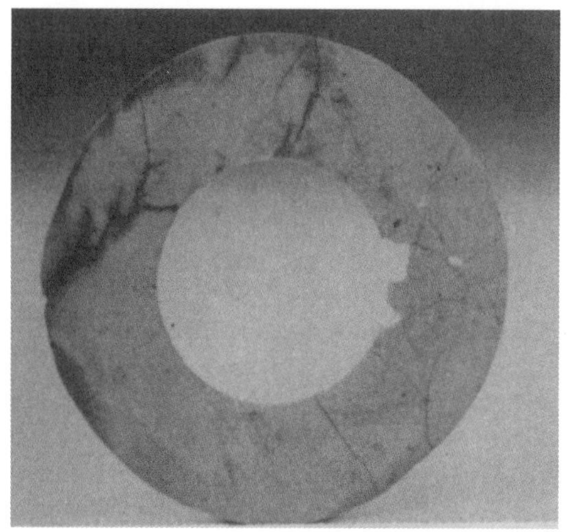

图一九　玉瑗（D9M1：29）

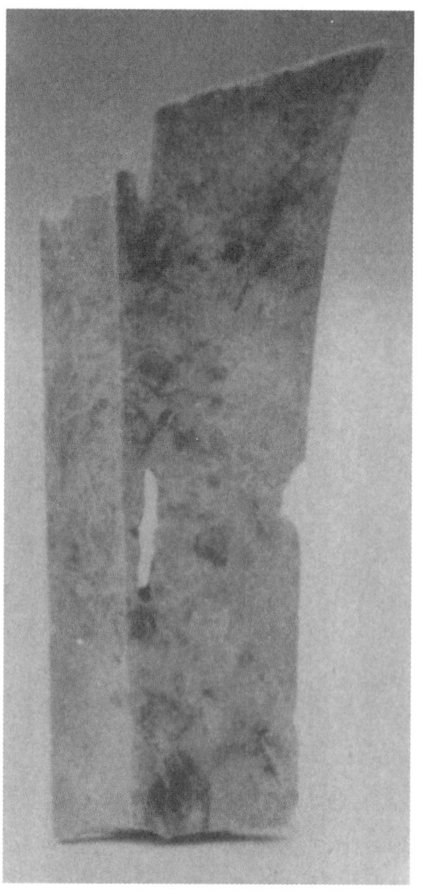

图二〇　玉戈（D9M1：18）

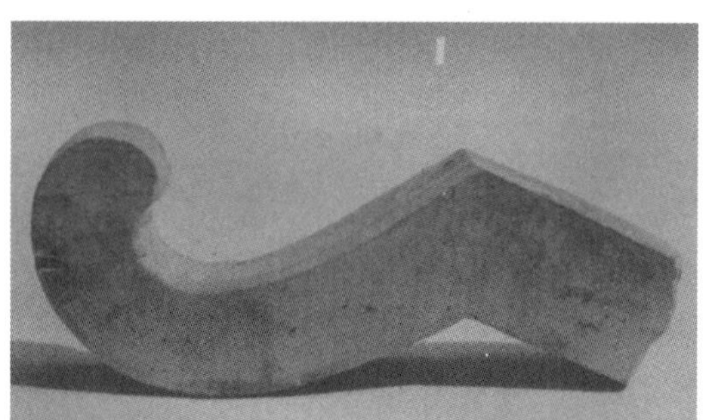

图二一　玉钩（D9M1：20）

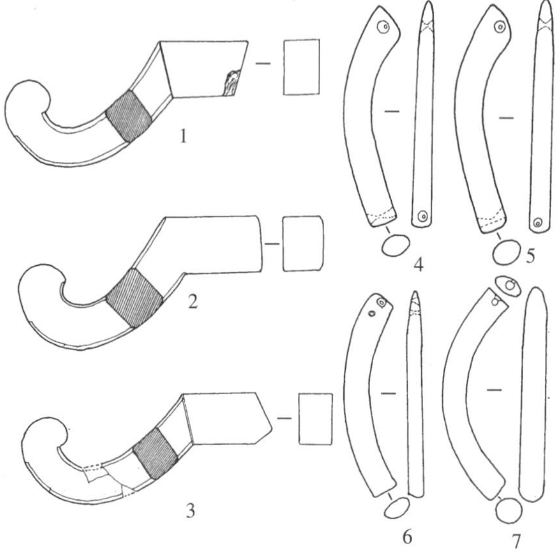

图二二　玉器

1～3. 钩（D9M1：19～21）　4～7. 璜形饰（D9M1：2－17、31－1、31－2）（1/3）

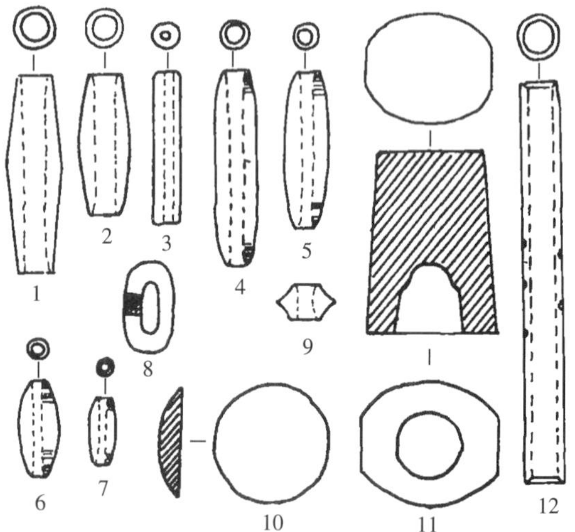

图二三　装饰品

1、2. 玛瑙管　3. 圆柱形绿松石管　4～7. 梭形绿松石管　8. 扁环形绿松石饰（D9M1：34）　9. 菱形琉璃珠　10. 围棋子形绿松石嵌饰（D9M1：3）　11. 扁筒形绿松石套饰（D9M1：1）　12. 多孔玉管（D9M1：9）（2/3）

水晶珠与玛瑙珠形状基本一致，均白色。径0.97~1.18、孔径0.28~0.4厘米。

还有一部分串饰，散落在棺床及其周围，有多种形状，大部分为绿松石质（图二四）。

圆柱形管　23件。墨绿色。纵向贯孔。长2.23~3.24、径0.49~0.5、孔径0.17~0.22厘米（图二三，3）。

梭子形管　9件。有墨绿、孔雀蓝等色。两端有三至六道弦纹，中贯孔，孔径外大里小，为两头对钻。长1.47~4.02、径0.6~1、孔径0.27~0.4厘米（图二三，4~7）。

腰鼓形管　331件。有墨绿、孔雀蓝、灰白等色。长0.58~2.03、径0.23~1.36、孔径0.05~0.39厘米（图二五）。

菱形珠　25件。琉璃质，孔雀蓝色。中贯孔。径0.98~1.4、孔径0.33~0.4厘米（图二三，9；图二五）。

圆形珠　10323件。均钻有孔。最大者径0.9、孔径0.13厘米，最小者径0.13、孔径0.03厘米（图二五）。

牌形玉饰　187件。D9M1∶16，大部分受土蚀，未受土蚀为青白色。有素面、单面纹和双面纹。纹饰为双线阴刻变形夔纹或浅浮雕蟠虺纹。双面纹的纹饰两面对称。玉片两端各钻有七个小孔，少数玉片另外还钻有一至二个稍大的孔。小孔皆单面钻，稍大孔用管钻。素面玉片上多数留有切割痕。大部分玉片约长3.3、宽2.23、厚0.17厘米，个别长2.55、宽1.96、厚0.19厘米（图版二，2；图三二，1~13；图三三，1~13）。

长方形玉饰　2件。

D9M1∶13，灰白色。两端抹角呈弧形，单面饰浅浮雕兽面纹，中部束腰处无纹饰。长4.04、宽1.74、厚0.58厘米（图二六；图三二，14；图三三，14）。

D9M1∶14，灰黄色。四边方折，素面，中部束腰。长3.72、宽1.37、厚0.58厘米（图二七）。

扁环形绿松石饰　1件。D9M1∶34，平面椭圆形，中部一椭圆形孔。长1.94、宽1.12、厚0.52厘米（图二三，8；图二四）。

璜形玉饰　4件。玉髓质。一端椭圆形，另一端扁凿形。

D9M1∶2－17，扁凿形端钻有二孔。长9.2厘米（图二二，4、5；图二八）。

D9M1∶31－1、2，两端均钻一孔，方向不一。长9.35厘米（图二二，6、7；图二八）。

长方形绿松石嵌饰　2件。D9M1∶40、32，单面琢成盝顶形。D9M1∶40，长1.46、宽0.77、厚0.13厘米（图二九）。

围棋子形绿松石嵌饰　1件。D9M1∶3，墨绿色。球面，平底。径2.9、高0.51厘米（图二三，10；图三〇）。

腰鼓形绿松石嵌饰　9件。D9M1∶43，为腰鼓形管对剖而成，剖切面平整，经二次加工，留有原管中部孔槽。长1.58、径0.57厘米（图二九）。

扁筒形绿松石套饰　1件。D9M1∶1，孔雀蓝色。应为镶嵌在剑鞘头端的帽。两端中稍大的一端中部有一圆窝。径1.32、深1.49、长3.75、宽2.7~2.9、厚2.24~2.49厘米（图二三，11）。

另外，还有百余件形状不一的绿松石嵌饰片，皆为一件漆盒上的镶嵌饰。饰片加工成如云雷纹或夔纹的一部分，另有圈、点等形状，应可拼成多组图案（图三〇）。

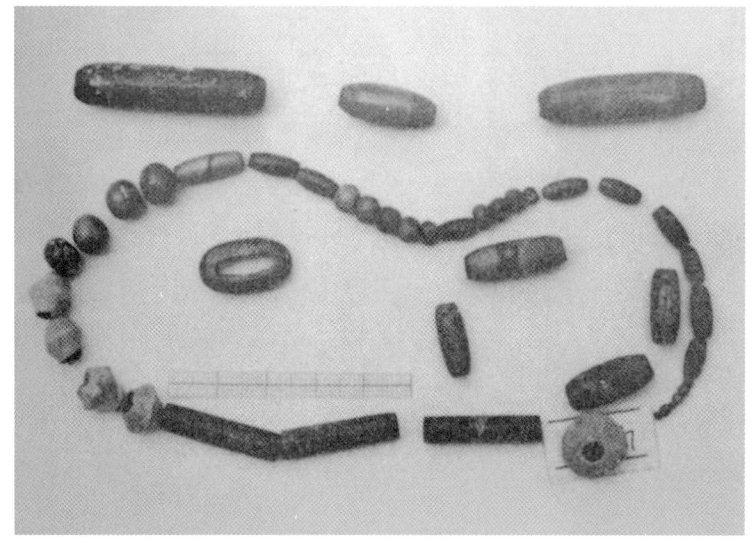

图二四　绿松石串饰及扁环形饰（D9M1 : 34）

图二六　长方形玉饰（D9M1 : 13）

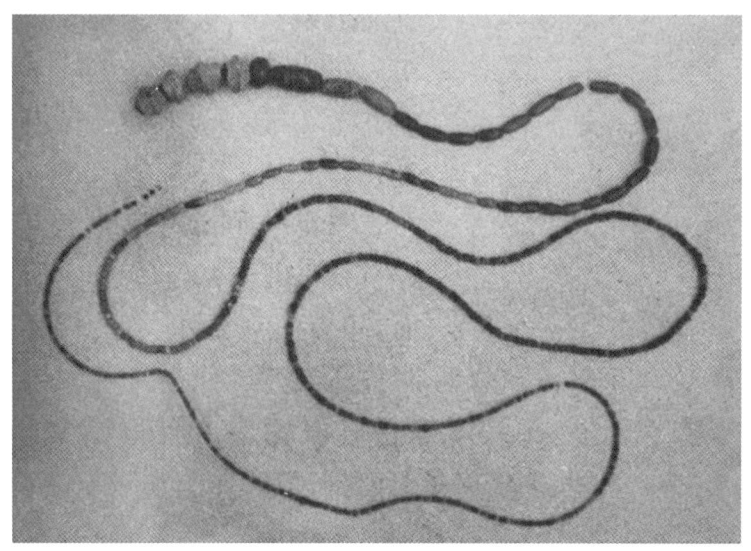

图二五　绿松石串饰（D9M1）

图二七　长方形玉饰（D9M1 : 14）

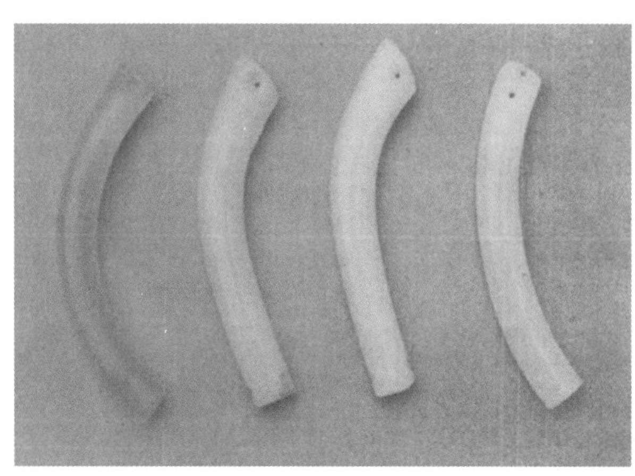

图二八　璜形玉饰（D9M1 : 2 - 17，D9M1 : 31 - 1、31 - 2）

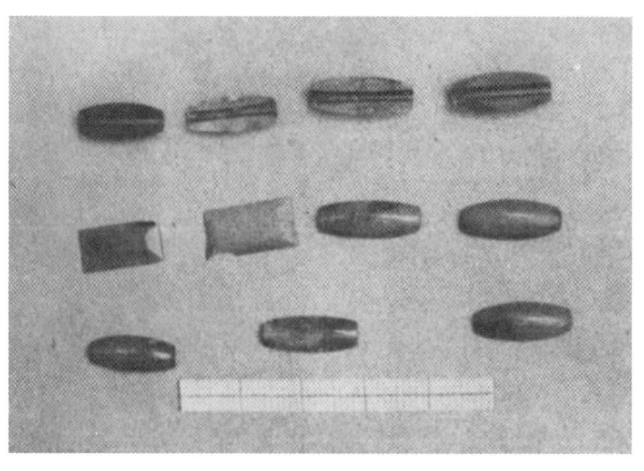

图二九　绿松石嵌饰（D9M1）

拱形玉饰　3 件。D9M1∶37～39，每件均为两块拼合成瓦状，衔接一端各有对称的左、右孔，另一端也各一小孔。拱面为浅浮雕兽面纹。D9M1∶37，拱面转折处有折棱和凹槽，断面似半玉琮形。折棱面饰左右对称的兽面纹，一端饰向下的兽面纹。长 5.54、宽 3.18 厘米（图三一；图三二，15～17；图三三，15～20）。

多孔玉管　2 件。D9M1∶9、41，形状似笛，中贯穿，两端各有一小圆玉片堵塞。管中部上、下等分钻有二孔和三孔，上、下孔之间均错位。长 8.14、径 0.9、孔径 0.55 厘米（图二三，12；图三四）。

（二）陶瓷器

其中 2 件印纹陶器为封土中出土。

原始瓷盖碗　7 件。D9M1∶28－1～7，均略有残缺，形状基本相同。盖身子母口，筒腹较浅，外壁稍内收，腹下内弧，平底或微内凹。内底和盖底有连心圆弦纹，内壁弦纹较宽粗，器底粘有套叠垫烧的白色瓷土粉末。通体施青黄釉，釉面匀润。D9M1∶28－1，口径 13.4、底径 6.8、通高 9 厘米（图三五；图三七，1～7）。

原始瓷罐　1 件。D9M1∶22，残，已复原。敛口，圆肩，深弧腹，平底。肩部饰波浪纹，肩以下饰米筛纹。通体施青黄釉，釉色匀润，灰白胎。口径 17、最大腹径 27.4、底径 18、高 18 厘米（图三六；图三七，8）。

陶三足器　1 件。D9M1∶27，夹砂褐陶。尖唇，窄缘，沿面有一道浅槽，束颈，浅腹微鼓，圜底，三锥足残。周身有烟炱痕。口径 29、残高 10.5 厘米（图三八；图三九，1）。

印纹硬陶瓮　1 件。残，已复原。尖唇，缘外翻，束颈，圆肩，深弧腹，平底。肩、腹部施黄釉，拍印曲折纹与回纹组合纹饰，腹以下饰回纹。口径 21.2、最大径 40、底径 23、高 44.5 厘米（图三九，3）。

印纹硬陶罐　1 件。残，已复原。尖唇，斜缘外折，束颈，鼓腹，平底。肩部有一对泥条贴筑小耳。通体拍印曲折纹。口径 14、最大径 18、底径 11、高 14 厘米（图三九，2）。

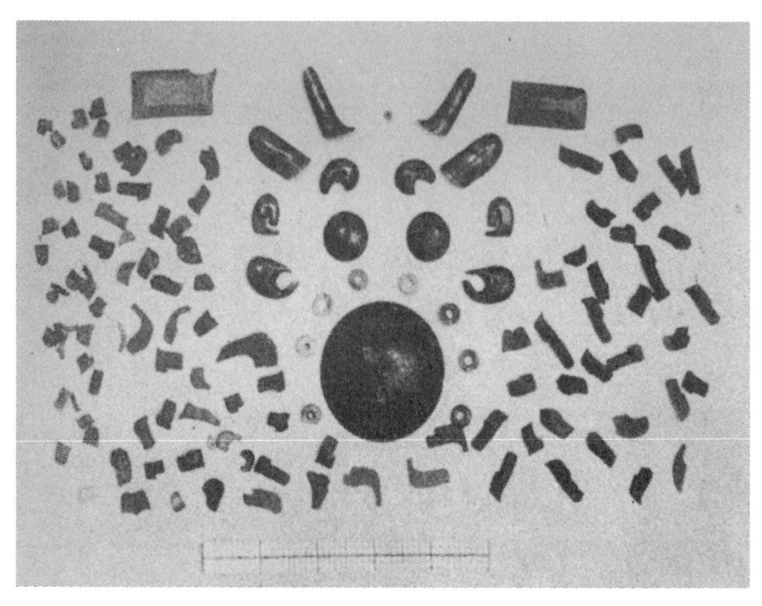

图三〇　绿松石嵌饰（D9M1）

图三一　拱形玉饰（D9M1∶37～39）

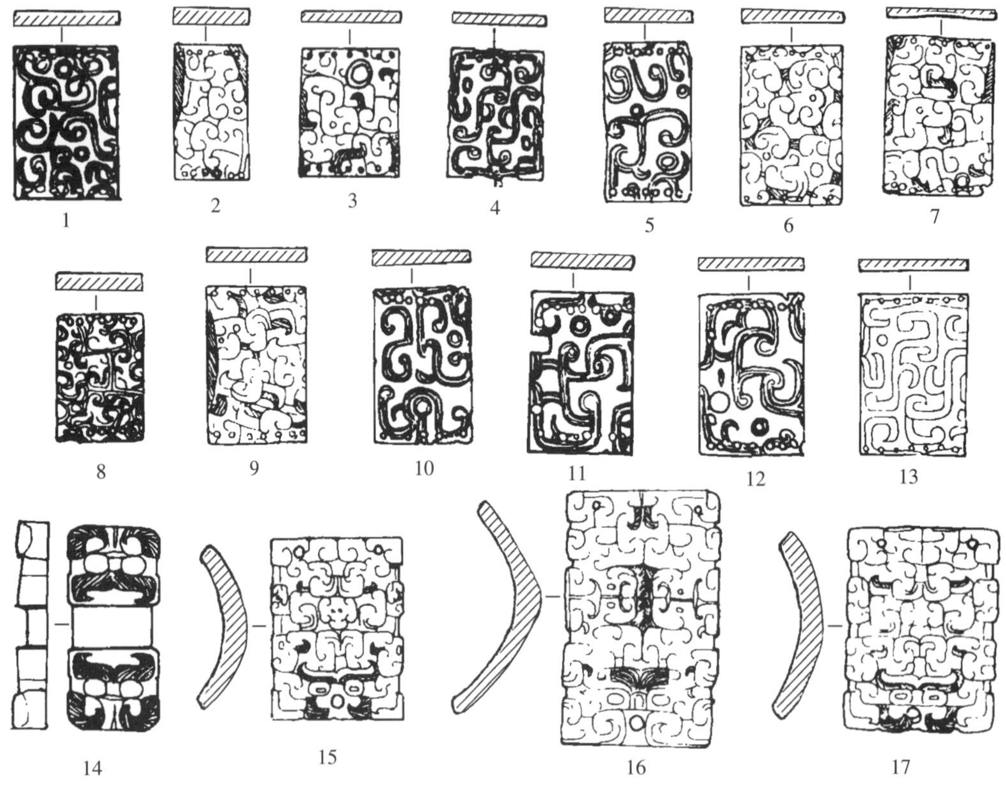

图三二　玉器

1～13. 牌形饰（D9M1：16）　14. 长方形饰（D9M1：13）　15～17. 拱形饰（D9M1：37～39）（2/3）

图三三　玉器拓片

1～13. 牌形饰（D9M1：16）　14. 长方形饰（D9M1：13）　15～20. 拱形饰（D9M1：37～39）（2/3）

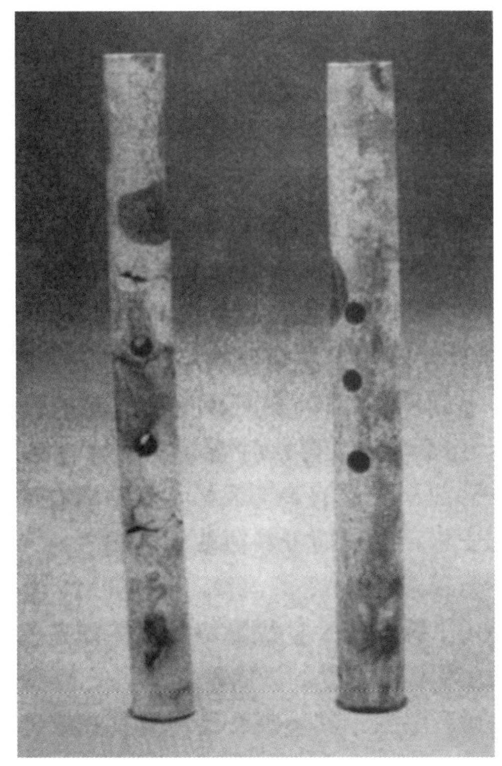

图三四　多孔玉管（D9M1∶9、41）

图三五　原始瓷盖碗（D9M1∶28）

图三六　原始瓷罐（D9M1∶22）

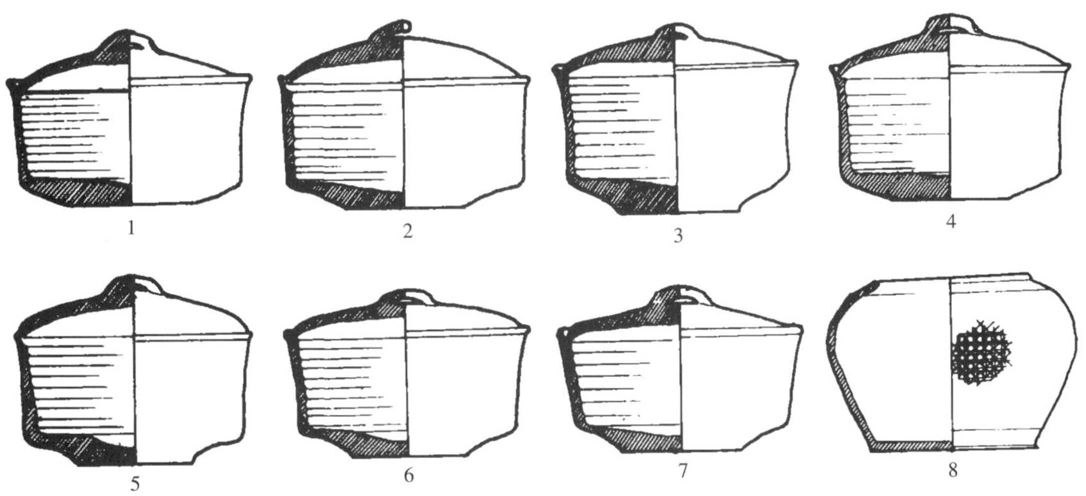

图三七　原始瓷器

1～7. 盖碗（D9M1∶28－1～7）　8. 罐（D9M1∶22）（1～7. 1/4，8. 1/8）

（三）贝与绿松石贝形饰

墓内出土大量天然海贝，数量达数千枚，完整的有1160枚。每枚背面均经人工磨平，形状相同。大的长2.52、宽1.92厘米，小的长1.48、宽1.4厘米（图四〇）。绿松石贝形饰完整的有122枚，孔雀蓝色，上有云母状纹，仿天然贝形状。背面磨平，正面略作弧形，弧面中部有一纵向贯穿的线槽，槽两端各一小穿。最大者长1.62、宽1.06、厚0.31厘米，最小者长1.26、宽0.77、厚0.22厘米（图四一）。

图三八　陶三足器（D9M1∶27）

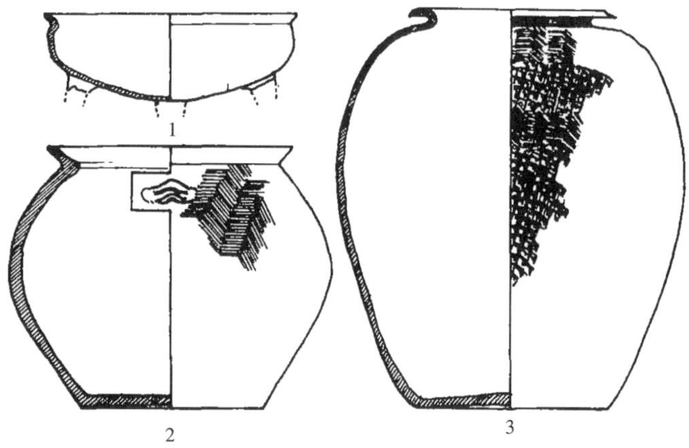

图三九　陶器和印纹硬器

1. 陶三足器（D9M1∶27）　2. 印纹硬陶罐（D9M1 封土中出土）
3. 印纹硬陶瓮（D9M1 封土中出土）（1、3. 1/8，2. 1/4）

图四〇　贝（D9M1∶23、25）

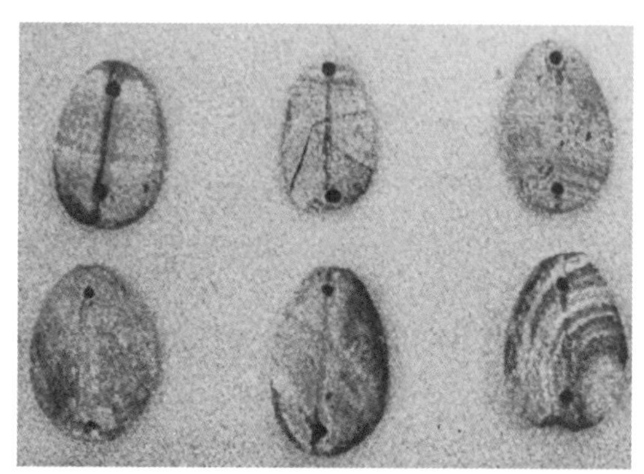

图四一　绿松石贝形饰（D9M1∶24）

（四）漆器

墓内发现的漆器皆已腐朽，有些尚可辨别形状。残存漆皮反映出比较完整的纹饰图案。棺椁纹饰主要有窃曲纹与涡纹（图版一，2）。一些漆器残留的零星漆皮上，饰有云雷纹或变形云纹等。纹饰主要用红、黑、赭等色绘制，红、黑色应用较多。往往用黑色勾勒边线，中间填上红色，或在赭色底上用红色勾勒图案。

三、结语

（一）关于墓葬时代

D9M1 曾被盗掘，只能根据墓中出土陶瓷器、玉器，并参考封土内出土陶片等，来判断确定墓葬的年代。墓室内共出土陶瓷器 9 件，其中原始瓷盖碗 7 件，器形规整，胎厚薄匀称，质较细，釉层青黄色，釉面匀润，底部用瓷土粉末作间隔套装叠烧，与浙江德清原始瓷窑第二类窑址出土的器物相比，不仅形状相同，而且烧造方法一致。这类窑址时代为春秋中晚期[③]。与此同期的，还有江苏句容浮山果园土墩墓第三期[④]、镇江地区土墩墓第三期[⑤]，以及江苏南部土墩墓第五期的同类器物[⑥]。原始瓷罐的形制与纹饰类同于浙江长兴便山土墩墓第五期[⑦]，时代也为春秋中晚期。

墓内出土玉器的形制、纹饰与雕刻方法，时代特征明显。如以浅浮雕蟠虺纹为主体，夹以细密的刻划纹组成图案，纹饰风格繁复而不乱。较有代表性的器物有玉覆面中的一对虎形玉饰，其主纹为蟠虺纹，腿部饰鱼鳞纹，不仅反映了春秋时代特征，鱼鳞纹还反映出地方特点。此外，整个虎的形状，既不同于西周晚期虢国墓地 M2006 出土Ⅱ式虎的奔跑状[8]，也不同于战国早期绍兴 306 号墓出土虎的行走状[9]，而略同于春秋早期黄君孟夫妇墓出的Ⅱ式虎[10]，与河南淅川县下寺 1 号春秋墓出土的一对虎，形状也基本相同[11]，但纹饰较之精美，时代也较之为早。春秋时期玉器纹饰在早期仍保持西周晚期的装饰风格，到中期有了明显的变化，变一面坡斜阴线为隐起面处理，细部施以较细的变形涡纹。如 D9M1 出土的玉瑗、牌形玉片、拱形饰等。特别是玉瑗饰九组浅浮雕夔纹，以内孔为轴心，环状排列成圆形图案。其表现方法与吴县春秋吴国玉器窖藏出土玉瑗基本相同，这种玉瑗的时代为春秋中晚期[12]。

墓封土内出土大量陶片，其中大部分为几何印纹硬陶，主要出土于接近内封土表面的外封土中。从陶片纹饰看，时代均不晚于春秋。另外，封土陶片中复原的印纹硬陶瓮、罐，估计是筑墓时遗留下来的。罐的形制和纹饰与浙江长兴县便山土墩墓第五期同类器物基本一致[13]，时代为春秋中晚期。综上所述，此墓的年代应属春秋中晚期。

（二）关于墓主及其身份

从已确认的墓葬时代，墓葬所处的位置以及墓的规模，可以确定为春秋时期吴国大墓。

此墓人工夯筑的土冢高 7 米，地处海拔约 70 米的山峰之上。这么大的规模，在已发现的同时期墓葬中是不多见的，至少在江浙一带是属于最大的一座。《周礼》有“以爵等为丘封之度与其树数”的记载，《吕氏春秋 · 安死》也有“世之为邱垄也，其高大若山，其树之若林”。根据考古发掘材料，封土高大的墓，墓主身份均较高。如已发掘的河南固始侯古堆一号墓，封土高 7 米，随葬器物中有楚国世族“鄱子成周”成套编钟，还有宋景公为其妹勾敔（吴）夫人所作铜簠[14]，可见墓主身份较高。又如安徽寿县蔡侯墓，出土铜器中数十件上有蔡侯之名，经考证蔡侯为蔡昭侯。同时还出土吴王光（阖闾）嫁女之器吴王光鉴[15]。其时代为春秋晚期，是所发现春秋墓中与吴国有关，墓主身份最高的一座。以上两墓的规模都不如真山 D9M1 大，可见此墓墓主身份之高，应是王墓。从墓的时代看，属于吴国历史时期。吴国从寿梦开始至夫差结束（前 585 ~ 前 473 年），经历四代七王。文献中记载明确的有吴王僚、阖闾、夫差三墓及位置[16]，其中仅夫差墓在位于真山西南面相距不远的阳山，另两墓方位不清。文献中另有不知名吴王墓的记载，如《越绝书 · 吴地传》：“胥女大冢，吴王不审名冢也，去县四十五里。”又“蒲姑大冢，吴王不审名冢也，去县三十里。”据《百城烟水》：“又北胥女，西南中峰启龙谢……皆阳山支陇也。”说明胥女也在这一带。还有位于真山以北的华山，东面有白豸山，《浒墅关志 · 冢墓》有“吴王不审名冢在焉”的记载，而华山之南的抚侯山则为“故阖闾治以诸侯冢次”之处。可见从阳山至华山一带，为春秋时期吴国王和诸侯埋葬的地方。而真山位于两山之间，其山顶上的大墓，从时代、规模等均可确定为吴王不审名冢之一，而且墓中出土大量珍贵玉器，特别是玉覆面中的一对虎形玉饰，是不多见的。还有，出土大量的海贝，以及墓中层层叠压的漆皮所反映的重棺重椁等，都充分反映了墓主应具备王的身份。此外，墓室东端设有墓道。按周礼，当时只有天子才能用墓道，反映出吴国不完全受周礼的约束。此墓为同时期被盗掘。吴先后与楚、越为敌，经常交战不断，王墓成为泄愤报仇的对象，此墓的盗沟，应只能是这种性质的盗掘。

综上所述，墓主身份应可确定为吴王，至于具体是哪一个吴王，有待于进一步研究考证。

（三）玉器及相关问题

真山大墓出土大量玉器，其中比较重要的为玉覆面。从现有出土资料看，玉覆面仅见于西周或西汉。而这次出土玉覆面的形状，既不同于西周，也不同于西汉的玉覆面。其主要特点是玉覆面大于人脸面，仅一对虎形玉饰，置于人眉的位置，长度超过30厘米，与面部五官不成比例。这种专门为死者制作的葬玉，应具有象征性或其他的意义。《吴越春秋·夫差内传》记载吴王夫差自杀前对左右曰："……吾羞前君地下，不忍睹忠臣伍子胥及公孙圣。……死必连繄组以罩吾目，恐其不蔽，愿复重罗绣三幅，以为掩明。……"夫差虽以丝织物覆面，但证明覆面是客观存在的。

玉器中还有比较重要的是牌形饰和数量达1万多件的串饰，其出土位置均在棺床范围内。牌形玉饰为片状，厚薄基本一致，每片玉片两头都穿有七孔，可合缝连缀。而串饰有多种形状。根据记载，汉代以前的丧制，诸侯死后殓葬时要"遍身珠玉"。如《墨子·节葬下》有"存乎诸侯死者，虚库府，然后金玉珠玑比乎身"。又《吴越春秋·阖闾内传》吴王阖闾葬女有"金鼎、玉杯、银樽、珠襦之宝"。据此，这些牌形玉饰和串饰，可能是玉甲与珠襦，而两者相并，当是汉时王后贵族的丧衣，即"珠襦玉柙"或"珠玑玉衣"的雏形。"珠襦"为丧衣中的上衣，用珠穿联而成，"玉甲"为丧衣中的下衣，用玉片穿缀而成，中间以腰为界⑰。

出土玉器还反映出较高的工艺制作水平。如在琢玉技法上，不仅保留了传统的细线阴刻与阴刻一面坡斜切法，同时，采用减地浅浮雕与阴刻阳线相结合的手法，如虎形玉饰、玉瑗等。还有用双勾阴线，突出阴线之间的阳纹，如牌形玉片等。多数玉器上有一至七个大小不等的钻孔。特别是在数量达10300多粒，如油菜籽大小的珠子上，每粒都钻有孔。牌形玉片上有些稍大的孔，是用管钻的，素面牌形玉片上还留有不少切割线痕等。这些都为我们研究当时的制玉工艺及工具提供了实物资料。

苏州市政府对真山大墓发掘十分重视，专门成立了真山考古工作领导小组，并在经费上给予支持。另外，在发掘之前以及完成四分之一封土发掘后，江苏省地震局张治天高级工程师运用GPM技术，对真山大墓及其周围进行两次测探，为发掘提供了科学依据。在此一并表示感谢。

清理发掘：朱伟峰　钱公麟　丁金龙　张照根
陈瑞近　陆彩霞　徐兴元　姚继元
领队：纪仲庆　丁金龙
顾问：钱公麟　龚金元
绘图：张照根
拓片：强明中
摄影：陈瑞近
执笔：丁金龙　朱伟峰

注释

① 华山海拔46米，为一处新石器时代至商周时期遗址。

② 宋·朱长文《吴郡图经续记》："阳山，在吴县西北三十里。一名秦余杭山，一名四飞山。《吴越春秋》云'越王葬

夫差于秦余杭山卑犹'，盖即此山也。"

③ 朱建明：《浙江德清原始青瓷窑址调查》，《考古》1989 年第 9 期。

④ 南京博物院：《江苏句容浮山果园土墩墓第二次发掘》，《文物资料丛刊》(4)，文物出版社，1981 年。

⑤ 刘兴、吴大林：《谈谈镇江地区土墩墓的分期》，《文物资料丛刊》(6)，文物出版社，1982 年。

⑥ 邹厚本：《江苏南部土墩墓的分期》，《文物资料丛刊》(4)，文物出版社，1981 年。

⑦ 浙江省文物考古研究所：《浙江长兴县便山土墩墓发掘报告》，《浙江省文物考古研究所学刊：建所十周年纪念(1980—1990)》，科学出版社，1993 年。

⑧ 河南省文物考古研究所、三门峡市文物工作队：《上村岭虢国墓地 M2006 的清理》，《文物》1995 年第 1 期。

⑨ 浙江省文物管理委员会、浙江省文物考古所、绍兴地区文化局等：《绍兴 306 号战国墓发掘简报》，《文物》1984 年第 1 期。

⑩ 河南信阳地区文管会、光山县文管会：《春秋早期黄君孟夫妇墓发掘报告》，《考古》1984 年第 4 期。

⑪ 河南省博物馆、淅川县文管会、南阳地区文管会：《河南淅川县下寺一号墓发掘简报》，《考古》1981 年第 2 期。

⑫ 姚勤德：《论严山出土的吴国王室玉器》，《吴地文化一万年》，中华书局，1994 年。

⑬ 浙江省文物考古研究所：《浙江长兴县便山土墩墓发掘报告》，《浙江省文物考古研究所学刊：建所十周年纪念(1980—1990)》，科学出版社，1993 年。

⑭ 固始侯古堆一号墓发掘组：《河南固始侯古堆一号墓发掘简报》，《文物》1981 年第 1 期。

⑮ 安徽省文物管理委员会、安徽省博物馆：《寿县蔡侯墓出土遗物》，科学出版社，1956 年。

⑯《越绝书》卷二："阖闾冢，在阊门外，名虎丘。""夫差冢，在犹亭西卑位。"另参见注②。唐·陆广微《吴地记》："岝崿山，一名鹤阜山……，俗名狮子山。"

⑰ 那志良：《中国古玉图释·玉衣》，台湾南天书店，1980 年。

（原载《文物》1996 年第 2 期）

1. 玉覆面（D9M1：49）出土情况

2. 棺椁漆绘纹饰

图版一 江苏苏州浒墅关真山大墓

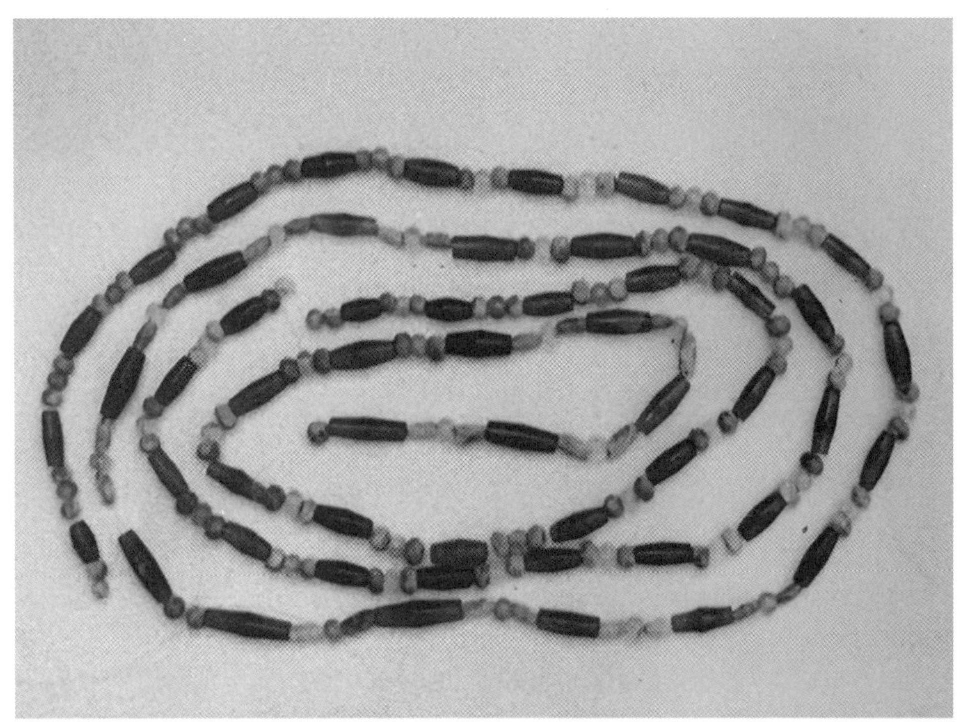

1. 玛瑙、绿松石、水晶串饰

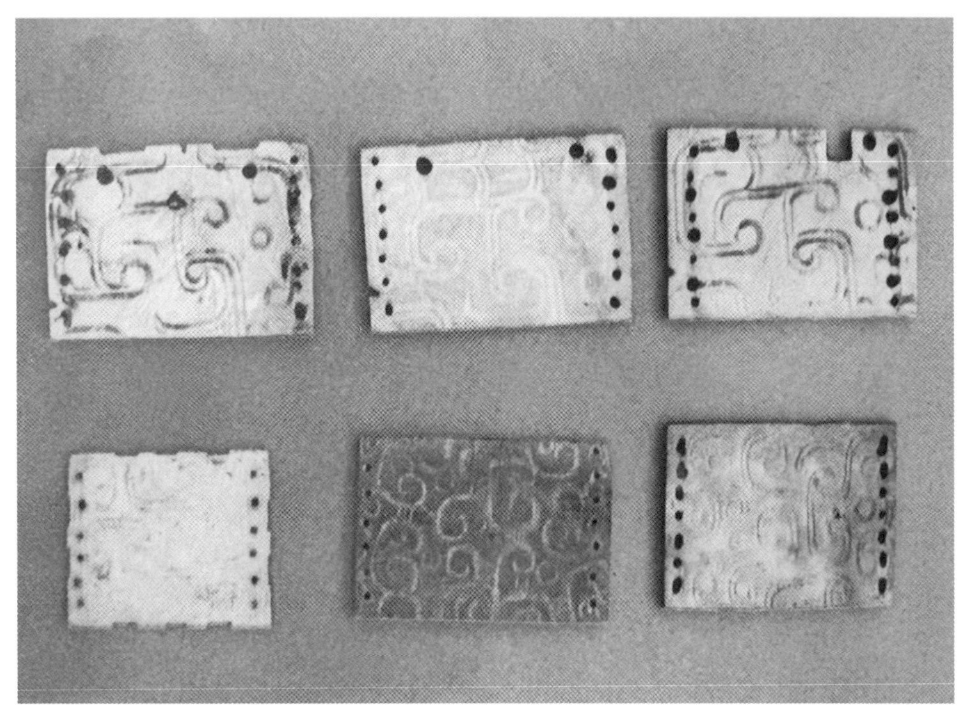

2. 牌形玉饰（D9M1：1）

图版二　江苏苏州浒墅关真山大墓

苏州真山九号墩吴国国君墓出土贝币

朱伟峰

真山位于苏州西郊浒墅关西北1.5千米，海拔76.9米。1992年秋发现古代墓葬，经苏州博物馆调查、发掘，发现57座土墩，并确知这里是一处春秋—汉代的墓地。特别是真山顶部的九号墩（D9），底径为70米、高15米，仅封土堆的土方量就达万余立方米。1994年11月至1995年4月，苏州博物馆正式发掘了真山D9大墓。该墓墓室东西长13.8米、深1.5米，东西有残长3米、宽4米的斜坡墓道。墓室西部的棺床长4.05米、宽1.92米。其上遗存厚厚的漆皮，漆皮多达十层，据此可知该墓为二椁三棺。墓室内随葬器物早年已被盗，但仍出土了大量遗物。棺床西部出土的由玉虎佩、玉瑗、玉眼罩、玉鼻罩和玉琀组成的玉面罩精美无比。其次，还有大量长方形玉片，大部分为素面，有的单面、双面有纹饰，玉片两端各有一排小穿。另外，还有数以万计的玉、玛瑙、水晶、绿松石和琉璃等质地的珠管类饰品，这些饰品都散落在棺床上。以上这些表明了墓主享有王侯一级的特殊葬制——玉殓葬。结合墓葬的地域、年代、位置、规模、二椁三棺及玉殓葬制，表明了墓主诸侯王的身份，因此D9应是吴国某一国君墓。出土遗物的造型、图案和封土中包括盗沟中的几何印纹陶、原始青瓷等器物和碎片都属于春秋中晚期，说明墓葬时代不可能晚于春秋中晚期。

令人关注的是在D9墓室东部靠近墓门处出土了大量天然贝和绿松石贝。这些贝原置于一只长约80、宽约40厘米的漆箱中。经过清理，漆箱内出土的天然贝完整的有1100多枚，破碎的也达数千枚，绿松石贝122枚。天然贝长15~25、宽12~20毫米。绿松石贝形似天然贝，但略小，正面中部略隆起，中间刻一条纵向细槽，似贝唇，但没有齿痕。细槽两端各有一穿孔，背平整。绿松石贝最大的长16.25、宽10.6、厚3.15毫米，重1.31克；最小的长12.69、宽7.74、厚2.28毫米，重0.45克。

苏州在春秋中晚期为吴国都城所在，而真山就位于苏州近郊。从时间、空间分析，真山D9大墓出土的这批天然贝和绿松石贝应是春秋中晚期吴国的遗物。墓中数以千计的天然贝和绿松石贝，都集中存放在同一只漆箱内，被放置在墓室中远离棺床的东部靠近墓门处。而数以千计各种质地的珠管类装饰品都集中盛放在棺床西南角的另一只漆箱内，并与盛放贝的漆箱相距约10米。这就排除了这些贝是装饰品的可能，因此，真山D9大墓出土的天然贝和绿松石贝都应是作为货币而随葬的。

真山 D9 大墓出土的绿松石仿贝，其加工难度和本身的价值都远超过了天然贝，并且两者数量相差悬殊，绿松石贝币与天然贝币的比例约为 1∶10，两者之间似乎应存在着一定的兑换比例关系。

苏州真山 D9 吴国国君大墓出土的天然贝币和绿松石贝币，无疑为揭开长期困扰学术界的吴国货币之谜提供了重要的实物资料。

（原载《中国钱币》1996 年第 2 期）

苏州真山 D9M1 玉器分析与研究

陈瑞近（苏州戏曲博物馆）
陆雪梅（苏州博物馆）

1995 年发掘的真山 D9M1，位于一座高 76.9 米的孤山顶部，整个封土台呈四面坡庑殿顶状，其封土台现顶部长 26 米、宽 7 米，外观高达 10 余米，整个封土台的土石方量达万余立方米。其墓室长 13.8 米、最宽处达 8 米。其棺椁为重椁重棺。从出土的漆皮处理后分析为七棺二椁，如此大规模的墓葬，惜早期被盗。盗沟在墓葬顶中部，长 18 米、宽 3 米，直插墓室，所有青铜器均被盗走，连一丝铜屑也没有残存，墓主的尸体也被挖出棺椁盗走，整个墓室几乎被洗劫一空，但却留下一个令人费解的现象出现在墓内。经过抢救性发掘，发现在墓中残留的遗物以玉器为主，共出土玉器万余件。如何认识这批残留玉器，对认识 D9M1 的性质至关重要。我们以玉器出土的位置为序，对这批玉器加以分析和研究。

一、棺内

（一）头部

头部发现了玉虎形佩 2 件、稍小拱形饰 1 对 2 件、拱形饰 1 件、玉瑗 2 件、长条束腰形饰 1 件（本文引用 D9M1 的材料将不作详细描述，详见《文物》1996 年第 2 期《江苏苏州浒墅关真山大墓的发掘》）。如稍挪动、整理一下，就出现了虎形佩 2 件代表双眉、稍小拱形饰 2 件代表双眼、拱形饰 1 件代表鼻、玉瑗代表面额、长条束腰饰代表口琀的一套 8 件玉饰的玉面饰。那么，它们组成的根据是什么呢？首先我们分析一下这 8 件玉饰件的情况，虎形佩 2 件为单面纹饰，而且首、尾各有一穿，说明应是依附在某一物品上的附件。正面朝外，有纹饰，而反面为素面，两面琢刻后，锯割分成二片，细观有锯割痕迹，并且厚薄略有差别，所以其后面是依附在某一物件的一面。如果是这样的情况，也只能首首相对而放。作为两件玉瑗也有着异曲同工之处。那么，两件稍小拱形饰，形状、大小完全一致，应作双眼罩，另外一件稍大拱形饰，应作鼻罩，它们都出土在头部位置，除了作玉面饰外，还能有其他什么用途呢？“幎目用缁，方尺二寸……裹，著，组系。”在其上缝或放几块玉，表示出眉、眼、鼻、口等，把死者面部蒙起来，故称“玉面饰”。

应该说玉面饰的应用已久远，虽然 D9M1 的玉面饰在江南一带似乎第一次发现，而从目前考古材料看，长安张家坡西周井叔墓 M157 出土的几件玉器①，为西周懿王时期，象人眉（M157：96）、象人目（M157：97）、象人嘴（M157：56），还有耳（M157：108）、鼻（M157：103）。这几件玉器为单面纹饰，在边上都有很小斜透的穿孔，显然是附缀在织物一类的东西上，蒙在死者的脸部。

还有 M303 也出土一组，被盗不完整，现存 19 件，都是正面有刻纹，背面为素面，斜孔大多在侧面。

河南三门峡上村岭虢国墓地 M2006 出土了面部以鸟、虎、鱼、璜、盘龙、耳等组成的缀玉面罩②，而 M2001 虢国国君墓的冥目是用玉，仿照人面部各部位的形状而专门制作的葬玉③。特别是北赵晋侯墓地④，除被盗破坏的墓外，M8、M31 都出土缀玉覆面，其中 M8 为双层缀玉覆面。M62、M64、M91、M92、M93 等都有缀玉覆面，但 M63 为“中”字型大墓，其墓没有随葬缀玉覆面。

北赵晋侯墓地是从西周早中期至春秋早期的晋侯及夫人墓，那么，晋国与吴国又有什么关系呢？从文献中略知一二。《春秋左传·成公七年》:“巫臣请使于吴，晋侯许之，吴子寿梦说之，乃通吴于晋。以两之一卒适吴，舍偏两之一焉。与其射御，教吴乘车，教之战阵，教之叛楚……蛮夷属于楚者，吴尽取之，是以始大，通吴于上国。”《春秋左传·成公八年》：“晋侯使申公巫臣如吴。”

文献材料引证了考古材料，D9M1 出土的玉面饰受到晋国影响应该说是个事实，而其突破了中原玉面饰单一传统的平面模式，创造了更趋真实的立体效果。并且个性强烈，特征鲜明，简单明了，也可以说明玉材料的珍贵。

但有些学者对 D9M1 的玉面饰持有怀疑态度，那么如果不是它，又是什么呢？作为玉面饰一般说单面饰基本上都是附件相配，或缝缀在某种器物及丝帛上。虎形佩和玉瑗不仅是大小一致、完全相同的单面饰，象征玉面饰上的眉和面颊是完全相称的。更之，三件拱形饰中，两件小的形状、大小均一致，作为眼罩，另一件大的作为鼻罩。除此之外，在头部位置还能作什么用呢？而长方形束腰形饰却为两面饰，正反纹饰相一致，作为放入口中的含玉，应该说是客观的、真实的。当然放置方法有多种，一是直接放入口中，二是在用缁作的面罩上，代表口。除两件虎形佩、两件玉瑗缝在面罩上，代表眉、面颊，其余拱形饰、长方形束腰形饰均放在缁上，来表示眼睛、鼻子和口。

（二）胸部位置

在胸部位置出土的都是各式各样、大小不一的串珠，如绿松石、孔雀石质地达近万粒之多，近半数都是残破的，完整的有近 5000 粒。数量如此多，而且都有孔，小者仅油菜籽大小，孔径仅 0.3 毫米，应该是在墓主尸体被拖出主棺时散落的。而且在胸部以下部位，还有零星发现。一般认为是串饰，但是如此之多，不应该仅仅是串饰而已。应当考虑是否和文献记载中介绍的同时期的“珠襦”有密切关系。《吴越春秋·阖闾内传》：“阖闾葬女。金鼎玉杯，银樽珠襦之宝，皆以送女。”特别是《墨子·节丧》：“存乎诸侯，死者虚车府，然后金玉珠肌比乎身。”这些都反映了珠襦的存在。应该说反映珠襦作为上衣，那么这数以千计的串珠均出土于胸部位置，也就在上身，这也正说明了珠襦的存在。事实上和吴国有关系的墓葬中均出土过穿珠。

河南固始侯古堆一号墓⑤，墓主为“勾吴夫人”。“打开内棺发现料珠散遍死者全身……，小者直径仅 0.2 厘米，而磨制非常工整。”绍兴 306 号墓“玛瑙管 35 件，玛瑙珠 61 颗，琥珀小圆珠 5 颗，绿松石珠 1003 颗，散布于墓底及土台上”⑥。和吴国有姻亲关系的寿县蔡侯墓中⑦出土的“玉珠 4 件有穿孔，紫晶珠 5 件有穿孔，绿松石 1518 颗，形式大小不同，有长形如大米的，有圆形如绿豆的，也有小如小米，均有穿孔”。特别是《后汉书》卷六十五《张奂传》引陆翙《邺中记》曰：“……永嘉末，发齐桓公墓，得水银池，金蚕数十箔，珠襦、玉匣、缯采不可胜数。”这些考古实例也都间接反映了珠襦的存在。那么这些穿珠是用什么线将它们穿接的呢？其孔小者圆孔直径仅 0.3 毫米，而穿孔长者为 1.5 厘米。而在江苏吴县春秋吴国王室窖藏中出土的长方形佩“J2∶71 内孔中，清理出一小段麻织物，显然是系挂此类佩饰的绳线残段”[⑧]。还如《苏州虎丘东周墓》[⑨]文中介绍，“在铜匜下有麻织物一块”，它们的发现，打开了这一疑窦。当时还未发现金属丝，如果有金属丝，不易腐烂就容易被发现。更之，丝线软，不易穿孔。而麻织线较丝线硬，具有弹性，是当时最合适的编缀连接的材料。特别是真山和严山相距仅 2 千米。

（三）腰部及腰部以下位置

此处共发现了 17 片长方形玉饰片及精美纹饰的拱形饰 3 组 6 件，还有长方形束腰形饰等。

1. 玉饰片，在腰部以上部位没有发现，而在棺床的东外侧发现了百余件长方形玉饰片，那么我们可以设想墓主尸体被拖出主棺，身上的珠饰有些早已散落，有些在墓主尸体移动时散落，而在上身部位没有发现一片玉饰片，说明玉饰片应该为腰部以下部分的饰件，并且在腰部以下位置发现了 17 片而加以证明。玉饰片共 187 片，其中单面有纹饰的有 22 片，双面有纹饰的有 27 片，素面 138 片。所有的玉片两边均排列有六至八孔，但多数为七孔。其中特别令人关注的是单面饰片中有 12 片，在其上方有对称的较大孔两个。而且这 12 片大小、厚薄均规整一致，特别是纹饰如出一辙，并双孔均朝上。另外有 10 片双面饰片中，在一角有一个较大的孔，这些孔的出现绝不是偶然的。如果我们将 12 片单面饰玉片横成一排，较大孔全部朝上，一条腰带饰油然而生。再将其单面饰玉片在两头继续排列延伸，而将双面饰片上方一角有一孔的两两对应，间隔放置，竖成二行在中间纵列，也就和腰带形成“T”形，然后将余下的双面饰玉片下横列一排，呈“工”形。中间将素面玉片按顺序排列布满，一件玉甲饰就形成了。为什么要这样排列呢？以上述分析，玉饰片出土的位置在腰部及腰部以下位置，每片玉饰片的两头均有七个孔，一定是缝在布帛一类的物件上。第三，以单面饰的纹饰图案，说明了较大的双孔位置应该朝上；第四，一部分双面饰片一角有一孔，这就形成中间纵列的合缝（相当于现代服饰上的门襟）。这就形成了以玉饰片做成的下衣——玉甲饰。它的出现，实际上除了作为人体外表的某种装饰，而更主要的是其位置正处于人体的下腹部，为一软裆。它的出现，应是以保护为目的的一种护甲装饰，进而发展成为一种代表其身份的象征。

它的出现是有一个发展的过程，受到中原文化的影响，如西周晚期上村岭虢国墓地 M2006 出土长方形饰 1 件，“长方形扁平状、素面，一端有一圆穿”[⑩]。再如春秋早期黄君孟夫妇墓出土“牌形玉饰 17 片，四角各有一圆孔；兽面玉饰 28 件，单面饰有 1～4 个钻孔”[⑪]。而上述真山大墓出土的玉饰片，不仅数量多，而且位置相对明确，成为一个整体——玉甲饰。如果我们再将时代相近的墓作一比较，如山西长治分水岭东周墓 M269、M270，其中 M269 出土“玉片 3 件长方形，四角穿孔”，M270 出土“玉片 17 片，长方形，上方穿孔”，两墓时代为春秋晚期或战国早期[⑫]。寿县蔡侯墓出土“长方形片饰 8 件，各有四穿孔，一面花纹，大小不同”。绍兴 M306 出土“方形玉饰 1 件，四角有对穿小孔”[⑬]。

2. 拱形玉饰 3 组 6 件。其中最大的一组，为两件合为半琮式的饰件。而另外一中、一小的两组，分别为两件合为半镯式的饰件。其到底是什么性质的玉饰件呢？从其出土的位置判断，应该在腰以下部位，作为男性阳具饰套是最恰当不过的了。为什么呢？首先其位置正好在墓主尸体阳具的部位，原因是尸体移动向北侧翻到中偏北的部位。第二，如果将其琮式的一组放在上面，另镯式的二组中，小的一组放在中间，中的一组放在下面，作为龟头饰，真是形状逼真。第三，在北赵晋侯墓中的 M8 中“死者大腿根部有玉琮 1 件”。M91 “在股骨间有玉琮 1 件”[14]。更如在真山以西的严山出土的玉器窖藏中[15]，出土的半个良渚文化时期的琮，报告中介绍是作为玉材料，我们认为不是玉材料，也应作为阳具式一样性质的玉器。当然，作为满城汉墓的墓主刘胜尸体男根位置上，放半个琮[16]，更是一个旁证。这些都说明了这 3 组 6 件拱形饰作为墓主的阳具饰是有一定的道理。事实上阳具饰是男根的象征，是繁殖后代的崇拜物，是传宗接代的信物。真山大墓出土的阳具饰，镌刻精美无比，纹饰繁缛，威严庄重，可见其意义重要。

3. 长方形玉饰（D9M1：13、D9M1：14）也出土在腰部位置。那么，这 2 件玉饰又有什么作用呢？从这 2 件玉饰件分析，不难发现其中间均有束腰，宽分别为 0. 8、0. 5 厘米，特别是 D9M1：13 两头有纹饰，中间束腰处为素面内凹，这无疑中间应该裹有东西，而且系有丝帛带一类绳带最贴切。其作为系物的带扣头是最为合适的，在这里应该是作为腰带的带扣头。不仅位置正确，而且作为布帛的腰带一头固定在方形玉饰的束腰处，另一头是布帛的圈形套，而在腰带的表面上，将玉饰片缝缀其上，成为一条完整的腰带。

4. 多孔玉管 2 件（D9M1：29、D9M1：41）。此件中贯穿，形似小笛，但两端各有一小圆形片堵塞。管壁一侧钻有两孔，另一侧钻有三孔，应该为挂饰上的“珩”，而不可能是乐器——笛类的物件。

二、棺外椁内

出土的主要是椁西南角一件长 60、宽 25、高 15 厘米的装有串饰的漆盒，漆盒内整齐地排列着一条条长约 60 厘米的串饰。有棕红色的玛瑙竹节形管、绿色的绿松石或孔雀石珠、白色的水晶或玛瑙珠、绿色的绿松石或孔雀石珠、棕红色的玛瑙竹节形管，依次排列。共有 3 层，每层 8 条，共 24 条。而在其中夹着一条条绿松石或孔雀石珠的各种各样的小型的穿珠约 6000 ~ 7000 颗之多，为保存原状，仅清理了约三分之二。

那么这一盒的串饰为何物呢？是串饰吗？从周代列国大墓中，没有仅仅都是穿珠的串饰。不管是头饰、项饰，还是胸饰，都与其他璜、珩、坠相配。那么这些串饰又是何物呢？我们认为是保存最完整的墓主生前所穿的一件“珠襦”，为什么呢？襦，短袄。段玉裁《说文解字注 · 衣部》：“襦，若今袄之短者。”而且所幸的是，此盒没有被盗，更没有遭到破坏、移动。虽然盒及串线已腐蚀，但串珠基本保持原状。襦，短袄，所以其长度为 60 厘米，也基本上符合珠襦的长度。整件珠襦以 24 条有玛瑙管和绿色、白色串珠为主要的经线，再配以数十条绿色小珠穿成的串饰，这是一件五光十色的珠襦。如何穿法，目前只能按《汉书 · 霍光传》中霍光废昌邑王时：“太后被珠襦，盛服坐武帐中……”，而 D9M1 出土的珠襦作为陪葬应该是墓主生前所穿的外套。而作为陪葬珠襦，在汉代盛行。《西京杂记》卷一：“汉帝送死皆珠襦玉匣。”《汉书 · 董贤传》：“东园秘器，珠襦玉匣，豫以赐贤，无不备具。”并且还有考古实例，云南江川李家山古墓群[17]中出土了“数以万计的、不同形状的、不同颜色的玛瑙、软玉、绿松石珠饰以及用这些珠饰连缀成长方形的覆盖物。这些覆盖物大小不一，有长 1 米多，宽 60 ~ 70 厘米的，也有不及 1 米，宽 30 ~ 40 厘米的”。特别是 M24，“有绿松石珠子连缀而成的长方形覆盖物，盖在死者身上”。这些覆盖物无不与珠襦有关，这些墓葬时代为战国晚期至东汉早期，其和D9M1的珠襦应有递嬗关系。

D9M1出土的珠襦在棺内的串饰，由于尸体被盗，留下的数万粒小珠，而且大部分残损，不能真实地反映“珠襦”的原貌。而这一完整一盒串饰所代表的一件珠襦，反映了春秋时期珠襦的情况，而且在当时对墓主来说，也较为珍贵，特别是其盛放在镶嵌着玉饰的漆盒内，由于漆盒腐蚀，镶嵌饰片散落在旁边，这百余片形状不一的绿色玉片，质地有玛瑙、绿松石、孔雀石等，这些形状奇特的小玉片能拼凑多种图案，但不管如何，其主题还是兽面纹。

三、椁外

椁外，几乎都是被盗墓后，偶尔失落的残件。如璜形玉饰4件，玉髓质地，其中2件是一端仅一孔，而另外2件虽然两头各有一孔，而其方向相逆。这4件璜形玉饰的发现，说明了墓主尸体被拖出棺椁后，其佩饰散落在棺外的例证，如按照一般佩饰组合的常识，此4件应该是佩饰中的冲牙一类，有双孔的，应系于单孔之上，单孔的是牙。

玉钩3件，大小不一，是何物呢？仔细研究，我们不难看出弯钩部分方形四棱被削，称之为“抹角”。磨制光滑，制作精工，而尾端粗糙，大相径庭。充分说明了尾端明显是插某主体物件中的一部分。这就清楚地说明了这3件玉钩应该是挂编钟或编磬的钩子，而且说明一定不止此3件，起码应为9件或13件。

通过对D9M1出土玉器的分析、研究，反映了D9M1虽然被严重破坏，但残留的玉器不仅纹饰精美，而且充分说明了其墓主享有一定的地位和权力，才能随葬有如此内涵丰富、品种繁多、制作精良的玉器，这是继吴县严山出土的吴国王室玉器后又一次重大发现。

D9M1出土的玉器精粹也就是以其玉面饰、珠襦玉甲和阳具饰组成的玉殓葬，它继承和发展了中原文化，基本上在国内同时期墓中为首次发现。区别于北赵晋侯墓和其他许多墓中以缀玉覆面、四璜四珩联珠玉佩、玉璜联珠玉佩或玉牌戈联珠佩饰和玉琮……组成的玉殓葬。反映了春秋中晚期已形成了王侯一级特殊的玉殓葬制度，是汉代金缕玉衣的雏形。

如果广义地探讨，这种制度在吴越地区具有悠久的历史。在新石器时代良渚文化时期，太湖流域的良渚大墓中已经出现了以琮、璧、钺等重器，附以头饰、项饰、串饰、佩饰组成玉殓葬。夏商周三代中作为王侯一级大墓中，玉器出土的品种、数量几乎都和墓主的身份有关。如果说，新石器时代的玉器既作为礼器，又作为葬玉则标志着墓主生前的地位、权力和身份。到了青铜时代，在夏商周三代是以青铜礼、乐器代表墓主生前的地位和权力，那么，玉器则是显示其身份的标志。

吴国强盛是与其“通中国”分不开的，也就是向中原文化学习，吸取中原文化的精华。玉面饰应是这一时代的产物，它的出现也反映了墓葬的年代，更反映了它对中原文化不是完全照搬，而是兼收并蓄、弘扬广大，使其更趋形象化、明了化。仅用代表眉、眼、鼻、脸、口8件组成的玉面饰，简明扼要。而是用其尺寸大小来表示其身份的贵贱。它的出现能使我们重新认识“寿县蔡侯墓”“吴县严山春秋吴国王室玉器”“绍兴306号墓”等出土的虎形佩、龙形佩的性质和用途，也进一步说明真山D9M1墓主的身份和地位与上述墓有着明显的区别。

珠襦的出现应该是吴文化的产物，吴人有“断发纹身”的习俗。D9M1 中出土的珠襦，它以棕红色、白色、绿色各种穿珠相间而串，不仅串珠大小、形态多姿，而且色彩斑斓，真是绚丽多彩，是“文身”之缩影，而且文献上也有记载。在中原春秋时代以前，目前还没有见到考古实例。战国晚期，《墨子·节丧》曰：“存乎诸侯，死者虚车府，然后金玉珠玑比乎身。”反之，我们还应注意到任何一件事物的形成，都是受到多种因素的影响、启迪，进而发展而成的。珠襦的产生也应如此，受到中原文化的影响。如北赵晋侯墓[18]中出土的大量佩饰，如玉璜联珠玉佩、四珩四璜联珠串饰、玉牌戈联珠佩饰，特别是玉牌串珠佩饰。这些串饰、佩饰的出现，无疑起到引导珠襦形成的作用。加之，吴人传统的文身习俗，两者的结合还有其他因素的合力而出现了珠襦。

玉甲的出现，也应该和珠襦一样，是有一个诱导的过程。玉饰片的出现，作为饰件中的某些点缀，在中原西周、春秋早期墓中经常出现。而 D9M1 中将其引用为一种以保护为目的的装饰出现在人体的下腹部软裆处，进而发展成为一种代表其身份的标志，也是对中原文化的吸收、融会贯通，成为吴文化自己的内涵。

总之，珠襦玉甲是吴文化习俗，由于它的出现形成了王侯一级的玉殓葬的内容，一直影响到战国、汉代。在汉初，由于金缕的出现，如山东临沂西汉刘疵墓[19]中的“金缕玉片缀成的头罩、手套和脚套组成的‘金缕玉套’”。到西汉刘胜墓[20]中的“金缕玉衣”。玉衣也成为了汉文化王侯级玉殓葬的礼制。同样，珠襦、阳具饰也是汉代玉殓葬的一部分。

综上所述，对 D9M1 出土玉器的研究，使我们进一步了解春秋时期墓中随葬玉器是代表墓主身份的一个组成部分。墓葬中每一件玉器都有其内涵，都是代表其身份的一个组成部分。对它们的研究，有利于启发我们对当时玉器所反映的礼仪制度的认识。将使我们对出土的每一件玉器有更深的了解，而绝不是仅仅根据其形状望文生义地取一名字，定其冠名。对其的研究也必将使我们对中华玉文化的认识有所启示。作为中华文化的一个组成部分的吴文化，D9M1 出土的玉器则是吴文化的一个组成部分，它的发现证明了吴文化是吸收了中原文化及其他诸文化的精华，继承了自己的传统文化而发展壮大的。同样吴文化是汉文化的一个分支，其精髓也被汉文化所吸收、发扬光大。

注释

① 张长寿：《西周的葬玉——1983~1986 沣西发掘资料之八》，《文物》1993 年第 9 期。

② 河南省文物考古研究所、三门峡市文物工作队：《上村岭虢国墓地 M2006 的清理》，《文物》1995 年第 1 期。

③ 河南省文物研究所、三门峡市文物工作队：《三门峡上村岭虢国墓地 M2001 发掘简报》，《华夏考古》1992 年第 3 期。

④ 山西省考古研究所、北京大学考古学系：《天马－曲村遗址北赵晋侯墓地第二次发掘》，《文物》1994 年第 1 期；《天马－曲村遗址北赵晋侯墓地第三次发掘》，《文物》1994 年第 8 期；《天马－曲村遗址北赵晋侯墓地第四次发掘》，《文物》1994 年第 8 期；《天马－曲村遗址北赵晋侯墓地第五次发掘》，《文物》1994 年第 7 期。

⑤ 固始侯古堆一号墓发掘组：《河南固始侯古堆一号墓发掘简报》，《文物》1981 年第 1 期。

⑥ 浙江省文物管理委员会、浙江省文物考古所、绍兴地区文化局等：《绍兴 306 号战国墓发掘简报》，《文物》1984 年第 1 期。

⑦ 安徽省文物管理委员会、安徽省博物馆：《寿县蔡侯墓出土遗物》，科学出版社，1956 年。

⑧ 吴县文物管理委员会：《江苏吴县春秋吴国玉器窖藏》，《文物》1988年第11期。

⑨ 苏州博物馆考古组：《苏州虎丘东周墓》，《文物》1981年第11期。

⑩ 河南省文物考古研究所、三门峡市文物工作队：《上村岭虢国墓地M2006的清理》，《文物》1995年第1期。

⑪ 河南信阳地区文管会、光山县文管会：《春秋早期黄君孟夫妇墓发掘报告》，《考古》1984年第4期。

⑫ 山西省文物工作委员会晋东南工作组、山西省长治博物馆：《长治分水岭269、270号东周墓》，《考古学报》1974年第2期。

⑬ 浙江省文物管理委员会、浙江省文物考古所、绍兴地区文化局等：《绍兴306号战国墓发掘简报》，《文物》1984年第1期。

⑭ 山西省考古研究所、北京大学考古学系：《天马－曲村遗址北赵晋侯墓地第二次发掘》，《文物》1994年第1期；《天马－曲村遗址北赵晋侯墓地第三次发掘》，《文物》1994年第8期；《天马－曲村遗址北赵晋侯墓地第四次发掘》，《文物》1994年第8期；《天马－曲村遗址北赵晋侯墓地第五次发掘》，《文物》1994年第7期。

⑮ 吴县文物管理委员会：《江苏吴县春秋吴国玉器窖藏》，《文物》1988年第11期。

⑯ 中国社会科学院考古研究所、河北省文物管理处：《满城汉墓发掘报告》，文物出版社，1980年。

⑰ 云南省博物馆：《云南江川李家山古墓群发掘简报》，《文物》1972年第8期。

⑱ 山西省考古研究所、北京大学考古学系：《天马－曲村遗址北赵晋侯墓地第二次发掘》，《文物》1994年第1期；《天马－曲村遗址北赵晋侯墓地第三次发掘》，《文物》1994年第8期；《天马－曲村遗址北赵晋侯墓地第四次发掘》，《文物》1994年第8期；《天马－曲村遗址北赵晋侯墓地第五次发掘》，《文物》1994年第7期。

⑲ 临沂地区文物组：《山东临沂西汉刘疵墓》，《考古》1980年第6期。

⑳ 中国社会科学院考古研究所、河北省文物管理处：《满城汉墓发掘报告》，文物出版社，1980年。

（原载《东南文化》2000年第5期）

苏州真山四号墩发掘报告

苏州博物馆

一、遗址概况与发掘成果

真山位于苏州浒关镇西北约1.5千米处，山体似大鹏展翅，分大、小真山两个山脉。1992年至1995年在真山东周墓地考古发掘的同时，苏州博物馆考古队对遍布山上的大小土墩进行了普查和逐一编号，计57座。已发掘D1、D2、D3、D6、D8、D9、D16（图一），其中位于小真山的D1、D2、D3属战国墓，D6、D8是汉墓，位于大真山的D9、D16是春秋墓，特别是D9属春秋吴国国君墓。1998年10月在真山风景旅游区的开发过程中，小真山四号墩1号墓显露，苏州博物馆即组队赴真山进行清理。不久1号墓周边又发现墓葬若干，次年5月，考古队再次进行了抢救性发掘，共清理战国墓葬2座，汉墓5座（图二）。均为长方形竖穴式基岩墓，深浅不一，随葬品也较简约，以陶器组合为主，少量铜镜和玉璧。下面对这次发掘简要报告如下。

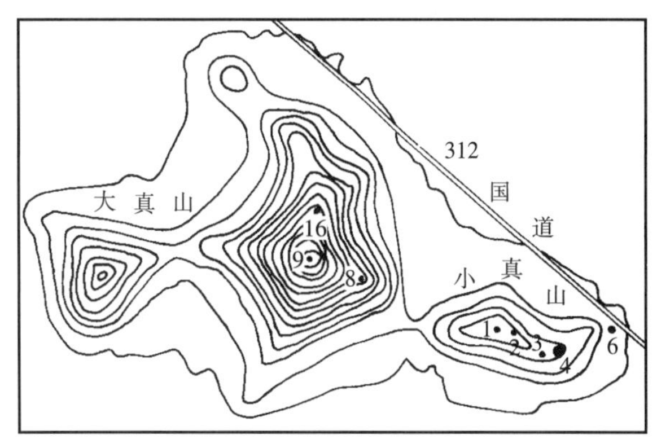

图一　小真山四号墩位置示意图

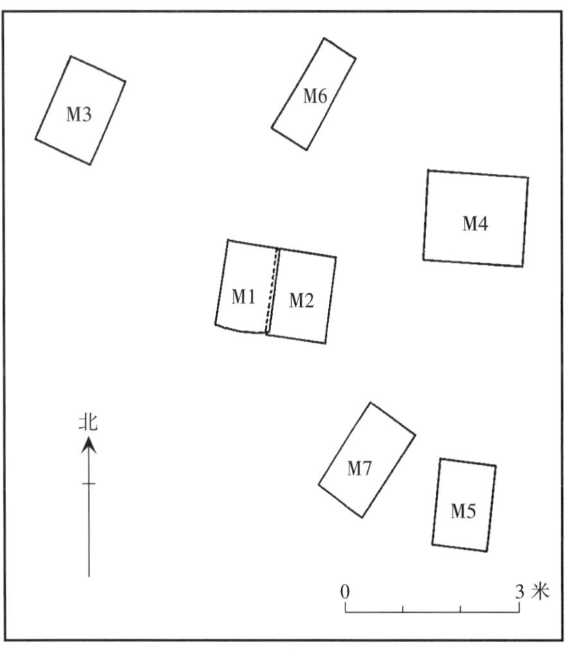

图二　四号墩墓葬分布图

（一）D4M1

1. 墓葬形制

长方形竖穴墓。方向北偏东5度。墓周凿石粗糙不规整。长2.9米、宽1.8米、深1.85米。填土为夹砂红褐土。尸骨已腐。随葬物为一组陶器，其中一黑皮陶小罐边发现有朱红，下压一块铜锈泥，可能是铜镜，这两件文物应装在漆盒内，但漆盒已朽，仅见黑色漆皮（图三）。

2. 随葬遗物

黑皮陶罐　1件。M1：1，灰胎黑皮。小平沿

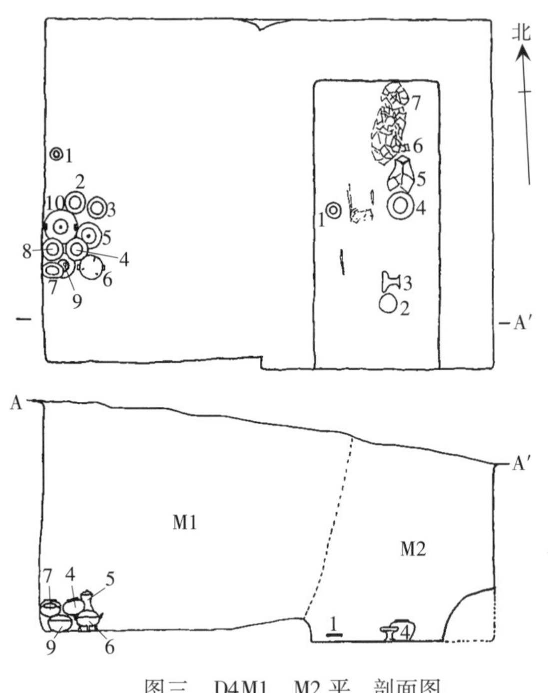

图三 D4M1、M2平、剖面图

略向外倾斜，直口，扁鼓腹，平底内凹。腹上饰水波纹数道。口径7.6、腹径9.6、底径5、高4.7厘米（图四，1）。

灰陶罐 5件。泥质灰陶。圆唇直口，扁鼓腹，平底内凹。M1：2，口径9.8、腹径16.8、底径8.3、高9.5厘米（图四，2）。

釉陶壶 1件。M1：5，硬质釉陶。平唇，长颈，圆鼓腹，圈足，肩附两辫形纽，有壶盖。口至腹上部施绿釉，腹上饰弦纹和水波纹。口径11.5、腹径21、底径12、高32.8厘米（图四，3）。

釉陶鼎 1件。M1：6，硬质釉陶。器身为子母口，球形体，上有一盖，盖上附三个兽形支钉，并施有一滴翠绿装饰釉，器身两侧有方形附耳，器底承三兽形足。腹上部施绿釉。口径13.9、腹径18.2、底径10、高15.7厘米（图四，4）。

釉陶盒 1件。M1：9，硬质釉陶。器身与盖以子母口相合，扁圆形体，矮圈足。腹部有一道凹弦纹，施绿釉，盖上亦饰弦纹。口径18、腹径18.4、底径10.5、高13.7厘米（图四，5）。

釉陶瓿 1件。M1：10，硬质釉陶。平沿直口，扁鼓腹，上有瓿盖，盖上有捉手，肩两侧附铺首，平底附三舌形足。口径10.9、腹径27.5、底径15.6、高20、足高1厘米（图四，6）。

（二）D4M2

1. 墓葬形制

长方形竖穴墓。位于M1东，被M1打破，方向与M1一致。墓室长2.9米、宽2.1米、深2米。填土为灰黄色黏土。墓穴比M1深15厘米，东、西、北三面有二层台，西侧二层台为M1所打破。墓主

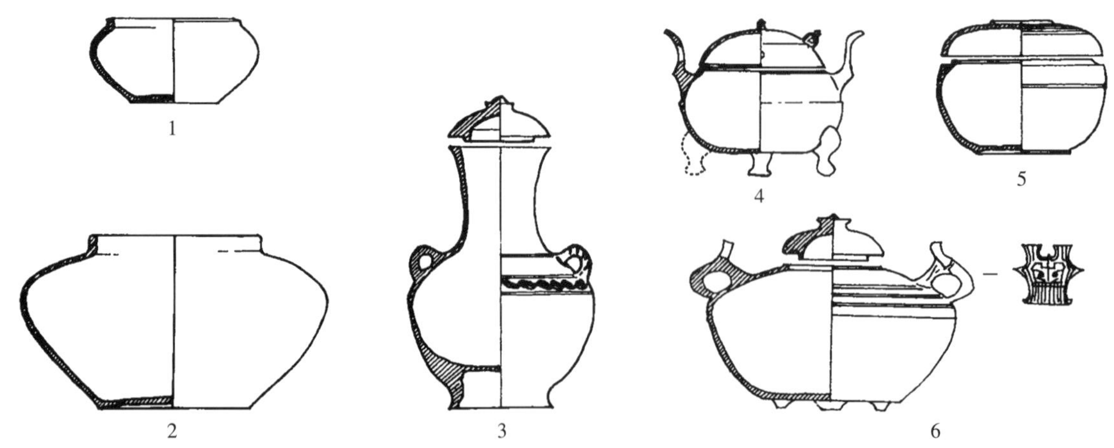
图四 D4M1出土器物

1. 黑皮陶罐（M1：1） 2. 灰陶罐（M1：2） 3. 釉陶壶（M1：5） 4. 釉陶鼎（M1：6） 5. 釉陶盒（M1：9） 6. 釉陶瓿（M1：10）

头南足北，有骨架腐痕，较细小。身右侧随葬一组陶瓷器，胸前随葬一块晶莹透亮的琉璃璧（图三）。器物均单件，推测墓主为小孩。

2. 随葬遗物

琉璃璧 1件。M2∶1，色淡青。一面为素面，一面光滑透亮饰乳丁纹。直径11.2、孔径4.4、厚0.3厘米（图五，1）。

陶豆 2件。均为泥质灰陶。圆唇敞口，浅腹，喇叭形圈足。M2∶2，口径15、腹径16、底径9.45、高12.3厘米（图五，2）。

原始瓷罐 1件。M2∶4，米黄色。尖唇直口，圆鼓腹，大平底。口沿下饰几道水波纹，腹体饰米筛纹。口径11.7、腹径20.6、底径13.8、高16.7厘米（图五，3）。

红陶钫 1件。M2∶5，泥质红陶。四棱方形，方口微敞，束颈，斜腹下收，覆斗状方圈足。口径11.4、最大腹径21.2、底径13、高35.6厘米（图五，5）。

红陶鼎 1件。M2∶6，泥质红陶。扁球体，两侧饰方形附耳，长蹄足。口径21.7、腹径22.6、高24.3、足高14.3厘米（图五，4）。

（三）D4M3

1. 墓葬形制

长方形竖穴墓。方向北偏东13度。长3.25米、宽2.25米、深3.9米。墓壁凿痕整齐平直，四周均用青灰泥涂壁。填土中夹杂春秋时期印纹陶片。墓穴内尸骨腐烂无存。出土陶器1组、青白玉璧1块和铜镜1面。铜镜放在七角形的漆盒内，漆盒腐烂无法修复。随葬陶器计13件，以软陶为主，有高足鼎、陶豆等（图六）。

2. 随葬遗物

玉璧 1件。M3∶1，青白玉。平圆形，中央有孔。素面。直径11.8、孔径3.5、厚0.5厘米（图七，1）。

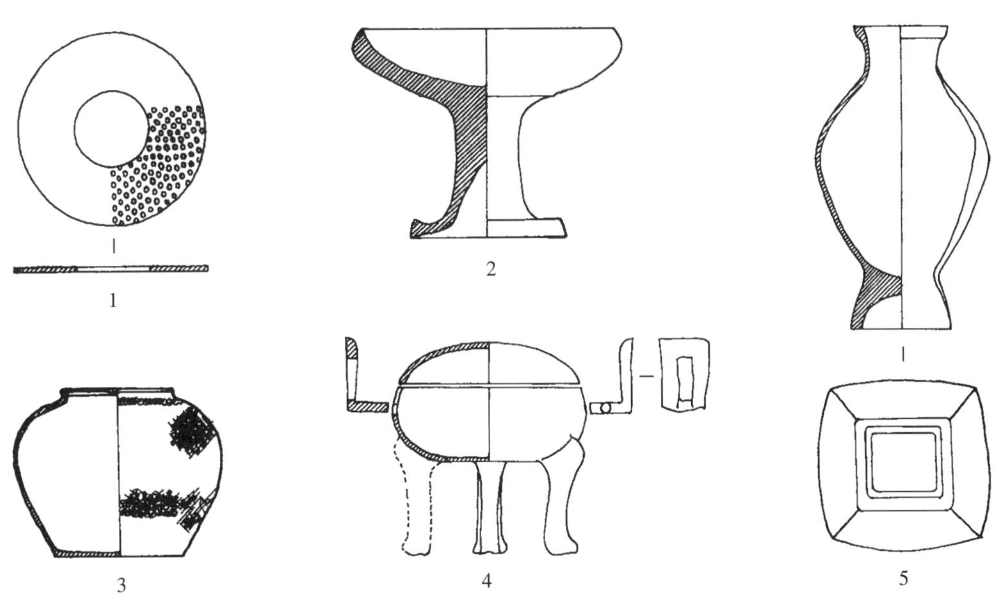

图五 D4M2出土器物

1. 琉璃璧（M2∶1） 2. 陶豆（M2∶2） 3. 原始瓷罐（M2∶4） 4. 红陶鼎（M2∶6） 5. 红陶钫（M2∶5）

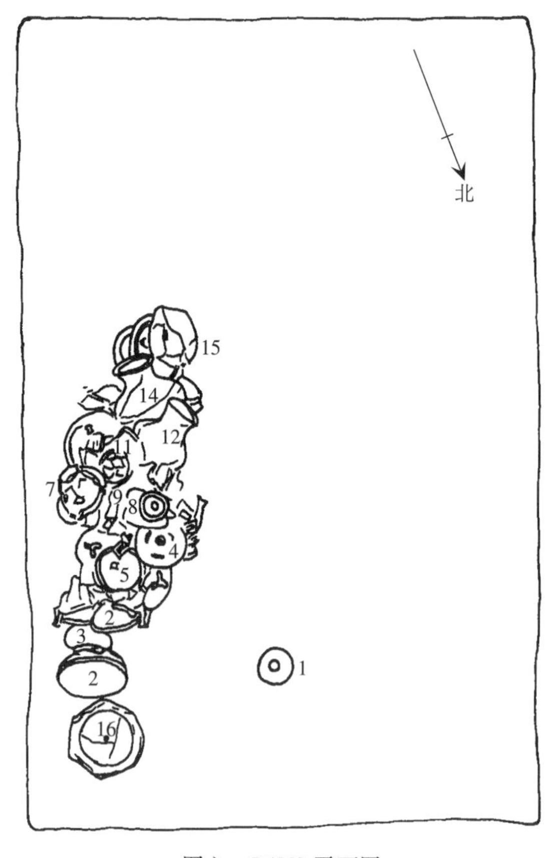

图六 D4M3 平面图

陶鼎 2 件。灰色软陶。有盖，子母口，鼎腹扁圆形，附两耳，球面形盖上有简化的卧兽纽，鼎足高，有折棱。M3：2，口径 20.5、腹径 22、高 23、足高 14.5 厘米（图七，2）。

陶罐 3 件。泥质灰陶。圆唇直口，折腹，平底。M3：3，口径 10.7、腹径 15.8、底径 9、高 10.2 厘米（图七，3）。

原始瓷瓿 1 件。M3：5，圆唇直口，鼓腹，最大腹径偏上，下部收腹，平底，肩两侧有铺首。口径 16.8、腹径 30.8、底径 14.2、高 21.5 厘米（图七，4）。

陶豆 2 件。灰色软陶。圆唇敞口，高把，圈足。M3：10，口径 16.4、腹径 16.6、底径 10、高 14 厘米（图七，5）。

陶盒 1 件。M3：11，泥质陶。器体与盖以子母口吻合，扁鼓腹，圈足。口径 20.2、腹径 20.8、底径 12、高 16 厘米（图七，6）。

壶 4 件。分二型。

A 型 2 件。硬釉陶壶。敞口高领，鼓腹下收，高圈足，上有带圆纽盖，肩部按圆形纽。饰弦纹和水波纹。由上施青釉至腹鼓处。M3：13，口径 11.6、腹径 22、底径 12.7、高 26.8 厘米（图七，7）。

B 型 2 件。为泥质软陶。敞口高领，束颈，圆弧腹，高圈足，上有盖。M3：14，口径 13.6、腹径 21.5、高 34、足高 12.8 厘米（图七，8）。

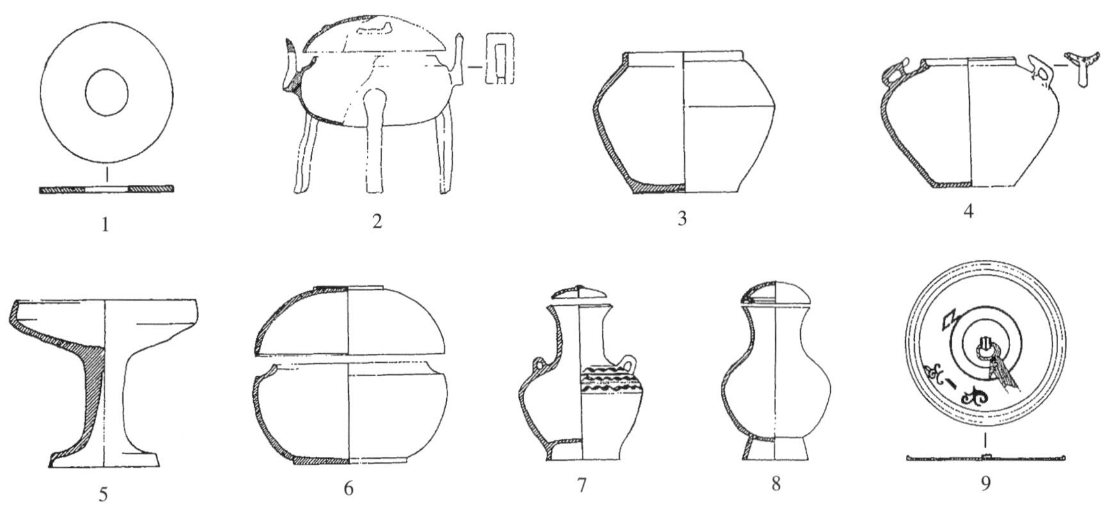

图七 D4M3 出土器物

1. 玉璧（M3：1） 2. 陶鼎（M3：2） 3. 陶罐（M3：3） 4. 原始瓷瓿（M3：5） 5. 陶豆（M3：10） 6. 陶盒（M3：11） 7. A 型陶壶（M3：13） 8. B 型陶壶（M3：14） 9. 铜镜（M3：16）

铜镜　1件。M3∶16，三弦纽，粗弦纹分隔花纹区和纽区，花纹区已锈蚀，隐约可辨一菱形纹和少量花纹，主体纹饰不清。三弦纽穿一带环挂扣，与镜锈连（图七，9）。

（四）D4M4

1. 墓葬形制

长方形竖穴合葬墓。方向北偏东4度。长3.3米、宽2.92米、深0.75米。墓穴凿石粗糙且穴浅，尸骨腐烂无存。东边墓主器物随葬于墓穴东侧，以成双釉陶器为主，一面铜镜已腐；西边墓主器物随葬于墓穴西侧，组合基本与东边墓主相同，但单个器为多，亦有一面铜镜（图八）。

2. 随葬遗物

鼎　3件。硬陶。主体球形，底平，有盖，以子母口相承，近口处附两兽面纹长方形耳，矮蹄足。M4∶1，口径21.5、高18.8、足高1厘米（图九，1）。

虎子　1件。M4∶2，圆口，圆形腹，一尾反翘于前，成为提把。口径4、腹径19.2、底径12.3、高12.5厘米（图九，2）。

壶　3件。硬釉陶，釉剥落较多。敞口，束颈，斜肩，鼓腹，大平底，肩部饰两桥形耳。腹部饰数道弦纹。M4∶4，口径10.8、腹径25.5、底径16、高28厘米（图九，3）。

瓿　4件。硬陶。凹唇直口，圆鼓腹，平底。肩两侧附铺首，所饰花纹各异，有弦纹，有水波纹。M4∶6，口径11.2、腹径30.8、底径17、高25.5厘米（图九，4）。

罐　5件。分三型。

A型　1件。M4∶9，硬釉陶罐。敞口外侈，束颈，圆鼓腹，平底。器身饰席纹，施青釉。口径17.6、腹径42、底径16.5、高34.5厘米（图九，5）。

B型　1件。M4∶10，灰陶罐。直口，平唇，圆弧腹，平底内凹。口径12.3、腹径20.5、底径12.6、高14.5厘米（图九，6）。

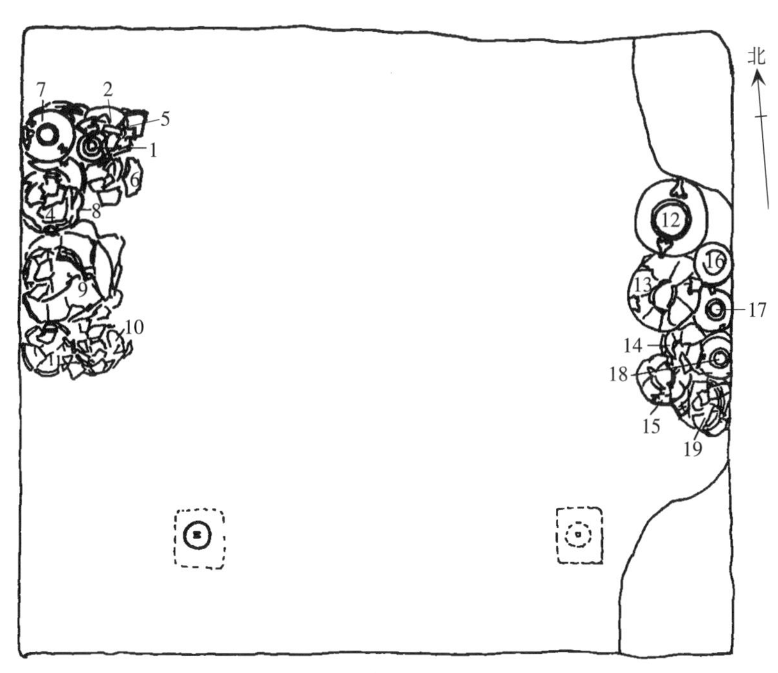

图八　D4M4平面图

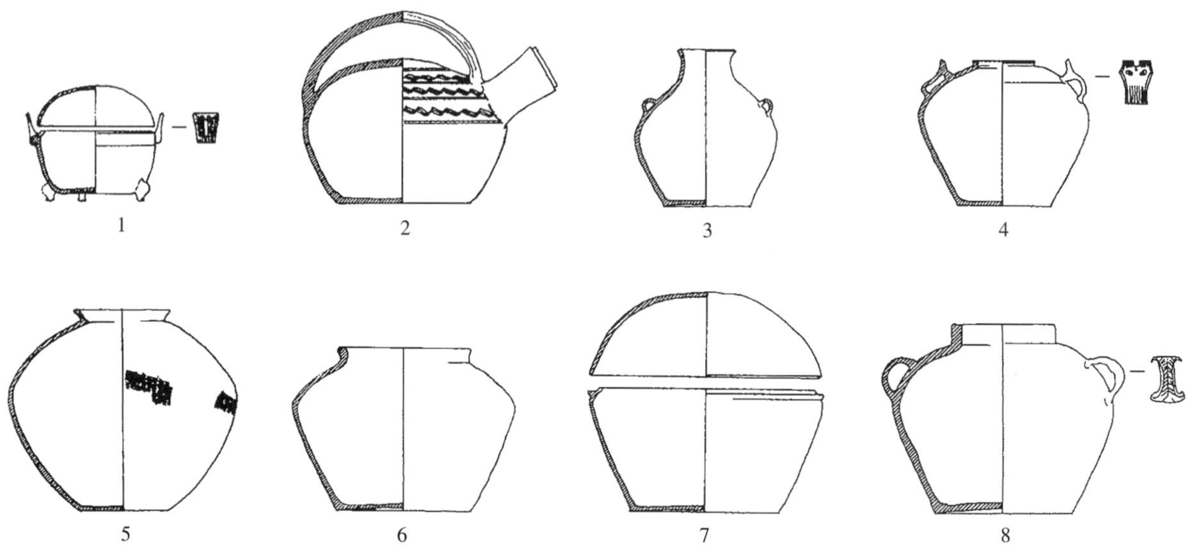

图九 D4M4 出土器物

1. 鼎（M4∶1） 2. 虎子（M4∶2） 3. 壶（M4∶4） 4. 瓿（M4∶6） 5. A 型陶罐（M4∶9） 6. B 型陶罐（M4∶10） 7. 盒（M4∶11） 8. C 型陶罐（M4∶18）

C 型 3 件。双耳罐。平唇直口，圆鼓腹，平底内凹，上腹附两桥形纽。M4∶18，口径 9.5、腹径 20、底径 12.6、高 16.8 厘米（图九，8）。

盒 3 件。硬陶。圆球形，平底，圆形盖，以子母口相承。M4∶11，口径 21.2、底径 13.4、高 18、盒盖高 7.5 厘米（图九，7）。

（五）D4M5

1. 墓葬形制

长方形竖穴墓。方向北偏东 5 度。长 2.9 米、宽 1.93 米、深 2.3 米。墓主身侧随葬一组陶器，以釉陶器为主，其中软陶罐 6 件（图一〇）。

2. 随葬遗物

罐 6 件。均为泥质软陶。平唇直口，扁鼓腹，平底内凹。

M5∶1，小罐。灰黑陶。口径 6.5、腹径 11.6、底径 5、高 7 厘米（图一一，1）。

M5∶5，红陶。口径 11.2、腹径 16、底径 11.5、高 9 厘米（图一一，2）。

其余 4 件为灰陶。在清理时，发现罐周围依附其上的泥巴有红色花纹，推测陶罐原有红色彩绘。M5∶9，口径 9.3、腹径 15、底径 10、高 9.4 厘米（图一一，3）。

壶 2 件。硬质釉陶。敞口，高领束颈，鼓腹下收，圈足，肩附两绳纹纽。饰数道弦纹和水波纹。M5∶3，口径 11、腹径 20.8、底径 11、高 31 厘米（图一一，4）。

盒 2 件。釉陶。圆形圈足，盒体与盖以子母口相承，盖上一环形顶饰。盒腹部饰数道弦纹。M5∶6，口径 16.5、腹径 16.8、底径 8.8、高 16.5 厘米（图一一，5）。

鼎 2 件。釉陶。圆球形，子母口，平底。球形盖上有三纽，近口边附两耳，底承三矮足。M5∶7，口径 16.4、底径 11、高 18 厘米（图一一，6）。

瓿 2 件。釉陶。平唇直口，圆鼓腹，平底内凹，肩附两耳。以兽面纹为主，并饰弦纹和水波纹。M5∶14，口径 9、腹径 23.5、底径 13.8、高 18 厘米（图一一，7）。

图一〇　D4M5 平面图

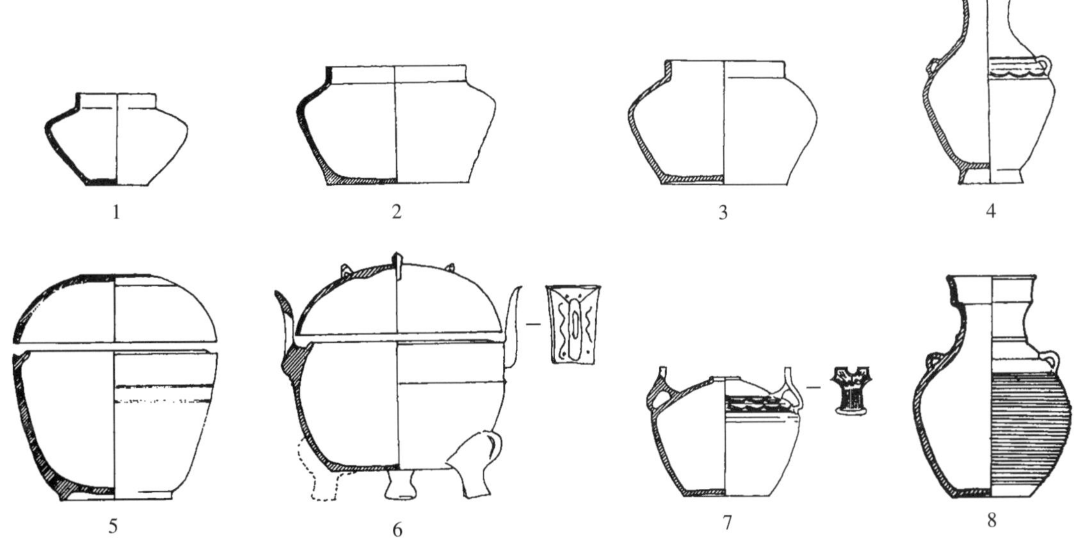

图一一　D4M5、D4M6 出土器物

1. 小罐（M5：1）　2、3. 罐（M5：5、9）　4、8. 壶（M5：3、M6：3）　5. 盒（M5：6）　6. 鼎（M5：7）　7. 瓿（M5：14）

（六）D4M6

1. 墓葬形制

长方形竖穴墓。方向北偏东30度。长7.3米、宽3.5米、深1.2米。墓壁凿痕粗糙，填土为夹砂黄泥，葬制极简。墓穴窄长，尸骨腐烂无存。墓主的随葬品仅有3个釉陶壶，置于头上方，均为典型汉陶壶（图一二）。

2. 随葬遗物

壶 3件，大小不一。高盘口，长颈，弧肩，鼓腹，平底略凹，肩部贴塑对称半环耳。耳上饰叶脉纹。腹部饰数道弦纹，上施黄釉，脱落严重。M6：3，口径11.6、腹径20.6、底径10、高27.7厘米（图一一，8）。

（七）D4M7

1. 墓葬形制

长方形竖穴墓。方向北偏东33度。长3.9米、宽2.5米、深2.7米。为夫妻合葬墓，男东女西，棺椁腐烂，沉塌于墓底，尸骨无存。出土有铜镜、钱币、带钩、陶壶（图一三）。

2. 随葬遗物

壶 1件。M7：1，硬质釉陶。高盘口，长颈，弧肩，鼓腹，平底内凹，肩附两耳。口、颈、腹饰弦纹。口径14.2、腹径23.5、底径12、高34.8厘米（图一四，1）。

铜镜 2件。

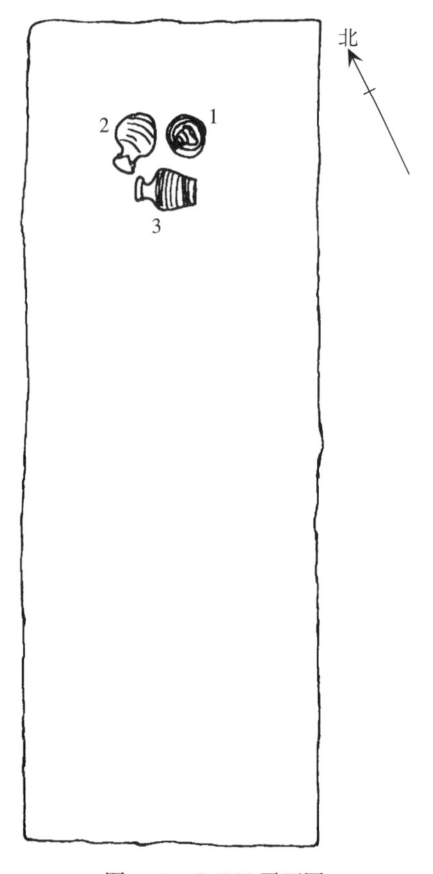

图一二 D4M6 平面图

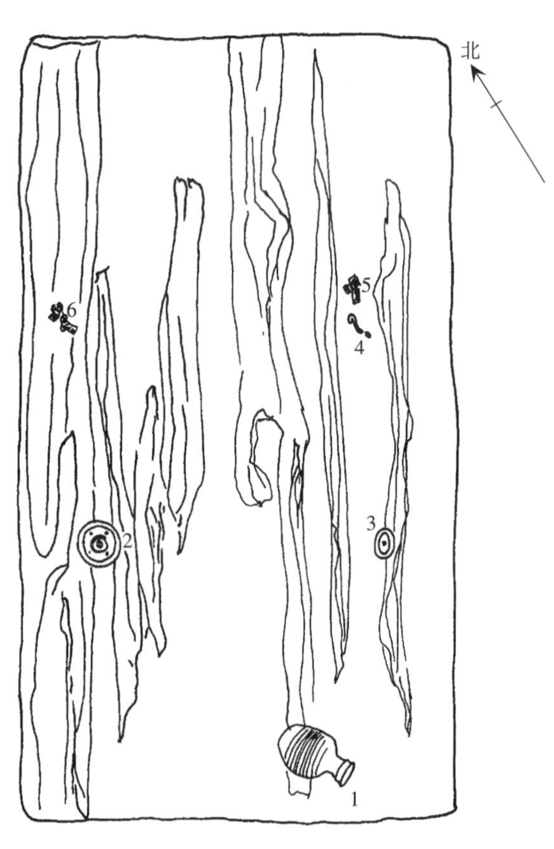

图一三 D4M7 平面图

M7∶2，完整。圆形，镜面光滑，宽沿，半球形纽。两圈阳光纹分隔沿、花纹区和纽座区。饰连弧纹、乳丁纹，乳丁纹外凸起一周素面带；四乳丁将花纹区一分为四，分别饰两青龙两白虎一麒麟二蟾蜍一流云，生动形象。直径14.5、厚0.65厘米（图一四，2）。

M7∶3，圆形规矩镜，已残碎成数片。宽沿。沿上饰两周锯齿纹带，花纹区以四飞凤纹为主，附以“T”字纹，方形纽座区由半球形纽、双线弦纹带、短划线组成。直径11.4、厚0.5厘米（图一四，3）。

带钩　1件。M7∶4，铜质。长形弧身，前端呈圆弧状钩，圆纽。长15.6厘米（图一四，4）。

钱币　“五铢”“大泉五十”。M7∶5、6，成串锈连，部分朽成碎片，不能计数（图一四，5、6）。

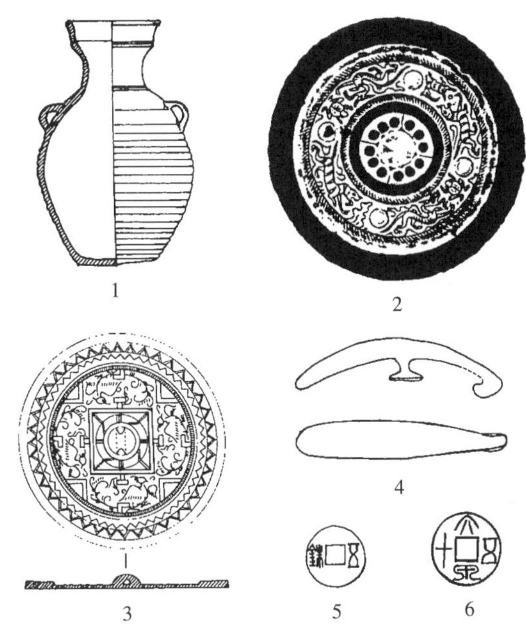

图一四　D4M7出土器物

1. 釉陶壶（M7∶1）　2. 铜镜（M7∶2）　3. 铜镜（M7∶3）　4. 铜带钩（M7∶4）　5. “五铢”钱（M7∶5）　6. “大泉五十”钱（M7∶6）

二、结语

真山D4位于D3东侧，封土高1.5米，面积约400平方米。7座墓葬排列紧密，均系凿山为穴，山泥填土逐层夯实，虽M2被M1打破，但未被盗掘，都保存较好。由于1994年有关真山的发掘及整理研究工作已取得了丰硕的成果[①]，为我们的工作提供了丰富的断代依据。通过出土器物的比较分析，可初步推断这些墓葬的时代。

D4M2随葬陶器为红陶钫、红陶鼎、红陶盒、高足灰陶豆；D4M3为灰陶鼎、豆、盒、壶和釉陶壶。从器物组合、质地、形体上看，均与D2M1、D3M1战国墓的出土器类同。有盖的大口鼎器形秀美，蹄足修长；陶豆浅腹高喇叭足；灰陶壶敞口束颈，圆腹高圈足；釉陶壶壶颈内束，捏塑的铺首及器身颈、肩、上腹所饰凹弦纹等也均体现出与D4M2、D4M3战国墓相似的作风。D4M2随葬的原始瓷罐与D9M1出土的同类器相似[②]；D4M2、D4M3随葬琉璃璧、玉璧也是战国晚期葬俗；D4M3还葬有饰菱形纹的三弦纽铜镜，是典型的战国镜风格特征。综上所述，D4M2、D4M3为战国晚期墓。

D4M1、D4M4、D4M5出土的均为成套硬质釉陶器，器形组合以鼎、盒、壶、瓿为主，这类陶器为施青绿釉的高温釉陶，器腹下半部露暗红色胎。陶鼎为带盖深腹矮蹄足鼎，鼎盖有三个纽。盒略呈圆球形，矮圈足。壶为长颈鼓腹，圈足外撇。瓿器形较扁，底部附三扁足，肩两侧饰兽面形铺首竖耳。还随葬有灰陶罐、铜镜。这类组合是西汉早期常见的，与真山D6、D8汉墓[③]、苏州天宝墩汉墓[④]、上海青浦骆驼墩汉墓[⑤]、浙江义乌西汉墓[⑥]、徐州奎山汉墓[⑦]相同。M6、M7随葬陶器只有釉陶盘口壶，通体弦纹。M7还出土铜带钩、铜镜和“五铢”“大泉五十”钱币。故上述墓葬为西汉至东汉初年墓。

四号墩7座墓葬历时战国晚期至汉代，跨越年代久并均为石穴墓，通过这次发掘清理工作，增加了我们对真山墓地的认识，为真山吴楚贵族墓地的研究提供了新的材料。

（发掘过程中，承蒙苏州吴王陵风景区发展有限公司蒋一昕董事长、周新主任大力支持，借此谨致谢意！）

执笔：姚　瑶　朱伟峰

发掘：张照根　朱伟峰　姚　瑶　刘伟民

绘图：姚　瑶

摄影：刘伟民　姚　瑶

注释

① 钱公麟、朱伟峰、陈瑞近：《真山东周墓地》，文物出版社，1999 年。

② 钱公麟、朱伟峰、陈瑞近：《真山东周墓地》，文物出版社，1999 年。

③ 钱公麟、朱伟峰：《苏州真山墓地发掘与收获》，《苏州丝绸工学院学报》1995 年第 1 期。

④ 郑莉莉、朱薇君：《苏州天宝墩二十七号汉墓清理简报》，《苏州文物资料选编》，昆山新光印刷厂承印，1980 年。

⑤ 黄宣佩、杨辉：《上海青浦县的古文化遗址和西汉墓》，《考古》1965 年第 4 期。

⑥ 汪济英、牟永抗：《浙江义乌发现两汉墓》，《考古》1965 年第 3 期。

⑦ 徐州博物馆：《江苏徐州奎山西汉墓》，《考古》1974 年第 2 期。

（原载《东南文化》2001 年 7 月）

江苏常熟市虞山西岭石室土墩的发掘

苏州博物馆　常熟博物馆

为配合常熟市开辟虞山国家森林公园，进行山脊道路扩建及文物旅游景点保护性开发，苏州博物馆和常熟博物馆合作对虞山3座石室土墩（编号CXD1～CXD3）进行了抢救性发掘。现将发掘情况简报如下。

一、地理位置与环境

虞山在常熟市西北隅，又称海嵎山。D1～D3都位于虞山西岭上。D1位于海拔218.7米的主峰上，北侧墩埯有千余平方米面积的平坦石坡，方志记载为吴王阅兵之西校场[①]，故此墩又称吴王点将台。登临其上，南瞰尚湖，西望204国道及望虞河，北眺长江。D2、D3皆地处山坡上，D2位于D1南侧山坡上；D3位于D1西北山坡上（图一）。据调查整个虞山上有土墩200多座，分布在山脊或山坡上。其中分散在山脊主峰上的土墩都比较大，而在山坡上的土墩则比较小。D1位于山脊主峰上，是一座规模宏大的墩。我们对D1～D3依次进行了发掘，现将结果报道如下。

二、土墩的结构及内涵

（一）D1

土墩较大，墩底南北长52米、东西宽50米、中心高约10米。墩顶呈覆斗形，东西长14米、南北宽12米。土墩四周斜坡外表铺有石块，以防泥土散失，墩顶覆盖0.4～0.8米厚的黄土。土墩内有一东西向的石室建筑，方向110度，分通道、过道、石室三部分（图二）。通道位于东部（图版一，2），长14.5米；西部为石室，长11米；通道与石室之间有一过道，长2.5米。通道至石室通长28米，其两壁用石块砌垒，从底部山体基岩往上逐渐内收，石室北壁内斜与中心垂直呈84度，南壁内斜与中心垂直呈86度。上宽0.7米、底宽2米、高8米，横断面呈梯形。石室上有11块盖顶石，过道上有3块盖顶石，通道上靠过道部分有5块盖顶石。最大一块盖顶石长

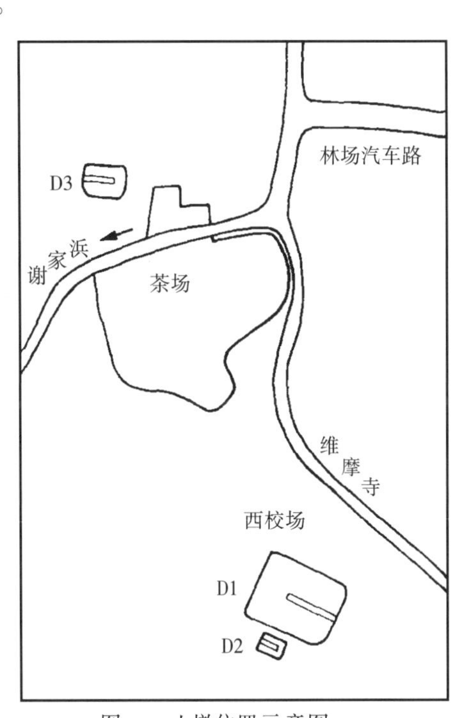

图一　土墩位置示意图

2.6米、宽1.3米、厚0.5米，重达4.6吨左右；最小一块盖顶石长2米、宽0.8米、厚0.68米，重3吨左右。通道上第一块盖顶石垂直塌入通道内，通道内均填满石块与泥土。石室因北壁整体坍塌，11块盖顶石有6块塌入石室内。石室北壁除西北靠后壁部分及东北靠过道部分未坍塌外，其余全部塌入石室。塌入的石块、泥土填满了整个石室。盖顶石一端靠着南壁，另一端随北壁一起下塌呈“人”字形排列，通道与过道衔接处及过道与石室衔接处，两侧壁石块从上到下外凸，形成两道石门框（图三；图版一，3）。每一道门框上都有门楣，其中第二道门框门楣上留有高1米的空间，类似窗棂。第一道门框用石块封堵（图版一，1），过道内存高6米，石室内存高7.75~8米。过道顶与石室顶高差2米左右。通道盖顶石从外到内呈阶梯由高向低排列，石室后壁用石块砌垒，从下往上略向内倾斜，表面较平整，保存完整。从通道到石室的壁面全部用石块垒砌，其中石室内壁面所用石块都比较大，表面都加工平整，其结构仅靠上、下层石块之间错缝，缺少竖放的顶头石，特别是石室北壁较南壁倾斜2度左右，受力不匀，致使北壁坍塌。

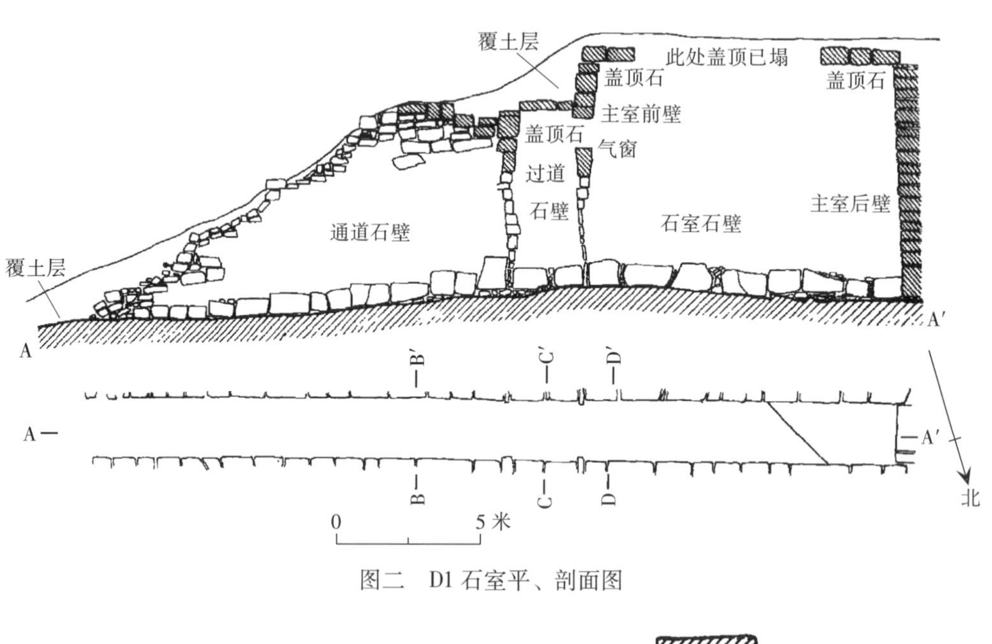

图二　D1石室平、剖面图

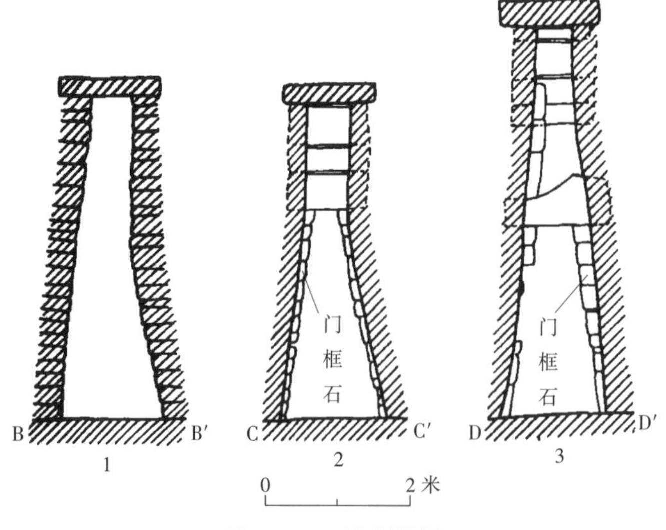

图三　D1石室剖视图

1. 通道剖视图　2. 过道剖视图　3. 石室剖视图

石室直接建筑在山体基岩上，山体经平整，还保持原山体起势，最高点位于过道与石室进门处，并向东、西两边逐渐倾斜，最大高差1米左右。石室所用石料均采自本山，为石英砂岩，有的石块剖开后，内呈赭红色，为一种矿物颜料。还有一种有片状层理的石料年久易风化，石壁上不少石块受压后出现断裂痕。石壁空隙处填有小石片，石室石墙上厚0.6米、下厚1.2米左右。石墙外填小石块，所填石块与石墙高度一致。石室顶及周边覆盖0.5~2米不等的黄黏土，即土墩，其表面用石块砌有护坡石。D1石室内共出土器物93件，其中原始青瓷器有89件、陶器4件。器形有碗、罐、盂、豆、尊、簋等原始青瓷器，另有鼎、釜、纺轮等陶器。器物分布在石室中部及靠后壁处。由于石室北壁整体坍塌，器物全部被压碎，放置位置均被扰乱。

D1通道内填土中发现大量唐代墓砖与陶瓷片，另有“开元通宝”“五铢”等钱币，估计唐代在通道内曾做过墓地，不久又被破坏，因而未发现晚于唐代遗物。唐代器物共修复10件。器形有壶、罐、碗等。

（二）D2

在发掘前，石室盖顶石已被破坏，仅剩下前后5块。石室为东西向，方向290度，分通道和石室两部分。通道位于西部，长3.6米；东部石室长3米、内存高1.4米。石室及通道两壁均用石块垒砌，从下往上略内收，形成底宽1米、上宽0.6米的断面呈梯形的石建筑（图四）。东部石室后壁也用石块垒砌，各内壁都已加工平整。从东部墩顶往下的斜坡为通道，通道与石室衔接处用乱石块封堵。石室上有盖顶石，东部第一块盖顶石下另有一石块为门楣，是石室的进口处（图版四，3），此处用乱石封堵。通道与石室壁衔接不错位，即宽度一致，仅通道口略宽。两侧底边用石块垒砌呈90度延伸到土墩边沿，整个土墩除上面覆盖一层厚0.3米的黄土层外，其余全部填石块。此外，土墩周边砌一层石块为护坡石。

共出土器物5件，有2件原始瓷豆、1件夹砂红陶鼎、1件印纹硬陶瓿和1件印纹硬陶罐。器物分布在石室进口处的西南角，但都不完整，其中印纹硬陶罐（D2∶5）的碎片一直散布到通道内。石室建筑在山体基岩上。除石室顶被现代人破坏以外，早期此墩已被扰乱，后又被堵上，因而发掘时所见石室封门完好。

（三）D3

发掘前土墩北部被破坏。土墩东西长21米、南北宽18米、高6.5米左右。土墩内建筑为东西向，方向275度，分通道和石室两部分。通道在西面，长7.8米；石室在东面，长5.4米。石室两壁用石块垒砌，从下到上逐渐内收形成上宽0.4米、下宽1米、高2.6米的梯形断面（图五）。石室上压有5块盖顶石。石室与通道衔接处两壁石块略凸出0.05~0.2米，为门框，高2.1米，上有门楣石，厚0.38米。石室后壁用4块大石块垒砌。

通道两壁也用石块垒砌，从下往上内收，形成底宽0.97米、上宽0.57米的梯形结构。通道口呈喇叭形，宽1.2米。通道内有一道高0.64米的石坎，石坎内从底部山体基岩至石室后壁铺有一层厚0.4~0.5米的石块，器物全部分布在所铺的石块上。在石坎内的通道上压有6块盖顶石，在石坎外的通道上不见盖顶石，仅在通道北壁内侧附加一段长4米、宽0.27~0.45米的石墙，其用途不明。通道内顶与石室顶，高差0.7米。石室外覆盖泥土，顶部堆积厚1.5米左右，呈坡状向下逐渐堆积形成一个土墩。

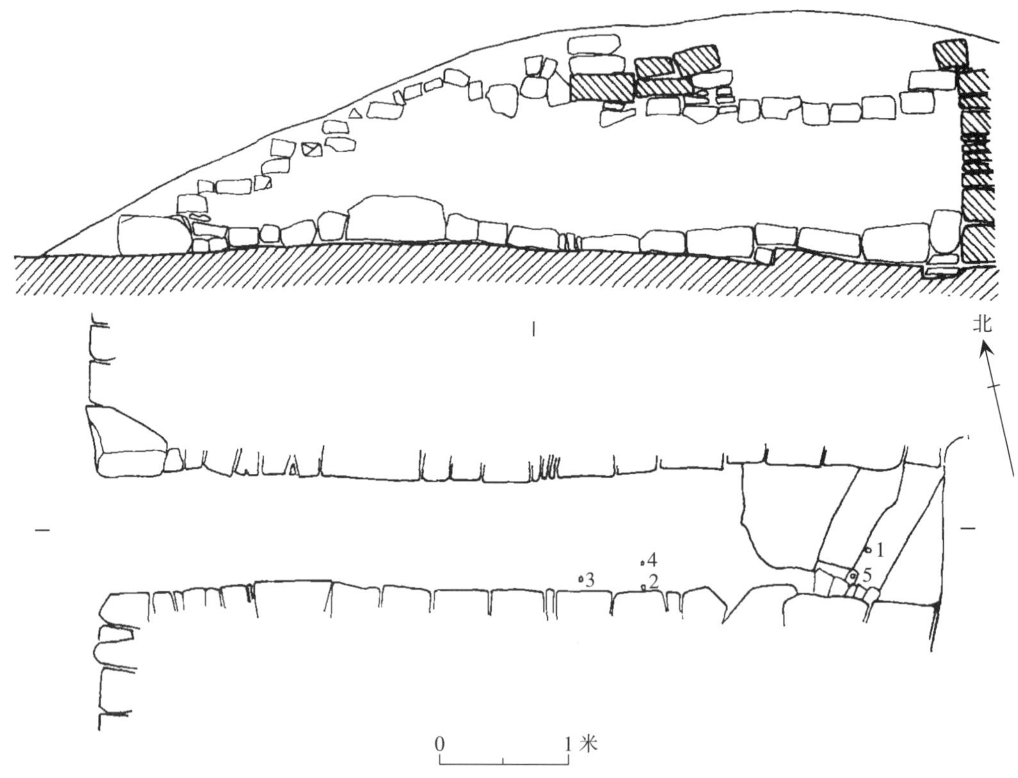

图四　D2石室平、剖面图

1、4. 原始青瓷豆　2. 印纹硬陶瓿　3. 夹砂红陶鼎　5. 印纹硬陶罐

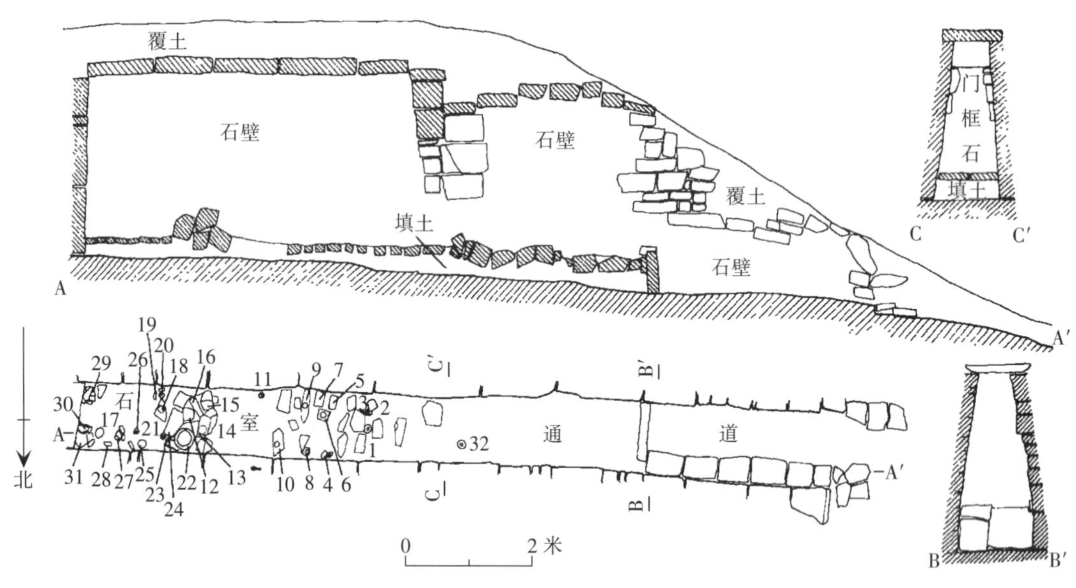

图五　D3平、剖面图

1、7、10、14、15、26、32. 印纹硬陶盂　2～4、11、18、19、24、28. 原始青瓷豆　5、6. 陶纺轮　8、9. 原始青瓷盂　12、17、22. 泥质灰陶钵　13. 印纹硬陶瓮　16、31. 泥质灰陶罐　20. 印纹硬陶罐　21. 印纹硬陶瓿　23. 泥质红陶钵　25. 原始青瓷罐　27. 泥质红陶罐　29. 印纹硬陶豆　30. 夹砂红陶鼎

器物全部在石室内出土，共有32件，主要分布在进门处和石室后壁（图版四，1）。器形有印纹硬陶罐、瓮、盂，原始青瓷豆、盂，泥质灰陶罐、钵，夹砂红陶鼎等。器物全部置于铺地石上，在靠石室后壁2米处，用石块堆成一个高60厘米左右的台面，上放置瓮、罐、钵、豆等器物，在石室进门处

放置豆、盂、纺轮等器形较小的器物，靠石室后壁处放置瓮、罐、钵等器形稍大的器物。其中1件印纹硬陶瓮（D3∶13）口上盖有1件灰陶钵，瓮内发现碎骨等。还有1件印纹硬陶瓿（D3∶21）内和1件黑陶钵（D3∶17）内出土植物种子。

三、遗物

D1～D3共出土完整和可复原的器物130件。主要是原始青瓷器，另有硬陶、泥质陶和夹砂陶器，器形有碗、罐、豆、盂、鼎、尊、钵、瓮、纺轮等。现分述如下。

（一）原始青瓷器

共104件，占出土器物总数的80%，多为碗，次为罐、豆，另有尊、盂等器类。

碗　67件。分二型。

A型　19件。分三式。

Ⅰ式　4件。青色釉。

D1∶1，圆唇，口沿微外翻，上腹圆鼓，下腹弧形，圈足。口沿下饰斜向锥刺纹，底有“D”形划纹。口径11、底径5.5、高4.9厘米（图六，9）。

D1∶55，厚圆唇，圈足。口沿下外壁饰数道凹弦纹，底有“X”划纹。口径11.5、底径6.2、高4.8厘米（图六，7）。

Ⅱ式　8件。

D1∶38，尖唇，口微敛，上折腹，下斜腹，圈足。施豆青色釉。底有一划纹。口径9.9、底径6.2、高4.3厘米（图六，5）。

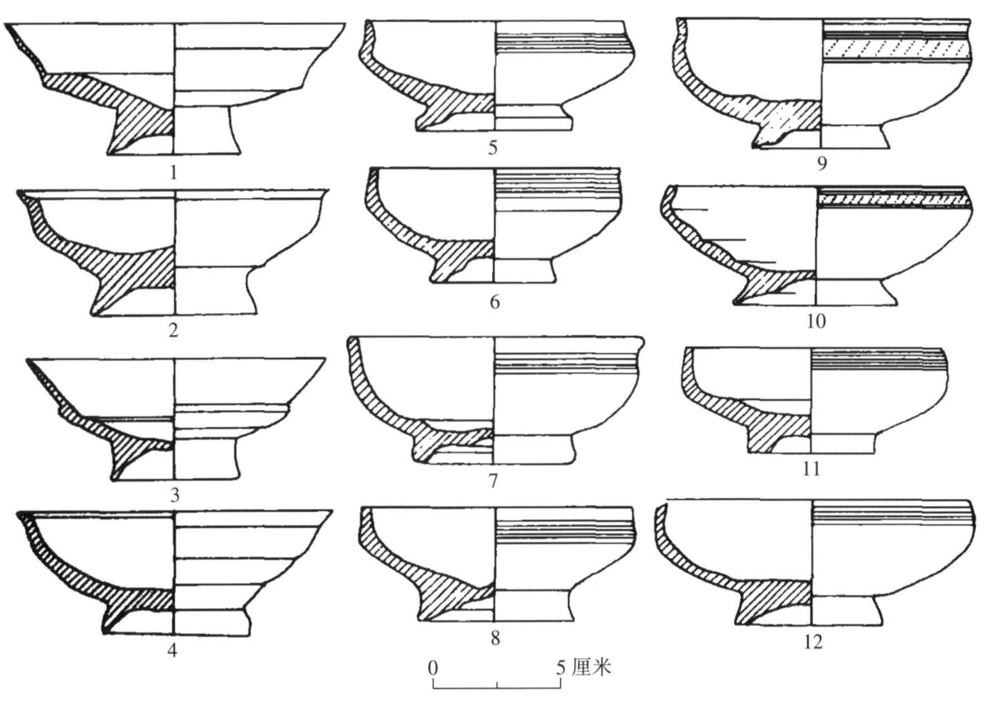

图六　原始青瓷器

1、3. A型豆（D3∶19、18）　2、4. BⅠ式豆（D3∶4、2）　5、10. AⅡ式碗（D1∶38、10）　6、8、11. AⅢ式碗（D1∶61、57、42）　7、9. AⅠ式碗（D1∶55、1）　12. BⅠ式碗（D1∶75）

D1∶10，圆唇，敛口。口沿下有弦纹和锥刺纹组成的宽带状纹，底有“H”划纹。施青绿色釉。口径11.7、底径6.5、高4.5厘米（图六，10）。

Ⅲ式 7件。

D1∶57，圆唇，直口，斜直腹，圈足。口沿下饰数道凹弦纹，底部有“∧”划纹。施豆青色釉。口径10.5、底径6、高4.4厘米（图六，8）。

D1∶61，口沿下饰凹弦纹，底有“Ⅸ”划纹。口径9.6、底径4.7、高4.4厘米（图六，6）。

D1∶42，口沿下饰凹弦纹，底有竖线划纹。口径10.1、底径4.9、高4.1厘米（图六，11）。

B型 48件。分三式。

Ⅰ式 17件。直口，弧腹，圈足。

D1∶14，口沿下弦纹间饰斜向排列的锥刺纹。口径12、底径7、高5.6厘米（图七，16）。

D1∶90，口沿下有数道凹弦纹，底有“X”划纹。施青绿色釉。口径10.5、底径5、高4.7厘米（图七，5）。

D1∶75，底有“×”划纹。口径12、底径5.8、高4.8厘米（图六，12）。

Ⅱ式 21件。敛口，圆弧腹，圈足。

D1∶62，口沿下饰数道凹弦纹，底有“O”划纹。施豆青色釉。口径11.2、底径5.7、高5.4厘米（图七，14）。

D1∶65，尖唇，敛口。沿下饰凹弦纹，底有“×”划纹。口径11.5、底径7、高4.5厘米（图七，15）。

D1∶85，底有“木”划纹。口径10.7、底径5.3、高4.5厘米（图七，4）。

D1∶5，底有“从”划纹。口径12、底径6.6、高4.6厘米（图七，13）。

Ⅲ式 10件。圆唇，敛口，圆鼓腹，圈足。

D1∶43，施青色釉，釉面局部剥落。口沿下饰数道弦纹。口径10、底径5.8、高4厘米（图七，10）。

D1∶59，施青黄色釉。口沿至肩部饰数十道凹弦纹，底有“×”划纹。口径11.5、底径7、高4.2厘米（图七，12）。

D1∶31，口沿下饰弦纹，底部有“X\”划纹。口径11、底径6.8、高4.4厘米（图七，1）。

豆 17件。分四型。

A型 4件。尖唇，敞口，假腹，高圈足。

D3∶18，器内壁有弦纹。口径11.5、底径5、高4.5厘米（图六，3）。

D3∶19，口沿下和腹部皆有折棱。施青色釉，釉面已剥落。口径13、底径5.3、高5厘米（图六，1）。

B型 8件。分二式。

Ⅰ式 3件。尖唇，斜平沿，弧腹，圈足。

D3∶2，口沿上有三个相等分排列的“S”形堆饰，腹部饰有几道弦纹。口径12、底径5.8、高4.8厘米（图六，4）。

D3∶4，沿面微凹，喇叭形口，圈足。沿面上有三个相等分排列的“S”纹。口径12.2、底径6.5、高4.8厘米（图六，2）。

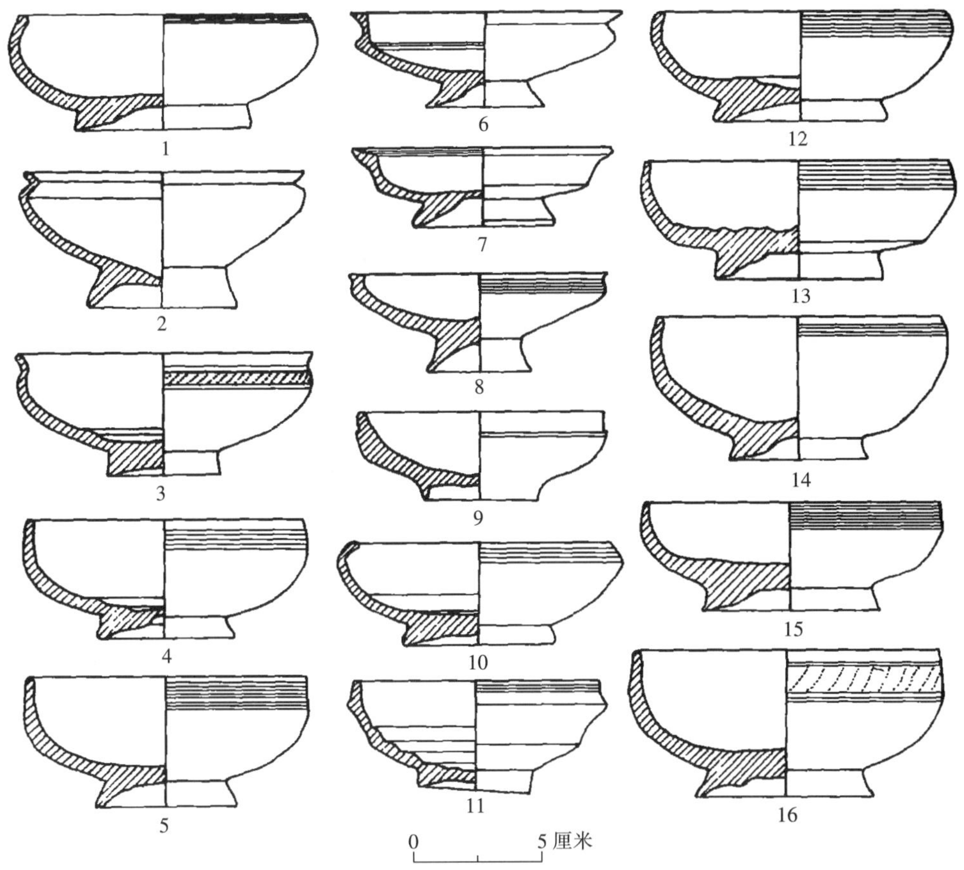

图七 原始青瓷器

1、10、12. BⅠ式碗（D1∶31、43、59） 2. DⅡ式豆（D3∶24） 3. DⅠ式豆（D1∶66） 4、13~15. BⅡ式碗（D1∶85、5、62、65） 5、16. BⅠ式碗（D1∶90、14） 6. DⅢ式豆（D2∶1） 7、8. BⅡ式豆（D1∶89、27） 9. CⅡ式豆（D2∶4） 11. CⅠ式豆（D3∶11）

Ⅱ式 5件。圆唇，平沿，折腹，浅盘，圈足。

D1∶89，沿面上有数道凹弦纹。口径10、底径5.4、高3厘米（图七，7）。

D1∶27，釉面剥落。口沿下饰数道凹弦纹。口径9.9、底径4、高3.7厘米（图七，8）。

C型 2件。分二式。

Ⅰ式 1件。D3∶11，圆唇，直口，沿下器壁内收形成折棱，弧腹，矮圈足。施青色釉。口径9.3、底径4.2、高4.4厘米（图七，11）。

Ⅱ式 1件。D2∶4，直口，折腹，圈足。施青色釉。口径9.5、底径4.5、高3.4厘米（图七，9）。

D型 3件。分三式。

Ⅰ式 1件。D1∶66，圆唇，束颈，圆弧腹，圈足。口沿下弦纹间饰斜向锥刺纹。施青黄色釉。口径11.5、底径4.4、高4.6厘米（图七，3）。

Ⅱ式 1件。D3∶24，斜沿，鼓腹，圈足。施青黄色釉。口径11、底径5.7、高5.2厘米（图七，2）。

Ⅲ式 1件。D2∶1，宽平沿，束颈，尖鼓腹，圈足。施青色釉。口径10.4、底径4.6、高3.6厘米（图七，6）。

盂　3件。分三型。

A型　1件。D1∶19，斜平沿，扁鼓腹，圈足。口沿下弦纹间饰锥刺纹，另有三个相等分排列的“S”纹。施豆青色釉。口径6.5、底径4、高3.4厘米（图八，9；图版二，6）。

B型　1件。D3∶9，尖唇，折沿，斜肩，扁鼓腹，圜底近平。肩部有一道折棱，另有两个相对的“S”形堆饰。施绿釉，局部剥落。口径7、底径4、高3.2厘米（图八，3）。

C型　1件。D3∶8，尖唇，直口，鼓腹，矮圈足。口沿下饰一周指甲纹。施青黄色釉。口径8.7、底径5.9、高4.6厘米（图八，12；图版三，1）。

罐　13件。分四型。

A型　4件。圆唇，折沿，弧肩，扁鼓腹，平底。

D1∶77，沿略宽，束颈。肩部有绳股纽一对，纽两端另有“∽”形堆饰。此外，有弦纹、锥刺纹组成的宽带纹。通体施青黄釉，下腹处有泪状釉痕。口径18、最大腹径31.8、底径13、高21厘米（图八，18；图版二，1）。

D1∶22，平底略内凹。肩部有一对桥形纽和“∽”形堆饰，另有弦纹数十道，腹部以下饰斜向条纹。施青绿色釉。口径17.5、最大腹径31、底径13、高23.2厘米（图八，2；图版二，3）。

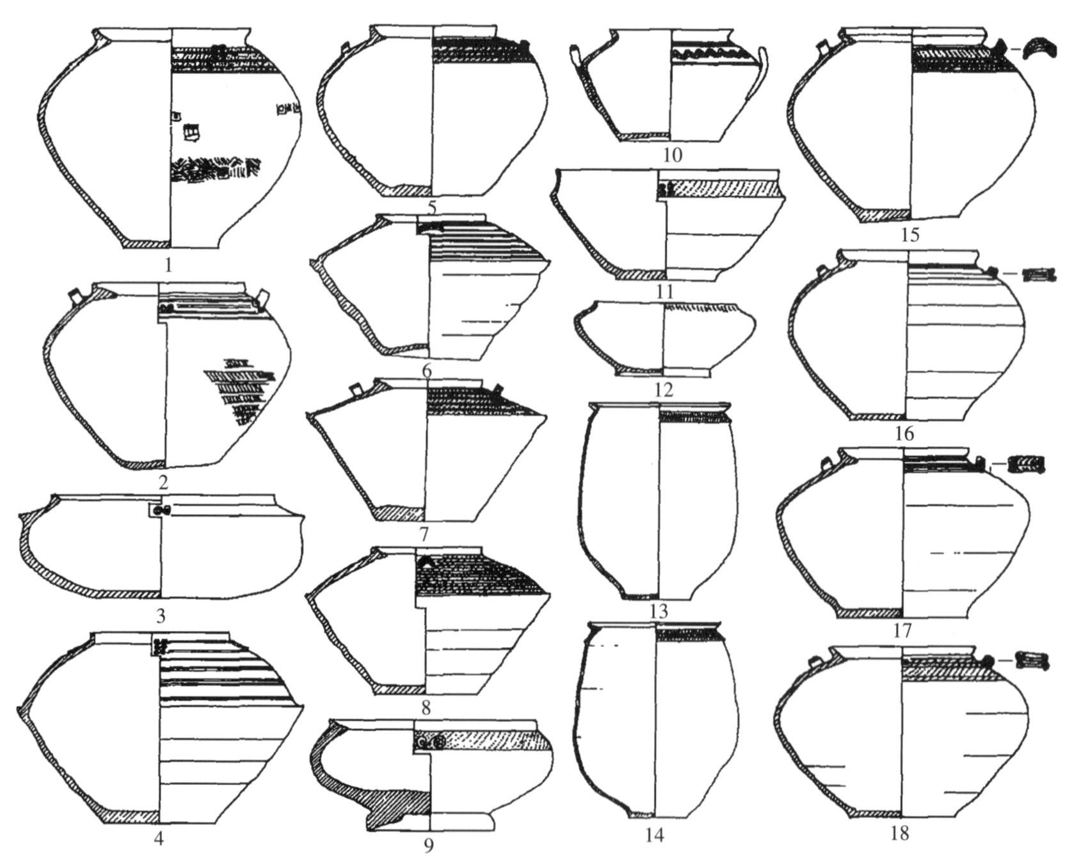

图八　原始青瓷器

1、2、17、18. A型罐（D1∶47、22、74、77）　3. B型盂（D3∶9）　4. CⅡ式罐（D1∶20）　5、15、16. B型罐（D1∶76、35、9）　6~8. CⅠ式罐（D1∶13、36、16）　9. A型盂（D1∶19）　10. D型罐（D3∶25）　11. 盆（D1∶17）　12. C型盂（D3∶8）　13、14. 尊（D1∶78、15）（3、9. 约2/5，10、12. 约1/5，余约1/10）

D1∶74，肩部有一对绳股状纽和双排纹，另有弦纹和斜向划纹组成的带状纹。施豆青色釉，腹部以下有釉泪痕。口径16、最大腹径31.6、底径16、高21厘米（图八，17；图版六，5）。

D1∶47，颈以下三等分饰三组“S”纹，每一组并排两个横向“S”纹，另有弦纹、锥刺纹组成的宽带纹，腹以下饰几何印纹，印纹棱角不清楚。施青绿色釉。口径19.6、最大腹径33、底径12、高27.2厘米（图八，1）。

B型　4件。盘口，溜肩，圆鼓腹，平底。

D1∶76，肩饰一对桥形纽，纽两端有“S”纹，肩部另饰弦纹和锥刺纹。施豆青釉。口径16、最大腹径29、底径12.4、高21厘米（图八，5；图版六，2）。

D1∶9、35，肩部有桥形双耳，另有弦纹和锥刺纹组成的宽带纹。施豆青色釉。

D1∶9，口径17.4、最大腹径29.2、底径14、高21厘米（图八，16；图版六，6）。

D1∶35，口径17.7、最大腹径30.8、底径13、高24厘米（图八，15；图版二，2）。

C型　4件。分二式。

Ⅰ式　3件。斜平沿，短颈，削肩，折腹，下腹急收成平底。器壁均有泥条盘筑痕。

D1∶36，肩部有一对桥形纽，饰弦纹和锥刺纹。施豆青色釉。口径13.6、最大腹径30、底径12.5、高17.4厘米（图八，7）。

D1∶13，折腹处边沿微翻卷，肩部有一对桥形纽，另饰弦纹和锥刺纹。施黄绿色釉。口径13.5、最大腹径29.8、底径12.8、高18厘米（图八，6；图版二，4）。

D1∶16，肩部饰弦纹和锥刺纹，另有一对桥形纽。口径14、最大腹径30.4、底径13、高18.2厘米（图八，8；图版二，5）。

Ⅱ式　1件。D1∶20，圆唇，直口，无颈，溜肩，折腹，平底。肩部三等分饰三组“S”纹，每组有三个横向并列的“S”纹。施青黄釉。口径17.2、最大腹径36.2、底径14、高23.6厘米（图八，4；图版三，5）。

D型　1件。D3∶25，尖唇，折沿，束颈，斜肩，鼓腹，平底微内凹。肩部饰弦纹和水波状划纹，鼓腹处附一对泥条环捏耳。施青黄釉。口径7.6、最大腹径11.2、底径6.2、高6.9厘米（图八，10；图版七，1）。

簋　1件。D1∶18，尖唇，敞口，弧腹，浅盘，圈足。口沿及腹部附贴方形耳一对，另饰等分“S”纹一对。此外，口沿下有弦纹与锥刺纹组成的宽带纹。施豆青色釉。口径17.2、底径12、高5.35厘米。

盆　1件。D1∶17，尖唇，口微敞，折腹，下腹急收，平底。肩部两道弦纹间饰斜向锥刺纹组成的宽带纹。另三等分饰三组“S”纹，每组竖向排列两个“S”纹。施豆青色釉，器内有挂釉泪痕。口径27.8、最大腹径29.2、底径12.5、高13.8厘米（图八，11；图版六，1）。

尊　2件。

D1∶78，方唇，宽沿，沿面内斜，束颈，垂下腹，小平底。肩部弦纹间饰斜向锥刺纹三排。器身下半部变形。施豆青色釉。口径33.2、最大腹径41.6、底径14、高48厘米（图八，13；图版六，3）。

D1∶15，器形较规整，肩部弦纹间饰两排斜向锥刺纹。施豆青色釉。口径35.6、最大腹径40、底径15、高48厘米（图八，14）。

（二）印纹硬陶

共12件，占出土器物总数的9%。胎色有青灰、紫褐等，火候较高，叩之发声清脆。器形有罐、瓿、瓮、盂等。外表拍印纹样有曲折纹、回纹、菱形和斜方格纹等。有些器物用两种花纹组合拍印。

罐 2件。

D2∶5，尖唇，翻沿，束颈，深弧腹，大平底。颈部有数十道凹弦纹，通体饰曲折纹与回纹，印纹规整清晰。口径15.6、最大腹径26.6、底径16.5、高26厘米（图九，10；图版三，3）。

D3∶20，尖唇，直口，广肩，腹部方折，大平底，底边外撇。颈部饰数十道凹弦纹，器身上半部拍印曲折纹，下半部拍印“回”字纹。口径17.6、最大腹径27.4、底径18.2、高20厘米（图九，9；图版六，4）。

瓿 2件。

D2∶2，尖唇，短颈，卷沿，扁鼓腹，平底外撇。颈部饰数十道凹弦纹，肩部至下腹上下拍印两个一组的重菱纹，一周共十组，在左、右两组重菱纹之间另有横向线条。口径10、最大腹径15.7、底径11.2、高8厘米（图九，2；图版七，5）。

D3∶21，圆唇，直口，斜肩，鼓腹，鼓腹处附一对兽形耳，大平底外撇。肩部饰数十道凹弦纹，通体拍印曲折纹。口径7.3、最大腹径12.7、底径9.7、高7厘米（图九，3；图版七，3）。

瓮 1件。D3∶13，尖唇，卷沿，束颈，广肩，长弧腹，平底。颈部饰数十道凹弦纹，通体拍印斜向细方格纹。口径18.5、最大腹径33、底径16.6、高39.8厘米（图九，1；图版三，6）。

盂 7件。分三型。

A型 3件。直口，折腹，平底。肩部附双耳。

D3∶7，肩部附一对兽形耳，残缺其一。肩部拍印曲折纹与弦纹。口径8、底径5、高3.5厘米（图九，4）。

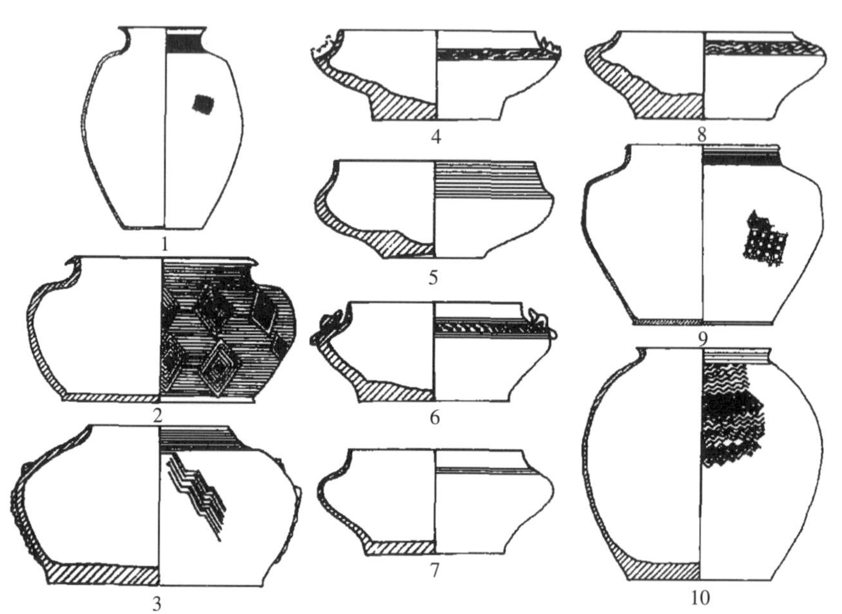

图九 印纹硬陶器

1. 瓮（D3∶13） 2、3. 瓿（D2∶2、D3∶21） 4、6. A型盂（D3∶7、32） 5、7. C型盂（D3∶10、26） 8. B型盂（D3∶1） 9、10. 罐（D3∶20、D2∶5）（1. 约1/15，2. 约1/5，9. 约1/20，10. 约1/10，余约1/3）

D3∶32，肩部饰弦纹和斜向锥刺纹，另有一对兽形耳。口径7、底径6、高3.9厘米（图九，6）。

B型 2件。敛口，折腹，平底，无耳。D3∶1，肩部饰水波纹，内底有轮修盘旋涡纹。口径7、底径5.3、高3.4厘米（图九，8；图版三，4）。

C型 2件。直口，折鼓腹，平底。

D3∶10，口沿至肩部饰凹弦纹，平底略内凹。口径8、底径4、高3.9厘米（图九，5）。

D3∶26，扁鼓腹。口径7、底径5.5、高4.2厘米（图九，7）。

（三）泥质陶

胎质较细，火候偏低，个别器质地十分疏松。可分黑皮陶、红陶和灰陶三种，以黑皮陶居多。泥质陶共10件，占出土器物总数的7.4%。器形有罐、钵、纺轮等。个别罐上拍印席纹，钵上刻划弦纹，大多数器物为素面。

罐 3件。分三型。

A型 1件。D3∶31，黑皮陶，黑皮下部已脱落。尖唇，直口，溜肩，圆鼓腹，平底。肩部拍印席纹，另附一对耳。口径14.6、最大腹径27.2、底径16.8、高20.2厘米（图一〇，9；图版七，6）。

B型 1件。D3∶16，黑皮陶，黑皮大部分已脱落。直口，无颈，斜平肩，筒形腹，平底。口径14、最大腹径21、底径14、高18.8厘米（图一〇，2）。

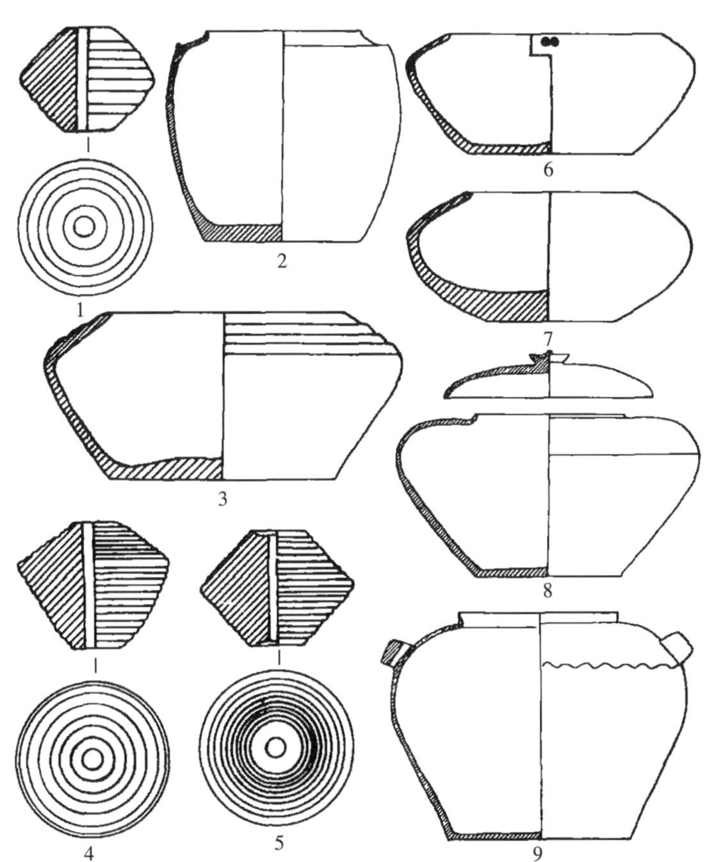

图一〇 泥质陶器

1、4、5. 纺轮（D3∶6、D3∶5、D1∶12） 2. B型罐（D3∶16） 3、6. B型钵（D3∶17、23） 7. A型钵（D3∶22） 8. C型罐（D3∶27） 9. A型罐（D3∶31）（1、4、5. 3/5，3、7. 约1/3，余约1/7）

C型 1件。D3∶27，红陶。直口，广肩，最大腹径偏上，呈扁鼓形，平底。有一盖，盖上和罐肩部刻划弦纹和波浪纹。口径13.6、最大腹径27.6、底径13.4、高14.5厘米（图一〇，8；图版七，2）。

钵 4件。分二型。

A型 2件。敛口，圆鼓腹。

D3∶12，黑皮陶。最大腹径偏上。肩部等分饰三个横向“S”纹。口径21.4、底径17、高7.6厘米。

D3∶22，灰陶。最大腹径在中部，器形横切面呈椭圆形，小平底。口径7.6、底径5.2、高5.8厘米（图一〇，7）。

B型 2件。敛口，折腹，平底。

D3∶23，红陶。最大腹径偏上。肩部等分饰三个横向“S”纹。口径19.6、底径14.6、高10.5厘米（图一〇，6）。

D3∶17，黑皮陶。最大腹径偏上，斜肩呈台阶状。口径10.3、底径10.2、高7.4厘米（图一〇，3；图版三，2）。

纺轮 3件。均为红陶。中下凹处有一孔。

D3∶5，直径1.25厘米（图一〇，4）。

D3∶6，直径1.08厘米（图一〇，1）。

D1∶12，直径1.25厘米（图一〇，5）。

（四）夹砂陶

数量最少，仅5件，只占出土器物总数的3.6%。器形有鼎、釜两种。

鼎 4件。均为夹砂红陶。可分三型。

A型 2件。直口，盆形浅腹，平底。口沿下附耳一对，底部有三个羊角形足。

D1∶72，两耳方折，略超过口。口沿下饰弦纹及曲折纹。口径16.8、底径13.8、高11.8厘米（图一一，2）。

D1∶73，腹部微鼓。口径15.5、底径13.8、高13厘米（图一一，1）。

B型 1件。D2∶3，口微敞，弧腹，圜底，三扁足。口沿下附一对拱形耳。腹以下饰篮纹。口径19.4、高13.4厘米（图一一，4）。

C型 1件。D3∶30，敞口，束颈，腹微鼓，圜底近平，三台形足。口径16.8、高10.7厘米（图版七，4）。

釜 1件。D1∶93，夹砂褐陶。尖唇，折沿，束颈，圜底，整个器形呈半球形。口径23.5、高17厘米（图一一，3）。

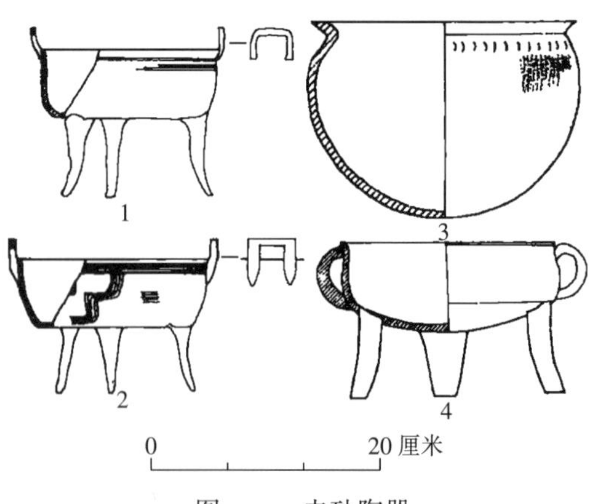

图一一 夹砂陶器
1、2. A型鼎（D1∶73、72） 3. 釜（D1∶93） 4. B型鼎（D2∶3）

四、结语

（一）石室土墩的年代

虞山西岭石室土墩D1～D3，出土有原始青瓷器、印纹硬陶器、泥质陶器、夹砂陶器等。原始青瓷器中D1∶22

的A型罐与丹徒横山馒儿墩土墩墓出土的DHM∶28[②]的Ⅰ式原始青瓷罐器形完全相同，D1∶77的A型罐与浙江长兴便山石室土墩出土的D429∶7的罐器形相同[③]；D1∶78的尊与丹徒华山大笆斗土墩墓出土的DBM1∶2[④]的原始青瓷尊器形相似；D1∶75、59的B型Ⅰ式、Ⅱ式碗分别与丹徒横山馒儿墩墓出土的DHM∶32的Ⅰ式、DHM∶30[⑤]的Ⅱ式碗器形一致；D3∶24的D型豆与句容浮山果园土墩墓出土的Ⅱ式豆[⑥]、浙江长兴便山D419∶3[⑦]的Ⅰ式豆器形大体一致；D1∶18的原始青瓷簋与苏州上方山第六号墩出土的原始青瓷簋的器形基本相同，口沿下两侧壁上均附贴方形双耳[⑧]。印纹硬陶器中，D2∶2的瓿与丹徒华山大笆斗土墩墓出土的DBM2∶23[⑨]的瓿器形、纹饰都一致；D3∶21的瓿与长兴便山D494②∶26[⑩]的Ⅰ式瓿器形相似。泥质陶器中，D3∶27的C型罐与大笆斗土墩墓出土的M∶2的罐器形一样，皆为盖罐[⑪]。总之，原始青瓷直口碗、折腹碗，原始青瓷罐为溜肩、最大径在中部或略偏上，印纹陶瓿底边外撇等，这些都是西周中、晚期到春秋早期的器物特征。在纹饰方面，原始瓷罐肩部普遍饰锥刺纹、弦纹、“S”纹，碗底盛行刻划符号，印纹陶瓿、盂上常见兽形系，纹饰流行曲折纹与回纹组合、套菱纹等，也同样具有两周之交的特征。据此，我们推断，虞山西岭石室土墩D1~D3的时代应相当于中原西周晚期至春秋早期。D1出土木炭的^{14}C测定结果为距今2641±70年（前691±70年）。

（二）石室土墩的性质

对于这类遗存的性质，目前学术界认识尚不一致。我们认为其性质同石室土墩的规模、所处的位置及其内涵有关。

D1~D3的性质主要为墓葬和祭祀场所两种。其中D2、D3均地处山坡上，石室规模都不大，而且石室内器物排列有一定规律。D2，通道与石室通长仅6.6米，石室内存高1.4米。D3，石室底部铺垫50厘米左右的泥石，器物全部放置在所垫的石块上，集中分布在石室口及石室靠后壁处，且在石室与通道衔接处，置有一高60厘米左右的石坎，用来阻挡外面的雨水进入石室。值得一提的，一些瓮、罐、盆、钵等稍大的器物集中分布在靠石室后壁2米范围内，且放置在垒砌的石块堆之上。在黑皮陶钵（D3∶17）、印纹硬陶瓿（D3∶21）内发现有植物遗骸，在一件印纹硬陶瓮内（D3∶13）发现有兽骨，这些都是在墓葬随葬品中十分常见的现象。据此，我们认为D2、D3的性质属于墓葬一类。

另一类为祭祀性质，即D1性质不同于D2、D3。D1是建筑在海拔218.7米的虞山西北山脉的主峰上，为全部用石块垒砌的一长28米、宽2米、高8米的巷道式石建筑，推测这种石室建筑的用途主要是用于祭祀。《淮南子·齐俗》曰：“殷人之礼，其社用石。”石构建筑作为祭祀场所。《礼记》正义曰：“燔柴于泰坛，祭天也……”[⑫]石室建筑在山顶上，是为了更接近于天，因而为一处祭天的祭坛。这一类祭坛及其祭祀活动早在良渚文化时期就已出现，如余杭瑶山遗址土筑祭坛[⑬]，上海福泉山遗址祭天的祭祀坑[⑭]，江苏昆山少卿山遗址良渚土台上的祭祀现象[⑮]等，说明这种祭祀活动的延续性。《周礼·大宗伯》：“以苍璧礼天，以黄琮礼地”，作为祭天礼地的玉璧和玉琮，安志敏先生说：“从考古发现的迹象来看，像玦、璜是以长江中下游为中心，而琮、璧则以长江下游为中心，它们兴盛发展之后融入商周文明，成为古代中国具有代表性的几件玉器。”[⑯]可见商周“以苍璧礼天，以黄琮礼地”的习俗源于良渚文化。

D1作为一座祭坛，除石室外，石室内是存放祭品、祭器的场所。D1石室内共出土93件器物。

其中仅4件为陶器外，89件全部为原始青瓷器，且都十分精致。这些器物都是祭祀用器。《礼记》正义卷二十六云："扫地而祭，于其质也。器用陶匏，以象天地之性也。"孔颖达《疏》曰："扫地至诚也。……陶谓瓦器，谓酒尊及豆、簋之属……"D1石室内器物有碗、罐、盂、豆、簋、尊等，其中仅碗就有67件。碗是十分常用的盛器，用途广泛，可用来吃饭，也可以用来喝水及饮酒。本地在商周时期的饮酒器不见杯，大量的碗替代杯作为饮酒器。人间饮酒是一种享乐，祭祀中酒是必不可少的一种祭品，盛酒的碗成了祭祀中最基本的器皿。据此，我们认为D1是祭祀的场所，主要用于祭天。

附记：参加发掘工作的有苏州博物馆的丁金龙（领队）、朱伟峰，常熟博物馆的常利平、徐国清、周公太等。苏州博物馆的闻惠芬、姚瑶等参加整理、绘图工作。发掘工作得到了常熟市政府、文化局、虞山林场的大力支持，在此谨致谢忱。本文由朱伟峰绘图，照片由常利平拍摄。

执笔：丁金龙　周公太　朱伟峰

注释

① ［清］言如泗：《常昭合志》。

② 南京博物院、镇江博物馆、丹徒县文教局：《江苏丹徒横山、华山土墩墓发掘报告》，《文物》2000年第9期。

③ 浙江省文物考古研究所：《浙江长兴县便山土墩墓发掘报告》，《浙江省文物考古研究所学刊：建所十周年纪念（1980—1990）》，科学出版社，1993年。

④ 南京博物院、镇江博物馆、丹徒县文教局：《江苏丹徒横山、华山土墩墓发掘报告》，《文物》2000年第9期。

⑤ 南京博物院、镇江博物馆、丹徒县文教局：《江苏丹徒横山、华山土墩墓发掘报告》，《文物》2000年第9期。

⑥ 镇江市博物馆浮山果园古墓发掘组：《江苏句容浮山果园土墩墓》，《考古》1979年第2期。

⑦ 浙江省文物考古研究所：《浙江长兴县便山土墩墓发掘报告》，《浙江省文物考古研究所学刊：建所十周年纪念（1980—1990）》，科学出版社，1993年。

⑧ 苏州博物馆考古部：《江苏苏州上方山六号墩发掘简报》，《考古》1987年第6期。

⑨ 南京博物院、镇江博物馆、丹徒县文教局：《江苏丹徒横山、华山土墩墓发掘报告》，《文物》2000年第9期。

⑩ 浙江省文物考古研究所：《浙江长兴县便山土墩墓发掘报告》，《浙江省文物考古研究所学刊：建所十周年纪念（1980—1990）》，科学出版社，1993年。

⑪ 南京博物院、镇江博物馆、丹徒县文教局：《江苏丹徒横山、华山土墩墓发掘报告》，《文物》2000年第9期。

⑫《十三经注疏》，中华书局，1980年。

⑬ 王明达：《余杭瑶山良渚文化祭坛遗址发掘简报》，《文物》1988年第11期。

⑭ 葛治功：《从上海福泉山遗址的考古发现谈我国古代有关祀天活动的几个问题》，《东南文化》1988年第2期。

⑮ 苏州博物馆、昆山市文化局、千灯镇人民政府：《江苏昆山市少卿山遗址的发掘》，《考古》2000年第4期。

⑯ 安志敏：《关于良渚文化的若干问题》，《考古》1988年第3期。

（原载《考古》2001年第9期）

常熟清理三座汉墓

江苏省文化局

今年七月江苏省文物管理委员会配合常熟市文化部门在该市清理了汉代土坑墓3座，其中二号西汉晚期土坑墓，出土文物只有“五铢”铜钱22枚。其他两墓发掘及出土文物情况如下。

第一号墓位于虞山东麓，现在常熟市人民体育场西北角。圹为东西方向，北偏东74度，为长方形竖井土坑墓穴。墓口已于修建体育场时破坏，现残存深度西端1.14米，东面0.29米的斜坡。墓底长4.38米、头宽2.88米、足宽2.8米，其中有长3.1米、宽1.96米、厚1.5厘米的长方形朽木灰层，外髹黑漆，系棺椁腐朽遗痕，骨架已腐烂不存。随葬物大部置于死者头部，足部有铜镜、铜钱、铁刀、剑等一小部分。陶器有陶壶9个（残），陶罐1个（完整），都是上半部带黄褐或黄绿色釉，下半部胎骨外露，胎为半陶质，釉的保存较好。铜器有铜壶1个，粗颈、鼓腹、圈足，肩腹处有铺首衔铁质活环，肩至腹下有三条凸出带纹，上铸凸起的卧着的羝羊一只，形象生动，以往少见；铜镜2个，一个是四乳四神镜，一个是四乳六雀镜。货币有成串“大泉五十”，分放在三处，约328枚，“大布黄千”5枚，字体形制不一。还有铜甑铜鍑1套共2件，还有铜钩、铜洗、铜盖及铁剑、环柄铁刀、铁釜等，均已残破。

第三号汉墓在虞山南麓罗汉肚脐下风尾涧。圹为土坑竖穴，方向北偏东67度。墓口早被破坏，现残存深度为24厘米，墓坑长2.24米、西端宽1.44米、东宽1.26米，葬具及人骨已全腐朽无存。随葬品大部放置在墓坑西边，发现有绳纹泥质灰陶罐1个，双耳陶壶1个，兽面双耳陶鼎、陶瓿、陶盒各1件，均残。还发现有陶制“半两钱”4枚。

从钱币上文字、铜器纹饰和带钩样式及随葬品的类型来判断，这两个墓葬是王莽时代的。

（原载《文物参考资料》1956年第11期）

苏州觅渡桥汉墓清理

苏州博物馆

1976年2月，苏州外贸公司觅渡桥基建工地，发现一座汉代木椁墓。我馆闻讯即往清理发掘。该墓位于苏州市城的东南方向约1.5千米之遥，即距离觅渡桥的西面约300米。东、南两侧有一条苏州通往吴江的运河。发掘工作历时半月。现将墓葬发掘情况简述如下。

一、墓葬结构

该墓为一长方形竖穴土坑，以墓圹、木椁、棺三个部分组成。方向为正东西。从现有深度来看，地表至墓底是3.2米，上层有1.2米厚的近代建筑基础的扰乱，墓圹上部地层已无法搞清。墓圹下部东西长3.9米，南北宽1.6米。填土是质地坚硬的五花土，墓四周上下以一种细腻的黏性较强的青灰土填塞。

椁的整体为一长方形，分前、后两部分，前面为棺室，后面为“脚箱”。东西长2.94米、南北宽0.67米、深度为0.65米。底部有两块长3.44米、宽0.61米、厚0.25米的木板平铺，木板拼缝处有子母榫口互相衔接，弥合较严密。底板下面无垫木。椁四壁也都用厚0.25米的木板做成，其中南壁为上、下两块拼接而成，拼缝处也有榫口，此壁和前、后挡板都是整木做成。板的直角交接处都凿有子母卯槽衔接。椁室西部有一隔板的边框，上面残存有凹槽，应为装隔板用的榫槽，但隔板已朽烂。隔板向后为放置随葬品的“脚箱”。“脚箱”中发现有残朽的薄木板，可能是脚箱上面的盖板或椁室盖板，在棺室和脚箱上部仅发现许多整块的木节心，这有可能就是椁盖板腐烂之后残存下来的，也许当时就没有放置椁室盖板。

棺室内放置棺木一具，为长方盒形。棺长2.14米、宽0.6米、高0.58米，底厚0.1米、盖厚0.08米。两侧棺板下部略厚于上部，分别为0.11米、0.09米。棺木是用整段的楠木雕空而成，断面呈“凹”字形，棺两端有槽，放前、后棺板，吻合紧密。棺盖长、宽略比匣口大一些，为整块楠木。盖顶平坦，盖与棺之间凿刻成凹凸“人”字形榫口，上下对称弥合。棺内渗有半棺淤土，人骨架保存基本完好，为仰身直肢葬，两手交叉放置腹部。尸体下面垫有小块木炭，还有很多竹丝编织的垫席块。

二、随葬器物

随葬品主要集中放置在棺室后的“脚箱”中，棺具里仅出1只木梳、1只篦子和1面铜镜，放置在头骨顶部。另有4枚“剪边五铢”钱，在人骨架右手部位，有可能是握在手中的。“脚箱”中共出土器物有20件。其中陶器6件，其余都是漆器。有陶罐、陶壶、漆碗、漆奁、漆盘、漆耳杯、漆案等。在漆碗、漆盘中置有桃子等果核。

1. 陶壶　3件。

敞口，平底，鼓腹，细颈。上半部施有薄黄釉，下半部露胎。肩部双耳上饰有蕉叶纹，腹部和肩部有弦纹，颈部为水浪纹。壶高27、口径13.5、底径11厘米。

2. 陶罐　3件。

泥质红陶，没有施釉。圆腹，肩部有蕉叶纹双耳，周身饰有粗弦纹。高10、口径9.5、底径7.5厘米。

3. 漆碗　2件。

Ⅰ式　1件。木胎，里外施黑漆，无花纹。矮圈足，碗口外饰有一道凹弦纹，碗壁厚度约为0.4厘米。口径14、高8、底径9厘米。

Ⅱ式　1件。木胎，里外施黑漆，无花纹。平底，底部内有一道弦纹，碗口有厚边。口径14、高4、底径10厘米。

4. 漆奁　1件。

为一圆形，无盖。木胎，奁壁较薄，仅2毫米。底较厚，为0.6厘米。里外施黑漆，无纹饰。直径17、高9.5厘米。

5. 漆盘　2件。

圆形。木胎，里外施黑漆，无花纹。盘口一道厚边，盘内底部饰有两道弦纹。口径17、高5、底径10.5厘米。

6. 漆案　1件。

长方形，边高凸起，底有四足，略向外撇。案足与案面有子母榫口对合装嵌而成。木胎，外施一层薄黑漆，无纹饰。长30、宽21、高7厘米。

7. 漆耳杯　3件。

Ⅰ式　1件。为椭圆形。两耳略向上翘起，平底。木胎，内施红漆，外施黑漆，无纹饰。长16、宽12、高4.5厘米。

Ⅱ式　2件。全为椭圆形。平底，两耳向上翘起。都是木胎，内施红漆，外施黑漆。一件耳杯内用赭色写有“莒”字，字迹粗糙。耳的背面用红漆写有“奉”字。另一耳杯耳的背面用红漆绘一“围”方印，可能为“朱”字。杯内绘有一凤凰，头正身侧，头顶凤冠高高隆起，一足领空，一足落地，尾向后，似独立状。长12、宽9.5、高4.5厘米。

8. “五铢”钱　4枚。为“剪边五铢”。

9. 铜镜　1件。日光昭明镜，小圆纽。背有铭文一周，18字。直径8厘米。

10. 竹篦　1件。半圆形。用竹编成。前平后圆，篦齿极密，几乎没有什么空距，前薄后厚，断面呈“V”形，制作较为精细。长8、宽6.8、厚0.6厘米。

11. 木梳　1件。半圆形。木制，形式、大小同竹篦，梳齿共有16根，通体磨光。

12. 尖竹器 1件。首部锋利，两边有薄刃，中有脊，断面呈菱形，可能是竹匕。长11、宽1厘米。

三、几点认识

1. 关于该墓的具体年代问题。从墓葬结构看，在苏州地区发现较少，多见于江苏北部的徐州、连云港一带。根据墓葬结构和随葬器物，如棺具使用卯槽，未见铁棺钉，铜镜纹饰等都具有西汉的特征。但从墓葬中出土有“剪边五铢”钱，此钱一般要到东汉初年才开始有。因此该墓的年代可定在东汉初期。

2. 关于墓主人问题。在一件耳杯上绘有“朱”字印，可能是墓主人的姓或为当时制作漆器的工匠之姓。

在另一耳杯里有一赭色“莒”字。“莒”应是山东的地名，春秋时为莒国，阳王时做过国都，汉为莒州，一直到现在称莒县。因此根据出土耳杯上的“莒”字，该墓主人可能是今山东莒县人，东汉时诸王分裂割据，战争频繁，有很多北方人南迁。从墓葬的结构来看，也是带有江苏北部与山东交界地区连云港出土的木椁墓的地方特点，因此该墓的墓主人可能是莒县南迁来的。

东汉木椁墓在苏州很少发现，它给我们研究苏州地区东汉时期的墓葬结构和漆器工艺提供了可贵的物质证据。

执笔：王嘉明

（原载《文物参考资料》1956年第11期）

苏州发现齐门古水门基础

苏州博物馆考古组

1978 年 8 月下旬，苏州市城建局市政工程处第四工程队，在疏浚齐门西侧入城河道及建筑齐门泵房的工程中，发现了齐门古水城门的基础，立即报告了博物馆，并积极配合博物馆进行了古水门基础的清理工作。现将清理情况综述如下。

一、齐门古水门的基础构造

齐门水城门为南北向，在陆城门的西边。它的基础结构以木排为主，木排置于水门下的河底，共计一百余根圆木，分三层叠压。中层五十根圆木，东西向，由南往北并排在生土层上（图一）。木长约 8. 35 米、直径 0. 28～0. 35 米，南北铺开 15. 2 米。在五十根圆木的东、西端，上、下各叠压着南北向

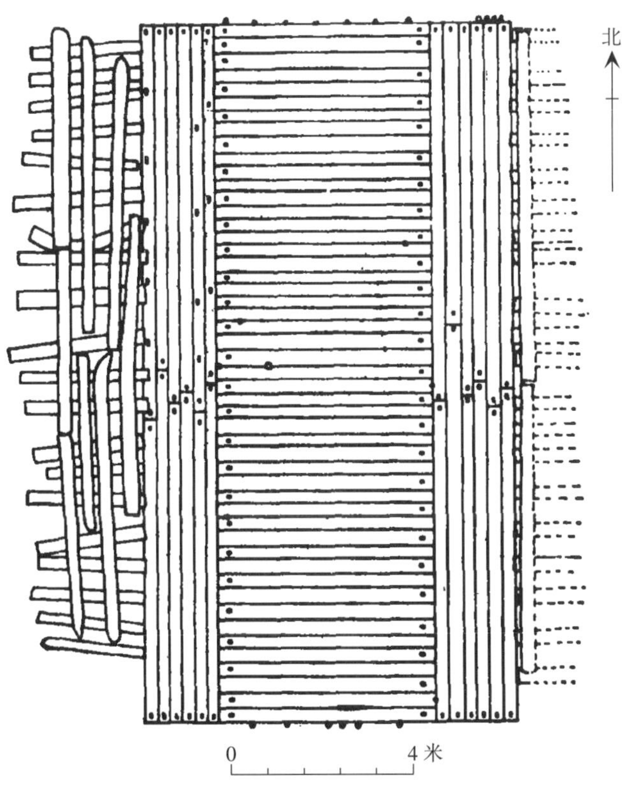

图一　苏州齐门古水门木结构基础平面图

的六根圆木，构成上、下层，圆木规格与中层相似。下层圆木置入挖在生土层的凹形槽内，圆木向上的一面经过加工刨平，与生土层形成一个平面，因此架在上面的中层圆木中段也着力在生土层上。加之上层两侧的六根圆木，形成三层叠压稳固的木结构基础。三层圆木用长 40 厘米、截面为 2 厘米 ×2 厘米的铁钉加固，并在圆木间的空隙填嵌石块或石片，使整个木结构组合牢固。另外在排木南、北各竖一排木桩（图三），使之更加坚固稳定。木桩长 0.9～1.1 米、直径 0.08～0.12 米不等。中层圆木两端上面对称盘砌四层长 11.5 米、宽 0.9 米、厚 0.27 米的青石，筑成长 11.5 米、高 1.1 米的石驳（图四、五），石驳上面是砖砌水门城墙拱券结顶（图二），与今盘门环洞水门（图六）相同。西边石驳内是乱石层，乱石层底部东西向横列着二十根间隔一定距离的圆木（图七）。木长 2.05～3.05 米、直径 0.23～0.35 米不等。圆木置于经过夯实的土层上，朝东的一头顶住石驳下面六根圆木最外的一根，在这二十根圆木上又架有八根竖放的圆木（图八），上面乱石层稍高于石驳。乱石层西边就是当时夯打的城墙基础。

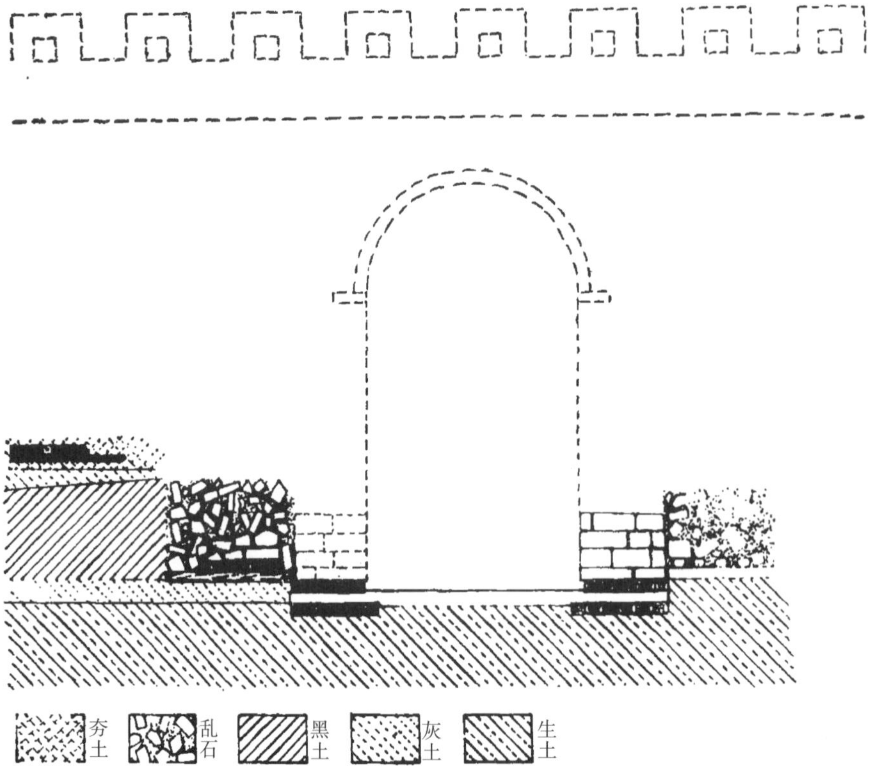

图二　齐门古水门剖面图

图三　水门排木南边的木桩

图四　水门石驳之一

图五　水门石驳之二

图六　苏州盘门环洞水门

图七　水门西边乱石层底部垫木布置图

图八　架在第二层圆木上的八根圆木

齐门是苏州城北偏东的一个门，据文献记载，历史上的齐门有水陆两衢。苏州城内河道成网，其主要乃“三横四直”①。“三横”即东西方向有横河三条，“四直”是南北方向有直河四条。齐门水关是第三直河的出入口，与城外运河相接。现水门城圈已毁，水道也长年失修，近水门内的河道几被淤塞，这次疏通时，才发现了这个由粗大的圆木纵横重叠构成的水门基础（图九）。

二、关于齐门古水门的修筑年代

苏州是一个历史悠久的城市，据汉代赵晔所撰《吴越春秋·阖闾内传》载，城始建于周敬王六年（前 514 年）。当时城的规模为“周围四十七里”，“陆门八”，“水门八”。迄至唐代，这些城门都还存在。白居易诗曰：“七堰八门六十坊”②，刘禹锡诗曰：“二八城门开道路”③；又唐陆广微《吴地记》载“罗城作亚字形，周敬王六年造”，“八门皆通水陆”。宋初废巫门（即平门）、蛇门，继而胥门亦废，当时苏州仅有阊、齐、娄、葑、盘五门五堰④。堰，即是水道要衢；这里指的是水城门。设堰是

图九 纵横重叠、排列齐整的水门木结构基础

图一〇 苏州盘门水门上牵吊闸门的吊栏石

为了防止暴水流入城里。苏州位居太湖的下游，“地势倾于东南，而吴之为境居东南最卑处，故宜多水”⑤。宋代时苏州改称平江，就是因为“地势低下与江水平”之故⑥。太湖水从西南流入苏州阊、盘二门，与城内河道分流交贯，经葑、娄、齐三门出城而注于江海。因此，苏州“虽名泽国，而城中未尝有垫溺荡析之患”⑦。可见水城门对水系纵横交错的苏州城是一种重要的建筑设施。据记载，苏州城门皆有堰，各堰都有水闸，齐门也不例外。保存至今的盘门水门（图五），原设有“闸槽”二重，上有牵吊闸门的“吊栏石”（图一〇），承平时启，战乱时闭。这些设施是以防御为目的的，它与基础的结构有密切的联系。据《资治通鉴》载，唐乾宁二年（895 年）十月，“淮南将柯厚破苏州水栅”。《新五代史》载：“杨渥将周本、陈章围苏州”，“淮兵为水栅环城，以铜铃系网沉水中，断潜行者。水军卒司马福，多智而善水行，乃先以巨竹触网，淮人闻铃声遂举网，福乃过，入城中，其出也亦然。乃取其军号，内外夹攻，号令相应，淮人以为神，遂大败之”。可见唐至五代，水门仅以水栅和张网为防范。水门设置闸门当在其后。齐门水门以圆木为基础设于河底，下压生土层，上承石闸，这样就无潜水入城之虞了。

苏州各水门的基础结构都采用此法，清代道光年间《重修娄门城墙水关碑记》可为佐证：“娄门古号疁门，坐郡城之东，……道光三年癸未夏，霪雨河涨，被水冲塌”，“而娄门水道阻塞，先捐浚之得通行”。“五年正月祀土开工”，“是年四月间，工及娄门水关，内外筑坝戽水清底，始睹河中有积排木椤，地丁档中挨铺巨木，年久皆朽坏”。这里所记的“积排木椤”与“挨铺巨木”，即是木排，“地丁”当是木桩。这段记述可证，齐门水门与娄门水门的基础结构基本相同。

我们在这次清理过程中，发现在纵横圆木上的乱石层中和基础下，尽是唐宋时期的陶瓷碎片，没有元代和元以后的遗物，可见，齐门水门的建筑，其下限不会晚于宋代。又元代郑元祐《平江路新筑郡城记》载：“城四向一仍子胥之旧，水门则仍宋之旧。”⑧

根据中国社会科学院考古研究所放射性碳素断代测定，圆木年代当为公元 1220 年，属南宋嘉定年间。

苏州城在南宋初曾遭到金兀术的破坏，据文献记载，当时城中寺庵、祠堂、庄园、楼台均被毁⑨，城墙也几无完处。淳熙中“知府谢师稷以郡中羡余钱四十缗缮完之”，“嘉定十六年弥远作相，遂奏请得赐钱三万缗，米三万石，知府赵汝述、沈暐相继修治，为一路城池之最”⑩。从南宋绍定二年（1229

年）所刻的实绘“平江图”，亦可知宋代苏州城池的概貌。因此，齐门水门基础的修建年代，大体在南宋淳熙中，而不会晚于嘉定。

三、结束语

苏州齐门水门基础的建造方法，还是首次发现，它为研究古代水城门基础构造提供了一个完整的实物资料。这种基础不仅利于防御，而且坚固耐久，船只出入水门不会损伤基础。《重修娄门城墙水关碑》载：“揆厥由来，良以土性浮松，非木不能□重，可见古人因地制宜之深意也。于是易以大材，且加覆石板，俾篙楫往来无伤损。”类似这种建筑结构，在苏州宋代旧河道桥驳基础上亦有发现。

执笔：丁金龙　米伟峰

注释

① 见本馆“三横四直”图碑刻。

②［宋］朱长文：《吴郡图经续记》卷中《水》。

③［宋］朱长文：《吴郡图经续记》卷上《门名》。

④ 曹允源、吴荫培、蒋炳章等：《吴县志》卷十八下《城池》。

⑤［宋］朱长文：《吴郡图经续记》卷下《治水》。

⑥ 曹允源、吴荫培、蒋炳章等：《吴县志》卷四十二《水利一》。

⑦［宋］朱长文：《吴郡图经续记》卷下《治水》。

⑧ 曹允源、吴荫培、蒋炳章等：《吴县志》卷十八下《城池》。

⑨ 徐大焯：《烬余录》。

⑩ 曹允源、吴荫培、蒋炳章等：《吴县志》卷十八下《城池》。

（原载《文物》1983 年第 5 期）

江苏吴县窑墩汉墓

吴县文物管理委员会　张志新

1980 年 4 月，江苏吴县东渚公社淹马大队社员，在万家村前渚头山东的窑墩上挖土制砖坯时，发现一座古墓（图一）。

窑墩原是一处高出地面 3～4 米、面积约 400 平方米的土墩。在墩上及墩边采集到穿孔石斧、常型石锛等磨制得很光滑的石器（图二～五），还有夹砂红陶鳍形大鼎足、“T”字形断面的鼎足、满饰划纹的夹砂红陶器耳、泥质黑衣陶豆盘、饰有竹节纹和镂空的豆把、带有断凿附加堆纹的夹砂红陶罐腹，以及泥质灰陶、黑衣陶罐口沿等陶片。这些文化遗物的特点，与吴县草鞋山、张陵山等遗址早中期良渚和典型良渚文化的遗物相接近，可见这里原是一处新石器时代晚期的古文化遗址。

此次发现的古墓，位于窑墩的底部，圹周砌砖。墓东西向，长 3.80 米，平面略呈长方形。墓室中间有高 1 米多的错缝平砌砖墙，将墓室隔为南、北两间。南间略宽，一端宽 1.24 米、另一端宽 1.19 米；北间稍窄，宽约 1.02 米。南、北间内棺木及骨骼均已腐朽，墓圹底部泥土中残留一层黑褐色的板灰和少量朱红、黑色漆皮。北间出土铜洗 1 件。南间出土铜壶、釜、甑以及硬陶盘口壶、泥质红陶罐等。其中较典型的器物如下。

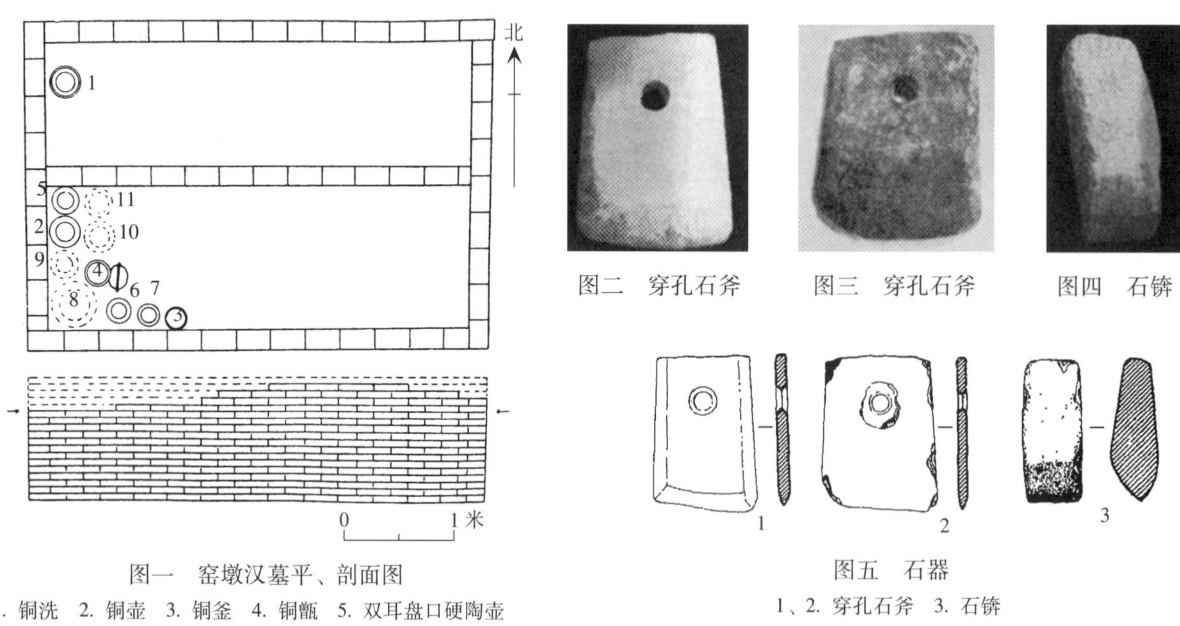

图一　窑墩汉墓平、剖面图

1. 铜洗　2. 铜壶　3. 铜釜　4. 铜甑　5. 双耳盘口硬陶壶　6、7. 泥质红陶双耳罐　8. 硬陶罐　9～11. 盘口壶

图二　穿孔石斧　　图三　穿孔石斧　　图四　石锛

图五　石器

1、2. 穿孔石斧　3. 石锛

1

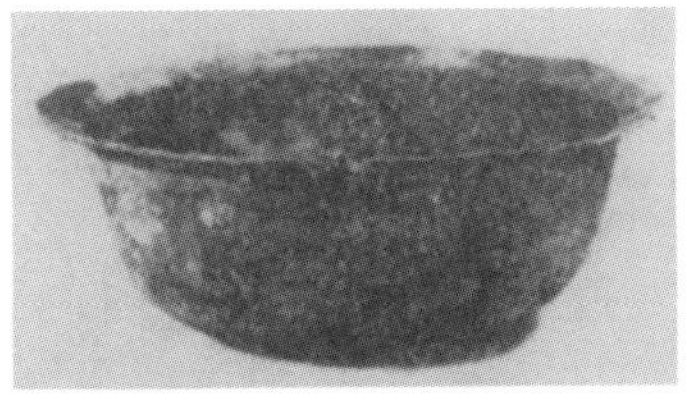

2

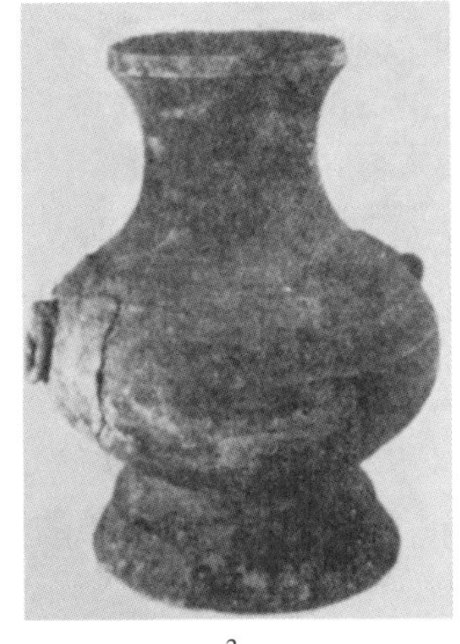

3

4

5

图六　出土器物

1. 铜甑　2. 铜洗　3. 铜壶　4. 泥质红陶双耳罐　5. 双耳盘口硬陶壶

铜洗　1件。方唇，折沿，深腹，平底。素面。器壁极薄，布满绿色铜锈。通高8.7、口径24.6、底径11.7厘米（图六，2；图七，1）。

铜壶　1件。方唇，盘口，高颈，鼓腹，收胫，高圈足略呈八边形。壶体饰弦纹，两侧各有一铺首衔环耳，铺首图案采用双线勾勒。器壁极薄，出土时器腹已崩裂。通高29.2、口径14.1、圈足径19.2厘米（图六，3；图七，6）。

铜釜　1件。方唇，敞口，附耳，圜底，底部有一锅脐式圆饼，并有一浇铸时残留下的小乳突。素面。通高8.4、口径12.6厘米（图七，5）。

铜甑　1件。折沿，尖唇，收胫，矮圈足。底部稍向上凸，并有十二个条形镂孔。上半部高7.5、口径18.1、圈足径9厘米。下半部为一釜。敛口，弧肩，圜底，最大腹径处有一周高起0.9厘米的凸棱，底部有一锅脐式圆饼。素面，底部残留烟炱，还有一道支架的痕迹。下半部通高12.2、口径8.4厘米。支架已锈蚀成数段碎片，圈径13.2厘米（图六，1；图七，4）。

双耳盘口硬陶壶　1件。圆唇，盘口，高颈，鼓腹，收胫，平底，形体较高瘦。肩部有两个相对的蕨纹饰耳。肩腹部有旋坯而留下的弦纹。烧成火候较高，陶质较硬，呈米黄色，无釉。器表比较粗糙。通高26.1、口径13.6、底径9.6厘米（图六，5；图七，7）。

泥质红陶双耳罐　2件。一件稍大，土红色。敛口，圆唇，鼓腹，平底，肩部有两个饰有蕨纹的耳。通体有旋坯而残留的弦纹。通高12.9、口径11.8、底径9.6厘米。另一件较小，橘红色。器形同上，耳上无纹饰。通高10.6、口径9.9、底径7.8厘米（图六，4；图七，2、3）。

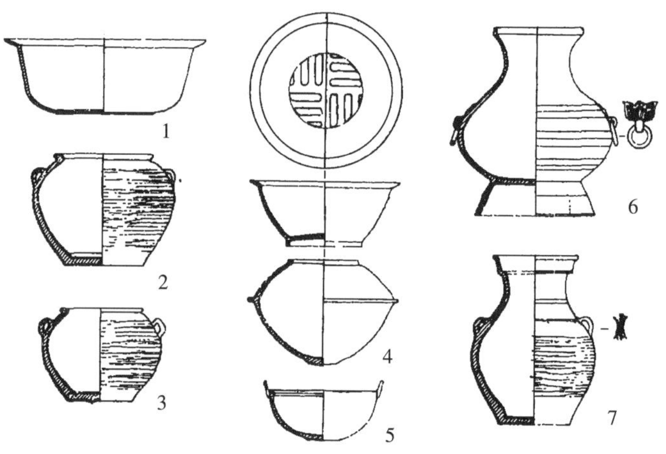

图七　墓葬出土器物

1. 铜洗　2、3. 泥质红陶双耳罐　4. 铜甑　5. 铜釜　6. 铜壶　7. 双耳盘口硬陶壶

根据在墓穴附近采集到的碎陶片判别，墓中出土的器物还有数件硬陶壶和罐等。

此墓中没有出土纪年文字资料，甚至连钱币、铜镜等具有断代意义的铜器都未发现，因此只能以其墓葬形制和时代特征比较明显的陶器作为判断年代的依据。

此墓为木顶砖室墓，这是东汉早期开始出现、在南方比较多见的一种墓葬结构形式，曾在浙江绍兴漓渚①、南京栖霞山②等地发现过。墓内出土的铜器都是生活实用器，未见鼎、豆等属于礼器范畴的铜器。陶器以盘口壶、双耳罐为主，也不见鼎、盒、钫等仿铜陶礼器。这说明战国和西汉早期尚流行的等级丧礼和使用礼器的葬制已不受重视。墓中出土的盘口壶、罐都不施釉，器表密布旋坯而留下的弦纹，耳部饰蕨纹，这类陶器在苏州天宝墩 22 号墓和 24 号墓中均有发现，体现了东汉早期陶器的特点。综合以上情况，我们初步判断窑墩墓是一座东汉早期的墓葬。

注释

① 浙江省文物管理委员会：《浙江绍兴漓渚东汉墓发掘简报》，《考古通讯》1957 年第 2 期。

② 葛家瑾：《南京栖霞山及其附近汉墓清理简报》，《考古》1959 年第 1 期。

（原载《文物》1985 年第 4 期）

苏州市娄葑公社团结大队天宝墩二十七号汉墓清理简报

苏州博物馆

1973年4月，在苏州市葑门外约3千米，现娄葑公社团结大队天宝墩中心部南侧3米多深处发现一座汉代土坑竖穴木椁墓（编为M27）。墓顶上部已被破坏，结构不明。墓室南北向、南偏西45度，墓室中间有土梁相隔，宽0.15米、残高0.6米，分东、西两个棺室。东室长4米、宽2.45米，西室长3米、宽1.7米（图一）。葬具均已腐朽，仅留棺漆痕迹。西室棺外层黑色，内层朱红色，长2.28米、宽0.9米。东室棺外层深红色，里层朱红色，长、宽不明。东室人骨残迹略可辨，头北脚南，是一座男女合葬墓。

一、出土遗物

两室共出土遗物64件。东室器物破碎严重。现将随葬器物按东、西两室分述如下。

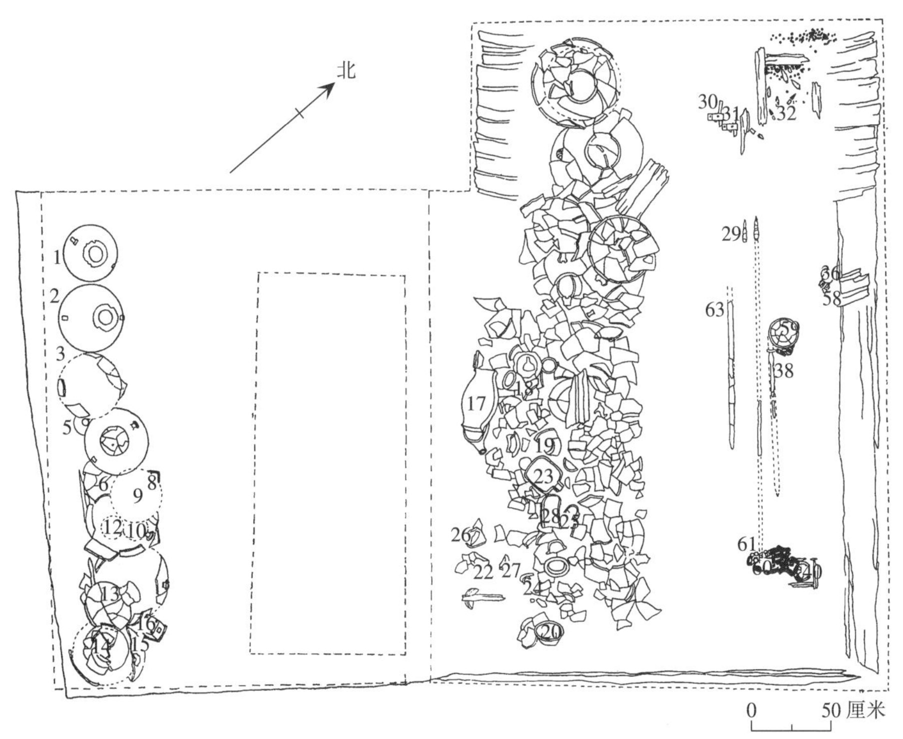

图一　天宝墩M27平面图

1~3、5、6、8、13、14. 陶壶　4、10、11、15、49、50、53. 陶瓿　7、45、46. 陶鼎　9. 陶器盖　12. 铜盉　16. 陶屋　17、44. 陶钫　18. 陶灯　19、34. 陶杯　20、21. 陶洗　22、41. 陶耳杯　23. 陶匜　24、25、27、42、43. 陶勺　26. 陶釜　28. 陶灶　29、64. 铜矛　30、31铜弩机　33. 陶甑　35. 金片　36. 金饼　37. 玉璏　38. 玉格铁剑　39. 铜麟趾金　40. 铜镜　47、48. 陶盒　51、52. 陶罐　54~56. 陶瓮　57. 玉带钩　58. 玉饰件　59. 玉璧　60. 铜鐏　61. "五铢"钱　62. 泥弹丸　63. 铁剑

（一）西室

1. 釉陶器

壶　8件。分六式。

Ⅰ式　1件。带盖，直颈，口沿外侈，腹部饰三条锯齿纹，双耳铺首衔环，釉至腹间，底部稍有假圈足。高43、腹径33、口径16、底径18厘米（图七）。

Ⅱ式　2件。颈向内收，口沿和颈部饰禾穗纹，肩上有乳柱各两枚，双耳铺首衔环。

Ⅲ式　2件。肩部饰带纹两圈。

Ⅳ式　1件。喇叭形口，腹部呈扁圆形（图八）。

Ⅴ式　1件。肩至腹部饰三条弦纹，假圈足，无釉（图九）。

Ⅵ式　1件。灰陶，短颈，通体饰弦纹。

瓿　4件。分二式。

Ⅰ式　2件。肩较高，饰三条锯齿纹，口唇微外侈，双耳兽首衔环，底小而平，釉薄易剥落。

Ⅱ式　2件。肩与腹饰凸形弦纹三条，兽首形双耳，肩上有乳柱各两枚，釉至腹间（图一一）。

屋　1件。平面近正方形，顶盖为四坡式，屋面刻直瓦楞，前壁正中有方形门框。屋底部有柱脚四个，造型规整。高11、宽10.5、长11厘米，柱脚各高2厘米（图一〇）。

2. 铜器

鼎　1件。深腹，圜底，附耳呈正方形，中有方形穿孔，口向外敞，矮足，无盖。素面。高6、腹径6.5、腹深5、足高1.5、口径12厘米（图一二）。

盉　1件。已残。圜底，兽首形三足，有把。壶嘴为羊头状。

3. 铁器　1件。已锈蚀，无法辨其器形。

（二）东室

1. 釉陶器

钫　2件。侈口敛颈，底与口大小对称。肩部有铺首衔环。带盖，盖上饰卷草纹。高11、腹径19、底径12厘米（图一三）。

瓮　5件。分二式。

Ⅰ式　3件。其中印纹陶两件，釉呈黄绿色，饰席纹。高35、口径18、腹径41、底径20厘米（图一四）。

Ⅱ式　2件。其中一件呈红色，无釉。高35、口径20、腹径44、底径22厘米。另一件呈灰色。

鼎　1件。深腹带盖，兽蹄形矮足。饰兽面纹，长方形耳饰草叶纹（图一六）。

盒　2件。平底，深腹，带盖（图一五）。

瓿　2件。呈红色，无釉，火候较高。呈扁球形，肩部饰铺首和兽头各一对，平底，带盖。

双耳罐　2件。

灶　1件。陶质软，呈红色，尖头方形火门，灶面中间火眼上放置釜、甑各一件（图一八）。

匜　1件。方形，圆平底，带流（图一七）。

灯　1件。浅盘，直口，圜底，中有柱芯，粗高把（图一九）。

杯 2件。形如竹筒，近口处有一把（图二〇）。

洗 2件。均为灰陶质。宽边，深腹，平底（图二一）。

勺 6件。分三式。

Ⅰ式 2件。勺身椭圆形，长柄（图二三，右）。

Ⅱ式 2件。勺身为烟斗状（图二三，左）。

Ⅲ式 1件。勺身似半个葫芦形。

耳杯 1件。椭圆形，两侧有耳（图二四）。

2. 铜器

矛 2件。圆骹已残。残长13厘米（图二）。

鐏 1件。已残，断面呈圆形，一端有木头一段插入，中段有弦纹二周。直径2.5、残长6.5厘米。

弩机 2件。出土时盛于木盒内（木盒已腐朽）。郭身前端较窄，面刻箭槽。二件郭的右边上都镌有文字，已模糊难辨。其中一件铭文疑为“□戎㇉（弓）……”（图二六）。

镞 4件。三棱式，后端呈圆柱状，镞身中间有一阴刻的“△”形。镞身长3厘米（图二二）。另附有铜铤4件，空心短茎，残长2.5厘米。

镜 1件。已残。连峰纽，纽座围绕八星、外围饰以四乳草叶及星云纹，十六内向连弧缘。直径11厘米。原盛于漆匣内，匣已腐朽。

钱币 “五铢”钱900余枚，出自墓主腰间。脚部及从腰间出土的钱币，外用丝绸包扎，结带处用金属扣饰封扣。丝绸已朽毁，钱币保存尚好，“五”字中间两笔略带弯曲，“朱”字头方折。出土钱币两种，一种钱币正面穿上有横郭一道，另一种穿的下面有凸起的月牙状记号，数量较多。前者重3.5克，后者重3克；直径为2.5厘米。

3. 铁器

铤 4件。二件实心，二件空心。残长8厘米和6厘米。

剑 1件。出自棺内西侧，残长41厘米。出土时有木鞘，已腐朽。

4. 玉器

璧 1件。青玉内圈刻织蒲纹，外圈刻三组龙凤纹。放于胸部。直径18.5、孔径2.8、厚6厘米（图三）。

饰件 1件。扁平叶形，两侧透雕卷云纹，中间有一个圆孔。与金饼同放于头部。长6、宽3厘米（图四，上）。

带钩 1件。刻卷云纹，钩首为兽形，已残缺。

璏 1件。为剑上饰件。玉呈青白色，长条形，表面有蒲纹。长9、宽2.2厘米（图四，下）。

5. 金器

鎏金饼 1件。正面略向内凹，背面隆起，上有对称的两个小凹孔。直径6、厚约0.5厘米，重156克。

扣饰 1件。似金片状。重4.57克。

金饼 2件。作圆饼形，面上呈凹形，盖有戳印和划纹（图六）。一件直径6厘米，重250.32克（图五，左）。另一件直径6.2厘米，重256.9克（图五，右）。

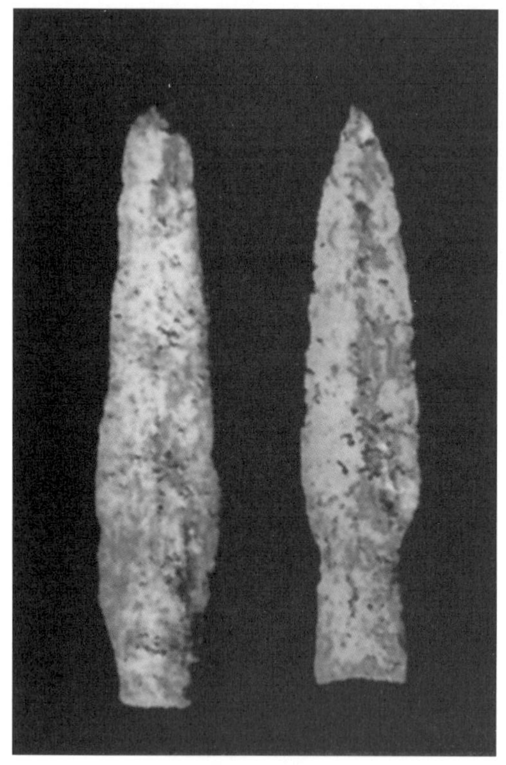

图二　铜矛

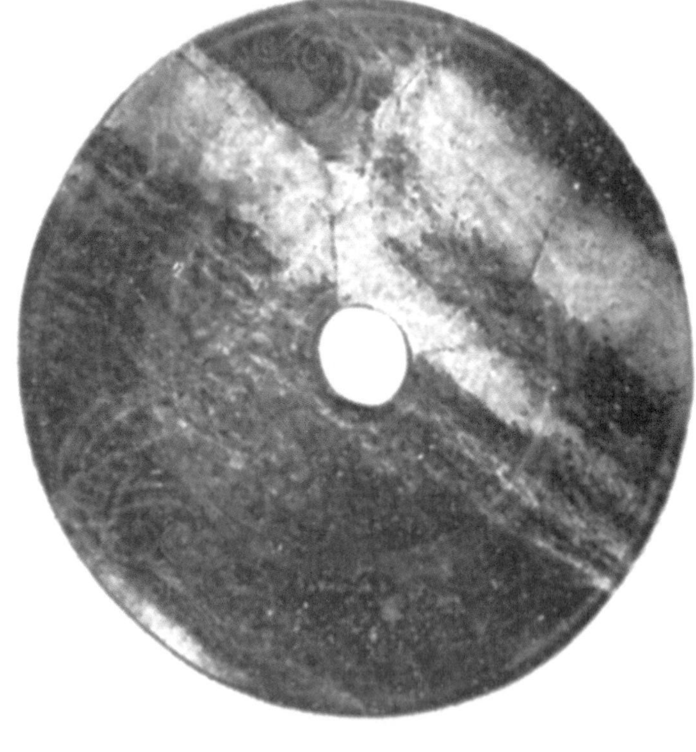

图三　玉璧

图四　玉器

上：玉饰件　下：玉璏

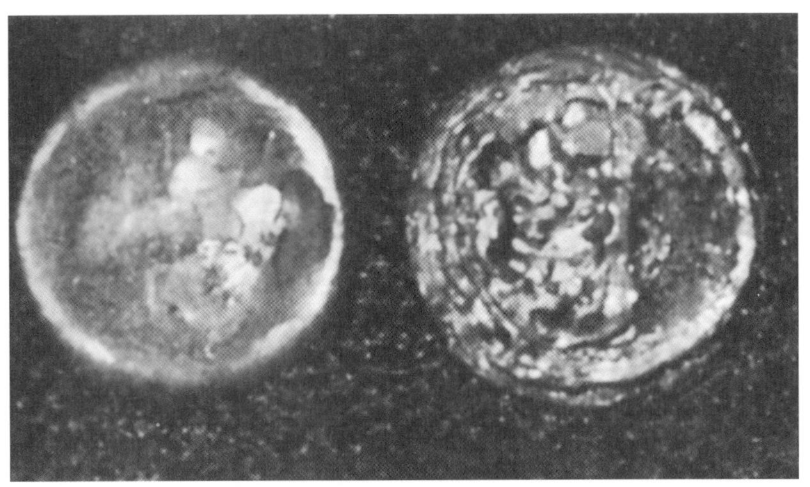

图五　金饼
左：金饼1正面　右：金饼2背面

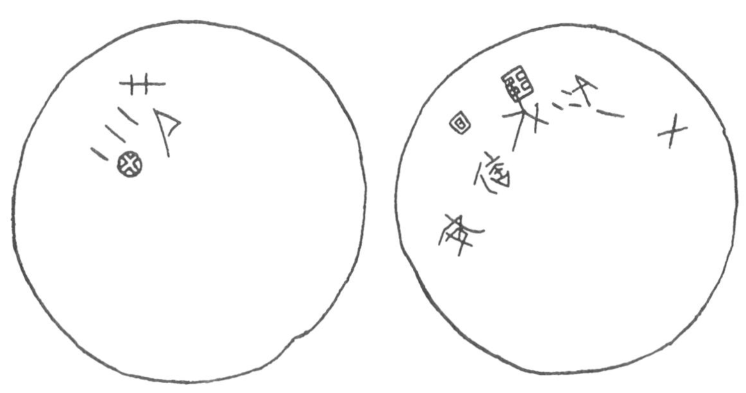

图六　金饼划文、戳记摹本（1/2）

图七　Ⅰ式釉陶壶

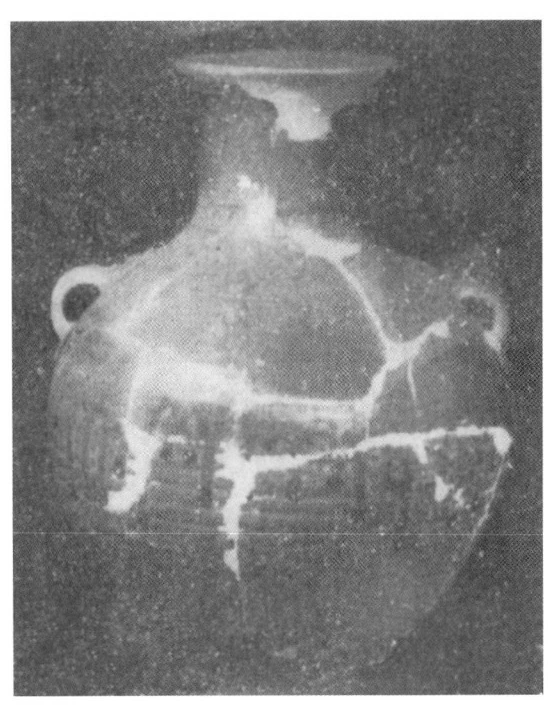

图八　Ⅳ式釉陶壶

图九　V式釉陶壶

图一〇　釉陶屋

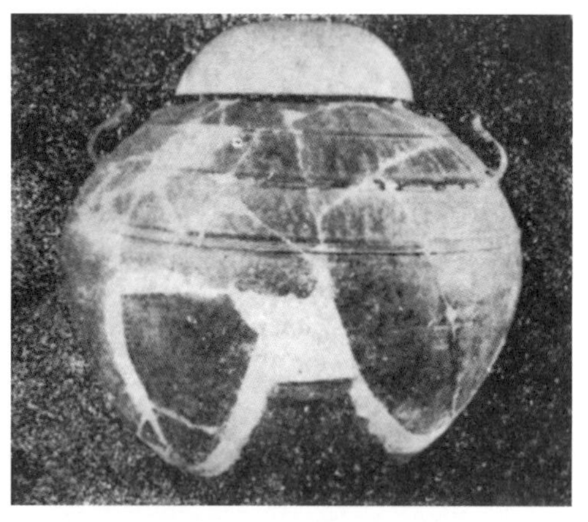

图一一　Ⅱ式釉陶瓿

图一二　铜鼎

图一三　釉陶钫

图一四　釉陶瓮

图一五 釉陶盒

图一八 釉陶灶

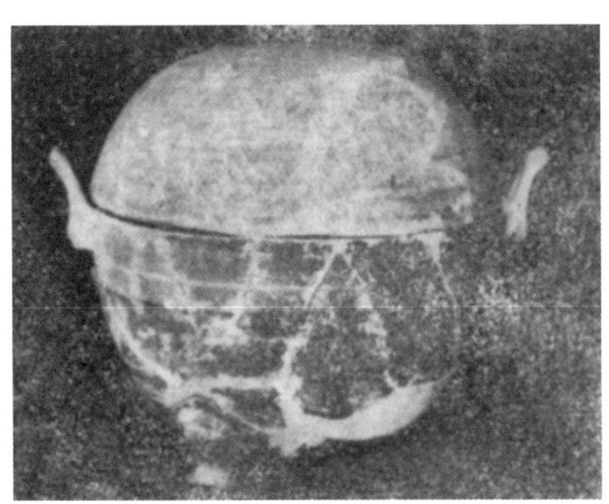

图一六 釉陶鼎

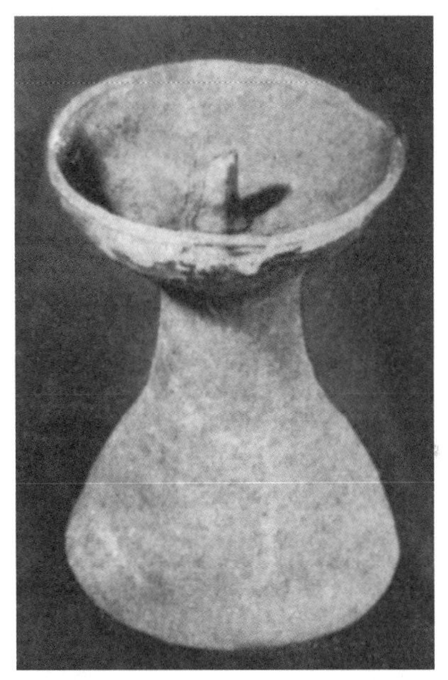

图一九 釉陶灯

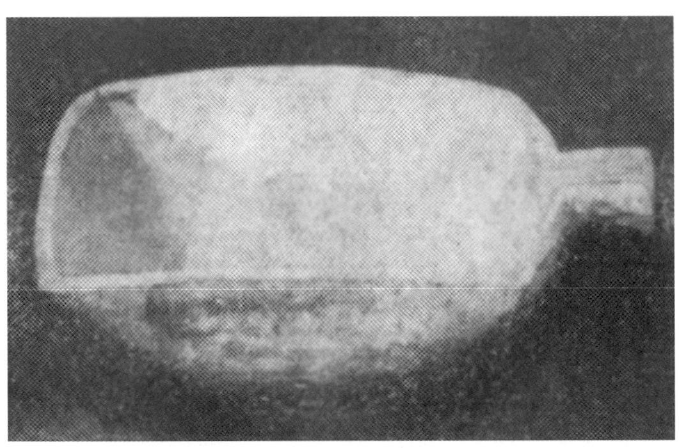

图一七 釉陶匜

图二〇 釉陶杯

图二一 釉陶洗

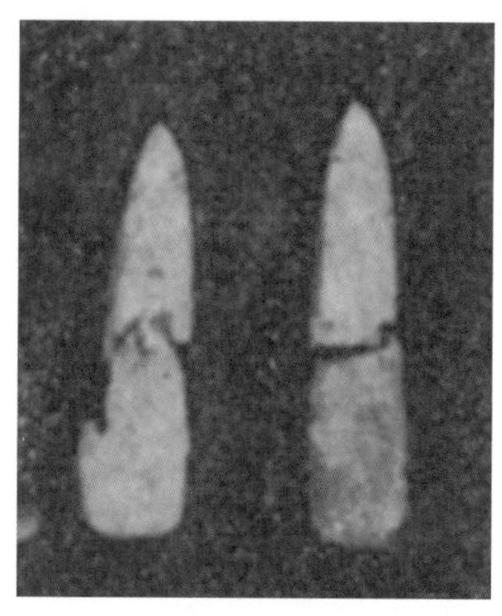

图二二 铜镞

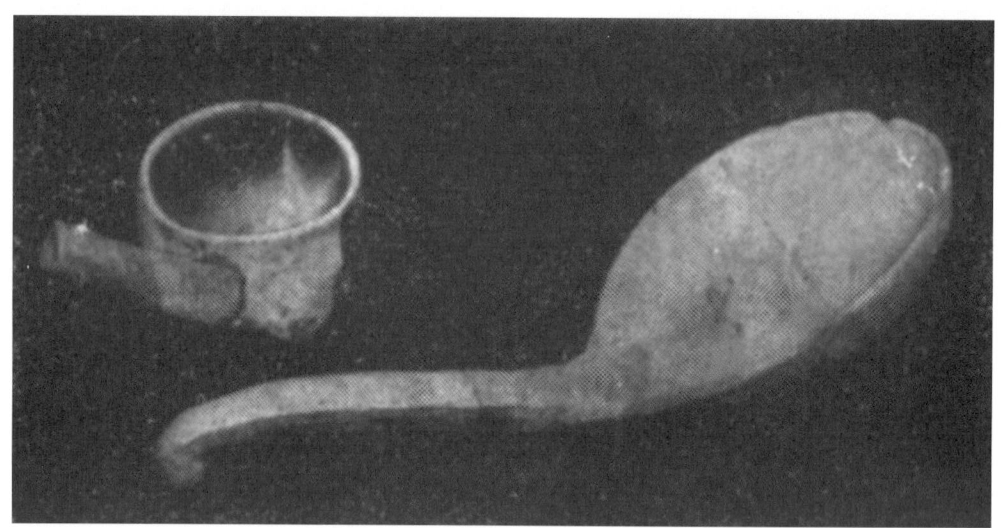

图二三 釉陶勺
左：Ⅱ式 右：Ⅰ式

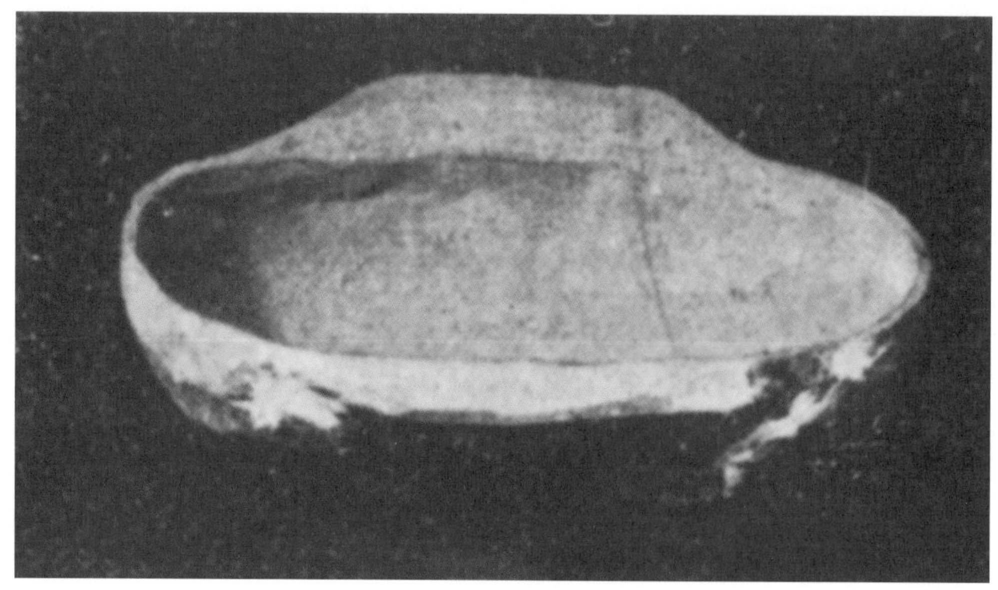

图二四 釉陶耳杯

图二五　陶弹丸

图二六　铜弩机

6. 其他

弹丸　100余枚。泥质灰陶，火候不高。弹丸表面似涂黑漆（图二五）。

二、小结

（一）墓葬的年代

从该墓出土的陶器来看，钫、盒、壶、瓮等大型随葬品，具西汉早、中期墓葬的特征。出土的铜镜为连峰纽，连弧缘饰星云纹，按《洛阳烧沟汉墓》报告大体可以肯定这种镜是武帝昭帝时候的。所出的“五铢”钱，从形体等看，符合于《洛阳烧沟汉墓》中的第二型钱币，它的上限不早于武帝，下限或至元帝。再从出土的金饼的形制和重量来分析，根据安志敏同志《金版与金饼——楚汉金币及有关问题》一文中表所列，凡重250克左右的金饼皆属西汉。另外，玉璧的纹饰和徐州铜山小龟山西汉崖洞墓出土的Ⅳ式玉璧一样[①]。据此，该墓葬的年代应定为西汉中期。

（二）墓主人的身份

该墓出土的金饰，根据“太始……二年春正月，行幸回中。三月，诏曰：‘有司仪曰，往者朕郊见上帝，西登陇首，获白麟以馈宗庙，渥洼水出天马，泰山见黄金，宜改故名。今更黄金为麟趾褭蹏以协瑞焉。’因以班赐诸侯王”[②]等资料，说明金饼在武帝时是由帝王赏赐给诸侯王的物品，并非民间自制。死者有之，应非一般地主官僚。另外，出土的玉璧及棺椁使用的木材，也说明墓主应属贵族。

中华人民共和国成立以来，在江苏地区出土金饼的只有铜山小龟山西汉墓，苏州地区汉墓出土金饼属首次。铜铁兵器及玉璧等在苏州地区发现也不多，这座墓葬的发现，为我们研究汉代苏州地区的历史提供了一批较好的实物资料。

执笔：郑莉莉　朱薇君

注释

① 南京博物院：《铜山小龟山西汉崖洞墓》，《文物》1973 年第 4 期。

② ［汉］班固：《汉书》卷六《武帝纪》。

［原载《文物资料丛刊》（9），文物出版社，1985 年］

苏州北郊汉代水井群清理简报

苏州博物馆

1989年1月上旬，苏州火车站职工医院基建工地发现多口古代水井。我馆闻讯后，随即派人赶赴现场，配合工程进行了抢救清理，前后清理发掘为期共5天。现将清理收获简报如下。

一、地理位置和概况

水井群位于苏州市平门外北郊，距古城外濠（即护城河）约50米，西距火车站约200米，北距沪宁铁路仅15米（图一）。

根据深挖的断面，地层情况如下：

第1层，表土层，深约0.2米。杂有近代砖瓦和煤屑等。

第2层，扰乱层，深0.2~1.7米。伴出明清碎瓷片、龙泉影青残香炉和宋代四系黄釉陶罐，以及汉代釉陶片、残陶井圈、绳纹板瓦等。

第3层，为黄褐色黏性生土层。水井遗存均发现在这一层。

这批水井群集中发现在医院大楼基建范围以南五十平方米之内，共发现大小水井计11口（其中四口在前期施工已被破坏淹填），经清理到底有7口，编号SPJ1~SPJ7（按发现先后和配合工程清理顺序编号）。由于工人在施工中注意不够，各井保存高低现场状况已参差不一，唯其中以编号SPJ3保存为最好，上口距地表2.1米，全井尚深3.08米，余大多已快接近井底。SPJ1与SPJ3和SPJ4与SPJ5，彼此相距均甚近，前者仅距0.3米，后者也只距0.6米。十一口井的平面位置似“人”字形。

清理的七口水井，SPJl、SPJ2、SPJ6、SPJ7四口为土井，余全为陶制圈井。

（一）土井

土井距地表均较圈井为浅，一般多在距地表（按井底深度）3米左右。因是土井，在施工中容易被疏忽，因此，上部都已遭到不同程度的破坏。平面呈不规则圆口，直筒形，井壁光洁垂直，不见有任何材料加固护壁，但在井壁面上相隔一定距离偶有浅窝痕，可能系挖井时上下踩脚所遗留。四口土井内全部填满灰黑色稀软淤土，土质较细腻，除杂有较多的黑衣灰陶壶器口和器腹等碎片外，近井底出土有完整的红陶罐和黑衣灰陶圜底壶，以及树枝制作的提水钩等。

（二）圈井

圈井也必须先挖成一定深度和直径的土井，然后用预制烧成的陶圈层层垒叠成垂直筒形。陶圈均

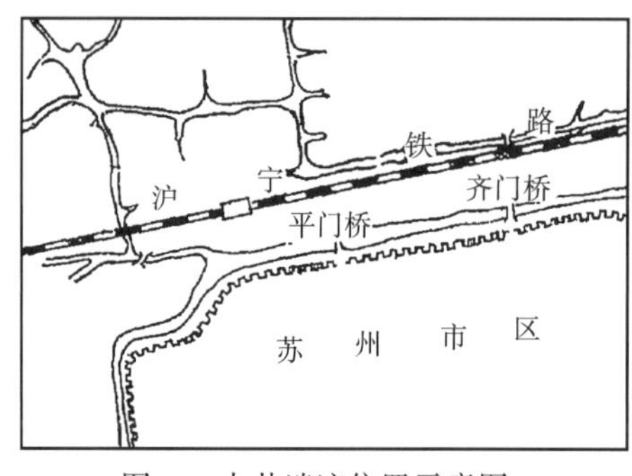

图一 水井遗迹位置示意图

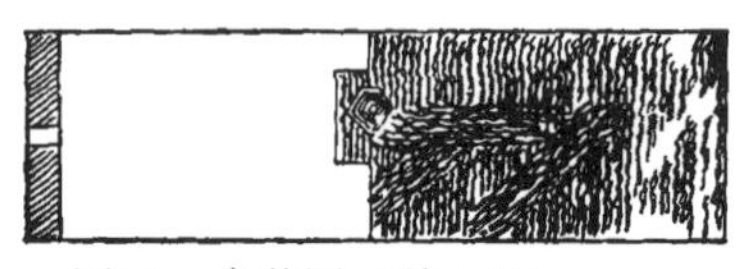

图二 陶井圈（约1/13）

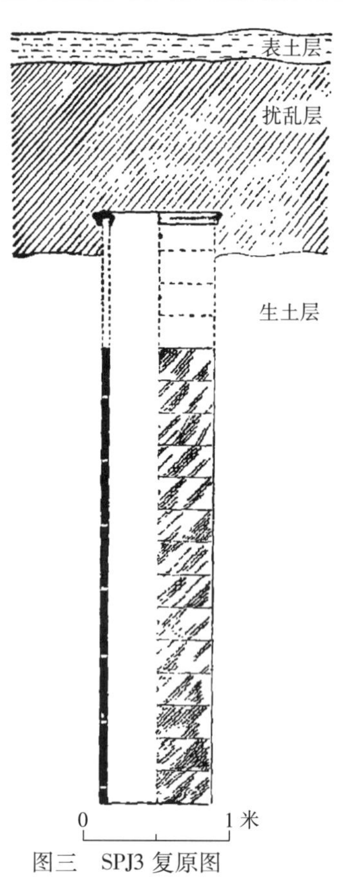

图三 SPJ3复原图

为泥质灰陶，火候一般，扁圆形，规格有直径68厘米和76厘米、高18厘米和22厘米、厚3厘米和4厘米两种。陶圈外壁满饰错综相叠的细绳纹，少数圈外壁有复回纹饰的附加堆纹（图二）。内表有斜形方格纹、菱形纹，或菱形回纹及重回纹。陶圈上、下的沿口面饰以弦纹或斜绳纹。每节陶圈器壁中部各有两个相对的小圆孔，这种小圆孔大概是有利蓄聚圈外的水源。清理时并发现，凡陶圈小圆孔处或井壁有空隙的地方，都填有绳纹等板瓦片，以防止陶圈移位或井壁松塌。清理的三口圈井中，以SPJ3为例。保留完整陶井圈14节，深达3.08米，井口原有陶制井栏（已坠入井内，存一小截）封口（图三），断面呈凹形，扣入圈壁。井内填满灰黑色淤土，上部井内出土遗物较少，自三节以下，发现汉代板瓦和釉陶器等碎片；五至六节除板瓦外，还有大块破碎井圈以及残断的陶制井栏圈；六节以下出黑衣灰陶圜底器和青瓷壶等残器，数量逐渐增多；七至九节以下，除出土上述同类残器外，并发现木器、骨器和铁制器以及栗子等果实；接近井底的淤土中则出土大量黑衣灰陶圜底壶碎片，其中不少还保存较完整。有一件黑衣灰陶圜底壶的颈部还保留着一周粗约3毫米并用黄棕麻搓成的系水绳，说明众多破碎的圜底器（壶），均为当时汲水实用器，因汲水不慎或系绳断裂而沉入井底的。

二、出土遗物

经清理的七口水井，共出土遗物58件，选择标本21件，能修复的12件，完整器19件。种类有陶、木、骨、铁器和果实等。其中土井出土16件，以陶器为主，陶器多为泥质灰陶，火候一般，表施黑衣或表里通体施抹黑陶衣。器形较单纯，仅见圜底壶、罐、釜等器，不见釉陶器。

圈井出土遗物较多，但亦以泥质灰陶为大宗，次为泥质红陶和釉陶器。泥质灰陶的器形和质地与土井类同，但瓿、坛、钵、盆等器为土井所不见。釉陶器，高岭土质已较纯细，但施釉厚薄还不均匀，厚处釉色呈青褐，薄处釉质泛浅黄，且易剥落。器表施釉均不及底，从器腹下部挂釉高低不一的釉痕观察，显系采取浸釉或刷釉法。现按器形类别分叙如下。

壶　21 件。可分三型。

A 型　有七式。全为泥质灰陶，器表或表里均施有一层黑陶衣，黑衣较薄，多数已褪脱，露出灰胎。

Ⅰ式　3 件。SPJ1∶4，侈口，重唇，束颈，扁圆形器腹，圜底较凹，器表黑衣较厚且经打磨有光泽。肩饰一道凸弦纹，器腹有隐约能见的轮旋纹，圜底饰拍打错综细绳纹。口径 12.6、腹径 28.4、底径 9、高 26 厘米（图四，1）。

Ⅱ式　2 件。形制基本与Ⅰ式类同，唯器腹较深，下部略有变形。腹饰七道由窄而宽瓦棱纹。SPJ1∶5，口径 12、腹径 24、底径 8、高 26 厘米（图四，2）。

Ⅲ式　1 件。重唇，束颈，弧肩，器腹不规整。肩饰弦纹一道，腹有较浅的轮旋纹，底饰错综冰裂纹。SPJ1∶10，口径 12、腹径 24.4、底径 8、高 22.6 厘米（图四，6）。

Ⅳ式　4 件。器身较圆整，满饰弧弦纹，底部拍打横竖相叠细绳纹。SPJ3∶2，口径 12、腹径 25.4、高 24 厘米（图四，4）。

Ⅴ式　1 件。SPJ3∶9，出土时破损较甚，经修复。侈口，重唇束颈，肩斜折，鼓腹下部变形。束颈尚残留有黄棕麻搓成的绳索，但一触即腐，无法保存。腹饰有由窄而宽的弧弦纹，底饰错落拍打的粗绳纹。口径 12.2、腹径 25、底径 7、高 23.8 厘米（图四，5）。

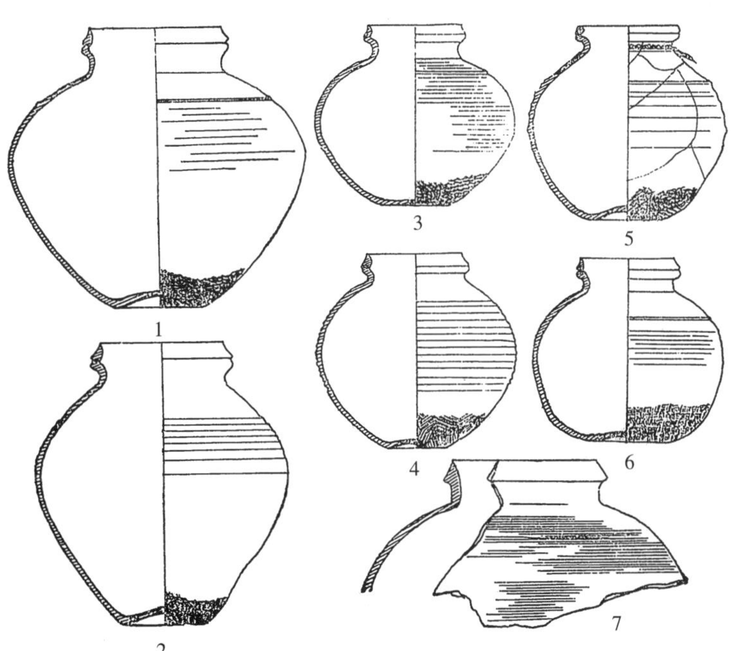

图四　出土器物

1. A 型Ⅰ式壶（SPJ1∶4）　2. A 型Ⅱ式壶（SPJ1∶5）　3. A 型Ⅵ式壶（SPJ3∶14）　4. A 型Ⅳ式壶（SPJ3∶2）　5. A 型Ⅴ式壶（SPJ3∶9）　6. A 型Ⅲ式壶（SPJ1∶10）　7. A 型Ⅶ式壶（SPJ5∶7）（1、2. 2/15，7. 1/5，余 1/10）

Ⅵ式 2件。SPJ3∶14，表施黑衣较厚，通体呈黑色。侈口，重唇不明显，深束颈，鼓腹扁圆，圜底较平。肩饰一道弦纹，通体有浅而明显的轮旋纹，器底拍打互相重叠的粗绳纹。口径12、腹径25.6、底径9、高22.2厘米（图四，3）。

Ⅶ式 1件。SPJ5∶7，已残损，经复原。侈口，单唇，直束颈，球腹。满饰细弦纹。口径9、腹径0.8厘米，下残不明（图四，7）。

B型 1件。泥质红陶，火候较高，扣之声清脆。SPJ3∶3，盘形口，高束颈，肩腹界线不分，腹呈椭圆形，平底。肩腹部附有桥形系一对，上饰菱形复回纹，盘口和颈部各施以弦纹，从肩至器底满饰瓦棱纹。口径12、腹径22、底径12、高28厘米（图五，1）。

C型 1件。釉陶器。SPJ5∶3，颈以上残，应为喇叭口，弧颈，斜肩，椭圆深腹，高圈足。肩附辫纹两系，器表施釉及半腹，釉质凝厚，呈青褐色，釉下器胎阴刻弦纹和水波纹。口径不明，腹径20、底径12、残高20厘米（图五，2）。

罐 12件。分五型。

A型 分三式。泥质灰陶，表施黑衣，器胎较厚。

Ⅰ式 1件。SPJ4∶5，上部已残，深腹斜收，平底。腹饰宽条瓦棱纹。腹径18.6、底径9.2、残高15厘米（图六，5）。

Ⅱ式 2件。上部均残损，深鼓腹，平底。腹饰稠密瓦棱纹。SPJ1∶6，腹径13、底径6.4、残高11厘米（图六，6）。

Ⅲ式 1件。SPJ3∶16，上残不明，圜腹，平底。底刻“乃、日”两字，字迹潦草而有力，可能是制陶工人用竹木工具随意涂划而成，许是一种符号或工匠之名。腹径14、底径6、残高7厘米（图六，11）。

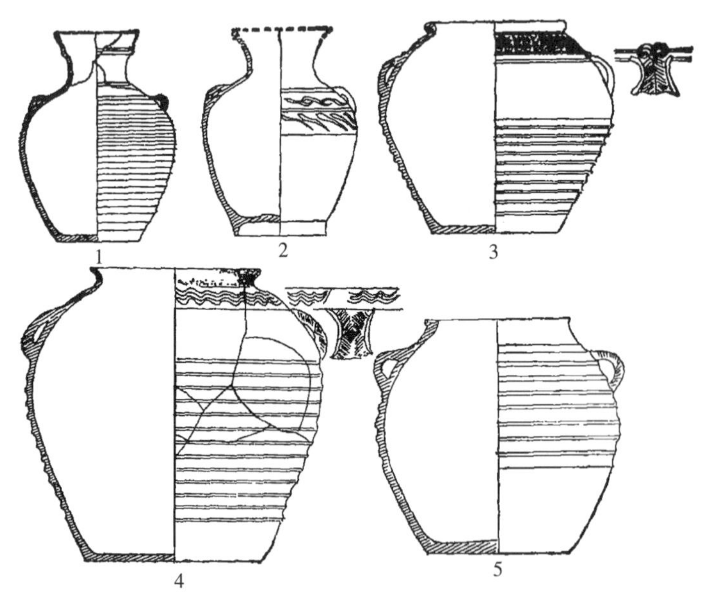

图五 出土器物

1. B型壶（SPJ3∶3） 2. C型壶（SPJ5∶3） 3. D型罐（SPJ3∶11）
4. B型罐（SPJ4∶4） 5. E型罐（SPJ1∶8）（1、2. 1/10，余1/5）

B 型 2 件。红胎硬陶。SPJ4∶4，器表似施有薄釉，但基本已褪落脱尽。侈口，小唇，短束颈，上腹鼓大，下腹渐收成平底。肩腹部附复回纹桥形系一对，颈下饰稠密波浪纹，腹部满饰瓦棱纹和凸弦纹。口径 12、腹径 20.4、底径 12.8、高 19.6 厘米（图五，4）。

C 型 1 件。SPJ3∶6，质地较坚硬，胎呈棕红色，火候颇高。口微侈，唇凹弧，束颈，扁圆腹，底残。肩附横贯耳一对，饰弦纹一组，满腹饰细弦纹。口径 18.8、腹径 26.6、残高 14 厘米（图六，1）。

D 型 1 件。SPJ3∶11，口微侈，圆唇，细颈，弧肩鼓腹，下腹斜收，平底。肩腹间附蕉叶纹系耳一对，耳上端饰兽面附加堆纹，颈下饰条瓦纹，肩部饰两组凹弦纹，下腹为凸棱弧弦纹。器身施釉不及底，釉质薄而匀润，略泛青黄色。口径 8、腹径 15.6、底径 8.8、高 14 厘米（图五，3）。

E 型 2 件。泥质红陶。SPJ1∶8，侈口，弧曲唇，微收颈，鼓腹，最大腹径于中部，平底。肩腹部附桥形辫纹耳一对，有肩至腹饰凸棱弧弦纹十六道。口径 10、腹径 17、底径 10、高 15.6 厘米（图五，5）。

坛 1 件。泥质灰陶，全器内外施黑衣。SPJ3∶15，侈口，小唇，细束颈，器腹鼓大，下残不明。通体饰席纹。口径 24、腹径 41.2、残高 14 厘米（图六，3）。

瓿 2 件。SPJ5∶2，直口，厚平唇，圆肩，鼓腹，下已残损。肩腹附铺首一对，铺首竖耳呈兽面形。器腹上、下各有两组细弦纹。口径 12、腹径 24 厘米（图六，2）。

瓮 1 件。泥质灰陶。SPJ3∶1，全器内外施黑衣。器形厚大，口微敛，扁平唇，微收颈，广肩，大腹，腹以下残损。肩饰篦纹和细弦纹。口径 29、腹径 72、残高 10 厘米（图六，8）。

釜 1 件。夹砂灰陶，火候略高。SPJ1∶9，侈口斜折，圆唇，短折颈，斜肩，筒形腹，下残。通体拍打交叠粗绳纹。口径 28、腹径 30、残高 10 厘米（图六，9）。

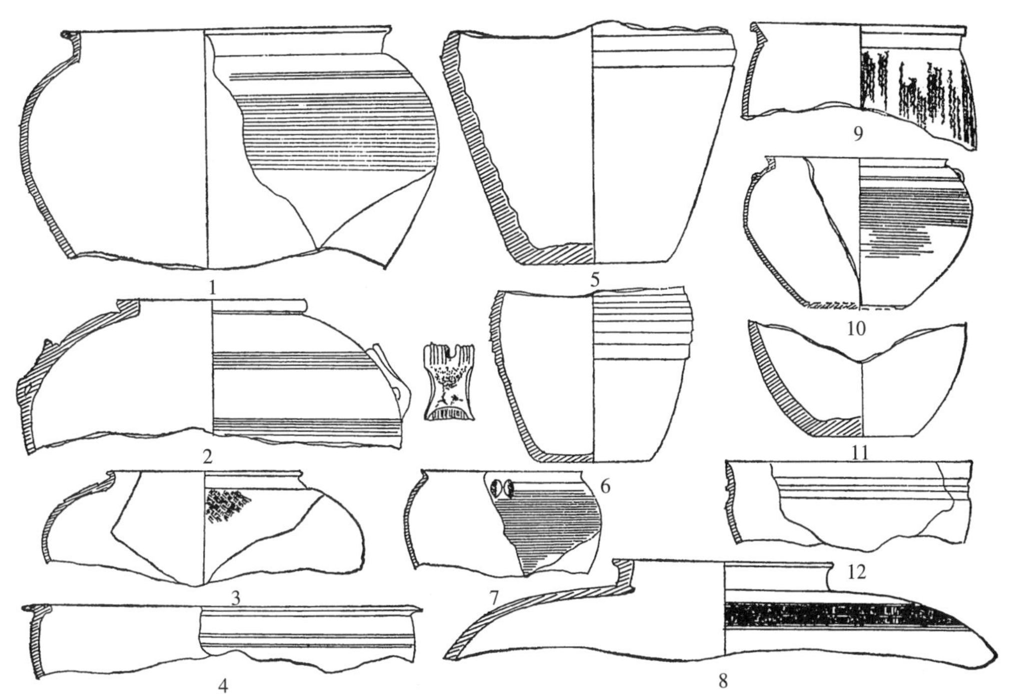

图六 出土器物

1. C 型罐（SPJ3∶6） 2. 瓿（SPJ5∶2） 3. 坛（SPJ3∶15） 4. 盆（SPJ3∶17） 5. A 型Ⅰ式罐（SPJ4∶5） 6. A 型Ⅱ式罐（SPJ1∶6） 7. B 型盂（SPJ7∶3） 8. 瓮（SPJ3∶1） 9. 釜（SPJ1∶9） 10. A 型盂（SPJ7∶1） 11. A 型Ⅲ式罐（SPJ3∶16） 12. 钵（SPJ3∶18）（3、8、9 为 1/10，余 1/5）

盆　泥质灰陶，内外均施有黑衣。SPJ3∶17，器较大，敛口，鸭嘴唇，腹微鼓，残半身。腹部饰有两组弦纹。口径44、腹径48.4厘米（图六，4）。

钵　2件。泥质灰陶，内外施黑衣。SPJ3∶18，口微侈，直唇，双束颈，腹微外鼓，圜收。口径8、腹径16、残高6厘米（图六，12）。

盂　2件。分二型。

A型　泥质红陶，火候较高，质地颇坚硬。SPJ7∶1，口微侈，宽唇略内凹，短弧颈，扁圆腹，下残损不明。肩附小纽一对，器腹满饰细弦纹。口径20、腹径30、残高18厘米（图六，10）。

B型　泥质灰陶，表施黑衣已褪落。SPJ7∶3，侈口，小唇，微束颈，鼓腹已残损。肩部双耳作牛鼻形，通体饰细弦纹。口径10、腹径12.8、残高6.4厘米（图六，7）。

板瓦　出土数量较多，但完整的很少，大部分发现在圈井外壁作填充空隙或掩堵圈井圆孔的地方。有三型。

A型　平面近方形，凹弧不大。瓦面满饰错综相间的细绳纹。SPJ3∶19，宽18、长19、厚1.2厘米（图七，1）。

B型　平面上窄下宽作梯形。瓦面为宽度均等的凸弦纹。SPJ3∶20，宽20~22、长19、厚1.1厘米（图七，3）。

C型　均泥质灰陶。SPJ3∶24，平面与B型类同，唯上端施作锯齿纹，下端弧翘，使上下瓦接覆更可贴体。瓦面满饰细绳纹。宽22~24、长21、厚1~1.5厘米（图七，2）。

筒瓦　发现不多。SPJ3∶22，通体饰以深绳纹。宽12、残长18.6厘米（图七，6）。

木刀　1件。SPJ3∶25，残存握柄，柄作扁方形。因久埋淤土中，木质已疏软变黑（图七，4）。

木钩　2件。全用自然树杈加工制成。SPJ3∶26，较粗壮。长16厘米（图七，5）。SPJ3∶27，较细长。长20厘米（图七，7）。

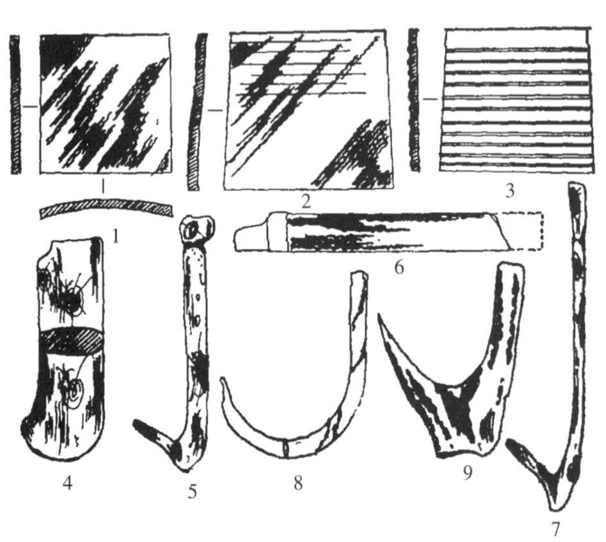

图七　出土遗物

1. A型板瓦（SPJ3∶19）　2. C型板瓦（SPJ3∶24）　3. B型板瓦（SPJ3∶20）　4. 木刀（SPJ3∶25）　5. 木钩（SPJ3∶26）　6. 筒瓦（SPJ3∶22）　7. 木钩（SPJ3∶27）　8. 铁钩（SPJ3∶29）　9. 鹿骨钩（SPJ3∶28）（1~3. 1/10，余1/5）

骨钩　仅发现1件。SPJ3∶28，系麋鹿角截取做成，表面尚能见到明显人为砍削痕。长13厘米（图七，9）。

铁钩　1件。SPJ3∶29，锈蚀严重，器表大部与泥块黏附一起，经清洗处理，质已变脆易断，钩身甚扁薄（图七，8）。

此外，在编号SPJ3圈井九节以下淤土中，还发现栗子等果实，与现代栗子完全一样，只是颗粒较小。

三、结语

这批在苏州北郊平门外发现的水井群遗存，结构有土井和圈井两种，从出土遗物和构筑方法看，两种水井的时代，似有早晚之分，但又彼此基本相衔接。两种水井均同出有泥质灰陶表施黑衣重唇圜底壶和泥质红陶弦纹罐，从器形和质地两者都基本类同，唯土井出土的黑衣重唇圜底壶，器腹一般不规整，多为椭圆深腹，器壁较薄，常多变形。圈井出土的器腹圆鼓较规整，器壁较厚，黑衣不易褪落。出土遗物种类，前者比较单纯，仅见圜底壶和红陶弦纹罐，未发现釉陶器，后者器形较丰富，除同出圜底壶和弦纹罐外，尚有泥质红陶盘口壶、喇叭形口圈足青瓷壶和平唇圆肩鼓腹青釉瓿以及黑衣灰陶坛、盆、瓮、钵等。井的埋藏深度也较土井为深，说明挖井技术也较土井为高。

关于这批水井群的时代，出土的黑衣灰陶圜底壶，与上海金山戚家墩遗址上文化层西汉井所出Ⅰ式壶（J1∶2）完全一样[①]，也与安徽定远谷堆王东汉早期墓出土的Ⅱ式瓮（M6∶1）和上海福泉山西汉墓Ⅰ式和Ⅱ式绳纹罐（M18∶28、M24∶15）极相类似[②]，喇叭形口釉陶壶、双系釉陶瓿和双耳弦纹罐均为西汉晚期至东汉中期盛行器，至于弦纹盘口壶，我省过去曾一度认为出现较晚，其时代约当在东汉中期到晚期[③]。但从近年来不断丰富的考古材料表明，在我省西汉晚期墓中已有发现，见于上海福泉山土坑墓和扬州平山养殖场木椁墓[④]，至东汉早期已屡见不鲜[⑤]。出土的器物中，有一种牛鼻式器耳，虽为数不多，却正是西汉晚期或东汉早期特有的风格[⑥]，为后期所不见或少见。此外，结合伴出的板瓦、筒瓦拍打的细绳纹特征，我们认为土井时代应略较圈井为早，约当在西汉的中晚期，圈井在东汉早期，下限不会晚于东汉中期，两者在时间上基本相衔接。

近年来，我市在配合基建或人防等工程中，清理发现汉代水井不下百口，其分布范围几乎遍及全市，但以城北区占绝大多数[⑦]。这次又在平门外北郊发现水井群遗存绝非偶然。

参加清理的有史昌田、杨福南、王德庆。

执笔：王德庆

注释

① 上海市文物保管委员会：《上海市金山县戚家墩遗址发掘简报》，《考古》1973 年第 1 期。

② 安徽省文物考古研究所：《安徽定远谷堆王九座汉墓的发掘》，《考古》1985 年第 5 期。王正书：《上海福泉山西汉墓群发掘》，《考古》1988 年第 8 期。

③ 南京博物院：《江苏仪征石碑村汉代木椁墓》，《考古》1966 年第 1 期。

④ 扬州博物馆：《扬州平山养殖场汉墓清理简报》，《文物》1987 年第 1 期。

⑤ 吴县文物管理委员会：《江苏吴县窑墩汉墓》，《文物》1985 年第 5 期。

⑥ 扬州博物馆：《江苏仪征胥浦 101 号西汉墓》，《文物》1978 年第 1 期。

⑦ 丁金龙：《苏州城区发现的汉井》，《江苏省考古学会 1982 年年会论文选》，江苏省考古学会，1983 年。

（原载《考古》1993 年第 3 期）

苏州虎丘乡汉墓发掘简报

苏州博物馆

苏州市西北虎丘乡，在1984年5月和2001年6月，由苏州博物馆考古部先后发掘了SXM1和徐家坟汉墓群。现将发掘情况简报如下。

一、SXM1

（一）墓葬形制

长方形竖穴土坑墓。墓坑内分棺室、边箱、脚箱三部分，棺室内发现大片大片的朱砂漆皮。随葬品仅铁刀1件及铁刀上封泥1方，其余随葬品均出于边箱和脚箱内，铜器和漆器全部在脚箱内出土。

（二）随葬品

随葬品以陶器为主，多数陶器为轮制，也有模制的；胎质较硬，呈灰白或青灰色；有的器物表面有气泡，大多施青釉或青黄釉，釉层多数脱落。少量铜器和铁器受损严重。其中铁器仅见一铁剑，无法复原。

1. 陶器

鼎　2件。M1∶2，敛口，深腹，蹄足，长方形兽面纹双耳。盖呈半球形，球面上等距三个乳丁。胎呈灰白色，较硬。口径20.5、底径12、通高21厘米（图一，1）。

罐　2件。鼓腹，平底。分二型。

Ⅰ型　1件。M1∶19，直口，平沿，斜肩，肩饰一对蕉叶纹耳。器身饰弦纹。口径11.5、腹径22、底径12.5、通高19厘米（图一，2）。

Ⅱ型　1件。M1∶18，口微敞。肩以下饰席纹。腹以上施青黄釉。近口沿处有“X”符号。口径17、腹径33、底径15.5、通高26厘米（图一，3）。

壶　6件。分四型。

Ⅰ型　1件。M1∶10，敛口，束颈，弧肩，圆腹，平底。双耳均饰叶脉纹，肩腹间饰弦纹。灰白胎，陶质细腻坚硬，釉均脱落。口径6.2、腹径19.3、底径11、通高26厘米（图一，4）。

Ⅱ型　1件。M1∶20，平直口，弧肩，鼓腹，下腹急收，矮圈足，叶脉纹双耳。肩部饰弦纹一道。腹以下施青黄釉，器表有挂釉痕及气泡。口径11.7、腹径25.3、底径12.8、通高29.8厘米（图一，5）。

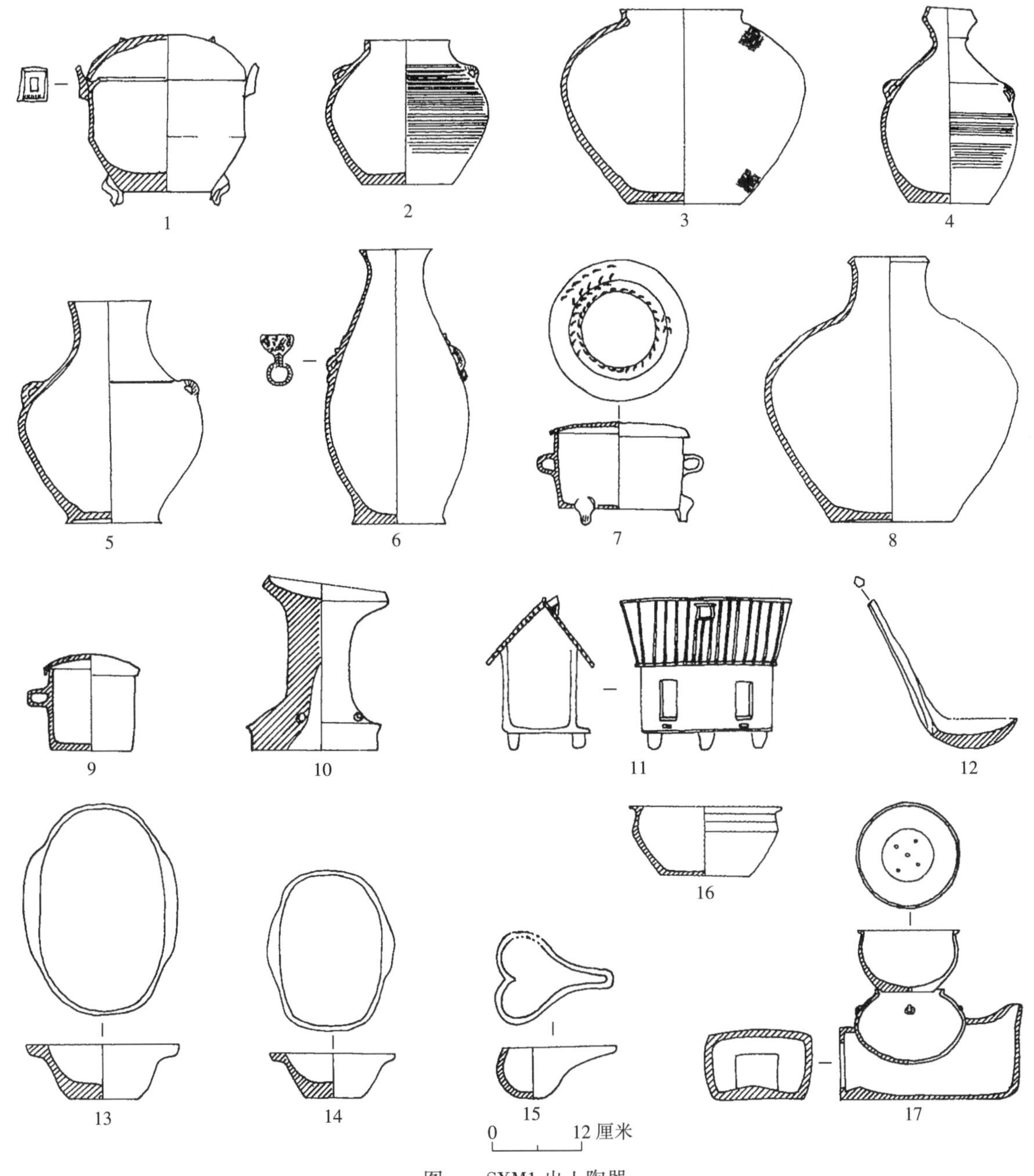

图一　SXM1 出土陶器

1. 鼎（M1∶2）　2. Ⅰ型罐（M1∶19）　3. Ⅱ型罐（M1∶18）　4. Ⅰ型壶（M1∶10）　5. Ⅱ型壶（M1∶20）　6. Ⅳ型壶（M1∶21）　7. 奁（M1∶23）　8. Ⅲ型壶（M1∶4）　9. 杯（M1∶41）　10. 灯盏（M1∶40）　11. 房屋（M1∶38）　12. 勺（M1∶26）　13、14. 耳杯（M1∶36、34）　15. 瓢（M1∶25）　16. 洗（M1∶8）　17. 灶（M1∶29）

Ⅲ型　2 件。M1∶4，直口，广肩，鼓腹，下腹急收至底，小平底微内凹。肩部偏下饰水浪纹一周。器表施黄釉，腹以下均已脱落。口径 15.4、腹径 35、底径 17、通高 35.5 厘米（图一，8）。

Ⅳ型　2 件。M1∶21，敞口，平沿，斜肩，弧腹，方平底，肩部饰衔环铺首一对。口径 10、底径 12.5、通高 36.5 厘米（图一，6）。

洗　1 件。M1∶8，敛口，束颈，深腹，平底。肩颈部饰凹弦纹两道。灰白胎细腻坚硬。口径 21.2、底径 12.7、通高 9.5 厘米（图一，16）。

奁　1 件。M1∶23，直筒形口，平底，蹄足，有二只拱圈形耳。盖的中部较平，顶部锥刺两周麦穗形纹饰。口径17.5、底径16.5、通高12厘米（图一，7）。

杯 2件。M1∶41，直筒形，平底，一侧有拱圈形耳，近口部饰弦纹，杯盖中部近平，内壁中部凸出。口径11.5、底径11、通高13厘米（图一，9）。

熏 2件。M1∶5，子母口内敛，深腹，高圈足。盖中部较平，上面等分镂刻“△”与“○”形四个，盖顶中心饰有鸟形纽。胎呈灰白色，外施青黄釉。口径11、底径6、通高10.8厘米。

灯盏 1件。M1∶40，口微敛，尖唇，浅盘。底座方折，稍大于盘，座上等分镂刻三圆孔。盘径8.8、底径9.3、通高11.5厘米（图一，10）。

房屋 2件。

Ⅰ型 1件。正间开二门，内隔断为二间，屋子底四角各有一圆柱形足。长23、宽13.5、高18.2厘米（图一，11）。

耳杯 6件。M1∶31～36，二大四小，形状相同，平面呈椭圆形，两侧各有一耳（图一，13、14）。

灶 1件。M1∶29，单眼灶，分灶门和烟囱，平面呈椭圆形，灶上置罐、甑各一。灶全长22、宽14、高14厘米（图一，17）。

瓢 2件。M1∶25，似烟斗形（图一，15）。

勺 2件。M1∶26，圆形勺，附加一直柄（图一，12）。

2. 青铜器

瓿 1件。M1∶15，直口，溜肩，圆腹，平底，肩部饰衔环牛首，底大于口，底部附加三只牛首形足。器壁较薄。口径17、底径17.5、通高16厘米（图二，1）。

釜 1件。M1∶11，口微敞，折沿，腹内收，圜底，半月形双耳。口径24、通高13.5厘米（图二，2）。

匜 1件。M1∶14，平面呈带流椭圆形，深腹，平底，近口部有一条宽带略凸出器身。长13、宽10.7、高5厘米（图二，3）。

3. 其他

封泥 1方，正方形。白文，正面“徐福”二字，反面“徐中孺”三字。边长2.3、厚0.76厘米。

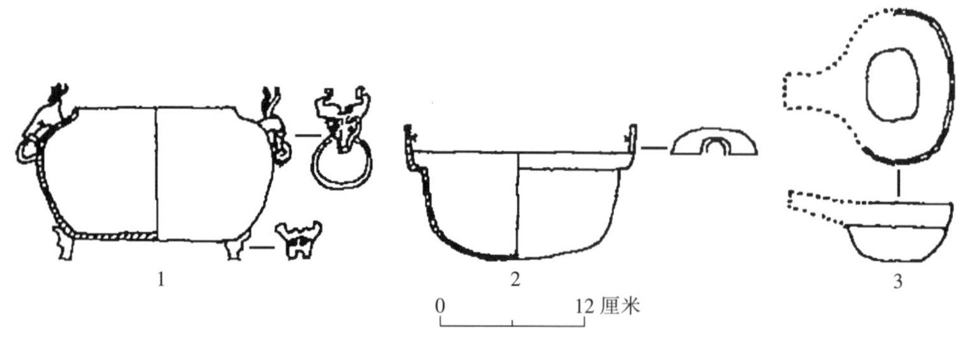

图二 SXM1出土青铜器

1. 瓿（M1∶15） 2. 釜（M1∶11） 3. 匜（M1∶14）

二、徐家坟汉墓群

在 SXM1 东北 1000 余米处即徐家坟，该处为东西长 60 米、南北宽 50 米、海拔 5. 87 米的土墩，相对高度为 2 米有余。土墩原是汉代时人工堆筑而成，作为葬墓之用。

除 M16 为单室墓外，其余均为合葬墓。分为异穴合葬和同穴合葬。同穴合葬为两棺木并列葬于同一墓室之中，随葬品放置在棺木两侧；异穴合葬则为两棺木分别葬于两个墓穴内，两穴仅隔 10 厘米厚的土壁，两棺紧靠土壁，而随葬品则放置棺之外侧。

（一）M10

位于墩中心东侧。长方形竖穴土坑墓，双人同穴合葬，长 2. 45 米、宽 2. 8 米，墓向 90 度。两具红漆棺木并排放置在墓坑北部，棺木已腐朽。墓坑南部放置随葬陶器，铜镜置于东侧棺木墓主胸部。

灰陶罐　3 件。均手制轮修。器形为小方唇，短直颈，鼓腹，平底。素面。

M10：3，口径 11. 5、底径 10. 5、高 11. 9 厘米（图三，1）。

M10：11，口径 11、腹径 19. 8、底径 8. 5、高 14. 5 厘米（图三，5）。

釉陶瓮　2 件。釉已脱落，露出褐红色外表。平沿，立领，鼓腹，平底微内凹。M10：13，肩部饰弦纹。口径 15. 6、腹径 37. 2、高 31. 2 厘米（图三，6）。

釉陶盒　2 件。盖上黄绿色釉大多脱落，器外表呈火红色。盆形盖，子母口，斜直腹，平底。M10：8，盖上饰弦纹。口径 16、腹径 17. 8、底径 11. 2、通高 17. 3 厘米。

釉陶盖鼎　2 件。黄绿色釉大多脱落，脱釉处露出紫褐色。盖上饰三乳丁，口沿外附方耳，斜直腹，平底三蹄足。盖和器外壁饰弦纹。

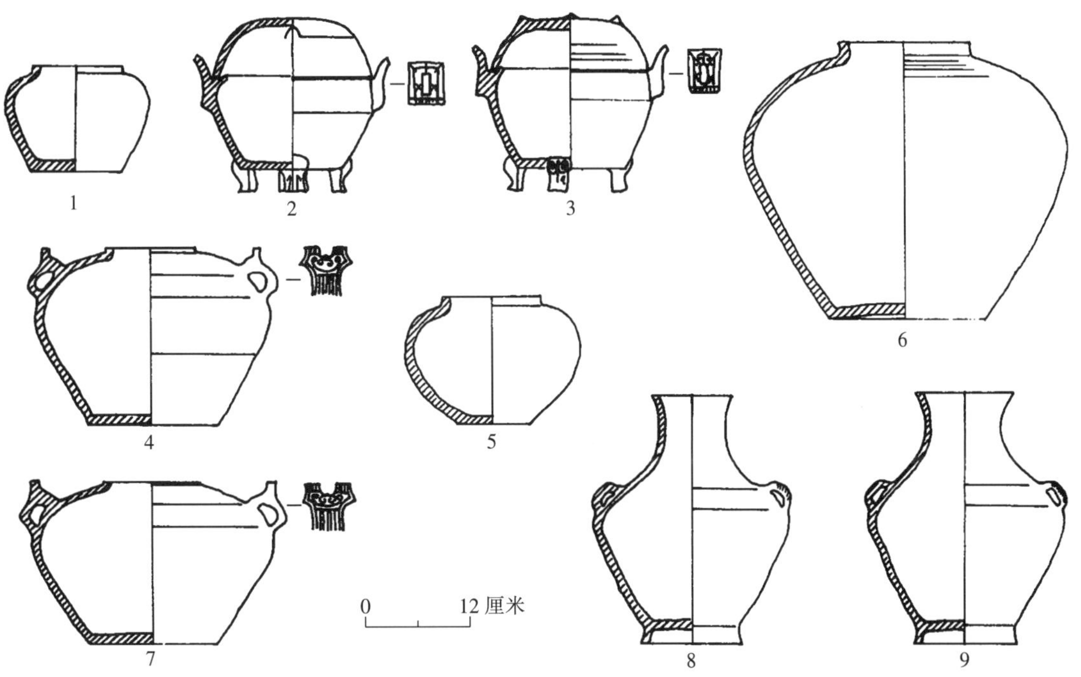

图三　徐家坟 M10 出土陶器

1、5. 灰陶罐（M10：3、11）　2、3. 釉陶盖鼎（M10：7、6）　4、7. 釉陶瓿（M10：4、5）　6. 釉陶瓮（M10：13）
8、9. 釉陶壶（M10：2、1）

M10∶7，方耳外饰“X”划纹和短须状划纹，足部饰“⇑”划纹。口径 10.7、腹径 17.6、底径 11、通高 18.8 厘米（图三，2）。

M10∶6，方耳外饰“X”划纹、短须状划纹、弧勾纹和乳丁纹。口径 17.2、腹径 18、底径 12.2、通高 19.8 厘米（图三，3）。

釉陶瓿　2 件。釉层已脱落，器表呈紫红色。器形平沿，鼓腹，平底，肩部上、下弦纹带之间左、右各有铺首。两件陶瓿均饰同样的须眉纹的大小弧勾纹组合而成的变相面纹。

M10∶4，口径 11、底径 14.6、通高 18.2 厘米（图三，4）。

M10∶5，口径 10.4、底径 14.6、通高 18.2 厘米（图三，7）。

釉陶壶　2 件。肩、颈黄绿色釉，下腹及底胎表呈火红色。喇叭形口，束颈，鼓腹，肩部上、下弦纹带之间各饰一个叶脉纹耳，下腹斜直，圈足。腹下壁有气泡。

M10∶1，口径 11.6、底径 11.8、通高 28.4 厘米（图三，9）。

M10∶2，口径 9.4、底径 11.8、通高 28 厘米（图三，8）。

（二）M11

位于土墩中部，与北侧 M12 为异穴合葬墓。长方形竖穴土坑墓，长 3.32 米、宽 2.2 米，墓向 90 度。漆棺置坑北部，随葬品置棺南侧，包括陶器、漆耳杯和一面青铜镜。从痕迹上看，镜装在漆盒之中，放在陶质随葬品东侧。

釉陶瓿　3 件。平沿，立领，鼓腹，平底。分二式。

Ⅰ式　黄绿色釉，下腹釉层脱落处呈紫褐色。肩部弦纹、水波纹带间饰铺首，底承三足。

M11∶2，两铺首间饰勾连涡纹，铺首上饰须眉、乳丁、弧勾组合的人面纹。口径 14.6、底径 16、通高 22.9 厘米（图四，1）。

M11∶14，铺首用“S”纹、菱形纹、勾弧纹、须纹组合成人面纹。口径 11.3、底径 19、通高 18 厘米（图四，4）。

Ⅱ式　1 件。黄绿色釉，下腹无釉处呈灰色。肩部两道弦纹带之间左、右各饰一铺首，铺首用“S”纹、三角形划纹、须纹组合成。M11∶3，口径 10.4、腹径 24、底径 12.6、通高 18.5 厘米（图四，2）。

釉陶壶　2 件。釉层脱落，器表呈酱褐色。喇叭形口，鼓腹，圈足。肩部饰弦纹、水波纹带，之间左、右各饰一绞辫纹纽耳。M11∶6，口径 12.5、底径 12.8、通高 28.4 厘米（图四，5）。

釉陶盖鼎　2 件。釉已脱落。盖上饰“8”字纹乳丁，沿外附方耳，下腹斜直，平底附三蹄形足。耳饰花草纹，足部饰涡纹，盖与腹部饰弦纹。M11∶8，口径 18、底径 14、通高 19.2 厘米（图四，3）。

釉陶盒　2 件，釉脱落，器表灰色。盆形盖，器体斜直腹，圈足。口沿下饰数道弦纹。

M11∶7，口径 18、底径 10.8、通高 16.6 厘米（图四，6）。

M11∶16，口径 18.4、底径 11.2、通高 14.9 厘米（图四，7）。

折腹灰陶罐　2 件。方唇，立领，折腹，圜底微凹。底部饰篮纹。

M11∶17，口径 17、腹径 24.8、底径 7、通高 15.4 厘米（图四，10）。

M11∶11，口径 17.5、底径 7.6、通高 16.4 厘米（图四，11）。

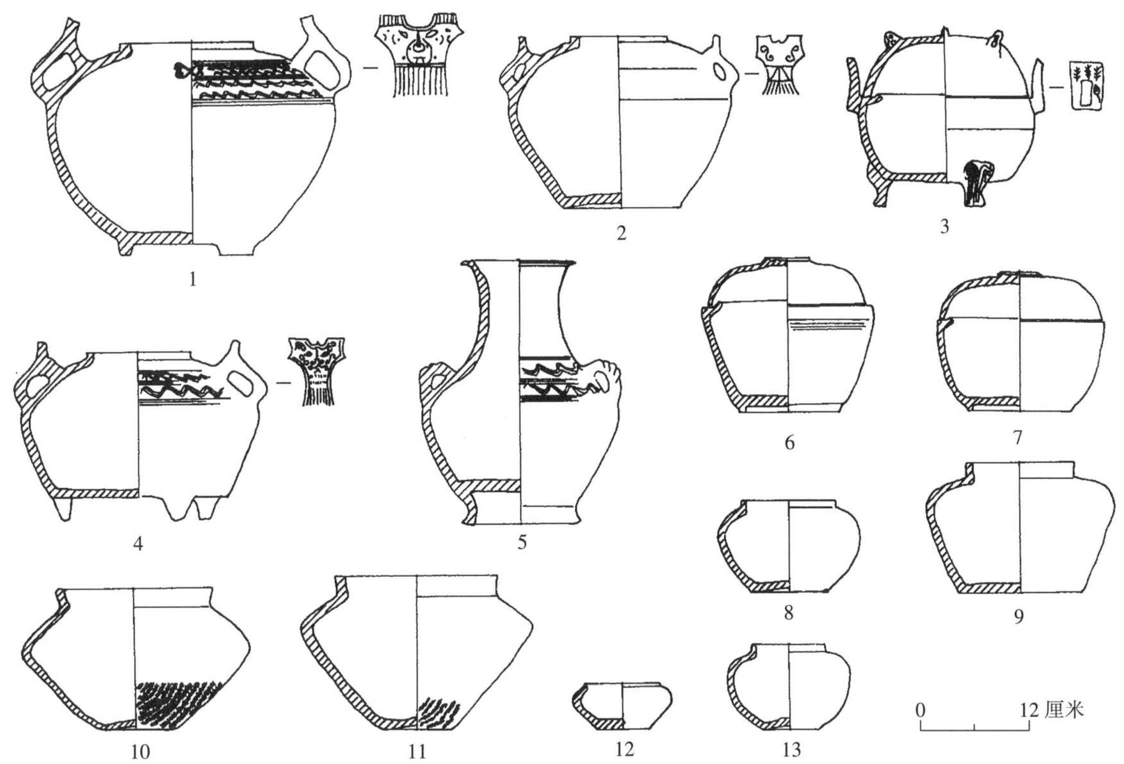

图四 徐家坟 M11 出土陶器

1、4. Ⅰ式瓿（M11:2、14） 2. Ⅱ式瓿（M11:3） 3. 釉陶盖鼎（M11:8） 5. 釉陶壶（M11:6） 6、7. 釉陶盒（M11:7、16） 8. Ⅰ式罐（M11:5） 9. Ⅱ式罐（M11:13） 10、11. 折腹灰陶罐（M11:17、11） 12. 灰陶盂（M11:12） 13. 橙黄陶罐（M11:4）

灰陶罐 2件。方唇，立领，平底。素面。分二式。

Ⅰ式 M11:5，方唇，立领，扁鼓腹，平底。素面。口径10.2、底径8.2、通高9.8厘米（图四，8）。

Ⅱ式 M11:13，平肩，斜直腹。口径12、底径13.5、通高14厘米（图四，9）。

橙黄陶罐 1件。方唇，立领，鼓腹，平底。素面。M11:4，口径8.2、底径6、通高9厘米（图四，13）。

灰陶盂 1件。M11:12，小圆唇，无颈，扁腹，最大腹颈偏上，平底。素面（图四，12）。

（三）M12

位于M11北侧，与M11为异穴合葬墓。长方形竖穴土坑墓，长2.16米、宽1.37米，墓向90度。漆棺置土坑南部，棺木已腐朽，随葬品放置在棺北侧，棺床东部发现墓主牙齿。其中灰陶盂1件，灰陶罐7件，釉陶鼎2件，釉陶壶2件，釉陶盒2件，漆奁铜镜1面放在陶器东侧（镜奁均已朽蚀，仅见痕迹）。

釉陶壶 2件。器体喇叭形口，长颈，鼓腹，圈足，盖上有圆纽。黄釉，肩、颈、下腹及底为火红色，颈部无釉处为黑色。肩部弦纹带饰相对的绞瓣纹耳一对。

M12:7，口径10.6、底径12.2、高27.8厘米（图五，1）。

M12:13，口径10.6、底径12.2、通高31.6厘米（图五，8）。

釉陶鼎 2件。器似稍扁的球形，盆形盖，盖上有三个“8”字纹纽耳，口沿外附方耳，圜底，附三蹄形足。黄绿色釉，火红色器表。中腹部饰一道粗弦纹，方耳外饰乳丁和直线划纹。

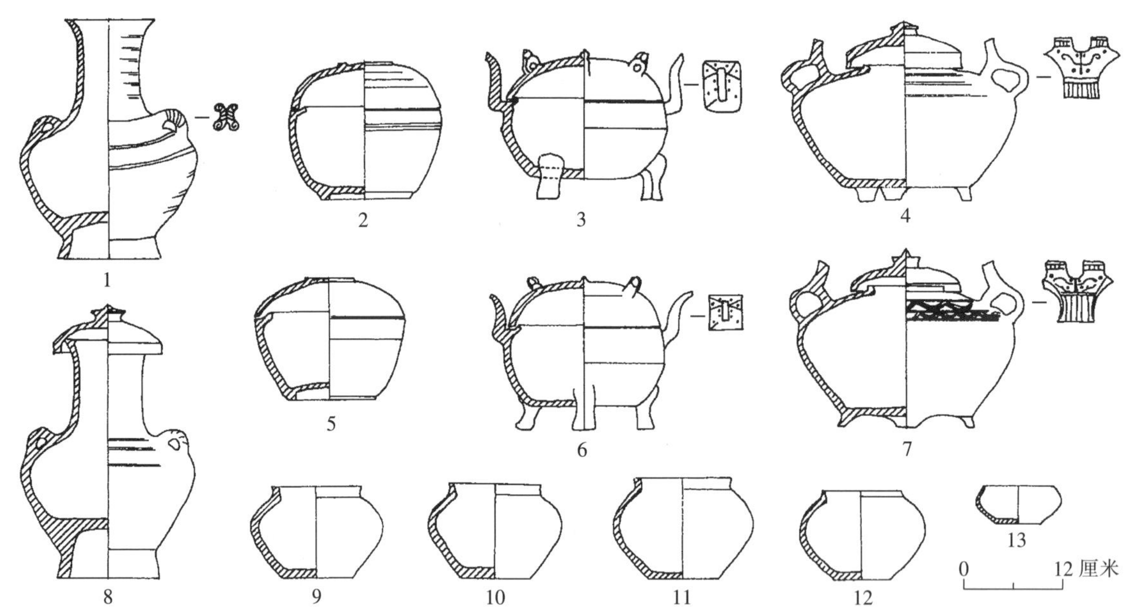

图五　徐家坟M12出土陶器

1、8. 釉陶壶（M12∶7、13）　2、5. 釉陶盒（M12∶17、11）　3、6. 釉陶鼎（M12∶5、15）　4、7. 釉陶瓿（M12∶6、16）　9～12. 灰陶罐（M12∶12、8、14、10）　13. 灰陶盂（M12∶2）

M12∶5，口径17.6、底径12、通高17.4厘米（图五，3）。

M12∶15，口径18、底径12、通高17.4厘米（图五，6）。

釉陶瓿　2件。釉脱落，器表呈酱褐色。盖上有握手，器体平沿，折腹，平底，有三足。肩部弦纹、曲波纹带之间左、右各有一铺首，铺首上以须眉、乳丁、勾弧纹组合成变形面纹。

M12∶6，口径9.6、腹径26.6、底径15、通高21厘米（图五，4）。

M12∶16，口径9.4、底径15.4、通高20.5厘米（图五，7）。

釉陶盒　2件。黄绿色釉大多脱落，器表呈褐红色。盆形盖。器体子母口，斜直腹壁，环形底。上腹部饰弦纹。

M12∶11，口径19、底径10.5、通高14.2厘米（图五，5）。

M12∶17，口径18.2、通高16.2厘米（图五，2）。

灰陶罐　7件。方口，立领，鼓腹，平底。素面。

M12∶8，口径11.2、底径8、通高11厘米（图五，10）。

M12∶10，口径9.2、腹径14.7、底径6.6、通高10.3厘米（图五，12）。

M12∶12，口径10.8、底径8.6、通高10.6厘米（图五，9）。

M12∶14，口径10、底径7、通高9.6厘米（图五，11）。

灰陶盂　1件。敛口，扁腹，平底。素面。M12∶2，口径8.4、底径5.4、通高4.5厘米（图五，13）。

（四）M13

位于土墩西侧，与M14为异穴合葬墓。长方形竖穴土坑墓，墓口长3.14米、宽2.2米，墓底长2.8米、宽2.8米，墓向270度。漆棺置土坑北部。随葬品在土坑南部，青铜镜的放置位置不同于M11、M12，而与M10一样，是放置在棺内。随葬陶器共13件。

釉陶鼎　3 件。

Ⅰ式　2 件。黄色釉，大多脱落，盖表灰色，器身外紫褐色。口沿外附方耳，平底附三蹄形足。盆形盖，盖顶饰三个乳丁。盖上及中腹部饰弦纹，方耳饰谷纹和锯齿状划纹。

M13∶1，口径 22.2、底径 12.8、通高 21.2 厘米（图六，1）。

M13∶7，口径 22、底径 13、通高 21 厘米（图六，2）。

釉陶瓿　3 件。黄绿色釉，下腹部脱釉处呈紫褐色。有盖。器体平沿，鼓腹，平底略凹。肩部弦纹带间左、右各饰一铺首，铺首上饰绞丝纹圈短划纹和“S”纹组合而成的蛇头纹，镜形盖上饰弧勾纹、绞丝纹和谷纹圈带。

M13∶6，口径 11.4、底径 16.2、通高 24 厘米（图六，4）。

M13∶8，口径 11、底径 13.5、通高 18.8 厘米（图六，3）。

釉陶瓮　2 件。黄绿色釉，釉已脱落，上腹部呈青灰色，下腹及底呈橘黄色。口沿下有颈，盖上有半圆形抓手。器体方沿，立领，鼓腹，平底。中腹饰弦纹。

M13∶9，口径 15.5、底径 18、通高 33.5 厘米（图六，5）。

M13∶12，口径 16、底径 18、通高 32.2 厘米（图六，6）。

釉陶盒　2 件。黄绿色釉大多脱落，脱釉处器表呈褐色。盆形盖，盖上抓手几近没有，器体下腹斜直，平底。盖上饰弦纹。

M13∶11，口径 22、底径 12.8、通高 19.4 厘米（图六，9）。

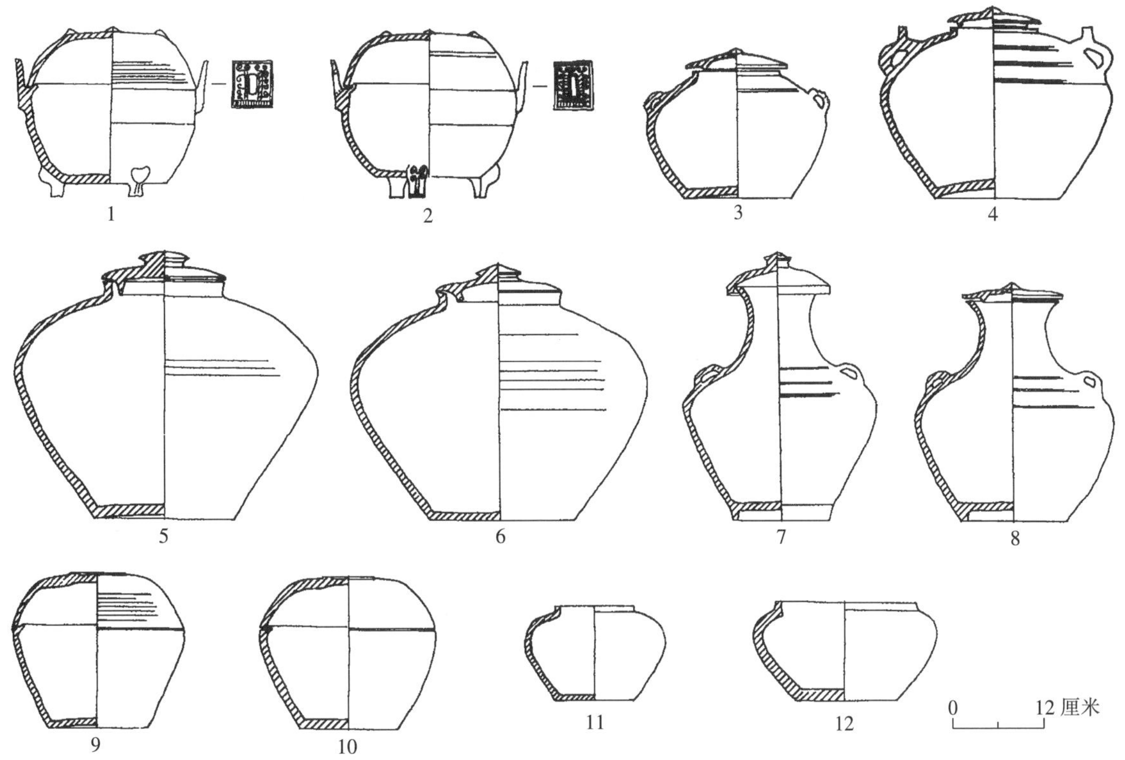

图六　徐家坟 M13 出土陶器

1、2. 釉陶鼎（M13∶1、7）　3、4. 釉陶瓿（M13∶8、6）　5、6. 釉陶瓮（M13∶9、12）　7、8. 釉陶壶（M13∶4、3）　9、10. 釉陶盒（M13∶11、10）　11. Ⅰ式灰陶罐（M13∶15）　12. Ⅱ式灰陶罐（M13∶2）

M13∶10，口径 20.5、底径 12.5、通高 19.3 厘米（图六，10）。

釉陶壶　2 件。黄绿色釉，下腹及颈部脱釉处呈紫褐色。盖上有抓手，喇叭形口，束颈，鼓腹，圈足。肩部弦纹带之间饰“S”连纹纽耳。

M13∶4，口径 11.5、底径 12.6、通高 33.9 厘米（图六，7）。

M13∶3，口径 11.8、底径 13.7、通高 30 厘米（图六，8）。

泥质陶罐　3 件。方唇，平底。素面。分二式。

Ⅰ式　短直颈，鼓腹。一件口径 10、腹径 17、底径 10、通高 12.2 厘米。M13∶15，泥质红陶罐。口径 12、底径 10、通高 12.1 厘米（图六，11）。

Ⅱ式　灰陶。立领，扁鼓腹，器壁较厚，口径大于底径较多。M13∶2，口径 18.2、底径 13、通高 12.5 厘米（图六，12）。

（五）M14

位于 M13 北侧，与 M13 为异穴合葬墓。长方形竖穴土坑墓，长 2.3 米、宽 1.6 米，墓底长 2.24 米、宽 1.55 米，墓向 270 度。棺木在土坑南部，与 M13 置于北部的棺木仅隔一土壁。随葬品放置土坑北部的东半部，M14 与 M13 置于南部的东半部的随葬品正好两相对应。随葬品中，青铜器已锈蚀不堪。

釉陶壶　2 件。黄绿色釉，下腹部脱釉处呈紫褐色。喇叭形口，鼓腹，圈足。肩部弦纹、水波纹饰带之间左、右各饰一勾弧纹、绞辫纹纽耳。

M14∶1，口径 13、底径 16.8、通高 37 厘米（图七，1）。

M14∶2，口径 10.6、底径 16.5、通高 36.5 厘米（图七，2）。

釉陶瓿　2 件。黄绿色釉基本脱落，器表呈灰色。平口，立领，鼓腹，平底微凹。肩部弦纹、水波纹带之间左、右各饰一铺首，铺首上饰以须眉纹、勾弧纹组合成嘴部略有变形的面纹。

M14∶4，口径 10.8、底径 16、通高 25 厘米（图七，3）。

M14∶5，口径 11、底径 17.2、通高 24.6 厘米（图七，6）。

釉陶盒　2 件。黄绿色釉，下腹部无釉处呈紫褐色。碗形盖，深腹，平底。整件弦纹装饰。

M14∶8，口径 20.4、底径 12.4、通高 19.6 厘米（图七，7）。

M14∶10，口径 21、底径 11.8、通高 19.3 厘米（图七，8）。

釉陶鼎　2 件。黄绿色釉，下腹部无釉处呈黑色。盖上有三乳丁，沿外附方耳，平底下附三蹄足。方耳上饰曲折连纹，中腹饰以弦纹。

M14∶7，口径 21.5、底径 14、通高 23.5 厘米（图七，4）。

M14∶9，口径 21、腹径 21.2、通高 23.4 厘米（图七，5）。

灰陶罐　3 件。方唇，立领，鼓腹，平底。素面。

M14∶3，口径 9.6、底径 8、通高 10.2 厘米（图七，9）。

M14∶6，口径 8.8、底径 10.4、通高 12.8 厘米（图七，10）。

M14∶11，口径 10.2、腹径 15.8、底径 8.8、通高 12 厘米（图七，11）。

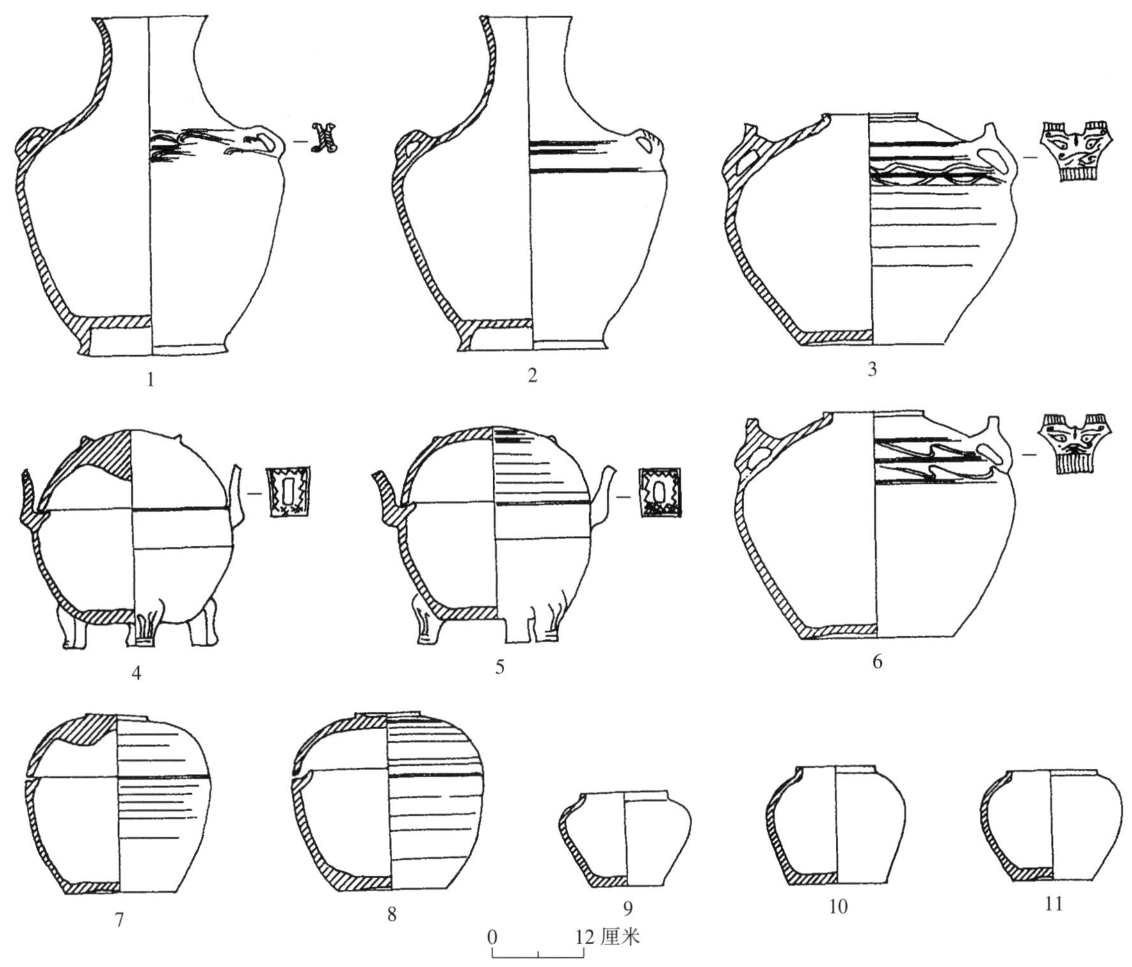

图七　徐家坟 M14 出土陶器

1、2. 釉陶壶（M14：1、2）　3、6. 釉陶瓿（M14：4、5）　4、5. 釉陶鼎（M14：7、9）　7、8. 釉陶盒（M14：8、10）　9～11. 灰陶罐（M14：3、6、11）

（六）M15

位于 M13 之南。长方形竖穴土坑墓，墓口长 3 米、宽 2.4 米，墓向 270 度。与南侧的 M16 应为异穴合葬墓。大部分随葬品已破残不堪。

釉陶鼎　2 件。黄绿色釉，下腹部无釉处呈紫红色。盆形盖有三乳丁，沿外附方耳，深腹，平底附三蹄形足。中腹饰一道粗弦纹，方耳上饰勾弧纹、“S”纹、须纹组合成的变形面纹。

M15：5，口径 21.5、底径 14.8、通高 23 厘米（图八，1）。

M15：6，口径 21.3、底径 14、通高 22 厘米（图八，5）。

釉陶壶　3 件。黄绿色釉，下腹部无釉处呈紫红色。喇叭形口，束颈，鼓腹，圈足。分二式。

Ⅰ式　肩部弦纹、水波纹或勾划纹带之间左、右各设一绞辫纹纽耳，或勾弧纹、短划纹纽耳。

M15：7，口径 11、底径 15、通高 34 厘米（图八，3）。

M15：4，口径 10.8、底径 14.5、通高 33.4 厘米（图八，2）。

Ⅱ式　喇叭形口，束颈，鼓腹，圈足。腹部弦纹装饰。M15：11，口径 11.2、底径 12.4、通高 35 厘米（图八，4）。

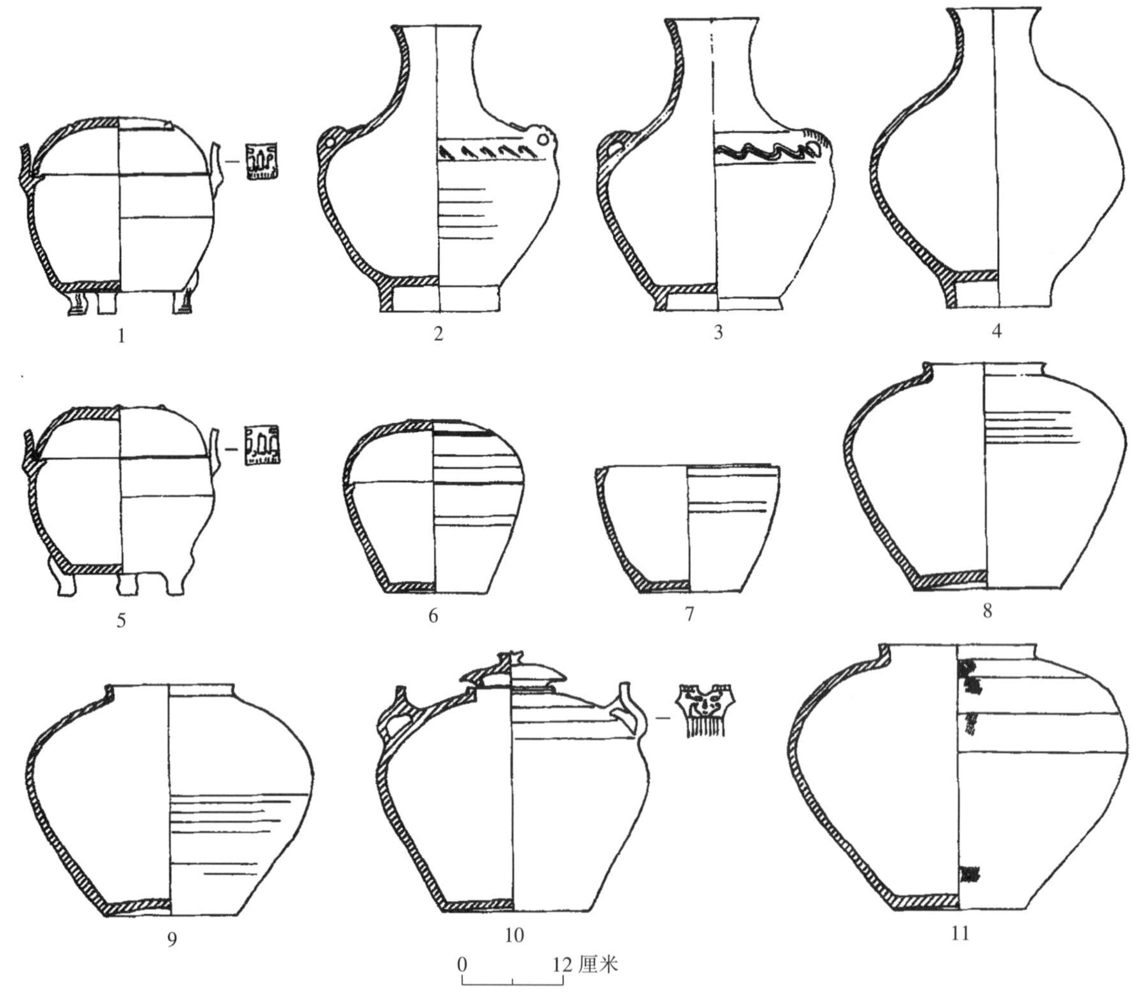

图八 徐家坟 M15 出土遗物

1、5. 釉陶鼎（M15：5、6） 2、3. Ⅰ式釉陶壶（M15：4、7） 4. Ⅱ式釉陶壶（M15：11） 6、7. 釉陶盒（M15：3、1） 8、9. 釉陶罐（M15：8、9） 10. 釉陶瓿（M15：10） 11. 硬陶大瓮（M15：2）

釉陶盒 2 件。黄绿色釉，下腹部无釉处呈紫褐色。器体斜直腹壁，平底微凹。弦纹装饰。

M15：3，碗形盖。口径 21.5、底径 12、通高 20.4 厘米（图八，6）。

M15：1，口径 21.4、底径 11.8、高 14.8 厘米（图八，7）。

釉陶罐 3 件。黄绿色釉，胎表呈褐紫色。方唇，立领，鼓腹，平底内凹。腹部弦纹装饰。

M15：8，口径 14.4、腹径 33.6、底径 17.4、通高 26.4 厘米（图八，8）。

M15：9，口径 15.2、底径 15.6、通高 27 厘米（图八，9）。

釉陶瓿 1 件。M15：10，黄绿色釉，下腹部脱釉处呈紫红色。盖上有抓手，器体方沿，立领，鼓腹，平底微凹。肩膀部弦纹带之间左、右各有一铺首，铺首饰以须眉纹、勾弧纹组合成的面纹。口径 10.6、底径 17.6、通高 30.3 厘米（图八，10）。

硬陶大瓮 1 件。M15：2，平沿，立领，鼓腹，平底。器表饰弦纹、席纹。口径 18.8、底径 15.8、通高 31 厘米（图八，11）。

（七）M16

位于 M15 之南，与北侧的 M15 为异穴合葬墓，两墓穴间的隔梁较薄。长方形竖穴土坑，长

2.67 米、宽 1.78 米，墓向 265 度。随葬品放置土坑北部，漆棺置南部，除陶器外，铜镜、耳杯都仅剩痕迹。

釉陶鼎　2 件。黄绿色釉，下腹部无釉处呈黑色。盆形盖，盖有三乳丁，口沿外附方耳，深腹，平底下有三蹄形足。口沿下有一道粗弦纹，方耳上饰眉纹、眼纹、勾弧纹组合成的面纹。

M16:1，口径 22.5、腹径 23.5、通高 22.8 厘米（图九，2）。

M16:2，口径 22.8、底径 13、通高 22.4 厘米（图九，3）。

釉陶瓿　2 件。黄绿色釉，脱釉处胎表呈酱色、土黄色。盖上有抓手，饰戳纹。器身平沿，鼓腹，平底，肩膀上弦纹、勾划纹带之间左、右对称各设一铺首和一羊角纹，铺首上饰须眉纹、勾弧纹、三角形短划纹组合成的面纹。

M16:3，口径 11、底径 16.6、通高 28 厘米（图九，1）。

M16:4，口径 11、底径 16、通高 28.2 厘米（图九，7）。

釉陶盒　2 件。黄绿色釉，下腹部无釉处呈紫红色。碗形盖，下腹壁斜直，平底内凹。弦纹装饰。

M16:6，口径 22.5、底径 12、通高 18.8 厘米（图九，9）。

M16:10，口径 22.4、底径 12、通高 20.5 厘米（图九，10）。

灰陶罐　4 件。均立领。分二型。

Ⅰ型　折腹罐，圆唇，折腹，平底微凹。

M16:5，口径 7.8、底径 8.6、通高 7.4 厘米（图九，6）。

M16:9，肩有弦纹。口径 10.8、底径 10.8、通高 12.5 厘米（图九，5）。

Ⅱ型　方唇，鼓腹，平底。

M16:7，口径 10.5、腹径 18.5、底径 9、通高 14.5 厘米（图九，8）。

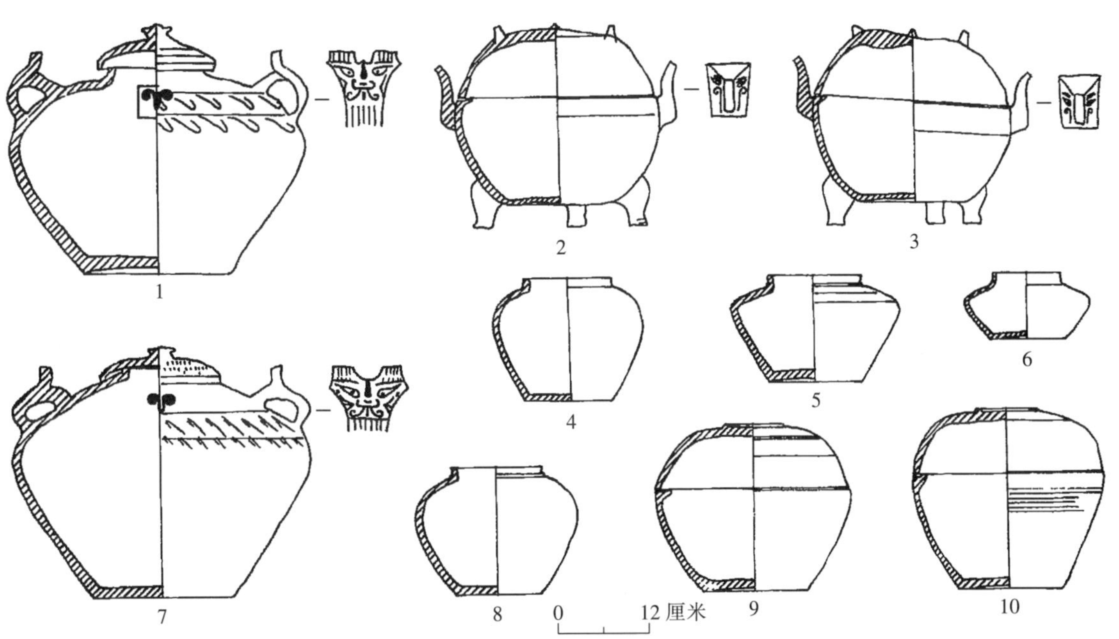

图九　徐家坟 M16 出土遗物

1、7. 釉陶瓿（M16:3、4）　2、3. 釉陶鼎（M16:1、2）　4、8. Ⅱ型灰陶罐（M16:8、7）　5、6. Ⅰ型灰陶罐（M16:9、5）　9、10. 釉陶盒（M16:6、10）

M16∶8，口径10、底径10、通高13.8厘米（图九，4）。

三、结语

汉代的苏州在史志中基本阙如，人们对于汉代的苏州知之甚少，故而，汉墓材料对于填补这一段历史空白，具有非常重要的意义。

SXM1出土陶器的组合与徐家坟不同，而比较接近于苏州东郊天宝墩二十七号墓，壶、罐、鼎、屋、灶、匜、灯、杯、勺、耳杯等，器形基本相同，但区别在M1不见二十七号墓中鐎、瓿、盒，二十七号墓没有M1中的熏、奁，鐎与奁对判断时代具有举足轻重的参考价值，二十七号汉墓属于西汉中期[①]，M1则应属于中期以后。

徐家坟汉墓群与常熟虞山南麓的第3号墓，苏州真山D4M1、M4、M5有着相同的陶器组合，即罐、壶、鼎、瓿、盒五种组合，且器形也十分相近，虞山汉墓根据随葬品类型判断属王莽时代，徐家坟汉墓群一定也是西汉晚期王莽时代的墓葬。过去，一般认为西汉中期以前，夫妻合葬采取异穴合葬方式，中期以后，夫妻合葬一般采取同穴合葬。从徐家坟汉墓群和SXM1的情况来看，西汉中期以前，这里尚未形成罐、壶、鼎、瓿、盒这种组合形式，五种组合很可能与当时盛行阴阳五行思想有某种联系。在徐家坟地层上也没有前后打破的现象。因此，根据出土文物的组合和器形特点加以对照分析，SXM1应属于西汉中期，徐家坟汉墓群应属于西汉晚期。

执笔：闻惠芬　朱伟峰

注释

① 苏州地区文化局、苏州市文物管理委员会、苏州博物馆：《苏州文物资料选编》，昆山新光印刷厂承印，1980年。

（原载《东南文化》2003年第5期）

苏州冠鑫公司工地东汉墓的清理

苏州博物馆

苏州工业园区冠鑫光电公司基建工地，工人在铺设光缆时发现一座墓葬，已被严重破坏，出土一件青铜壶及一些青铜残片、陶片。2002年7月3日，苏州博物馆考古部工作人员赶赴现场，对墓葬进行清理。现介绍墓葬情况如下。

一、墓葬形制

该墓葬已被严重破坏，只能看出大概轮廓，方向2度，东西残长3.5米、南北残宽1.9米。发现一些腐朽木纤维，可以初步判定此墓葬为木椁墓。

二、随葬品

从工程开挖沟的堆土中清理出土陶片百余片，确认为被打碎的墓中随葬品，共有6件器物。

经修复完整弦纹罐2件。一件为平口，圆肩，收腹，小平底；自肩部以下饰凹弦纹；肩部贴对称双耳，耳上饰蕉叶纹；口径13.4、高27.4、底径15、最大腹径27.4厘米（图一）。另一件罐的形制与上一件相同，口径14.4、高27.7、底径15、最大腹径26.4厘米。

其余陶片无法修复完整，可辨器形有通体饰窗棂纹（图二）陶罐2件，陶盒2件。

墓中出土青铜器5件，有大小铜壶、大小铜簋、铜鐎斗各1件。

大铜壶　侈口，直颈，溜肩，圆腹，平底，圈足，腹部有兽面衔环铺首一对。另上、中、下各饰一条带纹。口径17.8、高45.8、最大腹径38、底径21厘米（图三）。出土时壶口盖一铁釜。铁釜严重锈蚀，大部分残缺。

小铜壶　形状与大铜壶相似。平口，直颈，鼓腹，平底，对称铺首带环，矮圈足。腹部上、中、下各饰一条带纹。口径12、高约30、腹径23、底径约12厘米。

大铜簋　敞口，沿外缘加厚，弧腹，圈足。肩部有两道呈阶梯状的凸棱，另饰一对衔环铺首。铺首上兽面生动逼真。口径26.8、高14、底径12.6、圈足径14.8厘米（图四）。

小铜簋残缺太多。平沿，收腹，小圈足。素面。口径12、高约10、圈足径13、足高3厘米。

铜鐎斗　大部分残缺，腹中部饰一条带纹，一侧带有截面呈扁长八边形空心长柄，另有三只截面呈三角形的蹄形足。素面。柄长13、足高10.5厘米。

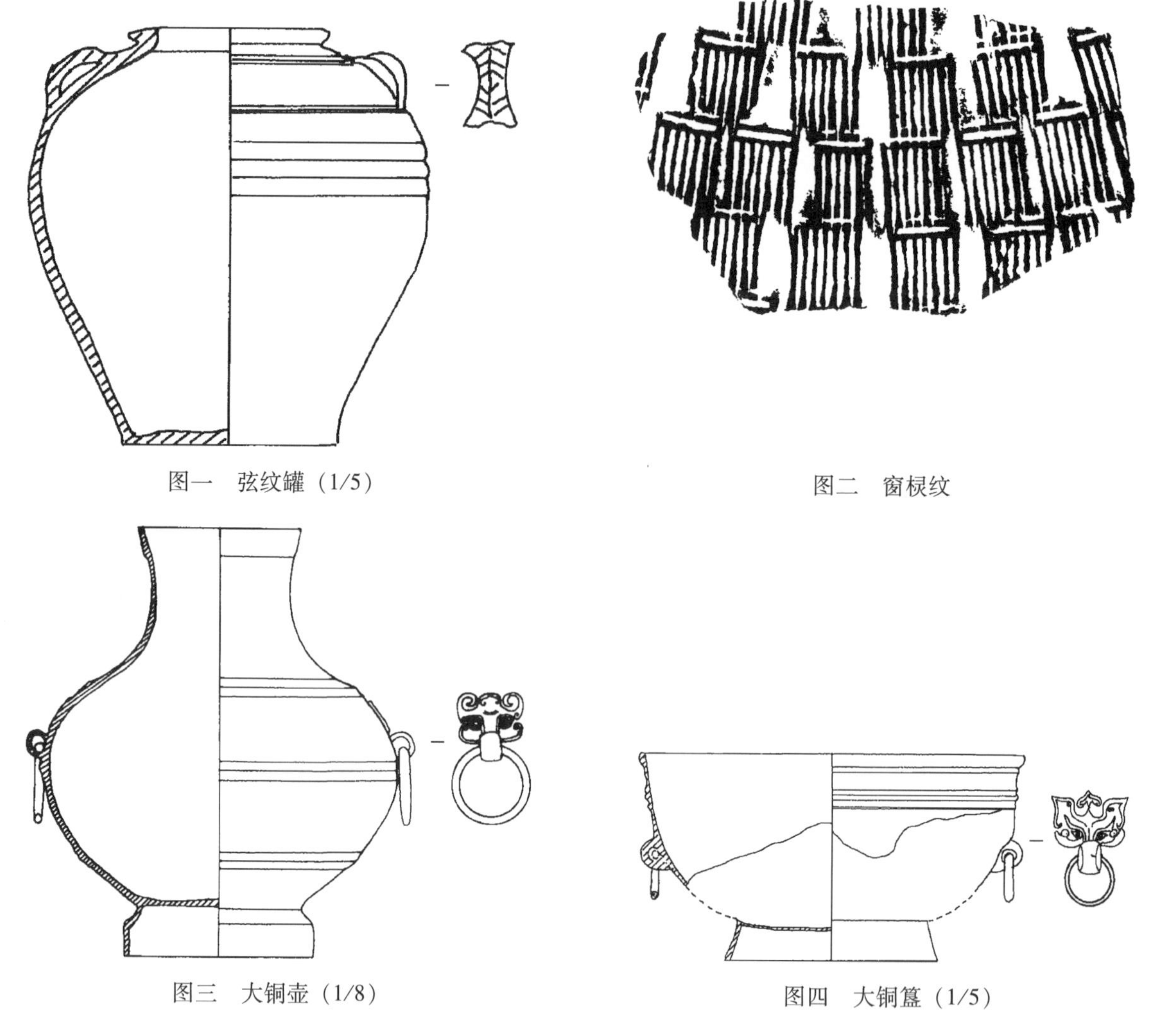

图一　弦纹罐（1/5）

图二　窗棂纹

图三　大铜壶（1/8）

图四　大铜簋（1/5）

三、结语

墓已经被破坏，没有发现文字材料，很难判定墓主的具体身份。清理中，根据印痕判定为木椁墓，随葬品放在一侧边箱内，有铜器、陶器共 11 件。其中铜器有壶、簋、鐎斗 5 件。从随葬品的种类和数量来看，墓主是具有相当身份的。

大铜壶上覆盖一铁釜，估计壶内原存放酒，是一种酒器。大铜壶的形状与朔县并穴木椁墓 3M1：2 相似[①]，又该壶的形制、铺首、纹饰与杨寿乡宝女墩 M104：6 相似[②]，说明此墓也应当处于西汉晚期或东汉时期。“鐎斗：古代温器，多用青铜制，一般是附长柄的盆形器，下附三足，也有带流的，古代军中‘昼炊饮食，夜以持行’，盛行于汉及魏晋时代。”[③]“汉至南北朝时期的铜器以日常生活实用器居多……同时器物多为平素无纹。”[④]这一点与该墓葬出土铜器情况相符合。从铜器的种类、形制、纹饰等方面来看，该墓葬应该属于东汉时期。

复原弦纹陶罐耳上堆贴“S”纹，以下为弦纹，罐身饰凹弦纹等与宝女墩 M104：68 相似[⑤]；该罐形制也与王村东汉壁画墓 M5：14 相似[⑥]，墓葬所处时期应该是西汉到东汉时期。

根据考古材料，西汉时期在北方已普遍采用横穴式的洞穴作墓圹，用砖和石料筑墓室，而这一座墓为竖穴木椁墓，时代为东汉，可见南、北方在埋葬制度方面有着较大的区别。

发掘人员：丁金龙、朱伟峰、闻惠芬、张铁军、金怡。写作过程中得到丁金龙、朱伟峰两位老师的指导，在此致谢。

执笔：张铁军　金　怡

注释

① 屈盛瑞：《山西朔县西汉并穴木椁墓》，《文物》1987 年第 6 期。

② 扬州博物馆、邗江县图书馆：《江苏邗江县杨寿乡宝女墩新莽墓》，《文物》1991 年第 10 期。

③ 辞海编辑委员会：《辞海》，上海辞书出版社，1979 年。

④ 程长新、程瑞秀：《古铜器鉴定》，北京工艺美术出版社，1993 年，第 8 页。

⑤ 扬州博物馆、邗江县图书馆：《江苏邗江县杨寿乡宝女墩新莽墓》，《文物》1991 年第 10 期。

⑥ 山西省考古研究所、运城地区文化局、夏县文化局博物馆：《山西夏县王村东汉壁画墓》，《文物》1994 年第 8 期。

（原载《东南文化》2003 年第 7 期）

“孙策孙坚”墓的清理和看法

苏州博物馆考古组

历史相传“孙策孙坚”墓（原市级文保单位），位于苏州盘门外青旸地。该地原系一个高出地面5米左右，东西长40米，南北长20米的土墩。土墩北面原立有吴中保墓会吴荫培题字的“汉故破虏将军孙坚孙策碑”。

1970年，该土墩被用作取土制砖而破坏。在取土中曾出土永和十二年文字砖，六朝水盂1件，唐代青瓷碗、壶以及几何印纹陶碎片等。

近年来，该土墩被染丝厂圈入，作为基建工地，所以又遭到破坏。原土墩在南北中轴线上；有三座砖室残墓并列，结果中间一砖室墓被挖而建起简陋的库房。原土墩西面石门前的封门砖全部拆毁。在西面坡地上，1973年11月23日，出土东晋时期的德清窑酱黑釉瓷罐2只，酱黑釉瓷碗2只，酱黑釉瓷盂2只，褐斑青瓷盂2只，褐斑青瓷壶1只，青瓷壶1只，青瓷小壶1只，铜镜2面，青瓷碗1只。

鉴于染丝厂要在该处施工，所以经市有关部门批准，于1981年3月23日正式清理，历时9天结束。共计发现汉墓3座，六朝墓2座。兹将清理结果简述如下。

1. 一号汉墓：方向北偏东5度。残长5.95米、残宽2.63米。南边残存十四层砖平砌，东边有十层砖平砌，残长0.375米、厚0.055米、宽0.185米。墓底有铺地砖，在铺地砖上出土红漆、黑漆皮（可能是烂掉的漆器），有灰陶质明器如猢狲、飞鸟瓷罐等。

2. 二号汉墓：前室长3.18米、宽3.15米。有石门一座，石门楣早已脱落（现存苏州博物馆），上镂刻有青龙白虎，中有羽人，两端有门臼，榫套。两扇石门长1.26米、宽0.57米、厚0.12米；轴高0.08米、径0.15米，安在石门臼内；底有石门坎，长1.98米、厚0.18米，门坎上有两个凹槽，便于石门启闭之用。室内有铺地砖，四边边缘有凹槽，中间高于四边，作排水用。前室用青砖平砌，砖长0.345米、宽0.17米、厚0.05米。

左侧有耳室，长2.1米、宽1.4米，呈正方形，有拱圈门，在十二块砖上起券。有铺地砖。

后室长4.1米，被后期墓葬打破。在北边砖墙，平砌十八块砖上，有一高0.36米、宽0.6米的盗洞，整个后室砖壁用二十九块砖平砌而成。后室前设置两道石门，有石门坎，长1.83米、高0.22米。残留3个石柱：

A石柱高1.22米、宽0.19米、厚0.43米。

B 石柱高 1. 22 米、宽 0. 21 米、厚 0. 46 米。

C 石柱高 1. 22 米、宽 0. 21 米、厚 0. 44 米。

左为石底座，宽 0. 58 米、高 0. 63 米，上置棂窗，长 0. 59 米、宽 0. 57 米，呈菱形格漏孔花纹，长 0. 40 米、宽 0. 29 米。后室铺地砖被挖掉。

在前室堆土中，发现汉代陶片。在墓门右石枢后发现铜器残件。前室靠耳室发现兽骨、五联罐等。在两道门石棂窗处，发现泥质红陶酱色釉陶片、“五铢”钱。在后室填土中发现朱红漆皮泥质灰陶的器把。

3. 三号汉墓：残长 0. 5 米，前室早期已破坏，后室基本完整，为平面长方形砖室墓。墓室中有对称的三个砖砌的砖柱，用两块砖平砌，砖长 0. 38 米。四壁用砖砌，最高处有十八层砖，最低处为十三层砖。铺地砖为二横二竖平铺，中间高四周低以作排水之用。一号墓与二号墓在同一地层同一平面，中间相隔最窄处 0. 1 米，最宽处 0. 66 米，两墓铺地形式相同，用的砖大小相同，看来两墓为同一时代所造。

4. 一号六朝墓：位于土墩东北角，与一号汉墓毗邻，长 6. 2 米、内长 5. 4 米、宽 1. 12~1. 6 米，最宽处 1. 12~2. 38 米，两头小中间大。墓壁为三横一丁式砖砌，残高 0. 95 米，最低处 0. 45 米。铺地砖为“人”字形，砖长 0. 305 米、宽 0. 145 米、厚 0. 045 米。在墓尾北面有用砖平砌的祭台，宽 0. 35 米、长 0. 68 米。墓内两侧各有一个排水沟，从封门向北 0. 29 米处，有一个宽 0. 195 米、高 0. 09 米的排水洞，铺地中间稍高、四周向下倾斜作排水之用。

该墓是夫妻合葬墓。从墓内棺钉钉脚的残迹来看，棺长 1. 80 米、宽 0. 54 米。共有十二只铁方帽棺钉，钉头 0. 07 米见方，有可能是葬具的支垫物。该墓早期被盗，因为墓顶已被破坏，近墓门处左侧墓壁旁出土有人头骨及牙齿。在通道里发现有被弄碎的瓷器碎片。出土器物有青瓷盘口壶 2 只、青瓷碗 7 只。Ⅰ大青瓷壶：大盘口，鼓腹，平底，肩上有对称双系；满身施黄绿釉，釉色剥落，灰胎；口径 17. 5、口沿宽 2、颈高 3. 5、腹径 25、底径 11、通高 36 厘米。Ⅱ盘口小壶：盘口，平底，肩上有对称双系；青绿釉，釉色明亮；口径 14、口沿宽 2. 2、颈高 6. 5、腹径 19、底径 11. 5、通高 31. 7 厘米。

5. 二号六朝墓：位于一号汉墓后面，形制结构、墓向与一号南朝墓相同，该墓在营造前曾打破一号汉墓后室的范围，所以从表面上看墓的轮廓大体存在，但墓身被后期人为破坏而挖掉，只剩下墓头一段。在发掘的填土中，出盘口青瓷碎片，从土质土层来看，这两个墓的土为黄黏土，应是六朝同一时期的墓葬。

下面略述我们对“孙策孙坚”墓清理后的初步看法：

是否孙策孙坚墓？从地方志来看有著录：汉豫州刺史孙坚及其妻吴夫人，会稽太守策三坟，并在盘门外三里（唐·陆广微《吴地记》）。并指出：墓前有大小沟，曰陵浜乡，俗称为孙王墓。按《三国志·吴书》载：“坚死于初平二年（191 年），年三十七岁。策死于建安五年，年二十六岁。坚妻吴氏死于建安七年（202 年），合葬坚墓。黄龙元年（229 年）孙权追尊坚为武烈皇帝，庙号始祖，墓曰高陵，吴氏为武烈皇后，策为长沙桓王。”《宋书·五行志》载：“太元元年（251 年）八月朔，大风，江海涌溢，平地水深八尺，拔高陵树二株，石碑蹉动。”按《晋阳秋》云：“惠帝元康中，吴令河东询，表为孙氏二君墓，置守冢五人，修护扫除。”

又唐孙德琳墓志云："开元十年（722 年）窆于十四代祖吴武烈皇帝陵东南平地。"

从上述资料记载这里可能是孙坚、吴夫人、孙策墓。

然而近人对此就有持否定的说法，如朱希祖《六朝陵墓调查报告》引《建康实录》卷二："太元元年（251 年）十一月，幸曲阿，祭高陵。"乾隆《丹阳县志》："吴高陵在县西十五里吴陵港。"按：吴"曲阿"即今丹阳。北魏郦道元《水经注》浙江水篇："浙江迳亭山西，上有孙权父冢。"唐陆广微《吴地记》："孙坚墓在盘门内。按《吴志》孙策传：'坚薨还葬曲阿，郦陆二说误也。'"

笔者以为地方志上讲孙策孙坚墓，是与孙权有关。因为东吴孙权，依靠江东士族的支持，特别是苏州潘、张、顾、陆四大姓的支持，使孙权得以发迹站稳脚跟。苏州曾作为孙吴都城达十二年之久，其统治中心就在吴子城王宫内。孙权对苏州有特殊的感情，其母吴夫人是吴人，他的文臣武将也多为吴人，如顾雍身为宰相，陆逊被任为大将军［现顾雍墓在善人桥小王山，陆逊墓在陆墓（已毁）］。后来孙吴势力扩张，但江东吴郡一直是它的根据地，孙权在这个根据地上是有一番经营的。孙权于东汉建安十六年（211 年）自吴迁都秣陵。次年，作石头城，改名建业（南京）。220 年，又迁都鄂，改名武昌。222 年，孙权自号吴王，229 年，又改称吴帝，改国号为黄龙。在他称帝之前，曾在吴中放出童谣："黄金车，班兰耳，闓阊门，出天子"，暗寓吴郡孙权当为皇帝，借以试探民情、制造舆论。因此孙权称帝之后，为了光宗耀祖，当然有可能在苏州故地为其父兄而设立墓冢，但我疑是衣冠冢，亦可能破高陵从曲阿（丹阳）迁来再葬，是属于二次葬。

正因为它是孙坚孙策的象征性的墓冢，所以唐宋以来的地方志上都记载着它是"孙坚孙策"墓。而且记载着宋代两次被盗经过，如《吴郡志》载："政和间，村民发墓，砖皆作篆隶，为万岁永藏之文，得金玉异之器甚多，有东西银杯初若灿花，良久化为腐土，又得金搔头十数枚，金握臂二，皆如新，瓦熏炉一枚，并与近世陆墓所烧略相似，而箱底有灰炭如故，父老相传云：'长沙王墓'。长沙王即孙策，又恐是其母、若妻墓，郡守闻之，遽命掩塞，所得古物尽归朱勔家。"《洪刍香谱》亦略载此事，即杨友夔所赋孙豫州墓者是也。《洪氏三庚志》云："盘门外大冢，绍兴二年，秋雨隤圮，牧童人其间，得铜器数种，持卖于市，乡人往视圮处，盖其隧道，有石刻隶书云：大吴长沙桓王之墓，赤乌三年凡十二字。知府沈揆亟命掩塞，仍立石表其所，滕宬为记。"袁席之谓："策死距赤乌三年已四十载，岂非权称制之久复改葬乎。所得之器滕芯一小镜，其背有铭十四字，一小麟镇纸，无款识以遗席之。"嘉熙中墓旁土中，又得孙德琳墓志云："开元十年，窆于十四代祖吴武烈皇帝陵东南平地。"又《丹阳图经》载高陵在县西练塘乡吴陵港，熊以传记证之，当是坚葬曲阿后迁于吴，史不及详载尔。滕宬所记谓："绍兴中提举常平詹体仁，尝命其属表之题曰先贤墓，徐谊属宬考订止从俗称孙王墓，宬盖据陈寿说坚葬曲阿及言策之薨，其将周瑜、鲁肃皆赴丧，独指此为伯符之墓亦未详，谢询所表不审三坟，同域以友夔诗为差谬，故论说纷纭自相牾牾。"（见《吴县志》卷四十、四十一《冢墓》）

从上述资料可看出，盘门外"孙策孙坚"墓传由已久，大都认为从曲阿移葬于苏。姑且不论其正确与否，推测有可能是"孙策孙坚"墓的衣冠冢或二次葬的墓冢。

由于沧海桑田，历代变迁，以及数次对墓葬的破坏，在墓中找不到确凿的证据证明是"孙策孙坚"墓，只能从出土器物、墓葬结构来分析。

从墓葬结构来看有点像汉画像石墓，但不等同于画像石墓，仅石门额有画像。如徐州茅村汉画像石墓，为长方形，有一、二、三室，左有石窗，石门额上左刻青龙，右刻白虎。对照汉画像石墓，此墓也是砖砌石门框，长方形，分一室、二室、侧室，石门额上有阳刻青龙、白虎、羽人，线条刻划粗犷，青龙、白虎姿态生动，刚健有力，羽人手擎树枝作戏舞状。石门额长 1.92 米、宽 0.27 米、厚 0.41 米，二头从 0.35 米开始收缩凹进为槽，槽长 1.21 米，有二门臼，臼窠直径 0.14 米，凹进 0.035 米，深 0.11 米。石门额上的画像，在江南比较少见。徐州、山东较多，能否看成为是画像石墓在江南分布的延续，一说到杭州为止。这种画像砖石墓的结构，并非平民身份。

从出土器物来看：由于宋代两次被盗，再加上人为的历次破坏，因而皆是残器与破碎的碎片，经修复为五联罐 2 只，平底；茶绿釉，釉不及底；腹径 12、底径 14、通高 30 厘米。腹身置五联罐，一罐稍大些，四小罐小些，腹肩有四个堆塑纽，五小罐也有对称的四个堆塑纽，口径 16~18 厘米。釉陶钵 1 只，敞口，有唇边，圆腹，平底；内外施黄褐釉，红胎，腹部有三弦纹及花卉装饰；口径长 31、口沿宽 3、腹径 26、底径 18、高 15 厘米。

一般说东汉晚期，北方盛行茶绿釉、黄褐釉陶器，南方则颜色淡些如淡绿釉，接近于半瓷器，此后青瓷由此发展而出现。

五联罐见于武昌东吴墓出土，从五联罐演化为魂瓶。灰陶盆、盘及灰陶小明器也盛见于东汉砖石墓中。在苏州虎丘大队五队汉砖室墓与阊门外白莲桥浜电梯厂基建工地汉砖室墓，也都出土过陶飞鸟、熊、兽（类似天禄、辟邪之类）明器。所以从出土器物与砖室结构来看应是东汉晚期，石门额的阳刻青龙白虎羽人，也是东汉晚期。笔者又认为五联罐既然武昌东吴墓有出土，有可能所清理的两座汉墓即是东吴时期的孙策孙坚衣冠冢或二次葬的墓冢。

执笔人：廖志豪

（原载《文博通讯》1982 年第 6 期）

苏州平门城墙的发掘

苏州博物馆

苏州是一个历史悠久的古城。据有关文献记载，从春秋伍子胥筑城以来，已有二千多年的历史。因此，研究苏州城市的形成和变迁，是我们的一项重要工作。1975年8月至1976年7月，苏州木材公司为了扩大木材堆放场地，经有关部门批准，对现苏州平门城墙进行推土平场。我馆配合这项工程的开发，对平门城墙进行了初步的勘察和发掘。发现了早期城墙的遗迹；清理了一批中、小型六朝、唐代墓葬；此外还出土一些木桩。为我们研究苏州城市的形成及变迁，提供了一些参考资料。

苏州平门城墙位于苏州城北部，内外有两护城河紧紧围绕，它的东南面有北寺塔为南宋建筑。城墙宽度为12.2米（以上层两石基础为准），高度约3米（以现汽车道平面为准），方向北偏东20度，这次平土范围是从平门大桥西南600米处起至1250米处止（即现平门油库起至西塘口东止，共650米）。下面把城墙情况，以及城墙发掘中清理的墓葬情况分别作一简单汇报。

一、城墙情况

历年来，苏州平门城墙在基建、人防工程的施工中，曾发现过多座六朝墓葬，为了搞清城墙与六朝墓葬的关系问题，我们这次对城墙进行了勘察。由推土机和民工发掘相结合，在城墙中段打了一条探沟。长30米、宽4米、深3.3米。在探沟中没有发现墓葬，只发现了早期城墙的夯土层及夯窝。下面以城墙探沟西南壁剖面为例，可以分出以下几层堆积：

第1层，深0~0.15米，厚0.15米，为表土层。此层是现代道渣路。

第2层，深0.15~1.3米，厚1.14~1.2米，为黄土层。此层土质黏、软，含有少量碎砖块，土层中发现汉代碎筒瓦一块。在深度为0.9米处发现砖石城墙基建筑。从砖来分析，可能为宋代城墙建筑遗迹。另在东南面石基外侧（靠内城河处）发现有唐宋时的陶器残片。两石基内宽10.7米。石基为条石所筑，堆积较整齐（六朝及唐代墓葬均在此层中发现）。

第3层，深1.3~2.82米，厚1.3~1.52米，为夯土层。土质细而纯，又很坚硬，用夯打实，层次平整。共计17层，每层厚度为8~10厘米。同时在平面上有大量夯窝，呈圆形，直径约分别是4~6厘米。夯土层中没有遗物遗迹发现。

第4层，深2.82~3.37米，厚0.55~0.84米，为灰锈土层。土层中含有大量铁锈质，土质坚硬，无遗迹遗物发现。

以下为灰淤土层（即生土层）。

另外，在城墙上还发现一批木桩。深度除1、2号木桩在2.4米以下，其余一般均在1米左右。木桩的分布范围靠近东南面石基的内、外两侧。共计11根，间距不等，无一定顺序。凡出土木桩处土质松而潮黏。木桩直径为0.07~0.1米，残长0.57~1米。有的木质已炭化，木质均为杉木。这些木桩在当时的作用有什么，还不清楚，有待于今后作进一步研究分析。

二、墓葬

在平土的650米的城墙中，共发现砖室墓、土坑墓、瓮棺葬40座。这些墓葬主要分布在A、B、C三个区。其中有六朝墓32座，为最多；其次瓮棺葬有6座；唐墓2座。六朝墓中主要出有青瓷、铜器及一些金银饰件。唐墓则有墓志铭和陶瓷器、铜器出土。下面，将这些墓葬综合介绍一下。

（一）六朝墓

1. 墓室结构

六朝墓共有32座，其中3座为土坑墓，其余都是砖室墓。砖室墓的结构，一般都是平面呈长方形，竖穴单室券顶。其中M9的墓室结构稍有不同，墓室带弧形，加上甬道，整个平面近似花瓶状。墓室都用平砖顺砌，墓底有平砖平铺及铺成“人”字形花纹两种。墓室长度一般在2.2~3米，最长的4.3米；宽0.5~1米，最宽的1.8米；残高0.4~0.8米。墓葬间距不等，最密处相距1米。墓葬方向为北偏东和南偏东。葬具均已腐朽无存。多数人骨亦都腐朽，少数留有残骨几根。葬式一般为仰身直肢，只有M17为侧身葬。随葬品大都放置墓内头部，一般随葬些青瓷器、铜镜、铜钱等，也有少数随葬金银饰件的。下面举例说明。

M9　墓向北偏东200度。墓长4.3米、宽1.15~1.8米、残高0.5米。墓葬分墓室和甬道两部分。人骨已朽，故葬式不清。随葬品有青瓷虎子、壶、罐、碗、铁剑、铜镜等17件。

M17　墓向北偏东30度。墓长3.1米、宽1米、高0.8米。墓的两侧没有封门，向前有长0.64米、宽0.7米的一层铺地，上面放置一组器物。室外还用五花土夯实，夯土层厚0.4米，共4层，每层厚0.1米。头骨残剩，为侧身直肢。出土器物有青铜器、青瓷器、陶器等18件。

M37　墓向北偏东25度。墓长3.6米、宽0.98米、残高0.6米。人骨已朽，葬具不清。出土器物有青瓷器、陶器、铜器、金银器等13件。

2. 随葬器物

在32座六朝墓中，共出土器物125件。其中陶器10件、青瓷器59件、银器27件、铁器8件、金器19件、石黛板2件。下面简单作一介绍。

（1）陶器类

壶　4件。分为二式。

Ⅰ式　3件（M36∶2、4、5）。灰陶。小口，短颈，大鼓腹，平底。肩部饰四道弦纹，并都附二竖耳。表面涂釉，釉已剥落。器高分别为14.5、15.5、16厘米。

Ⅱ式　1件。M38∶1，为盘口壶。泥质红陶，胎质松软，吸水性强。盘口微向外侈，外有两道凹弦纹。短颈，鼓腹。肩部有两道弦纹及一周压印纹，并附有双竖系，系上印有秋叶花纹。底向内凹。

盘口径12、高24.5厘米。

坛 2件。胎质坚硬，为硬陶。口沿微敞，内饰四道弦纹。腹深而细长，印有小方格纹饰，肩部另有一道凹弦纹。M12:1，高27厘米；M34:3，高22厘米。

灰陶水盂 1件。M17:6，平口无颈，腹部有折棱。高4.5厘米。

纺轮 1件。M8:1，为棱角形，中穿一孔。

罐 1件。M17:10，胎为泥质红陶，表施土红色釉，火候不高。平口，无颈，双系，平底。肩部饰有三道弦纹，系上饰秋叶纹。高14.5厘米。

（2）青瓷类

壶 10件。大都为盘口壶，共分五式。

Ⅰ式 1件。M9:2，圆唇，浅盘口，颈粗短，鼓腹，平底。肩部饰水波纹、网纹、弦纹。有对称的四横系、四兽面衔环的装饰。高22.5厘米。

Ⅱ式 1件。M20:1，盘口，细颈，深腹。肩部有一道双复系，底稍向内凹。高42厘米。

Ⅲ式 6件（M12:2，M34:4、5、9，M17:1、2）。盘口，口沿外有凸棱一道，似喇叭形。短颈，双系，系口饰有秋叶纹，腹较鼓，上有数条弦纹，底向内凹①。盘口径10.5~11.5厘米，高20.5~23厘米。

Ⅳ式 1件。M17:7，小盘口，短颈，双系，鼓圆腹，平底。肩部、腹部饰弦纹和水波纹，系上饰秋叶纹。高27厘米。

Ⅴ式 1件。M3:1，盘口，颈稍长，双系。腹部饰有褐斑点。

罐 26件。共分四式。

Ⅰ式 4件（M36:6，M17:4、5，M37:3）。平口，无颈，双系，圆腹。系上饰秋叶纹，有的肩部有三道弦纹。腹径10~24厘米。

Ⅱ式 14件（M9:5，M12:3，M17:3、9，M24:7，M27:2，M36:3、7，M37:1、2，M38:6，M39:1、5，M40:6）。口沿向外稍敞，鼓腹，底向内凹，双系或四系，系上饰有秋叶纹。肩部有三道弦纹，或斜方格纹、水浪纹。腹径10~29厘米。

Ⅲ式 1件。M34:1，敛口并有一凸棱，鼓圆腹，平底，近似瓮、罐状。肩部、腹部饰数道弦纹，附有双耳，耳背上有秋叶纹。最大腹径30厘米。

Ⅳ式 7件（M9:3、6，M12:4、5，M17:16，M34:2，M38:3）。直口，双系或四系，器身扁圆，平底。肩腹部饰有细斜方格纹、弦纹，也有圆圈纹。腹径9.5~22厘米。

碗 16件。分为二式。

Ⅰ式 2件（M17:8、11）。直口，平底，附有假圈足，圈足较高大。整个器形像盘口壶的盘口，在苏州还是首次发现。高3.5~4厘米。

Ⅱ式 14件（M9:7、9，M24:8、9，M27:1，M35:2，M36:8、10、11，M40:1）。口略外侈，外饰有几道弦纹，器内印有一道同心圆纹饰。有的附有假圈足。口径8~16厘米。

钵 2件（M9:4、M38:5）。口沿向内敛，腹鼓，平底。口径15~15.5厘米。

坛 1件。M36:9，直口，短颈，颈端外部另有一道宽唇沿，鼓腹，腹部上饰有三道弦纹和一周篦齿纹，肩附双耳，耳背饰秋叶纹，底部稍向内凹。造型优美，如同“泡菜坛”。腹径18厘米。

水盂　3件（M40∶4、M34∶7、M24∶6）。平口，腹部有一折棱，鼓腹，平底。带盖，器身饰有菱形花纹，盖上有一小纽，盖下有子母口。水盂口径4、底径3.5~4.5厘米。

虎子　1件。M9∶1，圆口，作虎头形，背饰有斜方格纹的提梁，后贴附一条尾巴，腹部刻有双翼，四足匍匐于下，体形作椭圆蚕茧状。它的造型同南京迈皋桥西晋墓出土的虎子相同②。口径6、长24、高20厘米。

（3）铜器类

铃　1件。M17∶17，弧口，上有桥形纽，内有铃舌，舌为铁质。高3.5厘米。

洗　1件。M37∶4，宽沿，敞口，假圈足。器身饰三道弦纹，并两边各附一铺首。腹径21厘米。③

碗　1件。M9∶8，素面，平底，无圈足。口向外侈，口沿内起凸棱一道。口径15.5、高5厘米。

镜　14件。圆纽，圆座。一般均腐蚀厉害，有些都已破残。共有五式。

Ⅰ式　4件（M12∶7、M13∶1、M37∶13、M38∶2）。为大鼻纽神兽镜。直径14.5~16厘米。

Ⅱ式　1件。M9∶11，圆纽，纽的周围有对称四乳丁，外面又有十个小乳丁。直径9.5厘米。

Ⅲ式　1件。M36∶12，为“君宜高官”镜。“高官”二字尚清，“君宜”二字已腐朽。直径10厘米。

Ⅳ式　2件（M6∶1、M11∶1）。为神兽镜。

Ⅴ式　1件。M5∶1，为四叶座连弧镜。

其余几件均已破残不堪，不再详述。

铜钱有“货泉”“大泉五十”“汉半两”“直百五铢”“太平百钱”“五铢”“剪轮五铢”等。

（4）铁器类

铁器均腐蚀厉害，残破不堪。器形主要有刀、匕首、剑、镊子。

（5）金银器类

器形有指环、镯、钗、针箍等，共有19件。

指环　1件。M37∶8，上饰有两道弦纹和小圆点纹。直径为1.7、高0.3厘米。

镯　8件（其中4件为银质）。均为素面，直径6~6.2厘米。金镯（M37∶5、6）；银镯（M7∶1、M38∶7）。

环　7件。素面。直径1.7~2厘米。金质（M37∶9、10、12，M10∶1）；银质（M38∶8）。

发钗　1件。M12∶8，银质。

针箍　2件（M35∶5、M7∶2）。均为银质，上面有小圆点饰纹。高0.6~0.8厘米。

金镯和金环出土时都是两件叠在一起的。这些金器同江苏宜兴周处墓出土的金环基本相同④。

（二）唐墓

1. 墓葬结构

M31、M32均分布在C区。两墓均为一般的单人砖室券顶墓。墓顶早已破坏，尚留有一些券拱残迹。墓室内留有红、黑色棺漆痕迹。

M31　墓向北偏东110度。墓长3.3米，宽分别为0.88米、0.94米、0.64米，残高0.85米。墓壁砌成二横一顺式，共四组，在两墓壁的南端各有一个小壁龛，可能为放灯盏之用（墓室南端近壁龛处出一小灯盏）。墓底铺成“人”字形花纹。

M32　墓向北偏东 135 度。长 3.3 米、宽 0.72～1.2 米、残高 0.9 米，墓形如船状。墓壁为三横一顺式，共三组，后壁有三个小壁龛，墓底铺“人”字纹。

2. 墓内遗物

M31 号墓出土器物都放在棺外南端，仅一面铜镜放于棺中。

铜镜　1 件。为鸾兽衔花镜。兽纽，菱花式流云纹缘。与 1955 年 11 月西安东郊王家坟（2）19 第 45 号唐墓出土的镜基本相同。镜质坚硬，含锡成分高。直径 12 厘米。

铜洗　1 件。已残破不堪，成碎片。

铜钱　8 枚。为“开元通宝”。

陶坛　1 件。口外侈，无颈，宽肩，削腹，平底。腹径 16、高 21 厘米。

陶灯盏　1 件。表施黄褐色釉，已有点剥落，盏内有一小把。直径 10 厘米。

砖刻墓志　1 块。长 30.5、宽 15.5 厘米。上刻有 70 字。大唐吴郡侯怀慎妻许夫人墓/志曰：夫人淹同物故，春秋六十有二，/以天宝七载五月廿四日染疾，终于/旧宅崇仁坊内，即以其载六月七/日葬于宅后北城茔，礼也。有子/文进、文达等记。

M32 墓出土遗物共 8 件。

陶壶　2 件。壶表面施酱褐色釉，釉挂半，不及底。盘口，短颈，鼓腹，平底，肩腹部附四系（四系早被打掉）。器高 29 厘米。

大铜镜　1 件。用麻织品包裹。织物与镜全腐蚀严重，不能辨认其纹饰。圆纽。镜直径 28 厘米。

小银盒　1 件。素面。器底下有一圈足。腹径 6 厘米。

铜钱　2 枚。为“开元通宝”。

砖刻墓志　1 块。背由抹角莲瓣花、云头卷枝花和绞棒等花纹织成。上刻有 59 字，满行 8 字：朝议郎前歙州歙县/令柳公/亡夫人汝南和氏，大/历八年岁次癸丑十/二月辛未朔，二日壬/申权殡于苏州长洲/县大云乡崇仁里梁/庭昭地内，故此铭志。

墓志上面另有一砖刻花纹砖，上面的花纹同墓志背面纹饰基本类同。每边长 30 厘米，呈正方形。

三、几点看法

（一）墓葬的大体年代

在城墙上所出的六朝墓，出土器物均以青瓷为主，其次陶、铜、金银、铁器。出土的铜钱也比较杂，有汉“半两”“大泉五十”“货泉”“直百五铢”“五铢”等 8 个类型，以“五铢”为最多。“五铢”钱，汉武帝时开始铸造；“货泉”“大泉五十”为王莽所铸；“直百钱”，三国时刘备所铸。《晋书·食货志》：“魏明帝乃更立五铢钱，至晋用之，不闻有所改创。孙权嘉禾五年铸大钱，一当五百，赤乌元年，又铸当千钱。……晋自中原丧乱，元帝过江，用孙氏旧钱，轻重杂行。”这也表明晋时铜钱轻重杂用普遍存在。根据墓葬的规模和形制、出土的随葬品来分析，这些墓的大约年代从东吴直至南朝，各个时代都有。东吴末的有 M17、M36 两座；东晋墓一座 M3；南朝墓一座 M20；其余均是西晋墓。墓主身份一般都不高。

两座唐墓都有墓志出土，绝对年代 M31 为天宝七年（748 年），M32 为大历八年（773 年）。出土器物都极普通，唯 M31 出土的铜镜，造型和纹饰都很精致，图案线条流畅，质地坚硬，银光夺目，为该墓的精品。唐代是书法的极盛时代，真、行、草三体书法到这个时期已发展到较完备阶段，出现了不少书法家。真书的发展亦日趋巩固，成为一种通行的书体。M32 出土墓志，书法艺术较高，书体为真书，字体圆劲有力。从墓志上我们可以知道，当时有称平门为“北城”的；现苏州桃花坞一带，唐代时属于长洲县大云乡，并有崇仁里、崇仁坊之称。这两座墓均有纪年，可作为唐代墓葬分期的参考。

（二）城墙的年代问题

1. 从整个城墙的堆积情况来看，它可分为两层石基础。第一层石基础上砌的砖为明清时的大城砖，长 38、宽 19、厚 7.5 厘米。第一层石基离地表向下深 50 厘米处发现，平面总宽度为 12.2 米。第二层石基础离地表向下深 1.2 米、总宽度为 10.7 米，这层石基上所砌砖与前者不同，长 27、宽 13、厚 4 厘米。还有一些是宋代的长条砖。根据志书记载：“梁龙德二年钱氏复以砖甃，高二丈四尺，厚二丈五尺，里外有濠。宋政和中复修治之，其故门废塞者，皆刻石为识。宣和五年诏重甃，经建炎兵燹。淳熙中知府谢师稷又缮完之。”[⑤]“明初平吴更加修筑高广坚致。……崇祯十四五年，知府陈洪谧，推官倪长圩，署长洲县牛若麟又修之。清顺治初，巡按御史秦世桢修葺各门楼橹。”[⑥]因此，看来第一层石基可能为明清重修的城墙遗迹，第二层石基应为宋代城墙。

2. 大量的六朝墓及两座唐墓均出自夯土层之上、石基础内、黄土层中。仅有一座 M16 号出自东南石基外侧，向下 30 厘米处。因此，很可能城墙在六朝时已经废了，成为群葬地方。

3. 我们在探沟中发现了 17 层平齐的夯土层，每层夯土层表面皆布有密集的圆口平底的夯杵痕迹。根据夯窝的大小、形状和分布密集的程度，看来这些夯窝有可能是用成捆圆棍作为夯筑工具夯打而成。从其夯土层的深度及以上一些迹象来推测，这夯土层应是早期城墙的建筑遗迹，最迟也在六朝以前。

执笔：朱薇君

注释

① 葛家瑾：《南京御道街标营第一号墓清理概况》，《文物参考资料》1956 年第 6 期。

② 南京市文物保管委员会：《南京迈皋桥西晋墓清理》，《考古》1966 年第 4 期。

③ 屠思华、季鉴昭：《南京梅家山六朝墓清理记略》，《文物参考资料》1956 年第 4 期。湖北省博物馆：《湖北汉阳蔡甸一号墓清理》，《考古》1966 年第 4 期。

④ 南京博物院：《江苏宜兴晋墓发掘报告——兼论出土的青瓷器》，《考古学报》1957 年第 4 期。

⑤《苏州府志》卷四《城池》。

⑥ 曹允源、吴荫培、蒋炳章等：《吴县志》卷十八下《城池》。

（原载《苏州文物资料选编》，昆山新光印刷厂承印，1980 年）

张家港港口河阳山南朝墓清理简报

张家港市文物管理委员会

河阳山，海拔约45米，位于张家港杨舍镇东南约15千米，地属港口镇管辖，相距镇西北约3千米，山之北有河阳坊，东有河阳桥，南倚河阳岩，因而得名。其西北与凤凰山对峙，是该镇唯一地势突兀的一处低丘山陵。河阳山因纯属土山，土质又细腻，这里自1984年以来，成为镇办窑厂取土的基地，过去在取土工程中，常有汉至六朝古墓发现。今年6月8日，接文物保护员倪永良同志反映，在窑厂取土中，又发现古墓多座。我会闻讯后，即于次日派员前往现场调查，由于窑厂以机械化的抓土机取土，进度快，因此多数墓葬已遭不同程度破坏，但尚存三座砖室墓。埋葬位置毗邻，作前后次序同方向排列，规模和砌结方法也相类同，可能为同时代的族葬墓。由于上述三座墓葬已处陡峭断崖，随时有可能塌陷毁坏的危险，为此，我会于6月13日即配合窑厂取土，对其中保存较完好的一座（编号M1）先做了清理。现将清理结果报道如下。

一、墓室结构

墓坐落在河阳山东麓坡地，距现在地面约高15米。墓全用青砖砌结，砖的规格有长方形（长30、宽15、厚5厘米）和楔形砖（长30、小端宽10、大端宽15、厚4.5厘米）两种，长方形砖主要砌结墓壁和铺地，楔形砖用来收券砌顶。整个墓的平面呈“凸”字形，由墓门、甬道和墓室三部分组成，以内壁计算，全长4.96米，方向南偏东2度（图一）。

清理过程中，发现墓室前部大部分已塌陷，塌陷的上面叠压着清代墓葬一座（出“乾隆通宝”和铭刻“康熙年制”的蟋蟀罐一只），墓室内随葬器物残破散乱，显然此墓早年被盗，但墓门、甬道和墓室四壁基本保存较好。墓门前的封墙，先以长方形砖顺砌作基，高至0.3米以上，分别以长方砖作三顺一丁和三顺二丁砌结，以此相间而上，最上又以长方砖顺砌递次收敛成券形顶。为使封门墙稳固，封墙两侧各加砌有一道挡土墙，左侧以一砖长的宽度作九顺一丁叠砌，右侧仅加宽半砖长的宽度，作四顺一丁叠砌。另半砖长的宽度系由封门墙内外延伸而成，另在券顶和甬道顶之上，以纵向一顺一丁的砌结方法加以扣连，封门总宽2.6米、通高1.96米（图二）。封门墙门为长方形短甬道，长1.14米、宽1.05米、高1.5米。甬道两壁作三顺二丁相间叠砌；高至1.06米改作半砖顺砌，逐渐递收成券顶；地面以单砖平铺成“人”字形。甬道后为墓室，墓室可分成前、后两部分，前端为放置随葬品的地方，长0.74米、宽2.3米。后端为搁置棺木的棺床，较前端高0.15米，棺床全长3.06

米、高 2.6 米、宽 3.1 米，占墓室的五分之四左右。墓室两壁向外鼓弧，平面呈船形，整个墓室的两壁为三顺一丁砌结，相间达四层，高至 1.06 米处改作四顺一丁或五顺一丁，以上用楔形砖砌成券顶。在墓室两壁和后壁高 1.06 米处，各开设有高 0.15 米、宽 0.1 米、深 0.1 米的长方形小窗棂一个（图三）。

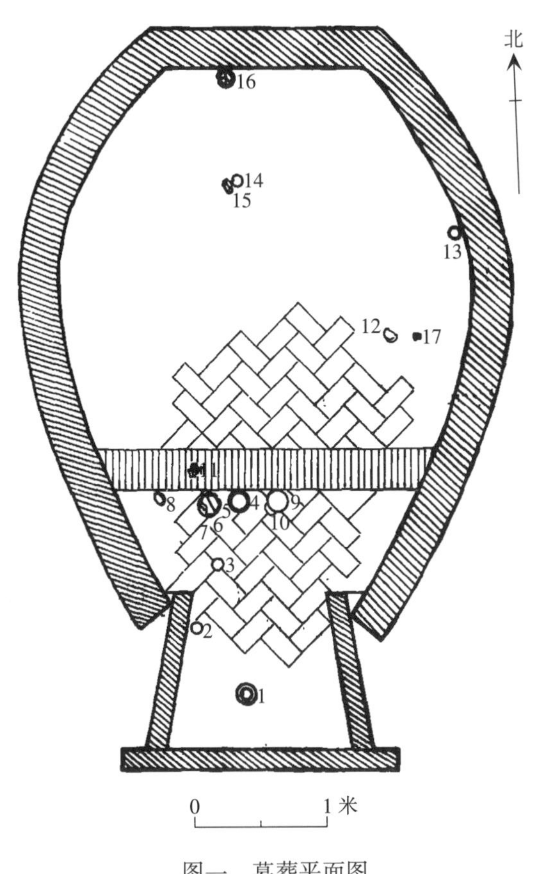

图一　墓葬平面图

1、9. 碗　2、3、6. 盏　4、16. 钵　5. 小碗　7、11. 碟　8、10、12～15. 盂　17. "五铢"钱

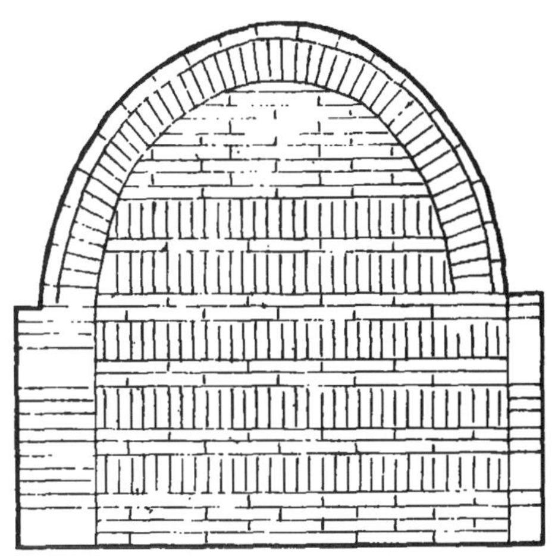

图二　墓门封墙正视图

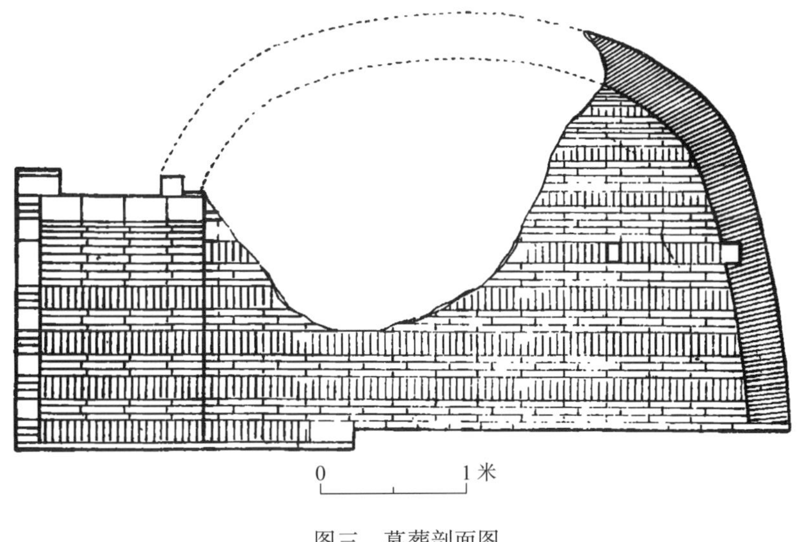

图三　墓葬剖面图

二、出土器物

随葬器物尚集中放置在棺床前端的地方，由于墓经盗掘，在甬道前端出钵 1 件，棺床前端偏东出“五铢”钱若干和小盂 1 件，靠（北壁）棺床后部出盂 1 件、中部偏西出盂 2 件。现分叙如下。

盏 6 件。有六式。

Ⅰ式 1 件。M1∶10，砂质。胎呈浅灰色。口微敛，小唇，浅腹圆鼓，平底略内凹。器内通体施有一层薄青釉，器外施釉不及底。口径 8.2、腹径 8.4、底径 5、高 3.4 厘米（图四，8）。

Ⅱ式 1 件。M1∶12，砂质？胎呈赭褐色。侈口，深弧腹，底内凹。器内外通体施黑釉。口径 8.2、底径 4.8、高 4.8 厘米。

Ⅲ式 1 件。M1∶13，砂质。胎呈赭褐色。口微侈，小唇，浅折腹，平底微内凹。通体施青釉，釉质较厚，凝釉处呈青褐色并有开裂纹。口径 8.6、底径 5.2、高 3.5 厘米。

Ⅳ式 1 件。M1∶14，直口，小唇，深腹微折，厚底内凹。器身内外各有四个支钉痕，通体施米黄釉。口径 9、腹径 9、底径 4.8、高 4 厘米（图四，9）。

Ⅴ式 1 件。M1∶8，胎呈赫褐色。器底较厚，口微侈，小唇，深腹微鼓，厚平底。器内施釉黄褐色，器外施薄黄釉不及底。口径 8.8、腹径 8.6、底径 4、高 4 厘米（图四，6）。

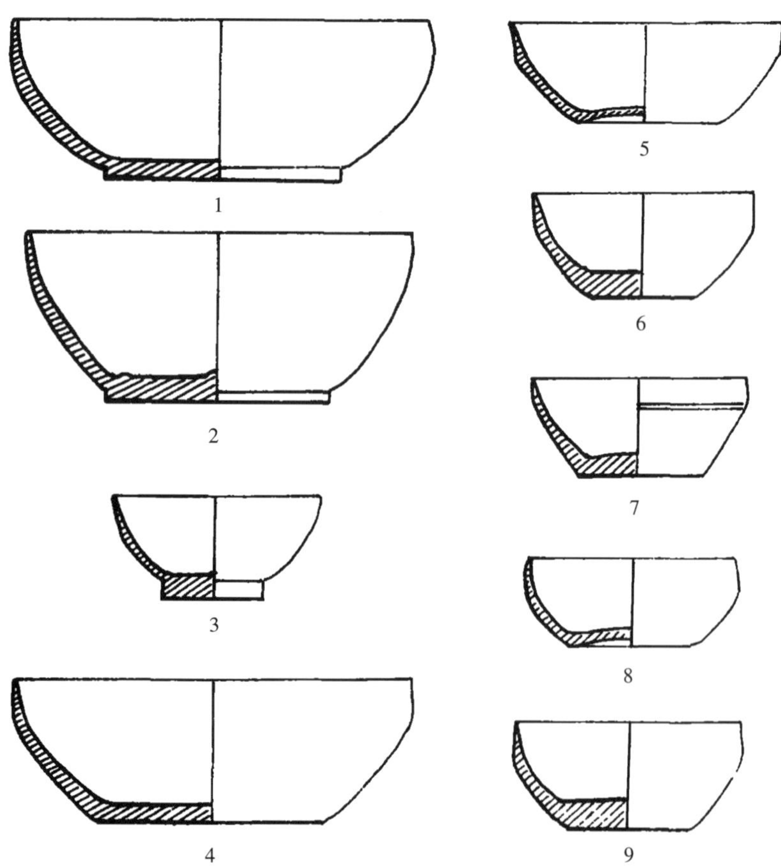

图四 墓葬出土器物

1. Ⅲ式碗（M1∶9） 2. Ⅰ式碗（M1∶1） 3. Ⅱ式碗（M1∶5） 4. 钵（M1∶4）
5. 盂（M1∶6） 6. Ⅴ式盏（M1∶8） 7. Ⅵ式盏（M1∶15） 8. Ⅰ式盏（M1∶10）
9. Ⅳ式盏（M1∶14）（1/3）

Ⅵ式 1件。M1∶15，侈口，小唇，微折肩，深斜腹，厚平底。肩腹处饰有两道细弦纹。素面不施釉，胎质呈橙红色。口径8.2、腹径8.4、底径5、高3.8厘米（图四，7）。

盂 2件。皆侈口，小唇，浅腹有折棱，底内凹。器内施一层薄黄釉，器外施釉不及底，露胎处呈浅红赭色。M1∶6，口径1.06、底径5.6、高3.8厘米（图四，5）。

碗 4件。有三式。

Ⅰ式 1件。M1∶1，砂质浅红胎。侈口，圆唇，深腹微弧，实平底假圈足。器内施釉泛黄，器外施釉不及底。口径15.4、底径9、高6.5厘米（图四，2）。

Ⅱ式 2件。灰白色高岭土质胎。口微侈，小唇，深弧腹，高实底假圈足。器身内外通体施青褐釉，凝釉处呈冰裂纹。M1∶5，口径8.4、底径4.2、高4厘米（图四，3）。

Ⅲ式 1件。M1∶9，胎质不纯，色呈赭褐，烧成后，胎壁有较多气泡。口微敛，浅腹略外鼓，实底圈足。器身施釉呈青色，较均匀，并有细开裂纹。口径16.5、底径9.4、高6.2厘米（图四，1）。

钵 2件。均为赭色砂质胎。两件形制类同，皆侈口，小唇，浅斜腹，厚平底。器表施青褐色薄釉，器外施釉均不及底，凝釉处有褐点斑状纹。M1∶16，口径16.8、底径8.6、高6厘米。M1∶4，口径16、底径8.8、高5.4厘米（图四，4）。

碟 2件。有二式。

Ⅰ式 1件。M1∶7，高岭土质，胎质较细腻，出土时已残损。侈口，厚唇，浅平腹，厚实底，假圈足。器身内外通体施青釉，釉质浑厚，有开裂纹。器内中心饰有复合莲瓣纹，莲瓣纹之上有三个烧造叠置的支钉痕。口径14.8、底径7.4、高3.5厘米（图五，2）。

Ⅱ式 1件。M1∶11，出土时叠压在M1∶6下面，大小、形制和釉色基本与Ⅰ式相仿，唯器内中心莲瓣纹作单线刻划成，盘底有四个支钉痕。口径15、底径7.4、高3.3厘米（图五，1）。

“五铢”钱 若干枚。出土时粘在一起，无法剥离。根据其轮廓大小有三种，一种直径2.3厘米，一种直径1.8厘米，一种直径？厘米。2.3厘米一种尚能辨见“五”字，“五”字两笔较直。

图五 墓葬出土瓷碟

1.Ⅱ式（M1∶11） 2.Ⅰ式（M1∶7）（1/3）

三、结语

此墓未发现墓志和有纪年的铭砖等可直接提供其确切的绝对年代，但从墓葬结构和遗留的出土器物特征，尚能推测其相对年代。

根据我省和各地已发现的墓葬材料，平面呈“凸”字形，墓壁以三顺一丁的砌结方法，墓底用平砖铺成“人”字，几乎是六朝时期普遍流行的一种结构形式。此墓平面呈“凸”字形，墓室两壁作向外圆弧。这种平面“凸”字形的墓例，最早出现于西晋晚期①，至东晋和南朝最盛行②；而墓室后部设棺床之制，两壁设假棂窗的形式，则为南朝时期最常见③，曾见于我省南京的西善桥油坊村④、栖霞山甘家巷⑤和丹阳胡桥等南朝墓⑥。

此墓虽遭盗掘，随葬器物多数已被破坏，但出土遗物均为青瓷器。器形有盂、盏、碗、碟、钵等均为南朝时期的典型器，唯未见鸡首壶、熏炉、四系盘口罐、三足盘、虎子等东晋时期的常见器。其中尤以两件侈口、浅腹、厚底假圈足青瓷碟，内刻莲瓣纹图案，无论从釉色、器形和莲瓣纹饰，与福建闽侯南朝齐梁墓⑦和浙江瑞安桐溪南梁大同八年墓⑧及江西吉安“永明十一年”南齐墓⑨所出的青瓷莲瓣盘、青瓷莲瓣托盘几乎完全相同。莲瓣纹饰作为器形纹样和墓砖装饰，南朝时期的墓葬不乏其例，如丹阳胡桥建山南朝墓⑩、南京郊区梁普通二年墓⑪、南京西善桥油坊村南朝晚期墓⑫。这与当时崇信佛教的社会风气有关，尤其萧梁时期，治政腐败，士族门阀土地豪夺兼并，官吏“竟为剥削”“贪残糜费”，“出则车舆”“入则扶持”，“饱食醉酒，忽忽无事”，统治阶级为寄托心灵空虚，倍加推崇佛事，南朝梁武帝本人即是虔诚的佛教信徒，创释、道、儒三家同源说，曾亲自三次舍身同泰寺。由于萧梁统治的大力提倡和扶植，仅建康金陵（南京）一地，广建寺院达五百余所，僧尼十万余人，可见当时佛教之盛况。此墓以莲瓣纹作青瓷器装饰，也是一个强有力的佐证。

综上所述，此墓年代当也在南朝时期。南朝墓在我市尚属首次发现。东晋南朝推崇佛教，丧葬颇重“风水”。据《常昭合志》载“港口镇壤塘东，据浪澄港之口”，旧时并在镇之东设有“禁关桥”等遗迹，说明，当时港口距长江较近。河阳山北依凤凰山，东可凭眺茫茫长江天堑，地理环境优越，正是地主豪阀聚族而葬的理想之地。

执笔：易剑刚　缪自强　王德庆

绘图：王德庆

注释

① 南京博物院：《江苏宜兴晋墓的第二次发掘》，《考古》1977 年第 2 期。

② 南京博物院：《江苏宜兴晋墓发掘报告——兼论出土的青瓷器》，《考古学报》1957 年第 4 期。南京博物院：《江苏溧阳果园东晋墓》，《考古》1973 年第 4 期。南京博物院：《南京富贵山东晋墓发掘报告》，《考古》1966 年第 9 期。

③ 南京博物院：《南京北郊涂家村六朝墓清理简报》，《考古》1963 年第 6 期。金琦：《南京甘家巷和童家山六朝墓》，《考古》1963 年第 6 期。

④ 罗宗真：《南京西善桥油坊村南朝大墓的发掘》，《考古》1963 年第 6 期。

⑤ 南京博物院：《南京栖霞山甘家巷六朝墓葬》，《考古》1976 年第 5 期。

⑥ 南京博物院：《江苏丹阳胡桥南朝大墓及砖刻壁画》，《文物》1974 年第 2 期。

⑦ 福建省博物馆：《福建闽侯山与南朝墓》，《考古》1980 年第 1 期。

⑧ 浙江省文管会：《浙江瑞安桐溪与芦浦古墓清理》，《考古》1960 年第 10 期。

⑨ 平江、许智范：《江西吉安南朝齐墓》，《考古》1980 年第 2 期。

⑩ 南京博物院：《江苏丹阳胡桥建山两座南朝墓葬》，《文物》1980 年第 2 期。

⑪ 南京市文物管理委员会：《南京郊区两座南朝墓葬清理简报》，《文物》1980 年第 2 期。

⑫ 罗宗真：《南京西善桥油坊村南朝大墓的发掘》，《考古》1963 年第 6 期。

（原载《东南文化》1993 年第 5 期）

江苏吴县张陵山张氏墓群发掘简报

南京博物院

张氏墓群位于苏州东南25千米角直镇的张陵山上，行政区划隶属吴县。张氏墓群是一处重要的六朝贵族家族墓地（图一、二）。20世纪70年代末期，南京博物院会同苏州文物考古部门进行了发掘工作，由于文物出土后多处保管，文字图片资料流失，所以至今没有比较正式的报道。鉴于这批材料的重要性，现将所知材料编写出来，以提供学界进一步研究。

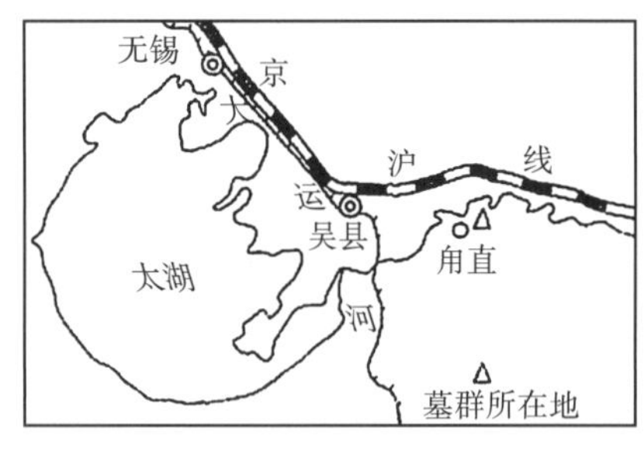

图一　吴县张陵山墓葬位置示意图

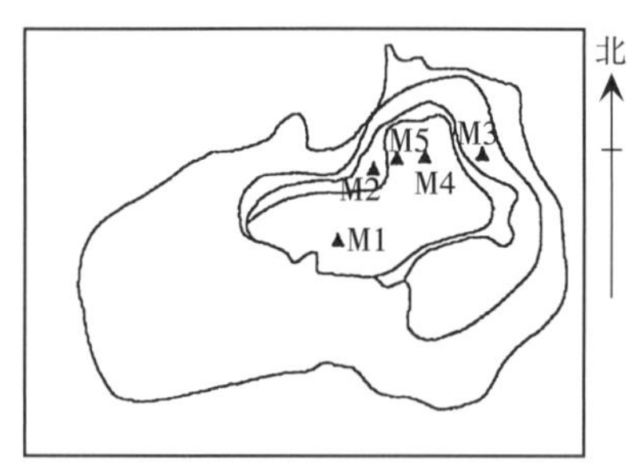

图二　吴县张陵山墓葬分布示意图

一

几座墓葬均为砖室墓，皆被盗。以下按墓葬编号逐一介绍。

M1　“凸”字形，近正南北方向，墓壁外弧。通长6米，甬道长（内长、宽，下同）1.9米、宽1米，墓室长3.5米、宽3.2米（图三，1）。

出土物仅发现青瓷碗1件。M1∶1，口微敞，弧壁，平底。内、外施酱色釉，外釉不及底。口径15、高5厘米（图三，2）。

另发现铭文砖若干，铭文有“永和十一年八月四日作”和“上甫一千六百”（图三，3）。

M2　“凸”字形前、后室墓，前室带耳室。近正东西方向。通长6.6米，甬道长0.75米、宽0.8米，前室长2.05米、宽2.3米，后室长3.2米、宽2.15米，耳室长1.1米、宽0.7米（图四，1）。

出土物

石猪　1件。M2∶1，蹲伏状，刻划出嘴、耳、眼、腿、尾等部位，较丰满。长11.2厘米（图四，2）。

棺钉　1枚。M2∶2，铜质。钉帽呈覆斗形。长6.2厘米（图四，3）。

M3 多室墓。墓向近正南北。通长近13米，封门墙厚达0.9米。甬道长1.7米、宽1.05米；前室呈横前堂式，长1.05米、宽3.1米；前室与中室之间的甬道长1.05米；中室呈椭圆形，长4.2米、最大宽2.9米；中室与后室之间的甬道长1米；后室也呈椭圆形，长2.2米、宽1.4米（图五）。

出土物有青瓷器、象牙器及画像砖等。

青瓷器 器壁均较厚。

碗 4件。

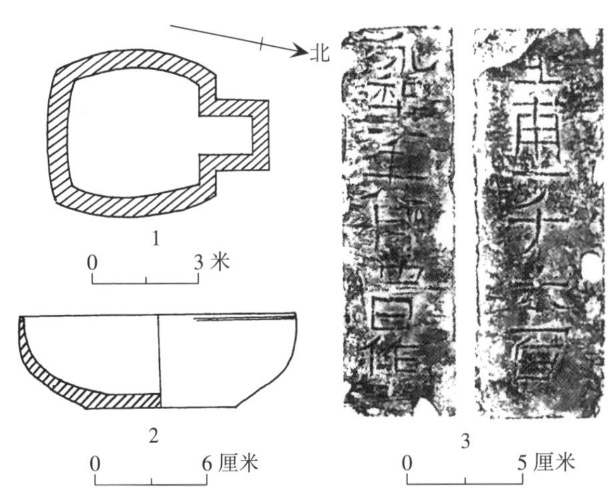

图三 吴县张陵山M1平面图和出土物

1. M1平面图 2. 瓷碗（M1∶1） 3. 墓砖拓片

M3∶15，圆唇，口微敛，底微内凹。口沿下施弦纹、细密的斜方格纹。内、外施青绿釉，有挂釉现象，开片细小，底部露胎。口径18.6、高8厘米（图六，1）。

M3∶19，敛口，矮圈足，平底。口腹部施弦纹，置四组对称的铺首衔环。通体施青绿釉，圈足底部留有八个支钉痕。口径19.2、高8.2厘米（图六，4）。

M3∶11，侈口，假圈足。外壁有数道弦纹。内、外施青绿釉，底部分露胎，胎色灰黄。口径18、高7厘米（图六，2）。

M3∶23，侈口，平底微内凹。口沿下饰弦纹数道。内、外施青绿釉，有凝釉现象，下腹及底部露胎，胎色灰黄，内底心留有四个支钉痕迹。口径16.2、高6.2厘米（图六，5）。

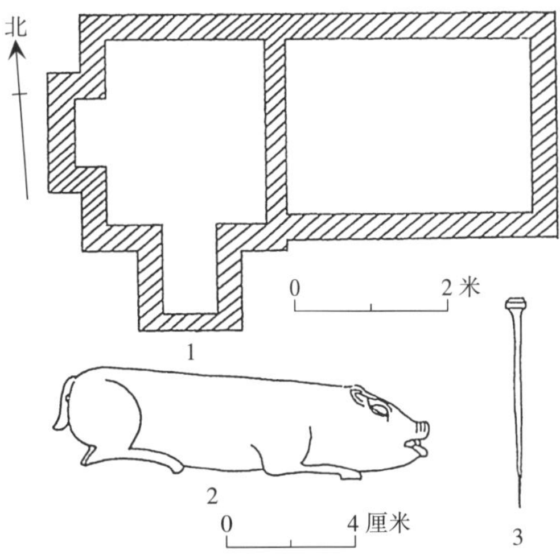

图四 吴县张陵山M2平面图和出土物

1. M2平面图 2. 石猪（M2∶1） 3. 铜棺钉（M2∶2）

砚 1件。M3∶5，浅盘形砚池，三熊足。器外施青绿釉，器内露胎，留有轮旋圆圈痕迹。砚池口径12.4、通高3.4厘米（图六，3）。

三足盆 1件。M3∶17，敞口，平沿，平底，三熊足。通体施青绿釉，底面留有支钉痕迹。口径15.7、通高5.2厘米（图六，6）。

杯盘 1件。M3∶7，通体施青绿釉，盘、杯内底心有支钉痕迹。盘口径22、高3厘米，耳杯长7.8厘米（图六，11）。

洗 1件。M3∶9，直口，近平沿，外壁有凸棱，很矮的假圈足。腹部装饰斜方格纹，贴塑铺首衔环四个。通体施茶绿釉，有挂釉现象，开片细小。口径33.6、高8.5厘米（图六，10）。

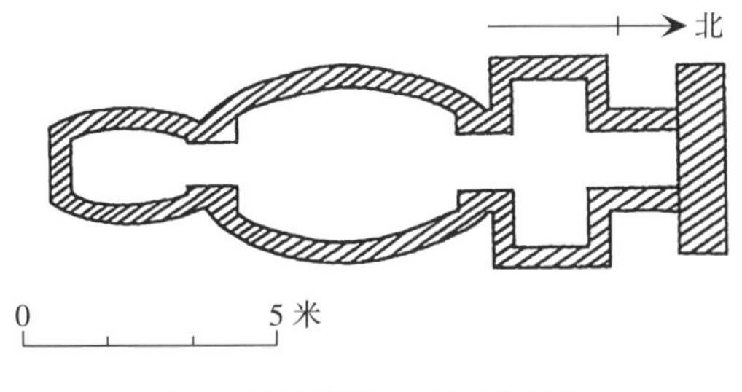

图五 吴县张陵山M3平面图

四系罐 1件。M3∶1，由盖、体两部分组成，盖

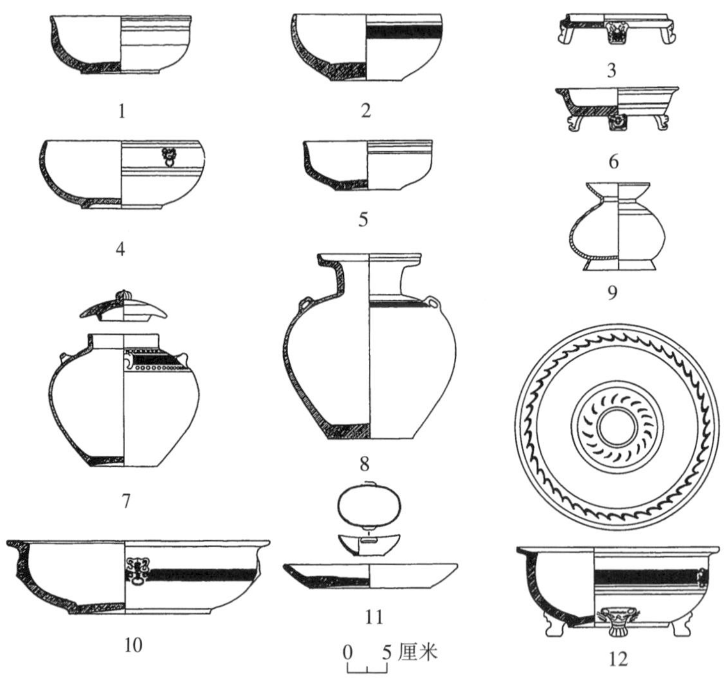

图六　吴县张陵山 M3 出土物

1、2、4、5. 青瓷碗（M3∶15、11、19、23）　3. 青瓷砚（M3∶5）　6、12. 青瓷三足盆（M3∶17、13）　7. 青瓷四系罐（M3∶1）　8. 青瓷盘口壶（M3∶10）　9. 仿青瓷象牙唾壶（M3∶24）　10. 青瓷洗（M3∶9）　11. 青瓷杯盘（M3∶7）

图七　吴县张陵山 M3 墓砖拓片

呈斗笠状，上有瓜棱状捉手；器身直口，圆肩，平底。肩部有四个泥条耳，并有细密的斜方格纹，方格纹上、下有连珠纹。茶绿色釉，开片细小，下腹和底露胎。口径 9.4、高 16.2 厘米（图六，7）。

盘口壶　1 件。M3∶10，浅盘口，直颈，圆肩，平底。肩部饰细密的斜方格纹，上有两个环纽。通体施茶绿釉，下腹及底部露胎。口径 13.2、高 22.8 厘米（图六，8）。

三足盆　1件。M3：13，敞口，平沿内凹，平底，三熊足，腹部贴塑三个铺首。通体施茶绿釉，有凝釉现象，底面留有支钉痕迹。口径25.8、通高11.2厘米（图六，12）。

魂瓶　1件。M3：8，鼓腹，平底。上腹施腰檐一周，腹部有乌龟、螃蟹、蜥蜴、鱼、鹿、青蛙、铺首衔环等薄片贴塑。器表施茶绿釉，下部及底部露胎。残高26.8、底径16厘米。

仿青瓷象牙唾壶　1件。M3：24，侈口，缩颈，垂腹，圈足。口径8.1、高10.4厘米（图六，9）。

铭文砖若干，铭文有“元康九年七月一日造作工怀弘”“吴郡张君造补壁□□□□张□”“□康元年七月廿八日作甓饥无食人得所□□□□遇中不而作但相将眠此□一夫不举□□伯□念郎穷昔欲各饔日顾各饥无可从□者愿见明也”（图七，1~3）。

画像砖　1块。头着冠，髭须森森，似裸体（图七，4）。

M4　“凸”字形，正南北方向，四壁外弧。通长7米，甬道长2米，墓室长4.25米、宽5.1米。墓中有两具砖砌棺床（图八，1）。

出土物　主要为青瓷器。

唾壶　2件。

M4：1，侈口，缩颈，假圈足。上腹部有数道弦纹。青灰釉，器底有六个支钉痕。口径6、高6.8厘米（图八，2）。

M4：2，浅盘口，缩颈，腹部略下垂，假圈足。通体施青绿色釉。口径8.4、高8.6厘米（图八，3）。

铭文砖若干，铭文有“晋苍梧太守散骑常侍墓”“君以太宁三年岁在乙酉六月四日戊申丙夜卒”“墙甫”“口（寅?）门”“墙斧”“伫三百五十”（图九）。

其他

铜器盖　1件。M4：3，口径15、高5.6厘米（图八，4）。

墓志　1方。石质。碑身为圆首碑状，上部有穿，未穿透。碑座为覆斗形。碑身与座之间有榫槽相接。原放置于墓葬甬道之中。正、反两面均用细线分格，横、竖各7格，每面49字。其文曰：“晋故散骑常侍建威将军苍梧吴二郡太守奉车都尉兴道县德侯吴国吴张镇字羲远之郭夫人晋始安太守嘉兴徐庯之姊太宁三年太岁在乙酉侯年八十薨世为冠族仁德隆茂仕晋元明朝野宗重夫人贞贤亦时良媛千世邂逅有见此者幸愍焉”。通高68.1厘米，碑高45.6、宽29.5、厚13.5厘米，穿径4.7厘米，座高12.5、宽34.5、厚19.5厘米（图一〇）。

M5　“凸”字形，正南北方向，四壁微弧。通长5.85米，甬道长1.5米、宽1米，墓室长、宽各3.6米（图一一）。

出土物　主要为青瓷器和滑石雕塑。

青瓷器，共3件。

唾壶　1件。M5：1，盘口，腹部较扁圆，假圈足。内、外均施

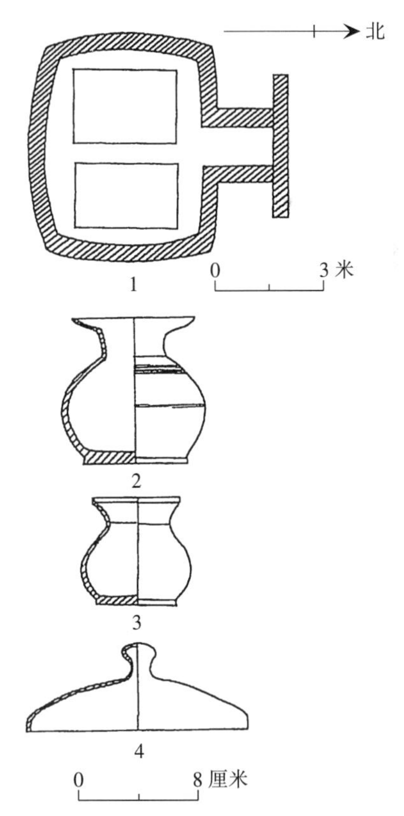

图八　吴县张陵山M4平面图和出土物

1. M4平面图　2、3. 青瓷唾壶（M4：1、2）　4. 铜器盖（M4：3）

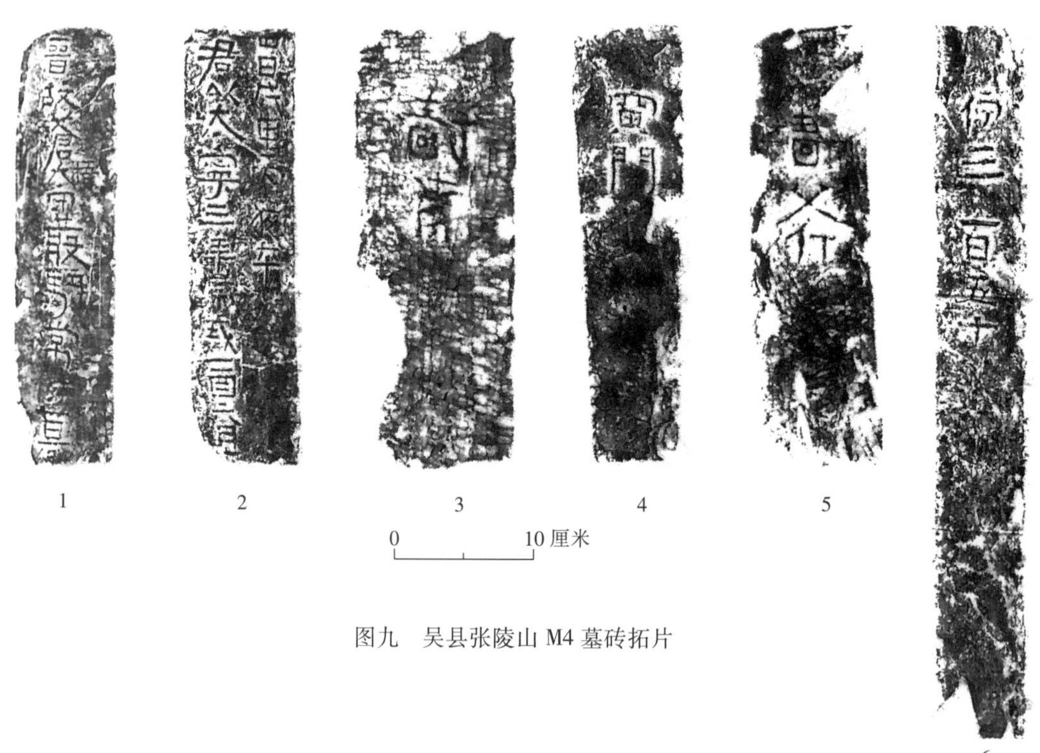

图九　吴县张陵山 M4 墓砖拓片

绿釉，底部有六个支钉痕。口径 6.8、高 10 厘米（图一二，1）。

盆　1 件。M5 : 2，侈口，曲腹，平底。内、外施茶色釉，外釉不及底。口径 16、高 15 厘米（图一二，2）。

钵　1 件。M5 : 3，敛口，平底。通体施茶色釉。口径 10.6、高 2.6 厘米（图一二，3）。

滑石雕塑，共 4 件。

滑石猪　2 件。M5 : 4、5，趴伏状，刻划出猪的主要特征，躯体呈圆柱状。长 9.6 米（图一二，4）。

图一〇　吴县张陵山 M4 出土墓志

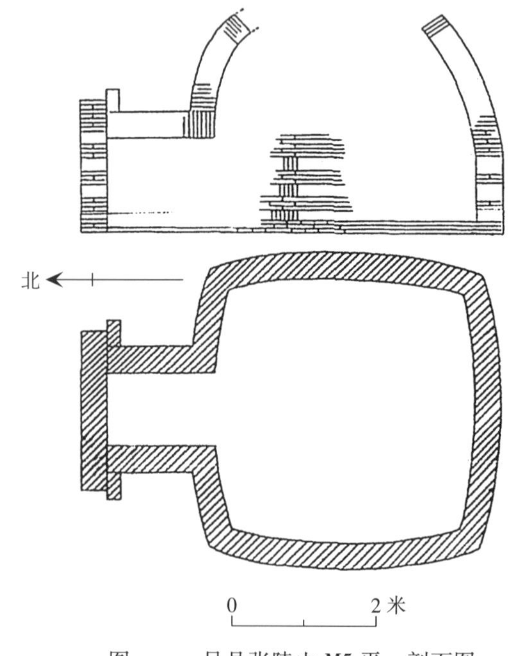

图一一　吴县张陵山 M5 平、剖面图

滑石羊 2件。M5∶6、7，蹲伏状，头抬起，刻划出羊的主要特征。长7.4厘米（图一二，5）。

另有铭文砖若干，铭文有“侧”“上甫”等（图一二，6、7）。

二

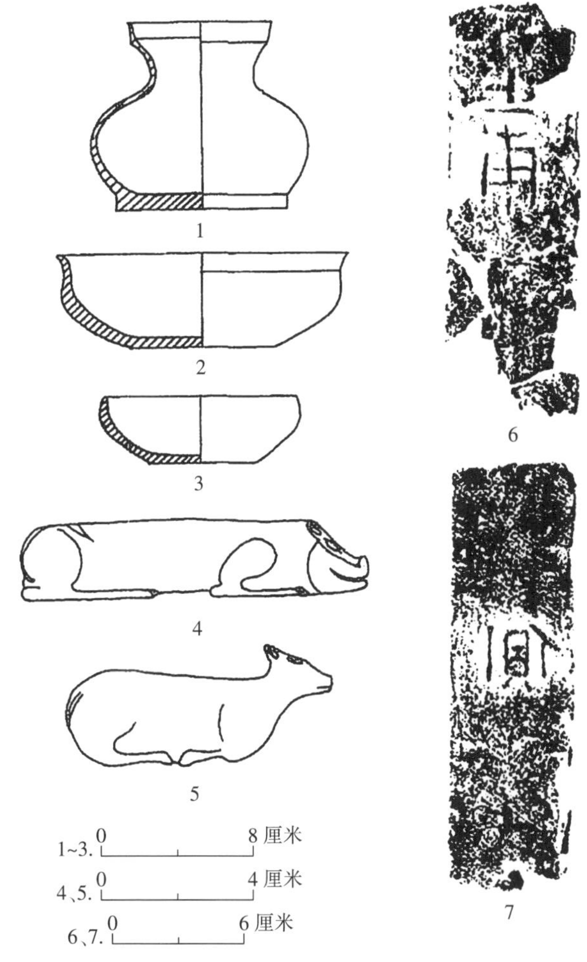

图一二 吴县张陵山M5出土物

1. 青瓷唾壶（M5∶1） 2. 青瓷盆（M5∶2） 3. 青瓷钵（M5∶3） 4. 滑石猪（M5∶4、5） 5. 滑石羊（M5∶6、7） 6、7. 墓砖拓片

这批墓葬的重要性首先在于，这是又一处重要的六朝家族墓地。南方地区发现的六朝家族墓地数量近年不断增加。已经发掘的重要六朝家族墓地有宜兴周氏家族墓地、马鞍山朱氏家族墓地、南京象山王氏家族墓地、老虎山颜氏家族墓地、南京南郊司家山和铁心桥谢氏家族墓地、仙鹤观高氏家族墓地、吕家山李氏家族墓地[①]。在这些墓地中，张氏、朱氏、周氏是南方的土著大族，所谓“顾陆朱张”、“江南大族，莫强周沈”，墓地规模和墓葬情况如实反映了这些大族当时的显赫家世。已经发现的这些南方家族墓葬的规模要远远大于同时期的一般墓葬，劫掠之余的随葬品仍然十分精致，张氏墓地M3的青瓷器可以和宜兴周氏墓的瓷器媲美，这些瓷器很可能是专门订制的，因为这些造型的瓷器很少见于其他墓葬。而建造这些墓葬的却是那些“作甓饥无食”的社会下层人民，那些饥不得食的下层人民死后自然不可能享用规模宏大的墓葬。

张氏墓群的墓葬形制值得一谈，五座墓葬中四座为四壁外鼓的“凸”字形，时代属于两晋时期。另一座前、后室的2号墓，根据以往的发掘情况判断，其时代可能较早，东吴时期多见。墓壁外鼓的墓葬东吴时期已见于今江苏南部，但近方形墓室则是中原地区西晋墓葬的特征。因此，可以说，张氏墓群的这种墓葬形制，综合了南、北两方面的特征。南方地区西晋时期的近方形墓尚有湖南安乡县刘弘墓[②]，张氏墓葬使用这种形制是与其地位相符的。

这批材料中最有价值的文物首推张镇墓志和长篇铭文的墓砖，二者已分别有学者撰文论述[③]。现在正式公布了比较完整的材料，将有助于进一步深入的研究。墓葬铭文中还反映了一些问题，如不同形制和用于不同位置的墓砖分别使用不同的名称，如“上甫”“墙斧”“墙甫”“口（寅?）门”“侧”等，这种做法一直延续到南朝时期，如竹林七贤壁画墓。

执笔：韦 正

注释

① 宜兴周氏家族墓地见《考古学报》1957年第4期、《考古》1977年第2期；马鞍山朱氏家族墓地见《文物》1986年第3期；南京象山王氏家族墓地见《文物》1965年第6期、《文物》1965年第10期、《文物》1972年第11期、《文物》2000年第7期；老虎山颜氏家族墓地见《考古》1959年第6期；谢氏家族墓地见《文物》1965年第6期、《文物》1998年第5期、《文物》2000年第7期；仙林农场高氏家族墓地见《文物》2001年第3期；吕家山李氏家族墓地见《文物》2000年第7期。

② 安乡县文管所：《湖南安乡西晋刘弘墓》，《文物》1993年第11期。

③ 张志新：《吴县张陵山发现晋代铭文砖》，《东南文化》1985年第1辑。邹厚本：《东晋张镇墓碑志考释》，《文博通讯》1979年第27期。

（原载《南方文物》2005年第4期）

东晋张镇墓碑志考释

邹厚本

张镇墓碑志1979年9月于吴县甪直镇南张陵山四号墓（张镇夫妇合葬墓）内出土，这是中华人民共和国成立以来，继南京、镇江、马鞍山等地出土的东晋墓志之后，又一次新的发现。

碑志青石制成，包括碑和座两个部分，有榫槽相接，原来竖于墓室甬道内。座（趺）作盝顶形式；碑圆首，额的正（阳）、反（阴）都有穿，但未刻透，徒具形式。碑志通高68.1厘米（碑高45.6、座高12.5厘米），碑宽29.5、厚13.5、穿径4.7厘米，座长34.5、宽19厘米。两面都用细线分横、竖各七格，格内刻碑志文，每面49个字（7行，每行7个字），共刻98个字，书体为楷隶。

正面碑志文：

晋故散骑常侍、建威将军、苍梧、吴二郡太守、奉车都尉、兴道县德侯，吴国吴张镇字羲远之郭。夫人晋始安太守嘉兴徐庸之姊。

反面碑志文：

太宁三年，太岁在乙酉，侯年八十薨。世为冠族，仁德隆茂，仕晋元明，朝野宗重，夫人贞贤，亦时良媛，千世邂逅。有见此者，幸愍焉。

现在碑额部位依然隐约可见一些经过磨平的字迹，石座底部道道凿痕的边缘亦残存一行字的偏旁。可能此碑志系利用旧碑凿磨镌刻，或者初刻不当又加工重刻而成的。这些字迹都与碑志的书体相同，估计即使是旧碑，年代与碑志的年代相距也不致太远。

下面就张镇墓碑志略加考释，提出一些粗浅的看法，不妥之处，请同志们批评指正。

一

碑志文内容包括两个方面：一是墓主官阶、爵位、籍贯、姓氏、卒年以及夫人郡望；二是四字一句共七句，铭德颂功的辞令。除去不载墓主先祖、考妣和子女外，大体接近一般所说的墓志铭格局。末尾“有见此者，幸愍焉”词句很特殊，为晋代碑刻中首次见到，似属祈求阴曹地府悯恤的意思。其形状圆首、带穿，应为碑，且保留了较多的汉碑作风。

迄今发现的两晋墓碑、墓志数量不多。西晋形式较多，有长方形、圭首、圭首圆穿、圆首四种[①]，个别有方趺。多数不刻名称，少数自名“碑”“墓碑”。东晋，除本次发现外，墓志都作长方形（少数接近正方形），不刻名称[②]。综合看来，我国墓碑、墓志发展演变的历史，两晋时期正处于新旧交替，从不定型到趋于定型的阶段，到了南北朝墓志的格局基本定型了。正如马衡先生早就指出的："其以墓志或墓志铭称者，实始于南北朝，南朝以刘怀民墓志铭（大明八年）为最先，北朝以韩显宗墓志（太和二十三年）为最先。"[③]张镇卒于东晋初太宁三年（325 年），离西晋灭亡的时间不远，因此，其碑志的形式接近西晋风格，是符合碑志演变的时代特征的。据《宋书·礼志》："至（晋）元帝太兴元年，有司奏：'故骠骑府主簿故恩营葬旧君顾荣，求立碑。'诏特听立。自是后，禁又渐颓。大臣长吏人皆私立。"立碑之风，东晋初由吴郡顾家刮起，同时、同乡的张家当然也是不会例外的。碑墓的形式保留先前的汉代遗风，也是容易理解的。

张镇墓碑志的名称，我们采用碑志的提法，是考虑了形式和内容两个因素，一方面肯定它是碑的形式；另一方面避免忽略它"藏之于椁"和志的基本内容。

值得提出的是《世说新语·排调篇》注（以下简称《世说》注）中曾经记录一块张苍梧碑，碑文："君讳镇，字义远，吴国吴人，忠恕竟明，简正贞粹。太安中，除苍梧守，讨王含有功，封兴道县侯。"将这节碑文与碑志内容相比较，籍贯、官职、爵位基本一致，也有内容详略或不尽相同处。看来，《世说》注中的张苍梧碑肯定不是现在出土的碑志，而是属于梁代刘孝标作《世说》注时，保留在地面或史籍中尚能见到的碑刻。如果这样分析不错的话，张氏宗庙或张镇墓前享堂，当时可能有一块碑刻（即张苍梧碑）。

二

张镇，史书无传，除《世说》注张苍梧碑以外，其他材料散见《晋书·张凭传》《苏州府志·文学传》《梧州府志·职官志》，前两者大体上照抄《世说》，后者亦仅载："（苍梧太守）张镇，吴郡人，元帝时任。"因此，碑志字数不多，材料却比史籍丰富，可以补史书的阙略。

张镇字羲远，《世说》注作"义远"，应以碑志为是。籍贯，碑志与《世说》注同"吴国吴（人）"，《晋书·刘谈传》与《梧州府志》作吴郡（人），按东晋初吴郡曾改称吴国，南朝又恢复郡名[④]。"吴国"与"吴郡"实际上一回事，"吴（人）"即是吴国属县吴地方人，《晋书》有类此记载，如孙惠即称吴国富阳人。

"世为冠族""仕晋元明"，东汉、三国、两晋时期，东南地区吴郡朱、张、顾、陆四姓为名门豪族，东汉已"世有高位"，孙吴时四姓仕郡很多，形成了所谓"张文、朱武、陆忠、顾厚"的独特门风。张镇家族即是吴郡张家的一支。307 年，司马睿移镇建康，建立东晋政权，完全依靠了北方门阀王氏家族和江南世家豪族的支持和合作，继顾荣、贺循之后，江南豪族相继出来拥护东晋政权，出任官宦，"仕晋元明"正是东晋初年（元帝、明帝）吴郡士族支持司马氏帝室的一个真实反映。

张镇的官阶，碑志称："散骑常侍、建威将军、苍梧、吴二郡太守、奉车都尉"。"散骑常侍"虽属"显职"，《晋书》列传记载官吏死后追赠、加赠"散骑常侍"的例子不少，可知其不一定是实际官职；"奉车都尉"亦是"奉朝会请召而已"，两者当是一种虚衔。"建威将军"，晋时的将军，《晋书·职官志》可分四级，征、镇、安、平，东西南北都有，"建威将军"肯定不是固定职称，所以《文献通考》将其列为"杂号将军"，并称："晋郡守皆加将军，无者为耻"。苍梧太守加建威将军符合当时的风尚。张镇碑志、张苍梧碑和史籍都称"苍梧太守"，可见其主要政治生涯任苍梧太守。张苍梧碑："太安中，除苍梧守"，"太安"，西晋惠帝年号，前后两年（302 ~ 303 年）。《梧州府志》："元帝时任”，元帝即东晋元帝，在位时间前后六年（317～323年），两者相距十五年以上，按碑志张镇八十薨，卒年太宁三年（325年）推算，“太安”时其年龄52～53岁，“元帝”时则已达70岁左右，似以前者为正，后者或许为强调辅佐本朝皇室之事，而先朝已经任职之事不提罢了。至于离任的时间，《梧州府志》排列在张镇以后的苍梧太守是杜晏，“太宁中任”，《苍梧志》明确记“明帝太宁二年以杜晏守苍梧”。张苍梧碑记讨王含事，史载正是太宁二年，因此，张镇在太宁二年离苍梧守任的可能性是很大的。“吴郡太守”是实际的官职，按理史书应有记载，失载的原因有两种可能：一是任期很短，无业绩可载；二是官职虽已被命，然未到任，即卒。看来，在太宁二年到三年的这段空白时间里，张镇有被委任吴郡太守的可能，所以碑志载入而史籍未记。

“兴道县德侯”，“兴道县侯”为张镇封爵。县侯，汉魏封爵中以县为侯邑者称县侯，晋承魏制。“德”为谥号，其意所谓“执义扬善”“绥柔士民”[⑤]。“兴道县德侯”即是爵与谥。类似的例子如南朝梁代肖景封吴平县侯，谥曰忠，在其神道石柱刻“吴平忠侯”，即是省县加谥[⑥]。

关于东晋明帝太宁二年讨平王含以后，论功行赏的事，历史有记载。“丁酉，帝还宫，大赦，惟敦党不原。于是分遣诸将追其党与，悉平之。封司徒王导为始兴郡公，尚书卞壶建兴县公……其余封赏各有差。”张镇碑志所载为“其余封赏各有差”作了注解，可补正史之阙。三国、两晋时期崇尚门阀之风，士族为了维护其统治地位和经济利益，通婚必须严格按照门第的高低匹配，士族不能与寒门庶族通婚，吴郡张氏是“世为冠族”，与其联婚的亦应是高门大族，碑志载张镇夫人是“始安太守徐庸之姊”，从徐庸的官职以及“亦时良媛”来看，嘉兴徐氏绝非寒门庶族，它是符合封建门阀制度下的通婚原则的。

三

张镇碑志的书体，笔画方折，笔道清晰，起落有序，结构严谨，属于楷隶。以往出土的东晋墓志中，王兴之夫妇墓志（永和四年，即348年）的书体与其十分接近，然而它书写的时间较王兴之夫妇墓志早二十三年，因此，迄今为止，张镇碑志是我国最早的楷隶书体艺术珍品，它反映了当时世家豪族对于书体的爱好和风尚，也是研究从汉隶到楷书发展和演变过程的一件重要资料。

注释

① 赵万里：《汉魏南北朝墓志集释》，科学出版社，1956年。河南省文化局文物工作队第二队：《洛阳晋墓的发掘》，《考古学报》1957年第1期。

② 南京市文物保管委员会：《南京人台山东晋王兴之夫妇墓发掘报告》，《文物》1965年第6期。南京市文物保管委员会：《南京戚家山东晋谢鲲墓简报》，《文物》1965年第6期。南京市博物馆：《南京象山5号、6号、7号墓清理简报》，《文物》1972年第11期。

③ 马衡：《凡将斋金石丛稿·中国金石学概要下》，中华书局，1977年。

④《苏州府志·沿革详节》，康熙三十年刊本。

⑤［清］沈蕙纕：《谥法考》。

⑥［唐］李延寿：《南史》列传第四十一《梁宗室上》。朱希祖、朱偰、腾固等：《六朝陵墓石刻调查报告》，1935年。

（原载《文博通讯》1979年第27期）

苏州市五龙山发现晋代墓葬

钱　镛

1958年春，苏州市木渎五龙山五龙公墓为了扩充墓园，在五龙山坡下发现砖室墓葬1座，在墓砖上刻有“太元十三年十二月卅日”字样（按：太元是东晋孝武帝年号，太元十三年即388年）。苏州文管会当即派员前去清理，在墓门中间发现石猪2只；在封门砖中间发现砖质买地券1块，长34.5、宽16.5厘米，上刻有“……陆陋，年六十二岁，以庚寅年□月十八日戌时醉酒命终……”字样。该墓由于曾早期被盗掘过，墓顶已塌下，墓室内积有淤土很多，陶器等遗物都已破碎。苏州市发现晋代墓葬，尚属首次。

（原载《文物》1959年第2期）

吴县张陵山发现晋代铭文砖

吴县文管会　王新　叶玉琪

张陵山，在苏州城东20多千米处的吴县淞南乡张陵村。1979年以来，曾在这里清理过四座晋墓，出土了一批遗物。在四号墓中，发现了一块“张镇碑志”①。碑志字数较多，可补史阙。在清理墓砖过程中，发现较多的“元康九年”纪年砖，还发现多块铭文砖和一块画像砖。现叙述如下。

1. 纪年砖

（1）模印阳文直行，隶书十四字。铭文“元康九年七月一日造，作工怀弘”。砖长40、宽18、厚6厘米。这类砖数量较多（拓片一）。

（2）模印阳文直行，隶书反写九字。铭文“永兴三年七月八日造”。砖长40、宽16、厚4.8厘米（拓片二）。

（3）阴文手写直行，隶楷四行六十一字砖一块。铭文为：“咸康元年七月廿八日作甓，饥无食，人得（得）一半筥硋米饭过中。不而作，但相将眠，此公平不举。□□德等，念郎穷，昔却各私食自顾，各饥无可□□者，愿见明也。”砖长37、宽18、厚4.5厘米（拓片三）。

2. 铭文砖　2块。

（1）模印阳文直行，隶书五字，铭文“仛三百五十”。砖长40、宽18、厚4.5厘米（拓片四）。

（2）阴文手写直行，隶书“张侯”。砖残断，宽15、厚4.8厘米（拓片五）。

3. 画像砖　1块。

单线阴刻一男性裸体像。其人头戴高帽，胡须满面，骨瘦如柴，左手叉腰，右手伸出五指，似若砖工们在制砖时相互交谈的形象（拓片六）。

“咸康元年”的这块铭文砖，虽然因砖的残碎或字迹受摩擦的原因，不能全部认识，但意思是非常清楚的。它反映了劳苦人民为了生存，妻离子散，去做窑工，给豪门贵族制砖作墓时的苦难境况和他们的反抗情绪。而那块画像砖，正是窑工们实际生活的写照。它们证明了两晋时期江南统治阶级穷奢极欲的腐朽生活，而劳动人民处于食不果腹、衣不蔽体的贫困情形。

铭文砖“张侯”，是墓主人的属姓，这些砖都是给张侯家造墓而烧制的，进而证实了这里是张镇家族墓地。

从书法艺术方面看，“咸康元年”铭文砖的书法字体，属于我国早期的草书，称之“章草”。因这种字体书写简便，或谓之适用于写奏章而得名，或说是因汉章帝爱好这种字体，或以为史游用这种字体写其所著《急就章》而得名。总之，在两晋时期，已广泛流行于民间。

纪年砖“元康九年七月一日”“永兴三年七月八日”“咸康元年七月廿八日”等，这些均属制砖造墓的日期。

“仁三百五十”铭，可能是制砖造墓时一个特定数字，或者是特定的符号。这和狮子山一号晋墓中出土的一块刻有“黄十”二字的墓砖有相同的含义。

［附］袁震同志对“咸康元年”铭文砖的译意

铭文砖原文：“咸康元年七月廿八日作甓，饥无食，人得一半筥硃米饭过中。不而作，但相将眠，此公平不举。□□德等，念郎穷，昔却各私食自顾，各饥无可□□者，愿见明也。”

译意：咸康元年七月廿八日那天，我在做砖，肚里饥饿啊没有东西吃。手里拿着竹篮，可是里面霉米怎么能当中饭吃？我不想再干活了，人又饿又疲劳，想睏一歇吧。可是又睡不着，这是多么不公平的日子啊！

我妻子因我穷困，只能分居，各自谋生。我的妻子可能和我一样，也在挨饿，却杳无信息。此时我多么想念她，能见她一面有多好。

注释

① 邹厚本：《东晋张镇墓碑志考释》，《文博通讯》1979 年第 27 期。

（原载《东南文化》1985 年第 1 辑，拓片略）

吴县狮子山西晋墓出土文物及其意义

吴县文管会　张志新

1973 年 3 月，我们配合吴县枫桥林场平整山地时，在狮子山东麓清理了三座砖结构的西晋墓葬。狮子山位于苏州市西郊，东与虎丘山隔河相望。又名岞崿山，《越绝书》上称岞碓山。三座晋墓位于高出地面 3 米左右的山坡上，各有广近 100 平方米、高 2 米左右的封土堆。墓一在山麓中部，保存完好，由封门墙、墓道、前室、甬道、后室和耳室组成。墓二在墓一之东南，曾被盗过，墓室保存尚好。墓三在墓一之西北，早期被盗，墓室已被拆毁。墓一封门墙以平砖砌八层起基，上为一丁三顺（俗称玉带墙）极顶。封门墙中有纪年砖一块，铭有模印而成的阳文反字九个“元康五年七月十八日”。墓二所用的砖，大部分为 34 厘米 ×16.5 厘米 ×5 厘米的长条砖，一侧带模印反阳文，铭为“元康三年四月六日庐江太守东明亭侯主簿高勑作”。这些墓中出土一批文物，以青瓷为主，还有铜器、铁器、金器等。下面择其重要者作些介绍。

墓一出土文物 65 件，介绍如下。

青瓷楼台堆塑谷仓罐　2 件。其一盖部为一庭院式建筑，四角各有亭子一座；罐口呈方形；至肩部有堆塑两层，上层有角亭四个，塑飞鸟走兽，腹部有仙人骑神兽、团龙、麒麟、衔环铺首等薄片贴塑，均为压印后粘贴上去的；通高 48 厘米。另一盖部作重檐楼阁式，戗角卷翘，四角塑龙形兽吻各一；口沿部对称地分布着小罐四个，塑檐屋两座，檐口有动物形支柱，间有飞鸟栖息；肩部有人物坐像八尊，头戴高耸的帕结，身披袈裟，双手合抱，下坐莲花蒲团，模印而成，如出一辙；通高 46.5 厘米。

扁壶　1 件。方唇直口，肩部以圆圈和菱形组成饰带，前、后腹面以圆圈环带连成鸡心状，并各有铺首一个。高 25.8、口径 5.4 厘米。

簋　1 件。圆唇侈口，圈足。腹部前、后各有一衔环铺首，口沿下饰弦纹和斜方格环带纹，施茶绿色透明釉。高 13.4、口径 23.4、足径 14.8 厘米。

香熏　1 件。上半部圆球形，有三角形镂孔五排，分别为八、十一、十四、十五、十六孔，共六十四孔。最下面一排中有长径 4.7、短径 3 厘米的椭圆形进香孔一个。镂孔剩余部饰划纹。高 17.4、口径 2.1、底径 10.8 厘米。

兔形水注　1 件。全器扁圆，作兔形。高 6.1、口径 1.9、底径 4 厘米。

此外还有虎子、烘罐、唾壶、格盘、牛厩、猪栏、狗窝、铜灯座、铜鼎、铜盆、铁剑、金饰等。

墓二出土文物24件。其中青瓷百戏堆塑纪年谷仓罐1件。盖部为一庭院式建筑，口沿周围有小罐四个。肩部塑人像十二，分别作吹管、拨阮、弹琵琶、奏琴、吹笙、耍球、舞蹈状，还有阙门及门屋并有飞鸟栖息。腹部有朱雀、仙人骑神兽、鱼、羊、狗、马、鹿等，均为贴塑，尤为重要的是在肩部堆塑中有龟趺驮碑一座，刻纪年铭文："元康二年闰月十九日起会稽"。文字刻在胎体上，外罩釉后烧制，釉面平整。通高59.2厘米。

墓三破坏严重，清理出可复原的文物只有5件。其中一件青瓷人物鸟兽堆塑铭文谷仓罐，豆青色釉。盖为一庑殿式屋顶。腹部有朱雀、神兽、仙人骑神兽、蜥蜴、铺首衔环等贴塑，一般成组地粘贴。肩部堆塑不分层。有人像十一人，其中一为吹奏乐器，一为舞蹈，其余均拱手作揖状，四周塑鹿、狗、虎、马等动物，口沿部对称地伸出龟头及前鳍爪四组，头上各顶一四方形亭阁，前、后门均为三层楼阁，前门左、右有阙坊。在堆塑层中，杂乱地粘贴栖息鸟二十余只。该罐也有带铭文龟趺驮碑一座。碑额铭"福"字，以下分为三直行，分别记："出始宁，用此□"，"宜子孙，作吏高"和"其乐无极"。通高27.8厘米。

从墓一出土的带元康五年铭文的纪年砖，墓二出土的带元康三年铭文的纪年砖，可以表明这些墓葬的年代，为晋惠帝时期，即西晋的中晚期。

这些墓葬出土的青瓷器，种类繁多，造型别致，青釉莹润葱翠，表明我国当时青瓷烧造业已具有很高的技术水平。青瓷人物鸟兽堆塑谷仓罐龟趺驮碑上的铭文"出始宁，用此□，宜子孙，作吏高，其乐无极"和"会稽出始宁用此丧葬宜子孙作吏高迁众无极"铭，以及"永安三年时，富且洋（祥），宜公卿，多子孙，寿命长，千意（亿）万岁未见英（央）"铭①一样，都是吉祥语，是地主阶级人生哲学的体现。这类青瓷器当是有一定身份的人的随葬品，"始宁"当为地名，位于今浙江省上虞县西南。《水经注》称："始宁县自东汉置，隋初复并入上虞县。""出始宁"记载了谷仓罐的产地。"用此□"中的后一字，字迹模糊，疑为"霝"（音灵）字。"霝"，瓦器也。如是"霝"字，当为这类堆塑明器的名称。墓一出土的黄釉人物飞鸟谷仓罐，塑有八尊身披袈裟、坐在莲花蒲团上的人像，这很可能是佛像，说明西晋时期青瓷烧造工业的装銮和造型艺术已受到佛教的影响。

根据晋时盛行聚族而葬的习俗，这三座墓可能同属一族。墓二墓砖铭文云"元康三年四月六日庐江太守东明亭侯主簿高勅作"，元康三年，即293年。据《晋书·傅玄传》云："（傅祗）以讨杨骏勋当封郡公八千户，固让，减半，降封灵川县公，千八百户，余二千二百户封少子畅为武乡亭侯，又以本封赐兄子隽为东明亭侯。"杀太傅杨骏，时在永平元年（291年）三月。从时间上来说，墓砖铭文的东明亭侯可能是傅隽。同传又云："吴郡顾荣常与亲故书曰：'傅长虞（傅祗之兄）为司隶，劲直忠果，劾按惊人，虽非周才，偏亮可贵也。'元康四年（294年）卒官，时年五十六。"傅长虞的葬地未载明，但卒年与砖铭纪年仅隔一年，同传又云：傅长虞的长子敷"永嘉之乱，避地会稽，元帝引为镇东从事中郎……舆病到职，数月卒。次子晞曾任上虞令。"可见傅玄家属与江浙一带有过往的关系。墓主人有可能是傅长虞及其家属。主簿高勅则可能是帮办丧事的僚佐。

司马炎取得帝位后，鉴于曹魏因皇室孤立而亡的教训，恢复古代的分封制，大封宗室二十七人为王，并允许诸侯自选王国内的长吏。又大封异姓士族，史书记载当时的封国竟达五百多个。同时，西晋还保留了汉魏以来的乡侯、亭侯、关内侯、关中侯等称号，此外，还大量增设官吏，以满足世家大族的要求。狮子山西晋墓从一个侧面反映了这个史实，暴露了以司马氏皇室为中心的西晋统治阶级贪婪残暴、荒淫无耻的本质。

注释

① 陈万里:《中国历代烧制瓷器的成就与特点》,《文物》1963 年第 6 期。

（原载《文博通讯》1978 年第 21 期）

吴县何山出土晋代青瓷器

叶玉琪

1980年8月27日，吴县枫桥水泥厂的职工，在何山取土过程中，发现了一批晋代的青瓷器。兹将发现情况报道如下。

一、地理环境和出土情况

何山，位于苏州城西10千米处，属吴县枫桥公社。该山“旧名鹤邑墟，故山名鹤阜，梁隐士何求、何奂葬此，改今名。”① 东有虎丘山，北有徐侯山，南有狮子山、横山，西有天平山、灵岩山等（图一）。1976年，吴县文管会曾在此清理过三座西晋墓，出土了94件器物，其中二号墓、三号墓各出土一件有铭文的谷仓罐②。

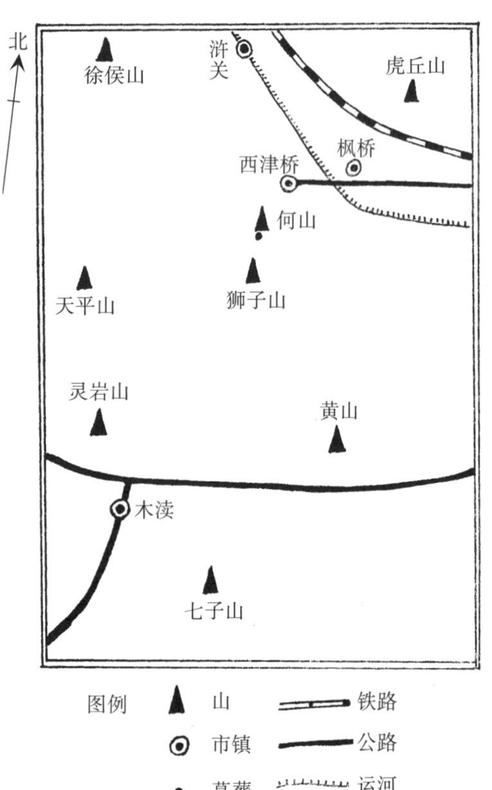

图一　吴县枫桥何山地理位置示意图

何山周围有2千米，海拔63.8米。这批青瓷器，就在山的西南麓的斜坡上出土。据当时参加挖取器物的工人讲，离器物出土位置2米远的地方，有一座近代单室砖廓墓，除此外，再没有发现其他的。1978年，地区党校曾在东50多米处施工，发现过青瓷器，南京博物院亦有专人来此清理。从上述情况看，该地应属于墓葬，这批随葬器物的出土，没有发现墓室的原因，显然与后期墓葬的破坏有关。

二、遗物分述

出土遗物，有青瓷罐、壶、洗、钵、碗、鸡舍等21件。

1. 青釉人物楼阁堆塑罐　1件。施翠绿色釉，釉不及底。盖为一重檐挑角方形建筑，屋面以利纹作瓦棱。其下可分为口、颈、肩三层，里面为一圆筒形的口，与罐盖相连。口沿中有一方孔，前后相通，并有门作启闭状，左、右有守卫的门神各一；四角均有一望楼，屋顶若龟形，颇为别致。颈后正中有龟趺驮碑，前、后各一；左、右各有阙门一座，由熊形柱顶着，两旁亦各有望楼，中间有佛、僧等模印人像。肩层亦有模印像一圈，计 21 尊。佛像盘坐在莲花座上，双手拱于腹部，胡僧头戴高帽，高鼻深目，双手作揖状，两膝跪地。腹部堆贴若干佛像、胡僧、麒麟、朱雀、鱼、龙、虎等，易脱落。从整个罐的堆塑部分来看，构成了一座豪华的楼阁式庄园。其中更为重要的是，龟趺驮碑上有釉下阴刻铭文，碑额有“再福”二字，碑身铭文三行，分别记“出始霊，用此”，“宜子孙，作吏高”，“其乐无极”。通高 48 厘米（图二）。

2. 罐　2 件。

一件直口，鼓腹，假圈足，双耳附在口沿上。胎灰白无釉。器身有三道弦纹。高 10、口径 8.7、底径 8.7 厘米。

一件子母口，鼓腹，假圈足，双耳附在肩上。施青釉，无纹饰。高 8.2、口径 7.3、底径 10.2 厘米。

3. 壶　4 件。

（1）唾壶　1 件。盘口，斜肩，扁圆腹，圈足宽深。通体施青中泛黄釉，有细冰裂纹，胎呈淡褐色。肩有弦纹，中有连珠纹和细斜方格纹。高 12.5、口径 8.3、底径 10.5、腹径 13.2 厘米。

（2）双系盘口壶　2 件。盘口，圆肩，收腹。施青釉，色晶莹，底部露胎处呈灰白色。肩上有两个圆条半环耳，并有一周模印细斜方格纹、弦纹，铺首衔环两个。高 22.5、口径 13、底径 9.8、腹部最宽处 22 厘米。

（3）四系盘口壶　1 件。盘口，短颈，圆肩，鼓腹，底微凹。内、外均施青釉，底部露胎处呈淡黄色。肩上有四个圆条系，有模印连珠纹、细斜方格纹、弦纹，及铺首衔环四个。高 19、口径 11.7、底径 15.7、腹径 21.4 厘米。

4. 洗　1 件。折沿外撇，腹壁弧圆，平底。表里均施青中泛黄釉，有细冰裂纹，釉易脱落。印有斜方格纹、圈足纹、弦纹，洗心图案若水波，形成十角放射状星形纹。高 8.2、口径 32.5、底径 21.5 厘米。

5. 钵　1 件。折沿内撇，收腹，平底。施黄釉，易脱落。制作粗糙，无纹饰。高 4.2、口径 12、底径 8.5 厘米。

6. 盏　6 件。口微敞，收腹，底内凹。施豆青釉，胎灰白。有一道弦纹。高 3.2、口径 10.2、底径 5 厘米。

7. 耳杯盘　1 件。口外撇，收腹，平底。胎灰白，盘内洒点青釉，划有鸟形图案。中间盛一只青釉耳杯。盛盘高 2.5、口径 13.7、底径 8.7 厘米。

8. 鐎斗　1 件。折口外撇，鼓腹，柄与口沿相连。施黄釉，易脱落。制作粗糙。高 3.8、口径 6.2 厘米。

9. 灶　1 件。形若船。施青釉，底部露胎呈灰色。其上有釜、甑各一。长 15、宽 10.4 厘米。

图二　出土青瓷罐

10. 鸡、狗、猪舍　各1件。黄釉，灰胎。制作粗糙。

三、初步看法

何山晋代墓葬，由于受到了后期墓葬的破坏，故没有发现墓室和其他遗物，对墓主人的问题，亦难查考。文献载“梁隐士何求、何奂葬此”，但还没有发现与何氏家族有直接联系的实物资料。

从这次出土21件青瓷器来看，它既保持了狮子山西晋早期墓葬的那种风格，又具有向西晋后期过渡的一些迹象。其中一件青瓷人物堆塑罐因有铭文，将它与狮子山西晋墓出土的另二件铭文罐比较如下。

西晋堆塑罐堆塑部分与腹部均将及半，造型生动，种类繁多，如飞鸟、走兽、舞乐技艺人物俑等，交错起落，自然协调，而何山的堆塑物表现呆板划一，各层均较为齐整地排列着；前期龟趺与碑的比例适度，而后期龟趺缩小，碑身增大，很不相称，更突出了碑的重要性。前期二号墓堆塑罐的铭文是：“元康二年，润月十九日起，会稽”，属纪年铭文；三号墓堆塑罐的铭文是，碑额“元康”二字，亦属纪年铭文，以下三行，“出始盆”，“用此□”，“宜子孙，作吏高”和“其乐无极”，属吉祥语。而何山罐的铭文：碑额“再福”为吉祥语，下面三行为“出始霊，用此□”，“宜子孙，作吏高”，“其乐无极”，亦属吉祥语。再参照其他地点出土东吴时期的二件铭文堆塑罐：“会稽出始宁用此丧葬宜子孙作吏高迁众无极”和“永安三年时，富且详（祥），宜出卿，多子孙，寿命长，千意（亿）万岁未见英（央）”等铭[3]来看，均未有额，亦无“再福”之铭文。“会稽”“出始盆”和“会稽出始盆”，应属上述罐的烧造地点，正是越窑所在。

可见，作为反映地主阶级庄园经济的堆塑罐，从铭文的含义上，更体现出地主阶级的习俗。到了晋代后期佛教盛行，罐上的这些贴印人像，几乎都是佛和胡僧的形象，这种堆塑罐比较明确地为我们判断这批青瓷器的年代，提供了较为可靠的依据，大抵应属于西晋晚期。

注释

① 曹允源、吴荫培、蒋炳章等：《吴县志》卷十九《舆地考·山》。

② 吴县文物管理委员会：《江苏吴县狮子山西晋墓清理简报》，《文物资料丛刊》（3），文物出版社，1980年。

③ 陈万里：《中国历代烧制瓷器的成就与特点》，《文物》1963年第6期。

（原载《文博通讯》1982年第1期）

江苏吴县狮子山四号西晋墓

吴县文物管理委员会

1979年1月，我们继狮子山一、二、三号西晋墓清理[①]之后，又对狮子山四号晋墓进行了发掘。

狮子山四号墓，位于该山东麓，在二号墓西南10米处，较二号墓高出约2米（图一）。该墓保存完好，室内积有厚约60厘米的淤泥。进行了7天的发掘，出土随葬器物32件。现将墓葬结构和出土文物等情况简报如下。

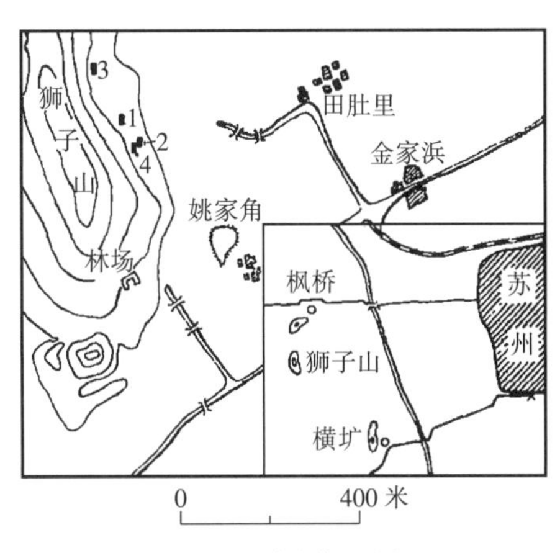

图一　狮子山晋墓位置图

一、墓葬结构

狮子山四号墓，是一前、后室砖石券顶墓。墓向350度，与第一次发掘的三座墓葬的墓向基本一致。墓室由封门墙、墓道、前室、甬道和后室等组成，全长9.18米，规模较一、二号墓为大。封门墙厚0.36米、宽1.50米、高1.56米。以六层平砖叠砌起基，上砌一丁三顺、一丁二顺、一丁组合的砖墙，然后再以平砖叠砌至1.56米的高度。在封门墙中，砌有一件已破碎的青瓷钵。墓道长1.26米、宽0.9米、内高1.07米，使用刀形砖和楔形砖砌券顶，结构十分牢固。前室，平面略呈扁方形，进深1.72米、宽2.84米、高2.28米。券顶的砌法与墓道大体相似。甬道长1.45米、宽0.90米、高1.05米，亦为券顶。后室，平面呈长方形，长4.12米、宽2.16米、高2.13米，也为券顶。墓道、墓室和甬道的壁均以四层平砖起基，上砌一丁四顺和一丁二顺，共四组，然后再以刀形砖和楔形砖渐渐起券收拢而成券顶。前室墓底以平砖作“人”字形铺设，通道两侧各有一以两层砖砌成的平台，高约0.12米。上面一层砖横竖参差、错缝平铺。后室墓底面有两层铺地砖，上层也铺作“人”字形。在距后室前壁1.32米和距后壁0.55~0.65米处，各有一道以两层砖错缝平砌而成的长条形砖阶（图二）。两道砖阶之间的地面上，杂乱地铺垫着砖。发掘时，在这一区域的淤泥中，有不少一面朱红、一面黑褐色的漆皮。这两道砖阶，可能是为搁置棺木而砌的。

砌筑该墓的砖，大部分是35厘米×17厘米×5厘米的长方形砖，起券部位则使用刀形砖和楔形砖，刀形砖一般长34.5、宽16.5、厚的一侧厚约5、薄的一侧厚约3.5厘米。楔形砖则长35、厚5.5、一端宽18、另一端宽约10厘米。

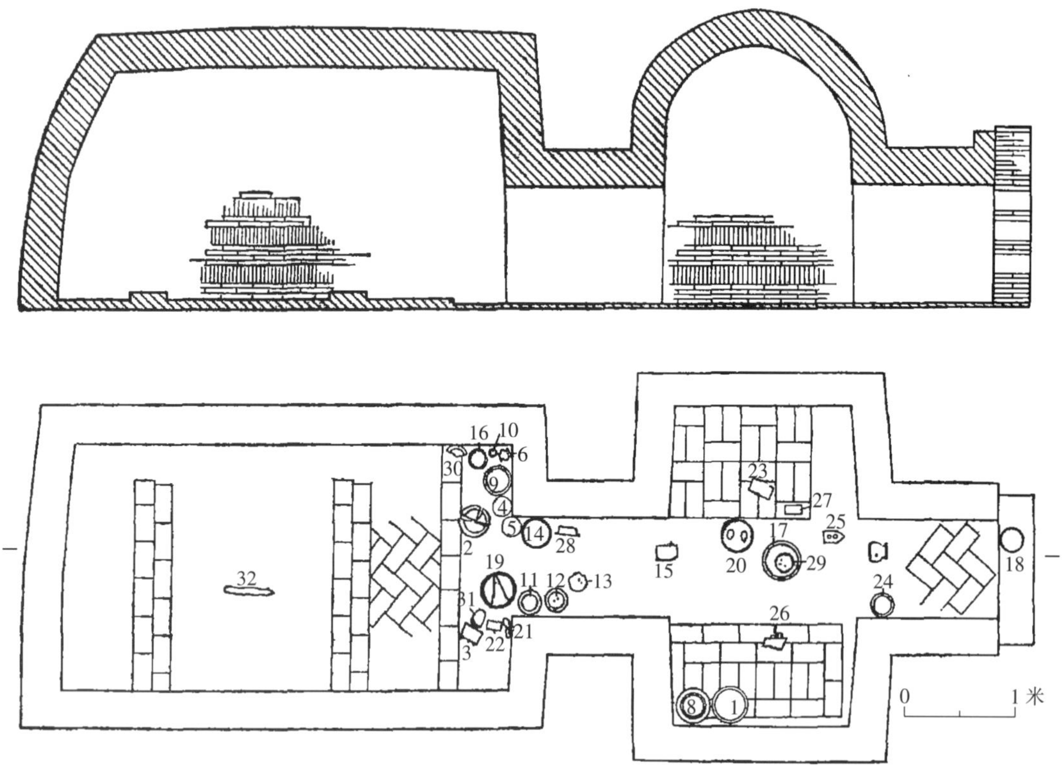

图二 狮子山四号晋墓平、剖面图

1. 楼阁堆塑罐 2. 三足盘 3. 奁 4、5. 浅腹钵形鼎 6. 唾壶 7、8. 盘口壶 9~13. 罐 14. 弦纹罐 15. 瓮 16. 带盖钵 17、18. 钵 19. 盘 20. 耳杯及承盘 21. 耳杯 22、23. 果盘 24. 熏罐 25、26. 灶 27、28. 鸡笼 29. 鐎斗 30. 器盖 31. 铁镜 32. 铁剑

出土遗物大部分都发现于前室中间、两侧平台和后室前端三个部位。青瓷楼阁人物鸟兽堆塑罐等较重的器物，出土时位置比较规整；盘口壶、罐等体大身轻的器物，有些已改变原有位置。该墓发掘时并未发现盗洞，因此，这些遗物可能是由于墓室内积水，器物随水浮动而改变位置、混杂在淤泥中的。

墓内葬具及尸骨等均已腐朽，仅部分不易腐烂的漆皮等残留在淤泥中。

二、出土遗物

狮子山四号墓出土文物和已清理的一、二、三号墓一样，随葬品都以青瓷器为主，兼有少量其他材料制作的器物（见附表一）。

（一）青瓷器

楼阁堆塑罐 1件。罐身高26.4厘米。微鼓的腹部，中间镂有一孔，饰有两排模压而成的片状贴饰，共31个。有铺首衔环、天禄、仙人骑神兽、蜥蜴、佛像和侍者等。罐上堆塑高19.8厘米，大致可分为三层。上层为罐口，略呈四方形，四面各带一个“凸”字形镂孔，四周栖息着飞鸟，口上覆盖着一个四出攒尖宫殿顶式盖，与罐口合为一体。中层塑有四个伸出的“玄武”头，头上各顶一四方形小角楼。下层的前、后各有一座三层楼阁，廊柱上分别饰有仙人骑神兽、跪而示敬的奴仆等形象。前面楼阁的两边，各有门阙一座。后面楼阁两侧，各有龟趺驮碑一座，分别刻划着“出始宁，用此……

宜子……”等字样，除以上几字外，其余字均不能辨认。这些字，是用利器刻划在陶土做成的碑形上，再与龟背粘贴到一起，然后上釉，烧造而成的。因粘贴时字已被抹平，上釉后就更看不清了。在门阙与龟趺碑之间，各有三尊跪地的人像，头戴冠，身着短衣，均两手握于胸前作“拟手示敬”状。人像的外边，还饰有鹿、狗等走兽。该罐釉色黄绿，腴润而光亮。垂釉之处，釉呈玻璃状，有开片。近底部露胎处，呈豆沙色。通高46.2、底径15.6厘米（图版一，1~4）。该罐出于前室东南角。

三足盘 1件。折沿，直壁，平底，下有三个蹄状足。盘心及底面饰有连珠纹与网纹组合成的纹带，并有火焰状划纹。器外壁除饰连珠纹、网纹带外，还有三个对称分布着的铺首衔环。胎色浅灰，釉色茶绿，细腻腴润。通高6、口径23.7厘米（图三，2；图版一，6）。出在后室口西侧，已碎成三块。

奁 1件。方唇，直口，直筒腹，平底，下设三个蹄足。器壁饰弦纹和刻划波浪纹。釉色黄绿，有垂釉现象，底部露胎处呈豆沙色。通高12.6、口径17.6厘米（图四，5）。出于后室口东侧，已倒翻，其旁有铁镜等器物。

浅腹钵形鼎 2件。一件方唇，浅腹，平底，下带三个外撇的小足，两侧各有一个鸭嘴形耳。素面。釉色浅黄，有开片、剥落现象。通高5.2、口径14厘米。另一件直口，尖唇，浅腹，两侧各有一乳突状耳。釉色茶绿。腹壁外饰弦纹。通高6.8、口径14.6厘米（图四，9）。两鼎均出于后室口西侧。

唾壶 1件。敞口，圆唇，细颈，扁鼓腹，圈足。最大腹径处饰弦纹和斜方格纹带，相间饰有铺首衔环和独角神兽——天禄。釉色茶绿，细腻均匀。圈足内刻划着一个“施”字。通高9.4、口径9.4、圈足径8.7厘米（图五；图版一，7）。出于后室西北角。

盘口壶 2件。一件圆唇，浅盘口，细颈，扁鼓腹，内凹底，肩部有两耳。釉色黄绿，近底部不施釉处，瓷胎呈浅豆沙色。盘口饰弦纹两道，肩部饰弦纹、连珠纹及斜方格纹组成的纹带，器耳上饰有蕨纹。通高18、盘口径11、底径9.4厘米（图四，3）。出于前室墓道口。另一件形式同上。釉色豆青。肩部饰弦纹及斜方格纹。通高21.3、盘口径13.4、底径9.8厘米。出于前室东南角。

罐 5件。一件较大。小口，方唇，丰肩，鼓腹，下腹弧收，内凹底，肩部附两耳。釉色茶绿，底部不施釉处呈浅豆沙色。饰弦纹与斜方格纹组成的纹带。通高21、口径19.2、底径13.1厘米（图三，1）。出于后室西边。一件极小。口微外侈，圆唇，丰肩，下腹内收，内凹底，口沿两侧有两个相对的环状耳。口沿饰弦纹一道，肩部有弦纹两道。茶绿色釉，底部露胎处有深豆沙色窑红。通高6、口径4.4、底径4.1厘米。出于后室西北部。另三件，形制完全相同。小口，方唇，扁鼓腹，内凹底，肩两侧各设一耳。罐腹饰弦纹、连

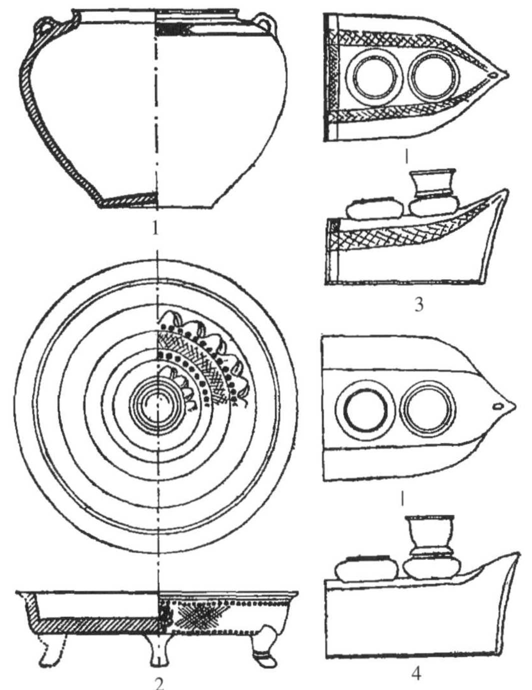

图三 四号晋墓出土青瓷器
1. 罐 2. 三足盘 3、4. 灶（2. 1/6；余1/8）

珠纹和斜方格纹组成的纹带，还有两个铺首衔环（图四，4）。釉色豆青，腴润细腻，不施釉处呈浅豆沙色。高13.2、口径9.4、底径9.3厘米。均出土在后室口东边。

弦纹罐　1件。圆唇，扁鼓腹，圆饼实足，肩部有两个环状耳。器身满饰细弦纹。釉色茶绿，器内也全施釉，底面不施釉处露浅豆沙色胎。通高8.8、口径9.8、底径10.6厘米（图四，6）。出于后室口西墙边。

图四　四号晋墓出土青瓷器

1. 熏罐　2. 瓮　3. 盘口壶　4. 罐　5. 奁　6. 弦纹罐　7. 耳杯　8. 钵　9. 浅腹钵形鼎　10. 鸡笼　11. 果盘

瓮 1件。敛口，尖唇，斜肩，直筒腹。肩与腹的转折部饰有附加堆纹一道，肩部饰刻划波浪纹及三个尖乳状饰。浅灰绿色釉，底部露胎处呈浅豆沙色。通高18.5、口径11.1、底径13.6厘米（图四，2）。出于甬道前端。

图五 唾壶圈足内刻字拓本（3/5）

钵 2件。一件圆唇，敞口，腹部弧收，玉璧状矮圈足。口沿部饰弦纹，外壁对称地分布着四个铺首衔环。满施釉，釉色灰绿，足端有七个支烧印痕。高7.3、口径20、底径10厘米（图四，8）。出土于前室中部。另一件形制同上，内凹底，无圈足，器壁外饰有弦纹和斜方格纹组成的纹带。通高5.5、口径15.6、底径7.7厘米。出土于封门墙中。

带盖钵 1件。方唇，平口，从口沿收至胫而成圆饼实足。胎骨厚重。盖有子母扣，盖饰弦纹，顶有环状纽。茶绿色釉，器内露砂胎。内壁较粗糙，类似现在的研钵。通高10.1、口径12.4、底径9.4厘米。出土于后室西北壁。

盘 1件。尖唇，敞口，盘心微上凸。饰有弦纹和火焰状划纹。釉色茶绿。底部粗糙，带橘红色窑红。高2.5、口径23.8、底径16厘米。出土于后室东口。

耳杯及承盘 1件。盘，圆唇，平底，盘心有凸弦纹两道，盘上并排放置两个耳杯。釉色茶绿，底部有密布的支烧印痕。盘口直径19.3、耳杯长10.8、宽6、通高4.3厘米。出土于前室中部。另有耳杯两个。椭圆形，平口，方唇，平底。素面，米黄色玻璃釉，火候较低，釉面有开片、剥落现象。高2.6、长8.3、宽6.7厘米（图四，7）。出土于后室东北壁。

果盘 2件。一件盘面有九个大小不等的格子。素面，釉色米黄，有开片和剥釉现象，底部不施釉处胎呈火黄色。高5.8、长18.4、宽13.4厘米（图四，11）。出土于后室东口。另一件形制同上，盘面有十二个格子。釉色茶绿，有流釉现象，胎釉结合较紧密。高5.3、长17.8、宽12.8厘米。出土于前室西边砖台上。

熏罐 1件。敛口，方唇，鼓腹，下腹弧收，圆饼实足，肩部两侧有两个半环式竖耳。肩腹部有三排圆形镂孔，每排十八孔。三道弦纹将各排镂孔隔开。釉色茶绿，底部露胎。通高10、口径11.1、底径10.1厘米（图四，1）。出土于前室通道东侧。

鐎斗 1件。折沿，尖唇，鼓腹，平底，下有三个圆锥状小足，正对其中一足的口沿下有一扁把。素面，釉色茶黄，有开片及脱釉现象。通高4.8、口径7.5厘米。出土于前室中部的钵中。

灶 2件。一件翘起的一端有一作为烟囱的圆形镂孔。另一端有一方形缺口，作为灶门。灶面上有釜、甑各一件，并各有一把小勺。素面，茶黄色釉，有开片及剥釉现象。通高14.3、长20.6、最宽处约15厘米（图三，4）。出土于甬道南端。另一件形制同上，但四周饰有划纹。釉色茶绿，胎釉结合较紧密。高12.7、长19.6、最宽处宽13.3厘米（图三，3；图版一，5）。出土于前室东侧。

鸡笼 2件。一件底部为一平板，上为半圆柱形的镂有孔洞的笼罩，设有两门，门口各有一只鸡。火候较低，釉均已剥落，胎呈米灰色。高4.9、长13.1、宽8.4厘米（图四，10）。出土于前室西侧平台上。另一件形制同上，已残破。长15、宽11.7厘米。出土于甬道南端。

器盖 1件。已残。形式与带盖钵的器盖相似，有子母扣。与奁的口径相同，但出土于后室西北壁，与奁的出土地点相距较远。釉色茶绿。盖面饰有三道弦纹。直径 20、残高 3.2 厘米。

（二）铁器

铁镜　约有三四面，已锈成一很厚的铁饼，因有镜纽等，可辨为镜。出土于倒翻的青瓷奁旁边。

铁剑　1 把。已锈蚀，残长约 38 厘米。出土于后室中间。

三、结语

狮子山西晋墓群第一次发掘时，在一号墓内发现了“元康五年七月十八日”铭封门砖。在二号墓中，则发现很多“元康三年四月六日……”铭纪年砖和“元康二年润月十九日起会稽”铭青瓷楼台百戏纪年罐。这些为考证一、二号墓的确切年代提供了重要的文字依据。狮子山四号墓发掘中，没有发现任何带有明确纪年的文物，故考定这座墓葬确切年代有一定的困难。但是，狮子山四号墓与第一次发掘中有明确纪年的二号墓相邻；墓葬的规模、形制等与第一次发掘中的三座墓比较接近；四号墓出土的青瓷器的釉色、胎质、纹饰及组合等，又都和第一次发掘时墓中出土青瓷器的特点、组合形式相一致，表现出西晋中期青瓷器的特点。据此，我们认为狮子山四号墓也应当是西晋惠帝时期，即西晋中、晚期的墓葬。

狮子山晋墓群第一次发掘中，发现有砖铭：“元康三年四月六日庐江太守东明亭侯主簿高勅作”等字样，经考证这些墓的墓主人“很可能是傅长虞及其家属”。这次发掘中，在一件唾壶的底部发现一个刻划而成的“施”字，这很可能是制瓷工人的铭记。因为，如果墓主人姓“施”的话，应该在较多的器物上都铭有“施”字；而且这些铭记还应该刻在较显眼的部位。现在仅在一件唾壶的底部发现这么一个“施”字，不足以说明墓主人姓“施”。晋时盛行聚族而葬的习俗，四号墓与“……庐江太守东明亭侯……”铭砖墓邻近，也应该是傅长虞家属的墓葬。出土文物中，既有铁剑，又有奁及铁镜，不少随葬品又都是成双的，故狮子山四号墓可能是一夫妇合葬墓。

唾壶圈足内刻划的“施”字，“方”旁明显地带有行草的笔意，而“也”的一弯勾又仍承隶法，体现了这一时期书法艺术由汉隶向楷书、行草发展的时代特点。

狮子山四号墓的墓室结构和一号墓后室平面呈椭圆形的穹隆顶、二号墓四隅券进式的穹隆顶结构等都稍有差异，它使用了大量的刀形砖和楔形砖来结顶，增加了顶部的荷重能力，并使墓室砌法趋于简单。狮子山四号墓为我们研究古代建筑技术和拱券力学，提供了新的例证。

青瓷器是狮子山西晋墓出土的主要遗物，品类丰富多彩。这次出土的三蹄足青瓷盘、青瓷奁、浅腹钵形鼎、带盖钵等在这一墓群中还是第一次发现。这些瓷器造型精美，釉质腴润，烧成温度较高，为同类器物中的上品，代表了我国当时青瓷烧造业的工艺技术水平。

楼阁堆塑罐的两块龟趺驮碑上，均有“出始宁，用此……宜子……”等铭文字样。这些刻划文字的形式、内容和三号墓出土同类罐龟趺驮碑上的完全一致。三号墓所出堆塑罐上的刻划文字为：“会稽出始宁用此□宜子孙作吏高其乐无极”，是一吉祥语。其中“始宁”，当为地名，位于今浙江省上虞县西南。《水经注·浙江水》浦阳江条载：“浦阳江东北迳始宁县西，本上虞之南乡也。”“始宁县自东汉置，至隋初复并入上虞县。”堆塑罐的烧造年代，恰巧在设置始宁县时，铭文记载了这些青瓷器烧造的地点。“用此”下一字比较模糊，疑为“（靈）”字（音灵），如果不误，当为这类随葬品的名称。

“（霝）”的上半部说明了这类器物的用途；下部的“缶”字，则说明它制作的质料。

这件罐的腹部有模印的“佛像”贴塑。这些像身披袈裟，双手合抱，头上有高耸的帕结，并有一圆形的“佛光”，身下有覆莲座。这些形象，与一号墓出土的黄釉堆塑罐上的佛像十分相似，仅较小、简单而已。这些模印像的出现，说明西晋时期青瓷的装饰艺术已经受到了佛教的影响。

苏州地区出土成组西晋青瓷器的墓葬不多，狮子山西晋墓为什么会出土这么多产于浙江的青瓷随葬品的呢?《晋书·傅玄传》记载，傅长虞的长子敷，永嘉之乱时曾避地会稽，次子晞一度还当过上虞县令，这应是狮子山西晋墓出土“越窑”青瓷随葬品多的原因。而出土“越窑”青瓷器多，也为说明这一墓群的墓主人确是傅氏家族，提供了旁证。

张志新、沈根木同志主持了狮子山四号墓的清理发掘工作。姚勤德同志协助整理了该墓的出土文物，汪朝俊同志协助拍摄了部分器物的照片，在此一并致以谢意。

执笔：张志新

注释

① 吴县文物管理委员会：《江苏吴县狮子山西晋墓清理简报》，《文物资料丛刊》（3），文物出版社，1980 年。

附表一 江苏吴县狮子山西晋墓群墓室结构及出土遗物 单位：厘米

墓号	墓向	墓室		墓砖（长×宽×高）	随葬纪年遗物	出土文物			
		结构	规格（长×宽×高）			件数	青瓷器	金属器	其他
M1	345 度	前、后室穹隆顶墓，墓东侧有小耳室一间	总长：790 墓道： 143×95×120 前室： 142×290×245 甬道： 125×96×113 后室： 390×265×265 耳室： 88×57×61	长方形砖： 35×17×5 刀形砖： 34×16.5×5 34×16.5×3.5	封门墙内有纪年砖 1 块，铭有“元康五年七月十八日”等字样	65	堆塑罐 2、虎子 1、扁壶 1、篹 1、香熏 1、仓罐 1、兔形水注 1、格盘 2、牛厩 1、钵 4、烘罐 2、双系罐 2、唾壶 1、耳杯及承盘 4、灶 1、箕 2、鸡窝 2、猪栏 1、狗窝 2、小罐 1、鐎炉 1、盘口壶 1、四系罐 1	灯座 1、鼎 2、盆 1、洗 2、钵 1、勺 1、鐎斗 1 铁剑 1、金钗 2、环 2、圈 1、线戒 1	漆皮
M2	正北向	前、后室四隅券进式穹隆顶墓	总长：901 墓道： 173×83×165 前室： 195×324×280 甬道： 103×95×165 后室： 430×189×295	长方形砖： 34×16.5×5 刀形砖： 34×16.5×5 34×16.5×3.5	纪年砖很多，铭：“元康三年四月六日庐江太守……”；纪年罐 1 件，铭：“元康二年润月十九日起会稽”	24	堆塑罐 1、洗 2、烘罐 1、唾壶 1、狗窝 1、罐 1、灶 1、鸡窝 1、猪栏 1、盘口壶 1、耳杯 4、冰盘 1、鐎炉 1、小钵 1	熨斗 1、金钗 1	漆皮
M3	墓室严重破坏，仅存前室的一部分			长方形砖： 35×17×5		5	堆塑罐 1、鐎斗 1、瓮 1、猪圈 1、烘罐 1		

续附表一

墓号	墓向	墓室		墓砖（长×宽×高）	随葬纪年遗物	出土文物			
		结构	规格（长×宽×高）			件数	青瓷器	金属器	其他
M4	350度	前、后室券顶墓	总长：918 墓道： 126×90×107 前室： 172×284×228 甬道： 145×90×105 后室： 412×216×213	长方形砖： 35×17×5 刀形砖： 34×16.5×5 34×16.5×3.5 楔形砖： 35×18×5.5 35×10×5.5		32	堆塑罐1、三足盘1、奁1、钵形鼎2、唾壶1、盘口壶2、罐5、瓮1、钵3、盘1、耳杯及承盘1、耳杯2、灶2、果盘2、熏罐1、鐎斗1、鸡笼2、器盖1、弦纹罐1	铁剑1、铁镜	漆皮

（原载《考古》1983年第8期）

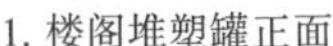

1. 楼阁堆塑罐正面

2. 楼阁堆塑罐背面

3. 楼阁堆塑罐上的龟趺碑

4. 楼阁堆塑罐腹局部

5. 灶

6. 三足盘

7. 唾壶

图版一　狮子山四号晋墓出土青瓷器

江苏吴县何山东晋墓

南京博物院

1978年7月，南京博物院在吴县枫桥何山清理一座东晋砖室墓。该墓系苏州市地区党校在基建施工中出土的，由邹厚本、霍华、郝明华进行清理。

何山，又名鹤阜山。位于苏州城西10千米，属吴县枫桥乡，是一座海拔63.8米的独立小山岗。《吴县志·舆地考·山》记载："旧名鹤邑墟，故山名鹤阜，梁隐士何求、何奂葬此，改今名。"何山东有虎丘山，西有天平山、灵岩山，南有狮子山、横山，都是苏州城西出土古墓较多的地方。这次清理的东晋砖室墓位于何山南麓，现将清理情况报道如下。

一、墓葬结构

该墓为一平面呈"凸"字形的单室穹隆顶砖室墓。方向150度，墓长6.3米。由封门墙、甬道、墓室三部分组成（图一）。

封门墙：长2.62米、宽0.34米、高1.98米。从立面看，封门墙系用长32、宽16、厚6厘米长方形砖砌成，从基底用三块砖平砌，砌叠至甬道顶部，形成斜坡状，使得封门墙更为坚固。在甬道外左、右方，封门墙两翼后面皆有挡土墙，亦用长方形砖平砌，直到与甬道券顶同高。这种挡土墙与南京油坊村南朝墓相同[①]，目的是保护和加固封门墙。

甬道：为长方形，券顶。长1.88米、宽1.2米、高1.48米。两壁用长方形砖作"三顺一丁"砌叠，共三组，砌至1.03米高后，再用楔形砖和长方形砖砌至甬道顶，顶部结构为双重起券。

墓室：平面略呈正方形，四壁微弧。墓室南北长3.9米、东西宽4米。墓顶被破坏，残高为2.54米。从立面看，是先从底部用长方形砖以"三顺一丁"组合叠砌两组、上置立横砖（一丁）一层，砌成0.6米高的砖墙，再从墓壁的四个角砌成弧形，中心部位也是砌成弧形，为四隅式。砌至0.5米时，再向两边斜砌成倒"人"字形，穹隆顶是由倒"人"字形砌砖组成。

地砖系用长方形砖垫铺，共铺三层，铺法不一。自甬道至墓室，为第一层铺地砖，呈"人"字形。第二层铺地砖，是在墓室的前东、西两边，东半边的铺地砖为"二横二竖"；西半边铺地砖为平砌，器物都随葬在上边，当为"祭台"。第三层铺地砖，是在墓室的中间部位，共平砌五排，每排四块，错缝砌成，当为棺床。有的砖块经过翻动，可能系盗墓留下痕迹。人骨已腐朽无存，仅发现三根残断的铜棺钉。

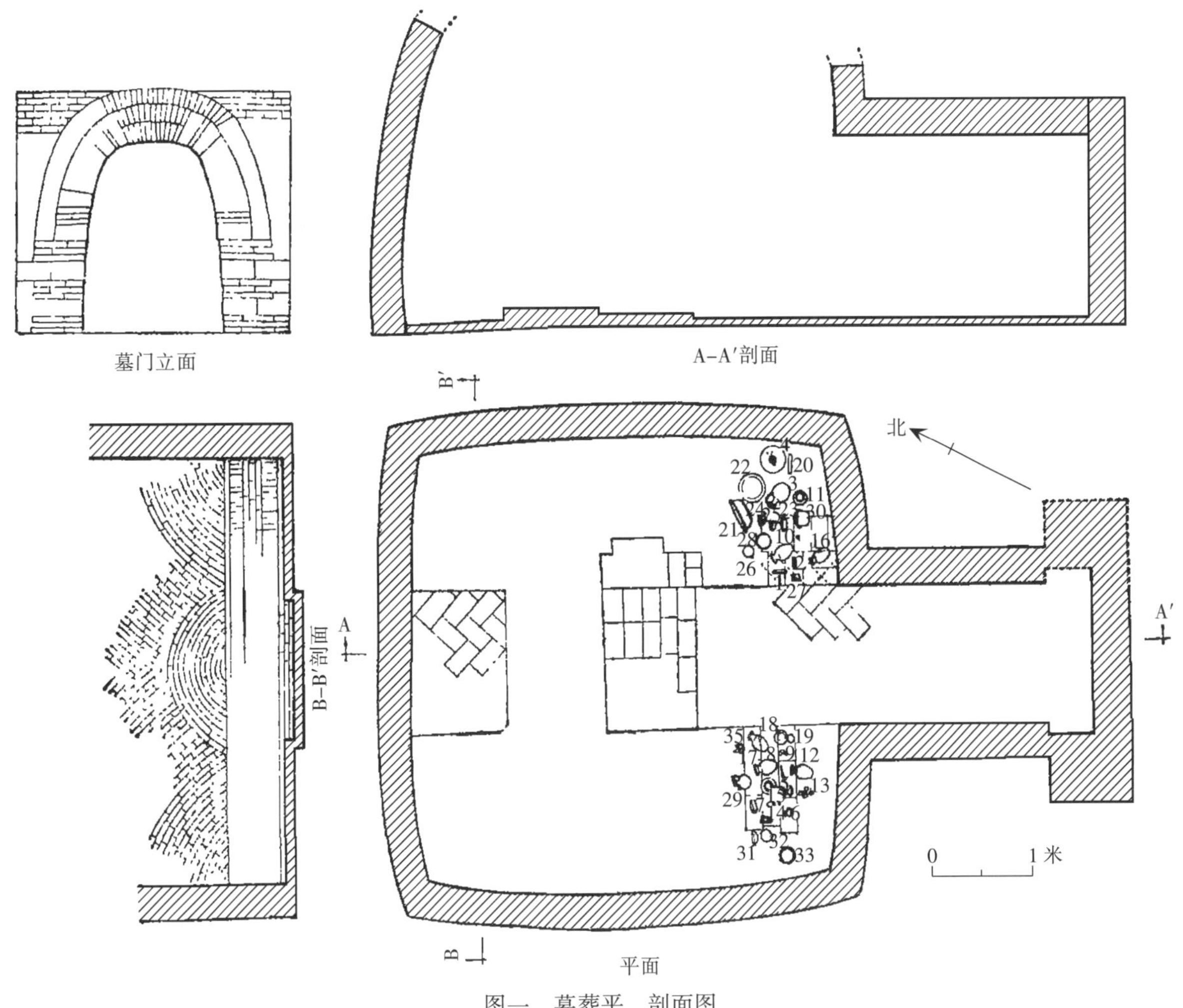

图一 墓葬平、剖面图

1、2、20、27. 盘 3、4、29. 鸡首壶 7、23~26、31、32. 碗 8~19、33. 盘口壶 21、22. 洗 28. 盆 30. 奁 34. 玉印 35. 灰陶碗 36. 灰陶盘（未注明质地者均为瓷器）

墓室北壁中心部位的铺地砖，要低于其他的地方。从整个平面看，中间高于四面，以便于墓室排水。

墓砖有长方形砖和楔形砖两种。长方形砖长32、宽16、厚6厘米，楔形砖长31、上宽13、下宽7、厚6厘米。墓砖皆平素无纹，在甬道两壁发现部分墓砖印有阳文楷书“大平”二字（图二）。“大”即“太”，也就是太平的意思，可能是作为一种吉祥语而砌在墓中的。

该墓顶部发现有一大盗洞。在清理墓室过程中，出土了一件青瓷碗，施青灰色釉，敞口，矮圈足（图三，10）。与扬州晚唐五代墓中所出器物相同[2]。该墓被盗时间当在晚唐五代年间。

综上所述，该墓葬建筑结构与邻近的狮子山四号西晋墓[3]、南京富贵山东晋墓[4]大致相同。

图二 墓砖铭文拓本（2/5）

二、出土器物

该墓葬因被盗掘破坏，随葬器物大多已破碎，有的同一件器物散在几处。从出土情况看，多数遗物随葬墓室东、西两边。出土器物，经修复共36件，其中瓷器 33 件，陶器 2 件，白玉印章 1 件。

（一）瓷器　33 件。

鸡首壶　3 件。盘口，细长颈，鼓腹，平底内凹。腹上部前端有鸡首状嘴，后端有一把手连向盘口，肩部两侧有桥形系耳。

M1∶29，施淡青釉。口径 6、高 14 厘米（图三，2）。

M1∶3、4，两件施褐釉。M1∶3，口径 7.1、高 24.3 厘米（图三，1；图版一，4）。

盘口壶　13 件。施青釉。形制、大小略同。浅盘口，长颈，长鼓腹，平底内凹。肩部有对称双复系。肩下部饰弦纹数周。M1∶15，口径 13.1、高 25.5 厘米（图三，6；图版一，6）。

唾壶　2 件。青绿釉，外施釉均匀，晶莹光亮，近底部露胎。盘口，束颈，广肩略平，扁鼓腹，假圈足外撇，平底内凹。M1∶6，口径 8.3、高 10.4 厘米（图版一，7）。

碗　7 件。

三件施淡青釉。M1∶24，圆唇口，斜弧腹，平底。口部饰一周凹弦纹。口径 14.4、高 5.6 厘米（图三，11；图版一，2）。另二件，口微敛，曲腹，一件平底内凹，一件平底。M1∶25，口径 4.7、高 1.9 厘米（图三，8）。

另四件，里外施褐色釉。口微敛，腹上部略朝外鼓，弧收平底，其中一件底部内凹。M1∶26，口径 11.9、高 4.6 厘米（图三，9；图版一，1）。

盘　4 件。里外均施淡青釉。浅盘，口微敛，平底内凹。M1∶1，口径 18.5、高 3.1 厘米（图三，4；图四，2）。

盆　1 件。M1∶28，淡青釉。器形较小，口沿外翻，斜腹弧收，平底。腹上部饰弦纹两周。口径 13、高 3.4 厘米（图三，3；图版一，3）。

奁　1 件。M1∶30，青釉泛黄，开冰裂纹。器形作圆筒状，子母口，直腹，平底，腹上部有四直系。中部饰弦纹一周。缺盖。口径 13.2、高 12 厘米（图三，7；图四，1）。

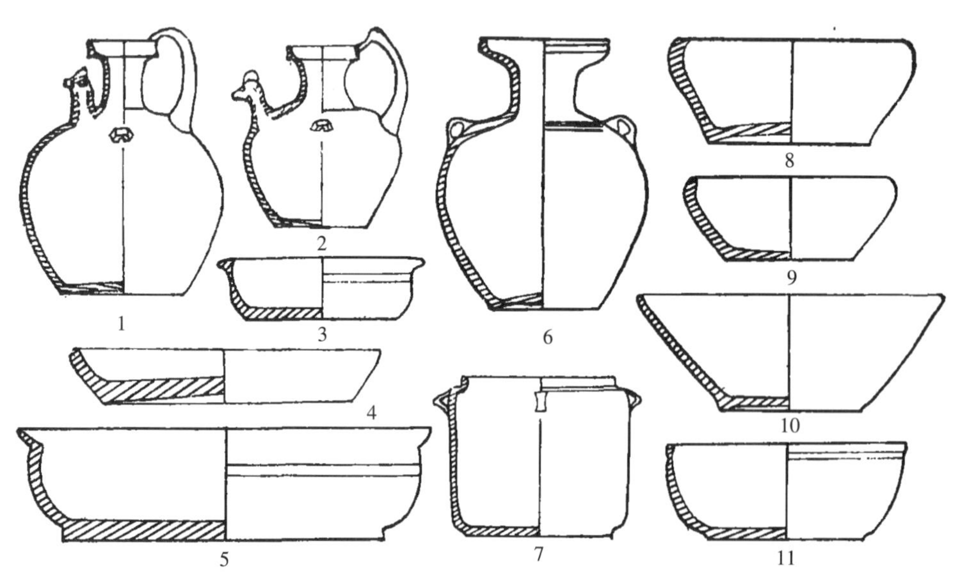

图三　出土瓷器

1、2. 鸡首壶（M1∶3、29）　3. 盆（M1∶28）　4. 盘（M1∶1）　5. 洗（M1∶22）　6. 盘口壶（M1∶15）　7. 奁（M1∶30）　8、9、11. 碗（M1∶25、26、24）　10. 碗

1

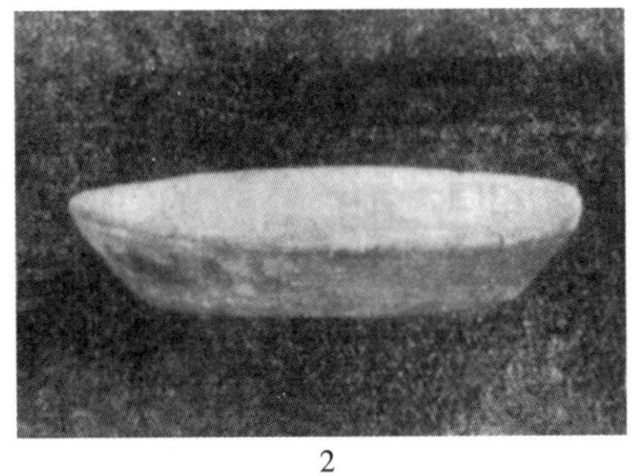
2

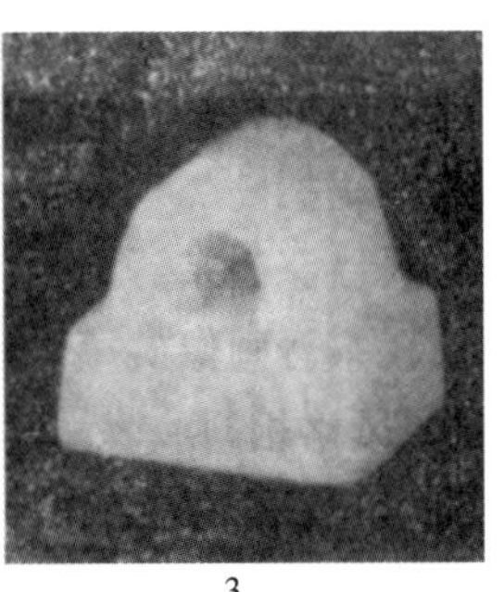
3

图四　出土器物

1. 青瓷奁（M1∶30）　2. 青瓷盘（M1∶1）　3. 玉印章（M1∶34）

洗　2件。青釉略泛黄，开冰裂纹。侈口，宽沿，腹微鼓，平底。腹部饰弦纹两周。M1∶22，口径33、高8.1厘米（图三，5；图版一，5）。

（二）陶器　2件。

碗　1件。M1∶35，泥质灰陶。敞口，浅腹，底内凹。

盘　1件。M1∶36，泥质灰陶。敞口，浅腹，平底。

（三）玉器　1件。

白玉印章　1件。M1∶34，系羊脂白玉。扁正方形体，半环形桥纽。底面琢有文字，文字因蚀化而模糊不清，已无法辨认和拓印。印章形制与南京老虎山二号东晋墓所出铜印相同[⑤]。高1.65、长宽各为1.9厘米，纽高0.9、边高0.7厘米（图四，3）。

此外，还出有石黛板残片数块和方锥形铜棺钉3枚。

三、结语

（一）墓葬年代

从砖墓结构上分析，这种由封门墙、甬道、墓室三部分组成，墓室为“四隅起券”的穹隆顶的砖室墓，见于江宁县黄家营西晋墓[⑥]、南京板桥石闸湖西晋墓[⑦]、宜兴周墓墩五号墓[⑧]、吴县狮子山二号和四号墓[⑨]。这种墓葬结构常见于西晋时代，东晋继续采用，如南京大学北园东晋墓[⑩]、南京象山7号东晋墓[⑪]，墓室都为穹隆顶状，平面略呈正方形，左、右两壁跨度较大。可见这种结构方法从西晋到东晋极为盛行。

从出土器物来分析，该墓所出随葬品中的盘口壶、鸡首壶、碗、洗等及釉色、纹饰系东晋时代特点。瓷器的釉色多明亮均匀，呈青色或淡青色。造型注重于经济实用，纹饰趋于简化，以素面为主，弦纹次之，有的仅在器物的肩部或颈部饰一至两道弦纹，多见以酱色釉斑点缀。这种装饰风格与器体上附着的鸡头、桥形系、双复系以及瓷器造型均体现了别具一格的面貌。从器物形制特点看，青瓷鸡首壶与南京富贵山东晋墓[⑫]、南京南郊郎家山4号墓[⑬]出土物相同；酱色釉鸡首壶与南京郊区五塘村东晋墓[⑭]、杭州老和山东晋墓[⑮]出土物相同；青瓷盘口壶、唾壶、碗与南京郊区吕家山东晋墓[⑯]出土物相同；青瓷洗与镇江东晋画像砖墓[⑰]出土的青瓷“偶”字洗，造型风格相同。

综上所述，该墓的年代当属东晋时期。

（二）瓷器窑口

出土的瓷器，分为青瓷和黑瓷两大类。

青瓷共26件，大部分为青釉，釉质好，光洁度好。器物有鸡首壶、唾壶、盘口壶等。一小部分为淡青釉，釉质、光洁度稍差。从胎质上看，内胎为浅灰色或灰白色，细腻、致密。器物有碗、盘、洗、盆、奁。这批青瓷与狮子山西晋墓出土的青瓷器特征相同[18]。在狮子山二、四号西晋墓内出土的青瓷谷仓，在龟碑上分别刻有："元康二年润月十九日超（造）会稽"，"元康出始宁（今上虞县南部）用此霝，宜子孙，使吏高，其乐无极"[19]。同时，在江苏金坛县白塔公社惠群大队砖室墓[20]出土的青瓷扁壶，腹部一面刻"紫（此）是会稽上虞范休可作坤者也"十三字，一面写"紫是鱼浦七也"六字，"鱼浦"系上虞境内的一个湖名，后来改称"白马湖"。据此，何山这批青瓷为浙江绍兴、上虞一带瓷窑产品，属越窑系统。

黑瓷，即酱色釉瓷器，共6件。周身釉质细腻，光亮，开冰裂纹。器物有鸡首壶、碗。从造型、釉色、胎质上看，器物当产自浙江德清窑。德清窑是我国最早烧造黑瓷的地方，它的特点是瓷胎多呈紫色，釉层丰厚，釉面滋润，色黑如漆，釉光闪闪，可与漆器相媲美。

（三）墓主身份

何山先后发掘清理两座六朝墓葬，一座是该墓，另一座是1980年吴县文管会清理的一座西晋墓葬[21]，据实地调查和当地群众反映，这一带常发现六朝砖墓的青砖块和青片，说明过去亦有类似的砖室墓出土。在何山西南的狮子山，已发现清理了四座西晋墓葬，根据晋时盛行聚族而葬的习俗，这四座墓经考证墓主人是傅长虞及其家属墓群。何山的两座六朝墓葬，同样也是一处六朝时期聚族而葬的葬地，该墓墓主应为东晋时期的门阀士族。

执笔：郝明华

注释

① 罗宗真：《南京西善桥油坊村南朝大墓的发掘》，《考古》1963年第6期。

② 江苏省文管会、南京博物院：《江苏扬州五台山唐、五代、宋墓发掘简报》，《考古》1966年第6期。

③ 吴县文物管理委员会：《江苏吴县狮子山四号西晋墓》，《考古》1983年第8期。

④ 南京博物院：《南京富贵山东晋墓发掘报告》，《考古》1966年第4期。

⑤ 南京市文物保管委员会：《南京老虎山晋墓》，《考古》1959年第6期。

⑥ 江苏省文物管理委员会：《南京近郊六朝墓的清理》，《考古学报》1957年第1期。

⑦ 南京市文物保管委员会：《南京板桥镇石闸湖晋墓清理简报》，《文物》1965年第6期。

⑧ 华东文物工作队清理小组：《江苏省宜兴周墓墩古墓清理简报》，《文物参考资料》1953年第8期。

⑨ 张志新：《江苏吴县狮子山西晋墓清理简报》，《文物资料丛刊》（3）文物出版社，1980年。

⑩ 南京大学历史系考古组：《南京大学北园东晋墓》，《文物》1973年第4期。

⑪ 南京市博物馆：《南京象山5号、6号、7号墓清理简报》，《文物》1972年第11期。

⑫ 南京博物院：《南京富贵山东晋墓发掘报告》，《考古》1966年第4期。

⑬ 江苏省文管会：《南京南郊郎家山第4号六朝墓清理简报》，《文物参考资料》1956年第4期。

⑭ 南京市博物馆考古小组：《南京郊区三座东晋墓》，《考古》1983年第4期。

⑮ 浙江省文物管理委员会：《杭州晋兴宁二年墓发掘简报》，《考古》1961 年第 7 期。

⑯ 南京市博物馆考古小组：《南京郊区三座东晋墓》，《考古》1983 年第 4 期。

⑰ 镇江市博物馆：《镇江东晋画像砖墓》，《文物》1973 年第 4 期。

⑱ 中国硅酸盐学会：《中国陶瓷史》，文物出版社，1982 年，第 140 页。

⑲ 吴县文物管理委员会：《江苏吴县狮子山四号西晋墓》，《考古》1983 年第 8 期。

⑳ 镇江博物馆：《介绍一件上虞青瓷扁壶》，《文物》1976 年第 9 期。

㉑ 叶玉琪：《吴县何山出土晋代青瓷器》，《文博通讯》1982 年第 1 期。

（原载《考古》1987 年第 3 期）

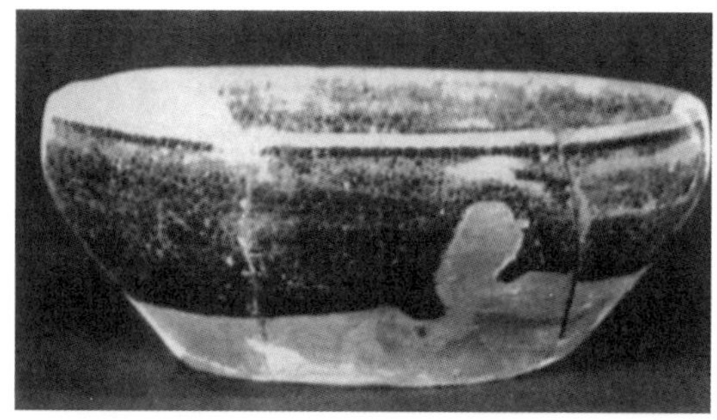

1. 碗(M1∶26)

5. 洗(M1∶22)

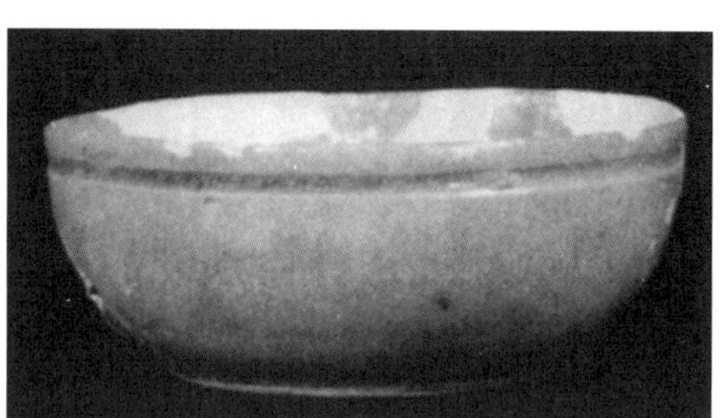

2. 碗(M1∶24)

6. 盘口壶(M1∶15)

3. 盆(M1∶28)

4. 鸡首壶(M1∶3)

7. 唾壶(M1∶6)

图版一 江苏吴县何山东晋墓出土瓷器

江苏吴县何山出土晋代瓷器

叶玉奇

1980年8月27日，吴县枫桥水泥厂职工在何山取土施工中，发现了一批晋代青瓷器。兹将情况报告如下。

一、地理环境和出土情况

何山，位于苏州城西5千米，是一处海拔63.3米的独立小山岗，属吴县枫桥乡。山东有虎丘山、西有华山、北有徐侯山、南有狮子山，均属苏州城西南名人冢墓之地（图一，何山地理位置示意图略）。“自晋时起，历有名僧高士，逸氏遗老，以山宜就隐，乃营墓立宅，避世隐居”于此[①]，1976年以来，吴县文管会曾在狮子山东麓清理过4座西晋墓葬，出土了120多件文物，其中有2座墓葬带有纪年铭文器[②]。1973年南京博物院曾在此东50米处清理过1座东晋墓，出土一批青瓷器。这次何山出土的青瓷器，在山的西南麓斜坡上，据现场调查是属晋墓遗物，该墓早在清代便遭破坏。

二、出土遗物

何山晋墓出土遗物计22件，有青瓷堆塑罐、壶、钵、洗、碗、灶、鸡窝、猪窝等。

1. 佛像人物楼阁堆塑罐　1件。溜腹微收，平底。腹壁上贴有一圈模压片状饰件十三个，其中有佛像、虎头、辟邪、朱雀、鱼等。腹上方堆塑高达30厘米，可分为四层。最上层属楼阁式建筑，重檐九脊攒尖顶，屋面以刻划纹作瓦棱状，四面各有一个方形镂孔，属于罐口。第二层属罐颈，四面各有一门，前、后两门稍大，门向外敞开，四角处各塑一座望楼，其间塑九个袒腹人像，似为守门壮士。第三层亦属罐颈，前、后相对处各有一个方形镂孔。周围贴一圈堆塑，正对方孔处的前面各有一座阙门，飞檐挑角，屋上正中处蹲坐一卫士，形状与第二层相同，下有两个熊形柱承支。阙门左、右各有一座二层楼堡垒式的望楼，其侧有佛或胡僧守候。在左、右相对处，各有一座龟趺驮碑，碑上釉下阴刻铭文：碑的顶端有“再福”两字，碑身铭文三行，载有“出始宁，用此雹”，“宜子孙，作吏高”，“其乐无极”字。第四层属罐肩，上有一道宽厚的肩沿，粘着模印人像一圈二十一个，其中十三个为头戴帕结、身披袈裟、双手拱腹、盘膝于莲花座上的佛像，另有八个头戴高帽，深目高鼻，形若胡僧，双手作揖，两膝跪地。釉色豆绿，光亮腴润，底部露胎处呈青灰色。通高48、底径15、罐身高18厘米（图版一，1）。

2. 双耳罐　1件。敛口，平唇，半肩，扁鼓腹，假圈足，肩附一对竖耳。肩施两道弦纹，青釉不及底，制作粗糙。高8.2、口径7、底径10.2、腹径13厘米（图版一，2）。

3. 盘口壶　3件。分二式。

Ⅰ式　1件。圆唇，浅盘口，颈粗短，圆肩，圆腹，底微凹，肩有四圆条横系，其间对称处各有一个铺首衔环。盘口饰弦纹两道，肩部模印连珠、细斜方格、弦纹组成的纹带。釉色豆绿，近底处不施釉，胎呈灰白色。高19、口径11.7、底径15.7、腹径21.4厘米（图版一，3）。

Ⅱ式　2件。形制、大小相同。圆唇，浅盘口，丰肩，鼓腹，小平底微凹，肩部贴有两个半环耳，上有叶脉纹，耳间对称处贴有两个铺首衔环。盘口有两道弦纹，肩部由细斜方格纹和弦纹组成一圈纹带。釉色豆绿，胎灰白色。高22.5、口径9.8、腹径22厘米（图版一，4）。

4. 唾壶　1件。敞口，圆唇，矮颈，溜肩，圆腹下垂，深圈足。肩部饰弦纹、连珠纹、斜方格纹带。青黄釉呈玻璃状，有鱼子纹，胎青灰色。高12.5、口径8.3、底径10.7、腹径13.2厘米（图版一，5）。

5. 熏罐　1件。直口，丰肩，鼓腹，假圈足，双耳贴在口沿上。肩部有三道弦纹，腹壁镂刻六个等距离三角形洞孔。青黄釉，易脱落，胎灰白色。高10、口径8.7、底径3.7、腹径13厘米（图版一，6）。

6. 洗　1件。敞口，斜宽沿，扁鼓腹，大平底。口沿上有两周连珠纹，腹壁有齿纹、细斜方格组成的纹带，洗心处由水波纹组成十角形的星状图案。釉青黄色，有细冰裂纹，易脱落，肩部露胎处呈青灰色。高8.5、口径32.5、底径21.5厘米。

7. 碗　6件。一式。口微敛，扁鼓腹，平底内凹。釉豆绿色，有细开片纹，碗心里有三个钉痕，胎灰白色。高3.5~4、口径9.5~10.2、底径5~5.5厘米。

8. 承盘、耳杯　各1件。承盘敞口，平底。内壁刻划鸟形纹饰。釉青黄色，底心有豆青点彩装饰。高2.5、径13.7厘米。耳杯侈口，平唇，椭圆形，口沿对称处有一耳。素面。釉豆青色。高1.5、长6、宽4.2厘米。

9. 钵　1件。敛口，削腹，平底。口沿处有两道弦纹。青黄釉，易脱落，胎青灰色。制作粗糙。高4、口径12、底径8.5厘米。

10. 鐎斗　1件。体形较小，折沿，锐唇，腹下有三乳丁足，柄粘贴在口沿上。青黄釉，易脱落，胎青灰色，制作较粗糙。高4、口径6.2厘米。

11. 灶　1件。形若船状，尖端起翘处有一小洞似烟囱，后端方形有一洞若灶门，上有一釜一甑。素面。釉豆绿色，易脱落，制作一般。残高8、长15厘米。

12. 鸡窝　1件。底若平板，上设半圆形的鸡笼，正面镂两孔，各露出一个鸡头，似为公、母两鸡。笼左端有一洞若门，上刻划着纵向三组、横向五组的双弦纹，示意竹篾。青黄釉，胎灰白色。高5.5、长9.5、宽7.5厘米。

13. 猪、狗窝　各1件。钵形。素面。青黄釉，易脱落，胎灰白，制作较粗。高均4.5厘米，口径一件8.2、一件11厘米。

三、几点认识

何山晋墓没有发现带有纪年的遗物，但是根据以往发现的墓葬材料，尤其是在何山以南 1 千米处狮子山东麓发现的一处重要的西晋墓群分析（已清理 4 座墓葬，其中一号墓发现“元康五年七月十八日”的封门砖，二号墓有“元康三年四月六日”的纪年砖和“元康二年润月十九日起会稽”的一件青瓷堆塑罐），这些，为何山晋墓的年代推断提供了重要依据。

首先，从何山晋墓随葬品的基本组合来看，大致可划分为三类：（1）实用器皿，有盘口壶、罐、熏罐、钵、碗、洗等 16 件，占 63%；（2）礼器，有鐎斗、耳杯、承盘 3 件，占 13. 3%；（3）明器，有灶、鸡、狗、猪窝及堆塑罐 5 件，占 22. 7%。与狮子山 4 号西晋墓随葬品十分接近，再与南京郊区东晋墓比较，显然可以看出两晋墓葬的主要区别在于前期多见堆塑罐、灶、鸡窝、猪栏、狗窝等明器，不见滑石猪、鸡首壶。在随葬品的组合上，东晋墓较简单，品类也比较少。

其次，何山晋墓出土青瓷盘口壶、唾壶、熏罐等，在造型风格、装饰纹样和釉质釉色上都有时代较早的特点。西晋时，盘口壶器形较矮，盘口及底亦较小，丰肩缩颈，肩部常饰有细斜方格、连珠纹等组成的纹带。在双耳之间，往往还贴铺首衔环等，东晋时的盘口壶器形增高，腹呈球形，口、底增大，多作素面，少纹饰。何山的盘口壶除器腹较西晋略鼓外，其余相同。西晋时唾壶敞口、缩颈、扁圆腹、圈足，形若尊，壶腹饰有细斜方格和弦纹组成的纹带，其间亦贴有铺首衔环等饰件。东晋时的唾壶则多作浅盘口、细颈、溜肩、平底，多素面，少纹饰。何山的唾壶为溜肩、垂腹，若东晋器，但口、底、纹饰又和西晋器相同。

西晋时的熏罐为敛口、鼓腹、圆饼突足，肩部两侧有半环竖耳，腹部有三排圆形镂孔；东晋的熏罐腹部镂刻三角形洞孔，罐体下有钵形承盘；何山的熏罐腹部有一排三角形的镂孔，若东晋，但其他部分皆和西晋器相同。在釉质釉色上，西晋多青釉，青黄釉偶见。东晋青黄釉“占有一定数量，釉面比较清淡匀亮，然而胎釉结合程度较差，常常脱釉”③。何山出土的 22 件青瓷器中，青黄釉 9 件，占 40% 以上，大多易脱釉。

再以何山和狮子山西晋墓中的堆塑罐相比，后者罐身高于堆塑部，前者则相反，且前者堆塑物比后者多，但后者堆塑内容丰富，造型也较生动，前者内容单纯，表现呆板。如佛、胡僧、卫士等都整齐排列，缺少层次变化。何山碑铭：“再福，出始宁，用此霝，宜子孙，作吏高，其乐无极。”“始宁”指地名，后汉分上虞县置始宁县，隋初省，故城在今浙江上虞县西南 50 千米，铭意该器烧造于始宁，属越窑器，与狮子山西晋墓瓷器极似。“用此”以下一字不清，初识为“霝”，属罐的名称。“用此霝”则能吉祥如意，子孙昌顺，士途亨通，反映了当时的社会习俗。狮子山三、四号墓的趺铭，除额上无“再福”外，其余均同此。

何山堆塑罐上，多以“佛”“胡僧”的形象作为主要装饰艺术，说明了佛教在西晋后期已经盛行，并深入到社会生活许多领域。

综上所述，何山晋墓出土的随葬品，既有西晋晚期的风格，又具有东晋早期的特征。故其年代上限在西晋“永嘉”之后，下限在东晋“永和”之前。

注释

① 曹允源、吴荫培、蒋炳章等:《吴县志》卷十九《舆地考·山》。

② 吴县文物管理委员会:《江苏吴县狮子山四号西晋墓》,《考古》1983 年第 8 期。

③ 魏正瑾、易家胜:《南京出土六朝青瓷分期探讨》,《考古》1983 年第 4 期。

(原载《东南文化》1989 年第 2 期)

1. 佛像人物楼阁堆塑罐

3. Ⅰ式盘口壶

4. Ⅱ式盘口壶

5. 唾壶

2. 双耳罐

6. 熏罐

图版一　江苏吴县何山出土晋代瓷器

1. 谷仓

3. 簋

4. 鐎斗与托盘

2. 盘口壶

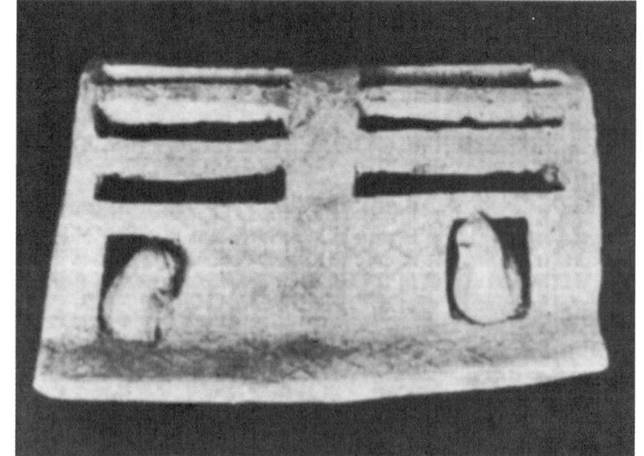
5. 鸡舍

图版二 江苏吴县何山出土晋代瓷器

东晋顾楮墓在吴县出土

江苏吴县文管会　叶玉奇

1991年7月中旬，吴县文管会在东渚乡宝山西南麓清理了一座古墓，出土一批东晋时期的文物。

墓系青砖结构，由墓室、墓道两部分组成，进深6.6米、高约4米，平面呈“凸”字形，南北向。东、西墓壁每边长4.42米，中间略有弧形；南、北墓壁每边长4.45米，墓底铺设两层青砖，东西一顺砌法；在离地约1米处，室壁逐渐向上收身，穹隆顶。墓室四角离地1.5米处，各置一砖挑出，作为“灯座”，上各有青瓷盏一件。棺床位于墓室的后半部，东西向，棺木已朽，存有铜、铁棺钉27枚，尸骨无存。祭台设在墓室的前半部，由两层青砖纵横排列，长方形，出土文物多存放在上面，室壁内还嵌有多块模印反书“一尺六寸”砖。

出土文物共22件，基本完整，其中青瓷器12件、铜器14件，玉、石器3件，铁器1件（棺钉除外）。这些随葬品中，尤以青瓷器最著，如桥形四系盘口壶、羊形水注、球形高足有盖香熏、兽足砚、唾盂等；青瓷胎质青灰，釉色晶莹，纹饰简朴，造型生动。另有滑石猪、玉印和刻有“顾楮”姓名的五面铜印一方以及铜弩机、铁剑等。这些文物，都具有明显的时代特征。

（原载《东南文化》1991年第6期）

江苏吴县狮子山西晋墓清理简报

吴县文物管理委员会　张志新

1976 年 3 月，吴县枫桥林场职工平整山地时，在狮子山东麓发现了三座砖结构的墓葬。我们配合农田基本建设，及时对这三座古墓进行了清理。

狮子山，又名岞崿山，《越绝书》上称之为岞碓山，位于苏州市西郊，与虎丘山隔河相望，是苏州地区的一个风景区。

这三座晋墓位于狮子山东麓，高出地面约 3 米的山坡上。每墓各有广近百平方米、高 2 米左右的封土堆。M1 在山麓中部，M2 在 M1 东南 82 米，M3 在 M1 之西北（图一）。M3 早年被盗，墓室已被拆毁。M2 虽也被盗，墓室保存尚好。M1 保存完好。我们清理了 M1、M2，征集了 M3 出土的文物。现将发掘情况简报如下。

一、墓葬结构

M1 的方位为北偏西 15 度。由封门墙、墓道、前室、甬道、后室和耳室组成。全长 7.90 米。封门

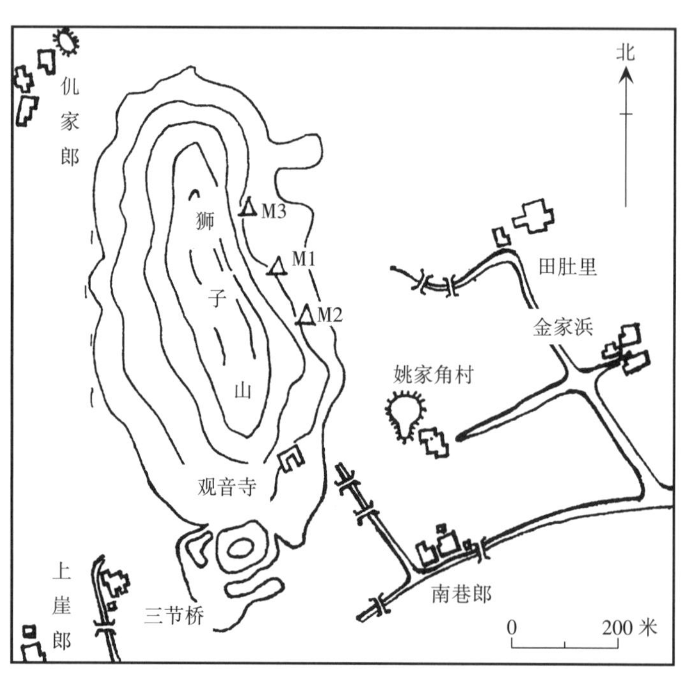

图一　狮子山晋墓位置图

墙以平砖砌八层起基，上为晋时多见的一丁三顺砖墙（俗称玉带墙）。封门墙中有纪年砖一块，上面模印阳文反字9个："元康五年七月十八日"（图二，左）。墓道长1.43米、宽0.95米、高1.2米。前室平面呈长方形，进深1.42米、宽2.9米、高2.45米。穹庐形顶。底中部与甬道、墓道相平；左、右两侧以三层平砖砌成平台，右侧平排直铺，左侧横竖参差。甬道长1.25米、宽0.96米、高1.13米，券顶。后室平面呈长方椭圆形，进深3.90米、宽2.65米、高2.65米，也为穹庐顶。左侧有一耳室，宽0.57米、进深0.88米、高0.61米（图三）。前、后室均以平砖三层起基，上砌为一丁三顺的砖墙三层，再叠砌平砖八层，以上渐渐起券收拢成穹庐顶。达顶部时，用梯形砖砌成，平面呈船形。底面有铺地砖两层，上层错缝平铺。M1所用的砖有两种。一为长条形平砖，规格为35厘米×17厘米×5厘米。另一种为刀形砖，长34、宽16.5、厚端5、薄端3.5厘米。用于起券部位。

M2在M1东南82米。墓向正北。由封门墙、墓道、前室、甬道、后室组成。总长9.01米。封门墙由三层长条砖平砌起基，以上堆砌为玉带墙。墓道用一层刀形砖、一层平砖砌成双层券顶，内高1.65米、宽0.83米、进深1.73米。前室平面呈扁方形，宽3.24米、进深1.95米、高2.8米。甬道宽0.95米、长1.03米、高1.65米。也以刀形砖、平砖各一层砌成双层券顶。后室平面呈长方形，宽1.8米、进深4.3米、高2.95米。后室与甬道连接处有一椭圆形盗洞，长径0.58米、短径0.45米。前、后室结构比较特殊。都以五层平砖平砌起基，再以一丁三顺相间砌成高为1.2米的玉带墙；其上从每面墙中部，始用砖侧砌成90度夹角的"V"字形。前室的前、后墙，和后室与甬道相通处，均有券门（图四），"V"字形结顶砖则起始于拱券门的中部，夹角为105度。墙转角处各有平置的砖"灯台"一个。这也是穹庐顶转角处起弧的基点。"V"字形砖先以30度角斜置在"灯台"上，以后夹角

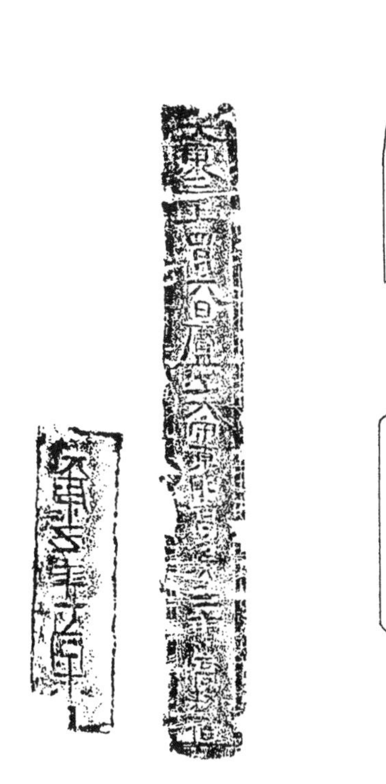

图二　纪年砖铭文拓片

左：M1纪年砖　右：M2纪年砖

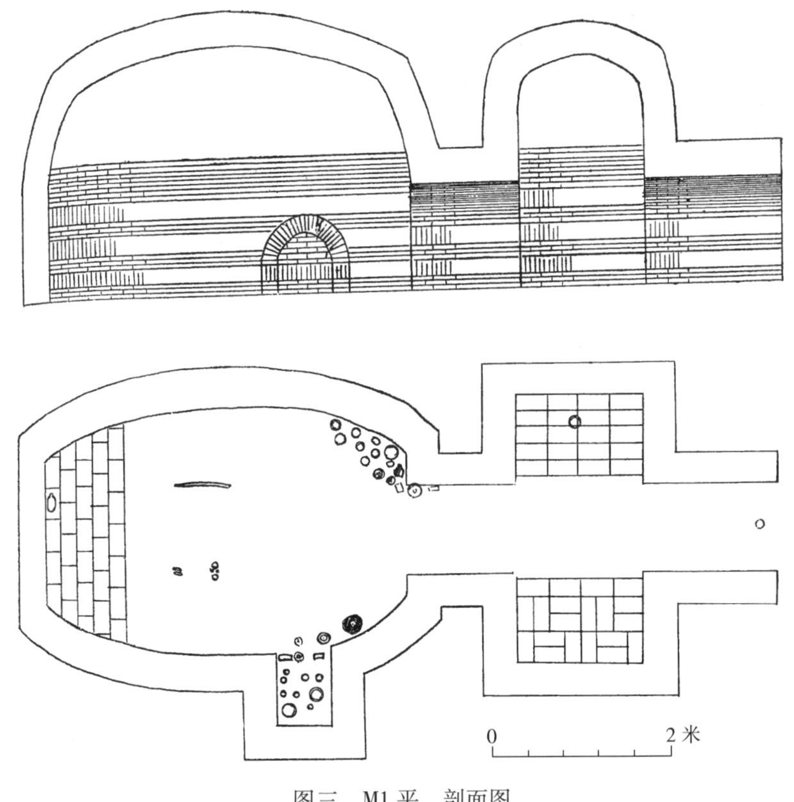

图三　M1平、剖面图

逐渐增大至45度，并向中心合拢；藻井部位呈方胜形（图五），两边的“V”字相衔接，形成“◇”形，然后以两块榫形砖嵌入中间。整个建筑就像倒扣着的四角篮。底部以两层平砖铺地，上层铺作席纹。M2所用的砖，大部分为34厘米×16.5厘米×5厘米的长条砖，一侧带模印反阳文，为：“元康三年四月六日庐江太守东明亭侯主簿高勅作”（图二，右）。有的砖头部还带有图案。用于拱顶的，则是长34、宽16.5、厚端5、薄端3.5厘米的刀形砖。

葬具及尸骨均腐朽无存。

二、出土遗物

出土遗物以青瓷为主，兼有铜器、铁器和金器等。

（一）M1出土文物65件。

1. 青瓷楼台堆塑谷仓罐　2件。其一施不透明茶绿色釉（部分地方有垂流并透明开片）。盖部为

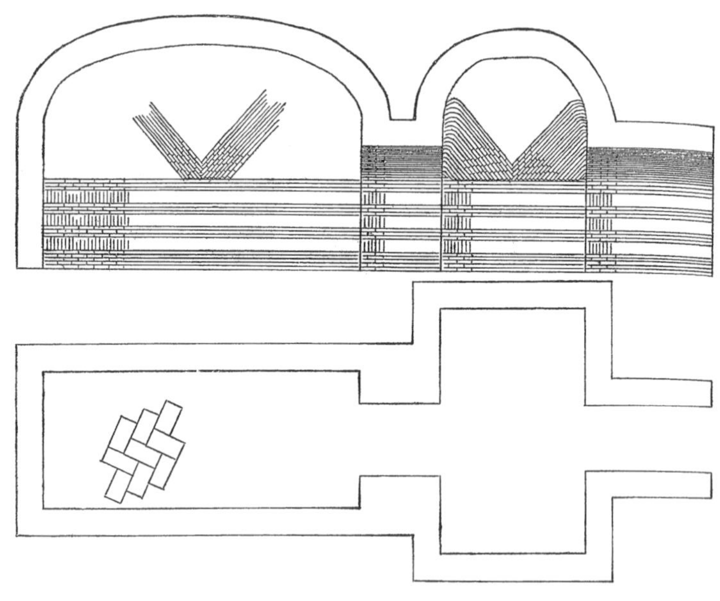

图四　M2平、剖面图

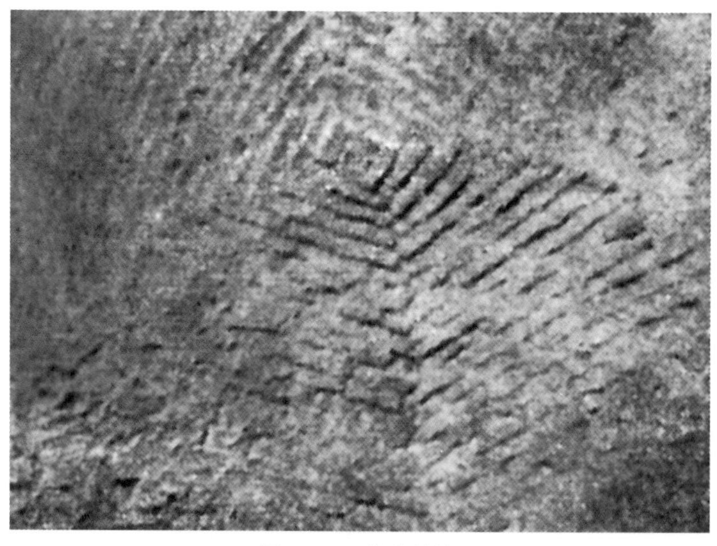

图五　M2藻井结构

一庄园式建筑，中间有高耸的三层楼房，四周为院墙。四角各有亭子一座。院墙每边带“凸”形孔一个。罐口呈方形，与四方形盖相吻合。至肩部有堆塑两层。上层有角亭四个，鸟兽及歌乐人像。下层有楼阁、门阙各二，内层塑舞、乐人像，姿态各异，有的翩翩起舞，有的吹乐、操琴，还有观赏及鼓掌的；外层塑狗、熊、羊、虎等走兽。腹部有仙人骑神兽、团龙、麒麟、衔环铺首等薄片贴塑，均为压印而成后粘贴上去的，易脱落。还塑蛇两条，一条肥短；另一曲长，且由一孔中蜒入，而在对面一孔中露出其首。通高 48 厘米。这件谷仓罐出土于后室右前角。

其二满施透明黄玻璃釉，有垂流现象，釉表有微细冰裂纹。盖部作重檐楼阁，戗角卷翘。屋面以划纹作瓦棱，楼四周有带花窗的院墙。四角塑龙形兽吻各一。口沿部对称分布小罐四个；塑檐屋两座，檐口有熊形动物作为支柱。间有飞鸟栖息，分布不规则。肩部有人物坐像八尊，头戴高耸的帕结，身披袈裟，双手合抱，下坐莲花蒲团。模印而成，分列罐左、右各四。前、后各有门屋一间，也有熊柱支撑檐口，前门左、右有门阙。腹素面无纹。通高 46.5 厘米。出土于耳室内（图版一，1）。

2. 虎子　1 件。为圆筒式。腹部饰三道凸弦纹，用硬器刻划而成。器足短小，似蚕茧。尾尖垂。背部有把，断面为菱形。虎目圆睁，虎口圆张即为器口。通身施茶黄色玻璃釉，开片，易剥落。高 15.8、长 22.8 厘米。置于墓后室南端的一块平砖上。

3. 扁壶　1 件。方唇，直口，饰凹弦纹一道。肩部以圆圈和菱形组成的饰带呈“∞∞”形。前、后腹面以圆圈环带连成鸡心状，并各有铺首一个。肩部左、右各有一系，腹部各有系二。圜足似一倒置的元宝，底内不施釉，露胎处呈褐红色。表面挂茶绿色透明釉。形体浑厚，釉色莹润。高 25.8、口径 5.4 厘米（图版二，3）。出土于后室右前角。

4. 簋　1 件。圆唇，侈口，圈足。前、后各有一铺首衔环兽饰。口沿下饰弦纹和斜方格环带纹。施茶绿色透明釉，圈足内露米色胎。高 13.4、口径 23.5、足径 14.8 厘米。在后室右前角出土（图一一）。

5. 香熏　1 件。上半部为圆球形，有三角形孔五排，分别为八、十一、十四、十五、十六孔，共六十四孔。在最下面一排中有一个长径 4.7、短径 3 厘米的椭圆形进香孔。顶部留直径 2.1、高 0.8 厘米的圆柱口。基部为“豆”形。璧形足。球体上镂三角形孔的空余部位饰划纹。基部饰弦纹和斜方格环带纹。通体施茶黄色玻璃釉，有微细冰裂纹。高 17.4、口径 2.1、底径 10.8 厘米。在后室右前角出土（图版二，4）。

6. 仓罐　1 件。折沿，平唇。茶黄色釉。肩部饰波浪纹。高 22、口径 11.5、底径 12.8 厘米。在后室右前角出土（图一三）。

7. 兔形水注　1 件。全器扁圆。作兔形，“人”字形嘴，竖耳，短尾，四足在肩腹部。顶部有径 1.9、高 0.5 厘米的圆柱形背水筒。施茶绿色釉。高 6.1、口径 1.9、底径 4 厘米。出于耳室口的青瓷钵内（图一二）。

8. 格盘　2 件。长方形。分七格。素面。施透明黄釉，易剥落，底部露米色胎。长 17.6、宽 11.8、高 4.7 厘米。分置于后室右前角和耳室前端（图一四）。

9. 牛厩　1 件。内塑牛一只。伏卧食槽旁。尾下垂，一耳竖直，一耳侧转，犹如正在反刍，形态动人。厩栏镂十五个长条形孔。栏边饰斜方格划纹。并有一缺口，可供喂饲料用。青灰色釉，底部露褐红色胎。高9、径13.8厘米。出于后室右前角（图一六）。

10. 铜灯座　1件。锈蚀较严重。竹节杆，龙首饰把。高23、灯盘径11.5厘米。下有径为20.1厘米的承盘。出土于耳室前（图一〇，1）。

11. 铜鼎　2件。大的盆式，折沿，尖唇，带虎头蹄形足三个，饰弦纹，高12、口径35厘米。小的蹄足，素面，底部积满烧过的烟烬，残高12厘米。都出在后室左侧。

12. 铜盆　1件。尖唇，折沿。饰弦纹九道。高4.4、口径16.8、底径12厘米。置于墓门口。

13. 青瓷钵　1件。圆唇，直口。釉色茶绿，釉脚线不平齐，底部不施釉处露米灰色胎。高5.8、口径15.6、底径8.1厘米。置于前室右侧砖台上。

另有青瓷镂孔烘罐2（图一五），双系罐2，唾壶1（图六），钵3，羽觞及承盘2，灶1（图八），箕2，鸡窝2、猪栏1，狗窝2，小罐1，鐎炉1，四系罐1，盘口壶1，铜洗2（图九），鐎斗1（图一〇，5），钵1，勺1。分别出在后室左、右前角。

有金饰6件：钗2枚，环2只，圈1只，线戒1只。

铁剑置在后室右侧中部，锈蚀严重。

（二）M2被盗，随葬品位置已扰乱，盗洞口被土淤塞，共清理出文物24件。

1. 青瓷百戏堆塑纪年谷仓罐　1件。釉色青灰，釉脚线不平齐。盖部似一庄园式建筑。口沿周有小罐四个。罐肩塑人像二十，分别作吹管、拨阮、弹琵琶、奏琴、吹笙、耍球、舞蹈状。也有阙门及门屋，并有飞鸟无规则栖息。罐腹有朱雀、仙人骑神兽、鱼、羊、狗、马、鹿等，均为贴塑，也有模印人像杂在其中（图版一，2）。尤为重要的是在肩部堆塑中，有龟趺驮碑一座。刻纪年铭文“元康二年润月十九日起会稽”（图版二，2），字刻在胎体上，外罩釉后烧制，釉面平整，不可摹拓。通高59.2厘米。

图六　唾壶

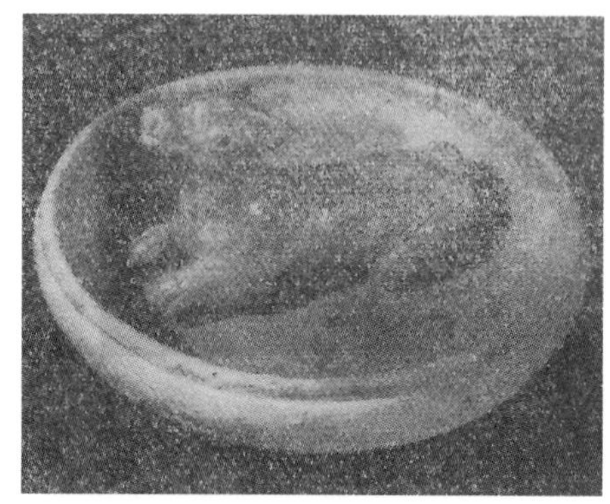
图七　青瓷狗窝

图八　青瓷灶

图九　铜洗

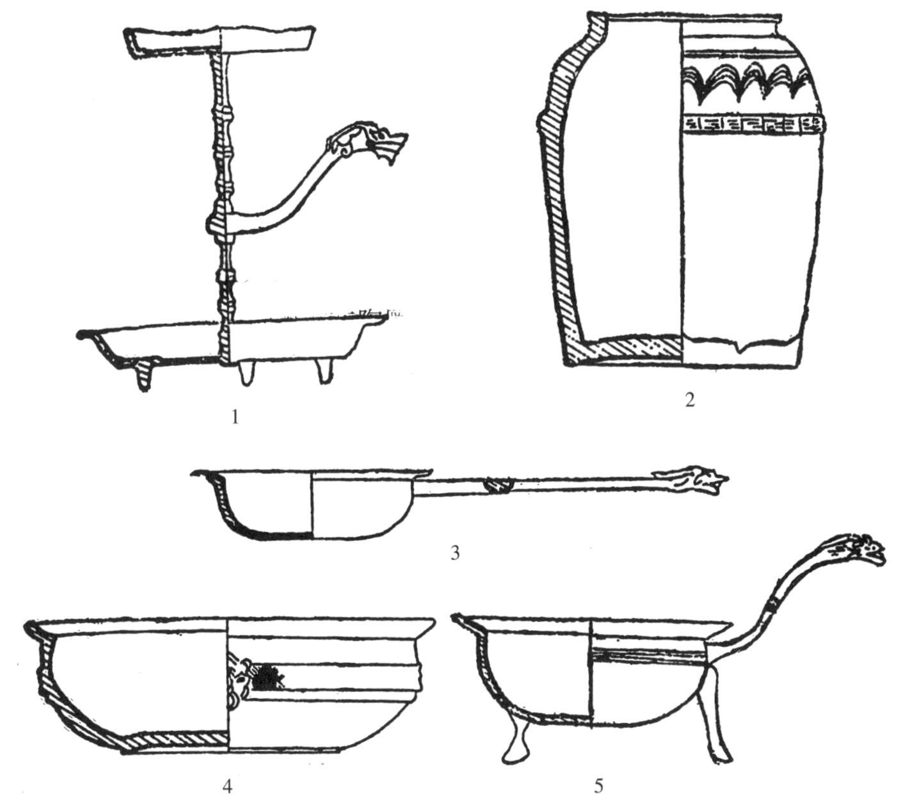

图一〇　墓葬出土器物

1. 铜灯座　2. 青瓷瓮　3. 铜熨斗　4. 青瓷洗　5. 铜鐎斗

2. 青瓷洗　1件。内、外均挂茶黄开片透明釉，底面无釉处露米灰色胎。折沿，圆唇。外部饰弦纹和斜方格环带纹，并有衔环铺首四个，对称排布。器内及口沿部饰四道刻划波浪纹。高10.4、口径34、底径17.5厘米（图一〇，4）。

3. 镂孔烘罐　1件。施不透明茶绿釉。带陶纹纽两个。有圆孔三排，各七个，参差而列。高8.5、口径9.5、底径10厘米。

4. 唾盂　1件。豆青色釉，碧绿葱翠，望而生爱。敞口，圆唇，短颈，溜肩，圈足。饰弦纹和对称衔环铺首三个。高11.2、口径1.2、底径8.5厘米。

5. 青瓷狗窝　1件。窝为钵形，外饰弦纹。内塑狗一只，抬头，瞪眼，竖耳，前脚伏地，后腿紧蹬，作狂吠状。施透明茶黄色釉，开片，易脱落。高6.4、口径12、底径8.5厘米（图七）。

6. 铜熨斗　1件。折沿，尖唇。口径15.5厘米，带22厘米长的龙首饰直把（图一〇，3）。

7. 金钗　1枚。长10厘米。

出土的青瓷器还有：双系罐1，灶1，鸡窝1，猪栏1，盘口壶1，羽觞4，承盘1，鐎炉1，洗1，小钵1。

（三）M3破坏严重，清理出较完整和可复原的文物5件。

1. 青瓷人物鸟兽堆塑铭文谷仓罐　1件。豆青色釉。盖似一庑殿式尾顶。罐腹有朱雀、神兽、仙人骑神兽、蜥蜴、铺首衔环等贴塑，一般成组地粘贴。肩部堆塑不分层。有人像十一，其中一为吹奏乐器，一为舞蹈，其余均拱手作揖状。四周塑鹿、狗、虎、马等动物。口沿部对称伸出龟首及前鳍爪四组，上各顶一四方形亭阁。前、后门均为三层楼阁，杂乱地粘贴栖息鸟二十余只。该罐也有带铭文

图一一　青瓷簋

图一三　仓罐

图一二　青瓷兔形水注

图一四　青瓷格盘

龟趺驮碑一座。前门左、右有阙坊。在堆塑层中，碑额铭“元康”二字；以下分为三行，分别记：“出始宁，用此□”“宜子孙，作吏高”和“其乐无极”。通高57.8厘米（图版二，1）。

图一五　青瓷镂孔烘罐

2. 青瓷鐎斗　1件。上为盘形，圆唇，折沿，平底，虎形蹄足，把已残。通身施不透明青灰色釉，底部有托烧印痕十个。四周饰圆圈和斜方格环带纹，并有相间且对称的衔环铺首和朱雀贴塑各三。高6.7、口径21.6厘米。

3. 青瓷瓮　1件。直口，卷唇。肩饰篦纹环带，并有波浪纹一道。釉色青灰，釉脚线不平齐。底内凹，不施釉处露浅红色胎。高22.5、口径12.5、底径15厘米（图一〇，2）。

还有带屋顶猪窝1，镂孔双耳烘罐1。

三、结束语

图一六 青瓷牛厩

狮子山西晋墓没有发现墓志铭和地券，但 M1 有“元康五年七月十八日”（295 年）铭封门砖，M2 也有带“元康三年四月六日……”（293 年）铭纪年砖，提供了这两座墓葬的年代。“元康”是晋惠帝司马衷的年号，说明这些墓葬的年代都应在惠帝时期，即西晋的中晚期。

所发掘的三座墓葬有多种拱券结构。尤其 M2 出现了一种四隅券进式的穹庐顶。这种顶在一定高度的墓壁中部，采用“V”形砌法，而从四隅同时起弧向上券砌，逐渐合拢而成穹庐顶。使顶部的每块砖，都处在“十”字形相交的两个拱券中，受到前、后、左、右四砖的挤压。这样的结构比攒尖顶荷重大，不易坍塌。这是当时建筑中的一项创新。也为我们研究古代建筑技术史和建筑拱券力学提供了新的资料。

青瓷器是这三座墓葬的主要遗物。种类繁多，造型别致；青釉莹润葱翠。青瓷谷仓罐、簋、扁壶、兔形水注、香熏等更是其中的代表作。说明我国当时青瓷烧造工艺已达到了成熟的境地。

青瓷楼台人物鸟兽谷仓罐龟趺驮碑上的铭文：“出始寍，用此□，宜子孙，作吏高，其乐无极”和“会稽出始宁用此丧葬宜子孙作吏高迁众无极”铭，以及“永安三年时，富且洋（祥），宜公卿，多子孙，寿命长，千意（亿）万岁未见英（央）”铭一样[①]，都是吉祥语，也是地主阶级人生哲学的体现。“寍”可能是“宁”的异体。“始宁”当为地名，位于今浙江省上虞区西南。《水经注》载：“浦阳江东北迳始宁县西。本上虞之南乡也。”始宁县自东汉置，至隋初复并入上虞县。谷仓罐烧造的年代，恰巧在设置始宁县时，铭文记述了它的产地。“出始宁”的铭文多见于谷仓罐上，可知始宁窑也是值得重视的青瓷窑口。“用此”之下一字，字迹较模糊，但又不像上述铭文中的“丧葬”，亦不是“大”和“弅”或“垕”的结合。上部可辨认为一“雨”字，下部尤似“缶”，中间隐约可见，似为“皿”。整个字疑为“𩆜”（音灵），这样较符韵律；同时“𩆜”亦作𦉢，瓦器也[②]。如是“𩆜”字，那么当为这类堆塑明器的名称。

M1 出土的黄釉人物飞鸟谷仓罐上塑有八尊身披袈裟、坐在莲花蒲团上的人像。根据东汉已有胡僧来我国传教，以及江南吴赤乌年间已拥有为数不少的佛寺这一历史情况来看，这些很可能是佛像，说明西晋时期青瓷烧造工业，在装饰和造型艺术上已经受到佛教的影响。

青瓷楼台百戏纪年谷仓罐的龟趺碑上，铭有：“元康二年润月十九日起会稽”。记述了它的烧造年代与产地。元康二年干支纪年为壬子年，并不置闰；元康三年则置闰二月。据此，铭文上的“润月”可能不是“闰月”的误写，而是一种特定的纪月法，也可能是制作该罐的工匠误将“闰”写成了“润”，将“三”误写成“二”。该罐与“元康三年”的铭文砖同出一墓，说明这罐不可能是后代的产品。它与早先出土的“吴永安三年铭青瓷坛”“晋永宁二年铭谷仓罐”[③]一样为有绝对年代可考的重要器物。从这时期发掘出的四只谷仓罐看：两只口沿周围对称地塑有四个小罐，两只塑有四个小屋。研究者曾推断，谷仓罐是由东汉五联罐发展而来的；而西晋，正是从“罐”过渡到“屋”的变动阶段。

这些谷仓罐的出土，为研究青瓷谷仓罐的断代和演变提供了资料。

根据晋时盛行聚族而葬的习俗，这三座墓可能同属一族。M2 的砖铭："元康三年四月六日庐江太守东明亭侯主簿高勅作。"据《晋书》记载，被封为"东明亭侯"的有二人，一为李矩，有传，"矩坠马卒，葬襄阳之岘山"[④]。可见墓主人不是李矩。另一为傅隽。《晋书》傅玄列传中有这样一段记载："以讨杨骏勋，当封（傅祗）郡公八千户，固让，减半，降封灵川（州）县公，千八百户。余二千二百户封少子畅为武乡亭侯。又以本封赐兄子隽为东明亭侯。"杀太傅杨骏，时在永平元年（291 年）三月。从时间上来看，墓砖铭上的东明亭侯为傅隽是可能的。同时"吴郡顾荣常与亲故书曰：'傅长虞（祗兄长虞）为司隶，劲直忠果，劾按惊人。虽非周才，偏亮可贵也。'元康四年卒官，时年五十六。"并无记载长虞的葬地，且与砖铭纪年仅隔一年。《吴县志》名宦录中有"傅长虞，北地人，咸宁中累迁……"的记载。长虞的长子敷，"永嘉之乱，避地会稽，元帝引为镇东从事中郎。……（从会稽）舆病到职。数月卒。"（《晋书》卷四十七）次子晞当过上虞令。这些记载说明傅玄家属与苏吴一带有着过往的关系，由此看，墓主人很可能是傅长虞及其家属。主簿高勅则可能是帮办丧事的僚佐。至于傅隽是否任过庐江太守，有待进一步的查考。

"司马炎取得帝位后，鉴于曹魏因皇室孤立而亡的教训；恢复了古代的分封制，大封宗室二十七人为王，并允许诸王自选王国内的长吏。……又大封异姓士族，高级士族，一般都得到公、侯、伯、子、男等称号……史书记载当时的封国竟达五百多个。同时，西晋还保留了汉魏以来的乡侯、亭侯、关内侯、关中侯等称号，此外，还大量增设官吏，以满足世家大族的要求。"[⑤]狮子山西晋墓从一个侧面反映了这个史实。墓葬的年代，正处在藩王争权的"八王之乱"中，"是时人主昏瞀，妃后专制"[⑥]。众多的宗室王和大量的高级士族、郡公、郡侯、县侯，乃至乡侯、亭侯得到大量的封地。同时，元康年间河南、安徽一带"山崩地陷，洪水出，坏城府及百姓庐舍"，"大旱，陨霜，杀秋稼，米斛万钱"。"诏骨肉相卖者不禁。"[⑦]但是墓主人聚敛财富，择宝地而营造族墓，暴露了以司马氏皇室为中心的西晋统治阶级极端贪婪残暴、荒淫无耻的本质。他们的恶行，加速了西晋王朝的灭亡。

叶玉奇、沈根木同志一起主持了狮子山西晋墓的发掘。本文在撰写中，得到江苏师范学院吴奈夫同志的帮助和支持，在此谨致谢意。

注释

① 陈万里：《中国历代烧制瓷器的成就与特点》，《文物》1963 年第 6 期。

②《中华新字典》，上海广益书局，1912 年。

③ 镇江博物馆、金坛县文化馆：《江苏金坛出土的青瓷》，《文物》1977 年第 6 期。

④［唐］房玄龄等：《晋书》卷六十三，中华书局，1974 年，第 1706 页。

⑤ 郭沫若：《中国史稿》第二册，人民出版社，1979 年。

⑥［唐］房玄龄等：《晋书》卷四，中华书局，1974 年。

⑦［唐］房玄龄等：《晋书》卷四，中华书局，1974 年。

［原载《文物资料丛刊》（3），文物出版社，1980 年］

1. M1 出土黄釉青瓷楼台堆塑谷仓罐

2. M2 出土青瓷百戏堆塑纪年谷仓罐

图版一　江苏吴县狮子山晋墓出土器物

1. M3 出土青瓷人物鸟兽谷仓罐

2. M2 出土青瓷谷仓罐铭

3. M1 出土青瓷扁壶

4. M1 出土青瓷香熏

图版二　江苏吴县狮子山晋墓出土器物

吴江县东太湖发现隋瓷、隋“五铢”铁钱

吴江县图书馆　柳德庆

1979年6月，吴江县苑坪公社红旗大队副业队社员在东太湖围垦田中，1米多深泥下发掘到一批瓷碗、瓷罐、铜盂和铁钱。

当时，出土文物被群众分散，社、队干部得讯后即到现场查看，作出保护文物和生产两不误的决定，制止了挖掘，及时种上秧。县文教局也立即组织干部到该地调查，逐户进行了文物政策的宣传，征集了出土文物。按计划，结合秋后翻土，又继续发掘出一批文物。现分述如下。

1. 瓷罐　6件。大小相等。四系有盖，盖箬帽形，饰五六花瓣，蚕形浅纽。罐腹见一二轮线，上半部有划花覆莲瓣。浅黄绿色釉，晶莹润泽半透明，腹下至平底、罐口、腹内均无釉留糙。瓷胎细白，造型精美。腹径15、高21、口径9厘米。

2. 瓷碗　40件。体形相同，大小三种。碗度深，留糙实心小碗底，有如象棋子。碗上部釉色与瓷罐相同。大碗高8、口径12、底径4厘米；小碗高4厘米，如小酒盅，个别有乳尖三足。

3. 铜盂　2件。一大一小（现在苏州博物馆）。

4. “五铢”铁钱　钱泥结块一批，约有1米长、1米宽、0.13米厚。从泥块中剔出的铁钱，四方孔，正面有“五铢”二字，“铢”字较为模糊。背面无字，方孔有四出线。其中部分为钱模。

5. 陶缸　1件。口径约50厘米，仅得2碎片。上有铜币大小制成圆孔数个。

出土地处东太湖，为1977年围垦田，原为太湖水区，离岸近滩。现于1米多深泥下发现此批遗物。其中瓷罐、瓷碗、“五铢”铁钱，经苏州博物馆及南京博物院均考为隋代之物，对于提供钱币史研究，很有价值。

遗物集中在4米长度内，东南走向。陶缸内装12只碗，旁有瓷罐，叠置瓷碗，大铜盂套小铜盂，盂内大碗套小碗，铁钱集置成串。周围未发现砖木物，故不是墓葬，像是沉船。铜钱不像作坊现场，可能运输时沉下。出土隋代遗物，为中华人民共和国成立以来吴江县初次发现，对研究太湖水域历史，提供了实物资料。

（原载《文博通讯》1980年第32期）

苏州平门城墙唐墓的清理

苏州博物馆　朱薇君

苏州平门城墙位于苏州城的北部，内、外有两条护城河紧紧地围绕。1976 年，苏州博物馆对这段城墙进行了初步的勘察和发掘，发现了一批六朝时期的中、小型墓葬，并清理了编号 M31、M32 的两座唐墓。

M31、M32 均为一般的单人砖室券顶墓。两墓顶部早被破坏，墓内仅存红、黑色棺漆的痕迹。

M31　墓壁用长 28、宽 13、厚 2.5 厘米的青砖三横一竖式双层砌成，共三组。墓后壁有三个小壁龛。墓长 3.3 米，宽分别为 0.72 米、1.2 米、1.12 米，残高 0.9 米。整个墓形如船状。方向北偏东 135 度。遗物大部分置于头部和棺外（图一）。

M31 出土遗物介绍如下。

陶壶　2 件，为一式。施酱褐色釉不及底。盘口，短颈，鼓腹，四系已被打掉，平底。器高 29 厘米（图二）。

大铜镜　1 件。用麻织品包裹，腐蚀严重。圆纽。镜直径 28 厘米。

小银盒　1 件。圈足。素面。腹径 6 厘米（图三）。

“开元通宝”铜钱　2 枚。直径 2.5 厘米（图四）。

砖刻墓志　1 块。背饰有抹角莲瓣花、云头卷枝花和绞棒花等（图五、六）。

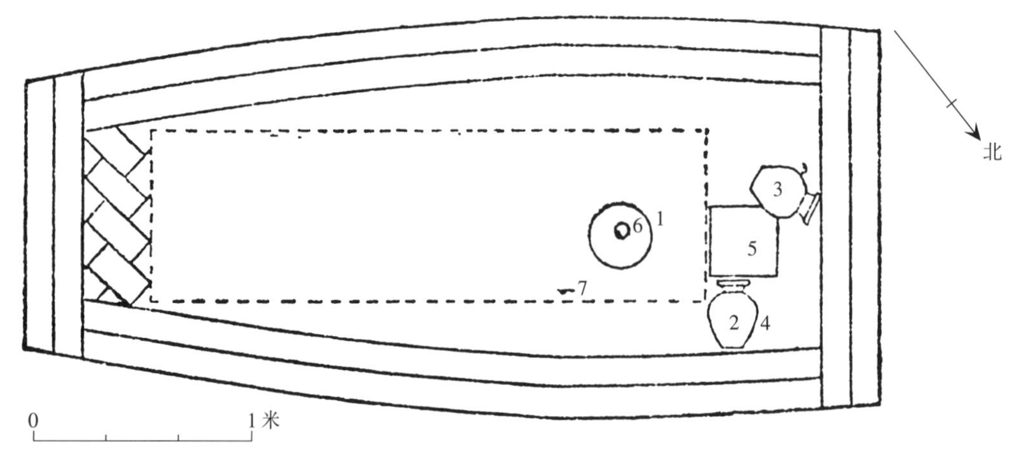

图一　M31 平面图

1. 铜镜　2、3. 陶壶　4. 花纹砖　5. 墓志（压在 4 下）　6. 小银盒　7. 铜钱

图二　陶壶

图三　小银盒

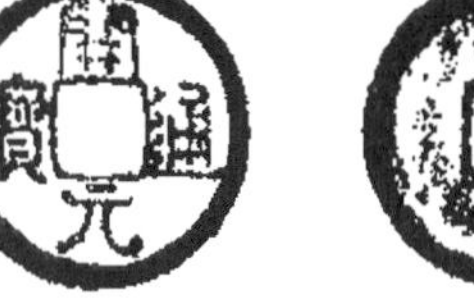

图四　“开元通宝”铜钱拓片

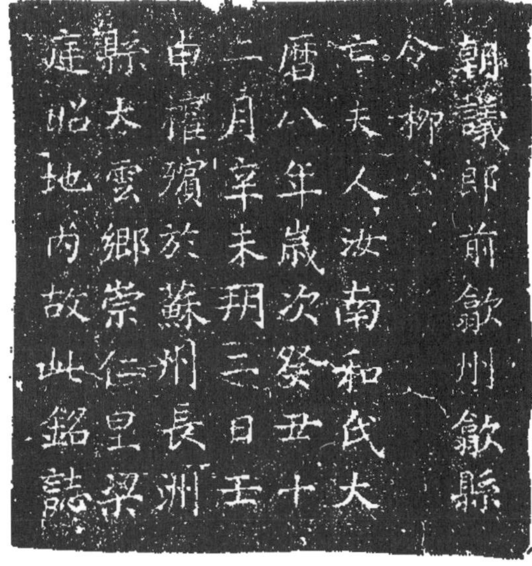

朝議郎前歙州歙縣
令柳公
亡夫人汝南和氏大
曆八年歲次癸丑十
二月辛未朔三日壬
申權殯於蘇州長洲
縣太雲鄉崇仁里梁
庭昭地內故此銘誌

图五　M31 墓志

图六　M31 墓志背面

墓志上另盖一块花纹砖，花纹与墓志背面的纹饰基本相同。长、宽均为 30 厘米。

M32　墓壁用长 27、宽 13. 5、厚 3 厘米的砖砌成单层二横一竖式，共四组。东、西两壁的南端各有一个小壁龛。墓全长 3. 3 米，宽分别为 0. 88 米、0. 94 米、0. 64 米，残高 0. 85 米。方向北偏东 110 度。遗物大部分置于墓的南端（图七）。

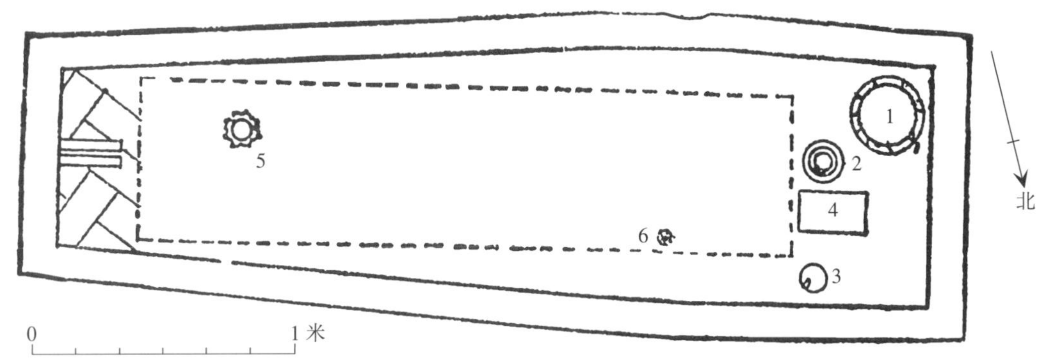

图七　M32 平面图

1. 铜洗　2. 陶坛　3. 陶灯盏　4. 墓志　5. 铜镜　6. 铜钱

M32 出土遗物介绍如下。

铜镜　1 件。为鸾兽衔花镜。兽纽，菱花式流云纹缘。质坚，含锡成分较高。直径 12 厘米（图八）。

铜洗　1 件。已残。

“开元通宝”铜钱　8 枚。

陶坛　1 件。侈口，无颈，宽肩，削腹，平底。施釉不及底。腹径 16、高 21 厘米。

陶灯盏　1 件。黄褐色釉已剥落。径 10 厘米（图九）。

砖刻墓志　1 块。长 30. 5、宽 15. 5 厘米（图一〇）。

图八　铜镜　　图九　陶灯盏　　图一〇　M32 墓志

从这两块墓志志文中可看出，当时苏州平门城墙已存在，称为北城。现苏州桃花坞一带，唐代属长洲县大云乡，并有崇仁坊、崇仁里等里坊。

[原载《文物资料丛刊》(6)，文物出版社，1982 年]

苏州虎丘云岩寺塔发现文物内容简报

苏州市文物保管委员会

苏州虎丘云岩寺塔，始建于五代末年，建成于北宋初年，此后修理和改建记录，可考者仅元至正和明永乐两次。崇祯末年，曾一度改建塔之第七层。清乾隆中叶，在寺之西南一带，起造行宫，塔亦可能在此时期修理一次。咸丰十年（1860 年），全寺沦为废墟，塔亦毁损，倾斜裂缝，岌岌可危。1956 年冬，苏州市文物保管委员会在中央文化部、江苏省文化局和苏州市人民委员会支持领导下，更得到国内建筑专家和上海、苏州两市建筑工程部门协助设计，进行抢修。1956 年 3 月 30 日下午，工人王菊生在塔之第二层正西门口边沿灌浆时，屡灌不满，觉其中似有空隙，揭开一部分砖砌（约 60. 5 厘米深处），发现孔道，探身进入，见有直南直北（约长 1004 厘米），直东直西（约长 1140 厘米），阔 68 厘米、高 63 厘米的“十”字形空衖一条，中间放有长方形石函和其他文物多件，即予取出。因缺乏经验，兼暗中摸索，不免使函身拆散，伤及经箱底板，以至箱中绢襆之类，有所毁损。嗣后我会又在 5 月 5 日配合工程进行，于塔之第三层中央进行发掘，约在 70 厘米深处发现一个 65 厘米见方、深 73 厘米方窟。壁上都圬土红色，内中有石函、铜镜等文物一批（图一）。6 月 16 日，在塔之第四层中央配合工程进行发掘，约在 104 厘米深处发现一个“十”字形空衖，长约 265、高约 58、阔约 53 厘米，内中砖泥零乱，经过清理，获得当时所遗留下来的木制泥刀 3 柄。又在塔之第五层乱砖鸟粪中清理出残缺的石造像 4 件。以上各件并原始建筑的有关材料等，先后送会整理，妥慎保存。现在将整理结果叙述如下。

一、第二层中间发现的文物

1. 石函（图二）

石函长方形，是用六块砚石，做好榫头合成的。函身每面浮雕佛像五尊。底部四周，刻云纹花边。函盖背面，涂成漆地，用银朱写“□信心造□□盛众□金字法华经”等字，其余若干字，因漆地剥落，不易辨明。

2. 经箱（图三、四）

开启石函，即为经箱。箱盖上放有已朽的钱囊和散开的铜钱（见后节），箱底则垫有丝织物。箱身系楠木所制，外涂广漆，各部接缝处都镶包银质鎏金花边，或作莲花，或作凤尾，极为工细。边上并列钉有凸形圆钉。箱口搭链上扣有鎏金镂花俗称爆仗锁一把（图六），钥匙扣在锁上。箱盖上面，

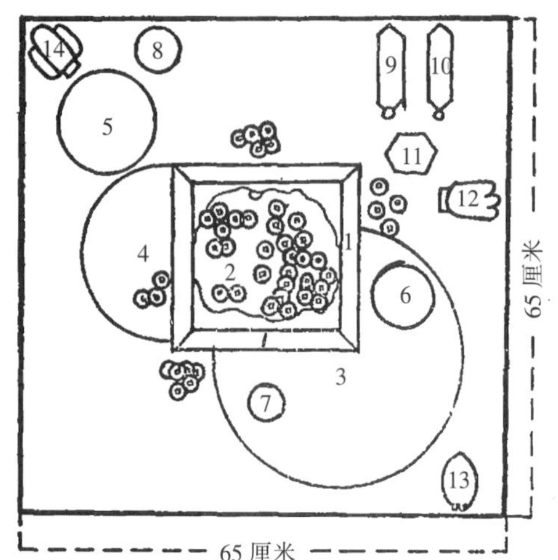

图一　虎丘塔第三层方窟平面示意图
1. 石函　2. 残钱囊　3. 陆七娘铜镜　4. 十二生肖镜　5. 铜镜　6. 青瓷碗　7. 九角铜杯　8. 铜坐佛像　9、10. 铜十一面观音　11. 六角铜座　12 铁铸佛龛　13. 三佛铜造像　14. 檀香木雕三连佛龛

分钉鎏金角形莲花四朵（一朵已脱失），中心有交飞状凤凰一对，已脱失，只存痕迹。底座四周木边，雕有镂空如意头。附近边上，横凿小字一行："建隆二年男弟子孙仁朗镂，愿生安乐国为僧"（图五）。箱底露外部分，有毛笔写下列字迹："弟子（已剥落）言细招（细招二字左偏旁已剥落）舍凈财造此函盛金字法华经。弟子（已剥落）孙仁遇舍金银并手工装，弟子（已剥落）孙仁朗舍手工镂花，辛酉岁建隆二年十二月十七日丙午入塔"（入塔二字已剥落）（图九）。箱后铰链，作茧形，内面有双钩凿"孙仁祐"三字。

3. 经卷（图六）

箱内放有现已硬化作黑色（磁青纸）经卷7卷。每卷长26厘米，每卷两头伸出银质鎏金包头之轴。卷端描有金花图案，以金写出"妙法莲花经卷第□"字样，卷端并扣扁形丝带。在贮放中，每卷外面用绢襆包裹，一块至四块不等。现在将每卷经卷外形和包裹状况，分记于下。

第一卷　卷面写"妙法莲花经卷第一"，外用已泛作灰绿色绢襆包裹（约46厘米见方），绢上印有似淡黄色圆形花纹十六朵。中间用毛笔写有"女弟子于八娘舍裹金字法华经永供养"字样，一角有飘带二条。

图二　石函正面
长46、宽26.5、高25厘米

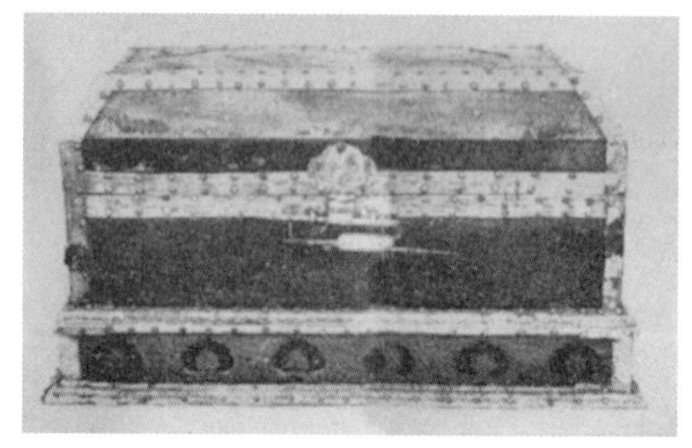

图三　经箱正面
长37.8、宽19.2、高21厘米

图四　经箱背面

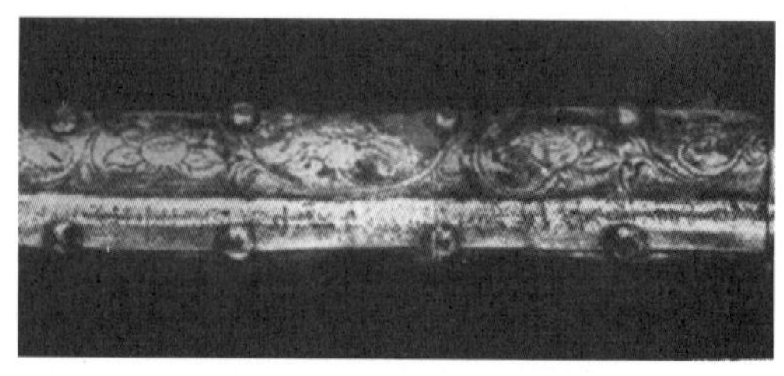

图五　经箱正面边沿上所凿字文

第二卷　卷面字剥落，剩“莲花经”三字还可辨出，外用三块绢襆包裹：第一块色泽已泛作檀香色，拉花织纹（约44厘米见方），上面分三行毛笔写“武丘/弟子曹二娘舍裹妙法莲花经卷/塔上”。

第二块色泽亦已泛作檀香色，拉花织纹（约50厘米见方），上面毛笔书写“李氏六娘舍裹经”字样，角上飘带有“李氏六娘”四个小字。

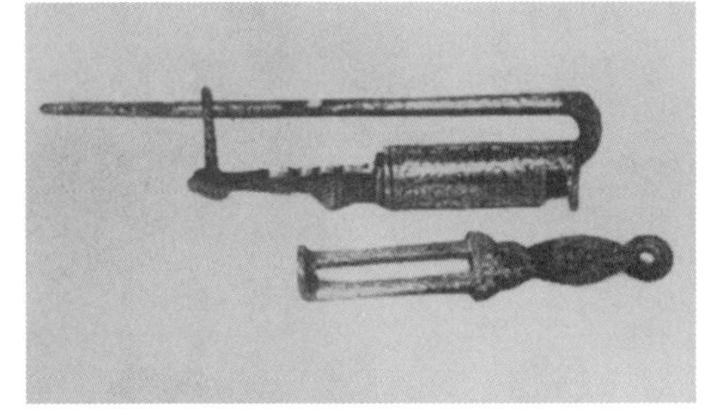

图六　锁及钥匙
锁长10.6厘米，钥匙长6.3厘米

第三块色泽亦已泛作檀香色，拉花织纹（约48厘米见方），襆上有毛笔画简单花枝十六朵，中间写“颜氏八娘太君舍”字样。

第三卷　卷面字剥落灰化不明，外用拉花绢襆两块包裹，均已泛作檀香色。第一块（约44厘米见方），中间分三行毛笔写“永充/亡杨氏二娘/供养”。此卷开时内中并放有约一二厘米见方和各种不同花纹之绫绢数十块。此襆未有针缝边，与它襆稍有不同。

第二块襆上有简单毛笔画花枝（约50厘米见方），中间用毛笔写“朱氏九娘太君舍裹经”字样。襆一角上有灰绿色飘带两条。

第四卷　卷面写“妙法莲花经卷第四”，外用绢纹稀疏、微见方形回文并已泛作檀香色之襆子包裹（约45厘米见方），中间用毛笔写“徐□舍裹金字经”，一面写“充供养”三字。襆角有飘带。

第五卷　卷面字已灰化不明，外用绢襆三块包裹。第一块已泛作檀香色（约50厘米见方），有简单毛笔画花枝，中间写“彭城县君钱氏三十八娘舍”，绢边有同样小字一行（图七）。

图七　经卷上的字及花纹
银质鎏金轴长2.3厘米

图八　裹经绢襆之一

图九　经箱底部字文

第二块亦泛作檀香色，拉花织纹（约45厘米见方），中间毛笔写字两行“永充/弟子杨公儿舍”。

第三块已泛作灰绿色，有淡黄色印花痕（约46厘米见方），中间用毛笔写“女弟子高十娘太君舍裹经”字样。

第六卷　卷面字已剥落，剩“第六”两字，外用拉花织纹绢襆包裹，已泛作檀香色（约45厘米见方），并有简单毛笔画花枝，中间用毛笔写“女弟子冯氏十一娘舍裹金字法华经入武丘山寺塔内充供养”字样。

第七卷　卷面字已灰化不明，外用绢襆四块包裹。第一块已泛灰绿色，上有淡黄色印花（约46厘米见方），上面写毛笔写字两行“女弟子钱四十二娘/舍裹金字经”。

第二块为薄如蝉羽之纱，色已泛灰绿，残破不堪，中间只存毛笔写“金字经”三字。

第三块已泛作灰绿色，上有淡黄印花痕迹，拉花织纹，中间毛笔写“弟子邬承譓舍裹经”字样，飘带上亦有“邬承譓舍”四小字。

第四块绢纹稀疏，已泛灰绿色，中间毛笔写“舍裹金字经”字样。

4. 纸卷，锦包竹帘，残绣纹，残锦，牙牌，珠饰等

和上面七卷经卷同放的，还有一卷白纸的纸卷（长28.5厘米），因质地已酥烂，无法展开，头上露出部分，上写“弟子孙仁遇……金花银装经函一”等字。再从剥落的纸卷碎片看，纸卷内都是人名（图一〇）。在纸卷外面，有绣襆包裹（绣襆已残），颜色已泛成灰黯。在绣襆的夹里上面用毛笔写“弟子徐仁海”等字样，经箱内有残花锦色竹帘一块（图一一）。另有破残绣襆四块，皆刺绣花卉，针法不甚细致，却古朴大方，部分色彩犹可辨明。绣襆质地较粗，一块已泛焦黄色，上用毛笔写“丘山寺宝塔上”字样（图一二）。一块作深栗壳色，上绣金黄莲花。一块紫地绣菱花莲花（图一三）。一块深紫红地，亦是绣菱花荷花。另有残锦一块，金黄地黑色花纹。以上各件，如何作用，因放置部位已被掏乱，不易明了了。另有长方形象牙牌一块，色已泛黄，上刻“弟子顾超舍愿三世亲生父母疾证菩提佛道”字样（图一六）。以外尚有银丝珠串一圈，计：串在一起的小真珠七粒，木珠一粒，菩提珠一粒，玛瑙质穿孔圆形挂饰一粒，菱形挂饰一小块。真珠光泽，尚属莹洁。

图一〇　纸字卷

图一一　锦色竹帘
长约47、宽32厘米

图一二　残绣之一

图一三　残绣之二

图一四　青瓷碗
口径17、高6厘米（左）；口径17.7、高6.3厘米（右）

图一五　香炉及木香
炉口径14.5、底径8.2、高11.7厘米

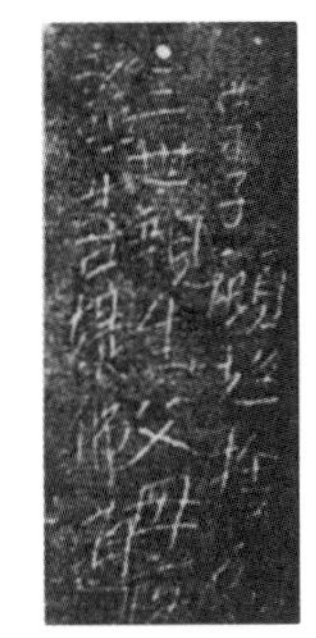

图一六　牙牌拓片
长6.2、宽2.7厘米

5. 石函外分放各件

在贮藏上述石函之十字衖内，除石函外，在石函顶上放有灰陶碗形香炉一只（口径14.5、底径8.2、高11.7厘米）。炉中竖放檀香木香一枝。香木两头抹有红漆（图一五）。在石函前（南面）1米处有青瓷碗一只，内放一油盏，碗内积有油垢（图一四，左）。另一只青瓷碗，在石函后（北面）1米处，无油盏，但积垢相同，并已有裂损（图一四，右）。

6. 钱币

上述放在经箱盖上之钱囊，已腐朽。计散存钱币3.5千克。钱币有“开元通宝”“乾元重宝”“唐国通宝”“大唐通宝”“永安五铢”“太货六铢”“周元通宝”“半两”等，中以“开元”“乾元”为最多。

二、第三层中间发现的文物

1. 石函（图一七）

石函质地同上面藏经箱的一样，也是砚石制作，但作正方形，下广上窄，分五节叠成，无雕刻。它是放在方窟的中央。

2. 铁函（罩形）

石函里面，竖一铁函（函底板20.1厘米见方，下面函口19.1厘米见方，顶部10厘米见方，通高34.2厘米）。罩和底板相连处，每面用两根铜丝扣住。罩上并放有绢襆，已残破不整，并泛作铁锈色，中间有一小块外方内圆的制钱形组件，是用线订上去的。当石函开启时，见石函铁函空隙间填着不少黄色粉末，是否防锈除虫，作用不明。

3. 铁铸金涂塔（图一九）

再把铁函开启，即见有绢襆五块，复盖着金涂塔一座（图一八）。绢襆大多朽烂，比较完整的一块（约53厘米见方），色已泛成淡黄，上面有毛笔写字两行“□□惠朗舍此襆子一枚裹/迦叶□来真身舍利宝塔”。

其余有织纹如葡萄绉者一块，已泛作豆沙色，字已模糊不明，一角缀有飘带。残绢一块，织有花纹，上有残剩毛笔写“辛酉岁题”四字。一块已泛栗壳色，上面残剩有毛笔写“舍永充”三字。一块亦有花纹，色泛深赭。另有一二厘米的各种小块绫绢数十块散置塔面。

襆下即为金涂塔。塔顶相轮等已朽酥成小块，不可收拾，四周翘角除三只倾折外，一只尚属完整。自塔身塔座至翘角，均满铸佛像，极工细。塔身中空，在塔座中心，凹一洞，内放一金铸小瓶。瓶口有盖，口中塞着纸团。根据襆上文献，此瓶可能即藏舍利（图二〇）。

图一七　石函
底层 27 × 27.6、顶层 22.4 × 22.5、通高 44.1 厘米

图一八　铁函初开时的情况

图一九　铁铸金涂塔
塔座高 4、底 11 厘米见方，塔身高 7.8、宽 11.2、翘角高 6.8 厘米

图二〇　金涂塔中的金瓶
腹径 7 厘米

图二一　开启的檀木佛龛
连座高 19.3、宽 6.3 厘米，左、右二龛高 16、宽 4 厘米

图二二　残石造像
高 24.5 厘米

在金涂塔塔顶上，亦即覆盖于残襆中的，还有一小木塔。形制与我们所常见的喇嘛塔相仿，外涂黑漆，但同时以赭漆勾画塔座、壸门和相轮（图二六）。同时有一玉质方幢，在铁函开启时已倾仆在金涂塔座下。按照木塔内痕迹，似此玉幢即放于塔心内，大小亦颇恰合。玉质不甚莹洁，已微泛作象牙色。

4. 附放石函以外其他文物

越窑青瓷莲花莲座碗　1只。下承以托，亦作大瓣莲花图案。釉色明润，光泽如玉，当是越窑稀有的精品（图二七）。

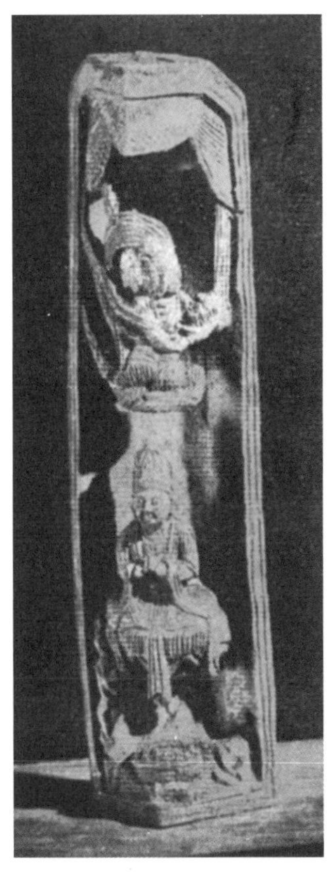

图二三　檀木佛龛扉龛

图二四　檀木佛龛主龛

图二五　檀木佛龛帛龛

图二六　小木塔和小玉幢
小木塔　高10、底径约4厘米
小玉幢　高2.8、底径1.4厘米

图二七　青瓷莲花莲座碗
通高13、口径13.5厘米

图二八　铜佛像
高19.2厘米

图二九 铜佛像（十一面观音）
高23.5厘米

图三〇 铜群佛像

铜佛像 4件。一件作盘膝而坐形（图二八）。两件均为立像，是十一面观音（一头已断），足踏莲座，一手持柳，一手执瓶，衣饰珞璎，均颇工细（图二九）。另一件则是群像。在藕节上，穿出莲蓬三个，中间一个较大，一佛捻指盘膝而坐；左、右两个较小，作立状，首后并有光轮。三像连缀起来，成一个群像图案（图三〇）。

铁铸莲瓣形佛龛 1具。质地已酥烂，花纹亦多模糊。龛内铸着或坐或立的佛像大小数十尊。

檀香木雕三连佛龛 1具。此龛下面是一莲座，莲座上有三块合成的圆龛，打开后即现出中间和左、右佛龛三座。中间一座，雕着观音立在一枝藕上。另外穿出的一瓣莲花上，有善财童子对他作合十膜拜。此龛部分已裂缩，其余左、右两龛，每龛上、下各雕佛像一个。此项作品，全属立体雕刻，并部分描金，眉目衣折，极为工细，是有高度艺术性的文物（图二一、二三~二五）。

铜镜 4面。一面最大型的，背面有毛笔字，上写“女弟子陆七娘敬舍大镜一面入武丘山塔上保佑自身清吉□诸□□眷属团圆身富清健□再□供养降建（建隆之误）二年三月日题”字样（图三一，上）。一面直径23.7厘米，背面是八卦和十二生肖花纹。一面直径16厘米，背面无花纹。另有小铜镜一面，直径2.6厘米（大镜及十二生肖镜已破，被压在石函之下）。

九角形小铜杯 1只。口径6、底径4.2、高2.8厘米（图三二，右）。

六角形铜座 1只。作用不明（图三二，左）。

钱币。计10千克。原有钱囊，放于石函上，但已腐朽。钱的种类比前一批发现者多“宋元通宝”一种，其中亦是以“开元”“乾元”为最多。

残存大小木质佛珠计52粒。玛瑙佛珠1粒。

三、第四层及其他地方发现的文物

1. 木制劳动工具

这些木制劳动工具，是当时泥水工人使用的泥刀，一柄是方头的，和现在使用的铁制泥刀形式一样（图三三）。一柄像箭头形（图三四）。一柄狭长形，头部尖锐（图三五）。在工具上，还都带有泥痕，可能是当时造塔时遗留在里面的。

2. 无头石佛

3尊。在塔上第五层鸟粪乱砖中发现，原放何处未详。内两尊属同式（通高31.5厘米），手捧经卷，立于方形座上；另一尊手捧如意（通高30.5厘米）。座下有圆榫头，似作插镶用者。

3. 残石造像

1个。在塔同上地位发现，已毁两角，龛边刻有“李太缘为自身造佛一躯”。此造像原在何处未详（图二二）。

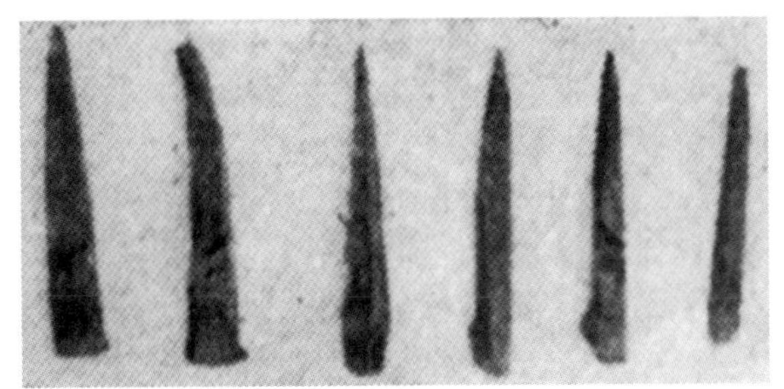

图三一　大铜镜（上）和竹钉（下）
大铜镜直径33.6厘米、竹钉

图三二　铜杯和铜座
铜杯口径6、底径4.2、高2.8厘米；铜座高3.2、底径11厘米

图三三　泥刀之一
长37.5厘米

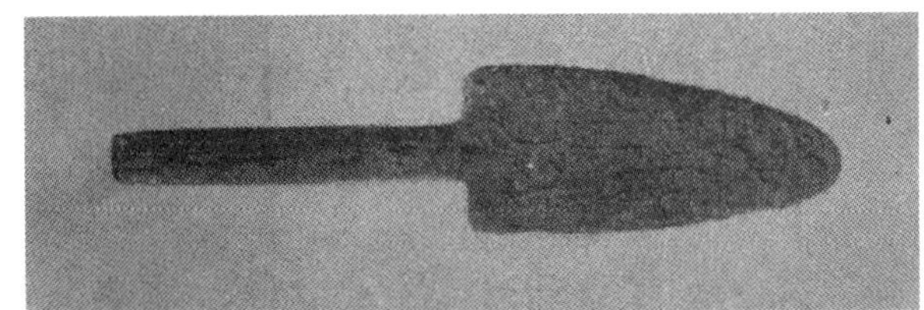

图三四　泥刀之二
长34.3厘米

图三五　泥刀之三
长49.5厘米

4. 竹钉

在塔壁泥灰中，钉有不少约长4.5厘米不等之毛竹钉，上粗下锐，帽头并绕麻丝。它的作用，想是拉紧灰泥和砖面的粉刷面。此法在古建筑中罕有发现，竹头在泥灰中千年不朽，足为研究建筑材料者之参考。上海同济大学建筑系和上海建筑工程局技术研究所都曾派员来调查研究，认为在中国建筑史上有很大的参考价值（图三一，下）。

5. 砖

在修整工程中，收集了各种不同形制的砖，有文字的是："弥陀塔""已未建造""福禄寿""天王""大""福寿"等几种（图三六）。

图三六　塔砖拓本

这次虎丘塔中发现的文物，是相当丰富的。从上面的文字记载，确定了建塔的时期（始建于959年——周显德六年已未，完成

于961年——宋建隆二年辛酉），了解了当时造塔的目的（供奉迦叶如来舍利）。其余在建筑、雕刻、丝织、刺绣、陶瓷、工艺各方面，都提供了可贵的历史艺术资料。此后我会将进一步加以整理保管，并希望国内外专家予以重视和研究。

整理者及执笔：钱　镛　范　放　黄正祥

（原载《文物参考资料》1957年第11期）

“檀龛宝相”——苏州虎丘塔中发现的文物

顾公硕

苏州虎丘塔的加固工程，已近完成阶段。在施工中曾发现很多文物，其中一件叫作“檀龛宝相”的文物，值得特别加以介绍。

“檀龛宝相”是一种用圆柱形檀木精雕的小佛龛。它的制作，一般用一尺左右的圆柱形檀木，照“丁”字形纵剖为三块⊖。半圆形的一块是主龛，雕主奉的佛像。其余两块带三角形的作为扉龛，一般是雕胁侍像。龛木边缘上、下有小孔，用绳联系，可以开合，开时是三连形的佛龛，折合时依然像一段圆柱形的枕木，因此日本人称这类佛龛为“枕本尊”（本尊，即主奉的佛像）。

隋唐时代，佛教盛极一时。雕铸造像，成为专门行业。这种“檀龛宝相”既便于教徒宣教时的携带，又适宜于民居案头供奉，风行一时。但文献上记载不多，初唐大文豪卢照邻有过一篇“乐相夫人韦氏造檀龛宝相赞”。唐宪宗元和元年（806年）日本僧空海（774~825年）即弘法大师，唐宣宗大中元年（847年）日本僧圆仁（794~864年），先后从中国归日本，在他们带回的宗教文物的目录中，都有关于“檀龛宝相”的记载。现存的日本高野山金刚寺一座，据说就是空海当时带回的。又普门院和严岛神社也藏有这类龛佛，大约也是同时代的作品。此外，在美国奈尔逊艺术博物馆据说也有。国内现在究竟有几座，则不得而知。又从唐太宗贞观时的“断卖佛像敕文”中也可以零碎地了解一些当时情况。他的敕文是这样写的：

“敕旨：佛道形像，事极尊严。伎巧之家，多有铸造。供奉之人，竞来买赎。品藻工拙，揣量轻重。买者不计因果，止求贱得。卖者本希利润，唯在价高。罪累殊深，福根俱尽。违犯经教，并宜禁约。自今以后，工匠皆不得预造佛道形像卖鬻。其现成之像，亦不得销除，各令分送寺观，令寺观众徒，酬其价值，仍仰所在州县官司检校，敕到后十日内使尽。”——见《广弘明集》卷卅五。

这里所谓“预造佛道形像卖鬻”，当然不会是大型的造像，分明是一种待价而沽的小型造像，而且也必然包括这种“檀龛宝相”在内。所用材料，不外金属与檀木之类，因为这些都是当时名贵的材料，所以买卖时要“揣量轻重”。唐天宝二年（743年），我国高僧鉴真（688~763年）第一次预备东渡日本（后遇风雨未果）时，在他的随从的一百多位技术工人中就有专门“雕檀”的工人。这就说明自从印度输入檀像以后，我们的雕檀艺术就逐步发展成为独立门户的一种手工业，而这种“檀龛宝相”体积小、用材省、出路广，当时生产是轻而易举的。但其质量必然不会一律，像相乐夫人韦氏造“檀龛宝相”，特请大文豪作赞，原雕当然不是等闲之作。在另一方面，也必然有不少粗制滥造的作品，为此敕文中有“品藻工拙”的说法。

专制皇朝的宗教与政治是有密切关系的。为了统一思想，统一信仰，往往提倡宗教，甚至对教徒许以特权。例如隋唐时的僧尼有免役和不负担租税等特权。于是人民就竭蹶而趋，形成了一种特殊的庞大势力。这种势力的发展，往往进而影响了统治阶级的兵役和税收，甚至别有企图，统治阶级就不得不实行灭法。我国历史上就有过好几次的灭法行动，但不久又来一次兴复运动，在这样的反复兴废中，宗教艺术遭受严重的破坏。小型造像如“檀龛宝相”之类，易于收藏。因此这一类小型佛龛，在提倡宗教时也受欢迎，在实行灭法时期更受欢迎。根据上述这些不成熟的意见，应该说“檀龛宝相”在唐代是一种很普遍流行的东西，但由于木雕材料的不易保存，传世就不多了。

现在苏州发现的一座“檀龛宝相”是很小的。它的主龛连座子，高不过19.5厘米。木质已略有枯朽，有些地方已模糊不清。当时可能加彩，因年久褪色，然尚有描金部分隐约可见。它的主龛雕观音立像一尊，足踏莲花，下横一藕。藕的左、右分发荷叶莲蓬，莲蓬上蹲着一个善财，笑捧莲花一朵。另一面的龙女却不见了。这样的布局，是历来造像所仅见，足见作者的巧思。它的左、右两扉，各雕“飞天”“胁侍”，妙在姿态面貌，各有表情，无一类同。面积虽小，而眉目清楚（像善财的头部，仅有绿豆大小）。作者虽没有留下姓名，然必出当时名手无疑。关于虎丘塔的建造时期，由于这次文物的发现，已有定论［五代末始工，宋建隆二年（961年）完成］。那么此龛的制作时期，自然至迟也是宋初的作品，但从佛像的宝冠形式而论，还可能推前到晚唐时期，这有待于雕塑家的考定了。

苏州市的雕塑工艺，向来发达。无论锤鍱，夹苎，金、石、砖、陶、泥塑、木雕等像，应有尽有。这一次的发现，在苏州雕塑艺术史上，可谓添上了光辉的一页，是值得庆贺的一件大事。

（原载《文物参考资料》1957年第11期）

苏州虎丘云岩寺塔发现的“经袱”和“经帙”

史树青

《文物参考资料》1957年第11期发表了《苏州虎丘云岩寺塔发现文物内容简报》，这篇简报，扼要地介绍了发现的文物内容，诚如文中所说，对我们了解当时造塔的目的和在研究建筑、雕刻、丝织、刺绣、陶瓷工艺各方面，都提供了可贵的资料。但是简报所述塔的第二层发现的文物，其第四项有纸卷、锦色竹帘、残锈纹、残锦等物，并说因为各物放置部位已被掏乱，作用如何，已不易明了。其实这些物品都在经箱内，与经卷同放在一起，应该与佛经是有密切关系的。

原文所说的纸卷（原图九），卷首写着经名，次写许多人名，实即供养人的题名，也就是施主的题名。纸卷外面的绣襆，写着“弟子徐仁诲……”，这与其他经卷外面的绢襆所写的人名作用一致，都是舍襆人的名字，由此可以看出，舍经的是许多人，舍绢襆、绣襆的也是许多人。包裹“妙法莲花经卷第一”的绢襆，上写：“女弟子于八娘舍裹金字法华经永供养”，就是说她施舍这方绢襆，专是为了裹经用的，这种绢襆或绣襆的正名应叫“经袱”，纸卷应叫“施主题名”或“供养人题名”，这卷题名对研究塔内发现的文物和其他有关问题上，有极重要的意义，虽然质地酥烂，如果采用北京图书馆揭裱“赵城藏”的方法和技术，我想是可以揭开的。希望苏州市文物保管委员会与北京图书馆取得联系，把这卷“施主题名”设法展开。

原文所说的锦色竹帘、残绣纹、残锦等（原图十至十二）实即“经帙”，帙是用以保护经卷的，它与我国书籍的发展历史有关。我国古代卷轴形式的书，每卷在保管收藏方面，有的先用经袱包裹，再把已包裹的十卷或五卷包卷在一起，有的不加经袱就把十卷或五卷包卷起来，这种包皮就叫作帙，帙的右端有带以便捆扎。帙不但可以保护卷轴，同时还可以便于检查阅读，因为经书的种数多或一种书的卷数多，很容易混杂起来，要想检查阅读都不便利，若按照卷帙次第进行保管，就不致混乱不清了。到现在我们还称某些内容丰富的书籍叫“卷帙浩繁”，就是用的古义。

帙可以写作“袟”，又可写作“袠”。《说文解字》说：“帙，书衣也。”它的质料，在汉代大约是用丝织物或麻布做成的，到了南北朝以后，除了丝织品或麻布以外，还有用细竹为纬、各色绢丝为经织成的，它的形状，就很像竹帘了。梁昭明太子（萧统）文集卷三《赋书帙诗》中说：“擢影见园池，抽茎洪水侧……幸杂缃囊用，聊因班女织……”，这就是说书帙是用细竹织成的。陆游《渭南文集》卷四十六《入蜀记》第四卷说：“白公（居易）尝以文集留（庐山）草堂，后屡亡逸，真宗皇帝尝令崇文院写校，包以斑竹帙送寺”，可见从南北朝到北宋这一段时期，保护卷轴书籍，除了用丝织品和布制的帙以外，竹帙也是普遍使用的；至于帙的里面是否还要衬附一层织物，这就要看具体情况而定了。

近人罗振玉所著《鸣沙山石室秘录》中说："敦煌所出卷子，其外皆用细竹织帘包之"，可惜罗氏所说的这批材料，都被斯坦因劫掠而去，现存英国不列颠博物院，我们从《西域考古记》中，还可以看到少数的实物照片。此外，日本正仓院也收藏有唐代的"锦帙"和"竹帙"（图一）。

图一 日本正仓院所藏唐代竹帙

这次苏州虎丘云岩寺塔所发现的宋太祖建隆二年（961 年）竹帙（长约 47、宽约 32 厘米），是国内目前仅存的一件"经帙"，它是研究我国书籍制度的重要实物，我希望把里面所衬的锦绣和一些所谓残绣残锦细心地审视鉴别一下，分清哪些是包经用的，哪些是衬帙用的，希望和前面所谈的"供养人题名"卷子一样，都设法早日修整复原。

（原载《文物参考资料》1958 年第 3 期）

昆山南港唐墓出土砖刻墓志和三彩瓷枕

昆山县文化馆

昆山县南港公社，于1976年10月间，开挖中心河时，在林庄大队地段，发现一座唐墓。该墓位于原岸斗浜村（现已迁走）北新开中心河左岸，新建二号桥南堍，属林庄大队第三生产队地界。墓大部残损，现存墓穴深1米左右，有许多墓砖。出土文物有砖刻墓志、三彩瓷枕，还有几件陶罐。

砖刻墓志很小，宽15、高31、厚5厘米。上刻27字，分3行，每行9字，字3厘米见方，全文是："大唐天宝六载，吴郡昆山县道泰乡陆万昭□玄举□，殡葬在此，故记。"字口清晰，楷书略带隶意，古朴凝重，对研究唐代书法，也是一个很好的资料。林庄大队位于甪直镇东北角1千米，南港公社就设在甪直镇东部。据清程祖庆《吴郡金石目》载，在昆山县境内曾出土过《唐宝应元年金大娘圹志》《唐元和十五年周球故妻张夫人墓志铭并序》《唐开成二年故邵府君墓志铭并序》等，都是砖刻的，并且还都出在甪直镇（当时为"昆山县依仁乡甫里村"）。这次出土的地点与之相近，而墓志年代要较早一点（天宝六年是747年，宝应元年是762年，元和十五年是820年，开成二年是837年）。

三彩瓷枕，横12.2、竖9.9、两边高5.5、中间凹处高4.7厘米。四周均涂铅黄斑纹，底部米黄色的胎未上釉；枕面印有边框和花纹，沿边涂青色，内框黄色，中心花饰上涂绿釉，整个画面，色彩艳丽而又和谐。瓷枕是空心的，看不出接缝痕迹，制作精巧。重量很轻，只有390克。由于封建经济的发展，唐代造瓷技术有了较高成就，地主官僚的一般日用品，多用瓷器。尤其是三彩瓷器，到天宝年间已有近百年历史，更臻成熟；从这件小型三彩瓷枕，就可窥见一斑了。唐三彩是我国古代劳动人民的优秀创造，苏南地区历来很少发现，这批出土文物是一个比较重要的收获。

执笔：陈兆弘

（原载《文博通讯》1978年第17期）

昆山绰墩出土唐代砖刻墓志

陈兆弘

最近，昆山县正仪公社绰墩山大队砖瓦厂取土工地，出土了一方唐代墓志。砖质，每边长31、厚5厘米，共计155字，13行，行14字，字径1.5~2厘米。全文是：

唐故陈府君墓志铭并序

曾祖思义，祖慎，父论，

君讳公赞，颍川郡人也，君即父子稚

子。以大和六年岁次壬子九月三日

殁于私第，春秋五十有五；以其年十

一月十四日，窆于昆山县西大墓内，

建茔祀也。妻天水郡庄　皇试率

府兵曹参军鸿之次女也，不幸先逝，

与府君合祔为一坟。有子仲昌，恐陵

谷改移，乃刊塼记，词曰：

叐桃贞淳　承家克勤　妇道备具

母仪自新　如何旻苍　歼我吉人

长辞白日　水坠黄尘

此墓建于唐文宗李昂大和六年，即832年。这是一个合葬墓，题头却只写“陈府君”，反映了男尊女卑的封建意识，所谓“古人合葬，题不书妇，盖女统于男之义”（黄梨洲）。但是也有例外，如明叶盛《箓竹堂碑目》所录唐人墓石中，就有两块是“合祔墓志”。

据清梁玉绳《志铭广例》说：“前序为志，韵语为铭”，“志即铭也”①。因此，这里的“志铭并序”四字，“并序”指前面记叙性的散文，“志铭”则指的结尾哀颂性的韵文。——这和后代对“志铭”两字的解释不同，在唐代却是通例。例如，清程祖庆《吴郡金石目》共录五种唐人墓志，均作“志铭并序”，即是证据。而“汉唐墓石之文，多以‘铭曰’为辞曰”②。这块墓志也用“词曰”，正是唐墓的特点。

墓志写到先世，用空格表示尊敬。但在文中用了许多俗体字，例如：“终”的偏旁作“歺”，“辞”的偏旁作“台”，“赞”作“赞”，“砖”作“塼”，“友”作“叐”等；此外，“于”字一律简写。可知唐代民间流传的俗体、别体、简体字很多，可供文字研究参考。

这块墓志的书体是正楷。前面所举《吴郡金石目》中五种唐墓志，以及圹志、砖文，都是正书。本县前几年出土的一块陆万昭墓志也是正书，该墓志刻于唐天宝六年（747 年），是略带隶意的欧体[③]；陈府君墓志比它晚了 85 年，是晚唐时期的遗物，字体方整，遒劲圆通，似唐人写经，是纯熟的颜体楷书了。我国书体演变，至唐代而极，其中以正书最为发达。墓志正是这个时代的记录。

《嘉靖昆山县志》载："绰墩在县西北十八里"（卷三），"黄蕃绰墓在县西北绰墩村"（卷二）。黄蕃绰是唐玄宗时的宫廷艺人，擅长"参军戏"，死后葬此，故称绰墩。墩高三丈，方广十余亩，有巨石，为昆山县新石器时代遗址之一。墓志写作"大墓"，盖俗称也。

此外，附近同时出土砖质陶壶一只，高 22、腹径 17、口径 12.5 厘米，并用一只青釉陶盘作盖，均系唐代遗物，可能就是这个墓的随葬品。

注释

① 王云五：《丛书集成》，商务印书馆，1936 年，第 2 页。

② 王云五：《丛书集成》，商务印书馆，1936 年，第 3 页。

③ 见《文博通讯》1978 年第 17 期。

（原载《文博通讯》1982 年第 4 期）

苏州市郊出土唐三彩扁壶

钱公麟

图一　苏州市郊出土唐三彩扁壶

1984年8月，苏州市郊娄葑乡砖瓦厂工人在本乡新生三队取土烧砖，距地表1米深的土中发现一件三彩扁壶。苏州博物馆考古组闻讯前往调查，据了解，三彩扁壶出于一座残存的小型唐墓中，同出的还有零星的铜镜残片，镜片泛银光，拼凑后还能略见花状残部图案。

扁壶平口厚唇，口呈橄榄形，颈内收，腹扁鼓，假圈足外撇。肩有两鸳鸯系，形象逼真；正、背两面腹部浮雕缠枝牡丹，线条流畅；白胎上施黄褐、绿、白三色釉彩不及底，釉色明亮清澈，略有剥落；整体造型雍容瑰丽。口长4.6、宽2.9厘米，腹长11.7、宽7.1厘米，通高16厘米（图一）。

唐三彩主要出于洛阳、西安，江南不多见，苏州偶尔在小型唐墓中发现小型的鸡首壶、扁壶类的日用器造型的明器，如此精美别致的三彩扁壶甚为罕见，为研究唐代三彩器造型及烧制工艺提供了珍贵的实物资料。

（原载《考古》1985年第9期）

苏州市郊出土唐三彩扁壶

苏州博物馆

1972年，苏州利市砖瓦厂的工人在市郊西南的横塘乡越城取土时，发现一件唐三彩扁壶（图一），高7.8、最大腹径5.2厘米，厚3.5毫米。白胎上施蓝、褐、绿、黄、白釉，不及底；釉色明亮，具有玻璃质感。高直口，平唇，短颈，扁圆腹，假圈足外撇。肩部有两鸳鸯形系，眼为穿。正、反两面腹部浮雕兽面，怒目竖眉、神态狰狞。头上有两螺旋式的犄角，顶部内卷。两腮须毛连弧卷曲，正中长髯突出。整个图案线条清晰，立体感强。由于没有纪年文物同出，只能根据造型推测为唐中、晚期的作品。这种扁壶与1984年苏州市郊出土的唐三彩扁壶①，造型雷同，并均以鸳鸯形象作为双系。但腹部图案却以不同的手法表现，一以华贵绚烂的缠枝牡丹图案，配以明快的黄、绿、白色调，以圆润流利的线条，丰满柔和的构图，给人以美的享受。另一以狞厉可怖的兽面，配以深沉的蓝、褐、绿色调，以遒劲凹凸的线条，威武肃敬的构图，给人以力的感受。这两种迥然不同的风格，既有北方的浑厚劲健，又有南方的清晰柔润。这两件扁壶无疑是唐三彩中的杰作，它们的出土，不仅丰富了唐三彩这瑰宝之库，而且可以进一步探索和研究南方唐三彩的由来。唐代安史之乱，中原多战，百姓纷纷南逃。中原的文化艺术、风俗习惯也随之影响和渗入南方，上述唐三彩器皿的出现，应与之相关。

图一　苏州市郊出土唐三彩扁壶

执笔：钱公麟

注释

① 钱公麟：《苏州市郊出土唐三彩扁壶》，《考古》1985年第9期。

（原载《考古》1986年第9期）

江苏吴县姚桥头唐墓

江苏省吴县文管会

1977年6月，在苏州城西5千米处的吴县枫桥公社姚桥头，发现一座纪年唐墓。现将情况叙述如下。

姚桥头是枫桥公社西津桥镇北郊的一处约5000平方米的高地。这里古冢甚多，枫桥公社在建厂开挖地基时，发现了这座纪年唐墓。

墓向南偏东40度。墓室呈“十”字形，由甬道、主室、耳室三部分组成，全长5米。甬道长1.65米、宽1.6米。主室长3.35米、宽2米。耳室在甬道两侧，深1.2米、宽1.05米。墓底距地表1.2米。墓室系砖结构，顶部已塌毁，估计是券顶。墓砖为37厘米×17厘米×4.5厘米的长方形砖，素面无纹。墓壁用砖三横一竖砌起。铺地砖为“人”字形砌法。棺床比墓底高一砖，采用二横二竖平铺法砌筑，长2.5米、宽1.45米。由于此墓早期被盗，后期又遭破坏，棺木、骨架完全朽毁，葬式已难辨。随葬品多属明器，零乱残碎，大部分散落在甬道两侧和耳室里，在右耳室旁边有一方墓志（图一）。

出土物除少量“开元通宝”钱和墓志外，其余13件为陶俑陶马。现分别介绍如下。

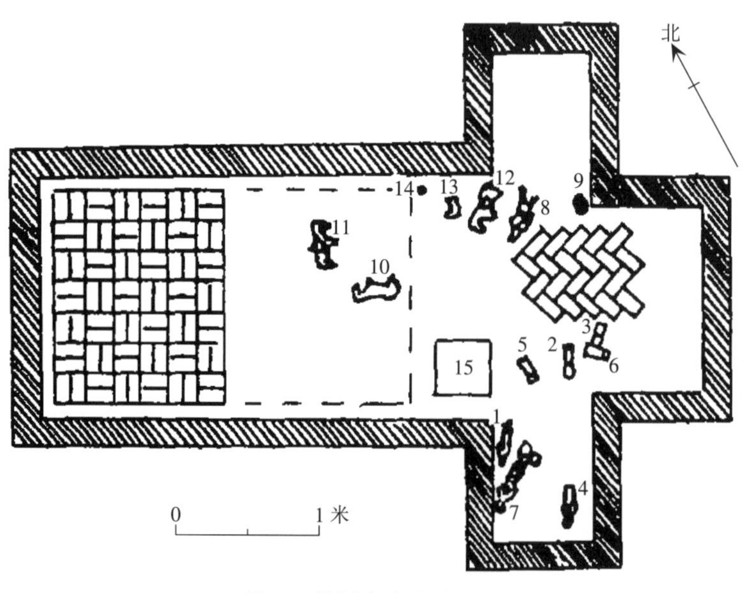

图一　姚桥头唐墓平面图

灰陶墓志　1方。略呈正方形。正面阴刻楷书7行，书刻粗犷，共45字，全文如下："唐故张府君及妻沈夫人墓志。府君讳子文，吴郡人；夫人吴兴人。以天宝二年八月十八日，葬于先茔，礼也。有子四人。"墓志背面模印图案纹饰，分内外三组。志纵长31、宽32、厚6.5厘米（图一〇、一一）。

男侍俑　3件。其中一件戴襆头，着圆领长袍，束袖，紧腰。脸面丰满，身体微前倾，两手作揖，作侍候状。高30厘米（图二）。其余两件头均残缺，左手抚胸，右臂下垂，似亦作侍候状。

女侍俑　3件。均有残损。其中一件脸面丰满，梳两髻（已脱落）。着圆领窄袖衣裙。双手捧一包状物，作侍候状。足部残缺（图三）。其余两件均缺头部，肢体亦多残损。腰部束带在背后拖出一端，形成"獭尾"（图四）。

图二　陶男侍俑

图三　陶女侍俑

图四　陶女侍俑背面

图七　陶生肖俑

图五　陶胡女俑

图六　陶牵马胡人俑

图八　陶马

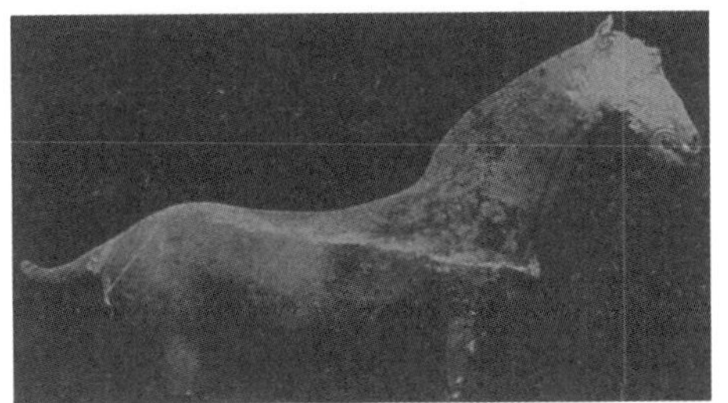
图九　陶马

胡女俑　1件。面部丰满，高鼻深目，发髻下垂。着圆领短衫，束腰，衣结在前，衣裙齐膝。穿尖头高筒靴。双手在右胸前持物。通体涂白灰。高28.5厘米（图五）。

牵马胡人俑　1件。高鼻深目，络腮胡。戴襆头，着开襟上衣，束腰，脚穿高筒尖头靴。左手握拳作牵马状，右手似作持鞭状。高32厘米（图六）。

生肖俑　1件。羊头人身。着曳地长袍，双手拢于腹前，昂首挺胸直立。高20厘米（图七）。

陶马　4件。均有残损。三件除腿残缺外，其余部分尚可拼复；一件仅剩马首。马腹腔里留有指印，四肢断残处有铁支架外露。表面以白灰打底，涂红彩。身长38~40厘米（图八、九）。

图一〇　墓志铭拓片（1/5）

图一一　墓志背面纹饰拓片（1/5）

“开元通宝”　6枚。已锈蚀结块。钱径2.5厘米。

从墓志看墓主人应属庶人。出土遗物可以反映出中唐时期苏州一带盛行“厚葬偶人像马”的习俗。偶人像马的制法或单体塑造，或分段模制和手塑相结合。类似的这种明器，近几年来在苏州城郊的虎丘、鸳鸯墩等地也偶有出土。可见当时苏州可能已有专门制造这类明器的作坊。

清理：叶玉奇　沈根木

执笔：叶玉奇

（原载《文物》1987年第8期）

苏州市虎丘唐墓

朱伟峰

发掘时间：1991 年 10 月

工作单位：苏州博物馆

唐墓为苏州市北郊虎丘乡新华十四队农民取土时发现，由于该墓早期被破坏，仅残剩北部 1/3。

墓室为船形，砖砌。底为“人”字形平铺砖底，壁为“三横一直”式样，清理出陶俑 10 余个，大多残缺不全。其他还有舞俑和陶骆驼脚。可见当时陪葬物很多。

另有一合青石墓志，72 厘米见方，上刻字 26 行，每行 28 字。盖无字，墓志首刻“唐故朝散大夫使持节颖州诸军事守颖州刺史张府君墓志”。张府君名张万顷，死后归葬故里，于“宝应元年十一月九日葬于先世坟茔”。

本地区唐代墓志均为砖刻，青石刻墓志实属少见。

[原载《中国考古学年鉴（1992）》，文物出版社，1994 年]

常熟唐人墓志概述

吴慧虞

1949年以来，常熟市文物管理委员会通过在本地区的征集、考古活动，得到了自唐开始各个朝代的大量墓志，总数近300方。这批墓志，多为尚未公诸于世的金石文字，是宝贵的历史文化遗产。本文仅将常熟市文管会所收藏的志石及有关文献记载中的唐人墓志一并整理出来，概略地加以论述。

这些唐人墓志大抵有以下24方。

（1）唐故制授温州乐城县令龚府君墓志铭并序（795年）

“府君讳玄受，字道该。其先武陵人也。……春秋八十有一。以贞元十一年九月十一日卧疾终于私第。以其年十月十七日窆于县东七十里涂田村内。”

（2）唐故赵府君墓志铭并序（800年）

“府君讳珠什，字玉环，天水人也。……于贞元十六年五月六日终，春秋八十有一。……以其年十一月十二日葬于苏州常熟县文学乡永安里桂村内□际泾西二百步新茔……”

（3）唐故赵府君妻周氏墓志铭并序（802年）

“夫人汝南郡人也。……春秋八十有四，以贞元十八年十月廿日而终。其年十二月十三日葬于桂村亡夫圹东之三步……”

（4）唐故高府君墓志铭（811年）

“……以元和五年……九月□五日终于常熟升□之私第，春秋八十有二。以六年三月十二日葬于高墓村……”

（5）唐朱夫人墓志铭（815年）

“夫人朱氏，其先彭城人也。……元和十年三月三十日俄逝东川。……即于其年四月八日窆之县郭北陈朝公之地。时年三十有三。……”

（6）唐季氏郗夫人墓志铭（821年）

“夫人字五娘，高平郡人也。……于长庆元年三月十八日奄然终私室，春秋六十有四。以其年十一月廿七日迁窆于常熟东卅五里，村口珍门，抱塄之穴，伏龙之势新茔。”

（7）唐故顾氏陶夫人墓志铭（824年）

“夫人丹阳人也。……以长庆四年六月十九日终于其室，春秋八十矣。其年十一月四日于永安寺东一百步茔。”

（8）唐故高府君墓志铭并序（844 年）

“府君讳良，渤海郡人也。……以会昌四年三月九日终于私第，春秋七十有五。……以时当年十月十五日窆于常熟县北卌里端委乡青墩里杜姥墩东二百步官路南卅步祖墓内故茔。”

（9）唐故蔡府君墓志铭并序（847 年）

“府君讳质，其先济阳人也。……卒年廿有九，会昌五年十二月一日终于私第，以七年正月十二日葬常熟县界自家宅地建茔。”

（10）唐故陈氏夫人墓志铭并序（847 年）

“……于大中元年五月十一日而逝。年六十有九。……于兹年八月廿七日迁窆于上野先坟之东贰拾步。”

（11）唐故龚府君墓志铭并序（847 年）

“府君讳祖真，父训，并琅琊人也。……暮年七十有六。以大中元年十一月初三日终于私第。其年十一月廿三日卜厝邑之南徐乡犬舍村涂田里……。”

（12）唐故顾府君墓志铭（847 年）

“享年八十有三，以大中元年岁次丁卯十月十八日终于私第。是岁十一月廿三日窆于常熟县东廿二里官塘南一百五十步之原。”

（13）唐故姚府君墓志铭并序（850 年）

“君讳真，京兆人也。……大中四年十二月四日终于私第，春秋五十之寿。以其年正月廿七日窆于县北二里官路东，买何彪地茔。”（图一）

图一　唐故姚府君墓志铭拓片

（14）唐故陶府君及顾夫人墓志铭并序（851 年）

“府君讳待虔，字俟志，冀州平阳人也。……以大中三年四月廿二日终于私第。夫人以大中五年正月十一日以奄泉扃。……府君以终年十一月廿二日、夫人以今年十二月九日同坟合葬于占墩村内景首之原与先人连堙，即旧茔。”

（15）唐故渤海吴君故夫人殷氏墓志铭并序（860 年）

“……大中十四年，年卅有六。……八月初四而终。十一月九日葬于虞山东北海埭陂西北五百步先贤祖茔次。”

（16）唐吴郡顾夫人高氏墓志铭并序（860 年）

“……以大中十三岁，享年五十有九，因疾而终。至十四年十一月九日窆于小山东南岭下当放杖地内为茔。”

（17）唐故邵府君妻朱氏夫（人）墓志铭并序（861 年）

“夫人吴郡人也。……春秋六十有九。……于咸通二年三月一日染疾卒于私第。……即以其年八月十八日厝于苏州常熟县敦行乡盐宅村……”

（18）有唐吴公师稚亡妻严氏墓志铭并序（862 年）

“夫人其先冯翊人也。……咸通二年十二月廿五日终于私第，春秋卅有三。……以咸通三年十一月八日窆于苏州常熟县思政乡太平里占墩村之原，建新茔。”

（19）唐故奚府君夫人褚氏墓志铭并序（862 年）

“……夫人春秋七十有四。咸通二年十二月十六日染疾而终。至咸通三年十二月九日窆于常熟县西虞山南岭……”

（20）唐故徐府君墓志铭（865 年）

“君讳阳，本望东海人也。……咸通六年四月十二日终于私第，春秋八十有九。以其年十一月十四日窆于县西北一里路西买唐氏地营邱。”

（21）唐故颜府君墓志铭并序（866 年）

“府君讳幼明，字少儒。其先琅琊人也。……春秋八十有三。……咸通七年岁在丙戌七月廿八日而终。……以其年十一月十四日窆于小山东南与夫人马氏同茔。”

（22）唐故河间俞府君夫人清河张氏墓志铭并序（876 年）

“……（夫人）以乾符三年，年七十四，七月五日奄然下世。……以其年秋八月廿二日窆于常熟县虞山南麓徐墓村路南……”

（23）唐逸人龚雅故夫人徐氏墓志铭并序（882 年）

“夫人徐氏，东海人也。……中和二年三月九日终于私第，年卅四……以当年五月十三日迁柩窆于常熟县隐仙乡虞山东岭下新安村……”（图二）

（24）唐故密州军事卫推试太常寺协律郎李公及夫人钱氏墓志铭（886 年）

“公讳让。其先陇西人也。……以光启二年四月十日终于私第，春秋七十有二。……（夫人）未逢七日奄然而逝，年六十有九。即逾月十二日祔于常熟县敦行乡……”

上述 24 方墓志中，（5）、（6）、（12）、（20）号四志为见诸有关文献，志石已佚。其余 20 方均为

图二　唐逸人龚雅故夫人徐氏墓志铭拓片

近四十年出土，尚保存在常熟市文管会内。

在这批常熟唐人墓志中，其年代最早为贞元十一年（795 年），最晚为光启二年（886 年），跨唐代十四个年号，共 91 年，均属唐代晚期的墓志。其中贞元年号的 3 方，元和年号的 2 方，长庆年号的 2 方，会昌年号的 2 方，大中年号的 7 方，咸通年号的 5 方，乾符年号、中和年号、光启年号的各 1 方。这些墓志多呈方形，个别为长方形，质地砖、石皆有。志石高、广均不过 40 厘米，厚 6 厘米左右，一般均小而轻巧。

从墓志主人的身份来看，上述 24 方唐人墓志中，仅（1）号、（24）号墓志的志主有职官，其余 22 方的志主均为无职官的士民。（1）号墓志上，龚府君的职官是“制授温州乐城县令”，当为从六品上阶的职事官。（24）号墓志上，李公的职官是“密州军事卫推试太常寺协律郎”，当为正第八品上阶的试官。

从这 24 方常熟唐人墓志中，归纳出志主或其夫人的籍贯有：武陵（今湖南常德地区）、天水（今甘肃天水地区）、汝南郡（今河南上蔡以南地区）、彭城（今江苏徐州地区）、高平郡（今山东巨野南部地区）、丹阳（今江苏南京以南、安徽芜湖以东地区）、渤海郡（今东北地区）、济阳（今河南兰考东北地区）、琅琊（今山东胶城西南地区）、平阳（今山西临汾西南地区）、京兆（今西安市西北地区），吴郡（今江苏、上海长江以南，浙江长兴、吴兴以东地区）、冯翊（今陕西大荔地区）、河间（今河北献县东北地区）、东海（今江苏连云港地区）、清河（今河北清河地区）、陇西（今甘肃临洮南部地区）等。可以看出籍贯中绝大多数者属外籍，特别是北方地区，反映了唐时常熟县人口组成的社会情况。在这些唐人墓葬中，志主寿限有载的共有19人。经统计，平均年龄为65岁，其中70岁以上者有10人，最高年龄达89岁，反映了唐代常熟地区人口寿命较高的情况。我国历史上，从西晋后期的“八王之乱”到“永嘉之乱”开始，北方人口潮水般地涌向南方，迁移到江淮以南，特别是东晋建立政权以后，北方的豪门大家更是聚族而迁。东晋、南朝时期，统治者为了安抚北方移民，在南方许多地方设置了侨州、侨县，据旧志记载，东晋元帝（317~323年）时，曾以海虞（常熟原名）北境侨置了郯、朐、利城几县。北方人口的南迁，带来了先进的文化，南、北方人民共同开发南方地区，经济和科学技术迅速发展，使全国经济重心南移，彻底改变了“江南卑湿，丈夫早夭”，“楚越之地、土广人稀”，“……火耕而水耨……无积聚而多贫”的落后局面，呈现出“江南之为国盛矣哉，地广野丰，民精勤本业，一岁或稔，则数郡忘饥”的昌盛景象。梁大同六年（540年），始置常熟县，即以“土壤膏沃，岁无水旱”得名。隋唐时期，全国统一后，封建社会进一步发展，至唐开元以后，特别是经过“安史之乱”，政治腐败，出现了藩镇割据和宦官专权的局面，农民起义连年不断。中原地区经济凋敝，出现了“人烟断绝，千年萧条”的景象。而南方政局相对稳定，北方大量人口南迁避乱，江南的社会经济继续保持着迅速发展的趋势。常熟唐人墓志中，志主籍贯、寿限等内容，从一个角度印证了这一历史时期的社会状况。

墓志所记埋葬处的位置、地名，为本地乡土历史、乡里建置和地名变迁的研究考证提供了实物依据。在这批墓志中，葬地提及乡、里、村名的有：在支塘乡长桥村出土的（1）、（11）号墓志分别记“窆于县东七十里涂田村内”和“邑之南徐乡犬舍村涂田里”；何市镇西街梢出土的（2）、（3）号墓志记“葬于苏州常熟县文学乡永安里桂村”；赵市乡圩港村苏家弄出土的（4）、（8）号墓志分别记“葬于……高墓村……”和“窆于常熟县北卌里端委乡青墩里杜姥墩东”；（6）号墓志记“迁窆于常熟东卅五里，村口珍门”；梅李乡巫马村巫马墩出土的（14）、（18）号墓志记“窆于苏州常熟县思政乡太平里占墩村”；（17）号墓志记“厝于苏州常熟县敦行乡盐宅村”；虞山林场刘神浜出土的（22）号墓志记“窆于常熟县虞山南麓徐墓村路南”；虞山镇北门内省中宿舍内出土的（23）号墓志记“窆于常熟县隐仙乡虞山东岭下新安村”；虞山林场三峰工区出土的（24）号墓志记“祔于常熟县敦行乡……”。根据上述情况，我们可以了解各墓志的出土地点在唐代晚期的名称以及当时乡、里、村的关系。经归纳，上述记载唐时的乡名有文学、端委、南徐、敦行、思政、隐仙等六个，里名有永安、青墩、太平等三个，村名有涂田、桂村、高墓、珍门、犬舍、占墩、盐宅、徐墓等共八个。唐陆广微《吴地记》后集记载，唐时常熟县有感化、崇素、南沙、端委、开元、思政、双凤、积善、归政、太平、郭行、升平共十二个乡，唐时各乡所辖的里、村名未见史籍记载。宋宝祐二年（1254年）鲍廉《琴川志》记载，宋时常熟为九乡（即唐时感化一归政，并去太平、郭行、升平三乡），各乡所辖的里、村名都有记载。上列史籍中唐宋时期常熟县的乡名中，均无墓志中文学、南徐、敦行、隐仙四乡的名称。这就补充了志书有关乡名的遗缺。至于唐代十二乡之一的郭行乡，后人对其名称多有疑议，元至正二十三年（1363年）卢镇《重修琴川志》作“欲行”，明弘治十六年（1503年）杨子器、桑瑜《常熟县志》和明万历姚宗仪《常熟县私志》均作“兴行”。据（17）、（24）号墓志均记葬于常熟县敦行乡来看，似可证明各志书所载“郭行”“欲行”“兴行”均为“敦行”之误。对照宋宝祐《琴川志》记载的常熟乡、里、村名及它们的隶属关系，唐墓志中所记的永安里属端委乡和思政乡（两乡均有此里名），太平里属端委乡和开元乡（两乡均有此里名），青墩里在宋代已无记载。唐墓志中所记的高墓村属端委乡；珍门村作真门村，属思政乡；桂村属双凤乡；其余村名中的涂田、犬舍、占墩、盐宅、徐墓等在宋代已无记载，说明当时这些村或已撤并或被改名。唐代村名中的珍门、桂村，一直延续至今，现在常熟市有珍门乡、何市镇（桂村为何市之别名）。在珍门乡九大队四小队出土的（7）号墓志记“于永安寺东一百步茔”可知当地在唐时有永安寺存在。宋代时与珍门村同属思政乡的永安里，其里名可能即出于此寺（图三常熟市唐墓志出土地点示意图，略）。

关于唐代常熟县城的位置，据《常熟县志》，唐武德七年（624 年）常熟县从南沙移治海虞，县城形制狭小：“城周二百四十步，高一丈，厚四尺，列竹木为栅，无城楼雉堞之雄。以后历代扩建。至明嘉靖三十二年，为抵御倭寇入侵，县令王集议筑城，新城周一千六百六十六丈有奇，高二丈四尺，厚八尺，有内外城濠，西北腾山而城。”此即现在常熟市区的老城范围。虞山镇北门内省中宿舍出土的（6）号墓志记“窆于县北二里官路东，买何彪地茔”，可以推断出唐代常熟县城的位置当为现在市内老城区中心偏南的地区。

墓志作为金石文字的一个方面，就其书法艺术而言，亦具有很高的价值。常熟这些唐人墓志中的书法，多朴茂而自然，别有一番新意。其中不乏优秀的书作。它们为研究、临摹唐代楷书提供了实物资料。

（原载《东南文化》1990 年第 5 期）

苏州市梅家桥古城墙遗址

张照根

发掘时间：1991 年 7 月

工作单位：苏州博物馆

配合苏州市政建设工程公司大桥施工，对梅家桥段古城墙进行解剖。古城墙现仅有一小段保存尚好。其堆积可分 9 层，第 1、2 层为近现代堆积，余皆唐代堆积。唐代层出土遗物有青瓷璧形底碗，白、绿釉陶钵，青黄釉盏等。城墙南北走向，墙体残高 2 米，夯筑。其中第 4 层夯层明显，内分 4 小层，每层厚 0. 05~0. 1 米，夯土青黄色。城墙直接叠压在生土层之上。

据史书记载，苏州城始建于春秋时期，而这次发掘的城墙，其堆积最早为唐代。

［原载《中国考古学年鉴（1992）》，文物出版社，1994 年］

苏州市瑞光寺塔发现一批五代、北宋文物

苏州市文管会　苏州博物馆

瑞光寺塔（图一）在苏州市盘门内。1978 年 4 月在第三层塔心的窖穴内发现了一批文物。窖穴为正方形，边长 79、深 152 厘米（图二）。穴口盖着一块长 97、宽 61、厚 8 厘米的石板。石板上放着模制泥质观音像两尊（图八）。窖穴内的文物已遭受严重破坏，经我们初步清理和鉴定，其时代确定为五代和北宋初期。现择要介绍于下。

一、真珠舍利宝幢一座

宝幢置于双重正方形木函内。外木函，盝盖，通高 134. 7、边长 52、厚 3. 5 厘米。底板 60 厘米 × 60 厘米，板厚 4. 5 厘米。外部涂黑漆，正面外壁白漆楷书“瑞光院第三层塔内真珠舍利宝幢”等字两

图一　苏州瑞光寺塔

图二　塔心窖穴

行。内木函，盝盖，通高124、边长42.5厘米。四面彩绘天王四尊（图版一，2）。用柳叶描法，线条生动流畅，系吴道子画派风格。内壁墨书“大中祥符六年四月十八日记”（图版三，2）和“都勾当（宋朝管理财政的官员）方允升妻孙氏十娘”等署名（图版三，2）。外木函下有三块木板拼成的垫底板，76厘米×76厘米×7厘米。上有墨书题记：

“寓迹僧子端，幸值诸上善人建第三层浮图，安置盛诸佛圣贤遗身舍利宝幢，藏盒之次，特舍此木于底，少贵戴荷，永假缘结。虽渐多宝之大功，且效聚砂之少善。以兹回向悉等，真所愿者，世世生生。兴正法，似马鸣；兴象法，如龙树。奉佛弘法度生利物。诸余善签咸同文殊、普贤诸大菩萨等。更愿此生所诵法华、维摩、仁王、般若常不忘失句逗，皆得如说修行矣。略题记耳。”

真珠舍利宝幢。通高122.6厘米，由须弥座、经幢和刹等主要部分构成（图版一，1）。须弥座分底座、须弥山两部分，基本上都是木胎夹纻朱漆描金或漆雕。

底座呈八角形，直径为35.5~38.5厘米。束腰，有八足（图版二，4）。足高3厘米，从足部到第一层高4.8厘米。足上贴以类似狻猊的漆雕装饰。束腰每面作如意头（或云头）镂空，内置银丝编变形如意。第一层以描金牡丹、宝相花图案漆雕包角，每面有描金几何纹，中部为一朵嵌宝海棠花。第二层有八面台阶，边长15、高1.8厘米。包角与每面中心装饰和第一层的相同。台阶上每边立有神态各异、造型生动的银狮八只（图版二，5）。第三层各边往上呈弧形斜面，高3.6厘米，是底座的主部。八面全为描金牡丹图案，面上贴两个漆雕供养人（图版二，2），各面供养人形态不同。再往上又一束腰，高3厘米，每面中间镂空作如意头状，内置一银丝编的变形如意。

底座的第二层束腰上覆以八角形平板，平板上置须弥山，须弥山分大海和宝山两部分①。宝山四面环海。海为圆形，直径24、高9厘米，用木质描金勾栏围住，八角立八根高4.9厘米的栏柱，每根栏柱顶缀以银丝串珠如意花，以水晶球结顶。海面四周升起八个木质描金云朵，高10~12厘米。云朵上立木雕四天王（缺一个）和四天人像，像高7.7~10.8厘米。雕像刀工苍劲有力，眼神、肌肉、衣褶等刻划得栩栩如生，形态沿袭唐风（图九、一一）。海浪中心涌起，呈圆柱形，高14厘米，柱上盘绕一条银丝鎏金串珠的九头龙（图版二，1）。宝山圆形，高9.7厘米，周围耸起十六峰，峰顶间隔站立木雕八天神像（图一二、一三），像高8.8~9厘米。整个须弥山通体描金。

图三 祖师像

宝山中心立一八角形经幢，中空有底。高19.4、直径5.2、内径4.1厘米。幢身蓝色，八面依次雕刻正、草、隶、篆等字体的佛名②，字填金色（图一八）。幢内置一乳青色料质葫芦形小瓶，藏舍利九粒，一粒肉红色，余皆乳白色。幢内置折叠的经咒护轮两张，环形银龙两条，五代“唐国通宝”和北宋“咸平元宝”等铜钱十六枚，以及白色结晶矿石若干块。经幢顶上为一金银雕缠枝纹佛龛，龛内置一木雕祖师像，头戴风帽，通体描金（图三）。

经幢周围立八柱，柱高23.6厘米，木质，以鎏金银丝编织物包裹。上覆盖八角形的斗拱梁栋屋顶，飞椽翘角，似若一座殿堂。斗拱为鎏金银丝串珠嵌宝编成。须弥山峰顶站立的护法八天神像，姿态各异，护卫在经幢之外。

殿顶置一丹漆木质佛龛，内置金雕缠枝纹细颈宝瓶，宝瓶四周浮雕佛像四尊，佛像之间雕有嬉戏童子。瓶口覆以金雕圆盖。佛龛上罩一八角形金银丝串珠华盖，华盖八脊上立有银丝编小龙八条，龙头向外昂起。华盖上为刹，高 24.5 厘米，以白玉水晶及金银构成。刹顶是一颗明亮的直径为 3.4 厘米的大水晶球，球下垂下八条银链，与华盖的八角相连。

这座宝幢破坏严重，加之参考资料不足，虽然在有关部门的配合下进行了修复，有些地方还待进一步研究。

二、经卷、经匣、经帙和经袱

1. 金书《妙法莲华经》一部，卷轴装，共七卷。碧纸（即磁青纸），纸高 27～27.6 厘米。每卷二十二至二十八开不等，每开二十五行，每行十七字，行高 21～22.4 厘米。此纸是否北宋佳纸“金粟山藏经纸”或“金粟笺”的前身、唐代的“硬黄”纸，尚待研究。虽是“经生”写的，但行笔有力。部分有金丝栏，宽约 1.76 厘米。每卷除卷首部略有破损外，基本完好。卷首有竹质扁形细轴。卷尾有木质圆形轴，轴端有铜质雕花图案轴头。丝织缥头都已霉烂破碎。每卷引首有“经变”画一幅（图一四、一五；图版五，1、2），几何纹边框，画高 25.2、宽 34.2 厘米。画面泥金绘制，略设色，线条精工流畅，佛像庄严生动。卷一的“经变”画中有各种姿态的童子。背面为泥金绘牡丹图案，也有几何纹边框（图四）。画面左上角泥金楷书“妙法莲华经卷第 ×”题签，也加边框。第一卷尾部墨书题记：“常州建元寺长讲法华经，大德知□记。”第二卷尾部墨书题记：“大和辛卯四月二十八日修补记。”（图一六）第七卷尾部金书题记：“时显德三年岁次丙辰十二月十五日，弟子朱承惠特舍净财，收赎此古旧损经七卷，备金银及碧纸请人书写，已得句义周圆，添续良因。伏愿上报四重恩，下救三涂苦。法界含生，俱占利乐。永充供养。”（图版三，3）

图四 《妙法莲华经》背面的泥金绘牡丹图案

2. 木刻《妙法莲华经》一部，卷轴装。原七卷，卷六被毁。纸土黄色，高16.8厘米。纸质经苏州华盛造纸厂鉴定为桑竹混合料。每卷十六块板，板长51.5~55.5厘米。每开八十八行，每行二十四字。第一卷引首部分有朱书题记："天禧元年九月初五日雍熙寺僧永宗转舍妙法莲华经一部七卷入瑞光院新建多宝佛塔相轮珠内，所其福利，上报四恩，下资三有，若有瞻礼顶戴□舍此一报身，同生极乐国。"（图版三，1）这是一部极少见的北宋初期的珍贵木刻经卷。字体书法端正，刻工精细，可以和开宝年间蜀刻官本相比美。

3. 碧纸金书《佛说阿弥陀经》一卷（图一七），墨书《佛说天地八阳经》一卷（图二一），《佛说相轮陀罗尼》一〇五卷（图二二），又《佛说相轮陀罗尼》残卷一卷（图二三）。

4. 真珠舍利宝幢经幢内藏的刻版印刷的经咒护轮两张，皮纸。一张是《大隋求陀罗尼》经咒，高44.5、宽36.1厘米，有边框。两边各有一行字：右行自"朝请大夫给事中知苏州军州事清河县开国男食邑三百户柱国赐紫金鱼袋张去华"起，有一连串的职官姓名；左行最后为："进士郭宗孟书"。经咒中心为释迦像，环以汉字经文。四角为四天王像。上部正中有图案，下部正中长方形框内印有"剑南西川成都府净众寺讲经论持念赐紫义超同募缘传法沙门蕴仁……同入缘男弟子张日宣……同入缘女弟子沈三娘……咸平四年十一月　日杭州赵宗霸开。"（图版四，1）

另一张是梵文经咒，高25、宽21.2厘米，类似1944年四川成都唐墓中出土的印本《陀罗尼》经咒。这是把我国古代二十八宿和巴比伦黄道十二宫画在一张经咒上的星官图（图六；图版四，2）。正中有一个高8.5、宽6.2厘米的长方形框，框内画佛教经变故事。画的左、上、右三边各有四个双线圆圈，圈内画代表巴比伦黄道十二宫的图像。四周为横书梵文经咒。经咒上边为花卉图案，两边各有十四个垒叠起来的神像，代表我国古代的二十八宿。下部有一些六角形表示星星。两端为护法神像，中间框内有"北宋景德二年八月日记"的题记，这一梵文经咒也是《大隋求陀罗尼》经咒。

5. 嵌螺钿藏经漆匣一只。长35、高12.5厘米。木质、夹纻、黑漆，通体用天然彩色螺钿镶嵌成各种花卉图案，雍容瑰丽（图五）。尚有裹盛经卷的少量散落的经帙残物和刺绣经袱及经卷缥头的残片。经帙竹丝十分精细，长30厘米，有的经袱残片上有墨书经卷名或施主姓名。

三、佛像、金涂塔及其他

铜佛像八尊，完整的六尊，其中四尊为释迦如来，两尊有背光（图版二，3）；两尊观音，其中一尊趺坐莲花座上，有背光，另一尊像背墨书"□□女弟子唐氏三娘谨舍净财制造铜观音菩萨一躯用□□开宝二年岁次己巳五月□□"等字；一尊地藏坐像，盘右腿，右手托一明珠，左手抚左膝（图二〇）。

彩绘描金模制泥质观音两尊，面部丰满，神态庄严慈祥，立在云朵座上，是唐代风貌（图八）。

铜质大小金涂塔各一。大金涂塔（图一九）底板上刻题字："苏州长州县通贤乡清信弟子顾彦超将亡妓（妇）在生衣物敬舍铸造释迦如来真身舍利宝塔一所伏用资荐亡妣胡氏五娘子生界永充供养岁次乙卯十月　日捨"。

琥珀印章一枚，龟纽，白文，篆体："与贞私印"（图七）。

图五　嵌螺钿藏经漆匣

图六　梵文经咒

左：梵文经咒上的巴比伦黄道十二宫　右：梵文经咒两边的垒叠神像部分

图七　琥珀印章

（“与贞私印”）

图八　泥质观音

图九　云朵上立的天人

这批文物，根据有年号的题记来看，下限应为北宋天禧元年（1017 年）九月初五日（见木刻《妙法莲华经》卷一引首的题记），上限为五代吴杨大和辛卯（931 年）四月二十八日（见碧纸金书《妙法莲华经》卷二尾部题记）。从经卷碧纸的部分古经纸来看，时间可能更提前。如果部分碧纸确是唐代“硬黄”，那就要提前到唐代。据苏州市一轻局许鸣岐等同志化验分析，认为金书《妙法莲华经》

图一〇　云朵上立的天王

图一一　云朵上立的天王

有四分之一用的是古经碧纸，最迟是在9世纪中叶、晚唐时期所造。据此，这批文物可定为五代至北宋初期的文物。

五代南方的吴杨、南唐、吴越等国较之北方五代战乱较少，各国立国分治，内部较稳定，生产没有遭受大的破坏，并且南方物产丰富，加之北方人口南迁，劳动力不断增加，农业生产比较发达，使得商业和手工业也得到一定的发展。那时江浙一带繁荣富庶，苏州成了仅次于钱塘的大城市之一。978年，北宋灭吴越，统一全国后，南方地区在原来生产水平的基础上，又得到了进一步的发展。这批文物的发现，为研究当时这个地区的生产力发展程度，造纸、印刷、漆器、金银花丝以及丝织、刺绣等手工业生产技术水平，提供了实物资料，也为今天继承民族传统，研究和发展社会主义工艺品提供了借鉴。

画有星官图的梵文经咒，据汉文题记，刻印于北宋景德二年（1005年）。宋代以前的雕版印件，内容与天文有关的十分罕见。这一星官图与河北宣化辽墓中的彩绘星图有可资对比的地方，而时间比宣化辽墓星图早了111年。因此，它有一定的研究价值。经咒星官图和宣化辽墓星图都把中国古代的二十八宿和巴比伦的黄道十二宫画在一起，但在经咒星官图上，二十八宿没有和十二宫结合起来，而只是作为边饰画上的。十二宫不是排列成环形，而是排列成马蹄形。十二宫虽然也是以春分从白羊宫开始，但序列是紊乱的，自左而右的次序为：白羊、天蝎、双子（阴阳、夫妇）、巨蟹、天秤、狮子、宝瓶、双鱼、人马、金牛、室女、摩羯。从形象看，经咒星官图和宣化辽墓星图上的十二宫大略近似，它们都在一定程度上把巴比伦的黄道十二宫中国化了。这种对外来文化的吸收和演化，值得我们重视和研究。

这批文物大部分同佛教的密宗（即真言宗）有关。瑞光寺塔发现的这批文物，对研究佛教及密宗，特别是“东密”在五代南方的传播，以及对北宋初期的影响，是有参考价值的。

图一二　护法天神

图一三　护法天神

图一四　经变画

图一五　经变画

图一六　金书《妙法莲华经》卷二尾部题记

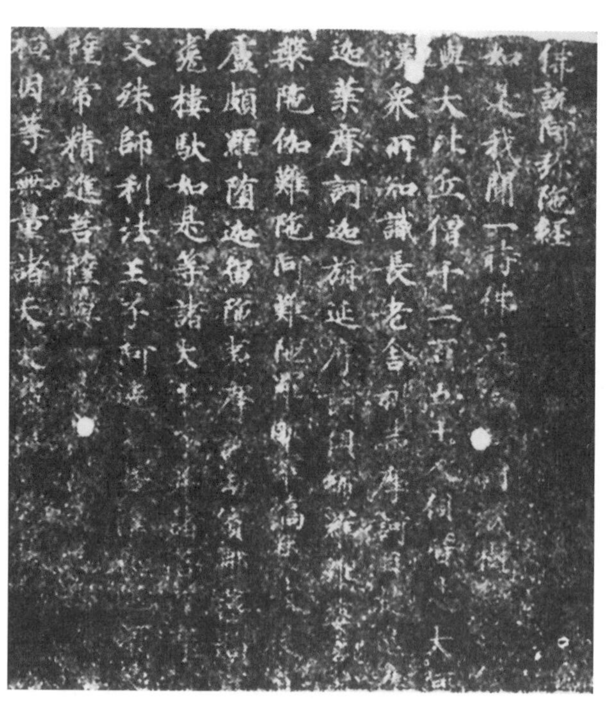

佛說阿彌陀經
如是我聞一時佛
與大比丘僧千二百五十人俱
漢衆所知識長老舍
迦葉摩訶迦旃延
槃陀伽難陀阿難陀
盧頗羅墮迦留陀
㝹樓馱如是等諸大
文殊師利法王子阿逸
陛常精進菩薩
檀因等無量諸天

图一七　碧纸金书《佛说阿弥陀经》

图一八　须弥山和经幢

图一九　大金涂塔

图二〇　地藏铜像

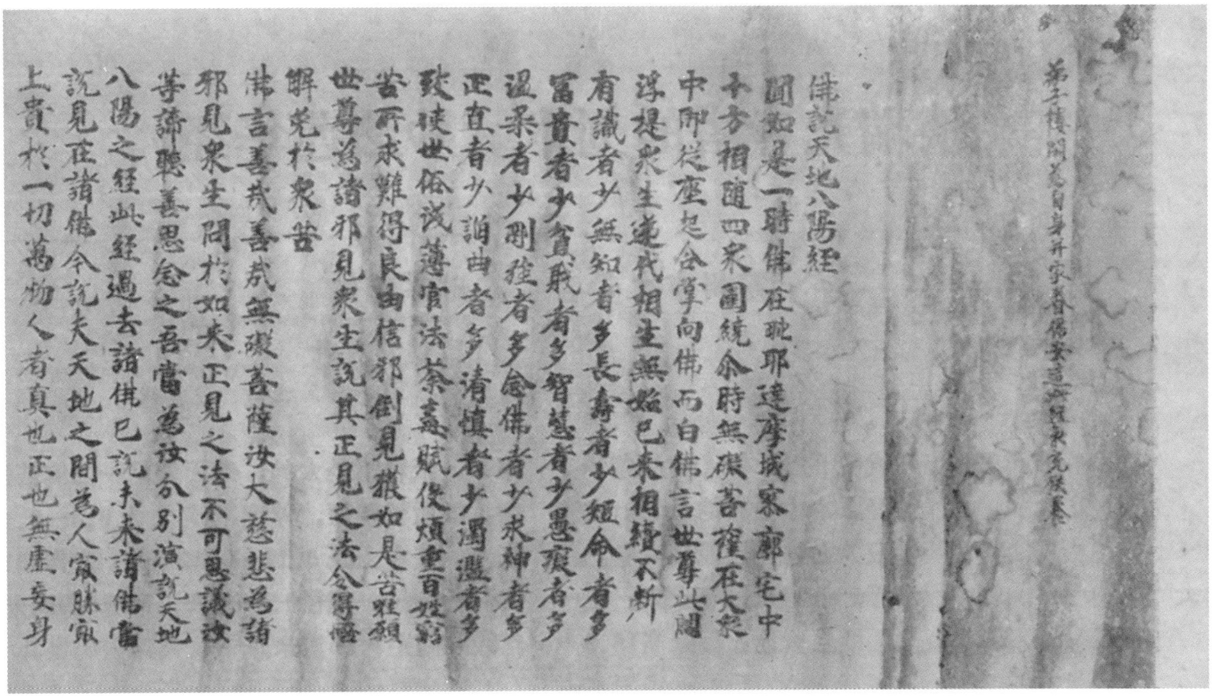

[illegible]

佛說天地八陽經
聞如是一時佛在毗耶達摩城寂廓宅中
十方相隨四衆圍繞尒時無礙菩薩在大衆
中即從座起合掌向佛而白佛言世尊此閻
浮提衆生遞代相生無始已來相續不斷
有識者少無知者多長壽者少短命者多
富貴者少貧賤者多智慧者少愚癡者多
溫柔者少剛強者多念佛者少求神者多
正直者少諂曲者多清慎者少濁濫者多
致使世俗淺薄官法荼毒賦役煩重百姓窮
苦所求難得良由信邪倒見獲如是苦唯願
世尊為諸邪見衆生說其正見之法令得悟
解免於衆苦
佛言善哉善哉無礙菩薩汝大慈悲為諸
邪見衆生問於如來正見之法不可思議汝
等諦聽善思念之吾當為汝分別演說天地
八陽之經此經過去諸佛已說未來諸佛當
說見在諸佛今說夫天地之間為人最勝最
上貴於一切萬物人者真也正也無虛妄身

图二一　《佛说天地八阳经》

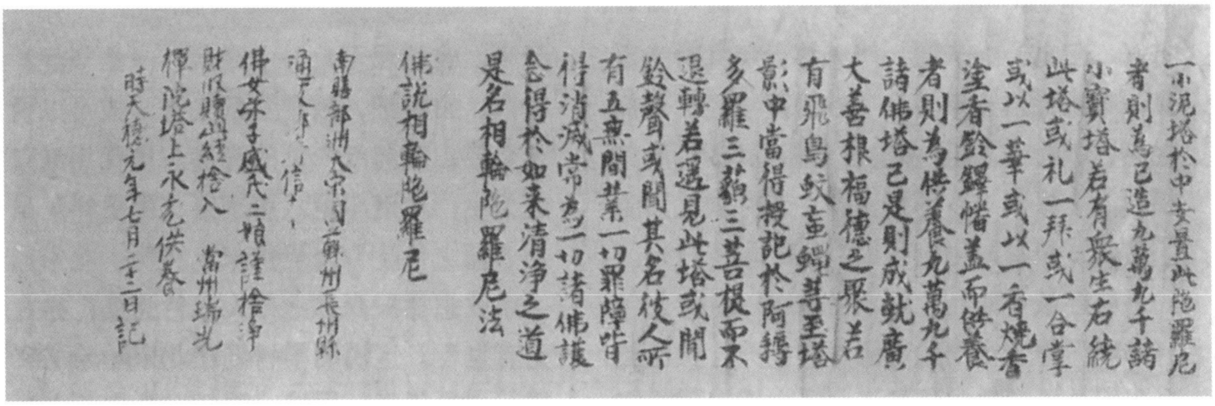

一小泥塔於中安置此陀羅尼
者則為已造九萬九千諸
小寶塔若有衆生右繞
此塔或礼一拜或一合掌
或以一華或以一香燒香
塗香鈴鐸幡蓋而供養
者則為供養九萬九千
諸佛塔已是則成就廣
大善根福德之聚若
有飛鳥蚊虻蠅等至塔
影中當得授記於阿耨
多羅三藐三菩提而不
退轉若還見此塔或聞
鈴聲或聞其名彼人所
有五無間業一切罪障皆
得消滅常為一切諸佛護
念得於如來清淨之道
是名相輪陀羅尼法

佛說相輪陀羅尼

南贍部洲大宋國蘇州長洲縣
[illegible]
佛女弟子盛氏三娘謹捨淨
財收贖此經捨入　當州瑞光
禪院塔上永充供養
時天禧元年七月二十二日記

图二二　《佛说相轮陀罗尼》

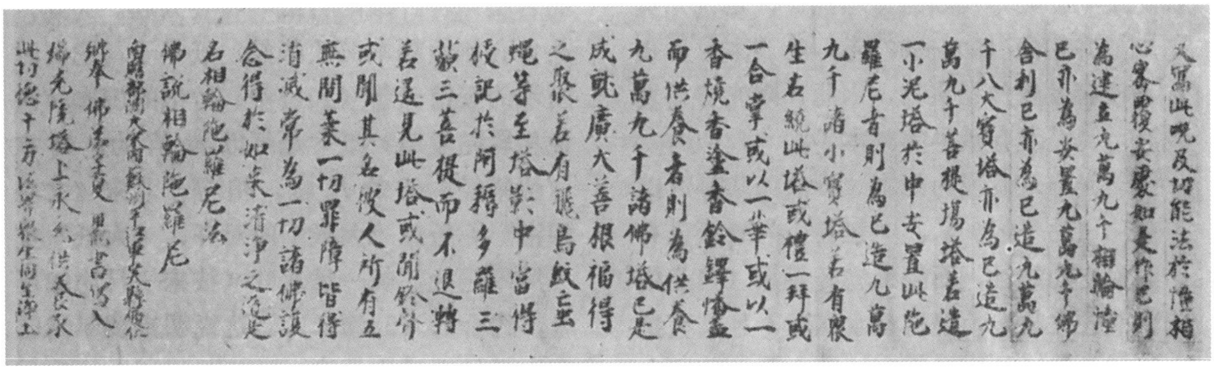

又寫此呪及[illegible]法於[illegible]
心[illegible]如是作已則
為建立九萬九千相輪橖
已亦為安置九萬九千佛
舍利已亦為已造九萬九
千八大寶塔亦為已造九
萬九千菩提場塔若造
一小泥塔於中安置此陀
羅尼者則為已造九萬
九千諸小寶塔若有衆
生右繞此塔或禮一拜或
一合掌或以一華或以一
香燒香塗香鈴鐸幡蓋
而供養者則為供養
九萬九千諸佛塔已是
成就廣大善根福得
之聚若有飛鳥蚊虻
蠅等至塔影中當得
授記於阿耨多羅三
藐三菩提而不退轉
若還見此塔或聞鈴聲
或聞其名彼人所有五
無間業一切罪障皆得
消滅常為一切諸佛護
念得於如來清淨之道是
名相輪陀羅尼法
佛說相輪陀羅尼
[illegible]

图二三　《佛说相轮陀罗尼》

最后，这批文物，对研究现存瑞光寺塔的具体修建年代，有了可靠的物证。张步骞等同志写的苏州瑞光寺塔调查报告③，对建塔年代的一些论断，我们基本上同意。第一，张文认为瑞光寺塔“可以肯定是宋代的建筑”，现在有了具体的实物，可以肯定瑞光寺塔是北宋初期的建筑。第二，张文认为：

“据文献记载，瑞光寺塔虽几经‘焚毁’，所谓‘焚毁’可能只是塔檐等木构部分。而重修，也只是修换了这些易毁的木构部分和内外粉刷。瑞光寺塔的塔身基本上仍是北宋的遗物。”根据这次发现的文物，我们认为现存瑞光寺塔自第三层以下的塔身基本上仍是北宋初期的遗物，这是完全可以肯定的了。至于第四层以上所建年代尚需进一步研究。

集体讨论
执笔：乐　进　廖志豪
摄影：王水根等

注释

①《大般涅槃经》卷二《寿命品》第一之二“如须弥宝山安之于大海。”

② 佛名是：南无摩诃般若波罗蜜、南无过去毗婆尸佛、南无尸弃佛、南无毗舍浮佛、南无拘留孙佛、南无拘那舍牟尼佛、南无迦叶佛、南无释迦牟尼佛。

③ 张步骞：《苏州瑞光寺塔》，《文物》1965 年第 10 期。

（原载《文物》1979 年第 11 期）

1. 真珠舍利宝幢

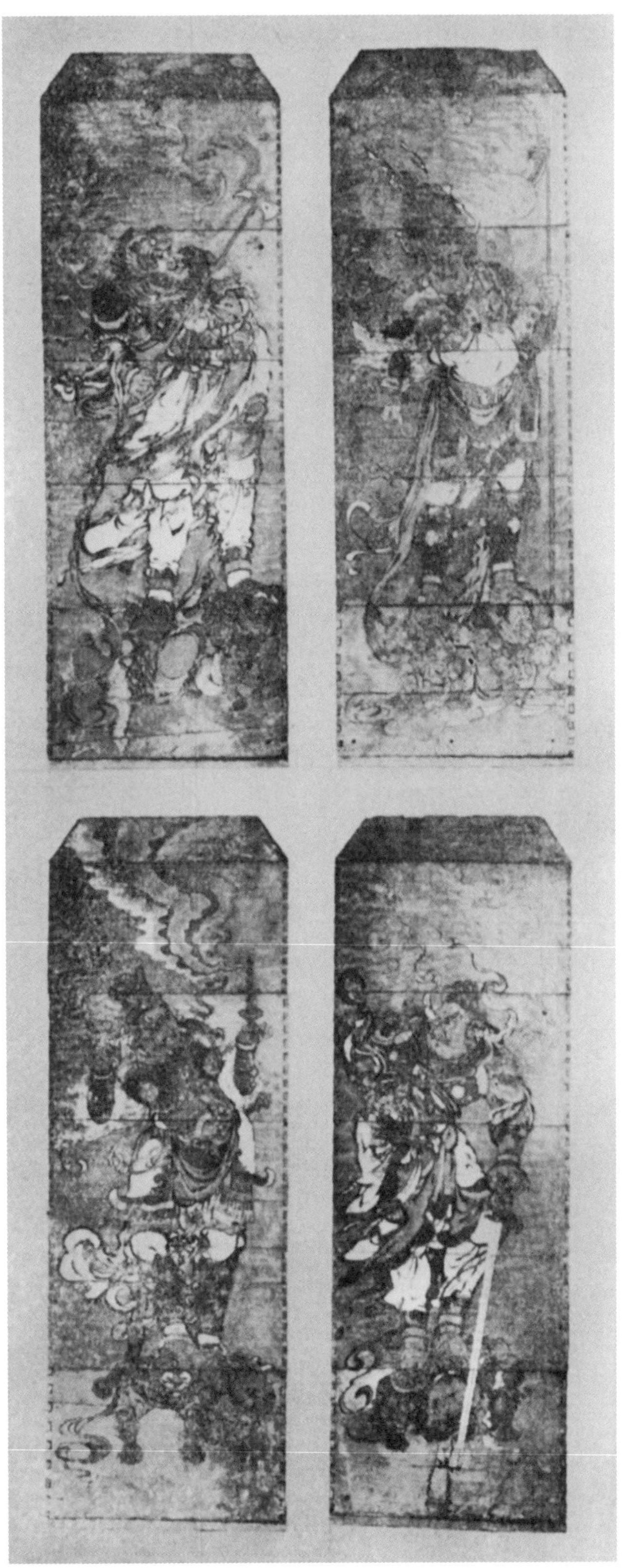

2. 四天王像

图版一　苏州市瑞光寺塔发现的五代、北宋文物

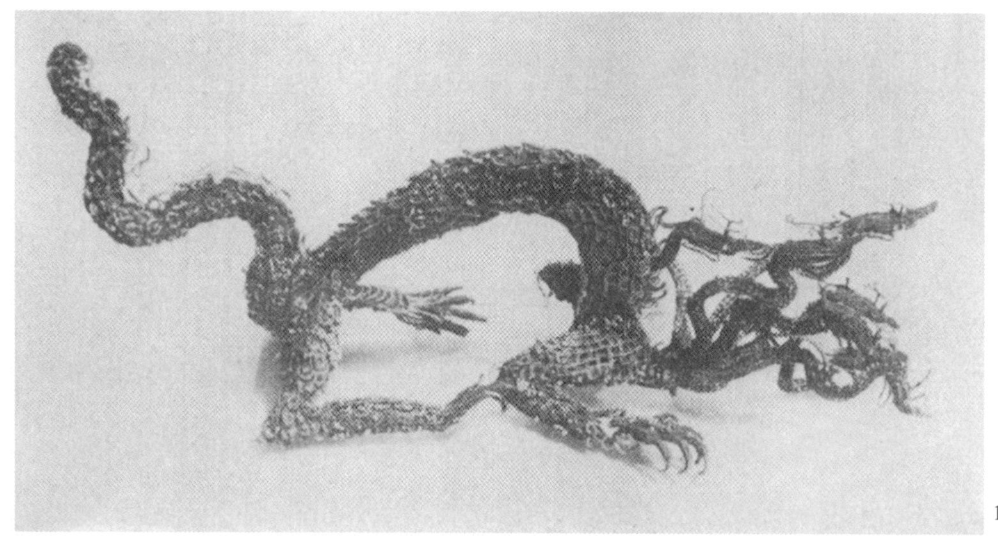

1. 银丝鎏金串珠九头龙

2. 须弥座细部供养人像

3. 释迦像

4. 须弥底座

5. 银狮

图版二 苏州市瑞光寺塔发现的五代、北宋文物

3. 金书《妙法莲华经》第七卷卷尾题记

1. 木刻《妙法莲华经》

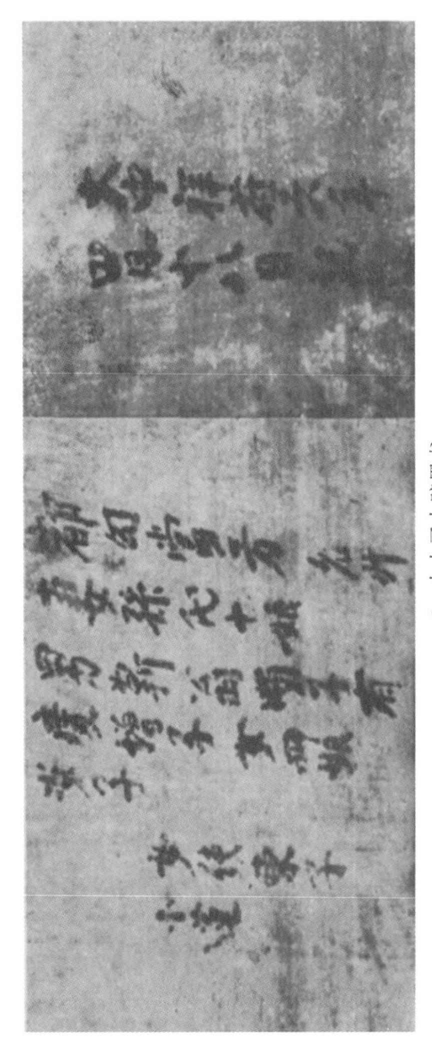

2. 内木函内壁墨书

图版三　苏州市瑞光寺塔发现的五代、北宋文物

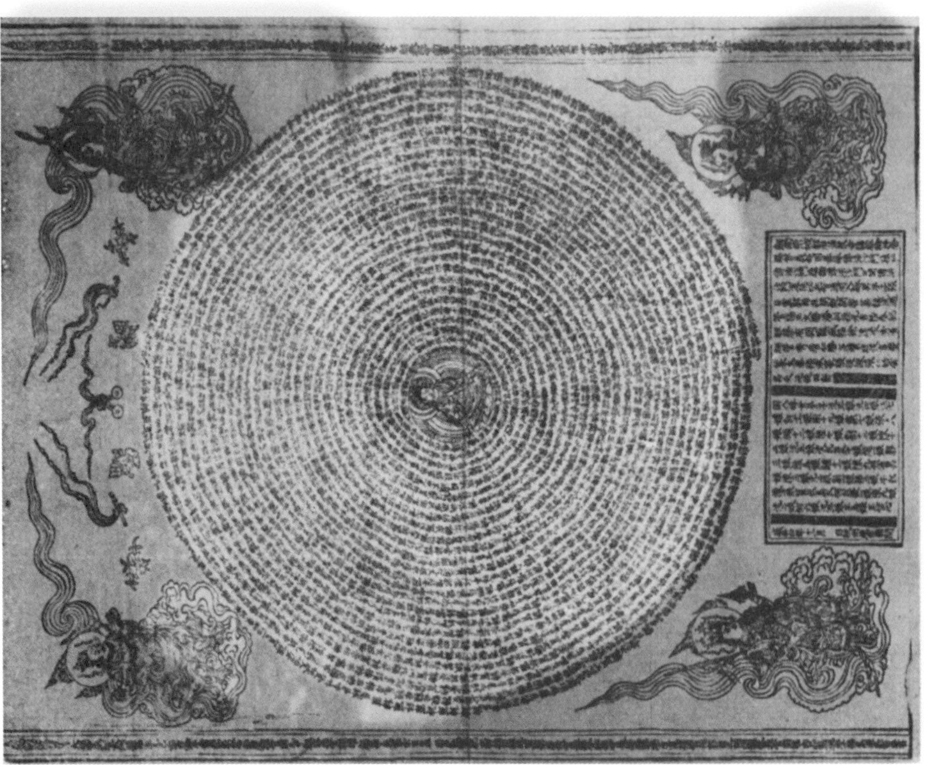

1.《大隋求陀罗尼》

2. 梵文经咒

图版四　苏州市瑞光寺塔发现的五代、北宋文物

1. 经变画

2. 经变画

图版五　苏州市瑞光寺塔发现的五代、北宋文物

苏州瑞光寺塔藏嵌螺钿经箱小识

姚世英　陈晶

1978 年，苏州瑞光寺塔第三层塔心窨穴内发现了一批文物，其中有一件嵌螺钿经箱，《文物》1979 年第 11 期《苏州市瑞光寺塔发现一批五代、北宋文物》一文中，对此经箱已有简述。

这件嵌螺钿经箱是目前在我国收藏、发现的唐代以来盛行的嵌螺钿木胎漆器中最早的一件实例，讨论它的工艺技法以及制作年代将有助于探索晚唐、五代时期中国螺钿制作工艺的发展情况。

经箱长 35、高 12. 5、箱身宽 12 厘米，分箱盖、身以及台座三部分。木胎，用合题法镶榫制作。从脱落的螺钿部分，可以看到木胎上先上漆灰，胶麻布，然后再用漆灰，表面髹黑漆。经箱上全部花纹、图案都是用螺钿装饰，在箱盖面上螺钿纹饰中还镶嵌珠宝（图一）。

图一　苏州瑞光寺塔藏嵌螺钿经箱

箱盖盝顶，用木板斗合，四周立墙用四块长方木板由三个门齿形榫相接，立墙上面斗合四块梯形木板呈斜面，盖面是平整的木板。箱身四周木板也用门齿形榫相接。台座略宽，与箱身连接。

盖面用贝片嵌出三朵并连的团花纹，团花由二十多片大小不同的贝片组成，中间由较大的贝片，四周衬小贝片，中央及四周大贝片上有镶嵌孔，中间一朵团花纹图案中央有一个大钻孔，钻透胎骨，孔径 2. 3 厘米，四周嵌孔径约 1 厘米。出塔时经箱上螺钿纹饰嵌孔内镶嵌物已脱落散失。盖墙正、背面各有四组横列的由三块贝片组成的花叶纹图案，间以三只展翅的飞鸟贝片。

箱身立墙正、背面嵌石榴、花卉纹图案，两侧立墙用切割较大的贝片组成有形态的花叶图案。

台座用须弥座形式，设壸门，壸门内贴嫩芽形图案的木片，上面印金箔，壸门两边各以五瓣形贝片图案补间。

盖、身、台座四周边缘镶嵌条带形纹饰，由花苞状、四瓣花形、鸡心形等不同形态的细小贝片组成，这些装饰既显示出镶嵌制作的细谨，又衬托出整体图案的绚丽多姿，加上盖面螺钿中突起的镶嵌点缀，虽然缀饰已失，但从钻孔透骨的木胎上所见，是以朱砂填地，再敷泥金，其上嵌的是作半球形的水晶体。这种嵌钿缀珠宝之类工艺在唐代颇为盛行，白居易《素屏谣》有“缀珠陷钿贴之母，五金七宝相玲珑”句。整个经箱显得雍容富贵。

经箱上使用的贝片的厚度，一般是 0.1 厘米左右，不论是切割较大、组成主体花纹图案的贝片，或者嵌在边缘的细小贝片，上面都施毛雕。

经箱表面漆层上有细条形断纹。

唐代螺钿器世传实物不多见，目前国内所能见到的有几件漆背嵌螺钿镜。1955 年洛阳 16 工区 76 号唐墓发掘出土的唐代人物花鸟纹嵌螺钿镜①是一件标准唐代嵌螺钿器。经箱上所用大小贝片总共七百片左右，贝片的厚度 0.1 厘米左右，其贝片的切割方法与唐代漆背螺钿镜同属于厚螺钿一类；从贝片均施以毛雕刻文这一特点来看，也是承袭唐代的工艺手法，但所施刻文技法却不如唐螺钿镜贝片精巧。

由于唐代以来螺钿实物不多，因此分析经箱本身的艺术风格与时代特征，还得与同时期其他作品的时代风格相比较。经箱盖面嵌螺钿主体纹饰是连列的三个团花纹，团花纹饰是盛行于晚唐的一种装饰花纹，五代漆器上也有团花纹装饰，如四川王建墓出土的木制漆匣——册匣②是一件金银平脱漆盒，盖面金银参镂主体图案是连列的五个团花纹，以束腰形金银参镂花纹补间。王建墓的入葬年代为前蜀光灭元年（918 年），这件金银平脱朱漆册匣是五代嵌金银漆器的实例。瑞光寺塔嵌螺钿经箱盖面连列团花纹以及补间形式风格与此颇为接近，由此分析经箱所具有的时代风格在五代漆器上还流行。这里附带说明一下，我们应用金银平脱器资料加以比较分析，虽则平脱与嵌螺钿是两种不同类型的工艺，然而这两种工艺都是曾经盛行于唐代的工艺作品，在制作与形式上也有若干相似之处。还可以找到一些比较实例。如五代承袭唐代以来用飞鸟纹作装饰纹，江苏邗江蔡庄五代墓③出土的银平脱漆器残片中有绶带鸟纹，还有木雕飞凤，经箱贝片中也用飞鸟装饰纹。经箱箱身立墙正、背面嵌成石榴、花卉，它的纹样结构仍然属于缠枝系统，石榴寓意子孙繁衍，在唐代佛教建筑艺术中也见得到石榴花纹图案，如河南安阳修定寺塔④砖雕中既有卷草团花，又有石榴团花纹。这一经箱的风格基本上与唐代风格可以联系得上，只是它的图案纹饰与盛唐时期那种富有生气和洒脱奔放的气息不同，经箱上的图案不论是主体花纹或是陪衬补间的图案都显得有些呆滞，团花纹饰的贝片也采用较简化的手法。以此推断，经箱的制作年代上限不会早于晚唐，下限不会晚于五代。

按经箱的尺寸，箱内净长不过 33 厘米。北宋时期的写经纸，大者高约 33 厘米，即使不加轴头经箱也难容纳，若以小纸写经，纸高 30 厘米，装上轴头取放也十分不便。而晚唐的写经纸，高为 25～28 厘米。于此经箱最为适宜。由此也可论证经箱的制作年代当在宋代以前的晚唐、五代时期。

此经箱的制作既承袭着唐代发达的螺钿工艺，又在盖面上用贝片嵌出花纹镶饰珠宝，比一般螺钿作品更为艳丽多姿，它对研究唐代以来中国螺钿工艺的发展史有着较为重要的意义。

注释

① 河南省文化局文物工作队：《洛阳十六工区76号唐墓漆理简报》，《文物参考资料》1956年第5期。

② 杨有润：《王建墓漆器的几片银饰件》，《文物参考资料》1957年第7期。

③ 扬州博物馆：《江苏邗江蔡庄五代墓清理简报》，《文物》1980年第8期。

④ 河南省博物馆：《河南安阳修定寺唐塔》，《文物》1979年第9期。

（原载《考古》1986年第7期）

苏州瑞光寺塔再次发现北宋文物

陈玉寅

苏州瑞光寺塔内继1978年在第三层塔心的窨穴发现一批五代、北宋文物后[1]，1980年又在第二层塔壁中发现两件北宋文物：一为木刻熟药方单，一为木刻《金光明经》残卷。现分述于后。

1. 木刻熟药方单（图一）

纵32.2、横18.7厘米，桑皮纸印，中已残破。上印木刻方单，版框直式，纵17.5、宽12.3厘米，双线边栏，中以双线分隔成三部分：上印药铺牌号，字横向，为“起初朱□发熟药铺”八字；下右边印方单，文字9行；下左边三行印启事，告诫人们谨防假冒。

方单文字为：

苏州饮马桥□□□□□药铺收买州土生药，依方对□修合，搜□□□□皂角丸，能治男子肾脏风□□□□□□□□□□□□□气血不调，腰□□□□□□□□□□□□痛，并用薄荷茶□□□□□□□□□□□浴后飒风，用葱□□□□□□□□□□□□□发酒下，上热痰嗽，胎口产□□□□□□□□风热风痫，一丸分作四服，□□□□□□□好茶嚼下一丸，神功不更细述□□□□□三文，朱□谨方。

启事内容为：

奉白君子近有人□□□□□□牌额，旋改药名，往外处多添加□□□□□□误人性命，凡赎药饵，请细认逐处牌号收赎为佳，朱□咨。

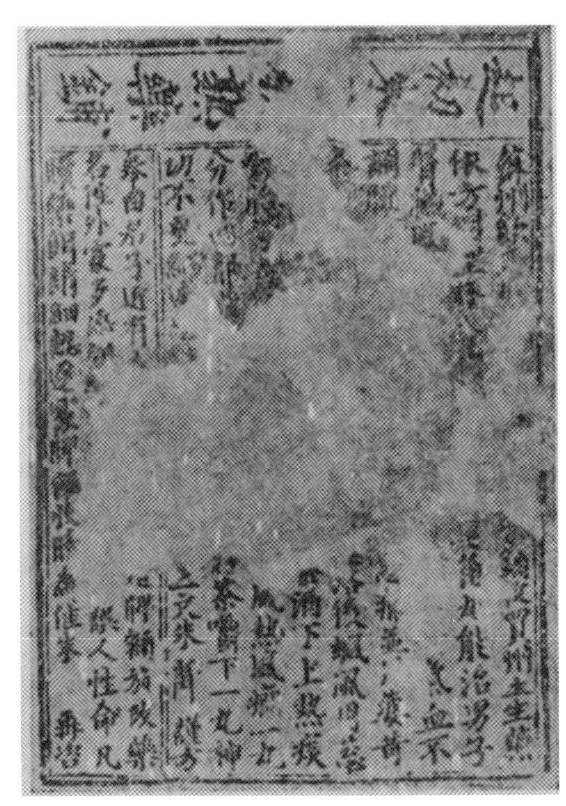

图一　北宋木刻熟药方单

药铺有生、熟之分，盛于唐宋，至元明已合而为一。《东京梦华录》载当时朝中外诸司有“四熟药局”，朱雀门外街南有“熟药惠民南局”，寺东门街巷有“宋家生药铺，铺中两壁，皆李成所画山水”。《梦粱录》监当诸局中有“惠民利剂局，在太府寺内之右，制药以给。惠民局，合署腊药以备宣赐，太平惠民局，置五局，以藏熟药，价货以惠民也”。根据南宋刻的《平江图》碑，苏州平桥直街亦有“惠民局”，附近还有“医院”。如按《东京梦华录》和《梦粱录》中所记，苏州此“惠民局”亦当是熟药局，这类药局多数为官办。当时民间药铺也很多，前提的“宋家生药铺”即为私家所办，上引几书中这类私人药铺的记载比比皆是。本文介绍的苏州饮马桥朱□发熟药铺，也当是私人经营的药铺。唐宋时的苏州，城内商业区多集中在护龙街南段的乐桥一带，南至饮马桥，北至接驾桥，商店鳞次栉比，坊市林立。朱□发熟药铺开设在商业繁华的地区，其规模可能不小。

一般说来，熟药铺和生药铺有严格的分工。中服药大致分汤、丸、散三种。汤即生药，需配方煎服，称汤药或饮片；丸、散属熟药，由药铺根据秘方配制药丸或药末。

本文所述药方上所提的皂角，即皂荚，主治痰多咳喘、中风口噤、癫痫等症。皂角刺亦入药，治痈肿疮毒，可外用。皂角子有润肠通便之功能。皂角生江南，宋时普遍种植，方单中“收买州土生药”即可证明。

宋代签名时行书押。宋徽宗赵佶作画题款即有别人难以模仿的签押。曾见米芾题款亦用签押。朱□发熟药方单上为防止别人假冒，也有一签押，这也反映了方单的时代特征。

方单所用桑皮纸呈赭黄，纸软薄，表面粗糙，帘纹不明显，这也符合明陈继儒《太平清话》中所说的“宋纸于明处望之无帘痕”的记载。纸的原料为桑皮、竹筋，纤维较长，表面现露明显。纸厚薄不匀，中有纤维结块状。李之仪《如溪题跋》云：“吴人多参以竹筋，故色下而韵微劣，其如莹滑受墨，耐舒卷，适人意处。”该纸有此特征。苏州蚕桑发达，竹林遍布，为造桑皮纸提供了广泛的原料来源。方单纸当为宋时本地所产，方单也是本地所刻印的。

苏州是文化发达的历史名城，医药事业繁盛。据《苏州名医录》记载，自汉至清，名医有五百余人，在明代形成吴派医家。苏州的中药业自唐宋以来也相当发达，但药铺之名史籍未载。朱□发熟药铺当是北宋时期苏州的著名药铺，所制皂角丸亦为当时名药。方单刻版字迹已较模糊，显然曾大量印制，广为宣传。启事所针对的同业中假冒牌号的现象，在历史上的商业竞争中屡见不鲜。根据建塔年代及与塔第三层已发现的文物对比，此药方当为北宋大中祥符年间所印。

2. 木刻《金光明经》残卷（图版一）

硬黄纸经折装。折高27、宽8.8厘米，单线边栏高23.6厘米，每折5行，共存43折217行，总长382厘米。每行16至17字，字长1.3至1.5厘米。刻工精细，一笔不苟。

经卷纸色呈赭黄，折叠处尚干净无尘垢。破损处可见二层纸装裱，坚硬厚实，表里研光。夹层中纸背有桑竹纤维显露，帘纹不明显。纸质与江阴北宋孙四娘子墓出土经卷相似[②]。每开长50~51厘米，与瑞光寺塔第三层塔宫窨穴中发现的木刻《妙法莲华经》和江阴出土的木刻《金光明经》均基本相同。

经文为欧体，字迹工整清楚，墨色印透夹层纸背。此卷与江阴北宋端拱元年刻印《金光明经》对比，在版式、文字书写上有许多一致的地方。如恶字两者均书为“悪”，所、处、足、最等字笔画均似出于一人之手。文字行距两者完全相同，连版框高度也仅差3毫米。所不同的是此经卷较江阴经卷字迹端正。根据两者有许多相似之处的情况分析，其中一种可能是另一种的翻刻本，印制时间不会相隔太长。

经卷中有朱笔圈点，每隔3行眉书诵经日期，有初五、初十、十一等，连续日期至九月十三日，并书“初五日策念旬经通念”“十四日策念旬经至此通看”“旬诵”等字。许多日期为倒书，上下天地间书写无定律，似为诵经时讲师念到哪里即随手记录到哪里。根据所书文字看，一天仅诵3行12句48字，有时仅念2行，每十天通念一遍。自八月初五至九月十三日，连续讲诵达一个多月。又从“策念”二字看，可能这是佛教法定传戒讲经的日期。

五代时期，在极端信佛的钱镠统治下，苏州地区佛教盛行，号称“佛国”。北宋沿袭此风，建造了许多塔刹寺院。苏州六朝时就有竺道生在虎丘山讲经的传说，历史上名僧在苏州讲经的不乏其人。讲经时可有人发问，一问一对，随问随答。讲经时设坛斋戒，由名师主持，佛门子弟、善男信女，甚至官宦豪门都踊跃参加，视为佛门之盛事。瑞光寺是苏州的古刹名寺，经常举行传戒讲经活动，此经卷残卷可能为名僧持用之物，虽残犹珍，仍藏于塔内。经卷除朱书日期、圈点和眉记外，还在读声方面作了标记，许多字旁用墨笔注“上”“下”等声符，有的还在字旁用墨笔画直线，以示延长读声。这些都为研究当时诵经的情况提供了宝贵的资料。

此经卷与江阴北宋端拱元年木刻《金光明经》经卷以及瑞光寺塔三层窖穴中所出大量五代至北宋文物对比分析，此经卷当为北宋初期印制。

注释

① 苏州市文管会、苏州博物馆：《苏州市瑞光寺塔发现一批五代、北宋文物》，《文物》1979年第11期。

② 苏州博物馆、江阴文化馆：《江阴北宋“瑞昌县君”孙四娘子墓》，《文物》1982年第12期。

（原载《文物》1986年第9期）

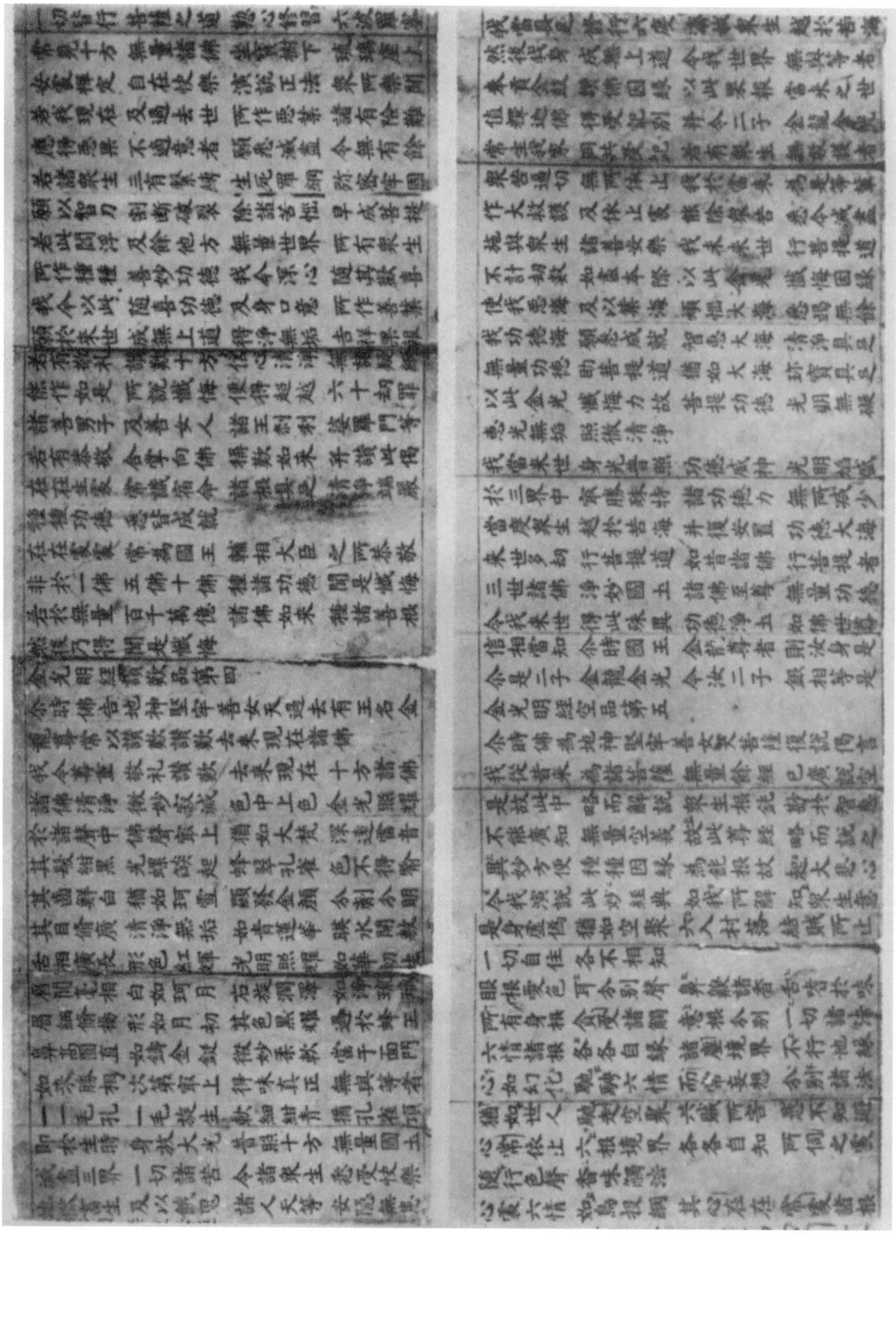

图版一　苏州瑞光寺塔发现北宋木刻《金光明经》残卷

苏州七子山五代墓发掘简报

苏州市文管会　吴县文管会

一、地理环境和发现经过

七子山一号墓，位于苏州城西南横山山脉的九龙坞中。根据《吴郡西山访古记》卷二载："入九龙坞，坞中有山脉九支，自乾元寺派分而下，聚于坞中，坞之得名以此。"九龙坞，当地俗称七子山，即山巅上有七个烽燧墩，传为吴越争霸时留下的遗迹。据《吴县志》载："山下九龙坞正中，是吴越王钱元璙墓所在地。"七子山一号墓，即在钱元璙墓的西边、祝家山的山坡上。该墓北距吴县西跨塘2千米，有苏州至木渎镇的公路可达（图一）。

此墓于1979年3月13日，为人民解放军某部在施工中发现。在部队积极配合下，次日即开始对墓葬进行了发掘和清理，历时6天结束。

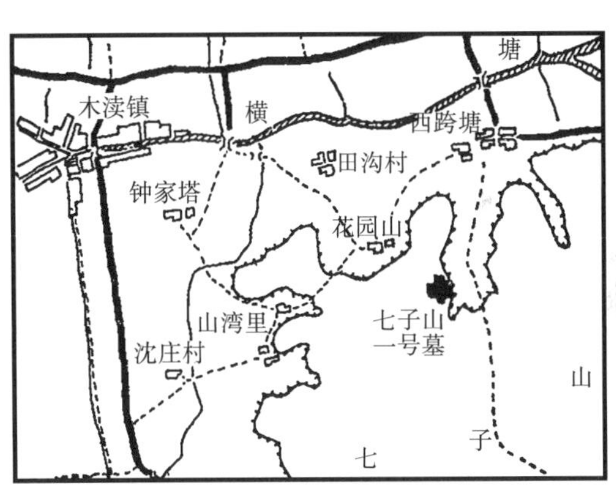

图一　七子山一号墓位置示意图

二、墓葬结构

七子山一号墓，墓室全长14.34米。墓室分前、中、后三室。在中室的两侧各附有一个耳室。前、中两室宽3.05米，后室宽2.45米（图二）。整个墓室全部用长37、厚5厘米的青砖建造，无砖铭。墓的顶部是券顶。券弧度较平，是用三层砖上下错综交横砌成的二或三道拱券。耳室也是拱形，拱壳顶为四合向中心收，呈"回"字形，其拱脚落在墙或拱券上。墓壁为平砖卧砌，前室及北耳室一侧底部用砖砌一层三横一丁式，上面全为平砖平砌。

1. 墓门的情况

墓门前堆土中，自上至下积满了大小不同、形状不规则的黄石块，大的约重半吨。墓顶北部上端，有一段长2米、高0.8米堆砌的大小石块两层。这种质料的石块都出于本山中。墓上封土高2.5米。

墓门有两道弧形圆拱，正中为拱形洞门，门高2米、宽2.33米，是三层砖聚砌的拱顶。门洞内有封墓门的砖墙（图一〇），墓门洞的右下角有一个宽0.44米、高0.3米的排水洞，洞外有一段排水沟，然后向右转弯流入一阴井。用石板做成的阴井长0.4米、宽0.48米。江南地下卑湿，用排水沟排水，具有南方墓葬建筑的特点。

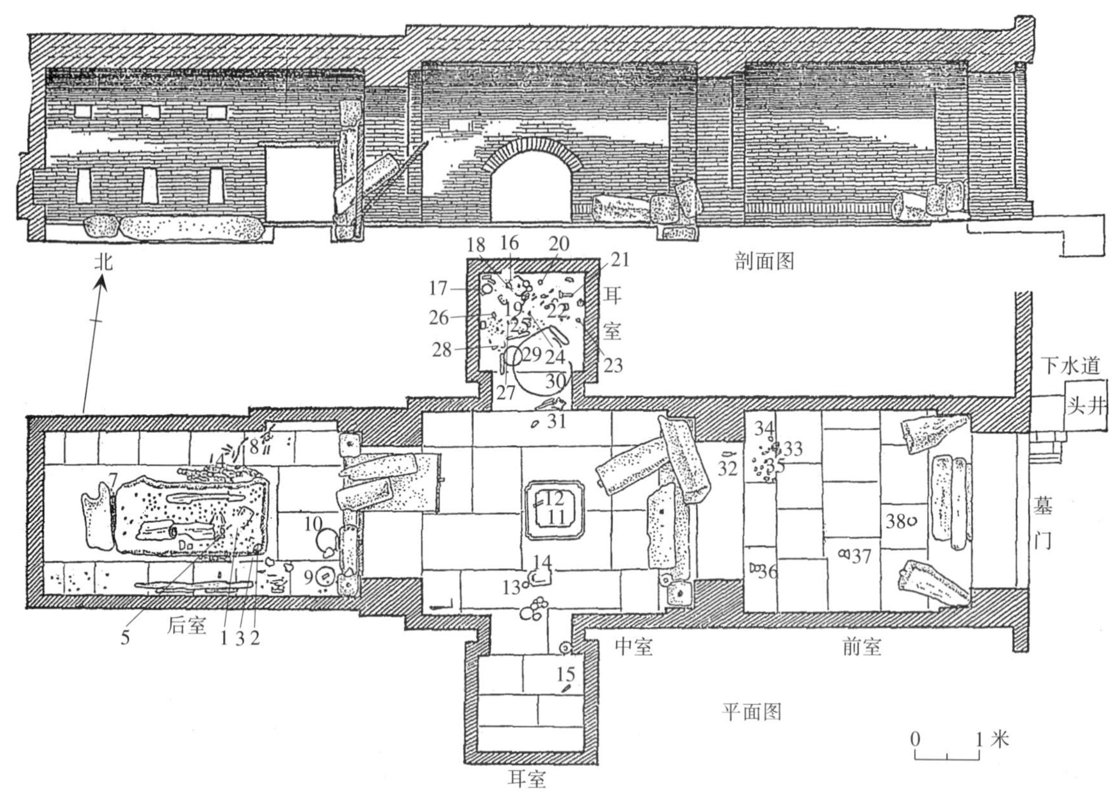

图二　一号墓平、剖面图

1. 铁券　2. 鎏金圆盒　3. 陶俑　4. 陶俑、铜俑　5. 牙齿　6. 残棺板　7. 铜钱　8. 铁钉　9. 孤魂台石座　10. 越窑青瓷盖罐　11. 祭台　12. 铜筷　13. 石砚　14. 漆砚盒　15. 铜鐏　16. 铜镜　17. 越窑青瓷碗　18. 剑鞘（残）　19. 鎏金虎头牌　20. 玉饰　21. 鎏金玉饰　22、23. 鎏金带扣　24. 玉璜　25. 带扣　26. 鎏金小盒　27. 料珠　28. 玉簪　29. 小漆器银釦　30. 大漆器银釦　31. 越窑青瓷方盒　32. 铜锁　33. 铁马镫　34. 铜环（马饰）　35. 鎏金银马饰牌　36、37. 铜门环　38. 铜环

2. 前室

前室平面呈长方形，长3.65米、宽3.05米，前后贯通。室前有门额、门框，已断裂。门应为木质，因年代较久，已腐朽，只在前室墓门处发现一个铜门环。墓壁是在砖砌三横一丁上加层砖至高1.33米处起券。室前、后正中各辟一个拱形洞门，上有两道拱圈，前为墓的大门，后为通向中室的门。从地面至顶高为2.35米，地面为青砂石板平铺而成。

3. 中室

中室和前室大致相同，平面呈长方形，长4.75米、宽3.05米、高2.35米。所不同的只是中室的两侧各有一个耳室。前、后各有一拱券门通向前、后二室，上有两道拱圈（图一三）。有青石门额、门框，疑为木门，已腐朽。在门旁发现一把铜锁和带有锁簧的门环。地面亦用青砂石板平铺。

在中室的正中，置有祭台。台面为青砂石质，方形，长、宽各0.9米，四角为海棠形。台上放一双铜筷。台座用砖交叉堆砌。在中室靠近南耳室处，发现铜碗残片。此碗原来可能放在台上，后因墓内地下水位增高，碗受水浸而改变了位置。

4. 后室

后室规模较大，平面呈长方形，东西长5.94米、南北宽2.48米。前壁正中辟一拱形洞门，上有两层拱圈。有石门额、石门框、石门。门高1.74米、宽0.87米，厚9厘米，共两扇。每扇门的顶部正中有铁铸门枢一个，安在门额的窝臼内；下部靠壁处各有一个半圆槽。门下有槽，槽低于地面。门嵌入槽内，后有方石顶住。因此，石门不能启，仅起封闭作用。

后室有壁龛九个，每个壁面各三个，壁龛高 54~55.5、上端宽 18~24.5、下端宽 25~27 厘米，为楔形。左壁龛上面另有两个小龛，右壁龛上面有三个小龛。在室的左壁、靠石门旁，有一个高 1.1 米、宽 1.2 米、进深 0.17 米的大壁龛，似为放墓志用，但此墓未发现墓志。室中间靠后壁处，置一青石棺床。因经墓内积水浸蚀，四周已凹陷为水沟。现长 2.65 米、宽 1.13 米，棺床略高于地平面（图一一）。地面用青砂石板平铺而成。石板大小规格不一，但排列较整齐。

5. 耳室

左、右两个耳室，其门圈也为拱形，在平砌十四层砖上起券，矢高 1/5，洞门中心高 1.15 米、宽 1.25 米（图一二）。顶部为拱壳顶，四周向中心汇集呈“回”字形。四角交接处有明显的分界线，这种拱顶略与南唐二陵耳室顶部相似。室长 1.46 米、高 1.9 米。地面亦用石板平铺。

三、出土遗物

1. 瓷器类

越窑青瓷金釦边碗　1 只。碗口较敞，金釦边。通体呈橄榄青色釉，晶莹滋润如碧玉（图版一，1）。高 54、口径 14.8 厘米，金釦边宽 0.5 厘米。小圈足，直径 6.1、高 0.3 厘米。圈足下有支钉。出土于北耳室。

青瓷高足方盒　9 只。须弥座底足，足部四边有镂空壶门装饰。外印凸线纹，盒口沿部有一凹进带纹。上有子母口，叠起可作套盒用，也可分开单用。全身施青釉，釉色青中泛黄。出于后室和北耳室（图版一，2）。

青瓷盖罐　1 只。双耳，四系，圈足。高 35.4、口径 9.6 厘米，双耳高 4.7 厘米，系高 2.6、宽 2.8 厘米。器盖两边有夹板耳，中有孔，放在罐系中，孔成直线。盖内、外施釉，反面可作盆用。盖高 3.3、直径 12.2 厘米，夹板耳长 2.7、宽 1.8 厘米。全身通体施青釉，釉色明亮细洁，青中微黄，口圈足部分露胎，呈灰色。出土于后室（图一四）。

青瓷洗　1 只。敞口，直径 29.8、高 9 厘米；沿唇，唇边宽 1.1 厘米；凹底，半径 7.8、深 0.8 厘米，内有支钉。全身通体施青釉，釉色明亮细洁。出土于后室。

2. 俑类

陶男侍俑　5 件。发长披肩，似风帽状。面型丰腴端庄。身穿圆领长袍，束腰带。拱手胸前。模制，在衣服等处再加刀刻。高 26.2、宽 8 厘米，底座宽 9、长 7.8 厘米。

陶女侍俑　3 件。一件已残，高 26、宽 7.2 厘米，底座宽 8.7、长 8 厘米。一件为面向右侧视，清秀妩媚，体态比例匀称。头发后梳，略耸起。发顶左部刻有半圆形木梳。宽领长袖，双镶拱手，似一中年妇女。模制后，衣褶等处再加刀刻。一件为年轻女俑，梳双垂髻，宽领长袖，双镶拱手，身段与前同，唯头部略有变化。

铜男俑　4 件。头戴襆头小帽，有一个面部清晰饱满，圆领长袍，宽袖，双手垂拱。底部呈弧形，背面空，似竹爿状。模制。高 24.5、宽 6.6、厚 0.8 厘米（图三，左）。

铜女俑　4件。头上有双髻，对襟长袍，宽袖。制法同铜男俑（图三，右）。

3. 武器类

铁刀　1把。已断残成数段。刀尖残留在鞘壳内，鞘壳髹棕漆皮，镶鎏金银饰，鞘末鎏金银壳正、反面刻有狮子、凤穿牡丹、云纹等图案，地纹为连珠纹，针刻，形象生动，制作精细。总长96.5（包括刀鞘壳）、刃部宽3.9、刀鞘壳宽4.8厘米（图四，1；图五、六）。

铜弩机　1件。长8.9、宽2.7、高3.5厘米。

铜鐏　1件。圆锥形，八面有棱。中有残柄朽木。长11.7、半径2.5厘米。

图三　铜男、女俑

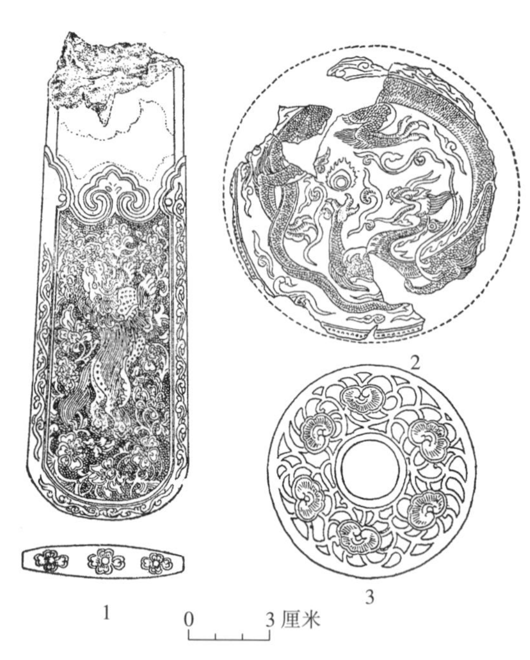

图四　器物花纹

1. 鎏金铁刀鞘末端狮子图案　2. 鎏金云龙纹银盒盖花纹图案　3. 镂雕铜饰花纹图案

图五　鎏金狮纹铁刀鞘末端残部

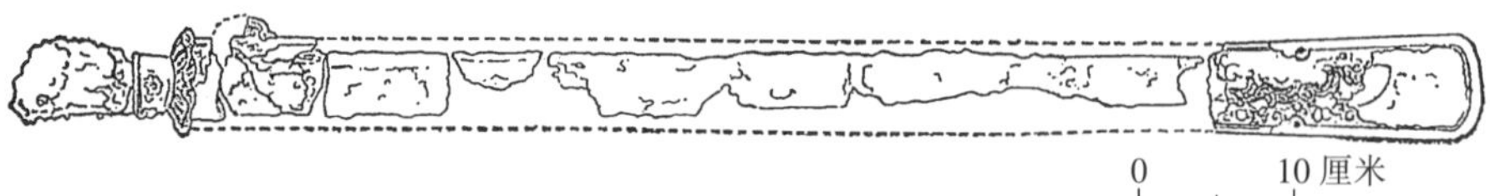

图六　鎏金漆鞘铁刀复原图

4. 金银玉器饰品类

鎏金马佩饰银牌　16件。长方形，一端微弧，上有菱形纹饰，背面有两个扣钉。长2.5、宽1.6厘米。

银銮铃　1件。下部残。

漆盆银釦　大小2件。漆盆已残朽。大银釦直径98.8、边宽2厘米。小银釦直径25.4、边宽1.3厘米。这样大的漆器实为少见，惜已残朽无存。

鎏金银方形盒状饰件　3件。中有镶木头痕迹，为木器的残件。

鎏金银质虎头挂牌　2件。方形。虎面咧嘴獠牙，额上有“王”字，中有三个小孔，可穿系，似为挂佩上饰件。长4.3、宽4.7、厚0.5厘米（图一五）。

鎏金银质葫芦形饰件　1件。有小孔可穿系，其用途待考（图一六，下右）。

鎏金银质革饰带扣　4件。长6、宽6.4厘米（图一九）。

黄金带扣　1件。鎏金银质长方形带饰。长2、宽2.3厘米（图一六，下左、中）。

鎏金鸡心饰件　4件。中有圆孔可穿系。双层，背无孔，隔层中有钉脚，似为装夹在带上的饰体。长2.6、宽2.4、厚0.8厘米（图一六，上）。

鎏金银小盒　1件。呈梅花形。盖底有五个乳丁状小圆圈纹饰。半径5、高1.5厘米。

鎏金银质盒　1件。盒面镂有蟠龙，呈凹凸状，细部加针刻，龙作腾空飞舞抢珠状，旁有流云纹。残存直径10.6厘米（图四，2）。

鎏金银器中，还有不少似为漆木器上的残件，漆木器已腐朽无存，而这些饰件却保存着，有的上面还有较精细的纹饰，根据形制，可约略看出是器物上的包角、饰片等。

鎏金玉饰件　1件。中间为木质包鎏金银皮把柱，断面呈椭圆形，上面刻有精细的卷草纹，长14.9、宽3、厚1.9厘米。一端镶接五角形扁平玉饰，另一端镶接三角形玉饰座，再加五角形玉饰。全长28.1厘米（图一八）。此件器形别致，是手执之物，疑为玉节，待考。

玉佩　1块。两端有鎏金梅花形铆，上有小攀，可穿系。宽6.7、高3.4、厚2.4厘米。此外尚有尺寸不同、形式相同的3件。

玉坠　1件。长4.5厘米。

玉璜　1件。两端有小孔可穿系。

玉锤　1件 。似鸡心形，中有小孔可穿系。

玉饰　2件。一件长形，中镂一孔，高2.7、宽8.8、厚1.3厘米。一件类似玉璜，长5.3、宽1.1、厚0.14厘米。

水晶珠　80粒。原为挂饰，已散落，半透明，中有小孔可穿系。

5. 铜器类

铜筷　1双。长27.2、厚0.4厘米。

铜葫芦形器　1件。高9.3、半径2.6厘米。是木器盖上顶部饰物（图七）。

铜锁　1把。长筒形。器身长12.8、宽2.1厘米。与虎丘塔出土经箱上的锁类同（图一七，上）。

铜门环　2件。一件的系中有锁簧一根（图二〇）。

铜钥匙　1把。长11.7、宽1.6厘米（图一七，下）。

铜马饰　1件。“T”形，上有菱形花纹三组，后有三钉脚，为带上饰件。

铜委角方镜　1件。小纽，有边沿一圈，素纹。宽19.6、长19.6厘米（图八）。

铜器沿　1件。菱花形，上饰乳丁卷草纹。沿边宽似网状，直径为20厘米。

铜饰　1件。镂雕缠枝花。直径7.5厘米。是木器上的饰件（图四，3）。

铜钱　数百枚。大部分是武德四年（621年）的“开元通宝”。五枚是唐肃宗李亨在乾元元年（758年）所铸的“乾元重宝”。这些铜钱均散置在棺床和后室地上。

6. 铁器类

铁犁　2件。上方下尖。一件长32.5、宽18.3厘米。另一件长35.4、宽17.5厘米。

铁板　1块。长方形。出土于棺床上。是否地券，因经水浸蚀已氧化，字迹无存不可辨。长31、宽28、厚0.4厘米。

铁马镫　1副。上为方形，镫脚处为圆形，上有鎏金和纹饰，造型较简单。另有马鞭残段，用皮革铁丝编制。

7. 其他

砚台　1方。箕形，俗称“风”字砚。砚面前低后高。长20.2、宽12.7~14.7、高3.7厘米（图二一）。

孤魂台　1座。分石柱础、石柱心、石托盘三节，上置陶质莲花缸。缸底内有一圆形石垫。石柱础高9.7、直径27厘米，中有小方槽口，内安石柱，柱长46.1厘米，八角形似经幢式，上有榫头嵌圆石托盘，托盘上承托陶莲花缸。缸高16.7、口径46.2厘米，圈足，上饰宽莲瓣纹和折线纹（图九）。缸中原有植物油，已凝结成块。表面是深褐色的硬膜，膜下米黄色凝胶状物质。经苏州市卫生防疫站化验室化验，酸度4.4，酸价2.47，碘价4.29，皂化价52.18。此孤魂台置棺床前，为长明灯。

四、几点认识

1. 从墓室结构、出土遗物，我们初步认为七子山一号墓是五代墓。例如青瓷盖罐与广东番禺石马村五代南汉墓所出相似。《故宫瓷器图录》一书，也收有此器物的照片。青瓷洗与浙江临安板桥五代墓出土的类似[①]。青瓷高足方盒，与浙江杭州钱元瓘墓所出瓷盒基本相同（钱元瓘墓所出瓷盒，现藏浙江省博物馆）。

图七　铜葫芦形器

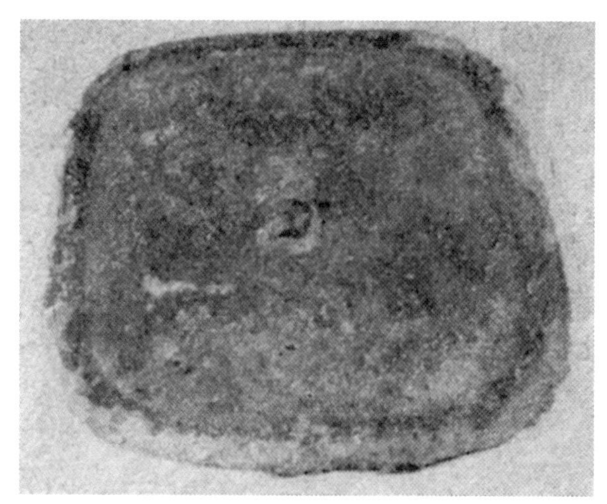

图八　铜委角方镜

图九　石制孤魂台

图一〇　墓门和封砖

图一一　墓后室的青石棺床和墓壁壁龛

图一二　右耳室券门和室内出土文物位置

图一三　墓葬中室（两侧为耳室券门）

图一四　越窑青瓷盖罐

图一五　鎏金银质虎头卦牌

图一六　金银器饰品
上：鎏金鸡心饰件　下左：金带扣
下中：鎏金银长方形带饰　下右：鎏金银葫芦形饰件

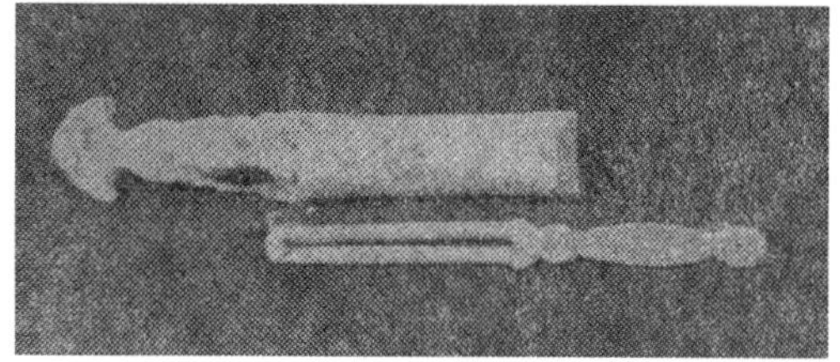
图一七　铜锁、匙
上：铜锁　下：铜匙

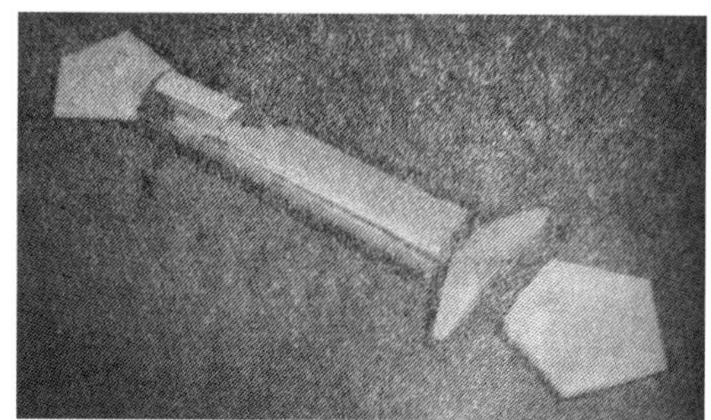
图一八　鎏金玉饰件

图一九　鎏金银革饰带扣

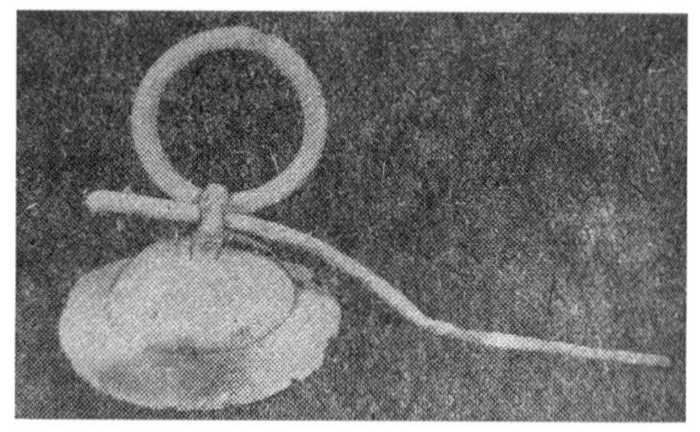
图二〇　铜门环

图二一　石砚

另外，出土的石砚为箕形砚，俗称“风”字砚。唐中期盛行用砚随葬，以后五代直到北宋也多有用砚随葬的。

俑的数量较多。铜俑多为半边俑。陶俑的塑工严谨，比例准确，神态生动，都承袭了唐代的写实作风。但女俑面型并不丰满肥硕，衣袖较紧窄，这又有别于盛唐时期的作风，因此拟定为晚唐、五代时期的遗物。

墓中出土了置于棺床上的两件铁犁。用农具殉葬，这也是唐、五代时的习俗。它与1956年陕县刘家渠发掘的116座唐墓中出土的铁犁相类似。

再从墓室结构来看，七子山一号墓，与南唐二陵、四川前蜀王建墓分前、中、后三室，旁有侧室的形制类似，特别是该墓的耳室结构顶部，与南唐二陵耳室顶部类似。

据以上分析，我们认为此墓应为五代墓。

2. 七子山一号墓中出土了不少青瓷器并有秘色瓷，又有精工制作的金银细工物品，这与晚唐、五代时期江南地区的历史环境有关。江淮流域五代时是南唐、吴越统治区域，出产食盐、茶叶以及纺织品、工艺品、农产品等。这一地区，也是北方人口南来集聚的区域之一。各小王国的统治者，实行了一些有利于生产发展的政策，加速了当地社会经济的发展。吴越规定："募民能垦荒田者，勿收其税。"②在吴越统治的近八十年中，没有发生战争。农民也兴修了不少水利工程，保证了农业生产的发展。所谓"境内无弃田"③。手工业生产，也有巨大进步。吴越的秘色瓷器，胎质、色釉都比前代进步，为陶瓷手工业者一大创造。越窑金釦（镶边）瓷器，是向外输出的贵重商品。秘色瓷，比之一般的青瓷格外晶莹。出土的金釦边秘色青瓷碗，在国内是少见的珍品。大量的金银器出土，反映了唐、五代社会经济情况。唐、五代贵族官僚追求豪华生活，使用大量的金银器皿。据宋范成大《吴郡志》载："吴越广陵王钱元璙，令吴郡玉工颜规于王府便厅解玉"，可见在晚唐、五代时，苏州琢玉工艺已相当发展。一号墓出土的玉器为数不少。当时贵族将玉饰的两面和漆木器上都用金银装饰，制作精细。如鎏金玉饰件（疑为"万寿节"，待考），通体是卷草纹。漆刀鞘银壳上刻凤凰、狻猊、牡丹、流云，用唐代盛行的细珠纹衬底。又鎏金银盒上的龙腾飞舞以及漆盖上银镂花草饰件，都反映了唐、五代金银细工、琢玉工艺技术的一个侧面。又玉饰件的玉石质地，经苏州玉雕厂老师傅鉴定，认为是我国南方的产品，大都采用白玉，这些都反映了五代吴越地区富庶的经济面貌。

3. 关于墓主人身份问题，因未找到墓志故难确定。棺床上残留的三颗牙齿，经上海自然博物馆人类学组鉴定，为一男性青年。又从北耳室出土的铁刀、弩机、马镫来看，当系一男性单室墓。

七子山一号墓，位于七子山九龙坞的西坡。据《吴县志》载，五代时候，吴越王钱镠之子广陵王钱元璙及其孙中吴军节度使钱文奉葬在这里。钱氏并建有"荐福寺"，所以七子山又名荐福山。清潘奕隽《重修吴越广陵郡王墓记》略云："吴越钱氏既定十三州之地，分令诸子守疆土，以第六子元璙尝解姑苏之厄，征战有功，令守苏州。同光二年，诏升苏州为中吴军，授元璙为节度使，镇抚之。天福七年封广陵郡王，薨，谥宣义。子文奉嗣，薨，谥威显。父子治苏六十余年，祠墓皆在吴郡横山，一名荐福山。"钱元璙墓葬在九龙坞中间，而七子山一号墓却在元璙墓的西边，这一区域可能是钱氏族墓。据墓室结构来看，分三室，一般平民是不可能构筑这样规模的墓穴。因此，我们认为此墓可能是与钱氏直接有关的五代时期贵族墓葬。

执笔：廖志豪

绘图：陈玉寅

摄影：王水根

注释

① 浙江省文物管理委员会:《浙江临安板桥五代墓》,《文物》1975 年第 8 期。

② [宋] 司马光:《资治通鉴》卷二八八。

③ [宋] 司马光:《资治通鉴》卷二八八。

(原载《文物》1981 年第 2 期)

1. 越窑金釦边秘色青瓷碗

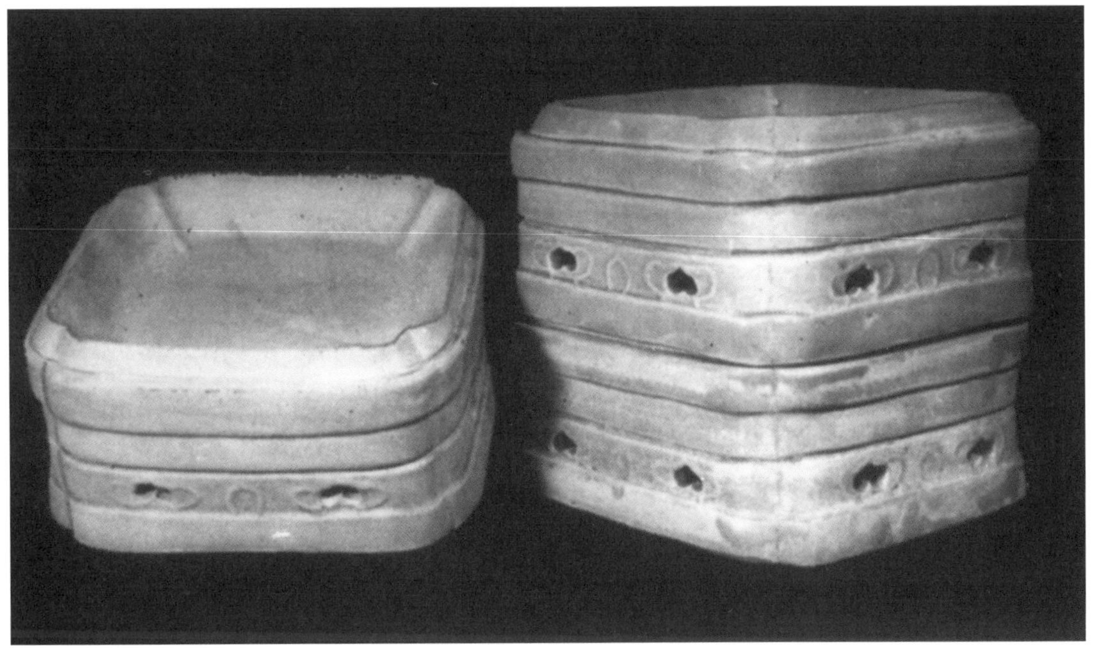

2. 越窑青瓷叠式方盒

图版一　江苏苏州七子山五代墓出土瓷器

苏州附近宋赵善苍墓清理简报

钟兆锦

一

1954 年 4 月间，江苏省文管会派出一个工作组，由朱江、胡继高、陈玉寅、钟兆锦等 4 人组成，配合苏州附近五峰山一带某一建筑工程。勘察过程中，在博士坞林家山（系一高地）第 19 号墓圹口左边发现一枯井似的盗窟，颇使人猜疑，而墓圹垫基石左端毁散窟内，窟南面又多长条青砖。长条青砖在明、清墓中尚未发现过，此墓时代当较早，因此决定试掘，在 5 月 15 日开始工作。

清理至 0.5 米处，发现两个青石葫芦形石柱头（图版拾肆，3）。再往下，有斜立的长方形青石板，板面光整。揭去此石板，发现残砖坑，乱石碎砖差不多有半坑，坑内并积满水。由此，可断定为墓坑。随坑位方向，去除填土，整个墓坑轮廓现出，但只残留三分之一。此墓坑位颇深，被压在 11 号清乾隆时期墓葬下。墓是长方形砖石双坑墓（图一）。虽无墓门，但我们推测该墓深达 3 米，放棺木时，要有一段斜坡道，才能比较方便。于是我们在墓前掘一条探沟，欲试有无，但没有发现。

二

墓坑四壁都用扁砖砌成。从墓口到墓底，每坑都砌扁砖 20 层。两坑砖的形式一样（长方形扁砖），但大小有别。左坑的砖长 31、宽 14.5、厚 4.5 厘米，右坑的砖长 36、宽 16.5、厚 6.5 厘米。右坑砖比左坑砖的体积稍大。右坑墓墓壁还有少数的长条小砖，大小约当扁砖的三分之一。

两坑墓底的构造不同。左坑用长方形方砖平铺，砖与壁砖一样大。在前距前壁、后距后壁各 0.5 米处，有一行砖砌在上面，作垫棺木之用。右坑只是泥底，没有铺砖，但在前距前壁 0.37 米、后距后壁 0.34 米处，亦各置砖一行，作垫棺木之用。

两坑墓口都覆石板 3 块。石板质料细腻，都是青石，不是本地所产的“焦山石”或“金山石”。石板的大小厚薄，两坑略有出入，左坑的 3 块都是长 1.34 米；右坑 3 块长 1.32~1.37 米，并不一致。六块的宽度 0.83~0.99 米、厚 0.12~0.14 米，略有不同。石板差不多是整齐的按榫排列着。每块石板之间接头上都覆长方形扁砖一行。右坑头部的一块石板上，置有砖砌烟囱形东西一个。

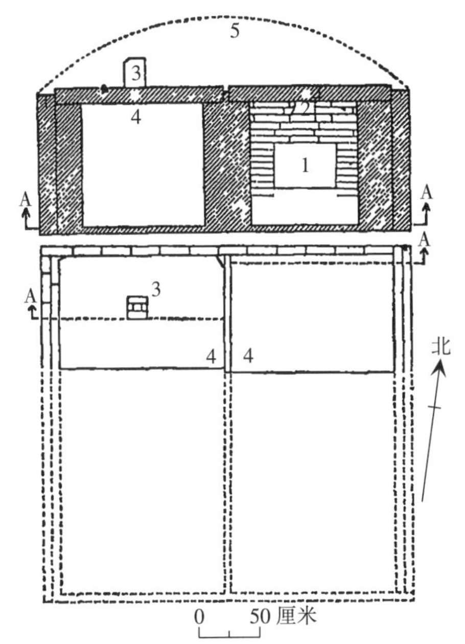

图一　苏州附近宋赵善苍墓墓顶正视图及断面图

1. 墓志　2. 壁龛　3. 方砖囱　4. 石板　5. 弦形墓顶砖

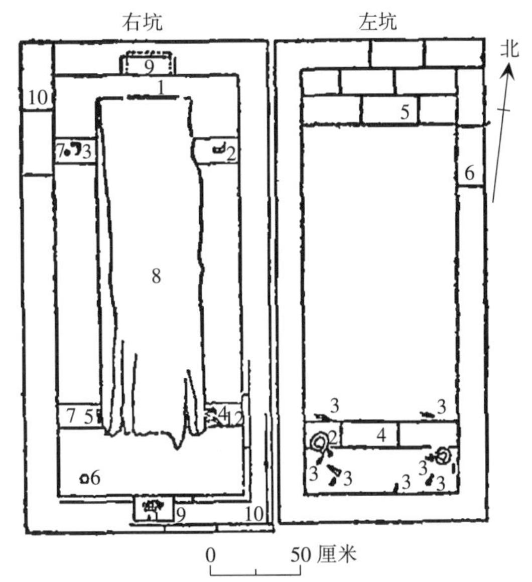

图二　苏州附近宋赵善苍墓及随葬物位置图

右坑：1. 棺头铁板　2～5. 铁棺环（残锈）　6. 影青小瓷盒（盖破）　7. 凸出墓底铺砖　8. 残存棺木　9. 壁洞　10. 墓口砌砖　11. 壁洞内铜钱　12. 全部铁钉

左坑：1、2. 铁棺环　3. 全部铁棺钉　4. 已出墓底的横砖　5. 墓底铺砖　6. 墓口砌砖

两坑的面积和深度不一。左坑长 2.3 米、宽 0.87 米、深 0.98 米，右坑长 2.26 米、宽 1.04 米、深 1.38 米。右坑较左坑宽些、深些。

另外，右坑头部墓壁内有壁洞两个：上洞长 0.23 米、宽 0.17 米、深 0.12 米，下洞长 0.3 米、宽 0.28 米、深 0.1 米。脚部墓壁内亦有壁洞一个，长 0.22 米、宽 0.21 米、深 0.13 米，是放置器物的地方。

三

人骨已完全腐朽，但右坑尚残存棺木底，显出棺木的轮廓，头向西北，推测是仰身葬。坑内残存黑漆皮数块，推测是黑漆棺木。依墓志铭记载，左坑是男性，右坑是女性。清理淤土时，在左坑发现的随葬品有（图二）：

1. 墓志铭　1 方。方形，质细。长 36、宽 51、厚 5 厘米。雕刻精细，字迹清晰。置头部墓壁内。
2. 铁板　1 块。已朽。长 25、宽 18、厚 1 厘米。置头部。
3. 铜钱　数个，叠成元宝形。置胸部。
4. 铁环　4 个。已残。置头部、脚部棺木旁。
5. 陶片　1 块。在坑中部。

此外并有残钉若干，当是棺钉。

在右坑发现的随葬品有（图二）：

1. 墓志铭　1 块。置头部墓壁外面。

2. 铜钱　数个，堆积一起。置脚部壁洞内。

3. 影青瓷盒　1 件（图版拾肆，4 ）。上有印花，推测是胭脂盒，发现于脚部。

4. 铁板　1 块。长 30、宽 20、厚 1 厘米。置头部。

5. 铁环　4 个。发现于头部、脚部棺木旁。

6. 松香　若干。在头部。

此外有黑漆皮若干，残钉若干，都是棺木枯朽后所遗。

四

依墓志铭记载，墓主卒于乾道六年（1170 年），淳熙十年（1183 年）改葬于吴县至德乡博士坞。所出土的铜钱有“开元通宝”“皇宋通宝”“熙宁”“天圣”“元祐”“大观”“政和”“嘉祐”等钱。其他出土物的年代亦相符合，都可证明这墓是南宋初年的墓葬。

（原载《考古通讯》1955 年第 2 期）

苏州双塔修整中的新发现

钱 镛

双塔是苏州最美丽的两个塔，它在定慧寺巷双塔寺内。双塔寺本名寿宁万岁院，始建于唐咸通二年（861 年），五代吴越钱氏时改名罗汉院，宋代太平兴国七年（982 年）王文罕兄弟在院内创建砖塔两座，一称舍利塔，一称功德舍利塔，八角七层，式样结构，完全一致，后来苏州人就称它为双塔。

由于双塔早已破坏，经苏州市文物保管委员会于 1954 年先将东塔修整，1957 年继续修整西塔，在工程进行中，有几个新发现对双塔历史的研究，是有参考价值的。

（1）在双塔西塔第二层井口的东北、西南两面枋上的宋代人题记，以前大家都认为是宋代人的墨迹，曾见于 1936 年的《中国营造学社汇刊》第 6 卷第 3 期刘敦桢所写的《苏州古建筑调查记》，及 1955 年的《文物参考资料》第 5 期胡继高所写的《保护苏州双塔中宋人墨迹和太平天国忠王府彩绘的经验介绍》。现在经过我们在塔上仔细研究结果，发现这两篇题记，并不是墨迹，乃是雕刻后填墨的。题记全文，经我们把它墨拓出后，复经校对，和以前所记述的，颇有出入，兹将全文抄录如下。

东北面枋上题记：“大宋国平江府长洲县上元都蒋家桥南居住弟子徐玉妻胡氏八娘男宝生与家眷等一心施钱，复西塔第二层井口功德，保扶家眷，庄严福智，成就菩提，绍兴乙卯题，宋都绅陈明。”

西南面枋上题记：“双塔乃太平兴国七年岁次壬午檀越王氏家一力所成，至今绍兴乙卯，已涉一百五十四载，缘金人犯城，寺宇夷毁，唯此二塔□□□□比丘师祖慧先等九人戮力募缘，次第修整，昔绍兴五年岁在乙卯三月十五日，同修宝塔比丘□□□□□用记岁月矣，刊字比丘。”

（2）在塔砖上印有“苏州罗汉院宝塔砖岁”，“壬午四月十八日已卯记”文字。

（3）在铁铸塔刹的露盘上铸有“合郡绅士重建寿宁寺大清道光二年吉旦八方大利锡邑、许和记造”字文。

以上几个新发现的结果，纠正了以前记载的错误，肯定了双塔建造的年、月、日，知道了双塔在清代道光二年（1822 年）曾经加以修整。

（原载《文物参考资料》1957 年第 10 期）

江苏吴江出土一批宋瓷

苏　文

吴江同里蔬菜大队出土了一批南宋瓷器，其中有乳白葵瓣六棱大瓷碗1件（图一），敞口，矮足，碗内底部刻花；乳白八角盘1件（图二，左）；影青小瓷盒1件（失盖）（图二，中）；影青盖罐1件（图二，右），鼓腹，圈足，有盖，盖及器身刻花呈瓜棱形；影青粉盒1件（图三，左），器身作扁圆形，有盖，子母口，盖面刻双凤对舞图案，釉透浅湖色；瓷碟9件（图三，中）；八角盅1件（图三，右）；梅花形胭脂瓷盒1件。这次出土的瓷器，具有胎薄、质纯、体轻、釉色透明晶莹、造型匀称工巧，碗、盘、碟的形制统一等特点。影青粉盒盖面凸起双凤对舞纹饰尤为精美，反映了当时制瓷工艺已有很高的水平，为研究宋瓷的发展提供了新的物证。

这批宋瓷是一座双室砖石墓的随葬品，出土的时间是1971年，是当地社员在劳动中发现后挖掘出来的。这座双室砖石墓，东南向，四周用青砖砌筑，中以单砖墙隔成东、西两墓室，上覆青石板。清理时，男性墓尚完整，墓长3.20米、宽1.36米、高1.57米。棺木尸首已腐朽，墓底用灰色砖筑棺床，左、右两壁及后壁皆砌一椭圆形壁龛，四角都有一小龛放置铁牛。前壁中立一碑式墓志，高99、宽60厘米，顶额上题有篆文“宋故叶公圹铭”六字。从圹铭正文中，可知墓主姓叶名奘，字子思，又称忠训，任承信郎，死于南宋淳熙十四年（1187年）。妻邹氏，死于“庆元初载”，是南宋时的一座夫妇合葬墓。

这批出土的宋瓷是在女性墓室里发现的，除此以外，在女性墓室里还发现银匙1把、银筷1双、鎏金雕镂鸳鸯银饰2小件、夹砂陶瓶1件和唐“开元”、宋“淳化”“至道”“咸平”“景德”“祥符”“天

图一　瓷碗

图二　瓷盘（左）、小瓷盒（中）、瓷盖罐（右）

图三　粉盒（左）、瓷碟（中）、八角盅（右）

禧”“天圣”“元丰”等钱币408枚。在男性墓室里则有方形湖州铜镜1件、玉饰1件、铁牛4头、铁板1块。

（原载《文物》1973年第5期）

苏州大石头巷宋代坊市遗址出土文物介绍

苏州博物馆考古组

从1975年3月到12月，苏州大石头巷基建工程中出土了一批唐宋时期的遗物。为了搞清土层情况，我馆自1975年10月16日至23日，在工地挖了一个2米×2米探方，总深4.9米，共分为5层。第1层，厚约0.9米，为近代瓦屑堆积；第2层为黑灰土，第3层为灰淤土，这两层约厚1米，为宋代文化层堆积，包含物中除“韩瓶”和较多的宋瓷片外，还有“崇宁重宝”1枚。并在1.75米深处，出土大量宋砖，砖形有长条、长方、大小楔形四种；第4层为黑灰淤土，亦1米左右，出有唐代器物和瓷片；第5层为青灰淤土，在探方内未发现遗物，但在探方外同一层位中，出土有战国时期的黑皮灰陶罐。

又据施工单位夏赠冠、何玉蜂、徐明文等同志介绍，深在2米以上是近代、清代瓦屑破杂物堆积，如“乾隆通宝”、青花瓷片。深2米以下发现有砖砌的路基和青石板，有白浇浆黏合物，下有木桩排列，出土了长约3米、宽约30厘米的木头方柱。方柱上有榫卯，在木桩上覆有青石板。有的木方柱存在被火烧焦的痕迹。宋代铜钱也有零星出土。深2米以下到深3米左右，黑灰土中出土宋代铜钱、瓷器碎片、陶器、骨头、工艺品模子、陶弹丸、铁器等。近5米深处是青灰淤土，出土几何印纹硬陶、黑衣灰陶罐。

出土器物总计502件，按其质料有瓷、陶、石、铜、铁、骨等种；按其用途有生产工具、生活用具、建筑材料、钱币和博具等。如唐代的青瓷壶（3件）、瓷盂（1件）、瓮钵（5件），五代的瓦当，宋代的褐色瓷执壶（32件）、乳白釉瓷碟（1件）、陶灯（17件）、陶扑满（即储钱罐6件）、铜匙（1件）、陶房子模型（1件）、象棋（2只）、骰子（2枚）、钱币（185枚）等。

随着商品经济的发展，宋代产生了许多新兴的城市。苏州是东南一个大都会，土地肥沃，物产丰富。北宋真宗时，劳动人民修筑太湖石堤，疏浚通海的支渠，以排泄积潦，自吴江以东至海，流民复业的共计二万六千户。水利的兴修，促使粮食生产，苏州一带每亩平均产米三石。手工业也比较发达，苏州是当时织染业的中心，有官营织造作坊，丝织业出产宋锦、绫、丝绸等。北宋末期，封建统治者在苏州置有规模巨大的造作局，专为上层统治集团制造奢侈享受的御器，服役局内的诸色匠人，为数几千；内部分为牙角犀玉、金银竹藤、装画、糊抹、雕刻、织绣等。同样性质的官营作坊，有制造“上供服用”的，也有制造弓箭等军用的，和农业结合的地方性手工业，也在传统基础上进一步发展起来。

从宋《平江图》来看，苏州城市的规划是比较大的，行政区、商业区颇为集中，街坊邻户栉比，坊巷、桥道、院落纵横，人口众多。商业繁荣，茶楼酒肆、饭馆、货摊比比皆是。

大石头巷，古称平权坊巷、平权巷（《姑苏志》）。平权坊邻近的跨街楼是茶楼酒肆所在，由于金奴隶主贵族南下陷苏州时，城遭大火，茶楼酒肆沦为废墟。这次在大土坑出土的大批瓷器和数百件碎瓷片以执壶、碗、杯盏、盘碟较多，灯具有竹节灯、灯盏等，这些饮具灯具，推测与酒肆宴饮有关。

从出土的瓷器和瓷片看都比较精美，影青瓷胎薄，水青色釉，有极优美的刻花花纹。越窑青瓷，湖绿色釉，刻划飞凤。五代越窑瓜棱形碗残片及莲花座残片造型精致。龙泉窑青瓷，粉青色，釉色晶莹。这些精美的瓷器及瓷片大多是南方的产品，也是作为商品出售才普遍使用的，这意味着宋代瓷业商品经济的发展。

苏州地处运河、娄江之交，内河可以由运河、跨太湖，溯长江通向内地各省，海运则可循娄江出浏河而与日本、琉球、南洋相通，是当时内外贸易的重要港口。商业的繁荣不但为苏州工艺品打开了广阔的销路，还能从商人手里得到外地的工艺品。当时日本的家具、漆器，朝鲜的折扇，南洋的玳瑁、珊瑚、珠宝饰品，在苏州市场上都能买到，这就促进工艺品的提高。所以苏州一向是以工艺著称的城市。而这次出土的工艺品和手工业生产的工具也是丰富的。如骨制品，将牛角或下颌锯开成为条状，有用铡刀铡过的骨关节，用骨头制成的成品和半成品，如方形内雕圆孔的饰器，赌博用的骰子、木梳、圆筹码等。有将贝壳磨光在内壁一面用针刻成的莲花花卉图案，看上去珠光闪烁，工艺水平极高。又有象棋子和漆器。还有人像、动物像、花卉图案泥质陶范共有18件，说明这是用来做陶或瓷质像玩具，特别是幼童戏球，幼童的形象和双塔罗汉院宋石刻柱础上雕刻的儿童形象酷似，从这些艺术陶范中，可窥见宋代工艺的一斑。

在手工业生产工具方面，有熔制坩埚，比较完整，大小共有60只，以较厚的夹砂粗陶制成，呈灰黑色，圆筒状，圜底。壁内有呈黄色、白色金属的凝固液体，壁外有釉泪，大的冶铸矿石，小的用以浇注金、银、铜液，推测这和苏州制作的金银饰品有关。按宋初金银器皿、首饰的制作工艺已很精巧，如1957年虎丘云岩寺塔出土的宋建隆二年（961年）制的楠木经箱，箱的各部接缝处都镶包银质鎏金花边，箱盖上钉有银质鎏金交飞状凤凰一对，四角钉角形莲花四朵，箱搭链上扣有镂花锁一把，花边上刻的花纹或作莲花或作凤尾极为工细，对照这次工地出土的铜空心弯管，是人工卷曲的制成品，极为工整，也足以为证。其他手工业工具如交股剪刀、铜勺、石杵、木棒槌、陶钵、石钵以及铁凿、铁扦子、铁叉、铁铲、铁铡刀，这和上述骨制品，冶炼手工业作坊有很大的联系。

综上可见，大石头巷基建工地出土文物比较丰富，是宋代平权坊坊市遗址所在地。从出土的文物时代来看，大部分是宋代的遗物，如铜钱就是宋代的年号钱，一直到南宋孝宗“淳熙”钱为止。出土的泥质黑衣灰陶盆、花盆和苏州郊区新丰大队宋墓出土的泥质黑衣灰陶盆完全一致，瓷器大部分碎片也是宋代各个窑口的。泥质陶范的造型（儿童）和宋代罗汉院柱础上的童子造型一样。从木柱桩被焚及宋年号钱经火烧的痕迹，推测这和金兀术带兵进攻平江城，平江城遭受大火可能有关。这个坊市遗址出土的文物和市养育巷仪表厂、草桥市一中、乐桥城建局基建工地出土的文物、可以相互印证。

这些文物的出土，对研究宋平江城的变迁，手工业坊市的存在，以及商品经济的发展，宋代经济中心的南移，宋代苏州工艺发展提供了一些实物资料。

执笔：廖志豪

（原载《文博通讯》1977年第16期）

常熟石刻天文图

中国科学院紫金山天文台古天文组
江苏省常熟县文物管理委员会

常熟石刻天文图（图版一）是继南宋镌刻的苏州石刻天文图之后的又一幅重要石刻星图，它在我国天文学史上也占有不可忽视的地位。

1973 年 7 月，常熟县文管会协同江苏省文管会复查虞山周围的省文物保护单位，在学前街的小学（旧常熟邑学原址）大门左侧清理出这一天文图碑石。第二年，碑石移置县文管会内，由江苏省拨款修建碑房两间妥加保护。碑石高 200.1、宽 100.1、厚 24.5 厘米。外形、大小、上半部以北极为中心的星图和下半部的图跋，与苏州图都很相似。上半部星图周围有云霓四布。由于年久风化和在旧社会得不到保护，碑石表面已有部分损坏，但是线条、星点、十二辰次以及部分星名还是历历在目。

常熟石刻天文图成于明正德元年（1506 年），原与地理图并列于常熟邑学礼门东、西两边。《海虞文征》卷十五《地理图跋后》说："吏部考功大夫杨先生名父，尝令吴之海虞，树碑宣圣庙戟门，左图天文，右图地理。拓者甚众，日就磨灭，予命工重镌之石。"《常昭合志》卷四五也说："天文图地理图并跋，正德元年杨子器撰刻，计宗道重刻并书。两碑在邑学礼门东西。天文图杨跋述宋人刻于府学，年久磨灭，且多缺乱，乃考甘石巫氏经订正重刊。地理图杨跋详述明代版图。计跋述二图已就磨灭，因命工重镌。时杨公去任已久，计公亦将去任矣。"现在只见天文图，曾经与天文图并列的地理图已不知去向了。

据《常昭合志》《常熟县志》等记载，杨子器在明弘治九年至十二年（1496 ~ 1499 年）任常熟县令，在此期间刻天文图和地理图。计宗道于弘治十五年任常熟县令，正德元年（1506 年）重刻此两图。前后不到十年，而杨刻的两图已经磨灭，不知何故。

碑石上半部以北极为中心的星图，与苏州天文图（图一）一样，有三个大小不同的同心圆和一个与中圆斜交的圆。小圆直径 18.4 厘米，它表示大约在北纬 36.8 度地方所见环极附近常年不隐的星区范围。中圆直径 45 厘米，代表赤道；与之斜交的黄道，直径 44.5 ~ 45.0 厘米。大圆直径 70.8 厘米，是可见范围的界限；以外是常隐不见的星区。三个同心圆的中心为赤极，在纽星和勾陈一之间，偏近前者。黄极近靠五尚书，与实际黄极略有偏离。黄赤交角约为 23 ~ 25 度。两个中圆相交点为春分点和秋分点，图上只标出秋分点和夏至点。春分点基本照刻苏州图上的位置，但秋分点根据岁差推算偏差较大。常熟图和苏州图上都有从小圆出发，并由赤极向四方散射的二十八条经线，各条经线间的宽度不等，分别等于二十八宿中各宿的赤道宿度。与苏州图以及《新仪象法要》星图一样，二十八宿赤道宿度完全抄用了

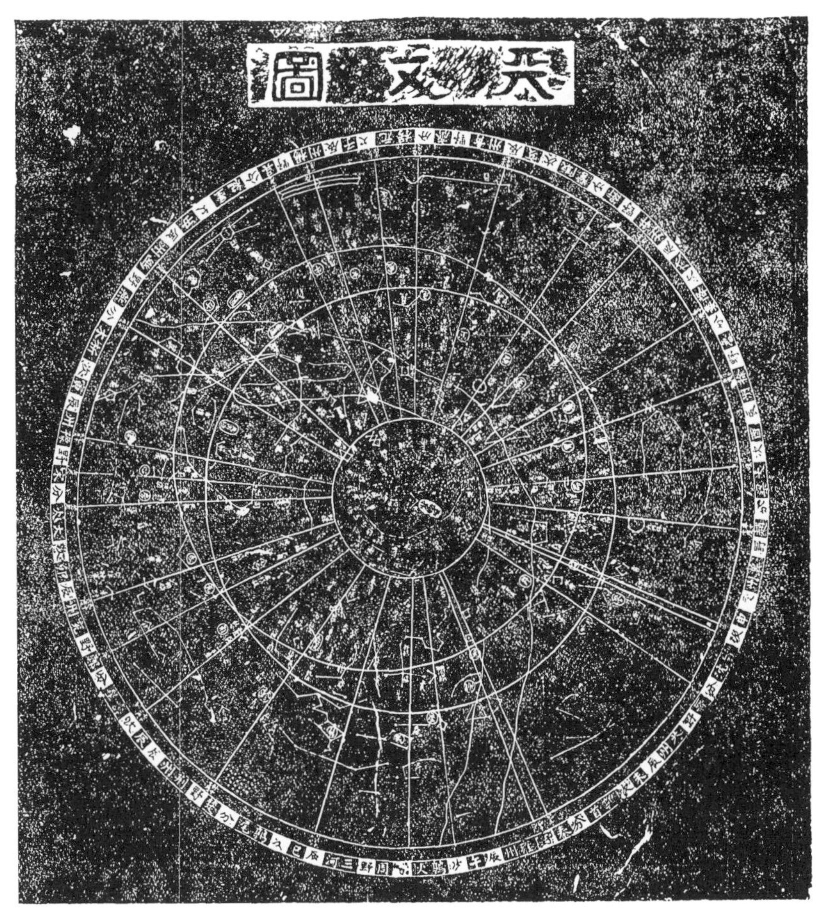

图一　苏州石刻天文图（上半部）

宋元丰年间所测结果。图上以北极为中心，将可见星象投影在圆形平面上，分为三垣二十八宿。

常熟图也与苏州图一样，在星图大圆外沿刻上十二辰、次和十二分野，两者内容完全一样，形式稍有区别。十二分野是星占学的一个重要组成部分，是古天文学中的糟粕。

碑石的下半部分是天文图跋，共23行381字。这一跋文也载于《海虞文征》卷一五。内容先是照抄苏州图说明文字中的天体起源论。其次介绍《史记·天官书》把普天星象分为中、东、南、西和北官（俗称中外官）的星官数及恒星总数。按《晋书·天文志》所载陈卓恒星总数实1464星，苏州图和常熟图都误刻为1565星。跋文继之是经星和纬星的说明。与苏州图的说明文字一样，这里也不可避免地掺杂了儒家天道观的糟粕，诸如“十二辰次即十二分野……然人事作于下，天象应于上……此古今观天文之妙诀”云云。跋文最后说明刻制此图的缘由以及题跋刻碑的有关人员。

常熟天文图跋说道：“……此图宋人刻于苏州府学，年久磨灭，其中星位亦多缺乱，乃考甘石巫氏经而订正之，翻刻于此。”这里，我们把常熟图与苏州图、《新仪象法要》星图、《宋史·天文志》以及《开元占经》中的甘石巫氏星经作初步对照研究如下。

一、对苏州天文图的订正

1. 订正星名

常熟图共订正苏州图20个星名，见表一。

2. 填补星名和星点

常熟图填补苏州图有星无名者22处，见表二；有名无星者4处，见表三。

3. 订正星数

在计算星官数时，我们以有无星点为准，有名无星的不计星官数，有星无名的计数。表三中，苏州图少2座5星。表四中，28处星官少45星；表五中，11处星官多11星；表六中多4座14星；表七中少5座6星。总计苏州图少3座31星。常熟图鬼宿"天记"旁多1座1星，胃宿之"大陵"多1星，因此苏州图比常熟图共少4座33星。常熟图共284座1466星，苏州图为280座1433星。

4. 纠正星名重复以及星名星点远离

苏州图中星名重复的有毕宿的"听"和"附耳"；星名和星点远离的有天市垣的"列肆"和室宿的"垒壁阵"。在常熟图中都作了纠正。

5. 纠正不同星官间连线

苏州图中，某些不同星官间有线相连，这是不合星图画法习惯的，常熟图作了大部分改正，见表八。表中同一纵栏中的两个星官在苏州图中是有线相连的。

二、与苏州天文图的比较

除上述几项订正外，将常熟图与苏州图比较，可以指出以下几方面。

1. 岁差问题

不同年代的两个天文图，如果各按当年赤极和春分点为准制作，那么由于春分点的西退而引起的岁差，可以明显地表现出来。苏州图制于1190年左右，常熟图制于1506年，前后相差316年。如果按春分点每年西退50.245秒，316年就有4.4度，这在北极选取、二分点在星宿中的位置以及某些星宿位置都可以得到反映。

苏州图以纽星为极，常熟图赤极在纽星和勾陈之间，离纽星约3度，似乎考虑了岁差。但从春分点和其他某些星宿位置看来，常熟图基本上没有考虑岁差。

常熟图的春分点是照刻苏州图的，但秋分点比苏州图西移约2~3度，这是绘图误差所引起的。

根据岁差计算公式，在赤经12^h附近，赤纬岁差减小最快。取北斗摇光，在苏州图上画在常见圈边缘之外。到明朝正德元年（1506年），摇光赤纬应逐渐减小。在常熟图上，摇光应画在常见圈边缘之外，比苏州图更近赤道。但常熟图上的摇光却画在常见圈之内，显然是没有考虑岁差。

再则，在赤经6^h或18^h附近，如果赤纬为零度左右，赤经岁差几乎是常数；如果赤纬接近90度，赤经岁差变化特大。例如取赤经18^h左右的两颗星，一是高纬度的天棓三，另一是低纬度的箕宿一。公元初，前者的赤经大于后者12度；1150年左右，它们的赤经相等；以后，后者赤经大于前者；到1500年，箕宿一的赤经大于天棓三约为3.5度。但是，在常熟图上，天棓三的赤经却大于箕宿一。因此，从多方面来看，常熟图并未计入岁差。

2. 星官连线的形状和方向

常熟图星官连线的形状和方向，与苏州图比较有很大的不同，总计有87个星官有所差异。

3. 星宿位置的准确度

为比较常熟图、苏州图以及《新仪象法要》星图上星宿位置的准确度，以二十八宿的距星的去极度为例，其他星官位置可以得到说明。我们以宋皇祐年间（1049～1054 年）所测距星的去极度为准。苏州图和《新仪象法要》星图都根据宋元丰年间所测结果绘制，距皇祐年间不远，去极度应差无几。在苏州图中，仅危宿距星差 7 度多。《新仪象法要》星图中，牛、危、娄三宿距星差 5 度。可见这两个星图上的星官位置是相当准确的。常熟图是仿照苏州图刻制的，但各宿距星的去极度与皇祐所测结果比较，有三个距星差在 20 度以上，九个距星差 10～20 度，七个距星差 5～10 度。说明常熟图星官位置准确度较差于《新仪象法要》星图和苏州图。这可能与计宗道重刻天文图的过程有关。

三、与《宋史·天文志》的比较

常熟图共 284 座 1466 星。《宋史·天文志》有 282 座 1463 星。后者少紫微垣“三师”1 座 3 星，多北斗“弼”和娄宿“天庾”各 1 星，共少 1 座 1 星。常熟图多鬼宿“天记”旁 1 座 1 星，另多胃宿“大陵”1 星，共多 1 座 2 星。故常熟图比《宋史·天文志》实多 2 座 3 星。其他几个星官名称只是大同小异而已。

四、与《新仪象法要》星图的比较

与《新仪象法要》星图比较，常熟图使用了不同的投影方法，星官位置的准确度较差，有 40 个星官连线的形状、方向不同，其中 6 个星官同于苏州图。因此，常熟图中有 34 个星官连线的形状和方向既不同于苏州图，也不同于《新仪象法要》星图。

五、与甘石巫氏星经比较

常熟图与《开元占经》中的甘德、石申、巫咸星经的星官名称和星数比较，有 10 座星名不同，4 座星数不同。

对常熟图的初步考察说明，此图是仿照苏州图刻制，但未考虑岁差；星官名称基本按照《宋史·天文志》，参考甘石巫氏星经；星官连线多数根据《新仪象法要》星图。值得注意的是，它订正了苏州图的很多缺乱和错误，虽然某些星官位置准确度低于苏州图，还可以认为是苏州图的改正和补充。因此，常熟石刻天文图是继敦煌星图、《新仪象法要》星图和苏州石刻天文图之后应该引起重视的一幅天文图。

表一

垣 天文图	紫微垣			太微垣				天市垣		
苏州图	御文	大理	天棓	太平	台	郎星	执法	天巳	座	官者
常熟图	御女	天理	天棓	太子	灵台	郎将	左执法	天纪	帝座	宦者

宿 天文图	角	女	室		壁	奎		昴	星
苏州图	大门	拱相	土公	斧	土公吏	天圂	库南门	谗	内屏
常熟图	天门	扶筐	土公吏	铁钺	土公	天溷	军南门	天谗	内平

表二

垣宿	紫微垣				太微垣	天市垣			角			亢	氐
星官	勾陈	上卫（右恒）	天枪	天牢	明堂	河中	河间	晋	周鼎	进贤	柱	折威	骑官

表三

天市垣	井	轸		斗	女	危	昴	毕		井	胃	
帝座	阙丘	长沙	右辖	天箭	离珠	盖屋	蒭藁	三柱	参旗	军市	积尸气	爟

表四

垣宿	紫微垣		太微垣			氐	尾	斗	牛			女	危
星图＼星官	三公	天厨	内屏	常陈	少微			天弁	右旗	辇道	天田	十二国座赵	天钩
常熟图	3	6	4	7	4	4	10	9	9	5	9	2	9
苏州图	2	5	3	6	3	3	9	6	7	3	6	1	6
少星	1	1	1	1	1	1	1	3	2	2	3	1	3

垣宿	室				奎	娄	胃				星		
星图＼星官	腾蛇	垒壁阵	羽林军	八魁		天大将军	大陵	天船	天廪	天囷	星	天相	天稷
常熟图	22	12	45	9	16	11	9*	9	4	13	7	3	5
苏州图	19	10	38	8	15	10	7	8	3	10	6	2	4
少星	3	2	7	1	1	1	1	1	1	3	1	1	1

* 大陵实际8星，常熟图多1星。

表五

垣宿	紫微垣	太微垣	天市垣			角	斗	危	昴	井	
天文图＼星官	传舍	长垣	市楼	友垣韩之旁	中山与齐间	库楼	鳖	人星	天苑	子	孙
常熟图	9	4	6	11	11	10	14	5	16	2	2
苏州图	10	5	7	12	12	11	15	6	17	3	3
多星	1	1	1	1	1	1	1	1	1	1	1

表六

位置	紫微左垣少丞旁	太微垣五帝座南	女十二国座	井弧矢旁	合计	
					星官	星数
名称			正旗			
星数	1	2	8	3	4	14

表七

垣宿	紫微垣		天市垣	房	室	合计	
星官	太尊	女史	车肆	日	北落师门	星官	星数
星数	1	1	2	1	1	5	6

表八

紫微垣	天市垣		角	危	室	翼	轸
传舍	右垣	左垣之“宋”	周鼎	杵	垒壁阵	/	军门
危	天市垣		亢	室	室	张	轸
天钩	天己	右垣	右摄提	离宫	羽林军	/	大司空

（原载《文物》1978 年第 7 期）

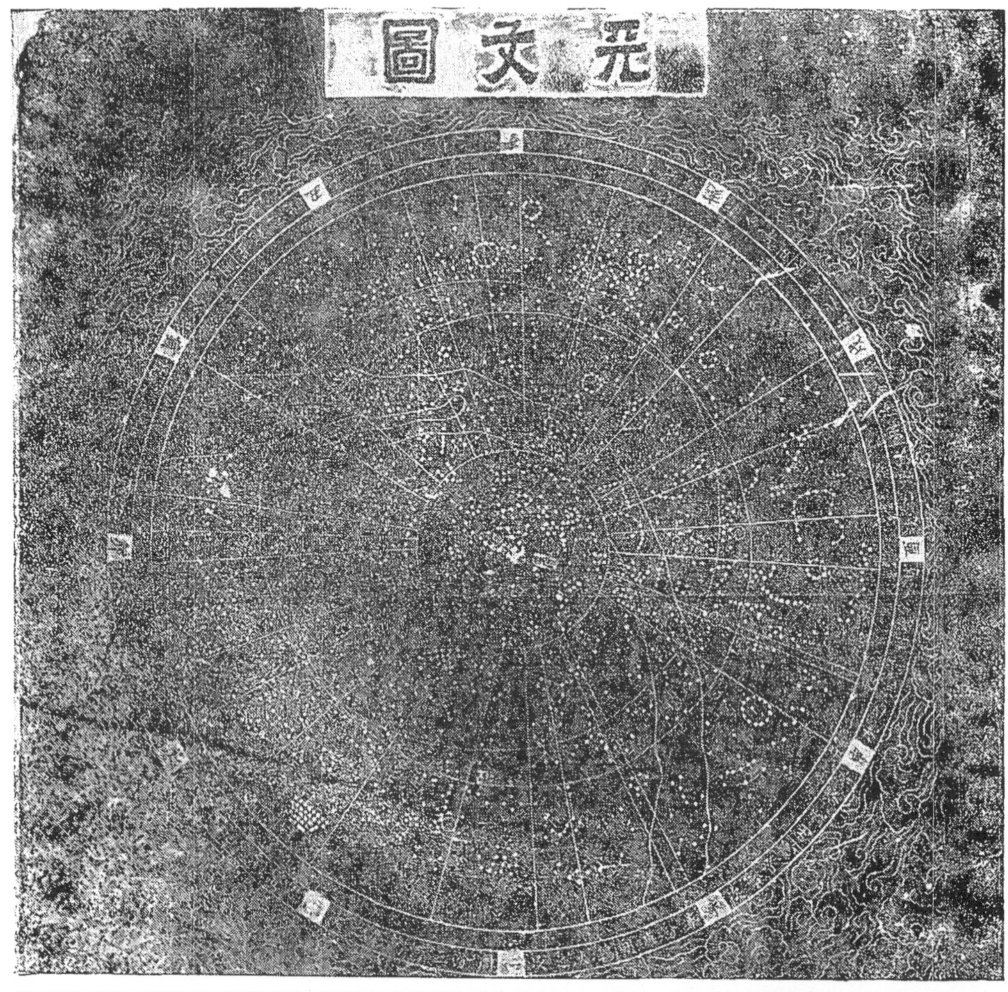

图版一　常熟石刻天文图

沙洲县出土北宋雕漆碗

沙洲县文化馆　包文灿

1979 年，沙洲县杨舍十一大队第九生产队在开掘二干河时，于常丰河工地上发现一座砖砌宋墓，出土文物有铁牛 4 只、影青瓷碗 1 件、雕漆碗 2 件、墓志石 1 块。棺木上有漆绘、雕刻纹饰。尸体已腐烂无存。现将雕漆碗简述如下。

两件雕漆碗出土于棺内水中，与影青的断面可以清晰地看出漆的层次。碗口银胎卷侈，与漆泯然相接。

雕漆又名剔红，工艺自唐开始，宋元有所发展，至明代达全盛时期。据明黄大成著《髹饰录》记载："剔红"，"宋、元之制，藏锋清楚，隐起圆滑，纤细精致"，有"金银胎、樊胎"。在元代有著名雕漆名手杨茂、张成，所制作品工艺水平很高。宋代虽无名手记载，然而工艺也已成熟，这是毫无疑问的了。目前所见雕漆器，元明较多，宋器少见。镇江市博物馆发现的南宋雕漆扇柄，已属仅见，而沙洲出土的雕漆碗，时间在北宋大观年间。据同出土的墓志铭文记载："……于为善，全替家风，遂奄然而逝，实大观元年正月二十六日也，享年八十有九。男四人，长曰令诠，守苏州助教，曰令恭，早卒，曰令……"（大部字迹已模糊不清），大观元年为 1107 年，墓主人是个王氏女性，随葬文物不多，然这对雕漆碗却是十分珍贵，在国内更是罕见的珍品。此器"藏锋清楚，隐起圆滑"，纹饰如意云纹，与镇江的雕漆扇柄刻云头如意纹饰基本相同，也许就是这一时代雕漆常用的图纹特瓷碗同出。高 6.5、口径 14、底径 6、壁厚 0.5 厘米，重 153 克。圈足，银胎。从破损露胎处可以看出制作的结构，在银胎上施夹纻灰胎，灰胎中夹 3 毫米宽的薄篾竹片为筋骨，一道道整齐地盘旋围绕在银胎上，外面涂灰，表髹层层红漆，漆色呈黝红，光泽滋润。花纹为大如意云纹，刀法圆斜，在刀锋征。在制法上与黄大成《髹饰录》上"有金银胎、樊胎"的说法相符。沙洲出土的雕漆碗是银胎夹纻。"夹纻"实际就是"樊胎"，樊胎音同义似，也就是后来人称之为脱胎。此雕漆碗的夹纻用的是蔑筋为骨，在制作上也是极为少见的，要不是破损露胎，我们难以想象胎内夹以篾筋。灰胎表面施多层红漆、纹饰深刻 2 毫米深未露灰胎，这与剔红制法完全一致。然而它的形制、纹饰具有元代常见的特征，这就说明，元代的雕漆，是继承宋代的艺术传统，未脱范畴，直至明初官办髹漆工场"果园厂"的兴起，雕漆工艺才有所创新，作品数量也大为增加，才有今天的大量传世品的保存。沙洲雕漆碗除墓志具有绝对年代可以考证外，同时墓室四角用铁牛殉葬、棺内共存影青瓷碗，这些都是宋墓的特征。因此，沙洲出土雕漆碗的断代，应是北宋年间的作品。

沙洲县雕漆碗的出土，是我国雕漆史上的重要发现，为研究北宋时期雕漆工艺提供了新的资料，它极大地丰富了我国雕漆工艺的文化宝库，是值得我们重视的珍贵文物。

（原载《苏州文物资料选编》，昆山新光印刷厂承印，1980 年）

记沙洲出土的一批磁州窑器

沙洲县文化馆　包文灿

沙洲县塘桥、鹿苑两公社的交界处，有个簑衣墩，1978 年当地兴修农田水利时，大队把这个土墩平掉了。出土了一批陶瓷器，有的已残破，我们收集了 20 余件完整器物，其中有 5 件是磁州窑器，在沙洲还是第一次发现，现将这批瓷器简述如下。

磁州窑产于河南磁县，是宋代名窑之一。据明代曹昭所著《格古要论》记载："古磁器出河南彰德府磁州，好者与定器相似，但无泪痕，亦有划花、绣花，素者价高于定器，新者不足论也。"磁州窑的特点是在白里泛黄如象牙的瓷胎上，装饰各种花纹，采用划、刻、印、绘、剌、剔、点等技法，把整个器物装饰得绚烂多彩，别具风格，具有较高的艺术水平。尤以白地黑花最为常见，纹饰变化多样，有人物、花鸟、走兽、鱼虫等，有的还书有流利的行草文字，构图严谨，线条流畅，纹饰清晰，主次分明，黑白对比强烈，花纹布满器身。器形有罐、瓶、盘、碗、枕等，以大腹罐较多。

沙洲出土的 5 件磁州窑器，器形较大，造型精美。分四式：

一式　2 件。鼓腹，敞口无颈，圈足。体高 27、腹径 27、口径 17、底径 12 厘米。白地黑花，略带赭色，表面釉无光泽。纹饰分肩腹上、下两组，肩部以四枝缠枝牡丹连续展开，用三道弦纹相间，腹部为龙凤图案。曲折盘旋、腾云飞跃的神龙，配着那矫健多姿、展翅高翔的凤凰，生意盎然，栩栩如生。绘画线条流畅、疏密匀称，表现了绘瓷艺人的高度技术水平。这两件瓷器形致相同，纹饰对称，一龙朝左，一龙向右，装饰效果较强。龙凤图案是吉庆的象征，在民间广泛使用，这些瓷器当是日用的容器。

二式　1 件。形致大、小与前者基本相同。白地黑花，龙凤图案。所不同的是表面施绿彩，颜色鲜艳，晶莹透彻，使下面黑绘若隐若现，如在雾中。由于长期埋在土中，绿釉剥落较多，在黑绘上剥落尤甚，说明施绿釉是在烧制好的瓷器上后加的，附着不牢，容易剥蚀。

三式　1 件。鼓腹，敞口无颈，圈足，较前者矮小。高 21、腹径 21、口径 16.5、底径 11 厘米。白地黑花。肩部绘一转四枝葵花，葵叶卷缠，连成一体。腹部绘前、后两朵大葵花，展瓣盛开，迎风朝阳，空间用葵叶衬托，形态优美，疏密得当。腹内满施黑釉，直至口沿，光彩滋润。

四式　1 件。敞口无颈，腹在上部向底部直收，似梅瓶状。高 19.5、腹径 19.5、口径 13.5、底径 9 厘米。白地黑花。肩与腹下绘三道弦纹，采用在满黑云朵上再加划纹，使云彩线条成阴白文，更富有装饰性。在这大器腹上仅绘有五朵瑞云，形态各异，虽白地占多，却不嫌素淡。

这批磁州窑器造形精致，绘画工整，是磁州窑器中的上品，这一发现，对研究该窑的制作技术，绘画艺术很有参考价值。簑衣墩据当地群众传说，是一个古坟地，根据这些陶瓷器的出土，时代不一，可能不止一个墓葬，惜出土时已遭农民平地挖土时扰乱，现已无从查考，但这批磁州窑器的时代，当是北宋无疑。

（原载《文博通讯》1980 年第 31 期）

从坊市遗址出土文物看宋代苏州城市经济发展

廖志豪

1975年3月至12月，苏州大石头巷基建工程中出土了一批唐宋时期的遗物。它们是离地表深约3米的黑灰土中出土的。出土器物总计502件，按其质料有瓷、陶、石、铜、铁、骨等种；按其用途有生产工具、生活用具、建筑材料、手工艺品、钱币和博具等。如唐、宋时期越窑青瓷瓜棱形执壶，宋代各种窑口的瓷碗、盆、盂、碟、瓷玩具、瓷片，宋代灰陶黑衣陶灯、扑满（储蓄罐），宋代石砚、石杵、石杈、石钵、铁铡刀、铁凿、铁扦子、铁泥刀、铁铲、铁钗。夹砂陶大小坩埚，各种图案的泥塑、陶范。工艺品中如象棋子、漆器、针刻加工的蚌饰片。各种骨角器，有骰子、梳子、圆筹码及半成品，建筑部件有五代大和年号与宋代的莲瓣纹瓦当、复盆底座、陶建筑模型。以及宋代从太平至淳熙的各种年号钱。年号钱部分有火烧氧化痕迹。

上述众多文物出土，对研究宋平江城的变迁，手工业坊市的存在，以及宋代商品经济的发展，宋代经济重心的南移，提供了一些实物资料。

下面就坊市遗址出土文物，探讨一下宋代苏州城市经济的发展。

从宋碑《平江图》来看，宋代苏州是一个大城。平江府四周筑高大的城墙，周约16千米。南北长约4.5千米，东西宽约3.5千米，面积约15.75平方千米。城外有护城河围绕，城门五座，曰：齐门、盘门、娄门、葑门、阊门。皆是水陆两门。胥门在宋绍定二年（1229年）封闭，改建为姑苏台。平江府城内的建筑在布局上是将统治平江的两个军政机关设在城的中心外，城南和城中心的小城（又称吴子城）正门附近多为附属机构，如府文庙、贡院、都税务、姑苏馆和韩园。谷市、鱼行、丝行、荐行、茶馆、酒楼等，都集中在小城附近西北角的乐桥和利市桥一带。县署在城北。县署以北是居民密集区。纵观宋《平江图》，宋代苏州城市规划是比较大的，行政区、商业区颇为集中，街坊邻户栉比，坊巷、桥梁、院落纵横，人口众多。

查王謇《宋平江城坊考》载：苏州大石头巷古称平权坊巷。宋范成大《吴郡志》称作“平权巷”。对照宋《平江图》来看，平权坊处于乐桥商业区中轴线上，邻近跨街楼、府仓、茶场、盐仓，再径直往北就达乐桥，而乐桥、利市桥附近正是丝行、谷市、鱼行、荐行、茶馆、酒楼集中地。

宋高宗建炎四年（1130年）二月金奴隶主贵族南侵，陷平江府，苏州城被大火烧毁，因此，市中心区附近的茶馆酒肆也就沉沦为废墟。这次大石头巷基建工地中，出土了大批瓷器和数百片瓷器碎片。如饮具有执壶、碗、杯盏、盘、碟等；碎瓷片中也是属碗盏、盘等残器；灯具有竹节灯、灯盏等。这绝不是偶然的，推测与酒肆宴饮有关。

另一方面，这许多窑口的瓷器都较精美，影青瓷胎薄，水青色釉，有极优美的刻花花纹。越窑青瓷，湖绿色釉，刻划飞凤图纹。五代越窑瓜棱形碗残片及莲花座残片，造型精致。龙泉窑青瓷，呈粉青色，釉色晶莹。这些精美的瓷器及瓷片，说明大多是南方的产品，也是作为商品出售才普遍使用的。这意味着宋代瓷业商品经济的发展。

苏州地处运河、娄江之交，内河可以由运河、跨太湖，溯长江通向内地各省，海运则可循娄江出浏河而与日本、琉球、南洋相通，苏州是当时内外贸易的重要港口之一。通过各路商贾云集交流，丝茶粮食贸易很盛。商业的繁荣，不但为苏州工艺品打开了广阔的销路，还能从商人手里得到外地的工艺品。当时的日本家具、漆器，朝鲜的折扇，南洋的玳瑁、珊瑚，珠宝饰品也流进苏州市场上来。所以宋代的苏州是以工艺品著称的。虎丘塔与瑞光塔出土的文物，就证明了这一点。舍利宝幢（苏州的金银细工）、螺钿漆盒（苏州的漆器）、经卷（苏州造纸）反映了工艺水平的高度精湛。而这次平权坊出土的工艺品和手工业生产工具，也是丰富的。如骨制品，将牛角或下颌锯开成为条状，有用铡刀铡过的骨关节，用骨头制成的成品和半成品方形饰件，赌具用的骰子，木梳、圆筹码等。有将贝壳磨光，在内壁一面用针刻成的莲花图案，看上去珠光闪烁，工艺水平极高。

又有象棋子和漆器残片。人像、动物、花卉图案、泥质陶范就有18件之多，这说明用来做陶或瓷质像玩具，特别是儿童戏球范，幼童的形象和苏州双塔罗汉院宋石刻柱础的儿童像酷似。又与1973年横塘出土的北宋浮雕五子花卉木尺，“每寸内浮雕不同形态的童子和折枝牡丹”相类似。因此从这些艺术性的陶范中可窥见宋代工艺的一斑。

手工业生产工具有坩埚，比较完整，大小共有60只，以较厚的夹砂粗陶制成，呈灰黑色，圆筒状，圜底。壁内有呈黄色、白色金属的凝固液体，壁外有釉泪，大的冶铸矿石，小的用以浇注金银、铜液，推测这与苏州的金银饰品有关。按苏州的金银器皿、首饰的制作工艺已很精巧，如1957年虎丘塔出土的宋建隆二年（961年）制的楠木经箱，箱的各部接缝处都镶包银质鎏金交飞状凤凰一对，四角钉角形莲花四朵，箱搭连上扣有镂花锁一把，花边上刻的花纹或作莲花或作凤尾，极为工细，这说明苏州的金银细工水平较高。

这次工地上出土的铜空心弯管、交股剪刀、铜勺、石杵、木棒、陶钵、石钵显系捣物用。铁凿、铁扦子、铁钗、铁铡刀，这和上述骨制品、冶炼手工作坊有很大联系。

上述坊市遗址出土文物说明苏州城市经济的发展绝不是偶然的。

早在唐代，北方遭受安史之乱，当地百姓避乱南迁。于是户口有了迅速增长。到唐朝元和年间（806~820年），苏州已有十万余户。苏州地方官府又加强了农田水利建设，如修堤防、凿沟渠和植树、护堤等，这就为粮食的增产提供了条件。随着农业生产的发展，城市手工业和商业也有了发展。并且由于这一地区一直比较安定，地理条件又很优越，因此中唐以后，苏州逐渐成为东南名城，其城市规模与经济的繁荣逐渐超过了以繁华闻名的扬州。

到了宋代，由于金兵南侵，汴京被劫掠蹂躏得不像样子，统治阶级认为“东南久安，财力富盛，足以待敌”，便从偏安避敌着眼，把都城搬到了南方。北方人民也随之大量南迁。其中山东、河南籍人民迁居苏州，又带来了中原文化和生产技术，从而进一步促进了包括苏州在内的南方经济繁荣。原来就比较发达的农业、手工业和城市商业都有了进一步的昌盛，“地上天宫”之称，也就不胫而走名闻全国了。

“苏湖熟，天下足”，这个古谚，说明古代太湖流域地区的农业生产在全国占有重要位置。历史上苏州地区农业生产所以比较发达，这与历代苏州劳动人民长时期与水害作斗争，改造生产条件有关。古人所谓“吴人精于农事”，吴中农事，专事人力的说法，就是最好的说明。因此苏州的水田在全国是颇享盛名的，昆山人郏亶就有“天下之利，莫大于水田，水田之美，无过于苏州”的赞语。当时的苏州地区，在农田建设上有围田、圩田、柜田、涂田和沙田的区别。加上这里优越的自然条件，使苏州成为当时江浙地区稻米生产的中心。

《吴郡图经续记》一书说：“吴中地沃而物夥”“其稼则刈麦种禾，一岁再熟，稻有早晚”。据说那时苏州一带普通年成每亩平均可产米三石即250千克左右，单位面积产量是比较高的。每年生产的稻米除供给本地人民食用外，还有大量剩余，运往别地。据《梦华录》记载，宋代杭州一带“细民所食，每日城内外不下一二千余石”，都赖苏州、湖州等地供给。因此“苏湖熟，天下足”的谚语，真实地反映了苏湖地区在宋代已成为全国的粮库。

宋代苏州在农业发展的基础上，手工业生产也有发展，农民家庭手工业生产的范围相当广泛。

苏州是织染业的中心，有官营织造作坊，丝织业生产宋锦、绫、丝绸等。北宋末期，封建统治者在苏州置有规模巨大的造作局，专为上层统治集团制造奢侈享受的御器，每日服役局内的诸色匠人，为数几千；内部分为牙、角、犀玉、金银、竹藤、装画糊抹、雕刻、织绣等作。同样性质的官营作坊，有制造“上供服用的”，也有制造弓箭等军用物资的，和农业结合的地方性手工业也在传统基础上进一步发展起来。

宋代的手工业在组织规模和生产技术上都远比唐代为进步，宋代作坊手工业已有了普遍的发展。小贩们由作坊行贩的已成之物，自糖果点心到衣服鞋帽、家用杂物、文房用具、妇女装饰和儿童玩具等，实无所不有，种类繁多的有100余种，每一类商品都有专门制造的作坊。有的因营业发达而发展成为大型作坊，在作坊内实行着一定程度的分工。

与此同时，城镇出现了各种类型的手工业作坊，其中突出的丝织业和造纸业，丝织生产在宋代已初步形成为全国中心之一，有所谓“茧缚山立，缫车之声，连甍相闻”之称。著名的宋锦就是这一时期出现的。当时包括苏州在内的两浙路上贡帛，每年有近百万匹。另外由于北方棉花种植传至南方，于是棉花加工和棉纺染织业也逐步有了发展，出现了染坊和印花技术。

宋代苏州地区的造纸业也有很多进步，纸张的品种增加，制造的技术不断改进。当时生产的粉笺纸，又名“彩笺”名闻四方。它是“以诸色粉和胶刷纸，隐以罗纹，然后砑花”而成的。人们称赞说“苏州粉笺美如花，萍文霜粒古所夸，近年专制浅蜡色，软玉莹腻无瓕瑕”。造纸业的发展又促进了雕版印刷业的发展，当时苏州有许多书铺，经营雕版印书，其中有专门刻字的刻工，专门印刷的印匠，以及装订裱褙工等。另外苏州酒坊酿制的木兰堂、白云泉等名酒，在当时也是有口皆碑的。苏州是水网地区，往来交通必须依靠船只运输，因此造船业比较发达，宋代在苏州就设有官办修造船场，还出现了利用转轴升降船桅，和利用踏轮激水推动船身前进的先进技术，其他还有一百多种行业，并且都有专门制造的作坊，有的作坊规模较大，出现了按行业性质的不同而聚居生产的专业坊巷，如绣线有绣线巷（今修仙巷），制帽子有巾子巷（今乘鲤坊），乐鼓有乐鼓巷（今史家巷），幛子有幛子巷（今调丰巷），金银匠作有金银巷（今剪金桥巷），可见这些工艺门类，在宋代苏州已从家庭副业生产逐步演进到专业化的手工工场生产。

从全国市场等级来看，北宋时期苏州位居第四等市场，年收商税在五万贯以上。到南宋时，苏州的经济地位上升，形势更为重要，年收商税较前大大增加。按照当时水平衡量，确是封建经济比较发展的一个标志。

然而南宋统治者只图偏安江南，过着极其腐朽糜烂、荒淫无耻的生活，他们不顾大敌当前，竞相“崇栋宇，丰庖厨，玩花灯看花局”。官僚史道志在苏州营建豪华的住宅竟费钱一百五十万贯；而农民居住的草屋一间仅费三贯，相当于农民的五十万倍。官僚地主们的饮食，也是穷奢极侈。大石头巷出土各种类型的精美瓷器和瓷碎片等宴饮用具，从中虽可想见宋代瓷业商品经济的发展，但同时表明统治阶级的挥霍无度。南宋统治阶级上层为了粉饰太平，还年年在苏州大放花灯，灯节期间歌舞百戏，击鼓吹笛，士女老幼熙来攘往。一些豪门富家年年于开花时节置酒招宾，大摆什么看花局寄托雅兴。

因此，尽管到南宋时，苏州城市商业经济发展，表面上极其繁华，但这不过是封建地主阶级纸醉金迷的天堂。而生活在这个天堂里的广大农民却要负担越来越重的苛捐杂税，生活十分困苦。

总之，由于宋代苏州农业、手工业、商业的发展，才使苏州成为“风物雄丽为东南之冠”的城市①这一赞语，虽不免有夸大之处，但也从一个侧面反映了当时苏州商品经济比较繁荣的景象。而大石头巷坊市遗址出土文物，正可窥见宋代城市商品经济发展的一个缩影。

注释

①［宋］龚明之：《中吴纪闻》。

（原载《学术月刊》1980 年第 12 期）

苏州新发现两块宋代刻字砖

朱薇君

去年，在城内养育巷铺设地下管道工程时，在位于太平桥北堍的通和坊口、距地表2.5米深处发现了两块合在一起的宋代刻字砖。青砖规格为30厘米×30厘米×5厘米。因年代较久，夹在两砖之间的铜钱均已腐朽，字迹不能辨认。这两块刻字砖记载了北宋末年苏州城内砌街情况，十分珍贵，具有一定的史料价值（图一）。

下面把刻字砖的内容抄录如下：

今具砌太平坊街升平桥止（至）
太平桥施主名姓
奉议郎章振司户潘佃进士张伯
龙张几众户张源陈择章亮吉
诜俞迪万（万）庆邬典陈蒲周彦
荣张厚彭怀德张觉吴瑾
阮评章珉章潜黄宗古陈
祥陈湘黄完徐绩徐庆陆
密李忠吉徐询徐登袁实
刘文贵陆逌金贵王达蒋真
郑氏大娘富氏十娘朱氏
五娘张氏三娘同施钱
舍米施主
邹十郎王十一叔袁六叔徐七郎徐三八郎
金三郎徐十二叔许二郎汤九郎金四郎
谢九郎章八太孺
比丘志清惠昙同施钱
政和四年岁次甲午七月
壬申初八日辛巳下手八月
初十日毕工砌匠金赞同
勾当僧法忠都劝缘丁璋

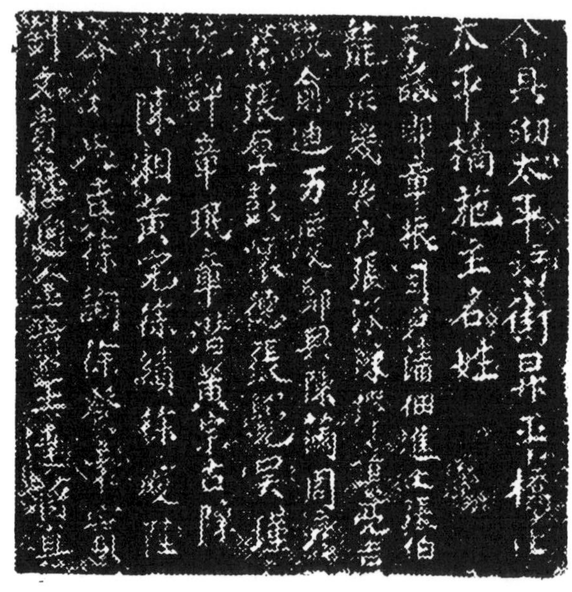

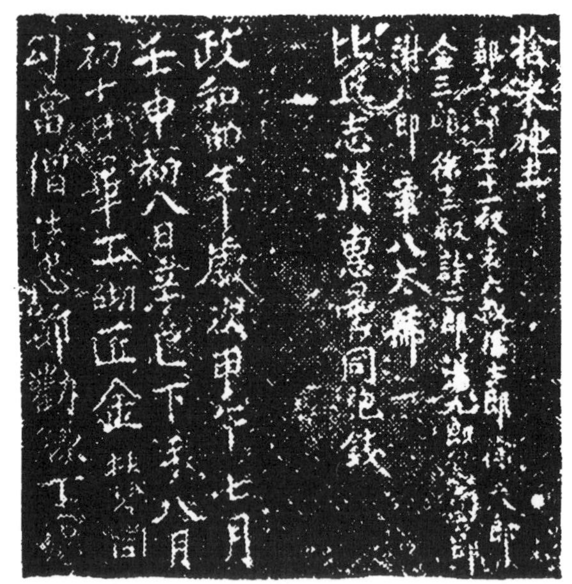

图一　刻字砖拓片

从这两块刻字砖所记的内容看，有以下两点认识：

1. 刻字砖所记的砌街地点是“升平桥止（至）太平桥”一段，宋时叫作“太平坊街”，现名通和坊。其地理位置和桥的名称不仅和1229年刻制的《平江图》所绘相吻合，而且和现状也完全一样。所记砌街时间在“政和四年”即1114年，比起南宋《平江图》的刻制时间还要早115年。新发现的刻字砖，丰富了苏州古城建设资料，进一步证实苏州城区的街道布局，近九百年来基本未变。

2. 从砖上所记的“今具砌太平坊街”中的“砌”字来推断，至少当时修筑此街的建筑材料应是砖石，而且“太平坊街”长半千米余，从“七月初八日下手”至“八月初十日毕工”，一共用了个把月的时间，说明当时的施工效率也是相当高的。从施舍者的名姓中可知，这条街的铺砌是依靠民间募捐进行的。施舍者有奉议郎、司户、进士、众户等，有男有女，共五十多人次，其主事者为寺院僧人。这一事实说明，造桥铺路，热心公益，乃是我国人民的优良传统。

总之，这两块刻字砖的发现，为研究苏州历史和古代城市建设提供了可贵的资料。

（原载《文博通讯》1982年第6期）

江苏吴县藏书公社出土宋代遗物

叶玉奇　王建华

1982年5月，吴县藏书公社篁村林场职工在鹿山南坡造林时，发现一座宋墓。此墓已被破坏，形制不明。出土一批遗物，共29件，现介绍如下。

月白釉冰裂纹瓷洗　1件。敞口，折沿，腹壁弧形，矮圈足。胎质细腻，底足露紫褐色胎，釉厚，莹亮如玉，有细冰裂纹。高3.3、口径11.3、底径6.2厘米（图一）。

莲花纽影青瓷盖罐　1件。盖沿平折，盖心内凹，中饰莲花形小纽。罐为子母口，球腹，小平底。露胎处颜色洁白，釉色闪青，内含少量黑点，底部有支钉痕。通高8、盖径10、底径5.4厘米（图二）。

影青瓷粉盒　2件。扁圆形，盖与盒上下套合，小平底。胎质洁白细腻，釉色泛青。一件高1.8、直径3.7厘米；一件高5.5、直径8.7厘米（图四、六）。

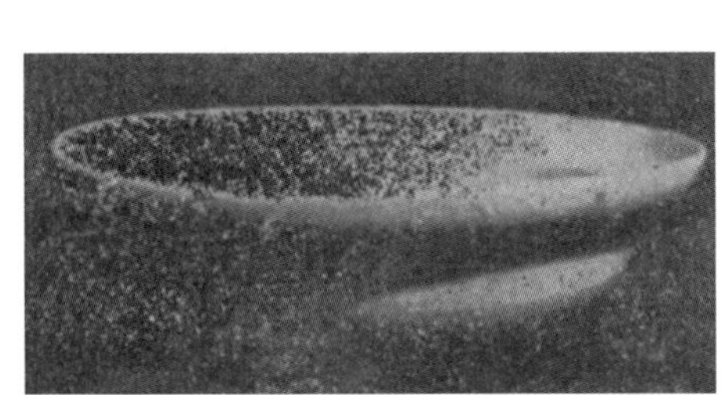
图一　月白釉冰裂纹洗

图三　漆渣斗

图二　莲花纽影青瓷盖罐

图四　影青瓷粉盒

漆渣斗　1件。大盘口，圆唇，束颈，直腹，平底。器壁较薄，表面髹黑漆，光洁度较高；在口沿残损处可以看到胎骨是由杉木条缠丝状纤维制成。高7、口径13.7、底径8.3厘米（图三）。

八棱菱花银盒　1件。圆饼形，边缘为八棱菱花形，盖与盒子母口套合，浅圈足，底心有一小孔。盒盖外壁压印两周圆形双凤纹图案，每周十六个；盒外壁压印同样的纹饰一周十六个；三周图案交错排列。高5.5、直径19厘米（图九）。

荷叶盖柳斗银罐　1件。盖似荷叶，脉络清晰。盖边缘低凹处有六个蝙蝠形镂孔。罐敛口，缩颈，鼓腹，外部压印仿柳斗纹饰。通高5.3、腹径6、底径3.3厘米（图一〇，左）。

银盖罐　1件。盖似斗笠，顶部有一纽。罐为球腹，假圈足。外表光素无纹。通高7、腹径8、足径4厘米（图一〇，右）。

银匙　3件。一件柄细长，匙椭圆形，通长12.5、宽3厘米；一件橄榄形，长5.7、宽2.5厘米；一件呈圆形，柄残，径2厘米（图八）。

铜镜　2件。一件为八棱菱花镜，小纽，光素无纹，径18、厚0.4厘米（图五）；一件为六棱海棠花镜，小纽，光素无纹，径16.5、厚0.6厘米（图七）。

铜钱　15枚。其中“皇宋通宝”4枚、“熙宁元宝”2枚，“天禧通宝”“嘉祐元宝”“治平元宝”“元祐通宝”“元符通宝”“大观通宝”“政和通宝”各1枚；还有2枚因锈蚀难以辨认。钱文书体有隶、篆、行、楷等体。

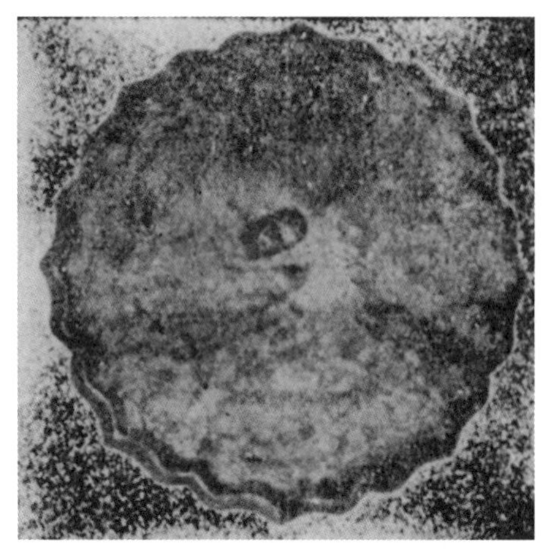
图五　八棱菱花镜

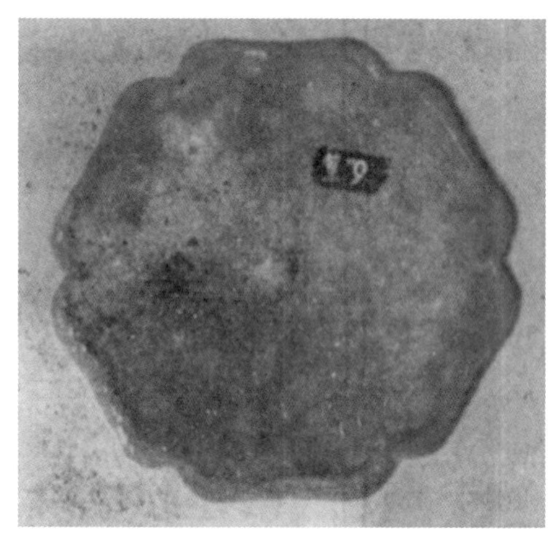
图七　六棱海棠花镜

图六　影青瓷粉盒

图八　银匙

图九 八棱菱花银盒

图一〇 银器

左：荷叶盖柳斗银罐 右：银盖罐

铭文砖 1块。正面模印阳文楷书“宋故宗姬赵氏之墓”两行八字。长38、宽18、厚8厘米。

所出铜钱最早的是北宋真宗天禧年间（1017～1021年）所铸“天禧通宝”，最迟的是北宋徽宗政和元年（1111年）所铸“政和通宝”，此墓的时代应在政和元年以后，即北宋末年。从墓砖铭文看，墓主人应属宋朝皇室之女。《吴县志》载：宋“高宗南渡，妹寿圣公主薨，择葬狮山旁。”[①]现在鹿山在狮子山西北6千米处，相距不算太远。墓主是否是县志记载的高宗赵构之妹寿圣公主，尚无法判定。墓中出土的较为精美的银器、漆器、瓷器，为研究当时的手工业提供了新的实物资料。

注释

① 曹允源、吴荫培、蒋炳章等：《吴县志》卷四十《冢墓》。

（原载《文物》1986年第5期）

常熟出土窖藏宋钱简报

周公太　常利平

1992年8月7日，常熟市梅李镇砖瓦厂在该镇胡琴村挖土时，从距地表深约1.2米处发现以瓦片遮盖陶瓮一只，内有以细麻线穿成串，然后自下而上按顺序盘放的铜钱一批，被当班民工全部交售给镇供销社采购站。市博物馆闻讯后，即至出土现场勘察并向采购站征集回该批钱币。现将初步整理情况及我们的分析简报如下。

一

该批钱币共重60千克，除有数枚汉代“半两”、王莽“货泉”、唐“开元通宝”、五代“周元通宝”、篆书“唐国通宝”、篆书“开元通宝”、金“正隆元宝”之外，绝大部分为两宋钱币。虽因入土原因，较多结成块状，但经用清水等法化开，除去表面泥锈后，币文字迹清晰，品相均尚好。储藏钱币的陶瓮系日用陶器，已被民工取钱时打破，仅存碎片。

二

在两宋钱币中，属于北宋钱的按年代排列依次有：“宋元通宝”真书小平、“太平通宝”真书小平、“淳化元宝”真行草书小平、“至道元宝”真行草书小平、“咸平元宝”真书小平、“景德元宝”真书小平、“祥符元宝”“祥符通宝”真书小平、“天禧通宝”真书小平、“天圣元宝”真书小平、“明道元宝”真书小平、“景祐元宝”真书小平、“皇宋通宝”真篆书小平、“庆历重宝”真书折十、“至和元宝”篆书小平、“嘉祐元宝”真书小平、“嘉祐通宝”真篆书小平、“治平元宝”真篆书小平、“熙宁元宝”真篆书小平、“熙宁重宝”真篆书折二、“元丰通宝”行篆书小平折二、“元祐通宝”行篆书小平折二、“绍圣元宝”行篆书小平折二、“元符通宝”篆书小平行篆书折二、“圣宋元宝”行篆书小平篆书折二、“崇宁通宝”瘦金书折十、“崇宁重宝”隶书折五折十、“大观通宝”瘦金书小平、“政和通宝”隶篆书小平折二、“宣和通宝”隶篆书小平折二篆书折三。

属于南宋钱的按年代依次排列有：“建炎通宝”真篆书折二、“绍兴元宝”真篆书折二、“绍兴通宝”真书折二折三、“隆兴元宝”真书折二、“乾道元宝”真篆书折二、“淳熙元宝”真书小平折二、“绍熙元宝”真书小平折二、“庆元通宝”真书小平折二、“嘉泰通宝”真书小平折二、“开禧通宝”真书小平折二等。

以上共有北宋所铸年号钱23种，非年号钱2种；南宋年号钱9种。在全部北宋铸钱中，计缺“康定元宝”“重和通宝”及“靖康元宝”3种；南宋铸钱中，开禧以上九个年号俱全，其采样主要数据见附表一。但在上述宋钱中，凡南宋铸钱，币文大都深峻而清晰，且铸作规整，似属刚进入市上行用或流通未久的钱币。特别是其明显比我们常见的一般南宋钱要大且分量重，今与丁福保《古钱大字典》《历代古钱图说》等相比较，采其直径数据于附表二。

三

该批钱币出土地梅李镇胡琴村，位于常熟市东北境，与濒临长江的浒浦镇相交界，南距常浒公路约100米。南宋时，此处属浒浦镇范围，在乾道至开禧年间，正是御前浒浦水军寨的驻防之地。

据《宋史》《吴郡志》《常熟县志》等史籍记载，南宋乾道初，因浒浦镇位于江海交汇之处，为控扼海道要地，港叉深远，利于安泊舟船及置立寨栅，比之江阴和定海为宜，故朝廷特移定海军屯戍浒浦，设立御前浒浦水军寨。乾道六年（1170年）时，额内管兵达一万二千名，分成四军、八将、六十二队。

开禧三年（1207年），水军都统制冯英以本司驻扎浒浦，分屯列戍，责任匪轻，但所管隘口则以顾迳最为重要，遂向朝廷申请另立左军寨于顾迳，得准后其将大部水军戍顾迳，仅在浒浦留千余人看护仓场、军器和钱粮等。自开禧后，由于江边滩涂不断延长，浒浦镇距海口渐远，港口亦为泥沙淤塞，舟通不畅，于是水军便尽数撤走。其镇失去了原有的战略地位，成为渔民聚居之地和渔市。

根据该批钱币时代最晚的为“开禧通宝”，我们基本确定其入藏下限在开禧年间。另从出土处周围散布有较多的宋代景德镇青白瓷碎片、四系韩瓶以及狭长形条砖等情况分析，此地应原为一处南宋水军寨栅遗址。由于钱币的下限与文献所载浒浦水军开始调防顾迳及撤走的时间大致同时，因此我们认为，钱币当是某批驻军在匆匆离开时，因携带不便，或属公款私下藏匿等因素而埋入地下的。

这批宋钱数量多、种类广、内涵极其丰富，是常熟境内中华人民共和国成立以来所发现的最多一批宋钱。特别是其中九个年号的南宋钱币，明显比普通钱大，此现象，似为文献记载及历来出土所不见，当值得引起重视。其是否系南宋时，在军队中另设有钱监所铸，尚有待进一步研究，并望诸专家给予指教。

附表一

币文	品种	书体	外径/厘米	孔径/厘米	厚/厘米	重量/克	币文	品种	书体	外径/厘米	孔径/厘米	厚/厘米	重量/克
宋元通宝	小平	真	2.47	0.57	0.15	4.4	熙宁元宝	小平	篆	2.45	0.63	0.11	4
太平通宝	小平	真	2.42	0.58	0.12	3	宣和通宝	小平	篆	2.5	0.53	0.15	4
淳化元宝	小平	真	2.5	0.5	0.16	4.5	宣和通宝	小平	隶	2.26	0.55	0.14	3.9
淳化元宝	小平	行	2.46	0.53	0.11	3.2	宣和通宝	折二	篆	2.95	0.7	0.16	6.2
淳化元宝	小平	草	2.5	0.54	0.15	4.6	宣和通宝	折三	篆	3.33	0.75	0.19	7.5
至道元宝	小平	真	2.51	0.56	0.14	4	宣和通宝	折二	隶小	3.07	0.7	0.2	7.8
至道元宝	小平	行	2.51	0.62	0.12	3.7	宣和通宝	折二	隶大	3.11	0.7	0.17	6.9
至道元宝	小平	草	2.46	0.6	0.12	3.4	建炎通宝	折二	真	2.87	0.75	0.16	6.5
咸平元宝	小平	真	2.4	0.58	0.12	3.4	建炎通宝	折二	篆	2.99	0.79	0.16	5.8
景德元宝	小平	真	2.5	0.63	0.12	4	绍兴元宝	折二	真	2.83	0.71	0.19	6.5
祥符元宝	小平	真	2.53	0.57	0.15	4	绍兴元宝	折二	篆	2.93	0.73	0.19	7.2
祥符通宝	小平	真	2.5	0.61	0.13	4	绍兴通宝	折二	真	2.91	0.74	0.18	6.8
天禧通宝	小平	真	2.56	0.6	0.1	3.1	绍兴通宝	折三	真	3.19	0.74	0.2	8
天圣元宝	小平	真	2.57	0.65	0.12	3.9	隆兴元宝	折二	真	2.99	0.75	0.15	5.6
元符通宝	小平	篆	2.5	0.55	0.15	4.5	乾道元宝	折二	真	2.82	0.69	0.16	6.8
元符通宝	折二	篆	3.11	0.65	0.16	7.9	熙宁重宝	折二	真	2.89	0.65	0.19	7.9
元符通宝	折二	行	3.14	0.6	0.19	9.1	熙宁重宝	折二	篆	3.14	0.71	0.16	8.5
圣宋元宝	小平	篆	2.42	0.59	0.15	4.2	元丰通宝	小平	篆	2.51	0.65	0.19	4.3
圣宋元宝	小平	行	2.43	0.65	0.12	3.5	元丰通宝	小平	行	2.5	0.63	0.14	4.6
圣宋元宝	折二	篆	3.03	0.65	0.19	7.1	元丰通宝	折二	篆	2.97	0.66	0.19	8.5
崇宁重宝	折十	真	3.46	0.81	0.25	11.5	元丰通宝	折二	行	2.98	0.76	0.19	5.6
崇宁重宝	折五	真	3.01	0.68	0.15	5	元祐通宝	小平	篆	2.46	0.65	0.18	4.6
崇宁重宝	折十	真	3.44	0.8	0.2	11	元祐通宝	小平	行	2.51	0.59	0.15	4
大观通宝	小平	真	2.46	0.57	0.19	4.1	元祐通宝	折二	篆	3.02	0.64	0.2	8.7
政和通宝	小平	篆	2.47	0.6	0.15	4.5	元祐通宝	折二	行	3.02	0.63	0.18	8.4
政和通宝	小平	隶	2.37	0.55	0.19	4.1	绍圣元宝	小平	篆	2.39	0.66	0.18	4.8
政和通宝	折二	篆	3.03	0.59	0.21	9.7	绍圣元宝	小平	行	2.45	0.57	0.15	4.3
政和通宝	折二	隶	2.99	0.57	0.21	9.1	绍圣元宝	折二	篆	2.99	0.56	0.15	7.1
天祐元宝	小平	篆	2.48	0.69	0.12	3.2	绍圣元宝	折二	行	3.04	0.61	0.15	6.7
明道元宝	小平	真	2.56	0.57	0.16	5	乾道元宝	折二	篆	2.88	0.73	0.2	7.2
景祐元宝	小平	真	2.51	0.67	0.16	4.5	淳熙元宝	小平	真	2.56	0.61	0.14	4.2
皇宋通宝	小平	真	2.49	0.65	0.15	4	淳熙元宝	折二	真	3.07	0.83	0.19	7
皇宋通宝	小平	篆	2.51	0.66	0.14	4	淳熙元宝	折二	篆	2.89	0.79	0.15	5.7
庆历重宝	折十	真	2.78	0.73	0.14	4.4	绍熙元宝	小平	真	2.36	0.67	0.11	2.3
至和元宝	小平	篆	2.29	0.57	0.16	4.2	绍熙元宝	折二	真	3.01	0.71	0.2	7.2
嘉祐元宝	小平	真	2.37	0.69	0.14	3.8	庆元通宝	小平	真	2.48	0.62	0.16	4.2
嘉祐通宝	小平	真	2.46	0.68	0.17	3.6	庆元通宝	折二	真	3	0.79	0.21	7.1
嘉祐通宝	小平	篆	2.58	0.7	0.15	4.4	嘉泰通宝	小平	真	2.52	0.59	0.11	4.2
治平元宝	小平	真	2.45	0.53	0.17	4.7	嘉泰通宝	折二	真	3.09	0.74	0.21	8.5
治平元宝	小平	篆	2.45	0.61	0.16	4.4	开禧通宝	小平	真	2.53	0.69	0.13	3.8
熙宁元宝	小平	真	2.49	0.67	0.13	4	开禧通宝	折二	真	2.97	0.74	0.13	6

附表二

币文	品种	书体	出土钱外径/厘米	丁氏外径/厘米	币文	品种	书体	出土钱外径/厘米	丁氏外径/厘米
建炎通宝	折二	篆	2.99	2.80~2.91	绍熙元宝	折二	真	3.01	2.85~2.90
绍兴元宝	折二	篆	2.93	2.79~2.87	庆元通宝	小平	真	2.48	2.40~2.43
绍兴通宝	折三	真	3.19	2.95~3.00	庆元通宝	折二	真	3	2.83~2.85
隆兴元宝	折二	真	2.99	2.85~2.91	嘉泰通宝	小平	真	2.52	2.40~2.43
乾道元宝	折二	真	2.82	2.70~2.75	嘉泰通宝	折二	真	3.09	2.90~2.92
乾道元宝	折二	篆	2.88	2.71~2.74	开禧通宝	小平	真	2.53	2.40~2.44
淳熙元宝	小平	真	2.56	2.40~2.45	开禧通宝	折二	真	2.97	2.85~2.91
淳熙元宝	折二	真	3.07	2.90~2.93					

（原载《江苏钱币》1993 年第 2 期）

吕师孟墓金银器考察

魏采苹

南京博物院珍藏的吕师孟墓出土金银器，是1959年1月于苏州虎丘山北黄桥乡建窑时发现的，从同出的《故宣慰嘉议吕公墓志铭》知道，这是吕师孟及其妻束氏的合葬墓。墓中出土金、银、铜、玉、瓷等文物60多件，尤以金银器最为丰富[①]。经有关部门专家鉴定，成色最低为75%，大多数达95%左右，有10件已定为一级文物。金器33件，除12件小金饰外，重2007.2克。银器21件，重6683克。金银器合计54件，共计重8690.2克（金银器的重量均为毛重）。在一座墓中出土数量如此之多，造型别致，纹饰精美，工艺精湛的金银器，在宋元时代墓葬中还是比较罕见的。这些金银工艺瑰宝，有极高的工艺价值和历史意义。其中的大如意纹金盘、“文王访贤”图金饰件、莲瓣形鎏金团花银盒、鸳鸯荷花金香囊等珍品，已在不少文物图录中选用[②]。然而其中一组缠枝花果纹金饰件虽曾个别选用[③]，但是三十多年来对它认识不足，没有引起应有的重视。本文以这一组文物为典型，作较为详细的介绍。并结合考古出土文物和历史文献资料，对这一批金银器的时代、图案花纹、价值和功能、工艺和手工业水准作如下考察。

一、引人注目的金饰件——御仙花金带饰

这一组缠枝花果纹金饰件，有长方形缠枝花果纹饰件1块，三边平直，一边微弧，呈圭形，实为一根束带上的獭尾，亦称作铊尾。方形缠枝花果纹饰件7块，形制相同，规格相同，重量亦相近，实为方形銙。葵瓣形缠枝花果饰件1块，一边有直径约1厘米的圆孔，是与草鞋或束带相连接的圆孔。九件饰件皆有边框，在葵瓣形饰件边框的背面，包葵瓣形银衬板。按此构造推测，其他饰件也应作如此结构。因为边框的金片极薄，有了银衬板才可以固定带銙的形状，也较易于将金带饰固着在束带上。虽然其他八块的银衬均已不存，但它们的结构与葵瓣形完全相同，而且有明显人工剥除衬板后留下的痕迹。这九件金饰件，笔者经过仔细的辨识，认真的考证，认为应是同一根金束带上的饰件。

九件金饰件的花纹为立体高浮雕缠枝花果纹。可分作三个层次：第一层地纹錾刻细点纹；第二层为浮雕花纹，系凸起的花叶和枝茎，花叶为图案化的双如意纹饰；第三层为高浮雕花纹，系立体椭圆形花果和枝茎。这第三层的花果纹制作特别精致，在每个花果的顶端錾刻细圆点纹，很像荔枝的果形。而其下半部为心形蒂叶图案，蒂叶中间又有浅浮雕花卉纹。立体的枝茎是将金薄片卷成粗细均匀的枝茎弯曲之后，穿入第二层凸起的枝茎和叶柄的小孔里，在背面焊接牢固。致使枝茎连续不断，呈立体

镂空状相互穿插缠绕，并将花果、花叶互相连接起来（图二）。在圭形铊尾上有九个交错排列的花果纹，方形銙上则是五个，葵瓣形銙上只有三个。花纹的造型奇特，纹饰精美，线条流畅，圆转柔美，图案变化有致，层次分明。这九块带饰组合成一条金光灿烂、精美绝伦的带銙。与五代王建陵所出的玉带饰结构相同，并在形式上有所发展，增加了葵瓣形带板[④]。

这一组金饰件上的缠枝花果纹，实为宋代的“荔支”即“御仙花”金带饰。据《宋史·舆服志》记载：“带。古惟用革，自曹魏而下，始有金、银、铜之饰。宋制尤详，有玉，有金，有银，有犀，其下铜、铁、角、石、墨玉之类，各有等差。”“其制有金毬路、荔支、师蛮、海捷、宝藏，[宋史注]：‘方团二十五两；荔支二十五两至七两，有四等’；……惟毬路方团銙，余悉方胯。荔支或为御仙花，束带亦同……束带则有金荔支、师蛮、戏童、海捷、犀牛、胡荽、凤子、宝相花，[宋史注]：‘荔支自二十五两至十五两，有三等……’。”[⑤]可见宋代舆服制度中的带饰，按等级规定了质地、花纹、形制和重量。

关于各级官员服用的束带和带饰，在《宋史·舆服志》有详细规定：“太宗太平兴国七年正月，翰林学士承旨李昉等奏曰：‘奉诏详定车服制度，请从三品以上服玉带，四品以上服金带。……内职诸军将校，并服红鞓金涂银排方。……荔支带本是内出以赐将相。’”“元丰五年诏：……观文殿学士至宝文阁直学士、节度使、御使大夫、中丞、六曹尚书、侍郎、散骑常侍御仙花金带。”“徽宗崇宁二年，诏：‘六尚局奉御，今后许服金带’。四年，中书省检会哲宗元符仪制令：‘诸带，三师、三公、宰相、执政官、使相、节度使、观文殿大学士毬文，佩鱼。节度使非曾任宰相即御仙花、佩鱼。观文殿学士至宝文阁直学士，御史大夫，中丞，六曹尚书，侍郎，散骑常侍并御仙花。’”“中兴仍之……”[⑥]。以上记载说明北宋太宗太平兴国七年（982年），元丰五年（1082年），徽宗崇宁二年（1103年）、四年（1105年），直至南宋时期，对哪一级职务的官员，服用哪一种质地、花纹和形制的带饰作了明确的规定。其中官至侍郎的服用御仙花带。御仙花带即为“荔支”带，其形制则为排方带饰。

将吕师孟墓出土的金带饰与历史文献相对照，辨识出金饰件上的“缠枝花果纹”，就是宋代金束带上的“荔支”或为“御仙花”纹饰，其形制为“排方”带饰。文献规定与出土实物完全相符。对吕师孟墓御仙花金带饰的辨识和确认，也为今后鉴别“荔支”即“御仙花”纹饰提供了宝贵的、形象的、科学的实证材料。

二、吕师孟墓金银器的时代

据《故宣慰嘉议吕公墓志铭》，吕师孟生于“宋端平元年（1234年）甲午正月二十日丑时”，于“大德八年（1304年）甲辰七月十七日酉时考终命，享年七十有一”，葬于“是年十二月初八日”[⑦]。说明吕师孟生活在南宋后期至元朝初年，在他墓中出土的金银器当是这一时期的文物。

吕师孟自“二十岁世赏补官保义郎”以来，至德祐元年（1275年）的二十多年间，历任南宋禁军将领、近侍武职、太府寺丞、枢密副都，直至兵部侍郎之职。后“除兵部尚书，辞”。他“右阶至武功大夫，左换至中大夫，两赐绯银鱼，紫金鱼袋”[⑧]。按南宋职官舆服制度规定：“赐绯（大红）”为五品以上官职，“赐紫”则是三品以上官职。说明吕师孟在南宋王朝历任文武大臣，曾先后达到五品、三品以上，并两次受到朝廷的赏赐，特别是他曾任兵部侍郎之职，是完全可以享用“御仙花”纹饰的金束带的。所以在他墓中出土的精美绝伦的缠枝花果纹金饰件，应是他生前使用的“御仙花”金束带上的饰件。

另据《宋史·舆服志》以及南宋·吴自牧《梦粱录》、周密《武林旧事》等史料，都有关于南宋官宦贵族束金带、镀金束带、银带、镀金大玉腰带，以及皇帝赐金带、鎏金带副之类的记载。可见在南宋王朝的皇族、宦官中，普遍使用金、银和鎏金银带以及玉带。吕师孟在南宋官至“兵部侍郎”，他完全有可能获得南宋朝廷赏赐给他御仙花金带饰的。

1279 年，南宋亡，吕师孟被元朝“授嘉议大夫漳州路总管行淮东道宣慰副使，归卧吴中，隐处二十有六年，以大德八年甲辰七月十七日酉时考终命”⑨。说明他在元朝任散官，虽官至四品，实为虚职，并未上任，所以归卧今苏州一带，隐居 26 年，直至亡故。由此看来，元朝不大可能赐金带给他。这更进一步证明他墓里出土的御仙花金带饰，只能是他在南宋任枢密副都或兵部侍郎等官职时，由朝廷赐予的金带。而在他于元朝初年去世后被葬入墓中。

我国官宦贵族使用带的历史是很悠久的，考古出土文物中发现较多的玉带板和银銙，诸如唐代玉人物带板、玉兽纹带板（1970 年于陕西西安何家村窖藏出土）。五代玉带（1950 年四川成都王建墓出土），计铊尾 1 块，方銙 7 块；宋代银大銙（1972 年陕西扶风柳家村窖藏出土），为 9 块方銙。辽鎏金戏童大带（1972 年辽宁朝阳县前窗户村辽墓出土），为 1 块铊尾，4 块方銙。明早期朱元璋赏赐功臣汪兴祖的透雕云龙纹玉带饰（南京中央门外汪兴祖墓出土）。明中期的玉龙纹带板（1958 年江西南城明益庄王朱烨墓出土）。明晚期史可法衣冠冢出土的玻璃带板。吕师孟墓出土文物填补了南宋御仙花金带饰的实物空白，为研究我国带饰发展和演变的历史，提供了宝贵的实物例证。

除此之外，吕师孟墓出土的其他精美的金银器，从其蕴含丰富的图案花纹，有着极高的经济价值和独特的礼仪功能，精湛的金银工艺，以及多种多样的戳印铭记，可以初步认定其中相当多的金银器是南宋时代的产物。因为吕师孟一生最辉煌，取得高官厚禄的时代是在南宋，也是他家业鼎盛的时期。这些金银器除少部分是朝廷赐予的，或为俸禄取得的，大多数可能是亲友馈赠的礼品，或者是自己购买的器皿。因此我认为其中的大部分金银器，也应是南宋时代的文物。其装饰纹样也代表了南宋时代的特色。

三、金银器的价值和功能

吕师孟墓的金银器，就其用途可以分作：赏赐或交换的货币，金银束带上的装饰，婚嫁礼器和文房用具，以及生活用具等。

1. 赏赐或交换用的货币。金银器中有 7 根金条，计 538.83 克，10 块银锭，计 4434.1 克，合计 4972.93 克，约占全部金银器的一半以上。

2. 官宦束带上的金银装饰。已如前述，故此从略。

3. 婚嫁礼器和文房用具。南宋时期的金银器，相当多是作为礼仪交往中的礼品相互赠送的。据《梦粱录》卷二十“嫁娶”条记载，富有之家婚嫁过程中，聘礼、回礼、嫁妆中金银器占一定的比重。吕师孟墓中出土的寓意“如意吉祥”“凤凰双飞”“和合幸福”“多子多孙”等纹样的金银器皿以及文房用具，既有祝福婚姻幸福美满的寓意，又有“莲生贵子、榴开百子”的内涵。这些金银器很可能是当时婚嫁礼仪往来过程中，互相馈赠的礼品。它们既是有纪念意义的礼品，又是婚后生活中的实用器具。

4. 日常生活用具。南宋时期金银器作为生活用具亦相当普遍。这在《梦粱录》中也有记载。在婚后送三朝礼有："女家送冠花、彩段、鹅蛋，以金银缸儿盛油密，顿于盘中……送去婿家。"在"育子"条中有"外舅姑家以银盆……及孩儿绣绷彩衣，送至婿家，名'催生礼'。""浴儿落胎发毕，以发入金银小合。"小孩满周岁，以"金银七宝玩具，文房书籍……'拈周试晬'"。说明南宋时期，较富有的家庭生儿育女的催生礼、满月剃头、周岁试晬等民俗活动中，要使用银缸、银盆、金银小合等各种不同用途的金银器。因而，在吕师孟夫妇合葬墓中，出土如此众多的金银器。也证明了当时官宦富裕之家的日常生活习惯和社会风俗仪节。

四、金银工艺和官府、民间手工业

吕师孟墓金银器的制作工艺，继承了古代金银器制作工艺的传统，采用锤鍱、模具挤压、雕镂錾刻、鎏金焊接等技法制成。所谓锤鍱，是利用金银具有延展性的特点，用锤子锤打金银块，再打成薄片。然后按事先设计好的器形和花纹图案，制成模具，将金银薄片在模具上挤压成型，使金银器呈现出富于变化的立体造型，或形成浮雕、高浮雕的花纹图案。有的再雕镂、錾刻花纹。雕镂是将花纹镂空，致使器物玲珑剔透。錾刻工艺，是用大小形状不同的錾具，按设计好的花纹图案，在金银器的表面敲打，錾刻出各种花纹的圆点和细微的线条。因为这些线条是由连续不断细细的小点组成，在极薄的金银器的背面，往往也会留下錾花的痕迹。

关于鎏金工艺，近代称之为火镀金。这是将金和水银合成的金汞剂，涂在铜、银的表面，然后加热使水银蒸发，金就附着在器表而不脱落。吕师孟墓中的银器中，往往在器口、盖的边缘和圈足上，在器体錾刻的团花上鎏金，致使熠熠生辉的银器上，闪烁着金光灿灿的花纹，更显得璀璨富丽。

关于焊接工艺，有的是将器体、器盖、器皿的圈足分开做成后，再焊接在一起，例如莲瓣形鎏金团花银盒、鎏金团花银扁合、柿形银水盂的盖及盖内圈都应用了焊接工艺。有的是将金银饰件的立体花纹，分部分做成后再焊接组合而成，如御仙花金带饰的枝茎，是分开做成后再焊接上去的。这些地下出土的金银器，由于埋藏了近七百年，所以在焊接点附近留下明显的绿色铜锈的痕迹。证明在焊接金属成分中，含有较多的铜，这从含金量达98%以上的御仙花金饰件的背面，留下较多铜绿的痕迹可以得到证明。

金银器制作历来是官府手工业的重要部门之一。唐朝官室的金银器大多是由少府监中尚署管辖的"金银作坊院"制造的。《宋史·职官志》记载："少府监……文思院，掌造金银，犀玉工巧之物……"[10]吕师孟墓出土的荔支即御仙花金带饰，应是南宋官府手工业作坊的产品，它代表了南宋官府手工业金银制作工艺的最高水平。

此外，宋代民间金银手工业生产也有了很大的发展，出现了许多金银作坊和金银铺，所以在宋代的金银器上，屡见作坊、商号和工匠的戳印铭记，反映了民间金银制造业的发展和宋代商品经济的繁荣。据《宋平江城坊考》记载，当时平江城（今苏州）内有米行、丝行、衣帽冠带、金银首饰等几十种行业，并出现了金银巷、碎金巷、碎银巷的地名。《梦粱录》"团行"条记载："又有名为'行者'，如官巷方梳行、销金行。……其他工役之人，或名为'作分'者……腰带作，金银打钑作。""铺席"

条："自五间楼北，至官巷南街，两行多是金银盐钞引交易，铺前列金银器皿及现钱，谓之'看梁钱'此钱备准榷货物算清盐钞引，并诸作分打铺鞴，纷纭无数。""局前沈家、张家金银交引铺。……李博士桥邓家金银铺。"[11]文献记载宋代平江（苏州）、临安（杭州）等地颇多制造金银器的作坊和金银铺，以及销售金银器的销金行，金银交引铺等。

由于苏杭地区金银手工业的发达，在长江下游太湖流域地区，出土了较多宋元时期的金银器。吕师孟墓出土大量金银器就是代表。这批金银器中相当多数有戳印铭记，有"闻宣造"4件（图一），"花银造"1件，"沈二郎造"1件。7根金条上均有"徐铺"的印记，10块银锭中有"仲顶一印记"2块，"丁吉文记"1块，还有"□京天铺"等戳记。说明这些金银器是民间金银器作坊制作的，戳印铭记可能是当时的作坊、店铺或者是著名工匠的铭记。此外，金碗口沿上的"元关足色金"和金条上"十分金"的印记，标明金器、金条的成色，即含金量，以说明其经济价值。

图一 "闻宣造"金银器

从吕师孟墓金银器的装饰特点和戳印铭记来看，少部分金带饰是朝廷赐予的，是由官府手工业作坊生产的。大部分金银器是亲友之间互相馈赠的，或自家购买的，是由民间手工业作坊生产的。反映了南宋官府和民间金银手工业的发展水平。

五、蕴含丰富的花纹图案

吕师孟墓金银器的造型和花纹图案别具特色，内容丰富，寓意深刻有趣。主要有以下几方面的内容。

1. 历史故事图画

"文王访贤"图金带饰，长10.9、宽7.2厘米，重63.5克。呈不规则的长方形，左边为直边，右边微弧，侧缘有一小孔，可能是与束带系扎的圆孔。带饰四周的边框上錾刻双线、圆点纹，边框之内是历史传说故事"文王访贤"图。在一阔叶树的掩映下，一老者端坐在水边的草蒲团上，手持长长的钓竿，在波光粼粼的水中垂钓，这就是历史上的著名贤士姜太公。他的身后有两位身穿官袍革带，手执剑鞘的武将，欲上前与姜太公打招呼，是想告诉姜太公，周文王已乘车辇前来拜访。在树石旁的车辇上，周文王探出身体，表现出他屈尊大驾，亲临访贤的诚意。金带饰上四个身份不同的人物形态生动，五官、头饰、冠带，服饰及花纹，车辇及帷幕，斑驳的树干，纤细的叶脉，大地的纹理和花草，水上的波纹和涟漪，都錾刻得惟妙惟肖，精细入微。尽管人物发式冠带、车辇服饰是依据南宋时代的人物形象、衣冠特征创作的，但它的内容却是描绘的二千年前的传说历史故事，十分耐人寻味。

在金饰件的背面有一块银质底托，证明它们可能是共同连缀在束带上的装饰品。

2. 如意吉祥图案

诸如如意纹金盘上的如意造型，莲瓣形鎏金团花银盒圈足上的如意云纹，用以象征"如意吉祥""如意高升"的寓意。柿形银水盂为柿的造型，其盖为柿蒂纹，如意金盘的盘心也似柿蒂纹。柿蒂纹是我国春秋以来在金属工艺、漆器、瓷器上常见的装饰纹样。因为"柿"与"事"谐音，有"事事如意"的意思。

3. 富贵荣华的装饰花纹

如意纹金盘上满饰缠枝花卉纹，有十六朵形态各异的花朵，可辨认出牡丹、月季、石榴、莲花、菊花等。以密集的圆点刻划出饱满的花蕊和舒展茂密的花瓣，显现出鲜花正在盛开怒放的生动姿态。纤细柔美的缠枝茎叶将十六朵花连接起来，缠绕回旋的枝茎，翻卷自如的花叶，细微清晰的花筋叶脉，和姿态优美、神采奕奕的花形，组成一幅繁花似锦的花卉图，把金光灿烂的如意纹盘装饰得富丽堂皇。流畅、圆转、柔美的线条，构成极富韵律美的花纹图案（图二）。

金盘上的花卉纹大多是唐宋以来流行的“宝相花”纹样。所谓“宝相花”又称作“宝仙花”，多半是以石榴、牡丹和莲花为主体，与形态各异的草叶纹组合而成，花蕊似圆珠作规则的排列，象征闪闪发光的珠宝，以象征“富贵荣华”，所以它既是写实的花，又是写意的花。

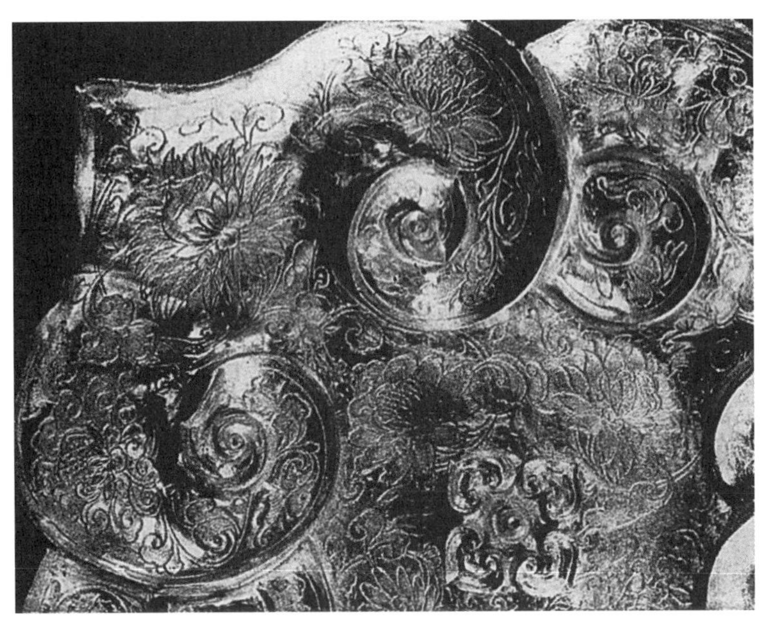

图二　南宋如意纹金盘（局部）

4. 和合幸福的装饰图案

莲瓣形鎏金团花银盒的浅盘中心，錾刻直径 12.7 厘米的双凤飞舞的团花图，并在花纹上鎏金。在熠熠生辉的银白色盘地上，一对金光闪闪、体态优美的凤和凰，正比翼双飞，翱翔在天空中，十分生动。以比喻夫妻爱情幸福美满。

鸳鸯荷花金香囊，呈鸡心形，镂空錾刻花纹图案，腹部微鼓，中空以盛香料，香气可从镂孔中溢出。囊体上部刻“和合八吉”图，一个盖盒相同的圆盒，置放在彩帛八吉纹上。中部是鸳鸯嬉戏图，在一株连理枝的掩映下，一对鸳鸯伸颈昂首，嬉戏在莲塘之中。下部是莲叶图，一柄硕大的莲叶翻卷舒展，似随风摇曳在荷塘之中。“和合”纹图案，是从古代“和合二仙”的传说演变来的。和合二仙一人执荷花，一人捧盒，以“荷”同“和”，“盒”同“合”的谐音寓意，祝福夫妻和谐好合。这是迄今看到的有相对年代可考的最早的“和合”纹图案。

5. 祈求多子多孙的图案花纹

在如意纹金盘的花卉纹中，有两朵花是以草叶纹作花瓣，以小石榴和小莲花作花蕊，组合成有象征意义的图案花纹。石榴多子，且千房同膜千子如一，古人以其寓意多子。特别是小石榴上还裂开一条缝隙，显露上排列整齐的榴子，这是迄今看到的有年代可考的最早的“榴开百子”图。莲花和莲蓬的组合，有“连生贵子”的意思。而缠枝花的连绵不断，也有“生生不息”的寓意。

这批金银器图案花纹的内容，无论是历史故事的图画，还是寓意如意吉祥、富贵荣华、和合幸福、多子多孙的吉祥图案花纹，都蕴含着丰富多彩的历史的民俗的传统思想和文化，是中华民族传统观念和情感的反映。从中亦可以窥见到这些花纹图案形成和发展的轨迹。

综上所述，吕师孟墓出土的金银器，是南宋至元初有相对年代可考的文物，为分析研究这一时代金银器的特征和工艺发展水平，提供了宝贵的实物材料。器物的造型和花纹，蕴含着丰富的历史的民俗的文化内涵，具有特殊的艺术魅力和深刻的文化意蕴，其中尤以“御仙花”金带饰堪称为“国之珍宝”，是迄今为止发现最早的、保存较完整的、工艺极为精湛的金带饰，填补了南宋御仙花金带饰的空白。这些金银器，作为我国13世纪金银工艺的瑰宝，将永远闪耀着灿烂的光辉。

注释

① 江苏省文物管理委员会:《江苏吴县元墓清理简报》,《文物》1959年第11期，第19、20页。

② 见中国博物馆丛书第四卷《南京博物院》;《中国美术全集·工艺美术编10·金银玻璃珐琅器》; 中国珍藏鉴赏丛书《南京博物院藏宝录》;《华夏瑰宝》“金银器”等部分图版。

③ 见《中国美术全集·工艺美术编10·金银玻璃珐琅器》图版一三五：缠枝花果方形金饰件，图版一三六：缠枝花果长形金饰件，文物出版社，1987年。

④ 见《中国美术全集·工艺美术编9·玉器》图版二三三、二三四，玉带，文物出版社，1986年。

⑤［元］脱脱等:《宋史》卷一百五十三，志第一百六《舆服五》，中华书局，1977年，第3564~3567页，第3572页。

⑥［元］脱脱等:《宋史》卷一百五十三，志第一百六《舆服五》，中华书局，1977年，第3564~3567页，第3572页。

⑦ 江苏省文物管理委员会:《江苏吴县元墓清理简报》,《文物》1959年第11期，第19、20页。

⑧［元］脱脱等:《宋史》卷一百五十三，志第一百六《舆服五》，中华书局，1977年，第3564~3567页，第3572页。

⑨ 江苏省文物管理委员会:《江苏吴县元墓清理简报》,《文物》1959年第11期，第19、20页。

⑩［元］脱脱等:《宋史》卷一百六十五，志第一百一十八《职官五》，中华书局，1977年，第3918页。

⑪［南宋］吴自牧:《梦粱录》卷十三，中国商业出版社，1982年，第105~107页。

（原载《东南文化》1994年第3期）

苏州古胥门调查与瓮城遗址发掘报告

苏州市文物管理委员会　苏州博物馆

为配合苏州市建委、苏州市水环境指挥部实施古胥门周边环境治理工程，苏州市文物管理委员会、苏州博物馆于1999年4月16日至6月4日对古胥门城墙进行考古调查及瓮城遗址的抢救性发掘。在苏州市建业房屋开发公司的支持配合下，清理搬运土方1400立方米左右，揭露出被埋在地下的瓮城城墙基础、瓮城内路面、北墙内城门等，当时，因瓮城南墙基础上有一幢二层楼民房尚未拆除，而未能揭示全貌。

2001年，苏州市城区防洪办在该地段进行防洪建设及环境绿化改造，对原未被拆除的民房进行拆除。苏州市文物管理委员会、苏州博物馆于2月14日至3月5日再次对瓮城遗址进行发掘清理。现将考古调查与发掘情况报告如下。

一、胥门、道路、城墙、马面

（一）城门与道路

城门为东西向，门道长12.25米、宽3.25米，方向85度。门洞高4.4米（照片一），分别由底座、墙、券顶组成。底座为四层花岗岩条石叠砌，近似须弥座，座高70厘米。墙是用长38、宽18、厚6.5厘米的青砖错缝平砌。从花岗岩底座起，平砌35批砖以后起券顶，砖圈共六层，为一层竖砖，一层平砖（伏砖）（图一、二）。门洞中部往西设门两道，外侧第一道为闸门，壁上有宽25厘米的闸槽，内第二道门为两扇向内开的木门，单扇门宽近2米、高为4.5米，现门已不存，仅见门槛石与两侧石门臼及门臼内的铁门轴（照片二、三）。门臼圆孔直径15厘米。门槛石长超过4米，两头伸进两侧石壁下，宽25厘米。门槛外铺设与门槛平的长90、宽50厘米的石板，内侧地平比门槛低10厘米，是为后期铺设的弹石路面。门槛石向内侧被凿成斜坡，以便车轮的通行，中间有一小段凸起，以挡住关上的大门。在闸门外侧的券顶上，有三个呈“品”字形分布的防御用的方孔。

照片一　古胥门

门道内的路面经过解剖，其营造方法是，首先铺好路基。路基堆筑厚50厘米左右，最下面一层为灰黑土夹黏土，厚20厘米，是与城墙基础同筑在生土层上。灰黑土上夯筑一层黄灰土，内掺石灰屑与碎砖块，厚15厘米。再铺上一层约15厘米厚的灰黑土层，最后铺砌石板和弹石路面。从第二层花岗岩基座底线处铺设石板路面。即在石板路面上只露出了二层石基座的条石。城门口外是用长140、宽30厘米左右的石条横铺成条石路面，路两侧用同样的条石竖铺锁边，形成一条中心道（图三；照片四）。此道西端出城门3米左右折向西南，经瓮城南门通往原接官厅及码头；东端进城门向东北方向，经石牌坊到来远桥，过来远桥可直达巡抚衙门。中心道宽2米左右。

（二）城墙

开始建造的苏州城墙是版筑土墙，到五代梁龙德二年（922年），吴越王钱镠改建砖城。城高二丈四尺、厚二丈五尺[①]。现有胥门及城墙系元末至正十一年（1351年）重建，经明清两代重修。现测得

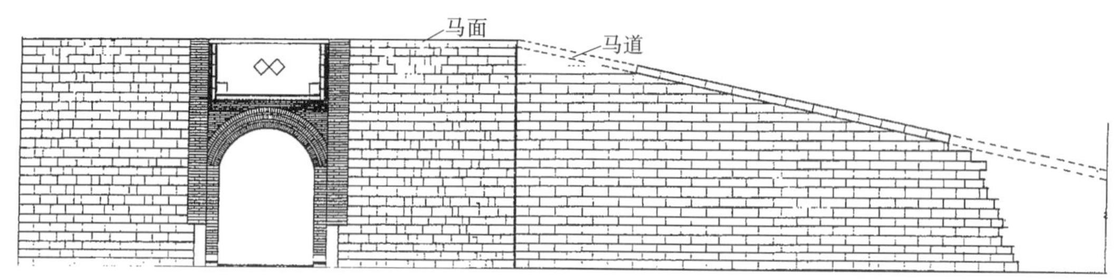

图一　苏州老胥门城门东立面

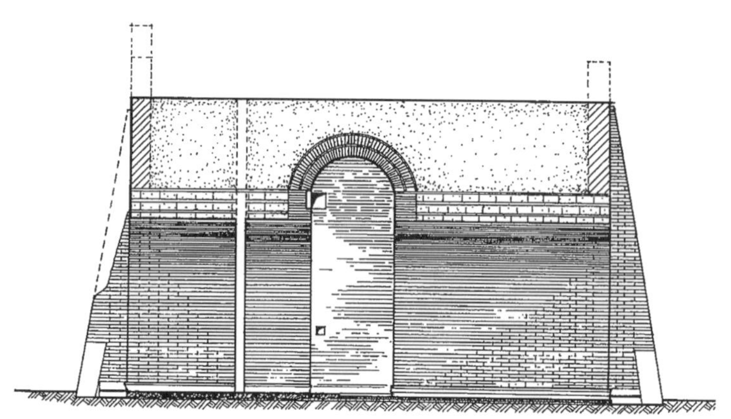

图二　胥门城门纵剖面

照片二　古胥门内门槛石及石板路面

照片三　古胥门内石门臼及门臼内铁门轴

城墙走向为355度。通过本次调查与考证确认，胥门门洞及两翼残存城垣约385米，残高7米左右。城墙自元代以来经过多次加固和改造。其中门洞两翼各向南、北外展6米左右由青石条和砖构筑部分，为元末明初遗存。北部由青石盘砌的马道及基础为明代重建。在城门向南有一段百米左右长的城墙，下部用花岗岩条石砌成，大约为清代所改建成的（照片五）。

城墙基宽12米，中间为夯筑的土，两侧用砖包砌。砖壁厚1.2米，砖长35.5、宽20.5、厚6.5厘米。砖墙下部基础，在元末明初用长60~80、宽25~30、厚15厘米左右的青石条构筑，高约1米。而清代用长100、宽22、厚20厘米的花岗岩条石构筑，高约为2~2.5米。元、明时期用青石砌筑的基础墙壁，在条石之间很少放置顶头石，仅用“错缝”的手法来砌筑。而清代时，同样也用“错缝”手法，并在相邻两条石之间增加了顶头石，这样基础石壁更加稳固。

（三）马面

马面分别置于城门两侧，两马面之间相距4米，高7米左右，宽0.65米，底部凸出墙面1.3米，向上逐渐收进，至顶部仅凸出墙面0.1米。其底部垫有一块高135、宽35、厚25厘米的大青石（照片六）。从建筑结构看，马面与城墙壁连为一体，砌法都是由下向上逐渐收分，应是同时建造的，其作用是加固墙体。

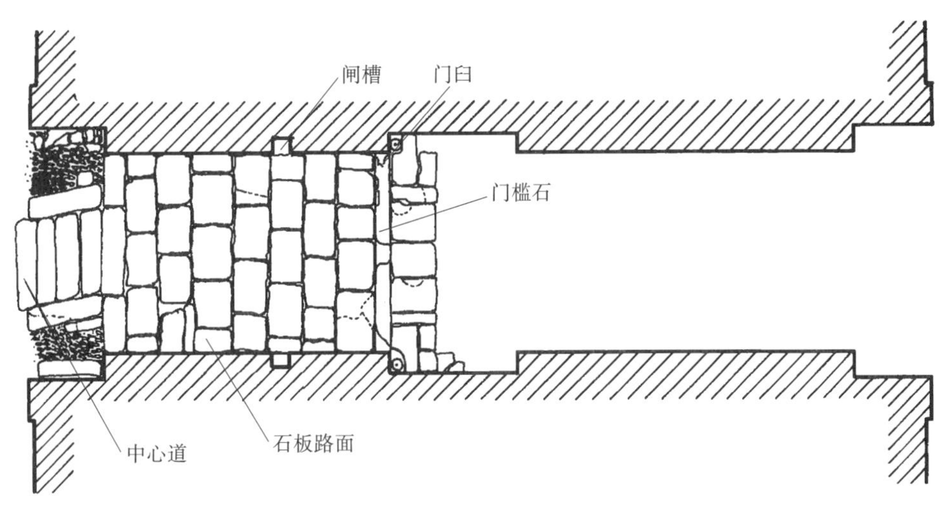

图三　胥门城门平面

照片四　通向胥门外的中心道

照片五　清代改建的胥门城墙

照片六　马面底部所垫青石

二、瓮城、瓮城墙、瓮城门、道路、排水沟和瓮城内建筑

（一）瓮城

瓮城为胥门外小城，又名“月城”。史载为元末张士诚所建。民国后期被毁。其原貌仅见于清代徐扬《姑苏繁华图》，现仅剩被埋在地下的基础部分。瓮城开阔28~46米、进深13.5米（照片七）。在瓮城内，南部发现有条石铺砌的路面，由瓮城门通向胥门内。路面用材、铺砌方法与胥门外的条石路面完全一致（照片八）。即横铺石板为中心道路，两侧用竖铺石条锁边。在瓮城南、北墙偏西处各有一门，门内还存有石门臼及石墙基，另发现残存路面及排水沟。

（二）瓮城墙

瓮城墙仅存基础部分，建筑在胥门外围，呈“⌒”形（图四），似半月，故又称月城。南墙基长12.21米，方向300度；西墙基长32米，方向355度；北墙基长21米，方向50度。从北墙基解剖情况看，墙基宽5米。其结构：中间夯土墙，两侧用一丁一横石条砌筑，外侧石墙厚2米，内侧石墙厚0.8米，中间夯筑的填土有2.2米宽（图五）。从其横剖面看，土层中按土质土色可分三层：第1层黄灰色土，含较多碎砖、瓦片、青石子、石灰渣等；第2层青灰色黏土，含砖块、小石块等；第3层五花土，含青灰土、黄土、灰土等。再下为黄黏土，即生土。各层中均出土有陶瓷片，其中第1、2层中出土较多，主要为唐宋时期的，有唐代的黄釉钵、盂、碗，宋代景德镇窑影青瓷碗、越窑青瓷碗等。另有元代龙泉窑香炉残片、越窑厚胎圈足碗残片等。填土直接堆筑在生土层上，现残高1.5米，两侧

照片七　古胥门外瓮城遗址全景

照片八　瓮城内铺设的中心道

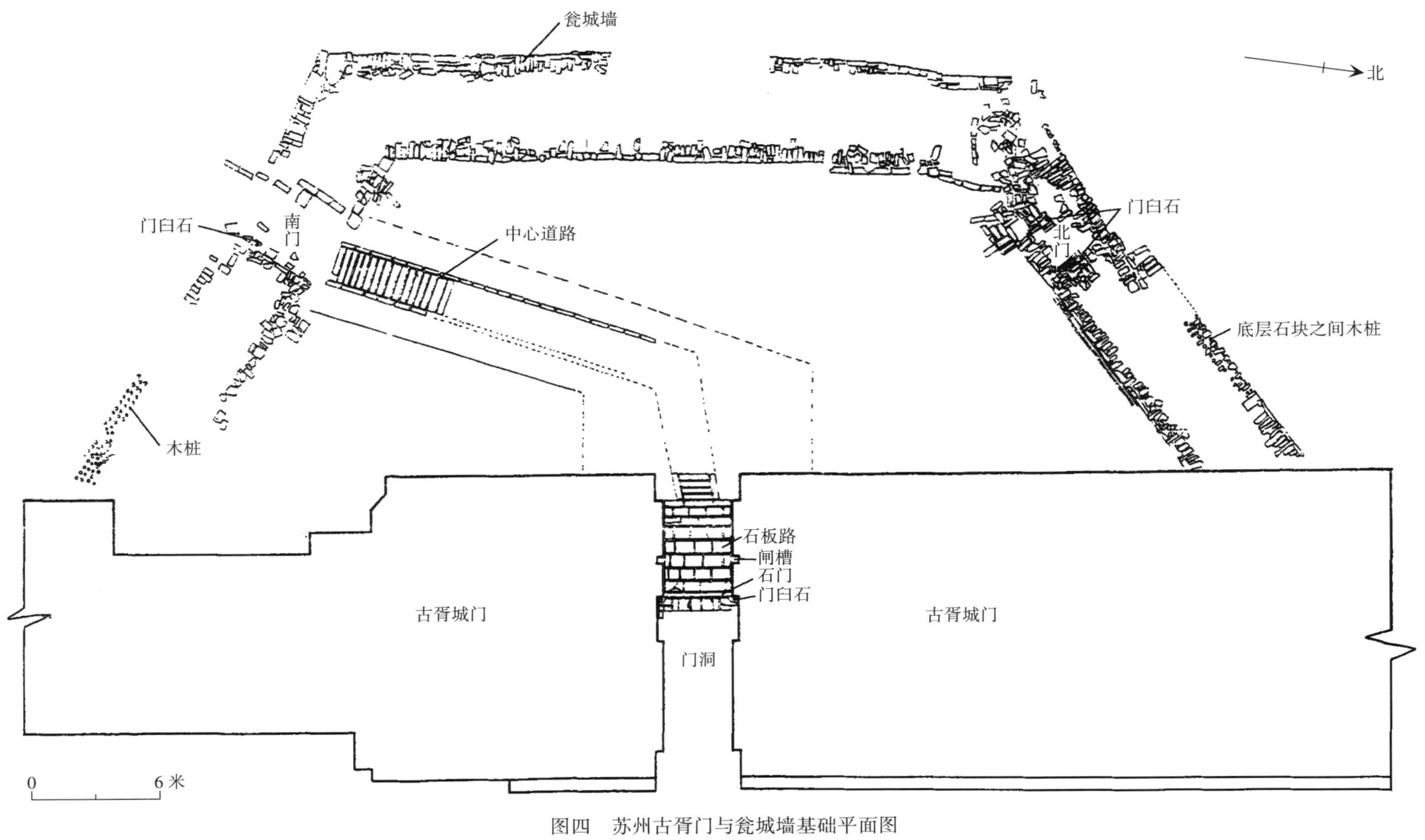

图四　苏州古胥门与瓮城墙基础平面图

石砌包墙从五花土上开始砌筑，底层铺垫石块，在石块之间打下直径 10~15 厘米粗细的木桩，以此增强基础的承载能力（照片九）。

（三）瓮城门及道路

1. 瓮城门

2 座，分别位于南、北瓮城墙的中间偏西处。北门方向为 320 度，门两侧用青石条砌壁，门道宽 2.6 米、进深 3.9 米，两边靠墙处各有砖砌排水沟，沿斜坡路面向城外倾斜。门道中间有武康石门臼一对（照片一〇、一一）。该门封闭已久，外侧（北）用石块、砖块、泥土封堵，内侧（南）用青石条砌封，封砌十分规整。经发掘，门臼石下的填土内未发现晚于元代的遗物。另外，在填土上有一层平铺的青石板，青石板上又有一层平铺的砖砌路面。在砖砌路面中发现有明代瓷片，而封门的青石墙压在砖砌路面上，并在封砌的青石墙内发现一明代鼓形青石柱础，以上种种迹象说明，此门封闭时间当是在明代。

南门，方向为 220 度，现仅存青石墙基和一门臼石及臼内的铁鹅台（鹅台，为承门轴的半球形铁球，这和《营造法式》上的大型板门的铁鹅台形制完全一样）（照片一二、一三）。西侧门臼石已缺。在门道内有几块石板，与门臼石处于同一水平面上，很可能是原有的石板路面，衔接瓮城内的石板路。门道内的石板下也有砖砌的“人”字形路面（照片一四）。门道宽 3.6 米、进深 4.65 米。

2. 道路

在瓮城南门内有石板铺砌的道路，宽 1.9 米，中间横铺长 1.4、宽 0.35 米的石板，两侧用同样的条石竖铺锁边。中间石板上还凿有水浪纹防滑凹槽。石板道向北延伸至瓮城中间与胥门口出来的石板道衔接。从用材和铺砌方法及纹饰看，这两条道路都一样，说明是同时铺就的。

（四）排水沟

在北门门道内两侧墙边各有砖砌排水沟，沿稍向外倾斜的路面伸向城外。排水沟宽 12 厘米，沟底用砖平砌，沟边各用三排长 35、宽 7、厚 4.5 厘米条形砖侧砌，排水沟经过门臼石时，在石上凿出相应的沟槽，瓮城内地面之水通过排水沟流向城外的排水阴沟内。城外的排水阴沟紧靠着瓮城北墙基，从东北折向西南。排水阴沟由两部分组成，沟底是在石条上面纵向凿出凹槽，石槽共发现 11 节，长 50~150、宽 24、厚 9 厘米，沿外墙壁铺设，沟壁用砖砌成，上面再复盖，成地下排水沟（照片一五）。

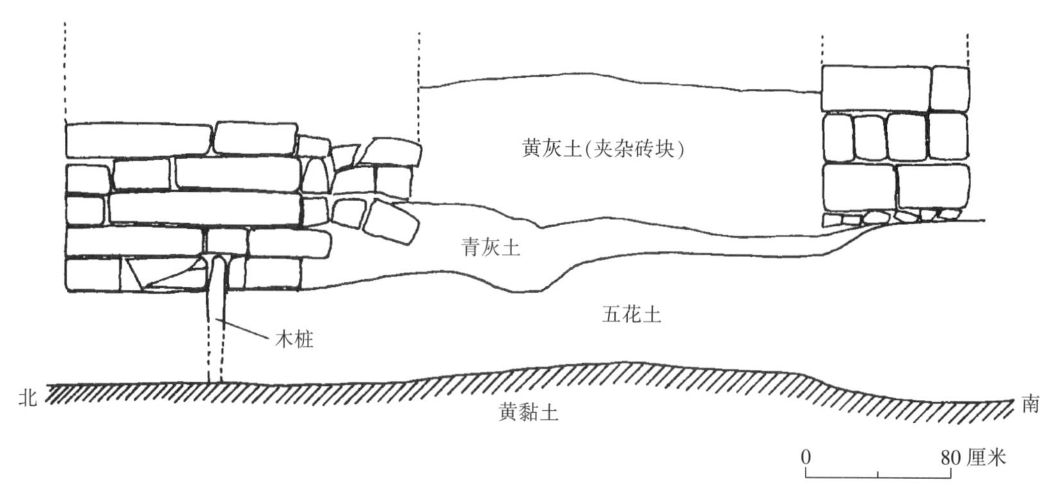

图五　苏州古胥门瓮城北墙基横剖面图

照片九　瓮城北墙基下木桩

照片一〇　瓮城北门西侧武康石门臼

照片一一　瓮城北城门及门道内门臼石

照片一二　瓮城南门、门臼及通向瓮城内的中心道

照片一三　瓮城南门门臼内鹅台

（五）瓮城内的设施和近代房基

瓮城内，南部保存较好，留存有石板路，北部被后期破坏，发现近代房基3处（F1～F3）。

F1 位于胥门外北侧，紧靠城墙壁，长方形，长6.2米、宽4.5米，墙基宽0.32米。屋内地面用2.8厘米厚的砖侧砌。

F2 位于F1西侧，方向180度，长方形，东西长4.5米、南北宽3.6米，墙基宽0.32米。屋内用长20、宽9.5、厚3.5厘米的砖侧砌铺成席纹地面。

照片一四　瓮城南门内砖砌“人”字形路面

照片一五　瓮城北门外石砌排水沟

F3 位于 F2 北侧，方向 355 度，东西长 6.6 米、南北宽 4.5 米，墙基宽 0.4 米。屋内地面用长 21、宽 10、厚 3.5 厘米的砖侧砌铺成“人”字形地面。

在 F1 与 F2 之间有一条宽 1.6 米的路，中间用横道砖铺成，宽 1.2 米，两侧用 0.2 米宽的条石锁边。路面略呈龟背形，中间高出两侧 6 厘米。从路与房子的布局看，这两者是同一时期的。

三、遗物

遗物主要在瓮城基础中、瓮城内及南、北两门内的填土中出土。大多为瓷片，少量釉陶器，时代为唐宋至明清时期。

（一）唐宋时期的陶瓷器

在瓮城北墙基内，第 2、3 层中出土的陶瓷片，多为唐宋时期，分别属于南方烧制的青釉瓷和釉陶器。

1. 釉陶器

9 件。有钵、碗、盂、韩瓶、陶狗、动物角等器形。

钵　3 件。分二式。

Ⅰ式　2 件。

XW③ : 27，敛口，圆弧腹，平底。腹以上施青釉，釉下有一层白色化妆土，未施釉处为橙色。底残缺。口径 16、底径 7.6、高约 5.4 厘米（图六，1）。

XW③ : 25，口微敛，凹弧腹，平底。腹以上施黄釉，未施釉处为酱红色，灰胎。大部分残缺。口径 8、底径 6、高 5.2 厘米（图六，2）。

Ⅱ式　1 件。XW③ : 20，方唇，敞口，斜腹，平底。口沿下有一道凸棱。酱色釉，粗砂陶。口径 23、底径 11、高 7 厘米（图六，3）。

碗　1 件。XW② : 28，尖唇外折，敞口，斜弧腹，大平底。外壁施釉不及底，器内、外均有支丁痕。口径 16、底径 8、高 4.8 厘米（图六，4）。

盂　2 件。XW③ : 24，口微敛，中鼓腹，下腹内收，平底。酱色釉，施釉不及底，有挂釉泪痕。口径 3.4、底径 4.8、高 5.6 厘米（图六，5）。

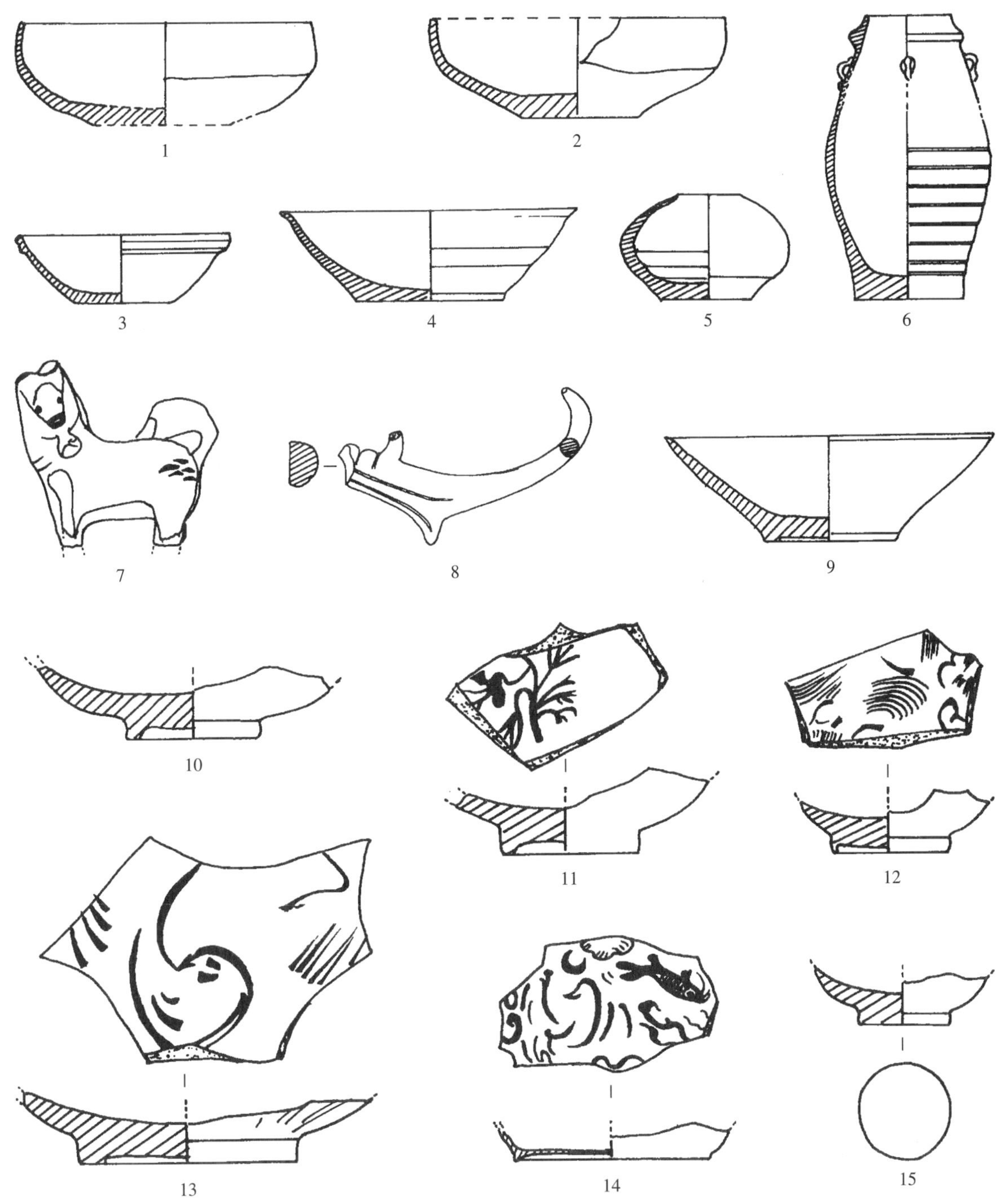

图六 唐、宋元陶瓷器

1、2. Ⅰ式陶钵（XW③：27、25） 3. Ⅱ式陶钵（XW③：20） 4. 陶碗（XW②：28） 5. 陶盂（XW③：24） 6. 韩瓶（XW②：30） 7. 陶狗（XW②：23） 8. 陶龙角（XW②：26） 9~11. 青瓷碗（XW②：29、33、31） 12~15. 影青瓷碗（XW②：34、21、22、32）

韩瓶 1件。XW②：30，圆唇，敛口，腹外鼓，下腹内收，平底。颈肩部有四系，中腹以下有凹弦纹。通体酱色釉。颈肩部残缺。口径4.8、底径6、高15.2厘米（图六，6）。

陶狗 1件。XW②：23，泥塑。四足残缺，颈部饰有一铃，且用朱砂绘出系铃红线，颈下同时还绘有两道线，两股侧也用朱砂点出毛色花点。通体施白釉。长4、残高4.5厘米（图六，7）。

角　1 件。XW② :26，灰陶。为一龙角，根部为圆形，稍部一侧平，另一侧为半圆形。长 18 厘米左右（图六，8）。

2. 瓷器

7 件。有碗、盘、盂等。

碗　5 件，仅复原 1 件，余均为底部残片，属于南方各窑烧制的青釉瓷。按窑系介绍如下。

越窑碗　2 件。

XW② :29，尖唇，敞口，斜腹，矮圈足。豆青釉。口沿内有凹弦纹，内底有叠烧留下的支钉痕。口径 18、底径 7. 4、高 5. 5 厘米（图六，9）。

XW② :33，残剩底片。豆青釉，厚胎，釉面有棕眼。底径 6、残高 3 厘米（图六，10）。

龙泉窑碗　1 件。XW② :31，残剩底片。青釉，色泽滋润，碗心有暗花，底部未施釉处为红色，白胎。底径 6、残高 3. 6 厘米（图六，11）。

景德镇窑碗　2 件。均底片。

XW② :34，影青。碗心有刻划纹。底径 5. 2、残高 2. 6 厘米（图六，12）。

XW② :21，青白釉。碗心有刻划纹，外壁有放射状纹。底径 4. 8、高 12. 6 厘米（图六，13）。

盘　1 件。XW② :22，景德镇窑。影青色，胎较厚，内底凸雕鱼、水草图案。底径 8. 6、残高 1. 8 厘米（图六，14）。

盂　1 件。XW② :32，越窑青瓷。残剩底片，璧形。施青釉，圈足部有挂釉泪痕。底部有笔名篦刮印痕。底径 4、残高 2. 2 厘米（图六，15）。

（二）明清时期的陶瓷

1. 釉陶器

仅发现 1 件，为一件油盏。圈足，盘底，盘中有一灯柱，柱上承托盏。圈足不施釉，余均施酱色釉。残缺（图七，1）。

2. 瓷器

全部为青花瓷，大都有花押款，少数为字款，有“寿”字、“喜”字、“⇓”字等。器形有碗、盘、碟等。

碗　14 件。根据青花图案可分植物、动物和文字三类，每一类都可分不同形式。

动、植物类图案的碗　9 件。分四型。

A 型　4 件。

XW :33，敞口，折弧腹，矮圈足。内底绘一盆兰花，旁有印章。残缺。口径 13. 5、底径 6、高 4. 3 厘米（图七，2）。

XW :2，尖唇，敞口。沿上有两道弦纹，内底双圈中绘一盆万年青和两只荸荠，寓意万事如意。口径 12、底径 5. 8、高 3. 5 厘米（图七，3）。

XW :12，残半。内底图案不清楚，外壁饰青花龙纹及菊花图案，寓意鱼化为龙即金榜题名之意。口径 12、底径 5. 5、高 3. 6 厘米（图七，4）。

XW :4，尖唇。薄胎。沿面有三道弦纹，内底双圈中绘双蝶。口沿残缺。口径 8. 7、底径 4. 7、高

2.2 厘米（图七，5）。

B 型　1 件。XW∶8，尖唇，折沿，敞口，深弧腹，矮圈足。内底绘有鲤鱼、漩涡、水草等，外壁四周等分绘有四条鲤鱼，鱼之间有水草隔断。口径 18.6、底径 7.6、高 8 厘米（图七，6）。

C 型　1 件。XW∶15，尖唇，敞口，斜深腹，高圈足。口沿上一周青花边，内底双圈中有花卉图案，外壁布满花枝，底圈内有一字款。口径 8、底径 3.3、高 3.3 厘米（图七，7）。

D 型　1 件。XW∶13，方唇，敞口，圆弧腹，矮圈足，削足，鸡心底。内底绘有一花篮。口径 10.8、底径 6、高 2.4 厘米（图七，8）。

图七　明清瓷器

1. 陶油盏（XW∶1）　2~5. A 型青花瓷碗（XW∶33、2、12、4）　6. B 型青花瓷碗（XW∶8）
7. C 型青花瓷碗（XW∶15）　8. D 型青花瓷碗（XW∶13）　9、10. 青花瓷碗（XW∶10、11）

另有碗底2件。

XW:10，矮圈足。内底绘有花卉。底径7、残高2.4厘米（图七，9）。

XW:11，鸡心底。内底刻有一条鱼，鱼略凸起，施酱色釉，边有水草等。口径4厘米（图七，10）。

文字类图案的碗　7件。分五型。

A型　2件。

XW:9，尖唇，折沿，敞口，弧腹，矮圈足。内底心有一“寿”字，周环三圈，外圈边呈花瓣形。口沿残缺。口径12.5、底径5.2、高5.5厘米（图八，1）。

XW:6，碗内底“寿”字，周环双圈，外圈边呈锯齿状。口沿残缺。口径13、底径5.5、高5.5厘米（图八，2）。

B型　1件。XW:7，尖唇，大敞口，圆弧腹，矮圈足，削足，鸡心底。内底双圈中有一“喜”字。口径17、底径6.5、高6.8厘米（图八，3）。

C型　1件。XW:19，圆唇，直口，圆腹，圈足。内底有三个竖排的双喜，双喜侧边还有缠枝花，寓意喜结连理，底有“制”字款。口径8、底径4、高3厘米（图八，4）。

D型　1件。XW:5，尖唇，敞口，斜弧腹。内底凸起，上有一“三”字，周环双圈。口径11、底径5、高2.8厘米（图八，5）。

E型　2件。均残剩底。

XW:18，内底重菱形中有一“卍”字，菱形角上另有折枝花。底径6.6、残高4厘米（图八，6）。

XW:17，内底绘有青花寿桃及一“寿”字，外底双圈内有“大明成化年制”款。底径7.6、残高4厘米（图八，7）。

盘　2件。

XW:14，尖唇，敞口，宽折沿。沿面为青蓝色，间有白花，碗心有一花篮，插有多种折枝花。盘外壁点缀喇叭花，外底双圈中有一字款。该盘系外销瓷。口径16、底径8.5、高3厘米（图八，8）。

XW:16，尖唇，敞口，斜直壁，大平底。内底有折枝花，外壁点缀喇叭花。口径15、底径8、高2.6厘米（图八，9）。

水盂　1件。XW:35，六角形，直口，平底，底有三乳丁足。内底有青花图案。口径2.6、通高1厘米（图八，10）。

（三）其他

铁门轴　1件。XW:36，圆饼形，中有一轴，为方锥形，因承力以后偏向一侧。圆盘直径15、轴心直径2.3厘米（图八，11）。

石弹丸　4件。全部在瓮城墙基内出土。球形或扁球形。青石制成，有的表面风化，较粗糙。为守城用的石炮弹。最大直径35、最小直径10厘米。

药瓶　8件。均出土于瓮城镇土之中。分圆弧体和方折体两种。前者瘦小，无字款；后者体稍大，正、反分别烧有“姑苏阊门内天库前诵芬堂雷”。

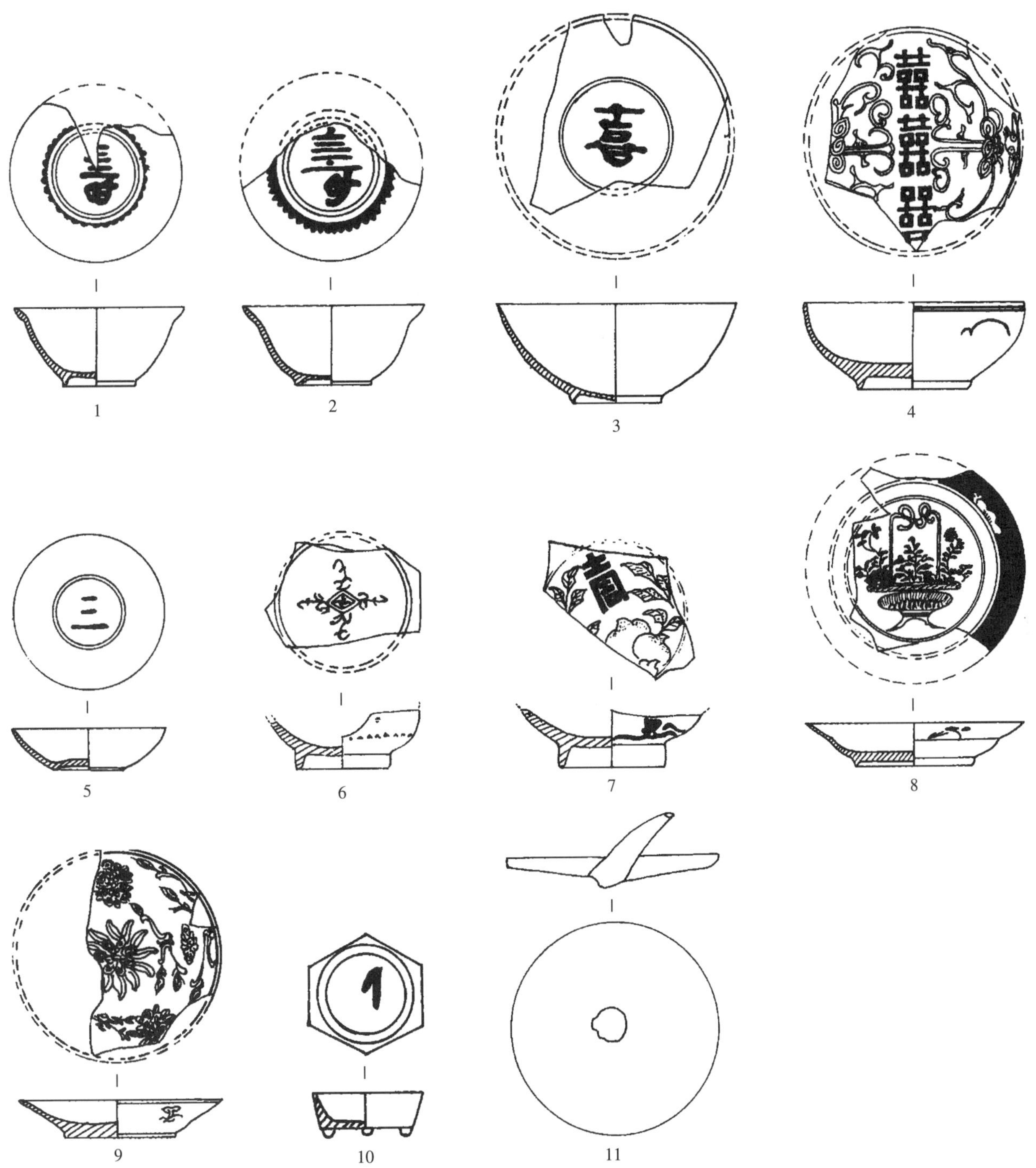

图八 明清器物

1、2. A 型“寿”字瓷碗（XW∶9、6） 3. B 型“喜”字瓷碗（XW∶7） 4. C 型“喜”字瓷碗（XW∶19） 5. D 型“三”字瓷碗（XW∶5） 6. E 型“卍”字瓷碗（XW∶18） 7. E 型“寿”字瓷碗（XW∶17） 8、9. 青花瓷盘（XW∶14、16） 10. 影青瓷水盂（XW∶35） 11. 铁门轴（XW∶36）

铭文砖

除一块“晋永和六年□广阳令”砖出于瓮城墙填土中外，其他铭文砖全部在瓮城内出土。楷体书的有“苏州吴县正堂万定造细结大城砖”“福寿桐光”“福乐寿”等，篆体书的有“五子登科”（图九，1~5）。

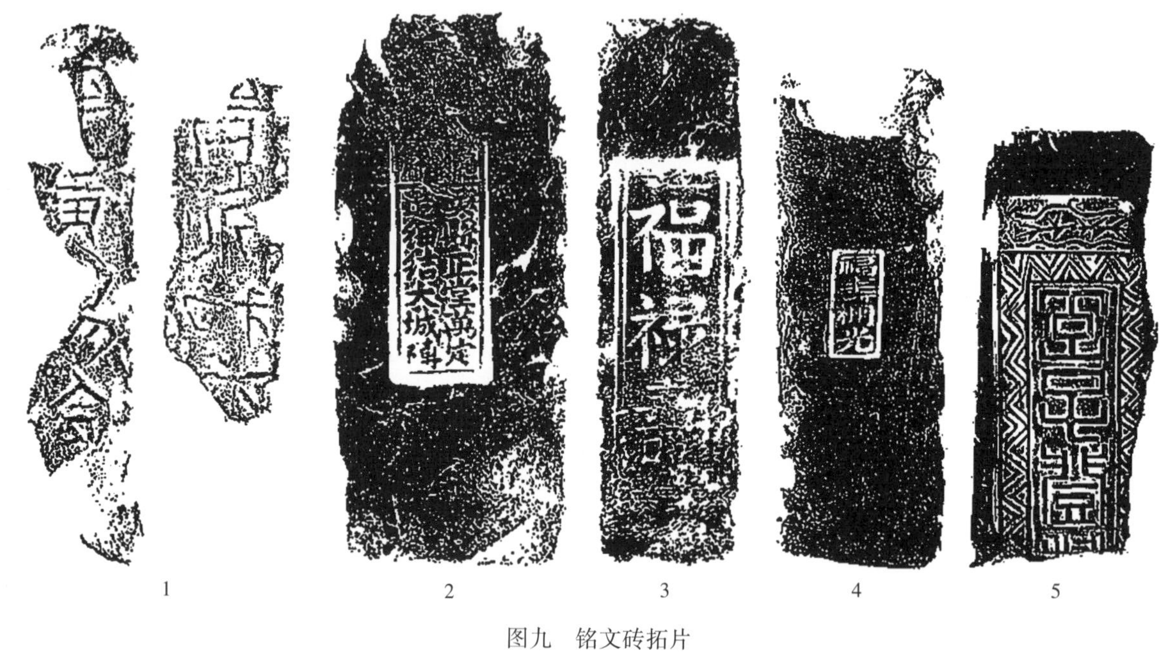

1 2 3 4 5

图九 铭文砖拓片

四、结语

（一）苏州城的沿革

苏州古城始建于公元前514年，迄今已有2500余年。早期的苏州城墙多为土筑，至五代梁龙德二年（922年）改为砖城。据宋朱长文《吴郡图经续记》记载，当时的苏州城为“郛郭填溢，楼阁相望，飞杠如虹，栉比棋布，近郊隘巷，悉甃以甓”。在漫长的岁月里，城池历经兴衰，据《苏州府志》记载：苏州城自南宋建炎兵燹“焚毁略尽”。之后，至嘉定十六年（1223年），“修治为一路城池之最”，又德祐元年（1275年），“城池悉命夷堙，故民杂居遗堞之上”，到至正十一年（1351年）重建苏州城，“城四向，一仍子胥之旧”。元末张士诚占据苏州时，各城门增置月城。后城被明将徐达、常遇春攻破，城墙又遭破坏，明初再次大规模修建。康熙元年（1662年），改筑城垣，拓女墙，“城周四十五里，长五千六百五丈，高二丈八尺，女墙高六尺”。苏州城原有水、陆城门各八座，而胥门水、陆城门在宋代已皆废塞，陆城门到元代至正十一年才重新开辟，经明清两代修缮，清初修建城楼后题“姑胥拥翠”。民国时期，在万年桥另辟新胥门，原门被封闭，瓮城墙也被拆除。

（二）古胥门城门与瓮城基、瓮城门的建筑年代

1. 胥城门的年代

根据考古资料，元以前城门洞上部一般做成梯形，用柱和梁架支撑。从元代起，城门有用半圆形砖券，如1969年发掘的元大都和义门瓮城之门洞，用四层砖券砌筑，其建筑年代为元至正十八年（1358年）[①]。胥门门洞用三层砖券砌筑，砖券之间用平砖（伏砖），略不同于元大都瓮城门的砌法，而用伏砖是稍后的做法。据方志记载，苏州城被大规模的破坏为德祐元年（1275年）元军入侵，“城池悉命夷堙”。之后，到至正十一年（1351年）重建苏州城，“城四向，一仍子胥之旧”。到元末，城墙又遭破坏，明初再次大规模修建。因此，我们认为，胥门城门及两翼由青石条和砖块砌筑的墙体基础为元末明初遗存。

2. 瓮城基、城门的年代

瓮城仅保存瓮城墙基础及南、北两门基础。从考古发掘情况看，瓮城基础填土中未发现晚于元代的遗物，故推测瓮城基础的建筑年代当为元代，这与史料“元末张士诚增置月城”的记载相吻合。另外，瓮城地基打满地丁（木桩）的方法，是宋、元常见的形式。瓮城南、北两门，其北门较南门小，在北门的基础填土中，没有晚于元代的遗物，它的建筑年代应与城墙相同。但此门封闭较早，从封门的填土中没有发现晚于明代的遗物。另外，封门石中有一块明代鼓面形青石柱础石[②]，故推测此门的封闭年代应为明代。南门在北门封闭后开辟，在南门门道路基中发现明代砖砌路面，此后又在此路面上铺设石板路面，其一端与瓮城内条石路衔接，再折向东，进胥门城内，另一端出瓮城门通往接官厅及码头。

（三）古城的保护与修复

胥门面对苏州主要入境河流之一的胥江。而胥江是太湖东北方向的主要泄水河道，其水流湍急，在战国时期为防止太湖水倒灌城内，封闭了胥门水门。元代张士诚筑瓮城，瓮城门偏于一侧，也是为避免胥江水直冲城内。由于苏州地势西高东低，境内江河相通，河湖一体，西部太湖水上涨时，环城河水也上涨，沿河地带局部遭淹，为此苏州市城区防洪办，为了防洪的需要，修筑了胥门段沿河驳岸，并把周边堤岸加高至海拔5米左右，而胥门瓮城基础海拔仅3.5~4米，为了保护古城墙，建设单位在苏州市文物管理委员会、苏州博物馆有关专业人员的指导下，对瓮城进行加固保护，并利用旧城基石，把整个瓮城基加高至海拔4.5米左右。为了防止城基内积水，在环瓮城基外侧排下水管道，并铺设了小方石路一周。同时在瓮城南、北两门内增铺石板路，恢复瓮城内石板路缺失的一段，及通向北门的石板路，并修复了胥城门内东半部的石板路面。另外，在瓮城墙基础之上填入黄土，种上草坪，周边种植树木，使之优美的环境和古拙的城址相映成趣，增添了公园典雅的文化氛围。

参加发掘：王嘉明、丁金龙、闻惠芬、朱伟峰

绘图：王嘉明、朱伟峰

照相：丁金龙

执笔：丁金龙、朱伟峰、王嘉明

注释

① 曹允源、吴荫培、蒋炳章等：《吴县志》卷十八下，《城池》。

② 元大都考古队：《元大都的勘查和发掘》，《考古》1972年第1期。

（原载《东南文化》2001年第11期）

江苏吴县元墓清理简报

江苏省文物管理委员会

1965年1月上旬，在苏州市虎丘山北约0.5千米的洪桥南黄桥乡，因建窑发现了元代墓葬1座，兹报道如下。

一

墓的建筑结构简单，是一座既无墓（甬）道，又无墓门，全以长条青色砖砌的竖穴墓，砌结坚固异常，砖与砖之间用石灰浆粘缝。墓室坐北朝南，略微偏西。全墓分东、西两室，系夫妇合葬。两室各长3.8米、宽1.2米。周围的墙分内、外三层平横相错砌砖，厚0.48米，两墓中间的隔墙较厚，以平竖互垒砌成。隔墙的头端上方开有小洞一个。前、后墙壁上皆设有方形小龛，出土小件随葬器物银盒等。墓顶用六块厚40厘米的大石条紧盖，墓底铺木炭石灰一层。在墓的四周墙外同样以厚15厘米炭屑石灰浆灌紧，以防腐和防潮。室内骨架全朽，从东、西两室乱土中发现有不少鲜艳漆皮，可知葬具是木棺。墓中出土金银器颇多，散布在墓内各处，保存较完整。

二

出土遗物有金、银、铜、玉、瓷器五类。

（一）金器

金条　7根。

金碗　1件。直唇，圆腹，平底。口沿刻有“元关足色金”五字。器高3.4、口径8、底径5厘米（图七）。

金盘　2件。一大一小，形制相同，小的一件已残；大的一件完整，器身满刻缠枝花纹，高3厘米。

金鸡心形饰物　2片。缕雕百结鸳鸯和莲叶（图一四，2）。

金带饰　1件。刻“文王访贤”故事，子牙坐一棵大树下正凝神垂钓，山后停着文王帷车。长11厘米（图一四，1）。

长方金带饰　1件。长15.5、宽8.2、厚1.2厘米（图一四，3）。

方形金带饰　7件。长8.5、宽7.8、厚1.2厘米（图一四，5）。

花形带饰　1件。已残（图一四，4）。

（二）银器

八棱银果盒　1件。盖已不存，从底器子口看，应与上器相扣，器下有圈足。器内承一浅盘，盘心刻飞舞的凤凰，上涂鎏金一层，器周刻牡丹花朵，器底并刻有“闻宣造”三字。器高10.3、腹径25.5、足径17.5厘米（图三）。

银盂　1件。小口，大唇，束颈，长腹。通高12.6厘米（图一二）。

银扁盒　1件。器扁圆，下有圈足。器盖刻牡丹、向日葵、水仙花等，上、下子口各裹鎏金边，周刻缠枝花草。底部刻“花银造”三字。高3.6、直径15厘米（图二）。

银圆盒　2件。一件已锈。器通高3、直径10厘米。

梅花银盒　1件。通高4.8厘米（图四）。

小银盒　1件。有盖，折肩，平底。通高5.3厘米（图五）。

银水盂　1件。柿形，柿叶为盖，系水勺。通高4.5厘米（图六）。

银尊　1件。侈口，鼓腹，通体椭圆，圈足底残缺。口沿部饰回纹，颈部有凸雕蟠螭，表面涂鎏金一层。高25厘米。

银匙　2件。一残半截；一件完整，浅勺，长柄（图一一）。

银锭　10个。大小相等，锭内有许多同心纹，有的上面刻着“丁吉父记”“□京天铺”“仲顶□记”等铭文（图九）。

（三）铜器

只发现铜镜3面。两件素面，通体着绿锈；一件铸造精致，背为缠枝牡丹纹，周边宽厚，花座圆纽。直径18.6、厚6厘米（图一三）。

（四）玉器

白玉璧　1件。光洁完整，椭圆形（图一〇）。

白玉饰　1件。五瓣梅花形。

（五）瓷器

白瓷碗　1件。八棱形，敞口，高平底。釉白中微泛黄色，有细片纹。器高3.5、口径10.5、底径7.2厘米（图八）。

（六）其他

小金饰　12件。

墓志石　2方。一方在头前墓外，长方形，志文正书，出土时字向下，底垫砖一层；另一方在头端墓顶上，长方形，志头篆体，全文正书，发现时字亦向下，志石下垫砖一层，上盖砖一层（图一）。

三

从出土墓志看，墓主人姓吕名师孟，字养浩，号浩叟，安徽人，生于宋端平元年（1234年）正月二十日，终于元大德八年（1304年）七月十七日，同年十二月八日葬于此，官至宣慰副使。其妻死于元皇庆二年（1313年），延祐二年（1315年）下葬。

图一　墓志

图二　银扁盒

图三　八棱银果盒

图四　梅花银盒

图五　小银盒

图六　银水盂

图七　金碗

图八　白瓷碗

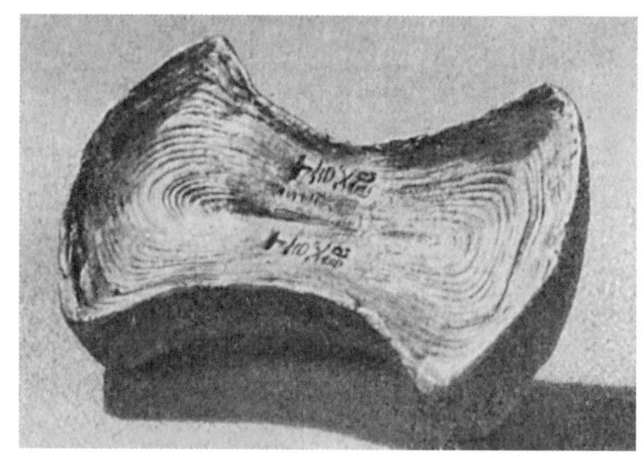

图九　银锭

图一〇　玉璧

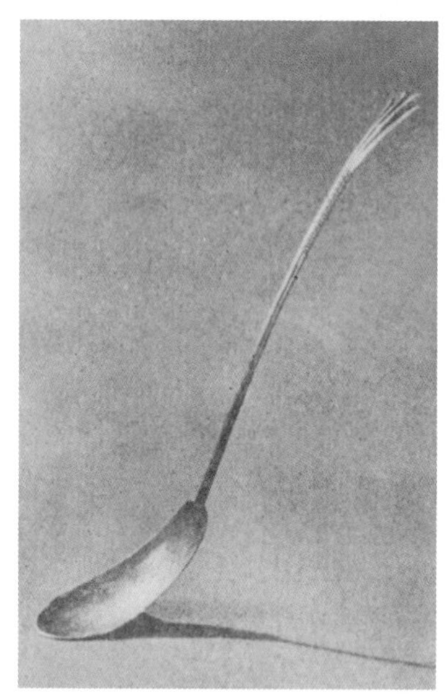

图一一　银匙

图一二　银盂

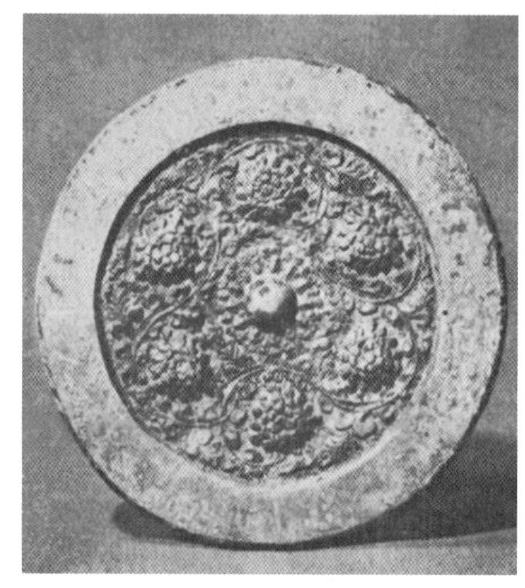

图一三　铜镜

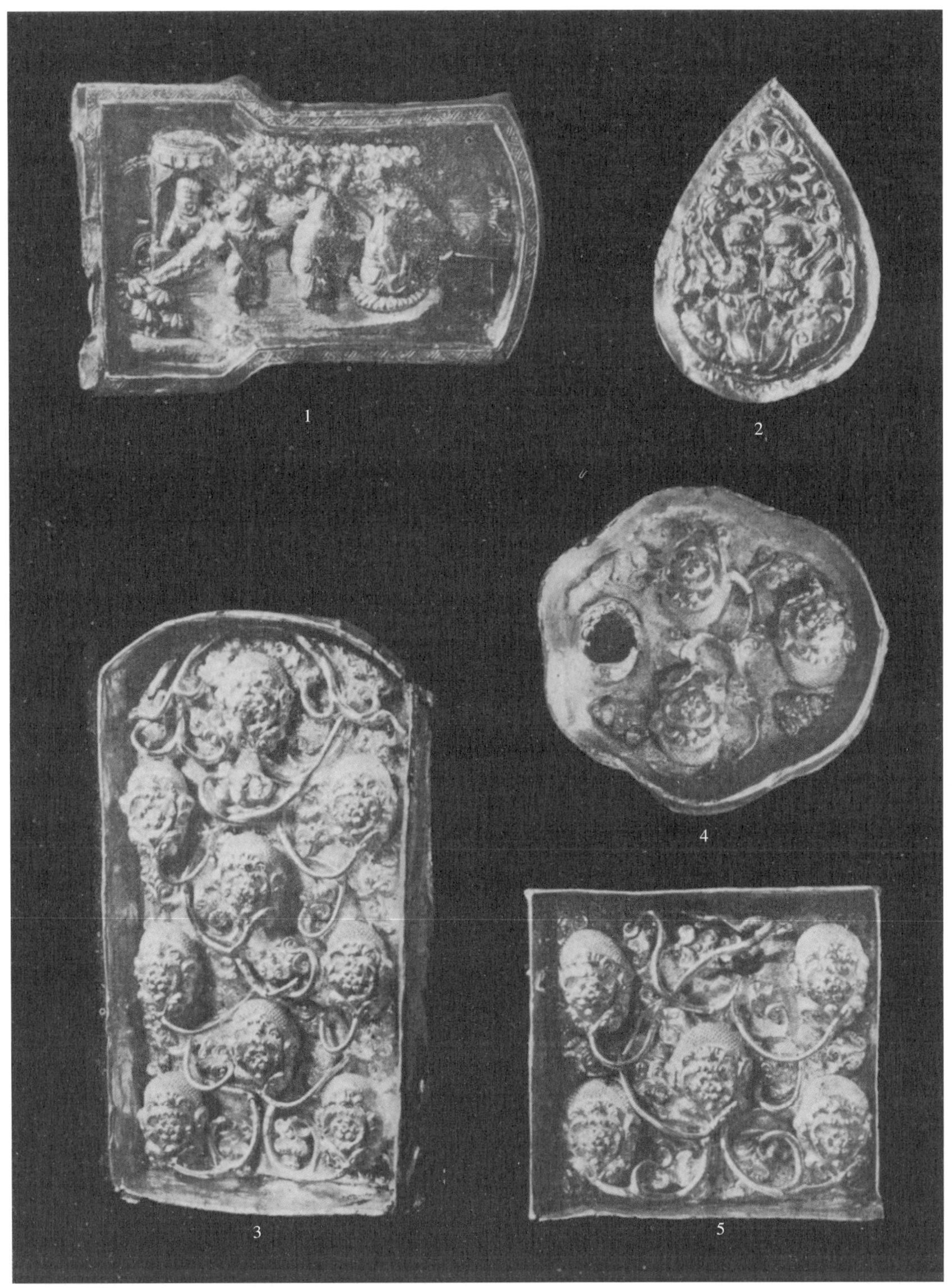

图一四　金器

1. 带饰　2. 鸡心形饰物　3. 长方带饰　4. 花形带饰　5. 方形带饰

执笔：王德庆

（原载《文物》1959 年第 11 期）

苏州吴张士诚母曹氏墓清理简报

苏州市文物保管委员会　苏州博物馆

1964年6月下旬，苏州市盘溪小学扩建校舍，在划入该校基建范围内有大墓1座（图版一，1），我会派人进行了清理工作。自7月7日开始，至7月底结束，前后共用24个工作日。现将清理情况简报如下。

一、墓葬结构

墓在苏州南郊盘门外吴门桥南向稍东，相距二三百米。墓系坐南朝北，方向正南。墓上有封土堆，高出地面3.8米，范围约210平方米。封土内分四层：第1层为厚约0.64米的封土；第2层为厚约0.4米的“三合土浇浆”；第3层为整齐成排的石板（图版一，3），共计11排，各排石板57~73块不等，石板均长1.2米、宽0.7米、厚0.1~0.15米，中凿对称双孔，双孔中穿贯圆木，作并列竖砌；第4层又为“三合土浇浆”，厚1.4~1.9米。结构非常牢固。

在墓室的四周用“三合土浇浆”、石板、青砖护固五层，由外及里：第1层用长1.1米、宽0.65米、厚0.25米石板竖身叠放六层，各层石板上亦凿有对称双圆孔，双孔内安圆木，彼此贯穿；第2层为厚1.1米的“三合土浇浆”和碎石，此层高至3.34米处，复用不规则石板顺身平叠凡四层，顶与外层之高齐平；第3层为厚0.37米的砖墙，砖作一顺一丁平砌；第4层为厚0.55米的石灰和黄土，似经过夯实，第3、4两层高为2.72米，其上叠放石板作横列式；第5层为厚1.8米石灰浇浆。墓圹就在这样层层坚固严密的保护层内（图一至四）。

在此墓的西北角顶部有0.8米×0.4米的不规则盗洞一处，因该墓较为坚固，这个盗洞仅将第2层浇浆打穿，而无法进入第3层。

墓圹作正方形，无墓道和墓门。长、宽均3.79米，全用大青石板构筑而成。四壁纵横四整块成四壁，四角交接部位各有“冂”形铁板钉斜扣作榫，以免壁圹走动，圹顶两整块作顺放（图版一，5）。顶盖石下并有直径27厘米见方的楠木顺梁四根，两端安在圹壁上的方槽内，以防巨型盖石断裂下塌。圹底铺方金砖，砖长、宽均37厘米。方砖下铺33厘米厚的石灰浇浆和碎石。

圹内置棺椁两具，分靠东、西两边。两椁间留有空隙。在椁的后端叠砌一青砖墙，砌法颇特殊，由脚而上渐次伸出至中途复渐次递收，当系楔紧两木椁之用（图版一，4）。由于满椁填塞石灰包，具有一定的防腐性能，因此椁木保存颇好（图版一，2）。两椁均长3.04米，椁的做法完全采套榫结构。

椁盖与底向两侧略为伸出，椁的头端略大于足端。两棺形制基本与椁相同，口略小于底，底与盖均向两侧伸出（图二、四、五）。在男棺盖面上用金粉写“皇考宣王之柩”六个大字，女棺盖面上字迹已模糊。在两棺的前端各置哀（谥）册一部。

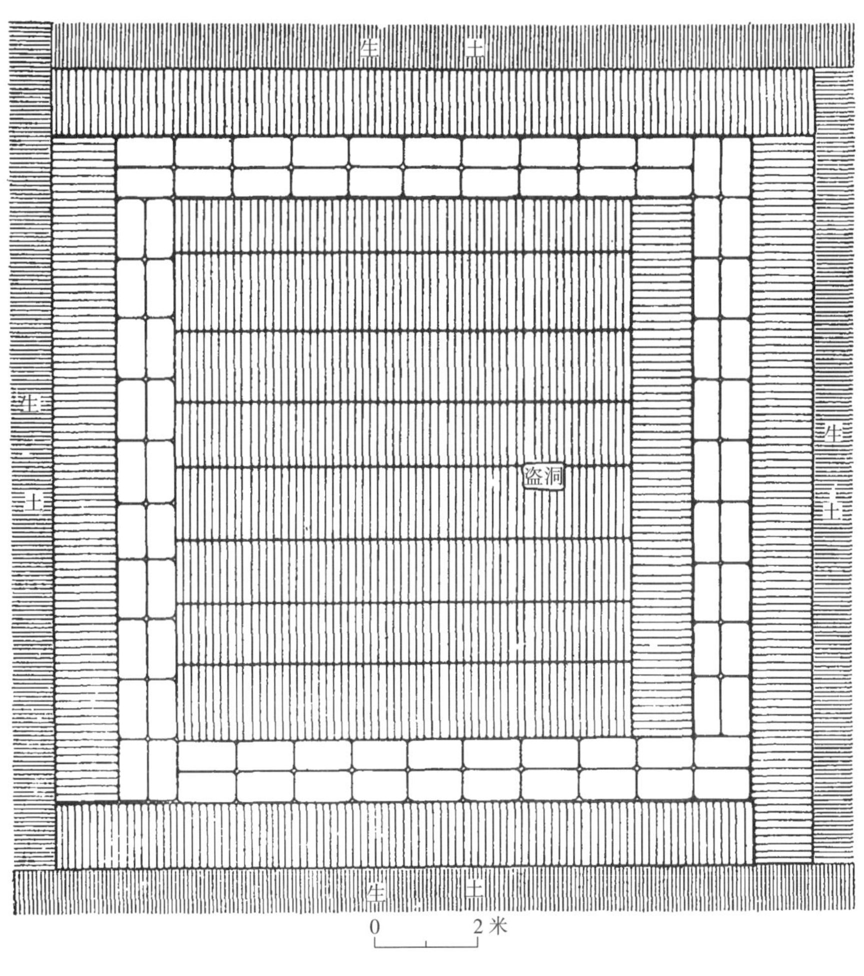

图一　墓顶封石

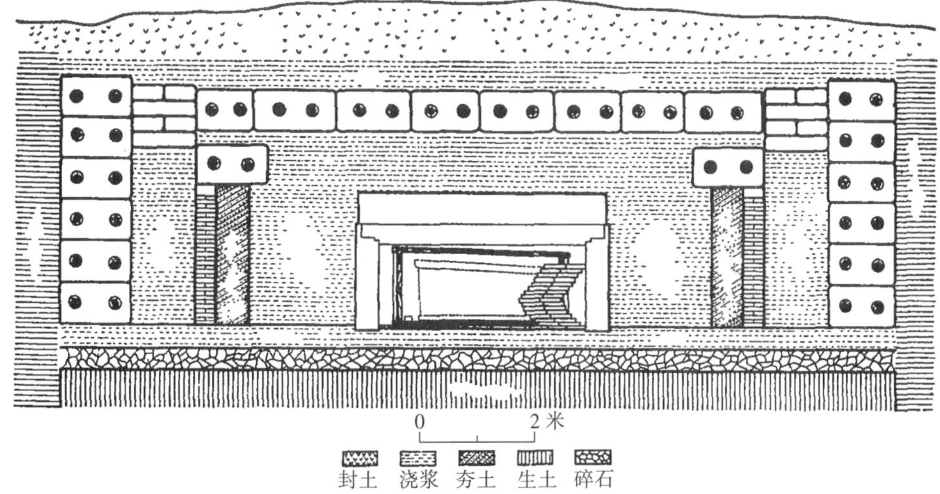

图二　墓葬纵剖面图

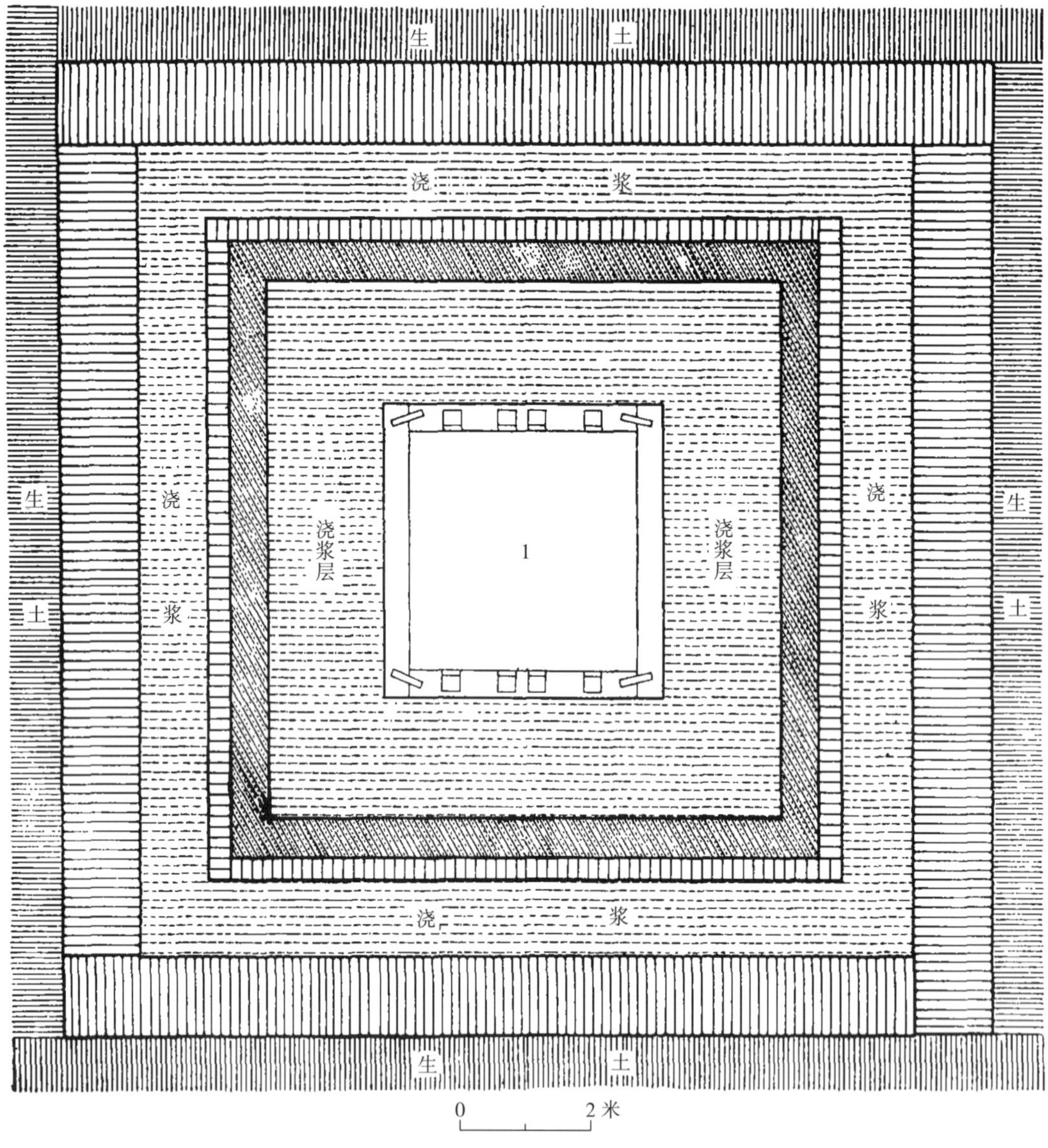

生　土
浇　浆
生
土
浇
浆
浇浆层
1
浇浆层
浇
浆
生
土
浇　浆
生　土
0　2米

图三　墓葬平面图（1. 参看图五）

0　2米
封土
浇浆
夯土
生土
碎石

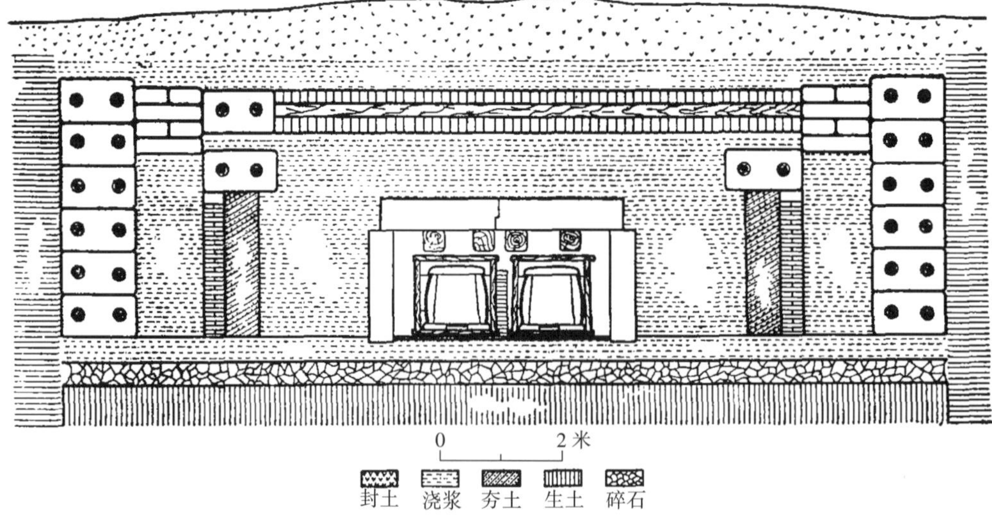

图四　墓葬横剖面图

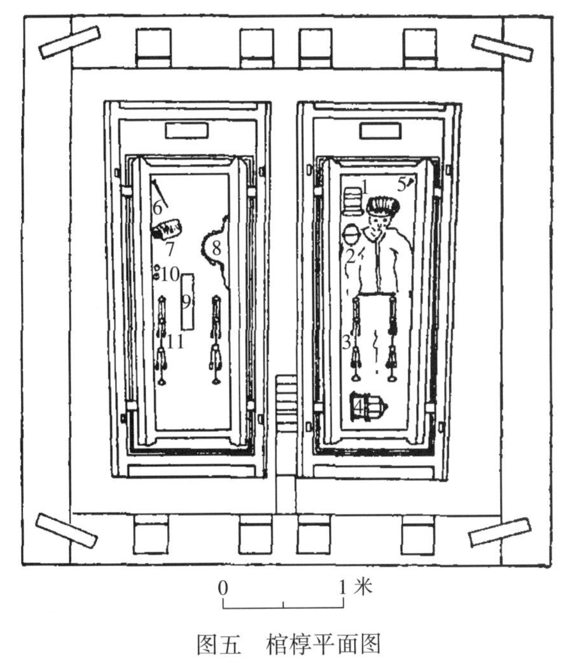

图五　棺椁平面图

1. 银奁　2. 银碗　3、11. 佩饰　4. 银架　5. 玉座　6. 楠木座　7. 铜冠　8. 玉朝带　9. 木盒（圭）　10. 玉环

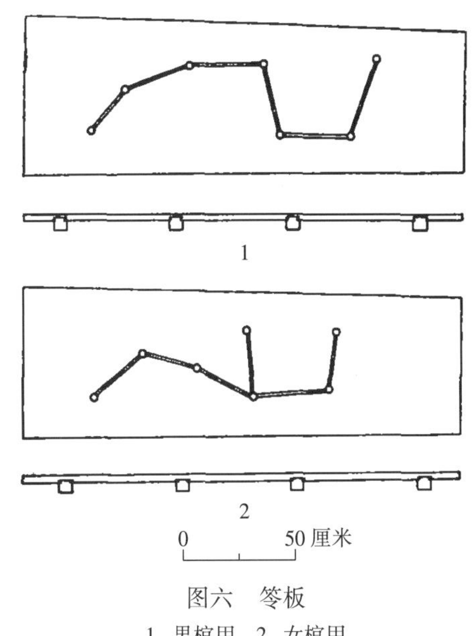

图六　笭板

1. 男棺用　2. 女棺用

二、棺内情况和葬式

男尸棺内满贮积水。骨架头北脚南，仰身葬。尸体完全腐烂，仅发现下颚骨 1 片、脊椎骨二三截和腿骨 1 段。身着黄色锦缎衣服，亦已经腐朽不堪，一触即破。头戴发冠。尸体下铺设笭板 1 块，刻雕北斗七星（图六，1）。笭板下有一层草麻物痕迹。

棺内几无随葬器物，只在胸部发现木盒 1 件，朝带 1 件放左侧臂部（图五）。

女尸木棺封闭严密，棺内积水不多，发掘时随葬衣服等整整齐齐地放置在死者头前或腰间两侧（图版一，6）。

尸体除眼珠、鼻梁、面颊部分腐烂外，其余保存尚好，肌肤呈白色，全身约长 1.54 米。死者亦头戴发冠，发上满插金银钗簪首饰，口含白玉 1 片，两耳垂环，左、右手腕上戴金镯 1 副，两手心中各握“日”“月”金片，食指上戴戒指 1 只。身穿黄色锦缎对襟大袖袍，里穿对襟大袖丝棉袄，袄内衬对襟黄绸短衫 3 件。下束缎裙，裙内穿黄锦缎丝棉裤，丝棉裤内有单裤。脚着绛色缎鞋，内再套黄缎子袜。

尸下垫织锦缎厚薄不同的丝棉被 3 条。在第一条厚丝棉被褥上缀铺“明道通宝”金钱 24 枚，第二条薄丝棉被上铺“明道通宝”和“明道元宝”银钱 24 枚，棉被褥下为笭板，板面雕北斗七星，但与男尸星位略异（图六，2）。棺底还铺有约 20 厘米的香楠木屑。

三、随葬遗物

除哀（谥）册分别放置在男女尸头前椁内，所有随葬器物全置棺内。椁内没有遭过任何扰动和破坏。现按类分述如下。

（一）冠

2顶。分别戴在男、女尸头上。两冠的式样和制法相同，作诸葛冠的形式，女的一顶为较为华丽精致的金冠，男的一顶是铜制的。女冠保存较好，高13、宽24厘米。冠均用极其纤细的竹丝编结成网格式冠壳，又分别用籐或竹条作为内外边圈，以丝扎固。再在冠壳表面蒙麻及黄薄绢。女冠在黄薄绢上缀贴孔雀翠毛，出土时色彩尚鲜艳。薄绢上用九根金丝由前而后箍牢，冠两侧的两条弯曲成回旋状，冠的前沿又缀桃形镶金边玉饰五块，其上分刻虎、鼠、兔、牛、羊五肖，以虎居中（图版一，7、8）。男冠在黄绢外用二十一根铜丝箍牢，排得极紧密，两侧两条亦弯曲成回旋状。

（二）衣服

男尸衣服，全部腐烂，标本也无法采集。下面介绍的全是女尸随葬衣服，有袍、袄、裙等，质地有缎、绫、绸，图案精美（图七，1~6）。现分述如下。

袍　2件。均夹袍，绫织料。一件圆领，双复斜衿，可以左右偏衽，比较特别。衣身肥大，小袖口，腋下紧缀纽扣三组。素地，花正反三枚组织，连续斜菱纹，填“卍”字纹。以四格成一组，各组又以双鱼、莲花、海螺、火轮八宝纹饰为中心。衣长1.24、袖长1.02、袖口宽0.18、腰身宽0.52、下摆宽1.4米。另一件直领，通对衿，衿胸处有绸带两条，以代替纽扣系束衣服。素地，连续斜双线斜

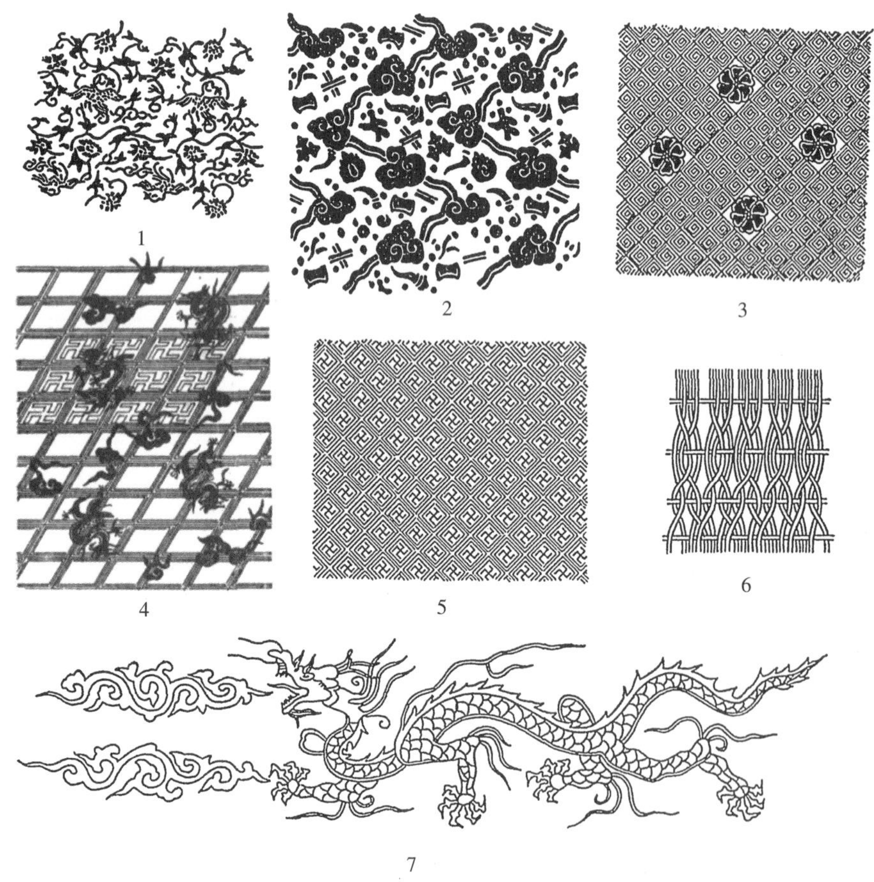

图七　衣服上图案

1. 绸裙图案　2. 织缎图案　3. 织锦团花图案　4. 缎裙图案　5. 绫裙图案　6. 绞纱组织（放大）
7. 刺绣云龙纹（7. 3/10）

菱纹图案，菱纹内亦有“卍”字纹。衣长0.8、袖长0.89、袖口宽0.26米（图八，1）。

袄　4件。质地有缎、绫、绸等，衣身肥大而较短，长袖，保存完好。一件厚丝棉绫料，黄色素绸做里，直领，对开衿，用绞纱滚边，胸前和腰腋下各有束系带。地三枚斜经、花三枚纬经组织，织梅竹菊花纹，枝栖鹊鸟，取意吉祥。一件为薄丝棉绸袄，素黄薄绸做里，重纬组织，起绒花，以古钱纹和银锭纹为地，四瓣花嵌“卍”字为主纹。身长56、袖通长92厘米（图版三，8）。两件为薄丝棉缎袄，式样基本相同，小圆领，对开衿，平纹素绸里，缎纹为五枚经缎纹心，花五枚纬纹组织，以连续曲尺云朵纹饰，间以如意、珊瑚、玉钏、银锭等八宝图案纹。身长56、袖通长92厘米（图版三，9）。

裙　6条。其中两条残破。质地亦有缎、绫、绸之分，全用三幅料制作，前幅左、右缝折间，平纹素绸里子。缎裙三条，均长0.9、宽3.4米，为五枚正反组织，一条以几何图案纹为地，菱花为主纹；一条以连续斜菱纹为地，云龙纹为主纹；一条以八宝纹为地，间以云龙纹饰（图版三，6）。绫裙两条，均三枚正反组织，一条织方格“卍”字纹饰，长0.9、宽3.4米；一条织六边图案，填“卍”字纹，间缀梅花圈点纹，长0.82、宽3.4米。绸裙一条，平纹素地，织凤戏牡丹缠枝花图案，长0.93、宽3.4米。

黄色素绸　2匹。出土时折叠成十四层，每匹长三丈二尺、幅阔一尺六寸。

淡黄素薄绸　3匹。出土时叠折十六层，一匹长四丈五尺；另两匹各长三丈八尺，面阔均一尺五寸。

鞋　1双。鞋帮紫酱织锦料，尖头。回纹地，间以圆团花。黄绸里。鞋面有两处合缝，鞋头缝成兽面形，上缀料珠三粒。软底绞纱织品，衬麻和丝棉各一层，金线绣梅花百吉花。长25.5厘米（图八，2）。

套袜　黄绸质料。长26厘米。

被褥　5条。内夹被三条，皆锦缎制，锦缎黄色，长1.16、宽0.7米。薄丝棉被一条，亦黄锦缎面，黄绸里，长2.66、宽1.06米。厚丝棉被一条，黄色条纹锦面，黄薄绸里，因残，长宽不详。

衣带　1条。带编结成“百吉”形，下端呈三角形，缀玉珠三粒，上墨绘龙凤，惜已漫漶不清。发现于女尸胸前，当为衣服上饰带。

织锦袋　1只。袋颇长，下阔而上狭，上部缀垂带两条，下部用丝线编结成网纹袋。提花图案，为凤龙题材，几何图案纹地。长93厘米（图版三，10）。

1

2

图八　绫织夹袍和鞋

残丝织品　2件。原状已不明，似为袋，有绢质阔边，绢上墨绘瑞雀六对，勾勒简单。另一件绘龙凤，惜凤体不全。

残刺绣品　4件。可能为织物之残边，各绣四龙，相向而行（图七，7）。

（三）金器

钗　1副。完整，后尾圈成环，环穿七圆片。长12.5厘米，重47.92克，八五成色（图九，1；图版一，11）。

簪　1支。上端做成梅花形，圆柱身。长12.9厘米，重24.85克，八八成色（图九，3；图版一，12）。

耳环　1对。上原嵌有宝饰三粒，今只存菱形翠石一粒。重20.3克，八八成色（图九，11；图版一，9）。

镯　1对。环以圆球连成，端为双龙首夺珠状。重690.7克，九五成色（图九，4；图版一，14）。

“日”“月”片　2件。圆形，中书“日”“月”字，下为浮云一朵。重6.34克，九五成色（图版二，7）。

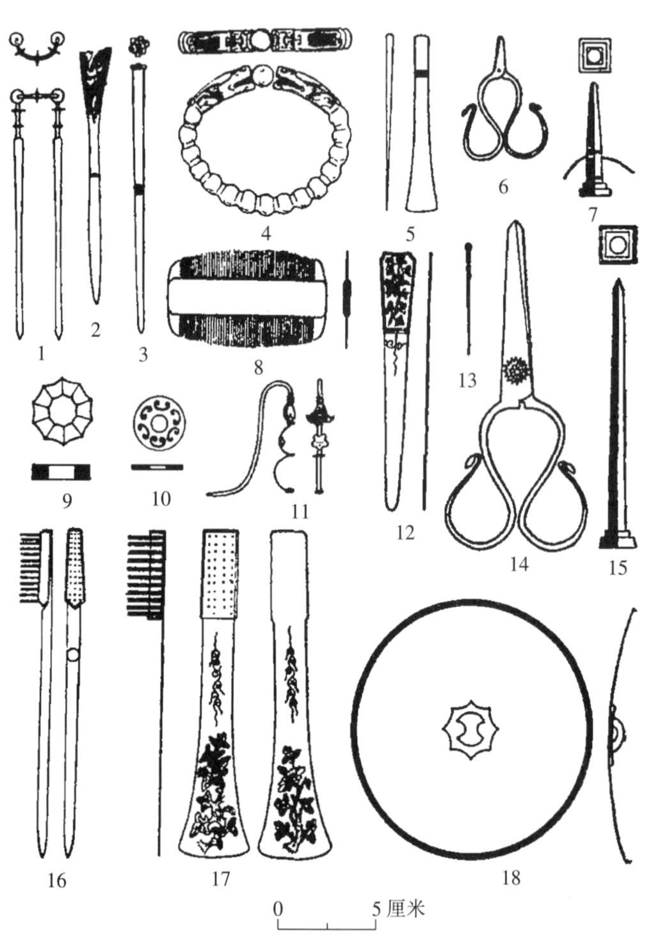

图九　出土器物

1. 金钗　2. 银簪　3. 金簪　4. 金镯　5. 银脚刀　6、14. 银剪刀　7. 玉座　8. 银篦　9. 玉环　10. 玉含　11. 金耳环　12. 银刮　13. 银针　15. 楠木座　16、17. 银刷　18. 银镜（15. 1/8，余1/4）

戒指　1只。戴女尸食指上。作连续螺旋五圈。重9.17克，九〇成色。

金钱　24枚。钱郭边有对称小孔四个，分别用黄丝线穿缀在第一层的被褥上，以十二枚为一行，分两行排列。当系有意识放置。钱文为“明道通宝”，系用手工凿刻。重54.87克，九二成色。

（四）银器

银奁　1件。通体葵状六瓣形，上下分三层，有子口相合。出土时用黄绸包裹，内盛全部梳妆用具。盖面和器身四周刻牡丹、迎春、日葵等花草纹。器高24.3厘米（图一〇，1；图一一，1～5；图版三，1）。

上层（图版三，2）盛银剪刀1把，形制与现代的相同，唯前刃较长。无刃口，系模型，全长16厘米（图九，14）。银刷2把，大、小各1件，大的一件刷毛以黄棕制，穿结于竹片上，刷前有长方槽，将棕毛片安插入内，刷身薄而宽，刷身的正、反面刻划牡丹卷草纹，全长16厘米（图九，17）；小的一件刷毛亦用黄棕穿结竹片上，插长方槽内，刷身后端收尖，全长16厘米（图九，16）。

图一〇　银器

1. 奁　2. 碗　3. 托盘　4. 盒　5. 水盂　6. 小罐　7、8. 碟（1~3. 约1/6，余1/3）

银薄片刮器1件，形如戈本，器面饰牡丹花，上施鎏金，全长12.4厘米（图九，12）。银镜1件，素面，纽作锭式，连弧纹座，镜面圆鼓，仍能照人，直径12.2厘米（图九，18）。

中层（图版三，3）放有银圆盒4件，皆直口盖，直腹，平底（图一〇，4）。盖面都刻划丽春百草花（图一一，7~10），上施鎏金。内一件尚留有粉迹，一件留有红胭脂，一件放黄绸做的粉朴。小银罐1件，广肩，小底，器盖下连一小勺，高4.6厘米（图一〇，6）。大、小银碟各1件，皆作葵形，碟心饰团花，侈口，平底，大的一件口径7.6、小的一件口径5.4厘米（图一〇，7、8）。

下层（图版三，4）盛有银梳1件，作半月形，梳齿疏朗，梳边施鎏金，长12.4厘米。银篦1件，齿稠密，长8.1厘米（图九，8）。银针6支，末有小孔，系连一起（图九，13）。银脚刀1把，长8.5厘米（图九，5）。银小剪刀1把，仅长6厘米（图九，6）。银水盂1件，盖作复瓣荷叶形，梗茎弯曲作为纽，直口，短颈，广肩，小底内凹，器身饰团花数朵，圈足饰斜线细点纹一周，高8.8厘米（图一〇，5）。

奁下有银托盘。盘圆腹，平底。口饰缠枝花一周，盘心线划海棠花纹饰（图一一，6）。口径22、高3.2厘米（图一〇，3；图版三，5）。

碗　2件。侈口，圈足，深腹微鼓。出土时两碗相合，外有黄素绸包裹。口径16.3、高6厘米（图一〇，2；图版三，7上）。

筷　1双。与碗同放一起，前端细而长，末部略粗。长26.8厘米（图版三，7下）。

银架　1件（图版二，1）。整件架子由前、后两部分组成。后身上部作方形，全部精细镂雕，上为凤凰戏牡丹图案，下分三组，中雕团龙，左、右两组为透雕牡丹花，牡丹花的四角有柿蒂纹联结其间（图一二，1）。最上的顶部为一朵盛开的葵花。一“H”形构件斜撑于前、后身间，构件中心有六瓣纹图案，内凸雕玉兔蟾蜍灵芝仙草（图一二，3；图版二，3）。底部又有同样构件支撑，使架子可以立放。构

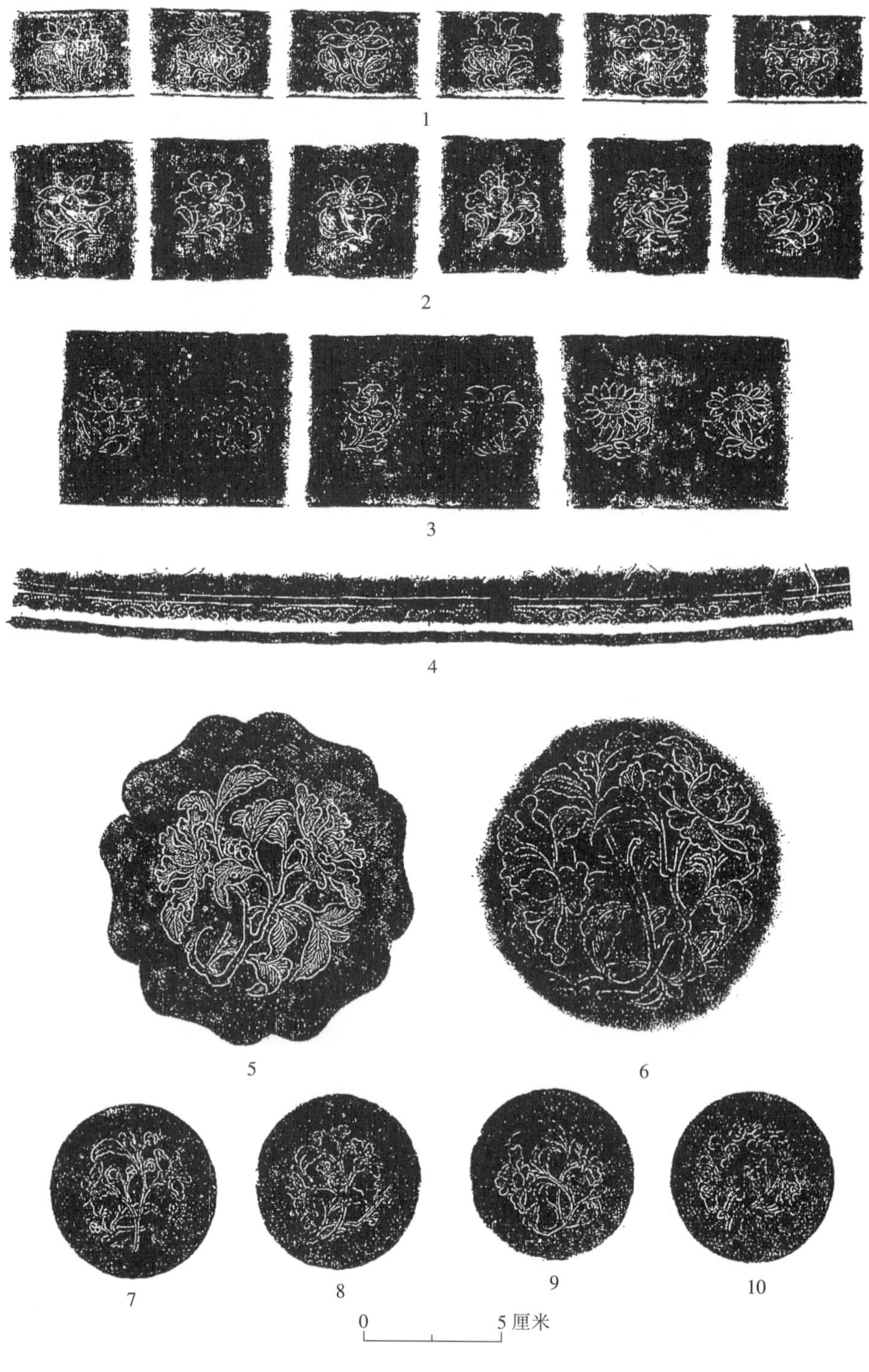

图一一 银器花纹拓本

上层 2. 奁中层 3. 奁下层（部分） 4. 奁足（部分） 5. 奁盖顶 6. 托盘 7. 脂盒 8～10. 粉盒

件雕以百花卷草纹和瑞雀一对（图一二，2；图版二，2）。这件架子制造得很精致，能随意放立和折合，为以往所罕见。我们将奁内银镜放在其上，颇为适宜，因此，我们推测这件架子应该是镜台。

簪 1对。通体鎏金，上端为一开口伸舌的龙首。长12.3厘米（图九，2；图版一，10）。

银钱 24枚。与金钱同，缀在第二层被褥上，亦以十二枚为一行，分两行排列，钱文为“明道通宝”“明道元宝”（图版二，6）。

图一二　银架细部拓本

（五）玉器

含　1 件。出女尸口中。圆形，中有孔。饰云纹。直径 2.5 厘米（图九，10）。

环　2 只。环身作竹节形（图九，9）。两环间有绢绸系结，出于腰间。

佩饰　2 组。由扇形、菱形、半月形、圭形、桥形玉饰组成，彼此再以料珠连缀（图版一，13）。佩饰分别佩挂女尸和男尸腰部皮带上。女尸的革带原有黄绢绸包裹，带的一端有银带扣，另一端有银铊尾，近带尾一段有十八个小扣孔，带中间套长银环两只，佩饰即系于环上。带长 136、宽 2.7 厘米（图一四）。

玉带　1 条。带系皮革制成，出土时在男尸左侧臂部，保存完整无损。整条带面缀以各种玉块，玉色莹澈洁白。带分两节，一节长 92 厘米，两端各有金带扣；另一节长 64 厘米，两端无扣，端首呈蹄形，护以金片，金片上镌刻细致海波纹。除此节两端玉块与背面金饰片用小钉在四角钉固外，其余玉块有的穿于带上，有的钉固在革带上。从前节的扣钩大小和后节的带身（首部）厚度来看，是无法穿束的，当非实用物，而为一种纯粹的装饰品（图一三；图版二，4）。

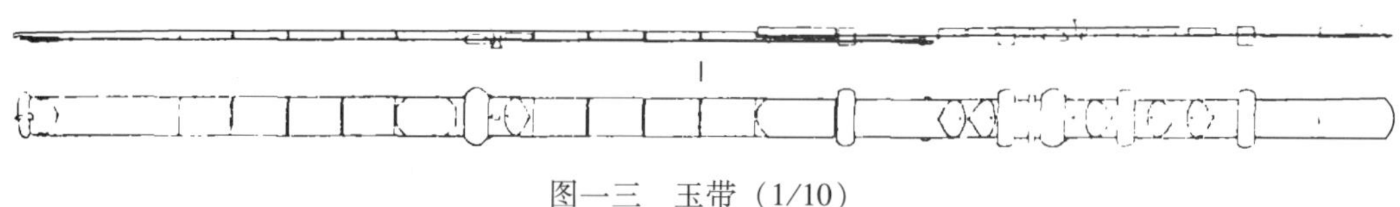

图一三　玉带（1/10）

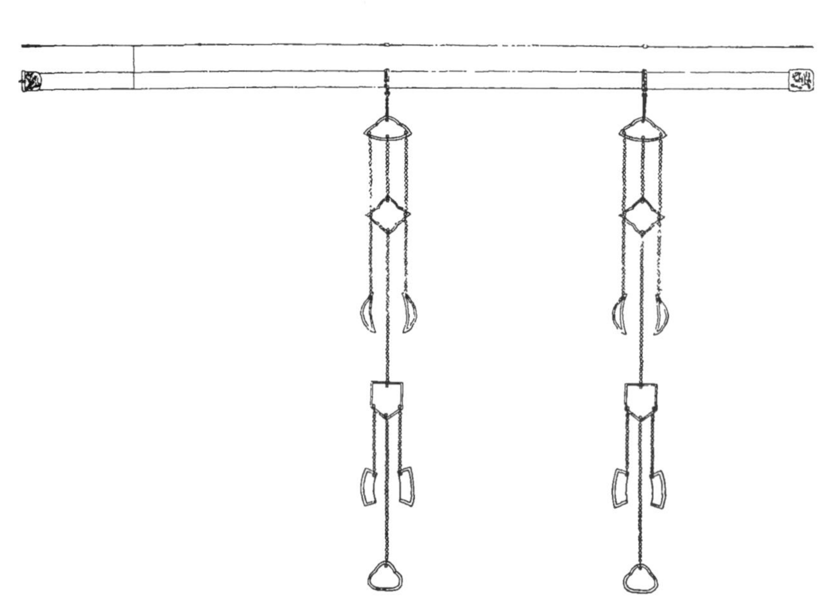

图一四　皮带及玉佩饰复原图（1/10）

图一五　哀册面纹饰示意图

玉座　1件。女尸头侧发现。上身尖形，下有方座。高5.5厘米（图九，7）。用途不详。

（六）其他

木盒　1件。出土于男尸胸部。香楠木制作。长方形。长45、宽9.5、厚3.5厘米。盒内放玉圭1件，色泽青翠。下段有提花织锦套，便以执手。圭长42.6、宽6.5、厚1厘米（图版二，5）。

木座　1件。发现在男尸头前。香楠木料。上为尖头杆，下为方形座。高26厘米（图九，15）。用途不明。

残铁器　1件。断成半截，犹如目前的撬镐，唯器首呈“Y”形，丢弃在靠女尸的石圹前方浇浆中，可能系当时造墓石工遗置的工具。

（七）哀册（谥册）

哀册（谥册）　2部，男、女各1部。册为象牙制，均放在头前棺椁之间。因受石灰的侵蚀，致使质地都有分解开裂的现象，以男的一部为甚。哀册（谥册）各以长33、宽3、厚1厘米的象牙条拼成，每部由四十条组成，出土时分上下十层叠放，以四条为一版。册外用黄绢绸包着。在册的上、下边有穿孔，原来应该用丝线缀结起来。四周留有边框，细刻龙凤图案，左、右刻双龙相对，中一珠，作夺珠状；上刻凤凰云龙。内镌册文皆阴文正楷，原似乎填金，现尚留有痕迹。每版字数不等，自左至右直行读。册之首、末两版正面凸雕龙凤图案，凤在上，龙在下（图一五；图版二，8）。册文字迹多为石灰质，漫漶，无法拓印。

四、小结

根据出土两部哀（谥）册上载述，此墓系元代末年一度割据姑苏的吴王张士诚的父母的合葬墓。按乾隆时《苏州府志》《吴县志》等文献记载，张士诚母墓在盘门外，与此墓地望是完全相吻合。其母死于“至正二十五年乙巳岁次五月戊午朔十七日甲戌”，其父早年死，至正二十五年（1365年）由泰州迁葬，至该年六月十五日与其母“合茔”。按《退庵笔记》《康熙十场志》等载，其父墓原葬泰州丁溪九龙口。我们这次清理，在男棺中仅发现下颌骨一片、脊椎骨二三节，说明可能是经过移葬的。

墓经盗挖，墓西北上部有盗洞一处。关于墓的盗挖时间，按《吴风录》谓：明正德中吴古墓如城内梁朝公主坟、盘门外太妃坟，俱遭掘发，殉葬古器无数。我们推测，虽在此墓下葬的第二年张士诚即为朱元璋所灭，但当时朱元璋下平江时为笼络人心，曾戒饬士卒，毋肆掳掠，无妄杀戳，毋发丘垄，毋毁卢舍。闻士诚母葬姑苏城外，慎毋侵毁其墓。因此，明朝一代，墓应保存完好的。在以后的一次盗挖中，由于墓全用浇浆、石灰层层严密封闭，所以未能进入墓室，内部随葬器物都能保存下来。《吴风录》说，当为虚传。

墓内随葬锦缎丝绸衣服，迄今已达600年之久，无损地保存下来，其纺织技术及图案花纹，都具有本地特色。苏州的丝织工业，早在唐代就已相当发达，元至正年间已开始有了宫廷特设的织造局。这批遗物对研究苏州悠久的丝织工艺和传统技法，是一批有价值的实物资料。

出土的金银器饰，制作精细，刻划云龙凤凰和牡丹缠枝等花纹，也可见当时苏州手工业之发达。

执笔：王德庆　萧　鹿

（原载《考古》1965年第6期）

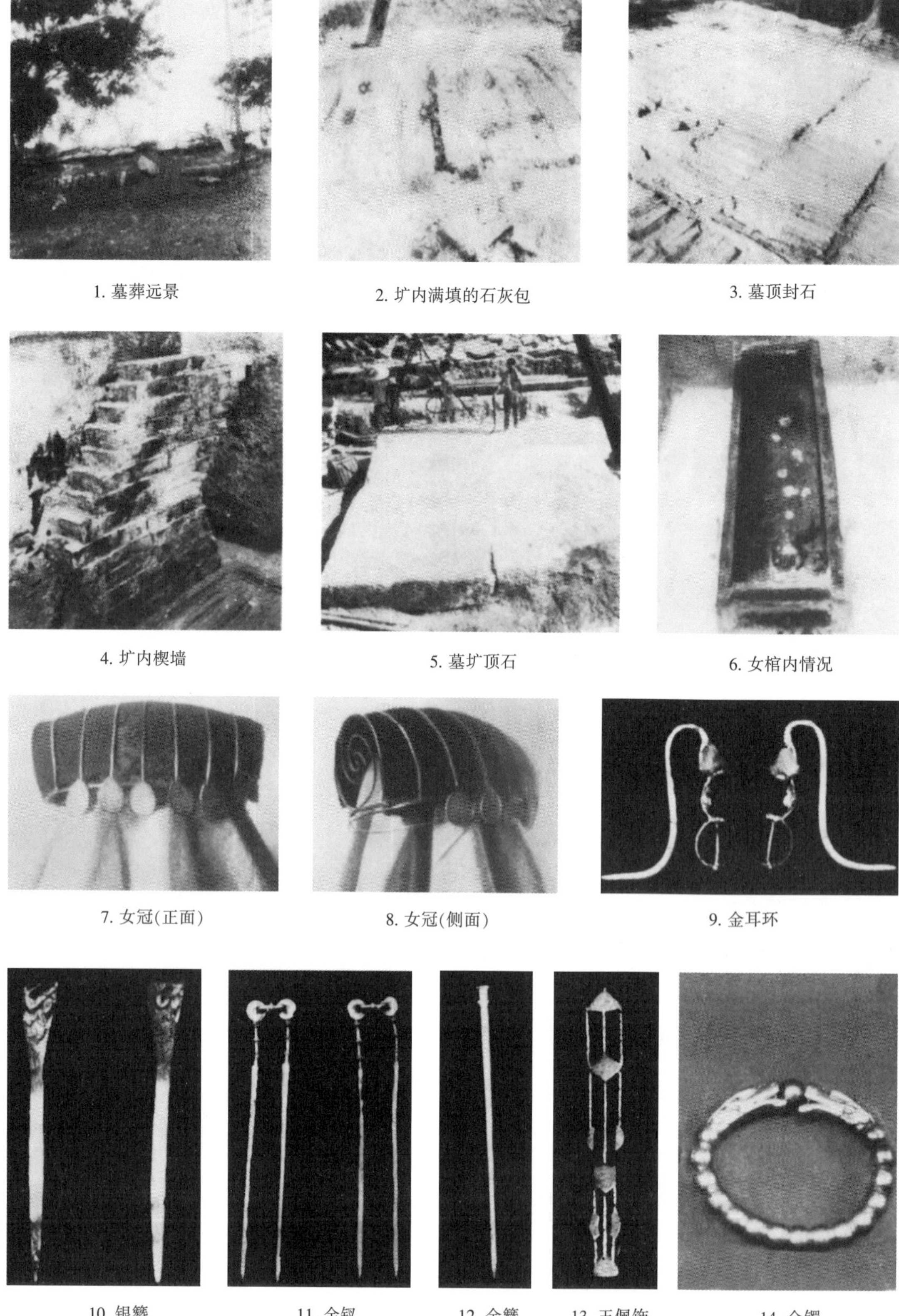

1. 墓葬远景　2. 圹内满填的石灰包　3. 墓顶封石

4. 圹内楔墙　5. 墓圹顶石　6. 女棺内情况

7. 女冠(正面)　8. 女冠(侧面)　9. 金耳环

10. 银簪　11. 金钗　12. 金簪　13. 玉佩饰　14. 金镯

图版一　苏州吴张士诚母曹氏墓墓室结构及出土遗物

1. 银架

2. 银架细部

3. 银架细部

4. 玉带

5. 木盒和玉圭

6. 银“明道元宝”

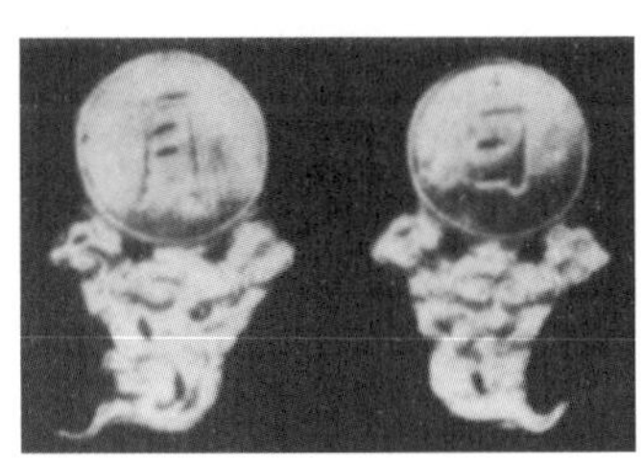

7. 金“日”“月”片

8. 象牙哀册面底龙凤雕刻

图版二　苏州吴张士诚母曹氏墓出土遗物

1. 银奁

2. 银奁上层

3. 银奁中层

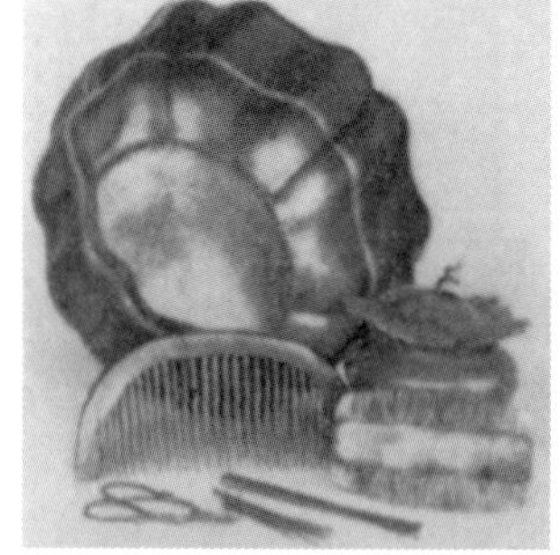

4. 银奁下层

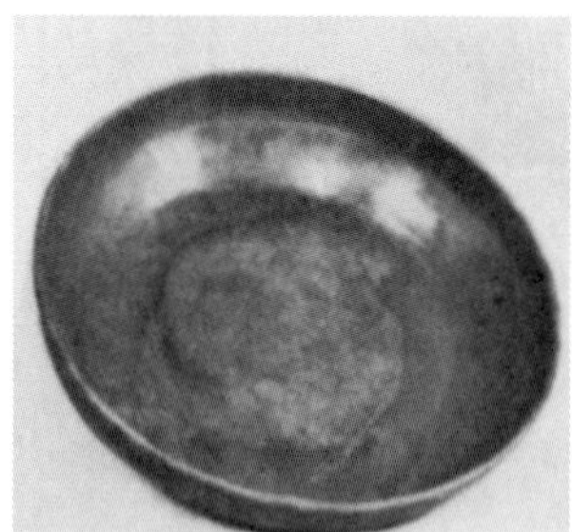

5. 银托盘

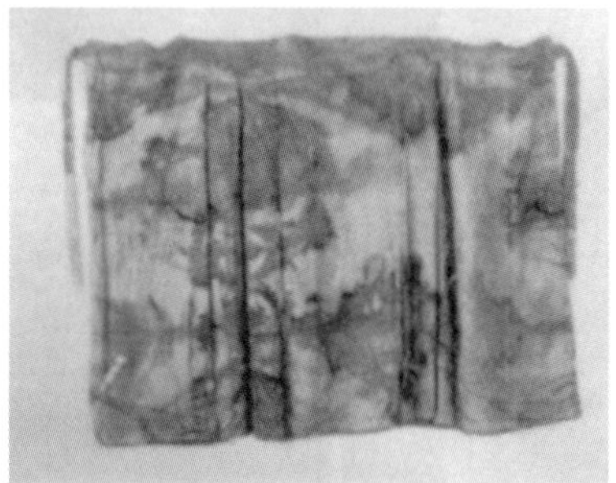

6. 缎裙

7. 银碗、筷

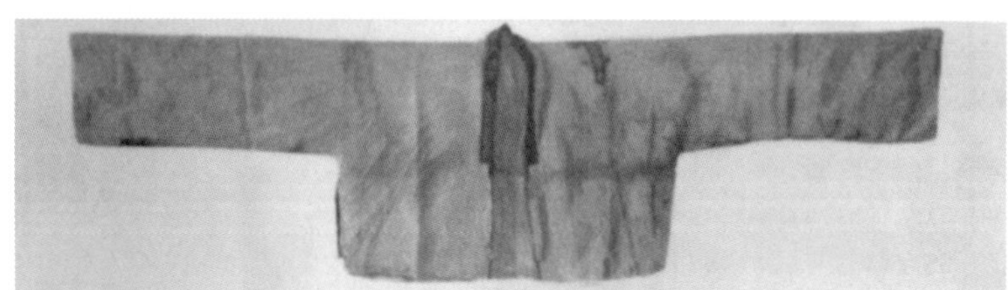

8. 薄丝棉绸袄

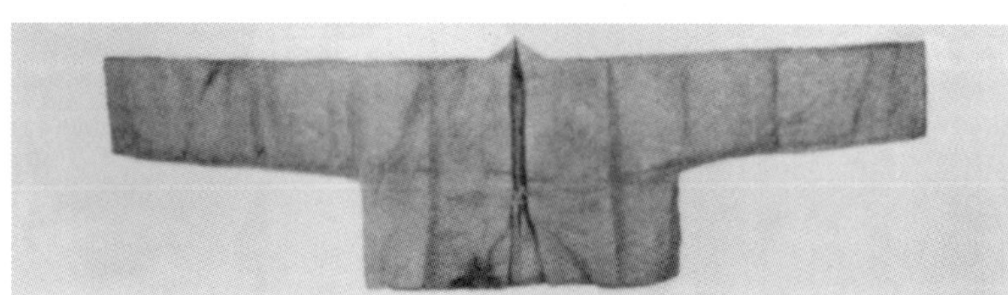

9. 薄丝棉缎袄

10. 织锦网纹袋

图版三　苏州吴张士诚母曹氏墓出土遗物

太仓县发现元代铁炮

太仓县图书馆　吴聿明

1975 年冬季，江苏省太仓县城厢镇小北门吊桥以东 200 米的护城河中打捞出古铁炮一门，现藏于太仓县图书馆。

铁炮全长 113 厘米，前径 20、后径 30 厘米，炮内径 7 厘米。在离炮口 57 厘米处，有左右对称的两个 12 厘米长的把手，离尾端 14 厘米处有一个对穿的炮眼；围绕炮身有六道凸棱，炮身铸有“周二年三月造重三百五十十斤”2 行 12 字（图一、二）。

“周二年”，当为年号，自从元初出现铜炮以来，历史上只有元末张士诚立国号为“周”。因此，可以初步确定，这门铁炮乃是元末铸造。

《明史·张士诚传》记载：“元顺帝至正十三年（1353 年）夏五月，泰州张士诚起兵，陷高邮。自称诚王，僭号大周，建元天佑。”据此推算，这门铁炮的铸造时间当在第二年的三月。

元末张士诚自 1353 年起事至 1367 年灭亡，凡十四年。苏州地区是张士诚部队的活动中心，太仓因地处长江入海口，是他们的一个军事据点。张部在太仓地区转战与据守的过程中，将这门铁炮遗弃于城墙之下是完全可能的。

图一　铁炮

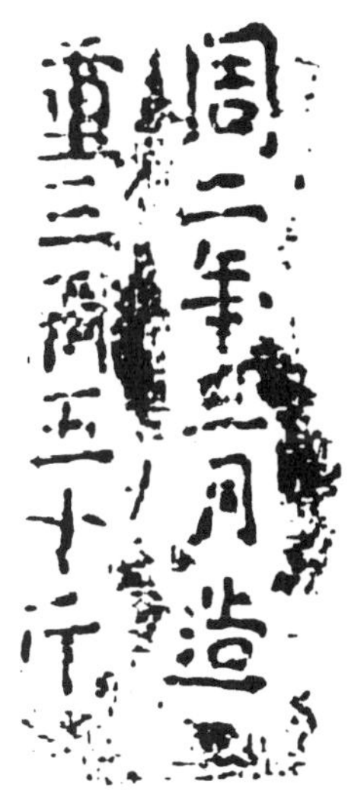

图二　铁炮铭文拓片

苏州虎丘王锡爵墓清理纪略

苏州博物馆

1966 年 12 月，苏州市郊虎丘公社新庄大队在平整土地时发现一座明代墓葬，苏州博物馆在贫下中农协助下，进行了清理。

该墓系明代万历四十一年（1613 年）王锡爵夫妇合葬墓。位于苏州城西约 5 千米，在虎丘山的西南，枫桥的东北，南向楞伽山（上方山），离运河约半里许。《吴郡西山访古记》载："明王文肃公锡爵墓，外建赐茔神道坊。响堂毁……有翁仲、石狮、石虎、石羊。坟围坊题'建极殿大学士太保王文肃公墓'。围广约二十丈。……左建祠，祀文肃象，壁嵌苏州府建祭田碑。全茔地二百亩。"现祠、碑尚存。可见其具有相当大的规模。

王墓是一座竖井式券顶双室砖墓。墓室双层青砖砌成，四周浇浆 45~90 厘米。墓顶六层砖浇浆，五层夯土间隔浇封（图一）。圹穴中用砖壁隔为左、右平列两个墓室，各长 3.09 米、宽 1.65 米、高 1.77 米（图二）。葬具木棺两具，都用楠木制成。男棺在左，棺盖上双行朱书"□太子太保吏部尚书建极殿大学士赠太保谥文肃□□□"，字迹隐约可辨。男棺封闭紧密，棺内壅有不少用绸包装的方形云母片包，尸体完好，移动时下部流出水银。尸体和棺底下放置大量木炭。棺外有椁，椁上置各种随葬品（图三）。

图一　墓顶全景

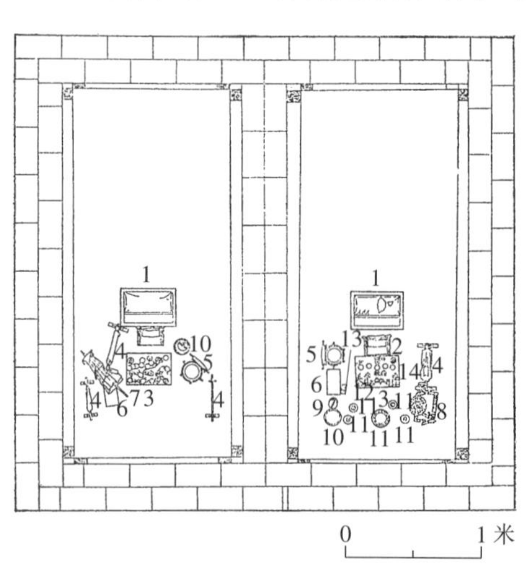

图二　圹穴及两个平列墓室俯视图

1. 木床、帐　2. 木椅、椅披　3. 木供桌　4. 木衣架及袍袄　5. 木面盆架、巾　6. 奁盒　7. 伞　8. 仪仗器　9. 木桶　10. 木盆　11. 锡制五供　12. 乌纱帽　13. 朝靴　14. 砚、笔架　15. 墓主神主

王墓出土的随葬品有冠服、玉饰、明器等161件。分述如下。

一、明器类

椁上前半部陈设明器1组。出土时，女椁上的已散乱，男椁上的陈设较为整齐（图四）。正中设木供桌，桌长33、宽22、高23.7厘米（图一九），系有万字缠枝牡丹花纹黄缎桌围，桌面上供神主1座，陈设锡铸执壶、杯、盘等祭器28件。桌左角供乌纱帽1顶，右角放砚台模型1方。桌前摆锡制五供。

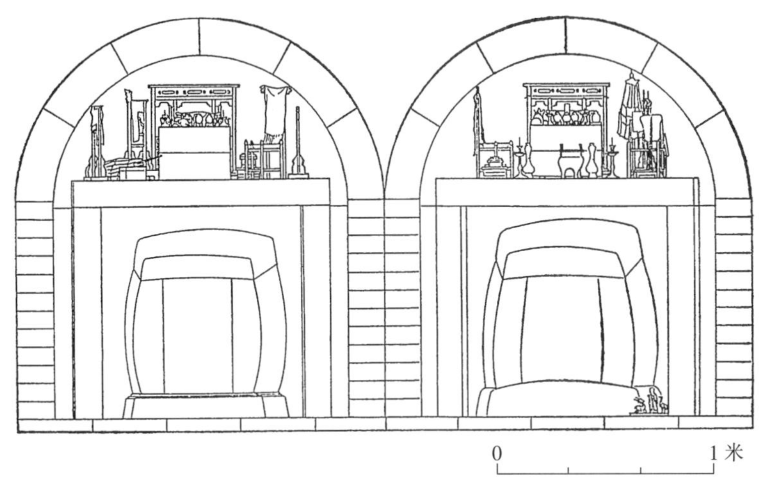

图三　墓室立面图

左侧放云头木衣架1件，长39、高38.7厘米（图一八）。衣架上挂云纹黄色绸衣1件和玉带式绸带1条。

右侧放云头六脚木盆架1件，高41厘米（图二〇），架上放一小锡盆，横档上挂一深绿色缠枝莲花纹银箔线纬锦巾。有木奁盒1只，内有木梳6只、棕刷1只和素面小铜镜1面。盆架前放木盆、桶各1件。

图四　男椁上前半部明器出土情况

左前方置仪杖1架。有伞、扇、杖、仪牌等11件。

桌、椅（图一七）后面，放木床1张，长39.5、宽28.2、高42厘米。照面上镂雕“禹门洞”图案，周围“万”字栏杆（图五）。悬挂百蝶图案黄色小绸帐1顶。床上放置凤穿牡丹纹小缎枕1件，双经回纹地缠枝牡丹纹黄色小绸被2条（图六），绿地银箔纬线莲花纹小锦衾1条（图七）（女棺基本相同）。

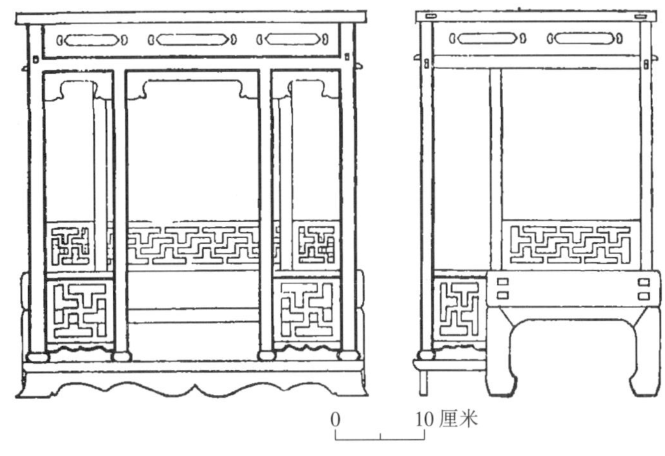

图五　木床正立面、侧面图

二、冠服类

棺内随葬的冠、袍、衾、裙等都是绸缎制品，较完好的介绍如下。

“忠靖”冠　1顶。黑素绒面、麻布里。冠上五道梁及两旁连后面的如意纹，都缝压金线。高22、直径17厘米（图一一）。

图六 双经回纹地缠枝牡丹纹黄绸图案

图七 绿地银箔纬线莲花纹锦图案

缎官服 1领。黄色。云纹。领、袖、右衽、袍下沿都用花累缎镶边。前、后各缀龙纹缂丝补子一方。身长1.34、袖长1.03、宽0.6米（图一二）。

缎便服 1件。云纹花累缎，领上缀素绸。身长1.28、袖长1.16、宽0.44米。

丝棉绸服（女） 1件。黄色，万字如意纹。棉绸里子。身长1.18、袖长1.16、宽0.32米。

缎服（女） 1件。黄色，云纹。

云头如意纹白布底黄缎面男鞋1双（图一三）。

三、玉饰类

玛瑙束发罩 1件。用茶色整块玛瑙雕琢成半月穹形。罩两侧各有一小孔相对，插骨制发笄1支。长9、高3.5、横宽3.6、厚2厘米（图八）。

大、小白玉簪 各1件。色质白润。大簪男用，长11.2厘米，顶端琢灵芝图案，簪身浮雕螭龙三条；小簪女用，长8.2厘米，方形素面。

白玉兽纽方印 2颗。一印长2.9、阔2.4、通高4厘米，印文“荆石”；一印长2.6、阔2.4、通高3.5厘米，印文“锡爵”（图一四）。两印用白绸裹在男尸的左、右两手中。

玛瑙挂饰 1件。琢有镂孔的水石、树木、人物、鹿、猴、飞鸟等，雕工精致，层次分明，形象生动。长9、宽6.5、厚2厘米（图一五）。

水晶杯 1只。晶莹透彻。高2.5、直径3.7厘米（图九）。外用绸包，置于男尸右手旁。

白玉带钩，鹤头形，方纽。长50厘米。

白玉戒指、鎏金镶嵌白玉梅花银发插、小玉佛等11件，都出于女棺中。

四、其他

男用十六方九寸圆头水磨竹骨、纸面书画折扇 1把。扇面已毁。

女用二十二方九寸圆头雨金乌漆竹骨洒金扇 2把。扇面黑底洒金加大小菱形块金图案，保存完好，光彩夺目（图一〇）。

铜镜 3面。一面直径10厘米，饰以八思巴文。一面直径12.2厘米，有铭文“镜铭：象君之明，

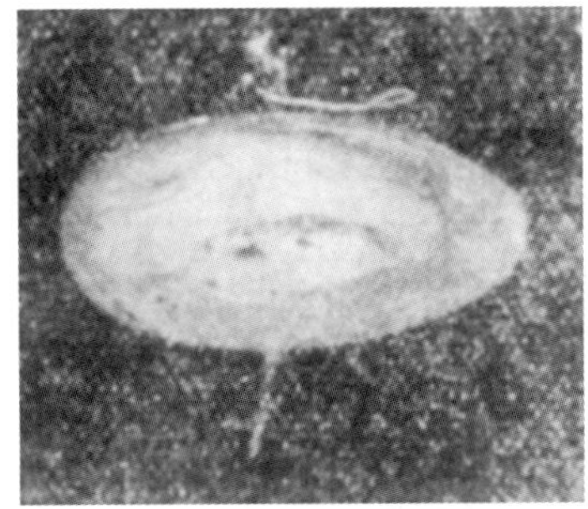
图八　玛瑙束发和骨笄

图九　水晶杯

图一〇　扇

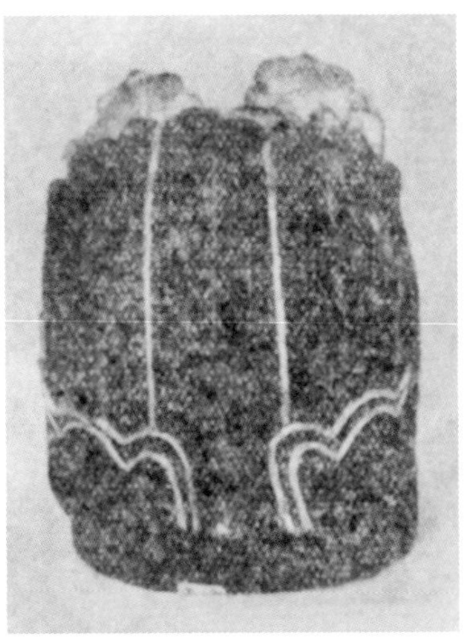
图一一　“忠靖”冠

图一二　官服

图一三　男鞋

图一四　玉印

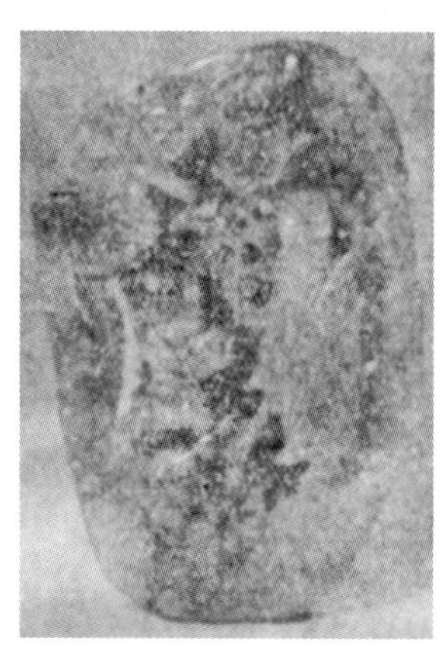
图一五　玛瑙挂饰

图一六　鎏金银鹿、鹤及“寿星”

日升月恒，拟君之寿，天长地久”，“万历辛卯开化县置”，“薛怀泉造”等30字，当是1591年所作。另一四乳四兽铜镜，直径17.9厘米，置于男尸棺椁之间，位在南端；镜面上立鎏金银质“寿星”像，高9.5厘米；左、右分列鎏金银鹿、鹤各一（图一六）。

墓室前放石墓志2合。墓志是王锡爵的同年、同乡、同僚和亲家中极殿大学士申时行所撰。

按墓志及《明史》和《王文肃公草》记载：王锡爵字元驭，别号荆石，太仓人，生于明嘉靖十三年（1534年），死于万历三十八年（1610年）。妻朱氏，死于万历二十六年（1598年）。二十九年（1601年）建造坟圹，四十一年（1613年）合葬于郡城西凤凰墩之新阡。

明皇朝万历年间，政治愈趋反动，赋税加重，税监布满各地，实行公开的掠夺。当时累年加派，对农民进行残酷压榨。土地兼并激烈，灾荒连年。从万历到崇祯的七十多年中，灾年就有六十三年。墓志铭所说的万历十八年“两河大饥”，“饥民以万亿计”，即是一例。农民生活陷于绝境。农民斗争、市民暴动此起彼伏。阶级矛盾十分尖锐，引起统治阶级内部的政治分裂，太监擅权，内阁纷争。申时行、王锡爵等是当时豪门贵族的政治代表。王锡爵官居首辅，生前残酷剥削人民，在“功成名就”后，就回到太仓，广置田地，大兴土木，营造花园。他的孙子王时敏在家书中透露：“每年做酒米用百余石，尚不够用。”可见其过着骄奢淫佚的生活。生前即造墓圹，死后又占大量免赋祭田。崇祯二年（1629年）苏州府建《祭田碑》中所记“积算坟茔田八十五亩六分，祭田三百七十二亩九分”，共达四百五十八亩。

王死于1610年，距墓葬出土时已350多年，尸体同初死时一样。关于用云母防腐，明代李时珍曾有记述：“昔人言：云母壅尸，亡人不朽，盗发冯贵人冢，形貌如生……发晋幽公冢，百尸纵横及衣服皆如生人，中并有云母壅之故也。”（《本草纲目》卷八）。由此可以看出，在尸体内注水银和云母壅尸确系当时对尸体进行防腐的一项措施。但这一措施是否为尸体不腐的主要原因，有待研究者作进一步的探讨。

王墓的葬仪，反映了封建社会没落时期的官僚特权制度。这些随葬品都是农民、手工业者的劳动成果。如一组木家具模型，各件比例十分准确，造型简朴大方，线条流畅有力，楔榫精巧多种（有格角榫、综角榫、夹头榫、毕榫、闷榫等），具有较高的工艺水平，为研究明代苏式家具提供了实物资料（图五、一七~二〇）。

图一七　木椅正立面、侧面、俯视图

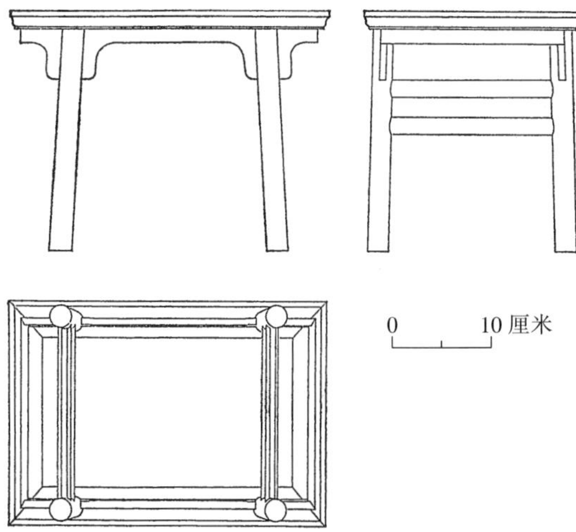

图一九　木供桌正立面、侧面、倒视图

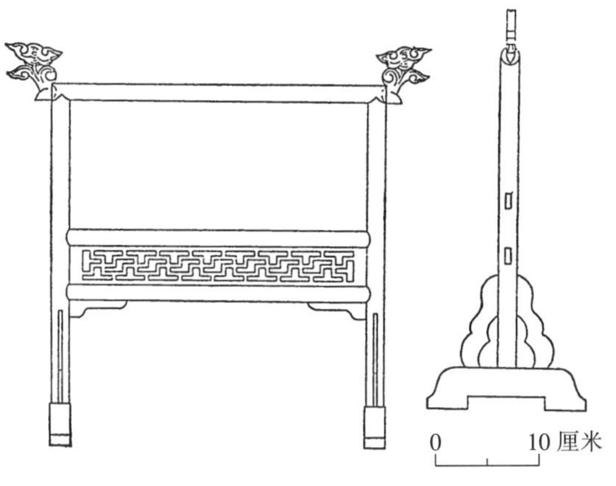

图一八　云头木衣架立面、侧面图

图二〇　云头六脚木盆架正面、侧面、俯视图

出土丝织品中有绸、缎、绒、锦、缂丝。纹饰有云纹、“万”字云纹、如意云纹和百蝶、缠枝牡丹、凤穿牡丹等。较多的是平纹地斜纹组花。当时已发明双经组织法，特别是夹织槌银箔的类似云锦织物，需要较复杂的工艺。这对研究明代丝织手工业的发展和工艺技术水平，有一定的参考价值。

（原载《文物》1975 年第 3 期）

江苏吴县洞庭山发掘清理明许裕甫墓

南京博物院

1973 年 3 月，吴县洞庭山洞庭公社红光三大队队员发现古墓一座，当时即由我院考古工作人员对墓葬进行了清理。

此墓为砖石结构，浇浆覆盖于墓室盖顶石之上。墓室分左、中、右三室，皆为长方形竖穴，长 2.55 米、高 1.11 米，中室宽 0.94 米，左、右室各宽 1 米。

中室有木棺 1 具，棺上覆盖菊花地全印缠枝莲花纹绸纱，其上又置木质买地券 1 方，符箓木牌 5 块，即所谓“方禁隅约牌”，是道教中用来驱鬼的迷信玩艺。左、右两室是寿穴，未曾使用，以木板封盖。两室北壁下各有一个用砖搭成的小龛，龛上覆盖方砖一块，砖面有朱书寿联及符箓，砖背有“长命富贵”四字。龛内供砖雕寿星（图一），寿星前陈列香炉、烛台等。这种砖龛称为“长生龛”或“长寿龛”，龛内寿星称“镇圹仙灵”。在明代中、晚期，苏州一带的地主官僚，常常在生前营造墓穴即“生圹”，穴内放置一些祈求长寿的物件，这个墓所反映的就是这种情况。

棺中尸体为老年男性，尚未腐朽。棺内放置木炭 18 千克、灯心草 2 千克，盖板下铺石灰一层，这些防潮措施当是尸体不腐的主要原因。尸体穿着的殓装衣物保存完好。

图一　砖雕寿星

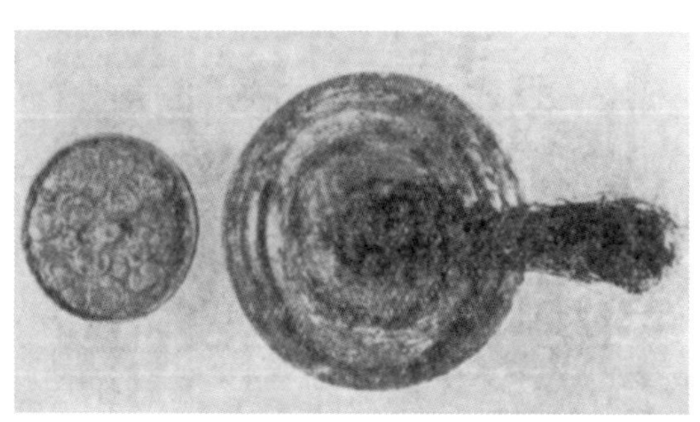

图二　铜镜

墓志1盒，申时行撰。申时行是当时的大官僚，苏州人，官至吏部尚书、中极殿大学士，有《赐闲堂集》，但此志集中不载。据志文，墓主许志问，字裕甫，别号冲愚，生于明嘉靖十五年（1536年），卒于明万历三十八年（1610年），是一个屡次考试而没有考上的地主文人。

随葬品有铜香炉2件（图四），砖雕寿星2座，铜镜2件（图二），折扇3柄，压胜金钱6枚（图三），发簪2件（图五），银挖耳1件。折扇中有一柄乌木骨十二股，泥金面，文徵明书、画；一柄竹骨十三股，泥金面，申时行书；另一柄为随葬明器。关于文、申二人书画的扇面，请参见本刊本期苏华萍同志的述评。

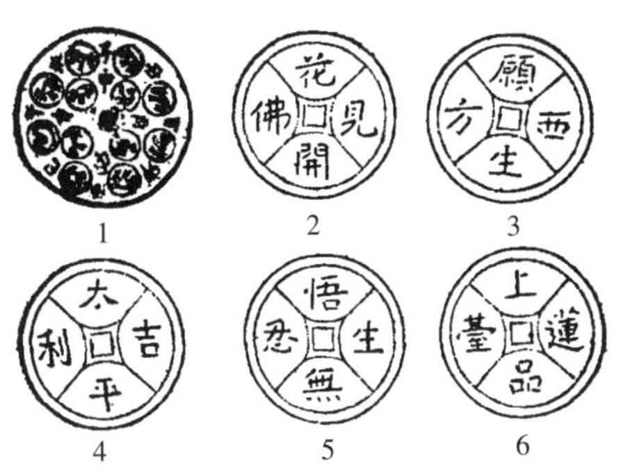

图三 随葬品
1. 铜镜 2~6. 压胜金钱

图四 铜香炉

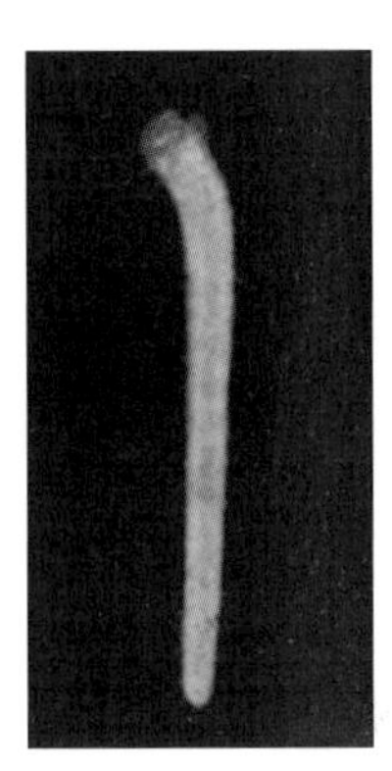
图五 发簪

（原载《文物》1977年第3期）

吴县洞庭山明墓出土的文徵明书画

苏华萍

1973年3月，南京博物院在吴县洞庭山清理了明代许裕甫墓（清理情况见本刊本期简讯）。墓中出土的最有价值的文物是文徵明书画折扇。扇骨为乌木，十二股，长31厘米，扇面为泥金，高20.3、宽55厘米，虽在尸水中浸泡几百年，仍然不失光泽。

文徵明是明代中期有名的书画名家，在他数量众多的传世作品中，书画扇面占了相当一部分，并有不少精品。这柄出土的折扇，一面画的是雨景山水。近处的水坡烟树，用墨笔混点结合晕染的技法，树丛中用淡墨勾出小屋两三间，远处则有山峰在云雨中起伏（图一）。画没有落款，右下角钤“文徵明印”白文和“征仲父”朱文两方图章。

文徵明的山水画是从沈周学的，但并不拘泥于老师。明陈继儒《妮古录》中说：“文待诏自元四大家以至子昂、伯驹、董源、巨然及马夏间三出入。”因此，他的作品的面目比较丰富。习见的一种，是学元代赵孟頫、黄子久、吴镇、王蒙，上追宋初的董源、巨然，结构精严，细密秀劲，这是他的基本面目，也是明代中期以后“吴门派”画家所因袭的风格。另有一种风格比较豪放，用粗笔挥洒的，是他的变体，比较少见，即清末收藏家所重视的“粗文”。

这幅雨景扇面比“粗文”更为少见，采用了二米画法。宋代米芾、米友仁父子，喜欢用水墨淋漓的笔法来画雨景山水，号称“米氏云山”或“米家山”，助长了水墨“文人画”的发展。这种画法，固然包含着对烟雨迷濛的自然景色的艺术概括，但同时也反映了封建士大夫阶级脱离现实、心灵空虚的精神状态。元代高克恭、方从义都被称为米派画家，而到明清，米家画法已渗透在所谓“南宗”的山水画中，不断有人采用、摹仿。陈陈相因的结果，更使“米氏云山”只剩下“万点恶墨”的躯壳。鲁迅曾说，“米点山水则毫无用处”①，就是对这种因袭恶风的批判。

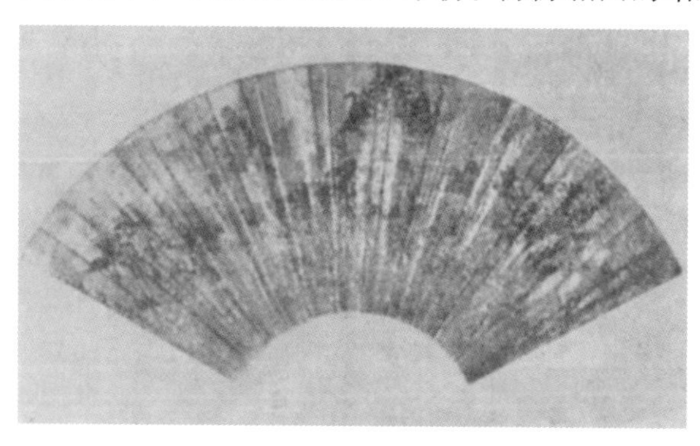

图一　文徵明所画扇面

在文徵明传世作品中，仿米山水是罕见的。除这个扇面外，现在所见到的，只有清宫旧藏的《云山图》②立轴和苏州吴氏梅景书屋旧藏的画上有沈周、唐寅题诗的立轴③，笔墨都和这个扇面相似。见于记载的还有《南宫水墨卷》和《仿米元章云水图卷》等④，但均不知下落。文徵明从来不列于米派画家，但是，由于他和二米有着共同的封建士大夫的思想感情，也由于他要广泛地师法古人，他是免不了要模仿几幅的。就这个扇面所表现的技法而论，文氏仿米，是有成就的。金笺光滑不吸水，在上面用淋漓的笔墨，表现出烟云变幻、雾雨空濛的景象，是不容易的。但他却能以熟练、轻快的用笔，浓淡、虚实的用墨，达到了较好的效果。这虽是文氏的仿米作，但免不了融合一些文氏自己的画法：树叶混点中夹着的介字点，用淡墨勾勒的房屋等，都具有文画的个性。

文氏的仿米作品，产生在他绘画生活的哪一个时期呢？《云山图》款署“文壁”，款年“戊辰三月十日”系正德三年（1508 年），是年文徵明 39 岁。吴氏旧藏的一幅，款亦署“文壁”，画上沈周题诗云：“虎儿文仲子，只作后身看，小笔将云卷，溪山点翠寒。”按沈周卒于正德四年（1509 年），这画的下限不能超过这一年。沈周用米友仁的小名“虎儿”来比文氏，很明显是对晚辈年轻人的称呼。这两幅画都是文氏早年所作无疑。雨景山水扇，虽然没有署款和年款，但另一面写的诗，署款“征明”，两面所钤的两个方印“文徵明印”“征仲父”，大小相同，章法、刀法一样，印泥色泽也一样，说明书画是同时作的。文氏改以字行，更字征仲，是在嘉靖二年（1523 年），当时他年五十四岁。再从写的那首诗有“老去自于闲有得”“此身真不愧羲皇”等句子来看，应该说，这是嘉靖五年（1526 年）他五十七岁辞官回苏州以后的作品，但也不应推迟到六十岁以后，因为那时他已逐渐摆脱了单一摹仿的作风，形成了自己的面貌。这柄仿米山水扇的出土，为研究文氏绘画技法的师承和演变，提供了可信的实物资料。

折扇的另一面，写的是一首《夏日睡起》七言律诗（图二）。诗句是：“绿阴如水夏堂凉，翠簟含风午梦长。老去自于闲有得，困来每与客相忘。晴窗试笔端溪滑，石鼎烹云顾渚香。一鸟不鸣心境寂，此身真不愧羲皇。”款署“征明”，钤“文徵明印”（白文）、“征仲父”（朱文）两正方印，与画的一面相同。近人所编《画史汇稿》于文徵明“集外诗”中载有此诗，其中“晴窗”作“松窗”。扇面字体是行草。《明史》说他“学书于李应桢”，按明代中期书家，大都钻研“帖学”（即《淳化阁帖》以来的各种丛帖），李应桢便是其中一人。文徵明虽最初从李学，但后来能够博采众长，加以变化，自成面目，对当时和以后的吴门书画家影响很大。这个扇面上的行草，是文氏各种书体中个人风格最明显的一种。一方面转换分明，法度严谨，可以看出它来源于“帖学”和李应桢；另一方面结合了黄山谷

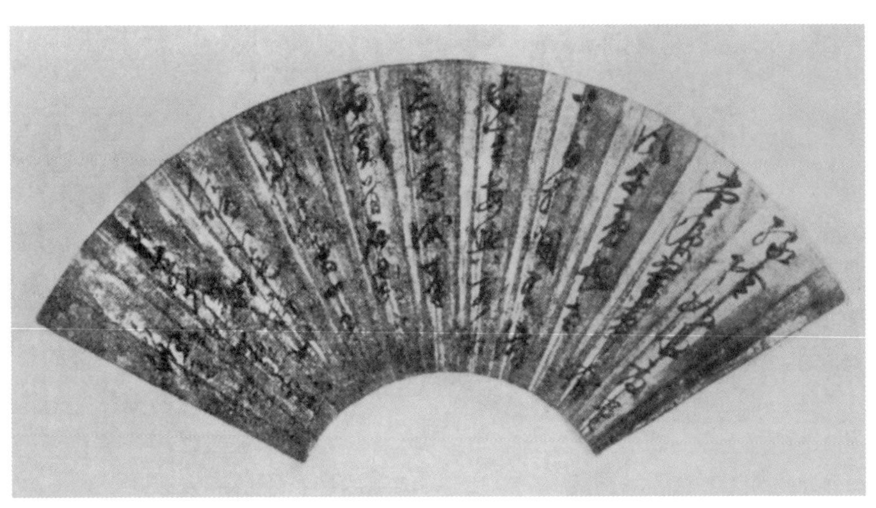

图二　文徵明所书扇面

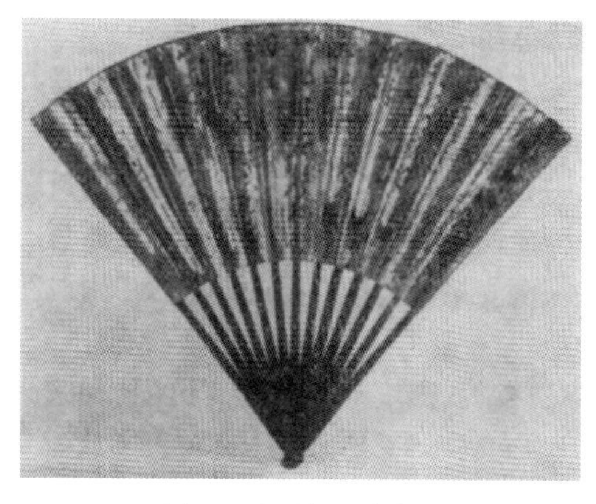

图三　申时行所书扇面

体而又能遗貌取神。特别是扇面的特殊形式，地位的安排，比较困难，他却能毫不拘束，挥洒自如，行气如卷轴书一样自然。

作为一件艺术品，这柄扇子诗、书、画有统一的风格，但思想感情上，它充分地反映了地主阶级夏日的闲适生活，不禁使我们想起古代的一首民歌："赤日炎炎似火烧，野田禾稻半枯焦，农夫心内如汤煮，公子王孙把扇摇。"可见，即使在这样一件小小的扇子上，也深深地打着地主士大夫阶级的烙印。

墓中还出土了申时行手书折扇（图三），为竹骨十三股方端混金面，骨长 28 厘米，面高 15. 2、宽 43. 5 厘米。一面行书五律《兴福寺》《石公山》诗两首。字迹已略有剥落。诗句是："维梢从野渡，蹑屐到香台。水避山形隔，云将雨势来。石床蒙薜荔，花径长莓苔。钟鼓还能报，湖山霁色开。"（《兴福寺》）"颇讶狂澜柱，犹余斧凿痕。联云开石壁，临水镇山根。风谷声相答，烟波势欲吞。班荆还共赏，明月□金樽。"（《石公山》）末尾题"俚言录似冲愚兄览正"，可见是为墓主许志问所书。落款"时行"，钤"瑶泉"方印（白文）。另一面无画。

申时行，《明史》有传，长洲（今苏州）人。嘉靖状元，万历前期宰相，是当时声势烜赫的大官僚。著有《赐闲堂集》四十卷，但这两诗都未收入。诗里描写的是墓主人家乡洞庭山的名胜景色，意境平庸，表现了没落阶级的生活空虚。

马宗霍《书林藻鉴》引用明人叶向高的话说，申时行"善真行草书，有《赐闲堂帖》行世"。我们从扇面上的行书看，他确有楷书的功底，写得流畅有力。但他毕竟还不算有成就的书法家，书体还没能形成自己独特的艺术面目。

根据《明史·神宗本纪》，申时行在万历十九年（1591 年）九月辞官，按照当时交通情况，回到苏州总要在后一年。他替许志问书画扇子，上限是不能超过万历二十年（1592 年）的，下限不能过许氏的死年，万历三十八年（1610 年）。

关于墓主人的历史和他与申时行的关系，申氏所撰墓志可以充分地说明。墓志中说：许氏"素封里中"，本人是所谓"贤豪长者"。少时"善病不能攻占俾"⑤，"比九试不售"，遂"日啸傲湖山间，或裹粮出游，登日观峰，观潮海门……""客游洞庭者，辄主君，留连至旬月无倦色"。这些话，实际说了许家世代是有钱的地主，本人虽因小时多病，不能看书，连个举人都没混到手，但是喜欢附庸风雅，游山玩水，交结名流。

墓主与申时行相识，是在申氏退休返苏以后。申在墓志中说他自己"既谢政归，始成东山之游，询其土风而求其贤豪长者，乃得解后（邂逅）许君裕甫，缟带而定交焉"。申氏"状元宰相"，与一个监生、土地主交往，想来也是从他们各自的需要出发的。申氏退休归里，强龙也要结识地头蛇，才便于游山玩水，优哉游哉；许氏则久已仰慕申氏声势，一旦"大驾光临"，当然认为从此有了靠山，更好在当地作威作福。许生前得申氏书扇，很够他夸耀乡里，所以死后还要把宝贝带进棺材。许子明辅找申氏替父"谀墓"，而申氏虽替许撰墓志，却不刊于《赐闲堂集》，连两首诗也不刊，这说明他对于毫无“功名”的许氏表面敷衍，心中鄙视。封建社会里，一般地主及其官僚士大夫之间一种微妙的肮脏势利关系，这里可见一斑。

至于出土的文徵明书画扇，是没有墓主人上款的。文氏在嘉靖三十八年（1559年）90岁卒时，许志问才23岁，他们之间年龄悬殊，不会有什么交往，文氏为许书画折扇的可能性，根本就不存在。这柄扇子，总不外乎许氏本人（包括家属）购买或别人转赠。许氏葬于万历四十一年（1613年），文徵明已死54年，正是“吴门画派”的盛旺时期。文氏的声望很高，当时地主人家“以有无文画，为雅俗之分”。所以，许氏生前会把文扇看成至宝，和申扇配对，死后一起殉葬，这正反映了这个追逐“功名”、但“九试不售”的地主谬托风雅的虚伪面目。

以折扇殉葬的风尚开始于何时，不见于记载。根据江苏到目前为止出土的折扇，最早见于明代墓葬，一直流传到晚清以后，看来形成风气，与明代折扇工艺的兴盛是分不开的。折扇原名折叠扇，古称聚头（或聚骨）扇，是在宋代开始从朝鲜（一说日本）传到中国来的，直到明代永乐以后才广为流行。明代中期，中国的折扇工艺具备了自己的民族风貌，有了刻竹骨、制扇面的专家，而且与中国特有的书法、绘画紧密结合，成为一种独特的艺术形式。明代书扇艺术，特别是行草书，固为前所未有，而折扇画艺术的成就，更可以与宋代纨扇画艺术并列。明代的折扇书面，传世较多，但出土于墓葬的还极少见。中华人民共和国成立以来，由于各级党政领导对文物考古工作的重视，继山东明朱檀墓出土宋人葵花纨扇等之后，洞庭山明许志问墓又出土了这批明人折扇。这对于我国书画史和工艺美术史的研究，是一个可贵的收获。

注释

①《鲁迅全集》（第六卷），第19页。

② 原田谨次郎：《中国名画宝鉴》，大塚巧艺社，1936年。

③ 张一麐：《吴中文献展览会特刊》，1937年。

④ 郑永日：《中国画学全史》，台湾中华书局，1966年。

⑤“占”古代与“觇”字通用，“俾”字应作“毕”，申时行写错了。《礼记·乐记》：“今之教者，呻其占毕。”注：“占，视也；毕，简也。”意思就是看书。

（原载《文物》1977年第3期）

太仓县沙溪公社出土一批明代窖藏仿古铜器

太仓县图书馆　陈祖望

1972年9月，太仓县沙溪公社沙北大队六队干群平整土地时，在宅后竹园内发现了铜器窖穴。窖穴呈长方形，穴长0.7米、穴宽0.6米，离地深2米。穴周光平，内放木箱一只，四边木板均已腐烂，仅存底板一块。箱内置仿古铜器16件，计尊1、簋2、鼎1、觚1、钫1、洗1、炉3、爵3、卣1、底座2。各种铜器错杂放置，大洗覆盖在上。铜器中除卣残成四片，爵尾柱稍残，大洗被垒穿三个小洞外，其他物品均甚完整。现简介如下。

尊　大口，鼓腹，圈足。外贴鎏金，颈饰玉兰花纹，腹壁饰牡丹花纹，十分精细。通高10.7、口宽12.5、口高5.5、腹高4、足高1.2、底径7.3厘米。

簋　一簋圆口，束颈，鼓腹，下腹微向外倾垂，双耳，低圈足。器底有长方形“大明宣德年制”六字（竖写三行）。通高7.8、口径13.2、底宽11.7厘米。一簋侈口，束颈，鼓腹，圈足。通高7.3、口径9.2、腹深5.5、足高1.2、耳高5.2厘米。

觚　方形喇叭花口，束腰，方圈足。器外鎏金，器底铸有“大明宣德年制”六字。腰有一道2.5厘米的宽箍。通高17.8、口宽9.5、腹深13.3、足高5.2、足宽4.8厘米。

鼎　铲口，平底，有耳，腿足。器底铸有“大明宣德年制”六字。通高6.3、口径8.9、腹深5、底宽7厘米。

钫　方口，大腹，兽首耳（缺环），方圈足。腹部饰有缠枝花纹。通高8.7、口径3.1、腹深9、底宽4.7厘米。

爵　口近平，流、尾不甚明显，圜底，锥足，双柱，兽首鋬。柱分两截：上为菌形，下为圆柱。柱离流折较远，一柱与鋬、足垂直。腹部有蝉纹和流水纹。器底有“太府”二字。通高12.4、足高4.2、柱高3.2厘米。

卣　圆口，椭腹，圜底，圈足。缺耳。颈部有一周1.4厘米宽的几何鸟纹，腹部饰以云雷纹。卣有盖，盖面有两组回纹，盖底有仿古铭文。提梁扁平，两头兽首各衔两个连环。通提梁高18.2、口宽6.8、足宽7厘米。

洗　侈口，鼓腹，腿足，宽口薄壁，蟠螭耳。颈部、底部各有一周单线，颈线上方铸有横书“大明宣德年制”字一行。洗底部铸有“青龙取珠图”，图像安排得体，龙眼龙爪生动逼真，龙须龙鳞十分精细。通高9.5、口径21.6、腹深6.1、底径22.4厘米。

底座　一座荷叶边，座底铸有“双龙取珠图”。通高 2.5 厘米，直径 14.2 厘米。一座荷叶边，短足。通高 1.5、直径 11.7 厘米。

炉　一炉筒形，圆口，圈足。外突两兽首耳。外口饰有如意回纹一周，腹部一周间有八组变化蝉纹，器底铸有“大明宣德年制”六字。通高 7.9、口径 9.6、足高 0.5 厘米。一炉四叶花瓣椭圆口，炉体自上至下分为四瓣，纵部有两突出兽首耳，炉底有一周双线细筛，粗腿短足。腿两侧有冏形纹，器底也是分三层的椭圆四叶花瓣，中铸长方形“大明宣德年制”六字。通高 10、口纵宽 17.4、横宽 14.3、腹深 5.8、足高 2 厘米。一为熏炉，圆口，束颈，鼓腹，圜底，兽首足。颈部有一周席纹，两耳呈扁平长回形外翻。口、耳间有藕形物相连，藕中有大小九孔相通。炉有盖，盖面有八组镂空长方形几何图形，各图看似相同，细审有别。盖边有一周缠枝花纹。顶部雄踞一兽：翘首，瞪目，张口，龇牙。通高 22.2、口径 9.9、腹深 9.5、耳高 8.3、足高 4.5 厘米。

以上铜器可能不是同一时期的物品，据当地老人反映，窖穴前面原为一地主官僚家的祠堂。这些器物很可能是他们族中祭祀的礼器。明末清初，太仓一带倭患猖獗，海盗不绝，为避免战乱损失，便埋在宅后地下。以后祠堂荒芜，人事变迁，遂至堙没。到近代，人们在此建宅辟园，每年在竹园内挑土上泥，更加不为人知，直到这次平整竹园，才把这些铜器挖掘出来。据鉴定，铜器中除提梁卣 1 件、爵 3 件，从所刻铭文、纹饰工艺及残破情况看，很可能是明初的仿古物品外，其余铜器则大部为明末的物品。它们器形完整，造型美观，纹饰精细，雕刻生动，是一批不可多得的文物资料。

吴县斜塘隆山发现的明代《丘宗盛墓志铭》

姚勤德　张志新

1983 年 3 月 28 日，我们收到斜塘公社文化站吴件雄同志的来信，反映该社隆山发现古代石刻。我们即前往勘查，发现这几块石刻分别是明代丘宗盛及其二位夫人的墓志铭。其中丘宗盛墓志铭较有价值。

丘宗盛墓志铭，青石质，正方形，边长 54 厘米。志盖篆书两行，为“处士丘宗盛墓”。志铭镌阴文楷书 27 行，满行为 26 字，计 600 字。由亚中大夫、淛（浙）江等处承宣布政使司、左参政、练川陈述撰文；承德郎、刑部主事刘珏书丹；征仕郎、中书舍人金湜篆盖。志文主要记述了丘氏的家庭世系、生卒年月、墓主人身份及经历等。

丘宗盛，讳佥，别号桂轩。长洲著姓大族所出，但他一生未为大官，仅由知县举为“万石长”。

明初，朱元璋为了巩固其统治，采取了一系列的改革措施。洪武四年（1371 年）明政府规定：每纳粮一万石左右设一粮区，由地方官推派田多者为粮长，由粮长来催收税粮。这一“粮长制”，也是改革的内容之一，这确保了明初税收制度的实施。墓志载：处士生于洪武丁巳，卒于天顺丁丑，知县举为万石长。他“以勤律己，以廉奉公……以至平讼、均徭、治税、征赋”等事宜均完成得很出色。墓志的发现，为研究明初粮长制的推行提供了例证。

墓志撰文者陈述，博览诗文、长于吏事，以御史历官四川左参政。在政期间，为发展四川的农桑有一定的贡献，著有《农桑风化录》一书，刻之蜀中。墓志文字简练流畅，朴实老辣，可见其有相当高的文学修养。

书丹者刘珏、篆盖者金湜，都是明代有名的书画家。刘珏书法赵孟頫，画师吴镇、王蒙，写山水林谷深秀，风格苍润，与杜琮、徐有贞、马愈齐名。金湜亦以善书而授中书舍人。由这两位高手手书的墓志，字迹匀称挺秀，工整端庄。因此，《处士丘宗盛墓志铭》不仅具有史料价值，还是一组书法艺术的珍品。

现在，这套墓志已被运往吴县文管会妥善收藏，加以保护。

（附）处士丘宗盛墓志铭

亚中大夫、淛（浙）江等处承宣布政使司、左参政、练川陈述撰文。

承德郎、刑部主事、彭城刘珏书丹。

征仕郎、中书舍人、四明金湜篆盖。

处士讳岔，字宗盛，姓丘氏，别号桂轩，世为长洲著姓。曾大父孟贤，大父□□，父景华，皆韬光弗耀，母俞氏。景华生四子，处士行三。自幼端重恭慎，歧嶷不群。既冠，知学问而行益修。乡之旧族若费廷玉者，有□□，慧闲姆教，择配得处士，遂馆于甥室。既而，处士起敬起孝，事外□□，不啻父母。廷玉喜曰："吾得佳倩矣!"廷玉有子，曰：言同，宦远方，以□□任之，处士矧县举为万石长。处士以勤律己，以廉奉公，以和□□，敬祀家庙。义以别夫妇，信以交朋友，以至平讼、均徭、治税、□赋，得其道人、赖其崩者交口称之。言同遗三子，抚摩诲谊，悉冠婚不□已，平生无疾言遽色。人有恶必为隐之，有善必为扬之，且广制□□，恢宏门户，资产日饶裕，然以施与为心，衣寒饲饥，值吉凶二礼，□遵古典，纨绮华魏靡弗御，于是人莫不回费丘二氏皆处士为之振也。彝伦日用，以处士为之式也。景泰甲戌时，年七十有五，悟原始反终之理。既命子瓚卜陈公乡隆敦之原预营寿圹，复命奉弊走□□师，得前大学士泰和陈公记其志，行甚详。越七年，以疾卒于家，实天顺丁丑十二月四日也，春秋八十有一。生于洪武丁巳七月十四日。其配即费氏，无出，先处士三年卒。益李氏、生子男二，瓚娶令封刑部主事刘启东之女，玑娶陇南令阙公度之孙女。柔贞、柔顺、柔清皆其女也；张纶、徐铉、王蒙皆其婿也。孙男二，震、豫；孙女三，德韫适俞璋，德庄适沈木，妙英在室。卜明年十二月六日庚申，合葬于费氏之兆。子瓚奉乡先生全以和状，泣血请铭，予亦知宗盛者，义不可辞，遂为之铭。

铭曰：

遐尔寿昌，尔后惟其体仁义而用忠厚，铭昭千古，焕诸垅右。

（原载《文博通讯》1983年第5期）

苏州太仓县明黄元会夫妇合葬墓

苏州博物馆考古组　太仓县博物馆

黄元会夫妇合葬墓是一座明代墓葬，位于太仓县娄东乡东郊镇东0.5千米处，距县城约2.5千米。1984年4月17日，县水泥制品厂在扩建厂区平整土地时发现了这处墓葬，当即报知县文物部门。翌日，由苏州博物馆和太仓县博物馆文物考古工作者联合进行了抢救性发掘。参加发掘工作的有丁金龙、钱公麟、吴聿明、张浩等同志。现将发掘简况和出土文物报告于下。

墓葬表土已被挖去，棺椁外露。墓坑长3.6米、宽3.8米、深1.4米，方向345度。此墓为合葬墓，东为男棺，西为女棺。女棺外椁被打开，棺尚保存完好；男墓棺椁均完好。两套棺椁大小相同。棺长214、高82厘米，棺板厚8~12厘米。椁长260、宽90、高110厘米，椁板厚12厘米。两椁间距30厘米。棺椁均髹漆，无纹饰。棺椁至坑壁距离为60厘米（图一）。

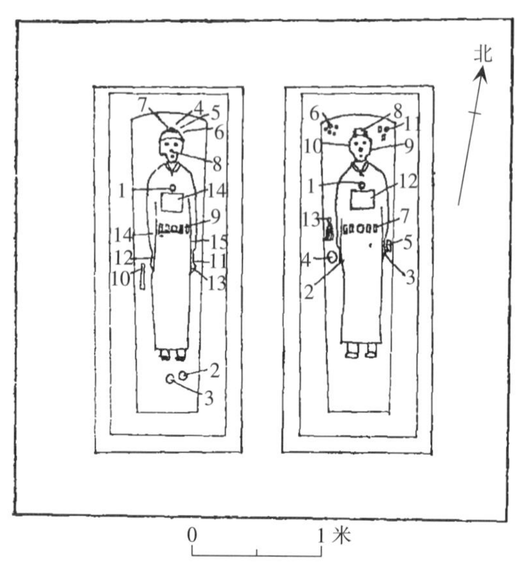

图一　墓葬平面图

左：1. 铜镜　2. 木马桶　3. 竹脚桶　4、5. 牛角梳　6. 金耳挖　7. 银发簪　8. 玉鼻塞　9. 腰带银饰片　10. 折扇　11、12. 银锭　13. 受生文牒　14、15. 胸襟绸、袖口绸片

右：1. 铜镜　2、3. 银锭　4. 紫铜小手炉　5. 水晶印　6. 钱币　7. 腰带银饰片　8. 玉发簪　9、10. 玉坠　11. 小石件　12. 胸襟绸片　13. 折扇

打开椁板后可见两棺板上均覆以素缎盖棺布，女棺盖棺布上正楷墨书：“明江西按察司使阳平黄公元配诰封徐恭人柩”，另棺盖棺布上正楷墨书：“嘉议大夫江西按察使阳平黄公柩”。掀去盖棺布，两棺棺盖前部各钉有地券板一块。尸体基本腐烂，衣服也局部腐烂。两尸各穿衣六件，外用白土布包裹，用十五根布条捆扎，系成活结。棺内上部堆满装蚌片的布袋，中部堆满装香樟木的布袋，下部堆满装木炭的布袋，其作用可能是防腐吸潮。

女棺出土器物介绍如下。

盖棺布　1件（1）。素缎质。

地券板　1件（2）。长方形木板。边长27.5厘米。用朱砂书写正楷小字，写法是一行正写，一行倒写。券文开始有“维大明崇祯十二年十二月二十日直隶苏州府太仓州在城东南隅居住孝信黄错以母生于万历己卯年二月初六亥时殁于崇祯癸亥正月初九日戌时……”等字样。该板置于棺板前部，被盖棺布覆盖。

铜镜　1件（3）。无纽，凸缘。镜面上有凸起的双鱼图样，并铸有两个鱼虫体字。直径10厘米（图二，右）。

明器马桶　1件（4）。木质。直筒形，有盖。径4、通高5.5厘米。

明器脚桶　1件（5）。竹质。径9、通高3.5厘米。

牛角梳　2件（6、7）。无柄。通长分别为11、15厘米。

耳挖　1件（8）。金质，质地坚硬，成色较差。通长10.2厘米。

发簪　1件（9）。银质。通长12.2厘米。

小玉鼻塞　2件（10）。均长2厘米。

腰带银饰片　21件（11）。腰带已腐烂。银饰片保留完整，有正方形和长方形两种，上有牡丹、缠枝花纹饰，宽3.5厘米。背面垫有木板。

折扇　1件（12）。扇面纸质，扇骨木质。扇面烫金，上勾以墨线斜交叉格，无字画（图三）。

小银锭　2件（13、14）。上有砂眼，较粗糙。通长均为3.2厘米。

受生文牒　1张（15）。为一黄皮纸封套，面上用墨笔正楷书写文字一行："给付诰封恭人徐氏随身受生文牒一道收执为照"（图四）。套内装有一张空白宣纸包叠的纸灰。

此外，尚有袖口绸片2块。胸襟绸片1块，上绣羽毛花纹，缀以金丝。均为残存寿衣采集品。

男棺出土器物介绍如下。

盖棺布　1件（16）。素缎质。

地券板　1件（17）。正方形木板。边长27.5厘米。用朱砂书写正楷小字，写法与女棺所出相同。文内记云："维大明崇祯四岁□辛未……太仓城东南……孝信黄错以父生于万历五年丁丑廿六日五时殁于天启七年丁卯拾□□……"。

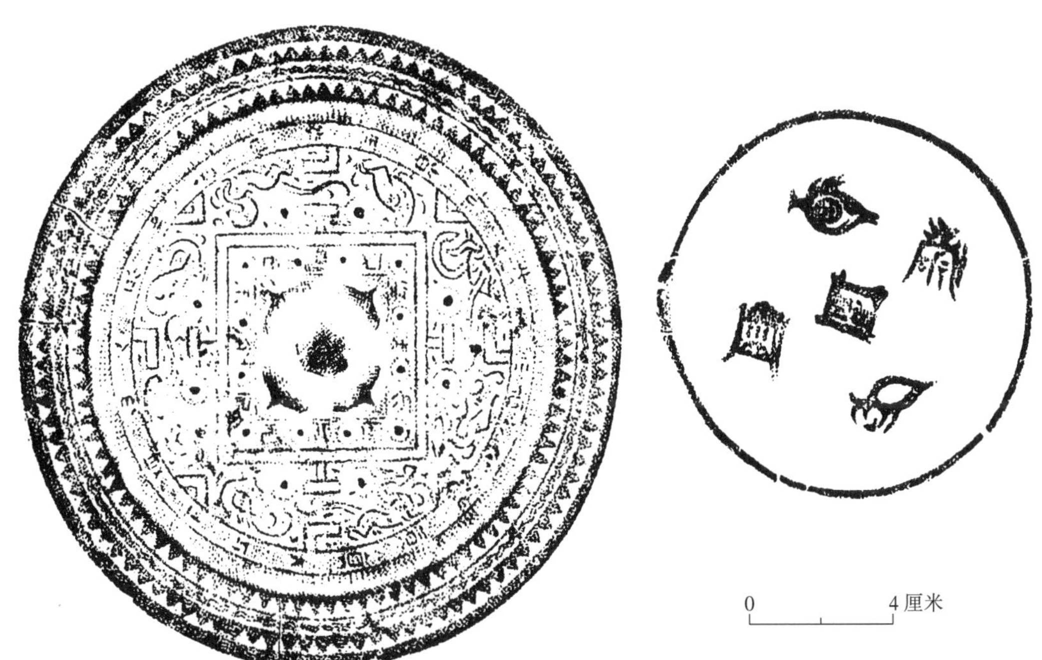

图二　铜镜拓本

铜镜　1件（18）。二十乳丁，有孔纽。镜面主要饰以几何纹图形，中有十二干支字样。径17.2厘米（图二，左）。

小银锭　2件（19、20）。通长3.2厘米。19，外表镀金，呈暗黄色。

小手炉　1件（21）。质地紫铜，荸荠形，有盖，盖上有方格网孔，三足。径8.5、通高4厘米。

水晶印　1件（22）。上刻篆体白文“黄元会印”四字，印纽为瓦纽。长3.1、宽3、高2.5厘米（图五）。

腰带银饰片　11件（23）。有长方形、正方形、鸡心形三种形状，相间排列。饰片上有牡丹花两方连续图案纹饰。宽6.5厘米（图六）。

玉发簪　1件（24）。长7.5厘米。

玉坠　2件（25）。环形。外径均为2厘米。

小石件　3件（26）。长分别为2.3、2.5、1.5厘米。出土于男尸头部。

扇骨子　1件（27）。扇面已腐朽无存，扇骨竹质。

此外，尚出古钱11枚，锈蚀严重，有的还可见“太平通宝”四字。另采集寿衣胸襟绸片1块，绣以波浪、云纹等图案。

图三　折扇

图四　受生文牒

图五　水晶印文（4/5）

图六　腰带银饰片花纹拓本（1/2）

《太仓州志》卷十九载有“黄元会传”，可知黄元会，字经甫，幼孤，感奋为学，万历四十一年（1613 年）进士，历任工部都水司主事、南昌知府、按察副使、提学副使、山东布政司参政、江西按察使等职，为官清正，卒年五十一，著有《仙愚馆集》一书。

此墓出土文物对研究明代末年江南民俗，具有一定的价值。

政定荣拓片，钱公麟绘图。

执笔：吴聿明

（原载《考古》1987 年第 3 期）

太仓南转村明墓及出土古籍

吴聿明

1984年8月，江苏省太仓县双凤乡南转村砖窑厂在杨林塘河南岸取土时，发现一座明代夫妇合葬墓。苏州博物馆会同太仓县博物馆进行了清理。

该墓位于南转村以北，北距杨林塘30米，东距盐铁塘约50米，西距沪宜公路约200米。墓主施贞石，隐居不仕，生于嘉靖四十三年（1564年），殁于崇祯四年（1631年）。妻郁氏，生于嘉靖四十三年，殁于天启七年（1627年）。均为太仓东门人。

墓穴方位为北偏西18度，墓圹结构为砖砌灌浆。圹内并列两个棺坑（编号M1、M2），同大。M1为女棺，M2为男棺。灰浆坑外沿长5.04米、宽2.58米，灰浆厚0.3米，离地表深1.56米。灰浆层以内为砖砌坑墙，砖墙厚0.16米，用城砖横砌，内壁用石灰粉面。砖坑上盖木板，板厚0.1米，上覆浆厚0.4米。坑上除原有五花土外，还覆盖了1958年新开杨林塘翻起的黄土堆，土堆通高约2米。砖坑内置木棺，两棺通长2米、通宽0.6米、通高0.78米，棺板厚0.1米。两棺上都覆盖一层盖棺布，分别书写一行正楷墨书大字："处士施贞石元配郁孺人柩"，"明故处士施贞石之柩"。棺木完好，棺板用披麻筑灰法油漆，黑漆，无纹饰。尸半腐。该墓东侧还有一座墓葬（M3），为砖砌拱券圹，墓内棺木及尸体已全腐，存积了厚厚的一层淤土。据我们分析：M3的时代当早于M1、M2，或为施氏父辈的墓葬。

合葬墓共出土随葬器物11件，古籍4部。现简述如下。

M1出土器物介绍如下。

海兽葡萄铜镜　1面。M1∶1，径16.5厘米（图一）。

木梳　2把。M1∶2，黄杨木质。通长分别为17.5、16厘米。

玉簪　1只。M1∶3，簪头呈蘑菇状。通长12.3厘米。

玉帽花　1枚。M1∶4，上有透雕花纹。大小为2.5厘米×4厘米。

地券板　1块。M1∶5，27厘米见方。上用朱砂书写正楷小字，文为："今□大名□直隶苏州府太仓州在城东南兴德土地界居住信女□原生于嘉靖甲子年正月初四日戌时殁于天启丁□年五月十四日申时享年六十四岁因疾身故当备衣□□□堂一向未逞安癸令请到□□得□□穴在于祖茔□□□穴精部左□□□用价钱九万九千九百九十九□文买到□荒□主名下吉地□□□穴地东至青龙西至白虎南至朱雀北至玄武上至青天下至茔□巳上□□白□有旭中金银茔□俱系欲天堂当不许宝丘凶鬼……怪前来……

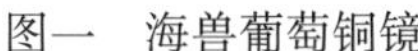

图一　海兽葡萄铜镜

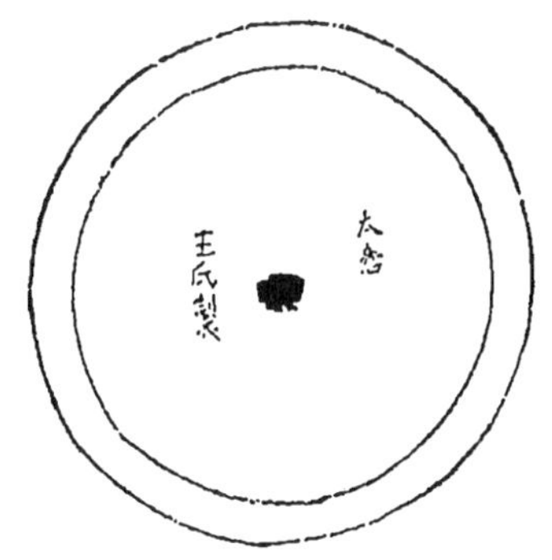

图二　双线素铜镜

此□押付天牢问罪施行须……讯照律令出卖人开荒地主……进人张坚固说合人字定图……左邻人东王公右邻人西王母永远存照。”书写行款为一行正写、一行倒写相间。

M2 出土器物介绍如下。

双线素铜镜　1 面。M2∶1，径 17.5 厘米（图二）。纽两边有两行随笔行书：“太仓王氏制”。可见太仓当时有制作铜镜的作坊，这对我们探讨明代江南冶铜铸造业的发展提供了有益的线索。

小玉环　1 对。M2∶2，径均为 2 厘米。

铜挖耳　1 只。M2∶3，通长 8.5 厘米。

地券板　1 块。M2∶4，27 厘米见方。亦以朱砂书写正楷小字，文为：“维大明崇祯四年闰十一月二十二日巳时直隶苏州府太仓州在城东南兴德土地界中居住信士施远雍禹以父亲光焕生于嘉靖甲子年十月十五日亥时殁于崇祯四年九月十七日吉时享年六十八岁□圭筮叶从卜皆习当于十四都祖茔穆穴之厚宅兆安厝设用金钱九万九千九百九十九贯文兼五彩礼致信币□地一段东至青龙南至朱雀西至白虎北至玄武内方勾陈分掌四域丘丞墓陌谨肃界封道路将军齐肃阡陌若辄于犯请禁将军即行敕付河伯今以牲牢酒礼共为信誓才地相交分付工匠修营安厝永保无咎违此约地府主吏自当厥祸主掌内外存亡悉吉急急如五帝主者律令。”书写行款同 M1 地券板。板的背面还有朱书文字（图三）。

M3 出土器物介绍如下。

素铜镜　1 面。M3∶1，径 10 厘米。

木梳　2 把。M3∶2，亦为黄杨木质。分别长 16、12 厘米。

该墓随葬器物较为简单，葬制规格也较低。墓主施贞石一生未仕，州、县志中均无载。

三墓出土文物具有浓厚的民俗气息，如四把木梳都保存完好，是珍贵的历史民俗文物。两块地券板的文字都较完整，可以了解墓主的籍贯、家世、生卒年月，也是研究古代民俗学的重要文物资料。在发掘过程中还有一点值得提及的：打开 M2 棺板后，即见一块盖尸的土制粗白布，布上用黑色炭粉撒上了佛教的图案符号，上为北斗星座形，中为“卍”形，下为“V”形（图四）。这种情形在以往的发掘中极少见。

南转村明墓出土随葬古籍 4 部，共 42 册，另有手抄文牍 14 页，《战国策索隐》13 页。这些古籍按部分四叠放置在 M2 棺板南部。出土时，这些古籍因潮湿而粘连成一块，部分霉变腐烂。现已由上海图书馆陆续修复。出土古籍的基本情况及版本简介如下。

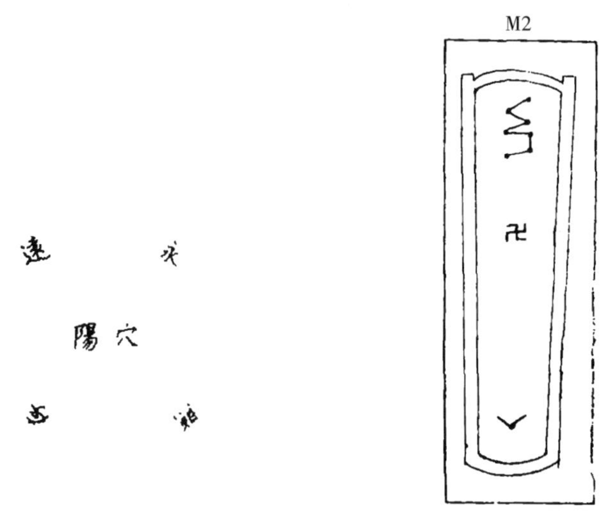

图三　M2 地券板背面文字摹本　　　　图四　M2 盖尸布上黑炭粉符记

《居家必用事类全集》　18 本。M2∶5，黄色皮纸，内用两层衬纸，书页长 21.3、宽 16.1 厘米。粗线框，框为 14.6 厘米 ×10.7 厘米。每页 9 行，满行 16 字。木刻，长仿宋体（图版一，2）。全书分甲至癸十集，是古代民间生活顾问式的百科全书。卷首有嘉靖三十六年（1557 年）钱塘田汝成撰叙。查《四库全书总目》著录：“《居家必用事类全集》，十卷（内府藏本），不著撰人名氏，载历代名贤格训及居家日用事宜，以十干分集，体例颇为简洁。辛集中有大德五年吴郡徐元瑞《吏学指南序》。圣朝字俱跳行。又《永乐大典》屡引用之。其为元人书无疑。黄虞稷《千顷堂书目》云：‘或谓熊宗立撰，恐未必然也。’”出土本的内容与总目所述一致，但《总目》未提及田汝成撰叙。郑振铎先生《西谛书话》中曾载此书，云系万历初年（1573 年）的经厂刊本，似尚在出土本之后。

在《居家必用事类全集》中夹订有《战国策索隐》13 页，开本同《居家必用事类全集》。字体用扁仿宋体，字稍大。有朱笔圈点。

《古今考》　10 本，38 卷。M2∶6，双线框，框为 21.6 厘米 ×14 厘米（图版一，1）。卷首有“万历……年冬一月朔赐进士……庶吉士江夏□”字样。《古今考序》15 页。正文每页 11 行，满行 24 字。白皮纸，字体正楷。《四库全书总目》云：“《古今考》一卷（两江总督采进本），宋魏了翁撰。了翁有《周易要义》，已著录。是书前有自序，称即《汉纪》随文辨理，作《古今考》。惟有二十余页，摘《汉书·高帝纪》中名物称谓字义音释，略为辨论，与序相应。自东坡《胡麻赋》以下，皆杂记他事，注曰以下杂识诸条附考。方回所补了翁《古今考》，仍以原书为第一卷，无此诸条，知为后人以篇页寥寥，不盈卷轴，窜入他文以足之。陈继儒《秘笈》所载，大抵此类也。”出土本《古今考》内容与《总目》所述完全吻合，当系万历本无疑。

值得我们重视的是，在《古今考》出土本中发现了散夹于各卷内的手抄文牍 14 页。黄皮纸，双线墨框，框为 21.6 厘米 ×14.5 厘米，每页 10 行墨线竖格，满行 16 字。正楷小字墨书。从书写风格辨认，系出自三人之手。内容是记载明代某地卫所武官的履历档案，记及抗倭、漕运、职官奖惩等事。具有很高的史料价值和文物价值。文牍照录于后（见附录）。

《尺牍清裁》　12 本，60 卷。M2∶7，白皮纸，双线框，框为 19.6 厘米 ×13.6 厘米，每页 9 行竖线格，满行 18 字。字体正楷。《四库全书总目》云：“《尺牍清裁》六十卷，补遗一卷（内府藏本），明王世贞编，世贞有《弇山堂别集》，已著录。是书盖因杨慎原本而增修之。慎所录自左史迄于六朝，共为八卷。世贞益为二十八卷。复采唐代至明之作通为六十卷。又旁搜稗史，得梁隋以前佚作四十余条，为补遗一卷。”出土本《尺牍清裁》与《总目》著录卷数、作者、内容皆合，当为同一版本。

《□字文汇体》 2册。M2∶8，黄皮纸，仿宋体木刻本。是一部文字、训诂学著作，体近字典。其中列举了许多单字，用真、草、隶、篆、章草等字体书写，并用小字注释该字读音、字义、引例，用反切法注音。此书腐蚀严重，现仍在修复中。

综上所述，南转村明墓出土的四部古籍均为明版善本。其中14页手抄文牍，提供了有关明代卫所、吏治制度以及江南风土民情的第一手可靠资料。

出土古书的修复，承上海图书馆和上海博物馆大力支持，在此一并致谢。

发掘：丁金龙　钱公麟　严　军　吴聿明　张　浩　倪文明　沈鲁民

拓片：政定荣

附录：

出土文牍手抄本录文

页一：

前千户所

正千户贰员

一员胡臣顺年肆拾柒岁凤阳府寿州人」嘉靖肆拾伍年柒月初柒日到任」蒙」盐院王〼〼奖励署印无议领运效」劳又蒙」漕院陈〼〼奖励年力精强事……」达署印□谨领……」漕……」

页二：

一员李尧臣年叁拾伍岁直隶凤阳府」□州盱眙县人万历贰年陆月贰拾」陆日到任蒙」按院李〼〼奖励年青而□守矜……」识明而干才优裕又蒙」盐院姜〼〼奖励年资……」颇有干才堪以委用又……」按院陈〼〼奖励管任军……」□无扰又……」

页三：

副千户伍员

一员张弘度年伍拾肆岁直隶扬州府」□州如皋县人嘉靖肆拾伍年拾月」拾叁日到任蒙」江院陈〼〼戒饬不思官守专贩私」盐又蒙」抚院王〼〼戒饬专事贩盐惟酷□」酒奸拐石仓官之妻遂为□□」之辱又蒙」盐院许〼〼戒□化县……」

页四：

一员何其贤年肆拾肆岁浙江宁波府昌」国县人万历贰拾年柒月□□日」到任」心术　年貌」操守　才干」

页五：

一员赵敏学年肆拾玖岁北京永□府□」山县人万历拾年陆月贰□壹日」到任蒙」操院王〼〼奖励抚顽卒独长贺驭」散月粮尤有处分」心术　年貌」操守　才干」

页六：

一员马负图年贰拾玖岁直隶扬州府江」都县人万历贰拾年叁月拾伍日到任」心术　年貌」操守才干」

页七：

一员李廷秀年叁拾岁原籍直隶凤阳府」南宿州人万历拾柒年捌月拾柒日到任」心术　年貌」操守才干」

页八：

百户玖员

一员顾继业年伍拾壹岁……定」远县人嘉靖叁拾玖年柒月贰拾」贰日到任蒙」盐院许▨▨戒饬性好贪杯……」态指领运揹堂□之□佥……任」富军之贿又……」按院陈▨▨戒……」

页九：

一员刘光祖年贰拾柒岁永平府抚宁县」汉人万历玖年捌月拾壹日到任」蒙」仓院党▨▨奖励青年之姿优闲之」技领运恪守章程备倭能严纪律」又蒙」盐院沈▨▨奖□领□部旗军馈例」□海察津隘险」……王奖励……」

页十：

抚院……防江能……」兵不事虚文又蒙」屯院孙▨▨奖励防江捕□……」安鼓舞得法又蒙」操院石▨▨奖励年力英妙……」昂防江捕获多功训兵鼓……」又蒙」操院陈▨▨奖励江防有功训兵有」法又蒙」

页十一：

弁又蒙」江院田▨▨奖励年资正茂志□」端巡河地方不扰备倭军士相安」又蒙」漕院吴▨▨奖励谨饬绝无口过清□」不为身谋又蒙」盐院沈▨▨奖励谨饬绝无▨口过清」不为身谋又蒙」抚院杨▨▨奖励年青而……」质美而才干挥霍……」

页十二：

仓院刘▨▨奖励年力英妙才气……」昂防江捕获多功训兵鼓舞得法」又蒙」漕院贾▨▨奖励防江捕获……」练鼓舞得法又蒙」盐院徐▨▨奖励巡捕能擒……」倭力禁盐徒又蒙」操院蔡▨▨奖励训兵能……」□多获……」

页十三：

抚院杨▨▨戒饬贩私盐□□□」获拐屯妇赴部曲潜藏又蒙」仓院党▨▨戒饬奸仓官之妻廉隅」尽丧侵船料之银职守全隳」心术　年貌」操守　才干」

页十四：

士又蒙」抚院舒▨▨戒饬通旗军以兴贩弃」寡母而包娼又蒙」操院石▨▨戒饬贪淫不顾□□」逆大伤风教又蒙」操院陈▨▨戒饬贪淫不顾冠裳忤」逆大伤风教又蒙」盐院徐……不顾……」

（原载《文物》1987年第3期）

常熟城郊发现明代墓葬

杨新民

1989年10月，在江苏省常熟市城郊乡三八村因取土之需发现了一座墓葬。市文管会对其进行了清理发掘。地面上发现断残、风化的墓志两合。据此可确定为明代程姓夫妻合葬墓。现将男性墓编号M1，女性墓编号M2。

M1，长方形竖穴石室木椁墓。墓走向为东北—西南向，北向偏东20度。此墓结构极其考究，外椁浇浆，厚24厘米，下部为厚26厘米的石板，内椁为木椁。内、外椁之间有一层2~5厘米的松香层，略带气味。椁内楠木棺保存良好。墓底距地面深1.85米，墓口距地面深1.2米。棺内有人骨架一具，仰身直肢，头戴冠帽。棺中随葬品较少。在头部发现一木质梳妆盒和一束发冠。梳妆盒里装有木签1根，铜把小铁刀1把，牛角刷柄2把，其中一把带有镂空莲花纹。在其右手边发现荸荠头竹扇骨1副。在尸骨腰部发现有镀银包边铜腰带饰件17块，内有衔接腰带的玉扣1个。

M2，位于男性墓之右，长方形竖穴石板木椁墓。此构筑逊于M1，内、外椁分别用木构成，然后有浇浆将木棺封住。墓底距地面深1.5米，墓口距地面深0.9米。由于棺中满积清水，人骨架已很混乱。棺中随葬品有金器、木器、水晶珠、玛瑙珠、铜钱、铜镜等75件，以化妆品为主。化妆品都装在一个腰形描金化妆盒里，此盒外形似鞋，上绘人物故事图案，盒已残破。盒内有木梳2把，一大一小，梳齿无损，极其完好，还有一根脱毛的木刷把。值得一提的是一个云纹剔红圆粉盒，上绘云纹，直径11、高4.8厘米。随葬品中发现的一些金饰器，如四根梅花金发簪、镀金银压发、金如意簪、金挖耳，大约估计随葬时放在死者头部。此外，发现铜钱8枚，其中北宋“太平通宝”3枚，“元丰通宝”2枚，“祥符元宝”“大观通宝”各1枚。另有“卯生”压胜生肖钱1枚，此钱直径2.4厘米，圆形圆孔，有内郭、狭缘；面纹“卯生”二字，从上至下直读，左、右两侧为月纹；背面有图案，右为一老寿星，昂首直立，面向老者而蹲的，是十二生肖中的卯兔。老寿星左上方有星云纹。铜镜1枚，圆形，直径11.5厘米，为瑞兽葡萄镜。

断残、风化的两合墓志中，其中一墓盖篆有“明故封承德郎刑部主事程公之墓志铭”。志文中还有“吉安郡太守程宗源伊丧其父……封主事……”“……字景和……”等字，可推死者乃程宗之父，字景和。查《重修常昭合志》，程宗曾任刑部主事，由是推之，程景和乃“以子宗贵”①，故死后随子官衔而封。

程景和、程宗父子与为保护明英宗而“两股堕地”②的忠义节烈之士程式有密切关系。《重修常昭合志》中言程宗乃式从子，或即程式，从子即侄子，由此推断，程景和与程式为兄弟关系。程式、程宗事迹都详见于《重修常昭合志》。唯程景和生平事迹不详，待考。

执笔：杨新民

摄影：徐振球

注释

①［明］管一德：《皇明常熟文献志》卷九。

② 丁祖荫：《重修常昭合志（人物志）》卷二十。

（原载《东南文化》1991 年第 6 期）

杨舍镇发现明代夫妇合葬墓

缪自强　易剑刚　季永才

1994年7月20日在张家港市杨舍镇商业新街北侧，金厦商城基建工地上发现一座明代夫妇合葬墓。在苏州市文管会、苏州博物馆考古专家的指导下，在市公安部门的大力配合下，市文管会办公室及时进行了抢救性发掘清理。现将清理情况报道如下。

一、墓室位置及结构

古墓坐落在原杨舍堡城西门外约200米处，墓身对准原城西门，方向东偏南70度。该地俗称黄家坟场，即黄氏家族墓地。原地势较高，1958年当地生产队在平整土地时曾挖掘过4座古墓。此古墓因墓葬较深，结构牢固而没有被挖掘。

该墓葬整体结构为浇浆。墓身东、南、西、北边长依次为3.8米、4.1米、4.1米、3.8米，深1.8米。四周墓壁、墓底、墓顶均为浇浆。墓顶浇浆厚50~60厘米，基壁浇浆厚60~70厘米。墓壁内四周为5~5.5厘米厚的木板做成墓廓，上面盖有6块木板，木板下面有3根木梁并浇浆厚15厘米至木棺。墓廓为2.44米×2.58米，深1.3米。廓内中间有一厚5.5厘米的隔木板，把廓分隔成南、北两个墓室。北墓室为男棺，南墓室为女棺。男、女木棺方向朝东，均为东偏南79度。男棺长2.18米，东宽0.54米、西宽0.57米；女棺长2.1米，东宽0.48米、西宽0.54米；深均为0.8米。浇浆墓身顶部东面有两处二合墓志铭青石碑，北面的二合为男主墓志铭碑，南面二合为女主墓志铭碑，二合墓志铭碑都用两组铁板抱合。

二、出土器物

该合葬墓出土器物不多。男性墓随葬器物有桃木梳1把，龙泉瓷碗2只；锡明器22件，其中有锡盆、锡碗、锡壶、锡灯盏、锡香炉等；钱币5枚，均为“太平通宝”。女性墓随葬器物有枣木梳2把，银钗1件，银耳扒及银针各1件并用一小铜圈串联在一起；白瓷碗2只，小铜镜1面；钱币22枚，均为“太平通宝”；铜冥币8枚，为手工钻刻而成，大小如实钱币，较薄，其中4枚为“天下太平”，4枚为“明道通宝”，字迹在薄铜币上一面为凹，一面为凸，可见冥钱上的字是在薄铜片上凿出来的。

出土四块青石墓志铭碑，每两块对合。男主墓志铭碑，上合60厘米×60厘米×17厘米，下合62厘米×62厘米×13.5厘米。上合篆书“明故心隐处士黄公墓”，下合正楷墓志铭文。女主墓志铭碑，上合66厘米×66厘米×10.5厘米，下合67厘米×67厘米×12厘米。上合篆书“黄母范太安人墓志铭”，下合正楷墓志铭文。

三、结语

1. 该夫妇合葬墓全部为浇浆结构，没有用砖石板。这种结构形式的墓葬在我市尚属首次发现。而据苏州博物馆考古专家的意见，这种葬式他们也未见过。这对研究明代早中期的墓葬结构形式、风俗习惯提出了新的课题。

2. 该墓葬出土器物较少，且不够珍贵精致。根据随葬明器的规格，22件为七品待遇，理应随葬器物较多。则进一步考证了明代早中期对葬制的改革，即实行重祭薄葬的制度。

3. 通过墓志铭的出土，证明了墓葬的时代和墓主的身份。

男性墓主为黄心隐，字孟贤。明代弘治庚申夏五月二十六日卒（1500年），享年五十有九。世居苏之黄家巷，为避兵乱徙至江阴杨舍镇。女性墓主黄母范氏，正德辛巳三月十五日卒（1521年）享年八十岁。

据墓志铭记载，该夫妇合葬墓是其儿子黄昭在福建任按察司副使时，得到母病卒的讣后，冒风雨经数千里，在不到一个月的时间内赶回江阴杨舍镇奔丧，后为其父母合葬在黄家墓地。

黄昭何许人也。根据《嘉靖江阴县志》《杨舍堡城志稿》记载，黄昭出生在杨舍镇，其父为黄心隐，母为范氏。黄昭于明代弘治乙卯年（1495年）进士及第，先后授刑部主事、广东按察司佥事、福建按察司副使，是明代杨舍镇6位进士之一。墓志铭和志书记载相吻合，进一步考证了杨舍镇的历史。

苏州虎丘明墓清理简报

苏州博物馆

1978年春，苏州市虎丘大队在平整高邮坟时，发现古墓一座并上报，苏州博物馆遂派员前往清理。

一

该墓位于虎丘双利村（现虎丘村）东部，鸭脚浜以北约400米。墓为长方形砖室结构，分左、中、右三室。三室并列，长3.98米、宽2.88米。墓壁厚0.36米，下端用长0.42、宽0.2米、厚0.13米的青砖错缝平砌。砌至0.68米高处，放置宽0.34米、厚0.22米的石条。石条上覆盖三块长2.9米、宽1.22米、厚0.22米的大石板。石板上分别有三层4~6厘米厚的石膏浇浆。墓室四周浇浆厚25~56厘米。中室东、西两壁，在距墓底0.13米的高处，相对各置一小龛，龛高0.13米、宽0.13米、进深0.29米。龛呈壶门状，与左、右两室相通。三室各置一棺，棺木保存基本完好。棺外髹棕黑色漆，棺内髹棕红色漆。棺盖与棺用锭榫嵌合。棺内尸体均已腐烂，右室尸体头和四肢先用多层黄纸缠裹，尔后从头至脚用两层白布包裹。每一层白布从上至下对胸各打有十五个抽结，每一抽结间距为10厘米左右。

二

墓内随葬品有织物、铜镜、饰件等23件。分述如下。

织物　15件。均在中墓室内出土，9件穿在墓主身上，6件叠放在墓主下半身，分补服、便服、衣料等。

补服　5件。

标本3号，真丝盘领右衽袍（图一）。身长1.28、袖长1.18、袖宽0.45米。黄色，云纹地，胸、背各织有麒麟补子一方（图二麒麟补子，略）。补子长0.38、宽0.37米。另在左、右肋下各缝一条本色质料制成当时称为“摆”的阔边。衣服面子组织，地部为纬二重，花部为麒麟纹。托肩为平纹地纱起花。

标本5号，真丝盘领右衽袍。身长1.28、袖长1.18、袖宽0.45米。绯色，云纹地，胸、背各织有麒麟补子一方。补子长0.4、宽0.38米。左、右肋下各缝一条阔边，衣服组织同上述标本3号。

标本 8 号，真丝合领夹衫（图四）。身长 1.25、袖长 1.38、袖宽 0.47 米。黄色，云纹地，胸、背各织有麒麟补子一方。补子长 0.40、宽 0.38 米。衣服面子地部为素缎，花部为麒麟纹，里子为单层花缎。

标本 12 号，真丝盘领右衽袍。身长 1.28、袖长 1.28、袖宽 0.45 米。黄色，云地纹，胸、背各有孔雀补子一方，每方孔雀各一对。补子长 0.38、宽 0.37 米。左、右肋下各缝有一条阔边，织物结构同标本 3 号。

标本 15 号，真丝盘领右衽袍。身长 1.28、袖长 1.18、袖宽 0.46 米。黄色，万地云纹，胸、背各缀刺绣孔雀补子一方（图三孔雀补子，略）。补子长 0.38、宽 0.37 米。左、右肋下各缝有一条阔边，面子为单层花缎，托肩为平地纱起花。

便服　9 件。

标本 1 号，真丝交领右衽夹衫。身长 1.17、袖长 1.07、袖宽 0.39 米。黄色，万地云纹。衣服面子组织为单层花缎，里子为素缎。

标本 2 号，真丝交领右衽棉袍。身长 1.17、袖长 1.07、袖宽 0.39 米。黄褐色，万地云纹。该服面子组织为菱形纹花绫，里子为斜纹，托肩为平纹。

标本 4 号，真丝右衽短袖交领单衫。身长 1.24、袖长 0.58、袖宽 0.47 米。黄色，缠枝四季花。织物结构为单层提花。

标本 6 号，真丝交领右衽短袖单衫。身长 1.24、袖长 0.58、袖宽 0.47 米。黄色，云纹地。衣服面子组织为纬二重，托肩为平纹地纱起花。

标本 7 号，真丝交领右衽短袖单衫（图五）。身长 1.24、袖长 0.58、袖宽 0.47 米。黄色，云纹地。组织为平纹。

标本 9 号，绸丝交领右衽单衫。身长 1.31、袖长 1.18、袖宽 0.44 米。褐黄色，素纹。前襟的腰际横有一襕，襕下打满折裥。面子为绸丝，组织平纹，托肩为真丝平纹地上纱起花。

标本 10 号，真丝交领右衽单衫。身长 1.17、袖长 1.07、袖宽 0.39 米。黄色，万地云纹，花缎。衣服面子组织为真丝单层花缎，托肩为真丝平纹地纱起花。

标本 13 号，真丝交领右衽单衫（图六）。身长 1.20、袖长 1.11、袖宽 0.40 米。黄色，衣服面子单层花缎，夔龙纹（图七夔龙纹缎，略）。衬领为真丝平纹绸，左、右肋下各缝有一阔边。

标本 14 号，真丝交领右衽单衫。身长 1.13、袖长 1.18、袖宽 0.44 米。黄色，鱼鳞纹花绫。前襟的腰际横有一襕，襕下打满折裥。

衣料　1 块。

标本 11 号，真丝单层花缎料。

铜镜　2 件。出土时均镶嵌在棺内挡头板上。

标本 16 号，素面小纽镜。右室内出土。

标本 17 号，仿汉规矩纹镜。中室内出土。

银质鎏金耳坠　3 件。均在右室内出土。

标本 18、19 号，耳坠形状为一手执带状物小孩，上配有一“S”状环。刻工精细，形象生动。

标本 20 号，耳坠形状为一朵白兰花，上配有一“S”状环。

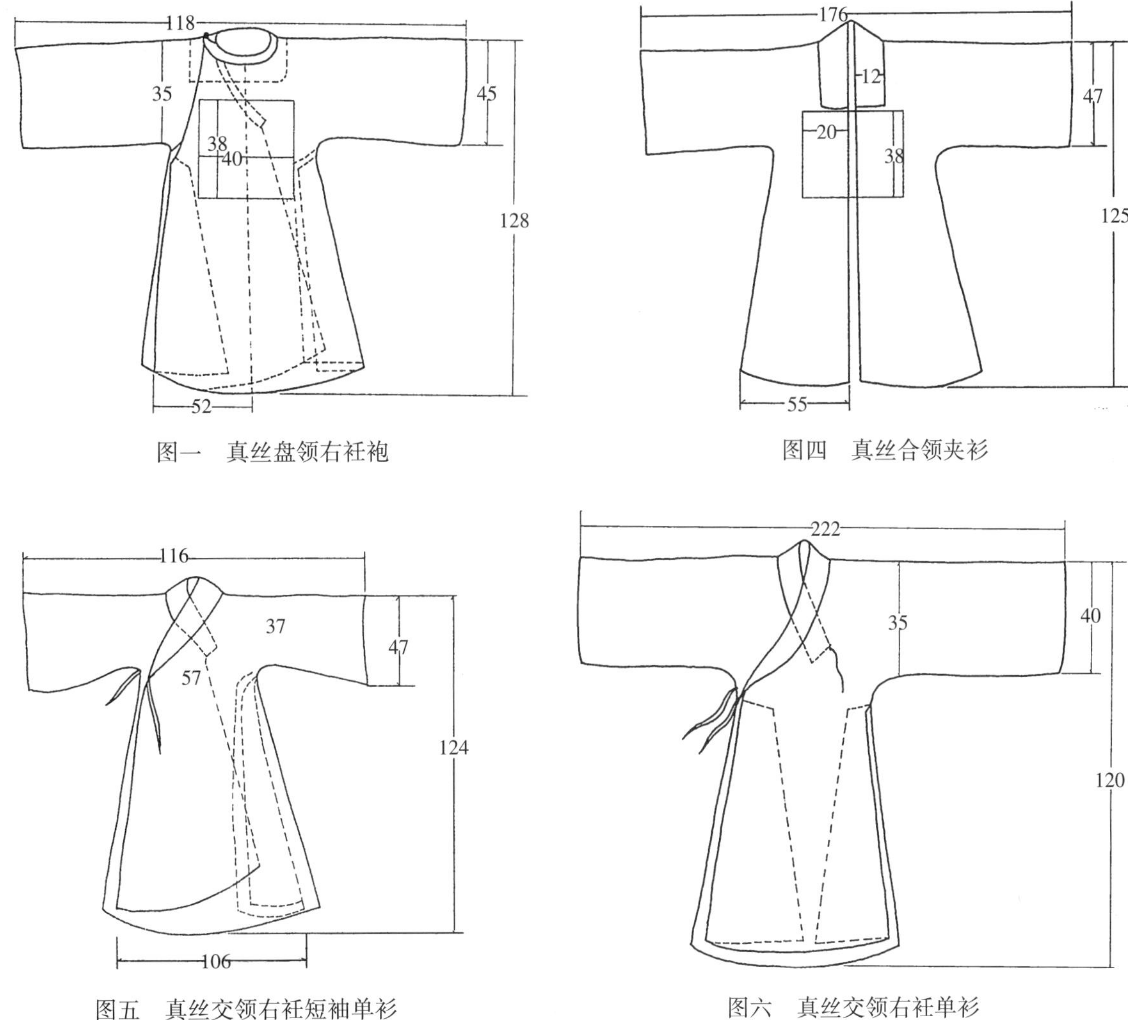

图一　真丝盘领右衽袍

图四　真丝合领夹衫

图五　真丝交领右衽短袖单衫

图六　真丝交领右衽单衫

银质头簪　3 件。均在右室出土。

标本 22、23 号，形如锡状。

标本 23 号，凤形簪。

三

该墓未发现墓志，有关墓的时代和墓主身份，只能根据出土的织物花样、铜镜纹饰等随葬品进行判断，墓中出土的织物花样主要有祥云纹、“万”字纹、如意纹、缠枝四季花等，均是明代常见的织物纹样。出土两铜镜，一为素面，一为仿汉规矩纹镜，两镜小纽，仿汉镜的纹饰，线条浑圆，较粗笨，具有明代仿古镜的特点。另外，出土官服也具备明代服饰特点，如清代官服，其下摆、袖口及补子四周都用不同颜色织物镶边。明代补子的尺寸也大于清代补子。明代补子尺寸一般为 40 厘米左右，清代补子一般在 30 厘米左右。且明代补子织在大襟袍上，清代因补子前片都在中间剖开，故一般缝在对襟褂子上。明代文官补子常绣一对禽鸟，清代补子均绣织单只禽鸟。以上各点均证实墓的时代为明朝。

墓分左、中、右三室，从以往的发掘材料分析，中室一般为墓主（男性），左、右二室为合葬的妻妾。墓中随葬品，中室出土织物15件，铜镜1件；右室出土铜镜1件；左室无随葬品。随葬品的多寡也反映出墓主身份和地位。

中室墓主身份，根据出土物大体可判断。如在出土的15件织物中，有5件补服。补服为明清官服，其官的品级以补子纹区分。5件补服中，3件补子为麒麟，2件补子织纹为孔雀。根据《明会典》及《明史·舆服志》记载，明初（1393年），官服织绣麒麟限于公、侯、驸马、伯所用。职位特殊的锦衣卫指挥侍卫等也能服用。另外，法官（当时俗称风宪官）常服用獬豸、麒麟。至正德十三年（1518年），麒麟之服仅限于四、五品官服①，孔雀为明代三品文官常服补子织纹②。当时以文官用禽，武官用兽作为差别。尔后，又有“文臣服色亦以走兽，而麒麟之服逮于四品”③之规定，据此，墓主生前曾任四品文官，后又提升为三品文官。

明代对文武官公服除上述规定以外，对款式、颜色、衣料等也都有明文规定。如《明史·舆服志》记载，文武官公服“盘领右衽袍用纻丝或纱罗绢，袖宽三尺。一品至四品，绯袍；五品至七品，青袍；八品、九品，绿袍”，又“凡织官衣料，一、二品用杂色文绮、绫罗、彩绣……三至五品用杂色文绮、绫罗”。清初文人姚廷遴《纪事编》书中也提到：“明季现任官府用云缎为圆领，士大夫在家亦常有穿云缎袍者，公子生员辈止穿绫绸纱罗。”不同身份的人，穿着不同，衣料、颜色等都有等级区别。而在墓中出土的5件补服中，除1件为素缎麒麟补子合领夹衫外，其余4件均为云纹缎盘领右衽袍。其中1件孔雀补子为彩绣，是缝在袍的前襟及背上，余下4件补子是织在衣服上。补子的颜色，1件为“绯色”，余下为“黄色或黄褐色”。从补子纹样以及补服的款式、衣料、颜色等也都能证实墓主为四至三品官。

出土时，墓主身穿1件丝棉袍、5件补服、3件便服，身上又放置5件折叠丝织便服和1块花缎料。这些织物除1件为绸丝外，其余全部为真丝，质地包括绫、罗、绸、缎。反映了当时官场铺张奢侈的葬制。仅织造一件官用有纹样袍，当时需用工60~70日不等，外加彩绣一方补子需用工17日④。这些织物花费了大量的财力。

明初法令规定，农家每户必种桑二株，而丝绸的主要产地在江浙，官府专门在苏杭建有织造。苏州在明嘉靖年间，织造局规模发展到“共计房屋二百四十五间”⑤，分别为局内织作、掉络作、染作、打线作的工作间。其中内织作就占八十七间。每年织造“纻丝一千五百三十四匹，遇闰月该造一千六百七十三匹”⑥。墓中这批丝织物的出土，也充分反映了苏州当时丝织手工业的发展和工艺技术水平。

执笔：孙　宗　丁金龙

摄影：姜节余

描图：郭文华

注释

①［清］张廷玉等：《明史·舆服志》（正德）“十三年，车驾还京，传旨：俾迎候者用曳撒大帽、鸾带。寻赐群臣大红纻丝罗纱各一。其服色，一品斗牛，二品飞鱼，三品蟒，四、五品麒麟，六、七品虎、彪……时文臣服色亦以走兽，而麒麟之服逮于四品”。

②［清］张廷玉等：《明史·舆服志》（洪武）“二十四年定制……文官一品仙鹤，二品锦鸡，三品孔雀，四品云雁……”。

③［清］张廷玉等：《明史·舆服志》（正德）“十三年，车驾还京，传旨：俾迎候者用曳撒大帽、鸾带。寻赐群臣大红纻丝罗纱各一。其服色，一品斗牛，二品飞鱼，三品蟒，四、五品麒麟，六、七品虎、彪……时文臣服色亦以走兽，而麒麟之服逮于四品”。

④［清］孙佩：《苏州织造局志》，江苏人民出版社，1959年。

⑤［明］文徵明：《重修苏州织染局记》，《明清苏州工商业碑刻集》，江苏人民出版社，1981年，第1页。

⑥［明］文徵明：《重修苏州织染局记》，《明清苏州工商业碑刻集》，江苏人民出版社，1981年，第1页。

（原载《东南文化》1997年第1期）

常熟发现文徵明书《陈寰墓志铭》

周公太　金剑芬（常熟博物馆）

1994年6月3日，常熟博物馆在市郊虞山北麓钱家山弄西侧一建筑工地征集到新出土的明代嘉靖年间国子监祭酒陈寰墓志铭一方。为青石质，作长条形，横90、纵31、厚11.5厘米。刻成于嘉靖二十八年（1549年），首纤序《亡弟原大圹志铭》，末尾三行分别落款为：都御史致仕八十翁兄察拉泪撰，前翰林待诏将仕佐郎长洲文徵明书，吴鼒刻。全文为小楷书写，共73行，足纤20字。计1323字，其中有40字磨泐不清，余皆清晰。

按：墓主陈寰，苏州府常熟县人，《苏州府志》《常熟县志》均有传。据载，其字原大，号琴溪，正德六年（1511年）进士，登第后选庶吉士，授翰林院检讨。嘉靖初预修《武宗实录》，以荐为经筵讲官，迁南京国子监司业，官至国子监祭酒。志称，其与桂萼同年，官翰林时，曾力斥萼议大礼之非，坐是移南京，旋告归。著有《琴溪集》。

撰文者陈察，系陈寰之胞兄。字原习，弘治十五年（1502年）进士，正德中拜监察御史，嘉靖初巡按四川。值锦衣百户王邦奇借哈密事请诛杨廷和、彭泽等，给事中杨言上书力争，帝怒亲审杨言，折其一指，备极五毒，几成大狱。陈察以御史身份挺身而出，大呼曰：臣愿以不肖躯易言命！退而具疏申理，直声震朝。后历官佥都御史，巡抚南赣，十四年乞休。但困在致仕时推荐前御史万党等人可用，忤旨，被斥为民。既归，敝衣粝食而已。卒年八十三，著有《虞山集》，入传《明史》。

陈察、陈寰兄弟以读书入仕，位居四品朝臣，世称“二陈先生”，是明代江南地区较有影响的人物。二人卒后，王世贞曾撰《二陈公传》，极其推崇。此墓志不仅记述了陈氏兄弟祖上四代及陈寰以下二代世系、名讳及陈寰一生的主要活动经历等内容，由于是由陈察所亲撰，因而较为真实可信。此外，还涉及撰文者本人的许多行迹。其中不少地方，可补以往史料所误记或阙如，具有较高的研究价值。谨探讨如下：

1. 明清《常熟县志》均载陈氏先世为弋阳人，宋丞相康伯之子安节为防御史，巡海至常熟率子幼遂家焉。而墓志则载其先为福建之侯官人，宋有秘阁校理讳伯旸者始徙南沙，再转徙常熟。此南沙当是指位于常熟县西北境的古南沙县地，常熟乃指城区。陈氏先从福建侯官迁至常熟西北乡，再移居县城。

2. 王世贞《二陈公传》及其他多种史料载陈察卒年八十三，陈寰卒年六十三，但均无正确生卒年月。今依志可知陈寰生于明成化十三年（1477年），卒于嘉靖十八年（1539年）。并按所述陈寰小陈察7岁推算，则陈察应生于成化六年（1470年），卒于嘉靖三十一年（1552年）。

3. 史料载陈寰别号琴溪，著作有《琴溪集》一种。但墓志则载其别号琴川，所著有《经筵讲章》一卷、《奏章》二卷、《龙□□》十二卷、《清瀛杂记》二卷、《太学讲章教规》五卷、《续修国子监志》若干卷、《琴川集》若干卷。可知其一生著述甚富，并且《琴溪集》当系《琴川集》。

4. 县志载陈寰有子文周及尧仁二人，而墓志则有三子。即元配顾氏生子道，继配曾氏生子文周，二室江氏生子尧仁。在陈察撰志之时，长子道仕为泉州府知事，次子文周、尧仁皆国子生。关于文周，后历官至广东盐课司提举。

5. 此志书法为小楷，笔力遒劲，一丝不苟，系著名书法家文徵明八十高龄时所作，为《文徵明书画年表》等不载。镌刻者吴鼒，亦为苏州刻石名家。可称撰文、书法、刻工俱佳，是一件不可多得的艺术珍品。文氏一般不轻为人书，其为陈寰书志，当一是由于陈氏昆仲分别以政事及文学闻名于世，其次应是其长子文彭曾任国子监博士，做过陈寰的属官，因而后由文氏挥毫，亦在情理之中。

6. 按墓志所述，在陈寰将葬时，陈察应从子之请挥泪写下了此篇志文。但其撰文时年已八十，为嘉靖二十八年（1549年），故又可知陈寰是在卒后10年才正式入葬的。

（附）墓志铭全文

亡弟原大圹志铭

余弟，南京国子监祭酒，名寰，字原大，别号琴川。以嘉靖己亥三月廿七日卒。嘱其子文周曰：吾尝备员讲读，愧无补于朝。虽例有葬祭，吾死，慎勿以请。葬，必附我先人之侧。吾圹中石，乞我长公为铭，足矣！及葬，其子泣以请，余为挥涕叙之。余陈氏，福之侯官人。宋有秘阁校理，讳伯旸者，始徙南沙，再传徙常熟。三传至讳继芳者，则余之曾祖。先祖考讳璇，号市南清隐。祖妣尤氏、戴氏。先考讳稷，号复清。妣谭氏。祖、父皆赠官南京光禄寺卿，妣皆淑人。封典皆从察者，以寰仕差，晚秩不逮也。先考生寰，后察七年。寰领乡荐，亦后察七年。寰登第，后察十年。余兄弟入仕，先考已早背。先妣在堂，约更相归侍。寰初先为庶吉士，察以湖广道御史乞归。察再被召以河南道，寰以翰林院检讨乞归。今上即位，寰有纂修之命。□□□□，□□欲行。先妣强之，□□□□。□去奔归，□□□□。□□□□，兄弟为悲。余兄弟，天资称异。大抵余较讷，余弟较敏。余较戆，余弟较通。然履善秉直，不能曲时。俯仰有先世遗教，相成不敢论。以故谗讥跋□，均□免焉。余弟以翰林检讨为南京国子司业，再改北司业，迁南祭酒致仕。其为检讨时，适武皇巡□，前星未耀。恳疏陈于事，皆□□大计。充经筵讲官，有以宫妃泯，忌日不宜进讲。面请者，抗论其非。忘撰修□，□□史职之阙。且勤录革□，事表一时。诸臣自附，□□之义。其为南司业时，与大司成湛□，讲明正学。有□异徽名，非诋朱之者，力辩斥之。乃刻程氏《道一编》《白沙诗》，教传于诸生。奏请修校《二十一史》之阙，得为全书。其为北司业时，奏请令天下业文章者，务明理道，不尚浮诡。上疏言：文华殿东室，祀道统帝王，宜配以周公、孔子，咸见嘉允。朝议方尊孔子为先师，有倡言裁革衍圣公家祠宇、器物者，极论得免。其力祭酒时，首上讲学，亲贤疏辞，每剀切。诏褒之曰：足见忠爱。再疏，请申明三途，并用之规，无失祖宗。随才器使之意，日集讲堂。与诸生言，必先之以身心性命之学，义利公私之辩。而次及科条之末，教敷以宽，士心咸服。适南太庙灾，与助教刘世龙并疏。言：根本重地，不应有此。上致灾数事，指斥诸大臣不法者几人，京师相顾错愕。自是，嫉者遂起诬，乞致仕归。余弟，自少姿禀清粹，丰神秀明。读书日记千言，作举业文字，圆融有法，乡会皆录之以传。作古文辞，作草华大书，未尝苦攻，亦有臻妙。一时名公，目为□游。尝建“开白茆议”，再建“吴中均粮议”，俱凿凿曲尽利弊。朝廷遣官，如议行之。余尝纂《诸子粹言》及《义慈陟□》诸集，多□□□□。其所著有《经筵讲章》一卷，《奏章》二卷，《龙□□》十二卷，《清瀛杂记》二卷，《太学讲章教规》五卷，《续修国子监志》若干卷，《琴川集》若干卷，藏于家。往余以获疏，谪海州。弟在南雍，念余远投，称病乞归。送余至岭上，悽惋而别。后余备领浙藩，弟亦历官祭酒。迨余谢汀赣台事，则弟已家休四年矣！家居，动循礼法，躬自栽柳，惟恐有过。湖上有先世旧业，方相与盘游其间。检葺遗书，示训子孙。乃遽先我长逝，伤哉！溯生在成化丁酉十一月十八日，享年六十有三。元配顾氏，赠孺人，生子道。余尝抱而育之，娶沈氏。继配曾氏，封孺人，生子文周，娶夏氏。二室江氏，生子尧仁，娶瞿氏。道今仕泉州府知事，文周、尧仁皆国子生。女二，适周城、徐玄成。孙男三，钦忠、钦孝，道出钦明，文周书。孙女四，余抱痾待化。屏谢文事，矧以余弟，顾能彻哀掺觚，为侈其辞哉！姑以梗略叙次，副其遗言，系之铭曰：“逖哉我祖，自闽徙吴。南沙四传，清隐大夫。先公复请，令美世继。母氏媲徽，生我兄弟。先后登朝，兄为宪臣。弟为史官，人呼二陈。才猷并拙，勗哉忠孝。毋负君亲，蚤夜以诏。弟以请敏，上荷主知。两雍多士，咸作之师。师道维何，敬以宽济。士怀其恩，亦倾其义。早岁辞荣，余亦请老。清风故庐，晚节共保。春草载赋，棠萃减晖。后我以生，先我以归。葬欲我铭，弟有遗令。哀无侈辞，亦情之称。祔之先丘，兹铭与藏。泽留子孙，百世其昌。”

都御史致仕八十翁兄察抆泪撰，前翰林待诏将仕佐郎长洲文徵明书，吴鼒刻。

（原载《东南文化》2000 年第 9 期）

常熟市虞山明温州知府陆润夫妇合葬墓发掘简报

常熟博物馆

1990年10月15日，常熟博物馆在虞山周围监督取土工地时，发现一浇浆墓露出，并在其上方已挖出青石墓志二合。根据出土的墓志，知道墓主为明代温州知府陆润夫妇，正德时期入葬。考古人员在施工单位的配合下，立即对其进行抢救性清理，共清理出随葬品及墓志铭等文物24件。现将清理情况简介如下。

一、地理环境

该墓位于虞山北麓，桃源涧与石屋涧之间的陆家山山坡上，海拔约50米。相传此山漫山种植桃树，当桃花盛开时，山泉汇注，飞湍下泻，泉水夹花片而下，尤为奇观，桃源涧由此而名。往东约500米为虞山林场报慈工区的钱家宅基，往北有著名的齐梁古刹——兴福寺。

二、墓葬形制

该墓墓圹平面呈长方形，墓向243度，长3.4米、宽3.8米，墓口位于地表下1.5米。墓室四周用0.4米厚的石灰、糯米、碎石混合的浇浆围筑，上层浇浆厚达0.6米，底部厚0.3米。双穴并列，男性墓（M1）在左，女性墓（M2）在右，结构、尺寸相同。每室用5块花岗石板围成，用青砖呈“丁”字形铺地。每室长2.6米、宽1.3米、高0.9米，盖板厚0.25米，墙板厚0.2米，中间用0.4米宽的浇浆作隔墙（图一）。棺木、尸骨均腐朽，仅见铁钉。由于白蚁的作用，淤土呈蜂窝状充满整个墓室。

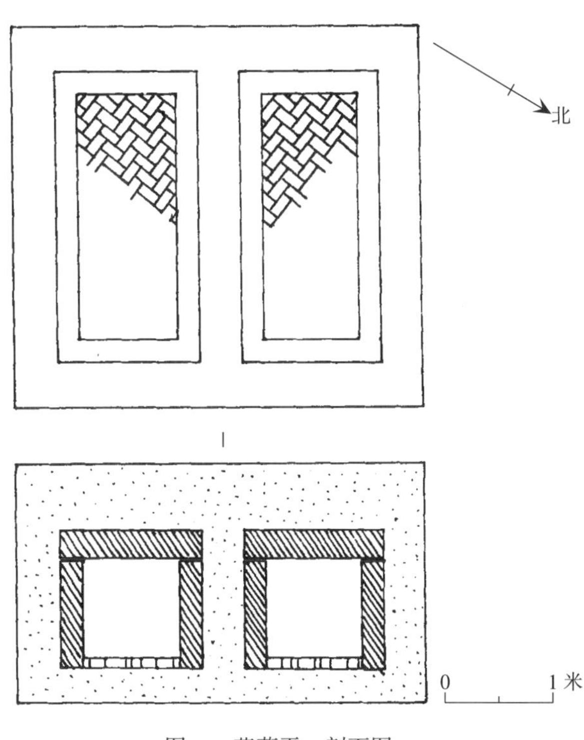

图一　墓葬平、剖面图

三、出土遗物

该墓出土遗物计24件，M1有3件，M2有21件，且主要为金银饰品。

嵌宝梵文金头饰　1 件。M2∶5，上窄下宽呈钟形。以一梵文文字为主体，上、下宝石镶嵌构成，顶部镶绿松石 1 颗，底部对称镶 5 颗宝石，中间为绿松石，两侧为红、蓝宝石，整件饰品用厚 0.4 厘米的金皮和金丝以锤、錾、焊接、镶嵌等工艺制作而成。连宝石重 20.6 克，高 9.6、宽 6.75 厘米。

人物楼阁金钿　1 对。M2∶3、4，呈云纹对称，图案略有差异，中心悬雕三个人物，中间为一骑马的主人，两侧为仆，或持棒、或挑、或空手步行，上方重檐楼阁，二女子倚窗而观，生动传神。共重 37.2 克，高 6、宽 8 厘米。

白玉嵌宝金钗　1 件。M2∶6，钗头白玉质，由椭圆形菊花和蝴蝶组成，原可能镶珍珠作花蕊，无存。钗脚弧形扁平，锥刺出卷草花纹。总重 14.3 克，通长 11.8 厘米。

金梳背　1 件。M2∶2，呈拱形，两头尖，中间宽。上面錾刻花卉，周围用连珠纹环绕，素光折边以固定木梳。重 11.1 克，长 15、中间宽 2 厘米。

葫芦形金耳坠　1 对。M2∶7、8，环部勾状，坠为空心瓜棱葫芦形，以花朵、蒂叶装饰。每只重 6 克。

金戒指　2 枚。M2∶14、15，戒面为圆形瓜棱状，表面錾以细丝纹。分别重 5.5、5.7 克。

方孔钱形金饰　1 枚。M2∶16，圆形薄片状，方孔，正面阴线刻一圆，圆外为缘，圆内为四连弧纹。重 1.2 克，直径 1.63 厘米。

空心小金珠　1 粒。M2∶17，球形空心。重 1.8 克，直径 1.63 厘米。

鎏金嵌宝银发簪　1 对。M2∶9、10，菊花形簪头，呈伞状，嵌蓝宝石。长 10.5 厘米。

银戒指　1 枚。M1∶2，长方形戒面，戒面凿虎纹，两侧刻“秀”“气”两字。重 4.5 克。

鎏金小银童　1 对。M2∶11、12，出自 M2 头部。为一对童男童女，银质鎏金，童子脸形饱满，眼神生动，手持的彩带飘舞，富有动感。共重 4.5 克。

鎏金小银鱼　1 件。M2∶13，出自 M2 头部。银质鎏金，似为一鲤鱼。重 2 克。

银元宝　2 枚。M2∶18、19，船形。共重 103.5 克。

梅花形小玉饰　2 件。M2∶20、21，呈五瓣花形，青白玉质。直径 2.45 厘米。

铜镜　1 件。M1∶3，出自 M1 中部。菱花形，镜背铸有双龙戏珠纹样，通体呈美丽的铜绿锈色。直径 17 厘米。

墓志　2 合。M1∶1、M2∶1，青石质，呈方形。志盖篆书，志文楷书，志石受山水侵蚀，个别文字模糊。其中，陆润墓志，共有 42 行，满行 41 字，吴一鹏撰文，吴缨书丹，吴堂篆盖。马安人墓志，志楷书，共 31 行，满行 36 字，李杰撰文，屠滽书丹，林符篆盖。尺寸相同，长、宽均为 62 厘米，厚 12 厘米。

四、结语

据出土墓志与民国年间丁祖荫编《重修常昭合志》载：陆润，字昌泽，号古松，祖籍江阴。元时，高祖因躲避战火而迁居常熟。他生于正统元年（1436 年），成化丙戌（1466 年）登进士第，历任闽县、清平知县、太仆寺丞，最后升为温州知府，卒于正德戊寅（1518 年），年八十有三，葬于虞山普照原，与其配马安人合兆。在其官宦生涯中值得称道的有：在任山东清平知县时，很有眼光地聘请闽浙的老师为当地的学子教授，使当地落后的教育状况得到改观；位居温州府知府的九年中，极力整治银矿以防盗窃，修筑石堰以防潮汐。“年老赐归，其乡民挽留之不得”“满九载，中蜚语，罢归”，都显示朝廷和百姓对他这个地方官吏的肯定。墓志撰文者吴一鹏（1460~1542年），字南夫，号白楼，江苏常熟人，后迁居苏州，弘治二年（1489年）进士，官至礼部尚书、南京吏部尚书，谥文端；书丹者吴缨（1442~1523年），字与清，号铁柯，江苏苏州人，成化十四年（1478年）进士，历官兵右侍郎、南京刑部尚书；篆盖者吴堂，字子升，江苏常熟人，弘治十二（1499年）年进士，历大理寺少卿，谪鹤庆府知府。

陆润妻马安人，讳素净，常熟马以良（号益庵）女，生于正统戊午（1438年），卒于弘治乙丑（1505年），正德戊辰（1508年）葬。志述：太守公迁太仆寺丞，安人获受今封，太守公擢知温州郡，俸入稍裕，安人不以贵富易节，□礼之奉一如其初，性喜蓄精粗之物，未尝□贵。马安人墓志撰文、书丹、篆盖三人与陆润同为成化丙戌（1466年）进士。其中撰文者李杰（1443~1517年），字世贤，号石城雪樵，江苏常熟人，历官编修、南监祭酒、礼部尚书，以忤刘瑾去位，谥文安；书丹者屠滽（1441~1512年），字朝宗，号丹山，浙江鄞县人，历任御史、吏部尚书，加太子太傅，以忤刘瑾致仕，谥襄惠；篆盖者林符，字朝信，江苏吴县人，授监察御史、广东按察使。子二人，长子陆隆恩，字晋卿，号石梅，举人，历任浮梁、江华知县，累迁福建盐运司同知。次子荣恩，早卒。另据严讷撰《陆朝介暨配汤孺人合葬墓志铭》和钱谦益撰《陆崇礼墓志铭》[①]：陆朝介（1492~1565年），字仲杰，号笔峰，陆润孙；陆一凤，字子韶，号三泉，陆润曾孙，官至泉州府同知；陆崇礼（1572~1602年）（钱谦益述陆崇礼卒于万历二十年为三十年误），字孟敦，万历二十六年（1598年）进士，知龙溪、平阳县令；陆问礼，字仲谋，万历三十二年（1604年）进士，官至广东布政使，与陆崇礼同为陆润五世孙。可见，陆氏为明代时期常熟的名门望族和显宦。

该墓所处两涧之间，于常熟县城相距不远的陆家山，其地理位置极佳，而陆家山的来历也未见记载，其名可能在其入葬“普照原”以及陆氏后裔相继埋葬于此，因墓得名。至清末，在附近仍有陆家山门存在。该墓营筑考究，出土的嵌宝梵文金头饰、人物楼阁金钿、白玉嵌宝金钗，做工精美，图案繁复，显示出极高的制作技法，在常熟为历代墓葬出土的金银器中最精美者，在中层封建官吏墓中也难得一见。出土的嵌宝金头饰与葫芦形金耳坠同南京明魏国公徐俌夫妇墓的类似[②]。

陆润夫妇合葬墓的发掘是继中宪大夫建宁知府张文麟子张二桁夫妇、封承事郎刑部主事程景和夫妇（工部尚书程宗父母）墓以后常熟又一次明代墓葬的重要发掘，能更详尽地了解陆润的事迹，对研究其本人、陆氏家族和补充地方史料有较大价值。

参加发掘人员：周公太　金剑芬　石良宝　常利平

执笔：常利平　金剑芬　俞家平

摄影、拓片：邹建东

注释

① 钱谦益：《明故浙江温州平阳知县陆君墓志铭》，《初学集》。

② 南京市文物保管委员会、南京市博物馆：《明徐达五世孙徐俌夫妇墓》，《文物》1982年第2期。

（原载《东南文化》2004年第1期）

苏州清代织署调查简报

宋伯胤

在我国手工业发展过程中，官府工场和民营作坊之间的矛盾是束缚生产力发展的因素之一。清朝一代，为了满足皇室的豪华享用，曾先后在南京、苏州、杭州等地设立织造衙门，督造和差派锦、缎、绫、绒、绛丝、刺绣等。因此，对织署机工技术的选择、质量的要求、织额的决定，对民营作坊机张的控制、差派的轮值、收货的苛求以及工时、工资等方面，是研究我国丝织手工业的重要问题。

基于这个认识，我们于 1957 年 6 月，在苏州进行了一次调查。虽然所得到的材料远远不能满足我们的要求，但总算摸到一些情况。现在先把它报道出来，以供研究和关心丝织手工业的同志们参考。

一、织署旧址

苏州织署旧址，在今葑门内带城桥下塘师院附中范围内。东至学校健身房，西至大仙庙，北至孔付使巷，南至河沿，全部面积约六十亩。在 1928 年以前，这所房子是“警察训练所”，对原来建筑破坏极大。1928 年，苏州私立振华女校搬来，曾加以修理。据学校年老的教职员讲，现在学校的大门、大门口的一对石狮以及大门内两块碑刻的位置，基本上还保存着旧织署时的样子。现在的办公楼所在地就是织造府的大堂。东部几座教室、走廊和七开间饭厅，均系原来织署的建筑（图一、二）。西花园的多祉轩、瑞云峰，也是织署旧物。西花园的围墙和健身房前厕所的后墙也都是原来织署的老墙。

图一　织署旧房

图二　织署石柱础

在这里发现的碑刻有5块：

1.《织造经制记》，顺治四年（1647年）十二月，督理苏、杭等处织造工部右侍郎陈有明撰。表面有几处剥落。

2.《重修织造公署碑记》，顺治十年（1653年），督理苏州等处织造工部侍郎周天成撰。保存得还好。

以上两碑在今师院附中传达室内。

3.《钦命督理织造少司空灿翁陈公去思碑》，顺治九年（1652年），金之俊撰。表面稍有剥蚀。

4.《苏州织造署多祉堂记》，乾隆三十一年（1766年）六月，苏州织造兼管浒墅关税务陈载撰。碑表面有剥蚀。

5.《重建苏州织造署记》，同治十一年（1872年），苏州织造兼管浒墅关税务德寿撰。保存情况良好。

以上三碑均在西花园多祉轩内。

同治《苏州府志》只著录了德寿的一块碑文。孙珮编著的《苏州织造局志》，虽然成书在康熙二十四年（1685年），但也没有把顺治年间的三块碑文收入。

陈有明的《织造经制记》，对清初官府丝织业的重大变化记载很详细，现简单介绍如下：

1. 织染局铺机三百五十张，总织局铺机四百五十张。

2. 织染局召足织挽匠役一千五百名，挑倒花匠、折绣、看守等役一百二十余名。每月支粮五百余石。总织局召足匠役一千二百五十名，折绣、看守等役一百二十名。内除平花机匠二百名不给粮石外，每月支粮五百石。

3. “本部创立新法，每于三四月间，预期催取钱粮，丝出之际，分头市买，点验贮库，陆续照原价给发各机”，以供织挽。

4. “如经纬不细净，缺乏料作，致误织挽，责在管事机户。颜色不鲜明，责在染坊。织造稀松，丈尺短少，错配颜色，责在织匠。”

5. “蟒段、妆花、织金、抹绒、平花等段定为期限，给以工票。”

6. “织挽精美者，立赏银牌一面。选作不堪者，责治示惩。”

7. “是在各役，凡有差徭者，本部皆行文府县豁免。”

8. “今设所官三员，专司点闸。管事十一名，分头料理，管工五十二人，催儹工程。商手十二人，指导织挽。”

这个碑文透露出陈有明在官府丝织手工业方面，有过一些改革。

第一，废除官匠，设立机户，招募机工；第二，改变织机散置民居的弊病，立局铺机，集中织造；第三，改变了原料来源，由织造府预取钱粮，直接到市场上去买；第四，实行工票制度。

关于官匠的废除，顺治三年（1646年）只是一个开头。当改革之初，陈有明为了缓和地方上的“绅袍巨室”的反对，“佥报”以苏州、松江、常州的富室“充当机户”，因而总织局的织机是按“苏州堂”“松江堂”“常州堂”铺设的。到了顺治八年（1651年）裁革机户，招募机工才算彻底做到了。

从碑文看，清初织局的规模是很庞大的。每月两局支给口粮总计一千石左右（《苏州织造局志》载为一千零八十石六斗）。口粮之外，工价怎样算呢？有的按日算，有的按月，有的按工作量。如缎纱花机的机工，每日工银一钱五分，“帕子丝九七折净每两掉络工银一分”，“挑花匠每月给工银二两”等。

织署西花园后有福神二圣祠和行宫旧址。行宫房屋为街道补习学校所借，保存尚完好。

在这里，找到有关碑刻4种：

1.《重修福神二圣祠记》，道光二十三年（1843年），江苏织造长白庆瑞撰。

2.《重修福神殿演台两庑碑记》，同治九年（1870年），尚衣使者德寿撰。

3.《织署福神灵感昭应之碑》，光绪二十年（1894年）立。

4.《保留福神二圣祠始末记》，1935年颜鏻著撰。

这些碑文内容，大都叙述福神二圣祠的兴建缘由以及和织署的关系。至于行宫，雍正五年（1727年）苏州织造高斌说：“苏州织造衙门西边行宫，在于织造衙门之内，不比两湖河滨之地，若延僧居位，另开寺门，则闲杂人等，得以出入往来，与衙门逼近，殊觉未便。以臣愚见，不必另辟庙门，于行宫正殿共佛一尊”①，现在的情况正是如此。

另外，我们在一堆破烂的木匾中，检出有关织造的木匾5块：

1.“寝宫”立匾：红漆底，金字，尚完整。高86、阔46.5厘米。

2.“寝宫”横匾：有“德寿敬立”字。下有印二：一为“臣印德寿”，一为“静山”，已剥损。高92、长225厘米。

3.“泽被群生”匾：有“织榷使者奉曾敬立”字。下有印二：一为“奉曾之印”，一为“叔璋”，已剥损。高78、长230厘米。

4.“悳”字立匾：上题光绪甲辰；下署“荣铨”二字。尚完整。高174、长77厘米。

5.“福被东吴”匾：上题光绪二十年；下署“江苏巡抚奎俊、苏州织造庆林公敬”等字，已剥损。高71、长207厘米。

二、织局调查

太平天国后，总织局移至今南石子街十号大儒小学三院范围内。东至徐氏义庄，西至潘家，北至顾家花园，南至街心。中华人民共和国成立以前，这里是私立明德小学。据说，明德搬进织局已有四十多年了，当搬来时，好多房内的机坑还在。现在作为礼堂用的一排房子和东边第二、三排教室都是原来铺织机的机房（图三）。现在正对大门的办公室，就是原来的昭应殿。在这所房屋内，从砌台阶的石板中找到两块石碑。碑文全是人名，共三百一十三人。由“江苏织造部堂庆林”“江苏织造副使兴绶”“江苏织造部堂崇启”领头。其中妇女不少，且有称“孙五小姐”“祝小姐”者。最后刻“丙午冬月孙毓淦刊刻”。丙午当系光绪三十二年（1906年）。据老工人说这两块碑是织局工人捐钱修缮昭应殿的布施碑，其中男的多为织工，女的是拽花工。另砖刻门楼两座，还是织局搬来以前的原物（图四）。

根据曾在总织局工作过的吕绥卿老先生的谈话，使我们对清末织局和织署的情况约略知道了一些。总织局下设六个所，每一所官管四十多个机户。每一机户至少有一张机子，领有“机照”。大部分机户是自己领口粮，雇工织挽。当时，织局织的主要是缎匹，其余绫、罗、绸、绉、刺绣、绎丝等，均向局外采购。但并不是在市场上随便收买，而是有一定订货对象，当时把这种承造织署丝织品纱缎庄，叫“织差货”。现在知道徐万泰、德隆丰、徐隆茂、戴舫舟、王仰朱、广源号等纱缎庄，都办过“差货”。

图三　织间机房

图四　织局内砖雕门楼

织署的组织，据吕老先生谈，除织造部堂外，还有织造副堂和四个“笔帖式”，当时苏州人把他们叫“四蟹一蟾”。其下分东库堂、西库堂，每一个库堂设“经承”，下辖“书吏”“书办”。东库堂主办织造缎匹，兼办绸、绫、罗、绉；西库堂主办刺绣、绛丝。当时“办差”，一年有三起：一为“大运”，二为“赶加”，三为“添派”。经管运京的官吏，在织造署里，叫“承差”。实际上，船一出浒墅关他就是钦差，无恶不作。

三、织造相王庙

织造相王庙在葑门内十泉街相王弄内，今一部分房产作相王庙小学。相王即桑湛壁，为什么把他和织造联系起来？现在还说不清楚。

这里保存下来有关苏州织造的实物材料有：

1.《重修相王巷石塘阖里姓名碑》，康熙五十五年（1716 年）。碑上一开头刻“织造巴府助纹银壹两足”。

2.《新修相王行祠志碑》，嘉庆二十四年（1819 年）。碑上说：“赤蔺相王行祠……向有苏州织造笔帖式巴公讳世武为习射之圃，因升任江宁织造司库，故将此隙地亩余舍捐庙内。……古名曰巴家园也。”

3.《建头皂班房记碑》，光绪十四年（1888 年）。碑上说：“织造相王行宫，乃前织副宪巴世武公之射圃也。”

4.《重修相王庙记署碑》，光绪三十四年（1908 年）。碑上最后刻有“捐廉”人名，据吕老先生说，这个名单上的二十八个人，就是织造府最后的全部人员。对照康熙年间织局官吏的名额看，显然是大大缩减了。

另外还有织造部堂毓泰在道光三十年（1850 年）铸献的一个铁炉。

这次调查中，另一重要的发现是保存在相王庙的几件确是出自织局的袍服。花样、色彩都有一定的代表性。它可以帮助我们对照研究《苏州织造局志》“段匹”一篇中所记载的各种袍服的花样。

注释

①雍正朱批谕旨（第十六函，第二册，高斌奏折）。

（原载《文物参考资料》1958 年第 9 期）

苏州发现太平天国随征典木

苏州市文管会　廖志豪

1963 年春，苏州苏福汽车公司周先生捐赠给本会一件太平天国的文物。此文物是一颗印信，印在书上的。印通长 11、宽 5 厘米。海水云龙纹边，中有朱红色仿宋体字“太平天国天朝九门御林貔天福随征典木”。据余一鳌《见闻录》一书载：在太平天国典官中，“典印曰典木”，另有“典金”，主铸印和打造金银器饰，可见典木当是专管刻木印的，铸金属印信则属“典金”主管。至于主造木器的另有典木匠，主镌刻诏旨书籍另有典镌刻，也都不是典木的职责。可是随征典木，似又与典木有别，按太平天国有正典红粉、随征总典红粉、后队正典红粉、保殿正典红粉等。以例推之，则随征典木之外当有正典木。而见于史料记载的尚有后队正典木等。所谓随征典木或即副典木，抑或为军中或地方的典木。貔天福是封爵，不是实职官，其姓名尚待考。据贞丰里《庚申见闻录》载：“十一年辛酉正月，千墩及陈墓董事先后请玉成（按：指费秀元，清延令他依旧团集枪勇，俟随大兵“进剿”）驱逐土匪。二月初，冉直因贼酋貔天福焚掠。郭巷、斜塘、势将及。镇（周庄）亦请玉成助防。”可见貔天福是忠王李秀成麾下一个将领，在苏福省一带活动。随征典木，则为貔天福军中的一个典木。此文物的发现对研究太平天国后期的典官制度颇有参考价值。

（原载《文物》1964 年第 3 期）

苏州发现清“织造局”图

廖志豪

1963 年 7 月夏天，根据江苏师范学院历史系吴静渊先生反映，在新苏师小学有一石碑埋在地下。苏州市文管会当即派人勘查，发现是一块清代“江南织造局图”。关于《苏州织造局志》已有单行本问世，对研究江南丝织业经济史、资本主义萌芽问题裨益很大，但缺一实物资料，故此图发现后，引起了有关单位的重视。按《织造局志》卷一、二载：“顺治三年，奉旨遣工部侍郎陈有明、满洲官尚志等织造苏杭。有明管总织局（陈有明辽阳人，工部右侍郎，顺治三年任，九年去），志管织染局（尚志，满洲人，顺治三年任），佥报苏、松、常三府臣室充当机户。八年奉旨禁革机户买丝募匠造办，撤回织染局满州官员，陈有明专督两局。”“总织局在带城桥东。顺治三年遣工部侍郎陈有明、满洲官尚志督理织造，尚志驻北局，有明暂居兵备道署，湫隘不称。巡抚都御史土国宝，巡按御史卢传，知府陈服远等议以明嘉定伯住房改建。”从上述资料查对此碑确系吻合的，按此碑在新苏师小学发现，离江苏师院附中（即织造局故址）很近，可以证明确系清朝织造局的遗物。考明代的织染局地址原在天心桥，即今苏州北局之地，由于明末荒废，到了清朝顺治三年，陈有明就利用明朝外戚周奎的住宅别建总织局，在今苏州城南部的带城桥下塘（现为江苏师院附中的校址），总织局建成后，由于织造数量的扩大，又将明代织染局重行修理。其规模之大，可从此碑中得到反映。此碑图长 140、宽 80 厘米。四边镌刻二龙抢珠。上有题款：

“按姑苏岁造，旧时散处民间，率皆塞责报命，本部深悉往弊，下车之后议以周戚畹遗居，堪为建局。具题得合旨，今创总织局前后二所、大门之间，验缎厅三间，机房一百六十九间处，局神祠七间，绣缎房五间，染作房五间，灶厨菜房二十余间，四面围墙一百六十八丈，开沟一带，长四十一丈，厘然成局，烁然可观。画图立石□□永久。”

纵观此碑平面形构图，屋宇森严，鳞次栉比，分前、后二所，标“孔夫子巷”为界。前所注明有“大门大堂”“后堂楼房机房”“祖师堂”。两侧，右侧标有“此房乃明时周戚畹遗产，本部具奉旨改建□宇机房”字样，后两座则为机房，顶端有“更楼”。左侧标有“绣缎厅”“机房”，顶端也是“更楼”。过孔夫子巷为后所。此碑对勘定织造局址提供了有力的佐证。从而也可看出作为苏州丝织织造中心——织造局的概貌与规模，有织机 800 张、工匠 2330 名，专为清皇朝统治阶级服务。

此碑刻可以与《苏州织造局志》相互印证，并对研究清代苏州丝织业生产关系形式与性质、织造部门的规模与概况提供了第一手资料。现此碑已移往孔庙碑林妥为保管。

（原载《文物》1964 年第 9 期）

苏州新发现一批太平天国革命文物

苏州博物馆

1966 年 7 月，苏州市红旗区房屋修建工人，在葑门内吴衙场四十二号商业学校的修建工程中，发现一批有关太平天国将领佽天义吴习玖的革命文物。

吴衙场四十二号是一座南向五开间七进厅堂楼馆建筑。苏州是太平天国后期苏福省（1860～1863 年）的省会，是太平军经略江浙进行革命斗争的一个军政要地。因此，这所建筑很可能作过太平军用房。学校在翻修校舍中，在第三进大厅正中悬堂匾顶上的翻轩重檐的隔层内，发现一个黄纸包，外裹丝绵（已被鼠啮伤），内有太平天国癸开十三年（1863 年）三月至五月间的军中公函、禀稿、名册、“挥条”等革命文物 33 件。按其内容，约可分为以下四类。

（一）关于调派部队、汇报军情、请拨军饷的公文函件和底稿 8 件。

1. 太平天国癸开十三年，就嗣钧黄三陞为调派部队事，致佽天义吴习玖“书致”一件。黄纸（有损），谕帖式，折成六页，全长 90.5、宽 29 厘米。正文楷书 25 行，朱笔圈句。底页钤有双龙纹叠宋体“天父天兄天王太平天国顶天扶朝纲就嗣钧黄三陞”长方朱印。印长 24.6、宽 12.5 厘米。印文的右下角钤有“就嗣钧亲阅”的篆字长方小印（图版一，1）。

原件全文如下（缺字系约计。断句为原件所有）：

书　　致

就　嗣　钧　黄（下缺）

佽天义吴贤弟暨□□□□□□□□□□□□

忆自前由泾县分袂。□□□□□□□□□□

遥想贤弟近祉绥□□□□□□□□□□□□

定邀指日荣陞。曷胜□□□□□□□□□□

之时。原拟起队□□□□□□□□□□□□□

所。不料二月染病□□□□□□□□□□□

疆土。兄自回京之后。队[内]兵士。及一切机宜。概交

天府同检开天义邓[弟]。[镰][天]安金

弟。提理。兄染

病在　京。孰料[官][圩]□□□粮草缺乏。不能

久扎。队内官兵等□□□同
侍王大队胜守。再图进取。□□□□实深焦灼。当
即铺排开天义邓弟等□□官兵数百名。下游
弟队。与　贤弟斟酌。进取何方□兄素知贤弟
本系良才。久历戎行□□□将开天义邓弟等。
统带兵士。另开一队□现已病痓。恐邓弟等
未能周致。今又特派忠庆朝将吉。及田广兴□。
前来弟处。面为酌议。□望□□□□□□□□□
照料。推念　兄□□□□之□□□□□
智。无以牵带　弟等。总祈不我遐弃。一□
病体荃（痊）愈。定行□京。来　弟队内。与弟
聚首言欢。共叙□□离情。再为斟酌
耳。仍望　贤弟。嗣后入于何队。征取何方。
总宜行文与　兄。以免挂怀。□到兄文。亦望复　兄。均勿有悮。特此书致　。并询　近佳。
为书致事
天父天兄天王太平天国癸开十三年　月　日

2. 太平天国癸开十三年四月初一日，袭爵保天安黄得馥（黄三陞侄）“为请安事”，给开朝勋臣、俄天义吴习玖的禀帖一件。黄纸（有损），禀帖式，折成四页，全长57、宽27.5厘米。帖首盖有标志“急递文书”的圆形回纹边奔马图案“保天安发”字样的“圆马”（一称“云马”）印记，直径为11.2厘米。底页钤有双龙纹叠宋体“天父天兄天王太平天国就王宗开朝勋臣保天安黄金伦”长方朱印。印长22.3、宽11.3厘米（图一）。

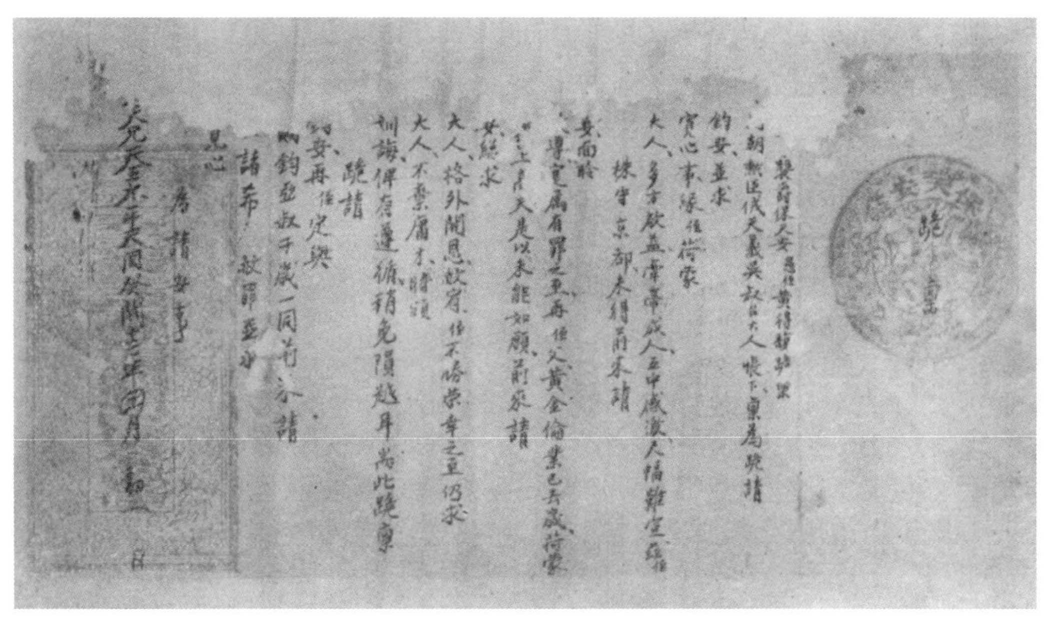

图一　黄得馥给吴习玖的禀帖

原件全文如下（标点为原件所有）：

跪　　禀

袭爵保天安愚侄黄得馥跪禀

开朝勋臣仯天义吴叔台大人帐下、禀为跪请

钧安、并求

宽心事、缘侄荷蒙

大人、多方教益、牵带成人、五中感激、尺幅难宣、兹侄

株守京都、未得前来请

安、面聆

教导、实属有罪之至、再侄父、黄金伦、业已去岁、荷蒙

□□□上高天是以未能如愿、前来请

安、总求

大人、格外开恩、赦宥、侄不胜荣幸之至、仍求

大人、不弃庸才、时颁

训诲、俾有遵循、稍免陨越耳、肃此跪禀、

跪请

钧安、再侄定与

就嗣钧亚叔千岁一同前来请

安　诸希　赦罪并求

宽心

为请安事

天父天兄天王太平天国癸开十三年四月初一日

3. 见天天军主将、仯天义吴习玖为申报军情事，复就嗣钧黄三陞的禀稿两件。初稿，毛边纸（有损），竖式，直行书21行，长33、宽24.5厘米（图版二，1）。第二稿，毛边纸，横式，直行书36行，长58、宽15.3厘米（图版一，2）。第二稿经核对系初稿的清稿，仅作文字上的修改，内容基本相同，出自一人手笔。现将修改后的第二稿抄录如下。初稿被删改处，择其能发明文意或有关史实者，用〔　〕注明，以便对照：

顶天扶朝纲就嗣钧千岁千岁千千岁　殿下为跪报、敬请　瑞安，伏祈　劳心铺派，併将军情申报，请乞　瑞驾宽缓来苏，后再迎迓、申报好音事。伏惟

千岁鸿猷丕著，恩敷士寮，抱经纶伟武之材，德优千古，训谟宽厚，为

国百凡劳心，军民感激，莫可宣言。窃□□（习玖）前蒙　荫宇，深荷　提拔，训导成人，实万世之幸，俾小草〔得以〕向荣。但□□（习玖）前由绍郡退守，一路托庇来至苏省，胜札〔守〕三月之久，荷蒙　烈王示令，日为军情奔驰，筹防无暇。〔日为军情奔驰，刻奉　烈王示令，运筹无暇〕每欲思图趋效。奴（媿）以庸材，无由报答万一。（二稿原有“又绍郡退守

〔出〕，一切行囊尽被抛失，运度多蹇，种种窘情，苦不胜言，仍然行囊空空如洗，军装器具钜累时形，一概殊无筹计备补，深奺未能尽诚图报万一”，后被勾掉）恳乞　宥愆恩宽，容后图报。至于前奉〔而于前月得奉〕誼谕，敬知领悉，所有　谕令开天义邓带领兵司（师）前来与□□（习玖）合队等因。〔所来员弁三百多名，当为安顿房屋粮草，一概遵照瑞命，维开天义邓弟不肯进城〕当即小官备文，着令属员接伊进城，前来商议军机，奈其躲避不面，〔不知去向〕而其兵不肯进城，在于城外甚属散乱，似此□□（习玖）殊难为其料理。〔殊难管伊事务，只得由其，当即跪报〕仅有镰天安金弟等共兵司（师）三百十多名，遵照　誼命，一切妥为安顿。当将开天义邓弟情由，跪报

殿下瑞鉴〔开恩铺排〕。至今未奉　谕复，甚属企盼。至昨又得接忠庆朝将吉并田广兴弟来苏。悉询一切。〔添来兵司（师）一概如前安排〕荷蒙　誼谕，饬令小官为〔与〕开天义邓另开一队等〔因〕。伏思〔小官〕不知开天义去向，殊难遵照。所有前后饬来员弁兵司（师）三百五十余名，可否如何酌议，铺派何人管带，望祈　殿下原宥，劳心舖派，以便遵行可也。惟以苏馥（福）省军情，刻下甚属紧际〔迫〕。前因〔于〕太仓退〔失〕守，兵司（师）敌苦，不可胜言。屡奉　烈王攻剿复取〔前剿攻克〕，巨意妖夷借势窜入〔犯〕昆珊（山），洋匪作怪，势甚猖獗。小官于十五日荷蒙天眷，将兵司（师）带回来省。〔于本月〕十八〔九〕日傍晚洋匪狼恶从昆珊（山）横河隔断，兵司（师）遭累不少，窜进夥（火）龙〔筒〕船只，离苏娄门十余里之遥，城内兵士甚是荒〔惊〕乱〔者无非洋匪夥（火）筒），殊堪痛恨，猖狂之极！第该妖匪洋夷作怪，谅难逃脱天父权能，伏虔〔冀〕指日剿除，再申好音。请求　瑞驾宽延来苏，容图小官后得征取何处〔地〕剿克何地〔方〕镇〔胜〕守，再行跪报，迎迓　瑞驾，决不食言，有负　德顾。

［附注：初稿起首有“见天天军主将俄天义小官吴□□（习玖）跪禀报钜大竭”一行。“钜大竭”为衍字。］

4. 太平天国癸开十三年四月，忠庆朝将吉四等十六人联名，“为恭请咏安事”（商筹军饷），给见天天军主将吴习玖的“禀达”（附封套）一件。“禀达”，黄纸，禀帖式，折成四页，全长56、宽29.5厘米。底页钤有双龙纹叠宋体“天父天兄天王太平天国开朝王宗殿前忠庆朝将吉四”的长方朱印。印长23.6、宽12.3厘米。左角有一“汪义成号桐油老铺发票”墨色戳记（图版三，1）。封套，黄纸，长30、宽14.5厘米。封面题：“见天天军主将吴大人帐下锦鉴”，背面题：“内乙件”“天父天兄天王太平天国癸开十三年四月日封”，钤有与《禀达》相同之朱印（图版三，1）。

原件全文如下，标点为原件所有：

禀　达

弟吉四暨卑爵吴月起　李十三　高仁和
吴霊元　陈家春　刘仁兴
冯开发　许发元　张得桂
吴馥保　钱广兴　彭松林
彭喜林　徐立章　吴延炳
同跪禀达

见天天军主将吴大人　帐下、禀为恭请咏安、恳求

怜恤赐借事、缘卑爵等一介庸愚、毫无知识、深蒙恩纳、得听

驰驱、五中感激、图报时怀、只因协守官圩、数月之久、备尝苦况、尺幅难宣、继经胜出之时、衣囊一切、多半丢尽、斯时天气已炎、不独换洗单衣、无以更换、即逐日小菜、亦无由措备、思维至再、不揣冒昧、大胆恳求

咏恩、怜恤一路苦情、

赏赐暂借洋蚨若干、一俟随后、得有寸进、自当倍还、如蒙

恩准、则众官兵之感戴、诚非一人已也、谨肃禀达、伏乞

恩鉴、恭请

咏安、

为恭请咏安事

天父天兄天王太平天国癸开十三年四月日

5. 太平天国癸开十三年五月，见天天军主将、佽天义吴习玖“为添济粮米事”，报“殿前斩曲留直、顶天扶朝纲、慕王”谭绍光的禀稿一件。黄纸，禀帖式，折成五页。长69、宽33厘米（图版四，1）。全文如下：

见天天军主将佽天义小官吴习玖跪报

殿前斩曲留直顶天扶朝纲慕王丰千岁千岁千千岁　殿下！跪报为恳乞开恩、添给粮米、兵士俾得敷食、努报高厚无穷、并请

瑞安事：伏惟

千岁瑞恩宽厚，是事无不周恤，格外　泽被四方　威振远播于千里，军民均感，莫可宣言。窃小官愚末庸材，毫无知识，所有队内兵士粮米，荷蒙

瑞恩赐给，〔本属无亏，实〕刻感难忘。奈缘兵士苦嗷银钱紧迫，所有油盐又在艰难，是以饭米待食，多多不敷充食，斯地黄米更不耐饥，但各馆又无籽粒余存，目视兵士饥馑、实属哺切之极。而且小官又在囊空如洗，难济添补，是累甚属愁眉。转辗维思，只得跪求

千岁开恩，格外

瑞念员弁苦嗷饥馑，俯赐德济小官粮米数百担，俾得分给〔各馆〕添补兵士以敷食，存殁均感努报努感

瑞德努报高厚无穷无既矣〔合队员弁功载无既无穷矣〕(?)

肃此跪恳，敬请

瑞安，伏乞

瑞鉴

为跪求　瑞恩、添济粮米事

天父天兄天王太平天国癸开十三年五月　日跪报

6. 无年月题名的禀稿一件。表心纸，信函式，长32、宽19厘米（图版四，2）。本件字迹与吴习玖给黄三陞的禀稿相同，可确定也是吴的公函底稿。从文稿内容亦为商筹军饷（洋钱）、禀报对象称

呼为“殿下”以及“跪请瑞安”等用语看，对照前件给慕王的禀稿，应该也是写给慕王的。

原件全文如下：

殿下！为报跪请　瑞安、恳求开恩、赐借洋蚨数千、以便分济急需、员弁感戴

德顾、存殁均报高厚无涯无穷：伏惟　千岁恩高德厚，整肃纪纲，百凡劳心，远迩欢腾，军民沐感。窃小官愚莽庸材，荷蒙　瑞庇，提拔逾格，感莫宣言。而自绍郡一路直抵苏省，军装器具时累倍补，队内员弁痛苦异备常，逐日昂嗷，窘苦不堪，一切食需均属买备，所耗难补所出，小官囊空又属如洗，种种情况，难堪跪述。素蒙　殿下不弃，恩宽德厚，队内员弁深感

瑞德，但以贫囊窘苦，思报无日，殊甚难于捕置，昼夜思维，只得抱愆冒陈苦衷，恳求　千岁开恩，格外德救员弁眉急，赐借洋蚨数千，以便分应日〔目〕需，瑞济蚁生之德，感戴　恩顾，均报无穷。小官等自宜诚忠身报厚德，奴（愧）以愚昧，毫无报称，何敢冒咎冀望　千岁劳心实深罪谊，奈穷途以殊难弥捕借贷之所，情出迫急，万分无已，千万分迫急，只得求恳　殿下赐宥罪愆，恩惠德济，存殁均感无涯无既极矣！

7. 吴习玖为调用裁缝事给赐天燕陈弟的公函底稿一件。毛边纸（残缺），长29.5、宽17.2厘米（图版四，3）。

抄录于下：

赐天燕陈弟知悉，为……处军旅积搁，不暇分做，迨延于今，未能齐备，似于前醒饬……调拨才缝一名与兄〔通挪与兄〕应用，以便帮同赶造旗旅，以应军旅器用等因，当经伊等各为送到兄所。访得弟处并弟统下各馆才缝多名，并不见弟送来，昨又醒催始今适云：朱弟禀称弟自馆内既无才缝。而弟统下所属各馆才缝均各不少，何得藉于推延。无论弟属何馆，可即代兄调拨一名，饬令迅即立速送来兄阁，以便帮同赶造军旅以备应用，毋得故推藉延，致干要用，为此再醒，仰弟遵照，速为转调可也，毋忽毋违，切切是要！

（二）花名册一页，表心纸（有损），记有战士的籍贯、姓名、年龄、特征和入营年月。此花名册左上角有“俄天仪（义）阁内”“典马”字样，显系吴习玖部“典马”战士的名册（图版三，2）。现将可辨认的九名战士的籍贯、姓名等，按原件次序抄录于下：

结江（浙江）省、行州（杭州）府、前唐成（钱塘城），张福连。十三年二月入营，年已十八，面□身中□。

结江（浙江）省、绍兴府、会计成（会稽城），黄正新。十一年九月入营，年已十七，面□身小。

结江（浙江）省、绍兴府，小三成（肖山城），鱼阿来。十三年二月入营，年已十八，面□□□。

江西省，□（瑞）州府、高安成（城），宋光明。十一年三月入营，年已卅三，面□□□。

江西省，光兴（广信）府，壹杨成（弋阳城），黄一喜。十一年八月入营，年已二十，面□□□。

江西省，林（临）江府，兴衣成（新喻城）周寿林。十一年七月入营，年已十八，

面□□□。

结江（浙江）省，台州府，宁海戍（城），卢士佩。十二年八月入营，年已廿八，面□□□。

结江（浙江）省，今夏（金华）府，□□□，□□□，□□年八□□□，年已□□。

浙江省，绍兴府，小三戍（肖山城）赵阿才。十一年九月入营，年已十八，面红身小。

[注：此件应出自战士手笔，其中肖山等字作小三，显是避西王肖朝贵、南王冯云山之讳，光（洸）、明（溯）、府（郡）等应改写的，还未改。另外浙江写作结江，新喻写作兴衣，金华写作今夏等，都是登记者对江西、浙江的地名、口音不熟和文化水平所限]

（三）油盐口粮“挥条”（发领物单）二十三件。据单式，挥发日期都是四月二十二日，日期下盖有“主将吴阁右壹经政司胡图记。”印长11.6、宽6.2厘米。受领“挥条”的将吏，有朝将、义、安、福、燕、予（豫）等爵称，“勋臣”（开朝勋臣）等勋阶勋衔，经政、护军、奉宣等军中职称，以及典马、典舆（轿）、典乐等典官。内忠庆朝将吉等十九馆、勋臣汪十一馆，系大数。忠庆朝将吉为就嗣钧黄三陞部，故汪部可能也是外来部队。其余均按《见闻录》（余一鳌著）所载官职次序，并参照护王陈坤书部《名册》（《太平天国史料》）所载，顺次排列，抄录原件于下：

1. 挥仰发

忠庆朝将吉

敏天义　朱
镰天安　金　等共拾玖馆计牌（残缺）

文天福　李

该给 油四十三斤十四两
盐六十五斤十三两 与来（残缺）

此挥毋违

天父天兄天王太平天国癸开十三年（残缺）

（注：表心纸，长29、宽20厘米。图二）

2. 镰天安金

宗庆朝将
敏天义朱 共十九馆计兄弟三百五十一名

文天福李

每名油二两　共四十三斤十四两

盐三两　六十五斤十三两

送呈祈

收转发是荷

（注：这是转发挥条的通知。表心纸，长19.5、宽15厘米。图三）

3. 挥仰刘弟发给

汪弟计牌 面壹百五十九
尾九十一 共贰百五十名

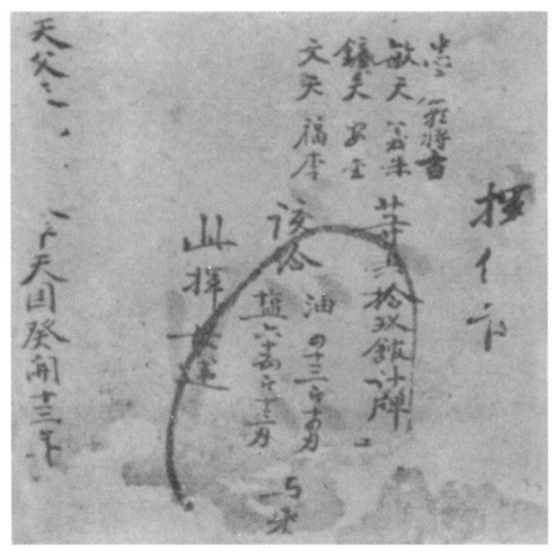

图二　挥条

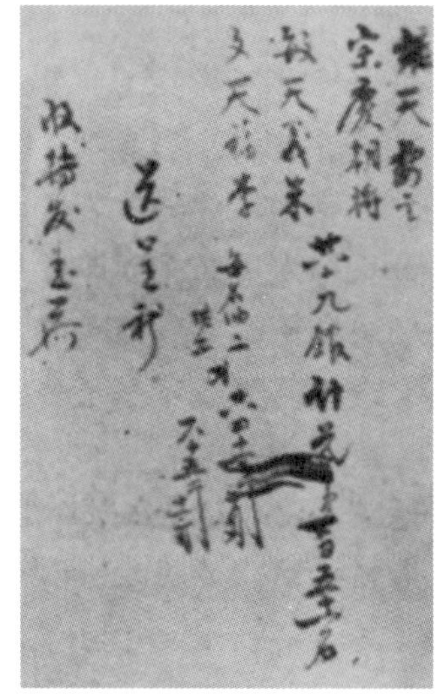
图三　转发挥条的通知

该给油卅一斤四两

　　盐四十六斤十四两

与来人领回一月口[粮][此][挥]

毋　违

四[月]廿二日本阁挥（下钤“主将吴阁右壹经政司胡图记”朱印）

（注：表心纸，长26、宽20厘米。图四）

4. 勋臣汪　　共十一馆

　　计牌 面乙百五十九 / 尾九十一 共贰百五十名

　　每名油二两　共油三十一斤四两

　　盐三两　盐四十六斤十四两

送呈祈

收转发是荷

（注：这是转发挥条的通知，表心纸，长29、宽16厘米。图五）

5. 挥仰刘弟发给

克天燕陈弟 油十四斤 / 盐二十一斤 与来人领回

　　一月口粮此挥

　　毋违

　四月廿二日本阁挥（钤有朱印，同前）

（注：毛边纸，长31.5、宽17厘米。图六，左）

6. 挥仰刘弟[发][给]

招天予余弟 油三斤八两 / 盐五斤四两 与来[人][领][回]

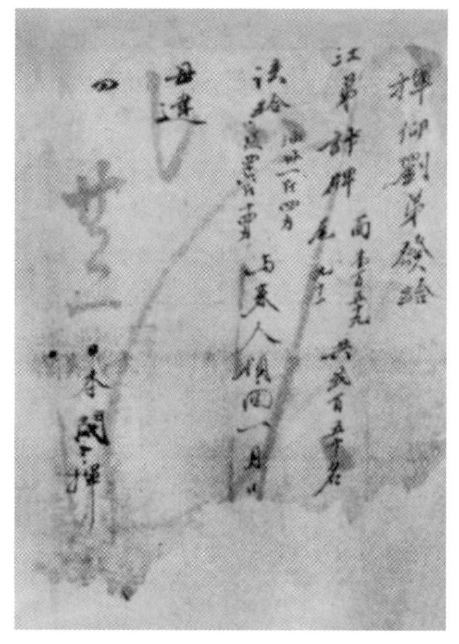

图四 挥条

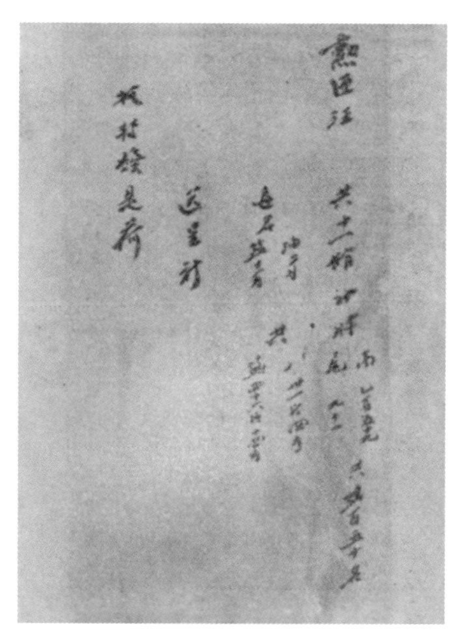

图五 转发挥条的通知

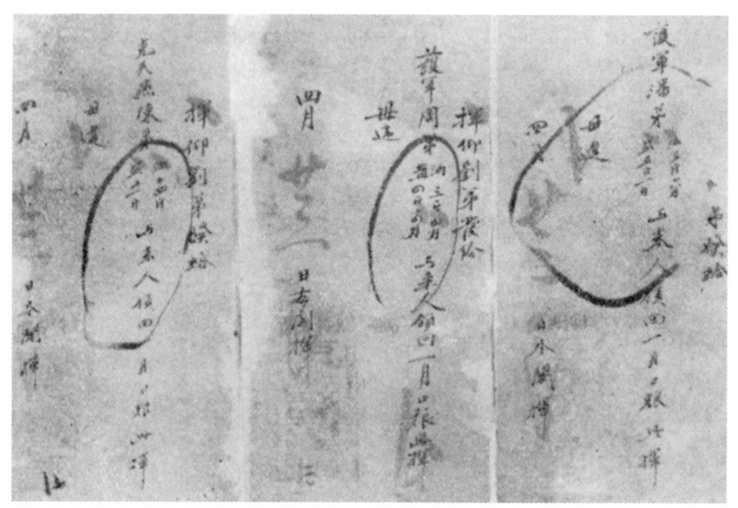

图六 挥条

[一]月口粮此挥

毋违

四月廿二日本阁挥（钤有朱印，同前）

（注：黄纸，长 32、宽 16.5 厘米）

7. 挥仰刘弟发给

经政李弟 油五斤六两
盐捌斤乙两 与来人领回一

月口粮此挥

毋违

四月廿二日本阁挥（钤有朱印，同前）

（注：毛边纸，长 31.5、宽 16 厘米）

8. 挥仰刘弟发给

经政姚弟 油三斤四两 盐四斤十四两 与来人领回一

月口粮此挥

毋违

四月廿二日本阁挥（钤有朱印，同前）

（注：黄纸，长 31.5、宽 15 厘米）

9. 挥仰刘弟发给

经政阳弟 油三斤二两 盐四斤十一两 与来人领回一

月口粮此挥

毋违

四月廿二日本阁挥（钤有朱印，同前）

（注：毛边纸，长 31.5、宽 16 厘米）

10. 挥仰刘弟发给

护军潘弟 油三斤六两 盐五斤一两 与来人领回一

月口粮此挥

毋违

四月廿二日本阁挥（钤有朱印，同前）

（注：毛边纸，长 31.5、宽 16.5 厘米。图六，右）

11. 挥仰刘弟发给

护军周弟 油三斤四两 盐四斤十四两 与来人领回一

月口粮此挥

毋违

四月廿二日本阁挥（钤有朱印，同前）

（注：毛边纸，长 31.5、宽 16 厘米。图六，中）

12. 挥仰刘弟发给

护军陆弟 油乙斤八两 盐二斤五两 与来人领回一

月口粮此挥

毋违

四月廿二日本阁挥（钤有朱印，同前）

（注：黄纸，长 31、宽 16 厘米）

13. 挥仰刘弟发给

奉宣汪弟 油三斤十四两
盐五斤十三两 与来人领回一

月口粮此挥

毋违

四月廿二日本阁挥（钤有朱印，同前）

（注：黄纸，长31、宽16厘米）

14. 挥仰刘弟发给

奉宣方弟 油二斤八两
盐三斤十二两 与来人领回一

月口粮此挥

毋违

四月廿二日本阁挥（钤有朱印，同前）

（注：黄纸，长31、宽16厘米）

15. 挥仰刘弟发给

元勋汪弟 油六斤十两
盐九斤十五两 与来人领回一

月口粮此挥

毋违

四月廿二日本阁挥（钤有朱印，同前）

（注：表心纸，长30、宽15厘米）

16. 挥仰刘弟发给

元勋卓弟 油乙斤二两
盐乙斤十一两 与来人领回一

月口粮此挥

毋违

四月廿二日本阁挥（钤有朱印，同前）

（注：毛边纸，长31.5、宽16厘米）

17. 挥仰刘弟发给

功勋章弟 油乙斤十二两
盐二斤十两 与来人领回一

月口粮此挥

毋违

四月廿日本阁挥（钤有朱印，同前）

（注：黄纸，长31.5、宽17厘米）

18. 挥仰刘弟发给

侍官蒋弟 油四斤八两
盐六斤十二两 与来人领回一

月口粮此挥

毋违

四月廿二日本阁挥（钤有朱印，同前）

（注：黄纸，长31、宽16厘米）

19. 挥仰刘弟发给

典马罗弟 油二斤八两
盐三斤十二两 与来人领回一

月口粮此挥

毋违

四月廿二日本阁挥（钤有朱印，同前）

（注：毛边纸，长31.5、宽16.5厘米）

20. 挥仰刘弟发给

典舆何弟 油二斤六两
盐三斤九两 与来人领回一

月口粮此挥

毋违

四月廿二日本阁挥（钤有朱印，同前）

（注：黄纸，长32、宽15.5厘米）

21. 挥仰刘弟发给

典乐曹弟 油乙斤十四两
盐贰斤十三两 与来人领回一

月口粮此挥

毋违

四月廿二日本阁挥（钤有朱印，同前）

（注：毛边纸，长31.5、宽16厘米）

22. 挥仰刘弟发给

功医陈弟 油三斤八两
盐五斤四两 与来人领回一

月口粮此挥

毋违

四月廿二日本阁挥（钤有朱印，同前）

（注：表心纸，长31、宽16厘米）

23. □□□□□给

□□□弟 油□□四两
盐四斤五两 与来人领回一

月口粮此挥

毋违

四月廿二日本阁挥（钤有朱印，同前）

（注：黄纸，长 31.5、宽 17 厘米）

（四）药方一纸。毛边纸，长 20.5、宽 11.7 厘米。开列两剂药方，经分析，系治疗皮肤病所用。

这批文物都是太平天国将领开朝勋臣、见天天军主将、佽天义吴习玖的军中文件。它们反映了佽天义吴习玖和就嗣钧黄三陞两位失传的天国将领以及他们率领的两支太平军，在侍王李世贤、慕王谭绍光、来王陆顺德的领导下，战斗在江浙皖赣地区，特别是在天京、绍兴、苏州地区的一些斗争史实。

伟大的太平天国农民革命运动，坚持斗争十八年，地区遍及十八省。革命英雄们建立了自己的国家政权，组织了强大的革命武装，实行了各种革命政策，发动广大农民为推翻封建制度和反抗外国资本主义侵略势力进行了不屈不挠的斗争，在中国历史上写下了光辉的篇章。由于清朝统治者和封建地主阶级对太平天国文书典籍的百般摧残，传世的太平天国革命文献，为数甚少。英雄们的事迹大都残缺不全，甚至湮没不闻。由于这批文物的发现，使佽天义吴习玖、就嗣钧黄三陞等一批湮没一百多年的太平天国将领的历史得以再现，从而为研究太平天国后期革命斗争历史提供了新的实物资料。太平军军中“挥条”（发领物单）的发现，还是第一次。“挥条”上记载的爵称、勋阶勋衔、军中职称以及典官等，对于研究太平天国后期的爵职称谓、军制、官制等问题，也提供了有价值的实物资料。

这批文物大都有明确的年月可稽。它们是在天京被围和苏州沦陷前夕的历史条件下产生的，突出地反映了这个时期广大太平军将士反对清朝反动政府和外国侵略者的革命信念和艰苦奋斗的革命精神。

伟大领袖毛主席指出：“历来中国革命的失败，都是被帝国主义绞杀的，无数革命的先烈，为此而抱终天之恨。”（《新民主主义论》）太平天国革命的这一血的历史教训，在这批文物中，特别是在吴习玖给黄三陞的禀稿中也有鲜明的反映。因此，这批文物的发现，对于我们进一步研究和记取太平天国革命的历史经验教训，也是很有意义的。

（原载《文物》1973 年第 4 期）

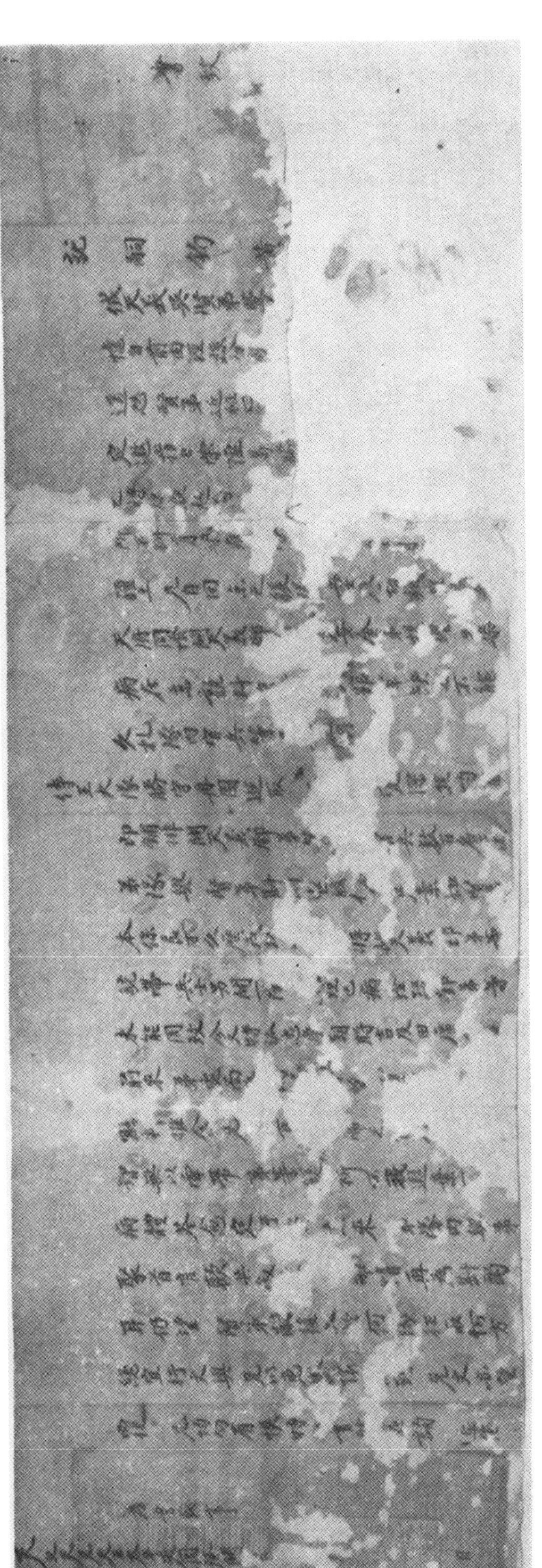

1. 黄三陞给吴习玖的书致

2. 吴习玖给黄三陞的禀稿(二)

图版一

2. 吉四等给吴习玖的禀帖封套

1. 吴习玖给黄三陞的禀稿(一)

图版二

1. 吉四等给吴习玖的禀帖

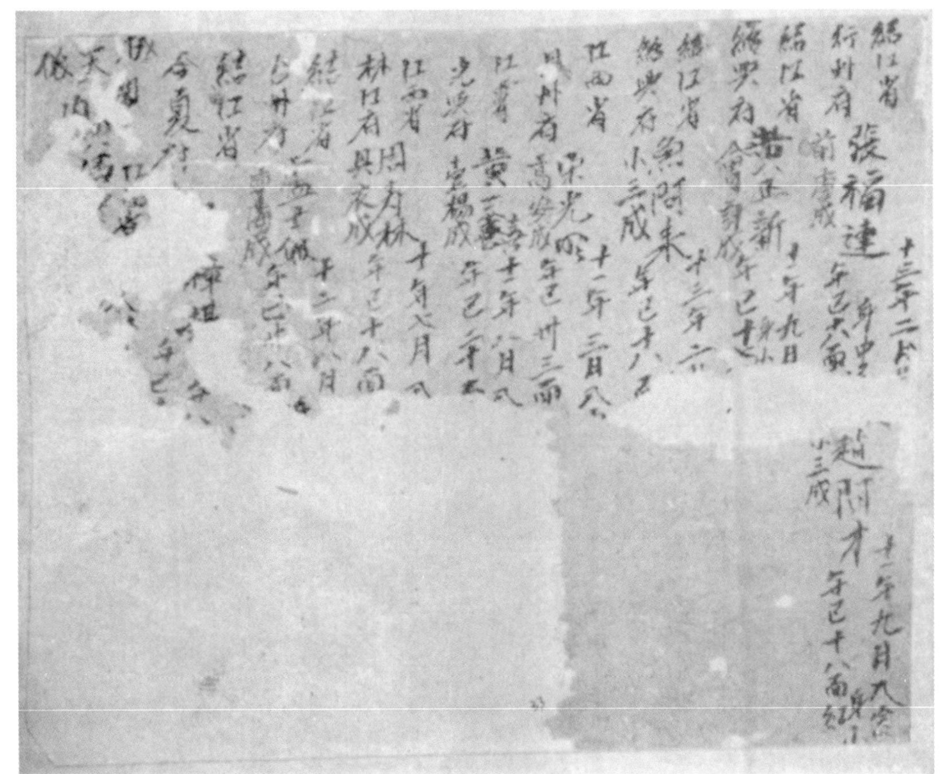

2. 吴习玖部的战士名册残页

图版三

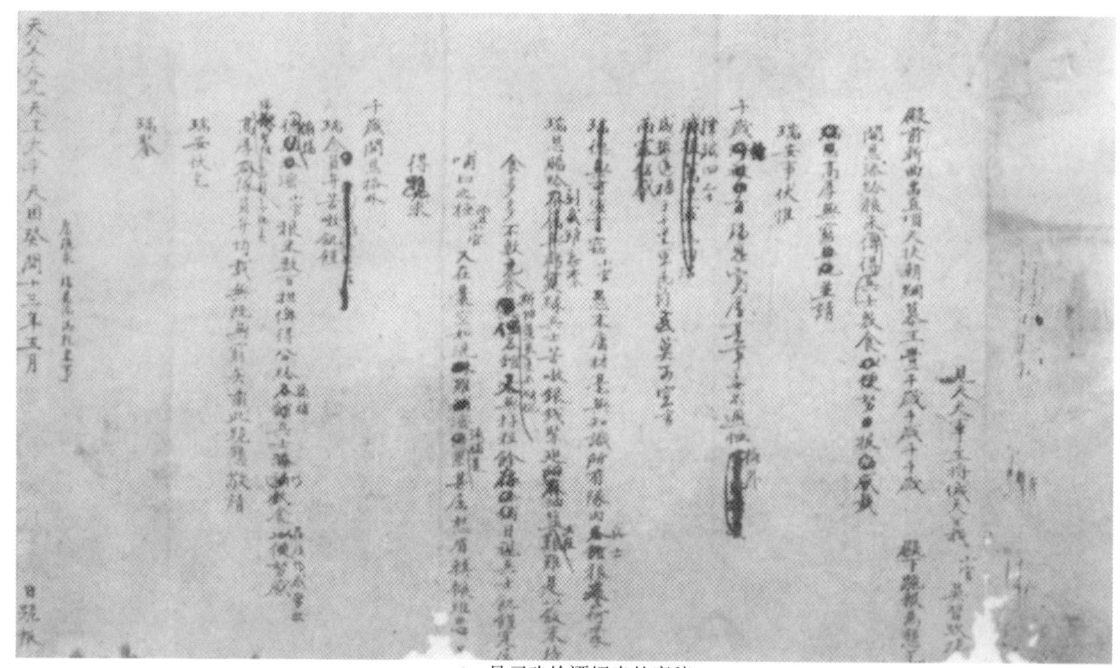

1. 吴习玖给谭绍光的禀稿

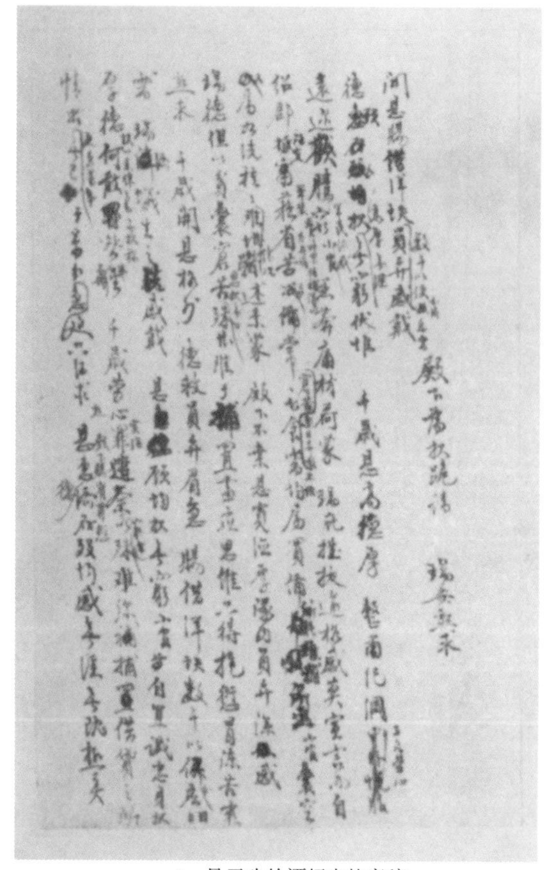

2. 吴习玖给谭绍光的禀稿

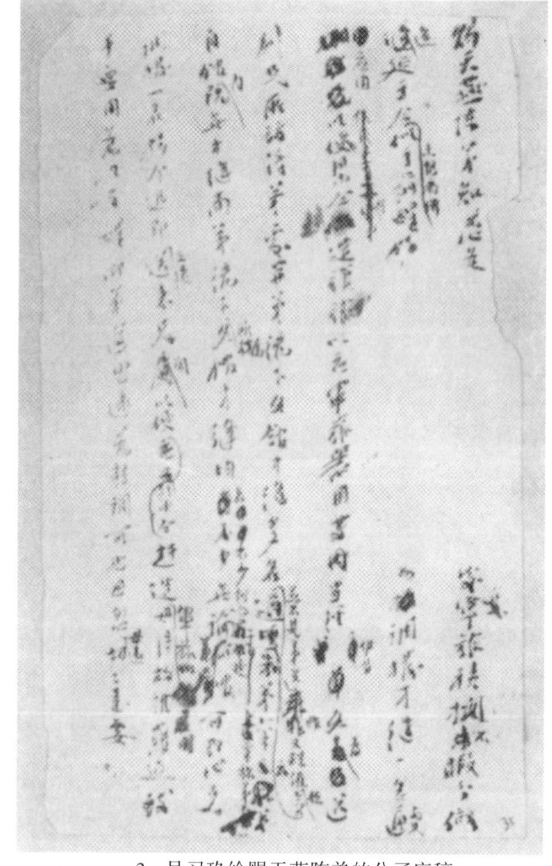

3. 吴习玖给赐天燕陈弟的公函底稿

图版四

江苏吴县清毕沅墓发掘简报

南 波

1970年10月，江苏吴县木渎金山公社天平大队的村民和南京博物院考古组的同志一起，发掘清理了毕沅的墓圹。毕沅是18世纪后期清代的一个大官僚地主，字纕蘅，又字秋帆，自号灵岩山人，江苏太仓人。生于雍正八年（1730年），乾隆二十五年（1760年）中状元，历任清王朝翰林院修撰、侍讲，甘肃巩秦阶道，陕西按察使、布政使，陕西、河南、山东巡抚，署理陕甘总督和湖广总督等官职。嘉庆二年（1797年），病死于湖南辰州（今沅陵）。

一、毕沅墓的位置、结构和出土随葬品

毕沅墓位于吴县木渎金山公社天平大队祥里村。墓的封土南北长20米、东西宽11.5米、高1.6米，由于历年耕种，顶部平坦。墓身用坚固的浇浆构筑，外形呈馒头状，直径10米，最高处至圹底深2.4米。墓内构筑三个相连接的墓圹。毕沅（M1）及其妻汪德（M2）的两口棺具同居中间一圹，东西长3.1米、南北宽2.22米。南圹东西长2.98米、南北宽3.34米，并列放置棺具三口（M3~M5）。北圹为2.98米的正方形，放置棺具两口（M6、M7），中有0.35米的隔梁。墓圹、棺具均为东西向，中圹比南、北两圹向后（东）凸出0.54米。七口棺具，除毕沅外均为女性。从墓葬的形制和结构来看，毕沅及其妻汪德为合墓，其余应是毕沅的五个陪葬的侧室（妾）[①]。

所有棺具均系楠木制造，毕M3棺具通体描漆卷草纹图案。棺具内有的壅香黄泥和木炭，有的壅有用绸缎包裹的小卷灯草。墓圹填满浇浆，封闭严密。

前后出土随葬物品共计111件（见附表）。随葬品一般戴缀在死者的头部、胸部和手臂上，有的则放置在袖筒和贴身处。铜镜则往往发现嵌在棺盖下面的顶板上。这些随葬品，按其用途约可分为冠带服饰、妇女头面首饰、玩物以及少数日用品（如眼镜、铜镜）等。其质地则多为贵重的金银、珠翠、宝石和玉件。现将主要随葬品分类介绍于下。

（一）冠带服饰类

1. 毕沅佩挂翡翠朝珠　1盘。毕M1：2，计分翡翠珠身一百零八粒，碧霞[②]“佛头”一副（圆珠四颗、葫芦嘴一个）。“后引”部分，包括金“背云”一件（海棠花形，嵌玫瑰紫宝石四粒）和玫瑰紫宝石“坠角”一颗。

2. 翡翠朝珠　1盘。毕M3：14，翠珠一百零八粒。翠色略浅于毕沅朝珠。碧霞“佛头”一副。

“纪念”③三串，每串小念珠十粒、“坠角”一粒，均碧霞质。金“背云”一件，中嵌碧霞一颗，两面各嵌翡翠二粒、红宝石三粒、绿宝石一粒。碧霞“坠角”一颗。

3. 嵌碧霞金凤冠　1顶。毕M2∶1，纯金制成，重616.4克，缀金凤九只。牡丹顶花一朵，嵌碧霞一颗。双龙戏珠纹“抹额”（或称“护额”“额兜”）。金叶模压“恩荣”字牌及“日”“月”“奉”“天”“诰”“命”“朝”“冠”八字。

4. 嵌宝石镂金带头、带扣　1副。毕M1∶3，毕沅朝带（腰带）所用。纯金质，重88克。通体镂雕缠枝牡丹花纹。嵌玫瑰紫宝石一块，重110.85克。

（二）金银头面首饰类

1. 嵌宝石攒珠金累丝如意灵芝鬓花插　1对。毕M3∶4、5，全支带叶灵芝金花。灵芝作如意形，以细金丝累成。金叶以累丝镶边。每支金花上攒珍珠四十三粒，嵌各色宝石十四粒。

2. 嵌宝石金累丝西番莲花银柄发插　1对。毕M3∶6、7，细金丝累成西番莲花九瓣，扇形展开。每瓣嵌各色宝石一粒，共计九粒。瓣尖缀珍珠各一串。花瓣之间间以金累丝花芯，共八个。花蒂铺以卷草金叶，叶中心嵌有小金花一朵。

3. 嵌宝石累丝松鼠葡萄金耳坠　1副。毕M2∶6、7，上嵌红宝石一颗。

4. 金累丝秋海棠长春花银柄发插　1对。毕M5∶3、4，并蒂金花两朵，海棠花全以金丝累成，衬有累丝花萼数朵，长春花形似葵花，全以金叶制成。

5. 金“同心合”　1件。毕M2∶11，盛“结发”用。纯金质，重62克。合盖面镌“同心合”三字，盖里镌“状元毕沅”“夫人汪德”两行八字。合底里镌“结发恩深”“同穴同衾”“天长地久”“生死同心”四行十六字。字均直行。毕沅曾在所谓悼亡诗中提到过这件随葬的“金合”④。

（三）玩物类

1. 三孔古玉刀　1件。毕M1∶8，磨刃口，刀背一边穿有三孔，系仿制石器时代的玉刀。棕绛色，乃长期埋于土中浸蚀而成。长36.6、宽8.6厘米。清吴大澂《古玉图考》载有相同类型的四孔玉刀，名为“大夫之笏”，云：“边有三孔，可以结绳佩于绅带之间。”说明清代人把这种玉刀看作周代的礼器。

2. 唐海兽葡萄铜镜　1面。毕M1∶9，直径11.5厘米。

3. 唐天马衔穗、双鸾葵花边“千秋”铜镜　1面。毕M5∶15，上有“天马”，下有“瑞雀”，双鸾对舞于镜纽之两侧，外周铸有“千”“秋”两字。直径22.9厘米。

4. 仿古玉斧　1件。M1∶10，器作蝉形。两面精雕仿铜器夔龙纹，回文地。斧顶盘双狮。雕工风格属于明代或清初。长11.6、宽3.6厘米。

5. 莲瓣绾髻玉冠附碧玉簪　1副。毕M1∶6，玉冠高6.3、长9.4、宽6.6厘米。碧玉簪长10.6厘米。

6. 黑斑巧色白玉熊　1件。毕M1∶13，雕琢精致，神态生动，背部分布轻淡黑斑，系琢玉工人利用天然巧色设计制成。

7. 白玉扳指⑤　1件。毕M1∶5，毕沅于死前一年（1796年）曾连受乾隆赏赐“喜字白玉扳指”“喜字玉扳指”“玉扳指”“白玉扳指”各一件。这件随葬品应属上述扳指之一。

（四）日用品类

1. 眼镜　1副。系水晶片老花眼镜，木胎黑漆镜框。两边以丝绦系戴。从鼻梁处折叠，装有铰链，展用时以小搭扣固位。

二、毕沅墓所反映的18世纪后半期的社会阶级矛盾

毕沅早年读书灵岩山，从经学家惠栋学习，对经史、小学、金石、地理等都有所涉猎，由他署名印行的著述有《续资治通鉴》《传经表》《经典文字辨正书》《音同义异辨》《山海经校注》《晋书地理志新补正》《关中、中州、山左金石志》《西安府志》《灵岩山人诗集》等，并刊有《经训堂丛书》。

这一百多件随葬品绝大多数是他生前的服用珍玩，没有代用的明器，因此，它们具体而如实地再现了18世纪封建统治阶级奢侈糜费的生活和风尚。以随葬金器为例，汪德的金凤冠，除顶花镶嵌碧霞外，通体由赤金制成，重达616.4克，折合市秤19两7钱2分（以16两为1市斤，下同）。毕M3随葬的两副金手镯，也重达590.32克，折合18两8钱9分。汪德死于兰州，时毕沅以甘肃巩秦阶道留兰州综理新疆经费局务并兼署按察使事。汪德当时为诰封“恭人”。以四品命妇而殓以纯金凤冠，这是很少先例的。

毕沅的翡翠朝珠系选用整块翡翠剖解琢制而成，其“佛头”，以碧霞制成。碧霞是宝石的一种，清末慈禧（那拉氏）随葬有一支碧霞莲花，重36两8钱，制价为白银75万两[8]，平均每两碧霞约为白银2万两，毕沅的这盘翡翠朝珠的价值也就可想而知了。随葬品除金银器外，以玉器为多，它在毕沅的14件随葬品中占了8件。其中以三孔古玉刀、绾髻玉冠（附碧玉簪）等尤为名贵[9]。

毕沅出生在太仓的一个中小地主家庭，做官后，迁居苏州，买下了著名的“慕家（巡抚慕天颜）花园”的东半园，构筑“经训堂”和宅第。乾隆四十八、四十九年（1783、1784年）间，又在灵岩山南麓构筑别业“灵岩山馆”，建有御书楼、毕母祠、澄怀观、画船云壑、问梅禅院、砚石山房等，“营造之工，亭台之侈，凡四五年而始竣”。生前为经营生圹而购置了现今的这块墓地，原本也是一处著名的园林——“水木明瑟园”。其中仅灵岩山馆一处，“计购值及工费不下十万金”[10]。封建统治阶级为满足其生前身后的享用，耗费了多少劳动人民的血汗！毕沅占有的土地数不详，乾隆三十六年（1771年）其三弟毕沄死，毕沅一次即为其侄在太仓置田三百亩。据毕沅自述，他在灵岩山下购置的“墓田”，即达千亩以上[11]。

18世纪后期封建统治阶级为满足其种种奢华享乐的需要，普遍贪污成风。政治十分腐败。和珅为相20余年，揽权纳贿，结党营私，积聚家财达几万万两，平均每年所得为4000万两，约占清王朝每年财政总收入的一半左右[12]。这就是说每年人民的租税负担有一半流入和珅的私囊。乾隆四十六年（1781年）发生的甘肃布政使王亶望贪污冒赈案件，涉及的官吏甚多，其中贪污银两2万两以上的官吏达22人。毕沅曾两次署理陕甘总督，因此以“失察”罪受到降级的处分。毕沅任湖广总督将近十年，时湖北巡抚为福宁，布政使为陈淮，“三人朋比为奸。毕（沅）性迂缓，不以公事为务。福（宁）天资阴刻，广纳苞苴。陈（淮）则摘人瑕疵，务使下属倾囊解橐以赠，然后得免”。湖北民谣曰：“毕不管，福死要，陈倒包。”又说：“毕如蝙蝠，身不动摇，唯吸所过虫蚁。福如狼虎，虽人不免。陈如鼠囊，钻穴蚀物，人不知之。”[13]两湖人民受到极大的残害。嘉庆四年（1799年）清统治者查核毕

沅生前的“军需底帐”，以“毕沅提用银两及馈送领兵各大员银数最多”为名，假借“任意滥支，结交馈送，执法营私”（即变相贪污）等罪名，革除其子孙承袭的世职和荫官，随后并“追产入官”[⑭]。大小官僚贪污成风，贪污案件层出不穷，达到这样的程度，表明封建统治阶级内部财富的再分配离开了常轨，反映了他们之间对剥削物的剧烈争夺，归根结底说明人民所受的剥削和压迫大大地增加了。

这批随葬品具有较高的工艺价值，它们反映了18世纪我国琢玉、雕镂、镶嵌等手工工艺的水平。以毕沅的莲瓣绾髻玉冠为例，系用整块白玉透雕而成，四面均雕翘瓣莲花两层，上兜于顶，巧妙地在冠顶两侧留下透气孔隙，乃自然构成莲瓣形冠顶。附碧玉簪一件，通体碧绿，润莹光洁，堪与翡翠媲美[⑯]。再以毕沅的眼镜为例，眼镜乃是在明代以来由西北陆道和东南“海舶”传入中国的一项新兴的手工工艺。传入中国的眼镜镜片都是玻璃（“白琉璃”）质的，后经广东手工工人的研究革新，才创制成水晶镜片，其质量较之舶来品“更出其上”。18世纪八九十年代，眼镜广为流行，赵翼记载：“今（1790年）则遍天下矣”[⑰]，毕沅的这架折叠眼镜，灵活轻巧，启用、收置和携带都很方便，表现了当时眼镜制造工艺的水平。这批随葬品还为我们提供了一批有年代可考并具有鲜明时代风格的标准器物，对于研究我国18世纪时期工艺美术的发展历史有一定的价值。

注释

① 李根源《吴郡西山访古记》所记毕沅墓词“中奉公（毕沅）栗主，旁祀公夫人（汪德）及副室五人”与此相合。毕沅妻汪德，苏州人，1769年（乾隆三十四年）卒于兰州，以毕沅封典，诰赠一品夫人。毕沅死后，曾由王昶作神道碑、钱大昕作墓志铭，但均不载其五名侧室的姓名。她们的生卒年月均不详。侧室五人见于《吴县志》和《灵岩山人诗集》。清统治者为巩固封建统治，极力提倡程朱理学，鼓吹纲常名教。在封建礼教中，妻妾名分有别，侍妾类同奴婢，是没有社会地位的，其姓名不得列入毕沅的碑志。

② 碧霞又称玭霞、碧玺、璧玺、辟邪玺、比霞洗、碧霞犀、玗璸石，乃是一种水红色的宝石。其中透明度较差的，或被称为“祥南”。

③“纪念”或作“记念”，为朝珠的附饰，共三串。其位置，一侧为两串，男在左女在右；另一侧为一串，女在左男在右，见徐珂《清稗类钞》第四十六册《服饰类·朝珠》。

④ 毕沅：《灵岩山人诗集》卷二三《哭先室汪夫人诗二十二首》有“他生誓已镌金合”句，指的即是这件“同心合”。

⑤ 扳指又作班指、搬指、梆指，着于右手之大指。

⑥ 邓之诚：《骨董琐记全编》，《乾隆金价》，第102页。

⑦《灵岩山人诗集》卷二六《东行经安会道中感时述事寄兰省诸公十首》。又见《弇山毕公年谱》乾隆三十五年记事。

⑧《爱月轩笔记》。

⑨ 据常辉：《兰舫笔记》（《吴中文献小丛书》之二五）记载：“乾隆三十四年，玉之贵也，自古为然……近今仕途珍之，余见寅僚中，身带而手弄者，十人九有，饮食不去也。良以玉得汗气则光彩始出，将以作面贽也。余在官四五年，力不能办，且不欲焉。”作者是一个曾在苏、松二府作了四五年知县的人，还置不起玉器，这虽然有点自我标榜，但由此可见当时玉价贵重之一斑。这段记载还说明，统治阶级的奢华糜费，在18世纪有了急剧的发展。

⑩ 梁章钜：《浪迹续谈》卷一，见《梁氏笔记三种》。又见赵翼《陔余丛考》卷三〇《一金》：“今人行文以白金（银）一两为一金，盖随世俗用银以两计。”

⑪ 见《灵岩山人诗集》卷二七《延青三弟手披〈文选〉书后》注；卷三九《题吴白广〈石湖课耕图〉五首》，有“梦绕灵岩旧草堂，山下墓田余十顷”句。

⑫ 彭信威：《中国货币史》，上海人民出版社，1958 年，第 576 页。

⑬［清］昭梿：《啸亭杂录》卷一一《湖北谣》。

⑭《清史列传》卷三〇《毕沅传》。又据《镇洋县志》卷九《毕沅传》：“（嘉庆）五年，特恩给还田产。”

⑮《清高宗实录》：乾隆六十年二月丙辰“上谕”。

⑯《灵岩山人诗集》卷三七《六十生朝十首》有“玉冠新琢换朝簪”之句，指的应是这两件玉冠和玉簪。此诗作于 1789 年即乾隆五十四年的八月湖广总督任上，是知玉冠玉簪的琢制应是这一年的事。

⑰［清］赵翼：《陔余丛考》卷三十三《眼镜》。

［原载《文物资料丛刊》（1），文物出版社，1977 年］

附表　　**毕沅及其妻妾墓出土随葬品登记表**

墓号	编号	器名	数量
毕 M1（毕沅）	1	白玉翎管	1
	2	翡翠朝珠	1 盘
	3	嵌宝石镂金带头（附带扣）	1 副
	4	素面白京料带板	5 块
	5	白玉扳指	1
	6	莲瓣绾髻玉冠附碧玉簪	1 副
	7	眼镜	1 副
	8	三孔古玉刀	1
	9	唐海兽葡萄铜镜	1
	10	蝉形仿古玉斧	1
	11	嵌银刻花铁如意（残）	1
	12	嵌玉（八宝图案）如意	1
	13	黑斑巧色白玉熊	1
	14	天然形白地黑斑古玉件（或称玉镇）	1
毕 M2（汪德）	1	嵌碧霞金凤冠	1
	2	金卷云押发	1
	3	嵌宝石金如意押发	1
	4、5	衔芝仙鹤金花片	1 对
	6、7	嵌宝石累丝松鼠葡萄金耳坠	1 对
	8	碧玉朝珠	1 盘
	9	素面白京料带板	12 块
	10	圆梗实心金手镯	1
	11	金“同心合”	1
	12	明仿唐海兽葡萄铜镜（水红铜质）	1
	13	双龙蟠寿铜镜	1
	14	天然形白地黑斑古玉件（或称玉镇）	1
毕 M3	1	银凤冠	1
	2	翡翠如意押发	1
	3	嵌宝石攒珠金押发	1
	4、5	嵌宝石攒珠金累丝如意灵芝鬓花插	1 对
	6、7	嵌宝石金累丝西番莲花银柄发插	1 对
	8、9	嵌宝石金山茶花银柄发插	1 对

墓号	编号	器名	数量
毕 M3	10	嵌宝石金花累丝发插	1
	11、12	金发针	2
	13	木梳（残）	1
	14	翡翠朝珠	1 盘
	15	百“寿”字白玉朝带	1
	16、17	翡翠手镯	1 副
	18、19	金“天元”手镯	1 副
	20	金铰丝手镯	1
	21	金“天元”手镯	1
	22	沉香木念珠附刚卯玉牌及猴、羊、蚕、小人等玉挂件 15 只	1 半
	23	嵌玉如意	1
	24	抱狗白玉小人（穿孔挂件）	1
	25	白玉小人	1
	26	“状元及第”铜镜	1
	27	“永安五铢”铜钱	1
	28、29	“太平通宝”铜钱	2
	30	“皇宋通宝”铜钱	1
	31	“天圣元宝”铜钱	1
毕 M4	1	饰珠（冠帽饰）	1
	2	嵌宝石银如意押发	1
	3	银押发	1
	4	小铜镜（或称“眉镜”）	1
毕 M5	1	嵌宝石金如意押发	1
	2	嵌宝石金如意押发	1
	3、4	金累丝秋海棠长春花银柄发插	1 对
	5、6	宝珠金山茶花银柄发插	1 对
	7	灵芝如意镀金银发钗	1
	8	龙头镀金银发针	1
	9	金发钗	1
	10、11	嵌宝石累丝松鼠葡萄金耳坠	1 对
	12	寿星竹杖式白玉耳挖	1
	13、14	金镂花“天元”手镯	1 副

墓号	编号	器名	数量
毕 M5	15	唐天马衔穗双鸾葵花边铜镜	1
	16	“状元及第”铜镜	1
	17	白玉戏蝶双猫	1
	18	白玉鸭（挂件）	1
	19	天然形白玉菱米（挂件）	1
毕 M6（戴氏）	1	嵌宝石镂花银押发	1
	2	嵌宝石镂花银押发	1
	3	鞍形镀金银押发	1
	4	银花发针	1
	5、6	包金山茶花银发插	1 对
	7	金饰件（所挂金牌镌“毕门戴氏”四字）	1
	8、9	金双蝶	1 对
	10、11	金蝴蝶	1 对
	12	小金蝴蝶	1
	13	白玉佩饰	1
毕 M7（张氏）	1	嵌宝石镂花金如意押发	1
	2	镂空花球包金银发针	1
	3	嵌宝石“福寿双全”镀金银发针	1
	5	执锡杖佛像金发针	1
	5	（磬端挂一金牌，上镌“毕门张氏”四字）	1
	6	“福如东海”“长寿百吉”镀金银发针	1
	7	蝠（福）桃（寿）头镀金银发针	1
	8、9	银耳环	1 副
	10	伽南香朝珠	1 盘
	11	菩提子念珠	1 盘
	12	素面白京料带板	19 块
	13、14	金“天元”手镯	1 副
	15	仿唐海兽葡萄铜镜	1
	16	黑斑白玉鹅	1
总计		111 件	

昆山花桥出土清代银锭和西班牙银币

昆山县图书馆　陈兆弘

1978 年春，昆山县花桥公社石头四队社员，在平整土地时，发现两只陶瓮，上面一只是空的，下面一只里贮藏着五枚银锭和三百十块银币。

因为白银具有价值高、体积小、不易氧化的优点，在宋代以后，随着白银流通的逐渐普遍，尽贮藏手段职能的，主要就是白银。到了清代末期，由于商品经济的发展，加上外洋币制的影响，使流通货币，由历来块状白银与圜形方孔制钱二者并用的局面，向铸造银币和铜元并用的情形发展。花桥出土的这批银锭和银币，正好能说明这个问题。

五枚银锭放在瓮口，共重 9363 克，合市秤十八斤七两三钱，成色百分之九十三。银锭是中国旧时银两的主要形式，始于唐，盛于明、清，俗称银元宝，由银炉铺熔铸。《清史稿》载："户部……令各省解部地丁，将足色纹银倾熔元宝，合部颁法马，每枚五十两，勿加滴珠。"又说："乾隆四十年（1775 年）户部奏准各直省解京银两，无论元宝、小锭，必錾凿州县年月及银匠姓名。"（卷一二一《食货二》）由于熔铸地点不同，重量、成色略有参差。

五枚之中，两枚稍大，每枚重 1872. 5 克，库平纹银 50. 19 两，上面的刻文是（有方括号的是戳印阳文）：

"嘉庆七年四月定远县匠何玉"。嘉庆七年即 1802 年，定远县属安徽省。

"［嘉庆］七年四月〔青阳县〕（太玉）"。青阳县也在安徽省，太玉是银匠名。

另三枚略小，各重 1872 克，库平 50. 18 两，刻文为：

"四十九年四月夏邑县王仲"。这里当是乾隆四十九年（1784 年），夏邑县在河南省。

"［泰和］"。江西省泰和县。

"［安山县］"。查无此县，《大清一统志》上有十多个叫"安山"的地名，就是没有一个"安山县"。但这是印记，似不应误，录以备考。

以上银锭和户部的规定相合，是地方政府征收地丁税解京的库银，一般由官府保藏，绝少流通。银锭窖藏地点，在鸡鸣塘南岸原大地主杨二房旧址，据说该家上代在京城做过官，看来也是不义之财。然而它留下了清代丁银的实物，记载了三位银匠的姓名，还是值得珍视的。

陶瓮底下放着三百十块银币，正面铸有查理三世、四世和费迪南七世的头像，背面图案有两根柱子，俗称"双柱洋"。银币在 15 世纪末开铸于欧洲，明万历间（1573～1620 年）开始流入中国，最先流入的是西班牙政府在墨西哥铸造的“双烛洋”。以后，西班牙又在菲律宾吕宋岛铸“双柱洋”。连横《台湾通史》称：“永历二十八年（康熙十三年）……当是时，海舶通商于西南洋者络绎于道，故钱货多随商务以来，而吕宋银尤夥，是为西班牙政府所铸。图面王象，则台人所称‘佛银’者也，重六钱八分，市上贸易以此为准。”（《度支志》）这种被称为“佛银”的吕宋银，就是双柱洋，同双烛洋统称“本洋”或“花边钱”。这三百块银币，铸造年份是1773~1801年，可按年份连贯地排列起来，显然是贮藏者特意收集的；但各年所铸的大小、厚薄不一，有的连形状也不圆整。现在测定是0.8512两，成色百分之八十九，分重既轻，含银又少。为了掠夺东方，西方殖民者在铸币上极尽粗制滥造之能事。

为什么当时民间会有这么多洋钱呢？

第一，从清代中叶起，对外贸易有了较大的发展。对于殖民者入侵中国的企图，清政府采取闭关自守的政策。在康熙朝，只准到日本、高丽和安南，“若吕宋、噶喇巴（爪哇）等国皆在禁例”（《清文献通考》卷二九七《五裔五》）。及至乾嘉以后，海禁既弛，中外贸易日趋繁盛，为了购买中国的丝茶，外国银币复大量流入。从18世纪后期至19世纪初期的海外贸易看，中国总是处于出超的地位。因此，当鸦片还不曾极大量输入中国以前，每年总有相当数量的白银流入中国，而且大部分用的本洋。

第二，银两和银币的不等价交换，促成现银大量流出，外币大量流入。以本洋为例，每块库平七钱二分，到中国来在流通中却当作纹银一两来使用。这对唯利是图的殖民主义者来说是很大刺激，出现了专事输入银币来套购银两而营利的商人，他们为了换取中国的“足色纹银”，将大量“色低平短”的洋钱倾入内地。“该洋人赋性狡黠，纯用机心，卖物则必索官钱制钱，买物则概用番银洋钱，银低钱薄，仅当内地银钱之什七；或仍以番银还给，则断不收纳。是以番银之行日广，官银之耗日多。”（《清实录》宣宗，卷一五〇）“该夷商已将内地足色银两私运出洋，复将低潮洋钱运进，任意欺蒙商贾，以致内地银两渐形短绌。”（《清实录》仁宗，卷二八三）这种情况造成了严重后果，因而产生禁止白银外流、平洋钱价和禁用洋钱等种种主张。

第三，银币使用起来方便，便于流通。江苏巡抚林则徐在《漕费禁给洋钱折》中指出：“盖民情图省图便，寻常交接，应用银一两者，易而用洋钱一枚，自觉节省，而且无须弹兑，又便取携，是以不胫而走，价虽浮而人乐用，此系实在情形。”（《林文忠公政书》甲集，《江苏奏稿》卷一）银币在流通中，不像宝银每次都要经过秤称、折算甚至化验，省去不少麻烦。这是货币制度落后，造成了殖民者的可乘之机。早在鸦片战争以前，外国银币已在广东、福建及东南沿海地带广泛流通。正如林则徐所说，“洋钱一项，江苏商贾辐辏，行使最多”，本洋一度还成了长江流域的主要通货。所以花桥这批窖藏并不是偶然的。

1821年墨西哥独立，改铸“鹰洋”。鸦片战争后，鹰洋大量流入中国，渐取本洋的地位而代之。鉴于洋钱流通便利，林则徐在1833年第一个提出中国自铸银币行使的主张，并自行试制，惜未被清王朝采纳。直到光绪十五年（1889年）才铸造“龙洋”，这时封建王朝已濒临覆亡了。

由此可见，花桥银锭和银币窖藏，是一定时代的产物。它的纪年从1773~1802年，正是中国进入半封建半殖民地社会的前夜，也是货币制度酝酿从块银和制钱并用，向铸造银币和铜元并用过渡的时期。因此，对于研究清代的货币经济，对外贸易以及帝国主义侵华史，都是一份很好的实物资料。

（原载《文博通讯》1980年第33期）

吴江发现徐灵胎墓志铭

吴国良

1982年4月22日，我们在调查清代著名医学家和戏曲理论家徐灵胎的墓葬时，发现了徐灵胎墓志铭（图一、二）。

墓志铭为青石，正方形，一合两块，每块边长60厘米，厚12厘米。志盖已裂一角，篆书4行，行4字，实有13字："皇清敕赠儒林郎徐徵君墓志铭"。为王曾翼所篆。王曾翼，字敬之，吴江同里人；乾隆二十五年（1760年）进士，官至福建道监察御史；生年不详，六十二岁卒于任上。志文楷书，29行，行32字，实624字，字迹十分清晰。志为彭启丰撰文，嵇璜书丹。彭启丰（1701～1784年），字翰文，号芝庭，又自号香山老人，长洲（今苏州）人；雍正五年（1727年）状元，官至兵部尚书；与徐灵胎为重表兄弟。嵇璜（1711～1794年），字尚佐，一字黼庭，晚号拙修，无锡人；雍正八年（1730年）进士，官至大学士；善书，尤精小楷，所书志文规正精美。

图一　徐灵胎墓志志盖拓片

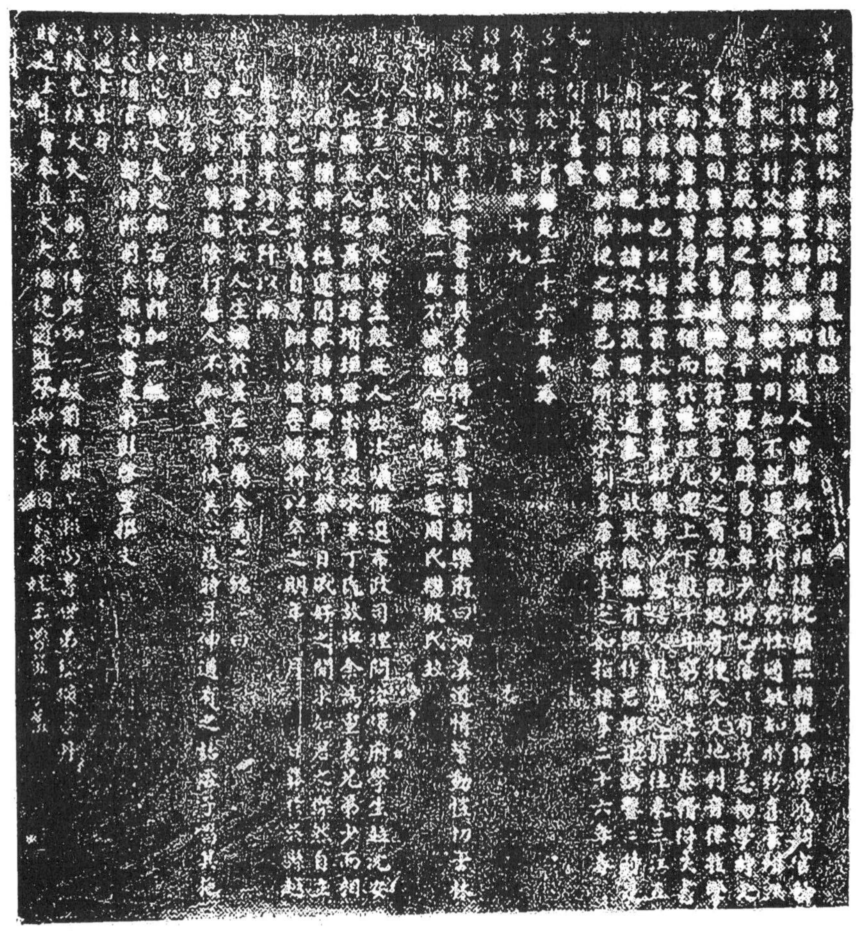

图二　徐灵胎墓志志文拓片

徐灵胎，原名大椿，二十岁后更名大业，晚号洄溪道人，灵胎则是他的字，江苏吴江人。志文所载他的材料十分丰富，它不但为我们了解徐灵胎的生平和研究他在医学、水利、戏曲诸方面的成就提供了一件难得的实物资料，而且根据新的资料，又可补正原有史料的不足。

徐灵胎的生卒年，各书所载不尽相同。清袁枚《徐灵胎先生传》中称，徐于乾隆二十五年（1760年）被召入都“之后二十年……再召入都，先生已七十九岁……至都三日而卒”，卒于乾隆四十五年（1780年）；但《辞海》和《苏州史话》都记生于1693年，卒于1772年；《中国戏曲曲艺词典》更是生年不详，卒于1778年。今志文载“（乾隆）三十六年冬，再召，卒于京师，年七十九。”这里，卒年说得很清楚，那就是乾隆三十六年（1771年）。按享年七十九岁推算，生年当为康熙三十二年（1693年）。这和徐灵胎晚作《自述纪略》中“康熙三十二年五月十五日，余生于下塘毓瑞堂”的记载完全一致，因此其生卒年月当以墓志为是。

关于徐灵胎的葬地，向有两说。徐灵胎次子徐爔在《兰台轨范跋》中载：“明春（按：乾隆三十七年）扶榇归理，葬越来溪之牒字圩新阡。”而《吴江县续志》也明确记载：“处士徐灵胎墓在二十七都副八图大爔字圩。”越来溪即今吴县越溪，二十七都大爔字圩在吴江八坼。那么，墓葬究竟在何地？今在八坼田心里的徐灵胎墓是真还是假？长期以来，始终是个疑团。这次墓志铭的发现，这个谜终于被解开了。志文说“将以卒之明年□月□日葬于吴县越来溪黄字圩之阡”。据查民国元年（1912年）

吴江圩图，越来溪只有牒字圩，不见黄字圩。不知是徐爔或志文记错，还是两圩本是一地？尚待查考。但墓葬在越来溪之说，志文和徐爔所载是一致的。而在墓盖上，除了十三个篆书大字之外，于左下方尚刻有二行楷书小记："乾隆五十七年三月十五日申时，迁于吴江县大境下圩二百三十八丘内。子山午向，癸丁分金。沈太安人合葬于右。"大攦字圩分上、下两圩，这确认了今墓是徐灵胎的真墓葬。如此说来，葬地两说都未错，只不过事隔二十年，由越来溪迁葬到八坼罢了。另外，根据志文和墓盖中关于徐灵胎副室沈氏的生卒安葬记载以及不同的书法，我们可以断定，墓盖小记是于乾隆五十七年（1792 年）迁葬时补刻的。小记还为我们提供了徐灵胎遗体的置向和合葬等第一手资料。

徐灵胎墓虽被盗过，但尸骨、石椁、封土、墓碑以及刻有墓联的石柱等物均在，即尚有遗存，所以，县文化馆即将对该墓进行修葺。而其墓志铭，则作为研究徐灵胎生平活动的珍贵文物，已运至文化馆妥善保管。

（附）皇清敕赠儒林郎徐徵君墓志铭

君讳大业，字灵胎，自号洄溪道人。世居吴江。祖讳釚，康熙朝举博学鸿词，官翰林院检讨。文讳养浩，试授州同知，不就选，老于家。君性通敏，知时务，喜豪辩。跌宕自恣，若脱鞲之鹰，瞬息千里，众鸟辟易。自年少时，已落落有奇志。初学时文，薄其道。因覃思周易、道德、阴苻家言，久之有契。既乃旁搜天文、地利、音律、技击之术，精意练习，得其要领。而于医理尤邃。上下数千年，穷源达流，参稽得失，书之于辞沛如也。以诸生贡太学，寻弃科举，专以医活人。数应人请，往来三江五湖间，因以晓知诸水源流、顺逆通塞之故。其后县有兴作，君辄正论凿凿持是非，有司常折节从之。郡邑乘所志，水利多君所手定，如指诸掌。二十六年春，天子闻其善医，召之，将授以官，辞免，三十六年冬，再召，卒于京师，年七十九，诏赐之金，赠儒林郎。君平生著书甚具，多自得之言。尝创新乐府，曰《洄溪道情》，警动恺切，士林诵之。晚作自叙一篇，不欲后人藻饰云。娶周氏，继殷氏，并赠安人。副室沈氏，封安人。子三人：长熯，太学生，殷安人出。次爔，候选布政司理问；次爆，府学生，亦沈安人出。孙五人：埏、聂祖、培、堉、垣。君出自汲水港丁氏，故与余为重表兄弟。少而相习，既老，犹时时往还。间歌诗相赠答，以余平日戚好之间。求如君之杰然自立者，亦已罕矣！子爔自京师以君丧归，将以卒之明年□月□日葬于吴县越来溪黄字圩之阡，以两赠安人合焉。并营沈安人生圹于其左，而属余为之铭。铭曰：

君之学，世莫窥。阴行善，人不知。其骨侠，其心慈。时屈伸，道有之。治厥子，昌其施。

赐进士及第、诰授光禄大夫、吏部右侍郎加一级、经筵讲官、兵部侍郎、前兵部尚书、表弟彭启丰撰文。

赐进士出身、诰授光禄大夫、工部左侍郎加一级、前礼部、工部尚书、世弟嵇璜书丹。

赐进士出身、奉直大夫、福建道监察御史、年姻家眷侄王曾翼篆盖。

（原载《文博通讯》1982 年第 3 期）

蟠螭山麓“画僧”墓

吴县文管会　姚勤德

蟠螭山，位于吴县光福东太湖边，山上胜迹很多，虚谷墓便是其中的一处。它坐落在蟠螭山南麓，背靠永慧禅寺，面对太湖有七十二峰，四周青松挺立，梅花夹径，山下万顷碧波，银光粼粼，风景十分秀丽。

虚谷（1824～1896 年），本姓朱，名虚白，原籍徽州，家居江都，曾任过清廷将官，参加过太平天国革命军起义。“意有感触，遂披缁入山”（参见《中国绘画史》“虚谷”），但不茹素，不礼佛，人称“画僧”。

虚谷的画受程穆青的影响，落笔冷隽，蹊径离开，善画花卉、蔬果、禽鱼，亦能山水。尤擅以破笔作松鼠、金鱼等，草草写意，生动超逸，书法也奇古绝俗，与当时的大画家任伯年、吴昌硕齐名。虚谷的画表面稚拙，实则奇峭隽雅，“在艺术上的令人耐看，可谓晚清画苑中的第一家。”（《中国绘画史》“虚谷”）他用笔含蓄，造型质朴，不在表面上取悦于人，故评者谓其“画有内美”。作品有《枇杷》《水面风波鱼不知》《水仙》《松鼠》《松鹤图》《杨柳八哥》等流传于世。

据吴县光福司徒庙融宗大和尚追述，虚谷曾一度在苏州狮林寺为僧，常云游于扬州、上海等地，以书画自娱，画倦即行。光绪二十二年（1896 年）病逝于上海城西关庙。当时，石壁山的永慧禅寺是狮林寺的下院。他死后，由狮林寺住持令小僧把上人的遗骨运回苏城，归葬于蟠螭山。

据说，该墓原立有墓碑，后被破坏。1983 年 4 月 3 日，来自全国各地的画家为纪念一代画坛大师虚谷，修整了墓地。现该墓封土高约 1 米，四周垒砌着黄石墓庐。冢前立有上海图书馆馆长顾廷龙先生题记的墓碑一块，碑高 130、宽 38 厘米，上镌篆文“虚谷上人墓”，旁有题记：“富华蔡耕夙慕虚谷法，绘五下光福石壁，承融宗和尚赞助，访得上人墓址，爰立此碑人志敬仰。”

“画僧”虚谷墓，现将立为吴县的一处县级文物保护单位，以加强对该墓的保护。

（原载《东南文化》1986 年第 2 辑）

清顺治间《奉旨遵宪蠲免渔课永禁泥草私税碑》及其反映的几个问题

姚勤德

1984年11月，我们在吴县黄桥乡庄基村一座古庙的宅基旁发现石刻一通。青石质，方座圆首，分碑体与碑座两部分，通高2.06米，碑厚0.27米。碑额楷书阴刻6竖行，上镌“奉旨遵宪蠲免渔课永禁泥草私税碑”。碑文楷书阴刻29竖行，满行79字，计1080多字。镌刻于清顺治十七年（1660年）五月。

碑文主要记述了长洲县陆江、葛华等43名贫苦渔民联名呈告当地豪强私征渔课的情况，苏州府海防厅查询的情况，清地方政府对吴中豪强私征渔税的禁令梗概，以及立石人姓氏与时间。

经查，《奉旨遵宪蠲免渔课永禁泥草私税碑》未收入《吴县志》金石目，也不见于其他文献史料。该碑因年久日深，部分字迹已漫漶，但是现存碑文为清初的社会经济、赋税制度与阶级矛盾的研究提供了新的资料，具有一定的史料价值。同时，也是研究我国内塘养鱼发展史的实物资料（见碑文）。现结合文献史料，分述如下。

1. 碑文记载了清顺治年间，吴中豪强地主，对贫苦渔民进行“利派”“私征”，强行勒索渔课的史实。

碑文载：“本厅看得吴中役恶成风，豪右奸徒□通虐民□，非一端非一日矣。即如渔荡一项，豪强占踞历有年，所借名渔课及告佃名色，种种利派，纲苦□多需索，即掘泥剪草亦恣欺凌，使耕者渔者几不堪命。”[①]这是苏州府海防厅查询的情况，其真实性是毋庸置疑的。

清初的赋税制度，基本上是承袭明制的。《清史稿》载：“地亩钱粮，悉照前明会计录，自顺治元年五月朔起，如额征解。”[②]刘淇的《堂邑赋役论》云：“明万历三十五年以前赋役之科，凡四，曰：‘夏税’；曰‘秋粮’；曰：‘马草’；曰：‘徭役’。徭役者，丁也；夏税秋粮者，杨炎之两税也；马草又其额外改折者也……至万历中始行条鞭法，三征遂并为一，但额外诸立名色尽编正赋，一时便之，沿之至今，然条鞭既属正供，一过度外事，不得不额外羡取，条鞭未行不过取之额外而已，至是，则额外之中又额外焉，此明季以来已著之弊也。”[③]这就是说，贫苦佃农除了要向封建政府交纳一定的“正赋”之外，还要承担额外的附加赋税。顺治十六年（1659年），江苏巡抚秦世桢奏准苏淞地区实行官收官兑的赋役制度，而地方“奸豪串通衙蠹，查报各户保甲，仍撇起税私征”[④]，“犹签民户收粮交兑积蠹，勾引旗军，横行需索，十四五年间，兑粮一石，加耗杂费多至五六钱”[⑤]。

碑文和上述记载表明，清顺治年间这种横征暴敛的“利派”“私征”广泛存在，封建政府和豪强地主敲榨勒索，使“耕者渔者几不堪命”[⑥]。这是一幅封建政府与地方豪强残酷剥削劳动人民的罪行图。它表明清顺治年间，这种豪强地主的超经济剥削与封建国家的经济剥削纠集在一起，使三种封建地租形态同时并存，而且已经浸透了劳动生产的各个领域。

2. 碑文从一个侧面反映了清初统治阶级与江南地方豪强之间的矛盾。

碑文载：“顺治九年间，地方曹元等历将渔课私征无等事，具呈前按院秦老爷，蒙敕道行府□□□□，奉旨禁革，随即转行本县，每户各给奉旨蠲免渔课印票现据，又行出示勒石……十三年间，元等又将渔课已蠲等事，具呈前按院李老爷，复蒙敕县出示勒石。几载以来，江等幸□□□宪泽皇恩，得以少存皮骨，上输国课，下保妻拏，不意近见事有变，有奸豪串通衙蠹，查报各户保甲，仍擞起税私征。上违明旨，中蔑宪禁，下害民生……”[⑦]这里反映出一个问题，在清政府两次“出示勒石，严禁私征渔课”的情况下，为何地方豪强竟无视封建政府的禁令，继续对当地的庸种渔民起税私征呢？

早在唐宋时期，苏、松、常地区，已是全国的赋税中心，随着江南地区社会经济的发展，明中叶以后，明王朝为了在这个地区榨取更高的税额，在政治上大力扶植江南的豪强地主阶级，以换取他们的支持，洪熙以后，江南的缙绅豪族入京作官的人数急剧增加，以至形成了“江南缙绅独盛”的局面。明亡以后，旧明的江南豪强在政治上虽然失去了依靠，但是旧的传统权势仍旧起着继续保护他们“经济统治”的作用。江南豪强地主承袭明代的政治特权，在乡作威作福，其中直接损害清政府财政收入的是勾结官胥逃避赋役和赋役转嫁的情况。据蔡方炳的《长洲清田纪事》载：“自明之季豪民猾胥相缘为奸，移轻重改，荒熟尽去其册……日积月累，以致熟冒荒，荒作熟，瘠办重，腴办轻……莫可究结。”[⑧]顺治十三年，吴江知县雷涎，看到“邑赋重役繁，仍明季花分诡寄之弊，田无定额役无成格，甚至田连万顷不役”[⑨]。户科给事中柯耸在《编审之弊部复通行禁革疏》中指出：“官吏之侵渔，差徭之繁重……以致贫农竭骨，难支逃徙，隔属亏朝廷之正赋。”[⑩]“赋税是政府机器的经济基础”[⑪]，而苏、松、常地区本来就是封建政府的财赋中心，何况当时的清政府迫切希望在这个地区榨取更多的税赋，来弥补连年征战造成的财政不足，这就必然要危及到江南豪强地主在经济方面的传统特权。这样，就构成了清初政府与江南豪强地主在赋税问题上的激烈争斗。可见，该碑是研究清初阶级矛盾的一件很有价值的实物资料。

3. 碑文是吴地内塘养鱼业较早的文字记载。

碑文载：“江等世居长洲县十五都西七图庄基地方……苦因田多荒，钱粮无办，有积水也，就便养鱼，以供国课。”[⑫]这是三百多年前吴地发展内塘养鱼业的文字记载，也是吴县黄桥这个养鱼之乡内塘养鱼的最早的文字记载。

我国养鱼历史是比较悠久的[⑬]，据《吴郡诸山录》言：“吴王鱼城在田间，养鱼于此”，说明在公元前5世纪，吴县一带就已经开始养鱼了。此外《农政全书》和《种鱼经》都有内塘养鱼的文字记录，而碑文所载比之古籍则更为可贵。而且所反映的是世代以农为业的贫民，发挥自己的聪明才智，合理利用自然生态，因地制宜地改造低水田为鱼池来发展养鱼业的历史事实。

4. 碑文所载反映出清初吴中地区农业经济的合理转化，商业性农业的日益发展。

该碑的43名立石人，“俱系版籍耕农，并非捕鱼船户”，因“苦居水乡”“就便养鱼”以供国课。一个自然村就有几十户“傭种贫农”从事内塘养鱼业。而据《黄埭志》“西南各乡大丰业渔，以鱼池多寡，视农家的贫富。生息浩繁，大的鱼塘至数十亩不等"⑭的记载。说明吴中水乡地区内塘养鱼业的广泛存在。这些渔户所养的鱼，决不是为了自己的消费，而是作为商品提供给市场，以完国课，以利生活。这就使从事内塘养鱼业的生产，具有了商品生产的属性，促进了商业性农业经济的发展，对封建农业经济起到了分解的作用。

〔作者简介〕姚勤德，江苏吴县人，1949 年生。时任吴县文物管理委员会考古保管组组长。

注释

① 见碑文。

② 赵尔巽:《清史稿》卷四《世祖本纪一》。

③ ［清］贺长龄:《皇朝经世文编》卷三十一中《堂邑赋役论》。

④ 见碑文。

⑤ 曹允源、吴荫培、蒋炳章等:《吴县志》卷四十九《田赋六》。

⑥ 见碑文。

⑦ 见碑文。

⑧ ［清］贺长龄:《皇朝经世文编》卷三十中《长洲清田纪事一》。

⑨ 康熙《吴江县志》卷十《宦绩》。

⑩ 曹允源、吴荫培、蒋炳章等:《吴县志》卷四十九《田赋六》。

⑪《哥达纲领批判》,《马克思恩格斯选集》第 8 卷，第 22 页。

⑫ 见碑文。

⑬《齐民要术》第六卷《养鱼》记载战国时齐国已养鱼，但书中用齐威王和陶朱公对话的形式介绍养鱼方法，其说可能系伪托。

⑭《黄埭志》卷二《风俗》《物产》。

（附）碑文

江南苏州府长洲县为巨豪私税虐民历宪奉」旨严禁号天敕县申明勒石永杜奸以救穷黎事蒙本府海防恤冀信牌该蒙」巡抚御史加一级马批该本厅呈祥原呈陆江等呈请申严渔课勒石永禁缘由奉批准勒石永禁奉此案照先于顺治十七年正月二十九日蒙本院批核长洲县民陆江葛华金坤葛文等连」名呈词前事呈称江等世居长洲县十五都西七图庄基地方俱系版籍耕农并非捕鱼船户苦因田多荒钱粮无办有积水也就便养鱼以供」国课祸遭奸豪欺噬乡民遂借渔课为名私立税额排门横敛瞒官害民以致民不堪命顺治九年间地方曹元等历将渔课私征无等事具呈前按院秦老爷蒙敕道行府□□□□奉」旨禁革随即转行本县每户各给奉」旨蠲免渔课印票现据又行出示勒石此因前按院升任未及□行十三年间元等又将渔课已蠲等事具呈前按院李老爷复蒙敕县出示勒石几载以来江等幸□□□宪泽」皇恩得以少存皮骨上输国课下保妻孥不意近见事有变有奸豪串通衙蠹查报各户保甲仍撒起税私征上违明」旨中蔑宪禁下害民生江等一方万命立见尽填沟壑为此情报无门合词号叩宪□伏□□鉴印□宪示俯怜待命□□准赐进敕本县立行给示严禁随即勒石永垂庶奸豪不致复延民命得以」苟延一方再造万代户祝等情奉批仰苏防官查报蒙此随铭本厅查询去后续□原呈陆江葛华等□□号天赐详勒石给示□□□□事□称□江等傭种贫民苦居水乡勉就□□养鱼完课□□」先经地方曹元等具呈按院李秦两位老爷具题本文敕道行府恩免泥草渔课又蒙遵」旨禁革私税印照历于现证只恐石碑未到势豪指借名□□□耕□□将巨豪私税虐民等事□控」按院老爷送台查报愰求怜念舆情渔课已经请蠲泥草□□□税公叩仰体」皇恩难灭宪禁难更准赐文详勒石给示□豪

强胁息私税革除等情具禀前来据此该本厅看得吴中役恶成风豪右奸徒□通虐民□非一端非一日矣即如渔荡一项豪强占踞历有年所借名渔课」及告佃名色种种利派纲苦□多需索即掘泥剪草亦恣欺凌使耕者渔者几不堪命故具呈前院李秦二宪已蒙具题奉」旨□行蠲免转行该县遵照在案乡愚所□在勒石永禁只因」前院回京期迫有司奉行不力虽经给示晓谕未见勒之贞眠则日□禁至借端复派□□□□□徵之□在陆江等不得不绸缪□未之时也连名具□所由来矣宪台化两革放民□洞悉□帷□遵」前旨勒石申严设有势豪奸棍指并顽目小甲仍行私涿者绳以违」旨蔑宪之罪则」皇恩□被于穷黎宪德均玷于罔极矣详奉批开前因拟合就行仰县叩使曾令原呈陆江葛华等在于庄基地方勒石永禁遵守等□到县除行勒石外合行给帖永遵为此仰原呈陆江等各居民知□」遵奉宪批事理渔课一项已经奉旨蠲免至于湖荡泥草用溉瘠田岂容擅起□税今奉宪批严禁首重私敛虐民严□后如有巨豪地棍□立项目小甲指名渔课泥草等项擅派私票苛索常例者即呈告治以悖」旨之罪各宜永遵毋得违背须至帖者

右帖给原呈陆江葛华金坤等准此

顺治拾柒年伍月

帖直居民陆江葛华金坤沈南泉葛文陆顺塘沈仍塘杨近湖金望□金近湖周文全瞿顺泉沈东□金□□□□□沈□□王□□周奉萱□文全沈云□□□□沈少泉沈□高沈□□葛顺□沈□明张□宣沈□□□□安□□□沈金周沈四明金□葛张三朋周陆金杨四朋杨四开沈卿周李沈王金陆用同立石

（原载《东南文化》1987 年第 2 期）

常熟新发现的咸丰银元宝窖藏

周公太

1991年4月9日，常熟市东张镇居民郑安宗在镇北街建私房挖土时，于地下约30厘米处发现一清代咸丰年间银元宝窖藏。这批元宝共8锭（图一），出土时零乱堆放于土坑内，无容器，附近亦未有其他物件。经实测，每锭元宝重1800~1885克，长10.7~11.9厘米，正面分别模印或镌刻铸地、年号、吉语、匠名等铭文，银行鉴定其成色为92.5%。现已由市博物馆收藏。

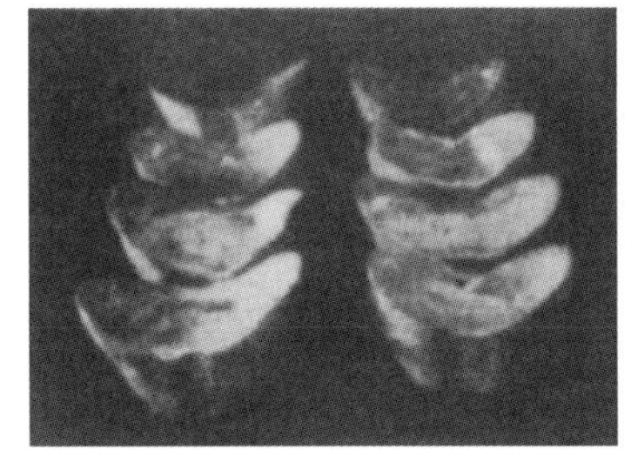

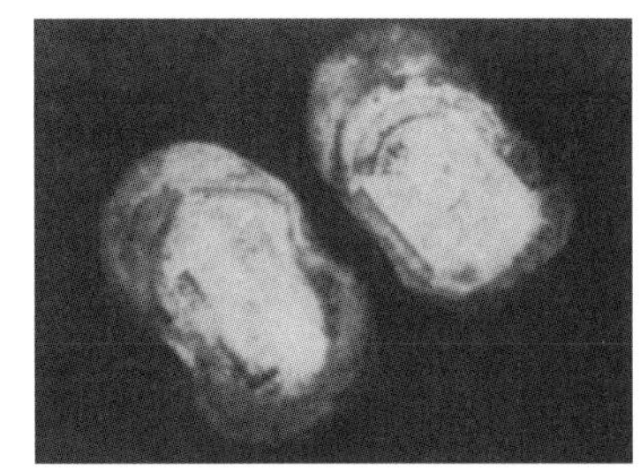

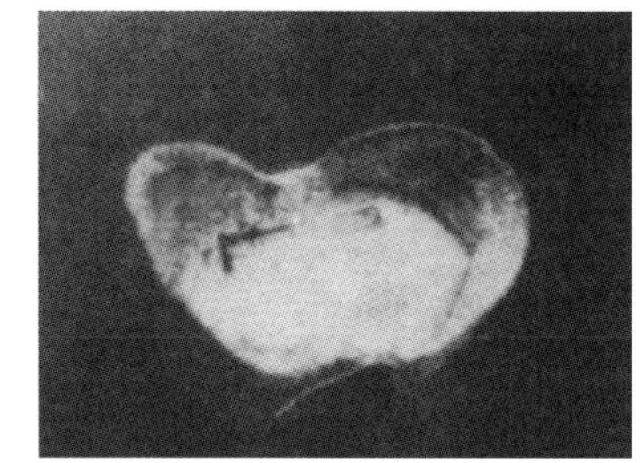

图一　常熟出土咸丰银元宝

1. 模印阳识左“咸丰年月”，右“咸丰年月”竖行铭文。长11.95厘米，重1850克。

2. 模印阳识左“咸丰⑤年月”，右“太谷县翟江华”竖行铭文。长10.8厘米，重1875克。

3. 模印阳识左“咸丰⑤年月”，右“太谷县和顺利”竖行铭文。长10.7厘米，重1860克。

4. 模印阳识左“咸丰⑤年月”，右“太谷县和顺利”竖行铭文。长10.7厘米，重1860克。

5. 模印阳识左“咸丰⑤年月”，右“祁县”“匠永成”竖行铭文。长10.8厘米，重1870克。

6. 模印阳识左“精华呈国宝”，右“利益裕财源”竖行，中间眉横“招财进宝”铭文。长11厘米，重1870克。

7. 模印阳识左“招财童子至”，右“利市仙官来”竖行，中间眉横“万宝朝宗”铭文。长11.1厘米，重1885克。

8. 刀刻阴识左“发富生财地”，右“堆金积玉门”竖行，中间眉横“一本万利”铭文。长11.9厘米，重1800克。

对此批窖藏元宝的几点认识：

1. 清代银锭主要分宝银、中锭、锞子、福珠四种，此8锭元宝均为50两制宝银，总重量达14870

克，当非一般居民所能持有。

2. 五锭元宝记有咸丰年号，其中三锭为山西太谷县，一锭为山西祁县铸，另一锭无铸地，但模印文字特征与上述四锭基本相同。虽其余三锭无纪年，但与数量较多咸丰年号者同出，故仍可推断其入藏下限应在咸丰时期。

3. 三秦出版社1991版《元宝图录》所列各省1480种大小元宝中，记有咸丰年号者仅12锭，即50两者9锭，10两者3锭。其中以山西省为最多，共4锭。余河南1锭、湖南2锭、江西1锭、四川3锭，无铸地者1锭。可知咸丰朝元宝之少，特别是50两制宝银更少，此当与其时清王朝受太平天国农民起义沉重打击、军费开支庞大，造成白银奇缺有关。今常熟又出土8锭，对于进一步研究咸丰银元宝，有重要的参考价值。另部分元宝中所记的“太谷县和顺利”“太谷县翟江华”“祁县匠永成”等钱号或银匠名以及“发富生财地，堆金积玉门”“精华呈国宝，利益裕财源”等吉语铭文，亦可补《元宝图录》所不载。

4. 根据此批元宝出土时零乱堆放于土坑内等迹象分析，应属物主在极为突然的状态下匆匆埋入地下的。

按东张镇位于常熟市东北境，东与太仓接壤，北濒长江，在清咸丰时期，正是太平天国攻占常熟后的东乡重镇和主要农村根据地之一。太平军曾设师帅于此镇，并建卡收税，巩固政权。清柯梧迟《漏网喁鱼集》载：“（咸丰十年）十月十六日，沙勇到梅里、贼闻风逃走，常昭（常熟昭文二县）即出告示，张市（即今东张镇）、梅里大获胜仗，支塘贼连夜逃城。”“（同治元年）四月初六，又闻太贼兵目已下乡，人皆惶悚。又闻昆山克复，亦未证实。半夜后，张市有人来信云：常贼目黄天安领众来乡，妇孺又踉跄远避。初七日，沿海人环至张市，向陈师帅给粮，派人领队，否则又欲拆烧。白茆东、远近皆浮动，人数愈众，百长亦难隐避，各种官兵，信反觉模糊，铸造刀枪无数，县大纛写永昌徐义团，各百长领队径到张市，将师帅局宅及在局之宅，尽行拆烧。”同日又记：“适有人从吴市来，见有长毛从西而到，旗帜飘荡，将抵张市。黄昏时，地里惊起，锣声又振，一响十应，喊杀连天，又聚千余人，从新闸迎上，适归市回家，又得千余人迎敌，手执明灯，各持器械，遥望杀气腾腾。西来贼正掳掠奸淫，闻声逃飏，擒获二名，即时杀死，即将所掠衣包焚烧。张市留贼晚膳，及义团兵到镇，四门紧闭，欲纵火焚烧，合镇惊惶。”

从上述史料中可知，咸丰十年（1860年）至同治元年（1862年）间，太平军曾在东张镇与清兵及地主团练武装多次交战。因此，该批元宝的埋藏原因，当与上述事件有关。

（原载《东南文化》1992年第6期）

苏州盘门清代墓葬发掘简报

苏州博物馆

2000年9月21日，苏州博物馆接盘门房管所报告，在房产开发基建中，盘门外一处墓葬群被挖掘机破坏已暴露。于是馆部组织考古队奔赴现场，进行了抢救性发掘，共清理墓葬4座，出土翡翠、琥珀、玉、鎏金物件等计10余件。

此墓葬群位于苏州城西南盘门外解放新村土墩内（图一），为石灰浇浆墓，4个墓葬并列分布，均为石灰浇浆墓，长方形木棺敛尸，葬式为仰身直肢，头南向，棺内均置木炭和石灰包防潮。M1，女性，满族头饰，尸体腐烂，衣物浊，项戴佛珠，胸前一枝枯柳枝尚能辨认。M2，男性，棺较大，棺外头端刻铭："云南司郎中福建临运使南显子巷仲午太府"等字，已模糊较难辨认。墓主衣着华丽，尸体干瘪、面目可辨，随葬了其生前的眼镜、放大镜和收藏的翡翠扳指、琥珀、白玉挂件、鼻烟壶等珍品，均放置于墓主右手边，另外还放置了主人的名片2张。M3，女性，尸体腐烂，衣物朽腐，胸前有朝珠和小白珠各1串，发髻有鎏金蝴蝶钗饰、鎏金头钗、鎏金压发、翡翠压发等饰品。M4，女性，头发盘髻，戴黑布帽，尸体、衣物亦腐烂，胸前朝珠1串、翡翠挂件1件、宝苏珠9颗。现将出土物件选择部分介绍如下（器物图见图版一、二）。

佛珠　1件。M1∶1，木珠108颗。米黄色，坠咖啡色流苏。木珠直径0.8、周长84厘米。

翡翠扳指　1件。M2∶1，翠绿晶亮。微泛虾仁状浅白纹，可称上品。外径3.45、内径2.3、高2.85厘米。

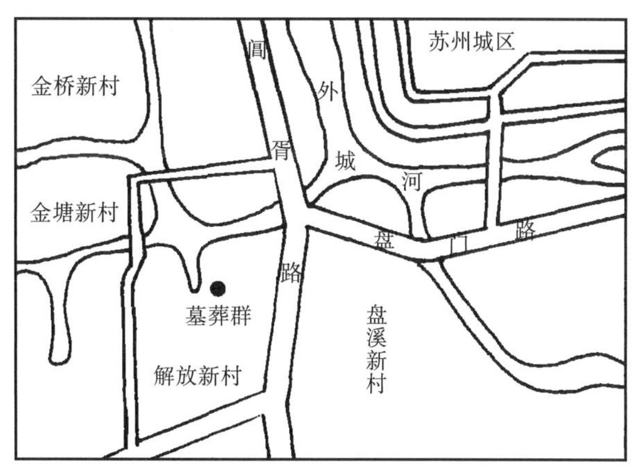

图一　苏州盘门墓葬位置图

琥珀挂件　1件。M2：2，红棕色。形状不规则，外表光亮，色泽晶透，内有几处裂纹，掺夹泥沙、植物枝。最大处5.3、最小处3.3厘米。

白玉挂件　1件。M2：3，白玉质，色泽晶润。其形为一棵扁豆，豆壳微张，显露饱满豆粒，略带微黄的茎叶附于豆体，挂件雕刻精细，巧色精妙。玉豆长7.3、宽2.3、厚1.7厘米。

彩料鼻烟壶　1件。M2：4-1，壶形呈扁圆体，圆口，直颈较长，圈足。玻璃质地，以细密的孔雀蓝散点为底色。壶腹上凸饰的红色金鱼及红色圈足与壶体浑然一体。壶盖以茶色扁圆形水晶制成。此壶小巧玲珑，晶亮剔透。壶高7.4、腹径5、口径1.5厘米，底径1.9厘米×2.8厘米。

鼻烟壶　1件。M2：4-2，此壶以密蜡为原料，红棕色，受沁（紫色外退色）。形为扁体长方形，圆口，直颈，圈足。表面光滑无花纹。半圆形的盖以翠绿色翡翠制成。壶高8、腹径5.5、口径2.2厘米，底径3.7厘米×1.7厘米。

白料粉彩鼻烟壶　1件。M2：4-3，壶呈扁体浑圆形，圆口，直颈，小平底微内凹。器表图案由淡红、黄、绿、棕色勾绘，主题纹饰为蝈蝈戏草，整体构图新颖活泼，画面色彩素雅。壶盖为半圆形，质料红色玛瑙。器底有“古月轩”三个红彩楷书款。壶高6.3、腹径5、口径1.8厘米，底径1.1厘米×1.8厘米。

玉翎管　1件。M2：7，白玉质。圆锥形，内有一没头直孔，上有一扁纽，纽上一孔穿线系于官帽上。长6.4、外径1.4~1.6、内径0.9厘米。

鎏金冠顶　1件。M2：8，黄铜鎏金。三层组合，底层以毡包形，饰模压十字纹、云纹；中层珠形，饰花卉纹，有嵌宝座（宝已脱落）；上层模压植物叶纹中嵌蓝色六棱锥形料器。层间采用托支撑，螺栓贯通上下，底部有固定片。高12.5厘米。

鎏金头饰　1件。M3：1，半圆形，银质鎏金，分三层，用鎏金丝连接。上为一只展翅的蝴蝶；中间一层为各式开放的花朵，舒展着叶和花瓣；下层是如意头围成的圆形底座。纵4.7、横5.5厘米，钗柄长7.8厘米。

鎏金头钗　1对。M3：2，银质鎏金。钗面叶瓣状，饰云纹、花卉纹，圆形嵌宝座三个（宝已脱落）。钗柄细长锥形，背面有阴刻阳文“恒孚”二字。长8、宽3.3厘米。

朝珠　2件。

M3：4，九十九粒木珠，棕色；四粒料器佛头，其中一粒伴饰佛头塔，背云为琥珀料。佛头直径2.5、木珠直径1.5、周长120厘米。

M4：1，一百粒木珠，光滑黑亮；四粒翡翠佛头，其中一粒伴饰佛头塔；纪念三串，白色，每串十粒。佛头直径2.3、木珠直径1.4、周长128厘米。

翡翠挂件　1件。M4：3，椭圆形，内心翡翠，色绿晶透，有一裂痕。外包框为花瓣形，银质鎏金，上、下有挂鋬。挂件纵4、横5厘米，翠心纵3.2、横3.8厘米。

这次发掘除以上介绍的一些器物外，还有一些散落的珠宝头饰、料珠等就不一一介绍了，最为有意思的是男棺中两张名片，一为手书“潘祖年仲午南显子巷”，另一为印刷“潘祖年仲午今字梦营”，明确了墓主的身份，即潘祖年。

据《潘氏族谱》介绍得知，潘祖年是苏州名门潘氏三十二世，生于清同治九年（1870年）庚午十月二十三日，卒于民国乙丑年（1925 年）正月十二日，年 56 岁，字西园，号仲午。是苏州状元潘世恩之孙，潘曾绶之次子，大收藏家潘祖荫之弟。潘祖荫在朝为官，为国尽瘁，皇恩宠优，赏其弟祖年为郎中（兵部候补郎中，武库司兼武选司行走选补，刑部云南司郎中兼福建司行走，记名繁缺知府钦加监运使衔，赏戴花翎加四级）。他虽卒于民国，棺木上还刻着官名，衣着也近似官服，并随葬了一些其生前的日用品和收藏的翡翠扳指、琥珀和白玉挂件、鼻烟壶等珍品。

家谱中还介绍了潘祖年的母亲张氏，曾绶公侧室，清道光二十六年（1846 年）丙午二月二十八日生，卒于清光绪十四年（1888 年）戊子四月，年 43 岁，封恭人，葬吴县一都七图水字圩盘门外张公桥巽山乾向兼巳亥。又潘祖年妻吴氏，大衡公女，生于清同治八年（1869 年）己巳七月二十八日，卒于清光绪二十年（1894 年）丙申六月二日，年 28 岁，祔葬曾绶公侧室张氏墓同冢。后继娶祁氏，上海县籍，兆熙公女，生于清同治十一年（1872 年）壬申二月二十八日。

通过家谱介绍的情况分析，再结合葬俗及女性墓主装束看，可知潘祖年右边的女性墓主即是其母亲张氏，葬于潘祖年左侧的为其前妻和继妻。此墓葬群为家族墓葬，墓葬时代为清晚期至近代。

潘氏原籍安徽徽州府大阜人，盐商潘景文为迁吴始祖，后其家族成员在乡试、会试中科第有名者达 35 人之多，成为苏州的名门望族，特别在清中后期，潘氏在朝为官者持续不断，他们在中国政坛上有着举足轻重的地位，对中国文化也卓有贡献，在文物收藏方面，潘氏人才辈出，例如潘奕隽、潘祖荫等都是苏州史上的大藏家。潘祖年随葬的这些珍品也具一定的文物价值，应是其生前收藏喜爱的物品。

本次发掘得到了苏州盘门房管所的大力帮助，在此特表示衷心的感谢！

发掘领队：张照根

发掘人员：张照根　闻惠芬　姚　瑶　金　怡

摄影：姚　瑶　金　怡

执笔：姚　瑶

（原载《东南文化》2003 年第 9 期）

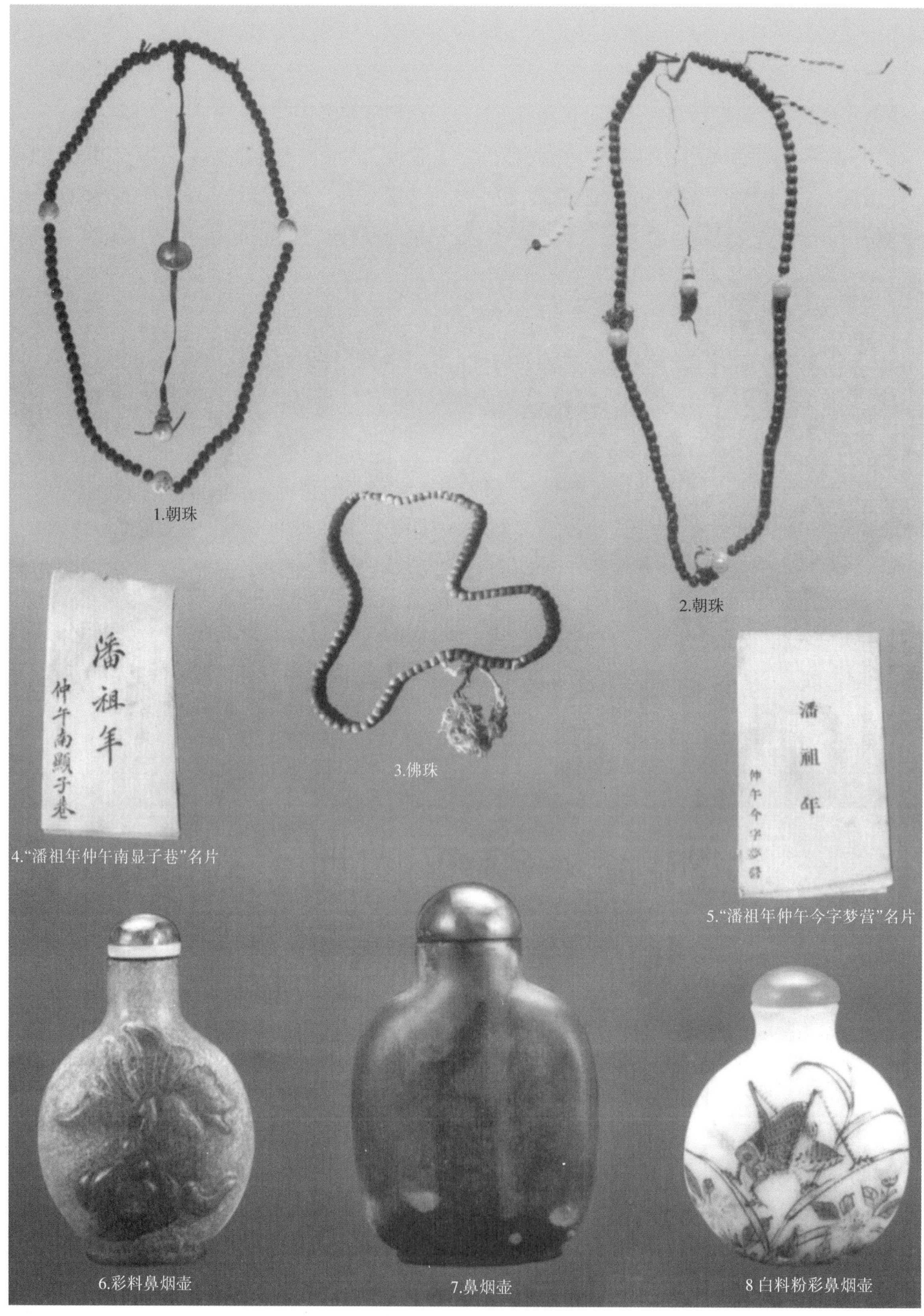

1.朝珠 2.朝珠 3.佛珠 4.“潘祖年仲午南显子巷”名片 5.“潘祖年仲午今字梦营”名片 6.彩料鼻烟壶 7.鼻烟壶 8 白料粉彩鼻烟壶

图版一 苏州盘门清代墓葬出土器物

图版二　苏州盘门清代墓葬出土器物

沪宁高速公路苏州段考古调查及勘探

张照根

为配合沪宁高速公路苏州段施工，江苏省文化厅决定由南京博物院、苏州博物馆、吴县文管会、昆山市文管会联合组成沪宁高速公路（苏州段）考古调查及勘探工作队，调查勘探工作于1992年2月19日开始至3月20日结束。对公路沿线进行全面考古调查及勘探。

沪宁高速公路苏州段全长71.15千米，东起昆山花桥，西止吴县北屈，路线在太湖平原上，海拔1.7~2.5米，地势低平，河湖密布。根据工程方案、自然地貌及工作要求，工作组制定了详细的工作计划，特别是对公路立交桥、互通、停车场及已知古遗址、古墓葬进行重点调查，与公路附近全面普查相结合，沿途踏勘与钻探试掘相结合的方法。取得了较大收获。现将调查勘探成果报告如下。

一、古文化遗址

公路沿线及附近共发现古遗址5处，其中一处（瓦城遗址）位于高速公路路面上，其余4处位于公路两侧附近。现按顺序（从东到西）分述如下。

1. 瓦城遗址

瓦城遗址位于苏州昆山市花桥镇烧基落村南，为高速公路所压。遗址为一低矮岗地，四周小河环抱，海拔2.5~3.5米，总面积约1平方千米，遗址受后期破坏严重，现高出地面0.5~1米。根据钻探及地表散见遗物分析，结合方志记载，可知瓦城遗址为一汉至明清城址，尤以汉代堆积最为丰富。

2. 庙墩遗址

庙墩遗址位于苏州昆山市玉山镇庙墩村南，庙墩中学东南，北距高速公路500米。遗址外形为一低矮土墩，海拔约5米，总面积2万平方米。由于历年取土，土墩逐渐变得低矮，现高出周围农田约3米。土墩南半部因近年开挖鱼塘遭受破坏，从暴露壁面及钻探结果看，遗址文化层堆积厚约4米。根据采集的陶、石器等标本分析，土墩为一良渚文化至明清时代古遗址，尤以良渚文化与宋代遗存堆积为丰富。

3. 燕桥浜遗址

燕桥浜遗址位于苏州昆山市正仪镇燕桥浜村北，东部紧靠村支部，东距正仪至姜巷小公路约300米，南距高速公路750米。遗址为一低矮土墩，高出周围地表2~3米，总面积约2万平方米，遗址受晚期破坏严重。根据钻探可知，文化层堆积厚约3米。从墩表散见的陶瓷片及石器等微物分析，土墩为一新石器时代（良渚文化）至明清时代遗址，而以良渚文化堆积为主。

4. 草鞋山遗址

草鞋山遗址位于苏州吴县唯亭镇东北陵南村北，南距高速公路300米。遗址由草鞋山、夷陵山两个土墩组成，总面积约2万平方米，海拔2~8米。草鞋山墩体西部局部破坏，夷陵山因逐年取土仅剩五分之一。1973、1974年，南京博物院与吴县文管会曾两次对遗址进行田野发掘工作，尚有探方坑存在。草鞋山东部现为唯亭敬老院和液化气站所在地，夷陵山南半部为夷陵小学所在地。土墩为一处新石器时代至春秋时代古遗址，现为吴县文物保护单位。

5. 青墩头遗址

青墩头遗址位于苏州市浒关镇益民村南50米处，其东、南50米处各有一条小河，北为农田，南有乡间小道，南距500米。遗址为一长方形土墩，海拔约11米，总面积约4千平方米。土墩西、北部局部破坏，暴露厚80厘米的红烧土层，内含灰烬、炭化稻谷等遗物。1986年，吴县文管会曾征集到该墩出土的良渚文化玉璧1件。从这次采集到的标本分析，青墩头遗址为一处新石器时代至明清古遗址，其中新石器时代遗存最丰富。

二、古墓葬群

公路沿线共发现古墓葬群137处，主要集中分布于高速公路两侧与路面的苏州北郊虎丘、长青及吴县陆墓、跨塘等乡镇。

墓群外形同遗址一样，也为土墩，平面以圆形为主，另有少量长方形、方形、不规则形、椭圆形等，海拔3~6米，面积50~6000平方米。从墩表散见遗物分析，土墩为汉至明清墓群。从钻探结果看，墩内墓葬密集、墓葬种类繁多，有砖室、石椁、浇浆、土坑诸形式；下层墓底部一般略低于周围农田（约40厘米），各墓葬群都遭后期不同程度的破坏，有的古墓葬已暴露在外，遗物随处可见。

在这137处墓群中，位于高速公路路面的有34处，位于公路两旁50米之内的有22处，50米以外的有81处。

三、结语

在发现的5处古遗址中，除昆山花桥瓦城遗址为汉代城址外，其余4处为新石器时代遗址。新石器时代遗址主要是良渚文化遗存，在采集的遗物中，有良渚文化时期的“丁”字形鼎足、黑皮陶罐口沿、高把豆把、盆口沿及长条形石锛、石钎、残石斧、斜柄石刀等，从其形制、陶系、纹饰诸方面分析，其时代都为典型良渚文化时期。良渚文化墓葬在太湖流域分布较为密集，从以往发掘的情况分析，分布于土墩的良渚文化遗存主要是显贵墓群或祭祀遗迹，这次调查发现的几处土墩型良渚文化遗址，一般都为墓群，随葬品中以玉器为主。这些遗址的发现，对研究文明的起源、良渚文化葬俗等问题有重要意义。

苏州汉代城址很少发现，像昆山花桥瓦城这样规模较大的汉城尚属首次发现。瓦城遗址直接被高速公路路面所压，如能发掘，对于苏州城市考古，乃至整个太湖流域的城市考古都具有重大影响。

所发现的古墓群为古代的族葬墓地，形成于汉代，后经历代沿用至今，墓群大多规模大，延续时间长，墓葬分布密集。根据以往考古发掘同类墓群情况看，出土随葬品中不乏精品，如能对其中的一部分墓群进行考古发掘，这对于研究历代族葬制度、丧葬礼俗以及苏州地方史上的其他一些问题将有重要的学术价值。

娄江拓浚工程出土一批文物

昆山县文化馆

娄江，《禹贡》称三江之一，西接大运河，东连新浏河，横贯于我县境内。去冬今春农田基本建设中，拓浚23千米，使千年娄江面貌焕然一新。在这次娄江拓浚工程中，县委十分重视贯彻国务院〔1977〕13号文件和省文化局〔1977〕30号文件精神，密切配合农田水利建设，收集了出土文物200余件。

玉山镇东城桥附近，出土两批古钱，共21斤，包括秦“半两”，汉“五铢”，新莽“货泉”“大泉五十”，唐“开元”，宋“元丰”“开兴”等；同时出土3件铜器，其中两个铜盆，高7厘米，直径分别为46厘米和33厘米，是唐宋时期的遗物。小西门有一口井，出土铜钱324千克，包括明弘治、万历、天启、崇祯四朝，却没有一个清代铜钱。这批大量铜钱，估计是1645年，清兵攻陷昆山城时放下去的。

在娄江工程中，多次发现古井，出土了许多带榫的宋代井砖。

在正仪原种场西亭子桥下，挖到一个青石八角井栏圈，高39、上端直径50、下端直径61厘米。除刻有“义井”两个大字外，有宋宝祐六年（1258年）四月开凿义井的王胜题记一篇，共计10行142字，对研究昆山地区的地理历史沿革，具有一定的参考价值。题记全文如下：

> 大宋国平江府吴江县澄源乡十六都前姚里费家滨居住，今寄居在昆山县朱塘乡第三保董渎里及墅浦东住王胜，特发诚心，舍净财一力开构义井及建井亭一所，济往来憩歇吃饭，所祈功德，伏用报答四恩三宥，二祈报答父母养育劬劳之恩，三愿报答今生衣食父母之恩，更冀善利保秩家居吉庆养爱康宁福寿增崇获大吉祥者。
>
> 宝祐六年四月日王胜谨题。

玉山市河里，出土1只五代越窑青瓷注壶。在蓬朗冬泥泾地段，出土3件完整的宋代瓷器，其中一只卷口平底影青瓷碟，釉色翠绿，精美可爱。在东城桥也出土2只宋代瓷碗和1只宋瓷小瓶，这些瓷器可以看出当时陶瓷工艺的发展水平。

玉山镇小西门城河滩上，发现大批“韩瓶”，相传南宋名将韩世忠在此扎过营，所以特别多。同地驷马关桥南面河床里，还发现六七十个花岗岩石球，直径都在30厘米左右。据老年人说，这是古时作战用的“礌石”，从城墙上扔下来的。

在正阳桥以西500米的市河中，挖出铁炮1门。长188厘米，口径16厘米，重300多千克。文字锈蚀不可辨认。1860 年 6 月，太平军东进抗击中外反动势力，两万余人从苏州沿娄江抵昆山，就从正阳桥上岸。这门铁炮很可能是太平军所遗留的。

执笔：陈兆弘

（原载《文博通讯》1978 年第 19 期）

后　记

从五峰山的首次考古发掘算起，苏州地区的考古工作已经走过了七十年的历程。这七十年间，苏州考古工作取得了长足进步，也积累了众多一手资料，为实证我国“百万年的人类史、一万年的文化史、五千多年的文明史”提供了重要支撑。

为了提升学术研究水平，1980 年 9 月，苏州地区文化局等单位曾搜集了中华人民共和国成立三十年来在报刊上发表过的有关苏州市和苏州地区的文物考古研究文章，以及一部分未经发表的资料共 93 篇，作为内部资料出版了《苏州文物资料选编》，极大便利了相关学者的科学研究。当然，这本资料选编受限于篇幅等因素影响，仍有一些文章未能收录且收录的文章也删除了图片，令人感到遗憾。

苏州地域文明探源工程自 2022 年 11 月启动以来，苏州市委、市政府高度重视，从人员、经费等方面提供了坚强保障，特别是 2023 年新招聘了 9 名专业人员，大大充实了苏州市考古研究所的业务力量，也才有精力来编写这本资料汇编。此外，苏州近些年考古成果较为显著，新近积累了诸多资料，但发表的期刊却十分多样，查阅起来也较为不便，故有必要将这些文章集结成册，以飨读者。

本书由程义所长统筹谋划，统稿为车亚风。最终的顺利出版得到了苏州市考古研究所全体人员的大力支持，具体校稿分工为：陈璟负责第 1～103、766～824 页，宁振南负责第 104～187、638～699 页，张硕负责第 188～249、897～942 页，方立负责第 250～390、610～637 页，刘彦辰负责第 391～521 页，朱书玉负责第 522～609、825～874 页，信香伊负责第 700～765、1060～1106 页，车亚风负责第 875～896、943～967 页，沈浩负责第 968～1059 页。

需要说明的是，部分文章因年代久远，尽管我们找到原书进行了重新扫描，然而一些图片质量仍难以达到现代出版要求，不得已进行了删减。如有与原文不一致的地方，以原刊为准，汇编仅供参考之用。

2025 年 5 月，苏州考古博物馆将正式对外开放，苏州考古进入了馆所一体化发展的新阶段。为了纪念苏州首次考古发掘七十周年、苏州市考古研究所成立十五周年、苏州考古博物馆建成开馆，所领导筹划出版《企致集——苏州考古七十周年纪念文集》《苏州出土文物精粹》《苏州考古资料汇编》等三书。作为“三部曲”的收官之作，这本资料汇编的出版，算是为这些重要事件献上一份薄礼并画上一个圆满的句号。

由于时间仓促，加之编者学识有限，书中不当和疏漏之处在所难免，恳请诸位同仁不吝赐教、多加包涵。

编　者

2025 年 3 月